W0401132

Pascal Basten

Eingriffsrecht der Polizei in Nordrhein-Westfalen

Band 3: Hauptstudium

ISBN 978-3-86676-658-7

Pascal Basten

Eingriffsrecht der Polizei in Nordrhein-Westfalen

Band 3: Hauptstudium

Verlag für Polizeiwissenschaft
Prof. Dr. Clemens Lorei

ISBN 978-3-86676-658-7

Bibliografische Information der Deutschen Nationalbibliothek
Die Deutsche Nationalbibliothek verzeichnet diese Publikation in der Deutschen Nationalbibliografie; detaillierte bibliografische Daten sind im Internet über http://dnb.d-nb.de abrufbar.

Das Werk einschließlich aller seiner enthaltenen Teile inkl. Tabellen und Abbildungen ist urheberrechtlich geschützt. Nachdruck, Übersetzung, Vervielfältigung auf fotomechanischem oder elektronischem Wege und die Einspeicherung in Datenverarbeitungs-anlagen sind nicht gestattet. Kein Teil dieses Werkes darf außerhalb der engen Grenzen des Urheberrechtsgesetzes ohne schriftliche Genehmigung in irgendeiner Form reproduziert, kopiert, übertragen oder eingespeichert werden.

© Urheberrecht und Copyright: 2021 Verlag für Polizeiwissenschaft,
Prof. Dr. Clemens Lorei, Frankfurt

Alle Rechte vorbehalten.

Verlag für Polizeiwissenschaft, Prof. Dr. Clemens Lorei
Eschersheimer Landstraße 508 • 60433 Frankfurt
Telefon/Telefax 0 69/51 37 54 • verlag@polizeiwissenschaft.de
www.polizeiwissenschaft.de

Printed in Germany

Inhaltsverzeichnis

Bücher 3-5: Hauptstudium

BUCH 3: HAUPTSTUDIUM 1 — 6

ABSCHNITT 1: WOHNUNGSVERWEISUNG (WVW) UND RÜCKKEHRVERBOT (RVB) ZUM SCHUTZ VOR HÄUSLICHER GEWALT — 8

ABSCHNITT 2: ELEKTRONISCHE AUFENTHALTSÜBERWACHUNG, § 34C POLG NRW — 39

ABSCHNITT 3: ZWANG — 77

UNTERABSCHNITT 1: ZWANGSMITTEL-ANDROHUNG — 78

UNTERABSCHNITT 2: ZWANGSMITTEL-ANWENDUNG — 128

ABSCHNITT 4: BESCHLAGNAHME ZUR SICHERUNG DER VOLLSTRECKUNG DER EINZIEHUNG ODER UNBRAUCHBARMACHUNG, § 111B STPO (GGF. I.V.M. §§ 46, 53 ABS. 1 S. 2, ABS. 2 OWIG) — 234

ABSCHNITT 5: ERKENNUNGSDIENSTLICHE MAßNAHME BEIM BESCHULDIGTEN/BETROFFENEN AUF DEM RECHTSGEBIET DER STRAFRECHTSPFLEGE AUßER ZWECKS IDF, § 81B STPO (GGF. I.V.M. §§ 46, 53 ABS. 1 S. 2, ABS. 2 OWIG) — 299

ABSCHNITT 6: ERKENNUNGSDIENSTLICHE MAßNAHME AUF DEM RECHTSGEBIET DER GEFAHRENABWEHR, § 14 (ABS. 1 NR. 2) POLG NRW — 332

ABSCHNITT 7: KÖRPERLICHE UNTERSUCHUNG, KÖRPERLICHER EINGRIFF, BLUTPROBENENTNAHME BEI BESCHULDIGTEM/BETROFFENEM AUF DEM RECHTSGEBIET DER STRAFRECHTSPFLEGE, § 81A STPO (GGF. I.V.M. §§ 46, 53 ABS. 1 S. 2, ABS. 2 OWIG) — 362

ABSCHNITT 8: KÖRPERLICHE UNTERSUCHUNG, ABSTAMMUNGSUNTERSUCHUNG, BLUTPROBENENTNAHME BEI ANDEREN PERSONEN AUF DEM RECHTSGEBIET DER STRAFRECHTSPFLEGE, § 81C STPO — 402

ABSCHNITT 9: MOLEKULARGENETISCHE UNTERSUCHUNG, §§ 81E, F STPO (VGL. § 46 ABS. 4 S. 4 OWIG) — 447

ABSCHNITT 10: DNA-IDENTITÄTSFESTSTELLUNG, § 81G STPO — 483

ABSCHNITT 11: MOLEKULARGENETISCHE UNTERSUCHUNG ZUR IDENTITÄTSFESTSTELLUNG, § 14A POLG NRW — 524

ABSCHNITT 12: DNA-REIHENUNTERSUCHUNG, § 81H STPO — 559

BUCH 4: HAUPTSTUDIUM 2 593

ABSCHNITT 1: AUSLÄNDERRECHT 595

UNTERABSCHNITT 1: AUSLÄNDERRECHT ALLGEMEIN 596

UNTERABSCHNITT 2: AUSLÄNDERRECHTLICHE MAẞNAHMEN MIT ORIGINÄRER LANDESPOLIZEIZUSTÄNDIGKEIT 625

ABSCHNITT 2: FÜHRERSCHEIN-SICHERSTELLUNG ODER FÜHRERSCHEIN-BESCHLAGNAHME ZUR FAHRERLAUBNISENTZIEHUNGSSICHERUNG, § 94 ABS. 3 I.V.M. § 111A STPO I.V.M. §§ 69, 69A, 69B STGB 761

ABSCHNITT 3: JUGENDSCHUTZRECHT 800

ABSCHNITT 4: VERSAMMLUNGSRECHT 830

ABSCHNITT 5: WAFFENRECHT 889

BUCH 5: HAUPTSTUDIUM 3 928

ABSCHNITT 1: DATENVERARBEITUNG ALLGEMEIN 930

ABSCHNITT 2: INTERNATIONALE POLIZEILICHE ZUSAMMENARBEIT 982

SACHWORTREGISTER 993

LITERATURVERZEICHNIS 1028

ABKÜRZUNGSVERZEICHNIS 1032

Vorwort

Eingriffsrecht der Polizei ist Recht der Polizei zu Maßnahmen mit möglichen Grundrechtseingriffen; es ist – entsprechend den Grundrechtsfunktionen von Abwehr, Schutz und Mitwirkung sowie Teilhabe – nicht nur Eingriffsrecht, sondern auch Erhaltungsrecht und Ermöglichungsrecht.

Eingriffsrecht der Polizei ist eine besondere Disziplin mit höherer Vielschichtigkeit an Rechtsquellen und Rechtserkenntnisquellen zu Rechten und Rechtsgütern aus mehreren Rechtsgebieten, die mehr als andere der umfassenderen (Rechts-)Ordnung und einem strukturierteren (Rechts-)System bedürfen – gemeinsam präzise ausgerichtet insbesondere an wesentlichen Begriffen, Formen, Inhalten der:

- Rechtsgesetze;
- Denkgesetze und Erfahrungsgesetze;
- Naturgesetze.

Für Eingriffsrecht sollte alles einheitlich strukturiert in einem Werk sein – wie insbesondere:

- Grundlagen und Gesetze;
- Rechtsnormen und Rechtsgebiete;
- Rechtsquellen und Rechtserkenntnisquellen.

Dieses Werk befasst sich mit wesentlichen Begriffen, Formen, Inhalten des Eingriffsrechts der Polizei; beinhaltet also insbesondere:

- polizeirelevante Grundlagen des Rechts und Rechtsgrundlagen;
- polizeilich relevantes Grundgesetz-Recht (Verfassungsrecht, Staatsrecht, Grundrechte);
- Polizei- und Ordnungsrecht der Polizei (NRW);
- formelles Strafrecht und Ordnungswidrigkeitenrecht der Polizei;

und zwar für alle Rechtsanwender aus und für „Theorie, Training, Praxis“.

Die Darstellungs-Gliederung dieses Werks richtet sich grundsätzlich nach

- hergebrachter rechtlicher Gliederung und großen Hauptgesetzen;
- umfassender Fallbearbeitungs-Schematik mit allen möglichen Punkten;
- Plänen der Hochschule für Polizei und öffentliche Verwaltung Nordrhein-Westfalen (HSPV NRW) im Fachbereich Polizei.

Dementsprechend besteht dieses Werk insbesondere aus 5 Büchern:

- Erstes Buch: Grundlagen des polizeilichen Eingriffsrechts;
- Zweites Buch: Grundstudium;
- Drittes Buch: Hauptstudium 1;
- Viertes Buch: Hauptstudium 2;
- Fünftes Buch: Hauptstudium 3.

Für dieses Werk in 3 Bänden und 5 Büchern gibt es weitgehend ein einheitliches Vor-wort, ein einheitliches Quellenverzeichnis und ein einheitliches Abkürzungsverzeichnis in allen 3 Bänden sowie ein für jeden Band spezifisches Sachwortregister.

Alle Abschnitte/Module/Maßnahmen sind aktuell und umfassend – mit vielen Originalquellen und Originaltexten.

Alle Teile (z.B. einzelne Maßnahmen) können selbständig und unabhängig voneinander oder quer und nebeneinander gelesen werden, insbesondere

- als eine Art Begleiter, Checkliste, Kompendium für Studium, Training, Dienstpraxis;
- als eine Art Lexikon bezüglich Begriffen, Fachsprache, Stichworten (Argumente, Topoi und Vokabular des Eingriffsrechts);
- als eine Art Nachschlagewerk bezüglich Formen, Inhalten, Quellen.

Es gibt übersichtlich und jeweils an relevanten Stellen:

- Begriffe und (Legal-)Definitionen;
- Subsumtions-Formulierungen und sonstige Formulierungen (Argumente, Topoi und Vokabular des Eingriffsrechts);
- Fallbeispiele und Quellen (Gesetzesquellen, Rechtsprechungsquellen, Schrifttumsquellen);
- weitere Sachregister und Übersichten.

Abbildungen, Bilder, Graphiken unterstützen einfach den Inhalt.

Es erfolgt im Maßnahmenteil jederzeit eine eindeutige, klare Fallbearbeitungs-Strukturierung in hergebrachter rechtlicher Gliederung mit Schema und sogenannten Fallbearbeitungsmarkern zu Vorraussetzungen (VOR), Definitionen (DEF), Subsumtionen (SUB), Ergebnissen (ERG).

Punkte und Formulierungen sind für jede Maßnahme so gewählt, dass sie grundsätzlich in Fallbearbeitungen oder sonstigen Darstellungen eingesetzt werden können.

Alles ist immer wieder an entscheidenden Stellen aufbereitet – mit vielen Wiederholungen zum sofortigen Finden an relevanter Stelle und zum besseren Verinnerlichen.

Alle Rechtsvorschriften und Gesetze sind im Haupttext und im Abkürzungsverzeichnis recherchierbar genannt und benannt, damit alle Rechtsvorschriften für ein richtiges Studium wiederholt, mindestens bei jedem Unterkommen, nachgelesen, nachgedacht, nachvollzogen werden können.

Wesentliche Anhaltspunkte, Eckpunkte, Leitpunkte stehen im Haupttext. Weitere Anmerkungen, Beispiele, Quellen stehen direkt beim Haupttext im Fußnotenapparat. Haupttext und Fußnoten sind extra an jeweils gleicher Stelle so aufgeteilt, dass man mit dem Haupttext jederzeit in der Hauptstruktur bleibt und dass man in den Fußnoten weiter nachlesen kann, aber nicht jederzeit muss.

Wichtige Aussagen sind lese- und zitierfertig möglichst im Original abgedruckt. Die Quellen können mit vielen originalen Vollzitierungen besonders gut nachvollzogen, wiedergefunden und wiederverwendet werden.

Aussagen und Begriffe sind ausgewählt und durch weitere Anmerkungen weiter auf den Punkt gebracht. Wesentliche Begriffe stehen noch schneller recherchierbar im Fettdruck. Auslassungen zwecks Auswahl sind im Orginaltext etwa durch Klammervermerke angegeben.

Zitierte Rechtsquellen und Rechtserkenntnisquellen stammen aus relevantem Verfassungsrecht einschließlich internationalem Recht, dem Bundesrecht und dem Landesrecht, hauptsächlich dem des Landes NRW, und zwar mit Vergleichen zu weiterem Landesrecht beziehungsweise möglichst so, dass daraus sich ergebender Inhalt in ganz Deutschland brauchbar ist.

Fachlich-inhaltlicher Austausch anlässlich des vorliegenden Werks zur allseitigen Weiterentwicklung ist willkommen. Einstweilen wünsche ich Anregungen, Erfolg, Erkenntnis, Freude und weiteren Nutzen.

BUCH 3:

HAUPTSTUDIUM 1

In diesem Buch[1] erfolgt die Darstellung des Rechtsinhalts der Maßnahmen der Polizei überwiegend in der Rechtsform des Fallbearbeitungssystems mit den Fallbearbeitungsmarkern der wesentlichen Elemente Voraussetzung (VOR), Definition (DEF), Subsumtion (SUB), Ergebnis (ERG)[2].

---

[1] Zu den Grundlagen des polizeilichen Eingriffsrechts: *Basten*, Eingriffsrecht der Polizei in Nordrhein-Westfalen – Band 1. Zum Eingriffsrecht der Polizei im Grundstudium: *Basten*, Eingriffsrecht der Polizei in Nordrhein-Westfalen – Band 2. Für Fälle bezüglich der Grundlagen und aller Studienabschnitte: *Basten*, Eingriffsrecht der Polizei in Nordrhein-Westfalen – Fälle.

[2] Zum Fallbegriff, zur Fallbearbeitung und ihren Elementen siehe grundlegend: *Basten*, Eingriffsrecht der Polizei in Nordrhein-Westfalen, Band 1, Buch 1, Abschnitt 3, Unterabschnitt 2.

ABSCHNITT 1:

WOHNUNGSVERWEISUNG (WVW) UND RÜCKKEHRVERBOT (RVB) ZUM SCHUTZ VOR HÄUSLICHER GEWALT

A. Rechtsgrundlage (RGL) I. Grundrechte (GR)

(VOR/DEF)

Grundrechte sind grundlegende Rechte aus Art. 1-19 GG i.V.m. dem Rechtsstaatsprinzip, Art. 20 Abs. 3 GG, mit Vorrang und Vorbehalt des Gesetzes.[3]

(SUB/ERG)

Grundrechte sind i.d.R. wie folgt gegeben:

1. Freizügigkeit, Art. 11 Abs. 1 GG.[4]

a) GR-SB:

aa) Persönlicher GR-SB: „Alle Deutschen", im Sinne des Art. 116 GG.

bb) Sachlicher GR-SB: „**Freizügigkeit**" ist ungehindertes Bewegen in das deutsche Staatsgebiet und im deutschen Staatsgebiet mit dem Zweck von Aufenthalt und Wohnsitznahme (§ 7 BGB), jedenfalls ab einer Zeit von durchgängig 24 Stunden.

b) GR-E (oder Nichteingriff/GR-Verzicht): **Freizügigkeitseinschränkung** durch Einreiseeinschränkung[5], Aufenthaltseinschränkung, Wohnsitznahmeeinschränkung, durch befristete Wohnsitzaufgabe-Anordnung (durch Wvw+Rvb)[6].

c) GR-B: gemäß Art. 11 Abs. 2 GG (qualifizierter Gesetzesvorbehalt), Art. 17a Abs. 2 GG.

---

[3] Zu **Grundrechten**: *Basten*, Eingriffsrecht der Polizei in Nordrhein-Westfalen, Band 1, Buch 1, Abschnitt 2, Unterabschnitt 3. Zum **Rechtsstaatsprinzip** mit unter anderem sogenanntem Vorrang des Gesetzes und Vorbehalt des Gesetzes: *Basten*, Eingriffsrecht der Polizei in Nordrhein-Westfalen, Band 1, S. 95-108.

[4] Vgl. auch Art. 142 GG i.V.m. Art. 4 Abs. 1 Verfassung NRW; Art. 45 EU-GR-Charta; Art. 2 Protokoll Nr. 4 EMRK; Art. 21 AEUV (**Unionsbürgerfreizügigkeit**, zum **Unionsbürger** vgl. Art. 9 S. 2, 3 EUV, Art. 20 Abs. 1 S. 2, 3 AEUV); Art. 45 AEUV (**Arbeitnehmerfreizügigkeit**); Art. 49 AEUV (**Niederlassungsfreiheit**); Art. 56 AEUV (**Dienstleistungsfreiheit**); vgl. auch Art. 28 AEUV (**Warenverkehrsfreiheit**); Art. 12 IPbpR (Bewegung, Wohnsitzwahl, Ausreise, Einreise in Hoheitsgebiet eines Staates, vgl. „Freizügigkeit"), Art. 13 IPbpR (Ausländerausweisungsbedingungen).

[5] BVerfGE 6, 32, Ls. 1, 2 (Elfes) = BVerfG, Urteil des Ersten Senats vom 16.01.1957 – 1 BvR 253/56, Ls. 1: „Art. 11 GG betrifft nicht die Ausreisefreiheit.", Ls. 2: „Die **Ausreisefreiheit** ist als Ausfluß der allgemeinen Handlungsfreiheit durch Art. 2 Abs. 1 GG innerhalb der Schranken der verfassungsmäßigen Ordnung gewährleistet."; BVerwG, Urteil vom 29.05.2019 – BVerwG 6 C 8.18 (Beschränkung des Geltungsbereichs eines Passes), Rn. 20: „In der höchstrichterlichen Rechtsprechung ist seit Jahrzehnten geklärt, dass die durch Art. 2 Abs. 1 GG geschützte Ausreisefreiheit auch durch den Passversagungsgrund des § 7 Abs. 1 Nr. 1 Alt. 3 PassG als Bestandteil der verfassungsmäßigen Ordnung wirksam eingeschränkt wird.".

[6] Landtag-NRW-Drucksache 13/1525, S. 10: „Die Aufnahme des Grundrechts auf Freizügigkeit (Art. 11 GG) in den Katalog der auf Grund des § 7 PolG NW eingeschränkten Grundrechte ist erforderlich, um dem Zitiergebot nach Art. 19 Abs. 1 Satz 2 GG Rechnung zu tragen. Die Verweisung einer Person aus ihrer Wohnung und deren näherem Umfeld für eine nicht unerhebliche Zeitdauer, zu der die Polizei durch die Einführung des § 34 a ermächtigt werden soll (vgl. unten zu Nr. 5), stellt einen Eingriff in den Schutzbereich des Art. 11 Abs. 1 GG dar.".

2. Wohnungsgrundrecht, Art. 13 Abs. 1 GG[7]

a) GR-SB[8]:

aa) Persönlicher GR-SB: Jeder Wohnungsberechtigte, im Verhältnis mehrerer Wohnungsberechtigter zu gleichen Teilen oder der besser unmittelbar Wohnungsberechtigte (zum Beispiel der unmittelbare Besitzer).[9]

---

[7] Vgl. auch Art. 142 GG i.V.m. Art. 4 Abs. 1 Verfassung NRW; Art. 7 EU-GR-Charta; Art. 8 EMRK; §§ 18, 21 GVG i.V.m. DiplBezÜbkG i.V.m. Art. 22, 23 WÜD; §§ 19, 21 GVG i.V.m. KonsÜbkG i.V.m. Art. 27, 31, 55, 59 WÜK.

[8] Vgl. BVerfGE 109, 279, 325-327 (akustische Wohnraumüberwachung / „Großer Lauschangriff") = BVerfG, Urteil des Ersten Senats vom 03.03.2004 – 1 BvR 2378/98, 1084/99 –, C. II. 1. a), b), c), Rn. 158-163: „Das aus Art. 2 Abs. 1 in Verbindung mit Art. 1 Abs. 1 GG folgende **allgemeine Persönlichkeitsrecht** kommt neben Art. 13 Abs. 1 GG allerdings nicht zur Anwendung, soweit Eingriffe in die **räumliche Privatsphäre des Wohnungsinhabers** zu überprüfen sind. Art. 13 Abs. 1 GG enthält eine spezielle Gewährleistung des **Schutzes vor staatlicher akustischer Überwachung der räumlichen Privatsphäre**, die die allgemeinere Vorschrift insoweit verdrängt (vgl. BVerfGE 100, 313 [358] zu Art. 10 GG). Diese Spezialität wirkt sich wegen des weiten Schutzbereichs von Art. 13 GG nicht nur gegenüber der staatlichen Überwachung selbst aus, sondern erstreckt sich auch auf notwendige Vorbereitungsakte und auf den **Informations- und Datenverarbeitungsprozess, der sich an die Erhebung anschließt**, sowie auf den Gebrauch, der von den erlangten Kenntnissen gemacht wird (vgl. BVerfGE 100, 313 [359]). Mit dem Recht, in der Wohnung ungestört zu sein, und dem Recht am eigenen in der Wohnung gesprochenen Wort schützt Art. 13 Abs. 1 GG gerade den Teil der Privatsphäre, den sonst das allgemeine Persönlichkeitsrecht gewährleistet. Dieses Recht ergänzt als unbenanntes Freiheitsrecht die speziellen Freiheitsrechte, die ebenfalls konstituierende Elemente der Persönlichkeit schützen (vgl. BVerfGE 54, 148 [153 f.]), nur insoweit, als Letztere keinen Schutz gewähren. Der Schutz des allgemeinen Persönlichkeitsrechts aus Art. 2 Abs. 1 in Verbindung mit Art. 1 Abs. 1 GG greift hingegen ein, soweit von der Wohnraumüberwachung Personen betroffen werden, die sich nicht auf Art. 13 Abs. 1 GG berufen können. **Grundrechtsträger des Art. 13 Abs. 1 GG** ist jeder Inhaber oder Bewohner eines Wohnraums, unabhängig davon, auf welchen Rechtsverhältnissen die Nutzung des Wohnraums beruht. Bei mehreren Bewohnern einer Wohnung steht das Grundrecht jedem Einzelnen, bei Familien mithin jedem Familienmitglied zu. **Maßnahmen der Wohnraumüberwachung** können aber nicht nur **Wohnungsinhaber**, sondern auch **zufällig in einer Wohnung Anwesende** erfassen. Diese Personen sind zwar nicht in ihrem Grundrecht aus Art. 13 Abs. 1 GG, wohl aber in ihrem allgemeinen Persönlichkeitsrecht betroffen. Der Schutz aus Art. 2 Abs. 1 in Verbindung mit Art. 1 Abs. 1 GG kann insofern allerdings nicht weiter reichen als derjenige aus Art. 13 Abs. 1 und 3 GG. Der **Schutz der räumlichen Privatsphäre** und des allgemeinen Persönlichkeitsrechts kann schließlich in Einzelfällen durch weitere Grundrechtsgarantien ergänzt sein. So wird das Gespräch zwischen Eheleuten in der eigenen Wohnung nicht nur von Art. 13 Abs. 1 GG, sondern zusätzlich durch Art. 6 Abs. 1 GG geschützt. Auch in Bezug auf die Kommunikation mit Berufsgeheimnisträgern können neben dem grundrechtlichen Schutz der räumlichen Privatsphäre Grundrechte in Betracht kommen, die – wie etwa Art. 4 GG im Hinblick auf das Gespräch mit einem Geistlichen – der besonderen Schutzbedürftigkeit der Kommunizierenden Rechnung tragen.".

[9] BVerfG, Beschluss der 3. Kammer des Zweiten Senats vom 27.06.2018 – 2 BvR 1562/17 (auf § 103 StPO gestützte Anordnung der Durchsuchung der Räumlichkeiten des Münchener Kanzleistandorts der Rechtsanwaltskanzlei Jones Day auf sowie Sicherstellung von Unterlagen und elektronischen Daten im Zuge des sogenannten „VW-Dieselskandals" – Verfassungsbeschwerde nicht zur Entscheidung angenommen wegen Unzulässigkeit aufgrund Nichterfüllung von Voraussetzungen nach § 93a Abs. 2 BVerfGG), Gründe, V., Rn. 38 f.: „Wer **Träger des Grundrechts des Art. 13 Abs. 1 GG** ist, entscheidet sich nicht nach der Eigentumslage, sondern grundsätzlich danach, wer Nutzungsberechtigter der Wohnung oder der Betriebs- und Geschäftsräume ist [Quellenangabe]. Bei **Geschäftsräumen** kommt der Schutz des Art. 13 Abs. 1 GG dementsprechend regelmäßig nur dem Unternehmer als Nutzungsberechtigtem zugute, nicht aber den einzelnen Arbeitnehmern (vgl. BVerfG, Beschluss der 1. Kammer des Zweiten Senats vom 9. Juli 2009 - 2 BvR 1119/05 u.a. -, juris, Rn. 27; [Quellenangaben]). […] Nutzungsrecht steht Partnern als

bb) Sachlicher GR-SB: „**Wohnung**“ ist jede der allgemeinen Zugänglichkeit entzogene Stätte privaten Lebens.[10]

b) GR-E (oder Nichteingriff/GR-Verzicht): Persönlichkeitsentfaltungseinschränkung als **Wohnungseinschränkung**, allgemein durch körperliches Eindringen, technische Infiltration sowie grundsätzlich sonstige Behinderungen, Einschränkungen privaten Wohnens.[11]

Mitinhaber der Nutzungsberechtigung der Kanzlei [...] an ihren Kanzleiräumen [...] nur gemeinschaftlich zu (vgl. für die Partnerschaftsgesellschaft nach deutschem Recht §§ 718 f. BGB i.V.m. § 1 Abs. 4 PartGG). Es kann deshalb auch nur von den Gesellschaftern gemeinschaftlich oder, soweit ihre Rechtsfähigkeit anerkannt ist, von der Gesellschaft als solcher geltend gemacht werden. [...] Natürliche Personen, die Geschäfts- oder Amtsräume nutzen, ohne selbst Geschäftsinhaber oder Dienstherr zu sein, sind in Bezug auf Art. 13 Abs. 1 GG nur dann beschwerdebefugt, wenn die genutzten Räume auch als individueller Rückzugsbereich fungieren und sie deshalb der persönlichen beziehungsweise räumlichen Privatsphäre der natürlichen Person zuzuordnen sind (vgl. BVerfGE 103, 142 <150>; BVerfG, Beschluss der 3. Kammer des Zweiten Senats vom 12. Februar 2004 - 2 BvR 1687/02 -, juris, Rn. 13; Beschluss der 3. Kammer des Zweiten Senats vom 16. April 2015 - 2 BvR 2279/13 -, juris, Rn. 14; [Quellenangaben]).“.

[10] Vgl. BVerfGE 32, 54, Ls. 1, 69-72 (Betriebsbetretungsrecht) = BVerfG, Beschluss des Ersten Senats vom 13.10.1971 – 1 BvR 280/66, Ls. 1: „Der Begriff ‚**Wohnung**‘ in Art. 13 Abs. 1 GG ist weit auszulegen; er umfaßt auch **Arbeits-, Betriebs- und Geschäftsräume**.“. BVerfG, Beschluss der 3. Kammer des Ersten Senats vom 10.04.2008 – 1 BvR 848/08 –, Rn. 12: „Die Weite des Wohnungsbegriffs in Art. 13 Abs. 1 GG hat zur Folge, dass an die Zulässigkeit von Eingriffen und Beschränkungen im Sinne des Art. 13 Abs. 1 GG je nach der Nähe der Örtlichkeiten zur räumlichen Privatsphäre unterschiedlich hohe Anforderungen gestellt werden. Während bei Räumen, in denen sich das Privatleben im engeren Sinn abspielt, das Schutzbedürfnis am größten ist und der Schutzzweck des Grundrechts daher in vollem Umfang durchgreift, wird das Schutzbedürfnis bei reinen Betriebs-, Geschäfts- oder Arbeitsräumen durch den Zweck gemindert, den sie nach dem Willen des Inhabers besitzen. Je größer ihre Offenheit nach außen ist und je mehr sie zur Aufnahme sozialer Kontakte für Dritte bestimmt sind, desto schwächer wird der grundrechtliche Schutz (vgl. BVerfGE 32, 54 <75 f.>; 97, 228 <266>). **Rechte zum Betreten von Betriebsräumen** verstoßen daher dann nicht gegen Art. 13 Abs. 1 GG, wenn sie auf einer besonderen gesetzlichen Grundlage beruhen, das Betreten einem erlaubten Zweck dient und für dessen Erreichung erforderlich ist, das Gesetz Zweck, Gegenstand und Umfang des Betretens erkennen lässt und das Betreten auf Zeiten beschränkt wird, in denen die Räume normalerweise für die betriebliche Nutzung zur Verfügung stehen (vgl. BVerfGE 97, 228 <266>; BVerfG, Beschluss der 3. Kammer des Ersten Senats vom 15. März 2007 - 1 BvR 2138/05 -, EuGRZ 2007, S. 486 <488 f.>).“. Vgl. auch § 41 Abs. 1 S. 2 PolG NRW; vgl. auch Nr. 40.03 VVPolG NRW: „Für die **Durchsuchung von Sachen im befriedeten Besitztum** gelten die §§ 41 und 42.“, vgl. auch Nr. 40.12 VVPolG NRW: „Sollen bewegliche Sachen, die Wohnungen sind (vgl. RdNr. 41.11), betreten oder durchsucht werden, richten sich die Maßnahmen nach § 41.“, vgl. auch Nr. 41.11 VVPolG NRW: „Es ist zu beachten: **Wohnungen** i.S.d. § 41 Abs. 1 Satz 2 sind auch die zu Wohnzwecken genutzten beweglichen Sachen wie Schiffe, Wohnwagen, Wohnmobile und Zelte. **Inhaber einer Wohnung** ist, wer rechtmäßig die tatsächliche Gewalt über die Räumlichkeit ausübt, somit z.B. auch Mieter, Untermieter oder Hotelgast. Bei Gemeinschaftsunterkünften, Internaten und Obdachlosenasylen sind nur die Leiterinnen und Leiter Inhaber. Die **Befugnis zum Betreten einer Wohnung** schließt die Befugnis ein, von Personen, Sachen und Zuständen, die ohne weiteres wahrgenommen werden können, **Kenntnis** zu nehmen. Soweit es für die Erfüllung der polizeilichen Aufgaben erforderlich ist, umfasst das **Betretungsrecht bei Grundstücken** auch das **Recht zum Befahren mit Fahrzeugen**.“, vgl. auch Nr. 41.13 VVPolG NRW: „Die **Durchsuchung einer Wohnung** hat sich auf Anlass und Zweck der Durchsuchung zu beschränken. Befinden sich in der Wohnung Personen, die durchsucht werden sollen, ist hierfür § 39 maßgebend. Sollen in einer Wohnung Sachen durchsucht werden, die nicht den Wohnungsinhabern gehören, ist § 40 einschlägig.“.

[11] BVerfGE 109, 279, 327 (akustische Wohnraumüberwachung / „Großer Lauschangriff“) = BVerfG, Urteil des Ersten Senats vom 03.03.2004 – 1 BvR 2378/98, 1084/99 –, C. 2. a), Rn. 165: „Ein **Eingriff in das Grundrecht der Unverletzlichkeit der Wohnung** liegt sowohl im physischen Eindringen in den Wohnraum und in dem Anbringen von technischen Mitteln in den geschützten Räumen, als auch im Belauschen der Vorgänge in der Wohnung mit akustischen Hilfsmitteln (siehe oben C I 1). Er wird durch die

c) GR-B: Art. 13 Abs. 2-7 GG, Art. 17a Abs. 2 GG (qualifizierter Gesetzesvorbehalt; verfassungsunmittelbare Einschränkungen).

Art. 13 Abs. 2-7 GG: „Im Übrigen" können – insbesondere bei Fehlen von verfassungsmäßigen einfachgesetzlichen Konkretisierungen von Art. 13 Abs. 2-7 GG – Art. 13 Abs. 2-7 GG alternativ direkt anwendbare Rechtsgrundlagen mit Rechtmäßigkeitsvoraussetzungen bilden.

3. Eigentum, Art. 14 Abs. 1 S. 1 Alt. 1 GG[12].

a) GR-SB:

aa) Persönlicher GR-SB: Alle Menschen (personen- und staatsangehörigkeitsunabhängiger Wortlaut)

bb) Sachlicher GR-SB: „**Eigentum**" ist Summe aller vermögenswerten Rechte, also jedenfalls auch der berechtigte Besitz und die berechtigte Nutzung[13].[14]

Speicherung und Verwendung der gewonnenen Informationen sowie durch deren Weitergabe an andere Stellen fortgesetzt.". Vgl. auch Landtag-NRW-Drucksache 13/1525, S. 11: „Im Hinblick auf die Grundrechte der betroffenen Person, gegen die die Maßnahmen sich richten, [...] entspricht der Begriff der ‚gegenwärtigen Gefahr für Leib, Leben oder Freiheit einer Person' dem Begriff der ‚dringenden Gefahr' im Sinne des Art. 13 Abs. 7 GG.".

Zur **dringenden Gefahr** mit Definition und weiteren Nachweisen: *Basten*, Eingriffsrecht der Polizei in Nordrhein-Westfalen, Band 1, S. 252.

[12] Vgl. auch Art. 142 GG i.V.m. Art. 4 Abs. 1 Verfassung NRW; Art. 17 EU-GR-Charta; Art. 1 Zusatzprotokoll EMRK.

[13] BVerfGE 95, 267, 300 (Altschulden) = BVerfG, Urteil des Ersten Senats vom 08.04.1997 – 1 BvR 48/94 –, C. I. 1., Rn. 130 f.: „Unter den Schutz der Eigentumsgarantie fallen grundsätzlich alle vermögenswerten Rechte, die dem Berechtigten von der Rechtsordnung in der Weise zugeordnet sind, daß er die damit verbundenen Befugnisse nach eigener Entscheidung zu seinem privaten Nutzen ausüben darf (vgl. BVerfGE 83, 201 [209]; stRspr). Der verfassungsrechtliche Eigentumsschutz reicht damit zwar erheblich weiter als das zivilrechtliche Eigentum und erstreckt sich auch auf nicht dingliche vermögenswerte Rechtspositionen. Er bleibt aber an Rechtspositionen gebunden. Kein Eigentum im Sinn von Art. 14 Abs. 1 GG ist daher das **Vermögen**, das selber kein Recht, sondern den Inbegriff aller geldwerten Güter einer Person darstellt (vgl. BVerfGE 4, 7 [17]; stRspr). Daraus folgt, daß Art. 14 Abs. 1 GG nicht vor der staatlichen Auferlegung von **Geldleistungspflichten** schützt. Diese sind nicht mittels eines bestimmten Eigentumsobjekts zu erfüllen, sondern werden aus dem fluktuierenden Vermögen bestritten. Etwas anderes kommt nur dann in Betracht, wenn die Geldleistungspflichten den Betroffenen übermäßig belasten und seine Vermögensverhältnisse so grundlegend beeinträchtigen, daß sie eine erdrosselnde Wirkung haben (vgl. BVerfGE 78, 232 [243]; stRspr).".

[14] Zum Vergleich von Art. 14 Abs. 1 S. 1 Alt. 1 GG und dem Auffanggrundrecht des Art. 2 Abs. 1 GG: Bei lediglich unentschiedenem Potential von Berechtigung wie Nichtberechtigung kann grundsätzlich in dubio pro libertate zunächst zugunsten des Grundrechtsfähigen größtmöglicher Grundrechtsschutzbereich vermutet werden. Vgl. auch BVerfGE 6, 55, 72 (Steuersplitting); BVerfGE 32, 54, 71 (Betriebsbetretungsrecht); BVerfGE 39, 1, 38 (Schwangerschaftsabbruch I); BVerfGE 51, 97, 110 (Zwangsvollstreckung I); BVerfGE 151, 67 (Nachtzeit) = BVerfG, Beschluss des Zweiten Senats vom 12.03.2019 – 2 BvR 675/14 –, Rn. 55, wonach in Zweifelsfällen diejenige Auslegung zu wählen ist/derjenigen Auslegung der Vorzug zu geben ist, welche die (juristische) „Wirkungskraft der Grundrechtsnorm am stärksten entfaltet.". **Eigentum** i.S.d. (privat)rechtsnormgeprägten Schutzbereichs von Art. 14 Abs. 1 S. 1 Alt. 1 GG ist jedenfalls gegeben bei Eigentum i.S.d. Privatrechts und bei vermögenswerter Besitz-/Nutzungs-/Umgangs-Berechtigung (z.B. i.S.d. §§ 854-984 BGB). **Eigentumslosigkeit** i.S.d. (privat)rechtsnormgeprägten Schutzbereichs von Art. 14 Abs. 1 S. 1 Alt. 1 GG ist jedenfalls gegeben bei allseitiger Besitz-/Nutzungs-/Umgangs-Nichtberechtigung (z.B. i.S.d. §§ 854-984 BGB); nicht schon unbedingt bei lediglich Eigentums-Nichtberechtigung im privatrechtlichen Sinne bei vermögenswerten Besitz-/Nutzungs-/Umgangs-Berechtigungen; wohl aber jedenfalls auch bei Verbot i.S.d. § 134 BGB oder Sittenwidrigkeit i.S.d. § 138 BGB oder

b) GR-E (oder Nichteingriff/GR-Verzicht): Eigentumseinschränkung[15] durch

Einschränkung eines vermögenswerten Rechts, etwa durch (alternativ)

- Einschränkungen oder Entzug der Nutzungs- und Verfügungsbefugnis an (berechtigtem) Eigentum/Besitz/Nutzung, sowohl an Wohnung als auch an zurückzulassenden Gegenständen in der Wohnung, vgl. §§ 903 ff. BGB, §§ 854 ff. BGB, §§ 535 ff. BGB (berechtigter Besitz mindestens aufgrund Mietvertrag), ohne Güterbeschaffung als Inhalts- und Schrankenbestimmungen im Sinne von Art. 14 Abs. 1 S. 2 GG[16];
- Eigentumsentzug als Enteignung im Sinne des Art. 14 Abs. 3 GG mit Änderung der Eigentumszuordnung und stets mit Güterbeschaffung[17].

Vgl. persönliche Habe im Sinne von Art. 11 GG.

c) GR-B: Art. 14 Abs. 1 S. 2, Abs. 2, 3 GG, Art. 18 GG.

4. Ehe und Familie, Art. 6 GG[18]

a) GR-SB:

aa) Persönlicher GR-SB: Jedermann aus Ehe und Familie.

bb) Sachlicher GR-SB: **Ehe**[19] und **Familie**[20].

---

sonstiger Unwirksamkeitsgründe (Nichtentstehensgründe oder Erlöschensgründe) gerade bezüglich des Erwerbs- oder Nutzungs- oder Umgangsaktes (z.B. i.S.d. §§ 854-984 BGB; vgl. z.B. Btm-Umgangsarten i.S.d. § 29 BtMG; vgl. auch etwaiges waffenrechtliches Verbot der Umgangsart Erwerb oder sonstiger Umgangsarten i.S.d. § 1 Abs. 3, 4 WaffG bei Nichtverbot des Erwerbs). Vgl. BVerfGE 110, 1, 23 f. (Erweiterter Verfall [a. F., ≙ erweiterte Tatertragseinziehung, P. B.]) = BVerfG, Beschluss des Zweiten Senats vom 14.01.2004 – 2 BvR 564/95 –, C. I. 3. a), b), Rn. 86 f, 88: „Die Vorschrift des § 73d StGB [a. F., ≙ § 73a StGB, P. B.] verstößt in der Auslegung des Bundesgerichtshofs auch nicht gegen die Eigentumsgarantie des Art. 14 Abs. 1 GG. Soweit § 73d StGB [a. F., ≙ § 73a StGB, P. B.] den Zugriff auf Vermögenswerte erlaubt, die dem unmittelbar Betroffenen wegen eines Verstoßes gegen strafrechtliche Vorschriften zivilrechtlich nicht zustehen (vgl. § 134, § 935 BGB), ist dessen Eigentumsgrundrecht schon mangels einer schutzfähigen Rechtsposition nicht berührt (vgl. BVerfGE 83, 201 [209]; 95, 267 [300]). Dies betrifft vor allem die Entziehung von Gewinnen aus illegalen Drogengeschäften. Denn wegen des strafrechtlichen Verbots des Handeltreibens mit Betäubungsmitteln ist gemäß § 134 BGB neben dem schuldrechtlichen Verpflichtungsgeschäft zugleich die Übereignung sowohl der Drogen als auch des für sie als Kaufpreis gezahlten Geldes zivilrechtlich unwirksam (vgl. BGH, NJW 1983, S. 636 [Schrifttumsquellen]. […] Soweit § 73d StGB StGB [a. F., ≙ § 73a StGB, P. B.] die Entziehung von Gegenständen anordnet, die der Betroffene zwar deliktisch, aber gleichwohl zivilrechtlich wirksam erworben hat, enthält er eine Inhalts- und Schrankenbestimmung des Eigentums im Sinne des Art. 14 Abs. 1 Satz 2 GG. Diese genügt in der Auslegung des Bundesgerichtshofs den verfassungsrechtlichen Anforderungen.“.

[15] Landtag-NRW-Drucksache 13/1525, S. 13.

[16] BVerfGE 143, 246, Ls. 5 (Dreizehnte Novelle des Atomgesetzes) = BVerfG, Urteil des Ersten Senats vom 06.12.2016 – 1 BvR 2821/11 –, Ls. 5.

[17] BVerfGE 143, 246, Ls. 4 (Dreizehnte Novelle des Atomgesetzes) = BVerfG, Urteil des Ersten Senats vom 06.12.2016 – 1 BvR 2821/11 –, Ls. 4.

[18] Vgl. auch Art. 142 GG i.V.m. Art. 4 Abs. 1 Verfassung NRW; Art. 7, 9, 14, 24, 32, 33 EU-GR-Charta; Art. 8, 12 EMRK und Art. 2 Zusatzprotokoll EMRK; Art. 17, 23, 24 IPbpR; Art. 7, 10, 11 IPwskR.

[19] Zum Begriff der Ehe vgl. § 1353 Abs. 1 S. 1 BGB und § 20a LPartG.

[20] BVerfGE 80, 81, 90 (Volljährigenadoption I) = BVerfG, Beschluss des Zweiten Senats vom 18.04.1989 – 2 BvR 1169/84 –, B. I. 1., Rn. 29: „Die **Familie** im Sinn von Art. 6 Abs. 1 GG ist die Gemeinschaft von Eltern und Kindern. Neben der durch Geburt entstandenen Familie wird grundsätzlich auch jede andere von der staatlichen Rechtsordnung anerkannte Gemeinschaft von Eltern und Kindern geschützt (vgl. BVerfGE 18, 97 [105 f.]).“; BVerfGE 136, 382 (Großeltern), Ls. 1 = BVerfG, Beschluss des Ersten Senats

b) GR-E: Einschränkung des Ehe-/Familienlebens.

c) GR-B: Art. 6 Abs. 1, 2, 3 GG.

5. Berufsgrundrecht, Art. 12 Abs. 1 GG[21]

a) GR-SB:

aa) Persönlicher GR-SB: Alle Deutschen.

bb) Sachlicher GR-SB: **Beruf** ist eine auf Dauer angelegte Tätigkeit zur Schaffung und Erhaltung einer Lebensgrundlage.[22]

b) GR-E (oder Nichteingriff/GR-Verzicht): **Berufseinschränkung** durch jede Behinderung der Berufswahl oder Berufsausübung[23] – auch durch Entziehung von Bewerbungsmaterial und

---

vom 24.06.2014 – 1 BvR 2926/13 –, Ls. 1: „Der Schutz der Familie nach Art. 6 Abs. 1 GG schließt familiäre Bindungen zwischen nahen Verwandten ein, insbesondere zwischen Großeltern und ihrem Enkelkind.“.

[21] Vgl. auch Art. 142 GG i.V.m. Art. 4 Abs. 1 Verfassung NRW; Art. 15, 16, 26-33, 36 EU-GR-Charta; Art. 8 IPbpR (**Sklavereiverbot**; **Zwangsarbeitsverbot**, vgl. Art. 12 Abs. 2, 3 GG); Art. 6 IPwskR („**Arbeit**“), Art. 7 IPwskR („Recht eines jeden auf gerechte und günstige **Arbeitsbedingungen**“), Art. 13 IPwskR („**Bildung**“, vgl. Art. 12 Abs. 1 S. 1 GG).

[22] BVerfGE 97, 228, 252 f. (Kurzberichterstattung) = BVerfG, Urteil des Ersten Senats vom 17.02.1998 – 1 BvF 1/91 –, B. II. 1. a), Rn. 94: „Die in Art. 12 Abs. 1 GG gewährleistete **Berufsfreiheit** umfaßt jede Tätigkeit, die auf Dauer angelegt ist und der Schaffung und Aufrechterhaltung einer Lebensgrundlage dient (vgl. BVerfGE 7, 377 [397]; 54, 301 [313]). **Beruf** ist danach nicht nur die aufgrund einer persönlichen ‚Berufung‘ ausgewählte und aufgenommene Tätigkeit, sondern jede auf Erwerb gerichtete Beschäftigung, die sich nicht in einem einmaligen Erwerbsakt erschöpft. Bei diesem weiten, nicht personal gebundenen Berufsbegriff ist das Grundrecht gemäß Art. 19 Abs. 3 GG auch auf juristische Personen des Privatrechts anwendbar (vgl. BVerfGE 50, 290 [363]). Handelt es sich bei der juristischen Person um einen Verein, schützt Art. 12 Abs. 1 GG dessen Tätigkeit allerdings nur dann, wenn die Führung eines Geschäftsbetriebs zu seinen satzungsmäßigen Zwecken gehört (vgl. BVerfGE 65, 190 [210]; 74, 129 [149]).“.

BVerfG, Beschluss des Zweiten Senats vom 14.01.2020 – 2 BvR 1333/17 (Kopftuchverbot für Rechtsreferendarinnen), Rn. 109: „Über das [...] **Recht auf Zugang zu einer Ausbildungsstätte** hinaus schützt Art. 12 Abs. 1 GG die im Rahmen der **Ausbildung** notwendigen Tätigkeiten (vgl. allgemein: BVerfGE 33, 303 <329>; in Bezug auf die Teilnahme an Prüfungen während der Ausbildung: BVerfGE 84, 34 <45>; 84, 59 <72>).“.

[23] BVerfGE 7, 377-379 (Apotheken-Urteil) = BVerfG, Urteil des Ersten Senats vom 11.06.1958 – 1 BvR 596/56 –, Ls. 5, 6 c), 6 d): „5. Die Regelungsbefugnis nach Art. 12 Abs. 1 Satz GG erstreckt sich auf **Berufsausübung** und **Berufswahl**, aber nicht auf beide in gleicher Intensität. Sie ist um der Berufsausübung willen gegeben und darf nur unter diesem Blickpunkt allenfalls auch in die Freiheit der Berufswahl eingreifen. Inhaltlich ist sie umso freier, je mehr sie reine Ausübungsregelung ist, umso enger begrenzt, je mehr sie auch die Berufswahl berührt. 6. c) Wird in die Freiheit der Berufswahl durch Aufstellung bestimmter Voraussetzungen für die Aufnahme des Berufs eingegriffen, so ist zwischen subjektiven und objektiven Voraussetzungen zu unterscheiden: für die subjektiven Voraussetzungen (insbesondere Vor- und Ausbildung) gilt das Prinzip der Verhältnismäßigkeit in dem Sinn, daß sie zu dem angestrebten Zweck der ordnungsmäßigen Erfüllung der Berufstätigkeit nicht außer Verhältnis stehen dürfen. An den Nachweis der Notwendigkeit objektiver Zulassungsvoraussetzungen sind besonders strenge Anforderungen zu stellen; im allgemeinen wird nur die Abwehr nachweisbarer oder höchstwahrscheinlicher schwerer Gefahren für ein überragend wichtiges Gemeinschaftsgut diese Maßnahme rechtfertigen können. 6. d) Regelungen nach Art. 12 Abs. 1 Satz 2 GG müssen stets auf der ‚Stufe‘ vorgenommen werden, die den geringsten Eingriff in die Freiheit der Berufswahl mit sich bringt; die nächste ‚Stufe‘ darf der Gesetzgeber erst dann betreten, wenn mit hoher Wahrscheinlichkeit dargetan werden kann, daß die befürchteten Gefahren mit (verfassungsmäßigen) Mitteln der vorausgehenden ‚Stufe‘ nicht wirksam bekämpft werden können.“.

sonstiger Berufswahlmöglichkeiten oder Berufsmaterial und sonstiger Berufsausübungsmöglichkeiten in Wohnung[24].[25]

c) GR-B: Art. 12 Abs. 1 S. 2 GG.

Ggf. betroffenes Grundrecht insbesondere auch bzgl. Deutschen-GR-Gehalt für Nichtdeutsche, vgl. Art. 11 GG, Art. 12 GG:

6. Allgemeine Verhaltensfreiheit / Allgemeine Handlungsfreiheit[26], Art. 2 Abs. 1 GG[27]

a) GR-SB:

aa) Persönlicher GR-SB: „Jeder“.

---

[24] Landtag-NRW-Drucksache 13/1525, S. 13.

[25] Vgl. auch BVerfG, Beschluss der 3. Kammer des Zweiten Senats vom 27.06.2018 – 2 BvR 1562/17 (auf § 103 StPO gestützte Anordnung der Durchsuchung der Räumlichkeiten des Münchener Kanzleistandorts der Rechtsanwaltskanzlei Jones Day auf sowie Sicherstellung von Unterlagen und elektronischen Daten im Zuge des sogenannten „VW-Dieselskandals“ – Verfassungsbeschwerde nicht zur Entscheidung angenommen wegen Unzulässigkeit aufgrund Nichterfüllung von Voraussetzungen nach § 93a Abs. 2 BVerfGG), Gründe, V., Rn. 41: „Nach der Rechtsprechung des Bundesverfassungsgerichts kann den strafprozessualen Eingriffsnormen des Ersten Buchs 8. Abschnitt der Strafprozessordnung und den darauf gestützten Maßnahmen keine **berufsregelnde Tendenz** entnommen werden, da sie unterschiedslos sämtliche Beschuldigte strafrechtlicher Vorwürfe betreffen oder sich wie § 103 StPO unterschiedslos an jedermann richten (vgl. BVerfGE 113, 29 <48>; 129, 208 <266 f.>).“.

[26] „Allgemeine“ Verhaltensfreiheit / Handlungsfreiheit: Auffanggrundrecht ggü. ggf. spezielleren Grundrechten, vgl. Rechtsnormspezialitätsregel („lex specialis derogat legi generali“), vgl. auch: BVerfGE 6, 32, 37 (Elfes) = BVerfG, Urteil des Ersten Senats vom 16.01.1957 – 1 BvR 253/56, Gründe, II. 2. a), Rn. 16: „Neben der allgemeinen Handlungsfreiheit, die Art. 2 Abs. 1 GG gewährleistet, hat das Grundgesetz die Freiheit menschlicher Betätigung für bestimmte Lebensbereiche, die nach den geschichtlichen Erfahrungen dem Zugriff der öffentlichen Gewalt besonders ausgesetzt sind, durch besondere Grundrechtsbestimmungen geschützt; bei ihnen hat die Verfassung durch abgestufte Gesetzesvorbehalte abgegrenzt, in welchem Umfang in den jeweiligen Grundrechtsbereich eingegriffen werden kann. Soweit nicht solche besonderen Lebensbereiche grundrechtlich geschützt sind, kann sich der Einzelne bei Eingriffen der öffentlichen Gewalt in seine Freiheit auf Art. 2 Abs. 1 GG berufen. Hier bedurfte es eines Gesetzesvorbehalts nicht, weil sich aus der Beschränkung der freien Entfaltung der Persönlichkeit durch die verfassungsmäßige Ordnung der Umfang staatlicher Eingriffsmöglichkeiten ohne weiteres ergibt.“.

[27] Vgl. auch Art. 142 GG i.V.m. Art. 4 Abs. 1 Verfassung NRW; Art. 6 EU-GR-Charta; Art. 5 EMRK.

bb) Sachlicher GR-SB: „**Freie Entfaltung der Persönlichkeit**" ist **allgemeine Verhaltensfreiheit** im umfassenden Sinn[28] durch grundsätzlich jedes Tun, Dulden, Unterlassen[29].

b) GR-E (oder Nichteingriff/GR-Verzicht): **Verhaltenseinschränkung** als Verhaltenssteuerung.

c) GR-B: Art. 2 Abs. 1 Hs. 2[30].

---

[28] BVerfGE 6, 32, 36 f. (Elfes) = BVerfG, Urteil des Ersten Senats vom 16.01.1957 – 1 BvR 253/56, Gründe, II. 2. a), Rn. 14 f.: „Das Grundgesetz kann mit der ‚freien Entfaltung der Persönlichkeit' nicht nur die Entfaltung innerhalb jenes Kernbereichs der Persönlichkeit gemeint haben, der das Wesen des Menschen als geistig-sittliche Person ausmacht, denn es wäre nicht verständlich, wie die Entfaltung innerhalb dieses Kernbereichs gegen das Sittengesetz, die Rechte anderer oder sogar gegen die verfassungsmäßige Ordnung einer freiheitlichen Demokratie sollte verstoßen können. Gerade diese, dem Individuum als Mitglied der Gemeinschaft auferlegten Beschränkungen zeigen vielmehr, daß das Grundgesetz in Art. 2 Abs. 1 GG die Handlungsfreiheit im umfassenden Sinne meint. [...] Es waren nicht rechtliche Erwägungen, sondern sprachliche Gründe, die den Gesetzgeber bewogen haben, die ursprüngliche Fassung ‚Jeder kann tun und lassen was er will' durch die jetzige Fassung zu ersetzen (vgl. v. Mangoldt, Parlamentarischer Rat, 42. Sitzung des Hauptausschusses, S. 533)."; BVerfGE 80, 137, 152 f. (Reiten im Walde) = BVerfG, Beschluss des Ersten Senats vom 06.06.1989 – 1 BvR 921/85 –, C. I. 1 a), Rn. 69: „Nach den in der Rechtsprechung des Bundesverfassungsgerichts entwickelten Grundsätzen gewährleistet Art. 2 Abs. 1 GG die allgemeine Handlungsfreiheit im umfassenden Sinne (st. Rspr. seit BVerfGE 6, 32 [36]; aus neuerer Zeit etwa: BVerfGE 74, 129 [151]; 75, 108 [154 f.]). Geschützt ist damit nicht nur ein begrenzter Bereich der Persönlichkeitsentfaltung, sondern jede Form menschlichen Handelns ohne Rücksicht darauf, welches Gewicht der Betätigung für die Persönlichkeitsentfaltung zukommt (vgl. etwa die Entscheidung eines Vorprüfungsausschusses in BVerfGE 54, 143 (146) - Taubenfüttern).".

[29] BVerfGE 6, 32, Ls. 1, 2 (Elfes) = BVerfG, Urteil des Ersten Senats vom 16.01.1957 – 1 BvR 253/56, Ls. 1: „Art. 11 GG betrifft nicht die Ausreisefreiheit.", Ls. 2: „Die **Ausreisefreiheit** ist als Ausfluß der allgemeinen Handlungsfreiheit durch Art. 2 Abs. 1 GG innerhalb der Schranken der verfassungsmäßigen Ordnung gewährleistet."; BVerwG, Urteil vom 29.05.2019 - BVerwG 6 C 8.18 (Beschränkung des Geltungsbereichs eines Passes), Rn. 20: „In der höchstrichterlichen Rechtsprechung ist seit Jahrzehnten geklärt, dass die durch Art. 2 Abs. 1 GG geschützte Ausreisefreiheit auch durch den Passversagungsgrund des § 7 Abs. 1 Nr. 1 Alt. 3 PassG als Bestandteil der verfassungsmäßigen Ordnung wirksam eingeschränkt wird.".

[30] Art. 2 Abs. 1 Hs. 2 GG (**Schrankentrias**): BVerfGE 80, 137, 153 (Reiten im Walde) = BVerfG, Beschluss des Ersten Senats vom 06.06.1989 – 1 BvR 921/85 –, C. I. 1 a), Rn. 69: „Abgesehen von einem absolut geschützten Kernbereich privater Lebensgestaltung, welcher der Einwirkung der öffentlichen Gewalt entzogen ist (BVerfGE 6, 32 [41]), ist die allgemeine Handlungsfreiheit allerdings nur in den **Schranken** des zweiten Halbsatzes von Art. 2 Abs. 1 GG gewährleistet und steht damit insbesondere unter dem **Vorbehalt der verfassungsmäßigen (Rechts-)Ordnung** (BVerfGE 6, 32 [37 f.]; 74, 129 [152]). Stützt sich ein die Handlungsfreiheit berührender Akt der öffentlichen Gewalt auf eine Rechtsnorm, so kann mit der Verfassungsbeschwerde unter Berufung auf Art. 2 Abs. 1 GG zur Nachprüfung gestellt werden, ob diese Norm zur **verfassungsmäßigen Ordnung** gehört, das heißt formell und materiell mit den Normen der Verfassung in Einklang steht (st. Rspr. seit BVerfGE 6, 32)."; BVerfGE 6, 32, Ls. 3 (Elfes) = BVerfG, Urteil des Ersten Senats vom 16.01.1957 – 1 BvR 253/56, Ls. 3: „**Verfassungsmäßige Ordnung** im Sinne des Art. 2 Abs. 1 GG ist die verfassungsmäßige Rechtsordnung, d.h. die Gesamtheit der Normen, die formell und materiell der Verfassung gemäß sind."; vgl. dazu auch BVerfGE 6, 32, 37-41 (Elfes) = BVerfG, Urteil des Ersten Senats vom 16.01.1957 – 1 BvR 253/56, Gründe II. 2 b), c), Rn. 17-33.

Rechte anderer sind (als Teil der verfassungsmäßigen Ordnung) subjektive Berechtigungen (Anspruch oder Befugnis oder Erlaubnis) einschließlich Verpflichtungen (Pflicht zur Erfüllung von Anspruch oder Befugnis oder Erlaubnis) und sonstiger Rechtswirkungen für ein Rechtssubjekt bezüglich eines Verhaltens oder eines Rechtsguts.

Vgl. zum ein Mal bundesverfassungsgerichtlich entscheidungserheblich bemühten „**Sittengesetz**" nach Art. 2 Abs. 1 Hs. 2 GG als Gesetz, das nicht das durch die „soziale Gemeinschaft" „als für sich verbindlich"

A. Rechtsgrundlage (RGL) II. Rechtsgebiet (RG)

(VOR/DEF)

Rechtsgebiet ist Rechtsordnungsteil nach allen Umständen[31] – wie schwerpunktmäßige Äußerungen, Rechtsnormen, Zwecke, auch i.V.m. §§ 133, 157 BGB analog.[32]

(SUB/ERG)

„Wohnungsverweisung" und „Rückkehrverbot" sind so nur gefahrenabwehrgesetzlich normierte Maßnahmen und erfolgen auf dem Rechtsgebiet des besonderen öffentlichen Verwaltungsrechts polizeilicher Gefahrenabwehr.

A. Rechtsgrundlage (RGL) III. Mögliche Befugnisrechtsnorm (Mgl. Brn.)

(VOR/DEF)

Befugnisrechtsnorm ist die rechtmäßige hauptsächliche materiellrechtliche Rechtsgrundlage mit realfolgenentsprechender Rechtsfolge.

(SUB/ERG)

Realfolge ist die jeweilige Maßnahme laut Sachverhalt.

Rechtsfolge ist die jeweilige Rechtsfolge aus der Rechtsnorm des § 34a PolG NRW.

§ 34a PolG NRW ist generell mögliche Befugnisrechtsnorm, insbesondere da sie auch angesichts Art. 11 GG und Art. 73 Abs. 3 GG rechtmäßig ist.[33]

---

anerkannte „Rechtsgefühl" „im allgemeinen" „verletzt": BVerfGE 6, 389 (Homosexuelle) = BVerfG, Urteil des Ersten Senats vom 10.05.1957 – 1 BvR 550/52 –, und StrRehaHomG (Gesetz zur strafrechtlichen Rehabilitierung der nach dem 8. Mai 1945 wegen einvernehmlicher homosexueller Handlungen verurteilten Personen vom 17. Juli 2017 – BGBl. I S. 2443).

[31] Umstände im weiten Sinn, etwa als Bedingungen, Beziehungen, Faktoren, Folgen, Funktionen, Umweltbedingungen, Variablen, Verhältnissen, Voraussetzungen, Weltbedingungen.

[32] Zum Rechtsgebiet bzw. zu Rechtsgebieten einschließlich Rechtsgebiet-Begriffen und Rechtsgebiet-Auslegungsansätzen: *Basten*, Eingriffsrecht der Polizei in Nordrhein-Westfalen, Band 1, Buch 1, Abschnitt 3, Unterabschnitt 3, Titel 3, Untertitel 3.

[33] VGH Baden-Württemberg, Urteil des 1. Senats vom 22.07.2004 – 1 S 2801/03 –, Rn. 28: „Gemäß Art. 73 Nr. 3 1. Fall GG hat der Bund zwar die ausschließliche Gesetzgebungskompetenz für die ‚Freizügigkeit'. Dadurch ist jedoch eine Begrenzung des Grundrechts auf Freizügigkeit aus Art. 11 Abs. 1 GG, dessen Schutzbereich auch nach Auffassung des Senats bei Wohnungsverweisen mit Rückkehrverbot tangiert ist, durch Landesrecht nicht ausgeschlossen. Aus der Wortlautidentität des Begriffes ‚Freizügigkeit' in Art. 73 Nr. 3 GG und Art. 11 Abs. 1 GG folgt jedoch nicht die ausschließliche Gesetzgebungskompetenz des Bundes. Vielmehr ist der Begriff der ‚Freizügigkeit' in Art. 73 Nr. 3 GG enger auszulegen als jener des Art. 11 Abs. 1 GG […]. Für diese Auffassung spricht vor allem, dass der Kriminalvorbehalt in Art. 11 Abs. 2 GG (‚um strafbaren Handlungen vorzubeugen') sich auf Landesrecht bezieht, da die Verhütung und Unterbindung strafbarer Handlungen nach allgemeinem Polizeirecht in die ausschließliche

Rechtsfolgen aus § 34a PolG NRW sind als Verwaltungsakte (i.S.d. § 35 VwVfG NRW) Wohnungsverweisung und/oder Rückkehrverbot (zum Schutz vor häuslicher Gewalt[34]),

- gegenständlich (alternativ)
  - für den gesamten Wohnungsbereich;
  - für den gesamten Wohnungsbereich einschließlich unmittelbarer Wohnungsumgebung[35];
  - nicht für den gesamten Wohnungsbereich, sondern beschränkt auf bestimmte Wohn- oder Nebenräume, § 34a Abs. 1 S. 3 PolG NRW;
- zeitlich (alternativ)
  - in der Regel bis zu 10 Tagen, § 34a Abs. 5 S. 1 PolG NRW;
  - im Fall der Beantragung zivilrechtlichen Schutzes im Sinne von § 34a Abs. 5 S. 2 PolG NRW ohne gerichtliche Entscheidung maximal bis zu 20 Tagen[36];
  - im Fall von **Rücknahme** oder Widerruf im Sinne von §§ 48, 49 VwVfG NRW bis zum Rücknahme- oder Widerrufszeitpunkt, § 34a Abs. 5 S. 3 PolG NRW[37].

Die Frist der Maßnahme beginnt in der Regel gemäß §§ 31 VwVfG NRW i. V. m. §§ 187-193 BGB mit dem Beginn des auf die Anordnung folgenden Tages.[38]

Gesetzgebungskompetenz der Länder fällt. Der Gesetzesvorbehalt des Art. 11 Abs. 2 GG würde ansonsten weitgehend leer laufen. Daher ist das in die Landeskompetenz fallen Recht der Gefahrenabwehr von der Bundeskompetenz nach Art. 73 Nr. 3 GG auszunehmen.".

[34] Zum Hintergrund bzgl. hauptsächlichen Telos/Sinns und Zwecks des § 34a PolG NRW, nämlich **Schutz vor häuslicher Gewalt**, vgl. § 34a Überschrift PolG NRW; BVerfG, Beschluss der 1. Kammer des Ersten Senats vom 22.02.2002 - 1 BvR 300/02 = BVerfG, NJW 2002, 2225, Rn. 7, und in Rn. 8: „Diese Konzeption, mit der es der nordrhein-westfälische Gesetzgeber unternommen hat, in Fällen häuslicher Gewalt seinen Schutzauftrag aus Art. 2 und Art. 6 GG zu erfüllen […]". „Eine endgültige Entscheidung über die Zuweisung einer Wohnung wird durch Maßnahmen nach § 34a Abs. 1 PolG NW nicht getroffen. § 34a PolG NW ermöglicht der Behörde vielmehr eine erste kurzfristige Krisenintervention mit dem Ziel, akute Auseinandersetzungen mit Gefahren für Leib, Leben oder Freiheit einer Person zu entschärfen, den Beteiligten Wege aus der Krise zu eröffnen und ihnen die Möglichkeit zu verschaffen, in größerer Ruhe und ohne das Risiko von Gewalttätigkeiten Entscheidungen über ihre künftige Lebensführung sowie gegebenenfalls die Inanspruchnahme gerichtlichen Schutzes nach Maßgabe des Gesetzes zum zivilrechtlichen Schutz vor Gewalttaten und Nachstellungen (Gewaltschutzgesetz - GewSchG) zu treffen.".

[35] Landtag-NRW-Drucksache 13/1525, S. 13: „Darüber hinaus erstrecken sich Wohnungsverweisung und Rückkehrverbot nicht zwingend auch auf die unmittelbare Umgebung der Wohnung, sondern können in Fallkonstellationen wie der eben geschilderten auch auf die Wohnung beschränkt werden, sofern der Schutz der gefährdeten Person nach wie vor gewährleistet ist (das Bindewort ‚sowie' in Absatz 1 Satz 1 ist sowohl kumulativ als auch alternativ zu verstehen) .".

[36] Landtag-NRW-Drucksache 13/1525, S. 2, 17 f.

[37] Landtag-NRW-Drucksache 13/1525, S. 18: „Sollten vor Ablauf der in Absatz 5 Satz 1 genannten bzw. von der Polizei gesetzten Frist bzw. der Frist in Absatz 5 Satz 2 Umstände eintreten, die zur vorzeitigen Beendigung der nach Absatz 1 getroffenen Maßnahmen führen können (etwa, wenn auf Grund bestimmter Tatsachen Anhaltspunkte dafür gegeben sind, dass die polizeiliche Gefahrenprognose, z. B. wegen einer Falschaussage der gefährdeten Person oder sonstiger Zeugen, unzutreffend war), sind nach Absatz 5 Satz 3 die allgemeinen Vorschriften des Vw.VfG.NRW über die Aufhebung von Verwaltungsakten einschlägig (§ § 48, 49 VwVfG.NRW).".

[38] Landtag-NRW-Drucksache 13/1525, S. 18: „Für die Berechnung der Fristen in Absatz 5 Satz 1 und Satz 2 (Beginn, Ende) sind § 31 VwVfG.NRW sowie - in entsprechender Anwendung - die § § 187 bis 193 BGB maßgebend.".

Wohnungsverweisung und Rückkehrverbot sind **Dauerverwaltungsakte**[39], insbesondere verdeutlicht durch § 34a Abs. 5-7 PolG NRW, die gleich in ihren Rechtmäßigkeitsvoraussetzungen sind.

Wohnungsverweisung und Rückkehrverbot können einzeln oder zusammen, zeitgleich oder zeitlich versetzt erlassen werden.[40]

Zeitlich versetzt erlassene, insbesondere an unterschiedlichen Tagen erlassene VA Wohnungsverweisung und Rückkehrverbot können Wirkungen auf ihr Ende haben, vgl. § 34a Abs. 5 S. 1 PolG NRW.

Nachherige Wirkungen auf die erlassenen Dauerverwaltungsakte von Wohnungsverweisung und Rückkehrverbot haben grundsätzlich keine Wirkungen auf die Rechtmäßigkeit des Ersterlasses von Wohnungsverweisung und Rückkehrverbot, vgl. die Definition der Maßnahmen-Rechtmäßigkeit („zur maßgeblichen Zeit")[41], vgl. auch § 34a Abs. 5 S. 3 PolG NRW und § 34a Abs. 7 PolG NRW, der im Übrigen insbesondere folgenden Zweck hat: Schutz der „gefährdeten Person" vor häuslicher Gewalt, nicht Rechtmäßigkeitsvoraussetzung ist für den Eingriff gegen die „betroffene Person".

B. Formelle Rechtmäßigkeit (FR) I. Zuständigkeit (Z)

(VOR/DEF)

Zuständigkeit ist Aufgabenwahrnehmungserlaubnis für den Rechtsfolgesetzer.

(SUB/ERG)

Für Wohnungsverweisung und Rückkehrverbot ist die Zuständigkeit (i.d.R.) wie folgt gegeben:

1. sachliche Zuständigkeit *der Polizei* gemäß

---

[39] Zu Dauerverwaltungsakten siehe *Basten*, Eingriffsrecht der Polizei in Nordrhein-Westfalen, Band 1, S. 177, 210, 280.

[40] Landtag-NRW-Drucksache 13/1525, S. 13: „Wohnungsverweisung und Rückkehrverbot müssen gleichzeitig angeordnet werden, wenn sich die betroffene Person beim Einschreiten der Polizei in der Wohnung aufhält. Daneben ist aber auch die alleinige Erteilung eines Rückkehrverbotes möglich, wenn sich eine Wohnungsverweisung erübrigt hat, weil die betroffene Person im Zeitpunkt des Einschreitens der Polizei die Wohnung bereits verlassen und die Polizei - etwa auf Grund von Zeugenaussagen des Gewaltopfers oder der Nachbarn, auf Grund der (möglicherweise ärztlich attestierten) Schwere der auf Fremdverschulden zurückzuführenden Verletzungen des Opfers oder aus anderen Gründen - ausreichende Anhaltspunkte für die Annahme hat, dass auch in Zukunft Gewalttaten der betroffenen Person drohen. In praktischer Hinsicht ist allerdings erforderlich, dass der Aufenthaltsort der betroffenen Person bekannt ist, damit das Rückkehrverbot ihr gegenüber ausgesprochen werden kann. Ist der Aufenthalt der betroffenen Person nicht bekannt, empfiehlt es sich, das Rückkehrverbot durch schriftlichen Verwaltungsakt zu erteilen und diesen im Wege der Ersatzzustellung nach § 1 LZG in Verbindung mit § 11 VwZG zuzustellen.".

[41] Zur Maßnahmen-Rechtmäßigkeit-Definition u.a. mit maßgeblicher Zeit siehe *Basten*, Eingriffsrecht der Polizei in Nordrhein-Westfalen, Band 1, S. 175-177.

- § 1 Abs. 1 S. 1, 2 Var. 1 PolG NRW (originäre Zuständigkeit) (ggf. i.V.m. § 1 Abs. 2 PolG NRW[42] / ggf. i.V.m. § 1 Abs. 5 S. 2 PolG NRW[43]);

2. instanzielle Zuständigkeit *der Polizeibehörde* (i.d.R.) gemäß

- § 11 Abs. 1 Nr. 1 POG NRW i.V.m. KPBVO NRW;
- (generell:) §§ 10-14 POG NRW (ggf. i.V.m. LKAAufgVO NRW);

3. örtliche Zuständigkeit *der Polizeibehörde* gemäß

- § 7 Abs. 1 S. 1 POG NRW (ggf. i.V.m. KHSTVO NRW);
- (generell:) §§ 7-9 POG NRW (ggf. i.V.m. KHSTVO NRW);

4. funktionelle Zuständigkeit *des Polizei-Amtswalters* gemäß

- § 34a Abs. 1 S. 1 Wort 2 PolG NRW für Anordnung und Ausführung.

B. Formelle Rechtmäßigkeit (FR) II. Verfahren (V)

(VOR/DEF)

Verfahren ist normiertes Verhalten insbesondere für den Rechtsfolgezuständigen außer, bei, i.Z.m. der Rechtsfolge.

1. Speziellere Verfahrensrechtsnormen aus § 34a PolG NRW für Wvw- und Rvb-VA (§§ 1, 2, 9, 35 VwVfG NRW)

(VOR/DEF)

a) § 34a Abs. 1 S. 2 PolG NRW: Genaue Bereichs-Bestimmung und Bereichs-Bezeichnung
Gemäß § 34a Abs. 1 S. 2 PolG NRW ist der räumliche Bereich, auf den sich Wohnungsverweisung und Rückkehrverbot beziehen, nach dem Erfordernis eines wirkungsvollen Schutzes der gefährdeten Person zu bestimmen und genau zu bezeichnen.

b) § 34a Abs. 2 PolG NRW: Geben von Gelegenheit für Mitnahme dringend benötigter Gegenstände

Gemäß § 34a Abs. 2 PolG NRW ist der Person, die die Gefahr verursacht und gegen die sich die polizeilichen Maßnahmen nach § 34a Abs. 1 PolG NRW richten (betroffene Person), Gelegenheit zu geben, dringend benötigte Gegenstände des persönlichen Bedarfs mitzunehmen.

Dringend benötigte Gegenstände im Sinne des § 34a Abs. 2 PolG NRW können je nach einzelnem Fall in angemessener Anzahl insbesondere folgende Gegenstände sein: Arbeitsmaterial, Arbeitsunterlagen, Bücher, Dokumente, Hygieneartikel, Körperkultursachen (Sachen für eine

---

[42] § 1 Abs. 2 PolG NRW hat negative Zuständigkeitsvoraussetzungen; § 1 Abs. 2 PolG NRW ist die sogenannte „**Privatrechtsklausel**"; zum **Privatrecht in der polizeilichen Praxis** ausführlich: *Basten*, Privatrecht in der polizeilichen Praxis.

[43] § 1 Abs. 5 S. 2 PolG NRW ist qua Gesetzessystematik eine Zuständigkeitsvorschrift mit negativen Befugnisvoraussetzungen.

Kulturtasche), Kosmetik, Kleidung, Medikamente, Papiere, Telekommunikationsgeräte, Telemediengeräte, Zahlungsmittel.[44]

Mitnahme im Sinne des § 34a Abs. 2 PolG NRW ist körperliches Wegbewegen aus der Wohnung, sodass bei Wohnungsabwesenheit der gefahrverursachenden Person (betroffenen Person) diese die Wohnung zum Mitnahmezweck nur in Begleitung der Polizei aufsuchen darf – nach glaubhafter Darlegung dringenden Benötigens, möglichst polizeilicher Benachrichtigung der gefährdeten Person und ihrer Gelegenheit, die Gegenstände – etwa über Dritte – herauszugeben.[45]

c) § 34a Abs. 3 PolG NRW: Aufforderung zur Benennung von Anschrift oder zustellungsbevollmächtigter Person

Gemäß § 34a Abs. 3 PolG NRW hat die Polizei die betroffene Person aufzufordern, eine Anschrift oder eine zustellungsbevollmächtigte Person zum Zweck von Zustellungen behördlicher oder gerichtlicher Entscheidungen, die zur Abwehr einer Gefahr im Sinne des § 34a Abs. 1 PolG NRW ergehen, zu benennen.

Unmittelbarer Zwang zur Abgabe einer Erklärung, also auch einer Benennung, ist ausgeschlossen, § 55 Abs. 2 PolG NRW. Für Fälle nicht rechtzeitiger Benennung trotz Aufforderung nach § 34a Abs. 3 PolG NRW gibt es das Alternativmittel von **Zustellung**[46] **durch öffentliche Bekanntmachung** im Sinne von § 10 LZG NRW.

d) § 34a Abs. 4 PolG NRW: Hinweis, Information, Nahelegung, Anbieten

Gemäß § 34a Abs. 4 PolG NRW hat die Polizei die gefährdete Person auf die Möglichkeit der Beantragung zivilrechtlichen Schutzes hinzuweisen, sie über Beratungsangebote zu informieren, ihr eine Inanspruchnahme geeigneter, für diese Aufgabe qualifizierter Beratungseinrichtungen nahe zu legen und anzubieten, durch Weitergabe ihres Namens, ihrer Anschrift und ihrer Telefonnummer einen Kontakt durch die in der polizeilichen Einsatzdokumentation näher bezeichneten Beratungseinrichtung zu ermöglichen.

„**Zivilrechtlicher Schutz**" im Sinne von § 34a Abs. 4 PolG NRW ist **privatrechtlicher Schutz** insbesondere nach dem GewSchG und dem „**Verfahren in Gewaltschutzsachen**" nach §§ 210-216a FamFG.

Beratung im Sinne des § 34a Abs. 4 PolG NRW ohne oder gegen den Willen der gefährdeten Person ist nicht vorgesehen, weshalb eine polizeiliche Datenübermittlung an Personen oder Stellen außerhalb des öffentlichen Bereichs, die eine Beratung im Sinne des § 34a Abs. 4 PolG NRW durchführen, nur mit **Einwilligung** der gefährdeten Person im Sinne von § 36 Nr. 19 DSG NRW, § 38 DSG NRW vorgenommen werden kann.[47]

Beratungsstellen im Sinne von § 34a Abs. 4 PolG NRW umfassen anwaltliehe Hilfe zur Beantragung zivilrechtlichen Rechtsschutzes als auch das Beratungsangebot öffentlicher und nichtöffentlicher Stellen, deren spezielle Aufgabe es ist, Opfern häuslicher Gewalt in Form einer intervenierenden Sozialarbeit unterstützend zur Seite zu stehen und gemeinsam mit ihnen

---

[44] Landtag-NRW-Drucksache 1315/25, S. 14.

[45] Landtag-NRW-Drucksache 1315/25, S. 14.

[46] Zur Zustellung siehe auch *Basten*, Eingriffsrecht der Polizei in Nordrhein-Westfalen, Band 1, S. 211.

[47] Landtag-NRW-Drucksache 13/1525, S. 16.

Lösungen zu finden, um die persönliche Situation zu verbessern und die Gewaltbeziehung zu beenden.[48]

e) § 34a Abs. 6 S. 2 PolG NRW: Inkenntnissetzen über Maßnahmen-Dauer

Gemäß § 34a Abs. 6 S. 2 PolG NRW hat die Polizei die gefährdete und die betroffene Person unverzüglich über die Dauer der Maßnahmen nach § 34a Abs. 1 PolG NRW in Kenntnis zu setzen.[49]

f) § 34a Abs. 7 PolG NRW: Prüfung auf Einhaltung des Rückkehrverbots

Gemäß § 34a Abs. 7 PolG NRW ist die Einhaltung eines Rückkehrverbotes mindestens einmal während seiner Geltung zu überprüfen.[50]

(SUB/ERG)

Im konkreten Fall sind die Verfahrensrechtsnormen (alternativ)

- eingehalten.
- nicht eingehalten.[51]

---

[48] Landtag-NRW-Drucksache 13/1525, S. 15.

[49] Landtag-NRW-Drucksache 13/1525, S. 19: „Die in Absatz 6 Satz 2 normierte Verpflichtung der Polizei, die gefährdete und die betroffene Person unverzüglich über die Dauer der Maßnahmen nach Absatz 1 im konkreten Einzelfall zu informieren, schafft für beide Personen die nötige Rechtssicherheit und gibt insbesondere der gefährdeten Person, sofern sie ein weiteres Zusammenleben mit der betroffenen Person ablehnt, die Möglichkeit, sich umgehend um anderweitige Unterkunftsmöglichkeiten zu bemühen.".

[50] Landtag-NRW-Drucksache 13/1525, S. 19: „Die Verpflichtung der Polizei in Absatz 7, die Einhaltung des Rückkehrverbotes mindestens einmal während seiner Geltung zu überprüfen, dient dem Schutz der gefährdeten Person. Es empfiehlt sich, die Überprüfung frühzeitig durchzuführen, etwa innerhalb der ersten drei Tage nach der Wohnungsverweisung bzw. der Erteilung eines Rückkehrverbotes, da nach den Erfahrungen in Österreich Missachtungen des Verbots zwar selten sind (nur etwa jeder 12. weggewiesene Täter übertritt das Verbot), aber meist in diesem Zeitraum vorkommen. Bei Zuwiderhandlungen kann ein zuvor angedrohtes Zwangsgeld festgesetzt und/oder die betroffene Person in Gewahrsam genommen werden […].".

[51] Landtag-NRW-Drucksache 13/1525, S. 18 f.: „Der Zeitraum, innerhalb dessen die Polizei weitere, begleitende Maßnahmen im Zusammenhang mit der Wohnungsverweisung und dem Rückkehrverbot zu treffen hat (z. B. Information der gefährdeten und der betroffenen Person gemäß Absatz 6 Satz 2 über die Dauer der nach Absatz 1 in Verbindung mit Absatz 5 Satz 1 verfügten Maßnahmen, Überprüfung gemäß Absatz 7 [...], ist von der Dauer derWohnungsverweisung und des Rückkehrverbotes im konkreten Einzelfall abhängig. Das setzt insbesondere voraus, dass die Polizei über die Beantragung zivilrechtlichen Schutzes sowie über den Tag der gerichtlichen Entscheidung informiert ist. Absatz 6 Satz 1 enthält daher eine Verpflichtung des Gerichts, die Polizei unverzüglich von der Antragstellung sowie vom Zeitpunkt der gerichtlichen Entscheidung in Kenntnis zu setzen. Die §§ 18 bis 22 EGGVG, die Vorgaben für die von Amts wegen erfolgende Übermittlung personenbezogener Daten durch Gerichte der ordentlichen Gerichtsbarkeit und Staatsanwaltschaften an öffentliche Stellen des Bundes oder eines Landes enthalten, bleiben unberührt, da es sich bei der Verpflichtung in Absatz 6 Satz 1 nicht um eine Datenübermittlung aus einem landesrechtlich geregelten Verfahren handelt (vgl. hierzu § 12 Abs. 1 Satz 2 EGGVG) und eine Abweichung landesrechtlicher Verfahrensregelungen von den Vorgaben der § § 18 und 22 EGGVG daher nicht in Betracht kommt.".

2. Allgemeine VwVfG-NRW-Verfahrensrechtsnormen bei Wvw- und Rvb-VA (§§ 1, 2, 9, 35 VwVfG NRW)

(VOR/DEF)

a) § 28 VwVfG NRW: Anhörung

Gemäß § 28 VwVfG NRW besteht Pflicht zur **Anhörung** im Sinne des § 28 Abs. 1 VwVfG NRW (Äußerungsgelegenheit mit entsprechender Würdigung vor eingreifendem VA) – oder es soll sein: ein Ausnahmegrund gemäß § 28 Abs. 2, 3 VwVfG NRW oder **VA-Verletzungsunbeachtlichkeit** gemäß § 45 VwVfG NRW[52] oder **VA-Nichtaufhebbarkeit** gemäß § 46 VwVfG NRW[53].

Gemäß § 28 Abs. 2 VwVfG NRW kann von der Anhörung abgesehen werden, wenn sie nach den Umständen des Einzelfalles nicht geboten ist, insbesondere wenn ein Fall vorliegt gemäß § 28 Abs. 2 Nr. 1-5 VwVfG NRW.

Absehenkönnen im Sinne von § 28 Abs. 2 Hs. 1 VwVfG NRW bedeutet Ermessen – in systematisch-kumulativer Verbindung mit § 28 Abs. 2 Hs. 2 VwVfG NRW wiederum unter Vorbehalt des tatsächlich und rechtlich Möglichen wie Gebotenen.

Gebotenheit ist Nichtverfügbarkeit eines milderen, gleich geeigneten Mittels zur Zweckförderung.

---

[52] Vgl. § 45 VwVfG NRW („**Heilung von Verfahrens- und Formfehlern**"), vgl. dazu: BVerwG, Urteil vom 06.02.2019 – BVerwG 1 A 3.18: „Eine entsprechende Heilung [hier im Fall einer Anhörung, P. B.] setzt voraus, dass die Anhörung nachträglich ordnungsgemäß durchgeführt und ihre Funktion für den Entscheidungsprozess der Behörde uneingeschränkt erreicht wird. Dies ist der Fall, wenn der Betroffene Gelegenheit hat, seine Einwendungen vorzubringen, und die Behörde diese nicht nur zur Kenntnis nimmt, sondern auch bei ihrer Entscheidung in Erwägung zieht. Von Letzterem ist auszugehen, wenn sich die Behörde nicht darauf beschränkt, die einmal getroffene Sachentscheidung zu verteidigen, sondern das Vorbringen des Betroffenen erkennbar zum Anlass nimmt, die Entscheidung kritisch zu überdenken (BVerwG, Urteil vom 17. Dezember 2015 - 7 C 5.14 - BVerwGE 153, 367 Rn. 17 m.w.N.).".

[53] Vgl. § 46 VwVfG NRW („**Folgen von Verfahrens- und Formfehlern**"), vgl. dazu BVerwG, Urteil vom 09.05.2019 – BVerwG 2 C 2.18 (Unterbliebene Beteiligung der Gleichstellungsbeauftragten bei LAFP NRW-Auswahlentscheidung), Rn. 70: „Ein Verstoß gegen eine Verfahrensvorschrift ist nur dann offensichtlich ohne Einfluss auf die Entscheidung in der Sache, wenn das Gericht zweifelsfrei und ohne jede Spekulation davon ausgehen kann, dass die Entscheidung ohne den Fehler genauso ausgefallen wäre. Ein Kausalzusammenhang ist dagegen zu bejahen, wenn nach den Umständen des jeweiligen Falles die konkrete Möglichkeit besteht, dass ohne den angenommenen Verfahrensmangel die Entscheidung anders ausgefallen wäre (stRspr, vgl. BVerwG, Urteile vom 30. Mai 1984 - 4 C 58.81 - BVerwGE 69, 256 <270> und vom 28. Juni 2018 - 2 C 14.17 - Buchholz 11 Art. 33 Abs. 5 GG Nr. 148 Rn. 32; Emmenegger, in: Mann/Sennekamp/Uechtritz, VwVfG, 2014, § 46 Rn. 91; Ramsauer, in: Kopp/Ramsauer, VwVfG, 20. Aufl. 2019, § 46 Rn. 36; Sachs, in: Stelkens/Bonk/Sachs, VwVfG, 9. Aufl. 2018, § 46 Rn. 80, 83).", Rn. 69: „Dabei lässt der Senat offen, ob § 46 VwVfG NRW, der die Aufhebung eines Verwaltungsaktes ausschließt, also Anfechtungsklagen betrifft, auf die im Streitfall gegebene Konstellation einer Feststellungsklage nach erledigtem Neubescheidungsbegehren (evtl. entsprechend) anzuwenden ist. Dasselbe gilt für die Frage, ob der in von § 46 VwVfG NRW normierte Ausschluss des Aufhebungsanspruchs auch die hier gegebene andersgeartete, besondere Fehlerfolge des § 18 Abs. 3 Satz 1 LGG NRW erfasst, wonach die verfahrensfehlerhaft zustande gekommene Auswahlentscheidung (nur) auszusetzen und die Beteiligung nachzuholen ist. Selbst wenn dies der Fall sein sollte, ist jedenfalls offensichtlich i.S.v. § 46 VwVfG NRW, dass der in der Nichtbeteiligung der Gleichstellungsbeauftragten liegende Verfahrensfehler die Entscheidung in der Sache nicht beeinflusst hat.".

Gemäß § 28 Abs. 2 Nr. 1 VwVfG NRW kann von der Anhörung abgesehen werden, wenn eine sofortige Entscheidung wegen Gefahr im Verzug oder im öffentlichen Interesse notwendig erscheint.

Gefahr im Verzug i.S.d. § 28 Abs. 2 Nr. 1 VwVfG NRW ist gegeben, wenn der Handlungsbedarf unvorhergesehen ist und bei Durchführung der eigentlich vorgesehenen Maßnahme, hier der Anhörung, der gesetzliche Zweck, hier der jeweilige aus der Aufgabe und Befugnisrechtsnorm, vereitelt oder wesentlich erschwert wird.[54]

Öffentliches Interesse ist die einzelfallbezogene Relevanz eines Rechts oder Rechtsguts nicht ausschließlich bei einem einzelnen Individuum.

Notwendigkeit ist Nichtverfügbarkeit eines milderen, gleich geeigneten Mittels zur Zweckförderung – bis hin zur Alternativlosigkeit der Mittelanwendung.

Gemäß § 28 Abs. 3 VwVfG NRW unterbleibt eine Anhörung, wenn ihr ein zwingendes öffentliches Interesse entgegensteht.

Zwingendes öffentliches Interesse ist die einzelfallbezogene unbedingte Relevanz eines Rechts oder Rechtsguts nicht ausschließlich bei einem einzelnen Individuum.

(SUB/ERG)

Im konkreten Fall ist § 28 VwVfG NRW (alternativ)

- eingehalten insbesondere bei Gelegenheit zur Stellungnahme i.S.d. § 28 Abs. 1 VwVfG NRW;
- eingehalten bei Nichteinhaltung von § 28 Abs. 1 VwVfG NRW und Ausnahmegrund gemäß § 28 Abs. 2, 3 VwVfG NRW;
- nicht eingehalten insbesondere bei Fehlen von Gelegenheit zur Stellungnahme ohne Ausnahmegrund;
- sonst eingehalten oder nicht eingehalten bei Anhaltspunkten / Fehlen entgegenstehender Anhaltspunkte.[55]

---

[54] BVerwGE 142, 205 (Schutzmaßnahme nach IfSG) = BVerwG, Urteil vom 22.03.2012 – BVerwG 3 C 16.11: „Gefahr im Verzug im Sinne von § 28 Abs. 2 Nr. 1 VwVfG ist anzunehmen, wenn durch eine vorherige Anhörung auch bei Gewährung kürzester Anhörungsfristen ein Zeitverlust einträte, der mit hoher Wahrscheinlichkeit zur Folge hätte, dass die behördliche Maßnahme zu spät käme, um ihren Zweck noch zu erreichen. Ob eine sofortige Entscheidung objektiv notwendig war oder die Behörde eine sofortige Entscheidung zumindest für notwendig halten durfte, ist vom Gericht aus ex-ante-Sicht zu beurteilen (Urteil vom 15. Dezember 1983 - BVerwG 3 C 27.82 - BVerwGE 68, 267 <271 f.> = Buchholz 316 § 28 VwVfG Nr. 9 S. 18). Hierbei ist wegen der Bedeutung des Anhörungsrechts als tragendem Prinzip des rechtsstaatlichen Verfahrens ein strenger Maßstab anzulegen (vgl. Kopp/Ramsauer, VwVfG, 12. Aufl. 2011, § 28 Rn. 3 und Rn. 46 m.w.N.).“.

[55] Vgl. für Fall von Wohnungsverweisung zum Schutz vor häuslicher Gewalt: VG Köln, Urteil vom 19.06.2008 – 20 K 3142/06, Rn. 25-28: „Entgegen der Ansicht des Klägers waren die einschreitenden Beamten zwar nicht verpflichtet, vor Erlass des Rückkehrverbotes den nicht anwesenden Kläger ausfindig zu machen und ihn (ggf. telefonisch) anzuhören, da aus der maßgeblichen Sicht der einschreitenden Beamten zu damaligen Zeitpunkt (ex-ante Betrachtung) eine sofortige Entscheidung wegen Gefahr im Verzug notwendig erschien (§ 28 Abs. 2 Nr. 1 VwVfG NRW). Der Beklagte wäre jedoch verpflichtet gewesen, den Kläger auf dessen Wunsch hin anzuhören, als dieser am Abend des 01.06.2006 auf der Polizeiwache erschien und eine Anhörung verlangte. Diese Verpflichtung ergibt sich zwar nicht unmittelbar aus § 28 VwVfG NRW, der sich nur auf die Anhörung vor Erlass der jeweiligen Verfügung bezieht. Sie ergibt sich aber aus den Grundsätzen eines rechtsstaatlichen Verfahrens, zu dessen wesentlichen Grundsätzen das Recht auf ein faires Verfahren gehört, siehe z. B. BVerfG, Beschluss vom 18.01.2000 -

(VOR/DEF)

b) § 39 VwVfG NRW: Begründung

Gemäß § 39 Abs. 1 VwVfG NRW besteht Pflicht zur **Begründung** eines schriftlichen oder elektronischen sowie schriftlich oder elektronisch bestätigten VA (vgl. § 37 Abs. 2 VwVfG NRW) mit den tatsächlich-rechtlichen, nicht unbedingt materiellrechtlich richtigen Behördenerwägungen – oder es soll sein: ein Ausnahmegrund nach § 39 Abs. 2 VwVfG NRW (insb. § 39 Abs. 2 Nr. 2, 4 VwVfG NRW) oder **VA-Verletzungsunbeachtlichkeit** gemäß § 45 VwVfG NRW[56] oder **VA-Nichtaufhebbarkeit** gemäß § 46 VwVfG NRW[57].

---

1 BvR 321/96 -, BVerfGE 101, 397 ff., juris- Dokumentation Rnr. 29. Das Recht auf ein faires Verfahren beinhaltet - insbesondere im Hinblick auf die schwere des Eingriffes eines zehntägigen Rückkehrverbotes - nach Auffassung des Gerichtes die Pflicht, den Betroffenen auf seinen Wunsch hin die Möglichkeit zur Stellungnahme einzuräumen, insbesondere wenn - wie hier - eine vorherige Anhörung (wenn auch rechtmäßiger Weise) unterblieben ist. Denn das (in der Regel) zehntägige Rückkehrverbot ist ein so genannter „Dauerverwaltungsakte", welcher bis zum Ablauf der bestimmen Frist unter Kontrolle zu halten ist. Das bedeutet, dass neue Gesichtspunkte, die sich während der Dauer der Maßnahme (z. B. durch die Anhörung des Betroffenen) ergeben, zu berücksichtigen sind.". Vgl. auch die zitierte BVerfGE 101, 397, 404 (Kontrolle des Rechtspflegers): „Anspruch auf rechtliches Gehör aus Art. 103 Abs. 1 GG hat jeder, der an einem gerichtlichen Verfahren als Partei oder in ähnlicher Stellung beteiligt ist oder unmittelbar rechtlich von dem Verfahren betroffen wird (vgl. BVerfGE 65, 227 [233]). Für Verfahren, die nicht ‚vor Gericht' durchgeführt werden, etwa für Verwaltungsverfahren, gilt die Verfassungsbestimmung ihrem eindeutigen Wortlaut nach nicht (vgl. BVerfGE 27, 88 [103]; 36, 321 [330]).".

[56] Vgl. § 45 VwVfG NRW („**Heilung von Verfahrens- und Formfehlern**"), vgl. dazu: BVerwG, Urteil vom 06.02.2019 – BVerwG 1 A 3.18: „Eine entsprechende Heilung [hier im Fall einer Anhörung, P. B.] setzt voraus, dass die Anhörung nachträglich ordnungsgemäß durchgeführt und ihre Funktion für den Entscheidungsprozess der Behörde uneingeschränkt erreicht wird. Dies ist der Fall, wenn der Betroffene Gelegenheit hat, seine Einwendungen vorzubringen, und die Behörde diese nicht nur zur Kenntnis nimmt, sondern auch bei ihrer Entscheidung in Erwägung zieht. Von Letzterem ist auszugehen, wenn sich die Behörde nicht darauf beschränkt, die einmal getroffene Sachentscheidung zu verteidigen, sondern das Vorbringen des Betroffenen erkennbar zum Anlass nimmt, die Entscheidung kritisch zu überdenken (BVerwG, Urteil vom 17. Dezember 2015 - 7 C 5.14 - BVerwGE 153, 367 Rn. 17 m.w.N.).".

[57] Vgl. § 46 VwVfG NRW („**Folgen von Verfahrens- und Formfehlern**"), vgl. dazu BVerwG, Urteil vom 09.05.2019 – BVerwG 2 C 2.18 (Unterbliebene Beteiligung der Gleichstellungsbeauftragten bei LAFP NRW-Auswahlentscheidung), Rn. 70: „Ein Verstoß gegen eine Verfahrensvorschrift ist nur dann offensichtlich ohne Einfluss auf die Entscheidung in der Sache, wenn das Gericht zweifelsfrei und ohne jede Spekulation davon ausgehen kann, dass die Entscheidung ohne den Fehler genauso ausgefallen wäre. Ein Kausalzusammenhang ist dagegen zu bejahen, wenn nach den Umständen des jeweiligen Falles die konkrete Möglichkeit besteht, dass ohne den angenommenen Verfahrensmangel die Entscheidung anders ausgefallen wäre (stRspr, vgl. BVerwG, Urteile vom 30. Mai 1984 - 4 C 58.81 - BVerwGE 69, 256 <270> und vom 28. Juni 2018 - 2 C 14.17 - Buchholz 11 Art. 33 Abs. 5 GG Nr. 148 Rn. 32; Emmenegger, in: Mann/Sennekamp/Uechtritz, VwVfG, 2014, § 46 Rn. 91; Ramsauer, in: Kopp/Ramsauer, VwVfG, 20. Aufl. 2019, § 46 Rn. 36; Sachs, in: Stelkens/Bonk/Sachs, VwVfG, 9. Aufl. 2018, § 46 Rn. 80, 83).", Rn. 69: „Dabei lässt der Senat offen, ob § 46 VwVfG NRW, der die Aufhebung eines Verwaltungsaktes ausschließt, also Anfechtungsklagen betrifft, auf die im Streitfall gegebene Konstellation einer Feststellungsklage nach erledigtem Neubescheidungsbegehren (evtl. entsprechend) anzuwenden ist. Dasselbe gilt für die Frage, ob der in von § 46 VwVfG NRW normierte Ausschluss des Aufhebungsanspruchs auch die hier gegebene andersgeartete, besondere Fehlerfolge des § 18 Abs. 3 Satz 1 LGG NRW erfasst, wonach die verfahrensfehlerhaft zustande gekommene Auswahlentscheidung (nur) auszusetzen und die Beteiligung nachzuholen ist. Selbst wenn dies der Fall sein sollte, ist jedenfalls offensichtlich i.S.v. § 46 VwVfG NRW, dass der in der Nichtbeteiligung der Gleichstellungsbeauftragten liegende Verfahrensfehler die Entscheidung in der Sache nicht beeinflusst hat.".

(SUB/ERG)

Im konkreten Fall ist § 39 VwVfG NRW (alternativ)

- eingehalten bei Fehlen von Begründungspflicht bei rechtmäßigem Fehlen von schriftlichem oder elektronischem, schriftlich oder elektronisch bestätigtem VA (i.d.R. jedenfalls zunächst bei Maßnahmen i.S.d. § 80 Abs. 2 S. 1 Nr. 2 VwGO).
- eingehalten bei Begründung bei schriftlichem oder elektronischem, schriftlich oder elektronisch bestätigtem VA (z.B. im Rahmen von „Bescheinigungen"; „Mitteilungen", „Anschreiben-VA" [„Auflagenanschreiben", „Gefährderanschreiben", „Meldeauflagenanschreiben"], „HG-Schriftverfügung"), auch bei Nichtvorliegen eines Ausnahmegrundes i.S.v. § 39 Abs. 2 VwVfG NRW.
- eingehalten bei Ausnahmegrund nach § 39 Abs. 2 VwVfG NRW, insbesondere wegen bekannter oder erkennbarer Sach- und Rechtslage gemäß § 39 Abs. 2 Nr. 2 Var. 1 oder 2 VwVfG NRW.
- sonst eingehalten oder nicht eingehalten bei Anhaltspunkten / Fehlen entgegenstehender Anhaltspunkte.

(ERG Verfahren)

Ergebnis kann allgemein sein: Verfahrensrechtmäßigkeit oder Verfahrensrechtswidrigkeit der Maßnahme.

B. Formelle Rechtmäßigkeit (FR) III. Form (F)

(VOR/DEF)

Form ist normiertes Wie der Rechtsfolgesetzung – schriftlich, elektronisch, mündlich oder in anderer Weise.

(SUB/ERG)

Im konkreten Fall (alternativ)

- ist bei Fehlen von VA § 37 Abs. 2-6 VwVfG NRW unanwendbar.
- ist bei Fehlen von VA und Fehlen speziellerer Formrechtsnormen Formfreiheit gegeben.
- ist bei VA und Fehlen speziellerer Formrechtsnormen anwendbar: § 37 Abs. 2 bis 6 VwVfG NRW.
- kann gemäß § 37 Abs. 2 S. 1 VwVfG NRW der VA schriftlich, elektronisch, mündlich oder in anderer Weise erlassen werden.
- braucht gemäß § 37 Abs. 2 S. 2 VwVfG NRW der mündliche VA schriftlich oder elektronisch nicht bestätigt zu werden, wenn hieran kein berechtigtes Interesse besteht und der Betroffene dies nicht unverzüglich verlangt.

Im konkreten Fall von Wohnungsverweisung und Rückkehrverbot zum Schutz vor häuslicher Gewalt sind die Formumstände in der Regel wie folgt:

Gemäß § 37 Abs. 2 bis 6 VwVfG NRW und wegen Fehlens entgegenstehender speziellerer Formrechtsnormen können die Verwaltungsakte Wohnungsverweisung und Rückkehrverbot zunächst mündlich erlassen werden.

Gemäß § 37 Abs. 2 S. 1 VwVfG NRW ist ein mündlicher Verwaltungsakt schriftlich oder elektronisch zu bestätigen, wenn hieran ein berechtigtes Interesse besteht und der Betroffene dies unverzüglich verlangt.

Im konkreten Fall ist in der Regel alternativ von folgendem auszugehen:

- zunächst mündlicher Erlass des Wohnungsverweisungs-VA und/oder des Rückkehrverbots-VA bei Anwesenheit der betroffenen Person und tatsächlicher Möglichkeit mündlicher Polizeiverfügung;
- schriftliche Bestätigung der mündlichen Polizeiverfügung, also des Wohnungsverweisungs-VA und/oder des Rückkehrverbots-VA;
- schriftliche Polizeiverfügung, also des Wohnungsverweisungs-VA und/oder des Rückkehrverbots-VA insbesondere bei Abwesenheit der betroffenen Person oder sonstiger Gründe für das bisherige Fehlen bzw. die bisherige Unmöglichkeit einer mündlichen Polizeiverfügung.[58]

Ergebnis kann allgemein sein: Formrechtmäßigkeit oder Formrechtswidrigkeit der Maßnahme.

C. Materielle Rechtmäßigkeit (MR) I. Tatbestand (Tb) / Tatbestandsvoraussetzungen (TBV)

(VOR/DEF)

Tatbestand ist das Gesamt der (materiell-rechtlichen) Rechtsfolge(setzungs)bedingungen. / **Tatbestandsvoraussetzungen** sind materiell-rechtliche Rechtsfolgesetzungsbedingungen.

[58] Landtag-NRW-Drucksache 13/1525, S. 14: „Wohnungsverweisung und Rückkehrverbot können als Verwaltungsakte in Gegenwart der betroffenen Person mündlich angeordnet werden (§ 37 Abs. 2 Satz 1 VwVfG. NRW.); die Maßnahmen sind schriftlich zu bestätigen und zu begründen, wenn hieran ein berechtigtes Interesse besteht (etwa wegen der Absicht der betroffenen Person, Widerspruch und Klage zu erheben bzw. einstweiligen Rechtsschutz beim Verwaltungsgericht zu erwirken) und die betroffene Person dies unverzüglich verlangt (§ 37 Abs. 2 Satz 2, § 39 VwVfG. NRW). Einer Anordnung der sofortigen Vollziehung der Maßnahmen nach § 80 Abs. 2 Satz 1 Nr. 4 VwGO bedarf es nicht, da es sich um unaufschiebbare Anordnungen und Maßnahmen von Polizeivollzugsbeamten im Sinne des § 80 Abs. 2 Satz 1 Nr. 2 VwGO handelt und die aufschiebende Wirkung von Widerspruch und Anfechtungsklage bereits nach dieser Vorschrift entfällt.“. Landtag-NRW-Drucksache 13/1525, S. 13: „In praktischer Hinsicht ist allerdings erforderlich, dass der Aufenthaltsort der betroffenen Person bekannt ist, damit das Rückkehrverbot ihr gegenüber ausgesprochen werden kann. Ist der Aufenthalt der betroffenen Person nicht bekannt, empfiehlt es sich, das Rückkehrverbot durch schriftlichen Verwaltungsakt zu erteilen und diesen im Wege der Ersatzzustellung nach § 1 LZG in Verbindung mit § 11 VwZG zuzustellen.“.

1. Häusliche Gewalt (HG)

(VOR)

Durch § 34a Überschrift PolG NRW und die dortige Zweckformulierung wird wegen ansonsten möglicher Zweckverfehlung grundsätzlich vorausgesetzt: Häusliche Gewalt[59], wobei im Zweifel die Möglichkeit einer Zweckerreichung und damit eine Polizeiverfügung „zum Schutz vor häuslicher Gewalt" anzunehmen ist[60].

(DEF)

Häusliche Gewalt ist Gewalt zwischen Personen derselben häuslichen Gemeinschaft.

Häusliche Gemeinschaft ist gemeinsamer Haushalt oder gemeinsamer, nicht nur ganz vorübergehender Wohnbereichsaufenthalt, in der Regel mit überwiegendem Lebensmittelpunkt, vgl. dazu auch § 7 BGB (**Wohnsitz**), § 1567 BGB (**Ehegattengetrenntleben** ohne häusliche Gemeinschaft).

Gewalt ist Gewalt i.S.d. StGB, vgl. insbesondere §§ 177, 223, 224, 225, 226, 227, 228, 229, 230, 240 StGB.

(SUB/ERG)

Im konkreten Fall ist der Zweck zum Schutz vor häuslicher Gewalt (alternativ)

- erfüllt.
- nicht erfüllt.

Häusliche Gewalt besteht unabhängig von:

- Verwandtschaftsbeziehungen (z.B. Ehegatten, Eltern, Geschwistern) oder sonstigen speziellen Beziehungen (z.B. Paarbeziehung; Bekanntschaft oder Freundschaft; Berufsbeziehung oder sonstige Zweckbeziehung) zwischen den zusammenlebenden Personen;
- Status der häuslichen Gemeinschaft, solange diese irgendwie begonnen und nicht vollständig beendet ist;
- häuslichem oder außerhäuslichem Ort der Gewalt.

---

[59] Nr. 34a.0 VVPolG NRW i.V.m. Runderlass zum polizeilichen Handeln in Fällen häuslicher Gewalt.

[60] Landtag-NRW-Drucksache 13/1525, S. 11: „Demnach können die vorbezeichneten Maßnahmen zum einen gegenüber einer betroffenen Person, die sich nur vorübergehend (z. B. im Rahmen eines Besuchs) in einer fremden Wohnung aufhält, zur Abwehr der genannten Gefahren angeordnet werden. Die Polizei ist jedoch auch befugt, einen (Allein- oder Mit-)Berechtigten (z. B. Eigentümer, Mieter) aus seiner Wohnung zu verweisen oder ihm die Rückkehr in die Wohnung zeitweilig zu verbieten, sofern dieses zur Abwehr einer gegenwärtigen Gefahr für eines der genannten Rechtsgüter einer dauerhaft in der Wohnung lebenden gefährdeten Person erforderlich ist. Die Vorschrift wird somit in der Praxis bei Gewalt in ehelichen oder nichtehelichen (verschieden- oder gleichgeschlechtlich orientierten) Lebensgemeinschaften zur Anwendung gelangen, aber auch bei Lebensgemeinschaften, die derselben (Geschwister) oder verschiedenen Generationen (z. B. Tochter/Vater, Mutter/Sohn) angehören. Der Schutz der Vorschrift soll auch Mitgliedern von Wohngemeinschaften, insbesondere auch alten Menschen, die zur Sicherung ihrer Versorgung einen gemeinsamen Haushalt begründet haben, zuteil werden.".

Danach kann je nach einzelnem Fall und insbesondere dortigem Vorliegen von überwiegendem Lebensmittelpunkt und Rückzugsmöglichkeiten durch getrennte Wohneinheiten häusliche Gewalt gegeben oder nicht gegeben sein auch in folgenden Konstellationen:

- Wohngemeinschaft (ggf. nicht, insbesondere bei beständig hinreichend bestimmt und wirksam getrennten Wohneinheiten für die jeweiligen Wohngemeinschaftsbewohner);
- Seniorenheim (insbesondere bei regelmäßig gemeinsam genutzten Wohneinheiten; bei hotelähnlicher Residenz eher nicht);
- ordnungsbehördliche oder private Unterbringungseinrichtung (insbesondere bei dortigen Bewohnern ein und derselben Wohneinheit; i.d.R. nicht bei Unterbringung in getrennten Wohneinheiten eines gesamten Unterbringungshauses);
- Behelfseinrichtungen (z.B. Wohnwagen, Zelte oder sonstige feste Umgrenzungen, jedenfalls solange diese Wohnung sind).

2. Gegenwärtige Gefahr für Leib, Leben oder Freiheit einer anderen Person (Ggw. LLF-Gef.)

(VOR)

In § 34a Abs. 1 PolG NRW wird vorausgesetzt: eine gegenwärtige Gefahr für Leib, Leben oder Freiheit einer anderen Person.[61]

(DEF)

Gegenwärtige Gefahr ist eine Sachlage im einzelnen Fall (vgl. § 8 Abs. 1 PolG NRW), die bei ungehindertem Geschehensverlauf in allernächster Zeit mit an Sicherheit grenzender Wahrscheinlichkeit zu einem Schaden für ein rechtliches Schutzgut führt.[62]

Ungehinderter Geschehensverlauf in allernächster Zeit ist eine überschaubar zusammenhängende Ereigniskette ohne entscheidende Veränderung oder Unterbrechung.

---

[61] VGH Baden-Württemberg, Urteil des 1. Senats vom 22.07.2004 – 1 S 2801/03 –, Leitsatz 1: „Durch die polizeiliche Maßnahme des Wohnungsverweises mit Rückkehrverbot wird in den Schutzbereich des Grundrechts auf Freizügigkeit (Art 11 Abs 1 GG) eingegriffen. Sie ist daher grundsätzlich nur zur Vorbeugung strafbarer Handlungen (Art 11 Abs 2 GG) zulässig.".

[62] Zur **Gegenwärtige-Gefahr**-Definition mit weiteren Nachweisen: *Basten*, Eingriffsrecht der Polizei in Nordrhein-Westfalen, Band 1, S. 251.

Vgl. auch bzgl. § 34a Abs. 1 S. 1 PolG NRW die Landtag-NRW-Drucksache 13/1525, S. 11: „Im Hinblick auf die Grundrechte der betroffenen Person, gegen die die Maßnahmen sich richten, und den Grundsatz der Verhältnismäßigkeit ist eine Anhebung der Gefahrenschwelle für eine Verweisung aus der Wohnung bzw. ein Rückkehrverbot (‚gegenwärtige Gefahr für Leib, Leben oder Freiheit') gegenüber derjenigen für eine Platzverweisung nach § 34 PolG NW (Gefahr im Sinne von § 8 Abs. 1 PolG NW) aus verfassungsrechtlichen Gründen geboten. Hierbei entspricht der Begriff der ‚gegenwärtigen Gefahr für Leib, Leben oder Freiheit einer Person' dem Begriff der ‚dringenden Gefahr' im Sinne des Art. 13 Abs. 7 GG. ‚**Gegenwärtig**' bedeutet hierbei, dass der Eintritt eines Schadens jederzeit erfolgen kann.".

Zur **dringenden Gefahr** mit Definition und weiteren Nachweisen: *Basten*, Eingriffsrecht der Polizei in Nordrhein-Westfalen, Band 1, S. 252.

Mit an Sicherheit grenzende Wahrscheinlichkeit ist gegeben bei entsprechendem Ergebnis einer Diagnose von Tatsachen und tatsächlicher Anhaltspunkte sowie einer Prognose von Art und Ausmaß potentieller Rechtseingriffe und -schäden.[63]

Schaden für ein rechtliches Schutzgut ist jede nachteilige Beeinträchtigung eines bestimmten Schutzguts.

Schutzgüter sind gemäß § 34a Abs. 1 S. 1 PolG NRW **Leib (körperliche Unversehrtheit)**, **Leben** (biologisch-physische Existenz) oder **Freiheit (körperliche Bewegungsfreiheit)** einer anderen Person.

(SUB)

Unter Auslegung des Geschehens und Anwendung des Wahrscheinlichkeitsmaßstabs führt ohne die Maßnahme ungehinderter Geschehensverlauf in allernächster Zeit (alternativ: nicht) mit an Sicherheit grenzender Wahrscheinlichkeit zu einer nachteiligen Beeinträchtigung rechtlicher Schutzgüter der öffentlichen Sicherheit, nämlich: den Individualrechtsgütern oder mindestens einem der Individualrechtsgüter im Sinne des § 34a Abs. 1 S. 1 PolG NRW (Leib, Leben oder Freiheit).

Mögliche Auslegungsansatzpunkte für die Subsumtion bezüglich der Gefahren-Voraussetzung im Sinne des § 34a PolG NRW:

- Beziehungshistorie bzw. Vorgeschichte mit oder ohne Auffälligkeiten, Tendenzen oder ähnlichem, vgl. auch § 1565 BGB (Scheitern der Ehe); § 1567 BGB (Getrenntleben) – unter Berücksichtigung des Phänomens häuslicher Gewalt mit potentiellen Gewaltspiralen bzw. Gewaltsteigerungen[64];
- aktuell relevante Unbekanntheit oder Bekanntheit der Parteien bei Polizei;
- Zukunftsprognose, z.B. aufgrund von Aussagen sowie sonstigem bisherigen oder andauernden Verhalten oder sonstigen Erkenntnissen;
- Emotionale Unsicherheit bzw. Sicherheit der Parteien über Zukunft insbesondere nach der häuslichen Gewalt bzw. dem Sachverhalt, der Verdacht häuslicher Gewalt begründet oder sonstige Eskalationspotentiale oder Deeskalationspotentiale im konkreten Fall;
- Wahrscheinlichkeitsmaßstab und Teleologie des § 34a PolG NRW, gerade Ruhe, Schutz, Überlegungszeit zu gewähren.[65]

---

[63] Zum sogenannten **„differenzierenden Wahrscheinlichkeitsmaßstab“** (**„Je-desto-Formel“** / **„Variabilitätsformel“**) mit weiteren Nachweisen: *Basten*, Eingriffsrecht der Polizei in Nordrhein-Westfalen, Band 1, S. 248 f..

[64] Landtag-NRW-Drucksache 13/1525, S. 11 f.: „Bei der von der Polizei anzustellenden Gefahrenprognose ist zu berücksichtigen, dass sich Anhaltspunkte für den jederzeit möglichen Schadenseintritt für eines der genannten Rechtsgüter insbesondere aus einer vorangegangenen Gewaltanwendung ergeben können. Studien belegen, dass häusliche Gewalt oftmals ein Seriendelikt ist, dem ein Gewaltkreislauf zugrunde liegt, der von einer Wiederholung in immer kürzeren Abständen sowie einer Steigerung der Gewaltintensität geprägt ist. Gewaltbeziehungen entstehen nicht von heute auf morgen, sondern im Verlauf von Monaten oder Jahren. Die Gewalttat bleibt daher in aller Regel kein isoliertes, einmaliges Vorkommnis; vielmehr setzt die betroffene Person ihre Misshandlungen typischerweise fort. Daher ist insbesondere nach einer schweren Gewalttat in der häuslichen Sphäre die Gefahr für das Opfer nicht beendet, sondern es kann mit an Sicherheit grenzender Wahrscheinlichkeit davon ausgegangen werden, dass die betroffene Person erneut gewalttätig wird.“.

[65] Vgl. OVG NRW, Beschluss des 5. Senats vom 23.12.2014 – 5 E 1202/14, Ls.: „1. Eine Wohnungsverweisung mit Rückkehrverbot setzt grundsätzlich entweder eine Gewaltbeziehung mit konkreten

(ERG)

Im konkreten Fall ist eine von einer Person ausgehende gegenwärtige Gefahr für Leib, Leben oder Freiheit einer anderen Person (alternativ)

- gegeben.
- nicht gegeben.

C. Materielle Rechtmäßigkeit (MR) II. Inanspruchnahme (In) / Inanspruchnahmevoraussetzungen (Inv)

(VOR/DEF)

Inanspruchnahmevoraussetzungen sind materiell-rechtliche Bedingungen für richtige Inanspruchnahme.

Anzeichen für wiederholte Misshandlungen voraus oder eine erstmalige Gewalttat, wenn auf Grund der Intensität des Angriffs und der Schwere der Verletzungen mit einer jederzeitigen Wiederholung der Gewaltanwendung zu rechnen ist.“, Rn. 6-8: „Hinsichtlich der Gefahrenprognose findet sich in der Einsatzdokumentation lediglich die nicht näher erläuterte Einschätzung, weitere Streitigkeiten seien in Zukunft nicht ausgeschlossen. Dieser Wahrscheinlichkeitsgrad genügt schon nicht für die Annahme einer gegenwärtigen Gefahr. Darüber hinaus reichte selbst eine bestehende Gefahr weiterer Streitigkeiten jedenfalls dann nicht zur Rechtfertigung einer Wohnungsverweisung, wenn – wie der Kläger geltend gemacht hat – lediglich verbale Streitigkeiten drohten, Leib, Leben oder Freiheit hingegen nicht bedroht waren. Nach der Vorstellung des Gesetzgebers setzt eine Wohnungsverweisung grundsätzlich entweder eine Gewaltbeziehung mit konkreten Anzeichen für wiederholte Misshandlungen voraus oder eine erstmalige Gewalttat, wenn auf Grund der Intensität des Angriffs und der Schwere der Verletzungen mit einer jederzeitigen Wiederholung der Gewaltanwendung zu rechnen ist. Vgl. Gesetzentwurf, LT-Drs. 13/1525, S. 12. Unabhängig davon, ob in der unmittelbaren Einsatzsituation die durch § 34 a PolG NRW geschützten Rechtsgüter als gefährdet erschienen, bot jedenfalls die am 13.3.2014 gegen 23.00 Uhr durchgeführte Gefährderansprache Anlass, die Aufrechterhaltung der zuvor bereits ausgesprochenen Wohnungsverweisung umgehend zu überprüfen. Dessen bedurfte es schon deshalb, weil der Beklagte die angegriffene Wohnungsverweisung am 14.3.2014 erneut schriftlich verfügt hat.“. Vgl. auch: OVG NRW, Urteil des 5. Senats vom 12.12.2017, Rn. 31-34: „Die Wohnungsverweisung ist keine Sanktion für geschehenes Unrecht, sondern ein kurzfristig wirkendes Mittel der Krisenintervention, mit der eine aktuell drohende (erneute) körperliche Auseinandersetzung zwischen in derselben Wohnung lebenden Personen verhindert werden soll. Nach der Vorstellung des Gesetzgebers setzt sie daher grundsätzlich entweder eine Gewaltbeziehung mit konkreten Anzeichen für wiederholte Misshandlungen voraus oder eine erstmalige Gewalttat, wenn aufgrund der Intensität des Angriffs und der Schwere der Verletzungen mit einer jederzeitigen Wiederholung der Gewaltanwendung zu rechnen ist. Vgl. OVG NRW, Beschluss vom 23. Dezember 2014 - 5 E 1202/14 -, juris, Rn. 5 f., unter Hinweis auf den Gesetzentwurf der Landesregierung für ein Gesetz zur Änderung des Polizeigesetzes und des Ordnungsbehördengesetzes, LT-Drs. 13/1525, S. 11 f. Ob nach diesen Maßgaben die Bedingungen für ein Einschreiten gegeben sind, beurteilt sich aus der ex ante-Sicht. Maßgeblich ist, ob die Polizeibeamten vor Ort aufgrund des zum Zeitpunkt der Anordnung der Wohnungsverweisung mit Rückkehrverbot möglichen Erkenntnisstands bei verständiger Würdigung zu der Einschätzung gelangen durften, von dem Betroffenen gehe eine gegenwärtige Gefahr im Sinne des § 34a Abs. 1 Satz 1 PolG NRW aus. Vgl. OVG NRW, Beschlüsse vom 9. Mai 2011 - 5 E 1271/10 -, vom 17. März 2010 - 5 E 1700/09 -, juris, Rn. 27, vom 20. November 2009 - 5 E 1420/09 - und vom 16. Dezember 2008 - 5 A 2631/08 -.“.

Inanspruchnahme ist Adressierung und sonstiges Betroffenmachen; **Adressierung** ist direktes Bestimmen oder finales Richten einer Maßnahme an einen Grundrechtsträger, vgl. §§ 41 Abs. 1 S. 1, 43 Abs. 1 S. 1 VwVfG NRW.

Adressat von Wohnungsverweisung und Rückkehrverbot ist die Person, von der die gegenwärtige Gefahr ausgeht, § 34a Abs. 1 S. 1 PolG NRW (betroffene Person).

In Anspruch genommen ist auch die gefährdete Person im Sinne des § 34a PolG NRW, vgl. z.B. Art. 2 Abs. 1 GG, Art. 6 GG.

Ggf. ausnahmsweise ist eine Adressierung nichtbetroffener Person höchstens möglich nach: § 6 PolG NRW.

Bei Nichtklärbarkeit der Verursachungs-/Gefährdungsbeiträge bzw. bei gleichmäßiger Inanspruchnahmemöglichkeit ist möglich: mehr Schwerpunktprüfung beim Punkt Auswahl-Ermessen.

(SUB/ERG)

Im konkreten Fall ist die Person (alternativ)

- richtigerweise durch Bekanntgabe von Wohnungsweisung und/oder Rückkehrverbot in Anspruch genommen.
- nicht richtigerweise in Anspruch genommen.

C. Materielle Rechtmäßigkeit (MR) III. Rechtsfolge (Rf) / Rechtsfolgevoraussetzungen (Rfv)

(VOR/DEF)

Rechtsfolge ist rechtliche Folge aus dem Tatbestand. / **Rechtsfolgevoraussetzungen** sind materiell-rechtliche Rechtsfolgegestaltungsbedingungen.

C. Materielle Rechtmäßigkeit (MR) III. Rechtsfolge (Rf) 1. Tatsächliche und rechtliche Möglichkeit (TurM)

(VOR/DEF)

Tatsächliche und rechtliche Möglichkeit betrifft Fälle wie aus § 44 Abs. 2 Nr. 4-6 VwVfG NRW.

(SUB/ERG)

Tatsächliche und rechtliche Möglichkeit ist im konkreten Fall gegeben/nicht gegeben aufgrund Vorliegens/Nichtvorliegens von kognitiven, körperlichen, normativen, technischen Unmöglichkeiten.[66]

---

[66] Zu „Tatsächliche und rechtliche Möglichkeit“ mit Beispielen siehe auch: *Basten*, Eingriffsrecht der Polizei in Nordrhein-Westfalen, Band 1, S. 263.

Vgl. zur tatsächlichen und rechtlichen Möglichkeit bzw. Unmöglichkeit in Fällen mit Maßnahmen-Zweck des Schutzes vor häuslicher Gewalt auch mögliche Einwendungen/Einreden bezüglich Verbleibsmöglichkeiten der betroffenen Person; diesbezüglich besteht auch alternativ Fallsubsumtionsmöglichkeit beim Fallbearbeitungspunkt der Verhältnismäßigkeit.

Möglichkeit der Befolgung von Wvw+Rvb besteht i.d.R. auch bei (Schutz-)Einwand des Fehlens von Unterkunftsmöglichkeit, vgl.:

- tatsächliche Möglichkeiten, z.B.:
  - Unterstützung durch Bekanntschaften,
  - Unterstützung durch Verwandtschaften,
  - Unterbringungseinrichtungen wie ordnungsbehördliche oder private Unterkünfte, Hotels,
  - Zeitweiliges Verweilen im Freien etwa aufgrund Wetterlage und zeitnaher Aussichten auf Abhilfe;
- rechtliche Möglichkeiten, z.B.:
  - § 35 Abs. 1 Nr. 1 PolG NRW („Schutzgewahrsam")
  - §§ 8, 6 PolG NRW (Unterbringungsverfügung).

Allein das Fehlen einer Unterkunftsmöglichkeit bei Bekannten oder Verwandten ist jedenfalls kein Hinderungsgrund; der Gesetzgeber geht selbst bei „besonders begründeten Einzelfällen" von der Möglichkeit von Wvw und Rvb aus, vgl. § 34a Abs. 1 S. 3 PolG NRW.

C. Materielle Rechtmäßigkeit (MR) III. Rechtsfolge (Rf) 2. Bestimmtheit (Bsh)

(VOR/DEF)

Bestimmtheit ist Maßnahmenerkennbarkeit und Maßnahmenverstehbarkeit, bei VA Pflicht gemäß § 37 Abs. 1 VwVfG NRW.

(SUB/ERG)

Wohnungsverweisung und Rückkehrverbot sind inhaltlich hinreichend bestimmt i.S.d. § 37 Abs. 1 VwVfG NRW, wenn nach Auslegung des/der VA, vgl. §§ 133, 157 BGB analog, der Erklärungsempfänger wie jeder vernünftige Dritte in der konkreten Situation dessen/deren Inhalt hinreichend erkennen und verstehen kann, nämlich:

- dass die Polizei ggü. dem Betroffenen (wer)
- zum Schutz vor Häuslicher Gewalt (warum)
- zu einer spezifischen Zeit (wann)
- bezweckt, dass die Gewalt sicher unterbunden werden muss (was)
- und zwar durch Vermeidung jeglicher Konfliktsituation mittels räumlicher Trennung (wie).[67]

---

[67] Landtag-NRW-Drucksache 13/1525, S. 13: „Die Polizei hat der betroffenen Person den Umgebungsbereich einer Wohnungsverweisung bzw. eines Rückkehrverbotes genau zu verdeutlichen (Absatz 1 Satz 3), um dem Bestimmtheitserfordernis nach § 37 Abs. 1 VwVfG. NRW Genüge zu tun.".

(VOR/DEF)

Ermessen[68] ist Entscheidungsspielraum auf der Rechtsfolgenseite bzgl. rechtsfehlerfreier Ausübung von Einschreit-Entschließung (Ob), Adressaten-Auswahl (Wer), Maßnahmen-Gestaltung (Wie), hier gegeben durch § 34a Abs. 1 S. 1 Wort 3 PolG NRW („kann"), § 3 PolG NRW, bei VA auch durch § 40 VwVfG NRW.

(SUB/ERG)

Der gegebene Entscheidungsspielraum wird aufgrund von entsprechenden Anhaltspunkten/in Ermangelung entgegenstehender Anhaltspunkte ohne Ermessensfehler/mit Ermessensfehlern (Ermessensunterschreitung, Ermessensüberschreitung, Ermessensfehlgebrauch) ausgeübt bzgl. folgender Ermessensarten:

a) Entschließungsermessen:

Das Entschließungsermessen kann im konkreten Fall sogar gegen / auf Null reduziert sein, insbesondere wegen:

- Einschreitmöglichkeit;
- Gegenwärtiger Gefahr für Leib/Leben/Freiheit, insbesondere mit der Möglichkeit vertiefter Schäden mindestens für die körperliche Unversehrtheit des bisherigen HG-Opfers.[69]

b) Auswahlermessen: siehe C. II.: Auswahlermessen wird abschließend beurteilt i.V.m. Punkten C. II. (Inanspruchnahme).

---

[68] Zum Ermessen einschließlich Rechtsnatur, Ermessensarten, Ermessensreduzierungen, Ermessensfehlern, Maßnahmenansprüchen mit Beispielen siehe auch: *Basten*, Eingriffsrecht der Polizei in Nordrhein-Westfalen, Band 1, S. 271-283.

[69] Landtag-NRW-Drucksache 13/1525, S. 12: „Bei einer entsprechenden Gefahrenprognose wird die Polizei somit im Regelfall zu einer Anwendung der Maßnahmen nach Absatz 1 kommen, insbesondere in Fällen, in denen Anhaltspunkte dafür vorhanden sind, dass die betroffene Person bereits zum wiederholten Male gegenüber der gefährdeten Person Gewalt ausgeübt hat oder dass die betroffene Person zwar zum ersten Mal gewalttätig geworden ist, auf Grund der Intensität des Angriffs und der Schwere der Verletzungen jedoch mit einer jederzeitigen Wiederholung der Gewaltanwendung zu rechnen ist.".

c) Gestaltungsermessen: siehe C. III. 4.: Gestaltungsermessen wird abschließend beurteilt i.V.m. Punkt C. III. 4. (VHM), vgl. auch § 3 Abs. 2 PolG NRW (Austauschmittel)[70].[71]

C. Materielle Rechtmäßigkeit (MR) III. Rechtsfolge (Rf) 4. Verhältnismäßigkeit (VHM)

(VOR/DEF)

Verhältnismäßigkeit ist Geeignetheit, Erforderlichkeit, Angemessenheit der Maßnahme zu einem legitimen Zweck.

(VOR/DEF)

a) Legitimer Zweck ist jeder verfassungsgemäße Zweck.

---

[70] Landtag-NRW-Drucksache 13/1525, S. 12: „Gleichwohl ist Absatz 1 als Ermessensvorschrift ausgestaltet, um der Polizei die Möglichkeit zu geben, auf Besonderheiten des Einzelfalles flexibel reagieren und in Ausnahmefällen auch von einer Wegweisung oder der Erteilung eines Rückkehrverbotes absehen zu können. So sind etwa Fallkonstellationen denkbar, in denen eine Gefahr im Sinne des Absatzes 1 zwar besteht, die Wohnungsverweisung der betroffenen Person bzw. die Erteilung eines Rückkehrverbotes aber ausnahmsweise nicht das geeignete Mittel zur Gefahrenabwehr darstellt, etwa weil die betroffene Person die Wohnung im Zeitpunkt des Einschreitens der Polizei bereits verlassen hat (dann ist allenfalls die Erteilung eines Rückkehrverbotes, nicht aber eine Verweisung aus der Wohnung erforderlich, vgl. dazu die Ausführungen im nächsten Absatz) oder die gefährdete Person minderjährig oder pflegebedürftig ist und im Zeitpunkt des Einschreitens der Polizei außer der betroffenen Person keine weitere (volljährige) Person in der Wohnung lebt, die die Betreuung oder Pflege der gefährdeten Person(en) übernehmen könnte (dann muss durch Maßnahmen der zuständigen Behörde - etwa Jugendamt, Sozialamt - sichergestellt werden, dass die gefährdeten Personen anderweitig, ggf. in geeigneten öffentlichen Einrichtungen, betreut werden).“.

[71] Vgl. z.B. OVG NRW, Beschluss des 5. Senats vom 23.12.2014 – 5 E 1202/14, Ls. 2: „Die Behörde ist verpflichtet, ihre Ermessenserwägungen hinsichtlich einer Wohnungsverweisung mit Rückkehrverbot als Dauerverwaltungsakt auch nach ihrem Erlass bis zum Ablauf ihrer Geltungsdauer zu aktualisieren, sofern sich die maßgebliche Erkenntnislage nachträglich ändert (Bestätigung der Rechtsprechung).“, Rn. 8-10: „Abgesehen davon war der Beklagte ohnehin verpflichtet, seine Ermessenserwägungen hinsichtlich der Wohnungsverweisung als Dauerverwaltungsakt auch nach (hier mündlichem) Erlass der polizeilichen Maßnahme bis zum Ablauf ihrer Geltungsdauer zu aktualisieren, sofern sich der maßgebliche Erkenntnislage nachträglich änderte. Vgl. OVG NRW, Beschluss vom 14.5.2012 – 5 B 599/12 –, juris, Rn. 5. Bei der sorgfältig protokollierten Gefährderansprache gab der Kläger an, er habe seine Lebensgefährtin nie geschlagen und werde dies auch in Zukunft nicht tun. Er habe einen großen Fehler gemacht, als er sie im Badezimmer auf den Boden gedrückt habe. Das sehe er ein und er werde nicht wieder so handeln. Schon bevor die Polizei gekommen sei, habe er seinen Freund gebeten, bei diesem eine Zeitlang zu bleiben, um seine persönliche Situation in Ruhe zu klären. Diese Erklärungen wertete der aufnehmende Beamte als schlüssig und glaubwürdig. Danach war wegen erheblich voneinander abweichender Darstellungen des Geschehens bereits zweifelhaft, ob zuvor im Badezimmer überhaupt eine Gefahr für Leib, Leben oder Freiheit für die Lebensgefährtin des Klägers bestanden hatte. Jedenfalls aber war für die Zukunft die Prognose einer gegenwärtigen Gefahr für Leib, Leben oder Freiheit seiner Partnerin durchgreifend erschüttert. Nach Aktenlage gab es für die Einsatzbeamten keine belastbaren Anzeichen dafür, dass es sich um eine Gewaltbeziehung handelte oder der Kläger überhaupt bereits zuvor gewalttätig geworden war. Dementsprechend waren sein Bedauern und seine Erklärung, nicht wieder entsprechend handeln zu wollen, glaubhaft und wurden von dem aufnehmenden Beamten auch entsprechend gewürdigt. Dessen ungeachtet bestand für eine Wohnungsverweisung schon deshalb kein Erfordernis (mehr), weil der Kläger bereits ohne polizeiliches Einschreiten Abstand suchte und für einige Zeit bei einem Freund bleiben wollte.“.

(SUB/ERG)

Wohnungsverweisung und Rückkehrverbot verfolgen einen legitimen Zweck, nämlich die verfassungsgemäße Abwehr gegenwärtiger Gefahr insbesondere weiterer Körperschäden, vgl. Art. 2 Abs. 2 S. 1 Alt. 2 GG, insgesamt den Schutz vor häuslicher Gewalt[72], vgl. § 34a Überschrift PolG NRW, vgl. auch die Grundrechtsschutzfunktion und die Grundrechtsförderungsfunktion[73].

(VOR/DEF)

b) Geeignetheit einer staatlichen Maßnahme ist gegeben bei deren Zweckförderungstauglichkeit, vgl. auch § 2 Abs. 3 PolG NRW.

(SUB/ERG)

Im konkreten Fall sind Wohnungsverweisung und Rückkehrverbot (alternativ)

- geeignet, denn durch sie wird aufgrund ihrer potentiellen Verhaltenssteuerung die Wahrscheinlichkeit räumlicher Distanz zwischen gefahrverursachender Person und gefährdeter Person gesteigert und damit die Eskalationswahrscheinlichkeit bzw. die Gewalteinwirkungsmöglichkeit verringert, also letztlich die Abwehr von Körperschäden potentiell gefördert.
- ungeeignet.

(VOR/DEF)

c) Erforderlichkeit einer staatlichen Maßnahme ist Nichtverfügbarkeit eines milderen (Übermaßverbot), gleich geeigneten (Untermaßverbot) Mittels zur Zweckförderung, vgl. auch § 2 Abs. 1 PolG NRW.

(SUB/ERG)

Im konkreten Fall sind Wohnungsverweisung und Rückkehrverbot (alternativ)

- (i.d.R. auch für 10 Tage) erforderlich, denn einerseits würden mildere Maßnahmen wie kürzerfristiges Rückkehrverbot oder Gefährderansprache nach § 8 Abs. 1 PolG NRW oder eine einfache Platzverweisung nach § 34 PolG NRW nicht oder nicht lange genug die

---

[72] Landtag-NRW-Drucksache 13/1525, S. 17: „Absatz 5 regelt die zulässige Dauer der Wohnungsverweisung des Rückkehrverbotes. Die Bestimmung einer Frist von im Regelfall zehn Tagen in Absatz 5 Satz 1 ermöglicht es den Opfern häuslicher Gewalt, sich in Ruhe und ohne weitere Gewalttätigkeiten oder Bedrohungen Klarheit über die persönliche Lebenssituation und das weitere Vorgehen zu verschaffen und hierzu anwaltliche Beratung sowie die Unterstützung sonstiger Beratungsstellen, Hilfsorganisationen oder Behörden (z. B. Jugendamt, Sozialamt) in Anspruch zu nehmen.“, S. 18: „Durch die zeitliche Vorgabe einer Höchstdauer der Maßnahmen von insgesamt 20 Tagen nach ihrer Anordnung wird ein lückenloser Schutz des Gewaltopfers bis zum Erwirken zivilrechtlichen Schutzes sichergestellt. Es dürfte dem Gericht in nahezu allen Fällen möglich sein, über Anträge auf einstweiligen Rechtsschutz vor häuslicher Gewalt innerhalb des in Absatz 5 Satz 2 genannten Zeitraums zu entscheiden.“.

[73] Zu Grundrechtsfunktionen siehe auch: *Basten*, Eingriffsrecht der Polizei in Nordrhein-Westfalen, Band 1, S. 78-84.

räumliche Distanz zur Vermeidung weiterer Körperverletzungen durch signifikante Unterbrechung der Eskalationsspirale verschaffen und damit nicht gleich wirksam sein (Untermaßverbot) und andererseits sind (mindestens) gleich geeignete, intensivere Maßnahmen wie direkte Zwangsmittelanwendung oder Freiheitsentziehung noch nicht notwendig (Übermaßverbot).

- nicht erforderlich.

(VOR/DEF)

d) Angemessenheit oder **Verhältnismäßigkeit im engeren Sinne** einer staatlichen Maßnahme ist angemessenes Maß oder Verhältnis zwischen Zweckförderung für Erhaltungsrechte und Wirkungen für Eingriffsrechte, vgl. auch § 2 Abs. 2 PolG NRW, vgl. betroffene Grundrechte.

(SUB/ERG)

Im konkreten Fall sind Wohnungsverweisung und Rückkehrverbot (alternativ)

- unangemessen.
- angemessen, denn als zeitlich begrenzte Eingriffe insbesondere in die Freizügigkeit, Art. 11 Abs. 1 GG, und das Wohnnutzungsrecht, Art. 13 GG, Art. 14 Abs. 1 S. 1 Alt. 1 GG, stehen sie nicht außer Verhältnis zu der schützenden körperlichen Unversehrtheit, Art. 2 Abs. 2 S. 1 Alt. 2 GG letztlich bei beiden Grundrechtsträgern, deren Verletzung ggf. irreversible Schäden bedeuten könnte.[74]

Möglichkeit der Befolgung von Wvw+Rvb besteht i.d.R. auch bei (Schutz-)Einwand des Fehlens von Unterkunftsmöglichkeit, vgl.:

- tatsächliche Möglichkeiten, z.B.:
  - Unterstützung durch Bekanntschaften,
  - Unterstützung durch Verwandtschaften,
  - Unterbringungseinrichtungen wie ordnungsbehördliche oder private Unterkünfte, Hotels,
  - Zeitweiliges Verweilen im Freien etwa aufgrund Wetterlage und zeitnaher Aussichten auf Abhilfe;
- rechtliche Möglichkeiten, z.B.:
  - § 35 Abs. 1 Nr. 1 PolG NRW („Schutzgewahrsam")
  - §§ 8, 6 PolG NRW (Unterbringungsverfügung).

---

[74] Landtag-NRW-Drucksache 13/1525, S. 17: „Der genannte Zeitraum [von im Regelfall 10 Tagen, P. B.] erscheint unter Berücksichtigung der Interessen der gefährdeten Person angemessen und zumutbar, um eine Entscheidung über die Inanspruchnahme zivilgerichtlichen Schutzes treffen und entsprechende Anträge bei Gericht stellen zu können. In Ausnahmefällen kann die Polizei auch eine kürzere Zeitdauer der Maßnahmen festlegen, wenn die auf Grund besonderer Umstände des Einzelfalls geboten erscheint und gleichwohl gewährleistet ist, dass der gefährdeten Person eine angemessene Bedenkzeit zur Verfügung steht und sie vor erneuter Gewaltausübung der betroffenen Person geschützt ist.", S. 18: „Der Zeitraum nach Absatz 5 Satz 2 erscheint auch unter Berücksichtigung der Tatsache angemessen, dass die Polizei auf Grund ihrer Aufgabenzuweisung nach dem PolG NW nur im Rahmen einer ersten Krisenintervention und nur bis zum Zeitpunkt einer gerichtlichen Entscheidung tätig werden kann.".

Allein das Fehlen einer Unterkunftsmöglichkeit bei Bekannten oder Verwandten ist jedenfalls kein Hinderungsgrund; der Gesetzgeber geht selbst bei „besonders begründeten Einzelfällen" von der Möglichkeit von Wvw und Rvb aus, vgl. § 34a Abs. 1 S. 3 PolG NRW.

(ERG VHM)

Die Maßnahme/n ist/sind insgesamt i.S.v. § 2 PolG NRW, Art. 20 Abs. 3 GG, vgl. § 34a Abs. 5 PolG NRW (alternativ)

- verhältnismäßig.
- unverhältnismäßig.

D. Gesamtergebnis (GErg)

Wohnungsverweisung und/oder Rückkehrverbot ist/sind (alternativ)

- gemäß § 34a PolG NRW rechtmäßig.
- wegen Art./§ (bestimmter Rechtsnorm [z.B. Art. 20 Abs. 3 GG]) rechtswidrig.

ABSCHNITT 2: ELEKTRONISCHE AUFENTHALTSÜBERWACHUNG, § 34C POLG NRW

A. Rechtsgrundlage (RGL) I. Grundrechte (GR)

(VOR/DEF)

Grundrechte sind grundlegende Rechte aus Art. 1-19 GG i.V.m. dem Rechtsstaatsprinzip, Art. 20 Abs. 3 GG, mit Vorrang und Vorbehalt des Gesetzes.[75]

(SUB/ERG)

Grundrechte sind (i.d.R. alternativ fallabhängig) wie folgt gegeben[76]:

---

[75] Zu **Grundrechten**: *Basten*, Eingriffsrecht der Polizei in Nordrhein-Westfalen, Band 1, Buch 1, Abschnitt 2, Unterabschnitt 3. Zum **Rechtsstaatsprinzip** mit unter anderem sogenanntem Vorrang des Gesetzes und Vorbehalt des Gesetzes: *Basten*, Eingriffsrecht der Polizei in Nordrhein-Westfalen, Band 1, S. 95-108.

[76] Zu § 68b Abs. 1 Satz 1 Nr. 12, Satz 3 StGB i.V.m. § 463a Abs. 4 StPO: BVerfG, Beschluss des Zweiten Senats vom 01.12.2020 – 2 BvR 916/11 –, u.a. auch – nach Verneinung von Art. 2 Abs. 2 S. 1 Alt. 2 GG, Art. 2 Abs. 2 S. 2 GG, Art. 11 Abs. 1 GG, zu Art. 13 GG in Rn. 333: „Selbst wenn die bloße Feststellung der Anwesenheit in der Wohnung [„Präsenzkontrolle", P. B.] durch den Einsatz von ‚elektronischer Fußfessel' und ‚Home-Unit' als eine Überwachung von Wohnungen mit technischen Mitteln und damit als Eingriff in den Schutzgehalt von Art. 13 GG außerhalb des Kernbereichs zu qualifizieren wäre, ist jedenfalls den Rechtfertigungsanforderungen an einen solchen Eingriff gemäß Art. 13 Abs. 4 GG genügt.

1. Allgemeines Persönlichkeitsgrundrecht[77] mit verschiedenen Ausprägungen[78], etwa in der Ausprägung des **Rechts auf informationelle Selbstbestimmung** (APR/RiS), Art. 2 Abs. 1 i.V.m. Art. 1 Abs. 1[79] GG, vgl. auch Art. 142 GG i.V.m. Art. 4 Abs. 1, 2 Verfassung NRW[80].

---

[77] BVerfGE 147, 1, 18 f. (**Geschlechtsidentität**) = BVerfG, Beschluss des Ersten Senats vom 10.10.2017 – 1 BvR 2019/16 –, Rn. 38: „Art. 2 Abs. 1 GG gewährt jedem das **Recht auf die freie Entfaltung seiner Persönlichkeit**. Dieses Grundrecht umfasst neben der allgemeinen Handlungsfreiheit das **allgemeine Persönlichkeitsrecht** (Art. 2 Abs. 1 i.V.m. Art. 1 Abs. 1 GG). Letzteres ergänzt als ‚unbenanntes' Freiheitsrecht die speziellen (‚benannten') Freiheitsrechte, die ebenfalls konstituierende Elemente der Persönlichkeit schützen (vgl. BVerfGE 54, 148 <153>). Eine der **Aufgaben des allgemeinen Persönlichkeitsrechts** ist es dabei, Grundbedingungen dafür zu sichern, dass die einzelne Person ihre Individualität selbstbestimmt entwickeln und wahren kann (vgl. BVerfGE 35, 202 <220>; 79, 256 <268>; 90, 263 <270>; 117, 202 <225>). Das allgemeine Persönlichkeitsrecht schützt indessen nur solche **Elemente der Persönlichkeitsentfaltung**, die - ohne bereits Gegenstand der besonderen Freiheitsgarantien des Grundgesetzes zu sein - diesen in ihrer konstituierenden Bedeutung für die Persönlichkeit nicht nachstehen (vgl. BVerfGE 79, 256 <268>; 99, 185 <193>; 120, 274 <303>; stRspr). Es verbürgt also nicht Schutz gegen alles, was die selbstbestimmte Persönlichkeitsentwicklung auf irgendeine Weise beeinträchtigen könnte; ohnehin vermag kein Mensch seine Individualität unabhängig von äußeren Gegebenheiten und Zugehörigkeiten zu entwickeln. Der lückenschließende Schutz des allgemeinen Persönlichkeitsrechts greift aber dann, wenn die selbstbestimmte Entwicklung und Wahrung der Persönlichkeit spezifisch gefährdet ist (BVerfGE 141, 186 <201 f. Rn. 32>).“.

BVerfG, Beschluss des Ersten Senats vom 06.11.2019 – 1 BvR 16/13 – (Recht auf Vergessen I), Rn. 81: „Diese [**APR-]Rechtsprechung** hat sich maßgeblich in Konstellationen der mittelbaren Drittwirkung und geleitet von dem Erfordernis praktischer Konkordanz entwickelt. Deshalb bestimmen sich die Schutzdimensionen des allgemeinen Persönlichkeitsrechts letztlich immer einzelfallbezogen im Abgleich mit den Grundrechten Dritter. Die Bestimmung seiner Schutzwirkungen und die Abwägung mit den gegenüberstehenden Freiheitsrechten greifen hier Hand in Hand. Der Schutz des allgemeinen Persönlichkeitsrechts ist insoweit flexibel und durch die Einbindung der Person in ihre sozialen Beziehungen relativiert (vgl. BVerfGE 101, 361 <380>; 141, 186 <202 Rn. 32>; 147, 1 <19 Rn. 38>; stRspr; siehe auch BGHZ 183, 353 <357 Rn. 11>; 209, 139 <150 Rn. 30>; 219, 233 <240 Rn. 22>; stRspr).“.

Vgl. „**Allgemeines Persönlichkeitsrecht**“ (APR) als „sonstiges Recht“ (sog. **Rahmenrecht** mit [grundrechts-]abwägungsoffenem Tatbestand) nach § 823 Abs. 1 Var. 6 BGB, u.a. mit Geldentschädigungsanspruch, insbesondere durch ständige Rechtsprechung (vgl. auch § 253 BGB) seit folgender Entwicklung: BGHZ 13, 334 (Leserbrief), mit erstmaliger ausdrücklicher Anerkennung des allgemeinen Persönlichkeitsrechts; BGHZ 26, 349 (Herrenreiter), mit erstmaliger Zuerkennung einer Geldentschädigung wegen des immateriellen Schadens durch die Verletzung des allgemeinen Persönlichkeitsrechts; BGHZ 35, 363 (Ginsengwurzel), mit erstmaliger Schwerpunktsetzung bei der Menschenwürde in der Begründung; BVerfGE 34, 269 (Soraya), mit verfassungsgerichtlicher Erklärung der verfassungsrechtlichen Zulässigkeit der richterrechtlich entwickelten APR-Konstruktion.

[78] BVerfG, Beschluss des Ersten Senats vom 06.11.2019 – 1 BvR 16/13 – (Recht auf Vergessen I), Rn. 80: „Die Rechtsprechung hat aus dem [**Allgemeinen Persönlichkeits-]Grundrecht** insoweit verschiedene **Schutzdimensionen** abgeleitet wie den **Schutz eines unantastbaren Bereichs privater Lebensgestaltung**, die Garantie der **Privatsphäre**, das **Recht am eigenen Bild** oder **gesprochenen Wort** oder das **Recht auf die Darstellung der eigenen Person**, die **soziale Anerkennung** sowie die **persönliche Ehre** (vgl. BVerfGE 27, 1 <6>; 27, 344 <350 f.>; 32, 373 <379>; 34, 238 <245 f.>; 47, 46 <73>; 54, 148 <153 f.>; 99, 185 <193 f.>; 101, 361 <384>; 106, 28 <39>; 114, 339 <346>; 120, 180 <198>).“ „Diese **Schutzgehalte** werden insoweit aber nicht als abschließend umschriebene und voneinander abzugrenzende Gewährleistungen verstanden, sondern als Ausprägungen, die in Blick auf den konkreten Schutzbedarf jeweils anhand des zu entscheidenden Falles herauszuarbeiten sind (vgl. BVerfGE 54, 148 <153 f.>; 65, 1 <41>).“.

BVerfGE 65, 1 (Volkszählungsgesetz), Ls. 1 = BVerfG, Urteil des Ersten Senats vom 15.12.1983 – 1 BvR 209/83, Ls. 1: „Unter den Bedingungen der modernen Datenverarbeitung wird der Schutz des Einzelnen

gegen unbegrenzte Erhebung, Speicherung, Verwendung und Weitergabe seiner persönlichen Daten von dem **allgemeinen Persönlichkeitsrecht** des Art. 2 Abs. 1 GG in Verbindung mit Art. 1 Abs. 1 GG umfaßt. Das [**Allgemeine Persönlichkeits-]Grundrecht** gewährleistet insoweit die Befugnis des Einzelnen, grundsätzlich selbst über die Preisgabe und Verwendung seiner persönlichen Daten zu bestimmen."; BVerfG, Beschluss des Ersten Senats vom 06.11.2019 – 1 BvR 16/13 – (Recht auf Vergessen I), Rn. 80: „Das **Recht auf informationelle Selbstbestimmung** ist von der Rechtsprechung als eigene Ausprägung des allgemeinen Persönlichkeitsrechts mit einem gegenüber den anderen Ausprägungen selbständigen Gewährleistungsgehalt entwickelt worden und behält diesen auch, soweit es als verfassungsrechtliche Wertentscheidung in das Zivilrecht einstrahlt. Dementsprechend enthält es keinen gesamthaften Schutzanspruch hinsichtlich jederlei Umgangs mit Informationen, der die übrigen Schutzdimensionen des Grundrechts allgemein übergreifen und zusammenführen würde, sondern lässt deren Wertungen und Abwägungsregeln unberührt."; BVerfGE 120, 274, 311 f. (Online-Durchsuchung) = BVerfG, Urteil des Ersten Senats vom 27.02.2008 – 1 BvR 370/07 –, Rn. 198 f. „Das **Recht auf informationelle Selbstbestimmung** geht über den **Schutz der Privatsphäre** hinaus. Es gibt dem Einzelnen die Befugnis, grundsätzlich selbst über die Preisgabe und Verwendung seiner persönlichen Daten zu bestimmen (vgl. BVerfGE 65, 1 <43>; 84, 192 <194>). Es flankiert und erweitert den grundrechtlichen Schutz von Verhaltensfreiheit und Privatheit, indem es ihn schon auf der Stufe der Persönlichkeitsgefährdung beginnen lässt. Eine derartige Gefährdungslage kann bereits im Vorfeld konkreter Bedrohungen benennbarer Rechtsgüter entstehen, insbesondere wenn personenbezogene Informationen in einer Art und Weise genutzt und verknüpft werden können, die der Betroffene weder überschauen noch verhindern kann. Der Schutzumfang des **Rechts auf informationelle Selbstbestimmung** beschränkt sich dabei nicht auf Informationen, die bereits ihrer Art nach sensibel sind und schon deshalb grundrechtlich geschützt werden. Auch der Umgang mit personenbezogenen Daten, die für sich genommen nur geringen Informationsgehalt haben, kann, je nach dem Ziel des Zugriffs und den bestehenden Verarbeitungs- und Verknüpfungsmöglichkeiten, grundrechtserhebliche Auswirkungen auf die Privatheit und Verhaltensfreiheit des Betroffenen haben (vgl. BVerfG, Beschluss vom 13. Juni 2007 - 1 BvR 1550/03 u.a. -, NJW 2007, S. 2464 <2466>). Die mit dem Recht auf informationelle Selbstbestimmung abzuwehrenden Persönlichkeitsgefährdungen ergeben sich aus den vielfältigen Möglichkeiten des Staates und gegebenenfalls auch privater Akteure (vgl. BVerfG, Beschluss der 1. Kammer des Ersten Senats vom 23. Oktober 2006 - 1 BvR 2027/02 -, JZ 2007, S. 576) zur Erhebung, Verarbeitung und Nutzung personenbezogener Daten. Vor allem mittels elektronischer Datenverarbeitung können aus solchen Informationen weitere Informationen erzeugt und so Schlüsse gezogen werden, die sowohl die grundrechtlich geschützten Geheimhaltungsinteressen des Betroffenen beeinträchtigen als auch Eingriffe in seine Verhaltensfreiheit mit sich bringen können (vgl. BVerfGE 65, 1 <42>; 113, 29 <45 f.>; 115, 320 <342>; BVerfG, Beschluss vom 13. Juni 2007 - 1 BvR 1550/03 u.a. -, NJW 2007, S. 2464 <2466>).".

BVerfGE 109, 279, 325-327 (akustische Wohnraumüberwachung / „Großer Lauschangriff") = BVerfG, Urteil des Ersten Senats vom 03.03.2004 – 1 BvR 2378/98, 1084/99 –, Rn. 159-163:.„Das aus Art. 2 Abs. 1 in Verbindung mit Art. 1 Abs. 1 GG folgende **allgemeine Persönlichkeitsrecht** kommt neben Art. 13 Abs. 1 GG allerdings nicht zur Anwendung, soweit Eingriffe in die **räumliche Privatsphäre des Wohnungsinhabers** zu überprüfen sind. Art. 13 Abs. 1 GG enthält eine spezielle Gewährleistung des **Schutzes vor staatlicher akustischer Überwachung der räumlichen Privatsphäre**, die die allgemeinere Vorschrift insoweit verdrängt (vgl. BVerfGE 100, 313 [358] zu Art. 10 GG). Mit dem **Recht, in der Wohnung ungestört zu sein**, und dem **Recht am eigenen in der Wohnung gesprochenen Wort** schützt Art. 13 Abs. 1 GG gerade den Teil der **Privatsphäre**, den sonst das allgemeine Persönlichkeitsrecht gewährleistet. Dieses Recht ergänzt als unbenanntes Freiheitsrecht die speziellen Freiheitsrechte, die ebenfalls konstituierende Elemente der Persönlichkeit schützen (vgl. BVerfGE 54, 148 <153 f.>), nur insoweit, als Letztere keinen Schutz gewähren. Der **Schutz des allgemeinen Persönlichkeitsrechts aus Art. 2 Abs. 1 in Verbindung mit Art. 1 Abs. 1 GG** greift hingegen ein, soweit von der Wohnraumüberwachung Personen betroffen werden, die sich nicht auf Art. 13 Abs. 1 GG berufen können. **Grundrechtsträger des Art. 13 Abs. 1 GG** ist jeder Inhaber oder Bewohner eines Wohnraums, unabhängig davon, auf welchen Rechtsverhältnissen die Nutzung des Wohnraums beruht. Bei mehreren Bewohnern einer Wohnung steht das Grundrecht jedem Einzelnen, bei Familien mithin jedem Familienmitglied zu. Maßnahmen der **Wohnraumüberwachung** können aber nicht nur **Wohnungsinhaber**, sondern auch **zufällig in einer Wohnung**

Anwesende erfassen. Diese Personen sind zwar nicht in ihrem Grundrecht aus Art. 13 Abs. 1 GG, wohl aber in ihrem **allgemeinen Persönlichkeitsrecht** betroffen. Der Schutz aus Art. 2 Abs. 1 in Verbindung mit Art. 1 Abs. 1 GG kann insofern allerdings nicht weiter reichen als derjenige aus Art. 13 Abs. 1 und 3 GG. Der Schutz der **räumlichen Privatsphäre und des allgemeinen Persönlichkeitsrechts** kann schließlich in Einzelfällen durch weitere Grundrechtsgarantien ergänzt sein. So wird das **Gespräch zwischen Eheleuten in der eigenen Wohnung** nicht nur von Art. 13 Abs. 1 GG, sondern zusätzlich durch Art. 6 Abs. 1 GG geschützt. Auch in Bezug auf die **Kommunikation mit Berufsgeheimnisträgern** können neben dem grundrechtlichen **Schutz der räumlichen Privatsphäre** Grundrechte in Betracht kommen, die - wie etwa Art. 4 GG im Hinblick auf das Gespräch mit einem Geistlichen - der besonderen Schutzbedürftigkeit der Kommunizierenden Rechnung tragen.“.

BVerfG, Beschluss des Ersten Senats vom 06.11.2019 – 1 BvR 16/13 – (Recht auf Vergessen I), Ls. 3 S. 1: „Von den **äußerungsrechtlichen Schutzdimensionen** ist das **Recht auf informationelle Selbstbestimmung** als eine eigene Ausprägung des allgemeinen Persönlichkeitsrechts zu unterscheiden.“ BVerfG, Beschluss des Ersten Senats vom 06.11.2019 – 1 BvR 16/13 – (Recht auf Vergessen I), Rn. 90: „Ausgehend von dem **Ziel des Rechts auf informationelle Selbstbestimmung**, Schutz vor Gefahren angesichts neuartiger Möglichkeiten der Datenverarbeitung zu gewähren (vgl. BVerfGE 65, 1 <42>), ist es primär als Gewährleistung zu verstehen, die – neben der ungewollten Preisgabe von Daten auch im Rahmen privater Rechtsbeziehungen (vgl. BVerfGE 84, 192 <194>) – insbesondere vor deren intransparenter Verarbeitung und Nutzung durch Private schützt. Es bietet Schutz davor, dass Dritte sich individueller Daten bemächtigen und sie in nicht nachvollziehbarer Weise als Instrument nutzen, um die Betroffenen auf Eigenschaften, Typen oder Profile festzulegen, auf die sie keinen Einfluss haben und die dabei aber für die freie Entfaltung der Persönlichkeit sowie eine gleichberechtigte Teilhabe in der Gesellschaft von erheblicher Bedeutung sind. Der Gehalt dieses Rechts ist dabei entwicklungsoffen, so dass es auch weitere persönlichkeitsgefährdende Entwicklungen der Informationsverarbeitung aufnehmen kann.“.

BVerfG, Beschluss des Ersten Senats vom 06.11.2019 – 1 BvR 16/13 – (Recht auf Vergessen I), Ls. 2a): „Der verfassungsrechtliche Maßstab für den Schutz gegenüber Gefährdungen durch die **Verbreitung personenbezogener Berichte und Informationen als Teil öffentlicher Kommunikation** liegt in den **äußerungsrechtlichen Ausprägungen des allgemeinen Persönlichkeitsrechts**, nicht im Recht auf informationelle Selbstbestimmung.“.

BVerfG, Beschluss des Ersten Senats vom 06.11.2019 – 1 BvR 16/13 – (Recht auf Vergessen I), Rn. 91: „[Vom Recht auf informationelle Selbstbestimmung] zu unterscheiden ist der **Schutz vor der Verarbeitung personenbezogener Berichte und Informationen als Ergebnis eines Kommunikationsprozesses**. Der Schutzbedarf gründet hier nicht in der intransparenten Zuweisung von Persönlichkeitsmerkmalen und -profilen durch Dritte, sondern in der sichtbaren Verbreitung bestimmter Informationen im öffentlichen Raum. Gefährdungen für die Persönlichkeitsentfaltung ergeben sich hier vornehmlich aus Form und Inhalt der Veröffentlichung selbst. Schutz gegenüber solchen Gefährdungen bieten die **äußerungsrechtlichen Ausprägungen des allgemeinen Persönlichkeitsrechts unabhängig vom Recht auf informationelle Selbstbestimmung**. Zwar kann es auch dabei maßgeblich auf die Art der Informationserlangung ankommen. Jedoch hat diese hier ihre Bedeutung als Vorfrage für die Beurteilung des weiteren Umgangs mit einer bestimmten Äußerung und des damit in die Öffentlichkeit gestellten Bildes einer Person selbst.“.

BVerfG, Beschluss des Ersten Senats vom 06.11.2019 – 1 BvR 16/13 – (**Recht auf Vergessen** I), Ls. 2b): „Bei der Entscheidung über einen Schutzanspruch kommt der Zeit unter den Kommunikationsbedingungen des Internets ein spezifisches Gewicht zu. Die Rechtsordnung muss davor schützen, dass sich eine Person frühere Positionen, Äußerungen und Handlungen unbegrenzt vor der Öffentlichkeit vorhalten lassen muss. Erst die Ermöglichung eines Zurücktretens vergangener Sachverhalte eröffnet den Einzelnen die Chance zum Neubeginn in Freiheit. Zur Zeitlichkeit der Freiheit gehört die Möglichkeit des Vergessens.“.

BVerfGE 120, 274, 311 (Online-Durchsuchung) = BVerfG, Urteil des Ersten Senats vom 27.02.2008 – 1 BvR 370/07 –, Rn. 197: „In seiner Ausprägung als **Schutz der Privatsphäre** [als **Privatangelegenheitenschutz** und **Rückzugsraumbereichsschutz** – beides **gegenüber der Öffentlichkeit**, vgl. **Sphärentheorie** mit **Intimsphäre, Privatsphäre, Sozialsphäre** und vgl. **Kernbereich privater Lebensgestaltung**] gewährleistet das allgemeine Persönlichkeitsrecht dem Einzelnen einen räumlich und thematisch

bestimmten Bereich, der grundsätzlich frei von unerwünschter Einsichtnahme bleiben soll (vgl. BVerfGE 27, 344 <350 ff.>; 44, 353 <372 f.>; 90, 255 <260>; 101, 361 <382 f.>).“; BVerfGE 101, 361, 382-385 (Caroline von Monaco II) = BVerfG, Urteil vom 15.12.1999 – 1 BvR 653/96 –, Rn. 75-82: „Im Unterschied zum **Recht am eigenen Bild** bezieht sich der **Schutz der Privatsphäre**, der ebenfalls im **allgemeinen Persönlichkeitsrecht** wurzelt, nicht speziell auf Abbildungen, sondern ist **thematisch und räumlich** bestimmt. Er umfaßt zum einen **Angelegenheiten [Privatangelegenheitenschutz]**, die wegen ihres Informationsinhalts typischerweise als **‚privat'** eingestuft werden, weil ihre **öffentliche** Erörterung oder Zurschaustellung als unschicklich gilt, das Bekanntwerden als peinlich empfunden wird oder nachteilige Reaktionen der Umwelt auslöst, wie es etwa bei Auseinandersetzungen mit sich selbst in **Tagebüchern** (BVerfGE 80, 367), bei **vertraulicher Kommunikation unter Eheleuten** (BVerfGE 27, 344), im Bereich der **Sexualität** (BVerfGE 47, 46; 49, 286 [BVerfGE 120, 224, 238 f. (Geschwisterbeischlaf) = BVerfGE, Beschluss des Zweiten Senats vom 26.02.2008 – 2 BvR 392/07 –, Rn. 32 f.: „Das allgemeine Persönlichkeitsrecht in seiner Ausprägung als **Recht auf sexuelle Selbstbestimmung**“/„**Intim- und Sexualbereich des Menschen als Teil seiner Privatsphäre**, P. B.]), bei **sozial abweichendem Verhalten** (BVerfGE 44, 353) oder bei **Krankheiten** (BVerfGE 32, 373) der Fall ist. Fehlte es hier an einem **Schutz vor der Kenntniserlangung anderer**, wären die Auseinandersetzung mit sich selbst, die unbefangene Kommunikation unter Nahestehenden, die sexuelle Entfaltung oder die Inanspruchnahme ärztlicher Hilfe beeinträchtigt oder unmöglich, obwohl es sich um grundrechtlich geschützte Verhaltensweisen handelt. Zum anderen erstreckt sich der Schutz auf einen **räumlichen Bereich [Raumbereichsschutz]**, in dem der Einzelne zu sich kommen, sich entspannen oder auch gehen lassen kann (vgl. BVerfGE 27, 1 [6]). Zwar bietet auch dieser Bereich Gelegenheit, sich in einer Weise zu verhalten, die nicht für die **Öffentlichkeit** bestimmt ist und deren Beobachtung oder Darstellung durch Außenstehende für den Betroffenen peinlich oder nachteilig wäre. Im Kern geht es aber um einen **Raum**, in dem er die Möglichkeit hat, frei von **öffentlicher Beobachtung** und damit der von ihr erzwungenen Selbstkontrolle zu sein, auch ohne daß er sich dort notwendig anders verhielte als in der **Öffentlichkeit**. Bestünden solche **Rückzugsbereiche** nicht mehr, könnte der Einzelne psychisch überfordert sein, weil er unausgesetzt darauf achten müßte, wie er auf andere wirkt und ob er sich richtig verhält. Ihm fehlten die Phasen des Alleinseins und Ausgleichs, die für die Persönlichkeitsentfaltung notwendig sind und ohne die sie nachhaltig beeinträchtigt würde. Ein derartiges Schutzbedürfnis besteht auch bei Personen, die aufgrund ihres Ranges oder Ansehens, ihres Amtes oder Einflusses, ihrer Fähigkeiten oder Taten besondere **öffentliche** Beachtung finden. Wer, ob gewollt oder ungewollt, zur Person des **öffentlichen** Lebens geworden ist, verliert damit nicht sein Anrecht auf eine **Privatsphäre**, die den Blicken der **Öffentlichkeit** entzogen bleibt. Das gilt auch für demokratisch gewählte Amtsträger, die zwar für ihre Amtsführung **öffentlich** rechenschaftspflichtig sind und sich in diesem Umfang **öffentliche** Aufmerksamkeit gefallen lassen müssen, nicht aber für ihr **Privatleben**, sofern dieses die Amtsführung nicht berührt. Der **häusliche Bereich** [vgl. ggf. spezielleren Art. 13 GG i.V.m. BVerfGE 109, 279, 325 f.] stellt anerkanntermaßen eine solche geschützte Sphäre dar. Wegen des Bezugs auf die Entfaltung der Persönlichkeit darf der **Rückzugsbereich** jedoch nicht von vornherein auf ihn begrenzt werden. Das gilt schon deshalb, weil die Funktionen, denen er dient, nur erfüllt werden, wenn er nicht an den Hausmauern oder Grundstücksgrenzen endet. Die freie Entfaltung der Persönlichkeit wäre erheblich behindert, wenn der Einzelne nur im eigenen Haus der **öffentlichen** Neugier entgehen könnte. Die notwendige Erholung von einer durch Funktionszwänge und Medienpräsenz geprägten **Öffentlichkeit** ist vielfach nur in der **Abgeschiedenheit einer natürlichen Umgebung, etwa an einem Ferienort**, zu gewinnen. Deswegen muß der Einzelne grundsätzlich die Möglichkeit haben, sich auch in der freien, gleichwohl **abgeschiedenen Natur oder an Örtlichkeiten, die von der breiten Öffentlichkeit deutlich abgeschieden sind**, in einer von **öffentlicher** Beobachtung freien Weise zu bewegen. Das gilt gerade gegenüber solchen Aufnahmetechniken, die die **räumliche Abgeschiedenheit** überwinden, ohne daß der Betroffene dies bemerken kann. Wo die Grenzen der geschützten **Privatsphäre außerhalb des Hauses** verlaufen, läßt sich nicht generell und abstrakt festlegen. Sie können vielmehr nur aufgrund der jeweiligen Beschaffenheit des **Ortes** bestimmt werden, den der Betroffene aufsucht. Ausschlaggebend ist, ob der Einzelne eine **Situation** vorfindet oder schafft, in der er begründetermaßen und somit auch für Dritte erkennbar davon ausgehen darf, den Blicken der **Öffentlichkeit** nicht ausgesetzt zu sein. Ob die Voraussetzungen der **Abgeschiedenheit** erfüllt sind, läßt sich nur situativ beurteilen. Der Einzelne kann sich an ein und demselben **Ort** zu Zeiten mit gutem Grund unbeobachtet fühlen, zu anderen Zeiten nicht. Auch ist

der Aufenthalt in umschlossenen **Räumen** keineswegs immer mit **Abgeschiedenheit** gleichzusetzen. Da es um die Frage geht, ob der Einzelne begründetermaßen erwarten darf, unbeobachtet zu sein, oder aber **Plätze** aufgesucht hat, wo er sich unter den Augen der **Öffentlichkeit** bewegt, kann es auch in umschlossenen Räumen an der **Abgeschiedenheit** fehlen, die Voraussetzung für den **Privatsphärenschutz** außerhalb der eigenen **Häuslichkeit** ist. **Plätzen, an denen sich der Einzelne unter vielen Menschen befindet**, fehlt es von vornherein an den Voraussetzungen des **Privatsphärenschutzes** im Sinn von Art. 2 Abs. 1 in Verbindung mit Art. 1 Abs. 1 GG. Sie können das **Rückzugsbedürfnis** nicht erfüllen und rechtfertigen deswegen auch nicht den grundrechtlichen Schutz, den dieses Bedürfnis aus Gründen der Persönlichkeitsentfaltung verdient. Der Einzelne kann solche **Orte** auch nicht etwa durch ein Verhalten, das typischerweise nicht **öffentlich** zur Schau gestellt würde, in seine **Privatsphäre** umdefinieren. Nicht sein Verhalten, ob allein oder mit anderen, konstituiert die **Privatsphäre**, sondern die **objektive Gegebenheit der Örtlichkeit zur fraglichen Zeit**. Verhält er sich daher an **Orten**, die nicht die Merkmale der **Abgeschiedenheit** aufweisen, so, als stünde er nicht unter Beobachtung, hebt er das **Schutzbedürfnis für Verhaltensweisen, die an sich die Öffentlichkeit nichts angehen**, selbst auf. Der **Schutz der Privatsphäre vor öffentlicher Kenntnisnahme** entfällt ferner, wenn sich jemand selbst damit einverstanden zeigt, daß bestimmte, gewöhnlich als privat geltende Angelegenheiten **öffentlich** gemacht werden, etwa indem er Exklusivverträge über die Berichterstattung aus seiner **Privatsphäre** abschließt. Der verfassungsrechtliche **Privatsphärenschutz** aus Art. 2 Abs. 1 in Verbindung mit Art. 1 Abs. 1 GG ist nicht im Interesse einer Kommerzialisierung der eigenen Person gewährleistet. Zwar ist niemand an einer solchen **Öffnung privater Bereiche** gehindert. Er kann sich dann aber nicht gleichzeitig auf den **öffentlichkeitsabgewandten Privatsphärenschutz** berufen. Die Erwartung, daß die Umwelt die **Angelegenheiten oder Verhaltensweisen in einem Bereich mit Rückzugsfunktion** nur begrenzt oder nicht zur Kenntnis nimmt, muß daher situationsübergreifend und konsistent zum Ausdruck gebracht werden. Das gilt auch für den Fall, daß der Entschluß, die Berichterstattung über bestimmte Vorgänge der eigenen **Privatsphäre** zu gestatten oder hinzunehmen, rückgängig gemacht wird.".

BVerfGE 6, 32, 41 (Elfes) = BVerfG, Urteil vom des Ersten Senats vom 16.01.1957 – 1 BvR 253/56 –, Rn. 32 [vgl. **Recht auf Privatsphäre** als **Privatangelegenheitenschutz** und **Rückzugsraumbereichsschutz** – beides **gegenüber der Öffentlichkeit,** vgl. **Sphärentheorie** mit **Intimsphäre**, **Privatsphäre**, **Sozialsphäre**]: „Vor allem dürfen die Gesetze daher die Würde des Menschen nicht verletzen, die im Grundgesetz der oberste Wert ist, aber auch die geistige, politische und wirtschaftliche Freiheit des Menschen nicht so einschränken, daß sie in ihrem Wesensgehalt angetastet würde (Art. 19 Abs. 2, Art. 1 Abs. 3, Art. 2 Abs. 1 GG). Hieraus ergibt sich, daß dem einzelnen Bürger eine **Sphäre privater Lebensgestaltung** verfassungskräftig vorbehalten ist, also ein letzter **unantastbarer Bereich menschlicher Freiheit** besteht, der der Einwirkung der gesamten öffentlichen Gewalt entzogen ist. Ein Gesetz, das in ihn eingreifen würde, könnte nie Bestandteil der ‚verfassungsmäßigen Ordnung' sein; es müßte durch das Bundesverfassungsgericht für nichtig erklärt werden.". BVerfGE 109, 279, Ls. 2 S. 1 (akustische Wohnraumüberwachung / „Großer Lauschangriff") = BVerfG, Urteil des Ersten Senats vom 03.03.2004 – 1 BvR 2378/98, 1084/99 –, Ls. 2 S. 1: „Zur Unantastbarkeit der Menschenwürde gemäß Art. 1 Abs. 1 GG gehört die Anerkennung eines absolut geschützten **Kernbereichs privater Lebensgestaltung**.". BVerfGE 141, 220, 276-278 (BKAG) = BVerfG, Urteil des Ersten Senats vom 20.04.2016 – 1 BvR 966/09 –, Rn. 119-124: „Neben den verfassungsrechtlichen Anforderungen an die allgemeinen Eingriffsvoraussetzungen ergeben sich aus den jeweiligen **Grundrechten in Verbindung mit Art. 1 Abs. 1 GG** für die Durchführung von besonders eingriffsintensiven Überwachungsmaßnahmen besondere Anforderungen an den **Schutz des Kernbereichs privater Lebensgestaltung**. Der verfassungsrechtliche **Schutz des Kernbereichs privater Lebensgestaltung** gewährleistet dem Individuum einen **Bereich höchstpersönlicher Privatheit gegenüber Überwachung**. Er wurzelt in den **von den jeweiligen Überwachungsmaßnahmen betroffenen Grundrechten in Verbindung mit Art. 1 Abs. 1 GG** und sichert einen dem Staat nicht verfügbaren Menschenwürdekern grundrechtlichen Schutzes gegenüber solchen Maßnahmen. Selbst überragende Interessen der Allgemeinheit können einen Eingriff in diesen **absolut geschützten Bereich privater Lebensgestaltung** nicht rechtfertigen (vgl. BVerfGE 109, 279 <313>; stRspr). Zur **Entfaltung der Persönlichkeit im Kernbereich privater Lebensgestaltung gehört die Möglichkeit**, **innere Vorgänge** wie Empfindungen und Gefühle sowie Überlegungen, Ansichten und Erlebnisse **höchstpersönlicher Art zum Ausdruck zu bringen** (vgl. BVerfGE 109, 279 <313>; 120, 274 <335>; stRspr). Geschützt ist

insbesondere die **nichtöffentliche Kommunikation mit Personen des höchstpersönlichen Vertrauens, die in der berechtigten Annahme geführt wird, nicht überwacht zu werden**, wie es insbesondere bei Gesprächen im Bereich der Wohnung der Fall ist. Zu diesen Personen gehören insbesondere Ehe- oder Lebenspartner, Geschwister und Verwandte in gerader Linie, vor allem, wenn sie im selben Haushalt leben, und können Strafverteidiger, Ärzte, Geistliche und enge persönliche Freunde zählen (vgl. BVerfGE 109, 279 <321 ff.>). Dieser Kreis deckt sich nur teilweise mit dem der Zeugnisverweigerungsberechtigten. Solche Gespräche verlieren dabei nicht schon dadurch ihren Charakter als insgesamt höchstpersönlich, dass sich in ihnen Höchstpersönliches und Alltägliches vermischen (vgl. BVerfGE 109, 279 <330>; 113, 348 <391 f.>). Demgegenüber ist die **Kommunikation unmittelbar über Straftaten** nicht geschützt, selbst wenn sie auch Höchstpersönliches zum Gegenstand hat. Die **Besprechung und Planung von Straftaten** gehört ihrem Inhalt nach nicht zum **Kernbereich privater Lebensgestaltung**, sondern hat **Sozialbezug** (vgl. BVerfGE 80, 367 <375>; 109, 279 <319 f., 328>; 113, 348 <391>). Dies bedeutet freilich nicht, dass der Kernbereich unter einem allgemeinen Abwägungsvorbehalt in Bezug auf öffentliche Sicherheitsinteressen steht. Ein **höchstpersönliches Gespräch** fällt nicht schon dadurch aus dem **Kernbereich privater Lebensgestaltung** heraus, dass es für die Aufklärung von Straftaten oder Gefahren hilfreiche Aufschlüsse geben kann. Aufzeichnungen oder Äußerungen im Zwiegespräch, die zum Beispiel ausschließlich innere Eindrücke und Gefühle wiedergeben und keine Hinweise auf konkrete Straftaten enthalten, gewinnen nicht schon dadurch einen **Gemeinschaftsbezug**, dass sie Ursachen oder Beweggründe eines strafbaren Verhaltens freizulegen vermögen (vgl. BVerfGE 109, 279 <319>). Auch können trotz **Straftatenbezugs** Situationen, in denen Einzelnen gerade ermöglicht werden soll, ein Fehlverhalten einzugestehen oder sich auf dessen Folgen einzurichten, wie Beichtgespräche oder vertrauliche Gespräche mit einem Psychotherapeuten oder einem Strafverteidiger, der **höchstpersönlichen Privatsphäre** unterfallen, die dem Staat absolut entzogen ist (vgl. BVerfGE 109, 279 <322>). Ein hinreichender **Sozialbezug** besteht demgegenüber dann, wenn **Gespräche - auch mit Vertrauenspersonen - sonst unmittelbar Straftaten zu ihrem Gegenstand haben** (vgl. BVerfGE 109, 279 <319>). Der **Kernbereich privater Lebensgestaltung** beansprucht gegenüber **allen Überwachungsmaßnahmen** Beachtung. Können sie typischerweise zur Erhebung kernbereichsrelevanter Daten führen, muss der Gesetzgeber Regelungen schaffen, die einen wirksamen Schutz normenklar gewährleisten (vgl. BVerfGE 109, 279 <318 f.>; 113, 348 <390 f.>; 120, 274 <335 ff.>). Außerhalb solch verletzungsgeneigter Befugnisse bedarf es eigener Regelungen nicht. Grenzen, die sich im Einzelfall auch hier gegenüber einem Zugriff auf höchstpersönliche Informationen ergeben können, sind bei deren Anwendung unmittelbar von Verfassungs wegen zu beachten. Der **Schutz des Kernbereichs privater Lebensgestaltung** ist strikt und darf nicht durch Abwägung mit den Sicherheitsinteressen nach Maßgabe des Verhältnismäßigkeitsgrundsatzes relativiert werden (vgl. BVerfGE 109, 279 <314>; 120, 273 <339>; stRspr). Dies bedeutet jedoch nicht, dass **jede tatsächliche Erfassung von höchstpersönlichen Informationen** stets einen Verfassungsverstoß oder eine Menschenwürdeverletzung begründet. Angesichts der Handlungs- und Prognoseunsicherheiten, unter denen Sicherheitsbehörden ihre Aufgaben wahrnehmen, kann ein **unbeabsichtigtes Eindringen in den Kernbereich privater Lebensgestaltung** im Rahmen von Überwachungsmaßnahmen nicht für jeden Fall von vornherein ausgeschlossen werden (vgl. BVerfGE 120, 274 <337 f.>). Die Verfassung verlangt jedoch **für die Ausgestaltung der Überwachungsbefugnisse** die **Achtung des Kernbereichs** als eine strikte, nicht frei durch Einzelfallerwägungen überwindbare Grenze.".

BVerfGE 120, 274 (Online-Durchsuchung) = BVerfG, Urteil des Ersten Senats vom 27.02.2008 – 1 BvR 370/07 –, Ls. 1: „Das **allgemeine Persönlichkeitsrecht** (Art. 2 Abs. 1 i.V.m. Art. 1 Abs. 1 GG) umfasst das Grundrecht auf **Gewährleistung der Vertraulichkeit und Integrität informationstechnischer Systeme**."; BVerfGE 120, 274, 314 (Online-Durchsuchung) = BVerfG, Urteil des Ersten Senats vom 27.02.2008 – 1 BvR 370/07 –, Rn. 203: „**informationstechnisches System**": „etwa Personalcomputer", „ferner beispielweise [...] solche Mobiltelefone oder elektronische Terminkalender, die über einen großen Funktionsumfang verfügen und personenbezogene Daten vielfältiger Art erfassen und speichern können."; BVerfGE 120, 274, 276 (Online-Durchsuchung) = BVerfG, Urteil des Ersten Senats vom 27.02.2008 – 1 BvR 370/07 –, Rn. 5: „**heimlicher Zugriff auf ein informationstechnisches System**": „[heimliche] technische Infiltration [...], die etwa Sicherheitslücken des Zielsystems ausnutzt oder über die Installation eines Spähprogramms erfolgt", wobei die Infiltration es ermöglicht, die Zielsystem-„Nutzung zu überwachen oder die Speichermedien durchzusehen oder gar das Zielsystem fernzusteuern.".

a) GR-SB:

aa) Persönlicher GR-SB: „Jeder".

bb) Sachlicher GR-SB: „**freie Entfaltung der Persönlichkeit**" in der Ausprägung des RiS als „**Datenfreiheit**" (Grundsätzliche Bestimmungsbefugnis des Einzelnen über Preisgabe und Verwendung eigener personenbezogener Daten[81]), i.d.R. gegeben bei Bezug auf mindestens ein **personenbezogenes Datum**: § 36 Nr. 1 DSG NRW[82].

b) GR-E (oder Nichteingriff/ **Grundrechtsverzicht** bzw. **Einwilligung** i.S.v. § 36 Nr. 19 DSG NRW, § 38 DSG NRW): **Persönlichkeitsentfaltungseinschränkung**, als **Datenfreiheitseinschränkung**, durch **Datenverarbeitung**s-Maßnahme (Datenerhebung, Datenspeicherung, Datenübermittlung[83], Datenabgleich), Datenlöschung i.S.d. § 36 Nr. 2 DSG NRW.

BVerfGE 147, 1 (**Geschlechtsidentität**) = BVerfG, Beschluss des Ersten Senats vom 10.10.2017 – 1 BvR 2019/16 –, Ls. 1-3: „1. Das **allgemeine Persönlichkeitsrecht** (Art. 2 Abs. 1 i.V.m. Art. 1 Abs. 1 GG) schützt die **geschlechtliche Identität**. Es schützt auch die geschlechtliche Identität derjenigen, die sich dauerhaft weder dem männlichen noch dem weiblichen Geschlecht zuordnen lassen. 2. Art. 3 Abs. 3 Satz 1 GG schützt auch Menschen, die sich dauerhaft weder dem männlichen noch dem weiblichen Geschlecht zuordnen lassen, vor **Diskriminierungen wegen ihres Geschlechts**. 3. Personen, die sich dauerhaft weder dem männlichen noch dem weiblichen Geschlecht zuordnen lassen, werden in beiden Grundrechten verletzt, wenn das Personenstandsrecht dazu zwingt, das Geschlecht zu registrieren, aber keinen anderen positiven Geschlechtseintrag als weiblich oder männlich zulässt.".

BVerfG, Urteil des Zweiten Senats vom 26.02.2020 – 2 BvR 2347/15 –, Ls. 1: „a) Das **allgemeine Persönlichkeitsrecht** (Art. 2 Abs. 1 i.V.m. Art. 1 Abs. 1 GG) umfasst als Ausdruck persönlicher Autonomie ein **Recht auf selbstbestimmtes Sterben**. b) Das **Recht auf selbstbestimmtes Sterben** schließt die Freiheit ein, sich das Leben zu nehmen [Rn. 208: „**Recht auf Selbsttötung**"]. Die Entscheidung des Einzelnen, seinem Leben entsprechend seinem Verständnis von Lebensqualität und Sinnhaftigkeit der eigenen Existenz ein Ende zu setzen, ist im Ausgangspunkt als Akt autonomer Selbstbestimmung von Staat und Gesellschaft zu respektieren. c) Die **Freiheit, sich das Leben zu nehmen**, umfasst auch die Freiheit, hierfür bei Dritten Hilfe zu suchen und Hilfe, soweit sie angeboten wird, in Anspruch zu nehmen.".

[79] Zum sog. „**Menschenwürdegehalt**" der Grundrechte: *Basten*, Die Menschenwürde des Grundgesetzes.

[80] Vgl. auch Art. 142 GG i.V.m. Art. 4 Abs. 2 Verfassung NRW; Art. 8 EU-GR-Charta; Art. 16 AEUV; Art. 8 EMRK.

[81] BVerfGE 65, 1, Ls. 1 S. 2 (Volkszählungsgesetz) = BVerfG, Urteil des Ersten Senats vom 15.12.1983 – 1 BvR 209/83, Ls. 1 S. 2 (Ls. 1: „Unter den Bedingungen der modernen Datenverarbeitung wird der Schutz des Einzelnen gegen unbegrenzte Erhebung, Speicherung, Verwendung und Weitergabe seiner persönlichen Daten von dem allgemeinen Persönlichkeitsrecht des Art. 2 Abs. 1 GG in Verbindung mit Art. 1 Abs. 1 GG umfaßt. Das Grundrecht gewährleistet insoweit die Befugnis des Einzelnen, grundsätzlich selbst über die Preisgabe und Verwendung seiner persönlichen Daten zu bestimmen.").

[82] BVerfG, Beschluss der 3. Kammer des Zweiten Senats vom 27.06.2018 – 2 BvR 1562/17 (auf § 103 StPO gestützte Anordnung der Durchsuchung der Räumlichkeiten des Münchener Kanzleistandorts der Rechtsanwaltskanzlei Jones Day sowie Sicherstellung von Unterlagen und elektronischen Daten im Zuge des sogenannten „VW-Dieselskandals" – Verfassungsbeschwerde nicht zur Entscheidung angenommen wegen Unzulässigkeit aufgrund Nichterfüllung von Voraussetzungen nach § 93a Abs. 2 BVerfGG), Gründe, V., Rn. 44: „Der Begriff der persönlichen Daten deckt sich mit der Legaldefinition personenbezogener Daten in § 46 Nr. 1 BDSG (zuvor § 3 Abs. 1 BDSG) und erfasst alle Informationen, die sich auf eine identifizierte oder identifizierbare natürliche Person (betroffene Person) beziehen (vgl. noch zu § 3 Abs. 1 BDSG ‚Einzelangaben über persönliche oder sachliche Verhältnisse einer bestimmten oder bestimmbaren Person' Di Fabio, in: Maunz/Dürig, GG, Art. 2 Abs.1, Rn. 175 [Juli 2001]).".

[83] BVerfG, Urteil des Ersten Senats vom 19.05.2020 – 1 BvR 2835/17 – (Ausland-Ausland-Fernmeldeaufklärung nach BNDG), E. III. 1., Rn. 212: „Die **Übermittlung personenbezogener Daten**, mit der eine Behörde die von ihr erhobenen Daten einer anderen Stelle zugänglich macht, begründet einen eigenen

c) GR-B: Art. 2 Abs. 1 Hs. 2 GG.[84]

2. Allgemeine Verhaltensfreiheit / Allgemeine Handlungsfreiheit[85], Art. 2 Abs. 1 GG[86]

a) GR-SB:

aa) Persönlicher GR-SB: „Jeder".

Grundrechtseingriff (vgl. BVerfGE 100, 313 <367>; 141, 220 <334 Rn. 305>; stRspr). Dieser ist an dem **Grundrecht** zu messen, **in das bei der ursprünglichen Datenerhebung eingegriffen wurde** (vgl. BVerfGE 100, 313 <367>; 141, 220 <334 Rn. 305>; stRspr).".

[84] Art. 2 Abs. 1 Hs. 2 GG (**Schrankentrias**): BVerfGE 80, 137, 153 (Reiten im Walde) = BVerfG, Beschluss des Ersten Senats vom 06.06.1989 – 1 BvR 921/85 –, C. I. 1 a), Rn. 69: „Abgesehen von einem absolut geschützten Kernbereich privater Lebensgestaltung, welcher der Einwirkung der öffentlichen Gewalt entzogen ist (BVerfGE 6, 32 [41]), ist die allgemeine Handlungsfreiheit allerdings nur in den **Schranken** des zweiten Halbsatzes von Art. 2 Abs. 1 GG gewährleistet und steht damit insbesondere unter dem **Vorbehalt der verfassungsmäßigen (Rechts-)Ordnung** (BVerfGE 6, 32 [37 f.]; 74, 129 [152]). Stützt sich ein die Handlungsfreiheit berührender Akt der öffentlichen Gewalt auf eine Rechtsnorm, so kann mit der Verfassungsbeschwerde unter Berufung auf Art. 2 Abs. 1 GG zur Nachprüfung gestellt werden, ob diese Norm zur **verfassungsmäßigen Ordnung** gehört, das heißt formell und materiell mit den Normen der Verfassung in Einklang steht (st. Rspr. seit BVerfGE 6, 32)."; BVerfGE 6, 32, Ls. 3 (Elfes) = BVerfG, Urteil des Ersten Senats vom 16.01.1957 – 1 BvR 253/56, Ls. 3: „**Verfassungsmäßige Ordnung** im Sinne des Art. 2 Abs. 1 GG ist die verfassungsmäßige Rechtsordnung, d.h. die Gesamtheit der Normen, die formell und materiell der Verfassung gemäß sind."; vgl. dazu auch BVerfGE 6, 32, 37-41 (Elfes) = BVerfG, Urteil des Ersten Senats vom 16.01.1957 – 1 BvR 253/56, Gründe II. 2 b), c), Rn. 17-33.

Rechte anderer sind (als Teil der verfassungsmäßigen Ordnung) subjektive Berechtigungen (Anspruch oder Befugnis oder Erlaubnis) einschließlich Verpflichtungen (Pflicht zur Erfüllung von Anspruch oder Befugnis oder Erlaubnis) und sonstiger Rechtswirkungen für ein Rechtssubjekt bezüglich eines Verhaltens oder eines Rechtsguts.

Vgl. zum ein Mal bundesverfassungsgerichtlich entscheidungserheblich bemühten „**Sittengesetz**" nach Art. 2 Abs. 1 Hs. 2 GG als Gesetz, das nicht das durch die „soziale Gemeinschaft" „als für sich verbindlich" anerkannte „Rechtsgefühl" „im allgemeinen" „verletzt": BVerfGE 6, 389 (Homosexuelle) = BVerfG, Urteil des Ersten Senats vom 10.05.1957 – 1 BvR 550/52 –, und StrRehaHomG (Gesetz zur strafrechtlichen Rehabilitierung der nach dem 8. Mai 1945 wegen einvernehmlicher homosexueller Handlungen verurteilten Personen vom 17. Juli 2017 – BGBl. I S. 2443).

[85] „Allgemeine" Verhaltensfreiheit / Handlungsfreiheit: Auffanggrundrecht ggü. ggf. spezielleren Grundrechten, vgl. Rechtsnormspezialitätsregel („lex specialis derogat legi generali"), vgl. auch: BVerfGE 6, 32, 37 (Elfes) = BVerfG, Urteil des Ersten Senats vom 16.01.1957 – 1 BvR 253/56, Gründe, II. 2. a), Rn. 16: „Neben der allgemeinen Handlungsfreiheit, die Art. 2 Abs. 1 GG gewährleistet, hat das Grundgesetz die Freiheit menschlicher Betätigung für bestimmte Lebensbereiche, die nach den geschichtlichen Erfahrungen dem Zugriff der öffentlichen Gewalt besonders ausgesetzt sind, durch besondere Grundrechtsbestimmungen geschützt; bei ihnen hat die Verfassung durch abgestufte Gesetzesvorbehalte abgegrenzt, in welchem Umfang in den jeweiligen Grundrechtsbereich eingegriffen werden kann. Soweit nicht solche besonderen Lebensbereiche grundrechtlich geschützt sind, kann sich der Einzelne bei Eingriffen der öffentlichen Gewalt in seine Freiheit auf Art. 2 Abs. 1 GG berufen. Hier bedurfte es eines Gesetzesvorbehalts nicht, weil sich aus der Beschränkung der freien Entfaltung der Persönlichkeit durch die verfassungsmäßige Ordnung der Umfang staatlicher Eingriffsmöglichkeiten ohne weiteres ergibt.".

[86] Vgl. auch Art. 142 GG i.V.m. Art. 4 Abs. 1 Verfassung NRW; Art. 6 EU-GR-Charta; Art. 5 EMRK.

bb) Sachlicher GR-SB: „**freie Entfaltung der Persönlichkeit**" bedeutet **allgemeine Verhaltensfreiheit** im umfassenden Sinn[87] durch grundsätzlich jedes Tun, Dulden, Unterlassen[88].

b) GR-E (oder Nichteingriff/GR-Verzicht): Verhaltenseinschränkung als Verhaltenssteuerung, im konkreten Fall durch die Verpflichtung, „ein technisches Mittel" [...] „ständig im betriebsbereiten Zustand am Körper zu tragen, die Anlegung und Wartung des technischen Mittels zu dulden und seine Funktionsfähigkeit nicht zu beeinträchtigen" (vgl. § 34c Abs. 1 S. 1 PolG NRW).

c) GR-B: Art. 2 Abs. 1 Hs. 2 GG[89].

---

[87] BVerfGE 6, 32, 36 f. (Elfes) = BVerfG, Urteil des Ersten Senats vom 16.01.1957 – 1 BvR 253/56, Gründe, II. 2. a), Rn. 14 f.: „Das Grundgesetz kann mit der ‚freien Entfaltung der Persönlichkeit' nicht nur die Entfaltung innerhalb jenes Kernbereichs der Persönlichkeit gemeint haben, der das Wesen des Menschen als geistig-sittliche Person ausmacht, denn es wäre nicht verständlich, wie die Entfaltung innerhalb dieses Kernbereichs gegen das Sittengesetz, die Rechte anderer oder sogar gegen die verfassungsmäßige Ordnung einer freiheitlichen Demokratie sollte verstoßen können. Gerade diese, dem Individuum als Mitglied der Gemeinschaft auferlegten Beschränkungen zeigen vielmehr, daß das Grundgesetz in Art. 2 Abs. 1 GG die Handlungsfreiheit im umfassenden Sinne meint. [...] Es waren nicht rechtliche Erwägungen, sondern sprachliche Gründe, die den Gesetzgeber bewogen haben, die ursprüngliche Fassung ‚Jeder kann tun und lassen was er will' durch die jetzige Fassung zu ersetzen (vgl. v. Mangoldt, Parlamentarischer Rat, 42. Sitzung des Hauptausschusses, S. 533)."; BVerfGE 80, 137, 152 f. (Reiten im Walde) = BVerfG, Beschluss des Ersten Senats vom 06.06.1989 – 1 BvR 921/85 –, C. I. 1 a), Rn. 69: „Nach den in der Rechtsprechung des Bundesverfassungsgerichts entwickelten Grundsätzen gewährleistet Art. 2 Abs. 1 GG die allgemeine Handlungsfreiheit im umfassenden Sinne (st. Rspr. seit BVerfGE 6, 32 [36]; aus neuerer Zeit etwa: BVerfGE 74, 129 [151]; 75, 108 [154 f.]). Geschützt ist damit nicht nur ein begrenzter Bereich der Persönlichkeitsentfaltung, sondern jede Form menschlichen Handelns ohne Rücksicht darauf, welches Gewicht der Betätigung für die Persönlichkeitsentfaltung zukommt (vgl. etwa die Entscheidung eines Vorprüfungsausschusses in BVerfGE 54, 143 (146) - Taubenfüttern).".

[88] BVerfGE 6, 32, Ls. 1, 2 (Elfes) = BVerfG, Urteil des Ersten Senats vom 16.01.1957 – 1 BvR 253/56, Ls. 1: „Art. 11 GG betrifft nicht die Ausreisefreiheit.", Ls. 2: „Die **Ausreisefreiheit** ist als Ausfluß der allgemeinen Handlungsfreiheit durch Art. 2 Abs. 1 GG innerhalb der Schranken der verfassungsmäßigen Ordnung gewährleistet."; BVerwG, Urteil vom 29.05.2019 – BVerwG 6 C 8.18 (Beschränkung des Geltungsbereichs eines Passes), Rn. 20: „In der höchstrichterlichen Rechtsprechung ist seit Jahrzehnten geklärt, dass die durch Art. 2 Abs. 1 GG geschützte Ausreisefreiheit auch durch den Passversagungsgrund des § 7 Abs. 1 Nr. 1 Alt. 3 PassG als Bestandteil der verfassungsmäßigen Ordnung wirksam eingeschränkt wird.".

[89] Art. 2 Abs. 1 Hs. 2 GG (**Schrankentrias**): BVerfGE 80, 137, 153 (Reiten im Walde) = BVerfG, Beschluss des Ersten Senats vom 06.06.1989 – 1 BvR 921/85 –, C. I. 1 a), Rn. 69: „Abgesehen von einem absolut geschützten Kernbereich privater Lebensgestaltung, welcher der Einwirkung der öffentlichen Gewalt entzogen ist (BVerfGE 6, 32 [41]), ist die allgemeine Handlungsfreiheit allerdings nur in den Schranken des zweiten Halbsatzes von Art. 2 Abs. 1 GG gewährleistet und steht damit insbesondere unter dem **Vorbehalt der verfassungsmäßigen (Rechts-)Ordnung** (BVerfGE 6, 32 [37 f.]; 74, 129 [152]). Stützt sich ein die Handlungsfreiheit berührender Akt der öffentlichen Gewalt auf eine Rechtsnorm, so kann mit der Verfassungsbeschwerde unter Berufung auf Art. 2 Abs. 1 GG zur Nachprüfung gestellt werden, ob diese Norm zur **verfassungsmäßigen Ordnung** gehört, das heißt formell und materiell mit den Normen der Verfassung in Einklang steht (st. Rspr. seit BVerfGE 6, 32)."; BVerfGE 6, 32, Ls. 3 (Elfes) = BVerfG, Urteil des Ersten Senats vom 16.01.1957 – 1 BvR 253/56, Ls. 3: „**Verfassungsmäßige Ordnung** im Sinne des Art. 2 Abs. 1 GG ist die verfassungsmäßige Rechtsordnung, d.h. die Gesamtheit der Normen, die formell und materiell der Verfassung gemäß sind."; vgl. dazu auch BVerfGE 6, 32, 37-41 (Elfes) = BVerfG, Urteil des Ersten Senats vom 16.01.1957 – 1 BvR 253/56, Gründe II. 2 b), c), Rn. 17-33.

Rechte anderer sind (als Teil der verfassungsmäßigen Ordnung) subjektive Berechtigungen (Anspruch oder Befugnis oder Erlaubnis) einschließlich Verpflichtungen (Pflicht zur Erfüllung von Anspruch oder

A. Rechtsgrundlage (RGL) II. Rechtsgebiet (RG)

(VOR/DEF)

Rechtsgebiet ist Rechtsordnungsteil nach allen Umständen[90] – wie schwerpunktmäßige Äußerungen, Rechtsnormen, Zwecke, auch i.V.m. §§ 133, 157 BGB analog.[91]

(SUB/ERG)

Die elektronische Aufenthaltsüberwachung erfolgt auf dem Rechtsgebiet des besonderen öffentlichen Verwaltungsrechts polizeilicher Gefahrenabwehr bei (alternativ):

- nicht tatverdachtsveranlassten Maßnahmen der elektronischen Aufenthaltsüberwachung;
- elektronischer Aufenthaltsüberwachung ohne schwerpunktmäßigen Zweck einer anschließenden Strafrechtspflegemaßnahme;
- Gefahrenüberhang.

Elektronische Aufenthaltsüberwachung auf dem Rechtsgebiet der Strafrechtspflege wären insbesondere solche nach § 68b Abs. 1 S. 1 Nr. 12, S. 2 StGB, § 463a StPO, § 27 JVollzDSG NRW.

A. Rechtsgrundlage (RGL) III. Mögliche Befugnisrechtsnorm (Mgl. Brn.)

(VOR/DEF)

Befugnisrechtsnorm ist die rechtmäßige hauptsächliche materiellrechtliche Rechtsgrundlage mit realfolgenentsprechender Rechtsfolge.

(SUB/ERG)

Realfolge ist die jeweilige Realfolge laut Sachverhalt.

Rechtsfolge ist gemäß § 34c PolG NRW die elektronische Aufenthaltsüberwachung (EAÜ), mit mehreren Rechtsfolgen (kumulativ):

Befugnis oder Erlaubnis) und sonstiger Rechtswirkungen für ein Rechtssubjekt bezüglich eines Verhaltens oder eines Rechtsguts.

Vgl. zum ein Mal bundesverfassungsgerichtlich entscheidungserheblich bemühten „**Sittengesetz**" nach Art. 2 Abs. 1 Hs. 2 GG als Gesetz, das nicht das durch die „soziale Gemeinschaft" „als für sich verbindlich" anerkannte „Rechtsgefühl" „im allgemeinen" „verletzt": BVerfGE 6, 389 (Homosexuelle) = BVerfG, Urteil des Ersten Senats vom 10.05.1957 – 1 BvR 550/52 –, und StrRehaHomG (Gesetz zur strafrechtlichen Rehabilitierung der nach dem 8. Mai 1945 wegen einvernehmlicher homosexueller Handlungen verurteilten Personen vom 17. Juli 2017 – BGBl. I S. 2443).

[90] Umstände im weiten Sinn, etwa als Bedingungen, Beziehungen, Faktoren, Folgen, Funktionen, Umweltbedingungen, Variablen, Verhältnissen, Voraussetzungen, Weltbedingungen.

[91] Zum Rechtsgebiet bzw. zu Rechtsgebieten einschließlich Rechtsgebiet-Begriffen und Rechtsgebiet-Auslegungsansätzen: *Basten*, Eingriffsrecht der Polizei in Nordrhein-Westfalen, Band 1, Buch 1, Abschnitt 3, Unterabschnitt 3, Titel 3, Untertitel 3.

- Anordnung, ein technisches Mittel zur elektronischen Aufenthaltsüberwachung ständig im betriebsbereiten Zustand am Körper zu tragen, die Anlegung und Wartung des technischen Mittels zu dulden und seine Funktionsfähigkeit nicht zu beeinträchtigen, § 34c Abs. 1 S. 1 PolG NRW,
- Datenverarbeitung (§ 36 Nr. 2 DSG NRW, § 46 Nr. 2 BDSG), § 34c Abs. 3, 4, 5 PolG NRW, und zwar insbesondere (alternativ)
    - Datenerhebung;
    - Datenspeicherung;
    - Datenübermittlung;
    - Datenabgleich;
    - Datenlöschung.

§ 34c PolG NRW „enthält die Rechtsgrundlage für die Verarbeitung der für die elektronische Überwachung erforderlichen Daten durch die Polizei. […] Die Verarbeitung umfasst dabei grundsätzlich alle Aufenthaltsdaten einschließlich der Daten über eine Beeinträchtigung der Datenerhebung. […] Die Datenerhebung und -speicherung hat automatisiert zu erfolgen. […] Nach [§ 34c Abs. 3 S. 5 PolG NRW] sind sie unverzüglich zu löschen, sobald eine Kenntnisnahme erfolgt ist, wobei die Tatsache ihrer Kenntnisnahme und Löschung gemäß Satz 6 zu dokumentieren ist. […] Satz 9 regelt die einzelnen Verwendungszwecke für die an den Polizeivollzugsdienst übermittelten Daten[92].“[93]

Gemäß § 34c Abs. 8 S. 1 PolG NRW ist die (EAÜ-)Anordnung (i.S.d. § 34c Abs. 6, 7 PolG NRW) sofort vollziehbar und auf höchstens drei Monate zu befristen. Gemäß § 34c Abs. 8 S. 2 PolG NRW ist eine Verlängerung (der EAÜ-Anordnung i.S.d. § 34c Abs. 6, 7 PolG NRW) um jeweils nicht mehr als drei Monate möglich, soweit die Anordnungsvoraussetzungen fortbestehen. Gemäß § 34b Abs. 8 S. 3 PolG NRW ist die Maßnahme unverzüglich zu beenden, wenn die Voraussetzungen der Anordnung nicht mehr vorliegen.

Die EAÜ umfasst grundsätzlich offene Maßnahmen zu bestimmten oder bestimmbaren Zwecken im Sinne von § 9 Abs. 5, 7 PolG NRW.

(ERG)

Mögliche Befugnisrechtsnorm ist § 34c PolG NRW[94].

---

[92] Zur **Datenverarbeitung i.Z.m. elektronischer Aufenthaltsüberwachung** vgl. auch:

GÜLStV mit Präambel und Art. 1-10, dort insbesondere Art. 1-4 GÜLStV zur Aufgabenübertragung durch die Länder an die GÜL (Gemeinsame elektronische Überwachungsstelle der Länder) bei der GIT (Gemeinsame IT-Stelle der Hessischen Justiz), insbesondere nach Art. 2 GÜLStV i.Z.m. mit der elektronischen Überwachung des Aufenthaltsorts von verurteilten Personen, die der Führungsaufsicht unterstehen und denen eine Weisung nach § 68b Abs. 1 S. 1 Nr. 12 StGB; vgl. auch die Ermächtigung in Art. 4 GÜLStV, dass jedes Land der GÜL durch gesonderte Vereinbarung mit dem Land Hessen Aufgaben der elektronischen Überwachung des Aufenthaltsorts von Personen auch zu anderen Zwecken übertragen kann, *insbesondere* 1. bei Außervollzugsetzung eines Haftbefehls, 2. im Rahmen einer Bewährungsweisung, 3. bei Gnadenerweisen, 4. zur Vermeidung der Vollstreckung von kurzen Freiheitsstrafen oder von Ersatzfreiheitsstrafen, 5. zur Überwachung vollzugsöffnender Maßnahmen oder 6. im Rahmen der Führungsaufsicht in Fällen, die von § 68b Abs. 1 S. 1 Nr. 12 StGB nicht umfasst sind.

Vgl. auch Landtag-NRW-Vorlage 17/1915 (Schriftlicher Bericht des Ministers des Innern zur Frage: „Wie wird das Mittel der elektronischen Fußfessel in der Praxis eingesetzt?“), wonach bisher Rechtsfolgen i.Z.m. der elektronischen Aufenthaltsüberwachung (EAÜ) wie folgt verwirklicht wurden:

- Datenübermittlung von „Standortdaten“ aus der EAÜ-Datenverarbeitung an Stellen wie die „Hessische Zentrale für Datenverarbeitung“ (HZD)
- Datenübermittlung von der HZD an die Polizei des Landes Nordrhein-Westfalen.
- Telefonische Kontaktaufnahmen (Anrufe) durch die GÜL gegenüber dem EAÜ-Adressaten (vgl. zu Verfügungen z.B. § 34c Abs. 1 S. 1 PolG NRW oder § 8 Abs. 1 PolG NRW [z.B. „Gefährderansprache“]), etwa bei Auffälligkeiten aufgrund der Datenverarbeitungen; so erfolgte „eine telefonische Kontaktaufnahme unmittelbar nach Eingang einer Alarmmeldung über das Verlassen der vorgegebenen Gebotszone“;
- Kontaktanrufe gegenüber dem EAÜ-Adressaten „direkt durch dem Betroffenen bekannte Polizeibeamtinnen und -beamte“, etwa der zuständigen polizeilichen Dienststelle.
- Anlegen des technischen Mittels zur EAÜ („Fußfessel“) durch Vertragsunternehmen wie der HZD.
- „Technischer Support“ (technische Unterstützung, technische Begleitmaßnahmen) durch Vertragsunternehmen wie etwa der HZD.

[93] Landtag-NRW-Drucksache 17/2351, S. 41 („Zu Absatz 3“).

[94] Weitere Befugnisrechtsnormen auf dem Rechtsgebiet der Gefahrenabwehr für die elektronische Aufenthaltsüberwachung: § 56 BKAG, § 56a AufenthG, anderen Landespolizeigesetze wie BayPAG; HSOG; Sächsisches PVDG; SOG M-V; SOG LSA.

B. Formelle Rechtmäßigkeit (FR) I. Zuständigkeit (Z)

(VOR/DEF)

Zuständigkeit ist Aufgabenwahrnehmungserlaubnis für den Rechtsfolgesetzer.

(SUB/ERG)

Für die Maßnahme ist die Zuständigkeit (i.d.R.) wie folgt gegeben:

1. sachliche Zuständigkeit *der Polizei* gemäß (alternativ)

- § 1 Abs. 1 S. 1, 2 Var. 1, 2[95] PolG NRW (originäre Zuständigkeit) (ggf. i.V.m. § 1 Abs. 2 PolG NRW[96] / ggf. i.V.m. § 1 Abs. 5 S. 2 PolG NRW[97]);

2. instanzielle Zuständigkeit *der Polizeibehörde* gemäß

- (i.d.R.) § 11 Abs. 1 Nr. 1 POG NRW;
- (generell:) §§ 10-14 POG NRW (ggf. i.V.m. KPBVO NRW / ggf. i.V.m. LKAAufgVO NRW);

3. örtliche Zuständigkeit *der Polizeibehörde* gemäß

- (i.d.R.) § 7 Abs. 1 S. 1 POG NRW (ggf. i.V.m. KHStVO NRW);
- (generell:) §§ 7-9 POG NRW (ggf. i.V.m. KHStVO NRW);

4. funktionelle Zuständigkeit *des Polizeiamtswalters* (i.d.R.) gemäß (alternativ)

- § 34c Abs. 6 S. 1, 2 PolG NRW für den Antrag auf Amtsgerichts-Anordnung der elektronischen Aufenthaltsüberwachung (EAÜ insgesamt einschließlich aller Maßnahmen), hier durch die Polizei-Behördenleitung oder deren Vertretung;
- § 34c Abs. 6 S. 3, 4, 5 PolG NRW für die Anordnung der elektronischen Aufenthaltsüberwachung (EAÜ insgesamt einschließlich aller Maßnahmen) anstelle des Amtsgerichts (bei Gefahr im Verzug) bis zur Amtsgerichtsbestätigung binnen 3 Tagen, hier durch Behördenleitung oder der Behördenleitung-Vertretung;
- § 34c Abs. 1 S. 1 W. 2, Abs. 2 S. 1 Hs. 1, S. 2 Hs. 1 PolG NRW („Polizei“) für die EAÜ-Anordnungen („Verpflichtung“, „zu tragen“, „zu dulden“, „nicht zu beeinträchtigen“) gegenüber dem Adressaten – nach Anordnung der EAÜ insgesamt durch das Amtsgericht oder nach Anordnung der EAÜ insgesamt durch die Behördenleitung oder die Behördenleitung-Vertretung, § 34b Abs. 2 PolG NRW;
- § 34c Abs. 1 S. 1 W. 2, Abs. 2 S. 1 Hs. 1, S. 2 Hs. 1 PolG NRW für EAÜ-Ausführungs-Begleitmaßnahmen im Sinne von § 34c Abs. 1 S. 1 PolG NRW bezüglich des technischen Mittels (z.B. Anlegen, Abnehmen, Warten) – nach Anordnung der EAÜ insgesamt durch das Amtsgericht oder nach Anordnung der EAÜ insgesamt durch die Behördenleitung oder die Behördenleitung-Vertretung, § 34b Abs. 2 PolG NRW;
- § 34c Abs. 3 S. 1 W. 2 PolG NRW für EAÜ-Datenverarbeitungsmaßnahmen, hier also der (jeweiligen zuständigen) „Polizei“(behörde) als zuständige Behörde und Verantwortlicher

---

[95] Vgl. jedenfalls § 34c Abs. 2 S. 1 Nr. 2 PolG NRW ohne ausdrücklichen Zweck der „Verhütung“.

[96] § 1 Abs. 2 PolG NRW hat negative Zuständigkeitsvoraussetzungen; § 1 Abs. 2 PolG NRW ist die sogenannte „**Privatrechtsklausel**“; zum **Privatrecht in der polizeilichen Praxis** ausführlich: *Basten*, Privatrecht in der polizeilichen Praxis.

[97] § 1 Abs. 5 S. 2 PolG NRW ist qua Gesetzessystematik eine Zuständigkeitsvorschrift mit negativen Befugnisvoraussetzungen.

i.S.v. § 36 Nr. 8, 9 DSG NRW, auch über Dritte, etwa als Auftragsverarbeiter, § 36 Nr. 10 DSG NRW, auch im Mandatsverhältnis[98].

---

[98] Vgl. Bundestags-Drucksache 19/8752, S. 96 f. – im ausdrücklichen Zusammenhang mit § 56a AufenthG (elektronische Aufenthaltsüberwachung): „Die Länder beabsichtigen, die bereits vorhandenen personellen und sächlichen Mittel, die auf staatsvertraglicher Grundlage im Bereich der Führungsaufsicht länderübergreifend genutzt werden, auch für die elektronische Aufenthaltsüberwachung nach dem AufenthG einzusetzen [...]. Das Institut des zwischenbehördlichen Mandats liegt vor, wenn eine Kompetenz von ihrem regulären Inhaber (dem Mandanten) für einen oder mehrere Einzelfälle oder generell auf ein anderes öffentlich-rechtliches Subjekt (den Mandatar) in der Weise übertragen wird, dass der Mandatar die Kompetenz im Außenverhältnis im Namen des Mandanten, also in fremdem Namen ausübt. Das Handeln des Mandatars wird rechtlich dem Mandanten zugerechnet (hierzu mit weiteren Nachweisen Stelkens/Bonk/Sachs/Schmitz, VwVfG § 4 Rn. 40) [„Mandat" i.Z.m. mit Datenverantwortlichkeit und Datenauftragsverarbeitung auch noch ausdrücklich in Erwägungsgrund 80 VO (EU) 2016/679, P. B.].".

Zur **Datenverarbeitung i.Z.m. elektronischer Aufenthaltsüberwachung** vgl. auch:

GÜLStV mit Präambel und Art. 1-10, dort insbesondere Art. 1-4 GÜLStV zur Aufgabenübertragung durch die Länder an die GÜL (Gemeinsame elektronische Überwachungsstelle der Länder) bei der GIT (Gemeinsame IT-Stelle der Hessischen Justiz), insbesondere nach Art. 2 GÜLStV i.Z.m. mit der elektronischen Überwachung des Aufenthaltsorts von verurteilten Personen, die der Führungsaufsicht unterstehen und denen eine Weisung nach § 68b Abs. 1 S. 1 Nr. 12 StGB; vgl. auch die Ermächtigung in Art. 4 GÜLStV, dass jedes Land der GÜL durch gesonderte Vereinbarung mit dem Land Hessen Aufgaben der elektronischen Überwachung des Aufenthaltsorts von Personen auch zu anderen Zwecken übertragen kann, *insbesondere* 1. bei Außervollzugsetzung eines Haftbefehls, 2. im Rahmen einer Bewährungsweisung, 3. bei Gnadenerweisen, 4. zur Vermeidung der Vollstreckung von kurzen Freiheitsstrafen oder von Ersatzfreiheitsstrafen, 5. zur Überwachung vollzugsöffnender Maßnahmen oder 6. im Rahmen der Führungsaufsicht in Fällen, die von § 68b Abs. 1 S. 1 Nr. 12 StGB nicht umfasst sind.

Vgl. auch Landtag-NRW-Vorlage 17/1915 (Schriftlicher Bericht des Ministers des Innern zur Frage: „Wie wird das Mittel der elektronischen Fußfessel in der Praxis eingesetzt?"), wonach bisher Rechtsfolgen i.Z.m. der elektronischen Aufenthaltsüberwachung (EAÜ) wie folgt verwirklicht wurden:

- Datenübermittlung von „Standortdaten" aus der EAÜ-Datenverarbeitung an Stellen wie die „Hessische Zentrale für Datenverarbeitung" (HZD)
- Datenübermittlung von der HZD an die Polizei des Landes Nordrhein-Westfalen.
- Telefonische Kontaktaufnahmen (Anrufe) durch die GÜL gegenüber dem EAÜ-Adressaten (vgl. zu Verfügungen z.B. § 34c Abs. 1 S. 1 PolG NRW oder § 8 Abs. 1 PolG NRW [z.B. „Gefährderansprache"]), etwa bei Auffälligkeiten aufgrund der Datenverarbeitungen; so erfolgte „eine telefonische Kontaktaufnahme unmittelbar nach Eingang einer Alarmmeldung über das Verlassen der vorgegebenen Gebotszone";
- Kontaktanrufe gegenüber dem EAÜ-Adressaten „direkt durch dem Betroffenen bekannte Polizeibeamtinnen und -beamte", etwa der zuständigen polizeilichen Dienststelle.
- Anlegen des technischen Mittels zur EAÜ („Fußfessel") durch Vertragsunternehmen wie der HZD.
- „Technischer Support" (technische Unterstützung, technische Begleitmaßnahmen) durch Vertragsunternehmen wie etwa der HZD.

B. Formelle Rechtmäßigkeit (FR) II. Verfahren (V)

(VOR/DEF)

Verfahren ist normiertes Verhalten insbesondere für den Rechtsfolgezuständigen außer, bei, i.Z.m. der Rechtsfolge.

1. § 34c Abs. 6, 7 PolG NRW: Antrag mit Inhalt – und Anordnung mit Form und Inhalt

(VOR/DEF)

§ 34c Abs. 6 S. 1-5 PolG NRW lautet: Maßnahmen nach den Absätzen 1 bis 3 werden auf Antrag der Behördenleitung oder deren Vertretung durch das Amtsgericht angeordnet, in dessen Bezirk[99] die Polizeibehörde ihren Sitz hat. Für das Verfahren gelten die Vorschriften des 7. Buches des FamFG (§§ 415-432 FamFG: Verfahren in Freiheitsentziehungssachen) entsprechend. Bei Gefahr im Verzug kann die Anordnung durch die zuständige Behördenleitung oder deren Vertretung getroffen werden. In diesem Fall ist die gerichtliche Entscheidung unverzüglich nachzuholen. Soweit die Anordnung nicht binnen drei Tagen durch das Gericht bestätigt wird, tritt sie außer Kraft.

Der Inhalt des Antrags steht in § 34c Abs. 6 S. 6 PolG NRW.

Schriftliche Form (als integrativer Bestandteil des Verfahrens) und Inhalt der Anordnung stehen in § 34c Abs. 7 PolG NRW.

Gefahr im Verzug im Sinne des § 34c Abs. 6 PolG NRW ist eine Sachlage im einzelnen Fall mit unvorgesehenem Handlungsbedarf, bei der die Durchführung der eigentlich vorgesehenen Maßnahme, hier der Richter-Anordnung, den gesetzlichen Zweck, hier einen aus § 34c PolG NRW, vereiteln oder wesentlich erschweren würde.

Gefahr im Verzug i.S.d. § 34c Abs. 6 PolG NRW ist auch gegeben, wenn im konkreten Fall zulässigerweise kein Richterdienst vorhanden ist oder wenn vorhandener richterlicher Bereitschaftsdienst unter zulässiger Anrufwege **unverzüglich** (vgl. auch § 121 Abs. 1 S. 1 BGB) vergeblich zu erreichen versucht wird und eine weitere Verzögerung den gesetzlichen Zweck – hier die Verhütung bestimmter Straftaten (§ 34c Abs. 1 PolG NRW) oder die Abwehr bestimmter Gefahr (§ 34c Abs. 2 PolG NRW) – gefährden, also wesentlich erschweren oder vereiteln würde.

Schriftlichkeit im Sinne des § 34c Abs. 7 S. 1 PolG NRW ist Schriftform im Sinne des § 126 BGB, gegebenenfalls ersetzbar im Sinne von § 3a Abs. 2 VwVfG NRW.

(SUB/ERG)

Im konkreten Fall sind die Verfahrensvoraussetzungen bzgl. Antrag und Anordnung von EAÜ-Maßnahmen (alternativ)

- eingehalten.
- nicht eingehalten.

---

[99] **Gerichtsbezirke** gemäß Anlage 1 JustG NRW.

2. § 34c Abs. 3, 4, 5 PolG NRW: Datenschutzmaßnahmen

(VOR/DEF)

§ 34c Abs. 3, 4, 5 PolG NRW beinhalten **Datenschutzmaßnahmen** vorschreiben, um einer **Verletzung des Schutzes personenbezogener Daten** i.S.v. § 2 DSG NRW, § 46 Nr. 10 BDSG, § 36 Nr. 12 DSG NRW zuvorzukommen, wiederum selbst mit standardmäßigen Datenverarbeitungspflichten.

Gemäß § 34c Abs. 3 S. 5 PolG NRW sind zu löschen: Daten nach § 34c Abs. 3 S. 3 und 4 PolG NRW **unverzüglich** (§ 121 Abs. 1 S. 1 BGB) nach ihrer Kenntnisnahme.

Gemäß § 34c Abs. 3 S. 6 PolG NRW ist zu dokumentieren (also auch systematisch zu speichern): die Tatsache der Kenntnisnahme und Löschung von Daten nach § 34c Abs. 3 S. 3 und 4 PolG NRW – gemäß § 34c Abs. 3 S. 7 PolG NRW ausschließlich für Zwecke der Datenschutzkontrolle.

Daten nach § 34c Abs. 3 S. 3 und 4 PolG NRW sind folgende Daten:

- innerhalb der Wohnung der betroffenen Person erhobene Aufenthaltsdaten, die über den Umstand der Anwesenheit der betroffenen Person hinausgehen;
- Daten aus einer Datenerhebung, durch die der Kernbereich privater Lebensgestaltung betroffen ist, vgl. dazu auch § 16 PolG NRW.

Kernbereich privater Lebensgestaltung ist der höchstpersönliche private Lebensbereich mit der Möglichkeit, innere Vorgänge wie Empfindungen und Gefühle sowie Überlegungen, Ansichten und Erlebnisse höchstpersönlicher Art ohne Angst vor staatlicher Überwachung zum Ausdruck zu bringen; umfasst sind auch Gefühlsäußerungen, Äußerungen des unbewussten Erlebens sowie Ausdrucksformen der Sexualität; wobei das Gegebensein von Daten aus dem Kernbereich privater Lebensgestaltung situationsbedingt und im Einzelfall anhand von Kommunikationsinhalten und -umständen (besonderes Vertrauensverhältnis der kommunizierenden Personen, Ort, erkennbarer Geheimhaltungswille) zu beurteilen ist und Kommunikationsinhalte höchstpersönlicher Art insbesondere sein können:

- Gespräche mit Vertrauenspersonen bzw. engsten Familienangehörigen über existenzielle Fragen (z. B. Todesangst, Suizidgedanken), über schwere physische oder psychische Erkrankungen sowie über privateste familiäre Angelegenheiten (z. B. Abtreibung, Enterbung) sowie die Äußerung tief empfundener Emotionen;
- verbale und nonverbale Äußerungen des Intimlebens (intensive Liebesbezeugungen und Ausdrucksformen der Sexualität);
- vertrauliche Gespräche mit Berufsgeheimnisträgern, wobei grundsätzlich allen Berufsgeheimnisträgern gleicher Schutz zukommt, vgl. insoweit auch § 16 Abs. 5 PolG NRW, § 160a StPO.

Gespräche mit engsten Vertrauten, die Angaben über polizeilich abzuwehrende Gefahren enthalten, gehören schon ihrem Inhalt nach grundsätzlich nicht zu dem unantastbaren Kernbereich privater Lebensgestaltung, und führen daher nicht zur Unterbrechung, denn hinreichender Sozialbezug zur Öffentlichkeitssphäre besteht jedenfalls bei Äußerungen, die sich unmittelbar auf eine konkrete Gefahr beziehen, insbesondere wenn die kommunizierenden Personen für die Gefahren verantwortlich sind.[100]

---

[100] Zum **Kernbereich privater Lebensgestaltung**: vgl. Nr. 16 VVPolG NRW; vgl. auch § 15c Abs. 5, 6, 8 PolG NRW und Nr. 15c.5 VVPolG NRW; § 100d StPO; vgl. Bundestags-Drucksache 13/9660, S. 4;

Gemäß § 34c Abs. 3 S. 8 PolG NRW sind zu löschen: die dokumentationsmäßig zwecks Datenschutzkontrolle gespeicherten Daten – frühestens nach Abschluss der Datenschutzkontrolle und spätestens nach vierundzwanzig Monaten.

Gemäß § 34c Abs. 3 S. 10 PolG NRW hat zur Einhaltung der Zweckbestimmung nach § 34c Abs. 3 S. 9 PolG NRW die Datenverarbeitung automatisiert zu erfolgen.

Automatisierte Datenverarbeitung ist gemäß § 3 Abs. 5 DSG a.F. gegeben, wenn die Datenverarbeitung durch Einsatz eines gesteuerten technischen Verfahrens selbsttätig abläuft, nach § 3 Abs. 2 S. 1 BDSG ist automatisierte Datenverarbeitung die [Datenverarbeitung] personenbezogener Daten unter Einsatz von Datenverarbeitungsanlagen.[101]

BVerfGE 109, 279, 313 f., 319, 324 (akustische Wohnraumüberwachung/„Großer Lauschangriff") = BVerfG, Urteil des Ersten Senats vom 03.03.2004 – 1 BvR 2378/98; vgl. auch BVerfGE 6, 32, 41; 6, 389, 433; 27, 1, 6 ff.; 32, 373, 379; 80, 367, 376 ff.; 101, 361, 382 ff.; 141, 220, Ls. 1. a), Rn. 120-126; BVerfG, Urteil des Ersten Senats vom 19.05.2020 – 1 BvR 2835/17 (Ausland-Ausland-Fernmeldeaufklärung nach BNDG), Rn. 199-207; BVerfGE 141, 220, 276-278 (BKAG) = BVerfG, Urteil des Ersten Senats vom 20.04.2016 – 1 BvR 966/09 –, C. IV. 3. a) b), Rn. 121-123: „Zur Entfaltung der Persönlichkeit im **Kernbereich privater Lebensgestaltung** gehört die Möglichkeit, innere Vorgänge wie Empfindungen und Gefühle sowie Überlegungen, Ansichten und Erlebnisse höchstpersönlicher Art zum Ausdruck zu bringen (vgl. BVerfGE 109, 279 <313>; 120, 274 <335>; stRspr). Geschützt ist insbesondere die nichtöffentliche Kommunikation mit Personen des höchstpersönlichen Vertrauens, die in der berechtigten Annahme geführt wird, nicht überwacht zu werden, wie es insbesondere bei Gesprächen im Bereich der Wohnung der Fall ist. Zu diesen Personen gehören insbesondere Ehe- oder Lebenspartner, Geschwister und Verwandte in gerader Linie, vor allem, wenn sie im selben Haushalt leben, und können Strafverteidiger, Ärzte, Geistliche und enge persönliche Freunde zählen (vgl. BVerfGE 109, 279 <321 ff.>). Dieser Kreis deckt sich nur teilweise mit dem der Zeugnisverweigerungsberechtigten. Solche Gespräche verlieren dabei nicht schon dadurch ihren Charakter als insgesamt höchstpersönlich, dass sich in ihnen Höchstpersönliches und Alltägliches vermischen (vgl. BVerfGE 109, 279 <330>; 113, 348 <391 f.>). Demgegenüber ist die Kommunikation unmittelbar über Straftaten nicht geschützt, selbst wenn sie auch Höchstpersönliches zum Gegenstand hat. Die Besprechung und Planung von Straftaten gehört ihrem Inhalt nach nicht zum Kernbereich privater Lebensgestaltung, sondern hat Sozialbezug (vgl. BVerfGE 80, 367 <375>; 109, 279 <319 f., 328>; 113, 348 <391>). Dies bedeutet freilich nicht, dass der Kernbereich unter einem allgemeinen Abwägungsvorbehalt in Bezug auf öffentliche Sicherheitsinteressen steht. Ein höchstpersönliches Gespräch fällt nicht schon dadurch aus dem Kernbereich privater Lebensgestaltung heraus, dass es für die Aufklärung von Straftaten oder Gefahren hilfreiche Aufschlüsse geben kann. Aufzeichnungen oder Äußerungen im Zwiegespräch, die zum Beispiel ausschließlich innere Eindrücke und Gefühle wiedergeben und keine Hinweise auf konkrete Straftaten enthalten, gewinnen nicht schon dadurch einen Gemeinschaftsbezug, dass sie Ursachen oder Beweggründe eines strafbaren Verhaltens freizulegen vermögen (vgl. BVerfGE 109, 279 <319>). Auch können trotz Straftatenbezugs Situationen, in denen Einzelnen gerade ermöglicht werden soll, ein Fehlverhalten einzugestehen oder sich auf dessen Folgen einzurichten, wie Beichtgespräche oder vertrauliche Gespräche mit einem Psychotherapeuten oder einem Strafverteidiger, der höchstpersönlichen Privatsphäre unterfallen, die dem Staat absolut entzogen ist (vgl. BVerfGE 109, 279 <322>). Ein hinreichender Sozialbezug besteht demgegenüber dann, wenn Gespräche - auch mit Vertrauenspersonen - sonst unmittelbar Straftaten zu ihrem Gegenstand haben (vgl. BVerfGE 109, 279 <319>). Der Kernbereich privater Lebensgestaltung beansprucht gegenüber allen Überwachungsmaßnahmen Beachtung. Können sie typischerweise zur Erhebung kernbereichsrelevanter Daten führen, muss der Gesetzgeber Regelungen schaffen, die einen wirksamen Schutz normenklar gewährleisten (vgl. BVerfGE 109, 279 <318 f.>; 113, 348 <390 f.>; 120, 274 <335 ff.>). Außerhalb solch verletzungsgeneigter Befugnisse bedarf es eigener Regelungen nicht. Grenzen, die sich im Einzelfall auch hier gegenüber einem Zugriff auf höchstpersönliche Informationen ergeben können, sind bei deren Anwendung unmittelbar von Verfassungs wegen zu beachten.".

[101] Landtag-NRW-Drucksache 17/2351, S. 43 (Zu § 34c Abs. 3 PolG NRW): „Durch die automatisierte Verarbeitung kann sichergestellt werden, dass die Polizei nur in dem für die Erfüllung der Zwecke nach

Gemäß § 34c Abs. 3 S. 11 PolG NRW sind die Daten gegen unbefugte Kenntnisnahme und Verarbeitung besonders zu sichern.

Gemäß § 34c Abs. 4 PolG NRW sind die in § 34c Abs. 3 S. 1 PolG NRW genannten Daten spätestens zwei Monate nach Beendigung der Maßnahme zu löschen, soweit sie nicht für die in § 34c Abs. 3 S. 9 PolG NRW genannten Zwecke verwendet werden.

Daten nach § 34c Abs. 3 S. 1 PolG NRW sind Daten über den Aufenthaltsort der i.S.d. § 34c Abs. 1 PolG NRW verantwortlichen Person sowie Daten über etwaige Beeinträchtigungen der Datenerhebung gegen die EAÜ-Verpflichtungen i.S.d. § 34 Abs. 1 S. 1 PolG NRW (Tragen des technischen Mittels in betriebsbereitem Zustand, Duldung der Wartung, Nichtbeeinträchtigung der Funktionsfähigkeit des technischen Mittels).[102]

Gemäß § 34c Abs. 5 S. 1 PolG NRW ist jeder Abruf der Daten ist unter Beachtung des § 55 DSG NRW (Protokollierung) zu protokollieren (also auch systematisch zu speichern), gemäß § 34c Abs. 5 S. 1 PolG NRW sind die Protokolldaten spätestens nach vierundzwanzig Monaten zu löschen.[103]

(SUB/ERG)

Im konkreten Fall sind die Datenschutzrechtsnormen des § 34c Abs. 3, 4, 5 PolG NRW (alternativ)

- bei Vorliegen von entsprechenden Anhaltspunkten / Fehlen entgegenstehender Anhaltspunkte eingehalten insbesondere bzgl. Art. 4 Nr. 12 VO (EU) 2016/679, Art. 3 Nr. 11 RL (EU) 2016/679, § 46 Nr. 10 BDSG, § 36 Nr. 12 DSG NRW (Verletzung des Schutzes personenbezogener Daten – **Datenschutzverletzung**).
- bei Vorliegen von entsprechenden Anhaltspunkten nicht eingehalten bzgl. Art. 4 Nr. 12 VO (EU) 2016/679, Art. 3 Nr. 11 RL (EU) 2016/679, § 46 Nr. 10 BDSG, § 36 Nr. 12 DSG NRW (Verletzung des Schutzes personenbezogener Daten – **Datenschutzverletzung**).

Satz 9 Nummer 1 bis 5 erforderlichen Umfang Kenntnis von den Daten erhält. Die besondere Sicherung der Daten hat nach den Vorgaben der Umsetzung des Artikels 29 der Richtlinie (EU) 2016/680 zum Datenschutz zu erfolgen.“.

[102] Landtag-NRW-Drucksache 17/2351, S. 43 (Zu § 34c Abs. 4 PolG NRW): „Absatz 4 enthält für die nach Absatz 3 Satz 1 erhobenen Daten eine grundsätzliche Löschungsfrist von zwei Monaten. Die Frist ist notwendig um klären zu können, ob die Daten für die in Absatz 3 Satz 9 genannten Zwecke noch benötigt werden. Eine über diese Frist hinausgehende Verwendung ist nur zulässig, wenn die Daten zu diesem Zeitpunkt bereits für einen der genannten Zwecke verwendet werden. Eine darüber hinausreichende Datenspeicherung lässt die Regelung nicht zu. Daten, die für die Zwecke nach Absatz 3 Satz 9 Nummer 1 bis 5 benötigt werden, können über den Zeitraum von zwei Monaten hinaus gespeichert bleiben und für diese Zwecke (weiter) verwendet werden. Die weitere Verarbeitung richtet sich dann nach den allgemeinen Grundsätzen, insbesondere auch nach dem Grundsatz der hypothetischen Datenneuerhebung.“.

[103] Landtag-NRW-Drucksache 17/2351, S. 43 (Zu § 34c Abs. 5 PolG NRW): „Nach Satz 1 ist jeder Abruf der Daten zu protokollieren. Diese Protokollierung muss nach Satz 2 den landesrechtlichen Vorschriften entsprechen, die Artikel 25 der EU-Datenschutzrichtlinie umsetzen. Diese datenschutzrechtliche Vorgabe ermöglicht die nachträgliche Kontrolle, ob sich Kenntnisnahme und Verwendung der Daten im Rahmen der Zweckbindung nach Absatz 3 Satz 9 bewegt haben und durch eine berechtigte Person erfolgt sind. Ihr kommt insoweit auch eine präventive Wirkung zu. Satz 3 bestimmt, dass die Protokolldaten nach vierundzwanzig Monaten zu löschen sind.“.

3. § 28 VwVfG NRW: Anhörung bzgl. EAÜ-VA (vgl. §§ 1, 2, 9, 35 VwVfG NRW, vgl. insbesondere auch § 34c Abs. 1 S. 1 PolG NRW)

(VOR/DEF)

Gemäß § 28 VwVfG NRW besteht Pflicht zur **Anhörung** im Sinne des § 28 Abs. 1 VwVfG NRW (Äußerungsgelegenheit mit entsprechender Würdigung vor eingreifendem VA) – oder es soll gegeben sein: ein Ausnahmegrund gemäß § 28 Abs. 2, 3 VwVfG NRW oder **VA-Verletzungsunbeachtlichkeit** gemäß § 45 VwVfG NRW oder **VA-Nichtaufhebbarkeit** gemäß § 46 VwVfG NRW.

Gemäß § 28 Abs. 2 VwVfG NRW kann von der Anhörung abgesehen werden, wenn sie nach den Umständen des Einzelfalles nicht geboten ist, insbesondere wenn ein Fall vorliegt gemäß § 28 Abs. 2 Nr. 1-5 VwVfG NRW.

Gebotenheit ist Nichtverfügbarkeit eines milderen, gleich geeigneten Mittels zur Zweckförderung.

Gemäß § 28 Abs. 2 Nr. 1 VwVfG NRW kann von der Anhörung abgesehen werden, wenn eine sofortige Entscheidung wegen Gefahr im Verzug oder im öffentlichen Interesse notwendig erscheint.

Gefahr im Verzug i.S.d. § 28 Abs. 2 Nr. 1 VwVfG NRW ist gegeben, wenn der Handlungsbedarf unvorhergesehen ist und bei Durchführung der eigentlich vorgesehenen Maßnahme, hier der Anhörung, der gesetzliche Zweck, hier der jeweilige aus der Aufgabe und Befugnisrechtsnorm, vereitelt oder wesentlich erschwert wird.[104]

Öffentliches Interesse ist die einzelfallbezogene Relevanz eines Rechts oder Rechtsguts nicht ausschließlich bei einem einzelnen Individuum.

Notwendigkeit ist Nichtverfügbarkeit eines milderen, gleich geeigneten Mittels zur Zweckförderung – bis hin zur Alternativlosigkeit der Mittelanwendung.

Gemäß § 28 Abs. 3 VwVfG NRW unterbleibt eine Anhörung, wenn ihr ein zwingendes öffentliches Interesse entgegensteht.

Zwingendes öffentliches Interesse ist die einzelfallbezogene unbedingte Relevanz eines Rechts oder Rechtsguts nicht ausschließlich bei einem einzelnen Individuum.

(SUB/ERG)

Im konkreten Fall ist § 28 VwVfG NRW (alternativ)

- eingehalten insbesondere bei Gelegenheit zur Stellungnahme i.S.d. § 28 Abs. 1 VwVfG NRW;
- eingehalten bei Nichteinhaltung von § 28 Abs. 1 VwVfG NRW und Ausnahmegrund gemäß § 28 Abs. 2, 3 VwVfG NRW;

---

[104] BVerwGE 142, 205 (Schutzmaßnahme nach IfSG) = BVerwG, Urteil vom 22.03.2012 – BVerwG 3 C 16.11: „Gefahr im Verzug im Sinne von § 28 Abs. 2 Nr. 1 VwVfG ist anzunehmen, wenn durch eine vorherige Anhörung auch bei Gewährung kürzester Anhörungsfristen ein Zeitverlust einträte, der mit hoher Wahrscheinlichkeit zur Folge hätte, dass die behördliche Maßnahme zu spät käme, um ihren Zweck noch zu erreichen. Ob eine sofortige Entscheidung objektiv notwendig war oder die Behörde eine sofortige Entscheidung zumindest für notwendig halten durfte, ist vom Gericht aus ex-ante-Sicht zu beurteilen (Urteil vom 15. Dezember 1983 - BVerwG 3 C 27.82 - BVerwGE 68, 267 <271 f.> = Buchholz 316 § 28 VwVfG Nr. 9 S. 18). Hierbei ist wegen der Bedeutung des Anhörungsrechts als tragendem Prinzip des rechtsstaatlichen Verfahrens ein strenger Maßstab anzulegen (vgl. Kopp/Ramsauer, VwVfG, 12. Aufl. 2011, § 28 Rn. 3 und Rn. 46 m.w.N.).“.

- nicht eingehalten insbesondere bei Fehlen von Gelegenheit zur Stellungnahme ohne Ausnahmegrund;
- sonst eingehalten oder nicht eingehalten bei Anhaltspunkten / Fehlen entgegenstehender Anhaltspunkte.

4. § 39 VwVfG NRW: Begründung bzgl. EAÜ-VA (vgl. §§ 1, 2, 9, 35 VwVfG NRW, vgl. insbesondere auch § 34c Abs. 1 S. 1 PolG NRW)

(VOR/DEF)

Gemäß § 39 Abs. 1 VwVfG NRW besteht Pflicht zur **Begründung** eines schriftlichen oder elektronischen sowie schriftlich oder elektronisch bestätigten VA (vgl. § 37 Abs. 2 VwVfG NRW) mit den tatsächlich-rechtlichen, nicht unbedingt materiellrechtlich richtigen Behördenerwägungen – oder es soll gegeben sein: ein Ausnahmegrund nach § 39 Abs. 2 VwVfG NRW (insb. § 39 Abs. 2 Nr. 2, 4 VwVfG NRW) oder **VA-Verletzungsunbeachtlichkeit** gemäß § 45 VwVfG NRW oder **VA-Nichtaufhebbarkeit** gemäß § 46 VwVfG NRW.

(SUB/ERG)

Im konkreten Fall ist § 39 VwVfG NRW (alternativ)

- eingehalten bei Fehlen von Begründungspflicht bei rechtmäßigem Fehlen von schriftlichem oder elektronischem, schriftlich oder elektronisch bestätigtem VA (i.d.R. jedenfalls zunächst bei Maßnahmen i.S.d. § 80 Abs. 2 S. 1 Nr. 2 VwGO);
- eingehalten bei Begründung bei schriftlichem oder elektronischem, schriftlich oder elektronisch bestätigtem VA (z.B. im Rahmen von „Bescheinigungen"; „Mitteilungen", „Anschreiben-VA" [„Auflagenanschreiben"; „Gefährderanschreiben", „Meldeauflagenanschreiben"], „HG-Schriftverfügung") und bei Nichtvorliegen eines Ausnahmegrundes i.S.v. § 39 Abs. 2 VwVfG NRW;
- eingehalten bei Ausnahmegrund nach § 39 Abs. 2 VwVfG NRW, insbesondere wegen bekannter oder erkennbarer Sach- und Rechtslage gemäß § 39 Abs. 2 Nr. 2 Var. 1 oder 2 VwVfG NRW;
- sonst eingehalten oder nicht eingehalten bei Anhaltspunkten / Fehlen entgegenstehender Anhaltspunkte.

Vertretbar bei Fehlen eines Begründungserfordernisüberhangs ist, dass § 39 VwVfG NRW bzgl. eines Anordnungs-VA gegenüber dem Adressaten von der insoweit spezielleren Rechtsnorm des § 34c Abs. 6 S. 6 Nr. 5, Abs. 7 S. 2 Nr. 3 PolG NRW gemäß der Rechtsnormspezialitätsregel[105] verdrängt wird (vgl. Wortlaut: „ eine Begründung"; „die wesentlichen Gründe").

(ERG Verfahren)

Ergebnis kann allgemein sein: Verfahrensrechtmäßigkeit oder Verfahrensrechtswidrigkeit der Maßnahme.

---

105 Zur **Rechtsnormspezialitätsregel** siehe auch: *Basten*, Eingriffsrecht der Polizei in Nordrhein-Westfalen, Band 1, S. 39, 41, 161, 167.

B. Formelle Rechtmäßigkeit (FR) III. Form (F)

(VOR/DEF)

Form ist normiertes Wie der Rechtsfolgesetzung – schriftlich, elektronisch, mündlich oder in anderer Weise.

(SUB/ERG)

Im konkreten Fall (alternativ)

- ist bei Fehlen von VA § 37 Abs. 2-6 VwVfG NRW unanwendbar.
- ist bei Fehlen von VA und Fehlen speziellerer Formrechtsnormen Formfreiheit gegeben.
- ist bei VA und Fehlen speziellerer Formrechtsnormen anwendbar: § 37 Abs. 2 bis 6 VwVfG NRW.
- kann gemäß § 37 Abs. 2 S. 1 VwVfG NRW der VA schriftlich, elektronisch, mündlich oder in anderer Weise erlassen werden.
- braucht gemäß § 37 Abs. 2 S. 2 VwVfG NRW der mündliche VA schriftlich oder elektronisch nicht bestätigt zu werden, wenn hieran kein berechtigtes Interesse besteht und der Betroffene dies nicht unverzüglich verlangt.

§ 34c Abs. 3-5, 7 S. 1 PolG NRW sind bereits integrativer Bestandteil des Verfahrens und § 34c Abs. 7 S. 1 PolG NRW ist bzgl. der Anordnung gegenüber dem Adressaten speziellere Rechtsnorm.

Ergebnis kann allgemein sein: Formrechtmäßigkeit oder Formrechtswidrigkeit der Maßnahme.

C. Materielle Rechtmäßigkeit (MR) I. Tatbestand (Tb) / Tatbestandsvoraussetzungen (TBV)

(VOR/DEF)

Tatbestand ist das Gesamt der (materiell-rechtlichen) Rechtsfolge(setzungs)bedingungen. / **Tatbestandsvoraussetzungen** sind materiell-rechtliche Rechtsfolgesetzungsbedingungen.

1. (In § 34c Abs. 1, 2 PolG NRW alternative) TBV aus § 34c Abs. 1 Nr. 1, 2 PolG NRW: Konkretisierte/drohende Gefahr einer terroristischen Straftat

(VOR)

§ 34c Abs. 1 Nr. 1 oder Nr. 2 PolG NRW umschreibt Arten **konkretisierter Gefahr** bzw. **drohender Gefahr**[106] und setzt (alternativ) voraus:

[106] Vgl. Landtag-NRW-Drucksache 17/2351, S. 7 f., 29 f., woraus sich u.a. mit ausdrücklichem Hinweis auf BVerfGE 141, 220 ergibt, dass der PolG-NRW-Gesetzgeber ursprünglich die „drohende Gefahr“ in § 8 PolG NRW ausdrücklich legaldefinieren wollte und entsprechend dazu – noch unter namentlicher

Erwähnung der drohenden Gefahr in § 23 Abs. 2 S. 1 Nr. 2b PolG NRW – die Formulierungen insbesondere in § 34b Abs. 1 S. 1 Nr, 1, 2 PolG NRW, § 34c Abs. 1 Nr. 1, 2 PolG NRW gesetzt hat.

Vgl. zur neueren drohenden Gefahr in Polizeigesetzen: BVerfGE 141, 220, 272 f. (BKAG) = BVerfG, Urteil des Ersten Senats vom 20.04.2016 - 1 BvR 966/09, Ls. 2 und C. IV. 1 b), Rn. 112: „Der Gesetzgeber ist von Verfassungs wegen aber nicht von vornherein für jede Art der Aufgabenwahrnehmung auf die Schaffung von Eingriffstatbeständen beschränkt, die dem tradierten sicherheitsrechtlichen Modell der Abwehr konkreter, unmittelbar bevorstehender oder gegenwärtiger Gefahren entsprechen. Vielmehr kann er die Grenzen für bestimmte Bereiche mit dem Ziel schon der Straftatenverhütung auch weiter ziehen, indem er die Anforderungen an die Vorhersehbarkeit des Kausalverlaufs reduziert. Allerdings müssen die Eingriffsgrundlagen auch dann eine hinreichend konkretisierte Gefahr in dem Sinne verlangen, dass zumindest tatsächliche Anhaltspunkte für die Entstehung einer konkreten Gefahr für die Schutzgüter bestehen. Allgemeine Erfahrungssätze reichen insoweit allein nicht aus, um den Zugriff zu rechtfertigen. Vielmehr müssen bestimmte Tatsachen festgestellt sein, die im Einzelfall die Prognose eines Geschehens, das zu einer zurechenbaren Verletzung der hier relevanten Schutzgüter führt, tragen (vgl. BVerfGE 110, 33 <56 f., 61>; 113, 348 <377 f.>). Eine hinreichend konkretisierte Gefahr in diesem Sinne kann danach schon bestehen, wenn sich der zum Schaden führende Kausalverlauf noch nicht mit hinreichender Wahrscheinlichkeit vorhersehen lässt, sofern bereits bestimmte Tatsachen auf eine im Einzelfall drohende Gefahr für ein überragend wichtiges Rechtsgut hinweisen. Die Tatsachen müssen dafür zum einen den Schluss auf ein wenigstens seiner Art nach konkretisiertes und zeitlich absehbares Geschehen zulassen, zum anderen darauf, dass bestimmte Personen beteiligt sein werden, über deren Identität zumindest so viel bekannt ist, dass die Überwachungsmaßnahme gezielt gegen sie eingesetzt und weitgehend auf sie beschränkt werden kann (BVerfGE 120, 274 <328 f.>; 125, 260 <330 f.>). In Bezug auf **terroristische Straftaten**, die oft durch lang geplante Taten von bisher nicht straffällig gewordenen Einzelnen an nicht vorhersehbaren Orten und in ganz verschiedener Weise verübt werden, können Überwachungsmaßnahmen auch dann erlaubt werden, wenn zwar noch nicht ein seiner Art nach konkretisiertes und zeitlich absehbares Geschehen erkennbar ist, jedoch das individuelle Verhalten einer Person die konkrete Wahrscheinlichkeit begründet, dass sie solche Straftaten in überschaubarer Zukunft begehen wird. Denkbar ist das etwa, wenn eine Person aus einem Ausbildungslager für Terroristen im Ausland in die Bundesrepublik Deutschland einreist.“; BVerfG, Beschluss des Ersten Senats vom 27.05.2020 – 1 BvR 1873/13 – (Bestandsdatenauskunft II), Rn. 148: „Eingriffsgrundlagen müssen daher regelmäßig zumindest eine hinreichend **konkretisierte Gefahr** verlangen. Eine solche kann schon dann bestehen, wenn sich der zum Schaden führende Kausalverlauf noch nicht mit hinreichender Wahrscheinlichkeit vorhersehen lässt, sofern bereits bestimmte Tatsachen auf eine im Einzelfall **drohende Gefahr** hinweisen. Die Tatsachen müssen dafür zum einen den Schluss auf ein wenigstens seiner Art nach konkretisiertes und zeitlich absehbares Geschehen zulassen, zum anderen darauf, dass bestimmte Personen beteiligt sein werden, über deren Identität zumindest so viel bekannt ist, dass die Überwachungsmaßnahme gezielt gegen sie eingesetzt und weitgehend auf sie beschränkt werden kann (BVerfGE 141, 220 <272 Rn. 112> mit Verweis auf BVerfGE 120, 274 <328 f.> und 125, 260 <330 f.>). Eine solche Absenkung der Eingriffsschwellen ist aus Gründen der Verhältnismäßigkeit aber untrennbar verbunden mit erhöhten Anforderungen an die konkret geschützten Rechtsgüter (vgl. BVerfGE 141, 220 <272 Rn. 112>).“; Vgl. Art. 11 Abs. 3 PAG Bayern: „Die Polizei kann unbeschadet der Abs. 1 und 2 die notwendigen Maßnahmen treffen, um den Sachverhalt aufzuklären und die Entstehung einer Gefahr für ein bedeutendes Rechtsgut zu verhindern, wenn im Einzelfall 1. das individuelle Verhalten einer Person die konkrete Wahrscheinlichkeit begründet oder 2. Vorbereitungshandlungen für sich oder zusammen mit weiteren bestimmten Tatsachen den Schluss auf ein seiner Art nach konkretisiertes Geschehen zulassen, wonach in absehbarer Zeit Angriffe von erheblicher Intensität oder Auswirkung zu erwarten sind (**drohende Gefahr**), soweit nicht die Art. 12 bis 65 die Befugnisse der Polizei besonders regeln. Bedeutende Rechtsgüter sind: 1. der Bestand oder die Sicherheit des Bundes oder eines Landes, 2. Leben, Gesundheit oder Freiheit, 3. die sexuelle Selbstbestimmung, 4. erhebliche Eigentumspositionen oder 5. Sachen, deren Erhalt im besonderen öffentlichen Interesse liegt.“; vgl. auch § 4 Nr. 3i SächsPVDG („Abwehr einer Gefahr: auch die Beseitigung einer Störung, wenn der Eintritt weiteren Schadens für ein polizeiliches Schutzgut droht“).

BVerfG, Urteil des Ersten Senats vom 19.05.2020 – 1 BvR 2835/17 – (Ausland-Ausland-Fernmeldeaufklärung nach BNDG), E. III. 4., Rn. 222: „Was die Übermittlungsschwellen betrifft [jedenfalls nach

1. bestimmte Tatsachen die Annahme rechtfertigen, dass die betroffene Person innerhalb eines übersehbaren Zeitraums auf eine zumindest ihrer Art nach konkretisierte Weise eine (terroristische Straftat) nach § 8 Abs. 4 PolG NRW begehen wird

oder

2. deren individuelles Verhalten eine konkrete Wahrscheinlichkeit dafür begründet, dass die betroffene Person innerhalb eines übersehbaren Zeitraums eine (terroristische) Straftat nach § 8 Abs. 4 PolG NRW begehen wird.

(DEF)

Tatsachen sind alle wahrnehmbaren Dinge der Welt – nicht ausreichend sind: hypothetische Erwägungen, reine Spekulationen, fallunabhängige Vermutungen; kriminalistische Erfahrung kann ausreichen, wenn sie einen Anhalt im Tatsächlichen hat.

Annahmerechtfertigung ist Ausreichen ggf. auch nur einer Tatsache für die Begründung der Annahme – je nach Abwägung aller Umstände, vgl. „rechtfertigen".

Terroristische Straftat im Sinne des § 34b PolG NRW ist eine solche nach § 8 Abs. 4 PolG NRW.

Straftat nach § 8 Abs. 4 PolG NRW ist eine in § 8 Abs. 4 PolG NRW mit Strafvorschrift zitierte Straftat.

Konkrete Wahrscheinlichkeit ist im einzelnen Fall gegeben bei entsprechendem Ergebnis einer Diagnose von Tatsachen und tatsächlicher Anhaltspunkte sowie einer Prognose von Art und Ausmaß potentieller Rechtseingriffe und -schäden.[107]

BVerfGE bei Datenübermittlung von erhobenen Daten aus BND-Auslandsaufklärung, P. B.], bedarf es für die **Gefahrenabwehr** insoweit einer **hinreichend konkret absehbaren Gefahrenlage**. Zwar muss der Gesetzgeber Übermittlungen nicht nach dem **tradierten sicherheitsrechtlichen Modell von der Abwehr einer konkreten, unmittelbar bevorstehenden oder gegenwärtigen Gefahr** abhängig machen. Zu verlangen ist jedoch eine **hinreichend konkretisierte Gefahr** in dem Sinne, dass zumindest **tatsächliche Anhaltspunkte** für die Entstehung einer konkreten Gefahr für die Schutzgüter bestehen (vgl. hierzu näher BVerfGE 141, 220 <271 ff. Rn. 111 ff.>). Soweit Daten zur **Strafverfolgung** [oder – BVerfGE-unabhängig – **Ordnungswidrigkeitenverfolgung**, P. B.] übermittelt werden, bedarf es **genügend konkretisierter Tatsachen, die den Verdacht** einer [bei Datenübermittlung von erhobenen Daten aus BND-Auslandsaufklärung, P. B.] besonders schweren **Straftat** [oder – BVerfGE-unabhängig – **Ordnungswidrigkeit**, P. B.] begründen. Hierfür genügen [jedenfalls nach BVerfGE bei Datenübermittlung von erhobenen Daten aus BND-Auslandsaufklärung, P. B.] nicht bloße Anhaltspunkte, wie sie ausreichen, um erste allgemeine Ermittlungen einzuleiten (vgl. § 152 Abs. 2 StPO), sondern bedarf es bestimmter Tatsachen für den Verdacht solcher Straftaten (vgl. BVerfGE 125, 260 <328 f.>), wie sie etwa auch eine Wohnraumüberwachung nach § 100c StPO rechtfertigen könnten. Es müssen insoweit konkrete und in gewissem Umfang verdichtete Umstände als Tatsachenbasis für den Verdacht vorliegen (vgl. Bruns, in: Karlsruher Kommentar zur StPO, 8. Aufl. 2019, § 100c Rn. 10 m.w.N.).".

[107] BVerwG, Urteil vom 20.08.2003 – BVerwG 6 CN 5.02 (Hundehalterverordnung), Gründe, II.: „Maßgebliches Kriterium zur Feststellung einer Gefahr ist die hinreichende Wahrscheinlichkeit des Schadenseintritts (vgl. Urteil vom 26. Februar 1974 - BVerwG 1 C 31.72 - BVerwGE 45, 51, 57)."; sog. „**differenzierender Wahrscheinlichkeitsmaßstab**" („**Je-desto-Formel**" / „**Variabilitätsformel**"), vgl. BVerwGE 116, 347, 356 (Gefahrtierverordnung) = BVerwG, Urteil vom 03.07.2002 – BVerwG 6 CN 8.01: „Richtig ist, dass der Grad der Wahrscheinlichkeit des Schadenseintritts, der für die Annahme einer Gefahr erforderlich ist, von der Größe und dem Gewicht des drohenden Schadens abhängt: Die Wahrscheinlichkeit des Schadenseintritts muss umso größer sein, je geringer der möglicherweise eintretende Schaden ist, und sie darf umso kleiner sein, je schwerer der etwa eintretende Schaden wiegt (vgl. Urteil vom 2. Juli 1991 – BVerwG 1 C 4.90 – BVerwGE 88, 348, 351)."; BVerwG, Urteil vom 10.07.2012 –

Schaden für ein rechtliches Schutzgut ist jede nachteilige Beeinträchtigung eines bestimmten Schutzguts.

Übersehbare Zeit ist eine überschaubar zusammenhängende Ereigniskette ohne entscheidende Veränderung oder Unterbrechung.

(SUB)

Unter Auslegung des Geschehens und Anwendung des Wahrscheinlichkeitsmaßstabs führt ohne die Maßnahme ungehinderter Geschehensverlauf in übersehbarer Zeit (alternativ: nicht) auf eine zumindest ihrer Art nach konkretisierbare Weise bzw. mit konkreter Wahrscheinlichkeit zu einer nachteiligen Beeinträchtigung rechtlicher Schutzgüter der öffentlichen Sicherheit durch eine terroristische Straftat.

(ERG)

Im konkreten Fall ist eine drohende/konkretisierte Gefahr i.S.d. § 34c Abs. 1 Hs. 1 („zur Verhütung von terroristischen Straftaten nach § 8 Absatz 4") i.V.m. Nr. 1 oder Nr. 2 PolG NRW einer terroristischen Straftat nach § 8 Abs. 4 PolG NRW (bei Kontaktverbot)

- gegeben.
- nicht gegeben.

BVerwG 1 C 19.11, Rn. 16: […] „da jede sicherheitsrechtliche Gefahrenprognose nach den allgemeinen Grundsätzen des Gefahrenabwehrrechts eine Korrelation aus Eintrittswahrscheinlichkeit und (möglichem) Schadensausmaß ist. An die Wahrscheinlichkeit des Schadenseintritts sind umso geringere Anforderungen zu stellen, je größer und folgenschwerer der möglicherweise eintretende Schaden ist (Urteile vom 6. September 1974 - BVerwG 1 C 17.73 - BVerwGE 47, 31 <40>; vom 17. März 1981 - BVerwG 1 C 74.76 - BVerwGE 62, 36 <39> und vom 3. Juli 2002 - BVerwG 6 CN 8.01 - BVerwGE 116, 347 <356>)."; BVerwG, Urteil vom 15.01.2013 – BVerwG 1 C 10.12, Rn. 16: „Auch die […] auf der Grundlage aller Umstände des Einzelfalles vorzunehmende Beurteilung […] kann im Hinblick auf die erforderliche Wahrscheinlichkeit des Schadenseintritts den Rang des bedrohten Rechtsguts nicht außer Acht lassen, denn dieser bestimmt die mögliche Schadenshöhe. Das bedeutet aber nicht, dass bei hochrangigen Rechtsgütern […] bereits jede auch nur entfernte Möglichkeit eine Wiederholungsgefahr begründet."; BVerfGE 115, 320, 360 (Rasterfahndung II) = BVerfG, Beschluss des Ersten Senats vom 04.04.2006 – 1 BvR 518/02 –, Rn. 136: „Im Hinblick auf den Verhältnismäßigkeitsgrundsatz im engeren Sinne hat der Gesetzgeber die Ausgewogenheit zwischen der Art und Intensität der Grundrechtsbeeinträchtigung einerseits und den zum Eingriff berechtigenden Tatbestandselementen andererseits, wie der Einschreitschwelle, der geforderten Tatsachenbasis und dem Gewicht der geschützten Rechtsgüter, zu wahren (vgl. BVerfGE 100, 313 <392 ff.>). Je gewichtiger die drohende oder erfolgte Rechtsgutbeeinträchtigung und je weniger gewichtig der Grundrechtseingriff ist, um den es sich handelt, desto geringer darf die Wahrscheinlichkeit sein, mit der auf eine drohende oder erfolgte Verletzung des Rechtsguts geschlossen werden kann, und desto weniger fundierend dürfen gegebenenfalls die Tatsachen sein, die dem Verdacht zugrunde liegen (vgl. BVerfGE 100, 313 <392>; 110, 33 <60>; 113, 348 <386>). Die Anforderungen an den Wahrscheinlichkeitsgrad und die Tatsachenbasis der Prognose dürfen allerdings nicht beliebig herabgesenkt werden, sondern müssen auch in angemessenem Verhältnis zur Art und Schwere der Grundrechtsbeeinträchtigung und zur Aussicht auf den Erfolg des beabsichtigten Rechtsgüterschutzes stehen. Selbst bei höchstem Gewicht der drohenden Rechtsgutbeeinträchtigung kann auf das Erfordernis einer hinreichenden Wahrscheinlichkeit nicht verzichtet werden. Auch muss als Voraussetzung eines schweren Grundrechtseingriffs gewährleistet bleiben, dass Annahmen und Schlussfolgerungen einen konkret umrissenen Ausgangspunkt im Tatsächlichen besitzen (vgl. BVerfGE 113, 348 <386>). Insbesondere lässt die Verfassung grundrechtseingreifende Ermittlungen ‚ins Blaue hinein' nicht zu (vgl. BVerfGE 112, 284 <297>; BVerfG, Beschluss der 1. Kammer des Ersten Senats vom 6. April 1989 - 1 BvR 33/87 -, NJW 1990, S. 701 <702>).".

2. (In § 34c Abs. 1, 2 PolG NRW alternative) TBV aus § 34c Abs. 2 S. 1 Nr. 1 PolG NRW: Konkrete Gefahr für die sexuelle Selbstbestimmung nach §§ 174 bis 178, 182 StGB

(VOR)

In § 34c Abs. 2 S. 1 Nr. 1 PolG NRW wird (i.V.m. § 8 Abs. 1 PolG NRW)[108] vorausgesetzt: eine konkrete Gefahr für die sexuelle Selbstbestimmung nach (alternativ) §§ 174 bis 178, 182 StGB.

(DEF)

Konkrete Gefahr ist eine Sachlage im einzelnen Fall, die bei ungehindertem Geschehensverlauf in absehbarer Zeit mit hinreichender Wahrscheinlichkeit zu einem Schaden für ein rechtliches Schutzgut führt.

Ungehinderter Geschehensverlauf in absehbarer Zeit ist eine überschaubar zusammenhängende Ereigniskette ohne entscheidende Veränderung oder Unterbrechung.

Hinreichende Wahrscheinlichkeit ist gegeben bei entsprechendem Ergebnis einer Diagnose von Tatsachen und tatsächlicher Anhaltspunkte sowie einer Prognose von Art und Ausmaß potentieller Rechtseingriffe und -schäden.[109]

Schaden für ein rechtliches Schutzgut ist jede nachteilige Beeinträchtigung eines bestimmten Schutzguts.

Schutzgüter sind gemäß § 34c Abs. 2 S. 1 Nr. 1 PolG NRW sind die der §§ 174 bis 178, 182 StGB.

(SUB)

Unter Auslegung des Geschehens und Anwendung des Wahrscheinlichkeitsmaßstabs führt ohne die Maßnahme ungehinderter Geschehensverlauf in absehbarer Zeit (alternativ: nicht) mit hinreichender Wahrscheinlichkeit zu einer nachteiligen Beeinträchtigung rechtlicher Schutzgüter der öffentlichen Sicherheit, nämlich: der sexuellen Selbstbestimmung nach §§ 174 bis 178, 182 StGB.

(ERG)

Im konkreten Fall ist (alternativ)

- eine konkrete Gefahr i.S.d. § 34c Abs. 2 S. 1 Nr. 1 PolG NRW abzuwehren.
- nicht eine konkrete Gefahr i.S.d. § 34c Abs. 2 S. 1 Nr. 1 PolG NRW abzuwehren.

---

108 Unterschied zwischen § 34c Abs. 1 PolG NRW und § 34c Abs. 2 S. 1 Nr. 1 PolG NRW: Auch wenn der Gesetzgeber ursprünglich in § 34c Abs. 2 S. 1 Nr. 1 PolG NRW mit dem Wortlaut „zur Abwehr einer Gefahr“ i.V.m. der ursprünglich laut Landtag-NRW-Drucksache 17/2351, S. 7 f., 29 f vorgehabten „drohende-Gefahr“-Legalefinition in § 8 PolG NRW sich etwas anderes vorgestellt haben mag, so hat sich dies eben nicht mehr rechtsstaatlich-bestimmt genügend im Wortlaut des § 34c Abs. 2 S. 1 Nr. 1 PolG NRW ausgedrückt – anders als in § 34c Abs. 1 PolG NRW mit der entsprechenden Formulierung zur „drohenden Gefahr“.

109 Zur **Konkrete-Gefahr**-Definition mit weiteren Nachweisen: *Basten*, Eingriffsrecht der Polizei in Nordrhein-Westfalen, Band 1, S. 248. Zum sogenannten **„differenzierenden Wahrscheinlichkeitsmaßstab“** (**„Je-desto-Formel“** / **„Variabilitätsformel“**) mit weiteren Nachweisen: *Basten*, Eingriffsrecht der Polizei in Nordrhein-Westfalen, Band 1, S. 248 f..

3. (In § 34c Abs. 1, 2 PolG NRW alternative) TBV aus § 34c Abs. 2 S. 1 Nr. 2 PolG NRW: Polizeiliche Erkenntnisse zu begangener und Tatsachen zu weiterer Straftat nach § 238 StGB

(VOR)

In § 34c Abs. 2 S. 1 Nr. 2 PolG NRW wird vorausgesetzt, dass die Person, der gegenüber die Anordnung nach § 34c Abs. 1 PolG NRW getroffen werden soll, nach polizeilichen Erkenntnissen bereits eine Straftat nach § 238 StGB begangen hat und bestimmte Tatsachen die Annahme rechtfertigen, dass sie weitere Straftaten nach § 238 StGB begehen wird.

(DEF/SUB)

Polizeiliche Erkenntnisse und **bestimmte Tatsachen** i.S.v. § 34c Abs. 2 S. 1 Nr. 2 PolG NRW sind letztlich beide alle alle wahrnehmbaren, genau zu bezeichnenden und beschreibbaren Dinge der Welt, die nach verobjektivierter fachkundiger Polizeiexpertise die hinreichende Wahrscheinlichkeit von **Straftaten** i.S.v. § 11 Abs. 1 Nr. 5 StGB nach § 238 StGB begründen – nicht ausreichend sind: hypothetische Erwägungen, reine Spekulationen, fallunabhängige Vermutungen; kriminalistische Erfahrung kann ausreichen, wenn sie einen Anhalt im Tatsächlichen hat; ein gerichtliches Erkenntnis zur Frage der Straftatbegehung nach § 238 StGB ist nicht erforderlich, wiewohl die Berücksichtigung etwaiger gerichtlicher Erkenntnisse für oder gegen eine Straftatbegehung in der polizeilichen Beurteilung notwendig ist.

Annahmerechtfertigung i.S.d. § 34c Abs. 2 S. 1 Nr. 2 PolG NRW ist Ausreichen ggf. auch nur einer Tatsache für die Begründung der Annahme – je nach Abwägung aller Umstände, vgl. „rechtfertigen“.[110]

Straftaten i.S.d. § 34c Abs. 2 S. 1 Nr. 2 PolG NRW sind mindestens eine mutmaßlich begangene und mindestens eine mutmaßlich weitere künftige Straftat i.S.v. § 11 Abs. 1 Nr. 5 StGB nach § 238 StGB.

(ERG)

Im konkreten Fall bestehen (alternativ)

- polizeiliche Erkenntnisse und annahmerechtfertigende Tatsachen i.S.d. § 34c Abs. 2 S. 1 Nr. 2 PolG NRW.
- keine polizeilichen Erkenntnisse und/oder keine annahmerechtfertigenden Tatsachen i.S.d. § 34c Abs. 2 S. 1 Nr. 2 PolG NRW abzuwehren.

---

[110] Vgl. Landtag-NRW-Drucksache 17/2351, S. 40 (Zu § 34c Abs. 2 PolG NRW und zu dem vorher ausdrücklich angesprochenen Tatbestand sowohl von § 34c Abs. 2 S. 1 Nr. 1 PolG NRW als auch § 34c Abs. 2 S. 1 Nr. 2 PolG NRW): „Die Möglichkeit wird nur für sog. High-Risk-Fälle eröffnet. Ein **High-Risk-Fall** liegt vor, wenn die Umstände des Falles und/oder die vorliegenden Erkenntnisse über die beteiligten Personen zu der begründeten Annahme führen, dass trotz anderweitig getroffener Maßnahmen die Gefahr fortbesteht, d. h. ein **Gefährdungsüberhang** festgestellt werden kann. Dies kann sich zum Beispiel ergeben im Bereich der häuslichen Gewalt oder Stalking, wenn bei einer gewalttätigen Person ein Wohnungsverweis, Rückkehr- bzw. Annäherungsverbot oder eine temporäre Ingewahrsamnahme nicht zum Erfolg geführt hat. Kriterien zur Beurteilung des Gefährdungsüberhangs ergeben sich unter anderem aus einer Einschätzung der Gefährderpersönlichkeit, seiner Lebensumstände und Eingebundenheit in soziale Kontrollsysteme (z.B. berufliche Tätigkeit) sowie seinen tatsächlichen Möglichkeiten zur Tatbegehung.“.

4. (In § 34c Abs. 1, 2 PolG NRW alternative) TBV aus § 34c Abs. 2 S. 2 PolG NRW: getroffene Maßnahmen und gegenwärtige Gefahr nach § 34a PolG NRW

(VOR)

In § 34c Abs. 2 S. 2 PolG NRW wird vorausgesetzt (kumulativ):

- nach § 34a PolG NRW getroffene Maßnahmen;
- gegenwärtige Gefahr nach § 34a PolG NRW.

(DEF/SUB)

Getroffene Maßnahmen nach § 34a PolG NRW im Sinne des – im generellen Gesetzesplural formulierten und die „Überwachung der Befolgung dieser Maßnahmen" bezweckenden – § 34c Abs. 2 S. 2 PolG NRW bedeutet, dass mindestens einmal Wohnungsverweisung oder Rückkehrverbot der betroffenen Person i.S.d. § 34a Abs. 1, 2 PolG NRW bekanntgemacht wurde und ein solcher Verwaltungsakt zur für § 34c PolG NRW maßgeblichen Zeit noch als Dauerverwaltungsakt fortwirkt[111], letztlich also insoweit unabhängig von der Maßnahme der Überprüfung des Rückkehrverbotes mindestens einmal während seiner Geltung i.S.v. § 34a Abs. 7 PolG NRW.

Gegenwärtige Gefahr nach § 34a PolG NRW ist eine gegenwärtige Gefahr für Leib, Leben oder Freiheit einer anderen Person in Fällen häuslicher Gewalt und ergibt sich aus dem systematischen Zweckzusammenhang von § 34c Abs. 2 S. 2 PolG NRW innerhalb § 34c PolG NRW „zur Verhütung von Straftaten" und zu § 34a PolG NRW „zum Schutz vor häuslicher Gewalt" sowie zur „Abwehr der Gefahr" i.S.v. § 34a Abs. 1 PolG NRW, sodass die „Überwachung der Befolgung dieser Maßnahmen" kein Selbstzweck ist, sondern ihren Zweck darin hat, „von der Begehung dieser Straftat [nach StGB und GewSchG] abzuhalten" und damit, vgl. auch § 34c Abs. 3 S. 9 Nr. 4 PolG NRW, eine (erhebliche[112]) gegenwärtige „Gefahr für Leib, Leben oder Freiheit einer Person" abzuwehren.[113]

---

[111] Zum **Dauerverwaltungsakt / Akt mit Dauerwirkung** siehe auch: *Basten*, Eingriffsrecht der Polizei in Nordrhein-Westfalen, Band 1, S. 177.

[112] Vgl. Landtag-NRW-Drucksache 17/2351, S. 40 (Zu § 34c Abs. 2 PolG NRW und zu dem vorher ausdrücklich angesprochenen Tatbestand sowohl von § 34c Abs. 2 S. 1 Nr. 1 PolG NRW als auch § 34c Abs. 2 S. 1 Nr. 2 PolG NRW): „Die Möglichkeit wird nur für sog. High-Risk-Fälle eröffnet. Ein **High-Risk-Fall** liegt vor, wenn die Umstände des Falles und/oder die vorliegenden Erkenntnisse über die beteiligten Personen zu der begründeten Annahme führen, dass trotz anderweitig getroffener Maßnahmen die Gefahr fortbesteht, d. h. ein **Gefährdungsüberhang** festgestellt werden kann. Dies kann sich zum Beispiel ergeben im Bereich der häuslichen Gewalt oder Stalking, wenn bei einer gewalttätigen Person ein Wohnungsverweis, Rückkehr- bzw. Annäherungsverbot oder eine temporäre Ingewahrsamnahme nicht zum Erfolg geführt hat. Kriterien zur Beurteilung des Gefährdungsüberhangs ergeben sich unter anderem aus einer Einschätzung der Gefährderpersönlichkeit, seiner Lebensumstände und Eingebundenheit in soziale Kontrollsysteme (z.B. berufliche Tätigkeit) sowie seinen tatsächlichen Möglichkeiten zur Tatbegehung.".

[113] Zu Maßnahmen und gegenwärtiger Gefahr nach § 34a PolG NRW siehe ganzheitlich: *Basten*, Eingriffsrecht der Polizei in Nordrhein-Westfalen, Band 3, Buch 3, Abschnitt 1.

(ERG)

Im konkreten Fall besteht im Sinne des § 34c Abs. 2 S. 2 PolG NRW (alternativ)

- eine fortwirkende Maßnahme nach § 34a PolG NRW und eine gegenwärtige Gefahr nach § 34a PolG NRW.
- nicht eine fortwirkende Maßnahme nach § 34a PolG NRW und/oder nicht eine gegenwärtige Gefahr nach § 34a PolG NRW.

5. (Für jeden Datenverarbeitungs-Tatbestand des § 34c PolG NRW geltende) TBV aus § 34c Abs. 3 S. 2, 3, 4 PolG NRW, § 16 PolG NRW (analog) für Erhebung und weitere Verarbeitung von Daten, die dem Kernbereich privater Lebensgestaltung zuzurechnen sind

(VOR)

Gemäß § 34c Abs. 3 S. 2 PolG NRW ist, soweit es technisch möglich ist, sicherzustellen, dass innerhalb der Wohnung der betroffenen Person keine über den Umstand ihrer Anwesenheit hinausgehenden Aufenthaltsdaten erhoben werden.

Gemäß § 34c Abs. 3 S. 3 PolG NRW dürfen Daten nicht verwendet werden, wenn die Datenerhebung innerhalb der Wohnung der betroffenen Person über den Umstand ihrer Anwesenheit hinausgehende Aufenthaltsdaten betrifft.

Gemäß § 34c Abs. 3 S. 4 PolG NRW gilt entsprechendes wie nach § 34c Abs. 3 S. 3 PolG NRW, soweit durch die Datenerhebung nach § 34c Abs. 3 S. 1 PolG NRW der Kernbereich privater Lebensgestaltung betroffen ist.[114]

Gemäß § 16 Abs. 1 PolG NRW ist die Erhebung personenbezogener Daten, die dem Kernbereich privater Lebensgestaltung zuzurechnen sind, unzulässig, vgl. auch § 16 Abs. 5 PolG NRW und die BVerfG-Rechtsprechung i.V.m. § 31 BVerfGG.

Gemäß § 16 Überschrift PolG NRW gilt § 16 PolG NRW direkt für den „Schutz des Kernbereichs privater Lebensgestaltung bei der Datenerhebung mit besonderen Mitteln“ im Sinne von

---

[114] Landtag-NRW-Drucksache 17/2351, S. 41 (zu § 34c Abs. 3 PolG NRW): „Die Sätze 2, 3 und 5 schreiben vor, dass die betroffene Person in ihrer Wohnung keiner Datenerhebung und -verwertung ausgesetzt sein darf, aus der sich mehr Informationen ergeben als ihre Anwesenheit. Eine genaue Ortung innerhalb der Wohnung ist aus Gründen des Persönlichkeitsschutzes untersagt. Die Regelung steht nach Satz 2 jedoch unter dem Vorbehalt der technischen Durchführbarkeit. Die Vorschrift entspricht als Ausprägung des Kernbereichsschutzes der Vorschrift des § 463a Absatz 4 Satz 1, Halbsatz 2 StPO. Damit soll es dem Betroffenen ermöglicht werden, einen innersten Rückzugsraum zu haben, in dem er vom Staat nicht behelligt wird. Die Regelungen in den Sätzen 2, 3 und 5 verfolgen dabei einen abgestuften Ansatz: Soweit dies technisch möglich ist, dürfen die genannten Aufenthaltsdaten gar nicht erst erhoben werden. Sollte technisch ein Ausschluss dieser Daten nicht umgesetzt werden können, darf jedenfalls eine Verwertung dieser Daten nicht erfolgen. Nach Satz 5 sind sie unverzüglich zu löschen, sobald eine Kenntnisnahme erfolgt ist, wobei die Tatsache ihrer Kenntnisnahme und Löschung gemäß Satz 6 zu dokumentieren ist. Diese Dokumentation darf nach Satz 7 ausschließlich für Zwecke der Datenschutzkontrolle verwendet werden. Nach Satz 8 ist die Dokumentation frühestens nach Abschluss der Datenschutzkontrolle und spätestens nach vierundzwanzig Monaten zu löschen. Die Vorgaben in Absatz 3 regeln zugleich, dass die elektronische Aufenthaltsüberwachung nicht zu einem unzulässigen Eingriff in den Kernbereich privater Lebensführung führt.“.

Abschnitt 2 Unterabschnitt 2 Titel 1 Untertitel III PolG NRW (§§ 16-21 PolG NRW). „Der Kernbereich privater Lebensgestaltung beansprucht [jedenfalls] gegenüber allen Überwachungsmaßnahmen Beachtung."[115] Datenerhebung kann allgemein mit oder ohne besondere Mittel erfolgen und kann in beiden Fällen den Kernbereich privater Lebensgestaltung betreffen, ähnlich wie eine kernbereichsverletzungsgeneigte Befugnis. Selbst wenn es eigener ausdrücklicher Regelungen für Maßnahmen nicht bedürfte, sind Grenzen, die sich im Einzelfall auch hier gegenüber einem Zugriff auf höchstpersönliche Informationen ergeben können, bei deren Anwendung unmittelbar von Verfassungs wegen zu beachten.[116] Aus allem folgt, dass der Kernbereich privater Lebensgestaltung allgemein bei Datenerhebung Beachtung beansprucht, und zwar unmittelbar von Verfassung wegen, ausdrückbar über eine – jedenfalls in Fällen von Datenerhebung außerhalb von ausdrücklichen Normierungen oder ergänzend zu teilweisen Normierungen analoge – Anwendung auch des § 16 PolG NRW.

(DEF)

Kernbereich privater Lebensgestaltung ist der höchstpersönliche private Lebensbereich mit der Möglichkeit, innere Vorgänge wie Empfindungen und Gefühle sowie Überlegungen, Ansichten und Erlebnisse höchstpersönlicher Art ohne Angst vor staatlicher Überwachung zum Ausdruck zu bringen; umfasst sind auch Gefühlsäußerungen, Äußerungen des unbewussten Erlebens sowie Ausdrucksformen der Sexualität; wobei das Gegebensein von Daten aus dem Kernbereich privater Lebensgestaltung situationsbedingt und im Einzelfall anhand von Kommunikationsinhalten und -umständen (besonderes Vertrauensverhältnis der kommunizierenden Personen, Ort, erkennbarer Geheimhaltungswille) zu beurteilen ist und Kommunikationsinhalte höchstpersönlicher Art insbesondere sein können:

- Gespräche mit Vertrauenspersonen bzw. engsten Familienangehörigen über existenzielle Fragen (z. B. Todesangst, Suizidgedanken), über schwere physische oder psychische Erkrankungen sowie über privateste familiäre Angelegenheiten (z. B. Abtreibung, Enterbung) sowie die Äußerung tief empfundener Emotionen;
- verbale und nonverbale Äußerungen des Intimlebens (intensive Liebesbezeugungen und Ausdrucksformen der Sexualität);
- vertrauliche Gespräche mit Berufsgeheimnisträgern, wobei grundsätzlich allen Berufsgeheimnisträgern gleicher Schutz zukommt, vgl. insoweit auch § 16 Abs. 5 PolG NRW, § 160a StPO.

Gespräche mit engsten Vertrauten, die Angaben über polizeilich abzuwehrende Gefahren enthalten, gehören schon ihrem Inhalt nach grundsätzlich nicht zu dem unantastbaren Kernbereich privater Lebensgestaltung, und führen daher nicht zur Unterbrechung, denn hinreichender Sozialbezug zur Öffentlichkeitssphäre besteht jedenfalls bei Äußerungen, die sich unmittelbar auf eine konkrete Gefahr beziehen, insbesondere wenn die kommunizierenden Personen für die Gefahren verantwortlich sind.[117]

---

[115] BVerfGE 141, 220, 277 (BKAG) = BVerfG, Urteil des Ersten Senats vom 20.04.2016 – 1 BvR 966/09 –, C. IV. 3. b), Rn. 123.

[116] BVerfGE 141, 220, 277 f. (BKAG) = BVerfG, Urteil des Ersten Senats vom 20.04.2016 – 1 BvR 966/09 –, C. IV. 3. b), Rn. 123.

[117] Zum **Kernbereich privater Lebensgestaltung**: vgl. Nr. 16 VVPolG NRW; vgl. auch § 15c Abs. 5, 6, 8 PolG NRW und Nr. 15c.5 VVPolG NRW; § 100d StPO; vgl. Bundestags-Drucksache 13/9660, S. 4; BVerfGE 109, 279, 313 f., 319, 324 (akustische Wohnraumüberwachung/„Großer Lauschangriff") = BVerfG, Urteil des Ersten Senats vom 03.03.2004 – 1 BvR 2378/98; vgl. auch BVerfGE 6, 32, 41; 6, 389,

(SUB/ERG)

Im konkreten Fall sind die Voraussetzungen von § 34c Abs. 3 S. 3, 4 PolG NRW, § 16 Abs. 1, 5 PolG NRW (alternativ)

- erfüllt bei entsprechenden Anhaltspunkten / bei Fehlen entgegenstehender Anhaltspunkte.
- nicht erfüllt bei entsprechenden Anhaltspunkten / bei Fehlen entgegenstehender Anhaltspunkte.

433; 27, 1, 6 ff.; 32, 373, 379; 80, 367, 376 ff.; 101, 361, 382 ff.; 141, 220, Ls. 1. a), Rn. 120-126; BVerfG, Urteil des Ersten Senats vom 19.05.2020 – 1 BvR 2835/17 (Ausland-Ausland-Fernmeldeaufklärung nach BNDG), Rn. 199-207; BVerfGE 141, 220, 276-278 (BKAG) = BVerfG, Urteil des Ersten Senats vom 20.04.2016 – 1 BvR 966/09 –, C. IV. 3. a) b), Rn. 121-123: „Zur Entfaltung der Persönlichkeit im **Kernbereich privater Lebensgestaltung** gehört die Möglichkeit, innere Vorgänge wie Empfindungen und Gefühle sowie Überlegungen, Ansichten und Erlebnisse höchstpersönlicher Art zum Ausdruck zu bringen (vgl. BVerfGE 109, 279 <313>; 120, 274 <335>; stRspr). Geschützt ist insbesondere die nichtöffentliche Kommunikation mit Personen des höchstpersönlichen Vertrauens, die in der berechtigten Annahme geführt wird, nicht überwacht zu werden, wie es insbesondere bei Gesprächen im Bereich der Wohnung der Fall ist. Zu diesen Personen gehören insbesondere Ehe- oder Lebenspartner, Geschwister und Verwandte in gerader Linie, vor allem, wenn sie im selben Haushalt leben, und können Strafverteidiger, Ärzte, Geistliche und enge persönliche Freunde zählen (vgl. BVerfGE 109, 279 <321 ff.>). Dieser Kreis deckt sich nur teilweise mit dem der Zeugnisverweigerungsberechtigten. Solche Gespräche verlieren dabei nicht schon dadurch ihren Charakter als insgesamt höchstpersönlich, dass sich in ihnen Höchstpersönliches und Alltägliches vermischen (vgl. BVerfGE 109, 279 <330>; 113, 348 <391 f.>). Demgegenüber ist die Kommunikation unmittelbar über Straftaten nicht geschützt, selbst wenn sie auch Höchstpersönliches zum Gegenstand hat. Die Besprechung und Planung von Straftaten gehört ihrem Inhalt nach nicht zum Kernbereich privater Lebensgestaltung, sondern hat Sozialbezug (vgl. BVerfGE 80, 367 <375>; 109, 279 <319 f., 328>; 113, 348 <391>). Dies bedeutet freilich nicht, dass der Kernbereich unter einem allgemeinen Abwägungsvorbehalt in Bezug auf öffentliche Sicherheitsinteressen steht. Ein höchstpersönliches Gespräch fällt nicht schon dadurch aus dem Kernbereich privater Lebensgestaltung heraus, dass es für die Aufklärung von Straftaten oder Gefahren hilfreiche Aufschlüsse geben kann. Aufzeichnungen oder Äußerungen im Zwiegespräch, die zum Beispiel ausschließlich innere Eindrücke und Gefühle wiedergeben und keine Hinweise auf konkrete Straftaten enthalten, gewinnen nicht schon dadurch einen Gemeinschaftsbezug, dass sie Ursachen oder Beweggründe eines strafbaren Verhaltens freizulegen vermögen (vgl. BVerfGE 109, 279 <319>). Auch können trotz Straftatenbezugs Situationen, in denen Einzelnen gerade ermöglicht werden soll, ein Fehlverhalten einzugestehen oder sich auf dessen Folgen einzurichten, wie Beichtgespräche oder vertrauliche Gespräche mit einem Psychotherapeuten oder einem Strafverteidiger, der höchstpersönlichen Privatsphäre unterfallen, die dem Staat absolut entzogen ist (vgl. BVerfGE 109, 279 <322>). Ein hinreichender Sozialbezug besteht demgegenüber dann, wenn Gespräche - auch mit Vertrauenspersonen - sonst unmittelbar Straftaten zu ihrem Gegenstand haben (vgl. BVerfGE 109, 279 <319>). Der Kernbereich privater Lebensgestaltung beansprucht gegenüber allen Überwachungsmaßnahmen Beachtung. Können sie typischerweise zur Erhebung kernbereichsrelevanter Daten führen, muss der Gesetzgeber Regelungen schaffen, die einen wirksamen Schutz normenklar gewährleisten (vgl. BVerfGE 109, 279 <318 f.>; 113, 348 <390 f.>; 120, 274 <335 ff.>). Außerhalb solch verletzungsgeneigter Befugnisse bedarf es eigener Regelungen nicht. Grenzen, die sich im Einzelfall auch hier gegenüber einem Zugriff auf höchstpersönliche Informationen ergeben können, sind bei deren Anwendung unmittelbar von Verfassungs wegen zu beachten.“.

C. Materielle Rechtmäßigkeit (MR) II. Inanspruchnahme (In) / Inanspruchnahmevoraussetzungen (Inv)

(VOR/DEF)

Inanspruchnahmevoraussetzungen sind materiell-rechtliche Bedingungen für richtige Inanspruchnahme.

Inanspruchnahme ist Adressierung und sonstiges Betroffenmachen; **Adressierung** ist direktes Bestimmen oder finales Richten einer Maßnahme an einen Grundrechtsträger vgl. §§ 41 Abs. 1 S. 1, 43 Abs. 1 S. 1 VwVfG NRW.

Inanspruchnahme durch Adressierung mit elektronischer Aufenthaltsüberwachung (EAÜ) ist grundsätzlich richtig an folgende Personen – durch EAÜ-Adressierung mit Anlegen des technischen Mittels:

- gemäß § 34c Abs. 1 Nr. 1 PolG NRW an die „betroffene Person", die die bestimmte Straftat nach den Tatbestandsvoraussetzungen begehen wird;
- gemäß § 34c Abs. 1 Nr. 2 PolG NRW an die „betroffene Person", die die bestimmte Straftat nach den Tatbestandsvoraussetzungen begehen wird;
- gemäß § 34c Abs. 2 S. 1 Nr. 1 PolG NRW an eine Person, nach § 34c Abs. 3 S. 1 PolG NRW an die „verantwortliche Person", also jedenfalls eine Person i.S.v. §§ 4, 5 PolG NRW;
- gemäß § 34c Abs. 2 S. 1 Nr. 2 PolG NRW an „die Person", die die bestimmte Straftat nach den Tatbestandsvoraussetzungen begangen hat und begehen wird;
- gemäß § 34c Abs. 2 S. 2 PolG NRW an eine Person, nach § 34c Abs. 3 S. 1 PolG NRW an die „verantwortliche Person", also jedenfalls eine Person i.S.v. §§ 4, 5 PolG NRW.

(SUB/ERG)

Im konkreten Fall ist die Person (alternativ)

- richtigerweise gemäß § 34c PolG NRW in Anspruch genommen/adressiert.
- nicht richtigerweise in Anspruch genommen/adressiert.

C. Materielle Rechtmäßigkeit (MR) III. Rechtsfolge (Rf) / Rechtsfolgevoraussetzungen (RfV)

(VOR/DEF)

Rechtsfolge ist rechtliche Folge aus dem Tatbestand. / **Rechtsfolgevoraussetzungen** sind materiell-rechtliche Rechtsfolgegestaltungs-Bedingungen.

C. Materielle Rechtmäßigkeit (MR) III. Rechtsfolge (Rf) 1. Tatsächliche und rechtliche Möglichkeit (TurM)

(VOR/DEF)

Tatsächliche und rechtliche Möglichkeit betrifft Fälle wie aus § 44 Abs. 2 Nr. 4-6 VwVfG NRW.

(SUB/ERG)

Tatsächliche und rechtliche Möglichkeit ist im konkreten Fall gegeben/nicht gegeben aufgrund Vorliegens/Nichtvorliegens von kognitiven, körperlichen, normativen, technischen Unmöglichkeiten.

Tatsächliche Unmöglichkeit kann vorliegen bei technischen Hindernissen, zum Beispiel Empfanghindernissen, vgl. auch § 34c Abs. 3 S. 2 PolG NRW („Soweit es technisch möglich ist [...]“).

Tatsächlich-rechtliche Unmöglichkeit kann vorliegen bei absoluter, sich gesundheitlich-körperlich auswirkender Unverträglichkeit der betroffenen Person gegen das technische Mittel bzw. dessen Technik.

Rechtliche Unmöglichkeit kann vorliegen nach direkter Auslegung des § 34c PolG NRW im Hinblick auf die EAÜ-Adressierung mit Anlegen des technischen Mittels an eine nichtverantwortliche Person i.S.v. § 6 PolG NRW

C. Materielle Rechtmäßigkeit (MR) III. Rechtsfolge (Rf) 2. Bestimmtheit (Bsh)

(VOR/DEF)

Bestimmtheit ist Maßnahmenerkennbarkeit und Maßnahmenverstehbarkeit, bei VA Pflicht gemäß § 37 Abs. 1 VwVfG NRW, bei Realakten nach Art. 20 Abs. 3 GG.

(SUB/ERG)

Inhaltlich hinreichende Bestimmtheit i.S.d. § 37 Abs. 1 VwVfG NRW/Art. 20 Abs. 3 GG ist allgemein gegeben, wenn nach Auslegung der Maßnahme der Erklärungsempfänger wie jeder vernünftige Dritte, §§ 133, 157 BGB analog, in der konkreten Situation deren Maßnahmen-Inhalt hinreichend erkennen und verstehen kann, bei elektronischer Aufenthaltsüberwachung insbesondere wie folgt:

- dass die Polizei ggü. Maßnahmenempfänger (wer)
- aus bestimmten Gefahrenabwehrgründen (warum)
- zu einer spezifischen Zeit und für eine spezifische (vorübergehende) Zeitdauer (wann)
- bezweckt, dass mindestens eine bestimmte Straftat bzw. eine Gefahr für Leib, Leben oder Freiheit einer Person verhindert/unterbunden werden soll (was)
- und zwar durch Anlegen und Angelegtseinlassen des technischen Mittels in betreibsbereitem Zustand zur Aufenthaltsüberwachung (wie).

Bestimmtheitsfördernd sind auch Schriftlichkeit und Begründung im Sinne von § 34c Abs. 6 S. 6 Nr. 5 PolG NRW, § 34c Abs. 7 PolG NRW.

C. Materielle Rechtmäßigkeit (MR) III. Rechtsfolge (Rf) 3. Ermessen (Erm)

(VOR/DEF)

Ermessen[118] ist Entscheidungsspielraum auf der Rechtsfolgenseite bzgl. rechtsfehlerfreier Ausübung von Einschreit-Entschließung (Ob), Adressaten-Auswahl (Wer), Maßnahmen-Gestaltung (Wie), grundsätzlich gegeben durch § 34c Abs. 1 W. 3 PolG NRW, § 3 PolG NRW, bei VA auch durch § 40 VwVfG NRW.

(SUB/ERG)

Der gegebene Entscheidungsspielraum wird (je nach Fall alternativ) aufgrund von Anhaltspunkten/in Ermangelung entgegenstehender Anhaltspunkte ohne Ermessensfehler/mit Ermessensfehlern (Ermessensunterschreitung, Ermessensüberschreitung, Ermessensfehlgebrauch) ausgeübt bzgl. folgender Ermessensarten:

a) Entschließungsermessen:

Das Entschließungsermessen kann im konkreten Fall sogar gegen / auf Null reduziert sein, insbesondere wegen:

- Einschreitmöglichkeit;
- Erheblichkeitsgrad von Gefährdungen.

b) Auswahlermessen:

siehe C. II.: Auswahlermessen wird abschließend beurteilt i.V.m. Punkt C. II. (Inanspruchnahme).

c) Gestaltungsermessen:

siehe C. III. 4.: Gestaltungsermessen, § 3 Abs. 2 PolG NRW (Austauschmittel), wird abschließend beurteilt i.V.m. Punkt C. III. 4. (VHM).

C. Materielle Rechtmäßigkeit (MR) III. Rechtsfolge (Rf) 4. Verhältnismäßigkeit (VHM)

(VOR/DEF)

Verhältnismäßigkeit ist Geeignetheit, Erforderlichkeit, Angemessenheit der Maßnahme zu einem legitimen Zweck.

(VOR/DEF)

a) Legitimer Zweck ist verfassungsgemäßer Zweck, bei Maßnahmen nach § 34c PolG NRW im Sinne von § 34c Abs. 1, letzter Hs. PolG NRW alternativ:

- Verhütung von terroristischen Straftaten nach § 8 Abs. 4 PolG NRW;

---

[118] Zum Ermessen einschließlich Rechtsnatur, Ermessensarten, Ermessensreduzierungen, Ermessensfehlern, Maßnahmenansprüchen mit Beispielen siehe auch: *Basten*, Eingriffsrecht der Polizei in Nordrhein-Westfalen, Band 1, S. 271-283.

- Abwehr einer Gefahr für die sexuelle Selbstbestimmung nach §§ 174 bis 178, 182 des Strafgesetzbuchs;
- Abhalten von der Begehung einer Straftat nach § 238 StGB
- Abwehr einer Gefahr für Leib, Leben oder Freiheit einer anderen Person zum Schutz vor häuslicher Gewalt.

Vgl. auch § 34c Abs. 3 S. 9 PolG NRW, der für jede (weitere) Datenverarbeitung von Daten im Sinne des § 34c PolG NRW Voraussetzungen nach Art einer Rechtsgrundlage mit zugleich abschließender, bestimmter Zweckbindung enthält: „Die Daten dürfen ohne Einwilligung der betroffenen Person nur verarbeitet werden, soweit dies erforderlich ist für die" in § 34c Abs. 3 S. 9 Nr. 1-5 PolG NRW bestimmt genannten Zwecke[119].

(SUB/ERG)

Die Maßnahme verfolgt (alternativ)

- einen legitimen Zweck, nämlich jedenfalls die verfassungsgemäße Abwehr von Schadensgefahr im Sinne von § 34c PolG NRW.
- keinen legitimen Zweck.

---

[119] Landtag-NRW-Drucksache 17/2351, S. 41 f. (Zu § 34c Abs. 3 S. 10 Nr. 1-5 PolG NRW): „Satz 1 enthält die Rechtsgrundlage für die Verarbeitung der für die elektronische Überwachung erforderlichen Daten durch die Polizei. Die Verarbeitung umfasst dabei grundsätzlich alle Aufenthaltsdaten einschließlich der Daten über eine Beeinträchtigung der Datenerhebung. Dieser umfassende Ansatz ist erforderlich, um sämtliche in Satz 9 Nr. 1 bis 5 vorgesehene Verwendungszwecke erfüllen und die mit der Überwachung angestrebten Wirkungen erreichen zu können. Der Befugnis zur Erhebung von Daten über etwaige Beeinträchtigungen bei der Datenerhebung bedarf es nicht nur für eine effektive Gefahrenabwehr, sondern auch, um davon unabhängige Funktionsbeeinträchtigungen erkennen zu können, die zum Beispiel eine Reparatur der vom Betroffenen mitgeführten Geräte erfordern. [...] Satz 9 regelt die einzelnen Verwendungszwecke für die an den Polizeivollzugsdienst übermittelten Daten. Satz 9 Nr. 1 gestattet die Verwendung zur Verhinderung der Begehung oder der Fortsetzung sowie zur Verfolgung von Straftaten von besonderer Bedeutung im Sinne des § 8 Absatz 3 durch die betroffene Person. Nach Nummer 2 dürfen die Daten auch zur Feststellung von Verstößen gegen gefahrenabwehrrechtliche Aufenthalts- und Kontaktvorgaben nach § 34b verwendet werden. Darüber hinaus gestattet Nr. 3 die Nutzung der Daten auch zur Verfolgung einer Straftat nach § 34d-neu. Die in § 34d neu geschaffene Regelung stellt den Verstoß gegen die Verpflichtung, die technischen Mittel ständig bei sich zu führen, unter Strafe. Nach Nr. 4 dürfen die Daten auch zur Abwehr einer erheblichen gegenwärtigen Gefahr für Leib, Leben oder Freiheit einer dritten Person oder des Betroffenen verwendet werden. Dürften die erhobenen Daten nicht für diese Zwecke genutzt werden, würde ein erheblicher Vertrauensverlust in die Funktionsfähigkeit der Polizei und damit der staatlichen Institutionen insgesamt drohen, wenn trotz einer Maßnahme wie der elektronischen Aufenthaltsüberwachung die entsprechenden Daten nicht zur Verhinderung erheblicher Straftaten, insbesondere von schweren Gewaltstraftaten, genutzt werden dürften. Die wirksame Aufklärung gerade schwerer Gewaltstraftaten ist ein wesentlicher Auftrag eines rechtsstaatlichen Gemeinwesens (vgl. BVerfGE 100, 313, 373, 383 f.; 107, 299, 316; 115, 320, 345), ebenso wie die Abwehr höchstpersönlicher Rechtsgüter. Nach Nummer 5 dürfen die Daten auch zur Aufrechterhaltung der Funktionsfähigkeit der technischen Mittel verwendet werden. Die Regelung gestattet die Verwendung von Daten, die auf eine nicht vom Betroffenen zu vertretende Funktionsbeeinträchtigung hinweisen, um diese - zum Beispiel durch Austausch der vom Betroffenen mitgeführten Geräte - beseitigen zu können. Denn die Überprüfung der Funktionsfähigkeit der eingesetzten Geräte ist Grundvoraussetzung für eine Nutzung der Daten nach den Nummern 1 bis 4.".

(VOR/DEF)

b) Geeignetheit einer staatlichen Maßnahme ist gegeben bei deren Zweckförderungstauglichkeit, vgl. auch § 2 Abs. 3 PolG NRW.

(SUB/ERG)

Im konkreten Fall ist die Maßnahme (alternativ)

- geeignet, denn mit ihr wird auf eine bestimmte (kausale) Weise (potentiell) gefördert: Verhinderung/Unterbindung weiteren, potentiell schadensträchtigen Geschehensverlaufs, und zwar bei elektronischer Aufenthaltsüberwachung insbesondere durch mehr Informationen zum aktuellen Aufenthalt der verantwortlichen Person auch bei polizeilicher Abwesenheit am Aufenthaltsort selbst und damit durch bessere Einsatzreaktionsmöglichkeiten und Eingriffsmöglichkeiten im Fall von Annäherung der verantwortlichen Person an potentielle Tatopfer oder Tatobjekte.
- ungeeignet.

(VOR/DEF)

c) Erforderlichkeit einer staatlichen Maßnahme ist Nichtverfügbarkeit eines milderen (Übermaßverbot), gleich geeigneten (Untermaßverbot) Mittels zur Zweckförderung, vgl. auch § 2 Abs. 1 PolG NRW, vgl. auch § 34c Abs. 2 S. 1 Nr. 1 PolG NRW („unerlässlich"), vgl. auch § 34c Abs. 2 S. 2 PolG NRW („auf andere Weise nicht möglich oder wesentlich erschwert"), vgl. auch § 34c Abs. 3 S. 9 PolG NRW („soweit dies erforderlich ist").

(SUB/ERG)

Im konkreten Fall ist die Maßnahme (alternativ)

- erforderlich, denn einerseits führen mildere Maßnahmen wie (z.B.) Nichtstun/bloße Präsenz/Gefährderansprache bei konkretisierter Gefahr jedenfalls noch nicht mal wahrscheinlich zu einer Gefahrminderung oder Maßnahmen wie Platzverweisung nur zu einer Gefahrverlagerung/Tatortverlagerung, fördern andere Maßnahmen mit anderen Mitteln/Ressourcen damit alleine nicht die Verhinderung/Unterbindung potentiell schadensträchtigen Geschehens in gleicher Weise, sind also nicht gleich geeignet (Untermaßverbot) und andererseits sind (mindestens) gleich geeignete, intensivere Maßnahmen wie (z.B.) Freiheitsentziehung oder direkte Zwangsmittelanwendung noch nicht notwendig (Übermaßverbot).
- nicht erforderlich.

(VOR/DEF)

d) Angemessenheit oder **Verhältnismäßigkeit im engeren Sinne** einer staatlichen Maßnahme ist angemessenes Maß oder Verhältnis zwischen Zweckförderung für Erhaltungsrechte und Wirkungen für Eingriffsrechte, vgl. die betroffenen Grundrechte, vgl. auch § 2 Abs. 2 PolG NRW.

(SUB/ERG)

Im konkreten Fall ist die Maßnahme (alternativ)

- angemessen, denn etwa die an bestimmte Zwecke i.S.v. § 34c Abs. 1, 2, 3 S. 9 Nr. 1-5 PolG NRW gebundenen, zeitlich über § 34c Abs. 8 PolG NRW begrenzten und nach § 34c Abs. 3 PolG NRW auf zunächst weitgehend automatisierte Datenverarbeitung von Aufenthaltsdaten außerhalb des Kernbereichs privater Lebensgestaltung beschränkten Eingriffe in Art. 2 Abs. 1 i.V.m. Art. 1 Abs. 1 GG, Art. 2 Abs. 1 GG stehen angesichts der je nach Straftat insbesondere aus § 8 Abs. 4 PolG NRW zu schützenden Rechte und Rechtsgüter wie Art. 2 Abs. 2 S. 1 GG, Art. 2 Abs. 2 S. 2 GG, Art. 14 Abs. 1 S. 1 Alt. 1 GG, Art. 20 Abs. 3 GG nicht außer Verhältnis.[120]
- unangemessen.

(ERG VHM)

Die Maßnahme ist insgesamt i.S.v. § 2 PolG NRW, Art. 20 Abs. 3 GG (alternativ)

- verhältnismäßig.
- unverhältnismäßig.

D. Gesamtergebnis (GErg)

Die Maßnahme ist (alternativ)

- gemäß § 34c PolG NRW rechtmäßig.
- wegen Art./§ (einer bestimmten Rechtsnorm [z.B. Art. 20 Abs. 3 GG]) rechtswidrig.

---

[120] Landtag-NRW-Drucksache 17/2351, S. 42 (Zu § 34c Abs. 3 S. 10 Nr. 1-5 PolG NRW): „Die Verwendung der Daten für die vorgenannten Zwecke stellt einen Eingriff in das Recht auf informationelle Selbstbestimmung dar, der verhältnismäßig ist. Sie verfolgt allein den Zweck, Gefahren für hochrangige Rechtsgüter (Leib, Leben oder persönliche Freiheit) abzuwehren oder schwerwiegende Straftaten, die in die Rechtsgüter eingreifen, zu verfolgen. Maßnahmen mit dieser Zweckbestimmung dienen einem überragenden Gemeinwohlinteresse (vgl. BVerfGE 115, 320, 345; vgl. auch BVerfG, Urteil v. 20. April 2016, aaO, Randnummer 100). Diese Verwendung verletzt auch nicht den Kernbereich privater Lebensgestaltung. Allein das Wissen um die unterschiedlichen Aufenthaltsorte ermöglicht keine umfassende Kenntnis aller Vorgänge, die den Träger des Überwachungsgerätes betreffen. Dies wäre allenfalls dann der Fall, wenn mit der Ortskenntnis jeweils auch die Kenntnis verbunden wäre, womit sich die verurteilte Person an dem jeweiligen Ort beschäftigt. Ziel der Anordnung ist vielmehr, allein über den Aufenthaltsort zu dokumentierende Erkenntnisse im Hinblick auf eine konkrete Gefährdungssituation erlangen zu können. Nach der Rechtsprechung des BVerfG sind im Übrigen selbst höchstpersönliche Äußerungen nicht dem absolut geschützten Bereich persönlicher Lebensgestaltung zuzuordnen, wenn sich aus ihnen konkrete und erhebliche Gefahrenlagen für Dritte ergeben (BVerfGE 80, 367, 375 für die Verwertbarkeit von Tagebuchaufzeichnungen, aus denen sich eine Gefahrenlage für unbeteiligte Dritte ergab, Opfer schwerer Sexualstraftaten zu werden; vgl. auch BVerfG, Urteil v. 20. April 2016, aaO, Randnummer 122). Entsprechendes muss für bloße Aufenthaltsdaten gelten, die Hinweise auf eine Gefährdung Dritter geben, Opfer einer schweren Straftat gegen Leben, Leib, persönliche Freiheit oder die sexuelle Selbstbestimmung zu werden.“.

ABSCHNITT 3: ZWANG

Unterabschnitt 1: Zwangsmittel-Androhung

A. Rechtsgrundlage (RGL) I. Grundrechte (GR) – Zwangsmittel-Androhung

(VOR/DEF)

Grundrechte sind grundlegende Rechte aus Art. 1-19 GG i.V.m. dem Rechtsstaatsprinzip, Art. 20 Abs. 3 GG, mit Vorrang und Vorbehalt des Gesetzes.[121]

(SUB/ERG)

Grundrechte sind wie folgt gegeben:

1. Allgemeine Verhaltensfreiheit / Allgemeine Handlungsfreiheit[122], Art. 2 Abs. 1 GG[123]

a) GR-SB:

aa) Persönlicher GR-SB: „Jeder".

[121] Zu **Grundrechten**: *Basten*, Eingriffsrecht der Polizei in Nordrhein-Westfalen, Band 1, Buch 1, Abschnitt 2, Unterabschnitt 3. Zum **Rechtsstaatsprinzip** mit unter anderem sogenanntem Vorrang des Gesetzes und Vorbehalt des Gesetzes: *Basten*, Eingriffsrecht der Polizei in Nordrhein-Westfalen, Band 1, S. 95-108.

[122] „Allgemeine" Verhaltensfreiheit / Handlungsfreiheit: Auffanggrundrecht ggü. ggf. spezielleren Grundrechten, vgl. Rechtsnormspezialitätsregel („lex specialis derogat legi generali"), vgl. auch: BVerfGE 6, 32, 37 (Elfes) = BVerfG, Urteil des Ersten Senats vom 16.01.1957 – 1 BvR 253/56, Gründe, II. 2. a), Rn. 16: „Neben der allgemeinen Handlungsfreiheit, die Art. 2 Abs. 1 GG gewährleistet, hat das Grundgesetz die Freiheit menschlicher Betätigung für bestimmte Lebensbereiche, die nach den geschichtlichen Erfahrungen dem Zugriff der öffentlichen Gewalt besonders ausgesetzt sind, durch besondere Grundrechtsbestimmungen geschützt; bei ihnen hat die Verfassung durch abgestufte Gesetzesvorbehalte abgegrenzt, in welchem Umfang in den jeweiligen Grundrechtsbereich eingegriffen werden kann. Soweit nicht solche besonderen Lebensbereiche grundrechtlich geschützt sind, kann sich der Einzelne bei Eingriffen der öffentlichen Gewalt in seine Freiheit auf Art. 2 Abs. 1 GG berufen. Hier bedurfte es eines Gesetzesvorbehalts nicht, weil sich aus der Beschränkung der freien Entfaltung der Persönlichkeit durch die verfassungsmäßige Ordnung der Umfang staatlicher Eingriffsmöglichkeiten ohne weiteres ergibt.".

[123] Vgl. auch Art. 142 GG i.V.m. Art. 4 Abs. 1 Verfassung NRW; Art. 6 EU-GR-Charta; Art. 5 EMRK.

bb) Sachlicher GR-SB: „**freie Entfaltung der Persönlichkeit**" als **allgemeine Verhaltensfreiheit** im umfassenden Sinn[124] durch grundsätzlich jedes Tun, Dulden, Unterlassen[125].

b) GR-E (oder Nichteingriff/GR-Verzicht): **Verhaltenseinschränkung** als Verhaltenssteuerung.

c) GR-B: Art. 2 Abs. 1 Hs. 2 GG[126].

---

[124] BVerfGE 6, 32, 36 f. (Elfes) = BVerfG, Urteil des Ersten Senats vom 16.01.1957 – 1 BvR 253/56, Gründe, II. 2. a), Rn. 14 f.: „Das Grundgesetz kann mit der ‚freien Entfaltung der Persönlichkeit' nicht nur die Entfaltung innerhalb jenes Kernbereichs der Persönlichkeit gemeint haben, der das Wesen des Menschen als geistig-sittliche Person ausmacht, denn es wäre nicht verständlich, wie die Entfaltung innerhalb dieses Kernbereichs gegen das Sittengesetz, die Rechte anderer oder sogar gegen die verfassungsmäßige Ordnung einer freiheitlichen Demokratie sollte verstoßen können. Gerade diese, dem Individuum als Mitglied der Gemeinschaft auferlegten Beschränkungen zeigen vielmehr, daß das Grundgesetz in Art. 2 Abs. 1 GG die Handlungsfreiheit im umfassenden Sinne meint. […] Es waren nicht rechtliche Erwägungen, sondern sprachliche Gründe, die den Gesetzgeber bewogen haben, die ursprüngliche Fassung ‚Jeder kann tun und lassen was er will' durch die jetzige Fassung zu ersetzen (vgl. v. Mangoldt, Parlamentarischer Rat, 42. Sitzung des Hauptausschusses, S. 533)."; BVerfGE 80, 137, 152 f. (Reiten im Walde) = BVerfG, Beschluss des Ersten Senats vom 06.06.1989 – 1 BvR 921/85 –, C. I. 1 a), Rn. 69: „Nach den in der Rechtsprechung des Bundesverfassungsgerichts entwickelten Grundsätzen gewährleistet Art. 2 Abs. 1 GG die allgemeine Handlungsfreiheit im umfassenden Sinne (st. Rspr. seit BVerfGE 6, 32 [36]; aus neuerer Zeit etwa: BVerfGE 74, 129 [151]; 75, 108 [154 f.]). Geschützt ist damit nicht nur ein begrenzter Bereich der Persönlichkeitsentfaltung, sondern jede Form menschlichen Handelns ohne Rücksicht darauf, welches Gewicht der Betätigung für die Persönlichkeitsentfaltung zukommt (vgl. etwa die Entscheidung eines Vorprüfungsausschusses in BVerfGE 54, 143 (146) - Taubenfüttern).".

[125] BVerfGE 6, 32, Ls. 1, 2 (Elfes) = BVerfG, Urteil des Ersten Senats vom 16.01.1957 – 1 BvR 253/56, Ls. 1: „Art. 11 GG betrifft nicht die Ausreisefreiheit.", Ls. 2: „Die **Ausreisefreiheit** ist als Ausfluß der allgemeinen Handlungsfreiheit durch Art. 2 Abs. 1 GG innerhalb der Schranken der verfassungsmäßigen Ordnung gewährleistet."; BVerwG, Urteil vom 29.05.2019 - BVerwG 6 C 8.18 (Beschränkung des Geltungsbereichs eines Passes), Rn. 20: „In der höchstrichterlichen Rechtsprechung ist seit Jahrzehnten geklärt, dass die durch Art. 2 Abs. 1 GG geschützte Ausreisefreiheit auch durch den **Passversagungs**grund des § 7 Abs. 1 Nr. 1 Alt. 3 PassG als Bestandteil der verfassungsmäßigen Ordnung wirksam eingeschränkt wird.".

[126] Art. 2 Abs. 1 Hs. 2 GG (**Schrankentrias**): BVerfGE 80, 137, 153 (Reiten im Walde) = BVerfG, Beschluss des Ersten Senats vom 06.06.1989 – 1 BvR 921/85 –, C. I. 1 a), Rn. 69: „Abgesehen von einem absolut geschützten Kernbereich privater Lebensgestaltung, welcher der Einwirkung der öffentlichen Gewalt entzogen ist (BVerfGE 6, 32 [41]), ist die allgemeine Handlungsfreiheit allerdings nur in den **Schranken** des zweiten Halbsatzes von Art. 2 Abs. 1 GG gewährleistet und steht damit insbesondere unter dem **Vorbehalt der verfassungsmäßigen (Rechts-)Ordnung** (BVerfGE 6, 32 [37 f.]; 74, 129 [152]). Stützt sich ein die Handlungsfreiheit berührender Akt der öffentlichen Gewalt auf eine Rechtsnorm, so kann mit der Verfassungsbeschwerde unter Berufung auf Art. 2 Abs. 1 GG zur Nachprüfung gestellt werden, ob diese Norm zur **verfassungsmäßigen Ordnung** gehört, das heißt formell und materiell mit den Normen der Verfassung in Einklang steht (st. Rspr. seit BVerfGE 6, 32)."; BVerfGE 6, 32, Ls. 3 (Elfes) = BVerfG, Urteil des Ersten Senats vom 16.01.1957 – 1 BvR 253/56, Ls. 3: „**Verfassungsmäßige Ordnung** im Sinne des Art. 2 Abs. 1 GG ist die verfassungsmäßige Rechtsordnung, d.h. die Gesamtheit der Normen, die formell und materiell der Verfassung gemäß sind."; vgl. dazu auch BVerfGE 6, 32, 37-41 (Elfes) = BVerfG, Urteil des Ersten Senats vom 16.01.1957 – 1 BvR 253/56, Gründe II. 2 b), c), Rn. 17-33.

Rechte anderer sind (als Teil der verfassungsmäßigen Ordnung) subjektive Berechtigungen (Anspruch oder Befugnis oder Erlaubnis) einschließlich Verpflichtungen (Pflicht zur Erfüllung von Anspruch oder Befugnis oder Erlaubnis) und sonstiger Rechtswirkungen für ein Rechtssubjekt bezüglich eines Verhaltens oder eines Rechtsguts.

Vgl. zum ein Mal bundesverfassungsgerichtlich entscheidungserheblich bemühten „**Sittengesetz**" nach Art. 2 Abs. 1 Hs. 2 GG als Gesetz, das nicht das durch die „soziale Gemeinschaft" „als für sich verbindlich"

Ggf. betroffenes Grundrecht bei körperlichen (messbaren) Auswirkungen (von Versehrtheit):

2. Körperliche Unversehrtheit, Art. 2 Abs. 2 S. 1 Alt. 2 GG[127]

a) GR-SB:

aa) Persönlicher GR-SB: „Jeder".

bb) Sachlicher GR-SB: **Körperliche Unversehrtheit** ist Freiheit von körperlicher Beeinträchtigung, also biologisch-physiologische Integrität und dieser gleichsetzbare geistig-seelisch-psychische Integrität.[128]

b) GR-E (oder Nichteingriff/GR-Verzicht): **Körperunversehrtheitseinschränkung** durch Hervorrufen oder Steigern eines nachteilig von den normalen körperlichen Funktionen abweichenden körperlichen Zustandes – auch durch Androhung und auch ohne Substanzverletzung durch physisch sich mit körperlichem Krankheitswert auswirkende psychische Beeinflussung.

c) GR-B: Art. 2 Abs. 2 S. 3 GG.

---

anerkannte „Rechtsgefühl" „im allgemeinen" „verletzt": BVerfGE 6, 389 (Homosexuelle) = BVerfG, Urteil des Ersten Senats vom 10.05.1957 – 1 BvR 550/52 –, und StrRehaHomG (Gesetz zur strafrechtlichen Rehabilitierung der nach dem 8. Mai 1945 wegen einvernehmlicher homosexueller Handlungen verurteilten Personen vom 17. Juli 2017 – BGBl. I S. 2443).

127 Vgl. auch Art. 142 GG i.V.m. Art. 4 Abs. 1 Verfassung NRW; Art. 3, 4 EU-GR-Charta; Art. 3 EMRK (**Folterverbot**; Verbot bzgl.: **unmenschliche oder erniedrigende Behandlung oder Strafe**); Art. 7 IPbpR (**Folterverbot**; Verbot bzgl. **grausame, unmenschliche oder erniedrigende Behandlung oder Strafe**; Verbot medizinischer oder wissenschaftlicher Versuche ohne freiwillige Zustimmung); Art. 12 IPwskR („Recht eines jeden auf das für ihn erreichbare Höchstmaß an körperlicher und geistiger **Gesundheit**").

128 BVerfGE 56, 54, 74-76 (Fluglärm I) = BVerfG, Beschluss des Ersten Senats vom 14.01.1981 – 1 BvR 612/72, C. I. 1., Rn. 73-76, dort u.a.: „Gegen die Zugrundelegung des weiten Gesundheitsbegriffs der Weltgesundheitsorganisation ließe sich allerdings einwenden, es sei - wenn das dem Willen des Verfassungsgesetzgebers entsprochen hätte - schwer erklärlich, daß der Parlamentarische Rat diesen seit 1946 bekannten Begriff nicht übernommen, sondern stattdessen nur die ‚körperliche Unversehrtheit' grundrechtlich geschützt hat [Grammatik, P. B.]. Andererseits dürfte eine Beschränkung des Schutzes allein auf solche Einwirkungen, die Verletzungen des Körpers darstellen, der Bedeutung dieses Grundrechts jedenfalls dann nicht gerecht werden, wenn es im Lichte des Art. 1 GG und der darin verbürgten Unantastbarkeit der Menschenwürde ausgelegt wird [Systematik, P. B.]. Dabei kann dahinstehen, ob eine solche Beschränkung überhaupt mit dem Verständnis des Menschen als einer Einheit von Leib, Seele und Geist und mit der Wechselwirkung zwischen psychischen und physischen Gesundheitsstörungen vereinbar wäre.Verfassungsrechtlich kann nicht außer acht bleiben, daß eine enge Auslegung nicht der Funktion des Grundrechts als Abwehrrecht gegen staatliche Eingriffe etwa durch psychische Folterungen, seelische Quälereien und entsprechende Verhörmethoden entsprechen würde [Teleologie mit funktionalem Schutzbereich und Schutzzweck des Grundrechts, P. B.]. Da die Einfügung gerade dieses Grundrechts auf Erfahrungen im Dritten Reich beruhte, darf dieser Gesichtspunkt jedenfalls nicht gänzlich vernachlässigt werden [Historie, P. B.]. Mit Recht hat der nordrhein-westfälische Ministerpräsident im vorliegenden Verfahren eingeräumt, daß zumindest solche nichtkörperliche Einwirkungen von Art. 2 Abs. 2 GG erfaßt würden, die ihrer Wirkung nach körperlichen Eingriffen gleichzusetzen seien. Das sind jedenfalls solche, die das Befinden einer Person in einer Weise verändern, die der Zufügung von Schmerzen entspricht [Systematik, P. B.]. Bislang ist Art. 2 Abs. 2 GG auch nicht in dem genannten engeren Sinne angewandt worden. So wurde die Frage, ob hirnelektrische Untersuchungen in die körperliche Unversehrtheit eingreifen können, nicht etwa von vornherein verneint, sondern wegen der Harmlosigkeit solcher Untersuchungen offengelassen (BVerfGE 17, 108 [114 f.]). In der Entscheidung zum Räumungsschutz ist die psychische Erkrankung des Beschwerdeführers und die Gefahr von Selbstmorden als relevant im Sinne des Art. 2 Abs. 2 GG angesehen worden (BVerfGE 52, 214 [220 f.]). Im übrigen liegt den neueren Lärmschutzvorschriften durchweg ein weiteres Verständnis zugrunde. […] Zumindest in Gestalt von Schlafstörungen lassen sich Einwirkungen auf die körperliche Unversehrtheit schwerlich bestreiten.".

Allgemeine Beispiele für Fälle von möglicher Grundrechtsrelevanz einer polizeilich mitgeführten, aber nicht mittels Schießen gebrauchten **Schusswaffe**:

- Hand an Schusswaffe (HSW) im Holster (**Schusswaffentragen**) für sich ohne weiteres, also insbesondere ohne weitere Auslegung aus Äußerungen (Gestik, Mimik, Aussagen, sonstigem Situationsbezug) bewirkt in der Regel keine Grundrechtsschutzbereichsbetroffenheit, jedenfalls in der Regel keinen Grundrechtseingriff.
- Gezogene Schusswaffe (GSW) für sich (**Schusswaffenziehen**) ohne Ausrichtung auf einen Grundrechtsträger und ohne weiteres, also insbesondere ohne weitere Auslegung aus Äußerungen (Gestik, Mimik, Aussagen, sonstigem Situationsbezug) bewirkt in der Regel keine Grundrechtsschutzbereichsbetroffenheit, jedenfalls in der Regel keinen Grundrechtseingriff.
- Ausgerichtete Schusswaffe (ASW), also **Schusswaffenausrichtung** auf einen Grundrechtsträger bewirkt in der Regel Grundrechtsschutzbereichsbetroffenheit und ist in der Regel Grundrechtseingriff in Art. 2 Abs. 1 GG bei psychischer Verhaltensbeeinflussung oder Art. 2 Abs. 2 S. 1 Alt. 2 GG bei körperlichen Auswirkungen (zum Beispiel Kollabieren aufgrund des Eindrucks durch die Schusswaffe) oder Art. 2 Abs. 2 S. 2 GG bei Wirkung auf die körperliche Bewegungsfreiheit.

Zwangsspezifische Beispiele für sonstige Fälle von möglicher Grundrechtsrelevanz polizeilicher **Androhung**: Verhaltenssteuerung durch psychischen Druck mittels Inaussichtstellen von:

- finanzieller Belastung
  - durch Ersatzvornahmekosten im Rahmen der Androhung von Ersatzvornahme, § 56 Abs. 4 PolG NRW;
  - durch Zwangsgeld, vgl. § 53 PolG NRW;
- körperlicher Belastung;
- Sachbelastung.

A. Rechtsgrundlage (RGL) II. Rechtsgebiet (RG) – Zwangsmittel-Androhung

(VOR/DEF)

Rechtsgebiet ist Rechtsordnungsteil nach allen Umständen – wie schwerpunktmäßige Äußerungen, Rechtsnormen, Zwecke, auch i.V.m. §§ 133, 157 BGB analog.[129]

(SUB)

Die Maßnahme erfolgt je nach Fall ausdrücklich oder schlüssig zwecks Durchsetzung der für die Polizei gefahrenabwehrgesetzlich / strafrechtspflegerisch normierten Grundmaßnahme mit entsprechendem Rechtsgebiets-Zweck (gegebenenfalls ähnlich oder gleich einer Grundbefugnisrechtsnorm, z.B. wie aus [alternativ]:

- § 8 Abs. 1 PolG NRW / § 163 Abs. 1 S. 2 StPO
- § 10 PolG NRW

---

129 Zum Rechtsgebiet bzw. zu Rechtsgebieten einschließlich Rechtsgebiet-Begriffen und Rechtsgebiet-Auslegungsansätzen: *Basten*, Eingriffsrecht der Polizei in Nordrhein-Westfalen, Band 1, Buch 1, Abschnitt 3, Unterabschnitt 3, Titel 3, Untertitel 3.

- § 12 PolG NRW / § 12a PolG NRW / § 163b Abs. 1 StPO / § 163b Abs. 2 StPO
- § 39 PolG NRW / § 40 PolG NRW / § 41 PolG NRW / § 102 StPO / § 103 StPO
- § 43 PolG NRW / § 94 Abs. 1 StPO / § 94 Abs. 1, 2 StPO / § 94 Abs. 3 StPO / § 132 StPO / § 111b StPO
- § 35 PolG NRW / § 127 Abs. 1 S. 1 Alt. 1 StPO; § 127 Abs. 2 i.V.m. § 112/§ 112a/§ 126a; § 127b StPO; § 164 StPO
- § 34a PolG NRW / § 34b PolG NRW / § 34c PolG NRW
- § 14 PolG NRW / § 14a PolG NRW / § 81a StPO / § 81b StPO / § 81c StPO / § 81g StPO.).

(ERG)

Die Maßnahme erfolgt auf dem Rechtsgebiet (alternativ)

- des besonderen öffentlichen Verwaltungsrechts polizeilicher Gefahrenabwehr.
- des besonderen öffentlichen Rechts polizeilicher Strafrechtspflege.

A. Rechtsgrundlage (RGL) III. Mögliche Befugnisrechtsnorm (Mgl. Brn.) – Rechtsgebiet Gefahrenabwehr oder Strafrechtspflege / Zwangsmittel-Androhung

(VOR/DEF)

Befugnisrechtsnorm ist die rechtmäßige hauptsächliche materiellrechtliche Rechtsgrundlage mit realfolgenentsprechender Rechtsfolge.

(DEF/SUB)

Realfolge ist die jeweilige Maßnahme laut Sachverhalt.

Rechtsfolge ist die jeweilige Maßnahme laut Rechtsnorm.

Zu den Begriffen **Zwang**, **Verwaltungszwang**, **Vollstreckung**, **Verwaltungsvollstreckung**: Auf dem Rechtsgebiet der Gefahrenabwehr ist „Zwang" oder „Verwaltungszwang" die Oberrechtsfolge laut PolG NRW (vgl. insbesondere § 50 Überschrift, Abs. 1, 2 PolG NRW); damit gleichbedeutend ist auf dem Rechtsgebiet der Gefahrenabwehr die Oberrechtsfolge „Vollstreckung" oder „Verwaltungsvollstreckung" laut dem VwVG NRW; dementsprechend lauten die Oberrechtsfolgen auf dem Rechtsgebiet der Strafrechtspflege, auf dem „Zwang" oder „Vollstreckung" ausdrücklich nur fragmentarisch normiert sind, „Zwang" oder „Vollstreckung".

Zur rechtlichen **Stellung von Zwang**: Zwang ist im Recht der Polizei eine Maßnahmen-Rechtsfolge im zweiten Maßnahmenabschnitt von drei möglichen, strikt auseinanderzuhaltenden Maßnahmenabschnitten (Trennungsgebot im Recht der Polizei); also ist Zwang gleichsam in der Mitte zwischen zwei von ihm dezidiert zu unterscheidenden **Maßnahmenabschnitten** im Eingriffsrecht der Polizei, nämlich:

- zwischen dem ersten Maßnahmenabschnitt, der beinhaltet: die im Verhältnis zum Zwang sogenannten (eben zwangsweise durchzusetzenden, zu vollstreckenden) **Grundmaßnahmen** (VA oder Justiz-Verfügungs-VA als mit Zwang durchzusetzene Maßnahmen);
- zwischen dem dritten Maßnahmenabschnitt, der beinhaltet: Entschädigung, Ersatz, Erstattung, Gebühren, Kosten für Grundmaßnahmen oder Zwangsmaßnahmen.[130]

Zu **Zwangskategorien / Zwangskonstellationen**: Auf beiden Rechtsgebieten von Gefahrenabwehr und Strafrechtspflege ist Zwang bzw. Vollstreckung grundsätzlich in vier verschiedenen Zwangskonstellationen / Zwangskategorien als Zwangsverfahren vorstellbar, nämlich wie folgt:

- „Gestreckter Vollzug" / „Gestrecktes Zwangsverfahren" (oder „Gestrecktes Verfahren"), mit: Grundverfügung, Zwangsmittelandrohung, Zwangsmittelanwendung;
- „Gekürztes gestrecktes Zwangsverfahren" / „Gekürztes gestrecktes Verfahren" (oder „gekürzter gestreckter Vollzug") mit Grundverfügung, ohne Zwangsmittelandrohung, mit Zwansgmittelanwendung;
- „Sofortvollzug" (oder „Sofortzwangsanwendungsverfahren" / „Sofortverfahren"), ohne Grundverfügung, ohne Zwangsmittelandrohung, mit Zwangsmittelanwendung;
- „Reines Zwangsandrohungsverfahren" / „Reines Androhungsverfahren", mit Grundverfügung, mit Zwangsmittelandrohung, ohne Zwangsmittelanwendung.

Die Endrechtsfolge (in gedachter, gleichsam auf einen polizeilichen Erfolg zulaufender Linie) einer polizeilichen Maßnahmenkonstellation und damit auch der Schema-Betreff/das Schema-

130 Zu den möglichen **Maßnahmenabschnitten** im Eingriffsrecht der Polizei siehe auch mit Abbildung: *Basten*, Eingriffsrecht der Polizei in Nordrhein-Westfalen, Band 1, S. 176.

Thema[131], auf den sich alle Fallbearbeitungsschemaoberpunkte aus den Fallbearbeitungsschemafeldern A., B., C., D. beziehen, ist je nach Maßnahmenabfolge (alternativ):

- Grundmaßnahme als (Handlungs- oder Duldungs- oder Unterlassungs-)Verwaltungsakt oder als Realakt auf dem Rechtsgebiet der Gefahrenabwehr oder als Justizverwaltungsakt auf dem Rechtsgebiet der Strafrechtspflege;
- Zwangsmittelandrohung als Verwaltungsakt auf dem Rechtsgebiet der Gefahrenabwehr oder als Justizverwaltungsakt auf dem Rechtsgebiet der Strafrechtspflege – ausschließlich mit Zwangsmittelandrohungsvoraussetzungen in allen Fallbearbeitungsschemafeldern insbesondere von B. und C. und Zwangsmittelandrohungsvoraussetzungen u.a. teilweise zum Verfahren der Zwangsmittelandrohung i.S.d. Fallbearbeitungsschemapunktes B. II. Verfahren, vgl. u.a. § 56 Abs. 1 S. 2, Abs. 2-5 PolG NRW als Verfahrensteil, und mit Zwangsmittelandrohungsvoraussetzungen u.a. teilweise zur Form der Zwangsmittelandrohung i.S.d. des Fallbearbeitungsschemapunktes B. III. Form, vgl. § 56 Abs. 1 S. 1, Abs. 6 PolG NRW);
- Zwangsmittelanwendung als Realakt auf dem Rechtsgebiet der Gefahrenabwehr oder als Justizverwaltungsakt auf dem Rechtsgebiet der Strafrechtspflege – mit Zwangsmittel*androhungs*voraussetzungen als Teil des Verfahrens der Zwangsmittel*anwendung* im Sinne des Fallbearbeitungsschemapunktes B. II. Verfahren, nicht der Form der Zwangsmitel*anwendung* im Sinne des Fallbearbeitungsschemapunktes B. III., nämlich alternativ:
  - im Fall des „gestreckten Verfahrens" – also bei Gegebensein auch einer Androhung – nach § 56 Abs. 1 S. 2, Abs. 2-6 PolG NRW)
  - im Fall des „Sofortvollzugs" nach § 56 Abs. 1 S. 3 PolG NRW oder § 61 PolG NRW, nämlich bezüglich rechtmäßigen oder rechtswidrigen Fehlens der Zwangsmittel*androhung*.

Zum **Zwangsverfahrens- und -Schemaverfahrens-Unterschied**: Das Wort „Verfahren" in Bezeichnungen wie „gestrecktes Verfahren", die so nur spezielle Verwendung findet bezüglich Zwangsmittelanwendung mit vorheriger Zwangsmittelandrohung zwecks Durchsetzung einer vorherigen faktischen Grundverfügung, kann so nur Beschreibung dieses faktischen Maßnahmenlaufs über drei Verfahrensstationen einer Zwangskonstellation sein, ist aber nicht „Verfahren" im formell-rechtlichen Sinne des Schema-Fallbearbeitungspunktes B. II., also nicht im Sinne von normiertem Verhalten des Rechtsfolgezuständigen außer, bei, i.Z.m. der Rechtsfolge, ist damit nicht ineinszusetzen, nicht völlig gleichzusetzen.

Zum **Verfahrens- und -Vollzugs-Unterschied**: Die Bezeichnungen „gestrecktes Verfahren" und „gestreckter Vollzug" meinen letztlich das Gleiche in Abgrenzung zum „Sofortvollzug" / „Sofortzwangsmittelanwendungsverfahren" und im Gegensatz zum „reinen Androhungsverfahren". „Gekürztes gestrecktes Verfahren" bzw. „gekürzter gestreckter Vollzug" ist noch immer „gestrecktes Verfahren" bzw. „gestreckter Vollzug", wenn auch um die Androhung gekürzt, die also beim „gekürzten gestreckten Verfahren/Vollzug" genauso wie beim „Sofortvollzug" faktisch fehlt, was rechtlich sowohl im „gekürzten gestreckten Verfahren/Vollzug" als auch im „Sofortvollzug" entweder rechtmäßig oder rechtswidrig ist, vgl. dazu § 56 Abs. 1 S. 3 PolG NRW (zur Frage des Androhungsabsehens, des Androhungsfehlens, also zur Frage der Rechtmäßigkeit des Fehlens der Androhung des Zwangsmittels „Ersatzvornahme" oder des Fehlens der Androhung des Zwangsmittels „Zwangsgeld") oder § 61 PolG NRW (zur Frage des Androhungsabsehens, des Androhungsfehlens, also zur Frage der Rechtmäßigkeit des Fehlens der Androhung des Zwangsmittels „unmittelbarer Zwang"). „Vollzug" kann mehr die

[131] Zum Schema-Betreff/Schema-Thema siehe *Basten*, Eingriffsrecht der Polizei in Nordrhein-Westfalen, Band 1, S. 172, 174.

Zwangsmittelanwendung betonen als „Verfahren“, sodass bezüglich des „reinen Androhungsverfahrens“ die Bezeichnung als „reiner Androhungsvollzug“ zu vermeiden ist.

Zur Begrifflichkeit „**Normalvollzug**“: Die Begrifflichkeit „Normalvollzug“ als weitere alternative Begrifflichkeit für das gestreckte Verfahren bzw. den gestreckten Vollzug ist zu vermeiden, da qua Gesetz nicht die volle Zwangsdurchsetzung mit möglichst viel Maßnahmen, mit möglichst viel Zwang, also mit Grundverfügung, Zwangsmittelandrohung und Zwangsmittelanwendung „normal“ sein soll und Grundverfügung ohne Zwang oder Zwang nur mit Zwangsmittelandrohung nicht „unnormal“ sein soll, denn es ist gerade Telos der bestimmten Grundverfügung, einen bestimmten verfassungsgemäßen oder sonst gesetzlichen Zweck zu erreichen, und zwar angemessen mit dem mildesten, geeigneten Mittel, und es ist verhältnismäßigkeitsentsprechend gerade Telos einer Zwangsmittelandrohung, einen bestimmten verfassungsgemäßen oder sonst gesetzlichen Zweck zu erreichen und eine Zwangsmittelanwendung zu vermeiden, weshalb im Falle von Zweckerreichung gerade eine Grundverfügung alleine als anzustrebende Normalität gelten soll oder im Falle von Zweckerreichung gerade das „reine Androhungsverfahren“ als erfolgreicher Zwang bzw. erfolgreiches Zwangsverfahren gelten soll.

Zum **Vollzugs- und -Vollziehungs-Unterschied**: „Vollzug“ im Sinne des Zwangsrechts bzw. Vollsteckungsrechts ist etwas anderes als „Vollziehung“ bzw. „sofortige Vollziehung“ im Sinne der §§ 80-80b VwGO.

Zum **Androhungs- und Grundverfügungs-Zusammenhang**: Eine Zwangsmittelandrohung ist auf beiden Rechtsgebieten in der Regel sinnlogisch nur in Verbindung mit einer ausdrücklichen oder schlüssigen Grundverfügung (VA oder Justiz-VA) denkbar, unabhängig von etwaiger Gleichzeitigkeit oder Ungleichzeitigkeit von Grundverfügung und Androhung, da der Erklärungsempfänger die Androhung als solche nur verstehen kann, wenn er darin den Androhungszweck der Durchsetzung einer ausdrücklichen oder schlüssigen Grundverfügung und damit diese selbst begreifen kann, vgl. §§ 133, 157 BGB analog, im Sinne eines „Wenn nicht [Grundverfügung], dann [Androhung]“, vgl. auch § 50 Abs. 1 PolG NRW, der allgemeiner von Durchsetzung schreibt und § 50 Abs. 2 PolG NRW, der von Anwendung des Zwangs schreibt, nicht mehr von Androhung, und der als Befugnisrechtsnorm für den „Sofortvollzug“ auch in aller Regel nicht eine Androhung voraussetzt, andernfalls man wieder eine Grundverfügung und damit keinen „Sofortvollzug“ hätte, vgl. auch § 56 Abs. 2 PolG NRW, der bei Androhung von einem Verwaltungsakt ausgeht, ebenso hat der Begriff der Androhung bereits eine Grundverfügung zur Voraussetzung in § 56 Abs. 1 S. 2 PolG NRW („Androhung zur Erfüllung der Verpflichtung“ [aus der Grundverfügung]).

Zum **Zwangsmittelandrohungs- und- Zwangsmittelanwendungs-Zusammenhang**: Grundsätzlich können Zwangsmittelandrohungsvoraussetzungen Teil von Zwangsmittelanwendungsvoraussetzungen sein, vgl. für das „gestreckte Zwangsverfahren“ § 56 Abs. 1 S. 1, 2 und Abs. 2-6 PolG NRW, vgl. für das „gekürzte gestreckte Zwangsverfahren“ § 56 Abs. 1 S. 3 PolG NRW, § 61 PolG NRW. Zwangsmittelandrohung im „reinen Androhungsverfahren“ und Zwangsmittelanwendung sind – wie alle Rechtsfolgen und wie alle alia zueinander – hinreichend bestimmt zu trennen, sowohl bezüglich der Rechtsfolge an sich als auch bezüglich ihrer jeweiligen Rechtmäßigkeitsvoraussetzungen in der Subsumtion auf den jeweiligen einzelnen Fall, sodass eine Fallbearbeitung mit folgender Prämisse schon logisch nicht ausreicht und generell nicht geht: „Zwangsmittelandrohung ist (nur) dann rechtmäßig, wenn die angedrohte Zwangsmittelanwendung rechtmäßig ist/wäre.“, denn unter anderem gilt generell folgendes:

- Zwangsmittelandrohung und Zwangsmittelanwendung sind alia zueinander;

- Zwangsmittelanwendung und Zwangsmittelanwendung haben grundsätzlich und in der Regel bereits die gleichen Verfahrensvoraussetzungen aus §§ 56, 61 PolG NRW und bereits die gleichen allgemeinen Tatbestandsvoraussetzungen aus § 50 Abs. 1 PolG NRW[132];
- Zwangsmittelandrohung im „reinen Androhungsverfahren" ist milder als die im Verhältnis zu ihr intensivere Zwangsmittelanwendung, unter Umständen sogar krass milder mit einem Unterschied zwischen völliger körperlicher Unversehrtheit (bei bloß verbaler Androhung) und völliger Lebensvernichtung/Tod (z.B. bei UZw-Anwendung mit Schusswaffen*gebrauch*);
- Zwangsmittel*anwendung* kann je nach angewendetem Zwangsmittel andere Vollstreckungsvoraussetzungen haben als Zwangsmittel*androhung*, vgl. z.B. § 62 PolG NRW ([tatsächliche] „Fesselung") oder §§ 63-65 („Schusswaffen*gebrauch*"), § 66 PolG NRW („angewendet", „gebraucht");
- Zwangsmittelanwendung kann rechtmäßig sein sogar ohne jede Androhung und damit ohne jede Zwangsmittelandrohungsvoraussetzung, vgl. insbesondere §§ 56, 61 PolG NRW mit den dortigen rechtlichen Möglichkeiten des Absehens von Zwangsmittelandrohung.

Für dermaßen andersartige und anderswirkende Rechtfolgen gibt es in Gesetz und Recht keinmal insgesamt nur gleiche Rechtmäßigkeitsvoraussetzungen, und kann es auch rechtlich gar nicht geben, etwa im Hinblick auf Grundrechtsschutzfunktion und die Grundrechtsförderungsfunktion[133], die eine Lagebewältigung durch rein verbales Eingreifen grundsätzlich unter geringeren Voraussetzungen gebieten können als durch erheblichere, körperliche Einwirkung auf Personen und Sachen.

Rechtsfolge ist im „reinen Androhungsverfahren" auf dem Rechtsgebiet der Gefahrenabwehr:

„(Verwaltungs-)Zwang", § 50 Überschrift PolG NRW (ggf. i.V.m. § 57 Abs. 1 PolG NRW), hier als VA Androhung (Inaussichtstellen) der Anwendung des Zwangsmittels

(alternativ:)

- Ersatzvornahme[134], §§ 51 Abs. 1 Nr. 1, Abs. 2, 52 Abs. 1 S. 1 PolG NRW „zur" Durchsetzung eines bestimmten, auf eine bestimmte Handlung oder Duldung oder Unterlassung „gerichteten" VA.
- Zwangsgeld[135], §§ 51 Abs. 1 Nr. 2, Abs. 2, 53 PolG NRW, „zur" Durchsetzung eines bestimmten, auf eine bestimmte Handlung oder Duldung oder Unterlassung „gerichteten" VA.

---

[132] Nur bzgl. zwangsspezifischer allgemeiner Rechtmäßigkeitsvoraussetzungen wie aus §§ 50, 56, 61 PolG NRW trifft grundsätzlich folgendes zu aus Nr. 61.11 S. 1 VVPolG NRW: „Unmittelbarer Zwang darf nur angedroht werden, wenn die Zulässigkeitsvoraussetzungen für seine Anwendung gegeben sind.".

[133] Zu Grundrechtsfunktionen siehe auch: *Basten*, Eingriffsrecht der Polizei in Nordrhein-Westfalen, Band 1, S. 78-84.

[134] **Ersatzvornahme** ist gemäß § 52 Abs. 1 S. 1 PolG NRW: Vornahme einer Handlung, deren Vornahme durch einen anderen möglich ist (**vertretbare Handlung**) – in Selbstausführung durch die Polizei (**Selbstvornahme**) oder in Ausführung durch einen mit der Ausführung von der Polizei beauftragten anderen (**Fremdvornahme**). „**Abschleppen**" (vgl. auch § 15a StVO) oder „**Versetzen**" eines straßenverkehrsverbotswidrig, zum Beispiel im Halteverbot abgestellten Fahrzeugs zwecks Durchsetzung des aus dem Verbot sich ergebenden Gebots (z.B. Wegfahrgebot) ist Zwang mit Anwendung des Zwangsmittels der Ersatzvornahme, BVerwG, Beschluss vom 26.01.1988 – 7 B 189/87 (Parkuhr), Leitsatz; BVerwGE 102, 316, 318 f. (Mobiles Halteverbotsschild).

[135] Nr. 53.0 VVPolG NRW: „Die Festsetzung eines Zwangsgeldes durch die Polizei kommt, außer zur Durchsetzung eines Rückkehrverbotes gemäß § 34a und ggf. zur Durchsetzung einer Platzverweisung

- unmittelbarer Zwang, §§ 51 Abs. 1 Nr. 3, Abs. 2, 58 PolG NRW[136] „zur" Durchsetzung eines bestimmten, auf eine bestimmte Handlung oder Duldung oder Unterlassung „gerichteten" VA.[137]

---

gemäß § 34 Abs. 2, nur in seltenen Fällen in Betracht, da mit diesem Zwangsmittel die Gefahr von der Polizei in aller Regel nicht rechtzeitig abgewehrt werden kann."; vgl. allerdings auch Nr. 55.2 VVPolG NRW: „Für die Erzwingung von Angaben kommt nur ein Zwangsgeld in Betracht (vgl. RdNr. 10.3).", und vgl. auch unter dem Zeitargument Maßnahmen aus Rechtsnormen wie: § 9 Abs. 1 PolG NRW, § 9 Abs. 2 PolG NRW, § 10 PolG NRW, § 11 PolG NRW, § 12 PolG NRW (vgl. dazu § 38 Abs. 2 PolG NRW), § 12a PolG NRW (vgl. dazu § 38 Abs. 2 PolG NRW), § 14 PolG NRW, § 34b PolG NRW, § 34c PolG NRW, § 43 PolG NRW (bzgl. der Herausgabeverfügung).

[136] Vgl. zu den **Unmittelbarer-Zwang-Legaldefinitionen** des § 58 PolG NRW: Nr. 58.2 VVPolG NRW: „**Unmittelbare körperliche Einwirkung** auf Personen ist z.B. die Anwendung entsprechender Eingriffstechniken. Auf Sachen wird unmittelbar körperlich eingewirkt z.B. bei dem Eintreten einer Tür oder dem Einschlagen einer Fensterscheibe."; Nr. 58.31 VVPolG NRW: „Die Aufzählung ist beispielhaft. Auch andere Gegenstände können als Hilfsmittel der körperlichen Gewalt in Betracht kommen, jedoch muss ihre Wirkung in einem angemessenen Verhältnis zu dem angestrebten Erfolg stehen."; Nr. 58.32 VVPolG NRW: „**Sprengmittel** dürfen gemäß § 66 Abs. 4 nur gegen Sachen angewendet werden. Zur Ablenkung von Störern bestimmte pyrotechnische Mittel (**Irritationsmittel**) sind keine Sprengmittel."; Nr. 58.34 VVPolG NRW: „Als **technische Sperren** zum Absperren von Straßen, Plätzen oder anderem Gelände kommen z.B. Fahrzeuge, Container, Sperrgitter, Sperrzäune, Seile, Stacheldraht und Nagelböden in Betracht."; Nr. 58.35: „**Diensthunde** müssen für ihre Verwendung besonders abgerichtet sein. Der Einsatz darf nur durch dafür ausgebildete Polizeivollzugsbeamtinnen oder –beamte erfolgen."; Nr. 58.36 VVPolG NRW: „**Reiz- und Betäubungsstoffe** dürfen nur gebraucht werden, wenn der Einsatz körperlicher Gewalt oder anderer Hilfsmittel keinen Erfolg verspricht und wenn durch den Einsatz dieser Stoffe die Anwendung von Waffen vermieden werden kann. Zu dem Gebrauch von Reiz- und Betäubungsstoffen gehört auch die Verwendung von Tränengas- und Nebelkörpern. Der Einsatz barrikadebrechender Reizstoffwurfkörper oder barrikadebrechender pyrotechnischer Mittel i.S.d. RdNr. 58.32 Satz 2 ist nur unter den Voraussetzungen des Gebrauchs von Schusswaffen gegen Personen zulässig."; Nr. 58.41 VVPolG NRW: „Die Aufzählung der zugelassenen **Waffen** ist abschließend.".

[137] Nr. 61.11 S. 2, 3 VVPolG NRW: „[zur **Androhungsform**:] Die Androhung kann grundsätzlich in jeder Form erfolgen; [zur **Androhungsbestimmtheit**:] sie muss unmissverständlich sein. [Unter Auslegungsvorbehalt des einzelnen Falls i.V.m. §§ 133, 157 BGB analog und Auslegungsvorbehalt der Sicherungshaltungen als solcher:] Die im Leitfaden 371 (Eigensicherung) empfohlenen **Sicherungshaltungen** reichen **allein** nicht aus."; Nr. 61.12 VVPolG NRW [zur – unter Umständen – tatsächlich-taktischen Variante von **Schusswaffengebrauchsandrohungen**]: „Der Schusswaffengebrauch wird in der Regel mündlich angedroht durch den vernehmlichen **Ruf: ‚Polizei!** Keine Bewegung [Grundverfügung] - oder ich schieße!' [UZw-SWG-Androhung in Verbindung mit Grundverfügung i.S.v. § 56 Abs. 2 PolG NRW] oder vor allem gegenüber Fliehenden: ‚Polizei! Halt! [Grundverfügung] - oder ich schieße!' [UZw-SWG-Androhung in Verbindung mit Grundverfügung i.S.v. § 56 Abs. 2 PolG NRW] oder eine ähnliche Aufforderung. [Zur Bestimmtheit:] Das Wort ‚Polizei' kann im Anruf unterbleiben, wenn ohne weiteres erkennbar ist, dass es sich um den Einsatz von Polizeivollzugsbeamtinnen oder Polizeivollzugsbeamten handelt. Wenn die Umstände es zulassen oder wenn Zweifel bestehen, ob die Person den Anruf verstanden hat, ist er zu wiederholen. Der Schusswaffengebrauch kann auch durch **Lautsprecher** angedroht werden."; Nr. 61.13 VVPolG NRW: „Ist eine mündliche Androhung des Schusswaffengebrauchs nicht möglich, weil z.B. die Entfernung zu groß ist oder weil aus sonstigen Gründen anzunehmen ist, dass der Anruf nicht verstanden wird oder verstanden worden ist, können ein oder mehrere Warnschüsse abgegeben werden. Warnschüsse sind so abzugeben, dass eine Gefährdung Dritter ausgeschlossen ist.". Siehe auch die Auslegungsrechtsnorm § 61 Abs. 1 S. 3 PolG NRW („Als Androhung des Schusswaffengebrauchs gilt auch die Abgabe eines **Warnschusses**") – mit Anwendbarkeit erst ab Sachverhaltsauslegung eines Warnschusses, also mit Unanwendbarkeit des § 61 Abs. 1 S. 3 PolG NRW etwa im Fall eines **Alarmschusses** (Schusswaffengebrauch zur Alarmierung von Polizeikräften oder sonstigen Personen) oder eines „**Signalschusses**" (Schusswaffengebrauch zur Signalisierung einer [eigenen] Position).

Rechtsfolge ist im „reinen Androhungsverfahren“ auf dem Rechtsgebiet der Strafrechtspflege: Androhung von polizeilichem (unmittelbarem) Zwang auf dem Rechtsgebiet der Strafrechtspflege, da auf dem Rechtsgebiet der Strafrechtspflege als polizeilicher Zwang nur unmittelbarer Zwang gesetzlich in Betracht kommt, § 57 Abs. 1 i.V.m. § 55 Abs. 1 Var. 1 PolG NRW, und zwar als Annexbefugnis zu den Grundbefugnisrechtsnormen.[138].

Zur **Zwangsmittelsubsumtion / Zwangsmittelabgrenzung**: Eine Maßnahme kann je nach Fall zu einem Androhungszwangsmittel subsumiert und ggf. gegen andere mögliche Zwangsmittel abgegrenzt werden insbesondere nach Auslegungsansätzen/Argumenten/Kriterien/Maßstäben wie auf der folgenden Abbildung:

[138] Allgemeine Meinung bezüglich polizeilichen **Zwangsbefugnissen auf dem Rechtsgebiet der Strafrechtspflege als Annexbefugnisse** zu den jeweiligen strafrechtspflegerischen Grundbefugnissen, in der StPO nur fragmentarisch bzw. unvollkommen zum Ausdruck findende Rechtspraxislage, vgl. zum Beispiel zu erkennungsdienstlichen Maßnahmen nach § 81b StPO: BGHSt 34, 39 = BGH, Urteil vom 09.04.1986 – 3 StR 551/85 –, aus den Gründen: „Die Vorschrift [§ 81b StPO, P. B.] gibt darüber hinaus die Befugnis, den Beschuldigten notfalls mit Zwang in einen solchen Zustand zu bringen, daß die bezeichneten Maßnahmen gegen seinen Willen durchgeführt werden können, z. B. mit Gewalt die Handschuhe auszuziehen sowie seinen Arm und seine Finger zu strecken, damit ein Handflächenabdruck genommen werden kann […] Es kann dahinstehen, ob eine längere Sprechprobe überhaupt als eine von § 81b StPO erfaßte Feststellung einer ‚dauerhaften Persönlichkeitsgegebenheit‘ angesehen werden kann. Jedenfalls darf sie nicht mit Zwang durchgesetzt werden (Kleinknecht-Meyer, StPO, 37. Aufl., § 81b Rdnr. 8). § 81b StPO verpflichtet den Beschuldigten nur, die dort genannten Identifizierungsmaßnahmen zu dulden, nicht aber, sie durch aktives Tun selbst herbeizuführen [Quellenangaben]). Auch den anderen strafprozessualen Eingriffsermächtigungen gegenüber dem Beschuldigten (z. B. §§ 81, 81a, 102, 133 ff., 163a III, 163b I StPO) liegt die Erwägung zugrunde, daß ein Beschuldigter lediglich gezwungen werden kann, den Augenschein an sich zu dulden. Seine Beweisfunktion als Augenscheinsobjekt darf gegen seinen Willen nur durchgesetzt werden, sofern er lediglich passiv Beteiligter bleibt (vgl. BVerfGE 56, 37 (42) = NJW 1981, 1431: ‚passive ... Duldungs- und Verhaltenspflichten‘; Rogall, Der Beschuldigte als Beweismittel gegen sich selbst, 1977, S. 37, 53, 158, 160, 196, 198; Roxin, StrafverfahrensR, 18. Aufl., S. 88). Es entspricht daher allgemeiner Meinung, daß der Beschuldigte nicht verpflichtet ist, zur eigenen Überführung tätig zu werden und an einer Untersuchungshandlung eines Strafverfolgungsorgans oder eines Sachverständigen aktiv mitzuwirken [Quellenangaben]). Auch der BGH hat stets die Freiheit des Beschuldigten betont, selbst darüber zu befinden, ob er an der Aufklärung des Sachverhalts aktiv mitwirken will oder nicht (z. B. BGHSt 5, 332 (334) = NJW 1954, 649; NStZ 1985, 545). In Übereinstimmung hiermit hält das BVerfG den Zwang, durch eigene Aussagen die Voraussetzungen für eine strafgerichtliche Verurteilung liefern zu müssen, für unzumutbar und mit der Würde des Menschen nicht vereinbar (BVerfGE 56, 37 (49) = NJW 1981, 1431) [vgl. § 55 Abs. 2 PolG NRW; siehe aber auch § 70 StPO, § 53 PolG NRW, P. B.). Der Beschuldigte darf also nicht zu Tests, Tatrekonstruktionen, Schriftproben oder zur Schaffung ähnlicher, für die Erstattung eines Gutachtens notwendiger Anknüpfungstatsachen gezwungen werden. Für die Abgabe einer wissenschaftlich auswertbaren Sprechprobe gilt nichts anderes. Das Verbot, sie vom Beschuldigten zu erzwingen, wäre wirkungslos, wenn es dadurch umgangen werden könnte, daß der Beschuldigte durch ausdrückliche oder konkludente Täuschung darüber, daß sein nichtöffentlich gesprochenes Wort auf Tonträger fixiert wird und einer Stimmvergleichung dienen soll, zum Sprechen veranlaßt werden dürfte (so zutreffend Leineweber in dem juristischen Leitfaden für die kriminalistische Praxis ‚Die erkennungsdienstliche Behandlung‘, 1979, S. 40). Die vom OLG in Anspruch genommene Befugnis kann also nicht aus der in § 81b StPO enthaltenen Ermächtigung zu ‚ähnlichen‘ Maßnahmen hergeleitet werden.“.

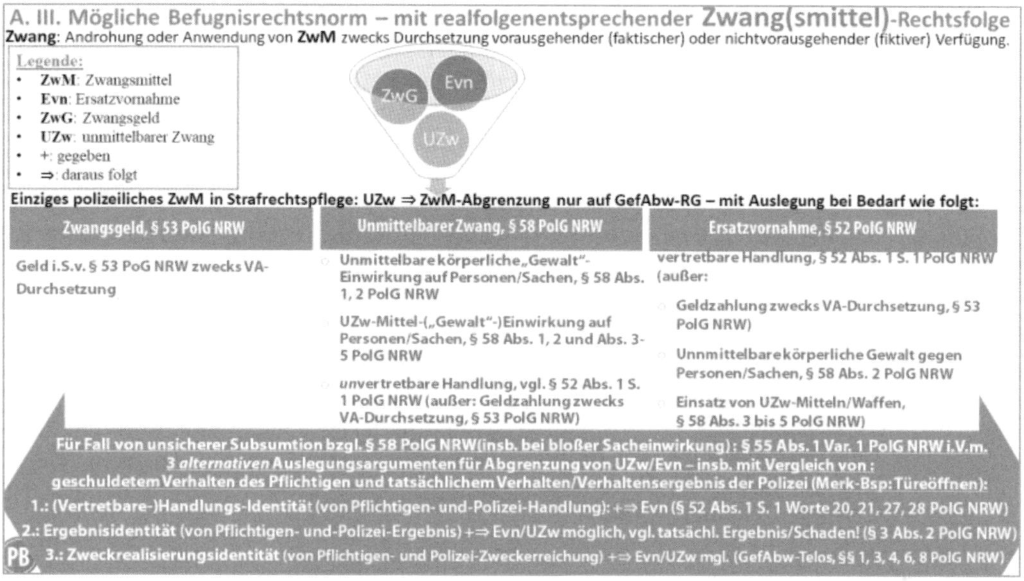

(ERG)

Mögliche Befugnisrechtsnorm für das „reine Androhungsverfahren" (mit Grundverfügung, Androhung, ohne Zwangsmittelanwendung) auf dem Rechtsgebiet der Gefahrenabwehr ist § 50 Abs. 1 PolG NRW[139].

---

[139] BVerwG, Beschluss vom 03.05.2019 – 6 B 149.18 (Durchsetzung einer versammlungsrechtlichen Verfügung auf der Grundlage des allgemeinen Polizeirechts), Leitsatz: „Fehlt es an speziellen Regelungen zur

Mögliche Befugnisrechtsnorm für das „reine Androhungsverfahren“ (mit Grundverfügung, Androhung, ohne Zwangsmittelanwendung) auf dem Rechtsgebiet der Strafrechtspflege ist derjenige Art./§ mit der jeweiligen Grundbefugnisrechtsnorm (Befugnisrechtsnorm für die durchzusetzende Grundmaßnahme) auf dem Rechtsgebiet der Strafrechtspflege.

(SUB)

Realfolgen und Rechtsfolgen zu:

Zwang (Verwaltungsvollstreckung der Polizei)

Realfolgen – Beispiele:

- Beißen/BodyCheck/Drücken/Fesseln/Geldverlangen/Grätschen/Hauen/Rempeln/Schieben/Schießen/Schlagen/Schubsen/Sprühen/Stoße n/Treten/Würgen/Zahlungsverlangen/Ziehen.
- Ernsthafte verbale Ankündigung, dass beauftragt/geschlagen/gefesselt/geschossen/(„Reizgas“/ „Pfefferspray“) gesprayt wird/gezahlt werden muss, wenn nicht bestimmtes befolgt/bestimmt gehandelt wird.

Rechtsfolgen:

Zwang ist Androhung oder Anwendung eines Zwangsmittels (§ 51 Abs. 1, 2 PolG NRW) zwecks Durchsetzung vorausgehender (faktischer) oder nichtvorausgehender (fiktiver) HDU-Verfügung (Handlungsverfügung oder Duldungsverfügung oder Unterlassungsverfügung).

(ERG)

Mögliche Befugnisrechtsnorm zu:

Zwang (Verwaltungsvollstreckung der Polizei)

Gefahrenabwehr:

- § 50 Abs. 1 PolG NRW:

Zwangsmittelanwendung im (ggf. – um die Androhung – gekürzten) gestreckten Verfahren

- § 50 Abs. 2 PolG NRW: Zwangsmittelanwendung im Sofortvollzug[140]
- § 50 Abs. 1 PolG NRW: Zwangsmittelandrohung.

Bei Vollzugshilfe: i.V.m. §§ 47-49 PolG NRW.

Strafrechtspflege (ggf. mit §§ 46, 53 Abs. 1 S. 2 OWiG)

§ (...) StPO/OWiG (Jeweilige Befugnisrechtsnorm für Grundmaßnahme – UZw-Androhung oder UZw-Anwendung als sog. „Annexbefugnis“ zur Grundmaßnahme).

Vollstreckung der auf versammlungsrechtlicher Grundlage erlassenen Verfügungen, steht die von Art. 8 Abs. 1 GG geschützte Versammlungsfreiheit dem Rückgriff auf die allgemeinen landesrechtlichen Regelungen nicht entgegen.“.

[140] **Sofortvollzug** (Zwangsmittelanwendung ohne vorausgehenden Verwaltungsakt) ist für die Polizei normiert im Bund (VwVG) und in allen Ländern außer Baden-Württemberg, Hamburg, Sachsen. „**Unmittelbare Ausführung**“ (anstelle eines Verantwortlichen) ist – i.d.R. bei den Inanspruchnahmeregelungen bei zugleich normierter Ersatzvornahme – für die Polizei normiert im Bund (§ 19 BPolG) und in folgenden Ländern: Baden-Württemberg, Bayern, Berlin, Hessen, Mecklenburg-Vorpommern, Hamburg, Sachsen, Sachsen-Anhalt, Rheinland-Pfalz, Thüringen. Sofortvollzug ohne unmittelbare Ausführung ist für die Polizei normiert in folgenden Ländern: Brandenburg, Bremen, Niedersachsen, Nordrhein-Westfalen, Saarland, Schleswig-Holstein. Unmittelbare Ausführung (anstelle eines Verantwortlichen) ist – i.d.R. bei den Inanspruchnahmeregelungen bei zugleich normierter Ersatzvornahme – ohne Sofortvollzug für die Polizei normiert in folgenden Ländern: Baden-Württemberg, Hamburg, Sachsen. Unterscheide auch die „sofortige Vollziehung“ im Sinne des § 80 Abs. 2 S. 1 Nr. 4 VwGO.

Androhung ist das Inaussichtstellen der Anwendung eines Zwangsmittels.

Zwangsmittel sind:

- Ersatzvornahme, § 52 PolG NRW
- Zwangsgeld, § 53 PolG NRW
- unmittelbarer Zwang, § 58 PolG NRW / StPO, vgl. § 57 PolG NRW.

Spezielle Unterarten des unmittelbaren Zwangs sind:

- § 62 PolG NRW: Fesselung
- §§ 63-66 PolG NRW (Schuss-)Waffengebrauch.

Schusswaffenzeigen-Befugnisrechtsnormrechtsfolge (vgl. Schusswaffenzeigensarten beim Fallbearbeitungspunkt Grundrechte) kann insbesondere sein:

- Zwang als Androhung eines Zwangsmittels, § 50 Abs. 1 PolG NRW, als solches auslegbar insbesondere bei Verhalten nach § 56 Abs. 2 PolG NRW;
- Maßnahme, die nicht besonders geregelt ist, § 8 Abs. 1 PolG NRW, als solches auslegbar insbesondere bei Fehlen von Verhalten nach § 56 Abs. 2 PolG NRW oder anderen Verfahrenshandlungen im Sinne von Androhung.

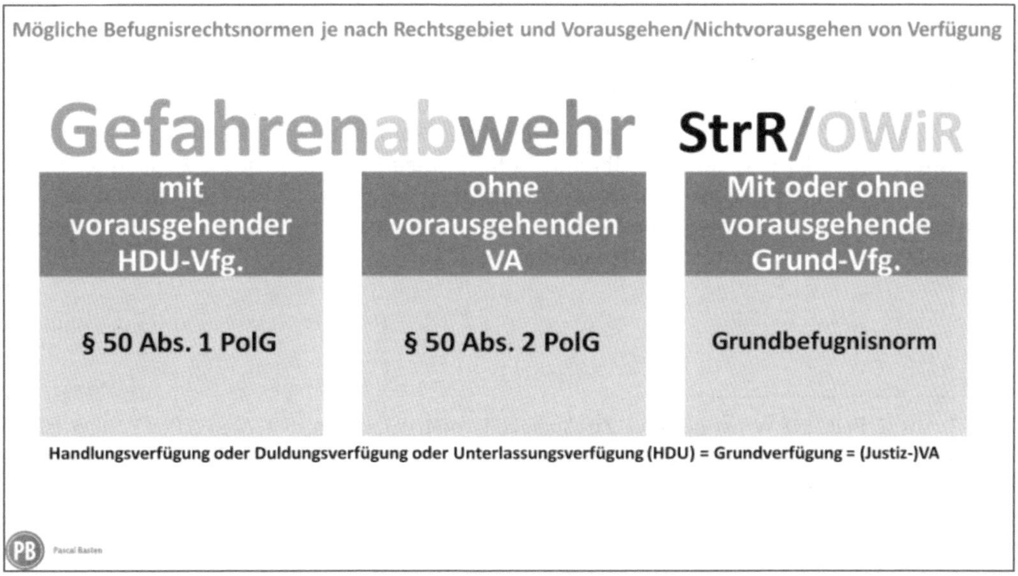

B. Formelle Rechtmäßigkeit (FR) I. Zuständigkeit (Z) – RG Gefahrenabwehr oder Strafrechtspflege (§ 57 Abs. 1 PolG NRW) / Zwangsmittel-Androhung

(VOR/DEF)

Zuständigkeit ist Aufgabenwahrnehmungserlaubnis des Rechtsfolgesetzers.

(SUB/ERG)

Für die Zwangsmittelandrohung ist die Zuständigkeit wie folgt gegeben:

1. sachliche Zuständigkeit *der Polizei* (alternativ)

- auf dem Rechtsgebiet der Gefahrenabwehr (alternativ):
    - § 1 Abs. 1 S. 1, 2 Var. 1 PolG NRW (originäre Zuständigkeit) (ggf. i.V.m. § 1 Abs. 2 PolG NRW[141] / ggf. i.V.m. § 1 Abs. 5 S. 2 PolG NRW[142]);
    - § 1 Abs. 1 S. 1, 3 PolG NRW (subsidiäre Zuständigkeit);
    - § 1 Abs. 3 PolG NRW (bei Vollzugshilfe i.S.d. §§ 47-49 PolG NRW);
- auf dem Rechtsgebiet der Strafrechtspflege (alternativ):
    - § 163 Abs. 1 S. 1 stopp;
    - § 53 OwiG;

2. instanzielle Zuständigkeit *der Polizeibehörde* gemäß § 56 Abs. 1 Hs. 1 VwVG NRW[143] (analog bei nichterlassenem VA bzw. bei Strafrecht oder Owi-Recht) (ggf. i.V.m. KPBVO NRW / LKAAufgVO NRW);

3. örtliche Zuständigkeit *der Polizeibehörde* gemäß § 56 Abs. 1 Hs. 1 VwVG NRW (analog bei nichterlassenem VA bzw. bei Strafrecht oder Owi-Recht) (ggf. i.V.m. KHSt-VO NRW);

4. funktionelle Zuständigkeit *des Polizeiamtswalters* gemäß

§ 50 PolG NRW, ggf. i.V.m. § 57 Abs. 1 PolG NRW („Zwang im *Polizei*gesetz NRW“) für Anordnung und Ausführung, ggf. i.V.m. spezielleren Zuständigkeitsvorschriften für die Anordnung wie § 37a S. 3 PolG NRW (die in der Gewahrsamseinrichtung Aufsicht führende Polizeivollzugsbeamtin oder der Aufsicht führende Polizeivollzugsbeamte), vgl. dazu auch § 37 Abs. 4 PolG NRW (Befugnisse zur Aufgabenunterstützung im Polizeigewahrsam für Polizeivollzugsbeamtinnen und Polizeivollzugsbeamten durch Bedienstete der Polizei, die nicht Polizeivollzugsbeamtinnen oder Polizeivollzugsbeamte).

---

[141] § 1 Abs. 2 PolG NRW hat negative Zuständigkeitsvoraussetzungen; § 1 Abs. 2 PolG NRW ist die sogenannte „**Privatrechtsklausel**“; zum **Privatrecht in der polizeilichen Praxis** ausführlich: *Basten*, Privatrecht in der polizeilichen Praxis.

[142] § 1 Abs. 5 S. 2 PolG NRW ist qua Gesetzessystematik eine Zuständigkeitsvorschrift mit negativen Befugnisvoraussetzungen.

[143] § 56 Abs. 1 Hs. 1 VwVG NRW normiert den **Selbstvollstreckungsgrundsatz**, analog bei nichterlassenem VA bzw. bei Strafrecht oder OWi-Recht, analog, da auch dann der Selbstvollstreckungsgedanke bleibt, dass im konkreten, faktischen Fall die für die (faktische oder fiktive) Grundverfügung grundsätzlich sach- und fachkundig zuständige Behörde auch für die Vollstreckung (Zwang) zuständig sein soll.

B. Formelle Rechtmäßigkeit (FR) II. Verfahren (V) – RG Gefahrenabwehr oder Strafrechtspflege (§ 57 Abs. 1 PolG NRW) / Zwangsmittel-Androhung

(VOR/DEF)

Verfahren ist normiertes Verhalten für den Rechtsfolgezuständigen außer, bei, i.Z.m. der Rechtsfolge.

Die nachfolgenden Rechtsnormen sind insbesondere wie folgt anwendbar:

- ggf. je nach genanntem Zwangsmittel und Zwangssituation alternativ;
- nach dem Rechtsgedanken des § 57 Abs. 1 PolG NRW auf dem Rechtsgebiet der Strafrechtspflege für alle polizeilichen Zwangsmaßnahmen weitestgehend und wenigstens analog, sodass zum Beispiel „Verwaltungsakt" auch als „Justizverwaltungsakt" zu lesen sein kann;
- bzgl. §§ 56, 61 PolG NRW und ggf. weiterer speziellerer Verfahrens- und Formrechtsnormen in einem systematischen Ergänzungsverhältnis i.V.m. der Rechtsnormspezialitätsregel[144], sodass zum Beispiel § 56 PolG NRW Rechtsnormen zu den spezielleren des § 61 PolG NRW oder zu weiteren spezielleren Rechtsnormen ergänzt, soweit § 61 PolG NRW oder weitere speziellere Rechtsnormen Verfahren oder Form nicht schon abschließend normieren.

B. II. 1. § 61 Abs. 3 PolG NRW: UZw-Androhungsrechtzeitigkeit ggü. Menschenmenge; UZw-SWG-Androhungswiederholung gegen Personen in Menschenmenge

(VOR)

a) § 61 Abs. 3 S. 1 PolG NRW: Androhungsrechtzeitigkeit vor UZw-Anwendung gegenüber Menschenmenge zwecks Unbeteiligtenentfernungsmöglichkeit

Gemäß § 61 Abs. 3 S. 1 PolG NRW ist gegenüber einer Menschenmenge die Anwendung unmittelbaren Zwanges möglichst so rechtzeitig anzudrohen, dass sich Unbeteiligte noch entfernen können.

Gemäß § 61 Abs. 3 S. 3 PolG NRW kann (gegenüber einer Menschenmenge) bei dem Gebrauch von technischen Sperren und dem Einsatz von Dienstpferden von der Androhung abgesehen werden.

(DEF)

Menschenmenge im Sinne des § 61 Abs. 3 S. 1 PolG NRW ist eine je nach Anzahl, Ort, Situation nach Empfängerhorizont fachkundiger Amtswalter in der konkreten Lage als

[144] Zur **Rechtsnormspezialitätsregel** siehe auch: *Basten*, Eingriffsrecht der Polizei in Nordrhein-Westfalen, Band 1, S. 39, 41, 161, 167.

Personenmehrheit mit einer Androhung adressierbare Personenvielzahl mit der Möglichkeit des Entfernens von Unbeteiligten.[145]

Unbeteiligte im Sinne des § 61 Abs. 3 S. 1 PolG NRW sind alle nicht nach §§ 4-6 PolG NRW durch den unmittelbaren Zwang eigentlich in Anspruch zu nehmenden.[146]

Androhungsrechtzeitigkeit im Sinne von § 61 Abs. 3 S. 1 PolG NRW ist die Zeit, die nach den tatsächlichen Umständen notwendig ist, dass sich Unbeteiligte zweckentsprechend aus der Menschenmenge entfernen können.[147]

„**Möglichst**“ im Sinne von § 61 Abs. 3 S. 1 PolG NRW meint in systematisch-kumulativer Verbindung mit § 61 Abs. 1 S. 2 PolG NRW und § 61 Abs. 3 S. 3 PolG NRW zusätzlich tatsächliche und rechtliche Möglichkeit der Rechtzeitigkeit, ohne dass die Geeignetheit der Androhung für den allgemeinen legitimen Zweck von Verpflichtungsbefolgung und Zwangsmittelanwendungsvermeidung erheblicher nachteilig beeinträchtigt würde als durch unmittelbaren Zwang ohne Androhungsrechtzeitigkeit.

Absehenkönnen im Sinne von § 61 Abs. 3 S. 3 PolG NRW bedeutet Ermessen – in systematisch-kumulativer Verbindung mit § 61 Abs. 1 S. 2, Abs. 2 PolG NRW wiederum unter Vorbehalt des tatsächlich und rechtlich Möglichen wie Gebotenen.

---

[145] Vgl. zum **Menschenmenge**-Begriff auch §§ 124, 125 StGB und dazu die Rechtsprechung wie aus BGH, Beschluss vom 05.09.2019 – BGH AK 40/19, Rn. 21: „Der Begriff der **Menschenmenge** im Sinne des § 125 StGB bezeichnet eine nicht notwendigerweise ungezählte, aber doch so große Personenmehrheit, dass die Zahl nicht sofort überschaubar ist. Der zur Menschenmenge gehörende Personenkreis muss so groß sein, dass es auf das Hinzukommen oder Weggehen Einzelner - und zwar aus Sicht eines Außenstehenden - nicht mehr ankommt. Wesentlich ist, dass die Personen einen räumlichen Zusam menhang herstellen, so dass bei Außenstehenden die Vorstellung einer Menschenmenge als räumlich verbundenes Ganzes entsteht (vgl. BGH, Urteil vom 29. August 1985 - 4 StR 397/85, BGHSt 33, 306, 308). Eine Ansammlung von 15 bis 20 Personen kann eine solche Menschenmenge sein (BGH, Urteil vom 29. August 1985 - 4 StR 397/85, aaO), wobei dies keine Festlegung einer Untergrenze bedeutet. Sogar eine Gruppe von zehn Personen kann ausreichen, wenn besondere Umstände - insbesondere eine auf die räumliche Enge zurückzuführende Unübersichtlichkeit am Tatort - es für den Außenstehenden unmöglich machen, die Größe der Menge und die von ihr ausgehende Gefahr zu erfassen (BGH, Urteil vom 31. Mai 1994 - 5 StR 154/94, BGHR StGB § 125 Menschenmenge 1; vgl. auch BGH, Beschluss vom 29. Mai 2002 - 5 StR 199/02, NStZ 2002, 538)“.

[146] Vgl. dazu Nr. 65.2 VVPolG NRW: „In der Androhung (vgl. RdNr. 61.3) soll darauf hingewiesen werden, dass nicht Unbeteiligter ist, wer sich nicht aus der Menschenmenge entfernt, obwohl ihm das möglich ist.“.

[147] Zu **Androhungszeiten** vgl. auch Nr. 61.14 VVPolG NRW: „Zwischen der Androhung der Zwangsmaßnahme und ihrer Anwendung soll eine den Umständen nach angemessene Zeitspanne liegen.“; Nr. 61.15 VVPolG NRW: „Personen, gegen die nach Begründung des amtlichen Gewahrsams unter den in § 64 Abs. 1 Nr. 4 genannten Voraussetzungen von der Schusswaffe Gebrauch gemacht werden darf, sollen zu Beginn des Gewahrsams darauf hingewiesen werden. Um einen Schusswaffengebrauch zu vermeiden, ist auf eine sorgfältige Sicherung dieser Personen zu achten. Das gilt vor allem bei Transporten. Die Belehrung ersetzt nicht die Androhung des Schusswaffengebrauchs im Einzelfall.“; Nr. 61.3 VVPolG NRW: „Zwischen der wiederholten Androhung des Schusswaffengebrauchs gegen Personen in einer Menschenmenge und dem Gebrauch der Schusswaffe soll so viel Zeit verstreichen, dass sich insbesondere Unbeteiligte aus der Menge entfernen können; vgl. auch RdNr. 65.2.“; Nr. 65.2 VVPolG NRW: „In der Androhung (vgl. RdNr. 61.3) soll darauf hingewiesen werden, dass nicht Unbeteiligter ist, wer sich nicht aus der Menschenmenge entfernt, obwohl ihm das möglich ist.“.

(SUB/ERG)

Im konkreten Fall sind die Verfahrensvoraussetzungen speziell bzgl. UZw-Androhung gegenüber einer Menschenmenge aus § 61 Abs. 3 S. 1 PolG NRW (alternativ)

- unanwendbar wegen Fehlens einer Menschenmenge.
- unanwendbar wegen Fehlens von Unbeteiligten.
- eingehalten mit rechtzeitiger Androhung.
- eingehalten durch nicht rechtzeitiger Androhung bei Unmöglichkeit.
- nicht eingehalten.

(VOR)

b) § 61 Abs. 3 S. 2 PolG NRW: Androhungswiederholung vor Schusswaffengebrauch gegen Personen in Menschenmenge

Gemäß § 61 Abs. 3 S. 2 Hs. 2 PolG NRW ist vor dem Gebrauch von Schusswaffen gegen Personen in einer Menschenmenge die Androhung zu wiederholen.

Gemäß § 61 Abs. 3 S. 3 PolG NRW kann (gegenüber einer Menschenmenge) bei dem Gebrauch von technischen Sperren und dem Einsatz von Dienstpferden von der Androhung abgesehen werden.

(DEF)

Menschenmenge im Sinne des § 61 Abs. 3 S. 2 PolG NRW ist eine je nach Anzahl, Ort, Situation nach Empfängerhorizont fachkundiger Amtswalter in der konkreten Lage als Personenmehrheit mit einer Androhung adressierbare Personenvielzahl mit der Möglichkeit des Entfernens von Unbeteiligten.[148]

Androhungswiederholung im Sinne von § 61 Abs. 3 S. 2 PolG NRW ist „stets" mindestens zweimalige Androhung vor Schusswaffengebrauch gegen Personen in einer Menschenmenge; **„stets"** im Sinne von § 61 Abs. 3 S. 2 PolG NRW bedeutet wörtlich „immer", allerdings in systematisch-kumulativer Verbindung mit § 61 Abs. 2 PolG NRW und § 61 Abs. 3 S. 3 PolG NRW wiederum unter dem Vorbehalt des tatsächlich und rechtlich Möglichen wie Gebotenen der Androhungswiederholung, sodass die Geeignetheit der Androhung für den allgemeinen

---

[148] Vgl. zum **Menschenmenge**-Begriff auch §§ 124, 125 StGB und dazu die Rechtsprechung wie aus BGH, Beschluss vom 05.09.2019 – BGH AK 40/19, Rn. 21: „Der Begriff der **Menschenmenge** im Sinne des § 125 StGB bezeichnet eine nicht notwendigerweise ungezählte, aber doch so große Personenmehrheit, dass die Zahl nicht sofort überschaubar ist. Der zur Menschenmenge gehörende Personenkreis muss so groß sein, dass es auf das Hinzukommen oder Weggehen Einzelner - und zwar aus Sicht eines Außenstehenden - nicht mehr ankommt. Wesentlich ist, dass die Personen einen räumlichen Zusam menhang herstellen, so dass bei Außenstehenden die Vorstellung einer Menschenmenge als räumlich verbundenes Ganzes entsteht (vgl. BGH, Urteil vom 29. August 1985 - 4 StR 397/85, BGHSt 33, 306, 308). Eine Ansammlung von 15 bis 20 Personen kann eine solche Menschenmenge sein (BGH, Urteil vom 29. August 1985 - 4 StR 397/85, aaO), wobei dies keine Festlegung einer Untergrenze bedeutet. Sogar eine Gruppe von zehn Personen kann ausreichen, wenn besondere Umstände - insbesondere eine auf die räumliche Enge zurückzuführende Unübersichtlichkeit am Tatort - es für den Außenstehenden unmöglich machen, die Größe der Menge und die von ihr ausgehende Gefahr zu erfassen (BGH, Urteil vom 31. Mai 1994 - 5 StR 154/94, BGHR StGB § 125 Menschenmenge 1; vgl. auch BGH, Beschluss vom 29. Mai 2002 - 5 StR 199/02, NStZ 2002, 538)".

legitimen Zweck von Verpflichtungsbefolgung und Zwangsmittelanwendungsvermeidung durch Schusswaffengebrauch mit Androhungswiederholung nicht erheblicher nachteilig beeinträchtigt sein darf als durch Schusswaffengebrauch ohne Androhungswiederholung.

(SUB/ERG)

Im konkreten Fall sind die Verfahrensvoraussetzungen speziell bzgl. UZw-SWG-Androhung gegenüber einer Person in einer Menschenmenge aus § 61 Abs. 3 S. 2 PolG NRW (alternativ)

- unanwendbar wegen Fehlens einer Person in einer Menschenmenge.
- eingehalten mit Androhung.
- eingehalten mit Nichtandrohung bei Unmöglichkeit.
- nicht eingehalten.

B. II. 2. § 56 Abs. 1 S. 2, Abs. 2-5 PolG NRW: Verfahrensrechtsnormen allgemein bzgl. Evn/ZwG/UZw-Zwangsmittel-Androhung im reinen Androhungsverfahren (ggf. alternativ je nach ausdrücklich genannter Zwangsmittel-Rechtsfolge)

(VOR)

a) § 56 Abs. 1 S. 2 PolG NRW: angemessene Fristbestimmung für Verpflichtungserfüllung

Gemäß § 56 Abs. 1 S. 2 Hs. 1 PolG NRW ist (als Pflicht) der betroffenen Person in der Androhung zur Erfüllung der Verpflichtung (aus der Grundverfügung) eine angemessene Frist zu bestimmen; anders als bei Handlungsverfügungen nach § 56 Abs. 1 S. 2 Hs. 1 PolG NRW braucht nach § 56 Abs. 1 S. 2 Hs. 2 PolG NRW eine angemessene Frist bei Duldungsverfügungen und bei Unterlassungsverfügungen nicht bestimmt zu werden.

(DEF)

Fristbestimmung im Sinne des § 56 Abs. 1 S. 2 PolG NRW ist Zeitangabe, wann (spätestens) die Verfügung befolgt sein soll.

Fristangemessenheit / angemessene Frist im Sinne des § 56 Abs. 1 S. 2 PolG NRW ist angemessenes Verhältnis zwischen frühestnötigem Zeitpunkt und spätestmöglichem Zeitpunkt des Grundrechtseingriffs durch Verfügungsbefolgung zur Förderung des legitimen Zwecks.

(SUB/ERG)

Im konkreten Fall ist § 56 Abs. 1 S. 2 PolG NRW (alternativ)

- eingehalten bei Handlungs- oder Duldungs- oder Unterlassungsverfügung und angemessener Fristbestimmung, auch durch fallabhängig angemessene Frist-Bestimmungen wie:
  - „in (x) Sekunden/Minuten/Stunden/Tagen/Wochen/Monaten“,
  - „augenblicklich“, „sofort“;
  - „**unverzüglich**“ (vgl. § 121 Abs. 1 S. 1 BGB), letzteres jedenfalls unter auszulegenden Umständen dann nicht mehr, wenn eigentlich mehr Zeitraum besteht zur

Verpflichtungserfüllung und mehr Zeit besteht für eine bestimmtere Zeitangabe innerhalb dieses Zeitraums[149].

- eingehalten bei Duldungsverfügungen und Unterlassungsverfügung auch ohne Fristbestimmung.
- eingehalten bei Nichtfristbestimmung aufgrund Unmöglichkeit oder nichtzulassender Umstände, vgl. in systematisch-teleologischer Auslegung § 56 Abs. 1 S. 1 W. 3, S. 3 Hs. 2 PolG NRW.
- nicht eingehalten bei Handlungsverfügung und nicht oder nicht angemessen erfolgender Fristbestimmung ohne Grund.

(VOR)

b) § 56 Abs. 2 S. 2 PolG NRW: Androhungs- und Verwaltungsaktverbindung

Gemäß § 56 Abs. 2 S. 1 PolG NRW kann die Androhung mit dem Verwaltungsakt verbunden werden, durch den die Handlung, Duldung oder Unterlassung aufgegeben wird.

Gemäß § 56 Abs. 2 S. 2 PolG NRW soll die Androhung mit dem Verwaltungsakt verbunden werden, wenn ein Rechtsmittel keine aufschiebende Wirkung hat.

(DEF)

Verbindung ist Erkennbarmachung einer Sinneinheit von Verwaltungsakt und Androhung für den Verfügungs- und Androhungsempfänger, im Sinne eines „Wenn nicht [Grundverfügung], dann [Androhung]“, in der Regel durch Bekanntgabe zugleich von Androhung und Verfügung.

„**Kann**“ im Sinne des § 56 Abs. 2 S. 1 PolG NRW bedeutet wie grundsätzlich allgemein und hier besonders im Gegensatz zu § 56 Abs. 2 S. 2 PolG NRW **freies Ermessen**, also nicht weiter gebundene Entscheidungsfreiheit im Rahmen der Freiheit von Ermessensfehlern wie Ermessensunterschreitung, Ermessensüberschreitung, Ermessensfehlgebrauch.

„**Soll**“ im Sinne des § 56 Abs. 2 S. 2 PolG NRW bedeudet für den dort normierten Fall nichtaufschiebender Wirkung **intendiertes Ermessen**, also Regelmäßigkeit und Vorgezeichnetheit einer Entscheidung, hier zur Androhungs- und Verfügungsverbindung, außer im Ausnahmefall oder in besonderen Einzelfällen, sodass bei nichtaufschiebender Rechtsmittelwirkung im Regelfall nur die Androhungs- und Verfügungsverbindung ermessensfehlerfrei ist.

Rechtsmittel im Sinne des § 56 Abs. 2 S. 2 PolG NRW sind auf dem Rechtsgebiet der Gefahrenabwehr insbesondere die Rechtsbehelfe **Widerspruch**, §§ 68-73 VwGO, und **Anfechtungsklage**, § 42 Abs. 1 Alt. 1 VwGO, vgl. dazu auch § 42 Abs. 1 Alt. 2 VwGO (**Verpflichtungsklage**), § 43 VwGO (**Feststellungsklage**), § 113 VwGO (**Fortsetzungsfeststellungsklage**), §§ 43 Abs. 2 S. 1 und 111 VwGO (**Leistungsklage**).

Aufschiebende Wirkung im Sinne des § 56 Abs. 2 S. 2 PolG NRW ist grundsätzlich (vgl. § 80 Abs. 2 VwGO, § 80b VwGO) gegeben bei Widerspruch oder Anfechtungsklage gemäß § 80 Abs. 1 VwGO; gemäß § 112 S. 1 JustizG NRW haben Rechtsbehelfe, die sich gegen Maßnahmen der Vollstreckungsbehörden und der Vollzugsbehörden (§§ 2 und 56 VwVG NRW) in der

---

[149] So die – nichtpolizeivollzugsdienstlichen – Fälle, in denen mit „unverzüglich“ Bestimmtheit fehlen „dürfte“ in: VGH Baden-Württemberg, Beschluss vom 13.01.1995 – 10 S 3057/94; OVG Thüringen, Beschluss vom 12.03.2008 – 3 EO 283/07.

Verwaltungsvollstreckung richten, keine aufschiebende Wirkung, dabei gilt gemäß § 112 S. 2 JustizG NRW § 80 Abs. 4, 5, 7 und 8 VwGO entsprechend.

Keine aufschiebende Wirkung / Nichtaufschiebende Wirkung ist im Sinne des § 56 Abs 2 S. 2 PolG NRW gegeben bei (alternativ)

- Verwirklichung einer **Vollziehbarkeitsrechtsnorm** wie § 80 Abs. 2 S. 1 Nr. 2 VwGO (Entfallen aufschiebender Wirkung von Widerspruch und Anfechtungsklage bei unaufschiebbaren Anordnungen und Maßnahmen von Polizeivollzugsbeamten[150]), § 80 Abs. 2 S. 1 Nr. 4 VwGO (Entfallen aufschiebender Wirkung von Widerspruch und Anfechtungsklage in den Fällen, in denen die sofortige Vollziehung im öffentlichen Interesse oder im überwiegenden Interesse eines Beteiligten von der Behörde, die den Verwaltungsakt erlassen oder über den Widerspruch zu entscheiden hat, besonders angeordnet wird);
- **VA-Unanfechtbarkeit (formelle VA-Bestandskraft**) nach §§ 70, 74, 75 VwGO oder Zeit von drei Monaten nach Ablauf der gesetzlichen Rechtsmittelbegründungsfrist bezüglich Anfechtungsklageabweisungsentscheidung, § 80b VwGO.

(SUB/ERG)

Im konkreten Fall ist § 56 Abs. 2 PolG NRW (alternativ)

- unabhängig von Ermessensart und aufschiebender Wirkung gemäß § 56 Abs. 2 S. 2 PolG NRW eingehalten durch einheitliche Bekanntgabe (uno actu) von zugleich Verfügung und Zwangsmittelandrohung.
- eingehalten bei Nichtverbindung von Verfügung und Zwangsmittelandrohung und dies ohne Ermessensfehler (Ermessensüberschreitung, Ermessensunterschreitung, Ermessensfehlgebrauch).
- eingehalten bei Nichtverbindung aufgrund Unmöglichkeit oder nichtzulassender Umstände, vgl. in systematisch-teleologischer Auslegung § 56 Abs. 1 S. 1 W. 3, S. 3 Hs. 2 PolG NRW.
- nicht eingehalten.

(VOR)

c) § 56 Abs. 3 S. 1 PolG NRW: Androhungsbezug auf bestimmte Zwangsmittel

Gemäß § 56 Abs. 3 S. 1 PolG NRW muss (als Pflicht) sich die Androhung auf bestimmte Zwangsmittel beziehen.

---

[150] OVG NRW, Beschluss des 8. Senats vom 02.10.2003 – 8 B 468/03 (Sperrpfosten), Rn. 6 f.: „Nach ständiger Rechtsprechung ist § 80 Abs. 2 Nr. 2 VwGO auf verkehrsregelnde Anordnungen entsprechend anwendbar, weil sich die von Verkehrszeichen und Verkehrseinrichtungen ausgehenden Gebote oder Verbote prinzipiell nicht von unaufschiebbaren Anordnungen oder Maßnahmen von Polizeivollzugsbeamten unterscheiden, an deren Stelle sie gleichsam treten. Vgl. BVerwG, Beschluss vom 26. Januar 1988 - 7 B 189/87 -, NJW 1988, 2814 [Parkuhr].“, Rn. 5: „Die Bekanntgabe der verkehrsregelnden Anordnung erfolgt durch Aufstellung des Sperrpfostens (§ 41 Abs. 3 VwVfG). Ein Sperrpfosten ist eine Verkehrseinrichtung (§ 43 Abs. 1 StVO), deren Regelungen den allgemeinen Verkehrsregeln vorgehen (§ 43 Abs. 2 StVO); ihr kann ein ähnlicher Regelungsgehalt wie Verkehrszeichen zukommen (§ 45 Abs. 2 S. 4, Abs. 4, 1. Hs. StVO). Die aufschiebende Wirkung des Widerspruchs des Antragstellers entfällt entsprechend § 80 Abs. 2 Nr. 2 VwGO.“.

(DEF)

Androhungsbezug auf bestimmte Zwangsmittel ist gegeben bei Erkennbarkeit nach §§ 133, 157 BGB analog mindestens eines in der Androhung nach § 37 Abs. 1 VwVfG NRW, Art. 20 Abs. 3 GG hinreichend bestimmten Zwangsmittels im Sinne von § 51 Abs. 1 Nr. 1/2/3 PolG NRW i.V.m. § 52 Abs. 1/§ 53 Abs. 1/§ 58 PolG NRW.

(SUB/ERG)

Im konkreten Fall ist § 56 Abs. 3 S. 1 PolG NRW (alternativ)

- eingehalten durch bestimmtes Beziehen auf mindestens ein Zwangsmittel.
- nicht eingehalten durch das Nichtbeziehen auf mindestens ein bestimmtes Zwangsmittel.
- eingehalten bei Nichtbeziehen aufgrund Unmöglichkeit oder nichtzulassender Umstände, vgl. in systematisch-teleologischer Auslegung § 56 Abs. 1 S. 1 W. 3, S. 3 Hs. 2 PolG NRW.[151]

---

[151] BGH, Urteil vom 14.07.1975 – III ZR 58/73: „Die Androhung soll den Betroffenen zwar darauf hinweisen, daß und welche Zwangsmaßnahmen gegen ihn angewendet werden sollen, wenn er die von ihm verlangte Handlung nicht binnen der ihm gesetzten Frist vornimmt. Bei der Androhung unmittelbaren Zwanges ist aber eine weitergehende Konkretisierung der geplanten Maßnahmen als es die Beklagte getan hat weder geboten noch tunlich und zum Teil sogar unmöglich. Die Art und Weise der Durchführung des unmittelbaren Zwanges muß vorbehalten bleiben, weil die Behörde sonst nicht mehr [...] jeweils das den Betroffenen und die Allgemeinheit am wenigsten beeinträchtigende Mittel wählen kann. Worin der unmittelbare Zwang besteht, muß sich nach den Verhältnissen des Einzelfalles bestimmen, insbesondere dem Verhalten des Schuldners und der sonstigen von der Zwangsmaßnahme betroffenen Personen. Es kann sogar unzweckmäßig sein, dem Schuldner die geplanten Maßnahmen in allen Einzelheiten vorher anzukündigen, weil er sich dann, wenn er ihnen nicht nachkommen oder gar Widerstand leisten will, auf sie einstellen und sie unterlaufen oder vereiteln kann. Hieraus folgt bereits, daß die Behörde auch nicht von vornherein übersehen kann, welche Maßnahmen im einzelnen bei der Anwendung des unmittelbaren Zwanges erforderlich werden. Es kann deshalb auch grundsätzlich nicht von ihr verlangt werden, Einzelheiten über die geplante Vollstreckungshandlung vorher mitzuteilen.“. OVG Münster, Beschluss vom 23.07.1992 – 4 B 898/92: „Der Senat ist nicht der Auffassung, daß bei der Anordnung unmittelbaren Zwanges die beabsichtigte Vollstreckungsmaßnahme so konkret angegeben werden muß, daß der Betroffene eine ungefähre Vorstellung davon hat, welche Maßnahmen die Behörde ergreifen wird. [...] Das Nordrhein-Westfälische Verwaltungsvollstreckungsgesetz verlangt bei der Anordnung nähere Angaben jedoch nicht. [...] Sie ist im Sinne des § 37 Abs. 1 VwVfG NRW hinreichend bestimmt, weil für den Adressaten unzweideutig erkennbar ist, daß er bei Nichtbefolgung des Verwaltungsakts mit der Anwendung unmittelbaren Zwanges, also mit der Einwirkung auf Personen oder Sachen durch körperliche Gewalt, ihre Hilfsmittel und durch Waffen (vgl. § 67 VwVG NRW) rechnen muß. Der Senat folgt insoweit der Auffassung des BGH [BGH, Urteil vom 14.07.1975 – III ZR 58/73], daß eine darüberhinausgehende Konkretisierung der geplanten Maßnahmen weder gesetzlich geboten noch tunlich und zum Teil sogar unmöglich ist.“; ESVGH 49, 237 = VGH Baden-Württemberg, Urteil des 13. Senats vom 05.03.1999 – 13 S 742/98: „Denn die Androhung unmittelbaren Zwangs ist, soweit gesetzlich nichts anderes vorgeschrieben ist, schon dann inhaltlich hinreichend bestimmt, wenn für den Adressaten - wie dies bei einer Androhung der Abschiebung der Fall ist - unzweideutig erkennbar ist, daß er bei Nichtbefolgung seiner Pflicht mit der Einwirkung auf Personen oder Sachen durch körperliche Gewalt, durch Hilfsmittel der körperlichen Gewalt oder durch Waffengebrauch (vgl. § 26 Abs. 1 Satz 1 LVwVG) rechnen muß, ohne daß bereits Einzelheiten der voraussichtlichen Zwangsmittelanwendung konkretisiert werden müssen (BGH, Urteil vom 14.07.1975, MDR 1975, 1006; OVG Nordrhein-Westfalen, Beschluss vom 23.07.1992, NVwZ-RR 1993, 139; Lemke, Verwaltungsvollstreckungsrecht des Bundes und der Länder, 1997, S. 321 m.w.Nachw.).“; ebenso bestätigend zitierend: VGH Bayern, Beschluss vom 06.03.2009 – 22 ZB 08.2104; OVG Sachsen-Anhalt, Beschluss vom 07.10.2010 – 1 L 2/10.

- nicht eingehalten durch nicht hinreichend bestimmtes Beziehen auf mindestens ein Zwangsmittel.

(VOR)

d) § 56 Abs. 3 S. 2 PolG NRW: Zwangsmittelreihenfolgeangabe

Gemäß § 56 Abs. 3 S. 2 PolG NRW, ist (als Pflicht), wenn mehrere Zwangsmittel angedroht werden, anzugeben, in welcher Reihenfolge sie angewandt werden sollen.

(DEF)

Zwangsmittelmehrheit bzw. **mehrere Zwangsmittel** i.S.d. § 56 Abs. 3 S. 2 PolG NRW

- ist bzw. sind in der Regel mehr als eines der in § 51 Abs. 1 PolG NRW enumerativ aufgeführten Zwangsmittel;
- können in teleologischer Auslegung (Extension) des § 56 Abs. 3 S. 2 PolG NRW über § 51 Abs. 1 PolG NRW hinaus auch sein: mehrere Zwangsmittelanwendungen innerhalb eines Zwangsmittels.

(SUB/ERG)

Im konkreten Fall ist § 56 Abs. 3 S. 2 PolG NRW (alternativ)

- unanwendbar bei Angabe von nur einem Zwangsmittel.
- eingehalten bei Androhung mehrerer Zwangsmittel und Angabe der Anwendungsreihenfolge i.Z.m. der Androhung.
- eingehalten bei Nichtangabe aufgrund Unmöglichkeit oder nichtzulassender Umstände, vgl. in systematisch-teleologischer Auslegung § 56 Abs. 1 S. 1 W. 3, S. 3 Hs. 2 PolG NRW;
- nicht eingehalten bei Androhung mehrerer Zwangsmittel und Nichtangabe der Anwendungsreihenfolge mehrerer angedrohter Zwangsmittel i.Z.m. der Androhung trotz Möglichkeit oder zulassenden Umständen.

(VOR)

e) § 56 Abs. 4 PolG NRW: Androhungs-Angabe voraussichtlicher Ersatzvornahmekosten).

Gemäß § 56 Abs. 4 PolG NRW sollen, wenn Ersatzvornahme angedroht wird, in der Androhung die voraussichtlichen Kosten angegeben werden (

(DEF)

Ersatzvornahme ist das Zwangsmittel im Sinne von § 51 Abs. 1 Nr. 1 PolG NRW, § 52 Abs. 1 PoG NRW.

„**Soll**" im Sinne des § 56 Abs. 2 S. 2 PolG NRW bedeudet für den dort normierten Fall nichtaufschiebender Wirkung **intendiertes Ermessen**, also Regelmäßigkeit und Vorgezeichnetheit einer Entscheidung, hier zur Androhungsangabe voraussichtlicher Kosten, außer im

Ausnahmefall oder in besonderen Einzelfällen, sodass im Regelfall der Ersatzvornahmeandrohung nur die Androhungsangabe voraussichtlicher Ersatzvornahmekosten ermessensfehlerfrei ist.

Kosten i.S.d. § 56 Abs. 4 PolG NRW sind Kosten i.S.d. § 52 PolG NRW i.V.m. § 77 VwVG NRW.

(SUB/ERG)

Im konkreten Fall ist § 56 Abs. 4 PolG NRW (alternativ)

- unanwendbar bei Nichtandrohung von Ersatzvornahme.
- eingehalten bei Androhungs-Angabe voraussichtlicher Ersatzvornahmekosten.
- Eingehalten bei Androhungs-Nichtangabe voraussichtlicher Ersatzvornahmekosten ohne Ermessensfehler (Ermessensüberschreitung, Ermessensunterschreitung, Ermessensfehlgebrauch).
- eingehalten bei Androhungs-Nichtangabe aufgrund Unmöglichkeit oder nichtzulassender Umstände (z.B. Nichtvoraussehbarkeit von Ersatzvornahmekosten), vgl. in systematisch-teleologischer Auslegung § 56 Abs. 1 S. 1 W. 3, S. 3 Hs. 2 PolG NRW.
- nicht eingehalten bei Androhungs-Nichtangabe voraussichtlicher Ersatzvornahmekosten ohne Grund dafür und mit mindestens einem Ermessensfehler (Ermessensüberschreitung, Ermessensunterschreitung, Ermessensfehlgebrauch).

(VOR)

f) § 56 Abs. 5 PolG NRW: Androhung von Zwangsgeld in bestimmter Höhe

Gemäß § 56 Abs. 5 PolG NRW ist (als Pflicht) das Zwangsgeld ist in bestimmter Höhe anzudrohen.[152]

(DEF)

Zwangsgeld ist das Zwangsmittel im Sinne von § 51 Abs. 1 Nr. 2 PolG NRW, § 53 Abs. 1 PolG NRW.

Bestimmte Höhe des Zwangsgeldes ist eine nach § 37 Abs. 1 VwVfG NRW, Art. 20 Abs. 3 GG hinreichend bestimmte, also erkennbare Höhe irgendeiner Geldbetragsart- und -höhe im Sinne des Zwangsmittels nach § 51 Abs. 1 Nr. 2 PolG NRW, § 53 Abs. 1 PolG NRW; die Geldbetragsart- und -höhe ist bei § 56 Abs. 5 PolG NRW egal, solange sie hinreichend bestimmt ist.

(SUB/ERG)

Im konkreten Fall ist § 56 Abs. 5 PolG NRW (alternativ)

- unanwendbar bei Fehlen von Zwangsgeld.
- eingehalten bei Androhung des Zwangsgeldes in bestimmter Höhe.
- eingehalten bei Androhung von Zwangsgeld nicht in bestimmter Höhe aufgrund Unmöglichkeit oder nichtzulassender Umstände, vgl. in systematisch-teleologischer Auslegung § 56 Abs. 1 S. 1 W. 3, S. 3 Hs. 2 PolG NRW.
- nicht eingehalten bei Androhung des Zwangsgeldes nicht in bestimmter Höhe ohne Grund.

---

[152] Nr. 56.5 VVPolG NRW: „Bei der Androhung des Zwangsgeldes ist darauf hinzuweisen, dass das Verwaltungsgericht auf Antrag der Polizei **Ersatzzwangshaft** [§ 54 PolG NRW] anordnen kann, wenn das Zwangsgeld uneinbringlich ist.“.

B. II. 3. §§ 28, 39 VwVfG NRW: allgemeine VwVfG-NRW-Verfahrensrechtsnormen bzgl. Zwangsmittel-Androhungs-VA auf dem Rechtsgebiet der Gefahrenabwehr (§§ 1, 2, 9, 35 VwVfG NRW)

(VOR/DEF)

a) § 28 VwVfG NRW: Anhörung

Gemäß § 28 Abs. 1 VwVfG NRW besteht Pflicht zur **Anhörung** im Sinne des § 28 Abs. 1 VwVfG NRW (Äußerungsgelegenheit mit entsprechender Würdigung vor eingreifendem VA) – oder es soll sein: ein Ausnahmegrund gemäß § 28 Abs. 2, 3 VwVfG NRW oder **VA-Verletzungsunbeachtlichkeit** gemäß § 45 VwVfG NRW oder **VA-Nichtaufhebbarkeit** gemäß § 46 VwVfG NRW.

Gemäß § 28 Abs. 2 VwVfG NRW kann von der Anhörung abgesehen werden, wenn sie nach den Umständen des Einzelfalles nicht geboten ist, insbesondere wenn ein Fall vorliegt gemäß § 28 Abs. 2 Nr. 1-5 VwVfG NRW.

Absehenkönnen im Sinne von § 28 Abs. 2 Hs. 1 VwVfG NRW bedeutet Ermessen – in systematisch-kumulativer Verbindung mit § 28 Abs. 2 Hs. 2 VwVfG NRW wiederum unter Vorbehalt des tatsächlich und rechtlich Möglichen wie Gebotenen.

Gebotenheit ist Nichtverfügbarkeit eines milderen, gleich geeigneten Mittels zur Zweckförderung.

Gemäß § 28 Abs. 2 Nr. 5 VwVfG NRW kann von der Anhörung abgesehen werden, wenn sie nach den Umständen des Einzelfalles nicht geboten ist, insbesondere wenn Maßnahmen in der Verwaltungsvollstreckung getroffen werden sollen.

Maßnahme in der Verwaltungsvollstreckung / Verwaltungsvollstreckungsmaßnahme ist sowohl Zwangsmittel-Androhung als auch Zwangsmittel-Anwendung, nicht schon eine Grundmaßnahme im ersten Maßnahmenabschnitt des Eingriffsrechts der Polizei und nicht mehr eine Maßnahme im dritten Maßnahmenbschnitt des Eingriffsrechts der Polizei, also nicht etwas wie Entschädigung, Ersatz, Erstattung, Gebühren, Kosten.[153]

Gemäß § 28 Abs. 2 Nr. 1 VwVfG NRW kann von der Anhörung abgesehen werden, wenn eine sofortige Entscheidung wegen Gefahr im Verzug oder im öffentlichen Interesse notwendig erscheint.

Gefahr im Verzug i.S.d. § 28 Abs. 2 Nr. 1 VwVfG NRW ist gegeben, wenn der Handlungsbedarf unvorhergesehen ist und bei Durchführung der eigentlich vorgesehenen Maßnahme, hier der Anhörung, der gesetzliche Zweck, hier der jeweilige aus der Aufgabe des § 1 Abs. 1 S. 1 PolG NRW und aus der Befugnisrechtsnorm des § 8 Abs. 1 PolG NRW, vereitelt oder wesentlich erschwert wird.[154]

---

[153] Zu den möglichen **Maßnahmenabschnitten** im Eingriffsrecht der Polizei siehe auch mit Abbildung: *Basten*, Eingriffsrecht der Polizei in Nordrhein-Westfalen, Band 1, S. 176.

[154] BVerwGE 142, 205 (Schutzmaßnahme nach IfSG) = BVerwG, Urteil vom 22.03.2012 – BVerwG 3 C 16.11: „Gefahr im Verzug im Sinne von § 28 Abs. 2 Nr. 1 VwVfG ist anzunehmen, wenn durch eine vorherige Anhörung auch bei Gewährung kürzester Anhörungsfristen ein Zeitverlust einträte, der mit hoher Wahrscheinlichkeit zur Folge hätte, dass die behördliche Maßnahme zu spät käme, um ihren Zweck noch zu erreichen. Ob eine sofortige Entscheidung objektiv notwendig war oder die Behörde eine sofortige Entscheidung zumindest für notwendig halten durfte, ist vom Gericht aus ex-ante-Sicht zu beurteilen (Urteil vom 15. Dezember 1983 - BVerwG 3 C 27.82 - BVerwGE 68, 267 <271 f.> = Buchholz 316 § 28 VwVfG Nr. 9 S. 18). Hierbei ist wegen der Bedeutung des Anhörungsrechts als tragendem Prinzip des

Öffentliches Interesse ist die einzelfallbezogene Relevanz eines Rechts oder Rechtsguts nicht ausschließlich bei einem einzelnen Individuum.

Notwendigkeit ist Nichtverfügbarkeit eines milderen, gleich geeigneten Mittels zur Zweckförderung – bis hin zur Alternativlosigkeit der Mittelanwendung.

Gemäß § 28 Abs. 3 VwVfG NRW unterbleibt eine Anhörung, wenn ihr ein zwingendes öffentliches Interesse entgegensteht.

Zwingendes öffentliches Interesse ist die einzelfallbezogene unbedingte Relevanz eines Rechts oder Rechtsguts nicht ausschließlich bei einem einzelnen Individuum.

(SUB/ERG)

Im konkreten Fall ist § 28 VwVfG NRW (alternativ)

- eingehalten insbesondere bei Gelegenheit zur Stellungnahme i.S.d. § 28 Abs. 1 VwVfG NRW.
- eingehalten bei Nichteinhaltung von § 28 Abs. 1 VwVfG NRW und Ausnahmegrund gemäß § 28 Abs. 2, 3 VwVfG NRW.
- nicht eingehalten insbesondere bei Fehlen von Gelegenheit zur Stellungnahme ohne Ausnahmegrund.
- sonst eingehalten oder nicht eingehalten bei Anhaltspunkten / Fehlen entgegenstehender Anhaltspunkte.

(VOR/DEF)

b) § 39 VwVfG NRW: Begründung

Gemäß § 39 Abs. 1 VwVfG NRW besteht Pflicht zur **Begründung** eines schriftlichen oder elektronischen sowie schriftlich oder elektronisch bestätigten VA (vgl. § 37 Abs. 2 VwVfG NRW) mit den tatsächlich-rechtlichen, nicht unbedingt materiellrechtlich richtigen Behördenerwägungen – oder es soll gegeben sein: ein Ausnahmegrund nach § 39 Abs. 2 VwVfG NRW (insb. § 39 Abs. 2 Nr. 2, 4 VwVfG NRW) oder **VA-Verletzungsunbeachtlichkeit** gemäß § 45 VwVfG NRW oder **VA-Nichtaufhebbarkeit** gemäß § 46 VwVfG NRW.

(SUB/ERG)

Im konkreten Fall ist § 39 VwVfG NRW (alternativ)

- eingehalten bei Fehlen von Begründungspflicht bei rechtmäßigem Fehlen von schriftlichem oder elektronischem, schriftlich oder elektronisch bestätigtem VA (i.d.R. jedenfalls zunächst bei Maßnahmen i.S.d. § 80 Abs. 2 S. 1 Nr. 2 VwGO).
- eingehalten bei Begründung bei schriftlichem oder elektronischem, schriftlich oder elektronisch bestätigtem VA (z.B. im Rahmen von „Bescheinigungen"; „Mitteilungen", „Anschreiben-VA" [„Auflagenanschreiben", „Gefährderanschreiben", „Meldeauflagenanschreiben"], „HG-Schriftverfügung"), auch bei Nichtvorliegen eines Ausnahmegrundes i.S.v. § 39 Abs. 2 VwVfG NRW.

---

rechtsstaatlichen Verfahrens ein strenger Maßstab anzulegen (vgl. Kopp/Ramsauer, VwVfG, 12. Aufl. 2011, § 28 Rn. 3 und Rn. 46 m.w.N.).".

- eingehalten bei Ausnahmegrund nach § 39 Abs. 2 VwVfG NRW, insbesondere wegen bekannter oder erkennbarer Sach- und Rechtslage gemäß § 39 Abs. 2 Nr. 2 Var. 1 oder 2 VwVfG NRW.
- sonst eingehalten oder nicht eingehalten bei Anhaltspunkten / Fehlen entgegenstehender Anhaltspunkte.

B. II. 3. §§ 33, 168b StPO: allgemeine StPO-Verfahrensrechtsnormen bzgl. Androhungs-Justiz-VA (§ 23 Abs. 1 S. 1 EGGVG) auf dem Rechtsgebiet der Strafrechtspflege

(VOR/DEF)

a) § 33 StPO analog: Anhörung

Gemäß § 33 StPO analog[155] (ggf. i.V.m. §§ 46, 53 Abs. 1 S. 2 OWiG) besteht Pflicht zur **Anhörung** bzw. **Gewährung rechtlichen Gehörs** vor einer Entscheidung, jedenfalls bevor zum Beteiligten-Nachteil Tatsachen oder Beweisergebnisse ohne Anhörung verwertet werden – oder es soll gegeben sein: ein Ausnahmegrund der Zweckgefährdung bzw. Gefahr im Verzug nach § 33 Abs. 4 StPO analog.

Gefahr im Verzug i.S.d. § 33 StPO ist gegeben, wenn der Handlungsbedarf unvorhergesehen ist und bei Durchführung der eigentlich vorgesehenen Maßnahme, hier der Anhörung, der gesetzliche Zweck, hier der jeweilige aus der Aufgabe des § 163 Abs. 1 S. 1 StPO (ggf. aus § 53 Abs. 1 S. 1 OWiG) und der Befugnisrechtsnorm des § 163 Abs. 1 S. 1 StPO, vereitelt oder wesentlich erschwert wird.

(SUB/ERG)

Im konkreten Fall ist § 33 StPO analog (alternativ)

- eingehalten insbesondere bei Gelegenheit zur Stellungnahme i.S.d. § 33 StPO analog;
- eingehalten bei Nichteinhaltung von § 33 Abs. 1, 3 StPO analog und Ausnahmegrund gemäß § 33 Abs. 4 StPO analog;
- nicht eingehalten insbesondere bei Fehlen von Gelegenheit zur Stellungnahme ohne Ausnahmegrund i.S.d. § 33 StPO analog;
- sonst eingehalten oder nicht eingehalten bei Anhaltspunkten / Fehlen entgegenstehender Anhaltspunkte.

---

[155] Für das tradierte „Menschenrecht" der Anhörung (vgl. auch Art. 20 Abs. 3 GG, Art. 103 Abs. 1 GG, Art. 41 EU-GR-Charta, Art. 6 EMRK) gibt es in der StPO bei polizeilichen Maßnahmen i.d.R. keine direkte für die Polizei anwendbare Rechtsnorm (systematische Regelungslücke), weshalb – bei gleichzusetzender Interessenlage und Lücke im einzelnen Fall – § 33 StPO mit seinen Rechtsgedanken als die noch für die Polizei bestmögliche Anhörungs-Rechtsgrundlage eben analog angewendet werden kann.

(VOR/DEF)

b) § 168b StPO: Protokollierung

Gemäß § 168b StPO (ggf. i.V.m. §§ 46, 53 Abs. 1 S. 2 OWiG) besteht Pflicht zur **Protokollierung** bzw. zum **Protokoll** über ermittlungsbehördliche Untersuchungshandlungen, wonach gemäß § 168b Abs. 1 StPO das Ergebnis der Untersuchungshandlungen der Ermittlungsbehörden aktenkundig zu machen ist.

(SUB/ERG)

Im konkreten Fall ist § 168b StPO (alternativ)

- eingehalten insbesondere bei Protokoll über (das Ergebnis über) behördliche Untersuchungshandlungen i.S.d. §168b StPO;
- eingehalten bei Nichteinhaltung von § 168b StPO mit Ausnahmegrund;
- nicht eingehalten insbesondere bei Fehlen von Protokoll über (das Ergebnis über) behördliche Untersuchungshandlungen ohne Ausnahmegrund;
- sonst eingehalten oder nicht eingehalten bei Anhaltspunkten / Fehlen entgegenstehender Anhaltspunkte.

(ERG Verfahren)

Ergebnis kann allgemein sein: Verfahrensrechtmäßigkeit oder Verfahrensrechtswidrigkeit der Maßnahme.

B. Formelle Rechtmäßigkeit (FR) III. Form (F) – RG Gefahrenabwehr oder Strafrechtspflege (§ 57 Abs. 1 PolG NRW) / Formrechtsnormen bzgl. Zwangsmittel-Androhung im reinen Androhungsverfahren

(VOR/DEF)

Form ist normiertes Wie der Rechtsfolgesetzung – schriftlich, elektronisch, mündlich oder in anderer Weise.

B. III. 1. § 56 Abs. 1 S. 1 PolG NRW: Möglichst Androhungsschriftlichkeit

(VOR)

Gemäß § 56 Abs. 1 PolG NRW sind (als Pflicht) Zwangsmittel möglichst schriftlich anzudrohen.

(DEF)

Zwangsmittel im Sinne des § 56 Abs. 1 PolG NRW sind alle Zwangsmittel im Sinne von § 51 Abs. 1 Nr. 1/2/3 PolG NRW i.V.m. § 52 Abs. 1/§ 53 Abs. 1/§ 58 PolG NRW.

Schriftlichkeit im Sinne des § 56 Abs. 1 S. 1 PolG NRW ist Schriftform im Sinne des § 126 BGB, gegebenenfalls ersetzbar im Sinne von § 3a Abs. 2 VwVfG NRW.

„**Möglichst**" im Sinne von § 56 Abs. 1 S. 1 PolG NRW meint tatsächliche und rechtliche Möglichkeit, ohne dass die Geeignetheit der Androhung für den legitimen Zweck von Verpflichtungsbefolgung und Zwangsmittelanwendungsvermeidung mit Schriftlichkeit erheblicher nachteilig beeinträchtigt würde als ohne Schriftlichkeit; dabei ist Schriftlichkeit-Unmöglichkeit im Sinne von § 56 Abs. 1 S. 1 PolG NRW in der Regel für Androhungen außerhalb einer Bürosituation anzunehmen bei nicht auszuschließender Möglichkeit von nachteiligen Beeinträchtigungen (Gefahr im Verzug, sonstige Störungen) durch Androhungsverschriftlichung, dies in historischer Auslegung bloßer Gesetzgebungs-Kopie des für die allgemeine Büro-Verwaltung geltenden § 63 VwVfG NRW und dessen Einfügung in den für den speziellen Polizeivollzugsdienst geltenden § 56 PolG NRW sowie in Auslegung der gewohnheitsrechtlichen Anschauung objektivierter Androhungsempfänger, §§ 133, 157 BGB analog, von polizeilichen Androhungen außerhalb des Büros.[156]

(SUB/ERG)

Im konkreten Fall ist (alternativ)

- schriftliche Androhung möglich und eingehalten (z.B. bei entsprechender Lage mit zulassenden Umständen, vgl. Maßnahmen in häuslicher Wohnung nach § 34a PolG NRW oder andere Maßnahmen in Büroräumen einschließlich büromäßig ausgestatteten Wachräumen auf Polizeistationen).
- schriftliche Androhung nicht möglich und § 56 Abs. 1 S. 1 PolG NRW dann auch bei nichtschriftlicher Androhung, auch in jeder anderen Form (elektronisch, mündlich, in anderer Weise) eingehalten.
- schriftliche Androhung möglich und § 56 Abs. 1 S. 1 PolG NRW bei Fehlen von Androhungsschriftlichkeit nicht eingehalten.

B. III. 2. § 56 Abs. 6 PolG NRW: Zustellung schriftlicher Androhung

(VOR)

Gemäß § 56 Abs. 6 S. 1 PolG NRW ist die Androhung zuzustellen; das gilt gemäß § 56 Abs. 6 S. 2 PolG NRW auch dann, wenn die Androhung mit dem zugrundeliegenden Verwaltungsakt verbunden ist und für ihn keine Zustellung vorgeschrieben ist.

(DEF)

Zustellung ist die Bekanntgabe eines schriftlichen oder elektronischen Dokuments in der im LZG NRW bestimmten Form, § 2 Abs. 1 LZG NRW.

---

[156] Nr. 56.1 VVPolG NRW: „Eine schriftliche Androhung ist z.B. dann nicht möglich, wenn durch die dadurch bewirkte Verzögerung der Anwendung des Zwangsmittels die Gefahr nicht rechtzeitig abgewehrt würde.".

§ 56 Abs. 1 S. 2 PolG NRW ist insoweit deklaratorisch[157], als dass durch sein Weglassen und damit durch alleinige ausdrückliche[158] Normierung[159] des § 56 Abs. 6 S. 1 PolG NRW als dann gältender[160] (Konjunktiv II)[161] § 56 Abs. 6 PolG NRW sich das gleiche Rechtsergebnis wie mit ausdrücklicher Normierung des § 56 Abs. 6 S. 2 PolG NRW, also nichts anderes mehr ergeben[162] hätte.

(SUB/ERG)

Im konkreten Fall ist (alternativ)

- Zustellungspflicht nicht gegeben wegen Nichtvorhandenseins eines schriftlichen oder elektronischen Dokuments i.S.v. § 2 LZG NRW beziehungsweise Nichtmöglichkeit der Zustellung i.S.d. §§ 2, 5 LZG NRW;
- ist Zustellungspflicht gegeben wegen Nichtvorhandenseins eines schriftlichen oder elektronischen Dokuments i.S.v. § 2 LZG NRW, vgl. § 2 Abs. 1 LZG NRW

und im konkreten Fall ist eine durch das LZG NRW vorgeschriebene Form (alternativ)

- eingehalten.
- nicht eingehalten.

Die Einhaltung beziehungsweise Nichteinhaltung von § 56 Abs. 6 PolG NRW i.V.m. LZG NRW richtet sich insbesondere nach § 5 LZG NRW.

Zustellungskonstellationen bei möglicher Schriftlichkeit der Zwangsmittelandrohung sind (alternativ) nach § 5 LZG NRW wie folgt:

Erste alternative Zustellungskonstellation ist die Annahme durch anwesende betroffene Person im Sinne von § 5 Abs. 1, Abs. 2 S. 1 LZG NRW i.V.m. § 177 ZPO, mit (kumulativ):

- Aushändigung an betroffene Person an jedem Ort;
- Unterschrift, § 125 BGB, des Empfangsbekenntnisses;
- Datumsvermerk durch Bediensteten.

Zweite alternative Zustellungskonstellation ist die Annahmeverweigerung durch anwesende betroffene Person im Sinne von § 5 Abs. 2 S. 1, 2 Nr. 2 LZG NRW i.V.m. § 179 ZPO, mit (kumulativ):

- Zurücklassen des Schriftstücks bei anwesender betroffener Person;
- Vermerk, wer die Annahme verweigert hat;
- Vermerk von Zeitpunkt und der Ort der verweigerten Annahme;

---

[157] Zu Deklaratorischem und Konstitutivem siehe: *Basten*, Eingriffsrecht der Polizei in Nordrhein-Westfalen, Band 1, S. 42.

[158] Zu Ausdrücklichem und Sichergebendem siehe: *Basten*, Eingriffsrecht der Polizei in Nordrhein-Westfalen, Band 1, S. 46, 152.

[159] Zu Rechtsnormierung von Rechtsinhalt in Rechtsform siehe: *Basten*, Eingriffsrecht der Polizei in Nordrhein-Westfalen, Band 1, S. 45, 152 f..

[160] Zu Geltung siehe: *Basten*, Eingriffsrecht der Polizei in Nordrhein-Westfalen, Band 1, S. 43.

[161] Zu Modi und Tempi siehe auch: *Basten*, Eingriffsrecht der Polizei in Nordrhein-Westfalen, Band 1, S. 144 f.

[162] Zu Ausdrücklichem und Sichergebendem siehe: *Basten*, Eingriffsrecht der Polizei in Nordrhein-Westfalen, Band 1, S. 46.

- Vermerk, dass das Dokument am Ort der Zustellung zurückgelassen oder an den Absender zurückgesandt wurde;

Dritte alternative Zustellungkonstellation ist Nichtanwesenheit der betroffenen Person im Sinne von § 5 Abs. 2 S. 1, 2 Nr. 3, S. 3 LZG NRW i.V.m. § 180 ZPO oder § 181 ZPO, mit (kumulativ):

- Niederlegung in Behörde (z.B. PI und KI), § 181 ZPO, für 3 Monate zur Abholung;
- Türzettel und/oder Briefkasten-Einwurf mit Mitteilung über Niederlegung;

Vermerk zum Nachweis der Zustellung über Grund der Ersatzzustellung sowie, wann und wo das Dokument in einen Briefkasten eingelegt oder sonst niedergelegt und in welcher Weise die Niederlegung schriftlich mitgeteilt wurde.

Nach § 5 Abs. 2 Nr. 1, 2 LZG NRW ist Ersatzzustellung unwirksam im Fall des § 178 Abs. 2 ZPO und ist Zurücklassung unzulässig im Fall des § 179 Abs. 1 S. 2 ZPO. Zum Briefkasten vgl. § 178 Abs. 2 ZPO und § 181 Abs. 1 S. 1 ZPO („Ist die Zustellung nach § 178 Abs. 1 Nr. 3 oder § 180 nicht ausführbar, [...]").

Gemäß § 5 Abs. 3 S. 1 LZG NRW darf zur Nachtzeit, an Sonntagen und allgemeinen Feiertagen nach § 5 Abs. 1, 2 LZG NRW im Inland nur mit Erlaubnis des Behördenleiters zugestellt werden, wobei gemäß § 5 Abs. 3 S. 2 LZG NRW die **Nachtzeit** die Stunden von einundzwanzig bis sechs Uhr umfasst und eine Zustellung, bei der diese Vorschriften nicht beachtet sind, wirksam (vgl. § 43 VwVfG NRW) ist, wenn die Annahme nicht verweigert ist (Annahmeverweigerung im Sinne der zweiten Zustellungskonstellation nach § 5 Abs. 2 S. 1, 2 Nr. 2 LZG NRW).

Zu weiteren **Zustellungsadressaten** siehe § 5 Abs. 4 LZG NRW.
Zur **Zustellungselektronik** siehe § 5 Abs. 5, 6 LZG NRW.
Zum **Zustellungsnachweis** siehe § 5 Abs. 7 LZG NRW.

C. Materielle Rechtmäßigkeit (MR) I. Tatbestand (Tb) / Tatbestandsvoraussetzungen (TBV) / Allgemeine Vollstreckungsvoraussetzungen – Rechtsgebiet Gefahrenabwehr / Zwangsmittel-Androhung im gestreckten Verfahren

(VOR/DEF)

Tatbestand ist das Gesamt der (materiell-rechtlichen) Rechtsfolge(setzungs)bedingungen. / **Tatbestandsvoraussetzungen** sind materiell-rechtliche Rechtsfolgesetzungsbedingungen.

C. I. 1. Allgemeine Zwangs-TBV, § 50 Abs. 1 PolG NRW: Verfügungs-VA-Vorliegen

(VOR)

Gemäß § 50 Abs. 1 Wort 1, 2, 8, 11, 13, 15 PolG NRW ist erste allgemeine Zwangstatbestandsvoraussetzung das Vorliegen eines Handlungs- oder Duldungs- oder Unterlassungs-VA (Vorliegen einer HDU-Verfügung).

(DEF)

VA-Vorliegen ist gegeben mit Existenz eines Handlungs- oder Duldungs- oder Unterlassungs-VA im Sinne von § 35 VwVfG NRW durch Bekanntgabe an irgendeine Person.[163]

VA auf Handeln, Dulden oder Unterlassen (Handlungs- oder Duldungs- oder Unterlassungs-VA) ist jede **Verfügung** (Gebot oder Verbot) bezüglich eines Handelns oder Duldens oder Unterlassens (HDU-Verfügung), also ein befehlender VA (Befehls-VA), kein bloßer Feststellungs-VA oder Rechtsgestaltungs-VA.[164]

(SUB/ERG)

Im konkreten Fall ist (alternativ)

- **Verfügungs-VA-Vorliegen** gegeben mit Existenz eines Handlungs- oder Duldungs- oder Unterlassungs-VA durch Bekanntgabe an irgendeine Person.
- **Verfügungs-VA-Nichtvorliegen** gegeben mit Nichtexistenz eines Handlungs- oder Duldungs- oder Unterlassungs-VA aufgrund Nichtbekanngabe an irgendeine Person.

C. I. 2. Allgemeine Zwangs-TBV, § 50 Abs. 1 PolG NRW: Verfügungs-VA-Wirksamkeit

(VOR)

Gemäß § 50 Abs. 1 Wort 4-6, 14, 15 PolG NRW ist zweite allgemeine Zwangstatbestandsvoraussetzung die Wirksamkeit des vorliegenden Handlungs- oder Duldungs- oder Unterlassungs-VA (Wirksamkeit der HDU-Verfügung).[165]

---

[163] Zur **VA-Bekanntgabe** und zum **VA-Zugang** siehe auch: *Basten*, Eingriffsrecht der Polizei in Nordrhein-Westfalen, Band 1, S. 237.

[164] Zu **Rechtsnormfunktionen** und entsprechenden Einzelakten siehe auch: *Basten*, Eingriffsrecht der Polizei in Nordrhein-Westfalen, Band 1, S. 35 f.

[165] Hauptsächliche Differenz zwischen „gestrecktem Vollzug/gestrecktem Zwangsverfahren" auf dem Rechtsgebiet der Gefahrenabwehr einerseits und andererseits „Sofortvollzug/Sofortzwangsverfahren" auf dem Rechtsgebiet der Gefahrenabwehr sowie „gestrecktem Vollzug/gestrecktem Zwangsverfahren" und „Sofortvollzug/Sofortzwangsverfahren" auf dem Rechtsgebiet der Strafrechtspflege: Auf dem Rechtsgebiet der Gefahrenabwehr ist im „gestreckten Vollzug/gestreckten Zwangsverfahren" grundsätzlich nicht die Rechtmäßigkeit, sondern nur die Wirksamkeit der Grundverfügung Rechtmäßigkeitsvoraussetzung für sie durchsetzende Zwangsmaßnahmen/Vollstreckungsakte; dagegen ist auf dem Rechtsgebiet der Gefahrenabwehr im „Sofortvollzug/Sofortzwangsverfahren" sowie auf dem Rechtsgebiet der Strafrechtspflege im „gestreckten Vollzug/gestreckten Zwangsverfahren" und im „Sofortvollzug/Sofortzwangsverfahren" die Rechtmäßigkeit der Grundverfügung grundsätzlich immer Rechtmäßigkeitsvoraussetuung für die Rechtmäßigkeit von die Grundverfügung durchsetzenden Zwangsmaßnahmen/Vollstreckungsakten.

Zur Relevanz von **VA-Rechtmäßigkeit** im „gestreckten Vollzug/gestreckten Zwangsverfahren" auf dem Rechtsgebiet der Gefahrenabwehr: VA-Rechtmäßigkeit ist im „gestreckten Vollzug/gestreckten Zwangsverfahren" auf dem Rechtsgebiet der Gefahrenabwehr – bis zur Bestimmtheitsgrenze/Evidenzgrenze/Willkürgrenze – keine weitere Voraussetzung für die Rechtmäßigkeit nachfolgender Zwangsmaßnahmen/Vollstreckungsakte (Androhung und Anwendung eines Zwangsmittels), vgl. §§ 42, 43, 68 ff., 80, 80a, 113, 123 VwGO; insoweit kann auf dem Rechtsgebiet der Gefahrenabwehr im „gestreckten

(DEF)

Verfügungs-VA-Wirksamkeit ist gegeben ab Bekanntgabe des Handlungs- oder Duldungs- oder Unterlassungs-VA gegenüber demjenigen, für den er bestimmt ist oder der von ihm betroffen wird, § 41 Abs. 1 S. 1 VwVfG NRW, § 43 Abs. 1 S. 1 VwVfG NRW, solange und soweit der VA nicht zurückgenommen, widerrufen, anderweitig aufgehoben, § 43 Abs. 2 i.V.m. §§ 48, 49, 50, 51 VwVfG NRW oder durch Zeitablauf oder auf andere Weise erledigt ist, § 43 Abs. 2 VwVfG NRW[166], und solange und soweit er nicht nichtig ist, § 43 Abs. 3 VWVfG NRW i.V.m. § 44 VwVfG NRW.

Vollzug/gestreckten Zwangsverfahren" die Rechtmäßigkeit „dahinstehen"/„kommt es nicht auf sie an". Vgl. dazu BVerfG, Beschluss vom 07.12.1998 – 1 BvR 831/89, Rn. 31 (Wasserwerfer); vgl. zur Grund-VA-Bestimmtheitsgrenze beim Zwang: BVerwG, Urteil vom 26.10.2017 – BVerwG 8 C 14.16 (Bestätigung von Internetverbot für 2 Glücksspielarten), Rn. 12: „Hinreichend bestimmt ist ein Verwaltungsakt dann, wenn der Adressat erkennen kann, was von ihm gefordert wird und wenn der Bescheid darüber hinaus geeignet ist, Grundlage für Maßnahmen zu seiner zwangsweisen Durchsetzung zu sein."; OVG NRW, Beschluss des 13. Senats vom 22.10.2019 – 13 B 600/19, Rn. 36 f. (Zurückerstattung von Zwangsgeld durch die Bundesnetzagentur): „Das Verwaltungsgericht hat jedoch unberücksichtigt gelassen, dass ein Mangel inhaltlicher Bestimmtheit eines im Wege der Verwaltungsvollstreckung durchzusetzenden Verwaltungsakts grundsätzlich in jeder Lage des Vollstreckungsverfahrens zu beachten ist, selbst wenn der Verwaltungsakt bereits bestandskräftig und dementsprechend nicht mehr auf seine Rechtmäßigkeit hin zu überprüfen ist. Denn die für Einleitung und Durchführung der Verwaltungsvollstreckung erforderliche konkrete Feststellung, dass der Pflichtige seine Verpflichtung aus dem Verwaltungsakt nicht erfüllt hat, ist nur bei einem inhaltlich hinreichend bestimmten Verwaltungsakt möglich. Ist ein Verwaltungsakt wegen inhaltlicher Unbestimmtheit nicht vollstreckungsfähig, schließt dieser Mangel Maßnahmen in der Verwaltungsvollstreckung auch bei Unanfechtbarkeit des Grundverwaltungsaktes aus, soweit die Unbestimmtheit reicht. Vgl. Nds. OVG, Beschluss vom 4. Juni 2019 – 8 ME 39/19 –, AuAS 2019, 171 = juris, Rn. 33 [Vollstreckungsuntauglichkeit einer nicht hinreichend bestimmten Passverfügung – mit vielen weiteren fallabhängigen Bestimmtheitsgradanforderungen auch „im rechtlichen und tatsächlichen Kontext"/„im Zusammenhang mit dem Umfang der Tatsachenkenntnis über den zu erreichenden Erfolg und die zur Verfügung stehenden Mittel" einschließlich Quellennachweisen für den konkreten Fall und viele andere Fälle, ebendort in Rn. 34-43, P. B.]; OVG Saarland, Urteil vom 20. Februar 2017 – 2 A 34/16 –, NVwZ-RR 2017, 514 = juris, Rn. 30; Hess. VGH, Urteil vom 29. November 2013 – 6 A 2210/12 –, juris, Rn. 27; VGH Baden-Württemberg, Urteil vom 10. Januar 2013 – 8 S 2919/11 –, NVwZ-RR 2013, 451 = juris, Rn. 22; OVG NRW, Beschluss vom 16. Januar 1998 – 10 B 3029/97 –, BRS 60 Nr. 171 = juris, Rn. 4."; vgl. aus den o.g. Quellen auch ESVGH 63, 163 = VGH Baden-Württemberg, Urteil vom 10.01.2013 – 8 S 2919/11, Ls. 2/Rn. 25: „Ist ein Verwaltungsakt wegen inhaltlicher Unbestimmtheit nicht vollstreckungsfähig, schließt dieser Mangel Maßnahmen in der Verwaltungsvollstreckung aus. Das gilt auch dann, wenn der Bestimmtheitsmangel ‚nur' zur Rechtswidrigkeit, nicht aber zur Unwirksamkeit des Verwaltungsakts infolge Nichtigkeit (§ 43 III LVwVfG i. V. mit § 44 I LVwVfG BadWürttVwVfG) führt.", Rn. 25: „Denn auch ein - bestandskräftiger oder sofort vollziehbarer - wirksamer, aber inhaltlich unbestimmter Verwaltungsakt ist nicht vollstreckungsfähig. Insoweit erfährt der tragende Grundsatz des Verwaltungsvollstreckungsrechts, dass es für die Beurteilung der Rechtmäßigkeit einer Vollstreckungsmaßnahme auf die Rechtmäßigkeit einer Grundverfügung nicht ankommt (BVerwG, Urteil vom 13.03.1984 - 4 C 31.81 - NJW 1984, 2591 <2592>; vgl. auch BVerfG, Kammerbeschluss des 1. Senats vom 07.12.1998 - 1 BvR 831/89 - NVwZ 1999, 290), eine Ausnahme. Die Unbestimmtheit der Grundverfügung ‚infiziert' eine zu ihrer Durchsetzung ergehende Vollstreckungsmaßnahme [Schrifttumquellenangabe].".

166 BVerwGE 139, 337 (Erledigung eines dem früheren Ausländer zuvor erteilten unbefristeten Aufenthaltstitel auf sonstige Weise mit dem Erwerb der deutschen Staatsangehörigkeit durch Einbürgerung) = BVerwG, Urteil vom 19.04.2011 – BVerwG 1 C 2.10: „§ 43 Abs. 2 VwVfG steht in innerem Zusammenhang mit der in § 35 Satz 1 VwVfG normierten Regelungsfunktion des Verwaltungsakts. Nach § 35 Satz 1 VwVfG ist Gegenstand des Verwaltungsakts eine nach außen gerichtete Regelung eines Einzelfalles. Indem das Gesetz normiert, dass der Verwaltungsakt auf eine Rechtswirkung „gerichtet" ist [vgl. auch §

(SUB/ERG)

Im konkreten Fall ist (alternativ)

- Verfügungs-VA-Wirksamkeit gegeben mit Bekanntgabe i.S.d. §§ 41 Abs. 1, 43 Abs. 1 VwVfG NRW und Nichtaufhebung, Nichterledigung, Nichtnichtigkeit i.S.v. § 43 Abs. 2, 3 VwVfG NRW.
- Verfügungs-VA-Unwirksamkeit gegeben mit Fehlen von Bekanntgabe i.S.d. §§ 41 Abs. 1, 43 Abs. 1 VwVfG NRW oder Aufhebung, Erledigung, Nichtigkeit i.S.v. § 43 Abs. 2, 3 VwVfG NRW.

C. I. 3. Allgemeine Zwangs-TBV, § 50 Abs. 1 PolG NRW: Verfügungs-VA-Vollstreckbarkeit

(VOR/DEF)

Gemäß § 50 Abs. 1, letzter Hs. PolG NRW ist dritte allgemeine Zwangstatbestandsvoraussetzung, dass der vorliegende, wirksame Verfügungs-VA unanfechtbar ist oder ein Rechtsmittel keine aufschiebende Wirkung hat (Vollstreckbarkeit der HDU-Verfügung).[167]

(DEF)

Verfügungs-VA-Unanfechtbarkeit ist **formelle VA-Bestandskraft**, die gegeben ist, wenn alle Rechtsbehelfe rechtlich völlig erschöpft sind, also wenn die VA-Rechtsbehelfsfristen ohne Rechtsbehelfseinlegung oder mit rechtlich erschöpfter, erfolgloser Rechtsbehelfseinlegung oder mit rechtlich erschöpfendem Rechtsmittelverzicht abgelaufen sind.

---

50 Abs. 1 Worte 14, 15 PolG NRW, P. B.], betont es die Finalität des Verwaltungshandelns in dieser Handlungsform (vgl. Urteil vom 20. Mai 1987 - BVerwG 7 C 83.84 - BVerwGE 77, 268 <271 ff.>). § 43 Abs. 2 VwVfG erfasst gewissermaßen spiegelbildlich die Fälle, in denen die dem Verwaltungsakt ursprünglich zukommende steuernde Funktion des Verwaltungshandelns nachträglich entfällt. Dies kann - wie die katalogartige Aufzählung des § 43 Abs. 2 VwVfG zeigt - in unterschiedlicher Weise geschehen. Das Gesetz unterscheidet hierbei zwischen einem eher formalisierten Handeln, das willentlich und zumeist einseitig auf die Aufgabe der steuernden Funktion des Verwaltungsakts gerichtet ist, und solchen Rechtslagen, in denen nicht eine einseitige Handlung, sondern die Sach- und Rechtslage selbst zur Beendigung der ehemaligen Rechtswirkung führt (vgl. Urteil vom 27. März 1998 - BVerwG 4 C 11.97 - Buchholz 316 § 43 VwVfG Nr. 10 S. 4). Als Beispiel nennt § 43 Abs. 2 VwVfG den Zeitablauf, ohne damit jedoch andere Fälle auszuschließen. § 43 Abs. 2 letzte Alternative VwVfG formuliert dies im Sinne eines Auffangtatbestandes als Erledigung ‚in anderer Weise'. Die **Erledigung eines Verwaltungsakts** tritt ein, wenn er nicht mehr geeignet ist, rechtliche Wirkungen zu erzeugen oder wenn die Steuerungsfunktion, die ihm ursprünglich innewohnte, nachträglich entfallen ist (vgl. Urteil vom 25. September 2008 - BVerwG 7 C 5.08 - Buchholz 345 § 6 VwVG Nr. 1 S. 2).".

[167] Zur Relevanz von **VA-Rechtmäßigkeit** im gestreckten Verfahren auf dem Rechtsgebiet der Gefahrenabwehr: BVerwG, Urteil vom 25.09.2008 – BVerwG 7 C 5.08, Rn. 12: „Nach dem Verwaltungsvollstreckungsrecht des Bundes (§ 6 Abs. 1 VwVG), und der Länder (vgl. hier §§ 2, 18 LVwVG) kann ein Verwaltungsakt, der auf die Vornahme einer Handlung gerichtet ist, mit Zwangsmitteln durchgesetzt werden, wenn er unanfechtbar geworden ist oder sein sofortiger Vollzug angeordnet bzw. dem Rechtsmittel keine aufschiebende Wirkung beigelegt ist. Dem entspricht, dass unabdingbare Grundlage einer rechtmäßigen Verwaltungsvollstreckung allein die Wirksamkeit, nicht aber die Rechtmäßigkeit der Grundverfügung ist (stRspr, BVerfG, Beschluss vom 7. Dezember 1998 - 1 BvR 831/89 - NVwZ 1999, 290 <292>; Urteil vom 13. April 1984 - BVerwG 4 C 31.81 - Buchholz 345 § 10 VwVG Nr. 4).".

Rechtsmittel im Sinne des § 50 Abs. 1, letzter Hs. Alt. 2 PolG NRW sind auf dem Rechtsgebiet der Gefahrenabwehr insbesondere die Rechtsbehelfe **Widerspruch**, §§ 68-73 VwGO, und **Anfechtungsklage**, § 42 Abs. 1 Alt. 1 VwGO, vgl. dazu auch § 42 Abs. 1 Alt. 2 VwGO (**Verpflichtungsklage**), § 43 VwGO (**Feststellungsklage**), § 113 VwGO (**Fortsetzungsfeststellungsklage**), §§ 43 Abs. 2 S. 1 und 111 VwGO (**Leistungsklage**).

Aufschiebende Wirkung im Sinne des § 50 Abs. 1, letzter Hs. Alt. 2 PolG NRW ist grundsätzlich (vgl. § 80 Abs. 2 VwGO, § 80b VwGO) gegeben bei Widerspruch oder Anfechtungsklage gemäß § 80 Abs. 1 VwGO; gemäß § 112 S. 1 JustizG NRW haben Rechtsbehelfe, die sich gegen Maßnahmen der Vollstreckungsbehörden und der Vollzugsbehörden (§§ 2 und 56 VwVG NRW) in der Verwaltungsvollstreckung richten, keine aufschiebende Wirkung, dabei gilt gemäß § 112 S. 2 JustizG NRW § 80 Abs. 4, 5, 7 und 8 VwGO entsprechend.

Keine aufschiebende Wirkung / Nichtaufschiebende Wirkung ist im Sinne des § 50 Abs 1, letzter Hs. Alt. 2 PolG NRW gegeben bei (alternativ)

- Verwirklichung einer **Vollziehbarkeitsrechtsnorm** wie (alternativ):
  - § 80 Abs. 2 S. 1 Nr. 2 VwGO (Entfallen aufschiebender Wirkung von Widerspruch und Anfechtungsklage bei unaufschiebbaren Anordnungen und Maßnahmen von Polizeivollzugsbeamten[168]);
  - § 80 Abs. 2 S. 1 Nr. 4 VwGO (Entfallen aufschiebender Wirkung von Widerspruch und Anfechtungsklage in den Fällen, in denen die sofortige Vollziehung im öffentlichen Interesse oder im überwiegenden Interesse eines Beteiligten von der Behörde, die den Verwaltungsakt erlassen oder über den Widerspruch zu entscheiden hat, besonders angeordnet wird).

  Gemäß – dem gerichtsseitig auf beiden Rechtsgebieten von Gefahrenabwehr und Strafrechtspflege angewendeten – § 80 Abs. 3 S. 1 VwGO (**schriftliche Begründung des Vollziehungsinteresses außer bei Gefahr im Verzug**) ist in den Fällen des § 80 Abs. 2 S. 1 Nr. 4 VwGO (besondere VA-Vollziehungsanordnung der VA-Erlassbehörde aufgrund öffentlichen oder überwiegenden Beteiligteninteresses) das **besondere Interesse**[169] an der

---

[168] OVG NRW, Beschluss des 8. Senats vom 02.10.2003 – 8 B 468/03 (Sperrpfosten), Rn. 6 f.: „Nach ständiger Rechtsprechung ist § 80 Abs. 2 Nr. 2 VwGO auf verkehrsregelnde Anordnungen entsprechend anwendbar, weil sich die von Verkehrszeichen und Verkehrseinrichtungen ausgehenden Gebote oder Verbote prinzipiell nicht von unaufschiebbaren Anordnungen oder Maßnahmen von Polizeivollzugsbeamten unterscheiden, an deren Stelle sie gleichsam treten. Vgl. BVerwG, Beschluss vom 26. Januar 1988 - 7 B 189/87 -, NJW 1988, 2814 [Parkuhr].“, Rn. 5: „Die Bekanntgabe der verkehrsregelnden Anordnung erfolgt durch Aufstellung des Sperrpfostens (§ 41 Abs. 3 VwVfG). Ein Sperrpfosten ist eine Verkehrseinrichtung (§ 43 Abs. 1 StVO), deren Regelungen den allgemeinen Verkehrsregeln vorgehen (§ 43 Abs. 2 StVO); ihr kann ein ähnlicher Regelungsgehalt wie Verkehrszeichen zukommen (§ 45 Abs. 2 S. 4, Abs. 4, 1. Hs. StVO). Die aufschiebende Wirkung des Widerspruchs des Antragstellers entfällt entsprechend § 80 Abs. 2 Nr. 2 VwGO.“.

[169] BVerfGK 11, 153 (Auswesiung gegen Art. 8 EMRK) = BVerfG, Beschluss der 2. Kammer des Zweiten Senats vom 10.05.2007 – 2 BvR 304/07 –, Rn. 29: „Die nach § 80 Abs. 1 VwGO für den Regelfall vorgeschriebene aufschiebende Wirkung von Widerspruch und Klage ist insoweit eine adäquate Ausprägung der verfassungsrechtlichen Rechtsschutzgarantie und ein fundamentaler Grundsatz des öffentlich-rechtlichen Prozesses. Andererseits gewährleistet Art. 19 Abs. 4 GG die aufschiebende Wirkung der Rechtsbehelfe im Verwaltungsprozess nicht schlechthin. Überwiegende öffentliche Belange können es rechtfertigen, den Rechtsschutzanspruch des Grundrechtsträgers einstweilen zurückzustellen, um unaufschiebbare Maßnahmen im Interesse des allgemeinen Wohls rechtzeitig in die Wege zu leiten. Für die Anordnung der sofortigen Vollziehbarkeit eines Verwaltungsaktes ist daher nach der ständigen Rechtsprechung des Bundesverfassungsgerichts ein **besonderes öffentliches Interesse** erforderlich, das über jenes Interesse hinausgeht, das den Verwaltungsakt selbst rechtfertigt. Der Rechtsschutzanspruch des Bürgers ist dabei umso

sofortigen Vollziehung des Verwaltungsakts **schriftlich** (vgl. § 126 BGB, § 3a Abs. 2 VwVfG NRW) zu **begründen**; gemäß § 80 Abs. 3 S. 2 VwGO bedarf es einer besonderen Begründung nicht, wenn die Behörde bei **Gefahr im Verzug**, insbesondere bei drohenden Nachteilen für Leben, Gesundheit oder Eigentum vorsorglich eine als solche bezeichnete Notstandsmaßnahme im öffentlichen Interesse trifft.

- o § 34c Abs. 8 S. 1 PolG NRW (Elektronische Aufenthaltsüberwachung);
- o § 58 Abs. 2 AufenthG (Abschiebung bei vollziehbarer Ausreisepflicht);
- o § 58a Abs. 1 S. 2 AufenthG (sofort vollziehbare Abschiebungsanordnung);

- **VA-Unanfechtbarkeit (formelle VA-Bestandskraft)** nach §§ 70, 74, 75 VwGO oder Zeit von drei Monaten nach Ablauf der gesetzlichen Rechtsmittelbegründungsfrist bezüglich Anfechtungsklageabweisungsentscheidung, § 80b VwGO.

---

stärker und darf umso weniger zurückstehen, je schwerwiegender die ihm auferlegte Belastung ist und je mehr die Maßnahme der Verwaltung Unabänderliches bewirkt (vgl. BVerfGE 35, 382 <401 f.>; 69, 220 <227 f.>; Beschluss der 3. Kammer des Zweiten Senats des Bundesverfassungsgerichts vom 25. Januar 1996 - 2 BvR 2718/95 -, AuAS 1996, S. 62 <63>).".

BVerfGK 14, 278 (Immissionsschutzrechtliche Genehmigung) = BVerfG, Beschluss der 3. Kammer des Ersten Senats vom 01.10.2008 – 1 BvR 2466/08 –, Rn. 18, 20, 21: „Handelt es sich - wie hier - um ein mehrpoliges Rechtsverhältnis, bei dem ein Verwaltungsakt mit Drittwirkung Gegenstand einer Anfechtungsklage ist (vgl. § 80 Abs. 1 Satz 2 VwGO), kann jedenfalls nicht davon ausgegangen werden, dass Art. 19 Abs. 4 GG den regelmäßigen Eintritt des Suspensiveffekts verlangt. Denn das Postulat vom **Suspensiveffekt** [aufschiebende Wirkung, P. B.] als Regelfall stößt bei der Anfechtung von Genehmigungsbescheiden durch Drittbetroffene schon wegen der dabei zu berücksichtigenden Rechtsposition des Genehmigungsempfängers an Grenzen. Dessen Rechtsposition ist grundsätzlich nicht weniger schützenswert als diejenige des Drittbetroffenen. [...] Zwar hat das Bundesverfasssungsgericht für das zweipolige Verwaltungsrechtsverhältnis bereits mehrfach entschieden, dass für die Anordnung der sofortigen Vollziehung eines Verwaltungsaktes nach § 80 Abs. 2 Satz 1 Nr. 4 1. Alt. VwGO ein **besonderes öffentliches Interesse** erforderlich ist, das über jenes Interesse hinausgeht, das den Verwaltungsakt selbst rechtfertigt. [...] Wird dagegen - wie hier - von einem Dritten die einem anderen erteilte und diesen begünstigende Genehmigung angegriffenen, bedarf es schon nach dem einfachen Recht (vgl. §§ 80a, 80 Abs. 2 Satz 1 Nr. 4 2. Alt. VwGO) und erst recht nicht wegen Art. 19 Abs. 4 GG der Prüfung eines besonderen öffentlichen Interesses an der sofortigen Vollziehung [Quelelnangabe]. Denn in dieser Situation stehen sich konkrete Rechtspositionen Privater gegenüber, die grundsätzlich gleichrangig sind.".

Zu möglichen Konstellationen im **Eingriffsrecht** als zugleich Erhaltungsrecht und Ermöglichungsrecht einschließlich zweipoligen Rechtsverhältnissen und mehrpoligen Rechtsverhältnissen (Multipolarität und Multifunktionalität) siehe: *Basten*, Eingriffsrecht der Polizei in Nordrhein-Westfalen, Band 1, S. 82-84.

VGH Baden-Württemberg, Beschluss vom 05.04.2016 – 1 S 275/16, Gründe, Rn. 3: „In der **Begründung einer Vollziehungsanordnung** hat die Behörde schlüssig, konkret und substantiiert darzulegen, aufgrund welcher Erwägungen sie gerade im vorliegenden Einzelfall ein besonderes öffentliches Interesse an der sofortigen Vollziehung als gegeben ansieht und das Interesse des Betroffenen am Bestehen der gesetzlich vorgesehenen aufschiebenden Wirkung ausnahmsweise zurückzutreten hat (vgl. BVerwG, Beschl. v. 18.09.2001 - 1 DB 26.01 -, juris). [...] Denn das für die Anordnung der sofortigen Vollziehung nach § 80 Abs. 2 Satz 1 Nr. 4 VwGO erforderliche **besondere Vollzugsinteresse** wird bereits durch die der Anordnung erkennungsdienstlicher Maßnahmen zugrundeliegende Prognose der Wiederholungsgefahr indiziert (vgl. BayVGH, Beschl. v. 23.11.2009 - 10 CS 09.1854 -, juris).".

Zur **Wiederholungsgefahr** bzw. **Erforderlichkeit/Notwendigkeit** von **erkennungsdienstlichen Maßnahmen** siehe insbesondere: *Basten*, Eingriffsrecht der Polizei in Nordrhein-Westfalen, Band 3, Buch 3, Abschnitte 5, 6, jeweils C. I. (Tatbestandsvoraussetzungen) und C. III. Nr. 4 (Verhältnismäßigkeit); zur Maßnahmen-**Vollstreckbarkeit** allgemein im Sinne der dritten allgemeinen Vollstreckungsvoraussetzung des Zwangs siehe: *Basten*, Eingriffsrecht der Polizei in Nordrhein-Westfalen, Band 3, Buch 3, Abschnitt 3, Unterabschnitte 1, 2, jeweils C. I. 3. (Vollstreckbarkeit).

(SUB/ERG)

Im konkreten Fall ist Verfügungs-VA-Vollstreckbarkeit (alternativ)

- gegeben mit Verfügungs-VA-Unanfechtbarkeit oder nichtaufschiebender Wirkung eines Rechtsmittels.
- nicht gegeben mit Verfügungs-VA-Unanfechtbarkeit oder aufschiebender Wirkung eines Rechtsmittels.[170]

C. Materielle Rechtmäßigkeit (MR) I. Tatbestand (Tb) / Tatbestandsvoraussetzungen (TBV) / Allgemeine Vollstreckungsvoraussetzungen – Rechtsgebiet Strafrechtspflege / Zwangsmittel-Androhung im „gestreckten Verfahren"

(VOR/DEF)

Tatbestand ist das Gesamt der (materiell-rechtlichen) Rechtsfolge(setzungs)bedingungen. / **Tatbestandsvoraussetzungen** sind materiell-rechtliche Rechtsfolgesetzungsbedingungen.

[170] Zur weiteren, nochmaligen Unterscheidung von **VA-Vorliegen**, **VA-Wirksamkeit**, **VA-Vollstreckbarkeit**: VA-Vorliegen (VA-Existenz) ist Dasein durch eine Bekanntgabe an irgendeine Person unabhängig von bestimmten, individuellen Wirksamkeiten oder Unwirksamkeiten. Äußere VA-Wirksamkeit (**materielle VA-Bestandskraft**) ist erste VA-Bindungswirkung einschließlich Rechtsbehelfs- und Rechtsbehelfsfristbeginn (**VA-Rechtsschutzfunktion**) gegenüber der bekanntgebenden Behörde sowie anderen Behörden und Gerichten und gegenüber demjenigen, an den der VA bekanntgegeben ist (**VA-Regelungsfunktion** mit **VA-Tatbestandswirkung**). Innere Wirksamkeit ist verbindliche Regelungsgeltungswirkung mit Befolgungspflicht desjenigen, an den der bekanntgegeben ist. Vollziehbarkeit und Vollstreckbarkeit sind gegeben, solange und soweit keine vollziehungsaufschiebende Wirkung und kein Vollstreckungshindernis vorliegt Vollstreckbarkeit (**VA-Titelfunktion**). Vollziehungshemmung bewirkt Unvollstreckbarkeit und ein darüberhinausgehendes VA-Verwirklichungsverbot einschließlich VA-Inhaltsfolgerungsverbot.VA-Vorliegen (VA-Existenz) ist Voraussetzung für äußere VA-Wirksamkeit, äußere VA-Wirksamkeit ist Voraussetzung für innere VA-Wirksamkeit; innere VA-Wirksamkeit ist Voraussetzung für VA-Vollziehbarkeit; VA-Vollziehbarkeit ist Voraussetzung für VA-Vorliegen (Existenz) und äußere Wirksamkeit können insbesondere über unterschiedliche Bekanntgabeempfänger auseinanderfallen. Äußere Wirksamkeit und innere Wirksamkeit können ausnahmsweise und insbesondere mit der Folge innerer Unwirksamkeit auseinanderfallen, zum Beispiel über Nebenbestimmungen wie Bedingung oder Befristung aus § 36 VwVfG NRW. Innere Wirksamkeit und Vollziehbarkeit sowie Vollstreckbarkeit können ausnahmsweise und insbesondere über Rechtsmittel mit aufschiebender Wirkung (Suspensiveffekt) wie aus § 80 Abs. 1 VwGO auseinanderfallen. Äußere und innere Wirksamkeit oder Unwirksamkeit (VA-Nichtigkeit) und Vollziehbarkeit sowie Vollstreckbarkeit können von VA-Rechtswidrigkeit (i.d.R. entsprechend der VA-Fehlerhaftigkeit) unabhängig sein, was sich schon aus §§ 43, 44 VwVfG NRW, § 80 Abs. 2 VwGO ergibt; Vollstreckung und Rechtmäßigkeit sind ausnahmsweise abhängig in § 50 Abs. 2 PolG NRW („innerhalb ihrer Befugnisse"). Zu „Rechtliche Existenz, Wirksamkeit und Rechtswidrigkeit des Verwaltungsaktes" auch: *Schemmer,* § 43 VwVfG, Rn. 5-18, in: *Bader/Ronellenfitsch (Hrsg.),* Beck'scher Online-Kommentar VwVfG.

C. I. 1. Allgemeine Zwangs-TBV: Verfügungs-Justiz-VA-Vorliegen

(VOR)

Gemäß allgemeiner Anschauung und Rechtsanalogie zu den ausdrücklichen Zwangsnormen, vgl. auch § 57 Abs. 1 PolG NRW, ist erste allgemeine Zwangstatbestandsvoraussetzung das Vorliegen eines Handlungs- oder Duldungs- oder Unterlassungs-Justiz-VA (Vorliegen einer HDU-Verfügung).

(DEF)

Justiz-VA-Vorliegen ist gegeben mit Existenz eines Handlungs- oder Duldungs- oder Unterlassungs-Justiz-VA im Sinne von § 23 Abs. 1 S. 1 EGGVG durch Bekanntgabe.[171]

Justiz-VA auf Handeln, Dulden oder Unterlassen (Handlungs- oder Duldungs- oder Unterlassungs-Justiz-VA) ist jede **Verfügung** (Gebot oder Verbot) bezüglich eines Handelns oder Duldens oder Unterlassens (HDU-Verfügung), also ein befehlender Justiz-VA (Befehls-Justiz-VA), kein bloßer Feststellungs-Justiz-VA oder Rechtsgestaltungs-Justiz-VA.[172]

(SUB/ERG)

Im konkreten Fall ist (alternativ)

- **Verfügungs-Justiz-VA-Vorliegen** gegeben mit Existenz eines Handlungs- oder Duldungs- oder Unterlassungs-VA durch wirksame Bekanntgabe an den Betroffenen.
- **Verfügungs-Justiz-VA-Nichtvorliegen** gegeben mit Nichtexistenz eines Handlungs- oder Duldungs- oder Unterlassungs-VA aufgrund Nichtbekanngabe an den Betroffenen.

C. I. 2. Allgemeine Zwangs-TBV: Verfügungs-Justiz-VA-Rechtmäßigkeit

(VOR)

Gemäß allgemeiner Anschauung und Rechtsanalogie zu den ausdrücklichen Zwangsnormen, vgl. auch § 57 Abs. 1 PolG NRW, ist zweite allgemeine Zwangstatbestandsvoraussetzung die Rechtmäßigkeit des vorliegenden Handlungs- oder Duldungs- oder Unterlassungs-Justiz-VA (Rechtmäßigkeit der HDU-Verfügung).[173]

---

[171] Zur (Justiz-)**VA-Bekanntgabe** und zum (Justiz-)**VA-Zugang** siehe auch: *Basten*, Eingriffsrecht der Polizei in Nordrhein-Westfalen, Band 1, S. 237.

[172] Zu **Rechtsnormfunktionen** und entsprechenden Einzelakten siehe auch: *Basten*, Eingriffsrecht der Polizei in Nordrhein-Westfalen, Band 1, S. 35 f.

[173] Hauptsächliche Differenz zwischen „gestrecktem Vollzug/gestrecktem Zwangsverfahren" auf dem Rechtsgebiet der Gefahrenabwehr einerseits und andererseits „Sofortvollzug/Sofortzwangsverfahren" auf dem Rechtsgebiet der Gefahrenabwehr sowie „gestrecktem Vollzug/gestrecktem Zwangsverfahren" und „Sofortvollzug/Sofortzwangsverfahren" auf dem Rechtsgebiet der Strafrechtspflege: Auf dem Rechtsgebiet der Gefahrenabwehr ist im „gestreckten Vollzug/gestreckten Zwangsverfahren" grundsätzlich nicht die Rechtmäßigkeit, sondern nur die Wirksamkeit der Grundverfügung Rechtmäßigkeitsvoraussetzung für

(DEF)

Verfügungs-Justiz-VA-Rechtmäßigkeit ist gegeben, wenn der bestimmte Justiz-VA zur maßgeblichen Zeit formell und materiell rechtsfehlerfrei aufgrund rechtmäßiger Rechtsgrundlage ist.

---

sie durchsetzende Zwangsmaßnahmen/Vollstreckungsakte; dagegen ist auf dem Rechtsgebiet der Gefahrenabwehr im „Sofortvollzug/Sofortzwangsverfahren" sowie auf dem Rechtsgebiet der Strafrechtspflege im „gestreckten Vollzug/gestreckten Zwangsverfahren" und im „Sofortvollzug/Sofortzwangsverfahren" die Rechtmäßigkeit der Grundverfügung grundsätzlich immer Rechtmäßigkeitsvoraussetuung für die Rechtmäßigkeit von die Grundverfügung durchsetzenden Zwangsmaßnahmen/Vollstreckungsakten.

Zur Relevanz von **VA-Rechtmäßigkeit** im „gestreckten Vollzug/gestreckten Zwangsverfahren" auf dem Rechtsgebiet der Gefahrenabwehr: VA-Rechtmäßigkeit ist im „gestreckten Vollzug/gestreckten Zwangsverfahren" auf dem Rechtsgebiet der Gefahrenabwehr – bis zur Bestimmtheitsgrenze/Evidenzgrenze/Willkürgrenze – keine weitere Voraussetzung für die Rechtmäßigkeit nachfolgender Zwangsmaßnahmen/Vollstreckungsakte (Androhung und Anwendung eines Zwangsmittels), vgl. §§ 42, 43, 68 ff., 80, 80a, 113, 123 VwGO; insoweit kann auf dem Rechtsgebiet der Gefahrenabwehr im „gestreckten Vollzug/gestreckten Zwangsverfahren" die Rechtmäßigkeit „dahinstehen"/„kommt es nicht auf sie an". Vgl. dazu BVerfG, Beschluss vom 07.12.1998 – 1 BvR 831/89, Rn. 31 (Wasserwerfer); vgl. zur Grund-VA-Bestimmtheitsgrenze beim Zwang: BVerwG, Urteil vom 26.10.2017 – BVerwG 8 C 14.16 (Bestätigung von Internetverbot für 2 Glücksspielarten), Rn. 12: „Hinreichend bestimmt ist ein Verwaltungsakt dann, wenn der Adressat erkennen kann, was von ihm gefordert wird und wenn der Bescheid darüber hinaus geeignet ist, Grundlage für Maßnahmen zu seiner zwangsweisen Durchsetzung zu sein."; OVG NRW, Beschluss des 13. Senats vom 22.10.2019 – 13 B 600/19, Rn. 36 f. (Zurückerstattung von Zwangsgeld durch die Bundesnetzagentur): „Das Verwaltungsgericht hat jedoch unberücksichtigt gelassen, dass ein Mangel inhaltlicher Bestimmtheit eines im Wege der Verwaltungsvollstreckung durchzusetzenden Verwaltungsakts grundsätzlich in jeder Lage des Vollstreckungsverfahrens zu beachten ist, selbst wenn der Verwaltungsakt bereits bestandskräftig und dementsprechend nicht mehr auf seine Rechtmäßigkeit hin zu überprüfen ist. Denn die für Einleitung und Durchführung der Verwaltungsvollstreckung erforderliche konkrete Feststellung, dass der Pflichtige seine Verpflichtung aus dem Verwaltungsakt nicht erfüllt hat, ist nur bei einem inhaltlich hinreichend bestimmten Verwaltungsakt möglich. Ist ein Verwaltungsakt wegen inhaltlicher Unbestimmtheit nicht vollstreckungsfähig, schließt dieser Mangel Maßnahmen in der Verwaltungsvollstreckung auch bei Unanfechtbarkeit des Grundverwaltungsaktes aus, soweit die Unbestimmtheit reicht. Vgl. Nds. OVG, Beschluss vom 4. Juni 2019 – 8 ME 39/19 –, AuAS 2019, 171 = juris, Rn. 33 [Vollstreckungsuntauglichkeit einer nicht hinreichend bestimmten Passverfügung – mit vielen weiteren fallabhängigen Bestimmtheitsgradanforderungen auch „im rechtlichen und tatsächlichen Kontext"/„im Zusammenhang mit dem Umfang der Tatsachenkenntnis über den zu erreichenden Erfolg und die zur Verfügung stehenden Mittel" einschließlich Quellennachweisen für den konkreten Fall und viele andere Fälle, ebendort in Rn. 34-43, P. B.]; OVG Saarland, Urteil vom 20. Februar 2017 – 2 A 34/16 –, NVwZ-RR 2017, 514 = juris, Rn. 30; Hess. VGH, Urteil vom 29. November 2013 – 6 A 2210/12 –, juris, Rn. 27; VGH Baden-Württemberg, Urteil vom 10. Januar 2013 – 8 S 2919/11 –, NVwZ-RR 2013, 451 = juris, Rn. 22; OVG NRW, Beschluss vom 16. Januar 1998 – 10 B 3029/97 –, BRS 60 Nr. 171 = juris, Rn. 4."; vgl. aus den o.g. Quellen auch ESVGH 63, 163 = VGH Baden-Württemberg, Urteil vom 10.01.2013 – 8 S 2919/11, Ls. 2/Rn. 25: „Ist ein Verwaltungsakt wegen inhaltlicher Unbestimmtheit nicht vollstreckungsfähig, schließt dieser Mangel Maßnahmen in der Verwaltungsvollstreckung aus. Das gilt auch dann, wenn der Bestimmtheitsmangel ‚nur' zur Rechtswidrigkeit, nicht aber zur Unwirksamkeit des Verwaltungsakts infolge Nichtigkeit (§ 43 III LVwVfG i. V. mit § 44 I LVwVfG BadWürttVwVfG) führt.", Rn. 25: „Denn auch ein - bestandskräftiger oder sofort vollziehbarer - wirksamer, aber inhaltlich unbestimmter Verwaltungsakt ist nicht vollstreckungsfähig. Insoweit erfährt der tragende Grundsatz des Verwaltungsvollstreckungsrechts, dass es für die Beurteilung der Rechtmäßigkeit einer Vollstreckungsmaßnahme auf die Rechtmäßigkeit einer Grundverfügung nicht ankommt (BVerwG, Urteil vom 13.03.1984 - 4 C 31.81 - NJW 1984, 2591 <2592>; vgl. auch BVerfG, Kammerbeschluss des 1. Senats vom 07.12.1998 - 1 BvR 831/89 - NVwZ 1999, 290), eine Ausnahme. Die Unbestimmtheit der Grundverfügung ‚infiziert' eine zu ihrer Durchsetzung ergehende Vollstreckungsmaßnahme [Schrifttumquellenangabe]."

(SUB/ERG)

Im konkreten Fall ist (alternativ)

- Verfügungs-Justiz-VA-Rechtmäßigkeit gegeben.
- Verfügungs-Justiz-VA-Rechtswidrigkeit gegeben.

C. I. 3. Allgemeine Zwangs-TBV: Verfügungs-Justiz-VA-Vollstreckbarkeit

(VOR/DEF)

Gemäß allgemeiner Anschauung und Rechtsanalogie zu den ausdrücklichen Zwangsnormen, vgl. auch § 57 Abs. 1 PolG NRW, ist dritte allgemeine Zwangstatbestandsvoraussetzung, dass der vorliegende, rechtmäßige Verfügungs-Justiz-VA unanfechtbar ist oder ein Rechtsbehelf keine aufschiebende Wirkung hat (Vollstreckbarkeit der HDU-Verfügung).

(DEF)

Justiz-VA-Unanfechtbarkeit ist **formelle Justiz-VA-Bestandskraft**, die gegeben ist, wenn alle Rechtsbehelfe rechtlich völlig erschöpft sind, also wenn die Justiz-VA-Rechtsbehelfsfristen ohne Rechtsbehelfseinlegung oder mit rechtlich erschöpfter, erfolgloser Rechtsbehelfseinlegung oder mit rechtlich erschöpfendem Rechtsmittelverzicht abgelaufen sind.

Rechtsbehelfe sind auf dem Rechtsgebiet der Strafrechtspflege bezüglich ermittlungsbehördlicher Maßnahmen insbesondere die **Beantragung richterlicher Entscheidung** nach § 98 Abs. 2 S. 2 StPO analog oder die **Beschwerde** nach § 304 StPO[174], vgl. auch § 79 OWiG.

Keine aufschiebende Wirkung / Nichtaufschiebende Wirkung ist auf dem Rechtsgebiet der Strafrechtspflege bei ermittlungsbehördlichen Maßnahmen grundsätzlich gegeben, und darüberhinaus auch bei (alternativ)

- Verwirklichung einer **Vollziehbarkeitsrechtsnorm** wie
  - § 81c Abs. 3 S. 4 StPO (Unanfechtbarkeit des die Untersuchungs-Maßnahmen anordnenden Beschlusses);
  - § 80 Abs. 2 S. 1 Nr. 2 VwGO analog (Entfallen aufschiebender Wirkung von Widerspruch und Anfechtungsklage bei unaufschiebbaren Anordnungen und Maßnahmen von Polizeivollzugsbeamten[175]);

---

[174] Zu den beiden Rechtsbehelfen nach § 98 Abs. 2 S. 2 StPO analog und § 304 StPO: BGHSt 44, 265 (Überprüfung der Art und Weise des Vollzugs einer nach § 105 Abs. 1 Satz 1 StPO nichtrichterlich angeordneten abgeschlossenen Durchsuchung nach § 98 Abs. 2 S. 2 StPO analog) = BGH, Beschluss vom 07.12.1998 – 5 AR (VS) 2/98, dies ist unbeanstandet i.V.m. Art. 19 Abs. 4 GG zitiert etwa in: BVerfGK 7, 87 (Gerichtliche Feststellung der Rechtswidrigkeit einer Ingewahrsamnahme beim Castor-Transport) = BVerfG, Beschluss der 2. Kammer des Zweiten Senats vom 13.12.2005 – 2 BvR 447/05 –, Rn. 63.

[175] OVG NRW, Beschluss des 8. Senats vom 02.10.2003 – 8 B 468/03 (Sperrpfosten), Rn. 6 f.: „Nach ständiger Rechtsprechung ist § 80 Abs. 2 Nr. 2 VwGO auf verkehrsregelnde Anordnungen entsprechend anwendbar, weil sich die von Verkehrszeichen und Verkehrseinrichtungen ausgehenden Gebote oder Verbote prinzipiell nicht von unaufschiebbaren Anordnungen oder Maßnahmen von Polizeivollzugsbeamten unterscheiden, an deren Stelle sie gleichsam treten. Vgl. BVerwG, Beschluss vom 26. Januar 1988 - 7 B 189/87 -, NJW 1988, 2814 [Parkuhr].“, Rn. 5: „Die Bekanntgabe der verkehrsregelnden Anordnung erfolgt durch Aufstellung des Sperrpfostens (§ 41 Abs. 3 VwVfG). Ein Sperrpfosten ist eine Verkehrseinrichtung

- o § 80 Abs. 2 S. 1 Nr. 4 VwGO analog (Entfallen aufschiebender Wirkung von Widerspruch und Anfechtungsklage in den Fällen, in denen die sofortige Vollziehung im öffentlichen Interesse oder im überwiegenden Interesse eines Beteiligten von der Behörde, die den Verwaltungsakt erlassen oder über den Widerspruch zu entscheiden hat, besonders angeordnet wird).

Gemäß – dem gerichtsseitig auf beiden Rechtsgebieten von Gefahrenabwehr und Strafrechtspflege angewendeten – § 80 Abs. 3 S. 1 VwGO (**schriftliche Begründung des Vollziehungsinteresses außer bei Gefahr im Verzug**) ist in den Fällen des § 80 Abs. 2 S. 1 Nr. 4 VwGO (besondere VA-Vollziehungsanordnung der VA-Erlassbehörde aufgrund öffentlichen oder überwiegenden Beteiligteninteresses) das **besondere Interesse**[176] an der

---

(§ 43 Abs. 1 StVO), deren Regelungen den allgemeinen Verkehrsregeln vorgehen (§ 43 Abs. 2 StVO); ihr kann ein ähnlicher Regelungsgehalt wie Verkehrszeichen zukommen (§ 45 Abs. 2 S. 4, Abs. 4, 1. Hs. StVO). Die aufschiebende Wirkung des Widerspruchs des Antragstellers entfällt entsprechend § 80 Abs. 2 Nr. 2 VwGO.“.

[176] BVerfGK 11, 153 (Auswesiung gegen Art. 8 EMRK) = BVerfG, Beschluss der 2. Kammer des Zweiten Senats vom 10.05.2007 – 2 BvR 304/07 –, Rn. 29: „Die nach § 80 Abs. 1 VwGO für den Regelfall vorgeschriebene aufschiebende Wirkung von Widerspruch und Klage ist insoweit eine adäquate Ausprägung der verfassungsrechtlichen Rechtsschutzgarantie und ein fundamentaler Grundsatz des öffentlich-rechtlichen Prozesses. Andererseits gewährleistet Art. 19 Abs. 4 GG die aufschiebende Wirkung der Rechtsbehelfe im Verwaltungsprozess nicht schlechthin. Überwiegende öffentliche Belange können es rechtfertigen, den Rechtsschutzanspruch des Grundrechtsträgers einstweilen zurückzustellen, um unaufschiebbare Maßnahmen im Interesse des allgemeinen Wohls rechtzeitig in die Wege zu leiten. Für die Anordnung der sofortigen Vollziehbarkeit eines Verwaltungsaktes ist daher nach der ständigen Rechtsprechung des Bundesverfassungsgerichts ein **besonderes öffentliches Interesse** erforderlich, das über jenes Interesse hinausgeht, das den Verwaltungsakt selbst rechtfertigt. Der Rechtsschutzanspruch des Bürgers ist dabei umso stärker und darf umso weniger zurückstehen, je schwerwiegender die ihm auferlegte Belastung ist und je mehr die Maßnahme der Verwaltung Unabänderliches bewirkt (vgl. BVerfGE 35, 382 <401 f.>; 69, 220 <227 f.>; Beschluss der 3. Kammer des Zweiten Senats des Bundesverfassungsgerichts vom 25. Januar 1996 - 2 BvR 2718/95 -, AuAS 1996, S. 62 <63>).“.

BVerfGK 14, 278 (Immissionsschutzrechtliche Genehmigung) = BVerfG, Beschluss der 3. Kammer des Ersten Senats vom 01.10.2008 – 1 BvR 2466/08 –, Rn. 18, 20, 21: „Handelt es sich - wie hier - um ein mehrpoliges Rechtsverhältnis, bei dem ein Verwaltungsakt mit Drittwirkung Gegenstand einer Anfechtungsklage ist (vgl. § 80 Abs. 1 Satz 2 VwGO), kann jedenfalls nicht davon ausgegangen werden, dass Art. 19 Abs. 4 GG den regelmäßigen Eintritt des Suspensiveffekts verlangt. Denn das Postulat vom **Suspensiveffekt** [aufschiebende Wirkung, P. B.] als Regelfall stößt bei der Anfechtung von Genehmigungsbescheiden durch Drittbetroffene schon wegen der dabei zu berücksichtigenden Rechtsposition des Genehmigungsempfängers an Grenzen. Dessen Rechtsposition ist grundsätzlich nicht weniger schützenswert als diejenige des Drittbetroffenen. [...] Zwar hat das Bundesverfasssungsgericht für das zweipolige Verwaltungsrechtsverhältnis bereits mehrfach entschieden, dass für die Anordnung der sofortigen Vollziehung eines Verwaltungsaktes nach § 80 Abs. 2 Satz 1 Nr. 4 1. Alt. VwGO ein **besonderes öffentliches Interesse** erforderlich ist, das über jenes Interesse hinausgeht, das den Verwaltungsakt selbst rechtfertigt. [...] Wird dagegen - wie hier - von einem Dritten die einem anderen erteilte und diesen begünstigende Genehmigung angegriffenen, bedarf es schon nach dem einfachen Recht (vgl. §§ 80a, 80 Abs. 2 Satz 1 Nr. 4 2. Alt. VwGO) und erst recht nicht wegen Art. 19 Abs. 4 GG der Prüfung eines besonderen öffentlichen Interesses an der sofortigen Vollziehung [Quelelnangabe]. Denn in dieser Situation stehen sich konkrete Rechtspositionen Privater gegenüber, die grundsätzlich gleichrangig sind.“.

Zu möglichen Konstellationen im **Eingriffsrecht** als zugleich Erhaltungsrecht und Ermöglichungsrecht einschließlich zweipoligen Rechtsverhältnissen und mehrpoligen Rechtsverhältnissen (Multipolarität und Multifunktionalität) siehe: *Basten*, Eingriffsrecht der Polizei in Nordrhein-Westfalen, Band 1, S. 82-84.

VGH Baden-Württemberg, Beschluss vom 05.04.2016 – 1 S 275/16, Gründe, Rn. 3: „In der **Begründung einer Vollziehungsanordnung** hat die Behörde schlüssig, konkret und substantiiert darzulegen, aufgrund

sofortigen Vollziehung des Verwaltungsakts **schriftlich** (vgl. § 126 BGB, § 3a Abs. 2 VwVfG NRW) zu **begründen**; gemäß § 80 Abs. 3 S. 2 VwGO bedarf es einer besonderen Begründung nicht, wenn die Behörde bei **Gefahr im Verzug**, insbesondere bei drohenden Nachteilen für Leben, Gesundheit oder Eigentum vorsorglich eine als solche bezeichnete Notstandsmaßnahme im öffentlichen Interesse trifft.

- **Justiz-VA-Unanfechtbarkeit** (**formelle Justiz-VA-Bestandskraft**).

(SUB/ERG)

Im konkreten Fall ist Verfügungs-Justiz-VA-Vollstreckbarkeit (alternativ)

- gegeben mit Verfügungs-Justiz-VA-Unanfechtbarkeit oder nichtaufschiebender Wirkung eines Rechtsbehelfs.
- nicht gegeben mit Verfügungs-Justiz-VA-Unanfechtbarkeit oder aufschiebender Wirkung eines Rechtsbehelfs.

C. Materielle Rechtmäßigkeit (MR) II. Inanspruchnahme (In) / Inanspruchnahmevoraussetzungen (Inv) – Rechtsgebiet der Gefahrenabwehr / Zwangsmittel-Androhung

(VOR/DEF)

Inanspruchnahmevoraussetzungen sind materiell-rechtliche Bedingungen für richtige Inanspruchnahme.

Inanspruchnahme ist Adressierung und sonstiges Betroffenmachen; **Adressierung** ist direktes Bestimmen oder finales Richten einer Maßnahme an einen Grundrechtsträger, vgl. §§ 41 Abs. 1 S. 1, 43 Abs. 1 S. 1 VwVfG NRW.

Inanspruchnahme ist grundsätzlich richtig gegen folgende Personen (in alternativer Anwendbarkeit):

- Verantwortlicher für Verhalten / Verhaltensverantwortlicher i.S.d. § 4 PolG NRW;
- Verantwortlicher für Zustand von Sachen / Sachenzustandsverantwortlicher i.S.d. § 5 PolG NRW;
- Nichtverantwortlicher i.S.d. § 6 PolG NRW,

---

welcher Erwägungen sie gerade im vorliegenden Einzelfall ein besonderes öffentliches Interesse an der sofortigen Vollziehung als gegeben ansieht und das Interesse des Betroffenen am Bestehen der gesetzlich vorgesehenen aufschiebenden Wirkung ausnahmsweise zurückzutreten hat (vgl. BVerwG, Beschl. v. 18.09.2001 - 1 DB 26.01 -, juris). […] Denn das für die Anordnung der sofortigen Vollziehung nach § 80 Abs. 2 Satz 1 Nr. 4 VwGO erforderliche **besondere Vollzugsinteresse** wird bereits durch die der Anordnung erkennungsdienstlicher Maßnahmen zugrundeliegende Prognose der Wiederholungsgefahr indiziert (vgl. BayVGH, Beschl. v. 23.11.2009 - 10 CS 09.1854 -, juris).".

Zur **Wiederholungsgefahr** bzw. **Erforderlichkeit/Notwendigkeit** von **erkennungsdienstlichen Maßnahmen** siehe insbesondere: *Basten*, Eingriffsrecht der Polizei in Nordrhein-Westfalen, Band 3, Buch 3, Abschnitte 5, 6, jeweils C. I. (Tatbestandsvoraussetzungen) und C. III. Nr. 4 (Verhältnismäßigkeit); zur Maßnahmen-**Vollstreckbarkeit** allgemein im Sinne der dritten allgemeinen Vollstreckungsvoraussetzung des Zwangs siehe: *Basten*, Eingriffsrecht der Polizei in Nordrhein-Westfalen, Band 3, Buch 3, Abschnitt 3, Unterabschnitte 1, 2, jeweils C. I. 3. (Vollstreckbarkeit).

gegebenenfalls (antizipativ) jeweils i.V.m. mit ergänzenden, wie insbesondere in:

- § 62 S. 1 W. 2 PolG NRW;
- § 62 S. 2 W. 5 PolG NRW;
- § 63 Abs. 3 PolG NRW;
- § 63 Abs. 4 PolG NRW;
- §§ 64, 65 PolG NRW;
- § 76 VwVG NRW (Zwang / Vollzug gegen Behörden: Gegen Behörden und juristische Personen des öffentlichen Rechts sind Zwangsmittel unzulässig, soweit nicht etwas anderes bestimmt ist.).

Gefahrverursachung (i.S.v. §§ 4, 5 PolG NRW) ist unmittelbare Gefahrengrenzenüberschreitung („Schwelle zur Gefahr") im Sinne eines engen Zurechnungszusammenhangs zwischen Verhalten und Gefahr, orientiert an alternativen Wertungskriterien wie:

- Zeitlich-örtlicher Zusammenhang (i.S.v. natürlicher Handlungseinheit zwischen Verhalten und Gefahr oder Schaden oder i.S.v. Verhalten als einziges oder erstes oder letztes Kausalkettenelement vor Gefahr oder Schaden);
- Pflichtwidrigkeit (i.S.v. Rechtsnormwidrigkeit oder Sozialnormwidrigkeit des Verhaltens);
- Risikozurechung (i.S.v. Verhaltensmöglichkeiten oder Verantwortungssphären oder Sorgfaltsanforderungen);
- Zweckveranlassung (i.S.v. Typik oder Vorhersehbarkeit von Gefahr oder Gefahrrealisierung durch das Verhalten, z.B. im Verhalten Dritter).

Gegenwärtige erhebliche Gefahr i.S.v. § 6 PolG NRW ist eine Sachlage im einzelnen Fall, die bei ungehindertem Geschehensverlauf in allernächster Zeit mit an Sicherheit grenzender Wahrscheinlichkeit zu einem Schaden für ein bedeutendes rechtliches Schutzgut führt.[177] **Schutzgüter** sind allgemein i.V.m. §§ 1 und 8 Abs. 1 PolG NRW die **öffentliche Sicherheit**, nämlich Rechte und Rechtsgüter des Einzelnen, die Rechtsordnung, die Funktionsfähigkeit des Staates, oder die **öffentliche Ordnung**, nämlich die Gesamtheit jener ungeschriebenen Regeln für das Verhalten des Einzelnen in der Öffentlichkeit, deren Beachtung nach den jeweils herrschenden Anschauungen als unerlässliche Voraussetzung eines geordneten Gemeinschaftslebens betrachtet wird. **Erhebliche Schutzgüter** sind allgemein Leben, Gesundheit, Freiheit, wesentliche Vermögenswerte, Bestand des Staates.[178]

(SUB/ERG)

Im konkreten Fall ist die Person (alternativ)

- richtigerweise in Anspruch genommen/adressiert.
- nicht richtigerweise in Anspruch genommen/adressiert.

---

[177] Zur **Gegenwärtige-Gefahr**-Definition und zur **erhebliche-Gefahr**-Definition mit weiteren Nachweisen: *Basten*, Eingriffsrecht der Polizei in Nordrhein-Westfalen, Band 1, S. 251. Zum sogenannten „**differenzierenden Wahrscheinlichkeitsmaßstab**" („**Je-desto-Formel**" / „**Variabilitätsformel**") mit weiteren Nachweisen: *Basten*, Eingriffsrecht der Polizei in Nordrhein-Westfalen, Band 1, S. 248 f..

[178] Zu den polizeirechtlichen **Schutzgütern** mit vielen weiteren Nachweisen siehe insbesondere: *Basten*, Eingriffsrecht der Polizei in Nordrhein-Westfalen, Band 1, S. 249-251.

C. Materielle Rechtmäßigkeit (MR) II. Inanspruchnahme (In) / Inanspruchnahmevoraussetzungen (Inv) – Rechtsgebiet Strafrechtspflege / Zwangsmittel-Androhung

(VOR/DEF)

Inanspruchnahmevoraussetzungen sind materiell-rechtliche Bedingungen für richtige Inanspruchnahme.

Inanspruchnahme ist Adressierung und sonstiges Betroffenmachen; **Adressierung** ist direktes Bestimmen oder finales Richten einer Maßnahme an einen Grundrechtsträger, vgl. §§ 100b Abs. 3, 100c Abs. 2, 100h Abs. 3, 163f Abs. 2 StPO.

Inanspruchnahme ist grundsätzlich (vgl. § 163 Abs. 1 S. 2 StPO, ggf. i.V.m. §§ 46, 53 Abs. 1 S. 2 OWiG) richtig gegen die Personen aus der jeweiligen Grundbefugnisrechtsnorm, grundsätzlich möglich als: Beschuldigter, Tatverdächtiger, Nichttatverdächtiger, Zeuge, Dritter, andere Person; gegebenenfalls (antizipativ) jeweils i.V.m. mit spezielleren bzw. ergänzenden Normierungen, wie insbesondere – über § 57 Abs. 1 PolG NRW – in:

- § 62 S. 1 W. 2 PolG NRW;
- § 62 S. 2 W. 5 PolG NRW;
- § 63 Abs. 3 PolG NRW;
- § 63 Abs. 4 PolG NRW;
- §§ 64, 65 PolG NRW;
- § 76 VwVG NRW (Zwang / Vollzug gegen Behörden: Gegen Behörden und juristische Personen des öffentlichen Rechts sind Zwangsmittel unzulässig, soweit nicht etwas anderes bestimmt ist.).

(SUB/ERG)

Im konkreten Fall ist die Person (alternativ)

- richtigerweise in Anspruch genommen/adressiert.
- nicht richtigerweise in Anspruch genommen/adressiert.

C. Materielle Rechtmäßigkeit (MR) III. Rechtsfolge (Rf) / Rechtsfolgevoraussetzungen (Rfv)

(VOR/DEF)

Rechtsfolge ist rechtliche Folge aus dem Tatbestand. / **Rechtsfolgevoraussetzungen** sind materiell-rechtliche Rechtsfolgegestaltungs-Bedingungen.

C. Materielle Rechtmäßigkeit (MR) III. Rechtsfolge (Rf) 1. Tatsächliche und rechtliche Möglichkeit (TurM) – Rechtsgebiet Gefahrenabwehr oder Strafrechtspflege / Zwangsmittel-Androhung

(VOR/DEF)

Tatsächliche und rechtliche Möglichkeit betrifft Fälle wie aus § 44 Abs. 2 Nr. 4-6 VwVfG NRW.

(SUB/ERG)

Im konkreten Fall ist tatsächliche und rechtliche Möglichkeit (alternativ)

- gegeben wegen Vorliegens von (alternativ) kognitiven, körperlichen, normativen, technischen Unmöglichkeiten.
- nicht gegeben wegen Nichtvorliegens von kognitiven, körperlichen, normativen, technischen Unmöglichkeiten.[179]

Tatsächliche und rechtliche Möglichkeit kommt auch mit zum Ausdruck in:

- § 52 Abs. 1 S. 1 PolG NRW („deren Vornahme durch einen anderen möglich ist“);
- § 55 Abs. 1 PolG NRW („nicht in Betracht kommen“);
- § 55 Abs. 2 PolG NRW („ist ausgeschlossen“);
- § 56 Abs. 1 S. 1 PolG NRW („möglichst“);
- § 56 Abs. 1 S. 3 PolG NRW („wenn die Umstände sie nicht zulassen“);
- § 61 Abs. 1 S. 2 PolG NRW („wenn die Umstände sie nicht zulassen“);
- § 61 Abs. 3 S. 1 Hs. 1 PolG NRW („möglichst“);
- § 61 Abs. 3 S. 1 Hs. 2 PolG NRW („noch entfernen können“);
- § 65 Abs. 2 PolG NRW: („möglich“).

C. Materielle Rechtmäßigkeit (MR) III. Rechtsfolge (Rf) 2. Bestimmtheit (Bsh) – Rechtsgebiet Gefahrenabwehr oder Strafrechtspflege / Zwangsmittel-Androhung

(VOR/DEF)

Bestimmtheit im Sinne des Art. 20 Abs. 3 GG, § 37 Abs. 1 VwVfG NRW ist Maßnahmenerkennbarkeit und Maßnahmenverstehbarkeit.

---

[179] Zu „Tatsächliche und rechtliche Möglichkeit“ mit Beispielen siehe auch: *Basten*, Eingriffsrecht der Polizei in Nordrhein-Westfalen, Band 1, S. 263. Zu möglichen Sprachunmächtigkeiten/Sprachunverständlichkeiten vgl. auch § 33 Abs. 6 S. 3 PolG NRW, § 33a Abs. 2 PolG NRW, § 114a StPO, § 114b Abs. 1 StPO, § 114b Abs. 2 S. 3 StPO, § 158 Abs. 4 StPO; zu möglichen Sehbehinderungen, Hörbehinderungen oder Sprach-Behinderungen vgl. auch § 114b Abs. 2 S. 3 StPO, § 140 Abs. 1 Nr. 11 StPO.

(SUB/ERG)

Die Zwangsmittelandrohung ist inhaltlich hinreichend bestimmt, denn nach Auslegung i.S.d. §§ 133, 157 BGB analog des Androhungs-VA/Anrohungs-Justiz-VA kann der Erklärungsempfänger wie jeder vernünftige Dritte in der konkreten Situation dessen Inhalt hinreichend erkennen und verstehen, nämlich:

- dass die Polizei ggü. dem Erklärungsempfänger (wer)
- aus Gefahrenabwehrgründen (warum)
- zu einer spezifischen Zeit (wann)
- die Befolgung der Grundverfügung bezweckt (Was)
- und zwar durch Androhung von Zwangsmittelanwendung für den Fall des Zuwiderhandelns (wie).[180]

Hinreichende Bestimmtheit des VA oder Justiz-VA der Androhung wird auch gefördert durch:

- Verbindung mit dem Grundverwaltungsakt des Rückkehrverbots, § 56 Abs. 2 PolG NRW;
- Bezug auf das bestimmte Zwangsmittel des Zwangsgeldes, § 56 Abs. 3 PolG NRW;
- Angabe des Zwangsgeldes in bestimmter Höhe, § 56 Abs. 5 PolG NRW.

---

[180] Nr. 61.11 S. 2, 3 VVPolG NRW: „[zur **Androhungsform**:] Die Androhung kann grundsätzlich in jeder Form erfolgen; [zur **Androhungsbestimmtheit**:] sie muss unmissverständlich sein. [Unter Auslegungsvorbehalt des einzelnen Falls i.V.m. §§ 133, 157 BGB analog und Auslegungsvorbehalt der Sicherungshaltungen als solcher:] Die im Leitfaden 371 (Eigensicherung) empfohlenen **Sicherungshaltungen** reichen **allein** nicht aus.“; Nr. 61.12 VVPolG NRW [zur – unter Umständen – tatsächlich-taktischen Variante von **Schusswaffengebrauchsandrohungen**]: „Der Schusswaffengebrauch wird in der Regel mündlich angedroht durch den vernehmlichen **Ruf: ‚Polizei!** Keine Bewegung [Grundverfügung] - oder ich schieße!‘ [UZw-SWG-Androhung in Verbindung mit Grundverfügung i.S.v. § 56 Abs. 2 PolG NRW] oder vor allem gegenüber Fliehenden: ‚Polizei! Halt! [Grundverfügung] - oder ich schieße!‘ [UZw-SWG-Androhung in Verbindung mit Grundverfügung i.S.v. § 56 Abs. 2 PolG NRW] oder eine ähnliche Aufforderung. [Zur Bestimmtheit:] Das Wort ‚Polizei‘ kann im Anruf unterbleiben, wenn ohne weiteres erkennbar ist, dass es sich um den Einsatz von Polizeivollzugsbeamtinnen oder Polizeivollzugsbeamten handelt. Wenn die Umstände es zulassen oder wenn Zweifel bestehen, ob die Person den Anruf verstanden hat, ist er zu wiederholen. Der Schusswaffengebrauch kann auch durch **Lautsprecher** angedroht werden.“; Nr. 61.13 VVPolG NRW: „Ist eine mündliche Androhung des Schusswaffengebrauchs nicht möglich, weil z.B. die Entfernung zu groß ist oder weil aus sonstigen Gründen anzunehmen ist, dass der Anruf nicht verstanden wird oder verstanden worden ist, können ein oder mehrere Warnschüsse abgegeben werden. Warnschüsse sind so abzugeben, dass eine Gefährdung Dritter ausgeschlossen ist.“. Siehe auch die Auslegungsrechtsnorm § 61 Abs. 1 S. 3 PolG NRW („Als Androhung des Schusswaffengebrauchs gilt auch die Abgabe eines **Warnschusses**“) – mit Anwendbarkeit erst ab Sachverhaltsauslegung eines Warnschusses, also mit Unanwendbarkeit des § 61 Abs. 1 S. 3 PolG NRW etwa im Fall eines **Alarmschusses** (Schusswaffengebrauch zur Alarmierung von Polizeikräften oder sonstigen Personen) oder eines **„Signalschusses“** (Schusswaffengebrauch zur Signalisierung einer [eigenen] Position). Vgl. auch Nr. 61.32 VVPolG NRW zu § 61 Abs. 3 PolG NRW: „Die Androhung hat grundsätzlich durch Lautsprecher zu erfolgen. Ihr soll alsdann durch Warnschüsse oder auf andere unmissverständliche Weise Nachdruck mit dem Ziel verliehen werden, letztlich den Schusswaffengebrauch auf Personen in der Menschenmenge zu vermeiden.“.

C. Materielle Rechtmäßigkeit (MR) III. Rechtsfolge (Rf) 3. Ermessen (Erm) – Rechtsgebiet Gefahrenabwehr oder Strafrechtspflege / Zwangsmittel-Androhung

(VOR/DEF)

Ermessen[181] ist Entscheidungsspielraum auf der Rechtsfolgenseite bzgl. rechtsfehlerfreier Ausübung von Einschreit-Entschließung (Ob), Adressaten-Auswahl (Wer), Maßnahmen-Gestaltung (Wie).

(SUB/ERG)

Der gegebene Entscheidungsspielraum im Sinne des § 50 Abs. 1 Wort 16 PolG NRW („kann"), bei Strafrechtspflege über § 57 Abs. 1 PolG NRW[182], bei Gefahrenabwehr zusätzlich gemäß § 3 PolG NRW, § 40 VwVfG NRW, wird aufgrund von/in Ermangelung entgegenstehender Anhaltspunkte mit/ohne Ermessensfehler (Ermessensunterschreitung, Ermessensüberschreitung, Ermessensfehlgebrauch) ausgeübt bzgl. folgender Ermessensarten:

a) Entschließungsermessen:

Das Entschließungsermessen kann im konkreten Fall sogar auf Null reduziert sein, insbesondere wegen:

- Einschreitmöglichkeit;
- Gefahrengrad / Tatverdachtsgrad.

b) Auswahlermessen:

siehe C. II.: Auswahlermessen wird abschließend beurteilt i.V.m. Punkten C. II. (Inanspruchnahme).

c) Gestaltungsermessen:

siehe C. III. 4.: Gestaltungsermessen, § 3 Abs. 2 PolG NRW (Austauschmittel), wird abschließend beurteilt i.V.m. Punkt C. III. 4. (VHM).

C. Materielle Rechtmäßigkeit (MR) III. Rechtsfolge (Rf) 4. Verhältnismäßigkeit (VHM) / Zwangsmittel-Androhung – Rechtsgebiet Gefahrenabwehr oder Strafrechtspflege

[181] Zum Ermessen einschließlich Rechtsnatur, Ermessensarten, Ermessensreduzierungen, Ermessensfehlern, Maßnahmenansprüchen mit Beispielen siehe auch: *Basten*, Eingriffsrecht der Polizei in Nordrhein-Westfalen, Band 1, S. 271-283.

[182] Vgl. Nr. 57.1 VVPolG NRW: „Der Hinweis auf die übrigen Vorschriften dieses Gesetzes gilt insbesondere für die Beachtung des Grundsatzes der Verhältnismäßigkeit und die Ausübung des pflichtgemäßen Ermessens (vgl. die §§ 2 und 3).".

(VOR/DEF)

Verhältnismäßigkeit ist Geeignetheit, Erforderlichkeit, Angemessenheit der Maßnahme zu einem legitimen Zweck, vgl. auch § 2 PolG NRW, ggf. über § 57 PolG NRW[183].

(VOR/DEF)

a) Legitimer Zweck ist jeder verfassungsgemäße Zweck, vgl. auch § 2 Abs. 3 PolG NRW.

(SUB/ERG)

Im konkreten Fall verfolgt die Zwangsmittelandrohung (alternativ)

- einen legitimen Zweck, nämlich
  - auf dem Rechtsgebiet der Gefahrenabwehr die verfassungsgemäße allgemein Abwehr von (konkreter) Schadensgefahr (im Sinne der Grundmaßnahme und im Sinne der Zwangsmittelanwendungsvermeidung), gegebenenfalls konkreter ein Zweck aus der Grundbefugnisrechtsnorm, vgl. auch die Rechte und Rechtsgüter aus Art. 1-20 GG, vgl. auch die Grundrechtsschutzfunktion und die Grundrechtsförderungsfunktion[184].
  - auf dem Rechtsgebiet der Strafrechtspflege die verfassungsgemäße, im Sinne von Art. 20 Abs. 3 GG, § 163 Abs. 1 S. 1 StPO (ggf. § 53 Abs. 1 S. 1 OWiG) gesetzmäßige Sachaufklärung / Tatverdachtserforschung / Sachverdunkelungsverhütung, also die Erforschung von einem verdächtigen Sachverhalt bzgl. mutmaßlich deliktischer Beeinträchtigung bestimmter Rechte und Rechtsgüter im Sinne der Art. 1-19 GG. Vgl. auch den „Zweck" im Sinne von § 163 Abs. 1 S. 2 Wort 3 StPO. Letztlich ist legitimer Zweck die Ermittlung aller belastenden und entlastenden Umstände im Sinne von § 160 Abs. 2 StPO, und auch die Ermöglichung staatlicher Sanktionierung (z.B. Strafe / Ahndung) im Fall dafür ausreichender rechtsstaatlicher Belastung; vgl. auch die Grundrechtsschutzfunktion und die Grundrechtsförderungsfunktion[185] im Sinne von Spezialprävention durch Repression und Generalprävention durch Repression.
- keinen legitimen Zweck.

(VOR/DEF)

b) Geeignetheit einer staatlichen Maßnahme ist gegeben bei deren Zweckförderungstauglichkeit, vgl. auch § 2 Abs. 3 PolG NRW.

(SUB/ERG)

Im konkreten Fall ist die Zwangsmittelandrohung (alternativ)

---

[183] Vgl. Nr. 57.1 VVPolG NRW: „Der Hinweis auf die übrigen Vorschriften dieses Gesetzes gilt insbesondere für die Beachtung des Grundsatzes der Verhältnismäßigkeit und die Ausübung des pflichtgemäßen Ermessens (vgl. die §§ 2 und 3).".

[184] Zu Grundrechtsfunktionen siehe auch: *Basten*, Eingriffsrecht der Polizei in Nordrhein-Westfalen, Band 1, S. 78-84.

[185] Zu Grundrechtsfunktionen siehe auch: *Basten*, Eingriffsrecht der Polizei in Nordrhein-Westfalen, Band 1, S. 78-84.

- geeignet, da sie als Inaussichtstellen von Zwangsmittelanwendung (z.B.) das durch die Grundmaßnahme bezweckte Verhalten des Gegenübers nach allgemeinen psychologischen Erkenntnissen über die menschliche Nachteilsvermeidungsneigung weiter motivierend verstärken kann.
- ungeeignet.

(VOR/DEF)

c) **Erforderlichkeit** einer staatlichen Maßnahme ist Nichtverfügbarkeit eines milderen (Übermaßverbot), gleich geeigneten (Untermaßverbot) Mittels zur Zweckförderung, vgl. auch § 2 Abs. 1 PolG NRW.

(SUB/ERG)

Im konkreten Fall ist die Zwangsmittelandrohung (alternativ)

- erforderlich, denn einerseits würden mildere Maßnahmen wie die – erwiesen zunächst erfolglose – Grundverfügung ohne jegliche Durchsetzungsverstärkung oder nur mit einer bloßen Gefährderansprache nach § 8 Abs. 1 PolG NRW nicht gleich (Untermaßverbot) die psychische Verstärkung und damit den Grundmaßnahmenzweck fördern und andererseits sind (mindestens) gleich geeignete, intensivere Maßnahmen wie direkte Zwangsmittelanwendung noch nicht notwendig (Übermaßverbot).
- nicht erforderlich.

(VOR/DEF)

d) **Angemessenheit** oder **Verhältnismäßigkeit im engeren Sinne** einer staatlichen Maßnahme ist angemessenes Maß oder Verhältnis zwischen Zweckförderung für Erhaltungsrechte und Wirkungen für Eingriffsrechte, vgl. betroffene GR, vgl. auch § 2 Abs. 2 PolG NRW.

(SUB/ERG)

Im konkreten Fall ist die Zwangsmittelandrohung (alternativ)

- angemessen, denn als bloß verbales Verhalten zur Verdeutlichung der Grundverfügung mit Eingriff i.d.R. in die allgemeine Verhaltensfreiheit aus Art. 2 Abs. 1 GG steht die Zwangsmittelandrohung nicht außer Verhältnis zu den je nach Fall zu schützenden Rechten wie etwa aus Art. 2 Abs. 2 S. 1 GG, Art. 2 Abs. 2 S. 2 GG, Art. 14 Abs. 1 S. 1 Alt. GG, Art. 2 Abs. 1 GG, auf dem Rechtsgebiet der Strafrechtspflege auch zur zu verwirklichenden Rechtsordnung im Sinne von Art. 20 Abs. 3 GG unter Berücksichtigung von Tatverdachtsstärke und mutmaßlicher Tatschwere sowie damit potentiell einhergehender Sanktion (Strafe oder Ahndung) bzw. Sanktionshöhe.
- unangemessen.

(ERG VHM)

Die Maßnahme der Zwangsmittel-Anwendung ist insgesamt verhältnismäßig/unverhältnismäßig (alternativ)

- auf dem Rechtsgebiet der Gefahrenabwehr i.S.v. § 2 PolG NRW, Art. 20 Abs. 3 GG.
- auf dem Rechtsgebiet der Strafrechtspflege i.S.v. Art. 20 Abs. 3 GG.

D. Gesamtergebnis (GErg) – Rechtsgebiet Gefahrenabwehr oder Strafrechtspflege / Zwangsmittel-Androhung

Die Zwangsmittelandrohung („Zwang“) ist (alternativ)

- rechtmäßig gemäß (alternativ)
    - § 50 Abs. 1 PolG NRW.
    - jeweiliger StPO/OWiG-Grundbefugnisrechtsnorm.
- rechtswidrig wegen Art./§ (bestimmter Rechtsnorm [z.B. Art. 20 Abs. 3 GG]).

Unterabschnitt 2: Zwangsmittel-Anwendung

A. Rechtsgrundlage (RGL) I. Grundrechte (GR) – Zwangsmittel-Anwendung

(VOR/DEF)

Grundrechte sind grundlegende Rechte aus Art. 1-19 GG i.V.m. dem Rechtsstaatsprinzip, Art. 20 Abs. 3 GG, mit Vorrang und Vorbehalt des Gesetzes.[186]

(SUB/ERG)

Grundrechte sind wie folgt gegeben – insbesondere durch Einwirkung auf Verhalten über:

- finanzielle Belastung
  - durch Ersatzvornahmekosten
  - durch Zwangsgeld, vgl. § 53 PolG NRW;
- körperliche Belastung;
- Sachbelastung:

1. Allgemeine Verhaltensfreiheit / Allgemeine Handlungsfreiheit[187], Art. 2 Abs. 1 GG[188]

a) GR-SB:

aa) Persönlicher GR-SB: „Jeder".

---

[186] Zu **Grundrechten**: *Basten*, Eingriffsrecht der Polizei in Nordrhein-Westfalen, Band 1, Buch 1, Abschnitt 2, Unterabschnitt 3. Zum **Rechtsstaatsprinzip** mit unter anderem sogenanntem Vorrang des Gesetzes und Vorbehalt des Gesetzes: *Basten*, Eingriffsrecht der Polizei in Nordrhein-Westfalen, Band 1, S. 95-108.

[187] „Allgemeine" Verhaltensfreiheit / Handlungsfreiheit: Auffanggrundrecht ggü. ggf. spezielleren Grundrechten, vgl. Rechtsnormspezialitätsregel („lex specialis derogat legi generali"), vgl. auch: BVerfGE 6, 32, 37 (Elfes) = BVerfG, Urteil des Ersten Senats vom 16.01.1957 – 1 BvR 253/56 –, Gründe, II. 2. a), Rn. 16: „Neben der allgemeinen Handlungsfreiheit, die Art. 2 Abs. 1 GG gewährleistet, hat das Grundgesetz die Freiheit menschlicher Betätigung für bestimmte Lebensbereiche, die nach den geschichtlichen Erfahrungen dem Zugriff der öffentlichen Gewalt besonders ausgesetzt sind, durch besondere Grundrechtsbestimmungen geschützt; bei ihnen hat die Verfassung durch abgestufte Gesetzesvorbehalte abgegrenzt, in welchem Umfang in den jeweiligen Grundrechtsbereich eingegriffen werden kann. Soweit nicht solche besonderen Lebensbereiche grundrechtlich geschützt sind, kann sich der Einzelne bei Eingriffen der öffentlichen Gewalt in seine Freiheit auf Art. 2 Abs. 1 GG berufen. Hier bedurfte es eines Gesetzesvorbehalts nicht, weil sich aus der Beschränkung der freien Entfaltung der Persönlichkeit durch die verfassungsmäßige Ordnung der Umfang staatlicher Eingriffsmöglichkeiten ohne weiteres ergibt.".

[188] Vgl. auch Art. 142 GG i.V.m. Art. 4 Abs. 1 Verfassung NRW; Art. 6 EU-GR-Charta; Art. 5 EMRK.

bb) Sachlicher GR-SB: „**freie Entfaltung der Persönlichkeit**" als **allgemeine Verhaltensfreiheit** im umfassenden Sinn[189] durch grundsätzlich jedes Tun, Dulden, Unterlassen[190].

b) GR-E (oder Nichteingriff/GR-Verzicht): **Verhaltenseinschränkung** als Verhaltenssteuerung.

c) GR-B: Art. 2 Abs. 1 Hs. 2 GG.[191].

---

[189] BVerfGE 6, 32, 36 f. (Elfes) = BVerfG, Urteil des Ersten Senats vom 16.01.1957 – 1 BvR 253/56, Gründe, II. 2. a), Rn. 14 f.: „Das Grundgesetz kann mit der ‚freien Entfaltung der Persönlichkeit' nicht nur die Entfaltung innerhalb jenes Kernbereichs der Persönlichkeit gemeint haben, der das Wesen des Menschen als geistig-sittliche Person ausmacht, denn es wäre nicht verständlich, wie die Entfaltung innerhalb dieses Kernbereichs gegen das Sittengesetz, die Rechte anderer oder sogar gegen die verfassungsmäßige Ordnung einer freiheitlichen Demokratie sollte verstoßen können. Gerade diese, dem Individuum als Mitglied der Gemeinschaft auferlegten Beschränkungen zeigen vielmehr, daß das Grundgesetz in Art. 2 Abs. 1 GG die Handlungsfreiheit im umfassenden Sinne meint. [...] Es waren nicht rechtliche Erwägungen, sondern sprachliche Gründe, die den Gesetzgeber bewogen haben, die ursprüngliche Fassung ‚Jeder kann tun und lassen was er will' durch die jetzige Fassung zu ersetzen (vgl. v. Mangoldt, Parlamentarischer Rat, 42. Sitzung des Hauptausschusses, S. 533)."; BVerfGE 80, 137, 152 f. (Reiten im Walde) = BVerfG, Beschluss des Ersten Senats vom 06.06.1989 – 1 BvR 921/85 –, C. I. 1 a), Rn. 69: „Nach den in der Rechtsprechung des Bundesverfassungsgerichts entwickelten Grundsätzen gewährleistet Art. 2 Abs. 1 GG die allgemeine Handlungsfreiheit im umfassenden Sinne (st. Rspr. seit BVerfGE 6, 32 [36]; aus neuerer Zeit etwa: BVerfGE 74, 129 [151]; 75, 108 [154 f.]). Geschützt ist damit nicht nur ein begrenzter Bereich der Persönlichkeitsentfaltung, sondern jede Form menschlichen Handelns ohne Rücksicht darauf, welches Gewicht der Betätigung für die Persönlichkeitsentfaltung zukommt (vgl. etwa die Entscheidung eines Vorprüfungsausschusses in BVerfGE 54, 143 (146) - Taubenfüttern).".

[190] BVerfGE 6, 32, Ls. 1, 2 (Elfes) = BVerfG, Urteil des Ersten Senats vom 16.01.1957 – 1 BvR 253/56, Ls. 1: „Art. 11 GG betrifft nicht die Ausreisefreiheit.", Ls. 2: „Die **Ausreisefreiheit** ist als Ausfluß der allgemeinen Handlungsfreiheit durch Art. 2 Abs. 1 GG innerhalb der Schranken der verfassungsmäßigen Ordnung gewährleistet."; BVerwG, Urteil vom 29.05.2019 – BVerwG 6 C 8.18 (Beschränkung des Geltungsbereichs eines Passes), Rn. 20: „In der höchstrichterlichen Rechtsprechung ist seit Jahrzehnten geklärt, dass die durch Art. 2 Abs. 1 GG geschützte Ausreisefreiheit auch durch den **Passversagungs**grund des § 7 Abs. 1 Nr. 1 Alt. 3 PassG als Bestandteil der verfassungsmäßigen Ordnung wirksam eingeschränkt wird.".

[191] Art. 2 Abs. 1 Hs. 2 GG (**Schrankentrias**): BVerfGE 80, 137, 153 (Reiten im Walde) = BVerfG, Beschluss des Ersten Senats vom 06.06.1989 – 1 BvR 921/85 –, C. I. 1 a), Rn. 69: „Abgesehen von einem absolut geschützten Kernbereich privater Lebensgestaltung, welcher der Einwirkung der öffentlichen Gewalt entzogen ist (BVerfGE 6, 32 [41]), ist die allgemeine Handlungsfreiheit allerdings nur in den **Schranken** des zweiten Halbsatzes von Art. 2 Abs. 1 GG gewährleistet und steht damit insbesondere unter dem **Vorbehalt der verfassungsmäßigen (Rechts-)Ordnung** (BVerfGE 6, 32 [37 f.]; 74, 129 [152]). Stützt sich ein die Handlungsfreiheit berührender Akt der öffentlichen Gewalt auf eine Rechtsnorm, so kann mit der Verfassungsbeschwerde unter Berufung auf Art. 2 Abs. 1 GG zur Nachprüfung gestellt werden, ob diese Norm zur **verfassungsmäßigen Ordnung** gehört, das heißt formell und materiell mit den Normen der Verfassung in Einklang steht (st. Rspr. seit BVerfGE 6, 32)."; BVerfGE 6, 32, Ls. 3 (Elfes) = BVerfG, Urteil des Ersten Senats vom 16.01.1957 – 1 BvR 253/56, Ls. 3: „**Verfassungsmäßige Ordnung** im Sinne des Art. 2 Abs. 1 GG ist die verfassungsmäßige Rechtsordnung, d.h. die Gesamtheit der Normen, die formell und materiell der Verfassung gemäß sind."; vgl. dazu auch BVerfGE 6, 32, 37-41 (Elfes) = BVerfG, Urteil des Ersten Senats vom 16.01.1957 – 1 BvR 253/56, Gründe II. 2 b), c), Rn. 17-33.

Rechte anderer sind (als Teil der verfassungsmäßigen Ordnung) subjektive Berechtigungen (Anspruch oder Befugnis oder Erlaubnis) einschließlich Verpflichtungen (Pflicht zur Erfüllung von Anspruch oder Befugnis oder Erlaubnis) und sonstiger Rechtswirkungen für ein Rechtssubjekt bezüglich eines Verhaltens oder eines Rechtsguts.

Vgl. zum ein Mal bundesverfassungsgerichtlich entscheidungserheblich bemühten „**Sittengesetz**" nach Art. 2 Abs. 1 Hs. 2 GG als Gesetz, das nicht das durch die „soziale Gemeinschaft" „als für sich verbindlich"

2. Körperliche Bewegungsfreiheit, Art. 2 Abs. 2 S. 2 GG[192]

a) GR-SB:

aa) Persönlicher GR-SB: „**Person**“, vgl. § 1 BGB.

bb) Sachlicher GR-SB: „**Freiheit**“ ist **körperliche Bewegungsfreiheit** als Freiheit, jeden Ort oder Raum aufzusuchen, sich dort aufzuhalten, (ihn zu verlassen), der an sich (tatsächlich und rechtlich) zugänglich ist.

b) GR-E (oder Nichteingriff/GR-Verzicht): Freiheitsentziehung oder sonstige Freiheitsbeschränkung.

Freiheitsbeschränkung (Freiheitsentziehung oder sonstige Freiheitsbeschränkung) liegt vor, wenn jemand durch die öffentliche Gewalt gegen seinen Willen daran gehindert wird, einen Ort oder Raum aufzusuchen oder sich dort aufzuhalten, der ihm an sich (tatsächlich und rechtlich) zugänglich ist. Eine **Freiheitsentziehung** als schwerste Form der Freiheitsbeschränkung ist dann gegeben, wenn die tatsächlich und rechtlich an sich gegebene körperliche Bewegungsfreiheit durch staatliche Maßnahmen nach jeder Richtung hin aufgehoben wird[193]; Freiheitsentziehung setzt auch eine besondere Eingriffsintensität und eine nicht nur kurzfristige Dauer der Maßnahme voraus[194]. Im Übrigen kann eine Abgrenzung zwischen Freiheitsentziehung und sonstiger Freiheitsbeschränkung auch erfolgen nach Art, Dauer, Intensität, Mittel, Zweck der Freiheitsbeschränkung.[195]

---

anerkannte „Rechtsgefühl“ „im allgemeinen“ „verletzt“: BVerfGE 6, 389 (Homosexuelle) = BVerfG, Urteil des Ersten Senats vom 10.05.1957 – 1 BvR 550/52 –, und StrRehaHomG (Gesetz zur strafrechtlichen Rehabilitierung der nach dem 8. Mai 1945 wegen einvernehmlicher homosexueller Handlungen verurteilten Personen vom 17. Juli 2017 – BGBl. I S. 2443).

[192] Vgl. auch Art. 142 GG i.V.m. Art. 4 Abs. 1 Verfassung NRW; Art. 20 Abs. 2a und Art. 21 AEUV i.V.m. Art. 6, 45 EU-GR-Charta (**Bewegungsfreiheit**, **Freizügigkeit**, **Aufenthaltsfreiheit**); Art. 5 EMRK; Art. 2 Protokoll Nr. 4 EMRK; Art. 21 AEUV (**Unionsbürgerfreizügigkeit**, zum **Unionsbürger** vgl. Art. 9 S. 2, 3 EUV, Art. 20 Abs. 1 S. 2, 3 AEUV); Art. 45 AEUV (**Arbeitnehmerfreizügigkeit**); Art. 49 AEUV (**Niederlassungsfreiheit**); Art. 56 AEUV (**Dienstleistungsfreiheit**); vgl. auch Art. 28 AEUV (**Warenverkehrsfreiheit**); Art. 9 Abs. 1 S. 1 IPbpR („Jedermann hat ein Recht auf persönliche Freiheit und Sicherheit.“); Art. 9-11 IPbpR (Freiheitsentziehungsbedingungen), Art. 12 IPbpR (Bewegung, Wohnsitzwahl, Ausreise, Einreise in Hoheitsgebiet eines Staates, vgl. „Freizügigkeit“), Art. 13 IPbpR (Ausländerausweisungsbedingungen).

[193] BVerfG, Beschluss der 1. Kammer des Ersten Senats vom 08.03.2011 – 1 BvR 47/05 –, Rn. 20, 26: „Das **Einsperren** des Beschwerdeführers in eine **Gewahrsamszelle** auf der Polizeiwache beziehungsweise auf dem Polizeipräsidium sowie **als Verbindungsglied** zwischen beiden das **Verbringen dorthin mittels Polizeifahrzeugen** stellen eine Freiheitsentziehung im Sinne von Art. 104 Abs. 2 GG und nicht lediglich eine Freiheitsbeschränkung dar. […] Jedenfalls muss die Unterbringung einer Person gegen ihren Willen in einem **Haftraum** als Freiheitsentziehung im Sinne von Art. 104 Abs. 2 GG angesehen werden (vgl. BGHZ 82, 261 <264> und BVerwGE 62, 317 <318>).“; BVerfGE 94, 166, 198 (Flughafenverfahren) = BVerfGE, Urteil des Zweiten Senats vom 14.05.1996 – 2 BvR 1516/93.

[194] BVerfGE 149, 293 (5-Punkt-Fixierung/7-Punkt-Fixierung) = BVerfG, Urteil des Zweiten Senats vom 24.07.2018 – 2 BvR 309/15 –, D. II. 2. a), Rn. 67, vgl. dazu auch BVerfGE 149, 293 (5-Punkt-Fixierung/7-Punkt-Fixierung) = BVerfG, Urteil des Zweiten Senats vom 24.07.2018 – 2 BvR 309/15 –, D. II. 2. b): „Jedenfalls eine **5-Punkt- oder 7-Punkt-Fixierung**, bei der sämtliche Gliedmaßen des Betroffenen mit Gurten am Bett festgebunden werden, stellt eine Freiheitsentziehung im Sinne von Art. 104 Abs. 2 GG dar, es sei denn, es handelt sich um eine lediglich **kurzfristige Maßnahme**. Von einer kurzfristigen Maßnahme ist in der Regel auszugehen, wenn sie absehbar die Dauer von ungefähr einer halben Stunde unterschreitet.“.

[195] Vgl. auch insbesondere zu Art, Intensität, Mittel: § 415 Abs. 2 FamFG und §§ 37a, 62 PolG NRW.

c) GR-B: Art. 2 Abs. 2 S. 3 i.V.m. Art. 104 GG.

3. Eigentum, Art. 14 Abs. 1 S. 1 Alt. 1 GG[196]

a) GR-SB:

aa) Persönlicher GR-SB: Alle Menschen (personen- und staatsangehörigkeitsunabhängiger Wortlaut).

bb) Sachlicher GR-SB: „**Eigentum**" ist Summe aller vermögenswerten Rechte, also jedenfalls auch der berechtigte Besitz und die berechtigte Nutzung[197].[198]

---

[196] Vgl. auch Art. 142 GG i.V.m. Art. 4 Abs. 1 Verfassung NRW; Art. 17 EU-GR-Charta; Art. 1 Zusatzprotokoll EMRK.

[197] BVerfGE 95, 267, 300 (Altschulden) = BVerfG, Urteil des Ersten Senats vom 08.04.1997 – 1 BvR 48/94 –, C. I. 1., Rn. 130 f.: „Unter den Schutz der Eigentumsgarantie fallen grundsätzlich alle vermögenswerten Rechte, die dem Berechtigten von der Rechtsordnung in der Weise zugeordnet sind, daß er die damit verbundenen Befugnisse nach eigener Entscheidung zu seinem privaten Nutzen ausüben darf (vgl. BVerfGE 83, 201 [209]; stRspr). Der verfassungsrechtliche Eigentumsschutz reicht damit zwar erheblich weiter als das zivilrechtliche Eigentum und erstreckt sich auch auf nicht dingliche vermögenswerte Rechtspositionen. Er bleibt aber an Rechtspositionen gebunden. Kein Eigentum im Sinn von Art. 14 Abs. 1 GG ist daher das **Vermögen**, das selber kein Recht, sondern den Inbegriff aller geldwerten Güter einer Person darstellt (vgl. BVerfGE 4, 7 [17]; stRspr). Daraus folgt, daß Art. 14 Abs. 1 GG nicht vor der staatlichen Auferlegung von **Geldleistungspflichten** schützt. Diese sind nicht mittels eines bestimmten Eigentumsobjekts zu erfüllen, sondern werden aus dem fluktuierenden Vermögen bestritten. Etwas anderes kommt nur dann in Betracht, wenn die Geldleistungspflichten den Betroffenen übermäßig belasten und seine Vermögensverhältnisse so grundlegend beeinträchtigen, daß sie eine erdrosselnde Wirkung haben (vgl. BVerfGE 78, 232 [243]; stRspr)."

[198] Zum Vergleich von Art. 14 Abs. 1 S. 1 Alt. 1 GG und dem Auffanggrundrecht des Art. 2 Abs. 1 GG: Bei lediglich unentschiedenem Potential von Berechtigung wie Nichtberechtigung kann grundsätzlich in dubio pro libertate zunächst zugunsten des Grundrechtsfähigen größtmöglicher Grundrechtsschutzbereich vermutet werden. Vgl. auch BVerfGE 6, 55, 72 (Steuersplitting); BVerfGE 32, 54, 71 (Betriebsbetretungsrecht); BVerfGE 39, 1, 38 (Schwangerschaftsabbruch I); BVerfGE 51, 97, 110 (Zwangsvollstreckung I); BVerfGE 151, 67 (Nachtzeit) = BVerfG, Beschluss des Zweiten Senats vom 12.03.2019 – 2 BvR 675/14 –, Rn. 55, wonach in Zweifelsfällen diejenige Auslegung zu wählen ist/derjenigen Auslegung der Vorzug zu geben ist, welche die (juristische) „Wirkungskraft der Grundrechtsnorm am stärksten entfaltet.". **Eigentum** i.S.d. (privat)rechtsnormgeprägten Schutzbereichs von Art. 14 Abs. 1 S. 1 Alt. 1 GG ist jedenfalls gegeben bei Eigentum i.S.d. Privatrechts und bei vermögenswerter Besitz-/Nutzungs-/Umgangs-Berechtigung (z.B. i.S.d. §§ 854-984 BGB). **Eigentumslosigkeit** i.S.d. (privat)rechtsnormgeprägten Schutzbereichs von Art. 14 Abs. 1 S. 1 Alt. 1 GG ist jedenfalls gegeben bei allseitiger Besitz-/Nutzungs-/Umgangs-Nichtberechtigung (z.B. i.S.d. §§ 854-984 BGB); nicht schon unbedingt bei lediglich Eigentums-Nichtberechtigung im privatrechtlichen Sinne bei vermögenswerten Besitz-/Nutzungs-/Umgangs-Berechtigungen; wohl aber jedenfalls auch bei Verbot i.S.d. § 134 BGB oder Sittenwidrigkeit i.S.d. § 138 BGB oder sonstiger Unwirksamkeitsgründe (Nichtentstehensgründe oder Erlöschensgründe) gerade bezüglich des Erwerbs- oder Nutzungs- oder Umgangsaktes (z.B. i.S.d. §§ 854-984 BGB; vgl. z.B. Btm-Umgangsarten i.S.d. § 29 BtMG; vgl. auch etwaiges waffenrechtliches Verbot der Umgangsart Erwerb oder sonstiger Umgangsarten i.S.d. § 1 Abs. 3, 4 WaffG bei Nichtverbot des Erwerbs). Vgl. BVerfGE 110, 1, 23 f. (Erweiterter Verfall [a. F., ≙ erweiterte Tatertragseinziehung, P. B.]) = BVerfG, Beschluss des Zweiten Senats vom 14.01.2004 – 2 BvR 564/95 –, C. I. 3. a), b), Rn. 86 f, 88: „Die Vorschrift des § 73d StGB [a. F., ≙ § 73a StGB, P. B.] verstößt in der Auslegung des Bundesgerichtshofs auch nicht gegen die Eigentumsgarantie des Art. 14 Abs. 1 GG. Soweit § 73d StGB [a. F., ≙ § 73a StGB, P. B.] den Zugriff auf Vermögenswerte erlaubt, die dem unmittelbar Betroffenen wegen eines Verstoßes gegen strafrechtliche Vorschriften zivilrechtlich nicht zustehen (vgl. § 134, § 935 BGB), ist dessen Eigentumsgrundrecht schon mangels einer schutzfähigen Rechtsposition nicht berührt (vgl. BVerfGE 83, 201 [209]; 95, 267 [300]). Dies betrifft vor allem die Entziehung von Gewinnen aus illegalen Drogengeschäften. Denn wegen des

b) GR-E (oder Nichteingriff/GR-Verzicht): **Eigentumseinschränkung** durch

Einschränkung eines vermögenswerten Rechts, etwa durch (alternativ)

- Substanzverletzungen oder Einschränkungen oder Entzug der Nutzungs- und Verfügungsbefugnis an (berechtigtem) Eigentum/Besitz/Nutzung, vgl. §§ 903 ff. BGB, §§ 854 ff. BGB, ohne Güterbeschaffung als Inhalts- und Schrankenbestimmungen im Sinne von Art. 14 Abs. 1 S. 2 GG[199];
- Eigentumsentzug als Enteignung im Sinne des Art. 14 Abs. 3 GG mit Änderung der Eigentumszuordnung und stets mit Güterbeschaffung[200].

Ggf. auch vertretbar bei Zwangsgeldanwendung, insbesondere mit „erdrosselnder" Wirkung.

Vgl. persönliche Habe im Sinne von Art. 11 GG.

c) GR-B: Art. 14 Abs. 1 S. 2, Abs. 2, 3 GG, Art. 18 GG.

4. Körperliche Unversehrtheit, Art. 2 Abs. 2 S. 1 Alt. 2 GG[201]

a) GR-SB:

aa) Persönlicher GR-SB: „Person", Art. 2 Abs. 2 S. 1 GG

bb) Sachlicher GR-SB: **Körperliche Unversehrtheit** ist Freiheit von körperlicher Beeinträchtigung, biologisch-physiologische Integrität und dieser gleichsetzbare geistig-seelisch-psychische Integrität.[202]

---

strafrechtlichen Verbots des Handeltreibens mit Betäubungsmitteln ist gemäß § 134 BGB neben dem schuldrechtlichen Verpflichtungsgeschäft zugleich die Übereignung sowohl der Drogen als auch des für sie als Kaufpreis gezahlten Geldes zivilrechtlich unwirksam (vgl. BGH, NJW 1983, S. 636 [Schrifttumsquellen]. […] Soweit § 73d StGB StGB [a. F., ≙ § 73a StGB, P. B.] die Entziehung von Gegenständen anordnet, die der Betroffene zwar deliktisch, aber gleichwohl zivilrechtlich wirksam erworben hat, enthält er eine Inhalts- und Schrankenbestimmung des Eigentums im Sinne des Art. 14 Abs. 1 Satz 2 GG. Diese genügt in der Auslegung des Bundesgerichtshofs den verfassungsrechtlichen Anforderungen.".

199 BVerfGE 143, 246, Ls. 5 (Dreizehnte Novelle des Atomgesetzes) = BVerfG, Urteil des Ersten Senats vom 06.12.2016 – 1 BvR 2821/11 –, Ls. 5.

200 BVerfGE 143, 246, Ls. 4 (Dreizehnte Novelle des Atomgesetzes) = BVerfG, Urteil des Ersten Senats vom 06.12.2016 – 1 BvR 2821/11 –, Ls. 4.

201 Vgl. auch Art. 142 GG i.V.m. Art. 4 Abs. 1 Verfassung NRW; Art. 3, 4 EU-GR-Charta; Art. 3 EMRK (**Folterverbot**; Verbot bzgl.: **unmenschliche oder erniedrigende Behandlung oder Strafe**); Art. 7 IPbpR (**Folterverbot**; Verbot bzgl. **grausame, unmenschliche oder erniedrigende Behandlung oder Strafe**; Verbot medizinischer oder wissenschaftlicher Versuche ohne freiwillige Zustimmung); Art. 12 IPwskR („Recht eines jeden auf das für ihn erreichbare Höchstmaß an körperlicher und geistiger **Gesundheit**").

202 BVerfGE 56, 54, 74-76 (Fluglärm I) = BVerfG, Beschluss des Ersten Senats vom 14.01.1981 – 1 BvR 612/72, C. I. 1., Rn. 73-76, dort u.a.: „Gegen die Zugrundelegung des weiten Gesundheitsbegriffs der Weltgesundheitsorganisation ließe sich allerdings einwenden, es sei - wenn das dem Willen des Verfassungsgesetzgebers entsprochen hätte - schwer erklärlich, daß der Parlamentarische Rat diesen seit 1946 bekannten Begriff nicht übernommen, sondern stattdessen nur die ‚körperliche Unversehrtheit' grundrechtlich geschützt hat [Grammatik, P. B.]. Andererseits dürfte eine Beschränkung des Schutzes allein auf solche Einwirkungen, die Verletzungen des Körpers darstellen, der Bedeutung dieses Grundrechts jedenfalls dann nicht gerecht werden, wenn es im Lichte des Art. 1 GG und der darin verbürgten Unantastbarkeit der Menschenwürde ausgelegt wird [Systematik, P. B.]. Dabei kann dahinstehen, ob eine solche Beschränkung überhaupt mit dem Verständnis des Menschen als einer Einheit von Leib, Seele und Geist und mit der Wechselwirkung zwischen psychischen und physischen Gesundheitsstörungen vereinbar wäre. Verfassungsrechtlich kann nicht außer acht bleiben, daß eine enge Auslegung nicht der Funktion des Grundrechts als Abwehrrecht gegen staatliche Eingriffe etwa durch psychische Folterungen, seelische Quälereien und

b) GR-E (oder Nichteingriff/GR-Verzicht): **Körperunversehrtheitseinschränkung** durch Hervorrufen oder Steigern eines nachteilig von den normalen körperlichen Funktionen abweichenden körperlichen Zustandes.

c) GR-B: Art. 2 Abs. 2 S. 3 GG.

5. Leben, Art. 2 Abs. 2 S. 1 Alt. 1 GG[203]

a) GR-SB:

aa) Persönlicher GR-SB: „Jeder“.

bb) Sachlicher GR-SB: **Leben** als biologisch-physische Existenz[204], Todesfreiheit.

b) GR-E (oder Nichteingriff/GR-Verzicht): **Lebenseinschränkung/Todesfreiheitseinschränkung** durch dahingehende erhebliche nachteilige Beeinflussung eines vitalen körperlichen Zustandes.

c) GR-B: Art. 2 Abs. 2 S. 3 GG.

---

entsprechende Verhörmethoden entsprechen würde [Teleologie mit funktionalem Schutzbereich und Schutzzweck des Grundrechts, P. B.]. Da die Einfügung gerade dieses Grundrechts auf Erfahrungen im Dritten Reich beruhte, darf dieser Gesichtspunkt jedenfalls nicht gänzlich vernachlässigt werden [Historie, P. B.]. Mit Recht hat der nordrhein-westfälische Ministerpräsident im vorliegenden Verfahren eingeräumt, daß zumindest solche nichtkörperliche Einwirkungen von Art. 2 Abs. 2 GG erfaßt würden, die ihrer Wirkung nach körperlichen Eingriffen gleichzusetzen seien. Das sind jedenfalls solche, die das Befinden einer Person in einer Weise verändern, die der Zufügung von Schmerzen entspricht [Systematik, P. B.]. Bislang ist Art. 2 Abs. 2 GG auch nicht in dem genannten engeren Sinne angewandt worden. So wurde die Frage, ob hirnelektrische Untersuchungen in die körperliche Unversehrtheit eingreifen können, nicht etwa von vornherein verneint, sondern wegen der Harmlosigkeit solcher Untersuchungen offengelassen (BVerfGE 17, 108 [114 f.]). In der Entscheidung zum Räumungsschutz ist die psychische Erkrankung des Beschwerdeführers und die Gefahr von Selbstmorden als relevant im Sinne des Art. 2 Abs. 2 GG angesehen worden (BVerfGE 52, 214 [220 f.]). Im übrigen liegt den neueren Lärmschutzvorschriften durchweg ein weiteres Verständnis zugrunde. [...] Zumindest in Gestalt von Schlafstörungen lassen sich Einwirkungen auf die körperliche Unversehrtheit schwerlich bestreiten.“.

[203] Art. 142 GG i.V.m. Art. 4 Abs. 1 Verfassung NRW; Art. 2 EU-GR-Charta; Art. 2 EMRK. Vgl. auch Art. 102 GG („Die **Todesstrafe** ist abgeschafft.“); Protokoll Nr. 6 EMRK („über die Abschaffung der Todesstrafe“), Protokoll Nr. 13 EMRK („über die vollständige Abschaffung der Todesstrafe“); Art. 6 IPbpR („angeborenes Recht auf Leben“ und Todesstrafe-Bedingungen); Art. 10 Nr. 3 IPwskR (Strafbarkeitssoll bzgl. lebensgefährdender Arbeitsbeschäftigung für Kinder und Jugendliche).

[204] BVerfGE 115, 118, 139 (LuftSiG) = BVerfG, Urteil des Ersten Senats vom 15.02.2006 – 1 BvR 357/05 –, C. I., Rn. 85: „Art. 2 Abs. 2 Satz 1 GG gewährleistet das **Recht auf Leben** als Freiheitsrecht (vgl. BVerfGE 89, 120 <130>). Mit diesem Recht wird die biologisch-physische Existenz jedes Menschen vom Zeitpunkt ihres Entstehens an bis zum Eintritt des Todes unabhängig von den Lebensumständen des Einzelnen, seiner körperlichen und seelischen Befindlichkeit, gegen staatliche Eingriffe geschützt.“.

A. Rechtsgrundlage (RGL) II. Rechtsgebiet (RG) – Zwangsmittel-Anwendung

(VOR/DEF)

Rechtsgebiet ist Rechtsordnungsteil nach allen Umständen – wie schwerpunktmäßige Äußerungen, Rechtsnormen, Zwecke, auch i.V.m. §§ 133, 157 BGB analog.[205]

(SUB)

Die Maßnahme erfolgt je nach Fall ausdrücklich oder schlüssig zwecks Durchsetzung der für die Polizei gefahrenabwehrgesetzlich / strafrechtspflegerisch normierten Grundmaßnahme mit entsprechendem Rechtsgebiets-Zweck (gegebenenfalls ähnlich oder gleich einer Grundbefugnisrechtsnorm, z.B. wie aus [alternativ]:

- § 8 Abs. 1 PolG NRW / § 163 Abs. 1 S. 2 StPO
- § 10 PolG NRW
- § 12 PolG NRW / § 12a PolG NRW / § 163b Abs. 1 StPO / § 163b Abs. 2 StPO
- § 39 PolG NRW / § 40 PolG NRW / § 41 PolG NRW / § 102 StPO / § 103 StPO
- § 43 PolG NRW / § 94 Abs. 1 StPO / § 94 Abs. 1, 2 StPO / § 94 Abs. 3 StPO / § 132 StPO / § 111b StPO
- § 35 PolG NRW / § 127 Abs. 1 S. 1 Alt. 1 StPO; § 127 Abs. 2 i.V.m. § 112/§ 112a/§ 126a; § 127b StPO; § 164 StPO
- § 34a PolG NRW / § 34b PolG NRW / § 34c PolG NRW
- § 14 PolG NRW / § 14a PolG NRW / § 81a StPO / § 81b StPO / § 81c StPO / § 81g StPO.).

(ERG)

Die Maßnahme erfolgt auf dem Rechtsgebiet (alternativ)

- des besonderen öffentlichen Verwaltungsrechts polizeilicher Gefahrenabwehr
- des besonderen öffentlichen Rechts polizeilicher Strafrechtspflege.

A. Rechtsgrundlage (RGL) III. Mögliche Befugnisrechtsnorm (Mgl. Brn.) – Rechtsgebiet Gefahrenabwehr oder Strafrechtspflege / Zwangsmittel-Anwendung

(VOR/DEF)

Befugnisrechtsnorm ist die rechtmäßige hauptsächliche materiellrechtliche Rechtsgrundlage mit realfolgenentsprechender Rechtsfolge.

---

205 Zum Rechtsgebiet bzw. zu Rechtsgebieten einschließlich Rechtsgebiet-Begriffen und Rechtsgebiet-Auslegungsansätzen: *Basten*, Eingriffsrecht der Polizei in Nordrhein-Westfalen, Band 1, Buch 1, Abschnitt 3, Unterabschnitt 3, Titel 3, Untertitel 3.

(DEF/SUB)

Realfolge ist die jeweilige Maßnahme laut Sachverhalt.

Rechtsfolge ist die jeweilige Maßnahme laut Rechtsnorm.

Zu den Begriffen **Zwang**, **Verwaltungszwang**, **Vollstreckung**, **Verwaltungsvollstreckung**: Auf dem Rechtsgebiet der Gefahrenabwehr ist „Zwang" oder „Verwaltungszwang" die Oberrechtsfolge laut PolG NRW (vgl. insbesondere § 50 Überschrift, Abs. 1, 2 PolG NRW); damit gleichbedeutend ist auf dem Rechtsgebiet der Gefahrenabwehr die Oberrechtsfolge „Vollstreckung" oder „Verwaltungsvollstreckung" laut dem VwVG NRW; dementsprechend lauten die Oberrechtsfolgen auf dem Rechtsgebiet der Strafrechtspflege, auf dem „Zwang" oder „Vollstreckung" ausdrücklich nur fragmentarisch normiert sind, „Zwang" oder „Vollstreckung".

Zur rechtlichen **Stellung von Zwang**: Zwang ist im Recht der Polizei eine Maßnahmen-Rechtsfolge im zweiten Maßnahmenabschnitt von drei möglichen, strikt auseinanderzuhaltenden Maßnahmenabschnitten (Trennungsgebot im Recht der Polizei); also ist Zwang gleichsam in der Mitte zwischen zwei von ihm dezidiert zu unterscheidenden **Maßnahmenabschnitten** im Eingriffsrehct der Polizei, nämlich:

- zwischen dem ersten Maßnahmenabschnitt, der beinhaltet: die im Verhältnis zum Zwang sogenannten (eben zwangsweise durchzusetzenden, zu vollstreckenden) **Grundmaßnahmen** (VA oder Justiz-Verfügungs-VA als mit Zwang durchzusetzene Maßnahmen);
- zwischen dem dritten Maßnahmenabschnitt, der beinhaltet: Entschädigung, Ersatz, Erstattung, Gebühren, Kosten für Grundmaßnahmen oder Zwangsmaßnahmen.[206]

Zu **Zwangskategorien / Zwangskonstellationen**: Auf beiden Rechtsgebieten von Gefahrenabwehr und Strafrechtspflege ist Zwang bzw. Vollstreckung grundsätzlich in vier verschiedenen Zwangskonstellationen / Zwangskategorien als Zwangsverfahren vorstellbar, nämlich wie folgt:

- „Gestreckter Vollzug" / „Gestrecktes Zwangsverfahren" (oder „Gestrecktes Verfahren"), mit: Grundverfügung, Zwangsmittelandrohung, Zwangsmittelanwendung;
- „Gekürztes gestrecktes Zwangsverfahren" / „Gekürztes gestrecktes Verfahren" (oder „gekürzter gestreckter Vollzug") mit Grundverfügung, ohne Zwangsmittelandrohung, mit Zwansgmittelanwendung;
- „Sofortvollzug" (oder „Sofortzwangsanwendungsverfahren" / „Sofortverfahren"), ohne Grundverfügung, ohne Zwangsmittelandrohung, mit Zwangsmittelanwendung;
- „Reines Zwangsandrohungsverfahren" / „Reines Androhungsverfahren", mit Grundverfügung, mit Zwangsmittelandrohung, ohne Zwangsmittelanwendung.

---

[206] Zu den möglichen **Maßnahmenabschnitten** im Eingriffsrecht der Polizei siehe auch mit Abbildung: *Basten*, Eingriffsrecht der Polizei in Nordrhein-Westfalen, Band 1, S. 176.

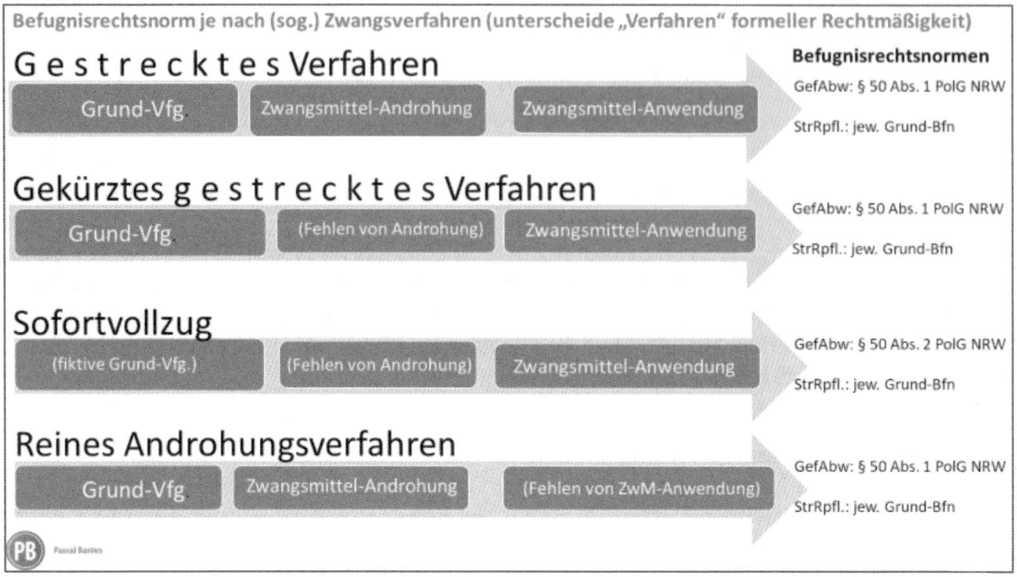

Die Endrechtsfolge (in gedachter, gleichsam auf einen polizeilichen Erfolg zulaufender Linie) einer polizeilichen Maßnahmenkonstellation und damit auch der Schema-Betreff/das Schema-Thema[207], auf den sich alle Fallbearbeitungsschemaoberpunkte aus den Fallbearbeitungsschemafeldern A., B., C., D. beziehen, ist je nach Maßnahmenabfolge (alternativ):

- Grundmaßnahme als (Handlungs- oder Duldungs- oder Unterlassungs-)Verwaltungsakt oder als Realakt auf dem Rechtsgebiet der Gefahrenabwehr oder als Justizverwaltungsakt auf dem Rechtsgebiet der Strafrechtspflege;
- Zwangsmittelandrohung als Verwaltungsakt auf dem Rechtsgebiet der Gefahrenabwehr oder als Justizverwaltungsakt auf dem Rechtsgebiet der Strafrechtspflege – ausschließlich mit Zwangsmittelandrohungsvoraussetzungen in allen Fallbearbeitungsschemafeldern insbesondere von B. und C. und Zwangsmittelandrohungsvoraussetzungen u.a. teilweise zum Verfahren der Zwangsmittelandrohung i.S.d. Fallbearbeitungsschemapunktes B. II. Verfahren, vgl. u.a. § 56 Abs. 1 S. 2, Abs. 2-5 PolG NRW als Verfahrensteil, und mit Zwangsmittelandrohungsvoraussetzungen u.a. teilweise zur Form der Zwangsmittelandrohung i.S.d. des Fallbearbeitungsschemapunktes B. III. Form, vgl. § 56 Abs. 1 S. 1, Abs. 6 PolG NRW);
- Zwangsmittelanwendung als Realakt auf dem Rechtsgebiet der Gefahrenabwehr oder als Justizverwaltungsakt auf dem Rechtsgebiet der Strafrechtspflege – mit Zwangsmittel*androhungs*voraussetzungen als Teil des Verfahrens der Zwangsmittel*anwendung* im Sinne des Fallbearbeitungsschemapunktes B. II. Verfahren, nicht der Form der Zwangsmitel*anwendung* im Sinne des Fallbearbeitungsschemapunktes B. III., nämlich alternativ:
  - im Fall des „gestreckten Verfahrens" – also bei Gegebensein auch einer Androhung – nach § 56 Abs. 1 S. 2, Abs. 2-6 PolG NRW)

[207] Zum Schema-Betreff/Schema-Thema siehe *Basten*, Eingriffsrecht der Polizei in Nordrhein-Westfalen, Band 1, S. 172, 174.

- im Fall des „Sofortvollzugs" nach § 56 Abs. 1 S. 3 PolG NRW oder § 61 PolG NRW, nämlich bezüglich rechtmäßigen oder rechtswidrigen Fehlens der Zwangsmittel*androhung*.

Zum **Zwangsverfahrens- und -Schemaverfahrens-Unterschied**: Das Wort „Verfahren" in Bezeichnungen wie „gestrecktes Verfahren", die so nur spezielle Verwendung findet bezüglich Zwangsmittelanwendung mit vorheriger Zwangsmittelandrohung zwecks Durchsetzung einer vorherigen faktischen Grundverfügung, kann so nur Beschreibung dieses faktischen Maßnahmenlaufs über drei Verfahrensstationen einer Zwangskonstellation sein, ist aber nicht „Verfahren" im formell-rechtlichen Sinne des Schema-Fallbearbeitungspunktes B. II., also nicht im Sinne von normiertem Verhalten des Rechtsfolgezuständigen außer, bei, i.Z.m. der Rechtsfolge, ist damit nicht ineinszusetzen, nicht völlig gleichzusetzen.

Zum **Verfahrens- und -Vollzugs-Unterschied**: Die Bezeichnungen „gestrecktes Verfahren" und „gestreckter Vollzug" meinen letztlich das Gleiche in Abgrenzung zum „Sofortvollzug" / „Sofortzwangsmittelanwendungsverfahren" und im Gegensatz zum „reinen Androhungsverfahren". „Gekürztes gestrecktes Verfahren" bzw. „gekürzter gestreckter Vollzug" ist noch immer „gestrecktes Verfahren" bzw. „gestreckter Vollzug", wenn auch um die Androhung gekürzt, die also beim „gekürzten gestreckten Verfahren/Vollzug" genauso wie beim „Sofortvollzug" faktisch fehlt, was rechtlich sowohl im „gekürzten gestreckten Verfahren/Vollzug" als auch im „Sofortvollzug" entweder rechtmäßig oder rechtswidrig ist, vgl. dazu § 56 Abs. 1 S. 3 PolG NRW (zur Frage des Androhungsabsehens, des Androhungsfehlens, also zur Frage der Rechtmäßigkeit des Fehlens der Androhung des Zwangsmittels „Ersatzvornahme" oder des Fehlens der Androhung des Zwangsmittels „Zwangsgeld") oder § 61 PolG NRW (zur Frage des Androhungsabsehens, des Androhungsfehlens, also zur Frage der Rechtmäßigkeit des Fehlens der Androhung des Zwangsmittels „unmittelbarer Zwang"). „Vollzug" kann mehr dic Zwangsmittelanwendung betonen als „Verfahren", sodass bezüglich des „reinen Androhungsverfahrens" die Bezeichnung als „reiner Androhungsvollzug" zu vermeiden ist.

Zur Begrifflichkeit „**Normalvollzug**": Die Begrifflichkeit „Normalvollzug" als weitere alternative Begrifflichkeit für das gestreckte Verfahren bzw. den gestreckten Vollzug ist zu vermeiden, da qua Gesetz nicht die volle Zwangsdurchsetzung mit möglichst viel Maßnahmen, mit möglichst viel Zwang, also mit Grundverfügung, Zwangsmittelandrohung und Zwangsmittelanwendung „normal" sein soll und Grundverfügung ohne Zwang oder Zwang nur mit Zwangsmittelandrohung nicht „unnormal" sein soll, denn es ist gerade Telos der bestimmten Grundverfügung, einen bestimmten verfassungsgemäßen oder sonst gesetzlichen Zweck zu erreichen, und zwar angemessen mit dem mildesten, geeigneten Mittel, und es ist verhältnismäßigkeitsentsprechend gerade Telos einer Zwangsmittelandrohung, einen bestimmten verfassungsgemäßen oder sonst gesetzlichen Zweck zu erreichen und eine Zwangsmittelanwendung zu vermeiden, weshalb im Falle von Zweckerreichung gerade eine Grundverfügung alleine als anzustrebende Normalität gelten soll oder im Falle von Zweckerreichung gerade das „reine Androhungsverfahren" als erfolgreicher Zwang bzw. erfolgreiches Zwangsverfahren gelten soll.

Zum **Vollzugs- und -Vollziehungs-Unterschied**: „Vollzug" im Sinne des Zwangsrechts bzw. Vollsteckungsrechts ist etwas anderes als „Vollziehung" bzw. „sofortige Vollziehung" im Sinne der §§ 80-80b VwGO.

Zum **Androhungs- und Grundverfügungs-Zusammenhang**: Eine Zwangsmittelandrohung ist auf beiden Rechtsgebieten in der Regel sinnlogisch nur in Verbindung mit einer ausdrücklichen oder schlüssigen Grundverfügung (VA oder Justiz-VA) denkbar, unabhängig von etwaiger Gleichzeitigkeit oder Ungleichzeitigkeit von Grundverfügung und Androhung, da der Erklärungsempfänger die Androhung als solche nur verstehen kann, wenn er darin den

Androhungszweck der Durchsetzung einer ausdrücklichen oder schlüssigen Grundverfügung und damit diese selbst begreifen kann, vgl. §§ 133, 157 BGB analog, im Sinne eines „Wenn nicht [Grundverfügung], dann [Androhung]“, vgl. auch § 50 Abs. 1 PolG NRW, der allgemeiner von Durchsetzung schreibt und § 50 Abs. 2 PolG NRW, der von Anwendung des Zwangs schreibt, nicht mehr von Androhung, und der als Befugnisrechtsnorm für den „Sofortvollzug“ auch in aller Regel nicht eine Androhung voraussetzt, andernfalls man wieder eine Grundverfügung und damit keinen „Sofortvollzug“ hätte, vgl. auch § 56 Abs. 2 PolG NRW, der bei Androhung von einem Verwaltungsakt ausgeht, ebenso hat der Begriff der Androhung bereits eine Grundverfügung zur Voraussetzung in § 56 Abs. 1 S. 2 PolG NRW („Androhung zur Erfüllung der Verpflichtung“ [aus der Grundverfügung]).

Zum **Zwangsmittelandrohungs- und- Zwangsmittelanwendungs-Zusammenhang**: Grundsätzlich können Zwangsmittelandrohungsvoraussetzungen Teil von Zwangsmittelanwendungsvoraussetzungen sein, vgl. für das „gestreckte Zwangsverfahren“ § 56 Abs. 1 S. 1, 2 und Abs. 2-6 PolG NRW, vgl. für das „gekürzte gestreckte Zwangsverfahren“ § 56 Abs. 1 S. 3 PolG NRW, § 61 PolG NRW. Zwangsmittelandrohung im „reinen Androhungsverfahren“ und Zwangsmittelanwendung sind – wie alle Rechtsfolgen und wie alle alia zueinander – hinreichend bestimmt zu trennen, sowohl bezüglich der Rechtsfolge an sich als auch bezüglich ihrer jeweiligen Rechtmäßigkeitsvoraussetzungen in der Subsumtion auf den jeweiligen einzelnen Fall, sodass eine Fallbearbeitung mit folgender Prämisse schon logisch nicht ausreicht und generell nicht geht: „Zwangsmittelandrohung ist (nur) dann rechtmäßig, wenn die angedrohte Zwangsmittelanwendung rechtmäßig ist/wäre.“, denn unter anderem gilt generell folgendes:

- Zwangsmittelandrohung und Zwangsmittelanwendung sind alia zueinander;
- Zwangsmittelanwendung und Zwangsmittelanwendung haben grundsätzlich und in der Regel bereits die gleichen Verfahrensvoraussetzungen aus §§ 56, 61 PolG NRW und bereits die gleichen allgemeinen Tatbestandsvoraussetzungen aus § 50 Abs. 1 PolG NRW[208];
- Zwangsmittelandrohung im „reinen Androhungsverfahren“ ist milder als die im Verhältnis zu ihr intensivere Zwangsmittelanwendung, unter Umständen sogar krass milder mit einem Unterschied zwischen völliger körperlicher Unversehrtheit (bei bloß verbaler Androhung) und völliger Lebensvernichtung/Tod (z.B. bei UZw-Anwendung mit Schusswaffen*gebrauch*);
- Zwangsmittel*anwendung* kann je nach angewendetem Zwangsmittel andere Vollstreckungsvoraussetzungen haben als Zwangsmittel*androhung*, vgl. z.B. § 62 PolG NRW ([tatsächliche] „Fesselung“) oder §§ 63-65 („Schusswaffen*gebrauch*“), § 66 PolG NRW („angewendet“, „gebraucht“);
- Zwangsmittelanwendung kann rechtmäßig sein sogar ohne jede Androhung und damit ohne jede Zwangsmittelandrohungsvoraussetzung, vgl. insbesondere §§ 56, 61 PolG NRW mit den dortigen rechtlichen Möglichkeiten des Absehens von Zwangsmittelandrohung.

Für dermaßen andersartige und anderswirkende Rechtfolgen gibt es in Gesetz und Recht keinmal insgesamt nur gleiche Rechtmäßigkeitsvoraussetzungen, und kann es auch rechtlich gar nicht geben, etwa im Hinblick auf Grundrechtsschutzfunktion und die Grundrechtsförderungsfunktion[209], die eine Lagebewältigung durch rein verbales Eingreifen grundsätzlich unter

[208] Nur bzgl. zwangsspezifischer allgemeiner Rechtmäßigkeitsvoraussetzungen wie aus §§ 50, 56, 61 PolG NRW trifft grundsätzlich folgendes zu aus Nr. 61.11 S. 1 VVPolG NRW: „Unmittelbarer Zwang darf nur angedroht werden, wenn die Zulässigkeitsvoraussetzungen für seine Anwendung gegeben sind.“.

[209] Zu Grundrechtsfunktionen siehe auch: *Basten*, Eingriffsrecht der Polizei in Nordrhein-Westfalen, Band 1, S. 78-84.

geringeren Voraussetzungen gebieten können als durch erheblichere, körperliche Einwirkung auf Personen und Sachen.

Rechtsfolge ist im „gestreckten Vollzug"/„gestreckten Zwangsverfahren" und im „Sofortvollzug"/„Sofortzwangsverfahren" auf dem Rechtsgebiet der Gefahrenabwehr:

„(Verwaltungs-)Zwang", § 50 Überschrift PolG NRW, hier als Realakt der Anwendung des Zwangsmittels

(alternativ:)

- Ersatzvornahme[210], §§ 51 Abs. 1 Nr. 1, Abs. 2, 52 Abs. 1 S. 1 PolG NRW „zur" Durchsetzung eines bestimmten, auf eine bestimmte Handlung oder Duldung oder Unterlassung „gerichteten" VA.
- Zwangsgeld[211], §§ 51 Abs. 1 Nr. 2, Abs. 2, 53 PolG NRW, „zur" Durchsetzung eines bestimmten, auf eine bestimmte Handlung oder Duldung oder Unterlassung „gerichteten" VA.
- unmittelbarer Zwang, §§ 51 Abs. 1 Nr. 3, Abs. 2, 58 PolG NRW[212] „zur" Durchsetzung eines bestimmten, auf eine bestimmte Handlung oder Duldung oder Unterlassung „gerichteten" VA.

---

[210] **Ersatzvornahme** ist gemäß § 52 Abs. 1 S. 1 PolG NRW: Vornahme einer Handlung, deren Vornahme durch einen anderen möglich ist (**vertretbare Handlung**) – in Selbstausführung durch die Polizei (**Selbstvornahme**) oder in Ausführung durch einen mit der Ausführung von der Polizei beauftragten anderen (**Fremdvornahme**). „**Abschleppen**" (vgl. auch § 15a StVO) oder „**Versetzen**" eines straßenverkehrsverbotswidrig, zum Beispiel im Halteverbot abgestellten Fahrzeugs zwecks Durchsetzung des aus dem Verbot sich ergebenden Gebots (z.B. Wegfahrgebot) ist Zwang mit Anwendung des Zwangsmittels der Ersatzvornahme, BVerwG, Beschluss vom 26.01.1988 – 7 B 189/87 (Parkuhr), Leitsatz; BVerwGE 102, 316, 318 f. (Mobiles Halteverbotsschild).

[211] **Zwangsgeldanwendung** erfolgt durch **Beitreibung**, § 53 Abs. 3 PolG NRW i.V.m. VO VwVG NRW. Gemäß § 53 Abs. 3 S. 1 PolG NRW wird das Zwangsgeld im Verwaltungszwangsverfahren beigetrieben, wenn die betroffene Person das Zwangsgeld nicht fristgerecht zahlt (**Zwangsgeldbeitreibung** als Anwendung des Zwangsmittels Zwangsgeld). Nr. 53.0 VVPolG NRW: „Die Festsetzung eines Zwangsgeldes durch die Polizei kommt, außer zur Durchsetzung eines Rückkehrverbotes gemäß § 34a und ggf. zur Durchsetzung einer Platzverweisung gemäß § 34 Abs. 2, nur in seltenen Fällen in Betracht, da mit diesem Zwangsmittel die Gefahr von der Polizei in aller Regel nicht rechtzeitig abgewehrt werden kann."; vgl. allerdings auch Nr. 55.2 VVPolG NRW: „Für die **Erzwingung von Angaben** kommt nur ein Zwangsgeld in Betracht (vgl. RdNr. 10.3).", und vgl. auch unter dem Zeitargument Maßnahmen aus Rechtsnormen wie: § 9 Abs. 1 PolG NRW, § 9 Abs. 2 PolG NRW, § 10 PolG NRW, § 11 PolG NRW, § 12 PolG NRW (vgl. dazu § 38 Abs. 2 PolG NRW), § 12a PolG NRW (vgl. dazu § 38 Abs. 2 PolG NRW), § 14 PolG NRW, § 34b PolG NRW, § 34c PolG NRW, § 43 PolG NRW (bzgl. der Herausgabeverfügung).

[212] Vgl. zu den **Unmittelbarer-Zwang-Legaldefinitionen** des § 58 PolG NRW: Nr. 58.2 VVPolG NRW: „**Unmittelbare körperliche Einwirkung** auf Personen ist z.B. die Anwendung entsprechender Eingrifftechniken. Auf Sachen wird unmittelbar körperlich eingewirkt z.B. bei dem Eintreten einer Tür oder dem Einschlagen einer Fensterscheibe."; Nr. 58.31 VVPolG NRW: „Die Aufzählung ist beispielhaft. Auch andere Gegenstände können als Hilfsmittel der körperlichen Gewalt in Betracht kommen, jedoch muss ihre Wirkung in einem angemessenen Verhältnis zu dem angestrebten Erfolg stehen."; Nr. 58.32 VVPolG NRW: „**Sprengmittel** dürfen gemäß § 66 Abs. 4 nur gegen Sachen angewendet werden. Zur Ablenkung von Störern bestimmte pyrotechnische Mittel (**Irritationsmittel**) sind keine Sprengmittel."; Nr. 58.34 VVPolG NRW: „Als **technische Sperren** zum Absperren von Straßen, Plätzen oder anderem Gelände kommen z.B. Fahrzeuge, Container, Sperrgitter, Sperrzäune, Seile, Stacheldraht und Nagelböden in Betracht."; Nr. 58.35: „**Diensthunde** müssen für ihre Verwendung besonders abgerichtet sein. Der Einsatz darf nur durch dafür ausgebildete Polizeivollzugsbeamtinnen oder –beamte erfolgen."; Nr. 58.36 VVPolG

Rechtsfolge ist im „gestreckten Vollzug"/„gestreckten Zwangsverfahren" und im „Sofortvollzug"/„Sofortzwangsverfahren" auf dem Rechtsgebiet der Strafrechtspflege: Anwendung von polizeilichem (unmittelbarem) Zwang auf dem Rechtsgebiet der Strafrechtspflege, da auf dem Rechtsgebiet der Strafrechtspflege als polizeilicher Zwang nur unmittelbarer Zwang gesetzlich in Betracht kommt, § 57 Abs. 1 i.V.m. § 55 Abs. 1 Var. 1 PolG NRW, und zwar als Annexbefugnis zu den Grundbefugnisrechtsnormen.[213]

Zur **Zwangsmittelsubsumtion / Zwangsmittelabgrenzung**: Eine Maßnahme kann je nach Fall zu einem Androhungszwangsmittel subsumiert und ggf. gegen andere mögliche Zwangsmittel

---

NRW: „**Reiz- und Betäubungsstoffe** dürfen nur gebraucht werden, wenn der Einsatz körperlicher Gewalt oder anderer Hilfsmittel keinen Erfolg verspricht und wenn durch den Einsatz dieser Stoffe die Anwendung von Waffen vermieden werden kann. Zu dem Gebrauch von Reiz- und Betäubungsstoffen gehört auch die Verwendung von Tränengas- und Nebelkörpern. Der Einsatz barrikadebrechender Reizstoffwurfkörper oder barrikadebrechender pyrotechnischer Mittel i.S.d. RdNr. 58.32 Satz 2 ist nur unter den Voraussetzungen des Gebrauchs von Schusswaffen gegen Personen zulässig."; Nr. 58.41 VVPolG NRW: „Die Aufzählung der zugelassenen **Waffen** ist abschließend.".

[213] Allgemeine Meinung bezüglich polizeilichen **Zwangsbefugnissen auf dem Rechtsgebiet der Strafrechtspflege als Annexbefugnisse** zu den jeweiligen strafrechtspflegerischen Grundbefugnissen, in der StPO nur fragmentarisch bzw. unvollkommen zum Ausdruck findende Rechtspraxislage, vgl. zum Beispiel zu erkennungsdienstlichen Maßnahmen nach § 81b StPO: BGHSt 34, 39 = BGH, Urteil vom 09.04.1986 – 3 StR 551/85 –, aus den Gründen: „Die Vorschrift [§ 81b StPO, P. B.] gibt darüber hinaus die Befugnis, den Beschuldigten notfalls mit Zwang in einen solchen Zustand zu bringen, daß die bezeichneten Maßnahmen gegen seinen Willen durchgeführt werden können, z. B. mit Gewalt die Handschuhe auszuziehen sowie seinen Arm und seine Finger zu strecken, damit ein Handflächenabdruck genommen werden kann [...] Es kann dahinstehen, ob eine längere Sprechprobe überhaupt als eine von § 81b StPO erfaßte Feststellung einer ‚dauerhaften Persönlichkeitsgegebenheit' angesehen werden kann. Jedenfalls darf sie nicht mit Zwang durchgesetzt werden (Kleinknecht-Meyer, StPO, 37. Aufl., § 81b Rdnr. 8). § 81b StPO verpflichtet den Beschuldigten nur, die dort genannten Identifizierungsmaßnahmen zu dulden, nicht aber, sie durch aktives Tun selbst herbeizuführen [Quellenangaben]). Auch den anderen strafprozessualen Eingriffsermächtigungen gegenüber dem Beschuldigten (z. B. §§ 81, 81a, 102, 133 ff., 163a III, 163b I StPO) liegt die Erwägung zugrunde, daß ein Beschuldigter lediglich gezwungen werden kann, den Augenschein an sich zu dulden. Seine Beweisfunktion als Augenscheinsobjekt darf gegen seinen Willen nur durchgesetzt werden, sofern er lediglich passiv Beteiligter bleibt (vgl. BVerfGE 56, 37 (42) = NJW 1981, 1431: ‚passive ... Duldungs- und Verhaltenspflichten'; Rogall, Der Beschuldigte als Beweismittel gegen sich selbst, 1977, S. 37, 53, 158, 160, 196, 198; Roxin, StrafverfahrensR, 18. Aufl., S. 88). Es entspricht daher allgemeiner Meinung, daß der Beschuldigte nicht verpflichtet ist, zur eigenen Überführung tätig zu werden und an einer Untersuchungshandlung eines Strafverfolgungsorgans oder eines Sachverständigen aktiv mitzuwirken [Quellenangaben]). Auch der BGH hat stets die Freiheit des Beschuldigten betont, selbst darüber zu befinden, ob er an der Aufklärung des Sachverhalts aktiv mitwirken will oder nicht (z. B. BGHSt 5, 332 (334) = NJW 1954, 649; NStZ 1985, 545). In Übereinstimmung hiermit hält das BVerfG den Zwang, durch eigene Aussagen die Voraussetzungen für eine strafgerichtliche Verurteilung liefern zu müssen, für unzumutbar und mit der Würde des Menschen nicht vereinbar (BVerfGE 56, 37 (49) = NJW 1981, 1431) [vgl. § 55 Abs. 2 PolG NRW; siehe aber auch § 70 StPO, § 53 PolG NRW, P. B.). Der Beschuldigte darf also nicht zu Tests, Tatrekonstruktionen, Schriftproben oder zur Schaffung ähnlicher, für die Erstattung eines Gutachtens notwendiger Anknüpfungstatsachen gezwungen werden. Für die Abgabe einer wissenschaftlich auswertbaren Sprechprobe gilt nichts anderes. Das Verbot, sie vom Beschuldigten zu erzwingen, wäre wirkungslos, wenn es dadurch umgangen werden könnte, daß der Beschuldigte durch ausdrückliche oder konkludente Täuschung darüber, daß sein nichtöffentlich gesprochenes Wort auf Tonträger fixiert wird und einer Stimmvergleichung dienen soll, zum Sprechen veranlaßt werden dürfte (so zutreffend Leineweber in dem juristischen Leitfaden für die kriminalistische Praxis ‚Die erkennungsdienstliche Behandlung', 1979, S. 40). Die vom OLG in Anspruch genommene Befugnis kann also nicht aus der in § 81b StPO enthaltenen Ermächtigung zu ‚ähnlichen' Maßnahmen hergeleitet werden.".

abgegrenzt werden insbesondere nach Auslegungsansätzen/Argumenten/Kriterien/Maßstäben wie auf der folgenden Abbildung:

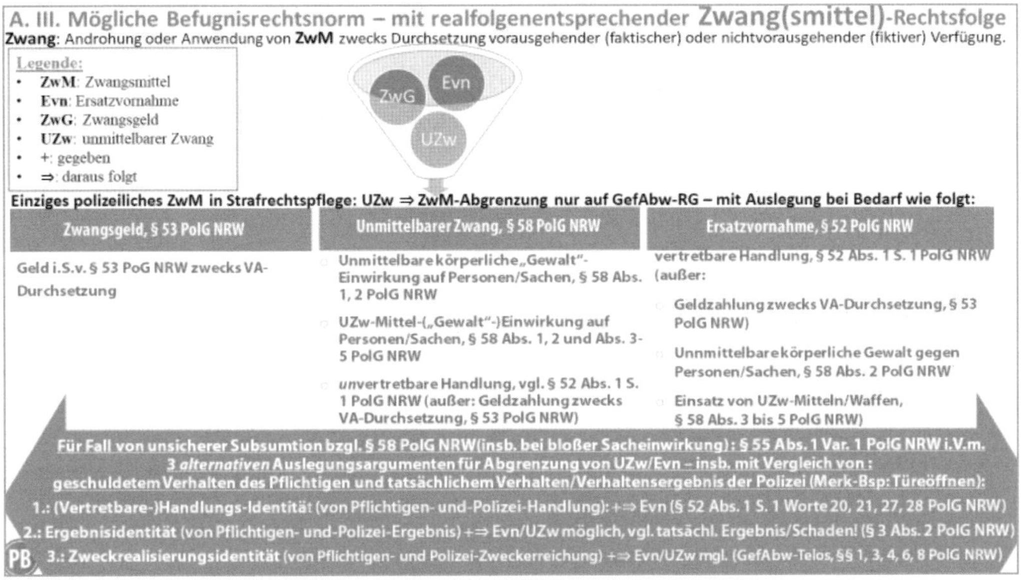

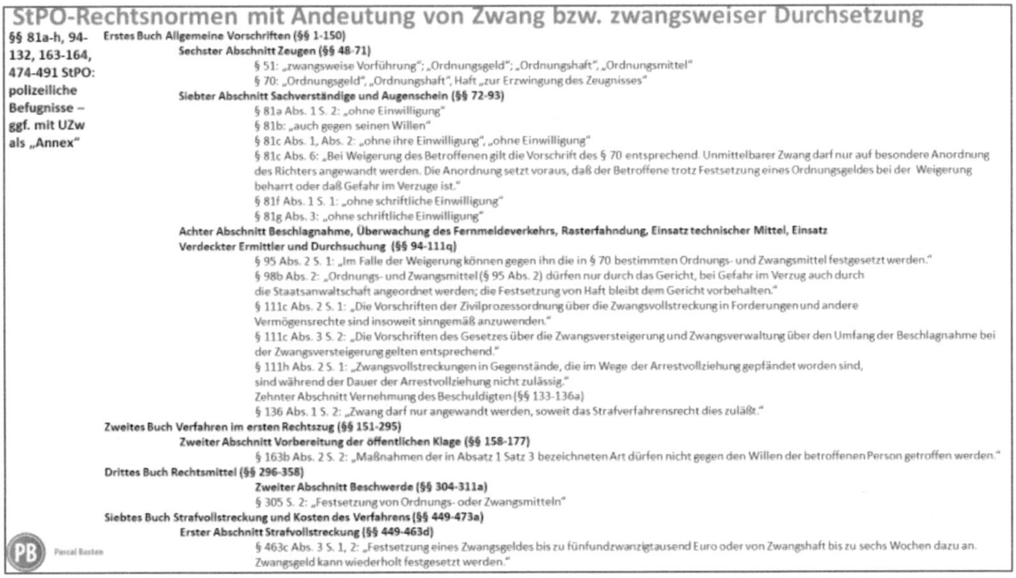

(ERG)

Mögliche Befugnisrechtsnorm ist (alternativ)

- § 50 Abs. 1 PolG NRW („gestrecktes Zwangsverfahren"/„gekürztes gestrecktes Verfahren")[214]
- § 50 Abs. 2 PolG NRW („Sofortvollzug")[215]
- § [jeweilige Grundbefugnisrechtsnorm] („gestrecktes Verfahren"/„gekürztes gestrecktes Verfahren"/„Sofortvollzug").

(SUB)

Realfolgen und Rechtsfolgen zu:

Zwang (Verwaltungsvollstreckung der Polizei)

Realfolgen – Beispiele:

- Beißen/BodyCheck/Drücken/Fesseln/Geldverlangen/Grätschen/Hauen/Rempeln/Schieben/Schießen/Schlagen/Schubsen/Sprühen/Stoße n/Treten/Würgen/Zahlungsverlangen/Ziehen.
- Ernsthafte verbale Ankündigung, dass beauftragt/geschlagen/gefesselt/geschossen/(„Reizgas"/ „Pfefferspray") gesprayt wird/gezahlt werden muss, wenn nicht bestimmtes befolgt/bestimmt gehandelt wird.

(ERG)

Mögliche Befugnisrechtsnorm zu:

Zwang (Verwaltungsvollstreckung der Polizei)

Gefahrenabwehr:

- § 50 Abs. 1 PolG NRW:

Zwangsmittelanwendung im (ggf. – um die Androhung – gekürzten) gestreckten Verfahren

- § 50 Abs. 2 PolG NRW: Zwangsmittelanwendung im Sofortvollzug[216]
- § 50 Abs. 1 PolG NRW: Zwangsmittelandrohung.

---

[214] BVerwG, Beschluss vom 03.05.2019 – 6 B 149.18 (Durchsetzung einer versammlungsrechtlichen Verfügung auf der Grundlage des allgemeinen Polizeirechts), Leitsatz: „Fehlt es an speziellen Regelungen zur Vollstreckung der auf versammlungsrechtlicher Grundlage erlassenen Verfügungen, steht die von Art. 8 Abs. 1 GG geschützte Versammlungsfreiheit dem Rückgriff auf die allgemeinen landesrechtlichen Regelungen nicht entgegen."

[215] BVerwG, Beschluss vom 03.05.2019 – 6 B 149.18 (Durchsetzung einer versammlungsrechtlichen Verfügung auf der Grundlage des allgemeinen Polizeirechts), Leitsatz: „Fehlt es an speziellen Regelungen zur Vollstreckung der auf versammlungsrechtlicher Grundlage erlassenen Verfügungen, steht die von Art. 8 Abs. 1 GG geschützte Versammlungsfreiheit dem Rückgriff auf die allgemeinen landesrechtlichen Regelungen nicht entgegen."

[216] **Sofortvollzug** (Zwangsmittelanwendung ohne vorausgehenden Verwaltungsakt) ist für die Polizei normiert im Bund (VwVG) und in allen Ländern außer Baden-Württemberg, Hamburg, Sachsen. „**Unmittelbare Ausführung**" (anstelle eines Verantwortlichen) ist – i.d.R. bei den Inanspruchnahmeregelungen bei zugleich normierter Ersatzvornahme – für die Polizei normiert im Bund (§ 19 BPolG) und in folgenden Ländern: Baden-Württemberg, Bayern, Berlin, Hessen, Mecklenburg-Vorpommern, Hamburg, Sachsen, Sachsen-Anhalt, Rheinland-Pfalz, Thüringen. Sofortvollzug ohne unmittelbare Ausführung ist für die Polizei normiert in folgenden Ländern: Brandenburg, Bremen, Niedersachsen, Nordrhein-Westfalen, Saarland, Schleswig-Holstein. Unmittelbare Ausführung (anstelle eines Verantwortlichen) ist – i.d.R. bei den Inanspruchnahmeregelungen bei zugleich normierter Ersatzvornahme – ohne Sofortvollzug für die Polizei normiert in folgenden Ländern: Baden-Württemberg, Hamburg, Sachsen. Unterscheide auch die „sofortige Vollziehung" im Sinne des § 80 Abs. 2 S. 1 Nr. 4 VwGO.

Rechtsfolgen:

Zwang ist Androhung oder Anwendung eines Zwangsmittels (§ 51 Abs. 1, 2 PolG NRW) zwecks Durchsetzung vorausgehender (faktischer) oder nichtvorausgehender (fiktiver) HDU-Verfügung (Handlungsverfügung oder Duldungsverfügung oder Unterlassungsverfügung).

Androhung ist das Inaussichtstellen der Anwendung eines Zwangsmittels.

Zwangsmittel sind:

- Ersatzvornahme, § 52 PolG NRW
- Zwangsgeld, § 53 PolG NRW
- unmittelbarer Zwang, § 58 PolG NRW / StPO, vgl. § 57 PolG NRW.

Spezielle Unterarten des unmittelbaren Zwangs sind:

- § 62 PolG NRW: Fesselung
- §§ 63-66 PolG NRW (Schuss-)Waffengebrauch.

Bei Vollzugshilfe: i.V.m. §§ 47-49 PolG NRW.

Strafrechtspflege (ggf. mit §§ 46, 53 Abs. 1 S. 2 OWiG)

§ (...) StPO/OWiG (Jeweilige Befugnisrechtsnorm für Grundmaßnahme – UZw-Androhung oder UZw-Anwendung als sog. „Annexbefugnis“ zur Grundmaßnahme).

Schusswaffenzeigen-Befugnisrechtsnormrechtsfolge (vgl. Schusswaffenzeigensarten beim Fallbearbeitungspunkt Grundrechte) kann insbesondere sein:

- Zwang als Androhung eines Zwangsmittels, § 50 Abs. 1 PolG NRW, als solches auslegbar insbesondere bei Verhalten nach § 56 Abs. 2 PolG NRW;
- Maßnahme, die nicht besonders geregelt ist, § 8 Abs. 1 PolG NRW, als solches auslegbar insbesondere bei Fehlen von Verhalten nach § 56 Abs. 2 PolG NRW oder anderen Verfahrenshandlungen im Sinne von Androhung.

Abschleppen von Fahrzeugen (Fz) aufgrund verbotswidrigen Fahrzeugstehens (insbesondere Halten oder Parken, § 12 StVO) und zwecks Straßenverkehrsverstoßverhinderung oder Straßenverkehrsverstoßunterbindung ist Zwangsmaßnahme im Zusammenhang mit dem Straßenverkehr, also i.Z.m. (faktischen oder fiktiven) Verkehrsweisungen/Verkehrszeichen/Verkehrseinrichtungen/Verkehrswarnschildern, in der Regel zur Durchsetzung einer (faktischen oder fiktiven) Fahrzeugwegbewegungsgrundverfügung, insbesondere eines faktischen Fz-Wegbewegungsgebots (Zwangsbefugnisnorm: § 50 Abs. 1 PolG NRW) oder fiktiven Fz-Wegbewegungsgebots (Zwangsbefugnisnorm: § 50 Abs. 2 PolG NRW), und ist damit Zwang auf dem

Rechtsgebiet der Gefahrenabwehr mit dem Mittel der Ersatzvornahme[217]; zu unterscheiden von anderen Fällen des Abschleppens als Sicherstellung oder Beschlagnahme oder Sicherheitsleistung mit dementsprechend jeweils anderen faktischen oder fiktiven Grundverfügungen bzw. anderen schwerpunktmäßigen Zwecken als zur bloßen Fahrzeugwegbewegung bzw. zur bloßen Beendigung des Verkehrsverstoßes[218].

B. Formelle Rechtmäßigkeit (FR) I. Zuständigkeit (Z) – Rechtgebiet Gefahrenabwehr oder Strafrechtspflege (§ 57 Abs. 1 PolG NRW) / Zwangsmittel-Anwendung

(VOR/DEF)

Zuständigkeit ist Aufgabenwahrnehmungserlaubnis des Rechtsfolgesetzers.

---

217 „**Abschleppen**" (vgl. auch § 15a StVO) oder „**Versetzen**" eines straßenverkehrsverbotswidrig, zum Beispiel im Halteverbot abgestellten Fahrzeugs zwecks Durchsetzung des aus dem Verbot sich ergebenden Gebots (z.B. Wegfahrgebot) ist Zwang mit Anwendung des Zwangsmittels der Ersatzvornahme, BVerwG, Beschluss vom 26.01.1988 – 7 B 189/87 (Parkuhr), Leitsatz; BVerwGE 102, 316, 318 f. (Mobiles Halteverbotsschild).

218 Zu **Sicherstellung** nach § 43 PolG NRW, **Sicherstellung** nach § 94 StPO, **Beschlagnahme** nach §§ 94, 98 StPO, **Sicherheitsleistung** bzw. **Beschlagnahme** nach § 132 StPO siehe: *Basten*, Eingriffsrecht der Polizei in Nordrhein-Westfalen, Band 2, Buch 2, Abschnitte 24, 25, 26; zu **Beschlagnahme** nach § 111b StPO siehe *Basten*, Eingriffsrecht der Polizei in Nordrhein-Westfalen, Band 3, Buch 3, Abschnitt 4.

(SUB/ERG)

Für die Zwangsmittelandrohung ist die Zuständigkeit wie folgt gegeben:

1. sachliche Zuständigkeit *der Polizei* (alternativ)

- auf dem Rechtsgebiet der Gefahrenabwehr (alternativ):
  - o § 1 Abs. 1 S. 1, 2 Var. 1 PolG NRW (originäre Zuständigkeit) (ggf. i.V.m. § 1 Abs. 2 PolG NRW[219] / ggf. i.V.m. § 1 Abs. 5 S. 2 PolG NRW[220]);
  - o § 1 Abs. 1 S. 1, 3 PolG NRW (subsidiäre Zuständigkeit);
  - o § 1 Abs. 3 PolG NRW (bei Vollzugshilfe i.S.d. §§ 47-49 PolG NRW);
- auf dem Rechtsgebiet der Strafrechtspflege (alternativ):
  - o § 163 Abs. 1 S. 1 StPO;
  - o § 53 OWiG;

2. instanzielle Zuständigkeit *der Polizeibehörde* gemäß § 56 Abs. 1 Hs. 1 VwVG NRW[221] (analog bei nichterlassenem VA bzw. bei Strafrecht oder OWi-Recht) (ggf. i.V.m. KPBVO NRW / LKAAufgVO NRW);

3. örtliche Zuständigkeit *der Polizeibehörde* gemäß § 56 Abs. 1 Hs. 1 VwVG NRW (analog bei nichterlassenem VA bzw. bei Strafrecht oder OWi-Recht) (ggf. i.V.m. KHSt-VO NRW);

4. funktionelle Zuständigkeit *des Polizeiamtswalters* gemäß

§ 50 PolG NRW, ggf. i.V.m. § 57 Abs. 1 PolG NRW („Zwang im *Polizei*gesetz NRW") für Anordnung und Ausführung, ggf. i.V.m. spezielleren Zuständigkeitsvorschriften

- für die Anordnung wie § 37a S. 3 PolG NRW (die in der Gewahrsamseinrichtung Aufsicht führende Polizeivollzugsbeamtin oder der Aufsicht führende Polizeivollzugsbeamte), vgl. dazu auch § 37 Abs. 4 PolG NRW (Befugnisse zur Aufgabenunterstützung im Polizeigewahrsam für Polizeivollzugsbeamtinnen und Polizeivollzugsbeamten durch Bedienstete der Polizei, die nicht Polizeivollzugsbeamtinnen oder Polizeivollzugsbeamte).
- bzgl. der Ausführung durch Zwangsmittel-Anwendung wie § 66 Abs. 1 Hs. 1 PolG NRW, wonach besondere Waffen im Sinne des § 58 Abs. 5 PolG NRW (Maschinengewehre und Handgranaten) gegen Personen nur in den Fällen des § 64 Abs. 1 Nr. 1, 2, 5 PolG NRW von der Bundespolizei (i.S.d. BPolG), die gemäß Art. 35 Abs. 2 S. 1 GG oder Art. 91 Abs. 1 GG zur Unterstützung der Polizei des Landes NRW eingesetzt wird, und nur mit Zustimmung des Innenministers des Landes NRW (i.S.d. §§ 2, 3 LOG NRW) oder eines von ihm im Einzelfall Beauftragten angewendet werden.

---

[219] § 1 Abs. 2 PolG NRW hat negative Zuständigkeitsvoraussetzungen; § 1 Abs. 2 PolG NRW ist die sogenannte „**Privatrechtsklausel**"; zum **Privatrecht in der polizeilichen Praxis** ausführlich: *Basten*, Privatrecht in der polizeilichen Praxis.

[220] § 1 Abs. 5 S. 2 PolG NRW ist qua Gesetzessystematik eine Zuständigkeitsvorschrift mit negativen Befugnisvoraussetzungen.

[221] § 56 Abs. 1 Hs. 1 VwVG NRW normiert den **Selbstvollstreckungsgrundsatz**, analog bei nichterlassenem VA bzw. bei Strafrecht oder OWi-Recht, analog, da auch dann der Selbstvollstreckungsgedanke bleibt, dass im konkreten, faktischen Fall die für die (faktische oder fiktive) Grundverfügung grundsätzlich sach- und fachkundig zuständige Behörde auch für die Vollstreckung (Zwang) zuständig sein soll.

In Fällen von **Abschleppen** von Fahrzeugen (Fz) als Zwangsmaßnahme auf dem Rechtsgebiet der Gefahrenabwehr mit dem Mittel der Ersatzvornahme[222] im Zusammenhang mit dem Straßenverkehr aufgrund verbotswidrigen Fahrzeugstehens (insbesondere Halten oder Parken, § 12 StVO) und zwecks Straßenverkehrsverstoßverhinderung oder Straßenverkehrsverstoßunterbindung, also i.Z.m. (faktischen oder fiktiven) Verkehrsweisungen/Verkehrszeichen/Verkehrseinrichtungen/Verkehrswarnschildern, in der Regel zur Durchsetzung einer (faktischen oder fiktiven) Fahrzeugwegbewegungsgrundverfügung, insbesondere eines faktischen Fz-Wegbewegungsgebots (Zwangsbefugnisnorm: § 50 Abs. 1 PolG NRW) oder fiktiven Fz-Wegbewegungsgebots (Zwangsbefugnisnorm: § 50 Abs. 2 PolG NRW), kann § 56 Abs. 1 Hs. 1 VwVG NRW (Selbstvollstreckungsgrundsatz) angewendet werden wie folgt:

- direkt bei polizeibehördeneigenen Zeichen und Weisungen sowie anderen polizeibehördeneigenen Mitteln zur Sicherung und Lenkung des Straßenverkehrs, vgl. auch § 36 StVO, § 44 Abs. 2 StVO;
- analog bei polizeibehördenfremder Grundverfügung, also nicht von einer Polizeibehörde bekanntgegebener Grundverfügung (z.B. von Straßenverkehrsbehörde bekanntgegebenes Verkehrszeichen/Verkehrseinrichtung), und zwar über Zurechnung an Polizeibehörde und Polizeiamtswalter nach § 80 Abs. 2 S. 1 Nr. 2 VwGO analog[223], entsprechend einer unaufschiebbaren Anordnung oder Maßnahme von Polizeivollzugsbeamten, mit Teleologie[224] einheitlich-fachlicher Bearbeitung von Grundmaßnahme und Vollstreckungsmaßnahme i.V.m. §§ 36, 44 Abs. 2 StVO (Rechtsgedanke ähnlicher/gleicher fachlicher Expertise/Gegenstände von Polizeibehörde und Straßenverkehrsbehörde oder sonstiger Ordnungsbehörde[225] im Vehrkerszeichen-/Verkehrseinrichtungs-Regelungsbereich).

---

222 „**Abschleppen**" (vgl. auch § 15a StVO) oder „**Versetzen**" eines straßenverkehrsverbotswidrig, zum Beispiel im Halteverbot abgestellten Fahrzeugs zwecks Durchsetzung des aus dem Verbot sich ergebenden Gebots (z.B. Wegfahrgebot) ist Zwang mit Anwendung des Zwangsmittels der Ersatzvornahme, BVerwG, Beschluss vom 26.01.1988 – 7 B 189/87 (Parkuhr), Leitsatz; BVerwGE 102, 316, 318 f. (Mobiles Halteverbotsschild).

223 OVG NRW, Beschluss des 8. Senats vom 02.10.2003 – 8 B 468/03 (Sperrpfosten), Rn. 6 f.: „Nach ständiger Rechtsprechung ist § 80 Abs. 2 Nr. 2 VwGO auf verkehrsregelnde Anordnungen entsprechend anwendbar, weil sich die von **Verkehrszeichen** und **Verkehrseinrichtungen** ausgehenden Gebote oder Verbote prinzipiell nicht von **unaufschiebbaren Anordnungen oder Maßnahmen von Polizeivollzugsbeamten** unterscheiden, an deren Stelle sie gleichsam treten. Vgl. BVerwG, Beschluss vom 26. Januar 1988 – 7 B 189/87 –, NJW 1988, 2814 [Parkuhr].", Rn. 5: „Die Bekanntgabe der verkehrsregelnden Anordnung erfolgt durch Aufstellung des **Sperrpfostens** (§ 41 Abs. 3 VwVfG). Ein Sperrpfosten ist eine Verkehrseinrichtung (§ 43 Abs. 1 StVO), deren Regelungen den allgemeinen Verkehrsregeln vorgehen (§ 43 Abs. 2 StVO); ihr kann ein ähnlicher Regelungsgehalt wie Verkehrszeichen zukommen (§ 45 Abs. 2 S. 4, Abs. 4, 1. Hs. StVO). Die aufschiebende Wirkung des Widerspruchs des Antragstellers entfällt entsprechend § 80 Abs. 2 Nr. 2 VwGO.".

224 Zur **Teleologie** und vollständiger **Auslegung** siehe: *Basten*, Eingriffsrecht der Polizei in Nordrhein-Westfalen, Band 1, Buch 1, Abschnitt 3, Unterabschnitt 2, Titel 4.

225 Zum Begriff von **Polizei**, **Polizeibehörden**, **Ordnungsbehörden**, **Polizeiamtswaltern** siehe: *Basten*, Eingriffsrecht der Polizei in Nordrhein-Westfalen, Band 1, Buch 1, Abschnitt 2, Unterabschnitt 4, Titel 3.

B. Formelle Rechtmäßigkeit (FR) II. Verfahren (V) – Rechtsgebiet Gefahrenabwehr oder Strafrechtspflege (§ 57 Abs. 1 PolG NRW) / Zwangsmittel-Anwendung

(VOR/DEF)

Verfahren ist normiertes Verhalten für den Rechtsfolgezuständigen außer, bei, i.Z.m. der Rechtsfolge.

Die nachfolgenden Rechtsnormen sind aufgrund ausnahmsweiser Vielzahl in den Gliederungsüberschriften nach möglichen Alternativen gegliedert überschrieben wie folgt:

- nach möglichen Rechtsgebieten;
- nach möglichen Zwangsmitteln, so speziell wie möglich;
- nach möglichen Grundmaßnahmen, soweit nur speziele für deren Durchsetzung normiert;
- ggf. nach alternativen idealtypischen Gliederungspunkten direkt am Anfang der jeweiligen Überschrift, sodass statt fortlaufender Nr.-Gliederung über alle Rechtsgebiete, Zwangsmittel, Grundmaßnahmen hinweg ohne Berücksichtigung je nur spezieller Rechtsnormenanwendbarkeit ggf. nur für bestimmte Rechtsgebiete, Zwangsmittel, Grundmaßnahmen eine adäquatere Gliederung generiert wird für ein realistischeres Judiz möglicher Gliederungstiefen in Zwangsfällen.

Die nachfolgenden Rechtsnormen sind insbesondere wie folgt anwendbar:

- ggf. je nach genanntem Zwangsmittel und Zwangssituation alternativ;
- nach dem Rechtsgedanken des § 57 Abs. 1 PolG NRW auf dem Rechtsgebiet der Strafrechtspflege für alle polizeilichen Zwangsmaßnahmen weitestgehend und wenigstens analog, sodass zum Beispiel „Verwaltungsakt" auch als „Justizverwaltungsakt" zu lesen sein kann;
- bzgl. §§ 56, 61 PolG NRW und ggf. weiterer speziellerer Verfahrens- und Formrechtsnormen in einem systematischen Ergänzungsverhältnis i.V.m. der Rechtsnormspezialitätsregel[226], sodass zum Beispiel § 56 PolG NRW Rechtsnormen zu den spezielleren des § 61 PolG NRW oder zu weiteren spezielleren Rechtsnormen ergänzt, soweit § 61 PolG NRW oder weitere speziellere Rechtsnormen Verfahren oder Form nicht schon abschließend normieren.

B. II. 1. (GefAbw UZw) § 10 Abs. 3 S. 2 PolG NRW: Richterliche Anordnung zwangsweiser Vorführung

(VOR)

Gemäß § 10 Abs. 3 S. 2 PolG NRW darf die zwangsweise Vorführung mit dem Zwangsmittel unmittelbarer Zwang im Sinne von §§ 51 Abs. 1 Nr. 3, 58 PolG NRW[227] darf nur auf Grund richterlicher Anordnung erfolgen, es sei denn, dass Gefahr im Verzug vorliegt.

---

[226] Zur **Rechtsnormspezialitätsregel** siehe auch: *Basten*, Eingriffsrecht der Polizei in Nordrhein-Westfalen, Band 1, S. 39, 41, 161, 167.

[227] Nr. 10. VVPolG NRW: „Mittel zur Durchsetzung der Vorladung sind das Zwangsgeld und die Vorführung. Soweit zur Durchsetzung der Vorführung unmittelbarer Zwang angewendet werden soll, ist eine richterliche Entscheidung im Rahmen des § 10 Abs. 3 Satz 2 erforderlich.".

(DEF)

Gefahr im Verzug ist eine Sachlage im einzelnen Fall, bei der der Handlungsbedarf unvorhergesehen ist und bei der die Durchführung der eigentlich vorgesehenen Maßnahme, hier der Erwirkung richterlicher Anordnung, der gesetzliche Zweck, hier der jeweilige aus der Aufgabe und Befugnisrechtsnorm, vereitelt oder wesentlich erschwert wird.

(SUB/ERG)

Im konkreten Fall ist § 10 Abs. 3 S. 2 PolG NRW (alternativ):

- ingehalten.
- nicht eingehalten.

B. II. 1. (GefAbw/StrRpfl UZw) § 37a PolG NRW (ggf. i.V.m. § 57 Abs. 1 PolG NRW, vgl. § 62 PolG NRW, StVollzG): Spezielle Verfahrensrechtsnormen bzgl. unmittelbarem Zwang der Fixierung

Fixierung im Sinne von § 37a S. 1 Hs. 1 PolG NRW ist Fesselung im Sinne des § 62 PolG NRW von sämtlichen Gliedmaßen an die in polizeilichen Gewahrsamseinrichtungen dafür vorgesehenen Fixierungsstellen.

Von nicht nur kurzfristiger Dauer im Sinne von § 37a S. 1 PolG NRW ist die Fixierung in der Regel, wenn sie absehbar nicht die Dauer von ungefähr einer halben Stunde unterschreitet.[228]

(VOR/DEF)

a) § 37a S. 1 PolG NRW: Erläuterung, zusammen mit der Anordnung oder nachholend

Gemäß § 37a S. 1 PolG NRW i.V.m. § 70 Abs. 4 S. 1 StVollzG NRW sollen den Gefangenen besondere Sicherungsmaßnahmen (wie die Fixierung) zusammen mit der Anordnung erläutert werden.

Gemäß § 37a S. 1 PolG NRW i.V.m. § 70 Abs. 4 S. 2 StVollzG NRW kann die Erläuterung bei einer Gefährdung der Sicherheit auch nachgeholt werden.

b) § 37a S. 7 PolG NRW: durchgängige persönliche Beobachtung bei Fixierungen

Gemäß § 37a S. 7 PolG NRW ist bei Fixierungen nach § 37a S. 1 PolG NRW stets eine durchgängige persönliche Beobachtung zu gewährleisten, vgl. dazu auch § 37 Abs. 3 S. 4 PolG NRW.

c) § 37a S. 2, 3, 4 PolG NRW: Ärztliche Stellungnahme vor Fixierung oder unverzüglich nacholend

Gemäß § 37a S. 2 PolG NRW bedarf eine Fixierung nach § 37a S. 1 PolG NRW der vorherigen ärztlichen Stellungnahme.

---

[228] BVerfGE 149, 293, Ls. 1b) S. 2 (5-Punkt-Fixierung/7-Punkt-Fixierung) = BVerfG, Urteil des Zweiten Senats vom 24.07.2018 – 2 BvR 309/15 -, Ls. 1b) S. 2: „Von einer **kurzfristigen Maßnahme** ist in der Regel auszugehen, wenn sie absehbar die Dauer von ungefähr einer halben Stunde unterschreitet.“.

Gemäß § 37a S. 3 PolG NRW darf bei Gefahr im Verzug die in der Gewahrsamseinrichtung Aufsicht führende Polizeivollzugsbeamtin oder der Aufsicht führende Polizeivollzugsbeamte die Anordnung vorläufig treffen.[229]

Gefahr im Verzug i.S.d. § 37a S. 3 PolG NRW ist gegeben, wenn der Handlungsbedarf unvorhergesehen ist und bei Durchführung der eigentlich vorgesehenen Maßnahme, hier der ärztlichen Stellungnahme, der gesetzliche Zweck, hier der der Fixierung, vereitelt oder wesentlich erschwert wird.[230]

Gemäß § 37a S. 4 PolG NRW ist die ärztliche Stellungnahme unverzüglich nachzuholen.

Arzt ist ein solcher nach BÄO.

Unverzüglich bedeutet ohne schuldhaftes Zögern, § 121 Abs. 1 S. 1 BGB.[231]

d) § 37a S. 2, 4 PolG NRW: Richterliche Anordnung vor Fixierung; Unterrichtung des Gerichts bei Eintritt von Nichterforderlichkeit vor gerichtlicher Fixierungsantragsentscheidung

aa) § 37 S. 2 PolG NRW: Richterliche Anordnung vor Fixierung

Gemäß § 37a S. 2, 5, 6 PolG NRW bedarf eine Fixierung nach § 37a S. 1 PolG NRW der vorherigen richterlichen Anordnung beim dafür zuständigen Amtsgericht, in dessen Bezirk[232] sich die Gewahrsamseinrichtung befindet, mit Verfahren nach dem 7. Buch des FamFG (§§ 415-432 FamFG: Verfahren in Freiheitsentziehungssachen).

---

[229] Landtag-NRW-Drucksache 17/7624, S. 5: „Der vom BVerfG [E 149, 293, Urteil des Zweiten Senats vom 24.07.2018 – 2 BvR 309/15 –], Rn. 83 ausdrücklich vor Durchführung einer Maßnahme im Rahmen einer psychiatrischen Unterbringung, die die Bewegungsfreiheit in jede Richtung hin aufhebt, als unabdingbar bewerteten Einholung einer ärztlichen Stellungnahme wird durch Aufnahme dieses Erfordernisses in Satz 2 auch für den Polizeigewahrsam Rechnung getragen; sofern die Einholung einer solchen Stellungnahme wegen Gefahr im Verzug ausnahmsweise nicht möglich war, ist sie nach Satz 4 unverzüglich nachzuholen.“.

[230] Landtag-NRW-Drucksache 17/7624, S. 5 f.: „Da die Anordnung einer Fixierung im dargestellten Sinne nach § 37a Satz 1 i.V.m. § 69 Abs. 7 StVollzG das Vorliegen einer gegenwärtigen erheblichen Selbstgefährdung oder einer vom Gefangenen ausgehenden erheblichen Gefährdung bedeutender Rechtsgüter voraussetzt, wird regelmäßig Gefahr im Verzug anzunehmen sein (vgl. BVerfG [E 149, 293, Urteil des Zweiten Senats vom 24.07.2018 – 2 BvR 309/15 –], Rn. 98). Daher ist die Übertragung der Notanordnungskompetenz auf diese Beamten sachgerecht. Die Polizeigewahrsame sind rund um die Uhr von einer / einem Aufsicht führenden Polizeivollzugsbeamtin / Polizeivollzugsbeamten besetzt. Diese Beamten verfügen sowohl über die notwendige Sachnähe als auch Fachkenntnis, um das Vorliegen der gesetzlichen Fixierungsvoraussetzungen im konkreten Einzelfall beurteilen zu können.“.

[231] BVerfGE 149, 293 (5-Punkt-Fixierung/7-Punkt-Fixierung) = BVerfG, Urteil des Zweiten Senats vom 24.07.2018 – 2 BvR 309/15 –, D. III. 4., Rn. 99 f.: „Art. 104 Abs. 2 Satz 2 GG fordert in einem solchen Fall, die richterliche Entscheidung unverzüglich nachzuholen (vgl. BVerfGE 10, 302 <321>; 105, 239 <249>). Das Tatbestandsmerkmal ‚**unverzüglich**‘ ist dahin auszulegen, dass die richterliche Entscheidung ohne jede Verzögerung, die sich nicht aus sachlichen Gründen rechtfertigen lässt, nachgeholt werden muss (vgl. BVerfGE 105, 239 <249>; Gusy, in: v. Mangoldt/Klein/Starck, GG, Bd. 3, 7. Aufl. 2018, Art. 104 Rn. 48). Nicht vermeidbar sind zum Beispiel die Verzögerungen, die durch die Länge des Weges, Schwierigkeiten beim Transport, die notwendige Registrierung und Protokollierung oder ein renitentes Verhalten des Betroffenen bedingt sind (vgl. BVerfGE 105, 239 <249>; BVerfGK 7, 87 <99>; Gusy, in: v. Mangoldt/Klein/Starck, GG, Bd. 3, 7. Aufl. 2018, Art. 104 Rn. 48). Sachliche Gründe, die eine Verzögerung der richterlichen Entscheidung rechtfertigen, können sich auch aus der Notwendigkeit verfahrensrechtlicher Vorkehrungen ergeben, die dem Schutz des Betroffenen dienen.“.

[232] **Gerichtsbezirke** gemäß Anlage 1 JustG NRW.

Gemäß § 37a S. 3 PolG NRW darf bei Gefahr im Verzug die in der Gewahrsamseinrichtung Aufsicht führende Polizeivollzugsbeamtin oder der Aufsicht führende Polizeivollzugsbeamte die Anordnung vorläufig treffen, vgl. dazu auch § 37 Abs. 4 PolG NRW.

Gefahr im Verzug i.S.d. § 37a S. 3 PolG NRW ist gegeben, wenn der Handlungsbedarf unvorhergesehen ist und bei Durchführung der eigentlich vorgesehenen Maßnahme, hier der richterlichen Anordnung, der gesetzliche Zweck, hier der der Fixierung, vereitelt oder wesentlich erschwert wird.[233]

Gefahr im Verzug i.S.d. § 37a S. 3 PolG NRW ist auch gegeben, wenn im konkreten Fall zulässigerweise kein Richterdienst vorhanden ist oder wenn vorhandener richterlicher Bereitschaftsdienst unter zulässiger Anrufwege **unverzüglich** (vgl. auch § 121 Abs. 1 S. 1 BGB) vergeblich zu erreichen versucht wird und eine weitere Verzögerung den gesetzlichen Fixierungszweck gefährden, also wesentlich erschweren oder vereiteln würde.[234]

---

[233] Landtag-NRW-Drucksache 17/7624, S. 5 f.: „Da die Anordnung einer Fixierung im dargestellten Sinne nach § 37a Satz 1 i.V.m. § 69 Abs. 7 StVollzG das Vorliegen einer gegenwärtigen erheblichen Selbstgefährdung oder einer vom Gefangenen ausgehenden erheblichen Gefährdung bedeutender Rechtsgüter voraussetzt, wird regelmäßig Gefahr im Verzug anzunehmen sein (vgl. BVerfG [E 149, 293, Urteil des Zweiten Senats vom 24.07.2018 – 2 BvR 309/15 –, Rn. 98). Daher ist die Übertragung der Notanordnungskompetenz auf diese Beamten sachgerecht. Die Polizeigewahrsame sind rund um die Uhr von einer/ einem Aufsicht führenden Polizeivollzugsbeamtin / Polizeivollzugsbeamten besetzt. Diese Beamten verfügen sowohl über die notwendige Sachnähe als auch Fachkenntnis, um das Vorliegen der gesetzlichen Fixierungsvoraussetzungen im konkreten Einzelfall beurteilen zu können.“.

[234] BVerfGE 151, 67 (Richtervorbehalt, Bereitschaftsdienst, Nachtzeit/Tageszeit i.S.v. § 104 Abs. 3 StPO) = BVerfG, Beschluss des Zweiten Senats vom 12.03.2019 – 2 BvR 675/14 –, Ls. 2: „Zu den Anforderungen an einen dem Gebot der praktischen Wirksamkeit des Richtervorbehalts entsprechenden **richterlichen Bereitschaftsdienst** gehört die uneingeschränkte Erreichbarkeit eines Ermittlungsrichters bei Tage, auch außerhalb der üblichen Dienststunden. Die **Tageszeit** umfasst dabei ganzjährig die Zeit zwischen 6 Uhr und 21 Uhr. Während der **Nachtzeit** ist ein ermittlungsrichterlicher Bereitschaftsdienst jedenfalls bei einem Bedarf einzurichten, der über den Ausnahmefall hinausgeht.“, Ls. 3: „Ob und inwieweit ein über den Ausnahmefall hinausgehender Bedarf an nächtlichen Durchsuchungsanordnungen die Einrichtung eines **ermittlungsrichterlichen Bereitschaftsdienstes** zur Nachtzeit erfordert, haben die Gerichtspräsidien nach pflichtgemäßem Ermessen in eigener Verantwortung zu entscheiden. Für die Art und Weise der Bedarfsermittlung steht ihnen ein Beurteilungs- und Prognosespielraum zu.“, Rn. 56: „Die Strafverfolgungsbehörden müssen dementsprechend regelmäßig versuchen, eine Anordnung des zuständigen Richters zu erlangen, bevor sie eine Durchsuchung beginnen. Nur in Ausnahmesituationen, wenn schon die zeitliche Verzögerung wegen eines solchen Versuchs den Erfolg der Durchsuchung gefährden würde, dürfen sie selbst die Anordnung wegen Gefahr im Verzug treffen, ohne sich zuvor um eine richterliche Entscheidung bemüht zu haben.“; BVerfGE 139, 245 (Eilkompetenz der Ermittlungsbehörden) = BVerfG, Beschluss des Zweiten Senats vom 16.06.2015 – 2 BvR 2718/10, Rn. 83: „Scheitert hingegen der Versuch der Befassung des Gerichts mit dem Antrag auf Erlass einer Durchsuchungsanordnung, weil der zuständige Richter nicht erreicht werden kann und infolgedessen ein Beweismittelverlust droht, kommt ein Rückgriff auf die Eilkompetenz der Ermittlungsbehörden gemäß Art. 13 Abs. 2, 2. Halbsatz GG in Betracht.“, Ls. 2 [zum **Eilzuständigkeitsende der Ermittlungsbehörden**]: „Mit der Befassung des zuständigen Ermittlungs- oder Eilrichters durch die Stellung eines Antrags auf Erlass einer Durchsuchungsanordnung und der dadurch eröffneten Möglichkeit präventiven Grundrechtsschutzes durch den Richter endet die Eilkompetenz der Ermittlungsbehörden.“, Rn. 79: „Entscheidend ist dabei nicht der Zeitpunkt, zu dem die Staatsanwaltschaft den Entschluss fasst, eine richterliche Durchsuchungsanordnung zu beantragen, sondern der Zeitpunkt, in dem das Gericht mit dem Antrag auf Erlass einer Durchsuchungsanordnung befasst wird [**richterliche Befassung** oder **Gerichtsbefassung**, P. B.]. Dies ist der Fall, wenn die Staatsanwaltschaft [oder die Polizei, P. B.] dem zuständigen Richter den Antrag tatsächlich unterbreitet hat, so dass dieser in eine erste Sachprüfung eintreten kann.“, Rn. 82: „Auch soweit während des durch den Richter in Anspruch genommenen Entscheidungszeitraums nach dessen Befassung die Gefahr eines Beweismittelverlusts

Gemäß § 37a S. 4 PolG NRW ist die richterliche Anordnung unverzüglich nachzuholen.

Unverzüglich bedeutet ohne schuldhaftes Zögern, § 121 Abs. 1 S. 1 BGB.[235]

Gemäß § 37a S. 4 PolG NRW i.V.m. § 70 Abs. 5 S. 4 StVollzG NRW bedarf es einer Antragstellung bei Gericht nur dann nicht, wenn bereits zu Beginn der Maßnahme absehbar ist, dass

---

eintritt, etwa weil dieser auf ein mündlich gestelltes Durchsuchungsbegehren hin die Vorlage schriftlicher Antragsunterlagen oder einer Ermittlungsakte fordert, Nachermittlungen anordnet oder schlicht bis zum Eintritt der Gefahr eines Beweismittelverlusts noch nicht entschieden hat, lebt die Eilkompetenz der Ermittlungsbehörden nicht wieder auf. Dies gilt unabhängig davon, aus welchen Gründen die richterliche Entscheidung über den Durchsuchungsantrag unterbleibt.", Ls. 3: „Die Eilkompetenz der Ermittlungsbehörden kann nur dann neu begründet werden, wenn nach der Befassung des Richters tatsächliche Umstände eintreten oder bekannt werden, die sich nicht aus dem Prozess der Prüfung und Entscheidung über diesen Antrag ergeben, und hierdurch die Gefahr eines Beweismittelverlusts in einer Weise begründet wird, die der Möglichkeit einer rechtzeitigen richterlichen Entscheidung entgegensteht.", Ls. 4: „Auf die Ausgestaltung der justizinternen Organisation kann die Eilzuständigkeit der Ermittlungsbehörden nicht gestützt werden.", Rn. 70: „Die daraus folgende Pflicht der Ermittlungsbehörden, sich regelmäßig um eine Durchsuchungsanordnung des zuständigen Richters zu bemühen, wird nicht durch den abstrakten Hinweis verzichtbar, eine richterliche Entscheidung sei zur maßgeblichen Zeit üblicherweise nicht mehr zu erreichen (vgl. BVerfGK 5, 74 <78>; 7, 392 <395>). Reine Spekulationen, hypothetische Erwägungen oder lediglich auf kriminalistische Alltagserfahrungen gestützte, fallunabhängige Vermutungen reichen ebenfalls nicht aus, um die Annahme von Gefahr im Verzug zu begründen (vgl. BVerfGE 103, 142 <155>; BVerfGK 2, 310 <315>). Auch schließt das verfassungsrechtliche Gebot, dem Ausnahmecharakter der Eilkompetenz Rechnung zu tragen, aus, mit dem Antrag auf Erlass einer Durchsuchungsanordnung zu warten, bis die Gefahr eines Beweismittelverlusts eingetreten ist. Selbst herbeigeführte tatsächliche Voraussetzungen können die Eilkompetenz der Staatsanwaltschaft und ihrer Ermittlungspersonen nicht begründen (vgl. BVerfGK 5, 74 <78>).", Rn. 71: „Stattdessen sind bei der Beurteilung der Frage, ob der Versuch, eine richterliche Entscheidung herbeizuführen, unterbleiben darf, weil bereits die damit verbundene zeitliche Verzögerung den Erfolg der Durchsuchung gefährden würde, die konkreten Umstände des jeweiligen Einzelfalles in Rechnung zu stellen. Die Ermittlungsbehörden haben insbesondere die Komplexität der im Rahmen der Durchsuchungsanordnung zu prüfenden tatsächlichen und rechtlichen Fragen und den insoweit erforderlichen Zeitaufwand zu berücksichtigen. Daneben haben sie aber auch in ihre Überlegungen einzubeziehen, dass die Vorlage schriftlicher Unterlagen zur Herbeiführung einer richterlichen Eilentscheidung zumindest nicht ausnahmslos erforderlich ist. Jedenfalls in einfach gelagerten Fällen, in denen allein aufgrund der **mündlichen Darstellung des Sachverhalts** eine sachangemessene Entscheidung möglich ist, würde ein solches Erfordernis weder der gesetzlichen Intention noch der Bedeutung des Richtervorbehalts für den Grundrechtsschutz des Einzelnen gerecht (vgl. insoweit zur Anordnung einer Blutentnahme gemäß § 81a StPO: BVerfGK 17, 340 <346 f.>). Es bestehen daher in solchen Fällen keine verfassungsrechtlichen Bedenken, wenn der zuständige Richter allein aufgrund mündlich übermittelter Informationen entscheidet und die Durchsuchung auch **mündlich anordnet**, sofern er diese Anordnung zeitnah schriftlich dokumentiert und damit den sich aus Art. 19 Abs. 4 GG ergebenden Erfordernissen Rechnung trägt.".

[235] BVerfGE 149, 293 (5-Punkt-Fixierung/7-Punkt-Fixierung) = BVerfG, Urteil des Zweiten Senats vom 24.07.2018 – 2 BvR 309/15 –, D. III. 4., Rn. 99 f.: „Art. 104 Abs. 2 Satz 2 GG fordert in einem solchen Fall, die richterliche Entscheidung unverzüglich nachzuholen (vgl. BVerfGE 10, 302 <321>; 105, 239 <249>). Das Tatbestandsmerkmal ‚**unverzüglich**' ist dahin auszulegen, dass die richterliche Entscheidung ohne jede Verzögerung, die sich nicht aus sachlichen Gründen rechtfertigen lässt, nachgeholt werden muss (vgl. BVerfGE 105, 239 <249>; Gusy, in: v. Mangoldt/Klein/Starck, GG, Bd. 3, 7. Aufl. 2018, Art. 104 Rn. 48). Nicht vermeidbar sind zum Beispiel die Verzögerungen, die durch die Länge des Weges, Schwierigkeiten beim Transport, die notwendige Registrierung und Protokollierung oder ein renitentes Verhalten des Betroffenen bedingt sind (vgl. BVerfGE 105, 239 <249>; BVerfGK 7, 87 <99>; Gusy, in: v. Mangoldt/Klein/Starck, GG, Bd. 3, 7. Aufl. 2018, Art. 104 Rn. 48). Sachliche Gründe, die eine Verzögerung der richterlichen Entscheidung rechtfertigen, können sich auch aus der Notwendigkeit verfahrensrechtlicher Vorkehrungen ergeben, die dem Schutz des Betroffenen dienen.".

die Entscheidung erst nach Wegfall des Grundes der Maßnahme ergehen wird oder die Maßnahme vor Herbeiführung der Entscheidung tatsächlich beendet und auch keine Wiederholung zu erwarten ist.

bb) § 37a S. 4 PolG NRW: Unterrichtung des Gerichts bei Eintritt von Nichterforderlichkeit vor gerichtlicher Fixierungsantragsentscheidung

Gemäß § 37a S. 4 PolG NRW i.V.m. § 70 Abs. 5 S. 5 StVollzG NRW ist das Gericht unverzüglich zu unterrichten, wenn die Fixierung nach Antragstellung bei Gericht, aber vor einer gerichtlichen Entscheidung nicht mehr erforderlich ist.

Unverzüglich bedeutet ohne schuldhaftes Zögern, § 121 Abs. 1 S. 1 BGB.[236]

e) § 37a S. 1 PolG NRW: Belehrung nach Ende nicht richterlich angeordneter Fixierung

Gemäß § 37a S. 1 PolG NRW i.V.m. § 70 Abs. 4 S. 3 StVollzG NRW sind nach der Beendigung einer Fixierung, die nicht richterlich angeordnet worden ist, die Gefangenen über die Möglichkeit zu belehren, die Rechtmäßigkeit der durchgeführten Maßnahme gerichtlich überprüfen zu lassen.

f) § 37a S. 1 PolG NRW: Dokumentation

Gemäß § 37a S. 1 PolG NRW i.V.m. § 70 Abs. 4 S. 4, 5 StVollzG NRW sind zu dokumentieren:

- die Fixierungsanordnung;
- die maßgeblichen Fixierungsgründe;
- die Entscheidungen zur Fixierungsfortdauer;
- die Fixierungsdurchführung einschließlich der Beteiligung des ärztlichen Dienstes;
- die Fixierungsdauer;
- die Fixierungsüberwachungart;
- die Belehrungserteilung im Sinne von § 37a S. 1 PoG NRW i.V.m. § 70 Abs. 4 S. 3 StVollzG NRW.

(SUB/ERG)

Im konkreten Fall ist § 37a PolG NRW (alternativ)

- eingehalten.
- nicht eingehalten.

---

[236] BVerfGE 149, 293 (5-Punkt-Fixierung/7-Punkt-Fixierung) = BVerfG, Urteil des Zweiten Senats vom 24.07.2018 – 2 BvR 309/15 –, D. III. 4., Rn. 99 f.: „Art. 104 Abs. 2 Satz 2 GG fordert in einem solchen Fall, die richterliche Entscheidung unverzüglich nachzuholen (vgl. BVerfGE 10, 302 <321>; 105, 239 <249>). Das Tatbestandsmerkmal ‚**unverzüglich**' ist dahin auszulegen, dass die richterliche Entscheidung ohne jede Verzögerung, die sich nicht aus sachlichen Gründen rechtfertigen lässt, nachgeholt werden muss (vgl. BVerfGE 105, 239 <249>; Gusy, in: v. Mangoldt/Klein/Starck, GG, Bd. 3, 7. Aufl. 2018, Art. 104 Rn. 48). Nicht vermeidbar sind zum Beispiel die Verzögerungen, die durch die Länge des Weges, Schwierigkeiten beim Transport, die notwendige Registrierung und Protokollierung oder ein renitentes Verhalten des Betroffenen bedingt sind (vgl. BVerfGE 105, 239 <249>; BVerfGK 7, 87 <99>; Gusy, in: v. Mangoldt/Klein/Starck, GG, Bd. 3, 7. Aufl. 2018, Art. 104 Rn. 48). Sachliche Gründe, die eine Verzögerung der richterlichen Entscheidung rechtfertigen, können sich auch aus der Notwendigkeit verfahrensrechtlicher Vorkehrungen ergeben, die dem Schutz des Betroffenen dienen.".

B. II. 1. (StrRpfl UZw) § 81c Abs. 6 StPO: Richterliche Anordnung zur Erzwingung körperlicher Untersuchung anderer Personen

(VOR)

Gemäß § 81c Abs. 6 S. 1 StPO gilt bei Weigerung des Betroffenen die Vorschrift des § 70 StPO entsprechend (Weigerungskosten, Ordnungsgeld, Beugehaft) – mit richterlicher Anordnung, § 70 Abs. 3 StPO, und staatsanwaltschaftlicher Anordnung, § 161a Abs. 2 StPO.

Gemäß § 81c Abs. 6 S. 2 StPO darf unmittelbarer Zwang nur auf besondere Anordnung des Richters angewandt werden, wobei gemäß § 81c Abs. 6 S. 3 StPO die Anordnung voraussetzt, dass der Betroffene trotz Festsetzung eines Ordnungsgeldes bei der Weigerung beharrt oder dass Gefahr im Verzuge ist.

(DEF)

Gefahr im Verzug im Sinne des § 81c Abs. 6 S. 3 StPO ist eine Sachlage im einzelnen Fall, bei der der Handlungsbedarf unvorhergesehen ist und bei der durch die Durchführung der eigentlich vorgesehenen Maßnahme, hier der Erwirkung richterlicher Anordnung, der gesetzliche Zweck, hier der jeweilige aus der Aufgabe und Befugnisrechtsnorm, vereitelt oder wesentlich erschwert wird.

(SUB/ERG)

Im konkreten Fall ist § 81c Abs. 6 StPO (alternativ):

- eingehalten.
- nicht eingehalten.

B. II. 1./2. (GefAbw/Strafpfl UZw) §§ 55 Abs. 3, 59 Abs. 3, 60 Abs. 3 PolG NRW (ggf. i.V.m. § 57 Abs. 1 PolG NRW): Spezielle Verfahrensrechtsnormen allgemein bzgl. UZw-Anwendung

(VOR/DEF)

a) § 55 Abs. 3 PolG NRW: Ausweispflicht

Gemäß § 55 Abs. 3 PolG NRW hat sich auf Verlangen der betroffenen Person der Polizeivollzugsbeamte auszuweisen, sofern der Zweck der Maßnahme nicht beeinträchtigt wird.

(SUB/ERG)

Im konkreten Fall ist § 55 Abs. 3 PolG NRW (alternativ)

- eingehalten wegen Nichtvorliegens von einer Voraussetzung oder beiden Voraussetzungen für eine Ausweispflicht (Betroffenen-Verlangen und Maßnahmenzweck-Nichtbeeinträchtigung).
- eingehalten wegen Erfüllung bestehender Ausweispflicht.
- nicht eingehalten wegen Nichterfüllung bestehender Ausweispflicht.

(VOR/DEF)

b) § 59 Abs. 3 PolG NRW: Bedenkenvorbringen

Gemäß § 59 Abs. 3 PolG NRW hat der Polizeivollzugsbeamte Bedenken gegen die Rechtmäßigkeit der Anordnung dem Anordnenden gegenüber vorzubringen, soweit das nach den Umständen möglich ist.

Gemäß § 59 Abs. 4 PolG NRW ist § 36 Abs. 2, 3 BeamtStG ausdrücklich nicht anzuwenden.

Anordnung im Sinne von § 59 Abs. 3 PolG NRW ist Anordnung von einem Weisungsberechtigten (Weisungsberechtigtenanordnung), § 59 Abs. 1 PolG NRW.[237]

(SUB/ERG)

Im konkreten Fall ist § 59 Abs. 3 PolG NRW (alternativ)

- eingehalten bei Nichtbestehen von Weisungsberechtigten-Anordnung oder Bedenken.
- eingehalten wegen Bedenkenvortrags.
- nicht eingehalten wegen Nichtvortrags von bestehenden Bedenken.

(VOR/DEF)

c) § 60 PolG NRW: Beistandleisten und ärztliche Hilfe

Gemäß § 60 PolG NRW, ist, wenn unmittelbarer Zwang angewendet wird, Verletzten, soweit es nötig ist und die Lage es zulässt, Beistand zu leisten und ärztliche Hilfe zu verschaffen.[238]

---

[237] Nr. 59.11 VVPolG NRW: „Bei einem Einsatz von mehreren Polizeivollzugsbeamten und -beamtinnen ist die Einsatzleiterin oder der Einsatzleiter befugt, unmittelbaren Zwang anzuordnen, einzuschränken oder zu untersagen. Ist nicht bestimmt, wer den Einsatz leitet, oder fällt die Einsatzleitung aus, ohne dass eine Vertretung bestellt ist, tritt die anwesende Polizeivollzugsbeamtin oder der anwesende Polizeivollzugsbeamte mit dem höchsten Dienstrang an seine Stelle. Ist nicht sofort feststellbar, wer das ist, darf jede anwesende Polizeivollzugsbeamtin und jeder anwesende Polizeivollzugsbeamte die Führung einstweilen übernehmen. Dies ist bekannt zu geben."; Nr. 59.12 VVPolG NRW: „Vor Beginn eines Einsatzes sind die Polizeivollzugsbeamtinnen und Polizeivollzugsbeamten über die sie betreffenden Weisungsverhältnisse zu unterrichten. Insbesondere muss jeder eingesetzten Polizeivollzugsbeamtin und jedem –beamten bekannt sein, wer den Einsatz leitet, wer die Vertretung ausübt und wer sonst zu Weisungen befugt ist."; Nr. 59.13 VVPolG NRW: „Die Befugnis höherer Vorgesetzter oder einer sonst dazu berechtigten Person (z.B. eines Staatsanwalts), die Anwendung unmittelbaren Zwanges anzuordnen, einzuschränken oder zu untersagen, bleibt unberührt. Hinsichtlich der Anordnung unmittelbaren Zwanges durch die Staatsanwaltschaft sind die Gemeinsamen Richtlinien der Justizminister/-senatoren und der Innenminister/-senatoren des Bundes und der Länder über die Anwendung unmittelbaren Zwanges durch Polizeibeamte auf Anordnung des Staatsanwalts (RiStBV Anlage A) zu beachten."; Nr. 59.14 VVPolG NRW: „Befinden sich die Anordnenden nicht am Ort des Vollzugs, dürfen sie unmittelbaren Zwang nur anordnen, wenn sie sich ein so genaues Bild von den am Ort des Vollzugs herrschenden Verhältnissen verschafft haben, dass ein Irrtum über die Voraussetzungen der Anwendung unmittelbaren Zwanges nicht zu befürchten ist. Ändern sich zwischen der Anordnung und ihrer Ausführung die tatsächlichen Verhältnisse und können die Anordnenden vor der Ausführung nicht mehr verständigt werden, entscheiden die am Ort leitenden Polizeivollzugsbeamtinnen und Polizeivollzugsbeamten über die Anwendung unmittelbaren Zwanges. Die Anordnenden sind unverzüglich hierüber zu verständigen.".

[238] Nr. 60.0 VVPolG NRW: „Die Verpflichtung, Verletzten Beistand zu leisten und ärztliche Hilfe zu verschaffen, ist vordringlicher als die Beweissicherung und geht auch Berichtspflichten vor.".

(SUB/ERG)

Im konkreten Fall ist § 60 PolG NRW (alternativ)

- eingehalten wegen Nichtnötigsein von Beistandleistung und ärztlicher Hilfe.
- eingehalten wegen Beistandleistung und ärztliche Hilfe nichtzulassender Umstände.
- nicht eingehalten wegen Nichtverwirklichung von nötiger und möglicher Beistandsleistung bzw. nötiger und möglicher ärztlicher Hilfe.

B. II. 2./3. (GefAbw/StrRpfl UZw) § 61 Abs. 1, 2, 3 PolG NRW (ggf. i.V.m. § 57 Abs. 1 PolG NRW): UZw-Androhung an sich; UZw-SWG- und Handgranaten-Androhung an sich; UZw-Androhung an sich ggü. Menschenmenge; UZw-SWG-Androhung an sich gegen Personen in Menschenmenge

Zwangsmittel-Androhung an sich, als Frage von Androhungspflicht oder Androhungsabsehenkönnen, ist nur relevant im Fall des Fehlens von Androhung oder im Fall einer Endrechtsfolge der Zwangsmittelanwendung.

Zur Zwangsmittelandrohung an sich außer UZw-Androhung an sich, also zur Evn- oder ZwG-Androhung an sich statt UZw-Androhung an sich: § 56 Abs. 1 S. 1, 3 PolG NRW statt § 61 PolG NRW.

Grundsätzlich gilt folgendes:

Wenn ERG=Rechtmäßigkeit von Nichtandrohung, dann (alternativ je nach Fallfrage):

- Rechtmäßigkeit der Nichtandrohung überhaupt, da keine Rechtspflicht;
- *insoweit* Rechtmäßigkeit eines etwaig gegebenen gekürzten gestreckten Vollzugs/Zwangsverfahrens;
- *insoweit* Rechtmäßigkeit eines etwaig gegebenen Sofortvollzugs/Sofortzwangsverfahrens (wobei das Fehlen von Grundverfügung und Androhung dem Sofortvollzug/Sofortzwangsverfahren logisch immanent ist);
- Rechtswidrigkeit einer erfolgten Androhung trotz Absehenkönnens nur dann, wenn Androhungsabsehen einzig rechtlich richtiges Mittel im Sinne einer Ermessensreduzierung auf Null[239] ist, zum Beispiel im Hinblick auf die Grundrechtsschutzfunktion und Grundrechtsförderungsfunktion[240] wegen erheblicher Gefahrsteigerung durch Androhung.

Wenn ERG=Rechtswidrigkeit von Nichtandrohung, dann:

- Rechtswidrigkeit der Nichtandrohung überhaupt, da Rechtspflicht.
- Rechtswidrigkeit einer etwaigen Endrechtsfolgen-Maßnahme der Zwangsmittelanwendung.

---

[239] Zum Ermessen einschließlich Rechtsnatur, Ermessensarten, Ermessensreduzierungen, Ermessensfehlern, Maßnahmenansprüchen mit Beispielen siehe auch: *Basten*, Eingriffsrecht der Polizei in Nordrhein-Westfalen, Band 1, S. 271-283.

[240] Zu Grundrechtsfunktionen siehe auch: *Basten*, Eingriffsrecht der Polizei in Nordrhein-Westfalen, Band 1, S. 78-84.

(VOR)

§ 61 Abs. 1, 2 PolG NRW: UZw-Androhungspflicht oder UZw-Androhungsabsehenkönnen

Gemäß § 61 Abs. 1 S. 1 PolG NRW ist unmittelbarer Zwang vor seiner Anwendung anzudrohen.

Gemäß § 61 Abs. 3 S. 2 Hs. 2 PolG NRW ist der Gebrauch von Schusswaffen gegen Personen in einer Menschenmenge stets anzudrohen.

Gemäß § 61 Abs. 1 S. 2 PolG NRW kann von der Androhung abgesehen werden, wenn die Umstände sie nicht zulassen, insbesondere wenn die sofortige Anwendung des Zwangsmittels zur Abwehr einer gegenwärtigen Gefahr notwendig ist.

Gemäß § 61 Abs. 2 PolG NRW dürfen Schusswaffen und Handgranaten nur dann ohne Androhung gebraucht werden, wenn das zur Abwehr einer gegenwärtigen Gefahr für Leib oder Leben erforderlich ist.

Gemäß § 61 Abs. 3 S. 3 PolG NRW kann (gegenüber einer Menschenmenge) bei dem Gebrauch von technischen Sperren und dem Einsatz von Dienstpferden von der Androhung abgesehen werden.

(DEF)

Androhung im Sinne von § 61 PolG NRW ist – in vollständiger Auslegung auch i.V.m. §§ 133, 157 BGB analog zu subsumierendes – Inaussichstellen der Anwendung des Zwangsmittels unmittelbarer Zwang im Sinne des § 58 PolG NRW.[241]

(Zulassende / nichtzulassende) Umstände im Sinne von § 61 Abs. 1 S. 2 Hs. 2 PolG NRW sind alle in Abwägung von Eingriffsrechten und Erhaltungsrechten zu berücksichtigenden tatsächlichen und rechtlichen Bedingungen, Gegebenheiten, Voraussetzungen, auch im Sinne von tatsächlicher und rechtlicher Möglichkeit.

---

[241] Nr. 61.11 S. 2, 3 VVPolG NRW: „[zur **Androhungsform**:] Die Androhung kann grundsätzlich in jeder Form erfolgen; [zur **Androhungsbestimmtheit**:] sie muss unmissverständlich sein. [Unter Auslegungsvorbehalt des einzelnen Falls i.V.m. §§ 133, 157 BGB analog und Auslegungsvorbehalt der Sicherungshaltungen als solcher:] Die im Leitfaden 371 (Eigensicherung) empfohlenen **Sicherungshaltungen** reichen **allein** nicht aus.“; Nr. 61.12 VVPolG NRW [zur – unter Umständen – tatsächlich-taktischen Variante von **Schusswaffengebrauchsandrohungen**]: „Der Schusswaffengebrauch wird in der Regel mündlich angedroht durch den vernehmlichen **Ruf: ‚Polizei!** Keine Bewegung [Grundverfügung] - oder ich schieße!‘ [UZw-SWG-Androhung in Verbindung mit Grundverfügung i.S.v. § 56 Abs. 2 PolG NRW] oder vor allem gegenüber Fliehenden: ‚Polizei! Halt! [Grundverfügung] - oder ich schieße!‘ [UZw-SWG-Androhung in Verbindung mit Grundverfügung i.S.v. § 56 Abs. 2 PolG NRW] oder eine ähnliche Aufforderung. [Zur Bestimmtheit:] Das Wort ‚Polizei‘ kann im Anruf unterbleiben, wenn ohne weiteres erkennbar ist, dass es sich um den Einsatz von Polizeivollzugsbeamtinnen oder Polizeivollzugsbeamten handelt. Wenn die Umstände es zulassen oder wenn Zweifel bestehen, ob die Person den Anruf verstanden hat, ist er zu wiederholen. Der Schusswaffengebrauch kann auch durch **Lautsprecher** angedroht werden.“; Nr. 61.13 VVPolG NRW: „Ist eine mündliche Androhung des Schusswaffengebrauchs nicht möglich, weil z.B. die Entfernung zu groß ist oder weil aus sonstigen Gründen anzunehmen ist, dass der Anruf nicht verstanden wird oder verstanden worden ist, können ein oder mehrere Warnschüsse abgegeben werden. Warnschüsse sind so abzugeben, dass eine Gefährdung Dritter ausgeschlossen ist.“. Siehe auch die Auslegungsrechtsnorm § 61 Abs. 1 S. 3 PolG NRW („Als Androhung des Schusswaffengebrauchs gilt auch die Abgabe eines **Warnschusses**“) – mit Anwendbarkeit erst ab Sachverhaltsauslegung eines Warnschusses, also mit Unanwendbarkeit des § 61 Abs. 1 S. 3 PolG NRW etwa im Fall eines **Alarmschusses** (Schusswaffengebrauch zur Alarmierung von Polizeikräften oder sonstigen Personen) oder eines „**Signalschusses**“ (Schusswaffengebrauch zur Signalisierung einer [eigenen] Position).

„Insbesondere" im Sinne von § 61 Abs. 1 S. 2 Hs. 3 PolG NRW ist Indikator für beispielhafte Nennung.

Gegenwärtige Gefahr im Sinne des § 61 Abs. 1 S. 2 Hs. 3 PolG NRW ist eine Sachlage im einzelnen Fall, die bei ungehindertem Geschehensverlauf in allernächster Zeit mit an Sicherheit grenzender Wahrscheinlichkeit zu einem Schaden für ein rechtliches Schutzgut führt.[242] **Schutzgüter** sind allgemein i.V.m. §§ 1 und 8 Abs. 1 PolG NRW die **öffentliche Sicherheit**, nämlich Rechte und Rechtsgüter des Einzelnen, die Rechtsordnung, die Funktionsfähigkeit des Staates, oder die **öffentliche Ordnung**, nämlich die Gesamtheit jener ungeschriebenen Regeln für das Verhalten des Einzelnen in der Öffentlichkeit, deren Beachtung nach den jeweils herrschenden Anschauungen als unerlässliche Voraussetzung eines geordneten Gemeinschaftslebens betrachtet wird.[243]

Gegenwärtige Gefahr für Leib oder Leben im Sinne des § 61 Abs. 2 PolG NRW ist eine gegenwärtige Gefahr für die Schutzgüter **Leib (körperliche Unversehrtheit**, Art, 2 Abs. 2 S. 1 Alt. 1 GG) oder **Leben (biologisch-physische Existenz**, Art. 2 Abs. 2 S. 1 Alt. 1 GG).

Menschenmenge im Sinne des § 61 Abs. 3 PolG NRW ist eine je nach Anzahl, Ort, Situation nach Empfängerhorizont fachkundiger Amtswalter in der konkreten Lage als Personenmehrheit mit einer Androhung adressierbare Personenvielzahl mit der Möglichkeit des Entfernens von Unbeteiligten.[244]

„Stets" im Sinne von § 61 Abs. 3 S. 2 PolG NRW bedeutet wörtlich „immer", allerdings in systematisch-kumulativer Verbindung mit § 61 Abs. 2 PolG NRW und § 61 Abs. 3 S. 3 PolG NRW wiederum unter dem Vorbehalt des tatsächlich und rechtlich Möglichen wie Gebotenen der Androhungswiederholung, sodass die Geeignetheit der Androhung für den allgemeinen legitimen Zweck von Verpflichtungsbefolgung und Zwangsmittelanwendungsvermeidung durch Schusswaffengebrauch mit Androhungswiederholung nicht erheblicher nachteilig beeinträchtigt sein darf als durch Schusswaffengebrauch ohne Androhungswiederholung.

---

242 Zur **Gegenwärtige-Gefahr**-Definition mit weiteren Nachweisen: *Basten*, Eingriffsrecht der Polizei in Nordrhein-Westfalen, Band 1, S. 251. Zum sogenannten **„differenzierenden Wahrscheinlichkeitsmaßstab"** (**„Je-desto-Formel"** / **„Variabilitätsformel"**) mit weiteren Nachweisen: *Basten*, Eingriffsrecht der Polizei in Nordrhein-Westfalen, Band 1, S. 248 f..

243 Zu den polizeirechtlichen **Schutzgütern** mit vielen weiteren Nachweisen siehe insbesondere: *Basten*, Eingriffsrecht der Polizei in Nordrhein-Westfalen, Band 1, S. 249-251.

244 Vgl. zum **Menschenmenge**-Begriff auch §§ 124, 125 StGB und dazu die Rechtsprechung wie aus BGH, Beschluss vom 05.09.2019 – BGH AK 40/19, Rn. 21: „Der Begriff der **Menschenmenge** im Sinne des § 125 StGB bezeichnet eine nicht notwendigerweise ungezählte, aber doch so große Personenmehrheit, dass die Zahl nicht sofort überschaubar ist. Der zur Menschenmenge gehörende Personenkreis muss so groß sein, dass es auf das Hinzukommen oder Weggehen Einzelner - und zwar aus Sicht eines Außenstehenden - nicht mehr ankommt. Wesentlich ist, dass die Personen einen räumlichen Zusam menhang herstellen, so dass bei Außenstehenden die Vorstellung einer Menschenmenge als räumlich verbundenes Ganzes entsteht (vgl. BGH, Urteil vom 29. August 1985 - 4 StR 397/85, BGHSt 33, 306, 308). Eine Ansammlung von 15 bis 20 Personen kann eine solche Menschenmenge sein (BGH, Urteil vom 29. August 1985 - 4 StR 397/85, aaO), wobei dies keine Festlegung einer Untergrenze bedeutet. Sogar eine Gruppe von zehn Personen kann ausreichen, wenn besondere Umstände - insbesondere eine auf die räumliche Enge zurückzuführende Unübersichtlichkeit am Tatort - es für den Außenstehenden unmöglich machen, die Größe der Menge und die von ihr ausgehende Gefahr zu erfassen (BGH, Urteil vom 31. Mai 1994 - 5 StR 154/94, BGHR StGB § 125 Menschenmenge 1; vgl. auch BGH, Beschluss vom 29. Mai 2002 - 5 StR 199/02, NStZ 2002, 538)".

Absehenkönnen im Sinne von § 61 Abs. 3 S. 3 PolG NRW bedeutet Ermessen – in systematisch-kumulativer Verbindung mit § 61 Abs. 1 S. 2, Abs. 2 PolG NRW wiederum unter Vorbehalt des tatsächlich und rechtlich Möglichen wie Gebotenen.

(SUB/ERG)

Im konkreten Fall sind die (jeweiligen) Voraussetzungen aus § 61 PolG NRW bzgl. der UZw-Androhung an sich bzw. bzgl. des UZw-Androhungsabsehens (alternativ)

- eingehalten.
- nicht eingehalten.

B. II. 1. (GefAbw Evn/ZwG) § 56 Abs. 1 S. 1, 3 PolG NRW: Zwangsmittel-Androhung an sich außer UZw-Androhung an sich

Zwangsmittel-Androhung an sich, als Frage von Androhungspflicht oder Androhungsabsehenkönnen, ist nur relevant im Fall des Fehlens von Androhung oder im Fall einer Endrechtsfolge der Zwangsmittelanwendung.

Zur UZw-Androhung an sich statt Evn- oder ZwG-Androhung an sich: § 61 PolG NRW statt § 56 Abs. 1 S. 1, 3 PolG NRW.

Grundsätzlich gilt folgendes:

Wenn ERG=Rechtmäßigkeit von Nichtandrohung, dann (alternativ je nach Fallfrage):

- Rechtmäßigkeit der Nichtandrohung überhaupt, da keine Rechtspflicht;
- *insoweit* Rechtmäßigkeit eines etwaig gegebenen gekürzten gestreckten Vollzugs/Zwangsverfahrens;
- *insoweit* Rechtmäßigkeit eines etwaig gegebenen Sofortvollzugs/Sofortzwangsverfahrens (wobei das Fehlen von Grundverfügung und Androhung dem Sofortvollzug/Sofortzwangsverfahren logisch immanent ist);
- Rechtswidrigkeit einer erfolgten Androhung trotz Absehenkönnens nur dann, wenn Androhungsabsehen einzig rechtlich richtiges Mittel im Sinne einer Ermessensreduzierung auf Null[245] ist, zum Beispiel im Hinblick auf die Grundrechtsschutzfunktion und Grundrechtsförderungsfunktion[246] wegen erheblicher Gefahrsteigerung durch Androhung.

Wenn ERG=Rechtswidrigkeit von Nichtandrohung, dann:

- Rechtswidrigkeit der Nichtandrohung überhaupt, da Rechtspflicht.
- Rechtswidrigkeit einer etwaigen Endrechtsfolgen-Maßnahme der Zwangsmittelanwendung.

---

[245] Zum Ermessen einschließlich Rechtsnatur, Ermessensarten, Ermessensreduzierungen, Ermessensfehlern, Maßnahmenansprüchen mit Beispielen siehe auch: *Basten*, Eingriffsrecht der Polizei in Nordrhein-Westfalen, Band 1, S. 271-283.

[246] Zu Grundrechtsfunktionen siehe auch: *Basten*, Eingriffsrecht der Polizei in Nordrhein-Westfalen, Band 1, S. 78-84.

(VOR)

§ 56 Abs. 1 S. 1, 3 PolG NRW: Evn/ZwG-Androhungspflicht oder Evn/ZwG-Androhungsabsehenkönnen

Gemäß § 56 Abs. 1 S. 1 PolG NRW sind Zwangsmittel sind möglichst [...] anzudrohen.

Gemäß § 56 Abs. 1 S. 3 PolG NRW kann von der Androhung abgesehen werden, wenn die Umstände sie nicht zulassen, insbesondere wenn die sofortige Anwendung des Zwangsmittels zur Abwehr einer gegenwärtigen Gefahr notwendig ist.

(DEF)

Androhung im Sinne von § 56 Abs. 1 S. 1, 3 PolG NRW ist – in vollständiger Auslegung auch i.V.m. §§ 133, 157 BGB analog zu subsumierendes – Inaussichtstellen der Anwendung des Zwangsmittels entweder von Ersatzvornahme, § 52 Abs. 1 S. 1 PolG NRW[247], oder von Zwangsgeld, § 53 PolG NRW.[248]

---

[247] In Fällen von **Abschleppen** von Fahrzeugen (Fz) als Zwangsmaßnahme auf dem Rechtsgebiet der Gefahrenabwehr mit dem Mittel der Ersatzvornahme (BVerwG, Beschluss vom 26.01.1988 – 7 B 189/87 [Parkuhr], Leitsatz; BVerwGE 102, 316, 318 f. [Mobiles Halteverbotsschild]) im Zusammenhang mit dem Straßenverkehr aufgrund verbotswidrigen Fahrzeugstehens (insbesondere Halten oder Parken, § 12 StVO) und zwecks Straßenverkehrsverstoßverhinderung oder Straßenverkehrsverstoßunterbindung, also i.Z.m. (faktischen oder fiktiven) Verkehrsweisungen/Verkehrszeichen/Verkehrseinrichtungen/Verkehrswarnschildern, in der Regel zur Durchsetzung einer (faktischen oder fiktiven) Fahrzeugwegbewegungsgrundverfügung, insbesondere eines faktischen Fz-Wegbewegungsgebots (Zwangsbefugnisnorm: § 50 Abs. 1 PolG NRW) oder fiktiven Fz-Wegbewegungsgebots (Zwangsbefugnisnorm: § 50 Abs. 2 PolG NRW), kann Androhung unter auszulegenden Umständen auch gegeben sein durch Verkehrszeichen/Verkehrseinrichtungen/(Abschlepp-)Warnschilder, und zwar wie folgt:

- direkt bei polizeibehördeneigenen Zeichen und Weisungen sowie anderen polizeibehördeneigenen Mitteln zur Sicherung und Lenkung des Straßenverkehrs, vgl. auch § 36 StVO, § 44 Abs. 2 StVO;
- analog bei polizeibehördenfremder Androhung, wiederum zurechenbar wie bei Zuständigkeit alternativ oder kumulativ über § 56 Abs. 1 Hs. 1 VwVG NRW, § 80 Abs. 2 S. 1 Nr. 2 VwGO (OVG NRW, Beschluss des 8. Senats vom 02.10.2003 – 8 B 468/03 [Sperrpfosten], Rn. 6 f.), §§ 36, 44 Abs. 2 StVO).

[248] Nr. 61.11 S. 2, 3 VVPolG NRW: „[zur **Androhungsform**:] Die Androhung kann grundsätzlich in jeder Form erfolgen; [zur **Androhungsbestimmtheit**:] sie muss unmissverständlich sein. [Unter Auslegungsvorbehalt des einzelnen Falls i.V.m. §§ 133, 157 BGB analog und Auslegungsvorbehalt der Sicherungshaltungen als solcher:] Die im Leitfaden 371 (Eigensicherung) empfohlenen **Sicherungshaltungen** reichen **allein** nicht aus."; Nr. 61.12 VVPolG NRW [zur – unter Umständen – tatsächlich-taktischen Variante von **Schusswaffengebrauchsandrohungen**]: „Der Schusswaffengebrauch wird in der Regel mündlich angedroht durch den vernehmlichen **Ruf:** ‚**Polizei!** Keine Bewegung [Grundverfügung] - oder ich schieße!' [UZw-SWG-Androhung in Verbindung mit Grundverfügung i.S.v. § 56 Abs. 2 PolG NRW] oder vor allem gegenüber Fliehenden: ‚Polizei! Halt! [Grundverfügung] - oder ich schieße! [UZw-SWG-Androhung in Verbindung mit Grundverfügung i.S.v. § 56 Abs. 2 PolG NRW]' oder eine ähnliche Aufforderung. [Zur Bestimmtheit:] Das Wort ‚Polizei' kann im Anruf unterbleiben, wenn ohne weiteres erkennbar ist, dass es sich um den Einsatz von Polizeivollzugsbeamtinnen oder Polizeivollzugsbeamten handelt. Wenn die Umstände es zulassen oder wenn Zweifel bestehen, ob die Person den Anruf verstanden hat, ist er zu wiederholen. Der Schusswaffengebrauch kann auch durch **Lautsprecher** angedroht werden."; Nr. 61.13 VVPolG NRW: „Ist eine mündliche Androhung des Schusswaffengebrauchs nicht möglich, weil z.B. die Entfernung zu groß ist oder weil aus sonstigen Gründen anzunehmen ist, dass der Anruf nicht verstanden wird oder verstanden worden ist, können ein oder mehrere Warnschüsse abgegeben werden.

(Zulassende / nichtzulassende) Umstände im Sinne von § 56 Abs. 1 S. 3 Hs. 2 PolG NRW sind alle in Abwägung von Eingriffsrechten und Erhaltungsrechten zu berücksichtigenden tatsächlichen und rechtlichen Bedingungen, Gegebenheiten, Voraussetzungen, auch im Sinne von tatsächlicher und rechtlicher Möglichkeit.

„**Insbesondere**" im Sinne von § 56 Abs. 1 S. 3 Hs. 3 PolG NRW ist Indikator für beispielhafte Nennung.

Gegenwärtige Gefahr im Sinne des § 56 Abs. 1 S. 3 Hs. 3 PolG NRW ist eine Sachlage im einzelnen Fall, die bei ungehindertem Geschehensverlauf in allernächster Zeit mit an Sicherheit grenzender Wahrscheinlichkeit zu einem Schaden für ein rechtliches Schutzgut führt.[249] **Schutzgüter** sind allgemein i.V.m. §§ 1 und 8 Abs. 1 PolG NRW die **öffentliche Sicherheit**, nämlich Rechte und Rechtsgüter des Einzelnen, die Rechtsordnung, die Funktionsfähigkeit des Staates, oder die **öffentliche Ordnung**, nämlich die Gesamtheit jener ungeschriebenen Regeln für das Verhalten des Einzelnen in der Öffentlichkeit, deren Beachtung nach den jeweils herrschenden Anschauungen als unerlässliche Voraussetzung eines geordneten Gemeinschaftslebens betrachtet wird.[250]

(SUB/ERG)

Im konkreten Fall sind die (jeweiligen) Voraussetzungen aus § 56 Abs. 1 S. 1, 3 PolG NRW bzgl. der Evn- oder ZwG-Androhung an sich bzw. bzgl. des Evn- oder ZwG-Androhungsabsehens (alternativ)

- eingehalten wegen Androhung (bei Möglichkeit / zulassenden Umständen).
- eingehalten wegen Nichtandrohung bei Nichtmöglichkeit / nichtzulassenden Umständen.
- nicht eingehalten wegen Nichtandrohung trotz Möglichkeit / zulassenden Umständen.

Warnschüsse sind so abzugeben, dass eine Gefährdung Dritter ausgeschlossen ist.". Siehe auch die Auslegungsrechtsnorm § 61 Abs. 1 S. 3 PolG NRW („Als Androhung des Schusswaffengebrauchs gilt auch die Abgabe eines **Warnschusses**") – mit Anwendbarkeit erst ab Sachverhaltsauslegung eines Warnschusses, also mit Unanwendbarkeit des § 61 Abs. 1 S. 3 PolG NRW etwa im Fall eines **Alarmschusses** (Schusswaffengebrauch zur Alarmierung von Polizeikräften oder sonstigen Personen) oder eines „**Signalschusses**" (Schusswaffengebrauch zur Signalisierung einer [eigenen] Position).

[249] Zur **Gegenwärtige-Gefahr**-Definition mit weiteren Nachweisen: *Basten*, Eingriffsrecht der Polizei in Nordrhein-Westfalen, Band 1, S. 251. Zum sogenannten „**differenzierenden Wahrscheinlichkeitsmaßstab**" („**Je-desto-Formel**" / „**Variabilitätsformel**") mit weiteren Nachweisen: *Basten*, Eingriffsrecht der Polizei in Nordrhein-Westfalen, Band 1, S. 248 f..

[250] Zu den polizeirechtlichen **Schutzgütern** mit vielen weiteren Nachweisen siehe insbesondere: *Basten*, Eingriffsrecht der Polizei in Nordrhein-Westfalen, Band 1, S. 249-251.

B. II. 2. (GefAbw ZwG) § 53 Abs. 1, 2 PolG NRW: Schriftliche Zwangsgeldfestsetzung; angemessene Fristeinräumung

(VOR)

a) § 53 Abs. 1 PolG NRW: Zwangsgeldfestsetzung vor Zwangsgeldbeitreibung

Gemäß § 53 Abs. 1 PolG NRW wird das Zwangsgeld (auf mindestens fünf und höchstens zweitausendfünfhundert Euro) **schriftlich festgesetzt**.

(DEF)

Festsetzung ist die zwangsverfahrensmäßige Anordnung per Leistungsbescheid-Verwaltungsakt, § 6 VwVG NRW, durch die Behörde, dass das (angedrohte, vgl. § 56 Abs. 1 S. 3 PolG NRW) Zwangsmittel angewendet werden soll, verbunden mit der Feststellung, dass die Voraussetzungen vorliegen – zwecks Zwangsgeld-Beitreibungsmöglichkeit, § 53 Abs. 3 PolG NRW, und Anzeige an den Betroffenen für dessen letztmalige Handlungs-, Duldungs- oder Unterlassungsverfügungs-Befolgungsmöglichkeit.

Schriftlichkeit im Sinne des § 53 Abs. 1 PolG NRW ist Schriftform im Sinne des § 126 BGB, gegebenenfalls ersetzbar im Sinne von § 3a Abs. 2 VwVfG NRW.

(SUB/ERG)

Im konkreten Fall ist § 53 Abs. 1 PolG NRW (alternativ)

- eingehalten.
- nicht eingehalten.

(VOR)

b) § 53 Abs. 2 PolG NRW: angemessene Fristeinräumung zur Zahlung mit Zwangsgeldfestsetzung

Gemäß § 53 Abs. 2 PolG NRW ist mit der Festsetzung des Zwangsgeldes der betroffenen Person eine **angemessene Frist** zur Zahlung einzuräumen.

(DEF)

Fristeinräumung im Sinne des § 53 Abs. 2 PolG NRW ist Zeitangabe, wann (spätestens) die Zahlung erfolgt sein soll.

Fristangemessenheit / angemessene Frist im Sinne des § 53 Abs. 2 PolG NRW ist angemessenes Verhältnis zwischen frühestnötigem Zeitpunkt und spätestmöglichem Zeitpunkt des Grundrechtseingriffs durch Zahlung zur Förderung des legitimen Zwecks.

(SUB/ERG)

Im konkreten Fall ist § 53 Abs. 2 PolG NRW (alternativ)

- eingehalten bei Festsetzung und angemessener Fristeinräumg, auch durch fallabhängig angemessene Fristeinräumungen wie:
  - „in (x) Sekunden/Minuten/Stunden/Tagen/Wochen/Monaten" (Sekunden- oder Minuten- oder Stundenfristen sind bzgl. Zwangsgeld in praxi faktisch seltener);
  - „augenblicklich", „sofort" (bzgl. Zwangsgeld in praxi faktisch seltener);
  - „**unverzüglich**" (vgl. § 121 Abs. 1 S. 1 BGB), letzteres jedenfalls unter auszulegenden Umständen dann nicht mehr, wenn eigentlich mehr Zeitraum besteht zur Verpflichtungserfüllung und mehr Zeit besteht für eine bestimmtere Zeitangabe innerhalb dieses Zeitraums[251].
- nicht eingehalten.

B. II. 3./4. (GefAbw/StrRpfl UZw) § 61 Abs. 3 PolG NRW (ggf. i.V.m. § 57 Abs. 1 PolG NRW): UZw-Androhungsrechtzeitigkeit ggü. Menschenmenge; UZw-SWG-Androhungswiederholung gegen Personen in Menschenmenge

(VOR)

a) § 61 Abs. 3 S. 1 PolG NRW: Androhungsrechtzeitigkeit vor UZw-Anwendung gegenüber Menschenmenge zwecks Unbeteiligtenentfernungsmöglichkeit

Gemäß § 61 Abs. 3 S. 1 PolG NRW ist gegenüber einer Menschenmenge die Anwendung unmittelbaren Zwanges möglichst so rechtzeitig anzudrohen, dass sich Unbeteiligte noch entfernen können.

Gemäß § 61 Abs. 3 S. 3 PolG NRW kann (gegenüber einer Menschenmenge) bei dem Gebrauch von technischen Sperren und dem Einsatz von Dienstpferden von der Androhung abgesehen werden.

(DEF)

Menschenmenge im Sinne des § 61 Abs. 3 S. 1 PolG NRW ist eine je nach Anzahl, Ort, Situation nach Empfängerhorizont fachkundiger Amtswalter in der konkreten Lage als Personenmehrheit mit einer Androhung adressierbare Personenvielzahl mit der Möglichkeit des Entfernens von Unbeteiligten.[252]

---

[251] So die – nichtpolizeivollzugsdienstlichen – Fälle, in denen mit „unverzüglich" Bestimmtheit fehlen „dürfte" in: VGH Baden-Württemberg, Beschluss vom 13.01.1995 – 10 S 3057/94; OVG Thüringen, Beschluss vom 12.03.2008 – 3 EO 283/07.

[252] Vgl. zum **Menschenmenge**-Begriff auch §§ 124, 125 StGB und dazu die Rechtsprechung wie aus BGH, Beschluss vom 05.09.2019 – BGH AK 40/19, Rn. 21: „Der Begriff der **Menschenmenge** im Sinne des § 125 StGB bezeichnet eine nicht notwendigerweise ungezählte, aber doch so große Personenmehrheit, dass die Zahl nicht sofort überschaubar ist. Der zur Menschenmenge gehörende Personenkreis muss so groß sein, dass es auf das Hinzukommen oder Weggehen Einzelner - und zwar aus Sicht eines Außenstehenden - nicht mehr ankommt. Wesentlich ist, dass die Personen einen räumlichen Zusam menhang herstellen, so dass bei Außenstehenden die Vorstellung einer Menschenmenge als räumlich verbundenes

Unbeteiligte im Sinne des § 61 Abs. 3 S. 1 PolG NRW sind alle nicht nach §§ 4-6 PolG NRW durch den unmittelbaren Zwang eigentlich in Anspruch zu nehmenden.[253]

Androhungsrechtzeitigkeit im Sinne von § 61 Abs. 3 S. 1 PolG NRW ist die Zeit, die nach den tatsächlichen Umständen notwendig ist, dass sich Unbeteiligte zweckentsprechend aus der Menschenmenge entfernen können.[254]

„**Möglichst**" im Sinne von § 61 Abs. 3 S. 1 PolG NRW meint in systematisch-kumulativer Verbindung mit § 61 Abs. 1 S. 2 PolG NRW und § 61 Abs. 3 S. 3 PolG NRW zusätzlich tatsächliche und rechtliche Möglichkeit der Rechtzeitigkeit, ohne dass die Geeignetheit der Androhung für den allgemeinen legitimen Zweck von Verpflichtungsbefolgung und Zwangsmittelanwendungsvermeidung erheblicher nachteilig beeinträchtigt würde als durch unmittelbaren Zwang ohne Androhungsrechtzeitigkeit.

Absehenkönnen im Sinne von § 61 Abs. 3 S. 3 PolG NRW bedeutet Ermessen – in systematisch-kumulativer Verbindung mit § 61 Abs. 1 S. 2, Abs. 2 PolG NRW wiederum unter Vorbehalt des tatsächlich und rechtlich Möglichen wie Gebotenen.

(SUB/ERG)

Im konkreten Fall sind die Verfahrensvoraussetzungen speziell bzgl. UZw-Androhung gegenüber einer Menschenmenge aus § 61 Abs. 3 S. 1 PolG NRW (alternativ)

- unanwendbar wegen Fehlens einer Menschenmenge.
- unanwendbar wegen Fehlens von Unbeteiligten.
- eingehalten mit rechtzeitiger Androhung.
- eingehalten durch nicht rechtzeitige Androhung bei Unmöglichkeit.
- nicht eingehalten.

Ganzes entsteht (vgl. BGH, Urteil vom 29. August 1985 - 4 StR 397/85, BGHSt 33, 306, 308). Eine Ansammlung von 15 bis 20 Personen kann eine solche Menschenmenge sein (BGH, Urteil vom 29. August 1985 - 4 StR 397/85, aaO), wobei dies keine Festlegung einer Untergrenze bedeutet. Sogar eine Gruppe von zehn Personen kann ausreichen, wenn besondere Umstände - insbesondere eine auf die räumliche Enge zurückzuführende Unübersichtlichkeit am Tatort - es für den Außenstehenden unmöglich machen, die Größe der Menge und die von ihr ausgehende Gefahr zu erfassen (BGH, Urteil vom 31. Mai 1994 - 5 StR 154/94, BGHR StGB § 125 Menschenmenge 1; vgl. auch BGH, Beschluss vom 29. Mai 2002 - 5 StR 199/02, NStZ 2002, 538)".

[253] Vgl. § 65 Abs. 2 PolG NRW: „Wer sich aus einer solchen Menschenmenge nach wiederholter Androhung des Schusswaffengebrauchs nicht entfernt, obwohl ihm das möglich ist, ist nicht **Unbeteiligter** im Sinne des § 63 Abs. 4.", und Nr. 65.2 VVPolG NRW: „In der Androhung (vgl. RdNr. 61.3) soll darauf hingewiesen werden, dass nicht Unbeteiligter ist, wer sich nicht aus der Menschenmenge entfernt, obwohl ihm das möglich ist.".

[254] Zu **Androhungszeiten** vgl. auch Nr. 61.14 VVPolG NRW: „Zwischen der Androhung der Zwangsmaßnahme und ihrer Anwendung soll eine den Umständen nach angemessene Zeitspanne liegen."; Nr. 61.15 VVPolG NRW: „Personen, gegen die nach Begründung des amtlichen Gewahrsams unter den in § 64 Abs. 1 Nr. 4 genannten Voraussetzungen von der Schusswaffe Gebrauch gemacht werden darf, sollen zu Beginn des Gewahrsams darauf hingewiesen werden. Um einen Schusswaffengebrauch zu vermeiden, ist auf eine sorgfältige Sicherung dieser Personen zu achten. Das gilt vor allem bei Transporten. Die Belehrung ersetzt nicht die Androhung des Schusswaffengebrauchs im Einzelfall."; Nr. 61.3 VVPolG NRW: „Zwischen der wiederholten Androhung des Schusswaffengebrauchs gegen Personen in einer Menschenmenge und dem Gebrauch der Schusswaffe soll so viel Zeit verstreichen, dass sich insbesondere Unbeteiligte aus der Menge entfernen können; vgl. auch RdNr. 65.2."; Nr. 65.2 VVPolG NRW: „In der Androhung (vgl. RdNr. 61.3) soll darauf hingewiesen werden, dass nicht Unbeteiligter ist, wer sich nicht aus der Menschenmenge entfernt, obwohl ihm das möglich ist.".

(VOR)

b) § 61 Abs. 3 S. 2 PolG NRW: Androhungswiederholung vor Schusswaffengebrauch gegen Personen in Menschenmenge

Gemäß § 61 Abs. 3 S. 2 PolG NRW ist der Gebrauch von Schusswaffen gegen Personen in einer Menschenmenge stets anzudrohen; die Androhung ist vor dem Gebrauch zu wiederholen.

Gemäß § 61 Abs. 3 S. 3 PolG NRW kann (gegenüber einer Menschenmenge) bei dem Gebrauch von technischen Sperren und dem Einsatz von Dienstpferden von der Androhung abgesehen werden.

(DEF)

Menschenmenge im Sinne des § 61 Abs. 3 S. 2 PolG NRW ist eine je nach Anzahl, Ort, Situation nach Empfängerhorizont fachkundiger Amtswalter in der konkreten Lage als Personenmehrheit mit einer Androhung adressierbare Personenvielzahl mit der Möglichkeit des Entfernens von Unbeteiligten.[255]

Androhungswiederholung im Sinne von § 61 Abs. 3 S. 2 PolG NRW ist „stets" mindestens zweimalige Androhung vor Schusswaffengebrauch gegen Personen in einer Menschenmenge; „**stets**" im Sinne von § 61 Abs. 3 S. 2 PolG NRW bedeutet wörtlich „immer", allerdings in systematisch-kumulativer Verbindung mit § 61 Abs. 2 PolG NRW und § 61 Abs. 3 S. 3 PolG NRW wiederum unter dem Vorbehalt des tatsächlich und rechtlich Möglichen wie Gebotenen der Androhungswiederholung, sodass die Geeignetheit der Androhung für den allgemeinen legitimen Zweck von Verpflichtungsbefolgung und Zwangsmittelanwendungsvermeidung durch Schusswaffengebrauch mit Androhungswiederholung nicht erheblicher nachteilig beeinträchtigt sein darf als durch Schusswaffengebrauch ohne Androhungswiederholung.

(SUB/ERG)

Im konkreten Fall sind die Verfahrensvoraussetzungen speziell bzgl. UZw-SWG-Androhung gegenüber einer Person in einer Menschenmenge aus § 61 Abs. 3 S. 2 PolG NRW (alternativ)

- unanwendbar wegen Fehlens einer Person in einer Menschenmenge.
- eingehalten mit Androhung.
- eingehalten mit Nichtandrohung bei Unmöglichkeit.
- nicht eingehalten.

---

[255] Vgl. zum **Menschenmenge**-Begriff auch §§ 124, 125 StGB und dazu die Rechtsprechung wie aus BGH, Beschluss vom 05.09.2019 – BGH AK 40/19, Rn. 21: „Der Begriff der **Menschenmenge** im Sinne des § 125 StGB bezeichnet eine nicht notwendigerweise ungezählte, aber doch so große Personenmehrheit, dass die Zahl nicht sofort überschaubar ist. Der zur Menschenmenge gehörende Personenkreis muss so groß sein, dass es auf das Hinzukommen oder Weggehen Einzelner - und zwar aus Sicht eines Außenstehenden - nicht mehr ankommt. Wesentlich ist, dass die Personen einen räumlichen Zusam menhang herstellen, so dass bei Außenstehenden die Vorstellung einer Menschenmenge als räumlich verbundenes Ganzes entsteht (vgl. BGH, Urteil vom 29. August 1985 - 4 StR 397/85, BGHSt 33, 306, 308). Eine Ansammlung von 15 bis 20 Personen kann eine solche Menschenmenge sein (BGH, Urteil vom 29. August 1985 - 4 StR 397/85, aaO), wobei dies keine Festlegung einer Untergrenze bedeutet. Sogar eine Gruppe von zehn Personen kann ausreichen, wenn besondere Umstände - insbesondere eine auf die räumliche Enge zurückzuführende Unübersichtlichkeit am Tatort - es für den Außenstehenden unmöglich machen, die Größe der Menge und die von ihr ausgehende Gefahr zu erfassen (BGH, Urteil vom 31. Mai 1994 - 5 StR 154/94, BGHR StGB § 125 Menschenmenge 1; vgl. auch BGH, Beschluss vom 29. Mai 2002 - 5 StR 199/02, NStZ 2002, 538)".

B. II. 2./3./4./5. (GefAbw/StrRpfl Evn/ZwG/UZw) § 56 Abs. 1 S. 1, 2, Abs. 2-6 PolG NRW (ggf. i.V.m. § 57 Abs. 1 PolG NRW): Verfahrensrechtsnormen allgemein bzgl. (ggf. alternativ) Evn/ZwG/UZw-Zwangsmittel-Androhung im gestreckten Verfahren

(VOR)

a) § 56 Abs. 1 S. 2 PolG NRW: angemessene Fristbestimmung für Verpflichtungserfüllung

Gemäß § 56 Abs. 1 S. 2 Hs. 1 PolG NRW ist (als Pflicht) der betroffenen Person in der Androhung zur Erfüllung der Verpflichtung (aus der Grundverfügung) eine angemessene Frist zu bestimmen; anders als bei Handlungsverfügungen nach § 56 Abs. 1 S. 2 Hs. 1 PolG NRW braucht nach § 56 Abs. 1 S. 2 Hs. 2 PolG NRW eine angemessene Frist bei Duldungsverfügungen und bei Unterlassungsverfügungen nicht bestimmt zu werden.

(DEF)

Fristbestimmung im Sinne des § 56 Abs. 1 S. 2 PolG NRW ist Zeitangabe, wann (spätestens) die Verfügung befolgt sein soll.

Fristangemessenheit / angemessene Frist im Sinne des § 56 Abs. 1 S. 2 PolG NRW ist angemessenes Verhältnis zwischen frühestnötigem Zeitpunkt und spätestmöglichem Zeitpunkt des Grundrechtseingriffs durch Verfügungsbefolgung zur Förderung des legitimen Zwecks.

(SUB/ERG)

Im konkreten Fall ist § 56 Abs. 1 S. 2 PolG NRW (alternativ)

- eingehalten bei Handlungs- oder Duldungs- oder Unterlassungsverfügung und angemessener Fristbestimmung, auch durch fallabhängig angemessene Frist-Bestimmungen wie:
  - „in (x) Sekunden/Minuten/Stunden/Tagen/Wochen/Monaten“,
  - „augenblicklich“, „sofort“;
  - „**unverzüglich**“ (vgl. § 121 Abs. 1 S. 1 BGB), letzteres jedenfalls unter auszulegenden Umständen dann nicht mehr, wenn eigentlich mehr Zeitraum besteht zur Verpflichtungserfüllung und mehr Zeit besteht für eine bestimmtere Zeitangabe innerhalb dieses Zeitraums[256].
- eingehalten bei Duldungsverfügungen und Unterlassungsverfügung auch ohne Fristbestimmung.
- eingehalten bei Nichtfristbestimmung aufgrund Unmöglichkeit oder nichtzulassender Umstände, vgl. in systematisch-teleologischer Auslegung § 56 Abs. 1 S. 1 W. 3, S. 3 Hs. 2 PolG NRW.
- nicht eingehalten bei Handlungsverfügung und nicht oder nicht angemessen erfolgender Fristbestimmung ohne Grund.

---

256 So die – nichtpolizeivollzugsdienstlichen – Fälle, in denen mit „unverzüglich“ Bestimmtheit fehlen „dürfte“ in: VGH Baden-Württemberg, Beschluss vom 13.01.1995 – 10 S 3057/94; OVG Thüringen, Beschluss vom 12.03.2008 – 3 EO 283/07.

(VOR)

b) § 56 Abs. 2 S. 2 PolG NRW: Androhungs- und Verwaltungsaktverbindung

Gemäß § 56 Abs. 2 S. 1 PolG NRW kann die Androhung mit dem Verwaltungsakt verbunden werden, durch den die Handlung, Duldung oder Unterlassung aufgegeben wird.

Gemäß § 56 Abs. 2 S. 2 PolG NRW soll die Androhung mit dem Verwaltungsakt verbunden werden, wenn ein Rechtsmittel keine aufschiebende Wirkung hat.

(DEF)

Verbindung ist Erkennbarmachung einer Sinneinheit von Verwaltungsakt und Androhung für den Verfügungs- und Androhungsempfänger, im Sinne eines „Wenn nicht [Grundverfügung], dann [Androhung]", in der Regel durch Bekanntgabe zugleich von Androhung und Verfügung.

„**Kann**" im Sinne des § 56 Abs. 2 S. 1 PolG NRW bedeutet wie grundsätzlich allgemein und hier besonders im Gegensatz zu § 56 Abs. 2 S. 2 PolG NRW **freies Ermessen**, also nicht weiter gebundene Entscheidungsfreiheit im Rahmen der Freiheit von Ermessensfehlern wie Ermessensunterschreitung, Ermessensüberschreitung, Ermessensfehlgebrauch.

„**Soll**" im Sinne des § 56 Abs. 2 S. 2 PolG NRW bedeudet für den dort normierten Fall nichtaufschiebender Wirkung **intendiertes Ermessen**, also Regelmäßigkeit und Vorgezeichnetheit einer Entscheidung, hier zur Androhungs- und Verfügungsverbindung, außer im Ausnahmefall oder in besonderen Einzelfällen, sodass bei nichtaufschiebender Rechtsmittelwirkung im Regelfall nur die Androhungs- und Verfügungsverbindung ermessensfehlerfrei ist.

Rechtsmittel im Sinne des § 56 Abs. 2 S. 2 PolG NRW sind auf dem Rechtsgebiet der Gefahrenabwehr insbesondere die Rechtsbehelfe **Widerspruch**, §§ 68-73 VwGO, und **Anfechtungsklage**, § 42 Abs. 1 Alt. 1 VwGO, vgl. dazu auch § 42 Abs. 1 Alt. 2 VwGO (**Verpflichtungsklage**), § 43 VwGO (**Feststellungsklage**), § 113 VwGO (**Fortsetzungsfeststellungsklage**), §§ 43 Abs. 2 S. 1 und 111 VwGO (**Leistungsklage**).

Aufschiebende Wirkung im Sinne des § 56 Abs. 2 S. 2 PolG NRW ist grundsätzlich (vgl. § 80 Abs. 2 VwGO, § 80b VwGO) gegeben bei Widerspruch oder Anfechtungsklage gemäß § 80 Abs. 1 VwGO; gemäß § 112 S. 1 JustizG NRW haben Rechtsbehelfe, die sich gegen Maßnahmen der Vollstreckungsbehörden und der Vollzugsbehörden (§§ 2 und 56 VwVG NRW) in der Verwaltungsvollstreckung richten, keine aufschiebende Wirkung, dabei gilt gemäß § 112 S. 2 JustizG NRW § 80 Abs. 4, 5, 7 und 8 VwGO entsprechend.

Keine aufschiebende Wirkung / Nichtaufschiebende Wirkung ist im Sinne des § 56 Abs 2 S. 2 PolG NRW gegeben bei (alternativ)

- Verwirklichung einer **Vollziehbarkeitsrechtsnorm** wie wie (alternativ):
    - § 80 Abs. 2 S. 1 Nr. 2 VwGO (Entfallen aufschiebender Wirkung von Widerspruch und Anfechtungsklage bei unaufschiebbaren Anordnungen und Maßnahmen von Polizeivollzugsbeamten[257]);

[257] OVG NRW, Beschluss des 8. Senats vom 02.10.2003 – 8 B 468/03 (Sperrpfosten), Rn. 6 f.: „Nach ständiger Rechtsprechung ist § 80 Abs. 2 Nr. 2 VwGO auf verkehrsregelnde Anordnungen entsprechend anwendbar, weil sich die von Verkehrszeichen und Verkehrseinrichtungen ausgehenden Gebote oder Verbote prinzipiell nicht von unaufschiebbaren Anordnungen oder Maßnahmen von Polizeivollzugsbeamten unterscheiden, an deren Stelle sie gleichsam treten. Vgl. BVerwG, Beschluss vom 26. Januar 1988 - 7 B 189/87 -, NJW 1988, 2814 [Parkuhr].", Rn. 5: „Die Bekanntgabe der verkehrsregelnden Anordnung erfolgt durch Aufstellung des Sperrpfostens (§ 41 Abs. 3 VwVfG). Ein Sperrpfosten ist eine Verkehrseinrichtung

- § 80 Abs. 2 S. 1 Nr. 4 VwGO (Entfallen aufschiebender Wirkung von Widerspruch und Anfechtungsklage in den Fällen, in denen die sofortige Vollziehung im öffentlichen Interesse oder im überwiegenden Interesse eines Beteiligten von der Behörde, die den Verwaltungsakt erlassen oder über den Widerspruch zu entscheiden hat, besonders angeordnet wird);
- § 58 Abs. 2 AufenthG (Abschiebung bei vollziehbarer Ausreisepflicht);
- § 58a Abs. 1 S. 2 AufenthG (sofort vollziehbare Abschiebungsanordnung);

- **VA-Unanfechtbarkeit (formelle VA-Bestandskraft)** nach §§ 70, 74, 75 VwGO oder Zeit von drei Monaten nach Ablauf der gesetzlichen Rechtsmittelbegründungsfrist bezüglich Anfechtungsklageabweisungsentscheidung, § 80b VwGO.

(SUB/ERG)

Im konkreten Fall ist § 56 Abs. 2 PolG NRW (alternativ)

- unabhängig von Ermessensart und aufschiebender Wirkung gemäß § 56 Abs. 2 S. 2 PolG NRW eingehalten durch einheitliche Bekanntgabe (uno actu) von zugleich Verfügung und Zwangsmittelandrohung.
- eingehalten bei Nichtverbindung von Verfügung und Zwangsmittelandrohung und dies ohne Ermessensfehler (Ermessensüberschreitung, Ermessensunterschreitung, Ermessensfehlgebrauch).
- eingehalten bei Nichtverbindung aufgrund Unmöglichkeit oder nichtzulassender Umstände, vgl. in systematisch-teleologischer Auslegung § 56 Abs. 1 S. 1 W. 3, S. 3 Hs. 2 PolG NRW.
- nicht eingehalten.

(VOR)

c) § 56 Abs. 3 S. 1 PolG NRW: Androhungsbezug auf bestimmte Zwangsmittel

Gemäß § 56 Abs. 3 S. 1 PolG NRW muss (als Pflicht) sich die Androhung auf bestimmte Zwangsmittel beziehen.

(DEF)

Androhungsbezug auf bestimmte Zwangsmittel ist gegeben bei Erkennbarkeit nach §§ 133, 157 BGB analog mindestens eines in der Androhung nach § 37 Abs. 1 VwVfG NRW, Art. 20 Abs. 3 GG hinreichend bestimmten Zwangsmittels im Sinne von § 51 Abs. 1 Nr. 1/2/3 PolG NRW i.V.m. § 52 Abs. 1/§ 53 Abs. 1/§ 58 PolG NRW.

(SUB/ERG)

Im konkreten Fall ist § 56 Abs. 3 S. 1 PolG NRW (alternativ)

(§ 43 Abs. 1 StVO), deren Regelungen den allgemeinen Verkehrsregeln vorgehen (§ 43 Abs. 2 StVO); ihr kann ein ähnlicher Regelungsgehalt wie Verkehrszeichen zukommen (§ 45 Abs. 2 S. 4, Abs. 4, 1. Hs. StVO). Die aufschiebende Wirkung des Widerspruchs des Antragstellers entfällt entsprechend § 80 Abs. 2 Nr. 2 VwGO.“.

- eingehalten durch bestimmtes Beziehen auf mindestens ein Zwangsmittel.
- nicht eingehalten durch das Nichtbeziehen auf mindestens ein bestimmtes Zwangsmittel.
- eingehalten bei Nichtbeziehen aufgrund Unmöglichkeit oder nichtzulassender Umstände, vgl. in systematisch-teleologischer Auslegung § 56 Abs. 1 S. 1 W. 3, S. 3 Hs. 2 PolG NRW.[258]
- nicht eingehalten durch nicht hinreichend bestimmtes Beziehen auf mindestens ein Zwangsmittel.

(VOR)

d) § 56 Abs. 3 S. 2 PolG NRW: Zwangsmittelreihenfolgeangabe

Gemäß § 56 Abs. 3 S. 2 PolG NRW, ist (als Pflicht), wenn mehrere Zwangsmittel angedroht werden, anzugeben, in welcher Reihenfolge sie angewandt werden sollen.

---

[258] BGH, Urteil vom 14.07.1975 – III ZR 58/73: „Die Androhung soll den Betroffenen zwar darauf hinweisen, daß und welche Zwangsmaßnahmen gegen ihn angewendet werden sollen, wenn er die von ihm verlangte Handlung nicht binnen der ihm gesetzten Frist vornimmt. Bei der Androhung unmittelbaren Zwanges ist aber eine weitergehende Konkretisierung der geplanten Maßnahmen als es die Beklagte getan hat weder geboten noch tunlich und zum Teil sogar unmöglich. Die Art und Weise der Durchführung des unmittelbaren Zwanges muß vorbehalten bleiben, weil die Behörde sonst nicht mehr [...] jeweils das den Betroffenen und die Allgemeinheit am wenigsten beeinträchtigende Mittel wählen kann. Worin der unmittelbare Zwang besteht, muß sich nach den Verhältnissen des Einzelfalles bestimmen, insbesondere dem Verhalten des Schuldners und der sonstigen von der Zwangsmaßnahme betroffenen Personen. Es kann sogar unzweckmäßig sein, dem Schuldner die geplanten Maßnahmen in allen Einzelheiten vorher anzukündigen, weil er sich dann, wenn er ihnen nicht nachkommen oder gar Widerstand leisten will, auf sie einstellen und sie unterlaufen oder vereiteln kann. Hieraus folgt bereits, daß die Behörde auch nicht von vornherein übersehen kann, welche Maßnahmen im einzelnen bei der Anwendung des unmittelbaren Zwanges erforderlich werden. Es kann deshalb auch grundsätzlich nicht von ihr verlangt werden, Einzelheiten über die geplante Vollstreckungshandlung vorher mitzuteilen.“. OVG Münster, Beschluss vom 23.07.1992 – 4 B 898/92: „Der Senat ist nicht der Auffassung, daß bei der Anordnung unmittelbaren Zwanges die beabsichtigte Vollstreckungsmaßnahme so konkret angegeben werden muß, daß der Betroffene eine ungefähre Vorstellung davon hat, welche Maßnahmen die Behörde ergreifen wird. [...] Das Nordrhein-Westfälische Verwaltungsvollstreckungsgesetz verlangt bei der Anordnung nähere Angaben jedoch nicht. [...] Sie ist im Sinne des § 37 Abs. 1 VwVfG NRW hinreichend bestimmt, weil für den Adressaten unzweideutig erkennbar ist, daß er bei Nichtbefolgung des Verwaltungsakts mit der Anwendung unmittelbaren Zwanges, also mit der Einwirkung auf Personen oder Sachen durch körperliche Gewalt, ihre Hilfsmittel und durch Waffen (vgl. § 67 VwVG NRW) rechnen muß. Der Senat folgt insoweit der Auffassung des BGH [BGH, Urteil vom 14.07.1975 – III ZR 58/73], daß eine darüberhinausgehende Konkretisierung der geplanten Maßnahmen weder gesetzlich geboten noch tunlich und zum Teil sogar unmöglich ist.“; ESVGH 49, 237 = VGH Baden-Württemberg, Urteil des 13. Senats vom 05.03.1999 – 13 S 742/98: „Denn die Androhung unmittelbaren Zwangs ist, soweit gesetzlich nichts anderes vorgeschrieben ist, schon dann inhaltlich hinreichend bestimmt, wenn für den Adressaten - wie dies bei einer Androhung der Abschiebung der Fall ist - unzweideutig erkennbar ist, daß er bei Nichtbefolgung seiner Pflicht mit der Einwirkung auf Personen oder Sachen durch körperliche Gewalt, durch Hilfsmittel der körperlichen Gewalt oder durch Waffengebrauch (vgl. § 26 Abs. 1 Satz 1 LVwVG) rechnen muß, ohne daß bereits Einzelheiten der voraussichtlichen Zwangsmittelanwendung konkretisiert werden müssen (BGH, Urteil vom 14.07.1975, MDR 1975, 1006; OVG Nordrhein-Westfalen, Beschluss vom 23.07.1992, NVwZ-RR 1993, 139; Lemke, Verwaltungsvollstreckungsrecht des Bundes und der Länder, 1997, S. 321 m.w.Nachw.).“; ebenso bestätigend zitierend: VGH Bayern, Beschluss vom 06.03.2009 – 22 ZB 08.2104; OVG Sachsen-Anhalt, Beschluss vom 07.10.2010 – 1 L 2/10.

(DEF)

Zwangsmittelmehrheit bzw. **mehrere Zwangsmittel** i.S.d. § 56 Abs. 3 S. 2 PolG NRW

- ist bzw. sind in der Regel mehr als eines der in § 51 Abs. 1 PolG NRW enumerativ aufgeführten Zwangsmittel;
- können in teleologischer Auslegung (Extension) des § 56 Abs. 3 S. 2 PolG NRW über § 51 Abs. 1 PolG NRW hinaus auch sein: mehrere Zwangsmittelanwendungen innerhalb eines Zwangsmittels.

(SUB/ERG)

Im konkreten Fall ist § 56 Abs. 3 S. 2 PolG NRW (alternativ)

- unanwendbar bei Angabe von nur einem Zwangsmittel.
- eingehalten bei Androhung mehrerer Zwangsmittel und Angabe der Anwendungsreihenfolge i.Z.m. der Androhung.
- eingehalten bei Nichtangabe aufgrund Unmöglichkeit oder nichtzulassender Umstände, vgl. in systematisch-teleologischer Auslegung § 56 Abs. 1 S. 1 W. 3, S. 3 Hs. 2 PolG NRW;
- nicht eingehalten bei Androhung mehrerer Zwangsmittel und Nichtangabe der Anwendungsreihenfolge mehrerer angedrohter Zwangsmittel i.Z.m. der Androhung trotz Möglichkeit oder zulassenden Umständen.

(VOR)

e) § 56 Abs. 4 PolG NRW: Androhungs-Angabe voraussichtlicher Ersatzvornahmekosten).

Gemäß § 56 Abs. 4 PolG NRW sollen, wenn Ersatzvornahme angedroht wird, in der Androhung die voraussichtlichen Kosten angegeben werden (

(DEF)

Ersatzvornahme ist das Zwangsmittel im Sinne von § 51 Abs. 1 Nr. 1 PolG NRW, § 52 Abs. 1 PoG NRW.

„**Soll**" im Sinne des § 56 Abs. 2 S. 2 PolG NRW bedeudet für den dort normierten Fall nichtaufschiebender Wirkung **intendiertes Ermessen**, also Regelmäßigkeit und Vorgezeichnetheit einer Entscheidung, hier zur Androhungsangabe voraussichtlicher Kosten, außer im Ausnahmefall oder in besonderen Einzelfällen, sodass im Regelfall der Ersatzvornahmeandrohung nur die Androhungsangabe voraussichtlicher Ersatzvornahmekosten ermessensfehlerfrei ist.

Kosten i.S.d. § 56 Abs. 4 PolG NRW sind Kosten i.S.d. § 52 PolG NRW i.V.m. § 77 VwVG NRW.

(SUB/ERG)

Im konkreten Fall ist § 56 Abs. 4 PolG NRW (alternativ)

- unanwendbar bei Nichtandrohung von Ersatzvornahme.
- eingehalten bei Androhungs-Angabe voraussichtlicher Ersatzvornahmekosten.

- Eingehalten bei Androhungs-Nichtangabe voraussichtlicher Ersatzvornahmekosten ohne Ermessensfehler (Ermessensüberschreitung, Ermessensunterschreitung, Ermessensfehlgebrauch).
- eingehalten bei Androhungs-Nichtangabe aufgrund Unmöglichkeit oder nichtzulassender Umstände (z.B. Nichtvoraussehbarkeit von Ersatzvornahmekosten), vgl. in systematisch-teleologischer Auslegung § 56 Abs. 1 S. 1 W. 3, S. 3 Hs. 2 PolG NRW.
- nicht eingehalten bei Androhungs-Nichtangabe voraussichtlicher Ersatzvornahmekosten ohne Grund dafür und mit mindestens einem Ermessensfehler (Ermessensüberschreitung, Ermessensunterschreitung, Ermessensfehlgebrauch).

(VOR)

f) § 56 Abs. 5 PolG NRW: Androhung von Zwangsgeld in bestimmter Höhe

Gemäß § 56 Abs. 5 PolG NRW ist (als Pflicht) das Zwangsgeld ist in bestimmter Höhe anzudrohen.[259]

(DEF)

Zwangsgeld ist das Zwangsmittel im Sinne von § 51 Abs. 1 Nr. 2 PolG NRW, § 53 Abs. 1 PolG NRW.

Bestimmte Höhe des Zwangsgeldes ist eine nach § 37 Abs. 1 VwVfG NRW, Art. 20 Abs. 3 GG hinreichend bestimmte, also erkennbare Höhe irgendeiner Geldbetragsart- und -höhe im Sinne des Zwangsmittels nach § 51 Abs. 1 Nr. 2 PolG NRW, § 53 Abs. 1 PolG NRW; die Geldbetragsart- und -höhe ist bei § 56 Abs. 5 PolG NRW egal, solange sie hinreichend bestimmt ist.

(SUB/ERG)

Im konkreten Fall ist § 56 Abs. 5 PolG NRW (alternativ)

- unanwendbar bei Fehlen von Zwangsgeld.
- eingehalten bei Androhung des Zwangsgeldes in bestimmter Höhe.
- eingehalten bei Androhung von Zwangsgeld nicht in bestimmter Höhe aufgrund Unmöglichkeit oder nichtzulassender Umstände, vgl. in systematisch-teleologischer Auslegung § 56 Abs. 1 S. 1 W. 3, S. 3 Hs. 2 PolG NRW.
- nicht eingehalten bei Androhung des Zwangsgeldes nicht in bestimmter Höhe ohne Grund.

---

[259] Nr. 56.5 VVPolG NRW: „Bei der Androhung des Zwangsgeldes ist darauf hinzuweisen, dass das Verwaltungsgericht auf Antrag der Polizei **Ersatzzwangshaft** [§ 54 PolG NRW] anordnen kann, wenn das Zwangsgeld uneinbringlich ist.“.

B. II. 3./4./5./6. (GefAbw Evn/ZwG/UZw) §§ 28, 39 VwVfG NRW: allgemeine VwVfG-NRW-Verfahrensrechtsnormen bzgl. Zwangsmittel-Androhungs-VA auf dem Rechtsgebiet der Gefahrenabwehr (§§ 1, 2, 9, 35 VwVfG NRW) im „gestreckten Verfahren"

(VOR/DEF)

a) § 28 VwVfG NRW: Anhörung

Gemäß § 28 Abs. 1 VwVfG NRW besteht Pflicht zur **Anhörung** im Sinne des § 28 Abs. 1 VwVfG NRW (Äußerungsgelegenheit mit entsprechender Würdigung vor eingreifendem VA) – oder es soll sein: ein Ausnahmegrund gemäß § 28 Abs. 2, 3 VwVfG NRW oder **VA-Verletzungsunbeachtlichkeit** gemäß § 45 VwVfG NRW oder **VA-Nichtaufhebbarkeit** gemäß § 46 VwVfG NRW.

Gemäß § 28 Abs. 2 VwVfG NRW kann von der Anhörung abgesehen werden, wenn sie nach den Umständen des Einzelfalles nicht geboten ist, insbesondere wenn ein Fall vorliegt gemäß § 28 Abs. 2 Nr. 1-5 VwVfG NRW.

Absehenkönnen im Sinne von § 28 Abs. 2 Hs. 1 VwVfG NRW bedeutet Ermessen – in systematisch-kumulativer Verbindung mit § 28 Abs. 2 Hs. 2 VwVfG NRW wiederum unter Vorbehalt des tatsächlich und rechtlich Möglichen wie Gebotenen.

Gebotenheit ist Nichtverfügbarkeit eines milderen, gleich geeigneten Mittels zur Zweckförderung.

Gemäß § 28 Abs. 2 Nr. 5 VwVfG NRW kann von der Anhörung abgesehen werden, wenn sie nach den Umständen des Einzelfalles nicht geboten ist, insbesondere wenn Maßnahmen in der Verwaltungsvollstreckung getroffen werden sollen.

Maßnahme in der Verwaltungsvollstreckung / Verwaltungsvollstreckungsmaßnahme ist sowohl Zwangsmittel-Androhung als auch Zwangsmittel-Anwendung, nicht schon eine Grundmaßnahme im ersten Maßnahmenabschnitt des Eingriffsrechts der Polizei und nicht mehr eine Maßnahme im dritten Maßnahmenbschnitt des Eingriffsrechts der Polizei, also nicht etwas wie Entschädigung, Ersatz, Erstattung, Gebühren, Kosten.[260]

Gemäß § 28 Abs. 2 Nr. 1 VwVfG NRW kann von der Anhörung abgesehen werden, wenn eine sofortige Entscheidung wegen Gefahr im Verzug oder im öffentlichen Interesse notwendig erscheint.

Gefahr im Verzug i.S.d. § 28 Abs. 2 Nr. 1 VwVfG NRW ist gegeben, wenn der Handlungsbedarf unvorhergesehen ist und bei Durchführung der eigentlich vorgesehenen Maßnahme, hier der Anhörung, der gesetzliche Zweck, hier der jeweilige aus der Aufgabe des § 1 Abs. 1 S. 1 PolG NRW und aus der Befugnisrechtsnorm des § 8 Abs. 1 PolG NRW, vereitelt oder wesentlich erschwert wird.[261]

---

[260] Zu den möglichen **Maßnahmenabschnitten** im Eingriffsrecht der Polizei siehe auch mit Abbildung: *Basten*, Eingriffsrecht der Polizei in Nordrhein-Westfalen, Band 1, S. 176.

[261] BVerwGE 142, 205 (Schutzmaßnahme nach IfSG) = BVerwG, Urteil vom 22.03.2012 – BVerwG 3 C 16.11: „Gefahr im Verzug im Sinne von § 28 Abs. 2 Nr. 1 VwVfG ist anzunehmen, wenn durch eine vorherige Anhörung auch bei Gewährung kürzester Anhörungsfristen ein Zeitverlust einträte, der mit hoher Wahrscheinlichkeit zur Folge hätte, dass die behördliche Maßnahme zu spät käme, um ihren Zweck noch zu erreichen. Ob eine sofortige Entscheidung objektiv notwendig war oder die Behörde eine sofortige Entscheidung zumindest für notwendig halten durfte, ist vom Gericht aus ex-ante-Sicht zu beurteilen

Öffentliches Interesse ist die einzelfallbezogene Relevanz eines Rechts oder Rechtsguts nicht ausschließlich bei einem einzelnen Individuum.

Notwendigkeit ist Nichtverfügbarkeit eines milderen, gleich geeigneten Mittels zur Zweckförderung – bis hin zur Alternativlosigkeit der Mittelanwendung.

Gemäß § 28 Abs. 3 VwVfG NRW unterbleibt eine Anhörung, wenn ihr ein zwingendes öffentliches Interesse entgegensteht.

Zwingendes öffentliches Interesse ist die einzelfallbezogene unbedingte Relevanz eines Rechts oder Rechtsguts nicht ausschließlich bei einem einzelnen Individuum.

(SUB/ERG)

Im konkreten Fall ist § 28 VwVfG NRW (alternativ)

- eingehalten insbesondere bei Gelegenheit zur Stellungnahme i.S.d. § 28 Abs. 1 VwVfG NRW.
- eingehalten bei Nichteinhaltung von § 28 Abs. 1 VwVfG NRW und Ausnahmegrund gemäß § 28 Abs. 2, 3 VwVfG NRW.
- nicht eingehalten insbesondere bei Fehlen von Gelegenheit zur Stellungnahme ohne Ausnahmegrund.
- sonst eingehalten oder nicht eingehalten bei Anhaltspunkten / Fehlen entgegenstehender Anhaltspunkte.

(VOR/DEF)

b) § 39 VwVfG NRW: Begründung

Gemäß § 39 Abs. 1 VwVfG NRW besteht Pflicht zur **Begründung** eines schriftlichen oder elektronischen sowie schriftlich oder elektronisch bestätigten VA (vgl. § 37 Abs. 2 VwVfG NRW) mit den tatsächlich-rechtlichen, nicht unbedingt materiellrechtlich richtigen Behördenerwägungen – oder es soll gegeben sein: ein Ausnahmegrund nach § 39 Abs. 2 VwVfG NRW (insb. § 39 Abs. 2 Nr. 2, 4 VwVfG NRW) oder **VA-Verletzungsunbeachtlichkeit** gemäß § 45 VwVfG NRW oder **VA-Nichtaufhebbarkeit** gemäß § 46 VwVfG NRW.

(SUB/ERG)

Im konkreten Fall ist § 39 VwVfG NRW (alternativ)

- eingehalten bei Fehlen von Begründungspflicht bei rechtmäßigem Fehlen von schriftlichem oder elektronischem, schriftlich oder elektronisch bestätigtem VA (i.d.R. jedenfalls zunächst bei Maßnahmen i.S.d. § 80 Abs. 2 S. 1 Nr. 2 VwGO).
- eingehalten bei Begründung bei schriftlichem oder elektronischem, schriftlich oder elektronisch bestätigtem VA (z.B. im Rahmen von „Bescheinigungen"; „Mitteilungen", „Anschreiben-VA" [„Auflagenanschreiben", „Gefährderanschreiben",

(Urteil vom 15. Dezember 1983 - BVerwG 3 C 27.82 - BVerwGE 68, 267 <271 f.> = Buchholz 316 § 28 VwVfG Nr. 9 S. 18). Hierbei ist wegen der Bedeutung des Anhörungsrechts als tragendem Prinzip des rechtsstaatlichen Verfahrens ein strenger Maßstab anzulegen (vgl. Kopp/Ramsauer, VwVfG, 12. Aufl. 2011, § 28 Rn. 3 und Rn. 46 m.w.N.).".

„Meldeauflagenanschreiben"], „HG-Schriftverfügung"), auch bei Nichtvorliegen eines Ausnahmegrundes i.S.v. § 39 Abs. 2 VwVfG NRW.

- eingehalten bei Ausnahmegrund nach § 39 Abs. 2 VwVfG NRW, insbesondere wegen bekannter oder erkennbarer Sach- und Rechtslage gemäß § 39 Abs. 2 Nr. 2 Var. 1 oder 2 VwVfG NRW.
- sonst eingehalten oder nicht eingehalten bei Anhaltspunkten / Fehlen entgegenstehender Anhaltspunkte.

B. II. 3./4./5./6. (StrRpfl UZw) §§ 33, 168b StPO: allgemeine StPO-Verfahrensrechtsnormen bzgl. UZw-Androhungs-Justiz-VA (§ 23 Abs. 1 S. 1 EGGVG) auf dem Rechtsgebiet der Strafrechtspflege im „gestreckten Verfahren"

(VOR/DEF)

a) § 33 StPO analog: Anhörung

Gemäß § 33 StPO analog[262] (ggf. i.V.m. §§ 46, 53 Abs. 1 S. 2 OWiG) besteht Pflicht zur **Anhörung** bzw. **Gewährung rechtlichen Gehörs** vor einer Entscheidung, jedenfalls bevor zum Beteiligten-Nachteil Tatsachen oder Beweisergebnisse ohne Anhörung verwertet werden – oder es soll gegeben sein: ein Ausnahmegrund der Zweckgefährdung bzw. Gefahr im Verzug nach § 33 Abs. 4 StPO analog.

Gefahr im Verzug i.S.d. § 33 StPO ist gegeben, wenn der Handlungsbedarf unvorhergesehen ist und bei Durchführung der eigentlich vorgesehenen Maßnahme, hier der Anhörung, der gesetzliche Zweck, hier der jeweilige aus der Aufgabe des § 163 Abs. 1 S. 1 StPO (ggf. aus § 53 Abs. 1 S. 1 OWiG) und der Befugnisrechtsnorm des § 163 Abs. 1 S. 1 StPO, vereitelt oder wesentlich erschwert wird.

(SUB/ERG)

Im konkreten Fall ist § 33 StPO analog (alternativ)

- eingehalten insbesondere bei Gelegenheit zur Stellungnahme i.S.d. § 33 StPO analog;
- eingehalten bei Nichteinhaltung von § 33 Abs. 1, 3 StPO analog und Ausnahmegrund gemäß § 33 Abs. 4 StPO analog;
- nicht eingehalten insbesondere bei Fehlen von Gelegenheit zur Stellungnahme ohne Ausnahmegrund i.S.d. § 33 StPO analog;
- sonst eingehalten oder nicht eingehalten bei Anhaltspunkten / Fehlen entgegenstehender Anhaltspunkte.

---

262 Für das tradierte „Menschenrecht" der Anhörung (vgl. auch Art. 20 Abs. 3 GG, Art. 103 Abs. 1 GG, Art. 41 EU-GR-Charta, Art. 6 EMRK) gibt es in der StPO bei polizeilichen Maßnahmen i.d.R. keine direkte für die Polizei anwendbare Rechtsnorm (systematische Regelungslücke), weshalb – bei gleichzusetzender Interessenlage und Lücke im einzelnen Fall – § 33 StPO mit seinen Rechtsgedanken als die noch für die Polizei bestmögliche Anhörungs-Rechtsgrundlage eben analog angewendet werden kann.

b) § 168b StPO: Protokollierung

Gemäß § 168b StPO (ggf. i.V.m. §§ 46, 53 Abs. 1 S. 2 OWiG) besteht Pflicht zur **Protokollierung** bzw. zum **Protokoll** über ermittlungsbehördliche Untersuchungshandlungen, wonach gemäß § 168b Abs. 1 StPO das Ergebnis der Untersuchungshandlungen der Ermittlungsbehörden aktenkundig zu machen ist.

Gemäß – dem gerichtsseitig auf beiden Rechtsgebieten von Gefahrenabwehr und Strafrechtspflege angewendeten – § 80 Abs. 3 S. 1 VwGO (**schriftliche Begründung des Vollziehungsinteresses außer bei Gefahr im Verzug**) ist in den Fällen des § 80 Abs. 2 S. 1 Nr. 4 VwGO (besondere VA-Vollziehungsanordnung der VA-Erlassbehörde aufgrund öffentlichen oder überwiegenden Beteiligteninteresses) das **besondere Interesse**[263] an der sofortigen

---

[263] BVerfGK 11, 153 (Auswesiung gegen Art. 8 EMRK) = BVerfG, Beschluss der 2. Kammer des Zweiten Senats vom 10.05.2007 – 2 BvR 304/07 –, Rn. 29: „Die nach § 80 Abs. 1 VwGO für den Regelfall vorgeschriebene aufschiebende Wirkung von Widerspruch und Klage ist insoweit eine adäquate Ausprägung der verfassungsrechtlichen Rechtsschutzgarantie und ein fundamentaler Grundsatz des öffentlich-rechtlichen Prozesses. Andererseits gewährleistet Art. 19 Abs. 4 GG die aufschiebende Wirkung der Rechtsbehelfe im Verwaltungsprozess nicht schlechthin. Überwiegende öffentliche Belange können es rechtfertigen, den Rechtsschutzanspruch des Grundrechtsträgers einstweilen zurückzustellen, um unaufschiebbare Maßnahmen im Interesse des allgemeinen Wohls rechtzeitig in die Wege zu leiten. Für die Anordnung der sofortigen Vollziehbarkeit eines Verwaltungsaktes ist daher nach der ständigen Rechtsprechung des Bundesverfassungsgerichts ein **besonderes öffentliches Interesse** erforderlich, das über jenes Interesse hinausgeht, das den Verwaltungsakt selbst rechtfertigt. Der Rechtsschutzanspruch des Bürgers ist dabei umso stärker und darf umso weniger zurückstehen, je schwerwiegender die ihm auferlegte Belastung ist und je mehr die Maßnahme der Verwaltung Unabänderliches bewirkt (vgl. BVerfGE 35, 382 <401 f.>; 69, 220 <227 f.>; Beschluss der 3. Kammer des Zweiten Senats des Bundesverfassungsgerichts vom 25. Januar 1996 - 2 BvR 2718/95 -, AuAS 1996, S. 62 <63>).".

BVerfGK 14, 278 (Immissionsschutzrechtliche Genehmigung) = BVerfG, Beschluss der 3. Kammer des Ersten Senats vom 01.10.2008 – 1 BvR 2466/08 –, Rn. 18, 20, 21: „Handelt es sich - wie hier - um ein mehrpoliges Rechtsverhältnis, bei dem ein Verwaltungsakt mit Drittwirkung Gegenstand einer Anfechtungsklage ist (vgl. § 80 Abs. 1 Satz 2 VwGO), kann jedenfalls nicht davon ausgegangen werden, dass Art. 19 Abs. 4 GG den regelmäßigen Eintritt des Suspensiveffekts verlangt. Denn das Postulat vom **Suspensiveffekt** [aufschiebende Wirkung, P. B.] als Regelfall stößt bei der Anfechtung von Genehmigungsbescheiden durch Drittbetroffene schon wegen der dabei zu berücksichtigenden Rechtsposition des Genehmigungsempfängers an Grenzen. Dessen Rechtsposition ist grundsätzlich nicht weniger schützenswert als diejenige des Drittbetroffenen. [...] Zwar hat das Bundesverfasssungsgericht für das zweipolige Verwaltungsrechtsverhältnis bereits mehrfach entschieden, dass für die Anordnung der sofortigen Vollziehung eines Verwaltungsaktes nach § 80 Abs. 2 Satz 1 Nr. 4 1. Alt. VwGO ein **besonderes öffentliches Interesse** erforderlich ist, das über jenes Interesse hinausgeht, das den Verwaltungsakt selbst rechtfertigt. [...] Wird dagegen - wie hier - von einem Dritten die einem anderen erteilte und diesen begünstigende Genehmigung angegriffenen, bedarf es schon nach dem einfachen Recht (vgl. §§ 80a, 80 Abs. 2 Satz 1 Nr. 4 2. Alt. VwGO) und erst recht nicht wegen Art. 19 Abs. 4 GG der Prüfung eines besonderen öffentlichen Interesses an der sofortigen Vollziehung [Quelelnangabe]. Denn in dieser Situation stehen sich konkrete Rechtspositionen Privater gegenüber, die grundsätzlich gleichrangig sind.".

Zu möglichen Konstellationen im **Eingriffsrecht** als zugleich Erhaltungsrecht und Ermöglichungsrecht einschließlich zweipoligen Rechtsverhältnissen und mehrpoligen Rechtsverhältnissen (Multipolarität und Multifunktionalität) siehe: *Basten*, Eingriffsrecht der Polizei in Nordrhein-Westfalen, Band 1, S. 82-84.

VGH Baden-Württemberg, Beschluss vom 05.04.2016 – 1 S 275/16, Gründe, Rn. 3: „In der **Begründung einer Vollziehungsanordnung** hat die Behörde schlüssig, konkret und substantiiert darzulegen, aufgrund

Vollziehung des Verwaltungsakts **schriftlich** (vgl. § 126 BGB, § 3a Abs. 2 VwVfG NRW) zu **begründen**; gemäß § 80 Abs. 3 S. 2 VwGO bedarf es einer besonderen Begründung nicht, wenn die Behörde bei **Gefahr im Verzug**, insbesondere bei drohenden Nachteilen für Leben, Gesundheit oder Eigentum vorsorglich eine als solche bezeichnete Notstandsmaßnahme im öffentlichen Interesse trifft.

(SUB/ERG)

Im konkreten Fall ist § 168b StPO (alternativ)

- eingehalten insbesondere bei Protokoll über (das Ergebnis über) behördliche Untersuchungshandlungen i.S.d. §168b StPO;
- eingehalten bei Nichteinhaltung von § 168b StPO mit Ausnahmegrund;
- nicht eingehalten insbesondere bei Fehlen von Protokoll über (das Ergebnis über) behördliche Untersuchungshandlungen ohne Ausnahmegrund;
- sonst eingehalten oder nicht eingehalten bei Anhaltspunkten / Fehlen entgegenstehender Anhaltspunkte.

B. II. 4./5./6./7. (GefAbw/StrRpfl Evn/ZwG/UZw) § 56 Abs. 1 S. 1 PolG NRW: Möglichst Androhungsschriftlichkeit

(VOR)

Gemäß § 56 Abs. 1 PolG NRW sind (als Pflicht) Zwangsmittel möglichst schriftlich anzudrohen.

(DEF)

Zwangsmittel im Sinne des § 56 Abs. 1 PolG NRW sind alle Zwangsmittel im Sinne von § 51 Abs. 1 Nr. 1/2/3 PolG NRW i.V.m. § 52 Abs. 1/§ 53 Abs. 1/§ 58 PolG NRW.

Schriftlichkeit im Sinne des § 56 Abs. 1 S. 1 PolG NRW ist Schriftform im Sinne des § 126 BGB, gegebenenfalls ersetzbar im Sinne von § 3a Abs. 2 VwVfG NRW.

„**Möglichst**" im Sinne von § 56 Abs. 1 S. 1 PolG NRW meint tatsächliche und rechtliche Möglichkeit, ohne dass die Geeignetheit der Androhung für den legitimen Zweck von

---

welcher Erwägungen sie gerade im vorliegenden Einzelfall ein besonderes öffentliches Interesse an der sofortigen Vollziehung als gegeben ansieht und das Interesse des Betroffenen am Bestehen der gesetzlich vorgesehenen aufschiebenden Wirkung ausnahmsweise zurückzutreten hat (vgl. BVerwG, Beschl. v. 18.09.2001 - 1 DB 26.01 -, juris). [...] Denn das für die Anordnung der sofortigen Vollziehung nach § 80 Abs. 2 Satz 1 Nr. 4 VwGO erforderliche **besondere Vollzugsinteresse** wird bereits durch die der Anordnung erkennungsdienstlicher Maßnahmen zugrundeliegende Prognose der Wiederholungsgefahr indiziert (vgl. BayVGH, Beschl. v. 23.11.2009 - 10 CS 09.1854 -, juris).".

Zur **Wiederholungsgefahr** bzw. **Erforderlichkeit/Notwendigkeit** von **erkennungsdienstlichen Maßnahmen** siehe insbesondere: *Basten*, Eingriffsrecht der Polizei in Nordrhein-Westfalen, Band 3, Buch 3, Abschnitte 5, 6, jeweils C. I. (Tatbestandsvoraussetzungen) und C. III. Nr. 4 (Verhältnismäßigkeit); zur Maßnahmen-**Vollstreckbarkeit** allgemein im Sinne der dritten allgemeinen Vollstreckungsvoraussetzung des Zwangs siehe: *Basten*, Eingriffsrecht der Polizei in Nordrhein-Westfalen, Band 3, Buch 3, Abschnitt 3, Unterabschnitte 1, 2, jeweils C. I. 3. (Vollstreckbarkeit).

Verpflichtungsbefolgung und Zwangsmittelanwendungsvermeidung mit Schriftlichkeit erheblicher nachteilig beeinträchtigt würde als ohne Schriftlichkeit; dabei ist Schriftlichkeit-Unmöglichkeit im Sinne von § 56 Abs. 1 S. 1 PolG NRW in der Regel für Androhungen außerhalb einer Bürosituation anzunehmen bei nicht auszuschließender Möglichkeit von nachteiligen Beeinträchtigungen (Gefahr im Verzug, sonstige Störungen) durch Androhungsverschriftlichung, dies in historischer Auslegung bloßer Gesetzgebungs-Kopie des für die allgemeine Büro-Verwaltung geltenden § 63 VwVfG NRW und dessen Einfügung in den für den speziellen Polizeivollzugsdienst geltenden § 56 PolG NRW sowie in Auslegung der gewohnheitsrechtlichen Anschauung objektivierter Androhungsempfänger, §§ 133, 157 BGB analog, von polizeilichen Androhungen außerhalb des Büros.[264]

(SUB/ERG)

Im konkreten Fall ist (alternativ)

- schriftliche Androhung möglich und eingehalten (z.B. bei entsprechender Lage mit zulassenden Umständen, vgl. Maßnahmen in häuslicher Wohnung nach § 34a PolG NRW oder andere Maßnahmen in Büroräumen einschließlich büromäßig ausgestatteten Wachräumen auf Polizeistationen).
- schriftliche Androhung nicht möglich und § 56 Abs. 1 S. 1 PolG NRW dann auch bei nichtschriftlicher Androhung, auch in jeder anderen Form (elektronisch, mündlich, in anderer Weise) eingehalten.
- schriftliche Androhung möglich und § 56 Abs. 1 S. 1 PolG NRW bei Fehlen von Androhungsschriftlichkeit nicht eingehalten.

B. II. 4./5./6./7. (GefAbw/StrRpfl Evn/ZwG/UZw) § 56 Abs. 6 PolG NRW: Zustellung schriftlicher Androhung

(VOR)

Gemäß § 56 Abs. 6 S. 1 PolG NRW ist die Androhung zuzustellen; das gilt gemäß § 56 Abs. 6 S. 2 PolG NRW auch dann, wenn die Androhung mit dem zugrundeliegenden Verwaltungsakt verbunden ist und für ihn keine Zustellung vorgeschrieben ist.

(DEF)

Zustellung ist die Bekanntgabe eines schriftlichen oder elektronischen Dokuments in der im LZG NRW bestimmten Form, § 2 Abs. 1 LZG NRW.

---

[264] Nr. 56.1 VVPolG NRW: „Eine schriftliche Androhung ist z.B. dann nicht möglich, wenn durch die dadurch bewirkte Verzögerung der Anwendung des Zwangsmittels die Gefahr nicht rechtzeitig abgewehrt würde.“.

§ 56 Abs. 1 S. 2 PolG NRW ist insoweit deklaratorisch[265], als dass durch sein Weglassen und damit durch alleinige ausdrückliche[266] Normierung[267] des § 56 Abs. 6 S. 1 PolG NRW als dann gältender[268] (Konjunktiv II)[269] § 56 Abs. 6 PolG NRW sich das gleiche Rechtsergebnis wie mit ausdrücklicher Normierung des § 56 Abs. 6 S. 2 PolG NRW, also nichts anderes mehr ergeben[270] hätte.

(SUB/ERG)

Im konkreten Fall ist (alternativ)

- Zustellungspflicht nicht gegeben wegen Nichtvorhandenseins eines schriftlichen oder elektronischen Dokuments i.S.v. § 2 LZG NRW beziehungsweise Nichtmöglichkeit der Zustellung i.S.d. §§ 2, 5 LZG NRW;
- ist Zustellungspflicht gegeben wegen Nichtvorhandenseins eines schriftlichen oder elektronischen Dokuments i.S.v. § 2 LZG NRW, vgl. § 2 Abs. 1 LZG NRW

und im konkreten Fall ist eine durch das LZG NRW vorgeschriebene Form (alternativ)

- eingehalten.
- nicht eingehalten.

Die Einhaltung beziehungsweise Nichteinhaltung von § 56 Abs. 6 PolG NRW i.V.m. LZG NRW richtet sich insbesondere nach § 5 LZG NRW.

Zustellungskonstellationen bei möglicher Schriftlichkeit der Zwangsmittelandrohung sind (alternativ) nach § 5 LZG NRW wie folgt:

Erste alternative Zustellungskonstellation ist die Annahme durch anwesende betroffene Person im Sinne von § 5 Abs. 1, Abs. 2 S. 1 LZG NRW i.V.m. § 177 ZPO, mit (kumulativ):

- Aushändigung an betroffene Person an jedem Ort;
- Unterschrift, § 125 BGB, des Empfangsbekenntnisses;
- Datumsvermerk durch Bediensteten.

Zweite alternative Zustellungskonstellation ist die Annahmeverweigerung durch anwesende betroffene Person im Sinne von § 5 Abs. 2 S. 1, 2 Nr. 2 LZG NRW i.V.m. § 179 ZPO, mit (kumulativ):

- Zurücklassen des Schriftstücks bei anwesender betroffener Person;
- Vermerk, wer die Annahme verweigert hat;
- Vermerk von Zeitpunkt und der Ort der verweigerten Annahme;

---

[265] Zu Deklaratorischem und Konstitutivem siehe: *Basten*, Eingriffsrecht der Polizei in Nordrhein-Westfalen, Band 1, S. 42.

[266] Zu Ausdrücklichem und Sichergebendem siehe: *Basten*, Eingriffsrecht der Polizei in Nordrhein-Westfalen, Band 1, S. 46, 152.

[267] Zu Rechtsnormierung von Rechtsinhalt in Rechtsform siehe: *Basten*, Eingriffsrecht der Polizei in Nordrhein-Westfalen, Band 1, S. 45, 152 f..

[268] Zu Geltung siehe: *Basten*, Eingriffsrecht der Polizei in Nordrhein-Westfalen, Band 1, S. 43.

[269] Zu Modi und Tempi siehe auch: *Basten*, Eingriffsrecht der Polizei in Nordrhein-Westfalen, Band 1, S. 144 f.

[270] Zu Ausdrücklichem und Sichergebendem siehe: *Basten*, Eingriffsrecht der Polizei in Nordrhein-Westfalen, Band 1, S. 46.

- Vermerk, dass das Dokument am Ort der Zustellung zurückgelassen oder an den Absender zurückgesandt wurde;

Dritte alternative Zustellungkonstellation ist Nichtanwesenheit der betroffenen Person im Sinne von § 5 Abs. 2 S. 1, 2 Nr. 3, S. 3 LZG NRW i.V.m. § 180 ZPO oder § 181 ZPO, mit (kumulativ):

- Niederlegung in Behörde (z.B. PI und KI), § 181 ZPO, für 3 Monate zur Abholung;
- Türzettel und/oder Briefkasten-Einwurf mit Mitteilung über Niederlegung;

Vermerk zum Nachweis der Zustellung über Grund der Ersatzzustellung sowie, wann und wo das Dokument in einen Briefkasten eingelegt oder sonst niedergelegt und in welcher Weise die Niederlegung schriftlich mitgeteilt wurde.

Nach § 5 Abs. 2 Nr. 1, 2 LZG NRW ist Ersatzzustellung unwirksam im Fall des § 178 Abs. 2 ZPO und ist Zurücklassung unzulässig im Fall des § 179 Abs. 1 S. 2 ZPO. Zum Briefkasten vgl. § 178 Abs. 2 ZPO und § 181 Abs. 1 S. 1 ZPO („Ist die Zustellung nach § 178 Abs. 1 Nr. 3 oder § 180 nicht ausführbar, [...]").

Gemäß § 5 Abs. 3 S. 1 LZG NRW darf zur Nachtzeit, an Sonntagen und allgemeinen Feiertagen nach § 5 Abs. 1, 2 LZG NRW im Inland nur mit Erlaubnis des Behördenleiters zugestellt werden, wobei gemäß § 5 Abs. 3 S. 2 LZG NRW die **Nachtzeit** die Stunden von einundzwanzig bis sechs Uhr umfasst und eine Zustellung, bei der diese Vorschriften nicht beachtet sind, wirksam (vgl. § 43 VwVfG NRW) ist, wenn die Annahme nicht verweigert ist (Annahmeverweigerung im Sinne der zweiten Zustellungskonstellation nach § 5 Abs. 2 S. 1, 2 Nr. 2 LZG NRW).

Zu weiteren **Zustellungsadressaten** siehe § 5 Abs. 4 LZG NRW.
Zur **Zustellungselektronik** siehe § 5 Abs. 5, 6 LZG NRW.
Zum **Zustellungsnachweis** siehe § 5 Abs. 7 LZG NRW.

(ERG Verfahren)

Ergebnis kann allgemein sein: Verfahrensrechtmäßigkeit oder Verfahrensrechtswidrigkeit der Maßnahme.

B. Formelle Rechtmäßigkeit (FR) III. Form (F) – Rechtsgebiet Gefahrenabwehr oder Strafrechtspflege / Zwangsmittel-Anwendung

(VOR/DEF)

Form ist normiertes Wie der Rechtsfolgesetzung – schriftlich, elektronisch, mündlich oder in anderer Weise.

(SUB/ERG)

Für den Realakt der Endrechtsfolge der Zwangsmittelanwendung ist Formfreiheit gegeben wegen Fehlens speziellerer Formrechtsnormen für diesen Realakt, sodass der Realakt der Zwangsmittelanwendung formrechtmäßig grundsätzlich in jeder Form erfolgen kann, i.d.R. in „sonstiger Weise".

§ 53 Abs. 1 PolG NRW statuiert: „Das Zwangsgeld wird auf mindestens fünf und höchstens zweitausendfünfhundert Euro schriftlich festgesetzt.“, vgl. dazu auch § 3a Abs. 2 VwVfG NRW (elektronische Kommunikation).

C. Materielle Rechtmäßigkeit (MR) I. Tatbestand (Tb) / Tatbestandsvoraussetzungen (TBV) / Allgemeine Vollstreckungsvoraussetzungen – Rechtsgebiet Gefahrenabwehr / Zwangsmittel-Anwendung im „gestreckten Verfahren“

(VOR/DEF)

Tatbestand ist das Gesamt der (materiell-rechtlichen) Rechtsfolge(setzungs)bedingungen. / **Tatbestandsvoraussetzungen** sind materiell-rechtliche Rechtsfolgesetzungsbedingungen.

C. I. 1. Allgemeine Zwangs-TBV, § 50 Abs. 1 PolG NRW: Verfügungs-VA-Vorliegen

(VOR)

Gemäß § 50 Abs. 1 Wort 1, 2, 8, 11, 13, 15 PolG NRW ist erste allgemeine Zwangstatbestandsvoraussetzung das Vorliegen eines Handlungs- oder Duldungs- oder Unterlassungs-VA (Vorliegen einer HDU-Verfügung).

(DEF)

VA-Vorliegen ist gegeben mit Existenz eines Handlungs- oder Duldungs- oder Unterlassungs-VA im Sinne von § 35 VwVfG NRW durch Bekanntgabe an irgendeine Person.[271]

VA auf Handeln, Dulden oder Unterlassen (Handlungs- oder Duldungs- oder Unterlassungs-VA) ist jede **Verfügung** (Gebot oder Verbot) bezüglich eines Handelns oder Duldens oder Unterlassens (HDU-Verfügung), also ein befehlender VA (Befehls-VA), kein bloßer Feststellungs-VA oder Rechtsgestaltungs-VA.[272]

(SUB/ERG)

Im konkreten Fall ist (alternativ)

- **Verfügungs-VA-Vorliegen** gegeben mit Existenz eines Handlungs- oder Duldungs- oder Unterlassungs-VA durch Bekanntgabe an irgendeine Person.
- **Verfügungs-VA-Nichtvorliegen** gegeben mit Nichtexistenz eines Handlungs- oder Duldungs- oder Unterlassungs-VA aufgrund Nichtbekanngabe an irgendeine Person.

---

[271] Zur **VA-Bekanntgabe** und zum **VA-Zugang** siehe auch: *Basten*, Eingriffsrecht der Polizei in Nordrhein-Westfalen, Band 1, S. 237.

[272] Zu **Rechtsnormfunktionen** und entsprechenden Einzelakten siehe auch: *Basten*, Eingriffsrecht der Polizei in Nordrhein-Westfalen, Band 1, S. 35 f.

In Fällen von **Abschleppen** von Fahrzeugen (Fz) als Zwangsmaßnahme auf dem Rechtsgebiet der Gefahrenabwehr mit dem Mittel der Ersatzvornahme[273] im Zusammenhang mit dem Straßenverkehr aufgrund verbotswidrigen Fahrzeugstehens (insbesondere Halten oder Parken, § 12 StVO) und zwecks Straßenverkehrsverstoßverhinderung oder Straßenverkehrsverstoßunterbindung, also i.Z.m. (faktischen oder fiktiven) Verkehrsweisungen/Verkehrszeichen/Verkehrseinrichtungen/Verkehrswarnschildern, in der Regel zur Durchsetzung einer (faktischen oder fiktiven) Fahrzeugwegbewegungsgrundverfügung, insbesondere eines faktischen Fz-Wegbewegungsgebots (Zwangsbefugnisnorm: § 50 Abs. 1 PolG NRW) oder fiktiven Fz-Wegbewegungsgebots (Zwangsbefugnisnorm: § 50 Abs. 2 PolG NRW), kann eine (wirksame/rechtmäßige) **Grundverfügung** zum Beispiel als faktisches Wegbewegungsgebot (§ 50 Abs. 1 PolG NRW) vorliegen durch:

- Zeichen und Weisungen von Polizeibeamten, insbesondere aufgrund § 8 Abs. 1 PolG NRW, nicht aufgrund § 34 PolG NRW[274], da dieser Personenplatzverweisung, nicht Fahrzeugplatzverweisung normiert, vgl. auch zur polizeilichen Zeichen- und Weisungs-Zuständigkeit § 44 Abs. 2 StVO, zur verkehrsteilnehmerseitigen Zeichen- und Weisungsbefolgungspflicht § 36 Abs. 1 StVO;
- (Gebots- und Verbots-)**Verkehrszeichen** (VZ)/Verkehrseinrichtung (VER) als VA i.S.v. § 35 S. 2 Var. 3 VwVfG NRW[275], i.d.R. mittels besonderer Bekanntgabe i.S.v. §§ 39, 43, 45 StVO gegenüber dem vom VZ/VER betroffenen Verkehrsteilnehmer (VT) bei genereller VZ/VER-Wahrnehmbarkeit „mit raschem und beiläufigem Blick“ unter „Einhaltung der nach § 1 StVO erforderlichen Sorgfalt“[276] – unabhängig von tatsächlicher VZ/VER-

[273] „**Abschleppen**“ (vgl. auch § 15a StVO) oder „**Versetzen**“ eines straßenverkehrsverbotswidrig, zum Beispiel im Halteverbot abgestellten Fahrzeugs zwecks Durchsetzung des aus dem Verbot sich ergebenden Gebots (z.B. Wegfahrgebot) ist Zwang mit Anwendung des Zwangsmittels der Ersatzvornahme, BVerwG, Beschluss vom 26.01.1988 – 7 B 189/87 (Parkuhr), Leitsatz; BVerwGE 102, 316, 318 f. (Mobiles Halteverbotsschild).

[274] Zur **Platzverweisung** nach § 34 PolG NRW siehe *Basten*, Eingriffsrecht der Polizei in Nordrhein-Westfalen, Band 2, Buch 2, Abschnitt 27.

[275] Ständige Rechtsprechung seit spätestens: BVerwGE 27, 181, 182 (Verkehrsregelung, Parkverbot, Abgrenzung Allgemeinverfügung – Rechtsnorm) = BVerwG, Urteil vom 09.06.1967 – VII C 18.66. Zu Parkuhr, Parkautomat, Parkschein siehe schon: § 13 StVO und BVerwG, Beschluss vom 26.01.1988 – 7 B 189/87 (Parkuhr), Leitsatz: „Das durch **Parkuhr** gekennzeichnete modifizierte Haltverbot enthält zugleich das – sofort vollziehbare – **Gebot**, ein dort abgestelltes Kraftfahrzeug alsbald wegzufahren, wenn die Voraussetzungen für ein erlaubtes Halten nicht (mehr) gegeben sind, und kann somit Grundlage für das **Abschleppen** des Fahrzeugs im Wege der **Ersatzvornahme** sein (im Anschluß an BVerwG, NJW 1978, 656).“.

[276] BVerwGE 154, 365 (**Verkehrszeichen-Sichtbarkeitsgrundsatz**) = BVerwG, Urteil vom 06.04.2016 – BVerwG 3 C 10.15, Leitsatz: „Verkehrszeichen für den ruhenden Verkehr äußern ihre Rechtswirkung gegenüber jedem von der Regelung betroffenen Verkehrsteilnehmer, gleichgültig, ob er das Verkehrszeichen tatsächlich wahrnimmt oder nicht, wenn sie so aufgestellt oder angebracht sind, dass ein durchschnittlicher Kraftfahrer bei Einhaltung der nach § 1 StVO erforderlichen Sorgfalt und ungestörten Sichtverhältnissen während der Fahrt oder durch einfache Umschau beim Aussteigen ohne Weiteres erkennen kann, dass ein Gebot oder Verbot durch Verkehrszeichen verlautbart wurde. Zu einer Nachschau ist der Verkehrsteilnehmer nur verpflichtet, wenn hierfür nach den konkreten Umständen des Einzelfalls ein besonderer Anlass besteht.“, Rn. 23: „**Vorgaben für die Aufstellung und Anbringung von Verkehrszeichen** sind der Allgemeinen Verwaltungsvorschrift zur Straßenverkehrs-Ordnung vom 22. Oktober 1998 (VwV-StVO) zu entnehmen. Sie enthält zu den §§ 39 bis 43 StVO im Abschnitt III (Allgemeines über Verkehrszeichen) unter anderem Regelungen zur Größe (Nr. 3), zur Beleuchtung (Nr. 7), dazu, dass die Verkehrszeichen gut sichtbar in etwa rechtem Winkel zur Fahrbahn rechts daneben anzubringen sind (Nr. 9), sowie zur Höhe, in der Verkehrszeichen in der Regel angebracht werden sollen (Nr. 13) […]. Diese Vorgaben

Wahrnehmung, und sogar auch bei jedenfalls 3 vollen Tagen Fahrzeug-Abstellzeit ohne „stundenscharfe Berechnung des Vorlaufs", wenn VZ/VER-Bekanntgabe erst erfolgte innerhalb dieser Zeit in VT-Abwesenheit, wobei i.d.R. auch der Fahrzeug-Verfügungsberechtigte bzw. Fahrzeug-Wegfahrverantwortliche insoweit weiter als verantwortlicher Verkehrsteilnehmer gilt[277].[278]

---

zur Aufstellung und Anbringung prägen zugleich den ‚Erwartungshorizont' des Verkehrsteilnehmers, wo er mit Verkehrszeichen zu rechnen und worauf er dementsprechend seine Aufmerksamkeit zu richten hat. Werden die entsprechenden Vorgaben der Allgemeinen Verwaltungsvorschrift zur Straßenverkehrs-Ordnung eingehalten, ist das zugleich ein gewichtiges Indiz dafür, dass die nach Maßgabe des Sichtbarkeitsgrundsatzes erforderliche Sichtbarkeit des Verkehrszeichens gewährleistet war. Umgekehrt rechtfertigt die Nichteinhaltung dieser Vorgaben nicht stets die Annahme, das betreffende Verkehrszeichen sei weder hinreichend sichtbar noch zumindest soweit wahrnehmbar, dass für den ruhenden Verkehr Anlass für eine Nachschau bestand. Inwieweit den Anforderungen des Sichtbarkeitsgrundsatzes genügt wurde, ist letztlich von den konkreten Umständen des jeweiligen Einzelfalls abhängig.".

[277] BVerwGE 102, 316 (Mobiles Haltverbotsschild) = BVerwG, Urteil vom 11.12.1996 – 11 C 15/95 –, Leitsätze: „1. Die **Wirksamkeit** eines ordnungsgemäß aufgestellten oder angebrachten Verkehrszeichens hängt nicht von der subjektiven Kenntnisnahme des davon betroffenen Verkehrsteilnehmers ab."; „2. **Verkehrsteilnehmer** ist nicht nur derjenige, der sich im Straßenverkehr bewegt, sondern auch der Halter eines am Straßenrand geparkten Fahrzeugs, solange er Inhaber der tatsächlichen Gewalt über das Fahrzeug ist." „3. Es verstößt grundsätzlich nicht gegen das verfassungsrechtliche Prinzip der **Verhältnismäßigkeit**, wenn ein zunächst erlaubtermaßen geparkter Kraftwagen vier Tage nach Aufstellung eines Haltverbotszeichens auf Kosten des Halters abgeschleppt wird.".

[278] BVerwG, Urteil vom 24.05.2018 – BVerwG 3 C 25.16 (**Mobiles Verkehrszeichen** 283 nach Nr. 62 der Anlage 2 zu § 41 Abs. 1 StVO – aufgrund Umzugsarbeiten), Rn. 10: „Nach den Feststellungen des Berufungsgerichts zum maßgeblichen Landesrecht sieht § 77 Abs. 1 des Verwaltungsvollstreckungsgesetzes für das Land Nordrhein-Westfalen - VwVG NW i.V.m. § 15 Abs. 1 Nr. 7 Verordnung zur Ausführung des Verwaltungsvollstreckungsgesetzes (Ausführungsverordnung VwVG - VO VwVG NW) eine Ermächtigung für die Erhebung einer **Verwaltungsgebühr** für das Abschleppen eines zugelassenen Kraftfahrzeugs vor. Entsprechendes gilt nach § 43 Nr. 1, § 46 Abs. 3 des Polizeigesetzes des Landes Nordrhein-Westfalen - PolG NW i.V.m. § 77 Abs. 1 VwVG NW, § 20 Abs. 2 Satz 2 Nr. 7 bzw. 8 VO VwVG NW für den Anspruch auf Auslagenerstattung der an den Abschleppunternehmer gezahlten **Kosten**.", Rn. 11: „Als Fortführung der materiellen Polizeipflicht setzt die Kostentragungspflicht ein rechtmäßiges Polizeihandeln voraus. Hiervon ist auch das Berufungsurteil zutreffend ausgegangen. Sofern die der Kostenerstattung oder Gebührenerhebung zugrunde liegende Maßnahme nicht auf einem bestandskräftigen Bescheid oder auf einem rechtskräftigen Urteil beruht, muss bei der gegen die Kostentragung gerichteten Klage gemäß Art. 19 Abs. 4 Satz 1 GG daher auch die Rechtmäßigkeit der Amtshandlung überprüft werden.", Rn. 14: „Nach der Rechtsprechung des Bundesverwaltungsgerichts ist das mobile **Haltverbotsschild** nach Zeichen 283 (Nr. 62 der Anlage 2 zu § 41 Abs. 1 StVO) wie jedes andere **Verkehrszeichen** ein Verwaltungsakt in der Form der Allgemeinverfügung im Sinne des § 35 Satz 2 VwVfG. Es enthält nicht nur das Verbot, an der gekennzeichneten Stelle zu halten, sondern zugleich ein - entsprechend § 80 Abs. 2 Satz 1 Nr. 2 VwGO sofort vollziehbares - **Wegfahrgebot** für unerlaubt haltende Fahrzeuge (BVerwG, Urteil vom 23. Juni 1993 - 11 C 32.92 - Buchholz 310 § 86 Abs. 1 VwGO Nr. 255 S. 87 f.).", Rn. 15: „Die **Bekanntgabe** erfolgt nach den bundesrechtlichen Vorschriften der Straßenverkehrs-Ordnung durch Aufstellung des Verkehrszeichens (vgl. § 39 Abs. 1, § 45 Abs. 4 StVO); dies ist eine besondere Form der öffentlichen Bekanntgabe (BVerwG, Urteil vom 6. April 2016 - 3 C 10.15 - BVerwGE 154, 365 Rn. 16). Sind Verkehrszeichen so aufgestellt oder angebracht, dass sie ein durchschnittlicher Kraftfahrer bei Einhaltung der nach § 1 StVO erforderlichen Sorgfalt schon ‚mit einem raschen und beiläufigen Blick' erfassen kann, so äußern sie ihre Rechtswirkung gegenüber jedem von der Regelung betroffenen Verkehrsteilnehmer, gleichgültig, ob er das Verkehrszeichen tatsächlich wahrnimmt oder nicht. Sie entfalten ihre Rechtswirkungen für den Halter deshalb auch dann, wenn die Verkehrsregelung in dem Zeitpunkt noch nicht bestand, als das Fahrzeug abgestellt wurde (vgl. BVerwG, Urteil vom 11. Dezember 1996 - 11 C 15.95 - BVerwGE 102, 316 <318 f.>). Bei Verkehrszeichen, die den ruhenden Verkehr regeln, gehört

C. I. 2. Allgemeine Zwangs-TBV, § 50 Abs. 1 PolG NRW: Verfügungs-VA-Wirksamkeit

(VOR)

Gemäß § 50 Abs. 1 Wort 4-6, 14, 15 PolG NRW ist zweite allgemeine Zwangstatbestandsvoraussetzung die Wirksamkeit des vorliegenden Handlungs- oder Duldungs- oder Unterlassungs-VA (Wirksamkeit der HDU-Verfügung).[279]

---

zu der nach § 1 StVO erforderlichen Sorgfalt des Fahrers eine einfache Umschau nach dem Verlassen seines Fahrzeugs (BVerwG, Urteil vom 6. April 2016 - 3 C 10.15 - BVerwGE 154, 365 Rn. 19).", Rn. 23: „Das Bundesverwaltungsgericht hat eine Vorlaufzeit von drei vollen Tagen gebilligt und eine Kostenbelastung für Abschleppmaßnahmen am vierten Tag nach der Aufstellung des Verkehrszeichens als verhältnismäßig erachtet (BVerwG, Urteil vom 11. Dezember 1996 - 11 C 15.95 - BVerwGE 102, 316 <320>).".

[279] Hauptsächliche Differenz zwischen „gestrecktem Vollzug/gestrecktem Zwangsverfahren" auf dem Rechtsgebiet der Gefahrenabwehr einerseits und andererseits „Sofortvollzug/Sofortzwangsverfahren" auf dem Rechtsgebiet der Gefahrenabwehr sowie „gestrecktem Vollzug/gestrecktem Zwangsverfahren" und „Sofortvollzug/Sofortzwangsverfahren" auf dem Rechtsgebiet der Strafrechtspflege: Auf dem Rechtsgebiet der Gefahrenabwehr ist im „gestreckten Vollzug/gestreckten Zwangsverfahren" grundsätzlich nicht die Rechtmäßigkeit, sondern nur die Wirksamkeit der Grundverfügung Rechtmäßigkeitsvoraussetzung für sie durchsetzende Zwangsmaßnahmen/Vollstreckungsakte; dagegen ist auf dem Rechtsgebiet der Gefahrenabwehr im „Sofortvollzug/Sofortzwangsverfahren" sowie auf dem Rechtsgebiet der Strafrechtspflege im „gestreckten Vollzug/gestreckten Zwangsverfahren" und im „Sofortvollzug/Sofortzwangsverfahren" die Rechtmäßigkeit der Grundverfügung grundsätzlich immer Rechtmäßigkeitsvoraussetuung für die Rechtmäßigkeit von die Grundverfügung durchsetzenden Zwangsmaßnahmen/Vollstreckungsakten.

Zur Relevanz von **VA-Rechtmäßigkeit** im „gestreckten Vollzug/gestreckten Zwangsverfahren" auf dem Rechtsgebiet der Gefahrenabwehr: VA-Rechtmäßigkeit ist im „gestreckten Vollzug/gestreckten Zwangsverfahren" auf dem Rechtsgebiet der Gefahrenabwehr – bis zur Bestimmtheitsgrenze/Evidenzgrenze/Willkürgrenze – keine weitere Voraussetzung für die Rechtmäßigkeit nachfolgender Zwangsmaßnahmen/Vollstreckungsakte (Androhung und Anwendung eines Zwangsmittels), vgl. §§ 42, 43, 68 ff., 80, 80a, 113, 123 VwGO; insoweit kann auf dem Rechtsgebiet der Gefahrenabwehr im „gestreckten Vollzug/gestreckten Zwangsverfahren" die Rechtmäßigkeit „dahinstehen"/„kommt es nicht auf sie an". Vgl. dazu BVerfG, Beschluss vom 07.12.1998 – 1 BvR 831/89, Rn. 31 (Wasserwerfer); vgl. zur Grund-VA-Bestimmtheitsgrenze beim Zwang: BVerwG, Urteil vom 26.10.2017 – BVerwG 8 C 14.16 (Bestätigung von Internetverbot für 2 Glücksspielarten), Rn. 12: „Hinreichend bestimmt ist ein Verwaltungsakt dann, wenn der Adressat erkennen kann, was von ihm gefordert wird und wenn der Bescheid darüber hinaus geeignet ist, Grundlage für Maßnahmen zu seiner zwangsweisen Durchsetzung zu sein."; OVG NRW, Beschluss des 13. Senats vom 22.10.2019 – 13 B 600/19, Rn. 36 f. (Zurückerstattung von Zwangsgeld durch die Bundesnetzagentur): „Das Verwaltungsgericht hat jedoch unberücksichtigt gelassen, dass ein Mangel inhaltlicher Bestimmtheit eines im Wege der Verwaltungsvollstreckung durchzusetzenden Verwaltungsakts grundsätzlich in jeder Lage des Vollstreckungsverfahrens zu beachten ist, selbst wenn der Verwaltungsakt bereits bestandskräftig und dementsprechend nicht mehr auf seine Rechtmäßigkeit hin zu überprüfen ist. Denn die für Einleitung und Durchführung der Verwaltungsvollstreckung erforderliche konkrete Feststellung, dass der Pflichtige seine Verpflichtung aus dem Verwaltungsakt nicht erfüllt hat, ist nur bei einem inhaltlich hinreichend bestimmten Verwaltungsakt möglich. Ist ein Verwaltungsakt wegen inhaltlicher Unbestimmtheit nicht vollstreckungsfähig, schließt dieser Mangel Maßnahmen in der Verwaltungsvollstreckung auch bei Unanfechtbarkeit des Grundverwaltungsaktes aus, soweit die Unbestimmtheit reicht. Vgl. Nds. OVG, Beschluss vom 4. Juni 2019 – 8 ME 39/19 –, AuAS 2019, 171 = juris, Rn. 33 [Vollstreckungsuntauglichkeit einer nicht hinreichend bestimmten Passverfügung – mit vielen weiteren fallabhängigen Bestimmtheitsgradanforderungen auch „im rechtlichen und tatsächlichen Kontext"/„im Zusammenhang mit dem Umfang der Tatsachenkenntnis über den zu erreichenden Erfolg und die zur Verfügung stehenden Mittel" einschließlich Quellennachweisen für den konkreten Fall und viele

(DEF)

Verfügungs-VA-Wirksamkeit ist gegeben ab Bekanntgabe des Handlungs- oder Duldungs- oder Unterlassungs-VA gegenüber demjenigen, für den er bestimmt ist oder der von ihm betroffen wird, § 41 Abs. 1 S. 1 VwVfG NRW, § 43 Abs. 1 S. 1 VwVfG NRW, solange und soweit der VA nicht zurückgenommen, widerrufen, anderweitig aufgehoben, § 43 Abs. 2 i.V.m. §§ 48, 49, 50, 51 VwVfG NRW oder durch Zeitablauf oder auf andere Weise erledigt ist, § 43 Abs. 2 VwVfG NRW[280], und solange und soweit er nicht nichtig ist, § 43 Abs. 3 VWVfG NRW i.V.m. § 44 VwVfG NRW.

(SUB/ERG)

Im konkreten Fall ist (alternativ)

---

andere Fälle, ebendort in Rn. 34-43, P. B.]; OVG Saarland, Urteil vom 20. Februar 2017 – 2 A 34/16 –, NVwZ-RR 2017, 514 = juris, Rn. 30; Hess. VGH, Urteil vom 29. November 2013 – 6 A 2210/12 –, juris, Rn. 27; VGH Baden-Württemberg, Urteil vom 10. Januar 2013 – 8 S 2919/11 –, NVwZ-RR 2013, 451 = juris, Rn. 22; OVG NRW, Beschluss vom 16. Januar 1998 – 10 B 3029/97 –, BRS 60 Nr. 171 = juris, Rn. 4.“; vgl. aus den o.g. Quellen auch ESVGH 63, 163 = VGH Baden-Württemberg, Urteil vom 10.01.2013 – 8 S 2919/11, Ls. 2/Rn. 25: „Ist ein Verwaltungsakt wegen inhaltlicher Unbestimmtheit nicht vollstreckungsfähig, schließt dieser Mangel Maßnahmen in der Verwaltungsvollstreckung aus. Das gilt auch dann, wenn der Bestimmtheitsmangel ‚nur‘ zur Rechtswidrigkeit, nicht aber zur Unwirksamkeit des Verwaltungsakts infolge Nichtigkeit (§ 43 III LVwVfG i. V. mit § 44 I LVwVfG BadWürttVwVfG) führt.“, Rn. 25: „Denn auch ein - bestandskräftiger oder sofort vollziehbarer - wirksamer, aber inhaltlich unbestimmter Verwaltungsakt ist nicht vollstreckungsfähig. Insoweit erfährt der tragende Grundsatz des Verwaltungsvollstreckungsrechts, dass es für die Beurteilung der Rechtmäßigkeit einer Vollstreckungsmaßnahme auf die Rechtmäßigkeit einer Grundverfügung nicht ankommt (BVerwG, Urteil vom 13.03.1984 - 4 C 31.81 - NJW 1984, 2591 <2592>; vgl. auch BVerfG, Kammerbeschluss des 1. Senats vom 07.12.1998 - 1 BvR 831/89 - NVwZ 1999, 290), eine Ausnahme. Die Unbestimmtheit der Grundverfügung ‚infiziert‘ eine zu ihrer Durchsetzung ergehende Vollstreckungsmaßnahme [Schrifttumquellenangabe].“.

[280] BVerwGE 139, 337 (Erledigung eines dem früheren Ausländer zuvor erteilten unbefristeten Aufenthaltstitel auf sonstige Weise mit dem Erwerb der deutschen Staatsangehörigkeit durch Einbürgerung) = BVerwG, Urteil vom 19.04.2011 – BVerwG 1 C 2.10: „§ 43 Abs. 2 VwVfG steht in innerem Zusammenhang mit der in § 35 Satz 1 VwVfG normierten Regelungsfunktion des Verwaltungsakts. Nach § 35 Satz 1 VwVfG ist Gegenstand des Verwaltungsakts eine nach außen gerichtete Regelung eines Einzelfalles. Indem das Gesetz normiert, dass der Verwaltungsakt auf eine Rechtswirkung „gerichtet“ ist [vgl. auch § 50 Abs. 1 Worte 14, 15 PolG NRW, P. B.], betont es die Finalität des Verwaltungshandelns in dieser Handlungsform (vgl. Urteil vom 20. Mai 1987 - BVerwG 7 C 83.84 - BVerwGE 77, 268 <271 ff.>). § 43 Abs. 2 VwVfG erfasst gewissermaßen spiegelbildlich die Fälle, in denen die dem Verwaltungsakt ursprünglich zukommende steuernde Funktion des Verwaltungshandelns nachträglich entfällt. Dies kann - wie die katalogartige Aufzählung des § 43 Abs. 2 VwVfG zeigt - in unterschiedlicher Weise geschehen. Das Gesetz unterscheidet hierbei zwischen einem eher formalisierten Handeln, das willentlich und zumeist einseitig auf die Aufgabe der steuernden Funktion des Verwaltungsakts gerichtet ist, und solchen Rechtslagen, in denen nicht eine einseitige Handlung, sondern die Sach- und Rechtslage selbst zur Beendigung der ehemaligen Rechtswirkung führt (vgl. Urteil vom 27. März 1998 - BVerwG 4 C 11.97 - Buchholz 316 § 43 VwVfG Nr. 10 S. 4). Als Beispiel nennt § 43 Abs. 2 VwVfG den Zeitablauf, ohne damit jedoch andere Fälle auszuschließen. § 43 Abs. 2 letzte Alternative VwVfG formuliert dies im Sinne eines Auffangtatbestandes als Erledigung ‚in anderer Weise‘. Die **Erledigung eines Verwaltungsakts** tritt ein, wenn er nicht mehr geeignet ist, rechtliche Wirkungen zu erzeugen oder wenn die Steuerungsfunktion, die ihm ursprünglich innewohnte, nachträglich entfallen ist (vgl. Urteil vom 25. September 2008 - BVerwG 7 C 5.08 - Buchholz 345 § 6 VwVG Nr. 1 S. 2).“.

- Verfügungs-VA-Wirksamkeit gegeben mit Bekanntgabe i.S.d. §§ 41 Abs. 1, 43 Abs. 1 VwVfG NRW und Nichtaufhebung, Nichterledigung, Nichtnichtigkeit i.S.v. § 43 Abs. 2, 3 VwVfG NRW.
- Verfügungs-VA-Unwirksamkeit gegeben mit Fehlen von Bekanntgabe i.S.d. §§ 41 Abs. 1, 43 Abs. 1 VwVfG NRW oder Aufhebung, Erledigung, Nichtigkeit i.S.v. § 43 Abs. 2, 3 VwVfG NRW.

C. I. 3. Allgemeine Zwangs-TBV, § 50 Abs. 1 PolG NRW: Verfügungs-VA-Vollstreckbarkeit

(VOR/DEF)

Gemäß § 50 Abs. 1, letzter Hs. PolG NRW ist dritte allgemeine Zwangstatbestandsvoraussetzung, dass der vorliegende, wirksame Verfügungs-VA unanfechtbar ist oder ein Rechtsmittel keine aufschiebende Wirkung hat (Vollstreckbarkeit der HDU-Verfügung).[281]

(DEF)

Verfügungs-VA-Unanfechtbarkeit ist **formelle VA-Bestandskraft**, die gegeben ist, wenn alle Rechtsbehelfe rechtlich völlig erschöpft sind, also wenn die VA-Rechtsbehelfsfristen ohne Rechtsbehelfseinlegung oder mit rechtlich erschöpfter, erfolgloser Rechtsbehelfseinlegung oder mit rechtlich erschöpfendem Rechtsmittelverzicht abgelaufen sind.

Rechtsmittel im Sinne des § 50 Abs. 1, letzter Hs. Alt. 2 PolG NRW sind auf dem Rechtsgebiet der Gefahrenabwehr insbesondere die Rechtsbehelfe **Widerspruch**, §§ 68-73 VwGO, und **Anfechtungsklage**, § 42 Abs. 1 Alt. 1 VwGO, vgl. dazu auch § 42 Abs. 1 Alt. 2 VwGO (**Verpflichtungsklage**), § 43 VwGO (**Feststellungsklage**), § 113 VwGO (**Fortsetzungsfeststellungsklage**), §§ 43 Abs. 2 S. 1 und 111 VwGO (**Leistungsklage**).

Aufschiebende Wirkung im Sinne des § 50 Abs. 1, letzter Hs. Alt. 2 PolG NRW ist grundsätzlich (vgl. § 80 Abs. 2 VwGO, § 80b VwGO) gegeben bei Widerspruch oder Anfechtungsklage gemäß § 80 Abs. 1 VwGO; gemäß § 112 S. 1 JustizG NRW haben Rechtsbehelfe, die sich gegen Maßnahmen der Vollstreckungsbehörden und der Vollzugsbehörden (§§ 2 und 56 VwVG NRW) in der Verwaltungsvollstreckung richten, keine aufschiebende Wirkung, dabei gilt gemäß § 112 S. 2 JustizG NRW § 80 Abs. 4, 5, 7 und 8 VwGO entsprechend.

Keine aufschiebende Wirkung / Nichtaufschiebende Wirkung ist im Sinne des § 50 Abs 1, letzter Hs. Alt. 2 PolG NRW gegeben bei (alternativ)

- Verwirklichung einer **Vollziehbarkeitsrechtsnorm** wie (alternativ):

---

[281] Zur Relevanz von **VA-Rechtmäßigkeit** im gestreckten Verfahren auf dem Rechtsgebiet der Gefahrenabwehr: BVerwG, Urteil vom 25.09.2008 – BVerwG 7 C 5.08, Rn. 12: „Nach dem Verwaltungsvollstreckungsrecht des Bundes (§ 6 Abs. 1 VwVG), und der Länder (vgl. hier §§ 2, 18 LVwVG) kann ein Verwaltungsakt, der auf die Vornahme einer Handlung gerichtet ist, mit Zwangsmitteln durchgesetzt werden, wenn er unanfechtbar geworden ist oder sein sofortiger Vollzug angeordnet bzw. dem Rechtsmittel keine aufschiebende Wirkung beigelegt ist. Dem entspricht, dass unabdingbare Grundlage einer rechtmäßigen Verwaltungsvollstreckung allein die Wirksamkeit, nicht aber die Rechtmäßigkeit der Grundverfügung ist (stRspr, BVerfG, Beschluss vom 7. Dezember 1998 - 1 BvR 831/89 - NVwZ 1999, 290 <292>; Urteil vom 13. April 1984 - BVerwG 4 C 31.81 - Buchholz 345 § 10 VwVG Nr. 4).“.

- § 80 Abs. 2 S. 1 Nr. 2 VwGO (Entfallen aufschiebender Wirkung von Widerspruch und Anfechtungsklage bei unaufschiebbaren Anordnungen und Maßnahmen von Polizeivollzugsbeamten[282]);
- § 80 Abs. 2 S. 1 Nr. 4 VwGO (Entfallen aufschiebender Wirkung von Widerspruch und Anfechtungsklage in den Fällen, in denen die sofortige Vollziehung im öffentlichen Interesse oder im überwiegenden Interesse eines Beteiligten von der Behörde, die den Verwaltungsakt erlassen oder über den Widerspruch zu entscheiden hat, besonders angeordnet wird).

Gemäß – dem gerichtsseitig auf beiden Rechtsgebieten von Gefahrenabwehr und Strafrechtspflege angewendeten – § 80 Abs. 3 S. 1 VwGO (**schriftliche Begründung des Vollziehungsinteresses außer bei Gefahr im Verzug**) ist in den Fällen des § 80 Abs. 2 S. 1 Nr. 4 VwGO (besondere VA-Vollziehungsanordnung der VA-Erlassbehörde aufgrund öffentlichen oder überwiegenden Beteiligteninteresses) das **besondere Interesse**[283] an der

---

[282] OVG NRW, Beschluss des 8. Senats vom 02.10.2003 – 8 B 468/03 (Sperrpfosten), Rn. 6 f.: „Nach ständiger Rechtsprechung ist § 80 Abs. 2 Nr. 2 VwGO auf verkehrsregelnde Anordnungen entsprechend anwendbar, weil sich die von Verkehrszeichen und Verkehrseinrichtungen ausgehenden Gebote oder Verbote prinzipiell nicht von unaufschiebbaren Anordnungen oder Maßnahmen von Polizeivollzugsbeamten unterscheiden, an deren Stelle sie gleichsam treten. Vgl. BVerwG, Beschluss vom 26. Januar 1988 - 7 B 189/87 -, NJW 1988, 2814 [Parkuhr].“, Rn. 5: „Die Bekanntgabe der verkehrsregelnden Anordnung erfolgt durch Aufstellung des Sperrpfostens (§ 41 Abs. 3 VwVfG). Ein Sperrpfosten ist eine Verkehrseinrichtung (§ 43 Abs. 1 StVO), deren Regelungen den allgemeinen Verkehrsregeln vorgehen (§ 43 Abs. 2 StVO); ihr kann ein ähnlicher Regelungsgehalt wie Verkehrszeichen zukommen (§ 45 Abs. 2 S. 4, Abs. 4, 1. Hs. StVO). Die aufschiebende Wirkung des Widerspruchs des Antragstellers entfällt entsprechend § 80 Abs. 2 Nr. 2 VwGO.“.

[283] BVerfGK 11, 153 (Auswesiung gegen Art. 8 EMRK) = BVerfG, Beschluss der 2. Kammer des Zweiten Senats vom 10.05.2007 – 2 BvR 304/07 –, Rn. 29: „Die nach § 80 Abs. 1 VwGO für den Regelfall vorgeschriebene aufschiebende Wirkung von Widerspruch und Klage ist insoweit eine adäquate Ausprägung der verfassungsrechtlichen Rechtsschutzgarantie und ein fundamentaler Grundsatz des öffentlich-rechtlichen Prozesses. Andererseits gewährleistet Art. 19 Abs. 4 GG die aufschiebende Wirkung der Rechtsbehelfe im Verwaltungsprozess nicht schlechthin. Überwiegende öffentliche Belange können es rechtfertigen, den Rechtsschutzanspruch des Grundrechtsträgers einstweilen zurückzustellen, um unaufschiebbare Maßnahmen im Interesse des allgemeinen Wohls rechtzeitig in die Wege zu leiten. Für die Anordnung der sofortigen Vollziehbarkeit eines Verwaltungsaktes ist daher nach der ständigen Rechtsprechung des Bundesverfassungsgerichts ein **besonderes öffentliches Interesse** erforderlich, das über jenes Interesse hinausgeht, das den Verwaltungsakt selbst rechtfertigt. Der Rechtsschutzanspruch des Bürgers ist dabei umso stärker und darf umso weniger zurückstehen, je schwerwiegender die ihm auferlegte Belastung ist und je mehr die Maßnahme der Verwaltung Unabänderliches bewirkt (vgl. BVerfGE 35, 382 <401 f.>; 69, 220 <227 f.>; Beschluss der 3. Kammer des Zweiten Senats des Bundesverfassungsgerichts vom 25. Januar 1996 - 2 BvR 2718/95 -, AuAS 1996, S. 62 <63>).“.

BVerfGK 14, 278 (Immissionsschutzrechtliche Genehmigung) = BVerfG, Beschluss der 3. Kammer des Ersten Senats vom 01.10.2008 – 1 BvR 2466/08 –, Rn. 18, 20, 21: „Handelt es sich - wie hier - um ein mehrpoliges Rechtsverhältnis, bei dem ein Verwaltungsakt mit Drittwirkung Gegenstand einer Anfechtungsklage ist (vgl. § 80 Abs. 1 Satz 2 VwGO), kann jedenfalls nicht davon ausgegangen werden, dass Art. 19 Abs. 4 GG den regelmäßigen Eintritt des Suspensiveffekts verlangt. Denn das Postulat vom **Suspensiveffekt** [aufschiebende Wirkung, P. B.] als Regelfall stößt bei der Anfechtung von Genehmigungsbescheiden durch Drittbetroffene schon wegen der dabei zu berücksichtigenden Rechtsposition des Genehmigungsempfängers an Grenzen. Dessen Rechtsposition ist grundsätzlich nicht weniger schützenswert als diejenige des Drittbetroffenen. […] Zwar hat das Bundesverfasssungsgericht für das zweipolige Verwaltungsrechtsverhältnis bereits mehrfach entschieden, dass für die Anordnung der sofortigen Vollziehung eines Verwaltungsaktes nach § 80 Abs. 2 Satz 1 Nr. 4 1. Alt. VwGO ein **besonderes öffentliches Interesse** erforderlich ist, das über jenes Interesse hinausgeht, das den Verwaltungsakt selbst rechtfertigt.

sofortigen Vollziehung des Verwaltungsakts **schriftlich** (vgl. § 126 BGB, § 3a Abs. 2 VwVfG NRW) zu **begründen**; gemäß § 80 Abs. 3 S. 2 VwGO bedarf es einer besonderen Begründung nicht, wenn die Behörde bei **Gefahr im Verzug**, insbesondere bei drohenden Nachteilen für Leben, Gesundheit oder Eigentum vorsorglich eine als solche bezeichnete Notstandsmaßnahme im öffentlichen Interesse trifft.

- o § 34c Abs. 8 S. 1 PolG NRW (Elektronische Aufenthaltsüberwachung);
- o § 58 Abs. 2 AufenthG (Abschiebung bei vollziehbarer Ausreisepflicht);
- o § 58a Abs. 1 S. 2 AufenthG (sofort vollziehbare Abschiebungsanordnung);

- **VA-Unanfechtbarkeit (formelle VA-Bestandskraft)** nach §§ 70, 74, 75 VwGO oder Zeit von drei Monaten nach Ablauf der gesetzlichen Rechtsmittelbegründungsfrist bezüglich Anfechtungsklageabweisungsentscheidung, § 80b VwGO.

(SUB/ERG)

Im konkreten Fall ist Verfügungs-VA-Vollstreckbarkeit (alternativ)

- gegeben mit Verfügungs-VA-Unanfechtbarkeit oder nichtaufschiebender Wirkung eines Rechtsmittels.[284]

[...] Wird dagegen - wie hier - von einem Dritten die einem anderen erteilte und diesen begünstigende Genehmigung angegriffenen, bedarf es schon nach dem einfachen Recht (vgl. §§ 80a, 80 Abs. 2 Satz 1 Nr. 4 2. Alt. VwGO) und erst recht nicht wegen Art. 19 Abs. 4 GG der Prüfung eines besonderen öffentlichen Interesses an der sofortigen Vollziehung [Quelelnangabe]. Denn in dieser Situation stehen sich konkrete Rechtspositionen Privater gegenüber, die grundsätzlich gleichrangig sind.".

Zu möglichen Konstellationen im **Eingriffsrecht** als zugleich Erhaltungsrecht und Ermöglichungsrecht einschließlich zweipoligen Rechtsverhältnissen und mehrpoligen Rechtsverhältnissen (Multipolarität und Multifunktionalität) siehe: *Basten*, Eingriffsrecht der Polizei in Nordrhein-Westfalen, Band 1, S. 82-84.

VGH Baden-Württemberg, Beschluss vom 05.04.2016 – 1 S 275/16, Gründe, Rn. 3: „In der **Begründung einer Vollziehungsanordnung** hat die Behörde schlüssig, konkret und substantiiert darzulegen, aufgrund welcher Erwägungen sie gerade im vorliegenden Einzelfall ein besonderes öffentliches Interesse an der sofortigen Vollziehung als gegeben ansieht und das Interesse des Betroffenen am Bestehen der gesetzlich vorgesehenen aufschiebenden Wirkung ausnahmsweise zurückzutreten hat (vgl. BVerwG, Beschl. v. 18.09.2001 - 1 DB 26.01 -, juris). [...] Denn das für die Anordnung der sofortigen Vollziehung nach § 80 Abs. 2 Satz 1 Nr. 4 VwGO erforderliche **besondere Vollzugsinteresse** wird bereits durch die der Anordnung erkennungsdienstlicher Maßnahmen zugrundeliegende Prognose der Wiederholungsgefahr indiziert (vgl. BayVGH, Beschl. v. 23.11.2009 - 10 CS 09.1854 -, juris).".

Zur **Wiederholungsgefahr** bzw. **Erforderlichkeit/Notwendigkeit** von **erkennungsdienstlichen Maßnahmen** siehe insbesondere: *Basten*, Eingriffsrecht der Polizei in Nordrhein-Westfalen, Band 3, Buch 3, Abschnitte 5, 6, jeweils C. I. (Tatbestandsvoraussetzungen) und C. III. Nr. 4 (Verhältnismäßigkeit); zur Maßnahmen-**Vollstreckbarkeit** allgemein im Sinne der dritten allgemeinen Vollstreckungsvoraussetzung des Zwangs siehe: *Basten*, Eingriffsrecht der Polizei in Nordrhein-Westfalen, Band 3, Buch 3, Abschnitt 3, Unterabschnitte 1, 2, jeweils C. I. 3. (Vollstreckbarkeit).

[284] „**Wiederholungsgefahr**" bedeutet i.d.R. **sofortige Vollziehbarkeit** im Sinne des – gerichtsseitig auf beiden Rechtsgebieten von Gefahrenabwehr und Strafrechtspflege angewendeten – § 80 Abs. 2 VwGO (z.B. § 80 Abs. 2 S. 1 Nr. 2 oder 4 VwGO) und dann auch i.d.R. **Vollstreckbarkeit** im Sinne der dritten allgemeinen Vollstreckungsvoraussetzung des Zwangsrechts, vgl. die Rechtsprechung zu **erkennungsdienstlichen Maßnahmen** wie: VGH Baden-Württemberg, Beschluss vom 05.04.2016 – 1 S 275/16, mit Zitierung von: BayVGH, Beschluss vom 23.11.2009 – 10 CS 09.1854; außerdem: OVG Niedersachsen, Beschluss vom 29.06.2016 – 11 ME 100/16; VGH München, Beschluss v. 06.12.2016 – 10 CS 16.2069. Zur **Vollziehbarkeitsbegründung** gemäß dem – gerichtsseitig auf beiden Rechtsgebieten von Gefahrenabwehr und Strafrechtspflege angewendeten – § 80 Abs. 3 VwGO in Fällen von § 80 Abs. 2 S. 1 Nr. 4

- nicht gegeben mit Verfügungs-VA-Anfechtbarkeit oder aufschiebender Wirkung eines Rechtsmittels.[285]

In Fällen von **Abschleppen** von Fahrzeugen (Fz) als Zwangsmaßnahme auf dem Rechtsgebiet der Gefahrenabwehr mit dem Mittel der Ersatzvornahme[286] im Zusammenhang mit dem Straßenverkehr aufgrund verbotswidrigen Fahrzeugstehens (insbesondere Halten oder Parken, § 12 StVO) und zwecks Straßenverkehrsverstoßverhinderung oder Straßenverkehrsverstoßunterbindung, also i.Z.m. (faktischen oder fiktiven) Verkehrsweisungen/Verkehrszeichen/Verkehrseinrichtungen/Verkehrswarnschildern, in der Regel zur Durchsetzung einer (faktischen oder fiktiven) Fahrzeugwegbewegungsgrundverfügung, insbesondere eines faktischen Fz-Wegbewegungsgebots (Zwangsbefugnisnorm: § 50 Abs. 1 PolG NRW) oder fiktiven Fz-Wegbewegungsgebots (Zwangsbefugnisnorm: § 50 Abs. 2 PolG NRW), kann i.d.R. subumiert werden: **Vollstreckbarkeit** des faktischen Wegbewegungsgebots (Zwangsbefugnisnorm: § 50

VwGO und zur **Vollstreckbarkeit** siehe *Basten*, Eingriffsrecht der Polizei in Nordrhein-Westfalen, Band 3, Buch 3, Abschnitt 3, Unterabschnitte 1, 2, jeweils C. I. 3. (Vollstreckbarkeit).

Zur **Wiederholungsgefahr** bzw. **Erforderlichkeit/Notwendigkeit** von **erkennungsdienstlichen Maßnahmen** siehe insbesondere: *Basten*, Eingriffsrecht der Polizei in Nordrhein-Westfalen, Band 3, Buch 3, Abschnitte 5, 6, jeweils C. I. (Tatbestandsvoraussetzungen) und C. III. Nr. 4 (Verhältnismäßigkeit); zur Maßnahmen-**Vollstreckbarkeit** allgemein im Sinne der dritten allgemeinen Vollstreckungsvoraussetzung des Zwangs siehe: *Basten*, Eingriffsrecht der Polizei in Nordrhein-Westfalen, Band 3, Buch 3, Abschnitt 3, Unterabschnitte 1, 2, jeweils C. I. 3. (Vollstreckbarkeit).

[285] Zur weiteren, nochmaligen Unterscheidung von **VA-Vorliegen**, **VA-Wirksamkeit**, **VA-Vollstreckbarkeit**: VA-Vorliegen (VA-Existenz) ist Dasein durch eine Bekanntgabe an irgendeine Person unabhängig von bestimmten, individuellen Wirksamkeiten oder Unwirksamkeiten. Äußere VA-Wirksamkeit (**materielle VA-Bestandskraft**) ist erste VA-Bindungswirkung einschließlich Rechtsbehelfs- und Rechtsbehelfsfristbeginn (**VA-Rechtsschutzfunktion**) gegenüber der bekanntgebenden Behörde sowie anderen Behörden und Gerichten und gegenüber demjenigen, an den der VA bekanntgegeben ist (**VA-Regelungsfunktion** mit **VA-Tatbestandswirkung**). Innere Wirksamkeit ist verbindliche Regelungsgeltungswirkung mit Befolgungspflicht desjenigen, an den der bekanntgegeben ist. Vollziehbarkeit und Vollstreckbarkeit sind gegeben, solange und soweit keine vollziehungsaufschiebende Wirkung und kein Vollstreckungshindernis vorliegt Vollstreckbarkeit (**VA-Titelfunktion**). Vollziehungshemmung bewirkt Unvollstreckbarkeit und ein darüberhinausgehendes VA-Verwirklichungsverbot einschließlich VA-Inhaltsfolgerungsverbot.VA-Vorliegen (VA-Existenz) ist Voraussetzung für äußere VA-Wirksamkeit, äußere VA-Wirksamkeit ist Voraussetzung für innere VA-Wirksamkeit; innere VA-Wirksamkeit ist Voraussetzung für VA-Vollziehbarkeit; VA-Vollziehbarkeit ist Voraussetzung für VA-Vorliegen (Existenz) und äußere Wirksamkeit können insbesondere über unterschiedliche Bekanntgabeempfänger auseinanderfallen. Äußere Wirksamkeit und innere Wirksamkeit können ausnahmsweise und insbesondere mit der Folge innerer Unwirksamkeit auseinanderfallen, zum Beispiel über Nebenbestimmungen wie Bedingung oder Befristung aus § 36 VwVfG NRW. Innere Wirksamkeit und Vollziehbarkeit sowie Vollstreckbarkeit können ausnahmsweise und insbesondere über Rechtsmittel mit aufschiebender Wirkung (Suspensiveffekt) wie aus § 80 Abs. 1 VwGO auseinanderfallen. Äußere und innere Wirksamkeit oder Unwirksamkeit (VA-Nichtigkeit) und Vollziehbarkeit sowie Vollstreckbarkeit können von VA-Rechtswidrigkeit (i.d.R. entsprechend der VA-Fehlerhaftigkeit) unabhängig sein, was sich schon aus §§ 43, 44 VwVfG NRW, § 80 Abs. 2 VwGO ergibt; Vollstreckung und Rechtmäßigkeit sind ausnahmsweise abhängig in § 50 Abs. 2 PolG NRW („innerhalb ihrer Befugnisse"). Zu „Rechtliche Existenz, Wirksamkeit und Rechtswidrigkeit des Verwaltungsaktes" auch: *Schemmer,* § 43 VwVfG, Rn. 5-18, in: *Bader/Ronellenfitsch (Hrsg.),* Beck'scher Online-Kommentar VwVfG.

[286] „**Abschleppen**" (vgl. auch § 15a StVO) oder „**Versetzen**" eines straßenverkehrsverbotswidrig, zum Beispiel im Halteverbot abgestellten Fahrzeugs zwecks Durchsetzung des aus dem Verbot sich ergebenden Gebots (z.B. Wegfahrgebot) ist Zwang mit Anwendung des Zwangsmittels der Ersatzvornahme, BVerwG, Beschluss vom 26.01.1988 – 7 B 189/87 (Parkuhr), Leitsatz; BVerwGE 102, 316, 318 f. (Mobiles Halteverbotsschild).

Abs. 1 PolG NRW) oder fiktiven Wegbewegungsgebots (Zwangsbefugnisnorm: § 50 Abs. 2 PolG NRW), insbesondere als unaufschiebbare Anordnung oder Maßnahme von Polizeivollzugsbeamten und wegen gegenwärtiger Gefahr für die öffentliche Sicherheit, jedenfalls für Rechte und Rechtsgüter des Einzelnen (z.B. durch Verkehrsbehinderungen) oder für die Rechtsordnung (durch Perpetuierung des Verkehrsverstoßes und auch über Präventionsgedanken, etwa im Hinblick auf potentielle Nachahmungseffekte), vgl. Art. 20 Abs. 3 GG und § 41 StVO i.V.m. Anlage 2; im Übrigen ist auch – insbesondere bei entsprechender Dokumenation/Protokollierung – fehlerfreie Ermessensausübung sowie Verhältnismäßigkeit einschließlich Erforderlichkeit/Notwendigkeit (vgl. § 50 Abs. 2 PolG NRW) subsumierbar, zumal der für den Verkehrsverstoß Verantwortliche und zur maßgeblichen Abschleppentscheidungszeit mitunter nicht am Abschlepport Anwesende das Erreichbarkeitsrisiko und damit letztendlich das Abschlepprisiko trägt.[287]

---

[287] Vgl. BVerwG, Urteil vom 09.04.2014 – BVerwG 3 C 5.13 (Taxenstand), Leitsatz: „Die Einleitung einer kostenpflichtigen Abschleppmaßnahme wegen eines verbotswidrig an einem Taxenstand (Zeichen 229 zu § 41 StVO) abgestellten Fahrzeugs ist regelmäßig auch ohne Einhaltung einer bestimmten **Wartezeit** mit dem bundesverfassungsrechtlichen **Verhältnismäßigkeitsgrundsatz** vereinbar. Nach Maßgabe der konkreten Umstände kann es allerdings geboten sein, von Abschleppmaßnahmen abzusehen, etwa wenn eine Beeinträchtigung des reibungslosen Taxenverkehrs ausgeschlossen ist, oder mit der Abschleppanordnung zu warten, etwa wenn konkrete Anhaltspunkte dafür vorliegen, dass der Verantwortliche kurzfristig wieder am Fahrzeug erscheinen und es unverzüglich selbst entfernen wird.“, Rn. 12: „Nach der Rechtsprechung des erkennenden Senats und des zuvor für das Straßenrecht zuständigen 7. Senats des Bundesverwaltungsgerichts ist es zwar **unverhältnismäßig**, einen bloßen Verstoß etwa gegen das Verbot des Gehweg-Parkens oder **allein die Vorbildwirkung des fehlerhaften Verhaltens**, also **ausschließlich generalpräventive Erwägungen**, zum **Anlass für Abschleppmaßnahmen** zu nehmen; andererseits ist es aber nicht zweifelhaft, dass verbotswidrig abgestellte Fahrzeuge regelmäßig abgeschleppt werden dürfen, wenn sie andere Verkehrsteilnehmer **behindern**. Dies gilt etwa beim **Verstellen** des gesamten Bürgersteigs oder einem **Hineinragen** des Fahrzeugs in die Fahrbahn, bei **Funktionsbeeinträchtigungen einer Fußgängerzone** oder beim verbotswidrigen Parken auf einem **Schwerbehinderten-Parkplatz**, in **Feuerwehranfahrzonen** oder auch bei einem Abschleppen zur **Verhinderung von Straftaten**. In allen diesen wie auch in sonstigen Abschleppfällen dürfen jedoch die für den Betroffenen entstehenden Nachteile nicht **außer Verhältnis** zu dem mit der Maßnahme bezweckten Erfolg stehen, was unter Abwägung der Umstände des jeweiligen Einzelfalls zu beurteilen ist. Dabei hat die Straßenverkehrsbehörde sich davon leiten zu lassen, dass Abschleppmaßnahmen **ohne konkrete Behinderungen** zwar nicht ausgeschlossen sind, die gegenläufigen Interessen aber naturgemäß ein größeres Gewicht bekommen (zusammenfassend dazu BVerwG, Beschluss vom 18.02.2002 – 3 B 149.01, S. 2 f. m.w.N.).“, Rn. 13: „Mit dem Abstellen des Reisebusses am Taxenstand hat der Kläger gegen das mit dem Zeichen 229 angeordnete absolute Haltverbot für nichtberechtigte Fahrzeuge und das sich daraus zugleich ergebende Wegfahrgebot verstoßen, das in entsprechender Anwendung von § 80 Abs. 2 Nr. 2 VwGO sofort **vollziehbar** ist (vgl. Beschlüsse vom 26. Januar 1988 - BVerwG 7 B 189.87 - Buchholz 442.151 § 13 StVO Nr. 4 S. 1 f. und vom 15. Juni 1981 - BVerwG 7 B 216.80 - Buchholz 442.151 § 41 StVO Nr. 4 S. 3). Der Kläger hat damit gemäß § 49 Abs. 3 Nr. 4 i.V.m. § 41 Abs. 1 StVO und Zeichen 229 der Anlage 2 zur StVO eine **Ordnungswidrigkeit** begangen. Darüber hinaus verletzt dieses Verhalten - auch ohne dass es erst noch zu einer konkreten Beeinträchtigung der Sicherheit und Leichtigkeit des Straßenverkehrs kommen muss - die **öffentliche Sicherheit** im Sinne des Gefahrenabwehrrechts (vgl. zum Hessischen Gesetz über die öffentliche Sicherheit und Ordnung - HSOG: VGH Kassel, Urteil vom 22. Mai 1990 - 11 UE 2056/89 - NVwZ-RR 1991, 28).“, Rn. 14: „Die Auffassung des Berufungsgerichts, dass es an einer **Ermessensentscheidung** des städtischen Bediensteten vor dem Einschreiten gänzlich gefehlt habe, ist unzutreffend. Dieser hat, wie die von ihm über die Abschleppmaßnahme gefertigte **Niederschrift** zeigt, die maßgeblichen tatsächlichen Gegebenheiten (Verstoß gegen das absolute Haltverbot nach dem Zeichen 229; konkrete örtliche und zeitliche Umstände, insbesondere die bereits eingetretene Behinderung eines anfahrenden Taxis) in den Blick genommen. Er hat außerdem vor der Einleitung der Abschleppmaßnahme - allerdings vergeblich - zunächst noch versucht, **Abhilfe** über einen **Anruf** auf der im Reisebus ausliegenden Mobiltelefonnummer

C. Materielle Rechtmäßigkeit (MR) I. Tatbestand (Tb) / Tatbestandsvoraussetzungen (TBV) / Allgemeine Vollstreckungsvoraussetzungen – Rechtgebiet Gefahrenabwehr / Zwangsmittel-Anwendung im Sofortvollzug

(VOR/DEF)

Tatbestand ist das Gesamt der (materiell-rechtlichen) Rechtsfolge(setzungs)bedingungen. / **Tatbestandsvoraussetzungen** sind materiell-rechtliche Rechtsfolgesetzungsbedingungen.

C. I. 1. Allgemeine Zwangs-TBV, § 50 Abs. 2 PolG NRW: Verfügungs-VA-Nichtvorliegen

(VOR/DEF)

Gemäß § 50 Abs. 2 Hs. 1 PolG NRW ist erste allgemeine Zwangstatbestandsvoraussetzung das Nichtvorliegen eines Handlungs- oder Duldungs- oder Unterlassungs-VA (Nichtvorliegen einer HDU-Verfügung).

---

zu schaffen; damit wurden auch in Betracht kommende Handlungsalternativen in seine Entscheidungsfindung einbezogen.“, Rn. 16: „Die Einleitung der Abschleppmaßnahme war **erforderlich**. Sie erweist sich nicht deshalb als **unverhältnismäßig** und damit rechtswidrig, weil dem städtischen Bediensteten nach der maßgeblichen ex-ante Betrachtung zum Zeitpunkt der Einleitung der Abschleppmaßnahme ein milderes, aber ebenso wirksames Mittel offenstand. Insoweit gilt nach der Rechtsprechung des erkennenden Senats, dass bei einer - bezogen auf den Zeitpunkt der Entdeckung des Verstoßes - zeitnahen Abschleppmaßnahme eine Verletzung des Grundsatzes der **Verhältnismäßigkeit** (nur) dann in Betracht zu ziehen ist, wenn der Führer des Fahrzeugs ohne Schwierigkeiten und ohne Verzögerung festgestellt und zur Beseitigung des verbotswidrigen Parkens veranlasst werden kann (vgl. Beschluss vom 27. Mai 2002 - BVerwG 3 B 67.02 - VRS 2002 309 <310> m.w.N.).“, Rn. 17: „Dementsprechend war es nicht ausreichend, dass der Kläger seine Mobilfunknummer im Reisebus hinterlegt hatte. Der städtische Bedienstete unternahm vor dem Bestellen des Abschleppwagens den **Versuch**, den Kläger über diese Nummer telefonisch zu erreichen. Nachdem dieser Versuch ohne Erfolg blieb und auch sonst nicht zu erkennen war, dass der Fahrer des Busses alsbald wieder an seinem Fahrzeug eintreffen würde, waren weitere Maßnahmen zu einer Kontaktaufnahme nicht veranlasst. Der Kläger hat keinerlei konkrete Angaben zu seinem aktuellen Aufenthalt hinterlassen; für den städtischen Bediensteten war damit nicht ersichtlich, wo sich der für das Fahrzeug Verantwortliche befand. Der Kläger kann sich auch nicht mit Erfolg darauf berufen, er sei wegen eines dringenden Gangs auf die Toilette vorübergehend telefonisch nicht erreichbar gewesen. Der für den Verkehrsverstoß Verantwortliche hat das **Risiko** für seine jederzeitige **Erreichbarkeit** zu tragen. Hier hat der Kläger zudem, wie er in seiner Revisionserwiderung vorträgt, das Mobiltelefon selbst abgestellt.“. BVerwG, Beschluss vom 18.02.2002 – BVerwG 3 B 149/01, Rn. 11: „Insoweit trifft trotz der zwischenzeitlich erfolgten Verbreitung von Mobil-Telefonen unverändert die Aussage des Beschlusses vom 6. Juli 1983 – BVerwG 7 B 182.82 –, zu, wonach einem durch die hinter der Windschutzscheibe des Kraftfahrzeugs angebrachte Adresse und Telefonnummer veranlassten **Nachforschungsversuch** regelmäßig schon die ungewissen Erfolgsaussichten und nicht abzusehenden weiteren Verzögerungen entgegenstehen.“.

(DEF)

VA-Nichtvorliegen ist gegeben mit Nichtexistenz eines Handlungs- oder Duldungs- oder Unterlassungs-VA im Sinne von § 35 VwVfG NRW dadurch, dass Bekanntgabe eines entsprechenden VA an irgendeine Person nicht erfolgt ist.[288]

VA auf Handeln, Dulden oder Unterlassen (Handlungs- oder Duldungs- oder Unterlassungs-VA) ist jede **Verfügung** (Gebot oder Verbot) bezüglich eines Handelns oder Duldens oder Unterlassens (HDU-Verfügung), also ein befehlender VA (Befehls-VA), kein bloßer Feststellungs-VA oder Rechtsgestaltungs-VA.[289]

(SUB/ERG)

Im konkreten Fall ist (alternativ)

- **Verfügungs-VA-Vorliegen** gegeben mit Existenz eines Handlungs- oder Duldungs- oder Unterlassungs-VA durch Bekanntgabe an irgendeine Person.
- **Verfügungs-VA-Nichtvorliegen** gegeben mit Nichtexistenz eines Handlungs- oder Duldungs- oder Unterlassungs-VA aufgrund Nichtbekanngabe an irgendeine Person.

VA-Nichtvorliegen im Sinne des § 50 Abs. 2 Hs. 1 PolG NRW ist auch gegeben in Fällen von § 43 Abs. 2, 3 VwVfG NRW, also in Fällen von Rücknahme, Widerruf, anderweitiger Aufhebung, Zeitablauf oder sonstiger Erledigung sowie Nichtigkeit eines ursprünglich geltenden VA.

C. I. 2. Allgemeine Zwangs-TBV, § 50 Abs. 2 PolG NRW: Verfügungs-VA-Rechtmäßigkeit

(VOR)

Gemäß § 50 Abs. 2, letzter Hs. PolG NRW (Polizeihandeln innerhalb der Polizeibefugnise) ist zweite allgemeine Zwangstatbestandsvoraussetzung die Rechtmäßigkeit des vorliegenden und wirksamen Handlungs- oder Duldungs- oder Unterlassungs-VA (Rechtmäßigkeit der HDU-Verfügung).[290]

---

[288] Zur **VA-Bekanntgabe** und zum **VA-Zugang** siehe auch: *Basten*, Eingriffsrecht der Polizei in Nordrhein-Westfalen, Band 1, S. 237.

[289] Zu **Rechtsnormfunktionen** und entsprechenden Einzelakten siehe auch: *Basten*, Eingriffsrecht der Polizei in Nordrhein-Westfalen, Band 1, S. 35 f.

[290] Hauptsächliche Differenz zwischen „gestrecktem Vollzug/gestrecktem Zwangsverfahren" auf dem Rechtsgebiet der Gefahrenabwehr einerseits und andererseits „Sofortvollzug/Sofortzwangsverfahren" auf dem Rechtsgebiet der Gefahrenabwehr sowie „gestrecktem Vollzug/gestrecktem Zwangsverfahren" und „Sofortvollzug/Sofortzwangsverfahren" auf dem Rechtsgebiet der Strafrechtspflege: Auf dem Rechtsgebiet der Gefahrenabwehr ist im „gestreckten Vollzug/gestreckten Zwangsverfahren" grundsätzlich nicht die Rechtmäßigkeit, sondern nur die Wirksamkeit der Grundverfügung Rechtmäßigkeitsvoraussetzung für sie durchsetzende Zwangsmaßnahmen/Vollstreckungsakte; dagegen ist auf dem Rechtsgebiet der Gefahrenabwehr im „Sofortvollzug/Sofortzwangsverfahren" sowie auf dem Rechtsgebiet der Strafrechtspflege im „gestreckten Vollzug/gestreckten Zwangsverfahren" und im „Sofortvollzug/Sofortzwangsverfahren" die Rechtmäßigkeit der Grundverfügung grundsätzlich immer Rechtmäßigkeitsvoraussetuung für die Rechtmäßigkeit von die Grundverfügung durchsetzenden Zwangsmaßnahmen/Vollstreckungsakten.

(DEF)

Handeln der Polizei innerhalb ihrer Befugnisse, also **VA-Rechtmäßigkeit** ist im Sinne des § 50 Abs. 2, letzter Hs. PolG NRW unter hypothetischer Annahme der Bekanntgabe eines fiktiven, fall- und zwangsadäqauten VA gegeben, wenn der bestimmte fiktive VA zur maßgeblichen Zeit formell und materiell rechtsfehlerfrei aufgrund rechtmäßiger Rechtsgrundlage wäre (inklusive aller seiner Voraussetzungen, ggf. exklusive bzw. unter hypothetischer Anpassung von VA-Nichtbekanntgabe-Ursachen wie der Verhältnismäßigkeits-Geeignetheit).

Zur Relevanz von **VA-Rechtmäßigkeit** im „gestreckten Vollzug/gestreckten Zwangsverfahren" auf dem Rechtsgebiet der Gefahrenabwehr: VA-Rechtmäßigkeit ist im „gestreckten Vollzug/gestreckten Zwangsverfahren" auf dem Rechtsgebiet der Gefahrenabwehr – bis zur Bestimmtheitsgrenze/Evidenzgrenze/Willkürgrenze – keine weitere Voraussetzung für die Rechtmäßigkeit nachfolgender Zwangsmaßnahmen/Vollstreckungsakte (Androhung und Anwendung eines Zwangsmittels), vgl. §§ 42, 43, 68 ff., 80, 80a, 113, 123 VwGO; insoweit kann auf dem Rechtsgebiet der Gefahrenabwehr im „gestreckten Vollzug/gestreckten Zwangsverfahren" die Rechtmäßigkeit „dahinstehen"/„kommt es nicht auf sie an". Vgl. dazu BVerfG, Beschluss vom 07.12.1998 – 1 BvR 831/89, Rn. 31 (Wasserwerfer); vgl. zur Grund-VA-Bestimmtheitsgrenze beim Zwang: BVerwG, Urteil vom 26.10.2017 – BVerwG 8 C 14.16 (Bestätigung von Internetverbot für 2 Glücksspielarten), Rn. 12: „Hinreichend bestimmt ist ein Verwaltungsakt dann, wenn der Adressat erkennen kann, was von ihm gefordert wird und wenn der Bescheid darüber hinaus geeignet ist, Grundlage für Maßnahmen zu seiner zwangsweisen Durchsetzung zu sein."; OVG NRW, Beschluss des 13. Senats vom 22.10.2019 – 13 B 600/19, Rn. 36 f. (Zurückerstattung von Zwangsgeld durch die Bundesnetzagentur): „Das Verwaltungsgericht hat jedoch unberücksichtigt gelassen, dass ein Mangel inhaltlicher Bestimmtheit eines im Wege der Verwaltungsvollstreckung durchzusetzenden Verwaltungsakts grundsätzlich in jeder Lage des Vollstreckungsverfahrens zu beachten ist, selbst wenn der Verwaltungsakt bereits bestandskräftig und dementsprechend nicht mehr auf seine Rechtmäßigkeit hin zu überprüfen ist. Denn die für Einleitung und Durchführung der Verwaltungsvollstreckung erforderliche konkrete Feststellung, dass der Pflichtige seine Verpflichtung aus dem Verwaltungsakt nicht erfüllt hat, ist nur bei einem inhaltlich hinreichend bestimmten Verwaltungsakt möglich. Ist ein Verwaltungsakt wegen inhaltlicher Unbestimmtheit nicht vollstreckungsfähig, schließt dieser Mangel Maßnahmen in der Verwaltungsvollstreckung auch bei Unanfechtbarkeit des Grundverwaltungsaktes aus, soweit die Unbestimmtheit reicht. Vgl. Nds. OVG, Beschluss vom 4. Juni 2019 – 8 ME 39/19 –, AuAS 2019, 171 = juris, Rn. 33 [Vollstreckungsuntauglichkeit einer nicht hinreichend bestimmten Passverfügung – mit vielen weiteren fallabhängigen Bestimmtheitsgradanforderungen auch „im rechtlichen und tatsächlichen Kontext"/„im Zusammenhang mit dem Umfang der Tatsachenkenntnis über den zu erreichenden Erfolg und die zur Verfügung stehenden Mittel" einschließlich Quellennachweisen für den konkreten Fall und viele andere Fälle, ebendort in Rn. 34-43, P. B.]; OVG Saarland, Urteil vom 20. Februar 2017 – 2 A 34/16 –, NVwZ-RR 2017, 514 = juris, Rn. 30; Hess. VGH, Urteil vom 29. November 2013 – 6 A 2210/12 –, juris, Rn. 27; VGH Baden-Württemberg, Urteil vom 10. Januar 2013 – 8 S 2919/11 –, NVwZ-RR 2013, 451 = juris, Rn. 22; OVG NRW, Beschluss vom 16. Januar 1998 – 10 B 3029/97 –, BRS 60 Nr. 171 = juris, Rn. 4."; vgl. aus den o.g. Quellen auch ESVGH 63, 163 = VGH Baden-Württemberg, Urteil vom 10.01.2013 – 8 S 2919/11, Ls. 2/Rn. 25: „Ist ein Verwaltungsakt wegen inhaltlicher Unbestimmtheit nicht vollstreckungsfähig, schließt dieser Mangel Maßnahmen in der Verwaltungsvollstreckung aus. Das gilt auch dann, wenn der Bestimmtheitsmangel ‚nur' zur Rechtswidrigkeit, nicht aber zur Unwirksamkeit des Verwaltungsakts infolge Nichtigkeit (§ 43 III LVwVfG i. V. mit § 44 I LVwVfG BadWürttVwVfG) führt.", Rn. 25: „Denn auch ein - bestandskräftiger oder sofort vollziehbarer - wirksamer, aber inhaltlich unbestimmter Verwaltungsakt ist nicht vollstreckungsfähig. Insoweit erfährt der tragende Grundsatz des Verwaltungsvollstreckungsrechts, dass es für die Beurteilung der Rechtmäßigkeit einer Vollstreckungsmaßnahme auf die Rechtmäßigkeit einer Grundverfügung nicht ankommt (BVerwG, Urteil vom 13.03.1984 - 4 C 31.81 - NJW 1984, 2591 <2592>; vgl. auch BVerfG, Kammerbeschluss des 1. Senats vom 07.12.1998 - 1 BvR 831/89 - NVwZ 1999, 290), eine Ausnahme. Die Unbestimmtheit der Grundverfügung ‚infiziert' eine zu ihrer Durchsetzung ergehende Vollstreckungsmaßnahme [Schrifttumquellenangabe]."

(SUB/ERG)

Im konkreten Fall ist (alternativ)

- VA-Rechtmäßigkeit gegeben.
- VA-Rechtswidrigkeit gegeben.

(SUB/ERG)

C. I. 3. Allgemeine Zwangs-TBV, § 50 Abs. 2 PolG NRW: Verfügungs-VA-Vollstreckbarkeit

(VOR/DEF)

Gemäß § 50 Abs. 2 Hs. 2, 3 PolG NRW ist dritte allgemeine Zwangstatbestandsvoraussetzung, Vollstreckbarkeit (Vollstreckbarkeit der fiktiven HDU-Verfügung), was im Sinne von § 50 Abs. Hs. 2, 3 PolG NRW gegeben ist, wenn die Zwangsmittelanwendung ohne vorausgehenden VA zur Abwehr einer gegenwärtigen Gefahr erfolgt (bzw. notwendig ist, insbesondere weil Maßnahmen gegen Personen nach den §§ 4 bis 6 PolG NRW nicht oder nicht rechtzeitig möglich sind oder keinen Erfolg versprechen.).

(DEF)

Gegenwärtige Gefahr im Sinne des § 50 Abs. 2 Hs. 2 PolG NRW ist eine Sachlage im einzelnen Fall, die bei ungehindertem Geschehensverlauf in allernächster Zeit mit an Sicherheit grenzender Wahrscheinlichkeit zu einem Schaden für ein rechtliches Schutzgut führt.[291] **Schutzgüter** sind allgemein i.V.m. §§ 1 und 8 Abs. 1 PolG NRW die **öffentliche Sicherheit**, nämlich Rechte und Rechtsgüter des Einzelnen, die Rechtsordnung, die Funktionsfähigkeit des Staates, oder die **öffentliche Ordnung**, nämlich die Gesamtheit jener ungeschriebenen Regeln für das Verhalten des Einzelnen in der Öffentlichkeit, deren Beachtung nach den jeweils herrschenden Anschauungen als unerlässliche Voraussetzung eines geordneten Gemeinschaftslebens betrachtet wird.[292]

Notwendigkeit im Sinne von § 50 Abs. 2 Hs. 2 PolG NRW entspricht der Erforderlichkeit im Sinne von Verhältnismäßigkeit, auch in Abwägung mit etwaig gegebener, hypothetischer Unaufschiebbarkeit fiktver Grundverfügung nach § 80 Abs. 2 S. 1 Nr. 2 VwGO analog (unaufschiebbare Maßnahme oder Anordnung von Polizeivollzugsbeamten).

---

[291] Zur **Gegenwärtige-Gefahr**-Definition mit weiteren Nachweisen: *Basten*, Eingriffsrecht der Polizei in Nordrhein-Westfalen, Band 1, S. 251. Zum sogenannten **„differenzierenden Wahrscheinlichkeitsmaßstab"** (**„Je-desto-Formel"** / **„Variabilitätsformel"**) mit weiteren Nachweisen: *Basten*, Eingriffsrecht der Polizei in Nordrhein-Westfalen, Band 1, S. 248 f..

[292] Zu den polizeirechtlichen **Schutzgütern** mit vielen weiteren Nachweisen siehe insbesondere: *Basten*, Eingriffsrecht der Polizei in Nordrhein-Westfalen, Band 1, S. 249-251.

„**Insbesondere**" im Sinne von § 50 Abs. 2 Hs. 3 PolG NRW ist Indikator für beispielhafte Nennung.

Maßnahmen gegen Personen nach den §§ 4 bis 6 PolG NRW im Sinne des § 50 Abs. 2 Hs. 3 Alt. 1, 2 PolG NRW sind alle Maßnahmen im Sinne des ersten Maßnahmenabschnitts[293] im Eingriffsrecht der Polizei, also Grundmaßnahmen, gegen folgende Personen (in alternativer Anwendbarkeit):

- Verantwortlicher für Verhalten / Verhaltensverantwortlicher i.S.d. § 4 PolG NRW;
- Verantwortlicher für Zustand von Sachen / Sachenzustandsverantwortlicher i.S.d. § 5 PolG NRW;
- Nichtverantwortlicher i.S.d. § 6 PolG NRW.

Unmöglichkeit in Rechtzeitigkeit („**nicht rechtzeitig möglich**") oder **Möglichkeit in Nichtrechtzeitigkeit** im Sinne von § 50 Abs. 2 Hs. 3 Alt. 1 PolG NRW betrifft tatsächliche und rechtliche Möglichkeit bzw. Unmöglichkeit wie etwa im Sinne von § 44 Abs. 2 Nr. 4-6 VwVfG NRW bzw. Ungeeignetheit bei Nichtverfügbarkeit, zum Beispiel Abwesenheit, jeglicher zur Gefahrenabwehr geeigneten Person im Sinne von §§ 4-6 PolG NRW, und zwar in einer Zeitspanne zwischen frühestnötig und spätestmöglich geeignetem Eingreifen, auch in Abwägung mit etwaig gegebener, hypothetischer Unaufschiebbarkeit fiktver Grundverfügung nach § 80 Abs. 2 S. 1 Nr. 2 VwGO analog (unaufschiebbare Maßnahme oder Anordnung von Polizeivollzugsbeamten).

Nichterfolgversprechung („**keinen Erfolg versprechen**") im Sinne von § 50 Abs. 2 Hs. 3 Alt. 2 PolG NRW entspricht Geeignetheit und Erforderlichkeit im Sinne von Verhältnismäßigkeit, auch in Abwägung mit etwaig gegebener, hypothetischer Unaufschiebbarkeit fiktver Grundverfügung nach § 80 Abs. 2 S. 1 Nr. 2 VwGO analog (unaufschiebbare Maßnahme oder Anordnung von Polizeivollzugsbeamten).

(SUB/ERG)

Im konkreten Fall ist (fiktive-VA-)Vollstreckbarkeit (alternativ)

- gegeben mit gegenwärtiger Gefahr und Notwendigkeit (Unaufschiebbarkeit) i.S.v. § 50 Abs. 2 Hs. 2 PolG NRW.
- gegeben mit Unmöglichkeit in Rechtzeitigkeit bzw. Möglichkeit in Nichtrechtzeitigkeit bzgl. der Inanspruchnahme gegen Personen nach den §§ 4-6 PolG NRW.
- gegeben mit Nichterfolgversprechung der Inanspruchnahme gegen Personen nach den §§ 4-6 PolG NRW.

In Fällen von **Abschleppen** von Fahrzeugen (Fz) als Zwangsmaßnahme auf dem Rechtsgebiet der Gefahrenabwehr mit dem Mittel der Ersatzvornahme[294] im Zusammenhang mit dem Straßenverkehr aufgrund verbotswidrigen Fahrzeugstehens (insbesondere Halten oder Parken, § 12 StVO) und zwecks Straßenverkehrsverstoßverhinderung oder

[293] Zu den möglichen **Maßnahmenabschnitten** im Eingriffsrecht der Polizei siehe auch mit Abbildung: *Basten*, Eingriffsrecht der Polizei in Nordrhein-Westfalen, Band 1, S. 176.

[294] „**Abschleppen**" (vgl. auch § 15a StVO) oder „**Versetzen**" eines straßenverkehrsverbotswidrig, zum Beispiel im Halteverbot abgestellten Fahrzeugs zwecks Durchsetzung des aus dem Verbot sich ergebenden Gebots (z.B. Wegfahrgebot) ist Zwang mit Anwendung des Zwangsmittels der Ersatzvornahme, BVerwG, Beschluss vom 26.01.1988 – 7 B 189/87 (Parkuhr), Leitsatz; BVerwGE 102, 316, 318 f. (Mobiles Halteverbotsschild).

Straßenverkehrsverstoßunterbindung, also i.Z.m. (faktischen oder fiktiven) Verkehrsweisungen/Verkehrszeichen/Verkehrseinrichtungen/Verkehrswarnschildern, in der Regel zur Durchsetzung einer (faktischen oder fiktiven) Fahrzeugwegbewegungsgrundverfügung, insbesondere eines faktischen Fz-Wegbewegungsgebots (Zwangsbefugnisnorm: § 50 Abs. 1 PolG NRW) oder fiktiven Fz-Wegbewegungsgebots (Zwangsbefugnisnorm: § 50 Abs. 2 PolG NRW), kann i.d.R. subumiert werden: **Vollstreckbarkeit** des faktischen Wegbewegungsgebots (Zwangsbefugnisnorm: § 50 Abs. 1 PolG NRW) oder fiktiven Wegbewegungsgebots (Zwangsbefugnisnorm: § 50 Abs. 2 PolG NRW), insbesondere als unaufschiebbare Anordnung oder Maßnahme von Polizeivollzugsbeamten und wegen gegenwärtiger Gefahr für die öffentliche Sicherheit, jedenfalls für Rechte und Rechtsgüter des Einzelnen (z.B. durch Verkehrsbehinderungen) oder für die Rechtsordnung (durch Perpetuierung des Verkehrsverstoßes und auch über Präventionsgedanken, etwa im Hinblick auf potentielle Nachahmungseffekte), vgl. Art. 20 Abs. 3 GG und § 41 StVO i.V.m. Anlage 2; im Übrigen ist auch – insbesondere bei entsprechender Dokumenation/Protokollierung – fehlerfreie Ermessensausübung sowie Verhältnismäßigkeit einschließlich Erforderlichkeit/Notwendigkeit (vgl. § 50 Abs. 2 PolG NRW) subsumierbar, zumal der für den Verkehrsverstoß Verantwortliche und zur maßgeblichen Abschleppentscheidungszeit mitunter nicht am Abschlepport Anwesende das Erreichbarkeitsrisiko und damit letztendlich das Abschlepprisiko trägt.[295]

---

[295] Vgl. BVerwG, Urteil vom 09.04.2014 – BVerwG 3 C 5.13 (Taxenstand), Leitsatz: „Die Einleitung einer kostenpflichtigen Abschleppmaßnahme wegen eines verbotswidrig an einem Taxenstand (Zeichen 229 zu § 41 StVO) abgestellten Fahrzeugs ist regelmäßig auch ohne Einhaltung einer bestimmten **Wartezeit** mit dem bundesverfassungsrechtlichen **Verhältnismäßigkeitsgrundsatz** vereinbar. Nach Maßgabe der konkreten Umstände kann es allerdings geboten sein, von Abschleppmaßnahmen abzusehen, etwa wenn eine Beeinträchtigung des reibungslosen Taxenverkehrs ausgeschlossen ist, oder mit der Abschleppanordnung zu warten, etwa wenn konkrete Anhaltspunkte dafür vorliegen, dass der Verantwortliche kurzfristig wieder am Fahrzeug erscheinen und es unverzüglich selbst entfernen wird.“, Rn. 12: „Nach der Rechtsprechung des erkennenden Senats und des zuvor für das Straßenrecht zuständigen 7. Senats des Bundesverwaltungsgerichts ist es zwar **unverhältnismäßig**, einen bloßen Verstoß etwa gegen das Verbot des Gehweg-Parkens oder **allein die Vorbildwirkung des fehlerhaften Verhaltens**, also **ausschließlich generalpräventive Erwägungen**, zum **Anlass für Abschleppmaßnahmen** zu nehmen; andererseits ist es aber nicht zweifelhaft, dass verbotswidrig abgestellte Fahrzeuge regelmäßig abgeschleppt werden dürfen, wenn sie andere Verkehrsteilnehmer **behindern**. Dies gilt etwa beim **Verstellen** des gesamten Bürgersteigs oder einem **Hineinragen** des Fahrzeugs in die Fahrbahn, bei **Funktionsbeeinträchtigungen einer Fußgängerzone** oder beim verbotswidrigen Parken auf einem **Schwerbehinderten-Parkplatz**, in **Feuerwehranfahrzonen** oder auch bei einem Abschleppen zur **Verhinderung von Straftaten**. In allen diesen wie auch in sonstigen Abschleppfällen dürfen jedoch die für den Betroffenen entstehenden Nachteile nicht **außer Verhältnis** zu dem mit der Maßnahme bezweckten Erfolg stehen, was unter Abwägung der Umstände des jeweiligen Einzelfalls zu beurteilen ist. Dabei hat die Straßenverkehrsbehörde sich davon leiten zu lassen, dass Abschleppmaßnahmen **ohne konkrete Behinderungen** zwar nicht ausgeschlossen sind, die gegenläufigen Interessen aber naturgemäß ein größeres Gewicht bekommen (zusammenfassend dazu BVerwG, Beschluss vom 18.02.2002 – 3 B 149.01, S. 2 f. m.w.N.).“, Rn. 13: „Mit dem Abstellen des Reisebusses am Taxenstand hat der Kläger gegen das mit dem Zeichen 229 angeordnete absolute Haltverbot für nichtberechtigte Fahrzeuge und das sich daraus zugleich ergebende Wegfahrgebot verstoßen, das in entsprechender Anwendung von § 80 Abs. 2 Nr. 2 VwGO sofort **vollziehbar** ist (vgl. Beschlüsse vom 26. Januar 1988 - BVerwG 7 B 189.87 - Buchholz 442.151 § 13 StVO Nr. 4 S. 1 f. und vom 15. Juni 1981 - BVerwG 7 B 216.80 - Buchholz 442.151 § 41 StVO Nr. 4 S. 3). Der Kläger hat damit gemäß § 49 Abs. 3 Nr. 4 i.V.m. § 41 Abs. 1 StVO und Zeichen 229 der Anlage 2 zur StVO eine **Ordnungswidrigkeit** begangen. Darüber hinaus verletzt dieses Verhalten - auch ohne dass es erst noch zu einer konkreten Beeinträchtigung der Sicherheit und Leichtigkeit des Straßenverkehrs kommen muss - die **öffentliche Sicherheit** im Sinne des Gefahrenabwehrrechts (vgl. zum Hessischen Gesetz über die öffentliche Sicherheit und Ordnung - HSOG: VGH Kassel, Urteil vom 22. Mai 1990 - 11 UE 2056/89 - NVwZ-

C. Materielle Rechtmäßigkeit (MR) I. Tatbestand (Tb) / Tatbestandsvoraussetzungen (TBV) / Allgemeine Vollstreckungsvoraussetzungen – Rechtsgebiet Strafrechtspflege / Zwangsmittel-Anwendung im „gestreckten Verfahren“ oder im „Sofortvollzug“

(VOR/DEF)

Tatbestand ist das Gesamt der (materiell-rechtlichen) Rechtsfolge(setzungs)bedingungen. / **Tatbestandsvoraussetzungen** sind materiell-rechtliche Rechtsfolgesetzungsbedingungen.

RR 1991, 28).“, Rn. 14: „Die Auffassung des Berufungsgerichts, dass es an einer **Ermessensentscheidung** des städtischen Bediensteten vor dem Einschreiten gänzlich gefehlt habe, ist unzutreffend. Dieser hat, wie die von ihm über die Abschleppmaßnahme gefertigte **Niederschrift** zeigt, die maßgeblichen tatsächlichen Gegebenheiten (Verstoß gegen das absolute Haltverbot nach dem Zeichen 229; konkrete örtliche und zeitliche Umstände, insbesondere die bereits eingetretene Behinderung eines anfahrenden Taxis) in den Blick genommen. Er hat außerdem vor der Einleitung der Abschleppmaßnahme - allerdings vergeblich - zunächst noch versucht, **Abhilfe** über einen **Anruf** auf der im Reisebus ausliegenden Mobiltelefonnummer zu schaffen; damit wurden auch in Betracht kommende Handlungsalternativen in seine Entscheidungsfindung einbezogen.“, Rn. 16: „Die Einleitung der Abschleppmaßnahme war **erforderlich**. Sie erweist sich nicht deshalb als **unverhältnismäßig** und damit rechtswidrig, weil dem städtischen Bediensteten nach der maßgeblichen ex-ante Betrachtung zum Zeitpunkt der Einleitung der Abschleppmaßnahme ein milderes, aber ebenso wirksames Mittel offenstand. Insoweit gilt nach der Rechtsprechung des erkennenden Senats, dass bei einer - bezogen auf den Zeitpunkt der Entdeckung des Verstoßes - zeitnahen Abschleppmaßnahme eine Verletzung des Grundsatzes der **Verhältnismäßigkeit** (nur) dann in Betracht zu ziehen ist, wenn der Führer des Fahrzeugs ohne Schwierigkeiten und ohne Verzögerung festgestellt und zur Beseitigung des verbotswidrigen Parkens veranlasst werden kann (vgl. Beschluss vom 27. Mai 2002 - BVerwG 3 B 67.02 - VRS 2002 309 <310> m.w.N.).“, Rn. 17: „Dementsprechend war es nicht ausreichend, dass der Kläger seine Mobilfunknummer im Reisebus hinterlegt hatte. Der städtische Bedienstete unternahm vor dem Bestellen des Abschleppwagens den **Versuch**, den Kläger über diese Nummer telefonisch zu erreichen. Nachdem dieser Versuch ohne Erfolg blieb und auch sonst nicht zu erkennen war, dass der Fahrer des Busses alsbald wieder an seinem Fahrzeug eintreffen würde, waren weitere Maßnahmen zu einer Kontaktaufnahme nicht veranlasst. Der Kläger hat keinerlei konkrete Angaben zu seinem aktuellen Aufenthalt hinterlassen; für den städtischen Bediensteten war damit nicht ersichtlich, wo sich der für das Fahrzeug Verantwortliche befand. Der Kläger kann sich auch nicht mit Erfolg darauf berufen, er sei wegen eines dringenden Gangs auf die Toilette vorübergehend telefonisch nicht erreichbar gewesen. Der für den Verkehrsverstoß Verantwortliche hat das **Risiko** für seine jederzeitige **Erreichbarkeit** zu tragen. Hier hat der Kläger zudem, wie er in seiner Revisionserwiderung vorträgt, das Mobiltelefon selbst abgestellt.“. BVerwG, Beschluss vom 18.02.2002 – BVerwG 3 B 149/01, Rn. 11: „Insoweit trifft trotz der zwischenzeitlich erfolgten Verbreitung von Mobil-Telefonen unverändert die Aussage des Beschlusses vom 6. Juli 1983 – BVerwG 7 B 182.82 –, zu, wonach einem durch die hinter der Windschutzscheibe des Kraftfahrzeugs angebrachte Adresse und Telefonnummer veranlassten **Nachforschungsversuch** regelmäßig schon die ungewissen Erfolgsaussichten und nicht abzusehenden weiteren Verzögerungen entgegenstehen.“.

C. I. 1. Allgemeine Zwangs-TBV: Verfügungs-Justiz-VA-Vorliegen („getrecktes Verfahren“) oder Verfügungs-Justiz-VA-Nichtvorliegen („Sofortvollzug“)

(VOR)

Gemäß allgemeiner Anschauung und Rechtsanalogie zu den ausdrücklichen Zwangsnormen, vgl. auch § 57 Abs. 1 PolG NRW, ist erste allgemeine Zwangstatbestandsvoraussetzung das Vorliegen oder Nichtvorliegen eines Handlungs- oder Duldungs- oder Unterlassungs-Justiz-VA (Vorliegen oder Nichtvorliegen einer HDU-Verfügung).

(DEF)

Justiz-VA-Vorliegen ist gegeben mit Existenz eines Handlungs- oder Duldungs- oder Unterlassungs-Justiz-VA im Sinne von § 23 Abs. 1 S. 1 EGGVG durch Bekanntgabe; dementsprechend ist Justiz-VA-Nichtvorliegen gegeben bei Fehlen einer Justiz-VA-Bekanntgabe.[296]

Justiz-VA auf Handeln, Dulden oder Unterlassen (Handlungs- oder Duldungs- oder Unterlassungs-Justiz-VA) ist jede **Verfügung** (Gebot oder Verbot) bezüglich eines Handelns oder Duldens oder Unterlassens (HDU-Verfügung), also ein befehlender Justiz-VA (Befehls-Justiz-VA), kein bloßer Feststellungs-Justiz-VA oder Rechtsgestaltungs-Justiz-VA.[297]

(SUB/ERG)

Im konkreten Fall ist (alternativ)

- **Verfügungs-Justiz-VA-Vorliegen** gegeben mit Existenz eines Handlungs- oder Duldungs- oder Unterlassungs-VA durch wirksame Bekanntgabe an den Betroffenen.
- **Verfügungs-Justiz-VA-Nichtvorliegen** gegeben mit Nichtexistenz eines Handlungs- oder Duldungs- oder Unterlassungs-VA aufgrund Nichtbekanngabe an den Betroffenen.

C. I. 2. Allgemeine Zwangs-TBV: Verfügungs-Justiz-VA-Rechtmäßigkeit

(VOR)

Gemäß allgemeiner Anschauung und Rechtsanalogie zu den ausdrücklichen Zwangsnormen, vgl. auch § 57 Abs. 1 PolG NRW, ist zweite allgemeine Zwangstatbestandsvoraussetzung die Rechtmäßigkeit des vorliegenden (faktischen) oder des nichtvorliegenden (fiktiven)

---

[296] Zur (Justiz-)**VA-Bekanntgabe** und zum (Justiz-)**VA-Zugang** siehe auch: *Basten*, Eingriffsrecht der Polizei in Nordrhein-Westfalen, Band 1, S. 237.

[297] Zu **Rechtsnormfunktionen** und entsprechenden Einzelakten siehe auch: *Basten*, Eingriffsrecht der Polizei in Nordrhein-Westfalen, Band 1, S. 35 f.

Handlungs- oder Duldungs- oder Unterlassungs-Justiz-VA (Rechtmäßigkeit der HDU-Verfügung); im Fall des fiktiven Justiz-Verfügungs-VA in hypothetischer Annahme seiner Bekanntgabe.[298]

---

298 Hauptsächliche Differenz zwischen „gestrecktem Vollzug/gestrecktem Zwangsverfahren“ auf dem Rechtsgebiet der Gefahrenabwehr einerseits und andererseits „Sofortvollzug/Sofortzwangsverfahren“ auf dem Rechtsgebiet der Gefahrenabwehr sowie „gestrecktem Vollzug/gestrecktem Zwangsverfahren“ und „Sofortvollzug/Sofortzwangsverfahren“ auf dem Rechtsgebiet der Strafrechtspflege: Auf dem Rechtsgebiet der Gefahrenabwehr ist im „gestreckten Vollzug/gestreckten Zwangsverfahren“ grundsätzlich nicht die Rechtmäßigkeit, sondern nur die Wirksamkeit der Grundverfügung Rechtmäßigkeitsvoraussetzung für sie durchsetzende Zwangsmaßnahmen/Vollstreckungsakte; dagegen ist auf dem Rechtsgebiet der Gefahrenabwehr im „Sofortvollzug/Sofortzwangsverfahren“ sowie auf dem Rechtsgebiet der Strafrechtspflege im „gestreckten Vollzug/gestreckten Zwangsverfahren“ und im „Sofortvollzug/Sofortzwangsverfahren“ die Rechtmäßigkeit der Grundverfügung grundsätzlich immer Rechtmäßigkeitsvoraussetuung für die Rechtmäßigkeit von die Grundverfügung durchsetzenden Zwangsmaßnahmen/Vollstreckungsakten.

Zur Relevanz von **VA-Rechtmäßigkeit** im „gestreckten Vollzug/gestreckten Zwangsverfahren“ auf dem Rechtsgebiet der Gefahrenabwehr: VA-Rechtmäßigkeit ist im „gestreckten Vollzug/gestreckten Zwangsverfahren“ auf dem Rechtsgebiet der Gefahrenabwehr – bis zur Bestimmtheitsgrenze/Evidenzgrenze/Willkürgrenze – keine weitere Voraussetzung für die Rechtmäßigkeit nachfolgender Zwangsmaßnahmen/Vollstreckungsakte (Androhung und Anwendung eines Zwangsmittels), vgl. §§ 42, 43, 68 ff., 80, 80a, 113, 123 VwGO; insoweit kann auf dem Rechtsgebiet der Gefahrenabwehr im „gestreckten Vollzug/gestreckten Zwangsverfahren“ die Rechtmäßigkeit „dahinstehen“/„kommt es nicht auf sie an“. Vgl. dazu BVerfG, Beschluss vom 07.12.1998 – 1 BvR 831/89, Rn. 31 (Wasserwerfer); vgl. zur Grund-VA-Bestimmtheitsgrenze beim Zwang: BVerwG, Urteil vom 26.10.2017 – BVerwG 8 C 14.16 (Bestätigung von Internetverbot für 2 Glücksspielarten), Rn. 12: „Hinreichend bestimmt ist ein Verwaltungsakt dann, wenn der Adressat erkennen kann, was von ihm gefordert wird und wenn der Bescheid darüber hinaus geeignet ist, Grundlage für Maßnahmen zu seiner zwangsweisen Durchsetzung zu sein.“; OVG NRW, Beschluss des 13. Senats vom 22.10.2019 – 13 B 600/19, Rn. 36 f. (Zurückerstattung von Zwangsgeld durch die Bundesnetzagentur): „Das Verwaltungsgericht hat jedoch unberücksichtigt gelassen, dass ein Mangel inhaltlicher Bestimmtheit eines im Wege der Verwaltungsvollstreckung durchzusetzenden Verwaltungsakts grundsätzlich in jeder Lage des Vollstreckungsverfahrens zu beachten ist, selbst wenn der Verwaltungsakt bereits bestandskräftig und dementsprechend nicht mehr auf seine Rechtmäßigkeit hin zu überprüfen ist. Denn die für Einleitung und Durchführung der Verwaltungsvollstreckung erforderliche konkrete Feststellung, dass der Pflichtige seine Verpflichtung aus dem Verwaltungsakt nicht erfüllt hat, ist nur bei einem inhaltlich hinreichend bestimmten Verwaltungsakt möglich. Ist ein Verwaltungsakt wegen inhaltlicher Unbestimmtheit nicht vollstreckungsfähig, schließt dieser Mangel Maßnahmen in der Verwaltungsvollstreckung auch bei Unanfechtbarkeit des Grundverwaltungsaktes aus, soweit die Unbestimmtheit reicht. Vgl. Nds. OVG, Beschluss vom 4. Juni 2019 – 8 ME 39/19 –, AuAS 2019, 171 = juris, Rn. 33 [Vollstreckungsuntauglichkeit einer nicht hinreichend bestimmten Passverfügung – mit vielen weiteren fallabhängigen Bestimmtheitsgradanforderungen auch „im rechtlichen und tatsächlichen Kontext“/„im Zusammenhang mit dem Umfang der Tatsachenkenntnis über den zu erreichenden Erfolg und die zur Verfügung stehenden Mittel“ einschließlich Quellennachweisen für den konkreten Fall und viele andere Fälle, ebendort in Rn. 34-43, P. B.]; OVG Saarland, Urteil vom 20. Februar 2017 – 2 A 34/16 –, NVwZ-RR 2017, 514 = juris, Rn. 30; Hess. VGH, Urteil vom 29. November 2013 – 6 A 2210/12 –, juris, Rn. 27; VGH Baden-Württemberg, Urteil vom 10. Januar 2013 – 8 S 2919/11 –, NVwZ-RR 2013, 451 = juris, Rn. 22; OVG NRW, Beschluss vom 16. Januar 1998 – 10 B 3029/97 –, BRS 60 Nr. 171 = juris, Rn. 4.“; vgl. aus den o.g. Quellen auch ESVGH 63, 163 = VGH Baden-Württemberg, Urteil vom 10.01.2013 – 8 S 2919/11, Ls. 2/Rn. 25: „Ist ein Verwaltungsakt wegen inhaltlicher Unbestimmtheit nicht vollstreckungsfähig, schließt dieser Mangel Maßnahmen in der Verwaltungsvollstreckung aus. Das gilt auch dann, wenn der Bestimmtheitsmangel ‚nur‘ zur Rechtswidrigkeit, nicht aber zur Unwirksamkeit des Verwaltungsakts infolge Nichtigkeit (§ 43 III LVwVfG i. V. mit § 44 I LVwVfG BadWürttVwVfG) führt.“, Rn. 25: „Denn auch ein - bestandskräftiger oder sofort vollziehbarer - wirksamer, aber inhaltlich unbestimmter Verwaltungsakt ist nicht vollstreckungsfähig. Insoweit erfährt der tragende Grundsatz des

(DEF)

Verfügungs-Justiz-VA-Rechtmäßigkeit ist gegeben, wenn der bestimmte Justiz-VA zur maßgeblichen Zeit formell und materiell rechtsfehlerfrei aufgrund rechtmäßiger Rechtsgrundlage ist (faktischer Verfügungs-Justiz-VA) oder wäre (fiktiver Verfügungs-Justiz-VA).

(SUB/ERG)

Im konkreten Fall ist (alternativ)

- Verfügungs-Justiz-VA-Rechtmäßigkeit gegeben.
- Verfügungs-Justiz-VA-Rechtswidrigkeit gegeben.

C. I. 3. Allgemeine Zwangs-TBV: Verfügungs-Justiz-VA-Vollstreckbarkeit

(VOR/DEF)

Gemäß allgemeiner Anschauung und Rechtsanalogie zu den ausdrücklichen Zwangsnormen, vgl. auch § 57 Abs. 1 PolG NRW, ist dritte allgemeine Zwangstatbestandsvoraussetzung, dass der vorliegende (faktische) oder nichtvorliegende (fiktive), rechtmäßige Verfügungs-Justiz-VA unanfechtbar ist (faktischer Verfügungs-Justiz-VA)/wäre (fiktiver Verfügungs-Justiz-VA) oder ein Rechtsbehelf keine aufschiebende Wirkung hat (faktischer Verfügungs-Justiz-VA)/hätte (fiktiver Verfügungs-Justiz-VA) – (Vollstreckbarkeit der HDU-Verfügung).

(DEF)

Justiz-VA-Unanfechtbarkeit ist **formelle Justiz-VA-Bestandskraft**, die gegeben ist, wenn alle Rechtsbehelfe rechtlich völlig erschöpft sind, also wenn die Justiz-VA-Rechtsbehelfsfristen ohne Rechtsbehelfseinlegung oder mit rechtlich erschöpfter, erfolgloser Rechtsbehelfseinlegung oder mit rechtlich erschöpfendem Rechtsmittelverzicht abgelaufen sind.

Rechtsbehelfe sind auf dem Rechtsgebiet der Strafrechtspflege bezüglich ermittlungsbehördlicher Maßnahmen insbesondere die **Beantragung richterlicher Entscheidung** nach § 98 Abs. 2 S. 2 StPO analog oder die **Beschwerde** nach § 304 StPO[299], vgl. auch § 79 OWiG.

Keine aufschiebende Wirkung / Nichtaufschiebende Wirkung ist auf dem Rechtsgebiet der Strafrechtspflege bei ermittlungsbehördlichen Maßnahmen grundsätzlich gegeben, und darüberhinaus auch bei (alternativ)

Verwaltungsvollstreckungsrechts, dass es für die Beurteilung der Rechtmäßigkeit einer Vollstreckungsmaßnahme auf die Rechtmäßigkeit einer Grundverfügung nicht ankommt (BVerwG, Urteil vom 13.03.1984 - 4 C 31.81 - NJW 1984, 2591 <2592>; vgl. auch BVerfG, Kammerbeschluss des 1. Senats vom 07.12.1998 - 1 BvR 831/89 - NVwZ 1999, 290), eine Ausnahme. Die Unbestimmtheit der Grundverfügung ‚infiziert' eine zu ihrer Durchsetzung ergehende Vollstreckungsmaßnahme [Schrifttumquellenangabe].".

[299] Zu den beiden Rechtsbehelfen nach § 98 Abs. 2 S. 2 StPO analog und § 304 StPO: BGHSt 44, 265 (Überprüfung der Art und Weise des Vollzugs einer nach § 105 Abs. 1 Satz 1 StPO nichtrichterlich angeordneten abgeschlossenen Durchsuchung nach § 98 Abs. 2 S. 2 StPO analog) = BGH, Beschluss vom 07.12.1998 – 5 AR (VS) 2/98, dies ist unbeanstandet i.V.m. Art. 19 Abs. 4 GG zitiert etwa in: BVerfGK 7, 87 (Gerichtliche Feststellung der Rechtswidrigkeit einer Ingewahrsamnahme beim Castor-Transport) = BVerfG, Beschluss der 2. Kammer des Zweiten Senats vom 13.12.2005 – 2 BvR 447/05 –, Rn. 63.

- Verwirklichung einer **Vollziehbarkeitsrechtsnorm** wie
  - § 81c Abs. 3 S. 4 StPO (Unanfechtbarkeit des die Untersuchungs-Maßnahmen anordnenden Beschlusses);
  - § 80 Abs. 2 S. 1 Nr. 2 VwGO analog (Entfallen aufschiebender Wirkung von Widerspruch und Anfechtungsklage bei unaufschiebbaren Anordnungen und Maßnahmen von Polizeivollzugsbeamten[300]);
  - § 80 Abs. 2 S. 1 Nr. 4 VwGO analog (Entfallen aufschiebender Wirkung von Widerspruch und Anfechtungsklage in den Fällen, in denen die sofortige Vollziehung im öffentlichen Interesse oder im überwiegenden Interesse eines Beteiligten von der Behörde, die den Verwaltungsakt erlassen oder über den Widerspruch zu entscheiden hat, besonders angeordnet wird).

Für Fälle faktischen Vorliegens eines Justiz-VA: Gemäß – dem gerichtsseitig auf beiden Rechtsgebieten von Gefahrenabwehr und Strafrechtspflege angewendeten – § 80 Abs. 3 S. 1 VwGO (**schriftliche Begründung des Vollziehungsinteresses außer bei Gefahr im Verzug**) ist in den Fällen des § 80 Abs. 2 S. 1 Nr. 4 VwGO (besondere VA-Vollziehungsanordnung der VA-Erlassbehörde aufgrund öffentlichen oder überwiegenden Beteiligteninteresses) das **besondere Interesse**[301] an der sofortigen Vollziehung des

---

[300] OVG NRW, Beschluss des 8. Senats vom 02.10.2003 – 8 B 468/03 (Sperrpfosten), Rn. 6 f.: „Nach ständiger Rechtsprechung ist § 80 Abs. 2 Nr. 2 VwGO auf verkehrsregelnde Anordnungen entsprechend anwendbar, weil sich die von Verkehrszeichen und Verkehrseinrichtungen ausgehenden Gebote oder Verbote prinzipiell nicht von unaufschiebbaren Anordnungen oder Maßnahmen von Polizeivollzugsbeamten unterscheiden, an deren Stelle sie gleichsam treten. Vgl. BVerwG, Beschluss vom 26. Januar 1988 - 7 B 189/87 -, NJW 1988, 2814 [Parkuhr].“, Rn. 5: „Die Bekanntgabe der verkehrsregelnden Anordnung erfolgt durch Aufstellung des Sperrpfostens (§ 41 Abs. 3 VwVfG). Ein Sperrpfosten ist eine Verkehrseinrichtung (§ 43 Abs. 1 StVO), deren Regelungen den allgemeinen Verkehrsregeln vorgehen (§ 43 Abs. 2 StVO); ihr kann ein ähnlicher Regelungsgehalt wie Verkehrszeichen zukommen (§ 45 Abs. 2 S. 4, Abs. 4, 1. Hs. StVO). Die aufschiebende Wirkung des Widerspruchs des Antragstellers entfällt entsprechend § 80 Abs. 2 Nr. 2 VwGO.“.

[301] BVerfGK 11, 153 (Auswesiung gegen Art. 8 EMRK) = BVerfG, Beschluss der 2. Kammer des Zweiten Senats vom 10.05.2007 – 2 BvR 304/07 –, Rn. 29: „Die nach § 80 Abs. 1 VwGO für den Regelfall vorgeschriebene aufschiebende Wirkung von Widerspruch und Klage ist insoweit eine adäquate Ausprägung der verfassungsrechtlichen Rechtsschutzgarantie und ein fundamentaler Grundsatz des öffentlich-rechtlichen Prozesses. Andererseits gewährleistet Art. 19 Abs. 4 GG die aufschiebende Wirkung der Rechtsbehelfe im Verwaltungsprozess nicht schlechthin. Überwiegende öffentliche Belange können es rechtfertigen, den Rechtsschutzanspruch des Grundrechtsträgers einstweilen zurückzustellen, um unaufschiebbare Maßnahmen im Interesse des allgemeinen Wohls rechtzeitig in die Wege zu leiten. Für die Anordnung der sofortigen Vollziehbarkeit eines Verwaltungsaktes ist daher nach der ständigen Rechtsprechung des Bundesverfassungsgerichts ein **besonderes öffentliches Interesse** erforderlich, das über jenes Interesse hinausgeht, das den Verwaltungsakt selbst rechtfertigt. Der Rechtsschutzanspruch des Bürgers ist dabei umso stärker und darf umso weniger zurückstehen, je schwerwiegender die ihm auferlegte Belastung ist und je mehr die Maßnahme der Verwaltung Unabänderliches bewirkt (vgl. BVerfGE 35, 382 <401 f.>; 69, 220 <227 f.>; Beschluss der 3. Kammer des Zweiten Senats des Bundesverfassungsgerichts vom 25. Januar 1996 - 2 BvR 2718/95 -, AuAS 1996, S. 62 <63>).“.

BVerfGK 14, 278 (Immissionsschutzrechtliche Genehmigung) = BVerfG, Beschluss der 3. Kammer des Ersten Senats vom 01.10.2008 – 1 BvR 2466/08 –, Rn. 18, 20, 21: „Handelt es sich - wie hier - um ein mehrpoliges Rechtsverhältnis, bei dem ein Verwaltungsakt mit Drittwirkung Gegenstand einer Anfechtungsklage ist (vgl. § 80 Abs. 1 Satz 2 VwGO), kann jedenfalls nicht davon ausgegangen werden, dass Art. 19 Abs. 4 GG den regelmäßigen Eintritt des Suspensiveffekts verlangt. Denn das Postulat vom **Suspensiveffekt** [aufschiebende Wirkung, P. B.] als Regelfall stößt bei der Anfechtung von Genehmigungsbescheiden durch Drittbetroffene schon wegen der dabei zu berücksichtigenden Rechtsposition des

Verwaltungsakts **schriftlich** (vgl. § 126 BGB, § 3a Abs. 2 VwVfG NRW) zu **begründen**; gemäß § 80 Abs. 3 S. 2 VwGO bedarf es einer besonderen Begründung nicht, wenn die Behörde bei **Gefahr im Verzug**, insbesondere bei drohenden Nachteilen für Leben, Gesundheit oder Eigentum vorsorglich eine als solche bezeichnete Notstandsmaßnahme im öffentlichen Interesse trifft.

- **Justiz-VA-Unanfechtbarkeit (formelle Justiz-VA-Bestandskraft)**.

(SUB/ERG)

Im konkreten Fall ist Verfügungs-Justiz-VA-Vollstreckbarkeit (alternativ)

- gegeben mit Verfügungs-Justiz-VA-Unanfechtbarkeit oder nichtaufschiebender Wirkung eines Rechtsbehelfs.[302]

Genehmigungsempfängers an Grenzen. Dessen Rechtsposition ist grundsätzlich nicht weniger schützenswert als diejenige des Drittbetroffenen. [...] Zwar hat das Bundesverfasssungsgericht für das zweipolige Verwaltungsrechtsverhältnis bereits mehrfach entschieden, dass für die Anordnung der sofortigen Vollziehung eines Verwaltungsaktes nach § 80 Abs. 2 Satz 1 Nr. 4 1. Alt. VwGO ein **besonderes öffentliches Interesse** erforderlich ist, das über jenes Interesse hinausgeht, das den Verwaltungsakt selbst rechtfertigt. [...] Wird dagegen - wie hier - von einem Dritten die einem anderen erteilte und diesen begünstigende Genehmigung angegriffenen, bedarf es schon nach dem einfachen Recht (vgl. §§ 80a, 80 Abs. 2 Satz 1 Nr. 4 2. Alt. VwGO) und erst recht nicht wegen Art. 19 Abs. 4 GG der Prüfung eines besonderen öffentlichen Interesses an der sofortigen Vollziehung [Quelelnangabe]. Denn in dieser Situation stehen sich konkrete Rechtspositionen Privater gegenüber, die grundsätzlich gleichrangig sind.".

Zu möglichen Konstellationen im **Eingriffsrecht** als zugleich Erhaltungsrecht und Ermöglichungsrecht einschließlich zweipoligen Rechtsverhältnissen und mehrpoligen Rechtsverhältnissen (Multipolarität und Multifunktionalität) siehe: *Basten*, Eingriffsrecht der Polizei in Nordrhein-Westfalen, Band 1, S. 82-84.

VGH Baden-Württemberg, Beschluss vom 05.04.2016 – 1 S 275/16, Gründe, Rn. 3: „In der **Begründung einer Vollziehungsanordnung** hat die Behörde schlüssig, konkret und substantiiert darzulegen, aufgrund welcher Erwägungen sie gerade im vorliegenden Einzelfall ein besonderes öffentliches Interesse an der sofortigen Vollziehung als gegeben ansieht und das Interesse des Betroffenen am Bestehen der gesetzlich vorgesehenen aufschiebenden Wirkung ausnahmsweise zurückzutreten hat (vgl. BVerwG, Beschl. v. 18.09.2001 - 1 DB 26.01 -, juris). [...] Denn das für die Anordnung der sofortigen Vollziehung nach § 80 Abs. 2 Satz 1 Nr. 4 VwGO erforderliche **besondere Vollzugsinteresse** wird bereits durch die der Anordnung erkennungsdienstlicher Maßnahmen zugrundeliegende Prognose der Wiederholungsgefahr indiziert (vgl. BayVGH, Beschl. v. 23.11.2009 - 10 CS 09.1854 -, juris).".

Zur **Wiederholungsgefahr** bzw. **Erforderlichkeit/Notwendigkeit** von **erkennungsdienstlichen Maßnahmen** siehe insbesondere: *Basten*, Eingriffsrecht der Polizei in Nordrhein-Westfalen, Band 3, Buch 3, Abschnitte 5, 6, jeweils C. I. (Tatbestandsvoraussetzungen) und C. III. Nr. 4 (Verhältnismäßigkeit); zur Maßnahmen-**Vollstreckbarkeit** allgemein im Sinne der dritten allgemeinen Vollstreckungsvoraussetzung des Zwangs siehe: *Basten*, Eingriffsrecht der Polizei in Nordrhein-Westfalen, Band 3, Buch 3, Abschnitt 3, Unterabschnitte 1, 2, jeweils C. I. 3. (Vollstreckbarkeit).

[302] „**Wiederholungsgefahr**" bedeutet i.d.R. **sofortige Vollziehbarkeit** im Sinne des – gerichtsseitig auf beiden Rechtsgebieten von Gefahrenabwehr und Strafrechtspflege angewendeten – § 80 Abs. 2 VwGO (z.B. § 80 Abs. 2 S. 1 Nr. 2 oder 4 VwGO) und dann auch i.d.R. **Vollstreckbarkeit** im Sinne der dritten allgemeinen Vollstreckungsvoraussetzung des Zwangsrechts, vgl. die Rechtsprechung zu **erkennungsdienstlichen Maßnahmen** wie: VGH Baden-Württemberg, Beschluss vom 05.04.2016 – 1 S 275/16, mit Zitierung von: BayVGH, Beschluss vom 23.11.2009 – 10 CS 09.1854; außerdem: OVG Niedersachsen, Beschluss vom 29.06.2016 – 11 ME 100/16; VGH München, Beschluss v. 06.12.2016 – 10 CS 16.2069. Zur **Vollziehbarkeitsbegründung** gemäß dem – gerichtsseitig auf beiden Rechtsgebieten von Gefahrenabwehr und Strafrechtspflege angewendeten – § 80 Abs. 3 VwGO in Fällen von § 80 Abs. 2 S. 1 Nr. 4

- nicht gegeben mit Verfügungs-Justiz-VA-Anfechtbarkeit oder aufschiebender Wirkung eines Rechtsbehelfs.

C. I. 4. Besondere Vollstreckungsvoraussetzungen, § 53 Abs. 3 PolG NRW, auf dem Rechtsgebiet der Gefahrenabwehr, für Zwangsmittel-Anwendung im „getreckten Verfahren" oder im „Sofortvollzug"

(VOR/DEF)

a) § 53 Abs. 3 PolG NRW (Zwangsgeldbeitreibung):

Gemäß § 53 Abs. 3 S. 1 PolG NRW wird das (gemäß § 53 Abs. 1, 2 PolG NRW schriftlich in bestimmter Höhe mit angemessener Fristeinräumung zur Zahlung festgesetzte) Zwangsgeld im Verwaltungszwangsverfahren beigetrieben, wenn die betroffene Person das Zwangsgeld nicht fristgerecht zahlt.

Gemäß § 53 Abs. 3 S. 2 PolG NRW unterbleibt die Beitreibung, sobald die betroffene Person die gebotene Handlung ausführt oder die zu duldende Maßnahme gestattet.

Gemäß § 53 Abs. 3 S. 3 PolG NRW ist ein Zwangsgeld jedoch beizutreiben, wenn der Duldungs- oder Unterlassungspflicht zuwidergehandelt worden ist, deren Erfüllung durch die Androhung des Zwangsgeldes erreicht werden sollte; sind weitere Zuwiderhandlungen nicht mehr zu befürchten, so kann von der Beitreibung abgesehen werden, wenn diese eine besondere Härte darstellen würde[303].[304]

VwGO und zur **Vollstreckbarkeit** siehe *Basten*, Eingriffsrecht der Polizei in Nordrhein-Westfalen, Band 3, Buch 3, Abschnitt 3, Unterabschnitte 1, 2, jeweils C. I. 3. (Vollstreckbarkeit).

Zur **Wiederholungsgefahr** bzw. **Erforderlichkeit/Notwendigkeit** von **erkennungsdienstlichen Maßnahmen** siehe insbesondere: *Basten*, Eingriffsrecht der Polizei in Nordrhein-Westfalen, Band 3, Buch 3, Abschnitte 5, 6, jeweils C. I. (Tatbestandsvoraussetzungen) und C. III. Nr. 4 (Verhältnismäßigkeit); zur Maßnahmen-**Vollstreckbarkeit** allgemein im Sinne der dritten allgemeinen Vollstreckungsvoraussetzung des Zwangs siehe: *Basten*, Eingriffsrecht der Polizei in Nordrhein-Westfalen, Band 3, Buch 3, Abschnitt 3, Unterabschnitte 1, 2, jeweils C. I. 3. (Vollstreckbarkeit).

[303] Nr. 53.3 VVPolG NRW: „§ 53 Abs. 3 Satz 3 verdeutlicht die einschränkende Auslegung des Grundsatzes des Satzes 2 in Anlehnung an § 60 Abs. 3 Satz 2 VwVG NRW, so dass eine nachträgliche Beitreibung des Zwangsgeldes bei dem Zuwiderhandeln gegen eine Duldungs- oder Unterlassungspflicht durchführbar ist.".

[304] Zum Zwangsgeld auch in den Fällen des § 53 Abs. 3 S. 3 PolG NRW (**Zwangsgeld bei Duldungs- oder Unterlassungspflichtzuwiderhandlung**) siehe OVG NRW, Urteil des 5. Senats vom 09.02.2012 – 5 A 2152/10, Rn. 25-32: „Nach ordnungsgemäßer Androhung durfte das Zwangsgeld auch noch festgesetzt werden, nachdem die zehntägige Geltungsdauer der Wohnungsverweisung mit Rückkehrverbot abgelaufen war. Zwangsmittel können gemäß § 51 Abs. 3 Satz 1 PolG NRW solange angewandt, wiederholt und gewechselt werden, bis der Verwaltungsakt befolgt worden ist oder sich auf andere Weise erledigt hat. Beides ist jedoch nicht der Fall, wenn wie hier gegen eine Unterlassungspflicht verstoßen wird. Eine Unterlassungspflicht befolgt nur, wer die untersagte Handlung ausnahmslos unterlässt. Bereits ein einmaliger Verstoß schließt eine Befolgung einer Unterlassungspflicht im Sinne von § 51 Abs. 3 Satz 1 PolG NRW aus. In diesem Fall kommt es auch nicht zu einer Erledigung der Grundverfügung auf andere Weise, weil sie weiterhin Grundlage der Vollstreckung sein kann. Eine Erledigung tritt nämlich nicht ein, wenn von der Grundverfügung noch Rechtswirkungen für das Vollstreckungsverfahren ausgehen. Vgl. BVerwG, Urteil vom 25. September 2008 – 7 C 5.08 –, NVwZ 2009, 122. Nach ständiger Rechtsprechung

Beitreibung ist Zwangsgeldanwendung, § 53 Abs. 3 PolG NRW i.V.m. VO VwVG NRW.

Festsetzung ist die zwangsverfahrensmäßige Anordnung per Leistungsbescheid-Verwaltungsakt, § 6 VwVG NRW, durch die Behörde, dass das (angedrohte, vgl. § 56 Abs. 1 S. 3 PolG NRW) Zwangsmittel angewendet werden soll, verbunden mit der Feststellung, dass die Voraussetzungen vorliegen – zwecks Zwangsgeld-Beitreibungsmöglichkeit, § 53 Abs. 3 PolG NRW, und Anzeige an den Betroffenen für dessen letztmalige Handlungs-, Duldungs- oder Unterlassungsverfügungs-Befolgungsmöglichkeit.

---

des erkennenden Gerichts kann ein Zwangsgeld auch dann noch festgesetzt und beigetrieben werden, wenn gegen ein Unterlassungsgebot mit Zwangsgeldandrohung verstoßen wurde, ein weiterer Verstoß gegen die Ordnungsverfügung aber nicht mehr möglich ist. Entscheidend ist insofern allein, dass der Verstoß nach der Androhung und während der Zeit, in der die vollstreckbare Ordnungsverfügung galt, erfolgt ist. Sonst entfiele nämlich die Wirksamkeit einer Zwangsgeldandrohung als Beugemittel, weil sich der Ordnungspflichtige dem angedrohten Zwangsgeld ohne Weiteres entziehen könnte. Vgl. OVG NRW, Urteil vom 21. Dezember 1988 – 7 A 2555/87 –, NVwZ-RR 1990, 17, 18; Beschlüsse vom 10. Oktober 1991 – 13 B 1522/91 –, DVBl. 1992, 783, 784, vom 10. Juli 1995 – 5 B 1353/95 –, vom 18. Juli 1996 – 4 E 461/95 –, NVwZ-RR 1997, 764, vom 18. Dezember 1996 – 5 E 1035/95 –, NVwZ-RR 1997, 763, vom 20. April 1999 – 5 E 251/99 –, NVwZ-RR 1999, 802, vom 10. November 2006 – 10 B 1941/06 –, vom 15. November 2007 – 7 A 272/07 –, vom 15. April 2009 – 10 A 2848/08 – und vom 2. Juni 2010 – 13 B 191/10 –. Der Gesetzgeber geht in § 51 Abs. 3 Satz 2 PolG NRW davon aus, dass bei Erzwingung einer Duldung oder Unterlassung das Zwangsgeld für jeden Fall der Nichtbefolgung festgesetzt werden kann. Auf die Fortdauer der auferlegten Pflicht kommt es danach nicht an. Vielmehr soll jeder Verstoß gegen eine Duldungs- oder Unterlassungspflicht zu einer Festsetzung von Zwangsgeld führen können. Diese Vorstellung hat der Gesetzgeber unter Bestätigung der zu § 60 Abs. 3 Satz 2 VwVG NRW ergangenen Rechtsprechung des erkennenden Gerichts auch in § 53 Abs. 3 Satz 3 PolG NRW klarstellend zum Ausdruck gebracht. Danach ist ein Zwangsgeld beizutreiben, wenn der Duldungs- oder Unterlassungspflicht zuwidergehandelt worden ist, deren Erfüllung durch die Androhung des Zwangsgeldes erreicht werden sollte; nur in besonderen Härtefällen kann von der Beitreibung abgesehen werden, wenn weitere Zuwiderhandlungen nicht mehr zu befürchten sind. In der Begründung zu dieser Vorschrift heißt es ausdrücklich, die Fortsetzung der Vollstreckung könne zwar die bereits geschehene Zuwiderhandlung gegen das Verbot oder die Duldungspflicht nicht rückgängig machen. Die Androhung sei jedoch nur dann geeignet, von Anfang an den zur Einwirkung auf den Pflichtigen notwendigen Druck auszuüben, wenn diesem bewusst sei, dass jede Zuwiderhandlung ohne Weiteres die Festsetzung und Beitreibung des Zwangsgeldes nach sich ziehe. Eine praktische Bedeutung besitze diese Klarstellung insbesondere für die Zuwiderhandlung gegen ein polizeiliches Rückkehrverbot nach § 34 a PolG NRW, weil diese Verfügungen – im Regelfall auf zehn Tage – befristet seien. Vgl. Beschlussempfehlung und Bericht zur Änderung des Polizeigesetzes und des Ordnungsbehördengesetzes, LT-Drs. 13/4073, zu Nr. 33, S. 28. Misst demgemäß § 53 Abs. 3 Satz 3 PolG NRW der Beitreibung eines Zwangsgeldes nach Verstößen gegen Unterlassungspflichten regelmäßig auch dann noch die erforderliche Beugefunktion zu, wenn weitere Zuwiderhandlungen nicht mehr zu befürchten sind, kann für die Festsetzung des Zwangsgeldes nichts anders gelten. Davon geht auch die angeführte Gesetzesbegründung aus. Der ausdrücklichen Erwähnung auch der Zwangsgeldfestsetzung im Gesetzestext bedarf es nicht notwendig, weil die Gestattung einer nachträglichen Beitreibung auf die Zulässigkeit einer nachträglichen Festsetzung schließen lässt. Die Festsetzung kommt nämlich nach der Funktion des Zwangsgeldes so lange in Betracht, wie es die beabsichtigte Beugewirkung erfüllen kann. Dies muss auch bei der Beitreibung noch der Fall sein. Dass die Beitreibung eines Zwangsgeldes nach Erlöschen der jeweiligen Unterlassungspflicht grundsätzlich weiterhin eine Zwangswirkung entfaltet, wird vom Gesetzgeber vorausgesetzt. Dasselbe gilt für die zeitlich vorgelagerte Zwangsgeldfestsetzung für die ganze Dauer des sich anschließenden Vollstreckungsverfahrens. Denn maßgeblicher Zeitpunkt zur Beurteilung der Rechtmäßigkeit der Zwangsgeldfestsetzung ist nicht der Zeitpunkt, in dem das Zwangsgeld festgesetzt worden ist, sondern grundsätzlich der Abschluss des Vollstreckungsverfahrens für das festgesetzte Zwangsgeld. Vgl. BVerwG, Urteil vom 14. März 2006 – 1 C 11.05 –, BVerwGE 125, 110, 111 f.“.

(SUB/ERG)

Im konkreten Fall sind die Voraussetzungen des § 53 Abs. 3 PolG NRW (alternativ)

- erfüllt.
- nicht erfüllt.

C. I. 4. Besondere Vollstreckungsvoraussetzungen, § 10 Abs. 3 S. 1 Nr. 1, 2 PolG NRW, auf dem Rechtsgebiet der Gefahrenabwehr, für Zwangsmittel-Anwendung im „getreckten Verfahren" oder im „Sofortvollzug"

(VOR)

a) § 10 Abs. 3 S. 1 Nr. 1 PolG NRW (zwangsweise Vorführung): (Erforderlichkeit der Angaben zur) Abwehr einer Gefahr für Leib, Leben oder Freiheit einer Person

Gemäß § 10 Abs. 3 S. 1 Nr. 1 PolG NRW kann die Vorladung zwangsweise durchgesetzt werden, wenn eine von der Vorladung betroffene Person der Vorladung ohne hinreichenden Grund keine Folge leistet und wenn zugleich die Angaben zur Abwehr einer Gefahr für Leib, Leben oder Freiheit einer Person erforderlich sind.

(DEF)

Hinreichender Grund im Sinne des § 10 Abs. 3 S. 1 Nr. 1 PolG NRW ist rechtlich anerkannter Grund, der überwiegt gegenüber dem Zweck der Abwehr einer Gefahr für Leib, Leben oder Freiheit einer Person.

Konkrete Gefahr ist eine Sachlage im einzelnen Fall, die bei ungehindertem Geschehensverlauf in absehbarer Zeit mit hinreichender Wahrscheinlichkeit zu einem Schaden für ein rechtliches Schutzgut führt.

Schutzgüter sind gemäß § 10 Abs. 1 S. 1 Nr. 1 PolG NRW **Leib (körperliche Unversehrtheit)**, **Leben** (biologisch-physische Existenz) oder **Freiheit (körperliche Bewegungsfreiheit)**.

(SUB)

Unter Auslegung des Geschehens und Anwendung des Wahrscheinlichkeitsmaßstabs führt ohne die Maßnahme ungehinderter Geschehensverlauf in absehbarer Zeit (alternativ: nicht) mit hinreichender Wahrscheinlichkeit zu einer nachteiligen Beeinträchtigung rechtlicher Schutzgüter der öffentlichen Sicherheit, nämlich je nach Fall:

- Individualrechte oder Individualrechtsgüter, insbesondere nach Art. 1-20, 33, 38, 101, 103 GG;
- Rechtsordnung, insbesondere nach Art. 20 Abs. 3 GG, Gefahrenabwehrvorschriften, Strafvorschriften, Ordnungswidrigkeitenahndungsvorschriften;
- Funktionsfähigkeit der Polizei, insbesondere bezüglich Art. 20 Abs. 3 GG, § 1 PolG NRW, § 163 Abs. 1 S. 1 StPO, § 53 Abs. 1 S. 1 OWiG.

(SUB/ERG)

Im konkreten Fall sind die Voraussetzungen des § 10 Abs. 3 S. 1 Nr. 1 PolG NRW (alternativ)

- erfüllt.
- nicht erfüllt.

(VOR)

b) § 10 Abs. 3 S. 1 Nr. 2 PolG NRW (zwangsweise Vorführung): Zweck der Durchführung erkennungsdienstlicher Maßnahmen

Gemäß § 10 Abs. 3 S. 1 Nr. 2 PolG NRW kann die Vorladung zwangsweise durchgesetzt werden, wenn eine von der Vorladung betroffene Person der Vorladung ohne hinreichenden Grund keine Folge leistet und wenn zugleich Zweck ist: Durchführung erkennungsdienstlicher Maßnahmen.

(DEF)

Hinreichender Grund im Sinne des § 10 Abs. 3 S. 1 Nr. 2 PolG NRW ist rechtlich anerkannter Grund, der überwiegt gegenüber dem Zweck der erkennungsdienstlichen Maßnahme.

Erkennungsdienstliche Maßnahmen sind gemäß § 14 Abs. 4 PolG NRW insbesondere 1. die Abnahme von Finger- und Handflächenabdrücken, 2. die Aufnahme von Lichtbildern, 3. die Feststellung äußerer körperlicher Merkmale, 4. Messungen, 5. Aufnahme des gesprochenen Wortes, 6. Ähnliche Maßnahmen, vgl. § 14 Abs. 4, § 16 Abs. 1 AsylG, § 49 AufenthG, § 81b StPO sowie Begleitmaßnahmen wie: Freiheitsbeschränkung, Erscheinungsbildveränderung, nicht: DNA-/Körperzellenentnahme wie nach § 14a PolG NRW, § 81g StPO, weitere Speicherung nach §§ 22-24 PolG NRW.

(SUB/ERG)

Im konkreten Fall sind die Voraussetzungen des § 10 Abs. 3 S. 1 Nr. 2 PolG NRW (alternativ)

- erfüllt.
- nicht erfüllt.

C. I. 4. Besondere Vollstreckungsvoraussetzungen, § 37a S. 1 PolG NRW i.V.m. § 69 Abs. 7 StVollzG NRW, auf dem Rechtsgebiet der Gefahrenabwehr oder der Strafrechtspflege (§ 57 Abs. 1 PolG NRW, StVollzG NRW), für Zwangsmittel-Anwendung im „getreckten Verfahren" oder im „Sofortvollzug"

(VOR)

§ 37a S. 1 PolG NRW (Fixierung): Entprechende Geltung von § 69 Abs. 7 StVollzG

Gemäß § 37a S. 1 PolG NRW i.V.m. § 69 Abs. 7 StVollzG NRW dürfen Fixierungen (§ 37a S. 1 PolG NRW i.V.m. § 62 PolG NRW) nur angeordnet werden, wenn dies zur Abwehr einer gegenwärtigen erheblichen Selbstgefährdung oder einer von den Gefangenen ausgehenden erheblichen Gefährdung bedeutender Rechtsgüter anderer unerlässlich ist und nach dem Verhalten der Gefangenen oder auf Grund ihres seelischen Zustandes andere, weniger einschneidende Maßnahmen zur Abwendung der Gefahr nicht ausreichen.

(DEF)

Gegenwärtige erhebliche (Selbst-)Gefährdung ist eine Sachlage im einzelnen Fall, die bei ungehindertem Geschehensverlauf in allernächster Zeit mit an Sicherheit grenzender Wahrscheinlichkeit zu einem Schaden für ein bedeutendes rechtliches Schutzgut führt.[305] **Schutzgüter** sind allgemein i.V.m. §§ 1 und 8 Abs. 1 PolG NRW die **öffentliche Sicherheit**, nämlich Rechte und Rechtsgüter des Einzelnen, die Rechtsordnung, die Funktionsfähigkeit des Staates, oder die **öffentliche Ordnung**, nämlich die Gesamtheit jener ungeschriebenen Regeln für das Verhalten des Einzelnen in der Öffentlichkeit, deren Beachtung nach den jeweils herrschenden Anschauungen als unerlässliche Voraussetzung eines geordneten Gemeinschaftslebens betrachtet wird. **Erhebliche, bedeutende Schutzgüter** sind allgemein Leben, Gesundheit, Freiheit, wesentliche Vermögenswerte, Bestand des Staates.[306]

Unerlässlichkeit ist Nichtverfügbarkeit eines milderen, gleich geeigneten Mittels zur Zweckförderung – bis hin zum Angewiesensein auf die Mittelanwendung.

(SUB/ERG)

Im konkreten Fall sind die Voraussetzungen des § 37a S. 1 PolG NRW i.V.m. § 69 Abs. 7 StVollzG NRW (alternativ)

- erfüllt.
- nicht erfüllt.

C. I. 4. Besondere Vollstreckungsvoraussetzungen, § 62 S. 1, 2 PolG NRW, auf dem Rechtsgebiet der Gefahrenabwehr oder der Strafrechtspflege (§ 57 Abs. 1 PolG NRW), für Zwangsmittel-Anwendung im „getreckten Verfahren“ oder im „Sofortvollzug“

(VOR)

§ 62 PolG NRW: Fesselung von Personen

Gemäß § 62 S. 1 PolG NRW kann eine Person, die nach diesem Gesetz oder anderen Rechtsvorschriften festgehalten wird, gefesselt werden, wenn Tatsachen die Annahme rechtfertigen, dass sie

[305] Zur **Gegenwärtige-Gefahr**-Definition mit weiteren Nachweisen: *Basten*, Eingriffsrecht der Polizei in Nordrhein-Westfalen, Band 1, S. 251. Zum sogenannten „**differenzierenden Wahrscheinlichkeitsmaßstab**“ („**Je-desto-Formel**“ / „**Variabilitätsformel**“) mit weiteren Nachweisen: *Basten*, Eingriffsrecht der Polizei in Nordrhein-Westfalen, Band 1, S. 248 f..

[306] Zu den polizeirechtlichen **Schutzgütern** mit vielen weiteren Nachweisen siehe insbesondere: *Basten*, Eingriffsrecht der Polizei in Nordrhein-Westfalen, Band 1, S. 249-251.

1. Polizeivollzugsbeamte oder Dritte angreifen, Widerstand leisten oder Sachen von nicht geringem Wert beschädigen wird,

2. fliehen wird oder befreit werden soll oder

3. sich töten oder verletzen wird.

Gemäß § 62 S. 2 PolG NRW gilt dasselbe, wenn eine Person nach anderen Rechtsvorschriften vorgeführt oder zur Durchführung einer Maßnahme an einen anderen Ort gebracht wird.

(DEF)

Dieses Gesetz im Sinne von § 62 S. 1 PolG NRW ist das PolG NRW.

Andere Rechtsvorschriften im Sinne von § 62 S. 1 PolG NRW sind alle in Gesetzen aller Rechtsgebiete außer dem PolG NRW enthaltenen Rechtsnormen.

Angriff auf Polizeivollzugsbeamte oder Dritte im Sinne von § 62 S. 1 Nr. 1 Var. 1 PolG NRW ist aktive, feindselige, körpergerichtete Aktion gegen PVB oder Dritte.

Widerstandleisten im Sinne von § 62 S. 1 Nr. 1 Var. 2 PolG NRW ist Widerstand im Sinne von §§ 113-115 StGB.[307]

Beschädigung von Sachen von nicht geringem Wert im Sinne von § 62 S. 1 Nr. 1 Var. 3 PolG NRW ist Substanzverletzung bei Sachen im Sinne von §§ 90, 90a BGB mit nach Marktpreis nicht geringem Wert.[308]

Fliehen oder Befreitwerden im Sinne von § 62 S. 1 Nr. 2 PolG NRW ist (aktive oder passive) Ermöglichung der Fortbewegung aus amtlicher Freiheitsbeschränkung.

Sichtöten oder Sichverletzten im Sinne von § 62 S. 1 Nr. 3 PolG NRW ist eigene Herbeiführung der nicht notwendig eigenhändigen Beeinträchtigung des eigenen Lebens oder eigener körperlicher Unversehrtheit.

---

[307] Nr. 62.01 VVPolG NRW: „Widerstand leistet i.S.d. § 62 Satz 1 Nr. 1, wer sich einer polizeilichen Anordnung aktiv widersetzt; passives Verhalten (z.B. Stehenbleiben, Fallenlassen) reicht hierfür nicht aus.".

[308] Vgl. zu § 62 S. 1 Nr. 1 Var. 3 PolG NRW („*Tatsachen die Annahme rechtfertigen*, dass sie [die Person] **Sachen von nicht geringem Wert** *beschädigen wird*") § 315c StGB („fremde **Sachen von bedeutendem Wert** *gefährdet*") und die dazu gefestigte Rechtsprechung, z.B. aus BGH, Beschluss vom 10.04.2019 – 4 StR 86/19 –, Rn. 7: „§ 315c StGB setzt voraus, dass einer fremden **Sache von bedeutendem Wert** auch ein **bedeutender Schaden gedroht** hat. Es sind daher stets zwei Prüfschritte erforderlich, zu denen im Strafurteil entsprechende Feststellungen zu treffen sind: Zunächst ist zu fragen, ob es sich bei der gefährdeten Sache um eine solche von bedeutendem Wert gehandelt hat, was etwa bei älteren oder bereits vorgeschädigten Fahrzeugen fraglich sein kann. Handelt es sich um eine Sache von bedeutendem Wert, so ist in einem zweiten Schritt zu prüfen, ob ihr auch ein bedeutender Schaden gedroht hat, wobei ein tatsächlich entstandener Schaden geringer sein kann als der allein maßgebliche Gefährdungsschaden. Der **Wert der Sache** ist hierbei nach dem **Verkehrswert** und die **Höhe des (drohenden) Schadens** nach der am **Marktwert zu messenden Wertminderung** zu berechnen (vgl. BGH, Beschlüsse vom 31. Januar 2017 – 4 StR 597/16, vom 29. April 2008 – 4 StR 617/07, NStZ-RR 2008, 289, und vom 28. September 2010 – 4 StR 245/10, BGHR StGB § 315b Abs. 1 Gefährdung 5 zur **Wertgrenze von 750 Euro**; LG Heilbronn, Beschluss vom 14. August 2017 – 8 Qs 39/17, NZV 2018, 197; Ernemann in SSW-StGB, 4. Aufl., § 315c Rn. 25 mwN).".

Tatsachen im Sinne des § 62 PolG NRW sind alle wahrnehmbaren Dinge der Welt – nicht ausreichend sind: hypothetische Erwägungen, reine Spekulationen, fallunabhängige Vermutungen; kriminalistische Erfahrung kann ausreichen, wenn sie – wie letztlich alles – einen Anhalt im Tatsächlichen hat.

Annahmerechtfertigung im Sinne des § 62 PolG NRW ist Ausreichen ggf. auch nur einer Tatsache für die Begründung der Annahme – je nach Abwägung aller Umstände, vgl. „rechtfertigen".

Lesart des § 62 S. 2 PolG NRW ist wie folgt: „Dasselbe [= Eine Person kann gefesselt werden, wenn Tatsachen die Annahme rechtfertigen, dass sie 1. Polizeivollzugsbeamte oder Dritte angreifen, Widerstand leisten oder Sachen von nicht geringem Wert beschädigen wird, 2. fliehen wird oder befreit werden soll oder 3. sich töten oder verletzen wird.] gilt, wenn eine Person [Alt. 1] nach anderen Rechtsvorschriften vorgeführt oder [Alt. 2, unabhängig von den Rechtsvorschriften] zur Durchführung einer Maßnahme an einen anderen Ort gebracht wird." [309]

Andere Vorführungs-Rechtsvorschriften i.S.v. § 62 S. 2 Alt. 1 PolG NRW sind alle anderen außer denen des PolG NRW mit der Rechtsfolge Vorführung, wie etwa § 128 StPO; § 163a Abs. 3 StPO i.V.m. §§ 134, 135 StPO; § 163 Abs. 3 S. 2 i.V.m. § 51 Abs. 1 i.V.m. § 135 StPO, also nicht: § 10 Abs. 3 PolG NRW.

Vorgeführtwerden im Sinne des § 62 S. 2 Alt. 1 PolG NRW bedeutet tatsächliche Durchführung der Rechtsfolge Vorführung – ohne weitere Voraussetzung, vgl. die Teleologie des § 62 S. 2 PolG NRW als (alternativ) „Eigensicherungsmaßnahme", „Betroffenensicherungsmaßnahme", und „Drittsicherungsmaßnahme", die in den Grenzen eigener Rechtmäßigkeit und in den Grenzen von Willkür insgesamt anlassmaßnahmenrechtmäßigkeitsunabhängig sein soll.

Ortsverbringung „zur Durchführung einer Maßnahme" i.S.d. § 62 S. 2 Alt. 2 PolG NRW bedeutet tatsächliche Durchführung der Rechtsfolge Vorführung und letztlich den Zweck der Durchführung einer anderen Maßnahme außer der Fesselung und Ortsverbringung – ohne weitere Voraussetzung, vgl. die Teleologie des § 62 S. 2 PolG NRW als (alternativ) „Eigensicherungsmaßnahme", „Betroffenensicherungsmaßnahme", und „Drittsicherungsmaßnahme", die in den Grenzen eigener Rechtmäßigkeit und in den Grenzen von Rechtswidrigkeitsevidenz/Willkür insgesamt anlassmaßnahmenrechtmäßigkeitsunabhängig sein soll; **anderer Ort i.S.d. § 62 S. 2 Alt. 2 PolG NRW** ist (zum Beispiel nach Baurecht und Bebauung) abgrenzbarer geographischer Bereich, jedenfalls wegen der Teleologie des § 62 S. 2 PolG NRW jeder Platz, zu dem eine eigen- oder betroffenen- oder drittsicherungsmäßig erhebliche Bewegung erfolgen soll.[310]

---

[309] Teil-Rechtsgrundverweisung und Rechtsfolgenverweisung. Zu Rechtsgrundverweisung und Rechtsfolgenverweisung siehe *Basten*, Eingriffsrecht der Polizei in Nordrhein-Westfalen, Band 1, S. 242. Vgl. auch § 39 Abs. 2 S. 2 PolG NRW, zur dort normierten sogenannten Eigensicherungsdurchsuchung nach § 39 Abs. 2 S. 2 PolG NRW siehe auch: *Basten*, Eingriffsrecht der Polizei in Nordrhein-Westfalen, Band 2, Buch 2, Abschnitt 19.

[310] Beispiele für **Maßnahmen an einem anderen Ort**, also Maßnahmen, zu deren Durchführung Verbingen an einen anderen Ort erfolgt: § 12 Abs. 2 S. 1 PolG NRW (nicht spezieller normierte IDF-Maßnahme, etwa Ausweiseinsichtnahme); § 12 Abs. 2 S. 3 (IDF-Festhalten); § 14 PolG NRW (erkennungsdienstliche Maßnahme), § 8 Abs. 1 PolG NRW (nicht spezieller normierte Maßnahme, etwa Blutprobenentnahme, auf dem Rechtsgebiet der Gefahrenabwehr etwa zweck Postexpositionsprophylaxe); § 81a StPO/§ 81c StPO (Körperliche Untersuchung, insbesondere Blutprobenentnahme), § 81b StPO (erkennungsdienstliche Maßnahme); § 163b Abs. 1 S. 1 StPO (nicht spezieller normierte IDF-Maßnahme, etwa Ausweiseinsichtnahme); § 163b Abs. 1 S. 2 StPO/§ 163b Abs. 2 S. 2 Hs. 1 StPO (IDF-Festhalten); § 163b Abs. 1 S.

(SUB/ERG)

Im konkreten Fall sind Voraussetzungen des § 62 PolG NRW (alternativ)

- erfüllt.
- nicht erfüllt.[311]

C. I. 4. Besondere Vollstreckungsvoraussetzungen, §§ 63-66 PolG NRW (ggf. i.V.m. § 57 Abs. 1 PolG NRW), auf dem Rechtsgebiet der Gefahrenabwehr oder der Strafrechtspflege (§ 57 Abs. 1 PolG NRW), für Zwangsmittel-Anwendung im „getreckten Verfahren" oder im „Sofortvollzug"

§ 63 PolG NRW normiert „allgemeine Vorschriften" für den „Schusswaffengebrauch gegen Personen" und für den „Schusswaffengebrauch gegen Sachen", die zugleich als allgemeine Schusswaffengebrauchsvorschriften sowie besondere Vollstreckungsvorschriften gegebenenfalls innerhalb des § 63 PolG NRW kumulativ und gegebenenfalls (alternativ) i.V.m. §§ 64, 65, 66 PolG NRW anzuwenden sind, und die – abgesehen vom Gefahrbündelbegriff – ganz überwiegend verhältnismäßigkeitsausdruckgeprägt sind.

§ 64 PolG NRW normiert zusätzlich Vorschriften für „Schusswaffengebrauch gegen Personen", die i.V.m. § 63 PolG NRW, ggf. i.V.m. §§ 65, 66 PolG NRW anzuwenden sind und die innerhalb des § 64 PolG NRW alternativ anwendbar sind.

§ 65 PolG NRW normiert zusätzlich Vorschriften für „Schusswaffengebrauch gegen Personen in einer Menschenmenge", die i.V.m. § 63 PolG NRW, ggf. i.V.m. §§ 64, 66 PolG NRW anzuwenden sind und die innerhalb des § 65 PolG NRW alternativ anwendbar sind.

§ 66 PolG NRW normiert zusätzlich Vorschriften für die Anwendung von besonderen Waffen gegen Personen oder Sachen sowie für die Anwendung von Sprengmitteln gegen Sachen, gemäß § 66 Abs. 4 PolG NRW nicht gegen Personen, die i.V.m. § 63 PolG NRW, ggf. i.V.m. §§ 64, 65 PolG NRW anzuwenden sind und die innerhalb des § 66 PolG NRW alternativ anwendbar sind.

Schusswaffe ist gemäß § 58 Abs. 4 PolG NRW i.V.m. § 1 Abs. 2 Nr. 1, Abs. 4 i.V.m. Anlage 1 Abschnitt 1 Unterabschnitt 1 Nr. 1 WaffG: Pistole, Revolver, Gewehr und Maschinenpistole.[312]

Besondere Waffen im Sinne des § 66 PolG NRW sind gemäß § 58 Abs. 5 PolG NRW: Maschinengewehre und Handgranaten.

---

3 Var. 3 StPO/§ 163b Abs. 2 S. 2 Hs. 2 StPO (erkennungsdienstliche Maßnahme zwecks IDF); § 127 Abs. 1 S. 1 Alt. 1 StPO oder § 127 Abs. 2 i.V.m. § 112/112a/126a StPO oder § 127b StPO oder § 164 StPO (vorläufige Festnahme); § 35 PolG NRW (Ingewahrsamnahme).

[311] Nr. 62.02 VVPolG NRW: „Für die **Fesselung** sollen die hierfür vorgesehenen **Hilfsmittel der körperlichen Gewalt** [§ 58 Abs. 3 PolG NRW] verwendet werden. Sind diese nicht vorhanden oder reichen sie nicht aus, sind andere Maßnahmen zu treffen, die eine ähnliche Behinderung wie Fesseln gewährleisten. Es ist darauf zu achten, dass gesundheitliche Schäden (z.B. durch Blutstauung oder extreme Temperaturen) nicht eintreten."; Nr. 62.03. VVPolG NRW: „Mehrere Personen sollen nicht zusammengeschlossen werden, wenn ein Nachteil für Ermittlungen in einer Strafsache zu befürchten ist, durch die Zusammenschließung die Gesundheit eines der Betroffenen gefährdet wird oder dies eine erniedrigende Behandlung bedeutet. Männer und Frauen sind möglichst nicht zusammenzuschließen."

[312] Nr. 58.41 VVPolG NRW: „Die Aufzählung der zugelassenen **Waffen** ist abschließend.".

Sprengmittel sind Hilfsmittel der körperlichen Gewalt im Sinne von § 58 Abs. 3 PolG NRW und im Sinne von § 3 SprengG mit Eignung und Zweck zur Sprengung von Sachen.[313]

Schusswaffengebrauch im Sinne von §§ 63-66 PolG NRW ist Schusswaffenanwendung durch Schießen im Sinne von § 1 Abs. 3 i.V.m. Anlage 1 Abschnitt 2 Nr. 7 WaffG mit dem Zweck der unmittelbaren körperlich-substantiellen Einwirkung auf Personen oder Sachen im Sinne von § 58 Abs. 1, 2 PolG NRW; Schusswaffengebrauch im Sinne der §§ 63-66 PolG NRW ist nicht Schusswaffengebrauchsandrohung, vgl. auch § 61 Abs. 1 S. 3 PolG NRW (bloßer Warnschuss[314] alleine ungleich Schusswaffengebrauch im Sinne von §§ 63-66 PolG NRW), und nicht anderweitige Verwendung der Schusswaffe, etwa als Hilfsmittel der körperlichen Gewalt, jedenfalls dann nicht, wenn Schießen auf Personen oder Sachen unwahrscheinlich ist, zum Beispiel mangels Durchladens oder mangels Munition im Lauf oder mangels Munitionslaufrichtung mit an Sicherheit grenzender Wahrscheinlichkeit außerhalb eines potentiellen Einwirkungsbereichs von Personen oder Sachen.

Personen im Sinne der §§ 63-66 PolG NRW sind i.V.m. Art. 1 Abs. 1 GG, Art. 2 Abs. 2 S. 1 GG über den klassisch-engeren Personenbegriff hinaus alle lebenden Menschen, auch alle lebenden Menschen vor Vollendung der Geburt im Sinne von § 1 BGB.

Sachen im Sinne der §§ 63, 66 PolG NRW sind alle körperlichen Gegenstände im Sinne von §§ 90, 90a BGB einschließlich **Tiere**.

Schusswaffengebrauch gegen Personen und **sonstiger Waffengebrauch gegen Personen** im Sinne von §§ 63-66 PolG NRW ist Schusswaffengebrauch oder sonstiger Waffengebrauch, bei dem mit Wahrscheinlichkeit damit gerechnet werden muss, dass durch diesen Waffengebrauch Personen verletzt werden.[315]

Schusswaffengebrauch gegen Sachen und **sonstiger Waffengebrauch gegen Sachen** im Sinne von §§ 63-66 PolG NRW ist Schusswaffengebrauch oder sonstiger Waffengebrauch, bei dem mit Wahrscheinlichkeit damit gerechnet werden kann, dass ausschließlich Sachen und nicht Personen durch diesen Waffengebrauch verletzt werden.[316]

---

[313] Nr. 66.4 VVPolG NRW: „**Sprengmittel** sind gemäß § 58 Abs. 3 Hilfsmittel der körperlichen Gewalt und kommen nur als Mittel der Zwangsanwendung gegen Sachen in Betracht, z.B. zur Beseitigung von Hindernissen bei schweren Unglücksfällen.“; Nr. 58.32 VVPolG NRW: „Sprengmittel dürfen gemäß § 66 Abs. 4 nur gegen Sachen angewendet werden. Zur Ablenkung von Störern bestimmte pyrotechnische Mittel (Irritationsmittel) sind keine Sprengmittel.“. Der Einsatz barrikadebrechender Reizstoffwurfkörper oder barrikadebrechender pyrotechnischer Mittel i.S.d. RdNr. 58.32 Satz 2 ist nur unter den Voraussetzungen des Gebrauchs von Schusswaffen gegen Personen zulässig.“.

[314] Siehe auch die Auslegungsrechtsnorm § 61 Abs. 1 S. 3 PolG NRW („Als Androhung des Schusswaffengebrauchs gilt auch die Abgabe eines **Warnschusses**“) – mit Anwendbarkeit erst ab Sachverhaltsauslegung eines Warnschusses, also mit Unanwendbarkeit des § 61 Abs. 1 S. 3 PolG NRW etwa im Fall eines **Alarmschusses** (Schusswaffengebrauch zur Alarmierung von Polizeikräften oder sonstigen Personen) oder eines „**Signalschusses**“ (Schusswaffengebrauch zur Signalisierung einer [eigenen] Position).

[315] Nr. 63.12 S. 2-4 VVPolG NRW: „Ein **Schusswaffengebrauch gegen Sachen** liegt nicht vor, wenn mit Wahrscheinlichkeit damit gerechnet werden muss, dass hierdurch Personen verletzt werden. Der Schusswaffengebrauch gegen Kraftfahrzeuge ist daher in der Regel nur unter den Voraussetzungen des Schusswaffengebrauchs gegen Personen zulässig. Diese müssen gegenüber jeder im Fahrzeug befindlichen Person vorliegen, es sei denn, dass ein Fall des § 63 Abs. 4 Satz 2 vorliegt.“.

[316] Nr. 63.12 S. 2-4 VVPolG NRW: „Ein **Schusswaffengebrauch gegen Sachen** liegt nicht vor, wenn mit Wahrscheinlichkeit damit gerechnet werden muss, dass hierdurch Personen verletzt werden. Der Schusswaffengebrauch gegen Kraftfahrzeuge ist daher in der Regel nur unter den Voraussetzungen des Schusswaffengebrauchs gegen Personen zulässig. Diese müssen gegenüber jeder im Fahrzeug befindlichen Person vorliegen, es sei denn, dass ein Fall des § 63 Abs. 4 Satz 2 vorliegt.“.

(VOR/DEF)

a) § 63 PolG NRW (ggf. i.V.m. §§ 64, 65, 66 PolG NRW): Allgemeine Vorschriften für den Schusswaffengebrauch (gegen Personen oder Sachen)

Gemäß § 63 Abs. 1 S. 1 PolG NRW dürfen Schusswaffen nur gebraucht werden, wenn andere Maßnahmen des unmittelbaren Zwanges erfolglos angewendet sind oder offensichtlich keinen Erfolg versprechen.[317]

Erfolglose Anwendung anderer Maßnahmen des unmittelbaren Zwangs im Sinne von § 63 Abs. 1 S. 1 Hs. 2 Alt. 1 PolG NRW ist Nichtdurchsetzung des Pflichtinhalts aus der (faktischen oder fiktiven) Grundverfügung mit bisheriger UZw-Mittelarten-Anwendung im Sinne von § 58 PolG NRW außer dem Schusswaffengebrauch.

Offensichtliche Nichterfolgversprechung anderer Maßnahmen des unmittelbaren Zwangs im Sinne von § 63 Abs. 1 S. 1 Hs. 2 Alt. 2 PolG NRW ist konkrete Ungeeignetheitswahrscheinlichkeit von Androhung oder Anwendung von UZw-Mittelarten außer dem Schusswaffengebrauch und damit auch Erforderlichkeit des Schusswaffengebrauchs.[318]

---

[317] Nr. 63.11 VVPolG NRW: „Der **Schusswaffengebrauch gegen Personen** ist die schwerwiegendste Maßnahme des unmittelbaren Zwanges. Daher sind vorher Rechtmäßigkeit und Verhältnismäßigkeit besonders sorgfältig zu prüfen. Bestehen rechtliche oder tatsächliche Zweifel, ob die Voraussetzungen für den Schusswaffengebrauch vorliegen, ist von der Schusswaffe kein Gebrauch zu machen.".

[318] BGH, Urteil vom 30.06.2004 – 2 StR 82/04 – (Todesschuss in den Rücken mit vollständiger Aortaeröffnung auf einen aus 3-4 Metern etwa 3 Kilogramm schwere Pflastersteine werfenden Mann während dessen Bücken nach einem dritten Stein im Einsatz „Sachbeschädigung [Täter am Ort]" – nach „Halt, stehenbleiben, Polizei!", entwindendem und schlagendem Widerstand gegen körperlichen Polizeibeamtengriff, Hinlegeaufforderung, kurzer Flucht, erfolglosem Pfefferspray-Einsatz [wegen Abstands und Bewegung], sowie Ansetzen zum Warnschuss und Zielen auf die Beine während des Bückens nach dem dritten Stein), II. 2. b): „Nicht zu beanstanden ist auch die Wertung des Tatrichters, dem Angeklagten habe im Moment des rechtswidrigen Angriffs kein erfolgversprechendes milderes Mittel zur Abwehr der Gefahr zur Verfügung gestanden. Angesichts der lebensgefährlichen Steinwürfe brauchte sich der Angeklagte auf das Risiko eines Warnschusses oder einfachen körperlichen Zwangs nicht einzulassen. Er durfte sich vielmehr so wehren, daß die Gefahr sofort und endgültig gebannt war und zu diesem Zweck auch die Schußwaffe einsetzen, wenn auch nur in einer Art und Weise, die Intensität und Gefährlichkeit des Angriffs nicht unnötig überbot (vgl. BGHSt 27, 336, 337; BGH NJW 1980, 2263; NStZ 1981, 138; StV 1999, 143). Nach allgemeinen notwehrrechtlichen Grundsätzen ist der Angegriffene berechtigt, dasjenige Abwehrmittel zu wählen, das eine sofortige und endgültige Beseitigung der Gefahr gewährleistet; unter mehreren Abwehrmöglichkeiten ist er auf die für den Angreifer minder einschneidende nur dann verwiesen, wenn ihm Zeit zur Auswahl sowie zur Abschätzung der Gefährlichkeit zur Verfügung steht und die für den Angreifer weniger gefährliche Abwehr geeignet ist, die Gefahr zweifelsfrei und sofort endgültig auszuräumen (st. Rspr., vgl. BGHR StGB § 32 Abs. 2 Erforderlichkeit 5; BGH NStZ 1982, 285; 1983, 117; 1994, 581, 582; 2001, 591, 592; 2002, 140; StV 1999, 145, 146). Diese Voraussetzungen hat das Landgericht hier mit fehlerfreier Begründung verneint. Soweit die Staatsanwaltschaft in ihrer Revisionsbegründung bemängelt, der Tatrichter habe sich insoweit nur auf Vermutungen gestützt, zeigt auch sie keine Tatsachen auf, die belegen, daß ein Warnschuß und ein Zurückweichen des Angeklagten um einige Schritte den Angriff beendet hätten."; BGH, Urteil vom 30.06.2004 – 2 StR 82/04 II. 2. c): „Dem Angeklagten konnte auch nicht angesonnen werden, vor dem Angriff des B. zurückzuweichen. Das Gesetz verlangt von einem rechtswidrig Angegriffenen nur dann, daß er die Flucht ergreift oder auf andere Weise dem Angriff ausweicht, wenn besondere Umstände sein Notwehrrecht einschränken (vgl. BGH NJW 1980, 2263), beispielsweise wenn er selbst den Angriff leichtfertig oder vorsätzlich provoziert hat. Etwas anderes gilt auch nicht für Polizeibeamte (vgl. BayObLG MDR 1991, 367). Die hier einschlägigen Bestimmungen des thüringischen Polizeiaufgabengesetzes schränken das individuelle Notwehrrecht nicht ein (§ 58 Abs. 2 PAG [§ 57 Abs. 2 PolG NRW, P. B.]). Im Falle eines gegenwärtigen rechtswidrigen Angriffs

Gemäß § 63 Abs. 1 S. 2 PolG NRW ist Schusswaffengebrauch gegen Personen nur zulässig, wenn der Zweck nicht durch Schusswaffengebrauch gegen Sachen erreicht werden kann.[319]

Gemäß § 63 Abs. 2 S. 1 PolG NRW dürfen Schusswaffen gegen Personen nur gebraucht werden, um angriffs- oder fluchtunfähig zu machen.[320]

Angriffsunfähigkeit ist tatsächliche Unmöglichkeit aktiver körperlicher Einwirkung auf andere Personen als den Angreifer zur maßgeblichen Zeit.

Fluchtunfähigkeit ist tatsächliche Unmöglichkeit der körperlichen Fortbewegung zur maßgeblichen Zeit.

---

auf Leib und Leben eines Polizeibeamten hängt die Frage, inwieweit dieser sich verteidigen darf, insbesondere nicht davon ab, welches Rechtsgut zuvor von dem Angreifer verletzt worden ist. Das zulässige Maß der erforderlichen Verteidigung im Sinne des § 32 Abs. 2 StGB wird auch hier durch die konkreten Umstände des Angriffs bestimmt, insbesondere durch die Stärke und Gefährlichkeit des Angreifers und durch die dem Angegriffenen zur Verfügung stehenden Abwehrmittel. Das Notwehrrecht einschränkende besondere Umstände lagen hier nicht vor. Der Angeklagte durfte deshalb einen Schuß auf die Beine des sich nach einem weiteren Pflasterstein bückenden Angreifers richten, um diesen kampfunfähig zu machen. Die durch das Verreißen der Waffe bewirkte, an sich geringfügige Abweichung des Schusses vom gewollten Ziel, welche durch die Bewegung des Geschädigten zu einer tödlichen Verletzung geführt hat, verwirklicht das mit der Notwehrhandlung verbundene typische Risiko und ist daher von der Rechtfertigung umfaßt.".

OLG Celle, Urteil vom 08. 02.2000 – 16 U 106/99 – (Todesschuss durch den vorne rechts sitzenden Beifahrer eines stehengebliebenen Streifenwagens auf einen allein auf der Rückbank sitzenden, trunkenheitsfahrtverdächtigen Mann, der ein Messer an den Hals des Streifenwagenfahrers gelegt hatte – nach händischen, erfolglosen Messerabwehrversuchen des Streifenwagenfahrers und Beifahrer-Anruf „Messer weg oder ich schieße!"), Gründe: „Der etwaige Verstoß gegen den so genannten Leitfaden für die Eigensicherung führt nicht zu einer Einschränkung des Notwehrrechtes. Die von der Klägerin in diesem Zusammenhang zitierten Entscheidungen (BGH, NJW 1972, 1821; BGHSt 26, 143) betreffen die Fälle der schuldhaften Notwehrprovokation. Insoweit entspricht es zwar allgemeiner Meinung, dass derjenige, der einen Angriff schuldhaft provoziert hat, Beschränkungen seines Notwehrrechtes unterliegt. Diese Grundsätze sind aber auf den vorliegenden Fall nicht anwendbar. Allein, dass die Beamten Maßnahmen zur gebotenen Eigensicherung unterlassen haben, stellt nicht in diesem Sinne eine ‚Provokation' des Versicherungsnehmers der Klägerin zu seinem rechtswidrigen Verhalten dar.".

[319] Nr. 63.12 VVPolG NRW: „Auch der **Schusswaffengebrauch gegen Sachen** ist auf das erforderliche Mindestmaß zu beschränken. Ein Schusswaffengebrauch gegen Sachen liegt nicht vor, wenn mit Wahrscheinlichkeit damit gerechnet werden muss, dass hierdurch Personen verletzt werden. Der **Schusswaffengebrauch gegen Kraftfahrzeuge** ist daher in der Regel nur unter den Voraussetzungen des Schusswaffengebrauchs gegen Personen zulässig. Diese müssen gegenüber jeder im Fahrzeug befindlichen Person vorliegen, es sei denn, dass ein Fall des § 63 Abs. 4 Satz 2 vorliegt. Beim Schusswaffengebrauch gegen ein Kraftfahrzeug ist anzustreben, das Fahrzeug fahrunfähig zu machen, weil hierdurch in der Regel der Zweck der Maßnahme erreicht werden kann. Vom Schusswaffengebrauch ist abzusehen, wenn das Fahrzeug erkennbar explosive oder ähnliche gefährliche Güter befördert oder nach seiner Kennzeichnung zur Beförderung solcher Güter bestimmt ist. Diese Einschränkung gilt nicht, wenn durch die Weiterfahrt größere Gefahren zu entstehen drohen als durch den Schusswaffengebrauch.". Nr. 63.13 VVPolG NRW: „Der **Schusswaffengebrauch gegen Tiere** ist zulässig, wenn von ihnen eine Gefahr ausgeht (sie insbesondere Menschen bedrohen) und die Gefahr nicht auf andere Weise zu beseitigen ist. Verletzte oder kranke Tiere dürfen nur getötet werden, wenn die Befürchtung besteht, dass sie sonst unter Qualen verenden würden, und weder Eigentümer bzw. Tierhalter noch ein Tierarzt oder Jagdausübungsberechtigte kurzfristig zu erreichen sind.".

[320] Nr. 63.21 VVPolG NRW: „Um **angriffs- oder fluchtunfähig** zu machen, ist, wenn die Umstände es zulassen, auf die Beine zu zielen, vor allem bei Fliehenden.".

Gemäß § 63 Abs. 2 S. 2 PolG NRW ist ein Schuss, der mit an Sicherheit grenzender Wahrscheinlichkeit tödlich wirken wird, ist nur zulässig, wenn er das einzige Mittel zur Abwehr einer gegenwärtigen Lebensgefahr oder der gegenwärtigen Gefahr einer schwerwiegenden Verletzung der körperlichen Unversehrtheit ist.

Schuss, der mit an Sicherheit grenzender Wahrscheinlichkeit tödlich wirken wird, ist Rechtsfolge an sich aus § 63 Abs. 1 S. 2 PolG NRW, die auch genannt wird: finaler (gezielter) Rettungsschuss oder finaler (gezielter) Todesschuss[321], und die objektiviert zu bestimmen ist.[322]

---

321 Nr. 63.22 VVPolG NRW: „[§ 63] Absatz 2 Satz 2 regelt den **finalen** [**gezielten**] **Rettungsschuss** [**Todesschuss**].". Landtag-NRW-Drucksache 14/10089 vom 11.11.2009, S. 35 f. (zum Gesetz zur Änderung des Polizeigesetzes des Landes Nordrhein-Westfalen vom 09.02.2010): „Durch die Ergänzung des Absatzes 2 um einen neuen Satz 2 wird der bisher schon zulässige, aber nicht ausdrücklich geregelte sogenannte finale Rettungsschuss eindeutig geregelt. [...] Die bisherige Rechtsgrundlage in Satz 1 erforderte eine weite Auslegung des Tatbestandsmerkmals ‚angriffs- oder fluchtunfähig zu machen'. [...] Die Regelungsanordnung geht daher verfassungsrechtlich und staatspolitisch weit über eine lediglich deklaratorische Bestätigung der nach Satz 1 ohnehin gegebenen Rechtslage hinaus. [...] Die neue Vorschrift regelt, dass sich der Staat in einer Konfliktsituation, in der Leben gegen Leben steht, für das Leben des Opfers und gegen das Leben des Angreifers entscheiden darf.".

322 BGH, Urteil vom 25.03.1999 – 1 StR 26/99 – (Zum polizeilichen Todesschuss bei einer Festnahme – „[Der Polizeibeamte] traf [nach Verfolgungsfahrt mit „Rammen" des Polizeifahrzeugs, „Haltrufen und zwei Warnschüssen"] vor Erreichen des Gebüschs [gegen den mutmaßlich ein Messer führenden, über eine Leitplanke auf ein Gebüsch zurennend Flüchtenden nach mutmaßlicher Vergewaltigung] in Hüfthöhe dessen Geldbeutel sowie einmal in den Rücken und zweimal in den Kopf. Die drei letztgenannten Schüsse hätten bereits jeder für sich zum Tode geführt."), Rn. 8-11: „Das Landgericht ist zwar zu der Ansicht gelangt, der Angeklagte habe erkannt, er werde ‚mit hoher Wahrscheinlichkeit den Rumpf treffen', was ‚nahezu mit Sicherheit zum Tode führen werde'. Diese Feststellung hat es aber nicht rechtsfehlerfrei getroffen. Denn zur Widerlegung der Einlassung des Angeklagten, er habe auf die Beine gezielt, durfte das Landgericht nicht nur auf die drei tödlichen Schüsse abstellen. Dem Rückstoß der Waffe liegen weitere Schüsse allerdings regelmäßig höher. Da der Angeklagte - so die Aussage des Zeugen H. - die Waffe nach jedem Schuß nach unten korrigierte, was mit der an anderer Stelle getroffenen Feststellung kürzester Schußfolge schwer vereinbar ist, hätten grundsätzlich alle Treffer in etwa der Höhe des ersten Schusses liegen müssen. In diesem Fall hätte für das Landgericht weiter Bedeutung gewinnen können, daß die Flucht hinter der Leitplanke in abschüssigem Gelände erfolgte (die Angaben des Landgerichts zum Neigungsgrad differieren). Bei gleichem Standort des Schützen und unveränderter Zielrichtung könnte das entgegen dessen Willen ebenfalls zu immer höher liegenden Treffern am Körper geführt haben. Auch zu der Möglichkeit, daß der Fliehende nach dem ersten auftreffenden Schuß strauchelte, verhält sich das Urteil nicht. Sei diesen Sachverhaltsvarianten wären Rumpf- und Kopftreffer dann nicht das Ergebnis dorthin gezielter Schüsse. Die Annahme des Landgerichts, der Angeklagte habe erwartet, mit ‚hoher Wahrscheinlichkeit in den Rumpf zu treffen', und erkannt, das werde ‚nahezu mit Sicherheit zum Tode führen', begegnet daher durchgreifenden Bedenken. Dies ist auch deshalb von Belang, weil ein von einer Erlaubnisnorm gestatteter, beispielsweise auf die Beine gezielter Schuß nicht deshalb seine Rechtmäßigkeit verliert, weil er fehlgeht und auf diese Weise eine tödliche Verletzung ungewollt (vgl. BGHSt 26, 99, 104 [...]) und nicht vermeidbar (vgl. BGHSt 27, 313, 314) hervorruft. Andererseits wäre für die dem ersten Schuß unmittelbar nachfolgenden Schüsse auch dann, wenn sie ebenfalls in die Richtung des ersten Schus-ses abgegeben worden sein sollten, die Frage zu erörtern, ob diese angesichts der Tatsituation ihrer-seits auch durch § 54 Abs. 1 Nr. 2 b PolG Baden-Württemberg gedeckt waren. In diesem Zusammenhang wären vor allem ihre Erforderlichkeit (vgl. Hirsch aaO. Rdn. 151) und die diesbezügliche Vorstellung des Angeklagten bedeutsam. Sollte die Zielrichtung bei Abgabe der weiteren Schüsse nicht mehr bewußt gesteuert, sondern vom Angeklagten im bereits angesprochenen Sinn nicht mehr kontrolliert gewesen sein, so könnte schließ-lich unter dem Gesichtspunkt, daß der Angeklagte zunächst zulässig einen gefährlichen Geschehensablauf in Gang setzte, den er dann nicht mehr beherrschte, eine Strafbarkeit wegen fahrlässiger Tötung (§ 222 StGB) zu prüfen sein (vgl. BGHSt 10, 133; 20, 315, 325; Schrifttumsquellenangaben). Maßgebend

Gemäß § 63 Abs. 3 S. 1, 2 PolG NRW dürfen gegen Personen, die dem äußeren Eindruck nach noch nicht 14 Jahre alt sind[323], Schusswaffen nicht gebraucht werden; das gilt nicht, wenn der Schusswaffengebrauch das einzige Mittel zur Abwehr einer gegenwärtigen Gefahr für Leib oder Leben ist.

Gemäß § 63 Abs. 4 S. 1, 2 PolG NRW ist der Schusswaffengebrauch unzulässig, wenn für den Polizeivollzugsbeamten erkennbar Unbeteiligte mit hoher Wahrscheinlichkeit gefährdet werden; das gilt nicht, wenn der Schusswaffengebrauch das einzige Mittel zur Abwehr einer gegenwärtigen Lebensgefahr ist.

Gegenwärtige Gefahr im Sinne von § 63 Abs. 2 S. 2 PolG NRW, § 63 Abs. 3 S. 2 PolG NRW, § 63 Abs. 4 S. 2 PolG NRW ist eine Sachlage im einzelnen Fall, die bei ungehindertem Geschehensverlauf in allernächster Zeit mit an Sicherheit grenzender Wahrscheinlichkeit zu einem Schaden für ein rechtliches Schutzgut führt [324] **Schutzgüter** sind **Leib/körperliche Unversehrtheit** (körperliche Unversehrtheit, Art. 2 Abs. 2 S. 1 Alt. 1 GG) oder **Leben** (biologisch-physische Existenz, Art. 2 Abs. 2 S. 1 Alt. 1 GG).[325]

Unbeteiligte im Sinne des § 63 Abs. 4 PolG NRW sind alle nicht nach §§ 4-6 PolG NRW durch den unmittelbaren Zwang eigentlich in Anspruch zu nehmenden.[326]

---

ist insoweit, ob er das besondere Risiko mindern konnte und dies in vorwerfbarer Weise nicht getan hat (BGHSt 27, 313, 314).“.

[323] Nr. 63.3 VVPolG NRW: „Bestehen Zweifel, ob jemand noch im Kindesalter ist, ist davon auszugehen, dass es sich um ein Kind handelt.“.

[324] Zur **Gegenwärtige-Gefahr**-Definition mit weiteren Nachweisen: *Basten*, Eingriffsrecht der Polizei in Nordrhein-Westfalen, Band 1, S. 251. Zum sogenannten **„differenzierenden Wahrscheinlichkeitsmaßstab“** (**„Je-desto-Formel“** / **„Variabilitätsformel“**) mit weiteren Nachweisen: *Basten*, Eingriffsrecht der Polizei in Nordrhein-Westfalen, Band 1, S. 248 f..

[325] Nr. 63.22 VVPolG NRW: „[§ 63] Absatz 2 Satz 2 regelt den **finalen [gezielten] Rettungsschuss [Todesschuss]**. Ein derartiger Schuss ist bei unmittelbar drohender Gewaltanwendung nur bei Lebensgefahr oder der Gefahr schwerwiegender körperlicher Verletzungen zulässig; eine geringfügige Körperverletzung berechtigt keinesfalls zur Abgabe eines Rettungsschusses.“. Landtag-NRW-Drucksache 14/10089 vom 11.11.2009, S. 35 f. (zum Gesetz zur Änderung des Polizeigesetzes des Landes Nordrhein-Westfalen vom 09.02.2010): „Neben der Lebensrettung ist ein tödlicher Schuss auf den Täter aber auch zur Verhinderung schwerwiegender Körperverletzungen des Opfers zulässig. Nach Art. 2 der Europäischen Menschenrechtskonvention (EMRK) gilt eine Ausnahme vom generellen Tötungsverbot, zur Verteidigung eines Menschen gegenüber rechtswidriger Gewaltanwendung.“.

[326] Nr. 63.4 VVPolG NRW: „Der Schusswaffengebrauch ist grundsätzlich verboten, wenn durch ihn eine unbeteiligte Person mit hoher Wahrscheinlichkeit gefährdet wird. Es ist nicht nur auf Fußgänger, sondern auch auf fahrende und haltende Fahrzeuge mit Insassen sowie auf Wohnungen und Geschäfte zu achten. Kann die Schussrichtung wegen der örtlichen Verhältnisse (insbesondere Dunkelheit oder sonstige Sichtbehinderungen) nicht überblickt werden, sind besondere Vorsicht und Zurückhaltung geboten.“. Vgl. auch § 65 Abs. 2 PolG NRW: „Wer sich aus einer solchen Menschenmenge nach wiederholter Androhung des Schusswaffengebrauchs nicht entfernt, obwohl ihm das möglich ist, ist nicht **Unbeteiligter** im Sinne des § 63 Abs. 4.“, und: Nr. 65.2 VVPolG NRW zu § 65 Abs. 2 PolG NRW: „In der Androhung (vgl. RdNr. 61.3) soll darauf hingewiesen werden, dass nicht Unbeteiligter ist, wer sich nicht aus der Menschenmenge entfernt, obwohl ihm das möglich ist.“.

(SUB/ERG)

Im konkreten Fall sind gegebenenfalls kumulativen Voraussetzungen des § 63 PolG NRW (alternativ)

- erfüllt.
- nicht erfüllt.

(VOR/DEF)

b) § 64 PolG NRW (i.V.m. § 63 PolG NRW, ggf. i.V.m. §§ 65, 66 PolG NRW): Schusswaffengebrauch gegen Personen

aa) § 64 Abs. 1 Nr. 1 PolG NRW

Gemäß § 64 Abs. 1 Nr. 1 PolG NRW dürfen Schusswaffen gegen Personen nur gebraucht werden, „um" (als Zweck) eine gegenwärtige **Gefahr für Leib oder Leben** abzuwehren. **Gegenwärtige Gefahr** ist eine Sachlage im einzelnen Fall, die bei ungehindertem Geschehensverlauf in allernächster Zeit mit an Sicherheit grenzender Wahrscheinlichkeit zu einem Schaden für ein rechtliches Schutzgut führt.[327] **Schutzgüter** sind **Leib (körperliche Unversehrtheit**, Art, 2 Abs. 2 S. 1 Alt. 1 GG) oder **Leben** (biologisch-physische Existenz, Art. 2 Abs. 2 S. 1 Alt. 1 GG).[328]

bb) § 64 Abs. 1 Nr. 2 PolG NRW

Gemäß § 64 Abs. 1 Nr. 2 PolG NRW dürfen Schusswaffen gegen Personen nur gebraucht werden, um die unmittelbar bevorstehende Begehung oder Fortsetzung eines Verbrechens oder eines Vergehens unter Anwendung oder Mitführung von Schusswaffen oder Explosivmitteln zu verhindern.

Lesart des § 64 Abs. 1 Nr. 2 PolG NRW ist wie folgt: „Gemäß § 64 Abs. 1 Nr. 2 PolG NRW dürfen Schusswaffen gegen Personen nur gebraucht werden, um [Alt. 1 – unabhängig von Anwendung oder Mitführung von Schusswaffen oder Explosivmitteln] die unmittelbar bevorstehende Begehung oder Fortsetzung eines Verbrechens oder [Alt. 2] eines Vergehens unter Anwendung oder Mitführung von Schusswaffen oder Explosivmitteln zu verhindern." **„Anwendung oder Mitführung von Schusswaffen oder Explosivmitteln"** im Sinne des § 64 Abs. 1 Nr. 2 PolG NRW bezieht sich nur auf Vergehen wegen nur dann vorliegenden Sinns der vom Gesetzgeber gewählten Wortlaut-Unterteilung in Verbrechen und Vergehen im Unterschied zum in § 64 Abs. 1 Nr. 2 PolG NRW fehlenden Wortlaut „Straftaten", und wegen einheitlicher, widerspruchsfreier Systematik zu § 64 Abs. 1 Nr. 3 PolG NRW, vgl. auch § 64 Abs.

---

[327] Zur **Gegenwärtige-Gefahr**-Definition mit weiteren Nachweisen: *Basten*, Eingriffsrecht der Polizei in Nordrhein-Westfalen, Band 1, S. 251. Zum sogenannten **„differenzierenden Wahrscheinlichkeitsmaßstab"** (**„Je-desto-Formel"** / **„Variabilitätsformel"**) mit weiteren Nachweisen: *Basten*, Eingriffsrecht der Polizei in Nordrhein-Westfalen, Band 1, S. 248 f..

[328] Nr. 64.11 VVPolG NRW: „Die Berechtigung zum Schusswaffengebrauch nach § 64 Abs. 1 Nr. 1 setzt mindestens die Gefahr einer schwerwiegenden Körperverletzung voraus.".

1 Nr. 4b PolG NRW mit anderer grammatikalischer und insgesamt anderer Voraussetzungssystematik[329].

Verbrechen oder **Vergehen** im Sinne des § 64 Abs. 1 Nr. 2 Alt. 1, 2 PolG NRW als relevante **rechtwidrige Tat**, vgl. § 11 Abs. 1 Nr. 5 StGB, im Sinne des § 64 PolG NRW richtet sich gemäß § 12 StGB nach der für die Straftat angedrohten Mindeststrafe, wobei nur der Regelstrafrahmen maßgebend ist und Schärfungen und Milderungen nach dem Allgemeinen Teil des StGB (z.B. bei Versuch, Beihilfe, verminderter Schuldfähigkeit) oder für besonders schwere (vgl. die §§ 243, 263 Abs. 3 oder 266 Abs. 2 StGB) oder minder schwere Fälle (vgl. § 225 Abs. 4 oder § 226 Abs. 3 StGB) außer Betracht bleiben.[330]

Unmittelbares Bevorstehen im Sinne des § 64 Abs. 1 Nr. 2 Alt. 1, 2 PolG NRW ist eine Sachlage im einzelnen Fall ähnlich der **gegenwärtigen Gefahr**[331].[332]

Verhinderung der Fortsetzung eines Verbrechens oder eines Vergehens im Sinne von § 64 Abs. 1 Nr. 2 Alt. 1 oder Alt. 2 PolG NRW „bedeutet [als Zweck, vgl. „um", P. B.] insbesondere die Verhinderung weiterer Tathandlungen oder bei Dauerdelikten die Beendigung des strafbaren Zustandes"[333] (vgl. im materiellen Strafrecht sogenannte Vollendungsphase und sogenannte Beendigungsphase).

Schusswaffe im Sinne von § 64 Abs. 1 Nr. 2 Alt. 2 PolG NRW beim Personengegenüber ist Waffe im Sinne von § 1 Abs. 2 Nr. 1, Abs. 4 i.V.m. Anlage 1 Abschnitt 1 Unterabschnitt 1 Nr. 1 WaffG.

Explosivmittel im Sinne des § 64 Abs. 1 Nr. 2 Alt. 2 PolG NRW beim Personengegenüber ist Stoff im Sinne des SprengG, vgl. insbesondere § 3 SprengG.

---

329 Nr. 64.13 VVPolG NRW: „Auch in § 64 Abs. 1 Nr. 4b), 1. Alternative, müssen Tatsachen die Annahme rechtfertigen, dass die Person Schusswaffen oder Explosivmittel mit sich führt.".

330 Nr. 64.01 VVPolG NRW. Nr. 64.02 VVPolG NRW: „Ein gefährlicher Eingriff in den Straßenverkehr zur Verdeckung einer Straftat gemäß § 315b Abs. 3 i.V.m. § 315 Abs. 3 StGB stellt ein **Verbrechen** i.S.d. § 12 Abs. 1 und Abs. 3 StGB dar. Von einer **Verdeckungstat** kann im Rahmen einer Flucht vor der Polizei in der Regel nur ausgegangen werden, wenn der Verdacht besteht, dass die Person vor der Flucht eine andere Straftat begangen hat. Ein gefährlicher Eingriff in den Straßenverkehr nach § 315b StGB im Rahmen einer Flucht vor der Polizei stellt regelmäßig keine ‚**andere Straftat**' i.S.d. § 315 Abs. 3 StGB dar, es sei denn, es ist zwischen mehreren Eingriffen in den Straßenverkehr zu einer deutlichen zeitlichen Zäsur gekommen.".

331 Zur **Gegenwärtige-Gefahr**-Definition mit weiteren Nachweisen: *Basten*, Eingriffsrecht der Polizei in Nordrhein-Westfalen, Band 1, S. 251. Zum sogenannten **„differenzierenden Wahrscheinlichkeitsmaßstab"** (**„Je-desto-Formel"** / **„Variabilitätsformel"**) mit weiteren Nachweisen: *Basten*, Eingriffsrecht der Polizei in Nordrhein-Westfalen, Band 1, S. 248 f..

332 Nr. 64.12 S. 1, 2, 4-6 VVPolG NRW: „Die zu verhindernde Straftat i.S.d. § 64 Abs. 1 Nr. 2 muss unmittelbar bevorstehen. Insoweit genügt das bloße Bestehen einer Gefahr i.S.d. § 8 Abs. 1 nicht. Die Handlung muss sich den Umständen nach als Verbrechen oder als ein Vergehen der genannten Art darstellen. Es kommt also darauf an, wie die Polizeivollzugsbeamtin oder der Polizeivollzugsbeamte die Situation unter Berücksichtigung aller im Augenblick gegebenen Erkenntnismöglichkeiten beurteilt. Hierbei ist - obwohl die Notwendigkeit zum schnellen Handeln gegeben ist - besonders sorgfältig vorzugehen.".

333 Nr. 64.12 S. 3 VVPolG NRW, und S. 4-6: „Die Handlung muss sich den Umständen nach als Verbrechen oder als ein Vergehen der genannten Art darstellen. Es kommt also darauf an, wie die Polizeivollzugsbeamtin oder der Polizeivollzugsbe-amte die Situation unter Berücksichtigung aller im Augenblick gegebenen Erkenntnismöglichkeiten beurteilt. Hierbei ist - obwohl die Notwendigkeit zum schnellen Handeln gegeben ist - besonders sorgfältig vorzugehen.".

Anwenden von Schusswaffe oder Explosivmittel im Sinne von § 64 Abs. 1 Nr. 2 Alt. 2 PolG NRW ist Anwenden im Sinne des jeweiligen, nicht notwendig als Anwendung ausgedrückten[334], Straftatbestandes des betroffenen Strafgesetzes.

Mitführen von Schusswaffe oder Explosivmittel im Sinne von § 64 Abs. 1 Nr. 2 Alt. 2 PolG NRW ist **Führen** im Sinne von § 1 Abs. 3, 4 i.V.m. Anlage 1 Abschnitt 2 Nr. 4 WaffG.

cc) § 64 Abs. 1 Nr. 3 PolG NRW

Gemäß § 64 Abs. 1 Nr. 3 PolG NRW dürfen Schusswaffen gegen Personen nur gebraucht werden, um eine Person anzuhalten, die sich der Festnahme oder Identitätsfeststellung durch Flucht zu entziehen versucht, wenn sie a) eines Verbrechens dringend verdächtig ist oder b) eines Vergehens dringend verdächtig ist und Tatsachen die Annahme rechtfertigen, dass sie Schusswaffen oder Explosivmittel mit sich führt.

Anhalten im Sinne von § 64 Abs. 1 Nr. 3a, b PolG NRW ist Zweck („um") des Stoppens oder der Reduzierung der körperlichen Bewegung im Sinne des Art. 2 Abs. 2 S. 2 GG.

Festnahme im Sinne von § 64 Abs. 1 Nr. 3a, b PolG NRW ist Freiheitsentziehung nach Festnahmevorschriften wie § 127 Abs. 1 S. 1 Alt. 1 StPO, § 127 Abs. 2 i.V.m. § 112/112a/126a StPO, § 127b StPO, § 164 StPO.

Identitätsfeststellung im Sinne von § 64 Abs. 1 Nr. 3a, b PolG NRW ist Identitätsfeststellungsmaßnahme nach Identitätsfeststellungsvorschriften wie § 163b StPO, § 111 StPO, vgl. auch allerdings auf dem Rechtsgebiet der Gefahrenabwehr Vorschriften wie § 12 PolG NRW, § 12a PolG NRW, §§ 47a-49 AufenthG, §§ 15-16, 19 AsylG, § 8 FreizügG/EU.

Entziehung durch Flucht im Sinne von § 64 Abs. 1 Nr. 3a, b PolG NRW ist körperliche Fortbewegung weg vom Zugriffsmöglichkeitsbereich im Rahmen von Festnahme- oder Identitätsfeststellungsmaßnahmen im Sinne von § 64 Abs. 1 Nr. 3a, b PolG NRW.

Dringendes Verdächtigsein im Sinne von § 64 Abs. 1 Nr. 3a, b PolG NRW ist das Gegebensein zureichender tatsächlicher Anhaltspunkte gegen die (schusswaffengebrauchsbetroffene) Person für große Wahrscheinlichkeit ihrer verfolgbaren **Beteiligung (Täterschaft und Teilnahme**, §§ 25-31 StGB) an einer rechtswidrigen **Straftat** („**Verbrechen**" oder „**Vergehen**", § 12 StGB), vgl. § 152 Abs. 2 StPO.

Verbrechen oder **Vergehen** im Sinne des § 64 Abs. 1 Nr. 3a, b PolG NRW als relevante **rechtwidrige Tat**, vgl. § 11 Abs. 1 Nr. 5 StGB, im Sinne des § 64 PolG NRW richtet sich gemäß § 12 StGB nach der für die Straftat angedrohten Mindeststrafe, wobei nur der Regelstrafrahmen maßgebend ist und Schärfungen und Milderungen nach dem Allgemeinen Teil des StGB (z.B. bei Versuch, Beihilfe, verminderter Schuldfähigkeit) oder für besonders schwere (vgl. die §§ 243, 263 Abs. 3 oder 266 Abs. 2 StGB) oder minder schwere Fälle (vgl. § 225 Abs. 4 oder § 226 Abs. 3 StGB) außer Betracht bleiben.[335]

---

[334] Zu **Ausdrücklichkeit** siehe: *Basten*, Eingriffsrecht der Polizei in Nordrhein-Westfalen, Band 1, S. 46,

[335] Nr. 64.01 VVPolG NRW. Nr. 64.02 VVPolG NRW: „Ein gefährlicher Eingriff in den Straßenverkehr zur Verdeckung einer Straftat gemäß § 315b Abs. 3 i.V.m. § 315 Abs. 3 StGB stellt ein **Verbrechen** i.S.d. § 12 Abs. 1 und Abs. 3 StGB dar. Von einer **Verdeckungstat** kann im Rahmen einer Flucht vor der Polizei in der Regel nur ausgegangen werden, wenn der Verdacht besteht, dass die Person vor der Flucht eine andere Straftat begangen hat. Ein gefährlicher Eingriff in den Straßenverkehr nach § 315b StGB im Rahmen einer Flucht vor der Polizei stellt regelmäßig keine ‚**andere Straftat**' i.S.d. § 315 Abs. 3 StGB dar, es sei denn, es ist zwischen mehreren Eingriffen in den Straßenverkehr zu einer deutlichen zeitlichen Zäsur gekommen.".

Schusswaffe im Sinne von § 64 Abs. 1 Nr. 3b PolG NRW beim Personengegenüber ist Waffe im Sinne von § 1 Abs. 2 Nr. 1, Abs. 4 i.V.m. Anlage 1 Abschnitt 1 Unterabschnitt 1 Nr. 1 WaffG.

Explosivmittel im Sinne des § 64 Abs. 1 Nr. 3b PolG NRW beim Personengegenüber ist Stoff im Sinne des SprengG, vgl. insbesondere § 3 SprengG.

Mitführen von Schusswaffe oder Explosivmittel im Sinne von § 64 Abs. 1 Nr. 3b PolG NRW ist **Führen** im Sinne von § 1 Abs. 3, 4 i.V.m. Anlage 1 Abschnitt 2 Nr. 4 WaffG.

Tatsachen im Sinne von § 64 Abs. 1 Nr. 3b PolG NRW sind alle wahrnehmbaren Dinge der Welt – nicht ausreichend sind: hypothetische Erwägungen, reine Spekulationen, fallunabhängige Vermutungen; kriminalistische Erfahrung kann ausreichen, wenn sie einen Anhalt im Tatsächlichen hat.

Annahmerechtfertigung im Sinne von § 64 Abs. 1 Nr. 3b PolG NRW ist Ausreichen ggf. auch nur einer Tatsache für die Begründung der Annahme – je nach Abwägung aller Umstände, vgl. „rechtfertigen".

dd) § 64 Abs. 1 Nr. 4 PolG NRW

Gemäß § 64 Abs. 1 Nr. 4 PolG NRW dürfen Schusswaffen gegen Personen nur gebraucht werden zur Vereitelung der Flucht oder zur Ergreifung einer Person, die in amtlichem Gewahrsam zu halten oder ihm zuzuführen ist a) auf Grund richterlicher Entscheidung wegen eines Verbrechens oder auf Grund des dringenden Verdachts eines Verbrechens oder b) auf Grund richterlicher Entscheidung wegen eines Vergehens oder auf Grund des dringenden Verdachts eines Vergehens, sofern Tatsachen die Annahme rechtfertigen, dass sie Schusswaffen oder Explosivmittel mit sich führt,

Amtlicher Gewahrsam im Sinne des § 64 Abs. 1 Nr. 4a, b PolG NRW ist jede hoheitliche Freiheitsbeschränkung nach formellem Strafrecht[336], vgl. systematisch die folgenden Voraussetzungen in § 64 Abs. 1 Nr. 4a, b PolG NRW bezüglich Verbrechen bzw. Vergehen und § 64 Abs. 1 Nr. 5 PolG NRW.

Richterliche Entscheidung im Sinne von § 64 Abs. 1 Nr. 4a, b PolG NRW ist jede aktuelle, superiore Gewahrsamshaltungsentscheidung oder Gewahrsamzuführungsentscheidung im Sinne des § 64 Abs. 1 Nr. 4 PolG NRW eines nach Art. 101 GG gesetzlichen Einzelrichters oder jede solche Entscheidung mehrerer gesetzlicher Richter eines gesetzlichen Kollegialgerichts, die auch Bindungswirkung haben kann, soweit sie dazu verbindliche Feststellungen trifft, auf folgende Voraussetzungen des § 64 Abs. 1 Nr. 4a, b PolG NRW: Verbrechen bzw. Vergehen oder dringenden Verdachts eines Verbrechens bzw. Vergehens sowie Mitsichführen von Schusswaffen oder Explosivmittel.

Vereitelung von Flucht im Sinne von § 64 Abs. 1 Nr. 4a, b PolG NRW ist Zweck („zur") der Unterbindung körperlicher Fortbewegung weg vom Zugriffsmöglichkeitsbereich für amtlichen Gewahrsam im Sinne von § 64 Abs. 1 Nr. 4a, b PolG NRW.

Ergreifung im Sinne von § 64 Abs. 1 Nr. 4 a, b PolG NRW ist Zweck („zur") des körperlichen Festhaltens zur Zuführung zum amtlichen Gewahrsam im Sinne von § 64 Abs. 1 Nr. 4a, b PolG NRW.

---

336 Zum (formellen) Strafrecht sowie dem Rechtsgebiet der Strafrechtspflege siehe schon: *Basten*, Eingriffsrecht der Polizei in Nordrhein-Westfalen, Band 1, S. 188; Zur Prävention auf dem Rechtsgebiet der Strafrechtspflege insbesondere auch bei Festnahmen siehe schon: *Basten*, Eingriffsrecht der Polizei in Nordrhein-Westfalen, Band 1, S. 187.

Dringender Verdacht im Sinne von § 64 Abs. 1 Nr. 3a, b PolG NRW ist das Gegebensein zureichender tatsächlicher Anhaltspunkte einer verfolgbaren **Straftat** („**Verbrechen**" oder „**Vergehen**", § 12 StGB), vgl. § 152 Abs. 2 StPO.

Schusswaffe im Sinne von § 64 Abs. 1 Nr. 4b Alt. 1, 2 PolG NRW[337] beim Personengegenüber ist Waffe im Sinne von § 1 Abs. 2 Nr. 1, Abs. 4 i.V.m. Anlage 1 Abschnitt 1 Unterabschnitt 1 Nr. 1 WaffG.

Explosivmittel im Sinne des § 64 Abs. 1 Nr. 4b Alt. 1, 2 PolG NRW[338] beim Personengegenüber ist Stoff im Sinne des SprengG, vgl. insbesondere § 3 SprengG.

Mitführen von Schusswaffe oder Explosivmittel im Sinne von § 64 Abs. 1 Nr. 4b Alt. 1, 2 PolG NRW[339] ist **Führen** im Sinne von § 1 Abs. 3, 4 i.V.m. Anlage 1 Abschnitt 2 Nr. 4 WaffG.

Tatsachen im Sinne von § 64 Abs. 1 Nr. 4b Alt. 1, 2 PolG NRW sind alle wahrnehmbaren Dinge der Welt – nicht ausreichend sind: hypothetische Erwägungen, reine Spekulationen, fallunabhängige Vermutungen; kriminalistische Erfahrung kann ausreichen, wenn sie einen Anhalt im Tatsächlichen hat.

Annahmerechtfertigung im Sinne von § 64 Abs. 1 Nr. 4b Alt. 1, 2 PolG NRW ist Ausreichen ggf. auch nur einer Tatsache für die Begründung der Annahme – je nach Abwägung aller Umstände, vgl. „rechtfertigen".

Gemäß negativer Tatbestandsvoraussetzung des § 64 Abs. 2 PolG NRW dürfen Schusswaffen nach § 64 Abs. 1 Nr. 4 PolG NRW nicht gebraucht werden, wenn es sich um den Vollzug eines Jugendarrestes oder eines Strafarrestes handelt oder wenn die Flucht aus einer offenen Anstalt verhindert werden soll.

ee) § 64 Abs. 1 Nr. 5 PolG NRW

Gemäß § 64 Abs. 1 Nr. 5 PolG NRW dürfen Schusswaffen gegen Personen nur gebraucht werden, um die gewaltsame Befreiung einer Person aus amtlichem Gewahrsam zu verhindern.

Verhinderung gewaltsamer Befreiung im Sinne von § 64 Abs. 1 Nr. 5 PolG NRW ist Zweck („um") der Verhütung oder Unterbindung körperlicher Fortbewegung weg aus amtlichem Gewahrsam im Sinne von § 64 Abs. 1 Nr. 5 PolG NRW unter Befreiungs-**Gewalt** im Sinne des StGB in **Beteiligung** (**Täterschaft und Teilnahme**, §§ 25-31 StGB) irgendeiner Person.

Amtlicher Gewahrsam im Sinne des § 64 Abs. 1 Nr. 5 PolG NRW ist jede hoheitliche Freiheitsbeschränkung auf allen Rechtsgebieten, vgl. systematisch die Voraussetzungen in § 64 Abs. 1 Nr. 4a, b PolG NRW bezüglich Verbrechen bzw. Vergehen und § 64 Abs. 1 Nr. 5 PolG NRW

(SUB/ERG)

Im konkreten Fall sind die alternativen Voraussetzungen des § 64 PolG NRW (alternativ)

[337] Nr. 64.13 VVPolG NRW: „Auch in § 64 Abs. 1 Nr. 4b), 1. Alternative, müssen Tatsachen die Annahme rechtfertigen, dass die Person Schusswaffen oder Explosivmittel mit sich führt.".

[338] Nr. 64.13 VVPolG NRW: „Auch in § 64 Abs. 1 Nr. 4b), 1. Alternative, müssen Tatsachen die Annahme rechtfertigen, dass die Person Schusswaffen oder Explosivmittel mit sich führt.".

[339] Nr. 64.13 VVPolG NRW: „Auch in § 64 Abs. 1 Nr. 4b), 1. Alternative, müssen Tatsachen die Annahme rechtfertigen, dass die Person Schusswaffen oder Explosivmittel mit sich führt.".

- erfüllt.
- nicht erfüllt.

(VOR/DEF)

c) § 65 PolG NRW (i.V.m. § 63 PolG NRW, ggf. i.V.m. §§ 64, 66 PolG NRW): Schusswaffengebrauch gegen Personen in einer Menschenmenge

Gemäß § 65 Abs. 1 PolG NRW dürfen Schusswaffen gegen Personen in einer Menschenmenge nur gebraucht werden, wenn von ihr oder aus ihr heraus schwerwiegende Gewalttaten begangen werden oder unmittelbar bevorstehen und andere Maßnahmen keinen Erfolg versprechen.

Menschenmenge im Sinne des § 61 Abs. 3 S. 2 PolG NRW ist eine je nach Anzahl, Ort, Situation nach Empfängerhorizont fachkundiger Amtswalter in der konkreten Lage als Personenmehrheit mit einer Androhung adressierbare Personenvielzahl.[340]

Schwerwiegende Gewalttaten im Sinne von § 65 Abs. 1 PolG NRW sind Straftaten, die unter Anwendung von Gewalt begangen werden und besonders hochwertige Rechtsgüter verletzen oder für die Allgemeinheit lebensnotwendige Einrichtungen zerstören; hierunter fallen insbesondere Tötungsdelikte (§§ 211 und 212 StGB), gefährliche oder schwere Körperverletzungen (§§ 224 und 226 StGB), gemeingefährliche Straftaten (§§ 306 ff. StGB) oder Nötigung von Verfassungsorganen unter Gewaltanwendung (§§ 105 und 106 StGB).[341]

„**Von ihr oder aus ihr heraus**“ im Sinne von § 65 Abs. 1 PolG NRW bedeutet entweder ein Begehen oder unmittelbares Bevorstehen schwerwiegender Gewalttat von den Personen räumlich in der Menschenmenge in wechselseitiger **Beteiligung (Täterschaft und Teilnahme**, §§ 25-31 StGB) an der schwerwiegenden Gewalttat oder ein Begehen oder unmittelbares Bevorstehen schwerwiegender Gewalttat von räumlich in der Menschenmenge aufhältigen Personen.[342]

---

[340] Vgl. zum **Menschenmenge**-Begriff auch §§ 124, 125 StGB und dazu die Rechtsprechung wie aus BGH, Beschluss vom 05.09.2019 – BGH AK 40/19, Rn. 21: „Der Begriff der **Menschenmenge** im Sinne des § 125 StGB bezeichnet eine nicht notwendigerweise ungezählte, aber doch so große Personenmehrheit, dass die Zahl nicht sofort überschaubar ist. Der zur Menschenmenge gehörende Personenkreis muss so groß sein, dass es auf das Hinzukommen oder Weggehen Einzelner - und zwar aus Sicht eines Außenstehenden - nicht mehr ankommt. Wesentlich ist, dass die Personen einen räumlichen Zusam menhang herstellen, so dass bei Außenstehenden die Vorstellung einer Menschenmenge als räumlich verbundenes Ganzes entsteht (vgl. BGH, Urteil vom 29. August 1985 - 4 StR 397/85, BGHSt 33, 306, 308). Eine Ansammlung von 15 bis 20 Personen kann eine solche Menschenmenge sein (BGH, Urteil vom 29. August 1985 - 4 StR 397/85, aaO), wobei dies keine Festlegung einer Untergrenze bedeutet. Sogar eine Gruppe von zehn Personen kann ausreichen, wenn besondere Umstände - insbesondere eine auf die räumliche Enge zurückzuführende Unübersichtlichkeit am Tatort - es für den Außenstehenden unmöglich machen, die Größe der Menge und die von ihr ausgehende Gefahr zu erfassen (BGH, Urteil vom 31. Mai 1994 - 5 StR 154/94, BGHR StGB § 125 Menschenmenge 1; vgl. auch BGH, Beschluss vom 29. Mai 2002 - 5 StR 199/02, NStZ 2002, 538)“.

[341] Nr. 65.1 VVPolG NRW.

[342] Zur Täterschaft und Teilnahme bzgl. § 125 StGB (**Landfriedensbruch**), vgl. auch § 125a StGB (Besonders schwerer Fall des Landfriedensbruchs): BGHSt 62, 178 = BGH, Urteil vom 24.05.2017 – 2 StR 414/16 (mit Hinweis auf BGHSt 32, 165, 178 = BGH, Urteil vom 23.11.1983 – 3 StR 256/83), Leitsätze: „Strafbarkeit wegen Landfriedensbruchs setzt weder Täterschaft bei der Begehung von Gewalttätigkeiten noch die Zugehörigkeit des Beteiligten zur Menschenmenge zurzeit der Gewalttätigkeiten voraus. Eine räumliche Distanzierung von der Menschenmenge nach Erbringung von Beihilfehandlungen unmittelbar vor Beginn der Gewalttätigkeiten hebt die Strafbarkeit wegen Landfriedensbruchs nicht auf.“.

Begehen („begangen werden") im Sinne des § 65 Abs. 1 PolG NRW ist aktuelles Geschehen mit Versuch oder Vollendigung bzw. Beendigung schwerwiegender Gewalttat im Sinne von § 65 Abs. 1 PolG NRW.

Unmittelbares Bevorstehen im Sinne des § 65 Abs. 1 PolG NRW ist eine Sachlage im einzelnen Fall ähnlich der **gegenwärtigen Gefahr**[343].[344]

Nichterfolgversprechung anderer Maßnahmen im Sinne von § 65 Abs. 1 PolG NRW ist konkrete Ungeeignetheitswahrscheinlichkeit anderer Maßnahmen außer dem Schusswaffengebrauch gegen Personen in einer Menschenmenge damit auch Erforderlichkeit dieses Schusswaffengebrauchs.[345]

---

[343] Zur **Gegenwärtige-Gefahr**-Definition mit weiteren Nachweisen: *Basten*, Eingriffsrecht der Polizei in Nordrhein-Westfalen, Band 1, S. 251. Zum sogenannten „**differenzierenden Wahrscheinlichkeitsmaßstab**" („**Je-desto-Formel**" / „**Variabilitätsformel**") mit weiteren Nachweisen: *Basten*, Eingriffsrecht der Polizei in Nordrhein-Westfalen, Band 1, S. 248 f..

[344] Vgl. Nr. 64.12 S. 1, 2, 4-6 VVPolG NRW: „Die zu verhindernde Straftat i.S.d. § 64 Abs. 1 Nr. 2 muss unmittelbar bevorstehen. Insoweit genügt das bloße Bestehen einer Gefahr i.S.d. § 8 Abs. 1 nicht. Die Handlung muss sich den Umständen nach als Verbrechen oder als ein Vergehen der genannten Art darstellen. Es kommt also darauf an, wie die Polizeivollzugsbeamtin oder der Polizeivollzugsbeamte die Situation unter Berücksichtigung aller im Augenblick gegebenen Erkenntnismöglichkeiten beurteilt. Hierbei ist - obwohl die Notwendigkeit zum schnellen Handeln gegeben ist - besonders sorgfältig vorzugehen.".

[345] BGH, Urteil vom 30.06.2004 – 2 StR 82/04 – (Todesschuss in den Rücken mit vollständiger Aortaeröffnung auf einen aus 3-4 Metern etwa 3 Kilogramm schwere Pflasterscheine werfenden Mann während dessen Bücken nach einem dritten Stein im Einsatz „Sachbeschädigung [Täter am Ort]" – nach „Halt, stehenbleiben, Polizei!", entwindendem und schlagendem Widerstand gegen körperlichen Polizeibeamtengriff, Hinlegeaufforderung, kurzer Flucht, erfolglosem Pfefferspray-Einsatz [wegen Abstands und Bewegung], sowie Ansetzen zum Warnschuss und Zielen auf die Beine während des Bückens nach dem dritten Stein), II. 2. b): „Nicht zu beanstanden ist auch die Wertung des Tatrichters, dem Angeklagten habe im Moment des rechtswidrigen Angriffs kein erfolgversprechendes milderes Mittel zur Abwehr der Gefahr zur Verfügung gestanden. Angesichts der lebensgefährlichen Steinwürfe brauchte sich der Angeklagte auf das Risiko eines Warnschusses oder einfachen körperlichen Zwangs nicht einzulassen. Er durfte sich vielmehr so wehren, daß die Gefahr sofort und endgültig gebannt war und zu diesem Zweck auch die Schußwaffe einsetzen, wenn auch nur in einer Art und Weise, die Intensität und Gefährlichkeit des Angriffs nicht unnötig überbot (vgl. BGHSt 27, 336, 337; BGH NJW 1980, 2263; NStZ 1981, 138; StV 1999, 143). Nach allgemeinen notwehrrechtlichen Grundsätzen ist der Angegriffene berechtigt, dasjenige Abwehrmittel zu wählen, das eine sofortige und endgültige Beseitigung der Gefahr gewährleistet; unter mehreren Abwehrmöglichkeiten ist er auf die für den Angreifer minder einschneidende nur dann verwiesen, wenn ihm Zeit zur Auswahl sowie zur Abschätzung der Gefährlichkeit zur Verfügung steht und die für den Angreifer weniger gefährliche Abwehr geeignet ist, die Gefahr zweifelsfrei und sofort endgültig auszuräumen (st. Rspr., vgl. BGHR StGB § 32 Abs. 2 Erforderlichkeit 5; BGH NStZ 1982, 285; 1983, 117; 1994, 581, 582; 2001, 591, 592; 2002, 140; StV 1999, 145, 146). Diese Voraussetzungen hat das Landgericht hier mit fehlerfreier Begründung verneint. Soweit die Staatsanwaltschaft in ihrer Revisionsbegründung bemängelt, der Tatrichter habe sich insoweit nur auf Vermutungen gestützt, zeigt auch sie keine Tatsachen auf, die belegen, daß ein Warnschuß und ein Zurückweichen des Angeklagten um einige Schritte den Angriff beendet hätten."; BGH, Urteil vom 30.06.2004 – 2 StR 82/04 II. 2. c): „Dem Angeklagten konnte auch nicht angesonnen werden, vor dem Angriff des B. zurückzuweichen. Das Gesetz verlangt von einem rechtswidrig Angegriffenen nur dann, daß er die Flucht ergreift oder auf andere Weise dem Angriff ausweicht, wenn besondere Umstände sein Notwehrrecht einschränken (vgl. BGH NJW 1980, 2263), beispielsweise wenn er selbst den Angriff leichtfertig oder vorsätzlich provoziert hat. Etwas anderes gilt auch nicht für Polizeibeamte (vgl. BayObLG MDR 1991, 367). Die hier einschlägigen Bestimmungen des thüringischen Polizeiaufgabengesetzes schränken das individuelle Notwehrrecht nicht ein (§ 58 Abs. 2 PAG [§ 57 Abs. 2 PolG NRW, P. B.]). Im Falle eines gegenwärtigen rechtswidrigen Angriffs auf Leib und Leben eines Polizeibeamten hängt die Frage, inwieweit dieser sich verteidigen darf,

Gemäß § 65 Abs. 2 PolG NRW ist nicht **Unbeteiligter** im Sinne des § 63 Abs. 4 PolG NRW, wer sich aus einer Menschenmenge im Sinne des § 65 Abs. 1 PolG NRW nach wiederholter Androhung des Schusswaffengebrauchs nicht entfernt, obwohl ihm das möglich ist.[346]

Unbeteiligte sind im Übrigen, etwa im Sinne des § 61 Abs. 3 S. 1 PolG NRW, alle nicht nach §§ 4-6 PolG NRW durch den unmittelbaren Zwang eigentlich in Anspruch zu nehmenden.[347]

Androhungswiederholung im Sinne von § 65 Abs. 2 PolG NRW ist mindestens zweimalige Androhung vor Schusswaffengebrauch gegen Personen in einer Menschenmenge.

„**Möglich** im Sinne von § 65 Abs. 2 PolG NRW ist die Entfernung aus der Menschenmenge im Sinne tatsächlicher und rechtlicher Möglichkeit der Entfernung, also etwa ohne Hinderung durch körperliche oder räumliche Behinderung bzw. Einschränkung oder durch menschliche Verhinderung durch andere Personen.

(SUB/ERG)

Im konkreten Fall sind die Voraussetzungen des § 65 PolG NRW (alternativ)

- erfüllt.
- nicht erfüllt.

---

insbesondere nicht davon ab, welches Rechtsgut zuvor von dem Angreifer verletzt worden ist. Das zulässige Maß der erforderlichen Verteidigung im Sinne des § 32 Abs. 2 StGB wird auch hier durch die konkreten Umstände des Angriffs bestimmt, insbesondere durch die Stärke und Gefährlichkeit des Angreifers und durch die dem Angegriffenen zur Verfügung stehenden Abwehrmittel. Das Notwehrrecht einschränkende besondere Umstände lagen hier nicht vor. Der Angeklagte durfte deshalb einen Schuß auf die Beine des sich nach einem weiteren Pflasterstein bückenden Angreifers richten, um diesen kampfunfähig zu machen. Die durch das Verreißen der Waffe bewirkte, an sich geringfügige Abweichung des Schusses vom gewollten Ziel, welche durch die Bewegung des Geschädigten zu einer tödlichen Verletzung geführt hat, verwirklicht das mit der Notwehrhandlung verbundene typische Risiko und ist daher von der Rechtfertigung umfaßt.“.

OLG Celle, Urteil vom 08. 02.2000 – 16 U 106/99 – (Todesschuss durch den vorne rechts sitzenden Beifahrer eines stehengebliebenen Streifenwagens auf einen allein auf der Rückbank sitzenden, trunkenheitsfahrtverdächtigen Mann, der ein Messer an den Hals des Streifenwagenfahrers gelegt hatte – nach händischen, erfolglosen Messerabwehrversuchen des Streifenwagenfahrers und Beifahrer-Anruf „Messer weg oder ich schieße!“), Gründe: „Der etwaige Verstoß gegen den so genannten Leitfaden für die Eigensicherung führt nicht zu einer Einschränkung des Notwehrrechtes. Die von der Klägerin in diesem Zusammenhang zitierten Entscheidungen (BGH, NJW 1972, 1821; BGHSt 26, 143) betreffen die Fälle der schuldhaften Notwehrprovokation. Insoweit entspricht es zwar allgemeiner Meinung, dass derjenige, der einen Angriff schuldhaft provoziert hat, Beschränkungen seines Notwehrrechtes unterliegt. Diese Grundsätze sind aber auf den vorliegenden Fall nicht anwendbar. Allein, dass die Beamten Maßnahmen zur gebotenen Eigensicherung unterlassen haben, stellt nicht in diesem Sinne eine ‚Provokation‘ des Versicherungsnehmers der Klägerin zu seinem rechtswidrigen Verhalten dar.“.

[346] Nr. 65.2 VVPolG NRW: „In der Androhung (vgl. RdNr. 61.3) soll darauf hingewiesen werden, dass nicht **Unbeteiligter** ist, wer sich nicht aus der Menschenmenge entfernt, obwohl ihm das möglich ist.“.

[347] Vgl. § 65 Abs. 2 PolG NRW: „Wer sich aus einer solchen Menschenmenge nach wiederholter Androhung des Schusswaffengebrauchs nicht entfernt, obwohl ihm das möglich ist, ist nicht **Unbeteiligter** im Sinne des § 63 Abs. 4.“, und Nr. 65.2 VVPolG NRW: „In der Androhung (vgl. RdNr. 61.3) soll darauf hingewiesen werden, dass nicht Unbeteiligter ist, wer sich nicht aus der Menschenmenge entfernt, obwohl ihm das möglich ist.“.

(VOR/DEF)

d) § 66 PolG NRW: Besondere Waffen, Sprengmittel

Gemäß § 66 Abs. 1 PolG NRW dürfen besondere Waffen im Sinne des § 58 Abs. 5 PolG NRW gegen Personen nur in den Fällen des § 64 Abs. 1 Nr. 1, 2, 5 PolG NRW von der Bundespolizei, die gemäß Art. 35 Abs. 2 S. 1 GG oder Art. 91 Abs. 1 GG zur Unterstützung der Polizei des Landes NRW eingesetzt wird, und nur mit Zustimmung des Innenministers des Landes NRW oder eines von ihm im Einzelfall Beauftragten angewendet werden, wenn

1. diese Personen von Schusswaffen oder Explosivmitteln Gebrauch gemacht haben und
2. der vorherige Gebrauch anderer Schusswaffen erfolglos geblieben ist.

Gemäß § 66 Abs. 2 PolG NRW dürfen besondere Waffen dürfen nur gebraucht werden, um einen Angriff abzuwehren. Handgranaten dürfen gegen Personen in einer Menschenmenge nicht gebraucht werden.

Gemäß § 66 Abs. 3 PolG NRW bleiben die Vorschriften über den Schusswaffengebrauch unberührt.

Gemäß § 66 Abs. 4 PolG NRW dürfen Sprengmittel gegen Personen nicht angewendet werden.

Besondere Waffen im Sinne des § 66 Abs. 1, 2 PolG NRW sind gemäß § 58 Abs. 5 PolG NRW: Maschinengewehre und Handgranaten.

Sprengmittel im Sinne des § 66 Abs. 4 PolG NRW sind Hilfsmittel der körperlichen Gewalt im Sinne von § 58 Abs. 3 PolG NRW und im Sinne von § 3 SprengG mit Eignung und Zweck zur Sprengung von Sachen.[348]

Fälle des § 64 Abs. 1 Nr. 1, 2, 5 PolG NRW im Sinne von § 66 Abs. 1 PolG NRW sind Sachverhalt und Recht einschließlich aller tatsächlichen und rechtlichen Voraussetzungen bezüglich (alternativ) § 64 Abs. 1 Nr. 1, 2, 5 PolG NRW (siehe dort).[349]

Bundespolizei im Sinne des § 66 Abs. 1 PolG NRW ist Polizei im Sinne des BPolG (vgl. auch bereits die funktionelle Zuständigkeit).[350]

Innenminister des Landes Nordrhein-Westfalen im Sinne von § 66 PolG NRW ist derjenige der **obersten Landesbehörde** im Sinne von §§ 2, 3 LOG NRW (vgl. auch bereits die funktionelle Zuständigkeit).[351]

Schusswaffe im Sinne von § 66 Abs. 1 Nr. 1 PolG NRW beim Personengegenüber ist Waffe im Sinne von § 1 Abs. 2 Nr. 1, Abs. 4 i.V.m. Anlage 1 Abschnitt 1 Unterabschnitt 1 Nr. 1 WaffG.

---

[348] Nr. 66.4 VVPolG NRW: „**Sprengmittel** sind gemäß § 58 Abs. 3 Hilfsmittel der körperlichen Gewalt und kommen nur als Mittel der Zwangsanwendung gegen Sachen in Betracht, z.B. zur Beseitigung von Hindernissen bei schweren Unglücksfällen.“; Nr. 58.32 VVPolG NRW: „Sprengmittel dürfen gemäß § 66 Abs. 4 nur gegen Sachen angewendet werden. Zur Ablenkung von Störern bestimmte pyrotechnische Mittel (Irritationsmittel) sind keine Sprengmittel.“. Der Einsatz barrikadebrechender Reizstoffwurfkörper oder barrikadebrechender pyrotechnischer Mittel i.S.d. RdNr. 58.32 Satz 2 ist nur unter den Voraussetzungen des Gebrauchs von Schusswaffen gegen Personen zulässig.“.

[349] Zum **Fall-Begriff** siehe grundlegend: *Basten*, Eingriffsrecht der Polizei in Nordrhein-Westfalen, Band 1, S. 140 f.

[350] Zum Begriff von **Polizei**, **Polizeibehörden**, **Ordnungsbehörden**, **Polizeiamtswaltern** siehe: *Basten*, Eingriffsrecht der Polizei in Nordrhein-Westfalen, Band 1, Buch 1, Abschnitt 2, Unterabschnitt 4, Titel 3.

[351] Zum **Sicherheitsverwaltungsbehördenaufbau** und insbesondere zum **Polizeibehördenaufbau** des Landes NRW siehe: *Basten*, Eingriffsrecht der Polizei in Nordrhein-Westfalen, Band 1, S. 125-127.

Explosivmittel im Sinne des § 66 Abs. 1 Nr. 1 PolG NRW beim Personengegenüber ist Stoff im Sinne des SprengG, vgl. insbesondere § 3 SprengG.

Gebrauch gemacht haben im Sinne von § 66 Abs. 1 Nr. 1 PolG NRW meint i.V.m. mit dem kumulativen § 66 Abs. 1 Nr. 2 PolG NRW allen Schusswaffen- oder Explosivmittelgebrauch des Personengegenübers mit zeitlich mindestens perfekt geschehenem unmittelbarem Ansetzen im strafrechtlichen Sinne[352] zur Anwendung von Schusswaffe oder Explosivmittel mit Schuss oder Explosion.

Vorheriger, anderer, erfolglos gebliebener Schusswaffengebrauch im Sinne von § 66 Abs. 1 Nr. 2 PolG NRW meint i.V.m. mit dem kumulativen § 66 Abs. 1 Nr. 1 PolG NRW mit an Sicherheit grenzender Wahrscheinlichkeit erwiesene Nichtdurchsetzbarkeit des Pflichtinhalts aus der (faktischen oder fiktiven) Grundverfügung unter Anwendung der Schusswaffen Pistole, Revolver, Gewehr, Maschinenpistole im Sinne von § 58 Abs. 4 PolG NRW.

(SUB/ERG)

Im konkreten Fall sind die Voraussetzungen des § 66 PolG NRW (alternativ)

- erfüllt.
- nicht erfüllt.

C. Materielle Rechtmäßigkeit (MR) II. Inanspruchnahme (In) / Inanspruchnahmevoraussetzungen (Inv) – Rechtsgebiet Gefahrenabwehr / Zwangsmittel-Anwendung

(VOR/DEF)

Inanspruchnahmevoraussetzungen sind materiell-rechtliche Bedingungen für richtige Inanspruchnahme.

Inanspruchnahme ist Adressierung und sonstiges Betroffenmachen; **Adressierung** ist direktes Bestimmen oder finales Richten einer Maßnahme an einen Grundrechtsträger, vgl. §§ 41 Abs. 1 S. 1, 43 Abs. 1 S. 1 VwVfG NRW.

Inanspruchnahme ist grundsätzlich richtig gegen folgende Personen (in alternativer Anwendbarkeit):

- Verantwortlicher für Verhalten / Verhaltensverantwortlicher i.S.d. § 4 PolG NRW;
- Verantwortlicher für Zustand von Sachen / Sachenzustandsverantwortlicher i.S.d. § 5 PolG NRW;
- Nichtverantwortlicher i.S.d. § 6 PolG NRW,

gegebenenfalls (antizipativ) jeweils i.V.m. mit ergänzenden, wie insbesondere in:

- § 62 S. 1 W. 2 PolG NRW;

---

[352] Zum **unmittelbaren Ansetzen** im Sinne einer Abgrenzung von **Vorbereitung** und **Versuch** siehe die ständige Rechtsprechung, zum Beispiel: BGH, Beschluss vom 28.04.2020 – 5 StR 15/20 –, Rn. 4, 5 (für BGHSt vorgesehen, mit weiteren, einzelnen Fällen zuordnenden Nachweisen); siehe auch als weitere Nachweise ständiger Rechtsprechung des BGH: BGH 2, 380 = BGH, Urteil vom 07.02.1952 – 5 StR 12/52; BGHSt 26, 201, 203 f. = BGH, Urteil vom 16.09.1975 – 1 StR 264/75.

- § 62 S. 2 W. 5 PolG NRW;
- § 63 Abs. 3 PolG NRW;
- § 63 Abs. 4 PolG NRW;
- §§ 64, 65 PolG NRW;
- § 76 VwVG NRW (Zwang / Vollzug gegen Behörden: Gegen Behörden und juristische Personen des öffentlichen Rechts sind Zwangsmittel unzulässig, soweit nicht etwas anderes bestimmt ist.).

Gefahrverursachung (i.S.v. §§ 4, 5 PolG NRW) ist unmittelbare Gefahrengrenzenüberschreitung („Schwelle zur Gefahr") im Sinne eines engen Zurechnungszusammenhangs zwischen Verhalten und Gefahr, orientiert an alternativen Wertungskriterien wie:

- Zeitlich-örtlicher Zusammenhang (i.S.v. natürlicher Handlungseinheit zwischen Verhalten und Gefahr oder Schaden oder i.S.v. Verhalten als einziges oder erstes oder letztes Kausalkettenelement vor Gefahr oder Schaden);
- Pflichtwidrigkeit (i.S.v. Rechtsnormwidrigkeit oder Sozialnormwidrigkeit des Verhaltens);
- Risikozurechung (i.S.v. Verhaltensmöglichkeiten oder Verantwortungssphären oder Sorgfaltsanforderungen);
- Zweckveranlassung (i.S.v. Typik oder Vorhersehbarkeit von Gefahr oder Gefahrrealisierung durch das Verhalten, z.B. im Verhalten Dritter).

Gegenwärtige erhebliche Gefahr i.S.v. § 6 PolG NRW ist eine Sachlage im einzelnen Fall, die bei ungehindertem Geschehensverlauf in allernächster Zeit mit an Sicherheit grenzender Wahrscheinlichkeit zu einem Schaden für ein bedeutendes rechtliches Schutzgut führt.[353] **Schutzgüter** sind allgemein i.V.m. §§ 1 und 8 Abs. 1 PolG NRW die **öffentliche Sicherheit**, nämlich Rechte und Rechtsgüter des Einzelnen, die Rechtsordnung, die Funktionsfähigkeit des Staates, oder die **öffentliche Ordnung**, nämlich die Gesamtheit jener ungeschriebenen Regeln für das Verhalten des Einzelnen in der Öffentlichkeit, deren Beachtung nach den jeweils herrschenden Anschauungen als unerlässliche Voraussetzung eines geordneten Gemeinschaftslebens betrachtet wird. **Erhebliche Schutzgüter** sind allgemein Leben, Gesundheit, Freiheit, wesentliche Vermögenswerte, Bestand des Staates.[354]

(SUB/ERG)

Im konkreten Fall ist die Person (alternativ)

- richtigerweise in Anspruch genommen/adressiert.
- nicht richtigerweise in Anspruch genommen/adressiert.

---

[353] Zur **Gegenwärtige-Gefahr**-Definition und zur **erhebliche-Gefahr**-Definition mit weiteren Nachweisen: *Basten*, Eingriffsrecht der Polizei in Nordrhein-Westfalen, Band 1, S. 251. Zum sogenannten **„differenzierenden Wahrscheinlichkeitsmaßstab"** (**„Je-desto-Formel"** / **„Variabilitätsformel"**) mit weiteren Nachweisen: *Basten*, Eingriffsrecht der Polizei in Nordrhein-Westfalen, Band 1, S. 248 f..

[354] Zu den polizeirechtlichen **Schutzgütern** mit vielen weiteren Nachweisen siehe insbesondere: *Basten*, Eingriffsrecht der Polizei in Nordrhein-Westfalen, Band 1, S. 249-251.

C. Materielle Rechtmäßigkeit (MR) II. Inanspruchnahme (In) / Inanspruchnahmevoraussetzungen (Inv) – Rechtsgebiet Strafrechtspflege / Zwangsmittel-Anwendung

(VOR/DEF)

Inanspruchnahmevoraussetzungen sind materiell-rechtliche Bedingungen für richtige Inanspruchnahme.

Inanspruchnahme ist Adressierung und sonstiges Betroffenmachen; **Adressierung** ist direktes Bestimmen oder finales Richten einer Maßnahme an einen Grundrechtsträger, vgl. §§ 100b Abs. 3, 100c Abs. 2, 100h Abs. 3, 163f Abs. 2 StPO.

Inanspruchnahme ist grundsätzlich (vgl. § 163 Abs. 1 S. 2 StPO, ggf. i.V.m. §§ 46, 53 Abs. 1 S. 2 OWiG) richtig gegen die Personen aus der jeweiligen Grundbefugnisrechtsnorm, grundsätzlich möglich als: Beschuldigter, Tatverdächtiger, Nichttatverdächtiger, Zeuge, Dritter, andere Person; gegebenenfalls (antizipativ) jeweils i.V.m. mit spezielleren bzw. ergänzenden Normierungen, wie insbesondere – über § 57 Abs. 1 PolG NRW – in:

- § 62 S. 1 W. 2 PolG NRW;
- § 62 S. 2 W. 5 PolG NRW;
- § 63 Abs. 3 PolG NRW;
- § 63 Abs. 4 PolG NRW;
- §§ 64, 65 PolG NRW;
- § 76 VwVG NRW (Zwang / Vollzug gegen Behörden: Gegen Behörden und juristische Personen des öffentlichen Rechts sind Zwangsmittel unzulässig, soweit nicht etwas anderes bestimmt ist.).

(SUB/ERG)

Im konkreten Fall ist die Person (alternativ)

- richtigerweise in Anspruch genommen/adressiert.
- nicht richtigerweise in Anspruch genommen/adressiert.

C. Materielle Rechtmäßigkeit (MR) III. Rechtsfolge (Rf) / Rechtsfolgevoraussetzungen (Rfv)

(VOR/DEF)

Rechtsfolge ist rechtliche Folge aus dem Tatbestand. / **Rechtsfolgevoraussetzungen** sind materiell-rechtliche Rechtsfolgegestaltungsbedingungen.

C. Materielle Rechtmäßigkeit (MR) III. Rechtsfolge (Rf) 1. Tatsächliche und rechtliche Möglichkeit (TurM) – Rechtsgebiet Gefahrenabwehr oder Strafrechtspflege / Zwangsmittel-Anwendung

(VOR/DEF)

Tatsächliche und rechtliche Möglichkeit betrifft Fälle wie aus § 44 Abs. 2 Nr. 4-6 VwVfG NRW.

(SUB/ERG)

Im konkreten Fall ist tatsächliche und rechtliche Möglichkeit (alternativ)

- gegeben wegen Vorliegens von (alternativ) kognitiven, körperlichen, normativen, technischen Unmöglichkeiten.
- nicht gegeben wegen Nichtvorliegens von kognitiven, körperlichen, normativen, technischen Unmöglichkeiten.[355]

Tatsächliche und rechtliche Möglichkeit kommt auch mit zum Ausdruck in:

- § 50 Abs. 2 PolG NRW („nicht oder nicht rechtzeitig möglich sind“);
- § 52 Abs. 1 S. 1 PolG NRW („deren Vornahme durch einen anderen möglich ist“);
- § 55 Abs. 1 PolG NRW („nicht in Betracht kommen“);
- § 55 Abs. 2 PolG NRW („ist ausgeschlossen“);
- § 56 Abs. 1 S. 1 PolG NRW („möglichst“);
- § 56 Abs. 1 S. 3 PolG NRW („wenn die Umstände sie nicht zulassen“);
- § 59 Abs. 3 PolG NRW („soweit das nach den Umständen möglich ist“);
- § 60 PolG NRW („und die Lage es zulässt“);
- § 61 Abs. 1 S. 2 PolG NRW („wenn die Umstände sie nicht zulassen“);
- § 61 Abs. 3 S. 1 Hs. 1 PolG NRW („möglichst“);
- § 61 Abs. 3 S. 1 Hs. 2 PolG NRW („noch entfernen können“);
- § 63 Abs. 1 S. 2 PolG NRW („nicht [...] erreicht werden kann“);
- § 65 Abs. 2 PolG NRW: („möglich“).

C. Materielle Rechtmäßigkeit (MR) III. Rechtsfolge (Rf) 2. Bestimmtheit (Bsh) – Rechtsgebiet Gefahrenabwehr oder Strafrechtspflege / Zwangsmittel-Anwendung

(VOR/DEF)

Bestimmtheit im Sinne des Art. 20 Abs. 3 GG, § 37 Abs. 1 VwVfG NRW ist Maßnahmenerkennbarkeit und Maßnahmenverstehbarkeit.

---

[355] Zu „Tatsächliche und rechtliche Möglichkeit“ mit Beispielen siehe auch: *Basten*, Eingriffsrecht der Polizei in Nordrhein-Westfalen, Band 1, S. 263. Zu möglichen Sprachunmächtigkeiten/Sprachunverständlichkeiten vgl. auch § 33 Abs. 6 S. 3 PolG NRW, § 33a Abs. 2 PolG NRW, § 114a StPO, § 114b Abs. 1 StPO, § 114b Abs. 2 S. 3 StPO, § 158 Abs. 4 StPO; zu möglichen Sehbehinderungen, Hörbehinderungen oder Sprach-Behinderungen vgl. auch § 114b Abs. 2 S. 3 StPO, § 140 Abs. 1 Nr. 11 StPO.

(SUB/ERG)

Die Zwangsmittelandrohung ist inhaltlich hinreichend bestimmt, denn nach Auslegung i.S.d. §§ 133, 157 BGB analog des Androhungs-VA/Anrohungs-Justiz-VA kann der Erklärungsempfänger wie jeder vernünftige Dritte in der konkreten Situation dessen Inhalt hinreichend erkennen und verstehen, nämlich:

- dass die Polizei ggü. dem Erklärungsempfänger (wer)
- aus Gefahrenabwehrgründen (warum)
- zu einer spezifischen Zeit (wann)
- die Befolgung der Grundverfügung bezweckt (Was)
- und zwar durch Androhung von Zwangsmittelanwendung für den Fall des Zuwiderhandelns (wie).[356]

Hinreichende Bestimmtheit des VA oder Justiz-VA der Androhung wird auch gefördert durch:

- Verbindung mit dem Grundverwaltungsakt des Rückkehrverbots, § 56 Abs. 2 PolG NRW;
- Bezug auf das bestimmte Zwangsmittel des Zwangsgeldes, § 56 Abs. 3 PolG NRW;
- Angabe des Zwangsgeldes in bestimmter Höhe, § 56 Abs. 5 PolG NRW, und schriftliche Festsetzung des Zwangsgeldes in bestimmter Höhe, § 53 Abs. 1 PolG NRW[357].

---

[356] Nr. 61.11 S. 2, 3 VVPolG NRW: „[zur **Androhungsform**:] Die Androhung kann grundsätzlich in jeder Form erfolgen; [zur **Androhungsbestimmtheit**:] sie muss unmissverständlich sein. [Unter Auslegungsvorbehalt des einzelnen Falls i.V.m. §§ 133, 157 BGB analog und Auslegungsvorbehalt der Sicherungshaltungen als solcher:] Die im Leitfaden 371 (Eigensicherung) empfohlenen **Sicherungshaltungen** reichen **allein** nicht aus.“; Nr. 61.12 VVPolG NRW [zur – unter Umständen – tatsächlich-taktischen Variante von **Schusswaffengebrauchsandrohungen**]: „Der Schusswaffengebrauch wird in der Regel mündlich angedroht durch den vernehmlichen **Ruf: ‚Polizei!** Keine Bewegung [Grundverfügung] - oder ich schieße! [UZw-SWG-Androhung in Verbindung mit Grundverfügung i.S.v. § 56 Abs. 2 PolG NRW]‘ oder vor allem gegenüber Fliehenden: ‚Polizei! Halt! [Grundverfügung] - oder ich schieße! [UZw-SWG-Androhung in Verbindung mit Grundverfügung i.S.v. § 56 Abs. 2 PolG NRW]‘ oder eine ähnliche Aufforderung. [Zur Bestimmtheit:] Das Wort ‚Polizei‘ kann im Anruf unterbleiben, wenn ohne weiteres erkennbar ist, dass es sich um den Einsatz von Polizeivollzugsbeamtinnen oder Polizeivollzugsbeamten handelt. Wenn die Umstände es zulassen oder wenn Zweifel bestehen, ob die Person den Anruf verstanden hat, ist er zu wiederholen. Der Schusswaffengebrauch kann auch durch **Lautsprecher** angedroht werden.“; Nr. 61.13 VVPolG NRW: „Ist eine mündliche Androhung des Schusswaffengebrauchs nicht möglich, weil z.B. die Entfernung zu groß ist oder weil aus sonstigen Gründen anzunehmen ist, dass der Anruf nicht verstanden wird oder verstanden worden ist, können ein oder mehrere Warnschüsse abgegeben werden. Warnschüsse sind so abzugeben, dass eine Gefährdung Dritter ausgeschlossen ist.“. Siehe auch die Auslegungsrechtsnorm § 61 Abs. 1 S. 3 PolG NRW („Als Androhung des Schusswaffengebrauchs gilt auch die Abgabe eines **Warnschusses**“) – mit Anwendbarkeit erst ab Sachverhaltsauslegung eines Warnschusses, also mit Unanwendbarkeit des § 61 Abs. 1 S. 3 PolG NRW etwa im Fall eines **Alarmschusses** (Schusswaffengebrauch zur Alarmierung von Polizeikräften oder sonstigen Personen) oder eines „**Signalschusses**“ (Schusswaffengebrauch zur Signalisierung einer [eigenen] Position). Vgl. auch Nr. 61.32 VVPolG NRW zu § 61 Abs. 3 PolG NRW: „Die Androhung hat grundsätzlich durch Lautsprecher zu erfolgen. Ihr soll alsdann durch Warnschüsse oder auf andere unmissverständliche Weise Nachdruck mit dem Ziel verliehen werden, letztlich den Schusswaffengebrauch auf Personen in der Menschenmenge zu vermeiden.“.

[357] Nr. 53.1 VVPolG NRW: „Das Zwangsgeld muss in bestimmter Höhe festgesetzt werden (also nicht z.B. ‚bis zu 300 Euro‘). Dabei sind Dauer und Umfang des pflichtwidrigen Verhaltens (erster Verstoß oder Wiederholungsfall), die finanzielle Leistungsfähigkeit der betroffenen Person und die Bedeutung der Angelegenheit zu berücksichtigen.“.

C. Materielle Rechtmäßigkeit (MR) III. Rechtsfolge (Rf) 3. Ermessen (Erm) – Rechtsgebiet Gefahrenabwehr oder Strafrechtspflege / Zwangsmittel-Anwendung

(VOR/DEF)

Ermessen[358] ist Entscheidungsspielraum auf der Rechtsfolgenseite bzgl. rechtsfehlerfreier Ausübung von Einschreit-Entschließung (Ob), Adressaten-Auswahl (Wer), Maßnahmen-Gestaltung (Wie).

(SUB/ERG)

Der gegebene Entscheidungsspielraum im Sinne des § 50 Abs. 1 Wort 16 PolG NRW („kann") oer im Sinne von § 50 Abs. 2 Wort 3 PolG NR, bei Strafrechtspflege jeweils über § 57 Abs. 1 PolG NRW[359], bei Gefahrenabwehr zusätzlich gemäß § 3 PolG NRW, § 40 VwVfG NRW, wird aufgrund von/in Ermangelung entgegenstehender Anhaltspunkte mit/ohne Ermessensfehler (Ermessensunterschreitung, Ermessensüberschreitung, Ermessensfehlgebrauch) ausgeübt bzgl. folgender Ermessensarten:

a) Entschließungsermessen:

Das Entschließungsermessen kann im konkreten Fall sogar auf Null reduziert sein, insbesondere wegen:

- Einschreitmöglichkeit;
- Gefahrengrad / Tatverdachtsgrad.

b) Auswahlermessen:

siehe C. II.: Auswahlermessen wird abschließend beurteilt i.V.m. Punkten C. II. (Inanspruchnahme).

c) Gestaltungsermessen:

siehe C. III. 4.: Gestaltungsermessen, § 3 Abs. 2 PolG NRW (Austauschmittel), wird abschließend beurteilt i.V.m. Punkt C. III. 4. (VHM).

§ 53 Abs. 1 PolG NRW statuiert schon bestimmt: „Das Zwangsgeld wird auf mindestens fünf und höchstens zweitausendfünfhundert Euro schriftlich festgesetzt.".

---

358 Zum Ermessen einschließlich Rechtsnatur, Ermessensarten, Ermessensreduzierungen, Ermessensfehlern, Maßnahmenansprüchen mit Beispielen siehe auch: *Basten*, Eingriffsrecht der Polizei in Nordrhein-Westfalen, Band 1, S. 271-283.

359 Vgl. Nr. 57.1 VVPolG NRW: „Der Hinweis auf die übrigen Vorschriften dieses Gesetzes gilt insbesondere für die Beachtung des Grundsatzes der Verhältnismäßigkeit und die Ausübung des pflichtgemäßen Ermessens (vgl. die §§ 2 und 3).".

C. Materielle Rechtmäßigkeit (MR) III. Rechtsfolge (Rf) 4. Verhältnismäßigkeit (VHM) / Zwangsmittel-Anwendung – Rechtsgebiet Gefahrenabwehr oder Strafrechtspflege

(VOR/DEF)

Verhältnismäßigkeit ist Geeignetheit, Erforderlichkeit, Angemessenheit der Maßnahme zu einem legitimen Zweck, vgl. auch § 2 PolG NRW, ggf. über § 57 PolG NRW[360].

(VOR/DEF)

a) Legitimer Zweck ist jeder verfassungsgemäße Zweck, vgl. auch § 2 Abs. 3 PolG NRW, vgl. auch ggf. Vorschriften wie § 59 Abs. 1 S. 2 PolG NRW („nicht zu dienstlichen Zwecken erteilt"), § 63 Abs. 2 S. 1 PolG NRW („um"), § 63 Abs. 2 S. 2 PolG NRW („zur"), § 63 Abs. 3 S. 2 PolG NRW („zur"), § 64 Abs. 1 Nr. 1, 2, 3, 4, 5 PolG NRW („um", „um", „um", „zur", „um"), § 66 Abs. 2 S. 1 PoG NRW („um").

(SUB/ERG)

Im konkreten Fall verfolgt die Zwangsmittelanwendung (alternativ)

- einen legitimen Zweck, nämlich
  - auf dem Rechtsgebiet der Gefahrenabwehr die verfassungsgemäße allgemein Abwehr von (konkreter) Schadensgefahr (im Sinne der Grundmaßnahme und im Sinne der Zwangsmittelanwendungsvermeidung), gegebenenfalls konkreter ein Zweck aus der Grundbefugnisrechtsnorm, vgl. auch die Rechte und Rechtsgüter aus Art. 1-20 GG, vgl. auch die Grundrechtsschutzfunktion und die Grundrechtsförderungsfunktion[361].
  - auf dem Rechtsgebiet der Strafrechtspflege die verfassungsgemäße, im Sinne von Art. 20 Abs. 3 GG, § 163 Abs. 1 S. 1 StPO (ggf. § 53 Abs. 1 S. 1 OWiG) gesetzmäßige Sachaufklärung / Tatverdachtserforschung / Sachverdunkelungsverhütung, also die Erforschung von einem verdächtigen Sachverhalt bzgl. mutmaßlich deliktischer Beeinträchtigung bestimmter Rechte und Rechtsgüter im Sinne der Art. 1-19 GG. Vgl. auch den „Zweck" im Sinne von § 163 Abs. 1 S. 2 Wort 3 StPO. Letztlich ist legitimer Zweck die Ermittlung aller belastenden und entlastenden Umstände im Sinne von § 160 Abs. 2 StPO, und auch die Ermöglichung staatlicher Sanktionierung (z.B. Strafe / Ahndung) im Fall dafür ausreichender rechtsstaatlicher Belastung; vgl. auch die Grundrechtsschutzfunktion und die Grundrechtsförderungsfunktion[362] im Sinne von Spezialprävention durch Repression und Generalprävention durch Repression.
- keinen legitimen Zweck.

---

[360] Vgl. Nr. 57.1 VVPolG NRW: „Der Hinweis auf die übrigen Vorschriften dieses Gesetzes gilt insbesondere für die Beachtung des Grundsatzes der Verhältnismäßigkeit und die Ausübung des pflichtgemäßen Ermessens (vgl. die §§ 2 und 3).".

[361] Zu Grundrechtsfunktionen siehe auch: *Basten*, Eingriffsrecht der Polizei in Nordrhein-Westfalen, Band 1, S. 78-84.

[362] Zu Grundrechtsfunktionen siehe auch: *Basten*, Eingriffsrecht der Polizei in Nordrhein-Westfalen, Band 1, S. 78-84.

(VOR/DEF)

b) Geeignetheit einer staatlichen Maßnahme ist gegeben bei deren Zweckförderungstauglichkeit, vgl. auch § 2 Abs. 3 PolG NRW, vgl. auch ggf. Vorschriften wie § 50 Abs. 2 Hs. 3 PolG NRW („nicht oder nicht rechtzeitig möglich sind oder keinen Erfolg versprechen"), § 55 Abs. 1 S. 1 PolG NRW („keinen Erfolg versprechen oder unzweckmäßig sind"), § 63 Abs. 1 S. 1 PolG NRW („keinen Erfolg versprechen"), § 65 Abs. 1 PolG NRW („keinen Erfolg versprechen"), vgl. auch tatsächliche und rechtliche Möglichkeit ebenda.

(SUB/ERG)

Im konkreten Fall ist die Zwangsmittelanwendung (alternativ)

- geeignet, insbesondere
  - als Ersatzvornahme, da diese selbst Vornahme der vom Grundverfügungspflichtigen selbst geschuldeten Handlung ist, nunmehr in Ausführung durch Polizei selbst oder in Ausführung durch von der Polizei beauftragte Dritte und die Selbstvornahme oder Fremdvornahme die Grundverfügungspflichterfüllung wahrscheinlicher macht, also die Zweckerreichung weiter fördert;
  - als Zwangsgeldbeitreibung, da diese den finanziellen Druck durch Geldentzug manifest erhöht und damit die Grundverfügungspflichterfüllung durch den Pflichtigen wahrscheinlicher macht, also die Zweckerreichung weiter fördert;
  - als unmittelbarer Zwang da die Einwirkung auf Personen oder Sachen durch (alternativ) körperliche Gewalt oder ihre Hilfsmittel oder durch Waffen die einwirkungsbetroffenen Personen oder Sachen tatsächlich-körperlich in Richtung Grundverfügungspflichterfüllung bewegt, also die Zweckerreichung weiter fördert.
- ungeeignet.

(VOR/DEF)

c) Erforderlichkeit einer staatlichen Maßnahme ist Nichtverfügbarkeit eines milderen (Übermaßverbot), gleich geeigneten (Untermaßverbot) Mittels zur Zweckförderung, vgl. auch § 2 Abs. 1 PolG NRW, vgl. auch ggf. § 50 Abs. 2 PolG NRW („notwendig"), § 63 Abs. 1 S. 1 Hs. 2 PolG NRW („wenn andere Maßnahmen des unmittelbaren Zwanges erfolglos angewendet sind oder offensichtlich keinen Erfolg versprechen"), § 63 Abs. 1 S. 2 PolG NRW („wenn der Zweck nicht durch Schusswaffengebrauch gegen Sachen erreicht werden kann"), § 63 Abs. 2 S. 2 PolG NRW NRW („das einzige Mittel"), § 63 Abs. 3 PolG NRW („das einzige Mittel"), § 63 Abs. 4 S. 2 PolG NRW NRW („das einzige Mittel"), § 65 Abs. 1 PolG NRW („wenn […] andere Maßnahmen keinen Erfolg versprechen"), § 66 Abs. 1 Nr. PolG NRW („der vorherige Gebrauch anderer Schusswaffen erfolglos geblieben ist").

(SUB/ERG)

Im konkreten Fall ist die Zwangsmittelanwendung (alternativ)

- erforderlich, insbesondere
  - da einerseits im Sinne des Untermaßverbots folgendes nicht gleich geeignet ist – wie ggf. im konkreten Fall erwiesen: mildere Mittel und Maßnahmen wie
    - Nichtstun;

- Verfügung (z.B. Gefährderansprache, Stillhalteverfügung, andere Duldungsverfügung, Anhalteanordnung, Festhalteanordnung, Platzverweisung oder andere Handlungs- oder Unterlassungsverfügungen);
- reine Zwangsmittelandrohung;
- nach Ausführung und Auswirkung mildere Zwangsmittelanwendung, auch bei Anwendung des seiner Art nach gleichen Zwangsmittels (nur zum abstrakt-generellen Beispiel innerhalb des Zwangsmittels unmittelbarer Zwang: Schubsen oder Stoßen statt Fixieren im weiteren eingriffstechnisch-taktischen Sinne als § 37a PolG NRW; Schubsen oder Stoßen ohne statt mit Hilfsmitteln körperlicher Gewalt oder Waffen; Fixieren im weiteren eingriffstechnisch-taktischen Sinne statt Schlagen, im weiteren eingriffstechnisch-taktischen Sinne ohne statt mit Hilfsmitteln körperlicher Gewalt; einmaliges Schlagen oder Treten statt mehrmaliges Schlagen oder Treten ohne Hilfsmittel körperlicher Gewalt oder Waffen; Schlagen oder Treten mit Hilfsmitteln körperlicher Gewalt statt mit Waffen; Schusswaffengebrauch gegen Sachen statt Personen; Schusswaffengebrauch gegenüber Personen mit an Sicherheit grenzender Wahrscheinlichkeit nichtletaler Wirkung statt Schusswaffengebrauch mit an Sicherheit grenzender Wahrscheinlichkeit tödlicher Wirkung, vgl. auch § 63 PolG NRW, siehe dort; nur zum abstrakt-generellen Beispiel innerhalb des Zwangsmittels Ersatzvornahme: Versetzen statt Abschleppen, soweit tatsächlich und rechtlich möglich, also etwa auch auf einen ordnungsgemäßen, in unmittelbarer Nähe befindlichen, vom Betroffenen ohne weiteres nachvollziehbar auffindbaren Parkplatz[363]);

o da andererseits im Sinne des Übermaßverbots folgendes (noch) nicht nötig ist:

- erheblichere Zwangsmittelanwendung, auch bei Anwendung des seiner Art nach gleichen Zwangsmittels (siehe abstrakt-generell die Beispiele zu den Variationen der Anwendung des unmittelbaren Zwangs);
- erheblichere Grundmaßnahmen wie (z.B.) längere Freiheitsentziehung.

• nicht erforderlich.

(VOR/DEF)

d) Angemessenheit oder **Verhältnismäßigkeit im engeren Sinne** einer staatlichen Maßnahme ist angemessenes Maß oder Verhältnis zwischen Zweckförderung für Erhaltungsrechte und Wirkungen für Eingriffsrechte, vgl. betroffene GR, vgl. auch § 2 Abs. 2 PolG NRW, vgl. auch Vorschriften wie § 53 Abs. 2 PolG NRW („angmessene Frist zur Zahlung" mit der Festsetzung des Zwangsgelds), § 53 Abs. 3 S. 3, letzter Hs. („besondere Härte"), § 63 Abs. 2 PolG NRW, § 63 Abs. 3 PolG NRW, § 63 Abs. 4 PolG NRW, § 64 Abs. 2 PolG NRW, § 66 Abs. 4 PolG NRW.

(SUB/ERG)

Im konkreten Fall ist die Zwangsmittelanwendung (alternativ)

---

[363] Zu weiteren Abschleppfällen insbesondere unter dem Aspekt der Verhältnismäßigkeit/Erforderlichkeit mit weiteren Rechtsprechungsnachweisen: *Brühl*, Verwaltungsrecht für die Fallbearbeitung, Rn. 580 f..

- angemessen, wenn der Eingriff in Grundrechte wie Art. 2 Abs. 1 GG[364], Art. 2 Abs. 2 S. 1 Alt. 1 oder 2 GG, Art. 2 Abs. 2 S. 2 GG, Art. 14 Abs. 1 S. 1 GG nicht außer Verhältnis zu den je nach Fall zu schützenden Rechten wie etwa aus Art. 2 Abs. 2 S. 1 Alt. 1 oder 2 GG, Art. 2 Abs. 2 S. 2 GG, Art. 14 Abs. 1 S. 1 Alt. GG, Art. 2 Abs. 1 GG, auf dem Rechtsgebiet der Strafrechtspflege auch zur zu verwirklichenden Rechtsordnung im Sinne von Art. 20 Abs. 3 GG unter Berücksichtigung von Tatverdachtsstärke und mutmaßlicher Tatschwere sowie damit potentiell einhergehender Sanktion (Strafe oder Ahndung) bzw. Sanktionshöhe.
- unangemessen.

(ERG VHM)

Die Maßnahme der Zwangsmittel-Androhung ist insgesamt verhältnismäßig/unverhältnismäßig (alternativ)

- auf dem Rechtsgebiet der Gefahrenabwehr i.S.v. § 2 PolG NRW, Art. 20 Abs. 3 GG (ggf. § 55 Abs. 1 S. 1 PolG NRW).
- auf dem Rechtsgebiet der Strafrechtspflege i.S.v. Art. 20 Abs. 3 GG.

---

[364] Zur **Zwangsgeldverhältnismäßigkeit** auch in den Fällen von § 53 Abs. 3 S. 3 PolG NRW (**Zwangsgeld bei Duldungs- oder Unterlassungspflichtzuwiderhandlung**) siehe OVG NRW, Urteil des 5. Senats vom 09.02.2012 – 5 A 2152/10, Rn. 39-42: „Das Zusammenwirken zwischen Androhung und Festsetzung des Zwangsgeldes rechtfertigt es mithin, der Zwangsgeldfestsetzung für bereits eingetretene Verstöße gegen Unterlassungspflichten stets eine zumindest mittelbare Beugefunktion beizumessen, die sich von einer dem Schuldprinzip unterliegenden strafähnlichen oder sonstigen repressiven Sanktion durchgreifend unterscheidet. Auf Grund dieser fortbestehenden mittelbaren Beugefunktion ist die Festsetzung eines Zwangsgeldes bei Verstoß gegen eine Unterlassungsverfügung nach Ablauf ihrer Geltungsdauer auch nicht unverhältnismäßig. Im Gegenteil ist die Festsetzung des Zwangsgeldes im Zusammenwirken mit der Androhung grundsätzlich geeignet, erforderlich und angemessen, um den Betroffenen von Verstößen gegen die ihm auferlegten Pflichten präventiv abzuhalten. Dies setzt aber – wie ausgeführt – voraus, dass Zuwiderhandlungen gegen Unterlassungsgebote im Regelfall tatsächlich die Festsetzung eines Zwangsgeldes zur Folge haben und Betroffene hiermit ernsthaft rechnen müssen. Allerdings kann eine Zwangsgeldfestsetzung im Einzelfall unverhältnismäßig sein, wenn sie nach Ablauf der Geltungsdauer der Grundverfügung nur noch dazu dient, einer Entwertung der Androhung des Zwangsgeldes als Beugemittel zu begegnen. Dem hat der Gesetzgeber in § 53 Abs. 3 Satz 3 Halbsatz 2 PolG NRW hinreichend Rechnung getragen. Danach kann bei Zuwiderhandlungen gegen Unterlassungspflichten in besonderen Härtefällen von der Beitreibung abgesehen werden, wenn weitere Zuwiderhandlungen nicht mehr zu befürchten sind. Dabei hat der Gesetzgeber zu Recht angenommen, dass der Grundsatz der Verhältnismäßigkeit durch nachträgliche Zwangsgeldfestsetzungen nur ausnahmsweise in besonderen Härtefällen verletzt ist. Insbesondere ist die Verhältnismäßigkeit im Allgemeinen gewahrt, wenn das polizeiliche Verbot zum Schutz besonders hochwertiger Rechtsgüter wie Leben und Gesundheit Dritter ergangen ist. Dann kommt ausnahmsweise sogar die Anordnung einer Ersatzzwangshaft in Betracht. Demgegenüber kann die Festsetzung eines Zwangsgeldes zur Erhaltung der Beugefunktion der Androhung dann nicht mehr angemessen sein, wenn etwa ein Verstoß gegen eine angeordnete Unterlassungspflicht lange Zeit folgenlos geblieben ist und bereits hierdurch die Beugefunktion der Zwangsmittelandrohung im Einzelfall übermäßig entwertet wurde. Vgl. zu diesen Gesichtspunkten im Zusammenhang mit der Anordnung von **Ersatzzwangshaft** OVG NRW, Beschluss vom 19. Januar 2009 – 5 E 1213/08 –, NVwZ-RR 2009, 516.“.

D. Gesamtergebnis (GErg) – Rechtsgebiet Gefahrenabwehr oder Strafrechtspflege / Zwangsmittel-Androhung

Die Zwangsmittelandrohung („Zwang“) ist (alternativ)

- rechtmäßig gemäß (alternativ)
  - § 50 Abs. 1 PolG NRW.
  - § 50 Abs. 2 PolG NRW.
  - jeweiliger StPO/OWiG-Grundbefugnisrechtsnorm.
- rechtswidrig wegen Art./§ (bestimmter Rechtsnorm [z.B. Art. 20 Abs. 3 GG]).

ABSCHNITT 4: BESCHLAGNAHME ZUR SICHERUNG DER VOLLSTRECKUNG DER EINZIEHUNG ODER UNBRAUCHBARMACHUNG, § 111B STPO (GGF. I.V.M. §§ 46, 53 ABS. 1 S. 2, ABS. 2 OWIG)

(VOR/DEF)

Grundrechte sind grundlegende Rechte aus Art. 1-19 GG i.V.m. dem Rechtsstaatsprinzip, Art. 20 Abs. 3 GG, mit Vorrang und Vorbehalt des Gesetzes.[365]

(SUB/ERG)

Grundrechte sind wie folgt gegeben (i.d.R. alternativ je nach Auffassung insbesondere vom Schutzbereich des Art. 14 Abs. 1 S. 1 Alt. 1 GG):

1. Eigentum, Art. 14 Abs. 1 S. 1 Alt. 1 GG[366]

a) GR-SB:

aa) Persönlicher GR-SB: Alle Menschen (personen- und staatsangehörigkeitsunabhängiger Wortlaut).

bb) Sachlicher GR-SB: „**Eigentum**" ist Summe aller vermögenswerten Rechte, also jedenfalls auch der berechtigte Besitz und die berechtigte Nutzung[367].[368]

---

[365] Zu **Grundrechten**: *Basten*, Eingriffsrecht der Polizei in Nordrhein-Westfalen, Band 1, Buch 1, Abschnitt 2, Unterabschnitt 3. Zum **Rechtsstaatsprinzip** mit unter anderem sogenanntem Vorrang des Gesetzes und Vorbehalt des Gesetzes: *Basten*, Eingriffsrecht der Polizei in Nordrhein-Westfalen, Band 1, S. 95-108.

[366] Vgl. auch Art. 142 GG i.V.m. Art. 4 Abs. 1 Verfassung NRW; Art. 17 EU-GR-Charta; Art. 1 Zusatzprotokoll EMRK.

[367] BVerfGE 95, 267, 300 (Altschulden) = BVerfG, Urteil des Ersten Senats vom 08.04.1997 – 1 BvR 48/94 –, C. I. 1., Rn. 130 f.: „Unter den Schutz der Eigentumsgarantie fallen grundsätzlich alle vermögenswerten Rechte, die dem Berechtigten von der Rechtsordnung in der Weise zugeordnet sind, daß er die damit verbundenen Befugnisse nach eigener Entscheidung zu seinem privaten Nutzen ausüben darf (vgl. BVerfGE 83, 201 [209]; stRspr). Der verfassungsrechtliche Eigentumsschutz reicht damit zwar erheblich weiter als das zivilrechtliche Eigentum und erstreckt sich auch auf nicht dingliche vermögenswerte Rechtspositionen. Er bleibt aber an Rechtspositionen gebunden. Kein Eigentum im Sinn von Art. 14 Abs. 1 GG ist daher das **Vermögen**, das selber kein Recht, sondern den Inbegriff aller geldwerten Güter einer Person darstellt (vgl. BVerfGE 4, 7 [17]; stRspr). Daraus folgt, daß Art. 14 Abs. 1 GG nicht vor der staatlichen Auferlegung von **Geldleistungspflichten** schützt. Diese sind nicht mittels eines bestimmten Eigentumsobjekts zu erfüllen, sondern werden aus dem fluktuierenden Vermögen bestritten. Etwas anderes kommt nur dann in Betracht, wenn die Geldleistungspflichten den Betroffenen übermäßig belasten und seine Vermögensverhältnisse so grundlegend beeinträchtigen, daß sie eine erdrosselnde Wirkung haben (vgl. BVerfGE 78, 232 [243]; stRspr).".

[368] Zum Vergleich von Art. 14 Abs. 1 S. 1 Alt. 1 GG und dem Auffanggrundrecht des Art. 2 Abs. 1 GG: Bei lediglich unentschiedenem Potential von Berechtigung wie Nichtberechtigung kann grundsätzlich in dubio pro libertate zunächst zugunsten des Grundrechtsfähigen größtmöglicher Grundrechtsschutzbereich vermutet werden. Vgl. auch BVerfGE 6, 55, 72 (Steuersplitting); BVerfGE 32, 54, 71 (Betriebsbetretungsrecht); BVerfGE 39, 1, 38 (Schwangerschaftsabbruch I); BVerfGE 51, 97, 110 (Zwangsvollstreckung I); BVerfGE 151, 67 (Nachtzeit) = BVerfG, Beschluss des Zweiten Senats vom 12.03.2019 – 2 BvR 675/14 –, Rn. 55, wonach in Zweifelsfällen diejenige Auslegung zu wählen ist/derjenigen Auslegung der Vorzug zu geben ist, welche die (juristische) „Wirkungskraft der Grundrechtsnorm am stärksten entfaltet.". **Eigentum** i.S.d. (privat)rechtsnormgeprägten Schutzbereichs von Art. 14 Abs. 1 S. 1 Alt. 1 GG ist jedenfalls gegeben bei Eigentum i.S.d. Privatrechts und bei vermögenswerter Besitz-/Nutzungs-/Umgangs-Berechtigung (z.B. i.S.d. §§ 854-984 BGB). **Eigentumslosigkeit** i.S.d. (privat)rechtsnormgeprägten

Schutzbereichs von Art. 14 Abs. 1 S. 1 Alt. 1 GG ist jedenfalls gegeben bei allseitiger Besitz-/Nutzungs-/Umgangs-Nichtberechtigung (z.B. i.S.d. §§ 854-984 BGB); nicht schon unbedingt bei lediglich Eigentums-Nichtberechtigung im privatrechtlichen Sinne bei vermögenswerten Besitz-/Nutzungs-/Umgangs-Berechtigungen; wohl aber jedenfalls auch bei Verbot i.S.d. § 134 BGB oder Sittenwidrigkeit i.S.d. § 138 BGB oder sonstiger Unwirksamkeitsgründe (Nichtentstehensgründe oder Erlöschensgründe) gerade bezüglich des Erwerbs- oder Nutzungs- oder Umgangsaktes (z.B. i.S.d. §§ 854-984 BGB; vgl. z.B. Btm-Umgangsarten i.S.d. § 29 BtMG; vgl. auch etwaiges waffenrechtliches Verbot der Umgangsart Erwerb oder sonstiger Umgangsarten i.S.d. § 1 Abs. 3, 4 WaffG bei Nichtverbot des Erwerbs). Vgl. BVerfGE 110, 1, 23 f. (Erweiterter Verfall [a. F., ≙ erweiterte Tatertragseinziehung, P. B.]) = BVerfG, Beschluss des Zweiten Senats vom 14.01.2004 – 2 BvR 564/95 –, C. I. 3. a), b), Rn. 86 f, 88: „Die Vorschrift des § 73d StGB [a. F., ≙ § 73a StGB, P. B.] verstößt in der Auslegung des Bundesgerichtshofs auch nicht gegen die Eigentumsgarantie des Art. 14 Abs. 1 GG. Soweit § 73d StGB [a. F., ≙ § 73a StGB, P. B.] den Zugriff auf Vermögenswerte erlaubt, die dem unmittelbar Betroffenen wegen eines Verstoßes gegen strafrechtliche Vorschriften zivilrechtlich nicht zustehen (vgl. § 134, § 935 BGB), ist dessen Eigentumsgrundrecht schon mangels einer schutzfähigen Rechtsposition nicht berührt (vgl. BVerfGE 83, 201 [209]; 95, 267 [300]). Dies betrifft vor allem die Entziehung von Gewinnen aus illegalen Drogengeschäften. Denn wegen des strafrechtlichen Verbots des Handeltreibens mit Betäubungsmitteln ist gemäß § 134 BGB neben dem schuldrechtlichen Verpflichtungsgeschäft zugleich die Übereignung sowohl der Drogen als auch des für sie als Kaufpreis gezahlten Geldes zivilrechtlich unwirksam (vgl. BGH, NJW 1983, S. 636 [Schrifttumsquellen]. […] Soweit § 73d StGB StGB [a. F., ≙ § 73a StGB, P. B.] die Entziehung von Gegenständen anordnet, die der Betroffene zwar deliktisch, aber gleichwohl zivilrechtlich wirksam erworben hat, enthält er eine Inhalts- und Schrankenbestimmung des Eigentums im Sinne des Art. 14 Abs. 1 Satz 2 GG. Diese genügt in der Auslegung des Bundesgerichtshofs den verfassungsrechtlichen Anforderungen.“. Zum „**Gehören oder Zustehen**“ i.S.v. § 74 Abs. 3 S. 1 StGB/§ 22 Abs. 2 Nr. 1 OWiG vgl. z.B. BGHSt 24, 222 = BGH, Beschluss vom 28.09.1971 – 1 StR 261/71 (zu ex-§ 40 Abs. 2 Nr. 1 StGB ≙ § 74 Abs. 3 S. 1 StGB/§ 22 Abs. 2 Nr. 1 OWiG, P. B.): „Dieser Begriff ‚**gehören**‘ ist dahin auszulegen, daß damit das Eigentum an körperlichen Gegenständen, also an Sachen im Sinne des § 90 BGB gemeint ist (vgl. z. B. Protokolle des Sonderausschusses des Deutschen Bundestages für die Strafrechtsreform S. 1031). Die Auffassung des Generalstaatsanwalts beim Bayerischen Obersten Landesgericht, aus dem Begriff des ‚Zustehens‘ in § 40 Abs. 2 Nr. 1 StGB [ex-§ 40 Abs. 2 Nr. 1 StGB ≙ § 74 Abs. 3 S. 1 StGB/§ 22 Abs. 2 Nr. 1 OWiG, P. B.] ergebe sich, daß auch solche Sachen eingezogen werden könnten, an denen dem Täter zwar nicht das Eigentum, aber ein sonstiges Recht zustehe, findet weder im Wortlaut noch in der Entstehungsgeschichte der geltenden Einziehungsvorschriften eine Stütze. Dieser Begriff wurde vielmehr eingeführt, weil durch die Neufassung entgegen dem bis dahin geltenden Recht die Möglichkeit geschaffen wurde, nicht nur Sachen, sondern auch Rechte, also unkörperliche Gegenstände einzuziehen; das sollte nach dem Regierungsentwurf zum EGOWiG (BT Drucks. V/1319) hinter dem Wort ‚Gegenstände‘ in § 40 Abs. 1 [ex-§ 40 Abs. 1 StGB ≙ § 74 Abs. 1, 2 StGB/§ 22 Abs. 1 OWiG, P. B.] durch den Klammerzusatz ‚(Sachen und Rechte)‘ ausdrücklich klargestellt werden, doch wurde im Laufe der Gesetzesberatung auf diesen Zusatz verzichtet, weil nach der Ausgestaltung der neuen Einziehungsvorschriften nicht zweifelhaft sein konnte, daß der Begriff ‚**Gegenstände**‘ sowohl Sachen als auch Rechte umfaßt (BT Drucks. zu V/2600, V/2601 S. 14), wie sich z. B. aus § 40a Nr. 1, § 41a Abs. 1 StGB deutlich ergibt. § 40 Abs. 2 Nr. 1 StGB [ex-§ 40 Abs. 2 Nr. 1 StGB ≙ § 74 Abs. 3 S. 1 StGB/§ 22 Abs. 2 Nr. 1 OWiG, P. B.] ist demnach so zu lesen, daß die Einziehung nur zulässig ist, wenn der Täter (Teilnehmer) Eigentümer der Sache oder Inhaber des Rechts ist; denn das ‚**Zustehen**‘ eines Rechts ist im Sinne einer ‚quasidinglichen Inhaberschaft‘ zu verstehen (BGH, Urteil vom 29. April 1969 - 5 StR 50/69 - bei Dallinger MDR 1969, 722).“. **Nicht-Besitz** oder **Nicht-Eigentum** mindestens im engeren privatrechtlichen Sinne, also auch ein eigentumsmäßiges **Nicht-Gehören** oder **Nicht-Zustehen** im Sinne etwa von Einziehungsvorschriften ist jedenfalls auch gegeben bei Verbot i.S.d. § 134 BGB oder Sittenwidrigkeit i.S.d. § 138 BGB oder sonstiger Unwirksamkeitsgründe (Nichtentstehensgründe oder Erlöschensgründe) gerade bezüglich dem Erwerbsakt (z.B. i.S.d. §§ 854-984 BGB; vgl. z.B. Btm-Geschäfte; vgl. auch etwaiges waffenrechtliches Verbot der Umgangsart Erwerb). Vgl. z.B. BGH, Beschluss vom 12.06.2019 – 3 StR 194/19: „Die Einziehung von Wertersatz nach § 74c StGB setzt voraus, dass dem Täter der ursprünglich einziehungsbetroffene Gegenstand zur Zeit der Tat gehörte oder zustand. Feststehen muss daher [wegen des Merkmals „**gehören oder zustehen**“

b) GR-E (oder Nichteingriff/GR-Verzicht): **Eigentumseinschränkung** durch

Einschränkung eines vermögenswerten Rechts, etwa durch (alternativ)

- Einschränkungen oder Entzug der Nutzungs- und Verfügungsbefugnis an (berechtigtem) Eigentum/Besitz/Nutzung, vgl. §§ 903 ff. BGB, §§ 854 ff. BGB, ohne Güterbeschaffung als Inhalts- und Schrankenbestimmungen im Sinne von Art. 14 Abs. 1 S. 2 GG[369];
- Eigentumsentzug als Enteignung im Sinne des Art. 14 Abs. 3 GG mit Änderung der Eigentumszuordnung und stets mit Güterbeschaffung[370].

c) GR-B: Art. 14 Abs. 1 S. 2, Abs. 2, 3 GG, Art. 18 GG.

2. Brief-, Post- und Fernmeldegeheimnisgrundrechte, Art. 10 GG[371]

a) GR-SB:

aa) Persönlicher GR-SB: Jeder am konkreten Brief- oder Post- oder Fernemeldeverkehr Beteiligter.

bb) Sachlicher GR-SB: Kommunikation per Brief oder Post i.S.d. PostG, Fernmeldung i.S.d. des TKG.[372]

---

i.S.v. § 74 Abs. § 22 Abs. 2 Nr. 1 OWiG, P. B.], dass der Täter diesen Gegenstand im Geltungsbereich einer Rechtsordnung erworben hat, die den Eigentumserwerb nicht verbietet. Dies ist für - wie hier - im Inland erworbene Betäubungsmittel wegen der entgegenstehenden Vorschrift des § 134 BGB nicht der Fall (BGH, Beschlüsse vom 11. Juni 1985 - 5 StR 275/85, BGHSt 33, 233; vom 17. März 2010 - 2 StR 67/10, NStZ 2011, 100; Fischer, StGB, 66. Aufl., § 74c Rn. 5).“; genauso für die neuen §§ 73-76b StGB bestätigend: BGH, Beschluss vom 24.09.2019 – 5 StR 269/19 („wegen bewaffneten Handeltreibens mit Betäubungsmitteln in nicht geringer Menge u.a.“), vgl. auch BGH, Urteil vom 08.11.2016 – 1 StR 325/16, Rn. 9: „Die Einziehung des zur Beschaffung der Betäubungsmittel in Tschechien genutzten Pkw´s des Angeklagten hat das Landgericht auf § 74 Abs. 1 StGB gestützt. Indes ist eine hierauf bezogene Einziehung nur zulässig, wenn der Gegenstand zur Zeit der Entscheidung dem Täter gehört oder zusteht (§ 74 Abs. 2 Nr. 1 StGB [ex-§ 74 Abs. 2 Nr. 1 StGB ≙ § 74 Abs. 3 S. 1 StGB/§ 22 Abs. 2 Nr. 1 OWiG, P. B.]), also der Angeklagte selbst oder ein Teilnehmer zum Zeitpunkt der letzten tatrichterlichen Entscheidung Eigentümer des Fahrzeuges war (BGH, Beschluss vom 28. September 1971 - 1 StR 261/71, BGHSt 24, 222, [226 f.]; Urteil vom 27. August 1998 - 4 StR 307/98, NStZ-RR 1999, 11).“.

[369] BVerfGE 143, 246, Ls. 5 (Dreizehnte Novelle des Atomgesetzes) = BVerfG, Urteil des Ersten Senats vom 06.12.2016 – 1 BvR 2821/11 –, Ls. 5.

[370] BVerfGE 143, 246, Ls. 4 (Dreizehnte Novelle des Atomgesetzes) = BVerfG, Urteil des Ersten Senats vom 06.12.2016 – 1 BvR 2821/11 –, Ls. 4.

[371] Vgl. auch Art. 142 GG i.V.m. Art. 4 Abs. 1, 2 Verfassung NRW; Art. 7, 8 EU-GR-Charta; Art. 8 EMRK.

[372] BVerfG, Beschluss der 3. Kammer des Zweiten Senats vom 20.12.2018 – 2 BvR 2377/16 –, Rn. 42-44: „Der Begriff der **Telekommunikation** wird von der herrschenden Meinung in Literatur und Rechtsprechung verfassungsrechtlich zulässig unter Rückgriff auf die Legaldefinition in § 3 Nr. 22 TKG bestimmt. ‚Telekommunikation‘ ist danach der technische Vorgang des Aussendens, Übermittelns und Empfangens von Nachrichten jeglicher Art in der Form von Zeichen, Sprache, Bildern oder Tönen mittels technischer Einrichtungen oder Systeme, die als Nachrichten identifizierbare elektromagnetische oder optische Signale senden, übertragen, vermitteln, empfangen, steuern oder kontrollieren können (vgl. BVerfG, Beschluss der 3. Kammer des Zweiten Senats vom 6. Juli 2016 - 2 BvR 1454/13 -, juris, Rn. 25 ff. m.w.N., auch zur Gegenansicht). Vor dem Hintergrund dieses ‚weiten‘ Telekommunikationsbegriffs unterfällt der Zugriff auf **E-Mail-Kommunikation**, jedenfalls soweit es sich um die Übertragung der Nachricht vom Gerät des Absenders über dessen Mailserver auf den Mailserver des E-Mail-Providers und um den späteren Abruf der Nachricht durch den Empfänger handelt, unstrittig dem Anwendungsbereich des § 100a StPO [Quellenangaben]; zum Zugriff auf E-Mails, die auf dem Mailserver des Providers gespeichert sind, vgl. BVerfGE 124, 43). Dabei ist zu beachten, dass sich die nähere Auslegung des Begriffs

b) GR-E (oder Nichteingriff/**Einwilligung** i.S.v. § 36 Nr. 19 DSG NRW, § 38 DSG NRW): Brief- oder Post oder Fernmeldeeinschränkung (**Datenverarbeitung**, § 36 Nr. 2 DSG NRW), etwa durch Überwachung (Datenerhebung, Auslesen, Abfragen, Erfassen, § 36 Nr. 2 DSG NRW), Aufzeichnung (Datenspeicherung, § 36 Nr. 2 DSG NRW), Verhinderung, Unterbindung, Zäsur (Anpassung, Veränderung, Löschung, Vernichtung, § 36 Nr. 2 DSG NRW) oder sonstige Offenlegung, Veränderung, Verwendung, § 36 Nr. 2 DSG NRW.[373]

'Telekommunikation' im Rahmen des § 100a StPO insbesondere auch an dem grundrechtlichen Schutz des von der Überwachung Betroffenen durch Art. 10 GG orientieren muss, denn das **Fernmeldegeheimnis** ist der verfassungsrechtliche Maßstab für die heimliche Überwachung flüchtiger Daten (vgl. BVerfG, Beschluss der 3. Kammer des Zweiten Senats vom 6. Juli 2016 - 2 BvR 1454/13 -, juris, Rn. 32 m.w.N.; vgl. auch BVerfGE 100, 313 <358 f.>; 113, 348 <364 ff.>; 129, 208 <240 ff.> [Quellenagaben]). Vom Schutz des Fernmeldegeheimnisses nach Art. 10 Abs. 1 GG sind aber nicht nur die Kommunikationsinhalte, sondern auch die näheren Umstände der Telekommunikation erfasst (vgl. BVerfGE 129, 208 <240 f.>). Dazu gehört insbesondere, ob, wann und wie oft zwischen welchen Personen oder Endeinrichtungen Telekommunikationsverkehr stattgefunden hat oder versucht worden ist (vgl. BVerfGE 67, 157 <172>; 85, 386 <396>; 107, 299 <312 f.>; 129, 208 <241>). Art. 10 Abs. 1 GG umfasst dabei sämtliche, mit Hilfe der Telekommunikationstechniken erfolgenden Übermittlungen von Informationen, unabhängig davon, wer Betreiber der Übertragungs- und Vermittlungseinrichtungen ist (vgl. BVerfGE 107, 299 <322>; 129, 208 <241>). Aber auch unter Einbeziehung dieses Schutzinhalts in die Auslegung von § 100a StPO ist gegen die Auffassung, die Überwachung der Telekommunikation gemäß § 100a StPO betreffe auch die (früher als **Verbindungsdaten** bezeichneten) **Verkehrsdaten** im Sinne des § 3 Nr. 30 TKG, soweit diese im Rahmen der zu überwachenden Telekommunikation anfallen ([Quellenangaben] siehe auch BVerfGE 107, 299 <314 ff.>), verfassungsrechtlich nichts zu erinnern. Zu den **Verkehrsdaten** in diesem Sinne gehören auch und gerade die anfallenden **IP-Adressen**. Diese werden dementsprechend in § 96 Abs. 1 Satz 1 TKG - der die Verkehrsdaten, die vom Diensteanbieter zulässigerweise erhoben werden dürfen, abschließend bestimmt - als Nummern (vgl. § 3 Nr. 13 TKG) der beteiligten Anschlüsse oder Einrichtungen aufgeführt (vgl. BTDrucks 15/2316, S. 89 - zum damaligen § 94 TKG -; [Quellenangaben]; zur Zuordnung von dynamischen IP-Adressen zu den Verkehrsdaten vgl. BVerfGE 130, 151 <181 ff.>; BGH, Urteil vom 13. Januar 2011 - III ZR 146/10 -, juris, Rn. 22 ff.). Dynamische oder statische **IP-Adressen**, mit denen die Kunden eines Anbieters von E-Mail-Diensten mit ihren internetfähigen Endgeräten auf ihren E-Mail-Account zugreifen wollen, unterfallen daher grundsätzlich dem Anwendungsbereich des § 100a StPO (vgl. auch BGH, Beschluss vom 20. August 2015 - StB 7/15 -, juris)."; BVerfG, Beschluss der 3. Kammer des Zweiten Senats vom 06.07.2016 – 2 BvR 1454/13 –, Rn. 32-34: „Dabei ist […] zu berücksichtigen, dass Art. 10 Abs. 1 GG nicht dem rein technischen **Telekommunikationsbegriff** des Telekommunikationsgesetzes folgt, sondern an den Grundrechtsträger und dessen Schutzbedürftigkeit aufgrund der Einschaltung Dritter in den Kommunikationsvorgang anknüpft (vgl. BVerfGE 124, 43 <55 f.>; BVerfGK 9, 62 <75>). […] Als Facette der freien Entfaltung der Persönlichkeit durch Kommunikationsaustausch schützt das '**Fernmeldegeheimnis**' aus Art. 10 Abs. 1 GG die unkörperliche Übermittlung von Informationen an individuelle Empfänger mit Hilfe des Telekommunikationsverkehrs (BVerfGE 67, 157 <172>; 106, 28 <35 f.>; 115, 166 <182>). Dieser ist dadurch gekennzeichnet, dass die übermittelten Informationen am Empfangsort wieder erzeugt werden (vgl. BVerfGE 12, 205 <226>; 46, 120 <143>). Für das Merkmal '**Telekommunikation**' kommt es auch im Rahmen des Art. 10 Abs. 1 GG aber weder auf die technische Umsetzung der Kommunikation noch auf deren Inhalt und Empfängerkreis an (vgl. BVerfGE 120, 274 <307>). Auch ist irrelevant, wer Betreiber der Übertragungs- und Vermittlungseinrichtungen ist (vgl. BVerfGE 107, 299 <322>); das Grundrecht ist insgesamt 'entwicklungsoffen' ([Quellenangabe] BVerfGE 106, 28 <36>).".

[373] BVerfGE 124, 43 (Beschlagnahme von E-Mails) = BVerfG, Beschluss des Zweiten Senats vom 16.06.2009 – 2 BvR 902/06 –, (einziger) Leitsatz: „Die **Sicherstellung und Beschlagnahme von E-Mails** auf dem Mailserver des Providers sind am Grundrecht auf Gewährleistung des Fernmeldegeheimnisses aus Art. 10 Abs. 1 GG zu messen. §§ 94 ff. StPO genügen den verfassungsrechtlichen Anforderungen, die an eine gesetzliche Ermächtigung für solche Eingriffe in das Fernmeldegeheimnis zu stellen sind."; BVerfG, Beschluss der 3. Kammer des Zweiten Senats vom 15.08.2014 – 2 BvR 969/14

c) GR-B: Art. 10 Abs. 2 GG, Art. 18 GG.

5. Mediengrundrecht (Pressefreiheitsgrundrecht und Rundfunkfreiheitsgrundrecht)[374], Art. 5 Abs. 1 S. 2 GG[375]

a) GR-SB:

aa) Persönlicher GR-SB: Im Pressebereich oder im Rundfunkbereich tätige Personen und Organisationen.[376]

bb) Sachlicher GR-SB: Voraussetzungen und Tätigkeiten, ohne welche die Medien ihre Funktion im freiheitlich-demokratischen Staat nicht in angemessener Weise erfüllen können, vgl. auch § 7 PresseG NRW.[377]

(Kinderpornographieverdacht bei Bundestagsabgeordnetem), Rn. 46: „Verfassungsrechtlich nicht zu beanstanden ist auch die Beschlagnahmeanordnung hinsichtlich der Verkehrsdaten im Zusammenhang mit der Internetkommunikation des Beschwerdeführers, die ebenfalls von dem Schutz des Art. 10 Abs. 1 GG erfasst ist (vgl. BVerfGE 100, 313 <395 ff.>).“ BVerfGE 115, 166 (Kommunikationsverbindungsdaten) = BVerfG, Urteil des Zweiten Senats vom 02. März 2006 – 2 BvR 2099/04 –, Ls. 1: „Die nach Abschluss des Übertragungsvorgangs im Herrschaftsbereich des Kommunikationsteilnehmers gespeicherten **Verbindungsdaten** werden nicht durch Art. 10 Abs. 1 GG, sondern durch das Recht auf informationelle Selbstbestimmung (Art. 2 Abs. 1 in Verbindung mit Art. 1 Abs. 1 GG) und gegebenenfalls durch Art. 13 Abs. 1 GG geschützt.“ Ls. 2: „§§ 94 ff. und §§ 102 ff. StPO genügen den verfassungsrechtlichen Anforderungen auch hinsichtlich der Sicherstellung und Beschlagnahme von Datenträgern und den hierauf gespeicherten Daten und entsprechen der vor allem für das Recht auf informationelle Selbstbestimmung geltenden Vorgabe, wonach der Gesetzgeber den Verwendungszweck der erhobenen Daten bereichsspezifisch, präzise und für den Betroffenen erkennbar bestimmen muss. Dem wird durch die strenge Begrenzung aller Maßnahmen auf den Ermittlungszweck Genüge getan (vgl. BVerfGE 113, 29).“; Ls. 3: „Beim Zugriff auf die bei dem Betroffenen gespeicherten Verbindungsdaten ist auf deren erhöhte Schutzwürdigkeit Rücksicht zu nehmen. Die Verhältnismäßigkeitsprüfung muss dem Umstand Rechnung tragen, dass es sich um Daten handelt, die außerhalb der Sphäre des Betroffenen unter dem besonderen Schutz des Fernmeldegeheimnisses stehen und denen im Herrschaftsbereich des Betroffenen ein ergänzender Schutz durch das Recht auf informationelle Selbstbestimmung zuteil wird.“.

374 BVerfGE 117, 244, 258 (Cicero) = BVerfG, Urteil des Ersten Senats vom 27.02.2007 – 1 BvR 538, 2045/06 – B. I. 1. a), Rn. 42: „Die Freiheit der Medien ist konstituierend für die freiheitliche demokratische Grundordnung (vgl. BVerfGE 7, 198 [208]; 77, 65 [74]; stRspr). Eine freie Presse und ein freier Rundfunk sind daher von besonderer Bedeutung für den freiheitlichen Staat (vgl. BVerfGE 20, 162 [174]; 50, 234 [239 f.]; 77, 65 [74]).“.

375 Vgl. Art. 142 GG i.V.m. Art. 4 Abs. 1 Verfassung NRW; Art. 11 EU-GR-Charta.

376 BVerfGE 117, 244, 258 f. (Cicero) = BVerfG, Urteil des Ersten Senats vom 27.02.2007 – 1 BvR 538, 2045/06 – B. I. 1. a), Rn. 42: „Dementsprechend gewährleistet Art. 5 Abs. 1 Satz 2 GG den im Bereich von Presse und Rundfunk tätigen Personen und Organisationen Freiheitsrechte und schützt darüber hinaus in seiner objektiv-rechtlichen Bedeutung auch die institutionelle Eigenständigkeit der Presse und des Rundfunks (vgl. BVerfGE 10, 118 [121]; 66, 116 [133]; 77, 65 [74 ff.]).“.

377 BVerfGE 117, 244, 259 (Cicero) = BVerfG, Urteil des Ersten Senats vom 27.02.2007 – 1 BvR 538, 2045/06 – B. I. 1. a), Rn. 42: Die Gewährleistungsbereiche der Presse- und Rundfunkfreiheit schließen diejenigen Voraussetzungen und Hilfstätigkeiten mit ein, ohne welche die Medien ihre Funktion nicht in angemessener Weise erfüllen können. Geschützt sind namentlich die Geheimhaltung der Informationsquellen und das Vertrauensverhältnis zwischen Presse beziehungsweise Rundfunk und den Informanten (vgl. BVerfGE 100, 313 [365] m.w.N.). Dieser Schutz ist unentbehrlich, weil die Presse auf private Mitteilungen nicht verzichten kann, diese Informationsquelle aber nur dann ergiebig fließt, wenn sich der Informant grundsätzlich auf die Wahrung des Redaktionsgeheimnisses verlassen kann (vgl. BVerfGE 20, 162 [176, 187]; 36, 193 [204]).“.

b) GR-E (oder Nichteingriff/GR-Verzicht): Einschränkung von Voraussetzungen und Tätigkeiten, ohne welche die Medien ihre Funktion im freiheitlich-demokratischen Staat nicht in angemessener Weise erfüllen können, vgl. auch § 7 PresseG NRW.[378]

c) GR-B: Art. 5 Abs. 2 GG, Art. 18 GG.[379]

4. Allgemeine Verhaltensfreiheit / allgemeine Handlungsfreiheit[380], Art. 2 Abs. 1 GG[381]

a) GR-SB:

aa) Persönlicher GR-SB: „Jeder“.

---

[378] Zu **Medienfreiheitseingriffsgegenständen** vgl. BVerfGE 117, 244, 259 f. (Cicero) = BVerfG, Urteil des Ersten Senats vom 27.02.2007 – 1 BvR 538, 2045/06 – B. I. 1. a), Rn. 44 f.: „Eine **Durchsuchung in Presseräumen** stellt wegen der damit verbundenen Störung der redaktionellen Arbeit und der Möglichkeit einer einschüchternden Wirkung eine Beeinträchtigung der Pressefreiheit dar (vgl. zuletzt BVerfG, 1. Kammer des Ersten Senats, Beschluss vom 1. Februar 2005 -- 1 BvR 2019/03 --, NJW 2005, S. 965). Auch können potentielle Informanten durch die begründete Befürchtung, bei einer Durchsuchung könnte ihre Identität festgestellt werden, davon abgehalten werden, Informationen zu liefern, die sie nur im Vertrauen auf die Wahrung ihrer Anonymität herauszugeben bereit sind. Überdies liegt in der **Verschaffung staatlichen Wissens über die im Bereich journalistischer Recherche hergestellten Kontakte** ein Eingriff in das **Redaktionsgeheimnis**, dem neben dem **Vertrauensverhältnis der Medien zu ihren Informanten** eigenständige Bedeutung zukommt (vgl. BVerfGE 66, 116 [133 ff.]; 107, 299 [331]). Durch die Anordnung der **Beschlagnahme** von Datenträgern zum Zwecke der Auswertung ist den Ermittlungsbehörden die Möglichkeit des Zugangs zu redaktionellem Datenmaterial eröffnet worden. Dies greift in besonderem Maße in die vom Grundrecht der Pressefreiheit umfasste **Vertraulichkeit der Redaktionsarbeit** ein, aber auch in ein etwaiges Vertrauensverhältnis zu Informanten.“.

[379] BVerfGE 117, 244, 260 (Cicero) = BVerfG, Urteil des Ersten Senats vom 27.02.2007 – 1 BvR 538, 2045/06 – B. I. 2. a), Rn. 47: „Nach Art. 5 Abs. 2 GG findet die Pressefreiheit ihre Schranken in den Vorschriften der allgemeinen Gesetze. Darunter sind alle Gesetze zu verstehen, die sich nicht gegen die Meinungsfreiheit oder die Freiheit von Presse und Rundfunk an sich oder gegen die Äußerung einer bestimmten Meinung richten, die vielmehr dem Schutz eines schlechthin, ohne Rücksicht auf eine bestimmte Meinung, zu schützenden Rechtsguts dienen. Dieses Rechtsgut muss in der Rechtsordnung allgemein und damit unabhängig davon geschützt sein, ob es durch Meinungsäußerungen oder auf andere Weise verletzt werden kann. Beschränkt die zum Schutz dieses Rechtsguts ergriffene Maßnahme die Meinungs- oder Pressefreiheit, so führt nicht schon dies zur Verneinung des Charakters der ermächtigenden Rechtsnorm als allgemeines Gesetz. Bei seiner Anwendung ist aber zu klären, ob die Güterabwägung zu einem Vorrang des Schutzes des Rechtsguts führt, dem das allgemeine Gesetz dient. Soweit die zur Beschränkung ermächtigenden Rechtsnormen auslegungsbedürftig sind, darf die Auslegung nicht zur Außerachtlassung des Schutzgehalts von Art. 5 Abs. 1 GG führen (vgl. BVerfGE 111, 147 [155]).“.

[380] „Allgemeine“ Verhaltensfreiheit / Handlungsfreiheit: Auffanggrundrecht ggü. ggf. spezielleren Grundrechten, vgl. Rechtsnormspezialitätsregel („lex specialis derogat legi generali“), vgl. auch: BVerfGE 6, 32, 37 (Elfes) = BVerfG, Urteil des Ersten Senats vom 16.01.1957 – 1 BvR 253/56, Gründe, II. 2. a), Rn. 16: „Neben der allgemeinen Handlungsfreiheit, die Art. 2 Abs. 1 GG gewährleistet, hat das Grundgesetz die Freiheit menschlicher Betätigung für bestimmte Lebensbereiche, die nach den geschichtlichen Erfahrungen dem Zugriff der öffentlichen Gewalt besonders ausgesetzt sind, durch besondere Grundrechtsbestimmungen geschützt; bei ihnen hat die Verfassung durch abgestufte Gesetzesvorbehalte abgegrenzt, in welchem Umfang in den jeweiligen Grundrechtsbereich eingegriffen werden kann. Soweit nicht solche besonderen Lebensbereiche grundrechtlich geschützt sind, kann sich der Einzelne bei Eingriffen der öffentlichen Gewalt in seine Freiheit auf Art. 2 Abs. 1 GG berufen. Hier bedurfte es eines Gesetzesvorbehalts nicht, weil sich aus der Beschränkung der freien Entfaltung der Persönlichkeit durch die verfassungsmäßige Ordnung der Umfang staatlicher Eingriffsmöglichkeiten ohne weiteres ergibt.“.

[381] Vgl. auch Art. 142 GG i.V.m. Art. 4 Abs. 1 Verfassung NRW; Art. 6 EU-GR-Charta; Art. 5 EMRK.

bb) Sachlicher GR-SB: „**freie Entfaltung der Persönlichkeit**" als **allgemeine Verhaltensfreiheit** im umfassenden Sinn[382] durch grundsätzlich jedes Tun, Dulden, Unterlassen.[383]

b) GR-E (oder Nichteingriff/GR-Verzicht): **Verhaltenseinschränkung** als Verhaltenssteuerung.

c) GR-B: Art. 2 Abs. 1 Hs. 2 GG.[384]

---

[382] BVerfGE 6, 32, 36 f. (Elfes) = BVerfG, Urteil des Ersten Senats vom 16.01.1957 – 1 BvR 253/56, Gründe, II. 2. a), Rn. 14 f.: „Das Grundgesetz kann mit der ‚freien Entfaltung der Persönlichkeit' nicht nur die Entfaltung innerhalb jenes Kernbereichs der Persönlichkeit gemeint haben, der das Wesen des Menschen als geistig-sittliche Person ausmacht, denn es wäre nicht verständlich, wie die Entfaltung innerhalb dieses Kernbereichs gegen das Sittengesetz, die Rechte anderer oder sogar gegen die verfassungsmäßige Ordnung einer freiheitlichen Demokratie sollte verstoßen können. Gerade diese, dem Individuum als Mitglied der Gemeinschaft auferlegten Beschränkungen zeigen vielmehr, daß das Grundgesetz in Art. 2 Abs. 1 GG die Handlungsfreiheit im umfassenden Sinne meint. [...] Es waren nicht rechtliche Erwägungen, sondern sprachliche Gründe, die den Gesetzgeber bewogen haben, die ursprüngliche Fassung ‚Jeder kann tun und lassen was er will' durch die jetzige Fassung zu ersetzen (vgl. v. Mangoldt, Parlamentarischer Rat, 42. Sitzung des Hauptausschusses, S. 533)."; BVerfGE 80, 137, 152 f. (Reiten im Walde) = BVerfG, Beschluss des Ersten Senats vom 06.06.1989 – 1 BvR 921/85 –, C. I. 1 a), Rn. 69: „Nach den in der Rechtsprechung des Bundesverfassungsgerichts entwickelten Grundsätzen gewährleistet Art. 2 Abs. 1 GG die allgemeine Handlungsfreiheit im umfassenden Sinne (st. Rspr. seit BVerfGE 6, 32 [36]; aus neuerer Zeit etwa: BVerfGE 74, 129 [151]; 75, 108 [154 f.]). Geschützt ist damit nicht nur ein begrenzter Bereich der Persönlichkeitsentfaltung, sondern jede Form menschlichen Handelns ohne Rücksicht darauf, welches Gewicht der Betätigung für die Persönlichkeitsentfaltung zukommt (vgl. etwa die Entscheidung eines Vorprüfungsausschusses in BVerfGE 54, 143 (146) - Taubenfüttern).".

[383] BVerfGE 6, 32, Ls. 1, 2 (Elfes) = BVerfG, Urteil des Ersten Senats vom 16.01.1957 – 1 BvR 253/56, Ls. 1: „Art. 11 GG betrifft nicht die Ausreisefreiheit.", Ls. 2: „Die **Ausreisefreiheit** ist als Ausfluß der allgemeinen Handlungsfreiheit durch Art. 2 Abs. 1 GG innerhalb der Schranken der verfassungsmäßigen Ordnung gewährleistet."; BVerwG, Urteil vom 29.05.2019 - BVerwG 6 C 8.18 (Beschränkung des Geltungsbereichs eines Passes), Rn. 20: „In der höchstrichterlichen Rechtsprechung ist seit Jahrzehnten geklärt, dass die durch Art. 2 Abs. 1 GG geschützte Ausreisefreiheit auch durch den **Passversagungs**grund des § 7 Abs. 1 Nr. 1 Alt. 3 PassG als Bestandteil der verfassungsmäßigen Ordnung wirksam eingeschränkt wird.".

[384] Art. 2 Abs. 1 Hs. 2 GG (**Schrankentrias**): BVerfGE 80, 137, 153 (Reiten im Walde) = BVerfG, Beschluss des Ersten Senats vom 06.06.1989 – 1 BvR 921/85 –, C. I. 1 a), Rn. 69: „Abgesehen von einem absolut geschützten Kernbereich privater Lebensgestaltung, welcher der Einwirkung der öffentlichen Gewalt entzogen ist (BVerfGE 6, 32 [41]), ist die allgemeine Handlungsfreiheit allerdings nur in den **Schranken** des zweiten Halbsatzes von Art. 2 Abs. 1 GG gewährleistet und steht damit insbesondere unter dem **Vorbehalt der verfassungsmäßigen (Rechts-)Ordnung** (BVerfGE 6, 32 [37 f.]; 74, 129 [152]). Stützt sich ein die Handlungsfreiheit berührender Akt der öffentlichen Gewalt auf eine Rechtsnorm, so kann mit der Verfassungsbeschwerde unter Berufung auf Art. 2 Abs. 1 GG zur Nachprüfung gestellt werden, ob diese Norm zur **verfassungsmäßigen Ordnung** gehört, das heißt formell und materiell mit den Normen der Verfassung in Einklang steht (st. Rspr. seit BVerfGE 6, 32)."; BVerfGE 6, 32, Ls. 3 (Elfes) = BVerfG, Urteil des Ersten Senats vom 16.01.1957 – 1 BvR 253/56, Ls. 3: „**Verfassungsmäßige Ordnung** im Sinne des Art. 2 Abs. 1 GG ist die verfassungsmäßige Rechtsordnung, d.h. die Gesamtheit der Normen, die formell und materiell der Verfassung gemäß sind."; vgl. dazu auch BVerfGE 6, 32, 37-41 (Elfes) = BVerfG, Urteil des Ersten Senats vom 16.01.1957 – 1 BvR 253/56, Gründe II. 2 b), c), Rn. 17-33.

Rechte anderer sind (als Teil der verfassungsmäßigen Ordnung) subjektive Berechtigungen (Anspruch oder Befugnis oder Erlaubnis) einschließlich Verpflichtungen (Pflicht zur Erfüllung von Anspruch oder Befugnis oder Erlaubnis) und sonstiger Rechtswirkungen für ein Rechtssubjekt bezüglich eines Verhaltens oder eines Rechtsguts.

Vgl. zum ein Mal bundesverfassungsgerichtlich entscheidungserheblich bemühten „**Sittengesetz**" nach Art. 2 Abs. 1 Hs. 2 GG als Gesetz, das nicht das durch die „soziale Gemeinschaft" „als für sich verbindlich"

A. Rechtsgrundlage (RGL) II. Rechtsgebiet (RG)

(VOR/DEF)

Rechtsgebiet ist Rechtsordnungsteil nach allen Umständen – wie schwerpunktmäßige Äußerungen, Rechtsnormen, Zwecke, auch i.V.m. §§ 133, 157 BGB analog.[385]

(SUB/ERG)

Die Maßnahme erfolgt auf dem Rechtsgebiet des besonderen öffentlichen Rechts polizeilicher Strafrechtspflege.

Die Maßnahme erfolgt insbesondere auf dem Rechtsgebiet der Strafrechtspflege bei (alternativ)

- schwerpunktmäßigem Zweck der Abschöpfung mutmaßlich rechtswidrig erlangten Vermögensvorteils;
- schwerpunktmäßigem Zweck der Sicherung für das weitere Strafverfahren oder Ordnungswidrigkeitenverfahren;
- schwerpunktmäßigem Zweck der Sicherung der Einziehung oder Unbrauchbarmachung
- Fehlen eines Gefahrüberhangs;
- Fehlen schwerpunktmäßigen Gefahrenabwehrzwecks im Sinne des § 43 PolG NRW („Vermögensabschöpfung statt Vermögenssicherung").

Die „Beschlagnahme" buchstäblich als solche erfolgt wegen ihrer Nichtnormierung in Gefahrenabwehrgesetzen wie den Polizeigesetzen außer dem in Baden-Württemberg[386] schwerpunktmäßig auf dem Rechtsgebiet der Strafrechtspflege mit StPO/OWiG, hier zwecks Sicherung für das weitere Strafverfahren, insbesondere für mögliche spätere richterliche Einziehung als Nebenfolge im Urteil.[387]

---

anerkannte „Rechtsgefühl" „im allgemeinen" „verletzt": BVerfGE 6, 389 (Homosexuelle) = BVerfG, Urteil des Ersten Senats vom 10.05.1957 – 1 BvR 550/52 –, und StrRehaHomG (Gesetz zur strafrechtlichen Rehabilitierung der nach dem 8. Mai 1945 wegen einvernehmlicher homosexueller Handlungen verurteilten Personen vom 17. Juli 2017 – BGBl. I S. 2443).

[385] Zum Rechtsgebiet bzw. zu Rechtsgebieten einschließlich Rechtsgebiet-Begriffen und Rechtsgebiet-Auslegungsansätzen: *Basten*, Eingriffsrecht der Polizei in Nordrhein-Westfalen, Band 1, Buch 1, Abschnitt 3, Unterabschnitt 3, Titel 3, Untertitel 3.

[386] Vgl. alle Polizeigesetze in Bund und Ländern sowie §§ 32, 33 PolG des Landes Baden-Württemberg (BW). Zuvor hatte auf dem Rechtsgebiet der Gefahrenabwehr neben dem PolG BW noch das PolG Sachsen in §§ 27, 28(, 29) PolG Sachsen normiert: Sicherstellung, Beschlagnahme (und Einziehung), nunmehr ist im das PolG Sachsen abgelösthabenden Sächsischen Polizeivollzugsdienstgesetz (SächsPVDG) vom 11.05.2019 (SächsGVBl. S. 358) in § 31 SächsPVDG nur noch die „Sicherstellung" normiert.

[387] In diesem Satz stehen Subsumtionsaussagen zu allen in der Rechtsgebietsdefinition ausdrücklich genannten Umständen: Äußerung (Aussage: „Beschlagnahme"), Rechtsnormen (aus Polizeigesetzen und StPO/OWiG sowie – antezipiert/antizipiert – Einziehungsvorschriften), Zweck (Strafverfahrenssicherung durch Einziehungssicherung).

A. Rechtsgrundlage (RGL) III. Mögliche Befugnisrechtsnorm (Mgl. Brn.)

(VOR/DEF)

Befugnisrechtsnorm ist die rechtmäßige hauptsächliche materiellrechtliche Rechtsgrundlage mit realfolgenentsprechender Rechtsfolge.

(SUB/ERG)

Realfolge ist die jeweilige Maßnahme laut Sachverhalt.

Rechtsfolge ist die Maßnahme laut Rechtsnorm.

(SUB)

Realfolgen und Rechtsfolgen zu:

Sicherstellung/Beschlagnahme

(SUB)

Realfolgen Sicherstellung/Beschlagnahme:

- Abnahme und Inverwahrungnahme, jeweils ohne Zwang, vgl. § 44 PolG NRW;
- Anordnung von Vorlegen und Auslieferung des Gegenstands, vgl. § 95 StPO;
- Handlungsverfügung der Herausgabe;
- Aufbewahrung oder andere Sicherung, vgl. § 44 Abs. 1 PolG NRW
- Unterlassungsverfügung des Unberührtseinlassens;
- Gebotsverfügung des Aufbewahrens;
- Kennzeichnung mit Siegel (vgl. § 136 StGB);
- Belassen der Sache am ursprünglichen Belegenheitsort;
- Vgl. auch § 111c StPO.

Rechtsfolgen Sicherstellung/Beschlagnahme:

Sicherstellung ist Herstellung eines öffentlich-rechtlichen Verwahrungsverhältnisses oder eines anderen Sicherungsverhältnisses zu einer Sache (PolG NRW, StPO, OWiG)

(ERG)

Mögliche Befugnisrechtsnorm zu:

Sicherstellung/Beschlagnahme

(ERG)

Gefahrenabwehr:

- Diverse Spezialbefugnisrechtsnomen
  - § 21 AsylG
  - § 22 eIDKG (Rechtsfolgen: Einziehung und Sicherstellung; sachliche Zuständigkeit: § 6 eIDKG mit Verweis auf § 2 Abs. 2 PAuswG)
  - §§ 42-44 LFGB
  - §§ 13, 19 PaßG
  - § 29 PAuswG (Rechtsfolgen: § 29 Abs. 1: Einziehung, § 29 Abs. 2: Sicherstellung, sachliche Zuständigkeit: § 7 Abs. 3 i.V.m. § 2 Abs. 2 PAuswG, zu den TBV vgl. auch § § 29 Abs. 2 Nr. 1 PAuswG i.V.m. § 1 Abs. 1 S. 3, 4 PAuswG, zur zwangsweisen Durchsetzung: § 30 PAuswG)
  - § 37 Abs. 1 WaffG; § 46 Abs. 4 WaffG
  - vgl. auch: §§ 3, 4, 10-13 VereinsG (Sicherstellung durch Beschlagnahme und Einziehung)[389]
  - Vgl. auch § 52 VwVfG NRW
- § 43 PolG NRW (Sicherstellung)

---

[389] Zu **Vereinigungsverboten** allgemein: BVerfGE 149, 160 (Vereinigungsverbot „Internationale Humanitäre Hilfsorganisation e.V." / mittelbare Unterstützung der „Hamas") = BVerfG, Beschluss des Ersten Senats vom 13.07.2018 – 1 BvR 1474/12.

oder zu einem anderen Gegenstand[388] (StPO, OWiG; PolG NRW analog).

Beschlagnahme ist in NRW nur in der Strafrechtspflege eine spezielle Art der Sicherstellung (vgl. § 111n Abs. 1 StPO und alle Beschlagnahme-Befugnisrechtsnormen), jeweils speziell definiert, vgl. insbesondere:

- §§ 94 Abs. 1, 2 und § 98 Abs. 2 StPO;
- § 111b Abs. 1 StPO;
- § 132 StPO.

Strafrechtspflege (ggf. mit §§ 46, 53 Abs. 1 S. 2, Abs. 2 OWiG / 46 Abs. 3 OWiG):

- § 94 Abs. 1 StPO (Sicherstellung von Gegenständen zu Beweiszwecken);
- § 94 Abs. 1, 2 StPO (Beschlagnahme von Gegenständen zu Beweiszwecken), § 98 (Verfahren bei Beschlagnahme);
- § 94 Abs. 3 StPO (i.V.m. § 111a StPO i.V.m. §§ 69 a, b StGB) Sicherstellung oder Beschlagnahme von Führerscheinen, die der Einziehung unterliegen);
- §§ 99, 100 StPO (Postbeschlagnahme);
- § 108 StPO (Beschlagnahme anderer Gegenstände – „Zufallsfunde“);
- § 111b StPO (Beschlagnahme zur Sicherung der Einziehung oder Unbrauchbarmachung)[390];

---

[388] BVerfGE 113, 29, Ls. 1 (Anwaltsdaten) = BVerfG, Beschluss des Zweiten Senats vom 12.04.2005 – 2 BvR 1027/02 –, Ls. 1: „Die Strafprozessordnung erlaubt die **Sicherstellung und Beschlagnahme von Datenträgern** und hierauf gespeicherten Daten als Beweisgegenstände im Strafverfahren.“, BVerfGE 113, 29, 50 (Anwaltsdaten) = BVerfG, Beschluss des Zweiten Senats vom 12.04.2005 – 2 BvR 1027/02 – , C. II. 2. b), Rn. 100: „§ 94 StPO erlaubt auch die Sicherstellung von Daten auf behördeneigenen Datenträgern. Der Wortsinn gestattet es, als ‚Gegenstand‘ des Zugriffs auch nichtkörperliche Gegenstände zu verstehen. Der Wortlaut wird durch die Annahme, auch unkörperliche Gegenstände seien von § 94 StPO erfasst, schon im Hinblick auf die Unterscheidung gegenüber dem engeren Begriff der (körperlichen) Sache nicht überschritten.“.

[390] Gesetzentwurf der Bundesregierung – Entwurf eines Gesetzes zur Reform der strafrechtlichen Vermögensabschöpfung – BT-Drs. 18/9525 v. 05.09.2016, S. 1. – A. Problem und Ziel – (Inkrafttreten des Gesetzes: 01.07.2017): „Ein großer Teil der Straftaten dient der Erzielung rechtswidriger Vermögensvorteile. Eine nachhaltige Kriminalitätsbekämpfung erfordert deshalb eine wirksame strafrechtliche Vermögensabschöpfung. Um dieses Ziel zu erreichen, benötigen Gerichte, Staatsanwaltschaften und Polizei ein gesetzliches Instrumentarium, das eine effektive rechtsstaatliche Einziehung deliktisch erlangter Vermögenswerte gewährleistet. Das [bis zum 01.07.2017] geltende Recht [alter Fassung] wird [=wurde] der hohen kriminalpolitischen Bedeutung der strafrechtlichen Vermögensabschöpfung nicht gerecht. Zwar geben [=gaben] das Strafgesetzbuch (StGB) mit dem Institut des ‚Verfalls‘ und die Strafprozessordnung (StPO) mit der Möglichkeit der vorläufigen Sicherstellung von Vermögenswerten (‚Beschlagnahme‘ und ‚dinglicher Arrest‘) der Strafjustiz ein – jedenfalls im Prinzip - durchdachtes Abschöpfungsmodell an die Hand. Das Regelungswerk [alter Fassung] ist [=war] jedoch äußerst komplex und unübersichtlich. Zudem ist es mit zahlreichen rechtlichen Zweifelsfragen belastet. Strafgerichtliche Entscheidungen auf dem Gebiet der Vermögensabschöpfung sind in hohem Maße fehleranfällig. Mit besonderen tatsächlichen und rechtlichen Problemen ist [=war] die Opferentschädigung verbunden. Sie folgt [=folgte] dem Regelungsmodell der ‚Rückgewinnungshilfe‘. Nach § 73 Absatz 1 Satz 2 StGB ist [=war] der ‚Verfall‘, also die Abschöpfung deliktisch erlangter Vermögenswerte, bei bestehenden Schadensersatzansprüchen der Verletzten ausgeschlossen. Die Strafjustiz kann [=konnte] Vermögenswerte für die Geschädigten lediglich vorläufig sichern. Für die zivilrechtliche Durchsetzung ihrer Ansprüche müssen [=mussten] die Tatopfer selbst sorgen. Zusätzlich müssen [=mussten] sie in einem gesonderten strafprozessualen Verfahren die Zulassung der Zwangsvollstreckung erreichen. Bei mehreren Geschädigten gilt [=galt] der Prioritätsgrundsatz. Dieses vor allem von der Strafrechtspraxis mit einem ‚Windhundrennen‘ verglichene Modell wird [=wurde] im Strafverfahren als unbefriedigend empfunden. Nicht selten scheuen [=scheuten]

- § 132 StPO (Beschlagnahme bei Nichtbefolgung der Anordnung zur

---

Geschädigte Kosten und Aufwand für dieses komplizierte und mit unsicheren Erfolgsaussichten behaftete Verfahren. Um zu verhindern, dass dem Täter in diesen Fällen die Taterträge verbleiben, kann [=konnte] in einem - allerdings äußerst komplexen und langwierigen - Verfahren der ‚Auffangrechtserwerb' an den sichergestellten Vermögensgegenständen zugunsten des Staates angeordnet werden (§ 111i StPO). Angesichts der Komplexität des Regelungswerks sieht [=sah] sich die mit stetig steigender Arbeitsbelastung konfrontierte Strafjustiz häufig gezwungen, von vermögensabschöpfenden Maßnahmen abzusehen. Dieser Zustand ist [=war] weder kriminalpolitisch noch unter Gerechtigkeitsgesichtspunkten befriedigend. Das [vormals] geltende Recht [alter Fassung] bietet [=bot] zudem für einige Fallgestaltungen keine hinreichenden Lösungsmöglichkeiten. Dies gilt insbesondere für die Ausprägung des aus Straftaten herrührenden Vermögens unklarer Herkunft. Der Entwurf [Gesetzentwurf der Bundesregierung – BT-Drs. 18/9525 v. 05.09.2016] verfolgt das Ziel, das Recht der Vermögensabschöpfung durch eine grundlegende Reform zu vereinfachen und nicht vertretbare Abschöpfungslücken zu schließen. Er setzt zudem die Richtlinie 2014/42/EU des Europäischen Parlaments und des Rates vom 3. April 2014 über die Sicherstellung und Einziehung von Tatwerkzeugen und Erträgen aus Straftaten in der Europäischen Union (ABl. L 127 vom 29.4.2014, S. 39; L 138 vom 13.5.2014, S. 114 - im Folgenden: Richtlinie 2014/42/EU) in innerstaatliches Recht um." [Anpassungen/Vermerke: P.B.] Gesetzentwurf der Bundesregierung – Entwurf eines Gesetzes zur Reform der strafrechtlichen Vermögensabschöpfung – BT-Drs. 18/9525 v. 05.09.2016, S. 1. – B. Lösung – (Inkrafttreten des Gesetzes: 01.07.2017): „Das Recht der strafrechtlichen Vermögensabschöpfung wird vollständig neu gefasst. Um den umfassenden Ansatz des Reformwerks zu unterstreichen, ersetzt der Entwurf den Begriff ‚Verfall' durch ‚Einziehung' (von Taterträgen). Diese rein sprachliche Änderung lehnt zudem das deutsche Recht an die im Recht der Europäischen Union gebräuchliche Begrifflichkeit (‚confiscation') an. Kernstück des Reformvorhabens ist die grundlegende Neuregelung der Opferentschädigung. Dreh- und Angelpunkt ist die Streichung des § 73 Absatz 1 Satz 2 StGB. Das Regelungsmodell der ‚Rückgewinnungshilfe' wird damit hinfällig, die komplizierte Vorschrift über den staatlichen ‚Auffangrechtserwerb' überflüssig. Zeitraubende zivilrechtliche Fragen werden sich künftig nicht mehr stellen. Die Ansprüche der Tatgeschädigten werden grundsätzlich im Strafvollstreckungsverfahren befriedigt. Ist der aus der Tat erlangte Gegenstand noch vorhanden, wird er im Urteil eingezogen und an den Geschädigten zurückübertragen. Andernfalls ordnet das Gericht die Einziehung eines Geldbetrages an, der dem Wert des ursprünglich erlangten Gegenstandes entspricht (Einziehung des Wertes des Tatertrages). Nach Rechtskraft werden die zur Sicherung dieser Wertersatzeinziehung sichergestellten Vermögensgegenstände verwertet und der Erlös wird an den oder die Verletzten ausgekehrt. Reicht der Wert der sichergestellten Vermögensgegenstände oder nach Verwertung der Erlös nicht aus, um sämtliche Schadensersatzansprüche zu befriedigen, werden die Verletzten in dem für die Zahlungsunfähigkeit eines Schuldners vorgesehenen Verfahren der Insolvenzordnung entschädigt. Dieses Entschädigungsmodell bietet den Tatgeschädigten einen einfachen und kostenlosen Weg, Schadenswiedergutmachung zu erlangen. Es stärkt damit den Opferschutz. Das Reformmodell zeichnet sich durch die Gleichbehandlung aller Verletzten aus und setzt somit auf eine am Grundsatz der Gerechtigkeit ausgerichtete Schadenswiedergutmachung. Der Entwurf sieht darüber hinaus weitere Erleichterungen vor. Beispielhaft steht hierfür die Möglichkeit, die Entscheidung über die Vermögenseinziehung von der Hauptsache (Schuld- und Strafffrage) abzutrennen. Die Vermögensabschöpfung erfolgt in diesem Fall in einem nachträglichen Verfahren, für das die rechtskräftigen Feststellungen in der Hauptsache bindend sind. Dies wird das Instrument der Vermögensabschöpfung insbesondere in ‚(Untersuchungs-)Haftsachen' stärken, die dem Beschleunigungsgrundsatz besonders verpflichtet sind. Der Entwurf schließt erhebliche Abschöpfungslücken. Die grundsätzliche Beschränkung des Anwendungsbereichs für die erweiterte Einziehung von Taterträgen (bisher ‚erweiterter Verfall') auf gewerbs- und bandenmäßig begangene Delikte wird aufgehoben; als Anknüpfungstat kommt künftig jede rechtswidrige Straftat in Betracht. Die Zulässigkeit der selbständigen Anordnung der Einziehung wird erweitert, so dass eine nachträgliche Vermögensabschöpfung möglich sein wird. Für den Bereich des Terrorismus und der organisierten Kriminalität schafft der Entwurf darüber hinaus ein rechtliches Instrument, mit dem aus Straftaten herrührendes Vermögen unklarer Herkunft unabhängig vom Nachweis einer konkreten Straftat eingezogen werden kann.".

Sicherheitsleistung und Bevollmächtigung zum Zustellungsempfang);
- § 110 StPO (Sichtungsverfahren mit: § 110 Abs. 2 S. 2 [Umschlagverschließung, Ablieferung an StA], § 110 Abs. 3 S. 2 StPO [Datensicherung][391].

Es gibt:

- Mobilien-„Beschlagnahme"
- Immobilien-„Beschlagnahme"
- „Vermögensarrest",

mit Unterschieden zueinander insbesondere bei Zuständigkeit/Verfahren, vgl. insbesondere §§ 111e-h StPO, vgl. z.B. §§ 73c, 74c StGB; §§ 111j Abs. 1 S. 3, k Abs. 1 S. 2, 3 StPO. §§ 73c, 74c StGB regeln Wertersatzeinziehung (vgl. § 73e Überschrift „Wertersatz"), deren Vollstreckung durch Vermögensarrest (§ 111e StPO), nicht durch Beschlagnahme (§ 111b StPO) angeordnet und vollzogen wird, vgl. §§ 111b, 111e Überschriften StPO.

Beschlagnahme- und -Arrest-Abgrenzung: Beschlagnahmebefugnis nach § 111b StPO ist ungleich Vermögensarrestbefugnis nach § 111e StPO. „Beschlagnahme zur Sicherung der Einziehung oder Unbrauchbarmachung(=„Vollstreckung" i.S.d. § 111b Abs. 1 S. 1 StPO)" ist ausreichendes differentium specificum zum „Vermögensarrest", neben all den anderen Beschlagnahmerechtsnormen durch den Zweck und neben Vermögensarrest deshalb, weil: Vermögensarrest erfolgt nie durch Beschlagnahme-Anordnung, § 111e StPO, oder Beschlagnahme-Vollziehung (Beschlagnahme-Ausführung), vgl. § 111f StPO und § 111j StPO (insb. Überschrift): Vollziehung des Vermögensarrestes. Vermögensarrest hat folgende alternative Zwecke: Sicherung der Einziehung von Wertersatz, § 111e Abs. 1 StPO i.V.m. §§ 73c, e StGB und Sicherung der Vollstreckung einer Geldstrafe und der voraussichtlichen Kosten des Strafverfahrens, § 111e Abs. 2 StPO.

Einziehung ist keine Maßregel der Besserung und Sicherung, sondern eine strafrechtspflegerische sonstige Maßnahme[392], und Nebenrechtsfolge von Tat oder Tatverdacht[393], jedenfalls

---

[391] BVerfGK 1, 126 = BVerfG, Beschluss der 3. Kammer des Zweiten Senats vom 28.04.2003 – 2 BvR 358/03 –, Rn. 23: „Das **Sichtungsverfahren gemäß § 110 StPO**, bei dem [...] Gegenstände auf ihre Beweiseignung und Beschlagnahmefähigkeit überprüft werden, bewegt sich zwischen diesen Maßnahmen [Beschlagnahme und Durchsuchung]. Es wird als Teil der Durchsuchung angesehen (vgl. BGHSt 44, 265 <273>). (...) Andererseits ist die Wegnahme von Sachen aus dem Gewahrsam des Betroffenen zur Sichtung nach § 110 StPO in ihrer Wirkung für den Betroffenen der Beschlagnahme angenähert.". BVerfG, Beschluss der 3. Kammer des Zweiten Senats vom 30.01.2002 – 2 BvR 2248/00 –, Gründe, Rn. 7 f.: „§ 110 StPO schränkt insoweit das Recht auf jederzeitige Nutzung des Notebooks und ungehinderten Zugriff auf die darauf gespeicherten Daten ein. Die Vorschrift gibt der Staatsanwaltschaft Gelegenheit zur Klärung und Entscheidung, ob sichergestellte Unterlagen, wozu auch lesbare Aufzeichnungen von Daten aus der Software von EDV-Anlagen gehören (BGH, CR 1999, S. 292 <293>), zurückzugeben sind oder ob die richterliche Beschlagnahme zu erwirken ist. Diese Phase ist noch zum Vollzug der Durchsuchungsanordnung zu rechnen (BGH, NJW 1995, S. 3397). In welchem Umfang die inhaltliche Durchsicht des u. U. umfangreichen und komplexen Materials notwendig ist, wie sie im Rahmen von § 110 StPO im Einzelnen zu gestalten und wann sie zu beenden ist, unterliegt der Entscheidung der Staatsanwaltschaft (BGH, NJW 1995, S. 3397).".

[392] Vgl. § 11 Abs. 1 Nr. 8 StGB; BGH, Beschluss vom 03.03.2020 – 3 StR 597/19, Rn. 2.

[393] Vgl. AT Titel 7 Abschnitt 3 StGB.

i.S.v. § 111b StPO durch Richterentscheidung[394], im OWiG bei Ahndungsentscheidung durch Gericht oder Ahndungsbehörde.[395]

Einziehungsanordnungswirkung ergibt sich aus § 75 StGB, § 76a Abs. 4 S. 2 StGB; § 26 OWiG.

Einziehungsanordnung und **Einziehungsvollstreckung** sowie **Einziehungsnebenfolgen** mit Herausgabe und Entschädigung ergeben sich insbesondere aus: §§ 459g-o StPO, Entschädigung auch aus § 74b Abs. 2, 3 StGB.

(SUB)

Realfolgen und Rechtsfolgen zu:

Sicherstellungsanschlussmaßnahmen / Beschlagnahmeanschlussmaßnahmen

(ERG)

Mögliche Befugnisrechtsnorm zu:

Sicherstellungsanschlussmaßnahmen / Beschlagnahmeanschlussmaßnahmen

(SUB)

Realfolgen Sicherstellungsanschlussmaßnahmen / Beschlagnahmeanschlussmaßnahmen:

- Aufbewahren
- Zurückgeben
- Benutzen
- Verbrauchen
- Verkaufen
- Versteigern

(ERG)

Gefahrenabwehr:

- § 44 PolG NRW (Aufbewahrung, Aufbewahrung oder Sicherung auf andere geeignete Weise, Wertvorbeugungsmaßnahmen);
- § 45 PolG NRW (Verwertung, Unbrauchbarmachung, Vernichtung);
- § 46 PolG NRW (Herausgabe).

---

394 Vgl. z.B. § 22 eIDKG; § 29 PAuswG; §§ 13, 19 PaßG.

395 Zur **Einziehungs- und Unbrauchbarmachungsrechtsnatur** (sowie der **Vermögensarrestrechtsnatur**) allgemein: Einziehung und Unbrauchbarmachung (sowie Vermögensarrest) sind Sicherungsmaßnahmen, vgl.: § 111l Abs. 4 StPO; BT-Drucksache 18/9525, S. 49 ≙ BR-Drucksache 418/16, S. 51; BGHSt 6, 62 = BGH, Urteil vom 31.03.1954 – 6 StR 5/54; zur **Einziehungsrechtsnatur** bzgl. § 73 StGB: BGH, Beschluss vom 06.02.2018 – 5 StR 600/17, Rn. 14: „Für die frühere Regelung des Verfalls entsprach es der ständigen Rechtsprechung, dass diese Maßnahme trotz bisweilen erheblicher Belastungen für den Verurteilten keinen Strafcharakter hat und keinen Genugtuungs-, sondern einen Präventionszweck verfolgt (BGH, Urteile vom 1. März 1995 - 2 StR 691/94, NJW 1995, 2235 f.; vom 21. März 2002 - 5 StR 138/01, BGHSt 47, 260, 265 f.; vom 16. Mai 2006 - 1 StR 46/06, BGHSt 51, 65, 67, und vom 30. Mai 2008 - 1 StR 166/07, BGHSt 52, 227, 248; vgl. auch BVerfG, NJW 2004, 2073, 2074). Die umfassende Neuregelung der strafrechtlichen Vermögensabschöpfung hat zwar unter anderem zu einer Änderung des Begriffs der Maßnahme geführt, ihren Rechtscharakter aber unberührt gelassen (vgl. Begründung des Gesetzentwurfs der Bundesregierung, BT-Drucks. 18/9525 S. 55; siehe auch Köhler, NStZ 2017, 497, 498, 502). Danach besteht auch kein Anlass, von der bisherigen Rechtsprechung abzuweichen, die aus der Rechtsnatur des Instituts abgeleitet hat, dass die mit dessen Anwendung verbundene Vermögenseinbuße regelmäßig keinen Strafmilderungsgrund darstellt (vgl. BGH, Urteil vom 1. März 1995 - 2 StR 691/94, aaO, und vom 28. Januar 2015 - 5 StR 486/14, NStZ-RR 2015, 281, 282; Beschlüsse vom 20. Oktober 1999 - 3 StR 324/99, NStZ 2000, 137, und vom 22. November 2000 - 1 StR 479/00, NStZ 2001, 312).“; zur **Einziehungsrechtsnatur** bzgl. § 74 StGB: BGH, Beschluss vom 28.01.2020 – 1 StR 595/19, Rn. 4: „Die Anordnung einer Einziehung von Tatmitteln gemäß § 74 Abs. 1 StGB hat den Charakter einer Nebenstrafe und stellt damit eine Strafzumessungsentscheidung dar (st. Rspr., vgl. BGH, Beschluss vom 12. Juni 2018 - 1 StR 159/18, Rn. 3 mwN). Wird dem Täter auf diese Weise eine Sache von nicht unerheblichem Wert entzogen, ist dies ein bestimmender Gesichtspunkt für die Bemessung der daneben zu verhängenden Strafe und insoweit im Wege einer Gesamtbetrachtung der den Täter betreffenden Rechtsfolgen angemessen zu berücksichtigen.“.

- Verschenken.

Rechtsfolgen Sicherstellungsanschlussmaßnahmen /Beschlagnahmeanschlussmaßnahmen:

Sicherstellungsanschlussmaßnahmen bzw. Beschlagnahmeanschlussmaßnahmen sind sich an den Dauerakt und das Verhältnis der Sicherstellung anschließende Maßnahmen, insbesondere Sicherstellungsaufrechterhaltungsmaßnahmen und Sicherstellungsaufhebungsmaßnahmen:

- Verwaltung (z.B. Wertminderungsvorbeugungsmaßnahmen),
- Rückgabe (nur StPO),
- Herausgabe,
- Verwertung,
- Unbrauchbarmachung,
- Einziehung (nur StPO),
- Vernichtung,
- Notveräußerung (begrifflich nur StPO).

Weitere polizeiliche (Beschlagnahmeanschluss-)Maßnahmenmöglichkeiten im Rahmen der Vollstreckung der Anordnung von Einziehung und Unbrauchbarmachung: § 459g Abs. 3 StPO.

Strafrechtspflege (ggf. mit §§ 46, 53 Abs. 1 S. 2, Abs. 2 OWiG / § 46 Abs. 3 OWiG):

- § 111a Abs. 5 StPO (Führerschein-Zurückgabe in Fällen von § 94 Abs. 3 StPO)
- § 75 StGB (Wirkung der Einziehung), vgl. § 111b (Beschlagnahme zur Sicherstellung der Einziehung oder Unbrauchbarmachung);
- § 111d StPO (Rückgabe beweglicher Sachen);
- § 111n (Herausgabe beweglicher Sachen), § 111o StPO (Verfahren bei der Herausgabe);
- § 111p StPO (Notveräußerung).

Weitere polizeiliche (Beschlagnahmeanschluss-)Maßnahmenmöglichkeiten im Rahmen der Vollstreckung der Anordnung von Einziehung und Unbrauchbarmachung: § 459g Abs. 3 StPO.

(SUB)

Realfolge ist die jeweilige Maßnahme laut Sachverhalt (z.B. das Einbehalten eines bestimmten Gegenstands).

Rechtsfolge ist als Justiz-VA (§ 23 Abs. 1 S. 1 EGGVG)[396:]

[396] **Wohnungstüröffnungs-Verfügung** (je nach Rechtsgebiet VA oder Justiz-VA [z.B.: „Bitte öffnen Sie die Tür!“]) kann bspw. wie folgt – insbesondere über den Zweck – zu subsumieren sein:

- § 9 Abs. 2 PolG NRW / § 163 Abs. 3 StPO / § 163a StPO (Zweck: Befragung / Vernehmung).
- § 12 PolG NRW / § 163b Abs. 1 oder § 163b Abs. 2 StPO (Zweck: IDF jedenfalls ohne Wohnungs-Betretens- und Wohnungs-Durchsuchungszweck [z.B.: IDF-Befragung / IDF-Ausweisverlangen an der Tür]).
- § 16a PolG NRW / § 163f StPO / § 163 Abs. 1 S. 2 StPO (Zweck: Observation jedenfalls ohne Wohnungs-Betretens- und Wohnungs-Durchsuchungszweck [z.B.: Datenerhebung von der Tür aus]).
- § 35 PolG NRW / § 127 Abs. 1 S. 1 Alt. 1 StPO / § 127 Abs. 2 i.V.m. § 112/§ 112a/§ 126a; § 127b StPO; § 164 StPO (Zweck: Ingewahrsamnahme / Festnahme jedenfalls ohne Wohnungs-Betretens- und Wohnungs-Durchsuchungszweck [z.B.: Ingewahrsamnahme / Festnahme an der Tür]).
- § 41 PolG NRW / § 102 StPO oder § 103 StPO (Zweck: Wohnungsbetreten und/oder Wohnungsdurchsuchung).

Beschlagnahme (Herstellung eines öffentlich-rechtlichen Verwahrungsverhältnisses oder eines anderen Sicherungsverhältnisses zu einer Sache oder einem anderen Gegenstand)[397] **schwerpunktmäßig zu folgendem Zweck: Sicherung der Einziehung oder Unbrauchbarmachung** (Beispiel für Unbrauchbarmachung: § 74d Abs. 1 S. 2 StGB).

(dann) nicht mit (schwerpunktmäßigem) Zweck wie folgt:

- (schwerpunktmäßig) Beweissicherung (vgl. §§ 244-246, 261, 267 StPO), denn Beweis kann (insbesondere bei Fehlen von Spuren am Gegenstand) eher über anderes erfolgen als durch den Gegenstand selbst, eher zum Beispiel über die nach Anlass, Ort, Zeit konkrete Bezeugung des Auffindens durch die Durchsuchungskräfte der Polizei, vgl. §§ 94, 98 StPO; §§ 99, 100 StPO; § 108 StPO(, § 110 Abs. 2 S. 2, Abs. 3 S. 2 StPO);
- Fahrerlaubnisentziehungssicherung, §§ 94 Abs. 3, 111a StPO, § 69 StGB;
- Strafverfahrensdurchführungssicherung i.S.d. § 132 StPO,

also nicht (schwerpunktmäßig):

- §(§) 94 (, 98) StPO (Sicherstellung oder Beschlagnahme eines Gegenstandes zwecks Beweissicherung)[398];
- §§ 99, 100 StPO (Postbeschlagnahme zwecks Beweissicherung);
- § 108 StPO (Beschlagnahme von Gegenstand bzgl. anderer Straftat als aus Durchsuchungsanlassuntersuchung);
- § 110 StPO ([zu irgendeinem Strafrechtspflegezweck gebotenes] Sichtungsverfahren, ggf. mit: § 110 Abs. 2 S. 2 [Umschlagverschließung, Ablieferung an StA], § 110 Abs. 3 S. 2 StPO [Datensicherung bei elektronischem Speichermedium zwecks Beweissicherung]);
- §§ 94 Abs. 3, 111a StPO, § 69 StGB (Sicherstellung oder Beschlagnahme von Führerschein zwecks Fahrerlaubnisentziehungssicherung);
- § 132 StPO (Beschlagnahme [bei Nichtbefolgung von Sicherheitsleistungs-/Zustellungsbevollmächtigungsanordnung] zwecks Strafverfahrensdurchführungssicherung) [399].[400]

- § 43 PolG NRW / § 94 Abs. 1 StPO / § 94 Abs. 1, 2 StPO / §§ 94 Abs. 3, 111a StPO, § 69 StGB / §§ 99, 100 StPO / § 108 StPO (§ 110 StPO); / § 111b StPO / § 132 StPO (Zweck: Sicherstellung/Beschlagnahme jedenfalls ohne Wohnungs-Betretens- und Wohnungs-Durchsuchungszweck [z.B.: Sicherstellung/Beschlagnahme an der Tür).
- § 81a StPO / § 81c StPO / § 81g StPO / § 81h StPO (Zweck: der jeweilige „Untersuchungs"-Zweck jedenfalls ohne Wohnungs-Betretens- und Wohnungs-Durchsuchungszweck [z.B.: „Untersuchung" an der Tür]).
- § 8 Abs. 1 PolG NRW / § 163 Abs. 1 S. 2 StPO (Zweck: jedenfalls ein nicht besonders geregelter Zweck jedenfalls ohne Wohnungs-Betretens- und Wohnungs-Durchsuchungszweck).

[397] Vgl. § 94 Abs. 2 StPO: „Befinden sich die Gegenstände in dem Gewahrsam einer Person und werden sie nicht freiwillig herausgegeben, so bedarf es der Beschlagnahme.": Die Gegenstandsverortung im Personengewahrsam und die Nichtfreiwilligkeit der Herausgabe sind beide bei § 111b StPO nicht unbedingt Rechtsfolgen-Definientia, sind nicht rechtsfolgenkonstitutiv/rechtsfolgenwesentlich, da es bei § 111b StPO nur die Rechtsfolge Beschlagnahme gibt; anders als bei § 94 StPO, vgl. § 94 Abs. 2 StPO.

[398] Zu Sicherstellung und Beschlagnahme zwecks Beweissicherung nach §§ 94, 98 StPO siehe insbesondere: *Basten*, Eingriffsrecht der Polizei in Nordrhein-Westfalen, Band 2, Buch 2, Abschnitt 25.

[399] Zu Beschlagnahme und Sicherheitsleistungen siehe insbesondere: *Basten*, Eingriffsrecht der Polizei in Nordrhein-Westfalen, Band 2, Buch 2, Abschnitt 26.

[400] Abgrenzungskriterien zwischen den möglichen Befugnisrechtsnormen für Sicherstellung/Beschlagnahme auf dem Rechtsgebiet der Strafrechtspflege sind insbesondere: Gegenstand (z.B.: allgemein; Post; Führerschein); Gegenstandsauffinde-Situation (z.B.: Post; bei anderer Untersuchung; elektronisches Speichermedium beim Sichtungsverfahren; Nichtbefolgung von Sicherheitsleistungsanordnung), vgl. z.B. §§

Rechtsfolgenplus der Einziehungssicherungs-/Unbrauchbarmachungs-Beschlagnahme über Beweissicherungs- und Strafverfahrenssicherungs-Beschlagnahme hinaus: Gemäß § 111d Abs. 1 StPO (vgl. auch § 26 Abs. 3 OWiG) hat die Beschlagnahmevollziehung zur Einziehungssicherung die Wirkung eines Veräußerungsverbots i.S.d. § 136 BGB.

(ERG)

Mögliche[401] Befugnisrechtsnorm ist (alternativ)[402]

99, 100; § 108 StPO; § 110 Abs. 3 S. 2 StPO; Zweck (z.B.: Beweissicherung; Einziehungssicherung; Strafverfahrensdurchführungssicherung).

[401] Zu **Einziehungs-JGG-Möglichkeiten** vgl. insbesondere §§ 2, 8, 76 JGG; BGH, Beschluss vom 17.06.2019 – 4 StR 62/19, Rn. 8-12 „Die Vorschriften der §§ 73 ff. StGB sind über die Verweisung in § 2 Abs. 2 JGG auch im Jugendstrafrecht anwendbar. Deshalb gelten die sich aus diesen Normen ergebenden Anwendungsgrundsätze. Für eine jugendstrafrechtliche Überformung ist kein Raum. Dies entsprach bereits der höchstrichterlichen Rechtsprechung zu den §§ 73 ff. StGB aF (vgl. BGH, Urteil vom 17. Juni 2010 - 4 StR 126/10, BGHSt 55, 174 Rn. 7 ff.). Der 2. und der 5. Strafsenat haben hieran auch nach der Neuregelung durch das Gesetz zur Reform der Vermögensabschöpfung vom 13. April 2017 festgehalten (vgl. BGH, Urteile vom 21. November 2018 - 2 StR 262/18, NStZ 2019, 221 Rn. 7; vom 8. Mai 2019 - 5 StR 95/19, Rn. 6 ff.; vgl. auch Beschluss vom 24. Januar 2019 - 5 StR 475/18; Urteil vom 24. Mai 2018 - 5 StR 623/17, Rn. 6 ff.). Der Senat teilt diese Auffassung. Eine die Anwendungsvoraussetzungen der §§ 73 ff. StGB modifizierende Spezialregelung ist dem JGG aber nicht zu entnehmen und ergibt sich auch nicht aus § 8 Abs. 3 Satz 1 JGG. Diese Regelung betrifft nach der höchstrichterlichen Rechtsprechung (vgl. BGH, Urteil vom 17. Juni 2010 - 4 StR 126/10, BGHSt 55, 174 Rn. 8; Beschluss vom 12. Juli 2000 - StB 4/00 Rn. 9; Laue in: MünchKomm. z. StGB, 3. Aufl., § 6 Rn. 6 mwN.) zwar neben den Nebenfolgen und Nebenstrafen im technischen Sinn auch die Maßnahmen nach § 11 Abs. 1 Nr. 8 StGB und damit auch die Einziehung nach den §§ 73 ff. StGB. Sie befasst sich aber nur mit der Frage, inwieweit eine Koppelung dieser Folgen mit den genannten spezifisch **jugendstrafrechtlichen Rechtsfolgen** (Erziehungsmaßregeln, Zuchtmitteln und Jugendstrafe) statthaft ist (vgl. BGH, Urteil vom 13. Juli 1954 - 1 StR 465/53, BGHSt 6, 258 f. [Quellenangaben]). Insoweit bestimmt § 8 Abs. 3 Satz 1 JGG, dass eine Verbindung mit allen Maßnahmen, Nebenfolgen und Nebenstrafen des allgemeinen Strafrechts möglich ist, soweit diese nach dem JGG zulässig sind. Damit sind aber nur die nach § 6 JGG ausdrücklich für unanwendbar erklärten Nebenfolgen ausgeschlossen (vgl. BGH, Urteil vom 13. Juli 1954 - 1 StR 465/53, BGHSt 6, 258 f.; [Quellenangabe]), nicht jedoch die §§ 73 ff. StGB. Über die Anwendungsvoraussetzungen der in Bezug genommenen Sanktionen des allgemeinen Strafrechts sagt § 8 Abs. 3 Satz 1 JGG nichts aus, sodass es insoweit allein auf die in den jeweiligen Bestimmungen hierzu getroffenen Regelungen ankommt. Dies gilt insbesondere auch für die Frage, ob eine Sanktion fakultativ angeordnet werden kann oder obligatorisch anzuordnen ist. Soweit in § 8 Abs. 3 Satz 1 JGG davon die Rede ist, dass die jeweiligen Folgen neben den genannten jugendrechtlichen Sanktionen angeordnet werden ‚können', wird dadurch im Hinblick auf die nach dem allgemeinen Recht zwingend anzuordnenden Maßnahmen kein besonderes jugendstrafrechtlich begründetes Ermessen eröffnet. § 8 Abs. 3 Satz 1 JGG ist an dieser Stelle nicht anders zu lesen, als die Bestimmung des § 7 Abs. 1 JGG, die - im System des JGG funktionsgleich - die kumulative Anordnung von jugendrechtlichen Sanktionen und Maßregeln der Besserung und Sicherung betrifft, und für die dies trotz der vergleichbaren Verwendung des Wortes ‚können' ausdrücklich anerkannt ist (vgl. BGH, Urteil vom 20. April 1991 - 4 StR 89/91, BGHSt 37, 373, 374 [Quellenangaben]). Vor der lediglich redaktionell motivierten Änderung von § 7 JGG (vgl. dazu BTDrucks. 7/550, S. 327) durch das EGStGB vom 2. März 1974 (BGBl I, S. 469) war dies insoweit auch sprachlich eindeutig. Denn bis dahin war in dieser Vorschrift von einem ‚können nur' die Rede (vgl. BGBl I, S. 149 ff. vom 8. März 1973 [Quellenangabe]).".

[402] Beim Punkt Mögliche Befugnisrechtsnorm besteht eine Zitieralternative zwischen § 111b StPO (ggf. i.V.m. §§ 46, 53 Abs. 1 S. 2, Abs. 2 OWiG) einerseits und andererseits § 111b StPO (ggf. i.V.m. §§ 46, 53 Abs. 1 S. 2, Abs. 2 OWiG) i.V.m. mit allgemeinen Einziehungsvorschriften aus §§ 73-76b StGB/§§ 22-30 OWiG und ggf. besonderen Einziehungsvorschriften i.S.v. §§ 74, 74a StGB/§§ 22, 23 OWiG wie

z.B. aus StGB BT/§ 123 OWiG/§ 129 OWiG/§ 54 WaffG. § 111b StPO (ggf. i.V.m. §§ 46, 53 Abs. 1 S. 2, Abs. 2 OWiG) ist als mögliche Befugnisrechtsnorm logisch notwendig und ausreichend zu zitierende Vorschrift, denn § 111b StPO betrifft als mögliche polizeiliche Befugnisnorm die sich aus ihr ergebende(n) Rechtsfolge(n) von der (Anordnung und Ausführung der) Einziehungsbeschlagnahme, nicht der Einziehung selbst, die in Fällen von § 111b StPO (anders als etwa bei § 22 eIDKG oder § 29 PAuswG) nicht die Polizei anordnet oder vornimmt, sondern nur möglicherweise oder wahrscheinlich der Richter eben nach richterlichen Einziehungsbefugnisnormen wie den allgemeinen §§ 73-76b StGB/§§ 22-30 OWiG; und das in der Zitierung außer § 111b StPO Stehende betrifft entweder – wie bei §§ 111c, d Abs. 1 StPO – die Beschlagnahmevollziehung (Beschlagnahmeausführung) im weiteren Sinne oder – wie etwa bei §§ 73-76b StGB/§§ 22-30 OWiG/ggf. besondere Einziehungsvorschriften wie z.B. aus StGB BT/§ 123 OWiG/§ 129 OWiG/§ 54 WaffG – materielle Rechtmäßigkeitsvoraussetzungen für die polizeiliche Maßnahme nach § 111b StPO. Mögliche Vorteile einer längeren Zitierung einschließlich weiterer Einziehungsnormen – nach kurzer, nicht in tiefere Subsumtionen abirrender interner Vorüberlegung:

- von Anbeginn bessere Fallbearbeitungsprogramm-Übersicht;
- ggf. Verfügbarkeit etwaiger besonderer Rechtsnormen für formelle Rechtmäßigkeit;
- höhere Zweckmäßigkeit der Sache nach, denn realiter präjudizieren die Zwecke aus Einziehungsvorschriften wie §§ 73-76b StGB/§§ 22-30 OWiG den Einziehungszweck der Beschlagnahme, mit u.a. Abgrenzungsfunktion gegenüber anderen Beschlagnahmevorschriften wie §§ 94 Abs. 1, 2 StPO; §§ 99, 100 StPO; § 108 StPO(, § 110 StPO).

Jedenfalls besteht Notwendigkeit einer Einziehungszweck-Entscheidung irgendwann während der Fallbearbeitung: negativ oder positiv abgrenzend für oder gegen irgendeinen Einziehungszweck und dann für oder gegen irgendeine andere Sicherstellungs-/Beschlagnahme-Maßnahme, und spätestens in der materiellen Rechtmäßigkeit, dort spätestens in der Verhältnismäßigkeit bezüglich des legitimen Zwecks; vgl.: BGH, Beschluss vom 31.03.2016 – 2 StR 243/15, Rn. 15 (Tatmittel i.S.d. § 74 Abs. 1 StGB: Gewerbegrundstück als Indoor-Btm-Plantage): „Fehlt es damit schon an einer hinreichend klaren Einordnung der Maßnahme, lässt sich für das Revisionsgericht nicht nachvollziehen, ob das Landgericht eine dem jeweiligen Zweck der Einziehung entsprechende Prüfung der Verhältnismäßigkeit [z.B. nach § 74f StGB/§ 24 OWiG, P. B.] vorgenommen hat. Dies kann regelmäßig auch nicht dahinstehen, weil die Reichweite der vorzunehmenden Prüfung je nach dem Zweck der Einziehung unterschiedlich sein kann (vgl. […] BGH, Beschluss vom 26. April 1983 - 1 StR 28/83, NJW 1983, 2710).“

Vorbehalt für die jedenfalls während der Fallbearbeitung vorzunehmende Einziehungszweck-Entscheidung und ggf. dann auch für eine etwaige längere Befugnisnorm-Zitierung mit § 111b StPO (ggf. i.V.m. §§ 46, 53 Abs. 1 S. 2, Abs. 2 OWiG) i.V.m. mit Einziehungsvorschriften: die Einziehungs(beschlagnahme)-Zweck-Entscheidung sollte richtig (intern antizipiert) sein, andernfalls sie Abirrungspotential für die weitere Fallbearbeitung zeitigen kann. Im Hinblick auf eine jedenfalls während der Fallbearbeitung – entweder bei möglicher Befugnisnorm oder bei materieller Rechtmäßigkeit – sich aktualisierende Notwendigkeit der Entscheidung seien an dieser Stelle bereits grundsätzlich mögliche Abgrenzungs-Leitmerkmale aus den Einziehungsvorschriften grob überblicksartig für das potentielle Fallbearbeitungs-Programm angemerkt – und zwar wie folgt (vgl. insbesondere auch die Überschriften von §§ 73, 73a, 73b, 74, 74a, 74d StGB):

- Einziehungsgegenstandsart: Tatertrag; Tatmittel; Tatprodukt; Tatobjekt; Gefährdungs-/Gefahr-Gegenstände; Schriften; zur Herstellung der Schriften gebrauchte oder bestimmte Vorrichtung, die Vorlage für die Vervielfältigung waren oder sein sollten; aus einer rechtswidrigen Tat herrührender Gegenstand (, der in einem Verfahren wegen des Verdachts einer in § 76a Abs. 4 S. 3 StGB genannten Straftat sichergestellt worden ist, bei Nichtverfolgbarkeit oder Nichtverurteilbarkeit.
- (antezipierter/antizipierter) Einziehungsadressat (nicht unbedingt Beschlagnahmeadressat): Täter; Teilnehmer; Anderer; wegen der Straftat nicht verfolgbarer oder nicht verurteilbarer Sicherstellungsbetroffener.
- Zu Merkmalen ungefähr wie „Gehören oder Zustehen“ i.S.v. § 74 Abs. 3 S. 1 StGB/§ 22 Abs. 2 Nr. 1 OWiG bzw. „Nichtgehören oder Nichtzustehen“: vgl. z.B. BGHSt 24, 222 = BGH, Beschluss vom 28.09.1971 – 1 StR 261/71 (zu ex-§ 40 Abs. 2 Nr. 1 StGB ≙ § 74 Abs. 3 S. 1 StGB/§ 22 Abs. 2 Nr. 1 OWiG, P. B.): „Dieser Begriff ‚**gehören**‘ ist dahin auszulegen, daß damit das Eigentum an

körperlichen Gegenständen, also an Sachen im Sinne des § 90 BGB gemeint ist (vgl. z. B. Protokolle des Sonderausschusses des Deutschen Bundestages für die Strafrechtsreform S. 1031). Die Auffassung des Generalstaatsanwalts beim Bayerischen Obersten Landesgericht, aus dem Begriff des ‚**Zustehens**' in § 40 Abs. 2 Nr. 1 StGB [ex-§ 40 Abs. 2 Nr. 1 StGB ≙ § 74 Abs. 3 S. 1 StGB/§ 22 Abs. 2 Nr. 1 OWiG, P. B.] ergebe sich, daß auch solche Sachen eingezogen werden könnten, an denen dem Täter zwar nicht das Eigentum, aber ein sonstiges Recht zustehe, findet weder im Wortlaut noch in der Entstehungsgeschichte der geltenden Einziehungsvorschriften eine Stütze. Dieser Begriff wurde vielmehr eingeführt, weil durch die Neufassung entgegen dem bis dahin geltenden Recht die Möglichkeit geschaffen wurde, nicht nur Sachen, sondern auch Rechte, also unkörperliche Gegenstände einzuziehen; das sollte nach dem Regierungsentwurf zum EGOWiG (BT Drucks. V/1319) hinter dem Wort ‚Gegenstände' in § 40 Abs. 1 [ex-§ 40 Abs. 1 StGB ≙ § 74 Abs. 1, 2 StGB/§ 22 Abs. 1 OWiG, P. B.] durch den Klammerzusatz ‚(Sachen und Rechte)' ausdrücklich klargestellt werden, doch wurde im Laufe der Gesetzesberatung auf diesen Zusatz verzichtet, weil nach der Ausgestaltung der neuen Einziehungsvorschriften nicht zweifelhaft sein konnte, daß der Begriff ‚**Gegenstände**' sowohl Sachen als auch Rechte umfaßt (BT Drucks. zu V/2600, V/2601 S. 14), wie sich z. B. aus § 40a Nr. 1, § 41a Abs. 1 StGB deutlich ergibt. § 40 Abs. 2 Nr. 1 StGB [ex-§ 40 Abs. 2 Nr. 1 StGB ≙ § 74 Abs. 3 S. 1 StGB/§ 22 Abs. 2 Nr. 1 OWiG, P. B.] ist demnach so zu lesen, daß die Einziehung nur zulässig ist, wenn der Täter (Teilnehmer) Eigentümer der Sache oder Inhaber des Rechts ist; denn das ‚**Zustehen**' eines Rechts ist im Sinne einer ‚quasidinglichen Inhaberschaft' zu verstehen (BGH, Urteil vom 29. April 1969 - 5 StR 50/69 - bei Dallinger MDR 1969, 722).". Nicht-Besitz oder Nicht-Eigentum mindestens im engeren privatrechtlichen Sinne, also auch ein eigentumsmäßiges Nicht-Gehören oder Nicht-Zustehen im Sinne etwa von Einziehungsvorschriften ist jedenfalls auch gegeben bei Verbot i.S.d. § 134 BGB oder Sittenwidrigkeit i.S.d. § 138 BGB oder sonstiger Unwirksamkeitsgründe (Nichtentstehensgründe oder Erlöschensgründe) gerade bezüglich dem Erwerbsakt (z.B. i.S.d. §§ 854-984 BGB; vgl. z.B. Btm-Geschäfte; vgl. auch etwaiges waffenrechtliches Verbot der Umgangsart Erwerb). Vgl. z.B. BGH, Beschluss vom 12.06.2019 – 3 StR 194/19: „Die Einziehung von Wertersatz nach § 74c StGB setzt voraus, dass dem Täter der ursprünglich einziehungsbetroffene Gegenstand zur Zeit der Tat gehörte oder zustand. Feststehen muss daher [wegen des Merkmals „gehören oder zustehen" i.S.v. § 74 Abs. § 22 Abs. 2 Nr. 1 OWiG, P. B.], dass der Täter diesen Gegenstand im Geltungsbereich einer Rechtsordnung erworben hat, die den Eigentumserwerb nicht verbietet. Dies ist für - wie hier - im Inland erworbene Betäubungsmittel wegen der entgegenstehenden Vorschrift des § 134 BGB nicht der Fall (BGH, Beschlüsse vom 11. Juni 1985 - 5 StR 275/85, BGHSt 33, 233; vom 17. März 2010 - 2 StR 67/10, NStZ 2011, 100; Fischer, StGB, 66. Aufl., § 74c Rn. 5)."; genauso für die neuen §§ 73-76b StGB bestätigend: BGH, Beschluss vom 24.09.2019 – 5 StR 269/19 („wegen bewaffneten Handeltreibens mit Betäubungsmitteln in nicht geringer Menge u.a."), vgl. auch BGH, Urteil vom 08.11.2016 – 1 StR 325/16, Rn. 9: „Die Einziehung des zur Beschaffung der Betäubungsmittel in Tschechien genutzten Pkw´s des Angeklagten hat das Landgericht auf § 74 Abs. 1 StGB gestützt. Indes ist eine hierauf bezogene Einziehung nur zulässig, wenn der Gegenstand zur Zeit der Entscheidung dem Täter gehört oder zusteht (§ 74 Abs. 2 Nr. 1 StGB [ex-§ 74 Abs. 2 Nr. 1 StGB ≙ § 74 Abs. 3 S. 1 StGB/§ 22 Abs. 2 Nr. 1 OWiG, P. B.]), also der Angeklagte selbst oder ein Teilnehmer zum Zeitpunkt der letzten tatrichterlichen Entscheidung Eigentümer des Fahrzeuges war (BGH, Beschluss vom 28. September 1971 - 1 StR 261/71, BGHSt 24, 222, [226 f.]; Urteil vom 27. August 1998 - 4 StR 307/98, NStZ-RR 1999, 11).".

Es besteht – bei Vorliegen der jeweiligen Voraussetzungen – grundsätzliche Simultan-Anwendbarkeit von § 74 StGB/§ 22 Abs. 1, 2 Nr. 1 OWiG oder § 74a StGB/§ 23 OWiG einerseits und andererseits § 74b StGB/§ 22 Abs. 1, 2 Nr. 2, Abs. 3 OWiG, da folgendes besteht: grundsätzliche Anwendbarkeit von § 74b StGB/§ 22 Abs. 1, 2 Nr. 2, Abs. 3 OWiG unabhängig von Eigentums- oder Rechtsinhaberschaftsverhältnissen, also unabhängig einem „Gehören oder Zustehen" bzw. „Nichtgehören oder Nichtzustehen" der Gegenstände beim (zum Zeitpunkt polizeilicher Entscheidung i.d.R. mutmaßlichen) Täter oder Teilnehmer (, nicht unbedingt beim Beschlagnahmeadressaten) – insbesondere aus folgenden Gründen von Wortlaut, Systematik, Historie, Teleologie: offenes „auch" in § 74b StGB; alternatives „oder" in § 74 StGB a.F./§ 22 Abs. 2 OWiG; Fehlen von ausdrücklichem Bezug auf § 74 Abs. 3 StGB/§ 22 Abs. 1, 2 Nr. 1 in § 74b StGB/§ 22 Abs. 1, 2 Nr. 2, Abs. 3 OWiG, anders als in §

- §§ 111b, c, d Abs. 1 StPO i.V.m. § 73 Abs. 1 StGB (Beschlagnahme zur Sicherung der Einziehung von Tatertrag bei Täter und Teilnehmer);
- §§ 111b, c, d Abs. 1 StPO i.V.m. § 73 Abs. 2 StGB (Beschlagnahme zur Sicherung der Einziehung von Tatertragsnutzung bei Täter und Teilnehmer);
- §§ 111b, c, d Abs. 1 StPO i.V.m. § 73 Abs. 3 StGB (Beschlagnahme zur Sicherung der Einziehung von Tatertragssurrogat bei Täter und Teilnehmer);
- §§ 111b, c, d Abs. 1 StPO i.V.m. § 73a StGB (Beschlagnahme zur Sicherung der erweiterten Einziehung von Tatertrag aus anderer rechtswidriger Tat bei Täter und Teilnehmer);
- §§ 111b, c, d Abs. 1 StPO i.V.m. § 73b Abs. 1 StGB (Beschlagnahme zur Sicherung der Einziehung von Tatertrag bei Anderem);
- §§ 111b, c, d Abs. 1 StPO i.V.m. § 73b Abs. 2 StGB (Beschlagnahme zur Sicherung der Einziehung eines dem Tatertragswert entsprechenden Gegenstandes oder von gezogenen Nutzungen bei Anderem);
- §§ 111b, c, d Abs. 1 StPO i.V.m. § 73b Abs. 3 StGB (Beschlagnahme zur Sicherung der Einziehung von Tatertragssurrogat bei Anderem);
- §§ 111e, f StPO i.V.m. § 73c StGB (Vermögensarrest zur Einziehung des Wertes von Taterträgen – grundsätzlich nicht per polizeilicher Anordnung oder Ausführung, zu Ausnahmen siehe bei Zuständigkeit)[403];
- §§ 111b, c, d Abs. 1 StPO i.V.m. § 74 Abs. 1, 3 S. 1 StGB (Beschlagnahme zur Sicherung der Einziehung von Tatprodukt bei Täter und Teilnehmer);
- §§ 111b, c, d Abs. 1 StPO i.V.m. § 74 Abs. 2, 3 S. 2 StGB i.V.m. § 98 AMG; § 5 AntiDopG; § 95 Abs. 4 AufenthG; § 20 AWG; § 33 BtMG; § 40 BJagdG; § 9 Abs. 3 FreizügG/EU; § 76 IfSG; § 24 KrWaffKontrG; § 61 LFGB; § 5 NpSG; § 6 Abs. 3 PflVG; § 43 SprengG; §§ 92b, 101a, 109k, 129b, 150 Abs. 2, 201 Abs. 5, 261, 282 Abs. 2, 286, 295, 315f, 322, 330c StGB; §§ 21 Abs. 3, 22a Abs. 2 StVG; § 20 Abs. 3 VereinsG; § 30 VersG[404]; § 54

74a StGB/§ 23 OWiG; Binnensystematik von § 74b Abs. 1 StGB/§ 22 Abs. 2 OWiG mit ersten Voraussetzungen der Gefährdung bzw. Gefahr; § 74b StGB als ex-Bestandteil von § 74 StGB a.F., so wie bei § 22 OWiG aktueller Fassung, und damals wie bei § 22 OWiG aktueller Fassung im systematischen „Oder"-Verhältnis; Ausgehen der Rechtsprechung von Simultan-Anwendbarkeit, vgl. z.B. BGH, Beschluss vom 31.03.2016 – 2 StR 243/15, Rn. 10; Teleologie effektiver Gefahrenabwehr.

Sogar könnte je nach Fall mit Tatmittel/Tatprodukt/Tatobjekt und Befugnisnorm(-Ketten)-Zitierung zunächst offenbleiben, muss dann jedoch während der Fallbearbeitung spätestens in der materiellen Rechtmäßigkeit noch entschieden werden: Anwendung von § 74 StGB/§ 22 Abs. 1, 2 Nr. 2 OWiG oder § 74a StGB/§ 23 OWiG in folgendem Fall: Verweisung einer besonderen Vorschrift i.S.d. § 74a StGB wie des § 54 Abs. 3 WaffG auf § 74a StGB (vgl. § 74a Hs. 1 StGB).

403 BGH, Beschluss vom 28.05.2020 – 3 StR 364/19 (§§ 73b Abs. 1 S. 1, 73c S. 1 StGB), Leitsatz (und Rn. 17, 22-37): „Die Einziehung von Wertersatz gegenüber dem Tatbeteiligten ist auch dann zulässig, wenn bei dem Drittbegünstigten die Einziehung des aus der Tat erlangten Gegenstands in Betracht kommt.", Rn. 17: „Die Frage, ob der Wert des Erlangten beim Tatbeteiligten eingezogen werden kann, wenn das aus der Tat Erlangte bei einem Dritten, bei dem die Voraussetzungen einer Einziehungsentscheidung gemäß § 73b Abs. 1 StGB vorliegen, (körperlich) noch vorhanden ist, ist - soweit ersichtlich - bisher höchstrichterlich noch nicht entschieden worden. Lediglich in Fällen, in denen das Erlangte (körperlich) nicht mehr vorhanden war, mithin auch beim Drittbegünstigten ausschließlich die Voraussetzungen einer Einziehung von Wertersatz des Erlangten vorlagen, hat der Bundesgerichtshof eine gesamtschuldnerische Haftung von Tatbeteiligten und Drittbegünstigten angenommen (BGH, Urteil vom 30. Mai 2008 - 1 StR 166/07, BGHSt 52, 227 Rn. 11; Beschlüsse vom 7. Juni 2018 - 4 StR 639/17, juris Rn. 3; vom 29. Februar 2012 - 2 StR 639/11, NZWiSt 2012, 349, 350; vgl. auch BGH, Beschluss vom 9. Dezember 2005 - 3 BGs 173/05, juris).".

404 Vgl. § 29 VersG NRW („Einziehung") nach Landtag-NRW-Drucksache 17/12423, S. 28.

WaffG, § 52 WeinG (Beschlagnahme zur Sicherung der Einziehung von Tatobjekt bei Täter und Teilnehmer);

- §§ 111b, c, d Abs. 1 StPO i.V.m. § 74a StGB i.V.m. § 98 AMG; § 5 AntiDopG; § 96 Abs. 5 AufenthG; § 97 Abs. 4 AufenthG; § 20 AWG; § 33 BtMG; § 40 BJagdG; § 24 KrWaffKontrG; § 61 LFGB; § 5 NpSG; § 43 SprengG; §§ 92b, 101a, 109k, 129b, 201 Abs. 5, 261, 286, 295, 315f, 330c StGB; § 22a Abs. 2 StVG; § 30 VersG[405]; § 54 WaffG, § 52 WeinG (Beschlagnahme zur Sicherung der Einziehung von Tatprodukt, Tatmittel, Tatobjekt bei Anderem);
- §§ 111b, c, d Abs. 1 StPO i.V.m. § 74b StGB (Beschlagnahme zur Sicherung der Sicherungseinziehung von gefährdendem oder gefährlichem Gegenstand);
- §§ 111b, c, d Abs. 1 StPO i.V.m. § 74d StGB (Beschlagnahme zur Sicherung der Einziehung von zu rechtswidriger Tat verbreiteter oder zur Verbreitung bestimmter Schrift und zur **Unbrauchbarmachung** der zur Herstellung der Schrift gebrauchten oder bestimmten Vorrichtung bei bestimmten Stücken, § 74d Abs. 1 S. 2 StGB);
- §§ 111b, c, d Abs. 1 StPO i.V.m. § 76a StGB i.V.m. §§ 435-437 StPO (§ 76a Abs. 1 StGB: Beschlagnahme zur Sicherung selbständiger Einziehung oder Unbrauchbarmachung eines Gegenstandes bei Nichtverfolgbarkeit oder Nichtverurteilbarkeit einer bestimmten Person und Vorliegen der Voraussetzungen im Übrigen; § 76a Abs. 4 StGB: Beschlagnahme zur Sicherung selbständiger Einziehung oder Unbrauchbarmachung eines aus rechtswidriger Tat herrührenden Gegenstandes, der in einem Verfahren wegen des Verdachts einer in § 76a Abs. 4 S. 3 StGB genannten Straftat sichergestellt worden ist – auch bei Nichtverfolgbarkeit oder Nichtverurteilbarkeit bestimmter Person/von der Sicherstellung Betroffenen);
- Befugnisrechtsnormen können auf dem strafrechtspflegerischen Rechtsgebiet des Ordnungswidrigkeitenrechts insbesondere (alternativ) wie folgt gegeben sein:
  - § 111b StPO i.V.m. §§ 46, 53 Abs. 1 S. 2, Abs. 2 OWiG i.V.m. § 22 Abs. 1, 2 Nr. 1 OWiG[406]
  - § 111b StPO i.V.m. §§ 46, 53 Abs. 1 S. 2, Abs. 2 OWiG i.V.m. § 22 Abs. 1, 2 Nr. 2, Abs. 3 OWiG[407]
  - § 111b StPO i.V.m. §§ 46, 53 Abs. 1 S. 2, Abs. 2 OWiG i.V.m. § 23 OWiG[408]
  - § 111b StPO i.V.m. §§ 46, 53 Abs. 1 S. 2, Abs. 2 OWiG i.V.m. § 25 OWiG[409]
  - § 111b StPO i.V.m. §§ 46, 53 Abs. 1 S. 2, Abs. 2 OWiG i.V.m. § 27 OWiG[410]
  - § 111b StPO i.V.m. §§ 46, 53 Abs. 1 S. 2, Abs. 2 OWiG i.V.m. § 29a OWiG
  - § 111b StPO i.V.m. §§ 46, 53 Abs. 1 S. 2, Abs. 2 OWiG i.V.m. § 22 i.V.m. § 123 OWiG[411]

---

[405] Vgl. § 29 VersG NRW („Einziehung") nach Landtag-NRW-Drucksache 17/12423, S. 28.

[406] Nur zum Vergleich: § 22 Abs. 1, 2 Nr. 1 OWiG ≙ § 73 StGB und § 74 Abs. 1, 2 StGB und § 74 Abs. 1, 3 S. 1 StGB; zulassendes Gesetz im Sinne von § 22 OWiG sind etwa (alternativ): § 98 AMG, § 20 AWG, § 40 BJagdG, § 33 BtMG, § 17 FlG, § 70 KrWG, § 61 LFGB, § 30 VersG, § 54 WaffG, § 52 WeinG.

[407] Nur zum Vergleich: § 22 Abs. 1, 2 Nr. 2, Abs. 3 OWiG ≙ § 74b StGB.

[408] Nur zum Vergleich: § 25 OWiG ≙ § 73d StGB.

[409] Nur zum Vergleich: § 23 OWiG ≙ § 74a StGB; einziehungszulassendes/verweisendes Gesetz im Sinne von § 23 OWiG sind etwa (alternativ): § 98 AMG, § 20 AWG, § 40 BJagdG, § 33 BtMG, § 17 FleischG, § 70 KrWG, § 61 LFGB, § 43 SprengG, § 30 VersG, § 54 WaffG, § 52 WeinG.

[410] Nur zum Vergleich: § 27 OWiG ≙ § 76a StGB.

[411] Nur zum Vergleich: § 123 OWiG ≙ § 74 Abs. 2, 3 StGB/§ 74d StGB.

- o § 111b StPO i.V.m. §§ 46, 53 Abs. 1 S. 2, Abs. 2 OWiG i.V.m. § 22 i.V.m. § 129 OWiG[412].

B. Formelle Rechtmäßigkeit (FR) I. Zuständigkeit (Z)

(VOR/DEF)

Zuständigkeit ist Aufgabenwahrnehmungserlaubnis für den Rechtsfolgesetzer.

Zuständigkeit für Straftatenerforschung/StPO

(SUB/ERG)

Für die Maßnahme ist die Zuständigkeit (i.d.R.) wie folgt gegeben:

1. sachliche Zuständigkeit *der Polizei* gemäß

- § 163 Abs. 1 S. 1 StPO;

2. instanzielle Zuständigkeit *der Polizeibehörde* (i.d.R.) gemäß

- (i.d.R.) § 11 Abs. 1 Nr. 2 Alt. 1 POG NRW i.V.m. KPBVO NRW;
- (generell:) §§ 10-14 POG NRW (ggf. i.V.m. LKAAufgVO NRW);

3. örtliche Zuständigkeit *der Polizeibehörde* gemäß

- (i.d.R.) § 7 Abs. 1 S. 1 POG NRW (ggf. i.V.m. KHStVO NRW);
- (generell: §§ 7-9 POG NRW[413]) (ggf. i.V.m. KHStVO NRW);

4. funktionelle Zuständigkeit *des Polizeiamtswalters* gemäß

a) Anordnungszuständigkeit

aa) für vollstreckungssichernde Beschlagnahme i.S.d. § 111b StPO gemäß § 111j Abs. 1 S. 3 StPO i.V.m. § 152 Abs. 2 GVG i.V.m. EPVO NRW, danach grundsätzlich (bei Gefahr im Verzug) der Ermittlungspersonen der Staatsanwaltschaft für die Anordnung der Beschlagnahme beweglicher Sachen – außer für vollstreckungssichernde Anordnung der Beschlagnahme in Fällen von § 111q StPO, § 74d StGB, denn gemäß § 111q Abs. 4 S. 1 StPO ordnet das Gericht die Beschlagnahme einer periodisch erscheinenden Schrift oder einer zu deren Herstellung gebrauchten oder bestimmten Vorrichtung im Sinne des § 74d StGB an, oder es kann gemäß § 111q Abs. 4 S. 2 StPO die Beschlagnahme einer anderen Schrift oder einer zu deren Herstellung gebrauchten oder bestimmten Vorrichtung im Sinne des § 74d StGB bei Gefahr im Verzug auch die Staatsanwaltschaft anordnen.

bb) für Vermögensarrest i.S.d. §§ 111e, f StPO ohne polizeiliche Vermögensarrest-Anordnungs-Zuständigkeit/Befugnis.

b) Ausführungszuständigkeit

aa) für vollstreckungssichernde Beschlagnahme gemäß § 111k Abs. 1 S. 3 StPO i.V.m. § 152 Abs. 2 GVG i.V.m. EPVO NRW, danach grundsätzlich (auch ohne Gefahr im Verzug) der

---

412 Nur zum Vergleich: § 129 OWiG ≙ § 74 Abs. 2, 3 StGB/§ 74d StGB.

413 Vgl. auch zu § 9 Abs. 1 S. 1 Nr. 5 POG NRW: Abkommen zwischen den Ländern der Bundesrepublik Deutschland über die erweiterte Zuständigkeit der Polizei der Länder bei der Strafverfolgung.

Ermittlungspersonen der Staatsanwaltschaft für die Ausführung (Vollziehung) von Beschlagnahme oder Arrest beweglicher Sachen.

bb) für Arrest grundsätzlich nur mit „Vollziehungs"-Zuständigkeit/Befugnis, also nur Ausführungs-Zuständigkeit gemäß § 111k Abs. 1 S. 2 StPO i.V.m. § 152 Abs. 2 GVG i.V.m. EPVO NRW und § 111k Abs. 2 S. 1 StPO i.V.m. § 152 Abs. 2 GVG i.V.m. EPVO NRW, und zwar wie folgt:

- § 111k Abs. 1 S. 2 StPO: Soweit ein Arrest nach den Vorschriften über die Pfändung in bewegliche Sachen (Mobilienpfändung) zu vollziehen ist, kann dies durch die in § 2 JBeitrG bezeichnete Behörde, den Gerichtsvollzieher, die Staatsanwaltschaft oder durch deren Ermittlungspersonen (§ 152 GVG) vollzogen werden.
- § 111k Abs. 2 S. 1 StPO: Für die Zustellung gilt § 37 Abs. 1 StPO mit der Maßgabe, dass auch die Ermittlungspersonen der Staatsanwaltschaft (§ 152 GVG) mit der Ausführung beauftragt werden können.

Zuständigkeit für Ordungswidrigkeitenerforschung/OWiG

(VOR/DEF)

Zuständigkeit ist Aufgabenwahrnehmungserlaubnis für den Rechtsfolgesetzer.

(SUB/ERG)

Für die Maßnahme ist die Zuständigkeit (i.d.R.) wie folgt gegeben:

1. sachliche Zuständigkeit *der Polizei* gemäß

- §§ 35, 36 OWiG;
  - i.V.m. § 1 Abs. 2 Teil-3-OWiGZVO NRW: PB – solange Nicht-Abgabe an OB – für Verfolgung von Owi nach: §§ 111, 117-121 OWiG;
  - i.V.m. § 1 Abs. 3 Teil-3-OWiGZVO NRW: KPB für Verfolgung und Ahndung von Owi nach §§ 113, 115 OWiG bei polizeilichen Gewahrsams-Gefangenen, § 127 OWiG bei öffentlichen Urkunden und Beglaubigungszeichen;
  - i.V.m. § 2b ÖffVereinsRZVO NRW: KBP für die Verfolgung und Ahndung von Owi nach § 23 VereinsGDV;
  - i.V.m. § 1 Abs. 2 VerkehrsOwiZVO NRW: PB – solange Nicht-Abgabe an KOB oder StA – für Verfolgung von Owi nach §§ 23, 24, 24a und 24c StVG;
  - i.V.m. § 2 VersGZVO NRW[414]: KPB für die Verfolgung und Ahndung von Owi nach § 29 VersG;
  - i.V.m. § 5 WaffGDVO NRW: KPB für die Verfolgung und Ahndung von Owi nach § 53 WaffG;
- § 53 OWiG;

2. instanzielle Zuständigkeit *der Polizeibehörde* gemäß

---

[414] Bei VersG-NRW-Anwendbarkeit unter Aufhebung der VersGZVO NRW vgl. § 32 VersG NRW („Zuständigkeit") i.V.m. § 28 VersG NRW („Ordnungswidrigkeiten") nach Landtag-NRW-Drucksache 17/12423, S. 27-29.

- § 11 Abs. 1 Nr. 2 Alt. 2 POG NRW i.V.m. KPBVO NRW (generell: §§ 10-14 POG NRW) [bei §§ 35, 36 OWiG];
    - i.V.m. § 1 Abs. 2 Teil-3-OWiGZVO NRW: PB – solange Nicht-Abgabe an OB – für Verfolgung von Owi nach: §§ 111, 117-121 OWiG;
    - i.V.m. § 1 Abs. 3 Teil-3-OWiGZVO NRW: KPB für Verfolgung und Ahndung von Owi nach §§ 113, 115 OWiG bei polizeilichen Gewahrsams-Gefangenen, § 127 OWiG bei öffentlichen Urkunden und Beglaubigungszeichen;
    - i.V.m. § 2b ÖffVereinsRZVO NRW: KBP für die Verfolgung und Ahndung von Owi nach § 23 VereinsGDV;
    - i.V.m. § 1 Abs. 2 VerkehrsOwiZVO NRW: PB – solange Nicht-Abgabe an KOB oder StA – für Verfolgung von Owi nach §§ 23, 24, 24a und 24c StVG;
    - i.V.m. § 2 VersGZVO NRW[415]: KPB für die Verfolgung und Ahndung von Owi nach § 29 VersG;
    - i.V.m. § 5 WaffGDVO NRW: KPB für die Verfolgung und Ahndung von Owi nach § 53 WaffG;

3. örtliche Zuständigkeit *der Polizeibehörde* gemäß

- (bei §§ 35, 36 OWiG:) § 37 OWiG;
- (generell:) §§ 7-9 POG NRW;

4. funktionelle Zuständigkeit *des Polizeiamtswalters* gemäß (alternativ)

(ggf. i.V.m. § 53 Abs. 1 S. 1, Abs. 2 OWiG)

a) Anordnungszuständigkeit

aa) für vollstreckungssichernde Beschlagnahme i.S.d. § 111b StPO gemäß § 111j Abs. 1 S. 3 StPO i.V.m. § 152 Abs. 2 GVG i.V.m. EPVO NRW, danach grundsätzlich (bei Gefahr im Verzug) der Ermittlungspersonen der Staatsanwaltschaft für die Anordnung der Beschlagnahme beweglicher Sachen – außer für vollstreckungssichernde Anordnung der Beschlagnahme in Fällen von § 111q StPO, § 74d StGB, denn gemäß § 111q Abs. 4 S. 1 StPO ordnet das Gericht die Beschlagnahme einer periodisch erscheinenden Schrift oder einer zu deren Herstellung gebrauchten oder bestimmten Vorrichtung im Sinne des § 74d StGB an, oder es kann gemäß § 111q Abs. 4 S. 2 StPO die Beschlagnahme einer anderen Schrift oder einer zu deren Herstellung gebrauchten oder bestimmten Vorrichtung im Sinne des § 74d StGB bei Gefahr im Verzug auch die Staatsanwaltschaft anordnen.

bb) für Vermögensarrest i.S.d. §§ 111e, f StPO ohne polizeiliche Vermögensarrest-Anordnungs-Zuständigkeit/Befugnis.

b) Ausführungszuständigkeit

aa) für vollstreckungssichernde Beschlagnahme gemäß § 111k Abs. 1 S. 3 StPO i.V.m. § 152 Abs. 2 GVG i.V.m. EPVO NRW, danach grundsätzlich (auch ohne Gefahr im Verzug) der Ermittlungspersonen der Staatsanwaltschaft für die Ausführung (Vollziehung) von Beschlagnahme oder Arrest beweglicher Sachen.

bb) für Arrest grundsätzlich nur mit „Vollziehungs“-Zuständigkeit/Befugnis, also nur Ausführungs-Zuständigkeit gemäß § 111k Abs. 1 S. 2 StPO i.V.m. § 152 Abs. 2 GVG i.V.m. EPVO

---

[415] Bei VersG-NRW-Anwendbarkeit unter Aufhebung der VersGZVO NRW vgl. § 32 VersG NRW („Zuständigkeit“) i.V.m. § 28 VersG NRW („Ordnungswidrigkeiten“) nach Landtag-NRW-Drucksache 17/12423, S. 27-29.

NRW und § 111k Abs. 2 S. 1 StPO i.V.m. § 152 Abs. 2 GVG i.V.m. EPVO NRW, und zwar wie folgt:

- § 111k Abs. 1 S. 2 StPO: Soweit ein Arrest nach den Vorschriften über die Pfändung in bewegliche Sachen (Mobilienpfändung) zu vollziehen ist, kann dies durch die in § 2 JBeitrG bezeichnete Behörde, den Gerichtsvollzieher, die Staatsanwaltschaft oder durch deren Ermittlungspersonen (§ 152 GVG) vollzogen werden.
- § 111k Abs. 2 S. 1 StPO: Für die Zustellung gilt § 37 Abs. 1 StPO mit der Maßgabe, dass auch die Ermittlungspersonen der Staatsanwaltschaft (§ 152 GVG) mit der Ausführung beauftragt werden können.

B. Formelle Rechtmäßigkeit (FR) II. Verfahren (V)[416]

(VOR/DEF)

Verfahren ist normiertes Verhalten insbesondere für den Rechtsfolgezuständigen außer, bei, i.Z.m. der Rechtsfolge.

1. § 111j Abs. 1 StPO: Richteranordnung oder StA-Anordnung

(VOR)

Gemäß § 111j Abs. 1 S 1 StPO werden Beschlagnahme (und Vermögensarrest) durch das Gericht angeordnet.

Gemäß § 111j Abs. 1 S. 2 StPO kann die Anordnung bei Gefahr im Verzug auch durch die Staatsanwaltschaft erfolgen.

Gemäß § 111j Abs. 1 S. 3 StPO sind unter der Voraussetzung des § 111j Abs. 1 S. 2 StPO (Gefahr im Verzug) zur Beschlagnahme einer beweglichen Sache (Mobilien-Beschlagnahme) auch die Ermittlungspersonen der Staatsanwaltschaft (§ 152 Abs. 2 GVG i.V.m. EPVO NRW) befugt, außer es handelt sich um vollstreckungssichernde Anordnung der Beschlagnahme in Fällen von § 111q StPO, § 74d StGB, denn dann ordnet gemäß § 111q Abs. 4 S. 1 StPO das Gericht die Beschlagnahme einer periodisch erscheinenden Schrift oder einer zu deren Herstellung gebrauchten oder bestimmten Vorrichtung im Sinne des § 74d StGB an, oder es kann gemäß § 111q Abs. 4 S. 2 StPO die Beschlagnahme einer anderen Schrift oder einer zu deren Herstellung gebrauchten oder bestimmten Vorrichtung im Sinne des § 74d StGB bei Gefahr im

---

416 Vgl. auch Art. 46 GG (Abs. 1: **Abgeordnetenindemnität**; Abs. 2-4: **Abgeordnetenimmunität** – mit **Bundestagsgenehmigungsvorbehalt**); Art. 47 Verfassung NRW (**Abgeordnetenindemnität**), Art. 48 Verfassung NRW (**Abgeordnetenimmunität** – mit **Landtagsgenehmigungsvorbehalt**); Art. 60 Abs. 4 GG (**Bundespräsidentenimmunität**); Art. 40 Abs. 2 S. 1 GG (**Bundestagspräsidentengenehmigungsvorbehalt** für Durchsuchung oder Beschlagnahme in Bundestagsräumen); Art. 49 Abs. 2 Verfassung NRW (**Landtagspräsidentengenehmigungsvorbehalt** für Durchsuchung oder Beschlagnahme in Landtagsräumen); zum Abgeordneten vgl. auch: Art. 47 GG, Art. 49 Abs. 1 Verfassung NRW (**Abgeordneten-Zeugnisverweigerungsrecht** und zeugnisverweigerungsrechtentsprechendes **Abgeordneten-Schriftstückebeschlagnahmeverbot**). Vgl. auch §§ 18, 21 GVG i.V.m. DiplBezÜbkG i.V.m. Art. 22, 23, 24, 30 WÜD; §§ 19, 21 GVG i.V.m. KonsÜbkG i.V.m. Art. 27, 31, 33, 55, 59 WÜK.

Verzug auch die Staatsanwaltschaft anordnen, wobei die Anordnung der Staatsanwaltschaft außer Kraft tritt, wenn sie nicht binnen drei Tagen von dem Gericht bestätigt wird.

Gemäß § 111k Abs. 1 S. 3 StPO kann die Beschlagnahme beweglicher Sachen auch durch die Ermittlungspersonen der Staatsanwaltschaft (auch ohne Gefahr im Verzug) vollzogen (ausgeführt) werden, § 152 Abs. 2 GVG i.V.m. EPVO NRW.

Wegen § 111j Abs. 2 StPO, vgl. auch § 111q Abs. 4 S. 3 StPO, ist keine polizeiliche Pflicht gegeben zur nachholenden Erwirkung richterlicher Anordnung durch die Polizei jedenfalls im unmittelbaren zeitlichen Zusammenhang mit der ersten Beschlagnahmeanordnung, vgl. auch § 98 Abs. 2 S. 1 StPO (Beschlagnahmebestätigung).

Gemäß § 111j Abs. 2 S. 1, 2 StPO beantragt die Staatsanwaltschaft, wenn sie die Beschlagnahme oder den Arrest einer nicht beweglichen Sache angeordnet hat, innerhalb einer Woche die gerichtliche Bestätigung der Anordnung, wobei der Betroffene in Fällen mit beweglichen und unbeweglichen Sachen (Mobilien und Immobilien) die Entscheidung des Gerichts beantragen kann.

Gemäß § 111j Abs. 1 S. 4 StPO bestimmt sich die Zuständigkeit des Gerichts nach § 162 StPO (**Ermittlungsrichter**).

(DEF)

Gefahr im Verzug i.S.d. § 111j Abs. 1 S. 2, 3 StPO ist eine Sachlage im einzelnen Fall mit unvorhergesehenem Handlungsbedarf, wenn die Durchführung der eigentlich vorgesehenen Maßnahme, hier der richterlichen Beschlagnahmeanordnung, den gesetzlichen Zweck, hier den der Vollstreckungssicherung im Sinne des § 111b Abs 1 StPO, vereiteln oder wesentlich erschweren würde.[417]

Gefahr im Verzug i.S.d. § 111j Abs. 1 S. 2, 3 StPO ist auch gegeben, wenn im konkreten Fall zulässigerweise kein Richterdienst vorhanden ist oder wenn vorhandener richterlicher Bereitschaftsdienst unter zulässiger Anrufwege **unverzüglich** (vgl. auch § 121 Abs. 1 S. 1 BGB) vergeblich zu erreichen versucht wird und eine weitere Verzögerung den gesetzlichen Beschlagnahmezweck gefährden, also wesentlich erschweren oder vereiteln würde.[418]

---

[417] BVerfGE 151, 67 (Richtervorbehalt, Bereitschaftsdienst, Nachtzeit/Tageszeit i.S.v. § 104 Abs. 3 StPO) = BVerfG, Beschluss des Zweiten Senats vom 12.03.2019 – 2 BvR 675/14 –, Rn. 55: „Art. 13 Abs. 2 Halbsatz 2 GG lässt es zu, dass Durchsuchungen bei Gefahr im Verzugauch durch die in den Gesetzen vorgesehenen anderen Organe – bei der strafprozessualen Durchsuchung gemäß § 105 Abs. 1 Satz 1 Halbsatz 2 StPO durch die Staatsanwaltschaft und ihre **Ermittlungspersonen** (§ 152 GVG) – angeordnet werden dürfen. Wortlaut und Systematik des Art. 13 Abs. 2 GG belegen indes, dass die **richterliche Durchsuchungsanordnung** die Regel und die nichtrichterliche die Ausnahme sein soll (vgl. BVerfGE 103, 142 <153>; 139, 245 <269 Rn. 69>). […] Demgemäß ist der Begriff ‚Gefahr im Verzug' im Sinne des Art. 13 Abs. 2 GG eng auszulegen. **Gefahr im Verzug** ist nur anzunehmen, wenn die richterliche Anordnung nicht mehr eingeholt werden kann, ohne dass der Zweck der Maßnahme – regelmäßig die Sicherung von Beweismitteln – gefährdet würde (vgl. BVerfGE 51, 97 <111>; 103, 142 <153 f.>; 139, 245 <269 Rn. 69>).".

[418] BVerfGE 151, 67 (Richtervorbehalt, Bereitschaftsdienst, Nachtzeit/Tageszeit i.S.v. § 104 Abs. 3 StPO) = BVerfG, Beschluss des Zweiten Senats vom 12.03.2019 – 2 BvR 675/14 –, Ls. 2: „Zu den Anforderungen an einen dem Gebot der praktischen Wirksamkeit des Richtervorbehalts entsprechenden **richterlichen Bereitschaftsdienst** gehört die uneingeschränkte Erreichbarkeit eines Ermittlungsrichters bei Tage, auch außerhalb der üblichen Dienststunden. Die **Tageszeit** umfasst dabei ganzjährig die Zeit zwischen 6 Uhr und 21 Uhr. Während der **Nachtzeit** ist ein ermittlungsrichterlicher Bereitschaftsdienst jedenfalls bei einem Bedarf einzurichten, der über den Ausnahmefall hinausgeht.", Ls. 3: „Ob und inwieweit ein über den

Ausnahmefall hinausgehender Bedarf an nächtlichen Durchsuchungsanordnungen die Einrichtung eines **ermittlungsrichterlichen Bereitschaftsdienstes** zur Nachtzeit erfordert, haben die Gerichtspräsidien nach pflichtgemäßem Ermessen in eigener Verantwortung zu entscheiden. Für die Art und Weise der Bedarfsermittlung steht ihnen ein Beurteilungs- und Prognosespielraum zu.", Rn. 56: „Die Strafverfolgungsbehörden müssen dementsprechend regelmäßig versuchen, eine Anordnung des zuständigen Richters zu erlangen, bevor sie eine Durchsuchung beginnen. Nur in Ausnahmesituationen, wenn schon die zeitliche Verzögerung wegen eines solchen Versuchs den Erfolg der Durchsuchung gefährden würde, dürfen sie selbst die Anordnung wegen Gefahr im Verzug treffen, ohne sich zuvor um eine richterliche Entscheidung bemüht zu haben."; BVerfGE 139, 245 (Eilkompetenz der Ermittlungsbehörden) = BVerfG, Beschluss des Zweiten Senats vom 16.06.2015 - 2 BvR 2718/10, Rn. 83: „Scheitert hingegen der Versuch der Befassung des Gerichts mit dem Antrag auf Erlass einer Durchsuchungsanordnung, weil der zuständige Richter nicht erreicht werden kann und infolgedessen ein Beweismittelverlust droht, kommt ein Rückgriff auf die Eilkompetenz der Ermittlungsbehörden gemäß Art. 13 Abs. 2, 2. Halbsatz GG in Betracht.", Ls. 2 [zum **Eilzuständigkeitsende der Ermittlungsbehörden**]: „Mit der Befassung des zuständigen Ermittlungs- oder Eilrichters durch die Stellung eines Antrags auf Erlass einer Durchsuchungsanordnung und der dadurch eröffneten Möglichkeit präventiven Grundrechtsschutzes durch den Richter endet die Eilkompetenz der Ermittlungsbehörden.", Rn. 79: „Entscheidend ist dabei nicht der Zeitpunkt, zu dem die Staatsanwaltschaft den Entschluss fasst, eine richterliche Durchsuchungsanordnung zu beantragen, sondern der Zeitpunkt, in dem das Gericht mit dem Antrag auf Erlass einer Durchsuchungsanordnung befasst wird [**richterliche Befassung** oder **Gerichtsbefassung**, P. B.]. Dies ist der Fall, wenn die Staatsanwaltschaft [oder die Polizei, P. B.] dem zuständigen Richter den Antrag tatsächlich unterbreitet hat, so dass dieser in eine erste Sachprüfung eintreten kann.", Rn. 80: „Nicht entscheidend für den Zeitpunkt des Entfallens der Eilkompetenz der Staatsanwaltschaft ist dagegen der tatsächliche Beginn der sachlichen Prüfung durch das Gericht oder gar die endgültige gerichtliche Entscheidung.", Rn. 82: „Auch soweit während des durch den Richter in Anspruch genommenen Entscheidungszeitraums nach dessen Befassung die Gefahr eines Beweismittelverlusts eintritt, etwa weil dieser auf ein mündlich gestelltes Durchsuchungsbegehren hin die Vorlage schriftlicher Antragsunterlagen oder einer Ermittlungsakte fordert, Nachermittlungen anordnet oder schlicht bis zum Eintritt der Gefahr eines Beweismittelverlusts noch nicht entschieden hat, lebt die Eilkompetenz der Ermittlungsbehörden nicht wieder auf. Dies gilt unabhängig davon, aus welchen Gründen die richterliche Entscheidung über den Durchsuchungsantrag unterbleibt.", Ls. 3: „Die Eilkompetenz der Ermittlungsbehörden kann nur dann neu begründet werden, wenn nach der Befassung des Richters tatsächliche Umstände eintreten oder bekannt werden, die sich nicht aus dem Prozess der Prüfung und Entscheidung über diesen Antrag ergeben, und hierdurch die Gefahr eines Beweismittelverlusts in einer Weise begründet wird, die der Möglichkeit einer rechtzeitigen richterlichen Entscheidung entgegensteht.", Ls. 4: „Auf die Ausgestaltung der justizinternen Organisation kann die Eilzuständigkeit der Ermittlungsbehörden nicht gestützt werden.", Rn. 70: „Die daraus folgende Pflicht der Ermittlungsbehörden, sich regelmäßig um eine Durchsuchungsanordnung des zuständigen Richters zu bemühen, wird nicht durch den abstrakten Hinweis verzichtbar, eine richterliche Entscheidung sei zur maßgeblichen Zeit üblicherweise nicht mehr zu erreichen (vgl. BVerfGK 5, 74 <78>; 7, 392 <395>). Reine Spekulationen, hypothetische Erwägungen oder lediglich auf kriminalistische Alltagserfahrungen gestützte, fallunabhängige Vermutungen reichen ebenfalls nicht aus, um die Annahme von Gefahr im Verzug zu begründen (vgl. BVerfGE 103, 142 <155>; BVerfGK 2, 310 <315>). Auch schließt das verfassungsrechtliche Gebot, dem Ausnahmecharakter der Eilkompetenz Rechnung zu tragen, aus, mit dem Antrag auf Erlass einer Durchsuchungsanordnung zu warten, bis die Gefahr eines Beweismittelverlusts eingetreten ist. Selbst herbeigeführte tatsächliche Voraussetzungen können die Eilkompetenz der Staatsanwaltschaft und ihrer Ermittlungspersonen nicht begründen (vgl. BVerfGK 5, 74 <78>).", Rn. 71: „Stattdessen sind bei der Beurteilung der Frage, ob der Versuch, eine richterliche Entscheidung herbeizuführen, unterbleiben darf, weil bereits die damit verbundene zeitliche Verzögerung den Erfolg der Durchsuchung gefährden würde, die konkreten Umstände des jeweiligen Einzelfalles in Rechnung zu stellen. Die Ermittlungsbehörden haben insbesondere die Komplexität der im Rahmen der Durchsuchungsanordnung zu prüfenden tatsächlichen und rechtlichen Fragen und den insoweit erforderlichen Zeitaufwand zu berücksichtigen. Daneben haben sie aber auch in ihre Überlegungen einzubeziehen, dass die Vorlage schriftlicher Unterlagen zur Herbeiführung einer richterlichen Eilentscheidung zumindest nicht ausnahmslos erforderlich ist.

(SUB/ERG)

Im konkreten Fall ist § 111j Abs. 1 StPO und § 111k Abs. 1 StPO (alternativ)

- bei Vorliegen von entsprechenden Anhaltspunkten / Fehlen entgegenstehender Anhaltspunkte eingehalten.
- bei Vorliegen von entsprechenden Anhaltspunkten nicht eingehalten.

In der Regel kann von rechtmäßiger Beschlagnahmeanordnung ausgegangen werden – auch mit der Begründung von Gefahr im Verzug, allgemein insbesondere aus folgenden Gründen:

- im anderen Fall als dem der sofortigen Beschlagnahme besteht solange und soweit fortgesetzte Zugriffsmöglichkeit des mutmaßlich im Zusammenhang mit einem Delikt Besitzenden, vgl. dazu auch § 111d Abs 1 StPO;
- im anderen Fall als dem der sofortigen Beschlagnahme würde solange und soweit Beweissicherung unterbleiben bzw. dieser Zweck zumindest teilweise verfehlt;
- im anderen Fall als dem der sofortigen Beschlagnahme würde unter Umständen zunächst ermöglicht: weitere Tatbeendigung im materiellen Sinne gemäß Verdacht im konkreten Fall durch weiteres deliktisches Besitzen, Nutzen, Verwerten.

2. § 111b Abs. 2 i.V.m. § 107 S. 2 StPO: Verzeichnis oder Bescheinigung

(VOR/DEF)

Gemäß § 111b Abs. 2 i.V.m. § 107 S. 2 StPO ist dem [von einer Durchsuchung] Betroffenen auf Verlangen ein Verzeichnis der in Verwahrung oder in Beschlag genommenen Gegenstände, falls aber nichts Verdächtiges gefunden wird, eine Bescheinigung hierüber zu geben[419].

(SUB/ERG)

Im konkreten Fall ist § 111b Abs. 2 i.V.m. § 107 S. 2 StPO (alternativ)

- bei Vorliegen von entsprechenden Anhaltspunkten / Fehlen entgegenstehender Anhaltspunkte eingehalten.
- bei Vorliegen von entsprechenden Anhaltspunkten nicht eingehalten.

Jedenfalls in einfach gelagerten Fällen, in denen allein aufgrund der **mündlichen Darstellung des Sachverhalts** eine sachangemessene Entscheidung möglich ist, würde ein solches Erfordernis weder der gesetzlichen Intention noch der Bedeutung des Richtervorbehalts für den Grundrechtsschutz des Einzelnen gerecht (vgl. insoweit zur Anordnung einer Blutentnahme gemäß § 81a StPO: BVerfGK 17, 340 <346 f.>). Es bestehen daher in solchen Fällen keine verfassungsrechtlichen Bedenken, wenn der zuständige Richter allein aufgrund mündlich übermittelter Informationen entscheidet und die Durchsuchung auch **mündlich anordnet**, sofern er diese Anordnung zeitnah schriftlich dokumentiert und damit den sich aus Art. 19 Abs. 4 GG ergebenden Erfordernissen Rechnung trägt.“.

[419] KG Berlin, Beschluss vom 05.09.2008 – 2 Ws 408/08, Leitsätze: „1. Ein Strafgefangener hat keinen Anspruch auf Erteilung einer sog. **Negativbescheinigung** über eine ergebnislose Haftraumdurchsuchung. 2. § 107 Satz 2 StPO ist auf die Durchsuchung des Haftraums gemäß § 84 Abs. 1 Satz 1 StVollzG nicht entsprechend anwendbar.“.

3. § 111b Abs. 2 i.V.m. § 109 StPO: Verzeichnung und Kenntlichmachung

(VOR/DEF)

Gemäß § 111b Abs. 2 i.V.m. § 109 StPO sind die in Verwahrung oder in Beschlag genommenen Gegenstände genau zu verzeichnen und zur Verhütung von Verwechslungen durch amtliche Siegel oder in sonst geeigneter Weise kenntlich zu machen.

(SUB/ERG)

Im konkreten Fall ist § 111b Abs. 2 i.V.m. § 109 StPO (alternativ)

- bei Vorliegen von entsprechenden Anhaltspunkten / Fehlen entgegenstehender Anhaltspunkte eingehalten.
- bei Vorliegen von entsprechenden Anhaltspunkten nicht eingehalten.

4. § 98 Abs. 2 S. 5 StPO analog: Belehrung

(VOR/DEF)

Gemäß § 98 Abs. 2 S. 5 StPO analog ist (als Pflicht) der Betroffene über seine Rechte zu belehren.

Rechte als Belehrungsgegenstand im Sinne von § 111b StPO i.V.m. § 98 Abs. 2 StPO analog können sich insbesondere aus folgenden Rechtsnormen ergeben:

- § 111j Abs. 2 S. 3 StPO (Betroffenen-Recht auf Beantragung der Gerichtsentscheidung bezüglich Beschlagnahme-Anordnung oder Arrest-Anordnung);
- § 111m Abs. 2 StPO (Betroffenen-Recht auf Beantragung der Gerichtsentscheidung bezüglich Verwaltungsmaßnahmen);
- § 111o Abs. 2 StPO (Betroffenen-Recht auf Beantragung der Gerichtsentscheidung bezüglich Herausgabeverfügung bzw. Nichtherausgabeverfügung von StA);
- § 111p Abs. 5 StPO (Betroffenen-Recht auf Beantragung der Gerichtsentscheidung Notveräußerung und ihre Durchführung).

Beschlagnahmebetroffener ist der Gewahrsaminhaber zum Zeitpunkt der Beschlagnahme im Sinne von § 94 Abs. 2 StPO und § 95 StPO sowie der zur Beschlagnahmezeit mutmaßlich (sonst) Berechtigte[420], vgl. z.B.:

- **Eigentum**, § 903 BGB, vgl. insbesondere auch §§ 929-936 BGB, §§ 937-945 BGB, §§ 858 f. BGB, §§ 985-1007 BGB, § 1006 BGB;
- **Besitz**, vgl. insbesondere auch §§ 854-872 BGB, vgl. auch § 273 BGB, § 320 BGB, §§ 812-822, § 858 f. BGB, §§ 985-1007 BGB, § 1006 BGB;
- Rechte wie etwa aus §§ 433, 488, 535, 598, 607, 631, 662, 677, 688 BGB, vgl. auch (gesetzliche oder vertragliche) **Pfandrechte** wie aus: §§ 1204 ff. BGB sowie (ggf. i.V.m. §

[420] BVerfG, Beschluss vom 20.02.2007 – 2 BvR 646/06, Gründe, 1.

1257 BGB): §§ 562 (ggf. i.V.m. § 578 BGB), 583, 647, 704 BGB, §§ 397, 440 f., 464, 475b, 552, 596 f. HGB; OASG (Opferanspruchssicherungsgesetz).[421]

Erwachsener Angehöriger ist jede Person im Sinne von § 1 BGB, die nicht Jugendlicher und nicht Heranwachsender im Sinne von § 1 JGG ist und die Angehöriger im Sinne von § 52 StPO ist.

Beschlagnahmeanschlussmaßnahmen an den Erst-Justiz-VA („erster Akt" des Dauer-Justiz-VA)[422] der Beschlagnahme können im Zusammenhang mit Beschlagnahmebetroffenen-Rechten sich insbesondere ergeben aus:

- § 111m StPO (Verwaltung beschlagnahmter oder gepfändeter Gegenstände);
- § 111n StPO (Herausgabe beweglicher Sachen) i.V.m. § 111o StPO (Verfahren bei der Herausgabe)[423];
- § 111p StPO (Notveräußerung);
- § 111q Abs. 5 StPO (Aufhebung der Beschlagnahme einer periodisch erscheinenden Schrift oder einer zu deren Herstellung gebrauchten oder bestimmten Vorrichtung im Sinne des § 74d StGB).

(SUB/ERG)

Im konkreten Fall ist § 98 Abs. 2 S. 5 StPO (alternativ)

---

[421] Zum **Privatrecht in der polizeilichen Praxis** ausführlich: *Basten*, Privatrecht in der polizeilichen Praxis.

[422] Zum **Dauerverwaltungsakt / Akt mit Dauerwirkung** siehe auch: *Basten*, Eingriffsrecht der Polizei in Nordrhein-Westfalen, Band 1, S. 177.

[423] Vgl. zum „**Verfahren bei der Herausgabe**" im Sinne des § 111o StPO auch generelle Anordnungen von Generalstaatsanwaltschaften (GStA) wie: GStA Düsseldorf (Aktenzeichen: 4000 - 1. 82) / GStA Hamm (Aktenzeichen: 4000a GStA. 1. 82) / GStA Köln (Aktenzeichen: 4000 - 1. 36), „Gemeinsame Anordnung über die Herausgabe beweglicher Sachen gemäß § 111n Abs. 2 StPO i.V.m. § 111o Abs. 1 StPO an den Verletzten in den Fällen, in denen die Sicherstellung auf Anordnung von Ermittlungspersonen der Staatsanwaltschaft (§ 152 GVG) erfolgt und der (geschätzte) Sachwert nicht mehr als 1.000,- € beträgt": „I. Gemäß § 111n Abs. 2 StPO i.V.m. § 111n Abs. 1 StPO ist eine bewegliche Sache, die nach § 94 StPO beschlagnahmt oder auf andere Weise sichergestellt oder nach § 111c StPO beschlagnahmt worden ist, an den Verletzten, dem sie durch die Straftat entzogen worden ist, herauszugeben, wenn sie für Zwecke des Strafverfahrens nicht mehr benötigt wird, kein Anspruch eines Dritten entgegensteht (§ 111n Abs. 3 StPO) und die vorgenannten Voraussetzungen offenkundig sind (§ 111n Abs. 4 StPO). Von Offenkundigkeit in vorstehendem Sinne ist auszugehen, wenn das Eigentum oder eine sonstige Berechtigung des Tatverletzten an der Sache zweifelsfrei fest-steht, die Sache für das Strafverfahren offensichtlich nicht mehr benötigt wird, insbesondere nicht als Beweismittel gebraucht wird, und Ansprüche eines Dritten an der Sache nicht ersichtlich sind. II.: In Fällen, in denen die unter I. genannten Voraussetzungen nach den Ermittlungen der Polizei offenkundig vorliegen und 1. Ermittlungspersonen in eigener Zuständigkeit die bewegliche Sache sichergestellt oder auf Grund von Gefahr im Verzug beschlagnahmt haben, also keine richterliche oder staatsanwaltliche Anordnung erfolgt ist, und 2. der Vorgang nach der Sicherung oder Beschlagnahme durch die Polizei noch nicht der Staatsanwaltschaft vorlag bzw. die Staatsanwaltschaft auch nicht anderweitig mit der Sache befasst war, und 3. der (geschätzte) Wert der Sache 1.000,- € nicht überschreitet, wird gemäß § 111o Abs. 1 StPO generell die Herausgabe der Sache an den Tatverletzten durch die Staatsanwaltschaft angeordnet. In diesen Fällen können die Ermittlungspersonen die Herausgabe ohne Rücksprache mit der Staatsanwaltschaft im Einzelfall vornehmen. Vor der Herausgabe ist/sind der/die Betroffene(n) anzuhören. III.: Die Polizei hat die Herausgabeentscheidung in den Akten zu vermerken. Sollte die Sache gemäß §§ 111b, 111c StPO beschlagnahmt worden sein, hat die Polizei neben der Herausgabeentscheidung zugleich den (geschätzten) Wert der herausgegebenen Sache in den Akten festzuhalten.".

- bei Vorliegen von entsprechenden Anhaltspunkten / Fehlen entgegenstehender Anhaltspunkte eingehalten.
- bei Vorliegen von entsprechenden Anhaltspunkten nicht eingehalten.

5. § 111k Abs. 1 S. 4 i.V.m. § 98 Abs. 4 StPO: Ersuchen der vorgesetzten Bundeswehrdienststelle (Ersuchen der vorgesetzten Bundeswehrdienststelle um und Mitwirkung an Beschlagnahme in von Soldaten bewohnten Bundeswehrräumen)

(VOR/DEF)

§ 98 Abs. 4 StPO lautet: Wird eine Beschlagnahme in einem Dienstgebäude oder einer nicht allgemein zugänglichen Einrichtung oder Anlage der Bundeswehr erforderlich, so wird die vorgesetzte Dienststelle der Bundeswehr um ihre Durchführung ersucht. Die ersuchende Stelle ist zur Mitwirkung berechtigt. Des Ersuchens bedarf es nicht, wenn die Beschlagnahme in Räumen vorzunehmen ist, die ausschließlich von anderen Personen als Soldaten bewohnt werden.

(SUB/ERG)

Im konkreten Fall ist § 98 Abs. 4 StPO (alternativ)

- bei Vorliegen von entsprechenden Anhaltspunkten / Fehlen entgegenstehender Anhaltspunkte eingehalten.
- bei Vorliegen von entsprechenden Anhaltspunkten nicht eingehalten.

6. § 33 StPO analog als allgemeine Verfahrensrechtsnorm für Justiz-VA (vgl. § 23 Abs. 1 S. 1 EGGVG): Anhörung

(VOR/DEF)

Gemäß § 33 StPO analog[424] (ggf. i.V.m. §§ 46, 53 Abs. 1 S. 2 OWiG) besteht Pflicht zur **Anhörung** bzw. **Gewährung rechtlichen Gehörs** vor einer Entscheidung, jedenfalls bevor zum Beteiligten-Nachteil Tatsachen oder Beweisergebnisse ohne Anhörung verwertet werden – oder es soll gegeben sein: ein Ausnahmegrund der Zweckgefährdung bzw. Gefahr im Verzug nach § 33 Abs. 4 StPO analog.

Gefahr im Verzug i.S.d. § 33 StPO ist gegeben, wenn der Handlungsbedarf unvorhergesehen ist und bei Durchführung der eigentlich vorgesehenen Maßnahme, hier der Anhörung, der

[424] Für das tradierte „Menschenrecht“ der Anhörung (vgl. auch Art. 20 Abs. 3 GG, Art. 103 Abs. 1 GG, Art. 41 EU-GR-Charta, Art. 6 EMRK) gibt es in der StPO bei polizeilichen Maßnahmen i.d.R. keine direkte für die Polizei anwendbare Rechtsnorm (systematische Regelungslücke), weshalb – bei gleichzusetzender Interessenlage und Lücke im einzelnen Fall – § 33 StPO mit seinen Rechtsgedanken als die noch für die Polizei bestmögliche Anhörungs-Rechtsgrundlage eben analog angewendet werden kann.

gesetzliche Zweck, hier der jeweilige aus der Aufgabe des § 163 Abs. 1 S. 1 StPO (ggf. aus § 53 Abs. 1 S. 1 OWiG) und der Befugnisrechtsnorm des § 163 Abs. 1 S. 1 StPO, vereitelt oder wesentlich erschwert wird.

(SUB/ERG)

Im konkreten Fall ist § 33 StPO analog (alternativ)

- eingehalten insbesondere bei Gelegenheit zur Stellungnahme i.S.d. § 33 StPO analog;
- eingehalten bei Nichteinhaltung von § 33 Abs. 1, 3 StPO analog und Ausnahmegrund gemäß § 33 Abs. 4 StPO analog;
- nicht eingehalten insbesondere bei Fehlen von Gelegenheit zur Stellungnahme ohne Ausnahmegrund i.S.d. § 33 StPO analog;
- sonst eingehalten oder nicht eingehalten bei Anhaltspunkten / Fehlen entgegenstehender Anhaltspunkte.

7. § 168b StPO als allgemeine Verfahrensrechtsnorm für Justiz-VA (vgl. § 23 Abs. 1 S. 1 EGGVG): Protokoll

(VOR/DEF)

Gemäß § 168b StPO (ggf. i.V.m. §§ 46, 53 Abs. 1 S. 2 OWiG) besteht Pflicht zur **Protokollierung** bzw. zum **Protokoll** über ermittlungsbehördliche Untersuchungshandlungen, wonach gemäß § 168b Abs. 1 StPO das Ergebnis der Untersuchungshandlungen der Ermittlungsbehörden aktenkundig zu machen ist.

(SUB/ERG)

Im konkreten Fall ist § 168b StPO (alternativ)

- eingehalten insbesondere bei Protokoll über (das Ergebnis über) behördliche Untersuchungshandlungen i.S.d. §168b StPO;
- eingehalten bei Nichteinhaltung von § 168b StPO mit Ausnahmegrund;
- nicht eingehalten insbesondere bei Fehlen von Protokoll über (das Ergebnis über) behördliche Untersuchungshandlungen ohne Ausnahmegrund;
- sonst eingehalten oder nicht eingehalten bei Anhaltspunkten / Fehlen entgegenstehender Anhaltspunkte.

8. JGG[425]-Vorschriften[426] außer, bei, i.Z.m. Maßnahmen gegenüber einem jugendlichen oder heranwachsenden Verdächtigen[427] nach §§ 1, 109 JGG – fallabhängig insbesondere wie folgt:

a) § 38 JGG: Jugendgerichtshilfe, vgl. auch § 46 Abs. 6 OWiG;

b) § 43 JGG: Umfang der Ermittlungen;

c) § 67 JGG: Stellung der Erziehungsberechtigten[428] und der gesetzlichen Vertreter[429];

d) § 67a JGG: Unterrichtung der Erziehungsberechtigten und der gesetzlichen Vertreter;

e) § 68 JGG: Notwendige Verteidigung[430];

---

425 § 1 Abs. 1 JGG zum sachlichen JGG-Anwendungsbereich: „Dieses Gesetz gilt, wenn ein Jugendlicher oder ein Heranwachsender eine Verfehlung begeht, die nach den allgemeinen Vorschriften mit Strafe bedroht ist.“. § 1 Abs. 3 JGG zum sachlich-persönlichen JGG-Anwendungsbereich: „Ist zweifelhaft, ob der Beschuldigte zur Zeit der Tat das achtzehnte Lebensjahr vollendet hat, sind die für Jugendliche geltenden Verfahrensvorschriften anzuwenden.“.

426 JGG-Vorschriften mit amtlichen Überschriften insbesondere aus: „Gesetz zur Stärkung der Verfahrensrechte von Beschuldigten im Jugendstrafverfahren vom 09.12.2019, BGBl. 2019 Teil I Nr. 47, S. 2146-2152.

427 § 1 Abs. 2 JGG zum persönlichen JGG-Anwendungsbereich: § 1 Abs. 2 JGG: „**Jugendlicher** ist, wer zur Zeit der Tat vierzehn, aber noch nicht achtzehn, **Heranwachsender**, wer zur Zeit der Tat achtzehn, aber noch nicht einundzwanzig Jahre alt ist.“. Unterscheide nach § 2 BGB: „Die **Volljährigkeit** tritt mit der Vollendung des 18. Lebensjahres ein.“.

428 Zum **Strafrecht und elterlichen Erziehungsrecht**: BVerfGE 107, 104 (Anwesenheit im JGG-Verfahren) = BVerfG, Urteil des Zweiten Senats vom 16.01.2003 – 2 BvR 716/01.

429 **Vertreter** ist ein **Stellvertreter** qua Gesetz oder ein **Stellvertreter** qua Rechtsgeschäft (§§ 164-181 BGB). Vgl. insbesondere:

- §§ 1626-1698b BGB: **Elterliche Sorge** mit „**Vertretung des Kindes**“ gemäß § 1629 BGB;
- § 1 Abs. 1 Nr. 4 JuSchG: **erziehungsbeauftragte Person**;
- §§ 1773-1895 BGB: **Vormundschaft**;
- §§ 1896-1908k BGB: **Rechtliche Betreuung**;
- §§ 1909-1921 BGB: **Pflegschaft**.

430 Mit „Gesetz zur Neuregelung des Rechts der notwendigen Verteidigung“ (BGBl. I S. 2128; in Kraft seit 13.12.2019) ist erstmals das Recht des Beschuldigten ausdrücklich normiert, bereits auch im polizeilichen Ermittlungsverfahren grundsätzlich im Fall notwendiger Verteidigung (§ 140 StPO) „unverzüglich“ (§ 121 Abs. 1 S. 1 BGB), „spätestens vor einer Vernehmung des Beschuldigten“ (§ 163a StPO) einen Pflichtverteidiger „bestellt“ zu erhalten, „wenn der Beschuldigte dies nach Belehrung ausdrücklich beantragt“ (§ 141 Abs. 1 S. 1 StPO), in den Fällen des § 141 Abs. 2 S. 1 StPO auch „unabhängig von einem Antrag“ – mit Rückausnahmen in § 141 Abs. 2 S. 2, 3 StPO; auch mit Abweichungen in § 141a StPO für Beschuldigtenvernehmungen und Gegenüberstellungen (§§ 58 Abs. 2, 168b Abs. 3 StPO). Der Zeitpunkt polizeilicher Belehrung zur notwendigen Verteidigung i.S.d. § 140 StPO ist in einschlägigen Fällen – spätestens – „bei Beginn der ersten Vernehmung“ des Beschuldigten wegen § 141 Abs. 1 S. 2 StPO und § 163a Abs. 4 S. 2 i.V.m. § 136 Abs. 1 S. 5 StPO, oder der Zeitpunkt ist anders in speziell normierten Fällen wie § 114b Abs. 2 S. 1 Nr. 4a oder §§ 68a, b JGG. Gemäß § 142 StPO ist vor Anklageerhebung der Antrag des Beschuldigten nach § 141 Abs. 1 S. 1 StPO vor Erhebung der Anklage bei den Behörden oder Beamten des Polizeidienstes „oder“ bei der Staatsanwaltschaft anzubringen (Antrags-Entgegennahme-Zuständigkeit); die Bestellungs-Entscheidungs-Zuständigkeit obliegt dem Gericht nach StA-Vorlage mit Stellungnahme (§ 142 Abs. 1 S. 2 StPO) oder der StA selbst „bei besonderer Eilbedürftigkeit“, § 142 Abs. 4 StPO.

f) § 68a JGG: Zeitpunkt der Bestellung eines Pflichtverteidigers;

g) § 68b JGG: Vernehmungen und Gegenüberstellungen vor der Bestellung eines Pflichtverteidigers;

h) § 69 JGG: Beistand[431];

i) § 70 JGG: Mitteilung an amtliche Stellen;

j) § 70a JGG: Unterrichtung des Jugendlichen (i.V.m. § 109 JGG: des Heranwachsenden);

k) § 70b JGG: Belehrungen.

(SUB/ERG)

Im konkreten Fall sind die JGG-Vorschriften

- nicht anwendbar.
- anwendbar und eingehalten.
- anwendbar und nicht eingehalten.

(ERG Verfahren)

Ergebnis kann allgemein sein: Verfahrensrechtmäßigkeit oder Verfahrensrechtswidrigkeit der Maßnahme.

Ein Fall **notwendiger Verteidigung** liegt u.a. dann vor,

- gemäß § 140 Abs. 1 Nr. 1 StPO, wenn zu erwarten ist, dass die Hauptverhandlung im ersten Rechtszug vor dem **Oberlandesgericht** (§§ 115-117, 120-122 GVG) , dem **Landgericht** (§§ 12, 13, 60, 70, 734, 74-74f, 76-78b GVG) oder dem **Schöffengericht** (§§ 12, 13, 24-27, 28-58 GVG) stattfindet [Ausgangsrechtsnorm für den Abgrenzungsüberblick über AG, LG, OLG mag sein: § 24 GVG;
- gemäß § 140 Abs. 1 Nr. 2 StPO, wenn dem Beschuldigten ein Verbrechen zur Last gelegt wird;
- gemäß § 140 Abs. 1 Nr. 3 StPO, wenn das Verfahren zu einem **Berufsverbot** (§§ 70-70b StGB) führen kann;
- gemäß § 140 Abs. 1 Nr. 4 StPO, wenn der Beschuldigte nach den §§ 115, 115a, 128 Abs. 1 oder § 129 StPO einem Gericht zur Entscheidung über Haft oder einstweilige Unterbringung vorzuführen ist;
- gemäß § 140 Abs. 1 Nr. 5 StPO, wenn der Beschuldigte sich auf Grund richterlicher Anordnung oder mit richterlicher Genehmigung in einer Anstalt befindet;
- gemäß § 140 Abs. 1 Nr. 11 StPO, wenn ein seh-, hör- oder sprachbehinderter Beschuldigter die Bestellung beantragt;
- gemäß § 140 Abs. 2 StPO, wenn wegen der Schwere der Tat, der Schwere der zu erwartenden Rechtsfolge oder wegen der Schwierigkeit der Sach- oder Rechtslage die Mitwirkung eines Verteidigers geboten erscheint oder wenn ersichtlich ist, dass sich der Beschuldigte nicht selbst verteidigen kann.
- gemäß §§ 1, 109 Abs. 1 JGG und § 68 JGG in den dort genannten Fällen.

[431] Vgl. auch §§ 1712-1717 BGB (**Beistandschaft**).

B. Formelle Rechtmäßigkeit (FR) III. Form (F)

(VOR/DEF)

Form ist normiertes Wie der Rechtsfolgesetzung –schriftlich, elektronisch, mündlich oder in anderer Weise.

(SUB/ERG)

Im konkreten Fall besteht bei Fehlen speziellerer Formrechtsnormen Formfreiheit für den Justiz-VA, sodass der Justiz-VA schriftlich, elektronisch, mündlich oder in anderer Weise formrechtmäßig ergehen kann.

§ 168b StPO ist i.d.R. bereits integrativer Bestandteil des Verfahrens.

Ergebnis kann allgemein sein: Formrechtmäßigkeit oder Formrechtswidrigkeit der Maßnahme.

C. Materielle Rechtmäßigkeit (MR) I. Tatbestand (Tb) / Tatbestandsvoraussetzungen (TBV)

(VOR/DEF)

Tatbestand ist das Gesamt der (materiell-rechtlichen) Rechtsfolge(setzungs)bedingungen. / **Tatbestandsvoraussetzungen** sind materiell-rechtliche Rechtsfolgesetzungsbedingungen.

1. § 163 Abs. 1 S. 1 i.V.m. § 152 Abs. 2 StPO: Tatverdacht

(VOR)

Für § 111b Abs. 1 StPO wird (Straf-)Tatverdacht vorausgesetzt, § 163 Abs. 1 S. 1 W. 8, S. 2 W. 1-3 StPO; bei der Einziehungssicherungs-Beschlagnahme ergibt sich diese Tatbestandsvoraussetzung auch logisch aus § 111b Abs. 1 S. 1 W. 1-4 StPO (begründete Annahme) und § 111b Abs. 1 S. 2 W. 1-7 StPO (dringend begründete Annahme).

(DEF)

Tatverdacht ist gemäß § 163 Abs. 1 S. 1 i.V.m. § 152 Abs. 2 StPO das Gegebensein zureichender tatsächlicher Anhaltspunkte für eine verfolgbare Straftat oder Ordnungswidrigkeit.[432]

---

[432] BVerfG, Beschluss der 3. Kammer des Zweiten Senats vom 11.01.2016 – 2 BvR 1361/13 –, Rn. 11: „Notwendiger und grundsätzlich auch hinreichender Anlass für Zwangsmaßnahmen im Strafverfahren [oder Ordnungswidrigkeitenverfahren, P. B.] ist der Verdacht einer Straftat [oder Ordnungswidrigkeit, P. B.]. Der Verdacht muss auf konkreten Tatsachen beruhen; vage Anhaltspunkte oder bloße Vermutungen reichen nicht aus (vgl. BVerfGE 44, 353 <381 f.>; 59, 95 <97 f.>; BVerfGK 1, 126 <131>).“.

Zureichende tatsächliche Anhaltspunkte sind gegeben bei entsprechendem Ergebnis einer Gewichtigkeits- und Plausibilitätsprüfung aller wahrnehmbaren Dinge in Abwägung mit Art und Ausmaß potentieller Rechtseingriffe und Taten.

(SUB)

Zureichende tatsächliche Anhaltspunkte sind (z.B. und alternativ möglich) zum maßgeblichen Zeitpunkt bezüglich bestimmter Taten:

- polizeieigene Beobachtungen;
- polizeiliche Feststellungen;
- polizeiliche, auf Tatsachen begründete, auf den einzelnen Fall bezogene Schlussfolgerungen, außer reine Spekulationen, hypothetische Erwägungen oder lediglich auf kriminalistische Alltagserfahrung gestützte, fallunabhängige Vermutungen;
- Angaben von Beschuldigten, Betroffenen, Verdächtigen, Nichtverdächtigen, Zeugen, Sachverständigen oder Dritten;
- Anzeigen i.S.d. § 158 StPO;
- sonstige Daten.

(ERG)

Im konkreten Fall besteht i.S.d. § 152 Abs. 2 StPO i.V.m. § 163 Abs. 1 S. 1 StPO/§ 53 Abs. 1 S. 1 OWiG (alternativ)

- Tatverdacht (bei zureichenden tatsächlichen Anhaltspunkten);
- kein Tatverdacht (bei Fehlen zureichender tatsächlicher Anhaltspunkte).

2. § 111b Abs. 1 S. 1, 2 StPO: Begründete Annahme oder dringend begründete Annahme von Voraussetzungen der Einziehung oder Unbrauchbarmachung (vgl. § 74d Abs. 1 S. 2 StGB) eines Gegenstandes

(VOR)

§ 111b Abs. 1 S. 1 StPO lautet: Ist die Annahme begründet, dass die Voraussetzungen der Einziehung oder Unbrauchbarmachung eines Gegenstandes vorliegen, so kann er zur Sicherung der Vollstreckung beschlagnahmt werden.

§ 111b Abs. 1 S. 2 StPO lautet: Liegen dringende Gründe für diese Annahme vor, so soll die Beschlagnahme angeordnet werden.

(DEF)

Gegenstand i.S.d. § 111b StPO ist jede i.S.d. § 111b StPO beschlagnahmefähige Entität, vgl. § 111c StPO, also insbesondere Sachen und Rechte, nicht:

- Wertersatz, vgl. § 111e Abs. 1 StPO i.V.m. §§ 73c, e, 74c StGB;

- Geldstrafe und Kosten des Strafverfahrens, vgl. § 111e Abs. 2 StPO.[433]

Begründete Annahme von Einziehungsvoraussetzungen ist Wahrscheinlichkeit der Einziehung nach (alternativ) §§ 73-76b StGB / §§ 22, 23, 27 OWiG.[434]

Dringend begründete Annahme von Einziehungsvoraussetzungen ist hohe Wahrscheinlichkeit der Einziehung nach (alternativ) §§ 73-76b StGB / §§ 22, 23, 27 OWiG.[435]

(VOR/DEF)

Weitere, an die Tatbestandsvoraussetzungen in § 111b StPO anknüpfende Tatbestandsvoraussetzungen der Einziehungssicherungsbeschlagnahme ergeben sich – alternativ – aus §§ 73-76b / §§ 22, 23, 27 OWiG; daraus werden im Folgenden besonders definitonswürdige Voraussetzungen bei den jeweiligen alternativen Rechtsnormen dargestellt, die jeweils zur Erinnerung insbesondere mit kurzer Rechtsfolgenbeschreibung neuerlich aufgeführt werden.

a) §§ 111b, c, d Abs. 1 StPO i.V.m. §§ 73 Abs. 1, 73e StGB (Beschlagnahme zur Sicherung der Einziehung von Tatertrag – bei Täter und Teilnehmer):

(Rechtswidrige) Tat i.S.d. §§ 73-73e, 74d StGB ist zur maßgeblichen Zeit polizeilicher Einziehungssicherungsbeschlagnahme ohne Gerichtsentscheidung, vgl. § 73 Abs. 1 Hs. 2 StGB, der (begründete oder dringend begründete) Verdacht, § 152 Abs. 2 StPO, einer Anlasstat und ggf. anderen Tat, vgl. § 73a StGB, i.S.d. § 11 Abs. 1 Nr. 5 StGB (ggf. i.V.m. § 1 OWiG).

Tatertrag ist das durch[436] oder für eine rechtswidrige Tat Erlangte; wirtschaftlicher Vorteil, der direkt oder indirekt durch eine Straftat erlangt wird; dieser Vorteil kann aus

---

[433] Zu **Gegenstände** i.S.v. § 111b StPO vgl. z.B. BGHSt 24, 222 = BGH, Beschluss vom 28.09.1971 – 1 StR 261/71 (zu ex-§ 40 Abs. 2 Nr. 1 StGB ≙ § 74 Abs. 3 S. 1 StGB/§ 22 Abs. 2 Nr. 1 OWiG, P. B.): „[…] weil durch die Neufassung entgegen dem bis dahin geltenden Recht die Möglichkeit geschaffen wurde, nicht nur Sachen, sondern auch Rechte, also unkörperliche Gegenstände einzuziehen; das sollte nach dem Regierungsentwurf zum EGOWiG (BT Drucks. V/1319) hinter dem Wort ‚Gegenstände' in § 40 Abs. 1 [ex-§ 40 Abs. 1 StGB ≙ § 74 Abs. 1, 2 StGB/§ 22 Abs. 1 OWiG, P. B.] durch den Klammerzusatz ‚(Sachen und Rechte)' ausdrücklich klargestellt werden, doch wurde im Laufe der Gesetzesberatung auf diesen Zusatz verzichtet, weil nach der Ausgestaltung der neuen Einziehungsvorschriften nicht zweifelhaft sein konnte, daß der Begriff ‚**Gegenstände**' sowohl Sachen als auch Rechte umfaßt (BT Drucks. zu V/2600, V/2601 S. 14) […].".

[434] Zur grundsätzlichen **Einziehungstauglichkeit bei Nichtverfolgbarkeit oder Nichtverturteilbarkeit** aus tatsächlichen Gründen (Beispiele: Nichtermittelbarkeit an sich; Nichtermittelbarkeit konkret-relevanten Tatbeitrags) oder rechtlichen Gründen (Beispiele: Strafklageverbrauch; Verhandlungsunfähigkeit; Verjährung): vgl. die bzgl.Tatverdacht bzw. Einziehungsgründen umgekehrten/erweiternden/positiven Tatbestandsvoraussetzungen von: § 76a StGB (**Selbständige Einziehung**): verfolgungsunabhängige Einziehung oder verurteilungsunabhängige Einziehung. Verfolgbarkeit ist logische Voraussetzung für Verurteilbarkeit.

[435] Zur grundsätzlichen **Einziehungstauglichkeit bei Nichtverfolgbarkeit oder Nichtverturteilbarkeit** aus tatsächlichen Gründen (Beispiele: Nichtermittelbarkeit an sich; Nichtermittelbarkeit konkret-relevanten Tatbeitrags) oder rechtlichen Gründen (Beispiele: Strafklageverbrauch; Verhandlungsunfähigkeit; Verjährung): vgl. die bzgl.Tatverdacht bzw. Einziehungsgründen umgekehrten/erweiternden/positiven Tatbestandsvoraussetzungen von: § 76a StGB (**Selbständige Einziehung**): verfolgungsunabhängige Einziehung oder verurteilungsunabhängige Einziehung. Verfolgbarkeit ist logische Voraussetzung für Verurteilbarkeit.

[436] Zum rechtswidrig Erlangten **„durch die Tat"** / **„durch die Tat"** rechtswidrig Erlangten (**Tatertrag**) im Sinne von § 73 Abs. 1 StGB vgl. z.B. BGH, Urteil vom 04.10.2018 – 3 StR 283/18, S. 17: „Nach § 73 Abs. 1 StGB ist jeder Vermögenswert abzuschöpfen, den der Tatbeteiligte ‚durch' die rechtswidrige Tat

Vermögensgegenständen aller Art bestehen und schließt eine spätere Reinvestition oder Umwandlung direkter Erträge sowie geldwerte Vorteile ein; also auch körperliche oder nichtkörperliche, bewegliche oder unbewegliche Vermögensgegenstände, sowie rechtserhebliche Schriftstücke oder Urkunden, die das Recht auf solche Vermögensgegenstände oder Rechte daran belegen[437]; insbesondere Beute durch eine (aus einer) Tat[438] oder Entgelt für eine Tat[439], soweit nicht gegeben ist: gemäß § 73e StGB Ausschluss der Einziehung des Tatertrags oder des Wertersatzes[440].

---

erlangt hat, also alles, was in irgendeiner Phase des Tatablaufs in seine Verfügungsgewalt übergegangen und ihm so aus der Tat unmittelbar messbar zugutegekommen ist. Es ist nicht abzuziehen, was der Tatbeteiligte, der zunächst die uneingeschränkte alleinige tatsächliche Verfügungsmacht über die Tatbeute hatte, später bei deren Aufteilung an seine Komplizen oder Dritte weitergab (BGH, Urteil vom 12. Juli 2018 - 3 StR 144/18, NStZ-RR 2018, 335, 336 mit weiteren umfangreichen Nachweisen). […] Sollte man [bestimmte Aufwendungen] als Aufwendung im Sinne des § 73d Abs. 1 Satz 1 StGB werten, dann unterfiele[n diese] dem Abzugsverbot des § 73d Abs. 1 Satz 2 Halbsatz 1 StGB. Etwaige Unbilligkeiten sind nach neuer Rechtslage allein bei der Vollstreckung zu berücksichtigen (§ 459g Abs. 5 Satz 1 StPO). Da die Bargeldscheine als solche entweder nicht mehr oder jedenfalls nicht mehr identifizierbar im Vermögen des Angeklagten vorhanden sind, ist nach § 73c Satz 1 StGB der Wert der Taterträge einzuziehen.".

[437] Art. 2 Nr. 1, 2 RL 2014/42/EU (über die Sicherstellung und Einziehung von Tatwerkzeugen und Erträgen aus Straftaten in der Europäischen Union); zuvor: Art. 1 Rahmenbeschluss 2005/212/JI (über die Einziehung von Erträgen, Tatwerkzeugen und Vermögensgegenständen aus Straftaten).

[438] **Beute**: Gegenstände aus Taten wie z.B.: Nötigung (Abgenötigtes), § 240 StGB; Diebstahl (Gestohlenes), §§ 242-244a, 247, 248, 248c StGB; Raub (Geraubtes), §§ 249-251 StGB; Erpressung und Räuberische Erpressung (Erpresstes), §§ 253, 255 StGB; Betrug (Ertrogenes), § 263 ff. StGB; Untreue (Veruntreutes), § 266 StGB.

[439] **Entgelt** (Gegenleistung): Lohn für Auftragskörperverletzung („Abreibung"); Lohn für Auftragsinkasso; Lohn für Auftragstotschlag oder -mord; Lohn für Tatwerkzeugbeschaffung, § 27 StGB; Lohn für Kuriertätigkeit, § 27 StGB; Lohn für „Schmierestehen", § 27 StGB.

[440] Vgl. BGH, Urteil vom 04.10.2018 – 3 StR 283/18, S. 17: „Nach § 73 Abs. 1 StGB ist jeder Vermögenswert abzuschöpfen, den der Tatbeteiligte ‚**durch**' die rechtswidrige Tat erlangt hat, also alles, was in irgendeiner Phase des Tatablaufs in seine Verfügungsgewalt übergegangen und ihm so aus der Tat unmittelbar messbar zugutegekommen ist. Es ist nicht abzuziehen, was der Tatbeteiligte, der zunächst die uneingeschränkte alleinige tatsächliche Verfügungsmacht über die Tatbeute hatte, später bei deren Aufteilung an seine Komplizen oder Dritte weitergab (BGH, Urteil vom 12. Juli 2018 - 3 StR 144/18, NStZ-RR 2018, 335, 336 mit weiteren umfangreichen Nachweisen). […] Sollte man [bestimmte Aufwendungen] als Aufwendung im Sinne des § 73d Abs. 1 Satz 1 StGB werten, dann unterfiele[n diese] dem Abzugsverbot des § 73d Abs. 1 Satz 2 Halbsatz 1 StGB. Etwaige Unbilligkeiten sind nach neuer Rechtslage allein bei der Vollstreckung zu berücksichtigen (§ 459g Abs. 5 Satz 1 StPO). Da die Bargeldscheine als solche entweder nicht mehr oder jedenfalls nicht mehr identifizierbar im Vermögen des Angeklagten vorhanden sind, ist nach § 73c Satz 1 StGB der Wert der Taterträge einzuziehen.".

BGH, Beschluss vom 23.01.2020 – 5 StR 518/19 (Einziehungsuntauglichkeit bei vorrangigen Vermögenszuordnungsrechtsnormen – hier: Erbschaft i.S.d. §§ 1922 BGB, nach Ermordung des Erblassers), Rn. 3-5: „Die Einziehungsentscheidung hat keinen Bestand. Zwar hat das Landgericht zutreffend angenommen, dass der Angeklagte den Nachlass durch die abgeurteilte rechtswidrige Tat erlangt hat (§ 73 Abs. 1 StGB). Denn der Vermögenszufluss in Form der Erbschaft (§ 1922 BGB) geht ursächlich auf die Tötung der Erblasserin durch den Angeklagten zurück. Eine Einziehung nach den §§ 73 ff. StGB ist aber ausgeschlossen, wenn – wie hier – der Anwendungsbereich der Vorschriften über die strafrechtliche Vermögenabschöpfung nicht eröffnet ist (vgl. zur Einziehung des Geldwäscheobjekts BGH, Beschluss vom 27. März 2019 – 2 StR 561/18, NJW 2019, 2182, 2183). Der Abschöpfung deliktisch erlangten Vermögens liegt der sämtliche Rechtsgebiete übergreifende Gedanke zugrunde, eine nicht mit der Rechtsordnung übereinstimmende Vermögenslage zu berichtigen (vgl. BT-Drucks 18/9525, S. 58, 66; BVerfGE 110, 1, Rn. 20; BGH, Urteil vom 15. Mai 2018 – 1 StR 651/17, NStZ-RR 2018, 241). Soll die durch die rechtswidrige Tat

Erlangung / Ziehen / Erwerben im Sinne von § 73 StGB ist vollendete Begründung von Gewahrsam oder ähnlicher Verfügungsmöglichkeit oder Nutzungsmöglichkeit i.S.d. des StGB.[441]

---

entstandene Störung der Vermögenslage nach der Rechtsordnung erkennbar mit anderen Mitteln als der strafrechtlichen Vermögensabschöpfung beseitigt oder gar hingenommen werden, hat die Einziehung nach §§ 73 ff. StGB daher ausnahmsweise zu unterbleiben, sofern diese rechtliche Wertung dadurch unterlaufen würde. Danach ist die Einziehung des Nachlasses gemäß § 73 Abs. 1 StGB nicht zulässig, weil die Rechtslage betreffend die Erbschaft im Falle einer Tötung des Erblassers durch dessen Erben vorrangig und abschließend in § 2339 Abs. 1 Nr. 1, §§ 2340 ff. BGB geregelt ist."; Rn. 7-9: Systematik und Telelogie der Erbschafts- bzw. Erbunwürdigkeitsrechtsnormen, P. B..

[441] BGH, Beschluss vom 27.03.2019 – 2 StR 561/18, Rn. 8 (Geldwechselei von kleiner in große Geldstückelung zwecks Förderung neuen, für Geldwechsler fremden Btm-Geschäfts – Tatmittel bzw. Tatobjekt des geförderten fremden Drogenankaufs sowie einer vom Geldwechsler tateinheitlich begangenen täterschaftlichen Geldwäsche; keine Verteitelung i.S.v. § 74c StGB): „Nach § 73 Abs. 1 StGB setzt die Einziehung von Taterträgen voraus, dass der Täter oder Teilnehmer durch eine rechtswidrige Tat oder für sie etwas erlangt hat. Anknüpfungspunkt der Einziehungsentscheidung ist damit die konkrete rechtswidrige Tat (§ 11 Abs. 1 Nr. 5 StGB), also der Tatbestand desjenigen Strafgesetzes, das der Täter oder Teilnehmer verwirklicht hat. ‚**Durch die Tat**' erlangt sind Vermögenswerte, die dem Täter oder Teilnehmer aufgrund der Verwirklichung dieses Tatbestands in irgendeiner Phase des Tatablaufs zugeflossen sind, insbesondere also die Beute; ‚**für die Tat**' sind Vorteile erlangt, die einem Beteiligten als Gegenleistung für sein rechtswidriges Handeln gewährt werden, jedoch nicht auf der Tatbestandsverwirklichung beruhen (vgl. BGH, Urteil vom 27. September 2018 - 4 StR 78/18, juris Rn. 8; Beschluss vom 14. Februar 2018 - 4 StR 648/17, juris Rn. 5; Beschluss vom 30. März 2011 - 4 StR 25/11, juris Rn. 4 mwN [...]).".

BGH, Urteil vom 18.07.2018 – 5 StR 645/17, Rn. 7, 8: „Nach ständiger Rechtsprechung des Bundesgerichtshofs ist ein Vermögenswert im Rechtssinne **aus der Tat erlangt**, wenn er dem Beteiligten unmittelbar aus der Verwirklichung des Tatbestands in irgendeiner Phase des Tatablaufs so zugeflossen ist, dass er hierüber tatsächliche Verfügungsgewalt ausüben kann (vgl. BGH, Urteile vom 30. Mai 2008 - 1 StR 166/07, BGHSt 52, 227, 246; vom 28. Oktober 2010 - 4 StR 215/10, BGHSt 56, 39, 45 f., und vom 24. Mai 2018 - 5 StR 623/17 und 624/17 mwN). Bei mehreren Beteiligten genügt insofern, dass sie zumindest eine faktische bzw. wirtschaftliche Mitverfügungsmacht über den Vermögensgegenstand erlangt haben. Dies ist der Fall, wenn sie im Sinne eines rein tatsächlichen Herrschaftsverhältnisses ungehinderten Zugriff auf den betreffenden Vermögensgegenstand nehmen können. Faktische Mitverfügungsgewalt kann aber - jedenfalls bei dem vor Ort anwesenden, Teile der Beute in den Händen haltenden Mittäter - auch dann vorliegen, wenn sich diese in einer Abrede über die Beuteteilung widerspiegelt. Denn damit ‚verfügt' der Mittäter zu seinen oder der anderen Beteiligten Gunsten über die Beute, indem er in Absprache mit diesen Teile des gemeinsam Erlangten sich selbst oder den anderen zuordnet (vgl. zur Zurechnung bei Mittäterschaft und in einem Ausnahmefall auch BGH, Urteil vom 7. Juni 2018 - 4 StR 63/18 mwN).".

BGH, Beschluss vom 07.01.2019 – 4 StR 486/18, Rn. 9, 10: „Der Täter oder Teilnehmer hat einen Vermögenswert **durch eine rechtswidrige Tat erlangt**, wenn ihm dieser durch die Verwirklichung des Tatbestands in irgendeiner Phase des Tatablaufs so zugeflossen ist, dass er die tatsächliche Verfügungsgewalt über ihn ausüben kann (vgl. BGH, Beschluss vom 23. Oktober 2018 - 5 StR 185/18, Rn. 20; Urteil vom 18. Juli 2018 - 5 StR 645/17, NStZ-RR 2018, 278, 279 mwN; Urteil vom 30. Mai 2008 - 1 StR 166/07, BGHSt 52, 227, 246; Fischer, StGB, 66. Aufl., § 73 Rn. 23 mwN). Handelt der Täter als **Organ, Vertreter oder Beauftragter** (§ 14 StGB) **eines Unternehmens** mit dem Ziel, dass infolge der Tat bei dem Unternehmen eine Vermögensmehrung eintritt, ist nicht der Täter, sondern das Unternehmen im Erfolgsfall **Drittbegünstigter** im Sinne des § 73b Abs. 1 Nr. 1 StGB. Eine Vermögensmehrung bei einem Drittbegünstigten schließt grundsätzlich eine gegen den Täter anzuordnende Einziehung aus (vgl. BGH, Beschluss vom 31. Juli 2018 - 3 StR 620/17, Rn. 26; Urteil vom 29. November 2017 - 2 StR 271/17, Rn. 14). Regelmäßig ist davon auszugehen, dass die juristische Person über eine eigene Vermögensmasse verfügt, die vom Privatvermögen des Täters zu trennen ist. Die dem Vermögen einer juristischen Person zugeflossenen Vermögenswerte sind daher auch dann nicht ohne weiteres vom Täter im Sinne des § 73 Abs. 1 StGB durch die Tat erlangt, wenn dieser eine legale Zugriffsmöglichkeit auf das Gesellschaftsvermögen hat. Für die Anordnung einer Einziehung gegen den Täter bedarf es in derartigen Fällen einer über die

b) §§ 111b, c, d Abs. 1 StPO i.V.m. §§ 73 Abs. 2, 73e StGB (Beschlagnahme zur Sicherung der Einziehung von Tatertragsnutzung – bei Täter und Teilnehmer):

(Rechtswidrige) Tat i.S.d. §§ 73-73e, 74d StGB ist zur maßgeblichen Zeit polizeilicher Einziehungssicherungsbeschlagnahme ohne Gerichtsentscheidung, vgl. § 73 Abs. 1 Hs. 2 StGB, der (begründete oder dringend begründete) Verdacht, § 152 Abs. 2 StPO, einer Anlasstat und ggf. anderen Tat, vgl. § 73a StGB, i.S.d. § 11 Abs. 1 Nr. 5 StGB (ggf. i.V.m. § 1 OWiG).

Tatertragsnutzung ist jede Nutzung im Sinne des BGB aus dem Tatertrag[442], soweit nicht gegeben ist: gemäß § 73e StGB Ausschluss der Einziehung des Tatertrags oder des Wertersatzes.

---

faktische Verfügungsgewalt hinausgehenden Feststellung, dass dieser selbst durch die Tat etwas erlangt hat, was zu einer Änderung seiner Vermögensbilanz geführt hat. Umstände, die eine solche Feststellung rechtfertigen, können etwa darin zu sehen sein, dass der Täter die juristische Person lediglich als einen formalen Mantel nutzt und eine Trennung zwischen seiner eigenen Vermögenssphäre und derjenigen der Gesellschaft tatsächlich nicht vornimmt, oder jeder aus der Tat folgende Vermögenszufluss an die Gesellschaft sogleich an den Täter weitergeleitet wird. Wird der Vermögensvorteil hingegen von der Gesellschaft vereinnahmt, so kann nicht ohne weiteres vorausgesetzt werden, dass sich der Zufluss auf die Höhe einer späteren Entnahme aus dem Gesellschaftsvermögen auswirkt. In solchen Fällen sind die Einziehungsanordnungen gegen die Gesellschaft zu richten (vgl. zu § 73 StGB aF: BVerfG, Beschlüsse vom 3. Mai 2005 - 2 BvR 1378/04, BVerfGK 5, 217, 221; vom 17. Juli 2008 - 2 BvR 2182/06, WM 2008, 1588, 1589; und vom 29. Mai 2006 - 2 BvR 820/06, Rn. 27, NJW 2005, 3630, 3631; BGH, Urteile vom 30. Mai 2008 - 1 StR 166/07, BGHSt 52, 227, 256; und vom 29. November 2017 - 2 StR 271/17, Rn. 15; vgl. zu § 73 Abs. 1 StGB nF: BGH, Beschlüsse vom 7. September 2016 - 2 StR 352/15, BGHR StGB § 73 Erlangtes 22; vom 31. Juli 2018 - 3 StR 620/17, juris Rn. 26; vom 23. Oktober 2018 - 5 StR 185/18, Rn. 24; und vom 14. November 2018 - 3 StR 447/18).“.

BGH, Beschluss vom 14.10.2020 – 5 StR 229/19, Leitsatz 1: „Zur **Bestimmung des erlangten Etwas** im Sinne von § 73 Abs. 1 StGB in Fällen der **Marktmanipulation**.“, Rn. 3: „Vermögensvorteile sind im Sinne von § 73 Abs. 1 StGB und § 73b Abs. 1 Satz 1 Nr. 1 StGB ‚**durch**‘ die rechtswidrige Tat erlangt, wenn sie dem Tatbeteiligten (§ 73 Abs. 1 StGB) oder Drittbegünstigten (§ 73b Abs. 1 StGB) aufgrund der Verwirklichung des Tatbestandes in irgendeiner Phase des Tatablaufs zufließen (st. Rspr.; vgl. BGH, Urteil vom 7. März 2019 – 5 StR 569/18, NStZ 2019, 272). Zwischen der Tat und dem Erlangen des einzuziehenden Etwas muss mithin ein Kausalzusammenhang bestehen (BT-Drucks. 18/11640, S. 78). Notwendig, aber auch ausreichend ist, dass die rechtswidrige Tat im materiellen Sinn (§ 11 Abs. 1 Nr. 5 StGB) nicht hinweggedacht werden kann, ohne dass die strafrechtswidrige Bereicherung in Form eines messbaren Vermögensvorteils entfiele […]. Am erforderlichen Kausalzusammenhang mit der rechtswidrigen Tat fehlt es daher für solche Vermögenswerte, die dem Täter erst durch weitere, nicht tatbestandsmäßige Handlungen oder Rechtsgeschäfte zufließen […] oder als Ersatzgegenstände im Sinne von § 73 Abs. 3 StGB (vgl. BT-Drucks., aaO).“, Rn. 4: „Für Fälle strafbarer Marktmanipulationen ist zur Bestimmung des erlangten Etwas im Sinne des § 73 Abs. 1 StGB deshalb – ausgehend von der jeweils verwirklichten Tatbestandsvariante – zu prüfen, ob die Tat ursächlich für einen messbaren Vermögenszufluss bei einem Tatbeteiligten oder Dritten gewesen ist.“, Rn. 5: „In Fällen informations- und handlungsgestützter Marktmanipulationen [nach bestimmten WpHG-Rechtsnormen, P. B.] ist für die Einziehung nach §§ 73 ff. StGB die infolge der strafbaren Einwirkung auf den Aktienpreis eingetretene Wertsteigerung der gehaltenen Aktien maßgebend.“, Rn. 6: „In Fällen handelsgestützter Marktmanipulationen [nach bestimmten WpHG-Rechtsnormen, P. B.] unterliegt der gesamte Erlös aus den Aktienverkäufen durch den Täter der Einziehung nach §§ 73 ff. StGB.“.

442 **Nutzung**, § 100 BGB: Früchte einer Sache oder eines Rechts sowie die Vorteile, welche der Gebrauch der Sache oder des Rechts gewährt. **Früchte**, § 99 BGB: Erzeugnisse und sonstige Ausbeute einer Sache sowie Ertrag des Rechts. Auto: faktische oder fiktive Transport- oder Taxikosten; Geschäftsanteile: faktische oder fiktive Anteilsgewinne; Legitimationskarten: faktisches oder fiktives Entgelt (z.B.: Eintrittspreis, Garderobenpreis, Servicepreis); Programme: faktische oder fiktive Lizenzgebühren; Tier: Eier,

Erlangung / Ziehen / Erwerben im Sinne von § 73 StGB ist vollendete Begründung von Gewahrsam oder ähnlicher Verfügungsmöglichkeit oder Nutzungsmöglichkeit i.S.d. des StGB.

c) §§ 111b, c, d Abs. 1 StPO i.V.m. §§ 73 Abs. 3, 73e StGB (Beschlagnahme zur Sicherung der Einziehung von Tatertragssurrogat – bei Täter und Teilnehmer):

(Rechtswidrige) Tat i.S.d. §§ 73-73e, 74d StGB ist zur maßgeblichen Zeit polizeilicher Einziehungssicherungsbeschlagnahme ohne Gerichtsentscheidung, vgl. § 73 Abs. 1 Hs. 2 StGB, der (begründete oder dringend begründete) Verdacht, § 152 Abs. 2 StPO, einer Anlasstat und ggf. anderen Tat, vgl. § 73a StGB, i.S.d. § 11 Abs. 1 Nr. 5 StGB (ggf. i.V.m. § 1 OWiG).

Tatertragssurrogat(ion) im Sinne des § 73 Abs. 3 StGB ist Erwerb durch Veräußerung des Erlangten oder als Ersatz für dessen Zerstörung, Beschädigung oder Entziehung oder auf Grund eines erlangten Rechts[443], soweit nicht gegeben ist: gemäß § 73e StGB Ausschluss der Einziehung des Tatertrags oder des Wertersatzes.

Erlangung / Ziehen / Erwerben im Sinne von § 73 StGB ist vollendete Begründung von Gewahrsam oder ähnlicher Verfügungsmöglichkeit oder Nutzungsmöglichkeit i.S.d. des StGB.

d) §§ 111b, c, d Abs. 1 StPO i.V.m. §§ 73a, 73e StGB (Beschlagnahme zur Sicherung der „erweiterten Einziehung" von Tatertrag aus anderer rechtswidriger Tat – bei Täter und Teilnehmer):

(Rechtswidrige) Tat i.S.d. §§ 73-73e, 74d StGB ist zur maßgeblichen Zeit polizeilicher Einziehungssicherungsbeschlagnahme ohne Gerichtsentscheidung, vgl. § 73 Abs. 1 Hs. 2 StGB, der (begründete oder dringend begründete) Verdacht, § 152 Abs. 2 StPO, einer Anlasstat und ggf. anderen Tat, vgl. § 73a StGB, i.S.d. § 11 Abs. 1 Nr. 5 StGB (ggf. i.V.m. § 1 OWiG).

Tatertrag im erweiterten Sinne/im Sinne der erweiterten Einziehung nach § 73a StGB (anderer Tatertrag/Ertrag anderer Tat) ist das durch oder für eine andere Tat als nach § 73 StGB Erlangte, insbesondere Beute durch eine (aus einer) Tat oder Entgelt für eine Tat[444], soweit nicht gegeben ist: gemäß § 73e StGB Ausschluss der Einziehung des Tatertrags oder des Wertersatzes.

e) §§ 111b, c, d Abs. 1 StPO i.V.m. §§ 73b Abs. 1, 73e StGB (Beschlagnahme zur Sicherung der Einziehung von Tatertrag – bei Anderem als Täter und Teilnehmer):

(Rechtswidrige) Tat i.S.d. §§ 73-73e, 74d StGB ist zur maßgeblichen Zeit polizeilicher Einziehungssicherungsbeschlagnahme ohne Gerichtsentscheidung, vgl. § 73 Abs. 1 Hs. 2 StGB, der (begründete oder dringend begründete) Verdacht, § 152 Abs. 2 StPO, einer Anlasstat und ggf. anderen Tat, vgl. § 73a StGB, i.S.d. § 11 Abs. 1 Nr. 5 StGB (ggf. i.V.m. § 1 OWiG).

Milch, Wolle, Preis für Dienstleistung durch Tiere; Wohnung: Wohnvorteil über faktischen oder fiktiven Mietzins.

443 Erlös aus Veräußerung („Versetzen") der Tatbeute: Auto, Diamanten, Fahrrad, Juwelen, Waffen; Objekte aus Erwerb durch Tatertragsgeld: Aktien, Auto, Haus, Diamanten; Geld aus „Geldwäsche": Geldwechselei; Geld aus Straftat wird über Jetons im Casino bespielt und übrige Jetons werden ausbezahlt.

444 **Beute**: alle Gegenstände aus Taten wie z.B.: Nötigung (Abgenötigtes), § 240 StGB; Diebstahl (Gestohlenes), §§ 242-244a, 247, 248, 248c StGB; Raub (Geraubtes), §§ 249-251 StGB; Erpressung und Räuberische Erpressung (Erpresstes bzw. räuberisch Erpresstes) §§ 253, 255 StGB; Betrug (Ertrogenes), § 263 ff. StGB; Untreue (Veruntreutes), § 266 StGB.

Beispiele für mögliche Gegenstände erweiterter Einziehung im Sinne des § 73a StGB: Funde bzgl. weiterer „Tatbeute" bei Personendurchsuchung anlässlich bestimmter Straftat, vgl. auch § 108 StPO; Funde bzgl. weiterer „Tatbeute" bei Wohnungsbetretung oder Wohnungsdurchsuchung anlässlich eines bestimmten anderen Delikts („Räuberhöhle": Elektronik, Haushaltsgeräte, Fahrräder, Fernseher, Mobiltelefone, PC, Uhren), vgl. auch § 108 StPO.

Tatertrag bei anderen im Sinne des § 73b StGB ist das unter den Voraussetzungen des § 73b StGB durch oder für eine Tat Erlangte bei einem Nichttäter und Nichtteilnehmer, insbesondere Beute durch eine (aus einer) Tat[445] oder Entgelt für eine Tat[446], soweit nicht gegeben ist: gemäß § 73e StGB Ausschluss der Einziehung des Tatertrags oder des Wertersatzes.

f) §§ 111b, c, d Abs. 1 StPO i.V.m. §§ 73b Abs. 2, 73e StGB (Beschlagnahme zur Sicherung der Einziehung eines dem Tatertragswert entsprechenden Gegenstandes oder von gezogenen Nutzungen – bei Anderem als Täter und Teilnehmer):

(Rechtswidrige) Tat i.S.d. §§ 73-73e, 74d StGB ist zur maßgeblichen Zeit polizeilicher Einziehungssicherungsbeschlagnahme ohne Gerichtsentscheidung, vgl. § 73 Abs. 1 Hs. 2 StGB, der (begründete oder dringend begründete) Verdacht, § 152 Abs. 2 StPO, einer Anlasstat und ggf. anderen Tat, vgl. § 73a StGB, i.S.d. § 11 Abs. 1 Nr. 5 StGB (ggf. i.V.m. § 1 OWiG).

Tatertragsnutzung ist jede Nutzung im Sinne des BGB aus dem Tatertrag.[447]

Gegenstandserlangung im Werte des ursprünglich Erlangten im Sinne des § 73b Abs. 2 ist Surrogation unter den Voraussetzungen des § 73b Abs. 1 S. 1 Nr. 2 oder Nr. 3 StGB, soweit nicht gegeben ist: gemäß § 73e StGB „Ausschluss der Einziehung des Tatertrags oder des Wertersatzes.

g) §§ 111b, c, d Abs. 1 StPO i.V.m. §§ 73b Abs. 3, 73e StGB (Beschlagnahme zur Sicherung der Einziehung von Tatertragssurrogat – bei Anderem als Täter und Teilnehmer):

(Rechtswidrige) Tat i.S.d. §§ 73-73e, 74d StGB ist zur maßgeblichen Zeit polizeilicher Einziehungssicherungsbeschlagnahme ohne Gerichtsentscheidung, vgl. § 73 Abs. 1 Hs. 2 StGB, der (begründete oder dringend begründete) Verdacht, § 152 Abs. 2 StPO, einer Anlasstat und ggf. anderen Tat, vgl. § 73a StGB, i.S.d. § 11 Abs. 1 Nr. 5 StGB (ggf. i.V.m. § 1 OWiG).

Tatertragssurrogat(ion) im Sinne des § 73b Abs. 3 StGB ist Erwerb durch Veräußerung des Erlangten oder als Ersatz für dessen Zerstörung, Beschädigung oder Entziehung oder auf Grund eines erlangten Rechts unter den Voraussetzungen des § 73b Abs. 1 S. 1 Nr. 2 oder Nr. 3 StGB, soweit nicht gegeben ist: gemäß § 73e StGB „Ausschluss der Einziehung des Tatertrags oder des Wertersatzes.

h) § 111e StPO i.V.m. § 73c StGB (Vermögensarrest): Für den Fall des Vermögensarrests ist Vorausssetzung, dass die Einziehung eines Gegenstandes wegen der Beschaffenheit des Erlangten oder aus einem anderen Grund nicht möglich ist oder dass [wahrscheinlich im Urteil] von

[445] **Beute**: alle Gegenstände aus Taten wie z.B.: Nötigung (Abgenötigtes), § 240 StGB; Diebstahl (Gestohlenes), §§ 242-244a, 247, 248, 248c StGB; Raub (Geraubtes), §§ 249-251 StGB; Erpressung und Räuberische Erpressung (Erpresstes bzw. räuberisch Erpresstes) §§ 253, 255 StGB; Betrug (Ertrogenes), § 263 ff. StGB; Untreue (Veruntreutes), § 266 StGB.

[446] **Entgelt** (Gegenleistung): Lohn für Auftragskörperverletzung („Abreibung"); Lohn für Auftragsinkasso; Lohn für Auftragstotschlag oder -mord; Lohn für Tatwerkzeugbeschaffung, § 27 StGB; Lohn für Kuriertätigkeit, § 27 StGB; Lohn für „Schmierestehen", § 27 StGB.

[447] **Nutzung**, § 100 BGB: Früchte einer Sache oder eines Rechts sowie die Vorteile, welche der Gebrauch der Sache oder des Rechts gewährt. **Früchte**, § 99 BGB: Erzeugnisse und sonstige Ausbeute einer Sache sowie Ertrag des Rechts.

§ 73 Abs. 2, 3 StGB-Beispiele: Auto: faktische oder fiktive Transport- oder Taxikosten; Geschäftsanteile: faktische oder fiktive Anteilsgewinne; Legitimationskarten: faktisches oder fiktives Entgelt (z.B.: Eintrittspreis, Garderobenpreis, Servicepreis); Programme: faktische oder fiktive Lizenzgebühren; Tier: Eier, Milch, Wolle, Preis für Dienstleistung durch Tiere; Wohnung: Wohnvorteil über faktischen oder fiktiven Mietzins.

der Einziehung eines Ersatzgegenstandes nach § 73 Abs. 3 StGB oder nach § 73b Abs. 3 StGB abgesehen wird.[448]

i) §§ 111b, c, d Abs. 1 StPO i.V.m. § 74 Abs. 1, 3 S. 1 StGB (Beschlagnahme zur Sicherung der Einziehung von Tatprodukt oder Tatmittel – bei Täter und Teilnehmer):

Vorsätzliche Tat i.S.v. §§ 74, 74a StGB ist zur maßgeblichen Zeit polizeilicher Einziehungssicherungsbeschlagnahme ohne Gerichtsentscheidung, vgl. § 74 Abs. 3 S. 1 StGB, der (begründete oder dringend begründete) Verdacht, § 152 Abs. 2 StPO, einer mit Wissen und Wollen der

448 Vgl. BGH, Urteil vom 04.10.2018 – 3 StR 283/18, S. 17: „Nach § 73 Abs. 1 StGB ist jeder Vermögenswert abzuschöpfen, den der Tatbeteiligte ‚durch' die rechtswidrige Tat erlangt hat, also alles, was in irgendeiner Phase des Tatablaufs in seine Verfügungsgewalt übergegangen und ihm so aus der Tat unmittelbar messbar zugutegekommen ist. Es ist nicht abzuziehen, was der Tatbeteiligte, der zunächst die uneingeschränkte alleinige tatsächliche Verfügungsmacht über die Tatbeute hatte, später bei deren Aufteilung an seine Komplizen oder Dritte weitergab (BGH, Urteil vom 12. Juli 2018 - 3 StR 144/18, NStZ-RR 2018, 335, 336 mit weiteren umfangreichen Nachweisen). [...] Sollte man [bestimmte Aufwendungen] als Aufwendung im Sinne des § 73d Abs. 1 Satz 1 StGB werten, dann unterfiele[n diese] dem Abzugsverbot des § 73d Abs. 1 Satz 2 Halbsatz 1 StGB. Etwaige Unbilligkeiten sind nach neuer Rechtslage allein bei der Vollstreckung zu berücksichtigen (§ 459g Abs. 5 Satz 1 StPO). Da die Bargeldscheine als solche entweder nicht mehr oder jedenfalls nicht mehr identifizierbar im Vermögen des Angeklagten vorhanden sind, ist nach § 73c Satz 1 StGB der Wert der Taterträge einzuziehen."; BGH, Beschluss vom 28.05.2020 – 3 StR 364/19 (§§ 73b Abs. 1 S. 1, 73c S. 1 StGB), Leitsatz (und Rn. 17, 22-37): „Die Einziehung von Wertersatz gegenüber dem Tatbeteiligten ist auch dann zulässig, wenn bei dem Drittbegünstigten die Einziehung des aus der Tat erlangten Gegenstands in Betracht kommt.", Rn. 17: „Die Frage, ob der Wert des Erlangten beim Tatbeteiligten eingezogen werden kann, wenn das aus der Tat Erlangte bei einem Dritten, bei dem die Voraussetzungen einer Einziehungsentscheidung gemäß § 73b Abs. 1 StGB vorliegen, (körperlich) noch vorhanden ist, ist - soweit ersichtlich - bisher höchstrichterlich noch nicht entschieden worden. Lediglich in Fällen, in denen das Erlangte (körperlich) nicht mehr vorhanden war, mithin auch beim Drittbegünstigten ausschließlich die Voraussetzungen einer Einziehung von Wertersatz des Erlangten vorlagen, hat der Bundesgerichtshof eine gesamtschuldnerische Haftung von Tatbeteiligten und Drittbegünstigten angenommen (BGH, Urteil vom 30. Mai 2008 - 1 StR 166/07, BGHSt 52, 227 Rn. 11; Beschlüsse vom 7. Juni 2018 - 4 StR 639/17, juris Rn. 3; vom 29. Februar 2012 - 2 StR 639/11, NZWiSt 2012, 349, 350; vgl. auch BGH, Beschluss vom 9. Dezember 2005 - 3 BGs 173/05, juris).".

Tatbestandsverwirklichung[449] begangenen, rechtswidrigen, (auch vermindert) schuldhaften[450] Anlasstat[451] i.S.d. § 11 Abs. 1 Nr. 5 StGB (ggf. i.V.m. § 1 OWiG).

---

[449] Zu in §§ 73-76b StGB zum Ausdruck kommenden Theorien von **Vorsatz, Vorsatzformen, Vorsatzunrecht, Vorsatzschuld** vgl. BGH, Beschluss vom 01.06.2016 – 2 StR 150/15, Rn. 17-22: „Nach herrschender, terminologisch nicht in jeder Hinsicht einheitlicher Auffassung sind im Bereich des Vorsatzes drei Vorsatzformen zu unterscheiden. Der bedingt vorsätzlich handelnde Täter hält bei Vornahme der - rechtsgutsgefährdenden - Handlung den Eintritt des tatbestandlichen Erfolges für möglich und findet sich mit seinem Eintritt ab, auch wenn er auf dessen Eintritt weder abzielt noch ihm dieser auch nur erwünscht ist. Demgegenüber sieht der mit unbedingtem Vorsatz handelnde Täter den Eintritt des tatbestandlichen Erfolges sicher voraus (dolus directus 2. Grades oder ‚Wissentlichkeit') oder er hält den Eintritt des tatbestandlichen Erfolges für sicher oder möglich und erstrebt seinen Eintritt in dem Sinne, dass es ihm auf die Erreichung des tatbestandlichen Erfolges ankommt (dolus directus 1. Grades). Die gesetzgeberische Anerkennung einer Schuldschwereskala gerade auch im Bereich des subjektiven Tatbestands steht außer Frage. Sie zeigt sich nicht nur in den unterschiedlichen gesetzlichen Strafrahmen, die das Strafgesetzbuch für die vorsätzliche (§§ 211, 212 StGB) und die fahrlässige Tötung (§ 222 StGB) bereitstellt. Der Gesetzgeber differenziert auch in einer Reihe weiterer Vorschriften des Strafgesetzbuchs je nach der Vorsatzform. [...] Mit Absicht sind ‚gezielte Handlungen' gemeint, also solche, die mit dolus directus 1. Grades ausgeführt werden (Schriftlicher Bericht des Sonderausschusses für die Strafrechtsreform, BT-Drucks. V/2860, S. 11). Auch sah der Entwurf eines Strafgesetzbuches 1962 in § 16 eine Definition der drei Vorsatzformen und in § 17 eine Differenzierung zwischen Absicht und Wissentlichkeit vor (BT-Drucks. IV/650, S. 14: ‚Der Entwurf unterscheidet nach alledem scharf zwischen Absicht und Wissentlichkeit'). Die Normen sollten wissenschaftliche Herleitung und Richterrecht kodifizieren (BT-Drucks. IV/650, S. 101) und wurden allein aus redaktionellen Gründen nicht Gesetz. Insbesondere die gesetzgeberische Entscheidung, Qualifikationstatbestände für absichtliches oder wissentliches Handeln bereit zu stellen, zeigt eindrucksvoll, dass nach der Wertentscheidung des Gesetzgebers diesen beiden Vorsatzformen ein höherer Schuldgehalt beizumessen ist als bedingt vorsätzlichem Handeln. Die gesetzgeberischen Formulierungen belegen zugleich die Anerkennung der unterschiedlichen Vorsatzarten innerhalb des unbedingten oder unmittelbaren Vorsatzes. Die generelle gesetzliche Differenzierung zwischen Absicht und Wissentlichkeit ist ein Anhaltspunkt dafür, dass der Gesetzgeber auch insoweit eine graduelle Schuldabstufung als selbstverständlich voraussetzt (ablehnend Dencker, aaO, S. 220; Jakobs, Strafrecht AT, 2. Aufl., S. 261). Denn anderenfalls hätte es näher gelegen, den beide Vorsatzformen umfassenden Begriff des ‚unbedingten Vorsatzes' zu verwenden. Diese grundsätzliche gesetzgeberische Anerkennung einer Schuldschwereskala im Bereich des subjektiven Tatbestands gilt - ungeachtet des Umstands, dass der Gesetzgeber insoweit auf eine ausdrückliche Differenzierung im Rahmen der §§ 211, 212 StGB verzichtet hat - auch und gerade für die Tötungsdelikte."; BGHSt 63, 54 = BGH, Urteil vom 10.01.2018 – BGH 2 StR 150/15, Rn. 8: „Der Senat hat mit Beschluss vom 1. Juni 2016 (NStZ 2017, 216) ein Anfrageverfahren nach § 132 Abs. 3 GVG eingeleitet, weil er von der bisherigen Rechtsprechung abzuweichen beabsichtigt.", Rn. 27: „Nach dem Ergebnis des Anfrageverfahrens besteht unter den Strafsenaten des Bundesgerichtshofs Einigkeit darüber, dass der Tatrichter den Umstand, dass der Täter mit Tötungsabsicht gehandelt hat, strafschärfend berücksichtigen kann. Die früher vertretene Rechtsansicht, wonach in der strafschärfenden Berücksichtigung von Tötungsabsicht ungeachtet der konkreten Umstände des Einzelfalls regelmäßig ein Verstoß gegen das Verbot der Doppelverwertung von Tatbestandsmerkmalen (§ 46 Abs. 3 StGB) liegt, ist danach aufgegeben.", Rn. 31: „Die strafschärfende Berücksichtigung von Tötungsabsicht verstößt damit grundsätzlich nicht gegen das Verbot der Doppelverwertung von Tatbestandsmerkmalen (§ 46 Abs. 3 StGB). Mit der Tötungsabsicht verbindet sich regelmäßig - ergibt sich nicht aus gegenläufig zu gewichtenden Umständen eine andere Beurteilung des Handlungsunrechts - eine erhöhte Tatschuld des absichtsvoll Tötenden.".

[450] BGHSt 47, 369 = BGH, Urteil vom 21.08.2002 – 1 StR 115/02: „[...] die eine vorsätzliche oder sonst individuell vorwerfbare Straftat voraussetzt (vgl. § 74 Abs. 1 Satz 1 [mit Wortlaut zur Zeit von BGHSt 47, 369: „vorsätzliche Straftat", P. B.], § 74a, § 75 [ex-§ 75 StGB ≙ § 74e StGB] StGB).", vgl. auch § 74b Abs. 1 Nr. 1 StGB („können sie auch dann eingezogen werden, wenn der Täter oder Teilnehmer ohne Schuld gehandelt hat").

Tatprodukt[452] ist ein durch vorsätzliche Tat, § 11 Abs. 1 Nr. StGB, hervorgebrachter Gegenstand.[453]

Tatmittel[454] ist ein zur Begehung oder Vorbereitung einer vorsätzlichen Tat, § 11 Abs. 1 Nr. 5 StGB, gebrauchter oder bestimmt gewesener Gegenstand.[455]

---

[451] Vgl. BGH, Beschluss vom 14.01.2014 – 2 StR 187/13, Rn. 2-4, 6: „Hinsichtlich der Einziehungsentscheidung hat der Generalbundesanwalt ausgeführt: ‚Die Urteilsfeststellungen tragen die Einziehungsanordnung lediglich hinsichtlich der sichergestellten Motorradkutten mit Club-Emblemen. Nach § 74 Abs. 1 StGB können nur Gegenstände eingezogen werden, die durch die Straftat hervorgebracht oder zu ihrer Begehung oder Vorbereitung gebraucht werden oder bestimmt gewesen sind. Der Gegenstand muss gerade bei der abgeurteilten Tat eine bestimmende Rolle gespielt haben, die im Urteil festzustellen ist (Senat, Beschluss vom 27. März 2003 - 2 StR 197/03). Diese Voraussetzungen sind in den Urteilsgründen lediglich hinsichtlich der Motorradkutten mit Club-Emblemen belegt. Diese wurden unmittelbar vor der Tat übergezogen, um das optische Droh-Potenzial zu verstärken (UA S. 44, 84). […]‘. Dem schließt sich der Senat an.“. BGH, Beschluss vom 05.03.2003 – 2 StR 526/02: „Gemäß § 74 Abs. 1 StGB können als Tatwerkzeuge nicht nur solche Gegenstände eingezogen werden, die zur eigentlichen Begehung der Tat Verwendung finden bzw. nach der Planung des Täters hierzu bestimmt sind; der Einziehung unterliegt vielmehr alles, was die Tat vom Stadium der Vorbereitung bis zur Beendigung (vgl. BGH NJW 1952, 892; BGH bei Dallinger MDR 1970, 559) überhaupt ermöglicht und zu ihrer Durchführung dient oder hierzu erforderlich ist (BGHR StGB § 74 Abs. 1 Tatmittel 4).“.

[452] Lateinisch: **Productum sceleris**.

[453] Vgl. zum Tatprodukt die Legaldefinition in § 74 Abs. 1 StGB.

Tatprodukt-Beispiele: Fälschungsprodukt wie z.B.: Falschgeld, § 146 StGB; gefälschtes Wertzeichen, § 148 StGB; gefälschte Urkunde, §§ 267 ff. StGB; Strafbare pornographische Schrift (vgl. § 11 Abs. 3 StGB).

[454] Lateinisch: **Instrumentum sceleris**.

[455] Vgl. zum **Tatmittel** die Legaldefinition in § 74 Abs. 1 StGB.

Tatmittel-Beispiele:

- „Tatwaffe“ wie z.B. bei §§ 211-229 StGB (Armbrust; Baseballschläger; Hammer; Messer; Schlagring; Schusswaffe; Skulptur; Sprengstoff; Stein; Totschläger; Wurfstern; Zwille);
- „Tatwerkzeug“ wie z.B.: Einbruchswerkzeug (Brecheisen; Kuhfuß; Schraubendreher; Ziehwerkerkzeug);
- „Brandmittel“, „Giftmittel“, „Sachbeschädigungsmittel“ wie z.B. bei §§ 303-303a StGB §§ 306 bis 306c, 307 bis 314 oder 316c StGB (§ 322 StGB), § 306f StGB (Brandbeschleuniger; Feuerzeug; Säure; Spraydose; Sprengstoff; Streichholz; Zündmittel);
- „Computermittel“ wie z.B. bei Fälschungsdelikten (§§ 147 ff. StGB; §§ 267 ff. StGB), Internet-Aufforderung zu öffentlichen Straftaten (§ 126 StGB), Internetbedrohung (§ 241 StGB), Internetbeleidigung (§§ 185-187 BGB), Internetbetrug (§§ 263 ff. StGB), Internet-Btm-Kauf/Verkauf (§§ 29-30b BtMG), Internetnötigung (§ 240 StGB), illegale Internet-Pornographie-Vertieb/Konsum (§§ 184-184d Abs. 1 StGB, vgl. § 11 Abs. 3 StGB / §§ 184-184d Abs. 2 StGB, vgl. § 11 Abs. 3 StGB); Internetstalking (§ 238 StGB), Internet-Körperverletzung oder Internet-Tötung (§§ 223 ff. StGB, §§ 211 ff. StGB, ggf. auch i.V.m. §§ 25 Abs. 1 Alt. 2, 26, 27 StGB), illegaler Internet-Waffen-Kauf/Verkauf (§§ 51, 52, 53 WaffG);
- „Fälschungsgerät“ wie z.B. bei §§ 147 ff. StGB; §§ 267 ff. StGB (Drucker; Kopierer; Malutensilien);
- „Herstellungsgerät“ wie z.B. bei Fälschungsdelikten (§§ 147 ff. StGB; §§ 267 ff. StGB), strafbarer Pornographie, §§ 184-184d StGB, vgl. § 11 Abs. 3 StGB (z.B. Computer, Kamera, Stativ);
- „Tatfahrzeug“ wie z.B. Btm-Transportfahrzeug; Fluchtfahrzeug; Opfertransportfahrzeug (z.B. bei §§ 239a, b, 177 StGB); Waffentransportfahrzeug.

Gehören eines Gegenstandes i.S.v. § 74 Abs. 3 S. 1 StGB/§ 22 Abs. 2 Nr. 1 OWiG ist zur maßgeblichen Entscheidungs-Zeit polizeilicher Einziehungssicherungsbeschlagnahme ohne Gerichtsentscheidung: Eigentum an einer Sache.[456]

---

[456] Zum „**Gehören oder Zustehen**" i.S.v. § 74 Abs. 3 S. 1 StGB/§ 22 Abs. 2 Nr. 1 OWiG vgl. z.B. BGHSt 24, 222 = BGH, Beschluss vom 28.09.1971 – 1 StR 261/71 (zu ex-§ 40 Abs. 2 Nr. 1 StGB ≙ § 74 Abs. 3 S. 1 StGB/§ 22 Abs. 2 Nr. 1 OWiG, P. B.): „Dieser Begriff ‚**gehören**' ist dahin auszulegen, daß damit das Eigentum an körperlichen Gegenständen, also an Sachen im Sinne des § 90 BGB gemeint ist (vgl. z. B. Protokolle des Sonderausschusses des Deutschen Bundestages für die Strafrechtsreform S. 1031). Die Auffassung des Generalstaatsanwalts beim Bayerischen Obersten Landesgericht, aus dem Begriff des ‚Zustehens' in § 40 Abs. 2 Nr. 1 StGB [ex-§ 40 Abs. 2 Nr. 1 StGB ≙ § 74 Abs. 3 S. 1 StGB/§ 22 Abs. 2 Nr. 1 OWiG, P. B.] ergebe sich, daß auch solche Sachen eingezogen werden könnten, an denen dem Täter zwar nicht das Eigentum, aber ein sonstiges Recht zustehe, findet weder im Wortlaut noch in der Entstehungsgeschichte der geltenden Einziehungsvorschriften eine Stütze. Dieser Begriff wurde vielmehr eingeführt, weil durch die Neufassung entgegen dem bis dahin geltenden Recht die Möglichkeit geschaffen wurde, nicht nur Sachen, sondern auch Rechte, also unkörperliche Gegenstände einzuziehen; das sollte nach dem Regierungsentwurf zum EGOWiG (BT Drucks. V/1319) hinter dem Wort ‚**Gegenstände**' in § 40 Abs. 1 [ex-§ 40 Abs. 1 StGB ≙ § 74 Abs. 1, 2 StGB/§ 22 Abs. 1 OWiG, P. B.] durch den Klammerzusatz ‚(Sachen und Rechte)' ausdrücklich klargestellt werden, doch wurde im Laufe der Gesetzesberatung auf diesen Zusatz verzichtet, weil nach der Ausgestaltung der neuen Einziehungsvorschriften nicht zweifelhaft sein konnte, daß der Begriff ‚**Gegenstände**' sowohl Sachen als auch Rechte umfaßt (BT Drucks. zu V/2600, V/2601 S. 14), wie sich z. B. aus § 40a Nr. 1, § 41a Abs. 1 StGB deutlich ergibt. § 40 Abs. 2 Nr. 1 StGB [ex-§ 40 Abs. 2 Nr. 1 StGB ≙ § 74 Abs. 3 S. 1 StGB/§ 22 Abs. 2 Nr. 1 OWiG, P. B.] ist demnach so zu lesen, daß die Einziehung nur zulässig ist, wenn der Täter (Teilnehmer) Eigentümer der Sache oder Inhaber des Rechts ist; denn das ‚**Zustehen**' eines Rechts ist im Sinne einer ‚quasidinglichen Inhaberschaft' zu verstehen (BGH, Urteil vom 29. April 1969 – 5 StR 50/69 - bei Dallinger MDR 1969, 722).". **Nicht-Besitz** oder **Nicht-Eigentum** mindestens im engeren privatrechtlichen Sinne, also auch ein eigentumsmäßiges **Nicht-Gehören** oder **Nicht-Zustehen** im Sinne etwa von Einziehungsvorschriften ist jedenfalls auch gegeben bei Verbot i.S.d. § 134 BGB oder Sittenwidrigkeit i.S.d. § 138 BGB oder sonstiger Unwirksamkeitsgründe (Nichtentstehensgründe oder Erlöschensgründe) gerade bezüglich dem Erwerbsakt (z.B. i.S.d. §§ 854-984 BGB; vgl. z.B. Btm-Geschäfte; vgl. auch etwaiges waffenrechtliches Verbot der Umgangsart Erwerb). Vgl. z.B. BGH, Beschluss vom 12.06.2019 – 3 StR 194/19: „Die Einziehung von Wertersatz nach § 74c StGB setzt voraus, dass dem Täter der ursprünglich einziehungsbetroffene Gegenstand zur Zeit der Tat gehörte oder zustand. Feststehen muss daher [wegen des Merkmals „**gehören oder zustehen**" i.S.v. § 74 Abs. § 22 Abs. 2 Nr. 1 OWiG, P. B.], dass der Täter diesen Gegenstand im Geltungsbereich einer Rechtsordnung erworben hat, die den Eigentumserwerb nicht verbietet. Dies ist für - wie hier - im Inland erworbene Betäubungsmittel wegen der entgegenstehenden Vorschrift des § 134 BGB nicht der Fall (BGH, Beschlüsse vom 11. Juni 1985 - 5 StR 275/85, BGHSt 33, 233; vom 17. März 2010 - 2 StR 67/10, NStZ 2011, 100; Fischer, StGB, 66. Aufl., § 74c Rn. 5)."; genauso für die neuen §§ 73-76b StGB bestätigend: BGH, Beschluss vom 24.09.2019 – 5 StR 269/19 („wegen bewaffneten Handeltreibens mit Betäubungsmitteln in nicht geringer Menge u.a."), vgl. auch BGH, Urteil vom 08.11.2016 – 1 StR 325/16, Rn. 9: „Die Einziehung des zur Beschaffung der Betäubungsmittel in Tschechien genutzten Pkw's des Angeklagten hat das Landgericht auf § 74 Abs. 1 StGB gestützt. Indes ist eine hierauf bezogene Einziehung nur zulässig, wenn der Gegenstand zur Zeit der Entscheidung dem Täter gehört oder zusteht (§ 74 Abs. 2 Nr. 1 StGB [ex-§ 74 Abs. 2 Nr. 1 StGB ≙ § 74 Abs. 3 S. 1 StGB/§ 22 Abs. 2 Nr. 1 OWiG, P. B.]), also der Angeklagte selbst oder ein Teilnehmer zum Zeitpunkt der letzten tatrichterlichen Entscheidung Eigentümer des Fahrzeuges war (BGH, Beschluss vom 28. September 1971 - 1 StR 261/71, BGHSt 24, 222, [226 f.]; Urteil vom 27. August 1998 - 4 StR 307/98, NStZ-RR 1999, 11).".

Zustehen eines Gegenstandes i.S.v. § 74 Abs. 3 S. 1 StGB/§ 22 Abs. 2 Nr. 1 OWiG ist zur maßgeblichen Entscheidungs-Zeit polizeilicher Einziehungssicherungsbeschlagnahme ohne Gerichtsentscheidung: (Quasidingliche) Inhaberschaft an einem Recht.[457]

j) §§ 111b, c, d Abs. 1 StPO i.V.m. § 74 Abs. 2, 3 S. 2 StGB i.V.m. (besonderer Vorschrift – alternativ:) § 98 AMG; § 5 AntiDopG; § 95 Abs. 4 AufenthG; § 33 BtMG; § 40 BJagdG; § 24 KrWaffKontrG; § 6 PflVG; § 43 SprengG; §§ 92b, 101a, 109k, 129b, 150 Abs. 2, 201 Abs. 5, 261, 282 Abs. 2, 286, 295, 315f, 322, 330c StGB; §§ 21 Abs. 3, 22a Abs. 2 StVG; § 30 VersG[458];

---

[457] Zum „**Gehören oder Zustehen**" i.S.v. § 74 Abs. 3 S. 1 StGB/§ 22 Abs. 2 Nr. 1 OWiG vgl. z.B. BGHSt 24, 222 = BGH, Beschluss vom 28.09.1971 – 1 StR 261/71 (zu ex-§ 40 Abs. 2 Nr. 1 StGB ≙ § 74 Abs. 3 S. 1 StGB/§ 22 Abs. 2 Nr. 1 OWiG, P. B.): „Dieser Begriff ‚**gehören**' ist dahin auszulegen, daß damit das Eigentum an körperlichen Gegenständen, also an Sachen im Sinne des § 90 BGB gemeint ist (vgl. z. B. Protokolle des Sonderausschusses des Deutschen Bundestages für die Strafrechtsreform S. 1031). Die Auffassung des Generalstaatsanwalts beim Bayerischen Obersten Landesgericht, aus dem Begriff des ‚Zustehens' in § 40 Abs. 2 Nr. 1 StGB [ex-§ 40 Abs. 2 Nr. 1 StGB ≙ § 74 Abs. 3 S. 1 StGB/§ 22 Abs. 2 Nr. 1 OWiG, P. B.] ergebe sich, daß auch solche Sachen eingezogen werden könnten, an denen dem Täter zwar nicht das Eigentum, aber ein sonstiges Recht zustehe, findet weder im Wortlaut noch in der Entstehungsgeschichte der geltenden Einziehungsvorschriften eine Stütze. Dieser Begriff wurde vielmehr eingeführt, weil durch die Neufassung entgegen dem bis dahin geltenden Recht die Möglichkeit geschaffen wurde, nicht nur Sachen, sondern auch Rechte, also unkörperliche Gegenstände einzuziehen; das sollte nach dem Regierungsentwurf zum EGOWiG (BT Drucks. V/1319) hinter dem Wort ‚**Gegenstände**' in § 40 Abs. 1 [ex-§ 40 Abs. 1 StGB ≙ § 74 Abs. 1, 2 StGB/§ 22 Abs. 1 OWiG, P. B.] durch den Klammerzusatz ‚(Sachen und Rechte)' ausdrücklich klargestellt werden, doch wurde im Laufe der Gesetzesberatung auf diesen Zusatz verzichtet, weil nach der Ausgestaltung der neuen Einziehungsvorschriften nicht zweifelhaft sein konnte, daß der Begriff ‚**Gegenstände**' sowohl Sachen als auch Rechte umfaßt (BT Drucks. zu V/2600, V/2601 S. 14), wie sich z. B. aus § 40a Nr. 1, § 41a Abs. 1 StGB deutlich ergibt. § 40 Abs. 2 Nr. 1 StGB [ex-§ 40 Abs. 2 Nr. 1 StGB ≙ § 74 Abs. 3 S. 1 StGB/§ 22 Abs. 2 Nr. 1 OWiG, P. B.] ist demnach so zu lesen, daß die Einziehung nur zulässig ist, wenn der Täter (Teilnehmer) Eigentümer der Sache oder Inhaber des Rechts ist; denn das ‚**Zustehen**' eines Rechts ist im Sinne einer ‚quasidinglichen Inhaberschaft' zu verstehen (BGH, Urteil vom 29. April 1969 – 5 StR 50/69 - bei Dallinger MDR 1969, 722).". **Nicht-Besitz** oder **Nicht-Eigentum** mindestens im engeren privatrechtlichen Sinne, also auch ein eigentumsmäßiges **Nicht-Gehören** oder **Nicht-Zustehen** im Sinne etwa von Einziehungsvorschriften ist jedenfalls auch gegeben bei Verbot i.S.d. § 134 BGB oder Sittenwidrigkeit i.S.d. § 138 BGB oder sonstiger Unwirksamkeitsgründe (Nichtentstehensgründe oder Erlöschensgründe) gerade bezüglich dem Erwerbsakt (z.B. i.S.d. §§ 854-984 BGB; vgl. z.B. Btm-Geschäfte; vgl. auch etwaiges waffenrechtliches Verbot der Umgangsart Erwerb). Vgl. z.B. BGH, Beschluss vom 12.06.2019 – 3 StR 194/19: „Die Einziehung von Wertersatz nach § 74c StGB setzt voraus, dass dem Täter der ursprünglich einziehungsbetroffene Gegenstand zur Zeit der Tat gehörte oder zustand. Feststehen muss daher [wegen des Merkmals „**gehören oder zustehen**" i.S.v. § 74 Abs. § 22 Abs. 2 Nr. 1 OWiG, P. B.], dass der Täter diesen Gegenstand im Geltungsbereich einer Rechtsordnung erworben hat, die den Eigentumserwerb nicht verbietet. Dies ist für - wie hier - im Inland erworbene Betäubungsmittel wegen der entgegenstehenden Vorschrift des § 134 BGB nicht der Fall (BGH, Beschlüsse vom 11. Juni 1985 - 5 StR 275/85, BGHSt 33, 233; vom 17. März 2010 - 2 StR 67/10, NStZ 2011, 100; Fischer, StGB, 66. Aufl., § 74c Rn. 5)."; genauso für die neuen §§ 73-76b StGB bestätigend: BGH, Beschluss vom 24.09.2019 – 5 StR 269/19 („wegen bewaffneten Handeltreibens mit Betäubungsmitteln in nicht geringer Menge u.a."), vgl. auch BGH, Urteil vom 08.11.2016 – 1 StR 325/16, Rn. 9: „Die Einziehung des zur Beschaffung der Betäubungsmittel in Tschechien genutzten Pkw´s des Angeklagten hat das Landgericht auf § 74 Abs. 1 StGB gestützt. Indes ist eine hierauf bezogene Einziehung nur zulässig, wenn der Gegenstand zur Zeit der Entscheidung dem Täter gehört oder zusteht (§ 74 Abs. 2 Nr. 1 StGB [ex-§ 74 Abs. 2 Nr. 1 StGB ≙ § 74 Abs. 3 S. 1 StGB/§ 22 Abs. 2 Nr. 1 OWiG, P. B.]), also der Angeklagte selbst oder ein Teilnehmer zum Zeitpunkt der letzten tatrichterlichen Entscheidung Eigentümer des Fahrzeuges war (BGH, Beschluss vom 28. September 1971 - 1 StR 261/71, BGHSt 24, 222, [226 f.]; Urteil vom 27. August 1998 - 4 StR 307/98, NStZ-RR 1999, 11).".

[458] Vgl. § 29 VersG NRW („Einziehung") nach Landtag-NRW-Drucksache 17/12423, S. 28.

§ 54 WaffG (Beschlagnahme zur Sicherung der Einziehung von Tatobjekt – bei Täter und Teilnehmer):

Vorsätzliche Tat bzw. **Tat** i.S.v. §§ 74, 74a StGB ist zur maßgeblichen Zeit polizeilicher Einziehungssicherungsbeschlagnahme ohne Gerichtsentscheidung, vgl. § 74 Abs. 3 S. 1 StGB, der (begründete oder dringend begründete) Verdacht, § 152 Abs. 2 StPO, einer mit Wissen und Wollen der Tatbestandsverwirklichung begangenen, rechtswidrigen, (auch vermindert) schuldhaften Anlasstat i.S.d. § 11 Abs. 1 Nr. 5 StGB (ggf. i.V.m. § 1 OWiG).

Tatobjekt ist ein Gegenstand, auf den sich eine Tat bezieht.[459]

---

[459] Vgl. zum **Tatobjekt** als **Beziehungsgegenstand** die Legaldefinition in § 74 Abs. 2 Hs. 1 StGB.

Zu **Tatobjekt-Beispielen** vgl. die Tatobjekte im Zusammenhang mit den jeweiligen besonderen Vorschriften i.S.d. § 74 Abs. 2, Abs. 3 S. 2 StGB.
Unterscheide zum Beispiel:

- Betäubungsmittel ist Tatertrag einer illegalen Btm-Erlangung, vgl. z.B. § 240 StGB, (auch) Tatprodukt des Btm-Anbaus oder der Btm-Herstellung, §§ 29-32 BtMG, Tatmittel (irgend-)einer Körperverletzung oder Tötung mittels Btm, §§ 223 ff., 211 ff. StGB, Tatobjekt des Btm-Inverkehrbringens oder des Btm-Verschaffens, §§ 29-32, 33 BtMG.
- Fahrzeug ist Tatertrag einer illegalen Fahrzeug-Erlangung, vgl. z.B. § 240, §§ 242 ff., §§ 249 ff. StGB, Tatmittel (irgend-)einer Körperverletzung oder Tötung, §§ 223 ff., 211 ff. StGB, Tatobjekt eines Fahrens ohne Fahrerlaubnis, § 21 StVG, oder einer unbefugten Ingebrauchnahme eines Fahrzeugs oder eines Kraftfahrzeugrennens, §§ 315d, f StGB.
- Falschgeld ist Tatertrag einer illegalen Falschgelderlangung, vgl. z.B. § 240 StGB, Tatprodukt der Falschgeldherstellung, § 146 StGB, Tatmittel (irgend-)eines Betrugs (u.a.) mit Falschgeld, § 263 StGB, Tatobjekt des Falschgeldinverkehrbringens, § 147 StGB. Vgl. auch als weitere spezielle Geldtatbestände § 89c StGB und § 261 StGB.
- Waffe ist Tatertrag einer illegalen Waffenerlangung, vgl. z.B. §§ 240, §§ 242 ff., §§ 249 ff. StGB, (auch) Tatprodukt einer illegalen Waffenherstellung, §§ 51, 52 WaffG, Tatmittel (irgend-)einer Körperverletzung oder Tötung, §§ 223 ff., §§ 211 ff. StGB, Tatobjekt der Waffenumgangsarten i.S.d. §§ 1, 2, 51-53 WaffG außer ggf. dem Herstellen. Vgl. auch als weitere u.a. spezielle Waffentatbestände §§ 27, 30 VersG.

Zu **Tatmittel- und -Tatobjekt-Abgrenzung** vgl. BGHSt 10, 28 (Kfz beim Fahren ohne Fahrerlaubnis) = BGH, Beschluss vom 05.12.1956 – 4 StR 406/56: „Schon der Wortlaut des § 40 StGB [ex-§ 40-StGB ≙ § 74 StGB, P. B.] läßt deutlich erkennen, daß er in seinem zweiten Halbsatz [≙ § 74 Abs. 1 Hs. 2 StGB, P. B.] nur die Einziehung solcher Gegenstände gestattet, mit denen ein über ihre bloße Benutzung hinausgehender Straftatbestand verwirklicht werden sollte. Das ergibt sich aus der dort vorausgesetzten besonderen Zielrichtung. Gegenstände, die der Täter ‚zur Begehung eines vorsätzlichen Verbrechens oder Vergehens **gebraucht oder bestimmt**' [§ 74 Abs. 1 Hs. 2 StGB: zur Begehung oder Vorbereitung von vorsätzlicher Tat gebraucht worden oder bestimmt gewesen (Tatmittel), P. B.], können nur solche sein, die ihm als Mittel zur Verwirklichung eines gegen die Strafrechtsordnung verstoßenden Planes dienen sollen. An dieser Absicht fehlt es, wenn durch die Benutzung des Gegenstandes nur ein gegen den Gebrauch als solchen gerichtetes Verbot verletzt würde. Die Auffassung des Hanseatischen Oberlandesgerichts, das Vergehen des § 24 Abs 1 Nr 2 StVG [ex-§ 24 Abs. 1 Nr. 2 StVG ≙ § 21 Abs. 1 Nr. 1 StVG, P. B.] werde ‚mittels' des Fahrzeugs begangen, weil sich die Tat gegen die Sicherheit des Verkehrs richte, verkennt den Begriff eines Mittels zur Begehung einer Straftat; denn dieser setzt die Absicht des Täters voraus, durch das Mittel einen Straftatbestand zu verwirklichen, der über den bloßen Gebrauch des Mittels hinausgeht. Hier kommt es dem Täter aber nur auf die Benutzung des Fahrzeugs an, nicht auf die Gefährdung des Straßenverkehrs. In der herkömmlichen Gesetzessprache wird deshalb der in diesen Fällen der Einziehung unterworfene Gegenstand meist als ein solcher bezeichnet, ‚auf den sich die strafbare Handlung bezieht' (vgl ua § 25 Abs 2 SchußwaffenG vom 12. April 1928 - RGBl I, 143; § 3 Abs 2 WaffenmißbrauchVO vom 25. Juli 1930 - RGBl I, 352; § 26 Abs 2 WaffenG vom 18. März 1938 - RGBl I, 265 - betr den Besitz und das Führen [dh den Gebrauch] von Waffen). Diese Auslegung nach dem Wortsinn wird durch die Entstehungsgeschichte der Vorschrift bestätigt. Sie geht auf § 638 der CriminalO f. d. Pr.

Staaten vom 11. Dezember 1805 zurück, der die ,Instrumente', mit denen ein Verbrechen begangen worden war, der Einziehung (Konfiskation) unterwarf. Auch nach den Entwürfen zum PrStGB von 1836 und 1843 sollten die ,Werkzeuge zur Verübung eines Verbrechens konfisziert werden'. Im § 19 Abs 2 PrStGB vom 14. April 1851 wurde sodann im wesentlichen schon die heute geltende Fassung verwendet. Damit sollte indes nur § 638 CriminalO seinem Sinne entsprechend wiederholt werden (Goltdammer, Mat. z. StGB f. d. Pr. Staaten I, S 195 zu II.) An eine grundsätzliche Erweiterung der Einziehungsmöglichkeiten war dabei nicht gedacht, sondern nur eine Verdeutlichung bezweckt. Offensichtlich sollte nur die Beschränkung auf Werkzeuge im technischen Sinne vermieden werden (vgl Goltdammer aaO S 197 § 19 Anm II 2). Bei den Vorarbeiten zum PrStGB erregte die erwähnte Fassung der Entwürfe Bedenken, ,weil sie zu Härten führen könne, zB zur Konfiskation des Pferdes, mit dem zu schnell geritten wurde'. Die Immediat-Kommission erwiderte jedoch, ,eine solche Ausdehnung werde durch den Wortlaut nicht gerechtfertigt, so wie sie auch nicht in dem Sinn des Gesetzes liege' (Goltdammer aaO S 196 zu II 2). Damit wurde die Anwendbarkeit auf die vorschriftswidrige Benutzung eines Gegenstandes als solchen, entgegen der Meinung des Vorlegungsbeschlusses [des OLG Hamburg zur konkreten BGH-Entscheidung, P. B.], eindeutig ohne jede Einschränkung verworfen. Dem entsprach auch die Rechtspechung des Pr. Obertribunals, das die Einziehung solcher Gegenstände ablehnte, die nicht als ,Werkzeuge' zur Ausführung eines Delikts gebraucht worden, sondern nur ,Gegenstand eines Vergehens' waren, wie zB Waren, mit denen unbefugterweise Handel getrieben worden war (Oppenhoff PrStGB 3. Aufl Anm 1 zu § 19). Die Vorschrift des PrStGB ging dann im wesentlichen unverändert in das Strafgesetzbuch des Norddeutschen Bundes über (§ 40 [ex-§ 40-StGB ≙ § 74 StGB, P. B.]), nachdem im Entwurf dieses Gesetzes wieder die 'Mittel oder Werkzeuge zur Begehung einer strafbaren vorsätzlichen Handlung' als Einziehungsgegenstände bezeichnet worden waren (§ 38). Zu der Annahme, daß die in den Motiven zum Entwurf zusätzlich angeführten ,Gegenstände, die im Zusammenhang mit der strafbaren Handlung stehen', eine Erweiterung der Einziehungsmöglichkeiten in dem vom vorlegenden Oberlandesgericht gedachten Sinn fordern, besteht kein Anlaß, weil diese Auffassung der Motive im Gesetz keinen Ausdruck gefunden hat. Auch bei der Übernahme jener Bestimmung in das Reichsstrafgesetzbuch trat eine Absicht des Gesetzgebers, ihren durch die bisherige höchstrichterliche Auslegung klargestellten Sinn zu ändern, nicht hervor. Demgemäß hielt auch die eingangs angeführte Rechtsprechung des Reichsgerichts bis zuletzt an der Ansicht fest, daß die Einziehung nur dann zulässig sei, wenn der Gegenstand als ,eigentliches Mittel' zur Begehung einer vorsätzlichen Straftat gebraucht oder bestimmt worden war, nicht aber auch dann, wenn die strafbare Handlung an ihm selbst begangen war oder wenn allein seine Benutzung, weil sie nur unter bestimmten Voraussetzungen gestattet war, also ohne Verfolgung eines weitergehenden verbrecherischen Zwecks, gegen eine Strafrechtsnorm verstieß. Für nicht einziehbar wurde demgemäß zB ein Gemälde mit gefälschtem Künstlerzeichen erklärt (RGSt 25, 165), ebenso ohne Entrichtung der Eingangsabgaben eingeführte Waren (RGSt 21, 432; 48, 26 [33]), unter Verletzung von Bewirtschaftungsvorschriften beiseitegeschaffte Wirtschaftsgüter (RGSt 75, 336), unbefugt besessene Sprengstoffe und Waffen (RGSt 56, 224; 57, 329 [331]) sowie ein ohne behördliche Zulassung geführtes Fahrzeug (RG JW 1937, 170 Nr 33). Zwar hat das Reichsgericht in seiner Entscheidung vom 27. Mai 1887 (RGSt 16, 116) die Einziehung verbotener Druckschriften auf Grund des § 40 StGB [ex-§ 40-StGB ≙ § 74 StGB, P. B.] deshalb gebilligt, ,weil das Vergehen der Verbreitung nicht ohne Benutzung von Exemplaren der Druckschrift begangen werden könne, diese also zur Begehung des Vergehens gebraucht worden seien' [vgl. § 74d StGB, P. B.]. In den angeführten späteren Entscheidungen hat es sich aber ersichtlich von diesen Gedankengängen abgewandt; denn es handelte sich in diesen Fällen, in denen es die Einziehung für unzulässig erachtete, allerdings ohne jenes Erkenntnis zu erwähnen, durchweg um solche Gegenstände, ohne deren Benutzung eine Verletzung der Verbotsnorm ebenfalls nicht denkbar war. Sinn und Zweck des § 40 StGB [ex-§ 40-StGB ≙ § 74 StGB, P. B.] erfordern ebenfalls die Beschränkung der Einziehung auf solche Gegenstände, die nach der Absicht des Täters als Mittel zur Verwirklichung eines verbrecherischen Planes eingesetzt oder dazu bestimmt worden sind. Die sonstigen bisher in der Rechtsprechung und im Schrifttum verwendeten Unterscheidungsmerkmale ermöglichen keine eindeutige, dem Wesen des § 40 StGB [ex-§ 40-StGB ≙ § 74 StGB, P. B.] gerecht werdende Abgrenzung. Insbesondere läßt sich nicht einheitlich beantworten, ob die nicht unter diese Bestimmung fallenden Gegenstände stets als solche bezeichnet werden können, die selbst ,Gegenstand der Staftat' waren oder ,auf die sich die strafbare Handlung bezog' [zum **Tatobjekt** als **Beziehungsgegenstand** vgl. aber die Legaldefinition des § 74 Abs. 2 Hs. 1 StGB und dieselbe BGH-

Gehören eines Gegenstandes i.S.v. § 74 Abs. 3 S. 1 StGB/§ 22 Abs. 2 Nr. 1 OWiG ist zur maßgeblichen Entscheidungs-Zeit polizeilicher Einziehungssicherungsbeschlagnahme ohne Gerichtsentscheidung: Eigentum an einer Sache.

Zustehen eines Gegenstandes i.S.v. § 74 Abs. 3 S. 1 StGB/§ 22 Abs. 2 Nr. 1 OWiG ist zur maßgeblichen Entscheidungs-Zeit polizeilicher Einziehungssicherungsbeschlagnahme ohne Gerichtsentscheidung: (Quasidingliche) Inhaberschaft an einem Recht.

k) §§ 111b, c, d Abs. 1 StPO i.V.m. § 74a StGB (Einziehung von Tatprodukten, Tatmitteln und Tatobjekten bei anderen) i.V.m. einer weiteren besonderen Vorschrfit, etwa alternativ aus folgenden Rechtsnormen: § 98 AMG; § 5 AntiDopG; § 96 Abs. 5 AufenthG; § 97 Abs. 4 AufenthG; § 33 BtMG; § 40 BJagdG; § 24 KrWaffKontrG; § 43 SprengG; §§ 92b, 101a, 109k,

---

Entscheidung mit ausdrücklichem Bezug auf herkömmlich meiste Gesetzessprache, P. B.]. Es sind Sachverhalte denkbar, in denen sich die als Mittel zur Begehung einer Straftat bestimmten Gegenstände zugleich unter diesen Begriff bringen lassen, wie möglicherweise zB die zur Fortsetzung eines gewerbsmäßig betriebenen, verbotenen Devisenhandels angeschafften Zahlungsmittel (RGSt 57, 334). Ebensowenig zuverlässig ist die Abgrenzung nach dem Gesichtspunkt, ob die Straftat nicht ohne Benutzung des bei ihrer Begehung gebrauchten oder dafür bestimmten Gegenstandes begangen werden könnte. Das zeigen die wegen des Beisichführens bestimmter Werkezeuge als Verbrechen zu ahndenden Verfehlungen (§ 243 Abs 1 Nr 5, § 250 Abs 1 Nr 1 StGB) besonders deutlich; denn die Anwendbarkeit des § 40 StGB [ex-§ 40-StGB ≙ § 74 StGB, P. B.] ist in diesen Fällen nicht zu bezweifeln, weil gerade hier die Werkzeuge einen über ihren Besitz hinausgehenden strafbaren Erfolg sichern. Maßgebend ist allein die Abgrenzung nach dem Zweck dieser Vorschrift. Die Einziehung auf Grund des § 40 StGB [ex-§ 40-StGB ≙ § 74 StGB, P. B.] hat die rechtliche Natur einer Nebenstrafe. Durch sie soll dem Täter [oder Teilnehmer, P. B.] als Sühne für die begangene strafbare Handlung ein zusätzliches Übel zugefügt werden (RGSt 57, 334; BGH NJW 1952, 191 Nr 16; BGHSt 8, 206 [214]). Die Anwendung dieser Vergeltungsmaßnahme wird also durch den kriminellen Unrechtsgehalt der Tat gerechtfertigt, ohne Rücksicht darauf, ob der zu ihrer Begehung gebrauchte oder bestimmte Gegenstand in der Hand des Täters auch in Zukunft für die Allgemeinheit besonders gefährlich wäre [vgl. § 74b StGB oder § 43 PolG NRW, P. B.], mag dies auch im Einzelfall bei der Entscheidung mit in die Waagschale fallen. Besteht das Vergehen nur in der bestimmungsgemäßen, dem Täter selbst indes nicht gestatteten Benutzung eines Gegenstandes, weil er die dafür gesetzlich vorgeschriebenen Voraussetzungen nicht erfüllt (zB Bezugsschein, Waffenschein, Führerschein), so verstößt er gegen Verbote, die nur zur Sicherung gegenüber allgemeinen Gefahren geschaffen sind, die durch diese Gegenstände in der Hand Unbefugter hervorgerufen werden können. Nicht die Gefährlichkeit des Täters war für die Schaffung solcher Vorschriften bestimmend, sondern die besondere Gefährlichkeit der benutzten Gegenstände. Der Unrechtsgehalt der Tat unterscheidet sich daher in solchen Fällen - ebenso wie beim unerlaubten Besitz bestimmter Gegenstände - regelmäßig wesentlich von dem sonstiger krimineller Verfehlungen; denn sie kommt in ihrer rechtlichen Bedeutung der Zuwiderhandlung gegen Ordnungsvorschriften nahe, wenn sie auch aus kriminalpolitischen Gründen mit der Vergehensstrafe bedroht ist. Auch die Einziehung würde hier im wesentlichen die Natur einer Sicherungsmaßnahme haben. Sie auf Grund des als Strafvorschrift geschaffenen § 40 StGB [ex-§ 40-StGB ≙ § 74 StGB, P. B.] auszusprechen, würde unangemessen sein. Die Richtigkeit dieser Auslegung wird auch durch die Entwicklung der Gesetzgebung seit der Schaffung des Reichsstrafgesetzbuchs bestätigt, worauf der Oberbundesanwalt mit Recht nachdrücklich hinweist. Als das Reichsgericht die Einziehung von Waffen, die der Täter unbefugt in Besitz hatte, auf Grund des § 40 StGB [ex-§ 40-StGB ≙ § 74 StGB, P. B.] für unzulässig erklärte, erließ der Gesetzgeber besondere Einziehungstatbestände für Waffenvergehen, und zwar für den Besitz und das Führen (= Gebrauch) von Waffen in § 25 SchußwaffenG vom 12. April 1928 (RGBl I 143), in § 3 der WaffenmißbrauchVO vom 25. Juli 1930 (RGBl I 352) und in § 26 Abs 2 WaffenG vom 18. März 1938 (RGBl I 265) [vgl. § 54 WaffG, P. B.]. Die Fassung des § 40 StGB [ex-§ 40-StGB ≙ § 74 StGB, P. B.] ließ er unverändert.", „Nach alledem [musste wegen Fehlens einer Einziehungsvorschrift wie § 21 Abs. 3 StVG zur BGH-Entscheidungszeit, P.B.] die Frage, ob auch ein Kraftfahrzeug eingezogen werden kann, das der Täter führt, obwohl ihm die Fahrerlaubnis entzogen ist, verneint werden.".

129b, 201 Abs. 5, 261, 286, 295, 315f, 330c StGB; § 22a Abs. 2 StVG; § 30 VersG[460]; § 54 WaffG (Beschlagnahme zur Sicherung der Einziehung von Tatprodukt, Tatmittel, Tatobjekt – bei Anderem als Täter und Teilnehmer – wenn Anderer als Täter und Teilnehmer 1. mindestens leichtfertig dazu beigetragen hat, dass Gegenstand als Tatmittel verwendet worden oder Tatobjekt gewesen ist, oder 2. Gegenstand in Kenntnis der Umstände, welche die Einziehung zugelassen hätten, in verwerflicher Weise erworben hat).

Vorsätzliche Tat i.S.v. §§ 74, 74a StGB ist zur maßgeblichen Zeit polizeilicher Einziehungssicherungsbeschlagnahme ohne Gerichtsentscheidung, vgl. § 74 Abs. 3 S. 1 StGB, der (begründete oder dringend begründete) Verdacht, § 152 Abs. 2 StPO, einer mit Wissen und Wollen der Tatbestandsverwirklichung begangenen, rechtswidrigen, (auch vermindert) schuldhaften Anlasstat i.S.d. § 11 Abs. 1 Nr. 5 StGB (ggf. i.V.m. § 1 OWiG).

Tatprodukt ist ein durch vorsätzliche Tat, § 11 Abs. 1 Nr. StGB, hervorgebrachter Gegenstand.

Tatmittel ist ein zur Begehung oder Vorbereitung einer vorsätzlichen Tat, § 11 Abs. 1 Nr. 5 StGB, gebrauchter oder bestimmt gewesener Gegenstand.

Tatobjekt ist ein Gegenstand, auf den sich eine Tat bezieht.

Leichtfertiges Beitragen zur Tatmittelverwendung oder Tatobjektbestimmung i.S.v. § 74a Nr. 1 StGB oder § 74b Abs. 3 Nr. 1 StGB ist mindestens grob fahrlässige Tatunterstützung.[461]

l) §§ 111b, c, d Abs. 1 StPO i.V.m. § 74b StGB (Beschlagnahme zur Sicherung der Sicherungseinziehung von gefährdendem oder gefährlichem Gegenstand – bei Täter, Teilnehmer, Anderem – einem Gegenstand, der nach seiner Art und nach den Umständen die Allgemeinheit gefährdet oder Gegenstand, bei dem die Gefahr besteht, dass er der Begehung rechtswidriger Tat dienen wird, und unter Voraussetzungen von § 74b Abs. 1 Nr. 1, 2 StGB).

Gefährdung der Allgemeinheit (nach Gegenstandsart und Umständen) i.S.v. § 74b Abs. 1 Hs. 1 Alt. 1 StGB ist konkrete, gegenstands- und umstandsbedingte Gefährdung der Allgemeinheit[462]; Gefahr (des Gegenstandsdienens zur Begehung rechtswidriger Taten) i.S.v. § 74b Abs.

---

[460] Vgl. § 29 VersG NRW („Einziehung") nach Landtag-NRW-Drucksache 17/12423, S. 28.

[461] Zu: **Leichtfertiges Beitragen zur Tatmittelverwendung oder Tatobjektbestimmung**: BGH, Urteil vom 20.11.2018 – 1 StR 420/18, Rn. 26: „Der nicht an der Tat beteiligte Eigentümer muss es durch sein Verhalten ermöglicht haben, dass sein Eigentum Mittel oder Gegenstand der Tat des Täters oder Teilnehmers oder ihrer Vorbereitung gewesen ist. Die hier für eine Strafbarkeit notwendige Tatunterstützung (sog. Quasi-Beihilfe) setzt weiter in subjektiver Hinsicht grob fahrlässiges Handeln voraus. Danach ist es erforderlich, dass der Dritte die Begehung der Tat, wie sie vom Angeklagten begangen wurde, in groben Umrissen hätte voraussehen können (OLG Karlsruhe, Beschluss vom 19. Oktober 1973 - 1 Ws 177/73, NJW 1974, 709, 711; LK-Schmidt, StGB, 12. Aufl., § 74a Rn. 10; MüKo-StGB/Joecks, 3. Aufl. 2016, § 74a Rn. 10, 12)."; zur vom BGH-Strafsenat in Bezug genommenen groben Fahrlässigkeit vgl. BGH, Urteil vom 03.11.2016 – III ZR 286/15, Rn. 17: „**Grobe Fahrlässigkeit** erfordert einen in objektiver Hinsicht schweren und in subjektiver Hinsicht nicht entschuldbaren Verstoß gegen die Anforderungen der im Verkehr erforderlichen Sorgfalt. Diese Sorgfalt muss in ungewöhnlich hohem Maße verletzt und es muss dasjenige unbeachtet geblieben sein, was im gegebenen Fall jedem hätte einleuchten müssen. Es muss eine auch subjektiv schlechthin unentschuldbare Pflichtverletzung vorliegen, die das in § 276 Abs. 2 BGB bestimmte Maß erheblich überschreitet (st. Rspr.; vgl. nur Senatsurteil vom 10. Oktober 2013 – III ZR 345/13, NJW-RR 2014, 90 Rn. 26; BGH, Urteile vom 8. Juli 1992 – IV ZR 223/91, BGHZ 119, 147, 149; vom 29. Januar 2003 – IV ZR 173/01, NJW 2003, 1118, 1119; vom 12. Juli 2005 – VI ZR 83/04, NJW 2006, 1271; vom 11. Juli 2007 – XII ZR 197/05, NJW 2007, 2988 Rn. 15 und vom 17. Februar 2009 – VI ZR 86/08, NJW-RR 2009, 812 Rn. 10; Palandt/Grüneberg aaO § 277 Rn. 5; jeweils mwN).".

[462] Vgl. für § 74b Abs. 1 Hs. 1 Alt. 1 StGB: „nach ihrer **Art und den Umständen**"; vgl. auch: BGHSt 23, 64; BT-Drucksache V/1319, S. 53: „Die 1. Alternative ermöglicht die Einziehung von Gegenständen, die ihrer Art und auch den Umständen nach die Allgemeinheit gefährden. Der Entwurf geht davon aus, daß

1 Hs. 1 Alt. 2 StGB ist konkrete Gefahr unter Auslegung aller dafür und dagegen gegebenen Bedingungen, dass die Gegenstände der Begehung mindestens einer rechtswidrigen Tat dienen werden.[463]

Leichtfertiges Beitragen zur Tatmittelverwendung oder Tatobjektbestimmung i.S.v. § 74a Nr. 1 StGB oder § 74b Abs. 3 Nr. 1 StGB ist mindestens grob fahrlässige Tatunterstützung.

m) §§ 111b, c, d Abs. 1 StPO i.V.m. § 74d StGB (Beschlagnahme zur Sicherung der Einziehung von zu rechtswidriger Tat verbreiteter oder zur Verbreitung bestimmter Schrift und zur Unbrauchbarmachung der zur Herstellung der Schrift gebrauchten oder bestimmten Vorrichtung – bei bestimmten Stücken, § 74d Abs. 1, 2 StGB oder § 74d Abs. 3 StGB):

Schriften im Sinne des § 74d StGB sind solche i.S.d. § 11 Abs. 3 StGB, die einen solchen Inhalt haben, dass jede vorsätzliche Verbreitung in Kenntnis ihres Inhalts den Tatbestand eines Strafgesetzes verwirklichen würde[464], wenn mindestens ein Stück durch eine rechtswidrige Tat verbreitet oder zur Verbreitung bestimmt worden ist und wenn die Voraussetzungen des § 74d Abs. 2 StGB vorliegen oder solche im Sinne des § 74d Abs. 3 StGB nur unter den Voraussetzungen von § 74d Abs. 3 S. 2 Nr. 1, 2 StGB.

(Rechtswidrige) Tat i.S.d. §§ 73-73e, 74d StGB ist zur maßgeblichen Zeit polizeilicher Einziehungssicherungsbeschlagnahme ohne Gerichtsentscheidung, vgl. § 73 Abs. 1 Hs. 2 StGB, der (begründete oder dringend begründete) Verdacht, § 152 Abs. 2 StPO, einer Anlasstat und ggf. anderen Tat, vgl. § 73a StGB, i.S.d. § 11 Abs. 1 Nr. 5 StGB (ggf. i.V.m. § 1 OWiG).

n) §§ 111b, c, d Abs. 1 StPO i.V.m. § 76a StGB i.V.m. §§ 435-437 StPO (§ 76a Abs. 1 StGB: Beschlagnahme zur Sicherung selbständiger Einziehung oder Unbrauchbarmachung eines Gegenstandes bei Nichtverfolgbarkeit oder Nichtverurteilbarkeit einer bestimmten Person und bei Vorliegen der Voraussetzungen im Übrigen; § 76a Abs. 4 StGB: Beschlagnahme zur Sicherung selbständiger Einziehung oder Unbrauchbarmachung eines aus rechtswidriger Tat herrührenden Gegenstandes, der in einem Verfahren wegen des Verdachts einer in § 76a Abs. 4 S. 3 StGB genannten Straftat sichergestellt worden ist – auch bei Nichtverfolgbarkeit oder Nichtverurteilbarkeit bestimmter Person/von der Sicherstellung Betroffenen).

Nicht verfolgbare oder nicht verurteilbare rechtswidrige Straftat i.S.d. § 76a Abs. 4 StGB ist zur maßgeblichen Zeit polizeilicher Einziehungssicherungsbeschlagnahme ohne Gerichtsentscheidung, vgl. § 76a Abs. 4 S. 1 StGB, der (begründete oder dringend begründete) Verdacht,

---

allein die ‚Art' eines Gegenstandes, also seine auf Grund physikalischer und chemischer Eigenschaften an sich gegebene Gefährlichkeit, die Einziehung nicht rechtfertigen kann. Selbst Sprengstoffe, Kernbrennstoffe, radioaktives Material, Gifte, lebensgefährliche Lebensmittel, Waffen oder Munition können je nach den Umständen ihrer Verwahrung, Behandlung, Beaufsichtigung usw. für die Allgemeinheit ungefährlich sein. Diese Umstände sind also bei der Entscheidung darüber mit zu berücksichtigen, ob der Schutz der Allgemeinheit die Maßnahme erfordert.".

[463] Vgl. für § 74b Abs. 1 Hs. 1 Alt. 2 StGB: „Gefahr"; vgl. auch: BGH, Beschluss vom 09.02.2010 – 3 StR 17/10; BT-Drucksache V/1319, S. 53 f.: „Besteht die Befürchtung, daß die Gegenstände in der Hand desselben Täters oder anderer Täter der Begehung weiterer rechtswidriger Taten dienen, so ist die Einziehung nach der 2. Alternative ohne Rücksicht auf die Beschaffenheit des Gegenstandes und die Person des Eigentümers zulässig. Unter dieser Voraussetzung können z. B. Diebeswerkzeug, gefälschte Urkunden, unzüchtige Bilder oder Rauschgifte eingezogen werden.".

[464] **Schriften**-Beispiele im Sinne des § 74d StGB: Schrift mit Verbreitung von Propagandamitteln, § 86 StGB; Schrift mit Verwendung von Kennzeichen verfassungswidriger Organisation, § 86a StGB; Schrift mit Androhung von Straftat, § 126 StGB; Schrift mit volksverhetzendem Inhalt, § 130 StGB; Schrift mit Anleitung zu Straftat, § 130a StGB; Schrift mit strafbarer Gewaltdarstellung, 131 StGB; Schrift mit Amtsanmaßung, § 132 StGB; Schrift mit strafbarem pornographischen Inhalt, §§ 184-184d StGB; Schrift mit Beleidigung, §§ 185-187 StGB.

§ 152 Abs. 2 StPO, einer mit Wissen und Wollen der Tatbestandsverwirklichung begangenen, rechtswidrigen, (auch vermindert) schuldhaften Anlasstat[465] i.S.d. § 11 Abs. 1 Nr. 5 StGB (ggf. i.V.m. § 1 OWiG).

---

[465] BGH, Urteil vom 18.09.2019 – 1 StR 320/18, Rn. 24-30: „Der Gesetzgeber hat das neu geschaffene Rechtsinstitut der **nicht verurteilungsbasierten selbständigen Einziehung** auf solche Fälle beschränkt, in denen die Sicherstellung in einem Verfahren wegen des Verdachts einer Tat aus dem Katalog des § 76a Abs. 4 Satz 3 StGB erfolgt ist. Bei diesen Katalogtaten soll es sich ausschließlich um schwere Straftaten aus dem Bereich des Terrorismus und der organisierten Kriminalität handeln, die allein als Anknüpfung für die selbständige Einziehung in Betracht kommen (vgl. BT-Drucks. 18/9525 S. 73; BT-Drucks. 18/10146 S. 1). Dieser eindeutig in der Vorschrift als Inhalts- und Schrankenbestimmung zum Grundrecht auf Eigentum (vgl. BVerfG aaO S. 24 f. zu § 73d StGB aF) zum Ausdruck gekommene gesetzgeberische Wille ist umzusetzen, gleich ob dies Verhältnismäßigkeitserwägungen oder allein rechtspolitischen Zweckmäßigkeitsaspekten geschuldet ist [Quellenangaben]. Bereits der Wortlaut der Norm fordert danach, dass zum Zeitpunkt der Sicherstellung bereits ein Verdacht wegen einer Katalogstraftat bestand und die Sicherstellung wegen dieses Verdachts erfolgte [Quellenangabe]. Die vom Gesetzgeber gewählte Zeitform (‚**sichergestellt worden ist**') macht deutlich, dass der Verdacht nicht der Sicherstellung nachfolgen kann. Dieses Ergebnis wird durch die im Gesetzgebungsverfahren diskutierten Anwendungsfälle zur selbständigen Einziehung nach § 76a Abs. 4 StGB gestützt (vgl. BT-Drucks. 18/9525 S. 48). Diese werden dadurch charakterisiert, dass das Auffinden größerer **Bargeldsummen** den Verdacht einer Katalogstraftat begründet, da die Summe selbst ‚allem Anschein nach aus Straftaten der organisierten Kriminalität' herrührt und das Geld deswegen beschlagnahmt wird (vgl. hierzu auch die Beispielsfälle bei Köhler/Burkhard NStZ 2017, 665, 671 f.). Würde es hingegen ausreichen, wenn die Staatsanwaltschaft - wie hier in der Einstellungsverfügung - nachträglich die nicht zu erhärtenden Verdachtsmomente um Katalogstraftaten anreichert, würde die vom Gesetzgeber vorgesehene Einschränkung leerlaufen. Dies gilt umso mehr, als dieser Verdacht nicht erhärtet werden müsste, vielmehr im Nachhinein ohne weitere hinzukommende Verdachtsmomente auf Katalogtaten erstreckt werden könnte, allein um die Voraussetzungen der selbständigen Einziehung nach § 76a Abs. 4 StGB zu schaffen. Denn in den Fällen, in denen nach Abschluss der Ermittlungen nicht geklärt werden kann, aus welcher rechtswidrigen Tat der Gegenstand herrührt, mithin das Herrühren aus einer Nichtkatalogtat nicht belegbar ist, ließe sich im Nachhinein zumeist ein nicht zu erhärtender Verdacht jedenfalls nach § 261 Abs. 1, 2 oder 4 StGB als Katalogtaten nach § 76a Abs. 4 Satz 3 Nr. 1 Buchst. f StGB in der Einstellungsverfügung erörtern. Der Bezug zwischen dem Verdacht einer Katalogtat und der Sicherstellung, mithin die vom Gesetzgeber intendierte Einschränkung wäre nicht gewahrt. Hinzu kommt, dass nach dem System der Strafprozessordnung die Ermittlungsbehörden die Frage, ob ein Verdacht besteht - gestaffelt nach dem jeweils erforderlichen Verdachtsgrad, wie z.B. dem Anfangsverdacht -, stets aufgrund des aktuellen Ermittlungsergebnisses im Hinblick auf zu ergreifende Maßnahmen, wie z.B. die Einleitung eines Ermittlungsverfahrens oder der Sicherstellung, zu beurteilen haben. Die Anknüpfung belastender Maßnahmen an eine retrospektiv erfolgende Umdeutung der Verdachtslage wäre ein Fremdkörper und unter dem Gesichtspunkt der Bestimmtheit und Vorhersehbarkeit bedenklich. Deswegen knüpft der Gesetzgeber in § 76a Abs. 4 Satz 1 StGB daran an, dass der einzuziehende Gegenstand in einem Verfahren wegen des Verdachts einer Katalogtat sichergestellt worden ist, sich mithin zum Zeitpunkt der Sicherstellung ein dahingehender Anfangsverdacht in der Führung eines Verfahrens bzw. der Sicherstellung wegen eines solchen Delikts niedergeschlagen hat. Das Verständnis, dass die Sicherstellung wegen einer Katalogtat erfolgt sein muss, gewährleistet zudem, dass der von der Sicherstellung Betroffene sich gegen die auf den Verdacht einer Katalogstraftat gestützte Beschlagnahme wehren und gerichtlichen Rechtsschutz in Anspruch nehmen kann. So kann er durch den Ermittlungsrichter überprüfen lassen, ob die Voraussetzungen des § 94 StPO für die Beschlagnahme im Zeitpunkt dieser strafprozessualen Zwangsmaßnahme zu Recht angenommen worden sind. Diese Rechtsschutzmöglichkeit würde aber ausgehebelt, wenn die Verknüpfung zwischen der Sicherstellung und dem Verdacht für eine Katalogstraftat erst nach der Sicherstellung von den Ermittlungsbehörden hergestellt werden könnte. Danach muss das Verfahren entweder schon wegen des Verdachts einer Katalogstraftat betrieben werden, wenn der Gegenstand aufgefunden wird, oder das Auffinden des Gegenstands selbst muss den Verdacht einer Katalogstraftat begründen, so dass ein solcher Verdacht dem Verfahren zugrunde liegt, wenn nachfolgend die Sicherstellung (§ 94 StPO) des aufgefundenen Gegenstands deswegen erfolgt. Ergibt sich erst aufgrund

o) § 111b StPO i.V.m. §§ 46, 53 Abs. 1 S. 2, Abs. 2 OWiG i.V.m. § 22 Abs. 1, 2 Nr. 1 OWiG[466] / § 22 Abs. 1, 2 Nr. 2, Abs. 3 OWiG[467] / § 23 OWiG[468] / § 27 OWiG[469] / § 22 i.V.m. § 123 OWiG / § 22 i.V.m. § 129 OWiG / §§ 22, 23 OWiG i.V.m. § 98 AMG / §§ 22, 23 OWiG i.V.m. § 61 LFGB / § 22 OWiG i.V.m. § 43 SprengG; § 30 VersG[470]; § 54 Abs. 2 WaffG / bzgl. alter und neuer Fassung des § 29a OWiG (Einziehung des Wertes von Taterträgen): § 133 Abs. 6 OWiG.

p) § 22 i.V.m. § 123 OWiG (einfache und Sicherungseinziehung: Beziehen einer Ordnungswidrigkeit nach § 119 OWiG) / § 22 i.V.m. § 129 OWiG (einfache und Sicherungseinziehung: Beziehen einer Ordnungswidrigkeit nach den §§ 124, 126 bis 128) / §§ 22, 23 OWiG i.V.m. § 98 AMG (einfache und erweiterte Einziehung) / § 22 OWiG i.V.m. § 43 SprengG; § 30 VersG[471]; § 54 Abs. 2 WaffG (einfache Einziehung) / § 27 OWiG (selbständige Einziehung) – ggf. negative TBV: § 30 Abs. 5 OWiG: Die Festsetzung einer Geldbuße gegen die juristische Person oder Personenvereinigung schließt es aus, gegen sie wegen derselben Tat die Einziehung nach den §§ 73 oder 73c StGB oder nach § 29a OWiG anzuordnen.

3. § 96 StPO: Amtlich verwahrte Schriftstücke

(VOR/DEF)

§ 96 S. 1, 2 StPO: Die Vorlegung oder Auslieferung von Akten oder anderen in amtlicher Verwahrung befindlichen Schriftstücken durch Behörden und öffentliche Beamte darf nicht gefordert werden, wenn deren oberste Dienstbehörde[472] erklärt[473], daß das Bekanntwerden des Inhalts dieser Akten oder Schriftstücke dem Wohl des Bundes oder eines deutschen Landes Nachteile bereiten würde; was entsprechend gilt für Akten und sonstige Schriftstücke, die sich im Gewahrsam eines Mitglieds des Bundestages oder eines Landtages beziehungsweise eines Angestellten einer Fraktion des Bundestages oder eines Landtages befinden, wenn die für die Erteilung einer Aussagegenehmigung zuständige Stelle eine solche Erklärung abgegeben hat.[474]

Schriften gleichstehend sind: Ton- und Bildträger, Datenspeicher, Abbildungen und andere Darstellungen, § 11 Abs. 3 StGB.

---

der Sicherstellung nachfolgender Umstände der Verdacht einer Katalogstraftat, der sich aber nicht weiter erhärten lässt - anderenfalls bestünde gegebenenfalls die Möglichkeit der Einziehung nach § 76a Abs. 1 StGB -, so genügt das nicht, um die Voraussetzungen des § 76a Abs. 4 Satz 1 StGB zu erfüllen.".

466 § 22 Abs. 1, 2 Nr. 1 OWiG ≙ § 73 StGB und § 74 Abs. 1, 2 StGB und § 74 Abs. 1, 3 S. 1 StGB.

467 § 22 Abs. 1, 2 Nr. 2, Abs. 3 OWiG ≙ § 74b StGB.

468 § 23 OWiG ≙ § 74a StGB.

469 § 27 OWiG ≙ § 76a StGB.

470 Vgl. § 29 VersG NRW („Einziehung") nach Landtag-NRW-Drucksache 17/12423, S. 28.

471 Vgl. § 29 VersG NRW („Einziehung") nach Landtag-NRW-Drucksache 17/12423, S. 28.

472 Zu den Begriffen (Ober-)Behörde und Beamte siehe auch: *Basten*, Eingriffsrecht der Polizei in Nordrhein-Westfalen, Band 1, S. 95, 125-130 und S. 113.

473 Sogenannte **Sperrerklärung**., siehe dazu auch ausführlich: *Basten*, Eingriffsrecht der Polizei in Nordrhein-Westfalen, Band 2, Buch 2, Abschnitt 16, B. II. (Verfahren).

474 Vgl. auch § 101 Abs. 2 StPO.

(SUB/ERG)

Im konkreten Fall ist das aus § 96 StPO auch folgende Sicherstellungsverbot bzw. Beschlagnahmeverbot (alternativ)

- erfüllt bei Anhaltspunkten / bei Fehlen entgegenstehender Anhaltspunkte.
- nicht erfüllt bei Anhaltspunkten / bei Fehlen entgegenstehender Anhaltspunkte.[475]

4. § 97 StPO: Beschlagnahmeverbot

(VOR/DEF)

Gemäß § 97 StPO unterliegen der Beschlagnahme unter bestimmten Voraussetzungen nicht bestimmte schriftliche Mitteilungen oder Aufzeichnungen, oder andere Gegenstände einschließlich der ärztlichen Untersuchungsbefunde, auf die sich bestimmte, aus §§ 52, 53 StPO folgende Rechte erstrecken (insbesondere Zeugnisverweigerungsrecht)[476].[477]

---

[475] Zur **Behördenaktenbeschlagnahme** oder **Behördenschriftstückebeschlagnahme**: BGH, Urteil vom 29.07.2020 – AnwZ (Brfg) 4/20, Rn 18: „Die Herausgabe von Akten und sonstigen in amtlicher Verwahrung befindlichen **Schriftstücken** kann im Wege der Beschlagnahme nach § 98 StPO erzwungen werden (grundlegend BGH, Beschluss vom 18. März 1992 - 1 BGs 90/92, BGHSt 38, 237). Der Beschlagnahme unterliegen nach der zentralen Bestimmung des § 94 Abs. 1 und 2 StPO generell alle Gegenstände, die als Beweismittel für die Untersuchung von Bedeutung sein können und vom Gewahrsamsinhaber nicht freiwillig herausgegeben werden. Bei Behördenakten handelt es sich um Gegenstände im Sinne der genannten Vorschrift (BGH, Beschluss vom 18. März 1992, aaO, 241).“; BGHSt 38, 237, Ls. = BGH, Beschluß vom 18.03.1992 - 1 BGs 90/92 - 2 BJs 186/91-5, Leitsatz: „Behördenakten können beschlagnahmt werden, wenn die oberste Dienstbehörde keine **Sperrerklärung** abgibt.“.

[476] Vgl. auch Art. 46 GG (Abs. 1: **Abgeordnetenindemnität**; Abs. 2-4: **Abgeordnetenimmunität** – mit **Bundestagsgenehmigungsvorbehalt**); Art. 47 Verfassung NRW (**Abgeordnetenindemnität**), Art. 48 Verfassung NRW (**Abgeordnetenimmunität** – mit **Landtagsgenehmigungsvorbehalt**); Art. 60 Abs. 4 GG (**Bundespräsidentenimmunität**); Art. 40 Abs. 2 S. 1 GG (**Bundestagspräsidentengenehmigungsvorbehalt** für Durchsuchung oder Beschlagnahme in Bundestagsräumen); Art. 49 Abs. 2 Verfassung NRW (**Landtagspräsidentengenehmigungsvorbehalt** für Durchsuchung oder Beschlagnahme in Landtagsräumen); zum Abgeordneten vgl. auch: Art. 47 GG, Art. 49 Abs. 1 Verfassung NRW (**Abgeordneten-Zeugnisverweigerungsrecht** und zeugnisverweigerungsrechtentsprechendes **Abgeordneten-Schriftstückebeschlagnahmeverbot**). Vgl. auch §§ 18, 21 GVG i.V.m. DiplBezÜbkG i.V.m. Art. 31 Abs. 2 WÜD (**Diplomatenzeugnisverweigerungsrecht**); §§ 19, 21 GVG i.V.m. KonsÜbkG i.V.m. Art. 44 (i.V.m. Erklärung für das Vereinigte Königreich Großbritannien und Nordirland) WÜK (**Konularvertretungsmitglieder-Zeugnispflicht** – mit Verfahren und negativen Voraussetzungen). Vgl. auch §§ 18, 21 GVG i.V.m. DiplBezÜbkG i.V.m. Art. 22, 23, 24, 30 WÜD; §§ 19, 21 GVG i.V.m. KonsÜbkG i.V.m. Art. 27, 31, 33, 55, 59 WÜK.

[477] BVerfGE 32, 373, Ls. (**Patientenkarte** [zur Fallgruppe **Daten oder sonstige Gegenstände beim Berufsnachfolger / Büronachfolger / Praxisnachfolger**) = BVerfG, Beschluss des Zweiten Senats vom 08.031972 – 2 BvR 28/71 –, Leitsatz: „Wird bei einem Arzt die Karteikarte des Beschuldigten ohne oder gegen dessen Willen beschlagnahmt, so liegt darin in aller Regel eine Verletzung des dem Patienten zustehenden Grundrechts auf Achtung seines privaten Bereichs (Art. 2 Abs. 1 i.V.m. Art. 1 Abs. 1 GG). Das gilt auch dann, wenn sich die Karteikarte nicht mehr im Besitz des behandelnden Arztes, sondern im Gewahrsam eines Berufskollegen befindet, der Praxis und Patientenkartei seines Vorgängers übernommen hat.“.

BGHSt 44, 46 (**Verteidigungsunterlagen**) = BGH, Urteil vom 25.02.1998 – BGH 3 StR 490/97, Ls. 1: „Unterlagen, die sich ein Beschuldigter erkennbar zu seiner Verteidigung in dem gegen ihn laufenden Strafverfahren anfertigt, dürfen weder beschlagnahmt noch gegen seinen Widerspruch verwertet werden.“, Rn. 6: „Nach Art. 6 Abs. 3 MRK hat jeder Beschuldigte das Recht, über ausreichende Gelegenheit zur Vorbereitung seiner Verteidigung zu verfügen und sich selbst zu verteidigen. Das Verbot der Beschlagnahme und Verwertung solcher **Verteidigungsunterlagen** ergibt sich aus der entsprechenden Anwendung des § 97 Abs. 1 StPO i.V.m. Art. 2 Abs. 1, Art. 20 Abs. 3 GG.“, Rn. 8: „Über den Wortlaut des § 97 Abs. 1 StPO hinaus unterliegt die Beschlagnahme von Gegenständen jedoch weiteren Grenzen, die sich aus dem in der Verfassung normierten Rechtsstaatsprinzip und dem allgemeinen Freiheitsrecht ergeben (vgl. BVerfGE 38, 103, 105; 63, 380, 390; BGHSt 19, 325, 326; BGHR GG Art. 2 Persönlichkeitsrecht 2). So führt eine verfassungskonforme Auslegung des § 97 Abs. 1 StPO auch in dort nicht ausdrücklich genannten Fällen zu einem Beschlagnahmeverbot, wenn das Geheimhaltungsinteresse des Beschuldigten das Strafverfolgungsinteresse des Staates eindeutig überwiegt. Von der Rechtsprechung in diesem Zusammenhang anerkannte Fallgruppen sind private **Tonbandaufzeichnungen** (BVerfGE 34, 238; BGHSt 14, 358; 36, 167) oder **Tagebucheintragungen**, die nicht zur Kenntnis Dritter bestimmt sind (BVerfGE 18, 146; 80, 367; BGHR GG Art. 2 Persönlichkeitsrecht 2), wobei in diesen Fällen regelmäßig eine Abwägung im Einzelfall stattzufinden hat.“, Rn. 9: „Verteidigungsunterlagen eines Beschuldigten unterliegen über den Wortlaut des § 97 Abs. 1 StPO hinaus ebenfalls nicht der Beschlagnahme. Der Senat hat bereits mehrfach entschieden, daß Unterlagen, die sich ein Beschuldigter ersichtlich zur Vorbereitung seiner Verteidigung in dem gegen ihn laufenden Strafverfahren anfertigt, nicht beschlagnahmt werden dürfen (BGH NJW 1973, 2035, 2036 f.; BGH, Beschluß vom 12. April 1978 - StB 92/78; BGHR StPO § 97 Verteidigungsunterlagen 1 und 2).“, Rn. 15 f.: „Da die Aufzeichnungen des Angeklagten analog § 97 Abs. 1 StPO i.V.m. Art. 6 Abs. 3 MRK, Art. 2 Abs. 1, Art. 20 Abs. 3 GG nicht beschlagnahmt werden durften, unterlagen sie einem prozessualen **Verwertungsverbot** (vgl. u.a. BGHSt 18, 227, 228; Nack in KK 3. Aufl. § 97 Rdn. 7). Der hohe Rang des Rechts auf ein rechtsstaatliches Verfahren verbietet, Verteidigungsunterlagen, die trotz ausdrücklicher Beschwerde gegen die Beschlagnahme in der Hauptverhandlung verlesen wurden, als Beweismittel gegen den Beschuldigten zu verwenden (vgl. BGHSt 34, 39, 52 f.; BGHSt 42, 372).“.

BVerfG, Beschluss der 3. Kammer des Zweiten Senats vom 30.01.2002 – 2 BvR 2248/00 – (**Verteidigungsunterlagen** [Zitierung auch in Bundestags-Drucksache 16/5846, S. 35]), Rn. 4 f.: „Aus diesem Recht [**Recht auf faires Verfahren** in der Ausprägung des **Rechts auf eine effektive Verteidigung** (Art. 2 Abs. 1 i.V.m. Art. 20 Abs. 3 GG), P. B.] ergibt sich zwar, dass - über den Wortlaut des § 97 Abs. 1 StPO hinaus - Unterlagen, die sich ein Beschuldigter erkennbar zu seiner Verteidigung in dem gegen ihn laufenden Strafverfahren anfertigt, weder beschlagnahmt noch gegen seinen Widerspruch verwertet werden dürfen (BGH, NStZ 1998, S. 309 ff.). Das Medium, auf dem sich diese Unterlagen befinden, ist in entsprechender Anwendung des § 11 Abs. 3 StGB gleichgültig (vgl. auch Nack, in: Karlsruher Kommentar, StPO, 4. Aufl., § 97 Rn. 11 und 13), so dass darunter auch lesbare Aufzeichnungen von Computerdaten fallen. Allerdings ist es einem Beschuldigten verwehrt, die Beschlagnahme von Unterlagen schon dadurch zu verhindern, dass er diese einfach als **Verteidigungsunterlagen** bezeichnet oder mit solchen Unterlagen vermischt. Entscheidend ist, ob ein Beschuldigter die Aufzeichnungen erkennbar, also für einen Außenstehenden nachvollziehbar, zum Zwecke der Verteidigung angefertigt hat (BGH a.a.O.). Ist nicht sofort feststellbar, ob die einzelnen Aufzeichnungen, die bei einer Durchsuchung gefunden werden, der Verteidigung dienen, so können sie vorläufig sichergestellt werden. Eine Pflicht zur sofortigen und ungelesenen Herausgabe besteht nur, wenn die Eigenschaft als **Verteidigungsunterlage** offensichtlich ist; andernfalls erfordern bereits die rein tatsächlichen Umstände eine Durchsicht [Schrifttumsquellenangaben]. Vorliegend ist die **Durchsicht der Daten** auf dem Notebook - die der Regelung des § 110 StPO unterliegt (BGH-Ermittlungsrichter, CR 1999, S. 292 <293>) - noch nicht abgeschlossen. Dass es sich bei den noch nicht entschlüsselten Daten um **Verteidigungsunterlagen** handelt, ist nicht offensichtlich. Bis zu deren Entschlüsselung besteht ohnehin keine Gefahr, dass zur Umgehung des **rechtsanwaltlichen Zeugnisverweigerungsrechts** entsprechende Dateien gelesen werden. Tragfähige Anzeichen dafür, dass der zuständige Staatsanwalt nach der Entschlüsselung des Passwortes sich im Falle des Auffindens von Verteidigungsunterlagen nicht an seine oben aufgezeigte Verpflichtung zur Herausgabe - die bei in einem Computer gespeicherten Dateien die Anfertigung von entsprechenden Kopien der Daten und deren anschließende

(SUB/ERG)

Im konkreten Fall ist das aus § 97 StPO Sicherstellungsverbot bzw. Beschlagnahmeverbot (alternativ)

- erfüllt bei Anhaltspunkten / bei Fehlen entgegenstehender Anhaltspunkte.
- nicht erfüllt bei Anhaltspunkten / bei Fehlen entgegenstehender Anhaltspunkte.

C. Materielle Rechtmäßigkeit (MR) II. Inanspruchnahme (In) / Inanspruchnahmevoraussetzungen (Inv)

(VOR/DEF)

Inanspruchnahmevoraussetzungen sind materiell-rechtliche Bedingungen für richtige Inanspruchnahme.

Inanspruchnahme ist Adressierung und sonstiges Betroffenmachen; **Adressierung** ist direktes Bestimmen oder finales Richten einer Maßnahme an einen Grundrechtsträger, vgl. §§ 100b Abs. 3, 100c Abs. 2, 100h Abs. 3, 163f Abs. 2 StPO.

Beschlagnahmebetroffener kann grundsätzlich jeder sein, vgl. auch § 424 StPO (Einziehungsbeteiligte am Strafverfahren), insbesondere:

- Beschuldigter/Verdächtiger/Ordnungswidrigkeiten-Betroffener bzgl. „Täterschaft“ und „Teilnahme“, vgl. bzgl. **Beteiligung (Täterschaft und Teilnahme**, §§ 25-31 StGB) insbesondere §§ 73-76b StGB (einschließlich Überschriften) oder §§ 22, 23, 27, 29 OWiG.[478]

Löschung auf der Festplatte erfordert - halten werde, liegen nicht vor. Überdies könnten Beschlagnahmeverbote auch noch im anschließenden gerichtlichen Verfahren geltend gemacht werden.“.

BGH, Beschluss vom 13.01.1999 – StB 14/98 – Ermittlungsrichter (**Presseinformanten**): „Das **presserechtliche Zeugnisverweigerungsrecht** und der **presserechtliche Beschlagnahmeschutz** gelten auch für einen freien journalistischen Mitarbeiter einer Zeitung. Sie bestehen jedoch in der Regel nicht, wenn die Identität des Informanten in dem Pressebeitrag über die dem Journalisten gemachte Mitteilung offen gelegt wird und der Informationsinhalt im übrigen bekannt ist.“.

BVerfGE 117, 244 (Cicero) = BVerfG, Urteil des Ersten Senats vom 27.02.2007 – 1 BvR 538, 2045/06 – , Ls. 1: „**Durchsuchungen und Beschlagnahmen in einem Ermittlungsverfahren gegen Presseangehörige** sind verfassungsrechtlich unzulässig, wenn sie ausschließlich oder vorwiegend dem Zweck dienen, die Person des **Informanten** zu ermitteln (Bestätigung von BVerfGE 20, 162 [191 f., 217]).“, BVerfGE 117, 244, 265 (Cicero) = BVerfG, Urteil des Ersten Senats vom 27.02.2007 – 1 BvR 538, 2045/06 –, B. I. 2. b) bb) (2) (b) (aa), Rn. 61: „Auch wenn die betreffenden Angehörigen von Presse oder Rundfunk nicht Zeugen, sondern selbst Beschuldigte sind und der Schutz des § 97 Abs. 5 StPO deshalb nicht besteht, dürfen in gegen sie gerichteten Ermittlungsverfahren wegen einer Beihilfe zum Dienstgeheimnisverrat Durchsuchungen nach § 102 StPO sowie Beschlagnahmen nach § 94 StPO zwar zur Aufklärung der ihnen zur Last gelegten Straftat angeordnet werden, nicht aber zu dem vorrangigen oder ausschließlichen Zweck, Verdachtsgründe insbesondere gegen den Informanten zu finden. Andernfalls könnte der von der Pressefreiheit umfasste Informantenschutz unterlaufen werden.“.

[478] BGH, Beschluss vom 28.05.2020 – 3 StR 364/19 (§§ 73b Abs. 1 S. 1, 73c S. 1 StGB), Leitsatz (und Rn. 17, 22-37): „Die Einziehung von Wertersatz gegenüber dem Tatbeteiligten ist auch dann zulässig, wenn bei dem Drittbegünstigten die Einziehung des aus der Tat erlangten Gegenstands in Betracht kommt.“, Rn. 17: „Die Frage, ob der Wert des Erlangten beim Tatbeteiligten eingezogen werden kann,

- „Anderer“ (als Beschuldigter/Verdächtiger bzgl. „Täterschaft“ und „Teilnahme“), vgl. bzgl. **Beteiligung (Täterschaft und Teilnahme**, §§ 25-31 StGB) insbesondere §§ 73-76b StGB (einschließlich Überschriften) oder §§ 22, 23, 27, 29 OWiG.
- „Betroffener“, vgl. z.B. § 76a Abs. 1 S. 1 StPO.

Beschlagnahmebetroffener ist der Gewahrsaminhaber zum Zeitpunkt der Sicherstellung oder Beschlagnahme im Sinne von § 94 Abs. 2 StPO und § 95 StPO sowie der zur Sicherstellungszeit oder Beschlagnahmezeit mutmaßlich (sonst) Berechtigte[479] oder sonst Verfahrensbeteiligte, vgl. z.B. zur Berechtigung am Gegenstand:

- **Eigentum**, § 903 BGB, vgl. insbesondere auch §§ 929-936 BGB, §§ 937-945 BGB, §§ 858 f. BGB, §§ 985-1007 BGB, § 1006 BGB;
- **Besitz**, vgl. insbesondere auch §§ 854-872 BGB, vgl. auch § 273 BGB, § 320 BGB, §§ 812-822, § 858 f. BGB, §§ 985-1007 BGB, § 1006 BGB;
- Rechte wie etwa aus §§ 433, 488, 535, 598, 607, 631, 662, 677, 688 BGB, vgl. auch (gesetzliche oder vertragliche) **Pfandrechte** wie aus: §§ 1204 ff. BGB sowie (ggf. i.V.m. § 1257 BGB): §§ 562 (ggf. i.V.m. § 578 BGB), 583, 647, 704 BGB, §§ 397, 440 f., 464, 475b, 552, 596 f. HGB; OASG (Opferanspruchssicherungsgesetz).[480]

(SUB/ERG)

Im konkreten Fall ist die Person (alternativ)

- richtigerweise mit der Beschlagnahme in Anspruch genommen.
- nicht richtigerweise mit der Beschlagnahme in Anspruch genommen.

C. Materielle Rechtmäßigkeit (MR) III. Rechtsfolge (Rf) /Rechtsfolgevoraussetzungen (RfV)

(VOR/DEF)

Rechtsfolge ist rechtliche Folge aus dem Tatbestand. / **Rechtsfolgevoraussetzungen** sind materiell-rechtliche Rechtsfolgegestaltungsbedingungen.

---

wenn das aus der Tat Erlangte bei einem Dritten, bei dem die Voraussetzungen einer Einziehungsentscheidung gemäß § 73b Abs. 1 StGB vorliegen, (körperlich) noch vorhanden ist, ist - soweit ersichtlich - bisher höchstrichterlich noch nicht entschieden worden. Lediglich in Fällen, in denen das Erlangte (körperlich) nicht mehr vorhanden war, mithin auch beim Drittbegünstigten ausschließlich die Voraussetzungen einer Einziehung von Wertersatz des Erlangten vorlagen, hat der Bundesgerichtshof eine gesamtschuldnerische Haftung von Tatbeteiligten und Drittbegünstigten angenommen (BGH, Urteil vom 30. Mai 2008 - 1 StR 166/07, BGHSt 52, 227 Rn. 11; Beschlüsse vom 7. Juni 2018 - 4 StR 639/17, juris Rn. 3; vom 29. Februar 2012 - 2 StR 639/11, NZWiSt 2012, 349, 350; vgl. auch BGH, Beschluss vom 9. Dezember 2005 - 3 BGs 173/05, juris).“.

[479] BVerfG, Beschluss vom 20.02.2007 – 2 BvR 646/06, Gründe, 1.

[480] Zum **Privatrecht in der polizeilichen Praxis** ausführlich: *Basten*, Privatrecht in der polizeilichen Praxis.

C. Materielle Rechtmäßigkeit (MR) III. Rechtsfolge (Rf) 1. Tatsächliche und rechtliche Möglichkeit (TurM)

(VOR/DEF)

Tatsächliche und rechtliche Möglichkeit betrifft Fälle wie aus § 44 Abs. 2 Nr. 4-6 VwVfG NRW.

(SUB/ERG)

Tatsächliche und rechtliche Möglichkeit ist im konkreten Fall gegeben/nicht gegeben aufgrund Vorliegens/Nichtvorliegens von kognitiven, körperlichen, normativen, technischen Unmöglichkeiten.

Tatsächliche Unmöglichkeit ist gegeben bei Fehlen von Kapazitäten an Raum oder Sicherungsvorkehrungen zur signifikanten Sicherstellung der Sache durch die Polizei oder Dritte.

Rechtliche Unmöglichkeit kann sich insbesondere ergeben aus Rechtsnormen zur **Pfändung** bzw. **Unpfändbarkeit** wie §§ 811-813, 850-852 ZPO, § 54 SGB I (Sozialgesetzbuch 1).
Rechtliche Unmöglichkeit soll auch gegeben sein:

- im Fall von Beschlagnahmeverfügung mit Verwahrung des Gegenstandes beim Betroffenen – wegen Rechtsfolgeverstoß gegen § 94 Abs. 1, 2 StPO und § 95 StPO (bzgl. der dort normierten Herausgabe)[481];
- im Fall von Beschlagnahmeverboten, wie folgend aus §§ 96, 97 StPO.[482]

---

481 Vgl. auch: BGHSt 15, 149 = BGH, Urteil vom 11.10.1960 – 5 StR 333/60, Leitsatz: „Im strafprozessualen Beschlagnahmeverfahren ist ein Beweismittel erst dann […] ‚in Beschlag genommen', wenn es in Verwahrung genommen oder sonst sichergestellt ist.".

482 BGH, Beschluss vom 28.05.2020 – 3 StR 364/19 (§§ 73b Abs. 1 S. 1, 73c S. 1 StGB), Leitsatz (und Rn. 17, 22-37): „Die Einziehung von Wertersatz gegenüber dem Tatbeteiligten ist auch dann zulässig, wenn bei dem Drittbegünstigten die Einziehung des aus der Tat erlangten Gegenstands in Betracht kommt.", Rn. 17: „Die Frage, ob der Wert des Erlangten beim Tatbeteiligten eingezogen werden kann, wenn das aus der Tat Erlangte bei einem Dritten, bei dem die Voraussetzungen einer Einziehungsentscheidung gemäß § 73b Abs. 1 StGB vorliegen, (körperlich) noch vorhanden ist, ist - soweit ersichtlich - bisher höchstrichterlich noch nicht entschieden worden. Lediglich in Fällen, in denen das Erlangte (körperlich) nicht mehr vorhanden war, mithin auch beim Drittbegünstigten ausschließlich die Voraussetzungen einer Einziehung von Wertersatz des Erlangten vorlagen, hat der Bundesgerichtshof eine gesamtschuldnerische Haftung von Tatbeteiligten und Drittbegünstigten angenommen (BGH, Urteil vom 30. Mai 2008 - 1 StR 166/07, BGHSt 52, 227 Rn. 11; Beschlüsse vom 7. Juni 2018 - 4 StR 639/17, juris Rn. 3; vom 29. Februar 2012 - 2 StR 639/11, NZWiSt 2012, 349, 350; vgl. auch BGH, Beschluss vom 9. Dezember 2005 - 3 BGs 173/05, juris).".

C. Materielle Rechtmäßigkeit (MR) III. Rechtsfolge (Rf) 2. Bestimmtheit (Bsh)

(VOR/DEF)

Bestimmtheit ist Maßnahmenerkennbarkeit und Maßnahmenverstehbarkeit, bei Justiz-VA Pflicht gemäß Art. 20 Abs. 3 GG.

(SUB/ERG)

Inhaltlich hinreichende Bestimmtheit im Sinne des Art. 20 Abs. 3 GG ist allgemein gegeben, wenn nach Auslegung der Maßnahme der Erklärungsempfänger wie jeder vernünftige Dritte, §§ 133, 157 BGB analog, in der konkreten Situation den Maßnahmen-Inhalt hinreichend erkennen und verstehen kann, insbesondere wie folgt:

- dass die Polizei ggü./mit dem Maßnahmenempfänger/Erklärungsempfänger (wer)
- aus Strafrechtspflegegründen (warum)
- zu einer spezifischen Zeit (wann)
- bezweckt, dass die mutmaßlich Tatgegenstände gesichert werden, § 111b Abs. 1 StPO, vgl. zur Einziehungwirkung § 75 StGB/§§ 26, 28 OWiG, zur Vollstreckung der Nebenfolge Einziehung § 459g StPO (was)
- und zwar durch entsprechende Beschlagnahme (wie),

vgl. auch § 107 StPO bezüglich einer möglichen bestimmtheitsfördernden Durchsuchungsbescheinigung mit Grundbezeichnung bzw. eines möglichen bestimmtheitsfördernden Beschlagnahmeverzeichnisses.

C. Materielle Rechtmäßigkeit (MR) III. Rechtsfolge (Rf) 3. Ermessen (Erm)

(VOR/DEF)

Ermessen[483] ist Entscheidungsspielraum auf der Rechtsfolgenseite bzgl. rechtsfehlerfreier Ausübung von Einschreit-Entschließung (Ob), Adressaten-Auswahl (Wer), Maßnahmen-Gestaltung (Wie), hier (ggf. i.V.m. § 47 OWiG, § 53 Abs. 1 S. 1 W. 9, 10 OWiG) gegeben wie folgt:

a) Entschließungsopportunität bezüglich der konkreten Maßnahme ergibt sich aus dem Binnenverhältnis von § 111b Abs. 1 S. 1 StPO und § 111b Abs. 1 S. 2 StPO, denn gemäß § 111b Abs. 1 S. S.1 StPO „kann" bei begründeter Annahme, gemäß § 111b Abs. 1 S. 2 StPO „soll" bei dringend begründeter Annahme der Gegenstand beschlagnahmt werden; dabei bedeutet in § 111b Abs. 1 StPO„kann" die Befugnis zur Entscheidung über die Beschlagnahme als pflichtgemäß zu prüfende Möglichkeit ähnlich sogenannten, grundsätzlich „freien Ermessens", und „soll" die Befugnis zur Entscheidung zur Beschlagnahme als grundsätzlicher Regelfall ähnlich sogenannten „intendierten Ermessens".

b) Gestaltungsopportunität kann sich insbesondere wie folgt ergeben:

483 Zum Ermessen einschließlich Rechtsnatur, Ermessensarten, Ermessensreduzierungen, Ermessensfehlern, Maßnahmenansprüchen mit Beispielen siehe auch: *Basten*, Eingriffsrecht der Polizei in Nordrhein-Westfalen, Band 1, S. 271-283.

- Gemäß § 111d Abs. 2 S. 1 StPO kann eine beschlagnahmte bewegliche Sache dem Betroffenen zurückgegeben werden, wenn er einen den Wert der Sache entsprechenden Geldbetrag beibringt, wobei dann gemäß § 111d Abs. 2 S. 2 StPO der beigebrachte Betrag an die Stelle der Sache tritt. Gemäß § 111d Abs. 2 S. 3 StPO kann die Sache dem Betroffenen auch unter dem Vorbehalt jederzeitigen Widerrufs zur vorläufigen weiteren Benutzung bis zum Abschluss des Verfahrens überlassen werden; die Maßnahme kann davon abhängig gemacht werden, dass der Betroffene Sicherheit leistet oder bestimmte Auflagen erfüllt.
- Gemäß § 111q Abs. 3 StPO kann die Beschlagnahme dadurch abgewendet werden, dass der Betroffene den Teil eines Inhalts, der zur Beschlagnahme Anlass gibt, von der Vervielfältigung oder der Verbreitung ausschließt.
- Gemäß § 73d Abs. 2 StGB (Bestimmung des Werts des Erlangten; Schätzung) können Umfang und Wert des Erlangten einschließlich der abzuziehenden Aufwendungen geschätzt werden.

c) Adressatenopportunität ergibt sich grundsätzlich insbesondere auch aus Rechtsnormen wie §§ 73-76b StGB, vgl. bzgl. **Beteiligung (Täterschaft und Teilnahme**, §§ 25-31 StGB) bereits die Überschriften der §§ 73-76b StGB, vgl. dazu §§ 22, 23, 25, 27, 29 OWiG.

(SUB/ERG)

Der gegebene Entscheidungsspielraum wird aufgrund von entsprechenden Anhaltspunkten mit Ermessensfehlern/in Ermangelung entgegenstehender Anhaltspunkte ohne Ermessensfehler (Ermessenunterschreitung, Ermessensüberschreitung, Ermessensfehlgebrauch) ausgeübt bzgl. folgender Ermessensarten:

a) Entschließungsermessen:

Das Entschließungsermessen kann im konkreten Fall sogar gegen / auf Null reduziert sein, insbesondere wegen:

- Einschreitmöglichkeit;
- Erheblichkeitsgrad von Tatverdachten.

b) Auswahlermessen:

siehe C. II.: Auswahlermessen wird abschließend beurteilt i.V.m. Punkten C. II. (Inanspruchnahme)

c) Gestaltungsermessen:

siehe C. III. 4.: Gestaltungsermessen wird abschließend beurteilt i.V.m. Punkt C. III. 4. (VHM).

C. Materielle Rechtmäßigkeit (MR) III. Rechtsfolge (Rf) /Rechtsfolgevoraussetzungen (RfV) 4. Verhältnismäßigkeit

(VOR/DEF)

Verhältnismäßigkeit ist Geeignetheit, Erforderlichkeit, Angemessenheit der Maßnahme zu einem legitimen Zweck.

(VOR/DEF)

a) Legitimer Zweck ist jeder verfassungsgemäße Zweck.

(SUB/ERG)

Im konkreten Fall verfolgt die Beschlagnahme (alternativ)

- einen legitimen Zweck, nämlich: die verfassungsgemäße Sicherung von Gegenständen i.S.d. § 111b Abs. 1 StPO, die verfassungsgemäße, im Sinne von Art. 20 Abs. 3 GG, § 163 Abs. 1 S. 1 StPO (ggf. § 53 Abs. 1 S. 1 OWiG) gesetzmäßige Sachaufklärung bezüglich mutmaßlich deliktischer Beeinträchtigung bestimmter Rechte und Rechtsgüter insbesondere im Sinne von Art. 14 Abs. 1 S. 1 Alt. 1 GG. Letztlich verfolgt die Beschlagnahme
    - Prävention insbesondere durch Unterbrechung einer mutmaßlich deliktischen Gegenstandsinhaberschaft, damit Verhütung oder Unterbindung rechtswidriger Gegenstandsverwendung, gegebenenfalls zusätzlich gegen Grundrechte wie Art. 2 Abs. 2 S. 1 GG, Art. 2 Abs. 2 S. 2 GG, Art. 4 GG, Art. 8 GG, Art. 9 GG;
    - Repression durch die Ermöglichung staatlicher Sanktionierung, allein schon unter dem Aspekt, dass sich durch die Beschlagnahme Delikte nicht oder weniger lohnen sollen bzw. diese nicht weiter gefördert werden sollen.

  Prävention und Repression werden als legitimer Zweck der Beschlagnahme zwecks Vollstreckungssicherung insbesondere verfolgt im Hinblick auf Eigentumsschutz, Art. 14 Abs. 1 S. 1 Alt. 1 GG und ggf. im Hinblick auf zusätzlichen Schutz weiterer durch den Gegenstand gefährdeter Grundrechte, sowie im Hinblick auf die Verwirklichung der Rechtsordnung, Art. 20 Abs. 3 GG, je nach Beschlagnahmevoraussetzungen unter Umständen mit unterschiedlichen Schwerpunkten, vgl. z.B. § 73 StGB einerseits und andererseits § 74b StGB, zu weiteren Grundrechten außer Art. 14 GG vgl. z.B. Fälle i.V.m. (alternativ) § 98 AMG, § 33 BtMG, § 5 NpSG, § 30 VersG[484], § 54 WaffG.[485]

---

[484] Vgl. § 29 VersG NRW („Einziehung") nach Landtag-NRW-Drucksache 17/12423, S. 28.

[485] Zur **Einziehungs- und Unbrauchbarmachungsrechtsnatur** (sowie der **Vermögensarrestrechtsnatur**) allgemein: Einziehung und Unbrauchbarmachung (sowie Vermögensarrest) sind Sicherungsmaßnahmen, vgl.: § 111l Abs. 4 StPO; BT-Drucksache 18/9525, S. 49 ≙ BR-Drucksache 418/16, S. 51; BGHSt 6, 62 = BGH, Urteil vom 31.03.1954 – 6 StR 5/54; zur **Einziehungsrechtsnatur** bzgl. § 73 StGB: BGH, Beschluss vom 06.02.2018 – 5 StR 600/17, Rn. 14: „Für die frühere Regelung des Verfalls entsprach es der ständigen Rechtsprechung, dass diese Maßnahme trotz bisweilen erheblicher Belastungen für den Verurteilten keinen Strafcharakter hat und keinen Genugtuungs-, sondern einen Präventionszweck verfolgt (BGH, Urteile vom 1. März 1995 - 2 StR 691/94, NJW 1995, 2235 f.; vom 21. März 2002 - 5 StR 138/01, BGHSt 47, 260, 265 f.; vom 16. Mai 2006 - 1 StR 46/06, BGHSt 51, 65, 67, und vom 30. Mai 2008 - 1 StR 166/07, BGHSt 52, 227, 248; vgl. auch BVerfG, NJW 2004, 2073, 2074). Die umfassende Neuregelung der strafrechtlichen Vermögensabschöpfung hat zwar unter anderem zu einer Änderung des Begriffs der Maßnahme geführt, ihren Rechtscharakter aber unberührt gelassen (vgl. Begründung des Gesetzentwurfs der Bundesregierung, BT-Drucks. 18/9525 S. 55; siehe auch Köhler, NStZ 2017, 497, 498, 502). Danach besteht auch kein Anlass, von der bisherigen Rechtsprechung abzuweichen, die aus der Rechtsnatur des Instituts abgeleitet hat, dass die mit dessen Anwendung verbundene Vermögenseinbuße regelmäßig keinen Strafmilderungsgrund darstellt (vgl. BGH, Urteil vom 1. März 1995 - 2 StR 691/94, aaO, und vom 28. Januar 2015 - 5 StR 486/14, NStZ-RR 2015, 281, 282; Beschlüsse vom 20. Oktober 1999 - 3 StR 324/99, NStZ 2000, 137, und vom 22. November 2000 - 1 StR 479/00, NStZ 2001, 312)."; zur **Einziehungsrechtsnatur** bzgl. § 74 StGB: BGH, Beschluss vom 28.01.2020 – 1 StR 595/19, Rn. 4: „Die Anordnung einer Einziehung von Tatmitteln gemäß § 74 Abs. 1 StGB hat den Charakter einer Nebenstrafe und stellt damit eine Strafzumessungsentscheidung dar (st. Rspr., vgl. BGH, Beschluss vom 12. Juni 2018

- keinen legitimen Zweck.

(VOR/DEF)

b) Geeignetheit einer staatlichen Maßnahme ist gegeben bei deren Zweckförderungstauglichkeit.

(SUB/ERG)

Im konkreten Fall ist die Beschlagnahme (alternativ)

- geeignet wegen „Sicherstellung" der Einziehungs- und Vollstreckungsmöglichkeiten i.S.d. § 111b Abs. 1 StPO, § 75 StGB/§§ 26, 28 OWiG, § 459g StPO. Die Sicherung oder Vorbereitung der gegebenenfalls endgültigen gerichtlichen Vermögensabschöpfung von einem gefährlichen oder inkriminierten Gegenstand oder von einem an sich neutralen Gegenstand bei einer Person mit mutmaßlich gefährlichen Verhaltensweisen fördert den legitimen Zweck über die durch die Beschlagnahme geförderte Einziehungswirkung, vgl.
  - zur Wirkung der Einziehung § 75 StGB/§§ 26, 28 OWiG,
  - zur Vollstreckung der Nebenfolge Einziehung § 459g StPO.
- ungeeignet.

(VOR/DEF)

c) Erforderlichkeit einer staatlichen Maßnahme ist Nichtverfügbarkeit eines milderen (Übermaßverbot), gleich geeigneten (Untermaßverbot) Mittels zur Zweckförderung, vgl. auch § 111q Abs. 2, 3 StPO.

Erforderlichkeitsvoraussetzungen der Beschlagnahme zwecks Vollstreckungssicherung kommen zum Ausdruck etwa in folgenden Rechtsnormen je nach Beschlagnahme:

- bei jeder Einziehungssicherungsbeschlagnahme: § 111d Abs. 1 StPO und § 111d Abs. 2 StPO;
- bei jeder Einziehungssicherungsbeschlagnahme beweglicher Sache: § 111n StPO (vgl. § 111n Abs. 1 StPO: „benötigt");
- bei Beschlagnahme von Schriften und Vorrichtungen: mit § 111q Abs. 2, 3 S. 2 Nr. 2 („soweit" […] „erforderlich"), Abs. 5 StPO und § 74f Abs. 1 S. 2, Abs. 2 StGB;
- bei §§ 111b, c, d Abs. 1 StPO i.V.m. § 74 StGB: mit § 74f Abs. 1 S. 2 StGB; § 74f Abs. 1 S. 3 StGB;
- bei §§ 111b, c, d Abs. 1 StPO i.V.m. § 74a StGB: mit § 74f Abs. 1 S. 2 StGB; § 74f Abs. 1 S. 3 StGB;
- bei §§ 111b, c, d Abs. 1 StPO i.V.m. § 74b StGB: mit § 74f Abs. 1 S. 2 StGB; § 74f Abs. 1 S. 3 StGB;
- bei §§ 22 und 23 OWiG: § 24 Abs. 2, 3 OWiG.

- 1 StR 159/18, Rn. 3 mwN). Wird dem Täter auf diese Weise eine Sache von nicht unerheblichem Wert entzogen, ist dies ein bestimmender Gesichtspunkt für die Bemessung der daneben zu verhängenden Strafe und insoweit im Wege einer Gesamtbetrachtung der den Täter betreffenden Rechtsfolgen angemessen zu berücksichtigen.".

(SUB/ERG)

Im konkreten Fall ist die Beschlagnahme (alternativ)

- erforderlich, denn einerseits sind mildere Maßnahmen wie zum Beispiel eine auf rechtsordnungsadäquaten Gegenstandsumgang gerichtete selbständige Verfügung, § 163 Abs. 1 S. 2 StPO, oder wie Nichtstun, alleine nicht gleich geeignet, weil sie nicht in gleicher Weise die Einziehungssicherung fördern (Untermaßverbot) und andererseits sind (mindestens) gleich geeignete, intensivere Maßnahmen wie direkte Freiheitsentziehung oder Zwang noch nicht notwendig (Übermaßverbot).
- nicht erforderlich.

(VOR/DEF)

d) Angemessenheit oder **Verhältnismäßigkeit im engeren Sinne** einer staatlichen Maßnahme ist angemessenes Maß oder Verhältnis zwischen Zweckförderung für Erhaltungsrechte und Wirkungen für Eingriffsrechte, vgl. betroffene GR, vgl. auch § 111q Abs. 1 StPO, § 74d StGB.

Angmessenheitsvoraussetzungen der Beschlagnahme zwecks Vollstreckungssicherung kommen zum Ausdruck etwa in folgenden Rechtsnormen je nach Beschlagnahme:

- bei jeder Einziehungssicherungsbeschlagnahme: § 421 StPO;
- bei Beschlagnahme von Schriften und Vorrichtungen: § 111q Abs. 1 StPO;
- bei §§ 111b, c, d Abs. 1 StPO i.V.m. § 74 StGB: mit § 74f Abs. 1 S. 1 StGB;
- bei §§ 111b, c, d Abs. 1 StPO i.V.m. § 74a StGB: mit § 74f Abs. 1 S. 1 StGB;
- bei §§ 111b, c, d Abs. 1 StPO i.V.m. § 76a StGB: vgl. § 435 Abs. 1 S. 2 StPO;
- bei §§ 111b, c, d Abs. 1 StPO i.V.m. § 22 Abs. 2 Nr. 1 OWiG: § 24 Abs. 1 OWiG;
- bei § 22 Abs. 2 Nr. 1 OWiG und § 23 OWiG: § 24 Abs. 1 OWiG.

Vgl. auch Erwägungsgrund 24, S. 7 RL 2014/42/EU (über die Sicherstellung und Einziehung von Tatwerkzeugen und Erträgen aus Straftaten in der Europäischen Union): „Die Rechte gutgläubiger Dritter[486] sollten keinesfalls beeinträchtigt werden.“, Art. 6 Abs. 2 (Dritteinziehung) RL „Absatz 1 lässt die Rechte gutgläubiger Dritter unberührt.“. „In diesem Zusammenhang ist Art. 17 Abs. 1 der [EU-GR-]Charta zu berücksichtigen, der u. a. vorsieht, dass jede Person das Recht hat, ihr rechtmäßig erworbenes Eigentum zu besitzen, zu nutzen und darüber zu verfügen. Zwar gilt das durch diese Bestimmung garantierte Eigentumsrecht nicht schrankenlos. Nach Art. 52 Abs. 1 der Charta können nämlich die Ausübung der in der Charta verankerten Rechte und Freiheiten Beschränkungen unterworfen werden, sofern diese Beschränkungen tatsächlich dem Wohl der Allgemeinheit dienenden Zielen der Union entsprechen und nicht einen im

---

[486] Zum **gutgläubigen Dritten** vgl. die Ausnahmeregelung in § 932 Abs. 2 BGB (Gutgläubiger Erwerb vom Nichtberechtigten): „Der Erwerber ist nicht in gutem Glauben [bösgläubig], wenn ihm bekannt oder infolge grober Fahrlässigkeit unbekannt ist, dass die Sache nicht dem Veräußerer gehört.“. Zur **Fahrlässigkeit** siehe § 276 Abs. 2 BGB: „Fahrlässig handelt, wer die im Verkehr erforderliche Sorgfalt außer Acht lässt.“. Zur **groben Fahrlässigkeit** siehe BGH, Urteil vom 18.09.2020 – V ZR 8/19, Rn. 28: „Nach § 932 Abs. 2 BGB ist der Erwerber nicht in gutem Glauben, wenn ihm bekannt oder infolge grober Fahrlässigkeit unbekannt ist, dass die Sache nicht dem Veräußerer gehört. Unter der hier nur in Betracht kommenden Alternative der groben Fahrlässigkeit wird im allgemeinen ein Handeln verstanden, bei dem die erforderliche Sorgfalt den gesamten Umständen nach in ungewöhnlich großem Maße verletzt worden ist und bei dem dasjenige unbeachtet geblieben ist, was im gegebenen Fall jedem hätte einleuchten müssen (Senat, Urteil vom 1. März 2013 - V ZR 92/12, NJW 2013, 1946 Rn. 11 mwN).“.

Hinblick auf den verfolgten Zweck unverhältnismäßigen und nicht tragbaren Eingriff darstellen, der das so gewährleistete Recht in seinem Wesensgehalt antasten würde (vgl. in diesem Sinne Urteil vom 16. Juli 2020, Adusbef und Federconsumatori, C-686/18, EU:C:2020:567, Rn. 85 sowie die dort angeführte Rechtsprechung). [...] In Anbetracht des erheblichen Eingriffs in die Rechte des Einzelnen, der sich aus der Einziehung von Vermögensgegenständen, nämlich der endgültigen Entziehung des Eigentumsrechts an diesen Vermögensgegenständen, ergibt, stellt eine [...] Einziehung gegenüber einem gutgläubigen Dritten, der nicht wusste und nicht wissen konnte, dass sein Vermögensgegenstand für die Begehung einer Straftat verwendet wurde, [fallabhängig] im Hinblick auf den verfolgten Zweck einen unverhältnismäßigen und untragbaren Eingriff dar, der dessen Eigentumsrecht in seinem Wesensgehalt antastet.“ [487]

(SUB/ERG)

Im konkreten Fall ist die Beschlagnahme (alternativ)

- angemessen, denn der bis zur nächsten Überprüfung (ggf. zeitlich begrenzte) sachgerichtete Eingriff in Art. 14 Abs. 1 S. 1 Alt. 1 GG, Art. 2 Abs. 1 GG steht angesichts zu schützender Rechte und Rechtsgüter wie aus Art. 2 Abs. 2 S. 1 GG, Art. 2 Abs. 2 S. 2 GG, Art. 4 GG, Art. 8 GG, Art. 9 GG, Art. 14 Abs. 1 S. 1 Alt. 1 GG, Art. 20 Abs. 3 GG sowie Tatverdachtsstärke, Schwere mutmaßlicher Tat, Sanktionswahrscheinlichkeit, mutmaßlicher Sanktionshöhe nicht außer Verhältnis.
- unangemessen.

(ERG VHM)

Im konkreten Fall ist die Beschlagnahme insgesamt i.S.v. Art. 20 Abs. 3 GG (alternativ)

- verhältnismäßig.
- unverhältnismäßig.

D. Gesamtergebnis (GErg)

Die Beschlagnahme zweck Vollstreckungssicherung ist (alternativ)

- gemäß § 111b StPO (ggf. mit §§ 46, 53 Abs. 1 S. 2, Abs. 2 OWiG) rechtmäßig.
- wegen Art./§ (bestimmter Rechtsnorm [z.B. Art. 20 Abs. 3 GG]) rechtswidrig.

---

[487] EuGH, Urteil des Gerichtshofs (Erste Kammer) vom 14.01.2021 – Rechtssache C-393/19 (noch zu Rahmenbeschluss 2005/212/JI), Rn. 52, 53, 55, Rn. 54, 56: „Im vorliegenden Fall hat die Berufungsstaatsanwaltschaft Plovdiv in ihren schriftlichen Erklärungen ausgeführt, dass das mit der im Ausgangsverfahren in Rede stehenden nationalen Regelung verfolgte Ziel darin bestehe, im Allgemeininteresse die unerlaubte Einfuhr von Waren in das Land zu verhindern. [...] Es ist daher festzustellen, dass eine nationale Regelung wie die im Ausgangsverfahren in Rede stehende das in Art. 17 Abs. 1 der Charta garantierte Eigentumsrecht nicht wahrt, soweit sie vorsieht, dass die Vermögensgegenstände eines gutgläubigen Dritten, die für die Begehung eines schweren Schmuggels verwendet wurden, Gegenstand einer Einziehungsmaßnahme sein können.“.

ABSCHNITT 5:

ERKENNUNGSDIENSTLICHE MAßNAHME BEIM BESCHULDIGTEN/BETROFFENEN AUF DEM RECHTSGEBIET DER STRAFRECHTSPFLEGE AUßER ZWECKS IDF, § 81B STPO (GGF. I.V.M. §§ 46, 53 ABS. 1 S. 2, ABS. 2 OWIG)

A. Rechtsgrundlage (RGL) I. Grundrechte (GR)

(VOR/DEF)

Grundrechte sind grundlegende Rechte aus Art. 1-19 GG i.V.m. dem Rechtsstaatsprinzip, Art. 20 Abs. 3 GG, mit Vorrang und Vorbehalt des Gesetzes.[488]

(SUB/ERG)

Grundrechte sind (i.d.R. alternativ fallabhängig) wie folgt gegeben:

[488] Zu **Grundrechten**: *Basten*, Eingriffsrecht der Polizei in Nordrhein-Westfalen, Band 1, Buch 1, Abschnitt 2, Unterabschnitt 3. Zum **Rechtsstaatsprinzip** mit unter anderem sogenanntem Vorrang des Gesetzes und Vorbehalt des Gesetzes: *Basten*, Eingriffsrecht der Polizei in Nordrhein-Westfalen, Band 1, S. 95-108.

1. Allgemeines Persönlichkeitsgrundrecht[489] mit verschiedenen Ausprägungen[490], etwa in der Ausprägung des **Rechts auf informationelle Selbstbestimmung** (APR/RiS), Art. 2 Abs. 1 i.V.m. Art. 1 Abs. 1[491] GG, vgl. auch Art. 142 GG i.V.m. Art. 4 Abs. 1, 2 Verfassung NRW[492].

---

[489] BVerfGE 147, 1, 18 f. (**Geschlechtsidentität**) = BVerfG, Beschluss des Ersten Senats vom 10.10.2017 – 1 BvR 2019/16 –, Rn. 38: „Art. 2 Abs. 1 GG gewährt jedem das **Recht auf die freie Entfaltung seiner Persönlichkeit**. Dieses Grundrecht umfasst neben der allgemeinen Handlungsfreiheit das **allgemeine Persönlichkeitsrecht** (Art. 2 Abs. 1 i.V.m. Art. 1 Abs. 1 GG). Letzteres ergänzt als ‚unbenanntes' Freiheitsrecht die speziellen (‚benannten') Freiheitsrechte, die ebenfalls konstituierende Elemente der Persönlichkeit schützen (vgl. BVerfGE 54, 148 <153>). Eine der **Aufgaben des allgemeinen Persönlichkeitsrechts** ist es dabei, Grundbedingungen dafür zu sichern, dass die einzelne Person ihre Individualität selbstbestimmt entwickeln und wahren kann (vgl. BVerfGE 35, 202 <220>; 79, 256 <268>; 90, 263 <270>; 117, 202 <225>). Das allgemeine Persönlichkeitsrecht schützt indessen nur solche **Elemente der Persönlichkeitsentfaltung**, die - ohne bereits Gegenstand der besonderen Freiheitsgarantien des Grundgesetzes zu sein - diesen in ihrer konstituierenden Bedeutung für die Persönlichkeit nicht nachstehen (vgl. BVerfGE 79, 256 <268>; 99, 185 <193>; 120, 274 <303>; stRspr). Es verbürgt also nicht Schutz gegen alles, was die selbstbestimmte Persönlichkeitsentwicklung auf irgendeine Weise beeinträchtigen könnte; ohnehin vermag kein Mensch seine Individualität unabhängig von äußeren Gegebenheiten und Zugehörigkeiten zu entwickeln. Der lückenschließende Schutz des allgemeinen Persönlichkeitsrechts greift aber dann, wenn die selbstbestimmte Entwicklung und Wahrung der Persönlichkeit spezifisch gefährdet ist (BVerfGE 141, 186 <201 f. Rn. 32>).".

BVerfG, Beschluss des Ersten Senats vom 06.11.2019 – 1 BvR 16/13 – (Recht auf Vergessen I), Rn. 81: „Diese [**APR-]Rechtsprechung** hat sich maßgeblich in Konstellationen der mittelbaren Drittwirkung und geleitet von dem Erfordernis praktischer Konkordanz entwickelt. Deshalb bestimmen sich die Schutzdimensionen des allgemeinen Persönlichkeitsrechts letztlich immer einzelfallbezogen im Abgleich mit den Grundrechten Dritter. Die Bestimmung seiner Schutzwirkungen und die Abwägung mit den gegenüberstehenden Freiheitsrechten greifen hier Hand in Hand. Der Schutz des allgemeinen Persönlichkeitsrechts ist insoweit flexibel und durch die Einbindung der Person in ihre sozialen Beziehungen relativiert (vgl. BVerfGE 101, 361 <380>; 141, 186 <202 Rn. 32>; 147, 1 <19 Rn. 38>; stRspr; siehe auch BGHZ 183, 353 <357 Rn. 11>; 209, 139 <150 Rn. 30>; 219, 233 <240 Rn. 22>; stRspr).".

Vgl. „**Allgemeines Persönlichkeitsrecht**" (APR) als „sonstiges Recht" (sog. **Rahmenrecht** mit [grundrechts-]abwägungsoffenem Tatbestand) nach § 823 Abs. 1 Var. 6 BGB, u.a. mit Geldentschädigungsanspruch, insbesondere durch ständige Rechtsprechung (vgl. auch § 253 BGB) seit folgender Entwicklung: BGHZ 13, 334 (Leserbrief), mit erstmaliger ausdrücklicher Anerkennung des allgemeinen Persönlichkeitsrechts; BGHZ 26, 349 (Herrenreiter), mit erstmaliger Zuerkennung einer Geldentschädigung wegen des immateriellen Schadens durch die Verletzung des allgemeinen Persönlichkeitsrechts; BGHZ 35, 363 (Ginsengwurzel), mit erstmaliger Schwerpunktsetzung bei der Menschenwürde in der Begründung; BVerfGE 34, 269 (Soraya), mit verfassungsgerichtlicher Erklärung der verfassungsrechtlichen Zulässigkeit der richterrechtlich entwickelten APR-Konstruktion.

[490] BVerfG, Beschluss des Ersten Senats vom 06.11.2019 – 1 BvR 16/13 – (Recht auf Vergessen I), Rn. 80: „Die Rechtsprechung hat aus dem [**Allgemeinen Persönlichkeits-]Grundrecht** insoweit verschiedene **Schutzdimensionen** abgeleitet wie den **Schutz eines unantastbaren Bereichs privater Lebensgestaltung**, die Garantie der **Privatsphäre**, das **Recht am eigenen Bild** oder **gesprochenen Wort** oder das **Recht auf die Darstellung der eigenen Person**, die **soziale Anerkennung** sowie die **persönliche Ehre** (vgl. BVerfGE 27, 1 <6>; 27, 344 <350 f.>; 32, 373 <379>; 34, 238 <245 f.>; 47, 46 <73>; 54, 148 <153 f.>; 99, 185 <193 f.>; 101, 361 <384>; 106, 28 <39>; 114, 339 <346>; 120, 180 <198>)." „Diese **Schutzgehalte** werden insoweit aber nicht als abschließend umschriebene und voneinander abzugrenzende Gewährleistungen verstanden, sondern als Ausprägungen, die in Blick auf den konkreten Schutzbedarf jeweils anhand des zu entscheidenden Falles herauszuarbeiten sind (vgl. BVerfGE 54, 148 <153 f.>; 65, 1 <41>).".

BVerfGE 65, 1 (Volkszählungsgesetz), Ls. 1 = BVerfG, Urteil des Ersten Senats vom 15.12.1983 – 1 BvR 209/83, Ls. 1: „Unter den Bedingungen der modernen Datenverarbeitung wird der Schutz des Einzelnen

gegen unbegrenzte Erhebung, Speicherung, Verwendung und Weitergabe seiner persönlichen Daten von dem **allgemeinen Persönlichkeitsrecht** des Art. 2 Abs. 1 GG in Verbindung mit Art. 1 Abs. 1 GG umfaßt. Das [**Allgemeine Persönlichkeits-]Grundrecht** gewährleistet insoweit die Befugnis des Einzelnen, grundsätzlich selbst über die Preisgabe und Verwendung seiner persönlichen Daten zu bestimmen."; BVerfG, Beschluss des Ersten Senats vom 06.11.2019 – 1 BvR 16/13 – (Recht auf Vergessen I), Rn. 80: „Das **Recht auf informationelle Selbstbestimmung** ist von der Rechtsprechung als eigene Ausprägung des allgemeinen Persönlichkeitsrechts mit einem gegenüber den anderen Ausprägungen selbständigen Gewährleistungsgehalt entwickelt worden und behält diesen auch, soweit es als verfassungsrechtliche Wertentscheidung in das Zivilrecht einstrahlt. Dementsprechend enthält es keinen gesamthaften Schutzanspruch hinsichtlich jederlei Umgangs mit Informationen, der die übrigen Schutzdimensionen des Grundrechts allgemein übergreifen und zusammenführen würde, sondern lässt deren Wertungen und Abwägungsregeln unberührt."; BVerfGE 120, 274, 311 f. (Online-Durchsuchung) = BVerfG, Urteil des Ersten Senats vom 27.02.2008 – 1 BvR 370/07 –, Rn. 198 f. „Das **Recht auf informationelle Selbstbestimmung** geht über den **Schutz der Privatsphäre** hinaus. Es gibt dem Einzelnen die Befugnis, grundsätzlich selbst über die Preisgabe und Verwendung seiner persönlichen Daten zu bestimmen (vgl. BVerfGE 65, 1 <43>; 84, 192 <194>). Es flankiert und erweitert den grundrechtlichen Schutz von Verhaltensfreiheit und Privatheit, indem es ihn schon auf der Stufe der Persönlichkeitsgefährdung beginnen lässt. Eine derartige Gefährdungslage kann bereits im Vorfeld konkreter Bedrohungen benennbarer Rechtsgüter entstehen, insbesondere wenn personenbezogene Informationen in einer Art und Weise genutzt und verknüpft werden können, die der Betroffene weder überschauen noch verhindern kann. Der Schutzumfang des **Rechts auf informationelle Selbstbestimmung** beschränkt sich dabei nicht auf Informationen, die bereits ihrer Art nach sensibel sind und schon deshalb grundrechtlich geschützt werden. Auch der Umgang mit personenbezogenen Daten, die für sich genommen nur geringen Informationsgehalt haben, kann, je nach dem Ziel des Zugriffs und den bestehenden Verarbeitungs- und Verknüpfungsmöglichkeiten, grundrechtserhebliche Auswirkungen auf die Privatheit und Verhaltensfreiheit des Betroffenen haben (vgl. BVerfG, Beschluss vom 13. Juni 2007 - 1 BvR 1550/03 u.a. -, NJW 2007, S. 2464 <2466>). Die mit dem Recht auf informationelle Selbstbestimmung abzuwehrenden Persönlichkeitsgefährdungen ergeben sich aus den vielfältigen Möglichkeiten des Staates und gegebenenfalls auch privater Akteure (vgl. BVerfG, Beschluss der 1. Kammer des Ersten Senats vom 23. Oktober 2006 - 1 BvR 2027/02 -, JZ 2007, S. 576) zur Erhebung, Verarbeitung und Nutzung personenbezogener Daten. Vor allem mittels elektronischer Datenverarbeitung können aus solchen Informationen weitere Informationen erzeugt und so Schlüsse gezogen werden, die sowohl die grundrechtlich geschützten Geheimhaltungsinteressen des Betroffenen beeinträchtigen als auch Eingriffe in seine Verhaltensfreiheit mit sich bringen können (vgl. BVerfGE 65, 1 <42>; 113, 29 <45 f.>; 115, 320 <342>; BVerfG, Beschluss vom 13. Juni 2007 - 1 BvR 1550/03 u.a. -, NJW 2007, S. 2464 <2466>).".

BVerfGE 109, 279, 325-327 (akustische Wohnraumüberwachung / „Großer Lauschangriff") = BVerfG, Urteil des Ersten Senats vom 03.03.2004 – 1 BvR 2378/98, 1084/99 –, Rn. 159-163: „Das aus Art. 2 Abs. 1 in Verbindung mit Art. 1 Abs. 1 GG folgende **allgemeine Persönlichkeitsrecht** kommt neben Art. 13 Abs. 1 GG allerdings nicht zur Anwendung, soweit Eingriffe in die **räumliche Privatsphäre des Wohnungsinhabers** zu überprüfen sind. Art. 13 Abs. 1 GG enthält eine spezielle Gewährleistung des **Schutzes vor staatlicher akustischer Überwachung der räumlichen Privatsphäre**, die die allgemeinere Vorschrift insoweit verdrängt (vgl. BVerfGE 100, 313 [358] zu Art. 10 GG). Mit dem **Recht, in der Wohnung ungestört zu sein**, und dem **Recht am eigenen in der Wohnung gesprochenen Wort** schützt Art. 13 Abs. 1 GG gerade den Teil der **Privatsphäre**, den sonst das allgemeine Persönlichkeitsrecht gewährleistet. Dieses Recht ergänzt als unbenanntes Freiheitsrecht die speziellen Freiheitsrechte, die ebenfalls konstituierende Elemente der Persönlichkeit schützen (vgl. BVerfGE 54, 148 <153 f.>), nur insoweit, als Letztere keinen Schutz gewähren. Der **Schutz des allgemeinen Persönlichkeitsrechts aus Art. 2 Abs. 1 in Verbindung mit Art. 1 Abs. 1 GG** greift hingegen ein, soweit von der Wohnraumüberwachung Personen betroffen werden, die sich nicht auf Art. 13 Abs. 1 GG berufen können. **Grundrechtsträger des Art. 13 Abs. 1 GG** ist jeder Inhaber oder Bewohner eines Wohnraums, unabhängig davon, auf welchen Rechtsverhältnissen die Nutzung des Wohnraums beruht. Bei mehreren Bewohnern einer Wohnung steht das Grundrecht jedem Einzelnen, bei Familien mithin jedem Familienmitglied zu. Maßnahmen der **Wohnraumüberwachung** können aber nicht nur **Wohnungsinhaber**, sondern auch **zufällig in einer Wohnung**

Anwesende erfassen. Diese Personen sind zwar nicht in ihrem Grundrecht aus Art. 13 Abs. 1 GG, wohl aber in ihrem **allgemeinen Persönlichkeitsrecht** betroffen. Der Schutz aus Art. 2 Abs. 1 in Verbindung mit Art. 1 Abs. 1 GG kann insofern allerdings nicht weiter reichen als derjenige aus Art. 13 Abs. 1 und 3 GG. Der Schutz der **räumlichen Privatsphäre und des allgemeinen Persönlichkeitsrechts** kann schließlich in Einzelfällen durch weitere Grundrechtsgarantien ergänzt sein. So wird das **Gespräch zwischen Eheleuten in der eigenen Wohnung** nicht nur von Art. 13 Abs. 1 GG, sondern zusätzlich durch Art. 6 Abs. 1 GG geschützt. Auch in Bezug auf die **Kommunikation mit Berufsgeheimnisträgern** können neben dem grundrechtlichen **Schutz der räumlichen Privatsphäre** Grundrechte in Betracht kommen, die - wie etwa Art. 4 GG im Hinblick auf das Gespräch mit einem Geistlichen - der besonderen Schutzbedürftigkeit der Kommunizierenden Rechnung tragen.“.

BVerfG, Beschluss des Ersten Senats vom 06.11.2019 – 1 BvR 16/13 – (Recht auf Vergessen I), Ls. 3 S. 1: „Von den **äußerungsrechtlichen Schutzdimensionen** ist das **Recht auf informationelle Selbstbestimmung** als eine eigene Ausprägung des allgemeinen Persönlichkeitsrechts zu unterscheiden.“ BVerfG, Beschluss des Ersten Senats vom 06.11.2019 – 1 BvR 16/13 – (Recht auf Vergessen I), Rn. 90: „Ausgehend von dem **Ziel des Rechts auf informationelle Selbstbestimmung**, Schutz vor Gefahren angesichts neuartiger Möglichkeiten der Datenverarbeitung zu gewähren (vgl. BVerfGE 65, 1 <42>), ist es primär als Gewährleistung zu verstehen, die – neben der ungewollten Preisgabe von Daten auch im Rahmen privater Rechtsbeziehungen (vgl. BVerfGE 84, 192 <194>) – insbesondere vor deren intransparenter Verarbeitung und Nutzung durch Private schützt. Es bietet Schutz davor, dass Dritte sich individueller Daten bemächtigen und sie in nicht nachvollziehbarer Weise als Instrument nutzen, um die Betroffenen auf Eigenschaften, Typen oder Profile festzulegen, auf die sie keinen Einfluss haben und die dabei aber für die freie Entfaltung der Persönlichkeit sowie eine gleichberechtigte Teilhabe in der Gesellschaft von erheblicher Bedeutung sind. Der Gehalt dieses Rechts ist dabei entwicklungsoffen, so dass es auch weitere persönlichkeitsgefährdende Entwicklungen der Informationsverarbeitung aufnehmen kann.“.

BVerfG, Beschluss des Ersten Senats vom 06.11.2019 – 1 BvR 16/13 – (Recht auf Vergessen I), Ls. 2a): „Der verfassungsrechtliche Maßstab für den Schutz gegenüber Gefährdungen durch die **Verbreitung personenbezogener Berichte und Informationen als Teil öffentlicher Kommunikation** liegt in den **äußerungsrechtlichen Ausprägungen des allgemeinen Persönlichkeitsrechts**, nicht im Recht auf informationelle Selbstbestimmung.“.

BVerfG, Beschluss des Ersten Senats vom 06.11.2019 – 1 BvR 16/13 – (Recht auf Vergessen I), Rn. 91: „[Vom Recht auf informationelle Selbstbestimmung] zu unterscheiden ist der **Schutz vor der Verarbeitung personenbezogener Berichte und Informationen als Ergebnis eines Kommunikationsprozesses**. Der Schutzbedarf gründet hier nicht in der intransparenten Zuweisung von Persönlichkeitsmerkmalen und -profilen durch Dritte, sondern in der sichtbaren Verbreitung bestimmter Informationen im öffentlichen Raum. Gefährdungen für die Persönlichkeitsentfaltung ergeben sich hier vornehmlich aus Form und Inhalt der Veröffentlichung selbst. Schutz gegenüber solchen Gefährdungen bieten die **äußerungsrechtlichen Ausprägungen des allgemeinen Persönlichkeitsrechts unabhängig vom Recht auf informationelle Selbstbestimmung**. Zwar kann es auch dabei maßgeblich auf die Art der Informationserlangung ankommen. Jedoch hat diese hier ihre Bedeutung als Vorfrage für die Beurteilung des weiteren Umgangs mit einer bestimmten Äußerung und des damit in die Öffentlichkeit gestellten Bildes einer Person selbst.“.

BVerfG, Beschluss des Ersten Senats vom 06.11.2019 – 1 BvR 16/13 – (**Recht auf Vergessen** I), Ls. 2b): „Bei der Entscheidung über einen Schutzanspruch kommt der Zeit unter den Kommunikationsbedingungen des Internets ein spezifisches Gewicht zu. Die Rechtsordnung muss davor schützen, dass sich eine Person frühere Positionen, Äußerungen und Handlungen unbegrenzt vor der Öffentlichkeit vorhalten lassen muss. Erst die Ermöglichung eines Zurücktretens vergangener Sachverhalte eröffnet den Einzelnen die Chance zum Neubeginn in Freiheit. Zur Zeitlichkeit der Freiheit gehört die Möglichkeit des Vergessens.“.

BVerfGE 120, 274, 311 (Online-Durchsuchung) = BVerfG, Urteil des Ersten Senats vom 27.02.2008 – 1 BvR 370/07 –, Rn. 197: „In seiner Ausprägung als **Schutz der Privatsphäre** [als **Privatangelegenheitenschutz** und **Rückzugsraumbereichsschutz** – beides **gegenüber der Öffentlichkeit**, vgl. **Sphärentheorie** mit **Intimsphäre, Privatsphäre, Sozialsphäre** und vgl. **Kernbereich privater Lebensgestaltung**] gewährleistet das allgemeine Persönlichkeitsrecht dem Einzelnen einen räumlich und thematisch

bestimmten Bereich, der grundsätzlich frei von unerwünschter Einsichtnahme bleiben soll (vgl. BVerfGE 27, 344 <350 ff.>; 44, 353 <372 f.>; 90, 255 <260>; 101, 361 <382 f.>).“; BVerfGE 101, 361, 382-385 (Caroline von Monaco II) = BVerfG, Urteil vom 15.12.1999 – 1 BvR 653/96 –, Rn. 75-82: „Im Unterschied zum **Recht am eigenen Bild** bezieht sich der **Schutz der Privatsphäre**, der ebenfalls im **allgemeinen Persönlichkeitsrecht** wurzelt, nicht speziell auf Abbildungen, sondern ist **thematisch und räumlich** bestimmt. Er umfaßt zum einen **Angelegenheiten [Privatangelegenheitenschutz]**, die wegen ihres Informationsinhalts typischerweise als ‚**privat**‘ eingestuft werden, weil ihre **öffentliche** Erörterung oder Zurschaustellung als unschicklich gilt, das Bekanntwerden als peinlich empfunden wird oder nachteilige Reaktionen der Umwelt auslöst, wie es etwa bei Auseinandersetzungen mit sich selbst in **Tagebüchern** (BVerfGE 80, 367), bei **vertraulicher Kommunikation unter Eheleuten** (BVerfGE 27, 344), im Bereich der **Sexualität** (BVerfGE 47, 46; 49, 286 [BVerfGE 120, 224, 238 f. (Geschwisterbeischlaf) = BVerfGE, Beschluss des Zweiten Senats vom 26.02.2008 – 2 BvR 392/07 –, Rn. 32 f.: „Das allgemeine Persönlichkeitsrecht in seiner Ausprägung als **Recht auf sexuelle Selbstbestimmung**“/„**Intim- und Sexualbereich des Menschen als Teil seiner Privatsphäre**, P. B.]), bei **sozial abweichendem Verhalten** (BVerfGE 44, 353) oder bei **Krankheiten** (BVerfGE 32, 373) der Fall ist. Fehlte es hier an einem **Schutz vor der Kenntniserlangung anderer**, wären die Auseinandersetzung mit sich selbst, die unbefangene Kommunikation unter Nahestehenden, die sexuelle Entfaltung oder die Inanspruchnahme ärztlicher Hilfe beeinträchtigt oder unmöglich, obwohl es sich um grundrechtlich geschützte Verhaltensweisen handelt. Zum anderen erstreckt sich der Schutz auf einen **räumlichen Bereich [Raumbereichsschutz]**, in dem der Einzelne zu sich kommen, sich entspannen oder auch gehen lassen kann (vgl. BVerfGE 27, 1 [6]). Zwar bietet auch dieser Bereich Gelegenheit, sich in einer Weise zu verhalten, die nicht für die **Öffentlichkeit** bestimmt ist und deren Beobachtung oder Darstellung durch Außenstehende für den Betroffenen peinlich oder nachteilig wäre. Im Kern geht es aber um einen **Raum**, in dem er die Möglichkeit hat, frei von **öffentlicher Beobachtung** und damit der von ihr erzwungenen Selbstkontrolle zu sein, auch ohne daß er sich dort notwendig anders verhielte als in der **Öffentlichkeit**. Bestünden solche **Rückzugsbereiche** nicht mehr, könnte der Einzelne psychisch überfordert sein, weil er unausgesetzt darauf achten müßte, wie er auf andere wirkt und ob er sich richtig verhält. Ihm fehlten die Phasen des Alleinseins und Ausgleichs, die für die Persönlichkeitsentfaltung notwendig sind und ohne die sie nachhaltig beeinträchtigt würde. Ein derartiges Schutzbedürfnis besteht auch bei Personen, die aufgrund ihres Ranges oder Ansehens, ihres Amtes oder Einflusses, ihrer Fähigkeiten oder Taten besondere **öffentliche** Beachtung finden. Wer, ob gewollt oder ungewollt, zur Person des **öffentlichen** Lebens geworden ist, verliert damit nicht sein Anrecht auf eine **Privatsphäre**, die den Blicken der **Öffentlichkeit** entzogen bleibt. Das gilt auch für demokratisch gewählte Amtsträger, die zwar für ihre Amtsführung **öffentlich** rechenschaftspflichtig sind und sich in diesem Umfang **öffentliche** Aufmerksamkeit gefallen lassen müssen, nicht aber für ihr **Privatleben**, sofern dieses die Amtsführung nicht berührt. Der **häusliche Bereich** [vgl. ggf. spezielleren Art. 13 GG i.V.m. BVerfGE 109, 279, 325 f.] stellt anerkanntermaßen eine solche geschützte Sphäre dar. Wegen des Bezugs auf die Entfaltung der Persönlichkeit darf der **Rückzugsbereich** jedoch nicht von vornherein auf ihn begrenzt werden. Das gilt schon deshalb, weil die Funktionen, denen er dient, nur erfüllt werden, wenn er nicht an den Hausmauern oder Grundstücksgrenzen endet. Die freie Entfaltung der Persönlichkeit wäre erheblich behindert, wenn der Einzelne nur im eigenen Haus der **öffentlichen** Neugier entgehen könnte. Die notwendige Erholung von einer durch Funktionszwänge und Medienpräsenz geprägten **Öffentlichkeit** ist vielfach nur in der **Abgeschiedenheit einer natürlichen Umgebung, etwa an einem Ferienort**, zu gewinnen. Deswegen muß der Einzelne grundsätzlich die Möglichkeit haben, sich auch in der freien, gleichwohl **abgeschiedenen Natur oder an Örtlichkeiten, die von der breiten Öffentlichkeit deutlich abgeschieden sind**, in einer von **öffentlicher** Beobachtung freien Weise zu bewegen. Das gilt gerade gegenüber solchen Aufnahmetechniken, die die **räumliche Abgeschiedenheit** überwinden, ohne daß der Betroffene dies bemerken kann. Wo die Grenzen der geschützten **Privatsphäre außerhalb des Hauses** verlaufen, läßt sich nicht generell und abstrakt festlegen. Sie können vielmehr nur aufgrund der jeweiligen Beschaffenheit des **Ortes** bestimmt werden, den der Betroffene aufsucht. Ausschlaggebend ist, ob der Einzelne eine **Situation** vorfindet oder schafft, in der er begründetermaßen und somit auch für Dritte erkennbar davon ausgehen darf, den Blicken der **Öffentlichkeit** nicht ausgesetzt zu sein. Ob die Voraussetzungen der **Abgeschiedenheit** erfüllt sind, läßt sich nur situativ beurteilen. Der Einzelne kann sich an ein und demselben **Ort** zu Zeiten mit gutem Grund unbeobachtet fühlen, zu anderen Zeiten nicht. Auch ist

der Aufenthalt in umschlossenen **Räumen** keineswegs immer mit **Abgeschiedenheit** gleichzusetzen. Da es um die Frage geht, ob der Einzelne begründetermaßen erwarten darf, unbeobachtet zu sein, oder aber **Plätze** aufgesucht hat, wo er sich unter den Augen der **Öffentlichkeit** bewegt, kann es auch in umschlossenen Räumen an der **Abgeschiedenheit** fehlen, die Voraussetzung für den **Privatsphärenschutz** außerhalb der eigenen **Häuslichkeit** ist. **Plätzen, an denen sich der Einzelne unter vielen Menschen befindet**, fehlt es von vornherein an den Voraussetzungen des **Privatsphärenschutzes** im Sinn von Art. 2 Abs. 1 in Verbindung mit Art. 1 Abs. 1 GG. Sie können das **Rückzugsbedürfnis** nicht erfüllen und rechtfertigen deswegen auch nicht den grundrechtlichen Schutz, den dieses Bedürfnis aus Gründen der Persönlichkeitsentfaltung verdient. Der Einzelne kann solche **Orte** auch nicht etwa durch ein Verhalten, das typischerweise nicht **öffentlich** zur Schau gestellt würde, in seine **Privatsphäre** umdefinieren. Nicht sein Verhalten, ob allein oder mit anderen, konstituiert die **Privatsphäre**, sondern die **objektive Gegebenheit der Örtlichkeit zur fraglichen Zeit**. Verhält er sich daher an **Orten**, die nicht die Merkmale der **Abgeschiedenheit** aufweisen, so, als stünde er nicht unter Beobachtung, hebt er das **Schutzbedürfnis für Verhaltensweisen, die an sich die Öffentlichkeit nichts angehen**, selbst auf. Der **Schutz der Privatsphäre vor öffentlicher Kenntnisnahme** entfällt ferner, wenn sich jemand selbst damit einverstanden zeigt, daß bestimmte, gewöhnlich als privat geltende Angelegenheiten **öffentlich** gemacht werden, etwa indem er Exklusivverträge über die Berichterstattung aus seiner **Privatsphäre** abschließt. Der verfassungsrechtliche **Privatsphärenschutz** aus Art. 2 Abs. 1 in Verbindung mit Art. 1 Abs. 1 GG ist nicht im Interesse einer Kommerzialisierung der eigenen Person gewährleistet. Zwar ist niemand an einer solchen **Öffnung privater Bereiche** gehindert. Er kann sich dann aber nicht gleichzeitig auf den **öffentlichkeitsabgewandten Privatsphärenschutz** berufen. Die Erwartung, daß die Umwelt die **Angelegenheiten oder Verhaltensweisen in einem Bereich mit Rückzugsfunktion** nur begrenzt oder nicht zur Kenntnis nimmt, muß daher situationsübergreifend und konsistent zum Ausdruck gebracht werden. Das gilt auch für den Fall, daß der Entschluß, die Berichterstattung über bestimmte Vorgänge der eigenen **Privatsphäre** zu gestatten oder hinzunehmen, rückgängig gemacht wird.".

BVerfGE 6, 32, 41 (Elfes) = BVerfG, Urteil vom des Ersten Senats vom 16.01.1957 – 1 BvR 253/56 –, Rn. 32 [vgl. **Recht auf Privatsphäre** als **Privatangelegenheitenschutz** und **Rückzugsraumbereichsschutz** – beides **gegenüber der Öffentlichkeit,** vgl. **Sphärentheorie** mit **Intimsphäre**, **Privatsphäre**, **Sozialsphäre**]: „Vor allem dürfen die Gesetze daher die Würde des Menschen nicht verletzen, die im Grundgesetz der oberste Wert ist, aber auch die geistige, politische und wirtschaftliche Freiheit des Menschen nicht so einschränken, daß sie in ihrem Wesensgehalt angetastet würde (Art. 19 Abs. 2, Art. 1 Abs. 3, Art. 2 Abs. 1 GG). Hieraus ergibt sich, daß dem einzelnen Bürger eine **Sphäre privater Lebensgestaltung** verfassungskräftig vorbehalten ist, also ein letzter **unantastbarer Bereich menschlicher Freiheit** besteht, der der Einwirkung der gesamten öffentlichen Gewalt entzogen ist. Ein Gesetz, das in ihn eingreifen würde, könnte nie Bestandteil der ‚verfassungsmäßigen Ordnung' sein; es müßte durch das Bundesverfassungsgericht für nichtig erklärt werden.". BVerfGE 109, 279, Ls. 2 S. 1 (akustische Wohnraumüberwachung / „Großer Lauschangriff") = BVerfG, Urteil des Ersten Senats vom 03.03.2004 – 1 BvR 2378/98, 1084/99 –, Ls. 2 S. 1: „Zur Unantastbarkeit der Menschenwürde gemäß Art. 1 Abs. 1 GG gehört die Anerkennung eines absolut geschützten **Kernbereichs privater Lebensgestaltung**.". BVerfGE 141, 220, 276-278 (BKAG) = BVerfG, Urteil des Ersten Senats vom 20.04.2016 – 1 BvR 966/09 –, Rn. 119-124: „Neben den verfassungsrechtlichen Anforderungen an die allgemeinen Eingriffsvoraussetzungen ergeben sich aus den jeweiligen **Grundrechten in Verbindung mit Art. 1 Abs. 1 GG** für die Durchführung von besonders eingriffsintensiven Überwachungsmaßnahmen besondere Anforderungen an den **Schutz des Kernbereichs privater Lebensgestaltung**. Der verfassungsrechtliche **Schutz des Kernbereichs privater Lebensgestaltung** gewährleistet dem Individuum einen **Bereich höchstpersönlicher Privatheit gegenüber Überwachung**. Er wurzelt in den **von den jeweiligen Überwachungsmaßnahmen betroffenen Grundrechten in Verbindung mit Art. 1 Abs. 1 GG** und sichert einen dem Staat nicht verfügbaren Menschenwürdekern grundrechtlichen Schutzes gegenüber solchen Maßnahmen. Selbst überragende Interessen der Allgemeinheit können einen Eingriff in diesen **absolut geschützten Bereich privater Lebensgestaltung** nicht rechtfertigen (vgl. BVerfGE 109, 279 <313>; stRspr). Zur **Entfaltung der Persönlichkeit im Kernbereich privater Lebensgestaltung gehört die Möglichkeit**, **innere Vorgänge** wie Empfindungen und Gefühle sowie Überlegungen, Ansichten und Erlebnisse **höchstpersönlicher Art zum Ausdruck zu bringen** (vgl. BVerfGE 109, 279 <313>; 120, 274 <335>; stRspr). Geschützt ist

insbesondere die **nichtöffentliche Kommunikation mit Personen des höchstpersönlichen Vertrauens, die in der berechtigten Annahme geführt wird, nicht überwacht zu werden**, wie es insbesondere bei Gesprächen im Bereich der Wohnung der Fall ist. Zu diesen Personen gehören insbesondere Ehe- oder Lebenspartner, Geschwister und Verwandte in gerader Linie, vor allem, wenn sie im selben Haushalt leben, und können Strafverteidiger, Ärzte, Geistliche und enge persönliche Freunde zählen (vgl. BVerfGE 109, 279 <321 ff.>). Dieser Kreis deckt sich nur teilweise mit dem der Zeugnisverweigerungsberechtigten. Solche Gespräche verlieren dabei nicht schon dadurch ihren Charakter als insgesamt höchstpersönlich, dass sich in ihnen Höchstpersönliches und Alltägliches vermischen (vgl. BVerfGE 109, 279 <330>; 113, 348 <391 f.>). Demgegenüber ist die **Kommunikation unmittelbar über Straftaten** nicht geschützt, selbst wenn sie auch Höchstpersönliches zum Gegenstand hat. Die **Besprechung und Planung von Straftaten** gehört ihrem Inhalt nach nicht zum **Kernbereich privater Lebensgestaltung**, sondern hat **Sozialbezug** (vgl. BVerfGE 80, 367 <375>; 109, 279 <319 f., 328>; 113, 348 <391>). Dies bedeutet freilich nicht, dass der Kernbereich unter einem allgemeinen Abwägungsvorbehalt in Bezug auf öffentliche Sicherheitsinteressen steht. Ein **höchstpersönliches Gespräch** fällt nicht schon dadurch aus dem **Kernbereich privater Lebensgestaltung** heraus, dass es für die Aufklärung von Straftaten oder Gefahren hilfreiche Aufschlüsse geben kann. Aufzeichnungen oder Äußerungen im Zwiegespräch, die zum Beispiel ausschließlich innere Eindrücke und Gefühle wiedergeben und keine Hinweise auf konkrete Straftaten enthalten, gewinnen nicht schon dadurch einen **Gemeinschaftsbezug**, dass sie Ursachen oder Beweggründe eines strafbaren Verhaltens freizulegen vermögen (vgl. BVerfGE 109, 279 <319>). Auch können trotz **Straftatenbezugs** Situationen, in denen Einzelnen gerade ermöglicht werden soll, ein Fehlverhalten einzugestehen oder sich auf dessen Folgen einzurichten, wie Beichtgespräche oder vertrauliche Gespräche mit einem Psychotherapeuten oder einem Strafverteidiger, der **höchstpersönlichen Privatsphäre** unterfallen, die dem Staat absolut entzogen ist (vgl. BVerfGE 109, 279 <322>). Ein hinreichender **Sozialbezug** besteht demgegenüber dann, wenn **Gespräche - auch mit Vertrauenspersonen - sonst unmittelbar Straftaten zu ihrem Gegenstand haben** (vgl. BVerfGE 109, 279 <319>). Der **Kernbereich privater Lebensgestaltung** beansprucht gegenüber **allen Überwachungsmaßnahmen** Beachtung. Können sie typischerweise zur Erhebung kernbereichsrelevanter Daten führen, muss der Gesetzgeber Regelungen schaffen, die einen wirksamen Schutz normenklar gewährleisten (vgl. BVerfGE 109, 279 <318 f.>; 113, 348 <390 f.>; 120, 274 <335 ff.>). Außerhalb solch verletzungsgeneigter Befugnisse bedarf es eigener Regelungen nicht. Grenzen, die sich im Einzelfall auch hier gegenüber einem Zugriff auf höchstpersönliche Informationen ergeben können, sind bei deren Anwendung unmittelbar von Verfassungs wegen zu beachten. Der **Schutz des Kernbereichs privater Lebensgestaltung** ist strikt und darf nicht durch Abwägung mit den Sicherheitsinteressen nach Maßgabe des Verhältnismäßigkeitsgrundsatzes relativiert werden (vgl. BVerfGE 109, 279 <314>; 120, 273 <339>; stRspr). Dies bedeutet jedoch nicht, dass **jede tatsächliche Erfassung von höchstpersönlichen Informationen** stets einen Verfassungsverstoß oder eine Menschenwürdeverletzung begründet. Angesichts der Handlungs- und Prognoseunsicherheiten, unter denen Sicherheitsbehörden ihre Aufgaben wahrnehmen, kann ein **unbeabsichtigtes Eindringen in den Kernbereich privater Lebensgestaltung** im Rahmen von Überwachungsmaßnahmen nicht für jeden Fall von vornherein ausgeschlossen werden (vgl. BVerfGE 120, 274 <337 f.>). Die Verfassung verlangt jedoch **für die Ausgestaltung der Überwachungsbefugnisse** die **Achtung des Kernbereichs** als eine strikte, nicht frei durch Einzelfallerwägungen überwindbare Grenze.".

BVerfGE 120, 274 (Online-Durchsuchung) = BVerfG, Urteil des Ersten Senats vom 27.02.2008 – 1 BvR 370/07 –, Ls. 1: „Das **allgemeine Persönlichkeitsrecht** (Art. 2 Abs. 1 i.V.m. Art. 1 Abs. 1 GG) umfasst das Grundrecht auf **Gewährleistung der Vertraulichkeit und Integrität informationstechnischer Systeme**."; BVerfGE 120, 274, 314 (Online-Durchsuchung) = BVerfG, Urteil des Ersten Senats vom 27.02.2008 – 1 BvR 370/07 –, Rn. 203: „**informationstechnisches System**": „etwa Personalcomputer", „ferner beispielweise [...] solche Mobiltelefone oder elektronische Terminkalender, die über einen großen Funktionsumfang verfügen und personenbezogene Daten vielfältiger Art erfassen und speichern können."; BVerfGE 120, 274, 276 (Online-Durchsuchung) = BVerfG, Urteil des Ersten Senats vom 27.02.2008 – 1 BvR 370/07 –, Rn. 5: „**heimlicher Zugriff auf ein informationstechnisches System**": „[heimliche] technische Infiltration [...], die etwa Sicherheitslücken des Zielsystems ausnutzt oder über die Installation eines Spähprogramms erfolgt", wobei die Infiltration es ermöglicht, die Zielsystem-„Nutzung zu überwachen oder die Speichermedien durchzusehen oder gar das Zielsystem fernzusteuern.".

a) GR-SB:

aa) Persönlicher GR-SB: „Jeder".

bb) Sachlicher GR-SB: „**freie Entfaltung der Persönlichkeit**" in der Ausprägung des RiS als „**Datenfreiheit**" (Grundsätzliche Bestimmungsbefugnis des Einzelnen über Preisgabe und Verwendung eigener personenbezogener Daten[493]), i.d.R. gegeben bei Bezug auf mindestens ein **personenbezogenes Datum**: § 36 Nr. 1 DSG NRW[494].

b) GR-E (oder Nichteingriff/ **Grundrechtsverzicht** bzw. **Einwilligung** i.S.v. § 36 Nr. 19 DSG NRW, § 38 DSG NRW): **Persönlichkeitsentfaltungseinschränkung**, als **Datenfreiheitseinschränkung**, durch **Datenverarbeitungs**-Maßnahme (Datenerhebung, Datenübermittlung, Datenabgleich)[495] i.S.d. § 36 Nr. 2 DSG NRW.

BVerfGE 147, 1 (**Geschlechtsidentität**) = BVerfG, Beschluss des Ersten Senats vom 10.10.2017 – 1 BvR 2019/16 –, Ls. 1-3: „1. Das **allgemeine Persönlichkeitsrecht** (Art. 2 Abs. 1 i.V.m. Art. 1 Abs. 1 GG) schützt die **geschlechtliche Identität**. Es schützt auch die geschlechtliche Identität derjenigen, die sich dauerhaft weder dem männlichen noch dem weiblichen Geschlecht zuordnen lassen. 2. Art. 3 Abs. 3 Satz 1 GG schützt auch Menschen, die sich dauerhaft weder dem männlichen noch dem weiblichen Geschlecht zuordnen lassen, vor **Diskriminierungen wegen ihres Geschlechts**. 3. Personen, die sich dauerhaft weder dem männlichen noch dem weiblichen Geschlecht zuordnen lassen, werden in beiden Grundrechten verletzt, wenn das Personenstandsrecht dazu zwingt, das Geschlecht zu registrieren, aber keinen anderen positiven Geschlechtseintrag als weiblich oder männlich zulässt.".

BVerfG, Urteil des Zweiten Senats vom 26.02.2020 – 2 BvR 2347/15 –, Ls. 1: „a) Das **allgemeine Persönlichkeitsrecht** (Art. 2 Abs. 1 i.V.m. Art. 1 Abs. 1 GG) umfasst als Ausdruck persönlicher Autonomie ein **Recht auf selbstbestimmtes Sterben**. b) Das **Recht auf selbstbestimmtes Sterben** schließt die Freiheit ein, sich das Leben zu nehmen [Rn. 208: „**Recht auf Selbsttötung**"]. Die Entscheidung des Einzelnen, seinem Leben entsprechend seinem Verständnis von Lebensqualität und Sinnhaftigkeit der eigenen Existenz ein Ende zu setzen, ist im Ausgangspunkt als Akt autonomer Selbstbestimmung von Staat und Gesellschaft zu respektieren. c) Die **Freiheit, sich das Leben zu nehmen**, umfasst auch die Freiheit, hierfür bei Dritten Hilfe zu suchen und Hilfe, soweit sie angeboten wird, in Anspruch zu nehmen.".

[491] Zum sog. „**Menschenwürdegehalt**" der Grundrechte: *Basten*, Die Menschenwürde des Grundgesetzes.

[492] Vgl. auch Art. 142 GG i.V.m. Art. 4 Abs. 2 Verfassung NRW; Art. 8 EU-GR-Charta; Art. 16 AEUV; Art. 8 EMRK.

[493] BVerfGE 65, 1, Ls. 1 S. 2 (Volkszählungsgesetz) = BVerfG, Urteil des Ersten Senats vom 15.12.1983 – 1 BvR 209/83, Ls. 1 S. 2 (Ls. 1: „Unter den Bedingungen der modernen Datenverarbeitung wird der Schutz des Einzelnen gegen unbegrenzte Erhebung, Speicherung, Verwendung und Weitergabe seiner persönlichen Daten von dem allgemeinen Persönlichkeitsrecht des Art. 2 Abs. 1 GG in Verbindung mit Art. 1 Abs. 1 GG umfaßt. Das Grundrecht gewährleistet insoweit die Befugnis des Einzelnen, grundsätzlich selbst über die Preisgabe und Verwendung seiner persönlichen Daten zu bestimmen.").

[494] BVerfG, Beschluss der 3. Kammer des Zweiten Senats vom 27.06.2018 – 2 BvR 1562/17 (auf § 103 StPO gestützte Anordnung der Durchsuchung der Räumlichkeiten des Münchener Kanzleistandorts der Rechtsanwaltskanzlei Jones Day sowie Sicherstellung von Unterlagen und elektronischen Daten im Zuge des sogenannten „VW-Dieselskandals" – Verfassungsbeschwerde nicht zur Entscheidung angenommen wegen Unzulässigkeit aufgrund Nichterfüllung von Voraussetzungen nach § 93a Abs. 2 BVerfGG), Gründe, V., Rn. 44: „Der Begriff der persönlichen Daten deckt sich mit der Legaldefinition personenbezogener Daten in § 46 Nr. 1 BDSG (zuvor § 3 Abs. 1 BDSG) und erfasst alle Informationen, die sich auf eine identifizierte oder identifizierbare natürliche Person (betroffene Person) beziehen (vgl. noch zu § 3 Abs. 1 BDSG ‚Einzelangaben über persönliche oder sachliche Verhältnisse einer bestimmten oder bestimmbaren Person' Di Fabio, in: Maunz/Dürig, GG, Art. 2 Abs.1, Rn. 175 [Juli 2001]).".

[495] BVerfG, Urteil des Ersten Senats vom 19.05.2020 – 1 BvR 2835/17 – (Ausland-Ausland-Fernmeldeaufklärung nach BNDG), E. III. 1., Rn. 212: „Die **Übermittlung personenbezogener Daten**, mit der eine

c) GR-B: Art. 2 Abs. 1 Hs. 2 GG.[496]

2. Körperliche Bewegungsfreiheit, Art. 2 Abs. 2 S. 2 GG[497]

a) GR-SB:

aa) Persönlicher GR-SB: „**Person**", vgl. § 1 BGB.

bb) Sachlicher GR-SB: „**Freiheit**" als **körperliche Bewegungsfreiheit**, als Freiheit, jeden Ort oder Raum aufzusuchen, sich dort aufzuhalten, (ihn zu verlassen), der an sich (tatsächlich und rechtlich) zugänglich ist.

b) GR-E (oder Nichteingriff/GR-Verzicht): Freiheitsentziehung oder sonstige Freiheitsbeschränkung.

Freiheitsbeschränkung (Freiheitsentziehung oder sonstige Freiheitsbeschränkung) liegt vor, wenn jemand durch die öffentliche Gewalt gegen seinen Willen daran gehindert wird, einen Ort oder Raum aufzusuchen oder sich dort aufzuhalten, der ihm an sich (tatsächlich und rechtlich)

Behörde die von ihr erhobenen Daten einer anderen Stelle zugänglich macht, begründet einen eigenen Grundrechtseingriff (vgl. BVerfGE 100, 313 <367>; 141, 220 <334 Rn. 305>; stRspr). Dieser ist an dem **Grundrecht** zu messen, **in das bei der ursprünglichen Datenerhebung eingegriffen wurde** (vgl. BVerfGE 100, 313 <367>; 141, 220 <334 Rn. 305>; stRspr).".

[496] Art. 2 Abs. 1 Hs. 2 GG (**Schrankentrias**): BVerfGE 80, 137, 153 (Reiten im Walde) = BVerfG, Beschluss des Ersten Senats vom 06.06.1989 – 1 BvR 921/85 –, C. I. 1 a), Rn. 69: „Abgesehen von einem absolut geschützten Kernbereich privater Lebensgestaltung, welcher der Einwirkung der öffentlichen Gewalt entzogen ist (BVerfGE 6, 32 [41]), ist die allgemeine Handlungsfreiheit allerdings nur in den **Schranken** des zweiten Halbsatzes von Art. 2 Abs. 1 GG gewährleistet und steht damit insbesondere unter dem **Vorbehalt der verfassungsmäßigen (Rechts-)Ordnung** (BVerfGE 6, 32 [37 f.]; 74, 129 [152]). Stützt sich ein die Handlungsfreiheit berührender Akt der öffentlichen Gewalt auf eine Rechtsnorm, so kann mit der Verfassungsbeschwerde unter Berufung auf Art. 2 Abs. 1 GG zur Nachprüfung gestellt werden, ob diese Norm zur **verfassungsmäßigen Ordnung** gehört, das heißt formell und materiell mit den Normen der Verfassung in Einklang steht (st. Rspr. seit BVerfGE 6, 32)."; BVerfGE 6, 32, Ls. 3 (Elfes) = BVerfG, Urteil des Ersten Senats vom 16.01.1957 – 1 BvR 253/56, Ls. 3: „**Verfassungsmäßige Ordnung** im Sinne des Art. 2 Abs. 1 GG ist die verfassungsmäßige Rechtsordnung, d.h. die Gesamtheit der Normen, die formell und materiell der Verfassung gemäß sind."; vgl. dazu auch BVerfGE 6, 32, 37-41 (Elfes) = BVerfG, Urteil des Ersten Senats vom 16.01.1957 – 1 BvR 253/56, Gründe II. 2 b), c), Rn. 17-33.

Rechte anderer sind (als Teil der verfassungsmäßigen Ordnung) subjektive Berechtigungen (Anspruch oder Befugnis oder Erlaubnis) einschließlich Verpflichtungen (Pflicht zur Erfüllung von Anspruch oder Befugnis oder Erlaubnis) und sonstiger Rechtswirkungen für ein Rechtssubjekt bezüglich eines Verhaltens oder eines Rechtsguts.

Vgl. zum ein Mal bundesverfassungsgerichtlich entscheidungserheblich bemühten „**Sittengesetz**" nach Art. 2 Abs. 1 Hs. 2 GG als Gesetz, das nicht das durch die „soziale Gemeinschaft" „als für sich verbindlich" anerkannte „Rechtsgefühl" „im allgemeinen" „verletzt": BVerfGE 6, 389 (Homosexuelle) = BVerfG, Urteil des Ersten Senats vom 10.05.1957 – 1 BvR 550/52 –, und StrRehaHomG (Gesetz zur strafrechtlichen Rehabilitierung der nach dem 8. Mai 1945 wegen einvernehmlicher homosexueller Handlungen verurteilten Personen vom 17. Juli 2017 – BGBl. I S. 2443).

[497] Vgl. auch Art. 142 GG i.V.m. Art. 4 Abs. 1 Verfassung NRW; Art. 20 Abs. 2a und Art. 21 AEUV i.V.m. Art. 6, 45 EU-GR-Charta (Bewegungsfreiheit, Freizügigkeit, Aufenthaltsfreiheit); Art. 5 EMRK; Art. 2 Protokoll Nr. 4 EMRK; Art. 21 AEUV (**Unionsbürgerfreizügigkeit**, zum **Unionsbürger** vgl. Art. 9 S. 2, 3 EUV, Art. 20 Abs. 1 S. 2, 3 AEUV); Art. 45 AEUV (**Arbeitnehmerfreizügigkeit**); Art. 49 AEUV (**Niederlassungsfreiheit**); Art. 56 AEUV (**Dienstleistungsfreiheit**); vgl. auch Art. 28 AEUV (**Warenverkehrsfreiheit**); Art. 9 Abs. 1 S. 1 IPbpR („Jedermann hat ein Recht auf persönliche Freiheit und Sicherheit."); Art. 9-11 IPbpR (Freiheitsentziehungsbedingungen), Art. 12 IPbpR (Bewegung, Wohnsitzwahl, Ausreise, Einreise in Hoheitsgebiet eines Staates, vgl. „Freizügigkeit"), Art. 13 IPbpR (Ausländerausweisungsbedingungen).

zugänglich ist. Eine **Freiheitsentziehung** als schwerste Form der Freiheitsbeschränkung ist dann gegeben, wenn die tatsächlich und rechtlich an sich gegebene körperliche Bewegungsfreiheit durch staatliche Maßnahmen nach jeder Richtung hin aufgehoben wird[498]; Freiheitsentziehung setzt auch eine besondere Eingriffsintensität und eine nicht nur kurzfristige Dauer der Maßnahme voraus[499]. Im Übrigen kann eine Abgrenzung zwischen Freiheitsentziehung und sonstiger Freiheitsbeschränkung auch erfolgen nach Art, Dauer, Intensität, Mittel, Zweck der Freiheitsbeschränkung.[500]

c) GR-B: Art. 2 Abs. 2 S. 3 GG (i.V.m. Art. 104 GG).

4. Körperliche Unversehrtheit, Art. 2 Abs. 2 S. 1 Alt. 2 GG[501]

a) GR-SB:

aa) Persönlicher GR-SB: „Jeder".

bb) Sachlicher GR-SB: **Körperliche Unversehrtheit** ist Freiheit von körperlicher Beeinträchtigung als biologisch-physiologische Integrität und dieser gleichsetzbare geistig-seelisch-psychische Integrität.[502]

---

[498] BVerfG, Beschluss der 1. Kammer des Ersten Senats vom 08.03.2011 – 1 BvR 47/05 – Rn. 20, 26: „Das **Einsperren** des Beschwerdeführers in eine **Gewahrsamszelle** auf der Polizeiwache beziehungsweise auf dem Polizeipräsidium sowie **als Verbindungsglied** zwischen beiden das **Verbringen dorthin mittels Polizeifahrzeugen** stellen eine Freiheitsentziehung im Sinne von Art. 104 Abs. 2 GG und nicht lediglich eine Freiheitsbeschränkung dar. [...] Jedenfalls muss die Unterbringung einer Person gegen ihren Willen in einem **Haftraum** als Freiheitsentziehung im Sinne von Art. 104 Abs. 2 GG angesehen werden (vgl. BGHZ 82, 261 <264> und BVerwGE 62, 317 <318>)."; BVerfGE 94, 166, 198 (Flughafenverfahren) = BVerfGE, Urteil des Zweiten Senats vom 14.05.1996 – 2 BvR 1516/93.

[499] BVerfGE 149, 293 (5-Punkt-Fixierung/7-Punkt-Fixierung) = BVerfG, Urteil des Zweiten Senats vom 24.07.2018 – 2 BvR 309/15 –, D. II. 2. a), Rn. 67, vgl. dazu auch BVerfGE 149, 293 (5-Punkt-Fixierung/7-Punkt-Fixierung) = BVerfG, Urteil des Zweiten Senats vom 24.07.2018 – 2 BvR 309/15 –, D. II. 2. b): „Jedenfalls eine **5-Punkt- oder 7-Punkt-Fixierung**, bei der sämtliche Gliedmaßen des Betroffenen mit Gurten am Bett festgebunden werden, stellt eine Freiheitsentziehung im Sinne von Art. 104 Abs. 2 GG dar, es sei denn, es handelt sich um eine lediglich **kurzfristige Maßnahme**. Von einer kurzfristigen Maßnahme ist in der Regel auszugehen, wenn sie absehbar die Dauer von ungefähr einer halben Stunde unterschreitet.".

[500] Vgl. auch insbesondere zu Art, Intensität, Mittel: § 415 Abs. 2 FamFG und §§ 37a, 62 PolG NRW.

[501] Vgl. auch Art. 142 GG i.V.m. Art. 4 Abs. 1 Verfassung NRW; Art. 3, 4 EU-GR-Charta; Art. 3 EMRK (**Folterverbot**; Verbot bzgl.: **unmenschliche oder erniedrigende Behandlung oder Strafe**); Art. 7 IPbpR (**Folterverbot**; Verbot bzgl. **grausame, unmenschliche oder erniedrigende Behandlung oder Strafe**; Verbot medizinischer oder wissenschaftlicher Versuche ohne freiwillige Zustimmung); Art. 12 IPwskR („Recht eines jeden auf das für ihn erreichbare Höchstmaß an körperlicher und geistiger **Gesundheit**").

[502] BVerfGE 56, 54, 74-76 (Fluglärm I) = BVerfG, Beschluss des Ersten Senats vom 14.01.1981 – 1 BvR 612/72, C. I. 1., Rn. 73-76, dort u.a.: „Gegen die Zugrundelegung des weiten Gesundheitsbegriffs der Weltgesundheitsorganisation ließe sich allerdings einwenden, es sei - wenn das dem Willen des Verfassungsgesetzgebers entsprochen hätte - schwer erklärlich, daß der Parlamentarische Rat diesen seit 1946 bekannten Begriff nicht übernommen, sondern stattdessen nur die ‚körperliche Unversehrtheit' grundrechtlich geschützt hat [Grammatik, P. B.]. Andererseits dürfte eine Beschränkung des Schutzes allein auf solche Einwirkungen, die Verletzungen des Körpers darstellen, der Bedeutung dieses Grundrechts jedenfalls dann nicht gerecht werden, wenn es im Lichte des Art. 1 GG und der darin verbürgten Unantastbarkeit der Menschenwürde ausgelegt wird [Systematik, P. B.]. Dabei kann dahinstehen, ob eine solche Beschränkung überhaupt mit dem Verständnis des Menschen als einer Einheit von Leib, Seele und Geist und mit der Wechselwirkung zwischen psychischen und physischen Gesundheitsstörungen vereinbar wäre. Verfassungsrechtlich kann nicht außer acht bleiben, daß eine enge Auslegung nicht der Funktion des Grundrechts

b) GR-E (oder Nichteingriff/GR-Verzicht): **Körperunversehrtheitseinschränkung** durch Hervorrufen oder Steigern eines nachteilig von den normalen körperlichen Funktionen abweichenden körperlichen Zustandes – auch durch Anordnung und auch ohne Substanzverletzung durch physisch sich mit körperlichem Krankheitswert auswirkende psychische Beeinflussung.[503]

c) GR-B: Art. 2 Abs. 2 S. 3 GG.

A. Rechtsgrundlage (RGL) II. Rechtsgebiet (RG)

(VOR/DEF)

Rechtsgebiet ist Rechtsordnungsteil nach allen Umständen – wie schwerpunktmäßige Äußerungen, Rechtsnormen, Zwecke, auch i.V.m. §§ 133, 157 BGB analog.[504]

---

als Abwehrrecht gegen staatliche Eingriffe etwa durch psychische Folterungen, seelische Quälereien und entsprechende Verhörmethoden entsprechen würde [Teleologie mit funktionalem Schutzbereich und Schutzzweck des Grundrechts, P. B.]. Da die Einfügung gerade dieses Grundrechts auf Erfahrungen im Dritten Reich beruhte, darf dieser Gesichtspunkt jedenfalls nicht gänzlich vernachlässigt werden [Historie, P. B.]. Mit Recht hat der nordrhein-westfälische Ministerpräsident im vorliegenden Verfahren eingeräumt, daß zumindest solche nichtkörperliche Einwirkungen von Art. 2 Abs. 2 GG erfaßt würden, die ihrer Wirkung nach körperlichen Eingriffen gleichzusetzen seien. Das sind jedenfalls solche, die das Befinden einer Person in einer Weise verändern, die der Zufügung von Schmerzen entspricht [Systematik, P. B.]. Bislang ist Art. 2 Abs. 2 GG auch nicht in dem genannten engeren Sinne angewandt worden. So wurde die Frage, ob hirnelektrische Untersuchungen in die körperliche Unversehrtheit eingreifen können, nicht etwa von vornherein verneint, sondern wegen der Harmlosigkeit solcher Untersuchungen offengelassen (BVerfGE 17, 108 [114 f.]). In der Entscheidung zum Räumungsschutz ist die psychische Erkrankung des Beschwerdeführers und die Gefahr von Selbstmorden als relevant im Sinne des Art. 2 Abs. 2 GG angesehen worden (BVerfGE 52, 214 [220 f.]). Im übrigen liegt den neueren Lärmschutzvorschriften durchweg ein weiteres Verständnis zugrunde. […] Zumindest in Gestalt von Schlafstörungen lassen sich Einwirkungen auf die körperliche Unversehrtheit schwerlich bestreiten.“.

503 Vgl. zu möglichen Grundrechtseingriffen in die körperliche Unversehrtheit aus Art. 2 Abs. 2 S. 1 Alt. 2 GG im Zusammenhang mit Maßnahmen nach §§ 81a, b StPO auch BVerfGE 47, 239, 251 f. (Zwangsweise Haar- und Barttrachtveränderung u.a. mit Blondierpudernachtönung durch Maskenbildner zum Zweck der Identifizierungsgegenüberstellung) = BVerfG, Beschluss des 2. Senats vom 14.02.1978 – 2 BvR 406/77 –, B. I. 3. b) ee), Rn. 51: „Nach Ansicht des Bundesgerichtshofs [BGH, Ermittlungsrichter, Beschluss vom 05.01.1977 und Beschwerdebeschluss vom 09.03.1977 – StB 56/77 –, P. B.] findet die Anordnung der Gegenüberstellung nach zwangsweiser Veränderung des Aussehens des Beschuldigten ihre gesetzliche Grundlage in den §§ 81a, 81b StPO. Diese Annahme ist verfassungsrechtlich nicht zu beanstanden. Erlaubt das Grundgesetz die Anordnung zwangsweiser Veränderung der Haar- und Barttracht eines Beschuldigten *zum Zwecke seiner Gegenüberstellung mit Zeugen* [Kuriv im Original, P. B.], so kann für die Anordnung der Gegenüberstellung selbst nicht prinzipiell etwas anderes gelten. Auch ist es ersichtlich nicht willkürlich, die Zulässigkeit einer solchen Anordnung aus den §§ 81a, 81b StPO herzuleiten.“.

504 Zum Rechtsgebiet bzw. zu Rechtsgebieten einschließlich Rechtsgebiet-Begriffen und Rechtsgebiet-Auslegungsansätzen: *Basten*, Eingriffsrecht der Polizei in Nordrhein-Westfalen, Band 1, Buch 1, Abschnitt 3, Unterabschnitt 3, Titel 3, Untertitel 3.

(SUB/ERG)

Die Maßnahme erfolgt auf dem Rechtsgebiet des besonderen öffentlichen Rechts polizeilicher Strafrechtspflege.

Eine erkennungsdienstliche Maßnahme erfolgt auf dem Rechtsgebiet der Strafrechtspflege insbesondere bei (alternativ)

- tatverdachtsveranlasster erkennungsdienstlicher Maßnahme (beim Beschuldigten);
- erkennungsdienstliche Maßnahme mit Bezug zum Vergleich mit tatverdachtsbezogenen Dingen;
- erkennungsdienstlicher Maßnahme mit schwerpunktmäßigem Zweck einer anschließenden Strafrechtspflegemaßnahme;
- Fehlen eines Gefahrenüberhangs.

A. Rechtsgrundlage (RGL) III. Mögliche Befugnisrechtsnorm (Mgl. Brn.)

(VOR/DEF)

Befugnisrechtsnorm ist die rechtmäßige hauptsächliche materiellrechtliche Rechtsgrundlage mit realfolgenentsprechender Rechtsfolge.

(SUB/ERG)

Realfolge ist die jeweilige Maßnahme laut Sachverhalt.

Rechtsfolge ist die Maßnahme laut Rechtsnorm.

(SUB)

Realfolgen und Rechtsfolgen zu:

Erkennungsdienstliche Maßnahme (ED)

Realfolgen ED-Maßnahme – Beispiele:

- Fast-ID;
- Fingerabdruckabnahme;
- Handflächenabdruckabnahme;
- Feststellung äußerer körperlicher Merkmale;
- Bildaufnahmen;
- Tonaufnahmen;
- Messungen.

Rechtsfolge(n) Erkennungsdienstliche Maßnahme:

Erkennungsdienstliche Maßnahmen / Erkennungsdienstliche Behandlung sind/ist insbesondere

(ERG)

Mögliche Befugnisrechtsnorm zu:

Erkennungsdienstliche Maßnahme (ED)

<u>Gefahrenabwehr:</u>

- §§ 15 Abs. 2 Nr. 7, 16, 19 AsylG (Erkennungsdienstliche Maßnahmen)
- § 49 AufenthG (Erkennungsdienstliche Maßnahmen)
- § 14 Abs. 1 Nr. 1 PolG NRW (IDF-ED-Maßnahme zwecks IDF nach §§ 12, 12a PolG NRW)
- § 14 Abs. 1 Nr. 2 PolG NRW (ED-Maßnahme zur vorbeugenden Bekämpfung von Straftaten)

<u>Strafrechtspflege (ggf. mit §§ 46, 53 Abs. 1 S. 2, Abs. 2 OWiG):</u>

1. die Abnahme von Finger- und Handflächenabdrücken,

2. die Aufnahme von Lichtbildern,

3. die Feststellung äußerer körperlicher Merkmale,

4. Messungen,

5. Aufnahme des gesprochenen Wortes,

6. Ähnliche Maßnahmen, vgl. § 14 Abs. 4, § 16 Abs. 1 AsylG, § 49 AufenthG, § 81b StPO sowie Begleitmaßnahmen wie:

Freiheitsbeschränkung, Erscheinungsbildveränderung, nicht: DNA-Körperzellenentnahme wie nach § 14a PolG NRW, § 81g StPO, weitere Speicherung nach §§ 22-24 PolG NRW.

- IDF beim Verdächtigen (erkennungsdienstliche Maßnahme), § 163b Abs. 1 StPO / §§ 163b Abs. 1, c StPO
- IDF beim Nichtverdächtigen (Feststellung der Identität einer Person), § 163b Abs. 2 StPO / §§ 163b Abs. 2, c StPO
- IDF bei jedermann an an öffentlich zugänglichem Ort eingerichteter Kontrollstelle, § 111 StPO (ohne §§ 46, 53 Abs. 1 S. 2, Abs. 2 OWiG)
- § 81b Alt. 1 StPO (Erkennungsdienstliche Maßnahme bei dem Beschuldigten für die Zwecke der Durchführung des Strafverfahrens)
- § 81b Alt. 2 StPO (Erkennungsdienstliche Maßnahme bei dem Beschuldigten für die Zwecke des Erkennungsdienstes)

Zu „Fast-ID" vgl. auch § 14 Abs. 4 PolG NRW („Erkennungsdienstliche Maßnahmen") und Nr. 5: („Durchführung erkennungsdienstlicher Maßnahmen"), Nr. 5.2 („FastID-Verfahren zur Sofortidentifizierung") Runderlass des Ministeriums des Innern (NRW) - 422-62.09.06 - vom 3.07.2018 („Erkennungsdienst"): „Für eine Sofortidentifizierung von Personen können dem Bundeskriminalamt Fingerabdrücke per FastID zur Identitätsprüfung übermittelt werden. Eine FastID-Abfrage ist jeder erkennungsdienstlichen Behandlung voranzustellen und dient der Identitätssicherung und der Erlangung von Hinweisen zur Erforderlichkeit einer erneuten, vollständigen erkennungsdienstlichen Behandlung. Das FastID-Verfahren dient lediglich der Überprüfung der Identität. Das aufgenommene erkennungsdienstliche Material wird nicht gespeichert. FastID ersetzt damit in keinem Fall eine erkennungsdienstliche Behandlung."

(SUB)

Realfolge ist die jeweilige Maßnahme laut Sachverhalt.

Rechtsfolge ist als Justiz-VA (§ 23 Abs. 1 S. 1 EGGVG)[505] eine erkennungsdienstliche Maßnahme beim Beschuldigten/Betroffenen (alternativ)

[505] Zur **ED-Behandlungs-Akt-Rechtsnatur im Fall von § 81b Alt. 2 StPO**, also zur (Justizverwaltungs-)Akt-Rechtsnatur der ED-Behandlung nach § 81b Alt. 2 StPO richtig: VGH Hessen, Beschluss vom 08.12.2010 – 8 E 1698/10, Leitsatz: „Die polizeiliche Anordnung einer erkennungsdienstlichen Behandlung gemäß § 81b 2. Alt. StPO unterfällt als Maßnahme zur Strafverfolgungsvorsorge der abdrängenden Sonderzuweisung des § 23 Abs. 1 EGGVG an die ordentlichen Gerichte.". Zu Strafrecht und Strafverfolgungsvorsorge siehe auch *Basten*, Eingriffsrecht der Polizei in Nordrhein-Westfalen, Band 1, S. 188. Zu den Gerichtsbarkeiten der Justiz: *Basten*, Eingriffsrecht der Polizei in Nordrhein-Westfalen, Band 1, S. 30, 109, P. B.; VGH Hessen, Beschluss vom 08.12.2010 – 8 E 1698/10, aus den richtigen, rechtsaktuellen Gründen II.: „Die auf § 81b 2. Alt. StPO gestützte polizeiliche Anordnung der erkennungsdienstlichen Behandlung der Klägerin als (damaliger) Beschuldigter in einem strafrechtlichen Ermittlungsverfahren dient Zwecken des Erkennungsdienstes im Rahmen der Strafverfolgungsvorsorge. Sie ist als Strafverfolgungsmaßnahme dem Strafverfahrensrecht zuzuordnen und unterliegt deshalb als sog.

Justizverwaltungsakt auf dem Gebiet der Strafrechtspflege aufgrund der abdrängenden Sonderzuweisung des § 23 Abs. 1 Satz 1 EGGVG i.V.m. § 40 Abs. 1 Satz 1 2. HS VwGO der Überprüfung durch die ordentlichen (Straf-)Gerichte (a.A. BVerwG, Urteil vom 19. Oktober 1982 – 1 C 29/79 – BVerwGE 66 S. 192 ff. = NJW 1983 S. 183 ff. = juris Rdnr. 19). Dem steht – wie das Verwaltungsgericht zutreffend ausgeführt hat – zunächst nicht entgegen, dass die polizeiliche Anordnung im Wege eines Verwaltungsaktes mit anschließendem Vorverfahren gemäß §§ 68 ff. VwGO ergangen ist. Die Behörde kann zwar festlegen, ob sie gegenüber einem Bürger eine verbindliche Regelung treffen will und welchen Inhalt diese Regelung haben und welchem Zweck sie dienen soll, sie hat aber keine Deutungshoheit darüber, welchem Rechtsgebiet die getroffene Regelung zuzuordnen und in welchem Rechtsweg sie dementsprechend zu überprüfen ist; dies richtet sich vielmehr nach deren wahrer Rechtsnatur (vgl. BVerwG, Urteil vom 23. November 2005 – 6 C 2/05 – NJW 2006 S. 1225 ff. = DVBl 2006 S. 923 ff. = juris Rdnr. 13; VG Berlin, Beschluss vom 28. März 2006 – 1 A 152/05 – juris Rdnr. 2). Die polizeiliche Anordnung erkennungsdienstlicher Behandlung der Klägerin ist eine Maßnahme der Strafrechtspflege i.S.d. § 23 Abs. 1 Satz 1 EGGVG, zu der auch die Ermittlung und Erforschung strafbarer Handlungen durch Polizeibeamte gemäß § 163 Abs. 1 StPO als Hilfsbeamter der Staatsanwaltschaft [Ermittlungspersonen der Staatsanwaltschaft, P. B.] gemäß § 152 Abs. 1 GVG nach den – hier herangezogenen – Vorschriften der Strafprozessordnung gehört, wobei staatsanwaltliche und polizeiliche Ermittlungen nach dem gesetzgeberischen Konzept eine Einheit bilden (vgl. BVerwG, Urteil vom 3. Dezember 1974 – I C 11.73 – BVerwGE 47 S. 255 ff. = NJW 1975 S. 893 ff. = DVBl 1975 S. 581 ff. = juris Rdnrn. 18 f.). Der Zuordnung zum Strafverfahrensrecht steht nicht entgegen, dass die gemäß § 81b 2. Alt. StPO angeordnete erkennungsdienstliche Behandlung der Klägerin nicht dem gegen sie wegen des Verdachts des Ladendiebstahls am 24. November 2009 konkret geführten strafrechtlichen Ermittlungsverfahren, sondern der Vorsorge für die Durchführung künftiger Strafverfahren diente (so aber u. a. BVerwG, Urteile vom 19. Oktober 1982 a.a.O. juris Rdnr. 28 und vom 23. November 2005 a.a.O. juris Rdnr. 18; OVG Berlin, Beschluss vom 24. Juni 2004 – 1 S 76.03 – juris Rdnr. 5). Bei der Auslegung und Anwendung des § 23 Abs. 1 EGGVG ist zu berücksichtigen, dass diese Rechtswegregelung eine sachgemäße Arbeitsverteilung unter den verschiedenen Gerichtszweigen dahin bezweckt, dass über die Rechtmäßigkeit von Justizverwaltungsakten die ordentlichen Gerichte entscheiden sollen, weil sie als die nach Auffassung des Gesetzgebers sachnähere Gerichtsbarkeit über die besseren zivil- und strafrechtlichen Kenntnisse und Erfahrungen als die allgemeine Verwaltungsgerichtsbarkeit verfügen, und weil so verhindert werden soll, dass Gerichte zweier verschiedener Gerichtszweige Verwaltungsstreitigkeiten desselben Rechtsgebiets entscheiden (vgl. BVerwG, Urteil vom 3. Dezember 1974 a.a.O. juris Rdnrn. 16 f.). Die kompetenzrechtlich als Maßnahme des strafgerichtlichen Verfahrens gemäß Art. 74 Abs. 1 Nr. 1 GG in die konkurrierende Gesetzgebung des Bundes fallenden erkennungsdienstlichen Maßnahmen gemäß § 81b 2. Alt. StPO stellen kein materielles Polizeirecht dar, das trotz seiner Regelung in der Strafprozessordnung als allgemeines präventives Gefahrenabwehrrecht der verwaltungsgerichtlichen Überprüfung unterläge (so aber u. a. BVerwG, Urteil vom 23. November 2005 a.a.O. juris Rdnr. 18 und OVG Berlin, Beschluss vom 24. Juni 2004 a.a.O. juris Rdnr. 5). Erkennungsdienstliche Maßnahmen gemäß § 81b 2. Alt. StPO dienen nicht der Verhinderung zukünftiger Straftaten, sondern – wie vorliegend auch die Begründung des Widerspruchsbescheides des Polizeipräsidiums Westhessen vom 10. Juni 2010 zeigt – der Strafverfolgungsvorsorge und sind deshalb auf Zwecke der (künftigen) Strafverfolgung und nicht auf Zwecke der Gefahrenabwehr ausgerichtet (vgl. BVerfG, Kammerbeschluss vom 14. Dezember 2000 – 2 BvR 1741/99 u. a. – BVerfGE 103 S. 21 ff. = NJW 2001 S. 879 ff. = DVBl 2001 S. 454 ff. = juris Rdnr. 48, zur DNA-Identitätsfeststellung gemäß § 81g StPO; vgl. auch schon Hess. VGH, Urteil vom 9. März 1993 – 11 UE 2613/89 – NVwZ-RR 1994 S. 652 ff. = juris Rdnr. 59). Verfolgungsvorsorge erfolgt zwar in zeitlicher Hinsicht präventiv vor Begehung künftiger Straftaten, betrifft aber gegenständlich das repressiv ausgerichtete Strafverfahren, weil die Daten zur Verwertung in künftigen Strafverfahren, also zur (/künftigen) Strafverfolgung erhoben werden (vgl. BVerfG, Urteil vom 27. Juli 2005 – 1 BvR 686/04 – BVerfGE 113 S. 348 ff. = NJW 2005 S. 2603 ff. = DVBl 2005 S. 1192 ff. = juris Rdnr. 102; vgl. dazu auch u. a. Gusy, Polizei- und Ordnungsrecht, 7. Aufl. 2009 S. 10 f.). Selbst die rein präventive nachträgliche Sicherungsverwahrung verurteilter Straftäter wird vom Bundesverfassungsgericht dem Strafrecht zugeordnet, weil dazu alle Regelungen gehörten, die als nachträgliche repressive oder auch als präventive staatliche Reaktionen an Straftaten anknüpften, ausschließlich für Straftäter gelten und ihre sachliche Rechtfertigung aus der Anlasstat bezögen, die eine wesentliche Entscheidungsgrundlage für die

Gefahrenprognose darstelle; nur solche der Aufrechterhaltung der öffentlichen Sicherheit und Ordnung dienende Normen, die nicht Teil einer bundesgesetzlich geregelten Sachmaterie seien, könnten einem als allgemeines Polizeirecht bezeichneten selbständigen Sachbereich zugerechnet werden (vgl. BVerfG, Urteil vom 10. Februar 2004 – 2 BvR 834/02 und 1588/02 – BVerfGE 109 S. 190 ff. = NJW 2004 S. 750 ff. = DVBl 2004 S. 501 ff. = juris Rdnrn. 86 und 97 f.). Dem entspricht es, dass Strafverfahren generell nicht nur repressiv-vergeltende, sondern auch spezial- und generalpräventive Zwecke verfolgen. In Anpassung an diese bundesverfassungsgerichtliche Rechtsprechung hat der hessische Landesgesetzgeber mit Änderungsgesetz vom 14. Dezember 2009 (GVBl I S. 635) in der Aufgabenzuweisungsnorm des § 1 Abs. 4 HSOG im Zusammenhang mit der Aufgabe der Strafverfolgungsvorsorge den Zusatz ‚im Rahmen der Gefahrenabwehr' gestrichen (vgl. dazu Hornmann, NVwZ 2010 S. 292 f.) [vgl. auch Art. 1 Nr. 1b) „Gesetz zur Änderung des Polizeigesetzes des Landes Nordrhein-Westfalen vom 09.02.2010: „In Absatz 1 Satz 2 werden die Wörter ‚für die Verfolgung künftiger Straftaten vorzusorgen (vorbeugende Bekämpfung von Straftaten)' durch die Wörter ‚vorbeugend zu bekämpfen' ersetzt.", und vgl. Art. 1 Nr. 1d) „Gesetz zur Änderung des Polizeigesetzes des Landes Nordrhein-Westfalen vom 09.02.2010: „In Absatz 5 Satz 2 werden die Wörter ‚für die Verfolgung künftiger Straftaten vorsorgt' durch die Wörter ‚Straftaten vorbeugend bekämpft' ersetzt.", und vgl. auch Nr. 1.13 VVPolG NRW: „Die Vorsorge für die Verfolgung künftiger Straftaten wurde aus dem Aufgabenkatalog der Polizei entfernt, da sie systematisch zu den Regelungen des gerichtlichen Verfahrens zählt, und damit der Gesetzgebungskompetenz des Bundes unterliegt.", P. B.]. Der vom Bundesverfassungsgericht geforderte Sachzusammenhang zum Strafrecht besteht auch bei erkennungsdienstlichen Maßnahmen gemäß § 81b 2. Alt. StPO, da diese nur gegen einen Beschuldigten in einem strafrechtlichen Ermittlungsverfahren angeordnet werden und für die erforderliche Gefahrenprognose maßgeblich (auch) auf die Anlasstat abgestellt wird (vgl. u. a. BVerwG, Urteile vom 19. Oktober 1982 a.a.O. juris Rdnr. 33 und vom 23. November 2005 a.a.O. juris Rdnrn. 20 ff.), und zwar – wie im Widerspruchsbescheid vom 10. Juni 2010 unter Bezug auf diese Rechtsprechung ausgeführt – ‚nach kriminalistischer Erfahrung'; das spricht ebenfalls dafür, dass die Polizei in diesem Zusammenhang nicht als Gefahrenabwehr-, sondern als Strafverfolgungsbehörde tätig wird. Gerade auch im Hinblick auf die oben dargestellten, vom Gesetzgeber mit der Rechtswegregelung in § 23 Abs. 1 EGGVG verfolgten Zwecke erscheint die Zuordnung polizeilich angeordneter erkennungsdienstlicher Maßnahmen gemäß § 81b 2. Alt. StPO zur Strafrechtspflege sachgerecht, weil dies zu einer einheitlichen Zuständigkeit der sachnäheren Strafgerichtsbarkeit für beide Alternativen des § 81b StPO, insbesondere auch im Fall sog. doppelfunktionaler Maßnahmen, und für eine DNA-Identitätsfeststellung für künftige Strafverfahren gemäß § 81g StPO führt (vgl. VG Berlin, Beschluss vom 28. März 2006 a.a.O. juris Rdnrn. 20 f.). [zu den Gerichtsbarkeiten der Justiz: *Basten*, Eingriffsrecht der Polizei in Nordrhein-Westfalen, Band 1, S. 30, 109; zu doppelfunktionalen Maßnahmen: *Basten*, Eingriffsrecht der Polizei in Nordrhein-Westfalen, Band 1, S. 193 f., P. B.]".; im gleichen Verfahrensgang verkennend, zirkelartig an alter Rechtsprechung vor Rechtsentwicklung festhaltend, mit in folgenden Randnumern falschen, hier kursiv hervorgehobenen Prämissen, ohne auch nur einmalige ausdrückliche Feststellung der Akt-Rechtsnatur: BVerwG, Beschluss vom 18.05.2011 – BVerwG 6 B 1.11, Leitsatz: „Für Klagen gegen die Anfertigung erkennungsdienstlicher Unterlagen als Maßnahme der vorsorgenden Strafrechtspflege nach § 81b 2. Alternative StPO ist der Verwaltungsrechtsweg eröffnet.", Rn. 3: „Es handelt sich bei § 81b 2. Alternative StPO *nicht* um eine Regelung *im Bereich der Strafverfolgung* [vgl. „Strafverfolgungs"-Vorsorge und Strafverfolgungspraxis mit ED und ED-Material, P. B.], sondern um die Ermächtigung zu Maßnahmen der Strafverfolgungsvorsorge, die *außerhalb konkreter Strafverfahren* [vgl. Voraussetzung aktuellen Verdachts, P. B.] erfolgen und auf die deshalb die §§ 23 ff. EGGVG nicht anwendbar sind […].; Rn. 4: „Dem Verwaltungsgerichtshof ist nicht darin zu folgen, dass gegen die Zuordnung von Maßnahmen auf der Grundlage des § 81b 2. Alternative StPO zum Recht der Gefahrenabwehr spreche, dass sie der Strafverfolgungsvorsorge dienten. Auch solche Maßnahmen dienen *nicht dem Zweck der Verfolgung begangener Straftaten* [vgl. Strafverfolgungsvorsorge und Zweck von ED sowie Ed-Material, P. B.] und sind deshalb Instrumente des Polizeirechts.", Rn. 5: „Die Aufbewahrung der erkennungsdienstlichen Unterlagen dient zwar der Strafrechtspflege, erfolgt jedoch außerhalb eines konkreten Strafverfahrens; mithin liegt keine Maßnahme auf dem Gebiet des Strafprozesses vor, und die §§ 23 ff. EGGVG sind deshalb nicht anwendbar […].". Zur (Justizverwaltungs-)Akt-Rechtsnatur der ED-Behandlung nach § 81b Alt. 2 StPO nach Rechtsentwicklung

- für die Zwecke der Durchführung des (Straf-/Owi-)Verfahrens.
- für Zwecke des Erkennungsdienstes.[506]

(ERG)

Mögliche Befugnisrechtsnorm ist der rechtmäßige (alternativ)

- § 81b Alt. 1 StPO (ggf. i.V.m. §§ 46, 53 Abs. 1 S. 2, Abs. 2 OWiG)
- § 81b Alt. 2 StPO (ggf. i.V.m. §§ 46, 53 Abs. 1 S. 2, Abs. 2 OWiG).

B. Formelle Rechtmäßigkeit (FR) I. Zuständigkeit (Z)

Zuständigkeit für Straftatenerforschung/StPO

(VOR/DEF)

Zuständigkeit ist Aufgabenwahrnehmungserlaubnis für den Rechtsfolgesetzer.

---

einschließlich BVerfG-Rechtsprechungsentwicklung i.V.m. BVerfGE 113, 348, 370 auch: *Mayer*, Die erkennungsdienstliche Behandlung gemäß § 81b 2. Alt. StPO, in: Kriminalistik 8-9/2015, S. 520–527.

[506] BVerfGE 47, 239, 252 (Zwangsweise Haar- und Barttrachtveränderung u.a. mit Blondierpudernachtönung durch Maskenbildner zum Zweck der Identifizierungsgegenüberstellung) = BVerfG, Beschluss des 2. Senats vom 14.02.1978 – 2 BvR 406/77 –, B. I. 3. b) ee), Rn. 52: „Die Bedenken, die der Beschwerdeführer in diesem Zusammenhang unter dem Gesichtspunkt des Rechtsstaatsprinzips gegen die Verfassungsmäßigkeit des § 81b StPO geltend macht, greifen nicht durch. Die Vorschrift genügt den rechtsstaatlichen Erfordernissen der Normklarheit und Justitiabilität. Sie grenzt den Kreis zulässiger Zwangsmaßnahmen sowohl ihrer Art als auch ihrem Zweck nach hinreichend deutlich ein. Erlaubt sind danach außer den im Tatbestand ausdrücklich angeführten Maßnahmen - Aufnahme von Lichtbildern und Fingerabdrücken, Vornahme von Messungen - nicht etwa schlechthin andere Maßnahmen, sondern nur solche, die den genannten ähnlich sind. Überdies müssen die Maßnahmen Zwecken der Durchführung des Strafverfahrens oder Zwecken des Erkennungsdienstes dienen und im Rahmen dieser Zweckbestimmung notwendig sein. Unter diesen Umständen vermögen sowohl Strafverfolgungsbehörden als auch Beschuldigte mit hinreichender Bestimmtheit zu beurteilen, ob im konkreten Fall die gesetzlichen Voraussetzungen für die Vornahme einer ‚ähnlichen Maßnahme' im Sinne des § 81b StPO erfüllt sind.".

BGHSt 34, 39 = BGH, Urteil vom 09.04.1986 – 3 StR 551/85 –, aus den Gründen: „Aus der Aufzählung der in § 81b StPO beispielhaft genannten Maßnahmen ergibt sich, daß nur solche Identifizierungsmöglichkeiten in Betracht kommen, die - ohne daß es einer körperlichen Untersuchung i. S. des § 81a Abs. 1 StPO bedarf - die Feststellung der körperlichen Beschaffenheit dienen. Nicht nur § 81b StPO fallen Registrierungen des jeweiligen Ausdrucks des Beschuldigten, z. B. Messungen der Atem- und Pulsbewegungen, um die innere Erregung der Aussageperson zu ermitteln (Peters, Strafprozeß, 4. Aufl., S. 330; vgl. auch BGHSt 5, 332 = NJW 1954, 649; BVerfG, NStZ 1981, 446). Dagegen dürfen das Aussehen, Körperteile und -merkmale sowie sonstige für die Individualität einer Person signifikante ‚dauerhafte Persönlichkeitsgegebenheiten' (Peters, S. 330) auch gegen seinen Willen fotografiert, vermessen oder in anderer Weise registriert werden, um durch einen Vergleich mit bereits vorliegenden Erkenntnissenfeststellen zu können, ob sie auf den Beschuldigten als Täter hindeuten. Die Vorschrift gibt darüber hinaus die Befugnis, den Beschuldigten notfalls mit Zwang in einen solchen Zustand zu bringen, daß die bezeichneten Maßnahmen gegen seinen Willen durchgeführt werden können, z. B. mit Gewalt die Handschuhe auszuziehen sowie seinen Arm und seine Finger zu strecken, damit ein Handflächenabdruck genommen werden kann [Literaturquellenangabe].".

(SUB/ERG)

Für die erkennungsdienstliche Maßnahme (ohne IDF-Zweck nach § 163b StPO) ist die Zuständigkeit (i.d.R.) wie folgt gegeben:

1. sachliche Zuständigkeit *der Polizei* gemäß

- § 163 Abs. 1 S. 1 StPO;

2. instanzielle Zuständigkeit *der Polizeibehörde* gemäß

- (i.d.R.) § 11 Abs. 1 Nr. 2 Alt. 1 POG NRW i.V.m. KPBVO NRW;
- (generell:) §§ 10-14 POG NRW (ggf. LKAAufgVO NRW);

3. örtliche Zuständigkeit *der Polizeibehörde* gemäß

- (i.d.R.) § 7 Abs. 1 S. 1 POG NRW (ggf. i.V.m. KHStVO NRW);
- (generell: §§ 7-9 POG NRW[507]) (ggf. i.V.m. KHStVO NRW);

4. funktionelle Zuständigkeit *des Polizeiamtswalters* gemäß

- § 81b i.V.m. § 163 Abs. 1 S. 2 W. 5 („sie") i.V.m. § 163 Abs. 1 S. 1 W. 1-6 StPO, also hier: der „Behörden und Beamten des Polizeidienstes" für Anordnung, Ausführung, Antrag, Anregung.

Zuständigkeit für Ordungswidrigkeitenerforschung/OWiG

(VOR/DEF)

Zuständigkeit ist Aufgabenwahrnehmungserlaubnis für den Rechtsfolgesetzer.

(SUB/ERG)

Für die erkennungsdienstliche Maßnahme (ohne IDF-Zweck nach §163b StPO) ist die Zuständigkeit (i.d.R.) wie folgt gegeben:

1. sachliche Zuständigkeit *der Polizei* gemäß

- §§ 35, 36 OWiG
    - i.V.m. § 1 Abs. 2 Teil-3-OWiGZVO NRW: PB – solange Nicht-Abgabe an OB – für Verfolgung von Owi nach: §§ 111, 117-121 OWiG;
    - i.V.m. § 1 Abs. 3 Teil-3-OWiGZVO NRW: KPB für Verfolgung und Ahndung von Owi nach §§ 113, 115 OWiG bei polizeilichen Gewahrsams-Gefangenen, § 127 OWiG bei öff. Urkunden und Beglaubigungszeichen;
    - i.V.m. § 2b öffVereinsRZVO NRW: KBP für die Verfolgung und Ahndung von Owi nach § 23 VereinsGDV;
    - i.V.m. § 1 Abs. 2 VerkehrsOwiZVO NRW: PB – solange Nicht-Abgabe an KOB oder StA – für Verfolgung von Owi nach §§ 23, 24, 24a und 24c StVG;

[507] Vgl. auch zu § 9 Abs. 1 S. 1 Nr. 5 POG NRW: Abkommen zwischen den Ländern der Bundesrepublik Deutschland über die erweiterte Zuständigkeit der Polizei der Länder bei der Strafverfolgung.

- i.V.m. § 2 VersGZVO NRW[508]: KPB für die Verfolgung und Ahndung von Owi nach § 29 VersG;
- i.V.m. § 5 WaffGDVO NRW: KPB für die Verfolgung und Ahndung von Owi nach § 53 WaffG;

- § 53 OWiG

2. instanzielle Zuständigkeit *der Polizeibehörde* gemäß

- § 11 Abs. 1 Nr. 2 Alt. 2 POG NRW i.V.m. KPBVO NRW (generell: §§ 10-14 POG NRW) [bei §§ 35, 36 OWiG]
  - i.V.m. § 1 Abs. 2 Teil-3-OWiGZVO NRW: PB – solange Nicht-Abgabe an OB – für Verfolgung von Owi nach: §§ 111, 117-121 OWiG;
  - i.V.m. § 1 Abs. 3 Teil-3-OWiGZVO NRW: KPB für Verfolgung und Ahndung von Owi nach §§ 113, 115 OWiG bei polizeilichen Gewahrsams-Gefangenen, § 127 O-WiG bei öff. Urkunden und Beglaubigungszeichen;
  - i.V.m. § 2b öffVereinsRZVO NRW: KBP für die Verfolgung und Ahndung von Owi nach § 23 VereinsGDV;
  - i.V.m. § 1 Abs. 2 VerkehrsOwiZVO NRW: PB – solange Nicht-Abgabe an KOB oder StA – für Verfolgung von Owi nach §§ 23, 24, 24a und 24c StVG;
  - i.V.m. § 2 VersGZVO NRW[509]: KPB für die Verfolgung und Ahndung von Owi nach § 29 VersG;
  - i.V.m. § 5 WaffGDVO NRW: KPB für die Verfolgung und Ahndung von Owi nach § 53 WaffG;

3. örtliche Zuständigkeit *der Polizeibehörde* gemäß

- (bei §§ 35, 36 OWiG:) § 37 OWiG
- Im Übrigen generell: §§ 7-9 POG NRW

4. funktionelle Zuständigkeit *des Polizeiamtswalters* gemäß

- § 81b i.V.m. § 163 Abs. 1 S. 2 StPO i.V.m. § 53 Abs. 1 S. 2 W. 1 („Sie“) i.V.m. § 53 Abs. 1 S. 1 W. 1-6 OWiG, also hier: der „Behörden und Beamten des Polizeidienstes“ für Anordnung, Ausführung, Antrag, Anregung.

B. Formelle Rechtmäßigkeit (FR) II. Verfahren (V)

(VOR/DEF)

Verfahren ist normiertes Verhalten für den Rechtsfolgezuständigen außer, bei, i.Z.m. der Rechtsfolge.

---

[508] Bei VersG-NRW-Anwendbarkeit unter Aufhebung der VersGZVO NRW vgl. § 32 VersG NRW („Zuständigkeit“) i.V.m. § 28 VersG NRW („Ordnungswidrigkeiten“) nach Landtag-NRW-Drucksache 17/12423, S. 27-29.

[509] Bei VersG-NRW-Anwendbarkeit unter Aufhebung der VersGZVO NRW vgl. § 32 VersG NRW („Zuständigkeit“) i.V.m. § 28 VersG NRW („Ordnungswidrigkeiten“) nach Landtag-NRW-Drucksache 17/12423, S. 27-29.

1. § 14 Abs. 3 PolG NRW analog: Belehrung zum Recht auf Verlangen der Vernichtung erkennungsdienstlicher Unterlagen

(VOR/DEF)

Gemäß § 14 Abs. 3 PolG NRW analog ist die betroffene Person bei Vornahme der Maßnahme darüber zu belehren, dass sie die Vernichtung der erkennungsdienstlichen Unterlagen verlangen kann, wenn die Voraussetzungen für ihre weitere Aufbewahrung entfallen sind.

(SUB/ERG)

Im konkreten Fall ist § 14 Abs. 3 PolG NRW analog (alternativ)

- mit entsprechender Belehrung bei Vornahme der Maßnahme eingehalten.
- bei nicht oder nicht rechtzeitig erfolgter oder nicht entsprechender Belehrung nicht eingehalten.

2. § 81d StPO analog: Durchführung erkennungsdienstlicher Maßnahmen durch Person bestimmten Geschlechts oder durch Arzt

(VOR)

Gemäß § 81d StPO analog[510] – auch bei **Einwilligung** (§ 36 Nr. 19 DSG NRW, § 38 DSG NRW) der betroffenen Person, § 81d Abs. 2 StPO –

- wird gemäß § 81d Abs. 1 S. 1 StPO analog im Fall von potentieller Schamgefühlsverletzung die erkennungsdienstliche Maßnahme von einer Person gleichen Geschlechts oder von einer Ärztin oder einem Arzt vorgenommen;
- soll gemäß § 81d Abs. 1 S. 2 StPO analog im Fall von berechtigtem Interesse und Wunsch der betroffenen Person die erkennungsdienstliche Maßnahme einer Person oder einem Arzt bestimmten Geschlechts übertragen werden;
- soll gemäß § 81d Abs. 1 S. 3 StPO analog im Fall des Verlangens der betroffenen Person eine Person des Vertrauens zugelassen werden;
- ist gemäß § 81d Abs. 1 S. 4 StPO analog die betroffene Person auf die Regelungen von § 81d Abs. 1 S. 2, 3 StPO hinzuweisen.

(DEF)

Erkennungsdienstliche Maßnahme i.S.v. ED-Personvoraussetzungen wie aus § 81d StPO analog ist eine erkennungsdienstliche Maßnahme mit Eingriff in die körperliche Intimsphäre

---

[510] Analogie von § 81d StPO zur § 81b StPO aufgrund für diesen existierender Regelungslücke und teleologisch gleichzusetzender Interessenlage von Person zu Person. Zur Analogie siehe auch: *Basten*, Eingriffsrecht der Polizei in Nordrhein-Westfalen, Band 1, S. 163.

der betroffenen Person, wie zum Beispiel möglich durch systematische Datenerhebung und entsprechende Begleitmaßnahmen in Bezug auf Körperintimstellen.[511]

Schamgefühlsverletzungspotential im Sinne von § 81d StPO richtet sich nach objektiviertem Maßnahmenempfänger.[512]

Person gleichen Geschlechts ist eine Person mit gleichem Geschlechts-Personenstand nach PStG.

Arzt ist ein solcher nach BÄO.

Berechtigtes Interesse ist ein Rechtsgrund (**rechtliches Interesse**) als auch ein insgesamt überwiegendes Interesse nach Abwägung aller Interessen insbesondere der an der Maßnahme Beteiligten (z.B. unmittelbar betroffene Person, Polizeibeamte, Arzt, Vertrauensperson mit jeweiligen Persönlichkeitsrechten) und der durch die Maßnahme Betroffenen (z.B. unmittelbar betroffene Person, potentielle Tatopfer, verfahrenszuständige Behörden mit jeweiligen Rechten und Pflichten im Rechtsstaat).

Person des Vertrauens wird durch die betroffene Person bestimmt.

(SUB/ERG)

Im konkreten Fall ist § 81d StPO analog (alternativ)

- bei Vorliegen von entsprechenden Anhaltspunkten / Fehlen entgegenstehender Anhaltspunkte eingehalten.
- bei Vorliegen von entsprechenden Anhaltspunkten nicht eingehalten.

3. § 33 StPO analog als allgemeine Verfahrensrechtsnorm für Justiz-VA (vgl. § 23 Abs. 1 S. 1 EGGVG): Anhörung

(VOR/DEF)

Gemäß § 33 StPO analog[513] (ggf. i.V.m. §§ 46, 53 Abs. 1 S. 2 OWiG) besteht Pflicht zur **Anhörung** bzw. **Gewährung rechtlichen Gehörs** vor einer Entscheidung, jedenfalls bevor zum Beteiligten-Nachteil Tatsachen oder Beweisergebnisse ohne Anhörung verwertet werden – oder es soll gegeben sein: ein Ausnahmegrund der Zweckgefährdung bzw. Gefahr im Verzug nach § 33 Abs. 4 StPO analog.

---

[511] Vgl. auch Runderlass des Ministeriums des Innern NRW vom 03.07.2018 – 422-62.09.06 i.V.m. „Handlungsempfehlung zur Durchführung von ‚Nackt-ed-Behandlungen'" – wie im Fall von z.B.: OVG Niedersachsen, Beschluss des 11. Senats vom 22.04.2015, 11 ME 58/15 –, Rn. 1: „Diese umfasst neben Messungen und der Aufnahme von Lichtbildern die Abnahme von Finger-, Handflächen- und Handkantenabdrücken sowie die Feststellung äußerer Merkmale am gesamten Körper einschließlich des Intimbereichs (sog. ‚Nackt-ED-Behandlung')."

[512] Bundesrats-Drucksache 829/03 vom 07.11.2003, S. 21: „Dies kann z.B. nach vorangegangenem Missbrauch durch eine Person gleichen Geschlechts der Fall sein.".

[513] Für das tradierte „Menschenrecht" der Anhörung (vgl. auch Art. 20 Abs. 3 GG, Art. 103 Abs. 1 GG, Art. 41 EU-GR-Charta, Art. 6 EMRK) gibt es in der StPO bei polizeilichen Maßnahmen i.d.R. keine direkte für die Polizei anwendbare Rechtsnorm (systematische Regelungslücke), weshalb – bei gleichzusetzender Interessenlage und Lücke im einzelnen Fall – § 33 StPO mit seinen Rechtsgedanken als die noch für die Polizei bestmögliche Anhörungs-Rechtsgrundlage eben analog angewendet werden kann.

Gefahr im Verzug i.S.d. § 33 StPO ist gegeben, wenn der Handlungsbedarf unvorhergesehen ist und bei Durchführung der eigentlich vorgesehenen Maßnahme, hier der Anhörung, der gesetzliche Zweck, hier der jeweilige aus der Aufgabe des § 163 Abs. 1 S. 1 StPO (ggf. aus § 53 Abs. 1 S. 1 OWiG) und der Befugnisrechtsnorm des § 163 Abs. 1 S. 1 StPO, vereitelt oder wesentlich erschwert wird.

(SUB/ERG)

Im konkreten Fall ist § 33 StPO analog (alternativ)

- eingehalten insbesondere bei Gelegenheit zur Stellungnahme i.S.d. § 33 StPO analog;
- eingehalten bei Nichteinhaltung von § 33 Abs. 1, 3 StPO analog und Ausnahmegrund gemäß § 33 Abs. 4 StPO analog;
- nicht eingehalten insbesondere bei Fehlen von Gelegenheit zur Stellungnahme ohne Ausnahmegrund i.S.d. § 33 StPO analog;
- sonst eingehalten oder nicht eingehalten bei Anhaltspunkten / Fehlen entgegenstehender Anhaltspunkte.

4. § 168b StPO als allgemeine Verfahrensrechtsnorm für Justiz-VA (vgl. § 23 Abs. 1 S. 1 EGGVG): Protokoll

(VOR/DEF)

Gemäß § 168b StPO (ggf. i.V.m. §§ 46, 53 Abs. 1 S. 2 OWiG) besteht Pflicht zur **Protokollierung** bzw. zum **Protokoll** über ermittlungsbehördliche Untersuchungshandlungen, wonach gemäß § 168b Abs. 1 StPO das Ergebnis der Untersuchungshandlungen der Ermittlungsbehörden aktenkundig zu machen ist.

(SUB/ERG)

Im konkreten Fall ist § 168b StPO (alternativ)

- eingehalten insbesondere bei Protokoll über (das Ergebnis über) behördliche Untersuchungshandlungen i.S.d. §168b StPO;
- eingehalten bei Nichteinhaltung von § 168b StPO mit Ausnahmegrund;
- nicht eingehalten insbesondere bei Fehlen von Protokoll über (das Ergebnis über) behördliche Untersuchungshandlungen ohne Ausnahmegrund;
- sonst eingehalten oder nicht eingehalten bei Anhaltspunkten / Fehlen entgegenstehender Anhaltspunkte.

5. JGG[514]-Vorschriften[515] außer, bei, i.Z.m. Maßnahmen gegenüber einem jugendlichen oder heranwachsenden Verdächtigen[516] nach §§ 1, 109 JGG – fallabhängig insbesondere wie folgt:

a) § 38 JGG: Jugendgerichtshilfe, vgl. auch § 46 Abs. 6 OWiG;

b) § 43 JGG: Umfang der Ermittlungen;

c) § 67 JGG: Stellung der Erziehungsberechtigten[517] und der gesetzlichen Vertreter[518];

d) § 67a JGG: Unterrichtung der Erziehungsberechtigten und der gesetzlichen Vertreter;

e) § 68 JGG: Notwendige Verteidigung[519];

---

[514] § 1 Abs. 1 JGG zum sachlichen JGG-Anwendungsbereich: „Dieses Gesetz gilt, wenn ein Jugendlicher oder ein Heranwachsender eine Verfehlung begeht, die nach den allgemeinen Vorschriften mit Strafe bedroht ist.“. § 1 Abs. 3 JGG zum sachlich-persönlichen JGG-Anwendungsbereich: „Ist zweifelhaft, ob der Beschuldigte zur Zeit der Tat das achtzehnte Lebensjahr vollendet hat, sind die für Jugendliche geltenden Verfahrensvorschriften anzuwenden.“.

[515] JGG-Vorschriften mit amtlichen Überschriften insbesondere aus: „Gesetz zur Stärkung der Verfahrensrechte von Beschuldigten im Jugendstrafverfahren vom 09.12.2019, BGBl. 2019 Teil I Nr. 47, S. 2146-2152.

[516] § 1 Abs. 2 JGG zum persönlichen JGG-Anwendungsbereich: § 1 Abs. 2 JGG: „**Jugendlicher** ist, wer zur Zeit der Tat vierzehn, aber noch nicht achtzehn, **Heranwachsender**, wer zur Zeit der Tat achtzehn, aber noch nicht einundzwanzig Jahre alt ist.“. Unterscheide nach § 2 BGB: „Die **Volljährigkeit** tritt mit der Vollendung des 18. Lebensjahres ein.“.

[517] Zum **Strafrecht und elterlichen Erziehungsrecht**: BVerfGE 107, 104 (Anwesenheit im JGG-Verfahren) = BVerfG, Urteil des Zweiten Senats vom 16.01.2003 – 2 BvR 716/01.

[518] **Vertreter** ist ein **Stellvertreter** qua Gesetz oder ein **Stellvertreter** qua Rechtsgeschäft (§§ 164-181 BGB). Vgl. insbesondere:

- §§ 1626-1698b BGB: **Elterliche Sorge** mit „**Vertretung des Kindes**“ gemäß § 1629 BGB;
- § 1 Abs. 1 Nr. 4 JuSchG: **erziehungsbeauftragte Person**;
- §§ 1773-1895 BGB: **Vormundschaft**;
- §§ 1896-1908k BGB: **Rechtliche Betreuung**;
- §§ 1909-1921 BGB: **Pflegschaft**.

[519] Mit „Gesetz zur Neuregelung des Rechts der notwendigen Verteidigung“ (BGBl. I S. 2128; in Kraft seit 13.12.2019) ist erstmals das Recht des Beschuldigten ausdrücklich normiert, bereits auch im polizeilichen Ermittlungsverfahren grundsätzlich im Fall notwendiger Verteidigung (§ 140 StPO) „unverzüglich“ (§ 121 Abs. 1 S. 1 BGB), „spätestens vor einer Vernehmung des Beschuldigten“ (§ 163a StPO) einen Pflichtverteidiger „bestellt“ zu erhalten, „wenn der Beschuldigte dies nach Belehrung ausdrücklich beantragt“ (§ 141 Abs. 1 S. 1 StPO), in den Fällen des § 141 Abs. 2 S. 1 StPO auch „unabhängig von einem Antrag“ – mit Rückausnahmen in § 141 Abs. 2 S. 2, 3 StPO; auch mit Abweichungen in § 141a StPO für Beschuldigtenvernehmungen und Gegenüberstellungen (§§ 58 Abs. 2, 168b Abs. 3 StPO). Der Zeitpunkt polizeilicher Belehrung zur notwendigen Verteidigung i.S.d. § 140 StPO ist in einschlägigen Fällen – spätestens – „bei Beginn der ersten Vernehmung“ des Beschuldigten wegen § 141 Abs. 1 S. 2 StPO und § 163a Abs. 4 S. 2 i.V.m. § 136 Abs. 1 S. 5 StPO, oder der Zeitpunkt ist anders in speziell normierten Fällen wie § 114b Abs. 2 S. 1 Nr. 4a oder §§ 68a, b JGG. Gemäß § 142 StPO ist vor Anklageerhebung der Antrag des Beschuldigten nach § 141 Abs. 1 S. 1 StPO vor Erhebung der Anklage bei den Behörden oder Beamten des Polizeidienstes „oder“ bei der Staatsanwaltschaft anzubringen (Antrags-Entgegennahme-Zuständigkeit); die Bestellungs-Entscheidungs-Zuständigkeit obliegt dem Gericht nach StA-Vorlage mit Stellungnahme (§ 142 Abs. 1 S. 2 StPO) oder der StA selbst „bei besonderer Eilbedürftigkeit“, § 142 Abs. 4 StPO.

f) § 68a JGG: Zeitpunkt der Bestellung eines Pflichtverteidigers;

g) § 68b JGG: Vernehmungen und Gegenüberstellungen vor der Bestellung eines Pflichtverteidigers;

h) § 69 JGG: Beistand[520];

i) § 70 JGG: Mitteilung an amtliche Stellen;

j) § 70a JGG: Unterrichtung des Jugendlichen (i.V.m. § 109 JGG: des Heranwachsenden);

k) § 70b JGG: Belehrungen.

(SUB/ERG)

Im konkreten Fall sind die JGG-Vorschriften

- nicht anwendbar.
- anwendbar und eingehalten.
- anwendbar und nicht eingehalten.

(ERG Verfahren)

Ergebnis kann allgemein sein: Verfahrensrechtmäßigkeit oder Verfahrensrechtswidrigkeit der Maßnahme.

B. Formelle Rechtmäßigkeit (FR) III. Form (F)

(VOR/DEF)

Ein Fall **notwendiger Verteidigung** liegt u.a. dann vor,

- gemäß § 140 Abs. 1 Nr. 1 StPO, wenn zu erwarten ist, dass die Hauptverhandlung im ersten Rechtszug vor dem **Oberlandesgericht** (§§ 115-117, 120-122 GVG) , dem **Landgericht** (§§ 12, 13, 60, 70, 734, 74-74f, 76-78b GVG) oder dem **Schöffengericht** (§§ 12, 13, 24-27, 28-58 GVG) stattfindet [Ausgangsrechtsnorm für den Abgrenzungsüberblick über AG, LG, OLG mag sein: § 24 GVG;
- gemäß § 140 Abs. 1 Nr. 2 StPO, wenn dem Beschuldigten ein Verbrechen zur Last gelegt wird;
- gemäß § 140 Abs. 1 Nr. 3 StPO, wenn das Verfahren zu einem **Berufsverbot** (§§ 70-70b StGB) führen kann;
- gemäß § 140 Abs. 1 Nr. 4 StPO, wenn der Beschuldigte nach den §§ 115, 115a, 128 Abs. 1 oder § 129 StPO einem Gericht zur Entscheidung über Haft oder einstweilige Unterbringung vorzuführen ist;
- gemäß § 140 Abs. 1 Nr. 5 StPO, wenn der Beschuldigte sich auf Grund richterlicher Anordnung oder mit richterlicher Genehmigung in einer Anstalt befindet;
- gemäß § 140 Abs. 1 Nr. 11 StPO, wenn ein seh-, hör- oder sprachbehinderter Beschuldigter die Bestellung beantragt;
- gemäß § 140 Abs. 2 StPO, wenn wegen der Schwere der Tat, der Schwere der zu erwartenden Rechtsfolge oder wegen der Schwierigkeit der Sach- oder Rechtslage die Mitwirkung eines Verteidigers geboten erscheint oder wenn ersichtlich ist, dass sich der Beschuldigte nicht selbst verteidigen kann.
- gemäß §§ 1, 109 Abs. 1 JGG und § 68 JGG in den dort genannten Fällen.

[520] Vgl. auch §§ 1712-1717 BGB (**Beistandschaft**).

Form ist normiertes Wie der Rechtsfolgesetzung –schriftlich, elektronisch, mündlich oder in anderer Weise.

(SUB/ERG)

Im konkreten Fall besteht bei Fehlen speziellerer Formrechtsnormen Formfreiheit für den Justiz-VA, sodass der Justiz-VA schriftlich, elektronisch, mündlich oder in anderer Weise formrechtmäßig ergehen kann.

§ 168b StPO ist i.d.R. bereits integrativer Bestandteil des Verfahrens.

Ergebnis kann allgemein sein: Formrechtmäßigkeit oder Formrechtswidrigkeit der Maßnahme.

C. Materielle Rechtmäßigkeit (MR) I. Tatbestand (Tb) / Tatbestandsvoraussetzungen (TBV)

(VOR/DEF)

Tatbestand ist das Gesamt der (materiell-rechtlichen) Rechtsfolge(setzungs)bedingungen. / **Tatbestandsvoraussetzungen** sind materiell-rechtliche Rechtsfolgesetzungsbedingungen.

§ 163 Abs. 1 S. 1 i.V.m. § 152 Abs. 2 StPO: Tatverdacht

(VOR)

In § 81b Alt. 1/2 StPO (ggf. i.V.m. §§ 46, 53 Abs. 1 S. 2 OWiG) wird (Straf-/Owi-)Tatverdacht vorausgesetzt, vgl. § 163 Abs. 1 S. 1 W. 8, S. 2 W. 1-3 StPO (i.V.m. § 53 Abs. 1 S. 1 W. 11, S. 2 W. 7 OWiG).

(DEF)

Tatverdacht ist gemäß § 163 Abs. 1 S. 1 i.V.m. § 152 Abs. 2 StPO das Gegebensein zureichender tatsächlicher Anhaltspunkte für eine verfolgbare Straftat oder Ordnungswidrigkeit.[521]

Zureichende tatsächliche Anhaltspunkte sind gegeben bei entsprechendem Ergebnis einer Gewichtigkeits- und Plausibilitätsprüfung aller wahrnehmbaren Dinge in Abwägung mit Art und Ausmaß potentieller Rechtseingriffe und Taten.

(SUB)

---

[521] BVerfG, Beschluss der 3. Kammer des Zweiten Senats vom 11.01.2016 – 2 BvR 1361/13 –, Rn. 11: „Notwendiger und grundsätzlich auch hinreichender Anlass für Zwangsmaßnahmen im Strafverfahren [oder Ordnungswidrigkeitenverfahren, P. B.] ist der Verdacht einer Straftat [oder Ordnungswidrigkeit, P. B.]. Der Verdacht muss auf konkreten Tatsachen beruhen; vage Anhaltspunkte oder bloße Vermutungen reichen nicht aus (vgl. BVerfGE 44, 353 <381 f.>; 59, 95 <97 f.>; BVerfGK 1, 126 <131>).".

Zureichende tatsächliche Anhaltspunkte sind (z.B. und alternativ möglich) zum maßgeblichen Zeitpunkt bezüglich bestimmter Taten:

- polizeieigene Beobachtungen;
- polizeiliche Feststellungen;
- polizeiliche, auf Tatsachen begründete, auf den einzelnen Fall bezogene Schlussfolgerungen, außer reine Spekulationen, hypothetische Erwägungen oder lediglich auf kriminalistische Alltagserfahrung gestützte, fallunabhängige Vermutungen;
- Angaben von Beschuldigten, Betroffenen, Verdächtigen, Nichtverdächtigen, Zeugen, Sachverständigen oder Dritten;
- Anzeigen i.S.d. § 158 StPO;
- sonstige Daten.

(ERG)

Im konkreten Fall besteht i.S.d. § 152 Abs. 2 StPO i.V.m. § 163 Abs. 1 S. 1 StPO/§ 53 Abs. 1 S. 1 OWiG (alternativ)

- Tatverdacht (bei zureichenden tatsächlichen Anhaltspunkten).
- kein Tatverdacht (bei Fehlen zureichender tatsächlicher Anhaltspunkte).

C. Materielle Rechtmäßigkeit (MR) II. Inanspruchnahme (In) / Inanspruchnahmevoraussetzungen (Inv)

(VOR/DEF)

Inanspruchnahmevoraussetzungen sind materiell-rechtliche Bedingungen für richtige Inanspruchnahme.

Inanspruchnahme ist Adressierung und sonstiges Betroffenmachen; **Adressierung** ist direktes Bestimmen oder finales Richten einer Maßnahme an einen Grundrechtsträger, vgl. §§ 100b Abs. 3, 100c Abs. 2, 100h Abs. 3, 163f Abs. 2 StPO.

Nach § 81b Überschrift StPO und § 81b Wort 23 StPO ist Inanspruchnahme grundsätzlich richtig gegen folgende Person: Beschuldigter (ggf. i.V.m. §§ 46, 53 OWiG: Betroffener).

Beschuldigter, vgl. § 157 StPO, ist im Strafverfahren jede (tatverdächtige) Person, gegen die im Rahmen eines Strafverfahrens wegen einer bestimmten Straftat ermittelt wird, was sich durch Auslegung nach dem objektivierten Empfängerhorizont, §§ 133, 157 BGB analog, etwa über einen Inkulpationsakt, vgl. § 397 Abs. 1 AO, ergibt.[522]

---

[522] BVerwG, Urteil vom 27.06.2018 – BVerwG 6 C 39.16:

Leitsatz 1: „Eine auf § 81b 2. Alt. StPO gestützte Anordnung erkennungsdienstlicher Maßnahmen wird nicht allein dadurch rechtswidrig, dass die Beschuldigteneigenschaft des Adressaten vor Erlass des Widerspruchsbescheids wegfällt (Fortentwicklung von BVerwG, Urteil vom 19. Oktober 1982 - 1 C 29.79 - BVerwGE 66, 192).“;

Leitsatz 2: „Die Gründe für den Wegfall der Beschuldigteneigenschaft hat die Widerspruchsbehörde bei Prüfung der Notwendigkeit und der ihr obliegenden Ermessensentscheidung zu berücksichtigen.“;

Rn. 13: „In der Rechtsprechung des Bundesverwaltungsgerichts zu § 81b 2. Alt. StPO wird jedoch der weite Beschuldigtenbegriff [§ 157 StPO, P. B.] als Oberbegriff zugrunde gelegt, der - die verschiedenen

Betroffener ist im Ordnungswidrigkeitenverfahren jede (tatverdächtige) Person, gegen die im Rahmen eines Ordnungswidrigkeitenverfahrens wegen einer bestimmten Ordnungswidrigkeit ermittelt wird, was sich durch Auslegung nach dem objektivierten Empfängerhorizont, §§ 133, 157 BGB analog, etwa über einen Inkulpationsakt, vgl. § 397 Abs. 1 AO, ergibt.

Tatverdächtiger ist, gegen wessen Person zureichende tatsächliche Anhaltspunkte der Beteiligung an einer verfolgbaren Tat im Sinne des § 152 Abs. 2 StPO vorliegen.

(SUB/ERG)

Im konkreten Fall ist die Person (alternativ)

- richtigerweise als Beschuldigter/Betroffener in Anspruch genommen/adressiert;
- nicht richtigerweise in Anspruch genommen/adressiert.

C. Materielle Rechtmäßigkeit (MR) III. Rechtsfolge (Rf) /Rechtsfolgevoraussetzungen (RfV)

(VOR/DEF)

Rechtsfolge ist rechtliche Folge aus dem Tatbestand. / **Rechtsfolgevoraussetzungen** sind materiell-rechtliche Rechtsfolgegestaltungsbedingungen.

C. Materielle Rechtmäßigkeit (MR) III. Rechtsfolge (Rf) 1. Tatsächliche und rechtliche Möglichkeit (TurM)

Phasen des Ermittlungs- und Strafverfahrens übergreifend - auch den Angeschuldigten und Angeklagten umfasst (BVerwG, Urteil vom 19. Oktober 1982 - 1 C 29.79 - BVerwGE 66, 192 <195>).";

Rn. 14: „Für die Rechtmäßigkeit einer auf diese Variante der Vorschrift gestützten Anordnung erkennungsdienstlicher Maßnahmen reicht es aus, dass der Betroffene im Anordnungszeitpunkt Beschuldigter war.";

Rn. 17: „Das Bundesverwaltungsgericht hat aus der unterschiedlichen Zweckbestimmung der erkennungsdienstlichen Maßnahmen in den verschiedenen Varianten des § 81b StPO den Schluss gezogen, dass die Rechtmäßigkeit einer auf die zweite Alternative gestützten Anordnung - im Gegensatz zur Rechtmäßigkeit von Maßnahmen nach der ersten Alternative - nicht dadurch berührt wird, dass der Betroffene nach Abschluss des Verwaltungsverfahrens und vor dem Vollzug des Verwaltungsakts die Beschuldigteneigenschaft verliert (BVerwG, Urteil vom 19. Oktober 1982 - 1 C 29.79 - BVerwGE 66, 192 <195> und Beschluss vom 14. Juli 2014 - 6 B 2.14 - NVwZ-RR 2014, 848 Rn. 5). In Fortentwicklung dieser Rechtsprechung folgt der erkennende Senat dem Berufungsgericht, dass der Betroffene nur bei Ergehen der Anordnung und nicht auch noch bei Erlass des Widerspruchsbescheides Beschuldigter gewesen sein muss. Denn während der spezifische Zweckzusammenhang zwischen erkennungsdienstlicher Maßnahme und dem konkreten Strafverfahren in § 81b 1. Alt. StPO eine andauernde Abhängigkeit der Rechtmäßigkeit der Anordnung von dem Fortbestand der Beschuldigteneigenschaft begründet, fehlt diese Akzessorietät mangels finaler Verknüpfung der beiden Elemente in der zweiten Alternative. Hier wird die der Strafverfolgungsvorsorge dienende Anordnung nur anlässlich des laufenden Ermittlungs- oder Strafverfahrens getroffen, nicht aber zu dessen Förderung, so dass ihre Rechtmäßigkeit nicht vom Fortbestand der Beschuldigteneigenschaft bis zum Erlass des Widerspruchsbescheids abhängt.".

(VOR/DEF)

Tatsächliche und rechtliche Möglichkeit betrifft Fälle wie aus § 44 Abs. 2 Nr. 4-6 VwVfG NRW.

(SUB/ERG)

Im konkreten Fall ist tatsächliche und rechtliche Möglichkeit (alternativ)

- gegeben wegen Vorliegens von (alternativ) kognitiven, körperlichen, normativen, technischen Unmöglichkeiten.
- nicht gegeben wegen Nichtvorliegens von kognitiven, körperlichen, normativen, technischen Unmöglichkeiten.[523]

C. Materielle Rechtmäßigkeit (MR) III. Rechtsfolge (Rf) 2. Bestimmtheit (Bsh)

(VOR/DEF)

Bestimmtheit des Justiz-VA im Sinne des Art. 20 Abs. 3 GG ist Maßnahmenerkennbarkeit und Maßnahmenverstehbarkeit, vgl. §§ 133, 157 BGB analog.

(SUB/ERG)

Anordnung und Ausführung der erkennungsdienstlichen Maßnahme sind inhaltlich hinreichend bestimmt i.S.d. Art. 20 Abs. 3 GG, wenn nach Auslegung der Erklärungsempfänger wie jeder vernünftige Dritte, §§ 133, 157 BGB analog, in der konkreten Situation den Maßnahmen-Inhalt hinreichend erkennen und verstehen kann, nämlich:

- dass die Polizei ggü. dem Erklärungsempfänger (Wer)
- aus Strafrechtspflegegründen (Warum)
- zu einer spezifischen Zeit (wann)
- bezweckt, dass bestimmte erkennungsdienstliche Maßnahmen zwecks Tatverdachtserforschung im aktuellen oder künftigen Verfahren getroffen werden sollen (Was)
- durch Duldung [in den Grenzen des „nemo-tenetur-se-ipsum-prodere/accusare“[524]] der erkennungsdienstlichen Behandlung/erkennungsdienstlichen Maßnahme (wie).

---

[523] Zu „Tatsächliche und rechtliche Möglichkeit“ mit Beispielen siehe auch: *Basten*, Eingriffsrecht der Polizei in Nordrhein-Westfalen, Band 1, S. 263.

[524] Zum Recht auf faires Verfahren und Selbstbelastungsfreiheit (nemo tenetur se ipsum accusare): *Basten*, Eingriffsrecht der Polizei in Nordrhein-Westfalen, Band 1, S. 106. Zur Selbstbelastungsfreiheit bei erkennungsdienstlichen Maßnahmen nach § 81b StPO: BGHSt 34, 39.

Ermessen für Straftatenerforschung/StPO

(VOR/DEF)

Ermessen[525] ist Entscheidungsspielraum auf der Rechtsfolgenseite bzgl. rechtsfehlerfreier Ausübung von Einschreit-Entschließung (Ob), Adressaten-Auswahl (Wer), Maßnahmen-Gestaltung (Wie).

(SUB/ERG)

a) Einschreitentschließungs-„Ermessen" ist grundsätzlich nicht gegeben, vgl. § 163 Abs. 1 S. 1 („haben") i.V.m. § 152 Abs. 2 StPO (Legalitätsgrundsatz: „ist [...] verpflichtet, [...] einzuschreiten"); ein Opportunitätsprinzip ist nur ausnahmsweise gegeben, z.B. bei § 111b Abs. 1 S. 1 und 2 StPO; §§ 153-154f StPO; § 374 StPO.

b) Adressatenauswahl-„Ermessen" ist auch in der StPO grundsätzlich gegeben, insbesondere bzgl. zweckförderlicher Reihenfolge der Inanspruchnahme vom/von mehreren Beschuldigten.

c) Maßnahmengestaltungs-„Ermessen" ist auch in der StPO grundsätzlich gegeben, vgl. hier bereits die (offen normierte) Maßnahmenbandbreite von „Lichtbilder"-Aufnahmen, „Fingerabdrücke"-Aufnahmen, „Messungen" und „ähnliche[n] Maßnahmen".

Ein etwaig gegebener Entscheidungsspielraum wird (je nach Fall alternativ) aufgrund von Anhaltspunkten/in Ermangelung entgegenstehender Anhaltspunkte ohne Ermessensfehler/mit Ermessensfehlern (Ermessensunterschreitung, Ermessensüberschreitung, Ermessensfehlgebrauch) ausgeübt bzgl. folgender Ermessensarten:

a) Entschließungsermessen:

Ein etwaig gegebenes Entschließungsermessen kann im konkreten Fall sogar gegen / auf Null reduziert sein, insbesondere wegen:

- Einschreitmöglichkeit;
- Erheblichkeitsgrad von Tatverdachten.

b) Auswahlermessen:

siehe C. II.: Auswahlermessen wird abschließend beurteilt i.V.m. Punkt C. II. (Inanspruchnahme).

c) Gestaltungsermessen:

siehe C. III. 4.: Gestaltungsermessen wird abschließend beurteilt i.V.m. Punkt C. III. 4. (VHM).

---

525 Zum Ermessen einschließlich Rechtsnatur, Ermessensarten, Ermessensreduzierungen, Ermessensfehlern, Maßnahmenansprüchen mit Beispielen siehe auch: *Basten*, Eingriffsrecht der Polizei in Nordrhein-Westfalen, Band 1, S. 271-283.

Ermessen für Ordnungswidrigkeitenerforschung/OWiG

(VOR/DEF)

Ermessen[526] ist Entscheidungsspielraum auf der Rechtsfolgenseite bzgl. rechtsfehlerfreier Ausübung von Einschreit-Entschließung (Ob), Adressaten-Auswahl (Wer), Maßnahmen-Gestaltung (Wie), hier gegeben durch § 53 Abs. 1 S. 1 W. 9, 10 OWiG.

(SUB/ERG)

Der gegebene Entscheidungsspielraum wird (je nach Fall alternativ) aufgrund von Anhaltspunkten/in Ermangelung entgegenstehender Anhaltspunkte ohne Ermessensfehler/mit Ermessensfehlern (Ermessensunterschreitung, Ermessensüberschreitung, Ermessensfehlgebrauch) ausgeübt bzgl. folgender Ermessensarten:

a) Entschließungsermessen:

Das Entschließungsermessen kann im konkreten Fall sogar gegen / auf Null reduziert sein, insbesondere wegen:

- Einschreitmöglichkeit;
- Erheblichkeitsgrad von Tatverdachten.

b) Auswahlermessen:

siehe C. II.: Auswahlermessen wird abschließend beurteilt i.V.m. Punkt C. II. (Inanspruchnahme).

c) Gestaltungsermessen:

siehe C. III. 4.: Gestaltungsermessen wird abschließend beurteilt i.V.m. Punkt C. III. 4. (VHM).

C. Materielle Rechtmäßigkeit (MR) III. Rechtsfolge (Rf) 4. Verhältnismäßigkeit (VHM)

(VOR/DEF)

Verhältnismäßigkeit ist Geeignetheit, Erforderlichkeit, Angemessenheit zu einem legitimen Zweck.

(VOR/DEF)

a) Legitimer Zweck ist jeder verfassungsgemäße Zweck.

(Straf-/Owi-)Verfahrensdurchführungszweck i.S.d. § 81b Alt. 1 StPO ist – anlässlich aktuellen Tatverdachts – Zweck der Tatverdachtserforschung-/aufklärung i.S.d. § 163 Abs. 1 S. 1 StPO, § 160 Abs. 2 StPO im aktuellen Strafverfahren/Ordnungswidrigkeitenverfahren.

---

[526] Zum Ermessen einschließlich Rechtsnatur, Ermessensarten, Ermessensreduzierungen, Ermessensfehlern, Maßnahmenansprüchen mit Beispielen siehe auch: *Basten*, Eingriffsrecht der Polizei in Nordrhein-Westfalen, Band 1, S. 271-283.

Erkennungsdienstezweck i.S.d. § 81b Alt. 2 StPO ist – anlässlich aktuellen Tatverdachts – Zweck der Vorsorge zur Tatverdachtserforschung-/aufklärung i.S.d. § 160 Abs. 2 StPO in künftigen Strafverfahren („Straf/Owi-Verfolgungsvorsorge" – Tatverdachtserforschungs-/aufklärungsvorsorge).

(SUB/ERG)

Im konkreten Fall verfolgt die erkennungsdienstliche Maßnahme (alternativ)

- einen legitimen Zweck, nämlich anlässlich aktuellen Tatverdachts (alternativ)
  - die im Sinne von Art. 20 Abs. 3 GG, § 163 Abs. 1 S. 1 StPO, § 160 Abs. 2 StPO verfassungsgemäße Tatverdachtserforschung/Sachaufklärung in aktuellem (§ 81b Alt. 1 StPO) Verfahren oder
  - die im Sinne von Art. 20 Abs. 3 GG, § 163 Abs. 1 S. 1 StPO, § 160 Abs. 2 StPO verfassungsgemäße Tatverdachtserforschung/Sachaufklärung in künftigen Verfahren (§ 81b Alt. 2 StPO)
- keinen legitimen Zweck.

(VOR/DEF)

b) Geeignetheit einer staatlichen Maßnahme ist gegeben bei deren Zweckförderungstauglichkeit.

(SUB/ERG)

Im konkreten Fall ist die erkennungsdienstliche Maßnahme (alternativ)

- geeignet, denn mit ihren Produkten wird gefördert (alternativ):
  - die Tatverdachtserforschung/-aufklärung i.S.d. § 163 Abs. 1 S. 1 StPO, § 160 Abs. 2 StPO im aktuellen Verfahren (§ 81b Alt. 1 StPO),
  - in künftigen Verfahren (§ 81b Alt. 2 StPO);

  und zwar auf bestimmte Art und Weise je nach Fall, etwa über Abgleich von nach § 81b StPO erhobenen Daten mit Aussagen oder anderen Daten, wie z.B. im Zusammenhang mit Gegenüberstellung, Lichtbildvorlage[527], Bildaufzeichnungsvergleich (bezüglich Bildaufzeichnungen von Tat und Täter).

- ungeeignet.

---

[527] Nr. 18 RiStBV: „**Gegenüberstellung und Wahllichtbildvorlage**

(1) Soll durch eine Gegenüberstellung geklärt werden, ob der Beschuldigte der Täter ist, so ist dem Zeugen nicht nur der Beschuldigte, sondern auch eine Reihe anderer Personen gleichen Geschlechts, ähnlichen Alters und ähnlicher Erscheinung gegenüberzustellen, und zwar in einer Form, die nicht erkennen lässt, wer von den Gegenübergestellten der Beschuldigte ist (Wahlgegenüberstellung). Die Wahlgegenüberstellung kann auch mittels elektronischer Bildtechnik durchgeführt werden (wie z. B. Wahlvideogegenüberstellung).

(2) Die Gegenüberstellung soll grundsätzlich nacheinander und nicht gleichzeitig erfolgen. Sie soll auch dann vollständig durchgeführt werden, wenn der Zeuge zwischenzeitlich erklärt, eine Person erkannt zu haben. Die Einzelheiten sind aktenkundig zu machen.

(3) Die Absätze 1 und 2 gelten bei der Vorlage von Lichtbildern (Wahllichtbildvorlage) mit der Maßgabe, dass dem Zeugen mindestens acht Personen gezeigt werden sollen, entsprechend.".

(VOR/DEF)

c) Erforderlichkeit einer staatlichen Maßnahme ist Nichtverfügbarkeit eines milderen (Übermaßverbot), gleich geeigneten (Untermaßverbot) Mittels zur Zweckförderung, vgl. auch § 81b Alt. 2 StPO („notwendig"), vgl. auch § 81g Abs. 1 StPO.[528]

(SUB/ERG)

Im konkreten Fall ist die erkennungsdienstliche Maßnahme (alternativ)

- erforderlich, denn einerseits sind mildere Maßnahmen wie (zum Beispiel) die Vernehmung oder Nichtstun (alleine) nicht gleich geeignet, weil sie (alleine) nicht Aufklärung von Tatverdachten in gleicher Weise fördern (Untermaßverbot) und andererseits sind (mindestens) gleich geeignete, intensivere Maßnahmen wie direkte Freiheitsentziehung oder Zwang noch nicht notwendig (Übermaßverbot).
- nicht erforderlich.

---

528 BVerwG, Beschluss vom 25.03.2019 – BVerwG 6 B 163.18, Rn. 10: „Das Gebot der Verhältnismäßigkeit kommt in dem gesetzlichen Erfordernis der **Notwendigkeit der erkennungsdienstlichen Behandlung** zum Ausdruck. Nach § 81b Alt. 2 StPO dürfen die dort aufgeführten Maßnahmen nur angeordnet und vorgenommen, die dabei gewonnenen Daten nur gespeichert werden, wenn sie für die Zwecke des Erkennungsdienstes notwendig sind. Diese Datenerhebung und -speicherung dient der Strafverfolgungsvorsorge, indem sie der Kriminalpolizei sächliche Hilfsmittel für die Erforschung und Aufklärung künftiger Straftaten zur Verfügung stellt. Notwendigkeit im Sinne des § 81b Alt. 2 StPO ist anzunehmen, wenn angesichts aller Umstände des Einzelfalles tatsächliche Anhaltspunkte die Annahme rechtfertigen, der Beschuldigte könne künftig als Verdächtiger einer Straftat in Betracht kommen, deren Aufklärung die erkennungsdienstlichen Unterlagen überführend oder entlastend fördern können. Zu den Umständen, die bei dieser Prognoseentscheidung zu berücksichtigen sind, gehören das Ermittlungsergebnis des strafprozessualen Anlassverfahrens sowie Art, Schwere und Begehungsweise der dem Beschuldigten im Anlassverfahren zur Last gelegten Straftaten, seine Persönlichkeit sowie der Zeitraum, während dessen er strafrechtlich nicht mehr in Erscheinung getreten ist. Ist das strafprozessuale Ermittlungsverfahren nach § 170 Abs. 2 StPO eingestellt worden, weil sich der Anfangsverdacht im Verlauf der Ermittlungen nicht zu einer die Anklageerhebung rechtfertigenden Verurteilungswahrscheinlichkeit konkretisiert hat, müssen Behörden und Gerichte unter Abwägung des Für und Wider sorgfältig begründen, aus welchen Gründen sie eine erkennungsdienstliche Behandlung dennoch für notwendig halten (stRspr, vgl. zuletzt BVerwG, Urteil vom 27. Juni 2018 - 6 C 39.16 [ECLI:DE:BVerwG:2018:270618U6C39.16.0] - NJW 2018, 3194 Rn. 21 bis 23).".

„**Wiederholungsgefahr**" bedeutet i.d.R. **sofortige Vollziehbarkeit** im Sinne des – gerichtsseitig auf beiden Rechtsgebieten von Gefahrenabwehr und Strafrechtspflege angewendeten – § 80 Abs. 2 VwGO (z.B. § 80 Abs. 2 S. 1 Nr. 2 oder 4 VwGO) und dann auch i.d.R. **Vollstreckbarkeit** im Sinne der dritten allgemeinen Vollstreckungsvoraussetzung des Zwangsrechts, vgl. die Rechtsprechung zu **erkennungsdienstlichen Maßnahmen** wie VGH Baden-Württemberg, Beschluss vom 05.04.2016 – 1 S 275/16, mit Zitierung von: BayVGH, Beschluss vom 23.11.2009 – 10 CS 09.1854; außerdem: OVG Niedersachsen, Beschluss vom 29.06.2016 – 11 ME 100/16; VGH München, Beschluss v. 06.12.2016 – 10 CS 16.2069. Zur **Vollziehbarkeitsbegründung** gemäß dem – gerichtsseitig auf beiden Rechtsgebieten von Gefahrenabwehr und Strafrechtspflege angewendeten – § 80 Abs. 3 VwGO in Fällen von § 80 Abs. 2 S. 1 Nr. 4 VwGO und zur **Vollstreckbarkeit** siehe *Basten*, Eingriffsrecht der Polizei in Nordrhein-Westfalen, Band 3, Buch 3, Abschnitt 2, Unterabschnitte 1, 2, jeweils C. I. 3. (Vollstreckbarkeit).

(VOR/DEF)

d) Angemessenheit oder **Verhältnismäßigkeit im engeren Sinne** einer staatlichen Maßnahme ist angemessenes Maß oder Verhältnis zwischen Zweckförderung für Erhaltungsrechte und Wirkungen für Eingriffsrechte, vgl. die betroffenen Grundrechte.

(SUB/ERG)

Im konkreten Fall ist die erkennungsdienstliche Maßnahme (alternativ)

- angemessen, denn der Eingriff in Art. 2 Abs. 1 i.V.m. Art. 1 Abs. 1 GG/Art. 2 Abs. 2 S. 1 Alt. 2 GG/Art. 2 Abs. 2 S. 2 GG steht angesichts der Rechte und Rechtsgüter aus Art. 20 Abs. 3 GG sowie angesichts von Tatverdachtsstärke, Schwere mutmaßlicher Tat, Sanktionswahrscheinlichkeit, mutmaßlicher Sanktionshöhe nicht außer Verhältnis.
- unangemessen.

(ERG VHM)

Die erkennungsdienstliche Maßnahme ist insgesamt i.S.v. Art. 20 Abs. 3 GG (alternativ)

- verhältnismäßig.
- unverhältnismäßig.

D. Gesamtergebnis (GErg)

Die erkennungsdienstliche Maßnahme ist (alternativ)

- gemäß § 81b Alt. 1 / 2 StPO (ggf. mit §§ 46, 53 Abs. 1 S. 2, Abs. 2 OWiG) rechtmäßig.
- wegen Art./§ (bestimmter Rechtsnorm [z.B. Art. 20 Abs. 3 GG]) rechtswidrig.

ABSCHNITT 6: ERKENNUNGSDIENSTLICHE MAßNAHME AUF DEM RECHTSGEBIET DER GEFAHRENABWEHR, § 14 (ABS. 1 NR. 2) POLG NRW

A. Rechtsgrundlage (RGL) I. Grundrechte (GR)

(VOR/DEF)

Grundrechte sind grundlegende Rechte aus Art. 1-19 GG i.V.m. dem Rechtsstaatsprinzip, Art. 20 Abs. 3 GG, mit Vorrang und Vorbehalt des Gesetzes.[529]

(SUB/ERG)

Grundrechte sind (i.d.R. alternativ fallabhängig) wie folgt gegeben:

529 Zu **Grundrechten**: *Basten*, Eingriffsrecht der Polizei in Nordrhein-Westfalen, Band 1, Buch 1, Abschnitt 2, Unterabschnitt 3. Zum **Rechtsstaatsprinzip** mit unter anderem sogenanntem Vorrang des Gesetzes und Vorbehalt des Gesetzes: *Basten*, Eingriffsrecht der Polizei in Nordrhein-Westfalen, Band 1, S. 95-108.

1. Allgemeines Persönlichkeitsgrundrecht[530] mit verschiedenen Ausprägungen[531], etwa in der Ausprägung des **Rechts auf informationelle Selbstbestimmung** (APR/RiS), Art. 2 Abs. 1 i.V.m. Art. 1 Abs. 1[532] GG, vgl. auch Art. 142 GG i.V.m. Art. 4 Abs. 1, 2 Verfassung NRW[533].

---

[530] BVerfGE 147, 1, 18 f. (**Geschlechtsidentität**) = BVerfG, Beschluss des Ersten Senats vom 10.10.2017 – 1 BvR 2019/16 –, Rn. 38: „Art. 2 Abs. 1 GG gewährt jedem das **Recht auf die freie Entfaltung seiner Persönlichkeit**. Dieses Grundrecht umfasst neben der allgemeinen Handlungsfreiheit das **allgemeine Persönlichkeitsrecht** (Art. 2 Abs. 1 i.V.m. Art. 1 Abs. 1 GG). Letzteres ergänzt als ‚unbenanntes' Freiheitsrecht die speziellen (‚benannten') Freiheitsrechte, die ebenfalls konstituierende Elemente der Persönlichkeit schützen (vgl. BVerfGE 54, 148 <153>). Eine der **Aufgaben des allgemeinen Persönlichkeitsrechts** ist es dabei, Grundbedingungen dafür zu sichern, dass die einzelne Person ihre Individualität selbstbestimmt entwickeln und wahren kann (vgl. BVerfGE 35, 202 <220>; 79, 256 <268>; 90, 263 <270>; 117, 202 <225>). Das allgemeine Persönlichkeitsrecht schützt indessen nur solche **Elemente der Persönlichkeitsentfaltung**, die - ohne bereits Gegenstand der besonderen Freiheitsgarantien des Grundgesetzes zu sein - diesen in ihrer konstituierenden Bedeutung für die Persönlichkeit nicht nachstehen (vgl. BVerfGE 79, 256 <268>; 99, 185 <193>; 120, 274 <303>; stRspr). Es verbürgt also nicht Schutz gegen alles, was die selbstbestimmte Persönlichkeitsentwicklung auf irgendeine Weise beeinträchtigen könnte; ohnehin vermag kein Mensch seine Individualität unabhängig von äußeren Gegebenheiten und Zugehörigkeiten zu entwickeln. Der lückenschließende Schutz des allgemeinen Persönlichkeitsrechts greift aber dann, wenn die selbstbestimmte Entwicklung und Wahrung der Persönlichkeit spezifisch gefährdet ist (BVerfGE 141, 186 <201 f. Rn. 32>).".

BVerfG, Beschluss des Ersten Senats vom 06.11.2019 – 1 BvR 16/13 – (Recht auf Vergessen I), Rn. 81: „Diese [**APR-]Rechtsprechung** hat sich maßgeblich in Konstellationen der mittelbaren Drittwirkung und geleitet von dem Erfordernis praktischer Konkordanz entwickelt. Deshalb bestimmen sich die Schutzdimensionen des allgemeinen Persönlichkeitsrechts letztlich immer einzelfallbezogen im Abgleich mit den Grundrechten Dritter. Die Bestimmung seiner Schutzwirkungen und die Abwägung mit den gegenüberstehenden Freiheitsrechten greifen hier Hand in Hand. Der Schutz des allgemeinen Persönlichkeitsrechts ist insoweit flexibel und durch die Einbindung der Person in ihre sozialen Beziehungen relativiert (vgl. BVerfGE 101, 361 <380>; 141, 186 <202 Rn. 32>; 147, 1 <19 Rn. 38>; stRspr; siehe auch BGHZ 183, 353 <357 Rn. 11>; 209, 139 <150 Rn. 30>; 219, 233 <240 Rn. 22>; stRspr).".

Vgl. „**Allgemeines Persönlichkeitsrecht**" (APR) als „sonstiges Recht" (sog. **Rahmenrecht** mit [grundrechts-]abwägungsoffenem Tatbestand) nach § 823 Abs. 1 Var. 6 BGB, u.a. mit Geldentschädigungsanspruch, insbesondere durch ständige Rechtsprechung (vgl. auch § 253 BGB) seit folgender Entwicklung: BGHZ 13, 334 (Leserbrief), mit erstmaliger ausdrücklicher Anerkennung des allgemeinen Persönlichkeitsrechts; BGHZ 26, 349 (Herrenreiter), mit erstmaliger Zuerkennung einer Geldentschädigung wegen des immateriellen Schadens durch die Verletzung des allgemeinen Persönlichkeitsrechts; BGHZ 35, 363 (Ginsengwurzel), mit erstmaliger Schwerpunktsetzung bei der Menschenwürde in der Begründung; BVerfGE 34, 269 (Soraya), mit verfassungsgerichtlicher Erklärung der verfassungsrechtlichen Zulässigkeit der richterrechtlich entwickelten APR-Konstruktion.

[531] BVerfG, Beschluss des Ersten Senats vom 06.11.2019 – 1 BvR 16/13 – (Recht auf Vergessen I), Rn. 80: „Die Rechtsprechung hat aus dem [**Allgemeinen Persönlichkeits-]Grundrecht** insoweit verschiedene **Schutzdimensionen** abgeleitet wie den **Schutz eines unantastbaren Bereichs privater Lebensgestaltung**, die Garantie der **Privatsphäre**, das **Recht am eigenen Bild** oder **gesprochenen Wort** oder das **Recht auf die Darstellung der eigenen Person**, die **soziale Anerkennung** sowie die **persönliche Ehre** (vgl. BVerfGE 27, 1 <6>; 27, 344 <350 f.>; 32, 373 <379>; 34, 238 <245 f.>; 47, 46 <73>; 54, 148 <153 f.>; 99, 185 <193 f.>; 101, 361 <384>; 106, 28 <39>; 114, 339 <346>; 120, 180 <198>)." „Diese **Schutzgehalte** werden insoweit aber nicht als abschließend umschriebene und voneinander abzugrenzende Gewährleistungen verstanden, sondern als Ausprägungen, die in Blick auf den konkreten Schutzbedarf jeweils anhand des zu entscheidenden Falles herauszuarbeiten sind (vgl. BVerfGE 54, 148 <153 f.>; 65, 1 <41>).".

BVerfGE 65, 1 (Volkszählungsgesetz), Ls. 1 = BVerfG, Urteil des Ersten Senats vom 15.12.1983 – 1 BvR 209/83, Ls. 1: „Unter den Bedingungen der modernen Datenverarbeitung wird der Schutz des Einzelnen

gegen unbegrenzte Erhebung, Speicherung, Verwendung und Weitergabe seiner persönlichen Daten von dem **allgemeinen Persönlichkeitsrecht** des Art. 2 Abs. 1 GG in Verbindung mit Art. 1 Abs. 1 GG umfaßt. Das [**Allgemeine Persönlichkeits-]Grundrecht** gewährleistet insoweit die Befugnis des Einzelnen, grundsätzlich selbst über die Preisgabe und Verwendung seiner persönlichen Daten zu bestimmen.“; BVerfG, Beschluss des Ersten Senats vom 06.11.2019 – 1 BvR 16/13 – (Recht auf Vergessen I), Rn. 80: „Das **Recht auf informationelle Selbstbestimmung** ist von der Rechtsprechung als eigene Ausprägung des allgemeinen Persönlichkeitsrechts mit einem gegenüber den anderen Ausprägungen selbständigen Gewährleistungsgehalt entwickelt worden und behält diesen auch, soweit es als verfassungsrechtliche Wertentscheidung in das Zivilrecht einstrahlt. Dementsprechend enthält es keinen gesamthaften Schutzanspruch hinsichtlich jederlei Umgangs mit Informationen, der die übrigen Schutzdimensionen des Grundrechts allgemein übergreifen und zusammenführen würde, sondern lässt deren Wertungen und Abwägungsregeln unberührt.“; BVerfGE 120, 274, 311 f. (Online-Durchsuchung) = BVerfG, Urteil des Ersten Senats vom 27.02.2008 – 1 BvR 370/07 –, Rn. 198 f. „Das **Recht auf informationelle Selbstbestimmung** geht über den **Schutz der Privatsphäre** hinaus. Es gibt dem Einzelnen die Befugnis, grundsätzlich selbst über die Preisgabe und Verwendung seiner persönlichen Daten zu bestimmen (vgl. BVerfGE 65, 1 <43>; 84, 192 <194>). Es flankiert und erweitert den grundrechtlichen Schutz von Verhaltensfreiheit und Privatheit, indem es ihn schon auf der Stufe der Persönlichkeitsgefährdung beginnen lässt. Eine derartige Gefährdungslage kann bereits im Vorfeld konkreter Bedrohungen benennbarer Rechtsgüter entstehen, insbesondere wenn personenbezogene Informationen in einer Art und Weise genutzt und verknüpft werden können, die der Betroffene weder überschauen noch verhindern kann. Der Schutzumfang des **Rechts auf informationelle Selbstbestimmung** beschränkt sich dabei nicht auf Informationen, die bereits ihrer Art nach sensibel sind und schon deshalb grundrechtlich geschützt werden. Auch der Umgang mit personenbezogenen Daten, die für sich genommen nur geringen Informationsgehalt haben, kann, je nach dem Ziel des Zugriffs und den bestehenden Verarbeitungs- und Verknüpfungsmöglichkeiten, grundrechtserhebliche Auswirkungen auf die Privatheit und Verhaltensfreiheit des Betroffenen haben (vgl. BVerfG, Beschluss vom 13. Juni 2007 - 1 BvR 1550/03 u.a. -, NJW 2007, S. 2464 <2466>). Die mit dem Recht auf informationelle Selbstbestimmung abzuwehrenden Persönlichkeitsgefährdungen ergeben sich aus den vielfältigen Möglichkeiten des Staates und gegebenenfalls auch privater Akteure (vgl. BVerfG, Beschluss der 1. Kammer des Ersten Senats vom 23. Oktober 2006 - 1 BvR 2027/02 -, JZ 2007, S. 576) zur Erhebung, Verarbeitung und Nutzung personenbezogener Daten. Vor allem mittels elektronischer Datenverarbeitung können aus solchen Informationen weitere Informationen erzeugt und so Schlüsse gezogen werden, die sowohl die grundrechtlich geschützten Geheimhaltungsinteressen des Betroffenen beeinträchtigen als auch Eingriffe in seine Verhaltensfreiheit mit sich bringen können (vgl. BVerfGE 65, 1 <42>; 113, 29 <45 f.>; 115, 320 <342>; BVerfG, Beschluss vom 13. Juni 2007 - 1 BvR 1550/03 u.a. -, NJW 2007, S. 2464 <2466>).“.

BVerfGE 109, 279, 325-327 (akustische Wohnraumüberwachung / „Großer Lauschangriff“) = BVerfG, Urteil des Ersten Senats vom 03.03.2004 – 1 BvR 2378/98, 1084/99 –, Rn. 159-163: „Das aus Art. 2 Abs. 1 in Verbindung mit Art. 1 Abs. 1 GG folgende **allgemeine Persönlichkeitsrecht** kommt neben Art. 13 Abs. 1 GG allerdings nicht zur Anwendung, soweit Eingriffe in die **räumliche Privatsphäre des Wohnungsinhabers** zu überprüfen sind. Art. 13 Abs. 1 GG enthält eine spezielle Gewährleistung des **Schutzes vor staatlicher akustischer Überwachung der räumlichen Privatsphäre**, die die allgemeinere Vorschrift insoweit verdrängt (vgl. BVerfGE 100, 313 [358] zu Art. 10 GG). Mit dem **Recht, in der Wohnung ungestört zu sein**, und dem **Recht am eigenen in der Wohnung gesprochenen Wort** schützt Art. 13 Abs. 1 GG gerade den Teil der **Privatsphäre**, den sonst das allgemeine Persönlichkeitsrecht gewährleistet. Dieses Recht ergänzt als unbenanntes Freiheitsrecht die speziellen Freiheitsrechte, die ebenfalls konstituierende Elemente der Persönlichkeit schützen (vgl. BVerfGE 54, 148 <153 f.>), nur insoweit, als Letztere keinen Schutz gewähren. Der **Schutz des allgemeinen Persönlichkeitsrechts aus Art. 2 Abs. 1 in Verbindung mit Art. 1 Abs. 1 GG** greift hingegen ein, soweit von der Wohnraumüberwachung Personen betroffen werden, die sich nicht auf Art. 13 Abs. 1 GG berufen können. **Grundrechtsträger des Art. 13 Abs. 1 GG** ist jeder Inhaber oder Bewohner eines Wohnraums, unabhängig davon, auf welchen Rechtsverhältnissen die Nutzung des Wohnraums beruht. Bei mehreren Bewohnern einer Wohnung steht das Grundrecht jedem Einzelnen, bei Familien mithin jedem Familienmitglied zu. Maßnahmen der **Wohnraumüberwachung** können aber nicht nur **Wohnungsinhaber**, sondern auch **zufällig in einer Wohnung**

Anwesende erfassen. Diese Personen sind zwar nicht in ihrem Grundrecht aus Art. 13 Abs. 1 GG, wohl aber in ihrem **allgemeinen Persönlichkeitsrecht** betroffen. Der Schutz aus Art. 2 Abs. 1 in Verbindung mit Art. 1 Abs. 1 GG kann insofern allerdings nicht weiter reichen als derjenige aus Art. 13 Abs. 1 und 3 GG. Der Schutz der **räumlichen Privatsphäre und des allgemeinen Persönlichkeitsrechts** kann schließlich in Einzelfällen durch weitere Grundrechtsgarantien ergänzt sein. So wird das **Gespräch zwischen Eheleuten in der eigenen Wohnung** nicht nur von Art. 13 Abs. 1 GG, sondern zusätzlich durch Art. 6 Abs. 1 GG geschützt. Auch in Bezug auf die **Kommunikation mit Berufsgeheimnisträgern** können neben dem grundrechtlichen **Schutz der räumlichen Privatsphäre** Grundrechte in Betracht kommen, die - wie etwa Art. 4 GG im Hinblick auf das Gespräch mit einem Geistlichen - der besonderen Schutzbedürftigkeit der Kommunizierenden Rechnung tragen.“.

BVerfG, Beschluss des Ersten Senats vom 06.11.2019 – 1 BvR 16/13 – (Recht auf Vergessen I), Ls. 3 S. 1: „Von den **äußerungsrechtlichen Schutzdimensionen** ist das **Recht auf informationelle Selbstbestimmung** als eine eigene Ausprägung des allgemeinen Persönlichkeitsrechts zu unterscheiden.“ BVerfG, Beschluss des Ersten Senats vom 06.11.2019 – 1 BvR 16/13 – (Recht auf Vergessen I), Rn. 90: „Ausgehend von dem **Ziel des Rechts auf informationelle Selbstbestimmung**, Schutz vor Gefahren angesichts neuartiger Möglichkeiten der Datenverarbeitung zu gewähren (vgl. BVerfGE 65, 1 <42>), ist es primär als Gewährleistung zu verstehen, die – neben der ungewollten Preisgabe von Daten auch im Rahmen privater Rechtsbeziehungen (vgl. BVerfGE 84, 192 <194>) – insbesondere vor deren intransparenter Verarbeitung und Nutzung durch Private schützt. Es bietet Schutz davor, dass Dritte sich individueller Daten bemächtigen und sie in nicht nachvollziehbarer Weise als Instrument nutzen, um die Betroffenen auf Eigenschaften, Typen oder Profile festzulegen, auf die sie keinen Einfluss haben und die dabei aber für die freie Entfaltung der Persönlichkeit sowie eine gleichberechtigte Teilhabe in der Gesellschaft von erheblicher Bedeutung sind. Der Gehalt dieses Rechts ist dabei entwicklungsoffen, so dass es auch weitere persönlichkeitsgefährdende Entwicklungen der Informationsverarbeitung aufnehmen kann.“.

BVerfG, Beschluss des Ersten Senats vom 06.11.2019 – 1 BvR 16/13 – (Recht auf Vergessen I), Ls. 2a): „Der verfassungsrechtliche Maßstab für den Schutz gegenüber Gefährdungen durch die **Verbreitung personenbezogener Berichte und Informationen als Teil öffentlicher Kommunikation** liegt in den **äußerungsrechtlichen Ausprägungen des allgemeinen Persönlichkeitsrechts**, nicht im Recht auf informationelle Selbstbestimmung.“.

BVerfG, Beschluss des Ersten Senats vom 06.11.2019 – 1 BvR 16/13 – (Recht auf Vergessen I), Rn. 91: „[Vom Recht auf informationelle Selbstbestimmung] zu unterscheiden ist der **Schutz vor der Verarbeitung personenbezogener Berichte und Informationen als Ergebnis eines Kommunikationsprozesses**. Der Schutzbedarf gründet hier nicht in der intransparenten Zuweisung von Persönlichkeitsmerkmalen und -profilen durch Dritte, sondern in der sichtbaren Verbreitung bestimmter Informationen im öffentlichen Raum. Gefährdungen für die Persönlichkeitsentfaltung ergeben sich hier vornehmlich aus Form und Inhalt der Veröffentlichung selbst. Schutz gegenüber solchen Gefährdungen bieten die **äußerungsrechtlichen Ausprägungen des allgemeinen Persönlichkeitsrechts unabhängig vom Recht auf informationelle Selbstbestimmung**. Zwar kann es auch dabei maßgeblich auf die Art der Informationserlangung ankommen. Jedoch hat diese hier ihre Bedeutung als Vorfrage für die Beurteilung des weiteren Umgangs mit einer bestimmten Äußerung und des damit in die Öffentlichkeit gestellten Bildes einer Person selbst.“.

BVerfG, Beschluss des Ersten Senats vom 06.11.2019 – 1 BvR 16/13 – (**Recht auf Vergessen** I), Ls. 2b): „Bei der Entscheidung über einen Schutzanspruch kommt der Zeit unter den Kommunikationsbedingungen des Internets ein spezifisches Gewicht zu. Die Rechtsordnung muss davor schützen, dass sich eine Person frühere Positionen, Äußerungen und Handlungen unbegrenzt vor der Öffentlichkeit vorhalten lassen muss. Erst die Ermöglichung eines Zurücktretens vergangener Sachverhalte eröffnet den Einzelnen die Chance zum Neubeginn in Freiheit. Zur Zeitlichkeit der Freiheit gehört die Möglichkeit des Vergessens.“.

BVerfGE 120, 274, 311 (Online-Durchsuchung) = BVerfG, Urteil des Ersten Senats vom 27.02.2008 – 1 BvR 370/07 –, Rn. 197: „In seiner Ausprägung als **Schutz der Privatsphäre** [als **Privatangelegenheitenschutz** und **Rückzugsraumbereichsschutz** – beides **gegenüber der Öffentlichkeit**, vgl. **Sphärentheorie** mit **Intimsphäre, Privatsphäre, Sozialsphäre** und vgl. **Kernbereich privater Lebensgestaltung**] gewährleistet das allgemeine Persönlichkeitsrecht dem Einzelnen einen räumlich und thematisch

bestimmten Bereich, der grundsätzlich frei von unerwünschter Einsichtnahme bleiben soll (vgl. BVerfGE 27, 344 <350 ff.>; 44, 353 <372 f.>; 90, 255 <260>; 101, 361 <382 f.>).“; BVerfGE 101, 361, 382-385 (Caroline von Monaco II) = BVerfG, Urteil vom 15.12.1999 – 1 BvR 653/96 –, Rn. 75-82: „Im Unterschied zum **Recht am eigenen Bild** bezieht sich der **Schutz der Privatsphäre**, der ebenfalls im **allgemeinen Persönlichkeitsrecht** wurzelt, nicht speziell auf Abbildungen, sondern ist **thematisch und räumlich** bestimmt. Er umfaßt zum einen **Angelegenheiten** [**Privatangelegenheitenschutz**], die wegen ihres Informationsinhalts typischerweise als **‚privat‘** eingestuft werden, weil ihre **öffentliche** Erörterung oder Zurschaustellung als unschicklich gilt, das Bekanntwerden als peinlich empfunden wird oder nachteilige Reaktionen der Umwelt auslöst, wie es etwa bei Auseinandersetzungen mit sich selbst in **Tagebüchern** (BVerfGE 80, 367), bei **vertraulicher Kommunikation unter Eheleuten** (BVerfGE 27, 344), im Bereich der **Sexualität** (BVerfGE 47, 46; 49, 286 [BVerfGE 120, 224, 238 f. (Geschwisterbeischlaf) = BVerfGE, Beschluss des Zweiten Senats vom 26.02.2008 – 2 BvR 392/07 –, Rn. 32 f.: „Das allgemeine Persönlichkeitsrecht in seiner Ausprägung als **Recht auf sexuelle Selbstbestimmung**“/„**Intim- und Sexualbereich des Menschen als Teil seiner Privatsphäre**, P. B.]), bei **sozial abweichendem Verhalten** (BVerfGE 44, 353) oder bei **Krankheiten** (BVerfGE 32, 373) der Fall ist. Fehlte es hier an einem **Schutz vor der Kenntniserlangung anderer**, wären die Auseinandersetzung mit sich selbst, die unbefangene Kommunikation unter Nahestehenden, die sexuelle Entfaltung oder die Inanspruchnahme ärztlicher Hilfe beeinträchtigt oder unmöglich, obwohl es sich um grundrechtlich geschützte Verhaltensweisen handelt. Zum anderen erstreckt sich der Schutz auf einen **räumlichen Bereich** [**Raumbereichsschutz**], in dem der Einzelne zu sich kommen, sich entspannen oder auch gehen lassen kann (vgl. BVerfGE 27, 1 [6]). Zwar bietet auch dieser Bereich Gelegenheit, sich in einer Weise zu verhalten, die nicht für die **Öffentlichkeit** bestimmt ist und deren Beobachtung oder Darstellung durch Außenstehende für den Betroffenen peinlich oder nachteilig wäre. Im Kern geht es aber um einen **Raum**, in dem er die Möglichkeit hat, frei von **öffentlicher Beobachtung** und damit der von ihr erzwungenen Selbstkontrolle zu sein, auch ohne daß er sich dort notwendig anders verhielte als in der **Öffentlichkeit**. Bestünden solche **Rückzugsbereiche** nicht mehr, könnte der Einzelne psychisch überfordert sein, weil er unausgesetzt darauf achten müßte, wie er auf andere wirkt und ob er sich richtig verhält. Ihm fehlten die Phasen des Alleinseins und Ausgleichs, die für die Persönlichkeitsentfaltung notwendig sind und ohne die sie nachhaltig beeinträchtigt würde. Ein derartiges Schutzbedürfnis besteht auch bei Personen, die aufgrund ihres Ranges oder Ansehens, ihres Amtes oder Einflusses, ihrer Fähigkeiten oder Taten besondere **öffentliche** Beachtung finden. Wer, ob gewollt oder ungewollt, zur Person des **öffentlichen** Lebens geworden ist, verliert damit nicht sein Anrecht auf eine **Privatsphäre**, die den Blicken der **Öffentlichkeit** entzogen bleibt. Das gilt auch für demokratisch gewählte Amtsträger, die zwar für ihre Amtsführung **öffentlich** rechenschaftspflichtig sind und sich in diesem Umfang **öffentliche** Aufmerksamkeit gefallen lassen müssen, nicht aber für ihr **Privatleben**, sofern dieses die Amtsführung nicht berührt. Der **häusliche Bereich** [vgl. ggf. spezielleren Art. 13 GG i.V.m. BVerfGE 109, 279, 325 f.] stellt anerkanntermaßen eine solche geschützte Sphäre dar. Wegen des Bezugs auf die Entfaltung der Persönlichkeit darf der **Rückzugsbereich** jedoch nicht von vornherein auf ihn begrenzt werden. Das gilt schon deshalb, weil die Funktionen, denen er dient, nur erfüllt werden, wenn er nicht an den Hausmauern oder Grundstücksgrenzen endet. Die freie Entfaltung der Persönlichkeit wäre erheblich behindert, wenn der Einzelne nur im eigenen Haus der **öffentlichen** Neugier entgehen könnte. Die notwendige Erholung von einer durch Funktionszwänge und Medienpräsenz geprägten **Öffentlichkeit** ist vielfach nur in der **Abgeschiedenheit einer natürlichen Umgebung**, **etwa an einem Ferienort**, zu gewinnen. Deswegen muß der Einzelne grundsätzlich die Möglichkeit haben, sich auch in der freien, gleichwohl **abgeschiedenen Natur oder an Örtlichkeiten, die von der breiten Öffentlichkeit deutlich abgeschieden sind**, in einer von **öffentlicher** Beobachtung freien Weise zu bewegen. Das gilt gerade gegenüber solchen Aufnahmetechniken, die die **räumliche Abgeschiedenheit** überwinden, ohne daß der Betroffene dies bemerken kann. Wo die Grenzen der geschützten **Privatsphäre außerhalb des Hauses** verlaufen, läßt sich nicht generell und abstrakt festlegen. Sie können vielmehr nur aufgrund der jeweiligen Beschaffenheit des **Ortes** bestimmt werden, den der Betroffene aufsucht. Ausschlaggebend ist, ob der Einzelne eine **Situation** vorfindet oder schafft, in der er begründetermaßen und somit auch für Dritte erkennbar davon ausgehen darf, den Blicken der **Öffentlichkeit** nicht ausgesetzt zu sein. Ob die Voraussetzungen der **Abgeschiedenheit** erfüllt sind, läßt sich nur situativ beurteilen. Der Einzelne kann sich an ein und demselben **Ort** zu Zeiten mit gutem Grund unbeobachtet fühlen, zu anderen Zeiten nicht. Auch ist

der Aufenthalt in umschlossenen **Räumen** keineswegs immer mit **Abgeschiedenheit** gleichzusetzen. Da es um die Frage geht, ob der Einzelne begründetermaßen erwarten darf, unbeobachtet zu sein, oder aber **Plätze** aufgesucht hat, wo er sich unter den Augen der **Öffentlichkeit** bewegt, kann es auch in umschlossenen Räumen an der **Abgeschiedenheit** fehlen, die Voraussetzung für den **Privatsphärenschutz** außerhalb der eigenen **Häuslichkeit** ist. **Plätzen, an denen sich der Einzelne unter vielen Menschen befindet**, fehlt es von vornherein an den Voraussetzungen des **Privatsphärenschutzes** im Sinn von Art. 2 Abs. 1 in Verbindung mit Art. 1 Abs. 1 GG. Sie können das **Rückzugsbedürfnis** nicht erfüllen und rechtfertigen deswegen auch nicht den grundrechtlichen Schutz, den dieses Bedürfnis aus Gründen der Persönlichkeitsentfaltung verdient. Der Einzelne kann solche **Orte** auch nicht etwa durch ein Verhalten, das typischerweise nicht **öffentlich** zur Schau gestellt würde, in seine **Privatsphäre** umdefinieren. Nicht sein Verhalten, ob allein oder mit anderen, konstituiert die **Privatsphäre**, sondern die **objektive Gegebenheit der Örtlichkeit zur fraglichen Zeit**. Verhält er sich daher an **Orten**, die nicht die Merkmale der **Abgeschiedenheit** aufweisen, so, als stünde er nicht unter Beobachtung, hebt er das **Schutzbedürfnis für Verhaltensweisen, die an sich die Öffentlichkeit nichts angehen**, selbst auf. Der **Schutz der Privatsphäre vor öffentlicher Kenntnisnahme** entfällt ferner, wenn sich jemand selbst damit einverstanden zeigt, daß bestimmte, gewöhnlich als privat geltende Angelegenheiten **öffentlich** gemacht werden, etwa indem er Exklusivverträge über die Berichterstattung aus seiner **Privatsphäre** abschließt. Der verfassungsrechtliche **Privatsphärenschutz** aus Art. 2 Abs. 1 in Verbindung mit Art. 1 Abs. 1 GG ist nicht im Interesse einer Kommerzialisierung der eigenen Person gewährleistet. Zwar ist niemand an einer solchen **Öffnung privater Bereiche** gehindert. Er kann sich dann aber nicht gleichzeitig auf den **öffentlichkeitsabgewandten Privatsphärenschutz** berufen. Die Erwartung, daß die Umwelt die **Angelegenheiten oder Verhaltensweisen in einem Bereich mit Rückzugsfunktion** nur begrenzt oder nicht zur Kenntnis nimmt, muß daher situationsübergreifend und konsistent zum Ausdruck gebracht werden. Das gilt auch für den Fall, daß der Entschluß, die Berichterstattung über bestimmte Vorgänge der eigenen **Privatsphäre** zu gestatten oder hinzunehmen, rückgängig gemacht wird.".

BVerfGE 6, 32, 41 (Elfes) = BVerfG, Urteil vom des Ersten Senats vom 16.01.1957 – 1 BvR 253/56 –, Rn. 32 [vgl. **Recht auf Privatsphäre** als **Privatangelegenheitenschutz** und **Rückzugsraumbereichsschutz** – beides **gegenüber der Öffentlichkeit,** vgl. **Sphärentheorie** mit **Intimsphäre**, **Privatsphäre**, **Sozialsphäre**]: „Vor allem dürfen die Gesetze daher die Würde des Menschen nicht verletzen, die im Grundgesetz der oberste Wert ist, aber auch die geistige, politische und wirtschaftliche Freiheit des Menschen nicht so einschränken, daß sie in ihrem Wesensgehalt angetastet würde (Art. 19 Abs. 2, Art. 1 Abs. 3, Art. 2 Abs. 1 GG). Hieraus ergibt sich, daß dem einzelnen Bürger eine **Sphäre privater Lebensgestaltung** verfassungskräftig vorbehalten ist, also ein letzter **unantastbarer Bereich menschlicher Freiheit** besteht, der der Einwirkung der gesamten öffentlichen Gewalt entzogen ist. Ein Gesetz, das in ihn eingreifen würde, könnte nie Bestandteil der ‚verfassungsmäßigen Ordnung' sein; es müßte durch das Bundesverfassungsgericht für nichtig erklärt werden.". BVerfGE 109, 279, Ls. 2 S. 1 (akustische Wohnraumüberwachung / „Großer Lauschangriff") = BVerfG, Urteil des Ersten Senats vom 03.03.2004 – 1 BvR 2378/98, 1084/99 –, Ls. 2 S. 1: „Zur Unantastbarkeit der Menschenwürde gemäß Art. 1 Abs. 1 GG gehört die Anerkennung eines absolut geschützten **Kernbereichs privater Lebensgestaltung**.". BVerfGE 141, 220, 276-278 (BKAG) = BVerfG, Urteil des Ersten Senats vom 20.04.2016 – 1 BvR 966/09 –, Rn. 119-124: „Neben den verfassungsrechtlichen Anforderungen an die allgemeinen Eingriffsvoraussetzungen ergeben sich aus den jeweiligen **Grundrechten in Verbindung mit Art. 1 Abs. 1 GG** für die Durchführung von besonders eingriffsintensiven Überwachungsmaßnahmen besondere Anforderungen an den **Schutz des Kernbereichs privater Lebensgestaltung**. Der verfassungsrechtliche **Schutz des Kernbereichs privater Lebensgestaltung** gewährleistet dem Individuum einen **Bereich höchstpersönlicher Privatheit gegenüber Überwachung**. Er wurzelt in den **von den jeweiligen Überwachungsmaßnahmen betroffenen Grundrechten in Verbindung mit Art. 1 Abs. 1 GG** und sichert einen dem Staat nicht verfügbaren Menschenwürdekern grundrechtlichen Schutzes gegenüber solchen Maßnahmen. Selbst überragende Interessen der Allgemeinheit können einen Eingriff in diesen **absolut geschützten Bereich privater Lebensgestaltung** nicht rechtfertigen (vgl. BVerfGE 109, 279 <313>; stRspr). Zur **Entfaltung der Persönlichkeit im Kernbereich privater Lebensgestaltung gehört die Möglichkeit**, **innere Vorgänge** wie Empfindungen und Gefühle sowie Überlegungen, Ansichten und Erlebnisse **höchstpersönlicher Art zum Ausdruck zu bringen** (vgl. BVerfGE 109, 279 <313>; 120, 274 <335>; stRspr). Geschützt ist

insbesondere die **nichtöffentliche Kommunikation mit Personen des höchstpersönlichen Vertrauens, die in der berechtigten Annahme geführt wird, nicht überwacht zu werden**, wie es insbesondere bei Gesprächen im Bereich der Wohnung der Fall ist. Zu diesen Personen gehören insbesondere Ehe- oder Lebenspartner, Geschwister und Verwandte in gerader Linie, vor allem, wenn sie im selben Haushalt leben, und können Strafverteidiger, Ärzte, Geistliche und enge persönliche Freunde zählen (vgl. BVerfGE 109, 279 <321 ff.>). Dieser Kreis deckt sich nur teilweise mit dem der Zeugnisverweigerungsberechtigten. Solche Gespräche verlieren dabei nicht schon dadurch ihren Charakter als insgesamt höchstpersönlich, dass sich in ihnen Höchstpersönliches und Alltägliches vermischen (vgl. BVerfGE 109, 279 <330>; 113, 348 <391 f.>). Demgegenüber ist die **Kommunikation unmittelbar über Straftaten** nicht geschützt, selbst wenn sie auch Höchstpersönliches zum Gegenstand hat. Die **Besprechung und Planung von Straftaten** gehört ihrem Inhalt nach nicht zum **Kernbereich privater Lebensgestaltung**, sondern hat **Sozialbezug** (vgl. BVerfGE 80, 367 <375>; 109, 279 <319 f., 328>; 113, 348 <391>). Dies bedeutet freilich nicht, dass der Kernbereich unter einem allgemeinen Abwägungsvorbehalt in Bezug auf öffentliche Sicherheitsinteressen steht. Ein **höchstpersönliches Gespräch** fällt nicht schon dadurch aus dem **Kernbereich privater Lebensgestaltung** heraus, dass es für die Aufklärung von Straftaten oder Gefahren hilfreiche Aufschlüsse geben kann. Aufzeichnungen oder Äußerungen im Zwiegespräch, die zum Beispiel ausschließlich innere Eindrücke und Gefühle wiedergeben und keine Hinweise auf konkrete Straftaten enthalten, gewinnen nicht schon dadurch einen **Gemeinschaftsbezug**, dass sie Ursachen oder Beweggründe eines strafbaren Verhaltens freizulegen vermögen (vgl. BVerfGE 109, 279 <319>). Auch können trotz **Straftatenbezugs** Situationen, in denen Einzelnen gerade ermöglicht werden soll, ein Fehlverhalten einzugestehen oder sich auf dessen Folgen einzurichten, wie Beichtgespräche oder vertrauliche Gespräche mit einem Psychotherapeuten oder einem Strafverteidiger, der **höchstpersönlichen Privatsphäre** unterfallen, die dem Staat absolut entzogen ist (vgl. BVerfGE 109, 279 <322>). Ein hinreichender **Sozialbezug** besteht demgegenüber dann, wenn **Gespräche - auch mit Vertrauenspersonen - sonst unmittelbar Straftaten zu ihrem Gegenstand haben** (vgl. BVerfGE 109, 279 <319>). Der **Kernbereich privater Lebensgestaltung** beansprucht gegenüber **allen Überwachungsmaßnahmen** Beachtung. Können sie typischerweise zur Erhebung kernbereichsrelevanter Daten führen, muss der Gesetzgeber Regelungen schaffen, die einen wirksamen Schutz normenklar gewährleisten (vgl. BVerfGE 109, 279 <318 f.>; 113, 348 <390 f.>; 120, 274 <335 ff.>). Außerhalb solch verletzungsgeneigter Befugnisse bedarf es eigener Regelungen nicht. Grenzen, die sich im Einzelfall auch hier gegenüber einem Zugriff auf höchstpersönliche Informationen ergeben können, sind bei deren Anwendung unmittelbar von Verfassungs wegen zu beachten. Der **Schutz des Kernbereichs privater Lebensgestaltung** ist strikt und darf nicht durch Abwägung mit den Sicherheitsinteressen nach Maßgabe des Verhältnismäßigkeitsgrundsatzes relativiert werden (vgl. BVerfGE 109, 279 <314>; 120, 273 <339>; stRspr). Dies bedeutet jedoch nicht, dass **jede tatsächliche Erfassung von höchstpersönlichen Informationen** stets einen Verfassungsverstoß oder eine Menschenwürdeverletzung begründet. Angesichts der Handlungs- und Prognoseunsicherheiten, unter denen Sicherheitsbehörden ihre Aufgaben wahrnehmen, kann ein **unbeabsichtigtes Eindringen in den Kernbereich privater Lebensgestaltung** im Rahmen von Überwachungsmaßnahmen nicht für jeden Fall von vornherein ausgeschlossen werden (vgl. BVerfGE 120, 274 <337 f.>). Die Verfassung verlangt jedoch **für die Ausgestaltung der Überwachungsbefugnisse** die **Achtung des Kernbereichs** als eine strikte, nicht frei durch Einzelfallerwägungen überwindbare Grenze.“.

BVerfGE 120, 274 (Online-Durchsuchung) = BVerfG, Urteil des Ersten Senats vom 27.02.2008 – 1 BvR 370/07 –, Ls. 1: „Das **allgemeine Persönlichkeitsrecht** (Art. 2 Abs. 1 i.V.m. Art. 1 Abs. 1 GG) umfasst das Grundrecht auf **Gewährleistung der Vertraulichkeit und Integrität informationstechnischer Systeme**.“; BVerfGE 120, 274, 314 (Online-Durchsuchung) = BVerfG, Urteil des Ersten Senats vom 27.02.2008 – 1 BvR 370/07 –, Rn. 203: „**informationstechnisches System**“: „etwa Personalcomputer“, „ferner beispielweise [...] solche Mobiltelefone oder elektronische Terminkalender, die über einen großen Funktionsumfang verfügen und personenbezogene Daten vielfältiger Art erfassen und speichern können.“; BVerfGE 120, 274, 276 (Online-Durchsuchung) = BVerfG, Urteil des Ersten Senats vom 27.02.2008 – 1 BvR 370/07 –, Rn. 5: „**heimlicher Zugriff auf ein informationstechnisches System**“: „[heimliche] technische Infiltration [...], die etwa Sicherheitslücken des Zielsystems ausnutzt oder über die Installation eines Spähprogramms erfolgt“, wobei die Infiltration es ermöglicht, die Zielsystem-„Nutzung zu überwachen oder die Speichermedien durchzusehen oder gar das Zielsystem fernzusteuern.“.

a) GR-SB:

aa) Persönlicher GR-SB: „Jeder".

bb) Sachlicher GR-SB: „**freie Entfaltung der Persönlichkeit**" in der Ausprägung des RiS als „**Datenfreiheit**" (Grundsätzliche Bestimmungsbefugnis des Einzelnen über Preisgabe und Verwendung eigener personenbezogener Daten[534]), i.d.R. gegeben bei Bezug auf mindestens ein **personenbezogenes Datum**: § 36 Nr. 1 DSG NRW[535].

b) GR-E (oder Nichteingriff/**Grundrechtsverzicht** bzw. **Einwilligung** i.S.v. § 36 Nr. 19 DSG NRW, § 38 DSG NRW): **Persönlichkeitsentfaltungseinschränkung**, als **Datenfreiheitseinschränkung**, durch **Datenverarbeitung**s-Maßnahme (Datenerhebung, Datenübermittlung, Datenabgleich)[536] i.S.d. § 36 Nr. 2 DSG NRW.

BVerfGE 147, 1 (**Geschlechtsidentität**) = BVerfG, Beschluss des Ersten Senats vom 10.10.2017 – 1 BvR 2019/16 –, Ls. 1-3: „1. Das **allgemeine Persönlichkeitsrecht** (Art. 2 Abs. 1 i.V.m. Art. 1 Abs. 1 GG) schützt die **geschlechtliche Identität**. Es schützt auch die geschlechtliche Identität derjenigen, die sich dauerhaft weder dem männlichen noch dem weiblichen Geschlecht zuordnen lassen. 2. Art. 3 Abs. 3 Satz 1 GG schützt auch Menschen, die sich dauerhaft weder dem männlichen noch dem weiblichen Geschlecht zuordnen lassen, vor **Diskriminierungen wegen ihres Geschlechts**. 3. Personen, die sich dauerhaft weder dem männlichen noch dem weiblichen Geschlecht zuordnen lassen, werden in beiden Grundrechten verletzt, wenn das Personenstandsrecht dazu zwingt, das Geschlecht zu registrieren, aber keinen anderen positiven Geschlechtseintrag als weiblich oder männlich zulässt.".

BVerfG, Urteil des Zweiten Senats vom 26.02.2020 – 2 BvR 2347/15 –, Ls. 1: „a) Das **allgemeine Persönlichkeitsrecht** (Art. 2 Abs. 1 i.V.m. Art. 1 Abs. 1 GG) umfasst als Ausdruck persönlicher Autonomie ein **Recht auf selbstbestimmtes Sterben**. b) Das **Recht auf selbstbestimmtes Sterben** schließt die Freiheit ein, sich das Leben zu nehmen [Rn. 208: „**Recht auf Selbsttötung**"]. Die Entscheidung des Einzelnen, seinem Leben entsprechend seinem Verständnis von Lebensqualität und Sinnhaftigkeit der eigenen Existenz ein Ende zu setzen, ist im Ausgangspunkt als Akt autonomer Selbstbestimmung von Staat und Gesellschaft zu respektieren. c) Die **Freiheit, sich das Leben zu nehmen**, umfasst auch die Freiheit, hierfür bei Dritten Hilfe zu suchen und Hilfe, soweit sie angeboten wird, in Anspruch zu nehmen.".

532 Zum sog. „**Menschenwürdegehalt**" der Grundrechte: *Basten*, Die Menschenwürde des Grundgesetzes.

533 Vgl. auch Art. 142 GG i.V.m. Art. 4 Abs. 2 Verfassung NRW; Art. 8 EU-GR-Charta; Art. 16 AEUV; Art. 8 EMRK.

534 BVerfGE 65, 1, Ls. 1 S. 2 (Volkszählungsgesetz) = BVerfG, Urteil des Ersten Senats vom 15.12.1983 – 1 BvR 209/83, Ls. 1 S. 2 (Ls. 1: „Unter den Bedingungen der modernen Datenverarbeitung wird der Schutz des Einzelnen gegen unbegrenzte Erhebung, Speicherung, Verwendung und Weitergabe seiner persönlichen Daten von dem allgemeinen Persönlichkeitsrecht des Art. 2 Abs. 1 GG in Verbindung mit Art. 1 Abs. 1 GG umfaßt. Das Grundrecht gewährleistet insoweit die Befugnis des Einzelnen, grundsätzlich selbst über die Preisgabe und Verwendung seiner persönlichen Daten zu bestimmen.").

535 BVerfG, Beschluss der 3. Kammer des Zweiten Senats vom 27.06.2018 – 2 BvR 1562/17 (auf § 103 StPO gestützte Anordnung der Durchsuchung der Räumlichkeiten des Münchener Kanzleistandorts der Rechtsanwaltskanzlei Jones Day sowie Sicherstellung von Unterlagen und elektronischen Daten im Zuge des sogenannten „VW-Dieselskandals" – Verfassungsbeschwerde nicht zur Entscheidung angenommen wegen Unzulässigkeit aufgrund Nichterfüllung von Voraussetzungen nach § 93a Abs. 2 BVerfGG), Gründe, V., Rn. 44: „Der Begriff der persönlichen Daten deckt sich mit der Legaldefinition personenbezogener Daten in § 46 Nr. 1 BDSG (zuvor § 3 Abs. 1 BDSG) und erfasst alle Informationen, die sich auf eine identifizierte oder identifizierbare natürliche Person (betroffene Person) beziehen (vgl. noch zu § 3 Abs. 1 BDSG ‚Einzelangaben über persönliche oder sachliche Verhältnisse einer bestimmten oder bestimmbaren Person' Di Fabio, in: Maunz/Dürig, GG, Art. 2 Abs.1, Rn. 175 [Juli 2001]).".

536 BVerfG, Urteil des Ersten Senats vom 19.05.2020 – 1 BvR 2835/17 – (Ausland-Ausland-Fernmeldeaufklärung nach BNDG), E. III. 1., Rn. 212: „Die **Übermittlung personenbezogener Daten**, mit der eine

c) GR-B: Art. 2 Abs. 1 Hs. 2 GG.[537]

2. Körperliche Bewegungsfreiheit, Art. 2 Abs. 2 S. 2 GG[538]

a) GR-SB:

aa) Persönlicher GR-SB: „**Person**", vgl. § 1 BGB.

bb) Sachlicher GR-SB: „**Freiheit**" als **körperliche Bewegungsfreiheit**, als Freiheit, jeden Ort oder Raum aufzusuchen, sich dort aufzuhalten, (ihn zu verlassen), der an sich (tatsächlich und rechtlich) zugänglich ist.

b) GR-E (oder Nichteingriff/GR-Verzicht): Freiheitsentziehung oder sonstige Freiheitsbeschränkung.

Freiheitsbeschränkung (Freiheitsentziehung oder sonstige Freiheitsbeschränkung) liegt vor, wenn jemand durch die öffentliche Gewalt gegen seinen Willen daran gehindert wird, einen Ort oder Raum aufzusuchen oder sich dort aufzuhalten, der ihm an sich (tatsächlich und rechtlich)

Behörde die von ihr erhobenen Daten einer anderen Stelle zugänglich macht, begründet einen eigenen Grundrechtseingriff (vgl. BVerfGE 100, 313 <367>; 141, 220 <334 Rn. 305>; stRspr). Dieser ist an dem **Grundrecht** zu messen, **in das bei der ursprünglichen Datenerhebung eingegriffen wurde** (vgl. BVerfGE 100, 313 <367>; 141, 220 <334 Rn. 305>; stRspr).".

537 Art. 2 Abs. 1 Hs. 2 GG (**Schrankentrias**): BVerfGE 80, 137, 153 (Reiten im Walde) = BVerfG, Beschluss des Ersten Senats vom 06.06.1989 – 1 BvR 921/85 –, C. I. 1 a), Rn. 69: „Abgesehen von einem absolut geschützten Kernbereich privater Lebensgestaltung, welcher der Einwirkung der öffentlichen Gewalt entzogen ist (BVerfGE 6, 32 [41]), ist die allgemeine Handlungsfreiheit allerdings nur in den **Schranken** des zweiten Halbsatzes von Art. 2 Abs. 1 GG gewährleistet und steht damit insbesondere unter dem **Vorbehalt der verfassungsmäßigen (Rechts-)Ordnung** (BVerfGE 6, 32 [37 f.]; 74, 129 [152]). Stützt sich ein die Handlungsfreiheit berührender Akt der öffentlichen Gewalt auf eine Rechtsnorm, so kann mit der Verfassungsbeschwerde unter Berufung auf Art. 2 Abs. 1 GG zur Nachprüfung gestellt werden, ob diese Norm zur **verfassungsmäßigen Ordnung** gehört, das heißt formell und materiell mit den Normen der Verfassung in Einklang steht (st. Rspr. seit BVerfGE 6, 32)."; BVerfGE 6, 32, Ls. 3 (Elfes) = BVerfG, Urteil des Ersten Senats vom 16.01.1957 – 1 BvR 253/56, Ls. 3: „**Verfassungsmäßige Ordnung** im Sinne des Art. 2 Abs. 1 GG ist die verfassungsmäßige Rechtsordnung, d.h. die Gesamtheit der Normen, die formell und materiell der Verfassung gemäß sind."; vgl. dazu auch BVerfGE 6, 32, 37-41 (Elfes) = BVerfG, Urteil des Ersten Senats vom 16.01.1957 – 1 BvR 253/56, Gründe II. 2 b), c), Rn. 17-33.

Rechte anderer sind (als Teil der verfassungsmäßigen Ordnung) subjektive Berechtigungen (Anspruch oder Befugnis oder Erlaubnis) einschließlich Verpflichtungen (Pflicht zur Erfüllung von Anspruch oder Befugnis oder Erlaubnis) und sonstiger Rechtswirkungen für ein Rechtssubjekt bezüglich eines Verhaltens oder eines Rechtsguts.

Vgl. zum ein Mal bundesverfassungsgerichtlich entscheidungserheblich bemühten „**Sittengesetz**" nach Art. 2 Abs. 1 Hs. 2 GG als Gesetz, das nicht das durch die „soziale Gemeinschaft" „als für sich verbindlich" anerkannte „Rechtsgefühl" „im allgemeinen" „verletzt": BVerfGE 6, 389 (Homosexuelle) = BVerfG, Urteil des Ersten Senats vom 10.05.1957 – 1 BvR 550/52 –, und StrRehaHomG (Gesetz zur strafrechtlichen Rehabilitierung der nach dem 8. Mai 1945 wegen einvernehmlicher homosexueller Handlungen verurteilten Personen vom 17. Juli 2017 – BGBl. I S. 2443).

538 Vgl. auch Art. 142 GG i.V.m. Art. 4 Abs. 1 Verfassung NRW; Art. 20 Abs. 2a und Art. 21 AEUV i.V.m. Art. 6, 45 EU-GR-Charta (Bewegungsfreiheit, Freizügigkeit, Aufenthaltsfreiheit); Art. 5 EMRK; Art. 2 Protokoll Nr. 4 EMRK; Art. 21 AEUV (**Unionsbürgerfreizügigkeit**, zum **Unionsbürger** vgl. Art. 9 S. 2, 3 EUV, Art. 20 Abs. 1 S. 2, 3 AEUV); Art. 45 AEUV (**Arbeitnehmerfreizügigkeit**); Art. 49 AEUV (**Niederlassungsfreiheit**); Art. 56 AEUV (**Dienstleistungsfreiheit**); vgl. auch Art. 28 AEUV (**Warenverkehrsfreiheit**); Art. 9 Abs. 1 S. 1 IPbpR („Jedermann hat ein Recht auf persönliche Freiheit und Sicherheit."); Art. 9-11 IPbpR (Freiheitsentziehungsbedingungen), Art. 12 IPbpR (Bewegung, Wohnsitzwahl, Ausreise, Einreise in Hoheitsgebiet eines Staates, vgl. „Freizügigkeit"), Art. 13 IPbpR (Ausländerausweisungsbedingungen).

zugänglich ist. Eine **Freiheitsentziehung** als schwerste Form der Freiheitsbeschränkung ist dann gegeben, wenn die tatsächlich und rechtlich an sich gegebene körperliche Bewegungsfreiheit durch staatliche Maßnahmen nach jeder Richtung hin aufgehoben wird[539]; Freiheitsentziehung setzt auch eine besondere Eingriffsintensität und eine nicht nur kurzfristige Dauer der Maßnahme voraus[540]. Im Übrigen kann eine Abgrenzung zwischen Freiheitsentziehung und sonstiger Freiheitsbeschränkung auch erfolgen nach Art, Dauer, Intensität, Mittel, Zweck der Freiheitsbeschränkung.[541]

c) GR-B: Art. 2 Abs. 2 S. 3 GG (i.V.m. Art. 104 GG).

4. Körperliche Unversehrtheit, Art. 2 Abs. 2 S. 1 Alt. 2 GG[542]

a) GR-SB:

aa) Persönlicher GR-SB: „Jeder".

bb) Sachlicher GR-SB: **Körperliche Unversehrtheit** ist Freiheit von körperlicher Beeinträchtigung, also biologisch-physiologische Integrität und dieser gleichsetzbare geistig-seelisch-psychische Integrität.[543]

---

[539] BVerfG, Beschluss der 1. Kammer des Ersten Senats vom 08.03.2011 – 1 BvR 47/05 – Rn. 20, 26: „Das **Einsperren** des Beschwerdeführers in eine **Gewahrsamszelle** auf der Polizeiwache beziehungsweise auf dem Polizeipräsidium sowie **als Verbindungsglied** zwischen beiden das **Verbringen dorthin mittels Polizeifahrzeugen** stellen eine Freiheitsentziehung im Sinne von Art. 104 Abs. 2 GG und nicht lediglich eine Freiheitsbeschränkung dar. [...] Jedenfalls muss die Unterbringung einer Person gegen ihren Willen in einem **Haftraum** als Freiheitsentziehung im Sinne von Art. 104 Abs. 2 GG angesehen werden (vgl. BGHZ 82, 261 <264> und BVerwGE 62, 317 <318>)."; BVerfGE 94, 166, 198 (Flughafenverfahren) = BVerfGE, Urteil des Zweiten Senats vom 14.05.1996 – 2 BvR 1516/93.

[540] BVerfGE 149, 293 (5-Punkt-Fixierung/7-Punkt-Fixierung) = BVerfG, Urteil des Zweiten Senats vom 24.07.2018 – 2 BvR 309/15 –, D. II. 2. a), Rn. 67, vgl. dazu auch BVerfGE 149, 293 (5-Punkt-Fixierung/7-Punkt-Fixierung) = BVerfG, Urteil des Zweiten Senats vom 24.07.2018 – 2 BvR 309/15 –, D. II. 2. b): „Jedenfalls eine **5-Punkt- oder 7-Punkt-Fixierung**, bei der sämtliche Gliedmaßen des Betroffenen mit Gurten am Bett festgebunden werden, stellt eine Freiheitsentziehung im Sinne von Art. 104 Abs. 2 GG dar, es sei denn, es handelt sich um eine lediglich **kurzfristige Maßnahme**. Von einer kurzfristigen Maßnahme ist in der Regel auszugehen, wenn sie absehbar die Dauer von ungefähr einer halben Stunde unterschreitet.".

[541] Vgl. auch insbesondere zu Art, Intensität, Mittel: § 415 Abs. 2 FamFG und §§ 37a, 62 PolG NRW.

[542] Vgl. auch Art. 142 GG i.V.m. Art. 4 Abs. 1 Verfassung NRW; Art. 3, 4 EU-GR-Charta; Art. 3 EMRK (**Folterverbot**; Verbot bzgl.: **unmenschliche oder erniedrigende Behandlung oder Strafe**); Art. 7 IPbpR (**Folterverbot**; Verbot bzgl. **grausame, unmenschliche oder erniedrigende Behandlung oder Strafe**; Verbot medizinischer oder wissenschaftlicher Versuche ohne freiwillige Zustimmung); Art. 12 IPwskR („Recht eines jeden auf das für ihn erreichbare Höchstmaß an körperlicher und geistiger **Gesundheit**").

[543] BVerfGE 56, 54, 74-76 (Fluglärm I) = BVerfG, Beschluss des Ersten Senats vom 14.01.1981 – 1 BvR 612/72, C. I. 1., Rn. 73-76, dort u.a.: „Gegen die Zugrundelegung des weiten Gesundheitsbegriffs der Weltgesundheitsorganisation ließe sich allerdings einwenden, es sei - wenn das dem Willen des Verfassungsgesetzgebers entsprochen hätte - schwer erklärlich, daß der Parlamentarische Rat diesen seit 1946 bekannten Begriff nicht übernommen, sondern stattdessen nur die ‚körperliche Unversehrtheit' grundrechtlich geschützt hat [Grammatik, P. B.]. Andererseits dürfte eine Beschränkung des Schutzes allein auf solche Einwirkungen, die Verletzungen des Körpers darstellen, der Bedeutung dieses Grundrechts jedenfalls dann nicht gerecht werden, wenn es im Lichte des Art. 1 GG und der darin verbürgten Unantastbarkeit der Menschenwürde ausgelegt wird [Systematik, P. B.]. Dabei kann dahinstehen, ob eine solche Beschränkung überhaupt mit dem Verständnis des Menschen als einer Einheit von Leib, Seele und Geist und mit der Wechselwirkung zwischen psychischen und physischen Gesundheitsstörungen vereinbar wäre. Verfassungsrechtlich kann nicht außer acht bleiben, daß eine enge Auslegung nicht der Funktion des Grundrechts

b) GR-E (oder Nichteingriff/GR-Verzicht): **Körperunversehrtheitseinschränkung** durch Hervorrufen oder Steigern eines nachteilig von den normalen körperlichen Funktionen abweichenden körperlichen Zustandes – auch durch Anordnung und auch ohne Substanzverletzung durch physisch sich mit körperlichem Krankheitswert auswirkende psychische Beeinflussung.[544]

c) GR-B: Art. 2 Abs. 2 S. 3 GG.

A. Rechtsgrundlage (RGL) II. Rechtsgebiet (RG)

(VOR/DEF)

Rechtsgebiet ist Rechtsordnungsteil nach allen Umständen – wie schwerpunktmäßige Äußerungen, Rechtsnormen, Zwecke, auch i.V.m. §§ 133, 157 BGB analog.[545]

---

als Abwehrrecht gegen staatliche Eingriffe etwa durch psychische Folterungen, seelische Quälereien und entsprechende Verhörmethoden entsprechen würde [Teleologie mit funktionalem Schutzbereich und Schutzzweck des Grundrechts, P. B.]. Da die Einfügung gerade dieses Grundrechts auf Erfahrungen im Dritten Reich beruhte, darf dieser Gesichtspunkt jedenfalls nicht gänzlich vernachlässigt werden [Historie, P. B.]. Mit Recht hat der nordrhein-westfälische Ministerpräsident im vorliegenden Verfahren eingeräumt, daß zumindest solche nichtkörperliche Einwirkungen von Art. 2 Abs. 2 GG erfaßt würden, die ihrer Wirkung nach körperlichen Eingriffen gleichzusetzen seien. Das sind jedenfalls solche, die das Befinden einer Person in einer Weise verändern, die der Zufügung von Schmerzen entspricht [Systematik, P. B.]. Bislang ist Art. 2 Abs. 2 GG auch nicht in dem genannten engeren Sinne angewandt worden. So wurde die Frage, ob hirnelektrische Untersuchungen in die körperliche Unversehrtheit eingreifen können, nicht etwa von vornherein verneint, sondern wegen der Harmlosigkeit solcher Untersuchungen offengelassen (BVerfGE 17, 108 [114 f.]). In der Entscheidung zum Räumungsschutz ist die psychische Erkrankung des Beschwerdeführers und die Gefahr von Selbstmorden als relevant im Sinne des Art. 2 Abs. 2 GG angesehen worden (BVerfGE 52, 214 [220 f.]). Im übrigen liegt den neueren Lärmschutzvorschriften durchweg ein weiteres Verständnis zugrunde. […] Zumindest in Gestalt von Schlafstörungen lassen sich Einwirkungen auf die körperliche Unversehrtheit schwerlich bestreiten.“.

544 Vgl. zu möglichen Grundrechtseingriffen in die körperliche Unversehrtheit aus Art. 2 Abs. 2 S. 1 Alt. 2 GG im Zusammenhang mit Maßnahmen nach §§ 81a, b StPO auch BVerfGE 47, 239, 251 f. (Zwangsweise Haar- und Barttrachtveränderung u.a. mit Blondierpudernachtönung durch Maskenbildner zum Zweck der Identifizierungsgegenüberstellung) = BVerfG, Beschluss des 2. Senats vom 14.02.1978 – 2 BvR 406/77 –, B. I. 3. b) ee), Rn. 51: „Nach Ansicht des Bundesgerichtshofs [BGH, Ermittlungsrichter, Beschluss vom 05.01.1977 und Beschwerdebeschluss vom 09.03.1977 – StB 56/77 –, P. B.] findet die Anordnung der Gegenüberstellung nach zwangsweiser Veränderung des Aussehens des Beschuldigten ihre gesetzliche Grundlage in den §§ 81a, 81b StPO. Diese Annahme ist verfassungsrechtlich nicht zu beanstanden. Erlaubt das Grundgesetz die Anordnung zwangsweiser Veränderung der Haar- und Barttracht eines Beschuldigten *zum Zwecke seiner Gegenüberstellung mit Zeugen* [Kuriv im Original, P. B.], so kann für die Anordnung der Gegenüberstellung selbst nicht prinzipiell etwas anderes gelten. Auch ist es ersichtlich nicht willkürlich, die Zulässigkeit einer solchen Anordnung aus den §§ 81a, 81b StPO herzuleiten.“.

545 Zum Rechtsgebiet bzw. zu Rechtsgebieten einschließlich Rechtsgebiet-Begriffen und Rechtsgebiet-Auslegungsansätzen: *Basten*, Eingriffsrecht der Polizei in Nordrhein-Westfalen, Band 1, Buch 1, Abschnitt 3, Unterabschnitt 3, Titel 3, Untertitel 3.

(SUB/ERG)

Die ED-Maßnahme erfolgt auf dem Rechtsgebiet des besonderen öffentlichen Verwaltungsrechts polizeilicher Gefahrenabwehr.

Eine ED-Maßnahme erfolgt auf dem Rechtsgebiet der Gefahrenabwehr insbesondere bei (alternativ)

- nicht tatverdachtsveranlasster ED-Maßnahme;
- ED-Maßnahme nach nicht tatverdachtsbezogenen Dingen;
- ED-Maßnahme ohne schwerpunktmäßigen Zweck einer anschließenden Strafrechtspflegemaßnahme;
- Gefahrenüberhang.

A. Rechtsgrundlage (RGL) III. Mögliche Befugnisrechtsnorm (Mgl. Brn.)

(VOR/DEF)

Befugnisrechtsnorm ist die rechtmäßige hauptsächliche materiellrechtliche Rechtsgrundlage mit realfolgenentsprechender Rechtsfolge.

(SUB/ERG)

Realfolge ist die jeweilige Maßnahme laut Sachverhalt.

Rechtsfolge ist die Maßnahme laut Rechtsnorm.

(SUB)

Realfolgen und Rechtsfolgen zu:

Erkennungsdienstliche Maßnahme (ED)

Realfolgen ED-Maßnahme – Beispiele:

- Fast-ID;
- Fingerabdruckabnahme;
- Handflächenabdruckabnahme;
- Feststellung äußerer körperlicher Merkmale;
- Bildaufnahmen;
- Tonaufnahmen;
- Messungen.

Rechtsfolge(n) Erkennungsdienstliche Maßnahme:

Erkennungsdienstliche Maßnahmen / Erkennungsdienstliche Behandlung sind/ist insbesondere

(ERG)

Mögliche Befugnisrechtsnorm zu:

Erkennungsdienstliche Maßnahme (ED)

<u>Gefahrenabwehr</u>:

- §§ 15 Abs. 2 Nr. 7, 16, 19 AsylG (Erkennungsdienstliche Maßnahmen)
- § 49 AufenthG (Erkennungsdienstliche Maßnahmen)
- § 14 Abs. 1 Nr. 1 PolG NRW (IDF-ED-Maßnahme zwecks IDF nach §§ 12, 12a PolG NRW)
- § 14 Abs. 1 Nr. 2 PolG NRW (ED-Maßnahme zur vorbeugenden Bekämpfung von Straftaten)

<u>Strafrechtspflege (ggf. mit §§ 46, 53 Abs. 1 S. 2, Abs. 2 OWiG):</u>

1. die Abnahme von Finger- und Handflächenabdrücken, 2. die Aufnahme von Lichtbildern, 3. die Feststellung äußerer körperlicher Merkmale, 4. Messungen, 5. Aufnahme des gesprochenen Wortes, 6. Ähnliche Maßnahmen, vgl. § 14 Abs. 4, § 16 Abs. 1 AsylG, § 49 AufenthG, § 81b StPO sowie Begleitmaßnahmen wie: Freiheitsbeschränkung, Erscheinungsbildveränderung, nicht: DNA-Körperzellenentnahme wie nach § 14a PolG NRW, § 81g StPO; weitere Speicherung nach §§ 22-24 PolG NRW.	• IDF beim Verdächtigen (erkennungsdienstliche Maßnahme), § 163b Abs. 1 StPO / §§ 163b Abs. 1, c StPO • IDF beim Nichtverdächtigen (Feststellung der Identität einer Person), § 163b Abs. 2 StPO / §§ 163b Abs. 2, c StPO • IDF bei jedermann an an öffentlich zugänglichem Ort eingerichteter Kontrollstelle, § 111 StPO (ohne §§ 46, 53 Abs. 1 S. 2 OWiG) • § 81b Alt. 1 StPO (Erkennungsdienstliche Maßnahme bei dem Beschuldigten für die Zwecke der Durchführung des Strafverfahrens) • § 81b Alt. 2 StPO (Erkennungsdienstliche Maßnahme bei dem Beschuldigten für die Zwecke des Erkennungsdienstes)

Zu „Fast-ID" vgl. auch § 14 Abs. 4 PolG NRW („Erkennungsdienstliche Maßnahmen") und Nr. 5: („Durchführung erkennungsdienstlicher Maßnahmen"), Nr. 5.2 („FastID-Verfahren zur Sofortidentifizierung") Runderlass des Ministeriums des Innern (NRW) - 422-62.09.06 - vom 3.07.2018 („Erkennungsdienst"): „Für eine Sofortidentifizierung von Personen können dem Bundeskriminalamt Fingerabdrücke per FastID zur Identitätsprüfung übermittelt werden. Eine FastID-Abfrage ist jeder erkennungsdienstlichen Behandlung voranzustellen und dient der Identitätssicherung und der Erlangung von Hinweisen zur Erforderlichkeit einer erneuten, vollständigen erkennungsdienstlichen Behandlung. Das FastID-Verfahren dient lediglich der Überprüfung der Identität. Das aufgenommene erkennungsdienstliche Material wird nicht gespeichert. FastID ersetzt damit in keinem Fall eine erkennungsdienstliche Behandlung."

(SUB)

Realfolge ist die jeweilige Maßnahme laut Sachverhalt.

Rechtsfolge ist als Realakt, ggf. mit (Begleit-)VA (§ 35 VwVfG NRW), eine erkennungsdienstliche Maßnahme im Sinne von § 14 Abs. 4 PolG NRW, also etwa:

- Abnahme von Finger- und Handflächenabdrücken
- Aufnahme von Lichtbildern
- Feststellung äußerer körperlicher Merkmale
- Aufnehmen des gesprochenen Wortes auf Ton- oder Datenträger
- ähnliche Maßnahmen[546],

(alternativ) zu folgenden Zwecken:

[546] Nr. 14.4 VVPolG NRW: „Andere Maßnahmen sind nur zulässig, wenn und soweit sie hinsichtlich der Beeinträchtigung der betroffenen Person den Maßnahmen des § 14 Abs. 4 vergleichbar sind.". Nicht von § 14 PolG NRW umfasst sind i.d.R.: DNA-/Körperzellenentnahme nach § 14a StPO; weitere Speicherung nach §§ 22-24a PolG NRW.

- für eine Identitätsfeststellung (IDF);
- zur vorbeugenden Bekämpfung von Straftaten.
  Vorbeugende Bekämpfung von Straftaten im Sinne von § 14 Abs. 1 Nr. 2 PolG NRW ist eine „Bekämpfung" ohne: (schwerpunktmäßige) Strafverfolgungsvorsorge gegen einen im Anordnungszeitpunkt Beschuldigten anlässlich aktuellen Tatverdachts im Sinne von § 81b Alt. 2 StPO, da diese Befugnisrechtsnorm des § 81b Alt. 2 StPO deren Rechtsfolge einer ED-Maßnahme „für die Zwecke des Erkennungsdienstes", also zwecks Strafverfolgungsvorsorge[547], abschließend normiert im Sinne der konkurrierenden Gesetzgebungszuständigkeit gemäß Art. 70, 72, 74 Abs. 1 Var. 4 (gerichtliches Verfahren) GG[548].

---

[547] Zu **Strafrecht** und **Strafverfolgungsvorsorge** siehe auch: *Basten*, Eingriffsrecht der Polizei in Nordrhein-Westfalen, Band 1, S. 188. Zur Strafverfolgungsvorsorge im Zusammenhang mit ED auf dem Rechtsgebiet der Strafrechtspflege siehe *Basten*, Eingriffsrecht der Polizei in Nordrhein-Westfalen, Band 3, Buch 3, Abschnitt 5, A. III. (Rechtsfolge als Justiz-VA), mit weiteren Nachweisen. Zur **vorbeugenden Bekämpfung von Straftaten** im Sinne des PolG NRW vgl. auch Art. 1 Nr. 1b) „Gesetz zur Änderung des Polizeigesetzes des Landes Nordrhein-Westfalen vom 09.02.2010: „In Absatz 1 Satz 2 werden die Wörter ‚für die Verfolgung künftiger Straftaten vorzusorgen (vorbeugende Bekämpfung von Straftaten)' durch die Wörter ‚vorbeugend zu bekämpfen' ersetzt.", und vgl. Art. 1 Nr. 1d) „Gesetz zur Änderung des Polizeigesetzes des Landes Nordrhein-Westfalen vom 09.02.2010: „In Absatz 5 Satz 2 werden die Wörter ‚für die Verfolgung künftiger Straftaten vorsorgt' durch die Wörter ‚Straftaten vorbeugend bekämpft' ersetzt.", und vgl. auch Nr. 1.13 VVPolG NRW: „Die Vorsorge für die Verfolgung künftiger Straftaten wurde aus dem Aufgabenkatalog der Polizei entfernt, da sie systematisch zu den Regelungen des gerichtlichen Verfahrens zählt, und damit der Gesetzgebungskompetenz des Bundes unterliegt.".

[548] Zur **konkurrierenden Gesetzgebungszuständigkeit für Strafverfolgungsvorsorge** und zu **abschließendem Bundes-Gebrauch konkurrierender Gesetzgebungszuständigkeit bezüglich erkennungsdienstlicher Maßnahmen zwecks Strafverfolgungsvorsorge**: OVG Niedersachsen, Beschluss des 11. Senats vom 22.04.2015, 11 ME 58/15, Leitsatz 1: „Auf der Grundlage des § 15 Abs. 1 Satz 1 Nr. 2 Nds. SOG [a.F., ≙ § 15 Abs. 1 S. 1 Nr. 2 NPOG, mit Wortlaut „zur Verhütung von Straftaten", P. B.] kann eine erkennungsdienstliche Maßnahme nur zur Verhütung von Gefahren und nicht zur Vorsorge für eine etwaige spätere Strafverfolgung angeordnet werden (Bestätigung der Senatsrechtsprechung).", Rn. 6: „Nach der Rechtsprechung des Senats kann auf der Grundlage des § 15 Abs. 1 Satz 1 Nr. 2 Nds. SOG eine erkennungsdienstliche Maßnahme nur zur Verhütung von Gefahren und nicht zur Vorsorge für eine etwaige spätere Strafverfolgung angeordnet werden. Letzteres kann lediglich nach § 81 b Alt. 2 StPO geschehen. Grund hierfür ist die Verteilung der Gesetzgebungskompetenzen zwischen Bundes- und Landesgesetzgeber. Die auf der Grundlage des § 15 Nds. SOG [a.F., ≙ § 15 NPOG] anzufertigenden erkennungsdienstlichen Unterlagen müssen daher zur Abwehr einer ggf. zukünftig vom Betroffenen ausgehenden Gefahr geeignet, erforderlich und verhältnismäßig im engeren Sinn sein. Abgrenzungskriterium zwischen den Ermächtigungsgrundlagen des § 81 b Alt. 2 StPO und des § 15 Abs. 1 Satz 1 Nr. 2 Nds. SOG [a.F., ≙ § 15 Abs. 1 S. 1 Nr. 2 NPOG] zur Anordnung erkennungsdienstlicher Behandlungen ist dabei nicht vorrangig die Eigenschaft des Betroffenen als Beschuldigter (so wohl Bay. VGH, Beschl. v. 17.11.2008 - 10 C 08.2872 -, juris, Rdnr. 12 zum dortigen Landesrecht), sondern das von der anordnenden Behörde angestrebte Ziel. Inwieweit eine erkennungsdienstliche Anordnung ausschließlich zur Verhütung von Gefahren (dann § 15 Abs. 1 Satz 1 Nr. 2 Nds. SOG [a.F., ≙ § 15 Abs. 1 S. 1 Nr. 2 NPOG]) - und mithin nicht zur Vorsorge für eine etwaige spätere Strafverfolgung (dann § 81 b Alt. 2 StPO) - notwendig ist, hat die anordnende Behörde im Rahmen des ihr nach § 15 Nds. SOG [a.F., ≙ § 15 NPOG] eingeräumten Ermessens in dem Bescheid darzulegen (vgl. hierzu im Einzelnen Senatsurt. v. 26.2.2009 - 11 LB 431/08 -, NdsVBl. 2009, 202, juris, Rdnr. 42; Senatsbeschl. v. 1.6.2011 - 11 PA 156/11 -, NdsVBl. 2011, 290, juris, Rdnr. 4, und v. 16.9.2009 - 11 ME 402/09 -, NVwZ 2010, 69, juris, Rdnr. 16 ff.).".

Zur **konkurrierenden Gesetzgebungszuständigkeit für Strafverfolgungsvorsorge** und zu **abschließendem Bundes-Gebrauch konkurrierender Gesetzgebungszuständigkeit bezüglich Telekommunikationsüberwachung** (Datenerhebung durch die Überwachung der laufenden Telekommunikation, vgl. § 20c PolG NRW): BVerfGE 113, 348 (Niedersächsische TKÜ) = BVerfG, Urteil des Ersten Senats vom

(ERG)

Mögliche Befugnisrechtsnorm ist (alternativ)

- § 14 Abs. 1 Nr. 1 PolG NRW[549].
- § 14 Abs. 1 Nr. 2 PolG NRW.

B. Formelle Rechtmäßigkeit (FR) I. Zuständigkeit (Z)

(VOR/DEF)

Zuständigkeit ist Aufgabenwahrnehmungserlaubnis für den Rechtsfolgesetzer.

(SUB/ERG)

Für die erkennungsdienstliche Maßnahme ist die Zuständigkeit (i.d.R.) wie folgt gegeben:

1. sachliche Zuständigkeit *der Polizei* gemäß (alternativ)

- § 1 Abs. § 1 Abs. 1 S. 1, 2 Var. 1 oder 2 (oder 3) PolG NRW (originäre Zuständigkeit) (ggf. i.V.m. § 1 Abs. 2 PolG NRW[550] / ggf. i.V.m. § 1 Abs. 5 S. 2 PolG NRW[551]);
- § 1 Abs. 1 S. 1, 3 PolG NRW (subsidiäre Zuständigkeit);

2. instanzielle Zuständigkeit *der Polizeibehörde* gemäß

- (i.d.R.) § 11 Abs. 1 Nr. 1 POG NRW;
- (generell:) §§ 10-14 POG NRW (ggf. i.V.m. KPBVO NRW / ggf. i.V.m. LKAAufgVO NRW);

3. örtliche Zuständigkeit *der Polizeibehörde* gemäß

27.07.2005 – 1 BvR 668/04 –, Leitsatz 2: „Der Bundesgesetzgeber hat abschließend von seiner Gesetzgebungsbefugnis aus Art. 74 Abs. 1 Nr. 1 GG Gebrauch gemacht, die Verfolgung von Straftaten durch Maßnahmen der Telekommunikationsüberwachung zu regeln. Die Länder sind deshalb nicht befugt, die Polizei zur Telekommunikationsüberwachung zum Zwecke der Vorsorge für die Verfolgung von Straftaten zu ermächtigen.“.

Zu Auslegungskriterien für die Frage, inwieweit der Bundesgesetzgeber bezüglich einer Maßnahme von seiner konkurrierenden Gesetzgebungskompetenz im Sinne von Art. 72 Abs. 1 GG in abschließender Weise Gebrauch gemacht hat: BVerfGE 113, 348, 371 f.; daran anknüpfend BVerwGE 141, 329 = BVerwG, Urteil vom 25.01.2012 – BVerwG 6 C 9.11 (offene Videoüberwachung der Reeperbahn in Hamburg), Leitsatz 1: „Der Bundesgesetzgeber hat im Rahmen der konkurrierenden Gesetzgebung aus Art. 74 Abs. 1 Nr. 1 GG keine allgemeine abschließende Regelung hinsichtlich der Strafverfolgungsvorsorge getroffen.“, Leitsatz 2: „Der Landesgesetzgeber ist nicht gehindert, Befugnisse zum Zwecke der Gefahrenvorsorge zu treffen, selbst wenn der Bundesgesetzgeber parallel dazu Regelungen zur Strafverfolgungsvorsorge getroffen hat.“.

[549] Zur erkennungsdienstlichen Maßnahme nach § 14 Abs. 1 Nr. 1 PolG NRW (ED-IDF) siehe schon: *Basten*, Eingriffsrecht der Polizei in Nordrhein-Westfalen, Band 2, Buch 2, Abschnitt 14.

[550] § 1 Abs. 2 PolG NRW hat negative Zuständigkeitsvoraussetzungen; § 1 Abs. 2 PolG NRW ist die sogenannte „**Privatrechtsklausel**“; zum **Privatrecht in der polizeilichen Praxis** ausführlich: *Basten*, Privatrecht in der polizeilichen Praxis.

[551] § 1 Abs. 5 S. 2 PolG NRW ist qua Gesetzessystematik eine Zuständigkeitsvorschrift mit negativen Befugnisvoraussetzungen.

- (i.d.R.) § 7 Abs. 1 POG NRW (ggf. i.V.m. KHStVO NRW);
- (generell:) §§ 7-9 POG NRW (ggf. i.V.m. KHStVO NRW);

4. funktionelle Zuständigkeit *des Polizeiamtswalters* gemäß

- § 14 Abs. 1 Wort 2 PolG NRW[552].

B. Formelle Rechtmäßigkeit (FR) II. Verfahren (V)

(VOR/DEF)

Verfahren ist normiertes Verhalten insbesondere für den Rechtsfolgezuständigen außer, bei, i.Z.m. der Rechtsfolge.

1. § 14 Abs. 3 PolG NRW: Belehrung zum Recht auf Verlangen der Vernichtung erkennungsdienstlicher Unterlagen

(VOR/DEF)

Gemäß § 14 Abs. 3 PolG NRW analog ist die betroffene Person bei Vornahme der Maßnahme darüber zu belehren, dass sie die Vernichtung der erkennungsdienstlichen Unterlagen verlangen kann, wenn die Voraussetzungen für ihre weitere Aufbewahrung entfallen sind.

§ 14 Abs. 3 PolG NRW betrifft auch den § 14 Abs. 2 PolG NRW, der die potentielle Anschlussrechtsfolge der **Vernichtung** (vgl. § 36 Nr. 2 DSG NRW) an die Rechtsfolge erkennungsdienstlicher Maßnahme wie folgt vorschreibt: „Ist die Identität festgestellt, sind in den Fällen des § 14 Abs. 1 Nr. 1 PolG NRW die im Zusammenhang mit der Feststellung angefallenen erkennungsdienstlichen Unterlagen zu vernichten, es sei denn, ihre weitere Aufbewahrung ist nach § 14 Abs. 1 Nr. 2 PolG NRW oder anderen Rechtsvorschriften zulässig." „Weitere **Aufbewahrung**" im Sinne von § 14 Abs. 2 PolG NRW ist jedenfalls Speicherung im Sinne von § 36 Nr. 2 DSG NRW; **andere Rechtsvorschriften** im Sinne des § 14 Abs. 2 PolG NRW sind alle anderen Rechtsvorschriften aller Rechtsgebiete außer § 14 Abs. 1 Nr. 2 PolG NRW, wie etwa §§ 22, 22a, 22b, 23 PolG NRW, vgl. auch §§ 483, 484 StPO, § 161 Abs. 3 StPO.

(SUB/ERG)

Im konkreten Fall ist § 14 Abs. 3 PolG NRW analog (alternativ)

- mit entsprechender Belehrung bei Vornahme der Maßnahme eingehalten.
- bei nicht oder nicht rechtzeitig erfolgter oder nicht entsprechender Belehrung nicht eingehalten.

---

552 Zu § 12a PolG NRW siehe *Basten*, Eingriffsrecht der Polizei in Nordrhein-Westfalen, Band 2, Buch 2, Abschnitt 12.

2. § 39 Abs. 3 PolG NRW analog[553]: Erkennungsdienstliche Maßnahme durch Person bestimmten Geschlechts oder durch Arzt

(VOR)

Gemäß § 39 Abs. 3 PolG NRW analog[554] dürfen Personen „nur von **Personen gleichen Geschlechts oder Ärzten** [erkennungsdienstlich behandelt] werden; das gilt nicht, wenn die sofortige [erkennungsdienstliche Maßnahme] zum Schutz gegen eine Gefahr für Leib oder Leben erforderlich ist."

(DEF)

Erkennungsdienstliche Maßnahme i.S.v. ED-Personvoraussetzungen wie aus § 39 Abs. 3 PolG NRW analog ist eine erkennungsdienstliche Maßnahme mit Eingriff in die körperliche Intimsphäre der betroffenen Person, wie zum Beispiel möglich durch systematische Datenerhebung und entsprechende Begleitmaßnahmen in Bezug auf Körperintimstellen.[555]

Person i.S.d. § 39 Abs. 3 PolG NRW ist natürliche Person im Sinne von § 1 BGB.

Person gleichen Geschlechts ist eine Person mit gleichem Geschlechts-Personenstand nach PStG.

Arzt ist ein solcher nach BÄO.

Gefahr für Leib oder Leben ist eine Sachlage im einzelnen Fall, die bei ungehindertem Geschehensverlauf in absehbarer Zeit mit hinreichender Wahrscheinlichkeit zu einem **Schaden** (nachteilige Beeinträchtigung) für die Schutzgüter **Leib** (**körperliche Unversehrtheit**) oder **Leben** (biologisch-physische Existenz) führt.

Erforderlichkeit i.S.d. § 39 Abs. 3 PolG NRW ist Nichtverfügbarkeit eines milderen, gleich geeigneten Mittels als der sofortigen Personendurchsuchung zum legitimen Zweck des Schutzes gegen eine Gefahr für Leib oder Leben.

(SUB/ERG)

Im konkreten Fall ist § 81d StPO analog (alternativ)

- bei Vorliegen von entsprechenden Anhaltspunkten / Fehlen entgegenstehender Anhaltspunkte eingehalten.
- bei Vorliegen von entsprechenden Anhaltspunkten nicht eingehalten.

---

[553] Zu möglichen erkennungsdienstlichen Maßnahmen zwecks IDF und IDF-Untersuchungen bzw. deren Unterfall „körperlicher Eingriffe" vgl. auf dem Rechtsgebiet der Gefahrenabwehr des Ausländerrechts den ausdrücklichen § 49 Abs. 6 AufenthG.

[554] Analogie von § 39 Abs. 3 PolG NRW zu § 14 PolG NRW aufgrund für diesen existierender Regelungslücke und teleologisch gleichzusetzender Interessenlage von Person zu Person. Zur Analogie siehe auch: *Basten*, Eingriffsrecht der Polizei in Nordrhein-Westfalen, Band 1, S. 163.

[555] Vgl. auch Runderlass des Ministeriums des Innern NRW vom 03.07.2018 – 422-62.09.06 i.V.m. „Handlungsempfehlung zur Durchführung von ‚Nackt-ed-Behandlungen'" – wie im Fall von z.B.: OVG Niedersachsen, Beschluss des 11. Senats vom 22.04.2015, 11 ME 58/15 –, Rn. 1: „Diese umfasst neben Messungen und der Aufnahme von Lichtbildern die Abnahme von Finger-, Handflächen- und Handkantenabdrücken sowie die Feststellung äußerer Merkmale am gesamten Körper einschließlich des Intimbereichs (sog. ‚Nackt-ED-Behandlung')."

3. § 28 VwVfG NRW: Anhörung bzgl. eines ED(-Begleit-)VA auf dem Rechtsgebiet der Gefahrenabwehr (§§ 1, 2, 9, 35 VwVfG NRW)

(VOR/DEF)

Gemäß § 28 Abs. 1 VwVfG NRW besteht Pflicht zur **Anhörung** im Sinne des § 28 Abs. 1 VwVfG NRW (Äußerungsgelegenheit mit entsprechender Würdigung vor eingreifendem VA) – oder es soll sein: ein Ausnahmegrund gemäß § 28 Abs. 2, 3 VwVfG NRW oder **VA-Verletzungsunbeachtlichkeit** gemäß § 45 VwVfG NRW oder **VA-Nichtaufhebbarkeit** gemäß § 46 VwVfG NRW.

Gemäß § 28 Abs. 2 VwVfG NRW kann von der Anhörung abgesehen werden, wenn sie nach den Umständen des Einzelfalles nicht geboten ist, insbesondere wenn ein Fall vorliegt gemäß § 28 Abs. 2 Nr. 1-5 VwVfG NRW.

Absehenkönnen im Sinne von § 28 Abs. 2 Hs. 1 VwVfG NRW bedeutet Ermessen – in systematisch-kumulativer Verbindung mit § 28 Abs. 2 Hs. 2 VwVfG NRW wiederum unter Vorbehalt des tatsächlich und rechtlich Möglichen wie Gebotenen.

Gebotenheit ist Nichtverfügbarkeit eines milderen, gleich geeigneten Mittels zur Zweckförderung.

Gemäß § 28 Abs. 2 Nr. 5 VwVfG NRW kann von der Anhörung abgesehen werden, wenn sie nach den Umständen des Einzelfalles nicht geboten ist, insbesondere wenn Maßnahmen in der Verwaltungsvollstreckung getroffen werden sollen.

Gemäß § 28 Abs. 2 Nr. 1 VwVfG NRW kann von der Anhörung abgesehen werden, wenn eine sofortige Entscheidung wegen Gefahr im Verzug oder im öffentlichen Interesse notwendig erscheint.

Gefahr im Verzug i.S.d. § 28 Abs. 2 Nr. 1 VwVfG NRW ist gegeben, wenn der Handlungsbedarf unvorhergesehen ist und bei Durchführung der eigentlich vorgesehenen Maßnahme, hier der Anhörung, der gesetzliche Zweck, hier der jeweilige aus der Aufgabe des § 1 Abs. 1 S. 1 PolG NRW und aus der Befugnisrechtsnorm des § 8 Abs. 1 PolG NRW, vereitelt oder wesentlich erschwert wird.[556]

Öffentliches Interesse ist die einzelfallbezogene Relevanz eines Rechts oder Rechtsguts nicht ausschließlich bei einem einzelnen Individuum.

Notwendigkeit ist Nichtverfügbarkeit eines milderen, gleich geeigneten Mittels zur Zweckförderung – bis hin zur Alternativlosigkeit der Mittelanwendung.

Gemäß § 28 Abs. 3 VwVfG NRW unterbleibt eine Anhörung, wenn ihr ein zwingendes öffentliches Interesse entgegensteht.

---

556 BVerwGE 142, 205 (Schutzmaßnahme nach IfSG) = BVerwG, Urteil vom 22.03.2012 – BVerwG 3 C 16.11: „Gefahr im Verzug im Sinne von § 28 Abs. 2 Nr. 1 VwVfG ist anzunehmen, wenn durch eine vorherige Anhörung auch bei Gewährung kürzester Anhörungsfristen ein Zeitverlust einträte, der mit hoher Wahrscheinlichkeit zur Folge hätte, dass die behördliche Maßnahme zu spät käme, um ihren Zweck noch zu erreichen. Ob eine sofortige Entscheidung objektiv notwendig war oder die Behörde eine sofortige Entscheidung zumindest für notwendig halten durfte, ist vom Gericht aus ex-ante-Sicht zu beurteilen (Urteil vom 15. Dezember 1983 - BVerwG 3 C 27.82 - BVerwGE 68, 267 <271 f.> = Buchholz 316 § 28 VwVfG Nr. 9 S. 18). Hierbei ist wegen der Bedeutung des Anhörungsrechts als tragendem Prinzip des rechtsstaatlichen Verfahrens ein strenger Maßstab anzulegen (vgl. Kopp/Ramsauer, VwVfG, 12. Aufl. 2011, § 28 Rn. 3 und Rn. 46 m.w.N.).".

Zwingendes öffentliches Interesse ist die einzelfallbezogene unbedingte Relevanz eines Rechts oder Rechtsguts nicht ausschließlich bei einem einzelnen Individuum.

(SUB/ERG)

Im konkreten Fall ist § 28 VwVfG NRW (alternativ)

- eingehalten insbesondere bei Gelegenheit zur Stellungnahme i.S.d. § 28 Abs. 1 VwVfG NRW.
- eingehalten bei Nichteinhaltung von § 28 Abs. 1 VwVfG NRW und Ausnahmegrund gemäß § 28 Abs. 2, 3 VwVfG NRW.
- nicht eingehalten insbesondere bei Fehlen von Gelegenheit zur Stellungnahme ohne Ausnahmegrund.
- sonst eingehalten oder nicht eingehalten bei Anhaltspunkten / Fehlen entgegenstehender Anhaltspunkte.

4. § 39 VwVfG NRW: Begründung bzgl. eines ED(-Begleit-)VA auf dem Rechtsgebiet der Gefahrenabwehr (§§ 1, 2, 9, 35 VwVfG NRW)

(VOR/DEF)

Gemäß § 39 Abs. 1 VwVfG NRW besteht Pflicht zur **Begründung** eines schriftlichen oder elektronischen sowie schriftlich oder elektronisch bestätigten VA (vgl. § 37 Abs. 2 VwVfG NRW) mit den tatsächlich-rechtlichen, nicht unbedingt materiellrechtlich richtigen Behördenerwägungen – oder es soll gegeben sein: ein Ausnahmegrund nach § 39 Abs. 2 VwVfG NRW (insb. § 39 Abs. 2 Nr. 2, 4 VwVfG NRW) oder **VA-Verletzungsunbeachtlichkeit** gemäß § 45 VwVfG NRW oder **VA-Nichtaufhebbarkeit** gemäß § 46 VwVfG NRW.

(SUB/ERG)

Im konkreten Fall ist § 39 VwVfG NRW (alternativ)

- eingehalten bei Fehlen von Begründungspflicht bei rechtmäßigem Fehlen von schriftlichem oder elektronischem, schriftlich oder elektronisch bestätigtem VA (i.d.R. jedenfalls zunächst bei Maßnahmen i.S.d. § 80 Abs. 2 S. 1 Nr. 2 VwGO).
- eingehalten bei Begründung bei schriftlichem oder elektronischem, schriftlich oder elektronisch bestätigtem VA (z.B. im Rahmen von „Bescheinigungen"; „Mitteilungen", „Anschreiben-VA" [„Auflagenanschreiben", „Gefährderanschreiben", „Meldeauflagenanschreiben"], „HG-Schriftverfügung"), auch bei Nichtvorliegen eines Ausnahmegrundes i.S.v. § 39 Abs. 2 VwVfG NRW.
- eingehalten bei Ausnahmegrund nach § 39 Abs. 2 VwVfG NRW, insbesondere wegen bekannter oder erkennbarer Sach- und Rechtslage gemäß § 39 Abs. 2 Nr. 2 Var. 1 oder 2 VwVfG NRW.
- sonst eingehalten oder nicht eingehalten bei Anhaltspunkten / Fehlen entgegenstehender Anhaltspunkte.

(ERG Verfahren)

Ergebnis kann allgemein sein: Verfahrensrechtmäßigkeit oder Verfahrensrechtswidrigkeit der Maßnahme.

B. Formelle Rechtmäßigkeit (FR) III. Form (F)

(VOR/DEF)

Form ist normiertes Wie der Rechtsfolgesetzung – schriftlich, elektronisch, mündlich oder in anderer Weise.

(SUB/ERG)

Im konkreten Fall (alternativ)

- ist bei Fehlen von VA § 37 Abs. 2-6 VwVfG NRW unanwendbar.
- ist bei Fehlen von VA und Fehlen speziellerer Formrechtsnormen Formfreiheit gegeben.
- ist bei VA und Fehlen speziellerer Formrechtsnormen anwendbar: § 37 Abs. 2 bis 6 VwVfG NRW.
- kann gemäß § 37 Abs. 2 S. 1 VwVfG NRW der VA schriftlich, elektronisch, mündlich oder in anderer Weise erlassen werden.
- braucht gemäß § 37 Abs. 2 S. 2 VwVfG NRW der mündliche VA schriftlich oder elektronisch nicht bestätigt zu werden, wenn hieran kein berechtigtes Interesse besteht und der Betroffene dies nicht unverzüglich verlangt.

Ergebnis kann allgemein sein: Formrechtmäßigkeit oder Formrechtswidrigkeit der Maßnahme.

C. Materielle Rechtmäßigkeit (MR) I. Tatbestand (Tb) / Tatbestandsvoraussetzungen (TBV)

(VOR/DEF)

Tatbestand ist das Gesamt der (materiell-rechtlichen) Rechtsfolge(setzungs)bedingungen. / **Tatbestandsvoraussetzungen** sind materiell-rechtliche Rechtsfolgesetzungsbedingungen.

1. (alternative) TBV aus § 14 Abs. 1 Nr. 1 PolG NRW: Zulässigkeit der Identitätsfeststellung nach § 12 PolG NRW oder § 12a PolG NRW

(VOR/DEF)

Gemäß § 14 Abs. 1 Nr. 1 PolG NRW muss die erkennungsdienstliche Maßnahme für eine nach § 12 und § 12a zulässige Identitätsfeststellung erfolgen.

Zulässigkeit der Identitätsfeststellung / Identitätsfeststellungszulässigkeit nach § 12 PolG NRW und § 12a PolG NRW im Sinne von § 14 Abs. 1 Nr. 1 PolG NRW ist Rechtmäßigkeit einer Identitätsfeststellungsmaßnahme gemäß § 12 PolG NRW oder § 12a PolG NRW, also zur maßgeblichen Zeit formell und materiell rechtsfehlerfreie IDF-Maßnahme gemäß zumindest einer der Befugnisrechtsnormen von § 12 PolG NRW[557] oder § 12a PolG NRW[558].

(SUB/ERG)

Im konkreten Fall sind die Rechtmäßigkeitsvoraussetzungen von § 12 PolG NRW oder bzgl. § 12a Abs. 1 S. 1 Var. 3 PolG NRW und damit insoweit die Tatbestandsvoraussetzungen des § 14 Abs. 1 Nr. 1 PolG NRW (alternativ)

- bei Vorliegen von entsprechenden Anhaltspunkten / Fehlen entgegenstehender Anhaltspunkte erfüllt.
- bei Vorliegen von entsprechenden Anhaltspunkten nicht erfüllt.

2. (alternative) TBV aus § 14 Abs. 1 Nr. 2 PolG NRW: Verdächtigsein und Wiederholungsgefahr

(VOR/DEF)

Gemäß § 14 Abs. 1 Nr. 2 PolG NRW ist Voraussetzung, dass die betroffene Person verdächtig ist, eine Tat begangen zu haben, die mit Strafe bedroht ist und dass wegen der Art und Ausführung der Tat die Gefahr der Wiederholung besteht.

Verdächtigsein, eine Tat begangen zu haben, die mit Strafe bedroht ist, ist i.S.v. § 14 Abs. 1 Nr. 2 PolG NRW das Gegebensein zureichender tatsächlicher Anhaltspunkte i.S.v. § 152 Abs. 2 StPO gegen den Adressaten der erkennungsdienstlichen Maßnahme bezüglich der Begehung des objektiven Tatbestandes einer objektiv mit Strafe bedrohten Straftat i.S.v. § 12 StGB, unabhängig davon, ob die Straftat auch im einzelnen Fall verfolgbar ist oder war und unabhängig davon, welcher Straftatentatbestand sich ganz bestimmt nach Gefahrenprognose wahrscheinlich ereignet, vgl. zur Gefahrenprognose nach mutmaßlicher Tat-Art und Tat-Ausführung gemäß Verdächtigsein auch die gesetzlich nähere Bestimmung in § 81g Abs. 1 StPO.[559]

---

[557] Zu § 12 PolG NRW: *Basten*, Eingriffsrecht der Polizei in Nordrhein-Westfalen, Band 2, Buch 2, Abschnitt 10.

[558] Zu § 12a PolG NRW: *Basten*, Eingriffsrecht der Polizei in Nordrhein-Westfalen, Band 2, Buch 2, Abschnitt 12.

[559] Zum **Verdächtigsein** bzw. zum **Beschuldigtenstatus**, ggf. mit **Restverdacht**, und zur **Wiederholungsgefahr**, auch bei „**Gefahrenabwehrmaßnahmen**" sowie zu dementsprechenden **Behördenbegründungen** vgl. auch VGH Hessen, Beschluss des 8. Senats vom 01.02.2017 – 8 B 1411/16, Leitsatz: „Will die Behörde ihrer nach § 81b Alt. 2 StPO erforderlichen Prognose, der Beschuldigte werde in Zukunft erneut als Tatverdächtiger wegen gleichartiger Straftaten in Betracht gezogen, Ermittlungsverfahren, die nach § 170 Abs. 2 StPO eingestellt worden sind, zu Grunde legen, muss sie in eigenständiger Auseinandersetzung mit den Erkenntnissen über den jeweiligen Vorfall prüfen und darlegen, woraus sich nicht ausgeräumte Anhaltspunkte für die Annahme ergeben, der Betroffene habe sich strafbar gemacht. Eine Vorladung zur Durchführung erkennungsdienstlicher Maßnahmen erledigt sich grundsätzlich nicht dadurch, dass der in der Vorladung bestimmte Termin verstreicht. Eine Vorführung zur Durchführung

Wiederholungsgefahr / Gefahr der Wiederholung im Sinne von § 14 Abs. 1 Nr. 2 PolG NRW ist eine Sachlage im einzelnen Fall, die bei ungehindertem Geschehensverlauf in absehbarer Zeit mit hinreichender Wahrscheinlichkeit („wegen der Art und Ausführung der Tat") zu einem Schaden für ein rechtliches Schutzgut führt; **vorbeugende Bekämpfung von Straftaten** ist insoweit der legitime Maßnahmenzweck auch bereits vor konkreter Gefahr einer Straftat, erst recht bei konkreter Gefahr einer Straftat oder Straftatenfortsetzung.

Schutzgut im Sinne des § 14 Abs. 1 Nr. 2 PolG NRW ist die durch die Straftatenwiederholungsgefahr betroffene öffentliche Sicherheit, insbesondere mit den Individualrechten und Individualrechtsgütern und der durch die materiellen Strafgesetze wie das StGB miteingerichteten und mitrepräsentierten Rechtsordnung.

Öffentliche Sicherheit umfasst Rechte und Rechtsgüter des Einzelnen, Rechtsordnung, Funktionsfähigkeit des Staates.[560]

(SUB/ERG)

Im konkreten Fall sind die Voraussetzungen des § 14 Abs. 1 Nr. 2 PolG NRW (alternativ)

- erfüllt.
- nicht erfüllt.

C. Materielle Rechtmäßigkeit (MR) II. Inanspruchnahme (In) / Inanspruchnahmevoraussetzungen (Inv)

(VOR/DEF)

Inanspruchnahmevoraussetzungen sind materiell-rechtliche Bedingungen für richtige Inanspruchnahme.

Inanspruchnahme ist Adressierung und sonstiges Betroffenmachen; **Adressierung** ist direktes Bestimmen oder finales Richten einer Maßnahme an einen Grundrechtsträger, vgl. §§ 41 Abs. 1 S. 1, 43 Abs. 1 S. 1 VwVfG NRW.

---

erkennungsdienstlicher Maßnahmen und der Einsatz unmittelbaren Zwangs zur Durchführung dieser Maßnahmen sind erst dann zulässig, wenn Zwangsgeld nicht oder nicht rechtzeitig zum Ziel führt oder untunlich ist.", Gründe II., Rn. 27: „Der Betroffene darf nicht allein deshalb als potenzieller Rechtsbrecher behandelt werden, weil er sich irgendwie verdächtig gemacht hat oder angezeigt worden ist. Die Schwelle zur Beschuldigteneigenschaft ist relativ niedrig. Die Einleitung eines Ermittlungsverfahrens setzt lediglich einen Anfangsverdacht voraus, der bereits durch bloße Strafanzeige ausgelöst werden kann. Entsprechend hat das BVerfG in seinem stattgebenden Kammerbeschluss vom 1. Juni 2006 - 1 BvR 2293/03 - juris Rn. 12 [BVerfGK 8, 165, P. B.] entschieden, dass es im Fall einer Verfahrenseinstellung nach § 170 Abs. 2 StPO einer eingehenden Würdigung aller hierfür relevanten Umstände des Einzelfalls unter Berücksichtigung der Gründe für die Einstellung des Verfahrens bedarf und sich eine schematische Betrachtungsweise verbietet. Das bedeutet für sich anschließende Gefahrenabwehrmaßnahmen, dass von der Behörde in eigenständiger Auseinandersetzung mit den Erkenntnissen über den jeweiligen Vorfall geprüft und dargelegt werden muss, woraus sich nicht ausgeräumte Anhaltspunkte für die Annahme ergeben, der Betroffene habe sich strafbar gemacht.".

[560] Zu den polizeirechtlichen **Schutzgütern** mit vielen weiteren Nachweisen siehe insbesondere: *Basten*, Eingriffsrecht der Polizei in Nordrhein-Westfalen, Band 1, S. 249-251.

Nach § 14 Abs. 1 Nr. 1 PolG NRW ist Inanspruchnahme grundsätzlich alternativ richtig so wie in den Fällen von § 12 PolG NRW[561] oder § 12a PolG NRW[562].

Nach § 14 Abs. 1 Nr. 2 PolG NRW ist Inanspruchnahme grundsätzlich richtig gegen die verdächtige Person im Sinne von § 14 Abs. 1 Nr. 2 PolG NRW, die Wiederholungsgefahr verursacht im Sinne von § 4 Abs. 1 PolG NRW.

(Betroffene) **Person** i.S.d. § 12 Abs. 1 Nr. 1, 2, 3 PolG NRW, § 12a PolG NRW, § 14 Abs. 3 PolG NRW ist natürliche Person im Sinne von § 1 BGB.

(SUB/ERG)

Im konkreten Fall ist die Person (alternativ)

- richtigerweise durch Adressierung mit der erkennungsdienstlichen Maßnahme gemäß § 14 Abs. 1 Nr. 1/2 PolG NRW in Anspruch genommen;
- nicht richtigerweise in Anspruch genommen/adressiert.

C. Materielle Rechtmäßigkeit (MR) III. Rechtsfolge (Rf) / Rechtsfolgevoraussetzungen (RfV)

(VOR/DEF)

Rechtsfolge ist rechtliche Folge aus dem Tatbestand. / **Rechtsfolgevoraussetzungen** sind materiell-rechtliche Rechtsfolgegestaltungs-Bedingungen.

C. Materielle Rechtmäßigkeit (MR) III. Rechtsfolge (Rf) 1. Tatsächliche und rechtliche Möglichkeit (TurM)

(VOR/DEF)

Tatsächliche und rechtliche Möglichkeit betrifft Fälle wie aus § 44 Abs. 2 Nr. 4-6 VwVfG NRW.

(SUB/ERG)

Im konkreten Fall ist tatsächliche und rechtliche Möglichkeit (alternativ)

- gegeben wegen Vorliegens von (alternativ) kognitiven, körperlichen, normativen, technischen Unmöglichkeiten.

---

561 Zu § 12 PolG NRW: *Basten*, Eingriffsrecht der Polizei in Nordrhein-Westfalen, Band 2, Buch 2, Abschnitt 10.

562 Zu § 12a PolG NRW: *Basten*, Eingriffsrecht der Polizei in Nordrhein-Westfalen, Band 2, Buch 2, Abschnitt 12.

- nicht gegeben wegen Nichtvorliegens von kognitiven, körperlichen, normativen, technischen Unmöglichkeiten[563].[564]

C. Materielle Rechtmäßigkeit (MR) III. Rechtsfolge (Rf) 2. Bestimmtheit (Bsh)

(VOR/DEF)

Bestimmtheit ist Maßnahmenerkennbarkeit und Maßnahmenverstehbarkeit, bei VA und Realakten Gebot nach Art. 20 Abs. 3 GG, bei VA Pflicht auch gemäß § 37 Abs. 1 VwVfG NRW.

(SUB/ERG)

Inhaltlich hinreichende Bestimmtheit i.S.d. § 37 Abs. 1 VwVfG NRW/Art. 20 Abs. 3 GG ist allgemein gegeben, wenn nach Auslegung der Maßnahme der Erklärungsempfänger wie jeder vernünftige Dritte, §§ 133, 157 BGB analog, in der konkreten Situation den Maßnahmen-Inhalt hinreichend erkennen und verstehen kann, insbesondere wie folgt:

- dass die Polizei ggü./mit dem Maßnahmenempfänger/Erklärungsempfänger (wer)
- aus Gefahrenabwehrgründen (warum)
- zu einer spezifischen Zeit (wann)
- bezweckt, dass bestimmte erkennungsdienstliche Maßnahmen zwecks Vorsorge vor künftigen Verfahren getroffen werden sollen (was)
- durch Duldung [in den Grenzen des „nemo-tenetur-se-ipsum-prodere/accusare" [565]] der erkennungsdienstlichen Behandlung/erkennungsdienstlichen Maßnahme (wie).

C. Materielle Rechtmäßigkeit (MR) III. Rechtsfolge (Rf) 3. Ermessen (Erm)

(VOR/DEF)

Ermessen[566] ist Entscheidungsspielraum auf der Rechtsfolgenseite bzgl. rechtsfehlerfreier Ausübung von Einschreit-Entschließung (Ob), Adressaten-Auswahl (Wer), Maßnahmen-Gestaltung (Wie), grundsätzlich gegeben durch § 14 Abs. 1 Hs. 1 Wort 3 PolG NRW, und durch § 3 PolG NRW, bei (Begleit-)VA auch durch § 40 VwVfG NRW.

---

[563] Zu „Tatsächliche und rechtliche Möglichkeit" bei der erkennungsdienstlichen Maßnahme zur Identitätsfeststellung (ED-IDF) siehe auch: *Basten*, Eingriffsrecht der Polizei, Band 2, Buch 2, Abschnitt 14, C. III. 1. (Tatsächliche und rechtliche Möglichkeit).

[564] Zu „Tatsächliche und rechtliche Möglichkeit" mit Beispielen siehe auch: *Basten*, Eingriffsrecht der Polizei in Nordrhein-Westfalen, Band 1, S. 263.

[565] Zum Recht auf faires Verfahren und Selbstbelastungsfreiheit (nemo tenetur se ipsum accusare): *Basten*, Eingriffsrecht der Polizei in Nordrhein-Westfalen, Band 1, S. 106.

[566] Zum Ermessen einschließlich Rechtsnatur, Ermessensarten, Ermessensreduzierungen, Ermessensfehlern, Maßnahmenansprüchen mit Beispielen siehe auch: *Basten*, Eingriffsrecht der Polizei in Nordrhein-Westfalen, Band 1, S. 271-283.

(SUB/ERG)

Der gegebene Entscheidungsspielraum wird aufgrund von entsprechenden Anhaltspunkten/in Ermangelung entgegenstehender Anhaltspunkte ohne Ermessensfehler/mit Ermessensfehlern (Ermessenunterschreitung, Ermessensüberschreitung, Ermessensfehlgebrauch) ausgeübt bzgl. folgender Ermessensarten:

a) Entschließungsermessen:

Das Entschließungsermessen kann im konkreten Fall sogar gegen / auf Null reduziert sein, insbesondere wegen:

- Einschreitmöglichkeit
- Erheblichkeitsgrad von Gefährdungen, z.B. konkreter (dringender, erheblicher, gegenwärtiger) Gefahr.

b) Auswahlermessen:

siehe C. II.: Auswahlermessen wird abschließend beurteilt i.V.m. Punkt C. II. (Inanspruchnahme).

c) Gestaltungsermessen:

siehe C. III. 4.: Gestaltungsermessen, vgl. § 3 Abs. 2 PolG NRW (Austauschmittel) und die offene Normierung mehrerer Arten erkennungsdienstlicher Maßnahmen nach § 14 Abs. 4 PolG NRW, wird abschließend beurteilt i.V.m. Punkt C. III. 4. (VHM).

C. Materielle Rechtmäßigkeit (MR) III. Rechtsfolge (Rf) 4. Verhältnismäßigkeit (VHM)

(VOR/DEF)

Verhältnismäßigkeit ist Geeignetheit, Erforderlichkeit, Angemessenheit der Maßnahme zu einem legitimen Zweck.

(VOR/DEF)

a) Legitimer Zweck ist jeder verfassungsgemäße Zweck.

(SUB/ERG)

Im konkreten Fall verfolgt die ED-Maßnahme (alternativ)

- einen legitimen Zweck, hier:
  - § 14 Abs. 1 Nr. 1 PolG NRW: Identitätsfeststellung zu einem bestimmten, durch die Tatbestandsvoraussetzungen aus § 12 PolG NRW[567] oder § 12a PolG NRW[568] näher bestimmbaren höheren Gefahrenabwehrzweck;

[567] Zu § 12 PolG NRW: *Basten*, Eingriffsrecht der Polizei in Nordrhein-Westfalen, Band 2, Buch 2, Abschnitt 10.

[568] Zu § 12a PolG NRW: *Basten*, Eingriffsrecht der Polizei in Nordrhein-Westfalen, Band 2, Buch 2, Abschnitt 12.

- o § 14 Abs. 1 Nr. 2 PolG NRW: vorbeugende Straftatenbekämpfung,

also letztlich in beiden Alternativen die verfassungsgemäße Abwehr von Schäden für Rechte und Rechtsgüter wie aus Art. 2 Abs. 2 S. 1 GG, Art. 2 Abs. 2 S. 2 GG, Art. 14 Abs. 1 S. 1 Alt. 1 GG, Art. 20 Abs. 3 GG, vgl. auch die Grundrechtsschutzfunktion und die Grundrechtsförderungsfunktion[569].

Vorbeugende Bekämpfung von Straftaten im Sinne von § 14 Abs. 1 Nr. 2 PolG NRW ist eine „Bekämpfung" ohne: schwerpunktmäßige Strafverfolgungsvorsorge[570] gegen einen im Anordnungszeitpunkt Beschuldigten anlässlich aktuellen Tatverdachts im Sinne von § 81b Alt. 2 StPO[571], da diese Befugnisrechtsnorm des § 81b Alt. 2 StPO deren Rechtsfolge einer ED-Maßnahme „für die Zwecke des Erkennungsdienstes", also zwecks Strafverfolgungsvorsorge, abschließend normiert im Sinne der konkurrierenden Gesetzgebungszuständigkeit gemäß Art. 70, 72, 74 Abs. 1 Var. 4 (gerichtliches Verfahren) GG.[572]

- keinen legitimen Zweck.

(VOR/DEF)

b) Geeignetheit einer staatlichen Maßnahme ist gegeben bei deren Zweckförderungstauglichkeit, vgl. auch § 2 Abs. 3 PolG NRW.

(SUB/ERG)

Im konkreten Fall ist die ED-Maßnahme (alternativ)

- geeignet, wegen Förderung des legitimen Zwecks mit den ED-Produkten, und zwar je nach Alternative wie folgt:
  - o in Fällen von § 14 Abs. 1 Nr. 1 PolG NRW insbesondere durch
    - Unterbindung weiteren, potentiell schadensträchtigen Geschehensablaufs; bzgl. der kontrollierten Person bewirkt die IDF verhaltenssteuernde/n, potentiell gefahr-/störungs-/tatabschreckende/n „Aufhebung der Anonymität"/„Kontrolldruck";
    - Verhinderung weiteren, potentiell schadensträchtigen Geschehensablaufs, etwa durch weitere Aufklärung der Person bzw. des Personenumfelds über die Identitätsdaten und dadurch Ermöglichung besserer Entscheidung zu weiteren Maßnahmen;
    - Eigensicherung (Funktionsfähigkeit, vgl. auch Art. 20 Abs. 3 GG) und Fremdsicherung (vgl. PHW wie Ansteckungsgefahr, Suizidgefahr) durch Kenntnis des Gegenübers („durch Wissen darüber, mit wem man es zu tun hat");

---

569 Zu Grundrechtsfunktionen siehe auch: *Basten*, Eingriffsrecht der Polizei in Nordrhein-Westfalen, Band 1, S. 78-84.

570 Zur Strafverfolgungsvorsorge siehe: *Basten*, Eingriffsrecht der Polizei in Nordrhein-Westfalen, Band 3, Buch 3, Abschnitt 5, A. III., und Abschnitt 6, A. III., jeweils mit weiteren Nachweisen.

571 Zu § 81b Alt. 2 StPO siehe schon: *Basten*, Eingriffsrecht der Polizei in Nordrhein-Westfalen, Band 3, Buch 3, Abschnitt 5.

572 Zur „vorbeugenden Bekämpfung von Straftaten" im Sinne des § 14 Abs. 1 Nr. 2 PolG NRW siehe schon *Basten*, Eingriffsrecht der Polizei in Nordrhein-Westfalen, Band 3, Buch 3, Abschnitt 6, A. III., mit weiteren Nachweisen.

        - mittelbar über sonstiges wie Greifbarkeit, Nachfragemöglichkeit, Wiedererkennbarkeit der identifizierten Personen bzw. des Personenumfelds.[573]
    - in Fällen von § 14 Abs. 1 Nr. 2 PolG NRW insbesondere durch
        - Verhaltenssteuerung und potentielle Tatabschreckung aufgrund der Verdeutlichung gegenüber der betroffenen Person ab ED-Anordnungszeitpunkt, nach ED-Durchführung bei Tatbegehung abgleichbare oder sonst verarbeitbare Daten (ED-Produkte) zur weiteren Aufklärung zu haben;
        - faktische Ermöglichung weiterer Maßnahmen über Datenabgleiche oder sonstige Verarbeitung der aus ED-Maßnahmen erhobenen und gespeicherten Daten (ED-Produkte), und damit wenigstens Ermöglichung einer Schadensvertiefungsverhinderung bei Tatbegehung.
- ungeeignet.

(VOR/DEF)

c) Erforderlichkeit einer staatlichen Maßnahme ist Nichtverfügbarkeit eines milderen (Übermaßverbot), gleich geeigneten (Untermaßverbot) Mittels zur Zweckförderung, vgl. auch § 2 Abs. 1 PolG NRW, vgl. auch § 14 Abs. 1 Nr. 1 PolG NRW („unbedingt erforderlich"), § 14 Abs. 1 Nr. 2 PolG NRW („unbedingt erforderlich"), vgl. auch § 81g Abs. 1 StPO analog[574], vgl. auch § 2 Abs. 1 PolG NRW.

---

[573] Landtagsdrucksache 17/2351 (Gesetzentwurf der Landesregierung – Gesetz zur Stärkung der Sicherheit in Nordrhein-Westfalen – Sechstes Gesetz zur Änderung des Polizeigesetzes des Landes Nordrhein-Westfalen), S. 33 (zu § 12a Abs. 2 PolG NRW): „Die Befugnis zur Identitätsfeststellung nach § 12a ist auch geeignet, diesen ihr zugedachten Zweck zu erfüllen. Identitätsfeststellung ist in erster Linie eine Maßnahme der Gefahrerforschung (Schmidbauer/Steiner/Roese, Bayerisches Polizeiaufgabengesetz, 1999, RdNr. 5 zu Art. 13; 322; Gusy, Polizeirecht, 4. Aufl. 2000, RdNr. 200). Sie dient in präventiver Hinsicht dazu, die Polizei in die Lage zu versetzen, durch einen Abgleich der festgestellten Identität mit polizeilichen Datenbeständen nach Maßgabe der Vorschriften des PolG NRW eine von der kontrollierten Person möglicherweise ausgehende oder sonst mit ihr zusammenhängende Gefahr durch weitergehende Maßnahmen abzuwehren. Auch können anlässlich der Identitätskontrolle Auffälligkeiten registriert werden, die weitergehende Maßnahmen - etwa Durchsuchungen - nach sich ziehen; außerdem mag die Aufhebung der Anonymität einen potentiellen Störer bewegen, auf Aktivitäten zu verzichten (vgl. Waechter, DÖV 1999, 138/139). Zugleich entfaltet die Befugnis zur Feststellung der Identität eine von der einzelnen Maßnahme unabhängige generalpräventive Wirkung (Waechter, a.a.O., S. 144 f.).".

[574] Vgl. auch: BVerwG, Beschluss vom 25.03.2019 – BVerwG 6 B 163.18, Rn. 10: „Das Gebot der Verhältnismäßigkeit kommt in dem gesetzlichen Erfordernis der Notwendigkeit der erkennungsdienstlichen Behandlung zum Ausdruck. Nach § 81b Alt. 2 StPO dürfen die dort aufgeführten Maßnahmen nur angeordnet und vorgenommen, die dabei gewonnenen Daten nur gespeichert werden, wenn sie für die Zwecke des Erkennungsdienstes notwendig sind. Diese Datenerhebung und -speicherung dient der Strafverfolgungsvorsorge, indem sie der Kriminalpolizei sächliche Hilfsmittel für die Erforschung und Aufklärung künftiger Straftaten zur Verfügung stellt. Notwendigkeit im Sinne des § 81b Alt. 2 StPO ist anzunehmen, wenn angesichts aller Umstände des Einzelfalles tatsächliche Anhaltspunkte die Annahme rechtfertigen, der Beschuldigte könne künftig als Verdächtiger einer Straftat in Betracht kommen, deren Aufklärung die erkennungsdienstlichen Unterlagen überführend oder entlastend fördern können. Zu den Umständen, die bei dieser Prognoseentscheidung zu berücksichtigen sind, gehören das Ermittlungsergebnis des strafprozessualen Anlassverfahrens sowie Art, Schwere und Begehungsweise der dem Beschuldigten im Anlassverfahren zur Last gelegten Straftaten, seine Persönlichkeit sowie der Zeitraum, während dessen er strafrechtlich nicht mehr in Erscheinung getreten ist. Ist das strafprozessuale Ermittlungsverfahren nach § 170 Abs. 2 StPO eingestellt worden, weil sich der Anfangsverdacht im Verlauf der Ermittlungen nicht zu einer

Unbedingte Erforderlichkeit im Sinne von § 14 Abs. 1 Nr. 1 PolG NRW und § 14 Abs. 1 Nr. 2 PolG NRW ist Nichtverfügbarkeit eines milderen, gleich geeigneten Mittels zur Zweckförderung – bis hin zur Alternativlosigkeit der Mittelanwendung.

(SUB/ERG)

Im konkreten Fall ist die ED-Maßnahme (alternativ)

- erforderlich, denn einerseits sind mildere Maßnahmen wie z.B. eine Gefährderansprache oder eine Identitätsfeststellungs-Maßnahme außer durch ED-Maßnahmen (alleine) nicht gleich geeignet, weil sie nicht deren Zwecke hinreichend fördern (Untermaßverbot), zum Beispiel
  - o bezüglich § 14 Abs. 1 Nr. 1 PolG NRW: da sie die Identität nicht in gleicher Weise buchstäblich feststellen[575];
  - o bezüglich § 14 Abs. 1 Nr. 2 PolG NRW: da sie für den Fall der Realisierung der Tatwiederholungsgefahr die zur Aufklärung notwendigen Daten nicht in gleicher Weise von vornherein gespeichert hätten und damit auch Abschreckungseffekte oder frühzeitige Interventionsmöglichkeiten nicht in gleicher Weise bestehen;

  andererseits sind (mindestens) gleich geeignete, intensivere Maßnahmen wie Zwang noch nicht notwendig (Übermaßverbot).
- nicht erforderlich.

(VOR/DEF)

d) Angemessenheit oder **Verhältnismäßigkeit im engeren Sinne** einer staatlichen Maßnahme ist angemessenes Maß oder Verhältnis zwischen Zweckförderung für Erhaltungsrechte und Wirkungen für Eingriffsrechte, vgl. auch § 2 Abs. 2 PolG NRW, vgl. betroffene Grundrechte.

---

die Anklageerhebung rechtfertigenden Verurteilungswahrscheinlichkeit konkretisiert hat, müssen Behörden und Gerichte unter Abwägung des Für und Wider sorgfältig begründen, aus welchen Gründen sie eine erkennungsdienstliche Behandlung dennoch für notwendig halten (stRspr, vgl. zuletzt BVerwG, Urteil vom 27. Juni 2018 - 6 C 39.16 [ECLI:DE:BVerwG:2018:270618U6C39.16.0] - NJW 2018, 3194 Rn. 21 bis 23).".

„**Wiederholungsgefahr**" bedeutet i.d.R. **sofortige Vollziehbarkeit** im Sinne des – gerichtsseitig auf beiden Rechtsgebieten von Gefahrenabwehr und Strafrechtspflege angewendeten – § 80 Abs. 2 VwGO (z.B. § 80 Abs. 2 S. 1 Nr. 2 oder 4 VwGO) und dann auch i.d.R. **Vollstreckbarkeit** im Sinne der dritten allgemeinen Vollstreckungsvoraussetzung des Zwangsrechts, vgl. die Rechtsprechung zu **erkennungsdienstlichen Maßnahmen** wie: VGH Baden-Württemberg, Beschluss vom 05.04.2016 – 1 S 275/16, mit Zitierung von: BayVGH, Beschluss vom 23.11.2009 – 10 CS 09.1854; außerdem: OVG Niedersachsen, Beschluss vom 29.06.2016 – 11 ME 100/16; VGH München, Beschluss v. 06.12.2016 – 10 CS 16.2069. Zur **Vollziehbarkeitsbegründung** gemäß dem – gerichtsseitig auf beiden Rechtsgebieten von Gefahrenabwehr und Strafrechtspflege angewendeten – § 80 Abs. 3 VwGO in Fällen von § 80 Abs. 2 S. 1 Nr. 4 VwGO und zur **Vollstreckbarkeit** siehe *Basten*, Eingriffsrecht der Polizei in Nordrhein-Westfalen, Band 3, Buch 3, Abschnitt 3, Unterabschnitte 1, 2, jeweils C. I. 3. (Vollstreckbarkeit).

[575] Zur Erforderlichkeit im Sinne von § 12 PolG NRW und § 12a PolG NRW bzw. im Sinne der ED-IDF nach § 14 Abs. 1 Nr. 1 PolG NRW siehe auch: *Basten*, Eingriffsrecht der Polizei in Nordrhein-Westfalen, Band 2, Buch 2, Abschnitt 10, Abschnitt 12, Abschnitt 14, jeweils C. III. 4. (Verhältnismäßigkeit, Erforderlichkeit), mit weiteren Nachweisen.

(SUB/ERG)

Im konkreten Fall ist die ED-Maßnahme (alternativ)

- angemessen, denn die GR-Eingriffe in Art. 2 Abs. 1 i.V.m. Art. 1 Abs. 1 GG, Art. 2 Abs. 2 S. 2 GG stehen angesichts der zu schützenden Rechte und Rechtsgüter aus Art. 2 Abs. 2 S. 1, 2 GG, Art. 14 Abs. 1 S. 1 Alt. 1 GG, Art. 20 Abs. 3 GG sowie insbesondere im Fall von § 14 Abs. 1 Nr. 2 PolG NRW zusätzlich angesichts von Tatverdachtsstärke, Schwere mutmaßlicher Tat, Sanktionswahrscheinlichkeit, mutmaßlicher Sanktionshöhe nicht außer Verhältnis.
- unangemessen.[576]

(ERG VHM)

Die erkennungsdienstliche Maßnahme ist insgesamt i.S.v. § 2 PolG NRW, Art. 20 Abs. 3 GG (alternativ)

- verhältnismäßig.
- unverhältnismäßig.

D. Gesamtergebnis (GErg)

Die erkennungsdienstliche Maßnahme ist (alternativ)

- rechtmäßig gemäß § 14 Abs. 1 Nr. 1/2 PolG NRW.
- rechtswidrig wegen §/Art. (bestimmter Rechtsnorm [z.B. Art. 20 Abs. 3 GG]).

---

576 Zur Angemessenheit im Sinne von § 12 PolG NRW und § 12a PolG NRW: *Basten*, Eingriffsrecht der Polizei in Nordrhein-Westfalen, Band 2, Buch 2, Abschnitt 10, Abschnitt 12, jeweils C. III. 4. (Verhältnismäßigkeit, Angemessenheit), mit weiteren Nachweisen.

ABSCHNITT 7: KÖRPERLICHE UNTERSUCHUNG, KÖRPERLICHER EINGRIFF, BLUTPROBENENTNAHME BEI BESCHULDIGTEM/BETROFFENEM AUF DEM RECHTSGEBIET DER STRAFRECHTSPFLEGE, § 81A STPO (GGF. I.V.M. §§ 46, 53 ABS. 1 S. 2, ABS. 2 OWIG)

A. Rechtsgrundlage (RGL) I. Grundrechte (GR)

(VOR/DEF)

Grundrechte sind grundlegende Rechte aus Art. 1-19 GG i.V.m. dem Rechtsstaatsprinzip, Art. 20 Abs. 3 GG, mit Vorrang und Vorbehalt des Gesetzes.[577]

(SUB/ERG)

Grundrechte sind (i.d.R. alternativ fallabhängig) wie folgt gegeben:

[577] Zu **Grundrechten**: *Basten*, Eingriffsrecht der Polizei in Nordrhein-Westfalen, Band 1, Buch 1, Abschnitt 2, Unterabschnitt 3. Zum **Rechtsstaatsprinzip** mit unter anderem sogenanntem Vorrang des Gesetzes und Vorbehalt des Gesetzes: *Basten*, Eingriffsrecht der Polizei in Nordrhein-Westfalen, Band 1, S. 95-108.

1. **Allgemeines Persönlichkeitsgrundrecht**[578] mit verschiedenen Ausprägungen[579], etwa in der Ausprägung des **Rechts auf informationelle Selbstbestimmung** (APR/RiS), Art. 2 Abs. 1 i.V.m. Art. 1 Abs. 1[580] GG, vgl. auch Art. 142 GG i.V.m. Art. 4 Abs. 1, 2 Verfassung NRW[581].

---

[578] BVerfGE 147, 1, 18 f. (**Geschlechtsidentität**) = BVerfG, Beschluss des Ersten Senats vom 10.10.2017 – 1 BvR 2019/16 –, Rn. 38: „Art. 2 Abs. 1 GG gewährt jedem das **Recht auf die freie Entfaltung seiner Persönlichkeit**. Dieses Grundrecht umfasst neben der allgemeinen Handlungsfreiheit das **allgemeine Persönlichkeitsrecht** (Art. 2 Abs. 1 i.V.m. Art. 1 Abs. 1 GG). Letzteres ergänzt als ‚unbenanntes' Freiheitsrecht die speziellen (‚benannten') Freiheitsrechte, die ebenfalls konstituierende Elemente der Persönlichkeit schützen (vgl. BVerfGE 54, 148 <153>). Eine der **Aufgaben des allgemeinen Persönlichkeitsrechts** ist es dabei, Grundbedingungen dafür zu sichern, dass die einzelne Person ihre Individualität selbstbestimmt entwickeln und wahren kann (vgl. BVerfGE 35, 202 <220>; 79, 256 <268>; 90, 263 <270>; 117, 202 <225>). Das allgemeine Persönlichkeitsrecht schützt indessen nur solche **Elemente der Persönlichkeitsentfaltung**, die - ohne bereits Gegenstand der besonderen Freiheitsgarantien des Grundgesetzes zu sein - diesen in ihrer konstituierenden Bedeutung für die Persönlichkeit nicht nachstehen (vgl. BVerfGE 79, 256 <268>; 99, 185 <193>; 120, 274 <303>; stRspr). Es verbürgt also nicht Schutz gegen alles, was die selbstbestimmte Persönlichkeitsentwicklung auf irgendeine Weise beeinträchtigen könnte; ohnehin vermag kein Mensch seine Individualität unabhängig von äußeren Gegebenheiten und Zugehörigkeiten zu entwickeln. Der lückenschließende Schutz des allgemeinen Persönlichkeitsrechts greift aber dann, wenn die selbstbestimmte Entwicklung und Wahrung der Persönlichkeit spezifisch gefährdet ist (BVerfGE 141, 186 <201 f. Rn. 32>).".

BVerfG, Beschluss des Ersten Senats vom 06.11.2019 – 1 BvR 16/13 – (Recht auf Vergessen I), Rn. 81: „Diese [**APR-]Rechtsprechung** hat sich maßgeblich in Konstellationen der mittelbaren Drittwirkung und geleitet von dem Erfordernis praktischer Konkordanz entwickelt. Deshalb bestimmen sich die Schutzdimensionen des allgemeinen Persönlichkeitsrechts letztlich immer einzelfallbezogen im Abgleich mit den Grundrechten Dritter. Die Bestimmung seiner Schutzwirkungen und die Abwägung mit den gegenüberstehenden Freiheitsrechten greifen hier Hand in Hand. Der Schutz des allgemeinen Persönlichkeitsrechts ist insoweit flexibel und durch die Einbindung der Person in ihre sozialen Beziehungen relativiert (vgl. BVerfGE 101, 361 <380>; 141, 186 <202 Rn. 32>; 147, 1 <19 Rn. 38>; stRspr; siehe auch BGHZ 183, 353 <357 Rn. 11>; 209, 139 <150 Rn. 30>; 219, 233 <240 Rn. 22>; stRspr).".

Vgl. „**Allgemeines Persönlichkeitsrecht**" (APR) als „sonstiges Recht" (sog. **Rahmenrecht** mit [grundrechts-]abwägungsoffenem Tatbestand) nach § 823 Abs. 1 Var. 6 BGB, u.a. mit Geldentschädigungsanspruch, insbesondere durch ständige Rechtsprechung (vgl. auch § 253 BGB) seit folgender Entwicklung: BGHZ 13, 334 (Leserbrief), mit erstmaliger ausdrücklicher Anerkennung des allgemeinen Persönlichkeitsrechts; BGHZ 26, 349 (Herrenreiter), mit erstmaliger Zuerkennung einer Geldentschädigung wegen des immateriellen Schadens durch die Verletzung des allgemeinen Persönlichkeitsrechts; BGHZ 35, 363 (Ginsengwurzel), mit erstmaliger Schwerpunktsetzung bei der Menschenwürde in der Begründung; BVerfGE 34, 269 (Soraya), mit verfassungsgerichtlicher Erklärung der verfassungsrechtlichen Zulässigkeit der richterrechtlich entwickelten APR-Konstruktion.

[579] BVerfG, Beschluss des Ersten Senats vom 06.11.2019 – 1 BvR 16/13 – (Recht auf Vergessen I), Rn. 80: „Die Rechtsprechung hat aus dem [**Allgemeinen Persönlichkeits-]Grundrecht** insoweit verschiedene **Schutzdimensionen** abgeleitet wie den **Schutz eines unantastbaren Bereichs privater Lebensgestaltung**, die Garantie der **Privatsphäre**, das **Recht am eigenen Bild** oder **gesprochenen Wort** oder das **Recht auf die Darstellung der eigenen Person**, die **soziale Anerkennung** sowie die **persönliche Ehre** (vgl. BVerfGE 27, 1 <6>; 27, 344 <350 f.>; 32, 373 <379>; 34, 238 <245 f.>; 47, 46 <73>; 54, 148 <153 f.>; 99, 185 <193 f.>; 101, 361 <384>; 106, 28 <39>; 114, 339 <346>; 120, 180 <198>)." „Diese **Schutzgehalte** werden insoweit aber nicht als abschließend umschriebene und voneinander abzugrenzende Gewährleistungen verstanden, sondern als Ausprägungen, die in Blick auf den konkreten Schutzbedarf jeweils anhand des zu entscheidenden Falles herauszuarbeiten sind (vgl. BVerfGE 54, 148 <153 f.>; 65, 1 <41>).".

BVerfGE 65, 1 (Volkszählungsgesetz), Ls. 1 = BVerfG, Urteil des Ersten Senats vom 15.12.1983 – 1 BvR 209/83, Ls. 1: „Unter den Bedingungen der modernen Datenverarbeitung wird der Schutz des Einzelnen

gegen unbegrenzte Erhebung, Speicherung, Verwendung und Weitergabe seiner persönlichen Daten von dem **allgemeinen Persönlichkeitsrecht** des Art. 2 Abs. 1 GG in Verbindung mit Art. 1 Abs. 1 GG umfaßt. Das [**Allgemeine Persönlichkeits-]Grundrecht** gewährleistet insoweit die Befugnis des Einzelnen, grundsätzlich selbst über die Preisgabe und Verwendung seiner persönlichen Daten zu bestimmen."; BVerfG, Beschluss des Ersten Senats vom 06.11.2019 – 1 BvR 16/13 – (Recht auf Vergessen I), Rn. 80: „Das **Recht auf informationelle Selbstbestimmung** ist von der Rechtsprechung als eigene Ausprägung des allgemeinen Persönlichkeitsrechts mit einem gegenüber den anderen Ausprägungen selbständigen Gewährleistungsgehalt entwickelt worden und behält diesen auch, soweit es als verfassungsrechtliche Wertentscheidung in das Zivilrecht einstrahlt. Dementsprechend enthält es keinen gesamthaften Schutzanspruch hinsichtlich jederlei Umgangs mit Informationen, der die übrigen Schutzdimensionen des Grundrechts allgemein übergreifen und zusammenführen würde, sondern lässt deren Wertungen und Abwägungsregeln unberührt."; BVerfGE 120, 274, 311 f. (Online-Durchsuchung) = BVerfG, Urteil des Ersten Senats vom 27.02.2008 – 1 BvR 370/07 –, Rn. 198 f. „Das **Recht auf informationelle Selbstbestimmung** geht über den **Schutz der Privatsphäre** hinaus. Es gibt dem Einzelnen die Befugnis, grundsätzlich selbst über die Preisgabe und Verwendung seiner persönlichen Daten zu bestimmen (vgl. BVerfGE 65, 1 <43>; 84, 192 <194>). Es flankiert und erweitert den grundrechtlichen Schutz von Verhaltensfreiheit und Privatheit, indem es ihn schon auf der Stufe der Persönlichkeitsgefährdung beginnen lässt. Eine derartige Gefährdungslage kann bereits im Vorfeld konkreter Bedrohungen benennbarer Rechtsgüter entstehen, insbesondere wenn personenbezogene Informationen in einer Art und Weise genutzt und verknüpft werden können, die der Betroffene weder überschauen noch verhindern kann. Der Schutzumfang des **Rechts auf informationelle Selbstbestimmung** beschränkt sich dabei nicht auf Informationen, die bereits ihrer Art nach sensibel sind und schon deshalb grundrechtlich geschützt werden. Auch der Umgang mit personenbezogenen Daten, die für sich genommen nur geringen Informationsgehalt haben, kann, je nach dem Ziel des Zugriffs und den bestehenden Verarbeitungs- und Verknüpfungsmöglichkeiten, grundrechtserhebliche Auswirkungen auf die Privatheit und Verhaltensfreiheit des Betroffenen haben (vgl. BVerfG, Beschluss vom 13. Juni 2007 - 1 BvR 1550/03 u.a. -, NJW 2007, S. 2464 <2466>). Die mit dem Recht auf informationelle Selbstbestimmung abzuwehrenden Persönlichkeitsgefährdungen ergeben sich aus den vielfältigen Möglichkeiten des Staates und gegebenenfalls auch privater Akteure (vgl. BVerfG, Beschluss der 1. Kammer des Ersten Senats vom 23. Oktober 2006 - 1 BvR 2027/02 -, JZ 2007, S. 576) zur Erhebung, Verarbeitung und Nutzung personenbezogener Daten. Vor allem mittels elektronischer Datenverarbeitung können aus solchen Informationen weitere Informationen erzeugt und so Schlüsse gezogen werden, die sowohl die grundrechtlich geschützten Geheimhaltungsinteressen des Betroffenen beeinträchtigen als auch Eingriffe in seine Verhaltensfreiheit mit sich bringen können (vgl. BVerfGE 65, 1 <42>; 113, 29 <45 f.>; 115, 320 <342>; BVerfG, Beschluss vom 13. Juni 2007 - 1 BvR 1550/03 u.a. -, NJW 2007, S. 2464 <2466>).".

BVerfGE 109, 279, 325-327 (akustische Wohnraumüberwachung / „Großer Lauschangriff") = BVerfG, Urteil des Ersten Senats vom 03.03.2004 – 1 BvR 2378/98, 1084/99 –, Rn. 159-163: „Das aus Art. 2 Abs. 1 in Verbindung mit Art. 1 Abs. 1 GG folgende **allgemeine Persönlichkeitsrecht** kommt neben Art. 13 Abs. 1 GG allerdings nicht zur Anwendung, soweit Eingriffe in die **räumliche Privatsphäre des Wohnungsinhabers** zu überprüfen sind. Art. 13 Abs. 1 GG enthält eine spezielle Gewährleistung des **Schutzes vor staatlicher akustischer Überwachung der räumlichen Privatsphäre**, die die allgemeinere Vorschrift insoweit verdrängt (vgl. BVerfGE 100, 313 [358] zu Art. 10 GG). Mit dem **Recht, in der Wohnung ungestört zu sein**, und dem **Recht am eigenen in der Wohnung gesprochenen Wort** schützt Art. 13 Abs. 1 GG gerade den Teil der **Privatsphäre**, den sonst das allgemeine Persönlichkeitsrecht gewährleistet. Dieses Recht ergänzt als unbenanntes Freiheitsrecht die speziellen Freiheitsrechte, die ebenfalls konstituierende Elemente der Persönlichkeit schützen (vgl. BVerfGE 54, 148 <153 f.>), nur insoweit, als Letztere keinen Schutz gewähren. Der **Schutz des allgemeinen Persönlichkeitsrechts aus Art. 2 Abs. 1 in Verbindung mit Art. 1 Abs. 1 GG** greift hingegen ein, soweit von der Wohnraumüberwachung Personen betroffen werden, die sich nicht auf Art. 13 Abs. 1 GG berufen können. **Grundrechtsträger des Art. 13 Abs. 1 GG** ist jeder Inhaber oder Bewohner eines Wohnraums, unabhängig davon, auf welchen Rechtsverhältnissen die Nutzung des Wohnraums beruht. Bei mehreren Bewohnern einer Wohnung steht das Grundrecht jedem Einzelnen, bei Familien mithin jedem Familienmitglied zu. Maßnahmen der **Wohnraumüberwachung** können aber nicht nur **Wohnungsinhaber**, sondern auch **zufällig in einer Wohnung**

Anwesende erfassen. Diese Personen sind zwar nicht in ihrem Grundrecht aus Art. 13 Abs. 1 GG, wohl aber in ihrem **allgemeinen Persönlichkeitsrecht** betroffen. Der Schutz aus Art. 2 Abs. 1 in Verbindung mit Art. 1 Abs. 1 GG kann insofern allerdings nicht weiter reichen als derjenige aus Art. 13 Abs. 1 und 3 GG. Der Schutz der **räumlichen Privatsphäre und des allgemeinen Persönlichkeitsrechts** kann schließlich in Einzelfällen durch weitere Grundrechtsgarantien ergänzt sein. So wird das **Gespräch zwischen Eheleuten in der eigenen Wohnung** nicht nur von Art. 13 Abs. 1 GG, sondern zusätzlich durch Art. 6 Abs. 1 GG geschützt. Auch in Bezug auf die **Kommunikation mit Berufsgeheimnisträgern** können neben dem grundrechtlichen **Schutz der räumlichen Privatsphäre** Grundrechte in Betracht kommen, die - wie etwa Art. 4 GG im Hinblick auf das Gespräch mit einem Geistlichen - der besonderen Schutzbedürftigkeit der Kommunizierenden Rechnung tragen.".

BVerfG, Beschluss des Ersten Senats vom 06.11.2019 – 1 BvR 16/13 – (Recht auf Vergessen I), Ls. 3 S. 1: „Von den **äußerungsrechtlichen Schutzdimensionen** ist das **Recht auf informationelle Selbstbestimmung** als eine eigene Ausprägung des allgemeinen Persönlichkeitsrechts zu unterscheiden." BVerfG, Beschluss des Ersten Senats vom 06.11.2019 – 1 BvR 16/13 – (Recht auf Vergessen I), Rn. 90: „Ausgehend von dem **Ziel des Rechts auf informationelle Selbstbestimmung**, Schutz vor Gefahren angesichts neuartiger Möglichkeiten der Datenverarbeitung zu gewähren (vgl. BVerfGE 65, 1 <42>), ist es primär als Gewährleistung zu verstehen, die – neben der ungewollten Preisgabe von Daten auch im Rahmen privater Rechtsbeziehungen (vgl. BVerfGE 84, 192 <194>) – insbesondere vor deren intransparenter Verarbeitung und Nutzung durch Private schützt. Es bietet Schutz davor, dass Dritte sich individueller Daten bemächtigen und sie in nicht nachvollziehbarer Weise als Instrument nutzen, um die Betroffenen auf Eigenschaften, Typen oder Profile festzulegen, auf die sie keinen Einfluss haben und die dabei aber für die freie Entfaltung der Persönlichkeit sowie eine gleichberechtigte Teilhabe in der Gesellschaft von erheblicher Bedeutung sind. Der Gehalt dieses Rechts ist dabei entwicklungsoffen, so dass es auch weitere persönlichkeitsgefährdende Entwicklungen der Informationsverarbeitung aufnehmen kann.".

BVerfG, Beschluss des Ersten Senats vom 06.11.2019 – 1 BvR 16/13 – (Recht auf Vergessen I), Ls. 2a): „Der verfassungsrechtliche Maßstab für den Schutz gegenüber Gefährdungen durch die **Verbreitung personenbezogener Berichte und Informationen als Teil öffentlicher Kommunikation** liegt in den **äußerungsrechtlichen Ausprägungen des allgemeinen Persönlichkeitsrechts**, nicht im Recht auf informationelle Selbstbestimmung.".

BVerfG, Beschluss des Ersten Senats vom 06.11.2019 – 1 BvR 16/13 – (Recht auf Vergessen I), Rn. 91: „[Vom Recht auf informationelle Selbstbestimmung] zu unterscheiden ist der **Schutz vor der Verarbeitung personenbezogener Berichte und Informationen als Ergebnis eines Kommunikationsprozesses**. Der Schutzbedarf gründet hier nicht in der intransparenten Zuweisung von Persönlichkeitsmerkmalen und -profilen durch Dritte, sondern in der sichtbaren Verbreitung bestimmter Informationen im öffentlichen Raum. Gefährdungen für die Persönlichkeitsentfaltung ergeben sich hier vornehmlich aus Form und Inhalt der Veröffentlichung selbst. Schutz gegenüber solchen Gefährdungen bieten die **äußerungsrechtlichen Ausprägungen des allgemeinen Persönlichkeitsrechts unabhängig vom Recht auf informationelle Selbstbestimmung**. Zwar kann es auch dabei maßgeblich auf die Art der Informationserlangung ankommen. Jedoch hat diese hier ihre Bedeutung als Vorfrage für die Beurteilung des weiteren Umgangs mit einer bestimmten Äußerung und des damit in die Öffentlichkeit gestellten Bildes einer Person selbst.".

BVerfG, Beschluss des Ersten Senats vom 06.11.2019 – 1 BvR 16/13 – (**Recht auf Vergessen** I), Ls. 2b): „Bei der Entscheidung über einen Schutzanspruch kommt der Zeit unter den Kommunikationsbedingungen des Internets ein spezifisches Gewicht zu. Die Rechtsordnung muss davor schützen, dass sich eine Person frühere Positionen, Äußerungen und Handlungen unbegrenzt vor der Öffentlichkeit vorhalten lassen muss. Erst die Ermöglichung eines Zurücktretens vergangener Sachverhalte eröffnet den Einzelnen die Chance zum Neubeginn in Freiheit. Zur Zeitlichkeit der Freiheit gehört die Möglichkeit des Vergessens.".

BVerfGE 120, 274, 311 (Online-Durchsuchung) = BVerfG, Urteil des Ersten Senats vom 27.02.2008 – 1 BvR 370/07 –, Rn. 197: „In seiner Ausprägung als **Schutz der Privatsphäre** [als **Privatangelegenheitenschutz** und **Rückzugsraumbereichsschutz** – beides **gegenüber der Öffentlichkeit**, vgl. **Sphärentheorie** mit **Intimsphäre, Privatsphäre, Sozialsphäre** und vgl. **Kernbereich privater Lebensgestaltung**] gewährleistet das allgemeine Persönlichkeitsrecht dem Einzelnen einen räumlich und thematisch

bestimmten Bereich, der grundsätzlich frei von unerwünschter Einsichtnahme bleiben soll (vgl. BVerfGE 27, 344 <350 ff.>; 44, 353 <372 f.>; 90, 255 <260>; 101, 361 <382 f.>).“; BVerfGE 101, 361, 382-385 (Caroline von Monaco II) = BVerfG, Urteil vom 15.12.1999 – 1 BvR 653/96 –, Rn. 75-82: „Im Unterschied zum **Recht am eigenen Bild** bezieht sich der **Schutz der Privatsphäre**, der ebenfalls im **allgemeinen Persönlichkeitsrecht** wurzelt, nicht speziell auf Abbildungen, sondern ist **thematisch und räumlich** bestimmt. Er umfaßt zum einen **Angelegenheiten** [**Privatangelegenheitenschutz**], die wegen ihres Informationsinhalts typischerweise als ‚**privat**‘ eingestuft werden, weil ihre **öffentliche** Erörterung oder Zurschaustellung als unschicklich gilt, das Bekanntwerden als peinlich empfunden wird oder nachteilige Reaktionen der Umwelt auslöst, wie es etwa bei Auseinandersetzungen mit sich selbst in **Tagebüchern** (BVerfGE 80, 367), bei **vertraulicher Kommunikation unter Eheleuten** (BVerfGE 27, 344), im Bereich der **Sexualität** (BVerfGE 47, 46; 49, 286 [BVerfGE 120, 224, 238 f. (Geschwisterbeischlaf) = BVerfGE, Beschluss des Zweiten Senats vom 26.02.2008 – 2 BvR 392/07 –, Rn. 32 f.: „Das allgemeine Persönlichkeitsrecht in seiner Ausprägung als **Recht auf sexuelle Selbstbestimmung**“/„**Intim- und Sexualbereich des Menschen als Teil seiner Privatsphäre**, P. B.]), bei **sozial abweichendem Verhalten** (BVerfGE 44, 353) oder bei **Krankheiten** (BVerfGE 32, 373) der Fall ist. Fehlte es hier an einem **Schutz vor der Kenntniserlangung anderer**, wären die Auseinandersetzung mit sich selbst, die unbefangene Kommunikation unter Nahestehenden, die sexuelle Entfaltung oder die Inanspruchnahme ärztlicher Hilfe beeinträchtigt oder unmöglich, obwohl es sich um grundrechtlich geschützte Verhaltensweisen handelt. Zum anderen erstreckt sich der Schutz auf einen **räumlichen Bereich** [**Raumbereichsschutz**], in dem der Einzelne zu sich kommen, sich entspannen oder auch gehen lassen kann (vgl. BVerfGE 27, 1 [6]). Zwar bietet auch dieser Bereich Gelegenheit, sich in einer Weise zu verhalten, die nicht für die **Öffentlichkeit** bestimmt ist und deren Beobachtung oder Darstellung durch Außenstehende für den Betroffenen peinlich oder nachteilig wäre. Im Kern geht es aber um einen **Raum**, in dem er die Möglichkeit hat, frei von **öffentlicher Beobachtung** und damit der von ihr erzwungenen Selbstkontrolle zu sein, auch ohne daß er sich dort notwendig anders verhielte als in der **Öffentlichkeit**. Bestünden solche **Rückzugsbereiche** nicht mehr, könnte der Einzelne psychisch überfordert sein, weil er unausgesetzt darauf achten müßte, wie er auf andere wirkt und ob er sich richtig verhält. Ihm fehlten die Phasen des Alleinseins und Ausgleichs, die für die Persönlichkeitsentfaltung notwendig sind und ohne die sie nachhaltig beeinträchtigt würde. Ein derartiges Schutzbedürfnis besteht auch bei Personen, die aufgrund ihres Ranges oder Ansehens, ihres Amtes oder Einflusses, ihrer Fähigkeiten oder Taten besondere **öffentliche** Beachtung finden. Wer, ob gewollt oder ungewollt, zur Person des **öffentlichen** Lebens geworden ist, verliert damit nicht sein Anrecht auf eine **Privatsphäre**, die den Blicken der **Öffentlichkeit** entzogen bleibt. Das gilt auch für demokratisch gewählte Amtsträger, die zwar für ihre Amtsführung **öffentlich** rechenschaftspflichtig sind und sich in diesem Umfang **öffentliche** Aufmerksamkeit gefallen lassen müssen, nicht aber für ihr **Privatleben**, sofern dieses die Amtsführung nicht berührt. Der **häusliche Bereich** [vgl. ggf. spezielleren Art. 13 GG i.V.m. BVerfGE 109, 279, 325 f.] stellt anerkanntermaßen eine solche geschützte Sphäre dar. Wegen des Bezugs auf die Entfaltung der Persönlichkeit darf der **Rückzugsbereich** jedoch nicht von vornherein auf ihn begrenzt werden. Das gilt schon deshalb, weil die Funktionen, denen er dient, nur erfüllt werden, wenn er nicht an den Hausmauern oder Grundstücksgrenzen endet. Die freie Entfaltung der Persönlichkeit wäre erheblich behindert, wenn der Einzelne nur im eigenen Haus der **öffentlichen** Neugier entgehen könnte. Die notwendige Erholung von einer durch Funktionszwänge und Medienpräsenz geprägten **Öffentlichkeit** ist vielfach nur in der **Abgeschiedenheit einer natürlichen Umgebung, etwa an einem Ferienort**, zu gewinnen. Deswegen muß der Einzelne grundsätzlich die Möglichkeit haben, sich auch in der freien, gleichwohl **abgeschiedenen Natur oder an Örtlichkeiten, die von der breiten Öffentlichkeit deutlich abgeschieden sind**, in einer von **öffentlicher** Beobachtung freien Weise zu bewegen. Das gilt gerade gegenüber solchen Aufnahmetechniken, die die **räumliche Abgeschiedenheit** überwinden, ohne daß der Betroffene dies bemerken kann. Wo die Grenzen der geschützten **Privatsphäre außerhalb des Hauses** verlaufen, läßt sich nicht generell und abstrakt festlegen. Sie können vielmehr nur aufgrund der jeweiligen Beschaffenheit des **Ortes** bestimmt werden, den der Betroffene aufsucht. Ausschlaggebend ist, ob der Einzelne eine **Situation** vorfindet oder schafft, in der er begründetermaßen und somit auch für Dritte erkennbar davon ausgehen darf, den Blicken der **Öffentlichkeit** nicht ausgesetzt zu sein. Ob die Voraussetzungen der **Abgeschiedenheit** erfüllt sind, läßt sich nur situativ beurteilen. Der Einzelne kann sich an ein und demselben **Ort** zu Zeiten mit gutem Grund unbeobachtet fühlen, zu anderen Zeiten nicht. Auch ist

der Aufenthalt in umschlossenen **Räumen** keineswegs immer mit **Abgeschiedenheit** gleichzusetzen. Da es um die Frage geht, ob der Einzelne begründetermaßen erwarten darf, unbeobachtet zu sein, oder aber **Plätze** aufgesucht hat, wo er sich unter den Augen der **Öffentlichkeit** bewegt, kann es auch in umschlossenen Räumen an der **Abgeschiedenheit** fehlen, die Voraussetzung für den **Privatsphärenschutz** außerhalb der eigenen **Häuslichkeit** ist. **Plätzen, an denen sich der Einzelne unter vielen Menschen befindet**, fehlt es von vornherein an den Voraussetzungen des **Privatsphärenschutzes** im Sinn von Art. 2 Abs. 1 in Verbindung mit Art. 1 Abs. 1 GG. Sie können das **Rückzugsbedürfnis** nicht erfüllen und rechtfertigen deswegen auch nicht den grundrechtlichen Schutz, den dieses Bedürfnis aus Gründen der Persönlichkeitsentfaltung verdient. Der Einzelne kann solche **Orte** auch nicht etwa durch ein Verhalten, das typischerweise nicht **öffentlich** zur Schau gestellt würde, in seine **Privatsphäre** umdefinieren. Nicht sein Verhalten, ob allein oder mit anderen, konstituiert die **Privatsphäre**, sondern die **objektive Gegebenheit der Örtlichkeit zur fraglichen Zeit**. Verhält er sich daher an **Orten**, die nicht die Merkmale der **Abgeschiedenheit** aufweisen, so, als stünde er nicht unter Beobachtung, hebt er das **Schutzbedürfnis für Verhaltensweisen, die an sich die Öffentlichkeit nichts angehen**, selbst auf. Der **Schutz der Privatsphäre vor öffentlicher Kenntnisnahme** entfällt ferner, wenn sich jemand selbst damit einverstanden zeigt, daß bestimmte, gewöhnlich als privat geltende Angelegenheiten **öffentlich** gemacht werden, etwa indem er Exklusivverträge über die Berichterstattung aus seiner **Privatsphäre** abschließt. Der verfassungsrechtliche **Privatsphärenschutz** aus Art. 2 Abs. 1 in Verbindung mit Art. 1 Abs. 1 GG ist nicht im Interesse einer Kommerzialisierung der eigenen Person gewährleistet. Zwar ist niemand an einer solchen **Öffnung privater Bereiche** gehindert. Er kann sich dann aber nicht gleichzeitig auf den **öffentlichkeitsabgewandten Privatsphärenschutz** berufen. Die Erwartung, daß die Umwelt die **Angelegenheiten oder Verhaltensweisen in einem Bereich mit Rückzugsfunktion** nur begrenzt oder nicht zur Kenntnis nimmt, muß daher situationsübergreifend und konsistent zum Ausdruck gebracht werden. Das gilt auch für den Fall, daß der Entschluß, die Berichterstattung über bestimmte Vorgänge der eigenen **Privatsphäre** zu gestatten oder hinzunehmen, rückgängig gemacht wird.“.

BVerfGE 6, 32, 41 (Elfes) = BVerfG, Urteil vom des Ersten Senats vom 16.01.1957 – 1 BvR 253/56 –, Rn. 32 [vgl. **Recht auf Privatsphäre** als **Privatangelegenheitenschutz** und **Rückzugsraumbereichsschutz** – beides **gegenüber der Öffentlichkeit,** vgl. **Sphärentheorie** mit **Intimsphäre**, **Privatsphäre**, **Sozialsphäre**]: „Vor allem dürfen die Gesetze daher die Würde des Menschen nicht verletzen, die im Grundgesetz der oberste Wert ist, aber auch die geistige, politische und wirtschaftliche Freiheit des Menschen nicht so einschränken, daß sie in ihrem Wesensgehalt angetastet würde (Art. 19 Abs. 2, Art. 1 Abs. 3, Art. 2 Abs. 1 GG). Hieraus ergibt sich, daß dem einzelnen Bürger eine **Sphäre privater Lebensgestaltung** verfassungskräftig vorbehalten ist, also ein letzter **unantastbarer Bereich menschlicher Freiheit** besteht, der der Einwirkung der gesamten öffentlichen Gewalt entzogen ist. Ein Gesetz, das in ihn eingreifen würde, könnte nie Bestandteil der ‚verfassungsmäßigen Ordnung‘ sein; es müßte durch das Bundesverfassungsgericht für nichtig erklärt werden.“. BVerfGE 109, 279, Ls. 2 S. 1 (akustische Wohnraumüberwachung / „Großer Lauschangriff“) = BVerfG, Urteil des Ersten Senats vom 03.03.2004 – 1 BvR 2378/98, 1084/99 –, Ls. 2 S. 1: „Zur Unantastbarkeit der Menschenwürde gemäß Art. 1 Abs. 1 GG gehört die Anerkennung eines absolut geschützten **Kernbereichs privater Lebensgestaltung**.“. BVerfGE 141, 220, 276-278 (BKAG) = BVerfG, Urteil des Ersten Senats vom 20.04.2016 – 1 BvR 966/09 –, Rn. 119-124: „Neben den verfassungsrechtlichen Anforderungen an die allgemeinen Eingriffsvoraussetzungen ergeben sich aus den jeweiligen **Grundrechten in Verbindung mit Art. 1 Abs. 1 GG** für die Durchführung von besonders eingriffsintensiven Überwachungsmaßnahmen besondere Anforderungen an den **Schutz des Kernbereichs privater Lebensgestaltung**. Der verfassungsrechtliche **Schutz des Kernbereichs privater Lebensgestaltung** gewährleistet dem Individuum einen **Bereich höchstpersönlicher Privatheit gegenüber Überwachung**. Er wurzelt in den **von den jeweiligen Überwachungsmaßnahmen betroffenen Grundrechten in Verbindung mit Art. 1 Abs. 1 GG** und sichert einen dem Staat nicht verfügbaren Menschenwürdekern grundrechtlichen Schutzes gegenüber solchen Maßnahmen. Selbst überragende Interessen der Allgemeinheit können einen Eingriff in diesen **absolut geschützten Bereich privater Lebensgestaltung** nicht rechtfertigen (vgl. BVerfGE 109, 279 <313>; stRspr). Zur **Entfaltung der Persönlichkeit im Kernbereich privater Lebensgestaltung gehört die Möglichkeit**, **innere Vorgänge** wie Empfindungen und Gefühle sowie Überlegungen, Ansichten und Erlebnisse **höchstpersönlicher Art zum Ausdruck zu bringen** (vgl. BVerfGE 109, 279 <313>; 120, 274 <335>; stRspr). Geschützt ist

insbesondere die **nichtöffentliche Kommunikation mit Personen des höchstpersönlichen Vertrauens, die in der berechtigten Annahme geführt wird, nicht überwacht zu werden**, wie es insbesondere bei Gesprächen im Bereich der Wohnung der Fall ist. Zu diesen Personen gehören insbesondere Ehe- oder Lebenspartner, Geschwister und Verwandte in gerader Linie, vor allem, wenn sie im selben Haushalt leben, und können Strafverteidiger, Ärzte, Geistliche und enge persönliche Freunde zählen (vgl. BVerfGE 109, 279 <321 ff.>). Dieser Kreis deckt sich nur teilweise mit dem der Zeugnisverweigerungsberechtigten. Solche Gespräche verlieren dabei nicht schon dadurch ihren Charakter als insgesamt höchstpersönlich, dass sich in ihnen Höchstpersönliches und Alltägliches vermischen (vgl. BVerfGE 109, 279 <330>; 113, 348 <391 f.>). Demgegenüber ist die **Kommunikation unmittelbar über Straftaten** nicht geschützt, selbst wenn sie auch Höchstpersönliches zum Gegenstand hat. Die **Besprechung und Planung von Straftaten** gehört ihrem Inhalt nach nicht zum **Kernbereich privater Lebensgestaltung**, sondern hat **Sozialbezug** (vgl. BVerfGE 80, 367 <375>; 109, 279 <319 f., 328>; 113, 348 <391>). Dies bedeutet freilich nicht, dass der Kernbereich unter einem allgemeinen Abwägungsvorbehalt in Bezug auf öffentliche Sicherheitsinteressen steht. Ein **höchstpersönliches Gespräch** fällt nicht schon dadurch aus dem **Kernbereich privater Lebensgestaltung** heraus, dass es für die Aufklärung von Straftaten oder Gefahren hilfreiche Aufschlüsse geben kann. Aufzeichnungen oder Äußerungen im Zwiegespräch, die zum Beispiel ausschließlich innere Eindrücke und Gefühle wiedergeben und keine Hinweise auf konkrete Straftaten enthalten, gewinnen nicht schon dadurch einen **Gemeinschaftsbezug**, dass sie Ursachen oder Beweggründe eines strafbaren Verhaltens freizulegen vermögen (vgl. BVerfGE 109, 279 <319>). Auch können trotz **Straftatenbezugs** Situationen, in denen Einzelnen gerade ermöglicht werden soll, ein Fehlverhalten einzugestehen oder sich auf dessen Folgen einzurichten, wie Beichtgespräche oder vertrauliche Gespräche mit einem Psychotherapeuten oder einem Strafverteidiger, der **höchstpersönlichen Privatsphäre** unterfallen, die dem Staat absolut entzogen ist (vgl. BVerfGE 109, 279 <322>). Ein hinreichender **Sozialbezug** besteht demgegenüber dann, wenn **Gespräche - auch mit Vertrauenspersonen - sonst unmittelbar Straftaten zu ihrem Gegenstand haben** (vgl. BVerfGE 109, 279 <319>). Der **Kernbereich privater Lebensgestaltung** beansprucht gegenüber **allen Überwachungsmaßnahmen** Beachtung. Können sie typischerweise zur Erhebung kernbereichsrelevanter Daten führen, muss der Gesetzgeber Regelungen schaffen, die einen wirksamen Schutz normenklar gewährleisten (vgl. BVerfGE 109, 279 <318 f.>; 113, 348 <390 f.>; 120, 274 <335 ff.>). Außerhalb solch verletzungsgeneigter Befugnisse bedarf es eigener Regelungen nicht. Grenzen, die sich im Einzelfall auch hier gegenüber einem Zugriff auf höchstpersönliche Informationen ergeben können, sind bei deren Anwendung unmittelbar von Verfassungs wegen zu beachten. Der **Schutz des Kernbereichs privater Lebensgestaltung** ist strikt und darf nicht durch Abwägung mit den Sicherheitsinteressen nach Maßgabe des Verhältnismäßigkeitsgrundsatzes relativiert werden (vgl. BVerfGE 109, 279 <314>; 120, 273 <339>; stRspr). Dies bedeutet jedoch nicht, dass **jede tatsächliche Erfassung von höchstpersönlichen Informationen** stets einen Verfassungsverstoß oder eine Menschenwürdeverletzung begründet. Angesichts der Handlungs- und Prognoseunsicherheiten, unter denen Sicherheitsbehörden ihre Aufgaben wahrnehmen, kann ein **unbeabsichtigtes Eindringen in den Kernbereich privater Lebensgestaltung** im Rahmen von Überwachungsmaßnahmen nicht für jeden Fall von vornherein ausgeschlossen werden (vgl. BVerfGE 120, 274 <337 f.>). Die Verfassung verlangt jedoch **für die Ausgestaltung der Überwachungsbefugnisse** die **Achtung des Kernbereichs** als eine strikte, nicht frei durch Einzelfallerwägungen überwindbare Grenze.".

BVerfGE 120, 274 (Online-Durchsuchung) = BVerfG, Urteil des Ersten Senats vom 27.02.2008 – 1 BvR 370/07 –, Ls. 1: „Das **allgemeine Persönlichkeitsrecht** (Art. 2 Abs. 1 i.V.m. Art. 1 Abs. 1 GG) umfasst das Grundrecht auf **Gewährleistung der Vertraulichkeit und Integrität informationstechnischer Systeme.**"; BVerfGE 120, 274, 314 (Online-Durchsuchung) = BVerfG, Urteil des Ersten Senats vom 27.02.2008 – 1 BvR 370/07 –, Rn. 203: „**informationstechnisches System**": „etwa Personalcomputer", „ferner beispielweise […] solche Mobiltelefone oder elektronische Terminkalender, die über einen großen Funktionsumfang verfügen und personenbezogene Daten vielfältiger Art erfassen und speichern können."; BVerfGE 120, 274, 276 (Online-Durchsuchung) = BVerfG, Urteil des Ersten Senats vom 27.02.2008 – 1 BvR 370/07 –, Rn. 5: „**heimlicher Zugriff auf ein informationstechnisches System**": „[heimliche] technische Infiltration […], die etwa Sicherheitslücken des Zielsystems ausnutzt oder über die Installation eines Spähprogramms erfolgt", wobei die Infiltration es ermöglicht, die Zielsystem-„Nutzung zu überwachen oder die Speichermedien durchzusehen oder gar das Zielsystem fernzusteuern.".

a) GR-SB:

aa) Persönlicher GR-SB: „Jeder".

bb) Sachlicher GR-SB: „**freie Entfaltung der Persönlichkeit**" in der Ausprägung des RiS als „**Datenfreiheit**" (Grundsätzliche Bestimmungsbefugnis des Einzelnen über Preisgabe und Verwendung eigener personenbezogener Daten[582]), i.d.R. gegeben bei Bezug auf mindestens ein **personenbezogenes Datum**: § 36 Nr. 1 DSG NRW[583].

b) GR-E (oder Nichteingriff/**Grundrechtsverzicht** bzw. **Einwilligung** i.S.v. § 36 Nr. 19 DSG NRW, § 38 DSG NRW, vgl. auch § 81a Abs. 1 S. 2 W. 26 f.): **Persönlichkeitsentfaltungseinschränkung** als **Datenfreiheitseinschränkung**, durch **Datenverarbeitung**s-Maßnahme[584] (Datenerhebung) i.S.d. § 36 Nr. 2 DSG NRW, zum Beispiel wie folgt:

BVerfGE 147, 1 (**Geschlechtsidentität**) = BVerfG, Beschluss des Ersten Senats vom 10.10.2017 – 1 BvR 2019/16 –, Ls. 1-3: „1. Das **allgemeine Persönlichkeitsrecht** (Art. 2 Abs. 1 i.V.m. Art. 1 Abs. 1 GG) schützt die **geschlechtliche Identität**. Es schützt auch die geschlechtliche Identität derjenigen, die sich dauerhaft weder dem männlichen noch dem weiblichen Geschlecht zuordnen lassen. 2. Art. 3 Abs. 3 Satz 1 GG schützt auch Menschen, die sich dauerhaft weder dem männlichen noch dem weiblichen Geschlecht zuordnen lassen, vor **Diskriminierungen wegen ihres Geschlechts**. 3. Personen, die sich dauerhaft weder dem männlichen noch dem weiblichen Geschlecht zuordnen lassen, werden in beiden Grundrechten verletzt, wenn das Personenstandsrecht dazu zwingt, das Geschlecht zu registrieren, aber keinen anderen positiven Geschlechtseintrag als weiblich oder männlich zulässt.".

BVerfG, Urteil des Zweiten Senats vom 26.02.2020 – 2 BvR 2347/15 –, Ls. 1: „a) Das **allgemeine Persönlichkeitsrecht** (Art. 2 Abs. 1 i.V.m. Art. 1 Abs. 1 GG) umfasst als Ausdruck persönlicher Autonomie ein **Recht auf selbstbestimmtes Sterben**. b) Das **Recht auf selbstbestimmtes Sterben** schließt die Freiheit ein, sich das Leben zu nehmen [Rn. 208: „**Recht auf Selbsttötung**"]. Die Entscheidung des Einzelnen, seinem Leben entsprechend seinem Verständnis von Lebensqualität und Sinnhaftigkeit der eigenen Existenz ein Ende zu setzen, ist im Ausgangspunkt als Akt autonomer Selbstbestimmung von Staat und Gesellschaft zu respektieren. c) Die **Freiheit, sich das Leben zu nehmen**, umfasst auch die Freiheit, hierfür bei Dritten Hilfe zu suchen und Hilfe, soweit sie angeboten wird, in Anspruch zu nehmen.".

580 Zum sog. „**Menschenwürdegehalt**" der Grundrechte: *Basten*, Die Menschenwürde des Grundgesetzes.

581 Vgl. auch Art. 142 GG i.V.m. Art. 4 Abs. 2 Verfassung NRW; Art. 8 EU-GR-Charta; Art. 16 AEUV; Art. 8 EMRK.

582 BVerfGE 65, 1, Ls. 1 S. 2 (Volkszählungsgesetz) = BVerfG, Urteil des Ersten Senats vom 15.12.1983 – 1 BvR 209/83, Ls. 1 S. 2 (Ls. 1: „Unter den Bedingungen der modernen Datenverarbeitung wird der Schutz des Einzelnen gegen unbegrenzte Erhebung, Speicherung, Verwendung und Weitergabe seiner persönlichen Daten von dem allgemeinen Persönlichkeitsrecht des Art. 2 Abs. 1 GG in Verbindung mit Art. 1 Abs. 1 GG umfaßt. Das Grundrecht gewährleistet insoweit die Befugnis des Einzelnen, grundsätzlich selbst über die Preisgabe und Verwendung seiner persönlichen Daten zu bestimmen.").

583 BVerfG, Beschluss der 3. Kammer des Zweiten Senats vom 27.06.2018 – 2 BvR 1562/17 (auf § 103 StPO gestützte Anordnung der Durchsuchung der Räumlichkeiten des Münchener Kanzleistandorts der Rechtsanwaltskanzlei Jones Day sowie Sicherstellung von Unterlagen und elektronischen Daten im Zuge des sogenannten „VW-Dieselskandals" – Verfassungsbeschwerde nicht zur Entscheidung angenommen wegen Unzulässigkeit aufgrund Nichterfüllung von Voraussetzungen nach § 93a Abs. 2 BVerfGG), Gründe, V., Rn. 44: „Der Begriff der persönlichen Daten deckt sich mit der Legaldefinition personenbezogener Daten in § 46 Nr. 1 BDSG (zuvor § 3 Abs. 1 BDSG) und erfasst alle Informationen, die sich auf eine identifizierte oder identifizierbare natürliche Person (betroffene Person) beziehen (vgl. noch zu § 3 Abs. 1 BDSG ‚Einzelangaben über persönliche oder sachliche Verhältnisse einer bestimmten oder bestimmbaren Person' Di Fabio, in: Maunz/Dürig, GG, Art. 2 Abs.1, Rn. 175 [Juli 2001]).".

584 BVerfG, Urteil des Ersten Senats vom 19.05.2020 – 1 BvR 2835/17 – (Ausland-Ausland-Fernmeldeaufklärung nach BNDG), E. III. 1., Rn. 212: „Die **Übermittlung personenbezogener Daten**, mit der eine

- Allgemein erfolgt i.d.R. ein Grundrechtseingriff bei Fehlen von Einwilligung durch gezielte Nachschau oder gezieltes Eindringen zwecks Körperbeschaffenheitsermittlung bzw. Körperzustandsermittlung zumindest als Datenerhebung).
- Bei sogenanntem „Angebot“ von „Tests“ bzw. Untersuchungen im Sinne der Rechtsfolgendefinition, etwa mit Atemalkohol- oder Betäubungsmitteltestgeräten, ist je nach realer Praxis des einzelnen „Angebots“-Falls zu den allgemein herrschenden gesetzlichen Regeln subsumierbar – alternativ und unabhängig von Erlasslagen: entweder, auch im Zweifel, ein Datenerhebungs-Grundrechtseingriff oder – bei Verwirklichung von § 36 Nr. 19 DSG NRW, § 38 DSG NRW[585] – eine Einwilligung mit der Umkehrschlussfolgerung aus dem „Vorbehalt des Gesetzes“ (Nichterforderlichkeit einer bereichsspezifischen Befugnisrechtsnorm) und weiterer Folgerung aus dem „Vorrang des Gesetzes“ (Erforderlichkeit der Verwirklichung nichtbefugnisrechtsnormspezifischer Rechtsgrundlagen[586]).
- Bildaufnahmen bzw. Bildaufzeichnungen durch Fotografie oder Filmen im Rahmen einer Untersuchung sind Datenerhebung bzw. Datenspeicherung.

c) GR-B: Art. 2 Abs. 1 Hs. 2 GG.[587]

Behörde die von ihr erhobenen Daten einer anderen Stelle zugänglich macht, begründet einen eigenen Grundrechtseingriff (vgl. BVerfGE 100, 313 <367>; 141, 220 <334 Rn. 305>; stRspr). Dieser ist an dem **Grundrecht** zu messen, **in das bei der ursprünglichen Datenerhebung eingegriffen wurde** (vgl. BVerfGE 100, 313 <367>; 141, 220 <334 Rn. 305>; stRspr).“.

585 Zur Unterscheidung von „**Einwilligung**“ und „**Freiwilligkeit**“: Die mitunter – insbesondere anlässlich Untersuchungsanordnungen statt der gesetzlichen Voraussetzung der Einwilligung – eingeführte, angebliche „Freiwilligkeit“ a priori (z. B. im Sinne einer abstrakten Weigerungsmöglichkeit) ist kein Argument, vgl. dazu quasi alle polizeilichen Anordnungs-Rechtsfolgen (ggf. auch als Realfolgen „Angebot“, „Bitte“, „Frage“), vgl. nur zum Beispiel die in der Folge auf eine Aussagemitwirkung angewiesene polizeiliche Befragung/Vernehmung, bei der die rechtsfehlerhafte Ersetzung gesetzlicher Einwilligung durch angebliche a-priori-Freiwilligkeit nicht bzw. weniger stattfindet, und dies aus gutem Rechtsgrund, denn (nichtalltägliches) polizei(vollzugsbeamt)liches Verhalten gegenüber Maßnahmenadressaten bewirkt in der Regel und in dubio pro libertate Grundrechtseingriffe im Sinne der allgemein anerkannten Grundrechtseingriffsbegriffe. Zu **Grundrechtseingriffsbegriffen** und **Einwilligungsbewirkungen** siehe: *Basten*, Eingriffsrecht der Polizei in Nordrhein-Westfalen, Band 1, S. 182 f.. Zu **Befragung** und **Vernehmung** siehe insbesondere: *Basten*, Eingriffsrecht der Polizei in Nordrhein-Westfalen, Band 2, Buch 2, Abschnitte 15, 16, 17.

586 Zum **Rechtsgrundlage**-Begriff und zum **Befugnisrechtsnorm**-Begriff mit **Rechtsgrundlage- und Befugnisrechtsnorm-Unterscheidung**: *Basten*, Eingriffsrecht der Polizei in Nordrhein-Westfalen, Band 1, S. 31, 178, 179.

587 Art. 2 Abs. 1 Hs. 2 GG (**Schrankentrias**): BVerfGE 80, 137, 153 (Reiten im Walde) = BVerfG, Beschluss des Ersten Senats vom 06.06.1989 – 1 BvR 921/85 –, C. I. 1 a), Rn. 69: „Abgesehen von einem absolut geschützten Kernbereich privater Lebensgestaltung, welcher der Einwirkung der öffentlichen Gewalt entzogen ist (BVerfGE 6, 32 [41]), ist die allgemeine Handlungsfreiheit allerdings nur in den **Schranken** des zweiten Halbsatzes von Art. 2 Abs. 1 GG gewährleistet und steht damit insbesondere unter dem **Vorbehalt der verfassungsmäßigen (Rechts-)Ordnung** (BVerfGE 6, 32 [37 f.]; 74, 129 [152]). Stützt sich ein die Handlungsfreiheit berührender Akt der öffentlichen Gewalt auf eine Rechtsnorm, so kann mit der Verfassungsbeschwerde unter Berufung auf Art. 2 Abs. 1 GG zur Nachprüfung gestellt werden, ob diese Norm zur **verfassungsmäßigen Ordnung** gehört, das heißt formell und materiell mit den Normen der Verfassung in Einklang steht (st. Rspr. seit BVerfGE 6, 32).“; BVerfGE 6, 32, Ls. 3 (Elfes) = BVerfG, Urteil des Ersten Senats vom 16.01.1957 – 1 BvR 253/56, Ls. 3: „**Verfassungsmäßige Ordnung** im Sinne des Art. 2 Abs. 1 GG ist die verfassungsmäßige Rechtsordnung, d.h. die Gesamtheit der Normen, die formell und materiell der Verfassung gemäß sind.“; vgl. dazu auch BVerfGE 6, 32, 37-41 (Elfes) = BVerfG, Urteil des Ersten Senats vom 16.01.1957 – 1 BvR 253/56, Gründe II. 2 b), c), Rn. 17-33.

Ggf. durch körperliche Untersuchung insbesondere als körperlicher Eingriff betroffenes Grundrecht:

2. Körperliche Unversehrtheit, Art. 2 Abs. 2 S. 1 Alt. 2 GG[588]

a) GR-SB:

aa) Persönlicher GR-SB: „Jeder".

bb) Sachlicher GR-SB: **Körperliche Unversehrtheit** ist Freiheit von körperlicher Beeinträchtigung, also biologisch-physiologische Integrität und dieser gleichsetzbare geistig-seelisch-psychische Integrität.[589]

Rechte anderer sind (als Teil der verfassungsmäßigen Ordnung) subjektive Berechtigungen (Anspruch oder Befugnis oder Erlaubnis) einschließlich Verpflichtungen (Pflicht zur Erfüllung von Anspruch oder Befugnis oder Erlaubnis) und sonstiger Rechtswirkungen für ein Rechtssubjekt bezüglich eines Verhaltens oder eines Rechtsguts.

Vgl. zum ein Mal bundesverfassungsgerichtlich entscheidungserheblich bemühten „**Sittengesetz**" nach Art. 2 Abs. 1 Hs. 2 GG als Gesetz, das nicht das durch die „soziale Gemeinschaft" „als für sich verbindlich" anerkannte „Rechtsgefühl" „im allgemeinen" „verletzt": BVerfGE 6, 389 (Homosexuelle) = BVerfG, Urteil des Ersten Senats vom 10.05.1957 – 1 BvR 550/52 –, und StrRehaHomG (Gesetz zur strafrechtlichen Rehabilitierung der nach dem 8. Mai 1945 wegen einvernehmlicher homosexueller Handlungen verurteilten Personen vom 17. Juli 2017 – BGBl. I S. 2443).

588 Vgl. auch Art. 142 GG i.V.m. Art. 4 Abs. 1 Verfassung NRW; Art. 3, 4 EU-GR-Charta; Art. 3 EMRK (**Folterverbot**; Verbot bzgl.: **unmenschliche oder erniedrigende Behandlung oder Strafe**); Art. 7 IPbpR (**Folterverbot**; Verbot bzgl. **grausame, unmenschliche oder erniedrigende Behandlung oder Strafe**; Verbot medizinischer oder wissenschaftlicher Versuche ohne freiwillige Zustimmung); Art. 12 IPwskR („Recht eines jeden auf das für ihn erreichbare Höchstmaß an körperlicher und geistiger **Gesundheit**").

589 BVerfGE 56, 54, 74-76 (Fluglärm I) = BVerfG, Beschluss des Ersten Senats vom 14.01.1981 – 1 BvR 612/72, C. I. 1., Rn. 73-76, dort u.a.: „Gegen die Zugrundelegung des weiten Gesundheitsbegriffs der Weltgesundheitsorganisation ließe sich allerdings einwenden, es sei - wenn das dem Willen des Verfassungsgesetzgebers entsprochen hätte - schwer erklärlich, daß der Parlamentarische Rat diesen seit 1946 bekannten Begriff nicht übernommen, sondern stattdessen nur die ‚körperliche Unversehrtheit' grundrechtlich geschützt hat [Grammatik, P. B.]. Andererseits dürfte eine Beschränkung des Schutzes allein auf solche Einwirkungen, die Verletzungen des Körpers darstellen, der Bedeutung dieses Grundrechts jedenfalls dann nicht gerecht werden, wenn es im Lichte des Art. 1 GG und der darin verbürgten Unantastbarkeit der Menschenwürde ausgelegt wird [Systematik, P. B.]. Dabei kann dahinstehen, ob eine solche Beschränkung überhaupt mit dem Verständnis des Menschen als einer Einheit von Leib, Seele und Geist und mit der Wechselwirkung zwischen psychischen und physischen Gesundheitsstörungen vereinbar wäre. Verfassungsrechtlich kann nicht außer acht bleiben, daß eine enge Auslegung nicht der Funktion des Grundrechts als Abwehrrecht gegen staatliche Eingriffe etwa durch psychische Folterungen, seelische Quälereien und entsprechende Verhörmethoden entsprechen würde [Teleologie mit funktionalem Schutzbereich und Schutzzweck des Grundrechts, P. B.]. Da die Einfügung gerade dieses Grundrechts auf Erfahrungen im Dritten Reich beruhte, darf dieser Gesichtspunkt jedenfalls nicht gänzlich vernachlässigt werden [Historie, P. B.]. Mit Recht hat der nordrhein-westfälische Ministerpräsident im vorliegenden Verfahren eingeräumt, daß zumindest solche nichtkörperliche Einwirkungen von Art. 2 Abs. 2 GG erfaßt würden, die ihrer Wirkung nach körperlichen Eingriffen gleichzusetzen seien. Das sind jedenfalls solche, die das Befinden einer Person in einer Weise verändern, die der Zufügung von Schmerzen entspricht [Systematik, P. B.]. Bislang ist Art. 2 Abs. 2 GG auch nicht in dem genannten engeren Sinne angewandt worden. So wurde die Frage, ob hirnelektrische Untersuchungen in die körperliche Unversehrtheit eingreifen können, nicht etwa von vornherein verneint, sondern wegen der Harmlosigkeit solcher Untersuchungen offengelassen (BVerfGE 17, 108 [114 f.]). In der Entscheidung zum Räumungsschutz ist die psychische Erkrankung des Beschwerdeführers und die Gefahr von Selbstmorden als relevant im Sinne des Art. 2 Abs. 2 GG angesehen worden (BVerfGE 52, 214 [220 f.]). Im übrigen liegt den neueren Lärmschutzvorschriften durchweg ein weiteres

b) GR-E (oder Nichteingriff/GR-Verzicht): **Körperunversehrtheitseinschränkung** durch Substanzverletzung oder Hervorrufen oder Steigern eines nachteilig von den normalen körperlichen Funktionen abweichenden körperlichen Zustandes – zum Beispiel bei Körperverletzung durch Blutprobenentnahme.

c) GR-B: Art. 2 Abs. 2 S. 3 GG.

Ggf. durch Begleitverfügung bzw. sonstige Begleitmaßnahmen betroffenes Grundrecht:

3. Körperliche Bewegungsfreiheit, Art. 2 Abs. 2 S. 2 GG[590]

a) GR-SB:

aa) Persönlicher GR-SB: „**Person**“, vgl. § 1 BGB.

bb) Sachlicher GR-SB: „**Freiheit**“ als **körperliche Bewegungsfreiheit**, als Freiheit, jeden Ort oder Raum aufzusuchen, sich dort aufzuhalten, (ihn zu verlassen), der an sich (tatsächlich und rechtlich) zugänglich ist.

b) GR-E (oder Nichteingriff/GR-Verzicht): Freiheitsentziehung oder sonstige Freiheitsbeschränkung.

Freiheitsbeschränkung (Freiheitsentziehung oder sonstige Freiheitsbeschränkung) liegt vor, wenn jemand durch die öffentliche Gewalt gegen seinen Willen daran gehindert wird, einen Ort oder Raum aufzusuchen oder sich dort aufzuhalten, der ihm an sich (tatsächlich und rechtlich) zugänglich ist. Eine **Freiheitsentziehung** als schwerste Form der Freiheitsbeschränkung ist dann gegeben, wenn die tatsächlich und rechtlich an sich gegebene körperliche Bewegungsfreiheit durch staatliche Maßnahmen nach jeder Richtung hin aufgehoben wird[591]; Freiheitsentziehung setzt auch eine besondere Eingriffsintensität und eine nicht nur kurzfristige Dauer der Maßnahme voraus[592]. Im Übrigen kann eine Abgrenzung zwischen Freiheitsentziehung und

---

Verständnis zugrunde. […] Zumindest in Gestalt von Schlafstörungen lassen sich Einwirkungen auf die körperliche Unversehrtheit schwerlich bestreiten.“.

[590] Vgl. auch Art. 142 GG i.V.m. Art. 4 Abs. 1 Verfassung NRW; Art. 20 Abs. 2a und Art. 21 AEUV i.V.m. Art. 6, 45 EU-GR-Charta (Bewegungsfreiheit, Freizügigkeit, Aufenthaltsfreiheit); Art. 5 EMRK; Art. 2 Protokoll Nr. 4 EMRK; Art. 21 AEUV (**Unionsbürgerfreizügigkeit**, zum **Unionsbürger** vgl. Art. 9 S. 2, 3 EUV, Art. 20 Abs. 1 S. 2, 3 AEUV); Art. 45 AEUV (**Arbeitnehmerfreizügigkeit**); Art. 49 AEUV (**Niederlassungsfreiheit**); Art. 56 AEUV (**Dienstleistungsfreiheit**); vgl. auch Art. 28 AEUV (**Warenverkehrsfreiheit**); Art. 9 Abs. 1 S. 1 IPbpR („Jedermann hat ein Recht auf persönliche Freiheit und Sicherheit.“); Art. 9-11 IPbpR (Freiheitsentziehungsbedingungen), Art. 12 IPbpR (Bewegung, Wohnsitzwahl, Ausreise, Einreise in Hoheitsgebiet eines Staates, vgl. „Freizügigkeit“), Art. 13 IPbpR (Ausländerausweisungsbedingungen).

[591] BVerfG, Beschluss der 1. Kammer des Ersten Senats vom 08.03.2011 – 1 BvR 47/05 – Rn. 20, 26: „Das **Einsperren** des Beschwerdeführers in eine **Gewahrsamszelle** auf der Polizeiwache beziehungsweise auf dem Polizeipräsidium sowie **als Verbindungsglied** zwischen beiden das **Verbringen dorthin mittels Polizeifahrzeugen** stellen eine Freiheitsentziehung im Sinne von Art. 104 Abs. 2 GG und nicht lediglich eine Freiheitsbeschränkung dar. […] Jedenfalls muss die Unterbringung einer Person gegen ihren Willen in einem **Haftraum** als Freiheitsentziehung im Sinne von Art. 104 Abs. 2 GG angesehen werden (vgl. BGHZ 82, 261 <264> und BVerwGE 62, 317 <318>).“; BVerfGE 94, 166, 198 (Flughafenverfahren) = BVerfGE, Urteil des Zweiten Senats vom 14.05.1996 – 2 BvR 1516/93.

[592] BVerfGE 149, 293 (5-Punkt-Fixierung/7-Punkt-Fixierung) = BVerfG, Urteil des Zweiten Senats vom 24.07.2018 – 2 BvR 309/15 –, D. II. 2. a), Rn. 67, vgl. dazu auch BVerfGE 149, 293 (5-Punkt-Fixierung/7-Punkt-Fixierung) = BVerfG, Urteil des Zweiten Senats vom 24.07.2018 – 2 BvR 309/15 –, D. II. 2. b): „Jedenfalls eine **5-Punkt- oder 7-Punkt-Fixierung**, bei der sämtliche Gliedmaßen des Betroffenen mit Gurten am Bett festgebunden werden, stellt eine Freiheitsentziehung im Sinne von Art. 104 Abs. 2 GG dar, es sei denn, es handelt sich um eine lediglich **kurzfristige Maßnahme**. Von einer kurzfristigen

sonstiger Freiheitsbeschränkung auch erfolgen nach Art, Dauer, Intensität, Mittel, Zweck der Freiheitsbeschränkung.[593]

c) GR-B: Art. 2 Abs. 2 S. 3 GG (i.V.m. Art. 104 GG).

A. Rechtsgrundlage (RGL) II. Rechtsgebiet (RG)

(VOR/DEF)

Rechtsgebiet ist Rechtsordnungsteil nach allen Umständen – wie schwerpunktmäßige Äußerungen, Rechtsnormen, Zwecke, auch i.V.m. §§ 133, 157 BGB analog.[594]

(SUB/ERG)

Die Maßnahme erfolgt auf dem Rechtsgebiet des besonderen öffentlichen Rechts polizeilicher Strafrechtspflege.

Eine körperliche Untersuchung erfolgt auf dem Rechtsgebiet der Strafrechtspflege insbesondere bei (alternativ)

- tatverdachtsveranlasster körperlicher Untersuchung;
- körperlicher Untersuchung nach tatverdachtsbezogenen Dingen;
- körperlicher Untersuchung mit schwerpunktmäßigem Zweck einer anschließenden Strafrechtspflegemaßnahme;
- Fehlen eines Gefahrenüberhangs.

A. Rechtsgrundlage (RGL) III. Mögliche Befugnisrechtsnorm (Mgl. Brn.)

(VOR/DEF)

Befugnisrechtsnorm ist die rechtmäßige hauptsächliche materiellrechtliche Rechtsgrundlage mit realfolgenentsprechender Rechtsfolge.

(SUB/ERG)

Realfolge ist die jeweilige Maßnahme laut Sachverhalt.

Rechtsfolge ist die Maßnahme laut Rechtsnorm.

Maßnahme ist in der Regel auszugehen, wenn sie absehbar die Dauer von ungefähr einer halben Stunde unterschreitet.".

[593] Vgl. auch insbesondere zu Art, Intensität, Mittel: § 415 Abs. 2 FamFG und §§ 37a, 62 PolG NRW.

[594] Zum Rechtsgebiet bzw. zu Rechtsgebieten einschließlich Rechtsgebiet-Begriffen und Rechtsgebiet-Auslegungsansätzen: *Basten*, Eingriffsrecht der Polizei in Nordrhein-Westfalen, Band 1, Buch 1, Abschnitt 3, Unterabschnitt 3, Titel 3, Untertitel 3.

(SUB)

Realfolgen und Rechtsfolgen zu:

Körperliche Untersuchung (KU), Körperlicher Eingriff (KE), Blutprobenentnahme (BP), Erkennungsdienstliche Maßnahme (ED), DNA-Maßnahmen (DNA)

Realfolgen – Beispiele:

Abstrich; (Aufforderung zum) Aufdecken; Begutachtung; Beobachtung; Hineingreifen; Hineinstechen (vgl. teilweise Polizei-Umgangssprache wie z.B.: „Loch im Arm [durch Nadel]"; Hervorholen (vgl. teilweise Polizei-Umgangssprache wie „[Ab-]Zapfen [mit Nadel]"; Nachschau.

Rechtsfolgen:

Körperliche Untersuchung (KU) ist Körperbeschaffenheitsermittlung durch gezielte Nachschau oder gezielten Eingriff am Menschenkörper, ggf. auch mit Datenverarbeitung (z.B. Bild/Ton-Aufzeichnung), ggf. auch mit sog. Exploration, ggf. auch mit Gegenüberstellung.

Anderer körperlicher Eingriff (KE) ist körperliche Untersuchung mit Körpersubstanzverletzung.

Blutprobenentnahme ist körperliche Untersuchung als körperlicher Eingriff zwecks Blutproben-„Speicherung"

Abstammungsuntersuchung ist körperliche Untersuchung zur Abstammungsfeststellung.

Erkennungsdienstliche Maßnahme ist zu bestimmten Zwecken eine Maßnahme insbesondere nach § 14 Abs. 4 PolG NRW (vgl. auch 14.4 VVPolG NRW), § 81b StPO, §§ 16, 19 AsylG, § 49 AufenthG, § 163b Abs. 1 StPO, § 163b Abs. 2 StPO, ggf. mit: Erscheinungsbildveränderung, Freiheitsbeschränkung, Gegenüberstellung (EFG); nicht mit: Maßnahmen nach §§ 12, 12a, 14a PolG

(ERG)

Mögliche Befugnisrechtsnorm zu:

Körperliche Untersuchung (KU), Körperlicher Eingriff (KE), Blutprobenentnahme (BP), Erkennungsdienstliche Maßnahme (ED), DNA-Maßnahmen (DNA)

Gefahrenabwehr:

- Speziellere Befugnisrechtsnormen wie §§ 15, 16, 19 AsylG, §§ 48, 49 AufenthG
- § 8 Abs. 1 PolG NRW (Körperliche Untersuchung als nicht in §§ 9-46 PolG NRW speziell geregelte Maßnahme)
- § 14 PolG NRW (Abs. 1 Nr. 1: Erkennungsdienstliche Maßnahme zur Identitätsfeststellung, Abs. 1 Nr. 2: Erkennungsdienstliche Maßnahme zur vorbeugenden Bekämpfung von Straftaten)
- § 14a PolG NRW („Molekulargenetische Untersuchung zur IDF": Molekulargenetische Untersuchungsmaßnahmen zur IDF (Abgleich von DNA-Identifizierungsmustern einer Leiche oder hilflosen Person mit denjenigen einer vermissten Person zur IDF, zu diesem Zweck: 1. Körperzellenentnahme bei hilflosen Person oder Leiche, 2. Probennahme von Gegenständen mit Spurenmaterial der vermissten Person, 3. molekulargenetische Untersuchung der Proben nach Nr. 1 und 2. – § 14a Abs. 1 S. 6-8 PolG NRW: weitere Speicherung, Verwendung, Löschung von DNA-Identifizierungsmuster; § 14a Abs. 1 S. 5 PolG NRW: **Unverzüglich**e [§ 121 Abs. 1 S. 1 BGB] Vernichtung entnommener Körperzellen, wenn keine Benötigung mehr für Untersuchung nach § 14a Abs. 1 S. 2 PolG NRW.)

Strafrechtspflege (ggf. mit §§ 46 [Abs. 4], 53 Abs. 1 S. 2, Abs. 2 OWiG):

- § 163b StPO: erkennungsdienstliche Maßnahme zwecks IDF (Abs. 1: beim Verdächtigen, Abs. 2: beim Nichtverdächtigen)

NRW, §§ 81a, c-h StPO und nicht mit weiterer Speicherung.

DNA-/Molekulargenetische Untersuchung ist zu bestimmten Zwecken eine Maßnahme insbesondere nach § 14a PolG NRW, §§ 81e, f StPO, § 81g StPO, § 81h StPO – i.d.R. mit Begleitmaßnahmen von Körperzellentnahme und DNA-Identifizierungsmuster-/Spuren-Abgleich.

Abgrenzung von körperlicher Untersuchung und Personendurchsuchung erfolgt durch Körperbeschaffenheitsermittlungszweck.

Abgrenzung von körperlicher Untersuchung und unvermeidlicher Kenntnisnahme entscheidet sich wie folgt:

Unvermeidliche Kenntnisnahme ist Wahrnehmung ohnehin offen präsenter Personen, Sachen, Daten ohne erhebliche Nachschau oder Veränderung, z.B. unwillkürliches Anschauen von gegenüber befindlichem, unverdecktem Gesicht.

Zur Abgrenzung von körperlicher Untersuchung und Inaugenscheinnahme, vgl. § 12a Abs. 1 S. 2 PolG NRW: **Inaugenscheinnahme** ist prüfende Betrachtung präsenter Sachen, Daten ohne Körperbeschaffenheitsermittlungszweck und ohne erhebliche Veränderung (Prinzip: „Just look, don‘t touch!“).

- § 81a StPO (Körperliche Untersuchung des Beschuldigten, anderer körperlicher Eingriff, Blutprobenentnahme)
- § 81b StPO (Alt. 1: Erkennungsdienstliche Maßnahme beim Beschuldigten zur Durchführung des Verfahrens; Alt. 2: Erkennungsdienstliche Maßnahme beim Beschuldigten für Zwecke des Erkennungsdienstes)
- § 81c StPO (Abs. 1: Körperliche Untersuchung anderer Personen, Abs. 2: Abstammungsuntersuchung, Blutprobenentnahme)
- §§ 81e, f StPO (Molekulargenetische Untersuchung: Feststellung von DNA-Identifizierungsmuster, Abstammung, Personengeschlecht; bei unbekannter Spurenmaterialperson auch Augen-, Haar- Hautfarbe, Alter mittels molekulargenetischer Untersuchung an nach §§ 81a, c StPO rechtmäßig erlangtem Material oder an aufgefundenem/sichergestelltem/beschlagnahmtem Material – zwecks aktuellen Strafverfahrens)
- § 81g Abs. 1, 2 StPO („DNA-IDF“: Körperzellenentnahme zur Identitätsfeststellung zwecks potentieller künftiger Strafverfahren und molekulargenetische Untersuchung zur Feststellung des DNA-Identifizierungsmusters sowie des Geschlechts)
- § 81h StPO (DNA-Reihenuntersuchung: 1. Körperzellenentnahme, 2. molekulargenetische Untersuchung der entnommenen Körperzellen zur Feststellung des DNA-Identifizierungsmusters und des Geschlechts 3. automatisierter Abgleich der festgestellten DNA-Identifizierungsmuster mit den DNA-Identifizierungsmustern von Spurenmaterial)
- § 43 Abs. 2 JGG (ggf. i.V.m. § 109 JGG)

(SUB)

Realfolge ist die jeweilige Maßnahme laut Sachverhalt.

Rechtsfolge ist als Justiz-VA (§ 23 Abs. 1 S. 1 EGGVG)[595] beim Beschuldigten (alternativ)

- **Körperliche Untersuchung (KU)**, also eine Körperbeschaffenheitsermittlung durch gezielte Nachschau oder gezielten Eingriff am Menschenkörper, ggf. auch mit (alternativ)
  - **Datenverarbeitung** (§ 36 Nr. 2 DSG NRW, z.B. Bild-Aufzeichnung/Ton-Aufzeichnung), vgl. auch zu solchen Datenverarbeitungen insbesondere – je nach Zweckzusammenhang und Adressat –: auf dem Rechtsgebiet der Strafrechtspflege § 81b Alt. 1, 2 StPO, § 163b Abs. 1, 2 StPO, auf dem Rechtsgebiet der Gefahrenabwehr § 14 PolG NRW, § 14a PolG NRW, § 12 PolG NRW, § 12a PolG NRW;
  - **Exploration**[596];

---

[595] **Wohnungstüröffnungs-Verfügung** (je nach Rechtsgebiet VA oder Justiz-VA [z.B.: „Bitte öffnen Sie die Tür!"]) kann bspw. wie folgt – insbesondere über den Zweck – zu subsumieren sein:

- § 9 Abs. 2 PolG NRW / § 163 Abs. 3 StPO / § 163a StPO (Zweck: Befragung / Vernehmung).
- § 12 PolG NRW / § 163b Abs. 1 oder § 163b Abs. 2 StPO (Zweck: IDF jedenfalls ohne Wohnungs-Betretens- und Wohnungs-Durchsuchungszweck [z.B.: IDF-Befragung / IDF-Ausweisverlangen an der Tür]).
- § 16a PolG NRW / § 163f StPO / § 163 Abs. 1 S. 2 StPO (Zweck: Observation jedenfalls ohne Wohnungs-Betretens- und Wohnungs-Durchsuchungszweck [z.B.: Datenerhebung von der Tür aus]).
- § 35 PolG NRW / § 127 Abs. 1 S. 1 Alt. 1 StPO / § 127 Abs. 2 i.V.m. § 112/§ 112a/§ 126a; § 127b StPO; § 164 StPO (Zweck: Ingewahrsamnahme / Festnahme jedenfalls ohne Wohnungs-Betretens- und Wohnungs-Durchsuchungszweck [z.B.: Ingewahrsamnahme / Festnahme an der Tür]).
- § 41 PolG NRW / § 102 StPO oder § 103 StPO (Zweck: Wohnungsbetreten und/oder Wohnungsdurchsuchung).
- § 43 PolG NRW / § 94 Abs. 1 StPO / § 94 Abs. 1, 2 StPO / §§ 94 Abs. 3, 111a StPO, § 69 StGB / §§ 99, 100 StPO / § 108 StPO (§ 110 StPO); / § 111b StPO / § 132 StPO (Zweck: Sicherstellung/Beschlagnahme jedenfalls ohne Wohnungs-Betretens- und Wohnungs-Durchsuchungszweck [z.B.: Sicherstellung/Beschlagnahme an der Tür).
- § 81a StPO / § 81c StPO / § 81g StPO / § 81h StPO (Zweck: der jeweilige „Untersuchungs"-Zweck jedenfalls ohne Wohnungs-Betretens- und Wohnungs-Durchsuchungszweck [z.B.: „Untersuchung" an der Tür]).
- § 8 Abs. 1 PolG NRW / § 163 Abs. 1 S. 2 StPO (Zweck: jedenfalls ein nicht besonders geregelter Zweck jedenfalls ohne Wohnungs-Betretens- und Wohnungs-Durchsuchungszweck).

[596] **Exploration** (Gesprächsweise Untersuchung der und mit der betroffenen Person insbesondere bezüglich Dingen wie alternativ Gefährlichkeit, Glaubwürdigkeit, Schuldfähigkeit, Wahrnehmungsfähigkeiten) bewegt sich – allgemein auch gerichtlich als „Untersuchung" bezeichnet – zwischen §§ 81a, c StPO und §§ 163, 163a StPO, § 55 OWiG bzw. §§ 8, 9 PolG NRW mit Tendenz zur Untersuchung wie ausdrücklich in § 43 Abs. 2 JGG, sodass Rechtsnormen aus diesen möglichen Vorschriften je nach Fall anwendbar oder nicht anwendbar sind, vgl. etwa:

BGHSt 13, 394 = BGH, Urteil vom 14.10.1959 – 2 StR 249/59: „§ 81c StPO ist auf den beanstandeten Verfahrensvorgang nicht unmittelbar anwendbar. Zu den dort geregelten, durch eine Duldungspflicht ausgezeichneten Untersuchungen gehört die Untersuchung auf Glaubwürdigkeit nicht; diese braucht nicht geduldet zu werden, ist vielmehr stets nur mit Einwilligung des Betroffenen zulässig. [...] Da es sich also bei Duldung der Untersuchung nicht um eine Erfüllung der Zeugenpflicht handelt, besteht an sich auch keine Belehrungspflicht. Gleichwohl kann dies nach Ansicht des Senats nicht gelten, wenn die zu untersuchende Person zu dem Angeklagten in einem Verhältnis steht, das sie nach § 52 StPO zur Verweigerung

- **Gegenüberstellung** (Kognitionsgegenüberstellung – zwecks Wahrnehmung untersuchungsrelevanter Dinge, insbesondere Rekognitionsgegenüberstellung [Wiedererkennungsgegenüberstellung, ggf. als Wahlgegenüberstellung[597] – zwecks Identifizierung] überwiegend nach § 81a StPO bzw. § 81c StPO bzw. § 81b StPO (dann als erkennungsdienstliche Maßnahme gegenüber einem Beschuldigten, dann i.d.R. „für die Zwecke der Durchführung des Straf[- oder

---

des Zeugnisses berechtigt. Da § 81c StPO bei den Untersuchungen, die zu dulden an sich Pflicht ist, die Belehrung vorschreibt, wäre es wenig sinnvoll, sie bei sonstigen Untersuchungen nicht zu fordern.".

BGH, Beschluss vom 08.08.2002 – 3 StR 239/02, Gründe, 3.: „Die fachliche Durchführung der Untersuchung ist allein Sache des Sachverständigen; er hat hinsichtlich der Informationsbeschaffung und der Methodenwahl weitgehend freie Hand. Das Gericht darf ihm keine Weisungen darüber erteilen, auf welchem Weg er das Gutachten zu erarbeiten hat [Quellenangabe]. Wenn es der Sachverständige für erforderlich hielt, die psychiatrische Untersuchung des Beschuldigten in Abwesenheit dritter Personen, insbesondere des Verteidigers, vorzunehmen, weil er die Verfälschung des Ergebnisses der Exploration befürchtete, bewegte er sich im Bereich seiner Fachkompetenz. Es gibt keinen wissenschaftlichen Standard, der die Anwesenheit Dritter bei Schuldfähigkeits- und Prognosegutachten vorsieht. Das Recht des Beschuldigten, sich in jeder Lage des Verfahrens anwaltlicher Hilfe zu bedienen, führt entgegen der Ansicht der Revision nicht zu einem Anwesenheitsrecht des Verteidigers bei der Exploration. Die Strafprozessordnung sieht ein solches Anwesenheitsrecht nicht vor. Auch wenn die Exploration unter Umständen in Abhängigkeit von dem Gutachtenauftrag vernehmungsähnliche Elemente haben kann, ist sie mit den Vernehmungen bei Polizei, StA und Gericht nicht gleichzusetzen.";

BGHSt 61, 221 (Einführung des Zeugnis-Inhalts einer früheren Richtervernehmungs-Aussage bei Zeugnisverweigerungsrecht nach § 52 Abs. 3 StPO erst in der Hauptverhandlung) = BGH, Beschluss vom 15.07.2016 – GSSt 1/16, Rn. 60: „Soweit der Bundesgerichtshof im Übrigen Belehrungspflichten auch ohne eine ausdrückliche diesbezügliche gesetzliche Regelung anerkannt hat, betrifft dies insbesondere Fälle gesetzlich nicht bzw. nicht näher geregelter Befragungen, z.B. vor der Exploration einer Aussageperson durch einen Sachverständigen (vgl. BGH, Urteile vom 29. Juni 1989 - 4 StR 201/89, BGHSt 36, 217, 220; vom 23. September 1999 - 4 StR 189/99, BGHSt 45, 203, 208 f.).".

[597] Nr. 18 RiStBV: „**Gegenüberstellung und Wahllichtbildvorlage**

(1) Soll durch eine Gegenüberstellung geklärt werden, ob der Beschuldigte der Täter ist, so ist dem Zeugen nicht nur der Beschuldigte, sondern auch eine Reihe anderer Personen gleichen Geschlechts, ähnlichen Alters und ähnlicher Erscheinung gegenüberzustellen, und zwar in einer Form, die nicht erkennen lässt, wer von den Gegenübergestellten der Beschuldigte ist (Wahlgegenüberstellung). Die Wahlgegenüberstellung kann auch mittels elektronischer Bildtechnik durchgeführt werden (wie z. B. Wahlvideogegenüberstellung).

(2) Die Gegenüberstellung soll grundsätzlich nacheinander und nicht gleichzeitig erfolgen. Sie soll auch dann vollständig durchgeführt werden, wenn der Zeuge zwischenzeitlich erklärt, eine Person erkannt zu haben. Die Einzelheiten sind aktenkundig zu machen.

(3) Die Absätze 1 und 2 gelten bei der Vorlage von Lichtbildern (Wahllichtbildvorlage) mit der Maßgabe, dass dem Zeugen mindestens acht Personen gezeigt werden sollen, entsprechend.".

Ordnungswidrigkeiten]verfahrens“)[598], im Unterschied zur Konfrontationsgegenüberstellung [Vernehmungsgegenüberstellung] nach § 163 Abs. 3 i.V.m. § 58 Abs. 2 StPO bzw. § 163a StPO[599]).

- anderer **körperlicher Eingriff (KE)**, also eine körperliche Untersuchung mit Körpersubstanzverletzung.
- **Blutprobenentnahme**, also eine körperliche Untersuchung als körperlicher Eingriff zwecks Blutproben-„Erhebung“ und Blutproben-„Speicherung“.

---

[598] Vgl. BVerfGE 47, 239, 251 f. (Zwangsweise Haar- und Barttrachtveränderung u.a. mit Blondierpudernachtönung durch Maskenbildner zum Zweck der Identifizierungsgegenüberstellung) = BVerfG, Beschluss des 2. Senats vom 14.02.1978 – 2 BvR 406/77 –, B. I. 3. b) ee): Rn. 51 f.: „Nach Ansicht des Bundesgerichtshofs [BGH, Ermittlungsrichter, Beschluss vom 05.01.1977 und Beschwerdebeschluss vom 09.03.1977 – StB 56/77 –, P. B.] findet die Anordnung der Gegenüberstellung nach zwangsweiser Veränderung des Aussehens des Beschuldigten ihre gesetzliche Grundlage in den §§ 81a, 81b StPO. Diese Annahme ist verfassungsrechtlich nicht zu beanstanden. Erlaubt das Grundgesetz die Anordnung zwangsweiser Veränderung der Haar- und Barttracht eines Beschuldigten *zum Zwecke seiner Gegenüberstellung mit Zeugen* [Kuriv im Original, P. B.], so kann für die Anordnung der Gegenüberstellung selbst nicht prinzipiell etwas anderes gelten. Auch ist es ersichtlich nicht willkürlich, die Zulässigkeit einer solchen Anordnung aus den §§ 81a, 81b StPO herzuleiten. Die Bedenken, die der Beschwerdeführer in diesem Zusammenhang unter dem Gesichtspunkt des Rechtsstaatsprinzips gegen die Verfassungsmäßigkeit des § 81b StPO geltend macht, greifen nicht durch. Die Vorschrift genügt den rechtsstaatlichen Erfordernissen der Normklarheit und Justitiabili-tät. Sie grenzt den Kreis zulässiger Zwangsmaßnahmen sowohl ihrer Art als auch ihrem Zweck nach hinreichend deutlich ein. Erlaubt sind danach außer den im Tatbestand ausdrücklich angeführten Maßnahmen - Aufnahme von Lichtbildern und Fingerabdrücken, Vornahme von Messungen - nicht etwa schlechthin andere Maßnahmen, sondern nur solche, die den genannten ähnlich sind. Überdies müssen die Maßnahmen Zwecken der Durchführung des Strafverfahrens oder Zwecken des Erken-nungsdienstes dienen und im Rahmen dieser Zweckbestimmung notwendig sein. Unter diesen Umständen vermögen sowohl Strafverfolgungsbehörden als auch Beschuldigte mit hinreichender Be-stimmtheit zu beurteilen, ob im konkreten Fall die gesetzlichen Voraussetzungen für die Vornahme einer ‚ähnlichen Maßnahme‘ im Sinne des § 81b StPO erfüllt sind.“.

BGHSt 34, 39 = BGH, Urteil vom 09.04.1986 – 3 StR 551/85 –, aus den Gründen: „Aus der Aufzählung der in § 81b StPO beispielhaft genannten Maßnahmen ergibt sich, daß nur solche Identifizierungsmöglichkeiten in Betracht kommen, die - ohne daß es einer körperlichen Untersuchung i. S. des § 81a Abs. 1 StPO bedarf - die Feststellung der körperlichen Beschaffenheit dienen. Nicht nur § 81b StPO fallen Registrie-rungen des jeweiligen Ausdrucks des Beschuldigten, z. B. Messungen der Atem- und Pulsbewegungen, um die innere Erregung der Aussageperson zu ermitteln (Peters, Strafprozeß, 4. Aufl., S. 330; vgl. auch BGHSt 5, 332 = NJW 1954, 649; BVerfG, NStZ 1981, 446). Dagegen dürfen das Aussehen, Körperteile und -merkmale sowie sonstige für die Individualität einer Person signifikante ‚dauerhafte Persönlichkeitsgegebenheiten‘ (Peters, S. 330) auch gegen seinen Willen fotografiert, vermessen oder in anderer Weise registriert werden, um durch einen Vergleich mit bereits vorliegenden Erkenntnissenfeststellen zu können, ob sie auf den Beschuldigten als Täter hindeuten. Die Vorschrift gibt darüber hinaus die Befugnis, den Beschuldigten notfalls mit Zwang in einen solchen Zustand zu bringen, daß die bezeichneten Maßnahmen gegen seinen Willen durchgeführt werden können, z. B. mit Gewalt die Handschuhe auszuziehen sowie seinen Arm und seine Finger zu strecken, damit ein Handflächenabdruck genommen werden kann [Literaturquellenangabe].“.

[599] Zur **Zeugenvernehmung** und zur Beschuldigtenvernehmung siehe: *Basten*, Eingriffsrecht der Polizei in Nordrhein-Westfalen, Band 2, Buch 2, Abschnitte 16, 17, einschließlich B. II. (Verfahren).

(ERG)

Mögliche Befugnisrechtsnorm ist der rechtmäßige § 81a StPO (ggf. i.V.m. §§ 46, 53 Abs. 1 S. 1, Abs. 2 OWiG).

B. Formelle Rechtmäßigkeit (FR) I. Zuständigkeit (Z)

Zuständigkeit für Straftatenerforschung/StPO

(VOR/DEF)

Zuständigkeit ist Aufgabenwahrnehmungserlaubnis für den Rechtsfolgesetzer.

(SUB/ERG)

Für die Untersuchungs-Maßnahme ist die Zuständigkeit (i.d.R.) wie folgt gegeben:

1. sachliche Zuständigkeit *der Polizei* gemäß

- § 163 Abs. 1 S. 1 StPO;

2. instanzielle Zuständigkeit *der Polizeibehörde* gemäß

- (i.d.R.) § 11 Abs. 1 Nr. 2 Alt. 1 POG NRW i.V.m. KPBVO NRW;
- (generell:) §§ 10-14 POG NRW (ggf. LKAAufgVO NRW);

3. örtliche Zuständigkeit *der Polizeibehörde* gemäß

- (i.d.R.) § 7 Abs. 1 S. 1 POG NRW (ggf. i.V.m. KHStVO NRW);
- (generell: §§ 7-9 POG NRW[600]) (ggf. i.V.m. KHStVO NRW);

4. funktionelle Zuständigkeit *des Polizeiamtswalters* gemäß

a) Anordnungszuständigkeit

§ 81a Abs. 2 StPO i.V.m. § 152 Abs. 2 GVG i.V.m. EPVO NRW, hier der Ermittlungspersonen der Staatsanwaltschaft für Anordnung aller körperlichen Untersuchungen beim Beschuldigten einschließlich Blutprobenentnahmen und anderer körperlicher Eingriffe.

b) Ausführungszuständigkeit

§ 81a Abs. 1, 2 StPO i.V.m. § 163 Abs. 1 S. 1 Worte 1-6 StPO, hier der „Behörden und Beamten des Polizeidienstes" für Ausführung von körperlichen Untersuchungen des Beschuldigten außer für Blutprobenentnahmen und andere körperliche Eingriffe, denn i.V.m. § 81a Abs. 1 S. 2 StPO fehlt Zuständigkeit Polizeibediensteter für Ausführung/Vornahme von Blutprobenentnahmen und anderen körperlichen Eingriffen beim Beschuldigten.

---

[600] Vgl. auch zu § 9 Abs. 1 S. 1 Nr. 5 POG NRW: Abkommen zwischen den Ländern der Bundesrepublik Deutschland über die erweiterte Zuständigkeit der Polizei der Länder bei der Strafverfolgung.

Zuständigkeit für Ordungswidrigkeitenerforschung/OWiG

(VOR/DEF)

Zuständigkeit ist Aufgabenwahrnehmungserlaubnis für den Rechtsfolgesetzer.

(SUB/ERG)

Für die Untersuchungs-Maßnahme ist die Zuständigkeit (i.d.R.) wie folgt gegeben:

1. sachliche Zuständigkeit *der Polizei* gemäß

- §§ 35, 36 OWiG
    - i.V.m. § 1 Abs. 2 Teil-3-OWiGZVO NRW: PB – solange Nicht-Abgabe an OB – für Verfolgung von Owi nach: §§ 111, 117-121 OWiG;
    - i.V.m. § 1 Abs. 3 Teil-3-OWiGZVO NRW: KPB für Verfolgung und Ahndung von Owi nach §§ 113, 115 OWiG bei polizeilichen Gewahrsams-Gefangenen, § 127 OWiG bei öff. Urkunden und Beglaubigungszeichen;
    - i.V.m. § 2b öffVereinsRZVO NRW: KBP für die Verfolgung und Ahndung von Owi nach § 23 VereinsGDV;
    - i.V.m. § 1 Abs. 2 VerkehrsOwiZVO NRW: PB – solange Nicht-Abgabe an KOB oder StA – für Verfolgung von Owi nach §§ 23, 24, 24a und 24c StVG;
    - i.V.m. § 2 VersGZVO NRW[601]: KPB für die Verfolgung und Ahndung von Owi nach § 29 VersG;
    - i.V.m. § 5 WaffGDVO NRW: KPB für die Verfolgung und Ahndung von Owi nach § 53 WaffG;
- § 53 OWiG;

2. instanzielle Zuständigkeit *der Polizeibehörde* gemäß

- § 11 Abs. 1 Nr. 2 Alt. 2 POG NRW i.V.m. KPBVO NRW (generell: §§ 10-14 POG NRW) [bei §§ 35, 36 OWiG]
    - i.V.m. § 1 Abs. 2 Teil-3-OWiGZVO NRW: PB – solange Nicht-Abgabe an OB – für Verfolgung von Owi nach: §§ 111, 117-121 OWiG;
    - i.V.m. § 1 Abs. 3 Teil-3-OWiGZVO NRW: KPB für Verfolgung und Ahndung von Owi nach §§ 113, 115 OWiG bei polizeilichen Gewahrsams-Gefangenen, § 127 OWiG bei öff. Urkunden und Beglaubigungszeichen;
    - i.V.m. § 2b öffVereinsRZVO NRW: KBP für die Verfolgung und Ahndung von Owi nach § 23 VereinsGDV;
    - i.V.m. § 1 Abs. 2 VerkehrsOwiZVO NRW: PB – solange Nicht-Abgabe an KOB oder StA – für Verfolgung von Owi nach §§ 23, 24, 24a und 24c StVG;
    - i.V.m. § 2 VersGZVO NRW[602]: KPB für die Verfolgung und Ahndung von Owi nach § 29 VersG;

---

[601] Bei VersG-NRW-Anwendbarkeit unter Aufhebung der VersGZVO NRW vgl. § 32 VersG NRW („Zuständigkeit") i.V.m. § 28 VersG NRW („Ordnungswidrigkeiten") nach Landtag-NRW-Drucksache 17/12423, S. 27-29.

[602] Bei VersG-NRW-Anwendbarkeit unter Aufhebung der VersGZVO NRW vgl. § 32 VersG NRW („Zuständigkeit") i.V.m. § 28 VersG NRW („Ordnungswidrigkeiten") nach Landtag-NRW-Drucksache 17/12423, S. 27-29.

- i.V.m. § 5 WaffGDVO NRW: KPB für die Verfolgung und Ahndung von Owi nach § 53 WaffG;

3. örtliche Zuständigkeit *der Polizeibehörde* gemäß

- (bei §§ 35, 36 OWiG:) § 37 OWiG;
- Im Übrigen generell: §§ 7-9 POG NRW;

4. funktionelle Zuständigkeit *des Polizeiamtswalters* gemäß

a) Anordnungszuständigkeit

§ 81a Abs. 2 StPO i.V.m. § 152 Abs. 2 GVG i.V.m. EPVO NRW, hier der Ermittlungspersonen der Staatsanwaltschaft für Anordnung aller körperlichen Untersuchungen beim Beschuldigten einschließlich Blutprobenentnahmen und anderer körperlicher Eingriffe.

b) Ausführungszuständigkeit

§ 81a Abs. 1, 2 StPO i.V.m. § 163 Abs. 1 S. 1 Worte 1-6 StPO i.V.m. § 53 Abs. 1 S. 1 Worte 1-6 OWiG, hier der „Behörden und Beamten des Polizeidienstes" für Ausführung von körperlichen Untersuchungen des Beschuldigten außer für Blutprobenentnahmen und andere körperliche Eingriffe, denn i.V.m. § 81a Abs. 1 S. 2 StPO fehlt Zuständigkeit Polizeibediensteter für Ausführung/Vornahme von Blutprobenentnahmen und anderen körperlichen Eingriffen beim Beschuldigten.

B. Formelle Rechtmäßigkeit (FR) II. Verfahren (V)

(VOR/DEF)

Verfahren ist normiertes Verhalten insbesondere für den Rechtsfolgezuständigen außer, bei, i.Z.m. der Rechtsfolge.

1. § 81a Abs. 2 S. 1 StPO: Richteranordnung von körperlicher Untersuchung, körperlichem Eingriff, Blutprobenentnahme.

(VOR)

Gemäß § 81a Abs. 2 S. 1 StPO steht die Anordnung von körperlicher Untersuchung und körperlichem Eingriff und Blutprobenentnahme dem Richter, bei Gefährdung des Untersuchungserfolges durch Verzögerung auch der Staatsanwaltschaft und ihren Ermittlungspersonen (§ 152 Abs. 2 GVG i.V.m. EPVO NRW)[603] zu.

---

[603] Bundestags-Drucksache 18/12785, S. 46: „Es wird nochmals hervorgehoben, dass die Ausnahme der in der Vorschrift genannten Straßenverkehrsdelikte von dem Erfordernis einer vorherigen richterlichen Anordnung eine grundsätzlich **gleichrangige Anordnungskompetenz von Staatsanwaltschaft und Polizei** zur Folge hat. Die Sachleitungsbefugnis der Staatsanwaltschaft steht dem nicht entgegen und bleibt davon unberührt. Der Staatsanwaltschaft bleibt es unbenommen, in Ausübung ihrer **Sachleitungsbefugnis** generalisierende Vorgaben zu machen, Fallgruppen zu bilden oder sich die Entscheidung im Einzelfall gänzlich vorzubehalten. Dies entspricht der derzeit gängigen Praxis in den Bundesländern und ermöglicht eine ebenso flexible Handhabung in der Zukunft.".

Gemäß § 81a Abs. 2 S. 2 StPO bedarf die Entnahme einer Blutprobe abweichend von § 81a Abs. 2 S. 1 StPO keiner richterlichen Anordnung, wenn bestimmte Tatsachen den Verdacht begründen, dass eine Straftat nach § 315a Abs. 1 Nr. 1, Abs. 2 und 3, § 315c Abs. 1 Nr. 1a, Abs. 2 und 3 oder § 316 StGB begangen worden ist.[604]

Gemäß § 46 Abs. 4 S. 2 OWiG bedarf die Entnahme einer Blutprobe abweichend von § 81a Abs. 2 S. 1 StPO keiner richterlichen Anordnung, wenn bestimmte Tatsachen den Verdacht begründen, dass eine Ordnungswidrigkeit nach den §§ 24a und 24c StVG begangen worden ist.

(DEF)

Gefährdung des Untersuchungserfolgs/Gefahr im Verzug i.S.d. § 81a Abs. 2 S. 1 StPO ist eine Sachlage im einzelnen Fall mit unvorhergesehenem Handlungsbedarf, bei der durch die Durchführung der eigentlich vorgesehenen Maßnahme, hier der Richter/StA-Anordnungs-Erwirkung, der gesetzliche Zweck, hier die (rechtzeitige) Tatverdachtserforschung durch bestimmte Feststellungen und insoweit Beweismittelverlustverhinderung, vereitelt oder wesentlich erschwert würde.

Gefahr im Verzug i.S.d. § 81a Abs. 2 S. 1 StPO ist auch gegeben, wenn im konkreten Fall zulässigerweise kein Richterdienst vorhanden ist oder wenn vorhandener richterlicher Bereitschaftsdienst unter zulässiger Anrufwege **unverzüglich** (vgl. auch § 121 Abs. 1 S. 1 BGB) vergeblich zu erreichen versucht wird und eine weitere Verzögerung den gesetzlichen Durchsuchungszweck gefährden, also wesentlich erschweren oder vereiteln würde.[605]

---

[604] Bundestags-Drucksache 18/12785, S. 46: „Die in Bezug genommenen Straßenverkehrsdelikte des § 315a Absatz 1 Nummer 1 StGB und des § 315c Absatz 1 Nummer 1 Buchstabe a StGB sollen wie der ebenfalls in Bezug genommene § 316 StGB nicht nur Vorsatztaten, sondern auch die Begehungsformen der Fahrlässigkeit und des Versuchs erfassen. Dies wird im Gesetz ergänzend klargestellt.".

[605] BVerfGE 151, 67 (Richtervorbehalt, Bereitschaftsdienst, Nachtzeit/Tageszeit i.S.v. § 104 Abs. 3 StPO) = BVerfG, Beschluss des Zweiten Senats vom 12.03.2019 – 2 BvR 675/14 –, Ls. 2: „Zu den Anforderungen an einen dem Gebot der praktischen Wirksamkeit des Richtervorbehalts entsprechenden **richterlichen Bereitschaftsdienst** gehört die uneingeschränkte Erreichbarkeit eines Ermittlungsrichters bei Tage, auch außerhalb der üblichen Dienststunden. Die **Tageszeit** umfasst dabei ganzjährig die Zeit zwischen 6 Uhr und 21 Uhr. Während der **Nachtzeit** ist ein ermittlungsrichterlicher Bereitschaftsdienst jedenfalls bei einem Bedarf einzurichten, der über den Ausnahmefall hinausgeht.", Ls. 3: „Ob und inwieweit ein über den Ausnahmefall hinausgehender Bedarf an nächtlichen Durchsuchungsanordnungen die Einrichtung eines **ermittlungsrichterlichen Bereitschaftsdienstes** zur Nachtzeit erfordert, haben die Gerichtspräsidien nach pflichtgemäßem Ermessen in eigener Verantwortung zu entscheiden. Für die Art und Weise der Bedarfsermittlung steht ihnen ein Beurteilungs- und Prognosespielraum zu.", Rn. 56: „Die Strafverfolgungsbehörden müssen dementsprechend regelmäßig versuchen, eine Anordnung des zuständigen Richters zu erlangen, bevor sie eine Durchsuchung beginnen. Nur in Ausnahmesituationen, wenn schon die zeitliche Verzögerung wegen eines solchen Versuchs den Erfolg der Durchsuchung gefährden würde, dürfen sie selbst die Anordnung wegen Gefahr im Verzug treffen, ohne sich zuvor um eine richterliche Entscheidung bemüht zu haben."; BVerfGE 139, 245 (Eilkompetenz der Ermittlungsbehörden) = BVerfG, Beschluss des Zweiten Senats vom 16.06.2015 – 2 BvR 2718/10, Rn. 83: „Scheitert hingegen der Versuch der Befassung des Gerichts mit dem Antrag auf Erlass einer Durchsuchungsanordnung, weil der zuständige Richter nicht erreicht werden kann und infolgedessen ein Beweismittelverlust droht, kommt ein Rückgriff auf die Eilkompetenz der Ermittlungsbehörden gemäß Art. 13 Abs. 2, 2. Halbsatz GG in Betracht.", Ls. 2 [zum **Eilzuständigkeitsende der Ermittlungsbehörden**]: „Mit der Befassung des zuständigen Ermittlungs- oder Eilrichters durch die Stellung eines Antrags auf Erlass einer Durchsuchungsanordnung und der dadurch eröffneten Möglichkeit präventiven Grundrechtsschutzes durch den Richter endet die

(SUB/ERG)

Im konkreten Fall ist § 81a Abs. 2 S. 1 StPO, ggf. i.V.m. § 81a Abs. 2 S. 2 StPO, ggf. i.V.m. § 46 Abs. 4 S. 2 OWiG (alternativ)

- bei Vorliegen von entsprechenden Anhaltspunkten / Fehlen entgegenstehender Anhaltspunkte eingehalten.
- bei Vorliegen von entsprechenden Anhaltspunkten nicht eingehalten.

Eilkompetenz der Ermittlungsbehörden.", Rn. 79: „Entscheidend ist dabei nicht der Zeitpunkt, zu dem die Staatsanwaltschaft den Entschluss fasst, eine richterliche Durchsuchungsanordnung zu beantragen, sondern der Zeitpunkt, in dem das Gericht mit dem Antrag auf Erlass einer Durchsuchungsanordnung befasst wird [**richterliche Befassung** oder **Gerichtsbefassung**, P. B.]. Dies ist der Fall, wenn die Staatsanwaltschaft [oder die Polizei, P. B.] dem zuständigen Richter den Antrag tatsächlich unterbreitet hat, so dass dieser in eine erste Sachprüfung eintreten kann.", Rn. 82: „Auch soweit während des durch den Richter in Anspruch genommenen Entscheidungszeitraums nach dessen Befassung die Gefahr eines Beweismittelverlusts eintritt, etwa weil dieser auf ein mündlich gestelltes Durchsuchungsbegehren hin die Vorlage schriftlicher Antragsunterlagen oder einer Ermittlungsakte fordert, Nachermittlungen anordnet oder schlicht bis zum Eintritt der Gefahr eines Beweismittelverlusts noch nicht entschieden hat, lebt die Eilkompetenz der Ermittlungsbehörden nicht wieder auf. Dies gilt unabhängig davon, aus welchen Gründen die richterliche Entscheidung über den Durchsuchungsantrag unterbleibt.", Ls. 3: „Die Eilkompetenz der Ermittlungsbehörden kann nur dann neu begründet werden, wenn nach der Befassung des Richters tatsächliche Umstände eintreten oder bekannt werden, die sich nicht aus dem Prozess der Prüfung und Entscheidung über diesen Antrag ergeben, und hierdurch die Gefahr eines Beweismittelverlusts in einer Weise begründet wird, die der Möglichkeit einer rechtzeitigen richterlichen Entscheidung entgegensteht.", Ls. 4: „Auf die Ausgestaltung der justizinternen Organisation kann die Eilzuständigkeit der Ermittlungsbehörden nicht gestützt werden.", Rn. 70: „Die daraus folgende Pflicht der Ermittlungsbehörden, sich regelmäßig um eine Durchsuchungsanordnung des zuständigen Richters zu bemühen, wird nicht durch den abstrakten Hinweis verzichtbar, eine richterliche Entscheidung sei zur maßgeblichen Zeit üblicherweise nicht mehr zu erreichen (vgl. BVerfGK 5, 74 <78>; 7, 392 <395>). Reine Spekulationen, hypothetische Erwägungen oder lediglich auf kriminalistische Alltagserfahrungen gestützte, fallunabhängige Vermutungen reichen ebenfalls nicht aus, um die Annahme von Gefahr im Verzug zu begründen (vgl. BVerfGE 103, 142 <155>; BVerfGK 2, 310 <315>). Auch schließt das verfassungsrechtliche Gebot, dem Ausnahmecharakter der Eilkompetenz Rechnung zu tragen, aus, mit dem Antrag auf Erlass einer Durchsuchungsanordnung zu warten, bis die Gefahr eines Beweismittelverlusts eingetreten ist. Selbst herbeigeführte tatsächliche Voraussetzungen können die Eilkompetenz der Staatsanwaltschaft und ihrer Ermittlungspersonen nicht begründen (vgl. BVerfGK 5, 74 <78>).", Rn. 71: „Stattdessen sind bei der Beurteilung der Frage, ob der Versuch, eine richterliche Entscheidung herbeizuführen, unterbleiben darf, weil bereits die damit verbundene zeitliche Verzögerung den Erfolg der Durchsuchung gefährden würde, die konkreten Umstände des jeweiligen Einzelfalles in Rechnung zu stellen. Die Ermittlungsbehörden haben insbesondere die Komplexität der im Rahmen der Durchsuchungsanordnung zu prüfenden tatsächlichen und rechtlichen Fragen und den insoweit erforderlichen Zeitaufwand zu berücksichtigen. Daneben haben sie aber auch in ihre Überlegungen einzubeziehen, dass die Vorlage schriftlicher Unterlagen zur Herbeiführung einer richterlichen Eilentscheidung zumindest nicht ausnahmslos erforderlich ist. Jedenfalls in einfach gelagerten Fällen, in denen allein aufgrund der **mündlichen Darstellung des Sachverhalts** eine sachangemessene Entscheidung möglich ist, würde ein solches Erfordernis weder der gesetzlichen Intention noch der Bedeutung des Richtervorbehalts für den Grundrechtsschutz des Einzelnen gerecht (vgl. insoweit zur Anordnung einer Blutentnahme gemäß § 81a StPO: BVerfGK 17, 340 <346 f.>). Es bestehen daher in solchen Fällen keine verfassungsrechtlichen Bedenken, wenn der zuständige Richter allein aufgrund mündlich übermittelter Informationen entscheidet und die Durchsuchung auch **mündlich anordnet**, sofern er diese Anordnung zeitnah schriftlich dokumentiert und damit den sich aus Art. 19 Abs. 4 GG ergebenden Erfordernissen Rechnung trägt.".

2. § 81d StPO: Durchführung körperlicher Untersuchung (körperlichen Eingriffen, Blutprobenentnahmen) durch Person bestimmten Geschlechts oder durch Arzt

(VOR)

Gemäß § 81d StPO – auch bei **Einwilligung** (§ 36 Nr. 19 DSG NRW, § 38 DSG NRW) der betroffenen Person, § 81d Abs. 2 StPO –

- wird gemäß § 81d Abs. 1 S. 1 StPO im Fall von potentieller Schamgefühlsverletzung die körperliche Untersuchung von einer Person gleichen Geschlechts oder von einer Ärztin oder einem Arzt vorgenommen;
- soll gemäß § 81d Abs. 1 S. 2 StPO im Fall von berechtigtem Interesse und Wunsch der betroffenen Person die körperliche Untersuchung einer Person oder einem Arzt bestimmten Geschlechts übertragen werden;
- soll gemäß § 81d Abs. 1 S. 3 StPO im Fall des Verlangens der betroffenen Person eine Person des Vertrauens zugelassen werden;
- ist gemäß § 81d Abs. 1 S. 4 StPO die betroffene Person auf die Regelungen von § 81d Abs. 1 S. 2, 3 StPO hinzuweisen.

(DEF)

Schamgefühlsverletzungspotential im Sinne von § 81d StPO richtet sich nach objektiviertem Maßnahmenempfänger.[606]

Person gleichen Geschlechts ist eine Person mit gleichem Geschlechts-Personenstand nach PStG.

Arzt ist ein solcher nach BÄO.

Berechtigtes Interesse ist ein Rechtsgrund (**rechtliches Interesse**) als auch ein insgesamt überwiegendes Interesse nach Abwägung aller Interessen insbesondere der an der Maßnahme Beteiligten (z.B. unmittelbar betroffene Person, Polizeibeamte, Arzt, Vertrauensperson mit jeweiligen Persönlichkeitsrechten) und der durch die Maßnahme Betroffenen (z.B. unmittelbar betroffene Person, potentielle Tatopfer, verfahrenszuständige Behörden mit jeweiligen Rechten und Pflichten im Rechtsstaat).

Person des Vertrauens wird durch die betroffene Person bestimmt.

(SUB/ERG)

Im konkreten Fall ist § 81d StPO analog (alternativ)

- bei Vorliegen von entsprechenden Anhaltspunkten / Fehlen entgegenstehender Anhaltspunkte eingehalten.
- bei Vorliegen von entsprechenden Anhaltspunkten nicht eingehalten.

---

606 Bundesrats-Drucksache 829/03 vom 07.11.2003, S. 21: „Dies kann z.B. nach vorangegangenem Missbrauch durch eine Person gleichen Geschlechts der Fall sein.“.

3. § 81a Abs. 1 S. 2 StPO: Blutprobenentnahme und anderer körperlicher Eingriff nur durch Arzt nach den Regeln der ärztlichen Kunst

(VOR)

Gemäß § 81a Abs. 1 S. 2 StPO erfolgt die Vornahme von Blutprobenentnahmen und anderen körperlichen Eingriffen nur durch einen Arzt nach den Regeln der ärztlichen Kunst.

(DEF)

Arzt ist ein solcher nach BÄO.

Vornahme nach den Regeln der ärztlichen Kunst (lege artis) ist arztberufnormgemäße[607], kunstgerechte[608] Durchführung einschließlich dazu erforderlicher Vorbereitungen und Nachbereitungen (z.B. Aufklärung, Betreuung, Nachaufsicht) unter grundsätzlicher Berücksichtigung allgemein anerkannter fachlicher Standards im Sinne von § 630a Abs. 2 BGB[609] zur maßgeblichen Zeit.

(SUB/ERG)

Im konkreten Fall ist § 81a Abs. 1 S. 2 StPO (alternativ)

- bei Vorliegen von entsprechenden Anhaltspunkten / Fehlen entgegenstehender Anhaltspunkte eingehalten.
- bei Vorliegen von entsprechenden Anhaltspunkten nicht eingehalten.[610]

---

607 Zu **Rechtsnormen** und **Sozialnormen** allgemein: *Basten*, Eingriffsrecht der Polizei in Nordrhein-Westfalen, Band 1, Buch 1, Abschnitt 1, Unterabschnitt 3, Titel 1 und Untertitel 1.

608 Vgl. zum **Kunstfehler**-Begriff grundlegend: *Virchow*, Kunstfehler der Ärzte, Aktenstücke des Reichstags des Norddeutschen Bundes, Anlage 3 zu Nr. 5, S. XII-XV.

609 BGH, Urteil vom 15.04.2014 – VI ZR 382/12 –, Rn. 11, Ls./17 (jeweils mit vielen weiteren Nachweisen zum Ganzen): „Der **Standard** gibt Auskunft darüber, welches Verhalten von einem gewissenhaften und aufmerksamen Arzt in der konkreten Behandlungssituation aus der berufsfachlichen Sicht seines Fachbereichs im Zeitpunkt der Behandlung erwartet werden kann. Er repräsentiert den jeweiligen Stand der naturwissenschaftlichen Erkenntnisse und der ärztlichen Erfahrung, der zur Erreichung des ärztlichen Behandlungsziels erforderlich ist und sich in der Erprobung bewährt hat [Quellenangaben]. **Handlungsanweisungen** in **Leitlinien** ärztlicher Fachgremien oder Verbände dürfen nicht unbesehen mit dem medizinischen Standard gleichgesetzt werden. Dies gilt in besonderem Maße für Leitlinien, die erst nach der zu beurteilenden medizinischen Behandlung veröffentlicht worden sind. Leitlinien ersetzen kein Sachverständigengutachten. Zwar können sie im Einzelfall den medizinischen Standard für den Zeitpunkt ihres Erlasses zutreffend beschreiben; sie können aber auch Standards ärztlicher Behandlung fortentwickeln oder ihrerseits veralten [Quellenangaben].“.

610 BGHSt 55, 121 („Zur Verantwortlichkeit eines im Beweissicherungsdienst tätigen Arztes für tödlich verlaufenen **Brechmitteleinsatz** gegen Drogen-Kleindealer.“) = BGH, Urteil vom 29.04.2010 – 5 StR 18/10, Rn. 27: „Die für die ärztliche Berufsausübung wesentliche **Aufklärungspflicht** (§ 8 BO für Ärztinnen und Ärzte des Landes Bremen vom 30. Juni 1997, ABl. S. 479) ist auch von dem Arzt zu erfüllen, der eine Zwangsmaßnahme gemäß § 81a StPO vorzunehmen hat (Kohlhaas NJW 1968, 2277, 2278), falls der Betroffene hierdurch in die Lage versetzt wird, den hinzunehmenden Eingriff schonender zu gestalten.“, Rn. 28: „Hinzu tritt, dass der Angeklagte in Erfüllung der ihm obliegenden **Fortbildungspflicht** (§

4 BO; vgl. auch BGHSt 43, 306, 311) gehalten war, nach Erlass der Dienstanweisung vom 1. März 2001 erschienene Expertisen zur Kenntnis zu nehmen, die eine Exkorporation unter Zwangsanwendung als medizinisch unbeherrschbar bewertet hatten [Quellenangaben].“, Rn. 30: „Hierzu hat das Landgericht zahlreiche Umstände festgestellt: Unzureichende **Anamnese** und **Untersuchung zu Beginn** der **Exkorporation**, unzureichende Gerätekenntnis, fehlende Grundkenntnisse über die Behandlung ohnmächtiger Patienten, vorurteilsbedingtes Unterlassen der gebotenen **Untersuchung vor Fortsetzung** der Exkorporation (vgl. BGHSt 3, 91, 96) unter Vernachlässigung fast jeder **Dokumentation**. Hinzu treten die vom Landgericht nicht gewürdigte fehlende **Aufklärung** und der Umstand der Vornahme einer **Körperverletzung** gegen Ende des Tatgeschehens durch Herbeiführung des Brechreizes mit Aspiration von Wasser mittels einer Pinzette und eines Spatels; der Angeklagte hat hierbei die aus seiner und der Sichtweise der Dienstanweisung bestehende Grenze für eine zulässige Gewaltanwendung überschritten. Bei der hiernach für erlaubt gehaltenen Methode der Exkorporation war lediglich **Gewalt durch Fixierung** des Betroffenen bei Einführung der Nasensonde bis zum Erbrechen erlaubt, aber keine darüber hinausgehende Gewalteinwirkung zur Auslösung des Brechreizes auf andere Weise. Solches stellt eine – durch § 81a StPO nicht mehr gerechtfertigte – Körperverletzung dar [Quellenangaben].“, Rn. 31: „Die Anerkennung eines **Übernahmeverschuldens** beruht auf der besonderen **Schutzpflicht** des – durch die **Approbation** nachgewiesen – ausgebildeten Arztes für das ihm anvertraute Rechtsgut, die Unversehrtheit der Gesundheit seiner Patienten. Einer solchen Pflicht unterliegt, weil er gemäß § 81a Abs. 1 StPO die **Regeln der ärztlichen Kunst** einzuhalten hat, auch ein nach dieser Vorschrift handelnder Arzt. Hierdurch bestand auch für den Angeklagten eine normativ begründete Eigenverantwortlichkeit für die Gesundheit des vom Eingriff des Angeklagten betroffenen C., die durch auch von Dritten zu verantwortende Überforderung des Angeklagten nicht beseitigt werden konnte.“, Rn. 34: „Darüber hinaus hat es das Landgericht unterlassen, ein Verbot der Fortsetzung der **Exkorporation** nach erfolgreicher Bergung des ersten Kokainkügelchens wegen Verstoßes des Angeklagten gegen das Gebot der Wahrung der **Menschenwürde** in Betracht zu ziehen.“, Rn. 35: „Ein solcher Verstoß lag hier aufgrund der vorzunehmenden Gesamtschau der den Betroffenen C. beeinträchtigenden Umstände auf der Hand (vgl. BVerfGE 30, 1, 25 f.; EGMR aaO [= EGMR, Urteil der Großen Kammer vom 11.07.2006 – Individualbeschwerde Nr. 54810/00 – Rechtssache Jalloh/Deutschland, P. B.]; vgl. auch OLG Frankfurt NJW 1997, 1647, 1648 und Bachmann/Püschel/Sonnen Kriminalistik 2004, 678, 680). Das Bedürfnis nach Fortsetzung der **Exkorporation** war nach Bergen des ersten Kokainkügelchens zum Nachweis eines vom Betroffenen begangenen Vergehens stark herabgesetzt, das Fortfahren jedenfalls **unverhältnismäßig**. Bereits die erste Exkorporationsphase führte zur Ohnmacht des gefesselt gebliebenen Betroffenen und beinhaltete schon ein zweites Legen der Sonde, wodurch ein Scheitern der Maßnahme indiziert gewesen ist.“.

BGH, Urteil vom 20.07.2012 – 5 StR 536/11 („Vorhersehbarkeit der Todesfolge nach **Brechmitteleinsatz** (im Anschluss an BGHSt 55, 121) [derselbe Fall, P. B.]“, Rn. 15: „Es kann dahingestellt bleiben, ob im Rahmen des § 81a StPO nicht ein engerer Beurteilungsmaßstab anzulegen ist, als ihn das Landgericht verwendet hat [Quellenangaben]). Jedenfalls hat die Schwurgerichtskammer den aktuellen Gesundheitszustand des Verstorbenen (vgl. Meyer-Goßner aaO) nicht hinreichend in seine – im Übrigen durch keinen der zahlreichen Sachverständigen gestützte – Wertung einbezogen, dass ein **erfahrener Facharzt** bei **Fortsetzung der Exkorporation** nicht mit **Nachteilen für dessen Gesundheit** habe rechnen müssen. Rechtsfehlerhaft hat sie ferner hinsichtlich der Voraussetzungen des § 81a Abs. 1 Satz 2 StPO – ebenso wie für die Frage der Pflichtwidrigkeit im Sinne der §§ 222, 227 StGB – darauf abgestellt, dass sich die Aspirationsgefahr aus der Sicht ex post nicht zu ihrer Überzeugung verwirklicht habe (UA S. 101). Darauf kommt es nicht an. Maßgebend ist nach dem eindeutigen Wortlaut der Vorschrift, ob bei objektiver Betrachtung der Gefahrenlage aus der Sicht ex ante bei Fortsetzung der Exkorporation mit einer gewissen Wahrscheinlichkeit gesundheitliche Nachteile zu erwarten waren [Quellenangaben].“, Rn. 16: „Auch in Anbetracht der danach erreichten Zustandsverbesserung verbot sich bei dieser Sachlage unter den **strengen medizinischen Voraussetzungen des § 81a StPO** die Fortsetzung der Exkorporation schon wegen des Risikos erneuten Auftretens der – hinsichtlich ihrer Ursache ungeklärt gebliebenen – Komplikationen.“, Rn. 18: „Das nach nochmaliger Befüllung des Magens mit Wasser gewaltsame Öffnen des Mundes unter größerem Kraftaufwand und das mechanische Auslösen des Brechreizes mittels Pinzette und Spatels sind offensichtlich unverhältnismäßig, verletzen die **Menschenwürde** und sind demgemäß auch rückblickend schlechterdings nicht nach § 81a StPO zu rechtfertigen (BGHSt 55, 121, 133).“, Rn. 24:

4. § 33 StPO analog als allgemeine Verfahrensrechtsnorm für Justiz-VA (vgl. § 23 Abs. 1 S. 1 EGGVG): Anhörung

(VOR/DEF)

Gemäß § 33 StPO analog[611] (ggf. i.V.m. §§ 46, 53 Abs. 1 S. 2 OWiG) besteht Pflicht zur **Anhörung** bzw. **Gewährung rechtlichen Gehörs** vor einer Entscheidung, jedenfalls bevor zum Beteiligten-Nachteil Tatsachen oder Beweisergebnisse ohne Anhörung verwertet werden – oder es soll gegeben sein: ein Ausnahmegrund der Zweckgefährdung bzw. Gefahr im Verzug nach § 33 Abs. 4 StPO analog.

Gefahr im Verzug i.S.d. § 33 StPO ist gegeben, wenn der Handlungsbedarf unvorhergesehen ist und bei Durchführung der eigentlich vorgesehenen Maßnahme, hier der Anhörung, der gesetzliche Zweck, hier der jeweilige aus der Aufgabe des § 163 Abs. 1 S. 1 StPO (ggf. aus § 53 Abs. 1 S. 1 OWiG) und der Befugnisrechtsnorm des § 163 Abs. 1 S. 1 StPO, vereitelt oder wesentlich erschwert wird.

(SUB/ERG)

Im konkreten Fall ist § 33 StPO analog (alternativ)

- eingehalten insbesondere bei Gelegenheit zur Stellungnahme i.S.d. § 33 StPO analog;
- eingehalten bei Nichteinhaltung von § 33 Abs. 1, 3 StPO analog und Ausnahmegrund gemäß § 33 Abs. 4 StPO analog;
- nicht eingehalten insbesondere bei Fehlen von Gelegenheit zur Stellungnahme ohne Ausnahmegrund i.S.d. § 33 StPO analog;
- sonst eingehalten oder nicht eingehalten bei Anhaltspunkten / Fehlen entgegenstehender Anhaltspunkte.

„Vorliegend widersprach es gerade **ärztlicher Pflicht**, die **Exkorporation** fortzuführen, nachdem sich der Gesundheitszustand während deren erster Phase so sehr verschlechtert hatte, dass der Angeklagte das Legen einer Verweilkanüle und das Herbeiholen des Notarztes für erforderlich gehalten hatte und nachdem notärztliche Maßnahmen auch tatsächlich durchgeführt worden waren.", Rn. 24: „Mit Komplikationen auch aufgrund nicht auf den ersten Blick erkennbarer Vorschädigungen muss der Fachkundige – zumal in Ermangelung einer gründlichen Untersuchung – bei einem so gearteten Zwangseingriff vielmehr stets rechnen.".

[611] Für das tradierte „Menschenrecht" der Anhörung (vgl. auch Art. 20 Abs. 3 GG, Art. 103 Abs. 1 GG, Art. 41 EU-GR-Charta, Art. 6 EMRK) gibt es in der StPO bei polizeilichen Maßnahmen i.d.R. keine direkte für die Polizei anwendbare Rechtsnorm (systematische Regelungslücke), weshalb – bei gleichzusetzender Interessenlage und Lücke im einzelnen Fall – § 33 StPO mit seinen Rechtsgedanken als die noch für die Polizei bestmögliche Anhörungs-Rechtsgrundlage eben analog angewendet werden kann.

5. § 168b StPO als allgemeine Verfahrensrechtsnorm für Justiz-VA (vgl. § 23 Abs. 1 S. 1 EGGVG): Protokoll

(VOR/DEF)

Gemäß § 168b StPO (ggf. i.V.m. §§ 46, 53 Abs. 1 S. 2 OWiG) besteht Pflicht zur **Protokollierung** bzw. zum **Protokoll** über ermittlungsbehördliche Untersuchungshandlungen, wonach gemäß § 168b Abs. 1 StPO das Ergebnis der Untersuchungshandlungen der Ermittlungsbehörden aktenkundig zu machen ist.

(SUB/ERG)

Im konkreten Fall ist § 168b StPO (alternativ)

- eingehalten insbesondere bei Protokoll über (das Ergebnis über) behördliche Untersuchungshandlungen i.S.d. §168b StPO;
- eingehalten bei Nichteinhaltung von § 168b StPO mit Ausnahmegrund;
- nicht eingehalten insbesondere bei Fehlen von Protokoll über (das Ergebnis über) behördliche Untersuchungshandlungen ohne Ausnahmegrund;
- sonst eingehalten oder nicht eingehalten bei Anhaltspunkten / Fehlen entgegenstehender Anhaltspunkte.

6. JGG[612]-Vorschriften[613] außer, bei, i.Z.m. Maßnahmen gegenüber einem jugendlichen oder heranwachsenden Verdächtigen[614] nach §§ 1, 109 JGG – fallabhängig insbesondere wie folgt:

a) § 38 JGG: Jugendgerichtshilfe, vgl. auch § 46 Abs. 6 OWiG;

b) § 43 JGG: Umfang der Ermittlungen;

c) § 67 JGG: Stellung der Erziehungsberechtigten[615] und der gesetzlichen Vertreter[616];

---

[612] § 1 Abs. 1 JGG zum sachlichen JGG-Anwendungsbereich: „Dieses Gesetz gilt, wenn ein Jugendlicher oder ein Heranwachsender eine Verfehlung begeht, die nach den allgemeinen Vorschriften mit Strafe bedroht ist.“. § 1 Abs. 3 JGG zum sachlich-persönlichen JGG-Anwendungsbereich: „Ist zweifelhaft, ob der Beschuldigte zur Zeit der Tat das achtzehnte Lebensjahr vollendet hat, sind die für Jugendliche geltenden Verfahrensvorschriften anzuwenden.“.

[613] JGG-Vorschriften mit amtlichen Überschriften insbesondere aus: „Gesetz zur Stärkung der Verfahrensrechte von Beschuldigten im Jugendstrafverfahren vom 09.12.2019, BGBl. 2019 Teil I Nr. 47, S. 2146-2152.

[614] § 1 Abs. 2 JGG zum persönlichen JGG-Anwendungsbereich: § 1 Abs. 2 JGG: „**Jugendlicher** ist, wer zur Zeit der Tat vierzehn, aber noch nicht achtzehn, **Heranwachsender**, wer zur Zeit der Tat achtzehn, aber noch nicht einundzwanzig Jahre alt ist.“. Unterscheide nach § 2 BGB: „Die **Volljährigkeit** tritt mit der Vollendung des 18. Lebensjahres ein.“.

[615] Zum **Strafrecht und elterlichen Erziehungsrecht**: BVerfGE 107, 104 (Anwesenheit im JGG-Verfahren) = BVerfG, Urteil des Zweiten Senats vom 16.01.2003 – 2 BvR 716/01.

[616] **Vertreter** ist ein **Stellvertreter** qua Gesetz oder ein **Stellvertreter** qua Rechtsgeschäft (§§ 164-181 BGB). Vgl. insbesondere:

- §§ 1626-1698b BGB: **Elterliche Sorge** mit „**Vertretung des Kindes**“ gemäß § 1629 BGB;

d) § 67a JGG: Unterrichtung der Erziehungsberechtigten und der gesetzlichen Vertreter;

e) § 68 JGG: Notwendige Verteidigung[617];

f) § 68a JGG: Zeitpunkt der Bestellung eines Pflichtverteidigers;

g) § 68b JGG: Vernehmungen und Gegenüberstellungen vor der Bestellung eines Pflichtverteidigers;

h) § 69 JGG: Beistand[618];

- § 1 Abs. 1 Nr. 4 JuSchG: **erziehungsbeauftragte Person**;
- §§ 1773-1895 BGB: **Vormundschaft**;
- §§ 1896-1908k BGB: **Rechtliche Betreuung**;
- §§ 1909-1921 BGB: **Pflegschaft**.

617 Mit „Gesetz zur Neuregelung des Rechts der notwendigen Verteidigung“ (BGBl. I S. 2128; in Kraft seit 13.12.2019) ist erstmals das Recht des Beschuldigten ausdrücklich normiert, bereits auch im polizeilichen Ermittlungsverfahren grundsätzlich im Fall notwendiger Verteidigung (§ 140 StPO) „unverzüglich“ (§ 121 Abs. 1 S. 1 BGB), „spätestens vor einer Vernehmung des Beschuldigten“ (§ 163a StPO) einen Pflichtverteidiger „bestellt“ zu erhalten, „wenn der Beschuldigte dies nach Belehrung ausdrücklich beantragt“ (§ 141 Abs. 1 S. 1 StPO), in den Fällen des § 141 Abs. 2 S. 1 StPO auch „unabhängig von einem Antrag“ – mit Rückausnahmen in § 141 Abs. 2 S. 2, 3 StPO; auch mit Abweichungen in § 141a StPO für Beschuldigtenvernehmungen und Gegenüberstellungen (§§ 58 Abs. 2, 168b Abs. 3 StPO). Der Zeitpunkt polizeilicher Belehrung zur notwendigen Verteidigung i.S.d. § 140 StPO ist in einschlägigen Fällen – spätestens – „bei Beginn der ersten Vernehmung“ des Beschuldigten wegen § 141 Abs. 1 S. 2 StPO und § 163a Abs. 4 S. 2 i.V.m. § 136 Abs. 1 S. 5 StPO, oder der Zeitpunkt ist anders in speziell normierten Fällen wie § 114b Abs. 2 S. 1 Nr. 4a oder §§ 68a, b JGG. Gemäß § 142 StPO ist vor Anklageerhebung der Antrag des Beschuldigten nach § 141 Abs. 1 S. 1 StPO vor Erhebung der Anklage bei den Behörden oder Beamten des Polizeidienstes „oder“ bei der Staatsanwaltschaft anzubringen (Antrags-Entgegennahme-Zuständigkeit); die Bestellungs-Entscheidungs-Zuständigkeit obliegt dem Gericht nach StA-Vorlage mit Stellungnahme (§ 142 Abs. 1 S. 2 StPO) oder der StA selbst „bei besonderer Eilbedürftigkeit“, § 142 Abs. 4 StPO.

Ein Fall **notwendiger Verteidigung** liegt u.a. dann vor,

- gemäß § 140 Abs. 1 Nr. 1 StPO, wenn zu erwarten ist, dass die Hauptverhandlung im ersten Rechtszug vor dem **Oberlandesgericht** (§§ 115-117, 120-122 GVG) , dem **Landgericht** (§§ 12, 13, 60, 70, 734, 74-74f, 76-78b GVG) oder dem **Schöffengericht** (§§ 12, 13, 24-27, 28-58 GVG) stattfindet [Ausgangsrechtsnorm für den Abgrenzungsüberblick über AG, LG, OLG mag sein: § 24 GVG;
- gemäß § 140 Abs. 1 Nr. 2 StPO, wenn dem Beschuldigten ein Verbrechen zur Last gelegt wird;
- gemäß § 140 Abs. 1 Nr. 3 StPO, wenn das Verfahren zu einem **Berufsverbot** (§§ 70-70b StGB) führen kann;
- gemäß § 140 Abs. 1 Nr. 4 StPO, wenn der Beschuldigte nach den §§ 115, 115a, 128 Abs. 1 oder § 129 StPO einem Gericht zur Entscheidung über Haft oder einstweilige Unterbringung vorzuführen ist;
- gemäß § 140 Abs. 1 Nr. 5 StPO, wenn der Beschuldigte sich auf Grund richterlicher Anordnung oder mit richterlicher Genehmigung in einer Anstalt befindet;
- gemäß § 140 Abs. 1 Nr. 11 StPO, wenn ein seh-, hör- oder sprachbehinderter Beschuldigter die Bestellung beantragt;
- gemäß § 140 Abs. 2 StPO, wenn wegen der Schwere der Tat, der Schwere der zu erwartenden Rechtsfolge oder wegen der Schwierigkeit der Sach- oder Rechtslage die Mitwirkung eines Verteidigers geboten erscheint oder wenn ersichtlich ist, dass sich der Beschuldigte nicht selbst verteidigen kann.
- gemäß §§ 1, 109 Abs. 1 JGG und § 68 JGG in den dort genannten Fällen.

618 Vgl. auch §§ 1712-1717 BGB (**Beistandschaft**).

i) § 70 JGG: Mitteilung an amtliche Stellen;

j) § 70a JGG: Unterrichtung des Jugendlichen (i.V.m. § 109 JGG: des Heranwachsenden);

k) § 70b JGG: Belehrungen.

(SUB/ERG)

Im konkreten Fall sind die JGG-Vorschriften

- nicht anwendbar.
- anwendbar und eingehalten.
- anwendbar und nicht eingehalten.

(ERG Verfahren)

Ergebnis kann allgemein sein: Verfahrensrechtmäßigkeit oder Verfahrensrechtswidrigkeit der Maßnahme.

B. Formelle Rechtmäßigkeit (FR) III. Form (F)

(VOR/DEF)

Form ist normiertes Wie der Rechtsfolgesetzung –schriftlich, elektronisch, mündlich oder in anderer Weise.

(SUB/ERG)

Im konkreten Fall besteht bei Fehlen speziellerer Formrechtsnormen Formfreiheit für den Justiz-VA, sodass der Justiz-VA schriftlich, elektronisch, mündlich oder in anderer Weise formrechtmäßig ergehen kann.

§ 168b StPO ist i.d.R. bereits integrativer Bestandteil des Verfahrens.

Ergebnis kann allgemein sein: Formrechtmäßigkeit oder Formrechtswidrigkeit der Maßnahme.

C. Materielle Rechtmäßigkeit (MR) I. Tatbestand (Tb) / Tatbestandsvoraussetzungen (TBV)

(VOR/DEF)

Tatbestand ist das Gesamt der (materiell-rechtlichen) Rechtsfolge(setzungs)bedingungen. / **Tatbestandsvoraussetzungen** sind materiell-rechtliche Rechtsfolgesetzungsbedingungen.

§ 163 Abs. 1 S. 1 i.V.m. § 152 Abs. 2 StPO: Tatverdacht

(VOR)

In § 81a StPO (ggf. i.V.m. §§ 46, 53 Abs. 1 S. 2 OWiG) wird (Straf-/Owi-)Tatverdacht vorausgesetzt, vgl. § 163 Abs. 1 S. 1 W. 8, S. 2 W. 1-3 StPO (i.V.m. § 53 Abs. 1 S. 1 W. 11, S. 2 W. 7 OWiG).

(DEF)

Tatverdacht ist gemäß § 163 Abs. 1 S. 1 i.V.m. § 152 Abs. 2 StPO das Gegebensein zureichender tatsächlicher Anhaltspunkte für eine verfolgbare Straftat oder Ordnungswidrigkeit.[619]

Zureichende tatsächliche Anhaltspunkte sind gegeben bei entsprechendem Ergebnis einer Gewichtigkeits- und Plausibilitätsprüfung aller wahrnehmbaren Dinge in Abwägung mit Art und Ausmaß potentieller Rechtseingriffe und Taten.

(SUB)

Zureichende tatsächliche Anhaltspunkte sind (z.B. und alternativ möglich) zum maßgeblichen Zeitpunkt bezüglich bestimmter Taten:

- polizeieigene Beobachtungen;
- polizeiliche Feststellungen;
- polizeiliche, auf Tatsachen begründete, auf den einzelnen Fall bezogene Schlussfolgerungen, außer reine Spekulationen, hypothetische Erwägungen oder lediglich auf kriminalistische Alltagserfahrung gestützte, fallunabhängige Vermutungen;
- Angaben von Beschuldigten, Betroffenen, Verdächtigen, Nichtverdächtigen, Zeugen, Sachverständigen oder Dritten;
- Anzeigen i.S.d. § 158 StPO;
- sonstige Daten.[620]

---

[619] BVerfG, Beschluss der 3. Kammer des Zweiten Senats vom 11.01.2016 – 2 BvR 1361/13 –, Rn. 11: „Notwendiger und grundsätzlich auch hinreichender Anlass für Zwangsmaßnahmen im Strafverfahren [oder Ordnungswidrigkeitenverfahren, P. B.] ist der Verdacht einer Straftat [oder Ordnungswidrigkeit, P. B.]. Der Verdacht muss auf konkreten Tatsachen beruhen; vage Anhaltspunkte oder bloße Vermutungen reichen nicht aus (vgl. BVerfGE 44, 353 <381 f.>; 59, 95 <97 f.>; BVerfGK 1, 126 <131>)."

[620] Tatverdachts-Beispiel i.Z.m. § 81a Abs. 1, 2 StPO aus OVG Sachsen-Anhalt, Beschluss des 3. Senats vom 23.08.2019 – 3 M 181/19 –, Gründe. „Die Voraussetzungen des § 81a Abs. 2 Satz 2 StPO liegen hier vor. Sie sind entgegen der Auffassung des Antragstellers nicht bereits deshalb zu verneinen, weil ihm nicht nachgewiesen werden konnte, dass er am 6. April 2019 das Fahrzeug geführt hat. Vielmehr durfte sich den anordnenden Polizeibeamten der Verdacht einer Verkehrsstraftat unter Alkohol- oder Drogeneinfluss, auf den es für die Anordnung allein ankommt, aufdrängen. Ausweislich der - unbestritten gebliebenen - Sachverhaltsfeststellungen der Polizei (vgl. Vermerk, Bl. 7 des Verwaltungsvorganges) stellten Beamte am 6. April 2019 um 2.50 Uhr fest, dass ein dem Antragsteller gehörender Pkw auf einem Feldweg in Barleben fuhr, der nach Bemerken des Streifenwagens gestoppt und durch den flüchtenden Fahrzeugführer verschlossen zurückgelassen wurde. Im verschlossenen Pkw befand sich eine namentlich bezeichnete Person, die angab, das Fahrzeug nicht öffnen zu können und den Antragsteller als den geflüchteten Fahrzeugführer bezeichnete. Gegen 3.30 Uhr traf der Antragsteller am verschlossenen Fahrzeug ein. Gegenüber

(ERG)

Im konkreten Fall besteht i.S.d. § 152 Abs. 2 StPO i.V.m. § 163 Abs. 1 S. 1 StPO/§ 53 Abs. 1 S. 1 OWiG (alternativ)

- Tatverdacht (bei zureichenden tatsächlichen Anhaltspunkten).
- kein Tatverdacht (bei Fehlen zureichender tatsächlicher Anhaltspunkte).

C. Materielle Rechtmäßigkeit (MR) II. Inanspruchnahme (In) / Inanspruchnahmevoraussetzungen (Inv)

(VOR/DEF)

Inanspruchnahmevoraussetzungen sind materiell-rechtliche Bedingungen für richtige Inanspruchnahme.

Inanspruchnahme ist Adressierung und sonstiges Betroffenmachen; **Adressierung** ist direktes Bestimmen oder finales Richten einer Maßnahme an einen Grundrechtsträger, vgl. §§ 100b Abs. 3, 100c Abs. 2, 100h Abs. 3, 163f Abs. 2 StPO.

Nach § 81a Überschrift, Abs. 1 S. 1, 2 StPO (ggf. i.V.m. §§ 46, 53 OWiG) ist Inanspruchnahme grundsätzlich richtig gegen folgende Person: Beschuldigter / Betroffener.

Beschuldigter, vgl. § 157 StPO, ist im Strafverfahren jede (tatverdächtige) Person, gegen die im Rahmen eines Strafverfahrens wegen einer bestimmten Straftat ermittelt wird, was sich durch Auslegung nach dem objektivierten Empfängerhorizont, §§ 133, 157 BGB analog, etwa über einen Inkulpationsakt, vgl. § 397 Abs. 1 AO, ergibt.

Betroffener ist im Ordnungswidrigkeitenverfahren jede (tatverdächtige) Person, gegen die im Rahmen eines Ordnungswidrigkeitenverfahrens wegen einer bestimmten Ordnungswidrigkeit ermittelt wird, was sich durch Auslegung nach dem objektivierten Empfängerhorizont, §§ 133, 157 BGB analog, etwa über einen Inkulpationsakt, vgl. § 397 Abs. 1 AO, ergibt.

---

dem Antragsteller wurde um 3.45 Uhr die Blutentnahme angeordnet. Dieser Geschehensablauf bildet die hinreichende Grundlage für die Anordnung. Die Beamten konnten von der Verdeckung einer Straftat oder Ordnungswidrigkeit ausgehen, weil der Fahrzeugführer offensichtlich mit dem Ziel, seine Identität zu verschleiern, geflüchtet ist. Aufgrund der belastenden Angaben der im Fahrzeug verbliebenen Person wurde sodann der Verdacht auf den Antragsteller, den Eigentümer des Fahrzeuges, gelenkt, der diesen bei seinem Eintreffen nicht hinreichend entkräften konnte. Angesichts der konkreten Umstände (Zeit, Ort, Flucht, Aussagen des Beifahrers, Eintreffen des Fahrzeuginhabers) ist ohne Weiteres nachvollziehbar, dass die Beamten das Vorbringen des Antragstellers, das Auto sei ihm gestohlen worden, als bloße Schutzbehauptung eingestuft haben und die Verdeckung einer Verkehrsstraftat unter Alkohol- oder Drogeneinfluss für wahrscheinlicher hielten. Anhaltspunkte dafür, dass beim Antragsteller ein Konsum von Alkohol oder Drogen im Zeitpunkt der Anordnung von vornherein auszuschließen gewesen wäre, liegen weder vor, noch behauptet der Antragsteller Entsprechendes. Vielmehr wird der Verdacht dadurch genährt, dass die Polizeibeamten mögliche „Btm-Gegenstände" im Fahrzeug sicherstellten (vgl. Bl. 7 des Verwaltungsvorganges) und die im Fahrzeug verbliebene Person - wie der Antragsteller selbst vorgibt - alkoholisiert gewesen sein soll. Dass weitere polizeiliche Feststellungen in der nachträglichen polizeilichen Mitteilung vom 8. Mai 2019 teilweise unzutreffend (nicht im Besitz einer Fahrerlaubnis, vgl. Bl. 1 des Verwaltungsvorganges) bzw. nicht bewiesen (Antragsteller gefahren, Vermutung der Abhängigkeit von Betäubungsmitteln; vgl. Bl. 1 des Verwaltungsvorganges) sind, lässt den im Übrigen an konkreten Tatsachen orientierten Verdacht nicht entfallen.".

Tatverdächtiger ist, gegen wessen Person zureichende tatsächliche Anhaltspunkte der Beteiligung an einer verfolgbaren Tat im Sinne des § 152 Abs. 2 StPO vorliegen.

(SUB/ERG)

Im konkreten Fall ist die Person (alternativ)

- richtigerweise als Beschuldigter/Betroffener in Anspruch genommen/adressiert.
- nicht richtigerweise in Anspruch genommen/adressiert.

C. Materielle Rechtmäßigkeit (MR) III. Rechtsfolge (Rf) / Rechtsfolgevoraussetzungen (RfV)

(VOR/DEF)

Rechtsfolge ist rechtliche Folge aus dem Tatbestand. / **Rechtsfolgevoraussetzungen** sind materiell-rechtliche Rechtsfolgegestaltungsbedingungen.

C. Materielle Rechtmäßigkeit (MR) III. Rechtsfolge (Rf) 1. Tatsächliche und rechtliche Möglichkeit (TurM)

(VOR/DEF)

Tatsächliche und rechtliche Möglichkeit betrifft Fälle wie aus § 44 Abs. 2 Nr. 4-6 VwVfG NRW.

(SUB/ERG)

Im konkreten Fall ist tatsächliche und rechtliche Möglichkeit (alternativ)

- gegeben wegen Vorliegens von (alternativ) kognitiven, körperlichen, normativen, technischen Unmöglichkeiten.
- nicht gegeben wegen Nichtvorliegens von kognitiven, körperlichen, normativen, technischen Unmöglichkeiten.[621]

C. Materielle Rechtmäßigkeit (MR) III. Rechtsfolge (Rf) 2. Bestimmtheit (B)

(VOR/DEF)

Bestimmtheit des Justiz-VA im Sinne des Art. 20 Abs. 3 GG ist Maßnahmenerkennbarkeit und Maßnahmenverstehbarkeit, vgl. §§ 133, 157 BGB analog.

---

[621] Zu „Tatsächliche und rechtliche Möglichkeit“ mit Beispielen siehe auch: *Basten*, Eingriffsrecht der Polizei in Nordrhein-Westfalen, Band 1, S. 263.

(SUB/ERG)

Der Justiz-VA der körperlichen Untersuchung/der Blutprobenentnahme/des anderen körperlichen Eingriffs beim Beschuldigten/Betroffenen ist inhaltlich hinreichend bestimmt i.S.d. Art. 20 Abs. 3 GG, wenn nach Auslegung der Maßnahmenempfänger wie jeder vernünftige Dritte, §§ 133, 157 BGB analog, in der konkreten Situation den Maßnahmen-Inhalt hinreichend erkennen und verstehen kann, nämlich:

- dass die Polizei ggü. dem Erklärungsempfänger (wer)
- aus Strafrechtspflegegründen (warum)
- zu einer spezifischen Zeit (wann)
- bezweckt, dass Tatsachen ermittelt werden, die für das Verfahren von Bedeutung sind (was)
- durch Duldung [in den Grenzen des „nemo-tenetur-se-ipsum-prodere/accusare"[622]] der körperlichen Untersuchung/der Blutprobenentnahme/des anderen körperlichen Eingriffs (wie).

C. Materielle Rechtmäßigkeit (MR) III. Rechtsfolge (Rf) 3. Ermessen (Erm)

Ermessen für Straftatenerforschung/StPO

(VOR/DEF)

Ermessen[623] ist Entscheidungsspielraum auf der Rechtsfolgenseite bzgl. rechtsfehlerfreier Ausübung von Einschreit-Entschließung (Ob), Adressaten-Auswahl (Wer), Maßnahmen-Gestaltung (Wie).

(SUB/ERG)

a) Einschreitentschließungs-„Ermessen" ist grundsätzlich nicht gegeben, vgl. § 163 Abs. 1 S. 1 („haben") i.V.m. § 152 Abs. 2 StPO (Legalitätsgrundsatz: „ist [...] verpflichtet, [...] einzuschreiten"); ein Opportunitätsprinzip ist nur ausnahmsweise gegeben, z.B. bei § 111b Abs. 1 S. 1 und 2 StPO; §§ 153-154f StPO; § 374 StPO.

b) Adressatenauswahl-„Ermessen" ist auch in der StPO grundsätzlich gegeben, insbesondere bzgl. zweckförderlicher Reihenfolge der Inanspruchnahme vom/von mehreren Beschuldigten.

c) Maßnahmengestaltungs-„Ermessen" ist auch in der StPO grundsätzlich gegeben, vgl. hier bereits die in den §§ 81a-h StPO normierte Maßnahmenbandbreite an Untersuchungen im weiteren Sinne und auch die alleine in § 81a StPO ausdrücklich angelegte Untersuchungsartenvielfalt.

---

622 Zum Recht auf faires Verfahren und Selbstbelastungsfreiheit (nemo tenetur se ipsum accusare): *Basten*, Eingriffsrecht der Polizei in Nordrhein-Westfalen, Band 1, S. 106.

623 Zum Ermessen einschließlich Rechtsnatur, Ermessensarten, Ermessensreduzierungen, Ermessensfehlern, Maßnahmenansprüchen mit Beispielen siehe auch: *Basten*, Eingriffsrecht der Polizei in Nordrhein-Westfalen, Band 1, S. 271-283.

Ein etwaig gegebener Entscheidungsspielraum wird (je nach Fall alternativ) aufgrund von Anhaltspunkten/in Ermangelung entgegenstehender Anhaltspunkte ohne Ermessensfehler/mit Ermessensfehlern (Ermessensunterschreitung, Ermessensüberschreitung, Ermessensfehlgebrauch) ausgeübt bzgl. folgender Ermessensarten:

a) Entschließungsermessen:

Ein etwaig gegebenes Entschließungsermessen kann im konkreten Fall sogar gegen / auf Null reduziert sein, insbesondere wegen:

- Einschreitmöglichkeit;
- Erheblichkeitsgrad von Tatverdachten.

b) Auswahlermessen:

siehe C. II.: Auswahlermessen wird abschließend beurteilt i.V.m. Punkt C. II. (Inanspruchnahme).

c) Gestaltungsermessen:

siehe C. III. 4.: Gestaltungsermessen wird abschließend beurteilt i.V.m. Punkt C. III. 4. (VHM).

Ermessen für Ordnungswidrigkeitenerforschung/OWiG

(VOR/DEF)

Ermessen[624] ist Entscheidungsspielraum auf der Rechtsfolgenseite bzgl. rechtsfehlerfreier Ausübung von Einschreit-Entschließung (Ob), Adressaten-Auswahl (Wer), Maßnahmen-Gestaltung (Wie), hier gegeben durch § 53 Abs. 1 S. 1 W. 9, 10 OWiG.

(SUB/ERG)

Der gegebene Entscheidungsspielraum wird (je nach Fall alternativ) aufgrund von Anhaltspunkten/in Ermangelung entgegenstehender Anhaltspunkte ohne Ermessensfehler/mit Ermessensfehlern (Ermessensunterschreitung, Ermessensüberschreitung, Ermessensfehlgebrauch) ausgeübt bzgl. folgender Ermessensarten:

a) Entschließungsermessen:

Das Entschließungsermessen kann im konkreten Fall sogar gegen / auf Null reduziert sein, insbesondere wegen:

- Einschreitmöglichkeit;
- Erheblichkeitsgrad von Tatverdachten.

b) Auswahlermessen:

siehe C. II.: Auswahlermessen wird abschließend beurteilt i.V.m. Punkt C. II. (Inanspruchnahme).

c) Gestaltungsermessen:

siehe C. III. 4.: Gestaltungsermessen wird abschließend beurteilt i.V.m. Punkt C. III. 4. (VHM).

---

624 Zum Ermessen einschließlich Rechtsnatur, Ermessensarten, Ermessensreduzierungen, Ermessensfehlern, Maßnahmenansprüchen mit Beispielen siehe auch: *Basten*, Eingriffsrecht der Polizei in Nordrhein-Westfalen, Band 1, S. 271-283.

C. Materielle Rechtmäßigkeit (MR) III. Rechtsfolge (Rf) 4. Verhältnismäßigkeit (VHM)

(VOR/DEF)

Verhältnismäßigkeit ist Geeignetheit, Erforderlichkeit, Angemessenheit zum legitimen Zweck.

(VOR/DEF)

a) Legitimer Zweck ist jeder verfassungsgemäße Zweck, vgl. auch § 81a Abs. 1 S. 1 W. 7 („zur"), § 81a Abs. 1 S. 2 W. 1-3 StPO („Zu diesem Zweck").

„**Zur**" im Sinne von § 81a Abs. 1 S. 1 bedeutet den in § 81a Abs. 1 S. 2 StPO als solchen ausdrücklich genannten „**Zweck**", also den legitimen Zweck im Sinne von § 81a Abs. 1 S.1, 2 StPO, letztlich die im Sinne von Art. 20 Abs. 3 GG, § 163 Abs. 1 S. 1 StPO, § 160 Abs. 2 StPO verfassungsgemäße Tatverdachtserforschung/Sachaufklärung.

Verfahren im Sinne des § 81a Abs. 1 S. 1, 2 StPO ist das gesamte Untersuchungsverfahren bzw. Erkenntnisverfahren des Strafprozesses im weiten Sinne bzw. des Ordnungswidrigkeitenprozesses im weiten Sinne, insbesondere einschließlich Vorverfahren bzw. Ermittlungsverfahren sowie Zwischenverfahren und Hauptverfahren.[625]

Tatsachen im Sinne von § 81a Abs. 1 S. 1, 2 StPO sind alle wahrnehmbaren Dinge der Welt, insbesondere im Zusammenhang mit der Körperbeschaffenheit bzw. dem Körperzustand, nicht: reine Spekulationen, hypothetische Erwägungen oder lediglich auf kriminalistische Alltagserfahrung gestützte, fallunabhängige Vermutungen.

Tatsachenfeststellung im Sinne von § 81a Abs. 1 S. 1, 2 StPO ist die Erhebung potentiell belastender und entlastender Umstände im Sinne von § 160 Abs. 2 StPO insbesondere im Zusammenhang mit der Körperbeschaffenheit bzw. dem Körperzustand.

(SUB/ERG)

Im konkreten Fall verfolgt die körperliche Untersuchung/die Blutprobenentnahme/der andere körperliche Eingriff (alternativ)

- einen legitimen Zweck, da sie/er erfolgt
  - zunächst „zur Feststellung von Tatsachen, die für das Verfahren von Bedeutung sind",
  - letztlich mit dem Zweck verfassungsgemäßer Tatverdachtserforschung zwecks Art. 20 Abs. 3 GG.
- keinen legitimen Zweck.

(VOR/DEF)

b) Geeignetheit einer staatlichen Maßnahme ist gegeben bei deren Zweckförderungstauglichkeit.

---

[625] Zum **Strafverfahren nach StPO** und zum **Ordnungswidrigkeitenverfahren nach OWiG** (sowie zum **Verwaltungsverfahren nach VwVfG NRW**) siehe die Abbildungen bei: *Basten*, Eingriffsrecht der Poizei in Nordrhein-Westfalen, Band 1, S. 192 f.

Verfahrensbedeutsamkeit im Sinne des § 81a Abs. 1 S. 1, 2 StPO ist potentielle **Beweisbedeutung** und insoweit Geeignetheit, die sich im Sinne des § 81a Abs. 1, 2 StPO insbesondere ergibt aus den jeweiligen bestimmten Tatbeständen der Straf- (und Owi-)Gesetze und aus §§ 244-246, 261, 267 StPO in Beziehung zur Anlassuntersuchung – sowohl bzgl. belastender als auch entlastender Umstände, vgl. § 160 Abs. 2 StPO, vgl. auch § 81e StPO mit wechselseitigem Zweckbezug unter anderem zu § 81a StPO, vgl. zu § 81e StPO auch § 46 Abs. 4 S. 4 StPO, wonach die Verwendung von Blutproben und sonstigen Körperzellen zur Durchführung einer Untersuchung im Sinne des § 81e StPO unzulässig ist, und insoweit rechtlich unmöglich bzw. ungeeignet.[626]

(SUB/ERG)

Im konkreten Fall ist die körperliche Untersuchung/die Blutprobenentnahme/der andere körperliche Eingriff (alternativ)

- geeignet, denn mit ihr wird gefördert: die zweckentsprechende Aufklärung bisheriger Tatverdachte durch Feststellung (mit SV-Bezug bestimmt) verfahrensbedeutsamer (mit SV-Bezug bestimmter) Tatsachen.
- ungeeignet.

Körperliche-Untersuchungs-Geeignetheit/Blutprobeentnahme-Geeignetheit/körperlicher-Eingriff-Geeignetheit mit zweckentsprechender Feststellung von Tatsachen, die für das Verfahren von Bedeutung sind i.S.d. § 81a Abs. 1 S. 2 W. 1-3 StPO kann zum Beispiel erfolgen im Hinblick auf (alternativ):

- Feststellung tatnotwendiger Intoxikation als Beweis bzgl. Tatverdacht, z.B. nach §§ 316, 316c, 323c StGB, §§ 24a, 24c StVG, § 29 BtMG
- Feststellung schuld- oder vorwurfsrelevanter Intoxikation, z.B. nach §§ 20, 21 StGB, § 12 Abs. 2 OWiG.

(VOR/DEF)

c) Erforderlichkeit einer staatlichen Maßnahme ist Nichtverfügbarkeit eines milderen (Übermaßverbot), gleich geeigneten (Untermaßverbot) Mittels zur Zweckförderung, vgl. auch § 81a Abs. 3 letzter Hs. StPO, vgl. auch § 46 Abs. 4 S. 1 Hs. 2 Alt. 1 OWiG.

(SUB/ERG)

Im konkreten Fall ist die körperliche Untersuchung/die Blutprobenentnahme/der andere körperliche Eingriff (alternativ)

- erforderlich, denn einerseits sind mildere Maßnahmen wie (zum Beispiel) die Befragung oder andere Datenerhebungen oder Nichtstun nicht gleich geeignet, weil sie nicht Aufklärung von Tatverdachten in gleicher Weise fördern (Untermaßverbot) und andererseits sind (mindestens) gleich geeignete, intensivere Maßnahmen wie direkte Freiheitsentziehung oder Zwang noch nicht notwendig (Übermaßverbot).
- nicht erforderlich.

---

[626] Zu Möglichkeits-, Bestimmtheits-, Geeignetheits-Wechselwirkungen siehe: *Basten*, Eingriffsrecht der Polizei, Band 1, S. 264, 269 f., 284 f..

Erforderlichkeitsabstufungen kann es auch bei ähnlichen oder gleichen Rechtsfolgen geben, so ist zum Beispiel anerkannt, dass Untersuchungen weder mit mobilen Atemalkohol- oder Betäubungsmitteltestgeräten noch mit stationären Atemalkohol- oder Betäubungsmitteltestgeräten in der Regel völlig ungeeignete Beweismittel im Sinne des § 244 Abs. 3 S. 3 Nr. 4 StPO bewirken, dass jedoch in der Regel mobile Atemalkohol- oder Betäubungsmitteltestgeräte nicht gleich geeignete Beweismittel im Vergleich zu stationären Atemalkohol- oder Betäubungsmitteltestgeräten bewirken können, und dass in der Regel stationäre Atemalkohol- oder Betäubungsmitteltestgeräte jedenfalls für Strafverfahren nicht gleich geeignete Beweismittel im Vergleich zu Blutprobenentnahmen bewirken können.

(VOR/DEF)

d) Angemessenheit oder **Verhältnismäßigkeit im engeren Sinne** einer staatlichen Maßnahme ist angemessenes Maß oder Verhältnis zwischen Zweckförderung für Erhaltungsrechte und Wirkungen für Eingriffsrechte, vgl. betroffene GR, vgl. auch § 81a Abs. 1 S. 2, letzter Hs. StPO, § 46 Abs. 4 S. 1 Hs. 2 Alt. 2 OWiG, mit jeweils auszulegenden Verhältnismäßigkeitsschranken.

Gemäß § 81a Abs. 1 S. 2, letzter Hs. StPO ist negative Voraussetzung das Fehlen von jeglicher Befürchtung eines Nachteils für die Gesundheit des Beschuldigten/Betroffenen bei Blutprobenentnahmen und anderen körperlichen Eingriffen ohne Beschuldigten/Betroffenen-Einwilligung (zur **Einwilligung** vgl. § 36 Nr. 19 DSG NRW, § 38 DSG NRW i.Z.m. Grundrechten).

Gemäß § 46 Abs. 4 S. 1 OWiG ist § 81a Abs. 1 S. 2 StPO ist mit der Einschränkung anzuwenden, daß nur die Entnahme von Blutproben und andere geringfügige Eingriffe zulässig sind.

Nachteilfehlen („kein Nachteil") bzw. **Nachteilnichtbefürchtung** im Sinne von § 81a Abs. 1 S. 2, letzter Hs. StPO und **Geringfügigkeit** („geringfügige Eingriffe") im Sinne von § 46 Abs. 4 S. 1 Hs. 2 Alt. 2 OWiG sind anhand aller Umstände des einzelnen Falles im Sinne einer angemessenen Verhältnismäßigkeitssubsumtion von Eingriffsrechten (Grundrechtseingriffe) und Erhaltungsrechten (Zwecken) auszulegende Voraussetzungen, sodass etwa nicht jeder Eingriff in Art. 2 Abs. 2 S. 1 Alt. 2 GG „Nachteil für die Gesundheit" im Sinne von § 81a Abs. 1 S. 2, letzter Hs. StPO ist, und sodass nicht jede durch den Beschuldigten/Betroffenen empfundene Härte eine „geringfügige Eingriffe" übersteigende Intensität im Sinne des § 46 Abs. 4 S. 1 Hs. 2 Alt. 2 OWiG ist.

(SUB/ERG)

Im konkreten Fall ist die körperliche Untersuchung/die Blutprobenentnahme/der andere körperliche Eingriff (alternativ)

- angemessen, denn der Eingriff in Art. 2 Abs. 1 i.V.m. Art. 1 Abs. 1 GG/Art. 2 Abs. 2 S. 1 Alt. 2 GG/Art. 2 Abs. 2 S. 2 GG steht angesichts von Rechten und Rechtsgütern wie aus Art. 20 Abs. 3 GG sowie angesichts von Tatverdachtsstärke, Schwere mutmaßlicher Tat, Sanktionswahrscheinlichkeit, mutmaßlicher Sanktionshöhe nicht außer Verhältnis.

- unangemessen.[627]

[627] BGHSt 55, 121 („Zur Verantwortlichkeit eines im Beweissicherungsdienst tätigen Arztes für tödlich verlaufenen **Brechmitteleinsatz** gegen Drogen-Kleindealer.“) = BGH, Urteil vom 29.04.2010 – 5 StR 18/10, Rn. 27: „Die für die ärztliche Berufsausübung wesentliche **Aufklärungspflicht** (§ 8 BO für Ärztinnen und Ärzte des Landes Bremen vom 30. Juni 1997, ABl. S. 479) ist auch von dem Arzt zu erfüllen, der eine Zwangsmaßnahme gemäß § 81a StPO vorzunehmen hat (Kohlhaas NJW 1968, 2277, 2278), falls der Betroffene hierdurch in die Lage versetzt wird, den hinzunehmenden Eingriff schonender zu gestalten.“, Rn. 28: „Hinzu tritt, dass der Angeklagte in Erfüllung der ihm obliegenden **Fortbildungspflicht** (§ 4 BO; vgl. auch BGHSt 43, 306, 311) gehalten war, nach Erlass der Dienstanweisung vom 1. März 2001 erschienene Expertisen zur Kenntnis zu nehmen, die eine Exkorporation unter Zwangsanwendung als medizinisch unbeherrschbar bewertet hatten [Quellenangaben].“, Rn. 30: „Hierzu hat das Landgericht zahlreiche Umstände festgestellt: Unzureichende **Anamnese** und **Untersuchung zu Beginn** der **Exkorporation**, unzureichende Gerätekenntnis, fehlende Grundkenntnisse über die Behandlung ohnmächtiger Patienten, vorurteilsbedingtes Unterlassen der gebotenen **Untersuchung vor Fortsetzung** der Exkorporation (vgl. BGHSt 3, 91, 96) unter Vernachlässigung fast jeder **Dokumentation**. Hinzu treten die vom Landgericht nicht gewürdigte fehlende **Aufklärung** und der Umstand der Vornahme einer **Körperverletzung** gegen Ende des Tatgeschehens durch Herbeiführung des Brechreizes mit Aspiration von Wasser mittels einer Pinzette und eines Spatels; der Angeklagte hat hierbei die aus seiner und der Sichtweise der Dienstanweisung bestehende Grenze für eine zulässige Gewaltanwendung überschritten. Bei der hiernach für erlaubt gehaltenen Methode der Exkorporation war lediglich **Gewalt durch Fixierung** des Betroffenen bei Einführung der Nasensonde bis zum Erbrechen erlaubt, aber keine darüber hinausgehende Gewalteinwirkung zur Auslösung des Brechreizes auf andere Weise. Solches stellt eine – durch § 81a StPO nicht mehr gerechtfertigte – Körperverletzung dar [Quellenangaben].“, Rn. 31: „Die Anerkennung eines **Übernahmeverschuldens** beruht auf der besonderen **Schutzpflicht** des – durch die **Approbation** nachgewiesen – ausgebildeten Arztes für das ihm anvertraute Rechtsgut, die Unversehrtheit der Gesundheit seiner Patienten. Einer solchen Pflicht unterliegt, weil er gemäß § 81a Abs. 1 StPO die **Regeln der ärztlichen Kunst** einzuhalten hat, auch ein nach dieser Vorschrift handelnder Arzt. Hierdurch bestand auch für den Angeklagten eine normativ begründete Eigenverantwortlichkeit für die Gesundheit des vom Eingriff des Angeklagten betroffenen C., die durch auch von Dritten zu verantwortende Überforderung des Angeklagten nicht beseitigt werden konnte.“, Rn. 34: „Darüber hinaus hat es das Landgericht unterlassen, ein Verbot der Fortsetzung der **Exkorporation** nach erfolgreicher Bergung des ersten Kokainkügelchens wegen Verstoßes des Angeklagten gegen das Gebot der Wahrung der **Menschenwürde** in Betracht zu ziehen.“, Rn. 35: „Ein solcher Verstoß lag hier aufgrund der vorzunehmenden Gesamtschau der den Betroffenen C. beeinträchtigenden Umstände auf der Hand (vgl. BVerfGE 30, 1, 25 f.; EGMR aaO [= EGMR, Urteil der Großen Kammer vom 11.07.2006 – Individualbeschwerde Nr. 54810/00 – Rechtssache Jalloh/Deutschland, P. B.]; vgl. auch OLG Frankfurt NJW 1997, 1647, 1648 und Bachmann/Püschel/Sonnen Kriminalistik 2004, 678, 680). Das Bedürfnis nach Fortsetzung der **Exkorporation** war nach Bergen des ersten Kokainkügelchens zum Nachweis eines vom Betroffenen begangenen Vergehens stark herabgesetzt, das Fortfahren jedenfalls **unverhältnismäßig**. Bereits die erste Exkorporationsphase führte zur Ohnmacht des gefesselt gebliebenen Betroffenen und beinhaltete schon ein zweites Legen der Sonde, wodurch ein Scheitern der Maßnahme indiziert gewesen ist.“.

BGH, Urteil vom 20.07.2012 – 5 StR 536/11 („Vorhersehbarkeit der Todesfolge nach **Brechmitteleinsatz** (im Anschluss an BGHSt 55, 121) [derselbe Fall, P. B.]“, Rn. 15: „Es kann dahingestellt bleiben, ob im Rahmen des § 81a StPO nicht ein engerer Beurteilungsmaßstab anzulegen ist, als ihn das Landgericht verwendet hat [Quellenangaben]). Jedenfalls hat die Schwurgerichtskammer den aktuellen Gesundheitszustand des Verstorbenen (vgl. Meyer-Goßner aaO) nicht hinreichend in seine – im Übrigen durch keinen der zahlreichen Sachverständigen gestützte – Wertung einbezogen, dass ein **erfahrener Facharzt** bei **Fortsetzung der Exkorporation** nicht mit **Nachteilen für dessen Gesundheit** habe rechnen müssen. Rechtsfehlerhaft hat sie ferner hinsichtlich der Voraussetzungen des § 81a Abs. 1 Satz 2 StPO – ebenso wie für die Frage der Pflichtwidrigkeit im Sinne der §§ 222, 227 StGB – darauf abgestellt, dass sich die Aspirationsgefahr aus der Sicht ex post nicht zu ihrer Überzeugung verwirklicht habe (UA S. 101). Darauf kommt es nicht an. Maßgebend ist nach dem eindeutigen Wortlaut der Vorschrift, ob bei objektiver Betrachtung der Gefahrenlage aus der Sicht ex ante bei Fortsetzung der Exkorporation mit einer gewissen

(ERG VHM)

Die körperliche Untersuchung/die Blutprobenentnahme/der andere körperliche Eingriff ist insgesamt i.S.v. § 2 PolG NRW, Art. 20 Abs. 3 GG (alternativ)

- verhältnismäßig.
- unverhältnismäßig.

D. Gesamtergebnis (GErg)

- Die körperliche Untersuchung/der körperliche Eingriff/die Blutprobenentnahme beim Beschuldigten/Betroffenen ist (alternativ)
  - gemäß § 81a StPO (ggf. mit §§ 46, 53 Abs. 1 S. 2, Abs. 2 OWiG) rechtmäßig.
  - wegen Art./§ (bestimmter Rechtsnorm [z.B. Art. 20 Abs. 3 GG§ 81a Abs. 1 S. 2, letzter Hs. StPO, § 81a Abs. 2 StPO]) rechtswidrig.

Wahrscheinlichkeit gesundheitliche Nachteile zu erwarten waren [Quellenangaben].“, Rn. 16: „Auch in Anbetracht der danach erreichten Zustandsverbesserung verbot sich bei dieser Sachlage unter den **strengen medizinischen Voraussetzungen des § 81a StPO** die Fortsetzung der Exkorporation schon wegen des Risikos erneuten Auftretens der – hinsichtlich ihrer Ursache ungeklärt gebliebenen – Komplikationen.“, Rn. 18: „Das nach nochmaliger Befüllung des Magens mit Wasser gewaltsame Öffnen des Mundes unter größerem Kraftaufwand und das mechanische Auslösen des Brechreizes mittels Pinzette und Spatels sind offensichtlich unverhältnismäßig, verletzen die **Menschenwürde** und sind demgemäß auch rückblickend schlechterdings nicht nach § 81a StPO zu rechtfertigen (BGHSt 55, 121, 133).“, Rn. 24: „Vorliegend widersprach es gerade **ärztlicher Pflicht**, die **Exkorporation** fortzuführen, nachdem sich der Gesundheitszustand während deren erster Phase so sehr verschlechtert hatte, dass der Angeklagte das Legen einer Verweilkanüle und das Herbeiholen des Notarztes für erforderlich gehalten hatte und nachdem notärztliche Maßnahmen auch tatsächlich durchgeführt worden waren.“, Rn. 24: „Mit Komplikationen auch aufgrund nicht auf den ersten Blick erkennbarer Vorschädigungen muss der Fachkundige – zumal in Ermangelung einer gründlichen Untersuchung – bei einem so gearteten Zwangseingriff vielmehr stets rechnen.“.

ABSCHNITT 8: KÖRPERLICHE UNTERSUCHUNG, ABSTAMMUNGSUNTERSUCHUNG, BLUTPROBENENTNAHME BEI ANDEREN PERSONEN AUF DEM RECHTSGEBIET DER STRAFRECHTSPFLEGE, § 81C STPO

A. Rechtsgrundlage (RGL) I. Grundrechte (GR)

(VOR/DEF)

Grundrechte sind grundlegende Rechte aus Art. 1-19 GG i.V.m. dem Rechtsstaatsprinzip, Art. 20 Abs. 3 GG, mit Vorrang und Vorbehalt des Gesetzes.[628]

(SUB/ERG)

Grundrechte sind (i.d.R. alternativ fallabhängig) wie folgt gegeben:

[628] Zu **Grundrechten**: *Basten*, Eingriffsrecht der Polizei in Nordrhein-Westfalen, Band 1, Buch 1, Abschnitt 2, Unterabschnitt 3. Zum **Rechtsstaatsprinzip** mit unter anderem sogenanntem Vorrang des Gesetzes und Vorbehalt des Gesetzes: *Basten*, Eingriffsrecht der Polizei in Nordrhein-Westfalen, Band 1, S. 95-108.

1. **Allgemeines Persönlichkeitsgrundrecht**[629] mit verschiedenen Ausprägungen[630], etwa in der Ausprägung des **Rechts auf informationelle Selbstbestimmung** (APR/RiS), Art. 2 Abs. 1 i.V.m. Art. 1 Abs. 1[631] GG, vgl. auch Art. 142 GG i.V.m. Art. 4 Abs. 1, 2 Verfassung NRW[632].

---

[629] BVerfGE 147, 1, 18 f. (**Geschlechtsidentität**) = BVerfG, Beschluss des Ersten Senats vom 10.10.2017 – 1 BvR 2019/16 –, Rn. 38: „Art. 2 Abs. 1 GG gewährt jedem das **Recht auf die freie Entfaltung seiner Persönlichkeit**. Dieses Grundrecht umfasst neben der allgemeinen Handlungsfreiheit das **allgemeine Persönlichkeitsrecht** (Art. 2 Abs. 1 i.V.m. Art. 1 Abs. 1 GG). Letzteres ergänzt als ‚unbenanntes' Freiheitsrecht die speziellen (‚benannten') Freiheitsrechte, die ebenfalls konstituierende Elemente der Persönlichkeit schützen (vgl. BVerfGE 54, 148 <153>). Eine der **Aufgaben des allgemeinen Persönlichkeitsrechts** ist es dabei, Grundbedingungen dafür zu sichern, dass die einzelne Person ihre Individualität selbstbestimmt entwickeln und wahren kann (vgl. BVerfGE 35, 202 <220>; 79, 256 <268>; 90, 263 <270>; 117, 202 <225>). Das allgemeine Persönlichkeitsrecht schützt indessen nur solche **Elemente der Persönlichkeitsentfaltung**, die - ohne bereits Gegenstand der besonderen Freiheitsgarantien des Grundgesetzes zu sein - diesen in ihrer konstituierenden Bedeutung für die Persönlichkeit nicht nachstehen (vgl. BVerfGE 79, 256 <268>; 99, 185 <193>; 120, 274 <303>; stRspr). Es verbürgt also nicht Schutz gegen alles, was die selbstbestimmte Persönlichkeitsentwicklung auf irgendeine Weise beeinträchtigen könnte; ohnehin vermag kein Mensch seine Individualität unabhängig von äußeren Gegebenheiten und Zugehörigkeiten zu entwickeln. Der lückenschließende Schutz des allgemeinen Persönlichkeitsrechts greift aber dann, wenn die selbstbestimmte Entwicklung und Wahrung der Persönlichkeit spezifisch gefährdet ist (BVerfGE 141, 186 <201 f. Rn. 32>).".

BVerfG, Beschluss des Ersten Senats vom 06.11.2019 – 1 BvR 16/13 – (Recht auf Vergessen I), Rn. 81: „Diese [**APR-]Rechtsprechung** hat sich maßgeblich in Konstellationen der mittelbaren Drittwirkung und geleitet von dem Erfordernis praktischer Konkordanz entwickelt. Deshalb bestimmen sich die Schutzdimensionen des allgemeinen Persönlichkeitsrechts letztlich immer einzelfallbezogen im Abgleich mit den Grundrechten Dritter. Die Bestimmung seiner Schutzwirkungen und die Abwägung mit den gegenüberstehenden Freiheitsrechten greifen hier Hand in Hand. Der Schutz des allgemeinen Persönlichkeitsrechts ist insoweit flexibel und durch die Einbindung der Person in ihre sozialen Beziehungen relativiert (vgl. BVerfGE 101, 361 <380>; 141, 186 <202 Rn. 32>; 147, 1 <19 Rn. 38>; stRspr; siehe auch BGHZ 183, 353 <357 Rn. 11>; 209, 139 <150 Rn. 30>; 219, 233 <240 Rn. 22>; stRspr).".

Vgl. „**Allgemeines Persönlichkeitsrecht**" (APR) als „sonstiges Recht" (sog. **Rahmenrecht** mit [grundrechts-]abwägungsoffenem Tatbestand) nach § 823 Abs. 1 Var. 6 BGB, u.a. mit Geldentschädigungsanspruch, insbesondere durch ständige Rechtsprechung (vgl. auch § 253 BGB) seit folgender Entwicklung: BGHZ 13, 334 (Leserbrief), mit erstmaliger ausdrücklicher Anerkennung des allgemeinen Persönlichkeitsrechts; BGHZ 26, 349 (Herrenreiter), mit erstmaliger Zuerkennung einer Geldentschädigung wegen des immateriellen Schadens durch die Verletzung des allgemeinen Persönlichkeitsrechts; BGHZ 35, 363 (Ginsengwurzel), mit erstmaliger Schwerpunktsetzung bei der Menschenwürde in der Begründung; BVerfGE 34, 269 (Soraya), mit verfassungsgerichtlicher Erklärung der verfassungsrechtlichen Zulässigkeit der richterrechtlich entwickelten APR-Konstruktion.

[630] BVerfG, Beschluss des Ersten Senats vom 06.11.2019 – 1 BvR 16/13 – (Recht auf Vergessen I), Rn. 80: „Die Rechtsprechung hat aus dem [**Allgemeinen Persönlichkeits-]Grundrecht** insoweit verschiedene **Schutzdimensionen** abgeleitet wie den **Schutz eines unantastbaren Bereichs privater Lebensgestaltung**, die Garantie der **Privatsphäre**, das **Recht am eigenen Bild** oder **gesprochenen Wort** oder das **Recht auf die Darstellung der eigenen Person**, die **soziale Anerkennung** sowie die **persönliche Ehre** (vgl. BVerfGE 27, 1 <6>; 27, 344 <350 f.>; 32, 373 <379>; 34, 238 <245 f.>; 47, 46 <73>; 54, 148 <153 f.>; 99, 185 <193 f.>; 101, 361 <384>; 106, 28 <39>; 114, 339 <346>; 120, 180 <198>)." „Diese **Schutzgehalte** werden insoweit aber nicht als abschließend umschriebene und voneinander abzugrenzende Gewährleistungen verstanden, sondern als Ausprägungen, die in Blick auf den konkreten Schutzbedarf jeweils anhand des zu entscheidenden Falles herauszuarbeiten sind (vgl. BVerfGE 54, 148 <153 f.>; 65, 1 <41>).".

BVerfGE 65, 1 (Volkszählungsgesetz), Ls. 1 = BVerfG, Urteil des Ersten Senats vom 15.12.1983 – 1 BvR 209/83, Ls. 1: „Unter den Bedingungen der modernen Datenverarbeitung wird der Schutz des Einzelnen

gegen unbegrenzte Erhebung, Speicherung, Verwendung und Weitergabe seiner persönlichen Daten von dem **allgemeinen Persönlichkeitsrecht** des Art. 2 Abs. 1 GG in Verbindung mit Art. 1 Abs. 1 GG umfaßt. Das [**Allgemeine Persönlichkeits-]Grundrecht** gewährleistet insoweit die Befugnis des Einzelnen, grundsätzlich selbst über die Preisgabe und Verwendung seiner persönlichen Daten zu bestimmen.“; BVerfG, Beschluss des Ersten Senats vom 06.11.2019 – 1 BvR 16/13 – (Recht auf Vergessen I), Rn. 80: „Das **Recht auf informationelle Selbstbestimmung** ist von der Rechtsprechung als eigene Ausprägung des allgemeinen Persönlichkeitsrechts mit einem gegenüber den anderen Ausprägungen selbständigen Gewährleistungsgehalt entwickelt worden und behält diesen auch, soweit es als verfassungsrechtliche Wertentscheidung in das Zivilrecht einstrahlt. Dementsprechend enthält es keinen gesamthaften Schutzanspruch hinsichtlich jederlei Umgangs mit Informationen, der die übrigen Schutzdimensionen des Grundrechts allgemein übergreifen und zusammenführen würde, sondern lässt deren Wertungen und Abwägungsregeln unberührt.“; BVerfGE 120, 274, 311 f. (Online-Durchsuchung) = BVerfG, Urteil des Ersten Senats vom 27.02.2008 – 1 BvR 370/07 –, Rn. 198 f. „Das **Recht auf informationelle Selbstbestimmung** geht über den **Schutz der Privatsphäre** hinaus. Es gibt dem Einzelnen die Befugnis, grundsätzlich selbst über die Preisgabe und Verwendung seiner persönlichen Daten zu bestimmen (vgl. BVerfGE 65, 1 <43>; 84, 192 <194>). Es flankiert und erweitert den grundrechtlichen Schutz von Verhaltensfreiheit und Privatheit, indem es ihn schon auf der Stufe der Persönlichkeitsgefährdung beginnen lässt. Eine derartige Gefährdungslage kann bereits im Vorfeld konkreter Bedrohungen benennbarer Rechtsgüter entstehen, insbesondere wenn personenbezogene Informationen in einer Art und Weise genutzt und verknüpft werden können, die der Betroffene weder überschauen noch verhindern kann. Der Schutzumfang des **Rechts auf informationelle Selbstbestimmung** beschränkt sich dabei nicht auf Informationen, die bereits ihrer Art nach sensibel sind und schon deshalb grundrechtlich geschützt werden. Auch der Umgang mit personenbezogenen Daten, die für sich genommen nur geringen Informationsgehalt haben, kann, je nach dem Ziel des Zugriffs und den bestehenden Verarbeitungs- und Verknüpfungsmöglichkeiten, grundrechtserhebliche Auswirkungen auf die Privatheit und Verhaltensfreiheit des Betroffenen haben (vgl. BVerfG, Beschluss vom 13. Juni 2007 - 1 BvR 1550/03 u.a. -, NJW 2007, S. 2464 <2466>). Die mit dem Recht auf informationelle Selbstbestimmung abzuwehrenden Persönlichkeitsgefährdungen ergeben sich aus den vielfältigen Möglichkeiten des Staates und gegebenenfalls auch privater Akteure (vgl. BVerfG, Beschluss der 1. Kammer des Ersten Senats vom 23. Oktober 2006 - 1 BvR 2027/02 -, JZ 2007, S. 576) zur Erhebung, Verarbeitung und Nutzung personenbezogener Daten. Vor allem mittels elektronischer Datenverarbeitung können aus solchen Informationen weitere Informationen erzeugt und so Schlüsse gezogen werden, die sowohl die grundrechtlich geschützten Geheimhaltungsinteressen des Betroffenen beeinträchtigen als auch Eingriffe in seine Verhaltensfreiheit mit sich bringen können (vgl. BVerfGE 65, 1 <42>; 113, 29 <45 f.>; 115, 320 <342>; BVerfG, Beschluss vom 13. Juni 2007 - 1 BvR 1550/03 u.a. -, NJW 2007, S. 2464 <2466>).“.

BVerfGE 109, 279, 325-327 (akustische Wohnraumüberwachung / „Großer Lauschangriff“) = BVerfG, Urteil des Ersten Senats vom 03.03.2004 – 1 BvR 2378/98, 1084/99 –, Rn. 159-163: „Das aus Art. 2 Abs. 1 in Verbindung mit Art. 1 Abs. 1 GG folgende **allgemeine Persönlichkeitsrecht** kommt neben Art. 13 Abs. 1 GG allerdings nicht zur Anwendung, soweit Eingriffe in die **räumliche Privatsphäre des Wohnungsinhabers** zu überprüfen sind. Art. 13 Abs. 1 GG enthält eine spezielle Gewährleistung des **Schutzes vor staatlicher akustischer Überwachung der räumlichen Privatsphäre**, die die allgemeinere Vorschrift insoweit verdrängt (vgl. BVerfGE 100, 313 [358] zu Art. 10 GG). Mit dem **Recht, in der Wohnung ungestört zu sein**, und dem **Recht am eigenen in der Wohnung gesprochenen Wort** schützt Art. 13 Abs. 1 GG gerade den Teil der **Privatsphäre**, den sonst das allgemeine Persönlichkeitsrecht gewährleistet. Dieses Recht ergänzt als unbenanntes Freiheitsrecht die speziellen Freiheitsrechte, die ebenfalls konstituierende Elemente der Persönlichkeit schützen (vgl. BVerfGE 54, 148 <153 f.>), nur insoweit, als Letztere keinen Schutz gewähren. Der **Schutz des allgemeinen Persönlichkeitsrechts aus Art. 2 Abs. 1 in Verbindung mit Art. 1 Abs. 1 GG** greift hingegen ein, soweit von der Wohnraumüberwachung Personen betroffen werden, die sich nicht auf Art. 13 Abs. 1 GG berufen können. **Grundrechtsträger des Art. 13 Abs. 1 GG** ist jeder Inhaber oder Bewohner eines Wohnraums, unabhängig davon, auf welchen Rechtsverhältnissen die Nutzung des Wohnraums beruht. Bei mehreren Bewohnern einer Wohnung steht das Grundrecht jedem Einzelnen, bei Familien mithin jedem Familienmitglied zu. Maßnahmen der **Wohnraumüberwachung** können aber nicht nur **Wohnungsinhaber**, sondern auch **zufällig in einer Wohnung**

Anwesende erfassen. Diese Personen sind zwar nicht in ihrem Grundrecht aus Art. 13 Abs. 1 GG, wohl aber in ihrem **allgemeinen Persönlichkeitsrecht** betroffen. Der Schutz aus Art. 2 Abs. 1 in Verbindung mit Art. 1 Abs. 1 GG kann insofern allerdings nicht weiter reichen als derjenige aus Art. 13 Abs. 1 und 3 GG. Der Schutz der **räumlichen Privatsphäre und des allgemeinen Persönlichkeitsrechts** kann schließlich in Einzelfällen durch weitere Grundrechtsgarantien ergänzt sein. So wird das **Gespräch zwischen Eheleuten in der eigenen Wohnung** nicht nur von Art. 13 Abs. 1 GG, sondern zusätzlich durch Art. 6 Abs. 1 GG geschützt. Auch in Bezug auf die **Kommunikation mit Berufsgeheimnisträgern** können neben dem grundrechtlichen **Schutz der räumlichen Privatsphäre** Grundrechte in Betracht kommen, die - wie etwa Art. 4 GG im Hinblick auf das Gespräch mit einem Geistlichen - der besonderen Schutzbedürftigkeit der Kommunizierenden Rechnung tragen.".

BVerfG, Beschluss des Ersten Senats vom 06.11.2019 – 1 BvR 16/13 – (Recht auf Vergessen I), Ls. 3 S. 1: „Von den **äußerungsrechtlichen Schutzdimensionen** ist das **Recht auf informationelle Selbstbestimmung** als eine eigene Ausprägung des allgemeinen Persönlichkeitsrechts zu unterscheiden." BVerfG, Beschluss des Ersten Senats vom 06.11.2019 – 1 BvR 16/13 – (Recht auf Vergessen I), Rn. 90: „Ausgehend von dem **Ziel des Rechts auf informationelle Selbstbestimmung**, Schutz vor Gefahren angesichts neuartiger Möglichkeiten der Datenverarbeitung zu gewähren (vgl. BVerfGE 65, 1 <42>), ist es primär als Gewährleistung zu verstehen, die – neben der ungewollten Preisgabe von Daten auch im Rahmen privater Rechtsbeziehungen (vgl. BVerfGE 84, 192 <194>) – insbesondere vor deren intransparenter Verarbeitung und Nutzung durch Private schützt. Es bietet Schutz davor, dass Dritte sich individueller Daten bemächtigen und sie in nicht nachvollziehbarer Weise als Instrument nutzen, um die Betroffenen auf Eigenschaften, Typen oder Profile festzulegen, auf die sie keinen Einfluss haben und die dabei aber für die freie Entfaltung der Persönlichkeit sowie eine gleichberechtigte Teilhabe in der Gesellschaft von erheblicher Bedeutung sind. Der Gehalt dieses Rechts ist dabei entwicklungsoffen, so dass es auch weitere persönlichkeitsgefährdende Entwicklungen der Informationsverarbeitung aufnehmen kann.".

BVerfG, Beschluss des Ersten Senats vom 06.11.2019 – 1 BvR 16/13 – (Recht auf Vergessen I), Ls. 2a): „Der verfassungsrechtliche Maßstab für den Schutz gegenüber Gefährdungen durch die **Verbreitung personenbezogener Berichte und Informationen als Teil öffentlicher Kommunikation** liegt in den **äußerungsrechtlichen Ausprägungen des allgemeinen Persönlichkeitsrechts**, nicht im Recht auf informationelle Selbstbestimmung.".

BVerfG, Beschluss des Ersten Senats vom 06.11.2019 – 1 BvR 16/13 – (Recht auf Vergessen I), Rn. 91: „[Vom Recht auf informationelle Selbstbestimmung] zu unterscheiden ist der **Schutz vor der Verarbeitung personenbezogener Berichte und Informationen als Ergebnis eines Kommunikationsprozesses**. Der Schutzbedarf gründet hier nicht in der intransparenten Zuweisung von Persönlichkeitsmerkmalen und -profilen durch Dritte, sondern in der sichtbaren Verbreitung bestimmter Informationen im öffentlichen Raum. Gefährdungen für die Persönlichkeitsentfaltung ergeben sich hier vornehmlich aus Form und Inhalt der Veröffentlichung selbst. Schutz gegenüber solchen Gefährdungen bieten die **äußerungsrechtlichen Ausprägungen des allgemeinen Persönlichkeitsrechts unabhängig vom Recht auf informationelle Selbstbestimmung**. Zwar kann es auch dabei maßgeblich auf die Art der Informationserlangung ankommen. Jedoch hat diese hier ihre Bedeutung als Vorfrage für die Beurteilung des weiteren Umgangs mit einer bestimmten Äußerung und des damit in die Öffentlichkeit gestellten Bildes einer Person selbst.".

BVerfG, Beschluss des Ersten Senats vom 06.11.2019 – 1 BvR 16/13 – (**Recht auf Vergessen** I), Ls. 2b): „Bei der Entscheidung über einen Schutzanspruch kommt der Zeit unter den Kommunikationsbedingungen des Internets ein spezifisches Gewicht zu. Die Rechtsordnung muss davor schützen, dass sich eine Person frühere Positionen, Äußerungen und Handlungen unbegrenzt vor der Öffentlichkeit vorhalten lassen muss. Erst die Ermöglichung eines Zurücktretens vergangener Sachverhalte eröffnet den Einzelnen die Chance zum Neubeginn in Freiheit. Zur Zeitlichkeit der Freiheit gehört die Möglichkeit des Vergessens.".

BVerfGE 120, 274, 311 (Online-Durchsuchung) = BVerfG, Urteil des Ersten Senats vom 27.02.2008 – 1 BvR 370/07 –, Rn. 197: „In seiner Ausprägung als **Schutz der Privatsphäre** [als **Privatangelegenheitenschutz** und **Rückzugsraumbereichsschutz** – beides **gegenüber der Öffentlichkeit**, vgl. **Sphärentheorie** mit **Intimsphäre, Privatsphäre, Sozialsphäre** und vgl. **Kernbereich privater Lebensgestaltung**] gewährleistet das allgemeine Persönlichkeitsrecht dem Einzelnen einen räumlich und thematisch

bestimmten Bereich, der grundsätzlich frei von unerwünschter Einsichtnahme bleiben soll (vgl. BVerfGE 27, 344 <350 ff.>; 44, 353 <372 f.>; 90, 255 <260>; 101, 361 <382 f.>).“; BVerfGE 101, 361, 382-385 (Caroline von Monaco II) = BVerfG, Urteil vom 15.12.1999 – 1 BvR 653/96 –, Rn. 75-82: „Im Unterschied zum **Recht am eigenen Bild** bezieht sich der **Schutz der Privatsphäre**, der ebenfalls im **allgemeinen Persönlichkeitsrecht** wurzelt, nicht speziell auf Abbildungen, sondern ist **thematisch und räumlich** bestimmt. Er umfaßt zum einen **Angelegenheiten** [**Privatangelegenheitenschutz**], die wegen ihres Informationsinhalts typischerweise als ‚**privat**‘ eingestuft werden, weil ihre **öffentliche** Erörterung oder Zurschaustellung als unschicklich gilt, das Bekanntwerden als peinlich empfunden wird oder nachteilige Reaktionen der Umwelt auslöst, wie es etwa bei Auseinandersetzungen mit sich selbst in **Tagebüchern** (BVerfGE 80, 367), bei **vertraulicher Kommunikation unter Eheleuten** (BVerfGE 27, 344), im Bereich der **Sexualität** (BVerfGE 47, 46; 49, 286 [BVerfGE 120, 224, 238 f. (Geschwisterbeischlaf) = BVerfGE, Beschluss des Zweiten Senats vom 26.02.2008 – 2 BvR 392/07 –, Rn. 32 f.: „Das allgemeine Persönlichkeitsrecht in seiner Ausprägung als **Recht auf sexuelle Selbstbestimmung**“/„**Intim- und Sexualbereich des Menschen als Teil seiner Privatsphäre**, P. B.]), bei **sozial abweichendem Verhalten** (BVerfGE 44, 353) oder bei **Krankheiten** (BVerfGE 32, 373) der Fall ist. Fehlte es hier an einem **Schutz vor der Kenntniserlangung anderer**, wären die Auseinandersetzung mit sich selbst, die unbefangene Kommunikation unter Nahestehenden, die sexuelle Entfaltung oder die Inanspruchnahme ärztlicher Hilfe beeinträchtigt oder unmöglich, obwohl es sich um grundrechtlich geschützte Verhaltensweisen handelt. Zum anderen erstreckt sich der Schutz auf einen **räumlichen Bereich** [**Raumbereichsschutz**], in dem der Einzelne zu sich kommen, sich entspannen oder auch gehen lassen kann (vgl. BVerfGE 27, 1 [6]). Zwar bietet auch dieser Bereich Gelegenheit, sich in einer Weise zu verhalten, die nicht für die **Öffentlichkeit** bestimmt ist und deren Beobachtung oder Darstellung durch Außenstehende für den Betroffenen peinlich oder nachteilig wäre. Im Kern geht es aber um einen **Raum**, in dem er die Möglichkeit hat, frei von **öffentlicher Beobachtung** und damit der von ihr erzwungenen Selbstkontrolle zu sein, auch ohne daß er sich dort notwendig anders verhielte als in der **Öffentlichkeit**. Bestünden solche **Rückzugsbereiche** nicht mehr, könnte der Einzelne psychisch überfordert sein, weil er unausgesetzt darauf achten müßte, wie er auf andere wirkt und ob er sich richtig verhält. Ihm fehlten die Phasen des Alleinseins und Ausgleichs, die für die Persönlichkeitsentfaltung notwendig sind und ohne die sie nachhaltig beeinträchtigt würde. Ein derartiges Schutzbedürfnis besteht auch bei Personen, die aufgrund ihres Ranges oder Ansehens, ihres Amtes oder Einflusses, ihrer Fähigkeiten oder Taten besondere **öffentliche** Beachtung finden. Wer, ob gewollt oder ungewollt, zur Person des **öffentlichen** Lebens geworden ist, verliert damit nicht sein Anrecht auf eine **Privatsphäre**, die den Blicken der **Öffentlichkeit** entzogen bleibt. Das gilt auch für demokratisch gewählte Amtsträger, die zwar für ihre Amtsführung **öffentlich** rechenschaftspflichtig sind und sich in diesem Umfang **öffentliche** Aufmerksamkeit gefallen lassen müssen, nicht aber für ihr **Privatleben**, sofern dieses die Amtsführung nicht berührt. Der **häusliche Bereich** [vgl. ggf. spezielleren Art. 13 GG i.V.m. BVerfGE 109, 279, 325 f.] stellt anerkanntermaßen eine solche geschützte Sphäre dar. Wegen des Bezugs auf die Entfaltung der Persönlichkeit darf der **Rückzugsbereich** jedoch nicht von vornherein auf ihn begrenzt werden. Das gilt schon deshalb, weil die Funktionen, denen er dient, nur erfüllt werden, wenn er nicht an den Hausmauern oder Grundstücksgrenzen endet. Die freie Entfaltung der Persönlichkeit wäre erheblich behindert, wenn der Einzelne nur im eigenen Haus der **öffentlichen** Neugier entgehen könnte. Die notwendige Erholung von einer durch Funktionszwänge und Medienpräsenz geprägten **Öffentlichkeit** ist vielfach nur in der **Abgeschiedenheit einer natürlichen Umgebung, etwa an einem Ferienort**, zu gewinnen. Deswegen muß der Einzelne grundsätzlich die Möglichkeit haben, sich auch in der freien, gleichwohl **abgeschiedenen Natur oder an Örtlichkeiten, die von der breiten Öffentlichkeit deutlich abgeschieden sind**, in einer von **öffentlicher** Beobachtung freien Weise zu bewegen. Das gilt gerade gegenüber solchen Aufnahmetechniken, die die **räumliche Abgeschiedenheit** überwinden, ohne daß der Betroffene dies bemerken kann. Wo die Grenzen der geschützten **Privatsphäre außerhalb des Hauses** verlaufen, läßt sich nicht generell und abstrakt festlegen. Sie können vielmehr nur aufgrund der jeweiligen Beschaffenheit des **Ortes** bestimmt werden, den der Betroffene aufsucht. Ausschlaggebend ist, ob der Einzelne eine **Situation** vorfindet oder schafft, in der er begründetermaßen und somit auch für Dritte erkennbar davon ausgehen darf, den Blicken der **Öffentlichkeit** nicht ausgesetzt zu sein. Ob die Voraussetzungen der **Abgeschiedenheit** erfüllt sind, läßt sich nur situativ beurteilen. Der Einzelne kann sich an ein und demselben **Ort** zu Zeiten mit gutem Grund unbeobachtet fühlen, zu anderen Zeiten nicht. Auch ist

der Aufenthalt in umschlossenen **Räumen** keineswegs immer mit **Abgeschiedenheit** gleichzusetzen. Da es um die Frage geht, ob der Einzelne begründetermaßen erwarten darf, unbeobachtet zu sein, oder aber **Plätze** aufgesucht hat, wo er sich unter den Augen der **Öffentlichkeit** bewegt, kann es auch in umschlossenen Räumen an der **Abgeschiedenheit** fehlen, die Voraussetzung für den **Privatsphärenschutz** außerhalb der eigenen **Häuslichkeit** ist. **Plätzen, an denen sich der Einzelne unter vielen Menschen befindet**, fehlt es von vornherein an den Voraussetzungen des **Privatsphärenschutzes** im Sinn von Art. 2 Abs. 1 in Verbindung mit Art. 1 Abs. 1 GG. Sie können das **Rückzugsbedürfnis** nicht erfüllen und rechtfertigen deswegen auch nicht den grundrechtlichen Schutz, den dieses Bedürfnis aus Gründen der Persönlichkeitsentfaltung verdient. Der Einzelne kann solche **Orte** auch nicht etwa durch ein Verhalten, das typischerweise nicht **öffentlich** zur Schau gestellt würde, in seine **Privatsphäre** umdefinieren. Nicht sein Verhalten, ob allein oder mit anderen, konstituiert die **Privatsphäre**, sondern die **objektive Gegebenheit der Örtlichkeit zur fraglichen Zeit**. Verhält er sich daher an **Orten**, die nicht die Merkmale der **Abgeschiedenheit** aufweisen, so, als stünde er nicht unter Beobachtung, hebt er das **Schutzbedürfnis für Verhaltensweisen, die an sich die Öffentlichkeit nichts angehen**, selbst auf. Der **Schutz der Privatsphäre vor öffentlicher Kenntnisnahme** entfällt ferner, wenn sich jemand selbst damit einverstanden zeigt, daß bestimmte, gewöhnlich als privat geltende Angelegenheiten **öffentlich** gemacht werden, etwa indem er Exklusivverträge über die Berichterstattung aus seiner **Privatsphäre** abschließt. Der verfassungsrechtliche **Privatsphärenschutz** aus Art. 2 Abs. 1 in Verbindung mit Art. 1 Abs. 1 GG ist nicht im Interesse einer Kommerzialisierung der eigenen Person gewährleistet. Zwar ist niemand an einer solchen **Öffnung privater Bereiche** gehindert. Er kann sich dann aber nicht gleichzeitig auf den **öffentlichkeitsabgewandten Privatsphärenschutz** berufen. Die Erwartung, daß die Umwelt die **Angelegenheiten oder Verhaltensweisen in einem Bereich mit Rückzugsfunktion** nur begrenzt oder nicht zur Kenntnis nimmt, muß daher situationsübergreifend und konsistent zum Ausdruck gebracht werden. Das gilt auch für den Fall, daß der Entschluß, die Berichterstattung über bestimmte Vorgänge der eigenen **Privatsphäre** zu gestatten oder hinzunehmen, rückgängig gemacht wird.“.

BVerfGE 6, 32, 41 (Elfes) = BVerfG, Urteil vom des Ersten Senats vom 16.01.1957 – 1 BvR 253/56 –, Rn. 32 [vgl. **Recht auf Privatsphäre** als **Privatangelegenheitenschutz** und **Rückzugsraumbereichsschutz** – beides **gegenüber der Öffentlichkeit**, vgl. **Sphärentheorie** mit **Intimsphäre**, **Privatsphäre**, **Sozialsphäre**]: „Vor allem dürfen die Gesetze daher die Würde des Menschen nicht verletzen, die im Grundgesetz der oberste Wert ist, aber auch die geistige, politische und wirtschaftliche Freiheit des Menschen nicht so einschränken, daß sie in ihrem Wesensgehalt angetastet würde (Art. 19 Abs. 2, Art. 1 Abs. 3, Art. 2 Abs. 1 GG). Hieraus ergibt sich, daß dem einzelnen Bürger eine **Sphäre privater Lebensgestaltung** verfassungskräftig vorbehalten ist, also ein letzter **unantastbarer Bereich menschlicher Freiheit** besteht, der der Einwirkung der gesamten öffentlichen Gewalt entzogen ist. Ein Gesetz, das in ihn eingreifen würde, könnte nie Bestandteil der ‚verfassungsmäßigen Ordnung‘ sein; es müßte durch das Bundesverfassungsgericht für nichtig erklärt werden.“. BVerfGE 109, 279, Ls. 2 S. 1 (akustische Wohnraumüberwachung / „Großer Lauschangriff“) = BVerfG, Urteil des Ersten Senats vom 03.03.2004 – 1 BvR 2378/98, 1084/99 –, Ls. 2 S. 1: „Zur Unantastbarkeit der Menschenwürde gemäß Art. 1 Abs. 1 GG gehört die Anerkennung eines absolut geschützten **Kernbereichs privater Lebensgestaltung**.“. BVerfGE 141, 220, 276-278 (BKAG) = BVerfG, Urteil des Ersten Senats vom 20.04.2016 – 1 BvR 966/09 –, Rn. 119-124: „Neben den verfassungsrechtlichen Anforderungen an die allgemeinen Eingriffsvoraussetzungen ergeben sich aus den jeweiligen **Grundrechten in Verbindung mit Art. 1 Abs. 1 GG** für die Durchführung von besonders eingriffsintensiven Überwachungsmaßnahmen besondere Anforderungen an den **Schutz des Kernbereichs privater Lebensgestaltung**. Der verfassungsrechtliche **Schutz des Kernbereichs privater Lebensgestaltung** gewährleistet dem Individuum einen **Bereich höchstpersönlicher Privatheit gegenüber Überwachung**. Er wurzelt in den **von den jeweiligen Überwachungsmaßnahmen betroffenen Grundrechten in Verbindung mit Art. 1 Abs. 1 GG** und sichert einen dem Staat nicht verfügbaren Menschenwürdekern grundrechtlichen Schutzes gegenüber solchen Maßnahmen. Selbst überragende Interessen der Allgemeinheit können einen Eingriff in diesen **absolut geschützten Bereich privater Lebensgestaltung** nicht rechtfertigen (vgl. BVerfGE 109, 279 <313>; stRspr). Zur **Entfaltung der Persönlichkeit im Kernbereich privater Lebensgestaltung gehört die Möglichkeit**, **innere Vorgänge** wie Empfindungen und Gefühle sowie Überlegungen, Ansichten und Erlebnisse **höchstpersönlicher Art zum Ausdruck zu bringen** (vgl. BVerfGE 109, 279 <313>; 120, 274 <335>; stRspr). Geschützt ist insbesondere die **nichtöffentliche Kommunikation mit Personen des höchstpersönlichen Vertrauens, die in der berechtigten Annahme geführt wird, nicht überwacht zu werden**, wie es insbesondere bei Gesprächen im Bereich der Wohnung der Fall ist. Zu diesen Personen gehören insbesondere Ehe- oder Lebenspartner, Geschwister und Verwandte in gerader Linie, vor allem, wenn sie im selben Haushalt leben, und können Strafverteidiger, Ärzte, Geistliche und enge persönliche Freunde zählen (vgl. BVerfGE 109, 279 <321 ff.>). Dieser Kreis deckt sich nur teilweise mit dem der Zeugnisverweigerungsberechtigten. Solche Gespräche verlieren dabei nicht schon dadurch ihren Charakter als insgesamt höchstpersönlich, dass sich in ihnen Höchstpersönliches und Alltägliches vermischen (vgl. BVerfGE 109, 279 <330>; 113, 348 <391 f.>). Demgegenüber ist die **Kommunikation unmittelbar über Straftaten** nicht geschützt, selbst wenn sie auch Höchstpersönliches zum Gegenstand hat. Die **Besprechung und Planung von Straftaten** gehört ihrem Inhalt nach nicht zum **Kernbereich privater Lebensgestaltung**, sondern hat **Sozialbezug** (vgl. BVerfGE 80, 367 <375>; 109, 279 <319 f., 328>; 113, 348 <391>). Dies bedeutet freilich nicht, dass der Kernbereich unter einem allgemeinen Abwägungsvorbehalt in Bezug auf öffentliche Sicherheitsinteressen steht. Ein **höchstpersönliches Gespräch** fällt nicht schon dadurch aus dem **Kernbereich privater Lebensgestaltung** heraus, dass es für die Aufklärung von Straftaten oder Gefahren hilfreiche Aufschlüsse geben kann. Aufzeichnungen oder Äußerungen im Zwiegespräch, die zum Beispiel ausschließlich innere Eindrücke und Gefühle wiedergeben und keine Hinweise auf konkrete Straftaten enthalten, gewinnen nicht schon dadurch einen **Gemeinschaftsbezug**, dass sie Ursachen oder Beweggründe eines strafbaren Verhaltens freizulegen vermögen (vgl. BVerfGE 109, 279 <319>). Auch können trotz **Straftatenbezugs** Situationen, in denen Einzelnen gerade ermöglicht werden soll, ein Fehlverhalten einzugestehen oder sich auf dessen Folgen einzurichten, wie Beichtgespräche oder vertrauliche Gespräche mit einem Psychotherapeuten oder einem Strafverteidiger, der **höchstpersönlichen Privatsphäre** unterfallen, die dem Staat absolut entzogen ist (vgl. BVerfGE 109, 279 <322>). Ein hinreichender **Sozialbezug** besteht demgegenüber dann, wenn **Gespräche - auch mit Vertrauenspersonen - sonst unmittelbar Straftaten zu ihrem Gegenstand haben** (vgl. BVerfGE 109, 279 <319>). Der **Kernbereich privater Lebensgestaltung** beansprucht gegenüber **allen Überwachungsmaßnahmen** Beachtung. Können sie typischerweise zur Erhebung kernbereichsrelevanter Daten führen, muss der Gesetzgeber Regelungen schaffen, die einen wirksamen Schutz normenklar gewährleisten (vgl. BVerfGE 109, 279 <318 f.>; 113, 348 <390 f.>; 120, 274 <335 ff.>). Außerhalb solch verletzungsgeeigneter Befugnisse bedarf es eigener Regelungen nicht. Grenzen, die sich im Einzelfall auch hier gegenüber einem Zugriff auf höchstpersönliche Informationen ergeben können, sind bei deren Anwendung unmittelbar von Verfassungs wegen zu beachten. Der **Schutz des Kernbereichs privater Lebensgestaltung** ist strikt und darf nicht durch Abwägung mit den Sicherheitsinteressen nach Maßgabe des Verhältnismäßigkeitsgrundsatzes relativiert werden (vgl. BVerfGE 109, 279 <314>; 120, 273 <339>; stRspr). Dies bedeutet jedoch nicht, dass **jede tatsächliche Erfassung von höchstpersönlichen Informationen** stets einen Verfassungsverstoß oder eine Menschenwürdeverletzung begründet. Angesichts der Handlungs- und Prognoseunsicherheiten, unter denen Sicherheitsbehörden ihre Aufgaben wahrnehmen, kann ein **unbeabsichtigtes Eindringen in den Kernbereich privater Lebensgestaltung** im Rahmen von Überwachungsmaßnahmen nicht für jeden Fall von vornherein ausgeschlossen werden (vgl. BVerfGE 120, 274 <337 f.>). Die Verfassung verlangt jedoch **für die Ausgestaltung der Überwachungsbefugnisse** die **Achtung des Kernbereichs** als eine strikte, nicht frei durch Einzelfallerwägungen überwindbare Grenze.“.

BVerfGE 120, 274 (Online-Durchsuchung) = BVerfG, Urteil des Ersten Senats vom 27.02.2008 – 1 BvR 370/07 –, Ls. 1: „Das **allgemeine Persönlichkeitsrecht** (Art. 2 Abs. 1 i.V.m. Art. 1 Abs. 1 GG) umfasst das Grundrecht auf **Gewährleistung der Vertraulichkeit und Integrität informationstechnischer Systeme**.“; BVerfGE 120, 274, 314 (Online-Durchsuchung) = BVerfG, Urteil des Ersten Senats vom 27.02.2008 – 1 BvR 370/07 –, Rn. 203: „**informationstechnisches System**“: „etwa Personalcomputer“, „ferner beispielweise [...] solche Mobiltelefone oder elektronische Terminkalender, die über einen großen Funktionsumfang verfügen und personenbezogene Daten vielfältiger Art erfassen und speichern können.“; BVerfGE 120, 274, 276 (Online-Durchsuchung) = BVerfG, Urteil des Ersten Senats vom 27.02.2008 – 1 BvR 370/07 –, Rn. 5: „**heimlicher Zugriff auf ein informationstechnisches System**“: „[heimliche] technische Infiltration [...], die etwa Sicherheitslücken des Zielsystems ausnutzt oder über die Installation eines Spähprogramms erfolgt“, wobei die Infiltration es ermöglicht, die Zielsystem-„Nutzung zu überwachen oder die Speichermedien durchzusehen oder gar das Zielsystem fernzusteuern.“.

a) GR-SB:

aa) Persönlicher GR-SB: „Jeder".

bb) Sachlicher GR-SB: „**freie Entfaltung der Persönlichkeit**" in der Ausprägung des RiS als „**Datenfreiheit**" (Grundsätzliche Bestimmungsbefugnis des Einzelnen über Preisgabe und Verwendung eigener personenbezogener Daten[633]), i.d.R. gegeben bei Bezug auf mindestens ein **personenbezogenes Datum**: § 36 Nr. 1 DSG NRW[634].

b) GR-E (oder Nichteingriff/**Grundrechtsverzicht** bzw. **Einwilligung** i.S.v. § 36 Nr. 19 DSG NRW, § 38 DSG NRW, vgl. auch § 81c Abs. 1 W. 13-15, Abs. 2 S. 1 W. 17 f. StPO): **Persönlichkeitsentfaltungseinschränkung** als **Datenfreiheitseinschränkung**, durch **Datenverarbeitung**s-Maßnahme[635] (Datenerhebung) i.S.d. § 36 Nr. 2 DSG NRW, zum Beispiel wie folgt:

BVerfGE 147, 1 (**Geschlechtsidentität**) = BVerfG, Beschluss des Ersten Senats vom 10.10.2017 – 1 BvR 2019/16 –, Ls. 1-3: „1. Das **allgemeine Persönlichkeitsrecht** (Art. 2 Abs. 1 i.V.m. Art. 1 Abs. 1 GG) schützt die **geschlechtliche Identität**. Es schützt auch die geschlechtliche Identität derjenigen, die sich dauerhaft weder dem männlichen noch dem weiblichen Geschlecht zuordnen lassen. 2. Art. 3 Abs. 3 Satz 1 GG schützt auch Menschen, die sich dauerhaft weder dem männlichen noch dem weiblichen Geschlecht zuordnen lassen, vor **Diskriminierungen wegen ihres Geschlechts**. 3. Personen, die sich dauerhaft weder dem männlichen noch dem weiblichen Geschlecht zuordnen lassen, werden in beiden Grundrechten verletzt, wenn das Personenstandsrecht dazu zwingt, das Geschlecht zu registrieren, aber keinen anderen positiven Geschlechtseintrag als weiblich oder männlich zulässt.".

BVerfG, Urteil des Zweiten Senats vom 26.02.2020 – 2 BvR 2347/15 –, Ls. 1: „a) Das **allgemeine Persönlichkeitsrecht** (Art. 2 Abs. 1 i.V.m. Art. 1 Abs. 1 GG) umfasst als Ausdruck persönlicher Autonomie ein **Recht auf selbstbestimmtes Sterben**. b) Das **Recht auf selbstbestimmtes Sterben** schließt die Freiheit ein, sich das Leben zu nehmen [Rn. 208: „**Recht auf Selbsttötung**"]. Die Entscheidung des Einzelnen, seinem Leben entsprechend seinem Verständnis von Lebensqualität und Sinnhaftigkeit der eigenen Existenz ein Ende zu setzen, ist im Ausgangspunkt als Akt autonomer Selbstbestimmung von Staat und Gesellschaft zu respektieren. c) Die **Freiheit, sich das Leben zu nehmen**, umfasst auch die Freiheit, hierfür bei Dritten Hilfe zu suchen und Hilfe, soweit sie angeboten wird, in Anspruch zu nehmen.".

[631] Zum sog. „**Menschenwürdegehalt**" der Grundrechte: *Basten*, Die Menschenwürde des Grundgesetzes.

[632] Vgl. auch Art. 142 GG i.V.m. Art. 4 Abs. 2 Verfassung NRW; Art. 8 EU-GR-Charta; Art. 16 AEUV; Art. 8 EMRK.

[633] BVerfGE 65, 1, Ls. 1 S. 2 (Volkszählungsgesetz) = BVerfG, Urteil des Ersten Senats vom 15.12.1983 – 1 BvR 209/83, Ls. 1 S. 2 (Ls. 1: „Unter den Bedingungen der modernen Datenverarbeitung wird der Schutz des Einzelnen gegen unbegrenzte Erhebung, Speicherung, Verwendung und Weitergabe seiner persönlichen Daten von dem allgemeinen Persönlichkeitsrecht des Art. 2 Abs. 1 GG in Verbindung mit Art. 1 Abs. 1 GG umfaßt. Das Grundrecht gewährleistet insoweit die Befugnis des Einzelnen, grundsätzlich selbst über die Preisgabe und Verwendung seiner persönlichen Daten zu bestimmen.").

[634] BVerfG, Beschluss der 3. Kammer des Zweiten Senats vom 27.06.2018 – 2 BvR 1562/17 (auf § 103 StPO gestützte Anordnung der Durchsuchung der Räumlichkeiten des Münchener Kanzleistandorts der Rechtsanwaltskanzlei Jones Day sowie Sicherstellung von Unterlagen und elektronischen Daten im Zuge des sogenannten „VW-Dieselskandals" – Verfassungsbeschwerde nicht zur Entscheidung angenommen wegen Unzulässigkeit aufgrund Nichterfüllung von Voraussetzungen nach § 93a Abs. 2 BVerfGG), Gründe, V., Rn. 44: „Der Begriff der persönlichen Daten deckt sich mit der Legaldefinition personenbezogener Daten in § 46 Nr. 1 BDSG (zuvor § 3 Abs. 1 BDSG) und erfasst alle Informationen, die sich auf eine identifizierte oder identifizierbare natürliche Person (betroffene Person) beziehen (vgl. noch zu § 3 Abs. 1 BDSG ‚Einzelangaben über persönliche oder sachliche Verhältnisse einer bestimmten oder bestimmbaren Person' Di Fabio, in: Maunz/Dürig, GG, Art. 2 Abs.1, Rn. 175 [Juli 2001]).".

[635] BVerfG, Urteil des Ersten Senats vom 19.05.2020 – 1 BvR 2835/17 – (Ausland-Ausland-Fernmeldeaufklärung nach BNDG), E. III. 1., Rn. 212: „Die **Übermittlung personenbezogener Daten**, mit der eine

- Allgemein erfolgt i.d.R. ein Grundrechtseingriff bei Fehlen von Einwilligung durch gezielte Nachschau oder gezieltes Eindringen zwecks Körperbeschaffenheitsermittlung bzw. Körperzustandsermittlung zumindest als Datenerhebung).
- Bei sogenanntem „Angebot“ von „Tests“ bzw. Untersuchungen im Sinne der Rechtsfolgendefinition, etwa mit Atemalkohol- oder Betäubungsmitteltestgeräten, ist je nach realer Praxis des einzelnen „Angebots“-Falls zu den allgemein herrschenden gesetzlichen Regeln subsumierbar – alternativ und unabhängig von Erlasslagen: entweder, auch im Zweifel, ein Datenerhebungs-Grundrechtseingriff oder – bei Verwirklichung von § 36 Nr. 19 DSG NRW, § 38 DSG NRW[636] – eine Einwilligung mit der Umkehrschlussfolgerung aus dem „Vorbehalt des Gesetzes“ (Nichterforderlichkeit einer bereichsspezifischen Befugnisrechtsnorm) und weiterer Folgerung aus dem „Vorrang des Gesetzes“ (Erforderlichkeit der Verwirklichung nichtbefugnisrechtsnormspezifischer Rechtsgrundlagen[637]).
- Bildaufnahmen bzw. Bildaufzeichnungen durch Fotografie oder Filmen im Rahmen einer Untersuchung sind Datenerhebung bzw. Datenspeicherung.

c) GR-B: Art. 2 Abs. 1 Hs. 2 GG.[638]

Behörde die von ihr erhobenen Daten einer anderen Stelle zugänglich macht, begründet einen eigenen Grundrechtseingriff (vgl. BVerfGE 100, 313 <367>; 141, 220 <334 Rn. 305>; stRspr). Dieser ist an dem **Grundrecht** zu messen, **in das bei der ursprünglichen Datenerhebung eingegriffen wurde** (vgl. BVerfGE 100, 313 <367>; 141, 220 <334 Rn. 305>; stRspr).“.

[636] Zur Unterscheidung von „**Einwilligung**“ und „**Freiwilligkeit**“: Die mitunter – insbesondere anlässlich Untersuchungsanordnungen statt der gesetzlichen Voraussetzung der Einwilligung – eingeführte, angebliche „Freiwilligkeit“ a priori (z. B. im Sinne einer abstrakten Weigerungsmöglichkeit) ist kein Argument, vgl. dazu quasi alle polizeilichen Anordnungs-Rechtsfolgen (ggf. auch als Realfolgen „Angebot“, „Bitte“, „Frage“), vgl. nur zum Beispiel die in der Folge auf eine Aussagemitwirkung angewiesene polizeiliche Befragung/Vernehmung, bei der die rechtsfehlerhafte Ersetzung gesetzlicher Einwilligung durch angebliche a-priori-Freiwilligkeit nicht bzw. weniger stattfindet, und dies aus gutem Rechtsgrund, denn (nichtalltägliches) polizei(vollzugsbeamt)liches Verhalten gegenüber Maßnahmenadressaten bewirkt in der Regel und in dubio pro libertate Grundrechtseingriffe im Sinne der allgemein anerkannten Grundrechtseingriffsbegriffe. Zu **Grundrechtseingriffsbegriffen** und **Einwilligungsbewirkungen** siehe: *Basten*, Eingriffsrecht der Polizei in Nordrhein-Westfalen, Band 1, S. 182 f.. Zu **Befragung** und **Vernehmung** siehe insbesondere: *Basten*, Eingriffsrecht der Polizei in Nordrhein-Westfalen, Band 2, Buch 2, Abschnitte 15, 16, 17.

[637] Zum **Rechtsgrundlage**-Begriff und zum **Befugnisrechtsnorm**-Begriff mit **Rechtsgrundlage- und Befugnisrechtsnorm-Unterscheidung**: *Basten*, Eingriffsrecht der Polizei in Nordrhein-Westfalen, Band 1, S. 31, 178, 179.

[638] Art. 2 Abs. 1 Hs. 2 GG (**Schrankentrias**): BVerfGE 80, 137, 153 (Reiten im Walde) = BVerfG, Beschluss des Ersten Senats vom 06.06.1989 – 1 BvR 921/85 –, C. I. 1 a), Rn. 69: „Abgesehen von einem absolut geschützten Kernbereich privater Lebensgestaltung, welcher der Einwirkung der öffentlichen Gewalt entzogen ist (BVerfGE 6, 32 [41]), ist die allgemeine Handlungsfreiheit allerdings nur in den **Schranken** des zweiten Halbsatzes von Art. 2 Abs. 1 GG gewährleistet und steht damit insbesondere unter dem **Vorbehalt der verfassungsmäßigen (Rechts-)Ordnung** (BVerfGE 6, 32 [37 f.]; 74, 129 [152]). Stützt sich ein die Handlungsfreiheit berührender Akt der öffentlichen Gewalt auf eine Rechtsnorm, so kann mit der Verfassungsbeschwerde unter Berufung auf Art. 2 Abs. 1 GG zur Nachprüfung gestellt werden, ob diese Norm zur **verfassungsmäßigen Ordnung** gehört, das heißt formell und materiell mit den Normen der Verfassung in Einklang steht (st. Rspr. seit BVerfGE 6, 32).“; BVerfGE 6, 32, Ls. 3 (Elfes) = BVerfG, Urteil des Ersten Senats vom 16.01.1957 – 1 BvR 253/56, Ls. 3: „**Verfassungsmäßige Ordnung** im Sinne des Art. 2 Abs. 1 GG ist die verfassungsmäßige Rechtsordnung, d.h. die Gesamtheit der Normen, die formell und materiell der Verfassung gemäß sind.“; vgl. dazu auch BVerfGE 6, 32, 37-41 (Elfes) = BVerfG, Urteil des Ersten Senats vom 16.01.1957 – 1 BvR 253/56, Gründe II. 2 b), c), Rn. 17-33.

Ggf. durch körperliche Untersuchung insbesondere als körperlicher Eingriff betroffenes Grundrecht:

2. Körperliche Unversehrtheit, Art. 2 Abs. 2 S. 1 Alt. 2 GG[639]

a) GR-SB:

aa) Persönlicher GR-SB: „Jeder".

bb) Sachlicher GR-SB: **Körperliche Unversehrtheit** ist Freiheit von körperlicher Beeinträchtigung, also biologisch-physiologische Integrität und dieser gleichsetzbare geistig-seelisch-psychische Integrität.[640]

Rechte anderer sind (als Teil der verfassungsmäßigen Ordnung) subjektive Berechtigungen (Anspruch oder Befugnis oder Erlaubnis) einschließlich Verpflichtungen (Pflicht zur Erfüllung von Anspruch oder Befugnis oder Erlaubnis) und sonstiger Rechtswirkungen für ein Rechtssubjekt bezüglich eines Verhaltens oder eines Rechtsguts.

Vgl. zum ein Mal bundesverfassungsgerichtlich entscheidungserheblich bemühten „**Sittengesetz**" nach Art. 2 Abs. 1 Hs. 2 GG als Gesetz, das nicht das durch die „soziale Gemeinschaft" „als für sich verbindlich" anerkannte „Rechtsgefühl" „im allgemeinen" „verletzt": BVerfGE 6, 389 (Homosexuelle) = BVerfG, Urteil des Ersten Senats vom 10.05.1957 – 1 BvR 550/52 –, und StrRehaHomG (Gesetz zur strafrechtlichen Rehabilitierung der nach dem 8. Mai 1945 wegen einvernehmlicher homosexueller Handlungen verurteilten Personen vom 17. Juli 2017 – BGBl. I S. 2443).

[639] Vgl. auch Art. 142 GG i.V.m. Art. 4 Abs. 1 Verfassung NRW; Art. 3, 4 EU-GR-Charta; Art. 3 EMRK (**Folterverbot**; Verbot bzgl.: **unmenschliche oder erniedrigende Behandlung oder Strafe**); Art. 7 IPbpR (**Folterverbot**; Verbot bzgl. **grausame, unmenschliche oder erniedrigende Behandlung oder Strafe**; Verbot medizinischer oder wissenschaftlicher Versuche ohne freiwillige Zustimmung); Art. 12 IPwskR („Recht eines jeden auf das für ihn erreichbare Höchstmaß an körperlicher und geistiger **Gesundheit**").

[640] BVerfGE 56, 54, 74-76 (Fluglärm I) = BVerfG, Beschluss des Ersten Senats vom 14.01.1981 – 1 BvR 612/72, C. I. 1., Rn. 73-76, dort u.a.: „Gegen die Zugrundelegung des weiten Gesundheitsbegriffs der Weltgesundheitsorganisation ließe sich allerdings einwenden, es sei - wenn das dem Willen des Verfassungsgesetzgebers entsprochen hätte - schwer erklärlich, daß der Parlamentarische Rat diesen seit 1946 bekannten Begriff nicht übernommen, sondern stattdessen nur die ‚körperliche Unversehrtheit' grundrechtlich geschützt hat [Grammatik, P. B.]. Andererseits dürfte eine Beschränkung des Schutzes allein auf solche Einwirkungen, die Verletzungen des Körpers darstellen, der Bedeutung dieses Grundrechts jedenfalls dann nicht gerecht werden, wenn es im Lichte des Art. 1 GG und der darin verbürgten Unantastbarkeit der Menschenwürde ausgelegt wird [Systematik, P. B.]. Dabei kann dahinstehen, ob eine solche Beschränkung überhaupt mit dem Verständnis des Menschen als einer Einheit von Leib, Seele und Geist und mit der Wechselwirkung zwischen psychischen und physischen Gesundheitsstörungen vereinbar wäre. Verfassungsrechtlich kann nicht außer acht bleiben, daß eine enge Auslegung nicht der Funktion des Grundrechts als Abwehrrecht gegen staatliche Eingriffe etwa durch psychische Folterungen, seelische Quälereien und entsprechende Verhörmethoden entsprechen würde [Teleologie mit funktionalem Schutzbereich und Schutzzweck des Grundrechts, P. B.]. Da die Einfügung gerade dieses Grundrechts auf Erfahrungen im Dritten Reich beruhte, darf dieser Gesichtspunkt jedenfalls nicht gänzlich vernachlässigt werden [Historie, P. B.]. Mit Recht hat der nordrhein-westfälische Ministerpräsident im vorliegenden Verfahren eingeräumt, daß zumindest solche nichtkörperliche Einwirkungen von Art. 2 Abs. 2 GG erfaßt würden, die ihrer Wirkung nach körperlichen Eingriffen gleichzusetzen seien. Das sind jedenfalls solche, die das Befinden einer Person in einer Weise verändern, die der Zufügung von Schmerzen entspricht [Systematik, P. B.]. Bislang ist Art. 2 Abs. 2 GG auch nicht in dem genannten engeren Sinne angewandt worden. So wurde die Frage, ob hirnelektrische Untersuchungen in die körperliche Unversehrtheit eingreifen können, nicht etwa von vornherein verneint, sondern wegen der Harmlosigkeit solcher Untersuchungen offengelassen (BVerfGE 17, 108 [114 f.]). In der Entscheidung zum Räumungsschutz ist die psychische Erkrankung des Beschwerdeführers und die Gefahr von Selbstmorden als relevant im Sinne des Art. 2 Abs. 2 GG angesehen worden (BVerfGE 52, 214 [220 f.]). Im übrigen liegt den neueren Lärmschutzvorschriften durchweg ein weiteres

b) GR-E (oder Nichteingriff/GR-Verzicht): **Körperunversehrtheitseinschränkung** durch Substanzverletzung oder Hervorrufen oder Steigern eines nachteilig von den normalen körperlichen Funktionen abweichenden körperlichen Zustandes – zum Beispiel bei Körperverletzung durch Blutprobenentnahme.

c) GR-B: Art. 2 Abs. 2 S. 3 GG.

Ggf. durch Begleitverfügung bzw. sonstige Begleitmaßnahmen betroffenes Grundrecht:

3. Körperliche Bewegungsfreiheit, Art. 2 Abs. 2 S. 2 GG[641]

a) GR-SB:

aa) Persönlicher GR-SB: „**Person**", vgl. § 1 BGB.

bb) Sachlicher GR-SB: „**Freiheit**" als **körperliche Bewegungsfreiheit**, als Freiheit, jeden Ort oder Raum aufzusuchen, sich dort aufzuhalten, (ihn zu verlassen), der an sich (tatsächlich und rechtlich) zugänglich ist.

b) GR-E (oder Nichteingriff/GR-Verzicht): Freiheitsentziehung oder sonstige Freiheitsbeschränkung.

Freiheitsbeschränkung (Freiheitsentziehung oder sonstige Freiheitsbeschränkung) liegt vor, wenn jemand durch die öffentliche Gewalt gegen seinen Willen daran gehindert wird, einen Ort oder Raum aufzusuchen oder sich dort aufzuhalten, der ihm an sich (tatsächlich und rechtlich) zugänglich ist. Eine **Freiheitsentziehung** als schwerste Form der Freiheitsbeschränkung ist dann gegeben, wenn die tatsächlich und rechtlich an sich gegebene körperliche Bewegungsfreiheit durch staatliche Maßnahmen nach jeder Richtung hin aufgehoben wird[642]; Freiheitsentziehung setzt auch eine besondere Eingriffsintensität und eine nicht nur kurzfristige Dauer der Maßnahme voraus[643]. Im Übrigen kann eine Abgrenzung zwischen Freiheitsentziehung und

---

Verständnis zugrunde. […] Zumindest in Gestalt von Schlafstörungen lassen sich Einwirkungen auf die körperliche Unversehrtheit schwerlich bestreiten.".

[641] Vgl. auch Art. 142 GG i.V.m. Art. 4 Abs. 1 Verfassung NRW; Art. 20 Abs. 2a und Art. 21 AEUV i.V.m. Art. 6, 45 EU-GR-Charta (Bewegungsfreiheit, Freizügigkeit, Aufenthaltsfreiheit); Art. 5 EMRK; Art. 2 Protokoll Nr. 4 EMRK; Art. 21 AEUV (**Unionsbürgerfreizügigkeit**, zum **Unionsbürger** vgl. Art. 9 S. 2, 3 EUV, Art. 20 Abs. 1 S. 2, 3 AEUV); Art. 45 AEUV (**Arbeitnehmerfreizügigkeit**); Art. 49 AEUV (**Niederlassungsfreiheit**); Art. 56 AEUV (**Dienstleistungsfreiheit**); vgl. auch Art. 28 AEUV (**Warenverkehrsfreiheit**); Art. 9 Abs. 1 S. 1 IPbpR („Jedermann hat ein Recht auf persönliche Freiheit und Sicherheit."); Art. 9-11 IPbpR (Freiheitsentziehungsbedingungen), Art. 12 IPbpR (Bewegung, Wohnsitzwahl, Ausreise, Einreise in Hoheitsgebiet eines Staates, vgl. „Freizügigkeit"), Art. 13 IPbpR (Ausländerausweisungsbedingungen).

[642] BVerfG, Beschluss der 1. Kammer des Ersten Senats vom 08.03.2011 – 1 BvR 47/05 – Rn. 20, 26: „Das **Einsperren** des Beschwerdeführers in eine **Gewahrsamszelle** auf der Polizeiwache beziehungsweise auf dem Polizeipräsidium sowie **als Verbindungsglied** zwischen beiden das **Verbringen dorthin mittels Polizeifahrzeugen** stellen eine Freiheitsentziehung im Sinne von Art. 104 Abs. 2 GG und nicht lediglich eine Freiheitsbeschränkung dar. […] Jedenfalls muss die Unterbringung einer Person gegen ihren Willen in einem **Haftraum** als Freiheitsentziehung im Sinne von Art. 104 Abs. 2 GG angesehen werden (vgl. BGHZ 82, 261 <264> und BVerwGE 62, 317 <318>)."; BVerfGE 94, 166, 198 (Flughafenverfahren) = BVerfGE, Urteil des Zweiten Senats vom 14.05.1996 – 2 BvR 1516/93.

[643] BVerfGE 149, 293 (5-Punkt-Fixierung/7-Punkt-Fixierung) = BVerfG, Urteil des Zweiten Senats vom 24.07.2018 – 2 BvR 309/15 –, D. II. 2. a), Rn. 67, vgl. dazu auch BVerfGE 149, 293 (5-Punkt-Fixierung/7-Punkt-Fixierung) = BVerfG, Urteil des Zweiten Senats vom 24.07.2018 – 2 BvR 309/15 –, D. II. 2. b): „Jedenfalls eine **5-Punkt- oder 7-Punkt-Fixierung**, bei der sämtliche Gliedmaßen des Betroffenen mit Gurten am Bett festgebunden werden, stellt eine Freiheitsentziehung im Sinne von Art. 104 Abs. 2 GG dar, es sei denn, es handelt sich um eine lediglich **kurzfristige Maßnahme**. Von einer kurzfristigen

sonstiger Freiheitsbeschränkung auch erfolgen nach Art, Dauer, Intensität, Mittel, Zweck der Freiheitsbeschränkung.[644]

c) GR-B: Art. 2 Abs. 2 S. 3 GG (i.V.m. Art. 104 GG).

A. Rechtsgrundlage (RGL) II. Rechtsgebiet (RG)

(VOR/DEF)

Rechtsgebiet ist Rechtsordnungsteil nach allen Umständen – wie schwerpunktmäßige Äußerungen, Rechtsnormen, Zwecke, auch i.V.m. §§ 133, 157 BGB analog.[645]

(SUB/ERG)

Die Maßnahme erfolgt auf dem Rechtsgebiet des besonderen öffentlichen Rechts polizeilicher Strafrechtspflege.

Eine körperliche Untersuchung erfolgt auf dem Rechtsgebiet der Strafrechtspflege insbesondere bei (alternativ)

- tatverdachtsveranlasster körperlicher Untersuchung;
- körperlicher Untersuchung nach tatverdachtsbezogenen Dingen;
- körperlicher Untersuchung mit schwerpunktmäßigem Zweck einer anschließenden Strafrechtspflegemaßnahme;
- Fehlen eines Gefahrenüberhangs.

A. Rechtsgrundlage (RGL) III. Mögliche Befugnisrechtsnorm (Mgl. Brn.)

(VOR/DEF)

Befugnisrechtsnorm ist die rechtmäßige hauptsächliche materiellrechtliche Rechtsgrundlage mit realfolgenentsprechender Rechtsfolge.

(SUB/ERG)

Realfolge ist die jeweilige Maßnahme laut Sachverhalt.

Rechtsfolge ist die Maßnahme laut Rechtsnorm.

Maßnahme ist in der Regel auszugehen, wenn sie absehbar die Dauer von ungefähr einer halben Stunde unterschreitet.".

[644] Vgl. auch insbesondere zu Art, Intensität, Mittel: § 415 Abs. 2 FamFG und §§ 37a, 62 PolG NRW.

[645] Zum Rechtsgebiet bzw. zu Rechtsgebieten einschließlich Rechtsgebiet-Begriffen und Rechtsgebiet-Auslegungsansätzen: *Basten*, Eingriffsrecht der Polizei in Nordrhein-Westfalen, Band 1, Buch 1, Abschnitt 3, Unterabschnitt 3, Titel 3, Untertitel 3.

(SUB)

Realfolgen und Rechtsfolgen zu:

Körperliche Untersuchung (KU), Körperlicher Eingriff (KE), Blutprobenentnahme (BP), Erkennungsdienstliche Maßnahme (ED), DNA-Maßnahmen (DNA)

Realfolgen – Beispiele:

Abstrich; (Aufforderung zum) Aufdecken; Begutachtung; Beobachtung; Hineingreifen; Hineinstechen (vgl. teilweise Polizei-Umgangssprache wie z.B.: „Loch im Arm [durch Nadel]“; Hervorholen (vgl. teilweise Polizei-Umgangssprache wie „[Ab-]Zapfen [mit Nadel]“; Nachschau.

Rechtsfolgen:

Körperliche Untersuchung (KU) ist Körperbeschaffenheitsermittlung durch gezielte Nachschau oder gezielten Eingriff am Menschenkörper, ggf. auch mit Datenverarbeitung (z.B. Bild/Ton-Aufzeichnung), ggf. auch mit sog. Exploration, ggf. auch mit Gegenüberstellung.

Anderer körperlicher Eingriff (KE) ist körperliche Untersuchung mit Körpersubstanzverletzung.

Blutprobenentnahme ist körperliche Untersuchung als körperlicher Eingriff zwecks Blutproben-„Speicherung“

Abstammungsuntersuchung ist körperliche Untersuchung zur Abstammungsfeststellung.

Erkennungsdienstliche Maßnahme ist zu bestimmten Zwecken eine Maßnahme insbesondere nach § 14 Abs. 4 PolG NRW (vgl. auch 14.4 VVPolG NRW), § 81b StPO, §§ 16, 19 AsylG, § 49 AufenthG, § 163b Abs. 1 StPO, § 163b Abs. 2 StPO, ggf. mit: Erscheinungsbildveränderung, Freiheitsbeschränkung, Gegenüberstellung (EFG); nicht mit: Maßnahmen nach §§ 12, 12a, 14a PolG

(ERG)

Mögliche Befugnisrechtsnorm zu:

Körperliche Untersuchung (KU), Körperlicher Eingriff (KE), Blutprobenentnahme (BP), Erkennungsdienstliche Maßnahme (ED), DNA-Maßnahmen (DNA)

Gefahrenabwehr:

- Speziellere Befugnisrechtsnormen wie §§ 15, 16, 19 AsylG, §§ 48, 49 AufenthG
- § 8 Abs. 1 PolG NRW (Körperliche Untersuchung als nicht in §§ 9-46 PolG NRW speziell geregelte Maßnahme)
- § 14 PolG NRW (Abs. 1 Nr. 1: Erkennungsdienstliche Maßnahme zur Identitätsfeststellung, Abs. 1 Nr. 2: Erkennungsdienstliche Maßnahme zur vorbeugenden Bekämpfung von Straftaten)
- § 14a PolG NRW („Molekulargenetische Untersuchung zur IDF“: Molekulargenetische Untersuchungsmaßnahmen zur IDF (Abgleich von DNA-Identifizierungsmustern einer Leiche oder hilflosen Person mit denjenigen einer vermissten Person zur IDF, zu diesem Zweck: 1. Körperzellenentnahme bei hilflosen Person oder Leiche, 2. Probennahme von Gegenständen mit Spurenmaterial der vermissten Person, 3. molekulargenetische Untersuchung der Proben nach Nr. 1 und 2. – § 14a Abs. 1 S. 6-8 PolG NRW: weitere Speicherung, Verwendung, Löschung von DNA-Identifizierungsmuster; § 14a Abs. 1 S. 5 PolG NRW: **Unverzüglich**e [§ 121 Abs. 1 S. 1 BGB] Vernichtung entnommener Körperzellen, wenn keine Benötigung mehr für Untersuchung nach § 14a Abs. 1 S. 2 PolG NRW.)

Strafrechtspflege (ggf. mit §§ 46 [Abs. 4], 53 Abs. 1 S. 2, Abs. 2 OWiG):

- § 163b StPO: erkennungsdienstliche Maßnahme zwecks IDF (Abs. 1: beim Verdächtigen, Abs. 2: beim Nichtverdächtigen)

NRW, §§ 81a, c-h StPO und nicht mit weiterer Speicherung.

DNA-/Molekulargenetische Untersuchung ist zu bestimmten Zwecken eine Maßnahme insbesondere nach § 14a PolG NRW, §§ 81e, f StPO, § 81g StPO, § 81h StPO – i.d.R. mit Begleitmaßnahmen von Körperzellentnahme und DNA-Identifizierungsmuster-/Spuren-Abgleich.

Abgrenzung von körperlicher Untersuchung und Personendurchsuchung erfolgt durch Körperbeschaffenheitsermittlungszweck.

Abgrenzung von körperlicher Untersuchung und unvermeidlicher Kenntnisnahme entscheidet sich wie folgt:

Unvermeidliche Kenntnisnahme ist Wahrnehmung ohnehin offen präsenter Personen, Sachen, Daten ohne erhebliche Nachschau oder Veränderung, z.B. unwillkürliches Anschauen von gegenüber befindlichem, unverdecktem Gesicht.

Zur Abgrenzung von körperlicher Untersuchung und Inaugenscheinnahme, vgl. § 12a Abs. 1 S. 2 PolG NRW: **Inaugenscheinnahme** ist prüfende Betrachtung präsenter Sachen, Daten ohne Körperbeschaffenheitsermittlungszweck und ohne erhebliche Veränderung (Prinzip: „Just look, don't touch!").

- § 81a StPO (Körperliche Untersuchung des Beschuldigten, anderer körperlicher Eingriff, Blutprobenentnahme)
- § 81b StPO (Alt. 1: Erkennungsdienstliche Maßnahme beim Beschuldigten zur Durchführung des Verfahrens; Alt. 2: Erkennungsdienstliche Maßnahme beim Beschuldigten für Zwecke des Erkennungsdienstes)
- § 81c StPO (Abs. 1: Körperliche Untersuchung anderer Personen, Abs. 2: Abstammungsuntersuchung, Blutprobenentnahme)
- §§ 81e, f StPO (Molekulargenetische Untersuchung: Feststellung von DNA-Identifizierungsmuster, Abstammung, Personengeschlecht; bei unbekannter Spurenmaterialperson auch Augen-, Haar- Hautfarbe, Alter mittels molekulargenetischer Untersuchung an nach §§ 81a, c StPO rechtmäßig erlangtem Material oder an aufgefundenem/sichergestelltem/beschlagnahmtem Material – zwecks aktuellen Strafverfahrens)
- § 81g Abs. 1, 2 StPO („DNA-IDF": Körperzellenentnahme zur Identitätsfeststellung zwecks potentieller künftiger Strafverfahren und molekulargenetische Untersuchung zur Feststellung des DNA-Identifizierungsmusters sowie des Geschlechts)
- § 81h StPO (DNA-Reihenuntersuchung: 1. Körperzellenentnahme, 2. molekulargenetische Untersuchung der entnommenen Körperzellen zur Feststellung des DNA-Identifizierungsmusters und des Geschlechts 3. automatisierter Abgleich der festgestellten DNA-Identifizierungsmuster mit den DNA-Identifizierungsmustern von Spurenmaterial)
- § 43 Abs. 2 JGG (ggf. i.V.m. § 109 JGG)

(SUB)

Realfolge ist die jeweilige Maßnahme laut Sachverhalt.

Rechtsfolge ist als Justiz-VA (§ 23 Abs. 1 S. 1 EGGVG)[646] bei einer anderen Person als einem Beschuldigten (alternativ)

- **Körperliche Untersuchung (KU)** anderer Person, also eine Körperbeschaffenheitsermittlung durch gezielte Nachschau oder gezielten Eingriff am Menschenkörper, ggf. auch mit (alternativ)
  - **Datenverarbeitung** (§ 36 Nr. 2 DSG NRW, z.B. Bild-Aufzeichnung/Ton-Aufzeichnung), vgl. auch zu solchen Datenverarbeitungen insbesondere – je nach Zweckzusammenhang und Adressat –: auf dem Rechtsgebiet der Strafrechtspflege § 81b Alt. 1, 2 StPO, § 163b Abs. 1, 2 StPO, auf dem Rechtsgebiet der Gefahrenabwehr § 14 PolG NRW, § 14a PolG NRW, § 12 PolG NRW, § 12a PolG NRW;
  - **Exploration**[647];

---

646 **Wohnungstüröffnungs-Verfügung** (je nach Rechtsgebiet VA oder Justiz-VA [z.B.: „Bitte öffnen Sie die Tür!"]) kann bspw. wie folgt – insbesondere über den Zweck – zu subsumieren sein:
  - § 9 Abs. 2 PolG NRW / § 163 Abs. 3 StPO / § 163a StPO (Zweck: Befragung / Vernehmung).
  - § 12 PolG NRW / § 163b Abs. 1 oder § 163b Abs. 2 StPO (Zweck: IDF jedenfalls ohne Wohnungs-Betretens- und Wohnungs-Durchsuchungszweck [z.B.: IDF-Befragung / IDF-Ausweisverlangen an der Tür]).
  - § 16a PolG NRW / § 163f StPO / § 163 Abs. 1 S. 2 StPO (Zweck: Observation jedenfalls ohne Wohnungs-Betretens- und Wohnungs-Durchsuchungszweck [z.B.: Datenerhebung von der Tür aus]).
  - § 35 PolG NRW / § 127 Abs. 1 S. 1 Alt. 1 StPO / § 127 Abs. 2 i.V.m. § 112/§ 112a/§ 126a; § 127b StPO; § 164 StPO (Zweck: Ingewahrsamnahme / Festnahme jedenfalls ohne Wohnungs-Betretens- und Wohnungs-Durchsuchungszweck [z.B.: Ingewahrsamnahme / Festnahme an der Tür]).
  - § 41 PolG NRW / § 102 StPO oder § 103 StPO (Zweck: Wohnungsbetreten und/oder Wohnungsdurchsuchung).
- § 43 PolG NRW / § 94 Abs. 1 StPO / § 94 Abs. 1, 2 StPO / §§ 94 Abs. 3, 111a StPO, § 69 StGB / §§ 99, 100 StPO / § 108 StPO (§ 110 StPO); / § 111b StPO / § 132 StPO (Zweck: Sicherstellung/Beschlagnahme jedenfalls ohne Wohnungs-Betretens- und Wohnungs-Durchsuchungszweck [z.B.: Sicherstellung/Beschlagnahme an der Tür).
- § 81a StPO / § 81c StPO / § 81g StPO / § 81h StPO (Zweck: der jeweilige „Untersuchungs"-Zweck jedenfalls ohne Wohnungs-Betretens- und Wohnungs-Durchsuchungszweck [z.B.: „Untersuchung" an der Tür]).
- § 8 Abs. 1 PolG NRW / § 163 Abs. 1 S. 2 StPO (Zweck: jedenfalls ein nicht besonders geregelter Zweck jedenfalls ohne Wohnungs-Betretens- und Wohnungs-Durchsuchungszweck).

647 **Exploration** (Gesprächsweise Untersuchung der und mit der betroffenen Person insbesondere bezüglich Dingen wie alternativ Gefährlichkeit, Glaubwürdigkeit, Schuldfähigkeit, Wahrnehmungsfähigkeiten) bewegt sich – allgemein auch gerichtlich als „Untersuchung" bezeichnet – zwischen §§ 81a, c StPO und §§ 163, 163a StPO, § 55 OWiG bzw. §§ 8, 9 PolG NRW mit Tendenz zur Untersuchung wie ausdrücklich in § 43 Abs. 2 JGG, sodass Rechtsnormen aus diesen möglichen Vorschriften je nach Fall anwendbar oder nicht anwendbar sind, vgl. etwa:

BGHSt 13, 394 = BGH, Urteil vom 14.10.1959 – 2 StR 249/59: „§ 81c StPO ist auf den beanstandeten Verfahrensvorgang nicht unmittelbar anwendbar. Zu den dort geregelten, durch eine Duldungspflicht ausgezeichneten Untersuchungen gehört die Untersuchung auf Glaubwürdigkeit nicht; diese braucht nicht geduldet zu werden, ist vielmehr stets nur mit Einwilligung des Betroffenen zulässig. [...] Da es sich also bei Duldung der Untersuchung nicht um eine Erfüllung der Zeugenpflicht handelt, besteht an sich auch keine Belehrungspflicht. Gleichwohl kann dies nach Ansicht des Senats nicht gelten, wenn die zu

- o **Gegenüberstellung** (Kognitionsgegenüberstellung – zwecks Wahrnehmung untersuchungsrelevanter Dinge, insbesondere Rekognitionsgegenüberstellung [Wiedererkennungsgegenüberstellung, ggf. als Wahlgegenüberstellung[648] – zwecks Identifizierung] überwiegend nach § 81a StPO bzw. § 81c StPO bzw. § 81b StPO (dann als erkennungsdienstliche Maßnahme gegenüber einem Beschuldigten, dann i.d.R. „für die Zwecke der Durchführung des Straf[- oder

---

untersuchende Person zu dem Angeklagten in einem Verhältnis steht, das sie nach § 52 StPO zur Verweigerung des Zeugnisses berechtigt. Da § 81c StPO bei den Untersuchungen, die zu dulden an sich Pflicht ist, die Belehrung vorschreibt, wäre es wenig sinnvoll, sie bei sonstigen Untersuchungen nicht zu fordern.".

BGH, Beschluss vom 08.08.2002 – 3 StR 239/02, Gründe, 3.: „Die fachliche Durchführung der Untersuchung ist allein Sache des Sachverständigen; er hat hinsichtlich der Informationsbeschaffung und der Methodenwahl weitgehend freie Hand. Das Gericht darf ihm keine Weisungen darüber erteilen, auf welchem Weg er das Gutachten zu erarbeiten hat [Quellenangabe]. Wenn es der Sachverständige für erforderlich hielt, die psychiatrische Untersuchung des Beschuldigten in Abwesenheit dritter Personen, insbesondere des Verteidigers, vorzunehmen, weil er die Verfälschung des Ergebnisses der Exploration befürchtete, bewegte er sich im Bereich seiner Fachkompetenz. Es gibt keinen wissenschaftlichen Standard, der die Anwesenheit Dritter bei Schuldfähigkeits- und Prognosegutachten vorsieht. Das Recht des Beschuldigten, sich in jeder Lage des Verfahrens anwaltlicher Hilfe zu bedienen, führt entgegen der Ansicht der Revision nicht zu einem Anwesenheitsrecht des Verteidigers bei der Exploration. Die Strafprozessordnung sieht ein solches Anwesenheitsrecht nicht vor. Auch wenn die Exploration unter Umständen in Abhängigkeit von dem Gutachtenauftrag vernehmungsähnliche Elemente haben kann, ist sie mit den Vernehmungen bei Polizei, StA und Gericht nicht gleichzusetzen.";

BGHSt 61, 221 (Einführung des Zeugnis-Inhalts einer früheren Richtervernehmungs-Aussage bei Zeugnisverweigerungsrecht nach § 52 Abs. 3 StPO erst in der Hauptverhandlung) = BGH, Beschluss vom 15.07.2016 – GSSt 1/16, Rn. 60: „Soweit der Bundesgerichtshof im Übrigen Belehrungspflichten auch ohne eine ausdrückliche diesbezügliche gesetzliche Regelung anerkannt hat, betrifft dies insbesondere Fälle gesetzlich nicht bzw. nicht näher geregelter Befragungen, z.B. vor der Exploration einer Aussageperson durch einen Sachverständigen (vgl. BGH, Urteile vom 29. Juni 1989 - 4 StR 201/89, BGHSt 36, 217, 220; vom 23. September 1999 - 4 StR 189/99, BGHSt 45, 203, 208 f.).".

[648] Nr. 18 RiStBV: „**Gegenüberstellung und Wahllichtbildvorlage**

(1) Soll durch eine Gegenüberstellung geklärt werden, ob der Beschuldigte der Täter ist, so ist dem Zeugen nicht nur der Beschuldigte, sondern auch eine Reihe anderer Personen gleichen Geschlechts, ähnlichen Alters und ähnlicher Erscheinung gegenüberzustellen, und zwar in einer Form, die nicht erkennen lässt, wer von den Gegenübergestellten der Beschuldigte ist (Wahlgegenüberstellung). Die Wahlgegenüberstellung kann auch mittels elektronischer Bildtechnik durchgeführt werden (wie z. B. Wahlvideogegenüberstellung).

(2) Die Gegenüberstellung soll grundsätzlich nacheinander und nicht gleichzeitig erfolgen. Sie soll auch dann vollständig durchgeführt werden, wenn der Zeuge zwischenzeitlich erklärt, eine Person erkannt zu haben. Die Einzelheiten sind aktenkundig zu machen.

(3) Die Absätze 1 und 2 gelten bei der Vorlage von Lichtbildern (Wahllichtbildvorlage) mit der Maßgabe, dass dem Zeugen mindestens acht Personen gezeigt werden sollen, entsprechend.".

Ordnungswidrigkeiten]verfahrens“)[649], im Unterschied zur Konfrontationsgegenüberstellung [Vernehmungsgegenüberstellung] nach § 163 Abs. 3 i.V.m. § 58 Abs. 2 StPO bzw. § 163a StPO[650]).

- **Abstammungsuntersuchung**, also eine körperliche Untersuchung zur Abstammungsfeststellung.
- **Blutprobenentnahme**, also eine körperliche Untersuchung als körperlicher Eingriff zwecks Blutproben-„Speicherung“.

---

[649] Vgl. BVerfGE 47, 239, 251 f. (Zwangsweise Haar- und Barttrachtveränderung u.a. mit Blondierpudernachtönung durch Maskenbildner zum Zweck der Identifizierungsgegenüberstellung) = BVerfG, Beschluss des 2. Senats vom 14.02.1978 – 2 BvR 406/77 –, B. I. 3. b) ee): Rn. 51 f.: „Nach Ansicht des Bundesgerichtshofs [BGH, Ermittlungsrichter, Beschluss vom 05.01.1977 und Beschwerdebeschluss vom 09.03.1977 – StB 56/77 –, P. B.] findet die Anordnung der Gegenüberstellung nach zwangsweiser Veränderung des Aussehens des Beschuldigten ihre gesetzliche Grundlage in den §§ 81a, 81b StPO. Diese Annahme ist verfassungsrechtlich nicht zu beanstanden. Erlaubt das Grundgesetz die Anordnung zwangsweiser Veränderung der Haar- und Barttracht eines Beschuldigten *zum Zwecke seiner Gegenüberstellung mit Zeugen* [Kuriv im Original, P. B.], so kann für die Anordnung der Gegenüberstellung selbst nicht prinzipiell etwas anderes gelten. Auch ist es ersichtlich nicht willkürlich, die Zulässigkeit einer solchen Anordnung aus den §§ 81a, 81b StPO herzuleiten. Die Bedenken, die der Beschwerdeführer in diesem Zusammenhang unter dem Gesichtspunkt des Rechtsstaatsprinzips gegen die Verfassungsmäßigkeit des § 81b StPO geltend macht, greifen nicht durch. Die Vorschrift genügt den rechtsstaatlichen Erfordernissen der Normklarheit und Justitiabili-tät. Sie grenzt den Kreis zulässiger Zwangsmaßnahmen sowohl ihrer Art als auch ihrem Zweck nach hinreichend deutlich ein. Erlaubt sind danach außer den im Tatbestand ausdrücklich angeführten Maßnahmen - Aufnahme von Lichtbildern und Fingerabdrücken, Vornahme von Messungen - nicht etwa schlechthin andere Maßnahmen, sondern nur solche, die den genannten ähnlich sind. Überdies müssen die Maßnahmen Zwecken der Durchführung des Strafverfahrens oder Zwecken des Erken-nungsdienstes dienen und im Rahmen dieser Zweckbestimmung notwendig sein. Unter diesen Umständen vermögen sowohl Strafverfolgungsbehörden als auch Beschuldigte mit hinreichender Be-stimmtheit zu beurteilen, ob im konkreten Fall die gesetzlichen Voraussetzungen für die Vornahme einer ‚ähnlichen Maßnahme‘ im Sinne des § 81b StPO erfüllt sind.“.

BGHSt 34, 39 = BGH, Urteil vom 09.04.1986 – 3 StR 551/85 –, aus den Gründen: „Aus der Aufzählung der in § 81b StPO beispielhaft genannten Maßnahmen ergibt sich, daß nur solche Identifizierungsmöglichkeiten in Betracht kommen, die - ohne daß es einer körperlichen Untersuchung i. S. des § 81a Abs. 1 StPO bedarf - die Feststellung der körperlichen Beschaffenheit dienen. Nicht nur § 81b StPO fallen Registrie-rungen des jeweiligen Ausdrucks des Beschuldigten, z. B. Messungen der Atem- und Pulsbewegungen, um die innere Erregung der Aussageperson zu ermitteln (Peters, Strafprozeß, 4. Aufl., S. 330; vgl. auch BGHSt 5, 332 = NJW 1954, 649; BVerfG, NStZ 1981, 446). Dagegen dürfen das Aussehen, Körperteile und -merkmale sowie sonstige für die Individualität einer Person signifikante ‚dauerhafte Persönlichkeitsgegebenheiten‘ (Peters, S. 330) auch gegen seinen Willen fotografiert, vermessen oder in anderer Weise registriert werden, um durch einen Vergleich mit bereits vorliegenden Erkenntnissenfeststellen zu können, ob sie auf den Beschuldigten als Täter hindeuten. Die Vorschrift gibt darüber hinaus die Befugnis, den Beschuldigten notfalls mit Zwang in einen solchen Zustand zu bringen, daß die bezeichneten Maßnahmen gegen seinen Willen durchgeführt werden können, z. B. mit Gewalt die Handschuhe auszuziehen sowie seinen Arm und seine Finger zu strecken, damit ein Handflächenabdruck genommen werden kann [Literaturquellenangabe].“.

[650] Zur **Zeugenvernehmung** und zur Beschuldigtenvernehmung siehe: *Basten*, Eingriffsrecht der Polizei in Nordrhein-Westfalen, Band 2, Buch 2, Abschnitte 16, 17, einschließlich B. II. (Verfahren).

(ERG)

Mögliche Befugnisrechtsnorm ist der rechtmäßige § 81c StPO (ggf. i.V.m. §§ 46, 53 Abs. 1 S. 2, Abs. 2 OWiG).

B. Formelle Rechtmäßigkeit (FR) I. Zuständigkeit (Z)

Zuständigkeit für Straftatenerforschung/StPO

(VOR/DEF)

Zuständigkeit ist Aufgabenwahrnehmungserlaubnis für den Rechtsfolgesetzer.

(SUB/ERG)

Für die Untersuchungs-Maßnahme ist die Zuständigkeit (i.d.R.) wie folgt gegeben:

1. sachliche Zuständigkeit *der Polizei* gemäß

- § 163 Abs. 1 S. 1 StPO;

2. instanzielle Zuständigkeit *der Polizeibehörde* gemäß

- (i.d.R.) § 11 Abs. 1 Nr. 2 Alt. 1 POG NRW i.V.m. KPBVO NRW;
- (generell:) §§ 10-14 POG NRW (ggf. LKAAufgVO NRW);

3. örtliche Zuständigkeit *der Polizeibehörde* gemäß

- (i.d.R.) § 7 Abs. 1 S. 1 POG NRW (ggf. i.V.m. KHStVO NRW);
- (generell: §§ 7-9 POG NRW[651]) (ggf. i.V.m. KHStVO NRW);

4. funktionelle Zuständigkeit *des Polizeiamtswalters* gemäß

a) Anordnungszuständigkeit

§ 81c Abs. 5 StPO i.V.m. § 152 Abs. 2 GVG i.V.m. EPVO NRW, hier der Ermittlungspersonen der Staatsanwaltschaft für Anordnung aller körperlichen Untersuchungen bei anderen Personen einschließlich Abstammungsuntersuchungen und Blutprobenentnahmen; außer in Fällen von § 81c Abs. 3 S. 3 StPO, danach mit Fehlen von Zuständigkeit von Polizeibediensteten für Anordnung von allen körperlichen Untersuchungen bei anderen Personen einschließlich Abstammungsuntersuchungen und Blutprobenentnahmen und mit „nur" besonderer Anordnung des Gerichts und, wenn dieses nicht rechtzeitig erreichbar ist, der Staatsanwaltschaft, unter folgenden kumulativen Voraussetzungen – unter **B. I. 4. a) aa)-ee)**:

aa) Zureichende tatsächliche Anhaltspunkte bezüglich Gründen für mindestens ein **Zeugnisverweigerungsrecht** (§§ 52, 53, 53a, 54 StPO)[652] bei der potentiell untersuchungsbetroffenen „anderen Person", § 81c Abs. 3 S. 1 StPO.

---

[651] Vgl. auch zu § 9 Abs. 1 S. 1 Nr. 5 POG NRW: Abkommen zwischen den Ländern der Bundesrepublik Deutschland über die erweiterte Zuständigkeit der Polizei der Länder bei der Strafverfolgung.

[652] Vgl. auch Art. 47 GG, Art. 49 Abs. 1 Verfassung NRW (**Abgeordneten-Zeugnisverweigerungsrecht** und zeugnisverweigerungsrechtentsprechendes **Abgeordneten-Schriftstückebeschlagnahmeverbot**). Vgl. auch §§ 18, 21 GVG i.V.m. DiplBezÜbkG i.V.m. Art. 31 Abs. 2 WÜD (**Diplomatenzeugnisverweigerungsrecht**); §§ 19, 21 GVG i.V.m. KonsÜbkG i.V.m. Art. 44 (i.V.m. Erklärung für das Vereinigte

Zur **Glaubhaftmachung** des Verweigerungsgrundes: § 56 StPO, § 294 ZPO; vgl. des Weiteren den **Angehörigen**-Status wie folgt:

- § 52 Abs. 1 Nr. 1 StPO: §§ 1297-1303 BGB (Verlöbnis);
- § 52 Abs. 1 Nr. 2 StPO: §§ 1303-1362 BGB (Ehe), insbesondere mit §§ 1303, 1304 BGB (Ehefähigkeit), §§ 1306-1308 BGB (Eheverbote), § 1309 BGB (Ehefähigkeitszeugnis für Ausländer), § 1353 BGB (Eheliche Lebensgemeinschaft), zusätzlich § 13 EGBGB (Eheschließung);
- § 52 Abs. 1 Nr. 2a StPO: LPartG (Gesetz über die eingetragene Lebenspartnerschaft), vgl. dazu auch: § 1353 BGB (Eheliche Lebensgemeinschaft);
- § 52 Abs. 1 Nr. 3 StPO: § 1589 BGB (**Verwandtschaft**), § 1590 BGB (**Schwägerschaft**), §§ 1591-1600d BGB (**Abstammung**).

Gemäß § 81c Abs. 3 S. 2, letzter Hs. i.V.m. § 52 Abs. 2, 3 StPO ist in den dort genannten Fällen[653] auch zu prüfen und zu berücksichtigen: der gesetzliche **Vertreter**[654] und dessen **Zustimmung** (hier als **Einwilligung** i.S.v. § 183 BGB) bzw. Nichtzustimmung; in den Fällen des § 52 Abs. 2 S. 2 StPO ist die Bestellung einer ordnungegemäßen Vertretung zu veranlassen, etwa eines **Ergänzungspflegers** gemäß § 1909 BGB.

bb) Minderjähriger, § 2 BGB oder Betreuter, §§ 1896-1908j BGB als potentiell untersuchungsbetroffene „andere Person";

cc) Zureichende tatsächliche Anhaltspunkte von ungenügender Minderjährigen- oder Betreuten-Vorstellung von der Bedeutung des Zeugnisverweigerungsrechts wegen mangelnder Verstandesreife oder wegen einer psychischen Krankheit oder einer geistigen oder seelischen Behinderung.

dd) Gegebensein eines Ausschlusses des gesetzlichen Vertreters (z.B. §§ 1626-1698b BGB) von der Entscheidung (§ 52 Abs. 2 S. 2 StPO) oder Gegebensein einer Hinderung des gesetzlichen Vertreters aus sonstigen Gründen an einer rechtzeitigen Entscheidung;

Königreich Großbritannien und Nordirland) WÜK (**Konsularvertretungsmitglieder-Zeugnispflicht** – mit Verfahren und negativen Voraussetzungen). Vgl. auch BGH, Beschluss vom 13.01.1999 – StB 14/98 (Ermittlungsrichter): „Das **presserechtliche Zeugnisverweigerungsrecht** und der **presserechtliche Beschlagnahmeschutz** gelten auch für einen freien journalistischen Mitarbeiter einer Zeitung. Sie bestehen jedoch in der Regel nicht, wenn die Identität des Informanten in dem Pressebeitrag über die dem Journalisten gemachte Mitteilung offen gelegt wird und der Informationsinhalt im übrigen bekannt ist.".

[653] BGHSt 14, 159 (7-jährige Tochter als Belastungszeugin) = BGH, Urteil vom 02.03.1960 – 2 StR 44/60, Ls.: „1. Eine Beweisperson, welche die zum Verständnis ihres Zeugnisverweigerungsrechtes nach § 52 StPO erforderliche geistige Reife nicht besitzt, darf nur mit Zustimmung ihres gesetzlichen Vertreters vernommen werden. Trotz dessen Zustimmung darf sie nicht vernommen werden, falls sie selbst erklärt, nicht aussagen zu wollen. 2. Der gesetzliche Vertreter ist über das Zeugnisverweigerungsrecht der Beweisperson zu belehren.", S. 160: „Die ohne die danach erforderliche Zustimmung des gesetzlichen Vertreters oder zwar mit seiner Zustimmung, aber ohne vorherige richterliche Belehrung über das Weigerungsrecht erstattete Aussage darf nicht verwertet werden.".

[654] **Vertreter** ist ein **Stellvertreter** qua Gesetz oder ein **Stellvertreter** qua Rechtsgeschäft (§§ 164-181 BGB). Vgl. insbesondere:

- §§ 1626-1698b BGB: **Elterliche Sorge** mit „**Vertretung des Kindes**" gemäß § 1629 BGB;
- § 1 Abs. 1 Nr. 4 JuSchG: **erziehungsbeauftragte Person**;
- §§ 1773-1895 BGB: **Vormundschaft**;
- §§ 1896-1908k BGB: **Rechtliche Betreuung**;
- §§ 1909-1921 BGB: **Pflegschaft**.

ee) Erscheinen (zureichende tatsächliche Anhaltspunkte) von Erforderlichkeit sofortiger Untersuchung oder Entnahme von Blutproben zur Beweissicherung.

b) Ausführungszuständigkeit

§ 81c StPO i.V.m. § 163 Abs. 1 S. 1 Worte 1-6 StPO, hier der „Behörden und Beamten des Polizeidienstes" für Ausführung von körperlichen Untersuchungen anderer Personen, außer für Abstammungsuntersuchungen und Blutprobenentnahmen (sowie andere ähnliche, Arztkunst erfordernde körperliche Eingriffe, vgl. auch § 81a Abs. 1 S. 2 StPO), denn i.V.m. § 81c Abs. 2 S. 2 StPO fehlt Zuständigkeit Polizeibediensteter für Ausführung/Vornahme von Abstammungsuntersuchungen und Blutprobenentnahmen (sowie anderen ähnlichen, Arztkunst erfordernde körperliche Eingriffe, vgl. auch § 81a Abs. 1 S. 2 StPO) bei anderen Personen.

B. Formelle Rechtmäßigkeit (FR) I. Zuständigkeit (Z)

Zuständigkeit für Ordungswidrigkeitenerforschung/OWiG

(VOR/DEF)

Zuständigkeit ist Aufgabenwahrnehmungserlaubnis für den Rechtsfolgesetzer.

(SUB/ERG)

Für die Untersuchungs-Maßnahme ist die Zuständigkeit (i.d.R.) wie folgt gegeben:

1. sachliche Zuständigkeit *der Polizei* gemäß

- §§ 35, 36 OWiG
    - i.V.m. § 1 Abs. 2 Teil-3-OWiGZVO NRW: PB – solange Nicht-Abgabe an OB – für Verfolgung von Owi nach: §§ 111, 117-121 OWiG;
    - i.V.m. § 1 Abs. 3 Teil-3-OWiGZVO NRW: KPB für Verfolgung und Ahndung von Owi nach §§ 113, 115 OWiG bei polizeilichen Gewahrsams-Gefangenen, § 127 OWiG bei öff. Urkunden und Beglaubigungszeichen;
    - i.V.m. § 2b öffVereinsRZVO NRW: KBP für die Verfolgung und Ahndung von Owi nach § 23 VereinsGDV;
    - i.V.m. § 1 Abs. 2 VerkehrsOwiZVO NRW: PB – solange Nicht-Abgabe an KOB oder StA – für Verfolgung von Owi nach §§ 23, 24, 24a und 24c StVG;
    - i.V.m. § 2 VersGZVO NRW[655]: KPB für die Verfolgung und Ahndung von Owi nach § 29 VersG;
    - i.V.m. § 5 WaffGDVO NRW: KPB für die Verfolgung und Ahndung von Owi nach § 53 WaffG;
- § 53 OWiG;

---

[655] Bei VersG-NRW-Anwendbarkeit unter Aufhebung der VersGZVO NRW vgl. § 32 VersG NRW („Zuständigkeit") i.V.m. § 28 VersG NRW („Ordnungswidrigkeiten") nach Landtag-NRW-Drucksache 17/12423, S. 27-29.

2. instanzielle Zuständigkeit *der Polizeibehörde* gemäß

- § 11 Abs. 1 Nr. 2 Alt. 2 POG NRW i.V.m. KPBVO NRW (generell: §§ 10-14 POG NRW) [bei §§ 35, 36 OWiG]
  - i.V.m. § 1 Abs. 2 Teil-3-OWiGZVO NRW: PB – solange Nicht-Abgabe an OB – für Verfolgung von Owi nach: §§ 111, 117-121 OWiG;
  - i.V.m. § 1 Abs. 3 Teil-3-OWiGZVO NRW: KPB für Verfolgung und Ahndung von Owi nach §§ 113, 115 OWiG bei polizeilichen Gewahrsams-Gefangenen, § 127 OWiG bei öff. Urkunden und Beglaubigungszeichen;
  - i.V.m. § 2b öffVereinsRZVO NRW: KBP für die Verfolgung und Ahndung von Owi nach § 23 VereinsGDV;
  - i.V.m. § 1 Abs. 2 VerkehrsOwiZVO NRW: PB – solange Nicht-Abgabe an KOB oder StA – für Verfolgung von Owi nach §§ 23, 24, 24a und 24c StVG;
  - i.V.m. § 2 VersGZVO NRW[656]: KPB für die Verfolgung und Ahndung von Owi nach § 29 VersG;
  - i.V.m. § 5 WaffGDVO NRW: KPB für die Verfolgung und Ahndung von Owi nach § 53 WaffG;

3. örtliche Zuständigkeit *der Polizeibehörde* gemäß

- (bei §§ 35, 36 OWiG:) § 37 OWiG;
- Im Übrigen generell: §§ 7-9 POG NRW;

4. funktionelle Zuständigkeit *des Polizeiamtswalters* gemäß

(ggf. i.V.m. § 53 Abs. 1 S. 1, Abs. 2 OWiG)

a) Anordnungszuständigkeit

§ 81c Abs. 5 StPO i.V.m. § 152 Abs. 2 GVG i.V.m. EPVO NRW, hier der Ermittlungspersonen der Staatsanwaltschaft für Anordnung aller körperlichen Untersuchungen bei anderen Personen einschließlich Abstammungsuntersuchungen und Blutprobenentnahmen; außer in Fällen von § 81c Abs. 3 S. 3 StPO, danach mit Fehlen von Zuständigkeit von Polizeibediensteten für Anordnung von allen körperlichen Untersuchungen bei anderen Personen einschließlich Abstammungsuntersuchungen und Blutprobenentnahmen und mit „nur" besonderer Anordnung des Gerichts und, wenn dieses nicht rechtzeitig erreichbar ist, der Staatsanwaltschaft, unter folgenden kumulativen Voraussetzungen – unter **B. I. 4. a) aa)-ee)**:

aa) Zureichende tatsächliche Anhaltspunkte bezüglich Gründen für mindestens ein **Zeugnisverweigerungsrecht** (§§ 52, 53, 53a, 54 StPO)[657] bei der potentiell untersuchungsbetroffenen „anderen Person", § 81c Abs. 3 S. 1 StPO.

---

[656] Bei VersG-NRW-Anwendbarkeit unter Aufhebung der VersGZVO NRW vgl. § 32 VersG NRW („Zuständigkeit") i.V.m. § 28 VersG NRW („Ordnungswidrigkeiten") nach Landtag-NRW-Drucksache 17/12423, S. 27-29.

[657] Vgl. auch Art. 47 GG, Art. 49 Abs. 1 Verfassung NRW (**Abgeordneten-Zeugnisverweigerungsrecht** und zeugnisverweigerungsrechtentsprechendes **Abgeordneten-Schriftstückebeschlagnahmeverbot**). Vgl. auch §§ 18, 21 GVG i.V.m. DiplBezÜbkG i.V.m. Art. 31 Abs. 2 WÜD (**Diplomatenzeugnisverweigerungsrecht**); §§ 19, 21 GVG i.V.m. KonsÜbkG i.V.m. Art. 44 (i.V.m. Erklärung für das Vereinigte Königreich Großbritannien und Nordirland) WÜK (**Konsularvertretungsmitglieder-Zeugnispflicht** – mit Verfahren und negativen Voraussetzungen). Vgl. auch BGH, Beschluss vom 13.01.1999 – StB 14/98 (Ermittlungsrichter): „Das **presserechtliche Zeugnisverweigerungsrecht** und der **presserechtliche Beschlagnahmeschutz** gelten auch für einen freien journalistischen Mitarbeiter einer Zeitung. Sie bestehen jedoch in der Regel nicht, wenn die Identität des Informanten in dem Pressebeitrag über die dem Journalisten gemachte Mitteilung offen gelegt wird und der Informationsinhalt im übrigen bekannt ist.".

Zur **Glaubhaftmachung** des Verweigerungsgrundes: § 56 StPO, § 294 ZPO; vgl. des Weiteren den **Angehörigen**-Status wie folgt:

- § 52 Abs. 1 Nr. 1 StPO: §§ 1297-1303 BGB (Verlöbnis);
- § 52 Abs. 1 Nr. 2 StPO: §§ 1303-1362 BGB (Ehe), insbesondere mit §§ 1303, 1304 BGB (Ehefähigkeit), §§ 1306-1308 BGB (Eheverbote), § 1309 BGB (Ehefähigkeitszeugnis für Ausländer), § 1353 BGB (Eheliche Lebensgemeinschaft), zusätzlich § 13 EGBGB (Eheschließung);
- § 52 Abs. 1 Nr. 2a StPO: LPartG (Gesetz über die eingetragene Lebenspartnerschaft), vgl. dazu auch: § 1353 BGB (Eheliche Lebensgemeinschaft);
- § 52 Abs. 1 Nr. 3 StPO: § 1589 BGB (**Verwandtschaft**), § 1590 BGB (**Schwägerschaft**), §§ 1591-1600d BGB (**Abstammung**).

Gemäß § 81c Abs. 3 S. 2, letzter Hs. i.V.m. § 52 Abs. 2, 3 StPO ist in den dort genannten Fällen[658] auch zu prüfen und zu berücksichtigen: der gesetzliche **Vertreter**[659] und dessen **Zustimmung** (hier als **Einwilligung** i.S.v. § 183 BGB) bzw. Nichtzustimmung; in den Fällen des § 52 Abs. 2 S. 2 StPO ist die Bestellung einer ordnungegemäßen Vertretung zu veranlassen, etwa eines **Ergänzungspflegers** gemäß § 1909 BGB.

bb) Minderjähriger, § 2 BGB oder Betreuter, §§ 1896-1908j BGB als potentiell untersuchungsbetroffene „andere Person";

cc) Zureichende tatsächliche Anhaltspunkte von ungenügender Minderjährigen- oder Betreuten-Vorstellung von der Bedeutung des Zeugnisverweigerungsrechts wegen mangelnder Verstandesreife oder wegen einer psychischen Krankheit oder einer geistigen oder seelischen Behinderung.

dd) Gegebensein eines Ausschlusses des gesetzlichen Vertreters (z.B. §§ 1626-1698b BGB) von der Entscheidung (§ 52 Abs. 2 S. 2 StPO) oder Gegebensein einer Hinderung des gesetzlichen Vertreters aus sonstigen Gründen an einer rechtzeitigen Entscheidung;

ee) Erscheinen (zureichende tatsächliche Anhaltspunkte) von Erforderlichkeit sofortiger Untersuchung oder Entnahme von Blutproben zur Beweissicherung.

b) Ausführungszuständigkeit

---

658 BGHSt 14, 159 (7-jährige Tochter als Belastungszeugin) = BGH, Urteil vom 02.03.1960 – 2 StR 44/60, Ls.: „1. Eine Beweisperson, welche die zum Verständnis ihres Zeugnisverweigerungsrechtes nach § 52 StPO erforderliche geistige Reife nicht besitzt, darf nur mit Zustimmung ihres gesetzlichen Vertreters vernommen werden. Trotz dessen Zustimmung darf sie nicht vernommen werden, falls sie selbst erklärt, nicht aussagen zu wollen. 2. Der gesetzliche Vertreter ist über das Zeugnisverweigerungsrecht der Beweisperson zu belehren.", S. 160: „Die ohne die danach erforderliche Zustimmung des gesetzlichen Vertreters oder zwar mit seiner Zustimmung, aber ohne vorherige richterliche Belehrung über das Weigerungsrecht erstattete Aussage darf nicht verwertet werden.".

659 **Vertreter** ist ein **Stellvertreter** qua Gesetz oder ein **Stellvertreter** qua Rechtsgeschäft (§§ 164-181 BGB). Vgl. insbesondere:

- §§ 1626-1698b BGB: **Elterliche Sorge** mit „**Vertretung des Kindes**" gemäß § 1629 BGB;
- § 1 Abs. 1 Nr. 4 JuSchG: **erziehungsbeauftragte Person**;
- §§ 1773-1895 BGB: **Vormundschaft**;
- §§ 1896-1908k BGB: **Rechtliche Betreuung**;
- §§ 1909-1921 BGB: **Pflegschaft**.

§ 81c StPO i.V.m. § 163 Abs. 1 S. 1 Worte 1-6 StPO, hier der „Behörden und Beamten des Polizeidienstes“ für Ausführung von körperlichen Untersuchungen anderer Personen, außer für Abstammungsuntersuchungen und Blutprobenentnahmen (sowie andere ähnliche, Arztkunst erfordernde körperliche Eingriffe, vgl. auch § 81a Abs. 1 S. 2 StPO), denn i.V.m. § 81c Abs. 2 S. 2 StPO fehlt Zuständigkeit Polizeibediensteter für Ausführung/Vornahme von Abstammungsuntersuchungen und Blutprobenentnahmen (sowie anderen ähnlichen, Arztkunst erfordernde körperliche Eingriffe, vgl. auch § 81a Abs. 1 S. 2 StPO) bei anderen Personen.

B. Formelle Rechtmäßigkeit (FR) II. Verfahren (V)

(VOR/DEF)

Verfahren ist normiertes Verhalten für den Rechtsfolgezuständigen außer, bei, i.Z.m. der Rechtsfolge.

1. § 81c Abs. 5 StPO: Gerichtsanordnung von körperlicher Untersuchung, Abstammungsuntersuchung, Blutprobenentnahme:

(VOR)

Gemäß § 81c Abs. 5 S. 1 StPO steht die Anordnung dem Gericht, bei Gefährdung des Untersuchungserfolges durch Verzögerung auch der Staatsanwaltschaft und ihren Ermittlungspersonen (§ 152 Abs. 2 GVG i.V.m. EPVO NRW) zu; gemäß § 81c Abs. 5 S. 1, letzter Hs. StPO bleibt § 81c Abs. 3 S. 3 StPO[660] (siehe B. I. 4. ZUständigkeit) unberührt.

(DEF)

Gefährdung des Untersuchungserfolgs/Gefahr im Verzug i.S.d. § 81c Abs. 5 S. 1 StPO ist eine Sachlage im einzelnen Fall mit unvorhergesehenem Handlungsbedarf, bei der durch die Durchführung der eigentlich vorgesehenen Maßnahme, hier der Richter/StA-Anordnungs-Erwirkung, der gesetzliche Zweck, hier die (rechtzeitige) Tatverdachtserforschung durch bestimmte Feststellungen und insoweit Beweismittelverlustverhinderung, vereitelt oder wesentlich erschwert würde.

Gefahr im Verzug i.S.d. § 81c Abs. 5 S. 1 StPO ist auch gegeben, wenn im konkreten Fall zulässigerweise kein Richterdienst vorhanden ist oder wenn vorhandener richterlicher Bereitschaftsdienst unter zulässiger Anrufwege **unverzüglich** (vgl. auch § 121 Abs. 1 S. 1 BGB) vergeblich zu erreichen versucht wird und eine weitere Verzögerung den gesetzlichen Durchsuchungszweck gefährden, also wesentlich erschweren oder vereiteln würde.[661]

---

[660] Zu § 81c Abs. 3 StPO siehe: *Basten*, Eingriffsrecht der Polizei in Nordrhein-Westfalen, Band 3, Buch 3, Abschnitt 8, B. I. 4. (funktionelle Zuständigkeit).

[661] BVerfGE 151, 67 (Richtervorbehalt, Bereitschaftsdienst, Nachtzeit/Tageszeit i.S.v. § 104 Abs. 3 StPO) = BVerfG, Beschluss des Zweiten Senats vom 12.03.2019 – 2 BvR 675/14 –, Ls. 2: „Zu den Anforderungen an einen dem Gebot der praktischen Wirksamkeit des Richtervorbehalts entsprechenden **richterlichen**

Bereitschaftsdienst gehört die uneingeschränkte Erreichbarkeit eines Ermittlungsrichters bei Tage, auch außerhalb der üblichen Dienststunden. Die **Tageszeit** umfasst dabei ganzjährig die Zeit zwischen 6 Uhr und 21 Uhr. Während der **Nachtzeit** ist ein ermittlungsrichterlicher Bereitschaftsdienst jedenfalls bei einem Bedarf einzurichten, der über den Ausnahmefall hinausgeht.“, Ls. 3: „Ob und inwieweit ein über den Ausnahmefall hinausgehender Bedarf an nächtlichen Durchsuchungsanordnungen die Einrichtung eines **ermittlungsrichterlichen Bereitschaftsdienstes** zur Nachtzeit erfordert, haben die Gerichtspräsidien nach pflichtgemäßem Ermessen in eigener Verantwortung zu entscheiden. Für die Art und Weise der Bedarfsermittlung steht ihnen ein Beurteilungs- und Prognosespielraum zu.“, Rn. 56: „Die Strafverfolgungsbehörden müssen dementsprechend regelmäßig versuchen, eine Anordnung des zuständigen Richters zu erlangen, bevor sie eine Durchsuchung beginnen. Nur in Ausnahmesituationen, wenn schon die zeitliche Verzögerung wegen eines solchen Versuchs den Erfolg der Durchsuchung gefährden würde, dürfen sie selbst die Anordnung wegen Gefahr im Verzug treffen, ohne sich zuvor um eine richterliche Entscheidung bemüht zu haben.“; BVerfGE 139, 245 (Eilkompetenz der Ermittlungsbehörden) = BVerfG, Beschluss des Zweiten Senats vom 16.06.2015 – 2 BvR 2718/10, Rn. 83: „Scheitert hingegen der Versuch der Befassung des Gerichts mit dem Antrag auf Erlass einer Durchsuchungsanordnung, weil der zuständige Richter nicht erreicht werden kann und infolgedessen ein Beweismittelverlust droht, kommt ein Rückgriff auf die Eilkompetenz der Ermittlungsbehörden gemäß Art. 13 Abs. 2, 2. Halbsatz GG in Betracht.“, Ls. 2 [zum **Eilzuständigkeitsende der Ermittlungsbehörden**]: „Mit der Befassung des zuständigen Ermittlungs- oder Eilrichters durch die Stellung eines Antrags auf Erlass einer Durchsuchungsanordnung und der dadurch eröffneten Möglichkeit präventiven Grundrechtsschutzes durch den Richter endet die Eilkompetenz der Ermittlungsbehörden.“, Rn. 79: „Entscheidend ist dabei nicht der Zeitpunkt, zu dem die Staatsanwaltschaft den Entschluss fasst, eine richterliche Durchsuchungsanordnung zu beantragen, sondern der Zeitpunkt, in dem das Gericht mit dem Antrag auf Erlass einer Durchsuchungsanordnung befasst wird [**richterliche Befassung** oder **Gerichtsbefassung**, P. B.]. Dies ist der Fall, wenn die Staatsanwaltschaft [oder die Polizei, P. B.] dem zuständigen Richter den Antrag tatsächlich unterbreitet hat, so dass dieser in eine erste Sachprüfung eintreten kann.“, Rn. 82: „Auch soweit während des durch den Richter in Anspruch genommenen Entscheidungszeitraums nach dessen Befassung die Gefahr eines Beweismittelverlusts eintritt, etwa weil dieser auf ein mündlich gestelltes Durchsuchungsbegehren hin die Vorlage schriftlicher Antragsunterlagen oder einer Ermittlungsakte fordert, Nachermittlungen anordnet oder schlicht bis zum Eintritt der Gefahr eines Beweismittelverlusts noch nicht entschieden hat, lebt die Eilkompetenz der Ermittlungsbehörden nicht wieder auf. Dies gilt unabhängig davon, aus welchen Gründen die richterliche Entscheidung über den Durchsuchungsantrag unterbleibt.“, Ls. 3: „Die Eilkompetenz der Ermittlungsbehörden kann nur dann neu begründet werden, wenn nach der Befassung des Richters tatsächliche Umstände eintreten oder bekannt werden, die sich nicht aus dem Prozess der Prüfung und Entscheidung über diesen Antrag ergeben, und hierdurch die Gefahr eines Beweismittelverlusts in einer Weise begründet wird, die der Möglichkeit einer rechtzeitigen richterlichen Entscheidung entgegensteht.“, Ls. 4: „Auf die Ausgestaltung der justizinternen Organisation kann die Eilzuständigkeit der Ermittlungsbehörden nicht gestützt werden.“, Rn. 70: „Die daraus folgende Pflicht der Ermittlungsbehörden, sich regelmäßig um eine Durchsuchungsanordnung des zuständigen Richters zu bemühen, wird nicht durch den abstrakten Hinweis verzichtbar, eine richterliche Entscheidung sei zur maßgeblichen Zeit üblicherweise nicht mehr zu erreichen (vgl. BVerfGK 5, 74 <78>; 7, 392 <395>). Reine Spekulationen, hypothetische Erwägungen oder lediglich auf kriminalistische Alltagserfahrungen gestützte, fallunabhängige Vermutungen reichen ebenfalls nicht aus, um die Annahme von Gefahr im Verzug zu begründen (vgl. BVerfGE 103, 142 <155>; BVerfGK 2, 310 <315>). Auch schließt das verfassungsrechtliche Gebot, dem Ausnahmecharakter der Eilkompetenz Rechnung zu tragen, aus, mit dem Antrag auf Erlass einer Durchsuchungsanordnung zu warten, bis die Gefahr eines Beweismittelverlusts eingetreten ist. Selbst herbeigeführte tatsächliche Voraussetzungen können die Eilkompetenz der Staatsanwaltschaft und ihrer Ermittlungspersonen nicht begründen (vgl. BVerfGK 5, 74 <78>).“, Rn. 71: „Stattdessen sind bei der Beurteilung der Frage, ob der Versuch, eine richterliche Entscheidung herbeizuführen, unterbleiben darf, weil bereits die damit verbundene zeitliche Verzögerung den Erfolg der Durchsuchung gefährden würde, die konkreten Umstände des jeweiligen Einzelfalles in Rechnung zu stellen. Die Ermittlungsbehörden haben insbesondere die Komplexität der im Rahmen der Durchsuchungsanordnung zu prüfenden tatsächlichen und rechtlichen Fragen und den insoweit erforderlichen Zeitaufwand zu berücksichtigen. Daneben haben sie aber auch in ihre

(SUB/ERG)

Im konkreten Fall ist § 81c Abs. 5 S. 1 StPO (alternativ)

- bei Vorliegen von entsprechenden Anhaltspunkten / Fehlen entgegenstehender Anhaltspunkte eingehalten.
- bei Vorliegen von entsprechenden Anhaltspunkten nicht eingehalten.

2. § 163 Abs. 6 S. 2 i.V.m. § 81c Abs. 3 StPO: Belehrung zu Zeugnisverweigerungsrecht und Auswirkungen; Gesetzliche-Vertreter-Entscheidung; Gerichtsanordnung oder StA-Anordnung bei Gesetzlicher-Vertreter-Ausschluss- oder -hinderung

(VOR/DEF)

Gemäß § 163 Abs. 6 S. 2 i.V.m. § 81c Abs. 3 S. 1, 2 StPO gilt § 52 Abs. 3 StPO in den Fällen des § 81c Abs. 3 S. 1 und 2 StPO auch bei Untersuchungen durch Beamte des Polizeidienstes sinngemäß.

Gemäß § 163 Abs. 6 S. 2 i.V.m. § 52 Abs. 3 S. 1 StPO sind die zur Verweigerung des Zeugnisses berechtigten Personen, in den Fällen des § 51 Abs. 2 i.V.m. § 81c Abs. 3 StPO auch deren zur Entscheidung über die Ausübung des Zeugnisverweigerungsrechts befugte Vertreter, vor jeder Vernehmung über ihr Recht zu belehren; gemäß § 52 Abs. 3 S. 2 StPO können sie den Verzicht auf dieses Recht auch während der Vernehmung widerrufen.

Gemäß § 81c Abs. 3 S. 3 StPO sind die Untersuchungsmaßnahmen nur auf besondere Anordnung des Gerichts und, wenn dieses nicht rechtzeitig erreichbar ist, der Staatsanwaltschaft zulässig, wenn der gesetzliche Vertreter von der Entscheidung ausgeschlossen ist (§ 52 Abs. 2 S. 2 StPO) oder aus sonstigen Gründen an einer rechtzeitigen Entscheidung gehindert ist, und wenn die sofortige Untersuchung oder Entnahme von Blutproben zur Beweissicherung erforderlich erscheint.

Die Voraussetzungen von polizeilicher Betroffenen-Belehrung und ggf. Betroffenen-Vertreter-Belehrung sowie von „nur" besonderer Gerichts-Anordnung oder von StA-Anordnung bei nicht rechtzeitiger Gerichtserreichbarkeit i.S.d. § 81c Abs. 3 S. 3 StPO (= **Gefahr im Verzug, siehe B. I. 1.**) erstrecken sich also auf folgende Voraussetzungen – unter **B. II. 2. a)-e)**:

Überlegungen einzubeziehen, dass die Vorlage schriftlicher Unterlagen zur Herbeiführung einer richterlichen Eilentscheidung zumindest nicht ausnahmslos erforderlich ist. Jedenfalls in einfach gelagerten Fällen, in denen allein aufgrund der **mündlichen Darstellung des Sachverhalts** eine sachangemessene Entscheidung möglich ist, würde ein solches Erfordernis weder der gesetzlichen Intention noch der Bedeutung des Richtervorbehalts für den Grundrechtsschutz des Einzelnen gerecht (vgl. insoweit zur Anordnung einer Blutentnahme gemäß § 81a StPO: BVerfGK 17, 340 <346 f.>). Es bestehen daher in solchen Fällen keine verfassungsrechtlichen Bedenken, wenn der zuständige Richter allein aufgrund mündlich übermittelter Informationen entscheidet und die Durchsuchung auch **mündlich anordnet**, sofern er diese Anordnung zeitnah schriftlich dokumentiert und damit den sich aus Art. 19 Abs. 4 GG ergebenden Erfordernissen Rechnung trägt.".

aa) Zureichende tatsächliche Anhaltspunkte bezüglich Gründen für mindestens ein **Zeugnisverweigerungsrecht** (§§ 52, 53, 53a, 54 StPO)[662] bei der potentiell untersuchungsbetroffenen „anderen Person", § 81c Abs. 3 S. 1 StPO.

Zur **Glaubhaftmachung** des Verweigerungsgrundes: § 56 StPO, § 294 ZPO; vgl. des Weiteren den **Angehörigen**-Status wie folgt:

- § 52 Abs. 1 Nr. 1 StPO: §§ 1297-1303 BGB (Verlöbnis);
- § 52 Abs. 1 Nr. 2 StPO: §§ 1303-1362 BGB (Ehe), insbesondere mit §§ 1303, 1304 BGB (Ehefähigkeit), §§ 1306-1308 BGB (Eheverbote), § 1309 BGB (Ehefähigkeitszeugnis für Ausländer), § 1353 BGB (Eheliche Lebensgemeinschaft), zusätzlich § 13 EGBGB (Eheschließung);
- § 52 Abs. 1 Nr. 2a StPO: LPartG (Gesetz über die eingetragene Lebenspartnerschaft), vgl. dazu auch: § 1353 BGB (Eheliche Lebensgemeinschaft);
- § 52 Abs. 1 Nr. 3 StPO: § 1589 BGB (**Verwandtschaft**), § 1590 BGB (**Schwägerschaft**), §§ 1591-1600d BGB (**Abstammung**).

Gemäß § 81c Abs. 3 S. 2, letzter Hs. i.V.m. § 52 Abs. 2, 3 StPO ist in den dort genannten Fällen[663] auch zu prüfen und zu berücksichtigen: der gesetzliche **Vertreter**[664] und dessen **Zustimmung** (hier als **Einwilligung** i.S.v. § 183 BGB) bzw. Nichtzustimmung; in den Fällen des § 52 Abs. 2 S. 2 StPO ist die Bestellung einer ordnungegemäßen Vertretung zu veranlassen, etwa eines **Ergänzungspflegers** gemäß § 1909 BGB.

bb) Minderjähriger, § 2 BGB oder Betreuter, §§ 1896-1908j BGB als potentiell untersuchungsbetroffene „andere Person";

---

[662] Vgl. auch Art. 47 GG, Art. 49 Abs. 1 Verfassung NRW (**Abgeordneten-Zeugnisverweigerungsrecht** und zeugnisverweigerungsrechtentsprechendes **Abgeordneten-Schriftstückebeschlagnahmeverbot**). Vgl. auch §§ 18, 21 GVG i.V.m. DiplBezÜbkG i.V.m. Art. 31 Abs. 2 WÜD (**Diplomatenzeugnisverweigerungsrecht**); §§ 19, 21 GVG i.V.m. KonsÜbkG i.V.m. Art. 44 (i.V.m. Erklärung für das Vereinigte Königreich Großbritannien und Nordirland) WÜK (**Konsularvertretungsmitglieder-Zeugnispflicht** – mit Verfahren und negativen Voraussetzungen). Vgl. auch BGH, Beschluss vom 13.01.1999 – StB 14/98 (Ermittlungsrichter): „Das **presserechtliche Zeugnisverweigerungsrecht** und der **presserechtliche Beschlagnahmeschutz** gelten auch für einen freien journalistischen Mitarbeiter einer Zeitung. Sie bestehen jedoch in der Regel nicht, wenn die Identität des Informanten in dem Pressebeitrag über die dem Journalisten gemachte Mitteilung offen gelegt wird und der Informationsinhalt im übrigen bekannt ist.".

[663] BGHSt 14, 159 (7-jährige Tochter als Belastungszeugin) = BGH, Urteil vom 02.03.1960 – 2 StR 44/60, Ls.: „1. Eine Beweisperson, welche die zum Verständnis ihres Zeugnisverweigerungsrechtes nach § 52 StPO erforderliche geistige Reife nicht besitzt, darf nur mit Zustimmung ihres gesetzlichen Vertreters vernommen werden. Trotz dessen Zustimmung darf sie nicht vernommen werden, falls sie selbst erklärt, nicht aussagen zu wollen. 2. Der gesetzliche Vertreter ist über das Zeugnisverweigerungsrecht der Beweisperson zu belehren.", S. 160: „Die ohne die danach erforderliche Zustimmung des gesetzlichen Vertreters oder zwar mit seiner Zustimmung, aber ohne vorherige richterliche Belehrung über das Weigerungsrecht erstattete Aussage darf nicht verwertet werden.".

[664] **Vertreter** ist ein **Stellvertreter** qua Gesetz oder ein **Stellvertreter** qua Rechtsgeschäft (§§ 164-181 BGB). Vgl. insbesondere:

- §§ 1626-1698b BGB: **Elterliche Sorge** mit „**Vertretung des Kindes**" gemäß § 1629 BGB;
- § 1 Abs. 1 Nr. 4 JuSchG: **erziehungsbeauftragte Person**;
- §§ 1773-1895 BGB: **Vormundschaft**;
- §§ 1896-1908k BGB: **Rechtliche Betreuung**;
- §§ 1909-1921 BGB: **Pflegschaft**.

cc) Zzureichende tatsächliche Anhaltspunkte ungenügender Minderjährigen- oder Betreuten-Vorstellung von der Bedeutung des Zeugnisverweigerungsrechts wegen mangelnder Verstandesreife oder wegen einer psychischen Krankheit oder einer geistigen oder seelischen Behinderung.

dd) Gegebensein eines Ausschlusses des gesetzlichen Vertreters (z.B. §§ 1626-1698b BGB) von der Entscheidung (§ 52 Abs. 2 S. 2 StPO) oder Gegebensein einer Hinderung des gesetzlichen Vertreters aus sonstigen Gründen an einer rechtzeitigen Entscheidung;

ee) Erscheinen (zureichende tatsächliche Anhaltspunkte) von Erforderlichkeit sofortiger Untersuchung oder Entnahme von Blutproben zur Beweissicherung.

(SUB/ERG)

Im konkreten Fall ist § 81c Abs. 3 S. 1, 2 StPO gilt § 52 Abs. 3 StPO und ist § 81c Abs. 3 S. 3 StPO (alternativ)

- bei Vorliegen von entsprechenden Anhaltspunkten / Fehlen entgegenstehender Anhaltspunkte eingehalten.
- bei Vorliegen von entsprechenden Anhaltspunkten nicht eingehalten.

3. § 81d StPO: Durchführung körperlicher Untersuchung (körperlichen Eingriffen, Blutprobenentnahmen) durch Person bestimmten Geschlechts oder durch Arzt

(VOR)

Gemäß § 81d StPO – auch bei **Einwilligung** (§ 36 Nr. 19 DSG NRW, § 38 DSG NRW) der betroffenen Person, § 81d Abs. 2 StPO –

- wird gemäß § 81d Abs. 1 S. 1 StPO im Fall von potentieller Schamgefühlsverletzung die körperliche Untersuchung von einer Person gleichen Geschlechts oder von einer Ärztin oder einem Arzt vorgenommen;
- soll gemäß § 81d Abs. 1 S. 2 StPO im Fall von berechtigtem Interesse und Wunsch der betroffenen Person die körperliche Untersuchung einer Person oder einem Arzt bestimmten Geschlechts übertragen werden;
- soll gemäß § 81d Abs. 1 S. 3 StPO im Fall des Verlangens der betroffenen Person eine Person des Vertrauens zugelassen werden;
- ist gemäß § 81d Abs. 1 S. 4 StPO die betroffene Person auf die Regelungen von § 81d Abs. 1 S. 2, 3 StPO hinzuweisen.

(DEF)

Schamgefühlsverletzungspotential im Sinne von § 81d StPO richtet sich nach objektiviertem Maßnahmenempfänger.[665]

Person gleichen Geschlechts ist eine Person mit gleichem Geschlechts-Personenstand nach PStG.

---

[665] Bundesrats-Drucksache 829/03 vom 07.11.2003, S. 21: „Dies kann z.B. nach vorangegangenem Missbrauch durch eine Person gleichen Geschlechts der Fall sein.“.

Arzt ist ein solcher nach BÄO.

Berechtigtes Interesse ist ein Rechtsgrund (**rechtliches Interesse**) als auch ein insgesamt überwiegendes Interesse nach Abwägung aller Interessen insbesondere der an der Maßnahme Beteiligten (z.B. unmittelbar betroffene Person, Polizeibeamte, Arzt, Vertrauensperson mit jeweiligen Persönlichkeitsrechten) und der durch die Maßnahme Betroffenen (z.B. unmittelbar betroffene Person, potentielle Tatopfer, verfahrenszuständige Behörden mit jeweiligen Rechten und Pflichten im Rechtsstaat).

Person des Vertrauens wird durch die betroffene Person bestimmt.

(SUB/ERG)

Im konkreten Fall ist § 81d StPO (alternativ)

- bei Vorliegen von entsprechenden Anhaltspunkten / Fehlen entgegenstehender Anhaltspunkte eingehalten.
- bei Vorliegen von entsprechenden Anhaltspunkten nicht eingehalten.

4. § 81c Abs. 2 S. 2 StPO: Abstammungsuntersuchung, Blutprobenentnahme und anderer arztkunsterforderlicher körperlicher Eingriff nur durch Arzt nach den Regeln der ärztlichen Kunst

(VOR)

Gemäß § 81c Abs. 2 S. 2 StPO dürfen „die" (in § 81c Abs. 2 StPO in Bezug genommenen Abstammungs-)Untersuchungen und die Entnahme von Blutproben (sowie andere arztkunsterforderliche körperliche Eingriffe, vgl. § 81a Abs. 1 S. 2 StPO) „stets" nur von einem Arzt vorgenommen werden (nach den Regeln der ärztlichen Kunst, vgl. § 81a Abs. 1 S. 2 StPO).

(DEF)

Arzt ist ein solcher nach BÄO.

Vornahme nach den Regeln der ärztlichen Kunst (lege artis) ist arztberufnormgemäße[666], kunstgerechte[667] Durchführung einschließlich dazu erforderlicher Vorbereitungen und Nachbereitungen (z.B. Aufklärung, Betreuung, Nachaufsicht) unter grundsätzlicher Berücksichtigung allgemein anerkannter fachlicher Standards im Sinne von § 630a Abs. 2 BGB[668] zur maßgeblichen Zeit.

---

[666] Zu **Rechtsnormen** und **Sozialnormen** allgemein: *Basten*, Eingriffsrecht der Polizei in Nordrhein-Westfalen, Band 1, Buch 1, Abschnitt 1, Unterabschnitt 3, Titel 1 und Untertitel 1.

[667] Vgl. zum **Kunstfehler**-Begriff grundlegend: *Virchow*, Kunstfehler der Ärzte, Aktenstücke des Reichstags des Norddeutschen Bundes, Anlage 3 zu Nr. 5, S. XII-XV.

[668] BGH, Urteil vom 15.04.2014 – VI ZR 382/12 –, Rn. 11, Ls./17 (jeweils mit vielen weiteren Nachweisen zum Ganzen): „Der **Standard** gibt Auskunft darüber, welches Verhalten von einem gewissenhaften und aufmerksamen Arzt in der konkreten Behandlungssituation aus der berufsfachlichen Sicht seines Fachbereichs im Zeitpunkt der Behandlung erwartet werden kann. Er repräsentiert den jeweiligen Stand

(SUB/ERG)

Im konkreten Fall ist § 81c Abs. 2 S. 2 StPO (alternativ)

- bei Vorliegen von entsprechenden Anhaltspunkten / Fehlen entgegenstehender Anhaltspunkte eingehalten.
- bei Vorliegen von entsprechenden Anhaltspunkten nicht eingehalten.[669]

---

der naturwissenschaftlichen Erkenntnisse und der ärztlichen Erfahrung, der zur Erreichung des ärztlichen Behandlungsziels erforderlich ist und sich in der Erprobung bewährt hat [Quellenangaben]. **Handlungsanweisungen** in **Leitlinien** ärztlicher Fachgremien oder Verbände dürfen nicht unbesehen mit dem medizinischen Standard gleichgesetzt werden. Dies gilt in besonderem Maße für Leitlinien, die erst nach der zu beurteilenden medizinischen Behandlung veröffentlicht worden sind. Leitlinien ersetzen kein Sachverständigengutachten. Zwar können sie im Einzelfall den medizinischen Standard für den Zeitpunkt ihres Erlasses zutreffend beschreiben; sie können aber auch Standards ärztlicher Behandlung fortentwickeln oder ihrerseits veralten [Quellenangaben].".

[669] BGHSt 55, 121 („Zur Verantwortlichkeit eines im Beweissicherungsdienst tätigen Arztes für tödlich verlaufenen **Brechmitteleinsatz** gegen Drogen-Kleindealer.") = BGH, Urteil vom 29.04.2010 – 5 StR 18/10, Rn. 27: „Die für die ärztliche Berufsausübung wesentliche **Aufklärungspflicht** (§ 8 BO für Ärztinnen und Ärzte des Landes Bremen vom 30. Juni 1997, ABl. S. 479) ist auch von dem Arzt zu erfüllen, der eine Zwangsmaßnahme gemäß § 81a StPO vorzunehmen hat (Kohlhaas NJW 1968, 2277, 2278), falls der Betroffene hierdurch in die Lage versetzt wird, den hinzunehmenden Eingriff schonender zu gestalten.", Rn. 28: „Hinzu tritt, dass der Angeklagte in Erfüllung der ihm obliegenden **Fortbildungspflicht** (§ 4 BO; vgl. auch BGHSt 43, 306, 311) gehalten war, nach Erlass der Dienstanweisung vom 1. März 2001 erschienene Expertisen zur Kenntnis zu nehmen, die eine Exkorporation unter Zwangsanwendung als medizinisch unbeherrschbar bewertet hatten [Quellenangaben].", Rn. 30: „Hierzu hat das Landgericht zahlreiche Umstände festgestellt: Unzureichende **Anamnese** und **Untersuchung zu Beginn** der **Exkorporation**, unzureichende Gerätekenntnis, fehlende Grundkenntnisse über die Behandlung ohnmächtiger Patienten, vorurteilsbedingtes Unterlassen der gebotenen **Untersuchung vor Fortsetzung** der Exkorporation (vgl. BGHSt 3, 91, 96) unter Vernachlässigung fast jeder **Dokumentation**. Hinzu treten die vom Landgericht nicht gewürdigte fehlende **Aufklärung** und der Umstand der Vornahme einer **Körperverletzung** gegen Ende des Tatgeschehens durch Herbeiführung des Brechreizes mit Aspiration von Wasser mittels einer Pinzette und eines Spatels; der Angeklagte hat hierbei die aus seiner und der Sichtweise der Dienstanweisung bestehende Grenze für eine zulässige Gewaltanwendung überschritten. Bei der hiernach für erlaubt gehaltenen Methode der Exkorporation war lediglich **Gewalt durch Fixierung** des Betroffenen bei Einführung der Nasensonde bis zum Erbrechen erlaubt, aber keine darüber hinausgehende Gewalteinwirkung zur Auslösung des Brechreizes auf andere Weise. Solches stellt eine – durch § 81a StPO nicht mehr gerechtfertigte – Körperverletzung dar [Quellenangaben].", Rn. 31: „Die Anerkennung eines **Übernahmeverschuldens** beruht auf der besonderen **Schutzpflicht** des – durch die **Approbation** nachgewiesen – ausgebildeten Arztes für das ihm anvertraute Rechtsgut, die Unversehrtheit der Gesundheit seiner Patienten. Einer solchen Pflicht unterliegt, weil er gemäß § 81a Abs. 1 StPO die **Regeln der ärztlichen Kunst** einzuhalten hat, auch ein nach dieser Vorschrift handelnder Arzt. Hierdurch bestand auch für den Angeklagten eine normativ begründete Eigenverantwortlichkeit für die Gesundheit des vom Eingriff des Angeklagten betroffenen C., die durch auch von Dritten zu verantwortende Überforderung des Angeklagten nicht beseitigt werden konnte.", Rn. 34: „Darüber hinaus hat es das Landgericht unterlassen, ein Verbot der Fortsetzung der **Exkorporation** nach erfolgreicher Bergung des ersten Kokainkügelchens wegen Verstoßes des Angeklagten gegen das Gebot der Wahrung der **Menschenwürde** in Betracht zu ziehen.", Rn. 35: „Ein solcher Verstoß lag hier aufgrund der vorzunehmenden Gesamtschau der den Betroffenen C. beeinträchtigenden Umstände auf der Hand (vgl. BVerfGE 30, 1, 25 f.; EGMR aaO [= EGMR, Urteil der Großen Kammer vom 11.07.2006 – Individualbeschwerde Nr. 54810/00 – Rechtssache Jalloh/Deutschland, P. B.]; vgl. auch OLG Frankfurt NJW 1997, 1647, 1648 und Bachmann/Püschel/Sonnen Kriminalistik 2004, 678, 680). Das Bedürfnis nach Fortsetzung der **Exkorporation** war nach Bergen des ersten Kokainkügelchens zum Nachweis eines vom Betroffenen begangenen Vergehens stark herabgesetzt, das

5. § 33 StPO analog als allgemeine Verfahrensrechtsnorm für Justiz-VA (vgl. § 23 Abs. 1 S. 1 EGGVG): Anhörung

(VOR/DEF)

Gemäß § 33 StPO analog[670] (ggf. i.V.m. §§ 46, 53 Abs. 1 S. 2 OWiG) besteht Pflicht zur **Anhörung** bzw. **Gewährung rechtlichen Gehörs** vor einer Entscheidung, jedenfalls bevor zum Beteiligten-Nachteil Tatsachen oder Beweisergebnisse ohne Anhörung verwertet werden – oder es soll gegeben sein: ein Ausnahmegrund der Zweckgefährdung bzw. Gefahr im Verzug nach § 33 Abs. 4 StPO analog.

Gefahr im Verzug i.S.d. § 33 StPO ist gegeben, wenn der Handlungsbedarf unvorhergesehen ist und bei Durchführung der eigentlich vorgesehenen Maßnahme, hier der Anhörung, der gesetzliche Zweck, hier der jeweilige aus der Aufgabe des § 163 Abs. 1 S. 1 StPO (ggf. aus § 53 Abs. 1 S. 1 OWiG) und der Befugnisrechtsnorm des § 163 Abs. 1 S. 1 StPO, vereitelt oder wesentlich erschwert wird.

Fortfahren jedenfalls **unverhältnismäßig**. Bereits die erste Exkorporationsphase führte zur Ohnmacht des gefesselt gebliebenen Betroffenen und beinhaltete schon ein zweites Legen der Sonde, wodurch ein Scheitern der Maßnahme indiziert gewesen ist.“.

BGH, Urteil vom 20.07.2012 – 5 StR 536/11 („Vorhersehbarkeit der Todesfolge nach **Brechmitteleinsatz** (im Anschluss an BGHSt 55, 121) [derselbe Fall, P. B.]“, Rn. 15: „Es kann dahingestellt bleiben, ob im Rahmen des § 81a StPO nicht ein engerer Beurteilungsmaßstab anzulegen ist, als ihn das Landgericht verwendet hat [Quellenangaben]). Jedenfalls hat die Schwurgerichtskammer den aktuellen Gesundheitszustand des Verstorbenen (vgl. Meyer-Goßner aaO) nicht hinreichend in seine – im Übrigen durch keinen der zahlreichen Sachverständigen gestützte – Wertung einbezogen, dass ein **erfahrener Facharzt** bei **Fortsetzung der Exkorporation** nicht mit **Nachteilen für dessen Gesundheit** habe rechnen müssen. Rechtsfehlerhaft hat sie ferner hinsichtlich der Voraussetzungen des § 81a Abs. 1 Satz 2 StPO – ebenso wie für die Frage der Pflichtwidrigkeit im Sinne der §§ 222, 227 StGB – darauf abgestellt, dass sich die Aspirationsgefahr aus der Sicht ex post nicht zu ihrer Überzeugung verwirklicht habe (UA S. 101). Darauf kommt es nicht an. Maßgebend ist nach dem eindeutigen Wortlaut der Vorschrift, ob bei objektiver Betrachtung der Gefahrenlage aus der Sicht ex ante bei Fortsetzung der Exkorporation mit einer gewissen Wahrscheinlichkeit gesundheitliche Nachteile zu erwarten waren [Quellenangaben].“, Rn. 16: „Auch in Anbetracht der danach erreichten Zustandsverbesserung verbot sich bei dieser Sachlage unter den **strengen medizinischen Voraussetzungen des § 81a StPO** die Fortsetzung der Exkorporation schon wegen des Risikos erneuten Auftretens der – hinsichtlich ihrer Ursache ungeklärt gebliebenen – Komplikationen.“, Rn. 18: „Das nach nochmaliger Befüllung des Magens mit Wasser gewaltsame Öffnen des Mundes unter größerem Kraftaufwand und das mechanische Auslösen des Brechreizes mittels Pinzette und Spatels sind offensichtlich unverhältnismäßig, verletzen die **Menschenwürde** und sind demgemäß auch rückblickend schlechterdings nicht nach § 81a StPO zu rechtfertigen (BGHSt 55, 121, 133).“, Rn. 24: „Vorliegend widersprach es gerade **ärztlicher Pflicht**, die **Exkorporation** fortzuführen, nachdem sich der Gesundheitszustand während deren erster Phase so sehr verschlechtert hatte, dass der Angeklagte das Legen einer Verweilkanüle und das Herbeiholen des Notarztes für erforderlich gehalten hatte und nachdem notärztliche Maßnahmen auch tatsächlich durchgeführt worden waren.“, Rn. 24: „Mit Komplikationen auch aufgrund nicht auf den ersten Blick erkennbarer Vorschädigungen muss der Fachkundige – zumal in Ermangelung einer gründlichen Untersuchung – bei einem so gearteten Zwangseingriff vielmehr stets rechnen.“.

[670] Für das tradierte „Menschenrecht“ der Anhörung (vgl. auch Art. 20 Abs. 3 GG, Art. 103 Abs. 1 GG, Art. 41 EU-GR-Charta, Art. 6 EMRK) gibt es in der StPO bei polizeilichen Maßnahmen i.d.R. keine direkte für die Polizei anwendbare Rechtsnorm (systematische Regelungslücke), weshalb – bei gleichzusetzender Interessenlage und Lücke im einzelnen Fall – § 33 StPO mit seinen Rechtsgedanken als die noch für die Polizei bestmögliche Anhörungs-Rechtsgrundlage eben analog angewendet werden kann.

(SUB/ERG)

Im konkreten Fall ist § 33 StPO analog (alternativ)

- eingehalten insbesondere bei Gelegenheit zur Stellungnahme i.S.d. § 33 StPO analog;
- eingehalten bei Nichteinhaltung von § 33 Abs. 1, 3 StPO analog und Ausnahmegrund gemäß § 33 Abs. 4 StPO analog;
- nicht eingehalten insbesondere bei Fehlen von Gelegenheit zur Stellungnahme ohne Ausnahmegrund i.S.d. § 33 StPO analog;
- sonst eingehalten oder nicht eingehalten bei Anhaltspunkten / Fehlen entgegenstehender Anhaltspunkte.

6. § 168b StPO als allgemeine Verfahrensrechtsnorm für Justiz-VA (vgl. § 23 Abs. 1 S. 1 EGGVG): Protokoll

(VOR/DEF)

Gemäß § 168b StPO (ggf. i.V.m. §§ 46, 53 Abs. 1 S. 2 OWiG) besteht Pflicht zur **Protokollierung** bzw. zum **Protokoll** über ermittlungsbehördliche Untersuchungshandlungen, wonach gemäß § 168b Abs. 1 StPO das Ergebnis der Untersuchungshandlungen der Ermittlungsbehörden aktenkundig zu machen ist.

(SUB/ERG)

Im konkreten Fall ist § 168b StPO (alternativ)

- eingehalten insbesondere bei Protokoll über (das Ergebnis über) behördliche Untersuchungshandlungen i.S.d. §168b StPO;
- eingehalten bei Nichteinhaltung von § 168b StPO mit Ausnahmegrund;
- nicht eingehalten insbesondere bei Fehlen von Protokoll über (das Ergebnis über) behördliche Untersuchungshandlungen ohne Ausnahmegrund;
- sonst eingehalten oder nicht eingehalten bei Anhaltspunkten / Fehlen entgegenstehender Anhaltspunkte.

(ERG Verfahren)

Ergebnis kann allgemein sein: Verfahrensrechtmäßigkeit oder Verfahrensrechtswidrigkeit der Maßnahme.

B. Formelle Rechtmäßigkeit (FR) III. Form (F)

(VOR/DEF)

Form ist Standard des Wie der Rechtsfolgesetzung – mündlich, schriftlich, elektronisch oder in anderer Weise.

(SUB/ERG)

Im konkreten Fall besteht aufgrund Fehlens speziellerer Formrechtsnormen Formfreiheit für den Justiz-VA.

(§ 168b StPO ist i.d.R. bereits integrativer Verfahrensbestandteil.)

Ergebnis kann allgemein sein: Formrechtmäßigkeit oder Formrechtswidrigkeit der Maßnahme.

C. Materielle Rechtmäßigkeit (MR) I. Tatbestand (Tb) / Tatbestandsvoraussetzungen (TBV)

(VOR/DEF)

Tatbestand ist das Gesamt der (materiell-rechtlichen) Rechtsfolge(setzungs)bedingungen. / **Tatbestandsvoraussetzungen** sind materiell-rechtliche Rechtsfolgesetzungsbedingungen.

1. § 163 Abs. 1 S. 1 i.V.m. § 152 Abs. 2 StPO: Tatverdacht

(VOR)

In § 81c (ggf. i.V.m. §§ 46, 53 Abs. 1 S. 2 OWiG) wird (Straf-/Owi-)Tatverdacht vorausgesetzt, vgl. § 163 Abs. 1 S. 1 W. 8, S. 2 W. 1-3 StPO (i.V.m. § 53 Abs. 1 S. 1 W. 11, S. 2 W. 7 OWiG).

(DEF)

Tatverdacht ist gemäß § 163 Abs. 1 S. 1 i.V.m. § 152 Abs. 2 StPO das Gegebensein zureichender tatsächlicher Anhaltspunkte für eine verfolgbare Straftat oder Ordnungswidrigkeit.[671]

Zureichende tatsächliche Anhaltspunkte sind gegeben bei entsprechendem Ergebnis einer Gewichtigkeits- und Plausibilitätsprüfung aller wahrnehmbaren Dinge in Abwägung mit Art und Ausmaß potentieller Rechtseingriffe und Taten.

(SUB)

Zureichende tatsächliche Anhaltspunkte sind (z.B. und alternativ möglich) zum maßgeblichen Zeitpunkt bezüglich bestimmter Taten:

- polizeieigene Beobachtungen;
- polizeiliche Feststellungen;

---

[671] BVerfG, Beschluss der 3. Kammer des Zweiten Senats vom 11.01.2016 – 2 BvR 1361/13 –, Rn. 11: „Notwendiger und grundsätzlich auch hinreichender Anlass für Zwangsmaßnahmen im Strafverfahren [oder Ordnungswidrigkeitenverfahren, P. B.] ist der Verdacht einer Straftat [oder Ordnungswidrigkeit, P. B.]. Der Verdacht muss auf konkreten Tatsachen beruhen; vage Anhaltspunkte oder bloße Vermutungen reichen nicht aus (vgl. BVerfGE 44, 353 <381 f.>; 59, 95 <97 f.>; BVerfGK 1, 126 <131>).“

- polizeiliche, auf Tatsachen begründete, auf den einzelnen Fall bezogene Schlussfolgerungen, außer reine Spekulationen, hypothetische Erwägungen oder lediglich auf kriminalistische Alltagserfahrung gestützte, fallunabhängige Vermutungen;
- Angaben von Beschuldigten, Betroffenen, Verdächtigen, Nichtverdächtigen, Zeugen, Sachverständigen oder Dritten;
- Anzeigen i.S.d. § 158 StPO;
- sonstige Daten.

(ERG)

Im konkreten Fall besteht i.S.d. § 152 Abs. 2 StPO i.V.m. § 163 Abs. 1 S. 1 StPO/§ 53 Abs. 1 S. 1 OWiG (alternativ)

- Tatverdacht (bei zureichenden tatsächlichen Anhaltspunkten).
- kein Tatverdacht (bei Fehlen zureichender tatsächlicher Anhaltspunkte).

2. § 81c Abs. 1, letzter Hs. StPO bezüglich körperlicher Untersuchung anderer Personen (ggf. außer Abstammungsuntersuchung und Blutprobenentnahme[672]): Befinden einer bestimmten Spur oder Folge einer Tat am Körper der anderen Person.

(VOR/DEF)

Gemäß § 81c Abs. 1 StPO dürfen andere Personen als Beschuldigte, wenn sie als Zeugen in Betracht kommen, ohne ihre Einwilligung (§ 36 Nr. 19 DSG NRW, § 38 DSG NRW) nur untersucht werden, soweit zur Erforschung der Wahrheit festgestellt werden muß, ob sich an ihrem Körper eine bestimmte Spur oder Folge einer Tat befindet.

Gemäß § 81c Abs. 1 letzter Hs. StPO muss sich also die Untersuchung beziehen auf: eine bestimmte, sich nach zureichenden tatsächlichen Anhaltspunkten am Körper der untersuchungsbetroffenen Person befindliche Tat-Spur oder Tat-Folge.

Spur im Sinne von § 81c Abs. 1, letzter Hs. StPO ist sachbeweisfähiger Anhaltspunkt im Sinne von Kriminalistik und Kriminaltechnik (Beispiel für Fälle von § 81c StPO: Körperzellen). **Folge** im Sinne von § 81c Abs. 1, letzter Hs. StPO ist Auswirkung oder sonstiges Ergebnis (Beispiel für Fälle von § 81c StPO: Verletzungen). Vgl. z.B. die Nichtspur bzw. Nichtfolge der Kognitionsfähigkeit oder sonstiger mutmaßlicher, etwaig deliktsmitwirkender Körperdisposition der

---

672 Vgl. zur Voraussetzungsanwendbarkeit der Zweckbindung an die Feststellung von Tatspuren oder Tatfolgen die Systematik von § 81c StPO: § 81c Abs. 1 StPO (körperliche Untersuchung allgemein) mit Normierung der Voraussetzung des Zwecks der Feststellung von Tatspuren oder Tatfolgen einerseits und andererseits § 81c Abs. 2 StPO (Abstammungsuntersuchung und Blutprobe) ohne ausdrückliche Normierung des Zwecks der Feststellung von Tatspuren oder Tatfolgen, und vgl. die Rechtsprechung zur Exploration, da diese auch als alleiniger Hauptzweck jedenfalls unabhängig von einer direkten oder analogen Anwendung des insoweit bei anderen Personen sachnäheren § 81c StPO nach diesem oder bei anderen Personen etwa nach § 163 StPO rechtmäßig sein kann; siehe zur Exploration bei anderen Personen mit weiteren Nachweisen: *Basten*, Eingriffsrecht der Polizei in Nordrhein-Westfalen, Band 3, Buch 3, Abschnitt 8, A. III. (Mögliche Befugnisrechtsnorm mit realfolgenentsprechender Rechtsfolge).

mutmaßlich anderen Person zur maßgeblichen Zeit mutmaßlicher Tat, und vgl. sodann nur insoweit auf Feststellung zweckgerichtete Intoxikationsuntersuchungen.

„**Am Körper**" im Sinne von § 81c Abs. 1, letzter Hs. StPO bedeutet im äußeren oder inneren Zusammenhang mit dem Organismus der anderen, untersuchungsbetroffenen Person („an ihrem Körper").

„**Bestimmte**" (Spur oder Folge) bedeutet Angebbarkeit und Beschreibbarkeit der Spur oder Folge im Zusammenhang mit den zureichenden tatsächlichen Anhaltspunkten der mutmaßlichen Tat.

(SUB/ERG)

Im konkreten Fall ist § 81c Abs. 1, letzter Hs. StPO (alternativ)

- erfüllt mit zureichenden tatsächlichen Anhaltspunkten, dass sich am Körper der anderen Person eine bestimmte Spur oder Folge einer Tat befindet.
- nicht erfüllt wegen Fehlens einer bestimmten Tat-Spur oder Tat-Folge am Personenkörper unter zugleich Gegebensein einer Personen-Nichteinwilligung sowie zugleich Fehlen von Abstammungsuntersuchung oder Blutprobenentnahme.

C. Materielle Rechtmäßigkeit (MR) II. Inanspruchnahme (In) / Inanspruchnahmevoraussetzungen (Inv)

(VOR/DEF)

Inanspruchnahmevoraussetzungen sind materiell-rechtliche Bedingungen für richtige Inanspruchnahme.

Inanspruchnahme ist Adressierung und sonstiges Betroffenmachen; **Adressierung** ist direktes Bestimmen oder finales Richten einer Maßnahme an einen Grundrechtsträger, vgl. §§ 100b Abs. 3, 100c Abs. 2, 100h Abs. 3, 163f Abs. 2 StPO.

Nach § 81c Abs. 1 StPO ist Inanspruchnahme durch Adressierung mit körperlicher Untersuchung (außer Abstammungsuntersuchung und Blutprobenentnahme) grundsätzlich richtig gegen folgende Personen: **andere Person** (als Beschuldigte), wenn sie als **Zeuge** in Betracht kommt.

Nach § 81c Abs. 2 StPO ist Inanspruchnahme durch Adressierung mit körperlicher Untersuchung als Abstammungsuntersuchung und Blutprobenentnahme grundsätzlich richtig gegen folgende Personen: **andere Person** (als Beschuldigte), wenn sie als **Zeuge** in Betracht kommt und auch, wenn sie nicht als Zeuge in Betracht kommt.

Andere Person ist eine Person ohne Beschuldigten-/Betroffenen-Eigenschaft und mit oder ohne Zeugeneigenschaft und mit oder ohne Sachverständigeneigenschaft.

Zeuge ist eine Person mit auch nur potentiellen Wahrnehmungen zu tatverdachtsrelevanten vergangenen Tatsachen oder Zuständen (jedenfalls bei § 81c StPO auch [Klein-]Kinder und Wahrnehmungseingeschränkte), i.d.R. ohne Sachverständigeneigenschaft (vgl. auch § 163 Abs. 6 S. 1, 2 StPO); **In-Betracht-Kommen** im Sinne von § 81c Abs. 1 StPO ist also allgemein Möglichkeit (der Zeugeneigenschaft).

Beschuldigter, vgl. § 157 StPO, ist im Strafverfahren jede (tatverdächtige) Person, gegen die im Rahmen eines Strafverfahrens wegen einer bestimmten Straftat ermittelt wird, was sich durch Auslegung nach dem objektivierten Empfängerhorizont, §§ 133, 157 BGB analog, etwa über einen Inkulpationsakt, vgl. § 397 Abs. 1 AO, ergibt.

Betroffener ist im Ordnungswidrigkeitenverfahren jede (tatverdächtige) Person, gegen die im Rahmen eines Ordnungswidrigkeitenverfahrens wegen einer bestimmten Ordnungswidrigkeit ermittelt wird, was sich durch Auslegung nach dem objektivierten Empfängerhorizont, §§ 133, 157 BGB analog, etwa über einen Inkulpationsakt, vgl. § 397 Abs. 1 AO, ergibt.

Tatverdächtiger ist, gegen wessen Person zureichende tatsächliche Anhaltspunkte der Beteiligung an einer verfolgbaren Tat im Sinne des § 152 Abs. 2 StPO vorliegen.

Sachverständiger Zeuge ist ein Zeuge mit potentiell besonderer Sachkunde bei in der Vergangeheit potentiell erfolgter Wahrnehmung von tatverdachtsrelevanten Tatsachen oder Zuständen, vgl. § 85 StPO.

Sachverständiger ist eine Person mit besonderer Sachkunde über potentielle tatverdachtsrelevante gegenwärtige (i.S.v. aktuellem Methodenstandard und Forschungsstand) **Befundtatsachen** (unmittelbare Sachverständigendaten/Ermittlungsergebnisse unmittelbar aus Sachverständigenschlussfolgerungen) aufgrund von aus der Vergangenheit vorliegenden **Anknüpfungstatsachen** (unmittelbare Tatverdachtsdaten/Ermittlungsergebnisse ohne Sachverständigenschlussfolgerungen), vgl. §§ 72, 85 StPO.

(SUB/ERG)

Im konkreten Fall ist die Person (alternativ)

- richtigerweise als andere Person in Anspruch genommen/adressiert.
- nicht richtigerweise in Anspruch genommen/adressiert.

C. Materielle Rechtmäßigkeit (MR) III. Rechtsfolge (Rf) / Rechtsfolgevoraussetzungen (RfV)

(VOR/DEF)

Rechtsfolge ist rechtliche Folge aus dem Tatbestand. / **Rechtsfolgevoraussetzungen** sind materiell-rechtliche Rechtsfolgegestaltungsbedingungen.

C. Materielle Rechtmäßigkeit (MR) III. Rechtsfolge (Rf) 1. Tatsächliche und rechtliche Möglichkeit (TurM)

(VOR/DEF)

Tatsächliche und rechtliche Möglichkeit betrifft Fälle wie aus § 44 Abs. 2 Nr. 4-6 VwVfG NRW.

(SUB/ERG)

Im konkreten Fall ist tatsächliche und rechtliche Möglichkeit (alternativ)

- gegeben wegen Vorliegens von (alternativ) kognitiven, körperlichen, normativen, technischen Unmöglichkeiten.

- nicht gegeben wegen Nichtvorliegens von kognitiven, körperlichen, normativen, technischen Unmöglichkeiten.[673]

C. Materielle Rechtmäßigkeit (MR) III. Rechtsfolge (Rf) 2. Bestimmtheit (Bsh)

(VOR/DEF)

Bestimmtheit des Justiz-VA im Sinne des Art. 20 Abs. 3 GG ist Maßnahmenerkennbarkeit und Maßnahmenverstehbarkeit, vgl. §§ 133, 157 BGB analog.

(SUB/ERG)

Der Justiz-VA der Untersuchung bei anderer Person als Beschuldigtem ist inhaltlich hinreichend bestimmt i.S.d. Art. 20 Abs. 3 GG, wenn nach Auslegung der Untersuchungsmaßnahme der Maßnahmenempfänger wie jeder vernünftige Dritte, §§ 133, 157 BGB analog, in der konkreten Situation dessen Inhalt hinreichend erkennen und verstehen kann, nämlich:

- dass die Polizei ggü. dem Erklärungsempfänger (Wer)
- aus Strafrechtspflegegründen (warum)
- zu einer spezifischen Zeit (wann)
- bezweckt, dass bestimmte Feststellungen zur Wahrheitserforschung/Tatverdachtserforschung am Körper des Erklärungsempfängers getroffen werden sollen (was)
- durch Duldung [in den Grenzen des „nemo-tenetur-se-ipsum-prodere/accusare“[674]] der körperlichen Untersuchung/der Blutprobenentnahme (wie).

Bestimmtheit wird auch gefördert durch § 81c Abs. 1, letzter Hs. StPO („bestimmte Spur oder Folge einer Straftat“).

---

[673] Zu „Tatsächliche und rechtliche Möglichkeit“ mit Beispielen siehe auch: *Basten*, Eingriffsrecht der Polizei in Nordrhein-Westfalen, Band 1, S. 263.

[674] Zum Recht auf faires Verfahren und Selbstbelastungsfreiheit (nemo tenetur se ipsum accusare): *Basten*, Eingriffsrecht der Polizei in Nordrhein-Westfalen, Band 1, S. 106.

Ermessen für Straftatenerforschung/StPO

(VOR/DEF)

Ermessen[675] ist Entscheidungsspielraum auf der Rechtsfolgenseite bzgl. rechtsfehlerfreier Ausübung von Einschreit-Entschließung (Ob), Adressaten-Auswahl (Wer), Maßnahmen-Gestaltung (Wie).

(SUB/ERG)

a) Einschreitentschließungs-„Ermessen“ ist grundsätzlich nicht gegeben, vgl. § 163 Abs. 1 S. 1 („haben“) i.V.m. § 152 Abs. 2 StPO (Legalitätsgrundsatz: „ist [...] verpflichtet, [...] einzuschreiten“); ein Opportunitätsprinzip ist nur ausnahmsweise gegeben, z.B. bei § 111b Abs. 1 S. 1 und 2 StPO; §§ 153-154f StPO; § 374 StPO.

b) Adressatenauswahl-„Ermessen“ ist auch in der StPO grundsätzlich gegeben, insbesondere bzgl. zweckförderlicher Reihenfolge der Inanspruchnahme von mehreren anderen Personen.

c) Maßnahmengestaltungs-„Ermessen“ ist auch in der StPO grundsätzlich gegeben, vgl. hier bereits die in den §§ 81a-h StPO normierte Maßnahmenbandbreite an Untersuchungen im weiteren Sinne und auch die alleine in § 81c StPO ausdrücklich angelegte Untersuchungsartenvielfalt.

Ein etwaig gegebener Entscheidungsspielraum wird (je nach Fall alternativ) aufgrund von Anhaltspunkten/in Ermangelung entgegenstehender Anhaltspunkte ohne Ermessensfehler/mit Ermessensfehlern (Ermessensunterschreitung, Ermessensüberschreitung, Ermessensfehlgebrauch) ausgeübt bzgl. folgender Ermessensarten:

a) Entschließungsermessen:

Ein etwaig gegebenes Entschließungsermessen kann im konkreten Fall sogar gegen / auf Null reduziert sein, insbesondere wegen:

- Einschreitmöglichkeit;
- Erheblichkeitsgrad von Tatverdachten.

b) Auswahlermessen:

siehe C. II.: Auswahlermessen wird abschließend beurteilt i.V.m. Punkt C. II. (Inanspruchnahme).

c) Gestaltungsermessen:

siehe C. III. 4.: Gestaltungsermessen wird abschließend beurteilt i.V.m. Punkt C. III. 4. (VHM).

---

675 Zum Ermessen einschließlich Rechtsnatur, Ermessensarten, Ermessensreduzierungen, Ermessensfehlern, Maßnahmenansprüchen mit Beispielen siehe auch: *Basten*, Eingriffsrecht der Polizei in Nordrhein-Westfalen, Band 1, S. 271-283.

Ermessen für Ordnungswidrigkeitenerforschung/OWiG

(VOR/DEF)

Ermessen[676] ist Entscheidungsspielraum auf der Rechtsfolgenseite bzgl. rechtsfehlerfreier Ausübung von Einschreit-Entschließung (Ob), Adressaten-Auswahl (Wer), Maßnahmen-Gestaltung (Wie), hier gegeben durch § 53 Abs. 1 S. 1 W. 9, 10 OWiG.

(SUB/ERG)

Der gegebene Entscheidungsspielraum wird (je nach Fall alternativ) aufgrund von Anhaltspunkten/in Ermangelung entgegenstehender Anhaltspunkte ohne Ermessensfehler/mit Ermessensfehlern (Ermessensunterschreitung, Ermessensüberschreitung, Ermessensfehlgebrauch) ausgeübt bzgl. folgender Ermessensarten:

a) Entschließungsermessen:

Das Entschließungsermessen kann im konkreten Fall sogar gegen / auf Null reduziert sein, insbesondere wegen:

- Einschreitmöglichkeit;
- Erheblichkeitsgrad von Tatverdachten.

b) Auswahlermessen:

siehe C. II.: Auswahlermessen wird abschließend beurteilt i.V.m. Punkt C. II. (Inanspruchnahme).

c) Gestaltungsermessen:

siehe C. III. 4.: Gestaltungsermessen wird abschließend beurteilt i.V.m. Punkt C. III. 4. (VHM).

C. Materielle Rechtmäßigkeit (MR) III. Rechtsfolge (Rf) 4. Verhältnismäßigkeit (VHM)

(VOR/DEF)

Verhältnismäßigkeit ist Geeignetheit, Erforderlichkeit, Angemessenheit zum legitimen Zweck.

(VOR/DEF)

a) Legitimer Zweck ist jeder verfassungsgemäße Zweck, vgl. auch § 81c Abs. 1 W. 20-23 StPO („zur Erforschung der Wahrheit"), § 81c Abs. 2 S. 1 W. 34-37 StPO („zur Erforchung der Wahrheit").

---

[676] Zum Ermessen einschließlich Rechtsnatur, Ermessensarten, Ermessensreduzierungen, Ermessensfehlern, Maßnahmenansprüchen mit Beispielen siehe auch: *Basten*, Eingriffsrecht der Polizei in Nordrhein-Westfalen, Band 1, S. 271-283.

Wahrheitserforschung im Sinne von § 81c Abs. 1 StPO oder § 81c Abs. 2 S. 1 StPO ist Tatverdachtserforschung/Sachverhaltsaufklärung im Sinne von § 163 Abs. 1 S. 1 W. 8-10, 20-25 i.V.m. § 152 Abs. 2 StPO.

(SUB/ERG)

Im konkreten Fall verfolgt die körperliche Untersuchung/die Abstammungsuntersuchung/die Blutprobenentnahme (alternativ)

- einen legitimen Zweck, da sie/er erfolgt
  - zunächst
    - bei körperlicher Untersuchung im Sinne von § 81c Abs. 1 StPO zur Feststellung von Tatspuren oder Tafolgen am Körper der anderen Person;
    - bei Abstammungsuntersuchung im Sinne von § 81c Abs. 2 StPO „zur Feststellung der Abstammung" (§ 81c Abs. 2 S. 1 StPO);
  - letztlich bei allen Untersuchungen, auch bei der Blutprobenentnahme (vgl. z.B. Intoxikationsuntersuchungen zur Feststellung der Kognitionsfähigkeit der mutmaßlich anderen Person[677]) „zur Erforschung der Wahrheit", also zum Zweck verfassungsgemäßer Tatverdachtserforschung zwecks Art. 20 Abs. 3 GG.
- keinen legitimen Zweck.

(VOR/DEF)

b) Geeignetheit einer staatlichen Maßnahme ist gegeben bei deren Zweckförderungstauglichkeit.

Geeignetheit im Sinne von § 81c Abs. 1, 2 StPO ist **Verfahrensbedeutsamkeit**, ist also potentielle **Beweisbedeutung**, die sich im Sinne des § 81c Abs. 1, 2 StPO insbesondere ergibt aus den jeweiligen bestimmten Tatbeständen der Straf- (und Owi-)Gesetze und aus §§ 244-246, 261, 267 StPO in Beziehung zur Anlassuntersuchung – sowohl bzgl. belastender als auch entlastender Umstände, vgl. § 160 Abs. 2 StPO, vgl. auch § 81e StPO mit wechselseitigem Zweckbezug unter anderem zu § 81c StPO, vgl. zu § 81e StPO auch § 46 Abs. 4 S. 4 StPO, wonach die Verwendung von Blutproben und sonstigen Körperzellen zur Durchführung einer Untersuchung im Sinne des § 81e StPO unzulässig ist, und insoweit rechtlich unmöglich bzw. ungeeignet.[678]

---

[677] Vgl. zur Voraussetzungsanwendbarkeit der Zweckbindung an die Feststellung von Tatspuren oder Tatfolgen die Systematik von § 81c StPO: § 81c Abs. 1 StPO (körperliche Untersuchung allgemein) mit Normierung der Voraussetzung des Zwecks der Feststellung von Tatpuren oder Tatfolgen einerseits und andererseits § 81c Abs. 2 StPO (Abstammungsuntersuchung und Blutprobe) ohne ausdrückliche Normierung des Zwecks der Feststellung von Tatspuren oder Tatfolgen, und vgl. die Rechtsprechung zur Exploration, da diese auch als alleiniger Hauptzweck jedenfalls unabhängig von einer direkten oder analogen Anwendung des insoweit bei anderen Personen sachnäheren § 81c StPO nach diesem oder bei anderen Personen etwa nach § 163 StPO rechtmäßig sein kann; siehe zur Exploration bei anderen Personen mit weiteren Nachweisen: *Basten*, Eingriffsrecht der Polizei in Nordrhein-Westfalen, Band 3, Buch 3, Abschnitt 8, A. III. (Mögliche Befugnisrechtsnorm mit realfolgenentsprechender Rechtsfolge).

[678] Zu Möglichkeits-, Bestimmtheits-, Geeignetheits-Wechselwirkungen siehe: *Basten*, Eingriffsrecht der Polizei, Band 1, S. 264, 269 f., 284 f..

(SUB/ERG)

Im konkreten Fall ist die körperliche Untersuchung/die Abstammungsuntersuchung/die Blutprobenentnahme (alternativ)

- geeignet, denn mit ihr wird gefördert: die zweckentsprechende Aufklärung bisheriger Tatverdachte durch Feststellung (mit SV-Bezug bestimmt) verfahrensbedeutsamer (mit SV-Bezug bestimmter) Tatsachen.
- ungeeignet.

Körperliche-Untersuchungs-Geeignetheit/Blutprobeentnahme-Geeignetheit mit zweckentsprechender Feststellung von Tatsachen, die für das Verfahren von Bedeutung sind i.S.d. § 81c StPO kann zum Beispiel erfolgen im Hinblick auf (alternativ):

- Feststellung beweismittelrelevanter Tatspuren und Tatfolgen, etwa bezüglich Tatspuren wie Körperzellen, Tatfolgen wie Verletzungen.
- Feststellung zeugenbeweismittelrelevanter Intoxikation, etwa bezüglich der Kognition der anderen Person zum maßgeblichen Zeitpunkt mutmaßlicher Tat.[679]
- Feststellung schuld- oder vorwurfsrelevanter Intoxikation, etwa in Bezug auf sonstige mutmaßliche, etwaig deliktsmitwirkende Körperdisposition der mutmaßlich anderen Person zur maßgeblichen Zeit mutmaßlicher Tat, vgl. z.B. nach §§ 20, 21 StGB, § 12 Abs. 2 O-WiG.[680]

---

[679] Vgl. zur Voraussetzungsanwendbarkeit der Zweckbindung an die Feststellung von Tatspuren oder Tatfolgen die Systematik von § 81c StPO: § 81c Abs. 1 StPO (körperliche Untersuchung allgemein) mit Normierung der Voraussetzung des Zwecks der Feststellung von Tatpuren oder Tatfolgen einerseits und andererseits § 81c Abs. 2 StPO (Abstammungsuntersuchung und Blutprobe) ohne ausdrückliche Normierung des Zwecks der Feststellung von Tatspuren oder Tatfolgen, und vgl. die Rechtsprechung zur Exploration, da diese auch als alleiniger Hauptzweck jedenfalls unabhängig von einer direkten oder analogen Anwendung des insoweit bei anderen Personen sachnäheren § 81c StPO nach diesem oder bei anderen Personen etwa nach § 163 StPO rechtmäßig sein kann; siehe zur Exploration bei anderen Personen mit weiteren Nachweisen: *Basten*, Eingriffsrecht der Polizei in Nordrhein-Westfalen, Band 3, Buch 3, Abschnitt 8, A. III. (Mögliche Befugnisrechtsnorm mit realfolgenentsprechender Rechtsfolge).

[680] Vgl. dazu auch Gemeinsamer Runderlass [u.a.] des Ministeriums für Inneres und Kommunales (402 - 57.01.35) und des Justizministeriums (4103 - III. 29), u.a. zur „Feststellung von Alkohol und anderen berauschenden Mitteln bei Straftaten und Ordnungswidrigkeiten", Nr. 5: „Der **Nachweis verbotener Substanzen** ist im Urin technisch medizinisch weniger aufwendig als im Blut. Auch können im Urin berauschende Stoffe nachgewiesen werden, die bereits im Blut abgebaut oder grundsätzlich nicht nachweisbar sind. Daher kommt einer **Urinprobe** im Strafverfahren, insbesondere beim Nachweis von synthetischen Drogen oder k.o.-Tropfen [Knockout-Tropfen oder allgemeiner: **Knockout-Mittel**, P. B.], besondere Bedeutung zu."; a.a.O., Nr. 5.1: „Ist die betroffene Person nicht zur Abgabe einer Urinprobe bereit, ist für die Untersuchung auf berauschende Mittel **eine Blutentnahme** durchzuführen und **möglichst zwei Venülen** (Natriumfluorid) deutlich zu füllen, da die technisch-medizinische Analyse synthetischer Drogen aufwendiger ist und mehr Blut erfordert. Für die Untersuchung der Urinprobe sollte Urin in ausreichender Menge (möglichst 50 bis 100 ml) zur Verfügung stehen. Urinproben sind kühl zu lagern. Sie müssen in lichtschließenden Behältnissen sowie festem Verpackungsmaterial gemeinsam mit gleichzeitig entnommenen **Blutproben** auf schnellstem Weg der zuständigen Untersuchungsstelle zugeleitet werden. Dabei sollen mit der Blutprobe gleichlautende Identitätsnummern verwendet werden."; a.a.O., Nr. 6: „Daneben kommt die Sicherung einer **Haarprobe** durch Abschneiden in Betracht, wenn die länger dauernde Einnahme von anderen berauschenden Mitteln in Frage steht. Die Entnahme einer Haarprobe stellt eine körperliche Untersuchung dar und darf gegen den Willen der/s Beschuldigten nur von der Richterin oder dem Richter, bei Gefährdung des Untersuchungserfolges durch Verzögerung auch durch die Staatsanwaltschaft

(VOR/DEF)

c) **Erforderlichkeit** einer staatlichen Maßnahme ist Nichtverfügbarkeit eines milderen (Übermaßverbot), gleich geeigneten (Untermaßverbot) Mittels zur Zweckförderung, vgl. auch § 81c Abs. 1/Abs. 2 S. 1 StPO, § 81c Abs. 1 W. 19, 26 StPO („soweit", „muss"), § 81c Abs. 2 S. 1 W. 38 StPO („unerläßlich"), vgl. auch § 46 Abs. 4 S. 1 Hs. 2 Alt. 1 OWiG (analog).

„Muss" „soweit" im Sinne von § 81c Abs. 1 StPO / **Unerlässlichkeit** im Sinne von § 81c Abs. 2 StPO ist jeweils Nichtverfügbarkeit eines milderen, gleich geeigneten Mittels zur Zweckförderung – bis hin zum Angewiesensein auf die Mittelanwendung.

(SUB/ERG)

Im konkreten Fall ist die körperliche Untersuchung/die Abstammungsuntersuchung/die Blutprobenentnahme (alternativ)

- erforderlich, denn einerseits sind mildere Maßnahmen wie (zum Beispiel) die Befragung oder andere Datenerhebungen oder Nichtstun nicht gleich geeignet, weil sie nicht Aufklärung von Tatverdachten in gleicher Weise fördern (Untermaßverbot) und andererseits sind (mindestens) gleich geeignete, intensivere Maßnahmen wie direkte Freiheitsentziehung oder Zwang noch nicht notwendig (Übermaßverbot).
- nicht erforderlich.

Erforderlichkeitsabstufungen kann es auch bei ähnlichen oder gleichen Rechtsfolgen geben, so ist zum Beispiel anerkannt, dass Untersuchungen weder mit mobilen Atemalkohol- oder Betäubungsmitteltestgeräten noch mit stationären Atemalkohol- oder Betäubungsmitteltestgeräten in der Regel völlig ungeeignete Beweismittel im Sinne des § 244 Abs. 3 S. 3 Nr. 4 StPO bewirken, dass jedoch in der Regel mobile Atemalkohol- oder Betäubungsmitteltestgeräte nicht gleich geeignete Beweismittel im Vergleich zu stationären Atemalkohol- oder Betäubungsmitteltestgeräten bewirken können, und dass in der Regel stationäre Atemalkohol- oder Betäubungsmitteltestgeräte jedenfalls für Strafverfahren nicht gleich geeignete Beweismittel im Vergleich zu Blutprobenentnahmen bewirken können.

---

und (nachrangig) ihre Ermittlungspersonen angeordnet werden (§ 81a Absatz 2 StPO). Die Haarprobe kann durch jede/n Polizeivollzugsbeamtin/-beamten entnommen werden.

Bei den Probenahmen ist Folgendes zu beachten:

- Die Probenahme, das Verpacken und Versenden darf nicht in der Nähe von Rauschmittelasservaten stattfinden.

- Die Entnahme sollte in erster Linie über dem Hinterhaupthöcker erfolgen. Ist dies nicht möglich, muss die Entnahmestelle entsprechend dokumentiert werden.

- Die Probe sollte aus einem mindestens bleistift- bis kleinfingerdicken Strang bestehen.

- Die Haare sind vor dem Abschneiden mit einem Bindfaden, möglichst 2-3 cm von der Kopfhaut entfernt, fest zusammenzubinden.

- Die zusammengebundenen Haare sind möglichst direkt an der Kopfhaut abzuschneiden. Sollte dies nicht möglich sein, ist die Länge der zurückgebliebenen Haarreste zu dokumentieren.

- Die entnommene Haarprobe ist fest in Papier oder Aluminiumfolie einzurollen. Die Probenbeschriftung mit Probenkennung, Bezeichnung der Entnahmestelle, Kennzeichnung von kopfnahem Ende und Haarspitze sowie Angaben zur Länge der verbliebenen Haarreste ist auf dem Bogen zu vermerken.".

(VOR/DEF)

d) Angemessenheit oder **Verhältnismäßigkeit im engeren Sinne** einer staatlichen Maßnahme ist angemessenes Maß oder Verhältnis zwischen Zweckförderung für Erhaltungsrechte und Wirkungen für Eingriffsrechte, vgl. betroffene GR, vgl. auch § 81c Abs. 2 S. 1 Hs. 2 StPO („wenn kein Nachteil für seine Gesundheit zu befürchten ist"), § 81c Abs. 4 StPO, § 46 Abs. 4 S. 1 Hs. 2 Alt. 2 OWiG (analog), mit jeweils auszulegenden Verhältnismäßigkeitsschranken.

Gemäß § 81c Abs. 4 StPO sind Maßnahmen nach § 81c Abs. 1, 2 StPO unzulässig, wenn sie dem Betroffenen bei Würdigung aller Umstände nicht zugemutet werden können.

Gemäß § 81c Abs. 2 S. 1 Hs. 2 StPO ist negative Voraussetzung das Fehlen von jeglicher Befürchtung eines Nachteils für die Gesundheit der zu untersuchenden anderen Person bei Blutprobenentnahmen (und anderen körperlichen Eingriffen) ohne Personen-Einwilligung (zur **Einwilligung** vgl. § 36 Nr. 19 DSG NRW, § 38 DSG NRW i.Z.m. Grundrechten).

Gemäß § 46 Abs. 4 S. 1 OWiG (analog) ist [§ 81c Abs. 2 StPO] mit der Einschränkung anzuwenden, daß [unabhängig von anderen zulässigen körperlichen Untersuchungen und Abstammungsuntersuchungen] nur die Entnahme von Blutproben und andere geringfügige Eingriffe zulässig sind.

Zumutbarkeit bzw. **Unzumutbarkeit** im Sinne von § 81c Abs. 4 StPO, **Nachteilfehlen** („kein Nachteil") bzw. **Nachteilnichtbefürchtung** im Sinne von § 81c Abs. 2 S. 1 Hs. 2 StPO und **Geringfügigkeit** („geringfügige Eingriffe") im Sinne von § 46 Abs. 4 S. 1 Hs. 2 Alt. 2 OWiG (analog) sind anhand einer „Würdigung aller Umstände" (§ 81c Abs. 4 StPO) des einzelnen Falles im Sinne einer angemessenen Verhältnismäßigkeitssubsumtion von Eingriffsrechten (Grundrechtseingriffe) und Erhaltungsrechten (Zwecken) auszulegende Voraussetzungen, sodass etwa nicht jeder Eingriff in Art. 2 Abs. 2 S. 1 Alt. 2 GG „Nachteil für die Gesundheit" im Sinne von § 81c Abs. 2 S. 1 Hs. 2 StPO ist, und sodass nicht jede durch die andere Person empfundene Härte „unzumutbar" im Sinne von § 81c Abs. 4 StPO oder eine „geringfügige Eingriffe" übersteigende Intensität im Sinne des § 46 Abs. 4 S. 1 Hs. 2 Alt. 2 OWiG (analog) ist.

(SUB/ERG)

Im konkreten Fall ist die körperliche Untersuchung/die Abstammungsuntersuchung/die Blutprobenentnahme (alternativ)

- angemessen, denn der Eingriff in Art. 2 Abs. 1 i.V.m. Art. 1 Abs. 1 GG/Art. 2 Abs. 2 S. 1 Alt. 2 GG/Art. 2 Abs. 2 S. 2 GG steht angesichts von Rechten und Rechtsgütern wie aus Art. 20 Abs. 3 GG sowie angesichts von Tatverdachtsstärke, Schwere mutmaßlicher Tat, Sanktionswahrscheinlichkeit, mutmaßlicher Sanktionshöhe nicht außer Verhältnis.
- unangemessen.[681]

---

[681] BGHSt 55, 121 („Zur Verantwortlichkeit eines im Beweissicherungsdienst tätigen Arztes für tödlich verlaufenen **Brechmitteleinsatz** gegen Drogen-Kleindealer.") = BGH, Urteil vom 29.04.2010 – 5 StR 18/10, Rn. 27: „Die für die ärztliche Berufsausübung wesentliche **Aufklärungspflicht** (§ 8 BO für Ärztinnen und Ärzte des Landes Bremen vom 30. Juni 1997, ABl. S. 479) ist auch von dem Arzt zu erfüllen, der eine Zwangsmaßnahme gemäß § 81a StPO vorzunehmen hat (Kohlhaas NJW 1968, 2277, 2278), falls der Betroffene hierdurch in die Lage versetzt wird, den hinzunehmenden Eingriff schonender zu gestalten.", Rn. 28: „Hinzu tritt, dass der Angeklagte in Erfüllung der ihm obliegenden **Fortbildungspflicht** (§ 4 BO; vgl. auch BGHSt 43, 306, 311) gehalten war, nach Erlass der Dienstanweisung vom 1. März 2001 erschienene Expertisen zur Kenntnis zu nehmen, die eine Exkorporation unter Zwangsanwendung als

medizinisch unbeherrschbar bewertet hatten [Quellenangaben].", Rn. 30: „Hierzu hat das Landgericht zahlreiche Umstände festgestellt: Unzureichende **Anamnese** und **Untersuchung zu Beginn** der **Exkorporation**, unzureichende Gerätekenntnis, fehlende Grundkenntnisse über die Behandlung ohnmächtiger Patienten, vorurteilsbedingtes Unterlassen der gebotenen **Untersuchung vor Fortsetzung** der Exkorporation (vgl. BGHSt 3, 91, 96) unter Vernachlässigung fast jeder **Dokumentation**. Hinzu treten die vom Landgericht nicht gewürdigte fehlende **Aufklärung** und der Umstand der Vornahme einer **Körperverletzung** gegen Ende des Tatgeschehens durch Herbeiführung des Brechreizes mit Aspiration von Wasser mittels einer Pinzette und eines Spatels; der Angeklagte hat hierbei die aus seiner und der Sichtweise der Dienstanweisung bestehende Grenze für eine zulässige Gewaltanwendung überschritten. Bei der hiernach für erlaubt gehaltenen Methode der Exkorporation war lediglich **Gewalt durch Fixierung** des Betroffenen bei Einführung der Nasensonde bis zum Erbrechen erlaubt, aber keine darüber hinausgehende Gewalteinwirkung zur Auslösung des Brechreizes auf andere Weise. Solches stellt eine – durch § 81a StPO nicht mehr gerechtfertigte – Körperverletzung dar [Quellenangaben].", Rn. 31: „Die Anerkennung eines **Übernahmeverschuldens** beruht auf der besonderen **Schutzpflicht** des – durch die **Approbation** nachgewiesen – ausgebildeten Arztes für das ihm anvertraute Rechtsgut, die Unversehrtheit der Gesundheit seiner Patienten. Einer solchen Pflicht unterliegt, weil er gemäß § 81a Abs. 1 StPO die **Regeln der ärztlichen Kunst** einzuhalten hat, auch ein nach dieser Vorschrift handelnder Arzt. Hierdurch bestand auch für den Angeklagten eine normativ begründete Eigenverantwortlichkeit für die Gesundheit des vom Eingriff des Angeklagten betroffenen C., die durch auch von Dritten zu verantwortende Überforderung des Angeklagten nicht beseitigt werden konnte.", Rn. 34: „Darüber hinaus hat es das Landgericht unterlassen, ein Verbot der Fortsetzung der **Exkorporation** nach erfolgreicher Bergung des ersten Kokainkügelchens wegen Verstoßes des Angeklagten gegen das Gebot der Wahrung der **Menschenwürde** in Betracht zu ziehen.", Rn. 35: „Ein solcher Verstoß lag hier aufgrund der vorzunehmenden Gesamtschau der den Betroffenen C. beeinträchtigenden Umstände auf der Hand (vgl. BVerfGE 30, 1, 25 f.; EGMR aaO [= EGMR, Urteil der Großen Kammer vom 11.07.2006 – Individualbeschwerde Nr. 54810/00 – Rechtssache Jalloh/Deutschland, P. B.]; vgl. auch OLG Frankfurt NJW 1997, 1647, 1648 und Bachmann/Püschel/Sonnen Kriminalistik 2004, 678, 680). Das Bedürfnis nach Fortsetzung der **Exkorporation** war nach Bergen des ersten Kokainkügelchens zum Nachweis eines vom Betroffenen begangenen Vergehens stark herabgesetzt, das Fortfahren jedenfalls **unverhältnismäßig**. Bereits die erste Exkorporationsphase führte zur Ohnmacht des gefesselt gebliebenen Betroffenen und beinhaltete schon ein zweites Legen der Sonde, wodurch ein Scheitern der Maßnahme indiziert gewesen ist.".

BGH, Urteil vom 20.07.2012 – 5 StR 536/11 („Vorhersehbarkeit der Todesfolge nach **Brechmitteleinsatz** (im Anschluss an BGHSt 55, 121) [derselbe Fall, P. B.]", Rn. 15: „Es kann dahingestellt bleiben, ob im Rahmen des § 81a StPO nicht ein engerer Beurteilungsmaßstab anzulegen ist, als ihn das Landgericht verwendet hat [Quellenangaben]). Jedenfalls hat die Schwurgerichtskammer den aktuellen Gesundheitszustand des Verstorbenen (vgl. Meyer-Goßner aaO) nicht hinreichend in seine – im Übrigen durch keinen der zahlreichen Sachverständigen gestützte – Wertung einbezogen, dass ein **erfahrener Facharzt** bei **Fortsetzung der Exkorporation** nicht mit **Nachteilen für dessen Gesundheit** habe rechnen müssen. Rechtsfehlerhaft hat sie ferner hinsichtlich der Voraussetzungen des § 81a Abs. 1 Satz 2 StPO – ebenso wie für die Frage der Pflichtwidrigkeit im Sinne der §§ 222, 227 StGB – darauf abgestellt, dass sich die Aspirationsgefahr aus der Sicht ex post nicht zu ihrer Überzeugung verwirklicht habe (UA S. 101). Darauf kommt es nicht an. Maßgebend ist nach dem eindeutigen Wortlaut der Vorschrift, ob bei objektiver Betrachtung der Gefahrenlage aus der Sicht ex ante bei Fortsetzung der Exkorporation mit einer gewissen Wahrscheinlichkeit gesundheitliche Nachteile zu erwarten waren [Quellenangaben].", Rn. 16: „Auch in Anbetracht der danach erreichten Zustandsverbesserung verbot sich bei dieser Sachlage unter den **strengen medizinischen Voraussetzungen des § 81a StPO** die Fortsetzung der Exkorporation schon wegen des Risikos erneuten Auftretens der – hinsichtlich ihrer Ursache ungeklärt gebliebenen – Komplikationen.", Rn. 18: „Das nach nochmaliger Befüllung des Magens mit Wasser gewaltsame Öffnen des Mundes unter größerem Kraftaufwand und das mechanische Auslösen des Brechreizes mittels Pinzette und Spatels sind offensichtlich unverhältnismäßig, verletzen die **Menschenwürde** und sind demgemäß auch rückblickend schlechterdings nicht nach § 81a StPO zu rechtfertigen (BGHSt 55, 121, 133).", Rn. 24: „Vorliegend widersprach es gerade **ärztlicher Pflicht**, die **Exkorporation** fortzuführen, nachdem sich der Gesundheitszustand während deren erster Phase so sehr verschlechtert hatte, dass der Angeklagte das Legen

(ERG VHM)

Die körperliche Untersuchung/die Abstammungsuntersuchung/die Blutprobenentnahme ist insgesamt i.S.v. § 2 PolG NRW, Art. 20 Abs. 3 GG (alternativ)

- verhältnismäßig.
- unverhältnismäßig.

D. Gesamtergebnis (GErg)

Die körperliche Untersuchung/die Abstammungsuntersuchung/die Blutprobenentnahme bei der anderen Person ist (alternativ)

- gemäß § 81c StPO (ggf. mit §§ 46, 53 Abs. 1 S. 2, Abs. 2 OWiG) rechtmäßig.
- wegen Art./§ (bestimmter Rechtsnorm [z.B. Art. 20 Abs. 3 GG]) rechtswidrig.

einer Verweilkanüle und das Herbeiholen des Notarztes für erforderlich gehalten hatte und nachdem notärztliche Maßnahmen auch tatsächlich durchgeführt worden waren.", Rn. 24: „Mit Komplikationen auch aufgrund nicht auf den ersten Blick erkennbarer Vorschädigungen muss der Fachkundige – zumal in Ermangelung einer gründlichen Untersuchung – bei einem so gearteten Zwangseingriff vielmehr stets rechnen.".

ABSCHNITT 9:

MOLEKULARGENETISCHE UNTERSUCHUNG, §§ 81E, F STPO (VGL. § 46 ABS. 4 S. 4 OWIG)

A. Rechtsgrundlage (RGL) I. Grundrechte (GR)

(VOR/DEF)

Grundrechte sind grundlegende Rechte aus Art. 1-19 GG i.V.m. dem Rechtsstaatsprinzip, Art. 20 Abs. 3 GG, mit Vorrang und Vorbehalt des Gesetzes.[682]

(SUB/ERG)

Grundrechte sind (i.d.R. alternativ fallabhängig) wie folgt gegeben:

[682] Zu **Grundrechten**: *Basten*, Eingriffsrecht der Polizei in Nordrhein-Westfalen, Band 1, Buch 1, Abschnitt 2, Unterabschnitt 3. Zum **Rechtsstaatsprinzip** mit unter anderem sogenanntem Vorrang des Gesetzes und Vorbehalt des Gesetzes: *Basten*, Eingriffsrecht der Polizei in Nordrhein-Westfalen, Band 1, S. 95-108.

1. Allgemeines Persönlichkeitsgrundrecht[683] mit verschiedenen Ausprägungen[684], etwa in der Ausprägung des **Rechts auf informationelle Selbstbestimmung** (APR/RiS), Art. 2 Abs. 1 i.V.m. Art. 1 Abs. 1[685] GG, vgl. auch Art. 142 GG i.V.m. Art. 4 Abs. 1, 2 Verfassung NRW[686].

---

[683] BVerfGE 147, 1, 18 f. (**Geschlechtsidentität**) = BVerfG, Beschluss des Ersten Senats vom 10.10.2017 – 1 BvR 2019/16 –, Rn. 38: „Art. 2 Abs. 1 GG gewährt jedem das **Recht auf die freie Entfaltung seiner Persönlichkeit**. Dieses Grundrecht umfasst neben der allgemeinen Handlungsfreiheit das **allgemeine Persönlichkeitsrecht** (Art. 2 Abs. 1 i.V.m. Art. 1 Abs. 1 GG). Letzteres ergänzt als ‚unbenanntes' Freiheitsrecht die speziellen (‚benannten') Freiheitsrechte, die ebenfalls konstituierende Elemente der Persönlichkeit schützen (vgl. BVerfGE 54, 148 <153>). Eine der **Aufgaben des allgemeinen Persönlichkeitsrechts** ist es dabei, Grundbedingungen dafür zu sichern, dass die einzelne Person ihre Individualität selbstbestimmt entwickeln und wahren kann (vgl. BVerfGE 35, 202 <220>; 79, 256 <268>; 90, 263 <270>; 117, 202 <225>). Das allgemeine Persönlichkeitsrecht schützt indessen nur solche **Elemente der Persönlichkeitsentfaltung**, die - ohne bereits Gegenstand der besonderen Freiheitsgarantien des Grundgesetzes zu sein - diesen in ihrer konstituierenden Bedeutung für die Persönlichkeit nicht nachstehen (vgl. BVerfGE 79, 256 <268>; 99, 185 <193>; 120, 274 <303>; stRspr). Es verbürgt also nicht Schutz gegen alles, was die selbstbestimmte Persönlichkeitsentwicklung auf irgendeine Weise beeinträchtigen könnte; ohnehin vermag kein Mensch seine Individualität unabhängig von äußeren Gegebenheiten und Zugehörigkeiten zu entwickeln. Der lückenschließende Schutz des allgemeinen Persönlichkeitsrechts greift aber dann, wenn die selbstbestimmte Entwicklung und Wahrung der Persönlichkeit spezifisch gefährdet ist (BVerfGE 141, 186 <201 f. Rn. 32>).".

BVerfG, Beschluss des Ersten Senats vom 06.11.2019 – 1 BvR 16/13 – (Recht auf Vergessen I), Rn. 81: „Diese [**APR-]Rechtsprechung** hat sich maßgeblich in Konstellationen der mittelbaren Drittwirkung und geleitet von dem Erfordernis praktischer Konkordanz entwickelt. Deshalb bestimmen sich die Schutzdimensionen des allgemeinen Persönlichkeitsrechts letztlich immer einzelfallbezogen im Abgleich mit den Grundrechten Dritter. Die Bestimmung seiner Schutzwirkungen und die Abwägung mit den gegenüberstehenden Freiheitsrechten greifen hier Hand in Hand. Der Schutz des allgemeinen Persönlichkeitsrechts ist insoweit flexibel und durch die Einbindung der Person in ihre sozialen Beziehungen relativiert (vgl. BVerfGE 101, 361 <380>; 141, 186 <202 Rn. 32>; 147, 1 <19 Rn. 38>; stRspr; siehe auch BGHZ 183, 353 <357 Rn. 11>; 209, 139 <150 Rn. 30>; 219, 233 <240 Rn. 22>; stRspr).".

Vgl. „**Allgemeines Persönlichkeitsrecht**" (APR) als „sonstiges Recht" (sog. **Rahmenrecht** mit [grundrechts-]abwägungsoffenem Tatbestand) nach § 823 Abs. 1 Var. 6 BGB, u.a. mit Geldentschädigungsanspruch, insbesondere durch ständige Rechtsprechung (vgl. auch § 253 BGB) seit folgender Entwicklung: BGHZ 13, 334 (Leserbrief), mit erstmaliger ausdrücklicher Anerkennung des allgemeinen Persönlichkeitsrechts; BGHZ 26, 349 (Herrenreiter), mit erstmaliger Zuerkennung einer Geldentschädigung wegen des immateriellen Schadens durch die Verletzung des allgemeinen Persönlichkeitsrechts; BGHZ 35, 363 (Ginsengwurzel), mit erstmaliger Schwerpunktsetzung bei der Menschenwürde in der Begründung; BVerfGE 34, 269 (Soraya), mit verfassungsgerichtlicher Erklärung der verfassungsrechtlichen Zulässigkeit der richterrechtlich entwickelten APR-Konstruktion.

[684] BVerfG, Beschluss des Ersten Senats vom 06.11.2019 – 1 BvR 16/13 – (Recht auf Vergessen I), Rn. 80: „Die Rechtsprechung hat aus dem [**Allgemeinen Persönlichkeits-]Grundrecht** insoweit verschiedene **Schutzdimensionen** abgeleitet wie den **Schutz eines unantastbaren Bereichs privater Lebensgestaltung**, die Garantie der **Privatsphäre**, das **Recht am eigenen Bild** oder **gesprochenen Wort** oder das **Recht auf die Darstellung der eigenen Person**, die **soziale Anerkennung** sowie die **persönliche Ehre** (vgl. BVerfGE 27, 1 <6>; 27, 344 <350 f.>; 32, 373 <379>; 34, 238 <245 f.>; 47, 46 <73>; 54, 148 <153 f.>; 99, 185 <193 f.>; 101, 361 <384>; 106, 28 <39>; 114, 339 <346>; 120, 180 <198>)." „Diese **Schutzgehalte** werden insoweit aber nicht als abschließend umschriebene und voneinander abzugrenzende Gewährleistungen verstanden, sondern als Ausprägungen, die in Blick auf den konkreten Schutzbedarf jeweils anhand des zu entscheidenden Falles herauszuarbeiten sind (vgl. BVerfGE 54, 148 <153 f.>; 65, 1 <41>).".

BVerfGE 65, 1 (Volkszählungsgesetz), Ls. 1 = BVerfG, Urteil des Ersten Senats vom 15.12.1983 – 1 BvR 209/83, Ls. 1: „Unter den Bedingungen der modernen Datenverarbeitung wird der Schutz des Einzelnen

gegen unbegrenzte Erhebung, Speicherung, Verwendung und Weitergabe seiner persönlichen Daten von dem **allgemeinen Persönlichkeitsrecht** des Art. 2 Abs. 1 GG in Verbindung mit Art. 1 Abs. 1 GG umfaßt. Das [**Allgemeine Persönlichkeits-]Grundrecht** gewährleistet insoweit die Befugnis des Einzelnen, grundsätzlich selbst über die Preisgabe und Verwendung seiner persönlichen Daten zu bestimmen.“; BVerfG, Beschluss des Ersten Senats vom 06.11.2019 – 1 BvR 16/13 – (Recht auf Vergessen I), Rn. 80: „Das **Recht auf informationelle Selbstbestimmung** ist von der Rechtsprechung als eigene Ausprägung des allgemeinen Persönlichkeitsrechts mit einem gegenüber den anderen Ausprägungen selbständigen Gewährleistungsgehalt entwickelt worden und behält diesen auch, soweit es als verfassungsrechtliche Wertentscheidung in das Zivilrecht einstrahlt. Dementsprechend enthält es keinen gesamthaften Schutzanspruch hinsichtlich jederlei Umgangs mit Informationen, der die übrigen Schutzdimensionen des Grundrechts allgemein übergreifen und zusammenführen würde, sondern lässt deren Wertungen und Abwägungsregeln unberührt.“; BVerfGE 120, 274, 311 f. (Online-Durchsuchung) = BVerfG, Urteil des Ersten Senats vom 27.02.2008 – 1 BvR 370/07 –, Rn. 198 f. „Das **Recht auf informationelle Selbstbestimmung** geht über den **Schutz der Privatsphäre** hinaus. Es gibt dem Einzelnen die Befugnis, grundsätzlich selbst über die Preisgabe und Verwendung seiner persönlichen Daten zu bestimmen (vgl. BVerfGE 65, 1 <43>; 84, 192 <194>). Es flankiert und erweitert den grundrechtlichen Schutz von Verhaltensfreiheit und Privatheit, indem es ihn schon auf der Stufe der Persönlichkeitsgefährdung beginnen lässt. Eine derartige Gefährdungslage kann bereits im Vorfeld konkreter Bedrohungen benennbarer Rechtsgüter entstehen, insbesondere wenn personenbezogene Informationen in einer Art und Weise genutzt und verknüpft werden können, die der Betroffene weder überschauen noch verhindern kann. Der Schutzumfang des **Rechts auf informationelle Selbstbestimmung** beschränkt sich dabei nicht auf Informationen, die bereits ihrer Art nach sensibel sind und schon deshalb grundrechtlich geschützt werden. Auch der Umgang mit personenbezogenen Daten, die für sich genommen nur geringen Informationsgehalt haben, kann, je nach dem Ziel des Zugriffs und den bestehenden Verarbeitungs- und Verknüpfungsmöglichkeiten, grundrechtserhebliche Auswirkungen auf die Privatheit und Verhaltensfreiheit des Betroffenen haben (vgl. BVerfG, Beschluss vom 13. Juni 2007 - 1 BvR 1550/03 u.a. -, NJW 2007, S. 2464 <2466>). Die mit dem Recht auf informationelle Selbstbestimmung abzuwehrenden Persönlichkeitsgefährdungen ergeben sich aus den vielfältigen Möglichkeiten des Staates und gegebenenfalls auch privater Akteure (vgl. BVerfG, Beschluss der 1. Kammer des Ersten Senats vom 23. Oktober 2006 - 1 BvR 2027/02 -, JZ 2007, S. 576) zur Erhebung, Verarbeitung und Nutzung personenbezogener Daten. Vor allem mittels elektronischer Datenverarbeitung können aus solchen Informationen weitere Informationen erzeugt und so Schlüsse gezogen werden, die sowohl die grundrechtlich geschützten Geheimhaltungsinteressen des Betroffenen beeinträchtigen als auch Eingriffe in seine Verhaltensfreiheit mit sich bringen können (vgl. BVerfGE 65, 1 <42>; 113, 29 <45 f.>; 115, 320 <342>; BVerfG, Beschluss vom 13. Juni 2007 - 1 BvR 1550/03 u.a. -, NJW 2007, S. 2464 <2466>).“.

BVerfGE 109, 279, 325-327 (akustische Wohnraumüberwachung / „Großer Lauschangriff“) = BVerfG, Urteil des Ersten Senats vom 03.03.2004 – 1 BvR 2378/98, 1084/99 –, Rn. 159-163: „Das aus Art. 2 Abs. 1 in Verbindung mit Art. 1 Abs. 1 GG folgende **allgemeine Persönlichkeitsrecht** kommt neben Art. 13 Abs. 1 GG allerdings nicht zur Anwendung, soweit Eingriffe in die **räumliche Privatsphäre des Wohnungsinhabers** zu überprüfen sind. Art. 13 Abs. 1 GG enthält eine spezielle Gewährleistung des **Schutzes vor staatlicher akustischer Überwachung der räumlichen Privatsphäre**, die die allgemeinere Vorschrift insoweit verdrängt (vgl. BVerfGE 100, 313 [358] zu Art. 10 GG). Mit dem **Recht, in der Wohnung ungestört zu sein**, und dem **Recht am eigenen in der Wohnung gesprochenen Wort** schützt Art. 13 Abs. 1 GG gerade den Teil der **Privatsphäre**, den sonst das allgemeine Persönlichkeitsrecht gewährleistet. Dieses Recht ergänzt als unbenanntes Freiheitsrecht die speziellen Freiheitsrechte, die ebenfalls konstituierende Elemente der Persönlichkeit schützen (vgl. BVerfGE 54, 148 <153 f.>), nur insoweit, als Letztere keinen Schutz gewähren. Der **Schutz des allgemeinen Persönlichkeitsrechts aus Art. 2 Abs. 1 in Verbindung mit Art. 1 Abs. 1 GG** greift hingegen ein, soweit von der Wohnraumüberwachung Personen betroffen werden, die sich nicht auf Art. 13 Abs. 1 GG berufen können. **Grundrechtsträger des Art. 13 Abs. 1 GG** ist jeder Inhaber oder Bewohner eines Wohnraums, unabhängig davon, auf welchen Rechtsverhältnissen die Nutzung des Wohnraums beruht. Bei mehreren Bewohnern einer Wohnung steht das Grundrecht jedem Einzelnen, bei Familien mithin jedem Familienmitglied zu. Maßnahmen der **Wohnraumüberwachung** können aber nicht nur **Wohnungsinhaber**, sondern auch **zufällig in einer Wohnung**

Anwesende erfassen. Diese Personen sind zwar nicht in ihrem Grundrecht aus Art. 13 Abs. 1 GG, wohl aber in ihrem **allgemeinen Persönlichkeitsrecht** betroffen. Der Schutz aus Art. 2 Abs. 1 in Verbindung mit Art. 1 Abs. 1 GG kann insofern allerdings nicht weiter reichen als derjenige aus Art. 13 Abs. 1 und 3 GG. Der Schutz der **räumlichen Privatsphäre und des allgemeinen Persönlichkeitsrechts** kann schließlich in Einzelfällen durch weitere Grundrechtsgarantien ergänzt sein. So wird das **Gespräch zwischen Eheleuten in der eigenen Wohnung** nicht nur von Art. 13 Abs. 1 GG, sondern zusätzlich durch Art. 6 Abs. 1 GG geschützt. Auch in Bezug auf die **Kommunikation mit Berufsgeheimnisträgern** können neben dem grundrechtlichen **Schutz der räumlichen Privatsphäre** Grundrechte in Betracht kommen, die - wie etwa Art. 4 GG im Hinblick auf das Gespräch mit einem Geistlichen - der besonderen Schutzbedürftigkeit der Kommunizierenden Rechnung tragen.".

BVerfG, Beschluss des Ersten Senats vom 06.11.2019 – 1 BvR 16/13 – (Recht auf Vergessen I), Ls. 3 S. 1: „Von den **äußerungsrechtlichen Schutzdimensionen** ist das **Recht auf informationelle Selbstbestimmung** als eine eigene Ausprägung des allgemeinen Persönlichkeitsrechts zu unterscheiden." BVerfG, Beschluss des Ersten Senats vom 06.11.2019 – 1 BvR 16/13 – (Recht auf Vergessen I), Rn. 90: „Ausgehend von dem **Ziel des Rechts auf informationelle Selbstbestimmung**, Schutz vor Gefahren angesichts neuartiger Möglichkeiten der Datenverarbeitung zu gewähren (vgl. BVerfGE 65, 1 <42>), ist es primär als Gewährleistung zu verstehen, die – neben der ungewollten Preisgabe von Daten auch im Rahmen privater Rechtsbeziehungen (vgl. BVerfGE 84, 192 <194>) – insbesondere vor deren intransparenter Verarbeitung und Nutzung durch Private schützt. Es bietet Schutz davor, dass Dritte sich individueller Daten bemächtigen und sie in nicht nachvollziehbarer Weise als Instrument nutzen, um die Betroffenen auf Eigenschaften, Typen oder Profile festzulegen, auf die sie keinen Einfluss haben und die dabei aber für die freie Entfaltung der Persönlichkeit sowie eine gleichberechtigte Teilhabe in der Gesellschaft von erheblicher Bedeutung sind. Der Gehalt dieses Rechts ist dabei entwicklungsoffen, so dass es auch weitere persönlichkeitsgefährdende Entwicklungen der Informationsverarbeitung aufnehmen kann.".

BVerfG, Beschluss des Ersten Senats vom 06.11.2019 – 1 BvR 16/13 – (Recht auf Vergessen I), Ls. 2a): „Der verfassungsrechtliche Maßstab für den Schutz gegenüber Gefährdungen durch die **Verbreitung personenbezogener Berichte und Informationen als Teil öffentlicher Kommunikation** liegt in den **äußerungsrechtlichen Ausprägungen des allgemeinen Persönlichkeitsrechts**, nicht im Recht auf informationelle Selbstbestimmung.".

BVerfG, Beschluss des Ersten Senats vom 06.11.2019 – 1 BvR 16/13 – (Recht auf Vergessen I), Rn. 91: „[Vom Recht auf informationelle Selbstbestimmung] zu unterscheiden ist der **Schutz vor der Verarbeitung personenbezogener Berichte und Informationen als Ergebnis eines Kommunikationsprozesses**. Der Schutzbedarf gründet hier nicht in der intransparenten Zuweisung von Persönlichkeitsmerkmalen und -profilen durch Dritte, sondern in der sichtbaren Verbreitung bestimmter Informationen im öffentlichen Raum. Gefährdungen für die Persönlichkeitsentfaltung ergeben sich hier vornehmlich aus Form und Inhalt der Veröffentlichung selbst. Schutz gegenüber solchen Gefährdungen bieten die **äußerungsrechtlichen Ausprägungen des allgemeinen Persönlichkeitsrechts unabhängig vom Recht auf informationelle Selbstbestimmung**. Zwar kann es auch dabei maßgeblich auf die Art der Informationserlangung ankommen. Jedoch hat diese hier ihre Bedeutung als Vorfrage für die Beurteilung des weiteren Umgangs mit einer bestimmten Äußerung und des damit in die Öffentlichkeit gestellten Bildes einer Person selbst.".

BVerfG, Beschluss des Ersten Senats vom 06.11.2019 – 1 BvR 16/13 – (**Recht auf Vergessen** I), Ls. 2b): „Bei der Entscheidung über einen Schutzanspruch kommt der Zeit unter den Kommunikationsbedingungen des Internets ein spezifisches Gewicht zu. Die Rechtsordnung muss davor schützen, dass sich eine Person frühere Positionen, Äußerungen und Handlungen unbegrenzt vor der Öffentlichkeit vorhalten lassen muss. Erst die Ermöglichung eines Zurücktretens vergangener Sachverhalte eröffnet den Einzelnen die Chance zum Neubeginn in Freiheit. Zur Zeitlichkeit der Freiheit gehört die Möglichkeit des Vergessens.".

BVerfGE 120, 274, 311 (Online-Durchsuchung) = BVerfG, Urteil des Ersten Senats vom 27.02.2008 – 1 BvR 370/07 –, Rn. 197: „In seiner Ausprägung als **Schutz der Privatsphäre** [als **Privatangelegenheitenschutz** und **Rückzugsraumbereichsschutz** – beides **gegenüber der Öffentlichkeit**, vgl. **Sphärentheorie** mit **Intimsphäre, Privatsphäre, Sozialsphäre** und vgl. **Kernbereich privater Lebensgestaltung**] gewährleistet das allgemeine Persönlichkeitsrecht dem Einzelnen einen räumlich und thematisch

bestimmten Bereich, der grundsätzlich frei von unerwünschter Einsichtnahme bleiben soll (vgl. BVerfGE 27, 344 <350 ff.>; 44, 353 <372 f.>; 90, 255 <260>; 101, 361 <382 f.>).“; BVerfGE 101, 361, 382-385 (Caroline von Monaco II) = BVerfG, Urteil vom 15.12.1999 – 1 BvR 653/96 –, Rn. 75-82: „Im Unterschied zum **Recht am eigenen Bild** bezieht sich der **Schutz der Privatsphäre**, der ebenfalls im **allgemeinen Persönlichkeitsrecht** wurzelt, nicht speziell auf Abbildungen, sondern ist **thematisch und räumlich** bestimmt. Er umfaßt zum einen **Angelegenheiten** [**Privatangelegenheitenschutz**], die wegen ihres Informationsinhalts typischerweise als ‚**privat**‘ eingestuft werden, weil ihre **öffentliche** Erörterung oder Zurschaustellung als unschicklich gilt, das Bekanntwerden als peinlich empfunden wird oder nachteilige Reaktionen der Umwelt auslöst, wie es etwa bei Auseinandersetzungen mit sich selbst in **Tagebüchern** (BVerfGE 80, 367), bei **vertraulicher Kommunikation unter Eheleuten** (BVerfGE 27, 344), im Bereich der **Sexualität** (BVerfGE 47, 46; 49, 286 [BVerfGE 120, 224, 238 f. (Geschwisterbeischlaf) = BVerfGE, Beschluss des Zweiten Senats vom 26.02.2008 – 2 BvR 392/07 –, Rn. 32 f.: „Das allgemeine Persönlichkeitsrecht in seiner Ausprägung als **Recht auf sexuelle Selbstbestimmung**“/„**Intim- und Sexualbereich des Menschen als Teil seiner Privatsphäre**, P. B.]), bei **sozial abweichendem Verhalten** (BVerfGE 44, 353) oder bei **Krankheiten** (BVerfGE 32, 373) der Fall ist. Fehlte es hier an einem **Schutz vor der Kenntniserlangung anderer**, wären die Auseinandersetzung mit sich selbst, die unbefangene Kommunikation unter Nahestehenden, die sexuelle Entfaltung oder die Inanspruchnahme ärztlicher Hilfe beeinträchtigt oder unmöglich, obwohl es sich um grundrechtlich geschützte Verhaltensweisen handelt. Zum anderen erstreckt sich der Schutz auf einen **räumlichen Bereich** [**Raumbereichsschutz**], in dem der Einzelne zu sich kommen, sich entspannen oder auch gehen lassen kann (vgl. BVerfGE 27, 1 [6]). Zwar bietet auch dieser Bereich Gelegenheit, sich in einer Weise zu verhalten, die nicht für die **Öffentlichkeit** bestimmt ist und deren Beobachtung oder Darstellung durch Außenstehende für den Betroffenen peinlich oder nachteilig wäre. Im Kern geht es aber um einen **Raum**, in dem er die Möglichkeit hat, frei von **öffentlicher Beobachtung** und damit der von ihr erzwungenen Selbstkontrolle zu sein, auch ohne daß er sich dort notwendig anders verhielte als in der **Öffentlichkeit**. Bestünden solche **Rückzugsbereiche** nicht mehr, könnte der Einzelne psychisch überfordert sein, weil er unausgesetzt darauf achten müßte, wie er auf andere wirkt und ob er sich richtig verhält. Ihm fehlten die Phasen des Alleinseins und Ausgleichs, die für die Persönlichkeitsentfaltung notwendig sind und ohne die sie nachhaltig beeinträchtigt würde. Ein derartiges Schutzbedürfnis besteht auch bei Personen, die aufgrund ihres Ranges oder Ansehens, ihres Amtes oder Einflusses, ihrer Fähigkeiten oder Taten besondere **öffentliche** Beachtung finden. Wer, ob gewollt oder ungewollt, zur Person des **öffentlichen** Lebens geworden ist, verliert damit nicht sein Anrecht auf eine **Privatsphäre**, die den Blicken der **Öffentlichkeit** entzogen bleibt. Das gilt auch für demokratisch gewählte Amtsträger, die zwar für ihre Amtsführung **öffentlich** rechenschaftspflichtig sind und sich in diesem Umfang **öffentliche** Aufmerksamkeit gefallen lassen müssen, nicht aber für ihr **Privatleben**, sofern dieses die Amtsführung nicht berührt. Der **häusliche Bereich** [vgl. ggf. spezielleren Art. 13 GG i.V.m. BVerfGE 109, 279, 325 f.] stellt anerkanntermaßen eine solche geschützte Sphäre dar. Wegen des Bezugs auf die Entfaltung der Persönlichkeit darf der **Rückzugsbereich** jedoch nicht von vornherein auf ihn begrenzt werden. Das gilt schon deshalb, weil die Funktionen, denen er dient, nur erfüllt werden, wenn er nicht an den Hausmauern oder Grundstücksgrenzen endet. Die freie Entfaltung der Persönlichkeit wäre erheblich behindert, wenn der Einzelne nur im eigenen Haus der **öffentlichen** Neugier entgehen könnte. Die notwendige Erholung von einer durch Funktionszwänge und Medienpräsenz geprägten **Öffentlichkeit** ist vielfach nur in der **Abgeschiedenheit einer natürlichen Umgebung**, **etwa an einem Ferienort**, zu gewinnen. Deswegen muß der Einzelne grundsätzlich die Möglichkeit haben, sich auch in der freien, gleichwohl **abgeschiedenen Natur oder an Örtlichkeiten, die von der breiten Öffentlichkeit deutlich abgeschieden sind**, in einer von **öffentlicher** Beobachtung freien Weise zu bewegen. Das gilt gerade gegenüber solchen Aufnahmetechniken, die die **räumliche Abgeschiedenheit** überwinden, ohne daß der Betroffene dies bemerken kann. Wo die Grenzen der geschützten **Privatsphäre außerhalb des Hauses** verlaufen, läßt sich nicht generell und abstrakt festlegen. Sie können vielmehr nur aufgrund der jeweiligen Beschaffenheit des **Ortes** bestimmt werden, den der Betroffene aufsucht. Ausschlaggebend ist, ob der Einzelne eine **Situation** vorfindet oder schafft, in der er begründetermaßen und somit auch für Dritte erkennbar davon ausgehen darf, den Blicken der **Öffentlichkeit** nicht ausgesetzt zu sein. Ob die Voraussetzungen der **Abgeschiedenheit** erfüllt sind, läßt sich nur situativ beurteilen. Der Einzelne kann sich an ein und demselben **Ort** zu Zeiten mit gutem Grund unbeobachtet fühlen, zu anderen Zeiten nicht. Auch ist

der Aufenthalt in umschlossenen **Räumen** keineswegs immer mit **Abgeschiedenheit** gleichzusetzen. Da es um die Frage geht, ob der Einzelne begründetermaßen erwarten darf, unbeobachtet zu sein, oder aber **Plätze** aufgesucht hat, wo er sich unter den Augen der **Öffentlichkeit** bewegt, kann es auch in umschlossenen Räumen an der **Abgeschiedenheit** fehlen, die Voraussetzung für den **Privatsphärenschutz** außerhalb der eigenen **Häuslichkeit** ist. **Plätzen, an denen sich der Einzelne unter vielen Menschen befindet**, fehlt es von vornherein an den Voraussetzungen des **Privatsphärenschutzes** im Sinn von Art. 2 Abs. 1 in Verbindung mit Art. 1 Abs. 1 GG. Sie können das **Rückzugsbedürfnis** nicht erfüllen und rechtfertigen deswegen auch nicht den grundrechtlichen Schutz, den dieses Bedürfnis aus Gründen der Persönlichkeitsentfaltung verdient. Der Einzelne kann solche **Orte** auch nicht etwa durch ein Verhalten, das typischerweise nicht **öffentlich** zur Schau gestellt würde, in seine **Privatsphäre** umdefinieren. Nicht sein Verhalten, ob allein oder mit anderen, konstituiert die **Privatsphäre**, sondern die **objektive Gegebenheit der Örtlichkeit zur fraglichen Zeit**. Verhält er sich daher an **Orten**, die nicht die Merkmale der **Abgeschiedenheit** aufweisen, so, als stünde er nicht unter Beobachtung, hebt er das **Schutzbedürfnis für Verhaltensweisen, die an sich die Öffentlichkeit nichts angehen**, selbst auf. Der **Schutz der Privatsphäre vor öffentlicher Kenntnisnahme** entfällt ferner, wenn sich jemand selbst damit einverstanden zeigt, daß bestimmte, gewöhnlich als privat geltende Angelegenheiten **öffentlich** gemacht werden, etwa indem er Exklusivverträge über die Berichterstattung aus seiner **Privatsphäre** abschließt. Der verfassungsrechtliche **Privatsphärenschutz** aus Art. 2 Abs. 1 in Verbindung mit Art. 1 Abs. 1 GG ist nicht im Interesse einer Kommerzialisierung der eigenen Person gewährleistet. Zwar ist niemand an einer solchen **Öffnung privater Bereiche** gehindert. Er kann sich dann aber nicht gleichzeitig auf den **öffentlichkeitsabgewandten Privatsphärenschutz** berufen. Die Erwartung, daß die Umwelt die **Angelegenheiten oder Verhaltensweisen in einem Bereich mit Rückzugsfunktion** nur begrenzt oder nicht zur Kenntnis nimmt, muß daher situationsübergreifend und konsistent zum Ausdruck gebracht werden. Das gilt auch für den Fall, daß der Entschluß, die Berichterstattung über bestimmte Vorgänge der eigenen **Privatsphäre** zu gestatten oder hinzunehmen, rückgängig gemacht wird.“.

BVerfGE 6, 32, 41 (Elfes) = BVerfG, Urteil vom des Ersten Senats vom 16.01.1957 – 1 BvR 253/56 –, Rn. 32 [vgl. **Recht auf Privatsphäre** als **Privatangelegenheitenschutz** und **Rückzugsraumbereichsschutz** – beides **gegenüber der Öffentlichkeit,** vgl. **Sphärentheorie** mit **Intimsphäre**, **Privatsphäre**, **Sozialsphäre**]: „Vor allem dürfen die Gesetze daher die Würde des Menschen nicht verletzen, die im Grundgesetz der oberste Wert ist, aber auch die geistige, politische und wirtschaftliche Freiheit des Menschen nicht so einschränken, daß sie in ihrem Wesensgehalt angetastet würde (Art. 19 Abs. 2, Art. 1 Abs. 3, Art. 2 Abs. 1 GG). Hieraus ergibt sich, daß dem einzelnen Bürger eine **Sphäre privater Lebensgestaltung** verfassungskräftig vorbehalten ist, also ein letzter **unantastbarer Bereich menschlicher Freiheit** besteht, der der Einwirkung der gesamten öffentlichen Gewalt entzogen ist. Ein Gesetz, das in ihn eingreifen würde, könnte nie Bestandteil der ‚verfassungsmäßigen Ordnung' sein; es müßte durch das Bundesverfassungsgericht für nichtig erklärt werden.“. BVerfGE 109, 279, Ls. 2 S. 1 (akustische Wohnraumüberwachung / „Großer Lauschangriff“) = BVerfG, Urteil des Ersten Senats vom 03.03.2004 – 1 BvR 2378/98, 1084/99 –, Ls. 2 S. 1: „Zur Unantastbarkeit der Menschenwürde gemäß Art. 1 Abs. 1 GG gehört die Anerkennung eines absolut geschützten **Kernbereichs privater Lebensgestaltung**.“. BVerfGE 141, 220, 276-278 (BKAG) = BVerfG, Urteil des Ersten Senats vom 20.04.2016 – 1 BvR 966/09 –, Rn. 119-124: „Neben den verfassungsrechtlichen Anforderungen an die allgemeinen Eingriffsvoraussetzungen ergeben sich aus den jeweiligen **Grundrechten in Verbindung mit Art. 1 Abs. 1 GG** für die Durchführung von besonders eingriffsintensiven Überwachungsmaßnahmen besondere Anforderungen an den **Schutz des Kernbereichs privater Lebensgestaltung**. Der verfassungsrechtliche **Schutz des Kernbereichs privater Lebensgestaltung** gewährleistet dem Individuum einen **Bereich höchstpersönlicher Privatheit gegenüber Überwachung**. Er wurzelt in den **von den jeweiligen Überwachungsmaßnahmen betroffenen Grundrechten in Verbindung mit Art. 1 Abs. 1 GG** und sichert einen dem Staat nicht verfügbaren Menschenwürdekern grundrechtlichen Schutzes gegenüber solchen Maßnahmen. Selbst überragende Interessen der Allgemeinheit können einen Eingriff in diesen **absolut geschützten Bereich privater Lebensgestaltung** nicht rechtfertigen (vgl. BVerfGE 109, 279 <313>; stRspr). Zur **Entfaltung der Persönlichkeit im Kernbereich privater Lebensgestaltung gehört die Möglichkeit**, **innere Vorgänge** wie Empfindungen und Gefühle sowie Überlegungen, Ansichten und Erlebnisse **höchstpersönlicher Art zum Ausdruck zu bringen** (vgl. BVerfGE 109, 279 <313>; 120, 274 <335>; stRspr). Geschützt ist

insbesondere die **nichtöffentliche Kommunikation mit Personen des höchstpersönlichen Vertrauens, die in der berechtigten Annahme geführt wird, nicht überwacht zu werden**, wie es insbesondere bei Gesprächen im Bereich der Wohnung der Fall ist. Zu diesen Personen gehören insbesondere Ehe- oder Lebenspartner, Geschwister und Verwandte in gerader Linie, vor allem, wenn sie im selben Haushalt leben, und können Strafverteidiger, Ärzte, Geistliche und enge persönliche Freunde zählen (vgl. BVerfGE 109, 279 <321 ff.>). Dieser Kreis deckt sich nur teilweise mit dem der Zeugnisverweigerungsberechtigten. Solche Gespräche verlieren dabei nicht schon dadurch ihren Charakter als insgesamt höchstpersönlich, dass sich in ihnen Höchstpersönliches und Alltägliches vermischen (vgl. BVerfGE 109, 279 <330>; 113, 348 <391 f.>). Demgegenüber ist die **Kommunikation unmittelbar über Straftaten** nicht geschützt, selbst wenn sie auch Höchstpersönliches zum Gegenstand hat. Die **Besprechung und Planung von Straftaten** gehört ihrem Inhalt nach nicht zum **Kernbereich privater Lebensgestaltung**, sondern hat **Sozialbezug** (vgl. BVerfGE 80, 367 <375>; 109, 279 <319 f., 328>; 113, 348 <391>). Dies bedeutet freilich nicht, dass der Kernbereich unter einem allgemeinen Abwägungsvorbehalt in Bezug auf öffentliche Sicherheitsinteressen steht. Ein **höchstpersönliches Gespräch** fällt nicht schon dadurch aus dem **Kernbereich privater Lebensgestaltung** heraus, dass es für die Aufklärung von Straftaten oder Gefahren hilfreiche Aufschlüsse geben kann. Aufzeichnungen oder Äußerungen im Zwiegespräch, die zum Beispiel ausschließlich innere Eindrücke und Gefühle wiedergeben und keine Hinweise auf konkrete Straftaten enthalten, gewinnen nicht schon dadurch einen **Gemeinschaftsbezug**, dass sie Ursachen oder Beweggründe eines strafbaren Verhaltens freizulegen vermögen (vgl. BVerfGE 109, 279 <319>). Auch können trotz **Straftatenbezugs** Situationen, in denen Einzelnen gerade ermöglicht werden soll, ein Fehlverhalten einzugestehen oder sich auf dessen Folgen einzurichten, wie Beichtgespräche oder vertrauliche Gespräche mit einem Psychotherapeuten oder einem Strafverteidiger, der **höchstpersönlichen Privatsphäre** unterfallen, die dem Staat absolut entzogen ist (vgl. BVerfGE 109, 279 <322>). Ein hinreichender **Sozialbezug** besteht demgegenüber dann, wenn **Gespräche - auch mit Vertrauenspersonen - sonst unmittelbar Straftaten zu ihrem Gegenstand haben** (vgl. BVerfGE 109, 279 <319>). Der **Kernbereich privater Lebensgestaltung** beansprucht gegenüber **allen Überwachungsmaßnahmen** Beachtung. Können sie typischerweise zur Erhebung kernbereichsrelevanter Daten führen, muss der Gesetzgeber Regelungen schaffen, die einen wirksamen Schutz normenklar gewährleisten (vgl. BVerfGE 109, 279 <318 f.>; 113, 348 <390 f.>; 120, 274 <335 ff.>). Außerhalb solch verletzungsgeneigter Befugnisse bedarf es eigener Regelungen nicht. Grenzen, die sich im Einzelfall auch hier gegenüber einem Zugriff auf höchstpersönliche Informationen ergeben können, sind bei deren Anwendung unmittelbar von Verfassungs wegen zu beachten. Der **Schutz des Kernbereichs privater Lebensgestaltung** ist strikt und darf nicht durch Abwägung mit den Sicherheitsinteressen nach Maßgabe des Verhältnismäßigkeitsgrundsatzes relativiert werden (vgl. BVerfGE 109, 279 <314>; 120, 273 <339>; stRspr). Dies bedeutet jedoch nicht, dass **jede tatsächliche Erfassung von höchstpersönlichen Informationen** stets einen Verfassungsverstoß oder eine Menschenwürdeverletzung begründet. Angesichts der Handlungs- und Prognoseunsicherheiten, unter denen Sicherheitsbehörden ihre Aufgaben wahrnehmen, kann ein **unbeabsichtigtes Eindringen in den Kernbereich privater Lebensgestaltung** im Rahmen von Überwachungsmaßnahmen nicht für jeden Fall von vornherein ausgeschlossen werden (vgl. BVerfGE 120, 274 <337 f.>). Die Verfassung verlangt jedoch **für die Ausgestaltung der Überwachungsbefugnisse** die **Achtung des Kernbereichs** als eine strikte, nicht frei durch Einzelfallerwägungen überwindbare Grenze.".

BVerfGE 120, 274 (Online-Durchsuchung) = BVerfG, Urteil des Ersten Senats vom 27.02.2008 – 1 BvR 370/07 –, Ls. 1: „Das **allgemeine Persönlichkeitsrecht** (Art. 2 Abs. 1 i.V.m. Art. 1 Abs. 1 GG) umfasst das Grundrecht auf **Gewährleistung der Vertraulichkeit und Integrität informationstechnischer Systeme**."; BVerfGE 120, 274, 314 (Online-Durchsuchung) = BVerfG, Urteil des Ersten Senats vom 27.02.2008 – 1 BvR 370/07 –, Rn. 203: „**informationstechnisches System**": „etwa Personalcomputer", „ferner beispielweise [...] solche Mobiltelefone oder elektronische Terminkalender, die über einen großen Funktionsumfang verfügen und personenbezogene Daten vielfältiger Art erfassen und speichern können."; BVerfGE 120, 274, 276 (Online-Durchsuchung) = BVerfG, Urteil des Ersten Senats vom 27.02.2008 – 1 BvR 370/07 –, Rn. 5: „**heimlicher Zugriff auf ein informationstechnisches System**": „[heimliche] technische Infiltration [...], die etwa Sicherheitslücken des Zielsystems ausnutzt oder über die Installation eines Spähprogramms erfolgt", wobei die Infiltration es ermöglicht, die Zielsystem-„Nutzung zu überwachen oder die Speichermedien durchzusehen oder gar das Zielsystem fernzusteuern.".

a) GR-SB:

aa) Persönlicher GR-SB: „Jeder".[687]

bb) Sachlicher GR-SB: „**freie Entfaltung der Persönlichkeit**" in der Ausprägung des RiS als „**Datenfreiheit**" (Grundsätzliche Bestimmungsbefugnis des Einzelnen über Preisgabe und

---

BVerfGE 147, 1 (**Geschlechtsidentität**) = BVerfG, Beschluss des Ersten Senats vom 10.10.2017 – 1 BvR 2019/16 –, Ls. 1-3: „1. Das **allgemeine Persönlichkeitsrecht** (Art. 2 Abs. 1 i.V.m. Art. 1 Abs. 1 GG) schützt die **geschlechtliche Identität**. Es schützt auch die geschlechtliche Identität derjenigen, die sich dauerhaft weder dem männlichen noch dem weiblichen Geschlecht zuordnen lassen. 2. Art. 3 Abs. 3 Satz 1 GG schützt auch Menschen, die sich dauerhaft weder dem männlichen noch dem weiblichen Geschlecht zuordnen lassen, vor **Diskriminierungen wegen ihres Geschlechts**. 3. Personen, die sich dauerhaft weder dem männlichen noch dem weiblichen Geschlecht zuordnen lassen, werden in beiden Grundrechten verletzt, wenn das Personenstandsrecht dazu zwingt, das Geschlecht zu registrieren, aber keinen anderen positiven Geschlechtseintrag als weiblich oder männlich zulässt.".

BVerfG, Urteil des Zweiten Senats vom 26.02.2020 – 2 BvR 2347/15 –, Ls. 1: „a) Das **allgemeine Persönlichkeitsrecht** (Art. 2 Abs. 1 i.V.m. Art. 1 Abs. 1 GG) umfasst als Ausdruck persönlicher Autonomie ein **Recht auf selbstbestimmtes Sterben**. b) Das **Recht auf selbstbestimmtes Sterben** schließt die Freiheit ein, sich das Leben zu nehmen [Rn. 208: „**Recht auf Selbsttötung**"]. Die Entscheidung des Einzelnen, seinem Leben entsprechend seinem Verständnis von Lebensqualität und Sinnhaftigkeit der eigenen Existenz ein Ende zu setzen, ist im Ausgangspunkt als Akt autonomer Selbstbestimmung von Staat und Gesellschaft zu respektieren. c) Die **Freiheit, sich das Leben zu nehmen**, umfasst auch die Freiheit, hierfür bei Dritten Hilfe zu suchen und Hilfe, soweit sie angeboten wird, in Anspruch zu nehmen.".

[685] Zum sog. „**Menschenwürdegehalt**" der Grundrechte: *Basten*, Die Menschenwürde des Grundgesetzes.

[686] Vgl. auch Art. 142 GG i.V.m. Art. 4 Abs. 2 Verfassung NRW; Art. 8 EU-GR-Charta; Art. 16 AEUV; Art. 8 EMRK.

[687] Bundestags-Drucksache 18/11277 (zu §§ 81e, h StPO), S. 21 f.: „Potenziell von der Ausweitung der Untersuchungsmöglichkeiten betroffen sind ferner die nahen **Verwandten** derjenigen, die an der DNA-Reihenuntersuchung teilnehmen. Ihr **Grundrecht auf informationelle Selbstbestimmung** wird von der Ausweitung der Untersuchungsmöglichkeiten aber nicht betroffen: Untersucht wird weiter ausschließlich das genetische Material der Probanden, die an der Reihenuntersuchung teilgenommen haben. Sollte sich dabei eine Ähnlichkeit mit dem Spurenmaterial ergeben, wird damit nur eine statistische Aussage über das genetische Material des Probanden getroffen. Ein Bezug zu konkreten anderen Personen im Sinne eines personenbeziehbaren Datums lässt sich mit diesem Ergebnis zunächst nicht herstellen. Erst wenn die Ermittlungsbehörden aufgrund des **Beinahetreffers** – ausgehend vom Probanden – weitere Ermittlungen anstellen, um herauszufinden, ob er tatsächlich Verwandte hat, die als Täter in Frage kommen, kann sich ein **Tatverdacht** gegen konkrete Dritte ergeben. Selbst wenn man deshalb von einem Eingriff in die informationelle Selbstbestimmung ausgehen würde, wäre dieser jedenfalls durch das hoch zu gewichtende staatliche Interesse an der Aufklärung und Verfolgung von (schweren) Straftaten gerechtfertigt. Auch Artikel 6 Absatz 1 GG (**Ehe und Familie**) ist nicht berührt. Das Familiengrundrecht schützt vor staatlichen Maßnahmen, die die Familie schädigen, stören oder sonst beeinträchtigen (vgl. BVerfG, Beschluss vom 17. Januar 1957 – 1 BvL 4/54 –, BVerfGE 6, 55, 76). Es vermittelt aber keinen Schutz gegen Familienangehörige, die freiwillig zur Strafverfolgung eines Verwandten beitragen. Die erweiterten Untersuchungsmöglichkeiten stellen auch keinen Verstoß gegen rechtsstaatliche Grundsätze des ‚fair trial' [Recht auf faires Verfahren, P. B.] dar. Derjenige, der infolge eines Beinahetreffers und weiterer Ermittlungen in Verdacht geraten ist, steht nicht anders, als hätte ihn ein Verwandter gegenüber der Polizei der Tat bezichtigt. Gegen die Ergebnisse eines DNA-Tests, der gegen ihn selbst nach § 81f StPO angeordnet wurde (3. Stufe), kann er sich uneingeschränkt verteidigen (vgl. Magnus, ZStW 2014, S. 695, 717).".

Verwendung eigener personenbezogener Daten[688]), i.d.R. gegeben bei Bezug auf mindestens ein **personenbezogenes Datum**: § 36 Nr. 1 DSG NRW[689].

b) GR-E (oder Nichteingriff/**Grundrechtsverzicht** bzw. **Einwilligung** i.S.v. § 36 Nr. 19 DSG NRW, § 38 DSG NRW, vgl. auch § 81f Abs. 1 S. 1, 2 StPO [„Einwilligung", „einwilligende Person"], ggf. i.V.m. § 81e Abs. 2 S. 4 StPO): **Persönlichkeitsentfaltungseinschränkung** als **Datenfreiheitseinschränkung**, durch **Datenverarbeitung**s-Maßnahme[690] i.S.d. § 36 Nr. 2 DSG NRW, zum Beispiel durch – auch bezüglich Daten im Sinne von § 36 Nr. 13 DSG NRW (genetische Daten), Nr. 14 (biometrische Daten), Nr. 18 (besondere Kategorien bezogener Daten bzw. personenbezogene Daten besonderer Kategorie) DSG NRW –:

- Datenerhebung („Feststellungen", vgl. auch § 81e Abs. 1 S. 1 StPO, § 81e Abs. 2 S. 2 StPO)
- Datenspeicherung (der „Feststellungen")
- Datenübermittlung (des Materials an Sachverständige und des Materials sowie der Feststellungen an Polizei zurück, einschließlich von letztendlich zuordenbaren Personalien, vgl. auch § 81f Abs. 2 S. 3 StPO)
- „Abgleich" (vgl. § 81e Abs. 1 S. 1 StPO).[691]

Allgemein erfolgt i.d.R. ein Grundrechtseingriff bei Fehlen von Einwilligung durch Untersuchungsanordnung und Untersuchungsausführung.

Bei sogenanntem „Angebot" von Untersuchung im Sinne der Rechtsfolgendefinition ist je nach realer Praxis des einzelnen „Angebots"-Falls zu den allgemein herrschenden gesetzlichen

---

[688] BVerfGE 65, 1, Ls. 1 S. 2 (Volkszählungsgesetz) = BVerfG, Urteil des Ersten Senats vom 15.12.1983 – 1 BvR 209/83, Ls. 1 S. 2 (Ls. 1: „Unter den Bedingungen der modernen Datenverarbeitung wird der Schutz des Einzelnen gegen unbegrenzte Erhebung, Speicherung, Verwendung und Weitergabe seiner persönlichen Daten von dem allgemeinen Persönlichkeitsrecht des Art. 2 Abs. 1 GG in Verbindung mit Art. 1 Abs. 1 GG umfaßt. Das Grundrecht gewährleistet insoweit die Befugnis des Einzelnen, grundsätzlich selbst über die Preisgabe und Verwendung seiner persönlichen Daten zu bestimmen.").

[689] BVerfG, Beschluss der 3. Kammer des Zweiten Senats vom 27.06.2018 – 2 BvR 1562/17 (auf § 103 StPO gestützte Anordnung der Durchsuchung der Räumlichkeiten des Münchener Kanzleistandorts der Rechtsanwaltskanzlei Jones Day sowie Sicherstellung von Unterlagen und elektronischen Daten im Zuge des sogenannten „VW-Dieselskandals" – Verfassungsbeschwerde nicht zur Entscheidung angenommen wegen Unzulässigkeit aufgrund Nichterfüllung von Voraussetzungen nach § 93a Abs. 2 BVerfGG), Gründe, V., Rn. 44: „Der Begriff der persönlichen Daten deckt sich mit der Legaldefinition personenbezogener Daten in § 46 Nr. 1 BDSG (zuvor § 3 Abs. 1 BDSG) und erfasst alle Informationen, die sich auf eine identifizierte oder identifizierbare natürliche Person (betroffene Person) beziehen (vgl. noch zu § 3 Abs. 1 BDSG ‚Einzelangaben über persönliche oder sachliche Verhältnisse einer bestimmten oder bestimmbaren Person' Di Fabio, in: Maunz/Dürig, GG, Art. 2 Abs.1, Rn. 175 [Juli 2001])."

[690] BVerfG, Urteil des Ersten Senats vom 19.05.2020 – 1 BvR 2835/17 – (Ausland-Ausland-Fernmeldeaufklärung nach BNDG), E. III. 1., Rn. 212: „Die **Übermittlung personenbezogener Daten**, mit der eine Behörde die von ihr erhobenen Daten einer anderen Stelle zugänglich macht, begründet einen eigenen Grundrechtseingriff (vgl. BVerfGE 100, 313 <367>; 141, 220 <334 Rn. 305>; stRspr). Dieser ist an dem **Grundrecht** zu messen, **in das bei der ursprünglichen Datenerhebung eingegriffen wurde** (vgl. BVerfGE 100, 313 <367>; 141, 220 <334 Rn. 305>; stRspr)."

[691] BVerfGE 103, 21, 32 (Genetischer Fingerabdruck I) = BVerfG, Beschluss der 3. Kammer des Zweiten Senats vom 14.12.2000 – 2 BvR 1741/99, 276, 2061/00 –, B. I. 2b), Rn. 49; BVerfGK 15, 532 (Genetischer Fingerabdruck II) = BVerfG, Beschluss der 2. Kammer des Zweiten Senats vom 22.05.2009 – 2 BvR 287/09 –, Gründe, II. 1., Rn. 22: „Feststellung, Speicherung und (künftige) Verwendung eines DNA-Identifizierungsmusters greifen in das durch Art. 2 Abs. 1 in Verbindung mit Art. 1 Abs. 1 GG verbürgte Grundrecht auf informationelle Selbstbestimmung ein (vgl. BVerfGE 103, 21 <32 f.>)."

Regeln subsumierbar – alternativ und unabhängig von Erlasslagen: entweder, auch im Zweifel, ein Datenerhebungs-Grundrechtseingriff oder – bei Verwirklichung von § 36 Nr. 19 DSG NRW, § 38 DSG NRW[692] – eine Einwilligung mit der Umkehrschlussfolgerung aus dem „Vorbehalt des Gesetzes" (Nichterforderlichkeit einer bereichsspezifischen Befugnisrechtsnorm) und weiterer Folgerung aus dem „Vorrang des Gesetzes" (Erforderlichkeit der Verwirklichung nichtbefugnisrechtsnormspezifischer Rechtsgrundlagen)[693].

c) GR-B: Art. 2 Abs. 1 Hs. 2 GG.[694]

---

692 Zur Unterscheidung von „**Einwilligung**" und „**Freiwilligkeit**": Die mitunter – insbesondere anlässlich Untersuchungsanordnungen statt der gesetzlichen Voraussetzung der Einwilligung – eingeführte, angebliche „Freiwilligkeit" a priori (z. B. im Sinne einer abstrakten Weigerungsmöglichkeit) ist kein Argument, vgl. dazu quasi alle polizeilichen Anordnungs-Rechtsfolgen (ggf. auch als Realfolgen „Angebot", „Bitte", „Frage"), vgl. nur zum Beispiel die in der Folge auf eine Aussagemitwirkung angewiesene polizeiliche Befragung/Vernehmung, bei der die rechtsfehlerhafte Ersetzung gesetzlicher Einwilligung durch angebliche a-priori-Freiwilligkeit nicht bzw. weniger stattfindet, und dies aus gutem Rechtsgrund, denn (nichtalltägliches) polizei(vollzugsbeamt)liches Verhalten gegenüber Maßnahmenadressaten bewirkt in der Regel und in dubio pro libertate Grundrechtseingriffe im Sinne der allgemein anerkannten Grundrechtseingriffsbegriffe. Zu **Grundrechtseingriffsbegriffen** und **Einwilligungsbewirkungen** siehe: *Basten*, Eingriffsrecht der Polizei in Nordrhein-Westfalen, Band 1, S. 182 f.. Zu **Befragung** und **Vernehmung** siehe insbesondere: *Basten*, Eingriffsrecht der Polizei in Nordrhein-Westfalen, Band 2, Buch 2, Abschnitte 15, 16, 17.

693 Zum **Rechtsgrundlage**-Begriff und zum **Befugnisrechtsnorm**-Begriff mit **Rechtsgrundlage- und Befugnisrechtsnorm-Unterscheidung**: *Basten*, Eingriffsrecht der Polizei in Nordrhein-Westfalen, Band 1, S. 31, 178, 179.

694 Art. 2 Abs. 1 Hs. 2 GG (**Schrankentrias**): BVerfGE 80, 137, 153 (Reiten im Walde) = BVerfG, Beschluss des Ersten Senats vom 06.06.1989 – 1 BvR 921/85 –, C. I. 1 a), Rn. 69: „Abgesehen von einem absolut geschützten Kernbereich privater Lebensgestaltung, welcher der Einwirkung der öffentlichen Gewalt entzogen ist (BVerfGE 6, 32 [41]), ist die allgemeine Handlungsfreiheit allerdings nur in den **Schranken** des zweiten Halbsatzes von Art. 2 Abs. 1 GG gewährleistet und steht damit insbesondere unter dem **Vorbehalt der verfassungsmäßigen (Rechts-)Ordnung** (BVerfGE 6, 32 [37 f.]; 74, 129 [152]). Stützt sich ein die Handlungsfreiheit berührender Akt der öffentlichen Gewalt auf eine Rechtsnorm, so kann mit der Verfassungsbeschwerde unter Berufung auf Art. 2 Abs. 1 GG zur Nachprüfung gestellt werden, ob diese Norm zur **verfassungsmäßigen Ordnung** gehört, das heißt formell und materiell mit den Normen der Verfassung in Einklang steht (st. Rspr. seit BVerfGE 6, 32)."; BVerfGE 6, 32, Ls. 3 (Elfes) = BVerfG, Urteil des Ersten Senats vom 16.01.1957 – 1 BvR 253/56, Ls. 3: „**Verfassungsmäßige Ordnung** im Sinne des Art. 2 Abs. 1 GG ist die verfassungsmäßige Rechtsordnung, d.h. die Gesamtheit der Normen, die formell und materiell der Verfassung gemäß sind."; vgl. dazu auch BVerfGE 6, 32, 37-41 (Elfes) = BVerfG, Urteil des Ersten Senats vom 16.01.1957 – 1 BvR 253/56, Gründe II. 2 b), c), Rn. 17-33.

Rechte anderer sind (als Teil der verfassungsmäßigen Ordnung) subjektive Berechtigungen (Anspruch oder Befugnis oder Erlaubnis) einschließlich Verpflichtungen (Pflicht zur Erfüllung von Anspruch oder Befugnis oder Erlaubnis) und sonstiger Rechtswirkungen für ein Rechtssubjekt bezüglich eines Verhaltens oder eines Rechtsguts.

Vgl. zum ein Mal bundesverfassungsgerichtlich entscheidungserheblich bemühten „**Sittengesetz**" nach Art. 2 Abs. 1 Hs. 2 GG als Gesetz, das nicht das durch die „soziale Gemeinschaft" „als für sich verbindlich" anerkannte „Rechtsgefühl" „im allgemeinen" „verletzt": BVerfGE 6, 389 (Homosexuelle) = BVerfG, Urteil des Ersten Senats vom 10.05.1957 – 1 BvR 550/52 –, und StrRehaHomG (Gesetz zur strafrechtlichen Rehabilitierung der nach dem 8. Mai 1945 wegen einvernehmlicher homosexueller Handlungen verurteilten Personen vom 17. Juli 2017 – BGBl. I S. 2443).

A. Rechtsgrundlage (RGL) II. Rechtsgebiet (RG)

(VOR/DEF)

Rechtsgebiet ist Rechtsordnungsteil nach allen Umständen – wie schwerpunktmäßige Äußerungen, Rechtsnormen, Zwecke, auch i.V.m. §§ 133, 157 BGB analog.[695]

(SUB/ERG)

Die Maßnahme erfolgt auf dem Rechtsgebiet des besonderen öffentlichen Rechts polizeilicher Strafrechtspflege.

Eine molekulargenetische Untersuchung erfolgt auf dem Rechtsgebiet der Strafrechtspflege insbesondere bei (alternativ)

- tatverdachtsveranlasster molekulargenetischer Untersuchung;
- molekulargenetischer Untersuchung nach tatverdachtsbezogenen Dingen;
- molekulargenetischer Untersuchung mit schwerpunktmäßigem Zweck einer anschließenden Strafrechtspflegemaßnahme;
- Fehlen eines Gefahrenüberhangs.

A. Rechtsgrundlage (RGL) III. Mögliche Befugnisrechtsnorm (Mgl. Brn.)

(VOR/DEF)

Befugnisrechtsnorm ist die rechtmäßige hauptsächliche materiellrechtliche Rechtsgrundlage mit realfolgenentsprechender Rechtsfolge.

(SUB/ERG)

Realfolge ist die jeweilige Maßnahme laut Sachverhalt.

Rechtsfolge ist die Maßnahme laut Rechtsnorm.

(SUB)	**(ERG)**
Realfolgen und Rechtsfolgen zu:	Mögliche Befugnisrechtsnorm zu:
Körperliche Untersuchung (KU), Körperlicher Eingriff (KE), Blutprobenentnahme (BP), Erkennungsdienstliche Maßnahme (ED), DNA-Maßnahmen (DNA)	Körperliche Untersuchung (KU), Körperlicher Eingriff (KE), Blutprobenentnahme (BP), Erkennungsdienstliche Maßnahme (ED), DNA-Maßnahmen (DNA)
Realfolgen – Beispiele:	Gefahrenabwehr:

[695] Zum Rechtsgebiet bzw. zu Rechtsgebieten einschließlich Rechtsgebiet-Begriffen und Rechtsgebiet-Auslegungsansätzen: *Basten*, Eingriffsrecht der Polizei in Nordrhein-Westfalen, Band 1, Buch 1, Abschnitt 3, Unterabschnitt 3, Titel 3, Untertitel 3.

Abstrich; (Aufforderung zum) Aufdecken; Begutachtung; Beobachtung; Hineingreifen; Hineinstechen (vgl. teilweise Polizei-Umgangssprache wie z.B.: „Loch im Arm [durch Nadel]“; Hervorholen (vgl. teilweise Polizei-Umgangssprache wie „[Ab-]Zapfen [mit Nadel]“; Nachschau.

Rechtsfolgen:

Körperliche Untersuchung (KU) ist Körperbeschaffenheitsermittlung durch gezielte Nachschau oder gezielten Eingriff am Menschenkörper, ggf. auch mit Datenverarbeitung (z.B. Bild/Ton-Aufzeichnung), ggf. auch mit sog. Exploration, ggf. auch mit Gegenüberstellung.

Anderer körperlicher Eingriff (KE) ist körperliche Untersuchung mit Körpersubstanzverletzung.

Blutprobenentnahme ist körperliche Untersuchung als körperlicher Eingriff zwecks Blutproben-„Speicherung“

Abstammungsuntersuchung ist körperliche Untersuchung zur Abstammungsfeststellung.

Erkennungsdienstliche Maßnahme ist zu bestimmten Zwecken eine Maßnahme insbesondere nach § 14 Abs. 4 PolG NRW (vgl. auch 14.4 VVPolG NRW), § 81b StPO, §§ 16, 19 AsylG, § 49 AufenthG, § 163b Abs. 1 StPO, § 163b Abs. 2 StPO, ggf. mit: Erscheinungsbildveränderung, Freiheitsbeschränkung, Gegenüberstellung (EFG); nicht mit: Maßnahmen nach §§ 12, 12a, 14a PolG NRW, §§ 81a, c-h StPO und nicht mit weiterer Speicherung.

DNA-/Molekulargenetische Untersuchung ist zu bestimmten Zwecken eine Maßnahme insbesondere nach § 14a PolG NRW, §§ 81e, f StPO, § 81g StPO, § 81h StPO – i.d.R. mit Begleitmaßnahmen von Körperzellentnahme

- Speziellere Befugnisrechtsnormen wie §§ 15, 16, 19 AsylG, §§ 48, 49 AufenthG
- § 8 Abs. 1 PolG NRW (Körperliche Untersuchung als nicht in §§ 9-46 PolG NRW speziell geregelte Maßnahme)
- § 14 PolG NRW (Abs. 1 Nr. 1: Erkennungsdienstliche Maßnahme zur Identitätsfeststellung, Abs. 1 Nr. 2: Erkennungsdienstliche Maßnahme zur vorbeugenden Bekämpfung von Straftaten)
- § 14a PolG NRW („Molekulargenetische Untersuchung zur IDF“: Molekulargenetische Untersuchungsmaßnahmen zur IDF (Abgleich von DNA-Identifizierungsmustern einer Leiche oder hilflosen Person mit denjenigen einer vermissten Person zur IDF, zu diesem Zweck: 1. Körperzellenentnahme bei hilflosen Person oder Leiche, 2. Probennahme von Gegenständen mit Spurenmaterial der vermissten Person, 3. molekulargenetische Untersuchung der Proben nach Nr. 1 und 2. – § 14a Abs. 1 S. 6-8 PolG NRW: weitere Speicherung, Verwendung, Löschung von DNA-Identifizierungsmuster; § 14a Abs. 1 S. 5 PolG NRW: **Unverzüglich**e [§ 121 Abs. 1 S. 1 BGB] Vernichtung entnommener Körperzellen, wenn keine Benötigung mehr für Untersuchung nach § 14a Abs. 1 S. 2 PolG NRW.)

Strafrechtspflege (ggf. mit §§ 46 [Abs. 4], 53 Abs. 1 S. 2, Abs. 2 OWiG):

- § 163b StPO: erkennungsdienstliche Maßnahme zwecks IDF (Abs. 1: beim Verdächtigen, Abs. 2: beim Nichtverdächtigen)
- § 81a StPO (Körperliche Untersuchung des Beschuldigten, anderer körperlicher Eingriff, Blutprobenentnahme)
- § 81b StPO (Alt. 1: Erkennungsdienstliche Maßnahme beim Beschuldigten zur Durchführung des Verfahrens; Alt. 2: Erkennungsdienstliche Maßnahme

und DNA-Identifizierungsmuster-/Spuren-Abgleich.

Abgrenzung von körperlicher Untersuchung und Personendurchsuchung erfolgt durch Körperbeschaffenheitsermittlungszweck.

Abgrenzung von körperlicher Untersuchung und unvermeidlicher Kenntnisnahme entscheidet sich wie folgt:

Unvermeidliche Kenntnisnahme ist Wahrnehmung ohnehin offen präsenter Personen, Sachen, Daten ohne erhebliche Nachschau oder Veränderung, z.B. unwillkürliches Anschauen von gegenüber befindlichem, unverdecktem Gesicht.

Zur Abgrenzung von körperlicher Untersuchung und Inaugenscheinnahme, vgl. § 12a Abs. 1 S. 2 PolG NRW: **Inaugenscheinnahme** ist prüfende Betrachtung präsenter Sachen, Daten ohne Körperbeschaffenheitsermittlungszweck und ohne erhebliche Veränderung (Prinzip: „Just look, don't touch!").

beim Beschuldigten für Zwecke des Erkennungsdienstes)

- § 81c StPO (Abs. 1: Körperliche Untersuchung anderer Personen, Abs. 2: Abstammungsuntersuchung, Blutprobenentnahme)
- §§ 81e, f StPO (Molekulargenetische Untersuchung: Feststellung von DNA-Identifizierungsmuster, Abstammung, Personengeschlecht; bei unbekannter Spurenmaterialperson auch Augen-, Haar- Hautfarbe, Alter mittels molekulargenetischer Untersuchung an nach §§ 81a, c StPO rechtmäßig erlangtem Material oder an aufgefundenem/sichergestelltem/beschlagnahmtem Material – zwecks aktuellen Strafverfahrens)
- § 81g Abs. 1, 2 StPO („DNA-IDF": Körperzellenentnahme zur Identitätsfeststellung zwecks potentieller künftiger Strafverfahren und molekulargenetische Untersuchung zur Feststellung des DNA-Identifizierungsmusters sowie des Geschlechts)
- § 81h StPO (DNA-Reihenuntersuchung: 1. Körperzellenentnahme, 2. molekulargenetische Untersuchung der entnommenen Körperzellen zur Feststellung des DNA-Identifizierungsmusters und des Geschlechts 3. automatisierter Abgleich der festgestellten DNA-Identifizierungsmuster mit den DNA-Identifizierungsmustern von Spurenmaterial)
- § 43 Abs. 2 JGG (ggf. i.V.m. § 109 JGG)

(SUB)

Realfolge ist die jeweilige Maßnahme laut Sachverhalt.

Rechtsfolge ist als Justiz-VA (§ 23 Abs. 1 S. 1 EGGVG): Molekulargenetische Untersuchung, deren Rechtsfolgen in § 81e StPO näher bestimmt werden und material-beidseitige Daten-Feststellungen sowie wechselseitigen Materialdaten-Abgleich bzgl. kriminalistisch potentiellem Sachbeweismaterial beziehen[696] – zwecks Feststellung von (alternativ)

[696] Bundestags-Drucksache 13/667, S. 7 f.: „Im Regelfall werden die Körperzellen, die dem Betroffenen entnommen worden sind, und das aufgefundene Spurenmaterial zur gleichen Zeit mit

- DNA-Identifizierungsmuster mindestens einer Person;
- Abstammung mindestes einer Person;
- Geschlecht mindestens einer Person;
- bei Unbekanntheit der Person zusätzlich:
  - über die Augenfarbe mindestens einer Person;
  - über die Haarfarbe mindestens einer Person;
  - über die Hautfarbe mindestens einer Person;
  - über das Alter mindestens einer Person;

gemäß § 81e Abs. 1 S. 2 StPO dürfen andere Feststellungen nicht erfolgen; hierauf gerichtete Untersuchungen sind unzulässig[697].

(ERG)

Mögliche Befugnisrechtsnorm ist § 81e StPO (i.V.m. § 46 Abs. 4 S. 4 OWiG).

Mögliche Befugnisrechtsnorm für die weitere Speicherung von bei der molekulargenetischen Untersuchung erhobenen Daten beim Bundeskriminalamt (BKA) ist der rechtmäßige § 81g Abs. 5 StPO.

B. Formelle Rechtmäßigkeit (FR) I. Zuständigkeit (Z)

(VOR/DEF)

Zuständigkeit ist Aufgabenwahrnehmungserlaubnis für den Rechtsfolgesetzer.

---

molekulargenetischen Methoden untersucht werden. Denn gerade erst durch die Vergleichsuntersuchung kann die eigentliche Feststellung getroffen werden, ob aufgefundene Spuren von dem Beschuldigten oder von einer dritten Person herrühren. Es lassen sich aber auch Fälle denken, in denen zunächst kein Beschuldigter vorhanden ist, aufgefundenes Spurenmaterial aber molekulargenetisch untersucht werden muß, um zu einem späteren Zeitpunkt, etwa wenn sonstige Verdachtsmomente auf eine bestimmte Person als Täter hinweisen, die DNA-Analyse durchführen zu können.“.

697 Bundestags-Drucksache 13/667, S. 7: „[§ 81e Abs. 1 S. 2 StPO] stellt klar, daß Feststellungen über andere als die in Absatz 1 Satz 1 [und ggf. § 81e Abs. 2 S. 2 StPO] bezeichneten Tatsachen unzulässig sind. Bereits hierauf gerichtete Untersuchungen sind ausgeschlossen. Die Regelung unterstellt damit die Ausforschung schutzbedürftiger genetischer Anlagen des Betroffenen und die Feststellung genetisch bedingter schutzbedürftiger Persönlichkeitsmerkmale einem ausdrücklichen Verbot. Sofern anläßlich der Untersuchung des entnommenen Materials unvermeidbar Informationen über schutzbedürftige Persönlichkeitsmerkmale anfallen sollten, dürfen von dem untersuchenden Sachverständigen keine Feststellungen hinsichtlich dieser ‚Überschußinformationen‘ getroffen oder solche Informationen weitergegeben oder in das Verfahren eingeführt werden. Auch eine Verwertung in Strafverfahren ist somit unzulässig [Vgl. für Anschlussrechtsfolgen der Weiterverwertung bzw. Weiterverwendung bzw. Weiterverarbeitung auch: § 81e Abs. 2 S. 3 i.V.m. § 81a Abs. 3 StPO, P. B.].“.

(SUB/ERG)

Für die molekulargenetische Untersuchungs-Maßnahme ist die Zuständigkeit (i.d.R.) wie folgt gegeben:

1. sachliche Zuständigkeit *der Polizei* gemäß

- § 163 Abs. 1 S. 1 StPO;

2. instanzielle Zuständigkeit *der Polizeibehörde* gemäß

- (i.d.R.) § 11 Abs. 1 Nr. 2 Alt. 1 POG NRW i.V.m. KPBVO NRW;
- (generell:) §§ 10-14 POG NRW (ggf. LKAAufgVO NRW);

3. örtliche Zuständigkeit *der Polizeibehörde* gemäß

- (i.d.R.) § 7 Abs. 1 S. 1 POG NRW (ggf. i.V.m. KHStVO NRW)
- (generell: §§ 7-9 POG NRW[698]) (ggf. i.V.m. KHStVO NRW)

4. funktionelle Zuständigkeit *des Polizeiamtswalters*, hier wie folgt:

a) Anordnungszuständigkeit

Gemäß § 81f Abs. 1 S. 1 StPO, ggf. i.V.m. § 81e Abs. 2 S. 4 StPO, dürfen Untersuchungen nach § 81e Abs. 1 StPO (bei Gefahr im Verzug) auch durch die Ermittlungspersonen der Staatsanwaltschaft (§ 152 Abs. 2 GVG i.V.m. EPVO NRW) angeordnet werden.

b) Ausführungszuständigkeit

Gemäß § 81f Abs. 2 S. 1 StPO besteht jedenfalls Polizeibehördenermittlungsführungsdienststellenamtsträger-Unzuständigkeit bezüglich der Ausführung molekulargenetischer Untersuchung, denn gemäß § 81f Abs. 2 S. 1 StPO sind mit der Untersuchung nach § 81e StPO in der schriftlichen Anordnung Sachverständige zu beauftragen, die öffentlich bestellt oder nach dem Verpflichtungsgesetz[699] verpflichtet oder Amtsträger sind, die der ermittlungsführenden Behörde nicht angehören oder einer Organisationseinheit dieser Behörde angehören, die von der ermittlungsführenden Dienststelle organisatorisch und sachlich getrennt ist[700].

Sachverständiger ist eine Person mit besonderer Sachkunde über potentielle tatverdachtsrelevante gegenwärtige (i.S.v. aktuellem Methodenstandard und Forschungsstand) **Befundtatsachen** (unmittelbare Sachverständigendaten/Ermittlungsergebnisse unmittelbar aus Sachverständigenschlussfolgerungen) aufgrund von aus der Vergangenheit vorliegenden **Anknüpfungstatsachen** (unmittelbare Tatverdachtsdaten/Ermittlungsergebnisse ohne Sachverständigenschlussfolgerungen), vgl. §§ 72, 85 StPO.

---

[698] Vgl. auch zu § 9 Abs. 1 S. 1 Nr. 5 POG NRW: Abkommen zwischen den Ländern der Bundesrepublik Deutschland über die erweiterte Zuständigkeit der Polizei der Länder bei der Strafverfolgung.

[699] Gesetz über die förmliche **Verpflichtung nichtbeamteter Personen** (Verpflichtungsgesetz).

[700] Bundestags-Drucksache 13/667, S. 11 „Der Ausschluß von Sachverständigen von der Durchführung der DNA-Analyse, die der ermittlungsführenden Behörde oder Dienststelle angehören, geht auf ein Petitum des Bundesbeauftragten für den Datenschutz zurück. Um Mißbrauchsgefahren einzudämmen, sollen Strafverfolgung und DNA-Analyse funktionell getrennt werden. Auf der anderen Seite soll berücksichtigt werden, daß das Bundeskriminalamt und einige Landeskriminalämter über Forschungsabteilungen verfügen, die aufgrund ihrer besonderen Sachkunde auch zuverlässige DNA-Analysen durchführen können. Diese Forschungsabteilungen sollen auch dann als Sachverständige herangezogen werden können, wenn das Bundeskriminalamt oder das Landeskriminalamt, dem sie angehören, ermittlungsführende Stelle ist. Allerdings soll dies nur zulässig sein, wenn die Forschungsabteilung gegenüber der ermittlungsführenden Organisationseinheit abgeschottet ist.“.

Amtsträger ist ein solcher im Sinne des § 11 Abs. 1 Nr. 2 StGB.[701]

B. Formelle Rechtmäßigkeit (FR) II. Verfahren (V)

(VOR/DEF)

Verfahren ist normiertes Verhalten für den Rechtsfolgezuständigen außer, bei, i.Z.m. der Rechtsfolge.

1. § 81f Abs. 1 StPO: Gerichtsanordnung molekulargenetischer Untersuchung

(VOR)

Gemäß § 81f Abs. 1 S. 1 StPO, ggf. i.V.m. § 81e Abs. 2 S. 4 StPO[702], dürfen Untersuchungen nach § 81e Abs. 1 StPO ohne schriftliche Einwilligung der betroffenen Person nur durch das Gericht, bei Gefahr im Verzug auch durch die Staatsanwaltschaft und ihre Ermittlungspersonen (§ 152 GVG i.V.m. EPVO NRW) angeordnet werden.

(DEF)

Untersuchungen nach § 81e Abs. 1 StPO sind gemäß § 81e Abs. 1 StPO solche an „dem durch Maßnahmen nach § 81a Absatz 1 oder § 81c erlangten Material", nicht Untersuchungen nach § 81e Abs. 2 S. 1 StPO, also nicht Untersuchungen „an aufgefundenem, sichergestelltem oder beschlagnahmtem Material" (sogenanntes „**Spurenmaterial**").[703]

---

[701] Zur **Staatsgewaltformierung** im deutschen Rechtsstaat einschließlich Organ, Behörde, Amt, Beamtentum, Waltung siehe: *Basten*, Eingriffsrecht der Polizei in Nordrhein-Westfalen, Band 1, Buch 1, Abschnitt 2, Unterabschnitt 4, Titel 2.

[702] Bundestags-Drucksache 18/11277, S. 22/Bundesrats-Drucksache 796/16, S. 19: „In der Praxis bestehen gelegentlich Zweifel, was konkret unter ‚Spurenmaterial' zu verstehen ist und wann Untersuchungen nach § 81e Absatz 2 StPO oder aber nach § 81e Absatz 1 StPO durchgeführt werden dürfen. Häufig ist unklar, ob es sich bei dem gesicherten Material um eine Spur des Täters, Material des Opfers oder überhaupt eine mit der Tat in Zusammenhang stehende Spur handelt. Beispielsweise zu erwähnen ist hier die in Tatortnähe aufgefundene Zigarettenkippe. Bei dieser ist in der Regel nicht mit Sicherheit zu sagen, von wem sie stammt. Rührt das an ihr aufgefundene Körpermaterial möglicherweise von dem Beschuldigten her, eröffnet das den Anwendungsbereich der §§ 81a, 81e Absatz 1 StPO (vgl. dazu Ritzert, in: BeckOK/StPO § 81e Rn. 1 f.) mit der Folge, dass eine Untersuchung gemäß § 81f Absatz 1 StPO nur mit Einwilligung der betroffenen Person oder durch das Gericht durchgeführt werden darf. Dies und die Frage, ob es sich um eine Spur im engeren Sinne handelt, soll durch die beabsichtigte Untersuchung aber erst geklärt werden. Kann das zu untersuchende Material einer Person zugeordnet werden, deren Identität bekannt ist, soll der Einwilligungs- bzw. der Richtervorbehalt des § 81f Absatz 1 StPO entsprechend gelten, um den Einklang mit der Regelung in § 81e Absatz 1 StPO zu bewahren.".

[703] LG Potsdam, Beschluss vom 12.12.2005 - 24 Qs 169/05: „Durch das Gesetz zur Novellierung der forensischen DNA-Analyse vom 12. August 2005 (BGBl. I 2005, 2360), das am 1. November 2005 in Kraft getreten ist, wurde der Absatz 1 des § 81 f StPO neu gefasst. Nach der nunmehr geltenden Regelung

Einwilligung ist Einwilligung im Sinne des § 36 Nr. 19 DSG NRW, § 38 DSG NRW.

Schriftform ist bei Fehlen speziellerer Rechtsnorm eine Form gemäß § 126 BGB.[704]

Gericht ist ein Gericht im Sinne von § 162 StPO (Ermittlungsrichter).[705]

Gefahr im Verzug i.S.d. § 81e Abs. 2 S. 4 i.V.m. § 81f Abs. 1 S. 1 StPO ist eine Sachlage im einzelnen Fall mit unvorhergesehenem Handlungsbedarf, bei der durch die Durchführung der eigentlich vorgesehenen Maßnahme, hier der Richter/StA-Anordnungs-Erwirkung, der gesetzliche Zweck, hier die (rechtzeitige) Tatverdachtserforschung durch bestimmte Feststellungen und insoweit Beweismittelverlustverhinderung, vereitelt oder wesentlich erschwert würde.

Gefahr im Verzug i.S.d. § 81e Abs. 2 S. 4 i.V.m. § 81f Abs. 1 S. 1 StPO ist auch gegeben, wenn im konkreten Fall zulässigerweise kein Richterdienst vorhanden ist oder wenn

---

entfällt in anhängigen Ermittlungsverfahren der Richtervorbehalt für die Anordnung der molekulargenetischen Untersuchung von Körperzellen eines noch unbekannten Spurenlegers; damit wird insoweit zum Rechtszustand zurückgekehrt, wie er bei Einfügung der Vorschrift bestand (vgl. Senge, Die Neuregelung der forensischen DNA-Analyse, NJW 2005, 3028, 3029). Der Gesetzgeber ließ sich hierbei von der Erwägung leiten, dass mit der Einfügung des Richtervorbehalts im Jahre 2002 kein messbarer Gewinn an Rechtsstaatlichkeit verbunden war und dass sich die Einschaltung des Richters, der in der Praxis keine Alternative zum Erlass der beantragten Maßnahme hatte, als zu formalistisch erwiesen habe (Begr. d. GE, BT-Dr 15/5674, S. 7 [und S. 8, P. B.]).". Bundestags-Drucksache 15/5674, S. 8: „Im Falle der molekulargenetischen Untersuchung im Rahmen eines laufenden Ermittlungsverfahrens ermöglicht der Entwurf durch eine Änderung in § 81f Abs. 1 StPO in unaufschiebbaren Eilfällen eine Anordnung der Maßnahme auch durch die Staatsanwaltschaft oder ihre Ermittlungspersonen. Die Verbesserung der Analysenmethode ermöglicht eine immer schnellere molekulargenetische Untersuchung und dementsprechend auch kurzfristige Reaktionen der Strafverfolgungsbehörden auf das Untersuchungsergebnis […].".

[704] Bundestags-Drucksache 15/5674, S. 11: „Dem Schriftformerfordernis kommt dabei eine **Dokumentations- und Aufklärungsfunktion** zu: So werden Unsicherheiten darüber vermieden, ob eine Einwilligungserklärung von der betroffenen Person angegeben wurde, und zugleich gewährleistet, dass der Betroffene sich seiner Entscheidung hinreichend bewusst wird. Letzteres wird unterstützt durch die in [§ 81f] Absatz 1 Satz 2 enthaltene Vorgabe, dass die einwilligende Person über die Reichweite ihrer Entscheidung zu belehren ist.".

BGH, Beschluss vom 15.10.2009 – 5 StR 373/09 –, ergänzende Bemerkung zum Beschluss: „Durch die vorliegend vom Angeklagten – wenn auch ein anderes Verfahren betreffend, aber freiwillig nach Belehrung und ohne schriftliche Einwilligung – gestattete Entnahme seines Speichels hat sich der Angeklagte im Grundsatz mit der Verwertung seiner DNA einverstanden erklärt (§ 81f Abs. 1; § 81g Abs. 3 Sätze 1 und 2 StPO). Dies geschah lediglich nicht in der vom Gesetz vorgesehenen Schriftform. Jedenfalls bei dieser Sachlage ist es bei dem hier in Frage stehenden höchstpersönlichen Rechtsgut der Dispositionsfreiheit des Angeklagten zu überantworten, ob er von seinem geäußerten Willen abrückt und gegebenenfalls durch Erklärung eines Verwertungswiderspruchs eine weitere rechtliche Klärung der Verwertbarkeit erstrebt (vgl. Graalmann- Scheerer in FS Peter Rieß S. 153, 161; vgl. auch BGHSt 51, 285, 296 f.). Hierfür sprechen auch Gründe der Verfahrensökonomie, die ebenfalls den Interessen des Angeklagten dienen. Auf einen begründeten Widerspruch hätte nämlich das Tatgericht ohne weiteres gemäß § 244 Abs. 2, § 81a Abs. 1, § 81e Abs. 1 Satz 1, § 81f Abs. 1 Satz 1 StPO die Entnahme, Untersuchung und Verwertung einer neuen Speichelprobe anzuordnen [Schrifttumsquelle]. Bei der hier nach Belehrung freiwillig abgegebenen Speichelprobe liegt die Annahme eines Grundes, an der rechtzeitigen Erhebung eines Widerspruchs gehindert gewesen zu sein, völlig fern (vgl. BGHSt 52, 38, 43 f.).".

[705] BGHSt 45, 376 = BGH, Beschluss vom 02.02.2000 – 2 ARs 495/99 –, Leitsatz: „Die Entnahme von Körperzellen und deren molekulargenetische Untersuchung zur Feststellung des DNA-Identifizierungsmusters bilden [ggf. i.d.R., P. B.] zusammen eine **Untersuchungshandlung**. Für deren **Anordnung** ist der **Ermittlungsrichter** desjenigen Amtsgerichts zuständig, in dessen Bezirk die Entnahme stattfinden soll; dies gilt auch dann, wenn beantragt ist, die Untersuchung der Körperzellen im Bezirk eines anderen Amtsgerichts vorzunehmen.". **Gerichtsbezirke** gemäß Anlage 1 JustG NRW.

vorhandener richterlicher Bereitschaftsdienst unter zulässiger Anrufwege **unverzüglich** (vgl. auch § 121 Abs. 1 S. 1 BGB) vergeblich zu erreichen versucht wird und eine weitere Verzögerung den gesetzlichen Durchsuchungszweck gefährden, also wesentlich erschweren oder vereiteln würde.[706]

---

[706] BVerfGE 151, 67 (Richtervorbehalt, Bereitschaftsdienst, Nachtzeit/Tageszeit i.S.v. § 104 Abs. 3 StPO) = BVerfG, Beschluss des Zweiten Senats vom 12.03.2019 – 2 BvR 675/14 –, Ls. 2: „Zu den Anforderungen an einen dem Gebot der praktischen Wirksamkeit des Richtervorbehalts entsprechenden **richterlichen Bereitschaftsdienst** gehört die uneingeschränkte Erreichbarkeit eines Ermittlungsrichters bei Tage, auch außerhalb der üblichen Dienststunden. Die **Tageszeit** umfasst dabei ganzjährig die Zeit zwischen 6 Uhr und 21 Uhr. Während der **Nachtzeit** ist ein ermittlungsrichterlicher Bereitschaftsdienst jedenfalls bei einem Bedarf einzurichten, der über den Ausnahmefall hinausgeht.“, Ls. 3: „Ob und inwieweit ein über den Ausnahmefall hinausgehender Bedarf an nächtlichen Durchsuchungsanordnungen die Einrichtung eines **ermittlungsrichterlichen Bereitschaftsdienstes** zur Nachtzeit erfordert, haben die Gerichtspräsidien nach pflichtgemäßem Ermessen in eigener Verantwortung zu entscheiden. Für die Art und Weise der Bedarfsermittlung steht ihnen ein Beurteilungs- und Prognosespielraum zu.“, Rn. 56: „Die Strafverfolgungsbehörden müssen dementsprechend regelmäßig versuchen, eine Anordnung des zuständigen Richters zu erlangen, bevor sie eine Durchsuchung beginnen. Nur in Ausnahmesituationen, wenn schon die zeitliche Verzögerung wegen eines solchen Versuchs den Erfolg der Durchsuchung gefährden würde, dürfen sie selbst die Anordnung wegen Gefahr im Verzug treffen, ohne sich zuvor um eine richterliche Entscheidung bemüht zu haben.“; BVerfGE 139, 245 (Eilkompetenz der Ermittlungsbehörden) = BVerfG, Beschluss des Zweiten Senats vom 16.06.2015 – 2 BvR 2718/10, Rn. 83: „Scheitert hingegen der Versuch der Befassung des Gerichts mit dem Antrag auf Erlass einer Durchsuchungsanordnung, weil der zuständige Richter nicht erreicht werden kann und infolgedessen ein Beweismittelverlust droht, kommt ein Rückgriff auf die Eilkompetenz der Ermittlungsbehörden gemäß Art. 13 Abs. 2, 2. Halbsatz GG in Betracht.“, Ls. 2 [zum **Eilzuständigkeitsende der Ermittlungsbehörden**]: „Mit der Befassung des zuständigen Ermittlungs- oder Eilrichters durch die Stellung eines Antrags auf Erlass einer Durchsuchungsanordnung und der dadurch eröffneten Möglichkeit präventiven Grundrechtsschutzes durch den Richter endet die Eilkompetenz der Ermittlungsbehörden.“, Rn. 79: „Entscheidend ist dabei nicht der Zeitpunkt, zu dem die Staatsanwaltschaft den Entschluss fasst, eine richterliche Durchsuchungsanordnung zu beantragen, sondern der Zeitpunkt, in dem das Gericht mit dem Antrag auf Erlass einer Durchsuchungsanordnung befasst wird [**richterliche Befassung** oder **Gerichtsbefassung**, P. B.]. Dies ist der Fall, wenn die Staatsanwaltschaft [oder die Polizei, P. B.] dem zuständigen Richter den Antrag tatsächlich unterbreitet hat, so dass dieser in eine erste Sachprüfung eintreten kann.“, Rn. 82: „Auch soweit während des durch den Richter in Anspruch genommenen Entscheidungszeitraums nach dessen Befassung die Gefahr eines Beweismittelverlusts eintritt, etwa weil dieser auf ein mündlich gestelltes Durchsuchungsbegehren hin die Vorlage schriftlicher Antragsunterlagen oder einer Ermittlungsakte fordert, Nachermittlungen anordnet oder schlicht bis zum Eintritt der Gefahr eines Beweismittelverlusts noch nicht entschieden hat, lebt die Eilkompetenz der Ermittlungsbehörden nicht wieder auf. Dies gilt unabhängig davon, aus welchen Gründen die richterliche Entscheidung über den Durchsuchungsantrag unterbleibt.“, Ls. 3: „Die Eilkompetenz der Ermittlungsbehörden kann nur dann neu begründet werden, wenn nach der Befassung des Richters tatsächliche Umstände eintreten oder bekannt werden, die sich nicht aus dem Prozess der Prüfung und Entscheidung über diesen Antrag ergeben, und hierdurch die Gefahr eines Beweismittelverlusts in einer Weise begründet wird, die der Möglichkeit einer rechtzeitigen richterlichen Entscheidung entgegensteht.“, Ls. 4: „Auf die Ausgestaltung der justizinternen Organisation kann die Eilzuständigkeit der Ermittlungsbehörden nicht gestützt werden.“, Rn. 70: „Die daraus folgende Pflicht der Ermittlungsbehörden, sich regelmäßig um eine Durchsuchungsanordnung des zuständigen Richters zu bemühen, wird nicht durch den abstrakten Hinweis verzichtbar, eine richterliche Entscheidung sei zur maßgeblichen Zeit üblicherweise nicht mehr zu erreichen (vgl. BVerfGK 5, 74 <78>; 7, 392 <395>). Reine Spekulationen, hypothetische Erwägungen oder lediglich auf kriminalistische Alltagserfahrungen gestützte, fallunabhängige Vermutungen reichen ebenfalls nicht aus, um die Annahme von Gefahr im Verzug zu begründen (vgl. BVerfGE 103, 142 <155>; BVerfGK 2, 310 <315>). Auch schließt das verfassungsrechtliche Gebot, dem Ausnahmecharakter der Eilkompetenz Rechnung zu tragen, aus, mit dem Antrag auf Erlass einer Durchsuchungsanordnung zu warten, bis die Gefahr eines Beweismittelverlusts eingetreten ist. Selbst herbeigeführte tatsächliche

(SUB/ERG)

Im konkreten Fall ist § 81f Abs. 1 S. 1 StPO, ggf. i.V.m. § 81e Abs. 2 S. 4 StPO (alternativ)

- bei Vorliegen von entsprechenden Anhaltspunkten / Fehlen entgegenstehender Anhaltspunkte eingehalten.
- bei Vorliegen von entsprechenden Anhaltspunkten nicht eingehalten.

2. § 81f Abs. 1 S. 2 StPO: Belehrung einwilligender Person

(VOR/DEF)

Gemäß § 81f Abs. 1 S. 2 StPO ist die einwilligende Person darüber zu belehren, für welchen Zweck die zu erhebenden Daten verwendet werden.[707]

Voraussetzungen können die Eilkompetenz der Staatsanwaltschaft und ihrer Ermittlungspersonen nicht begründen (vgl. BVerfGK 5, 74 <78>).", Rn. 71: „Stattdessen sind bei der Beurteilung der Frage, ob der Versuch, eine richterliche Entscheidung herbeizuführen, unterbleiben darf, weil bereits die damit verbundene zeitliche Verzögerung den Erfolg der Durchsuchung gefährden würde, die konkreten Umstände des jeweiligen Einzelfalles in Rechnung zu stellen. Die Ermittlungsbehörden haben insbesondere die Komplexität der im Rahmen der Durchsuchungsanordnung zu prüfenden tatsächlichen und rechtlichen Fragen und den insoweit erforderlichen Zeitaufwand zu berücksichtigen. Daneben haben sie aber auch in ihre Überlegungen einzubeziehen, dass die Vorlage schriftlicher Unterlagen zur Herbeiführung einer richterlichen Eilentscheidung zumindest nicht ausnahmslos erforderlich ist. Jedenfalls in einfach gelagerten Fällen, in denen allein aufgrund der **mündlichen Darstellung des Sachverhalts** eine sachangemessene Entscheidung möglich ist, würde ein solches Erfordernis weder der gesetzlichen Intention noch der Bedeutung des Richtervorbehalts für den Grundrechtsschutz des Einzelnen gerecht (vgl. insoweit zur Anordnung einer Blutentnahme gemäß § 81a StPO: BVerfGK 17, 340 <346 f.>). Es bestehen daher in solchen Fällen keine verfassungsrechtlichen Bedenken, wenn der zuständige Richter allein aufgrund mündlich übermittelter Informationen entscheidet und die Durchsuchung auch **mündlich anordnet**, sofern er diese Anordnung zeitnah schriftlich dokumentiert und damit den sich aus Art. 19 Abs. 4 GG ergebenden Erfordernissen Rechnung trägt.".

[707] Bundestags-Drucksache 15/5674, S. 11: „Dem Schriftformerfordernis kommt dabei eine **Dokumentations- und Aufklärungsfunktion** zu: So werden Unsicherheiten darüber vermieden, ob eine Einwilligungserklärung von der betroffenen Person angegeben wurde, und zugleich gewährleistet, dass der Betroffene sich seiner Entscheidung hinreichend bewusst wird. Letzteres wird unterstützt durch die in [§ 81f] Absatz 1 Satz 2 enthaltene Vorgabe, dass die einwilligende Person über die Reichweite ihrer Entscheidung zu belehren ist.".

Bundestags-Drucksache 15/5674, S. 8: „Indem für die **Einwilligung die Schriftform** vorgesehen wird und eine vorherige **Belehrung des Betroffenen über den Verwendungszweck** der zu erhebenden Daten zu erfolgen hat, wird gewährleistet, dass die zur Mitwirkung an einer DNA-Analyse aufgeforderte Person in nachvollziehbarer Weise und frei darüber entscheiden kann, ob sie der Maßnahme zustimmt. Dies gilt auch für Personen, denen die Freiheit entzogen ist. Hier geht bereits das geltende Recht ausdrücklich davon aus, dass Inhaftierte wirksam in die Erhebung und weitere Verwendung persönlicher Daten einwilligen können (vgl. [§§ 179-186 StVollzG: Datenschutz beim Vollzug von Ordnungs-, Sicherungs-, Zwangs- und Erzwingungshaft, P. B.]). Allerdings muss bei inhaftierten Personen besondere Sorgfalt auf eine ordnungsgemäße Belehrung verwendet werden. Auch darf auf sie kein unzulässiger Druck etwa durch das Versprechen der Gewährung von Vergünstigungen ausgeübt werden.".

(SUB/ERG)

Im konkreten Fall ist § 81f Abs. 1 S. 2 StPO (alternativ)

- bei Vorliegen von entsprechenden Anhaltspunkten / Fehlen entgegenstehender Anhaltspunkte eingehalten.
- bei Vorliegen von entsprechenden Anhaltspunkten nicht eingehalten.[708]

3. § 81f Abs. 2 S. 1 StPO: Untersuchungsbeauftragung von Sachverständigen in schriftlicher Anordnung

(VOR)

Gemäß § 81f Abs. 2 S. 1 StPO sind mit der Untersuchung nach § 81e StPO in der schriftlichen Anordnung Sachverständige zu beauftragen, die öffentlich bestellt oder nach dem Verpflichtungsgesetz[709] verpflichtet oder Amtsträger sind, die der ermittlungsführenden Behörde nicht

---

[708] BGH, Beschluss vom 20.05.2015 – 4 StR 555/14, Leitsatz: „Die **Untersuchung von zu anderen Zwecken entnommenen Körperzellen**, um sie zur Erstellung eines DNA-Identifizierungsmusters zur Identitätsfeststellung in künftigen Strafverfahren zu verwenden, ist durch die Verwendungsregelung des § 81a Abs. 3, 1. Halbsatz StPO nicht gedeckt", Rn. 14: „Diese Differenzierung hinsichtlich der **Reichweite der Einwilligungserklärung** entspricht dem gesetzgeberischen Konzept, das der Regelung in § 81f StPO und § 81g StPO zugrunde liegt. So verlangen § 81f Abs. 1 Satz 2 StPO und § 81g Abs. 3 Satz 3 StPO jeweils, dass die einwilligende Person darüber zu belehren ist, für welchen Zweck die zu erhebenden Daten verwendet werden. Mit dieser gesetzlichen Regelung wäre es nicht vereinbar, dem Einverständnis mit der Gewinnung des DNA-Identifizierungsmusters zur Verwendung im laufenden Ermittlungsverfahren auch das Einverständnis mit der Verwendung zu Zwecken des § 81g StPO zu entnehmen.", Rn. 17: „Die demnach verfahrensfehlerhafte Verwendung der vom Angeklagten abgegebenen Speichelprobe zur Ermittlung des DNA-Identifizierungsmusters des Angeklagten gemäß § 81g StPO führt indes nicht zur **Unverwertbarkeit** des in der DNA-Analyse-Datei gespeicherten Identifizierungsmusters. Nach der – verfassungsrechtlich nicht zu beanstandenden (vgl. BVerfG, NJW 2012, 907, 910 f.; BVerfG, Beschluss vom 13. Mai 2015 – 2 BvR 616/13) – ständigen Rechtsprechung des Bundesgerichtshofs führt nicht jeder Rechtsverstoß bei der Beweiserhebung zu einem **Verwertungsverbot** hinsichtlich der dadurch erlangten Erkenntnisse. Vielmehr ist je nach den Umständen des Einzelfalls unter Abwägung aller maßgeblichen Gesichtspunkte und der widerstreitenden Interessen zu entscheiden (sog. Abwägungslehre). Bedeutsam sind dabei insbesondere die Art und der Schutzzweck des etwaigen Beweiserhebungsverbots sowie das Gewicht des in Rede stehenden Verfahrensverstoßes, das seinerseits wesentlich von der Bedeutung der im Einzelfall betroffenen Rechtsgüter bestimmt wird. Dabei ist in den Blick zu nehmen, dass die Annahme eines Verwertungsverbots ein wesentliches Prinzip des Strafverfahrensrechts – den Grundsatz, dass das Gericht die Wahrheit zu erforschen und dazu die Beweis aufnahme von Amts wegen auf alle Tatsachen und Beweismittel zu erstrecken hat, die von Bedeutung sind – einschränkt. Aus diesem Grund stellt ein Beweisverwertungsverbot eine Ausnahme dar, die nur bei ausdrücklicher gesetzlicher Anordnung oder aus übergeordneten wichtigen Gründen im Einzelfall anzuerkennen ist. Letzteres ist insbesondere nach schwerwiegenden, bewussten oder objektiv willkürlichen Rechtsverstößen, bei denen grundrechtliche Sicherungen planmäßig oder systematisch außer Acht gelassen werden, in Betracht zu ziehen (st. Rspr.; vgl. BGH, Urteile vom 20. Dezember 2012 – 3 StR 117/12, BGHSt 58, 84 Rn. 31 ff. mwN; vom 14. August 2009 – 3 StR 552/08, BGHSt 54, 70 Rn. 47 mwN; vom 11. November 1998 – 3 StR 181/98, BGHSt 44, 243, 248 f. mwN).".

[709] Gesetz über die förmliche **Verpflichtung nichtbeamteter Personen** (Verpflichtungsgesetz).

angehören oder einer Organisationseinheit dieser Behörde angehören, die von der ermittlungsführenden Dienststelle organisatorisch und sachlich getrennt ist[710].

(DEF)

Schriftform ist bei Fehlen speziellerer Rechtsnorm eine Form gemäß § 126 BGB.

Sachverständiger ist eine Person mit besonderer Sachkunde über potentielle tatverdachtsrelevante gegenwärtige (i.S.v. aktuellem Methodenstandard und Forschungsstand) **Befundtatsachen** (unmittelbare Sachverständigendaten/Ermittlungsergebnisse unmittelbar aus Sachverständigenschlussfolgerungen) aufgrund von aus der Vergangenheit vorliegenden **Anknüpfungstatsachen** (unmittelbare Tatverdachtsdaten/Ermittlungsergebnisse ohne Sachverständigenschlussfolgerungen), vgl. §§ 72, 85 StPO.

Amtsträger ist ein solcher im Sinne des § 11 Abs. 1 Nr. 2 StGB.[711]

(SUB/ERG)

Im konkreten Fall ist § 81f Abs. 2 S. 1 StPO (alternativ)

- bei Vorliegen von entsprechenden Anhaltspunkten / Fehlen entgegenstehender Anhaltspunkte eingehalten.
- bei Vorliegen von entsprechenden Anhaltspunkten nicht eingehalten.

4. § 81f Abs. 2 S. 2-4 StPO: Datenschutzmaßnahmen

(VOR)

Gemäß § 81f Abs. 2 S. 2 StPO ist dem Sachverständigen das Untersuchungsmaterial ohne Mitteilung des Namens, der Anschrift und des Geburtstages und -monats der betroffenen Person zu übergeben.

Gemäß § 81f Abs. 2 S. 3 StPO ist dem Sachverständigen das Untersuchungsmaterial ohne Mitteilung des Namens, der Anschrift und des Geburtstages und -monats der betroffenen Person zu übergeben.

---

[710] Bundestags-Drucksache 13/667, S. 11 „Der Ausschluß von Sachverständigen von der Durchführung der DNA-Analyse, die der ermittlungsführenden Behörde oder Dienststelle angehören, geht auf ein Petitum des Bundesbeauftragten für den Datenschutz zurück. Um Mißbrauchsgefahren einzudämmen, sollen Strafverfolgung und DNA-Analyse funktionell getrennt werden. Auf der anderen Seite soll berücksichtigt werden, daß das Bundeskriminalamt und einige Landeskriminalämter über Forschungsabteilungen verfügen, die aufgrund ihrer besonderen Sachkunde auch zuverlässige DNA-Analysen durchführen können. Diese Forschungsabteilungen sollen auch dann als Sachverständige herangezogen werden können, wenn das Bundeskriminalamt oder das Landeskriminalamt, dem sie angehören, ermittlungsführende Stelle ist. Allerdings soll dies nur zulässig sein, wenn die Forschungsabteilung gegenüber der ermittlungsführenden Organisationseinheit abgeschottet ist.“.

[711] Zur **Staatsgewaltformierung** im deutschen Rechtsstaat einschließlich Organ, Behörde, Amt, Beamtentum, Waltung siehe: *Basten*, Eingriffsrecht der Polizei in Nordrhein-Westfalen, Band 1, Buch 1, Abschnitt 2, Unterabschnitt 4, Titel 2.

Gemäß § 81f Abs. 2 S. 4 StPO finden, wenn der Sachverständige eine nichtöffentliche Stelle ist, die Vorschriften der VO (EU) 2016/679 (DSGVO) und des BDSG auch dann Anwendung, wenn die personenbezogenen Daten nicht automatisiert verarbeitet und die Daten nicht in einem Dateisystem gespeichert sind oder gespeichert werden sollen.

(DEF)

Datenschutzmaßnahmen im Sinne von § 81f Abs. 2 S. 2-4 StPO sind dort hinreichend bestimmt beschrieben und sind solche mit Bedeutung insbesondere im Sinne von § 46 Nr. 5, 7, 8, 9 BDSG, § 36 Nr. 5, 6, 8, 9, 10, Nr. 11 DSG NRW, § 47 BDSG, § 37 DSG NRW (**Allgemeine Grundsätze für die Verarbeitung personenbezogener Daten**), §§ 62-67 BDSG, §§ 52-59 DSG NRW (Pflichten der **Verantwortlichen** und **Auftragsverarbeiter**).

Dateisystem ist ein solches im Sinne von Art. 4 Nr. 6 VO (EU) 2016/679, Art. 3 Nr. 6 RL (EU) 2016/680, § 36 Nr. 6 BDSG, § 36 Nr. 7 DSG NRW.

Speicherung ist **Datenverarbeitungsmaßnahme** im Sinne von § 46 Nr. 2 BDSG, § 36 Nr. 2 DSG NRW, also Speicherung im Sinne von § 3 Abs. 4 S. 2 Nr. 1 BDSG a.F., § 3 Abs. 2 S. 2 Nr. 2 DSG NRW a.F.

(SUB/ERG)

Im konkreten Fall ist § 81f Abs. 2 S. 2-4 StPO (alternativ)

- bei Vorliegen von entsprechenden Anhaltspunkten / Fehlen entgegenstehender Anhaltspunkte eingehalten insbesondere bzgl. Art. 4 Nr. 12 VO (EU) 2016/679, Art. 3 Nr. 11 RL (EU) 2016/679, § 46 Nr. 10 BDSG, § 36 Nr. 12 DSG NRW (Verletzung des Schutzes personenbezogener Daten – **Datenschutzverletzung**).
- bei Vorliegen von entsprechenden Anhaltspunkten nicht eingehalten bzgl. Art. 4 Nr. 12 VO (EU) 2016/679, Art. 3 Nr. 11 RL (EU) 2016/679, § 46 Nr. 10 BDSG, § 36 Nr. 12 DSG NRW (Verletzung des Schutzes personenbezogener Daten – **Datenschutzverletzung**).

5. § 33 StPO analog als allgemeine Verfahrensrechtsnorm für Justiz-VA (vgl. § 23 Abs. 1 S. 1 EGGVG): Anhörung

(VOR/DEF)

Gemäß § 33 StPO analog[712] (ggf. i.V.m. §§ 46, 53 Abs. 1 S. 2 OWiG) besteht Pflicht zur **Anhörung** bzw. **Gewährung rechtlichen Gehörs** vor einer Entscheidung, jedenfalls bevor zum Beteiligten-Nachteil Tatsachen oder Beweisergebnisse ohne Anhörung verwertet werden – oder es soll gegeben sein: ein Ausnahmegrund der Zweckgefährdung bzw. Gefahr im Verzug nach § 33 Abs. 4 StPO analog.

---

[712] Für das tradierte „Menschenrecht" der Anhörung (vgl. auch Art. 20 Abs. 3 GG, Art. 103 Abs. 1 GG, Art. 41 EU-GR-Charta, Art. 6 EMRK) gibt es in der StPO bei polizeilichen Maßnahmen i.d.R. keine direkte für die Polizei anwendbare Rechtsnorm (systematische Regelungslücke), weshalb – bei gleichzusetzender Interessenlage und Lücke im einzelnen Fall – § 33 StPO mit seinen Rechtsgedanken als die noch für die Polizei bestmögliche Anhörungs-Rechtsgrundlage eben analog angewendet werden kann.

Gefahr im Verzug i.S.d. § 33 StPO ist gegeben, wenn der Handlungsbedarf unvorhergesehen ist und bei Durchführung der eigentlich vorgesehenen Maßnahme, hier der Anhörung, der gesetzliche Zweck, hier der jeweilige aus der Aufgabe des § 163 Abs. 1 S. 1 StPO (ggf. aus § 53 Abs. 1 S. 1 OWiG) und der Befugnisrechtsnorm des § 163 Abs. 1 S. 1 StPO, vereitelt oder wesentlich erschwert wird.

(SUB/ERG)

Im konkreten Fall ist § 33 StPO analog (alternativ)

- eingehalten insbesondere bei Gelegenheit zur Stellungnahme i.S.d. § 33 StPO analog;
- eingehalten bei Nichteinhaltung von § 33 Abs. 1, 3 StPO analog und Ausnahmegrund gemäß § 33 Abs. 4 StPO analog;
- nicht eingehalten insbesondere bei Fehlen von Gelegenheit zur Stellungnahme ohne Ausnahmegrund i.S.d. § 33 StPO analog;
- sonst eingehalten oder nicht eingehalten bei Anhaltspunkten / Fehlen entgegenstehender Anhaltspunkte.

6. § 168b StPO als allgemeine Verfahrensrechtsnorm für Justiz-VA (vgl. § 23 Abs. 1 S. 1 EGGVG): Protokoll

(VOR/DEF)

Gemäß § 168b StPO besteht Pflicht zur **Protokollierung** bzw. zum **Protokoll** über ermittlungsbehördliche Untersuchungshandlungen, wonach gemäß § 168b Abs. 1 StPO das Ergebnis der Untersuchungshandlungen der Ermittlungsbehörden aktenkundig zu machen ist.

(SUB/ERG)

Im konkreten Fall ist § 168b StPO (alternativ)

- eingehalten insbesondere bei Protokoll über (das Ergebnis über) behördliche Untersuchungshandlungen i.S.d. §168b StPO;
- eingehalten bei Nichteinhaltung von § 168b StPO mit Ausnahmegrund;
- nicht eingehalten insbesondere bei Fehlen von Protokoll über (das Ergebnis über) behördliche Untersuchungshandlungen ohne Ausnahmegrund;
- sonst eingehalten oder nicht eingehalten bei Anhaltspunkten / Fehlen entgegenstehender Anhaltspunkte.

7. JGG[713]-Vorschriften[714] außer, bei, i.Z.m. Maßnahmen gegenüber einem jugendlichen oder heranwachsenden Verdächtigen[715] nach §§ 1, 109 JGG – fallabhängig insbesondere wie folgt:

a) § 38 JGG: Jugendgerichtshilfe, vgl. auch § 46 Abs. 6 OWiG;

b) § 43 JGG: Umfang der Ermittlungen;

c) § 67 JGG: Stellung der Erziehungsberechtigten[716] und der gesetzlichen Vertreter[717];

d) § 67a JGG: Unterrichtung der Erziehungsberechtigten und der gesetzlichen Vertreter;

e) § 68 JGG: Notwendige Verteidigung[718];

---

[713] § 1 Abs. 1 JGG zum sachlichen JGG-Anwendungsbereich: „Dieses Gesetz gilt, wenn ein Jugendlicher oder ein Heranwachsender eine Verfehlung begeht, die nach den allgemeinen Vorschriften mit Strafe bedroht ist.". § 1 Abs. 3 JGG zum sachlich-persönlichen JGG-Anwendungsbereich: „Ist zweifelhaft, ob der Beschuldigte zur Zeit der Tat das achtzehnte Lebensjahr vollendet hat, sind die für Jugendliche geltenden Verfahrensvorschriften anzuwenden.".

[714] JGG-Vorschriften mit amtlichen Überschriften insbesondere aus: „Gesetz zur Stärkung der Verfahrensrechte von Beschuldigten im Jugendstrafverfahren vom 09.12.2019, BGBl. 2019 Teil I Nr. 47, S. 2146-2152.

[715] § 1 Abs. 2 JGG zum persönlichen JGG-Anwendungsbereich: § 1 Abs. 2 JGG: „**Jugendlicher** ist, wer zur Zeit der Tat vierzehn, aber noch nicht achtzehn, **Heranwachsender**, wer zur Zeit der Tat achtzehn, aber noch nicht einundzwanzig Jahre alt ist.". Unterscheide nach § 2 BGB: „Die **Volljährigkeit** tritt mit der Vollendung des 18. Lebensjahres ein.".

[716] Zum **Strafrecht und elterlichen Erziehungsrecht**: BVerfGE 107, 104 (Anwesenheit im JGG-Verfahren) = BVerfG, Urteil des Zweiten Senats vom 16.01.2003 – 2 BvR 716/01.

[717] **Vertreter** ist ein **Stellvertreter** qua Gesetz oder ein **Stellvertreter** qua Rechtsgeschäft (§§ 164-181 BGB). Vgl. insbesondere:

- §§ 1626-1698b BGB: **Elterliche Sorge** mit „**Vertretung des Kindes**" gemäß § 1629 BGB;
- § 1 Abs. 1 Nr. 4 JuSchG: **erziehungsbeauftragte Person**;
- §§ 1773-1895 BGB: **Vormundschaft**;
- §§ 1896-1908k BGB: **Rechtliche Betreuung**;
- §§ 1909-1921 BGB: **Pflegschaft**.

[718] Mit „Gesetz zur Neuregelung des Rechts der notwendigen Verteidigung" (BGBl. I S. 2128; in Kraft seit 13.12.2019) ist erstmals das Recht des Beschuldigten ausdrücklich normiert, bereits auch im polizeilichen Ermittlungsverfahren grundsätzlich im Fall notwendiger Verteidigung (§ 140 StPO) „unverzüglich" (§ 121 Abs. 1 S. 1 BGB), „spätestens vor einer Vernehmung des Beschuldigten" (§ 163a StPO) einen Pflichtverteidiger „bestellt" zu erhalten, „wenn der Beschuldigte dies nach Belehrung ausdrücklich beantragt" (§ 141 Abs. 1 S. 1 StPO), in den Fällen des § 141 Abs. 2 S. 1 StPO auch „unabhängig von einem Antrag" – mit Rückausnahmen in § 141 Abs. 2 S. 2, 3 StPO; auch mit Abweichungen in § 141a StPO für Beschuldigtenvernehmungen und Gegenüberstellungen (§§ 58 Abs. 2, 168b Abs. 3 StPO). Der Zeitpunkt polizeilicher Belehrung zur notwendigen Verteidigung i.S.d. § 140 StPO ist in einschlägigen Fällen – spätestens – „bei Beginn der ersten Vernehmung" des Beschuldigten wegen § 141 Abs. 1 S. 2 StPO und § 163a Abs. 4 S. 2 i.V.m. § 136 Abs. 1 S. 5 StPO, oder der Zeitpunkt ist anders in speziell normierten Fällen wie § 114b Abs. 2 S. 1 Nr. 4a oder §§ 68a, b JGG. Gemäß § 142 StPO ist vor Anklageerhebung der Antrag des Beschuldigten nach § 141 Abs. 1 S. 1 StPO vor Erhebung der Anklage bei den Behörden oder Beamten des Polizeidienstes „oder" bei der Staatsanwaltschaft anzubringen (Antrags-Entgegennahme-Zuständigkeit); die Bestellungs-Entscheidungs-Zuständigkeit obliegt dem Gericht nach StA-Vorlage mit Stellungnahme (§ 142 Abs. 1 S. 2 StPO) oder der StA selbst „bei besonderer Eilbedürftigkeit", § 142 Abs. 4 StPO.

f) § 68a JGG: Zeitpunkt der Bestellung eines Pflichtverteidigers;

g) § 68b JGG: Vernehmungen und Gegenüberstellungen vor der Bestellung eines Pflichtverteidigers;

h) § 69 JGG: Beistand[719];

i) § 70 JGG: Mitteilung an amtliche Stellen;

j) § 70a JGG: Unterrichtung des Jugendlichen (i.V.m. § 109 JGG: des Heranwachsenden);

k) § 70b JGG: Belehrungen.

(SUB/ERG)

Im konkreten Fall sind die JGG-Vorschriften

- nicht anwendbar.
- anwendbar und eingehalten.
- anwendbar und nicht eingehalten.

(ERG Verfahren)

Ergebnis kann allgemein sein: Verfahrensrechtmäßigkeit oder Verfahrensrechtswidrigkeit der Maßnahme.

Ein Fall **notwendiger Verteidigung** liegt u.a. dann vor,

- gemäß § 140 Abs. 1 Nr. 1 StPO, wenn zu erwarten ist, dass die Hauptverhandlung im ersten Rechtszug vor dem **Oberlandesgericht** (§§ 115-117, 120-122 GVG) , dem **Landgericht** (§§ 12, 13, 60, 70, 734, 74-74f, 76-78b GVG) oder dem **Schöffengericht** (§§ 12, 13, 24-27, 28-58 GVG) stattfindet [Ausgangsrechtsnorm für den Abgrenzungsüberblick über AG, LG, OLG mag sein: § 24 GVG;
- gemäß § 140 Abs. 1 Nr. 2 StPO, wenn dem Beschuldigten ein Verbrechen zur Last gelegt wird;
- gemäß § 140 Abs. 1 Nr. 3 StPO, wenn das Verfahren zu einem **Berufsverbot** (§§ 70-70b StGB) führen kann;
- gemäß § 140 Abs. 1 Nr. 4 StPO, wenn der Beschuldigte nach den §§ 115, 115a, 128 Abs. 1 oder § 129 StPO einem Gericht zur Entscheidung über Haft oder einstweilige Unterbringung vorzuführen ist;
- gemäß § 140 Abs. 1 Nr. 5 StPO, wenn der Beschuldigte sich auf Grund richterlicher Anordnung oder mit richterlicher Genehmigung in einer Anstalt befindet;
- gemäß § 140 Abs. 1 Nr. 11 StPO, wenn ein seh-, hör- oder sprachbehinderter Beschuldigter die Bestellung beantragt;
- gemäß § 140 Abs. 2 StPO, wenn wegen der Schwere der Tat, der Schwere der zu erwartenden Rechtsfolge oder wegen der Schwierigkeit der Sach- oder Rechtslage die Mitwirkung eines Verteidigers geboten erscheint oder wenn ersichtlich ist, dass sich der Beschuldigte nicht selbst verteidigen kann.
- gemäß §§ 1, 109 Abs. 1 JGG und § 68 JGG in den dort genannten Fällen.

[719] Vgl. auch §§ 1712-1717 BGB (**Beistandschaft**).

B. Formelle Rechtmäßigkeit (FR) III. Form (F)

(VOR/DEF)

Form ist normiertes Wie der Rechtsfolgesetzung –schriftlich, elektronisch, mündlich oder in anderer Weise.

(SUB/ERG)

Im konkreten Fall besteht bei Fehlen speziellerer Formrechtsnormen Formfreiheit für den Justiz-VA, sodass der Justiz-VA schriftlich, elektronisch, mündlich oder in anderer Weise formrechtmäßig ergehen kann.

§ 81f Abs. 1 S. 1, 2 StPO, ggf. i.V.m. § 81e Abs. 2 S. 4 StPO, und § 168b StPO sind i.d.R. bereits integrativer Bestandteil des Verfahrens.

Ergebnis kann allgemein sein: Formrechtmäßigkeit oder Formrechtswidrigkeit der Maßnahme.

C. Materielle Rechtmäßigkeit (MR) I. Tatbestand (Tb) / Tatbestandsvoraussetzungen (TBV)

(VOR/DEF)

Tatbestand ist das Gesamt der (materiell-rechtlichen) Rechtsfolge(setzungs)bedingungen. / **Tatbestandsvoraussetzungen** sind materiell-rechtliche Rechtsfolgesetzungsbedingungen.

1. § 163 Abs. 1 S. 1 i.V.m. § 152 Abs. 2 StPO: Tatverdacht

(VOR)

In § 81e wird Tatverdacht vorausgesetzt, vgl. § 163 Abs. 1 S. 1 W. 8, S. 2 W. 1-3 StPO.

(DEF)

Tatverdacht ist gemäß § 163 Abs. 1 S. 1 i.V.m. § 152 Abs. 2 StPO das Gegebensein zureichender tatsächlicher Anhaltspunkte für eine verfolgbare Straftat oder Ordnungswidrigkeit.[720]

---

[720] BVerfG, Beschluss der 3. Kammer des Zweiten Senats vom 11.01.2016 – 2 BvR 1361/13 –, Rn. 11: „Notwendiger und grundsätzlich auch hinreichender Anlass für Zwangsmaßnahmen im Strafverfahren [oder Ordnungswidrigkeitenverfahren, P. B.] ist der Verdacht einer Straftat [oder Ordnungswidrigkeit, P. B.]. Der Verdacht muss auf konkreten Tatsachen beruhen; vage Anhaltspunkte oder bloße Vermutungen reichen nicht aus (vgl. BVerfGE 44, 353 <381 f.>; 59, 95 <97 f.>; BVerfGK 1, 126 <131>).“

Zureichende tatsächliche Anhaltspunkte sind gegeben bei entsprechendem Ergebnis einer Gewichtigkeits- und Plausibilitätsprüfung aller wahrnehmbaren Dinge in Abwägung mit Art und Ausmaß potentieller Rechtseingriffe und Taten.

(SUB)

Zureichende tatsächliche Anhaltspunkte sind (z.B. und alternativ möglich) zum maßgeblichen Zeitpunkt bezüglich bestimmter Taten:

- polizeieigene Beobachtungen;
- polizeiliche Feststellungen;
- polizeiliche, auf Tatsachen begründete, auf den einzelnen Fall bezogene Schlussfolgerungen, außer reine Spekulationen, hypothetische Erwägungen oder lediglich auf kriminalistische Alltagserfahrung gestützte, fallunabhängige Vermutungen;
- Angaben von Beschuldigten, Betroffenen, Verdächtigen, Nichtverdächtigen, Zeugen, Sachverständigen oder Dritten;
- Anzeigen i.S.d. § 158 StPO;
- sonstige Daten.

(ERG)

Im konkreten Fall besteht i.S.d. § 152 Abs. 2 StPO i.V.m. § 163 Abs. 1 S. 1 StPO (alternativ)

- Tatverdacht (bei zureichenden tatsächlichen Anhaltspunkten);
- kein Tatverdacht (bei Fehlen zureichender tatsächlicher Anhaltspunkte).

2. § 81e Abs. 1 S. 1 StPO oder § 81e Abs. 2 S. 1 StPO: Untersuchungsmaterial / Materialerhebungsherkunft

(VOR)

Die Untersuchung muss durchgeführt werden (alternativ)

- gemäß § 81e Abs. 1 S. 1 StPO „an dem durch Maßnahmen nach § 81a Absatz 1 oder § 81c“ StPO „erlangten Material“;
- gemäß § 81e Abs. 2 S. 1 StPO „an aufgefundenem, sichergestelltem oder beschlagnahmtem Material“ (**Spurenmaterial**).[721]

---

[721] Bundestags-Drucksache 18/11277, S. 22/Bundesrats-Drucksache 796/16, S. 19: „In der Praxis bestehen gelegentlich Zweifel, was konkret unter ‚**Spurenmaterial** ‘ zu verstehen ist und wann Untersuchungen nach § 81e Absatz 2 StPO oder aber nach § 81e Absatz 1 StPO durchgeführt werden dürfen. Häufig ist unklar, ob es sich bei dem gesicherten **Material** um eine Spur des Täters, Material des Opfers oder überhaupt eine mit der Tat in Zusammenhang stehende Spur handelt. Beispielsweise zu erwähnen ist hier die in Tatortnähe aufgefundene Zigarettenkippe. Bei dieser ist in der Regel nicht mit Sicherheit zu sagen, von wem sie stammt. Rührt das an ihr aufgefundene Körpermaterial möglicherweise von dem Beschuldigten her, eröffnet das den Anwendungsbereich der §§ 81a, 81e Absatz 1 StPO (vgl. dazu Ritzert, in: BeckOK/StPO § 81e Rn. 1 f.) mit der Folge, dass eine Untersuchung gemäß § 81f Absatz 1 StPO nur mit Einwilligung der betroffenen Person oder durch das Gericht durchgeführt werden darf. Dies und die Frage, ob es sich um eine **Spur im engeren Sinne** handelt, soll durch die beabsichtigte Untersuchung aber erst

(DEF)

Material im Sinne von § 81e Abs. 1 S. 1 StPO und § 81e Abs. 2 S. 1 StPO ist der potentielle Untersuchungsgegenstand molekulargenetischer Untersuchung.

„Nach" § 81a Abs. 1 oder § 81c StPO erlangtes Material bedeutet Rechtmäßigkeit der Materialerlangung nach § 81a Abs. 1 StPO oder § 81c StPO. **Rechtmäßigkeit** ist gegeben bei formell und materiell rechtsfehlerfreier Anwendung einer rechtmäßigen Rechtsgrundlage zur maßgeblichen Zeit, hier eben von § 81a StPO (Körperliche Untersuchung des Beschuldigten)[722] oder § 81c StPO (Untersuchung anderer Personen)[723].

Aufgefundenes, sichergestelltes oder beschlagnahmtes Material ist untersuchbares Material (Spurenmaterial) aus einem Auffinden i.S.v. Datenerhebung[724] und Datenspeicherung bzw. Begründung tatsächlicher Sachgewalt über Spurenmaterial auf allen Rechtsgebieten, einer Sicherstellung oder Beschlagnahme[725] i.S.d. Rechtsfolge aller möglichen Befugnisrechtsnormen auf allen Rechtsgebieten.

(SUB/ERG)

Im konkreten Fall ist § 81e Abs. 1 S. 1, Abs. 2 S. 1 StPO bzgl. des Untersuchungsmaterials (alternativ)

- erfüllt.
- nicht erfüllt.

3. § 81e Abs. 1 S. 2 StPO: Materialherkunftspersonenunbekanntheit für Feststellungen über die Augenfarbe, Haarfarbe, Hautfarbe, Alter der Person

(VOR)

Gemäß § 81e Abs. 2 S. 2 StPO dürfen, wenn unbekannt ist, von welcher Person das Spurenmaterial stammt, zusätzlich (zu den Feststellungen gemäß § 81e Abs. 1 S. 1 StPO) Feststellungen über die Augen-, Haar- und Hautfarbe sowie das Alter der Person getroffen werden.

---

geklärt werden. Kann das zu untersuchende Material einer Person zugeordnet werden, deren Identität bekannt ist, soll der Einwilligungs- bzw. der Richtervorbehalt des § 81f Absatz 1 StPO entsprechend gelten, um den Einklang mit der Regelung in § 81e Absatz 1 StPO zu bewahren.".

722 Zu § 81a StPO siehe: *Basten*, Eingriffsrecht der Polizei in Nordrhein-Westfalen, Band 3, Buch 3, Abschnitt 7.

723 Zu § 81c StPO siehe: *Basten*, Eingriffsrecht der Polizei in Nordrhein-Westfalen, Band 3, Buch 3, Abschnitt 8.

724 Zu Datenerhebung allgemein siehe insbesondere: *Basten*, Eingriffsrecht der Polizei in Nordrhein-Westfalen, Band 2, Buch 2, Abschnitt 3.

725 Zu Sicherstellung und Beschlagnahme siehe insbesondere: *Basten*, Eingriffsrecht der Polizei in Nordrhein-Westfalen, Band 2, Buch 2, Abschnitte 24, 25; *Basten*, Eingriffsrecht der Polizei in Nordrhein-Westfalen, Band 3, Buch 5, Abschnitt 3.

Materialherkunftspersonenunbekanntheit im Sinne von § 81e Abs. 2 S. 2 StPO bedeuet Zuordenbarkeit zu einer identifizierten[726] Person gerade als Materialspurenurheber (Urheber des Materials als **Spurenmaterial**, vgl. auch § 81e Abs. 2 S. 2 StPO: „stammt“).[727]

(SUB/ERG)

Im konkreten Fall ist § 81e Abs. 1 S. 1, 2 StPO, § 81e Abs. 2 S. 2 StPO bzgl. der Feststellungsobjekte (§ 81e Abs. 1 S. 1 StPO: DNA-Identifizierungsmuster, Abstammung, Geschlecht der Person“ oder § 81e Abs. 2 S. 2 StPO: Augen-, Haar- und Hautfarbe sowie Alter der Person) und der Vergleichsobjekte (§ 81e Abs. 1 S. 1 StPO: „Vergleichsmaterial“)[728] (alternativ)

- erfüllt.
- nicht erfüllt.

C. Materielle Rechtmäßigkeit (MR) II. Inanspruchnahme (In) / Inanspruchnahmevoraussetzungen (Inv)

(VOR/DEF)

Inanspruchnahmevoraussetzungen sind materiell-rechtliche Bedingungen für richtige Inanspruchnahme.

Inanspruchnahme ist Adressierung und sonstiges Betroffenmachen; **Adressierung** ist direktes Bestimmen oder finales Richten einer Maßnahme an einen Grundrechtsträger, vgl. §§ 100b Abs. 3, 100c Abs. 2, 100h Abs. 3, 163f Abs. 2 StPO.

Nach § 81e Abs. 1 S. 1, Abs. 2 S. 3 StPO, § 81 f Abs. 1 S. 1, 2 StPO ist Inanspruchnahme grundsätzlich richtig gegen jede „Person“ bzw. „betroffene Person“.[729]

---

[726] Zur **Identifizierung**, also zum Prozess von Identitätsfeststellungsmaßnahmen zwecks Produkt der Identitätsfeststellung (im buchstäblichen Sinne von Feststellung) siehe insbesondere: *Basten*, Eingriffsrecht der Polizei in Nordrhein-Westfalen, Band 2, Buch 2, Abschnitte 10, 11, 12, 14.

[727] Bundestags-Drucksache 18/11277, S. 22/Bundesrats-Drucksache 796/16, S. 19: „In der Praxis bestehen gelegentlich Zweifel, was konkret unter ‚**Spurenmaterial** ‘ zu verstehen ist und wann Untersuchungen nach § 81e Absatz 2 StPO oder aber nach § 81e Absatz 1 StPO durchgeführt werden dürfen. Häufig ist unklar, ob es sich bei dem gesicherten **Material** um eine Spur des Täters, Material des Opfers oder überhaupt eine mit der Tat in Zusammenhang stehende Spur handelt. Beispielsweise zu erwähnen ist hier die in Tatortnähe aufgefundene Zigarettenkippe. Bei dieser ist in der Regel nicht mit Sicherheit zu sagen, von wem sie stammt. Rührt das an ihr aufgefundene Körpermaterial möglicherweise von dem Beschuldigten her, eröffnet das den Anwendungsbereich der §§ 81a, 81e Absatz 1 StPO (vgl. dazu Ritzert, in: BeckOK/StPO § 81e Rn. 1 f.) mit der Folge, dass eine Untersuchung gemäß § 81f Absatz 1 StPO nur mit Einwilligung der betroffenen Person oder durch das Gericht durchgeführt werden darf. Dies und die Frage, ob es sich um eine **Spur im engeren Sinne** handelt, soll durch die beabsichtigte Untersuchung aber erst geklärt werden. Kann das zu untersuchende Material einer Person **zugeordnet werden, deren Identität bekannt ist**, soll der Einwilligungs- bzw. der Richtervorbehalt des § 81f Absatz 1 StPO entsprechend gelten, um den Einklang mit der Regelung in § 81e Absatz 1 StPO zu bewahren.“.

[728] Zum **Objekt**-Begriff siehe: Basten, Eingriffsrecht der Polizei in Nordrhein-Westfalen, Band 1, S. 10, 134.

[729] Bundestags-Drucksache 18/11277, S. 22/Bundesrats-Drucksache 796/16, S. 19: „In der Praxis bestehen gelegentlich Zweifel, was konkret unter ‚Spurenmaterial‘ zu verstehen ist und wann Untersuchungen nach § 81e Absatz 2 StPO oder aber nach § 81e Absatz 1 StPO durchgeführt werden dürfen. Häufig ist

Person ist natürliche Person i.S.d. § 1 BGB.

(SUB/ERG)

Im konkreten Fall ist die Person (alternativ)

- richtigerweise als andere Person in Anspruch genommen/adressiert;
- nicht richtigerweise in Anspruch genommen/adressiert.

C. Materielle Rechtmäßigkeit (MR) III. Rechtsfolge (Rf) / Rechtsfolgevoraussetzungen (RfV)

(VOR/DEF)

Rechtsfolge ist rechtliche Folge aus dem Tatbestand. / **Rechtsfolgevoraussetzungen** sind materiell-rechtliche Rechtsfolgegestaltungsbedingungen.

C. Materielle Rechtmäßigkeit (MR) III. Rechtsfolge (Rf) 1. Tatsächliche und rechtliche Möglichkeit (TurM)

(VOR/DEF)

Tatsächliche und rechtliche Möglichkeit betrifft Fälle wie aus § 44 Abs. 2 Nr. 4-6 VwVfG NRW.

(SUB/ERG)

Im konkreten Fall ist tatsächliche und rechtliche Möglichkeit (alternativ)

- gegeben wegen Vorliegens von (alternativ) kognitiven, körperlichen, normativen, technischen Unmöglichkeiten.

---

unklar, ob es sich bei dem gesicherten Material um eine Spur des **Täters**, Material des **Opfers** oder überhaupt eine mit der Tat in Zusammenhang stehende Spur handelt. Beispielsweise zu erwähnen ist hier die in Tatortnähe aufgefundene Zigarettenkippe. Bei dieser ist in der Regel nicht mit Sicherheit zu sagen, von **wem** sie stammt. Rührt das an ihr aufgefundene Körpermaterial möglicherweise von dem **Beschuldigten** her, eröffnet das den Anwendungsbereich der §§ 81a, 81e Absatz 1 StPO (vgl. dazu Ritzert, in: BeckOK/StPO § 81e Rn. 1 f.) mit der Folge, dass eine Untersuchung gemäß § 81f Absatz 1 StPO nur mit Einwilligung der **betroffenen Person** oder durch das Gericht durchgeführt werden darf. Dies und die Frage, ob es sich um eine Spur im engeren Sinne handelt, soll durch die beabsichtigte Untersuchung aber erst geklärt werden. Kann das zu untersuchende Material einer **Person** zugeordnet werden, deren Identität bekannt ist, soll der Einwilligungs- bzw. der Richtervorbehalt des § 81f Absatz 1 StPO entsprechend gelten, um den Einklang mit der Regelung in § 81e Absatz 1 StPO zu bewahren.".

- nicht gegeben wegen Nichtvorliegens von kognitiven, körperlichen, normativen, technischen Unmöglichkeiten.[730]

C. Materielle Rechtmäßigkeit (MR) III. Rechtsfolge (Rf) 2. Bestimmtheit (Bsh)

(VOR/DEF)

Bestimmtheit des Justiz-VA im Sinne des Art. 20 Abs. 3 GG ist Maßnahmenerkennbarkeit und Maßnahmenverstehbarkeit, vgl. §§ 133, 157 BGB analog.

(SUB/ERG)

Die Untersuchungs-Maßnahme bei der betroffenen Person ist inhaltlich hinreichend bestimmt i.S.d. Art. 20 Abs. 3 GG, wenn nach Auslegung der Maßnahmenbetroffene wie jeder vernünftige Dritte, §§ 133, 157 BGB analog, in der konkreten Situation den Maßnahmen-Inhalt hinreichend erkennen und verstehen kann, nämlich:

- dass die Polizei ggü. dem Erklärungsempfänger (wer)
- aus Strafrechtspflegegründen (warum)
- zu einer spezifischen Zeit (wann)
- bezweckt, dass bestimmte Feststellungen zur Sachverhaltserforschung/Tatverdachtserforschung am Körper des Erklärungsempfängers getroffen werden sollen (was)
- durch Duldung [in den Grenzen des „nemo-tenetur-se-ipsum-prodere/accusare“[731]] der molekulargenetischen Untersuchung (wie).

Bestimmtheitsfördernd sind auch grundsätzliche Schriftlichkeit im Sinne von § 81f Abs. 1 S. 1 StPO und Belehrung im Sinne von § 81f Abs. 1 S. 2 StPO.

C. Materielle Rechtmäßigkeit (MR) III. Rechtsfolge (Rf) 3. Ermessen (Erm)

(VOR/DEF)

Ermessen[732] ist Entscheidungsspielraum auf der Rechtsfolgenseite bzgl. rechtsfehlerfreier Ausübung von Einschreit-Entschließung (Ob), Adressaten-Auswahl (Wer), Maßnahmen-Gestaltung (Wie).

---

[730] Zu „Tatsächliche und rechtliche Möglichkeit“ mit Beispielen siehe auch: *Basten*, Eingriffsrecht der Polizei in Nordrhein-Westfalen, Band 1, S. 263.

[731] Zum Recht auf faires Verfahren und Selbstbelastungsfreiheit (nemo tenetur se ipsum accusare): *Basten*, Eingriffsrecht der Polizei in Nordrhein-Westfalen, Band 1, S. 106.

[732] Zum Ermessen einschließlich Rechtsnatur, Ermessensarten, Ermessensreduzierungen, Ermessensfehlern, Maßnahmenansprüchen mit Beispielen siehe auch: *Basten*, Eingriffsrecht der Polizei in Nordrhein-Westfalen, Band 1, S. 271-283.

(SUB/ERG)

a) Einschreitentschließungs-„Ermessen" ist grundsätzlich nicht gegeben, vgl. § 163 Abs. 1 S. 1 („haben") i.V.m. § 152 Abs. 2 StPO (Legalitätsgrundsatz: „ist [...] verpflichtet, [...] einzuschreiten"); ein Opportunitätsprinzip ist nur ausnahmsweise gegeben, z.B. bei § 111b Abs. 1 S. 1 und 2 StPO; §§ 153-154f StPO; § 374 StPO.

b) Adressatenauswahl-„Ermessen" ist auch in der StPO grundsätzlich gegeben, insbesondere bzgl. zweckförderlicher Reihenfolge der Inanspruchnahme von mehreren möglichen Materialurhebern im Sinne von § 81e Abs. 1 S. 1, Abs. 2 S. 2 StPO („stammt").

c) Maßnahmengestaltungs-„Ermessen" ist auch in der StPO grundsätzlich gegeben, vgl. hier bereits die in den §§ 81a-h StPO normierte Maßnahmenbandbreite an Untersuchungen im weiteren Sinne und auch die alleine in § 81e StPO ausdrücklich angelegte Feststellungsobjektvielfalt bzw. Untersuchungsobjektvielfalt.

Ein etwaig gegebener Entscheidungsspielraum wird (je nach Fall alternativ) aufgrund von Anhaltspunkten/in Ermangelung entgegenstehender Anhaltspunkte ohne Ermessensfehler/mit Ermessensfehlern (Ermessensunterschreitung, Ermessensüberschreitung, Ermessensfehlgebrauch) ausgeübt bzgl. folgender Ermessensarten:

a) Entschließungsermessen:

Ein etwaig gegebenes Entschließungsermessen kann im konkreten Fall sogar gegen / auf Null reduziert sein, insbesondere wegen:

- Einschreitmöglichkeit;
- Erheblichkeitsgrad von Tatverdachten.

b) Auswahlermessen:

siehe C. II.: Auswahlermessen wird abschließend beurteilt i.V.m. Punkt C. II. (Inanspruchnahme).

c) Gestaltungsermessen:

siehe C. III. 4.: Gestaltungsermessen wird abschließend beurteilt i.V.m. Punkt C. III. 4. (VHM).

C. Materielle Rechtmäßigkeit (MR) III. Rechtsfolge (Rf) 4. Verhältnismäßigkeit (VHM)

(VOR/DEF)

Verhältnismäßigkeit ist Geeignetheit, Erforderlichkeit, Angemessenheit zum legitimen Zweck.

(VOR/DEF)

a) Legitimer Zweck ist jeder verfassungsgemäße Zweck, vgl. auch § 81e Abs. 1 S. 1, letzter Hs. StPO („zur Erforschung des Sachverhalts").

Sachverhaltserforschung im Sinne von § 81e Abs. 1 S. 1, letzter Hs. StPO ist Tatverdachtserforschung/Sachverhaltsaufklärung im Sinne von § 163 Abs. 1 S. 1 W. 8-10, 20-25 i.V.m. § 152 Abs. 2 StPO.

(SUB/ERG)

Im konkreten Fall verfolgt die molekulargenetische Untersuchung (alternativ)

- einen legitimen Zweck, da sie erfolgt
  - zunächst
    - bei molekulargenetischer Untersuchung im Sinne von § 81e Abs. 1 StPO zur Feststellung von DNA-Identifizierungsmuster, Abstammung, Geschlecht der Person;
    - bei molekulargenetischer Untersuchung im Sinne von § 81e Abs. 2 StPO zur „Feststellung über die Augen-, Haar- und Hautfarbe sowie das Alter der Person" (§ 81e Abs. 2 S. 2 StPO);
  - letztlich bei allen Untersuchungen, „zur Erforschung des Sachverhalts", also zum Zweck verfassungsgemäßer Tatverdachtserforschung zwecks Art. 20 Abs. 3 GG.[733]
- keinen legitimen Zweck.

(VOR/DEF)

b) Geeignetheit einer staatlichen Maßnahme ist gegeben bei deren Zweckförderungstauglichkeit.

Geeignetheit im Sinne von § 81e StPO ist **Verfahrensbedeutsamkeit**, ist also potentielle **Beweisbedeutung**, die sich im Sinne des § 81e Abs. 1, 2 StPO insbesondere ergibt aus den jeweiligen bestimmten Tatbeständen der Straf- (und Owi-)Gesetze und aus §§ 244-246, 261, 267 StPO in Beziehung zur Anlassuntersuchung – sowohl bzgl. belastender als auch entlastender Umstände, vgl. § 160 Abs. 2 StPO, vgl. auch § 81e StPO mit wechselseitigem Zweckbezug unter anderem zu §§ 81a, c StPO, vgl. zu § 81e StPO auch § 46 Abs. 4 S. 4 StPO, wonach die Verwendung von Blutproben und sonstigen Körperzellen zur Durchführung einer Untersuchung im Sinne des § 81e StPO unzulässig ist, und insoweit rechtlich unmöglich bzw. ungeeignet.[734]

(SUB/ERG)

Im konkreten Fall ist die molekulargenetische Untersuchung (alternativ)

---

[733] Bundestags-Drucksache 18/11277, S. 22/Bundesrats-Drucksache 796/16, S. 19: „§ 81e Absatz 1 Satz 1 StPO-E enthält eine präzisierende redaktionelle Änderung. Es wird klargestellt, dass die molekulargenetische Untersuchung die Erstellung eines DNA-Identifizierungsmusters sowie die Bestimmung der Abstammung und des Geschlechts umfasst. Bislang war dies mit der Formulierung umschrieben worden, dass festgestellt werden solle, das aufgefundene Spurenmaterial stamme vom Beschuldigten oder dem Verletzten. Die weitere Voraussetzung, wonach die Untersuchung nur dann erfolgen darf, wenn sie zur Erforschung des Sachverhaltes erforderlich ist, hat bislang im Gesetzestext keine ausdrückliche Erwähnung gefunden; dies wird daher ergänzt.".

[734] Zu Möglichkeits-, Bestimmtheits-, Geeignetheits-Wechselwirkungen siehe: *Basten*, Eingriffsrecht der Polizei, Band 1, S. 264, 269 f., 284 f..

- geeignet, denn mit ihr wird gefördert: die zweckentsprechende Aufklärung bisheriger Tatverdachte durch Feststellung (mit SV-Bezug bestimmt) verfahrensbedeutsamer (mit SV-Bezug bestimmter) Tatsachen.
- ungeeignet.

(VOR/DEF)

c) Erforderlichkeit einer staatlichen Maßnahme ist Nichtverfügbarkeit eines milderen (Übermaßverbot), gleich geeigneten (Untermaßverbot) Mittels zur Zweckförderung, vgl. auch § 81e Abs. 1 S. 1, letzter Hs. StPO („erforderlich").

(SUB/ERG)

Im konkreten Fall ist die molekulargenetische Untersuchung (alternativ)

- erforderlich, denn einerseits sind mildere Maßnahmen wie (zum Beispiel) die Befragung oder andere Datenerhebungen oder Nichtstun nicht gleich geeignet, weil sie nicht Aufklärung von Tatverdachten in gleicher Weise fördern (Untermaßverbot) und andererseits sind (mindestens) gleich geeignete, intensivere Maßnahmen wie direkte Freiheitsentziehung oder Zwang noch nicht notwendig (Übermaßverbot).
- nicht erforderlich.

(VOR/DEF)

d) Angemessenheit oder **Verhältnismäßigkeit im engeren Sinne** einer staatlichen Maßnahme ist angemessenes Maß oder Verhältnis zwischen Zweckförderung für Erhaltungsrechte und Wirkungen für Eingriffsrechte, vgl. betroffene GR.

(SUB/ERG)

Im konkreten Fall ist die molekulargenetische Untersuchung (alternativ)

- angemessen, denn der sachgerichtete Eingriff in Art. 2 Abs. 1 i.V.m. Art. 1 Abs. 1 GG steht (insbesondere unter Anwendung der Datenschutzmaßnahmen i.S.v. § 81f Abs. 2 S. 2, 3 StPO) angesichts von Rechten und Rechtsgütern wie aus Art. 20 Abs. 3 GG sowie angesichts von Tatverdachtsstärke, Schwere mutmaßlicher Tat, Sanktionswahrscheinlichkeit, mutmaßlicher Sanktionshöhe nicht außer Verhältnis.[735]

---

[735] Bundestags-Drucksache Drucksache 19/14747, S. 27 f.: Die Untersuchung des Spurenmaterials zur Ermittlung der wahrscheinlichen Augenfarbe, Haarfarbe, Hautfarbe sowie des Alters greift nicht in den absolut geschützten Kernbereich der Persönlichkeit ein (vergleiche dazu Zöller/Thörnich, Rechtliche Möglichkeiten und Grenzen der Ausweitung von DNA-Analysen im Strafverfahren, ZIS 2017, S. 331 ff.). Tatsächlich stellt die Ermittlung der äußerlich erkennbaren Merkmale von Augen, Haar- und Hautfarbe sowie des ungefähren Alters einen deutlich geringeren Eingriff als die Ermittlung von Merkmalen dar, die das äußere Erscheinungsbild nicht erkennen lässt. Die Bestimmung äußerer Merkmale entspricht von der Eingriffstiefe der Verwertung einer Fotografie oder einer Videoaufzeichnung, welche zur Aufklärung von Straftaten ebenfalls herangezogen werden darf. Und auch ganz ohne technische Hilfsmittel können Zeugen das Äußere des Beschuldigten beschreiben. Diese Wertung wird auch nicht dadurch infrage gestellt, dass die Analyse einen Zugriff auf den codierenden Teil der DNA erforderlich macht. Entscheidend ist, dass die Feststellung als äußerlich erkennbares Merkmal nicht den besonders schutzbedürftigen Kern der

- unangemessen.

(ERG VHM)

Die molekulargenetische Untersuchung ist insgesamt i.S.v. Art. 20 Abs. 3 GG (alternativ)
- verhältnismäßig.
- unverhältnismäßig.

D. Gesamtergebnis (GErg)

Die molekulargenetische Untersuchung ist (alternativ)
- gemäß §§ 81e, f StPO rechtmäßig.
- wegen Art./§ (bestimmter Rechtsnorm [z.B. Art. 20 Abs. 3 GG]) rechtswidrig.

Persönlichkeit berührt. Zwar sind diese Merkmale genetisch angelegt und stellen personenbezogene Merkmale dar, die als solche vom Recht auf informationelle Selbstbestimmung umfasst werden. Zugleich handelt es sich aber um regelmäßig von außen ohne weiteres – insbesondere auch ohne genetische Untersuchung – erkennbare Merkmale einer Person. Ihre Feststellung kann daher nicht als Ausforschung schutzbedürftiger genetischer Anlagen des Betroffenen oder genetisch bedingter schutzbedürftiger Persönlichkeitsmerkmale begriffen werden (vergleiche dazu Bundestagsdrucksache 15/350, S. 12). Die DNA-Untersuchung selbst ist nicht spezifisch gegen eine bestimmte Personengruppe oder Minderheit gerichtet und damit an sich nichtdiskriminierend. Bei den Folgemaßnahmen muss allerdings beachtet werden, dass es in Fällen der möglichen Zuordnung der Spur zu Angehörigen einer Minderheit nicht zu einem Missbrauch dieses Umstandes im Sinne rassistischer Stimmungsmache oder Hetze kommen darf. Insoweit unterscheidet sich das Ergebnis einer DNA-Untersuchung, die auf bestimmte äußere Merkmale eines Spurenverursachers hinweist, allerdings nicht von der Bekanntgabe eines Ermittlungsergebnisses, das durch Zeugenaussagen oder Videoaufzeichnungen gewonnen wurde.“.

ABSCHNITT 10:

DNA-IDENTITÄTSFESTSTELLUNG,

§ 81G STPO

A. Rechtsgrundlage (RGL) I. Grundrechte (GR)

(VOR/DEF)

Grundrechte sind grundlegende Rechte aus Art. 1-19 GG i.V.m. dem Rechtsstaatsprinzip, Art. 20 Abs. 3 GG, mit Vorrang und Vorbehalt des Gesetzes.[736]

(SUB/ERG)

Grundrechte sind (i.d.R. alternativ fallabhängig) wie folgt gegeben:

[736] Zu **Grundrechten**: *Basten*, Eingriffsrecht der Polizei in Nordrhein-Westfalen, Band 1, Buch 1, Abschnitt 2, Unterabschnitt 3. Zum **Rechtsstaatsprinzip** mit unter anderem sogenanntem Vorrang des Gesetzes und Vorbehalt des Gesetzes: *Basten*, Eingriffsrecht der Polizei in Nordrhein-Westfalen, Band 1, S. 95-108.

1. Allgemeines Persönlichkeitsgrundrecht[737] mit verschiedenen Ausprägungen[738], etwa in der Ausprägung des **Rechts auf informationelle Selbstbestimmung** (APR/RiS), Art. 2 Abs. 1 i.V.m. Art. 1 Abs. 1[739] GG, vgl. auch Art. 142 GG i.V.m. Art. 4 Abs. 1, 2 Verfassung NRW[740].

---

[737] BVerfGE 147, 1, 18 f. (**Geschlechtsidentität**) = BVerfG, Beschluss des Ersten Senats vom 10.10.2017 – 1 BvR 2019/16 –, Rn. 38: „Art. 2 Abs. 1 GG gewährt jedem das **Recht auf die freie Entfaltung seiner Persönlichkeit**. Dieses Grundrecht umfasst neben der allgemeinen Handlungsfreiheit das **allgemeine Persönlichkeitsrecht** (Art. 2 Abs. 1 i.V.m. Art. 1 Abs. 1 GG). Letzteres ergänzt als ‚unbenanntes' Freiheitsrecht die speziellen (‚benannten') Freiheitsrechte, die ebenfalls konstituierende Elemente der Persönlichkeit schützen (vgl. BVerfGE 54, 148 <153>). Eine der **Aufgaben des allgemeinen Persönlichkeitsrechts** ist es dabei, Grundbedingungen dafür zu sichern, dass die einzelne Person ihre Individualität selbstbestimmt entwickeln und wahren kann (vgl. BVerfGE 35, 202 <220>; 79, 256 <268>; 90, 263 <270>; 117, 202 <225>). Das allgemeine Persönlichkeitsrecht schützt indessen nur solche **Elemente der Persönlichkeitsentfaltung**, die - ohne bereits Gegenstand der besonderen Freiheitsgarantien des Grundgesetzes zu sein - diesen in ihrer konstituierenden Bedeutung für die Persönlichkeit nicht nachstehen (vgl. BVerfGE 79, 256 <268>; 99, 185 <193>; 120, 274 <303>; stRspr). Es verbürgt also nicht Schutz gegen alles, was die selbstbestimmte Persönlichkeitsentwicklung auf irgendeine Weise beeinträchtigen könnte; ohnehin vermag kein Mensch seine Individualität unabhängig von äußeren Gegebenheiten und Zugehörigkeiten zu entwickeln. Der lückenschließende Schutz des allgemeinen Persönlichkeitsrechts greift aber dann, wenn die selbstbestimmte Entwicklung und Wahrung der Persönlichkeit spezifisch gefährdet ist (BVerfGE 141, 186 <201 f. Rn. 32>).“.

BVerfG, Beschluss des Ersten Senats vom 06.11.2019 – 1 BvR 16/13 – (Recht auf Vergessen I), Rn. 81: „Diese [**APR-]Rechtsprechung** hat sich maßgeblich in Konstellationen der mittelbaren Drittwirkung und geleitet von dem Erfordernis praktischer Konkordanz entwickelt. Deshalb bestimmen sich die Schutzdimensionen des allgemeinen Persönlichkeitsrechts letztlich immer einzelfallbezogen im Abgleich mit den Grundrechten Dritter. Die Bestimmung seiner Schutzwirkungen und die Abwägung mit den gegenüberstehenden Freiheitsrechten greifen hier Hand in Hand. Der Schutz des allgemeinen Persönlichkeitsrechts ist insoweit flexibel und durch die Einbindung der Person in ihre sozialen Beziehungen relativiert (vgl. BVerfGE 101, 361 <380>; 141, 186 <202 Rn. 32>; 147, 1 <19 Rn. 38>; stRspr; siehe auch BGHZ 183, 353 <357 Rn. 11>; 209, 139 <150 Rn. 30>; 219, 233 <240 Rn. 22>; stRspr).“.

Vgl. „**Allgemeines Persönlichkeitsrecht**“ (APR) als „sonstiges Recht“ (sog. **Rahmenrecht** mit [grundrechts-]abwägungsoffenem Tatbestand) nach § 823 Abs. 1 Var. 6 BGB, u.a. mit Geldentschädigungsanspruch, insbesondere durch ständige Rechtsprechung (vgl. auch § 253 BGB) seit folgender Entwicklung: BGHZ 13, 334 (Leserbrief), mit erstmaliger ausdrücklicher Anerkennung des allgemeinen Persönlichkeitsrechts; BGHZ 26, 349 (Herrenreiter), mit erstmaliger Zuerkennung einer Geldentschädigung wegen des immateriellen Schadens durch die Verletzung des allgemeinen Persönlichkeitsrechts; BGHZ 35, 363 (Ginsengwurzel), mit erstmaliger Schwerpunktsetzung bei der Menschenwürde in der Begründung; BVerfGE 34, 269 (Soraya), mit verfassungsgerichtlicher Erklärung der verfassungsrechtlichen Zulässigkeit der richterrechtlich entwickelten APR-Konstruktion.

[738] BVerfG, Beschluss des Ersten Senats vom 06.11.2019 – 1 BvR 16/13 – (Recht auf Vergessen I), Rn. 80: „Die Rechtsprechung hat aus dem [**Allgemeinen Persönlichkeits-]Grundrecht** insoweit verschiedene **Schutzdimensionen** abgeleitet wie den **Schutz eines unantastbaren Bereichs privater Lebensgestaltung**, die Garantie der **Privatsphäre**, das **Recht am eigenen Bild** oder **gesprochenen Wort** oder das **Recht auf die Darstellung der eigenen Person**, die **soziale Anerkennung** sowie die **persönliche Ehre** (vgl. BVerfGE 27, 1 <6>; 27, 344 <350 f.>; 32, 373 <379>; 34, 238 <245 f.>; 47, 46 <73>; 54, 148 <153 f.>; 99, 185 <193 f.>; 101, 361 <384>; 106, 28 <39>; 114, 339 <346>; 120, 180 <198>).“ „Diese **Schutzgehalte** werden insoweit aber nicht als abschließend umschriebene und voneinander abzugrenzende Gewährleistungen verstanden, sondern als Ausprägungen, die in Blick auf den konkreten Schutzbedarf jeweils anhand des zu entscheidenden Falles herauszuarbeiten sind (vgl. BVerfGE 54, 148 <153 f.>; 65, 1 <41>).“.

BVerfGE 65, 1 (Volkszählungsgesetz), Ls. 1 = BVerfG, Urteil des Ersten Senats vom 15.12.1983 – 1 BvR 209/83, Ls. 1: „Unter den Bedingungen der modernen Datenverarbeitung wird der Schutz des Einzelnen

gegen unbegrenzte Erhebung, Speicherung, Verwendung und Weitergabe seiner persönlichen Daten von dem **allgemeinen Persönlichkeitsrecht** des Art. 2 Abs. 1 GG in Verbindung mit Art. 1 Abs. 1 GG umfaßt. Das [**Allgemeine Persönlichkeits-]Grundrecht** gewährleistet insoweit die Befugnis des Einzelnen, grundsätzlich selbst über die Preisgabe und Verwendung seiner persönlichen Daten zu bestimmen."; BVerfG, Beschluss des Ersten Senats vom 06.11.2019 – 1 BvR 16/13 – (Recht auf Vergessen I), Rn. 80: „Das **Recht auf informationelle Selbstbestimmung** ist von der Rechtsprechung als eigene Ausprägung des allgemeinen Persönlichkeitsrechts mit einem gegenüber den anderen Ausprägungen selbständigen Gewährleistungsgehalt entwickelt worden und behält diesen auch, soweit es als verfassungsrechtliche Wertentscheidung in das Zivilrecht einstrahlt. Dementsprechend enthält es keinen gesamthaften Schutzanspruch hinsichtlich jederlei Umgangs mit Informationen, der die übrigen Schutzdimensionen des Grundrechts allgemein übergreifen und zusammenführen würde, sondern lässt deren Wertungen und Abwägungsregeln unberührt."; BVerfGE 120, 274, 311 f. (Online-Durchsuchung) = BVerfG, Urteil des Ersten Senats vom 27.02.2008 – 1 BvR 370/07 –, Rn. 198 f. „Das **Recht auf informationelle Selbstbestimmung** geht über den **Schutz der Privatsphäre** hinaus. Es gibt dem Einzelnen die Befugnis, grundsätzlich selbst über die Preisgabe und Verwendung seiner persönlichen Daten zu bestimmen (vgl. BVerfGE 65, 1 <43>; 84, 192 <194>). Es flankiert und erweitert den grundrechtlichen Schutz von Verhaltensfreiheit und Privatheit, indem es ihn schon auf der Stufe der Persönlichkeitsgefährdung beginnen lässt. Eine derartige Gefährdungslage kann bereits im Vorfeld konkreter Bedrohungen benennbarer Rechtsgüter entstehen, insbesondere wenn personenbezogene Informationen in einer Art und Weise genutzt und verknüpft werden können, die der Betroffene weder überschauen noch verhindern kann. Der Schutzumfang des **Rechts auf informationelle Selbstbestimmung** beschränkt sich dabei nicht auf Informationen, die bereits ihrer Art nach sensibel sind und schon deshalb grundrechtlich geschützt werden. Auch der Umgang mit personenbezogenen Daten, die für sich genommen nur geringen Informationsgehalt haben, kann, je nach dem Ziel des Zugriffs und den bestehenden Verarbeitungs- und Verknüpfungsmöglichkeiten, grundrechtserhebliche Auswirkungen auf die Privatheit und Verhaltensfreiheit des Betroffenen haben (vgl. BVerfG, Beschluss vom 13. Juni 2007 - 1 BvR 1550/03 u.a. -, NJW 2007, S. 2464 <2466>). Die mit dem Recht auf informationelle Selbstbestimmung abzuwehrenden Persönlichkeitsgefährdungen ergeben sich aus den vielfältigen Möglichkeiten des Staates und gegebenenfalls auch privater Akteure (vgl. BVerfG, Beschluss der 1. Kammer des Ersten Senats vom 23. Oktober 2006 - 1 BvR 2027/02 -, JZ 2007, S. 576) zur Erhebung, Verarbeitung und Nutzung personenbezogener Daten. Vor allem mittels elektronischer Datenverarbeitung können aus solchen Informationen weitere Informationen erzeugt und so Schlüsse gezogen werden, die sowohl die grundrechtlich geschützten Geheimhaltungsinteressen des Betroffenen beeinträchtigen als auch Eingriffe in seine Verhaltensfreiheit mit sich bringen können (vgl. BVerfGE 65, 1 <42>; 113, 29 <45 f.>; 115, 320 <342>; BVerfG, Beschluss vom 13. Juni 2007 - 1 BvR 1550/03 u.a. -, NJW 2007, S. 2464 <2466>).".

BVerfGE 109, 279, 325-327 (akustische Wohnraumüberwachung / „Großer Lauschangriff") = BVerfG, Urteil des Ersten Senats vom 03.03.2004 – 1 BvR 2378/98, 1084/99 –, Rn. 159-163: „Das aus Art. 2 Abs. 1 in Verbindung mit Art. 1 Abs. 1 GG folgende **allgemeine Persönlichkeitsrecht** kommt neben Art. 13 Abs. 1 GG allerdings nicht zur Anwendung, soweit Eingriffe in die **räumliche Privatsphäre des Wohnungsinhabers** zu überprüfen sind. Art. 13 Abs. 1 GG enthält eine spezielle Gewährleistung des **Schutzes vor staatlicher akustischer Überwachung der räumlichen Privatsphäre**, die die allgemeinere Vorschrift insoweit verdrängt (vgl. BVerfGE 100, 313 [358] zu Art. 10 GG). Mit dem **Recht, in der Wohnung ungestört zu sein**, und dem **Recht am eigenen in der Wohnung gesprochenen Wort** schützt Art. 13 Abs. 1 GG gerade den Teil der **Privatsphäre**, den sonst das allgemeine Persönlichkeitsrecht gewährleistet. Dieses Recht ergänzt als unbenanntes Freiheitsrecht die speziellen Freiheitsrechte, die ebenfalls konstituierende Elemente der Persönlichkeit schützen (vgl. BVerfGE 54, 148 <153 f.>), nur insoweit, als Letztere keinen Schutz gewähren. Der **Schutz des allgemeinen Persönlichkeitsrechts aus Art. 2 Abs. 1 in Verbindung mit Art. 1 Abs. 1 GG** greift hingegen ein, soweit von der Wohnraumüberwachung Personen betroffen werden, die sich nicht auf Art. 13 Abs. 1 GG berufen können. **Grundrechtsträger des Art. 13 Abs. 1 GG** ist jeder Inhaber oder Bewohner eines Wohnraums, unabhängig davon, auf welchen Rechtsverhältnissen die Nutzung des Wohnraums beruht. Bei mehreren Bewohnern einer Wohnung steht das Grundrecht jedem Einzelnen, bei Familien mithin jedem Familienmitglied zu. Maßnahmen der **Wohnraumüberwachung** können aber nicht nur **Wohnungsinhaber**, sondern auch **zufällig in einer Wohnung**

Anwesende erfassen. Diese Personen sind zwar nicht in ihrem Grundrecht aus Art. 13 Abs. 1 GG, wohl aber in ihrem **allgemeinen Persönlichkeitsrecht** betroffen. Der Schutz aus Art. 2 Abs. 1 in Verbindung mit Art. 1 Abs. 1 GG kann insofern allerdings nicht weiter reichen als derjenige aus Art. 13 Abs. 1 und 3 GG. Der Schutz der **räumlichen Privatsphäre und des allgemeinen Persönlichkeitsrechts** kann schließlich in Einzelfällen durch weitere Grundrechtsgarantien ergänzt sein. So wird das **Gespräch zwischen Eheleuten in der eigenen Wohnung** nicht nur von Art. 13 Abs. 1 GG, sondern zusätzlich durch Art. 6 Abs. 1 GG geschützt. Auch in Bezug auf die **Kommunikation mit Berufsgeheimnisträgern** können neben dem grundrechtlichen **Schutz der räumlichen Privatsphäre** Grundrechte in Betracht kommen, die - wie etwa Art. 4 GG im Hinblick auf das Gespräch mit einem Geistlichen - der besonderen Schutzbedürftigkeit der Kommunizierenden Rechnung tragen.“.

BVerfG, Beschluss des Ersten Senats vom 06.11.2019 – 1 BvR 16/13 – (Recht auf Vergessen I), Ls. 3 S. 1: „Von den **äußerungsrechtlichen Schutzdimensionen** ist das **Recht auf informationelle Selbstbestimmung** als eine eigene Ausprägung des allgemeinen Persönlichkeitsrechts zu unterscheiden.“ BVerfG, Beschluss des Ersten Senats vom 06.11.2019 – 1 BvR 16/13 – (Recht auf Vergessen I), Rn. 90: „Ausgehend von dem **Ziel des Rechts auf informationelle Selbstbestimmung**, Schutz vor Gefahren angesichts neuartiger Möglichkeiten der Datenverarbeitung zu gewähren (vgl. BVerfGE 65, 1 <42>), ist es primär als Gewährleistung zu verstehen, die – neben der ungewollten Preisgabe von Daten auch im Rahmen privater Rechtsbeziehungen (vgl. BVerfGE 84, 192 <194>) – insbesondere vor deren intransparenter Verarbeitung und Nutzung durch Private schützt. Es bietet Schutz davor, dass Dritte sich individueller Daten bemächtigen und sie in nicht nachvollziehbarer Weise als Instrument nutzen, um die Betroffenen auf Eigenschaften, Typen oder Profile festzulegen, auf die sie keinen Einfluss haben und die dabei aber für die freie Entfaltung der Persönlichkeit sowie eine gleichberechtigte Teilhabe in der Gesellschaft von erheblicher Bedeutung sind. Der Gehalt dieses Rechts ist dabei entwicklungsoffen, so dass es auch weitere persönlichkeitsgefährdende Entwicklungen der Informationsverarbeitung aufnehmen kann.“.

BVerfG, Beschluss des Ersten Senats vom 06.11.2019 – 1 BvR 16/13 – (Recht auf Vergessen I), Ls. 2a): „Der verfassungsrechtliche Maßstab für den Schutz gegenüber Gefährdungen durch die **Verbreitung personenbezogener Berichte und Informationen als Teil öffentlicher Kommunikation** liegt in den **äußerungsrechtlichen Ausprägungen des allgemeinen Persönlichkeitsrechts**, nicht im Recht auf informationelle Selbstbestimmung.“.

BVerfG, Beschluss des Ersten Senats vom 06.11.2019 – 1 BvR 16/13 – (Recht auf Vergessen I), Rn. 91: „[Vom Recht auf informationelle Selbstbestimmung] zu unterscheiden ist der **Schutz vor der Verarbeitung personenbezogener Berichte und Informationen als Ergebnis eines Kommunikationsprozesses**. Der Schutzbedarf gründet hier nicht in der intransparenten Zuweisung von Persönlichkeitsmerkmalen und -profilen durch Dritte, sondern in der sichtbaren Verbreitung bestimmter Informationen im öffentlichen Raum. Gefährdungen für die Persönlichkeitsentfaltung ergeben sich hier vornehmlich aus Form und Inhalt der Veröffentlichung selbst. Schutz gegenüber solchen Gefährdungen bieten die **äußerungsrechtlichen Ausprägungen des allgemeinen Persönlichkeitsrechts unabhängig vom Recht auf informationelle Selbstbestimmung**. Zwar kann es auch dabei maßgeblich auf die Art der Informationserlangung ankommen. Jedoch hat diese hier ihre Bedeutung als Vorfrage für die Beurteilung des weiteren Umgangs mit einer bestimmten Äußerung und des damit in die Öffentlichkeit gestellten Bildes einer Person selbst.“.

BVerfG, Beschluss des Ersten Senats vom 06.11.2019 – 1 BvR 16/13 – (**Recht auf Vergessen** I), Ls. 2b): „Bei der Entscheidung über einen Schutzanspruch kommt der Zeit unter den Kommunikationsbedingungen des Internets ein spezifisches Gewicht zu. Die Rechtsordnung muss davor schützen, dass sich eine Person frühere Positionen, Äußerungen und Handlungen unbegrenzt vor der Öffentlichkeit vorhalten lassen muss. Erst die Ermöglichung eines Zurücktretens vergangener Sachverhalte eröffnet den Einzelnen die Chance zum Neubeginn in Freiheit. Zur Zeitlichkeit der Freiheit gehört die Möglichkeit des Vergessens.“.

BVerfGE 120, 274, 311 (Online-Durchsuchung) = BVerfG, Urteil des Ersten Senats vom 27.02.2008 – 1 BvR 370/07 –, Rn. 197: „In seiner Ausprägung als **Schutz der Privatsphäre** [als **Privatangelegenheitenschutz** und **Rückzugsraumbereichsschutz** – beides **gegenüber der Öffentlichkeit**, vgl. **Sphärentheorie** mit **Intimsphäre, Privatsphäre, Sozialsphäre** und vgl. **Kernbereich privater Lebensgestaltung**] gewährleistet das allgemeine Persönlichkeitsrecht dem Einzelnen einen räumlich und thematisch

bestimmten Bereich, der grundsätzlich frei von unerwünschter Einsichtnahme bleiben soll (vgl. BVerfGE 27, 344 <350 ff.>; 44, 353 <372 f.>; 90, 255 <260>; 101, 361 <382 f.>).“; BVerfGE 101, 361, 382-385 (Caroline von Monaco II) = BVerfG, Urteil vom 15.12.1999 – 1 BvR 653/96 –, Rn. 75-82: „Im Unterschied zum **Recht am eigenen Bild** bezieht sich der **Schutz der Privatsphäre**, der ebenfalls im **allgemeinen Persönlichkeitsrecht** wurzelt, nicht speziell auf Abbildungen, sondern ist **thematisch und räumlich** bestimmt. Er umfaßt zum einen **Angelegenheiten** [**Privatangelegenheitenschutz**], die wegen ihres Informationsinhalts typischerweise als ‚**privat**‘ eingestuft werden, weil ihre **öffentliche** Erörterung oder Zurschaustellung als unschicklich gilt, das Bekanntwerden als peinlich empfunden wird oder nachteilige Reaktionen der Umwelt auslöst, wie es etwa bei Auseinandersetzungen mit sich selbst in **Tagebüchern** (BVerfGE 80, 367), bei **vertraulicher Kommunikation unter Eheleuten** (BVerfGE 27, 344), im Bereich der **Sexualität** (BVerfGE 47, 46; 49, 286 [BVerfGE 120, 224, 238 f. (Geschwisterbeischlaf) = BVerfGE, Beschluss des Zweiten Senats vom 26.02.2008 – 2 BvR 392/07 –, Rn. 32 f.: „Das allgemeine Persönlichkeitsrecht in seiner Ausprägung als **Recht auf sexuelle Selbstbestimmung**“/„**Intim- und Sexualbereich des Menschen als Teil seiner Privatsphäre**, P. B.]), bei **sozial abweichendem Verhalten** (BVerfGE 44, 353) oder bei **Krankheiten** (BVerfGE 32, 373) der Fall ist. Fehlte es hier an einem **Schutz vor der Kenntniserlangung anderer**, wären die Auseinandersetzung mit sich selbst, die unbefangene Kommunikation unter Nahestehenden, die sexuelle Entfaltung oder die Inanspruchnahme ärztlicher Hilfe beeinträchtigt oder unmöglich, obwohl es sich um grundrechtlich geschützte Verhaltensweisen handelt. Zum anderen erstreckt sich der Schutz auf einen **räumlichen Bereich** [**Raumbereichsschutz**], in dem der Einzelne zu sich kommen, sich entspannen oder auch gehen lassen kann (vgl. BVerfGE 27, 1 [6]). Zwar bietet auch dieser Bereich Gelegenheit, sich in einer Weise zu verhalten, die nicht für die **Öffentlichkeit** bestimmt ist und deren Beobachtung oder Darstellung durch Außenstehende für den Betroffenen peinlich oder nachteilig wäre. Im Kern geht es aber um einen **Raum**, in dem er die Möglichkeit hat, frei von **öffentlicher Beobachtung** und damit der von ihr erzwungenen Selbstkontrolle zu sein, auch ohne daß er sich dort notwendig anders verhielte als in der **Öffentlichkeit**. Bestünden solche **Rückzugsbereiche** nicht mehr, könnte der Einzelne psychisch überfordert sein, weil er unausgesetzt darauf achten müßte, wie er auf andere wirkt und ob er sich richtig verhält. Ihm fehlten die Phasen des Alleinseins und Ausgleichs, die für die Persönlichkeitsentfaltung notwendig sind und ohne die sie nachhaltig beeinträchtigt würde. Ein derartiges Schutzbedürfnis besteht auch bei Personen, die aufgrund ihres Ranges oder Ansehens, ihres Amtes oder Einflusses, ihrer Fähigkeiten oder Taten besondere **öffentliche** Beachtung finden. Wer, ob gewollt oder ungewollt, zur Person des **öffentlichen** Lebens geworden ist, verliert damit nicht sein Anrecht auf eine **Privatsphäre**, die den Blicken der **Öffentlichkeit** entzogen bleibt. Das gilt auch für demokratisch gewählte Amtsträger, die zwar für ihre Amtsführung **öffentlich** rechenschaftspflichtig sind und sich in diesem Umfang **öffentliche** Aufmerksamkeit gefallen lassen müssen, nicht aber für ihr **Privatleben**, sofern dieses die Amtsführung nicht berührt. Der **häusliche Bereich** [vgl. ggf. spezielleren Art. 13 GG i.V.m. BVerfGE 109, 279, 325 f.] stellt anerkanntermaßen eine solche geschützte Sphäre dar. Wegen des Bezugs auf die Entfaltung der Persönlichkeit darf der **Rückzugsbereich** jedoch nicht von vornherein auf ihn begrenzt werden. Das gilt schon deshalb, weil die Funktionen, denen er dient, nur erfüllt werden, wenn er nicht an den Hausmauern oder Grundstücksgrenzen endet. Die freie Entfaltung der Persönlichkeit wäre erheblich behindert, wenn der Einzelne nur im eigenen Haus der **öffentlichen** Neugier entgehen könnte. Die notwendige Erholung von einer durch Funktionszwänge und Medienpräsenz geprägten **Öffentlichkeit** ist vielfach nur in der **Abgeschiedenheit einer natürlichen Umgebung, etwa an einem Ferienort**, zu gewinnen. Deswegen muß der Einzelne grundsätzlich die Möglichkeit haben, sich auch in der freien, gleichwohl **abgeschiedenen Natur oder an Örtlichkeiten, die von der breiten Öffentlichkeit deutlich abgeschieden sind**, in einer von **öffentlicher** Beobachtung freien Weise zu bewegen. Das gilt gerade gegenüber solchen Aufnahmetechniken, die die **räumliche Abgeschiedenheit** überwinden, ohne daß der Betroffene dies bemerken kann. Wo die Grenzen der geschützten **Privatsphäre außerhalb des Hauses** verlaufen, läßt sich nicht generell und abstrakt festlegen. Sie können vielmehr nur aufgrund der jeweiligen Beschaffenheit des **Ortes** bestimmt werden, den der Betroffene aufsucht. Ausschlaggebend ist, ob der Einzelne eine **Situation** vorfindet oder schafft, in der er begründetermaßen und somit auch für Dritte erkennbar davon ausgehen darf, den Blicken der **Öffentlichkeit** nicht ausgesetzt zu sein. Ob die Voraussetzungen der **Abgeschiedenheit** erfüllt sind, läßt sich nur situativ beurteilen. Der Einzelne kann sich an ein und demselben **Ort** zu Zeiten mit gutem Grund unbeobachtet fühlen, zu anderen Zeiten nicht. Auch ist

der Aufenthalt in umschlossenen **Räumen** keineswegs immer mit **Abgeschiedenheit** gleichzusetzen. Da es um die Frage geht, ob der Einzelne begründetermaßen erwarten darf, unbeobachtet zu sein, oder aber **Plätze** aufgesucht hat, wo er sich unter den Augen der **Öffentlichkeit** bewegt, kann es auch in umschlossenen Räumen an der **Abgeschiedenheit** fehlen, die Voraussetzung für den **Privatsphärenschutz** außerhalb der eigenen **Häuslichkeit** ist. **Plätzen, an denen sich der Einzelne unter vielen Menschen befindet**, fehlt es von vornherein an den Voraussetzungen des **Privatsphärenschutzes** im Sinn von Art. 2 Abs. 1 in Verbindung mit Art. 1 Abs. 1 GG. Sie können das **Rückzugsbedürfnis** nicht erfüllen und rechtfertigen deswegen auch nicht den grundrechtlichen Schutz, den dieses Bedürfnis aus Gründen der Persönlichkeitsentfaltung verdient. Der Einzelne kann solche **Orte** auch nicht etwa durch ein Verhalten, das typischerweise nicht **öffentlich** zur Schau gestellt würde, in seine **Privatsphäre** umdefinieren. Nicht sein Verhalten, ob allein oder mit anderen, konstituiert die **Privatsphäre**, sondern die **objektive Gegebenheit der Örtlichkeit zur fraglichen Zeit**. Verhält er sich daher an **Orten**, die nicht die Merkmale der **Abgeschiedenheit** aufweisen, so, als stünde er nicht unter Beobachtung, hebt er das **Schutzbedürfnis für Verhaltensweisen, die an sich die Öffentlichkeit nichts angehen**, selbst auf. Der **Schutz der Privatsphäre vor öffentlicher Kenntnisnahme** entfällt ferner, wenn sich jemand selbst damit einverstanden zeigt, daß bestimmte, gewöhnlich als privat geltende Angelegenheiten **öffentlich** gemacht werden, etwa indem er Exklusivverträge über die Berichterstattung aus seiner **Privatsphäre** abschließt. Der verfassungsrechtliche **Privatsphärenschutz** aus Art. 2 Abs. 1 in Verbindung mit Art. 1 Abs. 1 GG ist nicht im Interesse einer Kommerzialisierung der eigenen Person gewährleistet. Zwar ist niemand an einer solchen **Öffnung privater Bereiche** gehindert. Er kann sich dann aber nicht gleichzeitig auf den **öffentlichkeitsabgewandten Privatsphärenschutz** berufen. Die Erwartung, daß die Umwelt die **Angelegenheiten oder Verhaltensweisen in einem Bereich mit Rückzugsfunktion** nur begrenzt oder nicht zur Kenntnis nimmt, muß daher situationsübergreifend und konsistent zum Ausdruck gebracht werden. Das gilt auch für den Fall, daß der Entschluß, die Berichterstattung über bestimmte Vorgänge der eigenen **Privatsphäre** zu gestatten oder hinzunehmen, rückgängig gemacht wird.“.

BVerfGE 6, 32, 41 (Elfes) = BVerfG, Urteil vom des Ersten Senats vom 16.01.1957 – 1 BvR 253/56 –, Rn. 32 [vgl. **Recht auf Privatsphäre** als **Privatangelegenheitenschutz** und **Rückzugsraumbereichsschutz** – beides **gegenüber der Öffentlichkeit,** vgl. **Sphärentheorie** mit **Intimsphäre**, **Privatsphäre**, **Sozialsphäre**]: „Vor allem dürfen die Gesetze daher die Würde des Menschen nicht verletzen, die im Grundgesetz der oberste Wert ist, aber auch die geistige, politische und wirtschaftliche Freiheit des Menschen nicht so einschränken, daß sie in ihrem Wesensgehalt angetastet würde (Art. 19 Abs. 2, Art. 1 Abs. 3, Art. 2 Abs. 1 GG). Hieraus ergibt sich, daß dem einzelnen Bürger eine **Sphäre privater Lebensgestaltung** verfassungskräftig vorbehalten ist, also ein letzter **unantastbarer Bereich menschlicher Freiheit** besteht, der der Einwirkung der gesamten öffentlichen Gewalt entzogen ist. Ein Gesetz, das in ihn eingreifen würde, könnte nie Bestandteil der ‚verfassungsmäßigen Ordnung‘ sein; es müßte durch das Bundesverfassungsgericht für nichtig erklärt werden.“. BVerfGE 109, 279, Ls. 2 S. 1 (akustische Wohnraumüberwachung / „Großer Lauschangriff“) = BVerfG, Urteil des Ersten Senats vom 03.03.2004 – 1 BvR 2378/98, 1084/99 –, Ls. 2 S. 1: „Zur Unantastbarkeit der Menschenwürde gemäß Art. 1 Abs. 1 GG gehört die Anerkennung eines absolut geschützten **Kernbereichs privater Lebensgestaltung**.“. BVerfGE 141, 220, 276-278 (BKAG) = BVerfG, Urteil des Ersten Senats vom 20.04.2016 – 1 BvR 966/09 –, Rn. 119-124: „Neben den verfassungsrechtlichen Anforderungen an die allgemeinen Eingriffsvoraussetzungen ergeben sich aus den jeweiligen **Grundrechten in Verbindung mit Art. 1 Abs. 1 GG** für die Durchführung von besonders eingriffsintensiven Überwachungsmaßnahmen besondere Anforderungen an den **Schutz des Kernbereichs privater Lebensgestaltung**. Der verfassungsrechtliche **Schutz des Kernbereichs privater Lebensgestaltung** gewährleistet dem Individuum einen **Bereich höchstpersönlicher Privatheit gegenüber Überwachung**. Er wurzelt in den **von den jeweiligen Überwachungsmaßnahmen betroffenen Grundrechten in Verbindung mit Art. 1 Abs. 1 GG** und sichert einen dem Staat nicht verfügbaren Menschenwürdekern grundrechtlichen Schutzes gegenüber solchen Maßnahmen. Selbst überragende Interessen der Allgemeinheit können einen Eingriff in diesen **absolut geschützten Bereich privater Lebensgestaltung** nicht rechtfertigen (vgl. BVerfGE 109, 279 <313>; stRspr). Zur **Entfaltung der Persönlichkeit im Kernbereich privater Lebensgestaltung gehört die Möglichkeit**, **innere Vorgänge** wie Empfindungen und Gefühle sowie Überlegungen, Ansichten und Erlebnisse **höchstpersönlicher Art zum Ausdruck zu bringen** (vgl. BVerfGE 109, 279 <313>; 120, 274 <335>; stRspr). Geschützt ist

insbesondere die **nichtöffentliche Kommunikation mit Personen des höchstpersönlichen Vertrauens, die in der berechtigten Annahme geführt wird, nicht überwacht zu werden**, wie es insbesondere bei Gesprächen im Bereich der Wohnung der Fall ist. Zu diesen Personen gehören insbesondere Ehe- oder Lebenspartner, Geschwister und Verwandte in gerader Linie, vor allem, wenn sie im selben Haushalt leben, und können Strafverteidiger, Ärzte, Geistliche und enge persönliche Freunde zählen (vgl. BVerfGE 109, 279 <321 ff.>). Dieser Kreis deckt sich nur teilweise mit dem der Zeugnisverweigerungsberechtigten. Solche Gespräche verlieren dabei nicht schon dadurch ihren Charakter als insgesamt höchstpersönlich, dass sich in ihnen Höchstpersönliches und Alltägliches vermischen (vgl. BVerfGE 109, 279 <330>; 113, 348 <391 f.>). Demgegenüber ist die **Kommunikation unmittelbar über Straftaten** nicht geschützt, selbst wenn sie auch Höchstpersönliches zum Gegenstand hat. Die **Besprechung und Planung von Straftaten** gehört ihrem Inhalt nach nicht zum **Kernbereich privater Lebensgestaltung**, sondern hat **Sozialbezug** (vgl. BVerfGE 80, 367 <375>; 109, 279 <319 f., 328>; 113, 348 <391>). Dies bedeutet freilich nicht, dass der Kernbereich unter einem allgemeinen Abwägungsvorbehalt in Bezug auf öffentliche Sicherheitsinteressen steht. Ein **höchstpersönliches Gespräch** fällt nicht schon dadurch aus dem **Kernbereich privater Lebensgestaltung** heraus, dass es für die Aufklärung von Straftaten oder Gefahren hilfreiche Aufschlüsse geben kann. Aufzeichnungen oder Äußerungen im Zwiegespräch, die zum Beispiel ausschließlich innere Eindrücke und Gefühle wiedergeben und keine Hinweise auf konkrete Straftaten enthalten, gewinnen nicht schon dadurch einen **Gemeinschaftsbezug**, dass sie Ursachen oder Beweggründe eines strafbaren Verhaltens freizulegen vermögen (vgl. BVerfGE 109, 279 <319>). Auch können trotz **Straftatenbezugs** Situationen, in denen Einzelnen gerade ermöglicht werden soll, ein Fehlverhalten einzugestehen oder sich auf dessen Folgen einzurichten, wie Beichtgespräche oder vertrauliche Gespräche mit einem Psychotherapeuten oder einem Strafverteidiger, der **höchstpersönlichen Privatsphäre** unterfallen, die dem Staat absolut entzogen ist (vgl. BVerfGE 109, 279 <322>). Ein hinreichender **Sozialbezug** besteht demgegenüber dann, wenn **Gespräche - auch mit Vertrauenspersonen - sonst unmittelbar Straftaten zu ihrem Gegenstand haben** (vgl. BVerfGE 109, 279 <319>). Der **Kernbereich privater Lebensgestaltung** beansprucht gegenüber **allen Überwachungsmaßnahmen** Beachtung. Können sie typischerweise zur Erhebung kernbereichsrelevanter Daten führen, muss der Gesetzgeber Regelungen schaffen, die einen wirksamen Schutz normenklar gewährleisten (vgl. BVerfGE 109, 279 <318 f.>; 113, 348 <390 f.>; 120, 274 <335 ff.>). Außerhalb solch verletzungsgeneigter Befugnisse bedarf es eigener Regelungen nicht. Grenzen, die sich im Einzelfall auch hier gegenüber einem Zugriff auf höchstpersönliche Informationen ergeben können, sind bei deren Anwendung unmittelbar von Verfassungs wegen zu beachten. Der **Schutz des Kernbereichs privater Lebensgestaltung** ist strikt und darf nicht durch Abwägung mit den Sicherheitsinteressen nach Maßgabe des Verhältnismäßigkeitsgrundsatzes relativiert werden (vgl. BVerfGE 109, 279 <314>; 120, 273 <339>; stRspr). Dies bedeutet jedoch nicht, dass **jede tatsächliche Erfassung von höchstpersönlichen Informationen** stets einen Verfassungsverstoß oder eine Menschenwürdeverletzung begründet. Angesichts der Handlungs- und Prognoseunsicherheiten, unter denen Sicherheitsbehörden ihre Aufgaben wahrnehmen, kann ein **unbeabsichtigtes Eindringen in den Kernbereich privater Lebensgestaltung** im Rahmen von Überwachungsmaßnahmen nicht für jeden Fall von vornherein ausgeschlossen werden (vgl. BVerfGE 120, 274 <337 f.>). Die Verfassung verlangt jedoch **für die Ausgestaltung der Überwachungsbefugnisse** die **Achtung des Kernbereichs** als eine strikte, nicht frei durch Einzelfallerwägungen überwindbare Grenze.".

BVerfGE 120, 274 (Online-Durchsuchung) = BVerfG, Urteil des Ersten Senats vom 27.02.2008 – 1 BvR 370/07 –, Ls. 1: „Das **allgemeine Persönlichkeitsrecht** (Art. 2 Abs. 1 i.V.m. Art. 1 Abs. 1 GG) umfasst das Grundrecht auf **Gewährleistung der Vertraulichkeit und Integrität informationstechnischer Systeme**."; BVerfGE 120, 274, 314 (Online-Durchsuchung) = BVerfG, Urteil des Ersten Senats vom 27.02.2008 – 1 BvR 370/07 –, Rn. 203: „**informationstechnisches System**": „etwa Personalcomputer", „ferner beispielweise […] solche Mobiltelefone oder elektronische Terminkalender, die über einen großen Funktionsumfang verfügen und personenbezogene Daten vielfältiger Art erfassen und speichern können."; BVerfGE 120, 274, 276 (Online-Durchsuchung) = BVerfG, Urteil des Ersten Senats vom 27.02.2008 – 1 BvR 370/07 –, Rn. 5: „**heimlicher Zugriff auf ein informationstechnisches System**": „[heimliche] technische Infiltration […], die etwa Sicherheitslücken des Zielsystems ausnutzt oder über die Installation eines Spähprogramms erfolgt", wobei die Infiltration es ermöglicht, die Zielsystem-„Nutzung zu überwachen oder die Speichermedien durchzusehen oder gar das Zielsystem fernzusteuern.".

a) GR-SB:

aa) Persönlicher GR-SB: „Jeder".

bb) Sachlicher GR-SB: „**freie Entfaltung der Persönlichkeit**" in der Ausprägung des RiS als „**Datenfreiheit**" (Grundsätzliche Bestimmungsbefugnis des Einzelnen über Preisgabe und Verwendung eigener personenbezogener Daten[741]), i.d.R. gegeben bei Bezug auf mindestens ein **personenbezogenes Datum**: § 36 Nr. 1 DSG NRW[742].

b) GR-E (oder Nichteingriff/**Grundrechtsverzicht** bzw. **Einwilligung** i.S.v. § 36 Nr. 19 DSG NRW, § 38 DSG NRW, vgl. auch § 81g Abs. 3 S. 1 W. 8, S. 2 W. 9, S. 3 W. 2, 3 StPO [„Einwilligung"]): **Persönlichkeitsentfaltungseinschränkung** als **Datenfreiheitseinschränkung**, durch **Datenverarbeitungs**-Maßnahme[743] i.S.d. § 36 Nr. 2 DSG NRW, zum Beispiel durch –

BVerfGE 147, 1 (**Geschlechtsidentität**) = BVerfG, Beschluss des Ersten Senats vom 10.10.2017 – 1 BvR 2019/16 –, Ls. 1-3: „1. Das **allgemeine Persönlichkeitsrecht** (Art. 2 Abs. 1 i.V.m. Art. 1 Abs. 1 GG) schützt die **geschlechtliche Identität**. Es schützt auch die geschlechtliche Identität derjenigen, die sich dauerhaft weder dem männlichen noch dem weiblichen Geschlecht zuordnen lassen. 2. Art. 3 Abs. 3 Satz 1 GG schützt auch Menschen, die sich dauerhaft weder dem männlichen noch dem weiblichen Geschlecht zuordnen lassen, vor **Diskriminierungen wegen ihres Geschlechts**. 3. Personen, die sich dauerhaft weder dem männlichen noch dem weiblichen Geschlecht zuordnen lassen, werden in beiden Grundrechten verletzt, wenn das Personenstandsrecht dazu zwingt, das Geschlecht zu registrieren, aber keinen anderen positiven Geschlechtseintrag als weiblich oder männlich zulässt.".

BVerfG, Urteil des Zweiten Senats vom 26.02.2020 – 2 BvR 2347/15 –, Ls. 1: „a) Das **allgemeine Persönlichkeitsrecht** (Art. 2 Abs. 1 i.V.m. Art. 1 Abs. 1 GG) umfasst als Ausdruck persönlicher Autonomie ein **Recht auf selbstbestimmtes Sterben**. b) Das **Recht auf selbstbestimmtes Sterben** schließt die Freiheit ein, sich das Leben zu nehmen [Rn. 208: „**Recht auf Selbsttötung**"]. Die Entscheidung des Einzelnen, seinem Leben entsprechend seinem Verständnis von Lebensqualität und Sinnhaftigkeit der eigenen Existenz ein Ende zu setzen, ist im Ausgangspunkt als Akt autonomer Selbstbestimmung von Staat und Gesellschaft zu respektieren. c) Die **Freiheit, sich das Leben zu nehmen**, umfasst auch die Freiheit, hierfür bei Dritten Hilfe zu suchen und Hilfe, soweit sie angeboten wird, in Anspruch zu nehmen.".

739 Zum sog. „**Menschenwürdegehalt**" der Grundrechte: *Basten*, Die Menschenwürde des Grundgesetzes.

740 Vgl. auch Art. 142 GG i.V.m. Art. 4 Abs. 2 Verfassung NRW; Art. 8 EU-GR-Charta; Art. 16 AEUV; Art. 8 EMRK.

741 BVerfGE 65, 1, Ls. 1 S. 2 (Volkszählungsgesetz) = BVerfG, Urteil des Ersten Senats vom 15.12.1983 – 1 BvR 209/83, Ls. 1 S. 2 (Ls. 1: „Unter den Bedingungen der modernen Datenverarbeitung wird der Schutz des Einzelnen gegen unbegrenzte Erhebung, Speicherung, Verwendung und Weitergabe seiner persönlichen Daten von dem allgemeinen Persönlichkeitsrecht des Art. 2 Abs. 1 GG in Verbindung mit Art. 1 Abs. 1 GG umfaßt. Das Grundrecht gewährleistet insoweit die Befugnis des Einzelnen, grundsätzlich selbst über die Preisgabe und Verwendung seiner persönlichen Daten zu bestimmen.").

742 BVerfG, Beschluss der 3. Kammer des Zweiten Senats vom 27.06.2018 – 2 BvR 1562/17 (auf § 103 StPO gestützte Anordnung der Durchsuchung der Räumlichkeiten des Münchener Kanzleistandorts der Rechtsanwaltskanzlei Jones Day sowie Sicherstellung von Unterlagen und elektronischen Daten im Zuge des sogenannten „VW-Dieselskandals" – Verfassungsbeschwerde nicht zur Entscheidung angenommen wegen Unzulässigkeit aufgrund Nichterfüllung von Voraussetzungen nach § 93a Abs. 2 BVerfGG), Gründe, V., Rn. 44: „Der Begriff der persönlichen Daten deckt sich mit der Legaldefinition personenbezogener Daten in § 46 Nr. 1 BDSG (zuvor § 3 Abs. 1 BDSG) und erfasst alle Informationen, die sich auf eine identifizierte oder identifizierbare natürliche Person (betroffene Person) beziehen (vgl. noch zu § 3 Abs. 1 BDSG ‚Einzelangaben über persönliche oder sachliche Verhältnisse einer bestimmten oder bestimmbaren Person' Di Fabio, in: Maunz/Dürig, GG, Art. 2 Abs.1, Rn. 175 [Juli 2001]).".

743 BVerfG, Urteil des Ersten Senats vom 19.05.2020 – 1 BvR 2835/17 – (Ausland-Ausland-Fernmeldeaufklärung nach BNDG), E. III. 1., Rn. 212: „Die **Übermittlung personenbezogener Daten**, mit der eine Behörde die von ihr erhobenen Daten einer anderen Stelle zugänglich macht, begründet einen eigenen

auch bezüglich Daten im Sinne von § 36 Nr. 13 DSG NRW (genetische Daten), Nr. 14 (biometrische Daten), Nr. 18 (besondere Kategorien bezogener Daten bzw. personenbezogene Daten besonderer Kategorie) DSG NRW –:

- Datenerhebung (Körperzellenentnahme)
- Datenerhebung („Feststellung des DNA-Identifizierungsmusters sowie des Geschlechts")
- Datenspeicherung (der entnommenen Körperzellen und der Feststellungen)
- Datenübermittlung (des Materials an Sachverständige und des Materials sowie der Feststellungen an Polizei zurück, einschließlich von letztendlich zuordenbaren Personalien, vgl. auch § 81g Abs. 3 S. 4 StPO i.V.m. § 81f Abs. 2 S. 2 StPO)
- „Abgleich" (vgl. § 81g Abs. 1 S. 1 W. 34 f. StPO i.V.m. § 81e Überschrift [„Molekulargenetische Untersuchung"], Abs. 1 S. 1 StPO: „Vergleichsmaterial").[744]

Allgemein erfolgt i.d.R. ein Grundrechtseingriff bei Fehlen von Einwilligung durch Anordnung und Ausführung von Körperzellenentnahme (§ 81g Abs. 1 S. 1 W. 24 f. StPO) sowie Anordnung und Ausführung von molekulargenetischer Untersuchung (vgl. § 81g Abs. 1 S. 1 W. 34 f. StPO).

Bei sogenanntem „Angebot" von Körperzellenentnahme oder Untersuchung im Sinne der Rechtsfolgendefinition ist je nach realer Praxis des einzelnen „Angebots"-Falls zu den allgemein herrschenden gesetzlichen Regeln subsumierbar – alternativ und unabhängig von Erlasslagen: entweder, auch im Zweifel, ein Datenerhebungs-Grundrechtseingriff oder – bei Verwirklichung von § 36 Nr. 19 DSG NRW, § 38 DSG NRW[745] – eine Einwilligung mit der Umkehrschlussfolgerung aus dem „Vorbehalt des Gesetzes" (Nichterforderlichkeit einer bereichsspezifischen Befugnisrechtsnorm) und weiterer Folgerung aus dem „Vorrang des Gesetzes" (Erforderlichkeit der Verwirklichung nichtbefugnisrechtsnormspezifischer Rechtsgrundlagen)[746].

Grundrechtseingriff (vgl. BVerfGE 100, 313 <367>; 141, 220 <334 Rn. 305>; stRspr). Dieser ist an dem **Grundrecht** zu messen, **in das bei der ursprünglichen Datenerhebung eingegriffen wurde** (vgl. BVerfGE 100, 313 <367>; 141, 220 <334 Rn. 305>; stRspr).".

[744] BVerfGE 103, 21, 32 (Genetischer Fingerabdruck I) = BVerfG, Beschluss der 3. Kammer des Zweiten Senats vom 14.12.2000 – 2 BvR 1741/99, 276, 2061/00 –, B. I. 2b), Rn. 49; BVerfGK 15, 532 (Genetischer Fingerabdruck II) = BVerfG, Beschluss der 2. Kammer des Zweiten Senats vom 22.05.2009 – 2 BvR 287/09 –, Gründe, II. 1., Rn. 22: „Feststellung, Speicherung und (künftige) Verwendung eines DNA-Identifizierungsmusters greifen in das durch Art. 2 Abs. 1 in Verbindung mit Art. 1 Abs. 1 GG verbürgte Grundrecht auf informationelle Selbstbestimmung ein (vgl. BVerfGE 103, 21 <32 f.>).".

[745] Zur Unterscheidung von „**Einwilligung**" und „**Freiwilligkeit**": Die mitunter – insbesondere anlässlich Untersuchungsanordnungen statt der gesetzlichen Voraussetzung der Einwilligung – eingeführte, angebliche „Freiwilligkeit" a priori (z. B. im Sinne einer abstrakten Weigerungsmöglichkeit) ist kein Argument, vgl. dazu quasi alle polizeilichen Anordnungs-Rechtsfolgen (ggf. auch als Realfolgen „Angebot", „Bitte", „Frage"), vgl. nur zum Beispiel die in der Folge auf eine Aussagemitwirkung angewiesene polizeiliche Befragung/Vernehmung, bei der die rechtsfehlerhafte Ersetzung gesetzlicher Einwilligung durch angebliche a-priori-Freiwilligkeit nicht bzw. weniger stattfindet, und dies aus gutem Rechtsgrund, denn (nichtalltägliches) polizei(vollzugsbeamt)liches Verhalten gegenüber Maßnahmenadressaten bewirkt in der Regel und in dubio pro libertate Grundrechtseingriffe im Sinne der allgemein anerkannten Grundrechtseingriffsbegriffe. Zu **Grundrechtseingriffsbegriffen** und **Einwilligungsbewirkungen** siehe: *Basten*, Eingriffsrecht der Polizei in Nordrhein-Westfalen, Band 1, S. 182 f.. Zu **Befragung** und **Vernehmung** siehe insbesondere: *Basten*, Eingriffsrecht der Polizei in Nordrhein-Westfalen, Band 2, Buch 2, Abschnitte 15, 16, 17.

[746] Zum **Rechtsgrundlage**-Begriff und zum **Befugnisrechtsnorm**-Begriff mit **Rechtsgrundlage- und Befugnisrechtsnorm-Unterscheidung**: *Basten*, Eingriffsrecht der Polizei in Nordrhein-Westfalen, Band 1, S. 31, 178, 179.

c) GR-B: Art. 2 Abs. 1 Hs. 2 GG.[747]

2. Körperliche Unversehrtheit, Art. 2 Abs. 2 S. 1 Alt. 2 GG[748]

a) GR-SB:

aa) Persönlicher GR-SB: „Jeder".

bb) Sachlicher GR-SB: **Körperliche Unversehrtheit** ist Freiheit von körperlicher Beeinträchtigung, also biologisch-physiologische Integrität und dieser gleichsetzbare geistig-seelisch-psychische Integrität.[749]

---

[747] Art. 2 Abs. 1 Hs. 2 GG (**Schrankentrias**): BVerfGE 80, 137, 153 (Reiten im Walde) = BVerfG, Beschluss des Ersten Senats vom 06.06.1989 – 1 BvR 921/85 –, C. I. 1 a), Rn. 69: „Abgesehen von einem absolut geschützten Kernbereich privater Lebensgestaltung, welcher der Einwirkung der öffentlichen Gewalt entzogen ist (BVerfGE 6, 32 [41]), ist die allgemeine Handlungsfreiheit allerdings nur in den **Schranken** des zweiten Halbsatzes von Art. 2 Abs. 1 GG gewährleistet und steht damit insbesondere unter dem **Vorbehalt der verfassungsmäßigen (Rechts-)Ordnung** (BVerfGE 6, 32 [37 f.]; 74, 129 [152]). Stützt sich ein die Handlungsfreiheit berührender Akt der öffentlichen Gewalt auf eine Rechtsnorm, so kann mit der Verfassungsbeschwerde unter Berufung auf Art. 2 Abs. 1 GG zur Nachprüfung gestellt werden, ob diese Norm zur **verfassungsmäßigen Ordnung** gehört, das heißt formell und materiell mit den Normen der Verfassung in Einklang steht (st. Rspr. seit BVerfGE 6, 32)."; BVerfGE 6, 32, Ls. 3 (Elfes) = BVerfG, Urteil des Ersten Senats vom 16.01.1957 – 1 BvR 253/56, Ls. 3: „**Verfassungsmäßige Ordnung** im Sinne des Art. 2 Abs. 1 GG ist die verfassungsmäßige Rechtsordnung, d.h. die Gesamtheit der Normen, die formell und materiell der Verfassung gemäß sind."; vgl. dazu auch BVerfGE 6, 32, 37-41 (Elfes) = BVerfG, Urteil des Ersten Senats vom 16.01.1957 – 1 BvR 253/56, Gründe II. 2 b), c), Rn. 17-33.

Rechte anderer sind (als Teil der verfassungsmäßigen Ordnung) subjektive Berechtigungen (Anspruch oder Befugnis oder Erlaubnis) einschließlich Verpflichtungen (Pflicht zur Erfüllung von Anspruch oder Befugnis oder Erlaubnis) und sonstiger Rechtswirkungen für ein Rechtssubjekt bezüglich eines Verhaltens oder eines Rechtsguts.

Vgl. zum ein Mal bundesverfassungsgerichtlich entscheidungserheblich bemühten „**Sittengesetz**" nach Art. 2 Abs. 1 Hs. 2 GG als Gesetz, das nicht das durch die „soziale Gemeinschaft" „als für sich verbindlich" anerkannte „Rechtsgefühl" „im allgemeinen" „verletzt": BVerfGE 6, 389 (Homosexuelle) = BVerfG, Urteil des Ersten Senats vom 10.05.1957 – 1 BvR 550/52 –, und StrRehaHomG (Gesetz zur strafrechtlichen Rehabilitierung der nach dem 8. Mai 1945 wegen einvernehmlicher homosexueller Handlungen verurteilten Personen vom 17. Juli 2017 – BGBl. I S. 2443).

[748] Vgl. auch Art. 142 GG i.V.m. Art. 4 Abs. 1 Verfassung NRW; Art. 3, 4 EU-GR-Charta; Art. 3 EMRK (**Folterverbot**; Verbot bzgl.: **unmenschliche oder erniedrigende Behandlung oder Strafe**); Art. 7 IPbpR (**Folterverbot**; Verbot bzgl. **grausame, unmenschliche oder erniedrigende Behandlung oder Strafe**; Verbot medizinischer oder wissenschaftlicher Versuche ohne freiwillige Zustimmung); Art. 12 IPwskR („Recht eines jeden auf das für ihn erreichbare Höchstmaß an körperlicher und geistiger **Gesundheit**").

[749] BVerfGE 56, 54, 74-76 (Fluglärm I) = BVerfG, Beschluss des Ersten Senats vom 14.01.1981 – 1 BvR 612/72, C. I. 1., Rn. 73-76, dort u.a.: „Gegen die Zugrundelegung des weiten Gesundheitsbegriffs der Weltgesundheitsorganisation ließe sich allerdings einwenden, es sei - wenn das dem Willen des Verfassungsgesetzgebers entsprochen hätte - schwer erklärlich, daß der Parlamentarische Rat diesen seit 1946 bekannten Begriff nicht übernommen, sondern stattdessen nur die ‚körperliche Unversehrtheit' grundrechtlich geschützt hat [Grammatik, P. B.]. Andererseits dürfte eine Beschränkung des Schutzes allein auf solche Einwirkungen, die Verletzungen des Körpers darstellen, der Bedeutung dieses Grundrechts jedenfalls dann nicht gerecht werden, wenn es im Lichte des Art. 1 GG und der darin verbürgten Unantastbarkeit der Menschenwürde ausgelegt wird [Systematik, P. B.]. Dabei kann dahinstehen, ob eine solche Beschränkung überhaupt mit dem Verständnis des Menschen als einer Einheit von Leib, Seele und Geist und mit der Wechselwirkung zwischen psychischen und physischen Gesundheitsstörungen vereinbar wäre.Verfassungsrechtlich kann nicht außer acht bleiben, daß eine enge Auslegung nicht der Funktion des Grundrechts als Abwehrrecht gegen staatliche Eingriffe etwa durch psychische Folterungen, seelische Quälereien und

b) GR-E (oder Nichteingriff/GR-Verzicht): **Körperunversehrtheitseinschränkung** durch Hervorrufen oder Steigern eines nachteilig von den normalen körperlichen Funktionen abweichenden körperlichen Zustandes – alternativ durch:

- Körperzellenentnahme mit Körpersubstanzverletzung
- Anordnung über physisch sich mit körperlichem Krankheitswert auswirkende psychische Beeinflussung.

c) GR-B: Art. 2 Abs. 2 S. 3 GG.

A. Rechtsgrundlage (RGL) II. Rechtsgebiet (RG)

(VOR/DEF)

Rechtsgebiet ist Rechtsordnungsteil nach allen Umständen – wie schwerpunktmäßige Äußerungen, Rechtsnormen, Zwecke, auch i.V.m. §§ 133, 157 BGB analog.[750]

(SUB/ERG)

Die Maßnahme erfolgt auf dem Rechtsgebiet des besonderen öffentlichen Rechts polizeilicher Strafrechtspflege.

Eine DNA-Identitätsfeststellung (DNA-IDF) erfolgt auf dem Rechtsgebiet der Strafrechtspflege insbesondere bei (alternativ)

- tatverdachtsveranlasster DNA-IDF;
- DNA-IDF mit schwerpunktmäßigem Zweck einer anschließenden Strafrechtspflegemaßnahme;
- Fehlen eines Gefahrenüberhangs.

---

entsprechende Verhörmethoden entsprechen würde [Teleologie mit funktionalem Schutzbereich und Schutzzweck des Grundrechts, P. B.]. Da die Einfügung gerade dieses Grundrechts auf Erfahrungen im Dritten Reich beruhte, darf dieser Gesichtspunkt jedenfalls nicht gänzlich vernachlässigt werden [Historie, P. B.]. Mit Recht hat der nordrhein-westfälische Ministerpräsident im vorliegenden Verfahren eingeräumt, daß zumindest solche nichtkörperliche Einwirkungen von Art. 2 Abs. 2 GG erfaßt würden, die ihrer Wirkung nach körperlichen Eingriffen gleichzusetzen seien. Das sind jedenfalls solche, die das Befinden einer Person in einer Weise verändern, die der Zufügung von Schmerzen entspricht [Systematik, P. B.]. Bislang ist Art. 2 Abs. 2 GG auch nicht in dem genannten engeren Sinne angewandt worden. So wurde die Frage, ob hirnelektrische Untersuchungen in die körperliche Unversehrtheit eingreifen können, nicht etwa von vornherein verneint, sondern wegen der Harmlosigkeit solcher Untersuchungen offengelassen (BVerfGE 17, 108 [114 f.]). In der Entscheidung zum Räumungsschutz ist die psychische Erkrankung des Beschwerdeführers und die Gefahr von Selbstmorden als relevant im Sinne des Art. 2 Abs. 2 GG angesehen worden (BVerfGE 52, 214 [220 f.]). Im übrigen liegt den neueren Lärmschutzvorschriften durchweg ein weiteres Verständnis zugrunde. [...] Zumindest in Gestalt von Schlafstörungen lassen sich Einwirkungen auf die körperliche Unversehrtheit schwerlich bestreiten.“.

[750] Zum Rechtsgebiet bzw. zu Rechtsgebieten einschließlich Rechtsgebiet-Begriffen und Rechtsgebiet-Auslegungsansätzen: *Basten*, Eingriffsrecht der Polizei in Nordrhein-Westfalen, Band 1, Buch 1, Abschnitt 3, Unterabschnitt 3, Titel 3, Untertitel 3.

A. Rechtsgrundlage (RGL) III. Mögliche Befugnisrechtsnorm (Mgl. Brn.)

(VOR/DEF)

Befugnisrechtsnorm ist die rechtmäßige hauptsächliche materiellrechtliche Rechtsgrundlage mit realfolgenentsprechender Rechtsfolge.

(SUB/ERG)

Realfolge ist die jeweilige Maßnahme laut Sachverhalt.

Rechtsfolge ist die Maßnahme laut Rechtsnorm.

(SUB)

Realfolgen und Rechtsfolgen zu:

Körperliche Untersuchung (KU), Körperlicher Eingriff (KE), Blutprobenentnahme (BP), Erkennungsdienstliche Maßnahme (ED), DNA-Maßnahmen (DNA)

Realfolgen – Beispiele:

Abstrich; (Aufforderung zum) Aufdecken; Begutachtung; Beobachtung; Hineingreifen; Hineinstechen (vgl. teilweise Polizei-Umgangssprache wie z.B.: „Loch im Arm [durch Nadel]"; Hervorholen (vgl. teilweise Polizei-Umgangssprache wie „[Ab-]Zapfen [mit Nadel]"; Nachschau.

Rechtsfolgen:

Körperliche Untersuchung (KU) ist Körperbeschaffenheitsermittlung durch gezielte Nachschau oder gezielten Eingriff am Menschenkörper, ggf. auch mit Datenverarbeitung (z.B. Bild/Ton-Aufzeichnung), ggf. auch mit sog. Exploration, ggf. auch mit Gegenüberstellung.

Anderer körperlicher Eingriff (KE) ist körperliche Untersuchung mit Körpersubstanzverletzung.

Blutprobenentnahme ist körperliche Untersuchung als körperlicher Eingriff zwecks Blutproben-„Speicherung"

(ERG)

Mögliche Befugnisrechtsnorm zu:

Körperliche Untersuchung (KU), Körperlicher Eingriff (KE), Blutprobenentnahme (BP), Erkennungsdienstliche Maßnahme (ED), DNA-Maßnahmen (DNA)

Gefahrenabwehr:

- Speziellere Befugnisrechtsnormen wie §§ 15, 16, 19 AsylG, §§ 48, 49 AufenthG
- § 8 Abs. 1 PolG NRW (Körperliche Untersuchung als nicht in §§ 9-46 PolG NRW speziell geregelte Maßnahme)
- § 14 PolG NRW (Abs. 1 Nr. 1: Erkennungsdienstliche Maßnahme zur Identitätsfeststellung, Abs. 1 Nr. 2: Erkennungsdienstliche Maßnahme zur vorbeugenden Bekämpfung von Straftaten)
- § 14a PolG NRW („Molekulargenetische Untersuchung zur IDF": Molekulargenetische Untersuchungsmaßnahmen zur IDF (Abgleich von DNA-Identifizierungsmustern einer Leiche oder hilflosen Person mit denjenigen einer vermissten Person zur IDF, zu diesem Zweck: 1. Körperzellenentnahme bei hilflosen Person oder Leiche, 2. Probennahme von Gegenständen mit Spurenmaterial der vermissten Person, 3. molekulargenetische Untersuchung der Proben nach Nr. 1 und 2. – § 14a Abs. 1 S. 6-8 PolG NRW: weitere Speicherung, Verwendung, Löschung von

Abstammungsuntersuchung ist körperliche Untersuchung zur Abstammungsfeststellung.

Erkennungsdienstliche Maßnahme ist zu bestimmten Zwecken eine Maßnahme insbesondere nach § 14 Abs. 4 PolG NRW (vgl. auch 14.4 VVPolG NRW), § 81b StPO, §§ 16, 19 AsylG, § 49 AufenthG, § 163b Abs. 1 StPO, § 163b Abs. 2 StPO, ggf. mit: Erscheinungsbildveränderung, Freiheitsbeschränkung, Gegenüberstellung (EFG); nicht mit: Maßnahmen nach §§ 12, 12a, 14a PolG NRW, §§ 81a, c-h StPO und nicht mit weiterer Speicherung.

DNA-/Molekulargenetische Untersuchung ist zu bestimmten Zwecken eine Maßnahme insbesondere nach § 14a PolG NRW, §§ 81e, f StPO, § 81g StPO, § 81h StPO – i.d.R. mit Begleitmaßnahmen von Körperzellentnahme und DNA-Identifizierungsmuster-/Spuren-Abgleich.

Abgrenzung von körperlicher Untersuchung und Personendurchsuchung erfolgt durch Körperbeschaffenheitsermittlungszweck.

Abgrenzung von körperlicher Untersuchung und unvermeidlicher Kenntnisnahme entscheidet sich wie folgt:

Unvermeidliche Kenntnisnahme ist Wahrnehmung ohnehin offen präsenter Personen, Sachen, Daten ohne erhebliche Nachschau oder Veränderung, z.B. unwillkürliches Anschauen von gegenüber befindlichem, unverdecktem Gesicht.

Zur Abgrenzung von körperlicher Untersuchung und Inaugenscheinnahme, vgl. § 12a Abs. 1 S. 2 PolG NRW: **Inaugenscheinnahme** ist prüfende Betrachtung präsenter Sachen, Daten ohne Körperbeschaffenheitsermittlungszweck und ohne erhebliche Veränderung (Prinzip: „Just look, don't touch!").

DNA-Identifizierungsmuster; § 14a Abs. 1 S. 5 PolG NRW: **Unverzügliche** [§ 121 Abs. 1 S. 1 BGB] Vernichtung entnommener Körperzellen, wenn keine Benötigung mehr für Untersuchung nach § 14a Abs. 1 S. 2 PolG NRW.)

<u>Strafrechtspflege</u> <u>(ggf. mit §§ 46 [Abs. 4], 53 Abs. 1 S. 2, Abs. 2 OWiG):</u>

- § 163b StPO: erkennungsdienstliche Maßnahme zwecks IDF (Abs. 1: beim Verdächtigen, Abs. 2: beim Nichtverdächtigen)
- § 81a StPO (Körperliche Untersuchung des Beschuldigten, anderer körperlicher Eingriff, Blutprobenentnahme)
- § 81b StPO (Alt. 1: Erkennungsdienstliche Maßnahme beim Beschuldigten zur Durchführung des Verfahrens; Alt. 2: Erkennungsdienstliche Maßnahme beim Beschuldigten für Zwecke des Erkennungsdienstes)
- § 81c StPO (Abs. 1: Körperliche Untersuchung anderer Personen, Abs. 2: Abstammungsuntersuchung, Blutprobenentnahme)
- §§ 81e, f StPO (Molekulargenetische Untersuchung: Feststellung von DNA-Identifizierungsmuster, Abstammung, Personengeschlecht; bei unbekannter Spurenmaterialperson auch Augen-, Haar- Hautfarbe, Alter mittels molekulargenetischer Untersuchung an nach §§ 81a, c StPO rechtmäßig erlangtem Material oder an aufgefundenem/sichergestelltem/beschlagnahmtem Material – zwecks aktuellen Strafverfahrens)
- § 81g Abs. 1, 2 StPO („DNA-IDF": Körperzellenentnahme zur Identitätsfeststellung zwecks potentieller künftiger Strafverfahren und molekulargenetische Untersuchung zur Feststellung des DNA-Identifizierungsmusters sowie des Geschlechts)
- § 81h StPO (DNA-Reihenuntersuchung: 1. Körperzellenentnahme, 2. molekulargenetische Untersuchung der entnommenen

Körperzellen zur Feststellung des DNA-Identifizierungsmusters und des Geschlechts 3. automatisierter Abgleich der festgestellten DNA-Identifizierungsmuster mit den DNA-Identifizierungsmustern von Spurenmaterial)

- § 43 Abs. 2 JGG (ggf. i.V.m. § 109 JGG)

(SUB)

Realfolge ist die jeweilige Maßnahme laut Sachverhalt.

Rechtsfolge ist als Justiz-VA (§ 23 Abs. 1 S. 1 EGGVG)[751]: DNA-Identitätsfeststellung (Körperzellenentnahme und molekulargenetische Untersuchung der entnommenen Körperzellen).

Gemäß § 81g Abs. 2 S. 2 StPO dürfen bei der Untersuchung andere Feststellungen als diejenigen, die zur Ermittlung des DNA-Identifizierungsmusters sowie des Geschlechts erforderlich sind, nicht getroffen werden; hierauf gerichtete Untersuchungen sind unzulässig.

Gemäß § 81g Abs. 4 StPO gilt § 81g Abs. 1-3 StPO entsprechend, wenn die betroffene Person wegen der Tat rechtskräftig verurteilt oder nur wegen

1. erwiesener oder nicht auszuschließender Schuldunfähigkeit (§§ 20, 21 StGB),
2. auf Geisteskrankheit beruhender Verhandlungsunfähigkeit (vgl. §§ 205, 206a StPO) oder
3. fehlender oder nicht auszuschließender fehlender Verantwortlichkeit (§ 3 JGG)

---

[751] **Wohnungstüröffnungs-Verfügung** (je nach Rechtsgebiet VA oder Justiz-VA [z.B.: „Bitte öffnen Sie die Tür!"]) kann bspw. wie folgt – insbesondere über den Zweck – zu subsumieren sein:

  - § 9 Abs. 2 PolG NRW / § 163 Abs. 3 StPO / § 163a StPO (Zweck: Befragung / Vernehmung).
  - § 12 PolG NRW / § 163b Abs. 1 oder § 163b Abs. 2 StPO (Zweck: IDF jedenfalls ohne Wohnungs-Betretens- und Wohnungs-Durchsuchungszweck [z.B.: IDF-Befragung / IDF-Ausweisverlangen an der Tür]).
  - § 16a PolG NRW / § 163f StPO / § 163 Abs. 1 S. 2 StPO (Zweck: Observation jedenfalls ohne Wohnungs-Betretens- und Wohnungs-Durchsuchungszweck [z.B.: Datenerhebung von der Tür aus]).
  - § 35 PolG NRW / § 127 Abs. 1 S. 1 Alt. 1 StPO / § 127 Abs. 2 i.V.m. § 112/§ 112a/§ 126a; § 127b StPO; § 164 StPO (Zweck: Ingewahrsamnahme / Festnahme jedenfalls ohne Wohnungs-Betretens- und Wohnungs-Durchsuchungszweck [z.B.: Ingewahrsamnahme / Festnahme an der Tür]).
- § 41 PolG NRW / § 102 StPO oder § 103 StPO (Zweck: Wohnungsbetreten und/oder Wohnungsdurchsuchung).
- § 43 PolG NRW / § 94 Abs. 1 StPO / § 94 Abs. 1, 2 StPO / §§ 94 Abs. 3, 111a StPO, § 69 StGB / §§ 99, 100 StPO / § 108 StPO (§ 110 StPO); / § 111b StPO / § 132 StPO (Zweck: Sicherstellung/Beschlagnahme jedenfalls ohne Wohnungs-Betretens- und Wohnungs-Durchsuchungszweck [z.B.: Sicherstellung/Beschlagnahme an der Tür).
- § 81a StPO / § 81c StPO / § 81g StPO / § 81h StPO (Zweck: der jeweilige „Untersuchungs"-Zweck jedenfalls ohne Wohnungs-Betretens- und Wohnungs-Durchsuchungszweck [z.B.: „Untersuchung" an der Tür]).
- § 8 Abs. 1 PolG NRW / § 163 Abs. 1 S. 2 StPO (Zweck: jedenfalls ein nicht besonders geregelter Zweck jedenfalls ohne Wohnungs-Betretens- und Wohnungs-Durchsuchungszweck).

nicht verurteilt worden ist und die entsprechende Eintragung im Bundeszentralregister (BZRG[752]) oder Erziehungsregister (BZRG[753]) noch nicht getilgt ist.

(ERG)

Mögliche Befugnisrechtsnorm ist der rechtmäßige § 81g StPO (nicht i.V.m. §§ 46, 53 OWiG, vgl. § 81g Abs. 1 S. 1 StPO: „Beschuldigte einer Straftat von erheblicher Bedeutung oder einer Straftat gegen die sexuelle Selbstbestimmung", und § 81g Abs. 1 S. 2 StPO („wiederholte Begehung sonstiger Straftaten"), sowie § 81g Abs. 5 S. 3 StPO („nur für Zwecke eines Strafverfahrens, der Gefahrenabwehr und der internationalen Rechtshilfe"), vgl. auch § 46 Abs. 4 S. 4 OWiG).

Mögliche Befugnisrechtsnorm für die weitere Speicherung oder Übermittlung von bei der DNA-IDF (Körperzellenentnahme und molekulargenetische Untersuchung der entnommenen Körperzellen) erhobener Daten beim BKA ist der rechtmäßige § 81g Abs. 5 StPO.

B. Formelle Rechtmäßigkeit (FR) I. Zuständigkeit (Z)

(VOR/DEF)

Zuständigkeit ist Aufgabenwahrnehmungserlaubnis für den Rechtsfolgesetzer.

(SUB/ERG)

Für die DNA-IDF-Maßnahme ist die Zuständigkeit (i.d.R.) wie folgt gegeben:

1. sachliche Zuständigkeit *der Polizei* gemäß

- § 163 Abs. 1 S. 1 StPO;

2. instanzielle Zuständigkeit *der Polizeibehörde* gemäß

- (i.d.R.) § 11 Abs. 1 Nr. 2 Alt. 1 POG NRW i.V.m. KPBVO NRW;
- (generell:) §§ 10-14 POG NRW (ggf. LKAAufgVO NRW);

3. örtliche Zuständigkeit *der Polizeibehörde* gemäß

- (i.d.R.) § 7 Abs. 1 S. 1 POG NRW (ggf. i.V.m. KHStVO NRW);
- (generell: §§ 7-9 POG NRW[754]) (ggf. i.V.m. KHStVO NRW);

4. funktionelle Zuständigkeit *des Polizeiamtswalters* gemäß

a) Anordnungszuständigkeit

- § 81g Abs. 3 S. 1 StPO i.V.m. § 152 Abs. 2 GVG i.V.m. EPVO NRW, danach für die Anordnung der Körperzellenentnahme (bei Gefahr im Verzug) durch Ermittlungspersonen der Staatsanwaltschaft(§ 152 Abs. 2 GVG i.V.m. EPVO NRW);

---

[752] BZRG: Gesetz über das Zentralregister und das Erziehungsregister, vgl. insbesondere §§ 45-50 BZRG (Tilgung) und §§ 51f. BZRG (Rechtswirkungen der Tilgung).

[753] BZRG: Gesetz über das Zentralregister und das Erziehungsregister, vgl. insbesondere §§ 45-50 BZRG (Tilgung) und §§ 51f. BZRG (Rechtswirkungen der Tilgung).

[754] Vgl. auch zu § 9 Abs. 1 S. 1 Nr. 5 POG NRW: Abkommen zwischen den Ländern der Bundesrepublik Deutschland über die erweiterte Zuständigkeit der Polizei der Länder bei der Strafverfolgung.

- § 81g Abs. 3 S. 2 StPO, danach für die Anordnung der molekulargenetischen Untersuchung ohne schriftliche Einwilligung des Beschuldigten nicht durch Polizeiamtswalter, nur durch das Gericht.

b) Ausführungszuständigkeit

- § 81g i.V.m. § 163 Abs. 1 S. 1 Worte 1-6 StPO, danach für Ausführung der Körperzellenentnahme durch die „Behörden und Beamten des Polizeidienstes";
- § 81g Abs. 3 S. 4 i.V.m. § 81f Abs. 2 S. 1 StPO, danach besteht jedenfalls Polizeibehördenermittlungsführungsdienststellenamtsträger-Unzuständigkeit bezüglich der Ausführung molekulargenetischer Untersuchung, denn gemäß § 81g Abs. 3 S. 4 i.V.m. § 81f Abs. 2 S. 1 StPO sind mit der molekulargenetischen Untersuchung im Sinne des § 81g Abs. 1 S. 1 StPO in der schriftlichen Anordnung Sachverständige zu beauftragen, die öffentlich bestellt oder nach dem Verpflichtungsgesetz[755] verpflichtet oder Amtsträger sind, die der ermittlungsführenden Behörde nicht angehören oder einer Organisationseinheit dieser Behörde angehören, die von der ermittlungsführenden Dienststelle organisatorisch und sachlich getrennt ist[756].
  Sachverständiger ist eine Person mit besonderer Sachkunde über potentielle tatverdachtsrelevante gegenwärtige (i.S.v. aktuellem Methodenstandard und Forschungsstand) **Befundtatsachen** (unmittelbare Sachverständigendaten/Ermittlungsergebnisse unmittelbar aus Sachverständigenschlussfolgerungen) aufgrund von aus der Vergangenheit vorliegenden **Anknüpfungstatsachen** (unmittelbare Tatverdachtsdaten/Ermittlungsergebnisse ohne Sachverständigenschlussfolgerungen), vgl. §§ 72, 85 StPO.
  Amtsträger ist ein solcher im Sinne des § 11 Abs. 1 Nr. 2 StGB.[757]

B. Formelle Rechtmäßigkeit (FR) II. Verfahren (V)

(VOR/DEF)

Verfahren ist normiertes Verhalten für den Rechtsfolgezuständigen außer, bei, i.Z.m. der Rechtsfolge.

---

[755] Gesetz über die förmliche **Verpflichtung nichtbeamteter Personen** (Verpflichtungsgesetz).

[756] Bundestags-Drucksache 13/667, S. 11 „Der Ausschluß von Sachverständigen von der Durchführung der DNA-Analyse, die der ermittlungsführenden Behörde oder Dienststelle angehören, geht auf ein Petitum des Bundesbeauftragten für den Datenschutz zurück. Um Mißbrauchsgefahren einzudämmen, sollen Strafverfolgung und DNA-Analyse funktionell getrennt werden. Auf der anderen Seite soll berücksichtigt werden, daß das Bundeskriminalamt und einige Landeskriminalämter über Forschungsabteilungen verfügen, die aufgrund ihrer besonderen Sachkunde auch zuverlässige DNA-Analysen durchführen können. Diese Forschungsabteilungen sollen auch dann als Sachverständige herangezogen werden können, wenn das Bundeskriminalamt oder das Landeskriminalamt, dem sie angehören, ermittlungsführende Stelle ist. Allerdings soll dies nur zulässig sein, wenn die Forschungsabteilung gegenüber der ermittlungsführenden Organisationseinheit abgeschottet ist.".

[757] Zur **Staatsgewaltformierung** im deutschen Rechtsstaat einschließlich Organ, Behörde, Amt, Beamtentum, Waltung siehe: *Basten*, Eingriffsrecht der Polizei in Nordrhein-Westfalen, Band 1, Buch 1, Abschnitt 2, Unterabschnitt 4, Titel 2.

1. § 81g Abs. 3 S. 1 StPO, ggf. i.V.m. § 81g Abs. 4 StPO: Gerichtsanordnung der Körperzellenentnahme

(VOR)

Gemäß § 81g Abs. 3 S. 1 StPO darf die Körperzellenentnahme ohne schriftliche Beschuldigten-Einwilligung nur durch das Gericht, bei Gefahr im Verzug auch durch Staatsanwaltschaft und ihre Ermittlungspersonen (§ 152 Abs. 2 GVG i.V.m. EPVO NRW) angeordnet werden.

(DEF)

Einwilligung ist Einwilligung im Sinne des § 36 Nr. 19 DSG NRW, § 38 DSG NRW.

Schriftform ist bei Fehlen speziellerer Rechtsnorm eine Form gemäß § 126 BGB.[758]

Gericht ist ein Gericht im Sinne von § 162 StPO (Ermittlungsrichter).[759]

Gefahr im Verzug i.S.d. § 81g Abs. 3 S. 1 StPO ist eine Sachlage im einzelnen Fall mit unvorhergesehenem Handlungsbedarf, bei der durch die Durchführung der eigentlich vorgesehenen Maßnahme, hier der Richter/StA-Anordnungs-Erwirkung, der gesetzliche Zweck, hier die (rechtzeitige) Tatverdachtserforschung durch bestimmte Feststellungen und insoweit Beweismittelverlustverhinderung, vereitelt oder wesentlich erschwert würde.

Gefahr im Verzug i.S.d. § 81g Abs. 3 S. 1 StPO ist auch gegeben, wenn im konkreten Fall zulässigerweise kein Richterdienst vorhanden ist oder wenn vorhandener richterlicher

---

[758] Bundestags-Drucksache 15/5674, S. 11: „Dem Schriftformerfordernis kommt dabei eine **Dokumentations- und Aufklärungsfunktion** zu: So werden Unsicherheiten darüber vermieden, ob eine Einwilligungserklärung von der betroffenen Person angegeben wurde, und zugleich gewährleistet, dass der Betroffene sich seiner Entscheidung hinreichend bewusst wird. Letzteres wird unterstützt durch die in [§ 81f] Absatz 1 Satz 2 enthaltene Vorgabe, dass die einwilligende Person über die Reichweite ihrer Entscheidung zu belehren ist.“.

BGH, Beschluss vom 15.10.2009 – 5 StR 373/09 –, ergänzende Bemerkung zum Beschluss: „Durch die vorliegend vom Angeklagten – wenn auch ein anderes Verfahren betreffend, aber freiwillig nach Belehrung und ohne schriftliche Einwilligung – gestattete Entnahme seines Speichels hat sich der Angeklagte im Grundsatz mit der Verwertung seiner DNA einverstanden erklärt (§ 81f Abs. 1; § 81g Abs. 3 Sätze 1 und 2 StPO). Dies geschah lediglich nicht in der vom Gesetz vorgesehenen Schriftform. Jedenfalls bei dieser Sachlage ist es bei dem hier in Frage stehenden höchstpersönlichen Rechtsgut der Dispositionsfreiheit des Angeklagten zu überantworten, ob er von seinem geäußerten Willen abrückt und gegebenenfalls durch Erklärung eines Verwertungswiderspruchs eine weitere rechtliche Klärung der Verwertbarkeit erstrebt (vgl. Graalmann- Scheerer in FS Peter Rieß S. 153, 161; vgl. auch BGHSt 51, 285, 296 f.). Hierfür sprechen auch Gründe der Verfahrensökonomie, die ebenfalls den Interessen des Angeklagten dienen. Auf einen begründeten Widerspruch hätte nämlich das Tatgericht ohne weiteres gemäß § 244 Abs. 2, § 81a Abs. 1, § 81e Abs. 1 Satz 1, § 81f Abs. 1 Satz 1 StPO die Entnahme, Untersuchung und Verwertung einer neuen Speichelprobe anzuordnen [Schrifttumsquelle]. Bei der hier nach Belehrung freiwillig abgegebenen Speichelprobe liegt die Annahme eines Grundes, an der rechtzeitigen Erhebung eines Widerspruchs gehindert gewesen zu sein, völlig fern (vgl. BGHSt 52, 38, 43 f.).“.

[759] BGHSt 45, 376 = BGH, Beschluss vom 02.02.2000 – 2 ARs 495/99 –, Leitsatz: „Die Entnahme von Körperzellen und deren molekulargenetische Untersuchung zur Feststellung des DNA-Identifizierungsmusters bilden [ggf. i.d.R., P. B.] zusammen eine **Untersuchungshandlung**. Für deren **Anordnung** ist der **Ermittlungsrichter** desjenigen Amtsgerichts zuständig, in dessen Bezirk die Entnahme stattfinden soll; dies gilt auch dann, wenn beantragt ist, die Untersuchung der Körperzellen im Bezirk eines anderen Amtsgerichts vorzunehmen.“. **Gerichtsbezirke** gemäß Anlage 1 JustG NRW.

Bereitschaftsdienst unter zulässiger Anrufwege **unverzüglich** (vgl. auch § 121 Abs. 1 S. 1 BGB) vergeblich zu erreichen versucht wird und eine weitere Verzögerung den gesetzlichen Durchsuchungszweck gefährden, also wesentlich erschweren oder vereiteln würde.[760]

---

[760] BVerfGE 151, 67 (Richtervorbehalt, Bereitschaftsdienst, Nachtzeit/Tageszeit i.S.v. § 104 Abs. 3 StPO) = BVerfG, Beschluss des Zweiten Senats vom 12.03.2019 – 2 BvR 675/14 –, Ls. 2: „Zu den Anforderungen an einen dem Gebot der praktischen Wirksamkeit des Richtervorbehalts entsprechenden **richterlichen Bereitschaftsdienst** gehört die uneingeschränkte Erreichbarkeit eines Ermittlungsrichters bei Tage, auch außerhalb der üblichen Dienststunden. Die **Tageszeit** umfasst dabei ganzjährig die Zeit zwischen 6 Uhr und 21 Uhr. Während der **Nachtzeit** ist ein ermittlungsrichterlicher Bereitschaftsdienst jedenfalls bei einem Bedarf einzurichten, der über den Ausnahmefall hinausgeht.“, Ls. 3: „Ob und inwieweit ein über den Ausnahmefall hinausgehender Bedarf an nächtlichen Durchsuchungsanordnungen die Einrichtung eines **ermittlungsrichterlichen Bereitschaftsdienstes** zur Nachtzeit erfordert, haben die Gerichtspräsidien nach pflichtgemäßem Ermessen in eigener Verantwortung zu entscheiden. Für die Art und Weise der Bedarfsermittlung steht ihnen ein Beurteilungs- und Prognosespielraum zu.“, Rn. 56: „Die Strafverfolgungsbehörden müssen dementsprechend regelmäßig versuchen, eine Anordnung des zuständigen Richters zu erlangen, bevor sie eine Durchsuchung beginnen. Nur in Ausnahmesituationen, wenn schon die zeitliche Verzögerung wegen eines solchen Versuchs den Erfolg der Durchsuchung gefährden würde, dürfen sie selbst die Anordnung wegen Gefahr im Verzug treffen, ohne sich zuvor um eine richterliche Entscheidung bemüht zu haben.“; BVerfGE 139, 245 (Eilkompetenz der Ermittlungsbehörden) = BVerfG, Beschluss des Zweiten Senats vom 16.06.2015 – 2 BvR 2718/10, Rn. 83: „Scheitert hingegen der Versuch der Befassung des Gerichts mit dem Antrag auf Erlass einer Durchsuchungsanordnung, weil der zuständige Richter nicht erreicht werden kann und infolgedessen ein Beweismittelverlust droht, kommt ein Rückgriff auf die Eilkompetenz der Ermittlungsbehörden gemäß Art. 13 Abs. 2, 2. Halbsatz GG in Betracht.“, Ls. 2 [zum **Eilzuständigkeitsende der Ermittlungsbehörden**]: „Mit der Befassung des zuständigen Ermittlungs- oder Eilrichters durch die Stellung eines Antrags auf Erlass einer Durchsuchungsanordnung und der dadurch eröffneten Möglichkeit präventiven Grundrechtsschutzes durch den Richter endet die Eilkompetenz der Ermittlungsbehörden.“, Rn. 79: „Entscheidend ist dabei nicht der Zeitpunkt, zu dem die Staatsanwaltschaft den Entschluss fasst, eine richterliche Durchsuchungsanordnung zu beantragen, sondern der Zeitpunkt, in dem das Gericht mit dem Antrag auf Erlass einer Durchsuchungsanordnung befasst wird [**richterliche Befassung** oder **Gerichtsbefassung**, P. B.]. Dies ist der Fall, wenn die Staatsanwaltschaft [oder die Polizei, P. B.] dem zuständigen Richter den Antrag tatsächlich unterbreitet hat, so dass dieser in eine erste Sachprüfung eintreten kann.“, Rn. 82: „Auch soweit während des durch den Richter in Anspruch genommenen Entscheidungszeitraums nach dessen Befassung die Gefahr eines Beweismittelverlusts eintritt, etwa weil dieser auf ein mündlich gestelltes Durchsuchungsbegehren hin die Vorlage schriftlicher Antragsunterlagen oder einer Ermittlungsakte fordert, Nachermittlungen anordnet oder schlicht bis zum Eintritt der Gefahr eines Beweismittelverlusts noch nicht entschieden hat, lebt die Eilkompetenz der Ermittlungsbehörden nicht wieder auf. Dies gilt unabhängig davon, aus welchen Gründen die richterliche Entscheidung über den Durchsuchungsantrag unterbleibt.“, Ls. 3: „Die Eilkompetenz der Ermittlungsbehörden kann nur dann neu begründet werden, wenn nach der Befassung des Richters tatsächliche Umstände eintreten oder bekannt werden, die sich nicht aus dem Prozess der Prüfung und Entscheidung über diesen Antrag ergeben, und hierdurch die Gefahr eines Beweismittelverlusts in einer Weise begründet wird, die der Möglichkeit einer rechtzeitigen richterlichen Entscheidung entgegensteht.“, Ls. 4: „Auf die Ausgestaltung der justizinternen Organisation kann die Eilzuständigkeit der Ermittlungsbehörden nicht gestützt werden.“, Rn. 70: „Die daraus folgende Pflicht der Ermittlungsbehörden, sich regelmäßig um eine Durchsuchungsanordnung des zuständigen Richters zu bemühen, wird nicht durch den abstrakten Hinweis verzichtbar, eine richterliche Entscheidung sei zur maßgeblichen Zeit üblicherweise nicht mehr zu erreichen (vgl. BVerfGK 5, 74 <78>; 7, 392 <395>). Reine Spekulationen, hypothetische Erwägungen oder lediglich auf kriminalistische Alltagserfahrungen gestützte, fallunabhängige Vermutungen reichen ebenfalls nicht aus, um die Annahme von Gefahr im Verzug zu begründen (vgl. BVerfGE 103, 142 <155>; BVerfGK 2, 310 <315>). Auch schließt das verfassungsrechtliche Gebot, dem Ausnahmecharakter der Eilkompetenz Rechnung zu tragen, aus, mit dem Antrag auf Erlass einer Durchsuchungsanordnung zu warten, bis die Gefahr eines Beweismittelverlusts eingetreten ist. Selbst herbeigeführte tatsächliche Voraussetzungen können die Eilkompetenz der Staatsanwaltschaft und ihrer Ermittlungspersonen nicht

(SUB/ERG)

Im konkreten Fall ist § 81g Abs. 3 S. 1 StPO (alternativ)

- bei Vorliegen von entsprechenden Anhaltspunkten / Fehlen entgegenstehender Anhaltspunkte eingehalten.
- bei Vorliegen von entsprechenden Anhaltspunkten nicht eingehalten.

2. § 81g Abs. 3 S. 2 StPO: Gerichtsanordnung der molekulargenetischen Untersuchung

(VOR)

Gemäß § 81g Abs. 3 S. 2 StPO darf die molekulargenetische Untersuchung der Körperzellen ohne schriftliche Einwilligung des Beschuldigten nur durch das Gericht angeordnet werden.

(VOR)

Einwilligung ist Einwilligung im Sinne des § 36 Nr. 19 DSG NRW, § 38 DSG NRW.

Schriftform ist bei Fehlen speziellerer Rechtsnorm eine Form gemäß § 126 BGB.[761]

---

begründen (vgl. BVerfGK 5, 74 <78>).", Rn. 71: „Stattdessen sind bei der Beurteilung der Frage, ob der Versuch, eine richterliche Entscheidung herbeizuführen, unterbleiben darf, weil bereits die damit verbundene zeitliche Verzögerung den Erfolg der Durchsuchung gefährden würde, die konkreten Umstände des jeweiligen Einzelfalles in Rechnung zu stellen. Die Ermittlungsbehörden haben insbesondere die Komplexität der im Rahmen der Durchsuchungsanordnung zu prüfenden tatsächlichen und rechtlichen Fragen und den insoweit erforderlichen Zeitaufwand zu berücksichtigen. Daneben haben sie aber auch in ihre Überlegungen einzubeziehen, dass die Vorlage schriftlicher Unterlagen zur Herbeiführung einer richterlichen Eilentscheidung zumindest nicht ausnahmslos erforderlich ist. Jedenfalls in einfach gelagerten Fällen, in denen allein aufgrund der **mündlichen Darstellung des Sachverhalts** eine sachangemessene Entscheidung möglich ist, würde ein solches Erfordernis weder der gesetzlichen Intention noch der Bedeutung des Richtervorbehalts für den Grundrechtsschutz des Einzelnen gerecht (vgl. insoweit zur Anordnung einer Blutentnahme gemäß § 81a StPO: BVerfGK 17, 340 <346 f.>). Es bestehen daher in solchen Fällen keine verfassungsrechtlichen Bedenken, wenn der zuständige Richter allein aufgrund mündlich übermittelter Informationen entscheidet und die Durchsuchung auch **mündlich anordnet**, sofern er diese Anordnung zeitnah schriftlich dokumentiert und damit den sich aus Art. 19 Abs. 4 GG ergebenden Erfordernissen Rechnung trägt.".

[761] Bundestags-Drucksache 15/5674, S. 11: „Dem Schriftformerfordernis kommt dabei eine **Dokumentations- und Aufklärungsfunktion** zu: So werden Unsicherheiten darüber vermieden, ob eine Einwilligungserklärung von der betroffenen Person angegeben wurde, und zugleich gewährleistet, dass der Betroffene sich seiner Entscheidung hinreichend bewusst wird. Letzteres wird unterstützt durch die in [§ 81f] Absatz 1 Satz 2 enthaltene Vorgabe, dass die einwilligende Person über die Reichweite ihrer Entscheidung zu belehren ist.".

BGH, Beschluss vom 15.10.2009 – 5 StR 373/09 –, ergänzende Bemerkung zum Beschluss: „Durch die vorliegend vom Angeklagten – wenn auch ein anderes Verfahren betreffend, aber freiwillig nach Belehrung und ohne schriftliche Einwilligung – gestattete Entnahme seines Speichels hat sich der Angeklagte im Grundsatz mit der Verwertung seiner DNA einverstanden erklärt (§ 81f Abs. 1; § 81g Abs. 3 Sätze 1 und 2 StPO). Dies geschah lediglich nicht in der vom Gesetz vorgesehenen Schriftform. Jedenfalls bei dieser Sachlage ist es bei dem hier in Frage stehenden höchstpersönlichen Rechtsgut der

Gericht ist ein Gericht im Sinne von § 162 StPO (Ermittlungsrichter).[762]

(SUB/ERG)

Im konkreten Fall ist § 81g Abs. 3 S. 2 StPO (alternativ)

- bei Vorliegen von entsprechenden Anhaltspunkten / Fehlen entgegenstehender Anhaltspunkte eingehalten.
- bei Vorliegen von entsprechenden Anhaltspunkten nicht eingehalten.

3. § 81g Abs. 3 S. 3 StPO: Belehrung einwilligender Person

(VOR/DEF)

Gemäß § 81g Abs. 3 S. 3 StPO ist die einwilligende Person darüber zu belehren, für welchen Zweck die zu erhebenden Daten verwendet werden.[763]

Dispositionsfreiheit des Angeklagten zu überantworten, ob er von seinem geäußerten Willen abrückt und gegebenenfalls durch Erklärung eines Verwertungswiderspruchs eine weitere rechtliche Klärung der Verwertbarkeit erstrebt (vgl. Graalmann- Scheerer in FS Peter Rieß S. 153, 161; vgl. auch BGHSt 51, 285, 296 f.). Hierfür sprechen auch Gründe der Verfahrensökonomie, die ebenfalls den Interessen des Angeklagten dienen. Auf einen begründeten Widerspruch hätte nämlich das Tatgericht ohne weiteres gemäß § 244 Abs. 2, § 81a Abs. 1, § 81e Abs. 1 Satz 1, § 81f Abs. 1 Satz 1 StPO die Entnahme, Untersuchung und Verwertung einer neuen Speichelprobe anzuordnen [Schrifttumsquelle]. Bei der hier nach Belehrung freiwillig abgegebenen Speichelprobe liegt die Annahme eines Grundes, an der rechtzeitigen Erhebung eines Widerspruchs gehindert gewesen zu sein, völlig fern (vgl. BGHSt 52, 38, 43 f.).".

[762] BGHSt 45, 376 = BGH, Beschluss vom 02.02.2000 – 2 ARs 495/99 –, Leitsatz: „Die Entnahme von Körperzellen und deren molekulargenetische Untersuchung zur Feststellung des DNA-Identifizierungsmusters bilden [ggf. i.d.R., P. B.] zusammen eine **Untersuchungshandlung**. Für deren **Anordnung** ist der **Ermittlungsrichter** desjenigen Amtsgerichts zuständig, in dessen Bezirk die Entnahme stattfinden soll; dies gilt auch dann, wenn beantragt ist, die Untersuchung der Körperzellen im Bezirk eines anderen Amtsgerichts vorzunehmen.". **Gerichtsbezirke** gemäß Anlage 1 JustG NRW.

[763] Bundestags-Drucksache 15/5674, S. 11: „Dem Schriftformerfordernis kommt dabei eine **Dokumentations- und Aufklärungsfunktion** zu: So werden Unsicherheiten darüber vermieden, ob eine Einwilligungserklärung von der betroffenen Person angegeben wurde, und zugleich gewährleistet, dass der Betroffene sich seiner Entscheidung hinreichend bewusst wird. Letzteres wird unterstützt durch die in [§ 81f] Absatz 1 Satz 2 enthaltene Vorgabe, dass die einwilligende Person über die Reichweite ihrer Entscheidung zu belehren ist.".

Bundestags-Drucksache 15/5674, S. 8: „Indem für die **Einwilligung die Schriftform** vorgesehen wird und eine vorherige **Belehrung des Betroffenen über den Verwendungszweck** der zu erhebenden Daten zu erfolgen hat, wird gewährleistet, dass die zur Mitwirkung an einer DNA-Analyse aufgeforderte Person in nachvollziehbarer Weise und frei darüber entscheiden kann, ob sie der Maßnahme zustimmt. Dies gilt auch für Personen, denen die Freiheit entzogen ist. Hier geht bereits das geltende Recht ausdrücklich davon aus, dass Inhaftierte wirksam in die Erhebung und weitere Verwendung persönlicher Daten einwilligen können (vgl. [§§ 179-186 StVollzG: Datenschutz beim Vollzug von Ordnungs-, Sicherungs-, Zwangs- und Erzwingungshaft, P. B.]). Allerdings muss bei inhaftierten Personen besondere Sorgfalt auf eine ordnungsgemäße Belehrung verwendet werden. Auch darf auf sie kein unzulässiger Druck etwa durch das Versprechen der Gewährung von Vergünstigungen ausgeübt werden.".

(SUB/ERG)

Im konkreten Fall ist § 81g Abs. 3 S. 3 StPO (alternativ)

- bei Vorliegen von entsprechenden Anhaltspunkten / Fehlen entgegenstehender Anhaltspunkte eingehalten.
- bei Vorliegen von entsprechenden Anhaltspunkten nicht eingehalten.[764]

4. § 81d StPO (analog): Durchführung körperlicher Untersuchung (Körperzellenentnahme) durch Person bestimmten Geschlechts oder durch Arzt

(VOR)

Gemäß § 81d StPO – auch bei **Einwilligung** (§ 36 Nr. 19 DSG NRW, § 38 DSG NRW) der betroffenen Person, § 81d Abs. 2 StPO –

---

[764] BGH, Beschluss vom 20.05.2015 – 4 StR 555/14, Leitsatz: „Die Untersuchung von zu anderen Zwecken entnommenen Körperzellen, um sie zur Erstellung eines DNA-Identifizierungsmusters zur Identitätsfeststellung in künftigen Strafverfahren zu verwenden, ist durch die Verwendungsregelung des § 81a Abs. 3, 1. Halbsatz StPO nicht gedeckt", Rn. 14: „Diese Differenzierung hinsichtlich der **Reichweite der Einwilligungserklärung** entspricht dem gesetzgeberischen Konzept, das der Regelung in § 81f StPO und § 81g StPO zugrunde liegt. So verlangen § 81f Abs. 1 Satz 2 StPO und § 81g Abs. 3 Satz 3 StPO jeweils, dass die einwilligende Person darüber zu belehren ist, für welchen Zweck die zu erhebenden Daten verwendet werden. Mit dieser gesetzlichen Regelung wäre es nicht vereinbar, dem Einverständnis mit der Gewinnung des DNA-Identifizierungsmusters zur Verwendung im laufenden Ermittlungsverfahren auch das Einverständnis mit der Verwendung zu Zwecken des § 81g StPO zu entnehmen.", Rn. 17: „Die demnach verfahrensfehlerhafte Verwendung der vom Angeklagten abgegebenen Speichelprobe zur Ermittlung des DNA-Identifizierungsmusters des Angeklagten gemäß § 81g StPO führt indes nicht zur **Unverwertbarkeit** des in der DNA-Analyse-Datei gespeicherten Identifizierungsmusters. Nach der – verfassungsrechtlich nicht zu beanstandenden (vgl. BVerfG, NJW 2012, 907, 910 f.; BVerfG, Beschluss vom 13. Mai 2015 – 2 BvR 616/13) – ständigen Rechtsprechung des Bundesgerichtshofs führt nicht jeder Rechtsverstoß bei der Beweiserhebung zu einem **Verwertungsverbot** hinsichtlich der dadurch erlangten Erkenntnisse. Vielmehr ist je nach den Umständen des Einzelfalls unter Abwägung aller maßgeblichen Gesichtspunkte und der widerstreitenden Interessen zu entscheiden (sog. Abwägungslehre). Bedeutsam sind dabei insbesondere die Art und der Schutzzweck des etwaigen Beweiserhebungsverbots sowie das Gewicht des in Rede stehenden Verfahrensverstoßes, das seinerseits wesentlich von der Bedeutung der im Einzelfall betroffenen Rechtsgüter bestimmt wird. Dabei ist in den Blick zu nehmen, dass die Annahme eines Verwertungsverbots ein wesentliches Prinzip des Strafverfahrensrechts – den Grundsatz, dass das Gericht die Wahrheit zu erforschen und dazu die Beweis aufnahme von Amts wegen auf alle Tatsachen und Beweismittel zu erstrecken hat, die von Bedeutung sind – einschränkt. Aus diesem Grund stellt ein Beweisverwertungsverbot eine Ausnahme dar, die nur bei ausdrücklicher gesetzlicher Anordnung oder aus übergeordneten wichtigen Gründen im Einzelfall anzuerkennen ist. Letzteres ist insbesondere nach schwerwiegenden, bewussten oder objektiv willkürlichen Rechtsverstößen, bei denen grundrechtliche Sicherungen planmäßig oder systematisch außer Acht gelassen werden, in Betracht zu ziehen (st. Rspr.; vgl. BGH, Urteile vom 20. Dezember 2012 – 3 StR 117/12, BGHSt 58, 84 Rn. 31 ff. mwN; vom 14. August 2009 – 3 StR 552/08, BGHSt 54, 70 Rn. 47 mwN; vom 11. November 1998 – 3 StR 181/98, BGHSt 44, 243, 248 f. mwN).".

- wird gemäß § 81d Abs. 1 S. 1 StPO im Fall von potentieller Schamgefühlsverletzung die körperliche Untersuchung von einer Person gleichen Geschlechts oder von einer Ärztin oder einem Arzt vorgenommen;
- soll gemäß § 81d Abs. 1 S. 2 StPO im Fall von berechtigtem Interesse und Wunsch der betroffenen Person die körperliche Untersuchung einer Person oder einem Arzt bestimmten Geschlechts übertragen werden;
- soll gemäß § 81d Abs. 1 S. 3 StPO im Fall des Verlangens der betroffenen Person eine Person des Vertrauens zugelassen werden;
- ist gemäß § 81d Abs. 1 S. 4 StPO die betroffene Person auf die Regelungen von § 81d Abs. 1 S. 2, 3 StPO hinzuweisen.

(DEF)

Schamgefühlsverletzungspotential im Sinne von § 81d StPO richtet sich nach objektiviertem Maßnahmenempfänger.[765]

Person gleichen Geschlechts ist eine Person mit gleichem Geschlechts-Personenstand nach PStG.

Arzt ist ein solcher nach BÄO.

Berechtigtes Interesse ist ein Rechtsgrund (**rechtliches Interesse**) als auch ein insgesamt überwiegendes Interesse nach Abwägung aller Interessen insbesondere der an der Maßnahme Beteiligten (z.B. unmittelbar betroffene Person, Polizeibeamte, Arzt, Vertrauensperson mit jeweiligen Persönlichkeitsrechten) und der durch die Maßnahme Betroffenen (z.B. unmittelbar betroffene Person, potentielle Tatopfer, verfahrenszuständige Behörden mit jeweiligen Rechten und Pflichten im Rechtsstaat).

Person des Vertrauens wird durch die betroffene Person bestimmt.

(SUB/ERG)

Im konkreten Fall ist § 81d StPO (alternativ)

- bei Vorliegen von entsprechenden Anhaltspunkten / Fehlen entgegenstehender Anhaltspunkte eingehalten.
- bei Vorliegen von entsprechenden Anhaltspunkten nicht eingehalten.

5. § 81g Abs. 3 S. 4 i.V.m. § 81f Abs. 2 S. 1 StPO: Untersuchungsbeauftragung von Sachverständigen in schriftlicher Anordnung

(VOR)

Gemäß § 81g Abs. 3 S. 4 i.V.m. 81f Abs. 2 S. 1 StPO sind mit der molekulargenetischen Untersuchung in der schriftlichen Anordnung Sachverständige zu beauftragen, die öffentlich bestellt oder nach dem Verpflichtungsgesetz[766] verpflichtet oder Amtsträger sind, die der

---

[765] Bundesrats-Drucksache 829/03 vom 07.11.2003, S. 21: „Dies kann z.B. nach vorangegangenem Missbrauch durch eine Person gleichen Geschlechts der Fall sein.".

[766] Gesetz über die förmliche **Verpflichtung nichtbeamteter Personen** (Verpflichtungsgesetz).

ermittlungsführenden Behörde nicht angehören oder einer Organisationseinheit dieser Behörde angehören, die von der ermittlungsführenden Dienststelle organisatorisch und sachlich getrennt ist[767].

(DEF)

Schriftform ist bei Fehlen speziellerer Rechtsnorm eine Form gemäß § 126 BGB.

Sachverständiger ist eine Person mit besonderer Sachkunde über potentielle tatverdachtsrelevante gegenwärtige (i.S.v. aktuellem Methodenstandard und Forschungsstand) **Befundtatsachen** (unmittelbare Sachverständigendaten/Ermittlungsergebnisse unmittelbar aus Sachverständigenschlussfolgerungen) aufgrund von aus der Vergangenheit vorliegenden **Anknüpfungstatsachen** (unmittelbare Tatverdachtsdaten/Ermittlungsergebnisse ohne Sachverständigenschlussfolgerungen), vgl. §§ 72, 85 StPO.

Amtsträger ist ein solcher im Sinne des § 11 Abs. 1 Nr. 2 StGB.[768]

(SUB/ERG)

Im konkreten Fall ist § 81g Abs. 3 S. 4 i.V.m. § 81f Abs. 2 S. 1 StPO (alternativ)

- bei Vorliegen von entsprechenden Anhaltspunkten / Fehlen entgegenstehender Anhaltspunkte eingehalten.
- bei Vorliegen von entsprechenden Anhaltspunkten nicht eingehalten.

6. § 81g Abs. 3 S. 4 i.V.m. § 81f Abs. 2 S. 2-4 StPO: Datenschutzmaßnahmen

(VOR)

Gemäß § 81g Abs. 3 S. 4 i.V.m. § 81f Abs. 2 S. 2 StPO ist dem Sachverständigen das Untersuchungsmaterial ohne Mitteilung des Namens, der Anschrift und des Geburtstages und -monats der betroffenen Person zu übergeben.

Gemäß § 81g Abs. 3 S. 4 i.V.m. § 81f Abs. 2 S. 3 StPO ist dem Sachverständigen das Untersuchungsmaterial ohne Mitteilung des Namens, der Anschrift und des Geburtstages und -monats der betroffenen Person zu übergeben.

---

767 Bundestags-Drucksache 13/667, S. 11 „Der Ausschluß von Sachverständigen von der Durchführung der DNA-Analyse, die der ermittlungsführenden Behörde oder Dienststelle angehören, geht auf ein Petitum des Bundesbeauftragten für den Datenschutz zurück. Um Mißbrauchsgefahren einzudämmen, sollen Strafverfolgung und DNA-Analyse funktionell getrennt werden. Auf der anderen Seite soll berücksichtigt werden, daß das Bundeskriminalamt und einige Landeskriminalämter über Forschungsabteilungen verfügen, die aufgrund ihrer besonderen Sachkunde auch zuverlässige DNA-Analysen durchführen können. Diese Forschungsabteilungen sollen auch dann als Sachverständige herangezogen werden können, wenn das Bundeskriminalamt oder das Landeskriminalamt, dem sie angehören, ermittlungsführende Stelle ist. Allerdings soll dies nur zulässig sein, wenn die Forschungsabteilung gegenüber der ermittlungsführenden Organisationseinheit abgeschottet ist.".

768 Zur **Staatsgewaltformierung** im deutschen Rechtsstaat einschließlich Organ, Behörde, Amt, Beamtentum, Waltung siehe: *Basten*, Eingriffsrecht der Polizei in Nordrhein-Westfalen, Band 1, Buch 1, Abschnitt 2, Unterabschnitt 4, Titel 2.

Gemäß § 81g Abs. 3 S. 4 i.V.m. § 81f Abs. 2 S. 4 StPO finden, wenn der Sachverständige eine nichtöffentliche Stelle ist, die Vorschriften der VO (EU) 2016/679 (DSGVO) und des BDSG auch dann Anwendung, wenn die personenbezogenen Daten nicht automatisiert verarbeitet und die Daten nicht in einem Dateisystem gespeichert sind oder gespeichert werden sollen.

(DEF)

Datenschutzmaßnahmen im Sinne von § 81f Abs. 2 S. 2-4 StPO sind dort hinreichend bestimmt beschrieben und sind solche mit Bedeutung insbesondere im Sinne von § 46 Nr. 5, 7, 8, 9 BDSG, § 36 Nr. 5, 6, 8, 9, 10, Nr. 11 DSG NRW, § 47 BDSG, § 37 DSG NRW (**Allgemeine Grundsätze für die Verarbeitung personenbezogener Daten**), §§ 62-67 BDSG, §§ 52-59 DSG NRW (Pflichten der **Verantwortlichen** und **Auftragsverarbeiter**).

Dateisystem ist ein solches im Sinne von Art. 4 Nr. 6 VO (EU) 2016/679, Art. 3 Nr. 6 RL (EU) 2016/680, § 36 Nr. 6 BDSG, § 36 Nr. 7 DSG NRW.

Speicherung ist **Datenverarbeitungsmaßnahme** im Sinne von § 46 Nr. 2 BDSG, § 36 Nr. 2 DSG NRW, also Speicherung im Sinne von § 3 Abs. 4 S. 2 Nr. 1 BDSG a.F., § 3 Abs. 2 S. 2 Nr. 2 DSG NRW a.F.

(SUB/ERG)

Im konkreten Fall ist § 81g Abs. 3 S. 4 i.V.m. § 81f Abs. 2 S. 2-4 StPO (alternativ)

- bei Vorliegen von entsprechenden Anhaltspunkten / Fehlen entgegenstehender Anhaltspunkte eingehalten insbesondere bzgl. Art. 4 Nr. 12 VO (EU) 2016/679, Art. 3 Nr. 11 RL (EU) 2016/679, § 46 Nr. 10 BDSG, § 36 Nr. 12 DSG NRW (Verletzung des Schutzes personenbezogener Daten – **Datenschutzverletzung**).
- bei Vorliegen von entsprechenden Anhaltspunkten nicht eingehalten bzgl. Art. 4 Nr. 12 VO (EU) 2016/679, Art. 3 Nr. 11 RL (EU) 2016/679, § 46 Nr. 10 BDSG, § 36 Nr. 12 DSG NRW (Verletzung des Schutzes personenbezogener Daten – **Datenschutzverletzung**).

7. § 33 StPO analog als allgemeine Verfahrensrechtsnorm für Justiz-VA (vgl. § 23 Abs. 1 S. 1 EGGVG): Anhörung

(VOR/DEF)

Gemäß § 33 StPO analog[769] besteht Pflicht zur **Anhörung** bzw. **Gewährung rechtlichen Gehörs** vor einer Entscheidung, jedenfalls bevor zum Beteiligten-Nachteil Tatsachen oder Beweisergebnisse ohne Anhörung verwertet werden – oder es soll gegeben sein: ein Ausnahmegrund der Zweckgefährdung bzw. Gefahr im Verzug nach § 33 Abs. 4 StPO analog.

---

[769] Für das tradierte „Menschenrecht“ der Anhörung (vgl. auch Art. 20 Abs. 3 GG, Art. 103 Abs. 1 GG, Art. 41 EU-GR-Charta, Art. 6 EMRK) gibt es in der StPO bei polizeilichen Maßnahmen i.d.R. keine direkte für die Polizei anwendbare Rechtsnorm (systematische Regelungslücke), weshalb – bei gleichzusetzender Interessenlage und Lücke im einzelnen Fall – § 33 StPO mit seinen Rechtsgedanken als die noch für die Polizei bestmögliche Anhörungs-Rechtsgrundlage eben analog angewendet werden kann.

Gefahr im Verzug i.S.d. § 33 StPO ist gegeben, wenn der Handlungsbedarf unvorhergesehen ist und bei Durchführung der eigentlich vorgesehenen Maßnahme, hier der Anhörung, der gesetzliche Zweck, hier der jeweilige aus der Aufgabe des § 163 Abs. 1 S. 1 StPO (ggf. aus § 53 Abs. 1 S. 1 OWiG) und der Befugnisrechtsnorm des § 163 Abs. 1 S. 1 StPO, vereitelt oder wesentlich erschwert wird.

(SUB/ERG)

Im konkreten Fall ist § 33 StPO analog (alternativ)

- eingehalten insbesondere bei Gelegenheit zur Stellungnahme i.S.d. § 33 StPO analog;
- eingehalten bei Nichteinhaltung von § 33 Abs. 1, 3 StPO analog und Ausnahmegrund gemäß § 33 Abs. 4 StPO analog;
- nicht eingehalten insbesondere bei Fehlen von Gelegenheit zur Stellungnahme ohne Ausnahmegrund i.S.d. § 33 StPO analog;
- sonst eingehalten oder nicht eingehalten bei Anhaltspunkten / Fehlen entgegenstehender Anhaltspunkte.

8. § 168b StPO als allgemeine Verfahrensrechtsnorm für Justiz-VA (vgl. § 23 Abs. 1 S. 1 EGGVG): Protokoll

(VOR/DEF)

Gemäß § 168b StPO besteht Pflicht zur **Protokollierung** bzw. zum **Protokoll** über ermittlungsbehördliche Untersuchungshandlungen, wonach gemäß § 168b Abs. 1 StPO das Ergebnis der Untersuchungshandlungen der Ermittlungsbehörden aktenkundig zu machen ist.

(SUB/ERG)

Im konkreten Fall ist § 168b StPO (alternativ)

- eingehalten insbesondere bei Protokoll über (das Ergebnis über) behördliche Untersuchungshandlungen i.S.d. §168b StPO;
- eingehalten bei Nichteinhaltung von § 168b StPO mit Ausnahmegrund;
- nicht eingehalten insbesondere bei Fehlen von Protokoll über (das Ergebnis über) behördliche Untersuchungshandlungen ohne Ausnahmegrund;
- sonst eingehalten oder nicht eingehalten bei Anhaltspunkten / Fehlen entgegenstehender Anhaltspunkte.

9. JGG[770]-Vorschriften[771] außer, bei, i.Z.m. Maßnahmen gegenüber einem jugendlichen oder heranwachsenden Verdächtigen[772] nach §§ 1, 109 JGG – fallabhängig insbesondere wie folgt:

a) § 38 JGG: Jugendgerichtshilfe, vgl. auch § 46 Abs. 6 OWiG;

b) § 43 JGG: Umfang der Ermittlungen;

c) § 67 JGG: Stellung der Erziehungsberechtigten[773] und der gesetzlichen Vertreter[774];

d) § 67a JGG: Unterrichtung der Erziehungsberechtigten und der gesetzlichen Vertreter;

e) § 68 JGG: Notwendige Verteidigung[775];

---

[770] § 1 Abs. 1 JGG zum sachlichen JGG-Anwendungsbereich: „Dieses Gesetz gilt, wenn ein Jugendlicher oder ein Heranwachsender eine Verfehlung begeht, die nach den allgemeinen Vorschriften mit Strafe bedroht ist.". § 1 Abs. 3 JGG zum sachlich-persönlichen JGG-Anwendungsbereich: „Ist zweifelhaft, ob der Beschuldigte zur Zeit der Tat das achtzehnte Lebensjahr vollendet hat, sind die für Jugendliche geltenden Verfahrensvorschriften anzuwenden.".

[771] JGG-Vorschriften mit amtlichen Überschriften insbesondere aus: „Gesetz zur Stärkung der Verfahrensrechte von Beschuldigten im Jugendstrafverfahren vom 09.12.2019, BGBl. 2019 Teil I Nr. 47, S. 2146-2152.

[772] § 1 Abs. 2 JGG zum persönlichen JGG-Anwendungsbereich: § 1 Abs. 2 JGG: „**Jugendlicher** ist, wer zur Zeit der Tat vierzehn, aber noch nicht achtzehn, **Heranwachsender**, wer zur Zeit der Tat achtzehn, aber noch nicht einundzwanzig Jahre alt ist.". Unterscheide nach § 2 BGB: „Die **Volljährigkeit** tritt mit der Vollendung des 18. Lebensjahres ein.".

[773] Zum **Strafrecht und elterlichen Erziehungsrecht**: BVerfGE 107, 104 (Anwesenheit im JGG-Verfahren) = BVerfG, Urteil des Zweiten Senats vom 16.01.2003 – 2 BvR 716/01.

[774] **Vertreter** ist ein **Stellvertreter** qua Gesetz oder ein **Stellvertreter** qua Rechtsgeschäft (§§ 164-181 BGB). Vgl. insbesondere:

- §§ 1626-1698b BGB: **Elterliche Sorge** mit „**Vertretung des Kindes**" gemäß § 1629 BGB;
- § 1 Abs. 1 Nr. 4 JuSchG: **erziehungsbeauftragte Person**;
- §§ 1773-1895 BGB: **Vormundschaft**;
- §§ 1896-1908k BGB: **Rechtliche Betreuung**;
- §§ 1909-1921 BGB: **Pflegschaft**.

[775] Mit „Gesetz zur Neuregelung des Rechts der notwendigen Verteidigung" (BGBl. I S. 2128; in Kraft seit 13.12.2019) ist erstmals das Recht des Beschuldigten ausdrücklich normiert, bereits auch im polizeilichen Ermittlungsverfahren grundsätzlich im Fall notwendiger Verteidigung (§ 140 StPO) „unverzüglich" (§ 121 Abs. 1 S. 1 BGB), „spätestens vor einer Vernehmung des Beschuldigten" (§ 163a StPO) einen Pflichtverteidiger „bestellt" zu erhalten, „wenn der Beschuldigte dies nach Belehrung ausdrücklich beantragt" (§ 141 Abs. 1 S. 1 StPO), in den Fällen des § 141 Abs. 2 S. 1 StPO auch „unabhängig von einem Antrag" – mit Rückausnahmen in § 141 Abs. 2 S. 2, 3 StPO; auch mit Abweichungen in § 141a StPO für Beschuldigtenvernehmungen und Gegenüberstellungen (§§ 58 Abs. 2, 168b Abs. 3 StPO). Der Zeitpunkt polizeilicher Belehrung zur notwendigen Verteidigung i.S.d. § 140 StPO ist in einschlägigen Fällen – spätestens – „bei Beginn der ersten Vernehmung" des Beschuldigten wegen § 141 Abs. 1 S. 2 StPO und § 163a Abs. 4 S. 2 i.V.m. § 136 Abs. 1 S. 5 StPO, oder der Zeitpunkt ist anders in speziell normierten Fällen wie § 114b Abs. 2 S. 1 Nr. 4a oder §§ 68a, b JGG. Gemäß § 142 StPO ist vor Anklageerhebung der Antrag des Beschuldigten nach § 141 Abs. 1 S. 1 StPO vor Erhebung der Anklage bei den Behörden oder Beamten des Polizeidienstes „oder" bei der Staatsanwaltschaft anzubringen (Antrags-Entgegennahme-Zuständigkeit); die Bestellungs-Entscheidungs-Zuständigkeit obliegt dem Gericht nach StA-Vorlage mit Stellungnahme (§ 142 Abs. 1 S. 2 StPO) oder der StA selbst „bei besonderer Eilbedürftigkeit", § 142 Abs. 4 StPO.

f) § 68a JGG: Zeitpunkt der Bestellung eines Pflichtverteidigers;

g) § 68b JGG: Vernehmungen und Gegenüberstellungen vor der Bestellung eines Pflichtverteidigers;

h) § 69 JGG: Beistand[776];

i) § 70 JGG: Mitteilung an amtliche Stellen;

j) § 70a JGG: Unterrichtung des Jugendlichen (i.V.m. § 109 JGG: des Heranwachsenden);

k) § 70b JGG: Belehrungen.

(SUB/ERG)

Im konkreten Fall sind die JGG-Vorschriften

- nicht anwendbar.
- anwendbar und eingehalten.
- anwendbar und nicht eingehalten.

(ERG Verfahren)

Ergebnis kann allgemein sein: Verfahrensrechtmäßigkeit oder Verfahrensrechtswidrigkeit der Maßnahme.

Ein Fall **notwendiger Verteidigung** liegt u.a. dann vor,

- gemäß § 140 Abs. 1 Nr. 1 StPO, wenn zu erwarten ist, dass die Hauptverhandlung im ersten Rechtszug vor dem **Oberlandesgericht** (§§ 115-117, 120-122 GVG) , dem **Landgericht** (§§ 12, 13, 60, 70, 734, 74-74f, 76-78b GVG) oder dem **Schöffengericht** (§§ 12, 13, 24-27, 28-58 GVG) stattfindet [Ausgangsrechtsnorm für den Abgrenzungsüberblick über AG, LG, OLG mag sein: § 24 GVG;
- gemäß § 140 Abs. 1 Nr. 2 StPO, wenn dem Beschuldigten ein Verbrechen zur Last gelegt wird;
- gemäß § 140 Abs. 1 Nr. 3 StPO, wenn das Verfahren zu einem **Berufsverbot** (§§ 70-70b StGB) führen kann;
- gemäß § 140 Abs. 1 Nr. 4 StPO, wenn der Beschuldigte nach den §§ 115, 115a, 128 Abs. 1 oder § 129 StPO einem Gericht zur Entscheidung über Haft oder einstweilige Unterbringung vorzuführen ist;
- gemäß § 140 Abs. 1 Nr. 5 StPO, wenn der Beschuldigte sich auf Grund richterlicher Anordnung oder mit richterlicher Genehmigung in einer Anstalt befindet;
- gemäß § 140 Abs. 1 Nr. 11 StPO, wenn ein seh-, hör- oder sprachbehinderter Beschuldigter die Bestellung beantragt;
- gemäß § 140 Abs. 2 StPO, wenn wegen der Schwere der Tat, der Schwere der zu erwartenden Rechtsfolge oder wegen der Schwierigkeit der Sach- oder Rechtslage die Mitwirkung eines Verteidigers geboten erscheint oder wenn ersichtlich ist, dass sich der Beschuldigte nicht selbst verteidigen kann.
- gemäß §§ 1, 109 Abs. 1 JGG und § 68 JGG in den dort genannten Fällen.

[776] Vgl. auch §§ 1712-1717 BGB (**Beistandschaft**).

B. Formelle Rechtmäßigkeit (FR) III. Form (F)

(VOR/DEF)

Form ist normiertes Wie der Rechtsfolgesetzung –schriftlich, elektronisch, mündlich oder in anderer Weise.

(SUB/ERG)

Im konkreten Fall besteht bei Fehlen speziellerer Formrechtsnormen Formfreiheit für den Justiz-VA, sodass der Justiz-VA schriftlich, elektronisch, mündlich oder in anderer Weise formrechtmäßig ergehen kann.

§ 81g Abs. 3 S. 2, 5 StPO, und § 168b StPO sind i.d.R. bereits integrativer Bestandteil des Verfahrens.

Ergebnis kann allgemein sein: Formrechtmäßigkeit oder Formrechtswidrigkeit der Maßnahme.

C. Materielle Rechtmäßigkeit (MR) I. Tatbestand (Tb) / Tatbestandsvoraussetzungen (TBV)

(VOR/DEF)

Tatbestand ist das Gesamt der (materiell-rechtlichen) Rechtsfolge(setzungs)bedingungen. / **Tatbestandsvoraussetzungen** sind materiell-rechtliche Rechtsfolgesetzungsbedingungen.

1. § 81g Abs. 1 S. 1, 2 StPO: Bestimmter Tatverdacht

(VOR)

In § 81g Abs. 1 S. 1, 2 StPO wird vorausgesetzt (alternativ):

- o Verdacht einer Straftat von erheblicher Bedeutung;
- o Verdacht einer Straftat gegen die sexuelle Selbstbestimmung;
- o Verdacht wiederholter Begehung sonstiger Straftaten mit wegen Wiederholung einer Straftat von erheblicher Bedeutung gleichstehendem Unrechtsgehalt.

(DEF)

Straftat von erheblicher Bedeutung ist eine Straftat im Sinne von § 12 StGB, die mindestens dem Bereich der mittleren Kriminalität zuzurechnen ist, den Rechtsfrieden empfindlich stört und dazu geeignet ist, das Gefühl der Rechtssicherheit der Bevölkerung erheblich zu beeinträchtigen, wobei der Bereich mittlerer Kriminalität sich maßgeblich nach den abstrakten

Strafrahmen des materiellen Strafrechts bestimmt, nicht nach der Schuldform, vgl. auch § 8 Abs. 3 PolG NRW.[777]

Straftaten gegen die sexuelle Selbstbestimmung sind insbesondere solche aus dem 13. Abschnitt StGB.

Tatverdacht ist gemäß § 163 Abs. 1 S. 1 i.V.m. § 152 Abs. 2 StPO das Gegebensein zureichender tatsächlicher Anhaltspunkte für eine verfolgbare Straftat oder Ordnungswidrigkeit.[778]

---

[777] Bundestags-Drucksache 13/10791, S. 5: „[Aus dem Begriff der **Straftat von erheblicher Bedeutung**] folgt, daß auch im Bereich der Sexualdelikte eine Straftat von erheblicher Bedeutung vorliegen muß, so daß beispielsweise Straftaten wie die Erregung öffentlichen Ärgernisses (§ 183a des Strafgesetzbuches) oder die [Ausübung der verbotenen Prostitution, § 184f StGB] in der Regel ausscheiden werden.".

KG Berlin, Beschluss des 3. Senats vom 20.12.2018 – 3 Ws 309/18, 3 Ws 309/18 - 161 AR 262/18 –, Rn. 19-22: „Mag auch im Einzelnen umstritten sein, welche Straftatbestände diesem unbestimmten Rechtsbegriff unterfallen, so ist doch deutlich, dass das Vergehen des vorsätzlichen Fahrens ohne Fahrerlaubnis auch dann nicht dazu gehört, wenn es seriell begangen wird. Im Regierungsentwurf heißt es hierzu: ‚Der Begriff der ‚Straftat von erheblicher Bedeutung' ist inzwischen von Literatur und Rechtsprechung weitgehend präzise erfasst worden [vgl. Rieß, GA 2004, Drucksache 16/5846 Deutscher Bundestag - 16. Wahlperiode 623 ff. m. w. N.] und vom Bundesverfassungsgericht mit diesem Verständnis anerkannt [BVerfGE 103, 21, 33 f.; 107, 299, 321 f.; 110, 33, 65; BVerfG, 2 BvR 1841/00 vom 15. März 2001, NJW 2001, 2320, 2321; BVerfG, 2 BvR 483/01 vom 20. Dezember 2001, StV 2003, 1 f.]. Eine Straftat von erheblicher Bedeutung muss mindestens dem Bereich der mittleren Kriminalität zuzurechnen sein, den Rechtsfrieden empfindlich stören und dazu geeignet sein, das Gefühl der Rechtssicherheit der Bevölkerung erheblich zu beeinträchtigen (Schäfer, a. a. O., § 100g, Rn. 13 m. w. N.)' (vgl. BT-Drucks. S. 39 f.). Dieses zutreffende Verständnis ist insbesondere in der zitierten Publikation von Rieß weiter ausdifferenziert worden. Danach sind Vergehen ‚in keinem Fall Straftaten von erheblicher Bedeutung, wenn die Strafrahmenobergrenze gering ist'. Für gering hält der Autor jedenfalls eine Strafrahmenobergrenze von bis zu zwei Jahren (vgl. Rieß, GA 2004, 623 [637, 642]). In eine ähnliche Richtung weist eine Entscheidung des Bundesgerichtshofs, der formuliert, eine Straftat habe im Gesetzessinn ‚erhebliche Bedeutung', wenn sie mindestens dem Bereich der mittleren Kriminalität zuzurechnen ist, den Rechtsfrieden empfindlich stört und geeignet ist, das Gefühl der Rechtssicherheit der Bevölkerung erheblich zu beeinträchtigen' (vgl. BGH NStZ 2014, 281). Dies setze voraus, ‚dass der Gesetzgeber der Straftat allgemein ein besonderes Gewicht beimisst und sie im konkreten Fall erhebliche Bedeutung hat'. Im Einzelfall könne auch eine im Höchstmaß mit (nur) drei Jahren Freiheitsstrafe bedrohte Straftat diese Voraussetzungen erfüllen, wenn der Tat ‚aufgrund der besonderen Bedeutung des geschützten Rechtsguts oder des besonderen öffentlichen Interesses an der Strafverfolgung erhebliche Bedeutung' zukommt (vgl. BGH NStZ 2014, 281). Im konkreten Fall ist dies bejaht worden, weil der öffentlichkeitswirksame Verdacht bestand, ein Bürgermeister habe im Zusammenhang mit seinem Amt vorgetäuscht, Opfer eines Brandanschlags im Rathaus geworden zu sein. Daneben wird diskutiert, ob Straftaten mit Seriencharakter dem unbestimmten Rechtsbegriff der ‚erheblichen Bedeutung' unterfallen, dies allerdings nur im Zusammenhang mit Eigentums- und Vermögensdelikten mit ‚entsprechend erheblichem (Gesamt-) Schaden für die Allgemeinheit' (vgl. Rieß, aaO 627 unter Bezugnahme auf einen nicht Gesetz gewordenen Referentenentwurf eines StVAG 1988/89). Ob das wiederholt begangene Fahren ohne Fahrerlaubnis der Bagatellkriminalität unterfällt, muss der Senat nicht entscheiden. Jedenfalls stellt es mit der Strafrahmenobergrenze von einem Jahr Freiheitsstrafe, die nach § 54 Abs. 1 Satz 2 StGB als gegebenenfalls höchstmögliche Einsatzstrafe im hier gegebenen Fall der vielfachen Tatbegehung (nur) zu ‚erhöhen' ist, und einem hier durchschnittlichen Tatbild keine Straftat von erheblicher Bedeutung im Sinne des § 163f Abs. 1 StPO dar.".

[778] BVerfG, Beschluss der 3. Kammer des Zweiten Senats vom 11.01.2016 – 2 BvR 1361/13 –, Rn. 11: „Notwendiger und grundsätzlich auch hinreichender Anlass für Zwangsmaßnahmen im Strafverfahren [oder Ordnungswidrigkeitenverfahren, P. B.] ist der Verdacht einer Straftat [oder Ordnungswidrigkeit, P. B.]. Der Verdacht muss auf konkreten Tatsachen beruhen; vage Anhaltspunkte oder bloße Vermutungen reichen nicht aus (vgl. BVerfGE 44, 353 <381 f.>; 59, 95 <97 f.>; BVerfGK 1, 126 <131>)."

Zureichende tatsächliche Anhaltspunkte sind gegeben bei entsprechendem Ergebnis einer Gewichtigkeits- und Plausibilitätsprüfung aller wahrnehmbaren Dinge in Abwägung mit Art und Ausmaß potentieller Rechtseingriffe und Taten.

(SUB)

Zureichende tatsächliche Anhaltspunkte sind (z.B. und alternativ möglich) zum maßgeblichen Zeitpunkt bezüglich bestimmter Taten:

- polizeieigene Beobachtungen;
- polizeiliche Feststellungen;
- polizeiliche, auf Tatsachen begründete, auf den einzelnen Fall bezogene Schlussfolgerungen, außer reine Spekulationen, hypothetische Erwägungen oder lediglich auf kriminalistische Alltagserfahrung gestützte, fallunabhängige Vermutungen;
- Angaben von Beschuldigten, Betroffenen, Verdächtigen, Nichtverdächtigen, Zeugen, Sachverständigen oder Dritten;
- Anzeigen i.S.d. § 158 StPO;
- sonstige Daten.

(ERG)

Im konkreten Fall besteht i.S.d. § 81g Abs. 1 S. 1, 2 StPO i.V.m. § 152 Abs. 2 StPO i.V.m. § 163 Abs. 1 S. 1 StPO (alternativ)

- Tatverdacht (bei zureichenden tatsächlichen Anhaltspunkten);
- kein Tatverdacht (bei Fehlen zureichender tatsächlicher Anhaltspunkte).

2. § 81g Abs. 1 S. 1, 2 StPO: Grund zur Annahme wegen Tatart oder Tatausführung, Beschuldigten-Persönlichkeit, sonstiger Erkenntnisse, dass gegen den Beschuldigten künftig Strafverfahren wegen Straftat von erheblicher Bedeutung oder wegen sonstiger wiederholter, damit im Unrechtsgehalt erheblicher Bedeutung gleichstehender Straftaten zu führen sind

(VOR)

Gemäß § 81g Abs. 1 S. 1 StPO ist Voraussetzung, dass wegen der Art oder Ausführung der Tat, der Persönlichkeit des Beschuldigten oder sonstiger Erkenntnisse Grund zu der Annahme besteht, dass gegen den potentiell DNA-IDF-betroffenen Beschuldigten künftig (alternativ)

- Strafverfahren zu führen sind wegen einer Straftat von erheblicher Bedeutung;
- Strafverfahren zu führen sind wegen wiederholter Begehung sonstiger Straftaten, die gemäß § 81g Abs. 1 S. 2 StPO im Unrechtsgehalt einer Straftat von erheblicher Bedeutung gleichstehen können.

(DEF)

Grund zur Annahme / Begründete Annahme ist hinreichende Wahrscheinlichkeit künftiger Strafverfahrensführung, jedenfalls wegen künftiger mutmaßlicher Tatbegehung bzw. künftigen Tatverdachts im Sinne von § 81g Abs. 1 S. 1, 2 StPO (negative Sozialprognose / „Negativprognose“[779], vgl. auch § 18 BKAG und § 56 StGB [**Bewährung**])[780].[781]

---

[779] Bundestags-Drucksache 13/10791, S. 5.

[780] BVerfG, Beschluss der 3. Kammer des Zweiten Senats vom 11.03.2004 – 2 BvR 1478/01 (Antrag auf Erlass einer einstweiligen Anordnung gegen den BGH [Ermittlungsrichter], Beschluss vom 23.07.2001 – 1 BGs 129/2001 – Antrag auf Auslagenerstattung bei Erledigung der Hauptsache), Rn. 3: „Der Ermittlungsrichter des Bundesgerichtshofs hat die angegriffene Entscheidung aufgehoben und damit im Ergebnis der im Verfassungsbeschwerde-Verfahren geltend gemachten Beschwer abgeholfen. Dabei ist er von seiner früheren Auffassung, eine Maßnahme nach § 2 DNA-IfG in Verbindung mit § 81g StPO komme auch zur Aufklärung von Straftaten in Betracht, die zum Zeitpunkt der Anordnung bereits begangen waren, abgerückt.“.

BVerfGK 15, 532 = BVerfG, Beschluss der 2. Kammer des Zweiten Senats vom 22.05.2009 – 2 BvR 287/09 –, Rn. 24: „Eine einzelfallbezogene Darlegung, warum die wiederholte Begehung sonstiger Straftaten im Unrechtsgehalt einer Straftat von erheblicher Bedeutung gleichstehe, enthalten die Entscheidungen jedoch nicht. Ferner ist nicht ersichtlich, welche Gründe die Gerichte zu der Annahme bewogen haben, dass der Beschwerdeführer zukünftig Straftaten von erheblicher Bedeutung begehen werde, obwohl im Rahmen der Verurteilung vom 20. Oktober 2005 eine positive Sozialprognose gestellt worden war.“.

[781] BVerfG, Beschluss der 3. Kammer des Zweiten Senats vom 02.07.2013 – 2 BvR 2392/12 – (§ 81g StPO rechtsfehlerhaft nach „Knutschfleck“ von 14-jährigem an 13-jähriger und nach Händegriff an „das bedeckte Geschlechtsteil“), Rn. 11: „Die Gerichte sind bei der Auslegung und Anwendung des § 81g StPO gehalten, die Bedeutung und Tragweite des Rechts auf informationelle Selbstbestimmung angemessen zu berücksichtigen. Es bedarf einer Darlegung positiver, auf den Einzelfall bezogener Gründe, dass wegen der Art oder Ausführung der bereits abgeurteilten Straftaten, der Persönlichkeit des Verurteilten oder sonstiger Erkenntnisse Grund zu der Annahme besteht, dass gegen ihn künftig erneut Strafverfahren wegen Straftaten von erheblicher Bedeutung zu führen sind. Die Prognoseentscheidung setzt voraus, dass ihr eine zureichende Sachaufklärung vorausgegangen ist und die für sie bedeutsamen Umstände nachvollziehbar abgewogen werden (vgl. BVerfGE 103, 21 <35 ff.>; BVerfG, Beschluss der 1. Kammer des Zweiten Senats vom 18. September 2007 - 2 BvR 2577/06 -, juris, Rn. 16 f.; Beschluss der 2. Kammer des Zweiten Senats vom 22. Mai 2009 – 2 BvR 287/09 u.a. -, juris, Rn. 22).“, Rn. 13: „Eine erkennbare Beachtung dieses Faktors [jugendtypischer Verfehlung] wäre aber erforderlich gewesen, da er geeignet ist, die Prognoseentscheidung in Bezug auf künftige Straftaten von erheblicher Bedeutung maßgeblich zu beeinflussen (vgl. BVerfG, Beschluss der 1. Kammer des Zweiten Senats vom 18. September 2007 - 2 BvR 2577/06 -, juris, Rn. 24).“.

BVerfG, Beschluss der 1. Kammer des Zweiten Senats vom 18.09.2007 – 2 BvR 2577/06 – (§ 81g StPO rechtsfehlerhaft bei jugendlichen Ersttätern im pubertären Alter), Gründe, B. I.: „Die Prognoseentscheidung setzt von Verfassungs wegen voraus, dass ihr eine zureichende Sachaufklärung (vgl. BVerfGE 70, 297 [309] = NJW 1986, 767), insbesondere durch Beiziehung der verfügbaren Straf- und Vollstreckungsakten, des Bewährungsheftes und zeitnaher Auskünfte aus dem Bundeszentralregister vorausgegangen ist und die für sie bedeutsamen Umstände nachvollziehbar abgewogen werden. Dabei ist eine auf den Einzelfall bezogene Entscheidung, die auf schlüssigen, verwertbaren und in der Entscheidung nachvollziehbar dokumentierten Tatsachen beruht und die richterliche Annahme der Wahrscheinlichkeit künftiger Straftaten von erheblicher Bedeutung belegt, erforderlich; die bloße Bezugnahme auf den Gesetzeswortlaut reicht nicht aus (vgl. nur BVerfG [3. Kammer des Zweiten Senats], BVerfGE 103, 21 [36f.] = NJW 2001, 879; BVerfG [1. Kammer des Zweiten Senats], Beschl. v. 16. 2. 2006 – 2 BvR 561/03, BeckRS 2006, 21839).“, Gründe, B. II. 2. a): „[E]s im Rahmen der Prognoseentscheidung genügen [zu] lassen, dass [die Person] wegen einer in § 81g Abs. 1 StPO genannten Straftaten in den Kreis der Verdächtigen einbezogen werden könnte[, wird als Maßstab] – wie das BVerfG entschieden hat (BVerfG [3. Kammer des Zweiten Senats],

Straftat von erheblicher Bedeutung ist eine Straftat im Sinne von § 12 StGB, die mindestens dem Bereich der mittleren Kriminalität zuzurechnen ist, den Rechtsfrieden empfindlich stört und dazu geeignet ist, das Gefühl der Rechtssicherheit der Bevölkerung erheblich zu beeinträchtigen, wobei der Bereich mittlerer Kriminalität sich maßgeblich nach den abstrakten Strafrahmen des materiellen Strafrechts bestimmt, nicht nach der Schuldform, vgl. auch § 8 Abs. 3 PolG NRW.[782]

NJW 2001, 2320 [2321]) – der Bedeutung des Grundrechts auf informationelle Selbstbestimmung nicht gerecht. [...] Die Inanspruchnahme einer Person, die voraussichtlich keine Straftaten begehen wird, wird im Übrigen auch dadurch nicht gerechtfertigt, dass die Feststellung und Speicherung des DNA-Identifizierungsmusters gegebenenfalls als Entlastungsbeweis dienen könnte.“.

[782] Bundestags-Drucksache 13/10791, S. 5: „[Aus dem Begriff der **Straftat von erheblicher Bedeutung**] folgt, daß auch im Bereich der Sexualdelikte eine Straftat von erheblicher Bedeutung vorliegen muß, so daß beispielsweise Straftaten wie die Erregung öffentlichen Ärgernisses (§ 183a des Strafgesetzbuches) oder die [Ausübung der verbotenen Prostitution, § 184f StGB] in der Regel ausscheiden werden.“.

KG Berlin, Beschluss des 3. Senats vom 20.12.2018 – 3 Ws 309/18, 3 Ws 309/18 - 161 AR 262/18 –, Rn. 19-22: „Mag auch im Einzelnen umstritten sein, welche Straftatbestände diesem unbestimmten Rechtsbegriff unterfallen, so ist doch deutlich, dass das Vergehen des vorsätzlichen Fahrens ohne Fahrerlaubnis auch dann nicht dazu gehört, wenn es seriell begangen wird. Im Regierungsentwurf heißt es hierzu: ‚Der Begriff der ‚Straftat von erheblicher Bedeutung‘ ist inzwischen von Literatur und Rechtsprechung weitgehend präzise erfasst worden [vgl. Rieß, GA 2004, Drucksache 16/5846 Deutscher Bundestag - 16. Wahlperiode 623 ff. m. w. N.] und vom Bundesverfassungsgericht mit diesem Verständnis anerkannt [BVerfGE 103, 21, 33 f.; 107, 299, 321 f.; 110, 33, 65; BVerfG, 2 BvR 1841/00 vom 15. März 2001, NJW 2001, 2320, 2321; BVerfG, 2 BvR 483/01 vom 20. Dezember 2001, StV 2003, 1 f.]. Eine Straftat von erheblicher Bedeutung muss mindestens dem Bereich der mittleren Kriminalität zuzurechnen sein, den Rechtsfrieden empfindlich stören und dazu geeignet sein, das Gefühl der Rechtssicherheit der Bevölkerung erheblich zu beeinträchtigen (Schäfer, a. a. O., § 100g, Rn. 13 m. w. N.)‘ (vgl. BT-Drucks. S. 39 f.). Dieses zutreffende Verständnis ist insbesondere in der zitierten Publikation von Rieß weiter ausdifferenziert worden. Danach sind Vergehen ‚in keinem Fall Straftaten von erheblicher Bedeutung, wenn die Strafrahmenobergrenze gering ist‘. Für gering hält der Autor jedenfalls eine Strafrahmenobergrenze von bis zu zwei Jahren (vgl. Rieß, GA 2004, 623 [637, 642]). In eine ähnliche Richtung weist eine Entscheidung des Bundesgerichtshofs, der formuliert, eine Straftat habe im Gesetzessinn ‚erhebliche Bedeutung‘, wenn sie mindestens dem Bereich der mittleren Kriminalität zuzurechnen ist, den Rechtsfrieden empfindlich stört und geeignet ist, das Gefühl der Rechtssicherheit der Bevölkerung erheblich zu beeinträchtigen‘ (vgl. BGH NStZ 2014, 281). Dies setze voraus, ‚dass der Gesetzgeber der Straftat allgemein ein besonderes Gewicht beimisst und sie im konkreten Fall erhebliche Bedeutung hat‘. Im Einzelfall könne auch eine im Höchstmaß mit (nur) drei Jahren Freiheitsstrafe bedrohte Straftat diese Voraussetzungen erfüllen, wenn der Tat ‚aufgrund der besonderen Bedeutung des geschützten Rechtsguts oder des besonderen öffentlichen Interesses an der Strafverfolgung erhebliche Bedeutung‘ zukommt (vgl. BGH NStZ 2014, 281). Im konkreten Fall ist dies bejaht worden, weil der öffentlichkeitswirksame Verdacht bestand, ein Bürgermeister habe im Zusammenhang mit seinem Amt vorgetäuscht, Opfer eines Brandanschlags im Rathaus geworden zu sein. Daneben wird diskutiert, ob Straftaten mit Seriencharakter dem unbestimmten Rechtsbegriff der ‚erheblichen Bedeutung‘ unterfallen, dies allerdings nur im Zusammenhang mit Eigentums- und Vermögensdelikten mit ‚entsprechend erheblichem (Gesamt-) Schaden für die Allgemeinheit‘ (vgl. Rieß, aaO 627 unter Bezugnahme auf einen nicht Gesetz gewordenen Referentenentwurf eines StVAG 1988/89). Ob das wiederholt begangene Fahren ohne Fahrerlaubnis der Bagatellkriminalität unterfällt, muss der Senat nicht entscheiden. Jedenfalls stellt es mit der Strafrahmenobergrenze von einem Jahr Freiheitsstrafe, die nach § 54 Abs. 1 Satz 2 StGB als gegebenenfalls höchstmögliche Einsatzstrafe im hier gegebenen Fall der vielfachen Tatbegehung (nur) zu ‚erhöhen‘ ist, und einem hier durchschnittlichen Tatbild keine Straftat von erheblicher Bedeutung im Sinne des § 163f Abs. 1 StPO dar.“.

Wiederholte Begehung sonstiger Straftaten ist mindestens zweimal erfolgte Begehung von Straftaten, von denen wenigstens eine nicht ist: **Straftat gegen die sexuelle Selbstbestimmung**, also einer Straftat außerhalb des 13. Abschnitts des StGB, §§ 174-184j StGB.

(SUB/ERG)

Im konkreten Fall sind die Voraussetzungen aus § 81g Abs. 1 S. 1, 2 StPO (alternativ)

- erfüllt mit Grund zur Annahme.
- unerfüllt ohne Grund zur Annahme im Sinne von § 81g Abs. 1 S. 1, 2 StPO.[783]

---

[783] BVerfG, Beschluss der 3. Kammer des Zweiten Senats vom 15.03.2001 – 2 BvR 1841/00 –, Rn. 35-37: „Soweit das Gericht bei der Annahme einer Straftat von erheblicher Bedeutung auf eine ‚Katalogtat nach § 2c DNA-IfG' abstellt, verkennt es schon im Ansatz, dass es für diese Prüfung nicht auf den für den Suchlauf der Staatsanwaltschaften im Bundeszentralregister geschaffenen Katalog in der Anlage zu § 2c DNA-IfG, sondern auf denjenigen nach § 81g Abs. 1 StPO ankommt [Quellenangabe]. Darüber hinaus lässt es außer Acht, dass das Vorliegen einer Katalogtat nicht zwingend eine **Straftat von erheblicher Bedeutung** belegt. Im Hinblick auf die im unteren Bereich des Strafrahmens liegende Strafe gegen den Beschwerdeführer und die ihm gewährte Strafaussetzung zur Bewährung hätte Anlass bestanden, die Annahme einer Ausnahme zu prüfen. Dass das Amtsgericht eine solche Prüfung vorgenommen habe, lässt die Entscheidung nicht erkennen. Auch die Negativprognose hat das Amtsgericht nicht in tragfähiger Weise begründet. Der alleinige Hinweis auf einschlägige Vorverurteilungen des Beschwerdeführers genügt insoweit nicht den an eine Gefahrenprognose von Verfassungs wegen zu stellenden Anforderungen. Es fehlt auch an einer auf den Einzelfall bezogenen individuellen Prüfung, die nicht durch die allgemeinen Ausführungen des Gerichts zu den Anforderungen an eine Prognoseentscheidung ersetzt werden kann. Dabei hätte sich das Gericht zum einen konkret im Rahmen der Abwägung damit auseinander setzen müssen, dass die Anlasstat lange zurückliegt, die damals verhängte Strafe zur Bewährung ausgesetzt war und inzwischen erlassen ist. Zum anderen wäre eine ins Einzelne gehende Würdigung der Persönlichkeit des Beschwerdeführers erforderlich gewesen, um nachvollziehbar darzutun, warum auch heute, mehr als zehn Jahre nach der letzten Verurteilung, noch Grund zu der Annahme bestehen soll, dass gegen ihn künftig erneut Strafverfahren wegen Straftaten von erheblicher Bedeutung zu führen sein werden. Dazu wäre es, auch um dem in diesem Verfahren geltenden Gebot bestmöglicher Sachverhaltsaufklärung Genüge zu tun (vgl. BVerfGE 70, 297 <309>), angezeigt gewesen, den Inhalt des gegen den Beschwerdeführer ergangenen Urteils und eventuell im Zuge des Strafverfahrens bekannt gewordene weitere Erkenntnisse hinsichtlich seiner Person zu berücksichtigen. Die Entscheidung des Landgerichts, die sich den Gründen des angefochtenen Beschlusses angeschlossen hat, leidet damit an den gleichen Mängeln wie die Entscheidung des Amtsgerichts. Soweit es das Landgericht im Rahmen der Prognoseentscheidung im Übrigen genügen lassen will, dass der Beschwerdeführer wegen einer der in § 81g Abs. 1 StPO genannten Straftaten in den Kreis der Verdächtigen einbezogen werden könnte, wird dies der Bedeutung des Grundrechts auf informationelle Selbstbestimmung nicht gerecht. Ein Verurteilter kann nach § 2 DNA-IfG i. V. m. § 81g Abs. 1 StPO nur in Anspruch genommen werden, wenn er in seiner Person genügenden Anlass für die Annahme bietet, dass es zu künftigen Strafverfahren wegen Straftaten von erheblicher Bedeutung kommen wird, nicht dagegen schon dann, wenn er in Strafverfahren verwickelt wird, ohne dass eine Wahrscheinlichkeit für die Begehung von Straftaten durch ihn besteht. Die Inanspruchnahme einer Person, die voraussichtlich keine Straftaten begehen wird, wird im Übrigen auch nicht dadurch gerechtfertigt, dass die Feststellung und Speicherung des DNA-Identifizierungsmusters gegebenenfalls als Entlastungsbeweis wirken könnte.".

C. Materielle Rechtmäßigkeit (MR) II. Inanspruchnahme (In) / Inanspruchnahmevoraussetzungen (Inv)

(VOR/DEF)

Inanspruchnahmevoraussetzungen sind materiell-rechtliche Bedingungen für richtige Inanspruchnahme.

Inanspruchnahme ist Adressierung und sonstiges Betroffenmachen; **Adressierung** ist direktes Bestimmen oder finales Richten einer Maßnahme an einen Grundrechtsträger, vgl. §§ 100b Abs. 3, 100c Abs. 2, 100h Abs. 3, 163f Abs. 2 StPO.

Nach § 81g StPO ist Inanspruchnahme richtig grundsätzlich gegen jede „Person" bzw. „betroffene Person" im Sinne von § 81g StPO, alternativ gegenüber Personen wie folgt

- Beschuldigter einer Straftat von erheblicher Bedeutung, § 81g Abs. 1 S. 1 StPO;
- Beschuldigter einer im Unrechtsgehalt einer Straftat von erheblicher Bedeutung gleichstehenden wiederholten Begehung einer Straftat, § 81g Abs. 1 S. 1, 2 StPO;
- als wegen der Tat rechtskräftig Verurteilter, § 81g Abs. 4 StPO;
- als nur wegen § 81g Abs. 4 Nr. 1-3 StPO Nichtverurteilter mit noch nicht erfolgter Tilgung im Bundeszentralregister oder Erziehungsregister, § 81g Abs. 4 StPO.

Beschuldigter, vgl. § 157 StPO, ist im Strafverfahren jede (tatverdächtige) Person, gegen die im Rahmen eines Strafverfahrens wegen einer bestimmten Straftat ermittelt wird, was sich durch Auslegung nach dem objektivierten Empfängerhorizont, §§ 133, 157 BGB analog, etwa über einen Inkulpationsakt, vgl. § 397 Abs. 1 AO, ergibt.

Tatverdächtiger ist, gegen wessen Person zureichende tatsächliche Anhaltspunkte der Beteiligung an einer verfolgbaren Tat im Sinne des § 152 Abs. 2 StPO vorliegen.

Verurteilter im Sinne von § 81g Abs. 4 StPO ist die Person, die Adressat einer Verurteilung im Sinne des § 4 BZRG („**Verurteilungen**") ist, also einer rechtskräftigen Entscheidung, durch die ein deutsches Gericht im Geltungsbereich des BZRG wegen einer rechtswidrigen Tat (alternativ)

1. auf Strafe erkannt,
2. eine Maßregel der Besserung und Sicherung angeordnet,
3. jemanden nach § 59 des Strafgesetzbuchs mit Strafvorbehalt verwarnt oder
4. nach § 27 JGG die Schuld eines Jugendlichen oder Heranwachsenden festgestellt

hat; zu Verwertungsverbot und Verwertungsverbotausnahmen vgl. §§ 51, 52 BZRG.[784]

---

[784] BVerfG, Beschluss der 1. Kammer des Zweiten Senats vom 18.09.2007 – 2 BvR 2577/06 „Ein Verurteilter kann nach § 81g Abs. 4 i.V.m. § 81g Abs. 1 StPO nur in Anspruch genommen werden, wenn er in seiner Person genügenden Anlass für die Annahme bietet, dass es zu künftigen Strafverfahren wegen Straftaten von erheblicher Bedeutung kommen wird, nicht dagegen schon dann, wenn er in Strafverfahren verwickelt wird, ohne dass eine Wahrscheinlichkeit für die Begehung von Straftaten durch ihn besteht. Die Inanspruchnahme einer Person, die voraussichtlich keine Straftaten begehen wird, wird im Übrigen auch dadurch nicht gerechtfertigt, dass die Feststellung und Speicherung des DNA-Identifizierungsmusters gegebenenfalls als Entlastungsbeweis dienen könnte.".

(SUB/ERG)

Im konkreten Fall ist die Person (alternativ)

- richtigerweise als andere Person in Anspruch genommen/adressiert;
- nicht richtigerweise in Anspruch genommen/adressiert.

C. Materielle Rechtmäßigkeit (MR) III. Rechtsfolge (Rf) / Rechtsfolgevoraussetzungen (RfV)

(VOR/DEF)

Rechtsfolge ist rechtliche Folge aus dem Tatbestand. / **Rechtsfolgevoraussetzungen** sind materiell-rechtliche Rechtsfolgegestaltungsbedingungen.

C. Materielle Rechtmäßigkeit (MR) III. Rechtsfolge (Rf) 1. Tatsächliche und rechtliche Möglichkeit (TurM)

(VOR/DEF)

Tatsächliche und rechtliche Möglichkeit betrifft Fälle wie aus § 44 Abs. 2 Nr. 4-6 VwVfG NRW.

(SUB/ERG)

Im konkreten Fall ist tatsächliche und rechtliche Möglichkeit (alternativ)

- gegeben wegen Vorliegens von (alternativ) kognitiven, körperlichen, normativen, technischen Unmöglichkeiten.
- nicht gegeben wegen Nichtvorliegens von kognitiven, körperlichen, normativen, technischen Unmöglichkeiten.[785]

C. Materielle Rechtmäßigkeit (MR) III. Rechtsfolge (Rf) 2. Bestimmtheit (Bsh)

(VOR/DEF)

Bestimmtheit des Justiz-VA im Sinne des Art. 20 Abs. 3 GG ist Maßnahmenerkennbarkeit und Maßnahmenverstehbarkeit, vgl. §§ 133, 157 BGB analog.

---

[785] Zu „Tatsächliche und rechtliche Möglichkeit“ mit Beispielen siehe auch: *Basten*, Eingriffsrecht der Polizei in Nordrhein-Westfalen, Band 1, S. 263.

(SUB/ERG)

Der Justiz-VA der Untersuchung bei der betroffenen Person ist inhaltlich hinreichend bestimmt i.S.d. Art. 20 Abs. 3 GG, wenn nach Auslegung der Maßnahmenempfänger wie jeder vernünftige Dritte, §§ 133, 157 BGB analog, in der konkreten Situation dessen Inhalt hinreichend erkennen und verstehen kann, nämlich:

- dass die Polizei ggü. dem Erklärungsempfänger (wer)
- aus Strafrechtspflegegründen (warum)
- zu einer spezifischen Zeit (wann)
- bezweckt, dass für Sachverhaltserforschung/Tatverdachtserforschung bei potentiellen künftigen Strafverfahren bestimmte Körperzellenentnahmen und molekulargenetische Untersuchungen für eine (positive oder negative) Identitätsfeststellung in künftigen Strafverfahren bzgl. des Erklärungsempfängers getroffen werden sollen (was)
- durch Duldung [in den Grenzen des „nemo-tenetur-se-ipsum-prodere/accusare“[786]] der Körperzellenentnahme und der molekulargenetischen Untersuchung (wie).

Bestimmtheitsfördernd sind auch Schriftlichkeit im Sinne von § 81g Abs. 3 S. 1, 2 StPO und Belehrung im Sinne von § 81g Abs. 1 S. 3 StPO sowie einzelfallbezogene Begründung im Sinne von § 81g Abs. 3 S. 5 StPO (vgl. nur z.B.: „bestimmenden Tatsachen“).

C. Materielle Rechtmäßigkeit (MR) III. Rechtsfolge (Rf) 3. Ermessen (Erm)

(VOR/DEF)

Ermessen[787] ist Entscheidungsspielraum auf der Rechtsfolgenseite bzgl. rechtsfehlerfreier Ausübung von Einschreit-Entschließung (Ob), Adressaten-Auswahl (Wer), Maßnahmen-Gestaltung (Wie).

(SUB/ERG)

a) Einschreitentschließungs-„Ermessen“ ist grundsätzlich nicht gegeben, vgl. § 163 Abs. 1 S. 1 („haben“) i.V.m. § 152 Abs. 2 StPO (Legalitätsgrundsatz: „ist […] verpflichtet, […] einzuschreiten“); ein Opportunitätsprinzip ist nur ausnahmsweise gegeben, z.B. bei § 111b Abs. 1 S. 1 und 2 StPO; §§ 153-154f StPO; § 374 StPO.

b) Adressatenauswahl-„Ermessen“ ist auch in der StPO grundsätzlich gegeben, insbesondere bzgl. zweckförderlicher Reihenfolge der Inanspruchnahme von mehreren Beschuldigten.

c) Maßnahmengestaltungs-„Ermessen“ ist auch in der StPO grundsätzlich gegeben, vgl. hier bereits die in den §§ 81a-h StPO normierte Maßnahmenbandbreite an Untersuchungen im weiteren Sinne und auch die alleine in § 81g StPO ausdrücklich angelegte Maßnahmenmehrheit an

---

[786] Zum Recht auf faires Verfahren und Selbstbelastungsfreiheit (nemo tenetur se ipsum accusare): *Basten*, Eingriffsrecht der Polizei in Nordrhein-Westfalen, Band 1, S. 106.

[787] Zum Ermessen einschließlich Rechtsnatur, Ermessensarten, Ermessensreduzierungen, Ermessensfehlern, Maßnahmenansprüchen mit Beispielen siehe auch: *Basten*, Eingriffsrecht der Polizei in Nordrhein-Westfalen, Band 1, S. 271-283.

Körperzellenentnahme und molekulargenetischer Untersuchung sowie Feststellungsobjektvielfalt innerhalb der molekulargenetischen Untersuchung im Sinne des § 81g Abs. 1 S. 1 StPO.

Ein etwaig gegebener Entscheidungsspielraum wird (je nach Fall alternativ) aufgrund von Anhaltspunkten/in Ermangelung entgegenstehender Anhaltspunkte ohne Ermessensfehler/mit Ermessensfehlern (Ermessensunterschreitung, Ermessensüberschreitung, Ermessensfehlgebrauch) ausgeübt bzgl. folgender Ermessensarten:

a) Entschließungsermessen:

Ein etwaig gegebenes Entschließungsermessen kann im konkreten Fall sogar gegen / auf Null reduziert sein, insbesondere wegen:

- Einschreitmöglichkeit;
- Erheblichkeitsgrad von Tatverdachten.

b) Auswahlermessen:

siehe C. II.: Auswahlermessen wird abschließend beurteilt i.V.m. Punkt C. II. (Inanspruchnahme).

c) Gestaltungsermessen:

siehe C. III. 4.: Gestaltungsermessen wird abschließend beurteilt i.V.m. Punkt C. III. 4. (VHM).

C. Materielle Rechtmäßigkeit (MR) III. Rechtsfolge (Rf) 4. Verhältnismäßigkeit (VHM)

(VOR/DEF)

Verhältnismäßigkeit ist Geeignetheit, Erforderlichkeit, Angemessenheit zum legitimen Zweck.

(VOR/DEF)

a) Legitimer Zweck ist jeder verfassungsgemäße Zweck, vgl. auch § 81g Abs. 1 S. 1 W. 19 StPO („zur").

Legitimer Zweck im Sinne des § 81g Abs. 1 S. 1 StPO ist zunächst die „Identitätsfeststellung in künftigen Strafverfahren", § 81g Abs. 1 S. 1 W. 19-23 StPO und fürderhin die (Vorsorge der) Strafverfahrensführung, § 81g Abs. 1 S. 1, letzter Hs., W. 4, 5, 12, 13 StPO („Strafverfahren [...] zu führen").

Legitimer Zweck im Sinne von § 81g StPO ist nicht ausdrücklich ein gefahrenabwehrender Abschreckungseffekt.

(SUB/ERG)

Im konkreten Fall verfolgt die molekulargenetische Untersuchung (alternativ)

- einen legitimen Zweck, nämlich:
  - zunächst bei molekulargenetischer Untersuchung im Sinne von § 81g Abs. 1 S. 1 StPO die Identitätsfeststellung in künftigen Strafverfahren;

- letztlich zur (Vorsorge der) Strafverfahrensführung in künftigen Strafverfahren, also „zur Erforschung des Sachverhalts“, also zum Zweck verfassungsgemäßer Tatverdachtserforschung zwecks Art. 20 Abs. 3 GG.
- keinen legitimen Zweck.

(VOR/DEF)

b) Geeignetheit einer staatlichen Maßnahme ist gegeben bei deren Zweckförderungstauglichkeit.

Geeignetheit im Sinne von § 81g StPO ist **Verfahrensbedeutsamkeit**, ist also potentielle **Beweisbedeutung**, die sich im Sinne des § 81g Abs. 1, 2 StPO insbesondere ergibt aus den jeweiligen bestimmten Tatbeständen der Straf- (und Owi-)Gesetze und aus §§ 244-246, 261, 267 StPO in Beziehung zur Anlassuntersuchung – sowohl bzgl. belastender als auch entlastender Umstände, vgl. § 160 Abs. 2 StPO, vgl. auch § 81g StPO mit wechselseitigem Zweckbezug unter anderem zu §§ 81e StPO, vgl. zu § 81e StPO auch § 46 Abs. 4 S. 4 StPO, wonach die Verwendung von Blutproben und sonstigen Körperzellen zur Durchführung einer Untersuchung im Sinne des § 81e StPO unzulässig ist, und insoweit rechtlich unmöglich bzw. ungeeignet.[788]

(SUB/ERG)

Im konkreten Fall ist die DNA-IDF (Körperzellenentnahme und molekulargenetische Untersuchung) (alternativ)

- geeignet, denn mit ihr wird gefördert: die Tatverdachtserforschung durch Identitätsfeststellung in potentiell künftigen Strafverfahren, und damit im Bedarfsfall, insbesondere im neuerlichen Tatverdachtsfall, die Zuordenbarkeit von mutmaßlichen Geschehensverläufen, Tatbeiträgen, Tatspuren, Tatfolgen zu der mit Personaliensatz und DNA-Identifizierungsmuster polizeibekannten DNA-Identitätsfeststellungsbetroffenen Person.
- ungeeignet.[789]

(VOR/DEF)

c) Erforderlichkeit einer staatlichen Maßnahme ist Nichtverfügbarkeit eines milderen (Übermaßverbot), gleich geeigneten (Untermaßverbot) Mittels zur Zweckförderung, vgl. auch § 81g Abs. 2 S. 1 StPO, § 81g Abs. 2 S. 2 StPO.

---

[788] Zu Möglichkeits-, Bestimmtheits-, Geeignetheits-Wechselwirkungen siehe: *Basten*, Eingriffsrecht der Polizei, Band 1, S. 264, 269 f., 284 f..

[789] Bundestags-Drucksache 13/10791, S. 5: „Eine aus dem Grundsatz der Verhältnismäßigkeit folgende systemimmanente Begrenzung ergibt sich außerdem dadurch, daß solche Delikte mangels [Geeignetheit und dann auch] Erforderlichkeit der Maßnahme ausscheiden, bei denen der Täter nicht deliktstypisch im Zusammenhang mit einer künftigen Straftat ‚Identifizierungsmaterial‘ am Tatort hinterlassen wird (wie dies beispielsweise in den vorgenannten Fällen oder auch in den Fällen der §§ 154, 183, 187 des Strafgesetzbuches der Fall sein wird).“.

(SUB/ERG)

Im konkreten Fall ist die DNA-IDF (Körperzellenentnahme und molekulargenetische Untersuchung) (alternativ)

erforderlich, denn einerseits sind mildere Maßnahmen wie (zum Beispiel) die Gefährderansprache oder die erkennungsdienstliche Maßnahme oder ein Zuwarten mit Ermittlungsmaßnahmen bis zum künftigen Strafverfahren oder Nichtstun (alleine) nicht gleich geeignet, weil sie nicht Aufklärung von Tatverdachten in gleicher Weise fördern (Untermaßverbot) und andererseits sind (mindestens) gleich geeignete, intensivere Maßnahmen wie direkte Freiheitsentziehung oder Zwang noch nicht notwendig (Übermaßverbot).

- nicht erforderlich.[790]

(VOR/DEF)

d) Angemessenheit oder **Verhältnismäßigkeit im engeren Sinne** einer staatlichen Maßnahme ist angemessenes Maß oder Verhältnis zwischen Zweckförderung für Erhaltungsrechte und Wirkungen für Eingriffsrechte, vgl. betroffene GR.

(SUB/ERG)

Im konkreten Fall ist die DNA-IDF (Körperzellenentnahme und molekulargenetische Untersuchung (alternativ)

- angemessen, denn die Eingriffe in Art. 2 Abs. 1 i.V.m. Art. 1 Abs. 1 GG, also insbesondere der kurzzeitige Eingriff der Körperzellenentnahme (ggf. i.V.m. Art. 2 Abs. 2 S. 1 Alt. 2 GG, Art. 2 Abs. 2 S. 2 GG) und der sachgerichtete Eingriff des molekulargenetischen Abgleichs stehen (insbesondere unter Anwendung der Datenschutzmaßnahmen i.S.v. § 81g Abs. 3 S. 4 i.V.m. § 81f Abs. 2 S. 2, 3 StPO) angesichts von Rechten und Rechtsgütern wie aus Art. 20 Abs. 3 GG sowie angesichts von Tatverdachtsstärke, Schwere mutmaßlicher Tat, Sanktionswahrscheinlichkeit, mutmaßlicher Sanktionshöhe nicht außer Verhältnis.
- unangemessen[791].

---

790 Bundestags-Drucksache 13/10791, S. 5: „Der Zweck der Erhebung und der Umfang der Untersuchungen sind auf das zur Identitätsfeststellung Erforderliche beschränkt. Das heißt insbesondere, daß nur die zur Identifizierung erforderlichen Merkmale untersucht werden dürfen. Die Bildung sog. ‚Persönlichkeitsprofile' ist damit ausgeschlossen. Absatz 2 regelt Schutzvorkehrungen im Interesse des Beschuldigten. Satz 1 erster Halbsatz bestimmt, daß die dem Beschuldigten entnommenen Körperzellen nur für die in Absatz 1 genannte molekulargenetische Untersuchung verwendet werden dürfen. Der zweite Halbsatz schreibt die Vernichtung der entnommenen Körperzellen vor, sobald sie für die Zwecke dieser Untersuchung nicht mehr erforderlich sind. Die Regelung bezieht sich auf das gesamte entnommene Material, gleichgültig ob es für die Untersuchung benutzt wurde oder nicht. Sie erstreckt sich auch auf die im Verlauf einer Untersuchung der entnommenen Blutprobe oder sonstigen Körper- bzw. Gewebezellen angefallenen Zwischenprodukte und aufbereitetes Material. Auf diese Weise wird verhindert, daß die Zwischenprodukte und aufbereitetes Material zu einem späteren Zeitpunkt in mißbräuchlicher Weise molekulargenetisch untersucht werden. Weiterführende Arbeiten mit dem entnommenen Material sind ausgeschlossen.".

791 BVerfG, Beschluss der 3. Kammer des Zweiten Senats vom 02.07.2013 – 2 BvR 2392/12 – (§ 81g StPO rechtsfehlerhaft nach „Knutschfleck" von 14-jährigem an 13-jähriger und nach Händegriff an „das bedeckte Geschlechtsteil"), Rn. 11: „Die Gerichte sind bei der Auslegung und Anwendung des § 81g StPO

(ERG VHM)

Die DNA-IDF ist insgesamt i.S.v. Art. 20 Abs. 3 GG (alternativ)

- verhältnismäßig.
- unverhältnismäßig.

D. Gesamtergebnis (GErg)

Die DNA-IDF (Körperzellenentnahme und molekulargenetische Untersuchung im Sinne des § 81g Abs. 1 S. 1StPO) ist (alternativ)

- gemäß § 81g StPO rechtmäßig.
- wegen Art./§ (bestimmter Rechtsnorm [z.B. Art. 20 Abs. 3 GG]) rechtswidrig.

---

gehalten, die Bedeutung und Tragweite des Rechts auf informationelle Selbstbestimmung angemessen zu berücksichtigen.", Rn. 14: „Auch lassen die angefochtenen Entscheidungen nicht erkennen, ob die möglichen Auswirkungen der Anordnung einer Erfassung und Speicherung von Genmerkmalen auf die weitere Entwicklung des jugendlichen Beschwerdeführers Gegenstand der den Gerichten auch unter dem Gesichtspunkt der Verhältnismäßigkeit obliegenden Abwägung war. Dem **Erziehungsgedanken des Jugendstrafrechts** wohnt das Verfassungsrang beanspruchende Ziel möglichst weitgehender sozialer Integration inne (vgl. BVerfGE 116, 69 <85>). Die Einwirkung exekutiver Maßnahmen auf Jugendliche ist aufgrund deren noch andauernder Labilität sowie ihrer erhöhten subjektiven „Eindrucksfähigkeit" gravierender als auf Erwachsene. Abhängig von den konkreten Umständen kann durch die dauerhafte Speicherung eines unverwechselbaren Erkennungsmerkmals eines Jugendlichen eine „Brandmarkung" drohen, welche als determinierendes Element die Möglichkeit andauernder Straffreiheit als Grundvoraussetzung sozialer Integration einschränken kann (vgl. BVerfG, Beschluss der 1. Kammer des Zweiten Senats vom 18. September 2007 - 2 BvR 2577/06 -, juris, Rn. 28).".

ABSCHNITT 11: MOLEKULARGENETISCHE UNTERSUCHUNG ZUR IDENTITÄTSFESTSTELLUNG, § 14A POLG NRW

A. Rechtsgrundlage (RGL) I. Grundrechte (GR)

(VOR/DEF)

Grundrechte sind grundlegende Rechte aus Art. 1-19 GG i.V.m. dem Rechtsstaatsprinzip, Art. 20 Abs. 3 GG, mit Vorrang und Vorbehalt des Gesetzes.[792]

(SUB/ERG)

Grundrechte sind (i.d.R. alternativ fallabhängig) wie folgt gegeben:

[792] Zu **Grundrechten**: *Basten*, Eingriffsrecht der Polizei in Nordrhein-Westfalen, Band 1, Buch 1, Abschnitt 2, Unterabschnitt 3. Zum **Rechtsstaatsprinzip** mit unter anderem sogenanntem Vorrang des Gesetzes und Vorbehalt des Gesetzes: *Basten*, Eingriffsrecht der Polizei in Nordrhein-Westfalen, Band 1, S. 95-108.

1. **Allgemeines Persönlichkeitsgrundrecht**[793] mit verschiedenen Ausprägungen[794], etwa in der Ausprägung des **Rechts auf informationelle Selbstbestimmung** (APR/RiS), Art. 2 Abs. 1 i.V.m. Art. 1 Abs. 1[795] GG, vgl. auch Art. 142 GG i.V.m. Art. 4 Abs. 1, 2 Verfassung NRW[796].

---

[793] BVerfGE 147, 1, 18 f. (**Geschlechtsidentität**) = BVerfG, Beschluss des Ersten Senats vom 10.10.2017 – 1 BvR 2019/16 –, Rn. 38: „Art. 2 Abs. 1 GG gewährt jedem das **Recht auf die freie Entfaltung seiner Persönlichkeit**. Dieses Grundrecht umfasst neben der allgemeinen Handlungsfreiheit das **allgemeine Persönlichkeitsrecht** (Art. 2 Abs. 1 i.V.m. Art. 1 Abs. 1 GG). Letzteres ergänzt als ‚unbenanntes' Freiheitsrecht die speziellen (‚benannten') Freiheitsrechte, die ebenfalls konstituierende Elemente der Persönlichkeit schützen (vgl. BVerfGE 54, 148 <153>). Eine der **Aufgaben des allgemeinen Persönlichkeitsrechts** ist es dabei, Grundbedingungen dafür zu sichern, dass die einzelne Person ihre Individualität selbstbestimmt entwickeln und wahren kann (vgl. BVerfGE 35, 202 <220>; 79, 256 <268>; 90, 263 <270>; 117, 202 <225>). Das allgemeine Persönlichkeitsrecht schützt indessen nur solche **Elemente der Persönlichkeitsentfaltung**, die - ohne bereits Gegenstand der besonderen Freiheitsgarantien des Grundgesetzes zu sein - diesen in ihrer konstituierenden Bedeutung für die Persönlichkeit nicht nachstehen (vgl. BVerfGE 79, 256 <268>; 99, 185 <193>; 120, 274 <303>; stRspr). Es verbürgt also nicht Schutz gegen alles, was die selbstbestimmte Persönlichkeitsentwicklung auf irgendeine Weise beeinträchtigen könnte; ohnehin vermag kein Mensch seine Individualität unabhängig von äußeren Gegebenheiten und Zugehörigkeiten zu entwickeln. Der lückenschließende Schutz des allgemeinen Persönlichkeitsrechts greift aber dann, wenn die selbstbestimmte Entwicklung und Wahrung der Persönlichkeit spezifisch gefährdet ist (BVerfGE 141, 186 <201 f. Rn. 32>).“.

BVerfG, Beschluss des Ersten Senats vom 06.11.2019 – 1 BvR 16/13 – (Recht auf Vergessen I), Rn. 81: „Diese [**APR-]Rechtsprechung** hat sich maßgeblich in Konstellationen der mittelbaren Drittwirkung und geleitet von dem Erfordernis praktischer Konkordanz entwickelt. Deshalb bestimmen sich die Schutzdimensionen des allgemeinen Persönlichkeitsrechts letztlich immer einzelfallbezogen im Abgleich mit den Grundrechten Dritter. Die Bestimmung seiner Schutzwirkungen und die Abwägung mit den gegenüberstehenden Freiheitsrechten greifen hier Hand in Hand. Der Schutz des allgemeinen Persönlichkeitsrechts ist insoweit flexibel und durch die Einbindung der Person in ihre sozialen Beziehungen relativiert (vgl. BVerfGE 101, 361 <380>; 141, 186 <202 Rn. 32>; 147, 1 <19 Rn. 38>; stRspr; siehe auch BGHZ 183, 353 <357 Rn. 11>; 209, 139 <150 Rn. 30>; 219, 233 <240 Rn. 22>; stRspr).“.

Vgl. „**Allgemeines Persönlichkeitsrecht**“ (APR) als „sonstiges Recht“ (sog. **Rahmenrecht** mit [grundrechts-]abwägungsoffenem Tatbestand) nach § 823 Abs. 1 Var. 6 BGB, u.a. mit Geldentschädigungsanspruch, insbesondere durch ständige Rechtsprechung (vgl. auch § 253 BGB) seit folgender Entwicklung: BGHZ 13, 334 (Leserbrief), mit erstmaliger ausdrücklicher Anerkennung des allgemeinen Persönlichkeitsrechts; BGHZ 26, 349 (Herrenreiter), mit erstmaliger Zuerkennung einer Geldentschädigung wegen des immateriellen Schadens durch die Verletzung des allgemeinen Persönlichkeitsrechts; BGHZ 35, 363 (Ginsengwurzel), mit erstmaliger Schwerpunktsetzung bei der Menschenwürde in der Begründung; BVerfGE 34, 269 (Soraya), mit verfassungsgerichtlicher Erklärung der verfassungsrechtlichen Zulässigkeit der richterrechtlich entwickelten APR-Konstruktion.

[794] BVerfG, Beschluss des Ersten Senats vom 06.11.2019 – 1 BvR 16/13 – (Recht auf Vergessen I), Rn. 80: „Die Rechtsprechung hat aus dem [**Allgemeinen Persönlichkeits-]Grundrecht** insoweit verschiedene **Schutzdimensionen** abgeleitet wie den **Schutz eines unantastbaren Bereichs privater Lebensgestaltung**, die Garantie der **Privatsphäre**, das **Recht am eigenen Bild** oder **gesprochenen Wort** oder das **Recht auf die Darstellung der eigenen Person**, die **soziale Anerkennung** sowie die **persönliche Ehre** (vgl. BVerfGE 27, 1 <6>; 27, 344 <350 f.>; 32, 373 <379>; 34, 238 <245 f.>; 47, 46 <73>; 54, 148 <153 f.>; 99, 185 <193 f.>; 101, 361 <384>; 106, 28 <39>; 114, 339 <346>; 120, 180 <198>).“ „Diese **Schutzgehalte** werden insoweit aber nicht als abschließend umschriebene und voneinander abzugrenzende Gewährleistungen verstanden, sondern als Ausprägungen, die in Blick auf den konkreten Schutzbedarf jeweils anhand des zu entscheidenden Falles herauszuarbeiten sind (vgl. BVerfGE 54, 148 <153 f.>; 65, 1 <41>).“.

BVerfGE 65, 1 (Volkszählungsgesetz), Ls. 1 = BVerfG, Urteil des Ersten Senats vom 15.12.1983 – 1 BvR 209/83, Ls. 1: „Unter den Bedingungen der modernen Datenverarbeitung wird der Schutz des Einzelnen

gegen unbegrenzte Erhebung, Speicherung, Verwendung und Weitergabe seiner persönlichen Daten von dem **allgemeinen Persönlichkeitsrecht** des Art. 2 Abs. 1 GG in Verbindung mit Art. 1 Abs. 1 GG umfaßt. Das [**Allgemeine Persönlichkeits-]Grundrecht** gewährleistet insoweit die Befugnis des Einzelnen, grundsätzlich selbst über die Preisgabe und Verwendung seiner persönlichen Daten zu bestimmen.“; BVerfG, Beschluss des Ersten Senats vom 06.11.2019 – 1 BvR 16/13 – (Recht auf Vergessen I), Rn. 80: „Das **Recht auf informationelle Selbstbestimmung** ist von der Rechtsprechung als eigene Ausprägung des allgemeinen Persönlichkeitsrechts mit einem gegenüber den anderen Ausprägungen selbständigen Gewährleistungsgehalt entwickelt worden und behält diesen auch, soweit es als verfassungsrechtliche Wertentscheidung in das Zivilrecht einstrahlt. Dementsprechend enthält es keinen gesamthaften Schutzanspruch hinsichtlich jederlei Umgangs mit Informationen, der die übrigen Schutzdimensionen des Grundrechts allgemein übergreifen und zusammenführen würde, sondern lässt deren Wertungen und Abwägungsregeln unberührt.“; BVerfGE 120, 274, 311 f. (Online-Durchsuchung) = BVerfG, Urteil des Ersten Senats vom 27.02.2008 – 1 BvR 370/07 –, Rn. 198 f. „Das **Recht auf informationelle Selbstbestimmung** geht über den **Schutz der Privatsphäre** hinaus. Es gibt dem Einzelnen die Befugnis, grundsätzlich selbst über die Preisgabe und Verwendung seiner persönlichen Daten zu bestimmen (vgl. BVerfGE 65, 1 <43>; 84, 192 <194>). Es flankiert und erweitert den grundrechtlichen Schutz von Verhaltensfreiheit und Privatheit, indem es ihn schon auf der Stufe der Persönlichkeitsgefährdung beginnen lässt. Eine derartige Gefährdungslage kann bereits im Vorfeld konkreter Bedrohungen benennbarer Rechtsgüter entstehen, insbesondere wenn personenbezogene Informationen in einer Art und Weise genutzt und verknüpft werden können, die der Betroffene weder überschauen noch verhindern kann. Der Schutzumfang des **Rechts auf informationelle Selbstbestimmung** beschränkt sich dabei nicht auf Informationen, die bereits ihrer Art nach sensibel sind und schon deshalb grundrechtlich geschützt werden. Auch der Umgang mit personenbezogenen Daten, die für sich genommen nur geringen Informationsgehalt haben, kann, je nach dem Ziel des Zugriffs und den bestehenden Verarbeitungs- und Verknüpfungsmöglichkeiten, grundrechtserhebliche Auswirkungen auf die Privatheit und Verhaltensfreiheit des Betroffenen haben (vgl. BVerfG, Beschluss vom 13. Juni 2007 - 1 BvR 1550/03 u.a. -, NJW 2007, S. 2464 <2466>). Die mit dem Recht auf informationelle Selbstbestimmung abzuwehrenden Persönlichkeitsgefährdungen ergeben sich aus den vielfältigen Möglichkeiten des Staates und gegebenenfalls auch privater Akteure (vgl. BVerfG, Beschluss der 1. Kammer des Ersten Senats vom 23. Oktober 2006 - 1 BvR 2027/02 -, JZ 2007, S. 576) zur Erhebung, Verarbeitung und Nutzung personenbezogener Daten. Vor allem mittels elektronischer Datenverarbeitung können aus solchen Informationen weitere Informationen erzeugt und so Schlüsse gezogen werden, die sowohl die grundrechtlich geschützten Geheimhaltungsinteressen des Betroffenen beeinträchtigen als auch Eingriffe in seine Verhaltensfreiheit mit sich bringen können (vgl. BVerfGE 65, 1 <42>; 113, 29 <45 f.>; 115, 320 <342>; BVerfG, Beschluss vom 13. Juni 2007 - 1 BvR 1550/03 u.a. -, NJW 2007, S. 2464 <2466>).“.

BVerfGE 109, 279, 325-327 (akustische Wohnraumüberwachung / „Großer Lauschangriff“) = BVerfG, Urteil des Ersten Senats vom 03.03.2004 – 1 BvR 2378/98, 1084/99 –, Rn. 159-163: „Das aus Art. 2 Abs. 1 in Verbindung mit Art. 1 Abs. 1 GG folgende **allgemeine Persönlichkeitsrecht** kommt neben Art. 13 Abs. 1 GG allerdings nicht zur Anwendung, soweit Eingriffe in die **räumliche Privatsphäre des Wohnungsinhabers** zu überprüfen sind. Art. 13 Abs. 1 GG enthält eine spezielle Gewährleistung des **Schutzes vor staatlicher akustischer Überwachung der räumlichen Privatsphäre**, die die allgemeinere Vorschrift insoweit verdrängt (vgl. BVerfGE 100, 313 [358] zu Art. 10 GG). Mit dem **Recht, in der Wohnung ungestört zu sein**, und dem **Recht am eigenen in der Wohnung gesprochenen Wort** schützt Art. 13 Abs. 1 GG gerade den Teil der **Privatsphäre**, den sonst das allgemeine Persönlichkeitsrecht gewährleistet. Dieses Recht ergänzt als unbenanntes Freiheitsrecht die speziellen Freiheitsrechte, die ebenfalls konstituierende Elemente der Persönlichkeit schützen (vgl. BVerfGE 54, 148 <153 f.>), nur insoweit, als Letztere keinen Schutz gewähren. Der **Schutz des allgemeinen Persönlichkeitsrechts aus Art. 2 Abs. 1 in Verbindung mit Art. 1 Abs. 1 GG** greift hingegen ein, soweit von der Wohnraumüberwachung Personen betroffen werden, die sich nicht auf Art. 13 Abs. 1 GG berufen können. **Grundrechtsträger des Art. 13 Abs. 1 GG** ist jeder Inhaber oder Bewohner eines Wohnraums, unabhängig davon, auf welchen Rechtsverhältnissen die Nutzung des Wohnraums beruht. Bei mehreren Bewohnern einer Wohnung steht das Grundrecht jedem Einzelnen, bei Familien mithin jedem Familienmitglied zu. Maßnahmen der **Wohnraumüberwachung** können aber nicht nur **Wohnungsinhaber**, sondern auch **zufällig in einer Wohnung**

Anwesende erfassen. Diese Personen sind zwar nicht in ihrem Grundrecht aus Art. 13 Abs. 1 GG, wohl aber in ihrem **allgemeinen Persönlichkeitsrecht** betroffen. Der Schutz aus Art. 2 Abs. 1 in Verbindung mit Art. 1 Abs. 1 GG kann insofern allerdings nicht weiter reichen als derjenige aus Art. 13 Abs. 1 und 3 GG. Der Schutz der **räumlichen Privatsphäre und des allgemeinen Persönlichkeitsrechts** kann schließlich in Einzelfällen durch weitere Grundrechtsgarantien ergänzt sein. So wird das **Gespräch zwischen Eheleuten in der eigenen Wohnung** nicht nur von Art. 13 Abs. 1 GG, sondern zusätzlich durch Art. 6 Abs. 1 GG geschützt. Auch in Bezug auf die **Kommunikation mit Berufsgeheimnisträgern** können neben dem grundrechtlichen **Schutz der räumlichen Privatsphäre** Grundrechte in Betracht kommen, die - wie etwa Art. 4 GG im Hinblick auf das Gespräch mit einem Geistlichen - der besonderen Schutzbedürftigkeit der Kommunizierenden Rechnung tragen.“.

BVerfG, Beschluss des Ersten Senats vom 06.11.2019 – 1 BvR 16/13 – (Recht auf Vergessen I), Ls. 3 S. 1: „Von den **äußerungsrechtlichen Schutzdimensionen** ist das **Recht auf informationelle Selbstbestimmung** als eine eigene Ausprägung des allgemeinen Persönlichkeitsrechts zu unterscheiden.“ BVerfG, Beschluss des Ersten Senats vom 06.11.2019 – 1 BvR 16/13 – (Recht auf Vergessen I), Rn. 90: „Ausgehend von dem **Ziel des Rechts auf informationelle Selbstbestimmung**, Schutz vor Gefahren angesichts neuartiger Möglichkeiten der Datenverarbeitung zu gewähren (vgl. BVerfGE 65, 1 <42>), ist es primär als Gewährleistung zu verstehen, die – neben der ungewollten Preisgabe von Daten auch im Rahmen privater Rechtsbeziehungen (vgl. BVerfGE 84, 192 <194>) – insbesondere vor deren intransparenter Verarbeitung und Nutzung durch Private schützt. Es bietet Schutz davor, dass Dritte sich individueller Daten bemächtigen und sie in nicht nachvollziehbarer Weise als Instrument nutzen, um die Betroffenen auf Eigenschaften, Typen oder Profile festzulegen, auf die sie keinen Einfluss haben und die dabei aber für die freie Entfaltung der Persönlichkeit sowie eine gleichberechtigte Teilhabe in der Gesellschaft von erheblicher Bedeutung sind. Der Gehalt dieses Rechts ist dabei entwicklungsoffen, so dass es auch weitere persönlichkeitsgefährdende Entwicklungen der Informationsverarbeitung aufnehmen kann.“.

BVerfG, Beschluss des Ersten Senats vom 06.11.2019 – 1 BvR 16/13 – (Recht auf Vergessen I), Ls. 2a): „Der verfassungsrechtliche Maßstab für den Schutz gegenüber Gefährdungen durch die **Verbreitung personenbezogener Berichte und Informationen als Teil öffentlicher Kommunikation** liegt in den **äußerungsrechtlichen Ausprägungen des allgemeinen Persönlichkeitsrechts**, nicht im Recht auf informationelle Selbstbestimmung.“.

BVerfG, Beschluss des Ersten Senats vom 06.11.2019 – 1 BvR 16/13 – (Recht auf Vergessen I), Rn. 91: „[Vom Recht auf informationelle Selbstbestimmung] zu unterscheiden ist der **Schutz vor der Verarbeitung personenbezogener Berichte und Informationen als Ergebnis eines Kommunikationsprozesses**. Der Schutzbedarf gründet hier nicht in der intransparenten Zuweisung von Persönlichkeitsmerkmalen und -profilen durch Dritte, sondern in der sichtbaren Verbreitung bestimmter Informationen im öffentlichen Raum. Gefährdungen für die Persönlichkeitsentfaltung ergeben sich hier vornehmlich aus Form und Inhalt der Veröffentlichung selbst. Schutz gegenüber solchen Gefährdungen bieten die **äußerungsrechtlichen Ausprägungen des allgemeinen Persönlichkeitsrechts unabhängig vom Recht auf informationelle Selbstbestimmung**. Zwar kann es auch dabei maßgeblich auf die Art der Informationserlangung ankommen. Jedoch hat diese hier ihre Bedeutung als Vorfrage für die Beurteilung des weiteren Umgangs mit einer bestimmten Äußerung und des damit in die Öffentlichkeit gestellten Bildes einer Person selbst.“.

BVerfG, Beschluss des Ersten Senats vom 06.11.2019 – 1 BvR 16/13 – (**Recht auf Vergessen** I), Ls. 2b): „Bei der Entscheidung über einen Schutzanspruch kommt der Zeit unter den Kommunikationsbedingungen des Internets ein spezifisches Gewicht zu. Die Rechtsordnung muss davor schützen, dass sich eine Person frühere Positionen, Äußerungen und Handlungen unbegrenzt vor der Öffentlichkeit vorhalten lassen muss. Erst die Ermöglichung eines Zurücktretens vergangener Sachverhalte eröffnet den Einzelnen die Chance zum Neubeginn in Freiheit. Zur Zeitlichkeit der Freiheit gehört die Möglichkeit des Vergessens.“.

BVerfGE 120, 274, 311 (Online-Durchsuchung) = BVerfG, Urteil des Ersten Senats vom 27.02.2008 – 1 BvR 370/07 –, Rn. 197: „In seiner Ausprägung als **Schutz der Privatsphäre** [als **Privatangelegenheitenschutz** und **Rückzugsraumbereichsschutz** – beides **gegenüber der Öffentlichkeit**, vgl. **Sphärentheorie** mit **Intimsphäre, Privatsphäre, Sozialsphäre** und vgl. **Kernbereich privater Lebensgestaltung**] gewährleistet das allgemeine Persönlichkeitsrecht dem Einzelnen einen räumlich und thematisch

bestimmten Bereich, der grundsätzlich frei von unerwünschter Einsichtnahme bleiben soll (vgl. BVerfGE 27, 344 <350 ff.>; 44, 353 <372 f.>; 90, 255 <260>; 101, 361 <382 f.>).“; BVerfGE 101, 361, 382-385 (Caroline von Monaco II) = BVerfG, Urteil vom 15.12.1999 – 1 BvR 653/96 –, Rn. 75-82: „Im Unterschied zum **Recht am eigenen Bild** bezieht sich der **Schutz der Privatsphäre**, der ebenfalls im **allgemeinen Persönlichkeitsrecht** wurzelt, nicht speziell auf Abbildungen, sondern ist **thematisch und räumlich** bestimmt. Er umfaßt zum einen **Angelegenheiten** [**Privatangelegenheitenschutz**], die wegen ihres Informationsinhalts typischerweise als ‚**privat**‘ eingestuft werden, weil ihre **öffentliche** Erörterung oder Zurschaustellung als unschicklich gilt, das Bekanntwerden als peinlich empfunden wird oder nachteilige Reaktionen der Umwelt auslöst, wie es etwa bei Auseinandersetzungen mit sich selbst in **Tagebüchern** (BVerfGE 80, 367), bei **vertraulicher Kommunikation unter Eheleuten** (BVerfGE 27, 344), im Bereich der **Sexualität** (BVerfGE 47, 46; 49, 286 [BVerfGE 120, 224, 238 f. (Geschwisterbeischlaf) = BVerfGE, Beschluss des Zweiten Senats vom 26.02.2008 – 2 BvR 392/07 –, Rn. 32 f.: „Das allgemeine Persönlichkeitsrecht in seiner Ausprägung als **Recht auf sexuelle Selbstbestimmung**“/„**Intim- und Sexualbereich des Menschen als Teil seiner Privatsphäre**, P. B.]), bei **sozial abweichendem Verhalten** (BVerfGE 44, 353) oder bei **Krankheiten** (BVerfGE 32, 373) der Fall ist. Fehlte es hier an einem **Schutz vor der Kenntniserlangung anderer**, wären die Auseinandersetzung mit sich selbst, die unbefangene Kommunikation unter Nahestehenden, die sexuelle Entfaltung oder die Inanspruchnahme ärztlicher Hilfe beeinträchtigt oder unmöglich, obwohl es sich um grundrechtlich geschützte Verhaltensweisen handelt. Zum anderen erstreckt sich der Schutz auf einen **räumlichen Bereich** [**Raumbereichsschutz**], in dem der Einzelne zu sich kommen, sich entspannen oder auch gehen lassen kann (vgl. BVerfGE 27, 1 [6]). Zwar bietet auch dieser Bereich Gelegenheit, sich in einer Weise zu verhalten, die nicht für die **Öffentlichkeit** bestimmt ist und deren Beobachtung oder Darstellung durch Außenstehende für den Betroffenen peinlich oder nachteilig wäre. Im Kern geht es aber um einen **Raum**, in dem er die Möglichkeit hat, frei von **öffentlicher Beobachtung** und damit der von ihr erzwungenen Selbstkontrolle zu sein, auch ohne daß er sich dort notwendig anders verhielte als in der **Öffentlichkeit**. Bestünden solche **Rückzugsbereiche** nicht mehr, könnte der Einzelne psychisch überfordert sein, weil er unausgesetzt darauf achten müßte, wie er auf andere wirkt und ob er sich richtig verhält. Ihm fehlten die Phasen des Alleinseins und Ausgleichs, die für die Persönlichkeitsentfaltung notwendig sind und ohne die sie nachhaltig beeinträchtigt würde. Ein derartiges Schutzbedürfnis besteht auch bei Personen, die aufgrund ihres Ranges oder Ansehens, ihres Amtes oder Einflusses, ihrer Fähigkeiten oder Taten besondere **öffentliche** Beachtung finden. Wer, ob gewollt oder ungewollt, zur Person des **öffentlichen** Lebens geworden ist, verliert damit nicht sein Anrecht auf eine **Privatsphäre**, die den Blicken der **Öffentlichkeit** entzogen bleibt. Das gilt auch für demokratisch gewählte Amtsträger, die zwar für ihre Amtsführung **öffentlich** rechenschaftspflichtig sind und sich in diesem Umfang **öffentliche** Aufmerksamkeit gefallen lassen müssen, nicht aber für ihr **Privatleben**, sofern dieses die Amtsführung nicht berührt. Der **häusliche Bereich** [vgl. ggf. spezielleren Art. 13 GG i.V.m. BVerfGE 109, 279, 325 f.] stellt anerkanntermaßen eine solche geschützte Sphäre dar. Wegen des Bezugs auf die Entfaltung der Persönlichkeit darf der **Rückzugsbereich** jedoch nicht von vornherein auf ihn begrenzt werden. Das gilt schon deshalb, weil die Funktionen, denen er dient, nur erfüllt werden, wenn er nicht an den Hausmauern oder Grundstücksgrenzen endet. Die freie Entfaltung der Persönlichkeit wäre erheblich behindert, wenn der Einzelne nur im eigenen Haus der **öffentlichen** Neugier entgehen könnte. Die notwendige Erholung von einer durch Funktionszwänge und Medienpräsenz geprägten **Öffentlichkeit** ist vielfach nur in der **Abgeschiedenheit einer natürlichen Umgebung, etwa an einem Ferienort**, zu gewinnen. Deswegen muß der Einzelne grundsätzlich die Möglichkeit haben, sich auch in der freien, gleichwohl **abgeschiedenen Natur oder an Örtlichkeiten, die von der breiten Öffentlichkeit deutlich abgeschieden sind**, in einer von **öffentlicher** Beobachtung freien Weise zu bewegen. Das gilt gerade gegenüber solchen Aufnahmetechniken, die die **räumliche Abgeschiedenheit** überwinden, ohne daß der Betroffene dies bemerken kann. Wo die Grenzen der geschützten **Privatsphäre außerhalb des Hauses** verlaufen, läßt sich nicht generell und abstrakt festlegen. Sie können vielmehr nur aufgrund der jeweiligen Beschaffenheit des **Ortes** bestimmt werden, den der Betroffene aufsucht. Ausschlaggebend ist, ob der Einzelne eine **Situation** vorfindet oder schafft, in der er begründetermaßen und somit auch für Dritte erkennbar davon ausgehen darf, den Blicken der **Öffentlichkeit** nicht ausgesetzt zu sein. Ob die Voraussetzungen der **Abgeschiedenheit** erfüllt sind, läßt sich nur situativ beurteilen. Der Einzelne kann sich an ein und demselben **Ort** zu Zeiten mit gutem Grund unbeobachtet fühlen, zu anderen Zeiten nicht. Auch ist

der Aufenthalt in umschlossenen **Räumen** keineswegs immer mit **Abgeschiedenheit** gleichzusetzen. Da es um die Frage geht, ob der Einzelne begründetermaßen erwarten darf, unbeobachtet zu sein, oder aber **Plätze** aufgesucht hat, wo er sich unter den Augen der **Öffentlichkeit** bewegt, kann es auch in umschlossenen Räumen an der **Abgeschiedenheit** fehlen, die Voraussetzung für den **Privatsphärenschutz** außerhalb der eigenen **Häuslichkeit** ist. **Plätzen, an denen sich der Einzelne unter vielen Menschen befindet**, fehlt es von vornherein an den Voraussetzungen des **Privatsphärenschutzes** im Sinn von Art. 2 Abs. 1 in Verbindung mit Art. 1 Abs. 1 GG. Sie können das **Rückzugsbedürfnis** nicht erfüllen und rechtfertigen deswegen auch nicht den grundrechtlichen Schutz, den dieses Bedürfnis aus Gründen der Persönlichkeitsentfaltung verdient. Der Einzelne kann solche **Orte** auch nicht etwa durch ein Verhalten, das typischerweise nicht **öffentlich** zur Schau gestellt würde, in seine **Privatsphäre** umdefinieren. Nicht sein Verhalten, ob allein oder mit anderen, konstituiert die **Privatsphäre**, sondern die **objektive Gegebenheit der Örtlichkeit zur fraglichen Zeit**. Verhält er sich daher an **Orten**, die nicht die Merkmale der **Abgeschiedenheit** aufweisen, so, als stünde er nicht unter Beobachtung, hebt er das **Schutzbedürfnis für Verhaltensweisen, die an sich die Öffentlichkeit nichts angehen**, selbst auf. Der **Schutz der Privatsphäre vor öffentlicher Kenntnisnahme** entfällt ferner, wenn sich jemand selbst damit einverstanden zeigt, daß bestimmte, gewöhnlich als privat geltende Angelegenheiten **öffentlich** gemacht werden, etwa indem er Exklusivverträge über die Berichterstattung aus seiner **Privatsphäre** abschließt. Der verfassungsrechtliche **Privatsphärenschutz** aus Art. 2 Abs. 1 in Verbindung mit Art. 1 Abs. 1 GG ist nicht im Interesse einer Kommerzialisierung der eigenen Person gewährleistet. Zwar ist niemand an einer solchen **Öffnung privater Bereiche** gehindert. Er kann sich dann aber nicht gleichzeitig auf den **öffentlichkeitsabgewandten Privatsphärenschutz** berufen. Die Erwartung, daß die Umwelt die **Angelegenheiten oder Verhaltensweisen in einem Bereich mit Rückzugsfunktion** nur begrenzt oder nicht zur Kenntnis nimmt, muß daher situationsübergreifend und konsistent zum Ausdruck gebracht werden. Das gilt auch für den Fall, daß der Entschluß, die Berichterstattung über bestimmte Vorgänge der eigenen **Privatsphäre** zu gestatten oder hinzunehmen, rückgängig gemacht wird.".

BVerfGE 6, 32, 41 (Elfes) = BVerfG, Urteil vom des Ersten Senats vom 16.01.1957 – 1 BvR 253/56 –, Rn. 32 [vgl. **Recht auf Privatsphäre** als **Privatangelegenheitenschutz** und **Rückzugsraumbereichsschutz** – beides **gegenüber der Öffentlichkeit,** vgl. **Sphärentheorie** mit **Intimsphäre**, **Privatsphäre**, **Sozialsphäre**]: „Vor allem dürfen die Gesetze daher die Würde des Menschen nicht verletzen, die im Grundgesetz der oberste Wert ist, aber auch die geistige, politische und wirtschaftliche Freiheit des Menschen nicht so einschränken, daß sie in ihrem Wesensgehalt angetastet würde (Art. 19 Abs. 2, Art. 1 Abs. 3, Art. 2 Abs. 1 GG). Hieraus ergibt sich, daß dem einzelnen Bürger eine **Sphäre privater Lebensgestaltung** verfassungskräftig vorbehalten ist, also ein letzter **unantastbarer Bereich menschlicher Freiheit** besteht, der der Einwirkung der gesamten öffentlichen Gewalt entzogen ist. Ein Gesetz, das in ihn eingreifen würde, könnte nie Bestandteil der ‚verfassungsmäßigen Ordnung' sein; es müßte durch das Bundesverfassungsgericht für nichtig erklärt werden.". BVerfGE 109, 279, Ls. 2 S. 1 (akustische Wohnraumüberwachung / „Großer Lauschangriff") = BVerfG, Urteil des Ersten Senats vom 03.03.2004 – 1 BvR 2378/98, 1084/99 –, Ls. 2 S. 1: „Zur Unantastbarkeit der Menschenwürde gemäß Art. 1 Abs. 1 GG gehört die Anerkennung eines absolut geschützten **Kernbereichs privater Lebensgestaltung.**". BVerfGE 141, 220, 276-278 (BKAG) = BVerfG, Urteil des Ersten Senats vom 20.04.2016 – 1 BvR 966/09 –, Rn. 119-124: „Neben den verfassungsrechtlichen Anforderungen an die allgemeinen Eingriffsvoraussetzungen ergeben sich aus den jeweiligen **Grundrechten in Verbindung mit Art. 1 Abs. 1 GG** für die Durchführung von besonders eingriffsintensiven Überwachungsmaßnahmen besondere Anforderungen an den **Schutz des Kernbereichs privater Lebensgestaltung**. Der verfassungsrechtliche **Schutz des Kernbereichs privater Lebensgestaltung** gewährleistet dem Individuum einen **Bereich höchstpersönlicher Privatheit gegenüber Überwachung**. Er wurzelt in den **von den jeweiligen Überwachungsmaßnahmen betroffenen Grundrechten in Verbindung mit Art. 1 Abs. 1 GG** und sichert einen dem Staat nicht verfügbaren Menschenwürdekern grundrechtlichen Schutzes gegenüber solchen Maßnahmen. Selbst überragende Interessen der Allgemeinheit können einen Eingriff in diesen **absolut geschützten Bereich privater Lebensgestaltung** nicht rechtfertigen (vgl. BVerfGE 109, 279 <313>; stRspr). Zur **Entfaltung der Persönlichkeit im Kernbereich privater Lebensgestaltung gehört die Möglichkeit**, **innere Vorgänge** wie Empfindungen und Gefühle sowie Überlegungen, Ansichten und Erlebnisse **höchstpersönlicher Art zum Ausdruck zu bringen** (vgl. BVerfGE 109, 279 <313>; 120, 274 <335>; stRspr). Geschützt ist

insbesondere die **nichtöffentliche Kommunikation mit Personen des höchstpersönlichen Vertrauens, die in der berechtigten Annahme geführt wird, nicht überwacht zu werden**, wie es insbesondere bei Gesprächen im Bereich der Wohnung der Fall ist. Zu diesen Personen gehören insbesondere Ehe- oder Lebenspartner, Geschwister und Verwandte in gerader Linie, vor allem, wenn sie im selben Haushalt leben, und können Strafverteidiger, Ärzte, Geistliche und enge persönliche Freunde zählen (vgl. BVerfGE 109, 279 <321 ff.>). Dieser Kreis deckt sich nur teilweise mit dem der Zeugnisverweigerungsberechtigten. Solche Gespräche verlieren dabei nicht schon dadurch ihren Charakter als insgesamt höchstpersönlich, dass sich in ihnen Höchstpersönliches und Alltägliches vermischen (vgl. BVerfGE 109, 279 <330>; 113, 348 <391 f.>). Demgegenüber ist die **Kommunikation unmittelbar über Straftaten** nicht geschützt, selbst wenn sie auch Höchstpersönliches zum Gegenstand hat. Die **Besprechung und Planung von Straftaten** gehört ihrem Inhalt nach nicht zum **Kernbereich privater Lebensgestaltung**, sondern hat **Sozialbezug** (vgl. BVerfGE 80, 367 <375>; 109, 279 <319 f., 328>; 113, 348 <391>). Dies bedeutet freilich nicht, dass der Kernbereich unter einem allgemeinen Abwägungsvorbehalt in Bezug auf öffentliche Sicherheitsinteressen steht. Ein **höchstpersönliches Gespräch** fällt nicht schon dadurch aus dem **Kernbereich privater Lebensgestaltung** heraus, dass es für die Aufklärung von Straftaten oder Gefahren hilfreiche Aufschlüsse geben kann. Aufzeichnungen oder Äußerungen im Zwiegespräch, die zum Beispiel ausschließlich innere Eindrücke und Gefühle wiedergeben und keine Hinweise auf konkrete Straftaten enthalten, gewinnen nicht schon dadurch einen **Gemeinschaftsbezug**, dass sie Ursachen oder Beweggründe eines strafbaren Verhaltens freizulegen vermögen (vgl. BVerfGE 109, 279 <319>). Auch können trotz **Straftatenbezugs** Situationen, in denen Einzelnen gerade ermöglicht werden soll, ein Fehlverhalten einzugestehen oder sich auf dessen Folgen einzurichten, wie Beichtgespräche oder vertrauliche Gespräche mit einem Psychotherapeuten oder einem Strafverteidiger, der **höchstpersönlichen Privatsphäre** unterfallen, die dem Staat absolut entzogen ist (vgl. BVerfGE 109, 279 <322>). Ein hinreichender **Sozialbezug** besteht demgegenüber dann, wenn **Gespräche - auch mit Vertrauenspersonen - sonst unmittelbar Straftaten zu ihrem Gegenstand haben** (vgl. BVerfGE 109, 279 <319>). Der **Kernbereich privater Lebensgestaltung** beansprucht gegenüber **allen Überwachungsmaßnahmen** Beachtung. Können sie typischerweise zur Erhebung kernbereichsrelevanter Daten führen, muss der Gesetzgeber Regelungen schaffen, die einen wirksamen Schutz normenklar gewährleisten (vgl. BVerfGE 109, 279 <318 f.>; 113, 348 <390 f.>; 120, 274 <335 ff.>). Außerhalb solch verletzungsgeneigter Befugnisse bedarf es eigener Regelungen nicht. Grenzen, die sich im Einzelfall auch hier gegenüber einem Zugriff auf höchstpersönliche Informationen ergeben können, sind bei deren Anwendung unmittelbar von Verfassungs wegen zu beachten. Der **Schutz des Kernbereichs privater Lebensgestaltung** ist strikt und darf nicht durch Abwägung mit den Sicherheitsinteressen nach Maßgabe des Verhältnismäßigkeitsgrundsatzes relativiert werden (vgl. BVerfGE 109, 279 <314>; 120, 273 <339>; stRspr). Dies bedeutet jedoch nicht, dass **jede tatsächliche Erfassung von höchstpersönlichen Informationen** stets einen Verfassungsverstoß oder eine Menschenwürdeverletzung begründet. Angesichts der Handlungs- und Prognoseunsicherheiten, unter denen Sicherheitsbehörden ihre Aufgaben wahrnehmen, kann ein **unbeabsichtigtes Eindringen in den Kernbereich privater Lebensgestaltung** im Rahmen von Überwachungsmaßnahmen nicht für jeden Fall von vornherein ausgeschlossen werden (vgl. BVerfGE 120, 274 <337 f.>). Die Verfassung verlangt jedoch **für die Ausgestaltung der Überwachungsbefugnisse** die **Achtung des Kernbereichs** als eine strikte, nicht frei durch Einzelfallerwägungen überwindbare Grenze.“.

BVerfGE 120, 274 (Online-Durchsuchung) = BVerfG, Urteil des Ersten Senats vom 27.02.2008 – 1 BvR 370/07 –, Ls. 1: „Das **allgemeine Persönlichkeitsrecht** (Art. 2 Abs. 1 i.V.m. Art. 1 Abs. 1 GG) umfasst das Grundrecht auf **Gewährleistung der Vertraulichkeit und Integrität informationstechnischer Systeme**.“; BVerfGE 120, 274, 314 (Online-Durchsuchung) = BVerfG, Urteil des Ersten Senats vom 27.02.2008 – 1 BvR 370/07 –, Rn. 203: „**informationstechnisches System**“: „etwa Personalcomputer“, „ferner beispielsweise [...] solche Mobiltelefone oder elektronische Terminkalender, die über einen großen Funktionsumfang verfügen und personenbezogene Daten vielfältiger Art erfassen und speichern können.“; BVerfGE 120, 274, 276 (Online-Durchsuchung) = BVerfG, Urteil des Ersten Senats vom 27.02.2008 – 1 BvR 370/07 –, Rn. 5: „**heimlicher Zugriff auf ein informationstechnisches System**“: „[heimliche] technische Infiltration [...], die etwa Sicherheitslücken des Zielsystems ausnutzt oder über die Installation eines Spähprogramms erfolgt“, wobei die Infiltration es ermöglicht, die Zielsystem-„Nutzung zu überwachen oder die Speichermedien durchzusehen oder gar das Zielsystem fernzusteuern.“.

a) GR-SB:

aa) Persönlicher GR-SB: „Jeder".

bb) Sachlicher GR-SB: „**freie Entfaltung der Persönlichkeit**" in der Ausprägung des RiS als „**Datenfreiheit**" (Grundsätzliche Bestimmungsbefugnis des Einzelnen über Preisgabe und Verwendung eigener personenbezogener Daten[797]), i.d.R. gegeben bei Bezug auf mindestens ein **personenbezogenes Datum**: § 36 Nr. 1 DSG NRW[798].

b) GR-E (oder Nichteingriff/**Grundrechtsverzicht** bzw. **Einwilligung** i.S.v. § 36 Nr. 19 DSG NRW, § 38 DSG NRW, vgl. auch § 81g Abs. 3 S. 1 W. 8, S. 2 W. 9, S. 3 W. 2, 3 StPO [„Einwilligung"]): **Persönlichkeitsentfaltungseinschränkung** als **Datenfreiheitseinschränkung**, durch **Datenverarbeitung**s-Maßnahme[799] i.S.d. § 36 Nr. 2 DSG NRW, zum Beispiel durch –

BVerfGE 147, 1 (**Geschlechtsidentität**) = BVerfG, Beschluss des Ersten Senats vom 10.10.2017 – 1 BvR 2019/16 –, Ls. 1-3: „1. Das **allgemeine Persönlichkeitsrecht** (Art. 2 Abs. 1 i.V.m. Art. 1 Abs. 1 GG) schützt die **geschlechtliche Identität**. Es schützt auch die geschlechtliche Identität derjenigen, die sich dauerhaft weder dem männlichen noch dem weiblichen Geschlecht zuordnen lassen. 2. Art. 3 Abs. 3 Satz 1 GG schützt auch Menschen, die sich dauerhaft weder dem männlichen noch dem weiblichen Geschlecht zuordnen lassen, vor **Diskriminierungen wegen ihres Geschlechts**. 3. Personen, die sich dauerhaft weder dem männlichen noch dem weiblichen Geschlecht zuordnen lassen, werden in beiden Grundrechten verletzt, wenn das Personenstandsrecht dazu zwingt, das Geschlecht zu registrieren, aber keinen anderen positiven Geschlechtseintrag als weiblich oder männlich zulässt.".

BVerfG, Urteil des Zweiten Senats vom 26.02.2020 – 2 BvR 2347/15 –, Ls. 1: „a) Das **allgemeine Persönlichkeitsrecht** (Art. 2 Abs. 1 i.V.m. Art. 1 Abs. 1 GG) umfasst als Ausdruck persönlicher Autonomie ein **Recht auf selbstbestimmtes Sterben**. b) Das **Recht auf selbstbestimmtes Sterben** schließt die Freiheit ein, sich das Leben zu nehmen [Rn. 208: „**Recht auf Selbsttötung**"]. Die Entscheidung des Einzelnen, seinem Leben entsprechend seinem Verständnis von Lebensqualität und Sinnhaftigkeit der eigenen Existenz ein Ende zu setzen, ist im Ausgangspunkt als Akt autonomer Selbstbestimmung von Staat und Gesellschaft zu respektieren. c) Die **Freiheit, sich das Leben zu nehmen**, umfasst auch die Freiheit, hierfür bei Dritten Hilfe zu suchen und Hilfe, soweit sie angeboten wird, in Anspruch zu nehmen.".

[795] Zum sog. „**Menschenwürdegehalt**" der Grundrechte: *Basten*, Die Menschenwürde des Grundgesetzes.

[796] Vgl. auch Art. 142 GG i.V.m. Art. 4 Abs. 2 Verfassung NRW; Art. 8 EU-GR-Charta; Art. 16 AEUV; Art. 8 EMRK.

[797] BVerfGE 65, 1, Ls. 1 S. 2 (Volkszählungsgesetz) = BVerfG, Urteil des Ersten Senats vom 15.12.1983 – 1 BvR 209/83, Ls. 1 S. 2 (Ls. 1: „Unter den Bedingungen der modernen Datenverarbeitung wird der Schutz des Einzelnen gegen unbegrenzte Erhebung, Speicherung, Verwendung und Weitergabe seiner persönlichen Daten von dem allgemeinen Persönlichkeitsrecht des Art. 2 Abs. 1 GG in Verbindung mit Art. 1 Abs. 1 GG umfaßt. Das Grundrecht gewährleistet insoweit die Befugnis des Einzelnen, grundsätzlich selbst über die Preisgabe und Verwendung seiner persönlichen Daten zu bestimmen.").

[798] BVerfG, Beschluss der 3. Kammer des Zweiten Senats vom 27.06.2018 – 2 BvR 1562/17 (auf § 103 StPO gestützte Anordnung der Durchsuchung der Räumlichkeiten des Münchener Kanzleistandorts der Rechtsanwaltskanzlei Jones Day sowie Sicherstellung von Unterlagen und elektronischen Daten im Zuge des sogenannten „VW-Dieselskandals" – Verfassungsbeschwerde nicht zur Entscheidung angenommen wegen Unzulässigkeit aufgrund Nichterfüllung von Voraussetzungen nach § 93a Abs. 2 BVerfGG), Gründe, V., Rn. 44: „Der Begriff der persönlichen Daten deckt sich mit der Legaldefinition personenbezogener Daten in § 46 Nr. 1 BDSG (zuvor § 3 Abs. 1 BDSG) und erfasst alle Informationen, die sich auf eine identifizierte oder identifizierbare natürliche Person (betroffene Person) beziehen (vgl. noch zu § 3 Abs. 1 BDSG ‚Einzelangaben über persönliche oder sachliche Verhältnisse einer bestimmten oder bestimmbaren Person' Di Fabio, in: Maunz/Dürig, GG, Art. 2 Abs.1, Rn. 175 [Juli 2001]).".

[799] BVerfG, Urteil des Ersten Senats vom 19.05.2020 – 1 BvR 2835/17 – (Ausland-Ausland-Fernmeldeaufklärung nach BNDG), E. III. 1., Rn. 212: „Die **Übermittlung personenbezogener Daten**, mit der eine Behörde die von ihr erhobenen Daten einer anderen Stelle zugänglich macht, begründet einen eigenen

auch bezüglich Daten im Sinne von § 36 Nr. 13 DSG NRW (genetische Daten), Nr. 14 (biometrische Daten), Nr. 18 (besondere Kategorien bezogener Daten bzw. personenbezogene Daten besonderer Kategorie) DSG NRW –:

- Datenerhebung (Körperzellenentnahme, vgl. § 14a Abs. 1 S. 2 Nr. 1 PolG NRW)
- Datenerhebung (Probennahme, vgl. § 14a Abs. 1 S. 2 Nr. 2 PolG NRW)
- Datenspeicherung (entnommene Körperzellen, Feststellungen, DNA-Identifizierungsmuster und Geschlecht, § 14a Abs. 1 S. 4, 5, 6 PolG NRW)
- Datenübermittlung (des Materials an Sachverständige und des Materials sowie der Feststellungen an Polizei zurück, einschließlich von letztendlich zuordenbaren Personalien (§ 14 Abs. 2 S. 3 PolG NRW i.V.m. § 81f Abs. 2 StPO)
- „Abgleich" (§ 14a Überschrift [„Molekulargenetische Untersuchungen"], Abs. 1 S. 6 PolG NRW).[800]

Allgemein erfolgt i.d.R. ein Grundrechtseingriff bei Fehlen von Einwilligung durch Anordnung und Ausführung von Körperzellenentnahme (§ 14a Abs. 1 S. 2 Nr. 1 PolG NRW) und Gegenstandsprobennahme (§ 14a Abs. 1 S. 2 Nr. 2 PolG NRW) sowie Anordnung und Ausführung von molekulargenetischer Untersuchung (§ 14a Abs. 1 S. 2 Nr. 3 PolG NRW).

Bei sogenanntem „Angebot" von Körperzellenentnahme, Probennahme und Untersuchung im Sinne der Rechtsfolgendefinition ist je nach realer Praxis des einzelnen „Angebots"-Falls zu den allgemein herrschenden gesetzlichen Regeln subsumierbar – alternativ und unabhängig von Erlasslagen: entweder, auch im Zweifel, ein Datenerhebungs-Grundrechtseingriff oder – bei Verwirklichung von § 36 Nr. 19 DSG NRW, § 38 DSG NRW[801] – eine Einwilligung mit der Umkehrschlussfolgerung aus dem „Vorbehalt des Gesetzes" (Nichterforderlichkeit einer bereichsspezifischen Befugnisrechtsnorm) und weiterer Folgerung aus dem „Vorrang des

Grundrechtseingriff (vgl. BVerfGE 100, 313 <367>; 141, 220 <334 Rn. 305>; stRspr). Dieser ist an dem **Grundrecht** zu messen, **in das bei der ursprünglichen Datenerhebung eingegriffen wurde** (vgl. BVerfGE 100, 313 <367>; 141, 220 <334 Rn. 305>; stRspr).".

[800] BVerfGE 103, 21, 32 (Genetischer Fingerabdruck I) = BVerfG, Beschluss der 3. Kammer des Zweiten Senats vom 14.12.2000 – 2 BvR 1741/99, 276, 2061/00 –, B. I. 2b), Rn. 49; BVerfGK 15, 532 (Genetischer Fingerabdruck II) = BVerfG, Beschluss der 2. Kammer des Zweiten Senats vom 22.05.2009 – 2 BvR 287/09 –, Gründe, II. 1., Rn. 22: „Feststellung, Speicherung und (künftige) Verwendung eines DNA-Identifizierungsmusters greifen in das durch Art. 2 Abs. 1 in Verbindung mit Art. 1 Abs. 1 GG verbürgte Grundrecht auf informationelle Selbstbestimmung ein (vgl. BVerfGE 103, 21 <32 f.>).".

[801] Zur Unterscheidung von „**Einwilligung**" und „**Freiwilligkeit**": Die mitunter – insbesondere anlässlich Untersuchungsanordnungen statt der gesetzlichen Voraussetzung der Einwilligung – eingeführte, angebliche „Freiwilligkeit" a priori (z. B. im Sinne einer abstrakten Weigerungsmöglichkeit) ist kein Argument, vgl. dazu quasi alle polizeilichen Anordnungs-Rechtsfolgen (ggf. auch als Realfolgen „Angebot", „Bitte", „Frage"), vgl. nur zum Beispiel die in der Folge auf eine Aussagemitwirkung angewiesene polizeiliche Befragung/Vernehmung, bei der die rechtsfehlerhafte Ersetzung gesetzlicher Einwilligung durch angebliche a-priori-Freiwilligkeit nicht bzw. weniger stattfindet, und dies aus gutem Rechtsgrund, denn (nichtalltägliches) polizei(vollzugsbeamt)liches Verhalten gegenüber Maßnahmenadressaten bewirkt in der Regel und in dubio pro libertate Grundrechtseingriffe im Sinne der allgemein anerkannten Grundrechtseingriffsbegriffe. Zu **Grundrechtseingriffsbegriffen** und **Einwilligungsbewirkungen** siehe: *Basten*, Eingriffsrecht der Polizei in Nordrhein-Westfalen, Band 1, S. 182 f.. Zu **Befragung** und **Vernehmung** siehe insbesondere: *Basten*, Eingriffsrecht der Polizei in Nordrhein-Westfalen, Band 2, Buch 2, Abschnitte 15, 16, 17.

Gesetzes" (Erforderlichkeit der Verwirklichung nichtbefugnisrechtsnormspezifischer Rechtsgrundlagen)[802].

c) GR-B: Art. 2 Abs. 1 Hs. 2 GG.[803]

Im Fall einer Leiche, vgl. § 14a Abs. 1 S. 2 Nr. 1 W. 6 PolG NRW („Leiche"), ist jedenfalls der mit der Würde des Menschen verfassungsrechtlich garantierte postmortale Achtungsanspruch aus Art. 1 Abs. 1 GG (auch sogenanntes „Postmortales Persönlichkeitsrecht" betroffen; bei hilfloser Person und vermisster Person weiterhin das APR in der Ausprägung des RiS.[804]

2. Körperliche Unversehrtheit, Art. 2 Abs. 2 S. 1 Alt. 2 GG[805]

a) GR-SB:

---

[802] Zum **Rechtsgrundlage**-Begriff und zum **Befugnisrechtsnorm**-Begriff mit **Rechtsgrundlage- und Befugnisrechtsnorm-Unterscheidung**: *Basten*, Eingriffsrecht der Polizei in Nordrhein-Westfalen, Band 1, S. 31, 178, 179.

[803] Art. 2 Abs. 1 Hs. 2 GG (**Schrankentrias**): BVerfGE 80, 137, 153 (Reiten im Walde) = BVerfG, Beschluss des Ersten Senats vom 06.06.1989 – 1 BvR 921/85 –, C. I. 1 a), Rn. 69: „Abgesehen von einem absolut geschützten Kernbereich privater Lebensgestaltung, welcher der Einwirkung der öffentlichen Gewalt entzogen ist (BVerfGE 6, 32 [41]), ist die allgemeine Handlungsfreiheit allerdings nur in den **Schranken** des zweiten Halbsatzes von Art. 2 Abs. 1 GG gewährleistet und steht damit insbesondere unter dem **Vorbehalt der verfassungsmäßigen (Rechts-)Ordnung** (BVerfGE 6, 32 [37 f.]; 74, 129 [152]). Stützt sich ein die Handlungsfreiheit berührender Akt der öffentlichen Gewalt auf eine Rechtsnorm, so kann mit der Verfassungsbeschwerde unter Berufung auf Art. 2 Abs. 1 GG zur Nachprüfung gestellt werden, ob diese Norm zur **verfassungsmäßigen Ordnung** gehört, das heißt formell und materiell mit den Normen der Verfassung in Einklang steht (st. Rspr. seit BVerfGE 6, 32)."; BVerfGE 6, 32, Ls. 3 (Elfes) = BVerfG, Urteil des Ersten Senats vom 16.01.1957 – 1 BvR 253/56, Ls. 3: „**Verfassungsmäßige Ordnung** im Sinne des Art. 2 Abs. 1 GG ist die verfassungsmäßige Rechtsordnung, d.h. die Gesamtheit der Normen, die formell und materiell der Verfassung gemäß sind."; vgl. dazu auch BVerfGE 6, 32, 37-41 (Elfes) = BVerfG, Urteil des Ersten Senats vom 16.01.1957 – 1 BvR 253/56, Gründe II. 2 b), c), Rn. 17-33.

Rechte anderer sind (als Teil der verfassungsmäßigen Ordnung) subjektive Berechtigungen (Anspruch oder Befugnis oder Erlaubnis) einschließlich Verpflichtungen (Pflicht zur Erfüllung von Anspruch oder Befugnis oder Erlaubnis) und sonstiger Rechtswirkungen für ein Rechtssubjekt bezüglich eines Verhaltens oder eines Rechtsguts.

Vgl. zum ein Mal bundesverfassungsgerichtlich entscheidungserheblich bemühten „**Sittengesetz**" nach Art. 2 Abs. 1 Hs. 2 GG als Gesetz, das nicht das durch die „soziale Gemeinschaft" „als für sich verbindlich" anerkannte „Rechtsgefühl" „im allgemeinen" „verletzt": BVerfGE 6, 389 (Homosexuelle) = BVerfG, Urteil des Ersten Senats vom 10.05.1957 – 1 BvR 550/52 –, und StrRehaHomG (Gesetz zur strafrechtlichen Rehabilitierung der nach dem 8. Mai 1945 wegen einvernehmlicher homosexueller Handlungen verurteilten Personen vom 17. Juli 2017 – BGBl. I S. 2443).

[804] BVerfGE 30, 173, 196 (Mephisto) = BVerfG, Beschluss des Ersten Senats vom 24.02.1971 – 1 BvR 435/68 –, C. IV. 1., Leitsatz 5: „Ein Konflikt zwischen der Kunstfreiheitsgarantie und dem verfassungsrechtlich geschützten Persönlichkeitsbereich ist nach Maßgabe der grundgesetzlichen Wertordnung zu lösen; hierbei ist insbesondere die in GG Art. 1 Abs. 1 garantierte Würde des Menschen zu beachten.", Rn. 64: „Die Heranziehung des Art. 2 Abs. 1 GG durch die Gerichte ist, wie oben dargelegt, zu Unrecht erfolgt. Dies ist jedoch unschädlich, weil die in erster Linie gegebene Begründung aus Art. 1 Abs. 1 GG die Entscheidung trägt.".

[805] Vgl. auch Art. 142 GG i.V.m. Art. 4 Abs. 1 Verfassung NRW; Art. 3, 4 EU-GR-Charta; Art. 3 EMRK (**Folterverbot**; Verbot bzgl.: **unmenschliche oder erniedrigende Behandlung oder Strafe**); Art. 7 IPbpR (**Folterverbot**; Verbot bzgl. **grausame, unmenschliche oder erniedrigende Behandlung oder Strafe**; Verbot medizinischer oder wissenschaftlicher Versuche ohne freiwillige Zustimmung); Art. 12 IPwskR („Recht eines jeden auf das für ihn erreichbare Höchstmaß an körperlicher und geistiger **Gesundheit**").

aa) Persönlicher GR-SB: „Jeder".

bb) Sachlicher GR-SB: **Körperliche Unversehrtheit** ist Freiheit von körperlicher Beeinträchtigung, also biologisch-physiologische Integrität und dieser gleichsetzbare geistig-seelisch-psychische Integrität.[806]

b) GR-E (oder Nichteingriff/GR-Verzicht): **Körperunversehrtheitseinschränkung** durch Hervorrufen oder Steigern eines nachteilig von den normalen körperlichen Funktionen abweichenden körperlichen Zustandes – alternativ durch:

- Körperzellenentnahme mit Körpersubstanzverletzung;
- Anordnung über physisch sich mit körperlichem Krankheitswert auswirkende psychische Beeinflussung.

c) GR-B: Art. 2 Abs. 2 S. 3 GG.

3. Eigentum, Art. 14 Abs. 1 S. 1 Alt. 1 GG[807]

a) GR-SB:

aa) Persönlicher GR-SB: Alle Menschen (personen- und staatsangehörigkeitsunabhängiger Wortlaut).

---

[806] BVerfGE 56, 54, 74-76 (Fluglärm I) = BVerfG, Beschluss des Ersten Senats vom 14.01.1981 – 1 BvR 612/72, C. I. 1., Rn. 73-76, dort u.a.: „Gegen die Zugrundelegung des weiten Gesundheitsbegriffs der Weltgesundheitsorganisation ließe sich allerdings einwenden, es sei - wenn das dem Willen des Verfassungsgesetzgebers entsprochen hätte - schwer erklärlich, daß der Parlamentarische Rat diesen seit 1946 bekannten Begriff nicht übernommen, sondern stattdessen nur die ‚körperliche Unversehrtheit' grundrechtlich geschützt hat [Grammatik, P. B.]. Andererseits dürfte eine Beschränkung des Schutzes allein auf solche Einwirkungen, die Verletzungen des Körpers darstellen, der Bedeutung dieses Grundrechts jedenfalls dann nicht gerecht werden, wenn es im Lichte des Art. 1 GG und der darin verbürgten Unantastbarkeit der Menschenwürde ausgelegt wird [Systematik, P. B.]. Dabei kann dahinstehen, ob eine solche Beschränkung überhaupt mit dem Verständnis des Menschen als einer Einheit von Leib, Seele und Geist und mit der Wechselwirkung zwischen psychischen und physischen Gesundheitsstörungen vereinbar wäre.Verfassungsrechtlich kann nicht außer acht bleiben, daß eine enge Auslegung nicht der Funktion des Grundrechts als Abwehrrecht gegen staatliche Eingriffe etwa durch psychische Folterungen, seelische Quälereien und entsprechende Verhörmethoden entsprechen würde [Teleologie mit funktionalem Schutzbereich und Schutzzweck des Grundrechts, P. B.]. Da die Einfügung gerade dieses Grundrechts auf Erfahrungen im Dritten Reich beruhte, darf dieser Gesichtspunkt jedenfalls nicht gänzlich vernachlässigt werden [Historie, P. B.]. Mit Recht hat der nordrhein-westfälische Ministerpräsident im vorliegenden Verfahren eingeräumt, daß zumindest solche nichtkörperliche Einwirkungen von Art. 2 Abs. 2 GG erfaßt würden, die ihrer Wirkung nach körperlichen Eingriffen gleichzusetzen seien. Das sind jedenfalls solche, die das Befinden einer Person in einer Weise verändern, die der Zufügung von Schmerzen entspricht [Systematik, P. B.]. Bislang ist Art. 2 Abs. 2 GG auch nicht in dem genannten engeren Sinne angewandt worden. So wurde die Frage, ob hirnelektrische Untersuchungen in die körperliche Unversehrtheit eingreifen können, nicht etwa von vornherein verneint, sondern wegen der Harmlosigkeit solcher Untersuchungen offengelassen (BVerfGE 17, 108 [114 f.]). In der Entscheidung zum Räumungsschutz ist die psychische Erkrankung des Beschwerdeführers und die Gefahr von Selbstmorden als relevant im Sinne des Art. 2 Abs. 2 GG angesehen worden (BVerfGE 52, 214 [220 f.]). Im übrigen liegt den neueren Lärmschutzvorschriften durchweg ein weiteres Verständnis zugrunde. [...] Zumindest in Gestalt von Schlafstörungen lassen sich Einwirkungen auf die körperliche Unversehrtheit schwerlich bestreiten.".

[807] Vgl. auch Art. 142 GG i.V.m. Art. 4 Abs. 1 Verfassung NRW; Art. 17 EU-GR-Charta; Art. 1 Zusatzprotokoll EMRK.

bb) Sachlicher GR-SB: „**Eigentum**" ist Summe aller vermögenswerten Rechte, also jedenfalls auch der berechtigte Besitz und die berechtigte Nutzung[808].[809]

---

[808] BVerfGE 95, 267, 300 (Altschulden) = BVerfG, Urteil des Ersten Senats vom 08.04.1997 – 1 BvR 48/94 –, C. I. 1., Rn. 130 f.: „Unter den Schutz der Eigentumsgarantie fallen grundsätzlich alle vermögenswerten Rechte, die dem Berechtigten von der Rechtsordnung in der Weise zugeordnet sind, daß er die damit verbundenen Befugnisse nach eigener Entscheidung zu seinem privaten Nutzen ausüben darf (vgl. BVerfGE 83, 201 [209]; stRspr). Der verfassungsrechtliche Eigentumsschutz reicht damit zwar erheblich weiter als das zivilrechtliche Eigentum und erstreckt sich auch auf nicht dingliche vermögenswerte Rechtspositionen. Er bleibt aber an Rechtspositionen gebunden. Kein Eigentum im Sinn von Art. 14 Abs. 1 GG ist daher das **Vermögen**, das selber kein Recht, sondern den Inbegriff aller geldwerten Güter einer Person darstellt (vgl. BVerfGE 4, 7 [17]; stRspr). Daraus folgt, daß Art. 14 Abs. 1 GG nicht vor der staatlichen Auferlegung von **Geldleistungspflichten** schützt. Diese sind nicht mittels eines bestimmten Eigentumsobjekts zu erfüllen, sondern werden aus dem fluktuierenden Vermögen bestritten. Etwas anderes kommt nur dann in Betracht, wenn die Geldleistungspflichten den Betroffenen übermäßig belasten und seine Vermögensverhältnisse so grundlegend beeinträchtigen, daß sie eine erdrosselnde Wirkung haben (vgl. BVerfGE 78, 232 [243]; stRspr).".

[809] Zum Vergleich von Art. 14 Abs. 1 S. 1 Alt. 1 GG und dem Auffanggrundrecht des Art. 2 Abs. 1 GG: Bei lediglich unentschiedenem Potential von Berechtigung wie Nichtberechtigung kann grundsätzlich in dubio pro libertate zunächst zugunsten des Grundrechtsfähigen größtmöglicher Grundrechtsschutzbereich vermutet werden. Vgl. auch BVerfGE 6, 55, 72 (Steuersplitting); BVerfGE 32, 54, 71 (Betriebsbetretungsrecht); BVerfGE 39, 1, 38 (Schwangerschaftsabbruch I); BVerfGE 51, 97, 110 (Zwangsvollstreckung I); BVerfGE 151, 67 (Nachtzeit) = BVerfG, Beschluss des Zweiten Senats vom 12.03.2019 – 2 BvR 675/14 –, Rn. 55, wonach in Zweifelsfällen diejenige Auslegung zu wählen ist/derjenigen Auslegung der Vorzug zu geben ist, welche die (juristische) „Wirkungskraft der Grundrechtsnorm am stärksten entfaltet.". **Eigentum** i.S.d. (privat)rechtsnormgeprägten Schutzbereichs von Art. 14 Abs. 1 S. 1 Alt. 1 GG ist jedenfalls gegeben bei Eigentum i.S.d. Privatrechts und bei vermögenswerter Besitz-/Nutzungs-/Umgangs-Berechtigung (z.B. i.S.d. §§ 854-984 BGB). **Eigentumslosigkeit** i.S.d. (privat)rechtsnormgeprägten Schutzbereichs von Art. 14 Abs. 1 S. 1 Alt. 1 GG ist jedenfalls gegeben bei allseitiger Besitz-/Nutzungs-/Umgangs-Nichtberechtigung (z.B. i.S.d. §§ 854-984 BGB); nicht schon unbedingt bei lediglich Eigentums-Nichtberechtigung im privatrechtlichen Sinne bei vermögenswerten Besitz-/Nutzungs-/Umgangs-Berechtigungen; wohl aber jedenfalls auch bei Verbot i.S.d. § 134 BGB oder Sittenwidrigkeit i.S.d. § 138 BGB oder sonstiger Unwirksamkeitsgründe (Nichtentstehensgründe oder Erlöschensgründe) gerade bezüglich des Erwerbs- oder Nutzungs- oder Umgangsaktes (z.B. i.S.d. §§ 854-984 BGB; vgl. z.B. Btm-Umgangsarten i.S.d. § 29 BtMG; vgl. auch etwaiges waffenrechtliches Verbot der Umgangsart Erwerb oder sonstiger Umgangsarten i.S.d. § 1 Abs. 3, 4 WaffG bei Nichtverbot des Erwerbs). Vgl. BVerfGE 110, 1, 23 f. (Erweiterter Verfall [a. F., ≙ erweiterte Tatertragseinziehung, P. B.]) = BVerfG, Beschluss des Zweiten Senats vom 14.01.2004 – 2 BvR 564/95 –, C. I. 3. a), b), Rn. 86 f, 88: „Die Vorschrift des § 73d StGB [a. F., ≙ § 73a StGB, P. B.] verstößt in der Auslegung des Bundesgerichtshofs auch nicht gegen die Eigentumsgarantie des Art. 14 Abs. 1 GG. Soweit § 73d StGB [a. F., ≙ § 73a StGB, P. B.] den Zugriff auf Vermögenswerte erlaubt, die dem unmittelbar Betroffenen wegen eines Verstoßes gegen strafrechtliche Vorschriften zivilrechtlich nicht zustehen (vgl. § 134, § 935 BGB), ist dessen Eigentumsgrundrecht schon mangels einer schutzfähigen Rechtsposition nicht berührt (vgl. BVerfGE 83, 201 [209]; 95, 267 [300]). Dies betrifft vor allem die Entziehung von Gewinnen aus illegalen Drogengeschäften. Denn wegen des strafrechtlichen Verbots des Handeltreibens mit Betäubungsmitteln ist gemäß § 134 BGB neben dem schuldrechtlichen Verpflichtungsgeschäft zugleich die Übereignung sowohl der Drogen als auch des für sie als Kaufpreis gezahlten Geldes zivilrechtlich unwirksam (vgl. BGH, NJW 1983, S. 636 [Schrifttumsquellen]. […] Soweit § 73d StGB StGB [a. F., ≙ § 73a StGB, P. B.] die Entziehung von Gegenständen anordnet, die der Betroffene zwar deliktisch, aber gleichwohl zivilrechtlich wirksam erworben hat, enthält er eine Inhalts- und Schrankenbestimmung des Eigentums im Sinne des Art. 14 Abs. 1 Satz 2 GG. Diese genügt in der Auslegung des Bundesgerichtshofs den verfassungsrechtlichen Anforderungen.". Zum „**Gehören oder Zustehen**" i.S.v. § 74 Abs. 3 S. 1 StGB/§ 22 Abs. 2 Nr. 1 OWiG vgl. z.B. BGHSt 24, 222 = BGH, Beschluss vom 28.09.1971 – 1 StR 261/71 (zu ex-§ 40 Abs. 2 Nr. 1 StGB ≙ § 74 Abs. 3 S. 1 StGB/§

b) GR-E (oder Nichteingriff/GR-Verzicht): **Eigentumseinschränkung** durch

Einschränkung eines vermögenswerten Rechts, etwa durch (alternativ)

- Einschränkungen oder Entzug der Nutzungs- und Verfügungsbefugnis an (berechtigtem) Eigentum/Besitz/Nutzung, vgl. §§ 903 ff. BGB, §§ 854 ff. BGB, ohne Güterbeschaffung als Inhalts- und Schrankenbestimmungen im Sinne von Art. 14 Abs. 1 S. 2 GG[810];

---

22 Abs. 2 Nr. 1 OWiG, P. B.): „Dieser Begriff ‚**gehören**' ist dahin auszulegen, daß damit das Eigentum an körperlichen Gegenständen, also an Sachen im Sinne des § 90 BGB gemeint ist (vgl. z. B. Protokolle des Sonderausschusses des Deutschen Bundestages für die Strafrechtsreform S. 1031). Die Auffassung des Generalstaatsanwalts beim Bayerischen Obersten Landesgericht, aus dem Begriff des, Zustehens' in § 40 Abs. 2 Nr. 1 StGB [ex-§ 40 Abs. 2 Nr. 1 StGB ≙ § 74 Abs. 3 S. 1 StGB/§ 22 Abs. 2 Nr. 1 OWiG, P. B.] ergebe sich, daß auch solche Sachen eingezogen werden könnten, an denen dem Täter zwar nicht das Eigentum, aber ein sonstiges Recht zustehe, findet weder im Wortlaut noch in der Entstehungsgeschichte der geltenden Einziehungsvorschriften eine Stütze. Dieser Begriff wurde vielmehr eingeführt, weil durch die Neufassung entgegen dem bis dahin geltenden Recht die Möglichkeit geschaffen wurde, nicht nur Sachen, sondern auch Rechte, also unkörperliche Gegenstände einzuziehen; das sollte nach dem Regierungsentwurf zum EGOWiG (BT Drucks. V/1319) hinter dem Wort ‚Gegenstände' in § 40 Abs. 1 [ex-§ 40 Abs. 1 StGB ≙ § 74 Abs. 1, 2 StGB/§ 22 Abs. 1 OWiG, P. B.] durch den Klammerzusatz ‚(Sachen und Rechte)' ausdrücklich klargestellt werden, doch wurde im Laufe der Gesetzesberatung auf diesen Zusatz verzichtet, weil nach der Ausgestaltung der neuen Einziehungsvorschriften nicht zweifelhaft sein konnte, daß der Begriff ‚**Gegenstände**' sowohl Sachen als auch Rechte umfaßt (BT Drucks. zu V/2600, V/2601 S. 14), wie sich z. B. aus § 40a Nr. 1, § 41a Abs. 1 StGB deutlich ergibt. § 40 Abs. 2 Nr. 1 StGB [ex-§ 40 Abs. 2 Nr. 1 StGB ≙ § 74 Abs. 3 S. 1 StGB/§ 22 Abs. 2 Nr. 1 OWiG, P. B.] ist demnach so zu lesen, daß die Einziehung nur zulässig ist, wenn der Täter (Teilnehmer) Eigentümer der Sache oder Inhaber des Rechts ist; denn das ‚**Zustehen**' eines Rechts ist im Sinne einer ‚quasidinglichen Inhaberschaft' zu verstehen (BGH, Urteil vom 29. April 1969 – 5 StR 50/69 - bei Dallinger MDR 1969, 722).". **Nicht-Besitz** oder **Nicht-Eigentum** mindestens im engeren privatrechtlichen Sinne, also auch ein eigentumsmäßiges **Nicht-Gehören** oder **Nicht-Zustehen** im Sinne etwa von Einziehungsvorschriften ist jedenfalls auch gegeben bei Verbot i.S.d. § 134 BGB oder Sittenwidrigkeit i.S.d. § 138 BGB oder sonstiger Unwirksamkeitsgründe (Nichtentstehensgründe oder Erlöschensgründe) gerade bezüglich dem Erwerbsakt (z.B. i.S.d. §§ 854-984 BGB; vgl. z.B. Btm-Geschäfte; vgl. auch etwaiges waffenrechtliches Verbot der Umgangsart Erwerb). Vgl. z.B. BGH, Beschluss vom 12.06.2019 – 3 StR 194/19: „Die Einziehung von Wertersatz nach § 74c StGB setzt voraus, dass dem Täter der ursprünglich einziehungsbetroffene Gegenstand zur Zeit der Tat gehörte oder zustand. Feststehen muss daher [wegen des Merkmals „**gehören oder zustehen**" i.S.v. § 74 Abs. § 22 Abs. 2 Nr. 1 OWiG, P. B.], dass der Täter diesen Gegenstand im Geltungsbereich einer Rechtsordnung erworben hat, die den Eigentumserwerb nicht verbietet. Dies ist für - wie hier - im Inland erworbene Betäubungsmittel wegen der entgegenstehenden Vorschrift des § 134 BGB nicht der Fall (BGH, Beschlüsse vom 11. Juni 1985 - 5 StR 275/85, BGHSt 33, 233; vom 17. März 2010 - 2 StR 67/10, NStZ 2011, 100; Fischer, StGB, 66. Aufl., § 74c Rn. 5)."; genauso für die neuen §§ 73-76b StGB bestätigend: BGH, Beschluss vom 24.09.2019 – 5 StR 269/19 („wegen bewaffneten Handeltreibens mit Betäubungsmitteln in nicht geringer Menge u.a."), vgl. auch BGH, Urteil vom 08.11.2016 – 1 StR 325/16, Rn. 9: „Die Einziehung des zur Beschaffung der Betäubungsmittel in Tschechien genutzten Pkw´s des Angeklagten hat das Landgericht auf § 74 Abs. 1 StGB gestützt. Indes ist eine hierauf bezogene Einziehung nur zulässig, wenn der Gegenstand zur Zeit der Entscheidung dem Täter gehört oder zusteht (§ 74 Abs. 2 Nr. 1 StGB [ex-§ 74 Abs. 2 Nr. 1 StGB ≙ § 74 Abs. 3 S. 1 StGB/§ 22 Abs. 2 Nr. 1 OWiG, P. B.]), also der Angeklagte selbst oder ein Teilnehmer zum Zeitpunkt der letzten tatrichterlichen Entscheidung Eigentümer des Fahrzeuges war (BGH, Beschluss vom 28. September 1971 - 1 StR 261/71, BGHSt 24, 222, [226 f.]; Urteil vom 27. August 1998 - 4 StR 307/98, NStZ-RR 1999, 11).".

[810] BVerfGE 143, 246, Ls. 5 (Dreizehnte Novelle des Atomgesetzes) = BVerfG, Urteil des Ersten Senats vom 06.12.2016 – 1 BvR 2821/11 –, Ls. 5.

- Eigentumsentzug als Enteignung im Sinne des Art. 14 Abs. 3 GG mit Änderung der Eigentumszuordnung und stets mit Güterbeschaffung[811].

In Fällen molekulargenetischer Untersuchung zur Identitätsfeststellung i.S.v. § 14a PolG NRW kann ein Eigentumsgrundrechtseingriff in Art. 14 Abs. 1 S. 1 Alt. 1 GG insbesondere erfolgen durch (alternativ)

- Beschädigung von persönlichen Sachen, zum Beispiel bei Aufschneiden der Kleidung oder sonstiger Heraustrennung von Sachen;
- durch Gegenständewegnahme für Gegenständeprobennahme,
- durch Einwirken auf die Leiche oder jedenfalls Leichenteile.

c) GR-B: Art. 14 Abs. 1 S. 2, Abs. 2, 3 GG, Art. 18 GG.

A. Rechtsgrundlage (RGL) II. Rechtsgebiet (RG)

(VOR/DEF)

Rechtsgebiet ist Rechtsordnungsteil nach allen Umständen – wie schwerpunktmäßige Äußerungen, Rechtsnormen, Zwecke, auch i.V.m. §§ 133, 157 BGB analog.[812]

(SUB/ERG)

Die molekulargenetische IDF-Untersuchung erfolgt auf dem Rechtsgebiet des besonderen öffentlichen Verwaltungsrechts polizeilicher Gefahrenabwehr.

Eine molekulargenetische IDF-Untersuchung erfolgt auf dem Rechtsgebiet der Gefahrenabwehr insbesondere bei (alternativ)

- nicht tatverdachtsveranlasster molekulargenetischer IDF-Untersuchung;
- molekulargenetischer IDF-Untersuchung nach nicht tatverdachtsbezogenen Dingen;
- molekulargenetischer IDF-Untersuchung ohne schwerpunktmäßigen Zweck einer anschließenden Strafrechtspflegemaßnahme;
- Gefahrenüberhang.

A. Rechtsgrundlage (RGL) III. Mögliche Befugnisrechtsnorm (Mgl. Brn.)

(VOR/DEF)

Befugnisrechtsnorm ist die rechtmäßige hauptsächliche materiellrechtliche Rechtsgrundlage mit realfolgenentsprechender Rechtsfolge.

---

811 BVerfGE 143, 246, Ls. 4 (Dreizehnte Novelle des Atomgesetzes) = BVerfG, Urteil des Ersten Senats vom 06.12.2016 – 1 BvR 2821/11 –, Ls. 4.

812 Zum Rechtsgebiet bzw. zu Rechtsgebieten einschließlich Rechtsgebiet-Begriffen und Rechtsgebiet-Auslegungsansätzen: *Basten*, Eingriffsrecht der Polizei in Nordrhein-Westfalen, Band 1, Buch 1, Abschnitt 3, Unterabschnitt 3, Titel 3, Untertitel 3.

(SUB/ERG)

Realfolge ist die jeweilige Maßnahme laut Sachverhalt.
Rechtsfolge ist die Maßnahme laut Rechtsnorm.

(SUB)

Realfolgen und Rechtsfolgen zu:

Körperliche Untersuchung (KU), Körperlicher Eingriff (KE), Blutprobenentnahme (BP), Erkennungsdienstliche Maßnahme (ED), DNA-Maßnahmen (DNA)

Realfolgen – Beispiele:

Abstrich; (Aufforderung zum) Aufdecken; Begutachtung; Beobachtung; Hineingreifen; Hineinstechen (vgl. teilweise Polizei-Umgangssprache wie z.B.: „Loch im Arm [durch Nadel]"; Hervorholen (vgl. teilweise Polizei-Umgangssprache wie „[Ab-]Zapfen [mit Nadel]"; Nachschau.

Rechtsfolgen:

Körperliche Untersuchung (KU) ist Körperbeschaffenheitsermittlung durch gezielte Nachschau oder gezielten Eingriff am Menschenkörper, ggf. auch mit Datenverarbeitung (z.B. Bild/Ton-Aufzeichnung), ggf. auch mit sog. Exploration, ggf. auch mit Gegenüberstellung.

Anderer körperlicher Eingriff (KE) ist körperliche Untersuchung mit Körpersubstanzverletzung.

Blutprobenentnahme ist körperliche Untersuchung als körperlicher Eingriff zwecks Blutproben-„Speicherung"

Abstammungsuntersuchung ist körperliche Untersuchung zur Abstammungsfeststellung.

Erkennungsdienstliche Maßnahme ist zu bestimmten Zwecken eine Maßnahme insbesondere nach § 14 Abs. 4 PolG NRW (vgl. auch 14.4 VVPolG NRW), § 81b StPO, §§

(ERG)

Mögliche Befugnisrechtsnorm zu:

Körperliche Untersuchung (KU), Körperlicher Eingriff (KE), Blutprobenentnahme (BP), Erkennungsdienstliche Maßnahme (ED), DNA-Maßnahmen (DNA)

Gefahrenabwehr:

- Speziellere Befugnisrechtsnormen wie §§ 15, 16, 19 AsylG, §§ 48, 49 AufenthG
- § 8 Abs. 1 PolG NRW (Körperliche Untersuchung als nicht in §§ 9-46 PolG NRW speziell geregelte Maßnahme)
- § 14 PolG NRW (Abs. 1 Nr. 1: Erkennungsdienstliche Maßnahme zur Identitätsfeststellung, Abs. 1 Nr. 2: Erkennungsdienstliche Maßnahme zur vorbeugenden Bekämpfung von Straftaten)
- § 14a PolG NRW („Molekulargenetische Untersuchung zur IDF": Molekulargenetische Untersuchungsmaßnahmen zur IDF (Abgleich von DNA-Identifizierungsmustern einer Leiche oder hilflosen Person mit denjenigen einer vermissten Person zur IDF, zu diesem Zweck: 1. Körperzellenentnahme bei hilflosen Person oder Leiche, 2. Probennahme von Gegenständen mit Spurenmaterial der vermissten Person, 3. molekulargenetische Untersuchung der Proben nach Nr. 1 und 2. – § 14a Abs. 1 S. 6-8 PolG NRW: weitere Speicherung, Verwendung, Löschung von DNA-Identifizierungsmuster; § 14a Abs. 1 S. 5 PolG NRW: **Unverzügliche** [§ 121 Abs. 1 S. 1 BGB] Vernichtung entnommener Körperzellen, wenn keine Benötigung mehr für Untersuchung nach § 14a Abs. 1 S. 2 PolG NRW.)

16, 19 AsylG, § 49 AufenthG, § 163b Abs. 1 StPO, § 163b Abs. 2 StPO, ggf. mit: Erscheinungsbildveränderung, Freiheitsbeschränkung, Gegenüberstellung (EFG); nicht mit: Maßnahmen nach §§ 12, 12a, 14a PolG NRW, §§ 81a, c-h StPO und nicht mit weiterer Speicherung.

DNA-/Molekulargenetische Untersuchung ist zu bestimmten Zwecken eine Maßnahme insbesondere nach § 14a PolG NRW, §§ 81e, f StPO, § 81g StPO, § 81h StPO – i.d.R. mit Begleitmaßnahmen von Körperzellentnahme und DNA-Identifizierungsmuster-/Spuren-Abgleich.

Abgrenzung von körperlicher Untersuchung und Personendurchsuchung erfolgt durch Körperbeschaffenheitsermittlungszweck.

Abgrenzung von körperlicher Untersuchung und unvermeidlicher Kenntnisnahme entscheidet sich wie folgt:

Unvermeidliche Kenntnisnahme ist Wahrnehmung ohnehin offen präsenter Personen, Sachen, Daten ohne erhebliche Nachschau oder Veränderung, z.B. unwillkürliches Anschauen von gegenüber befindlichem, unverdecktem Gesicht.

Zur Abgrenzung von körperlicher Untersuchung und Inaugenscheinnahme, vgl. § 12a Abs. 1 S. 2 PolG NRW: **Inaugenscheinnahme** ist prüfende Betrachtung präsenter Sachen, Daten ohne Körperbeschaffenheitsermittlungszweck und ohne erhebliche Veränderung (Prinzip: „Just look, don't touch!").

Strafrechtspflege (ggf. mit §§ 46 [Abs. 4], 53 Abs. 1 S. 2, Abs. 2 OWiG):

- § 163b StPO: erkennungsdienstliche Maßnahme zwecks IDF (Abs. 1: beim Verdächtigen, Abs. 2: beim Nichtverdächtigen)
- § 81a StPO (Körperliche Untersuchung des Beschuldigten, anderer körperlicher Eingriff, Blutprobenentnahme)
- § 81b StPO (Alt. 1: Erkennungsdienstliche Maßnahme beim Beschuldigten zur Durchführung des Verfahrens; Alt. 2: Erkennungsdienstliche Maßnahme beim Beschuldigten für Zwecke des Erkennungsdienstes)
- § 81c StPO (Abs. 1: Körperliche Untersuchung anderer Personen, Abs. 2: Abstammungsuntersuchung, Blutprobenentnahme)
- §§ 81e, f StPO (Molekulargenetische Untersuchung: Feststellung von DNA-Identifizierungsmuster, Abstammung, Personengeschlecht; bei unbekannter Spurenmaterialperson auch Augen-, Haar- Hautfarbe, Alter mittels molekulargenetischer Untersuchung an nach §§ 81a, c StPO rechtmäßig erlangtem Material oder an aufgefundenem/sichergestelltem/beschlagnahmtem Material – zwecks aktuellen Strafverfahrens)
- § 81g Abs. 1, 2 StPO („DNA-IDF": Körperzellenentnahme zur Identitätsfeststellung zwecks potentieller künftiger Strafverfahren und molekulargenetische Untersuchung zur Feststellung des DNA-Identifizierungsmusters sowie des Geschlechts)
- § 81h StPO (DNA-Reihenuntersuchung: 1. Körperzellenentnahme, 2. molekulargenetische Untersuchung der entnommenen Körperzellen zur Feststellung des DNA-Identifizierungsmusters und des Geschlechts 3. automatisierter Abgleich der festgestellten DNA-Identifizierungsmuster mit den DNA-Identifizierungsmustern von Spurenmaterial)
- § 43 Abs. 2 JGG (ggf. i.V.m. § 109 JGG)

(SUB)

Realfolge ist die jeweilige Maßnahme laut Sachverhalt.

Rechtsfolge des § 14a Abs. 1 PolG NRW ist als Realakt oder (Begleit-)VA (vgl. § 35 VwVfG NRW): „Molekulargenetische Untersuchungen zur Identitätsfeststellung" (Molekulargenetische Untersuchungsmaßnahmen zwecks IDF), also insbesondere:

- Abgleich von DNA-Identifizierungsmustern einer Leiche oder hilflosen Person mit denjenigen einer vermissten Person zur IDF, und zu diesem Zweck begleitend:
  - Körperzellenentnahme bei hilfloser Person oder Leiche (sowie Leichenteile und tote Leibesfrucht, vgl. auch §§ 87, 88, 159 StPO),
  - Probennahme von Gegenständen mit Spurenmaterial der vermissten Person,
  - molekulargenetische Untersuchung der Proben nach § 14a Abs. 1 S. 2 Nr. 1 und 2 PolG NRW.

Gemäß § 14a Abs. 1 S. 4 PolG NRW sind die Untersuchungen nach § 14a Abs. 1 S. 2 Nr. 3 PolG NRW auf die Feststellung des DNA-Identifizierungsmusters und des Geschlechts zu beschränken.

(ERG)

Mögliche Befugnisrechtsnorm ist der rechtmäßige § 14a PolG NRW.[813]

Mögliche Befugnisrechtsnormen bezüglich weiterer Speicherung, Verwendung, Löschung (Vernichtung) von DNA-Identifizierungsmustern sind enthalten insbesondere in § 14a Abs. 1 S. 6-8 PolG NRW.

§ 14a Abs. 1 S. 5 PolG NRW betrifft die Anschlussrechtsfolge **unverzüglicher** (§ 121 Abs. 1 S. 1 BGB) Vernichtung entnommener Körperzellen, wenn keine Benötigung mehr besteht für eine Untersuchung nach § 14a Abs. 1 S. 2 PolG NRW.

B. Formelle Rechtmäßigkeit (FR) I. Zuständigkeit (Z)

(VOR/DEF)

Zuständigkeit ist Aufgabenwahrnehmungserlaubnis für den Rechtsfolgesetzer.

---

[813] Landtag-NRW-Drucksache 14/10089, S. 27: „Mit dem [durch Gesetz zur Änderung des Polizeigesetzes des Landes Nordrhein-Westfalen vom 09.02.2010 (GV. NRW. S. 132), in Kraft getreten am 24.02.2010,] neu eingefügten § 14a wird klargestellt, dass die Polizei zur Identifizierung unbekannter Toter und zur Vermisstensachbearbeitung auf molekulargenetische Untersuchungen (DNA-Analyse) zurückgreifen kann. [...] Die rechtliche Regelung ist erforderlich, um die Identität unbekannter Toter und das Schicksal vermisster Personen außerhalb strafrechtlicher Ermittlungsverfahren klären zu können. Auch wenn DNA-Material von Angehörigen der vermissten Personen in der Regel freiwillig zur Verfügung gestellt wird, besteht [bestand vor § 14a Abs. 2 PolG NRW] bisher das Problem, dass eine Analyse des Materials nicht durchgeführt werden kann [konnte], da die Sachverständigen einen richterlichen Beschluss verlangen, der aber nicht eingeholt werden kann [konnte], wenn ein Strafverfahren nicht anhängig ist [war].".

(SUB/ERG)

Für die Maßnahmen nach § 14a PolG NRW ist die Zuständigkeit (i.d.R.) wie folgt gegeben:

1. sachliche Zuständigkeit *der Polizei* gemäß (alternativ)

- § 1 Abs. § 1 Abs. 1 S. 1, 2 Var. 1 oder 2 (oder 3) PolG NRW (originäre Zuständigkeit) (ggf. i.V.m. § 1 Abs. 2 PolG NRW[814] / ggf. i.V.m. § 1 Abs. 5 S. 2 PolG NRW[815]);
- § 1 Abs. 1 S. 1, 3 PolG NRW (subsidiäre Zuständigkeit);

2. instanzielle Zuständigkeit *der Polizeibehörde* gemäß

- (i.d.R.) § 11 Abs. 1 Nr. 1 POG NRW;
- (generell:) §§ 10-14 POG NRW (ggf. i.V.m. KPBVO NRW / ggf. i.V.m. LKAAufgVO NRW);

3. örtliche Zuständigkeit *der Polizeibehörde* gemäß

- (i.d.R.) § 7 Abs. 1 POG NRW (ggf. i.V.m. KHStVO NRW);
- (generell:) §§ 7-9 POG NRW (ggf. i.V.m. KHStVO NRW);

4. funktionelle Zuständigkeit *des Polizeiamtswalters* gemäß

a) Antragszuständigkeit und Anordnungszuständigkeit

- § 14a PolG NRW i.V.m. § 1 PolG NRW, danach besteht Anordnungszuständigkeit jeden „Polizei"-Amtswalters bezüglich der Körperzellenentnahmeanordnung.
- § 14a PolG NRW i.V.m. § 1 PolG NRW, danach besteht Anordnungszuständigkeit jeden „Polizei"-Amtswalters bezüglich Probennahme von Gegenständen mit Spurenmaterial der vermissten Person.
- § 14a Abs. 2 S. 1 PolG NRW, danach besteht Antragszuständigkeit des „Polizei"-Amtswalters und Anordnungsunzuständigkeit bezüglich molekulargenetischer Untersuchungen, denn danach werden molekulargenetische Untersuchungen auf „Antrag der Polizei durch das „Amtsgericht angeordnet, in dessen Bezirk[816] die Polizeibehörde ihren Sitz hat".

b) Ausführungszuständigkeit

- § 14a Abs. 1 S. 3 PolG NRW i.V.m. § 81a Abs. 1 S. 2 StPO entsprechend, danach besteht Ausführungsunzuständigkeit bezüglich Körperzellenentnahmeausführung, denn dies soll „von einem Arzt" vorgenommen werden.
- § 14a PolG NRW i.V.m. § 1 PolG NRW, danach besteht Ausführungszuständigkeit jeden „Polizei"-Amtswalters bezüglich Probennahme von Gegenständen mit Spurenmaterial der vermissten Person.
- § 14a Abs. 2 S. 3 PolG NRW i.V.m. § 81f Abs. 2 StPO, danach besteht jedenfalls Polizeibehördenermittlungsführungsdienststellenamtsträger-Unzuständigkeit bezüglich der Ausführung molekulargenetischer Untersuchung, denn gemäß § 14a Abs. 2 S. 3 PolG NRW i.V.m. § 81f Abs. 2 S. 1 StPO entsprechend sind mit der Durchführung der Untersuchung nach § 14a Abs. 1 S. 2 Nr. 3 PolG NRW in der schriftlichen Anordnung Sachverständige zu beauftragen, die öffentlich bestellt oder nach dem Verpflichtungsgesetz[817] verpflichtet

---

[814] § 1 Abs. 2 PolG NRW hat negative Zuständigkeitsvoraussetzungen; § 1 Abs. 2 PolG NRW ist die sogenannte „**Privatrechtsklausel**"; zum **Privatrecht in der polizeilichen Praxis** ausführlich: *Basten*, Privatrecht in der polizeilichen Praxis.

[815] § 1 Abs. 5 S. 2 PolG NRW ist qua Gesetzessystematik eine Zuständigkeitsvorschrift mit negativen Befugnisvoraussetzungen.

[816] **Gerichtsbezirke** gemäß Anlage 1 JustG NRW.

[817] Gesetz über die förmliche **Verpflichtung nichtbeamteter Personen** (Verpflichtungsgesetz).

oder Amtsträger sind, die der ermittlungsführenden Behörde nicht angehören oder einer Organisationseinheit dieser Behörde angehören, die von der ermittlungsführenden Dienststelle organisatorisch und sachlich getrennt ist[818].

Sachverständiger ist eine Person mit besonderer Sachkunde über potentielle tatverdachtsrelevante gegenwärtige (i.S.v. aktuellem Methodenstandard und Forschungsstand) **Befundtatsachen** (unmittelbare Sachverständigendaten/Ermittlungsergebnisse unmittelbar aus Sachverständigenschlussfolgerungen) aufgrund von aus der Vergangenheit vorliegenden **Anknüpfungstatsachen** (unmittelbare Tatverdachtsdaten/Ermittlungsergebnisse ohne Sachverständigenschlussfolgerungen), vgl. §§ 72, 85 StPO.

Amtsträger ist ein solcher im Sinne des § 11 Abs. 1 Nr. 2 StGB.[819]

B. Formelle Rechtmäßigkeit (FR) II. Verfahren (V)

(VOR/DEF)

Verfahren ist normiertes Verhalten insbesondere für den Rechtsfolgezuständigen außer, bei, i.Z.m. der Rechtsfolge.

1. § 14a Abs. 1 S. 3 PolG NRW i.V.m. § 81a Abs. 1 S. 2 StPO entsprechend: Blutprobenentnahme und anderer körperlicher Eingriff nur durch Arzt nach den Regeln der ärztlichen Kunst

(VOR)

Gemäß § 14a Abs. 1 S. 3 PolG NRW i.V.m. § 81a Abs. 1 S. 2 StPO entsprechend erfolgt die Vornahme von Blutprobenentnahmen und anderen körperlichen Eingriffen nur durch einen Arzt nach den Regeln der ärztlichen Kunst.

---

818 Bundestags-Drucksache 13/667, S. 11 „Der Ausschluß von Sachverständigen von der Durchführung der DNA-Analyse, die der ermittlungsführenden Behörde oder Dienststelle angehören, geht auf ein Petitum des Bundesbeauftragten für den Datenschutz zurück. Um Mißbrauchsgefahren einzudämmen, sollen Strafverfolgung und DNA-Analyse funktionell getrennt werden. Auf der anderen Seite soll berücksichtigt werden, daß das Bundeskriminalamt und einige Landeskriminalämter über Forschungsabteilungen verfügen, die aufgrund ihrer besonderen Sachkunde auch zuverlässige DNA-Analysen durchführen können. Diese Forschungsabteilungen sollen auch dann als Sachverständige herangezogen werden können, wenn das Bundeskriminalamt oder das Landeskriminalamt, dem sie angehören, ermittlungsführende Stelle ist. Allerdings soll dies nur zulässig sein, wenn die Forschungsabteilung gegenüber der ermittlungsführenden Organisationseinheit abgeschottet ist.“.

819 Zur **Staatsgewaltformierung** im deutschen Rechtsstaat einschließlich Organ, Behörde, Amt, Beamtentum, Waltung siehe: *Basten*, Eingriffsrecht der Polizei in Nordrhein-Westfalen, Band 1, Buch 1, Abschnitt 2, Unterabschnitt 4, Titel 2.

(DEF)

Arzt ist ein solcher nach BÄO.

Vornahme nach den Regeln der ärztlichen Kunst (lege artis) ist arztberufnormgemäße[820], kunstgerechte[821] Durchführung einschließlich dazu erforderlicher Vorbereitungen und Nachbereitungen (z.B. Aufklärung, Betreuung, Nachaufsicht) unter grundsätzlicher Berücksichtigung allgemein anerkannter fachlicher Standards im Sinne von § 630a Abs. 2 BGB[822] zur maßgeblichen Zeit.

(SUB/ERG)

Im konkreten Fall ist § 14a Abs. 1 S. 3 PolG NRW i.V.m. § 81a Abs. 1 S. 2 StPO entsprechend (alternativ)

- bei Vorliegen von entsprechenden Anhaltspunkten / Fehlen entgegenstehender Anhaltspunkte eingehalten.
- bei Vorliegen von entsprechenden Anhaltspunkten nicht eingehalten.

2. § 14a Abs. 2 S. 1, 2 PolG NRW: Gerichtsanordnung

(VOR/DEF)

Gemäß § 14a Abs. 2 S. 1 PolG NRW werden molekulargenetische Untersuchungen auf Antrag der Polizei durch das Amtsgericht angeordnet, in dessen Bezirk[823] die Polizeibehörde ihren Sitz hat.

Gemäß § 14a Abs. 2 S. 1 PolG NRW gelten für das Verfahren die Vorschriften des FamFG entsprechend.

---

820 Zu **Rechtsnormen** und **Sozialnormen** allgemein: *Basten*, Eingriffsrecht der Polizei in Nordrhein-Westfalen, Band 1, Buch 1, Abschnitt 1, Unterabschnitt 3, Titel 1 und Untertitel 1.

821 Vgl. zum **Kunstfehler**-Begriff grundlegend: *Virchow*, Kunstfehler der Ärzte, Aktenstücke des Reichstags des Norddeutschen Bundes, Anlage 3 zu Nr. 5, S. XII-XV.

822 BGH, Urteil vom 15.04.2014 – VI ZR 382/12 –, Rn. 11, Ls./17 (jeweils mit vielen weiteren Nachweisen zum Ganzen): „Der **Standard** gibt Auskunft darüber, welches Verhalten von einem gewissenhaften und aufmerksamen Arzt in der konkreten Behandlungssituation aus der berufsfachlichen Sicht seines Fachbereichs im Zeitpunkt der Behandlung erwartet werden kann. Er repräsentiert den jeweiligen Stand der naturwissenschaftlichen Erkenntnisse und der ärztlichen Erfahrung, der zur Erreichung des ärztlichen Behandlungsziels erforderlich ist und sich in der Erprobung bewährt hat [Quellenangaben]. **Handlungsanweisungen** in **Leitlinien** ärztlicher Fachgremien oder Verbände dürfen nicht unbesehen mit dem medizinischen Standard gleichgesetzt werden. Dies gilt in besonderem Maße für Leitlinien, die erst nach der zu beurteilenden medizinischen Behandlung veröffentlicht worden sind. Leitlinien ersetzen kein Sachverständigengutachten. Zwar können sie im Einzelfall den medizinischen Standard für den Zeitpunkt ihres Erlasses zutreffend beschreiben; sie können aber auch Standards ärztlicher Behandlung fortentwickeln oder ihrerseits veralten [Quellenangaben].“.

823 **Gerichtsbezirke** gemäß Anlage 1 JustG NRW.

(SUB/ERG)

Im konkreten Fall ist § 14a Abs. 2 S. 1, 2 PolG NRW (alternativ)

- bei Vorliegen von entsprechenden Anhaltspunkten / Fehlen entgegenstehender Anhaltspunkte eingehalten.
- bei Vorliegen von entsprechenden Anhaltspunkten nicht eingehalten.

3. § 14a Abs. 2 S. 3 PolG NRW i.V.m. § 81f Abs. 1 S. 2 StPO entsprechend: Belehrung einwilligender Person

(VOR/DEF)

Gemäß § 14a Abs. 2 S. 3 PolG NRW i.V.m. § 81f Abs. 1 S. 2 StPO entsprechend ist die einwilligende Person darüber zu belehren, für welchen Zweck die zu erhebenden Daten verwendet werden.[824]

(SUB/ERG)

Im konkreten Fall ist § 14a Abs. 2 S. 3 i.V.m. § 81f Abs. 1 S. 2 StPO entsprechend (alternativ)

- bei Vorliegen von entsprechenden Anhaltspunkten / Fehlen entgegenstehender Anhaltspunkte eingehalten.
- bei Vorliegen von entsprechenden Anhaltspunkten nicht eingehalten.

---

[824] Bundestags-Drucksache 15/5674, S. 11: „Dem Schriftformerfordernis kommt dabei eine **Dokumentations- und Aufklärungsfunktion** zu: So werden Unsicherheiten darüber vermieden, ob eine Einwilligungserklärung von der betroffenen Person angegeben wurde, und zugleich gewährleistet, dass der Betroffene sich seiner Entscheidung hinreichend bewusst wird. Letzteres wird unterstützt durch die in [§ 81f] Absatz 1 Satz 2 enthaltene Vorgabe, dass die einwilligende Person über die Reichweite ihrer Entscheidung zu belehren ist.“.

Bundestags-Drucksache 15/5674, S. 8: „Indem für die Einwilligung die Schriftform vorgesehen wird und eine vorherige Belehrung des Betroffenen über den Verwendungszweck der zu erhebenden Daten zu erfolgen hat, wird gewährleistet, dass die zur Mitwirkung an einer DNA-Analyse aufgeforderte Person in nachvollziehbarer Weise und frei darüber entscheiden kann, ob sie der Maßnahme zustimmt. Dies gilt auch für Personen, denen die Freiheit entzogen ist. Hier geht bereits das geltende Recht ausdrücklich davon aus, dass Inhaftierte wirksam in die Erhebung und weitere Verwendung persönlicher Daten einwilligen können (vgl. [§§ 179-186 StVollzG: Datenschutz beim Vollzug von Ordnungs-, Sicherungs-, Zwangs- und Erzwingungshaft, P. B.]). Allerdings muss bei inhaftierten Personen besondere Sorgfalt auf eine ordnungsgemäße Belehrung verwendet werden. Auch darf auf sie kein unzulässiger Druck etwa durch das Versprechen der Gewährung von Vergünstigungen ausgeübt werden.“.

4. § 14a Abs. 2 S. 3 PolG NRW i.V.m. § 81f Abs. 2 S. 1 StPO entsprechend: Untersuchungsbeauftragung von Sachverständigen in schriftlicher Anordnung

(VOR)

Gemäß § 14a Abs. 2 S. 3 PolG NRW i.V.m. § 81f Abs. 2 S. 1 StPO entsprechend sind mit der Untersuchung nach § 14a Abs. 1 PolG NRW in der schriftlichen Anordnung Sachverständige zu beauftragen, die öffentlich bestellt oder nach dem Verpflichtungsgesetz[825] verpflichtet oder Amtsträger sind, die der ermittlungsführenden Behörde nicht angehören oder einer Organisationseinheit dieser Behörde angehören, die von der ermittlungsführenden Dienststelle organisatorisch und sachlich getrennt ist[826].

(DEF)

Schriftform ist bei Fehlen speziellerer Rechtsnorm eine Form gemäß § 126 BGB.

Sachverständiger ist eine Person mit besonderer Sachkunde über potentielle tatverdachtsrelevante gegenwärtige (i.S.v. aktuellem Methodenstandard und Forschungsstand) **Befundtatsachen** (unmittelbare Sachverständigendaten/Ermittlungsergebnisse unmittelbar aus Sachverständigenschlussfolgerungen) aufgrund von aus der Vergangenheit vorliegenden **Anknüpfungstatsachen** (unmittelbare Tatverdachtsdaten/Ermittlungsergebnisse ohne Sachverständigenschlussfolgerungen), vgl. §§ 72, 85 StPO.

Amtsträger ist ein solcher im Sinne des § 11 Abs. 1 Nr. 2 StGB.[827]

(SUB/ERG)

Im konkreten Fall ist § 14a Abs. 2 S. 3 PolG NRW i.V.m. § 81f Abs. 2 S. 1 StPO entsprechend (alternativ)

- bei Vorliegen von entsprechenden Anhaltspunkten / Fehlen entgegenstehender Anhaltspunkte eingehalten.
- bei Vorliegen von entsprechenden Anhaltspunkten nicht eingehalten.

---

[825] Gesetz über die förmliche **Verpflichtung nichtbeamteter Personen** (Verpflichtungsgesetz).

[826] Bundestags-Drucksache 13/667, S. 11 „Der Ausschluß von Sachverständigen von der Durchführung der DNA-Analyse, die der ermittlungsführenden Behörde oder Dienststelle angehören, geht auf ein Petitum des Bundesbeauftragten für den Datenschutz zurück. Um Mißbrauchsgefahren einzudämmen, sollen Strafverfolgung und DNA-Analyse funktionell getrennt werden. Auf der anderen Seite soll berücksichtigt werden, daß das Bundeskriminalamt und einige Landeskriminalämter über Forschungsabteilungen verfügen, die aufgrund ihrer besonderen Sachkunde auch zuverlässige DNA-Analysen durchführen können. Diese Forschungsabteilungen sollen auch dann als Sachverständige herangezogen werden können, wenn das Bundeskriminalamt oder das Landeskriminalamt, dem sie angehören, ermittlungsführende Stelle ist. Allerdings soll dies nur zulässig sein, wenn die Forschungsabteilung gegenüber der ermittlungsführenden Organisationseinheit abgeschottet ist.“.

[827] Zur **Staatsgewaltformierung** im deutschen Rechtsstaat einschließlich Organ, Behörde, Amt, Beamtentum, Waltung siehe: *Basten*, Eingriffsrecht der Polizei in Nordrhein-Westfalen, Band 1, Buch 1, Abschnitt 2, Unterabschnitt 4, Titel 2.

5. § 14a Abs. 2 S. 3 PolG NRW i.V.m. § 81f Abs. 2 S. 2-4 StPO entsprechend: Datenschutzmaßnahmen

(VOR)

Gemäß § 14a Abs. 2 S. 3 PolG NRW i.V.m. § 81f Abs. 2 S. 2 StPO entsprechend ist dem Sachverständigen das Untersuchungsmaterial ohne Mitteilung des Namens, der Anschrift und des Geburtstages und -monats der betroffenen Person zu übergeben.

Gemäß § 14a Abs. 2 S. 3 PolG NRW i.V.m. § 81f Abs. 2 S. 3 StPO entsprechend ist dem Sachverständigen das Untersuchungsmaterial ohne Mitteilung des Namens, der Anschrift und des Geburtstages und -monats der betroffenen Person zu übergeben.

Gemäß § 14a Abs. 2 S. 3 PolG NRW i.V.m. § 81f Abs. 2 S. 4 StPO entsprechend finden, wenn der Sachverständige eine nichtöffentliche Stelle ist, die Vorschriften der VO (EU) 2016/679 (DSGVO) und des BDSG auch dann Anwendung, wenn die personenbezogenen Daten nicht automatisiert verarbeitet und die Daten nicht in einem Dateisystem gespeichert sind oder gespeichert werden sollen.

(DEF)

Datenschutzmaßnahmen im Sinne von § 81f Abs. 2 S. 2-4 StPO sind dort hinreichend bestimmt beschrieben und sind solche mit Bedeutung insbesondere im Sinne von § 46 Nr. 5, 7, 8, 9 BDSG, § 36 Nr. 5, 6, 8, 9, 10, Nr. 11 DSG NRW, § 47 BDSG, § 37 DSG NRW (**Allgemeine Grundsätze für die Verarbeitung personenbezogener Daten**), §§ 62-67 BDSG, §§ 52-59 DSG NRW (Pflichten der **Verantwortlichen** und **Auftragsverarbeiter**).

Dateisystem ist ein solches im Sinne von Art. 4 Nr. 6 VO (EU) 2016/679, Art. 3 Nr. 6 RL (EU) 2016/680, § 36 Nr. 6 BDSG, § 36 Nr. 7 DSG NRW.

Speicherung ist **Datenverarbeitungsmaßnahme** im Sinne von § 46 Nr. 2 BDSG, § 36 Nr. 2 DSG NRW, also Speicherung im Sinne von § 3 Abs. 4 S. 2 Nr. 1 BDSG a.F., § 3 Abs. 2 S. 2 Nr. 2 DSG NRW a.F.

(SUB/ERG)

Im konkreten Fall ist § 14a Abs. 2 S. 3 PolG NRW i.V.m. § 81f Abs. 2 S. 2-4 StPO entsprechend (alternativ)

- bei Vorliegen von entsprechenden Anhaltspunkten / Fehlen entgegenstehender Anhaltspunkte eingehalten insbesondere bzgl. Art. 4 Nr. 12 VO (EU) 2016/679, Art. 3 Nr. 11 RL (EU) 2016/679, § 46 Nr. 10 BDSG, § 36 Nr. 12 DSG NRW (Verletzung des Schutzes personenbezogener Daten – **Datenschutzverletzung**).
- bei Vorliegen von entsprechenden Anhaltspunkten nicht eingehalten bzgl. Art. 4 Nr. 12 VO (EU) 2016/679, Art. 3 Nr. 11 RL (EU) 2016/679, § 46 Nr. 10 BDSG, § 36 Nr. 12 DSG NRW (Verletzung des Schutzes personenbezogener Daten – **Datenschutzverletzung**).

6. § 28 VwVfG NRW: Anhörung bzgl. eines (Begleit-)VA auf dem Rechtsgebiet der Gefahrenabwehr (§§ 1, 2, 9, 35 VwVfG NRW)

(VOR/DEF)

Gemäß § 28 Abs. 1 VwVfG NRW besteht Pflicht zur **Anhörung** im Sinne des § 28 Abs. 1 VwVfG NRW (Äußerungsgelegenheit mit entsprechender Würdigung vor eingreifendem VA) – oder es soll sein: ein Ausnahmegrund gemäß § 28 Abs. 2, 3 VwVfG NRW oder **VA-Verletzungsunbeachtlichkeit** gemäß § 45 VwVfG NRW oder **VA-Nichtaufhebbarkeit** gemäß § 46 VwVfG NRW.

Gemäß § 28 Abs. 2 VwVfG NRW kann von der Anhörung abgesehen werden, wenn sie nach den Umständen des Einzelfalles nicht geboten ist, insbesondere wenn ein Fall vorliegt gemäß § 28 Abs. 2 Nr. 1-5 VwVfG NRW.

Absehenkönnen im Sinne von § 28 Abs. 2 Hs. 1 VwVfG NRW bedeutet Ermessen – in systematisch-kumulativer Verbindung mit § 28 Abs. 2 Hs. 2 VwVfG NRW wiederum unter Vorbehalt des tatsächlich und rechtlich Möglichen wie Gebotenen.

Gebotenheit ist Nichtverfügbarkeit eines milderen, gleich geeigneten Mittels zur Zweckförderung.

Gemäß § 28 Abs. 2 Nr. 5 VwVfG NRW kann von der Anhörung abgesehen werden, wenn sie nach den Umständen des Einzelfalles nicht geboten ist, insbesondere wenn Maßnahmen in der Verwaltungsvollstreckung getroffen werden sollen.

Gemäß § 28 Abs. 2 Nr. 1 VwVfG NRW kann von der Anhörung abgesehen werden, wenn eine sofortige Entscheidung wegen Gefahr im Verzug oder im öffentlichen Interesse notwendig erscheint.

Gefahr im Verzug i.S.d. § 28 Abs. 2 Nr. 1 VwVfG NRW ist gegeben, wenn der Handlungsbedarf unvorhergesehen ist und bei Durchführung der eigentlich vorgesehenen Maßnahme, hier der Anhörung, der gesetzliche Zweck, hier der jeweilige aus der Aufgabe des § 1 Abs. 1 S. 1 PolG NRW und aus der Befugnisrechtsnorm des § 8 Abs. 1 PolG NRW, vereitelt oder wesentlich erschwert wird.[828]

Öffentliches Interesse ist die einzelfallbezogene Relevanz eines Rechts oder Rechtsguts nicht ausschließlich bei einem einzelnen Individuum.

Notwendigkeit ist Nichtverfügbarkeit eines milderen, gleich geeigneten Mittels zur Zweckförderung – bis hin zur Alternativlosigkeit der Mittelanwendung.

Gemäß § 28 Abs. 3 VwVfG NRW unterbleibt eine Anhörung, wenn ihr ein zwingendes öffentliches Interesse entgegensteht.

---

[828] BVerwGE 142, 205 (Schutzmaßnahme nach IfSG) = BVerwG, Urteil vom 22.03.2012 – BVerwG 3 C 16.11: „Gefahr im Verzug im Sinne von § 28 Abs. 2 Nr. 1 VwVfG ist anzunehmen, wenn durch eine vorherige Anhörung auch bei Gewährung kürzester Anhörungsfristen ein Zeitverlust einträte, der mit hoher Wahrscheinlichkeit zur Folge hätte, dass die behördliche Maßnahme zu spät käme, um ihren Zweck noch zu erreichen. Ob eine sofortige Entscheidung objektiv notwendig war oder die Behörde eine sofortige Entscheidung zumindest für notwendig halten durfte, ist vom Gericht aus ex-ante-Sicht zu beurteilen (Urteil vom 15. Dezember 1983 - BVerwG 3 C 27.82 - BVerwGE 68, 267 <271 f.> = Buchholz 316 § 28 VwVfG Nr. 9 S. 18). Hierbei ist wegen der Bedeutung des Anhörungsrechts als tragendem Prinzip des rechtsstaatlichen Verfahrens ein strenger Maßstab anzulegen (vgl. Kopp/Ramsauer, VwVfG, 12. Aufl. 2011, § 28 Rn. 3 und Rn. 46 m.w.N.).“.

Zwingendes öffentliches Interesse ist die einzelfallbezogene unbedingte Relevanz eines Rechts oder Rechtsguts nicht ausschließlich bei einem einzelnen Individuum.

(SUB/ERG)

Im konkreten Fall ist § 28 VwVfG NRW (alternativ)

- eingehalten insbesondere bei Gelegenheit zur Stellungnahme i.S.d. § 28 Abs. 1 VwVfG NRW.
- eingehalten bei Nichteinhaltung von § 28 Abs. 1 VwVfG NRW und Ausnahmegrund gemäß § 28 Abs. 2, 3 VwVfG NRW.
- nicht eingehalten insbesondere bei Fehlen von Gelegenheit zur Stellungnahme ohne Ausnahmegrund.
- sonst eingehalten oder nicht eingehalten bei Anhaltspunkten / Fehlen entgegenstehender Anhaltspunkte.

7. § 39 VwVfG NRW: Begründung bzgl. eines (Begleit-)VA auf dem Rechtsgebiet der Gefahrenabwehr (§§ 1, 2, 9, 35 VwVfG NRW)

(VOR/DEF)

Gemäß § 39 Abs. 1 VwVfG NRW besteht Pflicht zur **Begründung** eines schriftlichen oder elektronischen sowie schriftlich oder elektronisch bestätigten VA (vgl. § 37 Abs. 2 VwVfG NRW) mit den tatsächlich-rechtlichen, nicht unbedingt materiellrechtlich richtigen Behördenerwägungen – oder es soll gegeben sein: ein Ausnahmegrund nach § 39 Abs. 2 VwVfG NRW (insb. § 39 Abs. 2 Nr. 2, 4 VwVfG NRW) oder **VA-Verletzungsunbeachtlichkeit** gemäß § 45 VwVfG NRW oder **VA-Nichtaufhebbarkeit** gemäß § 46 VwVfG NRW.

(SUB/ERG)

Im konkreten Fall ist § 39 VwVfG NRW (alternativ)

- eingehalten bei Fehlen von Begründungspflicht bei rechtmäßigem Fehlen von schriftlichem oder elektronischem, schriftlich oder elektronisch bestätigtem VA (i.d.R. jedenfalls zunächst bei Maßnahmen i.S.d. § 80 Abs. 2 S. 1 Nr. 2 VwGO).
- eingehalten bei Begründung bei schriftlichem oder elektronischem, schriftlich oder elektronisch bestätigtem VA (z.B. im Rahmen von „Bescheinigungen"; „Mitteilungen", „Anschreiben-VA" [„Auflagenanschreiben", „Gefährderanschreiben", „Meldeauflagenanschreiben"], „HG-Schriftverfügung"), auch bei Nichtvorliegen eines Ausnahmegrundes i.S.v. § 39 Abs. 2 VwVfG NRW.
- eingehalten bei Ausnahmegrund nach § 39 Abs. 2 VwVfG NRW, insbesondere wegen bekannter oder erkennbarer Sach- und Rechtslage gemäß § 39 Abs. 2 Nr. 2 Var. 1 oder 2 VwVfG NRW.
- sonst eingehalten oder nicht eingehalten bei Anhaltspunkten / Fehlen entgegenstehender Anhaltspunkte.

(ERG Verfahren)

Ergebnis kann allgemein sein: Verfahrensrechtmäßigkeit oder Verfahrensrechtswidrigkeit der Maßnahme.

B. Formelle Rechtmäßigkeit (FR) III. Form (F)

(VOR/DEF)

Form ist normiertes Wie der Rechtsfolgesetzung – schriftlich, elektronisch, mündlich oder in anderer Weise.

(SUB/ERG)

Im konkreten Fall (alternativ)

- ist bei Fehlen von VA § 37 Abs. 2-6 VwVfG NRW unanwendbar.
- ist bei Fehlen von VA und Fehlen speziellerer Formrechtsnormen Formfreiheit gegeben.
- ist bei VA und Fehlen speziellerer Formrechtsnormen anwendbar: § 37 Abs. 2 bis 6 VwVfG NRW.
- kann gemäß § 37 Abs. 2 S. 1 VwVfG NRW der VA schriftlich, elektronisch, mündlich oder in anderer Weise erlassen werden.
- braucht gemäß § 37 Abs. 2 S. 2 VwVfG NRW der mündliche VA schriftlich oder elektronisch nicht bestätigt zu werden, wenn hieran kein berechtigtes Interesse besteht und der Betroffene dies nicht unverzüglich verlangt.

§ 14a Abs. 2 S. 3 PolG NRW i.V.m. § 81f Abs. 2 StPO entsprechend ist bereits integrativer Verfahrensbestandteil.

Ergebnis kann allgemein sein: Formrechtmäßigkeit oder Formrechtswidrigkeit der Maßnahme.

C. Materielle Rechtmäßigkeit (MR) I. Tatbestand (Tb) / Tatbestandsvoraussetzungen (TBV)

(VOR/DEF)

Tatbestand ist das Gesamt der (materiell-rechtlichen) Rechtsfolge(setzungs)bedingungen. / **Tatbestandsvoraussetzungen** sind materiell-rechtliche Rechtsfolgesetzungsbedingungen.

§ 14a Abs. 1 S. 1, 7 PolG NRW: Konkrete Gefahr für die öffentliche Sicherheit

(VOR)

In § 14a Abs. 1 S. 1, 7 PolG NRW wird vorausgesetzt: eine konkrete Gefahr für die öffentliche Sicherheit, und zwar durch die zu erheblichen DNA-Maßnahmen befugende Rechtsnorm sowie i.V.m. über § 14a Abs. 1 S. 1, 7 PolG NRW in Bezug genommener erster allgemeinster Identitätsfeststellungsnorm des § 12 Abs. 1 Nr. 1 PolG NRW.

(DEF)

Konkrete Gefahr ist eine Sachlage im einzelnen Fall, die bei ungehindertem Geschehensverlauf in absehbarer Zeit mit hinreichender Wahrscheinlichkeit zu einem Schaden für ein rechtliches Schutzgut führt.

Sachlage im einzelnen Fall ist ein tatsächlich bestimmtes Verhalten oder ein tatsächlich bestimmter Zustand.

Ungehinderter Geschehensverlauf in absehbarer Zeit ist eine überschaubar zusammenhängende Ereigniskette ohne entscheidende Veränderung oder Unterbrechung.

Hinreichende Wahrscheinlichkeit ist gegeben bei entsprechendem Ergebnis einer Diagnose von Tatsachen und tatsächlicher Anhaltspunkte sowie einer Prognose von Art und Ausmaß potentieller Rechtseingriffe und -schäden.[829]

Schaden für ein rechtliches Schutzgut ist jede nachteilige Beeinträchtigung eines bestimmten Schutzguts.

Schutzgüter sind in Fällen des § 14a PolG NRW die der **öffentlichen Sicherheit**, nämlich insbesondere Rechte und Rechtsgüter des Einzelnen und die Rechtsordnung.[830]

(SUB)

Unter Auslegung des Geschehens und Anwendung des Wahrscheinlichkeitsmaßstabs führt ohne die Maßnahme ungehinderter Geschehensverlauf in absehbarer Zeit (alternativ: nicht) mit hinreichender Wahrscheinlichkeit zu einer nachteiligen Beeinträchtigung rechtlicher Schutzgüter der öffentlichen Sicherheit, nämlich je nach Fall (alternativ oder kumulativ):

- Individualrechte oder Individualrechtsgüter, insbesondere nach Art. 2 Abs. 2 S. 1 GG, Art. 2 Abs. 2 S. 2 GG;
- Rechtsordnung, insbesondere nach Art. 20 Abs. 3 GG, Gefahrenabwehrvorschriften, Strafvorschriften, Ordnungswidrigkeitenahndungsvorschriften.

---

[829] Zur **Konkrete-Gefahr**-Definition mit weiteren Nachweisen: *Basten*, Eingriffsrecht der Polizei in Nordrhein-Westfalen, Band 1, S. 248. Zum sogenannten **„differenzierenden Wahrscheinlichkeitsmaßstab“** (**„Je-desto-Formel“** / **„Variabilitätsformel“**) mit weiteren Nachweisen: *Basten*, Eingriffsrecht der Polizei in Nordrhein-Westfalen, Band 1, S. 248 f..

[830] Zu den polizeirechtlichen **Schutzgütern** mit vielen weiteren Nachweisen siehe insbesondere: *Basten*, Eingriffsrecht der Polizei in Nordrhein-Westfalen, Band 1, S. 249-251.

(ERG TBV)

Es ist (alternativ)

- eine konkrete Gefahr i.S.d. § 14a Abs. 1 i.V.m. § 12 Abs. 1 Nr. 1 PolG NRW für die öffentliche Sicherheit abzuwehren.
- nicht eine konkrete Gefahr i.S.d. § 14a Abs. 1 i.V.m. § 12 Abs. 1 Nr. 1 PolG NRW für die öffentliche Sicherheit abzuwehren.

C. Materielle Rechtmäßigkeit (MR) II. Inanspruchnahme (In) / Inanspruchnahmevoraussetzungen (Inv)

(VOR/DEF)

Inanspruchnahmevoraussetzungen sind materiell-rechtliche Bedingungen für richtige Inanspruchnahme.

Inanspruchnahme ist Adressierung und sonstiges Betroffenmachen; **Adressierung** ist direktes Bestimmen oder finales Richten einer Maßnahme an einen Grundrechtsträger, vgl. §§ 41 Abs. 1 S. 1, 43 Abs. 1 S. 1 VwVfG NRW.

Nach § 14a PolG NRW ist Inanspruchnahme grundsätzlich alternativ richtig gegenüber folgenden Personen:

- Leiche (vgl. TPG) sowie Leichenteile und tote Leibesfrucht bzw. deren Angehörige/Berechtigte;
- hilflose Person (vgl. 14a.1 VVPolG NRW);
- vermisste Person (vgl. PDV 389).[831]

(SUB/ERG)

Im konkreten Fall ist die Person (alternativ)

- richtigerweise in Anspruch genommen/adressiert.
- nicht richtigerweise in Anspruch genommen/adressiert.

[831] Landtag-NRW-Drucksache 14/10089, S. 27 (sehr ähnlich: Nr. 14a.1 VVPolG NRW): „Mit dem [durch Gesetz zur Änderung des Polizeigesetzes des Landes Nordrhein-Westfalen vom 09.02.2010 (GV. NRW. S. 132), in Kraft getreten am 24.02.2010,] neu eingefügten § 14a wird klargestellt, dass die Polizei zur Identifizierung unbekannter Toter und zur Vermisstensachbearbeitung auf molekulargenetische Untersuchungen (DNA-Analyse) zurückgreifen kann. [...] Nicht identifizierbare, **hilflose Personen** sind solche die sich aufgrund eines Unglücksfalls (Großschadensereignis, Naturkatastrophe) oder einer schweren Erkrankung in einem die freie Willensbestimmung ausschließenden Zustand oder sonst in hilfloser Lage befinden.". Vgl. auch Nr. 35.11 S. 4 VVPolG NRW: „**Hilflosigkeit** liegt insbesondere vor, wenn bei einer Person tiefgreifende Störungen des Bewusstseins, der Orientierung, der Wahrnehmung, der Auffassung oder auch des Denkens einzeln oder in Kombination auftreten.".

C. Materielle Rechtmäßigkeit (MR) III. Rechtsfolge (Rf) / Rechtsfolgevoraussetzungen (RfV)

(VOR/DEF)

Rechtsfolge ist rechtliche Folge aus dem Tatbestand. / **Rechtsfolgevoraussetzungen** sind materiell-rechtliche Rechtsfolgegestaltungsbedingungen.

C. Materielle Rechtmäßigkeit (MR) III. Rechtsfolge (Rf) 1. Tatsächliche und rechtliche Möglichkeit (TurM)

(VOR/DEF)

Tatsächliche und rechtliche Möglichkeit betrifft Fälle wie aus § 44 Abs. 2 Nr. 4-6 VwVfG NRW.

Tatsächliche und rechtliche Möglichkeit wird bezüglich molekulargenetischen Untersuchungsmaßnahmen auch gemäß § 14a Abs. 1 S. 1, letzter Hs., W. 13 PolG NRW ausgedrückt, und war wie folgt: „insbesondere wenn dies auf andere Weise nicht oder nur unter erheblichen Schwierigkeiten möglich ist.“[832]

(SUB/ERG)

Im konkreten Fall ist tatsächliche und rechtliche Möglichkeit (alternativ)

- gegeben wegen Vorliegens von (alternativ) kognitiven, körperlichen, normativen, technischen Unmöglichkeiten.
- nicht gegeben wegen Nichtvorliegens von kognitiven, körperlichen, normativen, technischen Unmöglichkeiten.[833]

---

[832] Landtag-NRW-Drucksache 14/10089, S. 27: „Mit dem [durch Gesetz zur Änderung des Polizeigesetzes des Landes Nordrhein-Westfalen vom 09.02.2010 (GV. NRW. S. 132), in Kraft getreten am 24.02.2010,] neu eingefügten § 14a wird klargestellt, dass die Polizei zur Identifizierung unbekannter Toter und zur Vermisstensachbearbeitung auf molekulargenetische Untersuchungen (DNA-Analyse) zurückgreifen kann. […]. Insbesondere bei unbekannten Toten mit längerer Liegezeit ist häufig eine Identifizierung mit anderen Methoden, z.B. anhand von Fotos oder körperlichen Merkmalen (Fingerabdrücke, Gebissbefund) nicht möglich. Die DNA bleibt dagegen theoretisch unbegrenzt haltbar und bietet zudem die Möglichkeit, auch Leichenteile sicher zuzuordnen.“.

[833] Zu „Tatsächliche und rechtliche Möglichkeit“ mit Beispielen siehe auch: *Basten*, Eingriffsrecht der Polizei in Nordrhein-Westfalen, Band 1, S. 263.

C. Materielle Rechtmäßigkeit (MR) III. Rechtsfolge (Rf) 2. Bestimmtheit (Bsh)

(VOR/DEF)

Bestimmtheit ist Maßnahmenerkennbarkeit und Maßnahmenverstehbarkeit, bei VA und Realakten Gebot nach Art. 20 Abs. 3 GG, bei VA Pflicht auch gemäß § 37 Abs. 1 VwVfG NRW.

(SUB/ERG)

Inhaltlich hinreichende Bestimmtheit i.S.d. § 37 Abs. 1 VwVfG NRW/Art. 20 Abs. 3 GG ist allgemein gegeben, wenn nach Auslegung der Maßnahme der Erklärungsempfänger wie jeder vernünftige Dritte, §§ 133, 157 BGB analog, in der konkreten Situation den Maßnahmen-Inhalt hinreichend erkennen und verstehen kann, insbesondere wie folgt:

- dass die Polizei ggü./mit dem Maßnahmenempfänger/Erklärungsempfänger (wer)
- aus Gefahrenabwehrgründen (warum)
- zu einer spezifischen Zeit (wann)
- bezweckt, dass zur IDF Körperzellenentnahme oder Vergleichsprobennahme und molekulargenetische Probenuntersuchung erfolgen sollen (was)
- mit Duldung [in den Grenzen des „nemo-tenetur-se-ipsum-prodere/accusare“[834]] der Maßnahmen (wie).

C. Materielle Rechtmäßigkeit (MR) III. Rechtsfolge (Rf) 3. Ermessen (Erm)

(VOR/DEF)

Ermessen[835] ist Entscheidungsspielraum auf der Rechtsfolgenseite bzgl. rechtsfehlerfreier Ausübung von Einschreit-Entschließung (Ob), Adressaten-Auswahl (Wer), Maßnahmen-Gestaltung (Wie), grundsätzlich gegeben durch § 14a Abs. 1 S. 1 W. 11, S. 2 W. 4 PolG NRW, und durch § 3 PolG NRW, bei (Begleit-)VA auch durch § 40 VwVfG NRW.

(SUB/ERG)

Der gegebene Entscheidungsspielraum wird aufgrund von entsprechenden Anhaltspunkten/in Ermangelung entgegenstehender Anhaltspunkte ohne Ermessensfehler/mit Ermessensfehlern (Ermessenunterschreitung, Ermessensüberschreitung, Ermessensfehlgebrauch) ausgeübt bzgl. folgender Ermessensarten:

a) Entschließungsermessen:

---

[834] Zum Recht auf faires Verfahren und Selbstbelastungsfreiheit (nemo tenetur se ipsum accusare): *Basten*, Eingriffsrecht der Polizei in Nordrhein-Westfalen, Band 1, S. 106.

[835] Zum Ermessen einschließlich Rechtsnatur, Ermessensarten, Ermessensreduzierungen, Ermessensfehlern, Maßnahmenansprüchen mit Beispielen siehe auch: *Basten*, Eingriffsrecht der Polizei in Nordrhein-Westfalen, Band 1, S. 271-283.

Das Entschließungsermessen kann im konkreten Fall sogar gegen / auf Null reduziert sein, insbesondere wegen:

- Einschreitmöglichkeit;
- Erheblichkeitsgrad von Gefährdungen, z.B. konkreter (dringender, erheblicher, gegenwärtiger) Gefahr.

b) Auswahlermessen:

siehe C. II.: Auswahlermessen, vgl. auch die ausdrückliche Normierung mehrerer potentieller Maßnahmenbetroffener in § 14a Abs. 1 S. 2 Nr. 1-3 PolG NRW, wird abschließend beurteilt i.V.m. Punkt C. II. (Inanspruchnahme).

c) Gestaltungsermessen:

siehe C. III. 4.: Gestaltungsermessen, vgl. § 3 Abs. 2 PolG NRW (Austauschmittel) und die ausdrückliche Normierung mehrerer Maßnahmen insbesondere nach § 14a Abs. 1 S. 2 Nr. 1-3 PolG NRW, wird abschließend beurteilt i.V.m. Punkt C. III. 4. (VHM).

C. Materielle Rechtmäßigkeit (MR) III. Rechtsfolge (Rf) 4. Verhältnismäßigkeit (VHM)

(VOR/DEF)

Verhältnismäßigkeit ist Geeignetheit, Erforderlichkeit, Angemessenheit der Maßnahme zu einem legitimen Zweck.

(VOR/DEF)

a) Legitimer Zweck ist jeder verfassungsgemäße Zweck.

„**Zur**" im Sinne von § 14a Abs. 1 S. 1 Hs. 1 W. 1, Hs. 2 W. 3 PolG NRW bedeutet zunächst den in § 14a Abs. 1 S. 1 Hs. 1, 2 und S. 7 PolG NRW vorausgesetzten **Zweck**, der zunächst ausdrücklich die als solche genannte „Identitätsfeststellung" ist und letztlich auf den „Zweck der Gefahrenabwehr" auch im Sinne der sonstigen Identitätsfeststellungsvorschriften des PolG NRW weist, hier im Zusammenhang mit einer hilflosen bzw. vermissten Person, unter Umständen auch im Zusammenhang mit einer Leichensache, also insbesondere zu legitimen Zwecken für Rechte und Rechtsgüter wie aus Art. 2 Abs. 2 S. 1 GG, Art. 2 Abs. 2 S. 2 GG, Art. 14 Abs. 1 S. 1 Alt. 1 GG, Art. 20 Abs. 3 GG.[836]

---

[836] Landtag-NRW-Drucksache 14/10089, S. 27: „Mit dem [durch Gesetz zur Änderung des Polizeigesetzes des Landes Nordrhein-Westfalen vom 09.02.2010 (GV. NRW. S. 132), in Kraft getreten am 24.02.2010,] neu eingefügten § 14a wird klargestellt, dass die Polizei zur Identifizierung unbekannter Toter und zur Vermisstensachbearbeitung auf molekulargenetische Untersuchungen (DNA-Analyse) zurückgreifen kann. [...] Die neue Regelung enthält eine ausdrückliche enge Zweckbindung, Satz 7.".

(SUB/ERG)

Im konkreten Fall verfolgt die Körperzellenentnahme / Vergleichsprobennahme / molekulargenetische Untersuchung (alternativ)

- einen legitimen Zweck, hier (alternativ oder kumulativ):
  - Gefahrenabwehr für die vermisste Person;
  - Gefahrenabwehr für die hilflose Person.
- keinen legitimen Zweck.

(VOR/DEF)

b) Geeignetheit einer staatlichen Maßnahme ist gegeben bei deren Zweckförderungstauglichkeit, vgl. auch § 14a Abs. 1 S. 1, letzter Hs., W. 13 PolG NRW ausgedrückt, und war wie folgt: „insbesondere wenn dies auf andere Weise nicht oder nur unter erheblichen Schwierigkeiten möglich ist.“[837]

(SUB/ERG)

Im konkreten Fall ist die Körperzellenentnahme / Vergleichsprobennahme / molekulargenetische Untersuchung zur IDF (alternativ)

- geeignet, wegen Förderung des legitimen Zwecks, zum Beispiel durch: Identitätsfeststellung und dadurch Ermöglichung weiterer Maßnahmen zur Gefahrenabwehr für die vermisste/hilflose Person.
- ungeeignet.

(VOR/DEF)

c) Erforderlichkeit einer staatlichen Maßnahme ist Nichtverfügbarkeit eines milderen (Übermaßverbot), gleich geeigneten (Untermaßverbot) Mittels zur Zweckförderung (vgl. § 2 Abs. 1 PolG NRW), vgl. auch § 14a Abs. 1 S. 1, letzter Hs. PolG NRW („wenn dies zur Feststellung der Identität unbedingt erforderlich ist, insbesondere wenn dies auf andere Weise nicht oder nur unter erheblichen Schwierigkeiten möglich ist.“).

Unbedingte Erforderlichkeit im Sinne von § 14a Abs. 1 S. 1 PolG NRW ist Nichtverfügbarkeit eines milderen, gleich geeigneten Mittels zur Zweckförderung – bis hin zur Alternativlosigkeit der Mittelanwendung.

(SUB/ERG)

Im konkreten Fall ist die Körperzellenentnahme / Vergleichsprobennahme / molekulargenetische Untersuchung zur IDF (alternativ)

---

[837] Zu Möglichkeits-, Bestimmtheits-, Geeignetheits-Wechselwirkungen siehe: *Basten*, Eingriffsrecht der Polizei, Band 1, S. 264, 269 f., 284 f..

- erforderlich, denn einerseits sind mildere Maßnahmen wie z.B. eine Befragung oder sonstige IDF-Maßnahmen aus § 12 PolG NRW, § 14 Abs. 1 Nr. 1 PolG NRW[838] oder sonstige Datenerhebungen[839] (alleine) nicht gleich geeignet, weil sie zum Beispiel nicht deren Zwecke hinreichend fördern (Untermaßverbot) und andererseits sind (mindestens) gleich geeignete, intensivere Maßnahmen noch nicht notwendig (Übermaßverbot).[840]
- nicht erforderlich.

(VOR/DEF)

d) Angemessenheit oder **Verhältnismäßigkeit im engeren Sinne** einer staatlichen Maßnahme ist angemessenes Maß oder Verhältnis zwischen Zweckförderung für Erhaltungsrechte und Wirkungen für Eingriffsrechte, vgl. betroffene GR (vgl. § 2 Abs. 2 PolG NRW).

Gemäß § 14a Abs. 1 S. 3 PolG NRW i.V.m. § 81a Abs. 1 S. 2, letzter Hs. StPO entsprechend ist negative Voraussetzung das Fehlen von jeglicher Befürchtung eines Nachteils für die Gesundheit des Beschuldigten/Betroffenen bei Blutprobenentnahmen und anderen körperlichen Eingriffen ohne Beschuldigten/Betroffenen-Einwilligung (zur **Einwilligung** vgl. § 36 Nr. 19 DSG NRW, § 38 DSG NRW i.Z.m. Grundrechten).

Nachteilfehlen („kein Nachteil") bzw. **Nachteilnichtbefürchtung** im Sinne von § 14a Abs. 1 S. 3 PolG NRW i.V.m. § 81a Abs. 1 S. 2, letzter Hs. StPO entsprechend ist anhand aller Umstände des einzelnen Falles im Sinne einer angemessenen Verhältnismäßigkeitssubsumtion von Eingriffsrechten (Grundrechtseingriffe) und Erhaltungsrechten (Zwecken) auszulegende Voraussetzung, sodass etwa nicht jeder Eingriff in Art. 2 Abs. 2 S. 1 Alt. 2 GG „Nachteil für die Gesundheit" im Sinne von § 14a Abs. 1 S. 3 PolG NRW i.V.m. § 81a Abs. 1 S. 2, letzter Hs. StPO entsprechend ist.

---

838 Zur Erforderlichkeit im Sinne von § 12 PolG NRW und § 12a PolG NRW bzw. im Sinne der ED-IDF nach § 14 Abs. 1 Nr. 1 PolG NRW siehe auch: *Basten*, Eingriffsrecht der Polizei in Nordrhein-Westfalen, Band 2, Buch 2, Abschnitt 10, Abschnitt 12, Abschnitt 14, jeweils C. III. 4. (Verhältnismäßigkeit, Erforderlichkeit), mit weiteren Nachweisen.

839 Vgl. zum weiteren Beispiel alternativer Maßnahmen Nr. 39.13 VVPolG NRW: „Die Durchsuchung hilfloser Personen gemäß § 39 Abs. 1 Nr. 3 beschränkt sich auf die Suche nach Identitätspapieren, nach ‚Unfallausweisen' sowie nach Hinweisen für den Grund der Hilflosigkeit, um Beistand leisten zu können. Vom Zweck der Vorschrift werden auch Durchsuchungen getragen, die dem Auffinden von Gegenständen dienen, durch die eine Gefährdung der Person eintreten kann.".

840 Landtag-NRW-Drucksache 14/10089, S. 27: „Mit dem [durch Gesetz zur Änderung des Polizeigesetzes des Landes Nordrhein-Westfalen vom 09.02.2010 (GV. NRW. S. 132), in Kraft getreten am 24.02.2010,] neu eingefügten § 14a wird klargestellt, dass die Polizei zur Identifizierung unbekannter Toter und zur Vermisstensachbearbeitung auf molekulargenetische Untersuchungen (DNA-Analyse) zurückgreifen kann. [...]. Insbesondere bei unbekannten Toten mit längerer Liegezeit ist häufig eine Identifizierung mit anderen Methoden, z.B. anhand von Fotos oder körperlichen Merkmalen (Fingerabdrücke, Gebissbefund) nicht möglich. Die DNA bleibt dagegen theoretisch unbegrenzt haltbar und bietet zudem die Möglichkeit, auch Leichenteile sicher zuzuordnen. [...] Die Speicherung der DNA-Identifizierungsmuster gemäß Satz 6 ist erforderlich, da ein Datenabgleich mit anderen Proben sonst nicht möglich wäre.".

(SUB/ERG)

Im konkreten Fall ist die Körperzellenentnahme / Vergleichsprobennahme / molekulargenetische Untersuchung zur IDF (alternativ)

- angemessen, denn die Eingriffe in Art. 2 Abs. 1 i.V.m. Art. 1 Abs. 1 GG, also insbesondere der kurzzeitige, nicht weiter gesundheitsschädliche Eingriff der Körperzellenentnahme (ggf. i.V.m. Art. 2 Abs. 2 S. 1 Alt. 2 GG, Art. 2 Abs. 2 S. 2 GG) und die sachgerichteten Eingriff von Probennahme und molekulargenetischem Abgleich stehen (insbesondere unter Anwendung der Datenschutzmaßnahmen i.S.v. § 14a Abs. 2 S. 3 PolG NRW i.V.m. § 81f Abs. 2 S. 2, 3 StPO entsprechend) angesichts von Rechten und Rechtsgütern wie aus Art. 20 Abs. 3 GG, Art. 2 Abs. 2 S. 1, 2 GG, Art. 14 Abs. 1 S. 1 Alt. 1 GG, Art. 20 Abs. 3 GG nicht außer Verhältnis.
- unangemessen.

(ERG VHM)

Die Maßnahme ist insgesamt i.S.v. § 2 PolG NRW, Art. 20 Abs. 3 GG (alternativ)

- verhältnismäßig.
- unverhältnismäßig.

D. Gesamtergebnis (GErg)

Die molekulargenetische Untersuchung zur IDF (Körperzellenentnahme / Vergleichsprobennahme / molekulargenetische Untersuchung zur IDF) ist (alternativ)

- rechtmäßig gemäß § 14a PolG NRW.
- rechtswidrig wegen §/Art. (bestimmter Rechtsnorm [z.B. Art. 20 Abs. 3 GG]).

ABSCHNITT 12: DNA-REIHENUNTERSUCHUNG, § 81H STPO

A. Rechtsgrundlage (RGL) I. Grundrechte (GR)

(VOR/DEF)

Grundrechte sind grundlegende Rechte aus Art. 1-19 GG i.V.m. dem Rechtsstaatsprinzip, Art. 20 Abs. 3 GG, mit Vorrang und Vorbehalt des Gesetzes.[841]

(SUB/ERG)

Grundrechte sind (i.d.R. alternativ fallabhängig) wie folgt gegeben:

[841] Zu **Grundrechten**: *Basten*, Eingriffsrecht der Polizei in Nordrhein-Westfalen, Band 1, Buch 1, Abschnitt 2, Unterabschnitt 3. Zum **Rechtsstaatsprinzip** mit unter anderem sogenanntem Vorrang des Gesetzes und Vorbehalt des Gesetzes: *Basten*, Eingriffsrecht der Polizei in Nordrhein-Westfalen, Band 1, S. 95-108.

1. Allgemeines Persönlichkeitsgrundrecht[842] mit verschiedenen Ausprägungen[843], etwa in der Ausprägung des **Rechts auf informationelle Selbstbestimmung** (APR/RiS), Art. 2 Abs. 1 i.V.m. Art. 1 Abs. 1[844] GG, vgl. auch Art. 142 GG i.V.m. Art. 4 Abs. 1, 2 Verfassung NRW[845].

---

[842] BVerfGE 147, 1, 18 f. (**Geschlechtsidentität**) = BVerfG, Beschluss des Ersten Senats vom 10.10.2017 – 1 BvR 2019/16 –, Rn. 38: „Art. 2 Abs. 1 GG gewährt jedem das **Recht auf die freie Entfaltung seiner Persönlichkeit**. Dieses Grundrecht umfasst neben der allgemeinen Handlungsfreiheit das **allgemeine Persönlichkeitsrecht** (Art. 2 Abs. 1 i.V.m. Art. 1 Abs. 1 GG). Letzteres ergänzt als ‚unbenanntes' Freiheitsrecht die speziellen (‚benannten') Freiheitsrechte, die ebenfalls konstituierende Elemente der Persönlichkeit schützen (vgl. BVerfGE 54, 148 <153>). Eine der **Aufgaben des allgemeinen Persönlichkeitsrechts** ist es dabei, Grundbedingungen dafür zu sichern, dass die einzelne Person ihre Individualität selbstbestimmt entwickeln und wahren kann (vgl. BVerfGE 35, 202 <220>; 79, 256 <268>; 90, 263 <270>; 117, 202 <225>). Das allgemeine Persönlichkeitsrecht schützt indessen nur solche **Elemente der Persönlichkeitsentfaltung**, die - ohne bereits Gegenstand der besonderen Freiheitsgarantien des Grundgesetzes zu sein - diesen in ihrer konstituierenden Bedeutung für die Persönlichkeit nicht nachstehen (vgl. BVerfGE 79, 256 <268>; 99, 185 <193>; 120, 274 <303>; stRspr). Es verbürgt also nicht Schutz gegen alles, was die selbstbestimmte Persönlichkeitsentwicklung auf irgendeine Weise beeinträchtigen könnte; ohnehin vermag kein Mensch seine Individualität unabhängig von äußeren Gegebenheiten und Zugehörigkeiten zu entwickeln. Der lückenschließende Schutz des allgemeinen Persönlichkeitsrechts greift aber dann, wenn die selbstbestimmte Entwicklung und Wahrung der Persönlichkeit spezifisch gefährdet ist (BVerfGE 141, 186 <201 f. Rn. 32>).".

BVerfG, Beschluss des Ersten Senats vom 06.11.2019 – 1 BvR 16/13 – (Recht auf Vergessen I), Rn. 81: „Diese [**APR-]Rechtsprechung** hat sich maßgeblich in Konstellationen der mittelbaren Drittwirkung und geleitet von dem Erfordernis praktischer Konkordanz entwickelt. Deshalb bestimmen sich die Schutzdimensionen des allgemeinen Persönlichkeitsrechts letztlich immer einzelfallbezogen im Abgleich mit den Grundrechten Dritter. Die Bestimmung seiner Schutzwirkungen und die Abwägung mit den gegenüberstehenden Freiheitsrechten greifen hier Hand in Hand. Der Schutz des allgemeinen Persönlichkeitsrechts ist insoweit flexibel und durch die Einbindung der Person in ihre sozialen Beziehungen relativiert (vgl. BVerfGE 101, 361 <380>; 141, 186 <202 Rn. 32>; 147, 1 <19 Rn. 38>; stRspr; siehe auch BGHZ 183, 353 <357 Rn. 11>; 209, 139 <150 Rn. 30>; 219, 233 <240 Rn. 22>; stRspr).".

Vgl. „**Allgemeines Persönlichkeitsrecht**" (APR) als „sonstiges Recht" (sog. **Rahmenrecht** mit [grundrechts-]abwägungsoffenem Tatbestand) nach § 823 Abs. 1 Var. 6 BGB, u.a. mit Geldentschädigungsanspruch, insbesondere durch ständige Rechtsprechung (vgl. auch § 253 BGB) seit folgender Entwicklung: BGHZ 13, 334 (Leserbrief), mit erstmaliger ausdrücklicher Anerkennung des allgemeinen Persönlichkeitsrechts; BGHZ 26, 349 (Herrenreiter), mit erstmaliger Zuerkennung einer Geldentschädigung wegen des immateriellen Schadens durch die Verletzung des allgemeinen Persönlichkeitsrechts; BGHZ 35, 363 (Ginsengwurzel), mit erstmaliger Schwerpunktsetzung bei der Menschenwürde in der Begründung; BVerfGE 34, 269 (Soraya), mit verfassungsgerichtlicher Erklärung der verfassungsrechtlichen Zulässigkeit der richterrechtlich entwickelten APR-Konstruktion.

[843] BVerfG, Beschluss des Ersten Senats vom 06.11.2019 – 1 BvR 16/13 – (Recht auf Vergessen I), Rn. 80: „Die Rechtsprechung hat aus dem [**Allgemeinen Persönlichkeits-]Grundrecht** insoweit verschiedene **Schutzdimensionen** abgeleitet wie den **Schutz eines unantastbaren Bereichs privater Lebensgestaltung**, die Garantie der **Privatsphäre**, das **Recht am eigenen Bild** oder **gesprochenen Wort** oder das **Recht auf die Darstellung der eigenen Person**, die **soziale Anerkennung** sowie die **persönliche Ehre** (vgl. BVerfGE 27, 1 <6>; 27, 344 <350 f.>; 32, 373 <379>; 34, 238 <245 f.>; 47, 46 <73>; 54, 148 <153 f.>; 99, 185 <193 f.>; 101, 361 <384>; 106, 28 <39>; 114, 339 <346>; 120, 180 <198>)." „Diese **Schutzgehalte** werden insoweit aber nicht als abschließend umschriebene und voneinander abzugrenzende Gewährleistungen verstanden, sondern als Ausprägungen, die in Blick auf den konkreten Schutzbedarf jeweils anhand des zu entscheidenden Falles herauszuarbeiten sind (vgl. BVerfGE 54, 148 <153 f.>; 65, 1 <41>).".

BVerfGE 65, 1 (Volkszählungsgesetz), Ls. 1 = BVerfG, Urteil des Ersten Senats vom 15.12.1983 – 1 BvR 209/83, Ls. 1: „Unter den Bedingungen der modernen Datenverarbeitung wird der Schutz des Einzelnen

gegen unbegrenzte Erhebung, Speicherung, Verwendung und Weitergabe seiner persönlichen Daten von dem **allgemeinen Persönlichkeitsrecht** des Art. 2 Abs. 1 GG in Verbindung mit Art. 1 Abs. 1 GG umfaßt. Das [**Allgemeine Persönlichkeits-]Grundrecht** gewährleistet insoweit die Befugnis des Einzelnen, grundsätzlich selbst über die Preisgabe und Verwendung seiner persönlichen Daten zu bestimmen."; BVerfG, Beschluss des Ersten Senats vom 06.11.2019 – 1 BvR 16/13 – (Recht auf Vergessen I), Rn. 80: „Das **Recht auf informationelle Selbstbestimmung** ist von der Rechtsprechung als eigene Ausprägung des allgemeinen Persönlichkeitsrechts mit einem gegenüber den anderen Ausprägungen selbständigen Gewährleistungsgehalt entwickelt worden und behält diesen auch, soweit es als verfassungsrechtliche Wertentscheidung in das Zivilrecht einstrahlt. Dementsprechend enthält es keinen gesamthaften Schutzanspruch hinsichtlich jederlei Umgangs mit Informationen, der die übrigen Schutzdimensionen des Grundrechts allgemein übergreifen und zusammenführen würde, sondern lässt deren Wertungen und Abwägungsregeln unberührt."; BVerfGE 120, 274, 311 f. (Online-Durchsuchung) = BVerfG, Urteil des Ersten Senats vom 27.02.2008 – 1 BvR 370/07 –, Rn. 198 f. „Das **Recht auf informationelle Selbstbestimmung** geht über den **Schutz der Privatsphäre** hinaus. Es gibt dem Einzelnen die Befugnis, grundsätzlich selbst über die Preisgabe und Verwendung seiner persönlichen Daten zu bestimmen (vgl. BVerfGE 65, 1 <43>; 84, 192 <194>). Es flankiert und erweitert den grundrechtlichen Schutz von Verhaltensfreiheit und Privatheit, indem es ihn schon auf der Stufe der Persönlichkeitsgefährdung beginnen lässt. Eine derartige Gefährdungslage kann bereits im Vorfeld konkreter Bedrohungen benennbarer Rechtsgüter entstehen, insbesondere wenn personenbezogene Informationen in einer Art und Weise genutzt und verknüpft werden können, die der Betroffene weder überschauen noch verhindern kann. Der Schutzumfang des **Rechts auf informationelle Selbstbestimmung** beschränkt sich dabei nicht auf Informationen, die bereits ihrer Art nach sensibel sind und schon deshalb grundrechtlich geschützt werden. Auch der Umgang mit personenbezogenen Daten, die für sich genommen nur geringen Informationsgehalt haben, kann, je nach dem Ziel des Zugriffs und den bestehenden Verarbeitungs- und Verknüpfungsmöglichkeiten, grundrechtserhebliche Auswirkungen auf die Privatheit und Verhaltensfreiheit des Betroffenen haben (vgl. BVerfG, Beschluss vom 13. Juni 2007 - 1 BvR 1550/03 u.a. -, NJW 2007, S. 2464 <2466>). Die mit dem Recht auf informationelle Selbstbestimmung abzuwehrenden Persönlichkeitsgefährdungen ergeben sich aus den vielfältigen Möglichkeiten des Staates und gegebenenfalls auch privater Akteure (vgl. BVerfG, Beschluss der 1. Kammer des Ersten Senats vom 23. Oktober 2006 - 1 BvR 2027/02 -, JZ 2007, S. 576) zur Erhebung, Verarbeitung und Nutzung personenbezogener Daten. Vor allem mittels elektronischer Datenverarbeitung können aus solchen Informationen weitere Informationen erzeugt und so Schlüsse gezogen werden, die sowohl die grundrechtlich geschützten Geheimhaltungsinteressen des Betroffenen beeinträchtigen als auch Eingriffe in seine Verhaltensfreiheit mit sich bringen können (vgl. BVerfGE 65, 1 <42>; 113, 29 <45 f.>; 115, 320 <342>; BVerfG, Beschluss vom 13. Juni 2007 - 1 BvR 1550/03 u.a. -, NJW 2007, S. 2464 <2466>).".

BVerfGE 109, 279, 325-327 (akustische Wohnraumüberwachung / „Großer Lauschangriff") = BVerfG, Urteil des Ersten Senats vom 03.03.2004 – 1 BvR 2378/98, 1084/99 –, Rn. 159-163: „Das aus Art. 2 Abs. 1 in Verbindung mit Art. 1 Abs. 1 GG folgende **allgemeine Persönlichkeitsrecht** kommt neben Art. 13 Abs. 1 GG allerdings nicht zur Anwendung, soweit Eingriffe in die **räumliche Privatsphäre des Wohnungsinhabers** zu überprüfen sind. Art. 13 Abs. 1 GG enthält eine spezielle Gewährleistung des **Schutzes vor staatlicher akustischer Überwachung der räumlichen Privatsphäre**, die die allgemeinere Vorschrift insoweit verdrängt (vgl. BVerfGE 100, 313 [358] zu Art. 10 GG). Mit dem **Recht, in der Wohnung ungestört zu sein**, und dem **Recht am eigenen in der Wohnung gesprochenen Wort** schützt Art. 13 Abs. 1 GG gerade den Teil der **Privatsphäre**, den sonst das allgemeine Persönlichkeitsrecht gewährleistet. Dieses Recht ergänzt als unbenanntes Freiheitsrecht die speziellen Freiheitsrechte, die ebenfalls konstituierende Elemente der Persönlichkeit schützen (vgl. BVerfGE 54, 148 <153 f.>), nur insoweit, als Letztere keinen Schutz gewähren. Der **Schutz des allgemeinen Persönlichkeitsrechts aus Art. 2 Abs. 1 in Verbindung mit Art. 1 Abs. 1 GG** greift hingegen ein, soweit von der Wohnraumüberwachung Personen betroffen werden, die sich nicht auf Art. 13 Abs. 1 GG berufen können. **Grundrechtsträger des Art. 13 Abs. 1 GG** ist jeder Inhaber oder Bewohner eines Wohnraums, unabhängig davon, auf welchen Rechtsverhältnissen die Nutzung des Wohnraums beruht. Bei mehreren Bewohnern einer Wohnung steht das Grundrecht jedem Einzelnen, bei Familien mithin jedem Familienmitglied zu. Maßnahmen der **Wohnraumüberwachung** können aber nicht nur **Wohnungsinhaber**, sondern auch **zufällig in einer Wohnung**

Anwesende erfassen. Diese Personen sind zwar nicht in ihrem Grundrecht aus Art. 13 Abs. 1 GG, wohl aber in ihrem **allgemeinen Persönlichkeitsrecht** betroffen. Der Schutz aus Art. 2 Abs. 1 in Verbindung mit Art. 1 Abs. 1 GG kann insofern allerdings nicht weiter reichen als derjenige aus Art. 13 Abs. 1 und 3 GG. Der Schutz der **räumlichen Privatsphäre und des allgemeinen Persönlichkeitsrechts** kann schließlich in Einzelfällen durch weitere Grundrechtsgarantien ergänzt sein. So wird das **Gespräch zwischen Eheleuten in der eigenen Wohnung** nicht nur von Art. 13 Abs. 1 GG, sondern zusätzlich durch Art. 6 Abs. 1 GG geschützt. Auch in Bezug auf die **Kommunikation mit Berufsgeheimnisträgern** können neben dem grundrechtlichen **Schutz der räumlichen Privatsphäre** Grundrechte in Betracht kommen, die - wie etwa Art. 4 GG im Hinblick auf das Gespräch mit einem Geistlichen - der besonderen Schutzbedürftigkeit der Kommunizierenden Rechnung tragen.“.

BVerfG, Beschluss des Ersten Senats vom 06.11.2019 – 1 BvR 16/13 – (Recht auf Vergessen I), Ls. 3 S. 1: „Von den **äußerungsrechtlichen Schutzdimensionen** ist das **Recht auf informationelle Selbstbestimmung** als eine eigene Ausprägung des allgemeinen Persönlichkeitsrechts zu unterscheiden.“ BVerfG, Beschluss des Ersten Senats vom 06.11.2019 – 1 BvR 16/13 – (Recht auf Vergessen I), Rn. 90: „Ausgehend von dem **Ziel des Rechts auf informationelle Selbstbestimmung**, Schutz vor Gefahren angesichts neuartiger Möglichkeiten der Datenverarbeitung zu gewähren (vgl. BVerfGE 65, 1 <42>), ist es primär als Gewährleistung zu verstehen, die – neben der ungewollten Preisgabe von Daten auch im Rahmen privater Rechtsbeziehungen (vgl. BVerfGE 84, 192 <194>) – insbesondere vor deren intransparenter Verarbeitung und Nutzung durch Private schützt. Es bietet Schutz davor, dass Dritte sich individueller Daten bemächtigen und sie in nicht nachvollziehbarer Weise als Instrument nutzen, um die Betroffenen auf Eigenschaften, Typen oder Profile festzulegen, auf die sie keinen Einfluss haben und die dabei aber für die freie Entfaltung der Persönlichkeit sowie eine gleichberechtigte Teilhabe in der Gesellschaft von erheblicher Bedeutung sind. Der Gehalt dieses Rechts ist dabei entwicklungsoffen, so dass es auch weitere persönlichkeitsgefährdende Entwicklungen der Informationsverarbeitung aufnehmen kann.“.

BVerfG, Beschluss des Ersten Senats vom 06.11.2019 – 1 BvR 16/13 – (Recht auf Vergessen I), Ls. 2a): „Der verfassungsrechtliche Maßstab für den Schutz gegenüber Gefährdungen durch die **Verbreitung personenbezogener Berichte und Informationen als Teil öffentlicher Kommunikation** liegt in den **äußerungsrechtlichen Ausprägungen des allgemeinen Persönlichkeitsrechts**, nicht im Recht auf informationelle Selbstbestimmung.“.

BVerfG, Beschluss des Ersten Senats vom 06.11.2019 – 1 BvR 16/13 – (Recht auf Vergessen I), Rn. 91: „[Vom Recht auf informationelle Selbstbestimmung] zu unterscheiden ist der **Schutz vor der Verarbeitung personenbezogener Berichte und Informationen als Ergebnis eines Kommunikationsprozesses**. Der Schutzbedarf gründet hier nicht in der intransparenten Zuweisung von Persönlichkeitsmerkmalen und -profilen durch Dritte, sondern in der sichtbaren Verbreitung bestimmter Informationen im öffentlichen Raum. Gefährdungen für die Persönlichkeitsentfaltung ergeben sich hier vornehmlich aus Form und Inhalt der Veröffentlichung selbst. Schutz gegenüber solchen Gefährdungen bieten die **äußerungsrechtlichen Ausprägungen des allgemeinen Persönlichkeitsrechts unabhängig vom Recht auf informationelle Selbstbestimmung**. Zwar kann es auch dabei maßgeblich auf die Art der Informationserlangung ankommen. Jedoch hat diese hier ihre Bedeutung als Vorfrage für die Beurteilung des weiteren Umgangs mit einer bestimmten Äußerung und des damit in die Öffentlichkeit gestellten Bildes einer Person selbst.“.

BVerfG, Beschluss des Ersten Senats vom 06.11.2019 – 1 BvR 16/13 – (**Recht auf Vergessen** I), Ls. 2b): „Bei der Entscheidung über einen Schutzanspruch kommt der Zeit unter den Kommunikationsbedingungen des Internets ein spezifisches Gewicht zu. Die Rechtsordnung muss davor schützen, dass sich eine Person frühere Positionen, Äußerungen und Handlungen unbegrenzt vor der Öffentlichkeit vorhalten lassen muss. Erst die Ermöglichung eines Zurücktretens vergangener Sachverhalte eröffnet den Einzelnen die Chance zum Neubeginn in Freiheit. Zur Zeitlichkeit der Freiheit gehört die Möglichkeit des Vergessens.“.

BVerfGE 120, 274, 311 (Online-Durchsuchung) = BVerfG, Urteil des Ersten Senats vom 27.02.2008 – 1 BvR 370/07 –, Rn. 197: „In seiner Ausprägung als **Schutz der Privatsphäre** [als **Privatangelegenheitenschutz** und **Rückzugsraumbereichsschutz** – beides **gegenüber der Öffentlichkeit**, vgl. **Sphärentheorie** mit **Intimsphäre, Privatsphäre, Sozialsphäre** und vgl. **Kernbereich privater Lebensgestaltung**] gewährleistet das allgemeine Persönlichkeitsrecht dem Einzelnen einen räumlich und thematisch

bestimmten Bereich, der grundsätzlich frei von unerwünschter Einsichtnahme bleiben soll (vgl. BVerfGE 27, 344 <350 ff.>; 44, 353 <372 f.>; 90, 255 <260>; 101, 361 <382 f.>).“; BVerfGE 101, 361, 382-385 (Caroline von Monaco II) = BVerfG, Urteil vom 15.12.1999 – 1 BvR 653/96 –, Rn. 75-82: „Im Unterschied zum **Recht am eigenen Bild** bezieht sich der **Schutz der Privatsphäre**, der ebenfalls im **allgemeinen Persönlichkeitsrecht** wurzelt, nicht speziell auf Abbildungen, sondern ist **thematisch und räumlich** bestimmt. Er umfaßt zum einen **Angelegenheiten [Privatangelegenheitenschutz]**, die wegen ihres Informationsinhalts typischerweise als **‚privat'** eingestuft werden, weil ihre **öffentliche** Erörterung oder Zurschaustellung als unschicklich gilt, das Bekanntwerden als peinlich empfunden wird oder nachteilige Reaktionen der Umwelt auslöst, wie es etwa bei Auseinandersetzungen mit sich selbst in **Tagebüchern** (BVerfGE 80, 367), bei **vertraulicher Kommunikation unter Eheleuten** (BVerfGE 27, 344), im Bereich der **Sexualität** (BVerfGE 47, 46; 49, 286 [BVerfGE 120, 224, 238 f. (Geschwisterbeischlaf) = BVerfGE, Beschluss des Zweiten Senats vom 26.02.2008 – 2 BvR 392/07 –, Rn. 32 f.: „Das allgemeine Persönlichkeitsrecht in seiner Ausprägung als **Recht auf sexuelle Selbstbestimmung**“/„**Intim- und Sexualbereich des Menschen als Teil seiner Privatsphäre**, P. B.]), bei **sozial abweichendem Verhalten** (BVerfGE 44, 353) oder bei **Krankheiten** (BVerfGE 32, 373) der Fall ist. Fehlte es hier an einem **Schutz vor der Kenntniserlangung anderer**, wären die Auseinandersetzung mit sich selbst, die unbefangene Kommunikation unter Nahestehenden, die sexuelle Entfaltung oder die Inanspruchnahme ärztlicher Hilfe beeinträchtigt oder unmöglich, obwohl es sich um grundrechtlich geschützte Verhaltensweisen handelt. Zum anderen erstreckt sich der Schutz auf einen **räumlichen Bereich [Raumbereichsschutz]**, in dem der Einzelne zu sich kommen, sich entspannen oder auch gehen lassen kann (vgl. BVerfGE 27, 1 [6]). Zwar bietet auch dieser Bereich Gelegenheit, sich in einer Weise zu verhalten, die nicht für die **Öffentlichkeit** bestimmt ist und deren Beobachtung oder Darstellung durch Außenstehende für den Betroffenen peinlich oder nachteilig wäre. Im Kern geht es aber um einen **Raum**, in dem er die Möglichkeit hat, frei von **öffentlicher Beobachtung** und damit der von ihr erzwungenen Selbstkontrolle zu sein, auch ohne daß er sich dort notwendig anders verhielte als in der **Öffentlichkeit**. Bestünden solche **Rückzugsbereiche** nicht mehr, könnte der Einzelne psychisch überfordert sein, weil er unausgesetzt darauf achten müßte, wie er auf andere wirkt und ob er sich richtig verhält. Ihm fehlten die Phasen des Alleinseins und Ausgleichs, die für die Persönlichkeitsentfaltung notwendig sind und ohne die sie nachhaltig beeinträchtigt würde. Ein derartiges Schutzbedürfnis besteht auch bei Personen, die aufgrund ihres Ranges oder Ansehens, ihres Amtes oder Einflusses, ihrer Fähigkeiten oder Taten besondere **öffentliche** Beachtung finden. Wer, ob gewollt oder ungewollt, zur Person des **öffentlichen** Lebens geworden ist, verliert damit nicht sein Anrecht auf eine **Privatsphäre**, die den Blicken der **Öffentlichkeit** entzogen bleibt. Das gilt auch für demokratisch gewählte Amtsträger, die zwar für ihre Amtsführung **öffentlich** rechenschaftspflichtig sind und sich in diesem Umfang **öffentliche** Aufmerksamkeit gefallen lassen müssen, nicht aber für ihr **Privatleben**, sofern dieses die Amtsführung nicht berührt. Der **häusliche Bereich** [vgl. ggf. spezielleren Art. 13 GG i.V.m. BVerfGE 109, 279, 325 f.] stellt anerkanntermaßen eine solche geschützte Sphäre dar. Wegen des Bezugs auf die Entfaltung der Persönlichkeit darf der **Rückzugsbereich** jedoch nicht von vornherein auf ihn begrenzt werden. Das gilt schon deshalb, weil die Funktionen, denen er dient, nur erfüllt werden, wenn er nicht an den Hausmauern oder Grundstücksgrenzen endet. Die freie Entfaltung der Persönlichkeit wäre erheblich behindert, wenn der Einzelne nur im eigenen Haus der **öffentlichen** Neugier entgehen könnte. Die notwendige Erholung von einer durch Funktionszwänge und Medienpräsenz geprägten **Öffentlichkeit** ist vielfach nur in der **Abgeschiedenheit einer natürlichen Umgebung, etwa an einem Ferienort**, zu gewinnen. Deswegen muß der Einzelne grundsätzlich die Möglichkeit haben, sich auch in der freien, gleichwohl **abgeschiedenen Natur oder an Örtlichkeiten, die von der breiten Öffentlichkeit deutlich abgeschieden sind**, in einer von **öffentlicher** Beobachtung freien Weise zu bewegen. Das gilt gerade gegenüber solchen Aufnahmetechniken, die die **räumliche Abgeschiedenheit** überwinden, ohne daß der Betroffene dies bemerken kann. Wo die Grenzen der geschützten **Privatsphäre außerhalb des Hauses** verlaufen, läßt sich nicht generell und abstrakt festlegen. Sie können vielmehr nur aufgrund der jeweiligen Beschaffenheit des **Ortes** bestimmt werden, den der Betroffene aufsucht. Ausschlaggebend ist, ob der Einzelne eine **Situation** vorfindet oder schafft, in der er begründetermaßen und somit auch für Dritte erkennbar davon ausgehen darf, den Blicken der **Öffentlichkeit** nicht ausgesetzt zu sein. Ob die Voraussetzungen der **Abgeschiedenheit** erfüllt sind, läßt sich nur situativ beurteilen. Der Einzelne kann sich an ein und demselben **Ort** zu Zeiten mit gutem Grund unbeobachtet fühlen, zu anderen Zeiten nicht. Auch ist

der Aufenthalt in umschlossenen **Räumen** keineswegs immer mit **Abgeschiedenheit** gleichzusetzen. Da es um die Frage geht, ob der Einzelne begründetermaßen erwarten darf, unbeobachtet zu sein, oder aber **Plätze** aufgesucht hat, wo er sich unter den Augen der **Öffentlichkeit** bewegt, kann es auch in umschlossenen Räumen an der **Abgeschiedenheit** fehlen, die Voraussetzung für den **Privatsphärenschutz** außerhalb der eigenen **Häuslichkeit** ist. **Plätzen, an denen sich der Einzelne unter vielen Menschen befindet**, fehlt es von vornherein an den Voraussetzungen des **Privatsphärenschutzes** im Sinn von Art. 2 Abs. 1 in Verbindung mit Art. 1 Abs. 1 GG. Sie können das **Rückzugsbedürfnis** nicht erfüllen und rechtfertigen deswegen auch nicht den grundrechtlichen Schutz, den dieses Bedürfnis aus Gründen der Persönlichkeitsentfaltung verdient. Der Einzelne kann solche **Orte** auch nicht etwa durch ein Verhalten, das typischerweise nicht **öffentlich** zur Schau gestellt würde, in seine **Privatsphäre** umdefinieren. Nicht sein Verhalten, ob allein oder mit anderen, konstituiert die **Privatsphäre**, sondern die **objektive Gegebenheit der Örtlichkeit zur fraglichen Zeit**. Verhält er sich daher an **Orten**, die nicht die Merkmale der **Abgeschiedenheit** aufweisen, so, als stünde er nicht unter Beobachtung, hebt er das **Schutzbedürfnis für Verhaltensweisen, die an sich die Öffentlichkeit nichts angehen**, selbst auf. Der **Schutz der Privatsphäre vor öffentlicher Kenntnisnahme** entfällt ferner, wenn sich jemand selbst damit einverstanden zeigt, daß bestimmte, gewöhnlich als privat geltende Angelegenheiten **öffentlich** gemacht werden, etwa indem er Exklusivverträge über die Berichterstattung aus seiner **Privatsphäre** abschließt. Der verfassungsrechtliche **Privatsphärenschutz** aus Art. 2 Abs. 1 in Verbindung mit Art. 1 Abs. 1 GG ist nicht im Interesse einer Kommerzialisierung der eigenen Person gewährleistet. Zwar ist niemand an einer solchen **Öffnung privater Bereiche** gehindert. Er kann sich dann aber nicht gleichzeitig auf den **öffentlichkeitsabgewandten Privatsphärenschutz** berufen. Die Erwartung, daß die Umwelt die **Angelegenheiten oder Verhaltensweisen in einem Bereich mit Rückzugsfunktion** nur begrenzt oder nicht zur Kenntnis nimmt, muß daher situationsübergreifend und konsistent zum Ausdruck gebracht werden. Das gilt auch für den Fall, daß der Entschluß, die Berichterstattung über bestimmte Vorgänge der eigenen **Privatsphäre** zu gestatten oder hinzunehmen, rückgängig gemacht wird.“.

BVerfGE 6, 32, 41 (Elfes) = BVerfG, Urteil vom des Ersten Senats vom 16.01.1957 – 1 BvR 253/56 –, Rn. 32 [vgl. **Recht auf Privatsphäre** als **Privatangelegenheitenschutz** und **Rückzugsraumbereichsschutz** – beides **gegenüber der Öffentlichkeit,** vgl. **Sphärentheorie** mit **Intimsphäre**, **Privatsphäre**, **Sozialsphäre**]: „Vor allem dürfen die Gesetze daher die Würde des Menschen nicht verletzen, die im Grundgesetz der oberste Wert ist, aber auch die geistige, politische und wirtschaftliche Freiheit des Menschen nicht so einschränken, daß sie in ihrem Wesensgehalt angetastet würde (Art. 19 Abs. 2, Art. 1 Abs. 3, Art. 2 Abs. 1 GG). Hieraus ergibt sich, daß dem einzelnen Bürger eine **Sphäre privater Lebensgestaltung** verfassungskräftig vorbehalten ist, also ein letzter **unantastbarer Bereich menschlicher Freiheit** besteht, der der Einwirkung der gesamten öffentlichen Gewalt entzogen ist. Ein Gesetz, das in ihn eingreifen würde, könnte nie Bestandteil der ‚verfassungsmäßigen Ordnung‘ sein; es müßte durch das Bundesverfassungsgericht für nichtig erklärt werden.“. BVerfGE 109, 279, Ls. 2 S. 1 (akustische Wohnraumüberwachung / „Großer Lauschangriff“) = BVerfG, Urteil des Ersten Senats vom 03.03.2004 – 1 BvR 2378/98, 1084/99 –, Ls. 2 S. 1: „Zur Unantastbarkeit der Menschenwürde gemäß Art. 1 Abs. 1 GG gehört die Anerkennung eines absolut geschützten **Kernbereichs privater Lebensgestaltung**.“. BVerfGE 141, 220, 276-278 (BKAG) = BVerfG, Urteil des Ersten Senats vom 20.04.2016 – 1 BvR 966/09 –, Rn. 119-124: „Neben den verfassungsrechtlichen Anforderungen an die allgemeinen Eingriffsvoraussetzungen ergeben sich aus den jeweiligen **Grundrechten in Verbindung mit Art. 1 Abs. 1 GG** für die Durchführung von besonders eingriffsintensiven Überwachungsmaßnahmen besondere Anforderungen an den **Schutz des Kernbereichs privater Lebensgestaltung**. Der verfassungsrechtliche **Schutz des Kernbereichs privater Lebensgestaltung** gewährleistet dem Individuum einen **Bereich höchstpersönlicher Privatheit gegenüber Überwachung**. Er wurzelt in den **von den jeweiligen Überwachungsmaßnahmen betroffenen Grundrechten in Verbindung mit Art. 1 Abs. 1 GG** und sichert einen dem Staat nicht verfügbaren Menschenwürdekern grundrechtlichen Schutzes gegenüber solchen Maßnahmen. Selbst überragende Interessen der Allgemeinheit können einen Eingriff in diesen **absolut geschützten Bereich privater Lebensgestaltung** nicht rechtfertigen (vgl. BVerfGE 109, 279 <313>; stRspr). Zur **Entfaltung der Persönlichkeit im Kernbereich privater Lebensgestaltung gehört die Möglichkeit**, **innere Vorgänge** wie Empfindungen und Gefühle sowie Überlegungen, Ansichten und Erlebnisse **höchstpersönlicher Art zum Ausdruck zu bringen** (vgl. BVerfGE 109, 279 <313>; 120, 274 <335>; stRspr). Geschützt ist

insbesondere die **nichtöffentliche Kommunikation mit Personen des höchstpersönlichen Vertrauens, die in der berechtigten Annahme geführt wird, nicht überwacht zu werden**, wie es insbesondere bei Gesprächen im Bereich der Wohnung der Fall ist. Zu diesen Personen gehören insbesondere Ehe- oder Lebenspartner, Geschwister und Verwandte in gerader Linie, vor allem, wenn sie im selben Haushalt leben, und können Strafverteidiger, Ärzte, Geistliche und enge persönliche Freunde zählen (vgl. BVerfGE 109, 279 <321 ff.>). Dieser Kreis deckt sich nur teilweise mit dem der Zeugnisverweigerungsberechtigten. Solche Gespräche verlieren dabei nicht schon dadurch ihren Charakter als insgesamt höchstpersönlich, dass sich in ihnen Höchstpersönliches und Alltägliches vermischen (vgl. BVerfGE 109, 279 <330>; 113, 348 <391 f.>). Demgegenüber ist die **Kommunikation unmittelbar über Straftaten** nicht geschützt, selbst wenn sie auch Höchstpersönliches zum Gegenstand hat. Die **Besprechung und Planung von Straftaten** gehört ihrem Inhalt nach nicht zum **Kernbereich privater Lebensgestaltung**, sondern hat **Sozialbezug** (vgl. BVerfGE 80, 367 <375>; 109, 279 <319 f., 328>; 113, 348 <391>). Dies bedeutet freilich nicht, dass der Kernbereich unter einem allgemeinen Abwägungsvorbehalt in Bezug auf öffentliche Sicherheitsinteressen steht. Ein **höchstpersönliches Gespräch** fällt nicht schon dadurch aus dem **Kernbereich privater Lebensgestaltung** heraus, dass es für die Aufklärung von Straftaten oder Gefahren hilfreiche Aufschlüsse geben kann. Aufzeichnungen oder Äußerungen im Zwiegespräch, die zum Beispiel ausschließlich innere Eindrücke und Gefühle wiedergeben und keine Hinweise auf konkrete Straftaten enthalten, gewinnen nicht schon dadurch einen **Gemeinschaftsbezug**, dass sie Ursachen oder Beweggründe eines strafbaren Verhaltens freizulegen vermögen (vgl. BVerfGE 109, 279 <319>). Auch können trotz **Straftatenbezugs** Situationen, in denen Einzelnen gerade ermöglicht werden soll, ein Fehlverhalten einzugestehen oder sich auf dessen Folgen einzurichten, wie Beichtgespräche oder vertrauliche Gespräche mit einem Psychotherapeuten oder einem Strafverteidiger, der **höchstpersönlichen Privatsphäre** unterfallen, die dem Staat absolut entzogen ist (vgl. BVerfGE 109, 279 <322>). Ein hinreichender **Sozialbezug** besteht demgegenüber dann, wenn **Gespräche - auch mit Vertrauenspersonen - sonst unmittelbar Straftaten zu ihrem Gegenstand haben** (vgl. BVerfGE 109, 279 <319>). Der **Kernbereich privater Lebensgestaltung** beansprucht gegenüber **allen Überwachungsmaßnahmen** Beachtung. Können sie typischerweise zur Erhebung kernbereichsrelevanter Daten führen, muss der Gesetzgeber Regelungen schaffen, die einen wirksamen Schutz normenklar gewährleisten (vgl. BVerfGE 109, 279 <318 f.>; 113, 348 <390 f.>; 120, 274 <335 ff.>). Außerhalb solch verletzungsgeneigter Befugnisse bedarf es eigener Regelungen nicht. Grenzen, die sich im Einzelfall auch hier gegenüber einem Zugriff auf höchstpersönliche Informationen ergeben können, sind bei deren Anwendung unmittelbar von Verfassungs wegen zu beachten. Der **Schutz des Kernbereichs privater Lebensgestaltung** ist strikt und darf nicht durch Abwägung mit den Sicherheitsinteressen nach Maßgabe des Verhältnismäßigkeitsgrundsatzes relativiert werden (vgl. BVerfGE 109, 279 <314>; 120, 273 <339>; stRspr). Dies bedeutet jedoch nicht, dass **jede tatsächliche Erfassung von höchstpersönlichen Informationen** stets einen Verfassungsverstoß oder eine Menschenwürdeverletzung begründet. Angesichts der Handlungs- und Prognoseunsicherheiten, unter denen Sicherheitsbehörden ihre Aufgaben wahrnehmen, kann ein **unbeabsichtigtes Eindringen in den Kernbereich privater Lebensgestaltung** im Rahmen von Überwachungsmaßnahmen nicht für jeden Fall von vornherein ausgeschlossen werden (vgl. BVerfGE 120, 274 <337 f.>). Die Verfassung verlangt jedoch **für die Ausgestaltung der Überwachungsbefugnisse** die **Achtung des Kernbereichs** als eine strikte, nicht frei durch Einzelfallerwägungen überwindbare Grenze.".

BVerfGE 120, 274 (Online-Durchsuchung) = BVerfG, Urteil des Ersten Senats vom 27.02.2008 – 1 BvR 370/07 –, Ls. 1: „Das **allgemeine Persönlichkeitsrecht** (Art. 2 Abs. 1 i.V.m. Art. 1 Abs. 1 GG) umfasst das Grundrecht auf **Gewährleistung der Vertraulichkeit und Integrität informationstechnischer Systeme**."; BVerfGE 120, 274, 314 (Online-Durchsuchung) = BVerfG, Urteil des Ersten Senats vom 27.02.2008 – 1 BvR 370/07 –, Rn. 203: „**informationstechnisches System**": „etwa Personalcomputer", „ferner beispielweise […] solche Mobiltelefone oder elektronische Terminkalender, die über einen großen Funktionsumfang verfügen und personenbezogene Daten vielfältiger Art erfassen und speichern können."; BVerfGE 120, 274, 276 (Online-Durchsuchung) = BVerfG, Urteil des Ersten Senats vom 27.02.2008 – 1 BvR 370/07 –, Rn. 5: „**heimlicher Zugriff auf ein informationstechnisches System**": „[heimliche] technische Infiltration […], die etwa Sicherheitslücken des Zielsystems ausnutzt oder über die Installation eines Spähprogramms erfolgt", wobei die Infiltration es ermöglicht, die Zielsystem-„Nutzung zu überwachen oder die Speichermedien durchzusehen oder gar das Zielsystem fernzusteuern.".

a) GR-SB:

aa) Persönlicher GR-SB: „Jeder“.[846]

bb) Sachlicher GR-SB: „**freie Entfaltung der Persönlichkeit**“ in der Ausprägung des RiS als „**Datenfreiheit**“ (Grundsätzliche Bestimmungsbefugnis des Einzelnen über Preisgabe und

---

BVerfGE 147, 1 (**Geschlechtsidentität**) = BVerfG, Beschluss des Ersten Senats vom 10.10.2017 – 1 BvR 2019/16 –, Ls. 1-3: „1. Das **allgemeine Persönlichkeitsrecht** (Art. 2 Abs. 1 i.V.m. Art. 1 Abs. 1 GG) schützt die **geschlechtliche Identität**. Es schützt auch die geschlechtliche Identität derjenigen, die sich dauerhaft weder dem männlichen noch dem weiblichen Geschlecht zuordnen lassen. 2. Art. 3 Abs. 3 Satz 1 GG schützt auch Menschen, die sich dauerhaft weder dem männlichen noch dem weiblichen Geschlecht zuordnen lassen, vor **Diskriminierungen wegen ihres Geschlechts**. 3. Personen, die sich dauerhaft weder dem männlichen noch dem weiblichen Geschlecht zuordnen lassen, werden in beiden Grundrechten verletzt, wenn das Personenstandsrecht dazu zwingt, das Geschlecht zu registrieren, aber keinen anderen positiven Geschlechtseintrag als weiblich oder männlich zulässt.“.

BVerfG, Urteil des Zweiten Senats vom 26.02.2020 – 2 BvR 2347/15 –, Ls. 1: „a) Das **allgemeine Persönlichkeitsrecht** (Art. 2 Abs. 1 i.V.m. Art. 1 Abs. 1 GG) umfasst als Ausdruck persönlicher Autonomie ein **Recht auf selbstbestimmtes Sterben**. b) Das **Recht auf selbstbestimmtes Sterben** schließt die Freiheit ein, sich das Leben zu nehmen [Rn. 208: „**Recht auf Selbsttötung**“]. Die Entscheidung des Einzelnen, seinem Leben entsprechend seinem Verständnis von Lebensqualität und Sinnhaftigkeit der eigenen Existenz ein Ende zu setzen, ist im Ausgangspunkt als Akt autonomer Selbstbestimmung von Staat und Gesellschaft zu respektieren. c) Die **Freiheit, sich das Leben zu nehmen**, umfasst auch die Freiheit, hierfür bei Dritten Hilfe zu suchen und Hilfe, soweit sie angeboten wird, in Anspruch zu nehmen.“.

[844] Zum sog. „**Menschenwürdegehalt**“ der Grundrechte: *Basten*, Die Menschenwürde des Grundgesetzes.

[845] Vgl. auch Art. 142 GG i.V.m. Art. 4 Abs. 2 Verfassung NRW; Art. 8 EU-GR-Charta; Art. 16 AEUV; Art. 8 EMRK.

[846] Bundestags-Drucksache 18/11277 (zu §§ 81e, h StPO), S. 21 f.: „Potenziell von der Ausweitung der Untersuchungsmöglichkeiten betroffen sind ferner die nahen **Verwandten** derjenigen, die an der DNA-Reihenuntersuchung teilnehmen. Ihr **Grundrecht auf informationelle Selbstbestimmung** wird von der Ausweitung der Untersuchungsmöglichkeiten aber nicht betroffen: Untersucht wird weiter ausschließlich das genetische Material der Probanden, die an der Reihenuntersuchung teilgenommen haben. Sollte sich dabei eine Ähnlichkeit mit dem Spurenmaterial ergeben, wird damit nur eine statistische Aussage über das genetische Material des Probanden getroffen. Ein Bezug zu konkreten anderen Personen im Sinne eines personenbeziehbaren Datums lässt sich mit diesem Ergebnis zunächst nicht herstellen. Erst wenn die Ermittlungsbehörden aufgrund des **Beinahetreffers** – ausgehend vom Probanden – weitere Ermittlungen anstellen, um herauszufinden, ob er tatsächlich Verwandte hat, die als Täter in Frage kommen, kann sich ein **Tatverdacht** gegen konkrete Dritte ergeben. Selbst wenn man deshalb von einem Eingriff in die informationelle Selbstbestimmung ausgehen würde, wäre dieser jedenfalls durch das hoch zu gewichtende staatliche Interesse an der Aufklärung und Verfolgung von (schweren) Straftaten gerechtfertigt. Auch Artikel 6 Absatz 1 GG (**Ehe und Familie**) ist nicht berührt. Das Familiengrundrecht schützt vor staatlichen Maßnahmen, die die Familie schädigen, stören oder sonst beeinträchtigen (vgl. BVerfG, Beschluss vom 17. Januar 1957 – 1 BvL 4/54 –, BVerfGE 6, 55, 76). Es vermittelt aber keinen Schutz gegen Familienangehörige, die freiwillig zur Strafverfolgung eines Verwandten beitragen. Die erweiterten Untersuchungsmöglichkeiten stellen auch keinen Verstoß gegen rechtsstaatliche Grundsätze des ‚fair trial‘ [Recht auf faires Verfahren, P. B.] dar. Derjenige, der infolge eines Beinahetreffers und weiterer Ermittlungen in Verdacht geraten ist, steht nicht anders, als hätte ihn ein Verwandter gegenüber der Polizei der Tat bezichtigt. Gegen die Ergebnisse eines DNA-Tests, der gegen ihn selbst nach § 81f StPO angeordnet wurde (3. Stufe), kann er sich uneingeschränkt verteidigen (vgl. Magnus, ZStW 2014, S. 695, 717).“.

Verwendung eigener personenbezogener Daten[847]), i.d.R. gegeben bei Bezug auf mindestens ein **personenbezogenes Datum**: § 36 Nr. 1 DSG NRW[848].

b) GR-E (oder Nichteingriff/**Grundrechtsverzicht** bzw. **Einwilligung** i.S.v. § 36 Nr. 19 DSG NRW, § 38 DSG NRW, vgl. auch § 81h Abs. 1 W. 39, Abs. 4 S. 1 W. 15, S. 2 W. 4 StPO [„Einwilligung"][849]): **Persönlichkeitsentfaltungseinschränkung** als **Datenfreiheitseinschränkung**, durch **Datenverarbeitung**s-Maßnahme[850] i.S.d. § 36 Nr. 2 DSG NRW, zum Beispiel durch – auch bezüglich Daten im Sinne von § 36 Nr. 13 DSG NRW (genetische Daten),

---

[847] BVerfGE 65, 1, Ls. 1 S. 2 (Volkszählungsgesetz) = BVerfG, Urteil des Ersten Senats vom 15.12.1983 – 1 BvR 209/83, Ls. 1 S. 2 (Ls. 1: „Unter den Bedingungen der modernen Datenverarbeitung wird der Schutz des Einzelnen gegen unbegrenzte Erhebung, Speicherung, Verwendung und Weitergabe seiner persönlichen Daten von dem allgemeinen Persönlichkeitsrecht des Art. 2 Abs. 1 GG in Verbindung mit Art. 1 Abs. 1 GG umfaßt. Das Grundrecht gewährleistet insoweit die Befugnis des Einzelnen, grundsätzlich selbst über die Preisgabe und Verwendung seiner persönlichen Daten zu bestimmen.").

[848] BVerfG, Beschluss der 3. Kammer des Zweiten Senats vom 27.06.2018 – 2 BvR 1562/17 (auf § 103 StPO gestützte Anordnung der Durchsuchung der Räumlichkeiten des Münchener Kanzleistandorts der Rechtsanwaltskanzlei Jones Day sowie Sicherstellung von Unterlagen und elektronischen Daten im Zuge des sogenannten „VW-Dieselskandals" – Verfassungsbeschwerde nicht zur Entscheidung angenommen wegen Unzulässigkeit aufgrund Nichterfüllung von Voraussetzungen nach § 93a Abs. 2 BVerfGG), Gründe, V., Rn. 44: „Der Begriff der persönlichen Daten deckt sich mit der Legaldefinition personenbezogener Daten in § 46 Nr. 1 BDSG (zuvor § 3 Abs. 1 BDSG) und erfasst alle Informationen, die sich auf eine identifizierte oder identifizierbare natürliche Person (betroffene Person) beziehen (vgl. noch zu § 3 Abs. 1 BDSG ‚Einzelangaben über persönliche oder sachliche Verhältnisse einer bestimmten oder bestimmbaren Person' Di Fabio, in: Maunz/Dürig, GG, Art. 2 Abs.1, Rn. 175 [Juli 2001]).".

[849] Bundestags-Drucksache 18/11277, S. 21: „Die **Erweiterung des Untersuchungsumfangs auf genetische Ähnlichkeit und die Deanonymisierung im Trefferfalle** berühren dabei das Recht auf informationelle Selbstbestimmung (Artikel 2 Absatz 1 in Verbindung mit Artikel 1 Absatz 1 GG) desjenigen, der an der Reihenuntersuchung teilnimmt. Ein rechtfertigungsbedürftiger Eingriff in dieses Recht scheidet jedoch aus, wenn die Maßnahme auf der Grundlage einer hinreichend konkreten **Einwilligung** des Betroffenen erfolgt, die frei von Willensmängeln ist (vgl. nur Di Fabio, in; Maunz/Dürig, GG, Artikel 2 Absatz 1 Rn. 228). […] Der Teilnehmer an der Reihenuntersuchung kann somit zum einen darüber disponieren, ob er durch sein Verhalten dazu beitragen möchte, dass ein naher Verwandter der Strafverfolgung ausgesetzt wird. Zum anderen ändert die erweiterte Untersuchungsmöglichkeit nichts Grundsätzliches an der **Freiwilligkeit der Einwilligung** in die Maßnahme nach § 81h StPO. Eine **Einwilligung** ist (erst dann) als **unwirksam** anzusehen, wenn dem Grundrechtsträger aufgrund einer Zwangslage keine wirkliche Wahlfreiheit verbleibt (vgl. BVerfG, Beschluss vom 18. August 1981 – 2 BvR 166/81, NJW 1982, 375). Eine solche **Zwangslage** könnte bei DNA-Reihenuntersuchungen entstehen, wenn potenzielle Teilnehmer einer DNA-Reihenuntersuchung damit rechnen müssten, gerade durch die Nichtteilnahme den Verdacht auf sich zu lenken. Daher kann eine Einwilligung in diesem Fall nur wirksam sein, wenn deren Verweigerung für sich genommen keinen Verdacht begründet. Dies ist in Bezug auf die bisherige Regelung des § 81h StPO allgemein anerkannt (vgl. Krause, in: Löwe/Rosenberg, Strafprozessordnung, 26. Aufl. 2008, § 81h Rn. 7). Insoweit würde die Erweiterung des Untersuchungsumfangs auf genetische Ähnlichkeit die Situation aber gerade nicht verschärfen: Verweigert jemand nämlich nach entsprechender Belehrung seine Teilnahme an der Reihenuntersuchung, könnte dem künftig auch der Wunsch zu Grunde liegen, keine Verwandten ‚ans Messer liefern' zu wollen. Die Teilnahmeverweigerung ließe also sogar mehr Deutungen zu als nach der derzeitigen Gesetzeslage.".

[850] BVerfG, Urteil des Ersten Senats vom 19.05.2020 – 1 BvR 2835/17 – (Ausland-Ausland-Fernmeldeaufklärung nach BNDG), E. III. 1., Rn. 212: „Die **Übermittlung personenbezogener Daten**, mit der eine Behörde die von ihr erhobenen Daten einer anderen Stelle zugänglich macht, begründet einen eigenen Grundrechtseingriff (vgl. BVerfGE 100, 313 <367>; 141, 220 <334 Rn. 305>; stRspr). Dieser ist an dem **Grundrecht** zu messen, **in das bei der ursprünglichen Datenerhebung eingegriffen wurde** (vgl. BVerfGE 100, 313 <367>; 141, 220 <334 Rn. 305>; stRspr).".

Nr. 14 (biometrische Daten), Nr. 18 (besondere Kategorien bezogener Daten bzw. personenbezogene Daten besonderer Kategorie) DSG NRW –:

- Datenerhebung (Körperzellenentnahme, vgl. § 81h Abs. 1 Nr. 1 StPO)
- Datenerhebung („Feststellung des DNA-Identifizierungsmusters und des Geschlechts", vgl. § 81h Abs. 1 Nr. 2 StPO)
- Datenspeicherung (entnommene Körperzellen, Feststellungen, DNA-Identifizierungsmuster und Geschlecht, vgl. § 81h Abs. 3 StPO, § 81h Abs. 3 S. 3 W. 3 StPO „Aufzeichnungen")
- Datenübermittlung (des Materials an Sachverständige und des Materials sowie der Feststellungen an Polizei zurück, einschließlich von letztendlich zuordenbaren Personalien (§ 81h Abs. 3 S. 1 StPO i.V.m. § 81f Abs. 2 StPO)
- „Abgleich"(§ 81h Abs. 1 Nr. 3 StPO).[851]

Allgemein erfolgt i.d.R. ein Grundrechtseingriff bei Fehlen von Einwilligung durch Anordnung und Ausführung von Körperzellenentnahme (§ 81h Abs. 1 Nr. 1 StPO) und molekulargenetisher Untersuchung (§ 81h Abs. 1 Nr. 2 StPO) sowie Anordnung und Ausführung von automatisiertem Abgleich (§ 81h Abs. 1 Nr. 3 StPO).

Bei sogenanntem „Angebot" von Körperzellenentnahme, Untersuchung und Abgleich im Sinne der Rechtsfolgendefinition ist je nach realer Praxis des einzelnen „Angebots"-Falls zu den allgemein herrschenden gesetzlichen Regeln subsumierbar – alternativ und unabhängig von Erlasslagen: entweder, auch im Zweifel, ein Datenerhebungs-Grundrechtseingriff oder – bei Verwirklichung von § 36 Nr. 19 DSG NRW, § 38 DSG NRW[852] – eine Einwilligung mit der Umkehrschlussfolgerung aus dem „Vorbehalt des Gesetzes" (Nichterforderlichkeit einer bereichsspezifischen Befugnisrechtsnorm) und weiterer Folgerung aus dem „Vorrang des Gesetzes" (Erforderlichkeit der Verwirklichung nichtbefugnisrechtsnormspezifischer Rechtsgrundlagen)[853].

---

[851] BVerfGE 103, 21, 32 (Genetischer Fingerabdruck I) = BVerfG, Beschluss der 3. Kammer des Zweiten Senats vom 14.12.2000 – 2 BvR 1741/99, 276, 2061/00 –, B. I. 2b), Rn. 49; BVerfGK 15, 532 (Genetischer Fingerabdruck II) = BVerfG, Beschluss der 2. Kammer des Zweiten Senats vom 22.05.2009 – 2 BvR 287/09 –, Gründe, II. 1., Rn. 22: „Feststellung, Speicherung und (künftige) Verwendung eines DNA-Identifizierungsmusters greifen in das durch Art. 2 Abs. 1 in Verbindung mit Art. 1 Abs. 1 GG verbürgte Grundrecht auf informationelle Selbstbestimmung ein (vgl. BVerfGE 103, 21 <32 f.>).".

[852] Zur Unterscheidung von **„Einwilligung"** und **„Freiwilligkeit"**: Die mitunter – insbesondere anlässlich Untersuchungsanordnungen statt der gesetzlichen Voraussetzung der Einwilligung – eingeführte, angebliche „Freiwilligkeit" a priori (z. B. im Sinne einer abstrakten Weigerungsmöglichkeit) ist kein Argument, vgl. dazu quasi alle polizeilichen Anordnungs-Rechtsfolgen (ggf. auch als Realfolgen „Angebot", „Bitte", „Frage"), vgl. nur zum Beispiel die in der Folge auf eine Aussagemitwirkung angewiesene polizeiliche Befragung/Vernehmung, bei der die rechtsfehlerhafte Ersetzung gesetzlicher Einwilligung durch angebliche a-priori-Freiwilligkeit nicht bzw. weniger stattfindet, und dies aus gutem Rechtsgrund, denn (nichtalltägliches) polizei(vollzugsbeamt)liches Verhalten gegenüber Maßnahmenadressaten bewirkt in der Regel und in dubio pro libertate Grundrechtseingriffe im Sinne der allgemein anerkannten Grundrechtseingriffsbegriffe. Zu **Grundrechtseingriffsbegriffen** und **Einwilligungsbewirkungen** siehe: *Basten*, Eingriffsrecht der Polizei in Nordrhein-Westfalen, Band 1, S. 182 f.. Zu **Befragung** und **Vernehmung** siehe insbesondere: *Basten*, Eingriffsrecht der Polizei in Nordrhein-Westfalen, Band 2, Buch 2, Abschnitte 15, 16, 17.

[853] Zum **Rechtsgrundlage**-Begriff und zum **Befugnisrechtsnorm**-Begriff mit **Rechtsgrundlage- und Befugnisrechtsnorm-Unterscheidung**: *Basten*, Eingriffsrecht der Polizei in Nordrhein-Westfalen, Band 1, S. 31, 178, 179.

c) GR-B: Art. 2 Abs. 1 Hs. 2 GG.[854]

2. Körperliche Unversehrtheit, Art. 2 Abs. 2 S. 1 Alt. 2 GG[855]

a) GR-SB:

aa) Persönlicher GR-SB: „Jeder".

bb) Sachlicher GR-SB: **Körperliche Unversehrtheit** ist Freiheit von körperlicher Beeinträchtigung, also biologisch-physiologische Integrität und dieser gleichsetzbare geistig-seelisch-psychische Integrität.[856]

---

[854] Art. 2 Abs. 1 Hs. 2 GG (**Schrankentrias**): BVerfGE 80, 137, 153 (Reiten im Walde) = BVerfG, Beschluss des Ersten Senats vom 06.06.1989 – 1 BvR 921/85 –, C. I. 1 a), Rn. 69: „Abgesehen von einem absolut geschützten Kernbereich privater Lebensgestaltung, welcher der Einwirkung der öffentlichen Gewalt entzogen ist (BVerfGE 6, 32 [41]), ist die allgemeine Handlungsfreiheit allerdings nur in den **Schranken** des zweiten Halbsatzes von Art. 2 Abs. 1 GG gewährleistet und steht damit insbesondere unter dem **Vorbehalt der verfassungsmäßigen (Rechts-)Ordnung** (BVerfGE 6, 32 [37 f.]; 74, 129 [152]). Stützt sich ein die Handlungsfreiheit berührender Akt der öffentlichen Gewalt auf eine Rechtsnorm, so kann mit der Verfassungsbeschwerde unter Berufung auf Art. 2 Abs. 1 GG zur Nachprüfung gestellt werden, ob diese Norm zur **verfassungsmäßigen Ordnung** gehört, das heißt formell und materiell mit den Normen der Verfassung in Einklang steht (st. Rspr. seit BVerfGE 6, 32)."; BVerfGE 6, 32, Ls. 3 (Elfes) = BVerfG, Urteil des Ersten Senats vom 16.01.1957 – 1 BvR 253/56, Ls. 3: „**Verfassungsmäßige Ordnung** im Sinne des Art. 2 Abs. 1 GG ist die verfassungsmäßige Rechtsordnung, d.h. die Gesamtheit der Normen, die formell und materiell der Verfassung gemäß sind."; vgl. dazu auch BVerfGE 6, 32, 37-41 (Elfes) = BVerfG, Urteil des Ersten Senats vom 16.01.1957 – 1 BvR 253/56, Gründe II. 2 b), c), Rn. 17-33.

Rechte anderer sind (als Teil der verfassungsmäßigen Ordnung) subjektive Berechtigungen (Anspruch oder Befugnis oder Erlaubnis) einschließlich Verpflichtungen (Pflicht zur Erfüllung von Anspruch oder Befugnis oder Erlaubnis) und sonstiger Rechtswirkungen für ein Rechtssubjekt bezüglich eines Verhaltens oder eines Rechtsguts.

Vgl. zum ein Mal bundesverfassungsgerichtlich entscheidungserheblich bemühten „**Sittengesetz**" nach Art. 2 Abs. 1 Hs. 2 GG als Gesetz, das nicht das durch die „soziale Gemeinschaft" „als für sich verbindlich" anerkannte „Rechtsgefühl" „im allgemeinen" „verletzt": BVerfGE 6, 389 (Homosexuelle) = BVerfG, Urteil des Ersten Senats vom 10.05.1957 – 1 BvR 550/52 –, und StrRehaHomG (Gesetz zur strafrechtlichen Rehabilitierung der nach dem 8. Mai 1945 wegen einvernehmlicher homosexueller Handlungen verurteilten Personen vom 17. Juli 2017 – BGBl. I S. 2443).

[855] Vgl. auch Art. 142 GG i.V.m. Art. 4 Abs. 1 Verfassung NRW; Art. 3, 4 EU-GR-Charta; Art. 3 EMRK (**Folterverbot**; Verbot bzgl.: **unmenschliche oder erniedrigende Behandlung oder Strafe**); Art. 7 IPbpR (**Folterverbot**; Verbot bzgl. **grausame, unmenschliche oder erniedrigende Behandlung oder Strafe**; Verbot medizinischer oder wissenschaftlicher Versuche ohne freiwillige Zustimmung); Art. 12 IPwskR („Recht eines jeden auf das für ihn erreichbare Höchstmaß an körperlicher und geistiger **Gesundheit**").

[856] BVerfGE 56, 54, 74-76 (Fluglärm I) = BVerfG, Beschluss des Ersten Senats vom 14.01.1981 – 1 BvR 612/72, C. I. 1., Rn. 73-76, dort u.a.: „Gegen die Zugrundelegung des weiten Gesundheitsbegriffs der Weltgesundheitsorganisation ließe sich allerdings einwenden, es sei - wenn das dem Willen des Verfassungsgesetzgebers entsprochen hätte - schwer erklärlich, daß der Parlamentarische Rat diesen seit 1946 bekannten Begriff nicht übernommen, sondern stattdessen nur die ‚körperliche Unversehrtheit' grundrechtlich geschützt hat [Grammatik, P. B.]. Andererseits dürfte eine Beschränkung des Schutzes allein auf solche Einwirkungen, die Verletzungen des Körpers darstellen, der Bedeutung dieses Grundrechts jedenfalls dann nicht gerecht werden, wenn es im Lichte des Art. 1 GG und der darin verbürgten Unantastbarkeit der Menschenwürde ausgelegt wird [Systematik, P. B.]. Dabei kann dahinstehen, ob eine solche Beschränkung überhaupt mit dem Verständnis des Menschen als einer Einheit von Leib, Seele und Geist und mit der Wechselwirkung zwischen psychischen und physischen Gesundheitsstörungen vereinbar wäre. Verfassungsrechtlich kann nicht außer acht bleiben, daß eine enge Auslegung nicht der Funktion des Grundrechts als Abwehrrecht gegen staatliche Eingriffe etwa durch psychische Folterungen, seelische Quälereien und

b) GR-E (oder Nichteingriff/GR-Verzicht): **Körperunversehrtheitseinschränkung** durch Hervorrufen oder Steigern eines nachteilig von den normalen körperlichen Funktionen abweichenden körperlichen Zustandes – alternativ durch:

- Körperzellenentnahme mit Körpersubstanzverletzung;
- Anordnung über physisch sich mit körperlichem Krankheitswert auswirkende psychische Beeinflussung.

c) GR-B: Art. 2 Abs. 2 S. 3 GG.

A. Rechtsgrundlage (RGL) II. Rechtsgebiet (RG)

(VOR/DEF)

Rechtsgebiet ist Rechtsordnungsteil nach allen Umständen – wie schwerpunktmäßige Äußerungen, Rechtsnormen, Zwecke, auch i.V.m. §§ 133, 157 BGB analog.[857]

(SUB/ERG)

Die Maßnahme erfolgt auf dem Rechtsgebiet des besonderen öffentlichen Rechts polizeilicher Strafrechtspflege.

Eine DNA-Reihenuntersuchung erfolgt auf dem Rechtsgebiet der Strafrechtspflege insbesondere bei (alternativ)

- tatverdachtsveranlasster DNA-Reihenuntersuchung;
- DNA-Reihenuntersuchung nach tatverdachtsbezogenen Dingen;
- DNA-Reihenuntersuchung mit schwerpunktmäßigem Zweck einer anschließenden Strafrechtspflegemaßnahme;
- Fehlen eines Gefahrenüberhangs.

---

entsprechende Verhörmethoden entsprechen würde [Teleologie mit funktionalem Schutzbereich und Schutzzweck des Grundrechts, P. B.]. Da die Einfügung gerade dieses Grundrechts auf Erfahrungen im Dritten Reich beruhte, darf dieser Gesichtspunkt jedenfalls nicht gänzlich vernachlässigt werden [Historie, P. B.]. Mit Recht hat der nordrhein-westfälische Ministerpräsident im vorliegenden Verfahren eingeräumt, daß zumindest solche nichtkörperliche Einwirkungen von Art. 2 Abs. 2 GG erfaßt würden, die ihrer Wirkung nach körperlichen Eingriffen gleichzusetzen seien. Das sind jedenfalls solche, die das Befinden einer Person in einer Weise verändern, die der Zufügung von Schmerzen entspricht [Systematik, P. B.]. Bislang ist Art. 2 Abs. 2 GG auch nicht in dem genannten engeren Sinne angewandt worden. So wurde die Frage, ob hirnelektrische Untersuchungen in die körperliche Unversehrtheit eingreifen können, nicht etwa von vornherein verneint, sondern wegen der Harmlosigkeit solcher Untersuchungen offengelassen (BVerfGE 17, 108 [114 f.]). In der Entscheidung zum Räumungsschutz ist die psychische Erkrankung des Beschwerdeführers und die Gefahr von Selbstmorden als relevant im Sinne des Art. 2 Abs. 2 GG angesehen worden (BVerfGE 52, 214 [220 f.]). Im übrigen liegt den neueren Lärmschutzvorschriften durchweg ein weiteres Verständnis zugrunde. [...] Zumindest in Gestalt von Schlafstörungen lassen sich Einwirkungen auf die körperliche Unversehrtheit schwerlich bestreiten.".

[857] Zum Rechtsgebiet bzw. zu Rechtsgebieten einschließlich Rechtsgebiet-Begriffen und Rechtsgebiet-Auslegungsansätzen: *Basten*, Eingriffsrecht der Polizei in Nordrhein-Westfalen, Band 1, Buch 1, Abschnitt 3, Unterabschnitt 3, Titel 3, Untertitel 3.

A. Rechtsgrundlage (RGL) III. Mögliche Befugnisrechtsnorm (Mgl. Brn.)

(VOR/DEF)

Befugnisrechtsnorm ist die rechtmäßige hauptsächliche materiellrechtliche Rechtsgrundlage mit realfolgenentsprechender Rechtsfolge.

(SUB/ERG)

Realfolge ist die jeweilige Maßnahme laut Sachverhalt.

Rechtsfolge ist die Maßnahme laut Rechtsnorm.

(SUB)

Realfolgen und Rechtsfolgen zu:

Körperliche Untersuchung (KU), Körperlicher Eingriff (KE), Blutprobenentnahme (BP), Erkennungsdienstliche Maßnahme (ED), DNA-Maßnahmen (DNA)

Realfolgen – Beispiele:

Abstrich; (Aufforderung zum) Aufdecken; Begutachtung; Beobachtung; Hineingreifen; Hineinstechen (vgl. teilweise Polizei-Umgangssprache wie z.B.: „Loch im Arm [durch Nadel]"; Hervorholen (vgl. teilweise Polizei-Umgangssprache wie „[Ab-]Zapfen [mit Nadel]"; Nachschau.

Rechtsfolgen:

Körperliche Untersuchung (KU) ist Körperbeschaffenheitsermittlung durch gezielte Nachschau oder gezielten Eingriff am Menschenkörper, ggf. auch mit Datenverarbeitung (z.B. Bild/Ton-Aufzeichnung), ggf. auch mit sog. Exploration, ggf. auch mit Gegenüberstellung.

Anderer körperlicher Eingriff (KE) ist körperliche Untersuchung mit Körpersubstanzverletzung.

Blutprobenentnahme ist körperliche Untersuchung als körperlicher Eingriff zwecks Blutproben-„Speicherung"

(ERG)

Mögliche Befugnisrechtsnorm zu:

Körperliche Untersuchung (KU), Körperlicher Eingriff (KE), Blutprobenentnahme (BP), Erkennungsdienstliche Maßnahme (ED), DNA-Maßnahmen (DNA)

Gefahrenabwehr:

- Speziellere Befugnisrechtsnormen wie §§ 15, 16, 19 AsylG, §§ 48, 49 AufenthG
- § 8 Abs. 1 PolG NRW (Körperliche Untersuchung als nicht in §§ 9-46 PolG NRW speziell geregelte Maßnahme)
- § 14 PolG NRW (Abs. 1 Nr. 1: Erkennungsdienstliche Maßnahme zur Identitätsfeststellung, Abs. 1 Nr. 2: Erkennungsdienstliche Maßnahme zur vorbeugenden Bekämpfung von Straftaten)
- § 14a PolG NRW („Molekulargenetische Untersuchung zur IDF": Molekulargenetische Untersuchungsmaßnahmen zur IDF (Abgleich von DNA-Identifizierungsmustern einer Leiche oder hilflosen Person mit denjenigen einer vermissten Person zur IDF, zu diesem Zweck: 1. Körperzellenentnahme bei hilflosen Person oder Leiche, 2. Probennahme von Gegenständen mit Spurenmaterial der vermissten Person, 3. molekulargenetische Untersuchung der Proben nach Nr. 1 und 2. – § 14a Abs. 1 S. 6-8 PolG NRW: weitere Speicherung, Verwendung, Löschung von

Abstammungsuntersuchung ist körperliche Untersuchung zur Abstammungsfeststellung.

Erkennungsdienstliche Maßnahme ist zu bestimmten Zwecken eine Maßnahme insbesondere nach § 14 Abs. 4 PolG NRW (vgl. auch 14.4 VVPolG NRW), § 81b StPO, §§ 16, 19 AsylG, § 49 AufenthG, § 163b Abs. 1 StPO, § 163b Abs. 2 StPO, ggf. mit: Erscheinungsbildveränderung, Freiheitsbeschränkung, Gegenüberstellung (EFG); nicht mit: Maßnahmen nach §§ 12, 12a, 14a PolG NRW, §§ 81a, c-h StPO und nicht mit weiterer Speicherung.

DNA-/Molekulargenetische Untersuchung ist zu bestimmten Zwecken eine Maßnahme insbesondere nach § 14a PolG NRW, §§ 81e, f StPO, § 81g StPO, § 81h StPO – i.d.R. mit Begleitmaßnahmen von Körperzellentnahme und DNA-Identifizierungsmuster-/Spuren-Abgleich.

Abgrenzung von körperlicher Untersuchung und Personendurchsuchung erfolgt durch Körperbeschaffenheitsermittlungszweck.

Abgrenzung von körperlicher Untersuchung und unvermeidlicher Kenntnisnahme entscheidet sich wie folgt:

Unvermeidliche Kenntnisnahme ist Wahrnehmung ohnehin offen präsenter Personen, Sachen, Daten ohne erhebliche Nachschau oder Veränderung, z.B. unwillkürliches Anschauen von gegenüber befindlichem, unverdecktem Gesicht.

Zur Abgrenzung von körperlicher Untersuchung und Inaugenscheinnahme, vgl. § 12a Abs. 1 S. 2 PolG NRW: **Inaugenscheinnahme** ist prüfende Betrachtung präsenter Sachen, Daten ohne Körperbeschaffenheitsermittlungszweck und ohne erhebliche Veränderung (Prinzip: „Just look, don't touch!"). DNA-Identifizierungsmuster; § 14a Abs. 1 S. 5 PolG NRW: **Unverzügliche** [§ 121 Abs. 1 S. 1 BGB] Vernichtung entnommener Körperzellen, wenn keine Benötigung mehr für Untersuchung nach § 14a Abs. 1 S. 2 PolG NRW.)

<u>**Strafrechtspflege** (ggf. mit §§ 46 [Abs. 4], 53 Abs. 1 S. 2, Abs. 2 OWiG):</u>

- § 163b StPO: erkennungsdienstliche Maßnahme zwecks IDF (Abs. 1: beim Verdächtigen, Abs. 2: beim Nichtverdächtigen)
- § 81a StPO (Körperliche Untersuchung des Beschuldigten, anderer körperlicher Eingriff, Blutprobenentnahme)
- § 81b StPO (Alt. 1: Erkennungsdienstliche Maßnahme beim Beschuldigten zur Durchführung des Verfahrens; Alt. 2: Erkennungsdienstliche Maßnahme beim Beschuldigten für Zwecke des Erkennungsdienstes)
- § 81c StPO (Abs. 1: Körperliche Untersuchung anderer Personen, Abs. 2: Abstammungsuntersuchung, Blutprobenentnahme)
- §§ 81e, f StPO (Molekulargenetische Untersuchung: Feststellung von DNA-Identifizierungsmuster, Abstammung, Personengeschlecht; bei unbekannter Spurenmaterialperson auch Augen-, Haar- Hautfarbe, Alter mittels molekulargenetischer Untersuchung an nach §§ 81a, c StPO rechtmäßig erlangtem Material oder an aufgefundenem/sichergestelltem/beschlagnahmtem Material – zwecks aktuellen Strafverfahrens)
- § 81g Abs. 1, 2 StPO („DNA-IDF": Körperzellenentnahme zur Identitätsfeststellung zwecks potentieller künftiger Strafverfahren und molekulargenetische Untersuchung zur Feststellung des DNA-Identifizierungsmusters sowie des Geschlechts)
- § 81h StPO (DNA-Reihenuntersuchung: 1. Körperzellenentnahme, 2. molekulargenetische Untersuchung der entnommenen

Körperzellen zur Feststellung des DNA-Identifizierungsmusters und des Geschlechts 3. automatisierter Abgleich der festgestellten DNA-Identifizierungsmuster mit den DNA-Identifizierungsmustern von Spurenmaterial)

- § 43 Abs. 2 JGG (ggf. i.V.m. § 109 JGG)

(SUB)

Realfolge ist die jeweilige Maßnahme laut Sachverhalt.

Rechtsfolge des § 81h StPO (§ 81h Abs. 1, Abs. 3 S. 2, 3 StPO) ist als Justiz-VA (§ 23 Abs. 1 S. 1 EGGVG)[858]: DNA-Reihenuntersuchung, also insbesondere:

- Körperzellenentnahme,
- molekulargenetische Untersuchung der entnommenen Körperzellen zur Feststellung des DNA-Identifizierungsmusters und des Geschlechts,
- automatisierter Abgleich der festgestellten DNA-Identifizierungsmuster mit den DNA-Identifizierungsmustern von Spurenmaterial.

---

[858] **Wohnungstüröffnungs-Verfügung** (je nach Rechtsgebiet VA oder Justiz-VA [z.B.: „Bitte öffnen Sie die Tür!"]) kann bspw. wie folgt – insbesondere über den Zweck – zu subsumieren sein:

- § 9 Abs. 2 PolG NRW / § 163 Abs. 3 StPO / § 163a StPO (Zweck: Befragung / Vernehmung).
- § 12 PolG NRW / § 163b Abs. 1 oder § 163b Abs. 2 StPO (Zweck: IDF jedenfalls ohne Wohnungs-Betretens- und Wohnungs-Durchsuchungszweck [z.B.: IDF-Befragung / IDF-Ausweisverlangen an der Tür]).
- § 16a PolG NRW / § 163f StPO / § 163 Abs. 1 S. 2 StPO (Zweck: Observation jedenfalls ohne Wohnungs-Betretens- und Wohnungs-Durchsuchungszweck [z.B.: Datenerhebung von der Tür aus]).
- § 35 PolG NRW / § 127 Abs. 1 S. 1 Alt. 1 StPO / § 127 Abs. 2 i.V.m. § 112/§ 112a/§ 126a; § 127b StPO; § 164 StPO (Zweck: Ingewahrsamnahme / Festnahme jedenfalls ohne Wohnungs-Betretens- und Wohnungs-Durchsuchungszweck [z.B.: Ingewahrsamnahme / Festnahme an der Tür]).
- § 41 PolG NRW / § 102 StPO oder § 103 StPO (Zweck: Wohnungsbetreten und/oder Wohnungsdurchsuchung).
- § 43 PolG NRW / § 94 Abs. 1 StPO / § 94 Abs. 1, 2 StPO / §§ 94 Abs. 3, 111a StPO, § 69 StGB / §§ 99, 100 StPO / § 108 StPO (§ 110 StPO); / § 111b StPO / § 132 StPO (Zweck: Sicherstellung/Beschlagnahme jedenfalls ohne Wohnungs-Betretens- und Wohnungs-Durchsuchungszweck [z.B.: Sicherstellung/Beschlagnahme an der Tür).
- § 81a StPO / § 81c StPO / § 81g StPO / § 81h StPO (Zweck: der jeweilige „Untersuchungs"-Zweck jedenfalls ohne Wohnungs-Betretens- und Wohnungs-Durchsuchungszweck [z.B.: „Untersuchung" an der Tür]).
- § 8 Abs. 1 PolG NRW / § 163 Abs. 1 S. 2 StPO (Zweck: jedenfalls ein nicht besonders geregelter Zweck jedenfalls ohne Wohnungs-Betretens- und Wohnungs-Durchsuchungszweck).

Gemäß § 81h Abs. 1, 4 S. 2 Nr. 2 StPO werden die entmommenen Körperzellen ausschließlich zur Feststellung des DNA-Identifizierungsmusters, der Abstammung[859] (vgl. auch § 81h Abs. 4 S. 2 Nr. 1-3 StPO) und des Geschlechts untersucht.

Gemäß § 81h Abs. 3 S. 2 StPO sind als Anschlussrechtsfolge die entnommenen Körperzellen unverzüglich zu vernichten, sobald sie für die Untersuchung nach § 81h Abs. 1 StPO nicht mehr benötigt werden.

Gemäß § 81h Abs. 3 S. 3 StPO sind als Anschlussrechtsfolge die Aufzeichnungen über die durch die Maßnahme festgestellten DNA-Identifizierungsmuster unverzüglich zu löschen, soweit sie zur Erforschung des Sachverhalts nicht mehr erforderlich sind[860].

(ERG)

Mögliche Befugnisrechtsnorm ist § 81h StPO (nicht i.V.m. §§ 46, 53 OWiG, vgl. § 81h Abs. 1 StPO [„Verbrechen"], und vgl. § 81h Abs. 4 S. 2 Nr. 4 StPO [„nicht zur Identitätsfeststellung in künftigen Strafverfahren"], vgl. auch § 46 Abs. 4 S. 4 OWiG).

---

859 Bundestags-Drucksache 18/11277, S. 20 f. (zu §§ 81e, h StPO): „Ergibt der Abgleich keine umfassende, sondern nur eine teilweise Übereinstimmung zwischen Teilnehmer und Spur (sogenannte **Beinahetreffer**), deutet dies auf eine Verwandtschaft zwischen dem Teilnehmer und dem Spurenverursacher hin. Die nunmehr getroffene Regelung räumt die bestehenden Zweifel an der Verwertbarkeit von Beinahetreffern aus. Die Änderung setzt dabei auf der zweiten von drei **Stufen** an. Unberührt bleiben die Beweismittelerhebung durch die Entnahme von Körperzellen (§ 81h Absatz 1 Nummer 1 StPO) und ihre molekulargenetische Untersuchung zur Feststellung des DNA-Identifizierungsmusters und des Geschlechts (§ 81h Absatz 1 Nummer 2 StPO) sowie der automatisierte Abgleich mit dem Spurenmaterial (§ 81h Absatz 1 Nummer 3 StPO). Erweitert wird aber der Untersuchungsumfang nach § 81h Absatz 1 Halbsatz 2 StPO: Statt der Feststellung ‚ob das Spurenmaterial von diesen Personen stammt' im Sinne eines ‚**Hit-/No-hit-Verfahrens**', soll künftig auch untersucht werden können, ob das Spurenmaterial genetische Ähnlichkeit mit dem DNA-Identifizierungsmuster von Probanden aufweist. Wenn dies der Fall ist und die genetisch ähnliche Probe deanonymisiert wurde, kann auf der dritten Stufe gegen einen konkreten Verdächtigen (d. h. gegen einen Dritten, der mit dem Probanden eng verwandt ist) eine DNA-Analyse nach Maßgabe der §§ 81a und 81e StPO angeordnet werden, wenn gegen ihn ein hinreichender Verdacht besteht.", S. 22 (zu § 81h StPO): „Um sicherzustellen, dass zukünftig **Beinahetreffer** zur Ermittlung des Täters genutzt werden dürfen, erweitert § 81h Absatz 1 StPO-E die Zweckbestimmung einer DNA-Reihenuntersuchung dahingehend, dass das DNA-Identifzierungsmuster der Probanden verwendet werden darf, um festzustellen, ob das Spurenmaterial von ihnen selbst oder von mit ihnen nah verwandten Personen stammt. Der Entwurf sieht vor, dass Treffer zu Lasten **Verwandter** in gerader Linie (§ 1589 Satz 1 des Bürgerlichen Gesetzbuchs – BGB), also Eltern, Kinder, Großeltern, Enkel, Urgroßeltern, Urenkel verwertet werden dürfen. In der Seitenlinie (§ 1589 Satz 2 BGB) kommt die Verwertung bei voll- und halbbürtigen Geschwistern sowie Geschwisterkindern (Nichten, Neffen) in Betracht.".

860 Bundestags-Drucksache 15/5674, S. 13 f. (zu § 81h StPO): „Aus der Ausgestaltung der Regelung als Befugnisnorm für eine Maßnahme auf der Basis freiwilliger Mitwirkung der Betroffenen folgt auch, dass **allein die Verweigerung der Teilnahme am Reihengentest** für sich betrachtet keinen Anfangsverdacht [**Verdacht gegen die verweigernde Person**, P. B.] begründen kann. Andererseits hindert dies die Strafverfolgungsbehörden im Hinblick auf das von ihnen zu wahrende Legalitätsprinzip (§ 152 Abs. 2 StPO) nicht, anhand sonstiger Umstände, zu denen auch die Prüfmerkmale nach [§ 81h] Absatz 1 [StPO] zählen, das Vorliegen eines Anfangsverdacht[s] gegen die Person zu bejahen und ggf. auf eine **(zwangsweise) DNA-Analyse** auf der Grundlage der §§ 81e, 81f StPO hinzuwirken.".

B. Formelle Rechtmäßigkeit (FR) I. Zuständigkeit (Z)

(VOR/DEF)

Zuständigkeit ist Aufgabenwahrnehmungserlaubnis für den Rechtsfolgesetzer.

(SUB/ERG)

Für die DNA-Reihenuntersuchungs-Maßnahme ist die Zuständigkeit (i.d.R.) wie folgt gegeben:

1. sachliche Zuständigkeit *der Polizei* gemäß

- § 163 Abs. 1 S. 1 StPO;

2. instanzielle Zuständigkeit *der Polizeibehörde* gemäß

- (i.d.R.) § 11 Abs. 1 Nr. 2 Alt. 1 POG NRW i.V.m. KPBVO NRW;
- (generell:) §§ 10-14 POG NRW (ggf. LKAAufgVO NRW);

3. örtliche Zuständigkeit *der Polizeibehörde* gemäß

- (i.d.R.) § 7 Abs. 1 S. 1 POG NRW (ggf. i.V.m. KHStVO NRW);
- (generell: §§ 7-9 POG NRW[861]) (ggf. i.V.m. KHStVO NRW);

4. funktionelle Zuständigkeit *des Polizeiamtswalters* gemäß

a) Anordnungszuständigkeit

- § 81h Abs. 2 S. 1, 2 StPO nicht, denn danach bedarf eine DNA-Reihenuntersuchungs-Maßnahme nach § 81h Abs. 1 StPO der (schriftlichen) gerichtlichen Anordnung; insoweit besteht Polizeiamtswalteranordnungsunzuständigkeit, jedoch Antragszuständigkeit im Sinen von §§ 162, 163 Abs. 2 StPO.

b) Ausführungszuständigkeit

- § 81h StPO i.V.m. § 163 Abs. 1 S. 1 W. 1-6 StPO, danach für Ausführung der Körperzellenentnahme durch die „Behörden und Beamten des Polizeidienstes";
- § 81h Abs. 3 S. 1 StPO i.V.m. § 81f Abs. 2 S. 1 StPO, danach besteht jedenfalls Polizeibehördenermittlungsführungsdienststellenamtsträger-Unzuständigkeit bezüglich der Ausführung molekulargenetischer Untersuchung, denn gemäß § 81h Abs. 3 S. 1 i.V.m. § 81f Abs. 2 S. 1 StPO sind mit der molekulargenetischen Untersuchung im Sinne des § 81h Abs. 1 StPO in der schriftlichen Anordnung Sachverständige zu beauftragen, die öffentlich bestellt oder nach dem Verpflichtungsgesetz[862] verpflichtet oder Amtsträger sind, die der ermittlungsführenden Behörde nicht angehören oder einer Organisationseinheit dieser Behörde angehören, die von der ermittlungsführenden Dienststelle organisatorisch und sachlich getrennt ist[863].

---

[861] Vgl. auch zu § 9 Abs. 1 S. 1 Nr. 5 POG NRW: Abkommen zwischen den Ländern der Bundesrepublik Deutschland über die erweiterte Zuständigkeit der Polizei der Länder bei der Strafverfolgung.

[862] Gesetz über die förmliche **Verpflichtung nichtbeamteter Personen** (Verpflichtungsgesetz).

[863] Bundestags-Drucksache 13/667, S. 11 „Der Ausschluß von Sachverständigen von der Durchführung der DNA-Analyse, die der ermittlungsführenden Behörde oder Dienststelle angehören, geht auf ein Petitum des Bundesbeauftragten für den Datenschutz zurück. Um Mißbrauchsgefahren einzudämmen, sollen Strafverfolgung und DNA-Analyse funktionell getrennt werden. Auf der anderen Seite soll berücksichtigt werden, daß das Bundeskriminalamt und einige Landeskriminalämter über Forschungsabteilungen verfügen, die aufgrund ihrer besonderen Sachkunde auch zuverlässige DNA-Analysen durchführen können.

Sachverständiger ist eine Person mit besonderer Sachkunde über potentielle tatverdachtsrelevante gegenwärtige (i.S.v. aktuellem Methodenstandard und Forschungsstand) **Befundtatsachen** (unmittelbare Sachverständigendaten/Ermittlungsergebnisse unmittelbar aus Sachverständigenschlussfolgerungen) aufgrund von aus der Vergangenheit vorliegenden **Anknüpfungstatsachen** (unmittelbare Tatverdachtsdaten/Ermittlungsergebnisse ohne Sachverständigenschlussfolgerungen), vgl. §§ 72, 85 StPO.
Amtsträger ist ein solcher im Sinne des § 11 Abs. 1 Nr. 2 StGB.[864]

- § 81h StPO i.V.m. § 163 Abs. 1 S. 1 W. 1-6 StPO, danach für Ausführung des automatisierten Abgleichs der festgestellten DNA-Identifizierungsmuster mit den DNA-Identifizierungsmustern von Spurenmaterial durch die „Behörden und Beamten des Polizeidienstes“.

B. Formelle Rechtmäßigkeit (FR) II. Verfahren (V)

(VOR/DEF)

Verfahren ist normiertes Verhalten für den Rechtsfolgezuständigen außer, bei, i.Z.m. der Rechtsfolge.

1. § 81h Abs. 2 StPO: Gerichtsanordnung molekulargenetischer Untersuchung

(VOR)

Gemäß § 81h Abs. 2 S. 1, 2 StPO bedarf eine DNA-Reihenuntersuchungs-Maßnahme nach § 81h Abs. 1 (Nr. 1-3) StPO der gerichtlichen Anordnung.[865]

Gemäß § 81h Abs. 2 S. 4 StPO bedarf es nicht einer vorherigen **Anhörung** der betroffenen Personen.

Gemäß § 81h Abs. 2 S. 5 StPO ist die Entscheidung, mit der die Maßnahme angeordnet wird, **nicht anfechtbar**.

(DEF)

Schriftform ist bei Fehlen speziellerer Rechtsnorm eine Form gemäß § 126 BGB.

Diese Forschungsabteilungen sollen auch dann als Sachverständige herangezogen werden können, wenn das Bundeskriminalamt oder das Landeskriminalamt, dem sie angehören, ermittlungsführende Stelle ist. Allerdings soll dies nur zulässig sein, wenn die Forschungsabteilung gegenüber der ermittlungsführenden Organisationseinheit abgeschottet ist.“.

864 Zur **Staatsgewaltformierung** im deutschen Rechtsstaat einschließlich Organ, Behörde, Amt, Beamtentum, Waltung siehe: *Basten*, Eingriffsrecht der Polizei in Nordrhein-Westfalen, Band 1, Buch 1, Abschnitt 2, Unterabschnitt 4, Titel 2.

865 Bundestags-Drucksache 15/5674, S. 14: „[§ 81h] Absatz 2 [StPO] regelt die **formellen Anordnungsvoraussetzungen** für den Reihengentest. Satz 1 normiert einen **absoluten Richtervorbehalt** und gewährleistet damit, dass die Feststellung der materiellen Anordnungsvoraussetzungen nach Absatz 1 durch die Strafverfolgungsbehörden einer richterlichen Kontrolle unterliegt.“.

Gericht ist ein Gericht im Sinne von § 162 StPO (Ermittlungsrichter).[866]

(SUB/ERG)

Im konkreten Fall ist § 81h Abs. 2 StPO (alternativ)

- bei Vorliegen von entsprechenden Anhaltspunkten / Fehlen entgegenstehender Anhaltspunkte eingehalten.
- bei Vorliegen von entsprechenden Anhaltspunkten nicht eingehalten.

2. § 81h Abs. 4 S. 1, 2 StPO: Schriftliche Belehrung und schriftliche Hinweise

(VOR)

Gemäß § 81h Abs. 4 StPO sind die betroffenen Personen schriftlich darüber zu belehren, dass die Maßnahme nur mit ihrer Einwilligung durchgeführt werden darf. Vor Erteilung der Einwilligung sind die betroffenen Personen schriftlich auch darauf hinzuweisen, dass

1. die entnommenen Körperzellen ausschließlich zur Feststellung des DNA-Identifizierungsmusters, der Abstammung und des Geschlechts untersucht werden und dass sie **unverzüglich** (§ 121 Abs. 1 S. 1 BGB) vernichtet werden, sobald sie hierfür nicht mehr erforderlich sind,

2. das Untersuchungsergebnis mit den DNA-Identifizierungsmustern von Spurenmaterial automatisiert daraufhin abgeglichen wird, ob das Spurenmaterial von ihnen oder von ihren Verwandten in gerader Linie oder in der Seitenlinie bis zum dritten Grad stammt,

3. das Ergebnis des Abgleichs zu Lasten der betroffenen Person oder mit ihr in gerader Linie oder in der Seitenlinie bis zum dritten Grad verwandter Personen verwertet werden darf und

4. die festgestellten DNA-Identifizierungsmuster nicht zur Identitätsfeststellung in künftigen Strafverfahren beim Bundeskriminalamt gespeichert werden.

(DEF)

Einwilligung ist Einwilligung im Sinne des § 36 Nr. 19 DSG NRW, § 38 DSG NRW.

Schriftform ist bei Fehlen speziellerer Rechtsnorm eine Form gemäß § 126 BGB.[867]

---

[866] BGHSt 45, 376 = BGH, Beschluss vom 02.02.2000 – 2 ARs 495/99 –, Leitsatz: „Die Entnahme von Körperzellen und deren molekulargenetische Untersuchung zur Feststellung des DNA-Identifizierungsmusters bilden [ggf. i.d.R., P. B.] zusammen eine **Untersuchungshandlung**. Für deren **Anordnung** ist der **Ermittlungsrichter** desjenigen Amtsgerichts zuständig, in dessen Bezirk die Entnahme stattfinden soll; dies gilt auch dann, wenn beantragt ist, die Untersuchung der Körperzellen im Bezirk eines anderen Amtsgerichts vorzunehmen.“. **Gerichtsbezirke** gemäß Anlage 1 JustG NRW.

[867] Bundestags-Drucksache 15/5674, S. 11: „Dem Schriftformerfordernis kommt dabei eine **Dokumentations- und Aufklärungsfunktion** zu: So werden Unsicherheiten darüber vermieden, ob eine Einwilligungserklärung von der betroffenen Person angegeben wurde, und zugleich gewährleistet, dass der Betroffene sich seiner Entscheidung hinreichend bewusst wird. Letzteres wird unterstützt durch die in [§ 81f] Absatz 1 Satz 2 enthaltene Vorgabe, dass die einwilligende Person über die Reichweite ihrer Entscheidung zu belehren ist.“.

(SUB/ERG)

Im konkreten Fall ist § 81h Abs. 4 S 1, 2 StPO (alternativ)

- bei Vorliegen von entsprechenden Anhaltspunkten / Fehlen entgegenstehender Anhaltspunkte eingehalten.
- bei Vorliegen von entsprechenden Anhaltspunkten nicht eingehalten.

3. § 81d StPO (analog): Durchführung körperlicher Untersuchung (Körperzellenentnahme) durch Person bestimmten Geschlechts oder durch Arzt

(VOR)

Gemäß § 81d StPO – auch bei **Einwilligung** (§ 36 Nr. 19 DSG NRW, § 38 DSG NRW) der betroffenen Person, § 81d Abs. 2 StPO –

- wird gemäß § 81d Abs. 1 S. 1 StPO im Fall von potentieller Schamgefühlsverletzung die körperliche Untersuchung von einer Person gleichen Geschlechts oder von einer Ärztin oder einem Arzt vorgenommen;
- soll gemäß § 81d Abs. 1 S. 2 StPO im Fall von berechtigtem Interesse und Wunsch der betroffenen Person die körperliche Untersuchung einer Person oder einem Arzt bestimmten Geschlechts übertragen werden;
- soll gemäß § 81d Abs. 1 S. 3 StPO im Fall des Verlangens der betroffenen Person eine Person des Vertrauens zugelassen werden;
- ist gemäß § 81d Abs. 1 S. 4 StPO die betroffene Person auf die Regelungen von § 81d Abs. 1 S. 2, 3 StPO hinzuweisen.

(DEF)

Schamgefühlsverletzungspotential im Sinne von § 81d StPO richtet sich nach objektiviertem Maßnahmenempfänger.[868]

BGH, Beschluss vom 15.10.2009 – 5 StR 373/09 –, ergänzende Bemerkung zum Beschluss: „Durch die vorliegend vom Angeklagten – wenn auch ein anderes Verfahren betreffend, aber freiwillig nach Belehrung und ohne schriftliche Einwilligung – gestattete Entnahme seines Speichels hat sich der Angeklagte im Grundsatz mit der Verwertung seiner DNA einverstanden erklärt (§ 81f Abs. 1; § 81g Abs. 3 Sätze 1 und 2 StPO). Dies geschah lediglich nicht in der vom Gesetz vorgesehenen Schriftform. Jedenfalls bei dieser Sachlage ist es bei dem hier in Frage stehenden höchstpersönlichen Rechtsgut der Dispositionsfreiheit des Angeklagten zu überantworten, ob er von seinem geäußerten Willen abrückt und gegebenenfalls durch Erklärung eines Verwertungswiderspruchs eine weitere rechtliche Klärung der Verwertbarkeit erstrebt (vgl. Graalmann- Scheerer in FS Peter Rieß S. 153, 161; vgl. auch BGHSt 51, 285, 296 f.). Hierfür sprechen auch Gründe der Verfahrensökonomie, die ebenfalls den Interessen des Angeklagten dienen. Auf einen begründeten Widerspruch hätte nämlich das Tatgericht ohne weiteres gemäß § 244 Abs. 2, § 81a Abs. 1, § 81e Abs. 1 Satz 1, § 81f Abs. 1 Satz 1 StPO die Entnahme, Untersuchung und Verwertung einer neuen Speichelprobe anzuordnen [Schrifttumsquelle]. Bei der hier nach Belehrung freiwillig abgegebenen Speichelprobe liegt die Annahme eines Grundes, an der rechtzeitigen Erhebung eines Widerspruchs gehindert gewesen zu sein, völlig fern (vgl. BGHSt 52, 38, 43 f.).“.

[868] Bundesrats-Drucksache 829/03 vom 07.11.2003, S. 21: „Dies kann z.B. nach vorangegangenem Missbrauch durch eine Person gleichen Geschlechts der Fall sein.“.

Person gleichen Geschlechts ist eine Person mit gleichem Geschlechts-Personenstand nach PStG.

Arzt ist ein solcher nach BÄO.

Berechtigtes Interesse ist ein Rechtsgrund (**rechtliches Interesse**) als auch ein insgesamt überwiegendes Interesse nach Abwägung aller Interessen insbesondere der an der Maßnahme Beteiligten (z.B. unmittelbar betroffene Person, Polizeibeamte, Arzt, Vertrauensperson mit jeweiligen Persönlichkeitsrechten) und der durch die Maßnahme Betroffenen (z.B. unmittelbar betroffene Person, potentielle Tatopfer, verfahrenszuständige Behörden mit jeweiligen Rechten und Pflichten im Rechtsstaat).

Person des Vertrauens wird durch die betroffene Person bestimmt.

(SUB/ERG)

Im konkreten Fall ist § 81d StPO (alternativ)

- bei Vorliegen von entsprechenden Anhaltspunkten / Fehlen entgegenstehender Anhaltspunkte eingehalten.
- bei Vorliegen von entsprechenden Anhaltspunkten nicht eingehalten.

4. § 81h Abs. 3 S. 1 i.V.m. § 81f Abs. 2 S. 1 StPO: Untersuchungsbeauftragung von Sachverständigen in schriftlicher Anordnung

(VOR)

Gemäß § 81h Abs. 3 S. 1 i.V.m. 81f Abs. 2 S. 1 StPO sind mit der molekulargenetischen Untersuchung in der schriftlichen Anordnung Sachverständige zu beauftragen, die öffentlich bestellt oder nach dem Verpflichtungsgesetz[869] verpflichtet oder Amtsträger sind, die der ermittlungsführenden Behörde nicht angehören oder einer Organisationseinheit dieser Behörde angehören, die von der ermittlungsführenden Dienststelle organisatorisch und sachlich getrennt ist[870].

(DEF)

Schriftform ist bei Fehlen speziellerer Rechtsnorm eine Form gemäß § 126 BGB.

---

[869] Gesetz über die förmliche **Verpflichtung nichtbeamteter Personen** (Verpflichtungsgesetz).

[870] Bundestags-Drucksache 13/667, S. 11 „Der Ausschluß von Sachverständigen von der Durchführung der DNA-Analyse, die der ermittlungsführenden Behörde oder Dienststelle angehören, geht auf ein Petitum des Bundesbeauftragten für den Datenschutz zurück. Um Mißbrauchsgefahren einzudämmen, sollen Strafverfolgung und DNA-Analyse funktionell getrennt werden. Auf der anderen Seite soll berücksichtigt werden, daß das Bundeskriminalamt und einige Landeskriminalämter über Forschungsabteilungen verfügen, die aufgrund ihrer besonderen Sachkunde auch zuverlässige DNA-Analysen durchführen können. Diese Forschungsabteilungen sollen auch dann als Sachverständige herangezogen werden können, wenn das Bundeskriminalamt oder das Landeskriminalamt, dem sie angehören, ermittlungsführende Stelle ist. Allerdings soll dies nur zulässig sein, wenn die Forschungsabteilung gegenüber der ermittlungsführenden Organisationseinheit abgeschottet ist.“.

Sachverständiger ist eine Person mit besonderer Sachkunde über potentielle tatverdachtsrelevante gegenwärtige (i.S.v. aktuellem Methodenstandard und Forschungsstand) **Befundtatsachen** (unmittelbare Sachverständigendaten/Ermittlungsergebnisse unmittelbar aus Sachverständigenschlussfolgerungen) aufgrund von aus der Vergangenheit vorliegenden **Anknüpfungstatsachen** (unmittelbare Tatverdachtsdaten/Ermittlungsergebnisse ohne Sachverständigenschlussfolgerungen), vgl. §§ 72, 85 StPO.

Amtsträger ist ein solcher im Sinne des § 11 Abs. 1 Nr. 2 StGB.[871]

(SUB/ERG)

Im konkreten Fall ist § 81h Abs. 3 S. 1 i.V.m. § 81f Abs. 2 S. 1 StPO (alternativ)

- bei Vorliegen von entsprechenden Anhaltspunkten / Fehlen entgegenstehender Anhaltspunkte eingehalten.
- bei Vorliegen von entsprechenden Anhaltspunkten nicht eingehalten.

5. § 81h Abs. 3 S. 1 i.V.m. § 81f Abs. 2 S. 2-4 StPO: Datenschutzmaßnahmen

(VOR)

Gemäß § 81h Abs. 3 S. 1 i.V.m. § 81f Abs. 2 S. 2 StPO ist dem Sachverständigen das Untersuchungsmaterial ohne Mitteilung des Namens, der Anschrift und des Geburtstages und -monats der betroffenen Person zu übergeben.

Gemäß § 81h Abs. 3 S. 1 i.V.m. § 81f Abs. 2 S. 3 StPO ist dem Sachverständigen das Untersuchungsmaterial ohne Mitteilung des Namens, der Anschrift und des Geburtstages und -monats der betroffenen Person zu übergeben.

Gemäß § 81h Abs. 3 S. 1 i.V.m. § 81f Abs. 2 S. 4 StPO finden, wenn der Sachverständige eine nichtöffentliche Stelle ist, die Vorschriften der VO (EU) 2016/679 (DSGVO) und des BDSG auch dann Anwendung, wenn die personenbezogenen Daten nicht automatisiert verarbeitet und die Daten nicht in einem Dateisystem gespeichert sind oder gespeichert werden sollen.

(DEF)

Datenschutzmaßnahmen im Sinne von § 81f Abs. 2 S. 2-4 StPO sind dort hinreichend bestimmt beschrieben und sind solche mit Bedeutung insbesondere im Sinne von § 46 Nr. 5, 7, 8, 9 BDSG, § 36 Nr. 5, 6, 8, 9, 10, Nr. 11 DSG NRW, § 47 BDSG, § 37 DSG NRW (**Allgemeine Grundsätze für die Verarbeitung personenbezogener Daten**), §§ 62-67 BDSG, §§ 52-59 DSG NRW (Pflichten der **Verantwortlichen** und **Auftragsverarbeiter**).

Dateisystem ist ein solches im Sinne von Art. 4 Nr. 6 VO (EU) 2016/679, Art. 3 Nr. 6 RL (EU) 2016/680, § 36 Nr. 6 BDSG, § 36 Nr. 7 DSG NRW.

---

[871] Zur **Staatsgewaltformierung** im deutschen Rechtsstaat einschließlich Organ, Behörde, Amt, Beamtentum, Waltung siehe: *Basten*, Eingriffsrecht der Polizei in Nordrhein-Westfalen, Band 1, Buch 1, Abschnitt 2, Unterabschnitt 4, Titel 2.

Speicherung ist **Datenverarbeitungsmaßnahme** im Sinne von § 46 Nr. 2 BDSG, § 36 Nr. 2 DSG NRW, also Speicherung im Sinne von § 3 Abs. 4 S. 2 Nr. 1 BDSG a.F., § 3 Abs. 2 S. 2 Nr. 2 DSG NRW a.F.

(SUB/ERG)

Im konkreten Fall ist § 81h Abs. 3 S. 1 i.V.m. § 81f Abs. 2 S. 2-4 StPO (alternativ)

- bei Vorliegen von entsprechenden Anhaltspunkten / Fehlen entgegenstehender Anhaltspunkte eingehalten insbesondere bzgl. Art. 4 Nr. 12 VO (EU) 2016/679, Art. 3 Nr. 11 RL (EU) 2016/679, § 46 Nr. 10 BDSG, § 36 Nr. 12 DSG NRW (Verletzung des Schutzes personenbezogener Daten – **Datenschutzverletzung**).
- bei Vorliegen von entsprechenden Anhaltspunkten nicht eingehalten bzgl. Art. 4 Nr. 12 VO (EU) 2016/679, Art. 3 Nr. 11 RL (EU) 2016/679, § 46 Nr. 10 BDSG, § 36 Nr. 12 DSG NRW (Verletzung des Schutzes personenbezogener Daten – **Datenschutzverletzung**).

6. § 81h Abs. 3 S. 4 StPO: Dokumentation von Vernichtung und Löschung

(VOR/DEF)

Gemäß § 81h Abs. 3 S. 4 StPO sind zu dokumentieren:

- die Vernichtung der entnommenen Körperzellen;
- die Löschung der Aufzeichnungen über die durch die Maßnahme festgestellten DNA-Identifizierungsmuster.

(SUB/ERG)

Im konkreten Fall ist § 81h Abs. 3 S. 4 StPO (alternativ)

- bei Vorliegen von entsprechenden Anhaltspunkten / Fehlen entgegenstehender Anhaltspunkte eingehalten.
- bei Vorliegen von entsprechenden Anhaltspunkten nicht eingehalten.[872]

[872] Bundestags-Drucksache 15/5674, S. 14 (zu § 81h StPO): „In welcher Weise die Dokumentation erfolgt, obliegt Zweckmäßigkeitserwägungen im Einzelfall. Die Strafverfolgungsbehörden haben damit die Möglichkeit, beispielsweise eine Niederschrift anzufertigen oder einen entsprechenden Vermerk in ihren Datenverarbeitungssystemen abzuspeichern.".

7. § 168b StPO als allgemeine Verfahrensrechtsnorm für Justiz-VA (vgl. § 23 Abs. 1 S. 1 EGGVG): Protokoll

(VOR/DEF)

Gemäß § 168b StPO besteht Pflicht zur **Protokollierung** bzw. zum **Protokoll** über ermittlungsbehördliche Untersuchungshandlungen, wonach gemäß § 168b Abs. 1 StPO das Ergebnis der Untersuchungshandlungen der Ermittlungsbehörden aktenkundig zu machen ist.

(SUB/ERG)

Im konkreten Fall ist § 168b StPO (alternativ)

- eingehalten insbesondere bei Protokoll über (das Ergebnis über) behördliche Untersuchungshandlungen i.S.d. §168b StPO;
- eingehalten bei Nichteinhaltung von § 168b StPO mit Ausnahmegrund;
- nicht eingehalten insbesondere bei Fehlen von Protokoll über (das Ergebnis über) behördliche Untersuchungshandlungen ohne Ausnahmegrund;
- sonst eingehalten oder nicht eingehalten bei Anhaltspunkten / Fehlen entgegenstehender Anhaltspunkte.

8. JGG[873]-Vorschriften[874] außer, bei, i.Z.m. Maßnahmen gegenüber einem jugendlichen oder heranwachsenden Verdächtigen[875] nach §§ 1, 109 JGG – fallabhängig insbesondere wie folgt:

a) § 38 JGG: Jugendgerichtshilfe, vgl. auch § 46 Abs. 6 OWiG;

b) § 43 JGG: Umfang der Ermittlungen;

c) § 67 JGG: Stellung der Erziehungsberechtigten[876] und der gesetzlichen Vertreter[877];

---

[873] § 1 Abs. 1 JGG zum sachlichen JGG-Anwendungsbereich: „Dieses Gesetz gilt, wenn ein Jugendlicher oder ein Heranwachsender eine Verfehlung begeht, die nach den allgemeinen Vorschriften mit Strafe bedroht ist.“. § 1 Abs. 3 JGG zum sachlich-persönlichen JGG-Anwendungsbereich: „Ist zweifelhaft, ob der Beschuldigte zur Zeit der Tat das achtzehnte Lebensjahr vollendet hat, sind die für Jugendliche geltenden Verfahrensvorschriften anzuwenden.“.

[874] JGG-Vorschriften mit amtlichen Überschriften insbesondere aus: „Gesetz zur Stärkung der Verfahrensrechte von Beschuldigten im Jugendstrafverfahren vom 09.12.2019, BGBl. 2019 Teil I Nr. 47, S. 2146-2152.

[875] § 1 Abs. 2 JGG zum persönlichen JGG-Anwendungsbereich: § 1 Abs. 2 JGG: „**Jugendlicher** ist, wer zur Zeit der Tat vierzehn, aber noch nicht achtzehn, **Heranwachsender**, wer zur Zeit der Tat achtzehn, aber noch nicht einundzwanzig Jahre alt ist.“. Unterscheide nach § 2 BGB: „Die **Volljährigkeit** tritt mit der Vollendung des 18. Lebensjahres ein.“.

[876] Zum **Strafrecht und elterlichen Erziehungsrecht**: BVerfGE 107, 104 (Anwesenheit im JGG-Verfahren) = BVerfG, Urteil des Zweiten Senats vom 16.01.2003 – 2 BvR 716/01.

[877] **Vertreter** ist ein **Stellvertreter** qua Gesetz oder ein **Stellvertreter** qua Rechtsgeschäft (§§ 164-181 BGB). Vgl. insbesondere:

- §§ 1626-1698b BGB: **Elterliche Sorge** mit „**Vertretung des Kindes**“ gemäß § 1629 BGB;

d) § 67a JGG: Unterrichtung der Erziehungsberechtigten und der gesetzlichen Vertreter;

e) § 68 JGG: Notwendige Verteidigung[878];

f) § 68a JGG: Zeitpunkt der Bestellung eines Pflichtverteidigers;

g) § 68b JGG: Vernehmungen und Gegenüberstellungen vor der Bestellung eines Pflichtverteidigers;

h) § 69 JGG: Beistand[879];

- § 1 Abs. 1 Nr. 4 JuSchG: **erziehungsbeauftragte Person**;
- §§ 1773-1895 BGB: **Vormundschaft**;
- §§ 1896-1908k BGB: **Rechtliche Betreuung**;
- §§ 1909-1921 BGB: **Pflegschaft**.

[878] Mit „Gesetz zur Neuregelung des Rechts der notwendigen Verteidigung" (BGBl. I S. 2128; in Kraft seit 13.12.2019) ist erstmals das Recht des Beschuldigten ausdrücklich normiert, bereits auch im polizeilichen Ermittlungsverfahren grundsätzlich im Fall notwendiger Verteidigung (§ 140 StPO) „unverzüglich" (§ 121 Abs. 1 S. 1 BGB), „spätestens vor einer Vernehmung des Beschuldigten" (§ 163a StPO) einen Pflichtverteidiger „bestellt" zu erhalten, „wenn der Beschuldigte dies nach Belehrung ausdrücklich beantragt" (§ 141 Abs. 1 S. 1 StPO), in den Fällen des § 141 Abs. 2 S. 1 StPO auch „unabhängig von einem Antrag" – mit Rückausnahmen in § 141 Abs. 2 S. 2, 3 StPO; auch mit Abweichungen in § 141a StPO für Beschuldigtenvernehmungen und Gegenüberstellungen (§§ 58 Abs. 2, 168b Abs. 3 StPO). Der Zeitpunkt polizeilicher Belehrung zur notwendigen Verteidigung i.S.d. § 140 StPO ist in einschlägigen Fällen – spätestens – „bei Beginn der ersten Vernehmung" des Beschuldigten wegen § 141 Abs. 1 S. 2 StPO und § 163a Abs. 4 S. 2 i.V.m. § 136 Abs. 1 S. 5 StPO, oder der Zeitpunkt ist anders in speziell normierten Fällen wie § 114b Abs. 2 S. 1 Nr. 4a oder §§ 68a, b JGG. Gemäß § 142 StPO ist vor Anklageerhebung der Antrag des Beschuldigten nach § 141 Abs. 1 S. 1 StPO vor Erhebung der Anklage bei den Behörden oder Beamten des Polizeidienstes „oder" bei der Staatsanwaltschaft anzubringen (Antrags-Entgegennahme-Zuständigkeit); die Bestellungs-Entscheidungs-Zuständigkeit obliegt dem Gericht nach StA-Vorlage mit Stellungnahme (§ 142 Abs. 1 S. 2 StPO) oder der StA selbst „bei besonderer Eilbedürftigkeit", § 142 Abs. 4 StPO.

Ein Fall **notwendiger Verteidigung** liegt u.a. dann vor,

- gemäß § 140 Abs. 1 Nr. 1 StPO, wenn zu erwarten ist, dass die Hauptverhandlung im ersten Rechtszug vor dem **Oberlandesgericht** (§§ 115-117, 120-122 GVG) , dem **Landgericht** (§§ 12, 13, 60, 70, 734, 74-74f, 76-78b GVG) oder dem **Schöffengericht** (§§ 12, 13, 24-27, 28-58 GVG) stattfindet [Ausgangsrechtsnorm für den Abgrenzungsüberblick über AG, LG, OLG mag sein: § 24 GVG;
- gemäß § 140 Abs. 1 Nr. 2 StPO, wenn dem Beschuldigten ein Verbrechen zur Last gelegt wird;
- gemäß § 140 Abs. 1 Nr. 3 StPO, wenn das Verfahren zu einem **Berufsverbot** (§§ 70-70b StGB) führen kann;
- gemäß § 140 Abs. 1 Nr. 4 StPO, wenn der Beschuldigte nach den §§ 115, 115a, 128 Abs. 1 oder § 129 StPO einem Gericht zur Entscheidung über Haft oder einstweilige Unterbringung vorzuführen ist;
- gemäß § 140 Abs. 1 Nr. 5 StPO, wenn der Beschuldigte sich auf Grund richterlicher Anordnung oder mit richterlicher Genehmigung in einer Anstalt befindet;
- gemäß § 140 Abs. 1 Nr. 11 StPO, wenn ein seh-, hör- oder sprachbehinderter Beschuldigter die Bestellung beantragt;
- gemäß § 140 Abs. 2 StPO, wenn wegen der Schwere der Tat, der Schwere der zu erwartenden Rechtsfolge oder wegen der Schwierigkeit der Sach- oder Rechtslage die Mitwirkung eines Verteidigers geboten erscheint oder wenn ersichtlich ist, dass sich der Beschuldigte nicht selbst verteidigen kann.
- gemäß §§ 1, 109 Abs. 1 JGG und § 68 JGG in den dort genannten Fällen.

[879] Vgl. auch §§ 1712-1717 BGB (**Beistandschaft**).

i) § 70 JGG: Mitteilung an amtliche Stellen;

j) § 70a JGG: Unterrichtung des Jugendlichen (i.V.m. § 109 JGG: des Heranwachsenden);

k) § 70b JGG: Belehrungen.

(SUB/ERG)

Im konkreten Fall sind die JGG-Vorschriften

- nicht anwendbar.
- anwendbar und eingehalten.
- anwendbar und nicht eingehalten.

(ERG Verfahren)

Ergebnis kann allgemein sein: Verfahrensrechtmäßigkeit oder Verfahrensrechtswidrigkeit der Maßnahme.

B. Formelle Rechtmäßigkeit (FR) III. Form (F)

(VOR/DEF)

Form ist normiertes Wie der Rechtsfolgesetzung –schriftlich, elektronisch, mündlich oder in anderer Weise.

(SUB/ERG)

Im konkreten Fall besteht bei Fehlen speziellerer Formrechtsnormen Formfreiheit für den Justiz-VA, sodass der jeweilige Justiz-VA schriftlich, elektronisch, mündlich oder in anderer Weise formrechtmäßig ergehen kann.

Gemäß § 81h Abs. 2 S. 1, 2 StPO bedarf die Anordnung einer Maßnahme nach § 81h Abs. 1 StPO der schriftlichen gerichtlichen Anordnung.

§ 81h Abs. 1 StPO bezüglich der „schriftlichen Einwilligung“ der zu untersuchenden Person, § 81h Abs. 4 S. 1, 2 StPO und § 81h Abs. 3 S. 4 StPO sowie § 168b StPO sind i.d.R. bereits integrativer Bestandteil des Verfahrens.

Ergebnis kann allgemein sein: Formrechtmäßigkeit oder Formrechtswidrigkeit der Maßnahme.

C. Materielle Rechtmäßigkeit (MR) I. Tatbestand (Tb) / Tatbestandsvoraussetzungen (TBV)

(VOR/DEF)

Tatbestand ist das Gesamt der (materiell-rechtlichen) Rechtsfolge(setzungs)bedingungen. / **Tatbestandsvoraussetzungen** sind materiell-rechtliche Rechtsfolgesetzungsbedingungen.

§ 81h Abs. 1 StPO: Tatverdacht eines Verbrechens gegen Leben oder körperliche Unversehrtheit oder persönliche Freiheit oder sexuelle Selbstbestimmung

(VOR)

Gemäß § 81h Abs. 1 StPO ist Voraussetzung, dass bestimmte Tatsachen den Verdacht begründen, dass ein Verbrechen gegen das Leben, die körperliche Unversehrtheit, die persönliche Freiheit oder die sexuelle Selbstbestimmung begangen worden ist.

(DEF)

Tatverdacht ist gemäß § 163 Abs. 1 S. 1 i.V.m. § 152 Abs. 2 StPO das Gegebensein zureichender tatsächlicher Anhaltspunkte für eine verfolgbare Straftat.[880]

Zureichende tatsächliche Anhaltspunkte sind gegeben bei entsprechendem Ergebnis einer Gewichtigkeits- und Plausibilitätsprüfung aller wahrnehmbaren Dinge in Abwägung mit Art und Ausmaß potentieller Rechtseingriffe und Taten.

Verbrechen sind solche im Sinne von § 12 StGB.

Straftaten gegen das Leben sind insbesondere solche aus dem 16. Abschnitt StGB.

Straftaten gegen die körperliche Unversehrtheit sind insbesondere solche aus dem 17. Abschnitt StGB.

Straftaten gegen die persönliche Freiheit sind insbesondere solche aus dem 18. Abschnitt StGB.

Straftaten gegen die sexuelle Selbstbestimmung sind insbesondere solche aus dem 13. Abschnitt StGB.

(SUB)

Zureichende tatsächliche Anhaltspunkte sind (z.B. und alternativ möglich) zum maßgeblichen Zeitpunkt bezüglich bestimmter Taten:

---

[880] BVerfG, Beschluss der 3. Kammer des Zweiten Senats vom 11.01.2016 – 2 BvR 1361/13 –, Rn. 11: „Notwendiger und grundsätzlich auch hinreichender Anlass für Zwangsmaßnahmen im Strafverfahren [oder Ordnungswidrigkeitenverfahren, P. B.] ist der Verdacht einer Straftat [oder Ordnungswidrigkeit, P. B.]. Der Verdacht muss auf konkreten Tatsachen beruhen; vage Anhaltspunkte oder bloße Vermutungen reichen nicht aus (vgl. BVerfGE 44, 353 <381 f.>; 59, 95 <97 f.>; BVerfGK 1, 126 <131>).“

- polizeieigene Beobachtungen;
- polizeiliche Feststellungen;
- polizeiliche, auf Tatsachen begründete, auf den einzelnen Fall bezogene Schlussfolgerungen, außer reine Spekulationen, hypothetische Erwägungen oder lediglich auf kriminalistische Alltagserfahrung gestützte, fallunabhängige Vermutungen;
- Angaben von Beschuldigten, Betroffenen, Verdächtigen, Nichtverdächtigen, Zeugen, Sachverständigen oder Dritten;
- Anzeigen i.S.d. § 158 StPO;
- sonstige Daten.

(ERG)

Im konkreten Fall besteht i.S.d. § 81h Abs. 1 StPO i.V.m. § 152 Abs. 2 StPO i.V.m. § 163 Abs. 1 S. 1 StPO/§ 53 Abs. 1 S. 1 OWiG (alternativ)

- Tatverdacht (bei zureichenden tatsächlichen Anhaltspunkten);
- kein Tatverdacht (bei Fehlen zureichender tatsächlicher Anhaltspunkte).

C. Materielle Rechtmäßigkeit (MR) II. Inanspruchnahme (In) / Inanspruchnahmevoraussetzungen (Inv)

(VOR/DEF)

Inanspruchnahmevoraussetzungen sind materiell-rechtliche Bedingungen für richtige Inanspruchnahme.

Inanspruchnahme ist Adressierung und sonstiges Betroffenmachen; **Adressierung** ist direktes Bestimmen oder finales Richten einer Maßnahme an einen Grundrechtsträger, vgl. §§ 100b Abs. 3, 100c Abs. 2, 100h Abs. 3, 163f Abs. 2 StPO.

Nach § 81h Abs. 1, 2, 4 StPO ist Inanspruchnahme grundsätzlich richtig gegen folgende Person: betroffene Person als Person, die bestimmte, auf den Täter vermutlich zutreffende Prüfungsmerkmale erfüllt.

Der nicht in § 81h zur Voraussetzung erhobene Status etwa als Zeuge, Beschuldigter, andere Person ist abhängig von den Umständen des einzelnen Falles; fehlende Weigerung alleine führt nicht automatisch zum Verdächtigen-/Beschuldigtenstatus, § 157 StPO, § 397 Abs. 1 AO – bei Gegebensein des Beschuldigtenstatus vgl. §§ 81e, f StPO.[881]

---

[881] Bundestags-Drucksache 15/5674, S. 13 f. (zu § 81h StPO): „Aus der Ausgestaltung der Regelung als Befugnisnorm für eine Maßnahme auf der Basis freiwilliger Mitwirkung der Betroffenen folgt auch, dass **allein die Verweigerung der Teilnahme am Reihengentest** für sich betrachtet keinen Anfangsverdacht [**Verdacht gegen die verweigernde Person**, P. B.] begründen kann. Andererseits hindert dies die Strafverfolgungsbehörden im Hinblick auf das von ihnen zu wahrende Legalitätsprinzip (§ 152 Abs. 2 StPO) nicht, anhand sonstiger Umstände, zu denen auch die Prüfmerkmale nach [§ 81h] Absatz 1 [StPO] zählen, das Vorliegen eines Anfangsverdacht[s] gegen die Person zu bejahen und ggf. auf eine **(zwangsweise) DNA-Analyse** auf der Grundlage der §§ 81e, 81f StPO hinzuwirken.“.

(SUB/ERG)

Im konkreten Fall ist die Person (alternativ)

- richtigerweise in Anspruch genommen/adressiert.
- nicht richtigerweise in Anspruch genommen/adressiert.

C. Materielle Rechtmäßigkeit (MR) III. Rechtsfolge (Rf) / Rechtsfolgevoraussetzungen (RfV)

(VOR/DEF)

Rechtsfolge ist rechtliche Folge aus dem Tatbestand. / **Rechtsfolgevoraussetzungen** sind materiell-rechtliche Rechtsfolgegestaltungsbedingungen.

C. Materielle Rechtmäßigkeit (MR) III. Rechtsfolge (Rf) 1. Tatsächliche und rechtliche Möglichkeit (TurM)

(VOR/DEF)

Tatsächliche und rechtliche Möglichkeit betrifft Fälle wie aus § 44 Abs. 2 Nr. 4-6 VwVfG NRW.

(SUB/ERG)

Im konkreten Fall ist tatsächliche und rechtliche Möglichkeit (alternativ)

- gegeben wegen Vorliegens von (alternativ) kognitiven, körperlichen, normativen, technischen Unmöglichkeiten.
- nicht gegeben wegen Nichtvorliegens von kognitiven, körperlichen, normativen, technischen Unmöglichkeiten.[882]

C. Materielle Rechtmäßigkeit (MR) III. Rechtsfolge (Rf) 2. Bestimmtheit (Bsh)

(VOR/DEF)

Bestimmtheit des Justiz-VA im Sinne des Art. 20 Abs. 3 GG ist Maßnahmenerkennbarkeit und Maßnahmenverstehbarkeit, vgl. §§ 133, 157 BGB analog.

---

[882] Zu „Tatsächliche und rechtliche Möglichkeit" mit Beispielen siehe auch: *Basten*, Eingriffsrecht der Polizei in Nordrhein-Westfalen, Band 1, S. 263.

(SUB/ERG)

Die DNA-Reihenuntersuchungs-Maßnahme bei der betroffenen Person ist inhaltlich hinreichend bestimmt i.S.d. Art. 20 Abs. 3 GG, wenn nach Auslegung der Maßnahmen-Empfänger wie jeder vernünftige Dritte, §§ 133, 157 BGB analog, in der konkreten Situation den Maßnahmen-Inhalt hinreichend erkennen und verstehen kann, nämlich:

- dass die Polizei ggü. dem Erklärungsempfänger (wer)
- aus Strafrechtspflegegründen (warum)
- zu einer spezifischen Zeit (wann)
- bezweckt, dass bestimmte Körperzellenentnahme / molekulargenetische Untersuchuchung / automatisierter Abgleich zur Sachverhaltserforschung/Tatverdachtserforschung getroffen werden sollen (Was)
- durch Duldung [in den Grenzen des „nemo-tenetur-se-ipsum-prodere/accusare“[883]] der DNA-Reihenuntersuchung (wie).

Bestimmtheitsfördernd sind auch Schriftlichkeit im Sinne von § 81h Abs. 2 S. 2 StPO und Belehrung sowie Hinweise im Sinne von § 81h Abs. 4 StPO.

C. Materielle Rechtmäßigkeit (MR) III. Rechtsfolge (Rf) 3. Ermessen (Erm)

(VOR/DEF)

Ermessen[884] ist Entscheidungsspielraum auf der Rechtsfolgenseite bzgl. rechtsfehlerfreier Ausübung von Einschreit-Entschließung (Ob), Adressaten-Auswahl (Wer), Maßnahmen-Gestaltung (Wie).

(SUB/ERG)

a) Einschreitentschließungs-„Ermessen“ ist grundsätzlich nicht gegeben, vgl. § 163 Abs. 1 S. 1 („haben“) i.V.m. § 152 Abs. 2 StPO (Legalitätsgrundsatz: „ist […] verpflichtet, […] einzuschreiten“); ein Opportunitätsprinzip ist nur ausnahmsweise gegeben, z.B. bei § 111b Abs. 1 S. 1 und 2 StPO; §§ 153-154f StPO; § 374 StPO.

b) Adressatenauswahl-„Ermessen“ ist auch in der StPO grundsätzlich gegeben, insbesondere bzgl. zweckförderlicher Reihenfolge der Inanspruchnahme der im Sinne des § 81h StPO unabhängig vom Verfahrensstatus „betroffenen Personen“.

c) Maßnahmengestaltungs-„Ermessen“ ist auch in der StPO grundsätzlich gegeben, vgl. hier bereits die in den §§ 81a-h StPO normierte Maßnahmenbandbreite an Untersuchungen im weiteren Sinne und auch die alleine in § 81h Abs. 1 Nr. 1-3 StPO ausdrücklich angelegte Maßnahmenmehrheit an Körperzellenentnahme, molekulargenetischer Untersuchung, Abgleich sowie

---

[883] Zum Recht auf faires Verfahren und Selbstbelastungsfreiheit (nemo tenetur se ipsum accusare): *Basten*, Eingriffsrecht der Polizei in Nordrhein-Westfalen, Band 1, S. 106.

[884] Zum Ermessen einschließlich Rechtsnatur, Ermessensarten, Ermessensreduzierungen, Ermessensfehlern, Maßnahmenansprüchen mit Beispielen siehe auch: *Basten*, Eingriffsrecht der Polizei in Nordrhein-Westfalen, Band 1, S. 271-283.

Feststellungsobjektvielfalt innerhalb der molekulargenetischen Untersuchung im Sinne des § 81h Abs. 1 StPO.

Ein etwaig gegebener Entscheidungsspielraum wird (je nach Fall alternativ) aufgrund von Anhaltspunkten/in Ermangelung entgegenstehender Anhaltspunkte ohne Ermessensfehler/mit Ermessensfehlern (Ermessensunterschreitung, Ermessensüberschreitung, Ermessensfehlgebrauch) ausgeübt bzgl. folgender Ermessensarten:

a) Entschließungsermessen:

Ein etwaig gegebenes Entschließungsermessen kann im konkreten Fall sogar gegen / auf Null reduziert sein, insbesondere wegen:

- Einschreitmöglichkeit;
- Erheblichkeitsgrad von Tatverdachten.

b) Auswahlermessen:

siehe C. II.: Auswahlermessen wird abschließend beurteilt i.V.m. Punkt C. II. (Inanspruchnahme).

c) Gestaltungsermessen:

siehe C. III. 4.: Gestaltungsermessen wird abschließend beurteilt i.V.m. Punkt C. III. 4. (VHM).

C. Materielle Rechtmäßigkeit (MR) III. Rechtsfolge (Rf) 4. Verhältnismäßigkeit (VHM)

(VOR/DEF)

Verhältnismäßigkeit ist Geeignetheit, Erforderlichkeit, Angemessenheit zum legitimen Zweck.

(VOR/DEF)

a) Legitimer Zweck ist jeder verfassungsgemäße Zweck.

Legitimer Zweck im Sinne des § 81h Abs. 1 StPO ist

- zunächst die „Feststellung des DNA-Identifizierungsmusters und des Geschlechts" zur „Feststellung, ob bestimmtes Spurenmaterial von betroffenen Personen oder von ihren Verwandten in gerader Linie oder in der Seitenlinie bis zum dritten Grad stammt",
- fürderhin die Tatverdachtserforschung/Sachverhaltsaufklärung im Sinne von § 163 Abs. 1 S. 1 StPO, § 160 Abs. 2 StPO, zum durch bestimmte Tatsachen im Sinne von § 81h Abs. 1 StPO begründeten Verdacht, dass ein Verbrechen gegen das Leben, die körperliche Unversehrtheit, die persönliche Freiheit oder die sexuelle Selbstbestimmung begangen worden ist,
- letztlich die Rechtsverwirklichung einschließlich formellen und materiellen Strafgesetzen im Sinne von Art. 20 Abs. 3 GG.

(SUB/ERG)

Im konkreten Fall verfolgt die DNA-Reihenuntersuchungs-Maßnahme (alternativ)

- einen legitimen Zweck, nämlich letztlich die verfassungsgemäße Tatverdachtserforschung zwecks der Rechte und Rechtsgüter im Sinne von Art. 20 Abs. 3 GG.
- keinen legitimen Zweck.

(VOR/DEF)

b) Geeignetheit einer staatlichen Maßnahme ist gegeben bei deren Zweckförderungstauglichkeit.

(SUB/ERG)

Im konkreten Fall ist die DNA-Reihenuntersuchungs-Maßnahme (alternativ)

- geeignet, denn mit ihr wird gefördert: die Tatverdachtserforschung durch Feststellung, ob bestimmtes Spurenmaterial von betroffenen Personen oder von ihren Verwandten in gerader Linie oder in der Seitenlinie bis zum dritten Grad stammt, und somit wird je nach Treffer-Fall oder Nichttreffer-Fall gefördert: die Ermittlung eines belastenden oder entlastenden Umstandes sowie Beweiserhebung im Sinne von § 160 Abs. 2 StPO zum Tatverdacht im Sinne von § 81h StPO und zum Sachverhalt im Sinne von § 160 StPO, § 163 Abs. 1 S. 1 StPO.
- ungeeignet.

(VOR/DEF)

c) Erforderlichkeit einer staatlichen Maßnahme ist Nichtverfügbarkeit eines milderen (Übermaßverbot), gleich geeigneten (Untermaßverbot) Mittels zur Zweckförderung, vgl. auch § 81h Abs. 1StPO („soweit dies zur Feststellung erforderlich ist"), § 81h Abs. 3 S. 2 („sobald sie für die Untersuchung nach Absatz 1 nicht mehr benötigt werden"), § 81h Abs. 3 S. 3 StPO („sobald [...] nicht mehr erforderlich").

(SUB/ERG)

Im konkreten Fall ist die DNA-Reihenuntersuchungs-Maßnahme (alternativ)

- erforderlich, denn einerseits sind mildere Maßnahmen wie (zum Beispiel) die Befragung oder andere Datenerhebungen (wie z.B. erkennungsdienstliche Maßnahmen) oder Nichtstun (alleine) nicht gleich geeignet, weil sie nicht Aufklärung von Tatverdachten in gleicher Weise fördern (Untermaßverbot) und andererseits sind (mindestens) gleich geeignete, intensivere Maßnahmen wie direkte Freiheitsentziehung oder Zwang noch nicht notwendig (Übermaßverbot).
- nicht erforderlich.

(VOR/DEF)

d) Angemessenheit oder **Verhältnismäßigkeit im engeren Sinne** einer staatlichen Maßnahme ist angemessenes Maß oder Verhältnis zwischen Zweckförderung für Erhaltungsrechte und Wirkungen für Eingriffsrechte, vgl. auch § 81h Abs. 1 letzter Hs. StPO: „und die Maßnahme insbesondere im Hinblick auf die Anzahl der von ihr betroffenen Personen nicht außer Verhältnis zur Schwere der Tat steht."

(SUB/ERG)

Im konkreten Fall ist die DNA-Reihenuntersuchung (alternativ)

- angemessen, denn die Eingriffe in Art. 2 Abs. 1 i.V.m. Art. 1 Abs. 1 GG, also der kurzzeitige Eingriff der Körperzellenentnahme (ggf. i.V.m. Art. 2 Abs. 2 S. 1 Alt. 2 GG, Art. 2 Abs. 2 S. 2 GG), die sachgerichtete molekulargenetische Untersuchung und der automatisierte Abgleich stehen (insbesondere unter Anwendung der Datenschutzmaßnahmen i.S.v. § 81h Abs. 3 S. 1 i.V.m. § 81f Abs. 2 S. 2, 3 StPO) angesichts von Rechten und Rechtsgütern wie aus Art. 20 Abs. 3 GG sowie angesichts von Tatverdachtsstärke, Schwere mutmaßlicher Tat, Sanktionswahrscheinlichkeit, mutmaßlicher Sanktionshöhe nicht außer Verhältnis.
- unangemessen.

(ERG VHM)

Die DNA-Reihenuntersuchungs-Maßnahme ist insgesamt i.S.v. Art. 20 Abs. 3 GG (alternativ)

- verhältnismäßig.
- unverhältnismäßig.

D. Gesamtergebnis (GErg)

Die DNA-Reihenuntersuchung-Maßnahme ist (alternativ)

- gemäß §§ 81h StPO rechtmäßig.
- wegen Art./§ (bestimmter Rechtsnorm [z.B. Art. 20 Abs. 3 GG) rechtswidrig.

BUCH 4:

HAUPTSTUDIUM 2

In diesem Buch[885] erfolgt die Darstellung des Rechtsinhalts der Maßnahmen der Polizei überwiegend in der Rechtsform des Fallbearbeitungssystems mit den Fallbearbeitungsmarkern der wesentlichen Elemente Voraussetzung (VOR), Definition (DEF), Subsumtion (SUB), Ergebnis (ERG)[886].

885 Zu den Grundlagen des polizeilichen Eingriffsrechts: *Basten*, Eingriffsrecht der Polizei in Nordrhein-Westfalen – Band 1. Zum Eingriffsrecht der Polizei im Grundstudium: *Basten*, Eingriffsrecht der Polizei in Nordrhein-Westfalen – Band 2. Für Fälle bezüglich der Grundlagen und aller Studienabschnitte: *Basten*, Eingriffsrecht der Polizei in Nordrhein-Westfalen – Fälle.

886 Zum Fallbegriff, zur Fallbearbeitung und ihren Elementen siehe grundlegend: *Basten*, Eingriffsrecht der Polizei in Nordrhein-Westfalen, Band 1, Buch 1, Abschnitt 3, Unterabschnitt 2.

ABSCHNITT 1: AUSLÄNDERRECHT

Unterabschnitt 1: Ausländerrecht allgemein

Ausländerrechtsgegenstände sind – ausgehend von den GG-Titeln in Art. 73, 74 GG – insbesondere folgende:

- Art. 73 Abs. 1 Nr. 2 GG: Staatsangehörigkeit im Bunde,
- Art. 73 Abs. 1 Nr. 3 GG: Freizügigkeit, Passwesen, Melde- und Ausweiswesen, Ein- und Auswanderung,
- Art. 74 Abs. 1 Nr. 4 GG: Aufenthalts- und Niederlassungsrecht der Ausländer,
- Art. 74 Abs. 1 Nr. 6 GG: Angelegenheiten der Flüchtlinge und Vertriebenen,
- Art. 74 Abs. 1 Nr. 12 GG: Arbeitsrecht, Sozialversicherung;

und damit auch Staatsgegenstände überhaupt wie Staatlichkeit, Staatsgrenzen, Staatsangehörigkeit, staatsgrenzendenüberschreitendes Verhältnis von Rechtsordnungen, staatsgrenzenüberschreitendem Verkehr von Personen, Waren, Dienstleistungen, Kapital, womit im besonderen Polizei- und Ordnungsrecht des Ausländerrechts Elemente besonders wichtig werden wie: Staatsbürger-, Geschichts-, Geographie-Kunde, zuerst und zuletzt für einen rechtssicheren Befund, ob und inwieweit überhaupt ein ausländerrechtlich relevanter Fall vorliegt.[887]

Grundlegende regelmäßige **Ausländerrechts-Prüfungsgegenstände** – die oder deren Teile i.d.R. entweder in folgender Reihenfolge oder ggf. als Rechtmäßigkeitsvoraussetzung etwa für eine bestimmte Maßnahme geprüft werden – sind:

---

[887] Allgemeines Beispiel sei an einem bestimmten Ort zu einer bestimmten Zeit (vgl. EinhZeitG, EinhV, SoZV): ein Antreffen (ggf. „Aufgreifen") einer Person

- mit bestimmtem oder nicht oder jedenfalls nicht näher oder jedenfalls nicht sofort bestimmbarem Äußeren
- mit einer oder mehreren bestimmten, ggf. nicht sofort bestimmbaren Sprachen
- mit und/oder ohne bestimmten echten oder gefälschten oder nicht eigenen/fremden Dokumenten oder sonstigen Unterlagen
- mit mitgeführten Gegenständen wie Geldmünzen bzw. Geldscheinen einer bestimmten Währung eines bestimmten Währungsgebietes
- mit einer persönlichen und/oder einer persönlich dargestellten Geschichte zu Lebens- und Reisewegen, zu Dingen wie „seiner Abstammung, seiner Sprache, seiner Heimat und Herkunft, seines Glaubens, seiner religiösen oder politischen Anschauung" (Art. 3 Abs. 3 S. 1 GG)
- zu einer bestimmten politisch-historischen Zeit mit bestimmten Weltereignissen.

Je nach vor Antreffsituation/Aufgriffslage gebildeter Kenntnis oder Unkenntnis der Dinge und ihrer Zusammenhänge (etwa zwischen persönlicher wie allgemeiner Geschichte und mitgeführten Unterlagen sowie sonstigen Gegenständen) können solche Fälle objektiv (vgl. auch Art. 20 Abs. 3 GG; § 160 Abs. 2 StPO) besser oder schlechter bearbeitet werden. Zu sogenannten Aufgriffslagen: *Schott-Mehrings*, Fälle zum Ausländerrecht für die Polizei, die auch nach eigener Autoraussage a.a.O., S. 13, nach folgendem „geordnet" sind: „Aufgriffslage" und „Dokumentensituation", also nicht geordnet „unter dem Aspekt der Frage zur Rechtmäßigkeit der behördlichen Maßnahme (also z.B. geordnet nach Einreiseverweigerung, Zurückschiebung, Abschiebung) [...].". Siehe auch *Kniesel / Braun / Keller*, Besonderes Polizei- und Ordnungsrecht, S. 421-425 mit folgendem „Anhang": „Beurteilung ausländerrechtliche Sachverhalte" und mit weiteren Nachweisen. Zur Ein- und Auswanderung in der deutschen Geschichte einführend: *Dietz,* Ausländer- und Asylrecht, S, 25-27.

- **Ausländerstatus**, **Auslandsstatus**[888] (des Ausländer-Heimat- und/oder -Herkunftsstaates[889]),

---

[888] Es besteht i.d.R. wechselseitiger Bezug von **Ausländerstatus** und **Auslandsstatus** (**Auslandsstaatsstatus**).

Zu möglichem **Ausländerstatus** vgl. § 2 Abs. 1 AufenthG (**Ausländer**), § 1 Abs. 2 AufenthG; §§ 1, 12 FreizügG/EU; §§ 1-4 AsylG mit § 2 AsylG (**Asylberechtigter**) und § 3 AsylG (**Flüchtlingseigenschaft**), § 2 Abs. 6 AufenthG (**vorübergehender Schutz**), § 2 Abs. 7, 8 (**Langfristige/r Aufenthaltsberechtigung/Aufenthaltsberechtigter**), § 2 Abs. 13 AufenthG (**international Schutzberechtigter**); vgl. auch den „**Doppelstaater**"-Fall mit deutschem Staatsangehörigem in § 48 Abs. 1 S. 2 AufenthG („deutscher Staatsangehöriger, der zugleich eine ausländische Staatsangehörigkeit").

Beispiel für wechselseitigen Bezug von Ausländerstatus und Auslandsstatus: „**Negativstaater**"/„**Negativstaaten**" i.S.v. (§ 4 Abs. 1 S. 1 AufenthG i.V.m. § 15 AufenthV i.V.m.) Art. 3 i.V.m. Anhang 1 VO (EU) 2018/1806 zur Aufstellung der Liste der Drittländer, deren Staatsangehörige beim Überschreiten der Außengrenzen im Besitz eines Visums sein müssen, sowie der Liste der Drittländer, deren Staatsangehörige von dieser Visumpflicht befreit sind (EUVisumVO) sowie „**Positivstaater**"/„**Positivstaaten**" i.S.v. (§ 4 Abs. 1 S. 1 AufenthG i.V.m. § 15 AufenthV i.V.m.) Art. 4 i.V.m. Anhang II VO (EU) 2018/1806 zur Aufstellung der Liste der Drittländer, deren Staatsangehörige beim Überschreiten der Außengrenzen im Besitz eines Visums sein müssen, sowie der Liste der Drittländer, deren Staatsangehörige von dieser Visumpflicht befreit (EUVisumVO).

Zum **Staatenlosen**-Begriff: Art. 1 Abs. 1 Staatenlosenübereinkommen i.V.m. (deutschem Umsetzungs-)Gesetz zu dem Übereinkommen vom 28.09.1954 über die Rechtsstellung der Staatenlosen vom 22.04.1976 (BGBl. II 1976 Nr. 22, S. 473 f.).

Vgl. insgesamt: StaatenlÜbkG (Gesetz zu dem Übereinkommen vom 28. September 1954 über die Rechtsstellung der Staatenlosen – Staatenlosenübereinkommen – Convention relating to the Status of Stateless); StaatenlMindÜbkAG (Ausführungsgesetz zu dem Übereinkommen vom 30. August 1961 zur Verminderung der Staatenlosigkeit und zu dem Übereinkommen vom 13. September 1973 zur Verringerung der Fälle von Staatenlosigkeit).

Vgl. auch Art. 67 Abs. 2 S. 2 AEUV; BVerwGE 133, 203 (Staatsangehörigkeitsentzug/Ausbürgerung; Staatenloser; gewöhnlicher Aufenthalt i.S.v. § 3 Abs. 2 Nr. 2b AsylG [nach jetziger n. F., zuvor: AsylVfG]) = BVerwG, Urteil vom 26.02.2009 – BVerwG 10 C 50.07.

Zu möglichen **Auslandsstatus** vgl. zum Beispiel:

- § 2 Abs. 5 AufenthG (**Schengen-Staaten**);
- Art. 49 f., 52 EUV i.V.m. Beschluss (EU) 2020/135 des Rates vom 30.01.2020 über den Abschluss des Abkommens über den Austritt des Vereinigten Königreichs Großbritannien und Nordirland aus der Europäischen Union und der Europäischen Atomgemeinschaft i.V.m. Abkommen über den Austritt des Vereinigten Königreichs Großbritannien und Nordirland aus der Europäischen Union und der Europäischen Atomgemeinschaft;
- Art. 198-204, 355 AEUV i.V.m. Anhang II AEUV (assoziierte/zu assoziierende) **außereuropäische/überseeische Länder und Hoheitsgebiete**;
- Art. 349, 355 AEUV (**Gebiete äußerster Randlage**).

Zu §§ 2-4 AsylG (**Asylberechtigung**, **Flüchtlingseigenschaft**) vgl. auch BVerwGE 162, 44 = BVerwG, Urteil vom 19.04.2018 – BVerwG 1 C 29.17, Rn. 14: „Die **Furcht vor Verfolgung** ist im Sinne des § 3 Abs. 1 AsylG begründet, wenn dem Ausländer die vorgenannten Gefahren aufgrund der in seinem Herkunftsland gegebenen Umstände in Anbetracht seiner individuellen Lage tatsächlich, das heißt mit beachtlicher Wahrscheinlichkeit (‚real risk') drohen (stRspr, vgl. BVerwG, Urteil vom 20. Februar 2013 - 10 C 23.12 - BVerwGE 146, 67 Rn. 19 und Beschluss vom 15. August 2017 - 1 B 120.17 - juris Rn. 8). Der Wahrscheinlichkeitsmaßstab bedingt, dass bei einer zusammenfassenden Würdigung des zur Prüfung gestellten Lebenssachverhalts die für eine Verfolgung sprechenden Umstände ein größeres Gewicht besitzen und deshalb gegenüber den dagegen sprechenden Tatsachen überwiegen. Diese Würdigung ist auf der Grundlage einer ‚qualifizierenden' Betrachtungsweise im Sinne einer Gewichtung und Abwägung aller

- (Bestehen oder Nichtbestehen von Pflichten bzgl. bestimmter) **Dokumente**[890],
- (Bestehen oder Nichtbestehen von einem bestimmten) **Einreiserecht**[891] oder **Ausreisepflicht**[892],

festgestellten Umstände und ihrer Bedeutung vorzunehmen. Hierbei sind gemäß Art. 4 Abs. 3 RL 2011/95/EU [**Qualifikationsrichtlinie** oder **Anerkennungsrichtlinie**, P. B.] neben sämtlichen mit dem Herkunftsland verbundenen relevanten Tatsachen unter anderem das maßgebliche Vorbringen des Antragstellers und dessen individuelle Lage zu berücksichtigen. Entscheidend ist, ob in Anbetracht dieser Umstände bei einem vernünftig denkenden, besonnenen Menschen in der Lage des Betroffenen Furcht vor Verfolgung hervorgerufen werden kann (BVerwG, Urteil vom 20. Februar 2013 - 10 C 23.12 - BVerwGE 146, 67 Rn. 32 m.w.N.). Damit kommt dem qualitativen Kriterium der Zumutbarkeit maßgebliche Bedeutung zu. Eine Verfolgung ist danach beachtlich wahrscheinlich, wenn einem besonnenen und vernünftig denkenden Menschen in der Lage des Asylsuchenden nach Abwägung aller bekannten Umstände eine Rückkehr in den Heimatstaat als unzumutbar erscheint (stRspr, vgl. BVerwG, Beschluss vom 7. Februar 2008 - 10 C 33.07 - Buchholz 451.902 Europ. Ausl.- und Asylrecht Nr. 19 Rn. 37).".

889 Zu **Heimatstaat** und **Herkunftsstaat** vgl. zum Beispiel Art. 16a Abs. 2 S. 1 GG: „aus einem Mitgliedstaat der Europäischen Gemeinschaften oder aus einem anderen Drittstaat"; § 26a AsylG („sicherer Drittstaat" i.S.d. Art. 16a Abs. 2 S. 1 GG); § 29a AsylG („sicherer Herkunftsstaat" i.S.d. Art. 16a Abs. 3 S. 1 GG); vgl. auch Art. 3 Abs. 3 S. 1 GG.

890 Zu möglichen **Dokumentepflichten** vgl. zum Beispiel §§ 3, 13 Abs. 1 S. 2 AufenthG i.V.m. §§ 2-14, 55-57a AufenthV; vgl. auch §§ 47a-49 AufenthG; § 60a AufenthG; §§ 5a, 8 FreizügG/EU; §§ 15, 15a, 16, 19, 64 AsylG; § 2a SchwarzArbG; §§ 1, 2 15, 16a PaßG; §§ 1, 15-17, 27 PAuswG; BVerfGK 6, 213 = BVerfG, Beschluss vom 12.09.2005 – 2 BvR 1361/05: „Die Norm [§ 95 Abs. 1 Nr. 1 AufenthG n.F.] sichert die Beachtung der in [...] § 3 AufenthG als selbstständige Verpflichtung ausgestalteten **Passpflicht** einschließlich der innerstaatlich zu erfüllenden **Ausweispflicht**, nämlich der Verpflichtung, sich während des Aufenthalts im Bundesgebiet in angemessener Frist ausweisen zu können [Literaturquellenangabe]. Dieses auch völkerrechtlich legitimierte Instrument dient eigenständigen, über die Frage des Aufenthaltsrechts hinausgehenden Zielen, nämlich der Feststellung von Identität, Nationalität und Rückkehrberechtigung des Ausländers in einen anderen Staat. Die Strafnorm sichert die Möglichkeit einer Identitätskontrolle. [Literaturangaben]. Dementsprechend erstreckt sich die **Pass- und Ausweispflicht** auch auf Ausländer, die über einen Aufenthaltstitel oder -anspruch verfügen; auch diese können sich strafbar machen, wenn sie ihren Pass nach dessen Ablauf wissentlich nicht verlängern lassen.".

891 Zu möglichem **Einreiserecht** vgl. zum Beispiel: §§ 13, 14 AufenthG.

892 Zu **Ausreisepflicht** vgl. insbesondere Kapitel 5 Abschnitt 1 AufenthG (§§ 50-56a AufenthG): Begründung der Ausreisepflicht und Kapitel 5 Abschnitt 2 AufenthG (§§ 57-62b AufenthG): Durchsetzung der Ausreisepflicht.

- (Bestehen oder Nichtbestehen von einem bestimmten) **Aufenthaltsrecht**[893] (ggf. einschließlich **Aufenthaltsgestattung**[894], **Aufenthaltsduldung**[895])
- (Erfordernis oder Nichterfordernis von einem bestimmten) **Aufenthaltstitel**[896],

---

[893] **Aufenthalt** ist analog zu § 13 Abs. 2 S. 1, 2 oder 3 AufenthG der andauernde Daseinszustand in der BRD nach Vollendung der **Einreise** i.S.v. § 13 AufenthG (Nr. 95.1.1.2, 95.1.2.1 AVV AufenthG) oder einreiseunabhängig ein gleichwertiger Daseinszustand in der BRD, vgl. § 33 AufenthG. Vgl. nur zu verschiedenen Aufenthaltsbegriffen, insbesondere zum „gewöhnlichen Aufenthalt" im Unterschied zum „schlichten Aufenthalt": Regel Nr. 9 der Entschließung des Ministerkomitees des Europarates (72) I vom 18.01.1972; § 9 AO; § 10a Abs. 3 S. 1 AsylbLG; Art. 5 Abs. 2 und 3 EGBGB; § 98 Abs. 1 Nr. 2 bis 4 FamFG; § 30 Abs. 3 S. 2 SGB I; § 3 Abs. 1 VwVfG; § 20 ZPO; zum **Wohnsitz**: §§ 7-11 BGB.

Zu möglichem **Aufenthaltsrecht** vgl. zum Beispiel: § 4 Abs. 1 S. 1, Abs. 2 S. 1 AufenthG, § 81 Abs. 3 AufenthG; §§ 2, 3, 4, 4a, 6, 7 FreizügG/EU. §§ 16–38a: **Aufenthaltszwecke**:

- §§ 16-17b AufenthG: Ausbildung
- § 18-21 AufenthG: Erwerbstätigkeit
- §§ 22-26 AufenthG: völkerrechtliche, humanitäre, politische Gründe (vgl. auch §§ 42, 43 AufenthV)
- §§ 27-36a AufenthG: familiäre Gründe
- §§ 37-38a AufenthG: Besondere Aufenthaltsrechte (Recht auf Wiederkehr, Aufenthaltstitel für ehemalige Deutsche, Aufenthaltserlaubnis für in anderen EU-Mitgliedstaaten langfristige Aufenthalts-Berechtigte).

[894] Zu möglicher **Aufenthaltsgestattung** vgl. § 55 AsylG. Zur Rechtsnatur der Aufenthaltsgestattung als Aufenthaltsrecht vgl. Abschnitt 6 Überschrift AsylG: „Recht des Aufenthalts während des Asylverfahrens".

[895] Zu möglicher **Aufenthaltsduldung** vgl. §§ 60-60d AufenthG.

BVerwG, Urteil vom 18.12.2019 – BVerwG 1 C 34.18, Rn. 24: „Geduldet ist ein Ausländer, wenn ihm eine rechtswirksame **Duldung** erteilt worden ist (vgl. etwa BVerwG, Urteil vom 27. Januar 2009 - 1 C 40.07 - BVerwGE 133, 72 Rn. 14) oder wenn er einen Rechtsanspruch auf Duldung hat. Ein Rechtsanspruch auf Duldung ist jedenfalls dann ohne weiteres ausreichend, wenn die Abschiebung im Sinne von § 60a Abs. 2 Satz 1 AufenthG aus **tatsächlichen oder rechtlichen Gründen unmöglich** ist. Da die Behörde bei Vorliegen dieser Voraussetzungen verpflichtet ist, dem Ausländer eine Duldung von Amts wegen zu erteilen (vgl. BVerwG, Urteil vom 21. März 2000 - 1 C 23.99 - BVerwGE 111, 62 <66>), kann es diesem nicht zum Nachteil gereichen, wenn sie dieser Pflicht im Einzelfall trotz Vorliegens der Voraussetzungen nicht nachkommt und den Aufenthalt lediglich faktisch duldet (so auch Hailbronner, Ausländerrecht, Stand Dezember 2019, § 25b AufenthG Rn. 10). Umgekehrt bedarf es im Falle einer ausdrücklich erteilten Duldung entgegen der Auffassung der Beklagten nicht zusätzlich eines materiellen Duldungsanspruchs. Eine Duldung entfaltet als Verwaltungsakt Bindungs- und Tatbestandswirkung und ist damit auch im Falle ihrer Rechtswidrigkeit zu beachten, solange sie weder nichtig noch zurückgenommen oder nach § 60a Abs. 5 Satz 2 AufenthG widerrufen worden ist (§ 43 Abs. 2 und 3 LVwVfG).".

[896] Zu möglichem **Aufenthaltstitel** vgl. § 4 Abs. 1 S. 1, 2, 3, Abs. 2 AufenthG i.V.m. §§ 15-54, 58-61 AufenthV, § 81 AufenthG; vgl. auch § 5 FreizügG/EU; vgl. auch §§ 63, 63a AsylG.

Zum **Aufenthaltstitel**-Begriff vgl. insb.: § 4 Abs. 1 S. 2 AufenthG, § 6 AufenthG; Art. 2 Nr. 16 SGK [VO (EU) 2016/399 über einen Gemeinschaftskodex für das Überschreiten der Grenzen durch Personen (Schengener Grenzkodex)]

§§ 6 ff. AufenthG: **Aufenthaltstitel**:

- § 6 AufenthG (**Visum**), ggf. i.V.m. §§ 31-38 AufenthV (Visumverfahren).
- §§ 7, 8 AufenthG (**Aufenthaltserlaubnis**), ggf. für weitere Aufenthaltstitelvoraussetzungen jeweils i.V.m. §§ 16a-17, 18b Abs. 1, d, f, 19c, d, e, f, 20, 20b, c, 21, 22, 23, 23a, 24, 25, 25a, 25b, 26, 27, 28, 29, 30, 31, 32, 33, 34, 36, 36a, 37, 38, 38a AufenthG
- § 19a AufenthG (**Blaue Karte EU**), ggf. für weitere Aufenthaltstitelvoraussetzungen jeweils i.V.m. § 18b Abs. 2, 19f, 23a AufenthG

- §§ 19 AufenthG (**ICT-Karte**), ggf. i.V.m. § 23a AufenthG
- § 19b AufenthG (**Mobiler-ICT-Karte**), ggf. i.V.m. § 23a AufenthG
- § 9 AufenthG (**Niederlassungserlaubnis**), ggf. für weitere Aufenthaltstitelvoraussetzungen jeweils i.V.m. §§ 18a, b, 19, 35, 38 AufenthG
- §§ 9a, b, c AufenthG (**Erlaubnis zum Daueraufenthalt-EU**), ggf. für weitere Aufenthaltstitelvoraussetzungen i.V.m. § 23a AufenthG
- § 10 AufenthG (**Aufenthaltstitel bei Asylantrag**: Erteilung oder Verlängerung eines Aufenthaltstitels bei Asylantrag unter bestimmten Voraussetzungen – vgl. § 10 Abs. 1 AufenthG: „außer in den Fällen eines gesetzlichen Anspruchs").

Zu speziellem **Aufenthaltstitel-Erfordernis** vgl. insb.: § 4 Abs. 1 S. 1, Abs. 2 AufenthG: Pflicht [vgl. § 98 Abs. 2 Nr. 1 AufenthG] des Ausländers mit Aufenthaltsrecht (AR) nach Assoziationsabkommen EWG/Türkei, das *Bestehen des Aufenthaltsrechts durch den Besitz einer auf Antrag auszustellenden Aufenthaltserlaubnis nachzuweisen* [vgl. § 78 AufenthG], sofern der Ausländer weder eine Niederlassungserlaubnis noch eine Erlaubnis zum Daueraufenthalt-EU besitzt.
Zur **Aufenthaltstitel-Erfordernisbefreiung** vgl. insb.:
§§ 16c, 18e, 19a, f, 20a AufenthG;
§ 4 Abs. 1 S. 1 AufenthG i.V.m. § 15 AufenthV i.V.m. Art. 20, 21 SDÜ
§ 4 Abs. 1 S. 1 AufenthG i.V.m. § 15 AufenthV i.V.m. Art. 3, Anlage I (**Negativstaater**) oder Art. 4, Anlage II (**Positivstaater**) VO (EU) 2018/1806 zur Aufstellung der Liste der Drittländer, deren Staatsangehörige beim Überschreiten der Außengrenzen im Besitz eines Visums sein müssen, sowie der Liste der Drittländer, deren Staatsangehörige von dieser Visumpflicht befreit sind (EUVisumVO), zum **Visum**-Begriff vgl. Art. 2 EUVisumVO i.V.m. Art. 2 Nr. 2, 3, 4, 5, 6 VO (EG) Nr. 810/2009 über einen Visakodex der Gemeinschaft (Visakodex) und § 4 Abs. 1 Nr. 1 i.V.m. § 6 AufenthG.
§ 4 Abs. 1 S. 1 AufenthG i.V.m. §§ 15-30, 41 AufenthV;

- Zur **Aufenthaltstitel-Erteilungsermessensreduktion** vgl. insb.: §§ 16b, e, 18c, d, f, 19b, e, f, 20b, c, 22 S. 2, 24, 25, 28, 30, 31, 32, 34, 35, 36, 37, 38, 38a AufenthG
- Zur **Aufenthaltstitel-Beantragungswirkung** vgl. insb.: § 81 AufenthG
- Zur **Aufenthaltstitel-Ausstellungsform** vgl. insb.: §§ 78, 78a AufenthG i.V.m. §§ 58-61 AufenthV (AT-Ausstellungsform)
- Zu **Aufenthaltstitel-Fehlen** vgl. insb.: §§ 50 ff. AufenthG (vgl. auch AufenthV und AVV AufenthG), und Sanktionsnormen, insb.: § 95 Abs. 1 Nr. 2, Abs. 2 Nr. 1, 2 AufenthG (Straftaten) (ggf. i.V.m. Art. 31 Nr. 1 GFK [sog. Pönalisierungsverbot], vgl. § 95 Abs. 5 AufenthG) oder § 98 Abs. 1, 2 Nr. 1 AufenthG (Owi) (ggf. i.V.m. § 98 Abs. 6 AufenthG); §§ 267, 273, 274, 275, 276, 276a, 271, 281 StGB.

Zur **Grenzübertrittsbescheinigung** vgl. BGH, Beschluss vom 24.03.2020 – XIII ZB 62/19, Rn. 19: „Zwar steht es der zuständigen Behörde grundsätzlich frei, eine Ausreisefrist im Zuge der Ausstellung einer Grenzübertrittsbescheinigung zu verlängern oder in Abänderung einer bereits gesetzten und abgelaufenen Ausreisefrist neu anzuordnen. Zwingend ist dies jedoch nicht. Dies folgt aus Sinn und Zweck einer Grenzübertrittsbescheinigung, die nach Nr. 50.4.1.4. der Allgemeinen Verwaltungsvorschrift zum Aufenthaltsgesetz (vom 26. Oktober 2009, GMBl. S. 878) dazu dient, in der Form eines amtlichen Vordrucks den Nachweis über die freiwillige Ausreise des Ausländers innerhalb der Ausreisefrist nach § 50 Abs. 2 AufenthG zu erbringen. Sie knüpft inhaltlich an die Ausweisungsverfügung und die darin angeordnete Ausreisefrist an, hat aber typischerweise keinen eigenständigen, die aufenthaltsrechtliche Stellung eines Ausländers regelnden Charakter (vgl. BayVGH, Beschlüsse vom 26. November 2018 - 19 CE 17.2453, juris Rn. 17; vom 7. Oktober 2015 - 19 CE 15.2197, juris Rn. 8). Soweit die Grenzübertrittsbescheinigung den vollziehbar ausreisepflichtigen Ausländer auch vor einer Inhaftnahme zum Zwecke der Abschiebung bis zum Ablauf des Ausreisedatums schützen will (vgl. BayVGH, Beschluss vom 20. Mai 2019 - 10 CE 19.829, juris Rn. 17), beschränkt sich diese Wirkung von vornherein auf die Durchführung der freiwilligen Ausreise.".

Vgl. auch §§ 77-85a: Verwaltungsverfahren: § 77 AufenthG: Schriftform; Ausnahme von Formerfordernissen; § 78a AufenthG: **Vordrucke für Aufenthaltstitel** in Ausnahmefällen, Ausweisersatz und Bescheinigungen; §§ 58-61 AufenthV: **Aufenthaltsdokumentenmuster** (Muster für Aufenthaltstitel, Pass- und Ausweisersatz und sonstige Dokumente).

- (Erlaubnis oder Verbot bestimmter) **Arbeit** (Beruf, Beschäftigung, Erwerbstätigkeit[897]),
- Sanktionen[898].

Zur **Handlungsfähigkeit** i.S.d. § 80 AufenthG (vgl. auch §§ 4-6 PolG NRW; § 12 VwVfG NRW) vgl. BVerfG, Beschluss der 1. Kammer des Zweiten Senats vom 27.10.1998 – 2 BvR 2662/95 –, Rn. 22: „Die Beschwerdeführerin zu 1. ist zwar der Anordnung ihres persönlichen Erscheinens nicht nachgekommen, jedoch hat hier das gleiche zu gelten wie bei unvollständigen, unterbliebenen oder widersprüchlichen Angaben Minderjähriger, aus denen nach der Rechtsprechung des Bundesverwaltungsgerichts (BVerwG, Beschluß vom 18. November 1983 - 9 CB 252.81 -, a.a.O.; BVerwG, Urteil vom 31. Juli 1984 - 9 C 156.83 -, a.a.O.) grundsätzlich keine negativen Schlußfolgerungen gezogen werden dürfen.“; BVerwG, Urteil vom 31.07.1984 – 9 C 156/83 – , Ls. 1: „Bei **Ungewißheit über den Tag der Geburt ist bei Minderjährigen** von dem innerhalb des bekannten Geburtsjahrs spätest möglichen Geburtsdatum auszugehen.“, aus den Gründen: „Bei Ungewißheit über den Tag der Geburt gebietet es das auch in § 12 VwVfG zum Ausdruck kommende gesetzliche Prinzip eines umfassenden Schutzes Minderjähriger, von dem innerhalb des bekannten Geburtsjahres spätestmöglichen Geburtsdatum auszugehen, so daß der Kl. als am 31. 12.[xxxx] geboren gilt und ein Lebensjahr jeweils erst mit Ablauf des 31. 12. der nachfolgenden Jahre vollendet.“; BVerwGE 145, 153 = BVerwG, Urteil vom 29.11.2012 – BVerwG 10 C 4.12, Rn. 13: „Sind aufenthaltsrechtliche Ansprüche an eine Höchstaltersgrenze geknüpft - wie hier beim Kindernachzug die Vollendung des 16. Lebensjahres -, ist für die Einhaltung der Altersgrenze ausnahmsweise auf den Zeitpunkt der Antragstellung abzustellen (vgl. Urteil vom 7. April 2009 a.a.O.). Wenn die Altersgrenze im Laufe des Verfahrens überschritten wird, folgt daraus, dass die übrigen Anspruchsvoraussetzungen spätestens auch im Zeitpunkt des Erreichens der Altersgrenze vorgelegen haben müssen. Danach eingetretene Sachverhaltsänderungen zugunsten des Betroffenen können grundsätzlich nicht berücksichtigt werden. Insoweit bedarf es mithin bei Anspruchsgrundlagen mit einer Höchstaltersgrenze, die der Betroffene - wie hier der Kläger zu 1 - im maßgeblichen Zeitpunkt der gerichtlichen Verhandlung oder Entscheidung überschritten hat, einer auf zwei unterschiedliche Zeitpunkte bezogenen Doppelprüfung (Urteil vom 7. April 2009 a.a.O.).“.

[897] Zu **Arbeit, Beruf, Beschäftigung, Erwerbstätigkeit** vgl. zum Beispiel § 2 Abs. 2, 12a, b AufenthG; § 4a AufenthG; §§ 39-42 AufenthG; § 60d AufenthG; BeschV.

[898] Zu möglichen **Sanktionen** vgl. zum Beispiel folgende – auf Verbotsnormen rekurrierende – Sanktionsnormen: §§ 95-98 AufenthG; § 77 AufenthV; §§ 9, 10 FreizügG/EU; §§ 84-86 AsylG; § 39 BeschV; § 404 SGB III.

Vgl. auch BVerfG, Beschluss der 2. Kammer des Zweiten Senats vom 08.12.2014 – 2 BvR 450/11 –, Rn. 34: „Die Auslegung von § 95 Abs. 5 AufenthG in Verbindung mit Art. 31 Abs. 1 GFK hat primär nach völkerrechtlichen Interpretationsgrundsätzen zu erfolgen, die vor dem Hintergrund der deutschen Rechtsordnung ‚methodisch vertretbar‘ sein müssen [...]. Eine völkerrechtlich veranlasste Erstreckung der strafbefreienden Wirkung des Art. 31 Abs. 1 GFK [**Pönalisierungsverbot**] auch auf Begleitdelikte, die tateinheitlich mit einreise- oder aufenthaltsrechtlichen Straftaten begangen werden, ist nach Auslegung der völkervertraglichen Grundlagen jedenfalls nicht voraussetzungslos geboten. Deren völkerrechtliche Gebotenheit unterstellt, wäre jedenfalls vorauszusetzen, dass eine notstandsähnliche Unmöglichkeit oder Unzumutbarkeit, angesichts einer aktuellen Verfolgungssituation die für die Einreise erforderlichen Formalitäten zu erfüllen, vorliegt, welche die Begehung (auch) des Begleitdelikts als geeignet, erforderlich und angemessen erscheinen lässt, die notstandsähnliche Lage zu beenden [...].“; BGH, Urteil vom vom 25.03.1999 – 1 StR 344–98: „§ 92 Abs. 4 AuslG [ex, ≙ §§ 95 Abs. 5 AufenthG; vgl. auch 98 Abs. 6 AufenthG, P. B.] stellt durch eine Bezugnahme auf Art. 31 Abs. 1 des Abkommens über die Rechtsstellung der Flüchtlinge (Genfer Konvention) denjenigen straffrei, der zwar unter den Voraussetzungen des § 92 AuslG in die Bundesrepublik einreist, aber unverzüglich einer inländischen Behörde seine Einreise anzeigt und dabei Gründe nennt, die die ‚unrechtmäßige Einreise . . . rechtfertigen‘.Wie die authentische französische (‚raisons reconnues valables‘) und englische (‚good cause‘) Fassung des Abkommens belegt, ist damit nicht ein Rechtfertigungsgrund im Sinne des StGB gemeint [Quellenangabe]. Die unverzügliche Meldung beseitigt bereits vollständig verwirklichtes Unrecht nicht und führt auch nicht zur nachträglichen Beseitigung der Verantwortlichkeit des Täters. Sie läßt jedoch - ihm gegenüber - das Strafbedürfnis entfallen [Quellenangabe]; die Strafbarkeit des Tatbeteiligten, der die Voraussetzungen des § 92 Abs. 4 AuslG nicht erfüllt, ist hiervon nicht berührt [Quellenangaben].“.

Ausländer[899] ist allgemein jeder, der nicht **Deutscher** i.S.d. Art. 116 Abs. 1 GG ist.

Deutschen-Status[900]/**Deutschen**-Eigenschaft[901]/**Deutsch**-Sein[902]/**Deutsche Staatsangehörigkeit**[903]/**Inländer**-Status ergibt sich insbesondere aus Art. 116 GG, §§ 1, 3, 17 StAG, § 2 Abs. 1 AufenthG, vgl. auch § 3b Abs. 1 Nr. 3 AsylG.

Vgl. auch BVerfG, Beschluss der 2. Kammer des Zweiten Senats vom 22.03.1999 – 2 BvR 2158/98 –, Rn. 2: „Der Wohnraum des Beschwerdeführers wurde aufgrund richterlicher Anordnung durchsucht. Zur Begründung verwies das Amtsgericht auf den ‚Verdacht des Ordnungswidrigkeitsverstoßes nach dem Ausländergesetz‘ [ex, ≙: Aufenthaltsgesetz, P. B.]; die ‚bei der Durchsuchung etwa aufgefundenen sachdienlichen Gegenstände, insbesondere Geburtsurkunden und Ledigkeitsbescheinigungen‘, seien zu beschlagnahmen. Die Ausländerbehörde hatte die Anordnung dieser Maßnahmen beantragt, nachdem der Beschwerdeführer, ein abgelehnter Asylbewerber, Geburtsurkunde und Ledigkeitsbescheinigung beim Standesamt vorgelegt hatte, während er Aufforderungen der Ausländerbehörde, Unterlagen zum Nachweis seiner Identität vorzulegen, nicht nachgekommen war.“, Rn. 7: „Der Beschluß des Amtsgerichts verletzt das Grundrecht des Beschwerdeführers aus Art. 13 Abs. 1 GG i. V. m. dem Rechtsstaatsprinzip des Grundgesetzes. [...] Ein **Durchsuchungsbefehl**, der keinerlei tatsächliche Angaben über den Inhalt des Tatvorwurfs enthält, wird diesen Anforderungen jedenfalls dann nicht gerecht, wenn solche Angaben nach dem Ergebnis der Ermittlungen ohne weiteres möglich und den Zwecken der Strafverfolgung nicht abträglich sind (BVerfGE 42, 212 <219 f.>; 96, 44 <51 f.>).“, Rn. 10: „Im übrigen rechtfertigt nicht allein die Vermutung, der Beschwerdeführer könne im Besitz von Identitätspapieren im Sinne der Bußgeldvorschrift sein, ohne weitere tatsächliche Anhaltspunkte die Anordnung der Durchsuchung. Ein solcher Eingriff muß in angemessenem Verhältnis zur Stärke des Tatverdachts und zur Schwere der Tat stehen (BVerfGE 42, 212 <220>; 59, 95 <97>). Dieses Verhältnis ist bei der Vermutung einer Ordnungswidrigkeit, die mit einer Geldbuße von höchstens 5.000 DM (§ 93 Abs. 5 AuslG [ex, ≙: § 98 AufenthG) bewehrt ist, nicht gewahrt.“.

[899] Zum (jeweiligen) gesetzlichen **Ausländer**-Begriff (bzw. persönlichen Gesetzesanwendungsbereich) vgl. insbesondere: Art. 116 GG, §§ 1, 3, 17 StAG, § 1 Abs. 2 AufenthG, § 2 Abs. 1 AufenthG, Spezialrechtsnormen wie § 48 Abs. 1 S. 2 AufenthG („**Doppelstaater**“), § 1 AsylG, § 1 FreizügG/EU, § 12 FreizügG/EU; vgl. zur **Nationalität** auch: § 3b Abs. 1 Nr. 3 AsylG.

[900] Unterscheide: **Deutschen-Status** und **Status-Deutsche**.

Vgl. BVerfGE 83, 37, Ls. 3a) (Ausländerwahlrecht I) = BVerfG, Urteil des Zweiten Senats vom 31.10.1990 – 2 BvF 2, 6/89 –, Ls. 3a): „Das **Staatsvolk**, von dem die Staatsgewalt in der Bundesrepublik Deutschland ausgeht, wird nach dem Grundgesetz von den Deutschen, also den deutschen Staatsangehörigen und den ihnen nach Art. 116 Abs. 1 gleichgestellten Personen, gebildet.“

Vgl. BVerfGE 83, 37, 51 (Ausländerwahlrecht I) = BVerfG, Urteil des Zweiten Senats vom 31.10.1990 – 2 BvF 2, 6/89 –, Rn. 55: „Art. 116 GG, der die Eigenschaft als Deutscher auf die sogenannten Statusdeutschen erstreckt“.

[901] Zur **Deutschen-Eigenschaft**:

BVerfGE 83, 37, Ls. 3b) (Ausländerwahlrecht I) = BVerfG, Urteil des Zweiten Senats vom 31.10.1990 – 2 BvF 2, 6/89 –, Ls. 3b): „Damit wird für das Wahlrecht, durch dessen Ausübung das Volk in erster Linie die ihm zukommende Staatsgewalt wahrnimmt, nach der Konzeption des Grundgesetzes die Eigenschaft als Deutscher vorausgesetzt.“.

BVerfGE 83, 37, 51 (Ausländerwahlrecht I) = BVerfG, Urteil des Zweiten Senats vom 31.10.1990 – 2 BvF 2, 6/89 –, Rn. 55: „Art. 116 GG, der die Eigenschaft als Deutscher auf die sogenannten Statusdeutschen erstreckt.“

[902] Zum **Deutsch-Sein**: BVerfGE 83, 37, Ls. 4 (Ausländerwahlrecht I) = BVerfG, Urteil des Zweiten Senats vom 31.10.1990 – 2 BvF 2, 6/89 –, Ls. 4: „die Deutsche im Sinne des Art. 116 Abs. 1 GG sind.“.

[903] Zur **deutschen Staatsangehörigkeit** vgl. BVerfGE 83, 37, Ls. 3a) (Ausländerwahlrecht I) = BVerfG, Urteil des Zweiten Senats vom 31.10.1990 – 2 BvF 2, 6/89 –, Ls. 3a): „Das Staatsvolk, von dem die Staatsgewalt in der Bundesrepublik Deutschland ausgeht, wird nach dem Grundgesetz von den Deutschen,

Unionsbürger (EU-Bürger) ist, wer die Staatsangehörigkeit eines EU-Mitgliedstaats besitzt; die Unionsbürgerschaft tritt zur nationalen Staatsbürgerschaft hinzu, ersetzt sie aber nicht, Art. 9 S. 2, 3 EUV, Art. 20 Abs. 1 S. 2, 3 AEUV.[904]

---

also den deutschen Staatsangehörigen und den ihnen nach Art. 116 Abs. 1 gleichgestellten Personen, gebildet."

[904] Vgl. zur in Art. 9 S. 2, 3 EUV, Art. 20 Abs. 1 S. 2, 3 AEUV ausdrücklich erwähnten nationalen **Staatsangehörigkeit** (Art. 116 GG, §§ 1, 3, 17 StAG) und zur in Art. 9 S. 2, 3 EUV, Art. 20 Abs. 1 AEUV ausdrücklich erwähnten Unionsbürgerschaft die Begriffe **Deutschengrundrecht / Bürgergrundrecht** bzw. Deutschenrecht und Bürgerrecht.

Art. 8 GG: „Alle Deutschen", Art. 9 Abs. 1 GG: „Alle Deutschen", Art. 11 Abs. 1 GG: „Alle Deutschen", Art. 12 Abs. 1 GG: „Alle Deutschen", Art. 16 Abs. 1 GG: „deutsche Staatsangehörigkeit", Art. 16 Abs. 2 GG: „Deutscher".

Art. 21 EUGRCh (allgemeines **EU-Diskriminierungsverbot**); Art. 18 AEUV i.V.m. Art. 21 EUGRCh (**EU-Staatsangehörigkeits-Diskriminierungsverbot**: Verbot der Diskriminierung aus Gründen der Staatsangehörigkeit im Anwendungsbereich der EU-Verträge unbeschadet besonderer Bestimmungen).

Titel V (Art. 39-46) EUGRCh (**Bürgerrechte**); Art. 20 Abs. 2b und Art. 22 Abs. 2 AEUV i.V.m. Art. 39 EUGRCh (Aktives und passives **Wahlrecht** bei den Wahlen zum Europäischen Parlament): „Unionsbürgerinnen und Unionsbürger"; Art. 20 Abs. 2b und Art. 22 Abs. 1 AEUV i.V.m. Art. 40 EUGRCh (Aktives und passives **Wahlrecht** bei den Kommunalwahlen): „Unionsbürgerinnen und Unionsbürger", Art. 41 EUGRCh (Recht auf eine gute Verwaltung): „Jede Person", Art. 42 EUGRCh (Recht auf Zugang zu Dokumenten): „Unionsbürgerinnen und Unionsbürger", Art. 43 EUGRCh (Der Europäische Bürgerbeauftragte): „Unionsbürgerinnen und Unionsbürger", Art. 20 Abs. 2d AEUV i.V.m. Art. 44 EUGRCh (**Petitionsrecht**): „Unionsbürgerinnen und Unionsbürger", Art. 20 Abs. 2a und Art. 21 AEUV i.V.m. Art. 6, 45 EUGRCh (**Bewegungsfreiheit, Freizügigkeit, Aufenthaltsfreiheit**): „Unionsbürgerinnen und Unionsbürger", Art. 20 Abs. 2c und Art. 23 AEUV i.V.m. Art. 46 EUGRCh (**Diplomatischer und konsularischer Schutz**): „Unionsbürgerinnen und Unionsbürger".

Vgl. BVerfGE 83, 37, Ls. 2-5 und 51 (**Ausländerwahlrecht** I) = BVerfG, Urteil des Zweiten Senats vom 31.10.1990 – 2 BvF 2, 6/89 –, Ls. 2-5 und C. I. 2., Rn. 53-55.

Vgl. auch BVerfG, Beschluss des Zweiten Senats vom 14.01.2020 – 2 BvR 1333/17 –, Rn. 87: „**Staat** als Heimstatt aller **Staatsbürger**".

Vgl. auch Art. 116 GG (**Deutscher / Statusdeutscher / Staatsangehörigkeit**), §§ 1, 3, 17 StAG (**Staatsangehörigkeit**), vgl. auch § 2 Abs. 1 AufenthG („**Ausländer**"), § 3b Abs. 1 Nr. 3 AsylG („**Nationalität**"), § 28 BeschV („**Deutsche Volkszugehörige**"), § 6 BVFG („**Volkszugehörigkeit**").

Vgl. Art. 9 S. 2, 3 EUV, Art. 20 Abs. 1 S. 2, 3 AEUV (**Unionsbürger**); Art. 9 S. 1 EUV („Die Union achtet in ihrem gesamten Handeln den **Grundsatz der Gleichheit ihrer Bürgerinnen und Bürger**, denen ein gleiches Maß an Aufmerksamkeit seitens der Organe, Einrichtungen und sonstigen Stellen der Union zuteil wird."); Titel III (Art. 20-26) EUGRCh („Gleichheit"), insbesondere auch: Art. 20, 21, 23, 25, 26, 34, 35 EU-GR-Charta; Art. 21 EUGRCh (allgemeines **EU-Diskriminierungsverbot**); Art. 18 AEUV i.V.m. Art. 21 EUGRCh (**EU-Staatsangehörigkeits-Diskriminierungsverbot**: Verbot der Diskriminierung aus Gründen der Staatsangehörigkeit im Anwendungsbereich der EU-Verträge unbeschadet besonderer Bestimmungen).

Vgl. § 21 Abs. 1 GO NRW: „**Einwohner** ist, wer in der Gemeinde wohnt. § 21 Abs. 2 GO NRW: „**Bürger** ist, wer zu den Gemeindewahlen wahlberechtigt ist.".

Vgl. Art. 38 GG; Art. 2, 3, 30, 31 Verfassung NRW; Titel V (Art. 39-46) EUGRCh (**Bürgerrechte**); Art. 20 Abs. 2b und Art. 22 Abs. 2 AEUV i.V.m. Art. 39 EUGRCh (Aktives und passives **Wahlrecht** bei den Wahlen zum Europäischen Parlament): „Unionsbürgerinnen und Unionsbürger"; Art. 20 Abs. 2b und Art. 22 Abs. 1 AEUV i.V.m. Art. 40 EUGRCh (Aktives und passives **Wahlrecht** bei den Kommunalwahlen): „Unionsbürgerinnen und Unionsbürger", § 12 BWahlG (**Wahlberechtigung**), § 15 BWahlG (**Wählbarkeit**), § 1 Landeswahlgesetz NRW (**Wahlberechtigung**), § 4 Landeswahlgesetz NRW (**Wählbarkeit**), § 7 Kommunalwahlgesetz NRW (**Wahlberechtigung**), § 12 Kommunalwahlgesetz NRW (**Wählbarkeit**).

Drittstaatsangehöriger ist Angehöriger eines Drittstaats.[905]

Drittstaat ist ein anderer Staat als der Staat oder die Staaten einer bestimmten, gemeinsamen Rechtsordnung oder eines bestimmten gemeinsamen Rechtsgebietes, von der oder von dem aus der andere Staat als Drittstaat angesehen wird.

Staat ist die Körperschaft[906] eines sesshaften Volks (**Staatsvolk**) mit ursprünglicher Herrschafts-, Kontroll- und Regelungsmacht (**Staatsgewalt**) über ein abgegrenztes Gebiet (**Staatsgebiet**).[907]

Land ist schwerpunktmäßig das Staatsgebiet[908], vgl. „BRD" und „Deutschland", vgl. auch die im GG „Länder" genannten Bundesländer oder ein im GG „Land" genanntes Bundesland wie NRW.

(Bundes-)Land ist staatsrechtliche[909], und völkerrechtliche[910] Gebietskörperschaft mit Eigenstaatlichkeit[911] einschließlich der Gemeinden und anderer kommunaler Verwaltungsträger[912].

---

905 Zum gesetzlichen **Drittstaatsangehörigen**-Begriff (Legaldefinition): Art. 16a Abs. 2 S. 1 GG: „aus einem Mitgliedstaat der Europäischen Gemeinschaften oder aus einem anderen Drittstaat"; § 26a AsylG („sicherer Drittstaat" i.S.d. Art. 16a Abs. 2 S. 1 GG); § 29a AsylG („sicherer Herkunftsstaat" i.S.d. Art. 16a Abs. 3 S. 1 GG); VO (EU) 2018/1806 zur Aufstellung der Liste der Drittländer, deren Staatsangehörige beim Überschreiten der Außengrenzen im Besitz eines Visums sein müssen, sowie der Liste der Drittländer, deren Staatsangehörige von dieser Visumpflicht befreit sind (EUVisumVO); Art. 2 Nr. 6 VO (EU) 2016/399 (SGK); Art. 2 a) VO (EU) Nr. 604/2013 (Dublin-III-VO); Art. 2 Nr. 1 VO (EG) Nr. 810/2009 (Visakodex). Vgl. „**Drittausländer**" i.S.d. Art. 21 Abs. 1, 2 SDÜ.

906 Vgl. zum Körperschaftsbegriff im Zusammenhang von Anhang I Nr. 2, Anhang II Nr. 4 VO (EU) 2018/1806 (EUVisumVO): „**Gebietskörperschaften**".

907 Vgl. die sog. **Drei-Elemente-Lehre** von *Jellinek*, Allgemeine Staatslehre, S. 183, 433. Zum aus Deutschen im Sinne des Art. 116 GG gebildeten Staatsvolk im Sinne des Art. 20 GG: BVerfGE 83, 37, Ls. 3 a), und 51 (Ausländerwahlrecht I) = BVerfG, Urteil des Zweiten Senats vom 31.10.1990 – 2 BvF 2, 6/89 –, Ls. 3a) und C. I. 2., Rn. 54.

908 Zum Terminus „**Land**" mit dem semantischen Schwerpunkt auf dem Territorium, eben dem Staatgebiet: *Jellinek*, Allgemeine Staatslehre, S. 131.

909 Vgl. insbesondere Art. 28, 29, 30, 33 Abs. 1 GG, Art. 1 Abs. 1 Verfassung NRW.

910 Vgl. insbesondere Art. 23 Abs. 2, Abs. 5-7 GG, Art. 24 Abs. 1a, Art. 32 GG.

911 BVerfGE 1, 14, 34 (Südweststaat) = BVerfG, Urteil des Zweiten Senats vom 23.10.1951 - 2 BvG 1/51 - D. 4., Rn. 83: „Die Länder sind als Glieder des Bundes Staaten mit eigener - wenn auch gegenständlich beschränkter - nicht vom Bund abgeleiteter, sondern von ihm anerkannter staatlicher Hoheitsmacht."; BVerfGE 101, 158, 221 f. (Finanzausgleich III) = BVerfG, Urteil des Zweiten Senats vom 11.11.1999 – 2 BvF 2, 3/98, 1, 2/99 - C. I. 2. c), Rn. 291 f.

912 Vgl. Art 1 Abs. 1 S. 1, 2 Verfassung NRW: „**Nordrhein-Westfalen** ist ein Gliedstaat der Bundesrepublik Deutschland. Das Land gliedert sich in Gemeinden und Gemeindeverbände.". Vgl. auch Gemeindeordnungen wie die GO NRW, vgl. §§ 1, 2 GO NRW.

Staatsvolk ist grundsätzlich die Gesamtheit aller Staatsangehörigen aufgrund gewisser anerkannter Kriterien[913], jedenfalls in beständiger Eingliederung in die staatsgewaltliche Ordnung mit Rechten[914] und Pflichten[915] auch außerhalb des Staatsgebietes.

Staatsgewalt ist die originäre/ursprüngliche/unabgeleitete, effektive und selbstorganisationsfähige Herrschafts-, Kontroll- und Regelungsmacht (Fähigkeit zur Vorgabe einer mit Gewaltmonopol und hergestellter Einsicht in Richtigkeit und Notwendigkeit durchsetzbaren rechtlichen Ordnung) über Staatsgebiet und Staatsvolk.

Staatsgebiet ist die mit Grenzen ausgestattete, abwehrfähige, geografische (Erdoberfläche Meer: 12-Meilen-Zone, 24-Meilen-Angrenzer-Zone, 200-Meilen-Wirtschaftszone; Luftraum: ca. 80-100km) und rechtliche Zusammenfassung von Personen und Sachen mit Hoheitsgewaltsausübungsrechten und gegenüber anderen Personen/Körperschaften/Staaten durchsetzbarem Hoheitsgewaltausübungsverbot, in der BRD mit Einheitlichkeit von Bundes- und Landesgebiet (ungleich etwa in Vereinigte Staaten von Amerika, Hauptstadtdistrikt Washington D.C.).

Staatsgrenzen sind

- als Grenzen allgemein: gedachte, ggf. gekennzeichnete oder symbolisierte Trenn-Flächen oder Trennlinien[916].
- als **Binnengrenzen**[917]:

---

[913] Allgemein grundsätzliche, historisch wechselnde, allein oder in Verbindung miteinander geltende **Staatsangehörigkeitsprinzipien**: **Abstammungsprinzip** (ius sanguinis) und **Geburtsortprinzip / Territorialprinzip** (ius soli / ius terrae). Vgl. Art. 116 GG (**Deutscher / Statusdeutscher / Staatsangehörigkeit**), §§ 1, 3, 17 StAG (**Staatsangehörigkeit**), vgl. auch § 2 Abs. 1 AufenthG („**Ausländer**"), § 3b Abs. 1 Nr. 3 AsylG („**Nationalität**"), § 28 BeschV („**Deutsche Volkszugehörige**"), § 6 BVFG („**Volkszugehörigkeit**").

[914] Z.B.: Grundrechte, diplomatischer Schutz, Wahlrecht.

[915] Z.B.: Friedenspflicht, allgemeine Treuepflicht, Steuerpflicht.

[916] **Landgrenzen** sind allgemein menschheitsgeschichtlich entwickelt und aktuell umstritten oder bestimmt nach Usancen oder Verträgen, dabei nach bestimmten Kriterien wie: Bach, Fluss, Gebirgskamm, Meer, Meeresarm, See, Verkehrsweg, Wald, Wüste, Längen- und Breitengrade (vgl. „Reißbrettgrenzen"), (historische) Schussweite von zwei gedachten Linien.

Zu **Seegrenzen** vgl. insbesondere: Seerechtsübereinkommen der Vereinten Nationen, Abgeschlossen in Montego Bay am 10.12.1982, mit Vertragsstaat Deutschland und dessen Ratifikation am 14.10.1994, Inkrafttreten: 28.07.1996.

Zu **Luftraumgrenzen**: International weitgehend anerkannte/respektierte Kármán-Linie als gedachte Grenze in 100 km Höhe über dem Meeresspiegel, die dazu genutzt wird, um die Luftfahrt von der Raumfahrt zu unterscheiden, als Abgrenzung der Erdatmosphäre zum freien Weltraum, festgelegt von der Fédération Aéronautique Internationale (FAI) und benannt zu Ehren des Luftfahrttechnikers Theodore von Kármán.

Zum **Weltraumrecht**: Verträge der Vereinten Nationen und weiterer internationaler Organisationen.

[917] Art. 22 VO (EU) 2016/399 über einen Gemeinschaftskodex für das Überschreiten der Grenzen durch Personen (Schengener Grenzkodex – SGK): „Die Binnengrenzen dürfen unabhängig von der Staatsangehörigkeit der betreffenden Personen an jeder Stelle ohne [systematische, siehe Art. 23 SGK] Personenkontrollen überschritten werden." Ausnahmen gemäß Art. 25-32 SGK (so grundsätzlich zum Beispiel: Deutschland-Österreich, Deutschland-Dänemark, Dänemark-Schweden) und gemäß Art. 41 SGK „Ceuta und Melilla – Die Bestimmungen dieser Verordnung berühren nicht die für die Städte Ceuta und Melilla geltenden Sonderregelungen, die in der Erklärung des Königreichs Spanien in Bezug auf die Städte Ceuta und Melilla in der Schlussakte zur Akte über den Beitritt des Königreichs Spanien zum Übereinkommen zur Durchführung des Übereinkommens von Schengen vom 14. Juni 1985 festgelegt sind." Ceuta und Melilla sind kontinentalgeographisch in Nordafrika gelegene Exklaven Spaniens mit visafreiem

a) die gemeinsamen Landgrenzen der Mitgliedstaaten, einschließlich der Fluss- und Binnenseegrenzen,

b) die Flughäfen der Mitgliedstaaten für Binnenflüge,

c) die See-, Flussschifffahrts- und Binnenseehäfen der Mitgliedstaaten für regelmäßige interne Fährverbindungen;

- als **Außengrenzen**:

  die Landgrenzen der Mitgliedstaaten, einschließlich der Fluss- und Binnenseegrenzen, der Seegrenzen und der Flughäfen sowie der Flussschifffahrts-, See- und Binnenseehäfen, soweit sie nicht Binnengrenzen sind.[918]

Bundesrepublik Deutschland (BRD) / **Deutschland** ist Staat des deutschen Volks auf bestimmtem Ländergebiet (BRD als staatsrechtliche und völkerrechtliche Personal- und Gebietskörperschaft mit Mitgliedschaft schwerpunktmäßig qua Volkszugehörigkeit oder Gebietszugehörigkeit, vgl. insbesondere Präambel GG, Art. 1 Abs. 2 GG, Art. 20 GG, Art. 116 GG, Art. 146 GG, §§ 1, 3, 17 StAG; als **zweigliedriger Bundesstaat**[919], eben durch zwei hauptsächliche Gliederungsebenen, nämlich denen von Bund und [Bundes-]Ländern[920]).[921]

Grenzverkehr zu den marokkanischen Provinzen Tetuán und Nador und in diesem Zusammenhang mit systematischen Kontrollen des Fährverkehrs zum spanischen Festland, obgleich innerhalb der Nation Spaniens stattfindend.

[918] Zu „**Binnengrenzen**" und „**Außengrenzen**": Art. 2 Nr. 1, 2 VO (EU) 2016/399 über einen Gemeinschaftskodex für das Überschreiten der Grenzen durch Personen (Schengener Grenzkodex – SGK). Vgl. auch Art. 2 Nr. 8, 9, 10, 11, 12, 14 VO (EU) 2016/399 (SGK) zu: **Grenzübergangsstelle**, gemeinsame Grenzübergangsstelle, **Grenzkontrollen**, **Grenzübertrittskontrollen**, **Grenzüberwachung**, **Grenzschutzbeamte**.

[919] BVerfGE 13, 54, 77-79 (Neugliederung Hessen) = BVerfG, Urteil des Zweiten Senats vom 11.07.1961 - 2 BvG 2/58 -, B. I. 1. e), Rn. 60-64, Rn. 62 f.: „Die **bundesstaatliche Verfassung** umschließt mehrere Rechtskreise: den Verfassungsrechtskreis zwischen den Organen des Gesamtstaates, den Rechtskreis zwischen Gesamtstaat und Gliedstaaten, den Rechtskreis zwischen den Gliedstaaten. Der Verfassungsrechtskreis ist der Schauplatz der Organstreitigkeiten innerhalb des Bundes, aber dieser **Bund** ist kein Zentral-‚Staat' im Unterschied zu einem Gesamt-‚Staat', sondern nur die oberstaatliche Organisation, die zugleich im Verhältnis zu den Gliedstaaten den **Bundesstaat** repräsentiert. Die Rechtskreise zwischen Gesamtstaat und Gliedstaaten und zwischen den Gliedstaaten werden durch das Bündnis der Gliedstaaten geschaffen, daß der Bundesstaat begrifflich voraussetzt. Zwischen dem so geschaffenen **Oberstaat** und den Gliedstaaten kann aber nicht ein weiteres Bündnis bestehen, aus dem ein sogenannter Gesamtstaat hervorgehen würde. Wenn das Grundgesetz vom Bund im Gegensatz zu den Ländern spricht und insbesondere Bund und Länder als mögliche Parteien eines Verfassungsstreites vor dem Bundesverfassungsgericht bezeichnet, dann versteht es unter **Bund** den Oberstaat, der durch die Verbindung der Länder zu einem Bundesstaat bewirkt wird. Dieser Oberstaat ist den Ländern prinzipiell übergeordnet (vgl. BVerfGE 1, 14 [51]); nur in den Bereichen, die die Bundesverfassung nicht geordnet hat, besteht Gleichordnung.".

[920] **Bund- und Land-/Länder-Verhältnis** ergibt sich insbesondere aus: Art. 22 Abs. 1 S. 2 GG, Art. 23, 24 GG, Art. 25 GG, Art. 28 GG, Art. 29 GG, Art. 30 GG, Art. 31 GG, Art. 32 GG, Art. 33 Abs. 1 GG, Art. 35-37 GG, Art. 70-91e GG, Art. 104a-115 GG, Art. 118, 118a GG.

[921] Vgl. die sog. **Drei-Elemente-Lehre** von *Jellinek*, Allgemeine Staatslehre, S. 183, 433. Vgl. BVerfGE 83, 37 (Ausländerwahlrecht I) = BVerfG, Urteil des Zweiten Senats vom 31.10.1990 – 2 BvF 2, 6/89 –, Ls. 2-5: „2. Art. 20 Abs. 2 Satz 1 GG bestimmt, daß das **Staatsvolk** der Bundesrepublik Deutschland Träger und Subjekt der Staatsgewalt ist. 3. a) Das **Staatsvolk**, von dem die Staatsgewalt in der Bundesrepublik Deutschland ausgeht, wird nach dem Grundgesetz von den Deutschen, also den deutschen Staatsangehörigen und den ihnen nach Art. 116 Abs. 1 gleichgestellten Personen, gebildet. b) Damit wird für das **Wahlrecht**, durch dessen Ausübung das Volk in erster Linie die ihm zukommende Staatsgewalt wahrnimmt, nach der Konzeption des Grundgesetzes die Eigenschaft als **Deutscher** vorausgesetzt. 4. Die den

Bundesländern zukommende **Staatsgewalt** kann gemäß Art. 20 Abs. 2, Art. 28 Abs. 1 Satz 1 GG ebenfalls nur von denjenigen getragen werden, die Deutsche im Sinne des Art. 116 Abs. 1 GG sind. 5. Auch soweit Art. 28 Abs. 1 Satz 2 GG eine **Vertretung des Volkes für die Kreise und Gemeinden** vorschreibt, bilden ausschließlich **Deutsche** das Volk und wählen dessen Vertretung. Die Vorschrift gewährleistet für alle **Gebietskörperschaften auf dem Territorium der Bundesrepublik Deutschland** die Einheitlichkeit der demokratischen Legitimationsgrundlage und trägt damit der besonderen Stellung der kommunalen Gebietskörperschaften im Aufbau des demokratischen Staates Rechnung.".

BVerfGE 83, 37, 51 (Ausländerwahlrecht I) = BVerfG, Urteil des Zweiten Senats vom 31.10.1990 – 2 BvF 2, 6/89 –, Rn. 54: „Das **Volk**, von dem die **Staatsgewalt in der Bundesrepublik Deutschland** ausgeht, wird nach dem Grundgesetz von den **deutschen Staatsangehörigen** und den ihnen nach Art. 116 Abs. 1 gleichgestellten Personen gebildet. Die Zugehörigkeit zum **Staatsvolk der Bundesrepublik** wird also grundsätzlich durch die **Staatsangehörigkeit** vermittelt (vgl. BVerfGE 37, 217 [239, 253]). Die **Staatsangehörigkeit** ist die rechtliche Voraussetzung für den gleichen **staatsbürgerlichen Status**, der einerseits gleiche Pflichten, zum anderen und insbesondere aber auch die Rechte begründet, durch deren Ausübung die Staatsgewalt in der Demokratie ihre Legitimation erfährt. Auch andere Regelungen des Grundgesetzes, die einen Bezug zum **Volk** aufweisen, lassen keinen Zweifel daran, daß **Staatsvolk** das **deutsche Volk** ist: Nach der Präambel ist es das **Deutsche Volk**, welches sich kraft seiner verfassungsgebenden Gewalt das Grundgesetz gegeben hat; Art. 33 Abs. 1 und 2 gewährleistet jedem Deutschen in jedem Lande die gleichen staatsbürgerlichen Rechte und Pflichten; nach Art. 56 und Art. 64 Abs. 2 schwören der Bundespräsident und die Mitglieder der Bundesregierung, ihre Kraft dem Wohle des deutschen Volkes zu widmen; schließlich weist Art. 146 dem deutschen Volke die Entscheidung über eine das Grundgesetz zu gegebener Zeit ablösende Verfassung zu. In nicht zu übersehender Parallelität erklären die Präambel und Art. 146 GG das deutsche Volk zum **Träger und Subjekt des Staates der Bundesrepublik Deutschland**. Ebenso erhält Art. 116 GG, der die Eigenschaft als **Deutscher** auf die sogenannten **Statusdeutschen** erstreckt, seinen Sinn erst dadurch, daß der **Träger der deutschen Staatsgewalt** im Ausgangspunkt durch die Gesamtheit der **deutschen Staatsangehörigen** zu definieren ist. Der Verfassungsgeber hat dort, wo er im Blick auf Besonderheiten der Nachkriegszeit bestimmte Modifikationen dieses Grundsatzes zugelassen hat, dies ausdrücklich geregelt.".

Vgl. auch BVerfG, Beschluss des Zweiten Senats vom 14.01.2020 – 2 BvR 1333/17 –, Rn. 87: „**Staat** als Heimstatt aller **Staatsbürger**".

Vgl. auch Art. 116 GG (**Deutscher / Statusdeutscher / Staatsangehörigkeit**), §§ 1, 3, 17 StAG (**Staatsangehörigkeit**), vgl. auch § 2 Abs. 1 AufenthG („**Ausländer**"), § 3b Abs. 1 Nr. 3 AsylG („**Nationalität**"), § 28 BeschV („**Deutsche Volkszugehörige**"), § 6 BVFG („**Volkszugehörigkeit**").

Vgl. Art. 9 S. 2, 3 EUV, Art. 20 Abs. 1 S. 2, 3 AEUV (**Unionsbürger**); Art. 9 S. 1 EUV („Die Union achtet in ihrem gesamten Handeln den **Grundsatz der Gleichheit ihrer Bürgerinnen und Bürger**, denen ein gleiches Maß an Aufmerksamkeit seitens der Organe, Einrichtungen und sonstigen Stellen der Union zuteil wird."); Titel III (Art. 20-26) EUGRCh („Gleichheit"), insbesondere auch: Art. 20, 21, 23, 25, 26, 34, 35 EU-GR-Charta; Art. 21 EUGRCh (allgemeines **EU-Diskriminierungsverbot**); Art. 18 AEUV i.V.m. Art. 21 EUGRCh (**EU-Staatsangehörigkeits-Diskriminierungsverbot**: Verbot der Diskriminierung aus Gründen der Staatsangehörigkeit im Anwendungsbereich der EU-Verträge unbeschadet besonderer Bestimmungen).

Vgl. § 21 Abs. 1 GO NRW: „**Einwohner** ist, wer in der Gemeinde wohnt. § 21 Abs. 2 GO NRW: „**Bürger** ist, wer zu den Gemeindewahlen wahlberechtigt ist.".

Vgl. Art. 38 GG; Art. 2, 3, 30, 31 Verfassung NRW; Titel V (Art. 39-46) EUGRCh (**Bürgerrechte**); Art. 20 Abs. 2b und Art. 22 Abs. 2 AEUV i.V.m. Art. 39 EUGRCh (Aktives und passives **Wahlrecht** bei den Wahlen zum Europäischen Parlament): „Unionsbürgerinnen und Unionsbürger"; Art. 20 Abs. 2b und Art. 22 Abs. 1 AEUV i.V.m. Art. 40 EUGRCh (Aktives und passives **Wahlrecht** bei den Kommunalwahlen): „Unionsbürgerinnen und Unionsbürger", § 12 BWahlG (**Wahlberechtigung**), § 15 BWahlG (**Wählbarkeit**), § 1 Landeswahlgesetz NRW (**Wahlberechtigung**), § 4 Landeswahlgesetz NRW (**Wählbarkeit**), § 7 Kommunalwahlgesetz NRW (**Wahlberechtigung**), § 12 Kommunalwahlgesetz NRW (**Wählbarkeit**).

BRD-Gebiet ist das Staatsgebiet der Bundesrepublik Deutschland.

BVerfG, Urteil des Zweiten Senats vom 05.05.2020 – 2 BvR 859/15 – (EZB-Staatsanleihekaufprogramm [Public Sector Purchase Programme – PSPP]), C. I. 1.-2 (vor 2a), Rn. 98-101: „Das dem Einzelnen in Art. 38 Abs. 1 Satz 1 GG garantierte **Wahlrecht** zum Deutschen Bundestag erschöpft sich nicht in einer formalen Legitimation der (Bundes-)Staatsgewalt (1.). Der Anspruch der Bürgerinnen und Bürger auf **demokratische Selbstbestimmung** gilt auch in Ansehung der europäischen Integration (2.) und schützt sie [vgl. status positivus, vgl. auch Rn. 114, P. B.] im Anwendungsbereich von Art. 23 Abs. 1 GG vor offensichtlichen und strukturell bedeutsamen Kompetenzüberschreitungen durch Organe, Einrichtungen und sonstige Stellen der Europäischen Union (3.) sowie davor, dass solche Maßnahmen die Grenze der durch Art. 79 Abs. 3 GG für unantastbar erklärten Grundsätze des Art. 1 oder des Art. 20 GG überschreiten (4.). Das dem Einzelnen in Art. 38 Abs. 1 Satz 1 GG garantierte Wahlrecht zum Deutschen Bundestag erschöpft sich nach gefestigter Rechtsprechung des Bundesverfassungsgerichts nicht in einer formalen Legitimation der (Bundes-)Staatsgewalt, sondern umfasst auch dessen grundlegenden demokratischen Gehalt (vgl. BVerfGE 89, 155 <171>; 97, 350 <368>; 123, 267 <330>; 129, 124 <168>; 134, 366 <396 Rn. 51>; 142, 123 <189 Rn. 123>; 146, 216 <249 Rn. 45>; BVerfG, Urteil des Zweiten Senats vom 30. Juli 2019 - 2 BvR 1685/14, 2 BvR 2631/14 -, Rn. 115; vgl. auch BVerfGE 135, 317 <386 Rn. 125>). Dazu gehören namentlich der in Art. 20 Abs. 2 Satz 1 GG verankerte Grundsatz der **Volkssouveränität** und der damit zusammenhängende Anspruch der Bürgerinnen und Bürger, nur einer öffentlichen Gewalt ausgesetzt zu sein, die sie auch legitimieren und beeinflussen können (vgl. BVerfGE 142, 123 <189 Rn. 123>; BVerfG, Urteil des Zweiten Senats vom 30. Juli 2019 - 2 BvR 1685/14, 2 BvR 2631/14 -, Rn. 115). Jede in Deutschland ausgeübte öffentliche Gewalt muss danach auf die Bürgerinnen und Bürger zurückführbar sein [**Staatsgewalt-Legitimationskette**, P. B.] (vgl. BVerfGE 83, 37 <50 f.>; 93, 37 <66>; 130, 76 <123>; 137, 185 <232 Rn. 131>; 139, 194 <224 Rn. 106>; 142, 123 <191 Rn. 128>; BVerfG, Urteil des Zweiten Senats vom 30. Juli 2019 - 2 BvR 1685/14, 2 BvR 2631/14 -, Rn. 117). Dies schließt es aus, dass diese einer politischen Gewalt unterworfen werden, der sie nicht ausweichen können und die sie nicht prinzipiell personell und sachlich zu gleichem Anteil in Freiheit zu bestimmen vermögen (vgl. BVerfGE 123, 267 <341>; 142, 123 <191 Rn. 128>; BVerfG, Urteil des Zweiten Senats vom 30. Juli 2019 - 2 BvR 1685/14, 2 BvR 2631/14 -, Rn. 117). Art. 38 Abs. 1 Satz 1 GG gewährt dagegen keinen Anspruch auf eine über die Sicherung des durch Art. 20 Abs. 1 und Abs. 2 in Verbindung mit Art. 79 Abs. 3 in Verbindung mit Art. 1 Abs. 1 GG geschützten Anspruchs auf **demokratische Selbstbestimmung** hinausgehende Rechtmäßigkeitskontrolle demokratischer Mehrheitsentscheidungen. Er dient nicht der inhaltlichen Kontrolle demokratischer Prozesse, sondern ist auf deren Ermöglichung gerichtet (vgl. BVerfGE 129, 124 <168>; 134, 366 <396 f. Rn. 52>; 142, 123 <190 Rn. 126>; BVerfG, Urteil des Zweiten Senats vom 30. Juli 2019 - 2 BvR 1685/14, 2 BvR 2631/14 -, Rn. 118). Der in Art. 38 Abs. 1 Satz 1 in Verbindung mit Art. 20 Abs. 1 und Abs. 2 und Art. 79 Abs. 3 GG verankerte Anspruch auf **demokratische Selbstbestimmung** gilt ausweislich von Art. 23 Abs. 1 Satz 1 und Satz 3 GG grundsätzlich auch in Ansehung der europäischen Integration.".

Europäische Union (EU) ist als rechts- und geschäftsfähiges[922] Völkerrechtssubjekt ein Staaten-, Verfassungs-, Verwaltungs- und Rechtsprechungsverbund[923], der – im Rahmen von

---

[922] Zur **EU-Rechts- und Geschäftsfähigkeit** vgl. Art. 47 EUV, Art. 17 Abs. 1 S. 6 EUV, Art. 335 AEUV.

EU-Organe („Organe der Union") sind im primärrechtlichen **EU-Institutionenrahmen** (im „institutionellen Rahmen") gemäß Art. 13 EUV: das **Europäische Parlament** (Art. 14 EUV), der **Europäische Rat** (Art. 14, 15 EUV), der **Rat** (der Europäischen Union) [auch genannt: „EU-Ministerrat"] (Art. 16 EUV), die **Europäische Kommission** („Kommission") (Art. 17 EUV), der **Gerichtshof der Europäischen Union** (EuGH) (Art. 19 EUV, Art. 251-281 AEUV), die **Europäische Zentralbank** (EZB) (Art. 282-284 AEUV), der **Rechnungshof** (Art. 285-287 AEUV).

EU-Agenturen sind sekundärrechtlich von den EU-Organen gegründete Einrichtungen mit eigener Rechtspersönlichkeit i.d.R. auch außerhalb des institutionellen EU-Rahmens.

Polizeirelevantere **EU-Agenturen** oder andere sicherheitsrelevantere **EU-Einrichtungen des europäischen öffentlichen Rechts** (ggf. mit folgenden Zusatzangaben: ggf. Bezeichnungsvarianten, ggf. Abkürzungsvarianten, Sitz, Rechtsgrundlage):

- Agentur der Europäischen Union für Grundrechte (Grundrechteagentur) /Fundamental Rights Agency (FRA), Wien, Art. 352 AEUV (ex-Art. 308 EGV) i.V.m. VO (EG) Nr. 168/2007
- Agentur der Europäischen Union für justizielle Zusammenarbeit in Strafsachen/European Union's Judicial Cooperation Unit (Eurojust), Den Haag, Art. 85 AEUV i.V.m. VO (EU) 2018/1727 (konsolidierte Fassung vom 21.11.2018)
- Europäische Staatsanwaltschaft (EUStA) / European Public Prosecutor's Office (EPPO), Luxemburg, Art. 86 AEUV i.V.m. VO (EU) 2017/1939
- Agentur der Europäischen Union für die Aus- und Fortbildung auf dem Gebiet der Strafverfolgung/Europäische Polizeiakademie (EPA) / European Union Agency for Law Enforcement Training / Collège Européen de Police (CEPOL), Budapest, Art. 87 AEUV i.V.m. VO (EU) 2015/2219
- Agentur der Europäischen Union für die Zusammenarbeit auf dem Gebiet der Strafverfolgung/European Police Office (Europol), Den Haag, Art. 88 AEUV i.V.m. VO (EU) 2016/794
- Europäische Agentur für das Betriebsmanagement von IT-Großsystemen im Raum der Freiheit, der Sicherheit und des Rechts (kurz: Europäische Agentur für IT-Großsysteme) / European Agency for the Operational Management of large-scale IT Systems in the Area of Freedom, Security and Justice (eu-LISA), Tallinn, Art. 74, 77 Abs. 2a, b, Art.78 Abs. 2 S. 2e, Art. 79 Abs. 2c, Art. 82 Abs. 1d, Art. 85 Abs. 1, Art. 87 Abs. 2a, Art. 88 Abs. 2 i.V.m. VO (EU) 2018/1726
- Europäische Agentur für die Grenz- und Küstenwache / European Border and Cost Guard Agency (EBCG) / Frontex (frontières extérieures), Warschau, Art. 77 Abs. 2b, d, Art. 79 Abs. 2c AEUV i.V.m. VO (EU) 2019/1896
- Europäisches Unterstützungsbüro für Asylfragen (Europäisches Asylbüro) / European Asylum Support Office (EASO), Valetta Art. 74, 78 Abs. 1, 2 AEUV i.V.m. VO (EU) Nr. 439/2010
- Institut der Europäischen Union für Sicherheitsstudien (EU-Sicherheitsstudieninstitut) / EU Institute for Security Studies (EUISS), Paris, Art. 28, 31 Abs. 1 AEUV i.V.m. Beschluss 2014/75/GASP
- Satellitenzentrum der Europäischen Union / European Union Satellite Centre (SATCEN) / (EUSC), Torrejón de Ardoz, Art. 28, 31 Abs. 2 EUV i.V.m. Beschluss 2014/401/GASP (konsolidierte Fassung vom 01.12.2016)
- Agentur für die Bereiche Entwicklung der Verteidigungsfähigkeiten, Forschung, Beschaffung und Rüstung / Europäische Verteidigungsagentur (EVA) / European Defence Agency (EDA), Brüssel, Art. 42, 45 EUV i.V.m. Beschluss (GASP) 2015/1835 (konsolidierte Fassung vom 13.10.2015)
- Europäische Fischereiaufsichtsagentur / European Fisheries Control Agency (EFCA), Vigo, Art. 43 Abs. 2 AEUV i.V.m. VO (EU) 2019/473
- Eisenbahnagentur der Europäischen Union / European Union Agency for Railways (ERA), Valenciennes, Art. 91 Abs. 1 AEUV i.V.m. VO (EU) 2016/796
- Europäische Agentur für die Sicherheit des Seeverkehrs / European Maritime Safety Agency (EMSA), Lissabon, Art. 100 AEUV (ex-Art. 80 EGV) i.V.m. VO (EG) Nr. 1406/2002 (konsolidierte Fassung vom 06.10.2016)

grundgesetzlicher **Verfassungsidentität** sowie **mit begrenzten Einzelermächtigungen ohne Kompetenz-Kompetenz** – seine Grundlagen letztlich in völkerrechtlichen Verträgen der EU-

---

- Agentur der Europäischen Union für Flugsicherheit / European Aviation Safety Agency (EASA), Köln, Art. 102 Abs. 2 AEUV i.V.m. VO (EU) 2018/1139 (konsolidierte Fassung vom 22.08.2018)
- Agentur der Europäischen Union für Cybersicherheit / European Union Agency for Cybersecurity (ENISA), Iraklio (Iraklion, Heraklion), Art. 114 AEUV i.V.m. VO (EU) 2019/881
- Europäische Chemikalienagentur / Europäische Agentur für chemische Stoffe / European Chemicals Agency (ECHA), Helsinki, Art. 114 AEUV (ex-Art. 95 EGV) i.V.m. VO (EG) Nr. 1907/2006 (berichtigte Fassung vom 29.05.2007)
- Europäische Behörde für Lebensmittelsicherheit / European Food Safety Authority (EFSA), Parma, Art. 39, 43, 114, 168 AEUV (ex-Art. 37, 95, 133, 152 EGV) i.V.m. VO (EG) Nr. 178/2002 (konsolidierte Fassung vom 26.07.2019)
- Europäische Arzneimittelagentur / European Medicines Agency (EMA), Amsterdam, Art. 114 AEUV (ex-Art. 95 EGV) und Art. 168 AEUV (ex-Art. 152 EGV) i.V.m. VO (EG) Nr. 726/2004 (konsolidierte Fassung vom 30.03.2019)
- Amt der Europäischen Union für geistiges Eigentum / European Union Intellectual Property Office (EUIPO), Alicante, Art. 118 Abs. 1 AEUV i.V.m. VO (EU) 2017/1001
- Europäische Beobachtungsstelle für Drogen und Drogensucht / European Monitoring Centre for Drugs and Drug Addiction (EMCDDA), Lissabon, Art. 168 AEUV (ex-Art. 152 EGV) i.V.m. VO (EG) Nr. 1920/2006 (konsolidierte Fassung vom 23.11.2018) und Art. 168 Abs. 5 AEUV (ex-Art. 152 EGV) i.V.m. VO (EU) 2017/2101
- Europäische Zentrum für die Prävention und die Kontrolle von Krankheiten / European Centre for Disease Prevention and Control (ECDC), Solna, Art. 168 AEUV (ex-Art. 152 EGV) i.V.m. VO (EG) Nr 851/2004
- Agentur für das Europäische GNSS / European Global Navigation Satellite Systems Agency (GNSS), Prag, Art. 172 AEUV i.V.m. VO (EU) Nr. 912/2010, (Änderungs-)VO (EU) Nr. 512/2014 und Art. 152 AEUV i.V.m. VO (EU) Nr. 1285/2013
- Europäische Umweltagentur (EUA) / European Environment Agency (EEA), Kopenhagen, Art. 192 AEUV (ex-Art. 175 EGV) i.V.m. VO (EG) Nr. 401/2009 (kodifizierte Fassung)
- Übersetzungszentrum für die Einrichtungen der Europäischen Union / Translation Centre for the Bodies of the European Union (CdT), Luxemburg, Art. 352 AEUV (ex-Art. 308 EGV) i.V.m. VO (EG) Nr. 1645/2003
- Europäisches Amt für Betrugsbekämpfung / European Anti-fraud Office / Office Européen de Lutte Anti-Fraude (OLAF), Brüssel, Art. 325 AEUV, Art. 106a EuratomV (Vertrag zur Gründung der Europäischen Atomgemeinschaft vom 25.03.1957, Inkrafttreten am 01.01.1958) i.V.m. VO (EU, Euratom) Nr. 883/2013.

[923]BVerfG, Beschluss des Zweiten Senats vom 01.12.2020 – 2 BvR 1845/18 –, Rn. 38 [S. 2 = Leitsatz 3 außer Quellenangaben und mit „europäischer" Verfassungsgerichtsverbund] „Die **Europäische Union** ist ein Staaten-, Verfassungs-, Verwaltungs- und Rechtsprechungsverbund (vgl. BVerfGE 140, 317 <338 Rn. 44>; BVerfG, Urteil des Zweiten Senats vom 5. Mai 2020 – 2 BvR 859/15 u.a. -, Rn. 111). Im Rahmen des Verfassungsgerichtsverbunds gewährleistet das Bundesverfassungsgericht den Grundrechtsschutz in enger Kooperation mit dem Gerichtshof der Europäischen Union (vgl. BVerfGE 152, 216 <243 f. Rn. 68>), dem Europäischen Gerichtshof für Menschenrechte und den Verfassungs- und Höchstgerichten der anderen Mitgliedstaaten.".

EU-Verbund ist Abgrenzungsbegriff zu: Staat, Bundesstaat, Staatenbund. Die EU ist ein supranationaler (überstaatlicher) Zusammenschluss souveräner Staaten mit teilweise übertragener Souveränität dieser Mitgliedsstaaten, unterscheide „intergouvernementale" Völker(vertrags)rechtsebene der Vertragsstaaten und neue „supranationale" Ebene der EU. Vgl. auch die seit „The Unanimous Declaration of The Thirteen United States of America" vom 04.07.1776 bis heute ausdrücklich existierende Idee: „Vereinigte Staaten von Europa".

Mitgliedstaaten findet[924] – mit eigener Rechtsordnung und teilweise vorrangiger und unmittelbarer Wirkung von **EU-Recht**[925] in den EU-Mitgliedstaaten.

---

[924] BVerfGE 123, 267 (Lissabon) = BVerfG, Urteil des Zweiten Senats vom 30.06.2009 – 2 BvE 2/08 –, Ls. 1-4: „1. Das Grundgesetz ermächtigt mit Art. 23 GG zur Beteiligung und Entwicklung einer als **Staatenverbund** konzipierten **Europäischen Union**. Der Begriff des Verbundes erfasst eine enge, auf Dauer angelegte Verbindung souverän bleibender Staaten, die auf vertraglicher Grundlage öffentliche Gewalt ausübt, deren Grundordnung jedoch allein der Verfügung der Mitgliedstaaten unterliegt und in der die Völker - das heißt die **staatsangehörigen Bürger** - der Mitgliedstaaten die **Subjekte demokratischer Legitimation** bleiben. 2. a) Sofern die Mitgliedstaaten das Vertragsrecht so ausgestalten, dass unter grundsätzlicher Fortgeltung des Prinzips der **begrenzten Einzelermächtigung** [Art. 5 Abs. 1, 2 EUV, P. B.] eine Veränderung des Vertragsrechts ohne Ratifikationsverfahren herbeigeführt werden kann, obliegt neben der Bundesregierung den gesetzgebenden Körperschaften eine besondere Verantwortung im Rahmen der Mitwirkung, die in Deutschland innerstaatlich den Anforderungen des Art. 23 Abs. 1 GG genügen muss (**Integrationsverantwortung** [vgl. auch: EUBLG; EUZBBG; IntVG, P. B.]) und gegebenenfalls in einem verfassungsgerichtlichen Verfahren eingefordert werden kann. b) Ein Gesetz im Sinne des Art. 23 Abs. 1 Satz 2 GG ist nicht erforderlich, soweit spezielle Brückenklauseln sich auf Sachbereiche beschränken, die durch den Vertrag von Lissabon bereits hinreichend bestimmt sind. Auch in diesen Fällen obliegt es allerdings dem Bundestag und - soweit die Gesetzgebungsbefugnisse der Länder betroffen sind, dem Bundesrat - seine Integrationsverantwortung in anderer geeigneter Weise wahrzunehmen. 3. Die europäische Vereinigung auf der Grundlage einer Vertragsunion [zur **EU-Vertragsunion** vgl. Art. 1 EUV, Art. 1 AEUV, P. B.] souveräner Staaten darf nicht so verwirklicht werden, dass in den Mitgliedstaaten kein ausreichender Raum zur politischen Gestaltung der wirtschaftlichen, kulturellen und sozialen Lebensverhältnisse mehr bleibt [**demokratiewesentliche Bereiche**, P. B.]. Dies gilt insbesondere für Sachbereiche, die die Lebensumstände der Bürger, vor allem ihren von den Grundrechten geschützten privaten Raum der Eigenverantwortung und der persönlichen und sozialen **Sicherheit** prägen, sowie für solche politischen Entscheidungen, die in besonderer Weise auf kulturelle, historische und sprachliche Vorverständnisse angewiesen sind, und die sich im parteipolitisch und parlamentarisch organisierten Raum einer politischen Öffentlichkeit diskursiv entfalten. 4. Das Bundesverfassungsgericht prüft, ob Rechtsakte der europäischen Organe und Einrichtungen sich unter Wahrung des gemeinschafts- und unionsrechtlichen **Subsidiaritätsprinzips** (Art. 5 Abs. 2 EGV; Art. 5 Abs. 1 Satz 2 und Abs. 3 des Vertrags über die Europäische Union in der Fassung des Vertrags von Lissabon <EUV-Lissabon>) in den Grenzen der ihnen im Wege der **begrenzten Einzelermächtigung** [Art. 5 Abs. 1, 2 EUV, P. B.] eingeräumten Hoheitsrechte halten (vgl. BVerfGE 58, 1 <30 f.>; 75, 223 <235, 242>; 89, 155 <188>: dort zum **ausbrechenden Rechtsakt**). Darüber hinaus prüft das Bundesverfassungsgericht, ob der unantastbare Kerngehalt der **Verfassungsidentität** des Grundgesetzes nach Art. 23 Abs. 1 Satz 3 in Verbindung mit Art. 79 Abs. 3 GG gewahrt ist (vgl. BVerfGE 113, 273 <296>). Die Ausübung dieser verfassungsrechtlich radizierten Prüfungskompetenz folgt dem Grundsatz der **Europarechtsfreundlichkeit** des Grundgesetzes, und sie widerspricht deshalb auch nicht dem Grundsatz der **loyalen Zusammenarbeit** (Art. 4 Abs. 3 EUV-Lissabon [„**Effizienzgebot**"/„**effet utile**", Art. 4 Abs. 3 EUV; Art. 288 AEUV, P. B.]; anders können die von Art. 4 Abs. 2 Satz 1 EUV-Lissabon anerkannten grundlegenden politischen und verfassungsmäßigen Strukturen souveräner Mitgliedstaaten bei **fortschreitender Integration** [vgl. zur fortschreitenden **EU-Integration** Art. 1 EUV: „Verwirklichung einer immer engeren Union der Völker Europas", P. B.] nicht gewahrt werden. Insoweit gehen die verfassungs- und die unionsrechtliche Gewährleistung der nationalen **Verfassungsidentität** im europäischen Rechtsraum Hand in Hand."; BVerfGE 123, 267, 358 (Lissabon) = BVerfG, Urteil des Zweiten Senats vom 30.06.2009 – 2 BvE 2/08 –, C. I. 3. a) cc), Rn. 249: „Zu wesentlichen Bereichen demokratischer Gestaltung [**demokratiewesentliche Bereiche**] gehören unter anderem die **Staatsbürgerschaft**, das zivile und militärische **Gewaltmonopol**, Einnahmen und Ausgaben einschließlich der Kreditaufnahme sowie die für die Grundrechtsverwirklichung maßgeblichen **Eingriffstatbestände**, vor allem bei intensiven Grundrechtseingriffen wie dem **Freiheitsentzug in der Strafrechtspflege** oder bei **Unterbringungsmaßnahmen**. Zu diesen bedeutsamen Sachbereichen gehören auch kulturelle Fragen wie die Verfügung über die Sprache, die Gestaltung der Familien- und Bildungsverhältnisse, die Ordnung der Meinungs-, Presse- und **Versammlungsfreiheit** oder der Umgang mit dem religiösen oder weltanschaulichen Bekenntnis."; BVerfGE 140, 317, 333-341 (Identitätskontrolle/Solange III/Europäischer Haftbefehl II –

Auslieferung eines USA-Bürgers nach Italien) = BVerfG, Beschluss des Zweiten Senats vom 15.12.2015 – 2 BvR 2735/14, Ls. 1, 2: „1. Das Bundesverfassungsgericht gewährleistet im Wege der **Identitätskontrolle** den gemäß Art. 23 Abs. 1 Satz 3 in Verbindung mit Art. 79 Abs. 3 und Art. 1 Abs. 1 GG unabdingbar gebotenen Grundrechtsschutz uneingeschränkt und im Einzelfall. 2. Die strengen Voraussetzungen für eine Aktivierung der **Identitätskontrolle** schlagen sich in erhöhten Zulässigkeitsanforderungen an entsprechende Verfassungsbeschwerden nieder.“, Rn. 35: „Hoheitsakte der Europäischen Union und - soweit sie durch das Unionsrecht determiniert werden - Akte der deutschen öffentlichen Gewalt sind mit Blick auf den **Anwendungsvorrang des Unionsrechts** grundsätzlich nicht am Maßstab der im Grundgesetz verankerten Grundrechte zu messen (1.). Der Anwendungsvorrang findet seine Grenze jedoch in den durch Art. 23 Abs. 1 Satz 3 in Verbindung mit Art. 79 Abs. 3 GG für integrationsfest erklärten Grundsätzen der Verfassung (2.).“, im Übrigen C. I., Rn. 35-50, insbesondere Rn. 42-45: „Soweit Maßnahmen eines Organs oder einer sonstigen Stelle der Europäischen Union Auswirkungen zeitigen, die die durch Art. 79 Abs. 3 GG in Verbindung mit den in Art. 1 und 20 GG niedergelegten Grundsätzen geschützte **Verfassungsidentität** berühren, gehen sie über die grundgesetzlichen **Grenzen offener Staatlichkeit** hinaus. Auf einer **primärrechtlichen Ermächtigung** [vgl. EUV, AEUV, P. B.] kann eine derartige Maßnahme nicht beruhen, weil auch der mit der Mehrheit des Art. 23 Abs. 1 Satz 3 GG in Verbindung mit Art. 79 Abs. 2 GG entscheidende **Integrationsgesetzgeber** der Europäischen Union keine Hoheitsrechte übertragen kann, mit deren Inanspruchnahme eine Berührung der von Art. 79 Abs. 3 GG geschützten **Verfassungsidentität** einherginge (vgl. BVerfGE 113, 273 <296>; 123, 267 <348>; 134, 366 <384 Rn. 27>). Auf eine Rechtsfortbildung zunächst verfassungsmäßiger Einzelermächtigungen kann sie ebenfalls nicht gestützt werden, weil das Organ oder die Stelle der Europäischen Union damit **ultra vires** handelte (vgl. BVerfGE 134, 366 <384 Rn. 27>). Im Rahmen der **Identitätskontrolle** ist zu prüfen, ob die durch Art. 79 Abs. 3 GG für unantastbar erklärten Grundsätze durch eine Maßnahme der Europäischen Union berührt werden (vgl. BVerfGE 123, 267 <344, 353 f.>; 126, 286 <302>; 129, 78 <100>; 134, 366 <384 f. Rn. 27>). Diese Prüfung kann - wie der **Solange-Vorbehalt** (vgl. BVerfGE 37, 271 <277 ff.>; 73, 339 <387>; 102, 147 <161 ff.>) oder die **Ultra-vires-Kontrolle** (BVerfGE 58, 1 <30 f.>; 75, 223 <235, 242>; 89, 155 <188>; 123, 267 <353 ff.>; 126, 286 <302 ff.>; 134, 366 <382 ff. Rn. 23 ff.>) - im Ergebnis dazu führen, dass Unionsrecht in Deutschland in eng begrenzten Einzelfällen für unanwendbar erklärt werden muss. Um zu verhindern, dass sich deutsche Behörden und Gerichte ohne weiteres über den Geltungsanspruch des Unionsrechts hinwegsetzen, verlangt die **europarechtsfreundliche Anwendung** von Art. 79 Abs. 3 GG zum Schutz der Funktionsfähigkeit der unionalen Rechtsordnung und bei Beachtung des in Art. 100 Abs. 1 GG zum Ausdruck kommenden Rechtsgedankens aber, dass die Feststellung einer Verletzung der **Verfassungsidentität** dem Bundesverfassungsgericht vorbehalten bleibt (vgl. BVerfGE 123, 267 <354>). Dies wird auch durch die Regelung des Art. 100 Abs. 2 GG unterstrichen, nach der bei Zweifeln, ob eine allgemeine Regel des Völkerrechts Rechte und Pflichten für den Einzelnen erzeugt, das Bundesverfassungsgericht angerufen werden muss (vgl. BVerfGE 37, 271 <285>). Mit der **Identitätskontrolle** kann das Bundesverfassungsgericht auch im Rahmen einer Verfassungsbeschwerde (Art. 93 Abs. 1 Nr. 4a GG) befasst werden (vgl. BVerfGE 123, 267 <354 f.>). Die **Identitätskontrolle** verstößt nicht gegen den Grundsatz der **loyalen Zusammenarbeit** im Sinne von Art. 4 Abs. 3 EUV [„**Effizienzgebot**“/„**effet utile**“, Art. 4 Abs. 3 EUV; Art. 288 AEUV, P. B.]. Sie ist vielmehr in Art. 4 Abs. 2 Satz 1 EUV der Sache nach angelegt (vgl. zur Berücksichtigung der nationalen Identität auch EuGH, Urteil vom 2. Juli 1996, Kommission/Luxemburg, C-473/93, Slg. 1996, I-3207, Rn. 35; Urteil vom 14. Oktober 2004, Omega, C-36/02, Slg. 2004, I-9609, Rn. 31 ff.; Urteil vom 12. Juni 2014, Digibet und Albers, C-156/13, EU:C:2014:1756, Rn. 34) und entspricht insoweit auch den besonderen Gegebenheiten der Europäischen Union. Die **Europäische Union** ist ein Staaten-, Verfassungs-, Verwaltungs- und Rechtsprechungsverbund, der seine Grundlagen letztlich in völkerrechtlichen Verträgen der Mitgliedstaaten findet. Als Herren der Verträge entscheiden diese durch nationale Geltungsanordnungen darüber, ob und inwieweit das Unionsrecht im jeweiligen Mitgliedstaat Geltung und Vorrang beanspruchen kann (vgl. BVerfGE 75, 223 <242>; 89, 155 <190>; 123, 267 <348 f., 381 ff.>; 126, 286 <302 f.>; 134, 366 <384 Rn. 26>). Nicht entscheidend ist, ob die Geltungsanordnung - wie in Frankreich (Art. 55 FrzVerf.), Österreich (Bundesverfassungsgesetz über den Beitritt Österreichs zur Europäischen Union, BGBl für die Republik Österreich Nr. 744/1994) oder Spanien (Art. 96 Abs. 1 SpanVerf.) - im nationalen Verfassungsrecht oder - wie in Großbritannien [**EU-Austritt von Vereinigtes Königreich Großbritannien und Nordirland** am 31.01.2020, vgl. Amtsblatt der Europäischen Union, L 029, 31. Januar 2020, P. B.] - im **Zustimmungsgesetz** (European Communities Act 1972; vgl. Court of Appeal, Macarthys v. Smith, <1981> 1 All ER 111 <120>; Macarthys v. Smith, <1979> 3 All ER 325 <329>; House of Lords, Garland v. British Rail Engineering, <1982> 2 All ER 402 <415>) ausdrücklich niedergelegt ist, ob sie - wie in Deutschland - aufgrund einer systematischen, teleologischen und historischen Auslegung dem Zustimmungsgesetz entnommen oder ob die Nachrangigkeit des nationalen Rechts gegenüber dem Unionsrecht - wie in Italien - durch eine einzelfallbezogene Handhabung des nationalen Rechts erreicht wird (vgl. Corte Costituzionale, Entscheidung Nr. 170/1984, Granital, EuGRZ 1985, S. 98). Es bedeutet daher keinen Widerspruch zur **Europarechtsfreundlichkeit** des Grundgesetzes (Präambel, Art. 23 Abs. 1 Satz 1 GG), wenn das Bundesverfassungsgericht unter eng begrenzten Voraussetzungen die Maßnahme eines Organs oder einer Stelle der Europäischen Union für in Deutschland ausnahmsweise nicht anwendbar erklärt (vgl. BVerfGE 37, 271 <280 ff.>; 73, 339 <374 ff.>; 75, 223 <235, 242>; 89, 155 <174 f.>; 102, 147 <162 ff.>; 123, 267 <354, 401>).; BVerfG, Beschluss des Ersten Senats vom 06.11.2019 – 1 BvR 16/13 – (Recht auf Vergessen I), Ls. 1: „1. a) Unionsrechtlich nicht vollständig determiniertes innerstaatliches Recht prüft das Bundesverfassungsgericht primär am Maßstab der Grundrechte des Grundgesetzes, auch wenn das innerstaatliche Recht der Durchführung des Unionsrechts dient. Die primäre Anwendung der Grundrechte des Grundgesetzes stützt sich auf die Annahme, dass das Unionsrecht dort, wo es den Mitgliedstaaten fachrechtliche Gestaltungsspielräume einräumt, regelmäßig nicht auf eine Einheitlichkeit des Grundrechtsschutzes zielt, sondern Grundrechtsvielfalt zulässt. Es greift dann die Vermutung, dass das Schutzniveau der Charta der Grundrechte der Europäischen Union durch die Anwendung der Grundrechte des Grundgesetzes mitgewährleistet ist. c) Eine Ausnahme von der Annahme grundrechtlicher Vielfalt im gestaltungsoffenen Fachrecht oder eine Widerlegung der Vermutung der Mitgewährleistung des Schutzniveaus der Charta sind nur in Betracht zu ziehen, wenn hierfür konkrete und hinreichende Anhaltspunkte vorliegen.“, im Übrigen: C. I., Rn. 42-73; BVerfG, Beschluss des Ersten Senats vom 06.11.2019 – 1 BvR 276/17 – (Recht auf Vergessen II), Ls. 1-3: „1. Soweit die Grundrechte des Grundgesetzes durch den **Anwendungsvorrang des Unionsrechts** verdrängt werden, kontrolliert das Bundesverfassungsgericht dessen Anwendung durch deutsche Stellen am Maßstab der Unionsgrundrechte. Das Gericht nimmt hierdurch seine **Integrationsverantwortung** nach Art. 23 Abs. 1 GG wahr. 2. Bei der Anwendung unionsrechtlich vollständig vereinheitlichter Regelungen sind nach dem Grundsatz des **Anwendungsvorrangs des Unionsrechts** in aller Regel nicht die Grundrechte des Grundgesetzes, sondern allein die Unionsgrundrechte maßgeblich. Der Anwendungsvorrang steht unter anderem unter dem Vorbehalt, dass der Schutz des jeweiligen Grundrechts durch die stattdessen zur Anwendung kommenden Grundrechte der Union hinreichend wirksam ist. 3. Soweit das Bundesverfassungsgericht die **Charta der Grundrechte der Europäischen Union** als Prüfungsmaßstab anlegt, übt es seine Kontrolle in enger Kooperation mit dem Europäischen Gerichtshof aus. Nach Maßgabe des Art. 267 Abs. 3 AEUV legt es dem Gerichtshof vor. [**Vorabentscheidungsverfahren**, P. B.]“; BVerfG, Urteil des Zweiten Senats vom 05.05.2020 – 2 BvR 859/15 – (EZB-Staatsanleihekaufprogramm [Public Sector Purchase Programme – PSPP]), Ls. 1-6a, 10: „1. Stellt sich bei einer **Ultra-vires- oder Identitätskontrolle** die Frage nach der Gültigkeit oder Auslegung einer Maßnahme von Organen, Einrichtungen und sonstigen Stellen der Europäischen Union, so legt das Bundesverfassungsgericht seiner Prüfung grundsätzlich den Inhalt und die Beurteilung zugrunde, die die Maßnahme durch den Gerichtshof der Europäischen Union erhalten hat. 2. Der mit der Funktionszuweisung des Art. 19 Abs. 1 Satz 2 EUV verbundene **Rechtsprechungsauftrag des Gerichtshofs der Europäischen Union** endet dort, wo eine Auslegung der Verträge nicht mehr nachvollziehbar und daher objektiv willkürlich ist. Überschreitet der Gerichtshof diese Grenze, ist sein Handeln vom Mandat des Art. 19 Abs. 1 Satz 2 EUV in Verbindung mit dem Zustimmungsgesetz nicht mehr gedeckt, so dass seiner Entscheidung jedenfalls für Deutschland das gemäß Art. 23 Abs. 1 Satz 2 in Verbindung mit Art. 20 Abs. 1 und Abs. 2 und Art. 79 Abs. 3 GG erforderliche **Mindestmaß an demokratischer Legitimation** fehlt. 3. Bei der Berührung **fundamentaler Belange der Mitgliedstaaten**, wie dies bei der Auslegung der Verbandskompetenz der Europäischen Union und ihres demokratisch legitimierten Integrationsprogramms in der Regel der Fall ist, darf die gerichtliche Kontrolle die behaupteten Absichten der Europäischen Zentralbank nicht unbesehen übernehmen. 4. Die Kombination eines weiten Ermessens des handelnden Organs und einer Begrenzung der gerichtlichen Kontrolldichte durch den Gerichtshof der Europäischen Union trägt dem Prinzip der **begrenzten Einzelermächtigung** offensichtlich nicht hinreichend Rechnung und eröffnet den Weg zu einer kontinuierlichen Erosion

mitgliedstaatlicher Zuständigkeiten. 5. Die Wahrung der **kompetenziellen Grundlagen der Europäischen Union** hat entscheidende Bedeutung für die Gewährleistung des **demokratischen Prinzips**. Die Finalität des Integrationsprogramms darf nicht dazu führen, dass das Prinzip der **begrenzten Einzelermächtigung** als eines der **Fundamentalprinzipien der Europäischen Union** faktisch außer Kraft gesetzt wird. 6. a) Der Grundsatz der **Verhältnismäßigkeit** bei der Kompetenzabgrenzung zwischen der Europäischen Union und den Mitgliedstaaten und die damit verbundene wertende Gesamtbetrachtung besitzen ein für das **Demokratieprinzip** und den Grundsatz der **Volkssouveränität** erhebliches Gewicht. Ihre Missachtung ist geeignet, die kompetenziellen Grundlagen der Europäischen Union zu verschieben und das Prinzip der begrenzten Einzelermächtigung zu unterlaufen. [...] 10. Verfassungsorgane, Behörden und Gerichte dürfen weder am Zustandekommen noch an Umsetzung, Vollziehung oder Operationalisierung von **Ultra-vires-Akten** mitwirken. Das gilt grundsätzlich auch für die Bundesbank."; BVerfG, Urteil des Zweiten Senats vom 05.05.2020 – 2 BvR 859/15 – (EZB-Staatsanleihekaufprogramm [Public Sector Purchase Programme – PSPP]), C. I. 1.-2. (vor 2a), Rn. 98: „Das dem Einzelnen in Art. 38 Abs. 1 Satz 1 GG garantierte **Wahlrecht** zum Deutschen Bundestag erschöpft sich nicht in einer formalen Legitimation der (Bundes-)Staatsgewalt (1.). Der Anspruch der Bürgerinnen und Bürger auf **demokratische Selbstbestimmung** gilt auch in Ansehung der europäischen Integration (2.) und schützt sie [vgl. status positivus, vgl. auch Rn. 114, P. B.] im Anwendungsbereich von Art. 23 Abs. 1 GG vor offensichtlichen und strukturell bedeutsamen Kompetenzüberschreitungen durch Organe, Einrichtungen und sonstige Stellen der Europäischen Union (3.) sowie davor, dass solche Maßnahmen die Grenze der durch Art. 79 Abs. 3 GG für unantastbar erklärten Grundsätze des Art. 1 oder des Art. 20 GG überschreiten (4.)."; BVerfG, Urteil des Zweiten Senats vom 05.05.2020 – 2 BvR 859/15 – (EZB-Staatsanleihekaufprogramm [Public Sector Purchase Programme – PSPP]), C. I. 2., 3., 4., Rn. 102, 105, 110, 111, 114: Rn. 102: „Das Grundgesetz ermächtigt die deutschen Staatsorgane nicht, Hoheitsrechte derart zu übertragen, dass aus ihrer Ausübung heraus eigenständig weitere Zuständigkeiten für die Europäische Union begründet werden können. Es untersagt die Übertragung der **Kompetenz-Kompetenz** (vgl. BVerfGE 89, 155 <187 f., 192, 199>; 123, 267 <349>; vgl. auch BVerfGE 58, 1 <37>; 104, 151 <210>; 132, 195 <238 Rn. 105>; 142, 123 <191 f. Rn. 130>; 146, 216 <250 Rn. 48>). Dynamische Vertragsvorschriften müssen jedenfalls an geeignete Sicherungen zur effektiven Wahrnehmung der den Verfassungsorganen obliegenden Integrationsverantwortung geknüpft werden (vgl. BVerfG, Urteil des Zweiten Senats vom 30. Juli 2019 - 2 BvR 1685/14, 2 BvR 2631/14 -, Rn. 121)", Rn. 105: „Art. 38 Abs. 1 Satz 1 in Verbindung mit Art. 20 Abs. 1 und Abs. 2 Satz 1 GG gewährt den Wahlberechtigten vor diesem Hintergrund gegenüber Bundesregierung, Bundestag und gegebenenfalls dem Bundesrat einen Anspruch darauf, dass diese über die Einhaltung des Integrationsprogramms durch Organe, Einrichtungen und sonstige Stellen der Europäischen Union wachen, am Zustandekommen und der Umsetzung von Maßnahmen, die die Grenzen des Integrationsprogramms überschreiten, nicht mitwirken und bei offensichtlichen und strukturell bedeutsamen Kompetenzüberschreitungen aktiv auf seine Befolgung und die Beachtung seiner Grenzen hinwirken (a). Dies prüft das Bundesverfassungsgericht im Rahmen der **Ultra-vires-Kontrolle** (b).", Rn. 110: „Die Voraussetzungen der **Ultra-vires-Kontrolle** durch das Bundesverfassungsgericht sind mittlerweile geklärt (vgl. BVerfGE 126, 286 <302 ff.>; 134, 366 <382 ff. Rn. 22 ff.>; 142, 123 <198 ff. Rn. 143 ff.>; BVerfG, Urteil des Zweiten Senats vom 30. Juli 2019 - 2 BvR 1685/14, 2 BvR 2631/14 -, Rn. 140 ff.). Ersichtlich ist ein Verstoß gegen das Prinzip der **begrenzten Einzelermächtigung** nur dann, wenn die Organe, Einrichtungen und sonstigen Stellen der Europäischen Union die Grenzen ihrer Kompetenzen in einer das Prinzip der begrenzten Einzelermächtigung spezifisch verletzenden Art überschritten haben (Art. 23 Abs. 1 GG), der Kompetenzverstoß mit anderen Worten hinreichend qualifiziert ist. Das setzt voraus, dass das kompetenzwidrige Handeln der Unionsgewalt offensichtlich ist und innerhalb des Kompetenzgefüges zu einer strukturell bedeutsamen Verschiebung zulasten mitgliedstaatlicher Kompetenzen führt. Eine strukturell bedeutsame Verschiebung zulasten mitgliedstaatlicher Kompetenzen liegt vor, wenn die Kompetenzüberschreitung im Hinblick auf das Prinzip der begrenzten Einzelermächtigung und die rechtsstaatliche Gesetzesbindung erheblich ins Gewicht fällt (vgl. BVerfGE 126, 286 <304>). Davon ist auszugehen, wenn die Inanspruchnahme der Kompetenz durch das Organ, die Einrichtung oder sonstige Stelle der Europäischen Union eine Vertragsänderung nach Art. 48 EUV oder die Inanspruchnahme einer Evolutivklausel erforderte (vgl. EuGH, Gutachten 2/94 vom 28. März 1996, EMRK-Beitritt, Slg. 1996, I-1783 <1788 Rn. 30>), für Deutschland also ein Tätigwerden des Gesetzgebers, sei es nach Art. 23 Abs. 1 Satz

2 GG, sei es nach Maßgabe des Integrationsverantwortungsgesetzes [vgl. auch: EUBLG; EUZBBG; IntVG, P. B.] (vgl. BVerfGE 89, 155 <210>; 142, 123 <201 f. Rn. 151>; BVerfG, Urteil des Zweiten Senats vom 30. Juli 2019 - 2 BvR 1685/14, 2 BvR 2631/14 -, Rn. 153).“, Rn. 111: „Die Pflicht des Bundesverfassungsgerichts, substantiierten Rügen eines **Ultra-vires-Handelns** von Organen, Einrichtungen und sonstigen Stellen der Europäischen Union nachzugehen, ist mit der vertraglich dem Gerichtshof übertragenen Aufgabe [**EU-Gerichtshof-Aufgabe**] zu koordinieren, die Verträge auszulegen und anzuwenden und dabei die Einheit und Kohärenz des Unionsrechts zu wahren (vgl. Art. 19 Abs. 1 UAbs. 1 Satz 2 EUV, Art. 267 AEUV).“, Rn. 112: „Die **Ultra-vires-Kontrolle** ist zurückhaltend und europafreundlich durchzuführen. Die Auslegung und Anwendung des Unionsrechts [**Unionsrechts-Auslegung- und -Anwendung**] einschließlich der Bestimmung der dabei anzuwendenden Methode ist zuvörderst Aufgabe des Gerichtshofs, dem es gemäß Art. 19 Abs. 1 Satz 2 EUV obliegt, bei der **Auslegung und Anwendung der Verträge** das Recht zu wahren. Die vom Gerichtshof entwickelten Methoden richterlicher Rechtskonkretisierung beruhen dabei auf den gemeinsamen (Verfassungs-)Rechtstraditionen der Mitgliedstaaten (vgl. auch Art. 6 Abs. 3 EUV, Art. 340 Abs. 2 AEUV), wie sie sich nicht zuletzt in der Rechtsprechung ihrer Verfassungs- und Höchstgerichte sowie des Europäischen Gerichtshofs für Menschenrechte niedergeschlagen haben. Die Handhabung dieser Methoden und Grundsätze kann – und muss – derjenigen durch innerstaatliche Gerichte nicht vollständig entsprechen, sie kann sich über diese aber auch nicht ohne Weiteres hinwegsetzen.“, Rn. 113: „‚Offensichtlich‘ kann die **Kompetenzüberschreitung** auch dann sein, wenn ihre Annahme das Ergebnis einer sorgfältigen und detailliert begründeten Auslegung ist (vgl. BVerfGE 82, 316 <319 f.>; 89, 243 <250>; 89, 291 <300>; 95, 1 <14 f.>; 103, 332 <358 ff.>; 142, 123 <201 Rn. 150>). Insoweit gelten im Rahmen der **Ultra-vires-Kontrolle** die allgemeinen Grundsätze (vgl. BVerfG, Urteil des Zweiten Senats vom 30. Juli 2019 - 2 BvR 1685/14, 2 BvR 2631/14 -, Rn. 152). Überschreitet der Gerichtshof diese Grenze, ist sein Handeln vom Mandat des Art. 19 Abs. 1 Satz 2 EUV in Verbindung mit dem Zustimmungsgesetz nicht mehr gedeckt, sodass seiner Entscheidung jedenfalls für Deutschland das gemäß Art. 23 Abs. 1 Satz 2 in Verbindung mit Art. 20 Abs. 1 und Abs. 2 und Art. 79 Abs. 3 GG erforderliche Mindestmaß an demokratischer Legitimation fehlt (vgl. BVerfGE 142, 123 <201 Rn. 149>; BVerfG, Urteil des Zweiten Senats vom 30. Juli 2019 - 2 BvR 1685/14, 2 BvR 2631/14 -, Rn. 151).“, Rn. 115: „Soweit Maßnahmen von Organen, Einrichtungen oder sonstigen Stellen der Europäischen Union Auswirkungen zeitigen, die mit den Grundsätzen der Art. 1 und Art. 20 GG die **Verfassungsidentität** des Grundgesetzes berühren, gehen sie über die durch die Verfassung gezogenen **Grenzen offener Staatlichkeit** hinaus (vgl. BVerfGE 113, 273 <296>; 123, 267 <348>; 134, 366 <384 Rn. 27>; 142, 123 <195 Rn. 137>). Das betrifft die Wahrung des Menschenwürdekerns der Grundrechte gemäß Art. 1 GG (vgl. BVerfGE 140, 317 <341 Rn. 48>) ebenso wie die Grundsätze, die das Demokratie-, Rechts-, Sozial- und Bundesstaatsprinzip im Sinne des Art. 20 GG prägen. Mit Blick auf das **Demokratieprinzip** gemäß Art. 20 Abs. 1 und Abs. 2 GG ist unter anderem sicherzustellen, dass dem Deutschen Bundestag eigene Aufgaben und Befugnisse von substantiellem politischem Gewicht verbleiben (vgl. BVerfGE 89, 155 <182>; 123, 267 <330, 356>; 142, 123 <195 Rn. 138>) und dass er in der Lage bleibt, seine haushaltspolitische Gesamtverantwortung wahrzunehmen (vgl. BVerfGE 123, 267 <359>; 129, 124 <177>; 131, 152 <205 f.>; 132, 195 <239 Rn. 106>; 135, 317 <399 f. Rn. 161>; 142, 123 <195 Rn. 138>; vgl. auch BVerfGE 146, 216 <261 Rn. 68>; BVerfG, Urteil des Zweiten Senats vom 30. Juli 2019 - 2 BvR 1685/14, 2 BvR 2631/14 -, Rn. 123).“.

[925] **EU-Recht/Unionsrecht** bezeichnet (gemäß Beschluss (EU) 2020/135 des Rates vom 30.01.2020 über den Abschluss des Abkommens über den Austritt des Vereinigten Königreichs Großbritannien und Nordirland aus der Europäischen Union und der Europäischen Atomgemeinschaft i.V.m. Art. 2a Abkommen über den Austritt des Vereinigten Königreichs Großbritannien und Nordirland aus der Europäischen Union und der Europäischen Atomgemeinschaft vom 31.01.2020):

- den Vertrag über die Europäische Union („EUV“), den Vertrag über die Arbeitsweise der Europäischen Union („AEUV“) und den Vertrag zur Gründung der Europäischen Atomgemeinschaft („Euratom-Vertrag“) in ihrer geänderten oder ergänzten Fassung sowie die Beitrittsverträge [einschließlich EUV- und -AEUV-Protokolle- und -Anhänge als Verträge-Bestandteil gemäß Art. 51 EUV] und die Charta der Grundrechte der Europäischen Union (EUGRCh), zusammen „Verträge“ genannt;
- dic allgemeinen Grundsätze des Rechts der Union;

- die von den Organen, Einrichtungen oder sonstigen Stellen der Union erlassenen Rechtsakte;
- die internationalen Übereinkünfte, deren Vertragspartei die Union ist, und die internationalen Übereinkünfte, die von den Mitgliedstaaten im Namen der Union geschlossen wurden;
- die Vereinbarungen zwischen Mitgliedstaaten, die diese in ihrer Eigenschaft als Mitgliedstaaten der Union geschlossen haben;
- Rechtsakte der im Europäischen Rat oder im Rat der Europäischen Union („Rat") vereinigten Vertreter der Regierungen der Mitgliedstaaten;
- die Erklärungen, die im Rahmen der Regierungskonferenzen abgegeben wurden, auf denen die Verträge angenommen wurden.

EU-Besitzstand/EU-Acquis/Acquis communautaire ist die Gesamtheit des gültigen, grundsätzlich für alle EU-Mitgliedstaaten verbindlichen EU-Rechts.

EU-Primärrecht sind „die Verträge" EUV, AEUV (vgl. Art. 1 EUV, Art. 1 AEUV) einschließlich EUV- und -AEUV-Protokolle- und -Anhänge als Verträge-Bestandteil gemäß Art. 51 EUV; die EUGRCh in Verbindung mit den Verträgen (vgl. Art. 6 Abs. 1 EUV: „Die Union erkennt die Rechte, Freiheiten und Grundsätze an, die in der Charta der Grundrechte der Europäischen Union vom 7. Dezember 2000 in der am 12. Dezember 2007 in Straßburg angepassten Fassung niedergelegt sind; die Charta der Grundrechte und die Verträge sind rechtlich gleichrangig.").

EU-Sekundärrecht sind insbesondere: EU-Rechtsakte (vgl. Art. 288-292 AEUV), EuGH-Entscheidungen (Art. 19 EUV, Art. 251-281 AEUV), EU-Abkommen oder EU-Verträge mit anderen Rechtsträgern (z.B. Drittstaaten oder internationale Organisationen).

EU-Rechtsakte sind solche i.S.d. Art. 288-292 AEUV. **EU-Rechtsaktgeltungen und EU-Rechtsaktwirkungen** sind solche gemäß Art. 288 AEUV i.V.m. mit EuGH-Rechtsprechung und BVerfG-Rechtsprechung. Zum **EuGH** (Gerichtshof der Europäischen Union) vgl. Art. 13, 19 EUV und im AEUV: Sechster Teil (Institutionelle Bestimmungen und Finanzvorschriften) Titel I (Vorschriften über die Organe) Kapitel 1 (Die Organe) Abschnitt 5 (Der **Gerichtshof der Europäischen Union**): Art. 251-281 AEUV.

EU-Recht-Zugang über: https://eur-lex.europa.eu/homepage.html .

BVerfG, Urteil des Ersten Senats vom 19.05.2020 – 1 BvR 2835/17 – (Ausland-Ausland-Fernmeldeaufklärung nach BNDG), B. VI., Rn. 85 [zu: **EU-Recht-Determination**/vollständig determiniertes EU-Recht = **EU-Recht-Zwang**/zwingendes EU-Recht = **EU-Recht ohne Umsetzungsspielraum** – etwa durch **EU-Richtlinie** im Gegensatz zu **EU-Verordnung**, vgl. Art. 288 AEUV]: „Da es sich […] jedenfalls nicht um die Umsetzung zwingenden Unionsrechts handelt, richtet sich die verfassungsrechtliche Beurteilung der Gültigkeit der angegriffenen Vorschriften nach den Grundrechten des Grundgesetzes. Damit ist die Zuständigkeit des Bundesverfassungsgerichts eröffnet und die Verfassungsbeschwerde insoweit zulässig. Das gilt unabhängig davon, ob daneben Unionsgrundrechte Geltung beanspruchen können (vgl. BVerfG, Beschluss des Ersten Senats vom 6. November 2019 - 1 BvR 16/13 -, Rn. 39 – Recht auf Vergessen I)." [zu **EU-Grundrechte-Geltung** vgl. Art. 51 Abs. 1 Satz 1 EU-GR-Charta].

BVerfG, Urteil des Ersten Senats vom 19.05.2020 – 1 BvR 2835/17 – (Ausland-Ausland-Fernmeldeaufklärung nach BNDG), B. VI., Rn. 85 [zum **EU-Fachrecht**]: „Die Auslegung und Anwendung des Fachrechts der Europäischen Union ist nicht Sache des Bundesverfassungsgerichts, sondern obliegt den Fachgerichten im Verbund mit dem Europäischen Gerichtshof (vgl. BVerfGE 148, 40 <48 f. Rn. 22>).".

EU-Mitgliedstaaten/EU-Staaten/Mitgliedstaaten[926] sind die der Europäischen Union nach Art. 49 EUV beigetretenen europäischen[927] Staaten.

---

[926] **EU-Staaten** (27 Mitgliedstaaten / laut Eurostat: „EU-27" bzw. „EU-27_2020"): Königreich Belgien seit 1952; Republik Bulgarien seit 2007; Königreich Dänemark seit 1973; Bundesrepublik Deutschland seit 1952; Republik Estland seit 2004; Republik Finnland seit 1995; Französische Republik seit 1952; Hellenische Republik (Griechenland) seit 1981; Irland seit 1973; Italienische Republik seit 1952; Republik Kroatien seit 2013; Republik Lettland seit 2004; Republik Litauen seit 2004; Großherzogtum Luxemburg seit 1952; Republik Malta seit 2004; Königreich der Niederlande seit 1952; Republik Österreich seit 1995; Republik Polen seit 2004; Portugiesische Republik seit 1986; Rumänien seit 2007; Königreich Schweden seit 1995; Slowakische Republik seit 2004; Republik Slowenien seit 2004; Königreich Spanien seit 1986; Tschechische Republik seit 2004; Ungarn seit 2004; Republik **Zypern** (formell Republik Zypern mit völkerrechtlich anerkanntem Recht auf Gebiet der außer von der Republik Türkei nicht als Staat anerkannten Türkischen Republik Nordzypern) seit 2004.

Früherer EU-Mitgliedstaat und erster Staat mit **EU-Austritt** nach Art. 50 EUV: Vereinigtes Königreich Großbritannien und Nordirland (von 1973 bis – nach UTC – 31.01.2020) gemäß Beschluss (EU) 2020/135 des Rates vom 30.01.2020 über den Abschluss des Abkommens über den Austritt des Vereinigten Königreichs Großbritannien und Nordirland aus der Europäischen Union und der Europäischen Atomgemeinschaft i.V.m. Abkommen über den Austritt des Vereinigten Königreichs Großbritannien und Nordirland aus der Europäischen Union und der Europäischen Atomgemeinschaft.

Königreich Norwegen ist Nicht-EU-Mitgliedstaat, trotz viermaligen EU-Beitritts-/Mitgliedschaftsantrags: 1962 und 1967 (Nichterfüllung im Zuge des Frankreich-Vetos gegen Vereinigte-Königreich-Großbritannien-und-Nordirland-Aufnahme), 1970 und 1992 (Beitrittsantragsrücknahme nach Volksabstimmungs-Ablehnungen trotz erfolgter Beitrittsvertragsaushandlung).

[927] **Europäisch** ist allgemein europäisch im weiteren als im EU-Rechtssinne; europäisch i.S.d. Art. 49 EUV ist europäisch im weiteren als im geographischen Sinne.

Vgl. **Europarecht** (alles überstaatliche Recht von und bzgl. Europäischem), **Europarecht im engeren Sinne** (wie z.B.: Recht der Europäischen Union [**EU-Recht** oder **Unionsrecht** oder **EU-Besitzstand/EU-Acquis/Acquis communautaire** als die Gesamtheit des gültigen, grundsätzlich für alle EU-Mitgliedstaaten verbindlichen EU-Rechts/Unionsrechts]).

Vgl. den durch Vertrag von London am 05.05.1949 mit 10 Staaten gegründeten **Europarat** (englisch Council of Europe [CoE], französisch Conseil de l'Europe [CdE]) mit mittlerweile 47 Mitgliedstaaten und mit dessen bekanntester Konvention Nr. 005 vom 04.11.1950 (EMRK) sowie dessen Gericht EGMR (**Europäischer Gerichtshof für Menschenrechte**). Unterscheide: Europarat und die EU-Organe **Europäischer Rat** (Art. 14, 15 EUV) und **Rat der Europäischen Union** (Art. 16 EUV) sowie den 1959 von den Europarat-Mitgliedstaaten errichteten Europarat-Gerichtshof EGMR in Straßburg und den EU-Gerichtshof EuGH in Luxemburg (Art. 19 EUV, Art. 251-281 AEUV).

Vgl. das **EU-Gebiet** (einschließlich räumlicher EU-Rechtsgeltung und EU-Rechtsanwendung bzgl. EU-Zollkodex, Euro-Währung, Schengen-System) mit grundsätzlich allem EU-Staaten-Staatsgebiet, Art. 52 EUV, Art. 355 EUV, mit Ausnahmen bzw. Besonderheiten insbesondere für

- **Gebiete äußerster Randlage** (GÄR / OMR [Outermost regions]), Art. 349, 355 AEUV
- (assoziierte/zu assoziierende) **außereuropäische/überseeische Länder und Hoheitsgebiete** (ÜLG / OCT [Overseas countries and territories]), Art. 198-204, 355 AEUV i.V.m. Anhang II AEUV (Überseeische Länder und Hoheitsgebiete, auf welcher der Vierte Teil des Vertrags über die Arbeitsweise der Europäischen Union [Art. 198-204 AEUV] Anwendung findet) i.V.m. Beschluss 2013/755/EU vom 25.11.2013 (konsolidierte Fassung: 01.01.2020) über die Assoziierung der überseeischen Länder und Gebiete mit der Europäischen Union (Übersee-Assoziationsbeschluss)
    - faktische Zustände (vgl. Zypern: Seit 1974/1983: „Türkische Republik Nordzypern"; seit ca. 1957/1967-1975: Etablierung der UK-Militärbasen Akrotiri und Dekelia als UK-Hoheitsgebiet mit UK-Jurisdiktion [Sovereign Base Areas – SBA]).

EU-Gebiet (EU-Ausland) ist grundsätzlich das EU-Staaten-Staatsgebiet, Art. 52 EUV, Art. 355 EUV, mit Ausnahmen bzw. Besonderheiten insbesondere für

- **Gebiete äußerster Randlage** (GÄR / OMR [Outermost regions]), Art. 349, 355 AEUV
- (assoziierte/zu assoziierende) **außereuropäische/überseeische Länder und Hoheitsgebiete** (ÜLG / OCT [Overseas countries and territories]), Art. 198-204, 355 AEUV i.V.m. Anhang II AEUV (Überseeische Länder und Hoheitsgebiete, auf welcher der Vierte Teil des Vertrags über die Arbeitsweise der Europäischen Union [Art. 198-204 AEUV] Anwendung findet) i.V.m. Beschluss 2013/755/EU vom 25.11.2013 (konsolidierte Fassung: 01.01.2020) über die Assoziierung der überseeischen Länder und Gebiete mit der Europäischen Union (Übersee-Assoziationsbeschluss)
- faktische Zustände (vgl. z.B. Zypern: Seit 1974/1983: „Türkische Republik Nordzypern"; seit ca. 1957/1967-1975: Etablierung der UK-Militärbasen Akrotiri und Dekelia als UK-Hoheitsgebiet mit UK-Jurisdiktion [Sovereign Base Areas – SBA]).[928]

---

[928] Zu **EU-Gebiets-Ausnahmen** bzw. **EU-Gebiets-Besonderheiten** vgl. insbesondere:

- **Königreich Dänemark** mit Dänemark-Staatsgebieten
  - (geographisch europäisches) **Grönland**,
  - (geographisch nordamerikanische) **Färöer**:

  Grönland und Färöer sind Nicht-EU-Gebiete/Nicht-EU-Zollgebiete/Nicht-Euro-Währungsgebiete/Nicht-Schengen-Gebiete.

  Art. 204 AEUV: „Die Artikel 198 bis 203 sind auf Grönland anwendbar, vorbehaltlich der spezifischen Bestimmungen für Grönland in dem Protokoll über die Sonderregelung für Grönland im Anhang zu den Verträgen."; Anhang II AEUV: Überseeische Länder und Hoheitsgebiete, auf welcher der Vierte Teil des Vertrags über die Arbeitsweise der Europäischen Union [Art. 198-204 AEUV] Anwendung findet: Grönland.

  Art. 355 Abs. 5a AEUV: „Abweichend von Artikel 52 des Vertrags über die Europäische Union und von den Absätzen 1 bis 4 dieses Artikels gilt: Die Verträge finden auf die Färöer keine Anwendung."

  Art. 4 Abs. 1 VO (EU) Nr. 952/2013 zur Festlegung des Zollkodex der Union (EU-Zollkodex): „Zum Zollgebiet der Union gehören die folgenden Gebiete, einschließlich ihrer Küstenmeere, ihrer inneren Gewässer und ihrer Lufträume: das Gebiet des Königreichs Dänemark mit Ausnahme der Färöer und Grönlands".

  „Übereinkommen über den Beitritt des Königreichs Dänemarks zu dem am 19. Juni 1990 in Schengen unterzeichneten Übereinkommen zur Durchführung des Übereinkommens von Schengen vom 14. Juni 1985 betreffend den schrittweisen Abbau der Kontrollen an den gemeinsamen Grenzen" (Schengen-Dänemark-Beitritt-Übereinkommen zum SÜ und SDÜ), darin: Art. 5 Abs. 1: „Die Bestimmungen dieses Übereinkommens gelten nicht für die Färöer und Grönland.", Art. 5 Abs. 2: „Unter Berücksichtigung der Tatsache, dass die Färöer und Grönland die im Rahmen der **Nordischen Passunion** vorgesehenen Bestimmungen für den freien Personenverkehr anwenden, wird der Personenverkehr zwischen den Färöern oder Grönland zum einen und den Vertragsparteien des Schengener Durchführungsübereinkommens sowie des Kooperationsübereinkommens mit der Republik Island und dem Königreich Norwegen zum anderen keinen Grenzkontrollen unterzogen." Art. 6: „Die Zusammenarbeit im Rahmen der Nordischen Passunion bleibt von den Bestimmungen dieses Übereinkommens unberührt, soweit diese Zusammenarbeit der Anwendung dieses Übereinkommens nicht zuwiderläuft und diese nicht behindert."

  Nordische Passunion-Staaten seit Arbeitsmarktabkommen 1954 mit endgültigem Grenzkontrollwegfall 1958 (in Island 1965): Königreich Dänemark (Färöer seit 1966), Island (seit 1955), Republik Finnland, Königreich Norwegen, Königreich Schweden.
- **Französische Republik** mit Überseegebieten der Französischen Republik sind jedenfalls Überseegebiete im geographischen und französisch-völkerrechtlichen Sinne, nicht unbedingt im EU-rechtlichen Sinne, vgl. ÜLG i.S.v. Art. 198-204, 355 i.V.m. Anhang II AEUV und GÄR i.S.v.

Art. 349, 355 AEUV; vgl. auch Art. 4 Abs. 1 VO (EU) Nr. 952/2013 zur Festlegung des Zollkodex der Union (EU-Zollkodex): „Zum Zollgebiet der Union gehören die folgenden Gebiete, einschließlich ihrer Küstenmeere, ihrer inneren Gewässer und ihrer Lufträume: das Gebiet der Französischen Republik mit Ausnahme der französischen überseeischen Länder und Hoheitsgebiete, auf welche der Vierte Teil des AEUV [Art.198-204 AEUV] Anwendung findet. Art. 4 Abs. 2a VO (EU) Nr. 952/2013 zur Festlegung des Zollkodex der Union (EU-Zollkodex): „Die folgenden Gebiete, einschließlich ihrer Küstenmeere, ihrer inneren Gewässer und ihrer Lufträume, die außerhalb des Gebiets der Mitgliedstaaten liegen, gelten unter Berücksichtigung der für sie geltenden Verträge und Übereinkünfte als Teil des Zollgebiets der Union: FRANKREICH das Gebiet des Fürstentums Monaco im Sinne des am 18. Mai 1963 in Paris unterzeichneten Zollübereinkommens (Journal officiel de la République française (Amtsblatt der Französischen Republik) vom 27. September 1963, S. 8679)".).

Frankreich-Übersee-Staatsgebiete (La France d'outre-mer) gibt es u.a. als Départements et régions d'outre-mer (DROM, DOM-ROM), vgl. Titel XII (Art. 72-75) Verfassung der Fünften Französischen Republik (La Constitution du 4 octobre 1958 de la Ve République):

DROMs (Frankreich-Gebiete mit geographisch identischen, kompetenziell separierten Régions und Départments):

Guadeloupe: EU-Gebiet äußerster Randlage, EU-Zollgebiet, Euro-Währungsgebiet, Nicht-Schengen-Gebiet.

La Réunion: EU-Gebiet äußerster Randlage, EU-Zollgebiet, Euro-Währungsgebiet, Nicht-Schengen-Gebiet.

DOM-ROMs (Frankreich-Gebiete mit Zusammenfassung von Kompetenzen einer Région und eines Départements in einer Collectivité territoriale unique):

Französisch-Guayana: EU-Gebiet äußerster Randlage, EU-Zollgebiet, Euro-Währungsgebiet, Nicht-Schengen-Gebiet.

Martinique: EU-Gebiet äußerster Randlage, EU-Zollgebiet, Euro-Währungsgebiet, Nicht-Schengen-Gebiet.

Mayotte (geographisch im Indischen Ozean, seit 31.03.2011: 101. Départments der Französischen Republik): EU-Gebiet äußerster Randlage, EU-Zollgebiet, Euro-Währungsgebiet, Nicht-Schengen-Gebiet (Art. 355 Abs. 6 AEUV i.V.m. Beschluss 2012/419/EU vom 11.07.2012 zur Änderung des Status von Mayotte gegenüber der Europäischen Union vom überseeischen Land und Hoheitsgebiet i.S.v. Art. 355 Abs. 2 AEUV zu Gebiet äußerster Randlage der Union i.S.v. Art. 349 AEUV ab 01.01.2014; davor bereits auch als ÜLG: 1999/95/EG: Entscheidung des Rates vom 31.12.1998 über die Währungsregelungen in den französischen Gebieten St. Pierre und Miquelon und Mayotte.)

Frankreich-Übersee-Staatsgebiet (La France d'outre-mer) gibt es u.a. als Collectivité d'outre-mer (COM), vgl. Titel XII (Art. 72-75) Verfassung der Fünften Französischen Republik (La Constitution du 4 octobre 1958 de la Ve République):

Saint-Martin (Autonomie seit 22.02.2007; Teil auf der zwischen der Französischen Republik und dem Königreich der Niederlande geteilten Insel St. Martin): EU-Gebiet äußerster Randlage, EU-Zollgebiet, Euro-Währungsgebiet, Nicht-Schengen-Gebiet.

Saint Barthélemy (Autonomie seit 22.02.2007): EU-Überseegebiet, Nicht-EU-Zollgebiet, Euro-Währungsgebiet, Nicht-Schengen-Gebiet (Art. 355 Abs. 6 AEUV i.V.m. Beschluss 2010/718/EU vom 29.10.2010 zur Änderung des Status der Insel Saint-Barthélemy gegenüber der Europäischen Union vom Gebiet in äußerster Randlage der Union zu überseeischem Lande oder Hoheitsgebiet im Sinne des Vierten Teils AEUV (Art. 198-204 AEUV) ab dem 01.01.2012; Beschluss 2011/433/EU vom 12.07.2011 über die Unterzeichnung und den Abschluss einer Währungsvereinbarung zwischen der Europäischen Union und der Französischen Republik zur Beibehaltung des Euro auf Saint-Barthélemy nach der Änderung seines Status gegenüber der Europäischen Union.).

Saint-Pierre und Miquelon (geographisch vor der Ostküste Kanadas): EU-Überseegebiet, Nicht-EU-Zollgebiet, Euro-Währungsgebiet, Nicht-Schengen-Gebiet (1999/95/EG: Entscheidung des Rates vom

EU-Zollunion[929]**-Staaten** sind die Staaten, deren Gebiet in einem **EU-Binnenmarkt** zum **EU-Zollgebiet**[930] gehört.[931]

31.12.1998 über die Währungsregelungen in den französischen Gebieten St. Pierre und Miquelon und Mayotte).

Wallis und Futuna (geographisch im südpazifischen Ozean hauptsächlich zwischen Hawaii und Neuseeland bei Polynesien): EU-Überseegebiet, Nicht-EU-Zollgebiet, Nicht-Euro-Währungsgebiet, Nicht-Schengen-Gebiet.

Französisch-Polynesien (POM): EU-Überseegebiet, Nicht-EU-Zollgebiet, Nicht-Euro-Währungsgebiet, Nicht-Schengen-Gebiet.

Frankreich-Übersee-Staatsgebiet ist u.a. als Collectivité sui generis (CSG), vgl. Art. 76, 77 Verfassung der Fünften Französischen Republik (La Constitution du 4 octobre 1958 de la Ve République):

Neukaledonien: EU-Überseegebiet, Nicht-EU-Zollgebiet, Nicht-Euro-Währungsgebiet, Nicht-Schengen-Gebiet.

Frankreich-Übersee-Staatsgebiet ist u.a. als Territoires d'outre-mer:

Französische Süd- und Antarktisgebiete – Terres australes et antarctiques françaises (TAAF): EU-Überseegebiet, Nicht-EU-Zollgebiet, Euro-Währungsgebiet, Nicht-Schengen-Gebiet.

Clipperton-Insel: unbewohnt.

- **Königreich der Niederlande** die (Nicht-EU/Nicht-EU-Zoll/Nicht-Euro-Währungs-/Nicht-Schengen-)Gebiete von „Niederländische Karibik", nicht: „Niederländische Antillen" (Auflösung 2010): **Aruba**, **Curaçao**, **Sint Maarten** (alle 3 als autonome „Länder" des Königreichs der Niederlande); BES-Inseln **Bonaire**, **Sint Eustatius**, **Saba** (alle 3 als „Besondere Gemeinden" der Niederlande, auch: „Karibische Niederlande").
- **Portugiesische Republik** (EU-Gebiete/EU-Zollgebiete/Euro-Währungsgebiete/Schengengebiete): (geologisch afrikanische, biogeographisch makaronesische) **Azoren**, (geologisch afrikanisches, biogeographisch makaronesisches) **Madeira (mit Sebaldinen)**.
- **Königreich Spanien**
  (geographisch nordafrikanisches) **Ceuta**: EU-Gebiet/Nicht-EU-Zollgebiet/Euro-Währungsgebiet/Nicht-Schengen-Gebiet gemäß Art. 41 SGK.
  (geographisch nordafrikanisches) **Melilla**: EU-Gebiet/Nicht-EU-Zollgebiet/Euro-Währungsgebiet/Nicht-Schengen-Gebiet gemäß Art. 41 SGK.
  (geologisch afrikanische, biogeografisch makaronesische) **Kanarische Inseln:** EU-Gebiete/EU-Zollgebiete/Euro-Währungsgebiete/Schengengebiete.
- Vgl. **Zypern** (geographisch Asien; EU-Gebiet/EU-Zollgebiet/Nicht-Schengen-Vollanwender-Gebiet mit völkerrechtlich anerkanntem Recht auf Gebiet des außer von der Republik Türkei nicht als separater Staat anerkannten Gebiets von: Türkische Republik Nordzypern).

929 **EU-Zollunion** (EUCU: European Union Customs Union).

930 **EU-Zollgebiet** ist Zollgebiet gemäß Art. 4 VO (EU) Nr. 952/2013 zur Festlegung des Zollkodex der Union (EU-Zollkodex), nichts anderes, also nicht etwa nicht EU-angehörige, aber EU-assoziierte außereuropäische Länder und Hoheitsgebiete im Sinne von Art. 198-204 AEUV mit unterschiedlich möglichen Zollregelungen im Sinne der Art. 200 f. AEUV. Zum **EU-Gebiet** (einschließlich räumlicher EU-Rechtsgeltung und EU-Rechtsanwendung) vgl. Art. 52 EUV (**EU-Vertragsgeltungsraum**) i.V.m. Art. 349, 355 AEUV (**EU-Vertragsgeltung und EU-Vertragsanwendungsbedingungen für Überseegebiete**), vgl. auch Art. 198-204 AEUV

931 Vgl. auch Art. 3 Abs. 2 EUV: „Die Union errichtet einen **Binnenmarkt**.". Vgl. im AEUV: Dritter Teil (Die internen Politiken und Maßnahmen der Union) Titel I („Der **Binnenmarkt**"), Art. 26 Abs. 2 AEUV: „Der **Binnenmarkt** umfasst einen Raum ohne Binnengrenzen, in dem der freie Verkehr von Waren, Personen, Dienstleistungen und Kapital gemäß den Bestimmungen der Verträge gewährleistet ist."; Titel II AEUV („Der freie **Warenverkehr**"): Art. 28 AEUV („Die Union umfasst eine **Zollunion**, die sich auf den gesamten Warenaustausch erstreckt; sie umfasst das Verbot, zwischen den Mitgliedstaaten Ein- und Ausfuhrzölle und Abgaben gleicher Wirkung zu erheben, sowie die Einführung eines Gemeinsamen

EU-Euro-Staaten sind die Staaten, deren Gebiet als Teil einer **EU-Wirtschafts- und Währungsunion** (WWU) Euro-Währungsgebiet (Euroraum / Eurozone) mit der Währung **Euro** ist.[932]

Zolltarifs gegenüber dritten Ländern."); Kapitel 1 AEUV (Art. 30-32 AEUV): „Die **Zollunion**", Kapitel 2 AEUV (Art. 33 AEUV): „Die Zusammenarbeit im **Zollwesen**", Kapitel 3 AEUV (Art. 34-37 AEUV): „Verbot von mengenmäßigen Beschränkungen zwischen den Mitgliedstaaten"; Art. 4 VO (EU) Nr. 952/2013 zur Festlegung des Zollkodex der Union (**EU-Zollkodex**): **„Zollgebiete"**, z.B. für Bundesrepublik Deutschland: das Gebiet der Bundesrepublik Deutschland mit Ausnahme der Insel Helgoland sowie des Gebiets von **Büsingen** (Vertrag vom 23. November 1964 zwischen der Bundesrepublik Deutschland und der Schweizerischen Eidgenossenschaft). Zu weiteren **„zollrechtlichen Vorschriften"**: Art. 5 Nr. 2 VO (EU) Nr. 952/2013 zur Festlegung des Zollkodex der Union (EU-Zollkodex). Die **EU-Binnenmarkt-Grundfreiheiten** sind wie folgt: **Warenverkehrsfreiheit** (insb. Art. 28, 30, 34, 35 AEUV), **Arbeitnehmerfreizügigkeit** (insb. Art. 45 AEUV), **Niederlassungsfreiheit** (insb. Art. 49 AEUV), **Dienstleistungsfreiheit** (insb. Art. 56 AEUV), **Kapital- und Zahlungsverkehrsfreiheit** (insb. Art. 63 AEUV – mit Tendenz zu einer **Kapitalmarktunion**).

[932] Art. 3 Abs. 4 EUV: „Die Union errichtet eine **Wirtschafts- und Währungsunion**, deren Währung der Euro ist." Art. 136 Abs. 1 AEUV: „Mitgliedstaaten, deren Währung der Euro ist" (seit 01.01.1999 als Buchgeld; seit 01.01.2002 als Geld in Banknoten und Münzen). Art. 282 Abs. 1 AEUV: „Die **Europäische Zentralbank** und die **nationalen Zentralbanken** bilden das **Europäische System der Zentralbanken** (ESZB). Die Europäische Zentralbank und die nationalen Zentralbanken der Mitgliedstaaten, deren Währung der Euro ist, bilden das **Eurosystem** und betreiben die **Währungspolitik der Union**.".

19 **EU-Euro-Staaten** (de iure): Königreich Belgien (seit 01.01.1999/01.01.2002), Bundesrepublik Deutschland (seit 01.01.1999/01.01.2002; formell auch in deutsche Exklave Büsingen als Enklave in der Schweizerischen Eidgenossenschaft, faktisch eher Schweizer Franken), Republik Estland (01.01.2011), Republik Finnland (seit 01.01.2002), Französische Republik (seit 01.01.1999/01.01.2002; außer Französisch-Polynesien, Neukaledonien, Wallis und Futuna), Hellenische Republik (seit 01.01.2001/01.01.2002), Irland (seit 01.01.1999/01.01.2002), Italienische Republik (seit 01.01.1999/01.01.2002; formell auch in Enklave der Italienischen Republik Campione d'Italia als Exklave in der Schweizerischen Eidgenossenschaft, faktischer eher Schweizer Franken), Republik Lettland (seit 01.01.2014), Republik Litauen (seit 01.01.2015), Großherzogtum Luxemburg (seit 01.01.1999/01.01.2002), Republik Malta (seit 01.01.2008), Königreich der Niederlande (01.01.1999/01.01.2002; außer Niederländische Karibikinseln), Republik Österreich (seit 01.01.1999/01.01.2002), Portugiesische Republik (seit 01.01.1999/01.01.2002), Slowakische Republik (seit 01.01.2009), Republik Slowenien (seit 01.01.2007), Königreich Spanien (seit 01.01.1999/01.01.2002), Republik Zypern (seit 01.01.2008; Zweitwährung in der Türkischen Republik Nordzypern).

Nicht-EU-Euro-Gebiete (insbesondere aufgrund Währungsvereinbarungen zwischen EU und Nicht-EU-Gebiet für den Euro als offizielle Währung): Fürstentum Andorra, Fürstentum Monaco, Saint-Barthélemy (Überseegebiet der Französischen Republik, dort Collectivité d'outre-mer [COM]; ÜLG i.S.v. Art. 198-204, 355 i.V.m. Anhang II AEUV), Saint-Pierre und Miquelon (Überseegebiet der Französischen Republik, dort Collectivité d'outre-mer [COM]; ÜLG i.S.v. Art. 198-204, 355 i.V.m. Anhang II AEUV), Republik San Marino, Staat Vatikanstadt, Republik Kosovo (de facto – seit 2002 Euro, davor: Deutsche Mark), Montenegro (de facto – seit 2002 Euro, davor: Deutsche Mark).

Art. 139 AEUV: „Die Mitgliedstaaten, für die der Rat nicht beschlossen hat, dass sie die erforderlichen Voraussetzungen für die Einführung des Euro erfüllen, werden im Folgenden als ‚Mitgliedstaaten, für die eine Ausnahmeregelung gilt' oder ‚Mitgliedstaaten mit Ausnahmeregelung' bezeichnet." Vgl. zur Titel VIII AEUV: **EU-„Wirtschafts- und Währungspolitik"** (Art. 119-144); Titel VIII Kapitel 2 (Art. 127-133 AEUV): **„EU-Währungspolitik"**; Titel VIII Kapitel 3 (Art. 134, 135 AEUV): „Institutionelle Bestimmungen"; Titel VIII Kapitel 4 (Art. 136-138 AEUV): „Besondere Bestimmungen für die Mitgliedstaaten, deren Währung der Euro ist"; Titel VIII Kapitel 5 (Art. 139-145 AEUV): „Übergangsbestimmungen".

Schengen-Staaten sind die Staaten, die für einen **EU-Raum der Freiheit, der Sicherheit und des Rechts** den Schengen-Besitzstand ganz (als Schengen-Vollanwender) oder teilweise anwenden.[933]

EWR[934]**-Staaten** sind die EU-Staaten und die EFTA-Staaten ohne die Schweizerische Eidgenossenschaft.[935]

---

[933] Art. 3 Abs. 2 EUV: „Die Union bietet ihren Bürgerinnen und Bürgern einen **Raum der Freiheit, der Sicherheit und des Rechts** ohne Binnengrenzen, in dem – in Verbindung mit geeigneten Maßnahmen in Bezug auf die Kontrollen an den Außengrenzen, das Asyl, die Einwanderung sowie die Verhütung und Bekämpfung der Kriminalität – der freie Personenverkehr gewährleistet ist."

„**Schengen-Staaten**" (26, davon 22 „**Schengen-Vollanwender-Staaten**" als **Schengen-Staaten** im (engeren) Sinne der Legaldefinition des § 2 Abs. 5 AufenthG – und zwar wie folgt (mit erstem Grenzkontrollwegfalldatum): Königreich Belgien (26.03.1995), Königreich Dänemark (ohne Grönland und Färöer: 25.03.2001), Bundesrepublik Deutschland (26.03.1995), Republik Estland (21.12.2007), Republik Finnland (25.03.2001), Französische Republik (26.03.1995), Hellenische Republik (26.03.2000), Island (25.03.2001), Italienische Republik (26.03.1997), Republik Lettland (21.12.2007), Fürstentum Liechtenstein (19.12.2011), Republik Litauen (21.12.2007), Großherzogtum Luxemburg (26.03.1995), Republik Malta (21.12.2007), Königreich Niederlande (in Europa, also ohne die Überseegebiete: 26.03.1995), Königreich Norwegen (25.03.2001), Republik Österreich (01.12.1997), Republik Polen (21.12.2007), Portugiesische Republik (26.03.1995), Königreich Schweden (25.03.2001), Schweizerische Eidgenossenschaft (Landgrenzen: 12.12.2008, Luftgrenzen: 29.03.2009), Slowakische Republik (21.12.2007), Republik Slowenien (21.12.2007), Königreich Spanien (ohne Ceuta und Melilla: 26.03.1995), Tschechische Republik (21.12.2007), Ungarn (21.12.2007).

EU-Staaten mit (teilweiser) **Schengen-Besitzstands-Anwendung** bzw. (teilweiser) Schengen-System-Nichtanwendung: Republik Bulgarien, Irland, Republik Kroatien, Rumänien, (Republik) Zypern.

Nicht-EU-Staaten/Nicht-EU-**Zollgebiete** mit (teilweiser) **Schengen-Besitzstands-Anwendung**: Fürstentum Andorra, Island, Fürstentum Liechtenstein, Fürstentum Monaco [auch Zollgebiet gemäß Art. 4 Abs. 2a VO (EU) Nr. 952/2013 zur Festlegung des Zollkodex der Union (EU-Zollkodex)], Königreich Norwegen, Republik San Marino, Schweizerische Eidgenossenschaft, Staat Vatikanstadt.

Vgl. auch den **Schengen-Besitzstand/Schengen-Acquis** (Schengen-Rechtsbeginn sein Schengener Übereinkommen vom 14.06.1985, Inkrafttreten am 15.06.1985; „Schengen-Besitzstand" als EU-Recht seit Inkrafttreten des Vertrags von Amsterdam vom 18.06.1997/02.10.1997, Inkrafttreten 01.09.1999 durch Amsterdamvertrags-„Protokoll zur Einbeziehung des Schengen-Besitzstands in den Rahmen der Europäischen Union", in: ABl. C 340 vom 10.11.1997, S. 93; „Schengen-Besitzstand" des Weiteren in: ABl. L 176 vom 10.07.1999, S. 1; ABl. L 239 vom 22.09.2000, S. 1; seither dynamisch in Fortschreibung begriffen, u.a. mit VO (EU) 2016/399 über einen Gemeinschaftskodex für das Überschreiten der Grenzen durch Personen (Schengener Grenzkodex – SGK).

[934] **EWR**: **Europäischer Wirtschaftsraum**, eine Freihandelszone zwischen der Europäischen Union und der Europäischen Freihandelsassoziation (EFTA) gemäß Abkommen über den Europäischen Wirtschaftraum (EWR-Abkommen von Porto vom 02.05.1992, Inkrafttreten am 01.01.1994, für Liechtenstein am 01.05.1995 [konsolidierte Fassung vom 14.12.2019], in EU-Amtsblatt Nr. L 001 vom 03.01.1994 S. 3-36, i.V.m. diversen Beschlüssen des Gemeinsamen EWR-Ausschusses i.S. von Art. 92-94 EWR-Abkommen). Art. 128 EWR-Abkommen: „Jeder europäische Staat, der Mitglied der Gemeinschaft (≙ EU, P. B.) wird, beantragt, und die Schweizerische Eidgenossenschaft sowie jeder europäische Staat, der Mitglied der EFTA wird, kann beantragen, Vertragspartei dieses Abkommens zu werden. Der betreffende Staat richtet seinen Antrag an den EWR-Rat."; vgl. umgekehrt zum EU-/EWR-Austritt Art. 50 EUV. Zu **EU/EWR-Homogenität**, Überwachungsverfahren, Streitbeilegung vgl. Kapitel 3 EWR-Abkommen (Art. 105-111 EWR-Abkommen) mit: Gemeinsamer **EWR-Ausschuss**, **EFTA-Überwachungsbehörde**, **EFTA-Gerichtshof**.

[935] **EWR-Staaten** (vgl. § 12 FreizügG/EU): EU-Staaten und EFTA-Mitgliedstaaten Island, Fürstentum Liechtenstein, Königreich Norwegen. **Schweizerische Eidgenossenschaft** ist EFTA-Mitgliedstaat, aber

EFTA[936]**-Staaten** sind: Island, Fürstentum Liechtenstein, Norwegen, Schweizerische Eidgenossenschaft.

---

nicht EU-Staat und nicht EWR-Staat, sondern nur Beobachter in EWR-Gremien, wegen Nichtratifizierung des EWR-Abkommens vom 02.05.1992 (zum sog. **EWR-Acquis/EWR-Besitzstand**) aufgrund Referendum vom 06.12.1992. Ausgleich für Nicht-EU-Mitgliedschaft der Schweizerischen Eidgenossenschaft (einschließlich automatischer Schengenbesitzstandsanwendung) und für Nicht-EWR-Mitgliedschaft der Schweizerischen Eidgenossenschaft (einschließlich automatischer EU-Freizügigkeitsrechtsanwendung, vgl. auch § 12 FreizügG/EU): Bilaterale Abkommen EU/Schweiz, insbesondere:

- Bilaterale Abkommen EU/Schweiz I 1999, u.a. „Abkommen zwischen der Europäischen Gemeinschaft und ihren Mitgliedstaaten einerseits und der Schweizerischen Eidgenossenschaft andererseits über die Freizügigkeit" – Freizügigkeitsabkommen EU/Schweiz vom 21.06.1999, Inkrafttreten am 01.06.2002, konsolidierte Fassung vom 01.01.2017 (vgl. auch §§ 12 Abs. 2, 28, 56 Abs. 2 AufenthV);
- Bilaterale Abkommen EU/Schweiz II 2004, u.a. „Abkommen zwischen der Schweizerischen Eidgenossenschaft, der Europäischen Union und der Europäischen Gemeinschaft über die Assoziierung dieses Staates bei der Umsetzung, Anwendung und Entwicklung des Schengen-Besitzstands" – Schengenassoziierungsabkommen EU/Schweiz vom 26.10.2004, Inkrafttreten am 01.03.2008.

936 **EFTA**: **Europäische Freihandelsassoziation** (aus dem Englischen: European Free Trade Association), eine Freihandelszone zwischen den Mitgliedstaaten; EFTA-Gründung: mit „Übereinkommen zur Errichtung der Europäischen Freihandelsassoziation" vom 04.01.1960 in Stockholm, Inkrafttreten am 03.05.1960, durch Königreich Dänemark, Königreich Norwegen, Republik Österreich, Portugiesische Republik, Königreich Schweden, Schweizerische Eidgenossenschaft, Vereinigtes Königreich Großbritannien und Nordirland. EFTA-Übereinkommen-Inkrafttreten: 03.05.1960. EFTA-Beitritte: Republik Finnland als assoziiertes Mitglied 1961, als Vollmitglied 1986, Island 1970, Fürstentum Liechtenstein 1991. EFTA-Staaten-Austritte und EG/EU-Beitritte: Königreich Dänemark, Vereinigte Königreich Großbritannien und Nordirland 1973, Portugiesische Republik 1986, Republik Finnland, Republik Österreich, Königreich Schweden 1995. EFTA-Mitgliedstaaten seit 1995: Island, Fürstentum Liechtenstein, Königreich Norwegen, Schweizerische Eidgenossenschaft. EFTA-Übereinkommens-Änderung 2001 mit Begrenzung auf Freihandelszone ohne darüberhinausgehende politische Ziele. Ursprünglicher EFTA-Zweck: Gegenstück zu den Vorläufern der EU, zu **Europäische Gemeinschaften (EG):**

- **Europäische Gemeinschaft für Kohle und Stahl** (EGKS); Gründung: mit Vertrag von Paris vom 18.04.1951, Inkrafttreten am 23.07.1952, durch BRD, Französische Republik, Italienische Republik, Königreich Belgien, Königreich der Niederlande, Großherzogtum Luxemburg (mit „Hohe Behörde" als Vorläuferin der EG-Kommission ab 1967 und der EU-Kommission); Vertragsende am 23.07.2002.
- **Europäische Atomgemeinschaft** (Euratom, auch EAG), Gründung: mit Vertrag von Rom (EuratomV – Vertrag zur Gründung der Europäischen Atomgemeinschaft) vom 25.03.1957 (mit EWGV: „**Römische Verträge**", Inkrafttreten am 01.01.1958, durch BRD, Französische Republik, Italienische Republik, Königreich Belgien, Königreich der Niederlande, Großherzogtum Luxemburg; auch mit EU-Verträgen im EU-Rechtsrahmen weiterbestehend.
- **Europäische Wirtschaftsgemeinschaft** (EWG), Gründung: mit Vertrag von Rom (Vertrag zur Gründung der Europäischen Wirtschaftsgemeinschaft) 25.03.1957 (mit EuratomV: „**Römische Verträge**"), Inkrafttreten am 01.01.1958, durch BRD, Französische Republik, Italienische Republik, Königreich Belgien, Königreich der Niederlande, Großherzogtum Luxemburg.

Gemeinsames Parlament, Gemeinsamer Gerichtshof, gemeinsamer Wirtschafts- und Sozialausschuss der Europäischen Gemeinschaften seit: Abkommen über gemeinsame Organe für die Europäischen Gemeinschaften vom 25.03.1957 (Teil der Römischen Verträge).

Gemeinsame Kommission und Gemeinsamer Rat der Europäischen Gemeinschaften seit: Vertrag zur Einsetzung eines gemeinsamen Rates und einer gemeinsamen Kommission der Europäischen Gemeinschaften (EG-Fusionsvertrag) vom 08.04.1965, Inkrafttreten am 01.07.1967.

Europäische Union-Gründung (**EU-Gründung**): 07.02.1992 mit **Vertrag von Maastricht** über die Europäische Union (EUV), Inkrafttreten am 01.11.1993: Europäische Union (EU) als Dachorganisation, als

Institutionenrahmen ohne Rechtspersönlichkeit für 3 Teilbereiche (**Drei-Säulen-Modell**): 1. **Europäische Gemeinschaft** (EG), 2. **Gemeinsame Außen- und Sicherheitspolitik** (GASP), 3. **Zusammenarbeit im Bereich Justiz und Inneres** (ZJI) – Änderung durch Vertrag von Amsterdam vom 18.06./02.10.1997, Inkrafttreten: 01.05.1999, in ABl. C 340 vom 10.11.1997: Übertragung der ZJI mit flankierenden Maßnahmen zum freien Personenverkehr in die 1. Säule und Verbleib als 3. Säule: **Polizeiliche und justizielle Zusammenarbeit in Strafsachen** (PJZS). Zwischenzeitliche weitere Änderungen durch folgende Verträge: Vertrag von Amsterdam vom 18.06./02.10.1997, Inkrafttreten: 01.05.1999 und Vertrag von Nizza vom 11.12.2000 beschlossen und am 26.02.2001, Inkrafttreten am 01.02.2003.

Fusion zu einer Europäischen Union mit EU als „Rechtsnachfolgerin" „an die Stelle der" EG (Art. 1 EUV) ohne Säulenmodell durch „**Vertrag von Lissabon** zur Änderung des **Vertrags über die Europäische Union** (EUV) und des **Vertrags zur Gründung der Europäischen Gemeinschaft**" (EGV, geändert in: **Vertrag über die Arbeitsweise der Europäischen Union** – AEUV) vom 13.12.2007, Inkrafttreten am 01.12.2009. Dabei u.a. mit folgenden **EU-Politiken** bzw. **EU-Maßnahmen** (vgl. auch Dritter Teil Art. 26-197 AEUV): Titel V Kapitel 1, 2 Art. 23-46 EUV: **Auswärtiges Handeln** einschließlich **Gemeinsame Außen- und Sicherheitspolitik** (GASP) einschließlich (in Kapitel 2 Abschnitt 2 Art. 42-46 EUV): **Gemeinsame Sicherheits- und Verteidigungspolitik** (GSPV); Art. 3 Abs. 2 EUV, Art. 67-89 AEUV: **Raum der Freiheit, der Sicherheit und des Rechts** mit Art. 67-76 AEUV: Allgemeine Bestimmungen; Art. 77-80 AEUV: **Politik im Bereich Grenzkontrollen, Asyl und Einwanderung**; Art. 81 AEUV: **Justizielle Zusammenarbeit in Zivilsachen**; Art. 82-86 AEUV: **Justizielle Zusammenarbeit in Strafsachen**, Art. 87-89 AEUV: **Polizeiliche Zusammenarbeit**), in: ABl. 2007/C 306/01, zuletzt konsolidierte Fassung in: ABl. 2012/C 326/01.

Unterabschnitt 2: Ausländerrechtliche Maßnahmen mit originärer Landespolizeizuständigkeit

A. Rechtsgrundlage (RGL) I. Grundrechte (GR)

(VOR/DEF)

Grundrechte sind grundlegende Rechte aus Art. 1-19 GG i.V.m. dem Rechtsstaatsprinzip, Art. 20 Abs. 3 GG, mit Vorrang und Vorbehalt des Gesetzes.[937]

(SUB/ERG)

Grundrechte sind fallabhängig insbesondere wie folgt gegeben:

[937] Zu **Grundrechten**: *Basten*, Eingriffsrecht der Polizei in Nordrhein-Westfalen, Band 1, Buch 1, Abschnitt 2, Unterabschnitt 3. Zum **Rechtsstaatsprinzip** mit unter anderem sogenanntem Vorrang des Gesetzes und Vorbehalt des Gesetzes: *Basten*, Eingriffsrecht der Polizei in Nordrhein-Westfalen, Band 1, S. 95-108.

1. Allgemeines Persönlichkeitsgrundrecht[938] mit verschiedenen Ausprägungen[939], etwa in der Ausprägung des **Rechts auf informationelle Selbstbestimmung** (APR/RiS), Art. 2 Abs. 1 i.V.m. Art. 1 Abs. 1[940] GG, vgl. auch Art. 142 GG i.V.m. Art. 4 Abs. 1, 2 Verfassung NRW[941].

---

[938] BVerfGE 147, 1, 18 f. (**Geschlechtsidentität**) = BVerfG, Beschluss des Ersten Senats vom 10.10.2017 – 1 BvR 2019/16 –, Rn. 38: „Art. 2 Abs. 1 GG gewährt jedem das **Recht auf die freie Entfaltung seiner Persönlichkeit**. Dieses Grundrecht umfasst neben der allgemeinen Handlungsfreiheit das **allgemeine Persönlichkeitsrecht** (Art. 2 Abs. 1 i.V.m. Art. 1 Abs. 1 GG). Letzteres ergänzt als ‚unbenanntes' Freiheitsrecht die speziellen (‚benannten') Freiheitsrechte, die ebenfalls konstituierende Elemente der Persönlichkeit schützen (vgl. BVerfGE 54, 148 <153>). Eine der **Aufgaben des allgemeinen Persönlichkeitsrechts** ist es dabei, Grundbedingungen dafür zu sichern, dass die einzelne Person ihre Individualität selbstbestimmt entwickeln und wahren kann (vgl. BVerfGE 35, 202 <220>; 79, 256 <268>; 90, 263 <270>; 117, 202 <225>). Das allgemeine Persönlichkeitsrecht schützt indessen nur solche **Elemente der Persönlichkeitsentfaltung**, die - ohne bereits Gegenstand der besonderen Freiheitsgarantien des Grundgesetzes zu sein - diesen in ihrer konstituierenden Bedeutung für die Persönlichkeit nicht nachstehen (vgl. BVerfGE 79, 256 <268>; 99, 185 <193>; 120, 274 <303>; stRspr). Es verbürgt also nicht Schutz gegen alles, was die selbstbestimmte Persönlichkeitsentwicklung auf irgendeine Weise beeinträchtigen könnte; ohnehin vermag kein Mensch seine Individualität unabhängig von äußeren Gegebenheiten und Zugehörigkeiten zu entwickeln. Der lückenschließende Schutz des allgemeinen Persönlichkeitsrechts greift aber dann, wenn die selbstbestimmte Entwicklung und Wahrung der Persönlichkeit spezifisch gefährdet ist (BVerfGE 141, 186 <201 f. Rn. 32>).".

BVerfG, Beschluss des Ersten Senats vom 06.11.2019 – 1 BvR 16/13 – (Recht auf Vergessen I), Rn. 81: „Diese [**APR-]Rechtsprechung** hat sich maßgeblich in Konstellationen der mittelbaren Drittwirkung und geleitet von dem Erfordernis praktischer Konkordanz entwickelt. Deshalb bestimmen sich die Schutzdimensionen des allgemeinen Persönlichkeitsrechts letztlich immer einzelfallbezogen im Abgleich mit den Grundrechten Dritter. Die Bestimmung seiner Schutzwirkungen und die Abwägung mit den gegenüberstehenden Freiheitsrechten greifen hier Hand in Hand. Der Schutz des allgemeinen Persönlichkeitsrechts ist insoweit flexibel und durch die Einbindung der Person in ihre sozialen Beziehungen relativiert (vgl. BVerfGE 101, 361 <380>; 141, 186 <202 Rn. 32>; 147, 1 <19 Rn. 38>; stRspr; siehe auch BGHZ 183, 353 <357 Rn. 11>; 209, 139 <150 Rn. 30>; 219, 233 <240 Rn. 22>; stRspr).".

Vgl. „**Allgemeines Persönlichkeitsrecht**" (APR) als „sonstiges Recht" (sog. **Rahmenrecht** mit [grundrechts-]abwägungsoffenem Tatbestand) nach § 823 Abs. 1 Var. 6 BGB, u.a. mit Geldentschädigungsanspruch, insbesondere durch ständige Rechtsprechung (vgl. auch § 253 BGB) seit folgender Entwicklung: BGHZ 13, 334 (Leserbrief), mit erstmaliger ausdrücklicher Anerkennung des allgemeinen Persönlichkeitsrechts; BGHZ 26, 349 (Herrenreiter), mit erstmaliger Zuerkennung einer Geldentschädigung wegen des immateriellen Schadens durch die Verletzung des allgemeinen Persönlichkeitsrechts; BGHZ 35, 363 (Ginsengwurzel), mit erstmaliger Schwerpunktsetzung bei der Menschenwürde in der Begründung; BVerfGE 34, 269 (Soraya), mit verfassungsgerichtlicher Erklärung der verfassungsrechtlichen Zulässigkeit der richterrechtlich entwickelten APR-Konstruktion.

[939] BVerfG, Beschluss des Ersten Senats vom 06.11.2019 – 1 BvR 16/13 – (Recht auf Vergessen I), Rn. 80: „Die Rechtsprechung hat aus dem [**Allgemeinen Persönlichkeits-]Grundrecht** insoweit verschiedene **Schutzdimensionen** abgeleitet wie den **Schutz eines unantastbaren Bereichs privater Lebensgestaltung**, die Garantie der **Privatsphäre**, das **Recht am eigenen Bild** oder **gesprochenen Wort** oder das **Recht auf die Darstellung der eigenen Person**, die **soziale Anerkennung** sowie die **persönliche Ehre** (vgl. BVerfGE 27, 1 <6>; 27, 344 <350 f.>; 32, 373 <379>; 34, 238 <245 f.>; 47, 46 <73>; 54, 148 <153 f.>; 99, 185 <193 f.>; 101, 361 <384>; 106, 28 <39>; 114, 339 <346>; 120, 180 <198>)." „Diese **Schutzgehalte** werden insoweit aber nicht als abschließend umschriebene und voneinander abzugrenzende Gewährleistungen verstanden, sondern als Ausprägungen, die in Blick auf den konkreten Schutzbedarf jeweils anhand des zu entscheidenden Falles herauszuarbeiten sind (vgl. BVerfGE 54, 148 <153 f.>; 65, 1 <41>).".

BVerfGE 65, 1 (Volkszählungsgesetz), Ls. 1 = BVerfG, Urteil des Ersten Senats vom 15.12.1983 – 1 BvR 209/83, Ls. 1: „Unter den Bedingungen der modernen Datenverarbeitung wird der Schutz des Einzelnen

gegen unbegrenzte Erhebung, Speicherung, Verwendung und Weitergabe seiner persönlichen Daten von dem **allgemeinen Persönlichkeitsrecht** des Art. 2 Abs. 1 GG in Verbindung mit Art. 1 Abs. 1 GG umfaßt. Das [**Allgemeine Persönlichkeits-]Grundrecht** gewährleistet insoweit die Befugnis des Einzelnen, grundsätzlich selbst über die Preisgabe und Verwendung seiner persönlichen Daten zu bestimmen.“; BVerfG, Beschluss des Ersten Senats vom 06.11.2019 – 1 BvR 16/13 – (Recht auf Vergessen I), Rn. 80: „Das **Recht auf informationelle Selbstbestimmung** ist von der Rechtsprechung als eigene Ausprägung des allgemeinen Persönlichkeitsrechts mit einem gegenüber den anderen Ausprägungen selbständigen Gewährleistungsgehalt entwickelt worden und behält diesen auch, soweit es als verfassungsrechtliche Wertentscheidung in das Zivilrecht einstrahlt. Dementsprechend enthält es keinen gesamthaften Schutzanspruch hinsichtlich jederlei Umgangs mit Informationen, der die übrigen Schutzdimensionen des Grundrechts allgemein übergreifen und zusammenführen würde, sondern lässt deren Wertungen und Abwägungsregeln unberührt.“; BVerfGE 120, 274, 311 f. (Online-Durchsuchung) = BVerfG, Urteil des Ersten Senats vom 27.02.2008 – 1 BvR 370/07 –, Rn. 198 f. „Das **Recht auf informationelle Selbstbestimmung** geht über den **Schutz der Privatsphäre** hinaus. Es gibt dem Einzelnen die Befugnis, grundsätzlich selbst über die Preisgabe und Verwendung seiner persönlichen Daten zu bestimmen (vgl. BVerfGE 65, 1 <43>; 84, 192 <194>). Es flankiert und erweitert den grundrechtlichen Schutz von Verhaltensfreiheit und Privatheit, indem es ihn schon auf der Stufe der Persönlichkeitsgefährdung beginnen lässt. Eine derartige Gefährdungslage kann bereits im Vorfeld konkreter Bedrohungen benennbarer Rechtsgüter entstehen, insbesondere wenn personenbezogene Informationen in einer Art und Weise genutzt und verknüpft werden können, die der Betroffene weder überschauen noch verhindern kann. Der Schutzumfang des **Rechts auf informationelle Selbstbestimmung** beschränkt sich dabei nicht auf Informationen, die bereits ihrer Art nach sensibel sind und schon deshalb grundrechtlich geschützt werden. Auch der Umgang mit personenbezogenen Daten, die für sich genommen nur geringen Informationsgehalt haben, kann, je nach dem Ziel des Zugriffs und den bestehenden Verarbeitungs- und Verknüpfungsmöglichkeiten, grundrechtserhebliche Auswirkungen auf die Privatheit und Verhaltensfreiheit des Betroffenen haben (vgl. BVerfG, Beschluss vom 13. Juni 2007 - 1 BvR 1550/03 u.a. -, NJW 2007, S. 2464 <2466>). Die mit dem Recht auf informationelle Selbstbestimmung abzuwehrenden Persönlichkeitsgefährdungen ergeben sich aus den vielfältigen Möglichkeiten des Staates und gegebenenfalls auch privater Akteure (vgl. BVerfG, Beschluss der 1. Kammer des Ersten Senats vom 23. Oktober 2006 - 1 BvR 2027/02 -, JZ 2007, S. 576) zur Erhebung, Verarbeitung und Nutzung personenbezogener Daten. Vor allem mittels elektronischer Datenverarbeitung können aus solchen Informationen weitere Informationen erzeugt und so Schlüsse gezogen werden, die sowohl die grundrechtlich geschützten Geheimhaltungsinteressen des Betroffenen beeinträchtigen als auch Eingriffe in seine Verhaltensfreiheit mit sich bringen können (vgl. BVerfGE 65, 1 <42>; 113, 29 <45 f.>; 115, 320 <342>; BVerfG, Beschluss vom 13. Juni 2007 - 1 BvR 1550/03 u.a. -, NJW 2007, S. 2464 <2466>).“.

BVerfGE 109, 279, 325-327 (akustische Wohnraumüberwachung / „Großer Lauschangriff“) = BVerfG, Urteil des Ersten Senats vom 03.03.2004 – 1 BvR 2378/98, 1084/99 –, Rn. 159-163: „Das aus Art. 2 Abs. 1 in Verbindung mit Art. 1 Abs. 1 GG folgende **allgemeine Persönlichkeitsrecht** kommt neben Art. 13 Abs. 1 GG allerdings nicht zur Anwendung, soweit Eingriffe in die **räumliche Privatsphäre des Wohnungsinhabers** zu überprüfen sind. Art. 13 Abs. 1 GG enthält eine spezielle Gewährleistung des **Schutzes vor staatlicher akustischer Überwachung der räumlichen Privatsphäre**, die die allgemeinere Vorschrift insoweit verdrängt (vgl. BVerfGE 100, 313 [358] zu Art. 10 GG). Mit dem **Recht, in der Wohnung ungestört zu sein**, und dem **Recht am eigenen in der Wohnung gesprochenen Wort** schützt Art. 13 Abs. 1 GG gerade den Teil der **Privatsphäre**, den sonst das allgemeine Persönlichkeitsrecht gewährleistet. Dieses Recht ergänzt als unbenanntes Freiheitsrecht die speziellen Freiheitsrechte, die ebenfalls konstituierende Elemente der Persönlichkeit schützen (vgl. BVerfGE 54, 148 <153 f.>), nur insoweit, als Letztere keinen Schutz gewähren. Der **Schutz des allgemeinen Persönlichkeitsrechts aus Art. 2 Abs. 1 in Verbindung mit Art. 1 Abs. 1 GG** greift hingegen ein, soweit von der Wohnraumüberwachung Personen betroffen werden, die sich nicht auf Art. 13 Abs. 1 GG berufen können. **Grundrechtsträger des Art. 13 Abs. 1 GG** ist jeder Inhaber oder Bewohner eines Wohnraums, unabhängig davon, auf welchen Rechtsverhältnissen die Nutzung des Wohnraums beruht. Bei mehreren Bewohnern einer Wohnung steht das Grundrecht jedem Einzelnen, bei Familien mithin jedem Familienmitglied zu. Maßnahmen der **Wohnraumüberwachung** können aber nicht nur **Wohnungsinhaber**, sondern auch **zufällig in einer Wohnung**

Anwesende erfassen. Diese Personen sind zwar nicht in ihrem Grundrecht aus Art. 13 Abs. 1 GG, wohl aber in ihrem **allgemeinen Persönlichkeitsrecht** betroffen. Der Schutz aus Art. 2 Abs. 1 in Verbindung mit Art. 1 Abs. 1 GG kann insofern allerdings nicht weiter reichen als derjenige aus Art. 13 Abs. 1 und 3 GG. Der Schutz der **räumlichen Privatsphäre und des allgemeinen Persönlichkeitsrechts** kann schließlich in Einzelfällen durch weitere Grundrechtsgarantien ergänzt sein. So wird das **Gespräch zwischen Eheleuten in der eigenen Wohnung** nicht nur von Art. 13 Abs. 1 GG, sondern zusätzlich durch Art. 6 Abs. 1 GG geschützt. Auch in Bezug auf die **Kommunikation mit Berufsgeheimnisträgern** können neben dem grundrechtlichen **Schutz der räumlichen Privatsphäre** Grundrechte in Betracht kommen, die - wie etwa Art. 4 GG im Hinblick auf das Gespräch mit einem Geistlichen - der besonderen Schutzbedürftigkeit der Kommunizierenden Rechnung tragen.“.

BVerfG, Beschluss des Ersten Senats vom 06.11.2019 – 1 BvR 16/13 – (Recht auf Vergessen I), Ls. 3 S. 1: „Von den **äußerungsrechtlichen Schutzdimensionen** ist das **Recht auf informationelle Selbstbestimmung** als eine eigene Ausprägung des allgemeinen Persönlichkeitsrechts zu unterscheiden.“ BVerfG, Beschluss des Ersten Senats vom 06.11.2019 – 1 BvR 16/13 – (Recht auf Vergessen I), Rn. 90: „Ausgehend von dem **Ziel des Rechts auf informationelle Selbstbestimmung**, Schutz vor Gefahren angesichts neuartiger Möglichkeiten der Datenverarbeitung zu gewähren (vgl. BVerfGE 65, 1 <42>), ist es primär als Gewährleistung zu verstehen, die – neben der ungewollten Preisgabe von Daten auch im Rahmen privater Rechtsbeziehungen (vgl. BVerfGE 84, 192 <194>) – insbesondere vor deren intransparenter Verarbeitung und Nutzung durch Private schützt. Es bietet Schutz davor, dass Dritte sich individueller Daten bemächtigen und sie in nicht nachvollziehbarer Weise als Instrument nutzen, um die Betroffenen auf Eigenschaften, Typen oder Profile festzulegen, auf die sie keinen Einfluss haben und die dabei aber für die freie Entfaltung der Persönlichkeit sowie eine gleichberechtigte Teilhabe in der Gesellschaft von erheblicher Bedeutung sind. Der Gehalt dieses Rechts ist dabei entwicklungsoffen, so dass es auch weitere persönlichkeitsgefährdende Entwicklungen der Informationsverarbeitung aufnehmen kann.“.

BVerfG, Beschluss des Ersten Senats vom 06.11.2019 – 1 BvR 16/13 – (Recht auf Vergessen I), Ls. 2a): „Der verfassungsrechtliche Maßstab für den Schutz gegenüber Gefährdungen durch die **Verbreitung personenbezogener Berichte und Informationen als Teil öffentlicher Kommunikation** liegt in den **äußerungsrechtlichen Ausprägungen des allgemeinen Persönlichkeitsrechts**, nicht im Recht auf informationelle Selbstbestimmung.“.

BVerfG, Beschluss des Ersten Senats vom 06.11.2019 – 1 BvR 16/13 – (Recht auf Vergessen I), Rn. 91: „[Vom Recht auf informationelle Selbstbestimmung] zu unterscheiden ist der **Schutz vor der Verarbeitung personenbezogener Berichte und Informationen als Ergebnis eines Kommunikationsprozesses**. Der Schutzbedarf gründet hier nicht in der intransparenten Zuweisung von Persönlichkeitsmerkmalen und -profilen durch Dritte, sondern in der sichtbaren Verbreitung bestimmter Informationen im öffentlichen Raum. Gefährdungen für die Persönlichkeitsentfaltung ergeben sich hier vornehmlich aus Form und Inhalt der Veröffentlichung selbst. Schutz gegenüber solchen Gefährdungen bieten die **äußerungsrechtlichen Ausprägungen des allgemeinen Persönlichkeitsrechts unabhängig vom Recht auf informationelle Selbstbestimmung**. Zwar kann es auch dabei maßgeblich auf die Art der Informationserlangung ankommen. Jedoch hat diese hier ihre Bedeutung als Vorfrage für die Beurteilung des weiteren Umgangs mit einer bestimmten Äußerung und des damit in die Öffentlichkeit gestellten Bildes einer Person selbst.“.

BVerfG, Beschluss des Ersten Senats vom 06.11.2019 – 1 BvR 16/13 – (**Recht auf Vergessen** I), Ls. 2b): „Bei der Entscheidung über einen Schutzanspruch kommt der Zeit unter den Kommunikationsbedingungen des Internets ein spezifisches Gewicht zu. Die Rechtsordnung muss davor schützen, dass sich eine Person frühere Positionen, Äußerungen und Handlungen unbegrenzt vor der Öffentlichkeit vorhalten lassen muss. Erst die Ermöglichung eines Zurücktretens vergangener Sachverhalte eröffnet den Einzelnen die Chance zum Neubeginn in Freiheit. Zur Zeitlichkeit der Freiheit gehört die Möglichkeit des Vergessens.“.

BVerfGE 120, 274, 311 (Online-Durchsuchung) = BVerfG, Urteil des Ersten Senats vom 27.02.2008 – 1 BvR 370/07 –, Rn. 197: „In seiner Ausprägung als **Schutz der Privatsphäre** [als **Privatangelegenheitenschutz** und **Rückzugsraumbereichsschutz** – beides **gegenüber der Öffentlichkeit**, vgl. **Sphärentheorie** mit **Intimsphäre, Privatsphäre, Sozialsphäre** und vgl. **Kernbereich privater Lebensgestaltung**] gewährleistet das allgemeine Persönlichkeitsrecht dem Einzelnen einen räumlich und thematisch

bestimmten Bereich, der grundsätzlich frei von unerwünschter Einsichtnahme bleiben soll (vgl. BVerfGE 27, 344 <350 ff.>; 44, 353 <372 f.>; 90, 255 <260>; 101, 361 <382 f.>).“; BVerfGE 101, 361, 382-385 (Caroline von Monaco II) = BVerfG, Urteil vom 15.12.1999 – 1 BvR 653/96 –, Rn. 75-82: „Im Unterschied zum **Recht am eigenen Bild** bezieht sich der **Schutz der Privatsphäre**, der ebenfalls im **allgemeinen Persönlichkeitsrecht** wurzelt, nicht speziell auf Abbildungen, sondern ist **thematisch und räumlich** bestimmt. Er umfaßt zum einen **Angelegenheiten [Privatangelegenheitenschutz]**, die wegen ihres Informationsinhalts typischerweise als **‚privat‘** eingestuft werden, weil ihre **öffentliche** Erörterung oder Zurschaustellung als unschicklich gilt, das Bekanntwerden als peinlich empfunden wird oder nachteilige Reaktionen der Umwelt auslöst, wie es etwa bei Auseinandersetzungen mit sich selbst in **Tagebüchern** (BVerfGE 80, 367), bei **vertraulicher Kommunikation unter Eheleuten** (BVerfGE 27, 344), im Bereich der **Sexualität** (BVerfGE 47, 46; 49, 286 [BVerfGE 120, 224, 238 f. (Geschwisterbeischlaf) = BVerfGE, Beschluss des Zweiten Senats vom 26.02.2008 – 2 BvR 392/07 –, Rn. 32 f.: „Das allgemeine Persönlichkeitsrecht in seiner Ausprägung als **Recht auf sexuelle Selbstbestimmung**“/„**Intim- und Sexualbereich des Menschen als Teil seiner Privatsphäre**, P. B.]), bei **sozial abweichendem Verhalten** (BVerfGE 44, 353) oder bei **Krankheiten** (BVerfGE 32, 373) der Fall ist. Fehlte es hier an einem **Schutz vor der Kenntniserlangung anderer**, wären die Auseinandersetzung mit sich selbst, die unbefangene Kommunikation unter Nahestehenden, die sexuelle Entfaltung oder die Inanspruchnahme ärztlicher Hilfe beeinträchtigt oder unmöglich, obwohl es sich um grundrechtlich geschützte Verhaltensweisen handelt. Zum anderen erstreckt sich der Schutz auf einen **räumlichen Bereich** [**Raumbereichsschutz**], in dem der Einzelne zu sich kommen, sich entspannen oder auch gehen lassen kann (vgl. BVerfGE 27, 1 [6]). Zwar bietet auch dieser Bereich Gelegenheit, sich in einer Weise zu verhalten, die nicht für die **Öffentlichkeit** bestimmt ist und deren Beobachtung oder Darstellung durch Außenstehende für den Betroffenen peinlich oder nachteilig wäre. Im Kern geht es aber um einen **Raum**, in dem er die Möglichkeit hat, frei von **öffentlicher Beobachtung** und damit der von ihr erzwungenen Selbstkontrolle zu sein, auch ohne daß er sich dort notwendig anders verhielte als in der **Öffentlichkeit**. Bestünden solche **Rückzugsbereiche** nicht mehr, könnte der Einzelne psychisch überfordert sein, weil er unausgesetzt darauf achten müßte, wie er auf andere wirkt und ob er sich richtig verhält. Ihm fehlten die Phasen des Alleinseins und Ausgleichs, die für die Persönlichkeitsentfaltung notwendig sind und ohne die sie nachhaltig beeinträchtigt würde. Ein derartiges Schutzbedürfnis besteht auch bei Personen, die aufgrund ihres Ranges oder Ansehens, ihres Amtes oder Einflusses, ihrer Fähigkeiten oder Taten besondere **öffentliche** Beachtung finden. Wer, ob gewollt oder ungewollt, zur Person des **öffentlichen** Lebens geworden ist, verliert damit nicht sein Anrecht auf eine **Privatsphäre**, die den Blicken der **Öffentlichkeit** entzogen bleibt. Das gilt auch für demokratisch gewählte Amtsträger, die zwar für ihre Amtsführung **öffentlich** rechenschaftspflichtig sind und sich in diesem Umfang **öffentliche** Aufmerksamkeit gefallen lassen müssen, nicht aber für ihr **Privatleben**, sofern dieses die Amtsführung nicht berührt. Der **häusliche Bereich** [vgl. ggf. spezielleren Art. 13 GG i.V.m. BVerfGE 109, 279, 325 f.] stellt anerkanntermaßen eine solche geschützte Sphäre dar. Wegen des Bezugs auf die Entfaltung der Persönlichkeit darf der **Rückzugsbereich** jedoch nicht von vornherein auf ihn begrenzt werden. Das gilt schon deshalb, weil die Funktionen, denen er dient, nur erfüllt werden, wenn er nicht an den Hausmauern oder Grundstücksgrenzen endet. Die freie Entfaltung der Persönlichkeit wäre erheblich behindert, wenn der Einzelne nur im eigenen Haus der **öffentlichen** Neugier entgehen könnte. Die notwendige Erholung von einer durch Funktionszwänge und Medienpräsenz geprägten **Öffentlichkeit** ist vielfach nur in der **Abgeschiedenheit einer natürlichen Umgebung, etwa an einem Ferienort**, zu gewinnen. Deswegen muß der Einzelne grundsätzlich die Möglichkeit haben, sich auch in der freien, gleichwohl **abgeschiedenen Natur oder an Örtlichkeiten, die von der breiten Öffentlichkeit deutlich abgeschieden sind**, in einer von **öffentlicher** Beobachtung freien Weise zu bewegen. Das gilt gerade gegenüber solchen Aufnahmetechniken, die die **räumliche Abgeschiedenheit** überwinden, ohne daß der Betroffene dies bemerken kann. Wo die Grenzen der geschützten **Privatsphäre außerhalb des Hauses** verlaufen, läßt sich nicht generell und abstrakt festlegen. Sie können vielmehr nur aufgrund der jeweiligen Beschaffenheit des **Ortes** bestimmt werden, den der Betroffene aufsucht. Ausschlaggebend ist, ob der Einzelne eine **Situation** vorfindet oder schafft, in der er begründetermaßen und somit auch für Dritte erkennbar davon ausgehen darf, den Blicken der **Öffentlichkeit** nicht ausgesetzt zu sein. Ob die Voraussetzungen der **Abgeschiedenheit** erfüllt sind, läßt sich nur situativ beurteilen. Der Einzelne kann sich an ein und demselben **Ort** zu Zeiten mit gutem Grund unbeobachtet fühlen, zu anderen Zeiten nicht. Auch ist

der Aufenthalt in umschlossenen **Räumen** keineswegs immer mit **Abgeschiedenheit** gleichzusetzen. Da es um die Frage geht, ob der Einzelne begründetermaßen erwarten darf, unbeobachtet zu sein, oder aber **Plätze** aufgesucht hat, wo er sich unter den Augen der **Öffentlichkeit** bewegt, kann es auch in umschlossenen Räumen an der **Abgeschiedenheit** fehlen, die Voraussetzung für den **Privatsphärenschutz** außerhalb der eigenen **Häuslichkeit** ist. **Plätzen, an denen sich der Einzelne unter vielen Menschen befindet**, fehlt es von vornherein an den Voraussetzungen des **Privatsphärenschutzes** im Sinn von Art. 2 Abs. 1 in Verbindung mit Art. 1 Abs. 1 GG. Sie können das **Rückzugsbedürfnis** nicht erfüllen und rechtfertigen deswegen auch nicht den grundrechtlichen Schutz, den dieses Bedürfnis aus Gründen der Persönlichkeitsentfaltung verdient. Der Einzelne kann solche **Orte** auch nicht etwa durch ein Verhalten, das typischerweise nicht **öffentlich** zur Schau gestellt würde, in seine **Privatsphäre** umdefinieren. Nicht sein Verhalten, ob allein oder mit anderen, konstituiert die **Privatsphäre**, sondern die **objektive Gegebenheit der Örtlichkeit zur fraglichen Zeit**. Verhält er sich daher an **Orten**, die nicht die Merkmale der **Abgeschiedenheit** aufweisen, so, als stünde er nicht unter Beobachtung, hebt er das **Schutzbedürfnis für Verhaltensweisen, die an sich die Öffentlichkeit nichts angehen**, selbst auf. Der **Schutz der Privatsphäre vor öffentlicher Kenntnisnahme** entfällt ferner, wenn sich jemand selbst damit einverstanden zeigt, daß bestimmte, gewöhnlich als privat geltende Angelegenheiten **öffentlich** gemacht werden, etwa indem er Exklusivverträge über die Berichterstattung aus seiner **Privatsphäre** abschließt. Der verfassungsrechtliche **Privatsphärenschutz** aus Art. 2 Abs. 1 in Verbindung mit Art. 1 Abs. 1 GG ist nicht im Interesse einer Kommerzialisierung der eigenen Person gewährleistet. Zwar ist niemand an einer solchen **Öffnung privater Bereiche** gehindert. Er kann sich dann aber nicht gleichzeitig auf den **öffentlichkeitsabgewandten Privatsphärenschutz** berufen. Die Erwartung, daß die Umwelt die **Angelegenheiten oder Verhaltensweisen in einem Bereich mit Rückzugsfunktion** nur begrenzt oder nicht zur Kenntnis nimmt, muß daher situationsübergreifend und konsistent zum Ausdruck gebracht werden. Das gilt auch für den Fall, daß der Entschluß, die Berichterstattung über bestimmte Vorgänge der eigenen **Privatsphäre** zu gestatten oder hinzunehmen, rückgängig gemacht wird.“.

BVerfGE 6, 32, 41 (Elfes) = BVerfG, Urteil vom des Ersten Senats vom 16.01.1957 – 1 BvR 253/56 –, Rn. 32 [vgl. **Recht auf Privatsphäre** als **Privatangelegenheitenschutz** und **Rückzugsraumbereichsschutz** – beides **gegenüber der Öffentlichkeit,** vgl. **Sphärentheorie** mit **Intimsphäre**, **Privatsphäre**, **Sozialsphäre**]: „Vor allem dürfen die Gesetze daher die Würde des Menschen nicht verletzen, die im Grundgesetz der oberste Wert ist, aber auch die geistige, politische und wirtschaftliche Freiheit des Menschen nicht so einschränken, daß sie in ihrem Wesensgehalt angetastet würde (Art. 19 Abs. 2, Art. 1 Abs. 3, Art. 2 Abs. 1 GG). Hieraus ergibt sich, daß dem einzelnen Bürger eine **Sphäre privater Lebensgestaltung** verfassungskräftig vorbehalten ist, also ein letzter **unantastbarer Bereich menschlicher Freiheit** besteht, der der Einwirkung der gesamten öffentlichen Gewalt entzogen ist. Ein Gesetz, das in ihn eingreifen würde, könnte nie Bestandteil der ‚verfassungsmäßigen Ordnung' sein; es müßte durch das Bundesverfassungsgericht für nichtig erklärt werden.“. BVerfGE 109, 279, Ls. 2 S. 1 (akustische Wohnraumüberwachung / „Großer Lauschangriff“) = BVerfG, Urteil des Ersten Senats vom 03.03.2004 – 1 BvR 2378/98, 1084/99 –, Ls. 2 S. 1: „Zur Unantastbarkeit der Menschenwürde gemäß Art. 1 Abs. 1 GG gehört die Anerkennung eines absolut geschützten **Kernbereichs privater Lebensgestaltung**.“. BVerfGE 141, 220, 276-278 (BKAG) = BVerfG, Urteil des Ersten Senats vom 20.04.2016 – 1 BvR 966/09 –, Rn. 119-124: „Neben den verfassungsrechtlichen Anforderungen an die allgemeinen Eingriffsvoraussetzungen ergeben sich aus den jeweiligen **Grundrechten in Verbindung mit Art. 1 Abs. 1 GG** für die Durchführung von besonders eingriffsintensiven Überwachungsmaßnahmen besondere Anforderungen an den **Schutz des Kernbereichs privater Lebensgestaltung**. Der verfassungsrechtliche **Schutz des Kernbereichs privater Lebensgestaltung** gewährleistet dem Individuum einen **Bereich höchstpersönlicher Privatheit gegenüber Überwachung**. Er wurzelt in den **von den jeweiligen Überwachungsmaßnahmen betroffenen Grundrechten in Verbindung mit Art. 1 Abs. 1 GG** und sichert einen dem Staat nicht verfügbaren Menschenwürdekern grundrechtlichen Schutzes gegenüber solchen Maßnahmen. Selbst überragende Interessen der Allgemeinheit können einen Eingriff in diesen **absolut geschützten Bereich privater Lebensgestaltung** nicht rechtfertigen (vgl. BVerfGE 109, 279 <313>; stRspr). Zur **Entfaltung der Persönlichkeit im Kernbereich privater Lebensgestaltung gehört die Möglichkeit**, **innere Vorgänge** wie Empfindungen und Gefühle sowie Überlegungen, Ansichten und Erlebnisse **höchstpersönlicher Art zum Ausdruck zu bringen** (vgl. BVerfGE 109, 279 <313>; 120, 274 <335>; stRspr). Geschützt ist

insbesondere die **nichtöffentliche Kommunikation mit Personen des höchstpersönlichen Vertrauens, die in der berechtigten Annahme geführt wird, nicht überwacht zu werden**, wie es insbesondere bei Gesprächen im Bereich der Wohnung der Fall ist. Zu diesen Personen gehören insbesondere Ehe- oder Lebenspartner, Geschwister und Verwandte in gerader Linie, vor allem, wenn sie im selben Haushalt leben, und können Strafverteidiger, Ärzte, Geistliche und enge persönliche Freunde zählen (vgl. BVerfGE 109, 279 <321 ff.>). Dieser Kreis deckt sich nur teilweise mit dem der Zeugnisverweigerungsberechtigten. Solche Gespräche verlieren dabei nicht schon dadurch ihren Charakter als insgesamt höchstpersönlich, dass sich in ihnen Höchstpersönliches und Alltägliches vermischen (vgl. BVerfGE 109, 279 <330>; 113, 348 <391 f.>). Demgegenüber ist die **Kommunikation unmittelbar über Straftaten** nicht geschützt, selbst wenn sie auch Höchstpersönliches zum Gegenstand hat. Die **Besprechung und Planung von Straftaten** gehört ihrem Inhalt nach nicht zum **Kernbereich privater Lebensgestaltung**, sondern hat **Sozialbezug** (vgl. BVerfGE 80, 367 <375>; 109, 279 <319 f., 328>; 113, 348 <391>). Dies bedeutet freilich nicht, dass der Kernbereich unter einem allgemeinen Abwägungsvorbehalt in Bezug auf öffentliche Sicherheitsinteressen steht. Ein **höchstpersönliches Gespräch** fällt nicht schon dadurch aus dem **Kernbereich privater Lebensgestaltung** heraus, dass es für die Aufklärung von Straftaten oder Gefahren hilfreiche Aufschlüsse geben kann. Aufzeichnungen oder Äußerungen im Zwiegespräch, die zum Beispiel ausschließlich innere Eindrücke und Gefühle wiedergeben und keine Hinweise auf konkrete Straftaten enthalten, gewinnen nicht schon dadurch einen **Gemeinschaftsbezug**, dass sie Ursachen oder Beweggründe eines strafbaren Verhaltens freizulegen vermögen (vgl. BVerfGE 109, 279 <319>). Auch können trotz **Straftatenbezugs** Situationen, in denen Einzelnen gerade ermöglicht werden soll, ein Fehlverhalten einzugestehen oder sich auf dessen Folgen einzurichten, wie Beichtgespräche oder vertrauliche Gespräche mit einem Psychotherapeuten oder einem Strafverteidiger, der **höchstpersönlichen Privatsphäre** unterfallen, die dem Staat absolut entzogen ist (vgl. BVerfGE 109, 279 <322>). Ein hinreichender **Sozialbezug** besteht demgegenüber dann, wenn **Gespräche - auch mit Vertrauenspersonen - sonst unmittelbar Straftaten zu ihrem Gegenstand haben** (vgl. BVerfGE 109, 279 <319>). Der **Kernbereich privater Lebensgestaltung** beansprucht gegenüber **allen Überwachungsmaßnahmen** Beachtung. Können sie typischerweise zur Erhebung kernbereichsrelevanter Daten führen, muss der Gesetzgeber Regelungen schaffen, die einen wirksamen Schutz normenklar gewährleisten (vgl. BVerfGE 109, 279 <318 f.>; 113, 348 <390 f.>; 120, 274 <335 ff.>). Außerhalb solch verletzungsgeneigter Befugnisse bedarf es eigener Regelungen nicht. Grenzen, die sich im Einzelfall auch hier gegenüber einem Zugriff auf höchstpersönliche Informationen ergeben können, sind bei deren Anwendung unmittelbar von Verfassungs wegen zu beachten. Der **Schutz des Kernbereichs privater Lebensgestaltung** ist strikt und darf nicht durch Abwägung mit den Sicherheitsinteressen nach Maßgabe des Verhältnismäßigkeitsgrundsatzes relativiert werden (vgl. BVerfGE 109, 279 <314>; 120, 273 <339>; stRspr). Dies bedeutet jedoch nicht, dass **jede tatsächliche Erfassung von höchstpersönlichen Informationen** stets einen Verfassungsverstoß oder eine Menschenwürdeverletzung begründet. Angesichts der Handlungs- und Prognoseunsicherheiten, unter denen Sicherheitsbehörden ihre Aufgaben wahrnehmen, kann ein **unbeabsichtigtes Eindringen in den Kernbereich privater Lebensgestaltung** im Rahmen von Überwachungsmaßnahmen nicht für jeden Fall von vornherein ausgeschlossen werden (vgl. BVerfGE 120, 274 <337 f.>). Die Verfassung verlangt jedoch **für die Ausgestaltung der Überwachungsbefugnisse** die **Achtung des Kernbereichs** als eine strikte, nicht frei durch Einzelfallerwägungen überwindbare Grenze.".

BVerfGE 120, 274 (Online-Durchsuchung) = BVerfG, Urteil des Ersten Senats vom 27.02.2008 – 1 BvR 370/07 –, Ls. 1: „Das **allgemeine Persönlichkeitsrecht** (Art. 2 Abs. 1 i.V.m. Art. 1 Abs. 1 GG) umfasst das Grundrecht auf **Gewährleistung der Vertraulichkeit und Integrität informationstechnischer Systeme**."; BVerfGE 120, 274, 314 (Online-Durchsuchung) = BVerfG, Urteil des Ersten Senats vom 27.02.2008 – 1 BvR 370/07 –, Rn. 203: „**informationstechnisches System**": „etwa Personalcomputer", „ferner beispielweise [...] solche Mobiltelefone oder elektronische Terminkalender, die über einen großen Funktionsumfang verfügen und personenbezogene Daten vielfältiger Art erfassen und speichern können."; BVerfGE 120, 274, 276 (Online-Durchsuchung) = BVerfG, Urteil des Ersten Senats vom 27.02.2008 – 1 BvR 370/07 –, Rn. 5: „**heimlicher Zugriff auf ein informationstechnisches System**": „[heimliche] technische Infiltration [...], die etwa Sicherheitslücken des Zielsystems ausnutzt oder über die Installation eines Spähprogramms erfolgt", wobei die Infiltration es ermöglicht, die Zielsystem-„Nutzung zu überwachen oder die Speichermedien durchzusehen oder gar das Zielsystem fernzusteuern.".

a) GR-SB:

aa) Persönlicher GR-SB: „Jeder".

bb) Sachlicher GR-SB: „**freie Entfaltung der Persönlichkeit**" in der Ausprägung des RiS als „**Datenfreiheit**" (Grundsätzliche Bestimmungsbefugnis des Einzelnen über Preisgabe und Verwendung eigener personenbezogener Daten[942]), i.d.R. gegeben bei Bezug auf mindestens ein **personenbezogenes Datum**: § 36 Nr. 1 DSG NRW[943].

b) GR-E (oder Nichteingriff/ **Grundrechtsverzicht** bzw. **Einwilligung** i.S.v. § 36 Nr. 19 DSG NRW, § 38 DSG NRW): **Persönlichkeitsentfaltungseinschränkung**, als **Datenfreiheitseinschränkung**, durch **Datenverarbeitungs**-Maßnahme (z.B. Datenerhebung, Datenspeicherung, Datenübermittlung, Datenabgleich)[944] i.S.d. § 36 Nr. 2 DSG NRW.

BVerfGE 147, 1 (**Geschlechtsidentität**) = BVerfG, Beschluss des Ersten Senats vom 10.10.2017 – 1 BvR 2019/16 –, Ls. 1-3: „1. Das **allgemeine Persönlichkeitsrecht** (Art. 2 Abs. 1 i.V.m. Art. 1 Abs. 1 GG) schützt die **geschlechtliche Identität**. Es schützt auch die geschlechtliche Identität derjenigen, die sich dauerhaft weder dem männlichen noch dem weiblichen Geschlecht zuordnen lassen. 2. Art. 3 Abs. 3 Satz 1 GG schützt auch Menschen, die sich dauerhaft weder dem männlichen noch dem weiblichen Geschlecht zuordnen lassen, vor **Diskriminierungen wegen ihres Geschlechts**. 3. Personen, die sich dauerhaft weder dem männlichen noch dem weiblichen Geschlecht zuordnen lassen, werden in beiden Grundrechten verletzt, wenn das Personenstandsrecht dazu zwingt, das Geschlecht zu registrieren, aber keinen anderen positiven Geschlechtseintrag als weiblich oder männlich zulässt.".

BVerfG, Urteil des Zweiten Senats vom 26.02.2020 – 2 BvR 2347/15 –, Ls. 1: „a) Das **allgemeine Persönlichkeitsrecht** (Art. 2 Abs. 1 i.V.m. Art. 1 Abs. 1 GG) umfasst als Ausdruck persönlicher Autonomie ein **Recht auf selbstbestimmtes Sterben**. b) Das **Recht auf selbstbestimmtes Sterben** schließt die Freiheit ein, sich das Leben zu nehmen [Rn. 208: „**Recht auf Selbsttötung**"]. Die Entscheidung des Einzelnen, seinem Leben entsprechend seinem Verständnis von Lebensqualität und Sinnhaftigkeit der eigenen Existenz ein Ende zu setzen, ist im Ausgangspunkt als Akt autonomer Selbstbestimmung von Staat und Gesellschaft zu respektieren. c) Die **Freiheit, sich das Leben zu nehmen**, umfasst auch die Freiheit, hierfür bei Dritten Hilfe zu suchen und Hilfe, soweit sie angeboten wird, in Anspruch zu nehmen.".

[940] Zum sog. „**Menschenwürdegehalt**" der Grundrechte: *Basten*, Die Menschenwürde des Grundgesetzes.

[941] Vgl. auch Art. 142 GG i.V.m. Art. 4 Abs. 2 Verfassung NRW; Art. 8 EU-GR-Charta; Art. 16 AEUV; Art. 8 EMRK.

[942] BVerfGE 65, 1, Ls. 1 S. 2 (Volkszählungsgesetz) = BVerfG, Urteil des Ersten Senats vom 15.12.1983 – 1 BvR 209/83, Ls. 1 S. 2 (Ls. 1: „Unter den Bedingungen der modernen Datenverarbeitung wird der Schutz des Einzelnen gegen unbegrenzte Erhebung, Speicherung, Verwendung und Weitergabe seiner persönlichen Daten von dem allgemeinen Persönlichkeitsrecht des Art. 2 Abs. 1 GG in Verbindung mit Art. 1 Abs. 1 GG umfaßt. Das Grundrecht gewährleistet insoweit die Befugnis des Einzelnen, grundsätzlich selbst über die Preisgabe und Verwendung seiner persönlichen Daten zu bestimmen.").

[943] BVerfG, Beschluss der 3. Kammer des Zweiten Senats vom 27.06.2018 – 2 BvR 1562/17 (auf § 103 StPO gestützte Anordnung der Durchsuchung der Räumlichkeiten des Münchener Kanzleistandorts der Rechtsanwaltskanzlei Jones Day sowie Sicherstellung von Unterlagen und elektronischen Daten im Zuge des sogenannten „VW-Dieselskandals" – Verfassungsbeschwerde nicht zur Entscheidung angenommen wegen Unzulässigkeit aufgrund Nichterfüllung von Voraussetzungen nach § 93a Abs. 2 BVerfGG), Gründe, V., Rn. 44: „Der Begriff der persönlichen Daten deckt sich mit der Legaldefinition personenbezogener Daten in § 46 Nr. 1 BDSG (zuvor § 3 Abs. 1 BDSG) und erfasst alle Informationen, die sich auf eine identifizierte oder identifizierbare natürliche Person (betroffene Person) beziehen (vgl. noch zu § 3 Abs. 1 BDSG ‚Einzelangaben über persönliche oder sachliche Verhältnisse einer bestimmten oder bestimmbaren Person' Di Fabio, in: Maunz/Dürig, GG, Art. 2 Abs.1, Rn. 175 [Juli 2001]).".

[944] BVerfG, Urteil des Ersten Senats vom 19.05.2020 – 1 BvR 2835/17 – (Ausland-Ausland-Fernmeldeaufklärung nach BNDG), E. III. 1., Rn. 212: „Die **Übermittlung personenbezogener Daten**, mit der eine

c) GR-B: Art. 2 Abs. 1 Hs. 2 GG.[945]

2. Körperliche Bewegungsfreiheit, Art. 2 Abs. 2 S. 2 GG[946]

a) GR-SB:

aa) Persönlicher GR-SB: „**Person**“, vgl. § 1 BGB.

bb) Sachlicher GR-SB: „**Freiheit**“ als **körperliche Bewegungsfreiheit**, als Freiheit, jeden Ort oder Raum aufzusuchen, sich dort aufzuhalten, (ihn zu verlassen), der an sich (tatsächlich und rechtlich) zugänglich ist.

b) GR-E (oder Nichteingriff/GR-Verzicht): Freiheitsentziehung oder sonstige Freiheitsbeschränkung.[947]

Behörde die von ihr erhobenen Daten einer anderen Stelle zugänglich macht, begründet einen eigenen Grundrechtseingriff (vgl. BVerfGE 100, 313 <367>; 141, 220 <334 Rn. 305>; stRspr). Dieser ist an dem **Grundrecht** zu messen, **in das bei der ursprünglichen Datenerhebung eingegriffen wurde** (vgl. BVerfGE 100, 313 <367>; 141, 220 <334 Rn. 305>; stRspr).“.

[945] Art. 2 Abs. 1 Hs. 2 GG (**Schrankentrias**): BVerfGE 80, 137, 153 (Reiten im Walde) = BVerfG, Beschluss des Ersten Senats vom 06.06.1989 – 1 BvR 921/85 –, C. I. 1 a), Rn. 69: „Abgesehen von einem absolut geschützten Kernbereich privater Lebensgestaltung, welcher der Einwirkung der öffentlichen Gewalt entzogen ist (BVerfGE 6, 32 [41]), ist die allgemeine Handlungsfreiheit allerdings nur in den **Schranken** des zweiten Halbsatzes von Art. 2 Abs. 1 GG gewährleistet und steht damit insbesondere unter dem **Vorbehalt der verfassungsmäßigen (Rechts-)Ordnung** (BVerfGE 6, 32 [37 f.]; 74, 129 [152]). Stützt sich ein die Handlungsfreiheit berührender Akt der öffentlichen Gewalt auf eine Rechtsnorm, so kann mit der Verfassungsbeschwerde unter Berufung auf Art. 2 Abs. 1 GG zur Nachprüfung gestellt werden, ob diese Norm zur **verfassungsmäßigen Ordnung** gehört, das heißt formell und materiell mit den Normen der Verfassung in Einklang steht (st. Rspr. seit BVerfGE 6, 32).“; BVerfGE 6, 32, Ls. 3 (Elfes) = BVerfG, Urteil des Ersten Senats vom 16.01.1957 – 1 BvR 253/56, Ls. 3: „**Verfassungsmäßige Ordnung** im Sinne des Art. 2 Abs. 1 GG ist die verfassungsmäßige Rechtsordnung, d.h. die Gesamtheit der Normen, die formell und materiell der Verfassung gemäß sind.“; vgl. dazu auch BVerfGE 6, 32, 37-41 (Elfes) = BVerfG, Urteil des Ersten Senats vom 16.01.1957 – 1 BvR 253/56, Gründe II. 2 b), c), Rn. 17-33.

Rechte anderer sind (als Teil der verfassungsmäßigen Ordnung) subjektive Berechtigungen (Anspruch oder Befugnis oder Erlaubnis) einschließlich Verpflichtungen (Pflicht zur Erfüllung von Anspruch oder Befugnis oder Erlaubnis) und sonstiger Rechtswirkungen für ein Rechtssubjekt bezüglich eines Verhaltens oder eines Rechtsguts.

Vgl. zum ein Mal bundesverfassungsgerichtlich entscheidungserheblich bemühten „**Sittengesetz**“ nach Art. 2 Abs. 1 Hs. 2 GG als Gesetz, das nicht das durch die „soziale Gemeinschaft“ „als für sich verbindlich“ anerkannte „Rechtsgefühl“ „im allgemeinen“ „verletzt“: BVerfGE 6, 389 (Homosexuelle) = BVerfG, Urteil des Ersten Senats vom 10.05.1957 – 1 BvR 550/52 –, und StrRehaHomG (Gesetz zur strafrechtlichen Rehabilitierung der nach dem 8. Mai 1945 wegen einvernehmlicher homosexueller Handlungen verurteilten Personen vom 17. Juli 2017 – BGBl. I S. 2443).

[946] Vgl. auch Art. 142 GG i.V.m. Art. 4 Abs. 1 Verfassung NRW; Art. 20 Abs. 2a und Art. 21 AEUV i.V.m. Art. 6, 45 EU-GR-Charta (Bewegungsfreiheit, Freizügigkeit, Aufenthaltsfreiheit); Art. 5 EMRK; Art. 2 Protokoll Nr. 4 EMRK; Art. 21 AEUV (**Unionsbürgerfreizügigkeit**, zum **Unionsbürger** vgl. Art. 9 S. 2, 3 EUV, Art. 20 Abs. 1 S. 2, 3 AEUV); Art. 45 AEUV (**Arbeitnehmerfreizügigkeit**); Art. 49 AEUV (**Niederlassungsfreiheit**); Art. 56 AEUV (**Dienstleistungsfreiheit**); vgl. auch Art. 28 AEUV (**Warenverkehrsfreiheit**); Art. 9 Abs. 1 S. 1 IPbpR („Jedermann hat ein Recht auf persönliche Freiheit und Sicherheit.“); Art. 9-11 IPbpR (Freiheitsentziehungsbedingungen), Art. 12 IPbpR (Bewegung, Wohnsitzwahl, Ausreise, Einreise in Hoheitsgebiet eines Staates, vgl. „Freizügigkeit“), Art. 13 IPbpR (Ausländerausweisungsbedingungen).

[947] BVerwGE 62, 325 (Durchführung der Abschiebung) = BVerwG, Urteil vom 23.06.1981 – BVerwG 1 C 78/77, Ls.: „Die Durchführung der Abschiebung allein durch Anwendung einfachen unmittelbaren Zwanges stellt keine Freiheitsentziehung dar.“, aus den Gründen: „Bei einer wertenden, auf die Intensität

Freiheitsbeschränkung (Freiheitsentziehung oder sonstige Freiheitsbeschränkung) liegt vor, wenn jemand durch die öffentliche Gewalt gegen seinen Willen daran gehindert wird, einen Ort oder Raum aufzusuchen oder sich dort aufzuhalten, der ihm an sich (tatsächlich und rechtlich) zugänglich ist. Eine **Freiheitsentziehung** als schwerste Form der Freiheitsbeschränkung ist dann gegeben, wenn die tatsächlich und rechtlich an sich gegebene körperliche Bewegungsfreiheit durch staatliche Maßnahmen nach jeder Richtung hin aufgehoben wird[948]; Freiheitsentziehung setzt auch eine besondere Eingriffsintensität und eine nicht nur kurzfristige Dauer der Maßnahme voraus[949]. Im Übrigen kann eine Abgrenzung zwischen Freiheitsentziehung und sonstiger Freiheitsbeschränkung auch erfolgen nach Art, Dauer, Intensität, Mittel, Zweck der Freiheitsbeschränkung.[950]

c) GR-B: Art. 2 Abs. 2 S. 3 GG (i.V.m. Art. 104 GG).

3. Körperliche Unversehrtheit, Art. 2 Abs. 2 S. 1 Alt. 2 GG[951]

a) GR-SB:

aa) Persönlicher GR-SB: „Jeder".

bb) Sachlicher GR-SB: **Körperliche Unversehrtheit** ist Freiheit von körperlicher Beeinträchtigung, also biologisch-physiologische Integrität und dieser gleichsetzbare geistig-seelisch-psychische Integrität.[952]

---

des Eingriffs abstellenden Beurteilung steht nicht ein solcher Eingriff in die Bewegungsfreiheit im Vordergrund der Maßnahme. Diese ist nicht auf ein Festhalten des Ausländers gerichtet, sondern darauf, daß er sich zwangsweise außer Landes begibt bzw. außer Landes befördert wird. Ihre Auswirkung auf die Bewegungsfreiheit des Ausländers erscheint lediglich als eine sekundäre, kurzfristige Folge der Erfüllung der Ausreisepflicht.".

948 BVerfG, Beschluss der 1. Kammer des Ersten Senats vom 08.03.2011 – 1 BvR 47/05 – Rn. 20, 26: „Das **Einsperren** des Beschwerdeführers in eine **Gewahrsamszelle** auf der Polizeiwache beziehungsweise auf dem Polizeipräsidium sowie **als Verbindungsglied** zwischen beiden das **Verbringen dorthin mittels Polizeifahrzeugen** stellen eine Freiheitsentziehung im Sinne von Art. 104 Abs. 2 GG und nicht lediglich eine Freiheitsbeschränkung dar. [...] Jedenfalls muss die Unterbringung einer Person gegen ihren Willen in einem **Haftraum** als Freiheitsentziehung im Sinne von Art. 104 Abs. 2 GG angesehen werden (vgl. BGHZ 82, 261 <264> und BVerwGE 62, 317 <318>)."; BVerfGE 94, 166, 198 (Flughafenverfahren) = BVerfGE, Urteil des Zweiten Senats vom 14.05.1996 – 2 BvR 1516/93.

949 BVerfGE 149, 293 (5-Punkt-Fixierung/7-Punkt-Fixierung) = BVerfG, Urteil des Zweiten Senats vom 24.07.2018 – 2 BvR 309/15 –, D. II. 2. a), Rn. 67, vgl. dazu auch BVerfGE 149, 293 (5-Punkt-Fixierung/7-Punkt-Fixierung) = BVerfG, Urteil des Zweiten Senats vom 24.07.2018 – 2 BvR 309/15 –, D. II. 2. b): „Jedenfalls eine **5-Punkt- oder 7-Punkt-Fixierung**, bei der sämtliche Gliedmaßen des Betroffenen mit Gurten am Bett festgebunden werden, stellt eine Freiheitsentziehung im Sinne von Art. 104 Abs. 2 GG dar, es sei denn, es handelt sich um eine lediglich **kurzfristige Maßnahme**. Von einer kurzfristigen Maßnahme ist in der Regel auszugehen, wenn sie absehbar die Dauer von ungefähr einer halben Stunde unterschreitet.".

950 Vgl. auch insbesondere zu Art, Intensität, Mittel: § 415 Abs. 2 FamFG und §§ 37a, 62 PolG NRW.

951 Vgl. auch Art. 142 GG i.V.m. Art. 4 Abs. 1 Verfassung NRW; Art. 3, 4 EU-GR-Charta; Art. 3 EMRK (**Folterverbot**; Verbot bzgl.: **unmenschliche oder erniedrigende Behandlung oder Strafe**); Art. 7 IPbpR (**Folterverbot**; Verbot bzgl. **grausame, unmenschliche oder erniedrigende Behandlung oder Strafe**; Verbot medizinischer oder wissenschaftlicher Versuche ohne freiwillige Zustimmung); Art. 12 IPwskR („Recht eines jeden auf das für ihn erreichbare Höchstmaß an körperlicher und geistiger **Gesundheit**").

952 BVerfGE 56, 54, 74-76 (Fluglärm I) = BVerfG, Beschluss des Ersten Senats vom 14.01.1981 – 1 BvR 612/72, C. I. 1., Rn. 73-76, dort u.a.: „Gegen die Zugrundelegung des weiten Gesundheitsbegriffs der Weltgesundheitsorganisation ließe sich allerdings einwenden, es sei - wenn das dem Willen des

b) GR-E (oder Nichteingriff/GR-Verzicht): **Körperunversehrtheitseinschränkung** durch Substanzverletzung oder Hervorrufen oder Steigern eines nachteilig von den normalen körperlichen Funktionen abweichenden körperlichen Zustandes.

c) GR-B: Art. 2 Abs. 2 S. 3 GG.

4. Eigentum, Art. 14 Abs. 1 S. 1 Alt. 1 GG[953]

a) GR-SB:

aa) Persönlicher GR-SB: Alle Menschen (personen- und staatsangehörigkeitsunabhängiger Wortlaut).

Verfassungsgesetzgebers entsprochen hätte - schwer erklärlich, daß der Parlamentarische Rat diesen seit 1946 bekannten Begriff nicht übernommen, sondern stattdessen nur die ‚körperliche Unversehrtheit' grundrechtlich geschützt hat [Grammatik, P. B.]. Andererseits dürfte eine Beschränkung des Schutzes allein auf solche Einwirkungen, die Verletzungen des Körpers darstellen, der Bedeutung dieses Grundrechts jedenfalls dann nicht gerecht werden, wenn es im Lichte des Art. 1 GG und der darin verbürgten Unantastbarkeit der Menschenwürde ausgelegt wird [Systematik, P. B.]. Dabei kann dahinstehen, ob eine solche Beschränkung überhaupt mit dem Verständnis des Menschen als einer Einheit von Leib, Seele und Geist und mit der Wechselwirkung zwischen psychischen und physischen Gesundheitsstörungen vereinbar wäre. Verfassungsrechtlich kann nicht außer acht bleiben, daß eine enge Auslegung nicht der Funktion des Grundrechts als Abwehrrecht gegen staatliche Eingriffe etwa durch psychische Folterungen, seelische Quälereien und entsprechende Verhörmethoden entsprechen würde [Teleologie mit funktionalem Schutzbereich und Schutzzweck des Grundrechts, P. B.]. Da die Einfügung gerade dieses Grundrechts auf Erfahrungen im Dritten Reich beruhte, darf dieser Gesichtspunkt jedenfalls nicht gänzlich vernachlässigt werden [Historie, P. B.]. Mit Recht hat der nordrhein-westfälische Ministerpräsident im vorliegenden Verfahren eingeräumt, daß zumindest solche nichtkörperliche Einwirkungen von Art. 2 Abs. 2 GG erfaßt würden, die ihrer Wirkung nach körperlichen Eingriffen gleichzusetzen seien. Das sind jedenfalls solche, die das Befinden einer Person in einer Weise verändern, die der Zufügung von Schmerzen entspricht [Systematik, P. B.]. Bislang ist Art. 2 Abs. 2 GG auch nicht in dem genannten engeren Sinne angewandt worden. So wurde die Frage, ob hirnelektrische Untersuchungen in die körperliche Unversehrtheit eingreifen können, nicht etwa von vornherein verneint, sondern wegen der Harmlosigkeit solcher Untersuchungen offengelassen (BVerfGE 17, 108 [114 f.]). In der Entscheidung zum Räumungsschutz ist die psychische Erkrankung des Beschwerdeführers und die Gefahr von Selbstmorden als relevant im Sinne des Art. 2 Abs. 2 GG angesehen worden (BVerfGE 52, 214 [220 f.]). Im übrigen liegt den neueren Lärmschutzvorschriften durchweg ein weiteres Verständnis zugrunde. [...] Zumindest in Gestalt von Schlafstörungen lassen sich Einwirkungen auf die körperliche Unversehrtheit schwerlich bestreiten.".

953 Vgl. auch Art. 142 GG i.V.m. Art. 4 Abs. 1 Verfassung NRW; Art. 17 EU-GR-Charta; Art. 1 Zusatzprotokoll EMRK.

bb) Sachlicher GR-SB: „**Eigentum**" ist Summe aller vermögenswerten Rechte, also jedenfalls auch der berechtigte Besitz und die berechtigte Nutzung[954].[955]

[954] BVerfGE 95, 267, 300 (Altschulden) = BVerfG, Urteil des Ersten Senats vom 08.04.1997 – 1 BvR 48/94 –, C. I. 1., Rn. 130 f.: „Unter den Schutz der Eigentumsgarantie fallen grundsätzlich alle vermögenswerten Rechte, die dem Berechtigten von der Rechtsordnung in der Weise zugeordnet sind, daß er die damit verbundenen Befugnisse nach eigener Entscheidung zu seinem privaten Nutzen ausüben darf (vgl. BVerfGE 83, 201 [209]; stRspr). Der verfassungsrechtliche Eigentumsschutz reicht damit zwar erheblich weiter als das zivilrechtliche Eigentum und erstreckt sich auch auf nicht dingliche vermögenswerte Rechtspositionen. Er bleibt aber an Rechtspositionen gebunden. Kein Eigentum im Sinn von Art. 14 Abs. 1 GG ist daher das **Vermögen**, das selber kein Recht, sondern den Inbegriff aller geldwerten Güter einer Person darstellt (vgl. BVerfGE 4, 7 [17]; stRspr). Daraus folgt, daß Art. 14 Abs. 1 GG nicht vor der staatlichen Auferlegung von **Geldleistungspflichten** schützt. Diese sind nicht mittels eines bestimmten Eigentumsobjekts zu erfüllen, sondern werden aus dem fluktuierenden Vermögen bestritten. Etwas anderes kommt nur dann in Betracht, wenn die Geldleistungspflichten den Betroffenen übermäßig belasten und seine Vermögensverhältnisse so grundlegend beeinträchtigen, daß sie eine erdrosselnde Wirkung haben (vgl. BVerfGE 78, 232 [243]; stRspr).".

[955] Zum Vergleich von Art. 14 Abs. 1 S. 1 Alt. 1 GG und dem Auffanggrundrecht des Art. 2 Abs. 1 GG: Bei lediglich unentschiedenem Potential von Berechtigung wie Nichtberechtigung kann grundsätzlich in dubio pro libertate zunächst zugunsten des Grundrechtsfähigen größtmöglicher Grundrechtsschutzbereich vermutet werden. Vgl. auch BVerfGE 6, 55, 72 (Steuersplitting); BVerfGE 32, 54, 71 (Betriebsbetretungsrecht); BVerfGE 39, 1, 38 (Schwangerschaftsabbruch I); BVerfGE 51, 97, 110 (Zwangsvollstreckung I); BVerfGE 151, 67 (Nachtzeit) = BVerfG, Beschluss des Zweiten Senats vom 12.03.2019 – 2 BvR 675/14 –, Rn. 55, wonach in Zweifelsfällen diejenige Auslegung zu wählen ist/derjenigen Auslegung der Vorzug zu geben ist, welche die (juristische) „Wirkungskraft der Grundrechtsnorm am stärksten entfaltet.". **Eigentum** i.S.d. (privat)rechtsnormgeprägten Schutzbereichs von Art. 14 Abs. 1 S. 1 Alt. 1 GG ist jedenfalls gegeben bei Eigentum i.S.d. Privatrechts und bei vermögenswerter Besitz-/Nutzungs-/Umgangs-Berechtigung (z.B. i.S.d. §§ 854-984 BGB). **Eigentumslosigkeit** i.S.d. (privat)rechtsnormgeprägten Schutzbereichs von Art. 14 Abs. 1 S. 1 Alt. 1 GG ist jedenfalls gegeben bei allseitiger Besitz-/Nutzungs-/Umgangs-Nichtberechtigung (z.B. i.S.d. §§ 854-984 BGB); nicht schon unbedingt bei lediglich Eigentums-Nichtberechtigung im privatrechtlichen Sinne bei vermögenswerten Besitz-/Nutzungs-/Umgangs-Berechtigungen; wohl aber jedenfalls auch bei Verbot i.S.d. § 134 BGB oder Sittenwidrigkeit i.S.d. § 138 BGB oder sonstiger Unwirksamkeitsgründe (Nichtentstehensgründe oder Erlöschensgründe) gerade bezüglich des Erwerbs- oder Nutzungs- oder Umgangsaktes (z.B. i.S.d. §§ 854-984 BGB; vgl. z.B. Btm-Umgangsarten i.S.d. § 29 BtMG; vgl. auch etwaiges waffenrechtliches Verbot der Umgangsart Erwerb oder sonstiger Umgangsarten i.S.d. § 1 Abs. 3, 4 WaffG bei Nichtverbot des Erwerbs). Vgl. BVerfGE 110, 1, 23 f. (Erweiterter Verfall [a. F., ≙ erweiterte Tatertragseinziehung, P. B.]) = BVerfG, Beschluss des Zweiten Senats vom 14.01.2004 – 2 BvR 564/95 –, C. I. 3. a), b), Rn. 86 f, 88: „Die Vorschrift des § 73d StGB [a. F., ≙ § 73a StGB, P. B.] verstößt in der Auslegung des Bundesgerichtshofs auch nicht gegen die Eigentumsgarantie des Art. 14 Abs. 1 GG. Soweit § 73d StGB [a. F., ≙ § 73a StGB, P. B.] den Zugriff auf Vermögenswerte erlaubt, die dem unmittelbar Betroffenen wegen eines Verstoßes gegen strafrechtliche Vorschriften zivilrechtlich nicht zustehen (vgl. § 134, § 935 BGB), ist dessen Eigentumsgrundrecht schon mangels einer schutzfähigen Rechtsposition nicht berührt (vgl. BVerfGE 83, 201 [209]; 95, 267 [300]). Dies betrifft vor allem die Entziehung von Gewinnen aus illegalen Drogengeschäften. Denn wegen des strafrechtlichen Verbots des Handeltreibens mit Betäubungsmitteln ist gemäß § 134 BGB neben dem schuldrechtlichen Verpflichtungsgeschäft zugleich die Übereignung sowohl der Drogen als auch des für sie als Kaufpreis gezahlten Geldes zivilrechtlich unwirksam (vgl. BGH, NJW 1983, S. 636 [Schrifttumsquellen]. [...] Soweit § 73d StGB StGB [a. F., ≙ § 73a StGB, P. B.] die Entziehung von Gegenständen anordnet, die der Betroffene zwar deliktisch, aber gleichwohl zivilrechtlich wirksam erworben hat, enthält er eine Inhalts- und Schrankenbestimmung des Eigentums im Sinne des Art. 14 Abs. 1 Satz 2 GG. Diese genügt in der Auslegung des Bundesgerichtshofs den verfassungsrechtlichen Anforderungen.". Zum „**Gehören oder Zustehen**" i.S.v. § 74 Abs. 3 S. 1 StGB/§ 22 Abs. 2 Nr. 1 OWiG vgl. z.B. BGHSt 24, 222 = BGH, Beschluss vom 28.09.1971 – 1 StR 261/71 (zu ex-§ 40 Abs. 2 Nr. 1 StGB ≙ § 74 Abs. 3 S. 1 StGB/§

b) GR-E (oder Nichteingriff/GR-Verzicht): **Eigentumseinschränkung** durch Einschränkung eines vermögenswerten Rechts, etwa durch (alternativ)

- Einschränkungen oder Entzug der Nutzungs- und Verfügungsbefugnis an (berechtigtem) Eigentum/Besitz/Nutzung, vgl. §§ 903 ff. BGB, §§ 854 ff. BGB, ohne Güterbeschaffung als Inhalts- und Schrankenbestimmungen im Sinne von Art. 14 Abs. 1 S. 2 GG[956];

---

22 Abs. 2 Nr. 1 OWiG, P. B.): „Dieser Begriff ‚**gehören**' ist dahin auszulegen, daß damit das Eigentum an körperlichen Gegenständen, also an Sachen im Sinne des § 90 BGB gemeint ist (vgl. z. B. Protokolle des Sonderausschusses des Deutschen Bundestages für die Strafrechtsreform S. 1031). Die Auffassung des Generalstaatsanwalts beim Bayerischen Obersten Landesgericht, aus dem Begriff des‚Zustehens' in § 40 Abs. 2 Nr. 1 StGB [ex-§ 40 Abs. 2 Nr. 1 StGB ≙ § 74 Abs. 3 S. 1 StGB/§ 22 Abs. 2 Nr. 1 OWiG, P. B.] ergebe sich, daß auch solche Sachen eingezogen werden könnten, an denen dem Täter zwar nicht das Eigentum, aber ein sonstiges Recht zustehe, findet weder im Wortlaut noch in der Entstehungsgeschichte der geltenden Einziehungsvorschriften eine Stütze. Dieser Begriff wurde vielmehr eingeführt, weil durch die Neufassung entgegen dem bis dahin geltenden Recht die Möglichkeit geschaffen wurde, nicht nur Sachen, sondern auch Rechte, also unkörperliche Gegenstände einzuziehen; das sollte nach dem Regierungsentwurf zum EGOWiG (BT Drucks. V/1319) hinter dem Wort ‚Gegenstände' in § 40 Abs. 1 [ex-§ 40 Abs. 1 StGB ≙ § 74 Abs. 1, 2 StGB/§ 22 Abs. 1 OWiG, P. B.] durch den Klammerzusatz‚(Sachen und Rechte)' ausdrücklich klargestellt werden, doch wurde im Laufe der Gesetzesberatung auf diesen Zusatz verzichtet, weil nach der Ausgestaltung der neuen Einziehungsvorschriften nicht zweifelhaft sein konnte, daß der Begriff ‚**Gegenstände**' sowohl Sachen als auch Rechte umfaßt (BT Drucks. zu V/2600, V/2601 S. 14), wie sich z. B. aus § 40a Nr. 1, § 41a Abs. 1 StGB deutlich ergibt. § 40 Abs. 2 Nr. 1 StGB [ex-§ 40 Abs. 2 Nr. 1 StGB ≙ § 74 Abs. 3 S. 1 StGB/§ 22 Abs. 2 Nr. 1 OWiG, P. B.] ist demnach so zu lesen, daß die Einziehung nur zulässig ist, wenn der Täter (Teilnehmer) Eigentümer der Sache oder Inhaber des Rechts ist; denn das ‚**Zustehen** ' eines Rechts ist im Sinne einer ‚quasidinglichen Inhaberschaft' zu verstehen (BGH, Urteil vom 29. April 1969 - 5 StR 50/69 - bei Dallinger MDR 1969, 722).". **Nicht-Besitz** oder **Nicht-Eigentum** mindestens im engeren privatrechtlichen Sinne, also auch ein eigentumsmäßiges **Nicht-Gehören** oder **Nicht-Zustehen** im Sinne etwa von Einziehungsvorschriften ist jedenfalls auch gegeben bei Verbot i.S.d. § 134 BGB oder Sittenwidrigkeit i.S.d. § 138 BGB oder sonstiger Unwirksamkeitsgründe (Nichtentstehensgründe oder Erlöschensgründe) gerade bezüglich dem Erwerbsakt (z.B. i.S.d. §§ 854-984 BGB; vgl. z.B. Btm-Geschäfte; vgl. auch etwaiges waffenrechtliches Verbot der Umgangsart Erwerb). Vgl. z.B. BGH, Beschluss vom 12.06.2019 – 3 StR 194/19: „Die Einziehung von Wertersatz nach § 74c StGB setzt voraus, dass dem Täter der ursprünglich einziehungsbetroffene Gegenstand zur Zeit der Tat gehörte oder zustand. Feststehen muss daher [wegen des Merkmals „**gehören oder zustehen**" i.S.v. § 74 Abs. § 22 Abs. 2 Nr. 1 OWiG, P. B.], dass der Täter diesen Gegenstand im Geltungsbereich einer Rechtsordnung erworben hat, die den Eigentumserwerb nicht verbietet. Dies ist für - wie hier - im Inland erworbene Betäubungsmittel wegen der entgegenstehenden Vorschrift des § 134 BGB nicht der Fall (BGH, Beschlüsse vom 11. Juni 1985 - 5 StR 275/85, BGHSt 33, 233; vom 17. März 2010 - 2 StR 67/10, NStZ 2011, 100; Fischer, StGB, 66. Aufl., § 74c Rn. 5)."; genauso für die neuen §§ 73-76b StGB bestätigend: BGH, Beschluss vom 24.09.2019 – 5 StR 269/19 („wegen bewaffneten Handeltreibens mit Betäubungsmitteln in nicht geringer Menge u.a."), vgl. auch BGH, Urteil vom 08.11.2016 – 1 StR 325/16, Rn. 9: „Die Einziehung des zur Beschaffung der Betäubungsmittel in Tschechien genutzten Pkw's des Angeklagten hat das Landgericht auf § 74 Abs. 1 StGB gestützt. Indes ist eine hierauf bezogene Einziehung nur zulässig, wenn der Gegenstand zur Zeit der Entscheidung dem Täter gehört oder zusteht (§ 74 Abs. 2 Nr. 1 StGB [ex-§ 74 Abs. 2 Nr. 1 StGB ≙ § 74 Abs. 3 S. 1 StGB/§ 22 Abs. 2 Nr. 1 OWiG, P. B.]), also der Angeklagte selbst oder ein Teilnehmer zum Zeitpunkt der letzten tatrichterlichen Entscheidung Eigentümer des Fahrzeuges war (BGH, Beschluss vom 28. September 1971 - 1 StR 261/71, BGHSt 24, 222, [226 f.]; Urteil vom 27. August 1998 - 4 StR 307/98, NStZ-RR 1999, 11).".

[956] BVerfGE 143, 246, Ls. 5 (Dreizehnte Novelle des Atomgesetzes) = BVerfG, Urteil des Ersten Senats vom 06.12.2016 – 1 BvR 2821/11 –, Ls. 5.

- Eigentumsentzug als Enteignung im Sinne des Art. 14 Abs. 3 GG mit Änderung der Eigentumszuordnung und stets mit Güterbeschaffung[957].

c) GR-B: Art. 14 Abs. 1 S. 2, Abs. 2, 3 GG, Art. 18 GG.

5. Ehe und Familie, Art. 6 GG[958]

a) GR-SB:

aa) Persönlicher GR-SB: Jedermann aus Ehe und Familie.

bb) Sachlicher GR-SB: **Ehe**[959] und **Familie**[960].

b) GR-E: Einschränkung des Ehe-/Familienlebens.

c) GR-B: Art. 6 Abs. 1, 2, 3 GG.[961]

6. Berufsgrundrecht, Art. 12 Abs. 1 GG[962]

a) GR-SB:

aa) Persönlicher GR-SB: Alle Deutschen[963].

bb) Sachlicher GR-SB: **Beruf** ist auf Dauer angelegte Tätigkeit zur Schaffung und Erhaltung einer Lebensgrundlage.[964]

---

[957] BVerfGE 143, 246, Ls. 4 (Dreizehnte Novelle des Atomgesetzes) = BVerfG, Urteil des Ersten Senats vom 06.12.2016 – 1 BvR 2821/11 –, Ls. 4.

[958] Vgl. auch Art. 142 GG i.V.m. Art. 4 Abs. 1 Verfassung NRW; Art. 7, 9, 14, 24, 32, 33 EU-GR-Charta; Art. 8, 12 EMRK und Art. 2 Zusatzprotokoll EMRK; Art. 17, 23, 24 IPbpR; Art. 7, 10, 11 IPwskR.

[959] Zum Begriff der Ehe vgl. § 1353 Abs. 1 S. 1 BGB und § 20a LPartG.

[960] BVerfGE 80, 81, 90 (Volljährigenadoption I) = BVerfG, Beschluss des Zweiten Senats vom 18.04.1989 – 2 BvR 1169/84 –, B. I. 1., Rn. 29: „Die Familie im Sinn von Art. 6 Abs. 1 GG ist die Gemeinschaft von Eltern und Kindern. Neben der durch Geburt entstandenen Familie wird grundsätzlich auch jede andere von der staatlichen Rechtsordnung anerkannte Gemeinschaft von Eltern und Kindern geschützt (vgl. BVerfGE 18, 97 [105 f.]).“; BVerfGE 136, 382 (Großeltern), Ls. 1 = BVerfG, Beschluss des Ersten Senats vom 24.06.2014 – 1 BvR 2926/13 –, Ls. 1: „Der Schutz der Familie nach Art. 6 Abs. 1 GG schließt familiäre Bindungen zwischen nahen Verwandten ein, insbesondere zwischen Großeltern und ihrem Enkelkind.“.

[961] Vgl. auch §§ 27-36a AufenthG (Aufenthalt aus familiären Gründen). Zur **Minderjährigenehe**: Art. 13 EGBGB i.V.m. § 1303 BGB. Zur **Zwangsheirat**: § 237 StGB. Siehe auch BVerwGE 144, 141 = BVerwG, Urteil vom 04.09.2012 – BVerwG 10 C 12.12, Leitsätze 2, 3: „2. Ein deutscher Staatsangehöriger darf grundsätzlich nicht darauf verwiesen werden, seine Ehe im Ausland zu führen. Das Grundrecht des Art. 11 GG gewährt ihm - anders als einem Ausländer - das Recht zum Aufenthalt in Deutschland. 3. Dies gilt gleichermaßen für den Ehegattennachzug zu einem deutschen Staatsangehörigen, der eine weitere Staatsangehörigkeit besitzt. [„**Doppelstaater**“, P. B.]“.

[962] Vgl. auch Art. 142 GG i.V.m. Art. 4 Abs. 1 Verfassung NRW; Art. 15, 16, 26-33, 36 EU-GR-Charta; Art. 8 IPbpR (**Sklavereiverbot**; **Zwangsarbeitsverbot**, vgl. Art. 12 Abs. 2, 3 GG); Art. 6 IPwskR („**Arbeit**“), Art. 7 IPwskR („Recht eines jeden auf gerechte und günstige **Arbeitsbedingungen**“), Art. 13 IPwskR („**Bildung**“, vgl. Art. 12 Abs. 1 S. 1 GG).

[963] Auch im Ausländerrecht können Deutsche betroffen werden, sei es etwa als mutmaßlicher Ausländer i.S.d. § 2 Abs. 1 AufenthG; sei es etwa als Berufsausübender (z.B.: Gewerbetreibender), der von ausländerrechtlichen Kontrollen betroffen wird.

[964] BVerfGE 97, 228, 252 f. (Kurzberichterstattung) = BVerfG, Urteil des Ersten Senats vom 17.02.1998 – 1 BvF 1/91 –, B. II. 1. a), Rn. 94: „Die in Art. 12 Abs. 1 GG gewährleistete **Berufsfreiheit** umfaßt jede Tätigkeit, die auf Dauer angelegt ist und der Schaffung und Aufrechterhaltung einer Lebensgrundlage dient (vgl. BVerfGE 7, 377 [397]; 54, 301 [313]). **Beruf** ist danach nicht nur die aufgrund einer persönlichen ‚Berufung' ausgewählte und aufgenommene Tätigkeit, sondern jede auf Erwerb gerichtete

b) GR-E (oder Nichteingriff/GR-Verzicht): Jede Berufswahleinschränkung und Berufsausübungseinschränkung[965] – auch durch Entziehung von Bewerbungsmaterial und sonstiger Berufswahlmöglichkeiten oder Berufsmaterial und sonstiger Berufsausübungsmöglichkeiten in Wohnung.[966]

c) GR-B: Art. 12 Abs. 1 S. 2 GG.

7. Wohnungsgrundrecht, Art. 13 Abs. 1 GG[967]

Beschäftigung, die sich nicht in einem einmaligen Erwerbsakt erschöpft. Bei diesem weiten, nicht personal gebundenen Berufsbegriff ist das Grundrecht gemäß Art. 19 Abs. 3 GG auch auf juristische Personen des Privatrechts anwendbar (vgl. BVerfGE 50, 290 [363]). Handelt es sich bei der juristischen Person um einen Verein, schützt Art. 12 Abs. 1 GG dessen Tätigkeit allerdings nur dann, wenn die Führung eines Geschäftsbetriebs zu seinen satzungsmäßigen Zwecken gehört (vgl. BVerfGE 65, 190 [210]; 74, 129 [149]).".

BVerfG, Beschluss des Zweiten Senats vom 14.01.2020 – 2 BvR 1333/17 (Kopftuchverbot für Rechtsreferendarinnen), Rn. 109: „Über das […] Recht auf Zugang zu einer Ausbildungsstätte hinaus schützt Art. 12 Abs. 1 GG die im Rahmen der Ausbildung notwendigen Tätigkeiten (vgl. allgemein: BVerfGE 33, 303 <329>; in Bezug auf die Teilnahme an Prüfungen während der Ausbildung: BVerfGE 84, 34 <45>; 84, 59 <72>).".

965 BVerfGE 7, 377-379 (Apotheken-Urteil – mit sog. Dreistufentheorie im Rahmen von Verhältnismäßigkietsentwicklung) = BVerfG, Urteil des Ersten Senats vom 11.06.1958 – 1 BvR 596/56 –, Ls. 5, 6 c), 6 d): „5. Die Regelungsbefugnis nach Art. 12 Abs. 1 Satz GG erstreckt sich auf Berufsausübung und Berufswahl, aber nicht auf beide in gleicher Intensität. Sie ist um der Berufsausübung willen gegeben und darf nur unter diesem Blickpunkt allenfalls auch in die Freiheit der Berufswahl eingreifen. Inhaltlich ist sie umso freier, je mehr sie reine Ausübungsregelung ist, umso enger begrenzt, je mehr sie auch die Berufswahl berührt. 6. c) Wird in die Freiheit der Berufswahl durch Aufstellung bestimmter Voraussetzungen für die Aufnahme des Berufs eingegriffen, so ist zwischen subjektiven und objektiven Voraussetzungen zu unterscheiden: für die subjektiven Voraussetzungen (insbesondere Vor- und Ausbildung) gilt das Prinzip der Verhältnismäßigkeit in dem Sinn, daß sie zu dem angestrebten Zweck der ordnungsmäßigen Erfüllung der Berufstätigkeit nicht außer Verhältnis stehen dürfen. An den Nachweis der Notwendigkeit objektiver Zulassungsvoraussetzungen sind besonders strenge Anforderungen zu stellen; im allgemeinen wird nur die Abwehr nachweisbarer oder höchstwahrscheinlicher schwerer Gefahren für ein überragend wichtiges Gemeinschaftsgut diese Maßnahme rechtfertigen können. 6. d) Regelungen nach Art. 12 Abs. 1 Satz 2 GG müssen stets auf der ‚Stufe' vorgenommen werden, die den geringsten Eingriff in die Freiheit der Berufswahl mit sich bringt; die nächste ‚Stufe' darf der Gesetzgeber erst dann betreten, wenn mit hoher Wahrscheinlichkeit dargetan werden kann, daß die befürchteten Gefahren mit (verfassungsmäßigen) Mitteln der vorausgehenden ‚Stufe' nicht wirksam bekämpft werden können.".

966 Vgl. auch BVerfG, Beschluss der 3. Kammer des Zweiten Senats vom 27.06.2018 – 2 BvR 1562/17 (auf § 103 StPO gestützte Anordnung der Durchsuchung der Räumlichkeiten des Münchener Kanzleistandorts der Rechtsanwaltskanzlei Jones Day auf sowie Sicherstellung von Unterlagen und elektronischen Daten im Zuge des sogenannten „VW-Dieselskandals" – Verfassungsbeschwerde nicht zur Entscheidung angenommen wegen Unzulässigkeit aufgrund Nichterfüllung von Voraussetzungen nach § 93a Abs. 2 BVerfGG), Gründe, V., Rn. 41: „Nach der Rechtsprechung des Bundesverfassungsgerichts kann den strafprozessualen Eingriffsnormen des Ersten Buchs 8. Abschnitt der Strafprozessordnung und den darauf gestützten Maßnahmen keine **berufsregelnde Tendenz** entnommen werden, da sie unterschiedslos sämtliche Beschuldigte strafrechtlicher Vorwürfe betreffen oder sich wie § 103 StPO unterschiedslos an jedermann richten (vgl. BVerfGE 113, 29 <48>; 129, 208 <266 f.>).".

967 Vgl. auch Art. 142 GG i.V.m. Art. 4 Abs. 1 Verfassung NRW; Art. 7 EU-GR-Charta; Art. 8 EMRK; §§ 18, 21 GVG i.V.m. DiplBezÜbkG i.V.m. Art. 22, 23 WÜD; §§ 19, 21 GVG i.V.m. KonsÜbkG i.V.m. Art. 27, 31, 55, 59 WÜK.

a) GR-SB[968]:

aa) Persönlicher GR-SB: Jeder **Wohnungsberechtigte**, im Verhältnis mehrerer Wohnungsberechtigter zu gleichen Teilen oder der besser unmittelbar Wohnungsberechtigte (zum Beispiel der unmittelbare Besitzer).[969]

---

[968] vgl. BVerfGE 109, 279, 325-327 (akustische Wohnraumüberwachung / „Großer Lauschangriff") = BVerfG, Urteil des Ersten Senats vom 03.03.2004 – 1 BvR 2378/98, 1084/99 –, C. II. 1. a), b), c), Rn. 158-163: „Das aus Art. 2 Abs. 1 in Verbindung mit Art. 1 Abs. 1 GG folgende allgemeine Persönlichkeitsrecht kommt neben Art. 13 Abs. 1 GG allerdings nicht zur Anwendung, soweit Eingriffe in die **räumliche Privatsphäre** des Wohnungsinhabers zu überprüfen sind. Art. 13 Abs. 1 GG enthält eine spezielle Gewährleistung des **Schutzes vor staatlicher akustischer Überwachung der räumlichen Privatsphäre**, die die allgemeinere Vorschrift insoweit verdrängt (vgl. BVerfGE 100, 313 [358] zu Art. 10 GG). Diese Spezialität wirkt sich wegen des weiten Schutzbereichs von Art. 13 GG nicht nur gegenüber der staatlichen Überwachung selbst aus, sondern erstreckt sich auch auf notwendige Vorbereitungsakte und auf den **Informations- und Datenverarbeitungsprozess, der sich an die Erhebung anschließt**, sowie auf den **Gebrauch, der von den erlangten Kenntnissen gemacht wird** (vgl. BVerfGE 100, 313 [359]). Mit dem **Recht, in der Wohnung ungestört zu sein**, und dem Recht am eigenen in der Wohnung gesprochenen Wort schützt Art. 13 Abs. 1 GG gerade den Teil der Privatsphäre, den sonst das **allgemeine Persönlichkeitsrecht** gewährleistet. Dieses Recht ergänzt als unbenanntes Freiheitsrecht die speziellen Freiheitsrechte, die ebenfalls konstituierende Elemente der Persönlichkeit schützen (vgl. BVerfGE 54, 148 [153 f.]), nur insoweit, als Letztere keinen Schutz gewähren. Der Schutz des **allgemeinen Persönlichkeitsrechts** aus Art. 2 Abs. 1 in Verbindung mit Art. 1 Abs. 1 GG greift hingegen ein, soweit von der Wohnraumüberwachung Personen betroffen werden, die sich nicht auf Art. 13 Abs. 1 GG berufen können. Grundrechtsträger des Art. 13 Abs. 1 GG ist jeder Inhaber oder Bewohner eines Wohnraums, unabhängig davon, auf welchen Rechtsverhältnissen die Nutzung des Wohnraums beruht. Bei mehreren Bewohnern einer Wohnung steht das Grundrecht jedem Einzelnen, bei Familien mithin jedem Familienmitglied zu. Maßnahmen der Wohnraumüberwachung können aber nicht nur Wohnungsinhaber, sondern auch zufällig in einer Wohnung Anwesende erfassen. Diese Personen sind zwar nicht in ihrem Grundrecht aus Art. 13 Abs. 1 GG, wohl aber in ihrem allgemeinen Persönlichkeitsrecht betroffen. Der Schutz aus Art. 2 Abs. 1 in Verbindung mit Art. 1 Abs. 1 GG kann insofern allerdings nicht weiter reichen als derjenige aus Art. 13 Abs. 1 und 3 GG. Der Schutz der räumlichen Privatsphäre und des allgemeinen Persönlichkeitsrechts kann schließlich in Einzelfällen durch weitere Grundrechtsgarantien ergänzt sein. So wird das Gespräch zwischen Eheleuten in der eigenen Wohnung nicht nur von Art. 13 Abs. 1 GG, sondern zusätzlich durch Art. 6 Abs. 1 GG geschützt. Auch in Bezug auf die Kommunikation mit Berufsgeheimnisträgern können neben dem grundrechtlichen Schutz der räumlichen Privatsphäre Grundrechte in Betracht kommen, die -- wie etwa Art. 4 GG im Hinblick auf das Gespräch mit einem Geistlichen -- der besonderen Schutzbedürftigkeit der Kommunizierenden Rechnung tragen.".

[969] BVerfG, Beschluss der 3. Kammer des Zweiten Senats vom 27.06.2018 – 2 BvR 1562/17 (auf § 103 StPO gestützte Anordnung der Durchsuchung der Räumlichkeiten des Münchener Kanzleistandorts der Rechtsanwaltskanzlei Jones Day auf sowie Sicherstellung von Unterlagen und elektronischen Daten im Zuge des sogenannten „VW-Dieselskandals" – Verfassungsbeschwerde nicht zur Entscheidung angenommen wegen Unzulässigkeit aufgrund Nichterfüllung von Voraussetzungen nach § 93a Abs. 2 BVerfGG), Gründe, V., Rn. 38 f.: „Wer **Träger des Grundrechts** des Art. 13 Abs. 1 GG ist, entscheidet sich nicht nach der Eigentumslage, sondern grundsätzlich danach, wer Nutzungsberechtigter der Wohnung oder der Betriebs- und Geschäftsräume ist [Quellenangabe]. Bei **Geschäftsräumen** kommt der Schutz des Art. 13 Abs. 1 GG dementsprechend regelmäßig nur dem Unternehmer als Nutzungsberechtigtem zugute, nicht aber den einzelnen Arbeitnehmern (vgl. BVerfG, Beschluss der 1. Kammer des Zweiten Senats vom 9. Juli 2009 - 2 BvR 1119/05 u.a. -, juris, Rn. 27; [Quellenangaben]). […] Nutzungsrecht steht Partnern als Mitinhaber der Nutzungsberechtigung der Kanzlei […] an ihren Kanzleiräumen […] nur gemeinschaftlich zu (vgl. für die Partnerschaftsgesellschaft nach deutschem Recht §§ 718 f. BGB i.V.m. § 1 Abs. 4 PartGG). Es kann deshalb auch nur von den Gesellschaftern gemeinschaftlich oder, soweit ihre Rechtsfähigkeit anerkannt ist, von der Gesellschaft als solcher geltend gemacht werden. […] Natürliche Personen, die **Geschäfts- oder Amtsräume** nutzen, ohne selbst Geschäftsinhaber oder Dienstherr zu sein, sind in Bezug

bb) Sachlicher GR-SB: „**Wohnung**" ist jede der allgemeinen Zugänglichkeit entzogene Stätte privaten Lebens.[970]

b) GR-E (oder Nichteingriff/GR-Verzicht): Persönlichkeitsentfaltungseinschränkung als **Wohnungseinschränkung**, allgemein durch körperliches Eindringen, technische Infiltration sowie grundsätzlich sonstige Behinderungen, Einschränkungen privaten Wohnens.[971]

---

auf Art. 13 Abs. 1 GG nur dann beschwerdebefugt, wenn die genutzten Räume auch als individueller Rückzugsbereich fungieren und sie deshalb der persönlichen beziehungsweise räumlichen Privatsphäre der natürlichen Person zuzuordnen sind (vgl. BVerfGE 103, 142 <150>; BVerfG, Beschluss der 3. Kammer des Zweiten Senats vom 12. Februar 2004 - 2 BvR 1687/02 -, juris, Rn. 13; Beschluss der 3. Kammer des Zweiten Senats vom 16. April 2015 - 2 BvR 2279/13 -, juris, Rn. 14; [Quellenangaben]).".

[970] Vgl. BVerfGE 32, 54, Ls. 1, 69-72 (Betriebsbetretungsrecht) = BVerfG, Beschluss des Ersten Senats vom 13.10.1971 – 1 BvR 280/66, Ls. 1: „Der Begriff ‚**Wohnung**' in Art. 13 Abs. 1 GG ist weit auszulegen; er umfaßt auch **Arbeits-, Betriebs- und Geschäftsräume**.". BVerfG, Beschluss der 3. Kammer des Ersten Senats vom 10.04.2008 – 1 BvR 848/08 –, Rn. 12: „Die Weite des Wohnungsbegriffs in Art. 13 Abs. 1 GG hat zur Folge, dass an die Zulässigkeit von Eingriffen und Beschränkungen im Sinne des Art. 13 Abs. 1 GG je nach der Nähe der Örtlichkeiten zur räumlichen Privatsphäre unterschiedlich hohe Anforderungen gestellt werden. Während bei Räumen, in denen sich das Privatleben im engeren Sinn abspielt, das Schutzbedürfnis am größten ist und der Schutzzweck des Grundrechts daher in vollem Umfang durchgreift, wird das Schutzbedürfnis bei reinen **Betriebs-, Geschäfts- oder Arbeitsräumen** durch den Zweck gemindert, den sie nach dem Willen des Inhabers besitzen. Je größer ihre Offenheit nach außen ist und je mehr sie zur Aufnahme sozialer Kontakte für Dritte bestimmt sind, desto schwächer wird der grundrechtliche Schutz (vgl. BVerfGE 32, 54 <75 f.>; 97, 228 <266>). **Rechte zum Betreten von Betriebsräumen** verstoßen daher dann nicht gegen Art. 13 Abs. 1 GG, wenn sie auf einer besonderen gesetzlichen Grundlage beruhen, das Betreten einem erlaubten Zweck dient und für dessen Erreichung erforderlich ist, das Gesetz Zweck, Gegenstand und Umfang des Betretens erkennen lässt und das Betreten auf Zeiten beschränkt wird, in denen die Räume normalerweise für die betriebliche Nutzung zur Verfügung stehen (vgl. BVerfGE 97, 228 <266>; BVerfG, Beschluss der 3. Kammer des Ersten Senats vom 15. März 2007 - 1 BvR 2138/05 -, EuGRZ 2007, S. 486 <488 f.>).". Vgl. auch § 41 Abs. 1 S. 2 PolG NRW; vgl. auch Nr. 40.03 VVPolG NRW: „Für die **Durchsuchung von Sachen im befriedeten Besitztum** gelten die §§ 41 und 42.", vgl. auch Nr. 40.12 VVPolG NRW: „Sollen bewegliche Sachen, die Wohnungen sind (vgl. RdNr. 41.11), betreten oder durchsucht werden, richten sich die Maßnahmen nach § 41.", vgl. auch Nr. 41.11 VVPolG NRW: „Es ist zu beachten: **Wohnungen** i.S.d. § 41 Abs. 1 Satz 2 sind auch die zu Wohnzwecken genutzten beweglichen Sachen wie Schiffe, Wohnwagen, Wohnmobile und Zelte. **Inhaber einer Wohnung** ist, wer rechtmäßig die tatsächliche Gewalt über die Räumlichkeit ausübt, somit z.B. auch Mieter, Untermieter oder Hotelgast. Bei Gemeinschaftsunterkünften, Internaten und Obdachlosenasylen sind nur die Leiterinnen und Leiter Inhaber. Die Befugnis zum Betreten einer Wohnung schließt die Befugnis ein, von Personen, Sachen und Zuständen, die ohne weiteres wahrgenommen werden können, Kenntnis zu nehmen. Soweit es für die Erfüllung der polizeilichen Aufgaben erforderlich ist, umfasst das Betretungsrecht bei Grundstücken auch das Recht zum Befahren mit Fahrzeugen.", vgl. auch Nr. 41.13 VVPolG NRW: „Die Durchsuchung einer Wohnung hat sich auf Anlass und Zweck der Durchsuchung zu beschränken. Befinden sich in der Wohnung Personen, die durchsucht werden sollen, ist hierfür § 39 maßgebend. Sollen in einer Wohnung Sachen durchsucht werden, die nicht den Wohnungsinhabern gehören, ist § 40 einschlägig.".

[971] BVerfGE 109, 279, 327 (akustische Wohnraumüberwachung / „Großer Lauschangriff") = BVerfG, Urteil des Ersten Senats vom 03.03.2004 – 1 BvR 2378/98, 1084/99 –, C. 2. a), Rn. 165: „Ein Eingriff in das Grundrecht der Unverletzlichkeit der Wohnung liegt sowohl im physischen Eindringen in den Wohnraum und in dem Anbringen von technischen Mitteln in den geschützten Räumen, als auch im Belauschen der Vorgänge in der Wohnung mit akustischen Hilfsmitteln (siehe oben C I 1). Er wird durch die Speicherung und Verwendung der gewonnenen Informationen sowie durch deren Weitergabe an andere Stellen fortgesetzt.".

c) GR-B: Art. 13 Abs. 2-7 GG, Art. 17a Abs. 2 GG (qualifizierter Gesetzesvorbehalt; verfassungsunmittelbare Einschränkungen).

Art. 13 Abs. 2-7 GG: „Im Übrigen" können – insbesondere bei Fehlen von verfassungsmäßigen einfachgesetzlichen Konkretisierungen von Art. 13 Abs. 2-7 GG – Art. 13 Abs. 2-7 GG alternativ direkt anwendbare Rechtsgrundlagen mit Rechtmäßigkeitsvoraussetzungen bilden.

8. Asylgrundrecht, Art. 16a GG[972]

a) GR-SB:

aa) Persönlicher GR-SB: **Politisch Verfolgter**[973], vgl. auch §§ 2-4 AsylG.

---

[972] Vgl. auch Art. 142 GG i.V.m. Art. 4 Abs. 1 Verfassung NRW; Art. 18, 19 EU-GR-Charta.

[973] BVerfGK 20, 146 = BVerfG, Beschluss der 2. Kammer des Zweiten Senats vom 04.12.2012 – 2 BvR 2954/09 –, Rn. 24: [**Politisch Verfolgter / Politische Verfolgung**, vgl. auch §§ 3-4 AsylG:] „Nach der ständigen Rechtsprechung des Bundesverfassungsgerichts zu Art. 16a Abs. 1 GG ist eine Verfolgung dann eine politische, wenn sie dem Einzelnen in Anknüpfung an **asylerhebliche Merkmale** gezielt Rechtsverletzungen zufügt, die ihn ihrer Intensität nach aus der übergreifenden Friedensordnung der staatlichen Einheit ausgrenzen (vgl. BVerfGE 80, 315 <335>). Dies gilt indes dann nicht, wenn die staatliche Maßnahme allein dem - grundsätzlich legitimen - staatlichen Rechtsgüterschutz, etwa im Bereich der Terrorismusbekämpfung, dient (vgl. BVerfGE 80, 315 <339>) oder sie nicht über das hinausgeht, was auch bei der Ahndung sonstiger krimineller Taten ohne politischen Bezug regelmäßig angewandt wird (vgl. BVerfGE 81, 142 <151>). Das Asylgrundrecht gewährt keinen Schutz vor drohenden (auch massiven) Verfolgungsmaßnahmen, die keinen politischen Charakter haben (BVerfG, Beschluss der 1. Kammer des Zweiten Senats vom 27. April 2004 - 2 BvR 1318/03 -, NVwZ-RR 2004, S. 613 <614>). Auch eine danach nicht **asylerhebliche Strafverfolgung** kann freilich in politische Verfolgung umschlagen, wenn objektive Umstände darauf schließen lassen, dass der Betroffene wegen eines asylerheblichen Merkmals eine härtere als die sonst übliche Behandlung erleidet (sogenannter **Politmalus**; vgl. BVerfGE 80, 315 <336 ff.>; BVerfG, Beschluss der 2. Kammer des Zweiten Senats vom 12. Februar 2008 - 2 BvR 2141/06 -, NVwZ-RR 2008, S. 643 <644>). Solange sich ein solcher ‚Politmalus' nicht von vornherein ausschließen lässt, haben die Fachgerichte den diesbezüglichen Sachverhalt in einer der Bedeutung des Asylgrundrechts entsprechenden Weise aufzuklären (vgl. BVerfG, Beschluss der 1. Kammer des Zweiten Senats vom 27. April 2004 - 2 BvR 1318/03 -, NVwZ-RR 2004, S. 613 <614> und Beschluss der 2. Kammer des Zweiten Senats vom 12. Februar 2008 - 2 BvR 2141/06 -, NVwZ-RR 2008, S. 643 <644>).BVerfG, Beschluss der 2. Kammer des Zweiten Senats vom 12.12.2008 – 2 BvR 2141/06 –, Rn. 20-23: [**Asylrechtlicher Kausalzusammenhang**, P. B.:] „Das **Asylrecht** beruht auf dem Zufluchtgedanken und setzt daher grundsätzlich einen Kausalzusammenhang zwischen Verfolgung und Flucht voraus (vgl. BVerfGE 74, 51 <60 ff.>). Nach dem hierdurch geprägten normativen Leitbild des Grundrechts ist typischerweise asylberechtigt, wer aufgrund politischer Verfolgung gezwungen ist, sein Land zu verlassen und im Ausland Schutz zu suchen, und deswegen in die Bundesrepublik Deutschland kommt (vgl. BVerfGE 80, 315 <344>). [**Asylrechtliche Kausalzusammenhanglosigkeit**, P. B.:] Der asylrechtlich geforderte Kausalzusammenhang zwischen politischer Verfolgung und Flucht fehlt, wenn ein Asylbewerber nach erlittener politischer Verfolgung noch längere Zeit im Heimatland verbleibt und in dieser Zeit dort unbehelligt und verfolgungsfrei leben kann (vgl. BVerfGE 74, 51 <60 ff.>; 80, 315 <344>; BVerwGE 87, 52 <55 f.>; 87, 141 <146 f.>). Insofern bedarf es einer wertenden Zusammenschau der vom Asylbewerber zur Begründung seiner Verfolgungsfurcht vorgetragenen Ereignisse (vgl. BVerfG, Beschluss der 1. Kammer des Zweiten Senats vom 15. Februar 2000 - 2 BvR 752/97 -, InfAuslR 2000, S. 254 <260>). [**Politische Verfolgung**:] Nach der Rechtsprechung des Bundesverfassungsgerichts ist eine Verfolgung dann eine politische, wenn sie dem Einzelnen in Anknüpfung an asylerhebliche Merkmale gezielt Rechtsverletzungen zufügt, die ihn ihrer Intensität nach aus der übergreifenden Friedensordnung der staatlichen Einheit ausgrenzen. [**Asylrechtliche Schutzzweckabgrenzung**:] Eine asylbegründende Anknüpfung liegt allerdings nicht vor, wenn die staatliche Maßnahme allein dem - grundsätzlich legitimen - staatlichen Rechtsgüterschutz, etwa im Bereich der Terrorismusbekämpfung, dient (vgl. BVerfGE 80, 315 <339>) oder sie nicht über das hinausgeht, was auch bei der Ahndung sonstiger krimineller Taten ohne politischen Bezug regelmäßig angewandt wird (vgl. BVerfGE 81, 142 <151>). Das Asylgrundrecht gewährt keinen Schutz vor drohenden (auch massiven)

Verfolgungsmaßnahmen, die keinen politischen Charakter haben. Auch eine danach nicht **asylerhebliche Strafverfolgung** kann freilich in politische Verfolgung umschlagen, wenn objektive Umstände darauf schließen lassen, dass der Betroffene wegen eines **asylerheblichen Merkmals** eine härtere als die sonst übliche Behandlung erleidet (vgl. BVerfGE 80, 315 <336 ff.>; BVerfG, Beschluss der 1. Kammer des Zweiten Senats vom 22. Januar 1999 - 2 BvR 86/97 -, InfAuslR 1999, S. 273 <276>). [**Asylrechtsprüfung**:] Die Prüfung der Asylberechtigung betrifft unmittelbar die Anwendung der Grundrechtsbestimmung des Art. 16a Abs. 1 GG. Deshalb hat das Bundesverfassungsgericht in Bezug auf das Tatbestandsmerkmal ‚**politisch Verfolgter**' sowohl hinsichtlich der Ermittlung des Sachverhalts als auch hinsichtlich seiner rechtlichen Bewertung zu prüfen, ob die tatsächliche und rechtliche Wertung der Gerichte sowie Art und Umfang ihrer Ermittlungen Art. 16a Abs. 1 GG gerecht werden (vgl. BVerfGE 54, 341 <356>; 76, 143 <162>)."; BVerfGE 76, 143, 156-159 (Ahmadiyya-Glaubensgemeinschaft) = BVerfG, Beschluss des Zweiten Senats vom 01.07.1987 – 2 BvR 478, 962/86 –, B. I. 1., 2., Rn. 36-41: „Nach Art. 16 Abs. 2 Satz 2 GG [ex, ≙ Art. 16a Abs. 1 GG, P. B.] genießen politisch Verfolgte Asylrecht. Das Grundgesetz hat den Begriff des politisch Verfolgten nicht näher abgegrenzt. Diese Abgrenzung kann auch nicht allein dem lapidaren Wortlaut des Grundrechts entnommen werden. Der Verfassungsgeber knüpfte mit der Vorschrift des Art. 16 Abs. 2 Satz 2 GG [ex, ≙ Art. 16a Abs. 1 GG, P. B.] inhaltlich an das völkerrechtliche Institut des Asylrechts an. Mit ihr sollte dasjenige als individuelles subjektives Grundrecht ausgestaltet werden, was zur damaligen Zeit als Asyl und Asylgewährung begriffen wurde; hierin spiegelte sich das unmittelbare Erlebnis ungezählter Verfolgungs- und Vertreibungsschicksale vor allem auch während der NS-Zeit und nach 1945 wider (vgl. BVerfGE 74, 51 [57]; auch BVerwGE 67, 184 [185 f.]). [**Asylrechtlicher Grundgedanke**:] Als Grundgedanke des Asylrechts war allgemein anerkannt, daß es - wie im Parlamentarischen Rat gesagt wurde - ‚dem Ausländer gewährt wird, der in seinem eigenen Land nicht mehr leben kann, weil er durch das politische System seiner Freiheit, seines Lebens oder seiner Güter beraubt wird' (Parlamentarischer Rat, Verhandlungen des Hauptausschusses, Sten. Ber., 74. Sitzung vom 19. Januar 1949, S. 582 [Wagner]; vgl. auch BVerfGE 9, 174 [180]). Diesem Grundgedanken gemäß hat die Rechtspraxis und insbesondere die Rechtsprechung - auch in der Erkenntnis, daß das Adjektiv ‚**politisch**' nicht einen abgegrenzten Gegenstandsbereich von Politik, sondern eher eine Eigenschaft bezeichnen soll, die alle Sachbereiche unter bestimmten Umständen jederzeit annehmen können (vgl. BVerwGE 67, 184 [188]) - die nähere inhaltliche Bestimmung und Abgrenzung des Begriffs politisch Verfolgter wiederholt in Anlehnung an den Flüchtlingsbegriff der Genfer Flüchtlingskonvention vom 28. Juli 1951 (BGBl. 1953 II S. 559) vorgenommen. Dieser knüpft seinerseits an geschichtlich erfahrene politische Verfolgungen und Verfolgungsschicksale an, die zu dem Flüchtlingsproblem in Europa geführt hatten, das die Konvention lösen helfen sollte; indem er sich auf die begründete Furcht vor Verfolgung wegen Rasse, Religion, Nationalität, Zugehörigkeit zu einer sozialen Gruppe oder wegen politischer Überzeugung bezieht, benennt er jene menschlichen Eigenschaften und Verhaltensweisen, die nach geschichtlicher Erfahrung die häufigsten und entscheidenden Anknüpfungs- und Bezugspunkte für die Unterdrückung und Verfolgung Andersartiger und Andersdenkender bildeten und auch weiterhin noch bilden. Diesem Aufsuchen der ‚politischen' Verfolgungsgründe liegt die von der Achtung der Unverletzlichkeit der Menschenwürde bestimmte Überzeugung zugrunde, daß kein Staat das Recht hat, Leib, Leben oder die persönliche Freiheit des Einzelnen aus Gründen zu gefährden oder zu verletzen, die allein in seiner politischen Überzeugung oder religiösen Grundentscheidung oder in unverfügbaren, jedem Menschen von Geburt an anhaftenden Merkmalen liegen (vgl. BVerwGE 67, 184 [187]; siehe auch BVerfGE 54, 341 [357]). Diese Rechtsüberzeugung hat die Schaffung des grundgesetzlichen Asylrechts maßgeblich mit hervorgebracht und prägt auch seinen Inhalt. Auch **religiöse oder religiös motivierte Verfolgung** kann **politische Verfolgung** im Sinne des Art. 16 Abs. 2 Satz 2 GG [ex, ≙ Art. 16a Abs. 1 GG, P. B.] sein (vgl. BVerfGE 54, 341 [357]). Sie ist dies allerdings nicht schon dann, wenn die Religionsfreiheit, gemessen an der umfassenden Gewährleistung, wie sie Art. 4 Abs. 1 und 2 GG enthält (vgl. dazu BVerfGE 24, 236 [245 f., 248]), Eingriffen und Beeinträchtigungen ausgesetzt ist. Vielmehr müssen die Eingriffe und Beeinträchtigungen eine Schwere und Intensität aufweisen, die die Menschenwürde verletzt (vgl. BVerfGE 54, 341 [357]): Sie müssen ein solches Gewicht haben, daß sie in den elementaren Bereich der sittlichen Person eingreifen, in dem für ein menschenwürdiges Dasein die Selbstbestimmung möglich bleiben muß, sollen nicht die **metaphysischen Grundlagen menschlicher Existenz** zerstört werden (vgl. auch BVerwGE 74, 31 [40]). Diese Eingrenzung widerstreitet nicht, sondern entspricht der humanitären Intention des Asylrechts; diese ist darauf gerichtet, demjenigen Aufnahme und Schutz zu gewähren, der sich in einer für ihn ausweglosen Lage befindet (BVerfGE 74, 51 [64]). **Politische Verfolgung** ist demnach etwa dann gegeben, wenn vom Heimat- oder Aufenthaltsstaat des Verfolgten ergriffene oder ihm zurechenbare Maßnahmen darauf gerichtet sind, die Angehörigen einer religiösen Gruppe sei es physisch zu vernichten oder mit vergleichbar schweren Sanktionen (etwa Austreibung oder Vorenthaltung elementarer Lebensgrundlagen) zu bedrohen, sei es ihrer religiösen Identität zu berauben, indem ihnen zum Beispiel unter Androhung von Strafen an Leib, Leben oder persönlicher Freiheit eine Verleugnung oder gar Preisgabe tragender Inhalte ihrer Glaubensüberzeugung zugemutet wird oder sie daran gehindert werden, ihren eigenen Glauben, so wie sie ihn verstehen, im privaten Bereich und unter sich zu bekennen. Die Religionsausübung im häuslich-privaten Bereich, wie etwa der häusliche Gottesdienst, aber auch die Möglichkeit zum Reden über den eigenen Glauben und zum religiösen Bekenntnis im nachbarschaftlich-kommunikativen Bereich, ferner das Gebet und der Gottesdienst abseits der Öffentlichkeit in persönlicher Gemeinschaft mit anderen Gläubigen dort, wo man sich nach Treu und Glauben unter sich wissen darf, gehören unter dem Gesichtspunkt der Menschenwürde wie nach internationalem Standard zu dem elementaren Bereich, den der Mensch als **‚religiöses Existenzminimum'** zu seinem Leben- und Bestehenkönnen als **sittliche Person** benötigt (vgl. BVerwGE 74, 31 [38, 40]; vgl. auch BVerwG, DVBl. 1986, S. 834 [836], insoweit in BVerwGE 74, 41 nicht abgedruckt); sie gehören zu dem unentziehbaren Kern seiner Privatsphäre (‚privacy'), gehen aber nicht darüber hinaus.".

bb) Sachlicher GR-SB: **Asyl** – bei politischer Verfolgung und Erfüllung aller Voraussetzungen aus Art. 16a GG[974], vgl. auch §§ 2-4 AsylG.[975]

---

[974] **Art.-16a-GG-Gehalte**: Art. 16a GG wurde 1993 im Zuge vom sogenannten „**Asylkompromiss**" (parteienpolitische Vereinbarung vom 06.12.1992; Bundestagsbeschluss vom 26.05.1993) neu eingeführt – insbesondere mit Aufhebung des damaligen, dem heutigen Art. 16a Abs. 1 GG entsprechenden Art. 16 Abs. 2 S. 2 GG und insbesondere mit Art. 16a Abs. 2, 3 GG, gemäß Art. 1 und 2 „Gesetz zur Änderung des Grundgesetzes (Art. 16 und 18)" vom 28.06.1993 mit Wirkung zum 30.06.1993 (BGBl., Jahrgang 1993, Teil I, S. 1002); vgl. dazu BVerfGE 94, 49 (**Sichere Drittstaaten / Sicherer Herkunftsstaat** [vgl. auch §§ 18, 26a, 27, 28, 29, 29a, 30a AsylG]) = BVerfG, Urteil des Zweiten Senats vom 14.05.1996 – 2 BvR 1938, 2315/93 –, Ls.: „1. a) Mit dem Gesetz zur Änderung des Grundgesetzes vom 28. Juni 1993 hat der verfassungsändernde Gesetzgeber eine Grundlage geschaffen, um eine europäische Gesamtregelung der Schutzgewährung für Flüchtlinge mit dem Ziel einer Lastenverteilung zwischen den an einem solchen System beteiligten Staaten zu erreichen. b) Der verfassungsändernde Gesetzgeber ist auch in der Gestaltung und Veränderung von Grundrechten, soweit nicht die Grenzen des Art. 79 Abs. 3 GG berührt sind, rechtlich frei und gibt dem Bundesverfassungsgericht den Maßstab vor. Das Asylgrundrecht gehört nicht zum Gewährleistungsinhalt von Art. 1 Abs. 1 GG. Was dessen Gewährleistungsinhalt ist und welche Folgerungen sich daraus für die deutsche Staatsgewalt ergeben, ist eigenständig zu bestimmen. Art. 16a Abs. 2 GG beschränkt den persönlichen Geltungsbereich des in Art. 16a Abs. 1 GG nach wie vor gewährleisteten Grundrechts auf Asyl. Wer aus einem sicheren Drittstaat im Sinne des Art. 16a Abs. 2 Satz 1 GG anreist, bedarf des Schutzes der grundrechtlichen Gewährleistung des Absatzes 1 in der Bundesrepublik Deutschland nicht, weil er in dem Drittstaat Schutz vor politischer Verfolgung hätte finden können. Die jeweiligen Mitgliedstaaten der Europäischen Gemeinschaften sind unmittelbar kraft Verfassung sichere Drittstaaten. a) Die für eine Bestimmung zum sicheren Drittstaat durch Gesetz (Art. 16a Abs. 2 Satz 2 GG) erforderliche Sicherstellung der Anwendung von Genfer Flüchtlingskonvention (GFK) und Europäischer Menschenrechtskonvention (EMRK) setzt insbesondere voraus, daß der Staat den beiden Konventionen beigetreten ist und nach seiner Rechtsordnung einen Ausländer nicht in den angeblichen Verfolgerstaat abschieben darf, ohne vorher geprüft zu haben, ob ihm dort Verfolgung im Sinne von Art. 33 GFK oder Folter oder unmenschliche oder erniedrigende Strafe oder Behandlung im Sinne von Art. 3 EMRK drohen. b) Dem Gesetzgeber steht bei der Bestimmung von Staaten zu sicheren Drittstaaten für die Gewinnung der Tatsachengrundlage ein Spielraum bei der Auswahl seiner Erkenntnismittel zu. Die Beurteilung des Gesetzgebers muß sich als vertretbar erweisen. a) Der Ausländer, der in den Drittstaat zurückgewiesen oder zurückverbracht werden soll, kann den Schutz der Bundesrepublik Deutschland vor einer politischen Verfolgung oder sonstigen schwerwiegenden Beeinträchtigungen in seinem Herkunftsstaat grundsätzlich nicht mit der Begründung einfordern, für ihn bestehe in dem betreffenden Drittstaat keine Sicherheit, weil dort in seinem Einzelfall - trotz normativer Vergewisserung - die Verpflichtungen aus der Genfer Flüchtlingskonvention und der Europäischen Menschenrechtskonvention nicht erfüllt würden. Demgemäß kommen für ihn entsprechend dem mit Art. 16a Abs. 2 GG verfolgten Konzept **normativer Vergewisserung** über die Sicherheit im Drittstaat auch die materiellen Rechtspositionen, auf die ein Ausländer sich sonst gegen seine Abschiebung stützen kann [...], nicht in Betracht. b) Die Bundesrepublik Deutschland hat allerdings Schutz zu gewähren, wenn Abschiebungshindernisse [...] durch Umstände begründet werden, die ihrer Eigenart nach nicht vorweg im Rahmen des Konzepts normativer Vergewisserung von Verfassung oder Gesetz berücksichtigt werden können und damit von vornherein außerhalb der Grenzen liegen, die der Durchführung eines solchen Konzepts aus sich heraus gesetzt sind. c) Eine Prüfung, ob der Zurückweisung oder sofortigen Rückverbringung in den Drittstaat ausnahmsweise Hinderungsgründe entgegenstehen, kann der Ausländer nur erreichen, wenn es sich aufgrund bestimmter Tatsachen aufdrängt, daß er von einem der im normativen Vergewisserungskonzept nicht aufgefangenen Sonderfälle betroffen ist. An diese Darlegung sind strenge Anforderungen zu stellen. a) Art. 16a Abs. 2 Satz 3 GG wendet sich nicht nur an den Gesetzgeber sondern auch unmittelbar an Behörden und Gerichte: Rechtsbehelfe gegen aufenthaltsbeendende Maßnahmen sollen keine aufschiebende Wirkung entfalten; Anträge an die zuständigen Gerichte mit dem Ziel, den Vollzug dieser Maßnahmen vorläufig auszusetzen, sollen ohne Erfolg bleiben. b) Diese Ausschlußwirkung des Art. 16a Abs. 2 Satz 3 GG reicht nicht über die Grenzen hinaus, die dem Konzept normativer Vergewisserung gesetzt sind."; BVerfGE 94, 49, 96 (Sichere Drittstaaten): „Diese **normative Vergewisserung** bezieht sich darauf, daß der Drittstaat einem

Betroffenen, der sein Gebiet als Flüchtling erreicht hat, den nach der Genfer Flüchtlingskonvention und der Konvention zum Schutze der Menschenrechte und Grundfreiheiten gebotenen Schutz vor politischer Verfolgung und anderen ihm im Herkunftsstaat drohenden schwerwiegenden Beeinträchtigungen seines Lebens, seiner Gesundheit oder seiner Freiheit gewährt; damit entfällt das Bedürfnis, ihm Schutz in der Bundesrepublik Deutschland zu bieten. Insoweit ist die Sicherheit des Flüchtlings im Drittstaat generell festgestellt. Art. 16a Abs. 2 GG sieht nicht vor, daß dies im Einzelfall überprüft werden kann. Folgerichtig räumt Satz 3 des Art. 16a Abs. 2 GG den Behörden kraft Verfassungsrechts die Möglichkeit ein, den Flüchtling in den Drittstaat zurückzuschicken, ohne daß die Gerichte dies im einstweiligen Rechtsschutzverfahren verhindern dürfen. Auch ein Vergleich mit Art. 16a Abs. 3 GG macht deutlich, daß eine Prüfung der Sicherheit eines Ausländers im Drittstaat im Einzelfall nicht stattfindet. Gemäß Art. 16a Abs. 3 GG kann der aus einem sicheren Herkunftsstaat kommende Asylbewerber die Vermutung, er werde dort nicht politisch verfolgt, durch individuelles Vorbringen ausräumen. Art. 16a Abs. 2 GG enthält keine vergleichbare Regelung. Das ist auch der Wille des verfassungsändernden Gesetzgebers und der Sinn des Konzepts normativer Vergewisserung; denn dieses soll die Grundlage dafür bieten, den schutzbegehrenden Ausländer im Interesse einer effektiven Lastenverteilung alsbald in den Drittstaat zurückzuführen. Die Frage ist auch im Gesetzgebungsverfahren mehrfach erörtert worden (vgl. hierzu aus der Sachverständigenanhörung insbesondere die Stellungnahme des Vertreters des UNHCR, Sten.Prot. der 55. Sitzung des Innenausschusses des Deutschen Bundestages, S. 27 ff. und 190 f.).“; EuGH, Urteil des Gerichtshofs (Große Kammer) vom 19.03.2019 in der Rechtssache C-163/17 betreffend ein Vorabentscheidungsersuchen nach Art. 267 AEUV, eingereicht vom VGH Baden-Württemberg (Abschiebung eines erwachsenen Gambiers nach Italien), Rn. 58: „Aus den Erwägungsgründen [der EU-Verordnung zur Festlegung der Kriterien und Verfahren zur Bestimmung des Mitgliedstaats, der für die Prüfung eines von einem Drittstaatsangehörigen oder Staatenlosen in einem Mitgliedstaat gestellten Antrags auf internationalen Schutz zuständig ist] ergibt sich nämlich, dass durch sie eine auf sowohl für die Mitgliedstaaten als auch für die betreffenden Personen objektiven und gerechten Kriterien beruhende klare und praktikable Formel eingeführt werden soll, um den für die Prüfung eines Antrags auf internationalen Schutz zuständigen Mitgliedstaat rasch zu bestimmen, um den effektiven Zugang zu den Verfahren zur Gewährung dieses Schutzes zu gewährleisten und das Ziel einer zügigen Bearbeitung der Anträge auf internationalen Schutz nicht zu gefährden.“, Rn. 77: „Insoweit ist erstens festzustellen, dass die Entscheidung eines Mitgliedstaats, einen Antragsteller gemäß [EU-Verordnung] in den Mitgliedstaat zu überstellen, der nach der Verordnung grundsätzlich für die Prüfung des Antrags auf internationalen Schutz zuständig ist, ein Element des Gemeinsamen Europäischen Asylsystems darstellt und damit das Unionsrecht im Sinne von Art. 51 Abs. 1 der Charta durchführt (vgl. entsprechend Urteile vom 21. Dezember 2011, N. S. u. a., C-411/10 und C-493/10, EU:C:2011:865, Rn. 68 und 69, sowie vom 16. Februar 2017, C. K. u. a., C-578/16 PPU, EU:C:2017:127, Rn. 53 und 54).“, Rn. 78: „Des Weiteren ergibt sich aus ständiger Rechtsprechung, dass die Bestimmungen [der EU-Rechtsakte, vgl. Art. 288 AEUV] unter Beachtung der Grundrechte auszulegen und anzuwenden sind, die durch die Charta [EU-GR-Charta], insbesondere ihren Art. 4, gewährleistet sind, der ausnahmslos jede Form unmenschlicher oder erniedrigender Behandlung verbietet und somit fundamentale Bedeutung und allgemeinen und absoluten Charakter hat, da er eng mit der Achtung der Würde des Menschen verbunden ist, auf die sich Art. 1 der Charta bezieht (vgl. in diesem Sinne Urteile vom 5. April 2016, Aranyosi und Căldăraru, C-404/15 und C-659/15 PPU, EU:C:2016:198, Rn. 85 und 86, sowie vom 16. Februar 2017, C. K. u. a., C-578/16 PPU, EU:C:2017:127, Rn. 59, 69 und 93).“, Rn. 81: „Konkret verlangt der [**EU-]Grundsatz des gegenseitigen Vertrauens**, namentlich in Bezug auf den [**EU-]Raum der Freiheit, der Sicherheit und des Rechts** [vgl. Art. 67-89 AEUV], von jedem Mitgliedstaat, dass er, abgesehen von außergewöhnlichen Umständen, davon ausgeht, dass alle anderen Mitgliedstaaten das Unionsrecht und insbesondere die dort anerkannten Grundrechte beachten (vgl. in diesem Sinne Urteile vom 5. April 2016, Aranyosi und Căldăraru, C-404/15 und C-659/15 PPU, EU:C:2016:198, Rn. 78, sowie vom 25. Juli 2018, Minister for Justice and Equality [Mängel des Justizsystems], C-216/18 PPU, EU:C:2018:586, Rn. 36).“, [**Art. 16a Abs. 2 GG-Einschränkung** i.S. einer „Schranken-Schranke“:] Rn. 83: „Allerdings kann nicht ausgeschlossen werden, dass dieses System in der Praxis auf größere Funktionsstörungen in einem bestimmten Mitgliedstaat stößt, so dass ein ernsthaftes Risiko besteht, dass Personen, die internationalen Schutz beantragen, bei einer Überstellung in diesen Mitgliedstaat in einer Weise behandelt werden, die mit ihren Grundrechten unvereinbar ist (Urteil vom 21. Dezember 2011, N. S. u. a., C-411/10 und C-

b) GR-E (oder Nichteingriff/GR-Verzicht): Asylrechtseinschränkung (z.B. durch Zurückschiebung, Abschiebung, Abschiebungshaft.), auch durch zunächst Nichterfolgen von

---

493/10, EU:C:2011:865, Rn. 81).", Rn. 84: „Daher wäre die Anwendung einer unwiderlegbaren Vermutung, dass die Grundrechte der Person, die internationalen Schutz beantragt hat, in dem Mitgliedstaat beachtet werden, der nach [EU-Verordnung] als für die Prüfung des Antrags zuständig bestimmt ist, mit der Pflicht zu grundrechtskonformer Auslegung und Anwendung der Verordnung unvereinbar (vgl. in diesem Sinne Urteil vom 21. Dezember 2011, N. S. u. a., C-411/10 und C-493/10, EU:C:2011:865, Rn. 99, 100 und 105).", Rn. 85: „Deshalb hat der Gerichtshof bereits entschieden, dass es nach Art. 4 der Charta den Mitgliedstaaten einschließlich der nationalen Gerichte obliegt, einen Asylbewerber nicht an den zuständigen Mitgliedstaat im Sinne der [jeweilis geltenden EU-Verordnung] zu überstellen, wenn ihnen nicht unbekannt sein kann, dass die systemischen Schwachstellen des Asylverfahrens und der Aufnahmebedingungen für Asylbewerber in diesem Mitgliedstaat ernsthafte und durch Tatsachen bestätigte Gründe für die Annahme darstellen, dass der Antragsteller tatsächlich Gefahr läuft, einer unmenschlichen oder erniedrigenden Behandlung im Sinne dieser Bestimmung ausgesetzt zu werden (Urteil vom 21. Dezember 2011, N. S. u. a., C-411/10 und C-493/10, EU:C:2011:865, Rn. 106).", Rn. 86: „[Die EU-Verordnung, im konkreten Entscheidungsfall „Dublin-III-VO"], durch den diese Rechtsprechung kodifiziert wurde, stellt klar, dass in einer solchen Situation der die Zuständigkeit prüfende Mitgliedstaat der für die Prüfung des Antrags auf internationalen Schutz zuständige Mitgliedstaat wird, wenn er nach Fortsetzung der Prüfung der Kriterien [...] feststellt, dass keine Überstellung an einen aufgrund dieser Kriterien bestimmten Mitgliedstaat oder an den ersten Mitgliedstaat, in dem der Antrag gestellt wurde, vorgenommen werden kann." [„**Selbsteintritt**"]; EGMR (Große Kammer), Urteil vom 21.01.2011 – 30696/09 (M.S.S. v. Belgien und Griechenland), Facts, I. B. 17.: „Nach [EU-Recht] kann jeder EU-Mitgliedstaat durch Derogation der generellen Regelung [bezüglich des Asylverfahrens im EU-Erstaufnahmestaat, vgl. auch Art. 16a Abs. 2 GG] einen Asylantrag untersuchen, auch wenn er nach den Kriterien der [jeweils geltender EU-Verordnung] nicht für dessen Prüfung zuständig ist (»**Souveränitätsklausel**« [**Selbsteinrittsrecht**])."; BVerfG, Beschluss der 1. Kammer des Zweiten Senats vom 10.10.2019 – 2 BvR 1380/19 -, Rn. 15 (Abschiebung eines am 20.04.2019 [= Beschlussjahr] geborenen Somaliers [„Beschwerdefüher"] mit Mutter nach Italien): „Die Anforderungen an die Sachverhaltsaufklärung im fachgerichtlichen (Eil-) Verfahren haben dem hohen Wert der Rechte aus Art. 2 Abs. 2 Satz 1 GG, Art. 4 GR-Charta und Art. 3 EMRK Rechnung zu tragen. In Fällen, in denen es um die Beurteilung der Aufnahmebedingungen in einem Drittstaat als unmenschliche oder erniedrigende Behandlung im Sinne des Art. 4 GR-Charta beziehungsweise Art. 3 EMRK geht, kommt der verfahrensrechtlichen Sachaufklärungspflicht (§ 86 Abs. 1 VwGO) verfassungsrechtliches Gewicht zu (vgl. BVerfG, Beschluss der 1. Kammer des Zweiten Senats vom 31. Juli 2018 - 2 BvR 714/18 -, juris, Rn. 19 m.w.N.). Die fachgerichtliche Beurteilung von möglicherweise gegen Art. 4 GR-Charta beziehungsweise Art. 3 EMRK verstoßenden Aufnahmebedingungen muss – jedenfalls, wenn diese ernsthaft zweifelhaft sind – auf einer hinreichend verlässlichen, auch ihrem Umfang nach zureichenden tatsächlichen Grundlage beruhen (vgl. BVerfG, Beschluss der 3. Kammer des Zweiten Senats vom 21. April 2016 - 2 BvR 273/16 -, Rn. 11; Beschluss der 1. Kammer des Zweiten Senats vom 8. Mai 2017 - 2 BvR 157/17 -, Rn. 16; vgl. auch EuGH, Urteil vom 19. März 2019, Jawo, C-163/17, Rn. 90: ‚Insoweit ist das mit einem Rechtsbehelf gegen eine Überstellungsentscheidung befasste Gericht in dem Fall, dass es über Angaben verfügt, die die betreffende Person zum Nachweis des Vorliegens eines solchen Risikos vorgelegt hat, verpflichtet, auf der Grundlage objektiver, zuverlässiger, genauer und gebührend aktualisierter Angaben und im Hinblick auf den durch das Unionsrecht gewährleisteten Schutzstandard der Grundrechte zu würdigen, ob entweder systemische oder allgemeine oder aber bestimmte Personengruppen betreffende Schwachstellen vorliegen.')."

[975] Bei Fällen mit lediglich Potential von Berechtigung oder Nichtberechtigung kann grundsätzlich in dubio pro libertate zunächst zugunsten des Grundrechtsfähigen größtmöglicher Grundrechtsschutzbereich vermutet werden. Vgl. auch BVerfGE 6, 55, 72 (Steuersplitting); BVerfGE 32, 54, 71 (Betriebsbetretungsrecht); BVerfGE 39, 1, 38 (Schwangerschaftsabbruch I); BVerfGE 51, 97, 110 (Zwangsvollstreckung I); BVerfGE 151, 67 (Nachtzeit) = BVerfG, Beschluss des Zweiten Senats vom 12.03.2019 – 2 BvR 675/14 –, Rn. 55, wonach in Zweifelsfällen diejenige Auslegung zu wählen ist/derjenigen Auslegung der Vorzug zu geben ist, welche die (juristische) „Wirkungskraft der Grundrechtsnorm am stärksten entfaltet.".

weitergehenden aufenthaltsgestattenden oder asylgewährenden Maßnahmen bzw. zunächst freiheitseinschränkenden Maßnahmen.

c) GR-B: Art. 18 GG oder grundgesetzimmanente bzw. grundrechtsimmanente Einschränkungsmöglichkeiten.

9. Weltanschauungsgrundrecht mit Glaubens-, Gewissens-, Bekenntnisfreiheit und Religionsfreiheit, Art. 4 Abs. 1, 2 i.V.m. Art. 140 GG[976].[977]

a) GR-SB:

aa) Persönlicher GR-SB: Jeder Mensch und jede Gemeinschaft (Religionsgemeinschaft oder Weltanschauungsgemeinschaft)[978], Art. 4 GG i.V.m. Art. 140 GG.

---

[976] BVerfGE 139, 321, 349 (Zeugen Jehovas Bremen) = BVerfG, Beschluss des Zweiten Senats vom 30.06.2015 – 2 BvR 1282/11 –, C. II. 1., Rn. 89 f.: „Die durch Art. 140 GG inkorporierten Artikel der Weimarer Reichsverfassung sind vollgültiges Verfassungsrecht und von gleicher Normqualität wie die sonstigen Verfassungsbestimmungen. Sie sind – mit Selbststand gegenüber der korporativen Religionsfreiheit des Art. 4 Abs. 1 und 2 GG – untrennbarer Bestandteil des **Religions- und Staatskirchenrechts des Grundgesetzes**, welches das für eine freiheitliche Demokratie wesentliche Grundrecht der **Religionsfreiheit** ohne Gesetzesvorbehalt in den Katalog der Grundrechte übernommen und es so gegenüber der Weimarer Reichsverfassung erheblich gestärkt hat. Beide Gewährleistungen bilden ein organisches Ganzes, wobei Art. 4 Abs. 1 und 2 GG den leitenden Bezugspunkt des deutschen staatskirchenrechtlichen Systems darstellt (vgl. BVerfGE 19, 206 [219]; 19, 226 [236]; 111, 10 [50]; 137, 273 [303 Rn. 83]). Zwischen der **Glaubensfreiheit** und den inkorporierten Normen der Weimarer Reichsverfassung besteht eine interpretatorische Wechselwirkung. Die **Weimarer Kirchenartikel** sind einerseits funktional auf die Inanspruchnahme und Verwirklichung des Grundrechts der Religionsfreiheit angelegt (vgl. BVerfGE 42, 312 [322]; 102, 370 [387]; 125, 39 [74 f., 80]), und andererseits wird der Gewährleistungsgehalt des Art. 4 Abs. 1 und 2 GG durch Art. 140 GG in Verbindung mit den inkorporierten Artikeln der Weimarer Reichsverfassung institutionell konkretisiert und ergänzt (BVerfGE 137, 273 [303 f. Rn. 84, vgl. auch 309 ff. Rn. 98 ff.]; vgl. auch BVerfGE 33, 23 [30 f.]; 42, 312 [322]; 83, 341 [354 f.]; 99, 100 [119]; 125, 39 [77 f.]).“. Zum **Kirchenrecht** mit **Staatskirchenrecht** siehe auch: *de Wall/Muckel*, Kirchenrecht.

[977] Vgl. Art. 142 GG i.V.m. Art. 4 Abs. 1 und Dritter Abschnitt Verfassung NRW; Art. 10 EU-GR-Charta; Art. 9 Abs. 1 EMRK; Art. 18, 27 IPbpR.

[978] BVerfGE 24, 236, Ls. 1 und 246 f. (Aktion Rumpelkammer) = BVerfG, Beschluss des Ersten Senates vom 16.10.1968 – 1 BvR 241/66 –, Gründe, III. 2. b), Rn. 22: „Das Grundrecht aus Art. 4 Abs. 1 und 2 GG steht nicht nur **Kirchen, Religions- und Weltanschauungsgemeinschaften** zu, sondern auch **Vereinigungen**, die sich nicht die allseitige, sondern nur die **partielle Pflege des religiösen oder weltanschaulichen Lebens** ihrer Mitglieder zum Ziel gesetzt haben. Voraussetzung dafür ist aber, daß der Zweck der Vereinigung gerade auf die Erreichung eines solchen Zieles gerichtet ist. Das gilt ohne weiteres für organisatorisch oder institutionell mit Kirchen verbundene Vereinigungen wie kirchliche Orden, deren Daseinszweck eine Intensivierung der gesamtkirchlichen Aufgaben enthält. Es gilt aber auch für andere selbständige oder unselbständige Vereinigungen, wenn und soweit ihr Zweck die Pflege oder Förderung eines religiösen Bekenntnisses oder die Verkündung des Glaubens ihrer Mitglieder ist. Maßstab für das Vorliegen dieser Voraussetzungen kann das Ausmaß der institutionellen Verbindung mit einer Religionsgemeinschaft oder die Art der mit der Vereinigung verfolgten Ziele sein.“.

BVerfGE 139, 321, 349-352 (Zeugen Jehovas Bremen) = BVerfG, Beschluss des Zweiten Senats vom 30.06.2015 – 2 BvR 1282/11 –, C. II. 2.-4., Rn. 91-95: „In diesem Kontext ist der den **Religionsgemeinschaften** in Art. 140 GG in Verbindung mit Art. 137 Abs. 5 Satz 2 WRV eröffnete Zugang zum Status einer **Körperschaft des öffentlichen Rechts** ein Mittel zur Entfaltung der Religionsfreiheit. Der Status einer Körperschaft des öffentlichen Rechts soll die Eigenständigkeit und Unabhängigkeit der Religionsgemeinschaft unterstützen. Im religiös-weltanschaulich neutralen Staat des Grundgesetzes unterscheiden sich die **korporierten Religionsgemeinschaften** gleichwohl grundlegend von den **Körperschaften des öffentlichen Rechts im verwaltungs- und staatsorganisationsrechtlichen Sinne** (vgl. BVerfGE 102, 370 <387 f.>). Die aus Art. 140 GG in Verbindung mit Art. 136 Abs. 1 und 4, Art. 137 Abs. 1 WRV, Art.

bb) Sachlicher GR-SB i.S.d. Art. 4 Abs. 1, 2 GG[979]:

---

4 Abs. 1 und 2, Art. 3 Abs. 3 Satz 1 und Art. 33 Abs. 2 GG folgende Pflicht des Staates zur **weltanschaulich-religiösen Neutralität** ist eine Grundlage moderner, freiheitlicher Staatlichkeit. In einem Staat, in dem Anhänger unterschiedlicher religiöser und weltanschaulicher Überzeugungen zusammenleben, kann die friedliche **Koexistenz** nur gelingen, wenn der Staat selbst in Glaubens- und Weltanschauungsfragen Neutralität bewahrt (vgl. BVerfG, Beschluss des Zweiten Senats vom 22. Oktober 2014 - 2 BvR 661/12 - , juris, Rn. 86, zur Veröffentlichung in der amtlichen Sammlung vorgesehen; vgl. auch BVerfGE 93, 1 <16 f.>; 102, 370 <393 f.>; 105, 279 <294>). Deshalb nehmen **Religionsgemeinschaften** auch dann, wenn sie als **Körperschaften des öffentlichen Rechts** organisiert sind, grundsätzlich keine Staatsaufgaben wahr; sie sind nicht in die Staatsorganisation eingebunden und unterliegen keiner staatlichen Aufsicht (vgl. BVerfGE 18, 385 <386>; 19, 1 <5>; 30, 415 <428>; 42, 312 <332>; 66, 1 <19 f.>; 102, 370 <388>). Ungeachtet dessen geht der Begriff der öffentlich-rechtlichen Körperschaft in seiner Funktion als ‚Mantelbegriff' (BVerfGE 83, 341 <357>) über den Status einer leeren Form hinaus, weil er den **korporierten Religionsgemeinschaften** eine besondere Rechtsstellung vermittelt, die sie von **privatrechtlich verfassten Religionsgemeinschaften** abhebt: Insbesondere werden mit dem **Körperschaftsstatus** hoheitliche Befugnisse übertragen, die die Religionsgemeinschaft gegenüber ihren Mitgliedern - wie etwa beim Besteuerungsrecht, der Rechtssetzungsautonomie und der Dienstherrenfähigkeit - oder gegenüber Dritten - wie bei der Widmungsbefugnis - ausüben kann. Diese Vergünstigungen sollen es der Religionsgemeinschaft erleichtern, ihre Organisation und ihr Wirken nach den Grundsätzen ihres Selbstverständnisses zu gestalten und die hierfür erforderlichen Ressourcen, etwa in Form finanzieller Mittel, zu erlangen (BVerfGE 102, 370 <388>). Diese **Privilegierung der Religionsgemeinschaften** macht deutlich, dass die **Pflicht zur staatlichen Neutralität in weltanschaulich-religiösen Fragen** nicht im Sinne eines Gebots kritischer Distanz gegenüber der Religion zu verstehen ist und auch mit religiöser und weltanschaulicher Indifferenz nicht gleichgesetzt werden darf. Das **Verhältnis zwischen Kirchen und Staat** ist vielmehr gekennzeichnet durch wechselseitige Zugewandtheit und Kooperation (vgl. BVerfGE 42, 312 <330>); es ist weniger im Sinne einer strikten Trennung, sondern eher im Sinne einer Zuordnung und Zusammenarbeit von Staat und Kirchen auf der Basis grundrechtlicher Freiheit zu verstehen (BVerfG, Beschluss des Zweiten Senats vom 22. Oktober 2014 - 2 BvR 661/12 -, juris, Rn. 87, zur Veröffentlichung in der amtlichen Sammlung vorgesehen [= BVerfGE 137, 273-345, P. B.]). Die mit dem Status einer Körperschaft des öffentlichen Rechts verbundenen Vergünstigungen erhöhen allerdings die Gefahr eines Missbrauchs der Einflussmöglichkeiten der Religionsgemeinschaft zum Nachteil der Religionsfreiheit ihrer Mitglieder oder zum Nachteil anderer Verfassungsgüter. Deshalb muss eine Religionsgemeinschaft, die Körperschaft des öffentlichen Rechts werden will, rechtstreu sein. Insbesondere muss die antragstellende Religionsgemeinschaft die Gewähr dafür bieten, dass ihr künftiges Verhalten die in Art. 79 Abs. 3 GG umschriebenen fundamentalen Verfassungsprinzipien, die dem staatlichen Schutz anvertrauten Grundrechte Dritter sowie die Grundprinzipien des freiheitlichen **Religions- und Staatskirchenrechts des Grundgesetzes** nicht gefährdet (vgl. BVerfGE 102, 370 <388, 390 f., 392 ff.>). Ob die antragstellende Religionsgemeinschaft die **Gewähr der Rechtstreue** bietet, richtet sich nicht nach ihrem Glauben, sondern nach ihrem Verhalten (vgl. BVerfGE 102, 370 <394>). Die **Pflicht zur weltanschaulichen Neutralität**, die bei jeder Auseinandersetzung staatlicher Stellen mit Zielen und Aktivitäten einer Kirche oder Religionsgemeinschaft zu wahren ist, verwehrt es dem Staat, Glauben und Lehre einer Kirche oder Religionsgemeinschaft als solche zu bewerten (vgl. BVerfGE 33, 23 <29>; 102, 370 <394>; 105, 279 <294>; 108, 282 <300>; BVerfG, Beschluss des Zweiten Senats vom 22. Oktober 2014 - 2 BvR 661/12 -, juris, Rn. 88 f., zur Veröffentlichung in der amtlichen Sammlung vorgesehen [= BVerfGE 137, 273-345, P. B.]). Die Regelung genuin religiöser oder weltanschaulicher Fragen, die parteiergreifende Einmischung in die Überzeugungen, Handlungen und die Darstellung Einzelner oder religiöser und weltanschaulicher Gemeinschaften sind dem Staat mangels Einsicht und geeigneter Kriterien untersagt (vgl. BVerfGE 12, 1 <4>; 41, 65 <84>; 72, 278 <294>; 74, 244 <255>; 93, 1 <16>; 102, 370 <394>; 108, 279 <300>). Dies schließt jedoch nicht aus, dass Glaube und Lehre, soweit sie sich nach außen manifestieren, Rückschlüsse auf das von der Religionsgemeinschaft zu erwartende Verhalten zulassen; das ist eine Frage des Einzelfalls (vgl. BVerfGE 102, 370 <394>).".

[979] BVerfG, Beschluss des Zweiten Senats vom 14.01.2020 – 2 BvR 1333/17 (Kopftuchverbot für Rechtsreferendarinnen), Rn. 78: „**Art. 4 Abs. 1 und 2 GG** enthält ein umfassend zu verstehendes einheitliches Grundrecht (vgl. BVerfGE 24, 236 <245 f.>; 32, 98 <106>; 44, 37 <49>; 83, 341 <354>; 108, 282 <297>;

125, 39 <79>; stRspr). Es erstreckt sich nicht nur auf die innere Freiheit, zu glauben oder nicht zu glauben, das heißt einen Glauben zu haben, zu verschweigen, sich vom bisherigen Glauben loszusagen und einem anderen Glauben zuzuwenden, sondern auch auf die äußere Freiheit, den Glauben zu bekunden und zu verbreiten, für seinen Glauben zu werben und andere von ihrem Glauben abzuwerben (vgl. BVerfGE 12, 1 <4>; 24, 236 <245>; 105, 279 <294>; 123, 148 <177>). Umfasst sind damit nicht allein kultische Handlungen und die Ausübung und Beachtung religiöser Gebräuche, sondern auch die religiöse Erziehung sowie andere Äußerungsformen des religiösen und weltanschaulichen Lebens (vgl. BVerfGE 24, 236 <245 f.>; 93, 1 <17>). Dazu gehört das **Recht der Einzelnen, ihr gesamtes Verhalten an den Lehren ihres Glaubens auszurichten und dieser Überzeugung gemäß zu handeln**, also glaubensgeleitet zu leben; dies betrifft nicht nur imperative Glaubenssätze (vgl. BVerfGE 108, 282 <297>; 138, 296 <328 f. Rn. 85>).".

BVerfGE 143, 161, 204 (Karfreitag – Verfassungswidrigkeit ausschließlicher Befreiungsfestigkeit der Sonn- und Feiertagsgesetze) = BVerfG, Beschluss des Ersten Senats vom 27.10.2016 – 1 BvR 458/10 –, B. II. 3. b) bb), Rn. 94: „Darüber hinaus begründet die eigene Glaubensfreiheit in einer Gesellschaft, die unterschiedlichen Glaubensüberzeugungen Raum gibt, grundsätzlich kein Recht darauf, von der **Konfrontation mit Bekundungen eines nicht geteilten Glaubens oder einer nicht geteilten Weltanschauung** verschont zu bleiben (vgl. BVerfGE 93, 1 <16>; 138, 296 <336 Rn. 104>).".

BVerfGE 105, 279 (Osho) = BVerfG, Beschluss des Ersten Senats vom 26.06.2002 – 1 BvR 670/91 –, Ls. 1: „Das Grundrecht der **Religions- und Weltanschauungsfreiheit** aus **Art. 4 Abs. 1 und 2 GG** bietet keinen Schutz dagegen, dass sich der Staat und seine Organe mit den Trägern dieses Grundrechts sowie ihren Zielen und Aktivitäten **öffentlich -- auch kritisch -- auseinandersetzen**. Diese Auseinandersetzung hat allerdings das Gebot religiös- weltanschaulicher Neutralität des Staates zu wahren und muss daher mit Zurückhaltung geschehen. Diffamierende, diskriminierende oder verfälschende Darstellungen einer religiösen oder weltanschaulichen Gemeinschaft sind dem Staat untersagt.".

BVerfG, Beschluss des Zweiten Senats vom 14.01.2020 – 2 BvR 1333/17 (Kopftuchverbot für Rechtsreferendarinnen), Rn. 80: „Bei der Würdigung dessen, was im Einzelfall als **Ausübung von Religion und Weltanschauung** zu betrachten ist, darf das Selbstverständnis der jeweils betroffenen Religions- und Weltanschauungsgemeinschaften und des einzelnen Grundrechtsträgers nicht außer Betracht bleiben (vgl. BVerfGE 24, 236 <247 f.>; 108, 282 <298 f.>; 138, 296 <329 Rn. 86>).".

BVerfGE 143, 161, 206 f. (Karfreitag – Verfassungswidrigkeit ausschließlicher Befreiungsfestigkeit der Sonn- und Feiertagsgesetze) = BVerfG, Beschluss des Ersten Senats vom 27.10.2016 – 1 BvR 458/10 –, B. III. 1. b), Rn. 102: „Zum **Schutzbereich des Art. 4 Abs. 1 und 2 GG** gehören bei der **korporativen Inanspruchnahme** nicht nur kultische Handlungen sowie die Beachtung und Ausübung religiöser Gebote und Gebräuche, sondern auch die religiöse Erziehung, freireligiöse und atheistische Feiern und andere Äußerungen des religiösen und weltanschaulichen Lebens sowie allgemein die Pflege und Förderung des jeweiligen Bekenntnisses (vgl. BVerfGE 53, 366 [392]; 105, 279 [293 f.]). Diese Freiheit, die wesentlicher Bestandteil der Glaubens- und Bekenntnisfreiheit ist, steht Religions- und Weltanschauungsgemeinschaften gleichermaßen zu. Art. 4 GG schützt auch die Freiheit, für den eigenen Glauben und die eigene Weltanschauung zu werben, und das Recht, andere von deren Religion oder Weltanschauung abzuwerben (BVerfGE 105, 279). Welche Handlungen im Einzelfall erfasst sind, bestimmt sich im Wesentlichen nach der **Eigendefinition und dem Selbstverständnis der jeweiligen Religions- oder Weltanschauungsgemeinschaft**. Denn Teil der grundrechtlich gewährleisteten Glaubens- und Bekenntnisfreiheit ist auch und gerade, dass eine staatliche Bestimmung genuin religiöser -- und entsprechend auch weltanschaulicher -- Fragen unterbleibt. Das hindert den Staat allerdings nicht, das tatsächliche **Verhalten einer Religions- oder Weltanschauungsgemeinschaft und ihrer Mitglieder nach weltlichen Kriterien** zu beurteilen, auch wenn dieses Verhalten letztlich religiös oder sonst weltanschaulich motiviert ist (vgl. BVerfGE 102, 370 [394]). Für religiöse Betätigungen hat das Bundesverfassungsgericht bereits entschieden, dass dann, wenn bei Betrachtung von außen ein Zusammenhang mit der Religionsausübung nicht zwingend erscheint, es dem Staat grundsätzlich verwehrt ist, eigene Bewertungen und Gewichtungen solcher Vorgänge an die Stelle derjenigen der Religionsgemeinschaft zu setzen (vgl. BVerfGE 104, 337 [354 f.]; 137, 273 [315 f. Rn. 116]). Die staatlichen Organe dürfen allerdings prüfen und entscheiden, ob hinreichend substantiiert dargelegt ist, dass sich das Verhalten tatsächlich nach geistigem Gehalt und äußerer Erscheinung in

Religion oder sonstige **Weltanschauung** als mögliche Gegenstände von **Glauben** und **Bekenntnis** im Sinne von Art. 4 Abs. 1, 2 GG sind eine mit der Person des Menschen verbundene Gewissheit über bestimmte Aussagen zum Weltganzen sowie zur Herkunft und zum Ziel des menschlichen Lebens; dabei mag als erster Unterscheidungsansatz zwischen Religion und sonstiger Weltanschauung dienen, dass die Religion mehr eine den Menschen überschreitende und umgreifende („transzendente") Wirklichkeit zugrundelegt denn die Weltanschauung als mehr auf innerweltliche („immanente") Bezüge bedachte Denkrichtung.[980]

Gewissensentscheidung im Sinne des Art. 4 Abs. 3 GG ist jede ernste sittliche, an den Kategorien von Gut und Böse orientierte Entscheidung, die der einzelne in einer bestimmten Lage als für sich bindend und unbedingt verpflichtend innerlich erfährt, so dass er gegen sie nicht ohne ernste Gewissensnot handeln könnte.[981]

---

plausibler Weise dem Schutzbereich des Art. 4 GG zuordnen lässt, also tatsächlich eine als religiös -- und entsprechend: als weltanschaulich -- anzusehende Motivation hat (vgl. BVerfGE 138, 296 [329 Rn. 86]; siehe auch BVerfGE 83, 341 [353]; 108, 282 [298 f.]).".

BVerfGE 83, 341 (Bahá'í) = BVerfG, Beschluss des Zweiten Senats vom 05.02.1991 – 2 BvR 263/86 –, Ls. 1, 2 a), b): 1. Allein die Behauptung und das Selbstverständnis, eine Gemeinschaft bekenne sich zu einer Religion und sei eine **Religionsgemeinschaft**, können für diese und ihre Mitglieder die Berufung auf die Freiheitsgewährleistung des Art. 4 Abs. 1 und 2 GG nicht rechtfertigen; vielmehr muß es sich auch tatsächlich, nach geistigem Gehalt und äußerem Erscheinungsbild, um eine Religion und Religionsgemeinschaft handeln. Dies im Streitfall zu prüfen und zu entscheiden, obliegt -- als Anwendung einer Regelung der staatlichen Rechtsordnung -- den staatlichen Organen, letztlich den Gerichten. 2. a) Zur Religionsfreiheit im Sinne des Art. 4 Abs. 1 und 2 GG gehört auch die **religiöse Vereinigungsfreiheit**, wie sie sich aus dieser Bestimmung in Verbindung mit den einschlägigen, durch Art. 140 GG einbezogenen **Weimarer Kirchenartikeln** ergibt. b) Der Gewährleistungsinhalt der **religiösen Vereinigungsfreiheit** umfaßt die Freiheit, aus gemeinsamem Glauben sich zu einer Religionsgesellschaft zusammenzuschließen und zu organisieren. Damit ist kein Anspruch auf eine bestimmte Rechtsform gemeint, etwa die des rechtsfähigen Vereins oder einer sonstigen Form der juristischen Person; gewährleistet ist die Möglichkeit einer irgendwie gearteten rechtlichen Existenz einschließlich der Teilnahme am allgemeinen Rechtsverkehr.".

BVerfGE 137, 273, Ls. 2, 3 (Katholischer Chefarzt) = BVerfG, Beschluss des Zweiten Senats vom 22.10.2014 – 2 BvR 661/12 –, Ls. 2, 3: „Das **kirchliche Selbstbestimmungsrecht** umfasst alle Maßnahmen, die der Sicherstellung der religiösen Dimension des Wirkens im Sinne kirchlichen Selbstverständnisses und der Wahrung der unmittelbaren Beziehung der Tätigkeit zum kirchlichen Grundauftrag dienen. Die Formulierung des **kirchlichen Proprium** obliegt allein den Kirchen und ist als elementarer Bestandteil der **korporativen Religionsfreiheit** durch Art. 4 Abs. 1 und 2 GG verfassungsrechtlich geschützt. Die staatlichen Gerichte haben im Rahmen einer **Plausibilitätskontrolle** auf der Grundlage des glaubensdefinierten Selbstverständnisses der verfassten Kirche zu überprüfen, ob eine Organisation oder Einrichtung an der Verwirklichung des **kirchlichen Grundauftrags** teilhat, ob eine bestimmte **Loyalitätsobliegenheit** Ausdruck eines **kirchlichen Glaubenssatzes** ist und welches Gewicht dieser Loyalitätsobliegenheit und einem Verstoß hiergegen nach dem kirchlichen Selbstverständnis zukommt. Sie haben sodann unter dem Gesichtspunkt der Schranken des ‚für alle geltenden Gesetzes' eine **Gesamtabwägung** vorzunehmen, in der die - im Lichte des Selbstbestimmungsrechts der Kirchen verstandenen - kirchlichen Belange und die korporative Religionsfreiheit mit den Grundrechten der betroffenen Arbeitnehmer und deren in den allgemeinen arbeitsrechtlichen Schutzbestimmungen enthaltenen Interessen auszugleichen sind. Die widerstreitenden Rechtspositionen sind dabei jeweils in möglichst hohem Maße zu verwirklichen.".

[980] Vgl. BVerwGE 90, 112 (Jugendsekte II) = BVerwG, Urteil vom 27.03.1992 – BVerwG 7 C 21/90, unter „vgl.-Zitierung" von: „BVerfGE 32, 98 (108) [BVerfG 19.10.1971 - 1 BvR 387/65]; BVerwGE 37, 344 (363) [BVerwG 23.03.1971 - I C 54/66]; 61, 152 (154, 156) [BVerwG 14.11.1980 - 8 C 12/79]". Vgl. auch § 3b Abs. 1 Nr. 2 AsylG.

[981] Vgl. BVerfGE 12, 45, Ls. 2 (Kriegsdienstverweigerung I) = BVerfG, Beschluss des Ersten Senats vom 20.12.1960 – 1 BvL 21/60.

b) GR-E: Jede Behinderung der sich aus Art. 4 Abs. 1, 2 i.V.m. Art. 140 GG ergebenden Rechte.

c) GR-B: Grundgesetzimmanente Schranken[982], ggf. Art. 4 Abs. 1, 2 i.V.m. Art. 140 GG[983].

10. Gleichbehandlungsgrundrecht, Art. 3 GG / (Grundsätzliches) **Benachteiligungs- und Bevorzugungsverbot / Diskriminierungsverbot**.[984]

a) GR-SB:

aa) Persönlicher GR-SB: Jeder Mensch.

---

[982] BVerfG, Beschluss des Zweiten Senats vom 14.01.2020 – 2 BvR 1333/17 (Kopftuchverbot für Rechtsreferendarinnen), Rn. 82: „**Einschränkungen von Art. 4 Abs. 1 und 2 GG** müssen sich aus der Verfassung selbst ergeben, weil dieses Grundrecht keinen Gesetzesvorbehalt enthält. Zu solchen **verfassungsimmanenten Schranken** zählen die Grundrechte Dritter sowie Gemeinschaftswerte von Verfassungsrang (vgl. BVerfGE 28, 243 <260 f.>; 41, 29 <50 f.>; 41, 88 <107>; 44, 37 <49 f., 53>; 52, 223 <247>; 93, 1 <21>; 108, 282 <297>; 138, 296 <333 Rn. 98>; BVerfG, Beschluss der 2. Kammer des Ersten Senats vom 18. Oktober 2016 - 1 BvR 354/11 -, Rn. 61). Die Einschränkung bedarf überdies einer hinreichend bestimmten gesetzlichen Grundlage (vgl. BVerfGE 108, 282 <297>).“. BVerfG, Beschluss des Zweiten Senats vom 14.01.2020 – 2 BvR 1333/17 (Kopftuchverbot für Rechtsreferendarinnen), Ls. 2: „Als mit der Glaubensfreiheit in Widerstreit tretende Verfassungsgüter, die einen Eingriff in die Religionsfreiheit im vorliegenden Zusammenhang rechtfertigen können, kommen der Grundsatz der **weltanschaulich-religiösen Neutralität** des Staates, der Grundsatz der Funktionsfähigkeit der Rechtspflege und mögliche Kollisionen mit der grundrechtlich geschützten negativen Religionsfreiheit Dritter in Betracht. Keine rechtfertigende Kraft entfalten dagegen das Gebot richterlicher Unparteilichkeit und der Gedanke der Sicherung des weltanschaulich-religiösen Friedens.“.

[983] BVerfGE 137, 273, Ls. 1 (Katholischer Chefarzt) = BVerfG, Beschluss des Zweiten Senats vom 22.10.2014 – 2 BvR 661/12 –, Ls. 1: „Soweit sich die Schutzbereiche der Glaubensfreiheit und der inkorporierten Artikel der Weimarer Reichsverfassung überlagern, geht Art. 140 GG in Verbindung mit Art. 137 Abs. 3 WRV als speziellere Norm Art. 4 Abs. 1 und 2 GG insoweit vor, als er das Selbstbestimmungsrecht der Religionsgesellschaften der Schranke des für alle geltenden Gesetzes unterwirft (sog. **Schrankenspezialität**). Bei der Anwendung des für alle geltenden Gesetzes durch die staatlichen Gerichte ist bei Ausgleich gegenläufiger Interessen aber dem Umstand Rechnung zu tragen, dass Art. 4 Abs. 1 und 2 GG die korporative Religionsfreiheit vorbehaltlos gewährleistet und insofern dem Selbstbestimmungsrecht und dem Selbstverständnis der Religionsgesellschaften besonderes Gewicht zuzumessen ist.“.

[984] Gleichheitsgrundrechtsdarstellung ist generell und grundsätzlich möglich wie folgt: sowohl – insbesondere zu Beginn vollständiger eingriffsrechtlicher Fallbearbeitung – dreiteilig nach GR-SB, GR-E, GR-B als auch – insbesondere im Übrigen – zweiteilig nach Ungleichbehandlung (≙ GR-SB und GR-E) und Ungleichbehandlungsrechtfertigung (≙ GR-B und Fallbearbeitung bezüglich des jeweiligen einzelnen ungleichbehandelnden Rechtssetzungs- respektive Rechtsanwendungsakts). Ungleichbehandlungsbearbeitung kann außerhalb von Grundrechten außerdem i.d.R. grundsätzlich auch als Ermessensfrage i.V.m. den Grundrechten oder als Verhältnismäßigkeitsfrage weiterbearbeitet werden; ein Gleichbehandlungsgebotsverstoß gegen Art. 3 GG – etwa gegen das grundsätzliche Differenzierungsverbot / Diskriminierungsverbot – kann i.d.R. grundsätzlich auch als Ermessensfehlgebrauch bearbeitet werden, vgl. z.B. § 40 VwVfG NRW („Grenzen“); so auch: OVG NRW, Urteil des 5. Senats vom 07.08.2018 – 5 A 294/16 (**Diskriminierungsverbot, „Racial Profiling“, Darlegungslast**), Ls. 3-6: „3. Eine nach Art. 3 Abs. 3 Satz 1 GG grundsätzlich verbotene Differenzierung liegt auch dann vor, wenn eine Maßnahme an ein dort genanntes Merkmal kausal, als (mit-)tragendes Kriterium (‚wegen‘) neben anderen Gründen in einem Motivbündel, anknüpft. 4. Insoweit besteht eine Rechtfertigungsmöglichkeit zum Schutz kollidierenden Verfassungsrechts. Dabei ist zu berücksichtigen, dass der Anknüpfung an die Merkmale des Art. 3 Abs. 3 Satz 1 GG stigmatisierende Wirkung zukommen kann, weshalb erhöhte Anforderungen an die Rechtfertigung eines entsprechenden Grundrechtseingriff [sic, P. B.] bestehen. 5. Die an ein solches Merkmal anknüpfende Behörde trifft eine erhöhte Darlegungslast, weshalb diese Berücksichtigung zum Schutz des kollidierenden Verfassungsguts erforderlich ist. 6. Eine ausschließliche Anknüpfung an die Hautfarbe ist bei den hier in Rede stehen polizeilichen Standardmaßnahmen grundsätzlich nicht rechtfertigungsfähig.“.

bb) Sachlicher GR-SB: Ungleichbehandlung.

b) GR-E (oder Nichteingriff/GR-Verzicht): Ungleichbehandlung (Benachteiligung oder Bevorzugung, insbesondere in Bezug auf: Geschlecht, Abstammung, Sprache, Heimat, Herkunft, Glauben, religiöse oder politische Anschauungen, Behinderung).

Eingriffsartige Gleichheitsgrundrechtsbetroffenheit im Sinne des Art. 3 GG[985] ist grundsätzlich immer dann durch eine **Ungleichbehandlung** gegeben, wenn mindestens zwei unter einen gemeinsamen Oberbegriff/Vergleichspunkt[986] fallende, vergleichbare, wesentlich gleiche Sachverhalte (Sachverhaltsgleichsetzbarkeit) im Zuständigkeitsbereich desselben Hoheitsträgers (Zuständigkeitsgleichheit) durch Ungleichbehandlung erheblich betroffen sind – zunächst unabhängig von Rechtfertigung oder Nichtrechtfertigung der Ungleichbehandlung.[987]

c) GR-B: grundgesetzimmanente Einschränkungsmöglichkeiten.

Gerechtfertigte Ungleichbehandlung im Sinne des Art. 3 GG ist gegeben entweder bei (irgendeinem) sachlichen Ungleichbehandlungsgrund ohne Willkür („**Willkürformel**")[988] oder insbesondere im Fall personenbezogener Ungleichbehandlungen bei Fehlen von nach Art und

---

[985] Vgl. auch Art. 142 GG i.V.m. Art. 4 Abs. 1 Verfassung NRW; Art. 9 S. 1 EUV („Die Union achtet in ihrem gesamten Handeln den **Grundsatz der Gleichheit ihrer Bürgerinnen und Bürger**, denen ein gleiches Maß an Aufmerksamkeit seitens der Organe, Einrichtungen und sonstigen Stellen der Union zuteil wird."); Titel III (Art. 20-26) EU-GR-Charta („Gleichheit"), insbesondere auch: Art. 20, 21, 23, 25, 26, 34, 35 EU-GR-Charta; Art. 21 EU-GR-Charta (**allgemeines EU-Diskriminierungsverbot**); Art. 18 AEUV i.V.m. Art. 21 EU-GR-Charta (**EU-Staatsangehörigkeits-Diskriminierungsverbot**: Verbot der Diskriminierung aus Gründen der Staatsangehörigkeit im Anwendungsbereich der EU-Verträge unbeschadet besonderer Bestimmungen); Art. 14 EMRK (**allgemeines Diskriminierungsverbot**); Art. 5 Protokoll Nr. 7 EMRK (**Ehegattengleichberechtigung**), Protokoll Nr. 12 EMRK („über das Diskriminierungsverbot"); Art. 2 Abs. 1 IPbpR (UN-Zivilpaktrechtediskriminierungsverbot), Art. 4 Abs. 1 IPbpR (**Notstandsdiskriminierungsverbot**), Art. 14 Abs. 1 S. 1 IPbpR (**Gleichheit vor Gericht**), Art. 20 Abs. 2 IPbpR (**Diskriminierungsaufstachelungsverbot**), Art. 24 Abs. 1 IPbpR (**Kinderdiskriminierungsverbot**), Art. 25 IPbpR (**Staatsbürgerdiskriminierungsverbot**), Art. 26 IPbpR (**allgemeines Diskriminierungsverbot**); Art. 2 Abs. 2 IPwskR (UN-Sozialpaktrechtediskriminierungsverbot); Art. 10 Nr. 3 IPwskR (**Kinder- und Jugendlichendiskriminierungsverbot**).

[986] Vgl. zum Oberbegriff/Vergleichspunkt im Sinne des Art. 3 GG das Lateinische „Tertium comparationis", zu Deutsch: „Drittes des Vergleichs".

[987] BVerfGE 138, 136, 180 (Erbschaftssteuer) = BVerfG, Urteil des Ersten Senats vom 17.12.2014 – 1 BvL 21/12 –, B. III. 1. a), Rn. 121: „Art. 3 Abs. 1 GG gebietet, alle Menschen vor dem Gesetz gleich zu behandeln. Das hieraus folgende Gebot, wesentlich Gleiches gleich und wesentlich Ungleiches ungleich zu behandeln, gilt für ungleiche Belastungen und ungleiche Begünstigungen (vgl. BVerfGE 121, 108 [119]; 121, 317 [370]; 126, 400 [416]). Verboten ist daher auch ein gleichheitswidriger Begünstigungsausschluss, bei dem eine Begünstigung einem Personenkreis gewährt, einem anderen Personenkreis aber vorenthalten wird (vgl. BVerfGE 116, 164 [180]; 121, 108 [119]; 121, 317 [370]; 126, 400 [416]). Dabei verwehrt Art. 3 Abs. 1 GG dem Gesetzgeber nicht jede Differenzierung. Differenzierungen bedürfen jedoch stets der Rechtfertigung durch Sachgründe, die dem Ziel und dem Ausmaß der Ungleichbehandlung angemessen sind. Dabei gilt ein stufenloser am Grundsatz der Verhältnismäßigkeit orientierter verfassungsrechtlicher Prüfungsmaßstab, dessen Inhalt und Grenzen sich nicht abstrakt, sondern nur nach den jeweils betroffenen unterschiedlichen Sach- und Regelungsbereichen bestimmen lassen (vgl. BVerfGE 75, 108 [157]; 93, 319 [348 f.]; 107, 27 [46]; 126, 400 [416]; 129, 49 [69]; 132, 179 [188 Rn. 30]).".

[988] „**Willkürformel**": BVerfGE 1, 14 52 (Südweststaat) = BVerfGE, Urteil des Zweiten Senats vom 23.10.1951 – 2 BvG 1/51, E. 10a), Rn. 136: „Der Gleichheitssatz ist verletzt, wenn sich ein vernünftiger, sich aus der Natur der Sache ergebender oder sonstwie sachlich einleuchtender Grund für die gesetzliche Differenzierung oder Gleichbehandlung nicht finden läßt, kurzum, wenn die Bestimmung als willkürlich bezeichnet werden muß.".

Gewicht (im Sinne von Verhältnismäßigkeit) ausreichenden Ungleichbehandlungsgründen („**Neue Formel**")[989].[990]

11. Allgemeine Verhaltensfreiheit / Allgemeine Handlungsfreiheit[991], Art. 2 Abs. 1 GG[992]

a) GR-SB:

aa) Persönlicher GR-SB: „Jeder".

---

[989] „**Neue Formel**" gegenüber der „Willkürformel": BVerfGE 55, 72, 88 (Präklusion I) = BVerfGE, Beschluss des Ersten Senats vom 07.10.1980 – 1 BvL 50, 89/79, 1 BvR 240/79, B. II. 1., Rn. 61: „Demgemäß ist dieses Grundrecht vor allem dann verletzt, wenn eine Gruppe von Normadressaten im Vergleich zu anderen Normadressaten anders behandelt wird, obwohl zwischen beiden Gruppen keine Unterschiede von solcher Art und solchem Gewicht bestehen, daß sie die ungleiche Behandlung rechtfertigen könnten (vgl. BVerfGE 22, 387 [415]; 52, 277 [280]).".

[990] BVerfGE 138, 136, 180 f. (Erbschaftssteuer) = BVerfG, Urteil des Ersten Senats vom 17.12.2014 – 1 BvL 21/12 –, B. III. 1. a), Rn. 122: „Hinsichtlich der verfassungsrechtlichen Anforderungen an den die Ungleichbehandlung tragenden Sachgrund ergeben sich aus dem allgemeinen Gleichheitssatz je nach Regelungsgegenstand und Differenzierungsmerkmalen unterschiedliche Grenzen für den Gesetzgeber, die von gelockerten auf das Willkürverbot beschränkten Bindungen bis hin zu strengen Verhältnismäßigkeitserfordernissen reichen können (vgl. BVerfGE 117, 1 [30]; 122, 1 [23]; 126, 400 [416]; 129, 49 [68]). Eine strengere Bindung des Gesetzgebers kann sich aus den jeweils betroffenen Freiheitsrechten ergeben (vgl. BVerfGE 88, 87 [96]; 111, 176 [184]; 129, 49 [69]). Zudem verschärfen sich die verfassungsrechtlichen Anforderungen, je weniger die Merkmale, an die die gesetzliche Differenzierung anknüpft, für den Einzelnen verfügbar sind (vgl. BVerfGE 88, 87 [96]; 129, 49 [69]) oder je mehr sie sich denen des Art. 3 Abs. 3 GG annähern (vgl. BVerfGE 88, 87 [96]; 124, 199 [220]; 129, 49 [69]; 130, 240 [254]; 132, 179 [188 f. Rn. 31]).".

[991] „Allgemeine" Verhaltensfreiheit / Handlungsfreiheit: Auffanggrundrecht ggü. ggf. spezielleren Grundrechten, vgl. Rechtsnormspezialitätsregel („lex specialis derogat legi generali"), vgl. auch: BVerfGE 6, 32, 37 (Elfes) = BVerfG, Urteil des Ersten Senats vom 16.01.1957 – 1 BvR 253/56, Gründe, II. 2. a), Rn. 16: „Neben der allgemeinen Handlungsfreiheit, die Art. 2 Abs. 1 GG gewährleistet, hat das Grundgesetz die Freiheit menschlicher Betätigung für bestimmte Lebensbereiche, die nach den geschichtlichen Erfahrungen dem Zugriff der öffentlichen Gewalt besonders ausgesetzt sind, durch besondere Grundrechtsbestimmungen geschützt; bei ihnen hat die Verfassung durch abgestufte Gesetzesvorbehalte abgegrenzt, in welchem Umfang in den jeweiligen Grundrechtsbereich eingegriffen werden kann. Soweit nicht solche besonderen Lebensbereiche grundrechtlich geschützt sind, kann sich der Einzelne bei Eingriffen der öffentlichen Gewalt in seine Freiheit auf Art. 2 Abs. 1 GG berufen. Hier bedurfte es eines Gesetzesvorbehalts nicht, weil sich aus der Beschränkung der freien Entfaltung der Persönlichkeit durch die verfassungsmäßige Ordnung der Umfang staatlicher Eingriffsmöglichkeiten ohne weiteres ergibt.".

[992] Vgl. auch Art. 142 GG i.V.m. Art. 4 Abs. 1 Verfassung NRW; Art. 6 EU-GR-Charta; Art. 5 EMRK.

bb) Sachlicher GR-SB: „**freie Entfaltung der Persönlichkeit**“ bedeutet **allgemeine Verhaltensfreiheit** im umfassenden Sinn[993] durch grundsätzlich jedes Tun, Dulden, Unterlassen[994].

b) GR-E (oder Nichteingriff/GR-Verzicht): Verhaltenseinschränkung als Verhaltenssteuerung.

c) GR-B: Art. 2 Abs. 1 Hs. 2 GG[995].

---

[993] BVerfGE 6, 32, 36 f. (Elfes) = BVerfG, Urteil des Ersten Senats vom 16.01.1957 – 1 BvR 253/56, Gründe, II. 2. a), Rn. 14 f.: „Das Grundgesetz kann mit der ‚freien Entfaltung der Persönlichkeit‘ nicht nur die Entfaltung innerhalb jenes Kernbereichs der Persönlichkeit gemeint haben, der das Wesen des Menschen als geistig-sittliche Person ausmacht, denn es wäre nicht verständlich, wie die Entfaltung innerhalb dieses Kernbereichs gegen das Sittengesetz, die Rechte anderer oder sogar gegen die verfassungsmäßige Ordnung einer freiheitlichen Demokratie sollte verstoßen können. Gerade diese, dem Individuum als Mitglied der Gemeinschaft auferlegten Beschränkungen zeigen vielmehr, daß das Grundgesetz in Art. 2 Abs. 1 GG die Handlungsfreiheit im umfassenden Sinne meint. [...] Es waren nicht rechtliche Erwägungen, sondern sprachliche Gründe, die den Gesetzgeber bewogen haben, die ursprüngliche Fassung ‚Jeder kann tun und lassen was er will‘ durch die jetzige Fassung zu ersetzen (vgl. v. Mangoldt, Parlamentarischer Rat, 42. Sitzung des Hauptausschusses, S. 533).“; BVerfGE 80, 137, 152 f. (Reiten im Walde) = BVerfG, Beschluss des Ersten Senats vom 06.06.1989 – 1 BvR 921/85 –, C. I. 1 a), Rn. 69: „Nach den in der Rechtsprechung des Bundesverfassungsgerichts entwickelten Grundsätzen gewährleistet Art. 2 Abs. 1 GG die allgemeine Handlungsfreiheit im umfassenden Sinne (st. Rspr. seit BVerfGE 6, 32 [36]; aus neuerer Zeit etwa: BVerfGE 74, 129 [151]; 75, 108 [154 f.]). Geschützt ist damit nicht nur ein begrenzter Bereich der Persönlichkeitsentfaltung, sondern jede Form menschlichen Handelns ohne Rücksicht darauf, welches Gewicht der Betätigung für die Persönlichkeitsentfaltung zukommt (vgl. etwa die Entscheidung eines Vorprüfungsausschusses in BVerfGE 54, 143 (146) - Taubenfüttern).“.

[994] BVerfGE 6, 32, Ls. 1, 2 (Elfes) = BVerfG, Urteil des Ersten Senats vom 16.01.1957 – 1 BvR 253/56, Ls. 1: „Art. 11 GG betrifft nicht die Ausreisefreiheit.“, Ls. 2: „Die **Ausreisefreiheit** ist als Ausfluß der allgemeinen Handlungsfreiheit durch Art. 2 Abs. 1 GG innerhalb der Schranken der verfassungsmäßigen Ordnung gewährleistet.“; BVerwG, Urteil vom 29.05.2019 – BVerwG 6 C 8.18 (Beschränkung des Geltungsbereichs eines Passes), Rn. 20: „In der höchstrichterlichen Rechtsprechung ist seit Jahrzehnten geklärt, dass die durch Art. 2 Abs. 1 GG geschützte Ausreisefreiheit auch durch den Passversagungsgrund des § 7 Abs. 1 Nr. 1 Alt. 3 PassG als Bestandteil der verfassungsmäßigen Ordnung wirksam eingeschränkt wird.“.

[995] Art. 2 Abs. 1 Hs. 2 GG (**Schrankentrias**): BVerfGE 80, 137, 153 (Reiten im Walde) = BVerfG, Beschluss des Ersten Senats vom 06.06.1989 – 1 BvR 921/85 –, C. I. 1 a), Rn. 69: „Abgesehen von einem absolut geschützten Kernbereich privater Lebensgestaltung, welcher der Einwirkung der öffentlichen Gewalt entzogen ist (BVerfGE 6, 32 [41]), ist die allgemeine Handlungsfreiheit allerdings nur in den Schranken des zweiten Halbsatzes von Art. 2 Abs. 1 GG gewährleistet und steht damit insbesondere unter dem **Vorbehalt der verfassungsmäßigen (Rechts-)Ordnung** (BVerfGE 6, 32 [37 f.]; 74, 129 [152]). Stützt sich ein die Handlungsfreiheit berührender Akt der öffentlichen Gewalt auf eine Rechtsnorm, so kann mit der Verfassungsbeschwerde unter Berufung auf Art. 2 Abs. 1 GG zur Nachprüfung gestellt werden, ob diese Norm zur **verfassungsmäßigen Ordnung** gehört, das heißt formell und materiell mit den Normen der Verfassung in Einklang steht (st. Rspr. seit BVerfGE 6, 32).“; BVerfGE 6, 32, Ls. 3 (Elfes) = BVerfG, Urteil des Ersten Senats vom 16.01.1957 – 1 BvR 253/56, Ls. 3: „**Verfassungsmäßige Ordnung** im Sinne des Art. 2 Abs. 1 GG ist die verfassungsmäßige Rechtsordnung, d.h. die Gesamtheit der Normen, die formell und materiell der Verfassung gemäß sind.“; vgl. dazu auch BVerfGE 6, 32, 37-41 (Elfes) = BVerfG, Urteil des Ersten Senats vom 16.01.1957 – 1 BvR 253/56, Gründe II. 2 b), c), Rn. 17-33.

Rechte anderer sind (als Teil der verfassungsmäßigen Ordnung) subjektive Berechtigungen (Anspruch oder Befugnis oder Erlaubnis) einschließlich Verpflichtungen (Pflicht zur Erfüllung von Anspruch oder Befugnis oder Erlaubnis) und sonstiger Rechtswirkungen für ein Rechtssubjekt bezüglich eines Verhaltens oder eines Rechtsguts.

Vgl. zum ein Mal bundesverfassungsgerichtlich entscheidungserheblich bemühten „**Sittengesetz**“ nach Art. 2 Abs. 1 Hs. 2 GG als Gesetz, das nicht das durch die „soziale Gemeinschaft“ „als für sich verbindlich“ anerkannte „Rechtsgefühl“ „im allgemeinen“ „verletzt“: BVerfGE 6, 389 (Homosexuelle) =

A. Rechtsgrundlage (RGL) II. Rechtsgebiet (RG)

(VOR/DEF)

Rechtsgebiet ist Rechtsordnungsteil nach allen Umständen – wie schwerpunktmäßige Äußerungen, Rechtsnormen, Zwecke, auch i.V.m. §§ 133, 157 BGB analog.[996]

(SUB/ERG)

Eine Maßnahme aufgrund einer polizeilichen eingriffsrechtlichen Befugnisrechtsnorm aus Gesetzen des Ausländerrechts[997] wie AsylG, FreizügG/EU, AufenthG erfolgt schwerpunktmäßig zu deren Zwecken und also auf dem Rechtsgebiet des besonderen öffentlichen Rechts polizeilicher Gefahrenabwehr.[998]

Maßnahmen auf dem Rechtsgebiet der Strafrechtspflege bleiben grundsätzlich unberührt.

BVerfG, Urteil des Ersten Senats vom 10.05.1957 – 1 BvR 550/52 –, und StrRehaHomG (Gesetz zur strafrechtlichen Rehabilitierung der nach dem 8. Mai 1945 wegen einvernehmlicher homosexueller Handlungen verurteilten Personen vom 17. Juli 2017 – BGBl. I S. 2443).

[996] Zum Rechtsgebiet bzw. zu Rechtsgebieten einschließlich Rechtsgebiet-Begriffen und Rechtsgebiet-Auslegungsansätzen: *Basten*, Eingriffsrecht der Polizei in Nordrhein-Westfalen, Band 1, Buch 1, Abschnitt 3, Unterabschnitt 3, Titel 3, Untertitel 3.

[997] Zu als Rechtsgebiets-Oberbegriffen verwendeten Bezeichnungen wie „Ausländerrecht", „Aufenthaltsrecht", „Asylrecht", „Migrationsrecht" vgl. die jeweiligen Gesetzesnamen und die Art. 73, 74 GG („Gebiete"): Art. 73 Abs. 1 Nr. 2 GG: Staatsangehörigkeit im Bunde, Art. 73 Abs. 1 Nr. 3 GG: Freizügigkeit, Passwesen, Melde- und Ausweiswesen, Ein- und Auswanderung, Art. 74 Abs. 1 Nr. 4 GG: Aufenthalts- und Niederlassungsrecht der Ausländer, Art. 74 Abs. 1 Nr. 6 GG: Angelegenheiten der Flüchtlinge und Vertriebenen, Art. 74 Abs. 1 Nr. 12 GG: Arbeitsrecht, Sozialversicherung.

[998] Vgl. auch § 1 AsylG, § 1 FreizügG/EU, § 1 AufenthG.

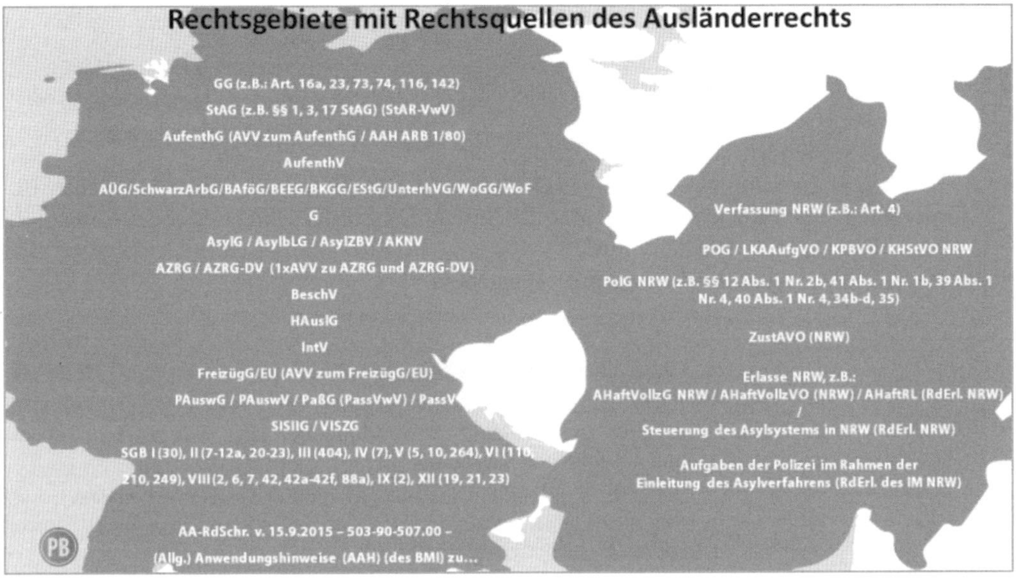

A. Rechtsgrundlage (RGL) III. Mögliche Befugnisrechtsnorm (Mgl. Brn.)

(VOR/DEF)

Befugnisrechtsnorm ist die rechtmäßige hauptsächliche materiellrechtliche Rechtsgrundlage mit realfolgenentsprechender Rechtsfolge.

(SUB/ERG)

Realfolge ist die Maßnahme laut Sachverhalt.

Rechtsfolge ist die Maßnahme laut Rechtsnorm.

Das auf dem Rechtsgebiet der Gefahrenabwehr bei oder i.Z.m. Ausländerrecht anwendbare Gesetz wie insbesondere AufenthG, AsylG, FreizügG/EU und damit die anwendbare Rechtsnorm ergibt sich i.d.R. gemäß Rechtsnormspezialitätsregel zunächst und insbesondere aus dem Zweck und dem möglichen Ausländerstatus.[999]

---

[999] Vgl. § 1 Abs. 1 AufenthG: **Gesetzeszweck und sachlicher Anwendungsbereich**:

§ 1 Abs. 1 S. 4, 5 AufenthG (**sachlicher Anwendungsbereich**):

Regelung von Ausländer-Einreise, -Aufenthalt, -Erwerbstätigkeit, -Integration i.V.m. mit weiteren Gesetzen **zwecks**:

§ 1 Abs. 1 S. 1 AufenthG: Steuerung und Begrenzung des Ausländer-Zuzugs in die Bundesrepublik Deutschland;

§ 1 Abs. 1 S. 2 AufenthG: Ermöglichung und Gestaltung von Zuwanderung unter Berücksichtigung der Aufnahme- und Integrationsfähigkeit sowie der wirtschaftlichen und arbeitsmarktpolitischen Interessen der Bundesrepublik Deutschland;

Mögliche länderpolizeiliche Ausländerrechtsbefugnisse können sich insbesondere ergeben aus dem AufenthG wie folgt:

- den in der Zuständigkeitsrechtsnorm des § 71 Abs. 4, 5 AufenthG in Bezug genommenen Befugnisrechtsnormen bzw. Befugnissen
- § 66 Abs. 5: **Sicherheitsleistung**/Beschlagnahme[1000]
- § 67 Abs. 3: **Leistungsbescheid** – bzgl. Kosten aus Durchsetzung einer räumlichen Beschränkung, aus Zurückweisung (vgl. § 15 AufenthG), Zurückschiebung (§ 57 AufenthG), Abschiebung (§§ 58, 58a AufenthG)[1001]
- § 50 AufenthG: **Ausschreibung** eines Ausländers[1002]

---

§ 1 Abs. 1 S. 3 AufenthG: Erfüllung der humanitären Verpflichtungen der Bundesrepublik Deutschland.

§ 1 Abs. 2 AufenthG (**persönlicher Anwendungsbereich**): Das AufenthG findet keine Anwendung auf folgende Ausländer:

§ 1 Abs. 2 Nr. 1 AufenthG: Ausländer, deren Rechtsstellung von dem Gesetz über die allgemeine Freizügigkeit von Unionsbürgern geregelt ist, soweit nicht durch Gesetz etwas anderes bestimmt ist,

§ 1 Abs. 2 Nr. 2 Nr. 2 AufenthG: Ausländer, die nach Maßgabe der §§ 18 bis 20 des Gerichtsverfassungsgesetzes nicht der deutschen Gerichtsbarkeit unterliegen,

§ 1 Abs. 2 Nr. 3 AufenthG: Ausländer, soweit sie nach Maßgabe völkerrechtlicher Verträge für den diplomatischen und konsularischen Verkehr und für die Tätigkeit internationaler Organisationen und Einrichtungen von Einwanderungsbeschränkungen, von der Verpflichtung, ihren Aufenthalt der Ausländerbehörde anzuzeigen und dem Erfordernis eines Aufenthaltstitels befreit sind und wenn Gegenseitigkeit besteht, sofern die Befreiungen davon abhängig gemacht werden können.

§ 48 Abs. 1 AufenthG beinhaltet u.a. eine Ausnahme von dem i.d.R. geltenden AufenthG-Anwendungsbereich und dessen Adressierung an Ausländer i.S.v. § 1 Abs. 2 und § 2 Abs. 1 AufenthG, nach dem Ausländer jeder ist, der nicht Deutscher im Sinne des Art. 116 Abs. 1 GG ist – nämlich durch Adressierung an einen deutschen Staatsangehörigen, der zugleich eine ausländische Staatsangehörigkeit besitzt.

[1000] § 66 Abs. 5 i.V.m. Nr. 66.5.1 AVV AufenthG: „Eine Sicherheitsleistung kann von der gemäß § 71 zuständigen Behörde von jedem Kostenschuldner verlangt werden.“.

[1001] Nr. 71.5.4.1 AVV AufenthG: „Die Zuständigkeit der Polizeien der Länder für die Abschiebung und Zurückschiebung umfasst auch die Geltendmachung der Kosten nach Maßgabe des § 67 Absatz 3 durch einen Leistungsbescheid.“.

[1002] BVerfGK 15, 432 (Abschiebungshaft eines Vietnamesen nach folgender Historie: 1. Visum zur Familienzusammenführung aufgrund Scheinehe; 2. Ermittlung der Scheinehe; 3. „Untertauchen“ des Vietnamesen 4. Beantragung der Ausländerbehörde beim LKA Sachsen auf Ausschreibung des Beschwerdeführers zur Personenfahndung unter Angabe des Zwecks „Festnahme, ausländerrechtliche Maßnahme“ und des Anlasses „Ausweisung/ Abschiebung“; 5. Anzeige der Ausländerbehörde beim Polizeirevier Plauen wegen Verdachts „unerlaubten Aufenthalts“ [≙ unerlaubter Einreise, vgl. §§ 14, 95-98 AufenthG, P. B.]) = BVerfG, Beschluss der 1. Kammer des Zweiten Senats vom 07.05.2009 – 2 BvR 475/09 –, Rn. 20 f.: „Die **Ausschreibung zur Festnahme** nach § 50 Abs. 7 Satz 1 AufenthG [ex-§ 50 Abs. 7 AufenthG ≙ § 50 Abs. 6 AufenthG, P. B.] bedarf von Verfassungs wegen keiner richterlichen Anordnung. […] Ob eine Ingewahrsamnahme durch die Exekutive in der konkreten Situation des Ergreifens zulässig ist, bestimmt sich nicht nach § 50 Abs. 7 Satz 1 AufenthG [ex-§ 50 Abs. 7 AufenthG ≙ § 50 Abs. 6 AufenthG, P. B.]. Die Norm enthält nur die Ermächtigung zur Nutzung der Fahndungshilfsmittel der Polizei, nicht aber eine Ermächtigung zu Freiheitsentziehungen (vgl. Hailbronner, AuslR, Stand: Oktober 2008, § 50 AufenthG Rn. 44 ff.); diese findet sich in § 62 Abs. 4 AufenthG [ex-§ 62 Abs. 4 AufenthG ≙ § 62 Abs. 5

- § 50 Abs. 6 S. 1 AufenthG: Ausschreibung eines Ausländers zum Zweck der Aufenthaltsbeendigung in den Fahndungshilfsmitteln der Polizei zur Aufenthaltsermittlung und Festnahme
- § 50 Abs. 6 S. 2 AufenthG: Ausschreibung eines Ausländers zum Zweck der Einreiseverweigerung zur Zurückweisung (vgl. § 15 AufenthG) und für den Fall des Antreffens im Bundesgebiet zur Festnahme
- § 50 Abs. 6 S. 3 AufenthG: Ausschreibung eines Ausländers zur Aufenthaltsermittlung im Ausländerzentralregister und in den Fahndungshilfsmitteln der Polizei entsprechend § 66 AsylG nach Verteilung gemäß § 15a AufenthG.[1003]

- § 56: **Meldepflichtdurchführung** bzgl. Meldung bei für Aufenthaltsort zuständiger polizeilicher Dienststelle. § 56 AufenthG: „[...] Verpflichtung, sich mindestens einmal wöchentlich bei der für seinen Aufenthaltsort zuständigen polizeilichen Dienststelle zu melden [...]".
- § 71a Abs. 3: **Datenübermittlung** an Behörden der Zollverwaltung.
- § 78 Abs. 5: **Datenverarbeitung** bzgl. eigenständigem Dokument mit elektronischem Speicher- und Verarbeitungsmedium (bzgl. der in der Zone für das automatische Lesen enthaltenen Daten).
- § 86 AufenthG: **Datenerhebungsgeneralbefugnis** für die mit der AufenthG-Ausführung beauftragten Behörden bzgl. aller ausländerrechtlichen Bestimmungen in und außerhalb AufenthG.
- §§ 87, 88 AufenthG: **Datenübermittlung** an Ausländerbehörden[1004].

Mögliche länderpolizeiliche Ausländerrechtsbefugnisse können sich ergeben insbesondere aus dem AsylG wie folgt:

- § 15 AsylG: Allgemeine Mitwirkungspflichten (§ 15 Abs. 2 Nr. 5 AsylG: Unterlagen-Aushändigung, -Vorlage, -Überlassung; § 15 Abs. 4 AsylG: Durchsuchung).
- § 16 AsylG: Sicherung, Feststellung und Überprüfung der Identität (Abs. 1, Abs. 1a, Abs. 4a, Abs. 5).
- § 19 AsylG: Aufgaben der Ausländerbehörde und der Polizei (§ 19 Abs. 1: Weiterleitung, Abs. 2: ED-Behandlung).
- § 20 AsylG: Weiterleitung[1005] an eine Aufnahmeeinrichtung (Befolgungspflicht des Ausländers und Mitteilungspflichten der Behörden untereinander).
- § 21 AsylG: Verwahrung und Weitergabe von Unterlagen.
- § 59 AsylG: Durchsetzung der räumlichen Beschränkung (auch ohne Androhung mit unmittelbarem Zwang), vgl. auch §§ 12 Abs. 3, 71 Abs. 5 AufenthG.

AufenthG, P. B.]. Die Ausschreibung zur Festnahme nach § 50 Abs. 7 Satz 1 AufenthG [ex-§ 50 Abs. 7 AufenthG ≙ § 50 Abs. 6 AufenthG, P. B.] lässt für die Polizei als Nutzer der Fahndungshilfsmittel zwar erkennen, dass die zum Zeitpunkt der Ausschreibung zuständige Ausländerbehörde nach eigenverantwortlicher Prüfung Haftgründe nach § 62 AufenthG bejaht hat. Die Entscheidung über die Ingewahrsamnahme bleibt aber der eigenverantwortlich nach § 62 Abs. 4 AufenthG [ex-§ 62 Abs. 4 AufenthG ≙ § 62 Abs. 5 AufenthG, P. B.] tätig werdenden Behörde überlassen. Da die **Ausschreibung zur Festnahme** keine Bindungswirkung entfaltet, bedarf sie auch unter dem Gesichtspunkt etwaiger aus Art. 104 Abs. 2 GG abzuleitender Vorwirkungen keiner gerichtlichen Anordnung.".

[1003] Zuständigkeit i.Z.m. § 50 AufenthG ergibt sich u.a. aus ausdrücklichem Zusammenhang zu Zurückschiebung und Festnahme, vgl. § 71 Abs. 5 AufenthG und Nr. 50.7.1, 50.7.3 AVV AufenthG (mit alten §§) und aus Verantwortlichkeit i.S.v. § 36 Nr. 9 DSG NRW

[1004] Vgl. auch §§ 71-76a AufenthV: Datenübermittlung an die Ausländerbehörden.

[1005] Zur **Weiterleitung** vgl. insbesondere: §§ 18 Abs. 1, 19 Abs. 1, 20 AsylG.

- § 66 AsylG: Ausschreibung zur Aufenthaltsermittlung.

Mögliche länderpolizeiliche Ausländerrechtsbefugnisse können sich ergeben insbesondere aus dem FreizügG/EU wie folgt: § 8 FreizügG/EU.

Hauptsächliche Gesetze des Ausländerrechts nach bestimmten Ausländer-Status

EU-EWR-Staatsangehörige + bestimmte Familienangehörige
- FreizügG/EU
- AufenthG gemäß § 11 FreizügG/EU
- AVV zum FreizügG/EU
- AufenthV

Diplomatisch/konsularisch Bevorrechtigte
- WÜD
- WÜK
- AufenthV

Asylbeantragender
- AsylG
- AufenthG
- AufenthV
- AsylbLG

Ausländer
- AufenthG
- AufenthV
- AVV AufenthG
- BeschV

Internationales Recht:
- GFK (Deutsche Zustimmung/Inkrafttreten und Bekanntmachungs-Gesetz: BGBl. 1953 II S. 559 / 619)
- Prot. über Rechtsstellung der Flüchtlinge (Deutsches Inkrafttreten-und Bekanntmachungs-Gesetz: BGBl. 1970 II S. 194)
- Global Compact for Safe, Orderly and Regular Migration – GCM (angenommen: 10.12.2018)
- Global Compact on Refugees – GCR (angenommen: 17.12.2018)

PB Pascal Basten

EU-Recht:
- EUV / AEUV / EUGRCharta
- Assoziierungsabkommen EWG/Türkei (vgl. § 4 AufenthG)
- (Art. 6, 7) ARB 1/80 (i.V.m. Art. 4 Abs. 3 EUV/EuGH-Rspr.)
- Freizügigkeitsübereinkommen EU-Schweiz
- SÜ / SDÜ i.V.m. Zusatz-Protokoll zum Amsterdam-Vertrag 1999
- VO (EG) Nr. 810/2009 – EU-Visakodex (Drittstaatsang.-Visumverfahren)
- VO (EU) Nr. 492/2011 – EU-Arbeitnehmerfreizügigkeits-Richtlinie
- RL 2011/95/EU - EU-Qualifikations-RL (Drittstaats-Ang./Staatenlosen-Status)
- VO (EU) Nr. 603/2013 – Eurodac-VO (Fingerabdruckdatenabgleich)
- VO (EU) Nr. 604/2013 – Dublin-III-VO (Antragsprüfungszuständigkeiten)
- VO (EU) 2016/399 – SGK (Personengrenzüberschreitung)
- VO (EU) 2018/1806 – EU-Visum-VO (Drittländer-Visums-Befreiung/Pflicht)

B. Formelle Rechtmäßigkeit (FR) I. Zuständigkeit (Z)

(VOR/DEF)

Zuständigkeit ist Aufgabenwahrnehmungserlaubnis für den Rechtsfolgesetzer.

(SUB/ERG)

Für die ausländerrechtliche Maßnahme auf dem Rechtsgebiet der Gefahrenabwehr ist die Zuständigkeit wie folgt gegeben:

1. sachliche Zuständigkeit *der Polizei* gemäß

- § 8 / § 11 FreizügG/EU;
- §§ 15, 16 / § 19 / § 20 / § 21 / § 59 / § 66 AsylG;
- § 71 Abs. 4 / § 71 Abs. 5 (auch mit § 66 Abs. 5) / § 11 / § 47a / § 50 Abs. 6 S. 1 / § 50 Abs. 6 S. 2 / § 50 Abs. 6 S. 3 / § 56 / § 71a / § 78 Abs. 5 / § 86 / §§ 87, 88 AufenthG;

2. instanzielle Zuständigkeit *der Polizeibehörde* gemäß (i.d.R., vgl. § 58a AufenthG)

- § 11 Abs. 1 Nr. 1 POG NRW (ggf. i.V.m. KPBVO NRW oder ggf. i.V.m. LKAAufgVO NRW);

3. örtliche Zuständigkeit *der Polizeibehörde* gemäß

- §§ 7-9 POG NRW (ggf. i.V.m. KHSTVO NRW oder § 3 VwVfG NRW);

4. funktionelle Zuständigkeit *des Polizeiamtswalters* gemäß:

- Zuständigkeitsrechtsnorm (z.B. § 71 AufenthG) oder Befugnisrechtsnorm (z.B. §§ 16, 19 AsylG);
- andere Rechtsnorm i.Z.m. Zuständigkeitsrechtsnorm oder Befugnisrechtsnorm.

B. Formelle Rechtmäßigkeit (FR) II. Verfahren (V)

(VOR/DEF)

Verfahren ist normiertes Verhalten für den Rechtsfolgezuständigen außer, bei, i.Z.m. der Rechtsfolge.

Spezielle Verfahrensrechtsnormen können auf dem Rechtsgebiet der ausländerrechtlichen Gefahrenabwehr (alternativ je nach Befugnisrechtsnorm mit realfolgenentsprechender Rechtsfolge) sein:

- § 15 AufenthG i.V.m. Nr. 15.0.5.4 AVV AufenthG (**Zurückweisungszielbekanntgabe**): Das Ziel der Zurückweisung ist dem Ausländer zusammen mit der Eröffnung der Zurückweisung bekannt zu geben. Grundsätzlich soll in Fällen, in denen der Zielstaat nicht bereits eindeutig feststeht, Folgendes eröffnet werden: „Die Zurückweisung erfolgt in den Staat, aus dem Sie einzureisen versuchten. Sie kann auch in den Staat erfolgen, in dem Sie die Reise angetreten haben, in dem Sie Ihren gewöhnlichen Aufenthalt haben, dessen Staatsangehörigkeit Sie besitzen oder der Ihren Pass oder Passersatz ausgestellt hat, oder in einen sonstigen Staat, in den Sie einreisen dürfen." Im Hinblick auf § 15 Abs. 4 S. 1 AufenthG kann der Ausländer somit unmittelbar zielstaatsbezogene Zurückweisungshindernisse geltend machen, ohne dass es wegen der späteren Eröffnung des Zielstaates zu vermeidbaren Verzögerungen kommt. Insbesondere bei Zurückweisungen auf dem Luftwege ist dies zu beachten.
- § 15 AufenthG i.V.m. Nr. 15.0.6 AVV AufenthG (**Einreisestempelanbringung**): Im Falle der Einreiseverweigerung bringt der Kontrollbeamte in dem Pass einen Einreisestempel an, den er in Form eines Kreuzes (vertikale und horizontale Linie) mit schwarzer, dokumentenechter Tinte durchstreicht; zudem trägt er rechts neben diesem Stempel ebenfalls mit dokumentenechter Tinte den jeweiligen Kennbuchstaben ein, der entsprechend dem in Anhang V, Teil B zum Schengener Grenzkodex enthaltenen Standardformular für die Einreiseverweigerung einen oder mehrere Gründe für die Einreiseverweigerung wiedergibt. Mehrfachnennungen sind hierbei möglich.
- § 15 AufenthG i.V.m. Nr. 15.0.7 AVV AufenthG (**Zurückweisungsbescheinigung**): Die Zurückweisung ist dem Ausländer auf dem in Anhang V, Teil B zum Schengener Grenzkodex vorgesehenen Vordruck zu bescheinigen.
- § 15 Abs. 5 AufenthG (**Zurückweisungshaftrichteranordnung**): Ein Ausländer soll zur Sicherung der Zurückweisung auf richterliche Anordnung in Haft (Zurückweisungshaft) genommen werden, wenn eine Zurückweisungsentscheidung ergangen ist und diese nicht unmittelbar vollzogen werden kann. Im Übrigen ist § 62 Abs. 4 AufenthG entsprechend anzuwenden. In den Fällen, in denen der Richter die Anordnung oder die Verlängerung der Haft ablehnt, findet § 15 Abs. 1 AufenthG keine Anwendung.
- § 15 Abs. 6 S. 2 AufenthG (**Transitbereichsaufenthaltsrichteranordnung**): Der Aufenthalt des Ausländers im Transitbereich eines Flughafens oder in einer Unterkunft nach § 15 Abs. 6 S. 1 AufenthG bedarf spätestens 30 Tage nach Ankunft am Flughafen oder, sollte

deren Zeitpunkt nicht feststellbar sein, nach Kenntnis der zuständigen Behörden von der Ankunft, der richterlichen Anordnung. Die Anordnung ergeht zur Sicherung der Abreise. Sie ist nur zulässig, wenn die Abreise innerhalb der Anordnungsdauer zu erwarten ist. § 15 Abs. 5 AufenthG ist entsprechend anzuwenden.

- § 48 Abs. 3a AufenthG (**Datenträgerauswertung von richteramtsbefähigtem Bediensteten**): Bei tatsächlichen Anhaltspunkten von Erkenntnissen allein aus dem Kernbereich privater Lebensgestaltung dürfen die Datenträger nur von einem Bediensteten ausgewertet werden, der die Befähigung zum Richteramt hat.
- § 48a Abs. 2 AufenthG (**Auskunftsverlangen-Inkenntnissetzung**): Der Ausländer ist von dem Auskunftsverlangen vorher in Kenntnis zu setzen.
- § 49 Abs. 6 S. 1 AufenthG (**Arztvornahme nach Arztkunstregeln**): Im Fall eines körperlichen Eingriffs nach § 49 Abs. 3-5 AufenthG zur Altersfeststellung wird dieser vorgenommen von einem Arzt nach den Regeln der ärztlichen Kunst.
- § 49 Abs. 7 S. 2 AufenthG (**Inkenntnissetzen über Erhebung des gesprochenen Wortes**): Die Erhebung des gesprochenen Wortes des Ausländers auf Ton- oder Datenträger darf nur erfolgen, wenn der Ausländer vorher darüber in Kenntnis gesetzt wurde.
- § 58 AufenthG i.V.m. Nr. 58.0.1 AVV AufenthG (**Beteiligung der Staatsanwaltschaft bei Abschiebung**): Die Durchführung der Abschiebung richtet sich – soweit das Aufenthaltsgesetz nichts anderes bestimmt – nach den landesrechtlichen Vorschriften über die Durchsetzung unmittelbaren Zwangs (vgl. §§ 50-66 PolG NRW[1006]). Das in § 72 Abs. 4 AufenthG vorgeschriebene Beteiligungserfordernis der Staatsanwaltschaft ist zu beachten.
- § 58 Abs. 1a AufenthG (**Vergewisserung über Übergabemodalitäten vor Abschiebung**): Vor der Abschiebung eines unbegleiteten minderjährigen Ausländers hat sich die Behörde zu vergewissern, dass dieser im Rückkehrstaat einem Mitglied seiner Familie, einer zur Personensorge berechtigten Person oder einer geeigneten Aufnahmeeinrichtung übergeben wird.
- § 59 Abs. 8 (ggf. i.V.m. § 57 Abs. 3) AufenthG (**Unterrichtung über Rechte vor Abschiebung**): Ausländer, die ohne die nach § 4a Abs. 5 AufenthG erforderliche Berechtigung zur Erwerbstätigkeit beschäftigt waren, sind vor der Abschiebung über die Rechte nach Art. 6 Abs. 2 und Art. 13 RL 2009/52/EG zu unterrichten.
- § 62 Abs. 2 S. 1 AufenthG (**Vorbereitungshaft auf richterliche Anordnung**): Ein Ausländer ist zur Vorbereitung der Ausweisung oder der Abschiebungsanordnung nach § 58a AufenthG auf richterliche Anordnung in Haft zu nehmen, wenn über die Ausweisung oder die Abschiebungsanordnung nach § 58a AufenthG nicht sofort entschieden werden kann und die Abschiebung ohne die Inhaftnahme wesentlich erschwert oder vereitelt würde (Vorbereitungshaft); gemäß § 62 Abs. 2 S. 3 AufenthG bedarf es im Falle der Ausweisung für die Fortdauer der Haft bis zum Ablauf der angeordneten Haftdauer keiner erneuten richterlichen Anordnung.
- § 62 Abs. 3, 4, 5 S. 1, 2 AufenthG (**Abschiebungshaft**: **richterliche Anordnung und Vollzug**): Ein Ausländer ist zur Sicherung der Abschiebung auf richterliche Anordnung in Haft zu nehmen (Sicherungshaft); § 62 Abs. 5 S. 1 AufenthG: Die für den Haftantrag zuständige Behörde kann einen Ausländer ohne vorherige richterliche Anordnung festhalten und vorläufig in Gewahrsam nehmen unter den Voraussetzungen von § 62 Abs. 5 S. 1 Nr. 1-3 AufenthG; § 62 Abs. 5 S. 2 AufenthG (Richtervorführung): Der Ausländer ist **unverzüglich** (§ 121 Abs. 1 S. 1 BGB) dem Richter zur Entscheidung über die Anordnung der

[1006] Zum allgemeinen polizeilandesrechtlichen Zwang siehe: *Basten*, Eingriffsrecht der Polizei in Nordrhein-Westfalen, Band 3, Buch 3, Abschnitt 3.

Sicherungshaft vorzuführen – nach Festhalten und vorläufiger Ingewahrsamnahme ohne vorherige richterliche Anordnung (zum weiteren Verfahren: §§ 415-432 FamFG); § 62 Abs. 6 S. 1 AufenthG: Ein Ausländer kann auf richterliche Anordnung zum Zwecke der Abschiebung unter den Voraussetzungen des § 62 Abs. 6 AufenthG in Haft genommen werden, unter anderem dann, wenn der Ausländer zuvor auf die Möglichkeit einer Inhaftnahme **hingewiesen** wurde (Mitwirkungshaft); § 62 Abs. 6 S. 4 AufenthG: Bei der Mitwirkungshaft findet § 62a Abs. 1 AufenthG entsprechende Anwendung, danach gilt gemäß § 62a Abs. 1 S. 1, 2 AufenthG (**getrennte Unterbringung**): Abschiebungsgefangene sind getrennt von Strafgefangenen unterzubringen; werden mehrere Angehörige einer Familie inhaftiert, so sind diese getrennt von den übrigen Abschiebungsgefangenen unterzubringen; § 62a AufenthG (**Vollzug der Abschiebungshaft**) u.a. mit: Vollzug in speziellen Hafteinrichtungen oder in sonstigen Haftanstalten (vgl. AHaftRL NRW), von übrigen Abschiebungsgefangenen getrennte Unterbringung mehrerer Familienangehöriger (Abs. 1), Gestattung von Kontaktaufnahmen (Abs. 2), Berücksichtigung alterstypischer Belange und Schutzbedürftigkeit (Abs. 3), Besuchsrecht auf Antrag (Abs. 4), Abschiebungsgefangene sind über ihre Rechte und Pflichten und über die in der Einrichtung geltenden Regeln zu informieren (Belehrung, Abs. 5).

- § 62b Abs. 1 S. 1 AufenthG (**Ausreisegewahrsam: richterliche Anordnung und Vollzug**): Unabhängig von den Voraussetzungen der Sicherungshaft nach § 62 Abs. 3 AufenthG kann ein Ausländer zur Sicherung der Durchführbarkeit der Abschiebung auf richterliche Anordnung bis zu zehn Tage in Gewahrsam genommen werden unter den weiteren Voraussetzungen des § 62b AufenthG; § 62b Abs. 2 AufenthG: Der Ausreisegewahrsam wird im Transitbereich eines Flughafens oder in einer Unterkunft vollzogen, von wo aus die Ausreise des Ausländers möglich ist; gemäß § 62b Abs. 3 AufenthG finden § 62 Abs. 1 AufenthG, § 62 Abs. 4a AufenthG, § 62a AufenthG entsprechend Anwendung.
- § 66 Abs. 5 S. 2 AufenthG: Die Anordnung einer Sicherheitsleistung des Ausländers oder des Kostenschuldners nach § 66 Abs. 4 S. 1, 2 AufenthG kann von der Behörde, die sie erlassen hat, **ohne vorherige Vollstreckungsanordnung** und **ohne Fristsetzung** vollstreckt werden, wenn andernfalls die Erhebung gefährdet wäre; gemäß § 66 Abs. 5 S. 2, 3 AufenthG i.V.m. Nr. 66.5.5 S. 2 AVV AufenthG ist dem Ausländer eine **Empfangsbescheinigung** über beschlagnahmte Sachen zu erteilen.
- § 82 Abs. 3 S. 1, 2 AufenthG (**Hinweispflichten**): Der Ausländer soll auf seine Pflichten nach § 82 Abs. 1 AufenthG sowie seine wesentlichen Rechte und Pflichten nach diesem Gesetz, insbesondere die Verpflichtungen aus den §§ 44a, 48, 49 und 81 AufenthG hingewiesen werden. Im Falle der Fristsetzung ist er auf die Folgen der Fristversäumung hinzuweisen.
- § 82 Abs. 4 S. 3 AufenthG (**Festhalte-Verfahren** bei **Reisefähigkeitsfeststellungsanordnung** zwecks Vorbereitung und Durchführung von AufenthG-Maßnahmen [vgl. z.B. § 71 Abs. 5 AufenthG] oder Maßnahmen nach anderen Rechtsnormen), danach finden entsprechende Anwendung: § 40 Abs. 1, 2 BPolG, § 42 Abs. 1 S. 1, 3 BPolG (**richterliche Entscheidung** mit Verfahren nach §§ 415-432 FamFG), § 41 BPolG (Behandlung festgehaltener Personen mit **Grundbekanntgabe**, **Vertrauenspersonbenachrichtigung**, **Sorgeberechtigtenbenachrichtigung** oder **Betreuerbenachrichtigung**, **getrennte Unterbringung**).
- § 15 Abs. 4 S. 2 AsylG: Der Ausländer darf nur von einer **Person gleichen Geschlechts** durchsucht werden.
- § 16 Abs. 1 S. 4 AsylG: Vorheriges **Inkenntnissetzen** des Ausländers über Erhebung/Aufzeichnung des gesprochenen Wortes auf Daten- oder Tonträger außerhalb förmlicher Anhörung zur Bestimmung des Herkunftsstaates oder der Herkunftsregion.

- § 17 Abs. 1 AsylG (**Sprachmittler**): Ist der Ausländer der deutschen Sprache nicht hinreichend kundig, so ist von Amts wegen bei der **Anhörung** ein **Dolmetscher**, **Übersetzer** oder sonstiger Sprachmittler hinzuzuziehen, der in die Muttersprache des Ausländers oder in eine andere Sprache zu übersetzen hat, deren Kenntnis vernünftigerweise vorausgesetzt werden kann und in der er sich verständigen kann. § 17 Abs. 2 AsylG (**Sprachmittler**): Der Ausländer ist berechtigt, auf seine Kosten auch einen geeigneten Sprachmittler seiner Wahl hinzuzuziehen.
- § 20 Abs. 2 AsylG: Pflicht zur **unverzüglichen** (§ 121 Abs. 1 S. 1 BGB) **Mitteilung** der Weiterleitungsbehörde an Aufnahmeeinrichtung.
- § 59 Abs. 2 AsylG: Der Ausländer ist festzunehmen und zur Durchsetzung der Verlassenspflicht auf **richterliche Anordnung** in Haft zu nehmen, wenn die freiwillige Erfüllung der Verlassenspflicht, auch in den Fällen des § 59a Abs. 2 AsylG, nicht gesichert ist und andernfalls deren Durchsetzung wesentlich erschwert oder gefährdet würde.
- Des Weiteren können sich Verfahrensrechtsnormen bei Fehlen speziellerer Verfahrensrechtsnormen und entsprechender Maßnahmenrechtsfolge aus allgemeineren Verfahrensrechtsnormen ergeben, wie etwa aus:
  - §§ 39 Abs. 3, 40 Abs. 2 PolG NRW analog bei Durchsuchungsmaßnahmen (z.B. § 48 AufenthG) und Fehlen speziellerer Verfahrensnormen.
  - Bei Festhalten/Freiheitsentziehung (auch zur IDF) und Fehlen speziellerer Maßnahmen: Art. 104 Abs. 2 GG (ggf. i.V.m. § 36, 37, 38 PolG NRW analog; nicht z.B.: § 163c StPO, vgl. § 1 Abs. 1 AufenthG und § 163 Abs. 1 S. 1 StPO); Art. 36 Abs. 1b WÜK.

(SUB/ERG)

Im konkreten Fall ist die jeweilige Verfahrensrechtsnorm (alternativ)

- bei Vorliegen von entsprechenden Anhaltspunkten / Fehlen entgegenstehender Anhaltspunkte eingehalten.
- bei Vorliegen von entsprechenden Anhaltspunkten nicht eingehalten.

Ergebnis kann allgemein sein: Verfahrensrechtmäßigkeit oder Verfahrensrechtswidrigkeit der Maßnahme.

B. Formelle Rechtmäßigkeit (FR) III. Form (F)

(VOR/DEF)

Form ist normiertes Wie der Rechtsfolgesetzung – schriftlich, elektronisch, mündlich oder in anderer Weise.

(SUB/ERG)

Formrechtsnormen können auf dem Rechtsgebiet der Gefahrenabwehr (alternativ) sein:

- Spezialrechtsnormen, z.B.: § 77 AufenthG; vgl. z.B. auch Nr. 66.5.5. S. 1 AVV AufenthG: „Die Beschlagnahme nach § 66 Absatz 5 Satz 3 setzt keine Schriftform voraus.“

- allgemeine Formrechtsnormen bei VA und Fehlen speziellerer Regelung, etwa § 37 Abs. 2-6 VwVfG NRW.

Weitere Rechtmäßigkeitsvoraussetzungen können sich unter Umständen ergeben gemäß nationaler oder internationaler Rechtsnorm – vgl. insbesondere die jeweils möglichen Befugnisrechtsnormen.

Ergebnis kann allgemein sein: Formrechtmäßigkeit oder Formrechtswidrigkeit der Maßnahme.

Im Folgenden erfolgt nach der vorherigen Darstellung von standardmäßigen formell-rechtlichen Voraussetzungen eine Volldarstellung wesentlicher, zentraler[1007] Ländervollzugspolizei-Standardmaßnahmen[1008] im Ausländerrecht insbesondere für den sogenannten Antreffensfall oder **Aufgriffsfall**:

[1007] Vgl. Abschnitt 4, Unterabschnitte 1, 2 AsylG und § 71 Abs. 4, 5 AufenthG.

[1008] Vgl. dazu noch die bei „Platzverweisung" mitdargestellte Maßnahme aus § 12 Abs. 3 AufenthG.

Titel 1: Asylgesetzliche ID-Maßnahmen[1009] *(Identitätsüberprüfungsmaßnahmen [IDÜ], Identitätsfeststellungsmaßnahmen [IDF], Identitätssicherungsmaßnahmen [IDS]), insbesondere erkennungsdienstliche Behandlung/Maßnahmen, §§ 16, 19 AsylG*

A. Rechtsgrundlage (RGL) I. Grundrechte (GR)

(VOR/DEF)

Grundrechte sind grundlegende Rechte aus Art. 1-19 GG i.V.m. dem Rechtsstaatsprinzip, Art. 20 Abs. 3 GG, mit Vorrang und Vorbehalt des Gesetzes.[1010]

(SUB/ERG)

Grundsätzlich kann je nach Fall jedes Grundrecht aus dem allgemeinen Teil dieser Ausländerrechtsdarstellung[1011] gegeben sein; in jedem Fall das folgende:

[1009] Vgl. auch zu IDF-Maßnahmen mit Bezug zum Ausländerrecht auf dem Rechtsgebiet der Gefahrenabwehr mit allgemeinerem PolG NRW: § 12 Abs. 1 Nr. 2b PolG NRW.

[1010] Zu **Grundrechten**: *Basten*, Eingriffsrecht der Polizei in Nordrhein-Westfalen, Band 1, Buch 1, Abschnitt 2, Unterabschnitt 3. Zum **Rechtsstaatsprinzip** mit unter anderem sogenanntem Vorrang des Gesetzes und Vorbehalt des Gesetzes: *Basten*, Eingriffsrecht der Polizei in Nordrhein-Westfalen, Band 1, S. 95-108.

[1011] Siehe dazu in diesem Buch: Buch 4, Abschnitt 1, Unterabschnitt 1 (Ausländerrecht allgemein).

Allgemeines Persönlichkeitsgrundrecht[1012] mit verschiedenen Ausprägungen[1013], etwa in der Ausprägung des **Rechts auf informationelle Selbstbestimmung** (APR/RiS), Art. 2 Abs. 1 i.V.m. Art. 1 Abs. 1[1014] GG, vgl. auch Art. 142 GG i.V.m. Art. 4 Abs. 1, 2 Verfassung NRW[1015].

[1012] BVerfGE 147, 1, 18 f. (**Geschlechtsidentität**) = BVerfG, Beschluss des Ersten Senats vom 10.10.2017 – 1 BvR 2019/16 –, Rn. 38: „Art. 2 Abs. 1 GG gewährt jedem das **Recht auf die freie Entfaltung seiner Persönlichkeit**. Dieses Grundrecht umfasst neben der allgemeinen Handlungsfreiheit das **allgemeine Persönlichkeitsrecht** (Art. 2 Abs. 1 i.V.m. Art. 1 Abs. 1 GG). Letzteres ergänzt als ‚unbenanntes' Freiheitsrecht die speziellen (‚benannten') Freiheitsrechte, die ebenfalls konstituierende Elemente der Persönlichkeit schützen (vgl. BVerfGE 54, 148 <153>). Eine der **Aufgaben des allgemeinen Persönlichkeitsrechts** ist es dabei, Grundbedingungen dafür zu sichern, dass die einzelne Person ihre Individualität selbstbestimmt entwickeln und wahren kann (vgl. BVerfGE 35, 202 <220>; 79, 256 <268>; 90, 263 <270>; 117, 202 <225>). Das allgemeine Persönlichkeitsrecht schützt indessen nur solche **Elemente der Persönlichkeitsentfaltung**, die - ohne bereits Gegenstand der besonderen Freiheitsgarantien des Grundgesetzes zu sein - diesen in ihrer konstituierenden Bedeutung für die Persönlichkeit nicht nachstehen (vgl. BVerfGE 79, 256 <268>; 99, 185 <193>; 120, 274 <303>; stRspr). Es verbürgt also nicht Schutz gegen alles, was die selbstbestimmte Persönlichkeitsentwicklung auf irgendeine Weise beeinträchtigen könnte; ohnehin vermag kein Mensch seine Individualität unabhängig von äußeren Gegebenheiten und Zugehörigkeiten zu entwickeln. Der lückenschließende Schutz des allgemeinen Persönlichkeitsrechts greift aber dann, wenn die selbstbestimmte Entwicklung und Wahrung der Persönlichkeit spezifisch gefährdet ist (BVerfGE 141, 186 <201 f. Rn. 32>).".

BVerfG, Beschluss des Ersten Senats vom 06.11.2019 – 1 BvR 16/13 – (Recht auf Vergessen I), Rn. 81: „Diese [**APR-]Rechtsprechung** hat sich maßgeblich in Konstellationen der mittelbaren Drittwirkung und geleitet von dem Erfordernis praktischer Konkordanz entwickelt. Deshalb bestimmen sich die Schutzdimensionen des allgemeinen Persönlichkeitsrechts letztlich immer einzelfallbezogen im Abgleich mit den Grundrechten Dritter. Die Bestimmung seiner Schutzwirkungen und die Abwägung mit den gegenüberstehenden Freiheitsrechten greifen hier Hand in Hand. Der Schutz des allgemeinen Persönlichkeitsrechts ist insoweit flexibel und durch die Einbindung der Person in ihre sozialen Beziehungen relativiert (vgl. BVerfGE 101, 361 <380>; 141, 186 <202 Rn. 32>; 147, 1 <19 Rn. 38>; stRspr; siehe auch BGHZ 183, 353 <357 Rn. 11>; 209, 139 <150 Rn. 30>; 219, 233 <240 Rn. 22>; stRspr).".

Vgl. „**Allgemeines Persönlichkeitsrecht**" (APR) als „sonstiges Recht" (sog. **Rahmenrecht** mit [grundrechts-]abwägungsoffenem Tatbestand) nach § 823 Abs. 1 Var. 6 BGB, u.a. mit Geldentschädigungsanspruch, insbesondere durch ständige Rechtsprechung (vgl. auch § 253 BGB) seit folgender Entwicklung: BGHZ 13, 334 (Leserbrief), mit erstmaliger ausdrücklicher Anerkennung des allgemeinen Persönlichkeitsrechts; BGHZ 26, 349 (Herrenreiter), mit erstmaliger Zuerkennung einer Geldentschädigung wegen des immateriellen Schadens durch die Verletzung des allgemeinen Persönlichkeitsrechts; BGHZ 35, 363 (Ginsengwurzel), mit erstmaliger Schwerpunktsetzung bei der Menschenwürde in der Begründung; BVerfGE 34, 269 (Soraya), mit verfassungsgerichtlicher Erklärung der verfassungsrechtlichen Zulässigkeit der richterrechtlich entwickelten APR-Konstruktion.

[1013] BVerfG, Beschluss des Ersten Senats vom 06.11.2019 – 1 BvR 16/13 – (Recht auf Vergessen I), Rn. 80: „Die Rechtsprechung hat aus dem [**Allgemeinen Persönlichkeits-]Grundrecht** insoweit verschiedene **Schutzdimensionen** abgeleitet wie den **Schutz eines unantastbaren Bereichs privater Lebensgestaltung**, die Garantie der **Privatsphäre**, das **Recht am eigenen Bild** oder **gesprochenen Wort** oder das **Recht auf die Darstellung der eigenen Person**, die **soziale Anerkennung** sowie die **persönliche Ehre** (vgl. BVerfGE 27, 1 <6>; 27, 344 <350 f.>; 32, 373 <379>; 34, 238 <245 f.>; 47, 46 <73>; 54, 148 <153 f.>; 99, 185 <193 f.>; 101, 361 <384>; 106, 28 <39>; 114, 339 <346>; 120, 180 <198>)." „Diese **Schutzgehalte** werden insoweit aber nicht als abschließend umschriebene und voneinander abzugrenzende Gewährleistungen verstanden, sondern als Ausprägungen, die in Blick auf den konkreten Schutzbedarf jeweils anhand des zu entscheidenden Falles herauszuarbeiten sind (vgl. BVerfGE 54, 148 <153 f.>; 65, 1 <41>).".

BVerfGE 65, 1 (Volkszählungsgesetz), Ls. 1 = BVerfG, Urteil des Ersten Senats vom 15.12.1983 – 1 BvR 209/83, Ls. 1: „Unter den Bedingungen der modernen Datenverarbeitung wird der Schutz des Einzelnen

gegen unbegrenzte Erhebung, Speicherung, Verwendung und Weitergabe seiner persönlichen Daten von dem **allgemeinen Persönlichkeitsrecht** des Art. 2 Abs. 1 GG in Verbindung mit Art. 1 Abs. 1 GG umfaßt. Das [**Allgemeine Persönlichkeits-]Grundrecht** gewährleistet insoweit die Befugnis des Einzelnen, grundsätzlich selbst über die Preisgabe und Verwendung seiner persönlichen Daten zu bestimmen.“; BVerfG, Beschluss des Ersten Senats vom 06.11.2019 – 1 BvR 16/13 – (Recht auf Vergessen I), Rn. 80: „Das **Recht auf informationelle Selbstbestimmung** ist von der Rechtsprechung als eigene Ausprägung des allgemeinen Persönlichkeitsrechts mit einem gegenüber den anderen Ausprägungen selbständigen Gewährleistungsgehalt entwickelt worden und behält diesen auch, soweit es als verfassungsrechtliche Wertentscheidung in das Zivilrecht einstrahlt. Dementsprechend enthält es keinen gesamthaften Schutzanspruch hinsichtlich jederlei Umgangs mit Informationen, der die übrigen Schutzdimensionen des Grundrechts allgemein übergreifen und zusammenführen würde, sondern lässt deren Wertungen und Abwägungsregeln unberührt.“; BVerfGE 120, 274, 311 f. (Online-Durchsuchung) = BVerfG, Urteil des Ersten Senats vom 27.02.2008 – 1 BvR 370/07 –, Rn. 198 f. „Das **Recht auf informationelle Selbstbestimmung** geht über den **Schutz der Privatsphäre** hinaus. Es gibt dem Einzelnen die Befugnis, grundsätzlich selbst über die Preisgabe und Verwendung seiner persönlichen Daten zu bestimmen (vgl. BVerfGE 65, 1 <43>; 84, 192 <194>). Es flankiert und erweitert den grundrechtlichen Schutz von Verhaltensfreiheit und Privatheit, indem es ihn schon auf der Stufe der Persönlichkeitsgefährdung beginnen lässt. Eine derartige Gefährdungslage kann bereits im Vorfeld konkreter Bedrohungen benennbarer Rechtsgüter entstehen, insbesondere wenn personenbezogene Informationen in einer Art und Weise genutzt und verknüpft werden können, die der Betroffene weder überschauen noch verhindern kann. Der Schutzumfang des **Rechts auf informationelle Selbstbestimmung** beschränkt sich dabei nicht auf Informationen, die bereits ihrer Art nach sensibel sind und schon deshalb grundrechtlich geschützt werden. Auch der Umgang mit personenbezogenen Daten, die für sich genommen nur geringen Informationsgehalt haben, kann, je nach dem Ziel des Zugriffs und den bestehenden Verarbeitungs- und Verknüpfungsmöglichkeiten, grundrechtserhebliche Auswirkungen auf die Privatheit und Verhaltensfreiheit des Betroffenen haben (vgl. BVerfG, Beschluss vom 13. Juni 2007 - 1 BvR 1550/03 u.a. -, NJW 2007, S. 2464 <2466>). Die mit dem Recht auf informationelle Selbstbestimmung abzuwehrenden Persönlichkeitsgefährdungen ergeben sich aus den vielfältigen Möglichkeiten des Staates und gegebenenfalls auch privater Akteure (vgl. BVerfG, Beschluss der 1. Kammer des Ersten Senats vom 23. Oktober 2006 - 1 BvR 2027/02 -, JZ 2007, S. 576) zur Erhebung, Verarbeitung und Nutzung personenbezogener Daten. Vor allem mittels elektronischer Datenverarbeitung können aus solchen Informationen weitere Informationen erzeugt und so Schlüsse gezogen werden, die sowohl die grundrechtlich geschützten Geheimhaltungsinteressen des Betroffenen beeinträchtigen als auch Eingriffe in seine Verhaltensfreiheit mit sich bringen können (vgl. BVerfGE 65, 1 <42>; 113, 29 <45 f.>; 115, 320 <342>; BVerfG, Beschluss vom 13. Juni 2007 - 1 BvR 1550/03 u.a. -, NJW 2007, S. 2464 <2466>).“.

BVerfGE 109, 279, 325-327 (akustische Wohnraumüberwachung / „Großer Lauschangriff“) = BVerfG, Urteil des Ersten Senats vom 03.03.2004 – 1 BvR 2378/98, 1084/99 –, Rn. 159-163: „Das aus Art. 2 Abs. 1 in Verbindung mit Art. 1 Abs. 1 GG folgende **allgemeine Persönlichkeitsrecht** kommt neben Art. 13 Abs. 1 GG allerdings nicht zur Anwendung, soweit Eingriffe in die **räumliche Privatsphäre des Wohnungsinhabers** zu überprüfen sind. Art. 13 Abs. 1 GG enthält eine spezielle Gewährleistung des **Schutzes vor staatlicher akustischer Überwachung der räumlichen Privatsphäre**, die die allgemeinere Vorschrift insoweit verdrängt (vgl. BVerfGE 100, 313 [358] zu Art. 10 GG). Mit dem **Recht, in der Wohnung ungestört zu sein**, und dem **Recht am eigenen in der Wohnung gesprochenen Wort** schützt Art. 13 Abs. 1 GG gerade den Teil der **Privatsphäre**, den sonst das allgemeine Persönlichkeitsrecht gewährleistet. Dieses Recht ergänzt als unbenanntes Freiheitsrecht die speziellen Freiheitsrechte, die ebenfalls konstituierende Elemente der Persönlichkeit schützen (vgl. BVerfGE 54, 148 <153 f.>), nur insoweit, als Letztere keinen Schutz gewähren. Der **Schutz des allgemeinen Persönlichkeitsrechts aus Art. 2 Abs. 1 in Verbindung mit Art. 1 Abs. 1 GG** greift hingegen ein, soweit von der Wohnraumüberwachung Personen betroffen werden, die sich nicht auf Art. 13 Abs. 1 GG berufen können. **Grundrechtsträger des Art. 13 Abs. 1 GG** ist jeder Inhaber oder Bewohner eines Wohnraums, unabhängig davon, auf welchen Rechtsverhältnissen die Nutzung des Wohnraums beruht. Bei mehreren Bewohnern einer Wohnung steht das Grundrecht jedem Einzelnen, bei Familien mithin jedem Familienmitglied zu. Maßnahmen der **Wohnraumüberwachung** können aber nicht nur **Wohnungsinhaber**, sondern auch **zufällig in einer Wohnung**

Anwesende erfassen. Diese Personen sind zwar nicht in ihrem Grundrecht aus Art. 13 Abs. 1 GG, wohl aber in ihrem **allgemeinen Persönlichkeitsrecht** betroffen. Der Schutz aus Art. 2 Abs. 1 in Verbindung mit Art. 1 Abs. 1 GG kann insofern allerdings nicht weiter reichen als derjenige aus Art. 13 Abs. 1 und 3 GG. Der Schutz der **räumlichen Privatsphäre und des allgemeinen Persönlichkeitsrechts** kann schließlich in Einzelfällen durch weitere Grundrechtsgarantien ergänzt sein. So wird das **Gespräch zwischen Eheleuten in der eigenen Wohnung** nicht nur von Art. 13 Abs. 1 GG, sondern zusätzlich durch Art. 6 Abs. 1 GG geschützt. Auch in Bezug auf die **Kommunikation mit Berufsgeheimnisträgern** können neben dem grundrechtlichen **Schutz der räumlichen Privatsphäre** Grundrechte in Betracht kommen, die - wie etwa Art. 4 GG im Hinblick auf das Gespräch mit einem Geistlichen - der besonderen Schutzbedürftigkeit der Kommunizierenden Rechnung tragen.".

BVerfG, Beschluss des Ersten Senats vom 06.11.2019 – 1 BvR 16/13 – (Recht auf Vergessen I), Ls. 3 S. 1: „Von den **äußerungsrechtlichen Schutzdimensionen** ist das **Recht auf informationelle Selbstbestimmung** als eine eigene Ausprägung des allgemeinen Persönlichkeitsrechts zu unterscheiden." BVerfG, Beschluss des Ersten Senats vom 06.11.2019 – 1 BvR 16/13 – (Recht auf Vergessen I), Rn. 90: „Ausgehend von dem **Ziel des Rechts auf informationelle Selbstbestimmung**, Schutz vor Gefahren angesichts neuartiger Möglichkeiten der Datenverarbeitung zu gewähren (vgl. BVerfGE 65, 1 <42>), ist es primär als Gewährleistung zu verstehen, die – neben der ungewollten Preisgabe von Daten auch im Rahmen privater Rechtsbeziehungen (vgl. BVerfGE 84, 192 <194>) – insbesondere vor deren intransparenter Verarbeitung und Nutzung durch Private schützt. Es bietet Schutz davor, dass Dritte sich individueller Daten bemächtigen und sie in nicht nachvollziehbarer Weise als Instrument nutzen, um die Betroffenen auf Eigenschaften, Typen oder Profile festzulegen, auf die sie keinen Einfluss haben und die dabei aber für die freie Entfaltung der Persönlichkeit sowie eine gleichberechtigte Teilhabe in der Gesellschaft von erheblicher Bedeutung sind. Der Gehalt dieses Rechts ist dabei entwicklungsoffen, so dass es auch weitere persönlichkeitsgefährdende Entwicklungen der Informationsverarbeitung aufnehmen kann.".

BVerfG, Beschluss des Ersten Senats vom 06.11.2019 – 1 BvR 16/13 – (Recht auf Vergessen I), Ls. 2a): „Der verfassungsrechtliche Maßstab für den Schutz gegenüber Gefährdungen durch die **Verbreitung personenbezogener Berichte und Informationen als Teil öffentlicher Kommunikation** liegt in den **äußerungsrechtlichen Ausprägungen des allgemeinen Persönlichkeitsrechts**, nicht im Recht auf informationelle Selbstbestimmung.".

BVerfG, Beschluss des Ersten Senats vom 06.11.2019 – 1 BvR 16/13 – (Recht auf Vergessen I), Rn. 91: „[Vom Recht auf informationelle Selbstbestimmung] zu unterscheiden ist der **Schutz vor der Verarbeitung personenbezogener Berichte und Informationen als Ergebnis eines Kommunikationsprozesses**. Der Schutzbedarf gründet hier nicht in der intransparenten Zuweisung von Persönlichkeitsmerkmalen und -profilen durch Dritte, sondern in der sichtbaren Verbreitung bestimmter Informationen im öffentlichen Raum. Gefährdungen für die Persönlichkeitsentfaltung ergeben sich hier vornehmlich aus Form und Inhalt der Veröffentlichung selbst. Schutz gegenüber solchen Gefährdungen bieten die **äußerungsrechtlichen Ausprägungen des allgemeinen Persönlichkeitsrechts unabhängig vom Recht auf informationelle Selbstbestimmung**. Zwar kann es auch dabei maßgeblich auf die Art der Informationserlangung ankommen. Jedoch hat diese hier ihre Bedeutung als Vorfrage für die Beurteilung des weiteren Umgangs mit einer bestimmten Äußerung und des damit in die Öffentlichkeit gestellten Bildes einer Person selbst.".

BVerfG, Beschluss des Ersten Senats vom 06.11.2019 – 1 BvR 16/13 – (**Recht auf Vergessen** I), Ls. 2b): „Bei der Entscheidung über einen Schutzanspruch kommt der Zeit unter den Kommunikationsbedingungen des Internets ein spezifisches Gewicht zu. Die Rechtsordnung muss davor schützen, dass sich eine Person frühere Positionen, Äußerungen und Handlungen unbegrenzt vor der Öffentlichkeit vorhalten lassen muss. Erst die Ermöglichung eines Zurücktretens vergangener Sachverhalte eröffnet den Einzelnen die Chance zum Neubeginn in Freiheit. Zur Zeitlichkeit der Freiheit gehört die Möglichkeit des Vergessens.".

BVerfGE 120, 274, 311 (Online-Durchsuchung) = BVerfG, Urteil des Ersten Senats vom 27.02.2008 – 1 BvR 370/07 –, Rn. 197: „In seiner Ausprägung als **Schutz der Privatsphäre** [als **Privatangelegenheitenschutz** und **Rückzugsraumbereichsschutz** – beides **gegenüber der Öffentlichkeit**, vgl. **Sphärentheorie** mit **Intimsphäre, Privatsphäre, Sozialsphäre** und vgl. **Kernbereich privater Lebensgestaltung**] gewährleistet das allgemeine Persönlichkeitsrecht dem Einzelnen einen räumlich und thematisch

bestimmten Bereich, der grundsätzlich frei von unerwünschter Einsichtnahme bleiben soll (vgl. BVerfGE 27, 344 <350 ff.>; 44, 353 <372 f.>; 90, 255 <260>; 101, 361 <382 f.>).“; BVerfGE 101, 361, 382-385 (Caroline von Monaco II) = BVerfG, Urteil vom 15.12.1999 – 1 BvR 653/96 –, Rn. 75-82: „Im Unterschied zum **Recht am eigenen Bild** bezieht sich der **Schutz der Privatsphäre**, der ebenfalls im **allgemeinen Persönlichkeitsrecht** wurzelt, nicht speziell auf Abbildungen, sondern ist **thematisch und räumlich** bestimmt. Er umfaßt zum einen **Angelegenheiten** [**Privatangelegenheitenschutz**], die wegen ihres Informationsinhalts typischerweise als ‚**privat**‘ eingestuft werden, weil ihre **öffentliche** Erörterung oder Zurschaustellung als unschicklich gilt, das Bekanntwerden als peinlich empfunden wird oder nachteilige Reaktionen der Umwelt auslöst, wie es etwa bei Auseinandersetzungen mit sich selbst in **Tagebüchern** (BVerfGE 80, 367), bei **vertraulicher Kommunikation unter Eheleuten** (BVerfGE 27, 344), im Bereich der **Sexualität** (BVerfGE 47, 46; 49, 286 [BVerfGE 120, 224, 238 f. (Geschwisterbeischlaf) = BVerfGE, Beschluss des Zweiten Senats vom 26.02.2008 – 2 BvR 392/07 –, Rn. 32 f.: „Das allgemeine Persönlichkeitsrecht in seiner Ausprägung als **Recht auf sexuelle Selbstbestimmung**“/„**Intim- und Sexualbereich des Menschen als Teil seiner Privatsphäre**, P. B.]), bei **sozial abweichendem Verhalten** (BVerfGE 44, 353) oder bei **Krankheiten** (BVerfGE 32, 373) der Fall ist. Fehlte es hier an einem **Schutz vor der Kenntniserlangung anderer**, wären die Auseinandersetzung mit sich selbst, die unbefangene Kommunikation unter Nahestehenden, die sexuelle Entfaltung oder die Inanspruchnahme ärztlicher Hilfe beeinträchtigt oder unmöglich, obwohl es sich um grundrechtlich geschützte Verhaltensweisen handelt. Zum anderen erstreckt sich der Schutz auf einen **räumlichen Bereich** [**Raumbereichsschutz**], in dem der Einzelne zu sich kommen, sich entspannen oder auch gehen lassen kann (vgl. BVerfGE 27, 1 [6]). Zwar bietet auch dieser Bereich Gelegenheit, sich in einer Weise zu verhalten, die nicht für die **Öffentlichkeit** bestimmt ist und deren Beobachtung oder Darstellung durch Außenstehende für den Betroffenen peinlich oder nachteilig wäre. Im Kern geht es aber um einen **Raum**, in dem er die Möglichkeit hat, frei von **öffentlicher Beobachtung** und damit der von ihr erzwungenen Selbstkontrolle zu sein, auch ohne daß er sich dort notwendig anders verhielte als in der **Öffentlichkeit**. Bestünden solche **Rückzugsbereiche** nicht mehr, könnte der Einzelne psychisch überfordert sein, weil er unausgesetzt darauf achten müßte, wie er auf andere wirkt und ob er sich richtig verhält. Ihm fehlten die Phasen des Alleinseins und Ausgleichs, die für die Persönlichkeitsentfaltung notwendig sind und ohne die sie nachhaltig beeinträchtigt würde. Ein derartiges Schutzbedürfnis besteht auch bei Personen, die aufgrund ihres Ranges oder Ansehens, ihres Amtes oder Einflusses, ihrer Fähigkeiten oder Taten besondere **öffentliche** Beachtung finden. Wer, ob gewollt oder ungewollt, zur Person des **öffentlichen** Lebens geworden ist, verliert damit nicht sein Anrecht auf eine **Privatsphäre**, die den Blicken der **Öffentlichkeit** entzogen bleibt. Das gilt auch für demokratisch gewählte Amtsträger, die zwar für ihre Amtsführung **öffentlich** rechenschaftspflichtig sind und sich in diesem Umfang **öffentliche** Aufmerksamkeit gefallen lassen müssen, nicht aber für ihr **Privatleben**, sofern dieses die Amtsführung nicht berührt. Der **häusliche Bereich** [vgl. ggf. spezielleren Art. 13 GG i.V.m. BVerfGE 109, 279, 325 f.] stellt anerkanntermaßen eine solche geschützte Sphäre dar. Wegen des Bezugs auf die Entfaltung der Persönlichkeit darf der **Rückzugsbereich** jedoch nicht von vornherein auf ihn begrenzt werden. Das gilt schon deshalb, weil die Funktionen, denen er dient, nur erfüllt werden, wenn er nicht an den Hausmauern oder Grundstücksgrenzen endet. Die freie Entfaltung der Persönlichkeit wäre erheblich behindert, wenn der Einzelne nur im eigenen Haus der **öffentlichen** Neugier entgehen könnte. Die notwendige Erholung von einer durch Funktionszwänge und Medienpräsenz geprägten **Öffentlichkeit** ist vielfach nur in der **Abgeschiedenheit einer natürlichen Umgebung, etwa an einem Ferienort**, zu gewinnen. Deswegen muß der Einzelne grundsätzlich die Möglichkeit haben, sich auch in der freien, gleichwohl **abgeschiedenen Natur oder an Örtlichkeiten, die von der breiten Öffentlichkeit deutlich abgeschieden sind**, in einer von **öffentlicher** Beobachtung freien Weise zu bewegen. Das gilt gerade gegenüber solchen Aufnahmetechniken, die die **räumliche Abgeschiedenheit** überwinden, ohne daß der Betroffene dies bemerken kann. Wo die Grenzen der geschützten **Privatsphäre außerhalb des Hauses** verlaufen, läßt sich nicht generell und abstrakt festlegen. Sie können vielmehr nur aufgrund der jeweiligen Beschaffenheit des **Ortes** bestimmt werden, den der Betroffene aufsucht. Ausschlaggebend ist, ob der Einzelne eine **Situation** vorfindet oder schafft, in der er begründetermaßen und somit auch für Dritte erkennbar davon ausgehen darf, den Blicken der **Öffentlichkeit** nicht ausgesetzt zu sein. Ob die Voraussetzungen der **Abgeschiedenheit** erfüllt sind, läßt sich nur situativ beurteilen. Der Einzelne kann sich an ein und demselben **Ort** zu Zeiten mit gutem Grund unbeobachtet fühlen, zu anderen Zeiten nicht. Auch ist

der Aufenthalt in umschlossenen **Räumen** keineswegs immer mit **Abgeschiedenheit** gleichzusetzen. Da es um die Frage geht, ob der Einzelne begründetermaßen erwarten darf, unbeobachtet zu sein, oder aber **Plätze** aufgesucht hat, wo er sich unter den Augen der **Öffentlichkeit** bewegt, kann es auch in umschlossenen Räumen an der **Abgeschiedenheit** fehlen, die Voraussetzung für den **Privatsphärenschutz** außerhalb der eigenen **Häuslichkeit** ist. **Plätzen, an denen sich der Einzelne unter vielen Menschen befindet**, fehlt es von vornherein an den Voraussetzungen des **Privatsphärenschutzes** im Sinn von Art. 2 Abs. 1 in Verbindung mit Art. 1 Abs. 1 GG. Sie können das **Rückzugsbedürfnis** nicht erfüllen und rechtfertigen deswegen auch nicht den grundrechtlichen Schutz, den dieses Bedürfnis aus Gründen der Persönlichkeitsentfaltung verdient. Der Einzelne kann solche **Orte** auch nicht etwa durch ein Verhalten, das typischerweise nicht **öffentlich** zur Schau gestellt würde, in seine **Privatsphäre** umdefinieren. Nicht sein Verhalten, ob allein oder mit anderen, konstituiert die **Privatsphäre**, sondern die **objektive Gegebenheit der Örtlichkeit zur fraglichen Zeit**. Verhält er sich daher an **Orten**, die nicht die Merkmale der **Abgeschiedenheit** aufweisen, so, als stünde er nicht unter Beobachtung, hebt er das **Schutzbedürfnis für Verhaltensweisen, die an sich die Öffentlichkeit nichts angehen**, selbst auf. Der **Schutz der Privatsphäre vor öffentlicher Kenntnisnahme** entfällt ferner, wenn sich jemand selbst damit einverstanden zeigt, daß bestimmte, gewöhnlich als privat geltende Angelegenheiten **öffentlich** gemacht werden, etwa indem er Exklusivverträge über die Berichterstattung aus seiner **Privatsphäre** abschließt. Der verfassungsrechtliche **Privatsphärenschutz** aus Art. 2 Abs. 1 in Verbindung mit Art. 1 Abs. 1 GG ist nicht im Interesse einer Kommerzialisierung der eigenen Person gewährleistet. Zwar ist niemand an einer solchen **Öffnung privater Bereiche** gehindert. Er kann sich dann aber nicht gleichzeitig auf den **öffentlichkeitsabgewandten Privatsphärenschutz** berufen. Die Erwartung, daß die Umwelt die **Angelegenheiten oder Verhaltensweisen in einem Bereich mit Rückzugsfunktion** nur begrenzt oder nicht zur Kenntnis nimmt, muß daher situationsübergreifend und konsistent zum Ausdruck gebracht werden. Das gilt auch für den Fall, daß der Entschluß, die Berichterstattung über bestimmte Vorgänge der eigenen **Privatsphäre** zu gestatten oder hinzunehmen, rückgängig gemacht wird.“.

BVerfGE 6, 32, 41 (Elfes) = BVerfG, Urteil vom des Ersten Senats vom 16.01.1957 – 1 BvR 253/56 –, Rn. 32 [vgl. **Recht auf Privatsphäre** als **Privatangelegenheitenschutz** und **Rückzugsraumbereichsschutz** – beides **gegenüber der Öffentlichkeit,** vgl. **Sphärentheorie** mit **Intimsphäre**, **Privatsphäre**, **Sozialsphäre**]: „Vor allem dürfen die Gesetze daher die Würde des Menschen nicht verletzen, die im Grundgesetz der oberste Wert ist, aber auch die geistige, politische und wirtschaftliche Freiheit des Menschen nicht so einschränken, daß sie in ihrem Wesensgehalt angetastet würde (Art. 19 Abs. 2, Art. 1 Abs. 3, Art. 2 Abs. 1 GG). Hieraus ergibt sich, daß dem einzelnen Bürger eine **Sphäre privater Lebensgestaltung** verfassungskräftig vorbehalten ist, also ein letzter **unantastbarer Bereich menschlicher Freiheit** besteht, der der Einwirkung der gesamten öffentlichen Gewalt entzogen ist. Ein Gesetz, das in ihn eingreifen würde, könnte nie Bestandteil der ‚verfassungsmäßigen Ordnung‘ sein; es müßte durch das Bundesverfassungsgericht für nichtig erklärt werden.“. BVerfGE 109, 279, Ls. 2 S. 1 (akustische Wohnraumüberwachung / „Großer Lauschangriff“) = BVerfG, Urteil des Ersten Senats vom 03.03.2004 – 1 BvR 2378/98, 1084/99 –, Ls. 2 S. 1: „Zur Unantastbarkeit der Menschenwürde gemäß Art. 1 Abs. 1 GG gehört die Anerkennung eines absolut geschützten **Kernbereichs privater Lebensgestaltung**.“. BVerfGE 141, 220, 276-278 (BKAG) = BVerfG, Urteil des Ersten Senats vom 20.04.2016 – 1 BvR 966/09 –, Rn. 119-124: „Neben den verfassungsrechtlichen Anforderungen an die allgemeinen Eingriffsvoraussetzungen ergeben sich aus den jeweiligen **Grundrechten in Verbindung mit Art. 1 Abs. 1 GG** für die Durchführung von besonders eingriffsintensiven Überwachungsmaßnahmen besondere Anforderungen an den **Schutz des Kernbereichs privater Lebensgestaltung**. Der verfassungsrechtliche **Schutz des Kernbereichs privater Lebensgestaltung** gewährleistet dem Individuum einen **Bereich höchstpersönlicher Privatheit gegenüber Überwachung**. Er wurzelt in den **von den jeweiligen Überwachungsmaßnahmen betroffenen Grundrechten in Verbindung mit Art. 1 Abs. 1 GG** und sichert einen dem Staat nicht verfügbaren Menschenwürdekern grundrechtlichen Schutzes gegenüber solchen Maßnahmen. Selbst überragende Interessen der Allgemeinheit können einen Eingriff in diesen **absolut geschützten Bereich privater Lebensgestaltung** nicht rechtfertigen (vgl. BVerfGE 109, 279 <313>; stRspr). Zur **Entfaltung der Persönlichkeit im Kernbereich privater Lebensgestaltung gehört die Möglichkeit**, **innere Vorgänge** wie Empfindungen und Gefühle sowie Überlegungen, Ansichten und Erlebnisse **höchstpersönlicher Art zum Ausdruck zu bringen** (vgl. BVerfGE 109, 279 <313>; 120, 274 <335>; stRspr). Geschützt ist

insbesondere die **nichtöffentliche Kommunikation mit Personen des höchstpersönlichen Vertrauens, die in der berechtigten Annahme geführt wird, nicht überwacht zu werden**, wie es insbesondere bei Gesprächen im Bereich der Wohnung der Fall ist. Zu diesen Personen gehören insbesondere Ehe- oder Lebenspartner, Geschwister und Verwandte in gerader Linie, vor allem, wenn sie im selben Haushalt leben, und können Strafverteidiger, Ärzte, Geistliche und enge persönliche Freunde zählen (vgl. BVerfGE 109, 279 <321 ff.>). Dieser Kreis deckt sich nur teilweise mit dem der Zeugnisverweigerungsberechtigten. Solche Gespräche verlieren dabei nicht schon dadurch ihren Charakter als insgesamt höchstpersönlich, dass sich in ihnen Höchstpersönliches und Alltägliches vermischen (vgl. BVerfGE 109, 279 <330>; 113, 348 <391 f.>). Demgegenüber ist die **Kommunikation unmittelbar über Straftaten** nicht geschützt, selbst wenn sie auch Höchstpersönliches zum Gegenstand hat. Die **Besprechung und Planung von Straftaten** gehört ihrem Inhalt nach nicht zum **Kernbereich privater Lebensgestaltung**, sondern hat **Sozialbezug** (vgl. BVerfGE 80, 367 <375>; 109, 279 <319 f., 328>; 113, 348 <391>). Dies bedeutet freilich nicht, dass der Kernbereich unter einem allgemeinen Abwägungsvorbehalt in Bezug auf öffentliche Sicherheitsinteressen steht. Ein **höchstpersönliches Gespräch** fällt nicht schon dadurch aus dem **Kernbereich privater Lebensgestaltung** heraus, dass es für die Aufklärung von Straftaten oder Gefahren hilfreiche Aufschlüsse geben kann. Aufzeichnungen oder Äußerungen im Zwiegespräch, die zum Beispiel ausschließlich innere Eindrücke und Gefühle wiedergeben und keine Hinweise auf konkrete Straftaten enthalten, gewinnen nicht schon dadurch einen **Gemeinschaftsbezug**, dass sie Ursachen oder Beweggründe eines strafbaren Verhaltens freizulegen vermögen (vgl. BVerfGE 109, 279 <319>). Auch können trotz **Straftatenbezugs** Situationen, in denen Einzelnen gerade ermöglicht werden soll, ein Fehlverhalten einzugestehen oder sich auf dessen Folgen einzurichten, wie Beichtgespräche oder vertrauliche Gespräche mit einem Psychotherapeuten oder einem Strafverteidiger, der **höchstpersönlichen Privatsphäre** unterfallen, die dem Staat absolut entzogen ist (vgl. BVerfGE 109, 279 <322>). Ein hinreichender **Sozialbezug** besteht demgegenüber dann, wenn **Gespräche - auch mit Vertrauenspersonen - sonst unmittelbar Straftaten zu ihrem Gegenstand haben** (vgl. BVerfGE 109, 279 <319>). Der **Kernbereich privater Lebensgestaltung** beansprucht gegenüber **allen Überwachungsmaßnahmen** Beachtung. Können sie typischerweise zur Erhebung kernbereichsrelevanter Daten führen, muss der Gesetzgeber Regelungen schaffen, die einen wirksamen Schutz normenklar gewährleisten (vgl. BVerfGE 109, 279 <318 f.>; 113, 348 <390 f.>; 120, 274 <335 ff.>). Außerhalb solch verletzungsgeneigter Befugnisse bedarf es eigener Regelungen nicht. Grenzen, die sich im Einzelfall auch hier gegenüber einem Zugriff auf höchstpersönliche Informationen ergeben können, sind bei deren Anwendung unmittelbar von Verfassungs wegen zu beachten. Der **Schutz des Kernbereichs privater Lebensgestaltung** ist strikt und darf nicht durch Abwägung mit den Sicherheitsinteressen nach Maßgabe des Verhältnismäßigkeitsgrundsatzes relativiert werden (vgl. BVerfGE 109, 279 <314>; 120, 273 <339>; stRspr). Dies bedeutet jedoch nicht, dass **jede tatsächliche Erfassung von höchstpersönlichen Informationen** stets einen Verfassungsverstoß oder eine Menschenwürdeverletzung begründet. Angesichts der Handlungs- und Prognoseunsicherheiten, unter denen Sicherheitsbehörden ihre Aufgaben wahrnehmen, kann ein **unbeabsichtigtes Eindringen in den Kernbereich privater Lebensgestaltung** im Rahmen von Überwachungsmaßnahmen nicht für jeden Fall von vornherein ausgeschlossen werden (vgl. BVerfGE 120, 274 <337 f.>). Die Verfassung verlangt jedoch **für die Ausgestaltung der Überwachungsbefugnisse** die **Achtung des Kernbereichs** als eine strikte, nicht frei durch Einzelfallerwägungen überwindbare Grenze.“.

BVerfGE 120, 274 (Online-Durchsuchung) = BVerfG, Urteil des Ersten Senats vom 27.02.2008 – 1 BvR 370/07 –, Ls. 1: „Das **allgemeine Persönlichkeitsrecht** (Art. 2 Abs. 1 i.V.m. Art. 1 Abs. 1 GG) umfasst das Grundrecht auf **Gewährleistung der Vertraulichkeit und Integrität informationstechnischer Systeme**.“; BVerfGE 120, 274, 314 (Online-Durchsuchung) = BVerfG, Urteil des Ersten Senats vom 27.02.2008 – 1 BvR 370/07 –, Rn. 203: „**informationstechnisches System**“: „etwa Personalcomputer“, „ferner beispielweise […] solche Mobiltelefone oder elektronische Terminkalender, die über einen großen Funktionsumfang verfügen und personenbezogene Daten vielfältiger Art erfassen und speichern können.“; BVerfGE 120, 274, 276 (Online-Durchsuchung) = BVerfG, Urteil des Ersten Senats vom 27.02.2008 – 1 BvR 370/07 –, Rn. 5: „**heimlicher Zugriff auf ein informationstechnisches System**“: „[heimliche] technische Infiltration […], die etwa Sicherheitslücken des Zielsystems ausnutzt oder über die Installation eines Spähprogramms erfolgt“, wobei die Infiltration es ermöglicht, die Zielsystem-„Nutzung zu überwachen oder die Speichermedien durchzusehen oder gar das Zielsystem fernzusteuern.“.

a) GR-SB:

aa) Persönlicher GR-SB: „Jeder".

bb) Sachlicher GR-SB: „**freie Entfaltung der Persönlichkeit**" in der Ausprägung des RiS als „**Datenfreiheit**" (Grundsätzliche Bestimmungsbefugnis des Einzelnen über Preisgabe und Verwendung eigener personenbezogener Daten[1016]), i.d.R. gegeben bei Bezug auf mindestens ein **personenbezogenes Datum**: § 36 Nr. 1 DSG NRW[1017].

b) GR-E (oder Nichteingriff/ **Grundrechtsverzicht** bzw. **Einwilligung** i.S.v. § 36 Nr. 19 DSG NRW, § 38 DSG NRW): **Persönlichkeitsentfaltungseinschränkung**, als **Datenfreiheitseinschränkung**, durch **Datenverarbeitung**s-Maßnahme (z.B. Datenerhebung, Datenspeicherung, Datenübermittlung, Datenabgleich)[1018] i.S.d. § 36 Nr. 2 DSG NRW.

BVerfGE 147, 1 (**Geschlechtsidentität**) = BVerfG, Beschluss des Ersten Senats vom 10.10.2017 – 1 BvR 2019/16 –, Ls. 1-3: „1. Das **allgemeine Persönlichkeitsrecht** (Art. 2 Abs. 1 i.V.m. Art. 1 Abs. 1 GG) schützt die **geschlechtliche Identität**. Es schützt auch die geschlechtliche Identität derjenigen, die sich dauerhaft weder dem männlichen noch dem weiblichen Geschlecht zuordnen lassen. 2. Art. 3 Abs. 3 Satz 1 GG schützt auch Menschen, die sich dauerhaft weder dem männlichen noch dem weiblichen Geschlecht zuordnen lassen, vor **Diskriminierungen wegen ihres Geschlechts**. 3. Personen, die sich dauerhaft weder dem männlichen noch dem weiblichen Geschlecht zuordnen lassen, werden in beiden Grundrechten verletzt, wenn das Personenstandsrecht dazu zwingt, das Geschlecht zu registrieren, aber keinen anderen positiven Geschlechtseintrag als weiblich oder männlich zulässt.".

BVerfG, Urteil des Zweiten Senats vom 26.02.2020 – 2 BvR 2347/15 –, Ls. 1: „a) Das **allgemeine Persönlichkeitsrecht** (Art. 2 Abs. 1 i.V.m. Art. 1 Abs. 1 GG) umfasst als Ausdruck persönlicher Autonomie ein **Recht auf selbstbestimmtes Sterben**. b) Das **Recht auf selbstbestimmtes Sterben** schließt die Freiheit ein, sich das Leben zu nehmen [Rn. 208: „**Recht auf Selbsttötung**"]. Die Entscheidung des Einzelnen, seinem Leben entsprechend seinem Verständnis von Lebensqualität und Sinnhaftigkeit der eigenen Existenz ein Ende zu setzen, ist im Ausgangspunkt als Akt autonomer Selbstbestimmung von Staat und Gesellschaft zu respektieren. c) Die **Freiheit, sich das Leben zu nehmen**, umfasst auch die Freiheit, hierfür bei Dritten Hilfe zu suchen und Hilfe, soweit sie angeboten wird, in Anspruch zu nehmen.".

[1014] Zum sog. „**Menschenwürdegehalt**" der Grundrechte: *Basten*, Die Menschenwürde des Grundgesetzes.

[1015] Vgl. auch Art. 142 GG i.V.m. Art. 4 Abs. 2 Verfassung NRW; Art. 8 EU-GR-Charta; Art. 16 AEUV; Art. 8 EMRK.

[1016] BVerfGE 65, 1, Ls. 1 S. 2 (Volkszählungsgesetz) = BVerfG, Urteil des Ersten Senats vom 15.12.1983 – 1 BvR 209/83, Ls. 1 S. 2 (Ls. 1: „Unter den Bedingungen der modernen Datenverarbeitung wird der Schutz des Einzelnen gegen unbegrenzte Erhebung, Speicherung, Verwendung und Weitergabe seiner persönlichen Daten von dem allgemeinen Persönlichkeitsrecht des Art. 2 Abs. 1 GG in Verbindung mit Art. 1 Abs. 1 GG umfaßt. Das Grundrecht gewährleistet insoweit die Befugnis des Einzelnen, grundsätzlich selbst über die Preisgabe und Verwendung seiner persönlichen Daten zu bestimmen.").

[1017] BVerfG, Beschluss der 3. Kammer des Zweiten Senats vom 27.06.2018 – 2 BvR 1562/17 (auf § 103 StPO gestützte Anordnung der Durchsuchung der Räumlichkeiten des Münchener Kanzleistandorts der Rechtsanwaltskanzlei Jones Day sowie Sicherstellung von Unterlagen und elektronischen Daten im Zuge des sogenannten „VW-Dieselskandals" – Verfassungsbeschwerde nicht zur Entscheidung angenommen wegen Unzulässigkeit aufgrund Nichterfüllung von Voraussetzungen nach § 93a Abs. 2 BVerfGG), Gründe, V., Rn. 44: „Der Begriff der persönlichen Daten deckt sich mit der Legaldefinition personenbezogener Daten in § 46 Nr. 1 BDSG (zuvor § 3 Abs. 1 BDSG) und erfasst alle Informationen, die sich auf eine identifizierte oder identifizierbare natürliche Person (betroffene Person) beziehen (vgl. noch zu § 3 Abs. 1 BDSG ‚Einzelangaben über persönliche oder sachliche Verhältnisse einer bestimmten oder bestimmbaren Person' Di Fabio, in: Maunz/Dürig, GG, Art. 2 Abs.1, Rn. 175 [Juli 2001]).".

[1018] BVerfG, Urteil des Ersten Senats vom 19.05.2020 – 1 BvR 2835/17 – (Ausland-Ausland-Fernmeldeaufklärung nach BNDG), E. III. 1., Rn. 212: „Die **Übermittlung personenbezogener Daten**, mit der eine

c) GR-B: Art. 2 Abs. 1 Hs. 2 GG.[1019]

A. Rechtsgrundlage (RGL) II. Rechtsgebiet (RG)

(VOR/DEF)

Rechtsgebiet ist Rechtsordnungsteil nach allen Umständen – wie schwerpunktmäßige Äußerungen, Rechtsnormen, Zwecke, auch i.V.m. §§ 133, 157 BGB analog.[1020]

Alle Identitätsüberprüfungsmaßnahmen, Identitätsfeststellungsmaßnahmen, Identitätssicherungsmaßnahmen erfolgen in Auslegung ihres Erklärungsgehalts vom verobjektiviertem Empfängerhorizont, §§ 133, 157 BGB analog, schwerpunktmäßig mit Gefahrenabwehrzweck aus § 1 AufenthG, § 1 AsylG.

Die Maßnahmen erfolgen auf dem Rechtsgebiet des besonderen öffentlichen Verwaltungsrechts polizeilicher Gefahrenabwehr mit AsylG.

Behörde die von ihr erhobenen Daten einer anderen Stelle zugänglich macht, begründet einen eigenen Grundrechtseingriff (vgl. BVerfGE 100, 313 <367>; 141, 220 <334 Rn. 305>; stRspr). Dieser ist an dem **Grundrecht** zu messen, **in das bei der ursprünglichen Datenerhebung eingegriffen wurde** (vgl. BVerfGE 100, 313 <367>; 141, 220 <334 Rn. 305>; stRspr).".

[1019] Art. 2 Abs. 1 Hs. 2 GG (**Schrankentrias**): BVerfGE 80, 137, 153 (Reiten im Walde) = BVerfG, Beschluss des Ersten Senats vom 06.06.1989 – 1 BvR 921/85 –, C. I. 1 a), Rn. 69: „Abgesehen von einem absolut geschützten Kernbereich privater Lebensgestaltung, welcher der Einwirkung der öffentlichen Gewalt entzogen ist (BVerfGE 6, 32 [41]), ist die allgemeine Handlungsfreiheit allerdings nur in den **Schranken** des zweiten Halbsatzes von Art. 2 Abs. 1 GG gewährleistet und steht damit insbesondere unter dem **Vorbehalt der verfassungsmäßigen (Rechts-)Ordnung** (BVerfGE 6, 32 [37 f.]; 74, 129 [152]). Stützt sich ein die Handlungsfreiheit berührender Akt der öffentlichen Gewalt auf eine Rechtsnorm, so kann mit der Verfassungsbeschwerde unter Berufung auf Art. 2 Abs. 1 GG zur Nachprüfung gestellt werden, ob diese Norm zur **verfassungsmäßigen Ordnung** gehört, das heißt formell und materiell mit den Normen der Verfassung in Einklang steht (st. Rspr. seit BVerfGE 6, 32)."; BVerfGE 6, 32, Ls. 3 (Elfes) = BVerfG, Urteil des Ersten Senats vom 16.01.1957 – 1 BvR 253/56, Ls. 3: „**Verfassungsmäßige Ordnung** im Sinne des Art. 2 Abs. 1 GG ist die verfassungsmäßige Rechtsordnung, d.h. die Gesamtheit der Normen, die formell und materiell der Verfassung gemäß sind."; vgl. dazu auch BVerfGE 6, 32, 37-41 (Elfes) = BVerfG, Urteil des Ersten Senats vom 16.01.1957 – 1 BvR 253/56, Gründe II. 2 b), c), Rn. 17-33.

Rechte anderer sind (als Teil der verfassungsmäßigen Ordnung) subjektive Berechtigungen (Anspruch oder Befugnis oder Erlaubnis) einschließlich Verpflichtungen (Pflicht zur Erfüllung von Anspruch oder Befugnis oder Erlaubnis) und sonstiger Rechtswirkungen für ein Rechtssubjekt bezüglich eines Verhaltens oder eines Rechtsguts.

Vgl. zum ein Mal bundesverfassungsgerichtlich entscheidungserheblich bemühten „**Sittengesetz**" nach Art. 2 Abs. 1 Hs. 2 GG als Gesetz, das nicht das durch die „soziale Gemeinschaft" „als für sich verbindlich" anerkannte „Rechtsgefühl" „im allgemeinen" „verletzt": BVerfGE 6, 389 (Homosexuelle) = BVerfG, Urteil des Ersten Senats vom 10.05.1957 – 1 BvR 550/52 –, und StrRehaHomG (Gesetz zur strafrechtlichen Rehabilitierung der nach dem 8. Mai 1945 wegen einvernehmlicher homosexueller Handlungen verurteilten Personen vom 17. Juli 2017 – BGBl. I S. 2443).

[1020] Zum Rechtsgebiet bzw. zu Rechtsgebieten einschließlich Rechtsgebiet-Begriffen und Rechtsgebiet-Auslegungsansätzen: *Basten*, Eingriffsrecht der Polizei in Nordrhein-Westfalen, Band 1, Buch 1, Abschnitt 3, Unterabschnitt 3, Titel 3, Untertitel 3.

A. Rechtsgrundlage (RGL) III. Mögliche Befugnisrechtsnorm (Mgl. Brn.)

(VOR/DEF)

Befugnisrechtsnorm ist die rechtmäßige hauptsächliche materiellrechtliche Rechtsgrundlage mit realfolgenentsprechender Rechtsfolge.

(SUB/ERG)

Realfolge ist die Maßnahme laut Sachverhalt.

Rechtsfolge ist die Maßnahme laut Rechtsnorm.

Rechtsfolgen aus §§ 16, 19 AsylG[1021] sind allgemein Identitäts-Überprüfungs-Maßnahmen, Identitäts-Feststellungs-Maßnahmen, Identitäts-Sicherungs-Maßnahmen (als [Begleit-]VA oder Realakt, § 35 VwVfG NRW), insbesondere erkennungsdienstliche Behandlung/Maßnahmen, nämlich mit Zuordnung von Rechtsfolgen und möglichen Befugnisrechtsnormen insbesondere wie folgt:

- § 16 Abs. 1 S. 1, 2 AsylG: Identitätssicherung durch erkennungsdienstliche Maßnahmen (bei mindestens 14-jährigem asylsuchendem Ausländer: Lichtbilderaufnahme, Fingerabdruckeaufnahme aller 10 Finger; bei nicht-14-jährigem asylsuchendem Ausländer nur Lichtbilder).
- § 16 Abs. 1 S. 3-5 AsylG: Aufzeichnung des gesprochenen Wortes des Ausländers auf Ton- oder Datenträger – bei nicht-14-jährigem asylsuchendem Ausländer und bei mindestens 14-jährigem asylsuchendem Ausländer.
- § 16 Abs. 1a AsylG: Auslesen des elektronischen Dokumenten-Speicher- und Verarbeitungsmediums bzgl. gespeicherter biometrischer (Fingerabdrücke, Lichtbild, Irisbilder) und sonstiger Daten; Erhebung benötigter biometrischer Daten (Fingerabdrücke, Lichtbild, Irisbilder) beim Dokumenteninhaber; Vergleich der biometrischen Daten (Fingerabdrücke, Lichtbild, Irisbilder) miteinander – bei nicht-14-jährigem asylsuchendem Ausländer und bei mindestens 14-jährigem asylsuchendem Ausländer.
- § 19 Abs. 2 AsylG: Erkennungsdienstliche Behandlung (i.S.d. § 16 Abs. 1 AsylG vor Weiterleitung eines asylsuchenden Ausländers in Fällen von § 19 Abs. 1 AsylG).[1022]

B. Formelle Rechtmäßigkeit (FR) I. Zuständigkeit (Z)

(VOR/DEF)

Zuständigkeit ist Aufgabenwahrnehmungserlaubnis für den Rechtsfolgesetzer.

[1021] Vgl. zu §§ 16, 19 AsylG insbesondere: §§ 48-49 AufenthG.

[1022] Vgl. auch § 18 Abs. 5 AsylG: „Die Grenzbehörde hat den Ausländer erkennungsdienstlich zu behandeln.“, und § 18a AsylG für „Verfahren bei Einreise auf dem Luftwege“ im Fall eines bei der Grenzbehörde um Asyl nachsuchenden Ausländers. **Grenzbehörde** ist die mit der polizeilichen Kontrolle des grenzüberschreitenden Verkehrs beauftragte Behörde, § 18 Abs. 1 AsylG.

(SUB/ERG)

Für die Ausweismaßnahmen, Zugangsdatenerhebungsmaßnahmen, ID-Maßnahmen ist die Zuständigkeit i.d.R. wie folgt gegeben:

1. sachliche Zuständigkeit der Polizei gemäß § 16 Abs. 2 („auch die in den §§ 18 und 19 bezeichneten Behörden“[1023]) / § 19 Abs. 2 AsylG („Bundespolizei“ oder „Polizei eines Landes“);

2. instanzielle Zuständigkeit der Polizei(vollzugs)behörde gemäß § 11 Abs. 1 Nr. 1 POG NRW;

3. örtliche Zuständigkeit der Polizei(vollzugs)behörde gemäß § 7 Abs. 1 S. 1 POG NRW i.V.m. KPBVO NRW;

4. funktionelle Zuständigkeit des Polizeiamtswalters gemäß § 16 Abs. 2 AsylG / § 19 Abs. 2 AsylG.

B. Formelle Rechtmäßigkeit (FR) II. Verfahren (V)

(VOR/DEF)

Verfahren ist normiertes Verhalten für den Rechtsfolgezuständigen außer, bei, i.Z.m. der Rechtsfolge.

In den §§ 16, 19 AsylG sind insbesondere folgende spezifische Verfahrensvoraussetzungen alternativ gegeben – wie folgt den jeweiligen möglichen Befugnisrechtsnormen zugeordnet:

1. §§ 16, 19 AsylG i.V.m. § 17 AsylG: Sprachmittler-Hinzuziehung

Gemäß § 17 Abs. 1 AsylG besteht Pflicht zur Hinzuziehung eines Dolmetschers, Übersetzers oder sonstiges Sprachmittlers von Amts wegen bei der Anhörung, der in die Muttersprache des Ausländers oder in eine andere Sprache zu übersetzen hat, deren Kenntnis vernünftigerweise vorausgesetzt werden kann und in der er sich verständigen kann im Fall der ausländerseitig nicht ausreichenden Kundigkeit der deutschen Sprache; gemäß 17 Abs. 2 AsylG unter Berücksichtigung der Berechtigung des Ausländers, auf seine Kosten auch einen geeigneten Sprachmittler seiner Wahl hinzuzuziehen.

2. § 16 Abs. 1 S. 3-5 AsylG i.V.m. § 16 Abs. 1 S. 4 AsylG: Inkenntnissetzen vor Wort-Aufzeichnung

Gemäß § 16 Abs. 1 S. 4 AsylG darf außerhalb der förmlichen Anhörung des Ausländers die Erhebung/Aufzeichnung des gesprochenen Wortes auf Ton- oder Datenträger nur erfolgen, wenn der Ausländer vorher darüber in Kenntnis gesetzt wurde.

[1023] **Grenzbehörde** ist die mit der polizeilichen Kontrolle des grenzüberschreitenden Verkehrs beauftragte Behörde, § 18 Abs. 1 AsylG. Vgl. auch § 18 Abs. 5 AsylG: „Die Grenzbehörde hat den Ausländer erkennungsdienstlich zu behandeln.“, und § 18a AsylG für „Verfahren bei Einreise auf dem Luftwege“ im Fall eines bei der Grenzbehörde um Asyl nachsuchenden Ausländers.

(SUB/ERG)

Im konkreten Fall sind die jeweils gegebenen Verfahrensvoraussetzungen (alternativ)

- eingehalten.
- nicht eingehalten.

3. § 28 VwVfG NRW: Anhörung bzgl. eines (Begleit-)VA auf dem Rechtsgebiet der Gefahrenabwehr (§§ 1, 2, 9, 35 VwVfG NRW)

(VOR/DEF)

Gemäß § 28 Abs. 1 VwVfG NRW besteht Pflicht zur **Anhörung** im Sinne des § 28 Abs. 1 VwVfG NRW (Äußerungsgelegenheit mit entsprechender Würdigung vor eingreifendem VA) – oder es soll sein: ein Ausnahmegrund gemäß § 28 Abs. 2, 3 VwVfG NRW oder **VA-Verletzungsunbeachtlichkeit** gemäß § 45 VwVfG NRW oder **VA-Nichtaufhebbarkeit** gemäß § 46 VwVfG NRW.

Gemäß § 28 Abs. 2 VwVfG NRW kann von der Anhörung abgesehen werden, wenn sie nach den Umständen des Einzelfalles nicht geboten ist, insbesondere wenn ein Fall vorliegt gemäß § 28 Abs. 2 Nr. 1-5 VwVfG NRW.

Absehenkönnen im Sinne von § 28 Abs. 2 Hs. 1 VwVfG NRW bedeutet Ermessen – in systematisch-kumulativer Verbindung mit § 28 Abs. 2 Hs. 2 VwVfG NRW wiederum unter Vorbehalt des tatsächlich und rechtlich Möglichen wie Gebotenen.

Gebotenheit ist Nichtverfügbarkeit eines milderen, gleich geeigneten Mittels zur Zweckförderung.

Gemäß § 28 Abs. 2 Nr. 5 VwVfG NRW kann von der Anhörung abgesehen werden, wenn sie nach den Umständen des Einzelfalles nicht geboten ist, insbesondere wenn Maßnahmen in der Verwaltungsvollstreckung getroffen werden sollen.

Gemäß § 28 Abs. 2 Nr. 1 VwVfG NRW kann von der Anhörung abgesehen werden, wenn eine sofortige Entscheidung wegen Gefahr im Verzug oder im öffentlichen Interesse notwendig erscheint.

Gefahr im Verzug i.S.d. § 28 Abs. 2 Nr. 1 VwVfG NRW ist gegeben, wenn der Handlungsbedarf unvorhergesehen ist und bei Durchführung der eigentlich vorgesehenen Maßnahme, hier der Anhörung, der gesetzliche Zweck, hier der jeweilige aus der Aufgabe des § 1 Abs. 1 S. 1 PolG NRW und aus der Befugnisrechtsnorm des § 8 Abs. 1 PolG NRW, vereitelt oder wesentlich erschwert wird.[1024]

[1024] BVerwGE 142, 205 (Schutzmaßnahme nach IfSG) = BVerwG, Urteil vom 22.03.2012 – BVerwG 3 C 16.11: „Gefahr im Verzug im Sinne von § 28 Abs. 2 Nr. 1 VwVfG ist anzunehmen, wenn durch eine vorherige Anhörung auch bei Gewährung kürzester Anhörungsfristen ein Zeitverlust einträte, der mit hoher Wahrscheinlichkeit zur Folge hätte, dass die behördliche Maßnahme zu spät käme, um ihren Zweck noch zu erreichen. Ob eine sofortige Entscheidung objektiv notwendig war oder die Behörde eine sofortige Entscheidung zumindest für notwendig halten durfte, ist vom Gericht aus ex-ante-Sicht zu beurteilen (Urteil vom 15. Dezember 1983 - BVerwG 3 C 27.82 - BVerwGE 68, 267 <271 f.> = Buchholz 316 § 28 VwVfG Nr. 9 S. 18). Hierbei ist wegen der Bedeutung des Anhörungsrechts als tragendem Prinzip des rechtsstaatlichen Verfahrens ein strenger Maßstab anzulegen (vgl. Kopp/Ramsauer, VwVfG, 12. Aufl. 2011, § 28 Rn. 3 und Rn. 46 m.w.N.).“.

Öffentliches Interesse ist die einzelfallbezogene Relevanz eines Rechts oder Rechtsguts nicht ausschließlich bei einem einzelnen Individuum.

Notwendigkeit ist Nichtverfügbarkeit eines milderen, gleich geeigneten Mittels zur Zweckförderung – bis hin zur Alternativlosigkeit der Mittelanwendung.

Gemäß § 28 Abs. 3 VwVfG NRW unterbleibt eine Anhörung, wenn ihr ein zwingendes öffentliches Interesse entgegensteht.

Zwingendes öffentliches Interesse ist die einzelfallbezogene unbedingte Relevanz eines Rechts oder Rechtsguts nicht ausschließlich bei einem einzelnen Individuum.

(SUB/ERG)

Im konkreten Fall ist § 28 VwVfG NRW (alternativ)

- eingehalten insbesondere bei Gelegenheit zur Stellungnahme i.S.d. § 28 Abs. 1 VwVfG NRW.
- eingehalten bei Nichteinhaltung von § 28 Abs. 1 VwVfG NRW und Ausnahmegrund gemäß § 28 Abs. 2, 3 VwVfG NRW.
- nicht eingehalten insbesondere bei Fehlen von Gelegenheit zur Stellungnahme ohne Ausnahmegrund.
- sonst eingehalten oder nicht eingehalten bei Anhaltspunkten / Fehlen entgegenstehender Anhaltspunkte.

4. § 39 VwVfG NRW: Begründung bzgl. eines (Begleit-)VA auf dem Rechtsgebiet der Gefahrenabwehr (§§ 1, 2, 9, 35 VwVfG NRW)

(VOR/DEF)

Gemäß § 39 Abs. 1 VwVfG NRW besteht Pflicht zur **Begründung** eines schriftlichen oder elektronischen sowie schriftlich oder elektronisch bestätigten VA (vgl. § 37 Abs. 2 VwVfG NRW) mit den tatsächlich-rechtlichen, nicht unbedingt materiellrechtlich richtigen Behördenerwägungen – oder es soll gegeben sein: ein Ausnahmegrund nach § 39 Abs. 2 VwVfG NRW (insb. § 39 Abs. 2 Nr. 2, 4 VwVfG NRW) oder **VA-Verletzungsunbeachtlichkeit** gemäß § 45 VwVfG NRW oder **VA-Nichtaufhebbarkeit** gemäß § 46 VwVfG NRW.

(SUB/ERG)

Im konkreten Fall ist § 39 VwVfG NRW (alternativ)

- eingehalten bei Fehlen von Begründungspflicht bei rechtmäßigem Fehlen von schriftlichem oder elektronischem, schriftlich oder elektronisch bestätigtem VA (i.d.R. jedenfalls zunächst bei Maßnahmen i.S.d. § 80 Abs. 2 S. 1 Nr. 2 VwGO).
- eingehalten bei Begründung bei schriftlichem oder elektronischem, schriftlich oder elektronisch bestätigtem VA (z.B. im Rahmen von „Bescheinigungen"; „Mitteilungen", „Anschreiben-VA" [„Auflagenanschreiben", „Gefährderanschreiben", „Meldeauflagenanschreiben"], „HG-Schriftverfügung"), auch bei Nichtvorliegen eines Ausnahmegrundes i.S.v. § 39 Abs. 2 VwVfG NRW.

- eingehalten bei Ausnahmegrund nach § 39 Abs. 2 VwVfG NRW, insbesondere wegen bekannter oder erkennbarer Sach- und Rechtslage gemäß § 39 Abs. 2 Nr. 2 Var. 1 oder 2 VwVfG NRW.
- sonst eingehalten oder nicht eingehalten bei Anhaltspunkten / Fehlen entgegenstehender Anhaltspunkte.

(ERG Verfahren)

Ergebnis kann allgemein sein: Verfahrensrechtmäßigkeit oder Verfahrensrechtswidrigkeit der Maßnahme.

B. Formelle Rechtmäßigkeit (FR) III. Form (F)

(VOR/DEF)

Form ist normiertes Wie der Rechtsfolgesetzung – schriftlich, elektronisch, mündlich oder in anderer Weise.

(SUB/ERG)

Im konkreten Fall (alternativ)

- ist bei Fehlen von VA § 37 Abs. 2-6 VwVfG NRW unanwendbar.
- ist bei Fehlen von VA und Fehlen speziellerer Formrechtsnormen Formfreiheit gegeben.
- ist bei VA und Fehlen speziellerer Formrechtsnormen anwendbar: § 37 Abs. 2 bis 6 VwVfG NRW.
- kann gemäß § 37 Abs. 2 S. 1 VwVfG NRW der VA schriftlich, elektronisch, mündlich oder in anderer Weise erlassen werden.
- braucht gemäß § 37 Abs. 2 S. 2 VwVfG NRW der mündliche VA schriftlich oder elektronisch nicht bestätigt zu werden, wenn hieran kein berechtigtes Interesse besteht und der Betroffene dies nicht unverzüglich verlangt.

Ergebnis kann allgemein sein: Formrechtmäßigkeit oder Formrechtswidrigkeit der Maßnahme.

C. Materielle Rechtmäßigkeit (MR) I. Tatbestand (Tb) / Tatbestandsvoraussetzungen (TBV)

Tatbestand ist das Gesamt der (materiell-rechtlichen) Rechtsfolge(setzungs)bedingungen. / **Tatbestandsvoraussetzungen** sind materiell-rechtliche Rechtsfolgesetzungsbedingungen.

§ 16 Abs. 1 S. 1 W. 6-8 AsylG, § 19 Abs. 1 W. 16-18 AsylG, § 19 Abs. 2 W. 14-16 AsylG: Asylgesuch (oder Asylantrag, § 13 AsylG)

(VOR)

In den §§ 16, 19 AsylG ist insbesondere Tatbestandsvoraussetzung zu jeder (alternativ) möglichen Befugnisrechtsnorm (§ 16 Abs. 1 S. 1, 2 AsylG / § 16 Abs. 1 S. 3-5 AsylG / § 16 Abs. 1a AsylG): ein Asylgesuch oder ein Asylantrag, vgl. § 13 AsylG: Asylgesuch, ggf., § 19 Abs. 2 i.V.m. § 19 Abs. 1 AsylG vor Weiterleitung[1025] an die Aufnahmeeinrichtung; zumindest ein zureichender tatsächlicher Anhaltspunkt[1026] für den Tatbestand einer Asylsuche.

(DEF)

Ein **Asylantrag** liegt gemäß § 13 Abs. 1 AsylG vor, wenn sich dem schriftlich, mündlich oder auf andere Weise geäußerten Willen des Ausländers entnehmen lässt, dass er im Bundesgebiet Schutz vor politischer Verfolgung sucht oder dass er Schutz vor Abschiebung oder einer sonstigen Rückführung in einen Staat begehrt, in dem ihm eine Verfolgung im Sinne des § 3 Abs. 1 AsylG oder ein ernsthafter Schaden im Sinne des § 4 Abs. 1 AsylG droht – unabhängig von weiteren Wirkungen i.S.d. § 13 AsylG und vom Verfahren i.S.d. § 14 AsylG; § 13 Abs. 3 AsylG scheint zwischen Asylantrag (beim BAMF – Bundesamt für Migration und Flüchtlinge) und Asylgesuch (bei Grenzbehörde, Aufnahmeeinrichtung, Ausländerbehörde, Polizei) zu differenzieren; § 14 Abs. 2, 3 AsylG wiederum nicht.[1027]

[1025] Zur **Weiterleitung** vgl. insbesondere: §§ 18 Abs. 1, 19 Abs. 1, 20 AsylG.

[1026] Zur **Mindestvoraussetzung** auch auf dem Rechtsgebiet der Gefahrenabwehr eines tatsächlichen Anhaltspunkts bzw. eines Ausgangspunktes im Tatsächlichen: *Basten*, Eingriffsrecht der Polizei in Nordrhein-Westfalen, Band 1, Buch 1, S. 255.

[1027] Vgl. BVerwGE 138, 336 (Begehren auf Erteilung einer Aufenthaltserlaubnis) = BVerwG, Urteil vom 11.01.2011 – BVerwG 1 C 22.09, Rn. 23: „Sein Antrag ist dabei [wie letztlich jedes Begehren, P. B.] – sofern er nicht ausdrücklich auf ein Begehren beschränkt ist – bei sachdienlicher Auslegung in der Regel als umfassend zu verstehen und bezieht sich regelmäßig auf die Erteilung sämtlicher nach Lage der Dinge in Betracht kommenden Aufenthaltserlaubnisse.“; BGHZ 153, 18 (Asylantrag) = BGH, Beschluss vom 21.11.2002 – V ZB 49/02, Ls.: „a) Die Aufenthaltsgestattung des unerlaubt aus einem sicheren Drittstaat in die Bundesrepublik Deutschland eingereisten Ausländers setzt einen förmlichen **Asylantrag** voraus. b) Ein **Asylgesuch** setzt mehr als die bloße Verwendung des Wortes ‚**Asyl**‘ voraus; hinzutreten müssen Erklärungen des Betroffenen oder sonstige tatsächliche Umstände, die erkennen lassen, daß er Schutz vor einer aus seiner Sicht gegebenen **politischen Verfolgung** [vgl. Art. 16a GG] sucht.“, Aus den Gründen III. „Die vom Oberlandesgericht Köln vertretene Auffassung, allein die Verwendung des Wortes ‚Asyl‘ lasse darauf schließen, daß sich der Betroffene auf politische Gründe berufen wolle, verkennt, daß der Asylbegriff keinen vorgegebenen allgemeingültigen Inhalt hat, sondern als Rechtsbegriff der näheren Ausgestaltung durch den Gesetzgeber und die Rechtsprechung unterliegt. Es kann deshalb nicht ohne weiteres davon ausgegangen werden, daß derjenige, der diesen Begriff verwendet, ihn gerade in dem durch § 13 Abs. 1 AsylVfG [ex, ≙ § 13 AsylG] festgelegten Sinn versteht. Denkbar ist weiterhin, daß dem jeweils Betroffenen die Bedeutung des Wortes ‚Asyl‘ überhaupt nicht bekannt ist (vgl. den der Entscheidung OVG Münster, NVwZ-RR 1989, 390 zugrundeliegenden Sachverhalt). Ein Asylgesuch setzt daher mehr als die bloße Verwendung des Wortes ‚Asyl‘ voraus (OVG Münster, a. a. O; Marx, a. a. O, § 13 Rdn. 3). Hiervon ist auch der Gesetzgeber ausgegangen (BT-Drucks. 9/875, S. 15). Hinzutreten müssen Erklärungen des Betroffenen, insbesondere eine kurze Begründung seines Asylbegehrens, oder sonstige tatsächliche Umstände, die erkennen lassen, daß der Betroffene Schutz vor einer aus seiner Sicht gegebenen politischen Verfolgung sucht (KG, FGPrax 1997, 116; Renner, a. a. O., § 13 AsylVfG, Rdn. 4 f; GK-AsylVfG, Stand:

(SUB/ERG)

Im konkreten Fall ist die jeweils gegebene Tatbestandsvoraussetzung (alternativ)

- erfüllt.
- nicht erfüllt.

C. Materielle Rechtmäßigkeit (MR) II. Inanspruchnahme (In) / Inanspruchnahmevoraussetzungen (Inv)

(VOR/DEF)

Inanspruchnahmevoraussetzungen sind materiell-rechtliche Bedingungen für richtige Inanspruchnahme.

Inanspruchnahme ist Adressierung und sonstiges Betroffenmachen; **Adressierung** ist direktes Bestimmen oder finales Richten einer Maßnahme an einen Grundrechtsträger, vgl. §§ 41 Abs. 1 S. 1, 43 Abs. 1 S. 1 VwVfG NRW.

Nach § 16 Abs. 1, 1a, 2 AsylG und § 19 Abs. 2 AsylG ist Inanspruchnahme grundsätzlich richtig gegen einen asylsuchenden Ausländer[1028].

Ausländer[1029] i.S.d. §§ 16, 19 AsylG ist jeder i.S.v. § 2 Abs. 1 AufenthG, § 1 AsylG, grundsätzlich auch im Bedarfsfall i.S.v. § 1 Abs. 2 AufenthG, vgl. auch §§ 1, 12 FreizügG/EU[1030], vgl. auch Art. 116 GG, §§ 1, 3, 17 StAG.

Für die §§ 16, 19 AsylG sind insbesondere folgende Inanspruchnahmevoraussetzungen alternativ gegeben – wie folgt den jeweiligen möglichen Befugnisrechtsnormen zugeordnet:

Juli 1998, § 13 Rdn. 38 f). Derartige Anhaltspunkte sind im vorliegenden Fall nicht ersichtlich. Den Angaben des Betroffenen [Aus den Gründen I.: ‚Jetzt bin ich hier und jetzt bleib ich auch hier. Wo ich genau hinwollte, ist mir egal. … Wenn ich Arbeit bekomme, dann arbeite ich auch. N. hat mir gesagt, wenn ich in Deutschland bin, dann bekomme ich auch Asyl. Deshalb bin ich jetzt hier.'] gegenüber der Polizei läßt sich lediglich entnehmen, daß er bereit ist zu arbeiten. Dies deutet eher darauf hin, daß seine Einreise wirtschaftlich motiviert war.".

1028 Zum (jeweiligen) gesetzlichen **Ausländer**-Begriff (bzw. persönlichen Gesetzesanwendungsbereich) vgl. insbesondere: Art. 116 GG, §§ 1, 3, 17 StAG, § 1 Abs. 2 AufenthG, § 2 Abs. 1 AufenthG, Spezialrechtsnormen wie § 48 Abs. 1 S. 2 AufenthG, § 1 AsylG, § 1 FreizügG/EU, § 12 FreizügG/EU; vgl. zur **Nationalität** auch: § 3b Abs. 1 Nr. 3 AsylG.

1029 Zum (jeweiligen) gesetzlichen **Ausländer**-Begriff (bzw. persönlichen Gesetzesanwendungsbereich) vgl. insbesondere: Art. 116 GG, §§ 1, 3, 17 StAG, § 1 Abs. 2 AufenthG, § 2 Abs. 1 AufenthG, Spezialrechtsnormen wie § 48 Abs. 1 S. 2 AufenthG, § 1 AsylG, § 1 FreizügG/EU, § 12 FreizügG/EU; vgl. zur **Nationalität** auch: § 3b Abs. 1 Nr. 3 AsylG.

1030 Vgl. zu §§ 48-49 AufenthG insbesondere: §§ 1, 8, 11, 12 FreizügG/EU. **EWR-Staaten** (vgl. § 12 FreizügG/EU): EU-Staaten und EFTA-Mitgliedstaaten Island, Fürstentum Liechtenstein, Königreich Norwegen. **Schweizerische Eidgenossenschaft** ist EFTA-Mitgliedstaat, aber kein EWR-Staat, sondern nur Beobachter in EWR-Gremien, wegen Nichtratifizierung des EWR-Abkommens vom 02.05.1992 (zum sog. **EWR-Acquis**) aufgrund Referendum vom 06.12.1992; Ausgleich über bilaterale Abkommen mit EU: Freihandels-Abkommen 1972, Versicherungs-Abkommen 1989, Bilaterale Abkommen I 1999 [7, u.a. Personenfreizügigkeitsabkommen v. 21.06.1999, Inkrafttreten: 01.06.2002], Bilaterale Abkommen II 2004 [u.a. zu Abkommen von Dublin und Schengen und zu Betrugsaufklärung – mit Ausnahmen, u.a. bzgl. **Schweizer Bankgeheimnis**]; vgl. auch § 28 AufenthV.

- § 16 Abs. 1 S. 1, 2 AsylG: Identitätssicherung durch erkennungsdienstliche Maßnahmen (bei mindestens 14-jährigem asylsuchendem Ausländer: Lichtbilderaufnahme, Fingerabdruckeaufnahme aller 10 Finger; bei nicht-14-jährigem asylsuchendem Ausländer nur Lichtbilder).
- § 16 Abs. 1 S. 3-5 AsylG: Aufzeichnung des gesprochenen Wortes des Ausländers auf Ton- oder Datenträger – bei nicht-14-jährigem asylsuchendem Ausländer und bei mindestens 14-jährigem asylsuchendem Ausländer.
- § 16 Abs. 1a AsylG: Auslesen des elektronischen Dokumenten-Speicher- und Verarbeitungsmediums bzgl. gespeicherter biometrischer (Fingerabdrücke, Lichtbild, Irisbilder) und sonstiger Daten; Erhebung benötigter biometrischer Daten (Fingerabdrücke, Lichtbild, Irisbilder) beim Dokumenteninhaber; Vergleich der biometrischen Daten (Fingerabdrücke, Lichtbild, Irisbilder) miteinander – bei nicht-14-jährigem asylsuchendem Ausländer und bei mindestens 14-jährigem asylsuchendem Ausländer.
- § 19 Abs. 2 AsylG: Erkennungsdienstliche Behandlung (i.S.d. § 16 Abs. 1 AsylG vor Weiterleitung eines asylsuchenden Ausländers in Fällen von § 19 Abs. 1 AsylG).

(SUB/ERG)

Im konkreten Fall ist die Person (alternativ)

- richtigerweise in Anspruch genommen/adressiert.
- nicht richtigerweise in Anspruch genommen/adressiert.

C. Materielle Rechtmäßigkeit (MR) III. Rechtsfolge (Rf) / Rechtsfolgevoraussetzungen (RfV)

(VOR/DEF)

Rechtsfolge ist rechtliche Folge aus dem Tatbestand. / **Rechtsfolgevoraussetzungen** sind materiell-rechtliche Rechtsfolgegestaltungs-Bedingungen.

C. Materielle Rechtmäßigkeit (MR) III. Rechtsfolge (Rf) 1. Tatsächliche und rechtliche Möglichkeit (TurM)

(VOR/DEF)

Tatsächliche und rechtliche Möglichkeit betrifft Fälle wie aus § 44 Abs. 2 Nr. 4-6 VwVfG NRW.

(SUB/ERG)

Im konkreten Fall ist tatsächliche und rechtliche Möglichkeit (alternativ)

- gegeben wegen Vorliegens von (alternativ) kognitiven, körperlichen, normativen, technischen Unmöglichkeiten.

- nicht gegeben wegen Nichtvorliegens von kognitiven, körperlichen, normativen, technischen Unmöglichkeiten.[1031]

C. Materielle Rechtmäßigkeit (MR) III. Rechtsfolge (Rf) 2. Bestimmtheit (Bsh)

(VOR/DEF)

Bestimmtheit ist Maßnahmenerkennbarkeit und Maßnahmenverstehbarkeit, bei VA und Realakten Gebot nach Art. 20 Abs. 3 GG, bei VA Pflicht auch gemäß § 37 Abs. 1 VwVfG NRW.

(SUB/ERG)

Die ID-Maßnahme bzw ED-Maßnahme ist hinreichend bestimmt i.S.v. Art. 20 Abs. 3 GG, bei Begleit-VA auch i.S.v. § 37 Abs. 1 VwVfG NRW, wenn nach Auslegung vom objektivierten Empfängerhorizont jeder vernünftige Dritte, §§ 133, 157 BGB analog, in der konkreten Situation den Maßnahmen-Inhalt hinreichend erkennen und verstehen kann, nämlich:

- dass die Polizei ggü. dem (mutmaßlichen) Ausländer (Wer)
- aus Gefahrenabwehrgründen (Warum)
- sofort (Wann)
- bezweckt, dass seine Identität überprüft, festgestellt, gesichert wird (Was)
- und zwar durch Mitwirkung an den bzw. Duldung der Identitäts-Maßnahmen (Wie).

C. Materielle Rechtmäßigkeit (MR) III. Rechtsfolge (Rf) 3. Ermessen (Erm)

(VOR/DEF)

Ermessen ist Entscheidungsspielraum auf der Rechtsfolgenseite bzgl. rechtsfehlerfreier Ausübung von Einschreit-Entschließung (Ob), Adressaten-Auswahl (Wer), Maßnahmen-Gestaltung (Wie).

(SUB/ERG)

Der gegebene Entscheidungsspielraum wird aufgrund von entsprechenden Anhaltspunkten/in Ermangelung entgegenstehender Anhaltspunkte ohne Ermessensfehler/mit Ermessensfehlern (Ermessenunterschreitung, Ermessensüberschreitung, Ermessensfehlgebrauch) ausgeübt.

Für die §§ 16, 19 AsylG gilt bzgl. der einzelnen Ermessensarten alternativ folgendes – wie folgt innerhalb den jeweiligen möglichen Befugnisrechtsnormen zugeordnet:

a) Entschließungsermessen:

- § 16 Abs. 1 S. 1, 2 AsylG: Ermessensreduktion („ist“);
- § 16 Abs. 1 S. 3-5 AsylG: freies Ermessen („kann“);

[1031] Zu „Tatsächliche und rechtliche Möglichkeit“ mit Beispielen siehe auch: *Basten*, Eingriffsrecht der Polizei in Nordrhein-Westfalen, Band 1, S. 263.

- § 16 Abs. 1a AsylG: Ermessen („dürfen“);
- § 19 Abs. 2 AsylG: Ermessensreduktion („hat“).

Ein grundsätzlich gegebenes Entschließungsermessen kann im konkreten Fall sogar gegen / auf Null reduziert sein, insbesondere wegen:

- Einschreitmöglichkeit;
- Erheblichkeitsgrad von Gefährdungen bzw. eines ausländerrechtlichen Gefahrenverdachts, z.B. konkreter (dringender, erheblicher, gegenwärtiger) Gefahr.

b) Auswahlermessen:

siehe C. II.: Auswahlermessen wird abschließend beurteilt i.V.m. Punkt C. II. (Inanspruchnahme).

c) Gestaltungsermessen:

siehe C. III. 4.: Gestaltungsermessen wird abschließend beurteilt i.V.m. Punkt C. III. 4. (VHM).

Zum Hintergrund vgl. insbesondere bezüglich IDF-Maßnahmen entschiedene Fälle des sogenannten „**Racial Profiling**“.[1032]

C. Materielle Rechtmäßigkeit (MR) III. Rechtsfolge (Rf) 4. Verhältnismäßigkeit (VHM)

(VOR/DEF)

Verhältnismäßigkeit ist Geeignetheit, Erforderlichkeit, Angemessenheit der Maßnahme zu einem legitimen Zweck.

(VOR/DEF)

a) Legitimer Zweck ist jeder verfassungsgemäße Zweck.

Legitimer Zweck ist bei allen Maßnahmen

- zunächst (alternativ)
  - Identitätssicherungszweck;
  - Zweck der Prüfung der Echtheit des Dokumentes oder der Identität des Ausländers;

[1032] So z.B. OVG NRW, Urteil des 5. Senats vom 07.08.2018 – 5 A 294/16 (**Diskriminierungsverbot**, „**Racial Profiling**“, **Darlegungslast**), Ls. 3-6: „3. Eine nach Art. 3 Abs. 3 Satz 1 GG grundsätzlich verbotene Differenzierung liegt auch dann vor, wenn eine Maßnahme an ein dort genanntes Merkmal kausal, als (mit-)tragendes Kriterium (‚wegen‘) neben anderen Gründen in einem Motivbündel, anknüpft. 4. Insoweit besteht eine Rechtfertigungsmöglichkeit zum Schutz kollidierenden Verfassungsrechts. Dabei ist zu berücksichtigen, dass der Anknüpfung an die Merkmale des Art. 3 Abs. 3 Satz 1 GG stigmatisierende Wirkung zukommen kann, weshalb erhöhte Anforderungen an die Rechtfertigung eines entsprechenden Grundrechtseingriff [sic, P. B.] bestehen. 5. Die an ein solches Merkmal anknüpfende Behörde trifft eine erhöhte Darlegungslast, weshalb diese Berücksichtigung zum Schutz des kollidierenden Verfassungsguts erforderlich ist. 6. Eine ausschließliche Anknüpfung an die Hautfarbe ist bei den hier in Rede stehen polizeilichen Standardmaßnahmen grundsätzlich nicht rechtfertigungsfähig.“.

- letztlich: ein ordnungsgemäßes Asylverfahren, für Steuerung und Begrenzung des Zuzugs von Ausländern in die Bundesrepublik Deutschland, vgl. § 1 Abs. 1 AufenthG und ordnungsgemäße Behandlung von Anträgen i.S.v. § 1 AsylG sowie Ermöglichung von Schutzgewährung i.S.v. §§ 2-4 AsylG – letztlich zwecks Erhaltung der Rechte und Rechtsgüter aus Art. 2 Abs. 2 S. 1 GG, Art. 3 GG, Art. 20 Abs. 3 GG, vgl. auch die Grundrechtsschutzfunktion und die Grundrechtsförderungsfunktion[1033].

(SUB/ERG)

Im konkreten Fall verfolgt die ID-Maßnahme (alternativ)

- einen legitimen Zweck.
- keinen legitimen Zweck.

(VOR/DEF)

b) Geeignetheit einer staatlichen Maßnahme ist gegeben bei deren Zweckförderungstauglichkeit, vgl. auch § 2 Abs. 3 PolG NRW.

(SUB/ERG)

Im konkreten Fall ist die ID-Maßnahme (alternativ)

- geeignet, denn mit ihr wird ein ordnungsgemäßes Verfahren i.S.v. § 1 AufenthG und AsylG ermöglicht, insbesondere dadurch, dass aktuelle oder zukünftige Zweifel über die Person, das Lebensalter oder die Staatsangehörigkeit beseitigt werden können und der jeweilige Ausländer dadurch angemessen differenziert behandelt werden kann.
- ungeeignet.

(VOR/DEF)

c) Erforderlichkeit einer staatlichen Maßnahme ist Nichtverfügbarkeit eines milderen (Übermaßverbot), gleich geeigneten (Untermaßverbot) Mittels zur Zweckförderung, vgl. § 2 Abs. 1 PolG NRW.

(SUB/ERG)

Im konkreten Fall ist die ID-Maßnahme (alternativ)

- erforderlich, denn einerseits sind mildere Maßnahmen wie bloße Befragung oder andere Datenerhebungen (alleine) bis hin zum Nichtstun nicht gleich geeignet, weil sie nicht die Identität zweifelsfrei sichern und für das künftige Verfahren so sichern, eben feststellen (Untermaßverbot), und andererseits sind intensivere Maßnahmen wie (ggf. eine Freiheitsentziehung oder) Zwang nicht notwendig (Übermaßverbot).
- nicht erforderlich.

1033 Zu Grundrechtsfunktionen siehe auch: *Basten*, Eingriffsrecht der Polizei in Nordrhein-Westfalen, Band 1, S. 78-84.

Bei einem Hintereinander oder Nebeneinander von ID-Maßnahmen kommt es insbesondere auf die Sicherheit bis hin zur Zweifelsfreiheit der Identitätsfeststellung, also dem Vorliegen einer wirklichen Feststellung an („Identitätsüberprüfung, Identitätsfeststellung, Identitätssicherung statt Identitätsplausibilisierung"). Bloßes Befragen und bloßes Abprüfen von geantworteten oder sonst vorliegenden Datensätzen ohne Zuordnung des bildlich vor Augen stehenden Menschen zum Personaliensatz begründet nicht unbedingt eine erforderliche Überprüfung, Feststellung, Sicherung der Identität.

Bei Nebeneinander von Identitätsdokumenten/Ausweispapieren und Berechtigungsscheinen oder sonstigen Papieren mit Identitätsangaben gibt es i.d.R. kein Fehlen von Erforderlichkeit zusätzlich gerade des Ausweisdokuments, denn sonstige andere Papiere sind i.d.R. kein milderes, gleich geeignetes Mittel, etwa wegen unterschiedlicher Befugnis- und Dokumentenzwecke sowie Papierqualität (vgl. nur EC-Karte ohne Lichtbild). Vorhandensein eines Dokuments allein führt nicht unbedingt automatisch zum Fehlen von Erforderlichkeit, etwa bei Anhaltspunkten von Amtlichkeitsmängeln, Fälschung, Identitätssicherungsmängeln wie etwa Fehlen eines Lichtbilds, Leseschwierigkeiten, sonstigen Qualitätsmängeln.

Ggf. bauen mehrere IDF-Maßnahmen je nach Nichtfeststellung der Identität verhältnismäßig in ihrer Grundrechtseingriffsintensität aufeinander auf (vgl. zum Beispiel bloßes Anhalten, bloße Befragung, Inaugenscheinnahme, Maßnahmen zwecks IDF bis hin zur „Sistierung").

(VOR/DEF)

d) Angemessenheit oder **Verhältnismäßigkeit im engeren Sinne** einer staatlichen Maßnahme ist angemessenes Maß oder Verhältnis zwischen Zweckförderung für Erhaltungsrechte und Wirkungen für Eingriffsrechte, vgl. auch § 2 Abs. 2 PolG NRW, vgl. betroffene GR.

(SUB/ERG)

Im konkreten Fall ist die ID-Maßnahme (alternativ)

- angemessen, denn die Eingriffe in Art. 2 Abs. 1 i.V.m. Art. 1 Abs. 1 GG, Art. 2 Abs. 2 S. 2 GG stehen angesichts der zu schützenden Rechte, Rechtsgüter sowie der Rechtsordnung aus Art. 2 Abs. 2 S. 1 GG, Art. 2 Abs. 2 S. 2 GG, Art. 3 GG, Art. 20 Abs. 3 GG nicht außer Verhältnis.
- unangemessen.

(ERG VHM)

Die Maßnahme ist insgesamt i.S.v. Art. 20 Abs. 3 GG (alternativ)

- verhältnismäßig.
- unverhältnismäßig.

D. Gesamtergebnis (GErg)

Die ID-Maßnahme ist (alternativ)

- rechtmäßig gemäß § 16 AsylG / § 19 AsylG.
- rechtswidrig wegen Art. / § (bestimmter Rechtsnorm [z.B. Art. 20 Abs. 3 GG]).

Titel 2: Aufenthaltsgesetzliche oder freizügigkeitsgesetzliche Ausweismaßnahmen, Zugangsdatenerhebungsmaßnahmen, ID-Maßnahmen[1034] *(Identitätsüberprüfungsmaßnahmen [IDÜ], Identitätsfeststellungsmaßnahmen [IDF], Identitätssicherungsmaßnahmen [IDS]), § 8 Abs. 1a FreizügG/EU, § 8 Abs. 2 FreizügG/EU, §§ 47a-49 AufenthG*

A. Rechtsgrundlage (RGL) I. Grundrechte (GR)

(VOR/DEF)

Grundrechte sind grundlegende Rechte aus Art. 1-19 GG i.V.m. dem Rechtsstaatsprinzip, Art. 20 Abs. 3 GG, mit Vorrang und Vorbehalt des Gesetzes.[1035]

(SUB/ERG)

Grundsätzlich kann je nach Fall jedes Grundrecht aus dem allgemeinen Teil dieser Ausländerrechtsdarstellung[1036] gegeben sein; in jedem Fall das folgende:

[1034] Vgl. auch zu IDF-Maßnahmen mit Bezug zum Ausländerrecht auf dem Rechtsgebiet der Gefahrenabwehr mit allgemeinerem PolG NRW: § 12 Abs. 1 Nr. 2b PolG NRW.

[1035] Zu **Grundrechten**: *Basten*, Eingriffsrecht der Polizei in Nordrhein-Westfalen, Band 1, Buch 1, Abschnitt 2, Unterabschnitt 3. Zum **Rechtsstaatsprinzip** mit unter anderem sogenanntem Vorrang des Gesetzes und Vorbehalt des Gesetzes: *Basten*, Eingriffsrecht der Polizei in Nordrhein-Westfalen, Band 1, S. 95-108.

[1036] Siehe dazu in diesem Buch: Buch 4, Abschnitt 1, Unterabschnitt 1 (Ausländerrecht allgemein).

Allgemeines Persönlichkeitsgrundrecht[1037] mit verschiedenen Ausprägungen[1038], etwa in der Ausprägung des **Rechts auf informationelle Selbstbestimmung** (APR/RiS), Art. 2 Abs. 1 i.V.m. Art. 1 Abs. 1[1039] GG, vgl. auch Art. 142 GG i.V.m. Art. 4 Abs. 1, 2 Verfassung NRW[1040].

[1037] BVerfGE 147, 1, 18 f. (**Geschlechtsidentität**) = BVerfG, Beschluss des Ersten Senats vom 10.10.2017 – 1 BvR 2019/16 –, Rn. 38: „Art. 2 Abs. 1 GG gewährt jedem das **Recht auf die freie Entfaltung seiner Persönlichkeit**. Dieses Grundrecht umfasst neben der allgemeinen Handlungsfreiheit das **allgemeine Persönlichkeitsrecht** (Art. 2 Abs. 1 i.V.m. Art. 1 Abs. 1 GG). Letzteres ergänzt als ‚unbenanntes' Freiheitsrecht die speziellen (‚benannten') Freiheitsrechte, die ebenfalls konstituierende Elemente der Persönlichkeit schützen (vgl. BVerfGE 54, 148 <153>). Eine der **Aufgaben des allgemeinen Persönlichkeitsrechts** ist es dabei, Grundbedingungen dafür zu sichern, dass die einzelne Person ihre Individualität selbstbestimmt entwickeln und wahren kann (vgl. BVerfGE 35, 202 <220>; 79, 256 <268>; 90, 263 <270>; 117, 202 <225>). Das allgemeine Persönlichkeitsrecht schützt indessen nur solche **Elemente der Persönlichkeitsentfaltung**, die - ohne bereits Gegenstand der besonderen Freiheitsgarantien des Grundgesetzes zu sein - diesen in ihrer konstituierenden Bedeutung für die Persönlichkeit nicht nachstehen (vgl. BVerfGE 79, 256 <268>; 99, 185 <193>; 120, 274 <303>; stRspr). Es verbürgt also nicht Schutz gegen alles, was die selbstbestimmte Persönlichkeitsentwicklung auf irgendeine Weise beeinträchtigen könnte; ohnehin vermag kein Mensch seine Individualität unabhängig von äußeren Gegebenheiten und Zugehörigkeiten zu entwickeln. Der lückenschließende Schutz des allgemeinen Persönlichkeitsrechts greift aber dann, wenn die selbstbestimmte Entwicklung und Wahrung der Persönlichkeit spezifisch gefährdet ist (BVerfGE 141, 186 <201 f. Rn. 32>).".

BVerfG, Beschluss des Ersten Senats vom 06.11.2019 – 1 BvR 16/13 – (Recht auf Vergessen I), Rn. 81: „Diese [**APR-]Rechtsprechung** hat sich maßgeblich in Konstellationen der mittelbaren Drittwirkung und geleitet von dem Erfordernis praktischer Konkordanz entwickelt. Deshalb bestimmen sich die Schutzdimensionen des allgemeinen Persönlichkeitsrechts letztlich immer einzelfallbezogen im Abgleich mit den Grundrechten Dritter. Die Bestimmung seiner Schutzwirkungen und die Abwägung mit den gegenüberstehenden Freiheitsrechten greifen hier Hand in Hand. Der Schutz des allgemeinen Persönlichkeitsrechts ist insoweit flexibel und durch die Einbindung der Person in ihre sozialen Beziehungen relativiert (vgl. BVerfGE 101, 361 <380>; 141, 186 <202 Rn. 32>; 147, 1 <19 Rn. 38>; stRspr; siehe auch BGHZ 183, 353 <357 Rn. 11>; 209, 139 <150 Rn. 30>; 219, 233 <240 Rn. 22>; stRspr).".

Vgl. „**Allgemeines Persönlichkeitsrecht**" (APR) als „sonstiges Recht" (sog. **Rahmenrecht** mit [grundrechts-]abwägungsoffenem Tatbestand) nach § 823 Abs. 1 Var. 6 BGB, u.a. mit Geldentschädigungsanspruch, insbesondere durch ständige Rechtsprechung (vgl. auch § 253 BGB) seit folgender Entwicklung: BGHZ 13, 334 (Leserbrief), mit erstmaliger ausdrücklicher Anerkennung des allgemeinen Persönlichkeitsrechts; BGHZ 26, 349 (Herrenreiter), mit erstmaliger Zuerkennung einer Geldentschädigung wegen des immateriellen Schadens durch die Verletzung des allgemeinen Persönlichkeitsrechts; BGHZ 35, 363 (Ginsengwurzel), mit erstmaliger Schwerpunktsetzung bei der Menschenwürde in der Begründung; BVerfGE 34, 269 (Soraya), mit verfassungsgerichtlicher Erklärung der verfassungsrechtlichen Zulässigkeit der richterrechtlich entwickelten APR-Konstruktion.

[1038] BVerfG, Beschluss des Ersten Senats vom 06.11.2019 – 1 BvR 16/13 – (Recht auf Vergessen I), Rn. 80: „Die Rechtsprechung hat aus dem [**Allgemeinen Persönlichkeits-]Grundrecht** insoweit verschiedene **Schutzdimensionen** abgeleitet wie den **Schutz eines unantastbaren Bereichs privater Lebensgestaltung**, die Garantie der **Privatsphäre**, das **Recht am eigenen Bild** oder **gesprochenen Wort** oder das **Recht auf die Darstellung der eigenen Person**, die **soziale Anerkennung** sowie die **persönliche Ehre** (vgl. BVerfGE 27, 1 <6>; 27, 344 <350 f.>; 32, 373 <379>; 34, 238 <245 f.>; 47, 46 <73>; 54, 148 <153 f.>; 99, 185 <193 f.>; 101, 361 <384>; 106, 28 <39>; 114, 339 <346>; 120, 180 <198>)." „Diese **Schutzgehalte** werden insoweit aber nicht als abschließend umschriebene und voneinander abzugrenzende Gewährleistungen verstanden, sondern als Ausprägungen, die in Blick auf den konkreten Schutzbedarf jeweils anhand des zu entscheidenden Falles herauszuarbeiten sind (vgl. BVerfGE 54, 148 <153 f.>; 65, 1 <41>).".

BVerfGE 65, 1 (Volkszählungsgesetz), Ls. 1 = BVerfG, Urteil des Ersten Senats vom 15.12.1983 – 1 BvR 209/83, Ls. 1: „Unter den Bedingungen der modernen Datenverarbeitung wird der Schutz des Einzelnen

gegen unbegrenzte Erhebung, Speicherung, Verwendung und Weitergabe seiner persönlichen Daten von dem **allgemeinen Persönlichkeitsrecht** des Art. 2 Abs. 1 GG in Verbindung mit Art. 1 Abs. 1 GG umfaßt. Das [**Allgemeine Persönlichkeits-]Grundrecht** gewährleistet insoweit die Befugnis des Einzelnen, grundsätzlich selbst über die Preisgabe und Verwendung seiner persönlichen Daten zu bestimmen.“; BVerfG, Beschluss des Ersten Senats vom 06.11.2019 – 1 BvR 16/13 – (Recht auf Vergessen I), Rn. 80: „Das **Recht auf informationelle Selbstbestimmung** ist von der Rechtsprechung als eigene Ausprägung des allgemeinen Persönlichkeitsrechts mit einem gegenüber den anderen Ausprägungen selbständigen Gewährleistungsgehalt entwickelt worden und behält diesen auch, soweit es als verfassungsrechtliche Wertentscheidung in das Zivilrecht einstrahlt. Dementsprechend enthält es keinen gesamthaften Schutzanspruch hinsichtlich jederlei Umgangs mit Informationen, der die übrigen Schutzdimensionen des Grundrechts allgemein übergreifen und zusammenführen würde, sondern lässt deren Wertungen und Abwägungsregeln unberührt.“; BVerfGE 120, 274, 311 f. (Online-Durchsuchung) = BVerfG, Urteil des Ersten Senats vom 27.02.2008 – 1 BvR 370/07 –, Rn. 198 f. „Das **Recht auf informationelle Selbstbestimmung** geht über den **Schutz der Privatsphäre** hinaus. Es gibt dem Einzelnen die Befugnis, grundsätzlich selbst über die Preisgabe und Verwendung seiner persönlichen Daten zu bestimmen (vgl. BVerfGE 65, 1 <43>; 84, 192 <194>). Es flankiert und erweitert den grundrechtlichen Schutz von Verhaltensfreiheit und Privatheit, indem es ihn schon auf der Stufe der Persönlichkeitsgefährdung beginnen lässt. Eine derartige Gefährdungslage kann bereits im Vorfeld konkreter Bedrohungen benennbarer Rechtsgüter entstehen, insbesondere wenn personenbezogene Informationen in einer Art und Weise genutzt und verknüpft werden können, die der Betroffene weder überschauen noch verhindern kann. Der Schutzumfang des **Rechts auf informationelle Selbstbestimmung** beschränkt sich dabei nicht auf Informationen, die bereits ihrer Art nach sensibel sind und schon deshalb grundrechtlich geschützt werden. Auch der Umgang mit personenbezogenen Daten, die für sich genommen nur geringen Informationsgehalt haben, kann, je nach dem Ziel des Zugriffs und den bestehenden Verarbeitungs- und Verknüpfungsmöglichkeiten, grundrechtserhebliche Auswirkungen auf die Privatheit und Verhaltensfreiheit des Betroffenen haben (vgl. BVerfG, Beschluss vom 13. Juni 2007 - 1 BvR 1550/03 u.a. -, NJW 2007, S. 2464 <2466>). Die mit dem Recht auf informationelle Selbstbestimmung abzuwehrenden Persönlichkeitsgefährdungen ergeben sich aus den vielfältigen Möglichkeiten des Staates und gegebenenfalls auch privater Akteure (vgl. BVerfG, Beschluss der 1. Kammer des Ersten Senats vom 23. Oktober 2006 - 1 BvR 2027/02 -, JZ 2007, S. 576) zur Erhebung, Verarbeitung und Nutzung personenbezogener Daten. Vor allem mittels elektronischer Datenverarbeitung können aus solchen Informationen weitere Informationen erzeugt und so Schlüsse gezogen werden, die sowohl die grundrechtlich geschützten Geheimhaltungsinteressen des Betroffenen beeinträchtigen als auch Eingriffe in seine Verhaltensfreiheit mit sich bringen können (vgl. BVerfGE 65, 1 <42>; 113, 29 <45 f.>; 115, 320 <342>; BVerfG, Beschluss vom 13. Juni 2007 - 1 BvR 1550/03 u.a. -, NJW 2007, S. 2464 <2466>).“.

BVerfGE 109, 279, 325-327 (akustische Wohnraumüberwachung / „Großer Lauschangriff“) = BVerfG, Urteil des Ersten Senats vom 03.03.2004 – 1 BvR 2378/98, 1084/99 –, Rn. 159-163: „Das aus Art. 2 Abs. 1 in Verbindung mit Art. 1 Abs. 1 GG folgende **allgemeine Persönlichkeitsrecht** kommt neben Art. 13 Abs. 1 GG allerdings nicht zur Anwendung, soweit Eingriffe in die **räumliche Privatsphäre des Wohnungsinhabers** zu überprüfen sind. Art. 13 Abs. 1 GG enthält eine spezielle Gewährleistung des **Schutzes vor staatlicher akustischer Überwachung der räumlichen Privatsphäre**, die die allgemeinere Vorschrift insoweit verdrängt (vgl. BVerfGE 100, 313 [358] zu Art. 10 GG). Mit dem **Recht, in der Wohnung ungestört zu sein**, und dem **Recht am eigenen in der Wohnung gesprochenen Wort** schützt Art. 13 Abs. 1 GG gerade den Teil der **Privatsphäre**, den sonst das allgemeine Persönlichkeitsrecht gewährleistet. Dieses Recht ergänzt als unbenanntes Freiheitsrecht die speziellen Freiheitsrechte, die ebenfalls konstituierende Elemente der Persönlichkeit schützen (vgl. BVerfGE 54, 148 <153 f.>), nur insoweit, als Letztere keinen Schutz gewähren. Der **Schutz des allgemeinen Persönlichkeitsrechts aus Art. 2 Abs. 1 in Verbindung mit Art. 1 Abs. 1 GG** greift hingegen ein, soweit von der Wohnraumüberwachung Personen betroffen werden, die sich nicht auf Art. 13 Abs. 1 GG berufen können. **Grundrechtsträger des Art. 13 Abs. 1 GG** ist jeder Inhaber oder Bewohner eines Wohnraums, unabhängig davon, auf welchen Rechtsverhältnissen die Nutzung des Wohnraums beruht. Bei mehreren Bewohnern einer Wohnung steht das Grundrecht jedem Einzelnen, bei Familien mithin jedem Familienmitglied zu. Maßnahmen der **Wohnraumüberwachung** können aber nicht nur **Wohnungsinhaber**, sondern auch **zufällig in einer Wohnung**

Anwesende erfassen. Diese Personen sind zwar nicht in ihrem Grundrecht aus Art. 13 Abs. 1 GG, wohl aber in ihrem **allgemeinen Persönlichkeitsrecht** betroffen. Der Schutz aus Art. 2 Abs. 1 in Verbindung mit Art. 1 Abs. 1 GG kann insofern allerdings nicht weiter reichen als derjenige aus Art. 13 Abs. 1 und 3 GG. Der Schutz der **räumlichen Privatsphäre und des allgemeinen Persönlichkeitsrechts** kann schließlich in Einzelfällen durch weitere Grundrechtsgarantien ergänzt sein. So wird das **Gespräch zwischen Eheleuten in der eigenen Wohnung** nicht nur von Art. 13 Abs. 1 GG, sondern zusätzlich durch Art. 6 Abs. 1 GG geschützt. Auch in Bezug auf die **Kommunikation mit Berufsgeheimnisträgern** können neben dem grundrechtlichen **Schutz der räumlichen Privatsphäre** Grundrechte in Betracht kommen, die - wie etwa Art. 4 GG im Hinblick auf das Gespräch mit einem Geistlichen - der besonderen Schutzbedürftigkeit der Kommunizierenden Rechnung tragen.“.

BVerfG, Beschluss des Ersten Senats vom 06.11.2019 – 1 BvR 16/13 – (Recht auf Vergessen I), Ls. 3 S. 1: „Von den **äußerungsrechtlichen Schutzdimensionen** ist das **Recht auf informationelle Selbstbestimmung** als eine eigene Ausprägung des allgemeinen Persönlichkeitsrechts zu unterscheiden.“ BVerfG, Beschluss des Ersten Senats vom 06.11.2019 – 1 BvR 16/13 – (Recht auf Vergessen I), Rn. 90: „Ausgehend von dem **Ziel des Rechts auf informationelle Selbstbestimmung**, Schutz vor Gefahren angesichts neuartiger Möglichkeiten der Datenverarbeitung zu gewähren (vgl. BVerfGE 65, 1 <42>), ist es primär als Gewährleistung zu verstehen, die – neben der ungewollten Preisgabe von Daten auch im Rahmen privater Rechtsbeziehungen (vgl. BVerfGE 84, 192 <194>) – insbesondere vor deren intransparenter Verarbeitung und Nutzung durch Private schützt. Es bietet Schutz davor, dass Dritte sich individueller Daten bemächtigen und sie in nicht nachvollziehbarer Weise als Instrument nutzen, um die Betroffenen auf Eigenschaften, Typen oder Profile festzulegen, auf die sie keinen Einfluss haben und die dabei aber für die freie Entfaltung der Persönlichkeit sowie eine gleichberechtigte Teilhabe in der Gesellschaft von erheblicher Bedeutung sind. Der Gehalt dieses Rechts ist dabei entwicklungsoffen, so dass es auch weitere persönlichkeitsgefährdende Entwicklungen der Informationsverarbeitung aufnehmen kann.“.

BVerfG, Beschluss des Ersten Senats vom 06.11.2019 – 1 BvR 16/13 – (Recht auf Vergessen I), Ls. 2a): „Der verfassungsrechtliche Maßstab für den Schutz gegenüber Gefährdungen durch die **Verbreitung personenbezogener Berichte und Informationen als Teil öffentlicher Kommunikation** liegt in den **äußerungsrechtlichen Ausprägungen des allgemeinen Persönlichkeitsrechts**, nicht im Recht auf informationelle Selbstbestimmung.“.

BVerfG, Beschluss des Ersten Senats vom 06.11.2019 – 1 BvR 16/13 – (Recht auf Vergessen I), Rn. 91: „[Vom Recht auf informationelle Selbstbestimmung] zu unterscheiden ist der **Schutz vor der Verarbeitung personenbezogener Berichte und Informationen als Ergebnis eines Kommunikationsprozesses**. Der Schutzbedarf gründet hier nicht in der intransparenten Zuweisung von Persönlichkeitsmerkmalen und -profilen durch Dritte, sondern in der sichtbaren Verbreitung bestimmter Informationen im öffentlichen Raum. Gefährdungen für die Persönlichkeitsentfaltung ergeben sich hier vornehmlich aus Form und Inhalt der Veröffentlichung selbst. Schutz gegenüber solchen Gefährdungen bieten die **äußerungsrechtlichen Ausprägungen des allgemeinen Persönlichkeitsrechts unabhängig vom Recht auf informationelle Selbstbestimmung**. Zwar kann es auch dabei maßgeblich auf die Art der Informationserlangung ankommen. Jedoch hat diese hier ihre Bedeutung als Vorfrage für die Beurteilung des weiteren Umgangs mit einer bestimmten Äußerung und des damit in die Öffentlichkeit gestellten Bildes einer Person selbst.“.

BVerfG, Beschluss des Ersten Senats vom 06.11.2019 – 1 BvR 16/13 – (**Recht auf Vergessen** I), Ls. 2b): „Bei der Entscheidung über einen Schutzanspruch kommt der Zeit unter den Kommunikationsbedingungen des Internets ein spezifisches Gewicht zu. Die Rechtsordnung muss davor schützen, dass sich eine Person frühere Positionen, Äußerungen und Handlungen unbegrenzt vor der Öffentlichkeit vorhalten lassen muss. Erst die Ermöglichung eines Zurücktretens vergangener Sachverhalte eröffnet den Einzelnen die Chance zum Neubeginn in Freiheit. Zur Zeitlichkeit der Freiheit gehört die Möglichkeit des Vergessens.“.

BVerfGE 120, 274, 311 (Online-Durchsuchung) = BVerfG, Urteil des Ersten Senats vom 27.02.2008 – 1 BvR 370/07 –, Rn. 197: „In seiner Ausprägung als **Schutz der Privatsphäre** [als **Privatangelegenheitenschutz** und **Rückzugsraumbereichsschutz** – beides **gegenüber der Öffentlichkeit**, vgl. **Sphärentheorie** mit **Intimsphäre, Privatsphäre, Sozialsphäre** und vgl. **Kernbereich privater Lebensgestaltung**] gewährleistet das allgemeine Persönlichkeitsrecht dem Einzelnen einen räumlich und thematisch

bestimmten Bereich, der grundsätzlich frei von unerwünschter Einsichtnahme bleiben soll (vgl. BVerfGE 27, 344 <350 ff.>; 44, 353 <372 f.>; 90, 255 <260>; 101, 361 <382 f.>).“; BVerfGE 101, 361, 382-385 (Caroline von Monaco II) = BVerfG, Urteil vom 15.12.1999 – 1 BvR 653/96 –, Rn. 75-82: „Im Unterschied zum **Recht am eigenen Bild** bezieht sich der **Schutz der Privatsphäre**, der ebenfalls im **allgemeinen Persönlichkeitsrecht** wurzelt, nicht speziell auf Abbildungen, sondern ist **thematisch und räumlich** bestimmt. Er umfaßt zum einen **Angelegenheiten** [**Privatangelegenheitenschutz**], die wegen ihres Informationsinhalts typischerweise als ‚**privat**‘ eingestuft werden, weil ihre **öffentliche** Erörterung oder Zurschaustellung als unschicklich gilt, das Bekanntwerden als peinlich empfunden wird oder nachteilige Reaktionen der Umwelt auslöst, wie es etwa bei Auseinandersetzungen mit sich selbst in **Tagebüchern** (BVerfGE 80, 367), bei **vertraulicher Kommunikation unter Eheleuten** (BVerfGE 27, 344), im Bereich der **Sexualität** (BVerfGE 47, 46; 49, 286 [BVerfGE 120, 224, 238 f. (Geschwisterbeischlaf) = BVerfGE, Beschluss des Zweiten Senats vom 26.02.2008 – 2 BvR 392/07 –, Rn. 32 f.: „Das allgemeine Persönlichkeitsrecht in seiner Ausprägung als **Recht auf sexuelle Selbstbestimmung**“/„**Intim- und Sexualbereich des Menschen als Teil seiner Privatsphäre**, P. B.]), bei **sozial abweichendem Verhalten** (BVerfGE 44, 353) oder bei **Krankheiten** (BVerfGE 32, 373) der Fall ist. Fehlte es hier an einem **Schutz vor der Kenntniserlangung anderer**, wären die Auseinandersetzung mit sich selbst, die unbefangene Kommunikation unter Nahestehenden, die sexuelle Entfaltung oder die Inanspruchnahme ärztlicher Hilfe beeinträchtigt oder unmöglich, obwohl es sich um grundrechtlich geschützte Verhaltensweisen handelt. Zum anderen erstreckt sich der Schutz auf einen **räumlichen Bereich** [**Raumbereichsschutz**], in dem der Einzelne zu sich kommen, sich entspannen oder auch gehen lassen kann (vgl. BVerfGE 27, 1 [6]). Zwar bietet auch dieser Bereich Gelegenheit, sich in einer Weise zu verhalten, die nicht für die **Öffentlichkeit** bestimmt ist und deren Beobachtung oder Darstellung durch Außenstehende für den Betroffenen peinlich oder nachteilig wäre. Im Kern geht es aber um einen **Raum**, in dem er die Möglichkeit hat, frei von **öffentlicher Beobachtung** und damit der von ihr erzwungenen Selbstkontrolle zu sein, auch ohne daß er sich dort notwendig anders verhielte als in der **Öffentlichkeit**. Bestünden solche **Rückzugsbereiche** nicht mehr, könnte der Einzelne psychisch überfordert sein, weil er unausgesetzt darauf achten müßte, wie er auf andere wirkt und ob er sich richtig verhält. Ihm fehlten die Phasen des Alleinseins und Ausgleichs, die für die Persönlichkeitsentfaltung notwendig sind und ohne die sie nachhaltig beeinträchtigt würde. Ein derartiges Schutzbedürfnis besteht auch bei Personen, die aufgrund ihres Ranges oder Ansehens, ihres Amtes oder Einflusses, ihrer Fähigkeiten oder Taten besondere **öffentliche** Beachtung finden. Wer, ob gewollt oder ungewollt, zur Person des **öffentlichen** Lebens geworden ist, verliert damit nicht sein Anrecht auf eine **Privatsphäre**, die den Blicken der **Öffentlichkeit** entzogen bleibt. Das gilt auch für demokratisch gewählte Amtsträger, die zwar für ihre Amtsführung **öffentlich** rechenschaftspflichtig sind und sich in diesem Umfang **öffentliche** Aufmerksamkeit gefallen lassen müssen, nicht aber für ihr **Privatleben**, sofern dieses die Amtsführung nicht berührt. Der **häusliche Bereich** [vgl. ggf. spezielleren Art. 13 GG i.V.m. BVerfGE 109, 279, 325 f.] stellt anerkanntermaßen eine solche geschützte Sphäre dar. Wegen des Bezugs auf die Entfaltung der Persönlichkeit darf der **Rückzugsbereich** jedoch nicht von vornherein auf ihn begrenzt werden. Das gilt schon deshalb, weil die Funktionen, denen er dient, nur erfüllt werden, wenn er nicht an den Hausmauern oder Grundstücksgrenzen endet. Die freie Entfaltung der Persönlichkeit wäre erheblich behindert, wenn der Einzelne nur im eigenen Haus der **öffentlichen** Neugier entgehen könnte. Die notwendige Erholung von einer durch Funktionszwänge und Medienpräsenz geprägten **Öffentlichkeit** ist vielfach nur in der **Abgeschiedenheit einer natürlichen Umgebung**, **etwa an einem Ferienort**, zu gewinnen. Deswegen muß der Einzelne grundsätzlich die Möglichkeit haben, sich auch in der freien, gleichwohl **abgeschiedenen Natur oder an Örtlichkeiten, die von der breiten Öffentlichkeit deutlich abgeschieden sind**, in einer von **öffentlicher** Beobachtung freien Weise zu bewegen. Das gilt gerade gegenüber solchen Aufnahmetechniken, die die **räumliche Abgeschiedenheit** überwinden, ohne daß der Betroffene dies bemerken kann. Wo die Grenzen der geschützten **Privatsphäre außerhalb des Hauses** verlaufen, läßt sich nicht generell und abstrakt festlegen. Sie können vielmehr nur aufgrund der jeweiligen Beschaffenheit des **Ortes** bestimmt werden, den der Betroffene aufsucht. Ausschlaggebend ist, ob der Einzelne eine **Situation** vorfindet oder schafft, in der er begründetermaßen und somit auch für Dritte erkennbar davon ausgehen darf, den Blicken der **Öffentlichkeit** nicht ausgesetzt zu sein. Ob die Voraussetzungen der **Abgeschiedenheit** erfüllt sind, läßt sich nur situativ beurteilen. Der Einzelne kann sich an ein und demselben **Ort** zu Zeiten mit gutem Grund unbeobachtet fühlen, zu anderen Zeiten nicht. Auch ist

der Aufenthalt in umschlossenen **Räumen** keineswegs immer mit **Abgeschiedenheit** gleichzusetzen. Da es um die Frage geht, ob der Einzelne begründetermaßen erwarten darf, unbeobachtet zu sein, oder aber **Plätze** aufgesucht hat, wo er sich unter den Augen der **Öffentlichkeit** bewegt, kann es auch in umschlossenen Räumen an der **Abgeschiedenheit** fehlen, die Voraussetzung für den **Privatsphärenschutz** außerhalb der eigenen **Häuslichkeit** ist. **Plätzen, an denen sich der Einzelne unter vielen Menschen befindet**, fehlt es von vornherein an den Voraussetzungen des **Privatsphärenschutzes** im Sinn von Art. 2 Abs. 1 in Verbindung mit Art. 1 Abs. 1 GG. Sie können das **Rückzugsbedürfnis** nicht erfüllen und rechtfertigen deswegen auch nicht den grundrechtlichen Schutz, den dieses Bedürfnis aus Gründen der Persönlichkeitsentfaltung verdient. Der Einzelne kann solche **Orte** auch nicht etwa durch ein Verhalten, das typischerweise nicht **öffentlich** zur Schau gestellt würde, in seine **Privatsphäre** umdefinieren. Nicht sein Verhalten, ob allein oder mit anderen, konstituiert die **Privatsphäre**, sondern die **objektive Gegebenheit der Örtlichkeit zur fraglichen Zeit**. Verhält er sich daher an **Orten**, die nicht die Merkmale der **Abgeschiedenheit** aufweisen, so, als stünde er nicht unter Beobachtung, hebt er das **Schutzbedürfnis für Verhaltensweisen, die an sich die Öffentlichkeit nichts angehen**, selbst auf. Der **Schutz der Privatsphäre vor öffentlicher Kenntnisnahme** entfällt ferner, wenn sich jemand selbst damit einverstanden zeigt, daß bestimmte, gewöhnlich als privat geltende Angelegenheiten **öffentlich** gemacht werden, etwa indem er Exklusivverträge über die Berichterstattung aus seiner **Privatsphäre** abschließt. Der verfassungsrechtliche **Privatsphärenschutz** aus Art. 2 Abs. 1 in Verbindung mit Art. 1 Abs. 1 GG ist nicht im Interesse einer Kommerzialisierung der eigenen Person gewährleistet. Zwar ist niemand an einer solchen **Öffnung privater Bereiche** gehindert. Er kann sich dann aber nicht gleichzeitig auf den **öffentlichkeitsabgewandten Privatsphärenschutz** berufen. Die Erwartung, daß die Umwelt die **Angelegenheiten oder Verhaltensweisen in einem Bereich mit Rückzugsfunktion** nur begrenzt oder nicht zur Kenntnis nimmt, muß daher situationsübergreifend und konsistent zum Ausdruck gebracht werden. Das gilt auch für den Fall, daß der Entschluß, die Berichterstattung über bestimmte Vorgänge der eigenen **Privatsphäre** zu gestatten oder hinzunehmen, rückgängig gemacht wird.".

BVerfGE 6, 32, 41 (Elfes) = BVerfG, Urteil vom des Ersten Senats vom 16.01.1957 – 1 BvR 253/56 –, Rn. 32 [vgl. **Recht auf Privatsphäre** als **Privatangelegenheitenschutz** und **Rückzugsraumbereichsschutz** – beides **gegenüber der Öffentlichkeit,** vgl. **Sphärentheorie** mit **Intimsphäre**, **Privatsphäre**, **Sozialsphäre**]: „Vor allem dürfen die Gesetze daher die Würde des Menschen nicht verletzen, die im Grundgesetz der oberste Wert ist, aber auch die geistige, politische und wirtschaftliche Freiheit des Menschen nicht so einschränken, daß sie in ihrem Wesensgehalt angetastet würde (Art. 19 Abs. 2, Art. 1 Abs. 3, Art. 2 Abs. 1 GG). Hieraus ergibt sich, daß dem einzelnen Bürger eine **Sphäre privater Lebensgestaltung** verfassungskräftig vorbehalten ist, also ein letzter **unantastbarer Bereich menschlicher Freiheit** besteht, der der Einwirkung der gesamten öffentlichen Gewalt entzogen ist. Ein Gesetz, das in ihn eingreifen würde, könnte nie Bestandteil der ‚verfassungsmäßigen Ordnung' sein; es müßte durch das Bundesverfassungsgericht für nichtig erklärt werden.". BVerfGE 109, 279, Ls. 2 S. 1 (akustische Wohnraumüberwachung / „Großer Lauschangriff") = BVerfG, Urteil des Ersten Senats vom 03.03.2004 – 1 BvR 2378/98, 1084/99 –, Ls. 2 S. 1: „Zur Unantastbarkeit der Menschenwürde gemäß Art. 1 Abs. 1 GG gehört die Anerkennung eines absolut geschützten **Kernbereichs privater Lebensgestaltung**.". BVerfGE 141, 220, 276-278 (BKAG) = BVerfG, Urteil des Ersten Senats vom 20.04.2016 – 1 BvR 966/09 –, Rn. 119-124: „Neben den verfassungsrechtlichen Anforderungen an die allgemeinen Eingriffsvoraussetzungen ergeben sich aus den jeweiligen **Grundrechten in Verbindung mit Art. 1 Abs. 1 GG** für die Durchführung von besonders eingriffsintensiven Überwachungsmaßnahmen besondere Anforderungen an den **Schutz des Kernbereichs privater Lebensgestaltung**. Der verfassungsrechtliche **Schutz des Kernbereichs privater Lebensgestaltung** gewährleistet dem Individuum einen **Bereich höchstpersönlicher Privatheit gegenüber Überwachung**. Er wurzelt in den **von den jeweiligen Überwachungsmaßnahmen betroffenen Grundrechten in Verbindung mit Art. 1 Abs. 1 GG** und sichert einen dem Staat nicht verfügbaren Menschenwürdekern grundrechtlichen Schutzes gegenüber solchen Maßnahmen. Selbst überragende Interessen der Allgemeinheit können einen Eingriff in diesen **absolut geschützten Bereich privater Lebensgestaltung** nicht rechtfertigen (vgl. BVerfGE 109, 279 <313>; stRspr). Zur **Entfaltung der Persönlichkeit im Kernbereich privater Lebensgestaltung gehört die Möglichkeit**, **innere Vorgänge** wie Empfindungen und Gefühle sowie Überlegungen, Ansichten und Erlebnisse **höchstpersönlicher Art zum Ausdruck zu bringen** (vgl. BVerfGE 109, 279 <313>; 120, 274 <335>; stRspr). Geschützt ist

insbesondere die **nichtöffentliche Kommunikation mit Personen des höchstpersönlichen Vertrauens, die in der berechtigten Annahme geführt wird, nicht überwacht zu werden**, wie es insbesondere bei Gesprächen im Bereich der Wohnung der Fall ist. Zu diesen Personen gehören insbesondere Ehe- oder Lebenspartner, Geschwister und Verwandte in gerader Linie, vor allem, wenn sie im selben Haushalt leben, und können Strafverteidiger, Ärzte, Geistliche und enge persönliche Freunde zählen (vgl. BVerfGE 109, 279 <321 ff.>). Dieser Kreis deckt sich nur teilweise mit dem der Zeugnisverweigerungsberechtigten. Solche Gespräche verlieren dabei nicht schon dadurch ihren Charakter als insgesamt höchstpersönlich, dass sich in ihnen Höchstpersönliches und Alltägliches vermischen (vgl. BVerfGE 109, 279 <330>; 113, 348 <391 f.>). Demgegenüber ist die **Kommunikation unmittelbar über Straftaten** nicht geschützt, selbst wenn sie auch Höchstpersönliches zum Gegenstand hat. Die **Besprechung und Planung von Straftaten** gehört ihrem Inhalt nach nicht zum **Kernbereich privater Lebensgestaltung**, sondern hat **Sozialbezug** (vgl. BVerfGE 80, 367 <375>; 109, 279 <319 f., 328>; 113, 348 <391>). Dies bedeutet freilich nicht, dass der Kernbereich unter einem allgemeinen Abwägungsvorbehalt in Bezug auf öffentliche Sicherheitsinteressen steht. Ein **höchstpersönliches Gespräch** fällt nicht schon dadurch aus dem **Kernbereich privater Lebensgestaltung** heraus, dass es für die Aufklärung von Straftaten oder Gefahren hilfreiche Aufschlüsse geben kann. Aufzeichnungen oder Äußerungen im Zwiegespräch, die zum Beispiel ausschließlich innere Eindrücke und Gefühle wiedergeben und keine Hinweise auf konkrete Straftaten enthalten, gewinnen nicht schon dadurch einen **Gemeinschaftsbezug**, dass sie Ursachen oder Beweggründe eines strafbaren Verhaltens freizulegen vermögen (vgl. BVerfGE 109, 279 <319>). Auch können trotz **Straftatenbezugs** Situationen, in denen Einzelnen gerade ermöglicht werden soll, ein Fehlverhalten einzugestehen oder sich auf dessen Folgen einzurichten, wie Beichtgespräche oder vertrauliche Gespräche mit einem Psychotherapeuten oder einem Strafverteidiger, der **höchstpersönlichen Privatsphäre** unterfallen, die dem Staat absolut entzogen ist (vgl. BVerfGE 109, 279 <322>). Ein hinreichender **Sozialbezug** besteht demgegenüber dann, wenn **Gespräche - auch mit Vertrauenspersonen - sonst unmittelbar Straftaten zu ihrem Gegenstand haben** (vgl. BVerfGE 109, 279 <319>). Der **Kernbereich privater Lebensgestaltung** beansprucht gegenüber **allen Überwachungsmaßnahmen** Beachtung. Können sie typischerweise zur Erhebung kernbereichsrelevanter Daten führen, muss der Gesetzgeber Regelungen schaffen, die einen wirksamen Schutz normenklar gewährleisten (vgl. BVerfGE 109, 279 <318 f.>; 113, 348 <390 f.>; 120, 274 <335 ff.>). Außerhalb solch verletzungsgeneigter Befugnisse bedarf es eigener Regelungen nicht. Grenzen, die sich im Einzelfall auch hier gegenüber einem Zugriff auf höchstpersönliche Informationen ergeben können, sind bei deren Anwendung unmittelbar von Verfassungs wegen zu beachten. Der **Schutz des Kernbereichs privater Lebensgestaltung** ist strikt und darf nicht durch Abwägung mit den Sicherheitsinteressen nach Maßgabe des Verhältnismäßigkeitsgrundsatzes relativiert werden (vgl. BVerfGE 109, 279 <314>; 120, 273 <339>; stRspr). Dies bedeutet jedoch nicht, dass **jede tatsächliche Erfassung von höchstpersönlichen Informationen** stets einen Verfassungsverstoß oder eine Menschenwürdeverletzung begründet. Angesichts der Handlungs- und Prognoseunsicherheiten, unter denen Sicherheitsbehörden ihre Aufgaben wahrnehmen, kann ein **unbeabsichtigtes Eindringen in den Kernbereich privater Lebensgestaltung** im Rahmen von Überwachungsmaßnahmen nicht für jeden Fall von vornherein ausgeschlossen werden (vgl. BVerfGE 120, 274 <337 f.>). Die Verfassung verlangt jedoch **für die Ausgestaltung der Überwachungsbefugnisse** die **Achtung des Kernbereichs** als eine strikte, nicht frei durch Einzelfallerwägungen überwindbare Grenze.".

BVerfGE 120, 274 (Online-Durchsuchung) = BVerfG, Urteil des Ersten Senats vom 27.02.2008 – 1 BvR 370/07 –, Ls. 1: „Das **allgemeine Persönlichkeitsrecht** (Art. 2 Abs. 1 i.V.m. Art. 1 Abs. 1 GG) umfasst das Grundrecht auf **Gewährleistung der Vertraulichkeit und Integrität informationstechnischer Systeme.**"; BVerfGE 120, 274, 314 (Online-Durchsuchung) = BVerfG, Urteil des Ersten Senats vom 27.02.2008 – 1 BvR 370/07 –, Rn. 203: „**informationstechnisches System**": „etwa Personalcomputer", „ferner beispielweise [...] solche Mobiltelefone oder elektronische Terminkalender, die über einen großen Funktionsumfang verfügen und personenbezogene Daten vielfältiger Art erfassen und speichern können."; BVerfGE 120, 274, 276 (Online-Durchsuchung) = BVerfG, Urteil des Ersten Senats vom 27.02.2008 – 1 BvR 370/07 –, Rn. 5: „**heimlicher Zugriff auf ein informationstechnisches System**": „[heimliche] technische Infiltration [...], die etwa Sicherheitslücken des Zielsystems ausnutzt oder über die Installation eines Spähprogramms erfolgt", wobei die Infiltration es ermöglicht, die Zielsystem-„Nutzung zu überwachen oder die Speichermedien durchzusehen oder gar das Zielsystem fernzusteuern.".

a) GR-SB:

aa) Persönlicher GR-SB: „Jeder".

bb) Sachlicher GR-SB: „**freie Entfaltung der Persönlichkeit**" in der Ausprägung des RiS als „**Datenfreiheit**" (Grundsätzliche Bestimmungsbefugnis des Einzelnen über Preisgabe und Verwendung eigener personenbezogener Daten[1041]), i.d.R. gegeben bei Bezug auf mindestens ein **personenbezogenes Datum**: § 36 Nr. 1 DSG NRW[1042].

b) GR-E (oder Nichteingriff/ **Grundrechtsverzicht** bzw. **Einwilligung** i.S.v. § 36 Nr. 19 DSG NRW, § 38 DSG NRW): **Persönlichkeitsentfaltungseinschränkung**, als **Datenfreiheitseinschränkung**, durch **Datenverarbeitung**s-Maßnahme (z.B. Datenerhebung, Datenspeicherung, Datenübermittlung, Datenabgleich)[1043] i.S.d. § 36 Nr. 2 DSG NRW.

BVerfGE 147, 1 (**Geschlechtsidentität**) = BVerfG, Beschluss des Ersten Senats vom 10.10.2017 – 1 BvR 2019/16 –, Ls. 1-3: „1. Das **allgemeine Persönlichkeitsrecht** (Art. 2 Abs. 1 i.V.m. Art. 1 Abs. 1 GG) schützt die **geschlechtliche Identität**. Es schützt auch die geschlechtliche Identität derjenigen, die sich dauerhaft weder dem männlichen noch dem weiblichen Geschlecht zuordnen lassen. 2. Art. 3 Abs. 3 Satz 1 GG schützt auch Menschen, die sich dauerhaft weder dem männlichen noch dem weiblichen Geschlecht zuordnen lassen, vor **Diskriminierungen wegen ihres Geschlechts**. 3. Personen, die sich dauerhaft weder dem männlichen noch dem weiblichen Geschlecht zuordnen lassen, werden in beiden Grundrechten verletzt, wenn das Personenstandsrecht dazu zwingt, das Geschlecht zu registrieren, aber keinen anderen positiven Geschlechtseintrag als weiblich oder männlich zulässt.".

BVerfG, Urteil des Zweiten Senats vom 26.02.2020 – 2 BvR 2347/15 –, Ls. 1: „a) Das **allgemeine Persönlichkeitsrecht** (Art. 2 Abs. 1 i.V.m. Art. 1 Abs. 1 GG) umfasst als Ausdruck persönlicher Autonomie ein **Recht auf selbstbestimmtes Sterben**. b) Das **Recht auf selbstbestimmtes Sterben** schließt die Freiheit ein, sich das Leben zu nehmen [Rn. 208: „**Recht auf Selbsttötung**"]. Die Entscheidung des Einzelnen, seinem Leben entsprechend seinem Verständnis von Lebensqualität und Sinnhaftigkeit der eigenen Existenz ein Ende zu setzen, ist im Ausgangspunkt als Akt autonomer Selbstbestimmung von Staat und Gesellschaft zu respektieren. c) Die **Freiheit, sich das Leben zu nehmen**, umfasst auch die Freiheit, hierfür bei Dritten Hilfe zu suchen und Hilfe, soweit sie angeboten wird, in Anspruch zu nehmen.".

[1039] Zum sog. „**Menschenwürdegehalt**" der Grundrechte: *Basten*, Die Menschenwürde des Grundgesetzes.

[1040] Vgl. auch Art. 142 GG i.V.m. Art. 4 Abs. 2 Verfassung NRW; Art. 8 EU-GR-Charta; Art. 16 AEUV; Art. 8 EMRK.

[1041] BVerfGE 65, 1, Ls. 1 S. 2 (Volkszählungsgesetz) = BVerfG, Urteil des Ersten Senats vom 15.12.1983 – 1 BvR 209/83, Ls. 1 S. 2 (Ls. 1: „Unter den Bedingungen der modernen Datenverarbeitung wird der Schutz des Einzelnen gegen unbegrenzte Erhebung, Speicherung, Verwendung und Weitergabe seiner persönlichen Daten von dem allgemeinen Persönlichkeitsrecht des Art. 2 Abs. 1 GG in Verbindung mit Art. 1 Abs. 1 GG umfaßt. Das Grundrecht gewährleistet insoweit die Befugnis des Einzelnen, grundsätzlich selbst über die Preisgabe und Verwendung seiner persönlichen Daten zu bestimmen.").

[1042] BVerfG, Beschluss der 3. Kammer des Zweiten Senats vom 27.06.2018 – 2 BvR 1562/17 (auf § 103 StPO gestützte Anordnung der Durchsuchung der Räumlichkeiten des Münchener Kanzleistandorts der Rechtsanwaltskanzlei Jones Day sowie Sicherstellung von Unterlagen und elektronischen Daten im Zuge des sogenannten „VW-Dieselskandals" – Verfassungsbeschwerde nicht zur Entscheidung angenommen wegen Unzulässigkeit aufgrund Nichterfüllung von Voraussetzungen nach § 93a Abs. 2 BVerfGG), Gründe, V., Rn. 44: „Der Begriff der persönlichen Daten deckt sich mit der Legaldefinition personenbezogener Daten in § 46 Nr. 1 BDSG (zuvor § 3 Abs. 1 BDSG) und erfasst alle Informationen, die sich auf eine identifizierte oder identifizierbare natürliche Person (betroffene Person) beziehen (vgl. noch zu § 3 Abs. 1 BDSG ‚Einzelangaben über persönliche oder sachliche Verhältnisse einer bestimmten oder bestimmbaren Person' Di Fabio, in: Maunz/Dürig, GG, Art. 2 Abs.1, Rn. 175 [Juli 2001]).".

[1043] BVerfG, Urteil des Ersten Senats vom 19.05.2020 – 1 BvR 2835/17 – (Ausland-Ausland-Fernmeldeaufklärung nach BNDG), E. III. 1., Rn. 212: „Die **Übermittlung personenbezogener Daten**, mit der eine Behörde die von ihr erhobenen Daten einer anderen Stelle zugänglich macht, begründet einen eigenen

c) GR-B: Art. 2 Abs. 1 Hs. 2 GG.[1044]

A. Rechtsgrundlage (RGL) II. Rechtsgebiet (RG)

(VOR/DEF)

Rechtsgebiet ist Rechtsordnungsteil nach allen Umständen – wie schwerpunktmäßige Äußerungen, Rechtsnormen, Zwecke, auch i.V.m. §§ 133, 157 BGB analog.[1045]

Alle Ausweismaßnahmen, Zugangsdatenerhebungsmaßnahmen, Identitätsüberprüfungsmaßnahmen, Identitätsfeststellungsmaßnahmen, Identitätssicherungsmaßnahmen erfolgen in Auslegung ihres Erklärungsgehalts vom verobjektiviertem Empfängerhorizont, §§ 133, 157 BGB analog, schwerpunktmäßig mit Gefahrenabwehrzweck aus § 1 FreizügG/EU bzw. aus § 1 AufenthG.

Die Maßnahmen erfolgen auf dem Rechtsgebiet des besonderen öffentlichen Verwaltungsrechts polizeilicher Gefahrenabwehr mit FreizügG/EU bzw. AufenthG.

Grundrechtseingriff (vgl. BVerfGE 100, 313 <367>; 141, 220 <334 Rn. 305>; stRspr). Dieser ist an dem **Grundrecht** zu messen, **in das bei der ursprünglichen Datenerhebung eingegriffen wurde** (vgl. BVerfGE 100, 313 <367>; 141, 220 <334 Rn. 305>; stRspr).".

[1044] Art. 2 Abs. 1 Hs. 2 GG (**Schrankentrias**): BVerfGE 80, 137, 153 (Reiten im Walde) = BVerfG, Beschluss des Ersten Senats vom 06.06.1989 – 1 BvR 921/85 –, C. I. 1 a), Rn. 69: „Abgesehen von einem absolut geschützten Kernbereich privater Lebensgestaltung, welcher der Einwirkung der öffentlichen Gewalt entzogen ist (BVerfGE 6, 32 [41]), ist die allgemeine Handlungsfreiheit allerdings nur in den **Schranken** des zweiten Halbsatzes von Art. 2 Abs. 1 GG gewährleistet und steht damit insbesondere unter dem **Vorbehalt der verfassungsmäßigen (Rechts-)Ordnung** (BVerfGE 6, 32 [37 f.]; 74, 129 [152]). Stützt sich ein die Handlungsfreiheit berührender Akt der öffentlichen Gewalt auf eine Rechtsnorm, so kann mit der Verfassungsbeschwerde unter Berufung auf Art. 2 Abs. 1 GG zur Nachprüfung gestellt werden, ob diese Norm zur **verfassungsmäßigen Ordnung** gehört, das heißt formell und materiell mit den Normen der Verfassung in Einklang steht (st. Rspr. seit BVerfGE 6, 32).“; BVerfGE 6, 32, Ls. 3 (Elfes) = BVerfG, Urteil des Ersten Senats vom 16.01.1957 – 1 BvR 253/56, Ls. 3: „**Verfassungsmäßige Ordnung** im Sinne des Art. 2 Abs. 1 GG ist die verfassungsmäßige Rechtsordnung, d.h. die Gesamtheit der Normen, die formell und materiell der Verfassung gemäß sind.“; vgl. dazu auch BVerfGE 6, 32, 37-41 (Elfes) = BVerfG, Urteil des Ersten Senats vom 16.01.1957 – 1 BvR 253/56, Gründe II. 2 b), c), Rn. 17-33.

Rechte anderer sind (als Teil der verfassungsmäßigen Ordnung) subjektive Berechtigungen (Anspruch oder Befugnis oder Erlaubnis) einschließlich Verpflichtungen (Pflicht zur Erfüllung von Anspruch oder Befugnis oder Erlaubnis) und sonstiger Rechtswirkungen für ein Rechtssubjekt bezüglich eines Verhaltens oder eines Rechtsguts.

Vgl. zum ein Mal bundesverfassungsgerichtlich entscheidungserheblich bemühten „**Sittengesetz**“ nach Art. 2 Abs. 1 Hs. 2 GG als Gesetz, das nicht das durch die „soziale Gemeinschaft“ „als für sich verbindlich“ anerkannte „Rechtsgefühl“ „im allgemeinen“ „verletzt“: BVerfGE 6, 389 (Homosexuelle) = BVerfG, Urteil des Ersten Senats vom 10.05.1957 – 1 BvR 550/52 –, und StrRehaHomG (Gesetz zur strafrechtlichen Rehabilitierung der nach dem 8. Mai 1945 wegen einvernehmlicher homosexueller Handlungen verurteilten Personen vom 17. Juli 2017 – BGBl. I S. 2443).

[1045] Zum Rechtsgebiet bzw. zu Rechtsgebieten einschließlich Rechtsgebiet-Begriffen und Rechtsgebiet-Auslegungsansätzen: *Basten*, Eingriffsrecht der Polizei in Nordrhein-Westfalen, Band 1, Buch 1, Abschnitt 3, Unterabschnitt 3, Titel 3, Untertitel 3.

(VOR/DEF)

Befugnisrechtsnorm ist die rechtmäßige hauptsächliche materiellrechtliche Rechtsgrundlage mit realfolgenentsprechender Rechtsfolge.

(SUB/ERG)

Realfolge ist die Maßnahme laut Sachverhalt.

Rechtsfolge ist die Maßnahme laut Rechtsnorm.

Rechtsfolgen aus § 8 Abs. 1a FreizügG/EU, § 8 Abs. 2 FreizüG/EU oder aus §§ 47a-49 AufenthG[1046] sind allgemein Ausweismaßnahmen, Zugangsdatenerhebungsmaßnahmen, Identitäts-Überprüfungs-Maßnahmen, Identitäts-Feststellungs-Maßnahmen, Identitäts-Sicherungs-Maßnahmen (als [Begleit-]VA oder Realakt, § 35 VwVfG NRW), nämlich mit Zuordnung von Rechtsfolgen und möglichen Befugnisrechtsnormen insbesondere wie folgt:

1. § 8 Abs. 1a FreizügG/EU

Verlangen der Vorlage von Pass oder Passersatz sowie von Aufenthaltskarte, von der Bescheinigung des Daueraufenthalts oder von der Daueraufenthaltskarte und Ermöglichung des Abgleichs von Gesicht mit dem Lichtbild im Dokument.

2. § 8 Abs. 2 FreizüG/EU

Auslesen der auf dem elektronischen Speicher- und Verarbeitungsmedium eines Dokumentes nach § 8 Abs. 1 FreizügG/EU gespeicherten biometrischen und sonstigen Daten; Erheben der biometrischen Daten (die Fingerabdrücke, das Lichtbild und die Irisbilder) beim Inhaber des Dokumentes; Vergleich der biometrischen Daten (die Fingerabdrücke, das Lichtbild und die Irisbilder) miteinander.

3. § 47a AufenthG

Verlangen der Vorlage von Pass, Passersatz oder Ausweisersatz oder von Aufenthaltsgestattung nach § 63 Abs. 1 S. 1 AsylG oder von Ankunftsnachweis im Sinne des § 63a Abs. 1 S. 1 AsylG oder eines der in § 48 Abs. 1 Nr. 2 AufenthG genannten Dokumente und Ermöglichung des Abgleichs von Gesicht mit dem Lichtbild im Dokument

4. § 49 Abs. 2 AufenthG

IDF-Befragung bzgl. Angaben zu Alter, Identität, Staatsangehörigkeit und Erklärungs-Befragung bzgl. Abgabe von Erklärungen im Rahmen der Beschaffung von Heimreisedokumenten.

[1046] Vgl. insbesondere § 8 FeizügG/EU, §§ 47a-49 AufenthG, §§ 15-21 AsylG.

5. § 48 Abs. 1[1047], 2 AufenthG

Anordnung von Vorlage, Aushändigung, Überlassung eines Passes oder Passersatzes oder Ausweisersatzes oder eines etwaigen Aufenthaltstitels oder einer etwaigen Bescheinigung über die Aussetzung der Abschiebung.

6. § 48 Abs. 3 AufenthG

Anordnung von Vorlage, Aushändigung, Überlassung von Identitätspapier, Urkunden, sonstigen Unterlagen, Datenträgern[1048].

7. § 48 Abs. 3 AufenthG

Personendurchsuchung[1049] und Mitgeführte-Sachen[1050]-Durchsuchung[1051] nach Urkunden, sonstigen Unterlagen und Datenträgern.

[1047] § 48 Abs. 1 AufenthG beinhaltet u.a. eine Ausnahme von dem i.d.R. geltenden AufenthG-Anwendungsbereich und von dessen alleiniger Adressierung an (mutmaßliche) Ausländer i.S.v. § 1 Abs. 2 und § 2 Abs. 1 AufenthG, nach dem Ausländer jeder ist, der nicht Deutscher im Sinne des Art. 116 Abs. 1 GG ist – nämlich durch Adressierung an einen deutschen Staatsangehörigen, der zugleich eine ausländische Staatsangehörigkeit besitzt.

[1048] Vorlage, Aushändigung, Überlassung von Datenträger i.S.d. § 48 Abs. 3 AufenthG umfasst auch die Mitwirkung an der Zugangsermöglichung zum Datenträger bzw. zu Datenträgeranwendungen, vgl. auch § 48a AufenthG. Funktionelle Zuständigkeit bzgl. der Datenträgerauswertung gemäß § 48 Abs. 3a S. 4 AufenthG: Die Datenträger dürfen nur von einem Bediensteten ausgewertet werden, der die Befähigung zum Richteramt hat.

[1049] Personendurchsuchung i.S.d. § 48a AufenthG ist nach allgemeiner Personendurchsuchungsdefinition auch eine Durchsuchung in eng an der Person anliegender Kleidung oder sonst eng an der Person anliegenden Sachen.

[1050] Mitsichführen i.S.d. § 48 Abs. 3 AufenthG ist jeglicher Besitz, vgl. §§ 854-872 BGB, außer § 857 BGB, „d. h." bei Sachen der Person, „die in ihrem unmittelbaren und sofortigen Zugriff stehen", vgl. Nr. 40.11 VVPolG NRW; vgl. auch die hier nur entsprechend anwendbare Anlage 1 Abschnitt 2 Nr. 4 WaffG, wonach eine Waffe führt, „wer die tatsächliche Gewalt darüber außerhalb der eigenen Wohnung, Geschäftsräume, des eigenen befriedeten Besitztums oder einer Schießstätte ausübt,". Beispiel für ein noch grundsätzlich taugliches Sachendurchsuchungsobjekt i.S.d. § 48 Abs. 3 AufenthG: Schließfach außerhalb einer Wohnung i.S.d. Art. 13 GG, zu dem auch noch der Schlüssel an der Person getragen wird. Zur Mitwirkung an der Beschaffung des Identitätspapiers i.S.d. § 48 Abs. 3 S. 1 AufenthG kann noch zählen bspw.: das Begleiten zu einer Sache und das Öffnen einer Sache, in welcher sich befinden können: Urkunden, sonstige Unterlagen, Datenträger.

[1051] Sachendurchsuchung auch in bei der Personendurchsuchung gefundenen Gegenständen wie etwa einem Portemonnaie oder einer Mobiltelefon-Hülle mit Fächern.

8. § 48 Abs. 3a AufenthG[1052]

Datenträgerauswertung (einschließlich Begleit-Anordnungen und Begleit-Ausführungen, etwa dazu, Zugangsdaten für eine Datenträgerauswertung, z.B. Mobiltelefon-Auswertung, zur Verfügung zu stellen vgl. § 48 Abs. 3a S. 3 AufenthG).

9. § 48a AufenthG[1053]

Auskunftsverlangen an geschäftsmäßigen Telekommunikationsdiensteanbieter[1054] über die Daten, mittels derer der Zugriff auf Endgeräte oder auf Speichereinrichtungen, die in diesen Endgeräten oder hiervon räumlich getrennt eingesetzt werden, geschützt wird (§ 113 Abs. 1 S. 2 TKG).

10. § 49 Abs. 1, 10 AufenthG

Auslesen des elektronischen Dokumenten-Speicher- und Verarbeitungsmediums bzgl. gespeicherter biometrischer (Fingerabdrücke, Lichtbild) und sonstiger Daten; Erhebung benötigter biometrischer Daten (Fingerabdrücke, Lichtbild) beim Dokumenteninhaber; Vergleich der biometrischen Daten (Fingerabdrücke, Lichtbild) miteinander.

11. § 49 Abs. 3, 6, 10 AufenthG

Maßnahmen (außer ID-Befragung und Erklärungs-Befragung nach § 49 Abs. 2 AufenthG) zur Feststellung von Identität, Lebensalter, Staatsangehörigkeit (allgemein – außer bei zweifellos Noch-Nicht-14-Jährigen –: Lichtbilderaufnahme, Fingerabdrückeabnahme, Messungen und ähnliche Maßnahmen, einschließlich körperlicher Eingriffe zur Altersfeststellung).

12. § 49 Abs. 4, 6, 10 AufenthG

Identitätssicherung durch erkennungsdienstliche Maßnahmen (allgemein bei Verteilung gemäß § 15a AufenthG – außer bei zweifellos Noch-Nicht-14-Jährigen –: Lichtbilderaufnahme, Fingerabdrückeabnahme, Messungen und ähnliche Maßnahmen, einschließlich körperlicher Eingriffe zur Altersfeststellung).

13. § 49 Abs. 5, 6, 6a, 10 AufenthG

ID-Feststellungsmaßnahmen und ID-Sicherungsmaßnahmen durch erkennungsdienstliche Maßnahmen (allgemein – außer bei zweifellos Noch-Nicht-14-Jährigen –: Lichtbilderaufnahme, Fingerabdrückeabnahme, Messungen und ähnliche Maßnahmen, einschließlich

---

[1052] § 48 Abs. 3a S. 3 AufenthG hat durch das Merkmal „für eine zulässige Auswertung" u.a. die Rechtmäßigkeit der Auswertung als Rechtmäßigkeitsvoraussetzung, die also unter Umständen incidenter zu prüfen ist.

[1053] Verfahrensrechtsnorm aus § 48a Abs. 2 AufenthG: Der Ausländer ist von dem Auskunftsverlangen vorher in Kenntnis zu setzen.

[1054] Vgl. § 3 Nr. 6 TKG.

körperlicher Eingriffe zur Altersfeststellung; bei Nationales-Visums-Beantragung nur Lichtbilderaufnahme, Fingerabdrückeabnahme).

14. § 49 Abs. 7, 10 AufenthG

Aufzeichnung des gesprochenen Wortes des Ausländers auf Ton- oder Datenträger.

15. § 49 Abs. 8, 10 AufenthG

ID-Sicherung durch erkennungsdienstliche Maßnahme (bei Unerlaubte-Einreise-Aufgriff und Nichtzurückweisung: Lichtbilderaufnahme, Fingerabdruckeaufnahme; bei zweifellos Noch-Nicht-14-jährigen nur durch Lichtbilderaufnahmen).

16. § 49 Abs. 9, 10 AufenthG

ID-Sicherung durch erkennungsdienstliche Maßnahme (bei Aufenthaltstitel-Fehlen: Lichtbilderaufnahme, Fingerabdruckeaufnahme; bei zweifellos Noch-Nicht-14-jährigen nur durch eine Lichtbildaufnahme).

B. Formelle Rechtmäßigkeit (FR) I. Zuständigkeit (Z)

(VOR/DEF)

Zuständigkeit ist Aufgabenwahrnehmungserlaubnis für den Rechtsfolgesetzer.

(SUB/ERG)

Für die Ausweismaßnahmen, Zugangsdatenerhebungsmaßnahmen, ID-Maßnahmen ist die Zuständigkeit i.d.R. wie folgt gegeben:

1. sachliche Zuständigkeit der Polizei (alternativ)

- gemäß § 8 Abs. 1a FreizügG/EU („einer zur Überprüfung der Identität befugten Behörde") i.V.m. § 2 Abs. 2 PAuswG;
- gemäß § 8 Abs. 2 FreizügG/EU („Die Polizeivollzugsbehörden [...], soweit sie die Echtheit des Dokumentes oder die Identität des Inhabers überprüfen dürfen") i.V.m. § 2 Abs. 2 PAuswG;
- gemäß § 71 Abs. 4 AufenthG (u.a. „die Polizeivollzugsbehörden der Länder")[1055];

[1055] Zur „**Zuständigkeit der Polizeien der Länder**" nach § 71 Abs. 5 AufenthG siehe Nr. 71.5 AVV AufenthG (mit jeweiligen Unternummern und mit Aktualisierungen in Klammern):

„Auch die Polizeien der Länder sind zuständig für die – **Zurückschiebung** (§ 57), – Durchführung der **Abschiebung** (§ 58), – Durchsetzung der **Verlassenspflicht** nach § 12 Absatz 3 [zu § 12 Abs. 3 AufenthG siehe *Basten*, Eingriffsrecht der Polizei in Nordrhein-Westfalen, Band 2, Buch 2, Abschnitt 27 zu **Platzverweisungen**], – Festnahme und Beantragung von Haft [nach § 57 Abs. 3, § 62, § 62a, § 62b AufenthG: **Zurückschiebungshaft/Abschiebungshaft/Ausreisegewahrsam**, P. B.] zum Zweck der Vorbereitung und Sicherung der Zurückschiebung oder Abschiebung (siehe Nummer 62.0.3.0). Soweit die Länder keine Regelungen bezüglich der Aufgabenwahrnehmung im Rahmen der parallelen Zuständigkeit von Ausländerbehörde und Polizei getroffen haben [vgl. dazu ZustAVO NRW und AHaftRL NRW], gelten die nachfolgenden Vorschriften. 71.5.1.1 Neben den Ausländerbehörden und der Grenzbehörde sind die Polizeien der Länder für die **Zurückschiebung** originär zuständig (siehe Nummer 71.1.1.2), wenn aus Anlass ihrer Aufgabenwahrnehmung ein unerlaubt eingereister Ausländer aufgegriffen wird (z. B. anlässlich einer Personen- bzw. Verkehrskontrolle oder einer Razzia). Die Zuständigkeit umfasst auch die **Vorbereitung, Sicherung und Durchführung der Zurückschiebung** (z. B. Beschaffung von Heimreisedokumenten, Vorführung des Ausländers bei der Auslandsvertretung, Buchung der Heimreise, Erlass eines Leistungsbescheids, Transport zur Grenze, zur Justizvollzugsanstalt oder zum Flughafen). Zur **Kostenerhebung** siehe Nummer 71.5.4.1 und 67.3.0.2.3. 71.5.1.2 Nach Wegfall der Grenzkontrollen an den Binnengrenzen der Schengen-Staaten kommt der Kontrolle von Ausländern im Inland im Hinblick auf die unerlaubte Einreise und den unerlaubten Aufenthalt eine besondere Bedeutung zu. Diese umfasst die **Eintragung von Kontrollstempeln** in den Pass oder Passersatz. Eine **Zurückschiebung** durch die Polizeien der Länder kommt danach insbesondere in Betracht, wenn sie anlässlich einer Personenkontrolle feststellen, dass ein Ausländer 71.5.1.2.1 – ohne erforderliches Visum unerlaubt eingereist ist (§ 14 Absatz 1 Nummer 2) oder 71.5.1.2.2 – mit einem nationalen Aufenthaltstitel eines Schengen-Staates für einen Kurzaufenthalt eingereist ist, er jedoch zum Zeitpunkt der Einreise die weiteren Voraussetzungen nach Artikel 21 SDÜ nicht erfüllt, insbesondere weil er von einer deutschen Behörde (z. B. § 11 Absatz 1 i. V. m. Artikel 96 Absatz 3 SDÜ) oder einer Behörde eines anderen Schengen-Staates (Artikel 96 Absatz 3 SDÜ) im SIS zur Einreiseverweigerung ausgeschrieben worden ist. 71.5.2.1 Die Polizeien der Länder sind unbeschadet landesrechtlicher Vorschriften im Rahmen der **Abschiebung** nur für die **Durchführung dieser Maßnahme** (Vollstreckung als Realakt) zuständig. Für eine **Androhung**, Ankündigung oder **Anordnung** der Abschiebung bleibt die Ausländerbehörde zuständig. Die Vollstreckungsbehörde erteilt nach Maßgabe landesrechtlicher Vorschriften den Polizeien der Länder den Vollstreckungsauftrag. Insoweit erfüllen die Polizeien der Länder die **Funktion der Vollstreckungsbeamten**. 71.5.2.2 Zur **Durchführung der Abschiebung** gehören Maßnahmen des **Vollzugs** einschließlich der **Anwendung von Zwangsmitteln**, insbesondere die Überstellung des Ausländers von dem von der Ausländerbehörde angegebenen Ort zur Grenzbehörde (z. B. Grenzübergangsstelle, Flughafen) und das **Festhalten** des Ausländers während der Überstellung (freiheitsbeschränkende Maßnahme), aber auch Sicherungs- und Vorbereitungsmaßnahmen wie die **Beschaffung von Heimreisedokumenten**, die **Vorführung** des Ausländers bei der Auslandsvertretung zum Zwecke der Ausstellung von Heimreisedokumenten (§ 82 Absatz 4), die **Anordnung der Passvorlage** und die vorübergehende **Einbehaltung des Passes, Passersatzes oder Ausweisersatzes** (§ 48 Absatz 1), die **Anordnung einer Sicherheitsleistung** (§ 66 Absatz 5) und das **Durchsuchen** des Ausländers und seiner Sachen nach Maßgabe landesrechtlicher Vorschriften. 71.5.3 Die Polizeien der Länder sind originär für die Festnahme [nach § 57 Abs. 3, § 62, § 62a, § 62b AufenthG: **Zurückschiebungshaft/Abschiebungshaft/Ausreisegewahrsam**, P. B.] und Beantragung von Abschiebungs- und Zurückschiebungshaft zuständig. 71.5.3.1 Die Festnahme [nach § 57 Abs. 3, § 62, § 62a, § 62b AufenthG: **Zurückschiebungshaft/Abschiebungshaft/Ausreisegewahrsam**, P. B.] richtet sich nach bundes- oder landesrechtlichen Vorschriften über die **Ingewahrsamnahme** von Personen (Ordnungs- bzw. Polizeirecht; vgl. aber § 62 Absatz [5] sowie Nummer 58.0.0 und 62.4) [zur Ingewahrsamnahme nach Polizeirecht siehe: *Basten*, Eingriffsrecht der Polizei in Nordrhein-Westfalen, Band 2, Buch 2, Abschnitt 29, P. B.]. Sie kommt insbesondere zur Sicherung der **Zurückschiebung** oder **Abschiebung** in Betracht. 71.5.3.2 Die Festnahme eines nach § 50 Absatz [6] zur Festnahme ausgeschriebenen Ausländers, ist nach Maßgabe des § 62 Absatz [5] zulässig [**Haft als Sicherungshaft durch vorläufige Ingewahrsamnahme**] (vgl. Nummer 62.4). Der festgenommene [in Haft genommene] Ausländer ist unverzüglich einem Richter zur Entscheidung über die Anordnung der Sicherungshaft **vorzuführen**. 71.5.4.1 Die Zuständigkeit der Polizeien der Länder für die Abschiebung und Zurückschiebung umfasst auch die **Geltendmachung der Kosten** nach Maßgabe des § 67 Absatz 3 durch einen **Leistungsbescheid**. 71.5.4.2 Die Landespolizeibehörde, die eine Zurückschiebung angeordnet hat, ist auch für die **Befristungsentscheidung** nach § 11 Absatz 1 Satz 3 zuständig. Die Ausländerbehörde, deren Zuständigkeit bestand oder besteht (in deren Bezirk sich der Ausländer aufhalten will), ist zu beteiligen (vgl. Nummer 11.1.3.2.1). 71.5.5 Die Polizeien der Länder sind für die Durchsetzung der **räumlichen Beschränkung** [zu § 12 Abs. 3 AufenthG siehe *Basten*,

- gemäß § 49 Abs. 1 AufenthG („Die mit dem Vollzug dieses Gesetzes betrauten Behörden“);
- gemäß § 47a S. 1, 2 AufenthG („einer zur Identitätsfeststellung befugten Behörde“) i.V.m. § 2 Abs. 2 PAuswG i.V.m. § 71 Abs. 4 AufenthG;
- gemäß § 47a S. 3 AufenthG („einer zur Überprüfung der darin enthaltenen Angaben befugten Behörde“) i.V.m. § 71 Abs. 4 AufenthG;

2. instanzielle Zuständigkeit der Polizei(vollzugs)behörde gemäß § 71 Abs. 4 AufenthG i.V.m. § 11 Abs. 1 Nr. 1 POG NRW;

3. örtliche Zuständigkeit der Polizei(vollzugs)behörde gemäß § 71 Abs. 4 AufenthG i.V.m. § 7 Abs. 1 S. 1 POG NRW i.V.m. KPBVO NRW;

4. funktionelle Zuständigkeit der Polizeiamtswalter gemäß § 71 Abs. 4 AufenthG.

Besondere Regelungen funktioneller Zuständigkeit sind insbesondere normiert in:

- § 48 Abs. 3a S. 4 AufenthG: Die Datenträger dürfen nur von einem Bediensteten ausgewertet werden, der die Befähigung zum Richteramt hat.
- § 49 Abs. 6 S. 1 AufenthG: funktionelle Arztzuständigkeit und damit funktionelle Unzuständigkeit für Polizeiamtswalter ohne Arztstatus i.S.d. der BÄO (Bundesärzteordnung) bzgl. der Vornahme von körperlichen Eingriffen, die von einem Arzt nach den Regeln der ärztlichen Kunst zum Zweck der Feststellung des Alters vorgenommen werden.

B. Formelle Rechtmäßigkeit (FR) II. Verfahren (V)

(VOR/DEF)

Verfahren ist normiertes Verhalten für den Rechtsfolgezuständigen außer, bei, i.Z.m. der Rechtsfolge.

Es sind insbesondere folgende spezifische Verfahrensvoraussetzungen alternativ gegeben – wie folgt den jeweiligen möglichen Befugnisrechtsnormen zugeordnet:

1. § 82 Abs. 3 AufenthG: Hinweise

Gemäß § 82 Abs. 3 S. 1 AufenthG soll der Ausländer auf seine Pflichten nach § 82 Abs. 1 AufenthG sowie seine wesentlichen Rechte und Pflichten nach AufenthG, insbesondere die Verpflichtungen aus den §§ 44a, 48, 49 und 81 AufenthG hingewiesen werden; gemäß § 82 Abs. 3 S. 2 AufenthG ist der Ausländer im Falle der Fristsetzung auf die Folgen der Fristversäumung hinzuweisen.

Eingriffsrecht der Polizei in Nordrhein-Westfalen, Band 2, Buch 2, Abschnitt 27 zu **Platzverweisungen**] zuständig, wenn sie aus Anlass ihrer originären Aufgabenwahrnehmung einen Ausländer aufgreifen, der sich in einem Teil des Bundesgebiets aufhält, in dem er sich nicht aufhalten darf. 71.5.6 Die Ausländerbehörden haben die Polizeien der Länder auf Ersuchen, insbesondere in unaufschiebbaren Fällen, fachlich zu **unterstützen**, auch wenn diese im Rahmen ihrer eigenen Zuständigkeit tätig werden.“.

2. § 48a Abs. 2 AufenthG: vorheriges Inkenntnissetzen

Gemäß § 48a Abs. 2 AufenthG ist der Ausländer ist von dem Auskunftsverlangen im Sinne des § 48a Abs. 1 AufenthG vorher in Kenntnis zu setzen.

3. § 49 Abs. 6 S. 1 AufenthG: Vornahme von körperlichem Eingriff von einem Arzt nach den Regeln der ärztlichen Kunst

Gemäß § 49 Abs. 6 S. 1 AufenthG erfolgen körperliche Eingriffe zur Altersfeststellung im Sinne von § 49 Abs. 3-5 AufenthG von einem Arzt nach den Regeln der ärztlichen Kunst.

4. § 49 Abs. 7 S. 2 AufenthG: vorheriges Inkenntnissetzen

Gemäß § 49 Abs. 7 S. 2 AufenthG darf die Erhebung/Aufzeichnung des gesprochenen Ausländer-Worts auf Ton- oder Datenträger nur erfolgen, wenn der Ausländer vorher darüber in Kenntnis gesetzt wurde.

5. § 39 Abs. 3 PolG NRW analog: Durchsuchung von Personen gleichen Geschlechts oder Ärzten bei Personendurchsuchungsmaßnahmen (vgl. § 48 Abs. 3 AufenthG).

Gemäß § 39 Abs. 3 PolG NRW dürfen Personen bei Personendurchsuchungen nur von Personen gleichen Geschlechts oder Ärzten durchsucht werden; das gilt nicht, wenn die sofortige Durchsuchung zum Schutz gegen eine Gefahr für Leib oder Leben erforderlich ist.[1056]

6. § 40 Abs. 2 PolG NRW analog: Durchsuchungsanwesenheit; Durchsuchungsbescheinigung (vgl. § 48 Abs. 3 AufenthG).

Gemäß § 40 Abs. 2 S. 1, 2 PolG NRW hat bei der Durchsuchung von Sachen der Inhaber der tatsächlichen Gewalt das Recht, anwesend zu sein; ist er abwesend, so sollen sein Vertreter oder ein anderer Zeuge hinzugezogen werden.

Gemäß § 40 Abs. 2 S. 3 PolG NRW ist dem Inhaber der tatsächlichen Gewalt auf Verlangen eine Bescheinigung über die Sachendurchsuchung und ihren Grund zu erteilen.[1057]

1056 Zu § 39 Abs. 3 PolG ausführlich mit Definitionen: *Basten*, Eingriffsrecht der Polizei in Nordrhein-Westfalen, Band 1, Buch 1, Abschnitte 10, 19, jeweils B. II. (Verfahren).

1057 Zu § 40 Abs. 2 PolG ausführlich mit Definitionen: *Basten*, Eingriffsrecht der Polizei in Nordrhein-Westfalen, Band 1, Buch 1, Abschnitte 10, 20, jeweils B. II. (Verfahren).

7. § 89 AufenthG: Verfahren bei identitätsüberprüfenden, -feststellenden und -sichernden Maßnahmen, insbesondere BKA-Beteilligung, Datenschutzmaßnahmen

Gemäß § 89 Abs. 1 S. 1 AufenthG leistet das Bundeskriminalamt (BKA) Amtshilfe bei der Auswertung der nach § 49 AufenthG von den mit der Ausführung dieses Gesetzes betrauten Behörden erhobenen und nach § 73 AufenthG (für Polizei NRW insbesondere: nach § 73 Abs. 1a AufenthG) übermittelten Daten; gemäß § 89 Abs. 1 S. 2 AufenthG darf das BKA hierfür auch von ihm zur Erfüllung seiner Aufgaben gespeicherte erkennungsdienstliche Daten verwenden; und gemäß § 89 Abs. 1 S. 3 AufenthG werden die nach § 49 Abs. 3-5, 8, 9 AufenthG erhobenen Daten getrennt von anderen erkennungsdienstlichen Daten gespeichert; gemäß § 89 Abs. 1 S. 4 AufenthG werden die Daten nach § 49 Abs. 7 AufenthG bei der aufzeichnenden Behörde gespeichert.

§ 89 Abs. 1a-4 AufenthG normiert weiteren Datenverarbeitungsbefugnisse.

8. § 82 Abs. 4 S. 3 AufenthG i.V.m. § 40 Abs. 1, 2 BPolG, §§ 41, 42 Abs. 1 S. 1, 3 BPolG entsprechend: Festhalteverfahrensvorschriften

§ 82 Abs. 4 S. 3 AufenthG i.V.m. § 40 Abs. 1, 2 BPolG, §§ 41, 42 Abs. 1 S. 1, 3 BPolG entsprechend enthält sehr den §§ 36-38 PolG NRW[1058] ähnelnde, jedenfalls auch bei Identitätsfesthaltemaßnahmen entsprechend zu berücksichtigende Vorschriften für das **Festhalte-Verfahren** im Fall einer **Reisefähigkeitsfeststellungsanordnung** zwecks Vorbereitung und Durchführung von AufenthG-Maßnahmen [vgl. z.B. § 71 Abs. 5 AufenthG] oder Maßnahmen nach anderen Rechtsnormen); danach finden entsprechende Anwendung: § 40 Abs. 1, 2 BPolG, § 42 Abs. 1 S. 1, 3 BPolG (**richterliche Entscheidung** mit Verfahren nach §§ 415-432 FamFG), § 41 BPolG (Behandlung festgehaltener Personen mit **Grundbekanntgabe**, **Vertrauenspersonbenachrichtigung**, **Sorgeberechtigtenbenachrichtigung** oder **Betreuerbenachrichtigung**, **getrennte Unterbringung**).

3. § 28 VwVfG NRW: Anhörung bzgl. eines (Begleit-)VA auf dem Rechtsgebiet der Gefahrenabwehr (§§ 1, 2, 9, 35 VwVfG NRW)

(VOR/DEF)

Gemäß § 28 Abs. 1 VwVfG NRW besteht Pflicht zur **Anhörung** im Sinne des § 28 Abs. 1 VwVfG NRW (Äußerungsgelegenheit mit entsprechender Würdigung vor eingreifendem VA) – oder es soll sein: ein Ausnahmegrund gemäß § 28 Abs. 2, 3 VwVfG NRW oder **VA-Verletzungsunbeachtlichkeit** gemäß § 45 VwVfG NRW oder **VA-Nichtaufhebbarkeit** gemäß § 46 VwVfG NRW.

Gemäß § 28 Abs. 2 VwVfG NRW kann von der Anhörung abgesehen werden, wenn sie nach den Umständen des Einzelfalles nicht geboten ist, insbesondere wenn ein Fall vorliegt gemäß § 28 Abs. 2 Nr. 1-5 VwVfG NRW.

[1058] Zu §§ 36-38 PolG ausführlich mit Definitionen: *Basten*, Eingriffsrecht der Polizei in Nordrhein-Westfalen, Band 1, Buch 1, Abschnitte 10, 29, jeweils B. II. (Verfahren).

Absehenkönnen im Sinne von § 28 Abs. 2 Hs. 1 VwVfG NRW bedeutet Ermessen – in systematisch-kumulativer Verbindung mit § 28 Abs. 2 Hs. 2 VwVfG NRW wiederum unter Vorbehalt des tatsächlich und rechtlich Möglichen wie Gebotenen.

Gebotenheit ist Nichtverfügbarkeit eines milderen, gleich geeigneten Mittels zur Zweckförderung.

Gemäß § 28 Abs. 2 Nr. 5 VwVfG NRW kann von der Anhörung abgesehen werden, wenn sie nach den Umständen des Einzelfalles nicht geboten ist, insbesondere wenn Maßnahmen in der Verwaltungsvollstreckung getroffen werden sollen.

Gemäß § 28 Abs. 2 Nr. 1 VwVfG NRW kann von der Anhörung abgesehen werden, wenn eine sofortige Entscheidung wegen Gefahr im Verzug oder im öffentlichen Interesse notwendig erscheint.

Gefahr im Verzug i.S.d. § 28 Abs. 2 Nr. 1 VwVfG NRW ist gegeben, wenn der Handlungsbedarf unvorhergesehen ist und bei Durchführung der eigentlich vorgesehenen Maßnahme, hier der Anhörung, der gesetzliche Zweck, hier der jeweilige aus der Aufgabe des § 1 Abs. 1 S. 1 PolG NRW und aus der Befugnisrechtsnorm des § 8 Abs. 1 PolG NRW, vereitelt oder wesentlich erschwert wird.[1059]

Öffentliches Interesse ist die einzelfallbezogene Relevanz eines Rechts oder Rechtsguts nicht ausschließlich bei einem einzelnen Individuum.

Notwendigkeit ist Nichtverfügbarkeit eines milderen, gleich geeigneten Mittels zur Zweckförderung – bis hin zur Alternativlosigkeit der Mittelanwendung.

Gemäß § 28 Abs. 3 VwVfG NRW unterbleibt eine Anhörung, wenn ihr ein zwingendes öffentliches Interesse entgegensteht.

Zwingendes öffentliches Interesse ist die einzelfallbezogene unbedingte Relevanz eines Rechts oder Rechtsguts nicht ausschließlich bei einem einzelnen Individuum.

(SUB/ERG)

Im konkreten Fall ist § 28 VwVfG NRW (alternativ)

- eingehalten insbesondere bei Gelegenheit zur Stellungnahme i.S.d. § 28 Abs. 1 VwVfG NRW.
- eingehalten bei Nichteinhaltung von § 28 Abs. 1 VwVfG NRW und Ausnahmegrund gemäß § 28 Abs. 2, 3 VwVfG NRW.
- nicht eingehalten insbesondere bei Fehlen von Gelegenheit zur Stellungnahme ohne Ausnahmegrund.
- sonst eingehalten oder nicht eingehalten bei Anhaltspunkten / Fehlen entgegenstehender Anhaltspunkte.

[1059] BVerwGE 142, 205 (Schutzmaßnahme nach IfSG) = BVerwG, Urteil vom 22.03.2012 – BVerwG 3 C 16.11: „Gefahr im Verzug im Sinne von § 28 Abs. 2 Nr. 1 VwVfG ist anzunehmen, wenn durch eine vorherige Anhörung auch bei Gewährung kürzester Anhörungsfristen ein Zeitverlust einträte, der mit hoher Wahrscheinlichkeit zur Folge hätte, dass die behördliche Maßnahme zu spät käme, um ihren Zweck noch zu erreichen. Ob eine sofortige Entscheidung objektiv notwendig war oder die Behörde eine sofortige Entscheidung zumindest für notwendig halten durfte, ist vom Gericht aus ex-ante-Sicht zu beurteilen (Urteil vom 15. Dezember 1983 - BVerwG 3 C 27.82 - BVerwGE 68, 267 <271 f.> = Buchholz 316 § 28 VwVfG Nr. 9 S. 18). Hierbei ist wegen der Bedeutung des Anhörungsrechts als tragendem Prinzip des rechtsstaatlichen Verfahrens ein strenger Maßstab anzulegen (vgl. Kopp/Ramsauer, VwVfG, 12. Aufl. 2011, § 28 Rn. 3 und Rn. 46 m.w.N.).“.

4. § 39 VwVfG NRW: Begründung bzgl. eines (Begleit-)VA auf dem Rechtsgebiet der Gefahrenabwehr (§§ 1, 2, 9, 35 VwVfG NRW)

(VOR/DEF)

Gemäß § 39 Abs. 1 VwVfG NRW besteht Pflicht zur **Begründung** eines schriftlichen oder elektronischen sowie schriftlich oder elektronisch bestätigten VA (vgl. § 37 Abs. 2 VwVfG NRW) mit den tatsächlich-rechtlichen, nicht unbedingt materiellrechtlich richtigen Behördenerwägungen – oder es soll gegeben sein: ein Ausnahmegrund nach § 39 Abs. 2 VwVfG NRW (insb. § 39 Abs. 2 Nr. 2, 4 VwVfG NRW) oder **VA-Verletzungsunbeachtlichkeit** gemäß § 45 VwVfG NRW oder **VA-Nichtaufhebbarkeit** gemäß § 46 VwVfG NRW.

(SUB/ERG)

Im konkreten Fall ist § 39 VwVfG NRW (alternativ)

- eingehalten bei Fehlen von Begründungspflicht bei rechtmäßigem Fehlen von schriftlichem oder elektronischem, schriftlich oder elektronisch bestätigtem VA (i.d.R. jedenfalls zunächst bei Maßnahmen i.S.d. § 80 Abs. 2 S. 1 Nr. 2 VwGO).
- eingehalten bei Begründung bei schriftlichem oder elektronischem, schriftlich oder elektronisch bestätigtem VA (z.B. im Rahmen von „Bescheinigungen"; „Mitteilungen", „Anschreiben-VA" [„Auflagenanschreiben", „Gefährderanschreiben", „Meldeauflagenanschreiben"], „HG-Schriftverfügung"), auch bei Nichtvorliegen eines Ausnahmegrundes i.S.v. § 39 Abs. 2 VwVfG NRW.
- eingehalten bei Ausnahmegrund nach § 39 Abs. 2 VwVfG NRW, insbesondere wegen bekannter oder erkennbarer Sach- und Rechtslage gemäß § 39 Abs. 2 Nr. 2 Var. 1 oder 2 VwVfG NRW.
- sonst eingehalten oder nicht eingehalten bei Anhaltspunkten / Fehlen entgegenstehender Anhaltspunkte.

(ERG Verfahren)

Ergebnis kann allgemein sein: Verfahrensrechtmäßigkeit oder Verfahrensrechtswidrigkeit der Maßnahme.

B. Formelle Rechtmäßigkeit (FR) III. Form (F)

(VOR/DEF)

Form ist normiertes Wie der Rechtsfolgesetzung – schriftlich, elektronisch, mündlich oder in anderer Weise.

(SUB/ERG)

Im konkreten Fall (alternativ)

- ist bei Fehlen von VA § 37 Abs. 2-6 VwVfG NRW unanwendbar.

- ist bei Fehlen von VA und Fehlen speziellerer Formrechtsnormen Formfreiheit gegeben.
- ist bei VA und Fehlen speziellerer Formrechtsnormen anwendbar: § 37 Abs. 2 bis 6 VwVfG NRW.
- kann gemäß § 37 Abs. 2 S. 1 VwVfG NRW der VA schriftlich, elektronisch, mündlich oder in anderer Weise erlassen werden.
- braucht gemäß § 37 Abs. 2 S. 2 VwVfG NRW der mündliche VA schriftlich oder elektronisch nicht bestätigt zu werden, wenn hieran kein berechtigtes Interesse besteht und der Betroffene dies nicht unverzüglich verlangt.

Bzgl. etwaigem § 40 Abs. 2 S. 3 PolG NRW ist Form integraler Verfahrensbestandteil (siehe dazu bei B. II. Verfahren).

Ergebnis kann allgemein sein: Formrechtmäßigkeit oder Formrechtswidrigkeit der Maßnahme.

C. Materielle Rechtmäßigkeit (MR) I. Tatbestand (Tb) / Tatbestandsvoraussetzungen (TBV)

(VOR/DEF)

Tatbestand ist das Gesamt der (materiell-rechtlichen) Rechtsfolge(setzungs)bedingungen. / **Tatbestandsvoraussetzungen** sind materiell-rechtliche Rechtsfolgesetzungsbedingungen.

Mindestvoraussetzung im Zusammenhang mit allen Befugnisrechtsnormen ist zumindest ein zureichender tatsächlicher Anhaltspunkt[1060] für den Tatbestand eines relevanten ausländerrechtlichen Sachverhalts mit Mitwirkungspflicht an einer Identitätsmaßnahme im Sinne der jeweiligen Befugnisrechtsnorm, also insbesondere ein befugnisrechtsnormentsprechender zureichender tatsächlicher Anhaltspunkt bezüglich eines **Ausländerrechts-Prüfungsgegenstandes**[1061], wie insbesondere:

- **Ausländerstatus**, **Auslandsstatus** (des Ausländer-Heimat- und/oder -Herkunftsstaates),
- (Bestehen oder Nichtbestehen von Pflichten bzgl. bestimmter) **Dokumente**,
- (Bestehen oder Nichtbestehen von einem bestimmten) **Einreiserecht** oder **Ausreisepflicht**,
- (Bestehen oder Nichtbestehen von einem bestimmten) **Aufenthaltsrecht** (ggf. einschließlich **Aufenthaltsgestattung**, **Aufenthaltsduldung**)
- (Erfordernis oder Nichterfordernis von einem bestimmten) **Aufenthaltstitel**,
- (Erlaubnis oder Verbot bestimmter) **Arbeit** (Beruf, Beschäftigung, Erwerbstätigkeit),
- Sanktionen.

[1060] Zur **Mindestvoraussetzung** auch auf dem Rechtsgebiet der Gefahrenabwehr eines tatsächlichen Anhaltspunkts bzw. eines Ausgangspunktes im Tatsächlichen: *Basten*, Eingriffsrecht der Polizei in Nordrhein-Westfalen, Band 1, Buch 1, S. 255.

[1061] Zu **Ausländerrechts-Prüfungsgegenständen** siehe mit vielen weiteren Nachweisen: *Basten*, Eingriffsrecht der Polizei in Nordrhein-Westfalen, Band 3, Buch 4, Abschnitt 1, Unterabschnitt 1 (Ausländerrecht allgemein).

Dem Zweck nach, vgl. § 1 AufenthG, § 1 AsylG, beziehen sich auch Identitätsfeststellungs-Befugnisrechtsnormen – wie zum Beispiel § 49 Abs. 5, 6, 6a, 10 AufenthG, § 49 Abs. 8, 10 AufenthG oder § 49 Abs. 9, 10 AufenthG – mitunter ausdrücklich in ihren Tatbestandsvoraussetzungen auf folgende grundsätzliche, zentrale Voraussetzungen des Ausländerrechts im Fall eines Ausländers: Aufenthaltstitel-Erfordernis bzw. Aufenthaltstitel-Nichterfordernis, in der Regel im Zusammenhang mit Einreise und Aufenthalt. Aufenthaltstitel-Erfordernis bzw. Aufenthaltstitel-Nichterfordernis richtet sich insbesondere nach AsylG[1062], AufenthG[1063], AufenthV[1064], EU-Recht[1065], §§ 18-20 GVG, WÜD, WÜK.

I.d.R. sind weitere ausdrückliche Tatbestandsvoraussetzungen einer ausländerrechtlichen Identitätsmaßnahmen-Befugnisrechtsnorm insbesondere nach AufenthG oder FreizügG/EU folgende (alternativ):

- (generelle) Berechtigung der anordnenden und ausführenden (Polizei-)Behörde bzw. ihrer Polizeiamtswalter zur Identitätsfeststellung. Zur Identitätsfeststellung berechtigte Behörden sind im Sinne von § 2 Abs. 2 PAuswG öffentliche Stellen, die befugt sind, zur Erfüllung ihrer gesetzlichen Aufgaben als hoheitliche Maßnahme die Identität von Personen festzustellen, was die Polizeibehörden des Landes NRW sind, vgl. etwa § 12 PolG NRW, § 12a PolG NRW, § 163b StPO, § 111 StPO[1066];
- (generelle) Berechtigung der anordnenden und ausführenden (Polizei-)Behörde bzw. ihrer Polizeiamtswalter zur Überprüfung der Echtheit von (Angaben in den) Dokumenten. Zur Überprüfung der Echtheit von Dokumenten sind die Polizeibehörden des Landes NRW bereits befugt i.V.m. ihren Identitätsfeststellungsbefugnissen und etwa nach §§ 267-282 StGB, § 163 Abs. 1 S. 1 i.V.m. § 152 Abs. 2 StPO;
- Betrautsein der anordnenden und ausführenden (Polizei-)Behörde bzw. ihrer Polizeiamtswalter mit dem Vollzug des Ausländerrechts oder mit dem Vollzug des die potentielle Identitätsmaßnahmenbefugnis enthaltenen Gesetzes. Mit dem Vollzug des Ausländerrechts sind die Polizeibehörden des Landes NRW in der Regel betraut, vgl. § 71 Abs. 4, 5 AufenthG, §§ 16, 19 AsylG, § 8 FreizügG/EU.

In Verbindung mit dem Vorstehenden sind in § 8 FreizügG/EU und in den §§ 47a-49 AufenthG insbesondere folgende spezifische Tatbestandsvoraussetzungen (ohne schwerpunktmäßige

---

[1062] Vgl. insbesondere §§ 55, 73c AsylG; RL 2011/95/EU [EU-Qualifikationsrichtlinie].

[1063] Vgl. insbesondere §§ 1, 2, 3, 4, 13, 14, 16a, 20a, 33, 38a, 60, 60a, 79, 81 AufenthG. Zur Gesetzessprache: „unerlaubte Einreise“: § 14 Abs. 1 AufenthG; „unerlaubter“ oder „illegaler“ Aufenthalt im AufenthG: (-), auch bei §§ 95-98 AufenthG; AsylG: (-), auch bei §§ 84-86 AsylG; „illegaler Aufenthalt“: Art. 3 Nr. 2 RL 2008/115/EG (EU-Rückführungs-Richtlinie über gemeinsame Normen und Verfahren in den Mitgliedstaaten zur Rückführung illegal aufhältiger Drittstaatsangehöriger; dazu auch: EuGH, Urteil des Gerichtshofs (Große Kammer) vom 07.06.2016 – C-47/15.

[1064] Vgl. insbesondere §§ 2-14, 15-30, 39-41, 55-57a AufenthV.

[1065] Vgl. insbesondere FreizügG/EU, §§ 1, 2, 3, 4 AufenthG; Assoziierungsabkommen EWG/Türkei, Art. 6, 7, 14 ARB 1/80 [i.V.m. Art. 4 Abs. 3 EUV i.V.m. EuGH-Rspr.]; VO (EU) 2018/1806 [EUVisumVO]; VO (EG) Nr. 810/2009 [EU-Visakodex]; Art. 20, 21 SDÜ [i.V.m. Zusatzprotokoll Amsterdam-Vertrag 1999] i.V.m. Art. 44, 6 VO (EU) 2016/399 [Schengener Grenzübereinkommen – SGK]. Beispiele für gesetzesübergreifende Zitierketten i.V.m. EU-Recht: § 4 Abs. 1 S. 1, Abs. 5 i.V.m. [Art. 6, 7, 14] ARB 1/80; § 28 AufenthV i.V.m. [Art. 3, 6, 12, 20, 23, 24 / 6 Abs. 2 S. 2; 7] Freizügigkeitsabkommen EU/Schweiz; § 15 AufenthV i.V.m. § 21 SDÜ; § 15 AufenthV i.V.m. [Art. 3/4] VO (EU) 2018/1806.

[1066] Zu **Identitätsfeststellungsbefugnissen** siehe insbesondere: *Basten*, Eingriffsrecht der Polizei in Nordrhein-Westfalen, Band 2, Buch 2, Abschnitte 10, 11, 12, 14.

Verhältnismäßigkeitsgehalte) alternativ gegeben und wie folgt den jeweiligen (alternativ) möglichen Befugnisrechtsnormen zugeordnet:

1. § 8 Abs. 1a FreizügG/EU: Identitätsüberprüfungsbefugnis

Gemäß § 8 Abs. 1a FreizügG/EU ist fü das Dokumentenvorlageverlangen und für den Gesicht-Lichtbild-Abgleich die Tatbestandsvoraussetzung wie folgt: die (generelle) Berechtigung der anordnenden und ausführenden (Polizei-)Behörde bzw. ihrer Polizeiamtswalter zur Identitätsfeststellung.

2. § 8 Abs. 2 S. 3 FreizügG/EU: Identitätsüberprüfungsbefugnis, Dokumentenechtheitsprüfungsbefugnis

Gemäß § 8 Abs. 2 S. 3 FreizügG/EU sind für Auslesen, Erheben, Vergleich biometrischer Daten die Tatbestandsvoraussetzungen (alternativ) wie folgt:

- die (generelle) Berechtigung der anordnenden und ausführenden (Polizei-)Behörde bzw. ihrer Polizeiamtswalter zur Identitätsfeststellung.
- (generelle) Berechtigung der anordnenden und ausführenden (Polizei-)Behörde („Polizeivollzugsbehörden“) bzw. ihrer Polizeiamtswalter zur Überprüfung der Echtheit von Dokumenten.

3. § 47a AufenthG: Identitätsüberprüfungsbefugnis, Dokumentenangabenüberprüfungsbefugnis

Gemäß § 47a S. 1, 2 AufenthG ist bei (mutmaßlichem) Besitz von (alternativ) Pass, Passersatz, Ausweisersatz, Aufenthaltsgestattungsbescheinigung nach § 63 Abs. 1 S. 1 AsylG Tatbestandsvoraussetzung: die (generelle) Berechtigung der anordnenden und ausführenden (Polizei-)Behörde bzw. ihrer Polizeiamtswalter zur Identitätsfeststellung.

Gemäß § 47a S. 3, 4 AufenthG ist bei (mutmaßlichem) Besitz von einem Ankunftsnachweis im Sinne des § 63a Abs. 1 S. 1 AsylG oder eines der in § 48 Abs. 1 Nr. 2 AufenthG genannten Dokumente Tatbestandsvoraussetzung: (generelle) Berechtigung der anordnenden und ausführenden (Polizei-)Behörde bzw. ihrer Polizeiamtswalter zur Überprüfung der Echtheit von Angaben in den Dokumenten.

4. § 49 Abs. 2 AufenthG: Behördenbetrautsein mit Ausländerrechtsvollzug

Gemäß § 49 Abs. 2 AufenthG ist Tatbestandsvoraussetzung: das Betrautsein der anordnenden und ausführenden (Polizei-)Behörde bzw. ihrer Polizeiamtswalter mit dem Vollzug des Ausländerrechts.

5. § 48 Abs. 1 S. 2 Nr. 1 oder Nr. 2 AufenthG: Passgründe oder Ausreiseverbotsgründe

Gemäß § 48 Abs. 1 S. 2 Nr. 1 AufenthG oder § 48 Abs. 1 S. 2 Nr. 2 AufenthG sind im Fall eines (mutmaßlich) deutschen Staatsangehörigen, der zugleich eine ausländische Staatsangehörigkeit besitzt, Tatbestandsvoraussetzungen wie folgt gegeben (alternativ zwischen § 48 Abs. 1 S. 2 Nr. 1 oder 2):

a) gemäß § 48 Abs. 1 S. 2 Nr. 1 AufenthG:

aa) ergangene Deutscher-Pass-Versagung nach § 7 Abs. 1 PaßG oder ergangene Deutscher-Pass-Entziehung nach § 8 PaßG oder ergangene Anordnung nach § 6 Abs. 7 PAuswG;

bb) annahmerechtfertigende Anhaltspunkte für Bundesgebietsverlassensabsicht;

b) gemäß § 48 Abs. 1 S. 2 Nr. 2 AufenthG:

aa) Vorliegen der Ausreiseuntersagungsvoraussetzungen nach § 10 Abs. 1 PaßG;

bb) Zweck der Durchführung oder Sicherung des Ausreiseverbots.

6. § 48 Abs. 3 AufenthG: Pass- oder Passersatz-Nichtbesitz, Behördenbetrautsein mit AufenthG-Vollzug

a) § 48 Abs. 3 S. 1 AufenthG: Nichtbesitzen eines gültigen Passes oder Passersatzes

Gemäß § 48 Abs. 3 S. 1 AufenthG gibt es für die Identitätspapierbeschaffungsmitwirkung folgende ausdrückliche Voraussetzung: Nichtbesitzen eines gültigen Passes oder Passersatzes.

b) § 48 Abs. 3 S. 1 AufenthG: Nichtbesitzen eines gültigen Passes oder Passersatzes; Unterlagen-/Datenträger-Besitz; Behördenbetrautsein mit AufenthG-Vollzug

Gemäß § 48 Abs. 3 S. 1 AufenthG gibt es für die Vorlage, Aushändigung, Überlassung von Urkunden, sonstigen Unterlagen, Datenträgern folgende ausdrückliche Tatbestandsvoraussetzungen:

aa) Nichtbesitzen eines gültigen Passes oder Passersatzes;

bb) Unterlagen und Datenträger im Ausländerbesitz mit Bedeutung im Sinne von § 48 Abs. 3 S 1 AufenthG.

cc) Behördenbetrautsein mit AufenthG-Vollzug.

c) § 48 Abs. 3 S. 2 AufenthG: Verpflichtungsnichtnachkommen; Unterlagen-/Datenträgerbesitz

Gemäß § 48 Abs. 3 S. 2 AufenthG gibt es für die Durchsuchung (nach Identitätspapieren, Urkunden, sonstigen Unterlagen, Datenträgern) folgende ausdrückliche Tatbestandsvoraussetzungen:

aa) Nichtnachkommen des Ausländers bzgl. seiner Verpflichtung im Sinne des § 48 Abs. 3 S. 1 AufenthG

bb) Unterlagen und Datenträger im Ausländerbesitz mit Bedeutung im Sinne von § 48 Abs. 3 S 1 AufenthG.

7. § 48 Abs. 3a AufenthG: Erfüllung des § 48 Abs. 3 AufenthG; Kernbereich privater Lebensgestaltung

Gemäß § 48 Abs. 3a S. 1 AufenthG gibt es für die Datenträgerauswertung folgende ausdrückliche Tatbestandsvoraussetzungen:

a) Erfülltsein der Voraussetzungen des § 48 Abs. 3 AufenthG;

b) Nichtvorliegen von Anhaltspunkten für die Annahme, dass durch die Auswertung von Datenträgern allein Erkenntnisse aus dem Kernbereich privater Lebensgestaltung erlangt würden.[1067]

8. § 48 Abs. 3a S. 3 AufenthG: Erfüllung des § 48 Abs. 3 AufenthG; Rechtmäßigkeit der Datenträgerauswertung

Gemäß § 48 Abs. 3a S. 3 AufenthG gibt es für das Verlangen nach Zurverfügungstellung der Datenträgerzugangsdaten folgende ausdrückliche Tatbestandsvoraussetzungen:

a) Erfülltsein der Voraussetzungen des § 48 Abs. 3 AufenthG;

b) Auswertungzulässigkeit, also Rechtmäßigkeit der potentiellen Auswertung (=Rechtmäßigkeit)[1068].

9. § 48a AufenthG[1069]: Nichtzurverfügungstellung von Endgerätezugangsdaten; Rechtmäßigkeit (weiterer) Datenverarbeitung

Gemäß § 48a AufenthG gibt es für das Verlangen von Daten, mittels derer der Zugriff auf Endgeräte oder auf Speichereinrichtungen, die in diesen Endgeräten oder hiervon räumlich getrennt eingesetzt werden, geschützt wird (§ 113 Abs. 1 S. 2 TKG), folgende ausdrückliche Tatbestandsvoraussetzungen (kumulativ):

a) Nichtzurverfügungstellung von Zugangsdaten für die Auswertung von vom Ausländer für telekommunikative Zwecke eingesetzten Endgeräten;

b) Rechtmäßigkeit (weiterer) Datenverarbeitung;

c) Nichtvorliegen von tatsächlichen Anhaltspunkten für die Annahme, dass durch die Auswertung von Datenträgern allein Erkenntnisse aus dem Kernbereich privater Lebensgestaltung erlangt würden, vgl. § 48 Abs. 3AufenthG.

[1067] Zum **Kernbereich privater Lebensgestaltung** siehe: *Basten*, Eingriffsrecht der Polizei in Nordrhein-Westfalen, Band 2, Buch 2, Abschnitt 3, B. II. (Verfahren), C. I. (Tatbestand).

[1068] § 48 Abs. 3a S. 3 AufenthG hat durch das Merkmal „für eine zulässige Auswertung“ u.a. die Rechtmäßigkeit der Auswertung als Rechtmäßigkeitsvoraussetzung, die also unter Umständen incidenter zu prüfen ist.

[1069] Verfahrensrechtsnorm aus § 48a Abs. 2 AufenthG: Der Ausländer ist von dem Auskunftsverlangen vorher in Kenntnis zu setzen.

10. § 49 Abs. 1, 10 AufenthG: Erfüllung von § 48 Abs. 1 AufenthG, Behördenbetrautsein mit AufenthG-Vollzug

Gemäß § 49 Abs. 1, 10 AufenthG gibt es für Auslesen, Erheben, Vergleich der gespeicherten biometrischen und sonstigen Daten folgende ausdrückliche Tatbestandsvoraussetzungen (kumulativ):

a) Erfüllung der Voraussetzungen des § 48 Abs. 1 AufenthG;

b) Behördenbetrautsein mit AufenthG-Vollzug.

11. § 49 Abs. 3, 6, 10 AufenthG: Zweifel; Zweck anderer Maßnahmen

Gemäß § 49 Abs. 3, 6 AufenthG gibt es für Identitätsfeststellungsmaßnahmen außer IDF-Befragung i.S.d. § 49 Abs. 2 AufenthG folgende ausdrückliche Tatbestandsvoraussetzungen (kumulativ):

a) Zweifel über die Person, das Lebensalter oder die Staatsangehörigkeit des Ausländers;

b) zusätzlich (alternativ):

aa) § 49 Abs. 3 Nr. 1 AufenthG: Soll einer Ausländereinreiseerlaubnis oder einer Aufenthaltstitelerteilung oder einer Abschiebungsaussetzung.

bb) § 49 Abs. 3 Nr. 2 AufenthG: Zweck der Durchführung anderer (konkret zu subsumierender) Maßnahme nach AufenthG.

12. § 49 Abs. 4, 6, 10 AufenthG: Verteilung

Gemäß § 49 Abs. 4, 6 AufenthG gibt es für Identitätssicherungsmaßnahmen durch erkennungsdienstliche Maßnahmen folgende ausdrückliche Tatbestandsvoraussetzung:

Stattfinden einer Verteilung nach § 15a AufenthG.

13. § 49 Abs. 5, 6, 6a, 10 AufenthG: § 49 Abs. 5 Nr. 1-7 AufenthG

a) Gemäß § 49 Abs. 5, 6, 6a, 10 AufenthG gibt es für Identitätsfeststellungsmaßnahmen und Identitätssicherungsmaßnahmen ausdrückliche Tatbestandsvoraussetzungen insoweit, als dass die Identitätsmaßnahmen durchgeführt werden sollen in folgenden Fällen von § 49 Abs. 5 Nr. 1-7 AufenthG (alternativ):

1. wenn der Ausländer mit einem gefälschten oder verfälschten Pass oder Passersatz einreisen will oder eingereist ist (§§ 13, 14 AufenthG);

2. wenn sonstige Anhaltspunkte den Verdacht begründen, dass der Ausländer nach einer Zurückweisung (§ 15 AufenthG) oder Beendigung des Aufenthalts (§§ 50-62c AufenthG) erneut unerlaubt ins Bundesgebiet einreisen will;

3. bei Ausländern, die vollziehbar ausreisepflichtig sind (§§ 50-55 AufenthG), sofern die Zurückschiebung (§ 57 AufenthG) oder Abschiebung (§§ 60-60d AufenthG) in Betracht kommt;

4. wenn der Ausländer in einen in § 26a Abs. 2 AsylG genannten (sicheren) Drittstaat zurückgewiesen (§ 15 AufenthG) oder zurückgeschoben § 57 AufenthG) wird;

5. bei der Beantragung eines nationalen Visums (§ 4 Abs. 1 S. 2 Nr. 1 AufenthG, § 6 AufenthG, §§ 30 Abs. 2, 52 Abs. 2 AufenthG);

6. bei Ausländern, die für ein Aufnahmeverfahren nach § 23 AufenthG, für die Gewährung von vorübergehendem Schutz nach § 24 AufenthG oder für ein Umverteilungsverfahren auf Grund von Maßnahmen nach Art. 78 Abs. 3 AEUV (EU-Rat-Maßnahmen in Notlage aufgrund plötzlichen Zustroms von Drittstaatsangehörigen) vorgeschlagen und vom Bundesamt für Migration und Flüchtlinge in die Prüfung über die Erteilung einer Aufnahmezusage (§ 23 AufenthG) einbezogen wurden, sowie in den Fällen des § 29 Abs. 3 AufenthG (Fall von Familiennachzug zu Ausländern);

7. wenn ein Versagungsgrund nach § 5 Abs. 4 AufenthG festgestellt worden ist (Ausweisungsinteresse im Sinne von § 54 Abs. 1 Nr. 2 oder 4 AufenthG oder eine Abschiebungsanordnung nach § 58a AufenthG).

14. § 49 Abs. 7, 10 AufenthG: Unbestimmtheit des Herkunftsstaates oder der Herkunftsregion des Ausländers

Gemäß § 49 Abs. 7, 10 AufenthG gibt es für die Aufzeichnung des gesprochenen Wortes des Ausländers auf Ton- oder Datenträger folgende ausdrückliche Tatbestandsvoraussetzung:

Unbestimmtheit des Herkunftsstaates oder der Herkunftsregion des Ausländers.

15. § 49 Abs. 8, 10 AufenthG: Ausländeraufgriff und Nichtzurückweisung i.V.m. unerlaubter Einreise

Gemäß § 49 Abs. 8, 10 AufenthG gibt es für die Identitätssicherung durch bestimmte erkennungsdienstliche Maßnahmen folgende ausdrückliche Tatbestandsvoraussetzungen (alternativ):

Ausländer-Aufgriff und Nichtzurückweisung (vgl. insbesondere § 15 AufenthG) in Verbindung mit der unerlaubten Einreise (vgl. insbesondere §§ 13, 14 AufenthG).

16. § 49 Abs. 9, 10 AufenthG: Aufenthalt ohne erforderlichen Aufenthaltstitel

Gemäß § 49 Abs. 9, 10 AufenthG gibt es für die Identitätssicherung durch bestimmte erkennungsdienstliche Maßnahmen folgende ausdrückliche Tatbestandsvoraussetzungen: Ausländer-Aufenthalt im Bundesgebiet ohne erforderlichen Aufenthaltstitel (vgl. insbesondere §§ 4, 50-55 AufenthG).

(SUB/ERG)

Im konkreten Fall sind die jeweils gegebenen Tatbestandsvoraussetzungen (alternativ)

- erfüllt.
- nicht erfüllt.

C. Materielle Rechtmäßigkeit (MR) II. Inanspruchnahme (In) / Inanspruchnahmevoraussetzungen (Inv)

(VOR/DEF)

Inanspruchnahmevoraussetzungen sind materiell-rechtliche Bedingungen für richtige Inanspruchnahme.

Inanspruchnahme ist Adressierung und sonstiges Betroffenmachen; **Adressierung** ist direktes Bestimmen oder finales Richten einer Maßnahme an einen Grundrechtsträger, vgl. §§ 41 Abs. 1 S. 1, 43 Abs. 1 S. 1 VwVfG NRW.

Für § 8 FreizügG/EU und §§ 47a-49 AufenthG sind insbesondere folgende Inanspruchnahmevoraussetzungen alternativ gegeben – wie folgt den jeweiligen möglichen Befugnisrechtsnormen zugeordnet:

- § 8 Abs. 1a FreizügG/EU: Personen, deren Einreise und Aufenthalt nach § 1 Abs. 1 FreizügG/EU geregelt ist;
- § 8 Abs. 2 FreizügG/EU: Personen, deren Einreise und Aufenthalt nach § 1 Abs. 1 FreizügG/EU geregelt ist.

Personen im Sinne von § 1 Abs. 1 FreizügG/EU werden in § 1 Abs. 2 FreizügG/EU legadefiniert und sind gemäß § 1 Abs. 1 FreizügG/EU:

1. Unionsbürger (EU-Staatsangehörige, im Sinne des FreizügG/EU: alle EU-Staatsangehörige außer Deutsche[1070]),

2. Staatsangehörige der EWR-Staaten (EWR-Staatsangehörige), die nicht Unionsbürger sind,

3. Staatsangehörige des Vereinigten Königreichs Großbritannien und Nordirland (UK-Staatsangehörige) nach dessen Austritt aus der Europäischen Union, denen nach dem Austrittsabkommen Rechte zur Einreise und zum Aufenthalt gewährt werden,

4. Familienangehörige von EU-/EWR-/UK-Staatsangehörigen (EU-/EWR-/UK-Staatsangehörige-Familienangehörige),

5. nahestehende Personen von EU-/EWR-/UK-Staatsangehörigen (EU-/EWR-/UK-Staatsangehörige-Nahestehende-Personen)

6. Familienangehörige und nahestehende Personen von Deutschen (Deutschen-Familienangehörige / Deutschen-Nahestehende-Personen), die von ihrem Recht auf Freizügigkeit nach Artikel 21 AEUV nachhaltig Gebrauch gemacht haben.

- § 47a AufenthG: Ausländer (im – mutmaßlichen – Besitz eines bestimmten Dokumentes)
- § 49 Abs. 2 AufenthG: Ausländer oder deutscher Staatsangehöriger, der zugleich eine ausländische Staatsangehörigkeit besitzt.

[1070] Zu Deutschland, EU, EWR, UK und jeweiligen Staatsangehörigkeiten sowie EU-, Schengen- und weiteren Rechtsgebietzugehörigkeiten siehe: *Basten*, Eingriffsrecht der Polizei in Nordrhein-Westfalen, Band 3, Buch 4, Abschnitt 1, Unterabschnitt 1 (Ausländerrecht allgemein).

- § 48 Abs. 1[1071], 2 AufenthG: Ausländer oder deutscher Staatsangehöriger, der zugleich eine ausländische Staatsangehörigkeit besitzt.
- § 48 Abs. 3 AufenthG: Ausländer.
- § 48 Abs. 3a AufenthG: Ausländer.
- § 48a AufenthG: geschäftsmäßiger Telekommunikationsdiensteanbieter, vgl. § 3 Nr. 6 TKG.
- § 49 Abs. 1 AufenthG: Ausländer.
- § 49 Abs. 3, 6, 10 AufenthG: Mindestens 14-jähriger Ausländer.
- § 49 Abs. 4, 6, 10 AufenthG: Mindestens 14-jähriger Ausländer.
- § 49 Abs. 5, 6, 6a, 10 AufenthG: Mindestens 14-jähriger-Ausländer.
- § 49 Abs. 7, 10 AufenthG: Ausländer.
- § 49 Abs. 8, 10 AufenthG: noch-nicht-14-jähriger oder mindestens 14-jähriger Ausländer.
- § 49 Abs. 9, 10 AufenthG: noch-nicht-14-jähriger oder mindestens 14-jähriger Ausländer.

Ausländer[1072] i.S.d. §§ 48-49 AufenthG ist jeder i.S.v. § 2 Abs. 1 AufenthG, nicht i.S.v. § 1 Abs. 2 AufenthG und grundsätzlich bei spezielleren Regelungen nicht i.S.v. § 1 AsylG[1073], §§ 1, 12 FreizügG/EU[1074], vgl. auch Art. 116 GG, §§ 1, 3, 17 StAG; bei § 48 Abs. 1 S. 2 AufenthG ist Ausländer auch jemand, der „zugleich" die deutsche Staatsangehörigkeit „besitzt".

Gemäß § 49 Abs. 6 AufenthG sind Maßnahmen im Sinne von § 49 Abs. 3-5 AufenthG zulässig bei Ausländern, die das 14. Lebensjahr vollendet haben; Zweifel an der Vollendung des 14. Lebensjahres gehen dabei zu Lasten des Ausländers.

(SUB/ERG)

Im konkreten Fall ist die Person (alternativ)

- richtigerweise in Anspruch genommen/adressiert.
- nicht richtigerweise in Anspruch genommen/adressiert.

[1071] § 48 Abs. 1 AufenthG beinhaltet u.a. eine Ausnahme von dem i.d.R. geltenden AufenthG-Anwendungsbereich und von dessen alleiniger Adressierung an (mutmaßliche) Ausländer i.S.v. § 1 Abs. 2 und § 2 Abs. 1 AufenthG, nach dem Ausländer jeder ist, der nicht Deutscher im Sinne des Art. 116 Abs. 1 GG ist – nämlich durch Adressierung an einen deutschen Staatsangehörigen, der zugleich eine ausländische Staatsangehörigkeit besitzt.

[1072] Zum (jeweiligen) gesetzlichen **Ausländer**-Begriff (bzw. persönlichen Gesetzesanwendungsbereich) vgl. insbesondere: Art. 116 GG, §§ 1, 3, 17 StAG, § 1 Abs. 2 AufenthG, § 2 Abs. 1 AufenthG, Spezialrechtsnormen wie § 48 Abs. 1 S. 2 AufenthG, § 1 AsylG, § 1 FreizügG/EU, § 12 FreizügG/EU; vgl. zur **Nationalität** auch: § 3b Abs. 1 Nr. 3 AsylG.

[1073] Vgl. zu §§ 48-49 AufenthG insbesondere: §§ 1, 15-21 AsylG.

[1074] Vgl. zu §§ 48-49 AufenthG insbesondere: §§ 1, 8, 11, 12 FreizügG/EU. **EWR-Staaten** (vgl. § 12 FreizügG/EU): EU-Staaten und EFTA-Mitgliedstaaten Island, Fürstentum Liechtenstein, Königreich Norwegen. **Schweizerische Eidgenossenschaft** ist EFTA-Mitgliedstaat, aber kein EWR-Staat, sondern nur Beobachter in EWR-Gremien, wegen Nichtratifizierung des EWR-Abkommens vom 02.05.1992 (zum sog. **EWR-Acquis**) aufgrund Referendum vom 06.12.1992; Ausgleich über bilaterale Abkommen mit EU: Freihandels-Abkommen 1972, Versicherungs-Abkommen 1989, Bilaterale Abkommen I 1999 [7, u.a. Personenfreizügigkeitsabkommen v. 21.06.1999, Inkrafttreten: 01.06.2002], Bilaterale Abkommen II 2004 [u.a. zu Abkommen von Dublin und Schengen und zu Betrugsaufklärung – mit Ausnahmen, u.a. bzgl. **Schweizer Bankgeheimnis**]; vgl. auch § 28 AufenthV.

C. Materielle Rechtmäßigkeit (MR) III. Rechtsfolge (Rf) / Rechtsfolgevoraussetzungen (RfV)

(VOR/DEF)

Rechtsfolge ist rechtliche Folge aus dem Tatbestand. / **Rechtsfolgevoraussetzungen** sind materiell-rechtliche Rechtsfolgegestaltungs-Bedingungen.

C. Materielle Rechtmäßigkeit (MR) III. Rechtsfolge (Rf) 1. Tatsächliche und rechtliche Möglichkeit (TurM)

(VOR/DEF)

Tatsächliche und rechtliche Möglichkeit betrifft Fälle wie aus § 44 Abs. 2 Nr. 4-6 VwVfG NRW.

(SUB/ERG)

Im konkreten Fall ist tatsächliche und rechtliche Möglichkeit (alternativ)

- gegeben wegen Vorliegens von (alternativ) kognitiven, körperlichen, normativen, technischen Unmöglichkeiten.
- nicht gegeben wegen Nichtvorliegens von kognitiven, körperlichen, normativen, technischen Unmöglichkeiten.[1075]

C. Materielle Rechtmäßigkeit (MR) III. Rechtsfolge (Rf) 2. Bestimmtheit (B)

(VOR/DEF)

Bestimmtheit ist Maßnahmenerkennbarkeit und Maßnahmenverstehbarkeit, bei VA und Realakten Gebot nach Art. 20 Abs. 3 GG, bei VA Pflicht auch gemäß § 37 Abs. 1 VwVfG NRW.

(SUB/ERG)

Die Ausweismaßnahme/Zugangsdatenerhebungsmaßnahme/ID-Maßnahme ist hinreichend bestimmt i.S.v. Art. 20 Abs. 3 GG, bei Begleit-VA auch i.S.v. § 37 Abs. 1 VwVfG NRW, wenn nach Auslegung vom objektivierten Empfängerhorizont jeder vernünftige Dritte, §§ 133, 157 BGB analog, in der konkreten Situation den Maßnahmen-Inhalt hinreichend erkennen und verstehen kann, nämlich:

- dass die Polizei ggü. dem (mutmaßlichen) Ausländer (Wer)
- aus Gefahrenabwehrgründen (Warum)

[1075] Zu „Tatsächliche und rechtliche Möglichkeit“ mit Beispielen siehe auch: *Basten*, Eingriffsrecht der Polizei in Nordrhein-Westfalen, Band 1, S. 263.

- sofort (Wann)
- bezweckt, dass seine Identität überprüft, festgestellt, gesichert wird (Was)
- und zwar durch Mitwirkung an den bzw. Duldung der Identitäts-Maßnahmen (Wie).

C. Materielle Rechtmäßigkeit (MR) III. Rechtsfolge (Rf) 3. Ermessen (Erm)

(VOR/DEF)

Ermessen ist Entscheidungsspielraum auf der Rechtsfolgenseite bzgl. rechtsfehlerfreier Ausübung von Einschreit-Entschließung (Ob), Adressaten-Auswahl (Wer), Maßnahmen-Gestaltung (Wie).

(SUB/ERG)

Der gegebene Entscheidungsspielraum wird aufgrund von entsprechenden Anhaltspunkten/in Ermangelung entgegenstehender Anhaltspunkte ohne Ermessensfehler/mit Ermessensfehlern (Ermessenunterschreitung, Ermessensüberschreitung, Ermessensfehlgebrauch) ausgeübt.

Für § 8 Abs. 1a FreizügG/EU, § 8 Abs. 2 FreizügG/EU, §§ 47a-49 AufenthG gilt bzgl. der einzelnen Ermessenarten alternativ folgendes – wie folgt innerhalb den jeweiligen möglichen Befugnisrechtsnormen zugeordnet:

a) Entschließungsermessen:

- § 8 Abs. 1a FreizügG/EU: Ermessen trotz des Pflichtnorm-Wortlauts, der allerdings bzgl. der Ausweispflichten an den Ausländer als Rechtsnormadressaten gerichtet ist; jedenfalls auch nach §§ 3 PolG NRW, § 40 VwVfG NRW.
- § 8 Abs. 2 FreizügG/EU: Ermessen nach § 8 Abs. 2 FreizügG/EU („dürfen“ / „sind befugt“).
- § 47a AufenthG: Ermessen trotz des Pflichtnorm-Wortlauts, der allerdings bzgl. der Ausweispflichten an den Ausländer als Rechtsnormadressaten gerichtet ist; jedenfalls auch nach §§ 3 PolG NRW, § 40 VwVfG NRW.
- § 48 AufenthG: Ermessen trotz des Pflichtnorm-Wortlauts, der allerdings bzgl. der Ausweispflichten an den Ausländer als Rechtsnormadressaten gerichtet ist; jedenfalls auch nach §§ 3 PolG NRW, § 40 VwVfG NRW.
- § 48a AufenthG: Ermessen nach § 48a AufenthG („darf“), § 3 PolG NRW, § 40 VwVfG NRW.
- § 49 Abs. 1 AufenthG: Ermessen nach § 49 AufenthG („dürfen“, „sind befugt“), § 3 PolG NRW, § 40 VwVfG NRW.
- § 49 Abs. 2 AufenthG: Ermessen trotz des Pflichtnorm-Wortlauts, der allerdings bzgl. der Angaben- und Erklärungspflichten an den Ausländer als Rechtsnormadressaten gerichtet ist; jedenfalls auch nach §§ 3 PolG NRW, § 40 VwVfG NRW.
- § 49 Abs. 3 AufenthG: Ermessensreduktion („sind“).
- § 49 Abs. 4 AufenthG: Ermessensreduktion („ist“).
- § 49 Abs. 5 AufenthG: intendiertes Ermessen („sollen“).
- § 49 Abs. 7 AufenthG: freies Ermessen („kann“).
- § 49 Abs. 8 AufenthG: Ermessensreduktion („ist“).
- § 49 Abs. 9 AufenthG: Ermessensreduktion („ist“).

Ein grundsätzlich gegebenes Entschließungsermessen kann im konkreten Fall sogar gegen / auf Null reduziert sein, insbesondere wegen:

- Einschreitmöglichkeit;
- Erheblichkeitsgrad von Gefährdungen bzw. eines ausländerrechtlichen Gefahrenverdachts, z.B. konkreter (dringender, erheblicher, gegenwärtiger) Gefahr.

b) Auswahlermessen:

siehe C. II.: Auswahlermessen wird abschließend beurteilt i.V.m. Punkt C. II. (Inanspruchnahme)

c) Gestaltungsermessen:

siehe C. III. 4.: Gestaltungsermessen wird abschließend beurteilt i.V.m. Punkt C. III. 4. (VHM).

Zum Hintergrund vgl. insbesondere bezüglich IDF-Maßnahmen entschiedene Fälle des sogenannten „**Racial Profiling**". [1076]

C. Materielle Rechtmäßigkeit (MR) III. Rechtsfolge (Rf) 4. Verhältnismäßigkeit (VHM)

(VOR/DEF)

Verhältnismäßigkeit ist Geeignetheit, Erforderlichkeit, Angemessenheit der Maßnahme zu einem legitimen Zweck.

(VOR/DEF)

a) Legitimer Zweck ist jeder verfassungsgemäße Zweck.

Legitimer Zweck ist bei allen Maßnahmen

- zunächst (alternativ)
  - Identitätssicherungs-, feststellungs- oder überprüfungszweck;
  - Zweck der Prüfung der Echtheit des Dokumentes oder der Identität des Ausländers;
- sodann auch teilweise ausdrücklich (alternativ):
  - Durchführung oder Sicherung von Maßnahmen nach AufenthG (§ 48 Abs. 1 S. 1, letzter Hs. AufenthG);

1076 So z.B. OVG NRW, Urteil des 5. Senats vom 07.08.2018 – 5 A 294/16 (**Diskriminierungsverbot, „Racial Profiling", Darlegungslast**), Ls. 3-6: „3. Eine nach Art. 3 Abs. 3 Satz 1 GG grundsätzlich verbotene Differenzierung liegt auch dann vor, wenn eine Maßnahme an ein dort genanntes Merkmal kausal, als (mit-)tragendes Kriterium (‚wegen') neben anderen Gründen in einem Motivbündel, anknüpft. 4. Insoweit besteht eine Rechtfertigungsmöglichkeit zum Schutz kollidierenden Verfassungsrechts. Dabei ist zu berücksichtigen, dass der Anknüpfung an die Merkmale des Art. 3 Abs. 3 Satz 1 GG stigmatisierende Wirkung zukommen kann, weshalb erhöhte Anforderungen an die Rechtfertigung eines entsprechenden Grundrechtseingriff [sic, P. B.] bestehen. 5. Die an ein solches Merkmal anknüpfende Behörde trifft eine erhöhte Darlegungslast, weshalb diese Berücksichtigung zum Schutz des kollidierenden Verfassungsguts erforderlich ist. 6. Eine ausschließliche Anknüpfung an die Hautfarbe ist bei den hier in Rede stehen polizeilichen Standardmaßnahmen grundsätzlich nicht rechtfertigungsfähig.".

- o zur Durchführung oder Sicherung des Ausreiseverbots (§ 48 Abs. 1 S. 2 Nr. 2, letzter Hs. AufenthG);
- o Feststellung seiner Identität und Staatsangehörigkeit und Feststellung und Geltendmachung einer Rückführungsmöglichkeit in einen anderen Staat (§ 48 Abs. 3 S. 1 AufenthG);
- o Feststellung der Identität und Staatsangehörigkeit des Ausländers und für die Feststellung und Geltendmachung einer Rückführungsmöglichkeit in einen anderen Staat (§ 48 Abs. 3a AufenthG);
- o im Rahmen der Beschaffung von Heimreisedokumenten (§ 49 Abs. 2 AufenthG);
- o Feststellung von Identität, Lebensalter, Staatsangehörigkeit (§ 49 Abs. 3 AufenthG);
- o zum Zweck der Einreiseerlaubnis, Aufenthaltstitelerteilung, Abschiebungaussetzung (§ 49 Abs. 3 Nr. 1 AufenthG);
- o Zu Durchführung anderer Maßnahmen nach AufenthG (§ 49 Abs. 3 Nr. 2 AufenthG);
- o zur Feststellung und Sicherung der Identität (§ 49 Abs. 5 AufenthG);
- o zum Zweck der Feststellung des Alters (§ 49 Abs. 6 S. 1 AufenthG);
- o zur Feststellung der Identität (§ 49 Abs. 6 S. 2 AufenthG);
- o zur Bestimmung des Herkunftsstaates oder der Herkunftsregion des Ausländers (§ 49 Abs. 7 S. 1 AufenthG);

- letztlich: ein ordnungsgemäßes Verfahren im Sinne von Steuerung und Begrenzung des Zuzugs von Ausländern in die Bundesrepublik Deutschland, vgl. § 1 Abs. 1 AufenthG, und ordnungsgemäße Behandlung von Anträgen i.S.v. § 1 AsylG sowie Ermöglichung von Schutzgewährung i.S.v. §§ 2-4 AsylG – letztlich zwecks Erhaltung der Rechte und Rechtsgüter aus Art. 2 Abs. 2 S. 1 GG, Art. 3 GG, Art. 20 Abs. 3 GG, vgl. auch die Grundrechtsschutzfunktion und die Grundrechtsförderungsfunktion[1077].

(SUB/ERG)

Im konkreten Fall verfolgt die Ausweismaßnahme/Zugangsdatenerhebungsmaßnahme/ID-Maßnahme (alternativ)

- legitime Zwecke, nämlich die Steuerung und Begrenzung des Zuzugs von Ausländern in die Bundesrepublik Deutschland, vgl. § 1 Abs. 1 AufenthG – letztlich zwecks Erhaltung der Rechte und Rechtsgüter aus Art. 2 Abs. 2 S. 1 GG, Art. 3 GG, Art. 20 Abs. 3 GG, vgl. auch die GR-Schutzfunktion.
- keinen legitimen Zweck.

(VOR/DEF)

b) Geeignetheit einer staatlichen Maßnahme ist gegeben bei deren Zweckförderungstauglichkeit, vgl. auch § 2 Abs. 3 PolG NRW.

(SUB/ERG)

Im konkreten Fall ist die Ausweismaßnahme/Zugangsdatenerhebungsmaßnahme/ID-Maßnahme (alternativ)

1077 Zu Grundrechtsfunktionen siehe auch: *Basten*, Eingriffsrecht der Polizei in Nordrhein-Westfalen, Band 1, S. 78-84.

- geeignet, denn mit ihr wird ein ordnungsgemäßes Verfahren i.S.v. § 1 AufenthG ermöglicht, insbesondere dadurch, dass aktuelle oder zukünftige Zweifel über die Person, das Lebensalter oder die Staatsangehörigkeit beseitigt werden können und der jeweilige Ausländer dadurch angemessen differenziert behandelt werden kann.
- ungeeignet.

(VOR/DEF)

c) Erforderlichkeit einer staatlichen Maßnahme ist Nichtverfügbarkeit eines milderen (Übermaßverbot), gleich geeigneten (Untermaßverbot) Mittels zur Zweckförderung, vgl. § 2 Abs. 1 PolG NRW, vgl. auch § 8 Abs. 2 FreizügG/EU („Voraussetzungen" nach § 8 Abs. 1 Nr. 3 FreizügG/EU: „soweit [...] erforderlich"), § 8 Abs. 2 FreizügG/EU („benötigten"), § 48 Abs. 1 S. 1 AufenthG („erforderlich"); § 48 Abs. 1 S. 2 Nr. 2 AufenthG („erforderlich"); § 48 Abs. 2 AufenthG (Austauschmittel im Sinne von § 3 PolG NRW); § 48 Abs. 3a S. 1 AufenthG („erforderlich ist und der Zweck der Maßnahme nicht durch mildere Mittel erreicht werden kann"); § 48 Abs. 3a S. 3 AufenthG („notwendigen"); § 48a Abs. 1 AufenthG („notwendigen"); § 49 Abs. 2 AufenthG („erforderlichen"); § 49 Abs. 3 AufenthG („erforderlichen"); § 49 Abs. 5 AufenthG („erforderlichen"); § 49 Abs. 6 S. 3 AufenthG („in anderer Weise").

(SUB/ERG)

Im konkreten Fall ist die Ausweismaßnahme/Zugangsdatenerhebungsmaßnahme/ID-Maßnahme (alternativ)

- erforderlich, denn einerseits sind mildere Maßnahmen bis hin zum Nichtstun nicht gleich geeignet, weil sie nicht die Identität zweifelsfrei sichern und für das künftige Verfahren so sichern, eben feststellen (Untermaßverbot), und andererseits sind intensivere Maßnahmen wie (ggf. eine Freiheitsentziehung oder) Zwang nicht notwendig (Übermaßverbot).
- nicht erforderlich.

Bei einem Hintereinander oder Nebeneinander von ID-Maßnahmen kommt es insbesondere auf die Sicherheit bis hin zur Zweifelsfreiheit der Identitätsfeststellung, also dem Vorliegen einer wirklichen Feststellung an („Identitätsüberprüfung, Identitätsfeststellung, Identitätssicherung statt Identitätsplausibilisierung"). Bloßes Befragen und bloßes Abprüfen von geantworteten oder sonst vorliegenden Datensätzen ohne Zuordnung des bildlich vor Augen stehenden Menschen zum Personaliensatz begründet nicht unbedingt eine erforderliche Überprüfung, Feststellung, Sicherung der Identität.

Bei Nebeneinander von Identitätsdokumenten/Ausweispapieren und Berechtigungsscheinen oder sonstigen Papieren mit Identitätsangaben: i.d.R. kein Fehlen von Erforderlichkeit zusätzlich gerade des Ausweisdokuments, denn sonstige andere Papiere sind i.d.R. kein milderes, gleich geeignetes Mittel, etwa wegen unterschiedlicher Befugnis- und Dokumentenzwecke sowie Papierqualität (vgl. nur EC-Karte ohne Lichtbild). Vorhandensein eines Dokuments allein führt nicht unbedingt automatisch zum Fehlen von Erforderlichkeit, etwa bei Anhaltspunkten von Amtlichkeitsmängeln, Fälschung, Identitätssicherungsmängeln wie etwa Fehlen eines Lichtbilds, Leseschwierigkeiten, sonstigen Qualitätsmängeln.

Ggf. bauen mehrere IDF-Maßnahmen je nach Nichtfeststellung der Identität verhältnismäßig in ihrer Grundrechtseingriffsintensität aufeinander auf (vgl. zum Beispiel bloßes Anhalten, bloße Befragung, Inaugenscheinnahme, Maßnahmen zwecks IDF bis hin zur „Sistierung").

(VOR/DEF)

d) Angemessenheit oder **Verhältnismäßigkeit im engeren Sinne** einer staatlichen Maßnahme ist angemessenes Maß oder Verhältnis zwischen Zweckförderung für Erhaltungsrechte und Wirkungen für Eingriffsrechte, vgl. auch § 2 Abs. 2 PolG NRW, vgl. betroffene GR.

Nachteilfehlen („kein Nachteil") bzw. **Nachteilnichtbefürchtung** im Sinne von § 49 Abs. 6 S. 1, letzter Hs. AufenthG ist anhand aller Umstände des einzelnen Falles im Sinne einer angemessenen Verhältnismäßigkeitssubsumtion von Eingriffsrechten (Grundrechtseingriffe) und Erhaltungsrechten (Zwecken) auszulegende Voraussetzung, sodass etwa nicht jeder Eingriff in Art. 2 Abs. 2 S. 1 Alt. 2 GG „Nachteil für die Gesundheit" im Sinne von § 49 Abs. 6 S. 1, letzter Hs. AufenthG ist.

(SUB/ERG)

Im konkreten Fall ist die Ausweismaßnahme/Zugangsdatenerhebungsmaßnahme/ID-Maßnahme (alternativ)

- angemessen, denn die Eingriffe in Art. 2 Abs. 1 i.V.m. Art. 1 Abs. 1 GG, Art. 2 Abs. 2 S. 2 GG stehen angesichts der zu schützenden Rechte, Rechtsgüter sowie der Rechtsordnung aus Art. 2 Abs. 2 S. 1 GG, Art. 3 GG, Art. 20 Abs. 3 GG nicht außer Verhältnis.
- unangemessen.

(ERG VHM)

Die Maßnahme ist insgesamt i.S.v. Art. 20 Abs. 3 GG (alternativ)

- verhältnismäßig.
- unverhältnismäßig.

D. Gesamtergebnis (GErg)

Die Ausweismaßnahme/Zugangsdatenerhebungsmaßnahme/ID-Maßnahme ist (alternativ)

- rechtmäßig gemäß (alternativ)
  - § 8 Abs. 1a FreizügG/EU;
  - § 8 Abs. 2 FreizügG/EU;
  - § 47a AufenthG;
  - § 48 AufenthG;
  - § 48a AufenthG;
  - § 49 AufenthG.
- rechtswidrig wegen Art. / § (bestimmter Rechtsnorm [z.B. Art. 20 Abs. 3 GG]).

Titel 3: Aufenthaltsgesetzliche Inhaftnahmen, § 57 Abs. 3 AufenthG, § 62 AufenthG, § 62b AufenthG und aufenthaltsgesetzlicher Gewahrsam, § 62b AufenthG sowie vorläufige Ingewahrsamnahme, § 57 Abs. 3 AufenthG, § 62 Abs. 5 AufenthG, § 62b Abs. 4 AufenthG

A. Rechtsgrundlage (RGL) I. Grundrechte (GR)

(VOR/DEF)

Grundrechte sind grundlegende Rechte aus Art. 1-19 GG i.V.m. dem Rechtsstaatsprinzip, Art. 20 Abs. 3 GG, mit Vorrang und Vorbehalt des Gesetzes.[1078]

(SUB/ERG)

Grundsätzlich kann je nach Fall jedes Grundrecht aus dem allgemeinen Teil dieser Ausländerrechtsdarstellung[1079] gegeben sein; in jedem Fall das folgende:

Körperliche Bewegungsfreiheit, Art. 2 Abs. 2 S. 2 GG[1080]

a) GR-SB:

aa) Persönlicher GR-SB: „**Person**", vgl. § 1 BGB.

bb) Sachlicher GR-SB: „**Freiheit**" als **körperliche Bewegungsfreiheit**, als Freiheit, jeden Ort oder Raum aufzusuchen, sich dort aufzuhalten, (ihn zu verlassen), der an sich (tatsächlich und rechtlich) zugänglich ist.

b) GR-E (oder Nichteingriff/GR-Verzicht): Freiheitsentziehung oder sonstige Freiheitsbeschränkung.[1081]

1078 Zu **Grundrechten**: *Basten*, Eingriffsrecht der Polizei in Nordrhein-Westfalen, Band 1, Buch 1, Abschnitt 2, Unterabschnitt 3. Zum **Rechtsstaatsprinzip** mit unter anderem sogenanntem Vorrang des Gesetzes und Vorbehalt des Gesetzes: *Basten*, Eingriffsrecht der Polizei in Nordrhein-Westfalen, Band 1, S. 95-108.

1079 Siehe dazu in diesem Buch: Buch 4, Abschnitt 1, Unterabschnitt 1 (Ausländerrecht allgemein).

1080 Vgl. auch Art. 142 GG i.V.m. Art. 4 Abs. 1 Verfassung NRW; Art. 20 Abs. 2a und Art. 21 AEUV i.V.m. Art. 6, 45 EU-GR-Charta (Bewegungsfreiheit, Freizügigkeit, Aufenthaltsfreiheit); Art. 5 EMRK; Art. 2 Protokoll Nr. 4 EMRK; Art. 21 AEUV (**Unionsbürgerfreizügigkeit**, zum **Unionsbürger** vgl. Art. 9 S. 2, 3 EUV, Art. 20 Abs. 1 S. 2, 3 AEUV); Art. 45 AEUV (**Arbeitnehmerfreizügigkeit**); Art. 49 AEUV (**Niederlassungsfreiheit**); Art. 56 AEUV (**Dienstleistungsfreiheit**); vgl. auch Art. 28 AEUV (**Warenverkehrsfreiheit**); Art. 9 Abs. 1 S. 1 IPbpR („Jedermann hat ein Recht auf persönliche Freiheit und Sicherheit."); Art. 9-11 IPbpR (Freiheitsentziehungsbedingungen), Art. 12 IPbpR (Bewegung, Wohnsitzwahl, Ausreise, Einreise in Hoheitsgebiet eines Staates, vgl. „Freizügigkeit"), Art. 13 IPbpR (Ausländerausweisungsbedingungen).

1081 BVerwGE 62, 325 (Durchführung der Abschiebung) = BVerwG, Urteil vom 23.06.1981 – BVerwG 1 C 78/77, Ls.: „Die Durchführung der Abschiebung allein durch Anwendung einfachen unmittelbaren Zwanges stellt keine Freiheitsentziehung dar.", aus den Gründen: „Bei einer wertenden, auf die Intensität des Eingriffs abstellenden Beurteilung steht nicht ein solcher Eingriff in die Bewegungsfreiheit im

Freiheitsbeschränkung (Freiheitsentziehung oder sonstige Freiheitsbeschränkung) liegt vor, wenn jemand durch die öffentliche Gewalt gegen seinen Willen daran gehindert wird, einen Ort oder Raum aufzusuchen oder sich dort aufzuhalten, der ihm an sich (tatsächlich und rechtlich) zugänglich ist. Eine **Freiheitsentziehung** als schwerste Form der Freiheitsbeschränkung ist dann gegeben, wenn die tatsächlich und rechtlich an sich gegebene körperliche Bewegungsfreiheit durch staatliche Maßnahmen nach jeder Richtung hin aufgehoben wird[1082]; Freiheitsentziehung setzt auch eine besondere Eingriffsintensität und eine nicht nur kurzfristige Dauer der Maßnahme voraus[1083]. Im Übrigen kann eine Abgrenzung zwischen Freiheitsentziehung und sonstiger Freiheitsbeschränkung auch erfolgen nach Art, Dauer, Intensität, Mittel, Zweck der Freiheitsbeschränkung.[1084]

c) GR-B: Art. 2 Abs. 2 S. 3 GG (i.V.m. Art. 104 GG).

A. Rechtsgrundlage (RGL) II. Rechtsgebiet (RG)

(VOR/DEF)

Rechtsgebiet ist Rechtsordnungsteil nach allen Umständen – wie schwerpunktmäßige Äußerungen, Rechtsnormen, Zwecke, auch i.V.m. §§ 133, 157 BGB analog.[1085]

Vordergrund der Maßnahme. Diese ist nicht auf ein Festhalten des Ausländers gerichtet, sondern darauf, daß er sich zwangsweise außer Landes begibt bzw. außer Landes befördert wird. Ihre Auswirkung auf die Bewegungsfreiheit des Ausländers erscheint lediglich als eine sekundäre, kurzfristige Folge der Erfüllung der Ausreisepflicht.“.

[1082] BVerfG, Beschluss der 1. Kammer des Ersten Senats vom 08.03.2011 – 1 BvR 47/05 – Rn. 20, 26: „Das **Einsperren** des Beschwerdeführers in eine **Gewahrsamszelle** auf der Polizeiwache beziehungsweise auf dem Polizeipräsidium sowie **als Verbindungsglied** zwischen beiden das **Verbringen dorthin mittels Polizeifahrzeugen** stellen eine Freiheitsentziehung im Sinne von Art. 104 Abs. 2 GG und nicht lediglich eine Freiheitsbeschränkung dar. [...] Jedenfalls muss die Unterbringung einer Person gegen ihren Willen in einem **Haftraum** als Freiheitsentziehung im Sinne von Art. 104 Abs. 2 GG angesehen werden (vgl. BGHZ 82, 261 <264> und BVerwGE 62, 317 <318>).“; BVerfGE 94, 166, 198 (Flughafenverfahren) = BVerfGE, Urteil des Zweiten Senats vom 14.05.1996 – 2 BvR 1516/93.

[1083] BVerfGE 149, 293 (5-Punkt-Fixierung/7-Punkt-Fixierung) = BVerfG, Urteil des Zweiten Senats vom 24.07.2018 – 2 BvR 309/15 –, D. II. 2. a), Rn. 67, vgl. dazu auch BVerfGE 149, 293 (5-Punkt-Fixierung/7-Punkt-Fixierung) = BVerfG, Urteil des Zweiten Senats vom 24.07.2018 – 2 BvR 309/15 –, D. II. 2. b): „Jedenfalls eine **5-Punkt- oder 7-Punkt-Fixierung**, bei der sämtliche Gliedmaßen des Betroffenen mit Gurten am Bett festgebunden werden, stellt eine Freiheitsentziehung im Sinne von Art. 104 Abs. 2 GG dar, es sei denn, es handelt sich um eine lediglich **kurzfristige Maßnahme**. Von einer kurzfristigen Maßnahme ist in der Regel auszugehen, wenn sie absehbar die Dauer von ungefähr einer halben Stunde unterschreitet.“.

[1084] Vgl. auch insbesondere zu Art, Intensität, Mittel: § 415 Abs. 2 FamFG und §§ 37a, 62 PolG NRW.

[1085] Zum Rechtsgebiet bzw. zu Rechtsgebieten einschließlich Rechtsgebiet-Begriffen und Rechtsgebiet-Auslegungsansätzen: *Basten*, Eingriffsrecht der Polizei in Nordrhein-Westfalen, Band 1, Buch 1, Abschnitt 3, Unterabschnitt 3, Titel 3, Untertitel 3.

Alle aufenthaltsrechtlichen Inhaftnahmen erfolgen in Auslegung ihres Erklärungsgehalts vom verobjektiviertem Empfängerhorizont, §§ 133, 157 BGB analog, schwerpunktmäßig mit Gefahrenabwehrzweck aus § 1 AufenthG.[1086]

Die Maßnahmen erfolgen auf dem Rechtsgebiet des besonderen öffentlichen Verwaltungsrechts polizeilicher Gefahrenabwehr mit AufenthG.

A. Rechtsgrundlage (RGL) III. Mögliche Befugnisrechtsnorm (Mgl. Brn.)

(VOR/DEF)

Befugnisrechtsnorm ist die rechtmäßige hauptsächliche materiellrechtliche Rechtsgrundlage mit realfolgenentsprechender Rechtsfolge.

(SUB/ERG)

Realfolge ist die Maßnahme laut Sachverhalt.

Rechtsfolge ist die Maßnahme laut Rechtsnorm.

Realfolge ist die Maßnahme laut Sachverhalt, etwa „Haft“ oder „Gewahrsam“.

Rechtsfolge ist als Realakt und ggf. als Begleit-VA i.S.d. § 35 VwVfG NRW (alternativ):

- Abschiebungshaft, vgl. § 62 Überschrift AufenthG;
- Ausreisegewahrsam, vgl. für die Rechtsfolge des Ausreisegewahrsams auch: § 62b Abs. 2 AufenthG: Der Ausreisegewahrsam wird im Transitbereich eines Flughafens oder in einer Unterkunft, von der aus die Ausreise des Ausländers ohne Zurücklegen einer größeren Entfernung zu einer Grenzübergangsstelle möglich ist, vollzogen.[1087];
- Zurückschiebungshaft[1088].[1089]

[1086] Nr. 3 AHaftRL NRW: „Zweck der Abschiebungshaft ist die Sicherung der zwangsweisen Ausreise, wenn der begründete Verdacht besteht, die ausländische Person werde sich der Abschiebung voraussichtlich in einer Weise zu entziehen versuchen, die nicht durch Aufwendung einfachen Zwanges überwunden werden kann (BGH, Beschluss vom 12.06.1986, Aktenzeichen V ZB 9/86; NJW 1986, S. 3024). Die Abschiebungshaft hat keinen Strafcharakter. Sie dient nicht dem Ziel, den Willen der ausländischen Person zu beugen, etwa um die Mitwirkung bei der Passersatzpapierbeschaffung zu erreichen oder der Ausländerbehörde die Arbeit zu erleichtern. Sie ist unzulässig als Sanktion für ungebührliches Verhalten in der Vergangenheit oder zur Verhinderung weiterer illegaler Einreisen (BVerfG, Beschluss vom 16.05.2007, Aktenzeichen BvR 2106/05; NVwZ 2007, S. 1296 (1297); BGH, Beschluss vom 12.06.1986, Aktenzeichen V ZB 9/86, NJW 1986, 3024 (3025)).“.

[1087] Vgl. zum **Gewahrsamsvollzugsort** als Rechtsfolgenteil auch § 37 Abs. 5 PolG NRW zum Festhalten i.S.d. §§ 37 Abs. 1 PolG NRW, nämlich nach § 10 Abs. 3, § 12 Abs. 2 Satz 3 oder § 35 PolG NRW: „Ein Vollzug der Freiheitsentziehung in Einrichtungen des Justizvollzugs findet nicht statt. Die Vorschriften über die Amtshilfe nach dem Verwaltungsverfahrensgesetz für das Land Nordrhein-Westfalen bleiben unberührt.“. Zur Ingewahrsamnahme nach §§ 35-37, 38 PolG NRW siehe: *Basten*, Eingriffsrecht der Polizei in Nordrhein-Westfalen, Band 2, Buch 2, Abschnitt 29.

[1088] Vgl. auch § 19 Abs. 3 AsylG und § 19 Abs. 4 AsylG.

[1089] Vgl. auch § 15 Abs. 5 AufenthG (Zurückweisungshaft), der jedoch in § 71 Abs. 5 AufenthG nicht in Bezug genommen ist.

Haft oder Gewahrsam sind also je nach Befugnisrechtsnorm die absoluten Rechtsfolgen-Oberbegriffe für Freiheitsentziehungen auf dem Rechtsgebiet des AufenthG nach §§ 57, 62-62b AufenthG, und zwar wie folgt:

- Haft für Maßnahmen nach § 57 Abs. 3 i.V.m. § 62 AufenthG und nach § 62 AufenthG,
- Gewahrsam für Maßnahmen nach § 62b AufenthG;

dies sind die richtigen Rechtsfolgen-Oberbegriffe als kleinster gemeinsamer Nenner ohne rechtsgebietsfremde Falschbezeichnung à la „Festnahme", vgl. die unterschiedlichen gesetzlichen Namen in den gefahrenabwehrenden §§ 62-62b AufenthG und die Festnahmebefugnisrechtsnormen der StPO[1090].

Gemäß Art. 3 Nr. 5 RL 2008/115/EG (Rückführungsrichtlinie) ist **Abschiebung** die Vollstreckung der Rückkehrverpflichtung, d.h. die tatsächliche Verbringung aus dem Mitgliedsstaat.

Gemäß Art. 3 Nr. 3 RL 2008/115/EG (Rückführungsrichtlinie) ist **Rückkehr** die Rückreise von Drittstaatsangehörigen — in freiwilliger Erfüllung einer Rückkehrverpflichtung oder erzwungener Rückführung in deren Herkunftsland oder ein Transitland gemäß gemeinschaftlichen oder bilateralen Rückübernahmeabkommen oder anderen Vereinbarungen oder ein anderes Drittland, in das der betreffende Drittstaatsangehörige freiwillig zurückkehren will und in dem er aufgenommen wird.

Gemäß Art. 3 Nr. 1 RL 2008/115/EG (Rückführungsrichtlinie) sind **Drittstaatsangehörige** alle Personen, die nicht Unionsbürger im Sinne von Artikel 17 Absatz 1 EG-Vertrag sind und die nicht das Gemeinschaftsrecht auf freien Personenverkehr nach Artikel 2 Absatz 5 des Schengener Grenzkodex genießen;

Gemäß Art. 3 Nr. 4 RL 2008/115/EG (Rückführungsrichtlinie) ist **Rückkehrentscheidung** die behördliche oder richterliche Entscheidung oder Maßnahme mit der der illegale Aufenthalt von Drittstaatsangehörigen festgestellt und eine Rückkehrverpflichtung auferlegt oder festgestellt wird.

Gemäß Art. 3 Nr. 2 RL 2008/115/EG (Rückführungsrichtlinie) ist **illegaler Aufenthalt** die Anwesenheit von Drittstaatsangehörigen, die nicht oder nicht mehr die Einreisevoraussetzungen nach Art. [6] Schengener Grenzkodex [VO (EU) 2016/399, P. B.] oder andere Voraussetzungen für die Einreise in einen Mitgliedstaat oder den dortigen Aufenthalt erfüllen, im Hoheitsgebiet dieses Mitgliedstaats;

Mögliche Befugnisrechtsnorm ist (alternativ):

- § 62 AufenthG (Abschiebungshaft)
    - als Vorbereitungshaft[1091] nach § 62 Abs. 2, Abs. 1, 5 AufenthG (mit § 62a AufenthG);

[1090] Zu den **Festnahmebefugnisrechtsnormen** der StPO siehe: *Basten*, Eingriffsrecht der Polizei in Nordrhein-Westfalen, Band 2, Buch 2, Abschnitte 30-35.

[1091] Bundestags-Drucksache 19/100047, S. 40 f.: „Auch bei besonders gefährlichen Ausländern, bei denen nicht der Erlass einer Abschiebungsanordnung nach § 58a abgewartet werden kann, der für die Beantragung von Sicherungshaft nach § 62 Absatz 3 Nummer 2 erforderlich ist, soll in diesen Fällen nicht auf den polizeilichen Präventivgewahrsam [nach Polizeigesetzen, P. B.] zurückgegriffen werden müssen. Demnach ist eine maßvolle Erweiterung des Anwendungsbereichs der Vorbereitungshaft um Fälle des § 58a sachgerecht. Die Vorbereitungshaft ist nur zulässig, wenn konkrete Umstände den Erlass einer Abschiebungsanordnung nach § 58a hinreichend sicher bevorstehen lassen.".

- als Sicherungshaft nach § 62 Abs. 3, 3a, 3b, 4, 4a, 5, Abs. 6 S. 2, Abs. 1 AufenthG (mit § 62a AufenthG);
- als Sicherungshaft durch vorläufige Ingewahrsamnahme nach § 62 Abs. 5, 3, 3a, 4, 4a, Abs. 6 S. 2, Abs. 1 AufenthG (mit § 62a AufenthG)[1092];
- als Mitwirkungshaft nach § 62 Abs. 6, Abs. 1 (mit § 62a Abs. 1 AufenthG entsprechend);

- § 62b AufenthG (Ausreisegewahrsam) (mit § 62 Abs. 1 und 4a AufenthG sowie § 62a AufenthG entsprechend);
- § 57 AufenthG (i.V.m. §§ 62, 62a AufenthG) (Zurückschiebungshaft[1093]).[1094]

Gemäß § 58 Abs. 4 S. 1 AufenthG ist die die Abschiebung durchführende Behörde ist befugt, zum Zweck der Abschiebung den Ausländer zum Flughafen oder Grenzübergang zu verbringen und ihn zu diesem Zweck kurzzeitig festzuhalten; gemäß § 58 Abs. 4 S. 2 AufenthG ist das Festhalten auf das zur Durchführung der Abschiebung unvermeidliche Maß zu beschränken.

[1092] Zur **Abschiebungshaft als Sicherungshaft durch vorläufige Ingewahrsamnahme** gemäß § 62 Abs. 5 AufenthG vgl. auch Nr. 62.4.1 AVV AufenthG [mit Aktualisierungen in Klammern]: „[§ 62 Abs. 5 AufenthG] soll die richterliche Vorführung zur Anordnung von Sicherungshaft von vollziehbar ausreisepflichtigen Ausländern sicherstellen, wenn der Ausländer vorläufig in Gewahrsam genommen worden ist, weil der dringende Verdacht des Vorliegens von Haftgründen nach § 62 [Abs. 3-4 AufenthG] besteht, die vorherige richterliche Entscheidung über die Anordnung von Sicherungshaft den Umständen nach nicht eingeholt werden kann und die Gefahr der Vereitelung der Haftanordnung besteht. Die Voraussetzungen müssen kumulativ vorliegen. Eine konkret geplante Festnahme [gesetzliche Bezeichnung nach § 62 AufenthG/§ 62 Abs. 5 AufenthG: Haft/Ingewahrsamnahme, P. B.] bedarf regelmäßig einer vorherigen richterlichen Anordnung; [§ 62 Abs. 5 AufenthG] ist in diesen Fällen nicht anwendbar.“.

Vgl. auch Nr. 62.4.3 AVV AufenthG [mit Aktualisierungen in Klammern]:

„Die vorläufige Festnahme [gesetzliche Bezeichnung nach § 62 AufenthG/§ 62 Abs. 5 AufenthG: Haft/Ingewahrsamnahme, P. B.] ist beispielsweise in folgenden Fallkonstellationen vorstellbar:

62.4.3.1 – Die Polizeibehörden überprüfen die Personalien eines vollziehbar ausreisepflichtigen Ausländers zur Nachtzeit. Hier gewährleistet [§ 62 Abs. 5 AufenthG] eine bundeseinheitliche Regelung, der zufolge der Ausländer ohne vorherige richterliche Anordnung vorläufig in Gewahrsam genommen werden kann. Der Ausländer ist unverzüglichen dem Richter zur Entscheidung über die Anordnung der Sicherungshaft vorzuführen.

62.4.3.2 – Während einer Vorsprache bei der Ausländerbehörde stellt sich heraus, dass der vollziehbar Ausreisepflichtige untertauchen will.

62.4.3.3 – Die Voraussetzungen für eine Anordnung von Sicherungshaft sind der Ausländerbehörde bekannt, der Ausländer erscheint dort zufällig vor Stellung des Haftantrags.

62.4.3.4 – Ein vollziehbar ausreisepflichtiger Ausländer unbekannten Aufenthalts [...] wird von der Polizei aufgegriffen.“.

Vgl. auch Nr. 62.4.2 AVV AufenthG: „Die Ausschreibung eines Ausländers zur Festnahme (vgl. Nummer 50.7 [zu § 50 Abs. 6 AufenthG]) ist für die Behörde, die den Ausländer aufgreift, nicht bindend; sie muss die Voraussetzungen für die vorläufige Ingewahrsamnahme eigenverantwortlich prüfen. Die Ausschreibung zur Festnahme lässt aber erkennen, dass die ausschreibende Behörde zum Zeitpunkt der Ausschreibung das Vorliegen von Haftgründen bejaht hat.“.

[1093] Vgl. auch § 19 Abs. 3 AsylG und § 19 Abs. 4 AsylG.

[1094] Vgl. auch § 15 Abs. 5 AufenthG (Zurückweisungshaft), der jedoch in § 71 Abs. 5 AufenthG nicht in Bezug genommen ist.

Mindestvoraussetzung im Zusammenhang mit allen Befugnisrechtsnormen ist zumindest ein zureichender tatsächlicher Anhaltspunkt[1095] für den Tatbestand eines relevanten ausländerrechtlichen Sachverhalts im Sinne der jeweiligen Befugnisrechtsnorm, also insbesondere ein befugnisrechtsnormentsprechender zureichender tatsächlicher Anhaltspunkt bezüglich eines **Ausländerrechts-Prüfungsgegenstandes**[1096], wie insbesondere:

- **Ausländerstatus**, **Auslandsstatus** (des Ausländer-Heimat- und/oder -Herkunftsstaates),
- (Bestehen oder Nichtbestehen von Pflichten bzgl. bestimmter) **Dokumente**,
- (Bestehen oder Nichtbestehen von einem bestimmten) **Einreiserecht** oder **Ausreisepflicht**,
- (Bestehen oder Nichtbestehen von einem bestimmten) **Aufenthaltsrecht** (ggf. einschließlich **Aufenthaltsgestattung**, **Aufenthaltsduldung**)
- (Erfordernis oder Nichterfordernis von einem bestimmten) **Aufenthaltstitel**,
- (Erlaubnis oder Verbot bestimmter) **Arbeit** (Beruf, Beschäftigung, Erwerbstätigkeit),
- Sanktionen.

Gemäß § 116b S. 1 StPO (Verhältnis von **Untersuchungshaft**[1097] zu anderen freiheitsentziehenden Maßnahmen) geht die **Vollstreckung der Untersuchungshaft** folgenden Freiheitsentziehungsmaßnahmen[1098] vor:

- der Vollstreckung der Auslieferungshaft,
- der vorläufigen Auslieferungshaft,
- der Abschiebungshaft,
- der Zurückweisungshaft.

Gemäß § 116b S. 2 StPO geht die Vollstreckung anderer freiheitsentziehender Maßnahmen der Vollstreckung von Untersuchungshaft vor, es sei denn, das Gericht trifft eine abweichende Entscheidung, weil der Zweck der Untersuchungshaft dies erfordert.

B. Formelle Rechtmäßigkeit (FR) I. Zuständigkeit (Z)

(VOR/DEF)

Zuständigkeit ist Aufgabenwahrnehmungserlaubnis für den Rechtsfolgesetzer.

1095 Zur **Mindestvoraussetzung** auch auf dem Rechtsgebiet der Gefahrenabwehr eines tatsächlichen Anhaltspunkts bzw. eines Ausgangspunktes im Tatsächlichen: *Basten*, Eingriffsrecht der Polizei in Nordrhein-Westfalen, Band 1, Buch 1, S. 255.

1096 Zu **Ausländerrechts-Prüfungsgegenständen** siehe mit vielen weiteren Nachweisen: *Basten*, Eingriffsrecht der Polizei in Nordrhein-Westfalen, Band 3, Buch 4, Abschnitt 1, Unterabschnitt 1 (Ausländerrecht allgemein).

1097 Zur **Untersuchungshaft** siehe insbesondere: *Basten*, Eingriffsrecht der Polizei in Nordrhein-Westfalen, Band 2, Buch 2, Abschnitte 31, 32; vgl. auch §§ 112, 113, 114, 116-123, 126 StPO.

1098 Zu **Freiheitsentziehungen auf dem Rechtsgebiet der Strafrechtspflege** siehe insbesondere: *Basten*, Eingriffsrecht der Polizei in Nordrhein-Westfalen, Band 2, Buch 2, Abschnitte 11, 30-35; zur bei diversen Maßnahmen möglicherweise nötigen Abgrenzung (nach ADIMZ) von Freiheitsentziehung und sonstiger Freiheitsbeschränkung i.S.v. Art. 2 Abs. 2 S. 2 GG siehe alle Grundrechte-Darstellungen (A. I.) zu Art. 2 Abs. 2 S. 2 GG in: *Basten*, Eingriffsrecht der Polizei in Nordrhein-Westfalen, Bände 2, 3.

(SUB/ERG)

Für Zurückschiebungshaft/Abschiebungshaft/Ausreisegewahrsam ist die Zuständigkeit i.d.R. wie folgt gegeben:

1. sachliche Zuständigkeit der Polizei gemäß § 71 Abs. 5 AufenthG[1099];

1099 Zur „**Zuständigkeit der Polizeien der Länder**" nach § 71 Abs. 5 AufenthG siehe Nr. 71.5 AVV AufenthG (mit jeweiligen Unternummern und mit Aktualisierungen in Klammern):

„Auch die Polizeien der Länder sind zuständig für die – **Zurückschiebung** (§ 57), – Durchführung der **Abschiebung** (§ 58), – Durchsetzung der **Verlassenspflicht** nach § 12 Absatz 3 [zu § 12 Abs. 3 AufenthG siehe *Basten*, Eingriffsrecht der Polizei in Nordrhein-Westfalen, Band 2, Buch 2, Abschnitt 27 zu **Platzverweisungen**], – Festnahme und Beantragung von Haft [nach § 57 Abs. 3, § 62, § 62a, § 62b AufenthG: **Zurückschiebungshaft/Abschiebungshaft/Ausreisegewahrsam**, P. B.] zum Zweck der Vorbereitung und Sicherung der Zurückschiebung oder Abschiebung (siehe Nummer 62.0.3.0). Soweit die Länder keine Regelungen bezüglich der Aufgabenwahrnehmung im Rahmen der parallelen Zuständigkeit von Ausländerbehörde und Polizei getroffen haben [vgl. dazu ZustAVO NRW und AHaftRL NRW], gelten die nachfolgenden Vorschriften. 71.5.1.1 Neben den Ausländerbehörden und der Grenzbehörde sind die Polizeien der Länder für die **Zurückschiebung** originär zuständig (siehe Nummer 71.1.1.2), wenn aus Anlass ihrer Aufgabenwahrnehmung ein unerlaubt eingereister Ausländer aufgegriffen wird (z. B. anlässlich einer Personen- bzw. Verkehrskontrolle oder einer Razzia). Die Zuständigkeit umfasst auch die **Vorbereitung, Sicherung und Durchführung der Zurückschiebung** (z. B. Beschaffung von Heimreisedokumenten, Vorführung des Ausländers bei der Auslandsvertretung, Buchung der Heimreise, Erlass eines Leistungsbescheids, Transport zur Grenze, zur Justizvollzugsanstalt oder zum Flughafen). Zur **Kostenerhebung** siehe Nummer 71.5.4.1 und 67.3.0.2.3. 71.5.1.2 Nach Wegfall der Grenzkontrollen an den Binnengrenzen der Schengen-Staaten kommt der Kontrolle von Ausländern im Inland im Hinblick auf die unerlaubte Einreise und den unerlaubten Aufenthalt eine besondere Bedeutung zu. Diese umfasst die **Eintragung von Kontrollstempeln** in den Pass oder Passersatz. Eine **Zurückschiebung** durch die Polizeien der Länder kommt danach insbesondere in Betracht, wenn sie anlässlich einer Personenkontrolle feststellen, dass ein Ausländer 71.5.1.2.1 – ohne erforderliches Visum unerlaubt eingereist ist (§ 14 Absatz 1 Nummer 2) oder 71.5.1.2.2 – mit einem nationalen Aufenthaltstitel eines Schengen-Staates für einen Kurzaufenthalt eingereist ist, er jedoch zum Zeitpunkt der Einreise die weiteren Voraussetzungen nach Artikel 21 SDÜ nicht erfüllt, insbesondere weil er von einer deutschen Behörde (z. B. § 11 Absatz 1 i. V. m. Artikel 96 Absatz 3 SDÜ) oder einer Behörde eines anderen Schengen-Staates (Artikel 96 Absatz 3 SDÜ) im SIS zur Einreiseverweigerung ausgeschrieben worden ist. 71.5.2.1 Die Polizeien der Länder sind unbeschadet landesrechtlicher Vorschriften im Rahmen der **Abschiebung** nur für die **Durchführung dieser Maßnahme** (Vollstreckung als Realakt) zuständig. Für eine **Androhung**, Ankündigung oder **Anordnung** der Abschiebung bleibt die Ausländerbehörde zuständig. Die Vollstreckungsbehörde erteilt nach Maßgabe landesrechtlicher Vorschriften den Polizeien der Länder den Vollstreckungsauftrag. Insoweit erfüllen die Polizeien der Länder die **Funktion der Vollstreckungsbeamten**. 71.5.2.2 Zur **Durchführung der Abschiebung** gehören Maßnahmen des **Vollzugs** einschließlich der **Anwendung von Zwangsmitteln**, insbesondere die Überstellung des Ausländers von dem von der Ausländerbehörde angegebenen Ort zur Grenzbehörde (z. B. Grenzübergangsstelle, Flughafen) und das **Festhalten** des Ausländers während der Überstellung (freiheitsbeschränkende Maßnahme), aber auch Sicherungs- und Vorbereitungsmaßnahmen wie die **Beschaffung von Heimreisedokumenten**, die **Vorführung** des Ausländers bei der Auslandsvertretung zum Zwecke der Ausstellung von Heimreisedokumenten (§ 82 Absatz 4), die **Anordnung der Passvorlage** und die vorübergehende **Einbehaltung des Passes, Passersatzes oder Ausweisersatzes** (§ 48 Absatz 1), die **Anordnung einer Sicherheitsleistung** (§ 66 Absatz 5) und das **Durchsuchen** des Ausländers und seiner Sachen nach Maßgabe landesrechtlicher Vorschriften. 71.5.3 Die Polizeien der Länder sind originär für die Festnahme [nach § 57 Abs. 3, § 62, § 62a, § 62b AufenthG: **Zurückschiebungshaft/Abschiebungshaft/Ausreisegewahrsam**, P. B.] und Beantragung von Abschiebungs- und Zurückschiebungshaft zuständig. 71.5.3.1 Die Festnahme [nach § 57 Abs. 3, § 62, § 62a, § 62b AufenthG: **Zurückschiebungshaft/Abschiebungshaft/Ausreisegewahrsam**, P. B.] richtet sich nach bundes- oder landesrechtlichen Vorschriften über die **Ingewahrsamnahme** von Personen (Ordnungs- bzw.

2. instanzielle Zuständigkeit der Polizeibehörde gemäß § 11 Abs. 1 Nr. 1 POG NRW;

3. örtliche Zuständigkeit der Polizeibehörde gemäß § 7 Abs. 1 S. 1 POG NRW i.V.m. KPBVO NRW;

4. funktionelle Zuständigkeit des Polizeiamtswalters gemäß § 71 Abs. 5 AufenthG; und zwar grundsätzlich in bestimmten §-57/62/62b-AufenthG-Befugnisrechtsnorm-Fällen wie folgt:

a) Anordnungszuständigkeit / Anordnungsunzuständigkeit

aa) Anordnungszuständigkeit

- gemäß § 57 Abs. 3 i.V.m. § 62 Abs. 5 AufenthG für die vorläufige Anordnung von Zurückschiebungshaft entsprechend zu Abschiebungshaft als Sicherungshaft durch vorläufige Ingewahrsamnahme („ohne vorherige richterliche Anordnung"),
- gemäß § 62 Abs. 5 AufenthG für die vorläufige Anordnung von Abschiebungshaft als Sicherungshaft durch vorläufige Ingewahrsamnahme („ohne vorherige richterliche Anordnung");
- gemäß § 62b Abs. 4 AufenthG für die vorläufige Anordnung von Ausreisegewahrsam durch vorläufige Ingewahrsamnahme („ohne vorherige richterliche Anordnung"),

bb) Anordnungsunzuständigkeit

- nicht gemäß § 57 Abs. 3 AufenthG i.V.m. § 62 Abs. 2 AufenthG für die Anordnung von Zurückschiebungshaft entsprechend zu Abschiebungshaft als Vorbereitungshaft;
- nicht gemäß § 57 Abs. 3 AufenthG i.V.m. § 62 Abs. 3-4 AufenthG für die Anordnung von Zurückschiebungshaft entsprechend zu Abschiebungshaft als Sicherungshaft („auf richterliche Anordnung" – ohne vorläufige Ingewahrsamnahme)
- nicht gemäß § 57 Abs. 3 AufenthG i.V.m. § 62 Abs. 6 AufenthG für die Anordnung von Zurückschiebungshaft entsprechend zu Abschiebungshaft als Mitwirkungshaft;
- nicht gemäß § 62 Abs. 2 AufenthG für die Anordnung von Abschiebungshaft als Vorbereitungshaft („auf richterliche Anordnung");
- nicht gemäß § 62 Abs. 3-4 AufenthG für die Anordnung von Abschiebungshaft als Sicherungshaft („auf richterliche Anordnung" – ohne vorläufige Ingewahrsamnahme);
- nicht gemäß § 62 Abs. 6 AufenthG für die Anordnung von Abschiebungshaft als Mitwirkungshaft („auf richterliche Anordnung")

Polizeirecht; vgl. aber § 62 Absatz [5] sowie Nummer 58.0.0 und 62.4) [zur Ingewahrsamnahme nach Polizeirecht siehe: *Basten*, Eingriffsrecht der Polizei in Nordrhein-Westfalen, Band 2, Buch 2, Abschnitt 29, P. B.]. Sie kommt insbesondere zur Sicherung der **Zurückschiebung** oder **Abschiebung** in Betracht. 71.5.3.2 Die Festnahme eines nach § 50 Absatz [6] zur Festnahme ausgeschriebenen Ausländers, ist nach Maßgabe des § 62 Absatz [5] zulässig [**Haft als Sicherungshaft durch vorläufige Ingewahrsamnahme**] (vgl. Nummer 62.4). Der festgenommene [in Haft genommene] Ausländer ist unverzüglich einem Richter zur Entscheidung über die Anordnung der Sicherungshaft **vorzuführen**. 71.5.4.1 Die Zuständigkeit der Polizeien der Länder für die Abschiebung und Zurückschiebung umfasst auch die **Geltendmachung der Kosten** nach Maßgabe des § 67 Absatz 3 durch einen **Leistungsbescheid**. 71.5.4.2 Die Landespolizeibehörde, die eine Zurückschiebung angeordnet hat, ist auch für die **Befristungsentscheidung** nach § 11 Absatz 1 Satz 3 zuständig. Die Ausländerbehörde, deren Zuständigkeit bestand oder besteht (in deren Bezirk sich der Ausländer aufhalten will), ist zu beteiligen (vgl. Nummer 11.1.3.2.1). 71.5.5 Die Polizeien der Länder sind für die Durchsetzung der **räumlichen Beschränkung** [zu § 12 Abs. 3 AufenthG siehe *Basten*, Eingriffsrecht der Polizei in Nordrhein-Westfalen, Band 2, Buch 2, Abschnitt 27 zu **Platzverweisungen**] zuständig, wenn sie aus Anlass ihrer originären Aufgabenwahrnehmung einen Ausländer aufgreifen, der sich in einem Teil des Bundesgebiets aufhält, in dem er sich nicht aufhalten darf. 71.5.6 Die Ausländerbehörden haben die Polizeien der Länder auf Ersuchen, insbesondere in unaufschiebbaren Fällen, fachlich zu **unterstützen**, auch wenn diese im Rahmen ihrer eigenen Zuständigkeit tätig werden.".

- nicht gemäß § 62b Abs. 1 AufenthG für die Anordnung von Ausreisegewahrsam ohne richterliche Anordnung („auf richterliche Anordnung“ – ohne vorläufige Ingewahrsamnahme).

b) Ausführungszuständigkeit

- gemäß § 57 Abs. 3 AufenthG i.V.m. § 62 Abs. 2 AufenthG für die Ausführung von Zurückschiebungshaft entsprechend zu Abschiebungshaft als Vorbereitungshaft;
- gemäß § 57 Abs. 3 AufenthG i.V.m. § 62 Abs. 3-4 AufenthG für die Ausführung von Zurückschiebungshaft entsprechend zu Abschiebungshaft als Sicherungshaft („auf richterliche Anordnung“ – ohne vorläufige Ingewahrsamnahme)
- gemäß § 57 Abs. 3 i.V.m. § 62 Abs. 5 AufenthG für die Ausführung von Zurückschiebungshaft entsprechend zu Abschiebungshaft als Sicherungshaft durch vorläufige Ingewahrsamnahme („ohne vorherige richterliche Anordnung“),
- gemäß § 57 Abs. 3 AufenthG i.V.m. § 62 Abs. 6 AufenthG für die Ausführung von Zurückschiebungshaft entsprechend zu Abschiebungshaft als Mitwirkungshaft;
- gemäß § 62 Abs. 2 AufenthG für die Ausführung von Abschiebungshaft als Vorbereitungshaft („auf richterliche Anordnung“);
- gemäß § 62 Abs. 3-4 AufenthG für die Ausführung von Abschiebungshaft als Sicherungshaft („auf richterliche Anordnung“ – ohne vorläufige Ingewahrsamnahme);
- gemäß § 62 Abs. 5 AufenthG für die Ausführung von Abschiebungshaft als Sicherungshaft durch vorläufige Ingewahrsamnahme („ohne vorherige richterliche Anordnung“);
- gemäß § 62 Abs. 6 AufenthG für die Ausführung von Abschiebungshaft als Mitwirkungshaft („auf richterliche Anordnung“);
- gemäß § 62b Abs. 1 AufenthG für die Ausführung von Ausreisegewahrsam ohne richterliche Anordnung („auf richterliche Anordnung“ – ohne vorläufige Ingewahrsamnahme);
- gemäß § 62b Abs. 4 AufenthG für die Ausführung von Ausreisegewahrsam durch vorläufige Ingewahrsamnahme („ohne vorherige richterliche Anordnung“).

B. Formelle Rechtmäßigkeit (FR) II. Verfahren (V)

(VOR/DEF)

Verfahren ist normiertes Verhalten für den Rechtsfolgezuständigen außer, bei, i.Z.m. der Rechtsfolge.

Für Zurückschiebungshaft (entsprechend Abschiebungshaft) / Abschiebungshaft (alternativ als Vorbereitungshaft, Sicherungshaft, Mitwirkungshaft) / Ausreisegewahrsam sind insbesondere folgende Verfahrensvoraussetzungen alternativ gegeben – wie folgt den hauptsächlichen Haft- bzw. Gewahrsamsfällen und den Befugnisrechtsnormen zugeordnet:

1. Richterliche Anordnung[1100]

(VOR/DEF)

a) absolute Richtervorbehalte

Die Haft darf in folgenden Fällen ohne Ausnahme nur „auf richterliche Anordnung" erfolgen:

aa) § 57 Abs. 3 i.V.m. § 62 Abs. 2 AufenthG: Zurückschiebungshaft entsprechend zu Abschiebungshaft als Vorbereitungshaft.

bb) § 57 Abs. 3 i.V.m. § 62 Abs. 3-4 AufenthG: Zurückschiebungshaft entsprechend zu Abschiebungshaft als Sicherungshaft.

cc) § 57 Abs. 3 i.V.m. § 62 Abs. 6 AufenthG: Zurückschiebungshaft entsprechend zu Abschiebungshaft als Mitwirkungshaft.

dd) § 62 Abs. 2 AufenthG: Abschiebungshaft als Vorbereitungshaft.

ee) § 62 Abs. 6 AufenthG: Abschiebungshaft als Mitwirkungshaft.

b) Relative Richtervorbehalte[1101]**:**

[1100] Nr. 6.2 AHaftRL NRW: „Die örtliche Zuständigkeit des Amtsgerichts richtet sich nach § 416 FamFG in Verbindung mit der Verordnung über die Zuständigkeit der Amtsgerichte in Strafsachen gegen Erwachsene, in Jugendstrafsachen, in Bußgeldverfahren und Abschiebungshaftsachen vom 5. Juli 2010 (GV. NRW. S. 422). Gericht im Sinne des § 427 Abs. 1 FamFG ist das für die Entscheidung in der Hauptsache zuständige Gericht. Danach ist nach § 106 Abs. 2 S. 1 AufenthG, § 416 FamFG das Gericht örtlich zuständig, in dessen Bezirk die betroffene Person ihren (tatsächlichen) gewöhnlichen Aufenthalt hat. Lässt sich der gewöhnliche Aufenthalt nicht feststellen, ist das Gericht örtlich zuständig, in dessen Bezirk das Erfordernis für die Freiheitsentziehung entsteht (siehe zum ‚**gewöhnlichen Aufenthaltsort**' Nummer 10.2.2.3 AHaftRL NRW). Nach § 427 Abs. 1 FamFG kann das Gericht durch einstweilige Anordnung eine vorläufige Freiheitsentziehung anordnen, wenn dringliche Gründe für die Annahme bestehen, dass die Voraussetzungen für die Anordnung einer Freiheitsentziehung gegeben sind und dringender Bedarf für ein sofortiges Tätigwerden besteht. Die Ausländerbehörde kann, wenn über die Fortdauer der Haft zu entscheiden ist, bei dem für die Erstanordnung zuständigen Amtsgericht anregen, gemäß § 106 Abs. 2 S. 2 AufenthG das Verfahren durch unanfechtbaren Beschluss an das Gericht abzugeben, in dessen Bezirk die Zurückweisungs- oder Abschiebungshaft vollzogen wird, andernfalls bleibt das Amtsgericht zuständig, das die Freiheitsentziehung angeordnet hat. Eine besondere sachliche Zuständigkeit besteht für die Zentralen Ausländerbehörden nach § 3 Abs. 2 Nr. 1 ZustAVO (NRW).".

Nr. 7 AHaftRL NRW: „Das Abschiebungshaftverfahren ist ein Antragsverfahren. Das Gericht ist an die Anträge gebunden. Zulässig ist ein Haftantrag, wenn er den gesetzlichen Anforderungen an die Begründung nach § 417 Absatz 2 des Gesetzes über das Verfahren in Familiensachen und in den Angelegenheiten der freiwilligen Gerichtsbarkeit entspricht. Genügt die Begründung nicht den gesetzlichen Anforderungen, ist die Anordnung der Haft rechtswidrig und kann nachträglich nicht geheilt werden (BGH, Beschluss vom 29.04.2010, Aktenzeichen V ZB 218/09). Jeder Haftantrag ist von der Ausländerbehörde umfassend und schlüssig zu begründen (BGH, Beschluss vom 15.11.2012, Aktenzeichen V ZB 119/12). Erforderlich sind neben den personenbezogenen Daten der ausländischen Person [insbesondere die in Nr. 7 a)-p) AHaftRL NRW m.w.N. aufgeführten Angaben].".

[1101] BVerfGK 15, 432 (Abschiebungshaft eines Vietnamesen nach folgender Historie: 1. Visum zur Familienzusammenführung aufgrund Scheinehe; 2. Ermittlung der Scheinehe; 3. „Untertauchen" des Vietnamesen 4. Beantragung der Ausländerbehörde beim LKA Sachsen auf Ausschreibung des Beschwerdeführers zur Personenfahndung unter Angabe des Zwecks „Festnahme, ausländerrechtliche Maßnahme" und des Anlasses „Ausweisung/ Abschiebung"; 5. Anzeige der Ausländerbehörde beim Polizeirevier Plauen wegen Verdachts „unerlaubten Aufenthalts" [≙ unerlaubter Einreise, vgl. §§ 14, 95-98 AufenthG,

Relativer Richtervorbehalt gilt bezüglich folgenden Haft- bzw. Gewahrsamsfällen (alternativ):

aa) Zurückschiebungshaft entsprechend zu Abschiebungshaft als Sicherungshaft nach § 57 Abs. 3 i.V.m. § 62 Abs. 5 AufenthG. Im Fall der Anordnung ohne vorherige richterliche Anordnung handelt es sich dann um Zurückschiebungshaft als Abschiebungshaft-Sicherungshaft durch „vorläufige Ingewahrsamnahme".

bb) Abschiebungshaft als Sicherungshaft nach § 62 Abs. 3-4/5 AufenthG. Im Fall der Anordnung ohne vorherige richterliche Anordnung handelt es sich dann gemäß § 62 Abs. 5 AufenthG um Abschiebungshaft als Sicherungshaft durch „vorläufige Ingewahrsamnahme".

P. B.]) = BVerfG, Beschluss der 1. Kammer des Zweiten Senats vom 07.05.2009 – 2 BvR 475/09 –, Rn. 16: „Die Freiheitsentziehung erfordert nach Art. 104 Abs. 2 Satz 1 GG grundsätzlich eine vorherige richterliche Anordnung. Eine nachträgliche richterliche Entscheidung, deren Zulässigkeit in Ausnahmefällen Art. 104 Abs. 2 Satz 2 GG voraussetzt, genügt nur, wenn der mit der Freiheitsentziehung verfolgte verfassungsrechtlich zulässige Zweck nicht erreichbar wäre, sofern der Festnahme die richterliche Entscheidung vorausgehen müsste (vgl. BVerfGE 22, 311 <317>). Art. 104 Abs. 2 Satz 2 GG gebietet in einem solchen Fall, die richterliche Entscheidung unverzüglich nachzuholen (vgl. BVerfGE 10, 302 <321>) ‚**Unverzüglich**' ist dahin auszulegen, dass die richterliche Entscheidung ohne jede Verzögerung, die sich nicht aus sachlichen Gründen rechtfertigen lässt, nachgeholt werden muss (vgl. BVerfGE 105, 239 <249>). Nicht vermeidbar sind zum Beispiel Verzögerungen, die durch die Länge des Weges, Schwierigkeiten beim Transport, die notwendige Registrierung und Protokollierung, ein renitentes Verhalten des Festgenommenen oder vergleichbare Umstände bedingt sind (vgl. BVerfGE 103, 142 <156>; 105, 239 <249>).", Rn. 18-21: „Für die Frage, ob der Zweck der Freiheitsentziehung bei Abwarten einer richterlichen Entscheidung nicht erreicht werden kann und daher die Freiheitsentziehung ausnahmsweise ohne vorherige gerichtliche Anordnung erfolgen darf, ist auf den Zeitpunkt der Entscheidung über die Freiheitsentziehung abzustellen. Daraus folgt, dass von der Ausländerbehörde konkret geplante Freiheitsentziehungen regelmäßig einer vorherigen richterlichen Anordnung bedürfen und Vollzugsbeamte der Polizei, die von der Ausländerbehörde gebeten worden sind, einen Ausländer im Wege der Amtshilfe in Gewahrsam zu nehmen, sich regelmäßig nicht mit Erfolg darauf berufen können, dass zum Zeitpunkt ihrer Entscheidung eine richterliche Anordnung nicht mehr rechtzeitig eingeholt werden könne. Anders liegt der Fall, wenn ein vollziehbar ausreisepflichtiger Ausländer untertaucht und infolgedessen für die zu diesem Zeitpunkt zuständige Ausländerbehörde nicht mehr greifbar ist. Dann ist nicht absehbar, ob später die Abschiebungshaftvoraussetzungen vorliegen und welche Behörde gegebenenfalls für eine Ingewahrsamnahme zuständig sein wird; eine Festnahme im Falle des Aufgreifens des betroffenen Ausländers kann lediglich abstrakt geplant sein, da weder Aufgriffsort noch -zeitpunkt abgeschätzt werden können. Ein untergetauchter, vollziehbar ausreisepflichtiger Ausländer kann daher bei Vorliegen der Tatbestandsvoraussetzungen des § 62 Abs. 4 AufenthG [ex-§ 62 Abs. 4 AufenthG ≙ § 62 Abs. 5 AufenthG, P. B.] zum Zwecke der Vorführung vor den Haftrichter ohne Verstoß gegen Art. 104 Abs. 2 Satz 1 GG durch die Exekutive in Gewahrsam genommen werden. Die Ausschreibung zur Festnahme nach § 50 Abs. 7 Satz 1 AufenthG [ex-§ 50 Abs. 7 AufenthG ≙ § 50 Abs. 6 AufenthG, P. B.] bedarf von Verfassungs wegen keiner richterlichen Anordnung. […] Ob eine Ingewahrsamnahme durch die Exekutive in der konkreten Situation des Ergreifens zulässig ist, bestimmt sich nicht nach § 50 Abs. 7 Satz 1 AufenthG [ex-§ 50 Abs. 7 AufenthG ≙ § 50 Abs. 6 AufenthG, P. B.]. Die Norm enthält nur die Ermächtigung zur Nutzung der Fahndungshilfsmittel der Polizei, nicht aber eine Ermächtigung zu Freiheitsentziehungen (vgl. Hailbronner, AuslR, Stand: Oktober 2008, § 50 AufenthG Rn. 44 ff.); diese findet sich in § 62 Abs. 4 AufenthG [ex-§ 62 Abs. 4 AufenthG ≙ § 62 Abs. 5 AufenthG, P. B.]. Die Ausschreibung zur Festnahme nach § 50 Abs. 7 Satz 1 AufenthG [ex-§ 50 Abs. 7 AufenthG ≙ § 50 Abs. 6 AufenthG, P. B.] lässt für die Polizei als Nutzer der Fahndungshilfsmittel zwar erkennen, dass die zum Zeitpunkt der Ausschreibung zuständige Ausländerbehörde nach eigenverantwortlicher Prüfung Haftgründe nach § 62 AufenthG bejaht hat. Die Entscheidung über die Ingewahrsamnahme bleibt aber der eigenverantwortlich nach § 62 Abs. 4 AufenthG [ex-§ 62 Abs. 4 AufenthG ≙ § 62 Abs. 5 AufenthG, P. B.] tätig werdenden Behörde überlassen. Da die **Ausschreibung zur Festnahme** keine Bindungswirkung entfaltet, bedarf sie auch unter dem Gesichtspunkt etwaiger aus Art. 104 Abs. 2 GG abzuleitender Vorwirkungen keiner gerichtlichen Anordnung.".

cc) Ausreisegewahrsam, § 62b AufenthG. Im Fall des Ausreisegewahrsams ohne vorherige richterliche Anordnung handelt es sich dann gemäß § 62b Abs. 4 AufenthG um Ausreisegewahrsam durch „vorläufige Ingewahrsamnahme".

(SUB/ERG)

Für die Anordnung von Haft mit relativem Richtervorbehalt gelten folgende – je nach Fall einzuhaltende und eingehaltene oder nicht eingehaltene – Voraussetzungen – wie folgt den einzelnen Haft- bzw. Gewahrsamsfällen zugeordnet:

aa) Zurückschiebungshaft als Abschiebungshaft-Sicherungshaft nach § 57 Abs. 3 i.V.m. § 62 Abs. 5 AufenthG

- § 57 Abs. 3 i.V.m. § 62 Abs. 3 AufenthG: Grundsätzlicher Vorbehalt richterlicher Anordnung.
- § 57 Abs. 3 i.V.m. § 62 Abs. 5 AufenthG:
  - § 62 Abs. 5 S. 1 Nr. 2 AufenthG: **Gefahr im Verzug**, da die richterliche Entscheidung über die Anordnung der Sicherungshaft nicht vorher eingeholt werden kann (ohne dass der Zweck gefährdet wäre).
  - § 62 Abs. 5 S. 2 AufenthG (nach Anordnung ohne vorherige richterliche Entscheidung): Pflicht zur unverzüglichen Vorführung vor den Richter zur Entscheidung über die Anordnung der Sicherungshaft.[1102]

bb) Zurückschiebungshaft als Abschiebungshaft-Sicherungshaft nach § 62 Abs. 5 AufenthG

§ 62 Abs. 3 AufenthG: Grundsätzlicher Vorbehalt richterlicher Anordnung.

- § 62 Abs. 5 AufenthG:
  - § 62 Abs. 5 S. 1 Nr. 2 AufenthG: **Gefahr im Verzug**, da die richterliche Entscheidung über die Anordnung der Sicherungshaft nicht vorher eingeholt werden kann (ohne dass der Zweck gefährdet wäre).
  - § 62 Abs. 5 S. 2 AufenthG (nach Anordnung ohne vorherige richterliche Entscheidung): Pflicht zur unverzüglichen Vorführung vor den Richter zur Entscheidung über die Anordnung der Sicherungshaft.[1103]

cc) Ausreisegewahrsam nach § 62b AufenthG:

- § 62b Abs. 1 AufenthG: Grundsätzlicher Vorbehalt richterlicher Anordnung.
- § 62b Abs. 4 S. 1 Nr. 2 AufenthG: **Gefahr im Verzug**, da die richterliche Entscheidung über die Anordnung des Ausreisegewahrsams nicht vorher eingeholt werden kann (ohne dass der Zweck gefährdet wäre).
- § 62b Abs. 4 S. 2 AufenthG (nach Anordnung ohne vorherige richterliche Entscheidung): Pflicht zur unverzüglichen Vorführung vor den Richter zur Entscheidung über die Anordnung der Sicherungshaft.[1104]

[1102] Vgl. auch §§ 36, 38 PolG NRW und §§ 127 Abs. 1, 2 und § 128 StPO.

[1103] Vgl. auch §§ 36, 38 PolG NRW und §§ 127 Abs. 1, 2 und § 128 StPO.

[1104] Vgl. auch §§ 36, 38 PolG NRW und §§ 127 Abs. 1, 2 und § 128 StPO.

2. Vollzug der Haft bzw. des Gewahrsams

(VOR/DEF)

a) § 62a Abs. 1 AufenthG (ggf. entsprechend i.V.m. § 62b Abs. 3 AufenthG): Getrennte Unterbringung

Gemäß § 62a Abs. 1 S. 1 AufenthG (i.V.m. § 62b Abs. 3 AufenthG) wird die Abschiebungshaft grundsätzlich in speziellen Hafteinrichtungen vollzogen.[1105]

Gemäß § 62a Abs. 1 S. 2 AufenthG (i.V.m. § 62b Abs. 3 AufenthG) kann die Abschiebungshaft, wenn spezielle Hafteinrichtungen im Bundesgebiet nicht vorhanden sind oder wenn von dem Ausländer eine erhebliche Gefahr für Leib und Leben Dritter oder bedeutende Rechtsgüter der inneren Sicherheit ausgeht, in sonstigen Haftanstalten vollzogen werden; die Abschiebungsgefangenen sind in diesem Fall getrennt von Strafgefangenen unterzubringen.

Gemäß § 62a Abs. 1 S. 3, 4 AufenthG (i.V.m. § 62b Abs. 3 AufenthG) sind, wenn mehrere Angehörige einer Familie inhaftiert werden, diese getrennt von den übrigen Abschiebungsgefangenen unterzubringen; und es ist ihnen ein angemessenes Maß an Privatsphäre zu gewährleisten.

[1105] Zur „Schaffung und Unterhaltung von **Aufnahmeeinrichtungen**" vgl. auch § 44 AsylG, zu „**besonderen Aufnahmeeinrichtungen**" siehe § 5 Abs. 5 AsylG. Zur **Wohnverpflichtung** von Ausländern bis zur Ausreise oder bis zum Vollzug der Abschiebungsandrohung oder -anordnung, deren Asylanträge im **beschleunigten Verfahren** nach § 30a AsylG (ungleich § 127b StPO) bearbeitet werden: § 30a Abs. 3 AsylG.

Zum **Grundsatz getrennter Unterbringung**: EuGH, Urteil der Ersten Kammer vom 02.07.2020 – Rechtssache C-18/19 (Vorabentscheidungsverfahren nach Art. 267 AEUV über BGH, Beschluss vom 22.11.2018 – V ZB 180/17 – LG Frankfurt am Main – AG Frankfurt am Main), Rn. 39: „Demnach dürfen die Mitgliedstaaten nach Art. 16 Abs. 1 Satz 2 der Richtlinie 2008/115 [EU-Rückführungsrichtlinie] ausnahmsweise und über die in deren Art. 18 Abs. 1 ausdrücklich genannten Fälle hinaus, illegal aufhältige Drittstaatsangehörige zur Sicherung der Abschiebung in einer gewöhnlichen Haftanstalt unterbringen, wenn diese Mitgliedstaaten die Inhaftierung in speziellen Hafteinrichtungen aufgrund besonderer Umstände des Einzelfalls nicht sicherstellen und dadurch die mit der Richtlinie verfolgten Ziele nicht einhalten können.", Rn. 48: „Nach alledem ist auf die Vorlagefrage zu antworten, dass Art. 16 Abs. 1 der Richtlinie 2008/115 [EG-Rückführungsrichtlinie, P. B.] dahin auszulegen ist, dass er einer nationalen Regelung, nach der ein illegal aufhältiger Drittstaatsangehöriger zur Sicherung der Abschiebung getrennt von Strafgefangenen in einer gewöhnlichen Haftanstalt untergebracht werden darf, weil von ihm eine tatsächliche, gegenwärtige und hinreichend erhebliche Gefahr für ein Grundinteresse der Gesellschaft oder für die innere oder äußere Sicherheit des betreffenden Mitgliedstaats ausgeht, nicht entgegensteht.".

Erhebliche Gefahr[1106] **für Leib und Leben Dritter oder für bedeutende Rechtsgüter der inneren Sicherheit** ist eine Gefahr im Sinne der RL 2008/115/EG (Rückführungsrichtlinie) i.V.m. der Rechtsprechung im europäischen Verfassungsgerichtsverbund[1107].[1108]

[1106] Zur **Gegenwärtige-Gefahr**-Definition und zur **erhebliche-Gefahr**-Definition mit weiteren Nachweisen: *Basten*, Eingriffsrecht der Polizei in Nordrhein-Westfalen, Band 1, S. 251. Zum sogenannten „**differenzierenden Wahrscheinlichkeitsmaßstab**" („**Je-desto-Formel**" / „**Variabilitätsformel**") mit weiteren Nachweisen: *Basten*, Eingriffsrecht der Polizei in Nordrhein-Westfalen, Band 1, S. 248 f..

[1107] **Europäischer Verfassungsgerichtsverbund** nach BVerfG, Beschluss des Zweiten Senats vom 01.12.2020 – 2 BvR 1845/18 –, Ls. 3, Rn. 38.

[1108] Zur „**erheblichen Gefahr für Leib und Leben Dritter oder bedeutende Rechtsgüter der inneren Sicherheit**" i.S.d. AufenthG i.V.m. RL 2008/115/EG (Rückführungsrichtlinie) siehe: EuGH, Urteil des Gerichtshofs (Erste Kammer) vom 02.07.2020 – Rechtssache C-18/1919 (Vorabentscheidungsverfahren nach Art. 267 AEUV über BGH, Beschluss vom 22.11.2018 – V ZB 180/17 – LG Frankfurt am Main – AG Frankfurt am Main), Rn. 40-44, 48; Rn. 40: „Im vorliegenden Fall sieht § 62a Abs. 1 AufenthG vor, dass die Abschiebungshaft grundsätzlich in speziellen Hafteinrichtungen und nur ausnahmsweise, wenn von dem Ausländer eine **erhebliche Gefahr für Leib und Leben Dritter oder für bedeutende Rechtsgüter der inneren Sicherheit** ausgeht, in einer sonstigen Haftanstalt vollzogen wird. In diesem Fall werden die in Abschiebungshaft genommenen Ausländer getrennt von Strafgefangenen untergebracht.", Rn. 41: „Bei den in dieser Rechtsvorschrift zur Rechtfertigung des Vollzugs der Abschiebungshaft in einer gewöhnlichen Haftanstalt genannten Gründen handelt es sich daher um solche der **öffentlichen Ordnung** und der **öffentlichen Sicherheit**. Eine solche Gefahr vermag zu rechtfertigen, dass die Abschiebungshaft eines Drittstaatsangehörigen ausnahmsweise in einer gewöhnlichen Haftanstalt, und zwar gemäß Art. 16 Abs. 1 Satz 2 der Richtlinie 2008/115 getrennt von Strafgefangenen, vollzogen wird, um im Einklang mit den mit dieser Richtlinie verfolgten Zielen den ordnungsgemäßen Ablauf des Abschiebungsverfahrens sicherzustellen.", Rn. 42: „In diesem Zusammenhang ist darauf hinzuweisen, dass es den Mitgliedstaaten zwar im Wesentlichen weiterhin freisteht, nach ihren nationalen Bedürfnissen, die je nach Mitgliedstaat und Zeitpunkt unterschiedlich sein können, zu bestimmen, was die **öffentliche Ordnung** erfordert, dass jedoch diese Anforderungen im Kontext der Union, insbesondere wenn sie als Rechtfertigung einer Ausnahme von einer Verpflichtung geschaffen wurden, um die Achtung der Grundrechte von Drittstaatsangehörigen bei ihrer Ausweisung aus der Union sicherzustellen, eng zu verstehen sind, so dass ihre Tragweite nicht von jedem Mitgliedstaat einseitig ohne Kontrolle durch die Organe der Union bestimmt werden kann (vgl. in diesem Sinne Urteil vom 11. Juni 2015, Zh. und O., C-554/13, EU:C:2015:377, Rn. 48).", Rn. 43: „Der Begriff ‚**Gefahr für die öffentliche Ordnung**' im Sinne von Art. 7 Abs. 4 der Richtlinie 2008/115 [EG-Rückführungsrichtlinie, P. B.] setzt in seiner Auslegung durch den Gerichtshof jedenfalls voraus, dass außer der **Störung der sozialen Ordnung**, die jeder **Gesetzesverstoß** darstellt, eine **tatsächliche, gegenwärtige und hinreichend erhebliche Gefahr** vorliegt, die ein **Grundinteresse der Gesellschaft** berührt (Urteil vom 11. Juni 2015, Zh. und O., C-554/13, EU:C:2015:377, Rn. 60).", Rn. 44: „Zum Begriff ‚**öffentliche Sicherheit**' geht aus der Rechtsprechung des Gerichtshofs hervor, dass er sowohl die innere als auch die äußere Sicherheit eines Mitgliedstaats umfasst, und dass daher die Beeinträchtigung des Funktionierens der Einrichtungen des Staates und seiner wichtigen öffentlichen Dienste sowie das Überleben der Bevölkerung ebenso wie die Gefahr einer erheblichen Störung der auswärtigen Beziehungen oder des friedlichen Zusammenlebens der Völker oder eine Beeinträchtigung der militärischen Interessen die öffentliche Sicherheit berühren können (Urteil vom 15. Februar 2016, N., C-601/15 PPU, EU:C:2016:84, Rn. 66).", Rn. 48: „Nach alledem ist auf die Vorlagefrage zu antworten, dass Art. 16 Abs. 1 der Richtlinie 2008/115 [EG-Rückführungsrichtlinie, P. B.] dahin auszulegen ist, dass er einer nationalen Regelung, nach der ein illegal aufhältiger Drittstaatsangehöriger zur Sicherung der Abschiebung getrennt von Strafgefangenen in einer gewöhnlichen Haftanstalt untergebracht werden darf, weil von ihm eine tatsächliche, gegenwärtige und hinreichend erhebliche Gefahr für ein Grundinteresse der Gesellschaft oder für die innere oder äußere Sicherheit des betreffenden Mitgliedstaats ausgeht, nicht entgegensteht.".

b) § 62a Abs. 2 AufenthG (ggf. entsprechend i.V.m. § 62b Abs. 3 AufenthG): Kontaktaufnahme mit bestimmten Personen, Behörden, Organisationen.

Gemäß § 62a Abs. 2 AufenthG (i.V.m. § 62b Abs. 3 AufenthG) wird den Abschiebungsgefangenen gestattet, mit Rechtsvertretern, Familienangehörigen, den zuständigen Konsularbehörden und einschlägig tätigen Hilfs- und Unterstützungsorganisationen Kontakt aufzunehmen.

c) § 62a Abs. 3 (ggf. entsprechend i.V.m. § 62b Abs. 3 AufenthG): Beachtung der Rückführungs-Richtlinie und Berücksichtigung alterstypischer Belange bei minderjährigen Gefangenen; besondere Aufmerksamkeit für schutzbedürftige Personen

Gemäß § 62a Abs. 3 S. 1 AufenthG (i.V.m. § 62b Abs. 3 AufenthG) sind bei minderjährigen Abschiebungsgefangenen unter Beachtung der Maßgaben in Art. 17 der RL 2008/115/EG (Rückführungsrichtlinie) alterstypische Belange zu berücksichtigen.

Gemäß § 62a Abs. 3 S. 2 AufenthG (i.V.m. § 62b Abs. 3 AufenthG) ist der Situation schutzbedürftiger Personen besondere Aufmerksamkeit zu widmen.[1109]

Schutzbedürftige Personen sind gemäß Art. 3 Nr. 9 RL 2008/115/EG (Rückführungsrichtlinie): Minderjährige, unbegleitete Minderjährige, Menschen mit Behinderungen, ältere Menschen, Schwangere, Alleinerziehende mit minderjährigen Kindern und Personen, die Folter, Vergewaltigung oder sonstige schwere Formen psychischer, physischer oder sexueller Gewalt erlitten haben.

[1109] Nr. 5 AHaftRL NRW: „Fehlende Haftfähigkeit steht einem Antrag auf Abschiebungshaft naturgemäß entgegen. Bei Zweifeln an der Haftfähigkeit aufgrund einer körperlichen oder psychischen Erkrankung der ausländischen Person ist die Haftfähigkeit durch eine Ärztin oder einen Arzt mit entsprechender Qualifizierung von der zuständigen Ausländerbehörde feststellen zu lassen. Zur Feststellung der Reisefähigkeit siehe Nr. 17 AHaftRL. Ergeben sich Hinweise auf eine gesundheitliche Beeinträchtigung, die nicht zur Haftunfähigkeit, einem zielstaatsbezogenen Abschiebungshindernis oder einem inlandsbezogenen Vollstreckungshindernis führt, ist im Falle der Anordnung von Abschiebungshaft der medizinische Dienst der aufnehmenden Unterbringungseinrichtung für Ausreisepflichtige zu informieren. Von einem Antrag auf Abschiebungshaft ist grundsätzlich abzusehen a) bei ausländischen Personen, die das 65. Lebensjahr vollendet haben, b) bei Schwangeren und Müttern innerhalb der gesetzlichen Mutterschutzfristen sowie bei stillenden Frauen; unabhängig davon ist die Haftfähigkeit bei Schwangeren immer ärztlich (vornehmlich durch eine Ärztin) feststellen zu lassen, c) bei Minderjährigen, d) bei Alleinerziehenden mit Kindern unter 14 Jahren und/oder e) beide Elternteile bei Familien mit Kindern unter 14 Jahren (Familien sind sowohl verheiratete als auch unverheiratete Elternpaare mit leiblichen oder adoptierten Kindern unter 14 Jahren (vergleiche BGH, Beschluss vom 17.06.2010, Aktenzeichen V ZB 127/10 für faktische Lebensgemeinschaften). Soweit bei Eltern mit einem oder mehreren Kindern die Betreuung des Kindes oder der Kinder sichergestellt und im Einzelfall die Anordnung von Abschiebungshaft unerlässlich ist, darf nur ein Elternteil in Haft genommen werden (§ 62 Absatz 1 Satz 3 des Aufenthaltsgesetzes, BGH, Beschluss vom 17.06.2010, Aktenzeichen V ZB 9/10). Vor der Inhaftierung von Minderjährigen sind unter Beachtung des besonderen Schutzauftrages das nach SGB VIII (Kinder und Jugendliche [vgl. auch §§ 42-42f SGB VIII]) zuständige Jugendamt sowie das Jugendamt am Haftort unverzüglich zu benachrichtigen. Dies gilt nicht, wenn ausnahmsweise die Inhaftnahme zusammen mit einem Erziehungsberechtigten erfolgt.“.

dd) § 62a Abs. 4 AufenthG (ggf. i.V.m. § 62b Abs. 3 AufenthG): Besuch einschlägiger Hilfs- und Unterstützungsorganisationen

Gemäß § 62a Abs. 4 AufenthG (i.V.m. § 62b Abs. 3 AufenthG) soll Mitarbeitern von einschlägig tätigen Hilfs- und Unterstützungsorganisationen auf Antrag gestattet werden, Abschiebungsgefangene („zu gegebener Zeit", Art. 16 Abs. 2 RL 2008/115/EG) zu besuchen.

ee) § 62a Abs. 5 AufenthG (ggf. i.V.m. § 62b Abs. 3 AufenthG): Information über Rechte, Pflichten, Regeln

Gemäß § 62a Abs. 5 AufenthG (i.V.m. § 62b Abs. 3 AufenthG) sind Abschiebungsgefangene über ihre Rechte und Pflichten und über die in der Einrichtung geltenden Regeln zu informieren.

ff) § 14 Abs. 3 S. 2 AsylG: Rechtsbeistand bei Asylantragstellung

Gemäß § 14 Abs. 3 S. 2 AsylG ist im Fall von Asylantragstellung während einer in § 14 Abs. 3 S. 1 AsylG aufgeführten Haft (Untersuchungshaft; Strafhaft; Abschiebungshaft als Vorbereitungshaft, Sicherungshaft, Mitwirkungshaft; Ausreisegewahrsam) dem Ausländer unverzüglich Gelegenheit zu geben, mit einem Rechtsbeistand seiner Wahl Verbindung aufzunehmen, es sei denn, er hat sich selbst vorher anwaltlichen Beistands versichert.[1110]

(SUB/ERG)

Im konkreten Fall sind die jeweils gegebenen Verfahrensvoraussetzungen (alternativ)

- eingehalten.
- nicht eingehalten.

[1110] Zu **Asylantrag** und **Asylgesuch** siehe *Basten*, Eingriffsrecht der Polizei in Nordrhein-Westfalen, Band 3, Buch 4, Abschnitt 1, Unterabschnitt 2, Titel 1, A. I. (Grundrechte) und C. I. (Tatbestand). Zu **Asylantragstellung** bzw. zu **Asylfolgeantragstellung im Abschiebungsverfahren** siehe auch zum Beispiel: BGH, Beschluss vom 24.03.2020 – XIII ZB 62/19, Rn. 9: „Die Voraussetzungen für die Anordnung der Abschiebungshaft waren gegeben. Das Beschwerdegericht ist mit Recht davon ausgegangen, dass der Betroffenen weder die Abschiebung erneut angedroht noch ihr eine erneute Frist zur Ausreise gesetzt werden musste, nachdem dies bereits mit Bescheid des Bundesamts für Migration und Flüchtlinge vom 10. Dezember 2014 erfolgt war. Nach § 71 Abs. 5 AsylG bedarf es, wenn ein Ausländer einen Folgeantrag stellt, zum Vollzug der Abschiebung weder einer erneuten Fristsetzung noch einer erneuten Abschiebungsandrohung, sofern - wie hier – eine nach Stellung des früheren Asylantrags ergangene Abschiebungsandrohung vollziehbar geworden ist. Dies gilt nach § 71 Abs. 6 Satz 1 AsylG selbst dann, wenn der Ausländer - wie hier - zwischenzeitlich das Bundesgebiet verlassen hat. Die Androhung war auch nicht verbraucht (vgl. dazu BGH, Beschluss vom 11. Januar 2018 - V ZB 62/17, juris Rn. 12), weil die Ausländerbehörde die im Erstbescheid angedrohte Abschiebung noch nicht vollzogen hatte und die Betroffene auch nicht freiwillig ausgereist war.".

3. § 28 VwVfG NRW: Anhörung bzgl. eines (Begleit-)VA auf dem Rechtsgebiet der Gefahrenabwehr (§§ 1, 2, 9, 35 VwVfG NRW)

(VOR/DEF)

Gemäß § 28 Abs. 1 VwVfG NRW besteht Pflicht zur **Anhörung** im Sinne des § 28 Abs. 1 VwVfG NRW (Äußerungsgelegenheit mit entsprechender Würdigung vor eingreifendem VA) – oder es soll sein: ein Ausnahmegrund gemäß § 28 Abs. 2, 3 VwVfG NRW oder **VA-Verletzungsunbeachtlichkeit** gemäß § 45 VwVfG NRW oder **VA-Nichtaufhebbarkeit** gemäß § 46 VwVfG NRW.

Gemäß § 28 Abs. 2 VwVfG NRW kann von der Anhörung abgesehen werden, wenn sie nach den Umständen des Einzelfalles nicht geboten ist, insbesondere wenn ein Fall vorliegt gemäß § 28 Abs. 2 Nr. 1-5 VwVfG NRW.

Absehenkönnen im Sinne von § 28 Abs. 2 Hs. 1 VwVfG NRW bedeutet Ermessen – in systematisch-kumulativer Verbindung mit § 28 Abs. 2 Hs. 2 VwVfG NRW wiederum unter Vorbehalt des tatsächlich und rechtlich Möglichen wie Gebotenen.

Gebotenheit ist Nichtverfügbarkeit eines milderen, gleich geeigneten Mittels zur Zweckförderung.

Gemäß § 28 Abs. 2 Nr. 5 VwVfG NRW kann von der Anhörung abgesehen werden, wenn sie nach den Umständen des Einzelfalles nicht geboten ist, insbesondere wenn Maßnahmen in der Verwaltungsvollstreckung getroffen werden sollen.

Gemäß § 28 Abs. 2 Nr. 1 VwVfG NRW kann von der Anhörung abgesehen werden, wenn eine sofortige Entscheidung wegen Gefahr im Verzug oder im öffentlichen Interesse notwendig erscheint.

Gefahr im Verzug i.S.d. § 28 Abs. 2 Nr. 1 VwVfG NRW ist gegeben, wenn der Handlungsbedarf unvorhergesehen ist und bei Durchführung der eigentlich vorgesehenen Maßnahme, hier der Anhörung, der gesetzliche Zweck, hier der jeweilige aus der Aufgabe des § 1 Abs. 1 S. 1 PolG NRW und aus der Befugnisrechtsnorm des § 8 Abs. 1 PolG NRW, vereitelt oder wesentlich erschwert wird.[1111]

Öffentliches Interesse ist die einzelfallbezogene Relevanz eines Rechts oder Rechtsguts nicht ausschließlich bei einem einzelnen Individuum.

Notwendigkeit ist Nichtverfügbarkeit eines milderen, gleich geeigneten Mittels zur Zweckförderung – bis hin zur Alternativlosigkeit der Mittelanwendung.

Gemäß § 28 Abs. 3 VwVfG NRW unterbleibt eine Anhörung, wenn ihr ein zwingendes öffentliches Interesse entgegensteht.

[1111] BVerwGE 142, 205 (Schutzmaßnahme nach IfSG) = BVerwG, Urteil vom 22.03.2012 – BVerwG 3 C 16.11: „Gefahr im Verzug im Sinne von § 28 Abs. 2 Nr. 1 VwVfG ist anzunehmen, wenn durch eine vorherige Anhörung auch bei Gewährung kürzester Anhörungsfristen ein Zeitverlust einträte, der mit hoher Wahrscheinlichkeit zur Folge hätte, dass die behördliche Maßnahme zu spät käme, um ihren Zweck noch zu erreichen. Ob eine sofortige Entscheidung objektiv notwendig war oder die Behörde eine sofortige Entscheidung zumindest für notwendig halten durfte, ist vom Gericht aus ex-ante-Sicht zu beurteilen (Urteil vom 15. Dezember 1983 - BVerwG 3 C 27.82 - BVerwGE 68, 267 <271 f.> = Buchholz 316 § 28 VwVfG Nr. 9 S. 18). Hierbei ist wegen der Bedeutung des Anhörungsrechts als tragendem Prinzip des rechtsstaatlichen Verfahrens ein strenger Maßstab anzulegen (vgl. Kopp/Ramsauer, VwVfG, 12. Aufl. 2011, § 28 Rn. 3 und Rn. 46 m.w.N.).".

Zwingendes öffentliches Interesse ist die einzelfallbezogene unbedingte Relevanz eines Rechts oder Rechtsguts nicht ausschließlich bei einem einzelnen Individuum.

(SUB/ERG)

Im konkreten Fall ist § 28 VwVfG NRW (alternativ)

- eingehalten insbesondere bei Gelegenheit zur Stellungnahme i.S.d. § 28 Abs. 1 VwVfG NRW.
- eingehalten bei Nichteinhaltung von § 28 Abs. 1 VwVfG NRW und Ausnahmegrund gemäß § 28 Abs. 2, 3 VwVfG NRW.
- nicht eingehalten insbesondere bei Fehlen von Gelegenheit zur Stellungnahme ohne Ausnahmegrund.
- sonst eingehalten oder nicht eingehalten bei Anhaltspunkten / Fehlen entgegenstehender Anhaltspunkte.

4. § 39 VwVfG NRW: Begründung bzgl. eines (Begleit-)VA auf dem Rechtsgebiet der Gefahrenabwehr (§§ 1, 2, 9, 35 VwVfG NRW)

(VOR/DEF)

Gemäß § 39 Abs. 1 VwVfG NRW besteht Pflicht zur **Begründung** eines schriftlichen oder elektronischen sowie schriftlich oder elektronisch bestätigten VA (vgl. § 37 Abs. 2 VwVfG NRW) mit den tatsächlich-rechtlichen, nicht unbedingt materiellrechtlich richtigen Behördenerwägungen – oder es soll gegeben sein: ein Ausnahmegrund nach § 39 Abs. 2 VwVfG NRW (insb. § 39 Abs. 2 Nr. 2, 4 VwVfG NRW) oder **VA-Verletzungsunbeachtlichkeit** gemäß § 45 VwVfG NRW oder **VA-Nichtaufhebbarkeit** gemäß § 46 VwVfG NRW.

(SUB/ERG)

Im konkreten Fall ist § 39 VwVfG NRW (alternativ)

- eingehalten bei Fehlen von Begründungspflicht bei rechtmäßigem Fehlen von schriftlichem oder elektronischem, schriftlich oder elektronisch bestätigtem VA (i.d.R. jedenfalls zunächst bei Maßnahmen i.S.d. § 80 Abs. 2 S. 1 Nr. 2 VwGO).
- eingehalten bei Begründung bei schriftlichem oder elektronischem, schriftlich oder elektronisch bestätigtem VA (z.B. im Rahmen von „Bescheinigungen"; „Mitteilungen", „Anschreiben-VA" [„Auflagenanschreiben", „Gefährderanschreiben", „Meldeauflagenanschreiben"], „HG-Schriftverfügung"), auch bei Nichtvorliegen eines Ausnahmegrundes i.S.v. § 39 Abs. 2 VwVfG NRW.
- eingehalten bei Ausnahmegrund nach § 39 Abs. 2 VwVfG NRW, insbesondere wegen bekannter oder erkennbarer Sach- und Rechtslage gemäß § 39 Abs. 2 Nr. 2 Var. 1 oder 2 VwVfG NRW.
- sonst eingehalten oder nicht eingehalten bei Anhaltspunkten / Fehlen entgegenstehender Anhaltspunkte.

(ERG Verfahren)

Ergebnis kann allgemein sein: Verfahrensrechtmäßigkeit oder Verfahrensrechtswidrigkeit der Maßnahme.

B. Formelle Rechtmäßigkeit (FR) III. Form (F)

(VOR/DEF)

Form ist normiertes Wie der Rechtsfolgesetzung – schriftlich, elektronisch, mündlich oder in anderer Weise.

(SUB/ERG)

Im konkreten Fall (alternativ)

- ist bei Fehlen von VA § 37 Abs. 2-6 VwVfG NRW unanwendbar.
- ist bei Fehlen von VA und Fehlen speziellerer Formrechtsnormen Formfreiheit gegeben.
- ist bei VA und Fehlen speziellerer Formrechtsnormen anwendbar: § 37 Abs. 2 bis 6 VwVfG NRW.
- kann gemäß § 37 Abs. 2 S. 1 VwVfG NRW der VA schriftlich, elektronisch, mündlich oder in anderer Weise erlassen werden.
- braucht gemäß § 37 Abs. 2 S. 2 VwVfG NRW der mündliche VA schriftlich oder elektronisch nicht bestätigt zu werden, wenn hieran kein berechtigtes Interesse besteht und der Betroffene dies nicht unverzüglich verlangt.

Ergebnis kann allgemein sein: Formrechtmäßigkeit oder Formrechtswidrigkeit der Maßnahme.

C. Materielle Rechtmäßigkeit (MR) I. Tatbestand (Tb) / Tatbestandsvoraussetzungen (TBV)

(VOR/DEF)

Tatbestand ist das Gesamt der (materiell-rechtlichen) Rechtsfolge(setzungs)bedingungen. / Tatbestandsvoraussetzungen sind materiell-rechtliche Rechtsfolgesetzungsbedingungen.

In den §§ 57, 62, 62a, 62b AufenthG sind insbesondere folgende Tatbestandsvoraussetzungen für Haft zwecks Zurückschiebung, Abschiebung, Ausreise (nicht: Zurückweisung)[1112] alternativ gegeben – wie folgt den jeweiligen möglichen Befugnisrechtsnormen zugeordnet:

[1112] Zu Struktur und Verhältnis von **Zurückweisung** (§ 15 AufenthG), **Zurückschiebung** (§ 57 AufenthG), **Abschiebung** (§ 58 AufenthG), **Abschiebungsanordnung** (§ 58a AufentG) vgl. auch: OVG NRW, Beschluss des 18. Senats vom 26.02.2013 – 18 B 572/12, Rn. 30: „Die Zurückschiebung unterscheidet sich nicht nur terminologisch, sondern auch nach ihren Rechtmäßigkeitsvoraussetzungen von der Zurückweisung nach § 15 AufenthG und der in § 58 AufenthG behandelten Abschiebung als den anderen im Aufenthaltsgesetz geregelten Formen zwangsweiser Aufenthaltsverhinderung bzw. –beendigung.

Diese werden von der Zurückweisung über die Zurückschiebung bis zur Abschiebung von zunehmend strengeren Voraussetzungen abhängig gemacht, die ihren Grund in dem entsprechend zunehmenden Aufenthaltsbezug des Ausländers zum Bundesgebiet haben. Während die **Zurückweisung** noch an der Grenze erfolgt und eine unerlaubte Einreise ins Bundesgebiet von vornherein verhindert, setzt die **Zurückschiebung** das Antreffen des unerlaubt eingereisten Ausländers im grenznahen Raum des Bundesgebiets (§ 57 Abs. 2 AufenthG) bzw. des Schengengebiets (§ 57 Abs. 1 AufenthG) voraus. Die **Abschiebung** dagegen als Regelfall der zwangsweisen Aufenthaltsbeendigung ist an derartige spezielle örtliche Vorgaben nicht gebunden.", Rn. 31 f.: „Die Möglichkeit der **Zurückschiebung** nach § 57 AufenthG ist nicht auf Aufgriffsfälle beschränkt: § 57 Abs. 1 AufenthG ist einschlägig, wenn ein Ausländer in Verbindung mit einer unerlaubten Einreise über eine Außengrenze i.S.d. [...] Schengener Grenzkodex aufgegriffen wird. Dies bedeutet für die Bundesrepublik Deutschland, bei der sämtliche Landgrenzen nur Binnengrenzen sind, dass eine Zurückschiebung nach § 57 Abs. 1 AufenthG nur noch in den eher seltenen Fällen einer erfolgreichen unerlaubten Einreise auf dem Luft- oder Seeweg in Betracht kommt.", Rn. 34: „§ 57 Abs. 2 Halbsatz 1 AufenthG schließlich erfasst die Zurückschiebung im Falle einer Wiederaufnahme durch einen anderen Mitgliedstaat der Europäischen Union.", Rn. 39: „Die Zurückschiebung nach § 57 Abs. 2 Halbsatz 2 AufenthG ist somit ein gesetzlich speziell geregelter Sonderfall der Abschiebung und gegenüber dieser grundsätzlich vorrangig anzustreben. Ihrer Rechtsnatur nach ist die Zurückschiebung als Realakt eine Maßnahme der Verwaltungsvollstreckung in der Form des unmittelbaren Zwangs, die weder einer vorangehenden Zurückschiebungsverfügung noch einer Zurückschiebungsandrohung und Zurückschiebungsfestsetzung zwingend bedarf.", Rn. 43: „Im Hinblick auf die Entbehrlichkeit einer Grundverfügung unterscheidet sich die Zurückschiebung nicht von der Abschiebung, die eine Abschiebungsverfügung ebenfalls nicht erfordert. Eine **Zurückschiebung** nach § 57 [...] ist aber im Gegensatz zur **Abschiebung** nach § 58 AufenthG aus Beschleunigungsgründen auch ohne vorherige Zurückschiebungsandrohung mit Fristsetzung zulässig. § 59 Abs. 1 bis 3 AufenthG, wonach die **Abschiebung** schriftlich unter Bestimmung einer Ausreisefrist angedroht werden soll, ist bei einer **Zurückschiebung** weder unmittelbar noch entsprechend heranzuziehen. Dies zeigt § 57 Abs. 3 AufenthG, nach dem zwar § 59 Abs. 8, nicht aber § 59 Abs. 1 bis 3 AufentG entsprechend für die Zurückschiebung anwendbar ist. Auch nach dem Recht der Europäischen Gemeinschaft sind Grundverwaltungsakt und Zurückschiebungsandrohung nicht erforderlich.", Ls. 2: „Eine **Zurückschiebung** nach § 57 [...] AufenthG bedarf weder einer vorangehenden Zurückschiebungsverfügung noch einer Zurückschiebungsandrohung. Erfoderlich ist allerdings [jedenfalls bei § 57 Abs. 2 Hs. 2 AufenthG und im Fall einer entsprechenden Rechtsvorschrift wie etwa einer geltenden „Dublin-Verordnung", P. B.] eine Mitteilung über die Wiederaufnahme des Ausländers durch den zuständigen Mitgliedsstaat.", Rn. 21: „[Wegen Fehlens des Erfordernisses einer Zurückschiebungsverfügung] kann diese [**Zurückschiebung**] nicht als unaufschiebbare Maßnahme angesehen werden. Die aufschiebende Wirkung entfällt auch nicht etwa gemäß § 80 Abs. 2 Satz 2 VwGO i.V.m. § 112 JustG N[R]W. Die Zurückschiebungsverfügung [...] ist keine Maßnahme in der Verwaltungsvollstreckung. Wie den nachstehenden Gründen zu entnehmen ist, ist die Zurückschiebung nach § 57 [...] AufenthG eine nach der gesetzlichen Konzeption zulässige Maßnahme des unmittelbaren Zwangs, für welche die allgemeinen Vollstreckungsvoraussetzungen wie Zwangsmittelandrohung und Zwangsmittelfestsetzung nicht gelten. Die Zurückschiebungsverfügung ist deshalb keine Maßnahme im Rahmen des gesetzlich vorgesehenen Vollstreckungsverfahrens. Daher erfordert auch die Effektivität der Zurückschiebung weder eine[...] Zurückschiebungsverfügung noch den Ausschluss der aufschiebenden Wirkung dagegen eingelegter Rechtsbehelfe.", Rn. 23: „Weil die Rechtmäßigkeit einer Zurückschiebung nicht vom vorherigen Erlass einer Zurückschiebungsverfügung abhängt, kann die aufschiebende Wirkung eines gegen eine Zurückschiebungsverfügung eingelegten Rechtsbehelfs die Durchführung der Zurückschiebung nicht verhindern. Abweichendes dürfte dann gelten, wenn nach einer Vollziehungsanordnung nach § 80 Abs. 2 Nr. 4 VwGO dem Aussetzungsantrag mit der Begründung stattgegeben wird, dass die Zurückschiebungsvoraussetzungen nicht vorliegen. Eine derartige Entscheidung wird jedenfalls faktisch dazu führen, dass eine Zurückschiebung vorerst unterbleibt, so dass ein Zurückschiebungsschutzantrag nach § 123 VwGO entbehrlich sein dürfte.", Rn. 45-47: „Die Entbehrlichkeit einer Zurückschiebungsverfügung hat allerdings – wie klargestellt sei – nicht deren Unzulässigkeit zur Folge. In der Rechtsprechung des Bundesverwaltungsgerichts ist geklärt, dass die Befugnis der Verwaltung, sich zur Wahrnehmung ihrer Aufgaben des Mittels des Verwaltungsaktes zu bedienen, nicht ausdrücklich in der gesetzlichen Grundlage erwähnt werden muss,

1. TBV für (alternativ): Zurückschiebungshaft als Vorbereitungshaft nach § 57 Abs. 3 AufenthG; Abschiebungshaft als Vorbereitungshaft nach § 62 Abs. 2 AufenthG

a) § 62 Abs. 2 S. 1 AufenthG (ggf. i.V.m. [alternativ] §§ 53-55 AufenthG / § 58a AufenthG)

Gemäß § 62 Abs. 2 S. 1 AufenthG (ggf. i.V.m. [alternativ] §§ 53-55 AufenthG / § 58a AufenthG) ist ein Ausländer zur Vorbereitung der Ausweisung oder der Abschiebungsanordnung nach § 58a AufenthG in Haft zu nehmen, wenn über die Ausweisung oder die Abschiebungsanordnung nach § 58a AufenthG nicht sofort entschieden werden kann und die Abschiebung ohne die Inhaftnahme wesentlich erschwert oder vereitelt würde.[1113]

---

die in materieller Hinsicht zu einem Eingriff ermächtigt. Denn als Handlungsform, in der die Verwaltung Privatpersonen in der Regel gegenübertritt, ist der Verwaltungsakt allseits bekannt. Es reicht deshalb aus, wenn sich die Verwaltungsaktbefugnis dem Gesetz im Wege der Auslegung entnehmen lässt. Vgl. BVerwG, Urteil vom 7. Dezember 2011 – 6 C 39.10 -, juris Rn. 14 m.w.N. Lässt das Gesetz […] die Zurückschiebung als Maßnahme unmittelbaren Zwangs sogar ohne die allgemeinen Vollstreckungsvoraussetzungen zu, so ist es der Verwaltung erst Recht nicht verwehrt, die Zurückschiebung im Vorfeld ihrer tatsächlichen Durchführung gegenüber dem Betroffenen in der Form des Verwaltungsakts zu verfügen. Sinnvoll dürfte dies aber nur sein zur Klärung von für die Zurückschiebung relevanten und zwischen den Beteiligten streitigen Rechts- oder Tatsachenfragen.“; BVerfG, Beschluss der 1. Kammer des Zweiten Senats vom 24.07.2017 – 2 BvR 1487/17 –, Rn. 32: „Dies ist auch der Regelungsansatz des § 58a Abs. 1 Satz 1 AufenthG, der eine **Abschiebungsanordnung** ohne vorhergehende Ausweisung und Abschiebungsandrohung (mit der Möglichkeit der freiwilligen Ausreise) allein auf Grund einer auf Tatsachen gestützten Prognose zur Abwehr einer besonderen Gefahr für die Bundesrepublik Deutschland ermöglicht.“; BVerwG, Urteil vom 22.08.2017 – BVerwG 1 A 2.17, Rn. 27: „Ungeachtet ihrer tatbestandlichen Verselbstständigung ähnelt die **Abschiebungsanordnung** [nach § 58a AufenthG] in ihren Wirkungen einer für sofort vollziehbar erklärten Ausweisung nebst Abschiebungsandrohung. Zum Zwecke der Verfahrensbeschleunigung ist sie aber mit Verkürzungen im Verfahren und beim Rechtsschutz verbunden. Insbesondere ist die Abschiebungsanordnung kraft Gesetzes sofort vollziehbar (§ 58a Abs. 1 Satz 2 Halbs. 1 AufenthG). Da es keiner Abschiebungsandrohung bedarf (§ 58a Abs. 1 Satz 2 Halbs. 2 AufenthG), erübrigt sich auch die Bestimmung einer Frist zur freiwilligen Ausreise. Zuständig sind nicht die Ausländerbehörden, sondern grundsätzlich die obersten Landesbehörden (§ 58a Abs. 1 Satz 1 und Abs. 2 AufenthG). Die Zuständigkeit für den Erlass einer Abschiebungsanordnung begründet nach § 58a Abs. 3 Satz 3 AufenthG zugleich eine eigene Zuständigkeit für die Prüfung von Abschiebungsverboten nach § 60 Abs. 1 bis 8 AufenthG ohne Bindung an hierzu getroffene Feststellungen aus anderen Verfahren. Die gerichtliche Kontrolle einer Abschiebungsanordnung und ihrer Vollziehung unterliegt in erster und letzter Instanz dem Bundesverwaltungsgericht (§ 50 Abs. 1 Nr. 3 VwGO), ein Antrag auf Gewährung vorläufigen Rechtsschutzes muss innerhalb einer Frist von sieben Tagen gestellt werden (§ 58a Abs. 4 Satz 2 AufenthG). Die mit dieser Ausgestaltung des Verfahrens verbundenen Abweichungen gegenüber einer Ausweisung lassen sich nur mit einer direkt vom Ausländer ausgehenden terroristischen und/oder dem gleichzustellenden Bedrohungssituation für die Sicherheit der Bundesrepublik Deutschland rechtfertigen (BVerwG, Beschlüsse vom 21. März 2017 - 1 VR 1.17 - NVwZ 2017, 1057 Rn. 18 und - 1 VR 2.17 - juris Rn. 20).“.

[1113] Bundestags-Drucksache 19/100047, S. 40 f.: „Auch bei besonders gefährlichen Ausländern, bei denen nicht der Erlass einer **Abschiebungsanordnung** nach § 58a abgewartet werden kann, der für die Beantragung von Sicherungshaft nach § 62 Absatz 3 Nummer 2 erforderlich ist, soll in diesen Fällen nicht auf den polizeilichen Präventivgewahrsam [nach Polizeigesetzen, P. B.] zurückgegriffen werden müssen. Demnach ist eine maßvolle Erweiterung des Anwendungsbereichs der **Vorbereitungshaft** um Fälle des § 58a sachgerecht. Die Vorbereitungshaft ist nur zulässig, wenn konkrete Umstände den Erlass einer Abschiebungsanordnung nach § 58a hinreichend sicher bevorstehen lassen.“.

BVerwG, Beschluss vom 13.07.2017 – BVerwG 1 VR 3.17, Ls. 3.: „Für eine auf Tatsachen gestützte Gefahrenprognose im Sinne des § 58a Abs. 1 Satz 1 AufenthG [**Abschiebungsanordnung**] bedarf es **keiner konkreten Gefahr im Sinne des Polizeirechts**, vielmehr genügt auf der Grundlage einer

b) § 14 Abs. 3 S. 1, 3 AsylG

Gemäß § 14 Abs. 3 S. 1 AsylG steht eine Asylantragstellung des Ausländers während einer in § 14 Abs. 3 S. 1 AsylG aufgeführten Haft der Anordnung oder Aufrechterhaltung von Abschiebungshaft nicht entgegen.

Gemäß § 14 Abs. 3 S. 3 AsylG endet die Abschiebungshaft mit der Zustellung der Entscheidung des Bundesamtes, spätestens jedoch vier Wochen nach Eingang des Asylantrags beim Bundesamt, es sei denn, es wurde auf Grund von Rechtsvorschriften der Europäischen Gemeinschaft oder eines völkerrechtlichen Vertrages über die Zuständigkeit für die Durchführung von Asylverfahren ein Auf- oder Wiederaufnahmeersuchen an einen anderen Staat gerichtet oder der Asylantrag wurde als unzulässig nach § 29 Abs. 1 Nr. 4 AsylG oder als offensichtlich unbegründet abgelehnt.[1114]

c) § 71 Abs. 8 AsylG

---

hinreichend zuverlässigen Tatsachengrundlage eine vom Ausländer ausgehende **Bedrohungssituation im Sinne eines beachtlichen Risikos, das sich jederzeit aktualisieren und in eine konkrete Gefahr umschlagen kann** (Bestätigung der Rechtsprechung, s.o.)"; Rn. 24: „Die **Sicherheit der Bundesrepublik Deutschland** umfasst die innere und äußere Sicherheit und schützt nach innen den Bestand und die Funktionstüchtigkeit des Staates und seiner Einrichtungen. Das schließt den Schutz vor Einwirkungen durch Gewalt und Drohungen mit Gewalt auf die Wahrnehmung staatlicher Funktionen ein (BVerwG, Urteil vom 15. März 2005 - 1 C 26.03 - BVerwGE 123, 114 <120> = juris Rn. 17)."; Rn. 26: „Das Erfordernis einer ‚besonderen' Gefahr bei der ersten Alternative [des § 58a Abs. 1 Satz 1 AufenthG] bezieht sich allein auf das Gewicht und die Bedeutung der gefährdeten Rechtsgüter sowie das Gewicht der befürchteten Tathandlungen des Betroffenen, nicht auf die zeitliche Eintrittswahrscheinlichkeit."; Rn. 27: „Die für § 58a AufenthG erforderliche besondere Gefahrenlage muss sich aufgrund einer auf Tatsachen gestützten Prognose ergeben." Rn. 28: „Die vom Ausländer ausgehende Bedrohung muss aber nicht bereits die Schwelle einer konkreten Gefahr im Sinne des polizeilichen Gefahrenabwehrrechts überschreiten [Quellenangaben], bei der bei ungehindertem Ablauf des objektiv zu erwartenden Geschehens mit hinreichender Wahrscheinlichkeit eine Verletzung des geschützten Rechtsguts zu erwarten ist."; Rn. 30: „Für diese ‚Gefahrenprognose' bedarf es - wie bei jeder Prognose - zunächst einer hinreichend zuverlässigen Tatsachengrundlage. Der Hinweis auf eine auf Tatsachen gestützte Prognose dient der Klarstellung, dass ein bloßer (Gefahren-)Verdacht oder Vermutungen bzw. Spekulationen nicht ausreichen [Quellenangaben]. Zugleich definiert dieser Hinweis einen eigenen Wahrscheinlichkeitsmaßstab. **Abweichend** von dem sonst im Gefahrenabwehrrecht geltenden Prognosemaßstab der hinreichenden Eintrittswahrscheinlichkeit mit seinem nach Art und Ausmaß des zu erwartenden Schadens **differenzierenden Wahrscheinlichkeitsmaßstab** muss für ein Einschreiten nach § 58a AufenthG eine bestimmte Entwicklung nicht wahrscheinlicher sein als eine andere [zum differenzierenden Wahrscheinlichkeitsmaßstab: *Basten*, Eingriffsrecht der Polizei in Nordrhein-Westfalen, Band 1, S. 248 f., P. B.]. Vielmehr genügt angesichts der besonderen Gefahrenlage, der § 58a AufenthG durch die tatbestandliche Verselbstständigung begegnen soll, dass sich aus den festgestellten Tatsachen ein beachtliches Risiko dafür ergibt, dass die von einem Ausländer ausgehende Bedrohungssituation sich jederzeit aktualisieren und in eine konkrete terroristische Gefahr und/oder eine dem gleichzustellende Gefahr für die innere Sicherheit der Bundesrepublik umschlagen kann."; BVerfG, Beschluss der 1. Kammer des Zweiten Senats vom 26.07.2017, – 2 BvR 1606/17 –, Rn. 19: „Die Anwendung des § 58a AufenthG durch das Bundesverwaltungsgericht ist verfassungsrechtlich nicht zu beanstanden."; bestätigt auch von: EGMR, 07.11.2017 – 54646/17.

[1114] Zu **Asylantrag** und **Asylgesuch** siehe *Basten*, Eingriffsrecht der Polizei in Nordrhein-Westfalen, Band 3, Buch 4, Abschnitt 1, Unterabschnitt 2, Titel 1, A. I. (Grundrechte) und C. I. (Tatbestand).

Gemäß § 71 Abs. 8 AsylG steht ein Folgeantrag (im Sinne des § 71 Abs. 1 S. 1 Hs. 1 AsylG) der Anordnung von Abschiebungshaft nicht entgegen, es sei denn, es wird ein weiteres Asylverfahren durchgeführt.[1115]

2. TBV für (alternativ): Zurückschiebungshaft als Sicherungshaft nach § 57 Abs. 3 AufenthG; Abschiebungshaft als Sicherungshaft nach § 62 Abs. 3 AufenthG; Abschiebungshaft als Sicherungshaft durch vorläufige Ingewahrsamnahme nach § 62 Abs. 5 AufenthG

a) § 62 Abs. 3 S. 1 Nr. 1 i.V.m. § 2 Abs. 14 und § 62 Abs. 3a AufenthG oder § 62 Abs. 3b AufenthG: Fluchtgefahr

Gemäß § 62 Abs. 3 S. 1 Nr. 1 AufenthG ist Voraussetzung, dass Fluchtgefahr besteht.

Gemäß Art. 3 Nr. 7 RL 2008/115/EG (Rückführungsrichtlinie) ist **Fluchtgefahr** das Vorliegen von Gründen im Einzelfall, die auf objektiven, gesetzlich festgelegten Kriterien beruhen und zu der Annahme Anlass geben, dass sich Drittstaatsangehörige einem Rückkehrverfahren durch Flucht entziehen könnten, vgl. auch § 2 Abs. 14 AufenthG.

In den Fällen von § 62 Abs. 3a Nr. 1-6 AufenthG[1116] wird Fluchtgefahr im Sinne von § 62 Abs. 3 S. 1 Nr. 1 AufenthG widerleglich vermutet.

[1115] Zu **Asylantragstellung** bzw. zu **Asylfolgeantragstellung im Abschiebungsverfahren** siehe auch: *Basten*, Eingriffsrecht der Polizei in Nordrhein-Westfalen, Band 3, Buch 4, Abschnitt 1, Unterabschnit 2, Titel 3, B. II. (Verfahren).

[1116] BGH, Beschluss vom 24.03.2020 – XIII ZB 62/19, Rn. 11: „Der nicht angezeigte Aufenthaltswechsel begründet danach die Vermutung, dass die Abschiebung ohne die Inhaftnahme erschwert oder vereitelt wird. Aus diesem Grund hat die Ausländerbehörde dem Betroffenen in der Regel die Meldepflicht und die einschneidenden Folgen ihrer Verletzung durch einen Hinweis in einer für ihn verständlichen Sprache deutlich vor Augen zu führen (st. Rspr., vgl. nur BGH, Beschlüsse vom 9. Februar 2011 - V ZB 16/11, juris Rn. 8; vom 19. Mai 2011 - V ZB 36/11, FGPrax 2011, 254 Rn. 10; vom 23. Mai 2019 - V ZB 236/17, juris Rn. 11). Bei der Anwendung der Vorschrift ist zudem der Grundsatz der Verhältnismäßigkeit zu beachten, der in Ausnahmefällen dazu führt, dass die Vermutung widerlegt werden kann (BVerfG, InfAuslR 1994, 342, 344 zu § 57 Abs. 2 AuslG). Will sich der Ausländer offensichtlich nicht der Abschiebung entziehen, ist der nicht angezeigte Aufenthaltswechsel allein kein ausreichender Haftgrund (BVerfG, InfAuslR 1994, 342/344; BGH, FGPrax 2011, 254 Rn. 10; Beschluss vom 20. Oktober 2010 - V ZB 33/15, InfAuslR 2017, 60 Rn. 11).“, Rn. 16: „Danach hängt es von den Umständen des Einzelfalls, insbesondere von der Größe und räumlichen Gestaltung der Flüchtlingsunterkunft ab, ob bei einem Umzug innerhalb einer Unterkunft die Erreichbarkeit des Ausländers nicht mehr gewährleistet ist. Befindet sich eine Flüchtlingsunterkunft - wie hier - auf einem weitläufigen Gelände, auf dem viele große, in mehrere Bereiche aufgeteilte Gebäude stehen, in denen die Zimmer der Bewohner liegen, so dass die Situation mit Straßenzügen vergleichbar ist, in denen sich mehrere Wohnblöcke befinden, so ist unter Zugrundelegung der vorgenannten Maßstäbe bei einem Umzug eines Ausländers in ein in einem anderen Haus belegenes und zudem einem anderen Bewohner zugewiesenes Zimmer ein Wechsel des Aufenthaltsorts im Sinne des § 62 Abs. 3 Satz 1 Nr. 2 AufenthG aF [≙ § 62 Abs. 3a Nr. 3 AufenthG] gegeben, auch wenn sich der Ausländer - wie nach den getroffenen Feststellungen hier – nach dem Umzug noch immer in derselben Flüchtlingsunterkunft aufhält. Auf Grund der Größe und räumlichen Gestaltung der Unterkunft war die Betroffene – ohne entsprechende Anzeige an die Ausländerbehörde - nach dem Verlassen des ihr zugewiesenen Zimmers für die Ausländerbehörde nicht mehr ohne Weiteres erreichbar. Soweit die Rechtsbeschwerde geltend macht, es sei Sache der Ausländerbehörde, einen Überblick über ihre Aufnahmeeinrichtung zu behalten, verkennt sie die Bedeutung der dem ausreisepflichtigen Ausländer obliegenden Mitteilungspflichten nach § 50 Abs. 4 AufenthG.“.

In den Fällen von § 62 Abs. 3b Nr. 1-7 AufenthG gibt es konkrete Anhaltspunkte für Fluchtgefahr im Sinne von § 62 Abs. 3 S. 1 Nr. 1 AufenthG.[1117]

b) § 62 Abs. 3 S. 1 Nr. 2 AufenthG: vollziehbare Ausreisepflicht aufgrund unerlaubter Einreise

Gemäß § 62 Abs. 3 S. 1 Nr. 2 AufenthG ist Voraussetzung (kumulativ zu § 62 Abs. 3 S. 1 Nr. 1 AufenthG und alternativ zu § 62 Abs. 3 S. 1 Nr. 3 AufenthG), dass der Ausländer auf Grund einer unerlaubten Einreise vollziehbar ausreisepflichtig ist.

Vollziehbare Ausreisepflicht kann sich insbesondere ergeben i.V.m. §§ 14, 50-52, 58 Abs. 2 AufenthG, hier i.d.R. insbesondere über § 14 Abs. 1 Nr. 2 AufenthG (unerlaubte Einreise) bzw. §§ 50-52 AufenthG (Ausreisepflicht, Aufenthaltsrechtmäßigkeitsbeendigung/Aufenthaltstitelerlöschen, Aufenthaltstitelwiderruf).

c) § 62 Abs. 3 S. 1 Nr. 3 AufenthG: nicht unmittelbar vollziehbare Abschiebungsanordnung nach § 58a AufenthG

Gemäß § 62 Abs. 3 S. 1 Nr. 3 AufenthG ist Voraussetzung (kumulativ zu § 62 Abs. 3 S. 1 Nr. 1 AufenthG und alternativ zu § 62 Abs. 3 S. 1 Nr. 2 AufenthG), dass eine Abschiebungsanordnung nach § 58a AufenthG ergangen ist, diese aber nicht unmittelbar vollzogen werden kann.

Gemäß § 58a Abs. 3 S. 1 AufenthG darf eine Abschiebungsanordnung nicht vollzogen werden, wenn die Voraussetzungen für ein Abschiebungsverbot nach § 60 Abs. 1-8 AufenthG (Abschiebungsverbot) gegeben sind; gemäß § 58a Abs. 3 S. 3 AufenthG obliegt die Prüfung der über die Abschiebungsanordnung entscheidenden Behörde, die nicht an hierzu getroffene Feststellungen aus anderen Verfahren gebunden ist.

d) § 62 Abs. 3 S. 3, 4 AufenthG: Zulässigkeitseinschränkungen bei Abschiebungs-Zeitdauer von über 3 Monaten ohne Vertretenmüssen und ohne erhebliche-Gefahr-Verursachung des Ausländers

Gemäß § 62 Abs. 3 S. 3, 4 AufenthG ist die Sicherungshaft unzulässig, wenn feststeht, dass aus Gründen, die der Ausländer nicht zu vertreten hat, die Abschiebung nicht innerhalb der nächsten drei Monate durchgeführt werden kann; abweichend davon ist die Sicherungshaft bei einem Ausländer, von dem eine erhebliche Gefahr für Leib und Leben Dritter oder bedeutende Rechtsgüter der inneren Sicherheit ausgeht, auch dann zulässig, wenn die Abschiebung nicht innerhalb der nächsten drei Monate durchgeführt werden kann.

[1117] Bundestags-Drucksache 19/10047, S. 41: „In [§ 62] Absatz 3a [AufenthG] werden Umstände benannt, bei deren Vorliegen **Fluchtgefahr** widerleglich vermutet wird. Der Ausländer hat die Möglichkeit, trotz Vorliegens der genannten Umstände darzulegen, dass Fluchtgefahr nicht besteht. Damit wird eine Einzelfallentscheidung unter Berücksichtigung sämtlicher Umstände gewährleistet, die durch § 62 Absatz 1 Satz 1 festgeschrieben ist. Die für die Annahme der widerleglichen Vermutung genannten Umstände lassen ihrer Art und Gewichtigkeit nach überdies eine im Vergleich zu den konkreten Anhaltspunkten in Absatz 3b verlässlichere Prognose zu, der Ausländer werde sich seiner Abschiebung entziehen. In Absatz 3b werden Umstände aufgezählt, die konkrete Anhaltspunkte für eine Fluchtgefahr sein können. Das Verfahren entspricht dem bisherigen Verfahren nach § 62 Absatz 3 alte Fassung. Es ist eine einzelfallbezogene Prüfung unter Einbeziehung sämtlicher Umstände vorzunehmen, ob Fluchtgefahr vorliegt.“.

Abschiebungsdurchführung im Sinne von § 62 Abs. 3 S. 3, 4 AufenthG ist die Ausführung der Abschiebung im Gegensatz zur Anordnung[1118].[1119]

Innerhalb der nächsten drei Monate ist ein **Zeitraum**, der sich bestimmt nach §§ 187-193 BGB (**Fristen**; **Termine**).

Vertretenmüssen ist **Vorsatz** (Wissen und Wollen [eigener Verursachung der abschiebungshindernden Gründe]) und **Fahrlässigkeit** (Außerachtlassung der im Verkehr erforderlichne Sorgfalt) im Sinne von § 276 BGB einschließlich dort normierter Berücksichtigung von Verantwortungssphären mit entsprechender Risikoverteilung je nach Rechtsverhältnissen.[1120]

Erhebliche Gefahr[1121] **für Leib und Leben Dritter oder für bedeutende Rechtsgüter der inneren Sicherheit** ist eine Gefahr im Sinne der RL 2008/115/EG (Rückführungsrichtlinie) i.V.m. der Rechtsprechung im europäischen Verfassungsgerichtsverbund[1122].[1123]

[1118] Zur **Verhaltensfunktion** allgemein (u.a. mit Anordnung und Ausführung) siehe: *Basten*, Eingriffsrecht der Polizei in Nordrhein-Westfalen, Band 1, S. 217-220.

[1119] Vgl. auch Nr. 71.5.2.2 Zur **Durchführung der Abschiebung** gehören Maßnahmen des **Vollzugs** einschließlich der **Anwendung von Zwangsmitteln**, insbesondere die Überstellung des Ausländers von dem von der Ausländerbehörde angegebenen Ort zur Grenzbehörde (z. B. Grenzübergangsstelle, Flughafen) und das **Festhalten** des Ausländers während der Überstellung (freiheitsbeschränkende Maßnahme), aber auch Sicherungs- und Vorbereitungsmaßnahmen wie die **Beschaffung von Heimreisedokumenten**, die **Vorführung** des Ausländers bei der Auslandsvertretung zum Zwecke der Ausstellung von Heimreisedokumenten (§ 82 Absatz 4), die **Anordnung der Passvorlage** und die vorübergehende **Einbehaltung des Passes, Passersatzes oder Ausweisersatzes** (§ 48 Absatz 1), die **Anordnung einer Sicherheitsleistung** (§ 66 Absatz 5) und das **Durchsuchen** des Ausländers und seiner Sachen nach Maßgabe landesrechtlicher Vorschriften.".

[1120] Nr. AVV AufenthG: 62.2.5.2: „Zu vertreten hat der Ausländer alle Handlungen oder Unterlassungen aus seiner Einflusssphäre, die für die Zweckverfehlung der Maßnahme ursächlich sind. Dies kann z. B. ein Verhalten des Ausländers im Zuge des Rückführungsfluges sein, das dazu führt, dass der Flug abgebrochen werden muss.".

[1121] Zur **Gegenwärtige-Gefahr**-Definition und zur **erhebliche-Gefahr**-Definition mit weiteren Nachweisen: *Basten*, Eingriffsrecht der Polizei in Nordrhein-Westfalen, Band 1, S. 251. Zum sogenannten **„differenzierenden Wahrscheinlichkeitsmaßstab"** (**„Je-desto-Formel"** / **„Variabilitätsformel"**) mit weiteren Nachweisen: *Basten*, Eingriffsrecht der Polizei in Nordrhein-Westfalen, Band 1, S. 248 f..

[1122] **Europäischer Verfassungsgerichtsverbund** nach BVerfG, Beschluss des Zweiten Senats vom 01.12.2020 – 2 BvR 1845/18 –, Ls. 3, Rn. 38.

[1123] Zur **„erheblichen Gefahr für Leib und Leben Dritter oder bedeutende Rechtsgüter der inneren Sicherheit"** i.S.d. AufenthG i.V.m. RL 2008/115/EG (Rückführungsrichtlinie) siehe: EuGH, Urteil des Gerichtshofs (Erste Kammer) vom 02.07.2020 – Rechtssache C-18/1919 (Vorabentscheidungsverfahren nach Art. 267 AEUV über BGH, Beschluss vom 22.11.2018 – V ZB 180/17 – LG Frankfurt am Main – AG Frankfurt am Main), Rn. 40-44, 48; Rn. 40: „Im vorliegenden Fall sieht § 62a Abs. 1 AufenthG vor, dass die Abschiebungshaft grundsätzlich in speziellen Hafteinrichtungen und nur ausnahmsweise, wenn von dem Ausländer eine **erhebliche Gefahr für Leib und Leben Dritter oder für bedeutende Rechtsgüter der inneren Sicherheit** ausgeht, in einer sonstigen Haftanstalt vollzogen wird. In diesem Fall werden die in Abschiebungshaft genommenen Ausländer getrennt von Strafgefangenen untergebracht.", Rn. 41: „Bei den in dieser Rechtsvorschrift zur Rechtfertigung des Vollzugs der Abschiebungshaft in einer gewöhnlichen Haftanstalt genannten Gründen handelt es sich daher um solche der **öffentlichen Ordnung** und der **öffentlichen Sicherheit**. Eine solche Gefahr vermag zu rechtfertigen, dass die Abschiebungshaft eines Drittstaatsangehörigen ausnahmsweise in einer gewöhnlichen Haftanstalt, und zwar gemäß Art. 16 Abs. 1 Satz 2 der Richtlinie 2008/115 getrennt von Strafgefangenen, vollzogen wird, um im Einklang mit den mit dieser Richtlinie verfolgten Zielen den ordnungsgemäßen Ablauf des Abschiebungsverfahrens sicherzustellen.", Rn. 42: „In diesem Zusammenhang ist darauf hinzuweisen, dass es den Mitgliedstaaten

e) § 14 Abs. 3 S. 1, 3 AsylG

Gemäß § 14 Abs. 3 S. 1 AsylG steht eine Asylantragstellung des Ausländers während einer in § 14 Abs. 3 S. 1 AsylG aufgeführten Haft der Anordnung oder Aufrechterhaltung von Abschiebungshaft nicht entgegen.

Gemäß § 14 Abs. 3 S. 3 AsylG endet die Abschiebungshaft mit der Zustellung der Entscheidung des Bundesamtes, spätestens jedoch vier Wochen nach Eingang des Asylantrags beim Bundesamt, es sei denn, es wurde auf Grund von Rechtsvorschriften der Europäischen Gemeinschaft oder eines völkerrechtlichen Vertrages über die Zuständigkeit für die Durchführung von Asylverfahren ein Auf- oder Wiederaufnahmeersuchen an einen anderen Staat gerichtet oder der Asylantrag wurde als unzulässig nach § 29 Abs. 1 Nr. 4 AsylG oder als offensichtlich unbegründet abgelehnt.[1124]

f) § 71 Abs. 8 AsylG

Gemäß § 71 Abs. 8 AsylG steht ein Folgeantrag (im Sinne des § 71 Abs. 1 S. 1 Hs. 1 AsylG) der Anordnung von Abschiebungshaft nicht entgegen, es sei denn, es wird ein weiteres Asylverfahren durchgeführt.[1125]

---

zwar im Wesentlichen weiterhin freisteht, nach ihren nationalen Bedürfnissen, die je nach Mitgliedstaat und Zeitpunkt unterschiedlich sein können, zu bestimmen, was die **öffentliche Ordnung** erfordert, dass jedoch diese Anforderungen im Kontext der Union, insbesondere wenn sie als Rechtfertigung einer Ausnahme von einer Verpflichtung geschaffen wurden, um die Achtung der Grundrechte von Drittstaatsangehörigen bei ihrer Ausweisung aus der Union sicherzustellen, eng zu verstehen sind, so dass ihre Tragweite nicht von jedem Mitgliedstaat einseitig ohne Kontrolle durch die Organe der Union bestimmt werden kann (vgl. in diesem Sinne Urteil vom 11. Juni 2015, Zh. und O., C-554/13, EU:C:2015:377, Rn. 48).", Rn. 43: „Der Begriff ‚**Gefahr für die öffentliche Ordnung**' im Sinne von Art. 7 Abs. 4 der Richtlinie 2008/115 [EG-Rückführungsrichtlinie, P. B.] setzt in seiner Auslegung durch den Gerichtshof jedenfalls voraus, dass außer der **Störung der sozialen Ordnung**, die jeder **Gesetzesverstoß** darstellt, eine **tatsächliche, gegenwärtige und hinreichend erhebliche Gefahr** vorliegt, die ein **Grundinteresse der Gesellschaft** berührt (Urteil vom 11. Juni 2015, Zh. und O., C-554/13, EU:C:2015:377, Rn. 60).", Rn. 44: „Zum Begriff ‚**öffentliche Sicherheit**' geht aus der Rechtsprechung des Gerichtshofs hervor, dass er sowohl die innere als auch die äußere Sicherheit eines Mitgliedstaats umfasst, und dass daher die Beeinträchtigung des Funktionierens der Einrichtungen des Staates und seiner wichtigen öffentlichen Dienste sowie das Überleben der Bevölkerung ebenso wie die Gefahr einer erheblichen Störung der auswärtigen Beziehungen oder des friedlichen Zusammenlebens der Völker oder eine Beeinträchtigung der militärischen Interessen die öffentliche Sicherheit berühren können (Urteil vom 15. Februar 2016, N., C-601/15 PPU, EU:C:2016:84, Rn. 66).", Rn. 48: „Nach alledem ist auf die Vorlagefrage zu antworten, dass Art. 16 Abs. 1 der Richtlinie 2008/115 [EG-Rückführungsrichtlinie, P. B.] dahin auszulegen ist, dass er einer nationalen Regelung, nach der ein illegal aufhältiger Drittstaatsangehöriger zur Sicherung der Abschiebung getrennt von Strafgefangenen in einer gewöhnlichen Haftanstalt untergebracht werden darf, weil von ihm eine tatsächliche, gegenwärtige und hinreichend erhebliche Gefahr für ein Grundinteresse der Gesellschaft oder für die innere oder äußere Sicherheit des betreffenden Mitgliedstaats ausgeht, nicht entgegensteht.".

[1124] Zu **Asylantrag** und **Asylgesuch** siehe *Basten*, Eingriffsrecht der Polizei in Nordrhein-Westfalen, Band 3, Buch 4, Abschnitt 1, Unterabschnitt 2, Titel 1, A. I. (Grundrechte) und C. I. (Tatbestand).

[1125] Zu **Asylantragstellung** bzw. zu **Asylfolgeantragstellung im Abschiebungsverfahren** siehe auch: *Basten*, Eingriffsrecht der Polizei in Nordrhein-Westfalen, Band 3, Buch 4, Abschnitt 1, Unterabschnit 2, Titel 3, B. II. (Verfahren).

3. TBV für (alternativ): Zurückschiebungshaft als Mitwirkungshaft nach § 57 Abs. 3 AufenthG; Abschiebungshaft als Mitwirkungshaft nach § 62 Abs. 6 AufenthG

a) § 62 Abs. 6 S. 1 Nr. 1 oder 2 AufenthG: Fernbleiben bzgl. bestimmter Anordnung nach Hinweis auf Inhaftnahmemöglichkeit

Gemäß § 62 Abs. 6 S. 1 Nr. 1, 2 AufenthG ist (zu § 62 Abs. 6 S. 1 Nr. 1 AufenthG alternative) Voraussetzung für die Abschiebungshaft als Mitwirkungshaft, dass der Ausländer – nach Hinweis auf Möglichkeit einer Inhaftnahme – folgenden Anordnungen (alternativ) ferngeblieben ist:

- einer erstmaligen Anordnung nach § 82 Abs. 4 S. 1 AufenthG, bei den Vertretungen oder ermächtigten Bediensteten des Staates, dessen Staatsangehörigkeit er vermutlich besitzt, persönlich zu erscheinen;
- einer erstmaligen Anordnung, eine ärztliche Untersuchung zur Feststellung seiner Reisefähigkeit durchführen zu lassen;
- einer Anordnung nach § 82 Abs. 4 S. 1 AufenthG, zu einem Termin bei der zuständigen Behörde persönlich zu erscheinen.

b) § 14 Abs. 3 S. 1, 3 AsylG

Gemäß § 14 Abs. 3 S. 1 AsylG steht eine Asylantragstellung des Ausländers während einer in § 14 Abs. 3 S. 1 AsylG aufgeführten Haft der Anordnung oder Aufrechterhaltung von Abschiebungshaft nicht entgegen.

Gemäß § 14 Abs. 3 S. 3 AsylG endet die Abschiebungshaft mit der Zustellung der Entscheidung des Bundesamtes, spätestens jedoch vier Wochen nach Eingang des Asylantrags beim Bundesamt, es sei denn, es wurde auf Grund von Rechtsvorschriften der Europäischen Gemeinschaft oder eines völkerrechtlichen Vertrages über die Zuständigkeit für die Durchführung von Asylverfahren ein Auf- oder Wiederaufnahmeersuchen an einen anderen Staat gerichtet oder der Asylantrag wurde als unzulässig nach § 29 Abs. 1 Nr. 4 AsylG oder als offensichtlich unbegründet abgelehnt.[1126]

c) § 71 Abs. 8 AsylG

Gemäß § 71 Abs. 8 AsylG steht ein Folgeantrag (im Sinne des § 71 Abs. 1 S. 1 Hs. 1 AsylG) der Anordnung von Abschiebungshaft nicht entgegen, es sei denn, es wird ein weiteres Asylverfahren durchgeführt.[1127]

4. TBV für Ausreisegewahrsam nach § 62b AufenthG[1128]

a) § 62b Abs. 1 S. 1 Nr. 1-3 AufenthG

Gemäß § 62b Abs. 1 S. 1 Nr. 1-3 AufenthG sind Voraussetzungen für den Ausreisegewahrsam (kumulativ) dass:

[1126] Zu **Asylantrag** und **Asylgesuch** siehe *Basten*, Eingriffsrecht der Polizei in Nordrhein-Westfalen, Band 3, Buch 4, Abschnitt 1, Unterabschnitt 2, Titel 1, A. I. (Grundrechte) und C. I. (Tatbestand).

[1127] Zu **Asylantragstellung** bzw. zu **Asylfolgeantragstellung im Abschiebungsverfahren** siehe auch: *Basten*, Eingriffsrecht der Polizei in Nordrhein-Westfalen, Band 3, Buch 4, Abschnitt 1, Unterabschnit 2, Titel 3, B. II. (Verfahren).

[1128] Bundestags-Drucksache 19/10047, S. 3, 26 [gleichlautend]: „Im Rahmen des Ausreisegewahrsams wird klargestellt, dass das Kriterium Fluchtgefahr nicht vorliegen muss.“.

- die Ausreisefrist abgelaufen ist, es sei denn, der Ausländer ist unverschuldet an der Ausreise gehindert oder die Überschreitung der Ausreisefrist ist nicht erheblich,
- feststeht, dass die Abschiebung innerhalb dieser Frist durchgeführt werden kann und
- der Ausländer ein Verhalten gezeigt hat, das erwarten lässt, dass er die Abschiebung erschweren oder vereiteln wird, wobei Abschiebungserschwerung oder Abschiebungsvereitelung nach § 62b Abs. 1 S. 1 Nr. 3 S. 2a-d AufenthG vermutet wird, wenn der Ausländer
  - seine gesetzlichen Mitwirkungspflichten verletzt hat,
  - über seine Identität oder Staatsangehörigkeit getäuscht hat,
  - wegen einer im Bundesgebiet begangenen vorsätzlichen Straftat verurteilt wurde, wobei Geldstrafen von insgesamt bis zu 50 Tagessätzen außer Betracht bleiben oder
  - die Frist zur Ausreise um mehr als 30 Tage überschritten hat.

Ausreisefrist im Sinne von § 62b Abs. 1 S. 1 Nr. 1 AufenthG und § 62b Abs. 1 S. 1 Nr. 3d AufenthG ist insbesondere eine solche nach § 50 Abs. 2 AufenthG[1129], als ein **Zeitraum**, der sich bestimmt nach §§ 187-193 BGB (**Fristen**; **Termine**).

Unverschuldetes Ausreisegehindertsein im Sinne von § 62b Abs. 1 S. 1 Nr. 1 betrifft das **Vertretenmüssen**, also **Vorsatz** (Wissen und Wollen [eigener Verursachung der abschiebungshindernden Gründe]) und **Fahrlässigkeit** (Außerachtlassung der im Verkehr erforderlichne

[1129] Zur **Ausreisefrist** insbesondere im Sinne des § 50 AufenthG vgl. aus Nr. 50.2 AVV AufenthG: 50.2.1: „Der Ausländer muss der Ausreisepflicht unverzüglich nachkommen. Ist eine Ausreisefrist gesetzt, muss er die Ausreisepflicht innerhalb der Frist erfüllen. Ausreisefrist i. S. v. Satz 2 ist insbesondere die im Rahmen der Abschiebungsandrohung nach § 59 Absatz 1 bestimmte Ausreisefrist. 50.2.2 I. d. R. wird die Ausreisefrist im Rahmen der Abschiebungsandrohung festgelegt. Wird ausnahmsweise keine Abschiebungsandrohung erlassen, kann die Ausländerbehörde nach § 50 Absatz 2 eine Ausreisefrist bestimmen. In Fällen einer Zurückschiebung nach § 57 wird eine Frist zur Ausreise nur in Ausnahmefällen gewährt. Ein solcher Ausnahmefall kann beiNr. 42– 61 GMBl 2009 Seite 1107 spielsweise dann vorliegen, wenn Haft bis zum Vollzug der Zurückschiebung nicht beantragt oder angeordnet wird. Bei der Bemessung der Länge der Ausreisefrist steht der Ausländerbehörde grundsätzlich ein weiter Ermessensspielraum zu, der nach oben nur durch die Sechs-Monats-Grenze nach Absatz 2 Satz 2 zwingend begrenzt wird. Nach höchstrichterlicher Rechtsprechung ist bei der Festlegung der Frist vornehmlich die Dauer des bisherigen Aufenthalts zu berücksichtigen. Bei der Einräumung und Bemessung einer Ausreisefrist sind aber auch öffentliche Interessen zu berücksichtigen (z. B. Beweiserhebung in einem strafrechtlichen Ermittlungsverfahren). Sprechen konkrete Tatsachen oder andere Anhaltspunkte dafür, dass eine ausreisepflichtige Person von Menschenhandel betroffen ist, so ist grundsätzlich eine Frist zur freiwilligen Ausreise von mindestens einem Monat vorzusehen (siehe näher Nummer 50.2a). Die Betroffenen sollen über die Möglichkeit informiert werden, sich durch spezielle Beratungsstellen betreuen und helfen zu lassen. Die Ausreisefrist ist so zu bemessen, dass der Ausländer die Möglichkeit hat, seine persönlichen Angelegenheiten zu regeln. 50.2.3 Eine Ausreisefrist von einem Monat nach Beendigung des rechtmäßigen Aufenthalts ist im Regelfall ausreichend. Eine Ausreisefrist darf verlängert werden, auch soweit sie nach § 59 Absatz 1 bestimmt ist. Voraussetzung für eine Verlängerung ist, dass die freiwillige Ausreise des Ausländers gesichert ist. Eine Verlängerung der Ausreisefrist ist ausgeschlossen, wenn die Abschiebungsvoraussetzungen nach § 58 eingetreten sind. Nach Satz 3 darf die Ausreisefrist in besonderen Härtefällen auch über die Dauer von sechs Monaten nach Eintritt der Unanfechtbarkeit hinaus verlängert werden. Die Härte bezieht sich ausschließlich auf den Zeitpunkt, zu dem der Ausländer das Bundesgebiet verlassen muss, und nicht auf die Ausreisepflicht selbst. […] 50.2.5: „Die Festlegung einer Ausreisefrist stellt keinen Ersatz für die Ausstellung eines Aufenthaltstitels dar.“.

Sorgfalt) im Sinne von § 276 BGB einschließlich dort normierter Berücksichtigung von Verantwortungssphären mit entsprechender Risikoverteilung je nach Rechtsverhältnissen.[1130]

Abschiebungsdurchführung im Sinne von § 62b Abs. 1 S. 1 Nr. 2 AufenthG ist die Ausführung der Abschiebung im Gegensatz zur Anordnung[1131].[1132]

Mitwirkungspflichten des Ausländers im Sinne von § 62b Abs. 1 S. 1 Nr. 3a AufenthG ergeben sich zum Beispiel aus Mitwirkungspflichten ergeben sich z. B. (auch teilweise nach Nr. 55.2.1.1 AVV AufenthG) aus § 47a AufenthG, § 48 AufenthG, § 49 AufenthG, § 60b AufenthG, § 82 AufenthG.

Täuschung im Sinne von § 62b Abs. 1 S. 1 Nr. 3b AufenthG ist vorsätzliche oder fahrlässige Vorspiegelung falscher oder Unterdrückung wahrer Tatsachen zwecks Erregung oder Unterhaltung eines Irrtums bei einer zur maßgeblichen Zeit der Täuschung ausländerrechtlich irgendwie (mit-)zuständigen Behörde[1133], und zwar mit ausländerrechtlich entscheidendem Bezug (alternativ)

[1130] Nr. AVV AufenthG: 62.2.5.2: „Zu vertreten hat der Ausländer alle Handlungen oder Unterlassungen aus seiner Einflusssphäre, die für die Zweckverfehlung der Maßnahme ursächlich sind. Dies kann z. B. ein Verhalten des Ausländers im Zuge des Rückführungsfluges sein, das dazu führt, dass der Flug abgebrochen werden muss.“.

[1131] Zur **Verhaltensfunktion** allgemein (u.a. mit Anordnung und Ausführung) siehe: *Basten*, Eingriffsrecht der Polizei in Nordrhein-Westfalen, Band 1, S. 217-220.

[1132] Vgl. auch Nr. 71.5.2.2 Zur **Durchführung der Abschiebung** gehören Maßnahmen des **Vollzugs** einschließlich der **Anwendung von Zwangsmitteln**, insbesondere die Überstellung des Ausländers von dem von der Ausländerbehörde angegebenen Ort zur Grenzbehörde (z. B. Grenzübergangsstelle, Flughafen) und das **Festhalten** des Ausländers während der Überstellung (freiheitsbeschränkende Maßnahme), aber auch Sicherungs- und Vorbereitungsmaßnahmen wie die **Beschaffung von Heimreisedokumenten**, die **Vorführung** des Ausländers bei der Auslandsvertretung zum Zwecke der Ausstellung von Heimreisedokumenten (§ 82 Absatz 4), die **Anordnung der Passvorlage** und die vorübergehende **Einbehaltung des Passes, Passersatzes oder Ausweisersatzes** (§ 48 Absatz 1), die **Anordnung einer Sicherheitsleistung** (§ 66 Absatz 5) und das **Durchsuchen** des Ausländers und seiner Sachen nach Maßgabe landesrechtlicher Vorschriften.“.

[1133] OVG Bremen, Urteil vom 09.10.2020 – 2 B 222/20 (Unwirksamkeit eines Vergleichs nach § 62 S. 2 BremVwVfG i.V.m. § 123 Abs. 1 Alt. 1 BGB): „Täuschung ist bewusstes Erregen- oder Aufrechterhaltenwollen eines Irrtums durch Vorspiegeln falscher oder Unterdrücken wahrer Tatsachen […]. Davon erfasst sind auch die Fälle der Täuschung durch konkludentes Verhalten im Sinne eines Verschweigens von Tatsachen. Dabei geht es um wissentliches, stillschweigendes Dulden des fremden Irrtums, indem eine entsprechende Aufklärung unterlassen wird. Dies setzt jedoch voraus, dass eine Rechtspflicht zur Aufklärung (Offenbarungspflicht) besteht […]. ‚Arglistig verschweigt‘, wer sich bewusst ist, dass ein bestimmter Umstand für die Entschließung seines Vertragspartners erheblich ist, nach Treu und Glauben verpflichtet ist, diesen Umstand mitzuteilen, und ihn nicht offenbart (BGH, Urt. v. 25.10.2007 - VII ZR 205/06, juris Rn. 20). Der Antragsteller war nach Treu und Glauben verpflichtet, die Antragsgegnerin darüber zu informieren, dass er sich nicht mehr in Deutschland befindet, bevor er mit ihr einen Vergleich schließt, der die Erteilung einer Duldung zum Gegenstand hat. Er war sich auch bewusst, dass die Antragsgegnerin insoweit einer Fehlvorstellung unterliegt, die für ihre Entschließung zum Abschluss des Vergleichs erheblich ist. Dennoch hat er seine Ausreise vor Vergleichsabschluss nicht offenbart. Zwar betrifft die in § 82 Abs. 1 S. 1 AufenthG normierte Mitwirkungspflicht des Ausländers nur die Geltendmachung seiner Belange und für ihn günstiger Umstände. Das Verlassen des Bundesgebiets war vorliegend kein für den Antragsteller günstiger, sondern ein für ihn ungünstiger Umstand, denn es schließt aus, dass ihm eine Duldung erteilt werden kann. Duldung ist in der amtlichen Überschrift zu § 60a AufenthG als „vorübergehende Aussetzung der Abschiebung“ definiert. Abgeschoben werden kann nur ein Ausländer, der sich in Deutschland aufhält; daher kann auch nur die Abschiebung eines solchen Ausländers vorrübergehend ausgesetzt werden. Tritt ein anwaltlich vertretener Ausländer allerdings im Rahmen eines Gerichtsverfahrens

- zur **Staatsangehörigkeit** i.S.d. StAG;
- zur **Identität** im Sinne von § 3 Abs. 1 Nr. 4, 5 AZRG, also über **Grundpersonalien** (Familienname, Geburtsname, Vornamen, Schreibweise der Namen nach deutschem Recht, Geburtsdatum, Geburtsort und -bezirk, Geschlecht, Staatsangehörigkeiten) oder über **weitere Personalien** (abweichende Namensschreibweisen, andere Namen, frühere Namen, Aliaspersonalien, Familienstand, Angaben zum Ausweispapier, letzter Wohnort im Herkunftsland, freiwillig gemachte Angaben zur Religionszugehörigkeit und Staatsangehörigkeiten des Ehegatten oder des Lebenspartners).

(Vorsätzliche) Straftat im deutschen Bundesgebiet im Sinne des § 62b Abs. 1 S. 1 Nr. 3c AufenthG ist eine Straftat im Sinne von § 11 Abs. 1 Nr. 5, Abs. 2 i.V.m. § 12 StGB i.V.m. §§ 3, 4, 8, 9 StGB, auch als Versuchsstraftat i.S.v. §§ 22, 23 StGB und in jeder **Tatbeteiligung** i.S.v. §§ 25-31 StGB

b) § 62b Abs. 1 S. 2 AufenthG: Ausreisegewahrsam-Absehen bei offensichtlichem Abschiebungs-Nichtentziehen

Gemäß § 62b Abs. 1 S. 2 AufenthG ist von der Anordnung des Ausreisegewahrsams ist abzusehen, wenn der Ausländer glaubhaft macht oder wenn offensichtlich ist, dass er sich der Abschiebung nicht entziehen will.[1134]

c) § 14 Abs. 3 S. 1, 3 AsylG

Gemäß § 14 Abs. 3 S. 1 AsylG steht eine Asylantragstellung des Ausländers während einer in § 14 Abs. 3 S. 1 AsylG aufgeführten Haft der Anordnung oder Aufrechterhaltung von Abschiebungshaft nicht entgegen.

Gemäß § 14 Abs. 3 S. 3 AsylG endet die Abschiebungshaft mit der Zustellung der Entscheidung des Bundesamtes, spätestens jedoch vier Wochen nach Eingang des Asylantrags beim Bundesamt, es sei denn, es wurde auf Grund von Rechtsvorschriften der Europäischen Gemeinschaft oder eines völkerrechtlichen Vertrages über die Zuständigkeit für die Durchführung von

---

in Vergleichsverhandlungen mit der Ausländerbehörde ein, können Offenbarungspflichten entstehen, die über das hinausgehen, was nach § 82 Abs. 1 S. 1 AufenthG allgemein gilt, wenn ein Ausländer einen begünstigenden Verwaltungsakt beantragt oder die Behörde Maßnahmen zu seinen Lasten ergreifen will. Die in § 241 Abs. 2, § 280 Abs. 1, § 311 Abs. 2 BGB kodifizierten Grundsätze über das Verschulden bei Vertragsschluss (culpa in contrahendo) sind auch auf die Anbahnung von öffentlich-rechtlichen Verträgen anwendbar (BVerwG, Beschluss vom 20.1.2010 - 9 B 31.09, juris Rn. 5). Daher war der Antragsteller nach § 62 S. 2 BremVwVfG i.V.m. § 311 Abs. 2 Nr. 1, § 241 Abs. 2 BGB verpflichtet, im Rahmen des Vergleichsabschlusses auf die Rechte, Rechtsgüter und Interessen der Antragsgegnerin Rücksicht zu nehmen.".

[1134] Zur **Glaubhaftmachung** (im Sinne von § 173 VwGO i.V.m. § 294 ZPO) des Nichtwillens bzgl. Abschiebungsentziehung vgl. Nr. 62.2.0.1 AVV AufenthG [mit Aktualisierungen in Klammern]: „Macht der Ausländer glaubhaft (z. B. durch Vorlage von Flugtickets), dass er sich einer Abschiebung nicht entziehen will, ist allein die Erfüllung der tatbestandlichen Voraussetzungen des § 62 Absatz 2 Satz 1 Nummer 1 nicht ausreichend, um die Sicherungshaft anzuordnen [§ 62 Abs. 3 S. 2 AufenthG]. Gleiches muss **für sämtliche Haftgründe** gelten, wenn er sich der Abschiebung offensichtlich nicht entziehen will. Dies ist etwa dann der Fall, wenn ein mit dem deutschen Behördenaufbau nicht vertrauter Ausländer seinen Aufenthaltsortwechsel zwar der zuständigen Meldebehörde, nicht aber [...] der Ausländerbehörde angezeigt hat oder wenn er jedenfalls zum Zeitpunkt der Entscheidung über den Haftantrag seine ordnungsbehördliche Anmeldung veranlasst hat und zusätzliche Umstände gegen die Notwendigkeit einer Sicherung der Abschiebung durch Haftanordnung sprechen. Ist die Abschiebung auf andere Weise gesichert oder ist mit hinreichender Sicherheit zu erwarten, dass eine Abschiebung nicht mehr **erforderlich** sein wird, erübrigt sich die Beantragung von Sicherungshaft selbst dann, wenn einer der Haftgründe des § 62 [Abs. 3-4 AufenthG] vorliegt.".

Asylverfahren ein Auf- oder Wiederaufnahmeersuchen an einen anderen Staat gerichtet oder der Asylantrag wurde als unzulässig nach § 29 Abs. 1 Nr. 4 AsylG oder als offensichtlich unbegründet abgelehnt.[1135]

c) § 71 Abs. 8 AsylG

Gemäß § 71 Abs. 8 AsylG steht ein Folgeantrag (im Sinne des § 71 Abs. 1 S. 1 Hs. 1 AsylG) der Anordnung von Abschiebungshaft nicht entgegen, es sei denn, es wird ein weiteres Asylverfahren durchgeführt.[1136]

(SUB/ERG)

Im konkreten Fall sind die jeweils gegebenen Tatbestandsvoraussetzungen (alternativ)

- erfüllt.
- nicht erfüllt.

C. Materielle Rechtmäßigkeit (MR) II. Inanspruchnahme (In) / Inanspruchnahmevoraussetzungen (Inv)

(VOR/DEF)

Inanspruchnahmevoraussetzungen sind materiell-rechtliche Bedingungen für richtige Inanspruchnahme.

Inanspruchnahme ist Adressierung und sonstiges Betroffenmachen; **Adressierung** ist direktes Bestimmen oder finales Richten einer Maßnahme an einen Grundrechtsträger, vgl. §§ 41 Abs. 1 S. 1, 43 Abs. 1 S. 1 VwVfG NRW.

Bei Haft nach § 57 Abs. 3 AufenthG / § 62 AufenthG / § 62b AufenthG ist Inanspruchnahme grundsätzlich richtig gegen Ausländer.

Ausländer[1137] i.S.v. § 57 Abs. 3 AufenthG und §§ 62-62b AufenthG ist jeder i.S.v. § 2 Abs. 1 AufenthG, und grundsätzlich nach AsylG (vgl. etwa § 14 Abs. 3 AsylG), nicht i.S.v. § 1 Abs. 2 AufenthG, vgl. auch Art. 116 GG, §§ 1, 3, 17 StAG.[1138]

1135 Zu **Asylantrag** und **Asylgesuch** siehe *Basten*, Eingriffsrecht der Polizei in Nordrhein-Westfalen, Band 3, Buch 4, Abschnitt 1, Unterabschnitt 2, Titel 1, A. I. (Grundrechte) und C. I. (Tatbestand).

1136 Zu **Asylantragstellung** bzw. zu **Asylfolgeantragstellung im Abschiebungsverfahren** siehe auch: *Basten*, Eingriffsrecht der Polizei in Nordrhein-Westfalen, Band 3, Buch 4, Abschnitt 1, Unterabschnit 2, Titel 3, B. II. (Verfahren).

1137 Zum (jeweiligen) gesetzlichen **Ausländer**-Begriff (bzw. persönlichen Gesetzesanwendungsbereich) vgl. insbesondere: Art. 116 GG, §§ 1, 3, 17 StAG, § 1 Abs. 2 AufenthG, § 2 Abs. 1 AufenthG, Spezialrechtsnormen wie § 48 Abs. 1 S. 2 AufenthG, § 1 AsylG, § 1 FreizügG/EU, § 12 FreizügG/EU; vgl. zur **Nationalität** auch: § 3b Abs. 1 Nr. 3 AsylG.

1138 Zu Zweifeln des Ausschlusses von **Minderjährigkeit** bzw. Zwefel zur **Volljährigkeit** (§ 2 BGB) siehe auch: BGH, Beschluss vom 25.08.2020 - XIII ZB 101/19, Leitsätze: „a) Kann nicht zuverlässig ausgeschlossen werden, dass der Betroffene minderjährig ist, darf Abschiebungshaft nur unter den Voraussetzungen des § 62 Abs. 1 Satz 3 AufenthG angeordnet werden. b) Zweifel an der Volljährigkeit des Betroffenen werden nicht bereits dadurch begründet, dass dieser angibt, minderjährig zu sein. Ist diese Angabe aufgrund der Umstände und nach dem Erscheinungsbild des Betroffenen offenkundig falsch, sind

(SUB/ERG)

Im konkreten Fall ist die Person (alternativ)

- richtigerweise§ 57 AufenthG/§ 62 AufenthG/§ 62b AufenthG adressiert/in Anspruch genommen.
- nicht richtigerweise gemäß § 57 AufenthG/§ 62 AufenthG/§ 62b AufenthG adressiert/in Anspruch genommen.

C. Materielle Rechtmäßigkeit (MR) III. Rechtsfolge (Rf) / Rechtsfolgevoraussetzungen (RfV)

(VOR/DEF)

Rechtsfolge ist rechtliche Folge aus dem Tatbestand. / **Rechtsfolgevoraussetzungen** sind materiell-rechtliche Rechtsfolgegestaltungs-Bedingungen.

C. Materielle Rechtmäßigkeit (MR) III. Rechtsfolge (Rf) 1. Tatsächliche und rechtliche Möglichkeit (TurM)

(VOR/DEF)

Tatsächliche und rechtliche Möglichkeit betrifft Fälle wie aus § 44 Abs. 2 Nr. 4-6 VwVfG NRW.

(SUB/ERG)

Tatsächliche und rechtliche Möglichkeit ist im konkreten Fall gegeben/nicht gegeben aufgrund Vorliegens/Nichtvorliegens von kognitiven, körperlichen, normativen, technischen Unmöglichkeiten.

Tatsächliche Unmöglichkeit ist gegeben bei Fehlen jeglicher personellen und materiellen Kapazitäten.

Rechtliche Unmöglichkeit ist gegeben bei Fehlen von menschenwürdigen Kapazitäten[1139] oder sonstigen Hinderungsgründen, vgl. dazu auch schon § 62 Abs. 3 S. 3 AufenthG

---

weitere Ermittlungen zum Alter des Betroffenen nicht erforderlich. Liegt eine Volljährigkeit des Betroffenen hingegen nicht klar zutage, ist eine weitere Aufklärung erforderlich. Dabei hat sich der Tatrichter insbesondere auch mit von der eigenen Einschätzung abweichenden Einschätzungen fachkundiger Behörden auseinanderzusetzen. Urkundliche Nachweise sind daraufhin zu überprüfen, ob der beurkundete Sachverhalt und dessen Zuordnung zur Person des Betroffenen eindeutig sind.".

[1139] BVerfG, Beschluss der 2. Kammer des Ersten Senats vom 17.02.2020 – 1 BvR 3182/15 –, Rn. 17 f. „Im Einklang mit der bisherigen Rechtsprechung ist das Oberlandesgericht im Ansatz davon ausgegangen, dass die Frage nach der **Menschenwürdigkeit der Unterbringung von Gefangenen** von einer Gesamtschau der tatsächlichen, die **Haftsituation** bestimmenden Umstände abhängt, wobei als Faktoren in räumlicher Hinsicht in erster Linie die Bodenfläche pro Gefangenem und die Situation der sanitären Anlagen, namentlich die Abtrennung und Belüftung der Toilette, zu beachten sind (vgl. nur BVerfG, Beschluss der 3. Kammer des Ersten Senats vom 14. Juli 2015 - 1 BvR 1332/14 -, juris, Rn. 18; Beschluss der 2. Kammer

(Abschiebungsnichtdurchführbarkeit aus vom Ausländer nicht zu vertretenen Gründen), § 62 Abs. 4 S. 2 AufenthG (Abschiebungsnichtvollziehbarkeit aus vom Ausländer nicht zu vertretenen Gründen), § 62b Abs. 1 S. 1 Nr. 1 AufenthG (unverschuldete Ausreisehinderung des Ausländers), vgl. auch § 60 AufenthG (Abschiebungsverbot), §§ 60, 60a AufenthG (Abschiebungsaussetzung/Duldung)[1140] und vgl. auch das „**Beteiligungserfordernisse**" gemäß § 72 Abs. 4

---

des Zweiten Senats vom 22. März 2016 - 2 BvR 566/15 -, Rn. 27) und als die Haftsituation mildernde oder verschärfende Merkmale der Umfang der täglichen Einschlusszeiten und die Belegdichte des Haftraums Berücksichtigung finden. [...] Allerdings lässt sich die Frage, wann die räumlichen Verhältnisse in einer Haftanstalt derart beengt sind, dass die Unterbringung eines Gefangenen dessen Menschenwürde verletzt, nach der Rechtsprechung des Bundesgerichtshofs nicht abstrakt-generell klären, sondern muss der tatrichterlichen Beurteilung überlassen bleiben (beispielsweise BGH, Urteil vom 4. Juli 2013 - III ZR 342/12 -, BGHZ 198, 1). Danach kann es die Klärung eines verfassungsmäßigen Raummindestsolls im Sinne schematisch festgelegter allgemeiner Maßzahlen nicht geben (vgl. BGH, Urteil vom 11. März 2010 - III ZR 124/09 -, juris, Rn. 7).".

BVerfG, Beschluss des Zweiten Senats vom 01.12.2020 – 2 BvR 1845/18 –, Ls. 3, Rn. 48-52, 59, 62, 63, 68, 69, 72, 76, 78; Rn. 49: „In Anbetracht der Bedeutung des **Raumfaktors bei der Gesamtbeurteilung der Haftbedingungen** begründet nach der Rechtsprechung des Gerichtshofs der Europäischen Union und des Europäischen Gerichtshofs für Menschenrechte der Umstand, dass der einem Inhaftierten zur Verfügung stehende Raum in einer Gemeinschaftszelle unter 3 m^2 liegt, eine starke [nach Rn. 49 widerlegliche] Vermutung für einen Verstoß gegen Art. 4 GRCh beziehungsweise Art. 3 EMRK.", Rn. 50: „Verfügt ein Gefangener in einer Gemeinschaftszelle über einen persönlichen Raum, der zwischen 3 m^2 und 4 m^2 beträgt, kann ein Verstoß gegen Art. 4 GRCh beziehungsweise Art. 3 EMRK vorliegen, wenn zu dem Raummangel weitere defizitäre Haftbedingungen hinzutreten [wie in Rn. 50 genannt].", Rn. 51: „Bei mehr als 4 m^2 persönlichem Raum in einer Gemeinschaftszelle bleiben die weiteren Aspekte der Haftbedingungen für die erforderliche Gesamtbeurteilung relevant (vgl. EuGH, Urteil vom 15. Oktober 2019, Dorobantu, C-128/18, EU:C:2019:857, Rn. 76 mit Verweis auf EGMR <GK>, Muršić v. Croatia, Urteil vom 20. Oktober 2016, Nr. 7334/13, § 140).".

[1140] BVerwGE 126, 192 (Klage auf Erteilung einer Aufenthaltserlaubnis aus humanitären Gründen nach Abschiebungsandrohung mit Zielstaat Irak unter fortlaufenden Duldungserteilungen) = BVerwG, Urteil vom 27.06.2006 – BVerwG 1 C 14.05, Leitsatz 2: „Die Ausreise ist im Sinne von § 25 Abs. 5 Satz 1 AufenthG aus rechtlichen Gründen **unmöglich**, wenn sowohl der Abschiebung als auch der freiwilligen Ausreise rechtliche Hindernisse entgegenstehen, welche die Ausreise ausschließen oder als unzumutbar erscheinen lassen. Derartige Hindernisse können sich aus inlandsbezogenen und aus zielstaatsbezogenen Abschiebungsverboten ergeben.", Rn. 13: „Das könnte in Betracht kommen, wenn der Ausländer geltend macht, ihm drohe im Herkunftsland infolge einer allgemeinen Gefahrenlage eine extreme Gefahr für Leib und Leben, die in verfassungskonformer Anwendung von § 60 Abs. 7 AufenthG zur Feststellung der tatbestandlichen Voraussetzungen eines Abschiebungsverbots nach dieser Vorschrift (bei gleichzeitiger Ermessensreduzierung auf Null: vgl. Urteil vom 20. Oktober 2004 - BVerwG 1 C 15.03 - BVerwGE 122, 103 <108> m.w.N.) führen müsste [...].", Rn. 15: „Nach § 25 Abs. 5 Satz 1 AufenthG kann einem Ausländer, der vollziehbar ausreisepflichtig ist, abweichend von § 11 Abs. 1 AufenthG eine Aufenthaltserlaubnis erteilt werden, wenn seine Ausreise aus rechtlichen oder tatsächlichen Gründen unmöglich ist und mit dem Wegfall der **Ausreisehindernisse** in absehbarer Zeit nicht zu rechnen ist. Unter ‚**Ausreise**' im Sinne dieser Vorschrift ist sowohl die zwangsweise Abschiebung als auch die freiwillige Ausreise zu verstehen (vgl. BTDrucks 15/420 S. 80 zu § 25 Abs. 6 AufenthG <dem jetzigen Abs. 5> unter Hinweis auf die Ausführungen zu § 25 Abs. 3 AufenthG auf S. 79; ebenso die Vorläufigen Anwendungshinweise des Bundesministeriums des Innern zum Aufenthaltsgesetz und zum Freizügigkeitsgesetz/EU vom 22. September 2004 <Nr. 25.5.1.2 i.V.m. Nr. 25.3.2.1>; ferner Hailbronner, Ausländerrecht, Stand Februar 2006, § 25 AufenthG Rn. 92). Nur wenn sowohl die Abschiebung als auch die freiwillige Ausreise unmöglich sind, kommt die Erteilung einer Aufenthaltserlaubnis nach dieser Vorschrift in Betracht.", Rn. 17: „Eine freiwillige Ausreise ist im Sinne von § 25 Abs. 5 Satz 1 AufenthG **aus rechtlichen Gründen unmöglich**, wenn ihr rechtliche Hindernisse entgegenstehen, welche die Ausreise ausschließen (wie etwa das Fehlen erforderlicher Einreisepapiere oder sonstige Einreiseverbote in den Herkunftsstaat) oder als unzumutbar

AufenthG (bzgl. Ausweisung und Abschiebung an sich, nicht direkt bzgl. Abschiebungshaft), wonach grundsätzlich (mit in § 72 Abs. 4 AufenthG normierten Ausnahmen) ein Ausländer, gegen den öffentliche Klage erhoben oder ein strafrechtliches Ermittlungsverfahren eingeleitet ist, nur im Einvernehmen mit der zuständigen Staatsanwaltschaft ausgewiesen und abgeschoben werden darf.[1141]

C. Materielle Rechtmäßigkeit (MR) III. Rechtsfolge (Rf) 2. Bestimmtheit (Bsh)

(VOR/DEF)

Bestimmtheit ist Maßnahmenerkennbarkeit und Maßnahmenverstehbarkeit, bei VA und Realakten Gebot nach Art. 20 Abs. 3 GG, bei VA Pflicht auch gemäß § 37 Abs. 1 VwVfG NRW.

---

erscheinen lassen. Derartige Hindernisse können sich sowohl aus inlandsbezogenen **Abschiebungsverboten** ergeben, zu denen u.a. auch diejenigen Verbote zählen, die aus Verfassungsrecht (etwa mit Blick auf Art. 6 Abs. 1 GG) oder aus Völkervertragsrecht (etwa aus Art. 8 EMRK) in Bezug auf das Inland herzuleiten sind, als auch aus zielstaatsbezogenen Abschiebungsverboten nach § 60 Abs. 2, 3, 5 und 7 AufenthG. Bei Bestehen solcher Abschiebungsverbote hat nach dem Gesetzeskonzept die zwangsweise Rückführung des betroffenen Ausländers zu unterbleiben. Dann aber ist ihm in aller Regel auch eine freiwillige Rückkehr in sein Heimatland aus denselben rechtlichen Gründen nicht zuzumuten und damit unmöglich im Sinne des § 25 Abs. 5 Satz 1 AufenthG. [Quellenangaben]. [...] Zwar wird bei Vorliegen eines zielstaatsbezogenen Abschiebungsverbots nach § 60 Abs. 2, 3, 5 und 7 AufenthG in der Regel bereits eine Aufenthaltserlaubnis nach § 25 Abs. 3 AufenthG zu erteilen sein. Gleichwohl ist nicht ausgeschlossen, dass in solchen Fällen noch ein eigenständiger Anwendungsbereich für § 25 Abs. 5 AufenthG verbleibt, namentlich zugunsten von Ausländern, bei denen ein Einreise- und Aufenthaltsverbot nach § 11 Abs. 1 AufenthG besteht, von dem nur § 25 Abs. 5 AufenthG ausdrücklich dispensiert.", Rn. 19: „Der Kläger meint, solange nicht zwangsweise abgeschoben werde, sei eine freiwillige Ausreise nicht ‚zumutbar'. Dabei übersieht er, dass die Unmöglichkeit einer Abschiebung keineswegs stets auch die Unmöglichkeit einer freiwilligen Ausreise bedingt. Einer Abschiebung können - außer Abschiebungsverboten nach § 60 Abs. 2, 3, 5 und 7 AufenthG, die, wie ausgeführt, in aller Regel auch eine Unzumutbarkeit der freiwilligen Ausreise bedingen - tatsächliche oder rechtliche Hinderungsgründe entgegenstehen, die für eine freiwillige Ausreise ohne oder von minderer Bedeutung sind.", Rn 20: „Sonstige Gefahren im Zielstaat, die kein **Abschiebungsverbot** nach § 60 Abs. 2, 3, 5 und 7 AufenthG begründen, führen dagegen grundsätzlich nicht zu einer Unmöglichkeit der freiwilligen Ausreise im Sinne des § 25 Abs. 5 AufenthG. Entgegen der Ansicht des Klägers kann er sich mithin auch nicht auf sonstige allgemeine Zumutbarkeitserwägungen berufen; sie entsprechen nicht der tatbestandlich vorausgesetzten rechtlichen Unmöglichkeit der Ausreise im Sinne von § 25 Abs. 5 Satz 1 AufenthG. Wie bereits ausgeführt ist dem Ausländer die freiwillige Ausreise aus Rechtsgründen nur unzumutbar, wenn sie ihm wegen zielstaats- oder inlandsbezogener Abschiebungsverbote nicht zugemutet wird. Weitergehende allgemeine Zumutbarkeitserwägungen, wie sie etwa im Rahmen einer Härtefallklausel angestellt werden können, sind vom Begriff der Unmöglichkeit der Ausreise im Sinne des § 25 Abs. 5 AufenthG nicht erfasst.".

[1141] Nr. 62.0.3.1 AVV AufenthG [mit Aktualisierungen in Klammern]: „Ein Antrag [§ 62 Abs. 2 AufenthG] ist nur zu stellen, wenn nach der **Sach- und Rechtslage** der Erlass einer **Ausweisungsverfügung erforderlich** ist (siehe Nummer 62.1) und die **Haft verhältnismäßig** ist. § 72 Absatz 4 ist zu beachten. Ist von vornherein abzusehen, dass eine Ausweisung nicht innerhalb von sechs Wochen [vgl. § 62 Abs. 2 S. 2 AufenthG] ergehen kann, sind in dem **Haftantrag** die besonderen, von der Ausländerbehörde nicht zu vertretenden Umstände darzulegen, die ausnahmsweise eine Überschreitung der für den Regelfall vorgesehenen Höchstdauer der Vorbereitungshaft rechtfertigen.".

(SUB/ERG)

Die Haft / der Gewahrsam ist hinreichend bestimmt i.S.v. Art. 20 Abs. 3 GG, bei Begleit-VA auch i.S.v. § 37 Abs. 1 VwVfG NRW, da nach Auslegung vom objektivierten Empfängerhorizont jeder vernünftige Dritte, §§ 133, 157 BGB analog, in der konkreten Situation den Maßnahmen-Inhalt hinreichend erkennen und verstehen kann, nämlich:

- dass die Polizei ggü. dem (mutmaßlichen) Ausländer (Wer)
- aus Gefahrenabwehrgründen (Warum)
- sofort (Wann)
- bezweckt, dass (alternativ) die Zurückschiebung / Abschiebung / Ausreise / Verfahrensmitwirkung durchgeführt wird (Was)
- und zwar durch Duldung / Vorbereitung / Sicherung / Mitwirkung (Wie).

C. Materielle Rechtmäßigkeit (MR) III. Rechtsfolge (Rf) 3. Ermessen (Erm)

(VOR/DEF)

Ermessen ist Entscheidungsspielraum auf der Rechtsfolgenseite bzgl. rechtsfehlerfreier Ausübung von Einschreit-Entschließung (Ob), Adressaten-Auswahl (Wer), Maßnahmen-Gestaltung (Wie).

(SUB/ERG)

Der gegebene Entscheidungsspielraum wird aufgrund von entsprechenden Anhaltspunkten/in Ermangelung entgegenstehender Anhaltspunkte ohne Ermessensfehler/mit Ermessensfehlern (Ermessenunterschreitung, Ermessensüberschreitung, Ermessensfehlgebrauch) ausgeübt.

Für § 57 Abs. 3 AufenthG / § 62 AufenthG / § 62b AufenthG gilt bzgl. der einzelnen Ermesenarten alternativ folgendes – wie folgt innerhalb den jeweiligen möglichen Befugnisrechtsnormen zugeordnet:

a) Entschließungsermessen:

- § 57 Abs. 3 AufenthG (Zurückschiebungshaft) und § 62 AufenthG (Abschiebungshaft)
  - als Vorbereitungshaft nach § 62 Abs. 2, Abs. 1, 5 AufenthG (mit § 62a AufenthG): Ermessensreduktion nach § 62 Abs. 2 AufenthG („ist");
  - als Sicherungshaft nach § 62 Abs. 3, 3a, 3b, 4, 4a, 5, Abs. 6 S. 2, Abs. 1 AufenthG (mit § 62a AufenthG): Grundsätzliche Entschließungs-Ermessensreduktion nach § 62 Abs. 3 S. 1 AufenthG („ist") und grundsätzlich intendiertes Entschließungsermessen nach § 62 Abs. 3 S. 2 AufenthG („ausnahmsweise") sowie Anordnungs-Absehbarkeits-Ermessen nach § 62 Abs. 3 S. 1 Nr. 2 und S. 2 AufenthG („kann"), wenn der Ausländer glaubhaft macht, dass er sich der Abschiebung nicht entziehen will[1142];

[1142] Zur **Glaubhaftmachung** (im Sinne von § 173 VwGO i.V.m. § 294 ZPO) des Nichtwillens bzgl. Abschiebungsentziehung vgl. Nr. 62.2.0.1 AVV AufenthG [mit Aktualisierungen in Klammern]: „Macht der Ausländer glaubhaft (z. B. durch Vorlage von Flugtickets), dass er sich einer Abschiebung nicht entziehen will, ist allein die Erfüllung der tatbestandlichen Voraussetzungen des § 62 Absatz 2 Satz 1 Nummer 1 nicht ausreichend, um die Sicherungshaft anzuordnen [§ 62 Abs. 3 S. 2 AufenthG]. Gleiches muss **für sämtliche Haftgründe** gelten, wenn er sich der Abschiebung offensichtlich nicht entziehen will. Dies ist

- o als Sicherungshaft durch vorläufige Ingewahrsamnahme nach § 62 Abs. 5, 3, 3a, 4, 4a, Abs. 6 S. 2, Abs. 1 AufenthG (mit § 62a AufenthG): Entschließungsermessen („kann“) mit grundsätzlicher Ermessensreduktion nach § 62 Abs. 3 S. 1 AufenthG („ist“) und grundsätzlich intendiertem Entschließungsermessen nach § 62 Abs. 3 S. 2 AufenthG („ausnahmsweise“) sowie Anordnungs-Absehbarkeits-Ermessen („kann“) nach § 62 Abs. 3 S. 1 Nr. 2 AufenthG, wenn der Ausländer glaubhaft macht, dass er sich der Abschiebung nicht entziehen will;
- o als Mitwirkungshaft nach § 62 Abs. 6, Abs. 1 (mit § 62a Abs. 1 AufenthG entsprechend): Entschließungsermessen nach § 62 Abs. 6 AufenthG („kann“);

- § 62b AufenthG (Ausreisegewahrsam) (mit § 62 Abs. 1 und 4a AufenthG sowie § 62a AufenthG entsprechend).

b) Auswahlermessen:

siehe C. II.: Auswahlermessen wird abschließend beurteilt i.V.m. Punkt C. II. (Inanspruchnahme).

c) Gestaltungsermessen:

siehe C. III. 3.: Gestaltungsermessen wird abschließend beurteilt i.V.m. Punkt C. III. 3. (VHM).

C. Materielle Rechtmäßigkeit (MR) III. Rechtsfolge (Rf) 4. Verhältnismäßigkeit (VHM)

(VOR/DEF)

Verhältnismäßigkeit ist Geeignetheit, Erforderlichkeit, Angemessenheit der Maßnahme zu einem legitimen Zweck.

(VOR/DEF)

a) Legitimer Zweck ist jeder verfassungsgemäße Zweck, vgl. auch § 58 Abs. 4 AufenthG („Zweck der Abschiebung“).

(SUB/ERG)

Im konkreten Fall verfolgt die Haft-/Gewahrsam-Maßnahme (alternativ)

- legitime Zwecke, nämlich Vorbereitung / Sicherung / Mitwirkung an der Steuerung und Begrenzung des Zuzugs von Ausländern in die Bundesrepublik Deutschland, vgl. § 1 Abs. 1 AufenthG – letztlich zwecks Erhaltung der Rechte und Rechtsgüter wie aus Art. 2 Abs.

---

etwa dann der Fall, wenn ein mit dem deutschen Behördenaufbau nicht vertrauter Ausländer seinen Aufenthaltsortwechsel zwar der zuständigen Meldebehörde, nicht aber […] der Ausländerbehörde angezeigt hat oder wenn er jedenfalls zum Zeitpunkt der Entscheidung über den Haftantrag seine ordnungsbehördliche Anmeldung veranlasst hat und zusätzliche Umstände gegen die Notwendigkeit einer Sicherung der Abschiebung durch Haftanordnung sprechen. Ist die Abschiebung auf andere Weise gesichert oder ist mit hinreichender Sicherheit zu erwarten, dass eine Abschiebung nicht mehr **erforderlich** sein wird, erübrigt sich die Beantragung von Sicherungshaft selbst dann, wenn einer der Haftgründe des § 62 [Abs. 3-4 AufenthG] vorliegt.“.

2 S. 1 GG, Art. 2 Abs. 2 S. 2 GG, Art. 3 GG, Art. 20 Abs. 3 GG, vgl. auch die GR-Schutzfunktion.
- keinen legitimen Zweck.

(VOR/DEF)

b) Geeignetheit einer staatlichen Maßnahme ist gegeben bei deren Zweckförderungstauglichkeit, vgl. auch § 2 Abs. 3 PolG NRW.[1143]

(SUB/ERG)

Im konkreten Fall ist die Haft-/Gewahrsam-Maßnahme (alternativ)

- geeignet, denn mit ihr wird ein ordnungsgemäßes Verfahren i.S.v. § 1 AufenthG mit Zurverfügunghaltung des Ausländers ermöglicht, insbesondere dadurch, dass (alternativ) Zurückschiebung / Abschiebung / Ausreise / Verfahrensmitwirkung in Ausländer-Anwesenheit mit Anhörungs- und Begründungsmöglichkeiten, insgesamt mit Mitwirkung des Ausländers, zur rechten Zeit am rechten Ort vorbereitet oder gesichert werden kann.
- ungeeignet.

(VOR/DEF)

c) Erforderlichkeit einer staatlichen Maßnahme ist Nichtverfügbarkeit eines milderen (Übermaßverbot), gleich geeigneten (Untermaßverbot) Mittels zur Zweckförderung, vgl. § 2 Abs. 1 PolG NRW, vgl. auch § 58 Abs. 4 S. 2 AufenthG („auf das zur Durchführung der Abschiebung unvermeidliche Maß zu beschränken“), § 62 Abs. 1 S. 1, 2 AufenthG (ggf. i.V.m. § 62b Abs. 3 AufenthG); § 62 Abs. 2 S. 1 AufenthG („wesentlich erschwert oder vereitelt würde“); bzgl. Rechtsfolgenzeit vgl. auch (neben § 62 Abs. 1 S. 2 AufenthG): § 62 Abs. 2 S. 2 AufenthG (auch Ermessen), § 62 Abs. 4, 4a AufenthG, § 62 Abs. 6 S. 2, 3 AufenthG, § 62a Abs. 3 AufenthG[1144], § 14 Abs. 3 S. 3 AsylG.[1145]

[1143] Nr. 62.0.2 AVV AufenthG: „Abschiebungshaft ist nur solange zulässig, wie sinnvolle Maßnahmen zur Vorbereitung der Abschiebung getroffen werden können.“.

[1144] Nr. 2 AHaftRL NRW: „Im Haftantrag ist darzulegen, dass Haftalternativen geprüft worden sind. Bei ‚schutzbedürftigen Personen‘ im Sinne von Artikel 3 Nummer 9 der Richtlinie 2008/115/EG des Europäischen Parlaments und des Rates vom 16. Dezember 2008 über gemeinsame Normen und Verfahren in den Mitgliedsstaaten zur Rückführung illegal aufhältiger Drittstaatsangehöriger (ABl. L 348/99 vom 24.12.2008) [Rückführungsrichtlinie] sind vor der Antragsstellung alle Möglichkeiten zu prüfen, die auf mildere und weniger einschneidende Weise die beabsichtigte Abschiebung sichern können. Ferner ist darzulegen und zu dokumentieren, warum diese im konkreten Fall nicht ausreichen (vergleiche zu Minderjährigen, OLG Köln, Beschluss vom 11.09.2002, Aktenzeichen 16 Wx 164/02).“.

[1145] Nr. 62.0.3.5 AVV AufenthG: „Die Befugnis, einen Ausländer auf Grund sonstiger gesetzlicher Bestimmungen vorläufig festzunehmen (z. B. § 127 StPO) oder in Gewahrsam (z. B. § 39 BPolG) zu nehmen, bleibt unberührt.“.

BGHZ 203, 323 (§ 62 AufenthG) = BGH, Beschluss vom 04.12.2014 – V ZB 77/14 –, Ls.: „a) Die Haft zur Sicherung der Abschiebung darf nicht ‚auf Vorrat‘ angeordnet werden, indem ihr Beginn an das Ende einer laufenden Straf- oder Untersuchungshaft und damit an einen in der Zukunft liegenden ungewissen Zeitpunkt geknüpft wird (Aufgabe des Senatsbeschlusses vom 9. März 1995 – V ZB 7/95, BGHZ 129, 98 ff., bestätigt durch Senatsbeschluss vom 4. März 2010 – V ZB 222/09, BGHZ 184, 323 Rn. 12). b) Sie

Schon gemäß § 62 Abs. 1 S. 1 AufenthG ist die Abschiebungshaft „unzulässig, wenn der Zweck der Haft durch ein milderes Mittel erreicht werden kann.“.

(SUB/ERG)

Im konkreten Fall ist die Haft-/Gewahrsam-Maßnahme (alternativ)

- erforderlich, denn einerseits sind mildere Maßnahmen wie andere Anordnungen/Ladungen bis hin zum Nichtstun (alleine) nicht gleich geeignet, weil sie nicht in gleicher Weise (alternativ) Zurückschiebung / Abschiebung / Ausreise / Verfahrensmitwirkung vorbereiten oder sichern (Untermaßverbot), und andererseits sind intensivere Maßnahmen wie Zwang nicht notwendig (Übermaßverbot).

---

kann jedoch parallel zu einer laufenden Straf- oder Untersuchungshaft angeordnet werden, sofern die üblichen Voraussetzungen hierfür vorliegen; obwohl die Abschiebungshaft erst nach dem Ende der Straf- oder Untersuchungshaft vollzogen werden kann, berechnet sich der Haftzeitraum von der Haftanordnung an.“, Rn. 6: „Der Begriff der **Überhaft** ist in diesem Zusammenhang zwar gebräuchlich, aber irreführend, weil er dem Strafprozessrecht entlehnt ist und dort die Existenz eines weiteren Haftbefehls neben einer bereits vollzogenen Haft kennzeichnet. Die Vorführung des Beschuldigten vor den Richter (§§ 115, 115a StPO) findet bei notierter Überhaft erst statt, wenn insoweit die Vollstreckung beginnt [Quellenangaben]. Hiervon unterscheidet sich das Freiheitsentziehungsverfahren nach den Vorschriften der §§ 415 ff. FamFG in wesentlichen Punkten. Einen Haftbefehl bzw. eine ‚auf Vorrat‘ angeordnete Sicherungshaft sieht es gerade nicht vor (Senat, Beschluss vom 9. Juni 2011 - V ZB 26/11, juris Rn. 8). Die Anhörung des Betroffenen erfolgt vor der Anordnung der Haft. In diesem Zeitpunkt muss der Haftrichter abschließend über deren Voraussetzungen befinden.“, Rn. 7: „Richtigerweise kann die Haft zur Sicherung der Abschiebung daher nur parallel zu einer laufenden Straf- oder Untersuchungshaft angeordnet werden. Dies kann einem praktischen Bedürfnis entsprechen (vgl. Senat, Beschluss vom 4. März 2010 - V ZB 222/09, BGHZ 184, 323 Rn. 12), weil das vorzeitige Ende einer Strafhaft etwa bei Verbüßung einer Ersatzfreiheitsstrafe durch Zahlung der Geldstrafe eintreten (vgl. § 459e Abs. 4 Satz 1 StPO [Quellenangabe]) und die Untersuchungshaft ohnehin jederzeit enden kann. Obwohl die Abschiebungshaft erst nach dem Ende der Straf- oder Untersuchungshaft vollzogen wird, berechnet sich der Haftzeitraum von der Haftanordnung an.“, Rn. 8: „Für eine Anordnung von Abschiebungshaft parallel zu einer laufenden Straf- oder Untersuchungshaft müssen die üblichen formellen und materiellen Voraussetzungen vorliegen.“.

- nicht erforderlich[1146].[1147]

(VOR/DEF)

d) Angemessenheit oder **Verhältnismäßigkeit im engeren Sinne** einer staatlichen Maßnahme ist angemessenes Maß oder Verhältnis zwischen Zweckförderung für Erhaltungsrechte und Wirkungen für Eingriffsrechte, vgl. auch § 2 Abs. 2 PolG NRW, vgl. betroffene GR.

(SUB/ERG)

Im konkreten Fall ist die Haft-/Gewahrsam-Maßnahme (alternativ)

[1146] Nr. 2 AHaftRL NRW: „Mildere Mittel zur Vermeidung von Abschiebungshaft sind insbesondere Meldeauflagen, räumliche Aufenthaltsbeschränkungen sowie Garantien durch Vertrauenspersonen (Bürgen) sowie die Vereinbarung von Sicherheitsleistungen, mit denen sichergestellt wird, dass sich die ausreisepflichtige Person im vorgesehenen Abschiebungszeitraum bereit hält und die Maßnahme nicht durch Untertauchen oder einen unerlaubten Wechsel des Aufenthaltsortes scheitern wird. Eine Haftvermeidung durch den Einsatz eines Bürgen kann in Betracht kommen, wenn a) sich eine dritte Person, die das Vertrauen der abzuschiebenden Person und der Ausländerbehörde genießt (zum Beispiel Seelsorger, eine im Rahmen der psychosozialen Betreuung tätige Person oder eine in der Abschiebungshaftanstalt bekannte ehrenamtliche Person), um die Belange der betroffenen Person außerhalb der Haft kümmern will, b) eine Wohnung (auch zum Beispiel Gemeinschaftsunterkunft) im Zuständigkeitsbereich der Ausländerbehörde vorhanden ist, unter deren Anschrift die ausländische Person für die Ausländerbehörde erreichbar ist und c) die ausländische Person glaubhaft macht, sich regelmäßig bei der Ausländerbehörde zu festgesetzten Terminen zu melden. Der Verhältnismäßigkeitsgrundsatz erfordert eine ebenso umfassende wie sorgfältige Prüfung der Voraussetzungen für eine Beantragung von Abschiebungshaft in rechtlicher und tatsächlicher Hinsicht (vergleiche unter Nummer 10). Bei der Interessenabwägung ist zu bedenken, dass das Gewicht des Freiheitsanspruchs gegenüber dem öffentlichen Interesse mit zunehmender Dauer der Haft regelmäßig zunimmt. Andererseits ist die Ausländerbehörde nicht verpflichtet, ein im Einzelfall erkennbar untaugliches Mittel der Haftvermeidung zu ergreifen und kann etwa von Meldeauflagen Abstand nehmen, wenn diese angesichts des fehlenden Wohnsitzes und der vorab festgestellten Umstände nicht geeignet erscheinen, der Entziehungsabsicht entgegenzuwirken (BGH, Beschluss vom 21.10.2010, Aktenzeichen V ZB 56/10 mit weiteren Nachweisen).".

[1147] Bundestags-Drucksache 18/11546, S. 19: „Der neue § 56a des Aufenthaltsgesetzes [elektronische Aufenthaltsüberwachung] regelt die Befugnis der Ausländerbehörde oder der sonst nach Landesrecht zuständigen Stelle, den Aufenthaltsort von Ausländern, die einer räumlichen Beschränkung des Aufenthaltes nach § 56 Absatz 2 und 3 des Aufenthaltsgesetzes oder einem Kontaktverbot nach § 56 Absatz 4 des Aufenthaltsgesetzes unterliegen und von denen eine erhebliche Gefahr für die innere Sicherheit oder für Leib und Leben Dritter ausgeht, elektronisch zu überwachen. Die Vorschrift ist im Wesentlichen § 56 des Entwurfs des BKA-Gesetzes (vgl. Bundesratsdrucksache 109/17) nachgebildet. Mit der Einführung der elektronischen Überwachung des Aufenthaltsortes wird ein weiteres milderes Mittel zur Haft eingeführt. Ziel dieser offenen Maßnahme ist es, den Aufenthaltsort von Ausländern, von denen eine erhebliche Gefahr für die innere Sicherheit oder für Leib und Leben Dritter ausgeht, ständig zu überwachen und auf diese Weise die Begehung derartiger Straftaten zu verhindern. Die ständige Aufenthaltsüberwachung erhöht das Risiko, bei der Begehung von Straftaten entdeckt zu werden, und kann auf diese Weise zur Straftatenverhütung beitragen. Darüber hinaus ermöglicht die ständige Aufenthaltsüberwachung ein schnelles Eingreifen zur Straftatenverhütung. Im Vergleich zur durchgehenden Observation des Betroffenen, die beträchtliche Personalressourcen bindet, geht mit der elektronischen Aufenthaltsüberwachung als offene Maßnahme ein weniger schwerwiegender Eingriff in das Persönlichkeitsrecht des Betroffenen einher, da hierbei nur der Aufenthaltsort und nicht auch das Verhalten und die Gesprächspartner des Betroffenen beobachtet werden.".

- angemessen, denn der Eingriff in Art. 2 Abs. 2 S. 2 GG steht angesichts der zu schützenden Rechte, Rechtsgüter sowie der Rechtsordnung aus Art. 20 Abs. 3 GG nicht außer Verhältnis.
- unangemessen.

(ERG VHM)

Die Haft-/Gewahrsam-Maßnahme ist insgesamt i.S.v. Art. 20 Abs. 3 GG (alternativ)

- verhältnismäßig.
- unverhältnismäßig.

D. Gesamtergebnis (GErg)

Die Haft-/Gewahrsams-Maßnahme ist (alternativ)

- gemäß § 57 Abs. 3 AufenthG / § 62 AufenthG / § 62b AufenthG rechtmäßig.
- wegen Art. / § (bestimmter Rechtsnorm [z.B. Art. 20 Abs. 3 GG]) rechtswidrig.

ABSCHNITT 2: FÜHRERSCHEIN-SICHERSTELLUNG ODER FÜHRERSCHEIN-BESCHLAGNAHME ZUR FAHRERLAUBNISENTZIEHUNGS-SICHERUNG, § 94 ABS. 3 I.V.M. § 111A STPO I.V.M. §§ 69, 69A, 69B STGB

A. Rechtsgrundlage (RGL) I. Grundrechte (GR)

(VOR/DEF)

Grundrechte sind grundlegende Rechte aus Art. 1-19 GG i.V.m. dem Rechtsstaatsprinzip, Art. 20 Abs. 3 GG, mit Vorrang und Vorbehalt des Gesetzes.[1148]

(SUB/ERG)

Grundrechte sind wie folgt gegeben (i.d.R. alternativ je nach Auffassung insbesondere vom Schutzbereich des Art. 14 Abs. 1 S. 1 Alt. 1 GG)[1149]:

1. Eigentum, Art. 14 Abs. 1 S. 1 Alt. 1 GG[1150]

a) GR-SB:

aa) Persönlicher GR-SB: Alle Menschen (personen- und staatsangehörigkeitsunabhängiger Wortlaut).

[1148] Zu **Grundrechten**: *Basten*, Eingriffsrecht der Polizei in Nordrhein-Westfalen, Band 1, Buch 1, Abschnitt 2, Unterabschnitt 3. Zum **Rechtsstaatsprinzip** mit unter anderem sogenanntem Vorrang des Gesetzes und Vorbehalt des Gesetzes: *Basten*, Eingriffsrecht der Polizei in Nordrhein-Westfalen, Band 1, S. 95-108.

[1149] Vgl. BVerfG, Beschluss der 1. Kammer des Ersten Senats vom 01.08.2002 – 1 BvR 1143/98 –, Rn. 13 f., dort allerdings in einer Gerichtssatzverfassungsbeschwerde eben nicht bezüglich der Exekution der Führerscheinbeschlagnahme, sondern bezüglich der Judikate der Fahrerlaubnisentziehung durch Beschluss des VGH Baden-Württembarg und Urteil des VG Stuttgart nach vorangegangener „Weigerung, sich der geforderten Begutachtung zu stellen und die mit ihr verbundene Beeinträchtigung seines allgemeinen Persönlichkeitsrechts hinzunehmen“, Rn. 14: „Die gegenüber dem Beschwerdeführer verfügte Fahrerlaubnisentziehung und die darauf bezogenen, mit der vorliegenden Verfassungsbeschwerde angegriffenen Gerichtsentscheidungen enthalten einen verfassungswidrigen Eingriff in den Schutzbereich des Grundrechts der allgemeinen Handlungsfreiheit (Art. 2 Abs. 1 GG).“; damit ist auch unter dem verfassungsrechtlich weit verstandenen Eigentumsbegriff und mit Blick auf Führerscheinnutzung für fahrerlaubnispflichtige Fahrzeugnutzung vertretbar: Art. 14 Abs. 1 S. 1 Alt. 1 GG.

[1150] Vgl. auch Art. 142 GG i.V.m. Art. 4 Abs. 1 Verfassung NRW; Art. 17 EU-GR-Charta; Art. 1 Zusatzprotokoll EMRK.

bb) Sachlicher GR-SB: „**Eigentum**“ als Summe aller vermögenswerten Rechte, also jedenfalls auch der berechtigte Besitz und die berechtigte Nutzung[1151].[1152]

[1151] BVerfGE 95, 267, 300 (Altschulden) = BVerfG, Urteil des Ersten Senats vom 08.04.1997 – 1 BvR 48/94 –, C. I. 1., Rn. 130 f.: „Unter den Schutz der Eigentumsgarantie fallen grundsätzlich alle vermögenswerten Rechte, die dem Berechtigten von der Rechtsordnung in der Weise zugeordnet sind, daß er die damit verbundenen Befugnisse nach eigener Entscheidung zu seinem privaten Nutzen ausüben darf (vgl. BVerfGE 83, 201 [209]; stRspr). Der verfassungsrechtliche Eigentumsschutz reicht damit zwar erheblich weiter als das zivilrechtliche Eigentum und erstreckt sich auch auf nicht dingliche vermögenswerte Rechtspositionen. Er bleibt aber an Rechtspositionen gebunden. Kein Eigentum im Sinn von Art. 14 Abs. 1 GG ist daher das **Vermögen**, das selber kein Recht, sondern den Inbegriff aller geldwerten Güter einer Person darstellt (vgl. BVerfGE 4, 7 [17]; stRspr). Daraus folgt, daß Art. 14 Abs. 1 GG nicht vor der staatlichen Auferlegung von **Geldleistungspflichten** schützt. Diese sind nicht mittels eines bestimmten Eigentumsobjekts zu erfüllen, sondern werden aus dem fluktuierenden Vermögen bestritten. Etwas anderes kommt nur dann in Betracht, wenn die Geldleistungspflichten den Betroffenen übermäßig belasten und seine Vermögensverhältnisse so grundlegend beeinträchtigen, daß sie eine erdrosselnde Wirkung haben (vgl. BVerfGE 78, 232 [243]; stRspr).“.

[1152] Zum Vergleich von Art. 14 Abs. 1 S. 1 Alt. 1 GG und dem Auffanggrundrecht des Art. 2 Abs. 1 GG: Bei lediglich unentschiedenem Potential von Berechtigung wie Nichtberechtigung kann grundsätzlich in dubio pro libertate zunächst zugunsten des Grundrechtsfähigen größtmöglicher Grundrechtsschutzbereich vermutet werden. Vgl. auch BVerfGE 6, 55, 72 (Steuersplitting); BVerfGE 32, 54, 71 (Betriebsbetretungsrecht); BVerfGE 39, 1, 38 (Schwangerschaftsabbruch I); BVerfGE 51, 97, 110 (Zwangsvollstreckung I); BVerfGE 151, 67 (Richtervorbehalt, Bereitschaftsdienst, Nachtzeit/Tageszeit i.S.v. § 104 Abs. 3 StPO) = BVerfG, Beschluss des Zweiten Senats vom 12.03.2019 – 2 BvR 675/14 –, Rn. 55, wonach in Zweifelsfällen diejenige Auslegung zu wählen ist/derjenigen Auslegung der Vorzug zu geben ist, welche die (juristische) „Wirkungskraft der Grundrechtsnorm am stärksten entfaltet.“. **Eigentum** i.S.d. (privat)rechtsnormgeprägten Schutzbereichs von Art. 14 Abs. 1 S. 1 Alt. 1 GG ist jedenfalls gegeben bei Eigentum i.S.d. Privatrechts und bei vermögenswerter Besitz-/Nutzungs-/Umgangs-Berechtigung (z.B. i.S.d. §§ 854-984 BGB). **Eigentumslosigkeit** i.S.d. (privat)rechtsnormgeprägten Schutzbereichs von Art. 14 Abs. 1 S. 1 Alt. 1 GG ist jedenfalls gegeben bei allseitiger Besitz-/Nutzungs-/Umgangs-Nichtberechtigung (z.B. i.S.d. §§ 854-984 BGB); nicht schon unbedingt bei lediglich Eigentums-Nichtberechtigung im privatrechtlichen Sinne bei vermögenswerten Besitz-/Nutzungs-/Umgangs-Berechtigungen; wohl aber jedenfalls auch bei Verbot i.S.d. § 134 BGB oder Sittenwidrigkeit i.S.d. § 138 BGB oder sonstiger Unwirksamkeitsgründe (Nichtentstehensgründe oder Erlöschensgründe) gerade bezüglich des Erwerbs- oder Nutzungs- oder Umgangsaktes (z.B. i.S.d. §§ 854-984 BGB; vgl. z.B. Btm-Umgangsarten i.S.d. § 29 BtMG; vgl. auch etwaiges waffenrechtliches Verbot der Umgangsart Erwerb oder sonstiger Umgangsarten i.S.d. § 1 Abs. 3, 4 WaffG bei Nichtverbot des Erwerbs). Vgl. BVerfGE 110, 1, 23 f. (Erweiterter Verfall [a. F., ≙ erweiterte Tatertragseinziehung, P. B.]) = BVerfG, Beschluss des Zweiten Senats vom 14.01.2004 – 2 BvR 564/95 –, C. I. 3. a), b), Rn. 86 f, 88: „Die Vorschrift des § 73d StGB [a. F., ≙ § 73a StGB, P. B.] verstößt in der Auslegung des Bundesgerichtshofs auch nicht gegen die Eigentumsgarantie des Art. 14 Abs. 1 GG. Soweit § 73d StGB [a. F., ≙ § 73a StGB, P. B.] den Zugriff auf Vermögenswerte erlaubt, die dem unmittelbar Betroffenen wegen eines Verstoßes gegen strafrechtliche Vorschriften zivilrechtlich nicht zustehen (vgl. § 134, § 935 BGB), ist dessen Eigentumsgrundrecht schon mangels einer schutzfähigen Rechtsposition nicht berührt (vgl. BVerfGE 83, 201 [209]; 95, 267 [300]). Dies betrifft vor allem die Entziehung von Gewinnen aus illegalen Drogengeschäften. Denn wegen des strafrechtlichen Verbots des Handeltreibens mit Betäubungsmitteln ist gemäß § 134 BGB neben dem schuldrechtlichen Verpflichtungsgeschäft zugleich die Übereignung sowohl der Drogen als auch des für sie als Kaufpreis gezahlten Geldes zivilrechtlich unwirksam (vgl. BGH, NJW 1983, S. 636 [Schrifttumsquellen]. […] Soweit § 73d StGB StGB [a. F., ≙ § 73a StGB, P. B.] die Entziehung von Gegenständen anordnet, die der Betroffene zwar deliktisch, aber gleichwohl zivilrechtlich wirksam erworben hat, enthält er eine Inhalts- und Schrankenbestimmung des Eigentums im Sinne des Art. 14 Abs. 1 Satz 2 GG. Diese genügt in der Auslegung des Bundesgerichtshofs den verfassungsrechtlichen Anforderungen.“.

b) GR-E (oder Nichteingriff/GR-Verzicht): **Eigentumseinschränkung** durch Einschränkung eines vermögenswerten Rechts, etwa durch (alternativ)

- Einschränkungen oder Entzug der Nutzungs- und Verfügungsbefugnis an (berechtigtem) Eigentum/Besitz/Nutzung, vgl. §§ 903 ff. BGB, §§ 854 ff. BGB, ohne Güterbeschaffung als **Inhalts- und Schrankenbestimmung** im Sinne von Art. 14 Abs. 1 S. 2 GG[1153] – hier bezüglich der Führerscheinnutzung für fahrerlaubnispflichtige Fahrzeugnutzung;
- i.d.R. nicht durch Eigentumsentzug als **Enteignung** im Sinne des Art. 14 Abs. 3 GG mit Änderung der Eigentumszuordnung und stets mit Güterbeschaffung.[1154]

c) GR-B: Art. 14 Abs. 1 S. 2, Abs. 2, 3 GG, Art. 18 GG.

Bei Nichtbetroffenheit von Art. 14 GG eröffnetes Auffanggrundrecht:

2. Allgemeine Verhaltensfreiheit / Allgemeine Handlungsfreiheit[1155], Art. 2 Abs. 1 GG[1156]

a) GR-SB:

aa) Persönlicher GR-SB: „Jeder".

[1153] BVerfGE 143, 246, Ls. 5 (Dreizehnte Novelle des Atomgesetzes) = BVerfG, Urteil des Ersten Senats vom 06.12.2016 – 1 BvR 2821/11 –, Ls. 5.

[1154] BVerfGE 143, 246, Ls. 4 (Dreizehnte Novelle des Atomgesetzes) = BVerfG, Urteil des Ersten Senats vom 06.12.2016 – 1 BvR 2821/11 –, Ls. 4.

[1155] „Allgemeine" Verhaltensfreiheit / Handlungsfreiheit: Auffanggrundrecht ggü. ggf. spezielleren Grundrechten, vgl. Rechtsnormspezialitätsregel („lex specialis derogat legi generali"), vgl. auch: BVerfGE 6, 32, 37 (Elfes) = BVerfG, Urteil des Ersten Senats vom 16.01.1957 – 1 BvR 253/56, Gründe, II. 2. a), Rn. 16: „Neben der allgemeinen Handlungsfreiheit, die Art. 2 Abs. 1 GG gewährleistet, hat das Grundgesetz die Freiheit menschlicher Betätigung für bestimmte Lebensbereiche, die nach den geschichtlichen Erfahrungen dem Zugriff der öffentlichen Gewalt besonders ausgesetzt sind, durch besondere Grundrechtsbestimmungen geschützt; bei ihnen hat die Verfassung durch abgestufte Gesetzesvorbehalte abgegrenzt, in welchem Umfang in den jeweiligen Grundrechtsbereich eingegriffen werden kann. Soweit nicht solche besonderen Lebensbereiche grundrechtlich geschützt sind, kann sich der Einzelne bei Eingriffen der öffentlichen Gewalt in seine Freiheit auf Art. 2 Abs. 1 GG berufen. Hier bedurfte es eines Gesetzesvorbehalts nicht, weil sich aus der Beschränkung der freien Entfaltung der Persönlichkeit durch die verfassungsmäßige Ordnung der Umfang staatlicher Eingriffsmöglichkeiten ohne weiteres ergibt.".

[1156] Vgl. auch Art. 142 GG i.V.m. Art. 4 Abs. 1 Verfassung NRW; Art. 6 EU-GR-Charta; Art. 5 EMRK.

bb) Sachlicher GR-SB: „**freie Entfaltung der Persönlichkeit**" bedeutet **allgemeine Verhaltensfreiheit** im umfassenden Sinn[1157] durch grundsätzlich jedes Tun, Dulden, Unterlassen[1158].

b) GR-E (oder Nichteingriff/GR-Verzicht): Verhaltenseinschränkung als Verhaltenssteuerung.

c) GR-B: Art. 2 Abs. 1 Hs. 2 GG[1159].

1157 BVerfGE 6, 32, 36 f. (Elfes) = BVerfG, Urteil des Ersten Senats vom 16.01.1957 – 1 BvR 253/56, Gründe, II. 2. a), Rn. 14 f.: „Das Grundgesetz kann mit der ‚freien Entfaltung der Persönlichkeit' nicht nur die Entfaltung innerhalb jenes Kernbereichs der Persönlichkeit gemeint haben, der das Wesen des Menschen als geistig-sittliche Person ausmacht, denn es wäre nicht verständlich, wie die Entfaltung innerhalb dieses Kernbereichs gegen das Sittengesetz, die Rechte anderer oder sogar gegen die verfassungsmäßige Ordnung einer freiheitlichen Demokratie sollte verstoßen können. Gerade diese, dem Individuum als Mitglied der Gemeinschaft auferlegten Beschränkungen zeigen vielmehr, daß das Grundgesetz in Art. 2 Abs. 1 GG die Handlungsfreiheit im umfassenden Sinne meint. [...] Es waren nicht rechtliche Erwägungen, sondern sprachliche Gründe, die den Gesetzgeber bewogen haben, die ursprüngliche Fassung ‚Jeder kann tun und lassen was er will' durch die jetzige Fassung zu ersetzen (vgl. v. Mangoldt, Parlamentarischer Rat, 42. Sitzung des Hauptausschusses, S. 533)."; BVerfGE 80, 137, 152 f. (Reiten im Walde) = BVerfG, Beschluss des Ersten Senats vom 06.06.1989 – 1 BvR 921/85 –, C. I. 1 a), Rn. 69: „Nach den in der Rechtsprechung des Bundesverfassungsgerichts entwickelten Grundsätzen gewährleistet Art. 2 Abs. 1 GG die allgemeine Handlungsfreiheit im umfassenden Sinne (st. Rspr. seit BVerfGE 6, 32 [36]; aus neuerer Zeit etwa: BVerfGE 74, 129 [151]; 75, 108 [154 f.]). Geschützt ist damit nicht nur ein begrenzter Bereich der Persönlichkeitsentfaltung, sondern jede Form menschlichen Handelns ohne Rücksicht darauf, welches Gewicht der Betätigung für die Persönlichkeitsentfaltung zukommt (vgl. etwa die Entscheidung eines Vorprüfungsausschusses in BVerfGE 54, 143 (146) - Taubenfüttern).".

1158 BVerfGE 6, 32, Ls. 1, 2 (Elfes) = BVerfG, Urteil des Ersten Senats vom 16.01.1957 – 1 BvR 253/56, Ls. 1: „Art. 11 GG betrifft nicht die Ausreisefreiheit.", Ls. 2: „Die **Ausreisefreiheit** ist als Ausfluß der allgemeinen Handlungsfreiheit durch Art. 2 Abs. 1 GG innerhalb der Schranken der verfassungsmäßigen Ordnung gewährleistet."; BVerwG, Urteil vom 29.05.2019 – BVerwG 6 C 8.18 (Beschränkung des Geltungsbereichs eines Passes), Rn. 20: „In der höchstrichterlichen Rechtsprechung ist seit Jahrzehnten geklärt, dass die durch Art. 2 Abs. 1 GG geschützte Ausreisefreiheit auch durch den Passversagungsgrund des § 7 Abs. 1 Nr. 1 Alt. 3 PassG als Bestandteil der verfassungsmäßigen Ordnung wirksam eingeschränkt wird.".

1159 Art. 2 Abs. 1 Hs. 2 GG (**Schrankentrias**): BVerfGE 80, 137, 153 (Reiten im Walde) = BVerfG, Beschluss des Ersten Senats vom 06.06.1989 – 1 BvR 921/85 –, C. I. 1 a), Rn. 69: „Abgesehen von einem absolut geschützten Kernbereich privater Lebensgestaltung, welcher der Einwirkung der öffentlichen Gewalt entzogen ist (BVerfGE 6, 32 [41]), ist die allgemeine Handlungsfreiheit allerdings nur in den Schranken des zweiten Halbsatzes von Art. 2 Abs. 1 GG gewährleistet und steht damit insbesondere unter dem **Vorbehalt der verfassungsmäßigen (Rechts-)Ordnung** (BVerfGE 6, 32 [37 f.]; 74, 129 [152]). Stützt sich ein die Handlungsfreiheit berührender Akt der öffentlichen Gewalt auf eine Rechtsnorm, so kann mit der Verfassungsbeschwerde unter Berufung auf Art. 2 Abs. 1 GG zur Nachprüfung gestellt werden, ob diese Norm zur **verfassungsmäßigen Ordnung** gehört, das heißt formell und materiell mit den Normen der Verfassung in Einklang steht (st. Rspr. seit BVerfGE 6, 32)."; BVerfGE 6, 32, Ls. 3 (Elfes) = BVerfG, Urteil des Ersten Senats vom 16.01.1957 – 1 BvR 253/56, Ls. 3: „**Verfassungsmäßige Ordnung** im Sinne des Art. 2 Abs. 1 GG ist die verfassungsmäßige Rechtsordnung, d.h. die Gesamtheit der Normen, die formell und materiell der Verfassung gemäß sind."; vgl. dazu auch BVerfGE 6, 32, 37-41 (Elfes) = BVerfG, Urteil des Ersten Senats vom 16.01.1957 – 1 BvR 253/56, Gründe II. 2 b), c), Rn. 17-33.

Rechte anderer sind (als Teil der verfassungsmäßigen Ordnung) subjektive Berechtigungen (Anspruch oder Befugnis oder Erlaubnis) einschließlich Verpflichtungen (Pflicht zur Erfüllung von Anspruch oder Befugnis oder Erlaubnis) und sonstiger Rechtswirkungen für ein Rechtssubjekt bezüglich eines Verhaltens oder eines Rechtsguts.

Vgl. zum ein Mal bundesverfassungsgerichtlich entscheidungserheblich bemühten „**Sittengesetz**" nach Art. 2 Abs. 1 Hs. 2 GG als Gesetz, das nicht das durch die „soziale Gemeinschaft" „als für sich verbindlich" anerkannte „Rechtsgefühl" „im allgemeinen" „verletzt": BVerfGE 6, 389 (Homosexuelle) =

A. Rechtsgrundlage (RGL) II. Rechtsgebiet (RG)

(VOR/DEF)

Rechtsgebiet ist Rechtsordnungsteil nach allen Umständen – wie schwerpunktmäßige Äußerungen, Rechtsnormen, Zwecke, auch i.V.m. §§ 133, 157 BGB analog.[1160]

(SUB/ERG)

Die Maßnahme erfolgt auf dem Rechtsgebiet des besonderen öffentlichen Rechts polizeilicher Strafrechtspflege.

Die Maßnahme erfolgt insbesondere auf dem Rechtsgebiet der Strafrechtspflege bei (alternativ)

- schwerpunktmäßigem Zweck der Sicherung für das weitere Strafverfahren im Sinne der StPO und im Sinne des besonderen Straßenverkehrsgefahrenabwehrzweck nach §§ 69-69b StGB[1161]; für das Ordnungswidrigkeitenverfahren im Sinne des OWiG ist die Rechtsfolge nach § 111a StPO i.V.m. §§ 69-9b StGB als Ordnungswidrigkeitenmaßnahme nicht vorgesehen, allerdings das **Fahrverbot** nach § 25 StVG, vgl. auch § 25 Abs. 6 StVG bezüglich der Anrechnung einer etwaig nach § 111a StPO zuvor erfolgten vorläufigen Fahrerlaubnisentziehung oder einer nach § 94 StPO erfolgten Führerschein-Sicherstellung oder Führerschein-Beschlagnahme;
- schwerpunktmäßigem Zweck der Sicherung des Führerscheins für das weitere Strafverfahren, insbesondere für mögliche spätere richterliche Einziehung als Nebenfolge im Strafurteil;
- schwerpunktmäßigem Zweck der Freiheit von weiteren rechtswidrigen Taten anlässlich eines Tatverdachts bei oder im Zusammenhang mit dem Führen eines Kraftfahrzeugs oder unter Verletzung der Pflichten eines Kraftfahrzeugführers
- Fehlen eines Gefahrüberhangs;
- Fehlen schwerpunktmäßigen Gefahrenabwehrzwecks in Anwendung von § 43 PolG NRW; unberührt bleiben auf dem Rechtsgebiet der Gefahrenabwehr auch Fahrerlaubnisentziehung nach § 3 StVG, § 46 FeV.

A. Rechtsgrundlage (RGL) III. Mögliche Befugnisrechtsnorm (Mgl. Brn.)

(VOR/DEF)

BVerfG, Urteil des Ersten Senats vom 10.05.1957 – 1 BvR 550/52 –, und StrRehaHomG (Gesetz zur strafrechtlichen Rehabilitierung der nach dem 8. Mai 1945 wegen einvernehmlicher homosexueller Handlungen verurteilten Personen vom 17. Juli 2017 – BGBl. I S. 2443).

[1160] Zum Rechtsgebiet bzw. zu Rechtsgebieten einschließlich Rechtsgebiet-Begriffen und Rechtsgebiet-Auslegungsansätzen: *Basten*, Eingriffsrecht der Polizei in Nordrhein-Westfalen, Band 1, Buch 1, Abschnitt 3, Unterabschnitt 3, Titel 3, Untertitel 3.

[1161] Deutlich den Fakt an den Anfang stellend und herausstellend, dass es auf beiden Rechtsgebieten von Gefahrenabwehr und Strafrechtspflege „Prävention“ und „Repression“ geben kann: BGHSt 50, 93 = BGH, Beschluss vom 27.04.2005 – GSSt 2/04, Ls.: „§ 69 StGB bezweckt den Schutz der Sicherheit des Straßenverkehrs.“.

Befugnisrechtsnorm ist die rechtmäßige hauptsächliche materiellrechtliche Rechtsgrundlage mit realfolgenentsprechender Rechtsfolge.

(SUB/ERG)

Realfolge ist die jeweilige Maßnahme laut Sachverhalt.

Rechtsfolge ist die Maßnahme laut Rechtsnorm.

(SUB)

Realfolgen und Rechtsfolgen zu:

Sicherstellung/Beschlagnahme

(SUB)

Realfolgen Sicherstellung/Beschlagnahme:

- Abnahme und Inverwahrungnahme, jeweils ohne Zwang, vgl. § 44 PolG NRW;
- Anordnung von Vorlegen und Auslieferung des Gegenstands, vgl. § 95 StPO;
- Handlungsverfügung der Herausgabe;
- Aufbewahrung oder andere Sicherung, vgl. § 44 Abs. 1 PolG NRW
- Unterlassungsverfügung des Unberührtseinlassens;
- Gebotsverfügung des Aufbewahrens;
- Kennzeichnung mit Siegel (vgl. § 136 StGB);
- Belassen der Sache am ursprünglichen Belegenheitsort;
- Vgl. auch § 111c StPO.

Rechtsfolgen Sicherstellung/Beschlagnahme:

Sicherstellung ist Herstellung eines öffentlich-rechtlichen Verwahrungsverhältnisses oder eines anderen Sicherungsverhältnisses zu einer Sache (PolG NRW, StPO, OWiG)

(ERG)

Mögliche Befugnisrechtsnorm zu:

Sicherstellung/Beschlagnahme

(ERG)

Gefahrenabwehr:

- Diverse Spezialbefugnisrechtsnomen
  - § 21 AsylG
  - § 22 eIDKG (Rechtsfolgen: Einziehung und Sicherstellung; sachliche Zuständigkeit: § 6 eIDKG mit Verweis auf § 2 Abs. 2 PAuswG)
  - §§ 42-44 LFGB
  - §§ 13, 19 PaßG
  - § 29 PAuswG (Rechtsfolgen: § 29 Abs. 1: Einziehung, § 29 Abs. 2: Sicherstellung, sachliche Zuständigkeit: § 7 Abs. 3 i.V.m. § 2 Abs. 2 PAuswG, zu den TBV vgl. auch § § 29 Abs. 2 Nr. 1 PAuswG i.V.m. § 1 Abs. 1 S. 3, 4 PAuswG, zur zwangsweisen Durchsetzung: § 30 PAuswG)
  - § 37 Abs. 1 WaffG; § 46 Abs. 4 WaffG
  - vgl. auch: §§ 3, 4, 10-13 VereinsG (Sicherstellung durch Beschlagnahme und Einziehung)[1163]
  - Vgl. auch § 52 VwVfG NRW
- § 43 PolG NRW (Sicherstellung)

Strafrechtspflege (ggf. mit §§ 46, 53 Abs. 1 S. 2, Abs. 2 OWiG / 46 Abs. 3 OWiG):

[1163] Zu **Vereinigungsverboten** allgemein: BVerfGE 149, 160 (Vereinigungsverbot „Internationale Humanitäre Hilfsorganisation e.V.“ / mittelbare Unterstützung der „Hamas“) = BVerfG, Beschluss des Ersten Senats vom 13.07.2018 – 1 BvR 1474/12.

oder zu einem anderen Gegenstand[1162] (StPO, OWiG; PolG NRW analog).

Beschlagnahme ist (in NRW nur außerhalb des PolG NRW) eine spezielle Art der Sicherstellung (vgl. § 111n Abs. 1 StPO und alle Beschlagnahme-Befugnisrechtsnormen), jeweils speziell definiert, vgl. insbesondere:

- §§ 94 Abs. 1, 2 und § 98 Abs. 2 StPO;
- § 111b Abs. 1 StPO;
- § 132 StPO.

- § 94 Abs. 1 StPO (Sicherstellung von Gegenständen zu Beweiszwecken);
- § 94 Abs. 1, 2 StPO (Beschlagnahme von Gegenständen zu Beweiszwecken), § 98 (Verfahren bei Beschlagnahme);
- § 94 Abs. 3 StPO (i.V.m. § 111a StPO i.V.m. §§ 69 a, b StGB) Sicherstellung oder Beschlagnahme von Führerscheinen, die der Einziehung unterliegen);
- §§ 99, 100 StPO (Postbeschlagnahme);
- § 108 StPO (Beschlagnahme anderer Gegenstände – „Zufallsfunde");
- § 111b StPO (Beschlagnahme zur Sicherung der Einziehung oder Unbrauchbarmachung);
- § 132 StPO (Beschlagnahme bei Nichtbefolgung der Anordnung zur Sicherheitsleistung und Bevollmächtigung zum Zustellungsempfang);
- § 110 StPO (Sichtungsverfahren mit: § 110 Abs. 2 S. 2 [Umschlagverschließung, Ablieferung an StA], § 110 Abs. 3 S. 2 StPO [Datensicherung][1164].

1162 BVerfGE 113, 29, Ls. 1 (Anwaltsdaten) = BVerfG, Beschluss des Zweiten Senats vom 12.04.2005 – 2 BvR 1027/02 –, Ls. 1: „Die Strafprozessordnung erlaubt die **Sicherstellung und Beschlagnahme von Datenträgern** und hierauf gespeicherten Daten als Beweisgegenstände im Strafverfahren.", BVerfGE 113, 29, 50 (Anwaltsdaten) = BVerfG, Beschluss des Zweiten Senats vom 12.04.2005 – 2 BvR 1027/02 – , C. II. 2. b), Rn. 100: „§ 94 StPO erlaubt auch die Sicherstellung von Daten auf behördeneigenen Datenträgern. Der Wortsinn gestattet es, als ‚Gegenstand' des Zugriffs auch nichtkörperliche Gegenstände zu verstehen. Der Wortlaut wird durch die Annahme, auch unkörperliche Gegenstände seien von § 94 StPO erfasst, schon im Hinblick auf die Unterscheidung gegenüber dem engeren Begriff der (körperlichen) Sache nicht überschritten.".

1164 BVerfGK 1, 126 = BVerfG, Beschluss der 3. Kammer des Zweiten Senats vom 28.04.2003 – 2 BvR 358/03 –, Rn. 23: „Das **Sichtungsverfahren gemäß § 110 StPO**, bei dem […] Gegenstände auf ihre Beweiseignung und Beschlagnahmefähigkeit überprüft werden, bewegt sich zwischen diesen Maßnahmen [Beschlagnahme und Durchsuchung]. Es wird als Teil der Durchsuchung angesehen (vgl. BGHSt 44, 265 <273>). (...) Andererseits ist die Wegnahme von Sachen aus dem Gewahrsam des Betroffenen zur Sichtung nach § 110 StPO in ihrer Wirkung für den Betroffenen der Beschlagnahme angenähert.". BVerfG, Beschluss der 3. Kammer des Zweiten Senats vom 30.01.2002 – 2 BvR 2248/00 –, Gründe, Rn. 7 f.: „§ 110 StPO schränkt insoweit das Recht auf jederzeitige Nutzung des Notebooks und ungehinderten Zugriff auf die darauf gespeicherten Daten ein. Die Vorschrift gibt der Staatsanwaltschaft Gelegenheit zur Klärung und Entscheidung, ob sichergestellte Unterlagen, wozu auch lesbare Aufzeichnungen von Daten aus der Software von EDV-Anlagen gehören (BGH, CR 1999, S. 292 <293>), zurückzugeben sind oder ob die richterliche Beschlagnahme zu erwirken ist. Diese Phase ist noch zum Vollzug der Durchsuchungsanordnung zu rechnen (BGH, NJW 1995, S. 3397). In welchem Umfang die inhaltliche Durchsicht des u. U. umfangreichen und komplexen Materials notwendig ist, wie sie im Rahmen von § 110 StPO im Einzelnen zu gestalten und wann sie zu beenden ist, unterliegt der Entscheidung der Staatsanwaltschaft (BGH, NJW 1995, S. 3397).".

(SUB)

Realfolgen und Rechtsfolgen zu:

Sicherstellungsanschlussmaßnahmen / Beschlagnahmeanschlussmaßnahmen

(SUB)

Realfolgen Sicherstellungsanschlussmaßnahmen / Beschlagnahmeanschlussmaßnahmen:

- Aufbewahren
- Zurückgeben
- Benutzen
- Verbrauchen
- Verkaufen
- Versteigern
- Verschenken.

Rechtsfolgen Sicherstellungsanschlussmaßnahmen /Beschlagnahmeanschlussmaßnahmen:

Sicherstellungsanschlussmaßnahmen bzw. Beschlagnahmeanschlussmaßnahmen sind sich an den Dauerakt und das Verhältnis der Sicherstellung anschließende Maßnahmen, insbesondere Sicherstellungsaufrechterhaltungsmaßnahmen und Sicherstellungsaufhebungsmaßnahmen:

- Verwaltung (z.B. Wertminderungsvorbeugungsmaßnahmen),
- Rückgabe (nur StPO),
- Herausgabe,
- Verwertung,
- Unbrauchbarmachung,
- Einziehung (nur StPO),
- Vernichtung,
- Notveräußerung (begrifflich nur StPO).

Weitere polizeiliche (Beschlagnahmeanschluss-)Maßnahmenmöglichkeiten im Rahmen der Vollstreckung der Anordnung von Einziehung und Unbrauchbarmachung: § 459g Abs. 3 StPO.

(ERG)

Mögliche Befugnisrechtsnorm zu:

Sicherstellungsanschlussmaßnahmen / Beschlagnahmeanschlussmaßnahmen

(ERG)

Gefahrenabwehr:

- § 44 PolG NRW (Aufbewahrung, Aufbewahrung oder Sicherung auf andere geeignete Weise, Wertvorbeugungsmaßnahmen);
- § 45 PolG NRW (Verwertung, Unbrauchbarmachung, Vernichtung);
- § 46 PolG NRW (Herausgabe).

Strafrechtspflege (ggf. mit §§ 46, 53 Abs. 1 S. 2, Abs. 2 OWiG / § 46 Abs. 3 OWiG):

- § 111a Abs. 5 StPO (Führerschein-Zurückgabe in Fällen von § 94 Abs. 3 StPO)
- § 75 StGB (Wirkung der Einziehung), vgl. § 111b (Beschlagnahme zur Sicherstellung der Einziehung oder Unbrauchbarmachung);
- § 111d StPO (Rückgabe beweglicher Sachen);
- § 111n (Herausgabe beweglicher Sachen), § 111o StPO (Verfahren bei der Herausgabe);
- § 111p StPO (Notveräußerung).

Weitere polizeiliche (Beschlagnahmeanschluss-)Maßnahmenmöglichkeiten im Rahmen der Vollstreckung der Anordnung von Einziehung und Unbrauchbarmachung: § 459g Abs. 3 StPO.

(SUB)

Realfolge ist die jeweilige Maßnahme laut Sachverhalt (z.B. das Einbehalten eines Führerscheins).

Rechtsfolge ist als Justiz-VA i.S.d. § 23 Abs. 1 S. 1 EGGVG (alternativ):

- Sicherstellung eines Führerscheins, „der der Einziehung unterliegt".
- Beschlagnahme eines Führerscheins, „der der Einziehung unterliegt".

Führerschein-Sicherstellung i.S.d. § 94 Abs. 3 i.V.m. § 94 Abs. 1 StPO ist Herstellung eines öffentlich-rechtlichen Verwahrungsverhältnisses oder eines anderen Sicherungsverhältnisses über einen Führerschein ohne Personengewahrsam oder im Personengewahrsam mit freiwilliger (widerspruchsloser, vgl. § 98 Abs. 2 StPO) Herausgabe, vgl. § 94 Abs. 2 StPO, schwerpunktmäßig zu folgenden Zwecken: **Führerscheineinziehungssicherung**[1165] und **Fahrerlaubnisentziehung**.[1166]

Führerschein-Beschlagnahme i.S.d. § 94 Abs. 3 i.V.m. § 94 Abs. 1, 2 StPO ist Herstellung eines öffentlich-rechtlichen Verwahrungsverhältnisses oder eines anderen Sicherungsverhältnisses über einen Führerschein im Personengewahrsam mit nichtfreiwilliger (nicht widerspruchsloser, vgl. § 98 Abs. 2 StPO) Herausgabe, schwerpunktmäßig zu folgenden Zwecken: **Führerscheineinziehungssicherung**[1167] und **Fahrerlaubnisentziehung**, i.V.m. § 111a StPO i.V.m. §§ 69-69b StGB.[1168]

Fahrerlaubnis ist die Erlaubnis, auf öffentlichen Straßen ein Kraftfahrzeug zu führen, § 4 Abs. 1 FeV.

Führerschein ist eine gültige amtliche Fahrerlaubnisbescheinigung, § 4 Abs. 2 S. 1, Abs. 3 FeV; abweichend von § 4 Abs. 2 S. 1 FeV kann gemäß § 4 Abs. 3 FeV die Fahrerlaubnis auch durch eine andere Bescheinigung als den Führerschein nachgewiesen werden, soweit dies ausdrücklich bestimmt oder zugelassen ist.

Führerschein i.S.v. § 94 Abs. 3 i.V.m. § 111a StPO i.V.m. §§ 69-69b StGB ist insbesondere (alternativ)

- jeder von einer deutschen Behörde ausgestellte Führerschein, § 111a Abs. 3 S. 1 StPO;
- jeder von einer Behörde eines Mitgliedstaates der Europäischen Union oder eines anderen Vertragsstaates des Abkommens über den Europäischen Wirtschaftsraum ausgestellte Führerschein (EU-Führerschein oder EWR-Führerschein[1169])[1170], sofern der Inhaber seinen ordentlichen Wohnsitz im Inland hat, § 111a Abs. 3 S. 2 StPO;

[1165] Vgl. § 94 Abs. 3 StPO.

[1166] Vgl. § 111b StPO, §§ 69-69b StGB.

[1167] Vgl. § 94 Abs. 3 StPO.

[1168] Vgl. § 111b StPO, §§ 69-69b StGB.

[1169] Zu EU und EWR siehe: *Basten*, Eingriffsrecht der Polizei in Nordrhein-Westfalen, Band 3, Buch 4, Abschnitt 1, Unterabschnitt 1.

[1170] BVerwG, Beschluss vom 16.01.2020 – BVerwG 3 B 51.18, Ls. 1 (und Rn. 15): „Unionsrecht gebietet nicht, einen **ausländischen EU-Führerschein** anzuerkennen, der in der Zeit der vorläufigen Entziehung der deutschen Fahrerlaubnis ausgestellt wurde, wenn sowohl die **vorläufige Entziehung nach § 111a StPO** als auch die **nachfolgende Entziehung nach § 69 Abs. 1 StGB** aus Gründen gerechtfertigt waren, die zum Zeitpunkt der Ausstellung des ausländischen EU-Führerscheins bereits vorlagen (vgl. EuGH, Urteile vom 20. November 2008 - C-1/07, Weber [ECLI:EU:C:2008:640] - Slg. I-8571 Rn. 41 und vom 13. Oktober 2011 - C-224/10, Apelt [ECLI:EU:C:2011:655] - Slg. I-9601 Rn. 50).", Ls. 2: „Das **Recht, von einer ausländischen EU-Fahrerlaubnis in Deutschland Gebrauch zu machen**, lebt nicht automatisch

- jeder sonstige ausländische Führerschein[1171], § 111a Abs. 6 StPO.

Sicherstellung/Beschlagnahme von Führerscheinen, die der Einziehung unterliegen i.S.d. § 94 Abs. 3 StPO bedeutet den unmittelbaren ermittlungsbehördlichen (polizeilichen) Maßnahme-Zweck der Führerscheineinziehungssicherung bei der Beschlagnahme nach § 94 Abs. 3 StPO.

Fahrerlaubnisentziehung ist Nebenrechtsfolge der Tat (vgl. StGB AT Abschnitt 3 Titel 6), bei Strafurteil durch Richter, und ist bei ermittlungsbehördlicher (polizeilicher) Beschlagnahme der Endzweck der Beschlagnahme nach § 94 Abs. 3 StPO. **Fahrerlaubnisentziehungswirkung** ergibt sich aus § 69 StGB Abs. 3, § 69b StGB.[1172]

---

wieder auf, wenn die im Zusammenhang mit der Entziehung der deutschen Fahrerlaubnis angeordnete **Sperrfrist** abgelaufen ist (vgl. BVerwG, Urteil vom 13. Februar 2014 - 3 C 1.13 - BVerwGE 149, 74 Rn. 31 ff.).", Rn. 17: „Die **vorläufige Entziehung der Fahrerlaubnis auf der Grundlage von § 111a StPO** ist insoweit nicht anders zu behandeln als ein **Fahrverbot** nach § 44 StGB oder die polizeiliche Ingewahrsamnahme eines Führerscheins [**Inverwahrungnahme eines Führerscheins**, P. B.] (ebenso VGH München, Beschluss vom 11. November 2014 - 11 ZB 14.12 07 [ECLI:DE:BAYVGH:2014:1111.11ZB14.1207.0A] - juris Rn. 17 f.; OLG Karlsruhe, Urteil vom 26. März 2009 - 3 Ss 64/08 [ECLI:DE:OLGKARL:2009:0326.3SS64.08.0A] - NZV 2009, 466 Rn. 10). Mit der vorläufigen Entziehung der Fahrerlaubnis nach § 111a StPO verliert der Betroffene, auch wenn die **Fahrerlaubnis** noch nicht erlischt, die **Berechtigung zum Führen eines Kraftfahrzeugs** [...]. Daher handelt es sich um die **Aussetzung einer Fahrerlaubnis bzw. eines Führerscheins** im Sinne von Art. 11 Abs. 4 Unterabs. 1 und 2 der Richtlinie 2006/126/EG [3. Führerscheinrichtlinie].", Rn. 18: „Das **Recht, von einer ausländischen EU-Fahrerlaubnis in Deutschland Gebrauch zu machen**, lebt nicht automatisch wieder auf, wenn die im Zusammenhang mit der **Entziehung der deutschen Fahrerlaubnis angeordnete Sperre** abgelaufen ist; auch das ist bereits geklärt (vgl. BVerwG, Urteil vom 13. Februar 2014 - 3 C 1.13 - BVerwGE 149, 74 Rn. 31; EuGH, Beschluss vom 3. Juli 2008 - C-225/07, Möginger - NJW 2009, 207).", Rn. 22: „Dass die in Rede stehenden Regelungen der Fahrerlaubnis-Verordnung - in ihrer aufgrund des Anwendungsvorrangs des Unionsrechts mit Blick auf die Entscheidungen des Gerichtshofs (vgl. dazu u.a. EuGH, Urteil vom 29. April 2004 - C-476/01, Kapper [ECLI:EU:C:2004:261] - Slg. I-5205 Rn. 78 und Beschluss vom 6. April 2006 - C-227/05, Halbritter [ECLI:EU:C:2006:245] - Slg. I-49 Rn. 1) gebotenen einschränkenden Auslegung (vgl. dazu BVerwG, Urteil vom 13. Februar 2014 - 3 C 1.13 - BVerwGE 149, 74 Rn. 22) - mit dem verfassungsrechtlichen Verhältnismäßigkeitsgrundsatz vereinbar sind, ist in der Rechtsprechung des Bundesverwaltungsgerichts geklärt.", Rn. 26: „Dementsprechend ist auch höchstrichterlich geklärt, dass die ausländische Fahrerlaubnis bei Vorliegen der Voraussetzungen von § 28 Abs. 4 Satz 1 FeV nicht mehr zum Führen von Kraftfahrzeugen im Inland berechtigt, ohne dass es zusätzlich noch eines Verwaltungsakts bedarf, der diese Rechtsfolge konstitutiv ausspricht.".

[1171] BGHSt 44, 194 = BGH, Beschluss vom 03.09.1998 – 4 StR 243/98, Leitsatz: „Die Entziehung der Fahrerlaubnis ist auch zulässig, wenn der Täter eine **ausländische Fahrerlaubnis** hat, mit der er am innerdeutschen Kraftfahrzeugverkehr nicht teilnehmen darf.", Rn. 4: „Daß diese Anordnung nur Wirkung im Inland entfaltet und dadurch der Verwaltungsakt der ausländischen Behörde, mit dem die Fahrerlaubnis erteilt wurde, nicht beseitigt wird (vgl. OLG Hamm NJW 1978, 1757), versteht sich von selbst.".

[1172] Vgl. **Fahrerlaubnisentziehung / Entziehung der Fahrerlaubnis** auf dem Rechtsgebiet der Gefahrenabwehr durch die Fahrerlaubnisbehörde nach § 3 StVG und § 46 FeV, siehe dazu zum Beispiel:

BVerwG, Beschluss vom 24.06.2013 – BVerwG 3 B 71.12, Ls.: „Entziehung der Fahrerlaubnis im Sinne von § 13 Satz 1 Nr. 2 Buchst. d FeV ist – wie in § 14 Abs. 2 Nr. 1 FeV – auch die strafgerichtliche Entziehung nach § 69 StGB.".

BVerwG, Urteil vom 11.04.2019 – BVerwG 3 C 8.18, Rn. 13: „Gemäß § 3 Abs. 1 Satz 1 StVG und § 46 Abs. 1 Satz 1 FeV hat die Fahrerlaubnisbehörde dem Inhaber einer Fahrerlaubnis, der sich als **ungeeignet zum Führen von Kraftfahrzeugen** erweist, die Fahrerlaubnis zu entziehen [zum Eignungsbegriff bei § 69 StGB wie bei § 3 StVG, § 46 FeV siehe: *Basten*, Eingriffsrecht der Polizei in Nordrhein-Westfalen, Band 3, Buch 4, Abschnitt 2, C. I., P. B.]. Das gilt nach § 46 Abs. 1 Satz 2 FeV insbesondere dann, wenn

Bei der Führerscheinsicherstellung / Führerscheinbeschlagnahme zur Führerscheineinziehungssicherung und Fahrerlaubnisentziehungssicherung ist **Sicherstellung/Beschlagnahme-Zweck** (dann) nicht (schwerpunktmäßig):

- (schwerpunktmäßig) Beweissicherung (vgl. §§ 244-246, 261, 267 StPO), denn Beweis kann (insbesondere bei Fehlen von Spuren am Gegenstand) eher über anderes erfolgen als durch den Gegenstand selbst, eher zum Beispiel über die nach Anlass, Ort, Zeit konkrete Bezeugung des Auffindens durch die Durchsuchungskräfte der Polizei, vgl. §§ 94, 98 StPO; §§ 99, 100 StPO; § 108 StPO(, § 110 StPO);
- Einziehungssicherung nach §§ 111b-111q StPO;

Erkrankungen oder Mängel nach der Anlage 4 vorliegen und dadurch die Eignung zum Führen von Kraftfahrzeugen ausgeschlossen ist. Nach Nr. 9.2.2 der Anlage 4 kann bei gelegentlicher Einnahme von Cannabis die Fahreignung bejaht werden, wenn Konsum und Fahren getrennt werden, kein zusätzlicher Gebrauch von Alkohol oder anderen psychoaktiv wirkenden Stoffen stattfindet und wenn keine Störung der Persönlichkeit und kein Kontrollverlust vorliegen. Die Bewertungen der Anlage 4 gelten nach Nummer 3 ihrer Vorbemerkung für den Regelfall. Werden Tatsachen bekannt, die Bedenken begründen, dass der Inhaber einer Fahrerlaubnis zum Führen eines Kraftfahrzeugs ungeeignet oder bedingt geeignet ist, finden die §§ 11 bis 14 FeV entsprechende Anwendung (§ 46 Abs. 3 FeV). Gemäß § 14 Abs. 1 Satz 3 FeV kann die Beibringung eines medizinisch-psychologischen Gutachtens angeordnet werden, wenn gelegentliche Einnahme von Cannabis vorliegt und weitere Tatsachen Zweifel an der Eignung begründen. Nach § 14 Abs. 2 Nr. 3 FeV ist die Beibringung eines medizinisch-psychologischen Gutachtens für die Zwecke nach Absatz 1 anzuordnen, wenn wiederholt Zuwiderhandlungen im Straßenverkehr nach § 24a des Straßenverkehrsgesetzes begangen wurden.", Ls. 1, 2: „1. Bei einem gelegentlichen Konsumenten von Cannabis, der erstmals unter einer seine Fahrsicherheit möglicherweise beeinträchtigenden Wirkung von Cannabis ein Kraftfahrzeug geführt hat, darf die Fahrerlaubnisbehörde in der Regel nicht ohne weitere Aufklärung von fehlender Fahreignung ausgehen und ihm unmittelbar die Fahrerlaubnis entziehen. In solchen Fällen hat sie gemäß § 46 Abs. 3 i.V.m. § 14 Abs. 1 Satz 3 FeV nach pflichtgemäßem Ermessen über die Einholung eines medizinisch-psychologischen Gutachtens zu entscheiden. 2. Ein gelegentlicher Konsument von Cannabis trennt den Konsum und das Führen eines Kraftfahrzeugs nicht gemäß Nr. 9.2.2 der Anlage 4 zur Fahrerlaubnis-Verordnung, wenn wegen des Cannabiskonsums die Möglichkeit einer Beeinträchtigung seiner Fahrsicherheit besteht. Von einer solchen Möglichkeit kann auch unter Berücksichtigung der Empfehlung der Grenzwertkommission vom September 2015 nach wie vor ausgegangen werden, wenn eine Konzentration von Tetrahydrocannabinol (THC) von 1 ng/ml oder mehr im Blutserum des Betroffenen festgestellt wird.".

VGH Bayern, Beschluss vom 13.03.2020 – 11 ZB 20.1, Rn. 11: „Nach § 3 Abs. 1 Satz 1 des Straßenverkehrsgesetzes [...] und § 46 Abs. 1 Satz 1 der Verordnung über die Zulassung von Personen zum Straßenverkehr [...] (Fahrerlaubnis-Verordnung - FeV, BGBl I S. 1980) [...] hat die Fahrerlaubnisbehörde die Fahrerlaubnis zu entziehen, wenn sich ihr Inhaber als ungeeignet oder nicht befähigt zum Führen von Kraftfahrzeugen erweist. Werden Tatsachen bekannt, die Bedenken begründen, dass der Inhaber einer Fahrerlaubnis zum Führen eines Kraftfahrzeugs ungeeignet oder bedingt geeignet ist, finden die §§ 11 bis 14 FeV entsprechend Anwendung (§ 3 Abs. 1 Satz 3 i.V.m. § 2 Abs. 8 StVG, § 46 Abs. 3 FeV). Steht die Nichteignung des Betroffenen zur Überzeugung der Fahrerlaubnisbehörde fest, unterbleibt gemäß § 11 Abs. 7 FeV die Anordnung zur Beibringung eines Gutachtens. Nach Nr. 9.1 der Anlage 4 zu §§ 11, 13 und 14 FeV entfällt bei Einnahme von Betäubungsmitteln im Sinne des Betäubungsmittelgesetzes (ausgenommen Cannabis) die Fahreignung. Dies gilt unabhängig von der Häufigkeit des Konsums, von der Höhe der Betäubungsmittelkonzentration, von einer Teilnahme am Straßenverkehr in berauschtem Zustand und vom Vorliegen konkreter Ausfallerscheinungen beim Betroffenen (stRspr, vgl. BayVGH, B.v. 5.2.2018 - 11 ZB 17.2069 - juris Rn 10 m.w.N.). Dementsprechend ist die Entziehung der Fahrerlaubnis bereits dann gerechtfertigt, wenn einmalig sog. harte Drogen im Körper des Fahrerlaubnisinhabers und damit deren Einnahme nachgewiesen worden sind oder der Fahrerlaubnisinhaber die Einnahme solcher Substanzen eingeräumt hat (BayVGH, B.v. 22.9.2015 - 11 CS 15.1447 - ZfSch 2015, 717 = juris Rn. 16 m.w.N.).".

- Strafverfahrensdurchführungssicherung i.S.d. § 132 StPO[1173];

dann nicht (schwerpunktmäßig):

- §(§) 94 (, 98) StPO: Sicherstellung oder Beschlagnahme eines Gegenstandes zwecks Beweissicherung;
- §§ 99, 100 StPO (Postbeschlagnahme zwecks Beweissicherung);
- § 108 StPO (Beschlagnahme von Gegenstand bzgl. anderer Straftat als aus Durchsuchungsanlassuntersuchung);
- § 110 StPO ([zu irgendeinem Strafrechtspflegezweck gebotenes] Sichtungsverfahren, ggf. mit: § 110 Abs. 2 S. 2 [Umschlagverschließung, Ablieferung an StA], § 110 Abs. 3 S. 2 StPO [Datensicherung bei elektronischem Speichermedium zwecks Beweissicherung].
- § 111b StPO (Beschlagnahme von Gegenstand zwecks Sicherung der Einziehung oder Unbrauchbarmachung);

§ 132 StPO (Beschlagnahme [bei Nichtbefolgung von Sicherheitsleistungs-/Zustellungsbevollmächtigungsanordnung] zwecks Strafverfahrensdurchführungssicherung).[1174]

(ERG)

Mögliche Befugnisrechtsnorm ist § 94 Abs. 3 StPO (i.V.m. § 111a StPO i.V.m. §§ 69-69b StGB).

B. Formelle Rechtmäßigkeit (FR) I. Zuständigkeit (Z)

(VOR/DEF)

Zuständigkeit ist Aufgabenwahrnehmungserlaubnis für den Rechtsfolgesetzer.

(SUB/ERG)

Für die Maßnahme ist die Zuständigkeit (i.d.R.) wie folgt gegeben:

1. sachliche Zuständigkeit *der Polizei* gemäß

- § 163 Abs. 1 S. 1 StPO;

2. instanzielle Zuständigkeit der Polizeibehörde gemäß

- (i.d.R.) § 11 Abs. 1 Nr. 2 Alt. 1 POG NRW i.V.m. KPBVO NRW;
- (generell:) §§ 10-14 POG NRW (ggf. i.V.m. LKAAufgVO NRW);

3. örtliche Zuständigkeit *der Polizeibehörde* gemäß

- (i.d.R.) § 7 Abs. 1 S. 1 POG NRW (ggf. i.V.m. KHStVO NRW);

[1173] Zu § 132 StPO (Sicherheitsleistung): *Basten*, Eingriffsrecht der Polizei in Nordrhein-Westfalen, Band 2, Buch 2, Abschnitt 26.

[1174] Abgrenzungskriterien zwischen den möglichen Befugnisrechtsnormen für Sicherstellung/Beschlagnahme auf dem Rechtsgebiet der Strafrechtspflege sind insbesondere: Gegenstand (z.B.: allgemein; Post; Führerschein); Gegenstandsauffinde-Situation (z.B.: Post; bei anderer Untersuchung; elektronisches Speichermedium beim Sichtungsverfahren; Nichtbefolgung von Sicherheitsleistungsanordnung), vgl. z.B. §§ 99, 100; § 108 StPO; § 110 Abs. 3 S. 2 StPO; Zweck (z.B.: Beweissicherung; Einziehungssicherung; Strafverfahrensdurchführungssicherung).

- (generell: §§ 7-9 POG NRW[1175]) (ggf. i.V.m. KHStVO NRW);

4. funktionelle Zuständigkeit *des Polizeiamtswalters* gemäß (alternativ):

- § 94 StPO i.V.m. § 163 Abs. 1 S. 2 W. 5 StPO i.V.m. § 163 Abs. 1 S. 1 W. 1-6 StPO für die Sicherstellung, also der Behörden und Beamten des Polizeidienstes für die Sicherstellungsanordnung und Sicherstellungsausführung.
- § 98 Abs. 1 S. 1 StPO für die Beschlagnahmeanordnung, hier der StA-Ermittlungspersonen i.S.d. § 152 Abs. 2 GVG i.V.m. EPVO NRW – außer im Fall von Beschlagnahme nach § 97 Abs. 5 S. 2 StPO in den Räumen einer Redaktion, eines Verlages, einer Druckerei oder einer Rundfunkanstalt, in denen nach § 98 Abs. 1 S. 2 StPO wegen ausschließlicher Gerichtsanordnungszuständigkeit Anordnungsunzuständigkeit für Polizeiamtswalter besteht[1176];
- § 98 Abs. 2 S. 1 StPO für die Beschlagnahmeausführung, hierbei jedenfalls durch jeden Beamten oder sonstigen Polizeiamtswalter.

B. Formelle Rechtmäßigkeit (FR) II. Verfahren (V)

(VOR/DEF)

Verfahren ist normiertes Verhalten insbesondere für den Rechtsfolgezuständigen außer, bei, i.Z.m. der Rechtsfolge.

1. (zur Beschlagnahme alternative) StPO-Verfahrensrechtsnormen bzgl. Sicherstellungs-Justiz-VA nach § 94 Abs. 1 StPO (ohne §§ 94 Abs. 2, 98 StPO)

(VOR/DEF)

a) § 107 S. 2 StPO: Verzeichnis oder Bescheinigung

Gemäß § 107 S. 2 StPO ist dem [von einer Durchsuchung] Betroffenen auf Verlangen ein Verzeichnis der in Verwahrung oder in Beschlag genommenen Gegenstände, falls aber nichts Verdächtiges gefunden wird, eine Bescheinigung hierüber zu geben[1177].

[1175] Vgl. auch zu § 9 Abs. 1 S. 1 Nr. 5 POG NRW: Abkommen zwischen den Ländern der Bundesrepublik Deutschland über die erweiterte Zuständigkeit der Polizei der Länder bei der Strafverfolgung.

[1176] Vgl. BGH, Beschluss vom 13.01.1999 – StB 14/98 (Ermittlungsrichter): „Der besondere Richtervorbehalt, der für Beschlagnahmen in Redaktionsräumen gilt und auch bei Gefahr im Verzug eine Notfallkompetenz der Staatsanwaltschaft ausschließt, gilt entsprechend für Durchsuchungen solcher Räume. Zu diesen Räumen gehört nicht das gegenüber der Redaktion räumlich und sachlich getrennte Büro eines freien journalistischen Mitarbeiters. Insoweit besteht bei Gefahr im Verzug die allgemeine Notfallkompetenz der Staatsanwaltschaft und ihrer Hilfsbeamten [alter Gesetzeswortlaut für Ermittlungspersonen der Staatsanwaltschaft, P. B.].“.

[1177] KG Berlin, Beschluss vom 05.09.2008 – 2 Ws 408/08, Leitsätze: „1. Ein Strafgefangener hat keinen Anspruch auf Erteilung einer sog. **Negativbescheinigung** über eine ergebnislose Haftraumdurchsuchung. 2. § 107 Satz 2 StPO ist auf die Durchsuchung des Haftraums gemäß § 84 Abs. 1 Satz 1 StVollzG nicht entsprechend anwendbar.“.

(SUB/ERG)

Im konkreten Fall ist § 107 S. 2 StPO (alternativ)

- bei Vorliegen von entsprechenden Anhaltspunkten / Fehlen entgegenstehender Anhaltspunkte eingehalten.
- bei Vorliegen von entsprechenden Anhaltspunkten nicht eingehalten.

(VOR/DEF)

b) § 109 StPO: Verzeichnung und Kenntlichmachung

Gemäß § 109 StPO sind die in Verwahrung oder in Beschlag genommenen Gegenstände genau zu verzeichnen und zur Verhütung von Verwechslungen durch amtliche Siegel oder in sonst geeigneter Weise kenntlich zu machen.

(SUB/ERG)

Im konkreten Fall ist § 109 StPO (alternativ)

- bei Vorliegen von entsprechenden Anhaltspunkten / Fehlen entgegenstehender Anhaltspunkte eingehalten.
- bei Vorliegen von entsprechenden Anhaltspunkten nicht eingehalten.

(VOR/DEF)

c) § 33 StPO analog: Anhörung

Gemäß § 33 StPO analog besteht Pflicht zur **Anhörung** bzw. **Gewährung rechtlichen Gehörs** vor einer Entscheidung, jedenfalls bevor zum Beteiligten-Nachteil Tatsachen oder Beweisergebnisse ohne Anhörung verwertet werden – oder es soll gegeben sein: ein Ausnahmegrund der Zweckgefährdung/Gefahr im Verzug nach § 33 Abs. 4 StPO analog.

Gefahr im Verzug i.S.d. § 33 StPO ist gegeben, wenn der Handlungsbedarf unvorhergesehen ist und bei Durchführung der eigentlich vorgesehenen Maßnahme, hier der Anhörung, der gesetzliche Zweck, hier der jeweilige aus der Aufgabe des § 163 Abs. 1 S. 1 StPO und aus der Befugnisrechtsnorm (§ 94 Abs. 1 StPO), vereitelt oder wesentlich erschwert wird.

(SUB/ERG)

Im konkreten Fall ist § 33 StPO analog (alternativ)

- eingehalten insbesondere bei Gelegenheit zur Stellungnahme i.S.d. § 33 StPO analog;
- eingehalten bei Nichteinhaltung von § 33 Abs. 1, 3 StPO analog und Ausnahmegrund gemäß § 33 Abs. 4 StPO analog;
- nicht eingehalten insbesondere bei Fehlen von Gelegenheit zur Stellungnahme ohne Ausnahmegrund i.S.d. § 33 StPO analog;
- sonst eingehalten oder nicht eingehalten bei Anhaltspunkten / Fehlen entgegenstehender Anhaltspunkte.

(VOR/DEF)

d) § 168b StPO: Protokollierung

Gemäß § 168b StPO besteht Pflicht zur **Protokollierung** bzw. zum **Protokoll** über ermittlungsbehördliche Untersuchungshandlungen, wonach gemäß § 168b Abs. 1 StPO das Ergebnis der Untersuchungshandlungen der Ermittlungsbehörden aktenkundig zu machen ist.

(SUB/ERG)

Im konkreten Fall ist § 168b StPO (alternativ)

- eingehalten insbesondere bei Protokoll über (das Ergebnis über) behördliche Untersuchungshandlungen i.S.d. §168b StPO;
- eingehalten bei Nichteinhaltung von § 168b StPO mit Ausnahmegrund;
- nicht eingehalten insbesondere bei Fehlen von Protokoll über (das Ergebnis über) behördliche Untersuchungshandlungen ohne Ausnahmegrund;
- sonst eingehalten oder nicht eingehalten bei Anhaltspunkten / Fehlen entgegenstehender Anhaltspunkte.

2. (zur bloßen Sicherstellung nach § 94 Abs. 1 StPO alternative) StPO-Verfahrensrechtsnormen bzgl. Beschlagnahme-Justiz-VA nach §§ 94 Abs. 1, 2 und 98 StPO[1178])

(VOR)

a) § 98 Abs. 1 S. 1 StPO: Richteranordnung oder StA-Anordnung

Gemäß § 98 Abs. 1 S. 1 StPO dürfen Beschlagnahmen nur durch das Gericht, bei Gefahr im Verzug auch durch die Staatsanwaltschaft und ihre Ermittlungspersonen (§ 152 GVG) angeordnet werden.

Gemäß § 111a Abs. 3 S. 1 StPO wirkt die vorläufige Entziehung der Fahrerlaubnis (durch den Richter nach § 111a Abs. 1 StPO) zugleich als Anordnung oder Bestätigung der Beschlagnahme des von einer deutschen Behörde ausgestellten Führerscheins. Gemäß § 111a Abs. 3 S. 2 StPO gilt diese Wirkung i.S.d. § 111a Abs. 3 S. 1 StPO auch dann, wenn der Führerschein von einer Behörde eines Mitgliedstaates der Europäischen Union oder eines anderen Vertragsstaates des Abkommens über den Europäischen Wirtschaftsraum ausgestellt worden ist, sofern der Inhaber seinen ordentlichen Wohnsitz im Inland hat.

1178 Vgl. auch § 98 Abs. 1 S. 2 StPO und BGH, Beschluss vom 13.01.1999 – StB 14/98 (Ermittlungsrichter): „Der besondere Richtervorbehalt, der für Beschlagnahmen in Redaktionsräumen gilt und auch bei Gefahr im Verzug eine Notfallkompetenz der Staatsanwaltschaft ausschließt, gilt entsprechend für Durchsuchungen solcher Räume. Zu diesen Räumen gehört nicht das gegenüber der Redaktion räumlich und sachlich getrennte Büro eines freien journalistischen Mitarbeiters. Insoweit besteht bei Gefahr im Verzug die allgemeine Notfallkompetenz der Staatsanwaltschaft und ihrer Hilfsbeamten [alter Gesetzeswortlaut für Ermittlungspersonen der Staatsanwaltschaft, P. B.].“.

(DEF)

Gefahr im Verzug i.S.d. § 98 Abs. 1 S. 1 StPO ist eine Sachlage im einzelnen Fall mit unvorhergesehenem Handlungsbedarf, wenn die Durchführung der eigentlich vorgesehenen Maßnahme, vgl. § 98 Abs. 1 S. 1 StPO, den gesetzlichen Zweck, vgl. § 94 Abs. 1 StPO (Beweismittelsicherung), vereiteln oder wesentlich erschweren würde.[1179]

Gefahr im Verzug i.S.d. § 98 Abs. 1 S. 1 StPO ist auch gegeben, wenn im konkreten Fall zulässigerweise kein Richterdienst vorhanden ist oder wenn vorhandener richterlicher Bereitschaftsdienst unter zulässiger Anrufwege **unverzüglich** (vgl. auch § 121 Abs. 1 S. 1 BGB) vergeblich zu erreichen versucht wird und eine weitere Verzögerung den gesetzlichen Beschlagnahmezweck gefährden, also wesentlich erschweren oder vereiteln würde.[1180]

1179 BVerfGE 151, 67 (Richtervorbehalt, Bereitschaftsdienst, Nachtzeit/Tageszeit i.S.v. § 104 Abs. 3 StPO) = BVerfG, Beschluss des Zweiten Senats vom 12.03.2019 – 2 BvR 675/14 –, Rn. 55: „Art. 13 Abs. 2 Halbsatz 2 GG lässt es zu, dass Durchsuchungen bei Gefahr im Verzugauch durch die in den Gesetzen vorgesehenen anderen Organe – bei der strafprozessualen Durchsuchung gemäß § 105 Abs. 1 Satz 1 Halbsatz 2 StPO durch die Staatsanwaltschaft und ihre **Ermittlungspersonen** (§ 152 GVG) – angeordnet werden dürfen. Wortlaut und Systematik des Art. 13 Abs. 2 GG belegen indes, dass die **richterliche Durchsuchungsanordnung** die Regel und die nichtrichterliche die Ausnahme sein soll (vgl. BVerfGE 103, 142 <153>; 139, 245 <269 Rn. 69>). […] Demgemäß ist der Begriff ‚Gefahr im Verzug' im Sinne des Art. 13 Abs. 2 GG eng auszulegen. **Gefahr im Verzug** ist nur anzunehmen, wenn die richterliche Anordnung nicht mehr eingeholt werden kann, ohne dass der Zweck der Maßnahme – regelmäßig die Sicherung von Beweismitteln – gefährdet würde (vgl. BVerfGE 51, 97 <111>; 103, 142 <153 f.>; 139, 245 <269 Rn. 69>).".

1180 BVerfGE 151, 67 (Richtervorbehalt, Bereitschaftsdienst, Nachtzeit/Tageszeit i.S.v. § 104 Abs. 3 StPO) = BVerfG, Beschluss des Zweiten Senats vom 12.03.2019 – 2 BvR 675/14 –, Ls. 2: „Zu den Anforderungen an einen dem Gebot der praktischen Wirksamkeit des Richtervorbehalts entsprechenden **richterlichen Bereitschaftsdienst** gehört die uneingeschränkte Erreichbarkeit eines Ermittlungsrichters bei Tage, auch außerhalb der üblichen Dienststunden. Die **Tageszeit** umfasst dabei ganzjährig die Zeit zwischen 6 Uhr und 21 Uhr. Während der **Nachtzeit** ist ein ermittlungsrichterlicher Bereitschaftsdienst jedenfalls bei einem Bedarf einzurichten, der über den Ausnahmefall hinausgeht.", Ls. 3: „Ob und inwieweit ein über den Ausnahmefall hinausgehender Bedarf an nächtlichen Durchsuchungsanordnungen die Einrichtung eines **ermittlungsrichterlichen Bereitschaftsdienstes** zur Nachtzeit erfordert, haben die Gerichtspräsidien nach pflichtgemäßem Ermessen in eigener Verantwortung zu entscheiden. Für die Art und Weise der Bedarfsermittlung steht ihnen ein Beurteilungs- und Prognosespielraum zu.", Rn. 56: „Die Strafverfolgungsbehörden müssen dementsprechend regelmäßig versuchen, eine Anordnung des zuständigen Richters zu erlangen, bevor sie eine Durchsuchung beginnen. Nur in Ausnahmesituationen, wenn schon die zeitliche Verzögerung wegen eines solchen Versuchs den Erfolg der Durchsuchung gefährden würde, dürfen sie selbst die Anordnung wegen Gefahr im Verzug treffen, ohne sich zuvor um eine richterliche Entscheidung bemüht zu haben."; BVerfGE 139, 245 (Eilkompetenz der Ermittlungsbehörden) = BVerfG, Beschluss des Zweiten Senats vom 16.06.2015 - 2 BvR 2718/10, Rn. 83: „Scheitert hingegen der Versuch der Befassung des Gerichts mit dem Antrag auf Erlass einer Durchsuchungsanordnung, weil der zuständige Richter nicht erreicht werden kann und infolgedessen ein Beweismittelverlust droht, kommt ein Rückgriff auf die Eilkompetenz der Ermittlungsbehörden gemäß Art. 13 Abs. 2, 2. Halbsatz GG in Betracht.", Ls. 2 [zum **Eilzuständigkeitsende der Ermittlungsbehörden**]: „Mit der Befassung des zuständigen Ermittlungs- oder Eilrichters durch die Stellung eines Antrags auf Erlass einer Durchsuchungsanordnung und der dadurch eröffneten Möglichkeit präventiven Grundrechtsschutzes durch den Richter endet die Eilkompetenz der Ermittlungsbehörden.", Rn. 79: „Entscheidend ist dabei nicht der Zeitpunkt, zu dem die Staatsanwaltschaft den Entschluss fasst, eine richterliche Durchsuchungsanordnung zu beantragen, sondern der Zeitpunkt, in dem das Gericht mit dem Antrag auf Erlass einer Durchsuchungsanordnung befasst wird [**richterliche Befassung** oder **Gerichtsbefassung**, P. B.]. Dies ist der Fall, wenn die Staatsanwaltschaft [oder die Polizei, P. B.] dem zuständigen Richter den Antrag tatsächlich unterbreitet

(SUB/ERG)

Im konkreten Fall ist § 98 Abs. 1 S. 1 StPO (alternativ)

- bei Vorliegen von entsprechenden Anhaltspunkten / Fehlen entgegenstehender Anhaltspunkte eingehalten.
- bei Vorliegen von entsprechenden Anhaltspunkten nicht eingehalten.

In der Regel kann von rechtmäßiger Beschlagnahmeanordnung ausgegangen werden – auch mit der Begründung von Gefahr im Verzug, allgemein insbesondere aus folgenden Gründen:

- im anderen Fall als dem der sofortigen Beschlagnahme besteht solange und soweit fortgesetzte Zugriffsmöglichkeit auf den Führerschein und damit die Möglichkeit des Scheins der Fahrberechtigung beim Führen eines Kraftfahrzeugs, vgl. auch § 21 Abs. 2 Nr. 2 StVG

---

hat, so dass dieser in eine erste Sachprüfung eintreten kann.“, Rn. 80: „Nicht entscheidend für den Zeitpunkt des Entfallens der Eilkompetenz der Staatsanwaltschaft ist dagegen der tatsächliche Beginn der sachlichen Prüfung durch das Gericht oder gar die endgültige gerichtliche Entscheidung.“, Rn. 82: „Auch soweit während des durch den Richter in Anspruch genommenen Entscheidungszeitraums nach dessen Befassung die Gefahr eines Beweismittelverlusts eintritt, etwa weil dieser auf ein mündlich gestelltes Durchsuchungsbegehren hin die Vorlage schriftlicher Antragsunterlagen oder einer Ermittlungsakte fordert, Nachermittlungen anordnet oder schlicht bis zum Eintritt der Gefahr eines Beweismittelverlusts noch nicht entschieden hat, lebt die Eilkompetenz der Ermittlungsbehörden nicht wieder auf. Dies gilt unabhängig davon, aus welchen Gründen die richterliche Entscheidung über den Durchsuchungsantrag unterbleibt.“, Ls. 3: „Die Eilkompetenz der Ermittlungsbehörden kann nur dann neu begründet werden, wenn nach der Befassung des Richters tatsächliche Umstände eintreten oder bekannt werden, die sich nicht aus dem Prozess der Prüfung und Entscheidung über diesen Antrag ergeben, und hierdurch die Gefahr eines Beweismittelverlusts in einer Weise begründet wird, die der Möglichkeit einer rechtzeitigen richterlichen Entscheidung entgegensteht.“, Ls. 4: „Auf die Ausgestaltung der justizinternen Organisation kann die Eilzuständigkeit der Ermittlungsbehörden nicht gestützt werden.“, Rn. 70: „Die daraus folgende Pflicht der Ermittlungsbehörden, sich regelmäßig um eine Durchsuchungsanordnung des zuständigen Richters zu bemühen, wird nicht durch den abstrakten Hinweis verzichtbar, eine richterliche Entscheidung sei zur maßgeblichen Zeit üblicherweise nicht mehr zu erreichen (vgl. BVerfGK 5, 74 <78>; 7, 392 <395>). Reine Spekulationen, hypothetische Erwägungen oder lediglich auf kriminalistische Alltagserfahrungen gestützte, fallunabhängige Vermutungen reichen ebenfalls nicht aus, um die Annahme von Gefahr im Verzug zu begründen (vgl. BVerfGE 103, 142 <155>; BVerfGK 2, 310 <315>). Auch schließt das verfassungsrechtliche Gebot, dem Ausnahmecharakter der Eilkompetenz Rechnung zu tragen, aus, mit dem Antrag auf Erlass einer Durchsuchungsanordnung zu warten, bis die Gefahr eines Beweismittelverlusts eingetreten ist. Selbst herbeigeführte tatsächliche Voraussetzungen können die Eilkompetenz der Staatsanwaltschaft und ihrer Ermittlungspersonen nicht begründen (vgl. BVerfGK 5, 74 <78>).“, Rn. 71: „Stattdessen sind bei der Beurteilung der Frage, ob der Versuch, eine richterliche Entscheidung herbeizuführen, unterbleiben darf, weil bereits die damit verbundene zeitliche Verzögerung den Erfolg der Durchsuchung gefährden würde, die konkreten Umstände des jeweiligen Einzelfalles in Rechnung zu stellen. Die Ermittlungsbehörden haben insbesondere die Komplexität der im Rahmen der Durchsuchungsanordnung zu prüfenden tatsächlichen und rechtlichen Fragen und den insoweit erforderlichen Zeitaufwand zu berücksichtigen. Daneben haben sie aber auch in ihre Überlegungen einzubeziehen, dass die Vorlage schriftlicher Unterlagen zur Herbeiführung einer richterlichen Eilentscheidung zumindest nicht ausnahmslos erforderlich ist. Jedenfalls in einfach gelagerten Fällen, in denen allein aufgrund der **mündlichen Darstellung des Sachverhalts** eine sachangemessene Entscheidung möglich ist, würde ein solches Erfordernis weder der gesetzlichen Intention noch der Bedeutung des Richtervorbehalts für den Grundrechtsschutz des Einzelnen gerecht (vgl. insoweit zur Anordnung einer Blutentnahme gemäß § 81a StPO: BVerfGK 17, 340 <346 f.>). Es bestehen daher in solchen Fällen keine verfassungsrechtlichen Bedenken, wenn der zuständige Richter allein aufgrund mündlich übermittelter Informationen entscheidet und die Durchsuchung auch **mündlich anordnet**, sofern er diese Anordnung zeitnah schriftlich dokumentiert und damit den sich aus Art. 19 Abs. 4 GG ergebenden Erfordernissen Rechnung trägt.“.

(Fahren ohne Fahrerlaubnis durch diejenige Person, die vorsätzlich oder fahrlässig ein Kraftfahrzeug führt, obwohl der vorgeschriebene Führerschein nach § 94 StPO in Verwahrung genommen, sichergestellt oder beschlagnahmt ist); vgl. auch § 69a Abs. 6 StGB.[1181]

- im anderen Fall als dem der sofortigen Beschlagnahme würde solange und soweit Entziehungssicherung bzw. Einziehungssicherung unterbleiben bzw. dieser Zweck zumindest teilweise verfehlt.

(VOR)

b) § 98 Abs. 2 S. 1 StPO: Beschlagnahmebestätigung

Gemäß § 98 Abs. 2 S. 1 StPO soll der Beamte, der einen Gegenstand ohne gerichtliche Anordnung beschlagnahmt hat, binnen drei Tagen die gerichtliche Bestätigung beantragen, wenn bei der Beschlagnahme weder der davon Betroffene noch ein erwachsener Angehöriger anwesend war oder wenn der Betroffene und im Falle seiner Abwesenheit ein erwachsener Angehöriger des Betroffenen gegen die Beschlagnahme ausdrücklichen Widerspruch erhoben hat.

Gemäß § 111a Abs. 3 S. 1 StPO wirkt die vorläufige Entziehung der Fahrerlaubnis (durch den Richter nach § 111a Abs. 1 StPO) zugleich als Anordnung oder Bestätigung der Beschlagnahme des von einer deutschen Behörde ausgestellten Führerscheins. Gemäß § 111a Abs. 3 S. 2 StPO gilt diese Wirkung i.S.d. § 111a Abs. 3 S. 1 StPO auch dann, wenn der Führerschein von einer Behörde eines Mitgliedstaates der Europäischen Union oder eines anderen Vertragsstaates des Abkommens über den Europäischen Wirtschaftsraum ausgestellt worden ist, sofern der Inhaber seinen ordentlichen Wohnsitz im Inland hat.

Gemäß § 111a Abs. 4 StPO, tritt, wenn ein Führerschein beschlagnahmt ist, weil er nach § 69 Abs. 3 S. 2 StGB eingezogen werden kann und es einer richterlichen Entscheidung über die Beschlagnahme bedarf, an deren Stelle die Entscheidung über die vorläufige Entziehung der Fahrerlaubnis.

Gemäß § 111a Abs. 5 S. 1 StPO ist ein Führerschein, der in Verwahrung genommen, sichergestellt oder beschlagnahmt ist, weil er nach § 69 Abs. 3 S. 2 StGB eingezogen werden kann, dem Beschuldigten zurückzugeben, wenn der Richter die vorläufige Entziehung der Fahrerlaubnis wegen Fehlens der in § 111a Abs. 1 StPO bezeichneten Voraussetzungen ablehnt, wenn er sie aufhebt oder wenn das Gericht im Urteil die Fahrerlaubnis nicht entzieht. Gemäß § 111a Abs. 5 S. 2 StPO kann die Rückgabe des Führerscheins aufgeschoben werden, wenn im Urteil ein Fahrverbot nach § 44 StGB verhängt wird und wenn der Beschuldigte nicht widerspricht.

[1181] Vgl. BGHSt 44, 194 (Einziehung ausländisch-niederländischen Führerscheins) = BGH, Beschluss vom 03.09.1998 – 4 StR 243/98, Rn. 4: „Wäre die Entziehung einer ausländischen Fahrerlaubnis nur möglich, wenn der Fahrer berechtigterweise am inländischen Kraftverkehr teilnimmt, und – in einem Falle wie hier – die Eintragung eines Vermerks [...] in den ausländischen Fahrausweis nicht zulässig [...], so könnte der Verurteilte (weiterhin) seine nicht bestehende Berechtigung, im Inland Kraftfahrzeuge zu führen, vortäuschen [...]. Das widerspräche dem Sinn des Gesetzes, durch die Maßregel ungeeignete Fahrzeugführer kontrollierbar von der Teilnahme am Kraftfahrzeugverkehr ‚auszuschalten' (BR-Drucks. 201/62 S. 16, 20, 21). Da der Angeklagte einen - den Anschein zum berechtigten Fahren im Inland erweckenden – ausländischen Fahrausweis besitzt, der nicht eingezogen werden darf [...], ist nach dem Sinn und Zweck der §§ 69 ff. StGB nicht nur eine **isolierte Sperre** (§ 69a Abs. 1 Satz 3 StGB) anzuordnen, die den Schein einer für das Inland bestehenden Fahrberechtigung unberührt ließe (vgl. OLG Köln VRS 61, 28, 30), sondern auch die Fahrerlaubnis zu entziehen.".

(DEF)

Beschlagnahmebetroffener ist der Gewahrsaminhaber zum Zeitpunkt der Beschlagnahme im Sinne von § 94 Abs. 2 StPO und § 95 StPO sowie der zur Beschlagnahmezeit mutmaßlich (sonst) Berechtigte[1182], vgl. z.B.:

- **Eigentum**, § 903 BGB, vgl. insbesondere auch §§ 929-936 BGB, §§ 937-945 BGB, §§ 858 f. BGB, §§ 985-1007 BGB, § 1006 BGB;
- **Besitz**, vgl. insbesondere auch §§ 854-872 BGB, vgl. auch § 273 BGB, § 320 BGB, §§ 812-822, § 858 f. BGB, §§ 985-1007 BGB, § 1006 BGB;
- Rechte wie etwa aus §§ 433, 488, 535, 598, 607, 631, 662, 677, 688 BGB, vgl. auch (gesetzliche oder vertragliche) **Pfandrechte** wie aus: §§ 1204 ff. BGB sowie (ggf. i.V.m. § 1257 BGB): §§ 562 (ggf. i.V.m. § 578 BGB), 583, 647, 704 BGB, §§ 397, 440 f., 464, 475b, 552, 596 f. HGB; OASG (Opferanspruchssicherungsgesetz).[1183]

Erwachsener Angehöriger ist jede Person im Sinne von § 1 BGB, die nicht Jugendlicher und nicht Heranwachsender im Sinne von § 1 JGG ist und die Angehöriger im Sinne von § 52 StPO ist.

(SUB/ERG)

Im konkreten Fall ist § 98 Abs. 2 S. 1 StPO (alternativ)

- bei Vorliegen von entsprechenden Anhaltspunkten / Fehlen entgegenstehender Anhaltspunkte eingehalten.
- bei Vorliegen von entsprechenden Anhaltspunkten nicht eingehalten.

(VOR/DEF)

c) § 98 Abs. 2 S. 5 StPO: Belehrung

Gemäß § 98 Abs. 2 S. 5 StPO ist der Betroffene über seine Rechte (aus § 98 Abs. 2 StPO) zu belehren.

(SUB/ERG)

Im konkreten Fall ist § 98 Abs. 2 S. 5 StPO (alternativ)

- bei Vorliegen von entsprechenden Anhaltspunkten / Fehlen entgegenstehender Anhaltspunkte eingehalten.
- bei Vorliegen von entsprechenden Anhaltspunkten nicht eingehalten.

(VOR)

d) § 98 Abs. 3 StPO: Anzeige und Zurverfügungstellung gegenüber Gericht

Gemäß § 98 Abs. 3 StPO ist binnen drei Tagen dem Gericht von der Beschlagnahme Anzeige zu machen und die beschlagnahmten Gegenstände sind ihm zur Verfügung zu stellen, wenn

---

[1182] BVerfG, Beschluss vom 20.02.2007 – 2 BvR 646/06, Gründe, 1.

[1183] Zum **Privatrecht in der polizeilichen Praxis** ausführlich: *Basten*, Privatrecht in der polizeilichen Praxis.

nach erhobener öffentlicher Klage die Beschlagnahme durch die Staatsanwaltschaft oder eine ihrer Ermittlungspersonen erfolgt ist.

(DEF)

Öffentliche Klage ist eine solche im Sinne der §§ 151-157 StPO; **Vorbereitung der öffentlichen Klage** bestimmt sich nach §§ 158-177 StPO.

(SUB/ERG)

Im konkreten Fall ist § 98 Abs. 3 StPO (alternativ)

- bei Vorliegen von entsprechenden Anhaltspunkten / Fehlen entgegenstehender Anhaltspunkte eingehalten.
- bei Vorliegen von entsprechenden Anhaltspunkten nicht eingehalten.

(VOR/DEF)

e) § 98 Abs. 4 StPO: Ersuchen der vorgesetzten Bundeswehrdienststelle um und Mitwirkung an Beschlagnahme in von Soldaten bewohnten Bundeswehrräumen

§ 98 Abs. 4 StPO lautet: Wird eine Beschlagnahme in einem Dienstgebäude oder einer nicht allgemein zugänglichen Einrichtung oder Anlage der Bundeswehr erforderlich, so wird die vorgesetzte Dienststelle der Bundeswehr um ihre Durchführung ersucht. Die ersuchende Stelle ist zur Mitwirkung berechtigt. Des Ersuchens bedarf es nicht, wenn die Beschlagnahme in Räumen vorzunehmen ist, die ausschließlich von anderen Personen als Soldaten bewohnt werden.

(SUB/ERG)

Im konkreten Fall ist § 98 Abs. 4 StPO (alternativ)

- bei Vorliegen von entsprechenden Anhaltspunkten / Fehlen entgegenstehender Anhaltspunkte eingehalten.
- bei Vorliegen von entsprechenden Anhaltspunkten nicht eingehalten.

(VOR/DEF)

f) § 107 S. 2 StPO: Verzeichnis oder Bescheinigung

Gemäß § 107 S. 2 StPO ist dem [von einer Durchsuchung] Betroffenen auf Verlangen ein Verzeichnis der in Verwahrung oder in Beschlag genommenen Gegenstände, falls aber nichts Verdächtiges gefunden wird, eine Bescheinigung hierüber zu geben[1184].

(SUB/ERG)

1184 KG Berlin, Beschluss vom 05.09.2008 – 2 Ws 408/08, Leitsätze: „1. Ein Strafgefangener hat keinen Anspruch auf Erteilung einer sog. **Negativbescheinigung** über eine ergebnislose Haftraumdurchsuchung. 2. § 107 Satz 2 StPO ist auf die Durchsuchung des Haftraums gemäß § 84 Abs. 1 Satz 1 StVollzG nicht entsprechend anwendbar.".

Im konkreten Fall ist § 107 S. 2 StPO (alternativ)

- bei Vorliegen von entsprechenden Anhaltspunkten / Fehlen entgegenstehender Anhaltspunkte eingehalten.
- bei Vorliegen von entsprechenden Anhaltspunkten nicht eingehalten.

(VOR/DEF)

g) § 109 StPO: Verzeichnung und Kenntlichmachung

Gemäß § 109 StPO sind die in Verwahrung oder in Beschlag genommenen Gegenstände genau zu verzeichnen und zur Verhütung von Verwechslungen durch amtliche Siegel oder in sonst geeigneter Weise kenntlich zu machen.

(SUB/ERG)

Im konkreten Fall ist § 109 StPO (alternativ)

- bei Vorliegen von entsprechenden Anhaltspunkten / Fehlen entgegenstehender Anhaltspunkte eingehalten.
- bei Vorliegen von entsprechenden Anhaltspunkten nicht eingehalten.

(VOR/DEF)

h) § 33 StPO analog: Anhörung

Gemäß § 33 StPO analog besteht Pflicht zur **Anhörung** bzw. **Gewährung rechtlichen Gehörs** vor einer Entscheidung, jedenfalls bevor zum Beteiligten-Nachteil Tatsachen oder Beweisergebnisse ohne Anhörung verwertet werden – oder es soll gegeben sein: ein Ausnahmegrund der Zweckgefährdung/Gefahr im Verzug nach § 33 Abs. 4 StPO analog.

Gefahr im Verzug i.S.d. § 33 StPO ist gegeben, wenn der Handlungsbedarf unvorhergesehen ist und bei Durchführung der eigentlich vorgesehenen Maßnahme, hier der Anhörung, der gesetzliche Zweck, hier der jeweilige aus der Aufgabe des § 163 Abs. 1 S. 1 StPO und aus der Befugnisrechtsnorm (§ 94 Abs. 1, 2 StPO), vereitelt oder wesentlich erschwert wird.

(SUB/ERG)

Im konkreten Fall ist § 33 StPO analog (alternativ)

- eingehalten insbesondere bei Gelegenheit zur Stellungnahme i.S.d. § 33 StPO analog;
- eingehalten bei Nichteinhaltung von § 33 Abs. 1, 3 StPO analog und Ausnahmegrund gemäß § 33 Abs. 4 StPO analog;
- nicht eingehalten insbesondere bei Fehlen von Gelegenheit zur Stellungnahme ohne Ausnahmegrund i.S.d. § 33 StPO analog;
- sonst eingehalten oder nicht eingehalten bei Anhaltspunkten / Fehlen entgegenstehender Anhaltspunkte.

(VOR/DEF)

i) § 168b StPO: Protokollierung

Gemäß § 168b StPO besteht Pflicht zur **Protokollierung** bzw. zum **Protokoll** über ermittlungsbehördliche Untersuchungshandlungen, wonach gemäß § 168b Abs. 1 StPO das Ergebnis der Untersuchungshandlungen der Ermittlungsbehörden aktenkundig zu machen ist.

(SUB/ERG)

Im konkreten Fall ist § 168b StPO (alternativ)

- eingehalten insbesondere bei Protokoll über (das Ergebnis über) behördliche Untersuchungshandlungen i.S.d. §168b StPO;
- eingehalten bei Nichteinhaltung von § 168b StPO mit Ausnahmegrund;
- nicht eingehalten insbesondere bei Fehlen von Protokoll über (das Ergebnis über) behördliche Untersuchungshandlungen ohne Ausnahmegrund;
- sonst eingehalten oder nicht eingehalten bei Anhaltspunkten / Fehlen entgegenstehender Anhaltspunkte.

3. JGG[1185]-Vorschriften[1186] außer, bei, i.Z.m. Maßnahmen gegenüber einem jugendlichen oder heranwachsenden Verdächtigen[1187] nach §§ 1, 109 JGG – fallabhängig insbesondere wie folgt:

a) § 38 JGG: Jugendgerichtshilfe, vgl. auch § 46 Abs. 6 OWiG;

b) § 43 JGG: Umfang der Ermittlungen;

c) § 67 JGG: Stellung der Erziehungsberechtigten[1188] und der gesetzlichen Vertreter[1189];

[1185] § 1 Abs. 1 JGG zum sachlichen JGG-Anwendungsbereich: „Dieses Gesetz gilt, wenn ein Jugendlicher oder ein Heranwachsender eine Verfehlung begeht, die nach den allgemeinen Vorschriften mit Strafe bedroht ist.“. § 1 Abs. 3 JGG zum sachlich-persönlichen JGG-Anwendungsbereich: „Ist zweifelhaft, ob der Beschuldigte zur Zeit der Tat das achtzehnte Lebensjahr vollendet hat, sind die für Jugendliche geltenden Verfahrensvorschriften anzuwenden.“.

[1186] JGG-Vorschriften mit amtlichen Überschriften insbesondere aus: „Gesetz zur Stärkung der Verfahrensrechte von Beschuldigten im Jugendstrafverfahren vom 09.12.2019, BGBl. 2019 Teil I Nr. 47, S. 2146-2152.

[1187] § 1 Abs. 2 JGG zum persönlichen JGG-Anwendungsbereich: § 1 Abs. 2 JGG: „**Jugendlicher** ist, wer zur Zeit der Tat vierzehn, aber noch nicht achtzehn, **Heranwachsender**, wer zur Zeit der Tat achtzehn, aber noch nicht einundzwanzig Jahre alt ist.“. Unterscheide nach § 2 BGB: „Die **Volljährigkeit** tritt mit der Vollendung des 18. Lebensjahres ein.“.

[1188] Zum **Strafrecht und elterlichen Erziehungsrecht**: BVerfGE 107, 104 (Anwesenheit im JGG-Verfahren) = BVerfG, Urteil des Zweiten Senats vom 16.01.2003 – 2 BvR 716/01.

[1189] **Vertreter** ist ein **Stellvertreter** qua Gesetz oder ein **Stellvertreter** qua Rechtsgeschäft (§§ 164-181 BGB). Vgl. insbesondere:

- §§ 1626-1698b BGB: **Elterliche Sorge** mit „**Vertretung des Kindes**“ gemäß § 1629 BGB;
- § 1 Abs. 1 Nr. 4 JuSchG: **erziehungsbeauftragte Person**;
- §§ 1773-1895 BGB: **Vormundschaft**;

d) § 67a JGG: Unterrichtung der Erziehungsberechtigten und der gesetzlichen Vertreter;

e) § 68 JGG: Notwendige Verteidigung[1190];

f) § 68a JGG: Zeitpunkt der Bestellung eines Pflichtverteidigers;

g) § 68b JGG: Vernehmungen und Gegenüberstellungen vor der Bestellung eines Pflichtverteidigers;

h) § 69 JGG: Beistand[1191];

i) § 70 JGG: Mitteilung an amtliche Stellen;

j) § 70a JGG: Unterrichtung des Jugendlichen (i.V.m. § 109 JGG: des Heranwachsenden);

k) § 70b JGG: Belehrungen.

- §§ 1896-1908k BGB: **Rechtliche Betreuung**;
- §§ 1909-1921 BGB: **Pflegschaft**.

1190 Mit „Gesetz zur Neuregelung des Rechts der notwendigen Verteidigung" (BGBl. I S. 2128; in Kraft seit 13.12.2019) ist erstmals das Recht des Beschuldigten ausdrücklich normiert, bereits auch im polizeilichen Ermittlungsverfahren grundsätzlich im Fall notwendiger Verteidigung (§ 140 StPO) „unverzüglich" (§ 121 Abs. 1 S. 1 BGB), „spätestens vor einer Vernehmung des Beschuldigten" (§ 163a StPO) einen Pflichtverteidiger „bestellt" zu erhalten, „wenn der Beschuldigte dies nach Belehrung ausdrücklich beantragt" (§ 141 Abs. 1 S. 1 StPO), in den Fällen des § 141 Abs. 2 S. 1 StPO auch „unabhängig von einem Antrag" – mit Rückausnahmen in § 141 Abs. 2 S. 2, 3 StPO; auch mit Abweichungen in § 141a StPO für Beschuldigtenvernehmungen und Gegenüberstellungen (§§ 58 Abs. 2, 168b Abs. 3 StPO). Der Zeitpunkt polizeilicher Belehrung zur notwendigen Verteidigung i.S.d. § 140 StPO ist in einschlägigen Fällen – spätestens – „bei Beginn der ersten Vernehmung" des Beschuldigten wegen § 141 Abs. 1 S. 2 StPO und § 163a Abs. 4 S. 2 i.V.m. § 136 Abs. 1 S. 5 StPO, oder der Zeitpunkt ist anders in speziell normierten Fällen wie § 114b Abs. 2 S. 1 Nr. 4a oder §§ 68a, b JGG. Gemäß § 142 StPO ist vor Anklageerhebung der Antrag des Beschuldigten nach § 141 Abs. 1 S. 1 StPO vor Erhebung der Anklage bei den Behörden oder Beamten des Polizeidienstes „oder" bei der Staatsanwaltschaft anzubringen (Antrags-Entgegennahme-Zuständigkeit); die Bestellungs-Entscheidungs-Zuständigkeit obliegt dem Gericht nach StA-Vorlage mit Stellungnahme (§ 142 Abs. 1 S. 2 StPO) oder der StA selbst „bei besonderer Eilbedürftigkeit", § 142 Abs. 4 StPO.

Ein Fall **notwendiger Verteidigung** liegt u.a. dann vor,

- gemäß § 140 Abs. 1 Nr. 1 StPO, wenn zu erwarten ist, dass die Hauptverhandlung im ersten Rechtszug vor dem **Oberlandesgericht** (§§ 115-117, 120-122 GVG) , dem **Landgericht** (§§ 12, 13, 60, 70, 734, 74-74f, 76-78b GVG) oder dem **Schöffengericht** (§§ 12, 13, 24-27, 28-58 GVG) stattfindet [Ausgangsrechtsnorm für den Abgrenzungsüberblick über AG, LG, OLG mag sein: § 24 GVG;
- gemäß § 140 Abs. 1 Nr. 2 StPO, wenn dem Beschuldigten ein Verbrechen zur Last gelegt wird;
- gemäß § 140 Abs. 1 Nr. 3 StPO, wenn das Verfahren zu einem **Berufsverbot** (§§ 70-70b StGB) führen kann;
- gemäß § 140 Abs. 1 Nr. 4 StPO, wenn der Beschuldigte nach den §§ 115, 115a, 128 Abs. 1 oder § 129 StPO einem Gericht zur Entscheidung über Haft oder einstweilige Unterbringung vorzuführen ist;
- gemäß § 140 Abs. 1 Nr. 5 StPO, wenn der Beschuldigte sich auf Grund richterlicher Anordnung oder mit richterlicher Genehmigung in einer Anstalt befindet;
- gemäß § 140 Abs. 1 Nr. 11 StPO, wenn ein seh-, hör- oder sprachbehinderter Beschuldigter die Bestellung beantragt;
- gemäß § 140 Abs. 2 StPO, wenn wegen der Schwere der Tat, der Schwere der zu erwartenden Rechtsfolge oder wegen der Schwierigkeit der Sach- oder Rechtslage die Mitwirkung eines Verteidigers geboten erscheint oder wenn ersichtlich ist, dass sich der Beschuldigte nicht selbst verteidigen kann.
- gemäß §§ 1, 109 Abs. 1 JGG und § 68 JGG in den dort genannten Fällen.

1191 Vgl. auch §§ 1712-1717 BGB (**Beistandschaft**).

(SUB/ERG)

Im konkreten Fall sind die JGG-Vorschriften

- nicht anwendbar.
- anwendbar und eingehalten.
- anwendbar und nicht eingehalten.

(ERG Verfahren)

Ergebnis kann allgemein sein: Verfahrensrechtmäßigkeit oder Verfahrensrechtswidrigkeit der Maßnahme.

B. Formelle Rechtmäßigkeit (FR) III. Form (F)

(VOR/DEF)

Form ist normiertes Wie der Rechtsfolgesetzung – schriftlich, elektronisch, mündlich oder in anderer Weise.

(SUB/ERG)

Im konkreten Fall besteht aufgrund Fehlens speziellerer Formrechtsnormen Formfreiheit für den Justiz-VA, sodass der Justiz-VA grundsätzlich schriftlich, elektronisch, mündlich oder in anderer Weise formrechtmäßig ergehen kann.

§ 107 StPO und § 168b StPO sind i.d.R. bereits integrativer Bestandteil des Verfahrens.

Ergebnis kann allgemein sein: Formrechtmäßigkeit oder Formrechtswidrigkeit der Maßnahme.

C. Materielle Rechtmäßigkeit (MR) I. Tatbestand (Tb) / Tatbestandsvoraussetzungen (TBV)

(VOR/DEF)

Tatbestand ist das Gesamt der (materiell-rechtlichen) Rechtsfolge(setzungs)bedingungen. / **Tatbestandsvoraussetzungen** sind materiell-rechtliche Rechtsfolgesetzungsbedingungen.

(VOR)

1. § 163 Abs. 1 S. 1 i.V.m. § 152 Abs. 2 StPO: Tatverdacht

Für § 94 StPO wird Tatverdacht vorausgesetzt, § 163 Abs. 1 S. 1 W. 8, S. 2 W. 1-3 StPO; bei der Sicherstellung oder der Beschlagnahme ergibt sich diese Tatbestandsvoraussetzung auch logisch aus § 94 Abs. 3 i.V.m. § 94 Abs. 1 StPO („für die Untersuchung“).

(DEF)

Tatverdacht ist gemäß § 163 Abs. 1 S. 1 i.V.m. § 152 Abs. 2 StPO das Gegebensein zureichender tatsächlicher Anhaltspunkte für eine verfolgbare Straftat.[1192], allerdings auch bei Möglichkeit von Gründen nach §§ 20, 21 StGB, vgl. § 111a Abs. 1 S. 1 StPO („dringende Gründe", vgl. Grammatik-Systematik etwa zu § 126a Abs. 1 StPO) und i.V.m. § 69 Abs. 1 S. 1 StGB („ungeeignet", vgl. Teleologie mit Zweck der Straßenverkehrsgefahrenabwehr) [1193].

Zureichende tatsächliche Anhaltspunkte sind gegeben bei entsprechendem Ergebnis einer Gewichtigkeits- und Plausibilitätsprüfung aller wahrnehmbaren Dinge in Abwägung mit Art und Ausmaß potentieller Rechtseingriffe und Taten.

(SUB)

Zureichende tatsächliche Anhaltspunkte sind (z.B. und alternativ möglich) zum maßgeblichen Zeitpunkt bezüglich bestimmter Taten:

- polizeieigene Beobachtungen;
- polizeiliche Feststellungen;
- polizeiliche auf Tatsachen begründete, auf den einzelnen Fall bezogene Schlussfolgerungen außer reine Spekulationen, hypothetische Erwägungen oder lediglich auf kriminalistische Alltagserfahrung gestützte, fallunabhängige Vermutungen;
- Angaben von Beschuldigten, Verdächtigen, Nichtverdächtigen, Zeugen, Sachverständigen oder Dritten;
- Anzeigen i.S.d. § 158 StPO;
- sonstige Daten, Spuren.

(ERG)

Im konkreten Fall besteht i.S.d. § 152 Abs. 2 StPO i.V.m. § 163 Abs. 1 S. 1 StPO (alternativ)

- Tatverdacht bei Anhaltspunkten / bei Fehlen entgegenstehender Anhaltspunkte.
- kein Tatverdacht bei Anhaltspunkten / bei Fehlen entgegenstehender Anhaltspunkte.

[1192] BVerfG, Beschluss der 3. Kammer des Zweiten Senats vom 11.01.2016 – 2 BvR 1361/13 –, Rn. 11: „Notwendiger und grundsätzlich auch hinreichender Anlass für Zwangsmaßnahmen im Strafverfahren [oder Ordnungswidrigkeitenverfahren, P. B.] ist der Verdacht einer Straftat [oder Ordnungswidrigkeit, P. B.]. Der Verdacht muss auf konkreten Tatsachen beruhen; vage Anhaltspunkte oder bloße Vermutungen reichen nicht aus (vgl. BVerfGE 44, 353 <381 f.>; 59, 95 <97 f.>; BVerfGK 1, 126 <131>).".

[1193] Deutlich den Fakt an den Anfang stellend und herausstellend, dass es auf beiden Rechtsgebieten von Gefahrenabwehr und Strafrechtspflege „Prävention" und „Repression" geben kann: BGHSt 50, 93 = BGH, Beschluss vom 27.04.2005 – GSSt 2/04, Ls.: „§ 69 StGB bezweckt den Schutz der Sicherheit des Straßenverkehrs.".

2. § 111a StPO: Dringende Gründe der Fahrerlaubnisentziehung durch das Gericht

(VOR)

Gemäß § 94 Abs. 3 i.V.m. § 111a Abs. 1 S. 1 StPO ist Voraussetzung, dass dringende Gründe für die Annahme gegeben sind, dass die Fahrerlaubnis entzogen werden wird (§ 69 StGB).

(DEF)

Dringende Gründe i.S.d. § 111a StPO sind Tatsachen, die die hohe Wahrscheinlichkeit der Fahrerlaubnisentziehung durch das Gericht nach § 111a StPO i.V.m. §§ 69-69b StGB begründen.

Fahrerlaubnisentziehung durch das Gericht erfolgt gemäß § 69 Abs. 1 S. 1 StGB, wenn jemand wegen einer rechtswidrigen Tat, die er bei oder im Zusammenhang mit dem Führen eines Kraftfahrzeugs oder unter Verletzung der Pflichten eines Kraftfahrzeugführers begangen hat, verurteilt wird oder nur deshalb nicht verurteilt wird, weil seine Schuldunfähigkeit erwiesen oder nicht auszuschließen ist, und wenn sich aus der Tat ergibt, daß er zum Führen von Kraftfahrzeugen ungeeignet ist.

Rechtswidrige Tat i.S.d. § 69 StGB ist zur maßgeblichen Zeit polizeilicher Einziehungs/Entziehungssicherungs-Beschlagnahme ohne Gerichtsentscheidung, vgl. § 69 Abs. 1 S. 1 W. 45 („Gericht"), der (begründete oder dringend begründete) Verdacht, § 152 Abs. 2 StPO, einer Anlasstat, § 69 StGB, i.S.d. § 11 Abs. 1 Nr. 5 StGB.

Kraftfahrzeug i.S.d. § 69 StGB ist gemäß § 1 Abs. 2, 3 StVG grundsätzlich ein Landfahrzeug, das durch Maschinenkraft bewegt wird, ohne an Bahngleise gebunden zu sein, sowie ein Elektrokleinstfahrzeug gemäß § 1 eKFV.[1194]

1194 BayObLG München, Beschluss vom 24.07.2020 – 205 StRR 216/209, Rn. 12, 13, 26; Rn. 9: „**Fahrzeug** im Sinne des § 316 StGB ist grundsätzlich jedes zur Ortsveränderung bestimmte Fortbewegungsmittel zur Beförderung von Personen oder Gütern (BayObLGSt 2000, 104, 105). Der Begriff entspricht dem des Straßenverkehrsrechts (König in Leipziger Kommentar StGB 12. Aufl. § 315c Rn. 7). Zu den **Fahrzeugen** gehören insbesondere **Kraftfahrzeuge** im Sinne des § 1 Abs. 2 StVG i.V.m. § 2 Nr. 1 Fahrzeugzulassungsverordnung (im Folgenden FZV). Gemäß der seit dem 15. Juni 2019 geltenden Verordnung über die Teilnahme von Elektrokleinstfahrzeugen am Straßenverkehr (im Folgenden eKFV) werden aufgrund ihrer Motorisierung auch **Elektrokleinstfahrzeuge** mit elektrischem Antrieb, einer bauartbedingten Höchstgeschwindigkeit von nicht weniger als 6 km/h und nicht mehr als 20 km/h und bestimmten, in § 1 eKFV genannten zusätzlichen Merkmalen als **Kraftfahrzeuge** im Sinne des § 1 Abs. 2 StVG eingestuft (vgl. dazu auch BR.-Drs. 158/19 Begründung A. Allgemeiner Teil Ziffer I S. 23 sowie Begründung B. Besonderer Teil zu Art. 1 Abs. 1 S. 31). Hierunter fallen auch die sog. **EScooter** im entsprechenden Leistungsbereich (Kerkmann Promillegrenzen für E-Bike, Pedelec und Co. SVR 2019, 369; Heß/Figgener Straßenverkehr unter Strom: Der E-Scooter ist überall NJW-Spezial 2019, 585).", Rn. 12: „Auch wenn der Entscheidung des Bundesgerichtshofs eine Trunkenheitsfahrt eines Autofahrers zugrunde lag, hat der Bundesgerichtshof ausdrücklich klargestellt, dass dieser Grenzwert generell für (alle) Führer von Kraftfahrzeugen gilt, und dies zusätzlich durch Bezugnahme auf vorausgegangene Entscheidungen zu **Kraftradfahrern** (BGHSt 22, 352) sowie **Fahrrädern mit Hilfsmotor**, sog. **Mofa 25** (BGHSt 30, 251) und auch Führen eines **abgeschleppten betriebsunfähigen PKW** (BGHR StGB § 316 Fahruntüchtigkeit alkoholbedingte 2, = BGHSt 36, 341) zum Ausdruck gebracht.", Rn. 13: „Dem ist die Rechtsprechung (vgl. z.B. OLG Nürnberg Beschluss vom 13. Dezember 2010 - 2 St OLG Ss 230/10 - juris Rn. 10 zum **motorisierten Krankenfahrstuhl** sowie OLG Hamburg Beschluss vom 19. Dezember 2016, Az: 1 Rev 76/16,

Rechtswidrige Tat beim Führen eines Kraftfahrzeugs i.S.d. § 69 Abs. 1 S. 1 Fall 1 StGB ist rechtswidrige Tat zeitlich während des Kfz-Führens.[1195]

Rechtswidrige Tat im Zusammenhang mit dem Führen eines Kraftfahrzeugs i.S.d. § 69 Abs. 1 S. 1 Fall 2 StGB ist rechtswidrige Tat vor oder während oder nach der Tat unter Bedienung des Kraftfahrzeugs zur Vorbereitung oder Durchführung der Straftat oder anschließend für ihre Ausnutzung oder Verdeckung.[1196]

Rechtswidrige Tat unter Verletzung der Kraftfahrzeugführerpflichten i.S.d. § 69 Abs. 1 S. 1 Fall 3 StGB ist rechtswidrige Tat gerade bzgl. eigener spezifischer Kfz-Führer-Pflichten auch ohne aktuelles Kfz-Führen oder ohne Zusammenhang zum Kfz-Führen im Sinne von § 69 Abs. 1 S. 1 Var. 1, 2 StGB.[1197]

Ungeeignetheit zum Führen von Kraftfahrzeugen ergibt sich aus der Tat i.S.d. § 69 StGB bei entsprechendem Rückschluss aus einer Gesamtwürdigung von Tatumständen und Täterpersönlichkeit, einer Würdigung der körperlichen, geistigen und charakterlichen Voraussetzungen und der sie wesentlich bestimmenden objektiven und subjektiven Umstände, mit dem Ergebnis, dass die Teilnahme des Täters am Kraftfahrzeugverkehr zu einer nicht hinnehmbaren Gefährdung der Verkehrssicherheit führen würde[1198].

Ungeeignetheit zum Führen von Kraftfahrzeugen ergibt sich „in den Fällen" des § 69 Abs. 1 StGB beim „Täter" (=i.d.R. Tatverdächtiger zur maßgeblichen Polizeimaßnahmen-Zeit vor einem Gerichtsurteil) „in der Regel" gemäß § 69 Abs. 2 StGB bei folgenden rechtswidrigen Vergehens-Taten:

- der Gefährdung des Straßenverkehrs (§ 315c StGB),

---

juris, Rn. 7 für den sog. ‚**Segway**'; Schifffahrtsobergericht Brandenburg Urteil vom 11. Juni 2008, Az: 1 Ss 33/08, juris, Rn. 12 für die motorisierte Schifffahrt, LG München I Beschluss vom 29. November 2019 Az: 26 Qs 51/19 in VRS 138/20 S. 18, 19; LG München I Beschluss vom 30. Oktober 2019, Az: 1 J Qs 24/19 jug in VRS Bd. 138/20 S. 29, 31, inzident LG Dortmund Beschluss vom 8. November 2019 in SVR 2020, 194; LG Münster Beschluss vom 19. Dezember 2019, Az: 3 Qs-62 Js 773/19-61/19, Beck-RS 2019, 35480, Rn. 8; AG Dresden Urteil vom 11. Februar 2020, Az. 219 Cs 634 Js 55394/19, Blutalkohol 2020,188) […].", Rn. 26: „Auch im Rahmen des § 69 Abs. 1 Satz 1 StGB ist für den Begriff „**Kraftfahrzeug**" die verkehrsrechtliche Legaldefinition des § 1 Abs. 2 StVG maßgeblich. Demzufolge sind **Kraftfahrzeuge** im Sinne von § 69 StGB alle mit Maschinenkraft angetriebenen, nicht an Bahngleise gebundenen Landfahrzeuge. Unerheblich ist, ob es für das **Führen des Kraftfahrzeuges** nach § 4 Abs. 1 FeV einer **Fahrerlaubnis** bedarf (Valerius in LK StGB 13. Aufl. § 69 Rn. 49). Eine vom Gesetzgeber bewusst vorgenommene Ausnahmeregelung besteht gemäß des im Rahmen des § 69 StGB ebenfalls zu beachtenden § 1 Abs. 3 Satz 1 StVG (vgl. Valerius a.a.O. § 69 Rn. 47) für sog. **Pedelecs**, die mit einem elektromotorischen Hilfsantrieb mit einer Nenndauerleistung von höchstens 0,25 kW ausgestattet sind, deren Unterstützung sich mit zunehmender Fahrzeuggeschwindigkeit progressiv verringert und unterbrochen wird, wenn das Fahrzeug eine Geschwindigkeit von 25 km/h erreicht oder wenn der Fahrer nicht mehr tritt. Diese werden gemäß § 1 Abs. 3 StVG als **Fahrräder** eingestuft und fallen daher auch nicht unter den Anwendungsbereich des § 69 StGB. Eine solche Regelung wurde dagegen für **EScooter** nicht getroffen, so dass diese als Kraftfahrzeuge auch im Sinne der Vorschrift des § 69 StGB gelten.".

[1195] Z.B. auch möglich bei: §§ 113, 211, 212, 223, 224, 315b, 315c, 316 StGB, § 21 StVG.

[1196] Z.B. auch möglich bei: §§ 113, 211, 212, 223, 224 StGB nach einem Unfall oder sonstigem Kontakt im Straßenverkehr oder durch Kfz-Einsatz als Tatmittel (z.B. „Fluchtfahrzeug" oder „Transportfahrzeug", jeweils in straßenverkehrsgefährdender Weise).

[1197] Z.B. auch möglich bei: § 21 Abs. 1 Nr. 2 StVG, §§ 14 Abs. 2, 15, 17, 22, 23 Abs. 1 S. 2, 34 StVO, § 31 StVZO, §§ 113, 142 StGB.

[1198] BayObLG München, Beschluss vom 24.07.2020 – 205 StRR 216/209, Rn. 27, unter Zitierung von: BGH, Urteil vom 26.09.2003 – 2 StR 161/03, juris Rn. 10.

- des verbotenen Kraftfahrzeugrennens (§ 315d StGB),
- der Trunkenheit im Verkehr (§ 316 StGB)[1199],
- des unerlaubten Entfernens vom Unfallort (§ 142 StGB), obwohl der Täter weiß oder wissen kann, daß bei dem Unfall ein Mensch getötet oder nicht unerheblich verletzt worden oder an fremden Sachen bedeutender Schaden entstanden ist, oder
- des Vollrausches (§ 323a), der sich auf eine der Taten nach § 69 Abs. 2 Nr. 1-3 StGB bezieht.

Bedeutender Schaden im Sinne von § 69 Abs. 2 Nr. 4 StGB: ist gegeben bei sich nach marktwirtschaftlichem Wert berechnender Schadenssumme von mindestens 1.500 Euro oder mindestens 2.500 Euro netto.[1200]

(SUB)

a) Ungeeignetheit „aus der" Anlasstat im Sinne von § 69 Abs. 1 S. 1 StGB i.V.m. § 69 Abs. 2 StGB (unabhängig von Anlasstat-Zusammenhangstat i.S.v. § 69 Abs. 1 S. 1 Fall 2 StGB)

„Die strafgerichtliche Entziehung der Fahrerlaubnis stellt eine Maßregel der Besserung und Sicherung dar (§ 61 Nr. 5 StGB), die ihre Rechtfertigung aus dem Sicherungsbedürfnis der Verkehrsgemeinschaft bezieht. Dieses ist bedingt durch die hohen Risiken, die der Straßenverkehr infolge seiner Dynamik für Leben, Gesundheit und Eigentum der Verkehrsteilnehmer mit sich bringt (vgl. BVerwGE 99, 249, 250). Diese Risiken werden durch körperlich, geistig, ebenso aber auch durch charakterlich ungeeignete Kraftfahrer verstärkt; dem soll durch den (zumindest zeitigen) Ausschluß des Betreffenden von der Teilnahme am motorisierten Straßenverkehr entgegengewirkt werden. [...] **Schutzzweck** dieser Maßregel ist vielmehr allein die **Sicherheit des Straßenverkehrs**."[1201]

„Der Große Senat für Strafsachen folgert die von ihm bejahte Beschränkung des Schutzzwecks dieser Vorschrift auf Verkehrssicherheitsbelange maßgebend aus dem Verhältnis des § 69 StGB zu den Bestimmungen des § 2 Abs. 4 Satz 1, § 3 Abs. 1 Satz 1 StVG i.V.m. § 11 Abs. 1 Satz 3, § 46 Abs. 1 Satz 2 FeV über die verwaltungsrechtliche **Entziehung der Fahrerlaubnis**.[1202] Sowohl die strafgerichtliche als auch die verwaltungsbehördliche Entziehung der Fahrerlaubnis knüpfen die Anordnung der Maßnahme an die Feststellung der fehlenden Eignung zum Führen von Kraftfahrzeugen. Der in § 69 Abs. 1 StGB verwendete Begriff der **Ungeeignetheit** stimmt inhaltlich mit demselben, in den genannten Vorschriften des Straßenverkehrs- und Fahrerlaubnisrechts verwendeten Begriff überein."[1203]

[1199] Seit BGHSt 37, 89 = BGH, Beschluss vom 28.06.1990 – 4 StR 297/90: „Deshalb ist in Übereinstimmung mit dem Antrag des Generalbundesanwalts der Grenzwert der **absoluten Fahruntüchtigkeit** auf 1,1 Promille [Blutalkoholkonzentration] zu bestimmen. Dieser Wert gilt für alle Führer von Kraftfahrzeugen (vgl. BGHSt 22, 352 (357 ff.) = NJW 1969, 1578; BGHSt 30, 252 (253 f.)".

[1200] LG Nürnberg-Führt (bisher ab 1.800 Euro), Beschluss vom 04.06.2018 – 5 Qs 23/18: 2.500 Euro (netto).

[1201] BGHSt 50, 93 = BGH, Beschluss des Großen Senats vom 27.04.2005 – GSSt 2/04, B. II. 2. a).

[1202] Zur **Fahrerlaubnisentziehung / Entziehung der Fahrerlaubnis** auf dem Rechtsgebiet der Gefahrenabwehr durch die Fahrerlaubnisbehörde nach § 3 StVG und § 46 FeV siehe: *Basten*, Eingriffsrecht der Polizei in Nordrhein-Westfalen, Band 3, Buch 4, Abschnitt 2, A. III (Mögliche Befugnisrechtsnorm).

[1203] BGHSt 50, 93 = BGH, Beschluss des Großen Senats vom 27.04.2005 – GSSt 2/04, B. II. 2. b).

„Maßstab für die Entscheidung über die Entziehung der Fahrerlaubnis ist demgemäß die in die Zukunft gerichtete **Beurteilung der Gefährlichkeit des Kraftfahrers für den öffentlichen Straßenverkehr** […].“[1204]

„Maßgeblich für die Feststellung der Ungeeignetheit ist der Zeitpunkt der letzten tatrichterlichen Entscheidung […]. Die Feststellung der Ungeeignetheit schließt zugleich die Prognose fortbestehender Ungeeignetheit und damit zukünftiger Gefährlichkeit des Täters für den Fall ein, dass er ein Kraftfahrzeug führt[…]. Ob ein Täter zum Führen von Kraftfahrzeugen ungeeignet ist, ist aufgrund einer Gesamtwürdigung aller Umstände der konkreten Tat unter Berücksichtigung der Persönlichkeit des Täters, soweit sie in der Tat zum Ausdruck gekommen ist, zu bestimmen, sofern nicht ein Fall des § 69 Abs. 2 StGB vorliegt (BGH Urteil vom 12. März 2020, Az: 4 StR 544/19, BeckRS 2020, 6550, Rn. 18).“[1205]

„Während kein Anlaß besteht, den Begriff der **Zusammenhangstat** in § 69 Abs. 1 [S. 1 Fall 2] StGB enger als bisher und abweichend von demselben für das **Fahrverbot** maßgeblichen Begriff (§ 44 Abs. 1 Satz 1 Var. 2 StGB)[1206] zu bestimmen, kann nach Auffassung des Großen Senats für Strafsachen die in einem zweiten Prüfungsschritt zu beurteilende charakterliche **Ungeeignetheit des Täters zum Führen eines Kraftfahrzeugs** im Rahmen des § 69 StGB nur dann **„aus der Tat“** (sog. **Anlaßtat**) hergeleitet werden, wenn dabei konkrete Anhaltspunkte auf eine mögliche Gefährdung des Straßenverkehrs durch den Straftäter hinweisen [1207].[1208] Diese Auslegung orientiert sich maßgeblich am Schutzzweck von § 69 StGB.“[1209]

„Mit dem Zweiten Gesetz zur Sicherung des Straßenverkehrs vom 26. November 1964 (BGBl. I 921) wurde in § 42 m Abs. 2 StGB a.F., der inhaltlich § 69 Abs. 2 StGB entspricht (vgl. dazu BGH Beschluss vom 16. September 2003, Az. 4 StR 85/03, zitiert in juris, Rn. 31), ein Katalog rechtswidriger Taten aufgenommen, bei deren Vorliegen das Gesetz in typisierter Weise annimmt, der Täter sei ‚in der Regel‘ als ungeeignet zum Führen von Kraftfahrzeugen anzusehen. Nach der amtlichen Begründung des Gesetzesentwurfs geht dieser von der Überlegung aus, dass die aufgeführten Zuwiderhandlungen in der Regel einen solchen Grad des Versagens oder der Verantwortungslosigkeit des Täters offenbarten, dass damit zugleich auch dessen Eignungsmangel feststehe (amtliche Begründung zum Entwurf eines Zweiten Gesetzes zur Sicherung des Straßenverkehrs vom 27. September 1962 BT.-Drs. IV/651 S. 17). Die Einfügung des

---

[1204] BGHSt 50, 93 = BGH, Beschluss des Großen Senats vom 27.04.2005 – GSSt 2/04, B. II. 2. c).

[1205] BayObLG München, Beschluss vom 24.07.2020 – 205 StRR 216/209, Rn. 27.

[1206] BGH, Beschluss vom 07.08.2018 – 3 StR 104/18, Rn. 6: „**Fahrverbot** und **Fahrerlaubnisentziehung** bzw. Festsetzung einer isolierten **Sperrfrist** schließen einander regelmäßig aus. Denn das Fahrverbot nach § 44 StGB setzt voraus, dass sich der Täter gerade nicht als ungeeignet zum Führen von Kraftfahrzeugen im Sinne des § 69 StGB erwiesen hat. Deshalb kommt ein Fahrverbot neben einer Entziehung der Fahrerlaubnis bzw. der Festsetzung einer isolierten Sperrfrist nur in Betracht, wenn das Gericht dem Täter auch das Fahren mit gemäß § 4 Abs. 1 Satz 2 FeV fahrerlaubnisfreien Fahrzeugen verbieten oder nach § 69a Abs. 2 StGB bestimmte Arten von Kraftfahrzeugen von der Sperre ausnehmen will.“.

[1207] Fehlen von Straßenverkehrsgefährdung zum Beispiel auch möglich bei: § 21 Abs. 1 Nr. 1 StVG, § 6 PflVG, §§ 242, 243, 244 StGB bezüglich eines Kfz; bei schlichtem verstecktem Transport oder anderem schlichten kriminellen Transport (Tatobjekt in Karosserie; Fahrt vor oder nach Tat „in Ruhe“, etwa „mit ordentlichem Ein- oder Abladen und regelgerechtem Fahren“, vgl. auch Btm, Waffen, wehrloses Opfer); i.d.R. nicht bei straßenverkehrsgerechter Kfz-Benutzung zur Sondierung von Tatgelegenheiten (Objekte, Opfer).

[1208] Straßenverkehrsgefährdung auch möglich zum Beispiel bei Flucht mit überhöhter Geschwindigkeit (wegen Tatumständen oder Entdeckungsrisiko), bei Möglichkeit von Widerstand des mit Kfz zu transportierenden Opfers oder bei Möglichkeit von Widerstand von Tatentdeckungszeugen.

[1209] BGHSt 50, 93 = BGH, Beschluss des Großen Senats vom 27.04.2005 – GSSt 2/04, B. II. 2..

Regelkatalogs wurde als ‚bedeutsame Fortentwicklung des geltenden Rechts' damit begründet, dass es unbestreitbare Erfahrungstatsachen gebe, ‚dass bestimmte gefährliche Verhaltensweisen schon für sich allein die Feststellung rechtfertigen, der Täter sei für die Teilnahme am Kraftverkehr ungeeignet'. Die abstrakte Umschreibung solchen Verhaltens gebe dem Richter einen Auslegungshinweis für den Begriff der Eignung und damit zugleich eine feste Führung durch das Gesetz (BT-Drs. IV/651 S. 17). In den aufgelisteten Fällen hat der Gesetzgeber somit die richterliche Bewertung und Prognose der Frage der Eignung vorweggenommen und die Feststellung eines Eignungsmangels dem Richter erleichtert (Kinzing in Schönke/Schröder StGB, 30. Aufl., § 69 Rn. 34).“[1210]

„Die Wirkung der gesetzlichen Vermutung geht dahin, dass für die Feststellung der Ungeeignetheit eine sie explizit begründende Gesamtwürdigung nur erforderlich ist, wenn ernsthafte Anhaltspunkte dafür vorliegen, dass ein Ausnahmefall vorliegen könnte (BGH NStZ 2000, 26; Fischer a.a.O. § 69 Rn. 22). In einem solchen Fall muss das Gericht erkennen lassen, dass es ihm bewusst war, bei Ausnahmen vom Regelfall von der Entziehung der Fahrerlaubnis absehen zu dürfen (OLG Düsseldorf NZV 1988, 29; Valerius a.a.O. § 69 Rn. 194). Solche besonderen Umstände können entweder in der Tat, in der Persönlichkeit des Täters oder dem Nachtatverhalten liegen (Valerius a.a.O. § 69 Rn. 136) und sind insbesondere dann besonders sorgfältig zu prüfen, wenn Anlasstat ein Fall der Trunkenheit im Verkehr ist (Valerius a.a.O. § 69 Rn. 194).“[1211]

„Ausgehend von der Gesetzessystematik kommt ein Abweichen von der Regelvermutung nur bei besonderen Umständen des Einzelfalles in Betracht. Die Annahme der Widerlegung der Regelvermutung muss nach dem Willen des Gesetzgebers auf seltene Ausnahmen beschränkt bleiben (BT.-Drs. IV/651, S. 17).“[1212]

„Persönliche Belastungen wie berufliche, wirtschaftliche oder finanzielle Nachteile, die der Täter infolge der Entziehung der Fahrerlaubnis in Zukunft zu erwarten hat, sind dagegen im Rahmen der Frage der Eignung bzw. der Entziehung der Fahrerlaubnis in der Regel nicht berücksichtigungsfähig (Valerius a.a.O. § 69 Rn. 111, 178 m.w.N.). Dem liegt die Überlegung zugrunde, dass einem Angeklagten, dessen mangelnde Eignung feststeht, unter Hintanstellung des Schutzguts der Verkehrssicherheit nicht allein deshalb die Fahrerlaubnis belassen werden kann, weil er aus persönlichen Gründen auf sie angewiesen ist. Dieser Gedanke kommt auch in der gesetzlichen Regelung des § 69 Abs. 1 Satz 2 StGB zum Ausdruck, nach der es bei feststehender Ungeeignetheit des Täters zum Führen von Kraftfahrzeugen einer weiteren besonderen Prüfung der Verhältnismäßigkeit, wie sie § 62 StGB bei Anordnung von Maßregeln der Besserung und Sicherung im Allgemeinen anordnet, nicht mehr bedarf. Nur, wenn das Gewicht und der Umfang der Auswirkungen der Entziehung der Fahrerlaubnis im Einzelfall bereits im Zeitpunkt der tatrichterlichen Entscheidung sichere Rückschlüsse auf das zu erwartende Verhalten des Täters und seine künftige Eignung gezogen werden können, können derartige Folgen, insbesondere, wenn der Tat ein Regelfall im Sinne des § 69 Abs. 2 StGB zugrunde liegt, unter Umständen bereits bei der Entscheidung über die Entziehung der Fahrerlaubnis Berücksichtigung finden. Dies wird jedoch nur in seltenen Ausnahmefällen in Betracht kommen“.[1213] „Im Rahmen der Gesamtabwägung können unter einem prognostischen Blickwinkel auch berufliche, wirtschaftliche und finanzielle Nachteile berücksichtigt werden, wenn zu erwarten ist, dass

---

[1210] BayObLG München, Beschluss vom 24.07.2020 – 205 StRR 216/209, Rn. 28.

[1211] BayObLG München, Beschluss vom 24.07.2020 – 205 StRR 216/209, Rn. 29.

[1212] BayObLG München, Beschluss vom 24.07.2020 – 205 StRR 216/209, Rn. 34.

[1213] BayObLG München, Beschluss vom 24.07.2020 – 205 StRR 216/209, Rn. 39.

sich der Täter die Maßregel aufgrund dessen in besonderem Maße zur Warnung dienen lassen wird und hierdurch die Eignungsmängel früher beseitigt werden […].“[1214]

„Als Fall besonderer Umstände der Tat wird nach der amtlichen Begründung in Betracht gezogen, dass der Täter in einer notstandsähnlichen Lage gehandelt hatte, die sein Verhalten zwar nicht voll entschuldigen, aber immerhin begreiflich erscheinen ließen (BT.-Drs. IV/651 S. 17; Bsp. bei Valerius a.a.O. § 69 Rn. 138). Die Indizwirkung kann der Rechtsprechung nach auch bei sog. Bagatellfahrten entfallen, worunter vor allem folgenlos gebliebene Trunkenheitsfahrten zu verstehen sind, bei denen der alkoholisierte Fahrer das Kraftfahrzeug auf der Straße oder einem öffentlichen Parkplatz lediglich um wenige Meter versetzt, um das Fahrzeug ordnungsgemäß zu parken (OLG Stuttgart NJW 1987, 142; OLG Düsseldorf NZV 1988, 29). Die fahrlässige Begehungsweise der Tat als solches steht der Indizwirkung der Tat, wie aus der unterschiedslosen Aufnahme in die Katalogtaten ersichtlich, dagegen nicht entgegen […]. Besondere Umstände in der Persönlichkeit des Täters sind unter Umständen anzunehmen, wenn die Tat eher persönlichkeitsfremde Züge aufweist, nicht zuletzt situationsbedingt war und demzufolge mit hinreichender Sicherheit erwartet werden darf, dass der Täter gleiche oder ähnliche Taten künftig nicht mehr begehen wird. Dies wäre beispielsweise zu prüfen, wenn der Täter sich bei Tatbegehung in einem emotionalen Ausnahmezustand befunden hätte […]. Im Einzelfall kann die Frage der Eignung des Täters zum Führen von Kraftfahrzeugen auch durch besondere Umstände nach der Tat beeinflusst worden sein. Nach der Begründung des Gesetzesentwurfs ist dabei an den Fall zu denken, dass der Führerschein des Täters vor dem Urteil in Verwahrung genommen worden ist und das Verfahren so lange gedauert hat, dass der Zweck der Maßregel bereits durch die vorläufige Maßnahme erreicht werden konnte (BT.-Drs. IV/651 S. 17).“[1215]

„Wer **bei oder im Zusammenhang mit dem Führen eines Kraftfahrzeuges** (§ 69 Abs. 1 StGB) ein ‚typisches **Verkehrsdelikt**‘ begeht, verstößt regelmäßig dadurch gegen die **Pflichten eines Kraftfahrers** (vgl. Großer Senat für Strafsachen BGHSt 50, 93, 97, 103); dabei sind Verkehrsstraftaten nicht allein solche, die im Katalog des § 69 Abs. 2 StGB aufgeführt sind (aaO 103). 9 b) Eine in diesem Sinne typische Verkehrsstraftat ist auch das **Fahren ohne Fahrerlaubnis** […]. Wem die Erlaubnis fehlt, mit dem Pkw am öffentlichen Straßenverkehr teilzunehmen, der verletzt, wenn er es trotzdem tut, eine typische **Pflicht im Zusammenhang mit dem Führen eines Kraftfahrzeugs** – Teilnahme am öffentlichen Verkehr nur mit Erlaubnis – in besonders augenfälliger Weise. Fahren ohne Fahrerlaubnis, zumal, wenn es wie hier häufig und nach gerichtlicher Entziehung der Fahrerlaubnis begangen wurde, deutet auf fehlende charakterliche Eignung zum Führen von Kraftfahrzeugen hin […]. Freilich kann im Einzelfall auch eine andere Beurteilung in Betracht kommen.“[1216]

„Allein die Benutzung eines Kraftfahrzeugs zur **Fahrt zum Tatort** und für die anschließende **Flucht** belegt die Ungeeignetheit nicht.“[1217]

„Die **Beurteilung der Eignungsfrage** im Sinne des § 69 Abs. 1 StGB liegt in erster Linie in der Verantwortung des Tatrichters, der diese Aufgabe aufgrund einer Gesamtwürdigung aller dafür ‚**aus der Tat**‘ erkennbar gewordenen rechtserheblichen Anknüpfungstatsachen vorzunehmen hat (st. Rspr.; vgl. BGHR StGB § 69 Abs. 1 Entziehung 2, 4, 5). Indem das Gesetz den Tatrichter bei der Prüfung, ob verkehrssicherheitsrelevante charakterliche Mängel des Täters zutage getreten sind, auf die ohnehin von ihm zur Schuld- und Straffrage aufzuklärenden und

1214 BayObLG München, Beschluss vom 24.07.2020 – 205 StRR 216/209, Rn. 43.

1215 BayObLG München, Beschluss vom 24.07.2020 – 205 StRR 216/209, Rn. 30-32.

1216 BGH, Urteil vom 05.09.2006 – 1 StR 107/06, Rn. 9-11.

1217 BGH, Beschluss vom 02.09.2020 – 5 StR 82/20, Rn. 12.

zu bewertenden Umstände ‚**aus der Tat**' verweist, weist es ihm für die Fahreignungsbeurteilung grundsätzlich auch die eigene Sachkunde (§ 244 Abs. 4 Satz 1 StPO) zu.[1218]

„Jedenfalls wird an Begründungsaufwand nicht mehr verlangt als bei jeder anderen Rechtsfolgenentscheidung, der prognostische Elemente innewohnen."[1219]

„Zudem bedarf es bei der Bemessung der Sperrfrist [im Sinne von § 69a Abs. 1 S. 1 StGB] der Darlegung der Prognoseentscheidung zur Dauer der voraussichtlichen Ungeeignetheit des Täters (vgl. BGH, Beschlüsse vom 19. Juni 2018 – 2 StR 211/18, juris Rn. 7 und vom 22. Oktober 2002 – 4 StR 339/02, NZV 2003, 46)."[1220]

b) § 69 Abs. 1 S. 1 Fall 2 StGB (Ungeeignetheit aus Anlasstat-Zusammenhangstat) im Gegensatz zu § 69 Abs. 1 S. 1 Fall 1 und 3 StGB

„§ 69 StGB bezweckt den Schutz der Sicherheit des Straßenverkehrs. Die strafgerichtliche Entziehung der Fahrerlaubnis wegen charakterlicher Ungeeignetheit bei Taten im Zusammenhang mit dem Führen eines Kraftfahrzeugs (§ 69 Abs. 1 Satz 1 Variante 2 StGB) setzt daher voraus, daß die Anlaßtat tragfähige Rückschlüsse darauf zuläßt, daß der Täter bereit ist, die Sicherheit des Straßenverkehrs seinen eigenen kriminellen Interessen unterzuordnen."[1221]

„Nach ständiger Rechtsprechung ist dem Täter die Fahrerlaubnis nach § 69 Abs. 1 Satz 1 Var. 2 StGB wegen in der Tat zutage getretener mangelnder Eignung auch dann zu entziehen, wenn kein **typisches Verkehrsdelikt** vorliegt, sondern wenn die im Zusammenhang mit dem Führen eines Kraftfahrzeugs begangene **Straftat der allgemeinen Kriminalität** zuzurechnen ist – sog. **Zusammenhangstat** – (vgl. BGHR StGB § 69 Abs. 1 Entziehung 8, 13). Dabei wird der Begriff des **Zusammenhangs** weit gefaßt. Es kommt nicht darauf an, ob die Fahrt vor, während oder nach der Tat unternommen wird. Wesentlich ist vielmehr, daß das Führen des Kraftfahrzeugs dem Täter für die Vorbereitung oder Durchführung der Straftat oder anschließend für ihre Ausnutzung oder Verdeckung dienlich sein soll (BGHSt 22, 328, 329; Geppert in LK 11. Aufl. § 69 Rdn. 33)."[1222]

„‚**Aus der Tat**' kann sich die charakterliche **Ungeeignetheit des Täters zum Führen von Kraftfahrzeugen** für den Strafrichter daher nur dann ergeben, wenn die Anlaßtat selbst tragfähige Rückschlüsse darauf zuläßt, daß der Täter bereit ist, die Sicherheit des Straßenverkehrs seinen eigenen kriminellen Zielen unterzuordnen. Hierfür bedarf es keines – bereits von § 69 Abs. 1 Satz 1 Var. 1 u. 3 StGB erfaßten – **Verstoßes gegen die Pflichten eines Kraftfahrzeugführers**, wie er regelmäßig bei ‚**Verkehrsstraftaten**' gegeben sein wird, auch soweit sie nicht vom Katalog des § 69 Abs. 2 StGB erfaßt werden. Hierzu zählen etwa die unter Benutzung des Kraftfahrzeugs begangenen Fälle der Nötigung und des gefährlichen Eingriffs in den Straßenverkehr (§§ 240, 315b StGB), unter Umständen aber auch Fälle des räuberischen Angriffs auf Kraftfahrer gemäß § 316a StGB (vgl. dazu BGHSt 49, 8), wenn der Angriff von dem Fahrer während der Fahrt gegen das mitfahrende Opfer verübt wird. Während in diesen Fällen des Pflichtenverstoßes im Sinne des § 69 Abs. 1 Satz 1 Var. 3 StGB die **Beeinträchtigung der Verkehrssicherheit** regelmäßig offen zutage tritt, bedarf dies bei den **Zusammenhangstaten**

[1218] BGHSt 50, 93 = BGH, Beschluss des Großen Senats vom 27.04.2005 – GSSt 2/04, B. II. 2. g).

[1219] BGHSt 50, 93 = BGH, Beschluss des Großen Senats vom 27.04.2005 – GSSt 2/04, B. II. 2. h); zur Mindestvoraussetzung von **Anhaltspunkt/Ausgangspunkt im Tatsächlichen** und zum **differenzierenden Wahrscheinlichkeitsmaßstab** siehe auch: *Basten*, Eingriffsrecht der Polizei in Nordrhein-Westfalen, Band 1, S. 248 f. 255, mit weiteren Nachweisen.

[1220] BGH, Beschluss vom 13.09.2018 – 1 StR 439/18, Rn. 7.

[1221] BGHSt 50, 93 = BGH, Beschluss des Großen Senats vom 27.04.2005 – GSSt 2/04, Leitsatz.

[1222] BGHSt 50, 93 = BGH, Beschluss des Großen Senats vom 27.04.2005 – GSSt 2/04, B. II. 1..

besonderer, die Umstände des Einzelfalls berücksichtigender Begründung. Denn der Tatrichter muß sich die Überzeugung verschaffen, daß der Täter bereit ist, sich zur Erreichung seiner kriminellen Ziele über die im Verkehr gebotene Sorgfalt und Rücksichtnahme hinwegzusetzen. Dies ist anhand konkreter Umstände festzustellen, die sich aus der Tat unter Berücksichtigung der Täterpersönlichkeit ergeben. Dabei sind auch Umstände aus dem Vorleben des Täters oder seiner Tatvorbereitung in die Beurteilung einzubeziehen, sofern sich daraus tragfähige Schlüsse auf eine mögliche **Gefährdung der Verkehrssicherheit im Zusammenhang mit der Anlaßtat** ziehen lassen. Dafür kann es genügen, daß der Täter im Zusammenhang mit der Tat naheliegend mit einer Situation gerechnet hat oder rechnen mußte, in der es zu einer Gefährdung oder Beeinträchtigung des Verkehrs kommen konnte. Eine Prognose, daß der Täter mit Wahrscheinlichkeit auch künftig Zusammenhangstaten begehen und dabei tatsächlich die Sicherheit des Straßenverkehrs beeinträchtigen werde, ist nicht zu verlangen. Die Voraussetzungen der **Entziehung der Fahrerlaubnis** nach § 69 StGB können bei ‚**Zusammenhangstaten**' danach beispielsweise erfüllt sein, wenn sich der Täter bei einer vergleichbaren früheren Straftat, etwa auf der Flucht, verkehrsgefährdend verhalten hat. Bei Banküberfällen dürfte die Anordnung nach §§ 69, 69a StGB regelmäßig in Betracht kommen, wenn aufgrund objektiver Umstände bei der Tat mit alsbaldiger Verfolgung und Flucht zu rechnen war und der Täter daher eine verkehrsgefährdende Verwendung des fluchtbereit tatortnah abgestellten Kraftfahrzeugs ersichtlich geplant hat oder mit einer solchen naheliegend rechnen mußte. Ebenso dürfte jedenfalls in den Fällen gewaltsamer Entführung des Opfers im Kraftfahrzeug des Täters die Verkehrssicherheit regelmäßig gefährdet sein. Andererseits versteht es sich nicht von selbst, daß ein Täter, der durch die Begehung schwerwiegender oder wiederholter Straftaten zweifellos charakterliche Mängel offenbart hat, zugleich eine Gefahr für die Verkehrssicherheit darstellt. So liegt dies etwa bei der bloßen Nutzung eines Kraftfahrzeugs zur Suche nach Tatobjekten oder Tatopfern nicht nahe. Auch in den Kurierfällen, in denen der Täter im Fahrzeug Rauschgift transportiert, sind Belange der Verkehrssicherheit nicht ohne weiteres berührt. Ein allgemeiner Erfahrungssatz, daß Transporteure von Rauschgift im Fall von Verkehrskontrollen zu besonders riskanter Fahrweise entschlossen sind, besteht nicht (vgl. BGH NStZ 2003, 311; BGHR StGB § 69 Abs. 1 Entziehung 14). Dies gilt jedenfalls dann, wenn besondere Vorkehrungen gegen eine Entdeckung des Rauschgifts, etwa durch Benutzung besonders präparierter Verstecke, getroffen worden sind. Für den Transport von Diebes- oder Schmuggelgut gilt nichts anderes. Die Frage, ob in solchen Fällen des Mißbrauchs eines Kraftfahrzeugs zur Durchführung einer Straftat die Voraussetzungen der Entziehung der Fahrerlaubnis vorliegen, weil der Täter mit seinem Vorgehen auch die Pflichten eines Kraftfahrzeugführers verletzt hat (§ 69 Abs. 1 Satz 1 Var. 3 StGB), bleibt dahingestellt."[1223]

(ERG TBV)

Im konkreten Fall sind die Tatbestandsvoraussetzungen von § 94 Abs. 3 i.V.m. § 111a StPO i.V.m. § 69 StGB sind (alternativ):

- erfüllt.
- nicht erfüllt.

[1223] BGHSt 50, 93 = BGH, Beschluss des Großen Senats vom 27.04.2005 – GSSt 2/04, B. II. 2. f).

C. Materielle Rechtmäßigkeit (MR) II. Inanspruchnahme (In) / Inanspruchnahmevoraussetzungen (Inv)

(VOR/DEF)

Inanspruchnahmevoraussetzungen sind materiell-rechtliche Bedingungen für richtige Inanspruchnahme.

Inanspruchnahme ist Adressierung und sonstiges Betroffenmachen;

Adressierung ist direktes Bestimmen oder finales Richten einer Maßnahme an einen Grundrechtsträger, vgl. §§ 100b Abs. 3, 100c Abs. 2, 100h Abs. 3, 163f Abs. 2 StPO.

Nach § 94 Abs. 3 i.V.m. § 111a Abs. 1 S. 1 StPO und § 94 Abs. 3 i.V.m. § 94 Abs. 1, 2 StPO i.V.m. § 95 StPO ist Inanspruchnahme grundsätzlich richtig gegen folgende Person (alternativ):

- gemäß § 94 Abs. 3 i.V.m. § 111a Abs. 1 S. 1 StPO: der beschuldigte Fahrerlaubnisinhaber (§ 157 StPO, § 397 Abs. 1 AO, §§ 133, 157 BGB analog);
- gemäß § 94 Abs. 3 i.V.m. § 94 Abs. 1, 2 i.V.m. § 95 StPO: jeder andere Führerscheingewahrsamsinhaber.

(SUB/ERG)

Im konkreten Fall ist die Person (alternativ)

- richtigerweise in Anspruch genommen/adressiert.
- nicht richtigerweise in Anspruch genommen/adressiert.

C. Materielle Rechtmäßigkeit (MR) III. Rechtsfolge (Rf) / Rechtsfolgevoraussetzungen (RfV)

(VOR/DEF)

Rechtsfolge ist rechtliche Folge aus dem Tatbestand. / **Rechtsfolgevoraussetzungen** sind materiell-rechtliche Rechtsfolgegestaltungs-Bedingungen.

C. Materielle Rechtmäßigkeit (MR) III. Rechtsfolge (Rf) 1. Tatsächliche und rechtliche Möglichkeit (TurM)

(VOR/DEF)

Tatsächliche und rechtliche Möglichkeit betrifft Fälle wie aus § 44 Abs. 2 Nr. 4-6 VwVfG NRW.

(SUB/ERG)

Im konkreten Fall ist tatsächliche und rechtliche Möglichkeit (alternativ)

- gegeben wegen Vorliegens von (alternativ) kognitiven, körperlichen, normativen, technischen Unmöglichkeiten.
- nicht gegeben wegen Nichtvorliegens von kognitiven, körperlichen, normativen, technischen Unmöglichkeiten.[1224]

C. Materielle Rechtmäßigkeit (MR) III. Rechtsfolge (Rf) 2. Bestimmtheit (Bsh)

(VOR/DEF)

Bestimmtheit des Justiz-VA im Sinne des Art. 20 Abs. 3 GG ist Maßnahmenerkennbarkeit und Maßnahmenverstehbarkeit, vgl. §§ 133, 157 BGB analog.

(SUB/ERG)

Der Justiz-VA ist inhaltlich hinreichend bestimmt i.S.d. Art. 20 Abs. 3 GG, wenn nach Auslegung der Maßnahmenempfänger wie jeder vernünftige Dritte, §§ 133, 157 BGB analog, in der konkreten Situation den Maßnahmen-Inhalt hinreichend erkennen und verstehen kann, nämlich:

- dass die Polizei ggü. dem Erklärungsempfänger (wer)
- aus Strafrechtspflegegründen (warum)
- zu einer spezifischen Zeit (wann)
- bezweckt, dass der Führerschein zur Fahrerlaubnisentziehungssicherung sichergestellt oder beschlagnahmt wird (was)
- durch öffentlich-rechtliche Inverwahrungnahme (wie).

C. Materielle Rechtmäßigkeit (MR) III. Rechtsfolge (Rf) 3. Ermessen (Erm)

(VOR/DEF)

Ermessen ist Entscheidungsspielraum auf der Rechtsfolgenseite bzgl. rechtsfehlerfreier Ausübung von Einschreit-Entschließung (Ob), Adressaten-Auswahl (Wer), Maßnahmen-Gestaltung (Wie).

(SUB/ERG)

a) Einschreitentschließungs-„Ermessen“ ist grundsätzlich nicht gegeben, vgl. § 163 Abs. 1 S. 1 („haben“) i.V.m. § 152 Abs. 2 StPO (Legalitätsgrundsatz: „ist [...] verpflichtet, [...] einzuschreiten“); ein Opportunitätsprinzip ist nur ausnahmsweise gegeben, vgl. § 111b Abs. 1 S. 1, 2 StPO („kann“, „soll die Beschlagnahme angeordnet werden“); § 111a Abs. 1 S. 1, 2 StPO („kann“, „können [...] ausgenommen werden“) ist direkt nur für den Richter anwendbar.

b) Adressatenauswahl-„Ermessen“ ist grundsätzlich gegeben, insbesondere bzgl.:

[1224] Zu „Tatsächliche und rechtliche Möglichkeit“ mit Beispielen siehe auch: *Basten*, Eingriffsrecht der Polizei in Nordrhein-Westfalen, Band 1, S. 263.

- zweckförderlicher Reihenfolge der Inanspruchnahme vom/von mehreren Beschuldigten, Verdächtigen, Zeugen, anderen Personen, Dritten;
- Auswahl aus mehreren gleichgeeigneten nichtverdächtigen Zeugen oder Dritten.

c) Maßnahmengestaltungs-„Ermessen" ist grundsätzlich gegeben.

Gemäß § 111a Abs. 6 StPO, der direkt nur für die vorläufige Entziehung der Fahrerlaubnis durch den Richter anwendbar ist, ist in anderen als in § 111a Abs. 3 S. 2 StPO genannten ausländischen Führerscheinen die vorläufige Entziehung der Fahrerlaubnis zu vermerken; bis zur Eintragung dieses Vermerkes kann der Führerschein beschlagnahmt werden (§ 94 Abs. 3 StPO, § 98 StPO).

Ein etwaig gegebener Entscheidungsspielraum wird aufgrund von entsprechenden Anhaltspunkten/in Ermangelung entgegenstehender Anhaltspunkte ohne Ermessensfehler/mit Ermessensfehlern (Ermessensunterschreitung, Ermessensüberschreitung, Ermessensfehlgebrauch) ausgeübt bzgl. folgender Ermessensarten:

a) Entschließungsermessen:

Ein etwaig gegebenes Entschließungsermessen kann im konkreten Fall sogar gegen / auf Null reduziert sein, insbesondere wegen:

- Einschreitmöglichkeit;
- Erheblichkeitsgrad von Tatverdachten bzw. bzgl. § 69 StGB auch und gerade wegen Erheblichkeit des Gefahrengrades für die Straßenverkehrssicherheit.

b) Auswahlermessen:

siehe C. II.: Auswahlermessen wird abschließend beurteilt i.V.m. Punkt C. II. (Inanspruchnahme).

c) Gestaltungsermessen:

siehe C. III. 4.: Gestaltungsermessen wird abschließend beurteilt i.V.m. Punkt C. III. 4. (VHM).

C. Materielle Rechtmäßigkeit (MR) III. Rechtsfolge (Rf) 4. Verhältnismäßigkeit (VHM)

(VOR/DEF)

Verhältnismäßigkeit ist Geeignetheit, Erforderlichkeit, Angemessenheit der Maßnahme zu einem legitimen Zweck.

(VOR/DEF)

a) Legitimer Zweck ist ein verfassungsgemäßer Zweck.

(SUB/ERG)

Im konkreten Fall verfolgt die Führerschein-Sicherstellung/Beschlagnahme (alternativ)

- einen legitimen Zweck, nämlich Fahrerlaubnisentziehungssicherung, § 111a StPO i.V.m. § 69 StGB zur Sicherheit des Straßenverkehrs frei von rechtswidrigen Taten bei oder im Zusammenhang mit dem Führen eines Kraftfahrzeugs oder unter Verletzung der Pflichten

eines Kraftfahrzeugführers; bei weiterer Tataufklärung, § 163 Abs. 1 S. 1 StPO, Art. 20 Abs. 3 GG[1225].
- keinen legitimen Zweck.

(VOR/DEF)

b) Geeignetheit ist Zweckförderungstauglichkeit.

(SUB/ERG)

Im konkreten Fall ist die Führerschein-Sicherstellung/Beschlagnahme (alternativ)
- geeignet über Inverwahrungnahme des Führerscheins als Fahrerlaubnisdokument mit Wirkung im Sinne von § 111a StPO und §§ 69-69b StGB.
- ungeeignet.

(VOR/DEF)

c) Erforderlichkeit ist Nichtverfügbarkeit eines milderen (Übermaßverbot), gleich geeigneten (Untermaßverbot) Mittels zur Zweckförderung, vgl. auch § 95 StPO oder § 111a Abs. 6 StPO.

Gemäß § 111a Abs. 1 S. 2 StPO, der direkt nur für die vorläufige Entziehung der Fahrerlaubnis durch den Richter gilt, können von der vorläufigen Entziehung bestimmte Arten von Kraftfahrzeugen ausgenommen werden, wenn besondere Umstände die Annahme rechtfertigen, daß der Zweck der Maßnahme dadurch nicht gefährdet wird.

(SUB/ERG)

Im konkreten Fall ist die Führerschein-Sicherstellung/Beschlagnahme (alternativ)
- erforderlich, da andere Mittel wie etwa vorläufiges Nichtstun oder andere Maßnahmen wie etwa eine Unterlassungsverfügung (Gefährderansprache) bezüglich Führerschein-Nichtbenutzung oder bezüglich Straßenverkehr-Nichtgefährdung oder bezüglich Straßenverkehr-Nichtteilnahme nicht gleich geeignet sind, weil sie den legitimen Zweck der Straßenverkehrssicherheit (alleine) nicht in gleicher Weise fördern, und da andere, intensivere Mittel wie Freiheitsentziehung noch nicht nötig sind.
- nicht erforderlich.

(VOR/DEF)

d) Angemessenheit ist angemessenes Maß zwischen Zweckförderung für Erhaltungsrechte/legitime Zwecke und Wirkungen für Eingriffsrechte/sonstige Verfassungswerte.

[1225] Deutlich den Fakt an den Anfang stellend und herausstellend, dass es auf beiden Rechtsgebieten von Gefahrenabwehr und Strafrechtspflege „Prävention" und „Repression" geben kann: BGHSt 50, 93 = BGH, Beschluss vom 27.04.2005 – GSSt 2/04, Ls.: „§ 69 StGB bezweckt den Schutz der Sicherheit des Straßenverkehrs.".

(SUB/ERG)

Im konkreten Fall ist die Maßnahme (alternativ)

- angemessen, denn der sachgerichtete, sich zunächst nur auf das Führerscheindokument und dessen Benutzung beziehende Eingriff in Art. 14 Abs. 1 S. 1 Alt. 1/Art. 2 Abs. 1 GG steht nicht außer Verhältnis zu den Strafrechtspflege- und Präventionszwecken der Sicherheit nicht außer Verhältnis zu den Schutzzwecken gegenüber dem dynamischen, gefährlichen Straßenverkehr, vgl. insbesondere die überwiegenden Rechte und Rechtsgüter aus:
  - Art. 20 Abs. 3 GG (Rechtsordnung einschließlich der Straßenverkehrsordnung);
  - Art. 2 Abs. 2 S. 1 GG (Leben und körperliche Unversehrtheit anderer Straßenverkehrsteilnehmer und des Sicherstellungs-/Beschlagnahmebetroffenen selbst);
  - Art. 2 Abs. 2 S. 2 GG (Bewegungsfreiheit anderer Straßenverkehrsteilnehmer im Rahmen der Sicherheit und Leichtigkeit des Straßenverkehrs);
  - Art. 14 GG (Eigentumsschutz im Hinblick auf Eigentums- und Besitzgegenstände aller Straßenverkehrsteilnehmer, insbesondere Sachen von bedeutendem Wert).
- unangemessen.

D. Gesamtergebnis (GErg):

Die Sicherstellung/Beschlagnahme ist (alternativ)

- gemäß §§ 94 Abs. 3 StPO i.V.m. § 111a StPO i.V.m. §§ 69-69b StGB rechtmäßig.
- wegen Art. / § (bestimmter Rechtsnorm [z.B. Art. 20 Abs. 3 GG]) rechtswidrig.

ABSCHNITT 3: JUGENDSCHUTZRECHT

A. Rechtsgrundlage (RGL) I. Grundrechte (GR)

(VOR/DEF)

Grundrechte sind grundlegende Rechte aus Art. 1-19 GG i.V.m. dem Rechtsstaatsprinzip, Art. 20 Abs. 3 GG, mit Vorrang und Vorbehalt des Gesetzes.[1226]

(SUB/ERG)

Grundrechte sind fallabhängig insbesondere wie folgt gegeben:

1. Ehe und Familie, Art. 6 GG[1227]

a) GR-SB:

aa) Persönlicher GR-SB: Jedermann aus Ehe und Familie.

bb) Sachlicher GR-SB: **Ehe**[1228] und **Familie**[1229].

b) GR-E: Einschränkung des Ehe-/Familienlebens.

c) GR-B: Art. 6 Abs. 1, 2, 3 GG.[1230]

2. Körperliche Bewegungsfreiheit, Art. 2 Abs. 2 S. 2 GG[1231]

[1226] Zu **Grundrechten**: *Basten*, Eingriffsrecht der Polizei in Nordrhein-Westfalen, Band 1, Buch 1, Abschnitt 2, Unterabschnitt 3. Zum **Rechtsstaatsprinzip** mit unter anderem sogenanntem Vorrang des Gesetzes und Vorbehalt des Gesetzes: *Basten*, Eingriffsrecht der Polizei in Nordrhein-Westfalen, Band 1, S. 95-108.

[1227] Vgl. auch Art. 142 GG i.V.m. Art. 4 Abs. 1 Verfassung NRW; Art. 7, 9, 14, 24, 32, 33 EU-GR-Charta; Art. 8, 12 EMRK und Art. 2 Zusatzprotokoll EMRK; Art. 17, 23, 24 IPbpR; Art. 7, 10, 11 IPwskR.

[1228] Zum Begriff der Ehe vgl. § 1353 Abs. 1 S. 1 BGB und § 20a LPartG.

[1229] BVerfGE 80, 81, 90 (Volljährigenadoption I) = BVerfG, Beschluss des Zweiten Senats vom 18.04.1989 – 2 BvR 1169/84 –, B. I. 1., Rn. 29: „Die Familie im Sinn von Art. 6 Abs. 1 GG ist die Gemeinschaft von Eltern und Kindern. Neben der durch Geburt entstandenen Familie wird grundsätzlich auch jede andere von der staatlichen Rechtsordnung anerkannte Gemeinschaft von Eltern und Kindern geschützt (vgl. BVerfGE 18, 97 [105 f.]).“; BVerfGE 136, 382 (Großeltern), Ls. 1 = BVerfG, Beschluss des Ersten Senats vom 24.06.2014 – 1 BvR 2926/13 –, Ls. 1: „Der Schutz der Familie nach Art. 6 Abs. 1 GG schließt familiäre Bindungen zwischen nahen Verwandten ein, insbesondere zwischen Großeltern und ihrem Enkelkind.“.

[1230] Vgl. auch §§ 27-36a AufenthG (Aufenthalt aus familiären Gründen). Zur **Minderjährigenehe**: Art. 13 EGBGB i.V.m. § 1303 BGB. Zur **Zwangsheirat**: § 237 StGB. Siehe auch BVerwGE 144, 141 = BVerwG, Urteil vom 04.09.2012 – BVerwG 10 C 12.12, Leitsätze 2, 3: „2. Ein deutscher Staatsangehöriger darf grundsätzlich nicht darauf verwiesen werden, seine Ehe im Ausland zu führen. Das Grundrecht des Art. 11 GG gewährt ihm - anders als einem Ausländer - das Recht zum Aufenthalt in Deutschland. 3. Dies gilt gleichermaßen für den Ehegattennachzug zu einem deutschen Staatsangehörigen, der eine weitere Staatsangehörigkeit besitzt. [„**Doppelstaater**“, P. B.]“.

[1231] Vgl. auch Art. 142 GG i.V.m. Art. 4 Abs. 1 Verfassung NRW; Art. 20 Abs. 2a und Art. 21 AEUV i.V.m. Art. 6, 45 EU-GR-Charta (Bewegungsfreiheit, Freizügigkeit, Aufenthaltsfreiheit); Art. 5 EMRK; Art. 2 Protokoll Nr. 4 EMRK; Art. 21 AEUV (**Unionsbürgerfreizügigkeit**, zum **Unionsbürger** vgl. Art. 9 S. 2, 3 EUV, Art. 20 Abs. 1 S. 2, 3 AEUV); Art. 45 AEUV (**Arbeitnehmerfreizügigkeit**); Art. 49 AEUV (**Niederlassungsfreiheit**); Art. 56 AEUV (**Dienstleistungsfreiheit**); vgl. auch Art. 28 AEUV (**Warenverkehrsfreiheit**); Art. 9 Abs. 1 S. 1 IPbpR („Jedermann hat ein Recht auf persönliche Freiheit und Sicherheit.“); Art. 9-11 IPbpR (Freiheitsentziehungsbedingungen), Art. 12 IPbpR (Bewegung,

a) GR-SB:

aa) Persönlicher GR-SB: „**Person**“, vgl. § 1 BGB.

bb) Sachlicher GR-SB: „**Freiheit**“ als **körperliche Bewegungsfreiheit**, als Freiheit, jeden Ort oder Raum aufzusuchen, sich dort aufzuhalten, (ihn zu verlassen), der an sich (tatsächlich und rechtlich) zugänglich ist.

b) GR-E (oder Nichteingriff/GR-Verzicht): Freiheitsentziehung oder sonstige Freiheitsbeschränkung.

Freiheitsbeschränkung (Freiheitsentziehung oder sonstige Freiheitsbeschränkung) liegt vor, wenn jemand durch die öffentliche Gewalt gegen seinen Willen daran gehindert wird, einen Ort oder Raum aufzusuchen oder sich dort aufzuhalten, der ihm an sich (tatsächlich und rechtlich) zugänglich ist. Eine **Freiheitsentziehung** als schwerste Form der Freiheitsbeschränkung ist dann gegeben, wenn die tatsächlich und rechtlich an sich gegebene körperliche Bewegungsfreiheit durch staatliche Maßnahmen nach jeder Richtung hin aufgehoben wird[1232]; Freiheitsentziehung setzt auch eine besondere Eingriffsintensität und eine nicht nur kurzfristige Dauer der Maßnahme voraus[1233]. Im Übrigen kann eine Abgrenzung zwischen Freiheitsentziehung und sonstiger Freiheitsbeschränkung auch erfolgen nach Art, Dauer, Intensität, Mittel, Zweck der Freiheitsbeschränkung.[1234]

c) GR-B: Art. 2 Abs. 2 S. 3 GG (i.V.m. Art. 104 GG).

3. Körperliche Unversehrtheit, Art. 2 Abs. 2 S. 1 Alt. 2 GG[1235]

a) GR-SB:

aa) Persönlicher GR-SB: „Jeder“.

Wohnsitzwahl, Ausreise, Einreise in Hoheitsgebiet eines Staates, vgl. „Freizügigkeit“), Art. 13 IPbpR (Ausländerausweisungsbedingungen).

1232 BVerfG, Beschluss der 1. Kammer des Ersten Senats vom 08.03.2011 – 1 BvR 47/05 – Rn. 20, 26: „Das **Einsperren** des Beschwerdeführers in eine **Gewahrsamszelle** auf der Polizeiwache beziehungsweise auf dem Polizeipräsidium sowie **als Verbindungsglied** zwischen beiden das **Verbringen dorthin mittels Polizeifahrzeugen** stellen eine Freiheitsentziehung im Sinne von Art. 104 Abs. 2 GG und nicht lediglich eine Freiheitsbeschränkung dar. [...] Jedenfalls muss die Unterbringung einer Person gegen ihren Willen in einem **Haftraum** als Freiheitsentziehung im Sinne von Art. 104 Abs. 2 GG angesehen werden (vgl. BGHZ 82, 261 <264> und BVerwGE 62, 317 <318>).“; BVerfGE 94, 166, 198 (Flughafenverfahren) = BVerfGE, Urteil des Zweiten Senats vom 14.05.1996 – 2 BvR 1516/93.

1233 BVerfGE 149, 293 (5-Punkt-Fixierung/7-Punkt-Fixierung) = BVerfG, Urteil des Zweiten Senats vom 24.07.2018 – 2 BvR 309/15 –, D. II. 2. a), Rn. 67, vgl. dazu auch BVerfGE 149, 293 (5-Punkt-Fixierung/7-Punkt-Fixierung) = BVerfG, Urteil des Zweiten Senats vom 24.07.2018 – 2 BvR 309/15 –, D. II. 2. b): „Jedenfalls eine **5-Punkt- oder 7-Punkt-Fixierung**, bei der sämtliche Gliedmaßen des Betroffenen mit Gurten am Bett festgebunden werden, stellt eine Freiheitsentziehung im Sinne von Art. 104 Abs. 2 GG dar, es sei denn, es handelt sich um eine lediglich **kurzfristige Maßnahme**. Von einer kurzfristigen Maßnahme ist in der Regel auszugehen, wenn sie absehbar die Dauer von ungefähr einer halben Stunde unterschreitet.“.

1234 Vgl. auch insbesondere zu Art, Intensität, Mittel: § 415 Abs. 2 FamFG und §§ 37a, 62 PolG NRW.

1235 Vgl. auch Art. 142 GG i.V.m. Art. 4 Abs. 1 Verfassung NRW; Art. 3, 4 EU-GR-Charta; Art. 3 EMRK (**Folterverbot**; Verbot bzgl.: **unmenschliche oder erniedrigende Behandlung oder Strafe**); Art. 7 IPbpR (**Folterverbot**; Verbot bzgl. **grausame, unmenschliche oder erniedrigende Behandlung oder Strafe**; Verbot medizinischer oder wissenschaftlicher Versuche ohne freiwillige Zustimmung); Art. 12 IPwskR („Recht eines jeden auf das für ihn erreichbare Höchstmaß an körperlicher und geistiger **Gesundheit**“).

bb) Sachlicher GR-SB: **Körperliche Unversehrtheit** als Freiheit von körperlicher Beeinträchtigung, biologisch-physiologische Integrität und dieser gleichsetzbare geistig-seelisch-psychische Integrität.[1236]

b) GR-E (oder Nichteingriff/GR-Verzicht): **Körperunversehrtheitseinschränkung** durch Hervorrufen oder Steigern eines nachteilig von den normalen körperlichen Funktionen abweichenden körperlichen Zustandes – auch durch Anordnung und auch ohne Substanzverletzung durch physisch sich mit körperlichem Krankheitswert auswirkende psychische Beeinflussung.

c) GR-B: Art. 2 Abs. 2 S. 3 GG.

[1236] BVerfGE 56, 54, 74-76 (Fluglärm I) = BVerfG, Beschluss des Ersten Senats vom 14.01.1981 – 1 BvR 612/72, C. I. 1., Rn. 73-76, dort u.a.: „Gegen die Zugrundelegung des weiten Gesundheitsbegriffs der Weltgesundheitsorganisation ließe sich allerdings einwenden, es sei - wenn das dem Willen des Verfassungsgesetzgebers entsprochen hätte - schwer erklärlich, daß der Parlamentarische Rat diesen seit 1946 bekannten Begriff nicht übernommen, sondern stattdessen nur die ‚körperliche Unversehrtheit' grundrechtlich geschützt hat [Grammatik, P. B.]. Andererseits dürfte eine Beschränkung des Schutzes allein auf solche Einwirkungen, die Verletzungen des Körpers darstellen, der Bedeutung dieses Grundrechts jedenfalls dann nicht gerecht werden, wenn es im Lichte des Art. 1 GG und der darin verbürgten Unantastbarkeit der Menschenwürde ausgelegt wird [Systematik, P. B.]. Dabei kann dahinstehen, ob eine solche Beschränkung überhaupt mit dem Verständnis des Menschen als einer Einheit von Leib, Seele und Geist und mit der Wechselwirkung zwischen psychischen und physischen Gesundheitsstörungen vereinbar wäre.Verfassungsrechtlich kann nicht außer acht bleiben, daß eine enge Auslegung nicht der Funktion des Grundrechts als Abwehrrecht gegen staatliche Eingriffe etwa durch psychische Folterungen, seelische Quälereien und entsprechende Verhörmethoden entsprechen würde [Teleologie mit funktionalem Schutzbereich und Schutzzweck des Grundrechts, P. B.]. Da die Einfügung gerade dieses Grundrechts auf Erfahrungen im Dritten Reich beruhte, darf dieser Gesichtspunkt jedenfalls nicht gänzlich vernachlässigt werden [Historie, P. B.]. Mit Recht hat der nordrhein-westfälische Ministerpräsident im vorliegenden Verfahren eingeräumt, daß zumindest solche nichtkörperliche Einwirkungen von Art. 2 Abs. 2 GG erfaßt würden, die ihrer Wirkung nach körperlichen Eingriffen gleichzusetzen seien. Das sind jedenfalls solche, die das Befinden einer Person in einer Weise verändern, die der Zufügung von Schmerzen entspricht [Systematik, P. B.]. Bislang ist Art. 2 Abs. 2 GG auch nicht in dem genannten engeren Sinne angewandt worden. So wurde die Frage, ob hirnelektrische Untersuchungen in die körperliche Unversehrtheit eingreifen können, nicht etwa von vornherein verneint, sondern wegen der Harmlosigkeit solcher Untersuchungen offengelassen (BVerfGE 17, 108 [114 f.]). In der Entscheidung zum Räumungsschutz ist die psychische Erkrankung des Beschwerdeführers und die Gefahr von Selbstmorden als relevant im Sinne des Art. 2 Abs. 2 GG angesehen worden (BVerfGE 52, 214 [220 f.]). Im übrigen liegt den neueren Lärmschutzvorschriften durchweg ein weiteres Verständnis zugrunde. […] Zumindest in Gestalt von Schlafstörungen lassen sich Einwirkungen auf die körperliche Unversehrtheit schwerlich bestreiten.“.

4. Allgemeines Persönlichkeitsgrundrecht[1237] mit verschiedenen Ausprägungen[1238], etwa in der Ausprägung des **Rechts auf informationelle Selbstbestimmung** (APR/RiS), Art. 2 Abs. 1 i.V.m. Art. 1 Abs. 1[1239] GG, vgl. auch Art. 142 GG i.V.m. Art. 4 Abs. 1, 2 Verfassung NRW[1240].

1237 BVerfGE 147, 1, 18 f. (**Geschlechtsidentität**) = BVerfG, Beschluss des Ersten Senats vom 10.10.2017 – 1 BvR 2019/16 –, Rn. 38: „Art. 2 Abs. 1 GG gewährt jedem das **Recht auf die freie Entfaltung seiner Persönlichkeit**. Dieses Grundrecht umfasst neben der allgemeinen Handlungsfreiheit das **allgemeine Persönlichkeitsrecht** (Art. 2 Abs. 1 i.V.m. Art. 1 Abs. 1 GG). Letzteres ergänzt als ‚unbenanntes' Freiheitsrecht die speziellen (‚benannten') Freiheitsrechte, die ebenfalls konstituierende Elemente der Persönlichkeit schützen (vgl. BVerfGE 54, 148 <153>). Eine der **Aufgaben des allgemeinen Persönlichkeitsrechts** ist es dabei, Grundbedingungen dafür zu sichern, dass die einzelne Person ihre Individualität selbstbestimmt entwickeln und wahren kann (vgl. BVerfGE 35, 202 <220>; 79, 256 <268>; 90, 263 <270>; 117, 202 <225>). Das allgemeine Persönlichkeitsrecht schützt indessen nur solche **Elemente der Persönlichkeitsentfaltung**, die - ohne bereits Gegenstand der besonderen Freiheitsgarantien des Grundgesetzes zu sein - diesen in ihrer konstituierenden Bedeutung für die Persönlichkeit nicht nachstehen (vgl. BVerfGE 79, 256 <268>; 99, 185 <193>; 120, 274 <303>; stRspr). Es verbürgt also nicht Schutz gegen alles, was die selbstbestimmte Persönlichkeitsentwicklung auf irgendeine Weise beeinträchtigen könnte; ohnehin vermag kein Mensch seine Individualität unabhängig von äußeren Gegebenheiten und Zugehörigkeiten zu entwickeln. Der lückenschließende Schutz des allgemeinen Persönlichkeitsrechts greift aber dann, wenn die selbstbestimmte Entwicklung und Wahrung der Persönlichkeit spezifisch gefährdet ist (BVerfGE 141, 186 <201 f. Rn. 32>).".

BVerfG, Beschluss des Ersten Senats vom 06.11.2019 – 1 BvR 16/13 – (Recht auf Vergessen I), Rn. 81: „Diese [**APR-]Rechtsprechung** hat sich maßgeblich in Konstellationen der mittelbaren Drittwirkung und geleitet von dem Erfordernis praktischer Konkordanz entwickelt. Deshalb bestimmen sich die Schutzdimensionen des allgemeinen Persönlichkeitsrechts letztlich immer einzelfallbezogen im Abgleich mit den Grundrechten Dritter. Die Bestimmung seiner Schutzwirkungen und die Abwägung mit den gegenüberstehenden Freiheitsrechten greifen hier Hand in Hand. Der Schutz des allgemeinen Persönlichkeitsrechts ist insoweit flexibel und durch die Einbindung der Person in ihre sozialen Beziehungen relativiert (vgl. BVerfGE 101, 361 <380>; 141, 186 <202 Rn. 32>; 147, 1 <19 Rn. 38>; stRspr; siehe auch BGHZ 183, 353 <357 Rn. 11>; 209, 139 <150 Rn. 30>; 219, 233 <240 Rn. 22>; stRspr).".

Vgl. „**Allgemeines Persönlichkeitsrecht**" (APR) als „sonstiges Recht" (sog. **Rahmenrecht** mit [grundrechts-]abwägungsoffenem Tatbestand) nach § 823 Abs. 1 Var. 6 BGB, u.a. mit Geldentschädigungsanspruch, insbesondere durch ständige Rechtsprechung (vgl. auch § 253 BGB) seit folgender Entwicklung: BGHZ 13, 334 (Leserbrief), mit erstmaliger ausdrücklicher Anerkennung des allgemeinen Persönlichkeitsrechts; BGHZ 26, 349 (Herrenreiter), mit erstmaliger Zuerkennung einer Geldentschädigung wegen des immateriellen Schadens durch die Verletzung des allgemeinen Persönlichkeitsrechts; BGHZ 35, 363 (Ginsengwurzel), mit erstmaliger Schwerpunktsetzung bei der Menschenwürde in der Begründung; BVerfGE 34, 269 (Soraya), mit verfassungsgerichtlicher Erklärung der verfassungsrechtlichen Zulässigkeit der richterrechtlich entwickelten APR-Konstruktion.

1238 BVerfG, Beschluss des Ersten Senats vom 06.11.2019 – 1 BvR 16/13 – (Recht auf Vergessen I), Rn. 80: „Die Rechtsprechung hat aus dem [**Allgemeinen Persönlichkeits-]Grundrecht** insoweit verschiedene **Schutzdimensionen** abgeleitet wie den **Schutz eines unantastbaren Bereichs privater Lebensgestaltung**, die Garantie der **Privatsphäre**, das **Recht am eigenen Bild** oder **gesprochenen Wort** oder das **Recht auf die Darstellung der eigenen Person**, die **soziale Anerkennung** sowie die **persönliche Ehre** (vgl. BVerfGE 27, 1 <6>; 27, 344 <350 f.>; 32, 373 <379>; 34, 238 <245 f.>; 47, 46 <73>; 54, 148 <153 f.>; 99, 185 <193 f.>; 101, 361 <384>; 106, 28 <39>; 114, 339 <346>; 120, 180 <198>)." „Diese **Schutzgehalte** werden insoweit aber nicht als abschließend umschriebene und voneinander abzugrenzende Gewährleistungen verstanden, sondern als Ausprägungen, die in Blick auf den konkreten Schutzbedarf jeweils anhand des zu entscheidenden Falles herauszuarbeiten sind (vgl. BVerfGE 54, 148 <153 f.>; 65, 1 <41>).".

BVerfGE 65, 1 (Volkszählungsgesetz), Ls. 1 = BVerfG, Urteil des Ersten Senats vom 15.12.1983 – 1 BvR 209/83, Ls. 1: „Unter den Bedingungen der modernen Datenverarbeitung wird der Schutz des Einzelnen

gegen unbegrenzte Erhebung, Speicherung, Verwendung und Weitergabe seiner persönlichen Daten von dem **allgemeinen Persönlichkeitsrecht** des Art. 2 Abs. 1 GG in Verbindung mit Art. 1 Abs. 1 GG umfaßt. Das [**Allgemeine Persönlichkeits-]Grundrecht** gewährleistet insoweit die Befugnis des Einzelnen, grundsätzlich selbst über die Preisgabe und Verwendung seiner persönlichen Daten zu bestimmen.“; BVerfG, Beschluss des Ersten Senats vom 06.11.2019 – 1 BvR 16/13 – (Recht auf Vergessen I), Rn. 80: „Das **Recht auf informationelle Selbstbestimmung** ist von der Rechtsprechung als eigene Ausprägung des allgemeinen Persönlichkeitsrechts mit einem gegenüber den anderen Ausprägungen selbständigen Gewährleistungsgehalt entwickelt worden und behält diesen auch, soweit es als verfassungsrechtliche Wertentscheidung in das Zivilrecht einstrahlt. Dementsprechend enthält es keinen gesamthaften Schutzanspruch hinsichtlich jederlei Umgangs mit Informationen, der die übrigen Schutzdimensionen des Grundrechts allgemein übergreifen und zusammenführen würde, sondern lässt deren Wertungen und Abwägungsregeln unberührt.“; BVerfGE 120, 274, 311 f. (Online-Durchsuchung) = BVerfG, Urteil des Ersten Senats vom 27.02.2008 – 1 BvR 370/07 –, Rn. 198 f. „Das **Recht auf informationelle Selbstbestimmung** geht über den **Schutz der Privatsphäre** hinaus. Es gibt dem Einzelnen die Befugnis, grundsätzlich selbst über die Preisgabe und Verwendung seiner persönlichen Daten zu bestimmen (vgl. BVerfGE 65, 1 <43>; 84, 192 <194>). Es flankiert und erweitert den grundrechtlichen Schutz von Verhaltensfreiheit und Privatheit, indem es ihn schon auf der Stufe der Persönlichkeitsgefährdung beginnen lässt. Eine derartige Gefährdungslage kann bereits im Vorfeld konkreter Bedrohungen benennbarer Rechtsgüter entstehen, insbesondere wenn personenbezogene Informationen in einer Art und Weise genutzt und verknüpft werden können, die der Betroffene weder überschauen noch verhindern kann. Der Schutzumfang des **Rechts auf informationelle Selbstbestimmung** beschränkt sich dabei nicht auf Informationen, die bereits ihrer Art nach sensibel sind und schon deshalb grundrechtlich geschützt werden. Auch der Umgang mit personenbezogenen Daten, die für sich genommen nur geringen Informationsgehalt haben, kann, je nach dem Ziel des Zugriffs und den bestehenden Verarbeitungs- und Verknüpfungsmöglichkeiten, grundrechtserhebliche Auswirkungen auf die Privatheit und Verhaltensfreiheit des Betroffenen haben (vgl. BVerfG, Beschluss vom 13. Juni 2007 - 1 BvR 1550/03 u.a. -, NJW 2007, S. 2464 <2466>). Die mit dem Recht auf informationelle Selbstbestimmung abzuwehrenden Persönlichkeitsgefährdungen ergeben sich aus den vielfältigen Möglichkeiten des Staates und gegebenenfalls auch privater Akteure (vgl. BVerfG, Beschluss der 1. Kammer des Ersten Senats vom 23. Oktober 2006 - 1 BvR 2027/02 -, JZ 2007, S. 576) zur Erhebung, Verarbeitung und Nutzung personenbezogener Daten. Vor allem mittels elektronischer Datenverarbeitung können aus solchen Informationen weitere Informationen erzeugt und so Schlüsse gezogen werden, die sowohl die grundrechtlich geschützten Geheimhaltungsinteressen des Betroffenen beeinträchtigen als auch Eingriffe in seine Verhaltensfreiheit mit sich bringen können (vgl. BVerfGE 65, 1 <42>; 113, 29 <45 f.>; 115, 320 <342>; BVerfG, Beschluss vom 13. Juni 2007 - 1 BvR 1550/03 u.a. -, NJW 2007, S. 2464 <2466>).“.

BVerfGE 109, 279, 325-327 (akustische Wohnraumüberwachung / „Großer Lauschangriff“) = BVerfG, Urteil des Ersten Senats vom 03.03.2004 – 1 BvR 2378/98, 1084/99 –, Rn. 159-163: „Das aus Art. 2 Abs. 1 in Verbindung mit Art. 1 Abs. 1 GG folgende **allgemeine Persönlichkeitsrecht** kommt neben Art. 13 Abs. 1 GG allerdings nicht zur Anwendung, soweit Eingriffe in die **räumliche Privatsphäre des Wohnungsinhabers** zu überprüfen sind. Art. 13 Abs. 1 GG enthält eine spezielle Gewährleistung des **Schutzes vor staatlicher akustischer Überwachung der räumlichen Privatsphäre**, die die allgemeinere Vorschrift insoweit verdrängt (vgl. BVerfGE 100, 313 [358] zu Art. 10 GG). Mit dem **Recht, in der Wohnung ungestört zu sein**, und dem **Recht am eigenen in der Wohnung gesprochenen Wort** schützt Art. 13 Abs. 1 GG gerade den Teil der **Privatsphäre**, den sonst das allgemeine Persönlichkeitsrecht gewährleistet. Dieses Recht ergänzt als unbenanntes Freiheitsrecht die speziellen Freiheitsrechte, die ebenfalls konstituierende Elemente der Persönlichkeit schützen (vgl. BVerfGE 54, 148 <153 f.>), nur insoweit, als Letztere keinen Schutz gewähren. Der **Schutz des allgemeinen Persönlichkeitsrechts aus Art. 2 Abs. 1 in Verbindung mit Art. 1 Abs. 1 GG** greift hingegen ein, soweit von der Wohnraumüberwachung Personen betroffen werden, die sich nicht auf Art. 13 Abs. 1 GG berufen können. **Grundrechtsträger des Art. 13 Abs. 1 GG** ist jeder Inhaber oder Bewohner eines Wohnraums, unabhängig davon, auf welchen Rechtsverhältnissen die Nutzung des Wohnraums beruht. Bei mehreren Bewohnern einer Wohnung steht das Grundrecht jedem Einzelnen, bei Familien mithin jedem Familienmitglied zu. Maßnahmen der **Wohnraumüberwachung** können aber nicht nur **Wohnungsinhaber**, sondern auch **zufällig in einer Wohnung**

Anwesende erfassen. Diese Personen sind zwar nicht in ihrem Grundrecht aus Art. 13 Abs. 1 GG, wohl aber in ihrem **allgemeinen Persönlichkeitsrecht** betroffen. Der Schutz aus Art. 2 Abs. 1 in Verbindung mit Art. 1 Abs. 1 GG kann insofern allerdings nicht weiter reichen als derjenige aus Art. 13 Abs. 1 und 3 GG. Der Schutz der **räumlichen Privatsphäre und des allgemeinen Persönlichkeitsrechts** kann schließlich in Einzelfällen durch weitere Grundrechtsgarantien ergänzt sein. So wird das **Gespräch zwischen Eheleuten in der eigenen Wohnung** nicht nur von Art. 13 Abs. 1 GG, sondern zusätzlich durch Art. 6 Abs. 1 GG geschützt. Auch in Bezug auf die **Kommunikation mit Berufsgeheimnisträgern** können neben dem grundrechtlichen **Schutz der räumlichen Privatsphäre** Grundrechte in Betracht kommen, die - wie etwa Art. 4 GG im Hinblick auf das Gespräch mit einem Geistlichen - der besonderen Schutzbedürftigkeit der Kommunizierenden Rechnung tragen.".

BVerfG, Beschluss des Ersten Senats vom 06.11.2019 – 1 BvR 16/13 – (Recht auf Vergessen I), Ls. 3 S. 1: „Von den **äußerungsrechtlichen Schutzdimensionen** ist das **Recht auf informationelle Selbstbestimmung** als eine eigene Ausprägung des allgemeinen Persönlichkeitsrechts zu unterscheiden." BVerfG, Beschluss des Ersten Senats vom 06.11.2019 – 1 BvR 16/13 – (Recht auf Vergessen I), Rn. 90: „Ausgehend von dem **Ziel des Rechts auf informationelle Selbstbestimmung**, Schutz vor Gefahren angesichts neuartiger Möglichkeiten der Datenverarbeitung zu gewähren (vgl. BVerfGE 65, 1 <42>), ist es primär als Gewährleistung zu verstehen, die – neben der ungewollten Preisgabe von Daten auch im Rahmen privater Rechtsbeziehungen (vgl. BVerfGE 84, 192 <194>) – insbesondere vor deren intransparenter Verarbeitung und Nutzung durch Private schützt. Es bietet Schutz davor, dass Dritte sich individueller Daten bemächtigen und sie in nicht nachvollziehbarer Weise als Instrument nutzen, um die Betroffenen auf Eigenschaften, Typen oder Profile festzulegen, auf die sie keinen Einfluss haben und die dabei aber für die freie Entfaltung der Persönlichkeit sowie eine gleichberechtigte Teilhabe in der Gesellschaft von erheblicher Bedeutung sind. Der Gehalt dieses Rechts ist dabei entwicklungsoffen, so dass es auch weitere persönlichkeitsgefährdende Entwicklungen der Informationsverarbeitung aufnehmen kann.".

BVerfG, Beschluss des Ersten Senats vom 06.11.2019 – 1 BvR 16/13 – (Recht auf Vergessen I), Ls. 2a): „Der verfassungsrechtliche Maßstab für den Schutz gegenüber Gefährdungen durch die **Verbreitung personenbezogener Berichte und Informationen als Teil öffentlicher Kommunikation** liegt in den **äußerungsrechtlichen Ausprägungen des allgemeinen Persönlichkeitsrechts**, nicht im Recht auf informationelle Selbstbestimmung.".

BVerfG, Beschluss des Ersten Senats vom 06.11.2019 – 1 BvR 16/13 – (Recht auf Vergessen I), Rn. 91: „[Vom Recht auf informationelle Selbstbestimmung] zu unterscheiden ist der **Schutz vor der Verarbeitung personenbezogener Berichte und Informationen als Ergebnis eines Kommunikationsprozesses**. Der Schutzbedarf gründet hier nicht in der intransparenten Zuweisung von Persönlichkeitsmerkmalen und -profilen durch Dritte, sondern in der sichtbaren Verbreitung bestimmter Informationen im öffentlichen Raum. Gefährdungen für die Persönlichkeitsentfaltung ergeben sich hier vornehmlich aus Form und Inhalt der Veröffentlichung selbst. Schutz gegenüber solchen Gefährdungen bieten die **äußerungsrechtlichen Ausprägungen des allgemeinen Persönlichkeitsrechts unabhängig vom Recht auf informationelle Selbstbestimmung**. Zwar kann es auch dabei maßgeblich auf die Art der Informationserlangung ankommen. Jedoch hat diese hier ihre Bedeutung als Vorfrage für die Beurteilung des weiteren Umgangs mit einer bestimmten Äußerung und des damit in die Öffentlichkeit gestellten Bildes einer Person selbst.".

BVerfG, Beschluss des Ersten Senats vom 06.11.2019 – 1 BvR 16/13 – (**Recht auf Vergessen** I), Ls. 2b): „Bei der Entscheidung über einen Schutzanspruch kommt der Zeit unter den Kommunikationsbedingungen des Internets ein spezifisches Gewicht zu. Die Rechtsordnung muss davor schützen, dass sich eine Person frühere Positionen, Äußerungen und Handlungen unbegrenzt vor der Öffentlichkeit vorhalten lassen muss. Erst die Ermöglichung eines Zurücktretens vergangener Sachverhalte eröffnet den Einzelnen die Chance zum Neubeginn in Freiheit. Zur Zeitlichkeit der Freiheit gehört die Möglichkeit des Vergessens.".

BVerfGE 120, 274, 311 (Online-Durchsuchung) = BVerfG, Urteil des Ersten Senats vom 27.02.2008 – 1 BvR 370/07 –, Rn. 197: „In seiner Ausprägung als **Schutz der Privatsphäre** [als **Privatangelegenheitenschutz** und **Rückzugsraumbereichsschutz** – beides **gegenüber der Öffentlichkeit**, vgl. **Sphärentheorie** mit **Intimsphäre, Privatsphäre, Sozialsphäre** und vgl. **Kernbereich privater Lebensgestaltung**] gewährleistet das allgemeine Persönlichkeitsrecht dem Einzelnen einen räumlich und thematisch

bestimmten Bereich, der grundsätzlich frei von unerwünschter Einsichtnahme bleiben soll (vgl. BVerfGE 27, 344 <350 ff.>; 44, 353 <372 f.>; 90, 255 <260>; 101, 361 <382 f.>).“; BVerfGE 101, 361, 382-385 (Caroline von Monaco II) = BVerfG, Urteil vom 15.12.1999 – 1 BvR 653/96 –, Rn. 75-82: „Im Unterschied zum **Recht am eigenen Bild** bezieht sich der **Schutz der Privatsphäre**, der ebenfalls im **allgemeinen Persönlichkeitsrecht** wurzelt, nicht speziell auf Abbildungen, sondern ist **thematisch und räumlich** bestimmt. Er umfaßt zum einen **Angelegenheiten** [**Privatangelegenheitenschutz**], die wegen ihres Informationsinhalts typischerweise als ‚**privat**' eingestuft werden, weil ihre **öffentliche** Erörterung oder Zurschaustellung als unschicklich gilt, das Bekanntwerden als peinlich empfunden wird oder nachteilige Reaktionen der Umwelt auslöst, wie es etwa bei Auseinandersetzungen mit sich selbst in **Tagebüchern** (BVerfGE 80, 367), bei **vertraulicher Kommunikation unter Eheleuten** (BVerfGE 27, 344), im Bereich der **Sexualität** (BVerfGE 47, 46; 49, 286 [BVerfGE 120, 224, 238 f. (Geschwisterbeischlaf) = BVerfGE, Beschluss des Zweiten Senats vom 26.02.2008 – 2 BvR 392/07 –, Rn. 32 f.: „Das allgemeine Persönlichkeitsrecht in seiner Ausprägung als **Recht auf sexuelle Selbstbestimmung**"/„**Intim- und Sexualbereich des Menschen als Teil seiner Privatsphäre**, P. B.]), bei **sozial abweichendem Verhalten** (BVerfGE 44, 353) oder bei **Krankheiten** (BVerfGE 32, 373) der Fall ist. Fehlte es hier an einem **Schutz vor der Kenntniserlangung anderer**, wären die Auseinandersetzung mit sich selbst, die unbefangene Kommunikation unter Nahestehenden, die sexuelle Entfaltung oder die Inanspruchnahme ärztlicher Hilfe beeinträchtigt oder unmöglich, obwohl es sich um grundrechtlich geschützte Verhaltensweisen handelt. Zum anderen erstreckt sich der Schutz auf einen **räumlichen Bereich** [**Raumbereichsschutz**], in dem der Einzelne zu sich kommen, sich entspannen oder auch gehen lassen kann (vgl. BVerfGE 27, 1 [6]). Zwar bietet auch dieser Bereich Gelegenheit, sich in einer Weise zu verhalten, die nicht für die **Öffentlichkeit** bestimmt ist und deren Beobachtung oder Darstellung durch Außenstehende für den Betroffenen peinlich oder nachteilig wäre. Im Kern geht es aber um einen **Raum**, in dem er die Möglichkeit hat, frei von **öffentlicher Beobachtung** und damit der von ihr erzwungenen Selbstkontrolle zu sein, auch ohne daß er sich dort notwendig anders verhielte als in der **Öffentlichkeit**. Bestünden solche **Rückzugsbereiche** nicht mehr, könnte der Einzelne psychisch überfordert sein, weil er unausgesetzt darauf achten müßte, wie er auf andere wirkt und ob er sich richtig verhält. Ihm fehlten die Phasen des Alleinseins und Ausgleichs, die für die Persönlichkeitsentfaltung notwendig sind und ohne die sie nachhaltig beeinträchtigt würde. Ein derartiges Schutzbedürfnis besteht auch bei Personen, die aufgrund ihres Ranges oder Ansehens, ihres Amtes oder Einflusses, ihrer Fähigkeiten oder Taten besondere **öffentliche** Beachtung finden. Wer, ob gewollt oder ungewollt, zur Person des **öffentlichen** Lebens geworden ist, verliert damit nicht sein Anrecht auf eine **Privatsphäre**, die den Blicken der **Öffentlichkeit** entzogen bleibt. Das gilt auch für demokratisch gewählte Amtsträger, die zwar für ihre Amtsführung **öffentlich** rechenschaftspflichtig sind und sich in diesem Umfang **öffentliche** Aufmerksamkeit gefallen lassen müssen, nicht aber für ihr **Privatleben**, sofern dieses die Amtsführung nicht berührt. Der **häusliche Bereich** [vgl. ggf. spezielleren Art. 13 GG i.V.m. BVerfGE 109, 279, 325 f.] stellt anerkanntermaßen eine solche geschützte Sphäre dar. Wegen des Bezugs auf die Entfaltung der Persönlichkeit darf der **Rückzugsbereich** jedoch nicht von vornherein auf ihn begrenzt werden. Das gilt schon deshalb, weil die Funktionen, denen er dient, nur erfüllt werden, wenn er nicht an den Hausmauern oder Grundstücksgrenzen endet. Die freie Entfaltung der Persönlichkeit wäre erheblich behindert, wenn der Einzelne nur im eigenen Haus der **öffentlichen** Neugier entgehen könnte. Die notwendige Erholung von einer durch Funktionszwänge und Medienpräsenz geprägten **Öffentlichkeit** ist vielfach nur in der **Abgeschiedenheit einer natürlichen Umgebung**, **etwa an einem Ferienort**, zu gewinnen. Deswegen muß der Einzelne grundsätzlich die Möglichkeit haben, sich auch in der freien, gleichwohl **abgeschiedenen Natur oder an Örtlichkeiten, die von der breiten Öffentlichkeit deutlich abgeschieden sind**, in einer von **öffentlicher** Beobachtung freien Weise zu bewegen. Das gilt gerade gegenüber solchen Aufnahmetechniken, die die **räumliche Abgeschiedenheit** überwinden, ohne daß der Betroffene dies bemerken kann. Wo die Grenzen der geschützten **Privatsphäre außerhalb des Hauses** verlaufen, läßt sich nicht generell und abstrakt festlegen. Sie können vielmehr nur aufgrund der jeweiligen Beschaffenheit des **Ortes** bestimmt werden, den der Betroffene aufsucht. Ausschlaggebend ist, ob der Einzelne eine **Situation** vorfindet oder schafft, in der er begründetermaßen und somit auch für Dritte erkennbar davon ausgehen darf, den Blicken der **Öffentlichkeit** nicht ausgesetzt zu sein. Ob die Voraussetzungen der **Abgeschiedenheit** erfüllt sind, läßt sich nur situativ beurteilen. Der Einzelne kann sich an ein und demselben **Ort** zu Zeiten mit gutem Grund unbeobachtet fühlen, zu anderen Zeiten nicht. Auch ist

der Aufenthalt in umschlossenen **Räumen** keineswegs immer mit **Abgeschiedenheit** gleichzusetzen. Da es um die Frage geht, ob der Einzelne begründetermaßen erwarten darf, unbeobachtet zu sein, oder aber **Plätze** aufgesucht hat, wo er sich unter den Augen der **Öffentlichkeit** bewegt, kann es auch in umschlossenen Räumen an der **Abgeschiedenheit** fehlen, die Voraussetzung für den **Privatsphärenschutz** außerhalb der eigenen **Häuslichkeit** ist. **Plätzen, an denen sich der Einzelne unter vielen Menschen befindet**, fehlt es von vornherein an den Voraussetzungen des **Privatsphärenschutzes** im Sinn von Art. 2 Abs. 1 in Verbindung mit Art. 1 Abs. 1 GG. Sie können das **Rückzugsbedürfnis** nicht erfüllen und rechtfertigen deswegen auch nicht den grundrechtlichen Schutz, den dieses Bedürfnis aus Gründen der Persönlichkeitsentfaltung verdient. Der Einzelne kann solche **Orte** auch nicht etwa durch ein Verhalten, das typischerweise nicht **öffentlich** zur Schau gestellt würde, in seine **Privatsphäre** umdefinieren. Nicht sein Verhalten, ob allein oder mit anderen, konstituiert die **Privatsphäre**, sondern die **objektive Gegebenheit der Örtlichkeit zur fraglichen Zeit**. Verhält er sich daher an **Orten**, die nicht die Merkmale der **Abgeschiedenheit** aufweisen, so, als stünde er nicht unter Beobachtung, hebt er das **Schutzbedürfnis für Verhaltensweisen, die an sich die Öffentlichkeit nichts angehen**, selbst auf. Der **Schutz der Privatsphäre vor öffentlicher Kenntnisnahme** entfällt ferner, wenn sich jemand selbst damit einverstanden zeigt, daß bestimmte, gewöhnlich als privat geltende Angelegenheiten **öffentlich** gemacht werden, etwa indem er Exklusivverträge über die Berichterstattung aus seiner **Privatsphäre** abschließt. Der verfassungsrechtliche **Privatsphärenschutz** aus Art. 2 Abs. 1 in Verbindung mit Art. 1 Abs. 1 GG ist nicht im Interesse einer Kommerzialisierung der eigenen Person gewährleistet. Zwar ist niemand an einer solchen **Öffnung privater Bereiche** gehindert. Er kann sich dann aber nicht gleichzeitig auf den **öffentlichkeitsabgewandten Privatsphärenschutz** berufen. Die Erwartung, daß die Umwelt die **Angelegenheiten oder Verhaltensweisen in einem Bereich mit Rückzugsfunktion** nur begrenzt oder nicht zur Kenntnis nimmt, muß daher situationsübergreifend und konsistent zum Ausdruck gebracht werden. Das gilt auch für den Fall, daß der Entschluß, die Berichterstattung über bestimmte Vorgänge der eigenen **Privatsphäre** zu gestatten oder hinzunehmen, rückgängig gemacht wird.“.

BVerfGE 6, 32, 41 (Elfes) = BVerfG, Urteil vom des Ersten Senats vom 16.01.1957 – 1 BvR 253/56 –, Rn. 32 [vgl. **Recht auf Privatsphäre** als **Privatangelegenheitenschutz** und **Rückzugsraumbereichsschutz** – beides **gegenüber der Öffentlichkeit,** vgl. **Sphärentheorie** mit **Intimsphäre**, **Privatsphäre**, **Sozialsphäre**]: „Vor allem dürfen die Gesetze daher die Würde des Menschen nicht verletzen, die im Grundgesetz der oberste Wert ist, aber auch die geistige, politische und wirtschaftliche Freiheit des Menschen nicht so einschränken, daß sie in ihrem Wesensgehalt angetastet würde (Art. 19 Abs. 2, Art. 1 Abs. 3, Art. 2 Abs. 1 GG). Hieraus ergibt sich, daß dem einzelnen Bürger eine **Sphäre privater Lebensgestaltung** verfassungskräftig vorbehalten ist, also ein letzter **unantastbarer Bereich menschlicher Freiheit** besteht, der der Einwirkung der gesamten öffentlichen Gewalt entzogen ist. Ein Gesetz, das in ihn eingreifen würde, könnte nie Bestandteil der ‚verfassungsmäßigen Ordnung‘ sein; es müßte durch das Bundesverfassungsgericht für nichtig erklärt werden.“. BVerfGE 109, 279, Ls. 2 S. 1 (akustische Wohnraumüberwachung / „Großer Lauschangriff“) = BVerfG, Urteil des Ersten Senats vom 03.03.2004 – 1 BvR 2378/98, 1084/99 –, Ls. 2 S. 1: „Zur Unantastbarkeit der Menschenwürde gemäß Art. 1 Abs. 1 GG gehört die Anerkennung eines absolut geschützten **Kernbereichs privater Lebensgestaltung.**“. BVerfGE 141, 220, 276-278 (BKAG) = BVerfG, Urteil des Ersten Senats vom 20.04.2016 – 1 BvR 966/09 –, Rn. 119-124: „Neben den verfassungsrechtlichen Anforderungen an die allgemeinen Eingriffsvoraussetzungen ergeben sich aus den jeweiligen **Grundrechten in Verbindung mit Art. 1 Abs. 1 GG** für die Durchführung von besonders eingriffsintensiven Überwachungsmaßnahmen besondere Anforderungen an den **Schutz des Kernbereichs privater Lebensgestaltung**. Der verfassungsrechtliche **Schutz des Kernbereichs privater Lebensgestaltung** gewährleistet dem Individuum einen **Bereich höchstpersönlicher Privatheit gegenüber Überwachung**. Er wurzelt in den **von den jeweiligen Überwachungsmaßnahmen betroffenen Grundrechten in Verbindung mit Art. 1 Abs. 1 GG** und sichert einen dem Staat nicht verfügbaren Menschenwürdekern grundrechtlichen Schutzes gegenüber solchen Maßnahmen. Selbst überragende Interessen der Allgemeinheit können einen Eingriff in diesen **absolut geschützten Bereich privater Lebensgestaltung** nicht rechtfertigen (vgl. BVerfGE 109, 279 <313>; stRspr). Zur **Entfaltung der Persönlichkeit im Kernbereich privater Lebensgestaltung gehört die Möglichkeit**, **innere Vorgänge** wie Empfindungen und Gefühle sowie Überlegungen, Ansichten und Erlebnisse **höchstpersönlicher Art zum Ausdruck zu bringen** (vgl. BVerfGE 109, 279 <313>; 120, 274 <335>; stRspr). Geschützt ist insbesondere die **nichtöffentliche Kommunikation mit Personen des höchstpersönlichen Vertrauens, die in der berechtigten Annahme geführt wird, nicht überwacht zu werden**, wie es insbesondere bei Gesprächen im Bereich der Wohnung der Fall ist. Zu diesen Personen gehören insbesondere Ehe- oder Lebenspartner, Geschwister und Verwandte in gerader Linie, vor allem, wenn sie im selben Haushalt leben, und können Strafverteidiger, Ärzte, Geistliche und enge persönliche Freunde zählen (vgl. BVerfGE 109, 279 <321 ff.>). Dieser Kreis deckt sich nur teilweise mit dem der Zeugnisverweigerungsberechtigten. Solche Gespräche verlieren dabei nicht schon dadurch ihren Charakter als insgesamt höchstpersönlich, dass sich in ihnen Höchstpersönliches und Alltägliches vermischen (vgl. BVerfGE 109, 279 <330>; 113, 348 <391 f.>). Demgegenüber ist die **Kommunikation unmittelbar über Straftaten** nicht geschützt, selbst wenn sie auch Höchstpersönliches zum Gegenstand hat. Die **Besprechung und Planung von Straftaten** gehört ihrem Inhalt nach nicht zum **Kernbereich privater Lebensgestaltung**, sondern hat **Sozialbezug** (vgl. BVerfGE 80, 367 <375>; 109, 279 <319 f., 328>; 113, 348 <391>). Dies bedeutet freilich nicht, dass der Kernbereich unter einem allgemeinen Abwägungsvorbehalt in Bezug auf öffentliche Sicherheitsinteressen steht. Ein **höchstpersönliches Gespräch** fällt nicht schon dadurch aus dem **Kernbereich privater Lebensgestaltung** heraus, dass es für die Aufklärung von Straftaten oder Gefahren hilfreiche Aufschlüsse geben kann. Aufzeichnungen oder Äußerungen im Zwiegespräch, die zum Beispiel ausschließlich innere Eindrücke und Gefühle wiedergeben und keine Hinweise auf konkrete Straftaten enthalten, gewinnen nicht schon dadurch einen **Gemeinschaftsbezug**, dass sie Ursachen oder Beweggründe eines strafbaren Verhaltens freizulegen vermögen (vgl. BVerfGE 109, 279 <319>). Auch können trotz **Straftatenbezugs** Situationen, in denen Einzelnen gerade ermöglicht werden soll, ein Fehlverhalten einzugestehen oder sich auf dessen Folgen einzurichten, wie Beichtgespräche oder vertrauliche Gespräche mit einem Psychotherapeuten oder einem Strafverteidiger, der **höchstpersönlichen Privatsphäre** unterfallen, die dem Staat absolut entzogen ist (vgl. BVerfGE 109, 279 <322>). Ein hinreichender **Sozialbezug** besteht demgegenüber dann, wenn **Gespräche - auch mit Vertrauenspersonen - sonst unmittelbar Straftaten zu ihrem Gegenstand haben** (vgl. BVerfGE 109, 279 <319>). Der **Kernbereich privater Lebensgestaltung** beansprucht gegenüber **allen Überwachungsmaßnahmen** Beachtung. Können sie typischerweise zur Erhebung kernbereichsrelevanter Daten führen, muss der Gesetzgeber Regelungen schaffen, die einen wirksamen Schutz normenklar gewährleisten (vgl. BVerfGE 109, 279 <318 f.>; 113, 348 <390 f.>; 120, 274 <335 ff.>). Außerhalb solch verletzungsgeeigneter Befugnisse bedarf es eigener Regelungen nicht. Grenzen, die sich im Einzelfall auch hier gegenüber einem Zugriff auf höchstpersönliche Informationen ergeben können, sind bei deren Anwendung unmittelbar von Verfassungs wegen zu beachten. Der **Schutz des Kernbereichs privater Lebensgestaltung** ist strikt und darf nicht durch Abwägung mit den Sicherheitsinteressen nach Maßgabe des Verhältnismäßigkeitsgrundsatzes relativiert werden (vgl. BVerfGE 109, 279 <314>; 120, 273 <339>; stRspr). Dies bedeutet jedoch nicht, dass **jede tatsächliche Erfassung von höchstpersönlichen Informationen** stets einen Verfassungsverstoß oder eine Menschenwürdeverletzung begründet. Angesichts der Handlungs- und Prognoseunsicherheiten, unter denen Sicherheitsbehörden ihre Aufgaben wahrnehmen, kann ein **unbeabsichtigtes Eindringen in den Kernbereich privater Lebensgestaltung** im Rahmen von Überwachungsmaßnahmen nicht für jeden Fall von vornherein ausgeschlossen werden (vgl. BVerfGE 120, 274 <337 f.>). Die Verfassung verlangt jedoch **für die Ausgestaltung der Überwachungsbefugnisse** die **Achtung des Kernbereichs** als eine strikte, nicht frei durch Einzelfallerwägungen überwindbare Grenze.".

BVerfGE 120, 274 (Online-Durchsuchung) = BVerfG, Urteil des Ersten Senats vom 27.02.2008 – 1 BvR 370/07 –, Ls. 1: „Das **allgemeine Persönlichkeitsrecht** (Art. 2 Abs. 1 i.V.m. Art. 1 Abs. 1 GG) umfasst das Grundrecht auf **Gewährleistung der Vertraulichkeit und Integrität informationstechnischer Systeme**."; BVerfGE 120, 274, 314 (Online-Durchsuchung) = BVerfG, Urteil des Ersten Senats vom 27.02.2008 – 1 BvR 370/07 –, Rn. 203: „**informationstechnisches System**": „etwa Personalcomputer", „ferner beispielweise […] solche Mobiltelefone oder elektronische Terminkalender, die über einen großen Funktionsumfang verfügen und personenbezogene Daten vielfältiger Art erfassen und speichern können."; BVerfGE 120, 274, 276 (Online-Durchsuchung) = BVerfG, Urteil des Ersten Senats vom 27.02.2008 – 1 BvR 370/07 –, Rn. 5: „**heimlicher Zugriff auf ein informationstechnisches System**": „[heimliche] technische Infiltration […], die etwa Sicherheitslücken des Zielsystems ausnutzt oder über die Installation eines Spähprogramms erfolgt", wobei die Infiltration es ermöglicht, die Zielsystem-„Nutzung zu überwachen oder die Speichermedien durchzusehen oder gar das Zielsystem fernzusteuern.".

a) GR-SB:

aa) Persönlicher GR-SB: „Jeder“.

bb) Sachlicher GR-SB: „**freie Entfaltung der Persönlichkeit**“ in der Ausprägung des RiS als „**Datenfreiheit**“ (Grundsätzliche Bestimmungsbefugnis des Einzelnen über Preisgabe und Verwendung eigener personenbezogener Daten[1241]), i.d.R. gegeben bei Bezug auf mindestens ein **personenbezogenes Datum**: § 36 Nr. 1 DSG NRW[1242].

b) GR-E (oder Nichteingriff/**Einwilligung** i.S.v. § 36 Nr. 19 DSG NRW, § 38 DSG NRW): **Persönlichkeitsentfaltungseinschränkung**, als **Datenfreiheitseinschränkung**, durch **Datenverarbeitung**s-Maßnahme[1243] i.S.d. § 36 Nr. 2 DSG NRW.

BVerfGE 147, 1 (**Geschlechtsidentität**) = BVerfG, Beschluss des Ersten Senats vom 10.10.2017 – 1 BvR 2019/16 –, Ls. 1-3: „1. Das **allgemeine Persönlichkeitsrecht** (Art. 2 Abs. 1 i.V.m. Art. 1 Abs. 1 GG) schützt die **geschlechtliche Identität**. Es schützt auch die geschlechtliche Identität derjenigen, die sich dauerhaft weder dem männlichen noch dem weiblichen Geschlecht zuordnen lassen. 2. Art. 3 Abs. 3 Satz 1 GG schützt auch Menschen, die sich dauerhaft weder dem männlichen noch dem weiblichen Geschlecht zuordnen lassen, vor **Diskriminierungen wegen ihres Geschlechts**. 3. Personen, die sich dauerhaft weder dem männlichen noch dem weiblichen Geschlecht zuordnen lassen, werden in beiden Grundrechten verletzt, wenn das Personenstandsrecht dazu zwingt, das Geschlecht zu registrieren, aber keinen anderen positiven Geschlechtseintrag als weiblich oder männlich zulässt.“.

BVerfG, Urteil des Zweiten Senats vom 26.02.2020 – 2 BvR 2347/15 –, Ls. 1: „a) Das **allgemeine Persönlichkeitsrecht** (Art. 2 Abs. 1 i.V.m. Art. 1 Abs. 1 GG) umfasst als Ausdruck persönlicher Autonomie ein **Recht auf selbstbestimmtes Sterben**. b) Das **Recht auf selbstbestimmtes Sterben** schließt die Freiheit ein, sich das Leben zu nehmen [Rn. 208: „**Recht auf Selbsttötung**“]. Die Entscheidung des Einzelnen, seinem Leben entsprechend seinem Verständnis von Lebensqualität und Sinnhaftigkeit der eigenen Existenz ein Ende zu setzen, ist im Ausgangspunkt als Akt autonomer Selbstbestimmung von Staat und Gesellschaft zu respektieren. c) Die **Freiheit, sich das Leben zu nehmen**, umfasst auch die Freiheit, hierfür bei Dritten Hilfe zu suchen und Hilfe, soweit sie angeboten wird, in Anspruch zu nehmen.“.

[1239] Zum sog. „**Menschenwürdegehalt**“ der Grundrechte: *Basten*, Die Menschenwürde des Grundgesetzes.

[1240] Vgl. auch Art. 142 GG i.V.m. Art. 4 Abs. 2 Verfassung NRW; Art. 8 EU-GR-Charta; Art. 16 AEUV; Art. 8 EMRK.

[1241] BVerfGE 65, 1, Ls. 1 S. 2 (Volkszählungsgesetz) = BVerfG, Urteil des Ersten Senats vom 15.12.1983 – 1 BvR 209/83, Ls. 1 S. 2 (Ls. 1: „Unter den Bedingungen der modernen Datenverarbeitung wird der Schutz des Einzelnen gegen unbegrenzte Erhebung, Speicherung, Verwendung und Weitergabe seiner persönlichen Daten von dem allgemeinen Persönlichkeitsrecht des Art. 2 Abs. 1 GG in Verbindung mit Art. 1 Abs. 1 GG umfaßt. Das Grundrecht gewährleistet insoweit die Befugnis des Einzelnen, grundsätzlich selbst über die Preisgabe und Verwendung seiner persönlichen Daten zu bestimmen.“).

[1242] BVerfG, Beschluss der 3. Kammer des Zweiten Senats vom 27.06.2018 – 2 BvR 1562/17 (auf § 103 StPO gestützte Anordnung der Durchsuchung der Räumlichkeiten des Münchener Kanzleistandorts der Rechtsanwaltskanzlei Jones Day sowie Sicherstellung von Unterlagen und elektronischen Daten im Zuge des sogenannten „VW-Dieselskandals“ – Verfassungsbeschwerde nicht zur Entscheidung angenommen wegen Unzulässigkeit aufgrund Nichterfüllung von Voraussetzungen nach § 93a Abs. 2 BVerfGG), Gründe, V., Rn. 44: „Der Begriff der persönlichen Daten deckt sich mit der Legaldefinition personenbezogener Daten in § 46 Nr. 1 BDSG (zuvor § 3 Abs. 1 BDSG) und erfasst alle Informationen, die sich auf eine identifizierte oder identifizierbare natürliche Person (betroffene Person) beziehen (vgl. noch zu § 3 Abs. 1 BDSG ‚Einzelangaben über persönliche oder sachliche Verhältnisse einer bestimmten oder bestimmbaren Person‘ Di Fabio, in: Maunz/Dürig, GG, Art. 2 Abs.1, Rn. 175 [Juli 2001]).“.

[1243] BVerfG, Urteil des Ersten Senats vom 19.05.2020 – 1 BvR 2835/17 – (Ausland-Ausland-Fernmeldeaufklärung nach BNDG), E. III. 1., Rn. 212: „Die **Übermittlung personenbezogener Daten**, mit der eine Behörde die von ihr erhobenen Daten einer anderen Stelle zugänglich macht, begründet einen eigenen

c) GR-B: Art. 2 Abs. 1 Hs. 2 GG.[1244]

5. Eigentum, Art. 14 Abs. 1 S. 1 Alt. 1 GG[1245]

a) GR-SB:

aa) Persönlicher GR-SB: Alle Menschen (personen- und staatsangehörigkeitsunabhängiger Wortlaut).

Grundrechtseingriff (vgl. BVerfGE 100, 313 <367>; 141, 220 <334 Rn. 305>; stRspr). Dieser ist an dem **Grundrecht** zu messen, **in das bei der ursprünglichen Datenerhebung eingegriffen wurde** (vgl. BVerfGE 100, 313 <367>; 141, 220 <334 Rn. 305>; stRspr).".

[1244] Art. 2 Abs. 1 Hs. 2 GG (**Schrankentrias**): BVerfGE 80, 137, 153 (Reiten im Walde) = BVerfG, Beschluss des Ersten Senats vom 06.06.1989 – 1 BvR 921/85 –, C. I. 1 a), Rn. 69: „Abgesehen von einem absolut geschützten Kernbereich privater Lebensgestaltung, welcher der Einwirkung der öffentlichen Gewalt entzogen ist (BVerfGE 6, 32 [41]), ist die allgemeine Handlungsfreiheit allerdings nur in den **Schranken** des zweiten Halbsatzes von Art. 2 Abs. 1 GG gewährleistet und steht damit insbesondere unter dem **Vorbehalt der verfassungsmäßigen (Rechts-)Ordnung** (BVerfGE 6, 32 [37 f.]; 74, 129 [152]). Stützt sich ein die Handlungsfreiheit berührender Akt der öffentlichen Gewalt auf eine Rechtsnorm, so kann mit der Verfassungsbeschwerde unter Berufung auf Art. 2 Abs. 1 GG zur Nachprüfung gestellt werden, ob diese Norm zur **verfassungsmäßigen Ordnung** gehört, das heißt formell und materiell mit den Normen der Verfassung in Einklang steht (st. Rspr. seit BVerfGE 6, 32).“; BVerfGE 6, 32, Ls. 3 (Elfes) = BVerfG, Urteil des Ersten Senats vom 16.01.1957 – 1 BvR 253/56, Ls. 3: „**Verfassungsmäßige Ordnung** im Sinne des Art. 2 Abs. 1 GG ist die verfassungsmäßige Rechtsordnung, d.h. die Gesamtheit der Normen, die formell und materiell der Verfassung gemäß sind.“; vgl. dazu auch BVerfGE 6, 32, 37-41 (Elfes) = BVerfG, Urteil des Ersten Senats vom 16.01.1957 – 1 BvR 253/56, Gründe II. 2 b), c), Rn. 17-33.

Rechte anderer sind (als Teil der verfassungsmäßigen Ordnung) subjektive Berechtigungen (Anspruch oder Befugnis oder Erlaubnis) einschließlich Verpflichtungen (Pflicht zur Erfüllung von Anspruch oder Befugnis oder Erlaubnis) und sonstiger Rechtswirkungen für ein Rechtssubjekt bezüglich eines Verhaltens oder eines Rechtsguts.

Vgl. zum ein Mal bundesverfassungsgerichtlich entscheidungserheblich bemühten „**Sittengesetz**“ nach Art. 2 Abs. 1 Hs. 2 GG als Gesetz, das nicht das durch die „soziale Gemeinschaft“ „als für sich verbindlich“ anerkannte „Rechtsgefühl“ „im allgemeinen“ „verletzt“: BVerfGE 6, 389 (Homosexuelle) = BVerfG, Urteil des Ersten Senats vom 10.05.1957 – 1 BvR 550/52 –, und StrRehaHomG (Gesetz zur strafrechtlichen Rehabilitierung der nach dem 8. Mai 1945 wegen einvernehmlicher homosexueller Handlungen verurteilten Personen vom 17. Juli 2017 – BGBl. I S. 2443).

[1245] Vgl. auch Art. 142 GG i.V.m. Art. 4 Abs. 1 Verfassung NRW; Art. 17 EU-GR-Charta; Art. 1 Zusatzprotokoll EMRK.

bb) Sachlicher GR-SB: „**Eigentum**" als Summe aller vermögenswerten Rechte, also jedenfalls auch der berechtigte Besitz und die berechtigte Nutzung[1246].[1247]

[1246] BVerfGE 95, 267, 300 (Altschulden) = BVerfG, Urteil des Ersten Senats vom 08.04.1997 – 1 BvR 48/94 –, C. I. 1., Rn. 130 f.: „Unter den Schutz der Eigentumsgarantie fallen grundsätzlich alle vermögenswerten Rechte, die dem Berechtigten von der Rechtsordnung in der Weise zugeordnet sind, daß er die damit verbundenen Befugnisse nach eigener Entscheidung zu seinem privaten Nutzen ausüben darf (vgl. BVerfGE 83, 201 [209]; stRspr). Der verfassungsrechtliche Eigentumsschutz reicht damit zwar erheblich weiter als das zivilrechtliche Eigentum und erstreckt sich auch auf nicht dingliche vermögenswerte Rechtspositionen. Er bleibt aber an Rechtspositionen gebunden. Kein Eigentum im Sinn von Art. 14 Abs. 1 GG ist daher das **Vermögen**, das selber kein Recht, sondern den Inbegriff aller geldwerten Güter einer Person darstellt (vgl. BVerfGE 4, 7 [17]; stRspr). Daraus folgt, daß Art. 14 Abs. 1 GG nicht vor der staatlichen Auferlegung von **Geldleistungspflichten** schützt. Diese sind nicht mittels eines bestimmten Eigentumsobjekts zu erfüllen, sondern werden aus dem fluktuierenden Vermögen bestritten. Etwas anderes kommt nur dann in Betracht, wenn die Geldleistungspflichten den Betroffenen übermäßig belasten und seine Vermögensverhältnisse so grundlegend beeinträchtigen, daß sie eine erdrosselnde Wirkung haben (vgl. BVerfGE 78, 232 [243]; stRspr).".

[1247] Zum Vergleich von Art. 14 Abs. 1 S. 1 Alt. 1 GG und dem Auffanggrundrecht des Art. 2 Abs. 1 GG: Bei lediglich unentschiedenem Potential von Berechtigung wie Nichtberechtigung kann grundsätzlich in dubio pro libertate zunächst zugunsten des Grundrechtsfähigen größtmöglicher Grundrechtsschutzbereich vermutet werden. Vgl. auch BVerfGE 6, 55, 72 (Steuersplitting); BVerfGE 32, 54, 71 (Betriebsbetretungsrecht); BVerfGE 39, 1, 38 (Schwangerschaftsabbruch I); BVerfGE 51, 97, 110 (Zwangsvollstreckung I); BVerfGE 151, 67 (Richtervorbehalt, Bereitschaftsdienst, Nachtzeit/Tageszeit i.S.v. § 104 Abs. 3 StPO) = BVerfG, Beschluss des Zweiten Senats vom 12.03.2019 – 2 BvR 675/14 –, Rn. 55, wonach in Zweifelsfällen diejenige Auslegung zu wählen ist/derjenigen Auslegung der Vorzug zu geben ist, welche die (juristische) „Wirkungskraft der Grundrechtsnorm am stärksten entfaltet.". **Eigentum** i.S.d. (privat)rechtsnormgeprägten Schutzbereichs von Art. 14 Abs. 1 S. 1 Alt. 1 GG ist jedenfalls gegeben bei Eigentum i.S.d. Privatrechts und bei vermögenswerter Besitz-/Nutzungs-/Umgangs-Berechtigung (z.B. i.S.d. §§ 854-984 BGB). **Eigentumslosigkeit** i.S.d. (privat)rechtsnormgeprägten Schutzbereichs von Art. 14 Abs. 1 S. 1 Alt. 1 GG ist jedenfalls gegeben bei allseitiger Besitz-/Nutzungs-/Umgangs-Nichtberechtigung (z.B. i.S.d. §§ 854-984 BGB); nicht schon unbedingt bei lediglich Eigentums-Nichtberechtigung im privatrechtlichen Sinne bei vermögenswerten Besitz-/Nutzungs-/Umgangs-Berechtigungen; wohl aber jedenfalls auch bei Verbot i.S.d. § 134 BGB oder Sittenwidrigkeit i.S.d. § 138 BGB oder sonstiger Unwirksamkeitsgründe (Nichtentstehensgründe oder Erlöschensgründe) gerade bezüglich des Erwerbs- oder Nutzungs- oder Umgangsaktes (z.B. i.S.d. §§ 854-984 BGB; vgl. z.B. Btm-Umgangsarten i.S.d. § 29 BtMG; vgl. auch etwaiges waffenrechtliches Verbot der Umgangsart Erwerb oder sonstiger Umgangsarten i.S.d. § 1 Abs. 3, 4 WaffG bei Nichtverbot des Erwerbs). Vgl. BVerfGE 110, 1, 23 f. (Erweiterter Verfall [a. F., ≙ erweiterte Tatertragseinziehung, P. B.]) = BVerfG, Beschluss des Zweiten Senats vom 14.01.2004 – 2 BvR 564/95 –, C. I. 3. a), b), Rn. 86 f, 88: „Die Vorschrift des § 73d StGB [a. F., ≙ § 73a StGB, P. B.] verstößt in der Auslegung des Bundesgerichtshofs auch nicht gegen die Eigentumsgarantie des Art. 14 Abs. 1 GG. Soweit § 73d StGB [a. F., ≙ § 73a StGB, P. B.] den Zugriff auf Vermögenswerte erlaubt, die dem unmittelbar Betroffenen wegen eines Verstoßes gegen strafrechtliche Vorschriften zivilrechtlich nicht zustehen (vgl. § 134, § 935 BGB), ist dessen Eigentumsgrundrecht schon mangels einer schutzfähigen Rechtsposition nicht berührt (vgl. BVerfGE 83, 201 [209]; 95, 267 [300]). Dies betrifft vor allem die Entziehung von Gewinnen aus illegalen Drogengeschäften. Denn wegen des strafrechtlichen Verbots des Handeltreibens mit Betäubungsmitteln ist gemäß § 134 BGB neben dem schuldrechtlichen Verpflichtungsgeschäft zugleich die Übereignung sowohl der Drogen als auch des für sie als Kaufpreis gezahlten Geldes zivilrechtlich unwirksam (vgl. BGH, NJW 1983, S. 636 [Schrifttumsquellen]. […] Soweit § 73d StGB StGB [a. F., ≙ § 73a StGB, P. B.] die Entziehung von Gegenständen anordnet, die der Betroffene zwar deliktisch, aber gleichwohl zivilrechtlich wirksam erworben hat, enthält er eine Inhalts- und Schrankenbestimmung des Eigentums im Sinne des Art. 14 Abs. 1 Satz 2 GG. Diese genügt in der Auslegung des Bundesgerichtshofs den verfassungsrechtlichen Anforderungen.".

b) GR-E (oder Nichteingriff/GR-Verzicht): **Eigentumseinschränkung** durch Einschränkung eines vermögenswerten Rechts, etwa durch (alternativ)

- Einschränkungen oder Entzug der Nutzungs- und Verfügungsbefugnis an (berechtigtem) Eigentum/Besitz/Nutzung, vgl. §§ 903 ff. BGB, §§ 854 ff. BGB, ohne Güterbeschaffung als **Inhalts- und Schrankenbestimmung** im Sinne von Art. 14 Abs. 1 S. 2 GG[1248];
- Eigentumsentzug als **Enteignung** im Sinne des Art. 14 Abs. 3 GG mit Änderung der Eigentumszuordnung und stets mit Güterbeschaffung.[1249].

c) GR-B: Art. 14 Abs. 1 S. 2, Abs. 2, 3 GG, Art. 18 GG.

6. Allgemeine Verhaltensfreiheit / Allgemeine Handlungsfreiheit[1250], Art. 2 Abs. 1 GG[1251]

a) GR-SB:

aa) Persönlicher GR-SB: „Jeder".

[1248] BVerfGE 143, 246, Ls. 5 (Dreizehnte Novelle des Atomgesetzes) = BVerfG, Urteil des Ersten Senats vom 06.12.2016 – 1 BvR 2821/11 –, Ls. 5.

[1249] BVerfGE 143, 246, Ls. 4 (Dreizehnte Novelle des Atomgesetzes) = BVerfG, Urteil des Ersten Senats vom 06.12.2016 – 1 BvR 2821/11 –, Ls. 4.

[1250] „Allgemeine" Verhaltensfreiheit / Handlungsfreiheit: Auffanggrundrecht ggü. ggf. spezielleren Grundrechten, vgl. Rechtsnormspezialitätsregel („lex specialis derogat legi generali"), vgl. auch: BVerfGE 6, 32, 37 (Elfes) = BVerfG, Urteil des Ersten Senats vom 16.01.1957 – 1 BvR 253/56, Gründe, II. 2. a), Rn. 16: „Neben der allgemeinen Handlungsfreiheit, die Art. 2 Abs. 1 GG gewährleistet, hat das Grundgesetz die Freiheit menschlicher Betätigung für bestimmte Lebensbereiche, die nach den geschichtlichen Erfahrungen dem Zugriff der öffentlichen Gewalt besonders ausgesetzt sind, durch besondere Grundrechtsbestimmungen geschützt; bei ihnen hat die Verfassung durch abgestufte Gesetzesvorbehalte abgegrenzt, in welchem Umfang in den jeweiligen Grundrechtsbereich eingegriffen werden kann. Soweit nicht solche besonderen Lebensbereiche grundrechtlich geschützt sind, kann sich der Einzelne bei Eingriffen der öffentlichen Gewalt in seine Freiheit auf Art. 2 Abs. 1 GG berufen. Hier bedurfte es eines Gesetzesvorbehalts nicht, weil sich aus der Beschränkung der freien Entfaltung der Persönlichkeit durch die verfassungsmäßige Ordnung der Umfang staatlicher Eingriffsmöglichkeiten ohne weiteres ergibt.".

[1251] Vgl. auch Art. 142 GG i.V.m. Art. 4 Abs. 1 Verfassung NRW; Art. 6 EU-GR-Charta; Art. 5 EMRK.

bb) Sachlicher GR-SB: „**freie Entfaltung der Persönlichkeit**“ bedeutet **allgemeine Verhaltensfreiheit** im umfassenden Sinn[1252] durch grundsätzlich jedes Tun, Dulden, Unterlassen[1253].

b) GR-E (oder Nichteingriff/GR-Verzicht): Verhaltenseinschränkung als Verhaltenssteuerung.

c) GR-B: Art. 2 Abs. 1 Hs. 2 GG[1254].

[1252] BVerfGE 6, 32, 36 f. (Elfes) = BVerfG, Urteil des Ersten Senats vom 16.01.1957 – 1 BvR 253/56, Gründe, II. 2. a), Rn. 14 f.: „Das Grundgesetz kann mit der ‚freien Entfaltung der Persönlichkeit‘ nicht nur die Entfaltung innerhalb jenes Kernbereichs der Persönlichkeit gemeint haben, der das Wesen des Menschen als geistig-sittliche Person ausmacht, denn es wäre nicht verständlich, wie die Entfaltung innerhalb dieses Kernbereichs gegen das Sittengesetz, die Rechte anderer oder sogar gegen die verfassungsmäßige Ordnung einer freiheitlichen Demokratie sollte verstoßen können. Gerade diese, dem Individuum als Mitglied der Gemeinschaft auferlegten Beschränkungen zeigen vielmehr, daß das Grundgesetz in Art. 2 Abs. 1 GG die Handlungsfreiheit im umfassenden Sinne meint. [...] Es waren nicht rechtliche Erwägungen, sondern sprachliche Gründe, die den Gesetzgeber bewogen haben, die ursprüngliche Fassung ‚Jeder kann tun und lassen was er will‘ durch die jetzige Fassung zu ersetzen (vgl. v. Mangoldt, Parlamentarischer Rat, 42. Sitzung des Hauptausschusses, S. 533).“; BVerfGE 80, 137, 152 f. (Reiten im Walde) = BVerfG, Beschluss des Ersten Senats vom 06.06.1989 – 1 BvR 921/85 –, C. I. 1 a), Rn. 69: „Nach den in der Rechtsprechung des Bundesverfassungsgerichts entwickelten Grundsätzen gewährleistet Art. 2 Abs. 1 GG die allgemeine Handlungsfreiheit im umfassenden Sinne (st. Rspr. seit BVerfGE 6, 32 [36]; aus neuerer Zeit etwa: BVerfGE 74, 129 [151]; 75, 108 [154 f.]). Geschützt ist damit nicht nur ein begrenzter Bereich der Persönlichkeitsentfaltung, sondern jede Form menschlichen Handelns ohne Rücksicht darauf, welches Gewicht der Betätigung für die Persönlichkeitsentfaltung zukommt (vgl. etwa die Entscheidung eines Vorprüfungsausschusses in BVerfGE 54, 143 (146) - Taubenfüttern).“.

[1253] BVerfGE 6, 32, Ls. 1, 2 (Elfes) = BVerfG, Urteil des Ersten Senats vom 16.01.1957 – 1 BvR 253/56, Ls. 1: „Art. 11 GG betrifft nicht die Ausreisefreiheit.“, Ls. 2: „Die **Ausreisefreiheit** ist als Ausfluß der allgemeinen Handlungsfreiheit durch Art. 2 Abs. 1 GG innerhalb der Schranken der verfassungsmäßigen Ordnung gewährleistet.“; BVerwG, Urteil vom 29.05.2019 – BVerwG 6 C 8.18 (Beschränkung des Geltungsbereichs eines Passes), Rn. 20: „In der höchstrichterlichen Rechtsprechung ist seit Jahrzehnten geklärt, dass die durch Art. 2 Abs. 1 GG geschützte Ausreisefreiheit auch durch den Passversagungsgrund des § 7 Abs. 1 Nr. 1 Alt. 3 PassG als Bestandteil der verfassungsmäßigen Ordnung wirksam eingeschränkt wird.“.

[1254] Art. 2 Abs. 1 Hs. 2 GG (**Schrankentrias**): BVerfGE 80, 137, 153 (Reiten im Walde) = BVerfG, Beschluss des Ersten Senats vom 06.06.1989 – 1 BvR 921/85 –, C. I. 1 a), Rn. 69: „Abgesehen von einem absolut geschützten Kernbereich privater Lebensgestaltung, welcher der Einwirkung der öffentlichen Gewalt entzogen ist (BVerfGE 6, 32 [41]), ist die allgemeine Handlungsfreiheit allerdings nur in den Schranken des zweiten Halbsatzes von Art. 2 Abs. 1 GG gewährleistet und steht damit insbesondere unter dem **Vorbehalt der verfassungsmäßigen (Rechts-)Ordnung** (BVerfGE 6, 32 [37 f.]; 74, 129 [152]). Stützt sich ein die Handlungsfreiheit berührender Akt der öffentlichen Gewalt auf eine Rechtsnorm, so kann mit der Verfassungsbeschwerde unter Berufung auf Art. 2 Abs. 1 GG zur Nachprüfung gestellt werden, ob diese Norm zur **verfassungsmäßigen Ordnung** gehört, das heißt formell und materiell mit den Normen der Verfassung in Einklang steht (st. Rspr. seit BVerfGE 6, 32).“; BVerfGE 6, 32, Ls. 3 (Elfes) = BVerfG, Urteil des Ersten Senats vom 16.01.1957 – 1 BvR 253/56, Ls. 3: „**Verfassungsmäßige Ordnung** im Sinne des Art. 2 Abs. 1 GG ist die verfassungsmäßige Rechtsordnung, d.h. die Gesamtheit der Normen, die formell und materiell der Verfassung gemäß sind.“; vgl. dazu auch BVerfGE 6, 32, 37-41 (Elfes) = BVerfG, Urteil des Ersten Senats vom 16.01.1957 – 1 BvR 253/56, Gründe II. 2 b), c), Rn. 17-33.

Rechte anderer sind (als Teil der verfassungsmäßigen Ordnung) subjektive Berechtigungen (Anspruch oder Befugnis oder Erlaubnis) einschließlich Verpflichtungen (Pflicht zur Erfüllung von Anspruch oder Befugnis oder Erlaubnis) und sonstiger Rechtswirkungen für ein Rechtssubjekt bezüglich eines Verhaltens oder eines Rechtsguts.

Vgl. zum ein Mal bundesverfassungsgerichtlich entscheidungserheblich bemühten „**Sittengesetz**“ nach Art. 2 Abs. 1 Hs. 2 GG als Gesetz, das nicht das durch die „soziale Gemeinschaft“ „als für sich verbindlich“ anerkannte „Rechtsgefühl“ „im allgemeinen“ „verletzt“: BVerfGE 6, 389 (Homosexuelle) =

(VOR/DEF)

Rechtsgebiet ist Rechtsordnungsteil nach allen Umständen – wie schwerpunktmäßige Äußerungen, Rechtsnormen, Zwecke, auch i.V.m. §§ 133, 157 BGB analog.[1255]

(SUB/ERG)

Eine Maßnahme aufgrund einer eingriffsrechtlichen Befugnisrechtsnorm des JuSchG erfolgt schwerpunktmäßig zu dessen Zwecken und also auf dem Rechtsgebiet des besonderen öffentlichen Rechts polizeilicher Gefahrenabwehr.

Eine Maßnahme aufgrund einer Rechtsnorm aus dem JGG erfolgt auf dem Rechtsgebiet des besonderen öffentlichen Rechts polizeilicher Strafrechtspflege.

Eine Maßnahme im Zusammenhang mit Rechtsnormen wie solchen aus SGB VIII oder JMStV kann auf dem Rechtsgebiet der Gefahrenabwehr oder der Strafrechtspflege erfolgen.[1256]

BVerfG, Urteil des Ersten Senats vom 10.05.1957 – 1 BvR 550/52 –, und StrRehaHomG (Gesetz zur strafrechtlichen Rehabilitierung der nach dem 8. Mai 1945 wegen einvernehmlicher homosexueller Handlungen verurteilten Personen vom 17. Juli 2017 – BGBl. I S. 2443).

[1255] Zum Rechtsgebiet bzw. zu Rechtsgebieten einschließlich Rechtsgebiet-Begriffen und Rechtsgebiet-Auslegungsansätzen: *Basten*, Eingriffsrecht der Polizei in Nordrhein-Westfalen, Band 1, Buch 1, Abschnitt 3, Unterabschnitt 3, Titel 3, Untertitel 3.

[1256] Bundestags-Drucksache 19/24909, S. 18: „**Jugendschutz** hat Verfassungsrang und ist eine staatliche Pflichtaufgabe. Diese wird zuvorderst aus den Persönlichkeitsrechten der zu schützenden Kinder und Jugendlichen aus Artikel 1 Absatz 1 des Grundgesetzes (GG) in Verbindung mit Artikel 2 Absatz 1 GG abgeleitet, denn ‚Kinder und Jugendliche haben ein Recht auf Entfaltung ihrer Persönlichkeit im Sinne dieser Grundrechtsnormen. Sie bedürfen des Schutzes und der Hilfe, um sich zu eigenverantwortlichen Persönlichkeiten innerhalb der sozialen Gemeinschaft zu entwickeln' (BVerfGE 83, 130 (140) unter Bezugnahme auf BVerfGE 79, 51 (63)). Gleichzeitig unterstützt der Staat mit der Gewährleistung von **Jugendschutz** auch das Elternrecht auf Erziehung aus Artikel 6 Absatz 2 GG, indem er Orientierung vermittelt und hilft, Störungen abzuwehren. Artikel 5 Absatz 2 GG setzt gesetzliche Bestimmungen zum Schutze der Jugend und damit den gesetzlichen Jugendmedienschutz voraus. Der unionsrechtliche Rahmen wird vor allem durch die Richtlinie 2010/13/EU des Europäischen Parlaments und des Rates vom 10. März 2010 zur Koordinierung bestimmter Rechts- und Verwaltungsvorschriften der Mitgliedstaaten über die Bereitstellung audiovisueller Mediendienste (ABl. L 95 vom 15.04.2010, S. 1), geändert durch die Richtlinie (EU) 2018/1808 des Europäischen Parlaments und des Rates vom 14. November 2018 (ABl. L 303/69 vom 28.11.2018, S. 1), sowie die Richtlinie 2000/31/EG des Europäischen Parlaments und des Rates vom 8. Juni 2000 über bestimmte rechtliche Aspekte der Dienste der Informationsgesellschaft, insbesondere des elektronischen Geschäftsverkehrs, im Binnenmarkt (ABl. L 178 vom 17.07.2000, S. 1 - Richtlinie über den elektronischen Geschäftsverkehr) bestimmt. Mit der Richtlinie 2011/93/EU des Europäischen Parlaments und des Rates vom 13. Dezember 2011 zur Bekämpfung des sexuellen Missbrauchs und der sexuellen Ausbeutung von Kindern sowie der Kinderpornographie sowie zur Ersetzung des Rahmenbeschlusses 2004/68/JI des Rates (ABl. L 335 vom 17.12.2011, S. 1) hat die Europäische Union den Jugendschutz im Internet weiter spezifiziert. Nach Artikel 24 Absatz 2 der Charta der Grundrechte der Europäischen Union (ABl. C 364 vom 18.12.2000, S. 1, EU-GrCh) muss das Wohl des Kindes bei allen Maßnahmen öffentlicher Stellen oder privater Einrichtungen eine vorrangige Erwägung sein. Artikel 24 Absatz 1 der Charta der Grundrechte der Europäischen Union legitimiert Beeinträchtigungen der Grundfreiheiten zum Zwecke des Jugendschutzes. Die Mitgliedstaaten erkennen eine besondere staatliche Verantwortung für die gesunde geistige, seelische und körperliche Entwicklung von Kindern und

(VOR/DEF)

Befugnisrechtsnorm ist die rechtmäßige hauptsächliche materiellrechtliche Rechtsgrundlage mit realfolgenentsprechender Rechtsfolge.

(SUB/ERG)

Realfolge ist die jeweilige Maßnahme laut Sachverhalt.

Rechtsfolge ist die Maßnahme laut Rechtsnorm.

Auf dem Rechtsgebiet der Gefahrenabwehr sind speziellere Befugnisrechtsnormen aus dem Jugendschutzrecht für die dafür originär zuständige Polizei etwa folgende:

- § 7 JuSchG (Anordnung, dass der Veranstalter oder Gewerbetreibende einer jugendgefährdenden Veranstaltung oder eines jugendgefährdenden Betriebs Kindern und Jugendlichen die Anwesenheit nicht gestatten darf). **Auflagen** im Sinne des § 7 S. 2 JuSchG sind solche i.S.d. § 36 VwVfG / VwVfG NRW (z. B. Setzung von Schallpegelbegrenzungen, Einrichtung einer Kinderfundstelle oder eines Raumes, in dem Minderjährige bis zur Abholung, Bus-Shuttle warten können[1257]);
- § 8 S. 1 JuSchG (Maßnahme [die nicht besonders geregelt ist[1258]] bei Aufhalten eines Kindes oder einer jugendlichen Person an einem jugendgefährdenden Ort);
- § 8 S. 2 Nr. 1 JuSchG (Anordnung gegenüber Kind oder jugendlicher Person zum Verlassen des jugendgefährdenden Ortes)[1259];
- § 8 S. 2 Nr. 2 JuSchG (Zuführung zur erziehungsberechtigten Person i.S.d. § 7 Abs. 1 SGB VIII oder Inobhutbringen in die Obhut des Jugendamtes);
- § 8 S. 3 JuSchG (Unterrichtung des Jugendamtes über den jugendgefährdenden Ort).

Jugendlichen an. Auch auf internationaler Ebene ist das Leitprinzip des Vorrangs des Wohls des Kindes (‚best interests of the child') und eine entsprechende staatliche Verantwortung im Übereinkommen der Vereinten Nationen über die Rechte des Kindes vom 20. November 1989 (für Deutschland am 5. April 1992 in Kraft getreten, BGBl. 1992 II S. 990) und den zugehörigen Zusatzprotokollen niedergelegt. Konkretisiert werden diese Verpflichtungen in Bezug auf die Nutzung digitaler Medien durch Kinder und Jugendliche in den 2018 als Empfehlung des Ministerkomitees des Europarates an die Mitgliedstaaten beschlossenen ‚Leitlinien zur Achtung, zum Schutz und zur Verwirklichung der Rechte des Kindes im digitalen Umfeld' (Council of Europe Guidelines to respect, protect and fulfil the rights of the child in the digital environment, CM/Rec(2018)7).".

[1257] Bundestags-Drucksache 14/9013, S. 19.

[1258] Zu den zentralen allgemeinen Generalbefugnisrechtsnormen von § 8 Abs. 1 PolG NRW und von § 163 Abs. 1 S. 2 StPO siehe: *Basten*, Eingriffsrecht der Polizei in Nordrhein-Westfalen, Band 2, Buch 2, Abschnitte 1, 2.

[1259] Zu Platzverweisungsarten nach PolG NRW und besonderen Befugnisrechtsnormen außerhalb des PolG NRW siehe: *Basten*, Eingriffsrecht der Polizei in Nordrhein-Westfalen, Band 2, Buch 2, Abschnitt 27.

Auf dem Rechtsgebiet der Gefahrenabwehr sind alle Befugnisrechtsnormen des PolG NRW grundsätzlich auch mögliche Befugnisrechtsnormen gegenüber Kindern, Unter-14jährigen, Jugendlichen, Volljährigen, Heranwachsenden, Erwachsenen.[1260]

Spezielle Kinder-Rechtsnormen mit ausdrücklicher Inbezugnahme des Status Kind sind im PolG NRW:

- § 22 Abs. 4 PolG NRW;
- § 33 Abs. 5 PolG NRW.

Spezielle Minderjährigen-Rechtsnorm mit ausdrücklicher Inbezugnahme des Status einer minderjährigen Person ist:

- § 35 Abs. 2 PolG NRW.

Spezielle Unter-14-Jahre-Rechtsnormen mit ausdrücklicher Inbezugnahme des Status einer Person unter 14 Jahren sind im PolG NRW:

- § 4 Abs. 2 PolG NRW;
- § 63 Abs. 3 PolG NRW.

Auf dem Rechtsgebiet der Strafrechtspflege sind alle Befugnisrechtsnormen der StPO und des OWiG grundsätzlich auch mögliche Befugnisrechtsnormen gegenüber Kindern, Unter-14jährigen, Jugendlichen, Volljährigen, Heranwachsenden, Erwachsenen; allerdings gegenüber unter-14-jährigen Kindern wegen § 19 StGB, § 152 Abs. 2 StPO („verfolgbaren Straftaten") nur unter folgenden kumulativen Voraussetzungen:

- Fehlen der gesetzlichen Voraussetzung „Beschuldigter" bezüglich des unter-14-jährigen Kindes im konkreten Fall;
- Fehlen der gesetzlichen Voraussetzung „Verdächtiger" bezüglich des unter-14-jährigen Kindes im konkreten Fall;
- Fehlen der gesetzlichen Voraussetzung „Betroffener" (Betroffener im Sinne des OWiG, vgl. z.B. § 55 OWiG) bezüglich des unter-14-jährigen Kindes im konkreten Fall;
- Fehlen der gesetzlichen Voraussetzung „Täter" bezüglich des unter-14-jährigen Kindes im konkreten Fall;

wobei ausnahmsweise auch Rechtsnormen mit gesetzlicher Beschuldigter-/Verdächtiger-/Betroffener-/Täter-Voraussetzung gegenüber einem unter-14-jährigen Kind als Rechtsgrundlage für die Rechtmäßigkeit einer Maßnahme zur maßgeblichen Zeit (ex ante)[1261] gelten können, wenn das unter-14jährige Kind zum maßgeblichen Zeitpunkt nach dem Anschein aller

---

[1260] Zu den auf allen Rechtsgebieten grundsätzlich potentiell relevanten Begriffen **Kind**, **Unter-14jähriger**, **Jugendlicher**, **Volljähriger**, **junger Volljähriger**, **junger Mensch**, **Heranwachsender**, **Erwachsener** vgl. insbesondere: § 1 BGB („Die **Rechtsfähigkeit** des Menschen beginnt mit der Vollendung der Geburt."), § 2 BGB („Die **Volljährigkeit** tritt mit der Vollendung des 18. Lebensjahres ein."); §§ 104-113 BGB (**Geschäftsfähigkeit**, **Geschäftsunfähigkeit**, **beschränkte Geschäftsfähigkeit**); § 38 Abs. 2 GG („**Wahlberechtigt** ist, wer das achtzehnte Lebensjahr vollendet hat; wählbar ist, wer das Alter erreicht hat, mit dem die Volljährigkeit eintritt.); § 1 Abs. 1 JuSchG (Kinder, Jugendliche, personensorgeberechtigte Person, erziehungsbeauftragte Person); § 7 Abs. 1 SGB VIII (Kind, Jugendlicher, junger Volljähriger, junger Mensch, Personensorgeberechtigter, **Erziehungsberechtigter**); § 2 JArbSchG (Kind, Jugendlicher); § 19 StGB (Schuldunfähigkeit des Kindes); § 1 Abs. 2 JGG (Jugendlicher, Heranwachsender); § 32 AufenthG (minderjähriges lediges Kind); § 184b Abs. 1 Nr. 1a StGB (Kind); § 184c Abs. 1 Nr. 1a StGB (Jugendlicher).

[1261] Zur maßgeblichen Zeit einschließlich ex-ante-Perspektive und ex-post-Perspektive: *Basten*, Eingriffsrecht der Polizei in Nordrhein-Westfalen, Band 1, S. 177.

Gesamtumstände einschließlich dem äußeren Erscheinungsbild aus Wahrnehmungssicht eines objektivierten Dritten die Person zu sein erscheint, die vom Gesetz vorausgesetzt wird, wenn also das unter-14-jährige Kind folgendes (alternativ je nach Rechtsnormvoraussetzung) ist:

- Anscheinsbeschuldigter;
- Anscheinsverdächtiger;
- Anscheinsbetroffener;
- Anscheinstäter,

also nicht nur bloß Scheinbeschuldigter, Scheinverdächtiger, Scheinbetroffener, Scheintäter, bei welchem jeweils nach objektiviertem Dritten auch von vornherein nach äußeren Gesamtumständen nicht von Vollendung des 14. Lebensjahres ausgegangen werden kann bzw. darf.

B. Formelle Rechtmäßigkeit (FR) I. Zuständigkeit (Z)

(VOR/DEF)

Zuständigkeit ist Aufgabenwahrnehmungserlaubnis für den Rechtsfolgesetzer.

(SUB/ERG)

Auf dem für das Jugendschutzrecht speziellen, da insoweit mit besonderen Zuständigkeitsnormen ausgestatteten Rechtsgebiet der Gefahrenabwehr ist die Zuständigkeit speziell bezüglich der Polizei des Landes NRW bei JuSchG-Befugnisrechtsnormen (§§ 7, 8 JuSchG) für die Polizei (i.d.R.) wie folgt gegeben:

1. sachliche Zuständigkeit *der Polizei* gemäß

- § 1 Abs. 1 S. 2 Var. 1/2/3 PolG NRW i.V.m. § 1 S. 1 ZuVO JuWo NRW;
- § 1 Abs. 1 S. 1 PolG NRW i.V.m. § 1 S. 1 ZuVO JuWo NRW (im Fall des Fehlens einer Variante aus § 1 Abs. 1 S. 2 PolG NRW);

2. instanzielle Zuständigkeit *der Polizeibehörde* gemäß

- § 11 Abs. 1 Nr. 1 POG NRW i.V.m. KPBVO NRW i.V.m. § 1 S. 1 ZuVO JuWo NRW, nämlich der Kreispolizeibehörde als zuständiger Behörde im Sinne der §§ 7 und 8 JuSchG;

3. örtliche Zuständigkeit *der Polizeibehörde* gemäß

- § 7 POG NRW;
- §§ 8, 9 POG NRW;

4. funktionelle Zuständigkeit *des Polizeiamtswalters* gemäß (alternativ)

- § 11 Abs. 1 Nr. 1 POG NRW i.V.m. KPBVO NRW i.V.m. § 1 S. 1 ZuVO JuWo NRW § 7 JuSchG, nämlich für den Amtswalter der zuständigen (Polizei-)Behörde;
- § 11 Abs. 1 Nr. 1 POG NRW i.V.m. KPBVO NRW i.V.m. § 1 S. 1 ZuVO JuWo NRW § 8 JuSchG, nämlich für den Amstwalter der zuständigen (Polizei-)Behörde.

Für das Rechtsgebiet der Gefahrenabwehr gelten also folgende Zuständigkeitsrechtsnormen (alternativ)

- spezielle Zuständigkeitsrechtsnormen wie i.V.m. §§ 7, 8 JuSchG und § 1 S. 1 ZuVO JuWO NRW

- allgemeine Zuständigkeitsrechtsnormen je nach Realfolge bzw. Rechtsfolge im konkreten Fall und dementsprechender Befugnisrechtsnorm außerhalb §§ 7, 8 JuSchG.

Die Zuständigkeit richtet sich also nach den allgemeinen Zuständigkeitsvorschriften – gegebenenfalls auf dem Rechtsgebiet der Gefahrenabwehr ergänzend nach § 1 S. 1 ZuVO JuWo NRW, wonach die Kreispolizeibehörden zuständige Behörden im Sinne der §§ 7 und 8 JuSchG sind. § 8 S. 1 JuSchG ist gleichsam eine Generalbefugnisrechtsnorm für Maßnahmen im Fall des Aufenthalts von Kindern oder Jugendlichen an einem in § 8 S. 1 JuSchG näher definierten jugendgefährdenden Ort; § 8 S. 2 und S. 3 JuSchG sowie auch § 7 JuSchG zielen letztlich auf die Entfernung und das Fernhalten von Kindern und Jugendlichen von Orten, von denen zumindest zu bestimmten Zeiten eine Gefährdung für das körperliche, geistige oder seelische Wohl ausgeht oder eine unmittelbare Gefahr für das körperliche, geistige oder seelische Wohl droht.[1262] Die Gebots- bzw. Verbotsrechtsnormen[1263] wie von § 4 JuSchG (Gaststätten), § 5 JuSchG (Tanzveranstaltungen), § 6 JuSchG (Spielhallen, Glücksspiele)[1264], § 9 JuSchG (Alkoholische Getränke), § 10 JuSchG (Rauchen in der Öffentlichkeit, Tabakwaren) und den im JuSchG sonst noch folgenden Rechtsnormen insbesondere bezüglich Medien (Trägermedien und Telemedien) können, sollen und müssen auch von der Landespolizei NRW mit Gefahrenabwehr-Befugnissen insbesondere aus dem PolG NRW befördert werden, soweit ein Handeln der anderen Behörden nicht oder nicht rechtzeitig möglich erscheint; dann unter Unterrichtung der originär zuständigen Behörde, insbesondere der Ordnungsbehörde als Jugendamt, von allen Vorgängen, die deren Eingreifen erfordern, vgl. §§ 1, 24 OBG NRW, § 1 Abs. 1 S. 1, 3, 4 PolG NRW, § 8 S. 3 JuSchG; zum Jugendamt siehe insbesondere § 8 SGB VIII (Beteiligung von Kindern und Jugendlichen gegenüber dem Jugendamt), § 8a SGB VIII (Schutzauftrag des Jugendamts bei Kindeswohlgefährdung), §§ 42, 42a, b, f SGB VIII (Berechtigung und Verpflichtung der Inobhutnahme von Kindern und Jugendlichen durch das Jugendamt), §§ 69-72aSGB VIII (Trägerschaft, Organisation des Jugendamtes).

Für das Rechtsgebiet der Strafrechtspflege gelten wie gehabt alle Zuständigkeitsrechtsnormen je nach Realfolge bzw. Rechtsfolge im konkreten Fall und dementsprechender Befugnisrechtsnorm.

B./C. Weitere mögliche Rechtmäßigkeitsvoraussetzungen im Zusammenhang mit Kindern, Jugendlichen, Heranwachsenden

Je nach Realfolge bzw. Rechtsfolge und dementsprechend möglicher Befugnisrechtsnorm ergeben sich wie gehabt oder besonders bezüglich Kindern oder Jugendlichen oder Heranwachsenden speziellere Rechtmäßigkeitsvoraussetzungen (wiederum i.V.m. mit den allgemeinen Vorschriften, wo spezielle fehlen), insbesondere für das Eingriffsrecht aus den folgend dargestellten Rechtsnormen (alternativ).

1262 Zu Platzverweisungsarten nach PolG NRW und besonderen Befugnisrechtsnormen außerhalb des PolG NRW siehe: *Basten*, Eingriffsrecht der Polizei in Nordrhein-Westfalen, Band 2, Buch 2, Abschnitt 27.

1263 Zu Rechtsnormarten und Rechtsnormfunktionen siehe: *Basten*, Eingriffsrecht der Polizei in Nordrhein-Westfalen, Band 1, Buch 1, Abschnitt 1, Unterabschnitt 3, Titel 2, 3.

1264 Bundestagsdrucksache 10/722, S. 8: „Spielhallen sollen auch weiterhin für Kinder und Jugendliche unzugänglich bleiben."

Auf dem **Rechtsgebiet der Gefahrenabwehr** können aus den spezielleren jugendschutzrechtlichen Befugnisrechtsnormen sich Rechtmäßigkeitsvoraussetzungen zusätzlich zu den vorab unter A. III. behandelten besonderen Inanspruchnahmevoraussetzungen insbesondere wie folgt (alternativ) ergeben:

- § 7 JuSchG (Anordnung, dass der Veranstalter oder Gewerbetreibende einer jugendgefährdenden Veranstaltung oder eines jugendgefährdenden Betriebs Kindern und Jugendlichen die Anwesenheit nicht gestatten darf): **Jugendgefährdende öffentliche Veranstaltung oder jugendgefährdender Gewerbebetrieb**.
  Öffentliche Veranstaltung im Sinne von § 7 JuSchG ist insbesondere öffentliche Vergnügung, Volksfest, Sportveranstaltung, Messe, Ausstellung, Markt oder eine ähnliche öffentliche Veranstaltung, auch eine Theaterveranstaltung, Kinoveranstaltung, sonstige Filmveranstaltung, eine Diskothekenveranstaltung, eine Tanzveranstaltung (vgl. auch „Veranstaltungen" nach JuSchG und § 42 Abs. 1 WaffG).
  Gewerbebetrieb im Sinne von § 7 JuSchG ist insbesondere Gaststätte, die als Nachtbar oder Nachtclub geführt wird oder ein ähnlicher Vergnügungsbetrieb (vgl. die Verbotsrechtsnorm des § 4 Abs. 3 JuSchG, die für die Polizeibehörden keine Befugnisrechtsnorm ist[1265], vgl. auch GastG und GewO).
  Gefährdung im Sinne von § 7 JuSchG ist eine **konkrete Gefahr** für das körperliche, geistige oder seelische Wohl des Kindes oder des Jugendlichen, also eine Sachlage im einzelnen Fall, die bei ungehindertem Geschehensverlauf in absehbarer Zeit mit hinreichender Wahrscheinlichkeit nach differenzierendem Wahrscheinlichkeitsmaßstab (vgl. auch das jeweilige Alter) zu einem Schaden führt für Rechte und Rechtsgüter des Kindes oder des Jugendlichen insbesondere aus Art. 2 Abs. 2 S. 1 GG[1266], was in der Regel vorbehaltlich des einzelnen Falles bereits zu vermuten ist für Orte, an denen Verbotenes ausgeübt wird, wie etwa verbotenes Glücksspiel oder Prostitution oder Konsum verbotener Mittel (z.B. nach AMG, BtMG, NpSG), oder für Orte, an denen nach nachvollziehbar dokumetierten Statistiken mit Darlegungslast der Behörde eine signifikante Anzahl an bestimmten öffentlichkeitswirksamen Straftaten oder Ordnungswidrigkeiten geschehen, was wiederum an Orten nach § 12 Abs. 1 Nr. 2 PolG NRW (sogenannte gefährliche Orte)[1267] oder Orte i.S.d. § 104 Abs. 2 StPO verwirklicht sein kann.
- § 8 S. 1, 2 Nr. 1, 2, S. 3 JuSchG (S. 1: Maßnahme, die nicht besonders geregelt ist; S. 2 Nr. 1: Ortsverlassensanordnung; S. 2 Nr. 2: Zuführung zur erziehungsberechtigten Person i.S.d. § 7 Abs. 1 SGB VIII oder Inobhutbringen zum Jugendamt; S. 3: Unterrichtung des Jugendamts über den jugendgefährdenden Ort): **Aufhalten am jugendgefährdenden Ort**.
  Aufhalten im Sinne von § 8 JuSchG ist jede tatsächliche Anwesenheit.
  Ort im Sinne von § 8 JuSchG ist jede Stelle, jeder Platz, jeder Raum, unabhängig von baulichen oder sonstigen Umweltbedingungen, unabhängig von seitlicher Begrenzung oder himmelwärtiger Bedachung, unabhängig von Öffentlichkeit oder Privatheit.

[1265] Zu Rechtsnormarten und Rechtsnormfunktionen siehe: *Basten*, Eingriffsrecht der Polizei in Nordrhein-Westfalen, Band 1, Buch 1, Abschnitt 1, Unterabschnitt 3, Titel 2, 3.

[1266] Zur **Konkrete-Gefahr**-Definition mit weiteren Nachweisen: *Basten*, Eingriffsrecht der Polizei in Nordrhein-Westfalen, Band 1, S. 248. Zum sogenannten **„differenzierenden Wahrscheinlichkeitsmaßstab"** (**„Je-desto-Formel"** / **„Variabilitätsformel"**) mit weiteren Nachweisen: *Basten*, Eingriffsrecht der Polizei in Nordrhein-Westfalen, Band 1, S. 248 f..

[1267] Zu § 12 PolG NRW siehe: *Basten*, Eingriffsrecht der Polizei in Nordrhein-Westfalen, Band 2, Buch 2, Abschnitt 10.

Jugendgefährdender Ort im Sinne von § 8 S. 1 JuSchG ist ein Ort, an dem einem Kind oder einer jugendlichen Person eine unmittelbare Gefahr für das körperliche, geistige oder seelische Wohl droht.

Unmittelbare Gefahr im Sinne von § 8 S. 1 JuSchG ist eine **konkrete Gefahr** für das körperliche, geistige oder seelische Wohl des Kindes oder des Jugendlichen, also eine Sachlage im einzelnen Fall, die bei ungehindertem Geschehensverlauf in absehbarer Zeit mit hinreichender Wahrscheinlichkeit nach differenzierendem Wahrscheinlichkeitsmaßstab (vgl. auch das jeweilige Alter) zu einem Schaden führt für Rechte und Rechtsgüter des Kindes oder des Jugendlichen insbesondere aus Art. 2 Abs. 2 S. 1 GG[1268], was in der Regel vorbehaltlich des einzelnen Falles bereits zu vermuten ist für Orte, an denen Verbotenes ausgeübt wird, wie etwa verbotenes Glücksspiel oder Prostitution oder Konsum verbotener Mittel (z.B. nach AMG, BtMG, NpSG), oder für Orte, an denen nach nachvollziehbar dokumetierten Statistiken mit Darlegungslast der Behörde eine signifikante Anzahl an bestimmten öffentlichkeitswirksamen Straftaten oder Ordnungswidrigkeiten geschehen, was wiederum an Orten nach § 12 Abs. 1 Nr. 2 PolG NRW (sogenannte gefährliche Orte)[1269] oder Orte i.S.d. § 104 Abs. 2 StPO verwirklicht sein kann.

- o Zusätzlich für § 8 S. 2 Nr. 1 JuSchG (Anordnung gegenüber Kind oder jugendlicher Person zum Verlassen des jugendgefährdenden Ortes)[1270]: **Nötigsein**.

Nötigsein ist **Erforderlichkeit** im Sinne von Verhältnismäßigkeit, also Nichtverfügbarkeit eines milderen, gleich geeigneten Mittels zur Förderung des legitimen Zwecks des Jugendschutzes, vgl. Art. 2 Abs. 2 S. 1, 2 GG, Art. 20 Abs. 3 GG.

- o Zusätzlich für § 8 S. 2 Nr. 2 JuSchG (Zuführung zur erziehungsberechtigten Person oder Inobhutbringen in die Obhut des Jugendamtes).
- o Zusätzlich § 8 S. 3 JuSchG (Unterrichtung des Jugendamtes über den jugendgefährdenden Ort): **schwieriger Fall**.

Schwieriger Fall im Sinne von § 8 S. 3 JuSchG ist eine gegenwärtige Gefahr (Schadenseintrittswahrscheinlichkeit in allernächster Zeit mit an Sicherheit grenzender Wahrscheinlichkeit) oder eine erhebliche Gefahr (für ein bedeutendes Schutgut) im einzelnen Fall oder eine andauernde, fortgesetzte Gefahr über den einzelnen Fall hinaus an dem konkreten Ort.[1271]

Auf dem **Rechtsgebiet der Strafrechtspflege** können zusätzlich zu den unter A. III. behandelten besonderen Inanspruchnahmevoraussetzungen in konkreten Fällen mit einem in einem Strafverfahren (vgl. §§ 1, 2 JGG) beschuldigten oder mit einem in einem

---

[1268] Zur **Konkrete-Gefahr**-Definition mit weiteren Nachweisen: *Basten*, Eingriffsrecht der Polizei in Nordrhein-Westfalen, Band 1, S. 248. Zum sogenannten **„differenzierenden Wahrscheinlichkeitsmaßstab“** (**„Je-desto-Formel“** / **„Variabilitätsformel“**) mit weiteren Nachweisen: *Basten*, Eingriffsrecht der Polizei in Nordrhein-Westfalen, Band 1, S. 248 f..

[1269] Zu § 12 PolG NRW siehe: *Basten*, Eingriffsrecht der Polizei in Nordrhein-Westfalen, Band 2, Buch 2, Abschnitt 10.

[1270] Zu Platzverweisungsarten nach PolG NRW und besonderen Befugnisrechtsnormen außerhalb des PolG NRW siehe: *Basten*, Eingriffsrecht der Polizei in Nordrhein-Westfalen, Band 2, Buch 2, Abschnitt 27.

[1271] Zur **Gegenwärtige-Gefahr**-Definition und zur **erhebliche-Gefahr**-Definition mit weiteren Nachweisen: *Basten*, Eingriffsrecht der Polizei in Nordrhein-Westfalen, Band 1, S. 251. Zum sogenannten **„differenzierenden Wahrscheinlichkeitsmaßstab“** (**„Je-desto-Formel“** / **„Variabilitätsformel“**) mit weiteren Nachweisen: *Basten*, Eingriffsrecht der Polizei in Nordrhein-Westfalen, Band 1, S. 248 f..

Ordnungswidrigkeitenverfahren (vgl. § 46 Abs. 1, 2, 6 JGG) betroffenen Jugendlichen oder Heranwachsenden (vgl. § 109 JGG) bzw. einem nach **Tatzeit** (§§ 2, 8 StGB; §§ 4, 6 OWiG) beschuldigten oder betroffenen Erwachsengewordenen[1272] speziellere Voraussetzungen insbesondere sein (hier in §§-numerisch abfolgenden Rechtsnormzusammenhängen und – teilweise mit Wiederholungen – in Sachzusammenhängen dargestellt):

- Gemäß § 38 Abs. 6 S. 1 JGG ist im gesamten **Jugendgerichtsstrafverfahren** (i.S.d. §§ 1, 2 JGG) gegen einen Jugendlichen (grundsätzlich nicht: Heranwachsenden, vgl. § 109 JGG) die **Jugendgerichtshilfe** (§§ 52, 87b SGB VIII) heranzuziehen; dies soll gemäß § 38 Abs. 6 S. 2 JGG so früh wie möglich geschehen.

  Gemäß § 70 Abs. 2 S. 1 JGG ist von der Einleitung des Verfahrens gegen einen beschuldigten/betroffenen Jugendlichen oder Heranwachsenden (vgl. § 109 Abs. 1 JGG) die **Jugendgerichtshilfe** spätestens zum Zeitpunkt der Ladung des Jugendlichen oder Heranwachsenden zu seiner ersten Vernehmung[1273] als Beschuldigter/Betroffener zu unterrichten; gemäß § 70 Abs. 2 S. 2 JGG muss im Fall einer ersten **Beschuldigtenvernehmung** ohne vorherige Ladung die **Unterrichtung** spätestens unverzüglich nach der Vernehmung erfolgen.

  Gemäß § 46 Abs. 6 OWiG kann im Ordnungswidrigkeitenverfahren gegen Jugendliche und Heranwachsende von der Heranziehung der **Jugendgerichtshilfe** (§§ 52, 87b SGB VIII) abgesehen werden, wenn ihre Mitwirkung für die sachgemäße Durchführung des Verfahrens entbehrlich ist; diese Ermessensentscheidung zur verfahrensmäßigen Beteiligung der Jugendgerichtshilfe im Ordnungswidrigkeitenverfahren ist ermessensfehlerfrei zu treffen insbesondere unter Würdigung der **Aufgaben der Jugendhilfe** (§ 2 SGB VIII) im Sinne des durch § 46 Abs. 6 OWiG ausdrücklich in Bezug genommenen § 38 Abs. 2 JGG, nämlich wie folgt:

[1272] BGH, Beschluss vom 18.06.2015 – 4 StR 59/15 –, Rn. 5: „Welches **Recht einheitlich auf mehrere in verschiedenen Altersstufen begangene Taten** anzuwenden ist, richtet sich danach, wo deren Schwergewicht liegt. Dies hat der Tatrichter nach seinem pflichtgemäßen Ermessen zu entscheiden (BGH, Urteile vom 8. Januar 1986 – 3 StR 457/85, NStZ 1986, 219, vom 22. Juni 1988 – 3 StR 93/88, BGHR JGG § 32 Schwergewicht 1, vom 31. August 1999 – 1 StR 268/99 und vom 18. Juni 2009 – 3 StR 171/09; Beschluss vom 7. Dezember 1999 – 1 StR 570/99). Lässt sich nicht eindeutig erkennen, dass das Schwergewicht bei den vom Angeklagten als Heranwachsender begangenen und nach Jugendstrafrecht zu beurteilenden Straftaten liegt, so ist für alle Taten allgemeines Strafrecht anzuwenden (vgl. BGH, Beschlüsse vom 7. Oktober 1997 – 4 StR 389/97, BGHR JGG § 32 Schwergewicht 4 mwN, vom 7. Dezember 1999 – 1 StR 570/99 und vom 27. Mai 2008 – 4 StR 178/08, NStZ-RR 2008, 324). Werden – wie hier – entsprechende Überlegungen deshalb nicht angestellt, weil der Tatrichter übersehen hat, dass die Anwendbarkeit des Jugendgerichtsgesetzes überhaupt im Raum steht, können nicht eigene Erwägungen des Revisionsgerichts an deren Stelle treten (BGH, Beschluss vom 18. März 1996 – 1 StR 113/96, NStZ-RR 1996, 250).“.

BGH, Beschluss vom 20.08.2015 – 3 StR 214/15 –, Rn. 5: „E[s] gibt allerdings zu erwägen, dass insbesondere auch verfassungsrechtliche Vorgaben […] Anlass dazu sein könnten, die bisherige Rechtsprechung dahin weiter zu entwickeln, dass bei der **Verhängung von Sanktionen gegen Straftäter, die zum Zeitpunkt ihrer Verurteilung bereits das 21. Lebensjahr vollendet haben** und somit im strafrechtlichen Sinne als erwachsen gelten, der Erziehungsgedanke nicht mehr nur von geringem Gewicht sein kann, sondern insgesamt kein taugliches Strafzumessungskriterium mehr ist. Dies könnte mit Blick auf § 89b Abs. 1 Satz 2 JGG jedenfalls für solche Täter gelten, die zu dem genannten Zeitpunkt das 24. Lebensjahr vollendet haben und deren Jugendstrafe deshalb regelmäßig im Strafvollzug für Erwachsene zu vollziehen ist […].“.

[1273] Zur Vernehmung des Beschuldigten/Betroffenen allgemein und ausführlich siehe: *Basten*, Eingriffsrecht der Polizei in Nordrhein-Westfalen, Band 2, Buch 2, Abschnitt 17.

Gemäß § 38 Abs. 2 S. 1 JGG bringen die **Vertreter der Jugendgerichtshilfe** die erzieherischen, sozialen und sonstigen im Hinblick auf die Ziele und Aufgaben der Jugendhilfe bedeutsamen Gesichtspunkte im Verfahren vor den Jugendgerichten zur Geltung; gemäß § 38 Abs. 2 S. 2 JGG unterstützen sie zu diesem Zweck die beteiligten Behörden durch **Erforschung** der Persönlichkeit, der Entwicklung und des familiären, sozialen und wirtschaftlichen Hintergrundes des Jugendlichen und äußern sich zu einer möglichen besonderen Schutzbedürftigkeit sowie zu den Maßnahmen, die zu ergreifen sind.
Gemäß § 38 Abs. 7 S. 1 JGG können das **Jugendgericht** (§ 33 JGG, §§ 26, 74b GVG) und im **Vorverfahren**[1274] die **Jugendstaatsanwaltschaft** (§ 36 JGG) auf die Erfüllung der Anforderungen des § 38 Abs. 3 JGG und auf Antrag der **Jugendgerichtshilfe** (§§ 52, 87b SGB VIII) auf die Erfüllung der Anforderungen des § 38 Abs. 4 S. 1 JGG verzichten, soweit dies auf Grund der Umstände des Falles gerechtfertigt und mit dem Wohl des Jugendlichen vereinbar ist; dabei kommt gemäß § 38 Abs. 7 S. 3 JGG ein Verzicht im Vorverfahren insbesondere in Betracht, wenn zu erwarten ist, dass das Verfahren ohne Erhebung der öffentlichen Klage abgeschlossen wird; gemäß § 38 Abs. 7 S. 2 JGG ist im Fall des Verzichts auf die Jugendgerichtshilfe dieser Verzicht der **Jugendgerichtshilfe** und den weiteren am Verfahren Beteiligten möglichst frühzeitig **mitzuteilen**.
Gemäß § 109 Abs. 1 S. 3 JGG werden im Fall eines beschuldigten/betroffenen Heranwachsenden die **Jugendgerichtshilfe** (§§ 52, 87b SGB VIII) und in geeigneten Fällen auch die **Schule** (SchulG NRW) von der Einleitung und dem Ausgang des Verfahrens **unterrichtet**; gemäß § 109 Abs. 1 S. 4 JGG benachrichtigen Jugendgerichtshilfe und Schule den **Staatsanwalt**, wenn ihnen bekannt wird, daß gegen den Beschuldigten noch ein anderes Strafverfahren anhängig ist.

- Gemäß § 43 JGG gelten besondere verfahrensmäßige und materiellrechtliche Voraussetzungen für den **Umfang der Ermittlungen** zum beschuldigten/betroffenen Jugendlichen oder Heranwachsenden (vgl. § 109 JGG).
  Gemäß § 43 Abs. 1 S. 1 JGG sollen materiellrechtlich nach Einleitung des Verfahrens so bald wie möglich die Lebens- und Familienverhältnisse, der Werdegang, das bisherige Verhalten des Beschuldigten und alle übrigen Umstände ermittelt werden, die zur Beurteilung seiner seelischen, geistigen und charakterlichen Eigenart dienen können.
  Gemäß § 43 Abs. 1 S. 2, 4 JGG sollen verfahrensrechtlich – unter Beachtung von § 38 Abs. 6 JGG und § 70 Abs. 2 JGG – der Erziehungsberechtigte und der gesetzliche Vertreter, die **Schule** (SchulG NRW) und der **Ausbildende** (BBiG, AusbEignV), soweit möglich, **gehört** werden, wobei gemäß § 43 Abs. 1 S. 3 JGG die Anhörung der Schule oder des Ausbildenden unterbleibt, wenn der Jugendliche davon unerwünschte Nachteile, namentlich den Verlust seines Ausbildungs- oder Arbeitsplatzes, zu besorgen hätte.
  Gemäß der spezielleren Befugnisrechtsnorm des § 43 Abs. 2 S. 1 JGG ist, soweit erforderlich, eine **Untersuchung (Exploration)**[1275] des Beschuldigten (Jugendlicher oder Heranwachsender, vgl. §§ 1, 2, 109 JGG), namentlich zur Feststellung seines Entwicklungsstandes oder anderer für das Verfahren wesentlicher Eigenschaften, herbeizuführen; gemäß der Verfahrensrechtsnorm des § 43 Abs. 2 S. 2 JGG soll nach Möglichkeit ein zur

[1274] Zu den einzelnen Verfahren und möglichen Verfahrensabschnitten für Verwaltungsverfahren, Strafverfahren, Ordnungswidrigkeitenverfahren siehe: *Basten*, Eingriffsrecht der Polizei in Nordrhein-Westfalen, Band 1, S. 192 f.

[1275] Zur Untersuchung und Exploration siehe ausführlicher mit weiteren Nachweisen: *Basten*, Eingriffsrecht der Polizei in Nordrhein-Westfalen, Band 3, Buch 3, Abschnitte 7, 8, jeweils A. III. (Mögliche Befugnisrechtsnorm – mit realfolgenentsprechender Rechtsfolge).

Untersuchung von Jugendlichen befähigter **Sachverständiger** (§§ 72-81 StPO) mit der Durchführung der Anordnung beauftragt werden.
In § 73 JGG ist die **Unterbringung zur Beobachtung** des Jugendlichen oder Heranwachsenden (vgl. § 109 JGG) normiert.

- Gemäß § 67 JGG ist die **Stellung der Erziehungsberechtigten**[1276] und der **gesetzlichen Vertreter**[1277] besonders zu berücksichtigen, insbesondere jeweils akzessorisch bezüglich einem gegebenen **Recht auf Fragen**, **Recht auf Antragsstellung**, **Recht auf Verteidigerwahl**, Recht auf Rechtsbehelfseinlegung, **Recht auf Anwesenheit** bei Untersuchungshandlungen, und zwar derart, dass dieses dann jeweils bereits in der Person des beschuldigten/betroffenen Jugendlichen (nicht: Heranwachsenden, vgl. § 109 JGG) gegebene Recht grundsätzlich auch den Erziehungsberechtigten und den gesetzlichen Vertretern zusteht, wobei sich Ausnahmen ergeben können insbesondere aus § 67 Abs. 4, 5 JGG bzw. speziellen Vorschriften wie etwa § 163 Abs. 3 S. 2 i.V.m. § 52 StPO[1278] oder § 81c Abs. 3 StPO[1279]. So sind denn auch gemäß § 67 Abs. 3 S. 2 JGG die Voraussetzungen des **Anwesenheitsrechts von Erziehungsberechtigen und gesetzlichen Vertretern** in der Regel erfüllt, wenn u.a. keiner der in § 51 Abs. 2 JGG genannten Ausschlussgründe oder eine sonstige Ordnungsstörung entsprechend § 177 GVG vorliegt; und gemäß § 67 Abs. 3 S. 3 JGG ist einer anderen für den Schutz der Interessen des Jugendlichen geeigneten **volljährigen Person** (§ 2 BGB) die **Anwesenheit zu gestatten**, wenn kein Erziehungsberechtigter und gesetzlicher Vertreter anwesend ist, weil diesen die Anwesenheit versagt wird oder weil binnen angemessener Frist kein Erziehungsberechtigter und kein gesetzlicher Vertreter erreicht werden konnte, und wenn die Voraussetzungen des Anwesenheitsrechts aus § 67 Abs. 3 S. 1 Nr. 1, 2 JGG sonst erfüllt sind.
- Gemäß § 67a JGG gibt es umfassendere Pflichten zur **Unterrichtung der Erziehungsberechtigten und der gesetzlichen Vertreter** des Jugendlichen (nicht: des Heranwachsenden, vgl. § 109 JGG), ausgehend von dem Grundsatz (mit Ausnahmenormen in § 67a Abs. 3-5 JGG) in § 67a Abs. 1 JGG, dass eine an den Beschuldigten **vorgeschriebene Mitteilung** entsprechend an die Erziehungsberechtigten und die gesetzlichen Vertreter gerichtet werden soll. Zum Grundsatz des § 67a Abs. 1 JGG sind fallabhängig ergänzend speziellere verfahrensrechtliche **Unterrichtungsrechtsnormen** zu berücksichtigen, so die speziellere Vorschrift in § 67a Abs. 2 S. 1 JGG, dass die Informationen, die der Jugendliche nach § 70a JGG (Unterrichtung des Jugendlichen zu diversen Katalogpunkten, siehe dazu § 70a JGG) zu erhalten hat, jeweils so bald wie möglich auch den Erziehungsberechtigten und den gesetzlichen Vertretern zu **erteilen** sind, und so auch die speziellere Vorschrift in § 67a

---

[1276] Zum **Strafrecht und elterlichen Erziehungsrecht**: BVerfGE 107, 104 (Anwesenheit im JGG-Verfahren) = BVerfG, Urteil des Zweiten Senats vom 16.01.2003 – 2 BvR 716/01.

[1277] **Vertreter** ist ein **Stellvertreter** qua Gesetz oder ein **Stellvertreter** qua Rechtsgeschäft (§§ 164-181 BGB). Vgl. insbesondere:

- §§ 1626-1698b BGB: **Elterliche Sorge** mit „**Vertretung des Kindes**" gemäß § 1629 BGB;
- § 1 Abs. 1 Nr. 4 JuSchG: **erziehungsbeauftragte Person**;
- §§ 1773-1895 BGB: **Vormundschaft**;
- §§ 1896-1908k BGB: **Rechtliche Betreuung**;
- §§ 1909-1921 BGB: **Pflegschaft**.

[1278] Zu § 163 Abs. 3-7 StPO siehe: *Basten*, Eingriffsrecht der Polizei in Nordrhein-Westfalen, Band 2, Buch 2, Abschnitt 16.

[1279] Zu § 81c Abs. 3 StPO siehe: *Basten*, Eingriffsrecht der Polizei in Nordrhein-Westfalen, Band 3, Buch 3, Abschnitt 8, B. II. (Verfahren).

Abs. 2 S. 2 JGG, dass im Fall der einstweiligen Freiheitsentziehung gegenüber dem beschuldigten/betroffenen Jugendlichen (nicht nach § 67a JGG: dem Heranwachsenden, vgl. § 109 JGG) die Erziehungsberechtigten und die gesetzlichen Vertreter so bald wie möglich über den Freiheitsentzug und die Gründe hierfür zu **unterrichten** sind.
Gemäß § 70 Abs. 3 S. 1 JGG erfolgt **Mitteilung** im Fall einstweiliger **Freiheitsentziehung**[1280] durch die durchführenden Stellen an die **Jugendstaatsanwaltschaft** (§ 36 JGG) und an das **Jugendgericht** (§ 33 JGG, §§ 26, 74b GVG) von Amts wegen über Erkenntnisse, die die freiheitsentziehungsdurchführenden Stellen auf Grund einer **medizinischen Untersuchung** erlangt haben, soweit diese Anlass zu Zweifeln geben, ob der Jugendliche verhandlungsfähig oder bestimmten Untersuchungshandlungen oder Maßnahmen gewachsen ist; gemäß § 70 Abs. 3 S. 2 JGG bleibt im Übrigen § 114e StPO (**Übermittlung** von Erkenntnissen durch die Vollzugsanstalt, vgl. StVollzG) unberührt.

- §§ 68, 68a, b JGG gibt es gegenüber und ergänzend zu den allgemeinen Vorschriften speziellere Vorschriften zur Bestellung eines **Pflichtverteidigers** in den Fällen der **notwendigen Verteidigung** (§ 68 JGG)[1281] im Verfahren gegen einen beschuldigten Jugendlichen

---

[1280] Zu **Freiheitsentziehungen auf dem Rechtsgebiet der Strafrechtspflege** siehe insbesondere: *Basten*, Eingriffsrecht der Polizei in Nordrhein-Westfalen, Band 2, Buch 2, Abschnitte 11, 30-35; zur bei diversen Maßnahmen möglicherweise nötigen Abgrenzung (nach ADIMZ) von Freiheitsentziehung und sonstiger Freiheitsbeschränkung i.S.v. Art. 2 Abs. 2 S. 2 GG siehe alle Grundrechte-Darstellungen (A. I.) zu Art. 2 Abs. 2 S. 2 GG in: *Basten*, Eingriffsrecht der Polizei in Nordrhein-Westfalen, Bände 2, 3.

[1281] Mit „Gesetz zur Neuregelung des Rechts der notwendigen Verteidigung" (BGBl. I S. 2128; in Kraft seit 13.12.2019) ist erstmals das Recht des Beschuldigten ausdrücklich normiert, bereits auch im polizeilichen Ermittlungsverfahren grundsätzlich im Fall notwendiger Verteidigung (§ 140 StPO) „unverzüglich" (§ 121 Abs. 1 S. 1 BGB), „spätestens vor einer Vernehmung des Beschuldigten" (§ 163a StPO) einen Pflichtverteidiger „bestellt" zu erhalten, „wenn der Beschuldigte dies nach Belehrung ausdrücklich beantragt" (§ 141 Abs. 1 S. 1 StPO), in den Fällen des § 141 Abs. 2 S. 1 StPO auch „unabhängig von einem Antrag" – mit Rückausnahmen in § 141 Abs. 2 S. 2, 3 StPO; auch mit Abweichungen in § 141a StPO für Beschuldigtenvernehmungen und Gegenüberstellungen (§§ 58 Abs. 2, 168b Abs. 3 StPO). Der Zeitpunkt polizeilicher Belehrung zur notwendigen Verteidigung i.S.d. § 140 StPO ist in einschlägigen Fällen – spätestens – „bei Beginn der ersten Vernehmung" des Beschuldigten wegen § 141 Abs. 1 S. 2 StPO und § 163a Abs. 4 S. 2 i.V.m. § 136 Abs. 1 S. 5 StPO, oder der Zeitpunkt ist anders in speziell normierten Fällen wie § 114b Abs. 2 S. 1 Nr. 4a oder §§ 68a, b JGG. Gemäß § 142 StPO ist vor Anklageerhebung der Antrag des Beschuldigten nach § 141 Abs. 1 S. 1 StPO vor Erhebung der Anklage bei den Behörden oder Beamten des Polizeidienstes „oder" bei der Staatsanwaltschaft anzubringen (Antrags-Entgegennahme-Zuständigkeit); die Bestellungs-Entscheidungs-Zuständigkeit obliegt dem Gericht nach StA-Vorlage mit Stellungnahme (§ 142 Abs. 1 S. 2 StPO) oder der StA selbst „bei besonderer Eilbedürftigkeit", § 142 Abs. 4 StPO.

Ein Fall **notwendiger Verteidigung** liegt u.a. dann vor,

- gemäß § 140 Abs. 1 Nr. 1 StPO, wenn zu erwarten ist, dass die Hauptverhandlung im ersten Rechtszug vor dem **Oberlandesgericht** (§§ 115-117, 120-122 GVG) , dem **Landgericht** (§§ 12, 13, 60, 70, 734, 74-74f, 76-78b GVG) oder dem **Schöffengericht** (§§ 12, 13, 24-27, 28-58 GVG) stattfindet [Ausgangsrechtsnorm für den Abgrenzungsüberblick über AG, LG, OLG mag sein: § 24 GVG;
- gemäß § 140 Abs. 1 Nr. 2 StPO, wenn dem Beschuldigten ein Verbrechen zur Last gelegt wird;
- gemäß § 140 Abs. 1 Nr. 3 StPO, wenn das Verfahren zu einem **Berufsverbot** (§§ 70-70b StGB) führen kann;
- gemäß § 140 Abs. 1 Nr. 4 StPO, wenn der Beschuldigte nach den §§ 115, 115a, 128 Abs. 1 oder § 129 StPO einem Gericht zur Entscheidung über Haft oder einstweilige Unterbringung vorzuführen ist;
- gemäß § 140 Abs. 1 Nr. 5 StPO, wenn der Beschuldigte sich auf Grund richterlicher Anordnung oder mit richterlicher Genehmigung in einer Anstalt befindet;

oder Heranwachsenden (vgl. § 109 JGG), insbesondere i.Z.m. mit Vernehmung und Gegenüberstellung (§§ 68a, b JGG).

- Gemäß § 70 Abs. 1 S. 1 JGG werden die **Jugendgerichtshilfe** (§§ 52, 87b SGB VIII), in geeigneten Fällen auch das **Familiengericht** (§ 23b GVG; FamFG) und die **Schule** (SchulG NRW) von der Einleitung und dem Ausgang des Verfahrens gegen einen beschuldigten/betroffenen Jugendlichen (nicht: Heranwachsenden, vgl. § 109 JGG) **unterrichtet**; wobei gemäß § 70 Abs. 1 S. 2 JGG Familiengericht und Schule die **Jugendstaatsanwaltschaft** (§ 36 JGG) benachrichtigen, wenn ihnen bekannt wird, daß gegen den Beschuldigten noch ein anderes Strafverfahren anhängig ist, und wobei gemäß § 70 Abs. 1 S. 3 JGG das Familiengericht der Jugendstaatsanwaltschaft ferner familiengerichtliche Maßnahmen sowie ihre Änderung und Aufhebung **mitteilt**, soweit nicht für das Familiengericht erkennbar ist, daß schutzwürdige Interessen des Beschuldigten oder einer sonst von der Mitteilung betroffenen Person oder Stelle an dem Ausschluß der Übermittlung überwiegen.
  Gemäß § 70 Abs. 2 S. 1 JGG ist von der Einleitung des Verfahrens gegen einen beschuldigten/betroffenen Jugendlichen oder Heranwachsenden (vgl. § 109 Abs. 1 JGG) die **Jugendgerichtshilfe** spätestens zum Zeitpunkt der Ladung des Jugendlichen oder Heranwachsenden zu seiner ersten Vernehmung[1282] als Beschuldigter/Betroffener zu unterrichten; gemäß § 70 Abs. 2 S. 2 JGG muss im Fall einer ersten **Beschuldigtenvernehmung** ohne vorherige Ladung die **Unterrichtung** spätestens unverzüglich nach der Vernehmung erfolgen, vgl. zur Heranziehung bzw. zum Verzicht auf **Heranziehung** der **Jugendgerichtshilfe** auch § 38 Abs. 7 JGG, § 46 Abs. 6 OWiG.
  Gemäß § 70 Abs. 3 S. 1 JGG erfolgt **Mitteilung** im Fall einstweiliger **Freiheitsentziehung**[1283] durch die freiheitsentziehungsdurchführenden Stellen an die **Jugendstaatsanwaltschaft** (§ 36 JGG) und an das **Jugendgericht** (§ 33 JGG, §§ 26, 74b GVG) von Amts wegen über Erkenntnisse, die die freiheitsentziehungsdurchführenden Stellen auf Grund einer medizinischen Untersuchung erlangt haben, soweit diese Anlass zu Zweifeln geben, ob der Jugendliche verhandlungsfähig oder bestimmten Untersuchungshandlungen oder Maßnahmen gewachsen ist; gemäß § 70 Abs. 3 S. 2 JGG bleibt im Übrigen § 114e StPO (**Übermittlung** von Erkenntnissen durch die Vollzugsanstalt, vgl. StVollzG) unberührt.
- Gemäß § 70a Abs. 1 S. 1 JGG ist der beschuldigte/betroffene Jugendliche oder Heranwachsende (vgl. § 109 JGG), wenn er davon in Kenntnis gesetzt wird, dass er Beschuldigter ist, **unverzüglich** (§ 121 Abs 1 S. 1 BGB) über die Grundzüge eines Jugendstrafverfahrens zu **informieren**.
  Gemäß § 70a Abs. 1 S. 2 JGG wird der beschuldigte/betroffene Jugendliche oder Heranwachsende (vgl. § 109 JGG) über die nächsten anstehenden Schritte in dem gegen ihn

---

- gemäß § 140 Abs. 1 Nr. 11 StPO, wenn ein seh-, hör- oder sprachbehinderter Beschuldigter die Bestellung beantragt;
- gemäß § 140 Abs. 2 StPO, wenn wegen der Schwere der Tat, der Schwere der zu erwartenden Rechtsfolge oder wegen der Schwierigkeit der Sach- oder Rechtslage die Mitwirkung eines Verteidigers geboten erscheint oder wenn ersichtlich ist, dass sich der Beschuldigte nicht selbst verteidigen kann.
- gemäß §§ 1, 109 Abs. 1 JGG und § 68 JGG in den dort genannten Fällen.

[1282] Zur Vernehmung des Beschuldigten/Betroffenen allgemein und ausführlich siehe: *Basten*, Eingriffsrecht der Polizei in Nordrhein-Westfalen, Band 2, Buch 2, Abschnitt 17.

[1283] Zu **Freiheitsentziehungen auf dem Rechtsgebiet der Strafrechtspflege** siehe insbesondere: *Basten*, Eingriffsrecht der Polizei in Nordrhein-Westfalen, Band 2, Buch 2, Abschnitte 11, 30-35; zur bei diversen Maßnahmen möglicherweise nötigen Abgrenzung (nach ADIMZ) von Freiheitsentziehung und sonstiger Freiheitsbeschränkung i.S.v. Art. 2 Abs. 2 S. 2 GG siehe alle Grundrechte-Darstellungen (A. I.) zu Art. 2 Abs. 2 S. 2 GG in: *Basten*, Eingriffsrecht der Polizei in Nordrhein-Westfalen, Bände 2, 3.

gerichteten Verfahren ebenfalls unverzüglich **informiert**, sofern der Zweck der Untersuchung dadurch nicht gefährdet wird.
Gemäß § 70a Abs. 1 S. 3 JGG ist der beschuldigte/betroffene Jugendliche oder Heranwachsende (vgl. § 109 JGG) außerdem unverzüglich über diverse Punkte zu **unterrichten**, die sich aus dem Katalog von § 70a Abs. 1 S. 3 Nr. 1-6 JGG ergeben.
Gemäß § 70a Abs. 2 JGG ist der beschuldigte/betroffene Jugendliche oder Heranwachsende (vgl. § 109 JGG), soweit dies im Verfahren von Bedeutung ist oder sobald dies im Verfahren Bedeutung erlangt, außerdem so früh wie möglich über die Punkte aus dem Katalog des § 70a Abs. 2 Nr. 1-7 JGG zu **informieren**.
Gemäß § 70a Abs. 3 JGG, ist der beschuldigte/betroffene Jugendliche oder Heranwachsende (vgl. § 109 JGG), wird **Untersuchungshaft**[1284] gegen ihn vollstreckt, außerdem über die Punkte aus dem Katalog von § 70a Abs. 3 Nr. 1, 2a-e JGG zu informieren.
Gemäß § 70a Abs. 4 JGG ist im Fall einer **anderen einstweiligen Freiheitsentziehung als der Untersuchungshaft** der beschuldigte/betroffene Jugendliche oder Heranwachsende (vgl. § 109 JGG) über seine dafür geltenden Rechte entsprechend § 70a Abs. 3 Nr. 2 JGG zu **informieren**, im Fall einer polizeilichen Ingewahrsamnahme auch über sein Recht auf die von Erwachsenen **getrennte Unterbringung** nach den dafür maßgeblichen Vorschriften (vgl. z.B. § 37 Abs. 3 PolG NRW).
Gemäß § 70a Abs. 6 JGG muss eine einem verhafteten beschuldigten/betroffenen Jugendlichen oder Heranwachsenden (vgl. § 109 JGG) **ausgehändigte schriftliche Belehrung** nach § 114b StPO[1285] auch die zusätzlichen Informationen nach § 70a JGG enthalten.
Gemäß § 109 Abs. 1 S. 2 JGG sind die Bestimmungen des § 70a JGG auf einen Heranwachsenden nur insoweit anzuwenden, als sich die Unterrichtung auf Vorschriften bezieht, die nach dem für die Heranwachsenden geltenden Recht nicht ausgeschlossen sind.

- Gemäß § 70b Abs. 1 S. 1 JGG müssen **vorgeschriebene Belehrungen** (vgl. insbesondere § 114 StPO, § 163 Abs. 3 S. 2 StPO, § 163a Abs. 4 StPO, § 163b Abs. 1 S. 1, letzter Hs. StPO, § 163b Abs. 2 S. 1, letzter Hs. StPO, § 163c Abs. 1 S. 3 StPO) des beschuldigten/betroffenen Jugendlichen oder Heranwachsenden (vgl. § 109 JGG) in einer Weise erfolgen, die seinem Alter und seinem Entwicklungs- und Bildungsstand entspricht.
Gemäß § 70b Abs. 1 S. 2 JGG sind die **vorgeschriebenen Belehrungen** gegenüber einem beschuldigten/betroffenen Jugendlichen (nicht: Heranwachsenden, vgl. § 109 JGG) i.S.d. § 70b Abs. 1 S. 1 JGG auch an **anwesende Erziehungsberechtigte und gesetzliche Vertreter** zu richten und müssen dabei in einer Weise erfolgen, die es diesen ermöglicht, ihrer Verantwortung im Hinblick auf den Gegenstand der Belehrung gerecht zu werden.
Gemäß § 70b Abs. 1 S. 3, Abs. 2 JGG sind unter den dort genannten Umständen bezüglich gerichtlicher Rechtsfolgen weitere Belehrungspflichten zu beachten, nämlich gemäß § 70b Abs. 1 S. 3 JGG die Pflicht zu **schriftlicher Belehrung** gegenüber etwaig bei der Jugendlichen-Belehrung zu vom Gericht angeordneten Rechtsfolgen nicht anwesenden Erziehungsberechtigten oder gesetzlichen Vertretern und gemäß § 70b Abs. 2 JGG die Pflicht zu besonders verständnisvermittelnder Belehrung gegenüber jugendlichen oder heranwachsenden Mitangeklagten bei einer Belehrung über die Bedeutung der Aussetzung einer Jugendstrafe zur Bewährung oder über die Bedeutung des Vorbehalts einer diesbezüglichen nachträglichen Entscheidung, wenn die Mitangeklagten zu Erziehungsmaßregeln oder Zuchtmitteln verurteilt werden.

[1284] Zur **Untersuchungshaft** siehe insbesondere: *Basten*, Eingriffsrecht der Polizei in Nordrhein-Westfalen, Band 2, Buch 2, Abschnitte 31, 32; vgl. auch §§ 112, 113, 114, 116-123, 126 StPO.

[1285] Zu § 114b StPO (Belehrung des verhafteten Beschuldigten) vgl. insbesondere: *Basten*, Eingriffsrecht der Polizei in Nordrhein-Westfalen, Band 2, Buch 2, Abschnitte 11, 30-35, dort jeweils B. II. (Verfahren).

- Gemäß § 70c Abs. 1 JGG ist die **Vernehmung** des beschuldigten/betroffenen Jugendlichen oder Heranwachsenden (vgl. § 109 JGG) in einer **Art und Weise** durchzuführen, die seinem Alter und seinem Entwicklungs- und Bildungsstand Rechnung trägt.
  Gemäß § 70c Abs. 2, 3 JGG gibt es ergänzende Vorschriften zur **Vernehmungsaufzeichnung in Bild- und Ton** (vgl. § 163 Abs. 3 S. 2 StPO, § 163a Abs. 4 S. 2 i.V.m. § 136 Abs. 4 StPO)[1286], unberührt von den **Protokollierungspflichten** gemäß StPO (vgl. z.B. § 163 Abs. 3 S. 2, Abs. 6 StPO; § 163a Abs. 5 StPO; § 168b StPO), wobei gemäß § 70c Abs. 3 S. 2 StPO stets ein **Protokoll** aufzunehmen ist, wenn die Vernehmung des Beschuldigten außerhalb der Hauptverhandlung nicht in Bild und Ton aufgezeichnet wird.
- Aus § 72 Abs. 1 JGG ergeben sich (polizeilich möglichst zu antezipierende/antizipierende) besonders ausgedrückte **Verhältnismäßigkeitsvoraussetzungen** bezüglich einer (möglichen) **Untersuchungshaft**[1287] gegenüber einem beschuldigten Jugendlichen (nicht: Heranwachsenden, vgl. § 109 JGG): Gemäß § 72 Abs. 1 S. 1 JGG darf eine Untersuchungshaft nur verhängt und vollstreckt werden, wenn ihr Zweck nicht durch eine vorläufige Anordnung über die Erziehung oder durch andere Maßnahmen erreicht werden kann; gemäß § 72 Abs. 1 S. 2 JGG sind bei der Prüfung der Verhältnismäßigkeit (§ 112 Abs. 1 S. 2 StPO) auch die besonderen Belastungen des Vollzuges für Jugendliche zu berücksichtigen. Aus § 72 Abs. 2 JGG ergibt sich eine (polizeilich möglichst zu antezipierende/antizipierende) negative Voraussetzung nur bzgl. Fluchtgefahr gegenüber potentiell festnahmebetroffenen Jugendlichen (§ 1 JGG) wie fogt: Solange der **Jugendliche das sechzehnte Lebensjahr noch nicht vollendet** hat, ist die Verhängung von Untersuchungshaft wegen Fluchtgefahr nur zulässig, wenn er sich dem Verfahren bereits entzogen hatte oder Anstalten zur Flucht getroffen hat oder im Geltungsbereich der StPO keinen festen Wohnsitz oder Aufenthalt hat.[1288] Zur Vollstreckung der Untersuchungshaft vgl. auch § 89c JGG; zur **freiheitsentziehenden Unterbringung und freiheitsentziehenden Maßnahmen beim Kind**, vgl. auch § 1631b BGB.
- Gemäß § 72a JGG (**Heranziehung der Jugendgerichtshilfe in Haftsachen**) ist nach § 72a S. 1 JGG die **Jugendgerichtshilfe** (§§ 52, 87b SGB VIII) unverzüglich (§ 121 Abs. 1 S. 1 BGB) von der Vollstreckung eines Haftbefehls zu **unterrichten**; ihr soll bereits der Erlass eines Haftbefehls **mitgeteilt** werden.
  Gemäß § 72a S. 2 JGG ist die **Jugendgerichtshilfe** (§§ 52, 87b SGB VIII) von der **vorläufigen Festnahme** eines Jugendlichen oder Heranwachsenden (vgl. § 109 JGG) zu **unterrichten**, wenn nach dem Stand der Ermittlungen zu erwarten ist, dass der Jugendliche gemäß § 128 StPO dem **Richter vorgeführt** wird.
- Gemäß § 72b JGG (Verkehr mit Vertretern der **Jugendgerichtshilfe**, dem **Betreuungshelfer** und dem **Erziehungsbeistand**) ist nach § 72b S. 1 JGG, befindet sich ein Jugendlicher oder Heranwachsender (vgl. § 109 JGG) in **Untersuchungshaft**[1289], auch den Vertretern der Jugendgerichtshilfe (§§ 52, 87b SGB VIII) der Verkehr mit dem Beschuldigten in demselben Umfang wie einem Verteidiger gestattet; entsprechendes gilt gemäß § 72b S. 2 JGG,

---

[1286] Zu Vernehmungsaufzeichnungen in Bild und Ton siehe insbesondere: *Basten*, Eingriffsrecht der Polizei in Nordrhein-Westfalen, Band 2, Buch 2, Abschnitte 16, 17, dort jeweils B. II. (Verfahren).

[1287] Zur **Untersuchungshaft** siehe insbesondere: *Basten*, Eingriffsrecht der Polizei in Nordrhein-Westfalen, Band 2, Buch 2, Abschnitte 31, 32; vgl. auch §§ 112, 113, 114, 116-123, 126 StPO.

[1288] Zu § 127 Abs. 2 i.V.m. § 112 Abs. 1, 2 Nr. 2 StPO siehe: *Basten*, Eingriffsrecht der Polizei in Nordrhein-Westfalen, Band 2, Buch 2, Abschnitt 31.

[1289] Zur **Untersuchungshaft** siehe insbesondere: *Basten*, Eingriffsrecht der Polizei in Nordrhein-Westfalen, Band 2, Buch 2, Abschnitte 31, 32; vgl. auch §§ 112, 113, 114, 116-123, 126 StPO.

wenn der Beschuldigte der Betreuung und Aufsicht eines **Betreuungshelfers** (§ 30 SGB VIII) untersteht oder für ihn ein **Erziehungsbeistand** (§ 30 SGB VIII; §§ 1712-1717 BGB) bestellt ist, für den Helfer oder den Erziehungsbeistand.

- Gemäß § 79 Abs. 2 JGG ist das **beschleunigte Verfahren** des allgemeinen Verfahrensrechts (§§ 417-420 StPO) gegenüber einem **Jugendlichen** (§ 1 JGG), nicht gegenüber einem **Heranwachsenden** (vgl. §§ 1, 109 JGG), unzulässig.

ABSCHNITT 4:
VERSAMMLUNGSRECHT

A. Rechtsgrundlage (RGL) I. Grundrechte (GR)

(VOR/DEF)

Grundrechte sind grundlegende Rechte aus Art. 1-19 GG i.V.m. dem Rechtsstaatsprinzip, Art. 20 Abs. 3 GG, mit Vorrang und Vorbehalt des Gesetzes.[1290]

(SUB/ERG)

Grundrechte sind (i.d.R. alternativ fallabhängig) wie folgt gegeben:

1. Versammlungsfreiheitsgrundrecht, Art. 8 GG[1291]

a) GR-SB[1292]: Friedliches und waffenloses Sichversammeln aller Deutschen – ohne Anmeldung oder Erlaubnis.

[1290] Zu **Grundrechten**: *Basten*, Eingriffsrecht der Polizei in Nordrhein-Westfalen, Band 1, Buch 1, Abschnitt 2, Unterabschnitt 3. Zum **Rechtsstaatsprinzip** mit unter anderem sogenanntem Vorrang des Gesetzes und Vorbehalt des Gesetzes: *Basten*, Eingriffsrecht der Polizei in Nordrhein-Westfalen, Band 1, S. 95-108.

[1291] Vgl. auch Art. 142 GG i.V.m. Art. 4 Abs. 1 Verfassung NRW; Art. 12 Abs. 1 EU-GR-Charta, Art. 11 EMRK.

[1292] **Versammlung i.S.d. Versammlungsrechts** ist ausdrücklich in drei GG-Artikeln genannt: Artt. 8, 17a, 18 GG. Jeweils anderes betrifft das Wort von der Versammlung in folgenden GG-Artikeln: Art. 28 Abs. 1 S. 4 GG (Gemeindeversammlung), Art. 54 Abs. 1, 3, 4, 6 GG (Bundesversammlung), Art. 121 GG (Bundesversammlung), 137 Abs. 2 GG (Bundesversammlung); so auch in Art. 47 Verfassung NRW („Versammlung“ des Landtags), Art. 60 Verfassung NRW („versammeln“ des Landtags), Art. 78 Abs. 1 Verfassung NRW (Verbandsversammlung).

Eine bedeutende Besonderheit des Versammlungsrechts ist die geradezu psychologische und physische Wechselwirkung zwischen persönlichem und sachlichem Grundrechtsschutzbereich: Es brauchen sich mehrere Personen zur Grundrechtsausübung kollektiver Meinungsbildung. Der Leitbegriff des Versammelns aus dem sachlichen Grundrechtsschutzbereich besteht qua definitionem, ja kraft Natur der Sache aus „mehreren Personen“, deren Berechtigung wiederum – sit venia verbo – Sache des persönlichen Grundrechtsschutzbereichs ist. Persönlicher und sachlicher Grundrechtsschutzbereich greifen ineinander über. Das mag mal ähnlich, aber eben nicht gleich sein bei Art. 9 GG, vgl. BVerfGE 122, 342, 358 (Bayerisches Versammlungsgesetz) = BVerfG, Beschluss des Ersten Senats vom 17.02.2009 – 1 BvR 2492/08, B. I. 2. b) bb), Rn. 109: „Allerdings ist im Hinblick auf die Frage der Selbstbetroffenheit grundsätzlich zwischen den **Rechten einer Vereinigung** und den **Rechten ihrer Mitglieder** zu trennen. Die Rechte ihrer Mitglieder wachsen einer Vereinigung in der Regel nicht auch als eigene zu. Für das Versammlungsrecht sind hier indes Besonderheiten anzuerkennen. Die **Rechte von Veranstalter, Leiter und Teilnehmern einer Versammlung** sind in spezifischer Weise miteinander verschränkt.“ Die Abhängigkeit vom Anderen mag in einem anderen Sinne deutlicher werden bei Art. 3 GG oder bezüglich Art. 1 Abs. 1 GG wie in der BRD bereits frühzeitig beschrieben (BVerfGE 4, 7, 15 f. [Investitionshilfe] = BVerfG, Urteil des Ersten Senats vom 20.07.1954 – 1 BvR 459, 484, 548, 555, 623, 651, 748, 783, 801/52, 5, 9/53, 96, 114/54 –, D. 3., Rn. 29). Jedoch: bei anderen Grundrechten sind die Schutzbereiche klarer nach Entitäten unterscheidbar, man vergleiche nur das individuelle „Leben“ eines Menschen oder sachlich-gegenständlicher im Sinne eines eben entgegengesetzten Objekts, was jemand grundsätzlich alleine „haben, herbeiführen, holen“ kann: die „Freiheit“, den „Glauben“, die individuelle „Meinung“, die „Information“, die „Presse“, die „Kunst“, die „Wissenschaft“, die „Ehe und Familie“, die „Schule“, „Brief, Post und Fernmeldung“, die „Freizügigkeit“, den „Beruf“, die „Wohnung“, das „Eigentum“, das „Erbrecht“, die „Staatsangehörigkeit“, das „Asylrecht“, die „Eingabe“, den „Rechtsweg“. Versammlung kann eine Person alleine nicht haben, Versammlungsgrundrechtsrealisierung für eine einzige Person geht nicht; denkbarer Fall ist nur der des Anspruchs einer einzelnen Person auf Durchführung einer Versammlung gegenüber anderen Personen.

Wegen der Besonderheit der **Wechselwirkungen zwischen Versammeln** (der Versammlung) **und Versammlungsteilnehmern** („kein Sichversammeln und keine Versammlung ohne Teilnehmer") ist zur Begriffsverwirrungs- und Verwechslungsvermeidung an etwas wesentliches zu erinnern: an die allgemeine Grundrechtsdogmatik von der Grundrechtsgebundenheit an das Mensch- oder Personensein jedes einzelnen Grundrechtsberechtigten und Grundrechtsverpflichteten. Eine Versammlung als solche ist keine natürliche und keine juristische Person im Sinne des Art. 19 Abs. 3 GG, schon gar kein Mensch im Sinne des Art. 1 Abs. 1, 2 GG. Zu den **Rechtssubjekten des deutschen Rechts**: *Basten*, Eingriffsrecht der Polizei in Nordrhein-Westfalen, Band 1, Buch 1, Abschnitt 2, Unterabschnitt 2.

Es gibt schlechthin kein **Grundrecht der Versammlung**, sondern gegebenenfalls ein **Grundrecht auf Versammlung bei je einer Person**, oder noch aufklarender beim ersten Auslegungsansatz, nämlich beim Lesen des Wortlauts von Art. 8 Abs. 1 GG: es gibt allein ein ausdrückliches Grundrecht eines Grundrechtsberechtigten auf ein persönliches Verhalten, nämlich ein **Sich-Versammeln**.

Die Definition der **Versammlung** an sich (als Entität, nicht als allumfassender Vorgang) ist nicht die vollständige Beschreibung des vom friedlichen und waffenlosen Sichversammeln geprägten Versammlungs-Grundrechtsschutzbereichs. Wir müssen uns Versammlungen nicht nur als monolithischen Meinungsblock, sondern als Veranstaltungen in vielfältigen Zusammensetzungen von individuellen Grundrechtsträgern vorstellen. Zur Grundrechtsdogmatik steht außer Frage und Widerspruch, dass bei auf einfacher Gesetzesebene erlaubten Maßnahmen gegenüber einer Versammlung oder Versammlungsteilnehmern die Versammlung als solche und weitere Teilnehmer Tatbestandsvoraussetzung sein können (vgl. z.B. § 5 Nr. 3 VersG, § 13 Abs. 1 S. 1 Nr. 2 VersG) oder unmittelbar oder mittelbar-faktisch in irgendeiner Art und Weise betroffen werden können – bis hin zur Teilnahmebeendigung, etwa mangels Versammlung, zum simplen Beispiel: bei einer **Versammlung von zweien**, von denen einer ausgeschlossen wird. Es kann also sein, dass nach Beurteilung auf Grundrechtsebene ein Grundrecht zwar besteht, dass es aber nach Beurteilung im konkreten Fall auf Einzelmaßnahmenebene unmittelbar oder mittelbar-faktisch nicht (mehr) ganz oder gar nicht (mehr) gewährt werden kann; das ist aber beim Fallbearbeitungspunkt der Grundrechte nicht Gegenstand der Betrachtung, sondern erst bei den Fallbearbeitungsfeldern „Formelle Rechtmäßigkeit" und „Materielle Rechtmäßigkeit" (der Einzelmaßnahme, eben als einzelner Grundrechtseingriff). Die allgemeine, beim Versammlungsgrundrecht in besonderer Verbindung von **Versammlungsindividuum und Versammlungskollektiv** besonders zu erinnernde Grundrechtsdogmatik von der Grundrechtsgebundenheit an das Mensch- oder Personensein jedes einzelnen Grundrechtsberechtigten wie Grundrechtsverpflichteten ist der wahre Grund für: **versammlungsrechtliches Differenzierungsgebot** (vgl. z.B. Nr. 6, 7, 9 „Leitlinie für den bürgernahen Einsatz der Polizei – nordrhein-westfälische Linie", z.B. in: Landtag NRW, Drucksache 16/6245) in jedem rechtspraktischen und taktischen Sinne: Es ist in jedem Fall, in jeder Lage begrifflich, gedanklich, sprachlich, und bei relevanten Unterschieden verhaltensmäßig zu differenzieren zwischen der Versammlung als solcher und einzelnen Versammlungsteilnehmern, sowie fallabhängig bei der Einzelmaßnahmenadressierung zwischen unterschiedlich grundrechtsberechtigten, durch Eingriff einschränkbaren potentiellen oder aktuellen Versammlungsteilnehmern untereinander, vgl. auch zum Beispiel §§ 5, 11 Abs. 1, 13, 15, 18 Abs. 3, 19 Abs. 4 VersG. Es sind immer zu differenzieren: Versammlungsteilnehmer und Versammlung sowie Versammlungsteilnehmer voneinander. Die Beachtung des Differenzierungsgebots war und ist Faktor für den Einsatzerfolg rechtsstaatlicher Organe im Sinne einer Einheit von Recht und Taktik (Zur „Einheit von Recht und Taktik" anhand eines realen Beispiels aus der Polizeipraxis: *Basten*, Die Polizei 2012, S. 150, m.w.N.; nach Begriffsgrundlegung Aufnahme z.B. bei *Knape*, Die Polizei 2016, S. 157). Die Gering,- Miß- oder Nichtachtung des Differenzierungsgebots war und ist Faktor für Einsatzfehler mit Amtshaftungspotential, zum Beispiel bei sogenannten Massen-/Mengen-/Multi-Freiheitsentziehungen, also sogenannten Masseningewahrsamnahmen und sogenannten Massenfestnahmen oder weiteren **Massen-/Mengen-/Multi-Festhaltemaßnahmen**, etwa zur Identitätsfeststellung, die je nach Berücksichtigung des Differenzierungsgebots einschließlich einschlägiger Inanpruchnahme-/Adressaten-Regelungen rechtmäßig oder rechtswidrig sein können. Vgl. zum Beispiel: VG Hamburg, 30.10.1986 – 12 VG 2442/86 = VG Hamburg, NVwZ 1987, 829 (Hamburger Kessel am 08.06.1986 mit ca. bis zu 13-stündigem Festhalten von ca. 861 Personen, davon ca. 838 Ingewahrsamnahmen und ca. 22 Festnahmen bei ca. 15 Ermittlungsverfahren, ca. 7 davon wegen Verstoßes gegen das

aa) Persönlicher GR-SB: „Alle Deutschen", Art. 8 Abs. 1 GG, Art. 116 GG oder Nichtdeutsche über Art. 2 Abs. 1 GG (Allgemeine Verhaltensfreiheit als Versammlungsfreiheit) – ggf. i.V.m. Art. 19 Abs. 3 GG[1293].

- Deutsche im Sinne des Art. 116 GG gemäß Art. 8 Abs. 1 GG mit abstrakt-generell höchstem Grundrechtsschutz in voller Bedeutung des Versammlungsgrundrechts als Bürger[1294]-Recht aktiver Teilnahme am politischen Meinungsbildungsprozess und Willensbildungsprozess, unentbehrlich als ergänzendes Funktionselement eines grundsätzlich parlamentarisch-repräsentativen demokratischen Gemeinwesens[1295];
- Nichtdeutsche:
    - nichtdeutsche EU-Unionsbürger[1296] gemäß Art. 2 Abs. 1 GG i.V.m. Art. 12 Abs. 1 EU-GR-Charta, Artt. 18, 21 AEUV, Art. 11 EMRK[1297] mit abstrakt-generell annähernd gleichem – nicht identischem – Grundrechtsschutz wie Deutsche;
    - nichtdeutsche Nicht-Unionsbürger/EU-Drittstaatsangehörige[1298] im persönlichen EMRK-Geltungsbereich gemäß Art. 2 Abs. 1 GG i.V.m. Art. 11 EMRK mit abstrakt-generell annähernd gleichem – nicht identischem – Grundrechtsschutz wie nichtdeutsche EU-Unionsbürger;
    - nichtdeutsche Ausländer[1299] und Staatenlose[1300] außerhalb des persönlichen AEUV- und EMRK-Geltungsbereichs gemäß Art. 2 Abs. 1 GG mit abstrakt-generell

---

VersG, strafrechtliche und privatrechtliche Folgen nach LG Hamburg, Urteil vom 23.10.1991 - 830 Js 182/86: Verwarnung wegen Freiheitsberaubung mit Geldstrafenvorbehalt gegenüber 4 Polizeiführern und Schadensersatz von 200 Deutsche Mark pro Versammlungsteilnehmer); BVerfG, Beschluss der 3. Kammer des Ersten Senats vom 02.11.2016 – 1 BvR 289/15, Rn. 19 f., mit positiven Anforderungen an eine Massen-/Mengen-/Multi-Freiheitsentziehung zur Identitätsfeststellung.

[1293] BVerfGE 122, 342 (Bayerisches Versammlungsgesetz) = BVerfG, Beschluss des Ersten Senats vom 17.02.2009 - 1 BvR 2492/08, B. I. 2 a), Rn. 101: Versammlungsgrundrechtsgeltung und Versammlungsgrundrechtsanwendbarkeit bei juristischen Personen im engeren, privatrechtlichen Sinn und bei sonstigen Personenvereinigungen mit festgefügter Struktur und Anlage auf Dauer – jedenfalls als Veranstalter.

[1294] Vgl. zum **Bürger**-Begriff und zum **Einwohner**-Begriff z.B. § 21 GO NRW.

[1295] Zum **Versammlungsrecht als Bürgerrecht in der BRD**: BVerfGE 69, 315, Ls. 1, 343-347 (Brokdorf) = BVerfG, Beschluss des Ersten Senats vom 14.05.1985 – 1 BvR 233, 341/81, Ls. 1, C. I. 2., Rn. 62-67.

[1296] Zum gesetzlichen **Unionsbürger**-Begriff (Legaldefinition): Art. 9 S. 2, 3 EUV, Art. 20 Abs. 1 S. 2, 3 AEUV; auch, aber ohne Deutsche: § 1 FreizügG/EU.

[1297] Zur gegebenen **EU-EMRK-Geltung** auch unabhängig von Art. 6 Abs. 2 EUV bei persönlicher Anwendbarkeit der EMRK auf einen Unionsbürger, vgl. EuGH, Urteil vom 18.12.2014 – Az.: C-2/13.

[1298] Zum gesetzlichen **Drittstaatsangehörigen**-Begriff (Legaldefinition): Art. 16a Abs. 2 S. 1 GG: „aus einem Mitgliedstaat der Europäischen Gemeinschaften oder aus einem anderen Drittstaat"; § 26a AsylG („sicherer Drittstaat" i.S.d. Art. 16a Abs. 2 S. 1 GG); § 29a AsylG („sicherer Herkunftsstaat" i.S.d. Art. 16a Abs. 3 S. 1 GG); VO (EU) 2018/1806 zur Aufstellung der Liste der Drittländer, deren Staatsangehörige beim Überschreiten der Außengrenzen im Besitz eines Visums sein müssen, sowie der Liste der Drittländer, deren Staatsangehörige von dieser Visumpflicht befreit sind (EUVisumVO); Art. 2 Nr. 6 VO (EU) 2016/399 (SGK); Art. 2 a) VO (EU) Nr. 604/2013 (Dublin-III-VO); Art. 2 Nr. 1 VO (EG) Nr. 810/2009 (Visakodex). Vgl. „**Drittausländer**" i.S.d. Art. 21 Abs. 1, 2 SDÜ.

[1299] Zum (jeweiligen) gesetzlichen **Ausländer**-Begriff (bzw. persönlichen Gesetzesanwendungsbereich) vgl. insbesondere: Art. 116 GG, §§ 1, 3, 17 StAG, § 1 Abs. 2 AufenthG, § 2 Abs. 1 AufenthG, Spezialrechtsnormen wie § 48 Abs. 1 S. 2 AufenthG, § 1 AsylG, § 1 FreizügG/EU, § 12 FreizügG/EU; vgl. zur **Nationalität** auch: § 3b Abs. 1 Nr. 3 AsylG.

[1300] Zum **Staatenlosen**-Begriff: Art. 1 Abs. 1 Staatenlosenübereinkommen i.V.m. (deutschem Umsetzungs-)Gesetz zu dem Übereinkommen vom 28.09.1954 über die Rechtsstellung der Staatenlosen vom

ähnlichem Grundrechtsschutz wie Deutsche und Unionsbürger oder Nicht-Unionsbürger unter EMRK-Geltung (vgl. auch § 21 IPbpR).

22.04.1976 (BGBl. II 1976 Nr. 22, S. 473 f.); vgl. auch Art. 67 Abs. 2 S. 2 AEUV; BVerwGE 133, 203 (Staatsangehörigkeitsentzug/Ausbürgerung; Staatenloser; gewöhnlicher Aufenthalt i.S.v. § 3 Abs. 2 Nr. 2b AsylG [nach jetziger n. F., zuvor: AsylVfG]) = BVerwG, Urteil vom 26.02.2009 – BVerwG 10 C 50.07.

bb) Sachlicher GR-SB: Friedliches und waffenloses[1301] Sichversammeln. (Sich-)**Versammeln**[1302] ist örtliche[1303] Zusammenkunft[1304] mehrerer Personen[1305] zwecks[1306]

[1301] Zu **versammlungsrechtlicher Grundrechtsschutzbereichseinordnung von Friedlichkeit und Waffenlosigkeit**: BVerfG, Beschluss der 3. Kammer des Ersten Senats vom 02.11.2016 - 1 BvR 289/15 – II. 1. a), Rn. 16: „Die Verfassung gewährleistet lediglich das Recht, sich ‚friedlich und ohne Waffen zu versammeln'. Das ist Vorbedingung [Schutzbereichsbegrenzung, P. B.] für die Gewährleistung der Versammlungsfreiheit als Mittel zur aktiven Teilnahme am politischen Prozess und für eine freiheitliche Demokratie unverzichtbar (vgl. BVerfGE 69, 315 <359 f.>).".

[1302] **(Sich-)Versammeln** ist gesamtes Verhalten des Versammelns einschließlich Vorbereitung(svorfeld) [zum Beispiel durch Veranstaltungsorganisation], Hinweg(vorfeld) [Anreise, Zugang], Teilnahme [auch durch Leitung, Ordnen]. Vgl. BVerfGE 84, 203, 209 (Republikaner) = BVerfG, Beschluss des Ersten Senats vom 11.06.1991 – 1 BvR 772/90 –, B. II. 1., Rn. 16.

[1303] **Versammlungsrechtlich örtliche Zusammenkunft** ist nur jede körperliche Zusammenkunft an einem real-gegenständlichen Ort, nicht: ein virtuelles Aufeinandertreffen, etwa in einem Internetforum oder bei einer Telekommunikationskonferenz.

[1304] **Versammlungsrechtliche Zusammenkunft** ist am ehesten Synonym für das (örtliche) Sichversammeln in der Versammlungsdefinition – mit Bezug auf das Örtliche (nichtvirtuelle) des Sichversammelns.

[1305] **Versammlungsrechtlich mehrere Personen / versammlungsrechtliche Personenmehrheit** = mindestens 2 Personen; vgl.: ESVGH 57, 197 (Stille Mahnwache aus 2 Personen anlässlich einer öffentlichen Gedenkfeier zu Volkstrauertagen 2003 / 2004) = VGH Baden-Württemberg, Urteil vom 25.04.2007 – 1 S 2828/06, Ls. 1: „Bereits zwei Personen können eine Versammlung im verfassungs- und versammlungsrechtlichen Sinne bilden."; Rn. 22, 23: „Der mögliche Wortsinn als Grenze der Interpretation ist damit - im Gegensatz zur Annahme einer ‚**Ein-Mann-Versammlung**', [**Versammlung mit einer natürlichen Person**, P. B.] die ggfs. als Demonstration nur von Art. 5 Abs. 1 GG geschützt ist – nicht überschritten. Eine unterschiedliche rechtliche Einordnung einer Veranstaltung mit zwei und einer mit drei Personen unter Verweis auf ein - vages - Sprachgefühl und ‚natürliches Verständnis' überzeugt angesichts des auch individualbezogenen Schutzzwecks des Art. 8 GG und des daraus zu folgernden Verbots einer staatlichen Isolierung des Einzelnen nicht; dies gilt auch dann, wenn ein - bezogen auf den verfolgten Zweck - enger Versammlungsbegriff zugrunde gelegt wird. Gegen diese weite Auslegung des Grundrechtstatbestands spricht schließlich nicht die damit nach Maßgabe des Gesetzesvorbehalts in Art. 8 Abs. 2 GG einhergehende Möglichkeit der Auferlegung versammlungsrechtlicher Pflichten [Quellenangaben]. Denn auch der vorliegende Fall zeigt, dass sich der Regelungsbedarf bei öffentlichen und öffentlichkeitswirksamen Veranstaltungen mit zwei oder mit drei Personen nicht grundlegend unterscheidet. Fehlt insbesondere Veranstaltungen mit nur wenigen Personen die Öffentlichkeitswirkung, etwa weil sie als Zwiegespräch schon ihrer Natur nach nicht öffentlich sind, ist das Versammlungsgesetz mit seinen besonderen Pflichten, etwa der Anmeldepflicht, nicht einschlägig. Einer unterschiedlichen verfassungsrechtlichen und einfachrechtlichen Begriffsbildung bedarf es folglich nicht."; VG Neustadt, Beschluss vom 02.04.2020 – 4 L 333/20.NW (Verbot einer 2-Personen-Versammlung nach Anmeldung als 2-Personen-Versammlung einschließlich Leiter mit dem Motto "Migrationspolitik, neue Weltordnung, Corona" – wegen mit an Sicherheit grenzender Wahrscheinlichkeit von Gegenversammlungen mehrerer Personen und damit Verstoß gegen 3. Corona-Bekämpfungsverordnung Rheinland-Pfalz vom 23.03.2020 [3. CoBeLVO]); vgl. auch: § 2 Abs. 1 BayVersG, § 2 NVersG, § 1 Abs. 3 Sächsisches VersG; aber: § 2 Abs. 1 VersFG SH: „mindestens 3" – letzteres zweifelhaft, und im Zweifel („in dubio pro libertate") verfassungskonform auszulegen wegen § 31 BVerfGG i.V.m. BVerfGE 104, 92, Ls. 2 („mehrerer").

[1306] **Versammlungsrechtlicher Zweck**: Versammlungsmäßiger Zweck der Zusammenkunft an sich ist das Versammlungsmerkmal, an dem sich die Weite oder Enge des Versammlungsbegriffs entscheidet, der nach Zweckweite oder Zweckenge wie folgt differenziert werden kann:

- Weitester Versammlungs-Begriff: Örtliche Zusammenkunft mehrerer Personen zu irgendeinem Zweck;
- Weiter Versammlungs-Begriff: Örtliche Zusammenkunft mehrerer Personen zu irgendeinem gemeinschaftlichen Zweck (zum Gemeinschaftlichkeitszweck siehe oben);

- Engerer/Weiterer (je nach Denkrichtung vom Engen zum Weiten oder umgekehrt) Versammlungs-Begriff: Örtliche Zusammenkunft mehrerer Personen zur gemeinschaftlichen, auf die Teilhabe an der Meinungsbildung gerichteten Erörterung oder Kundgebung;
- Enger Versammlungs-Begriff: Örtliche Zusammenkunft mehrerer Personen zur gemeinschaftlichen, auf die Teilhabe an der öffentlichen Meinungsbildung gerichteten Erörterung oder Kundgebung;
- Engster Versammlungs-Begriff: Örtliche Zusammenkunft mehrerer Personen zur gemeinschaftlichen, auf die Teilhabe an der öffentlichen Meinungsbildung in öffentlichen Angelegenheiten gerichteten Erörterung oder Kundgebung.

Die bzgl. engem und engstem Versammlungs-Begriff offene BVerfG-Formulierung seit BVerfG, Beschluss der 1. Kammer des Ersten Senats vom 12.07.2001 – 1 BvQ 28/01 –, Rn. 16 (Fuckparade) vermeidet Abgrenzungsschwierigkeiten bzgl. der Eigenschaft von meinungsgegenständlichen Angelegenheiten als öffentlich und ermöglicht in Grenzfällen eine flexiblere Verengung oder Erweiterung des Versammlungsbegriffs.

gemeinschaftlicher[1307] Erörterung oder Kundgabe[1308] mit überwiegendem[1309] Zweck der Teilhabe an öffentlicher Meinungsbildung.[1310] **Versammlungsfreiheit** im Sinne des Art. 8 GG[1311]

[1307] **Gemeinschaftlichkeitszweck** bei der Erörterung oder Kundgebung ist das Vorhandensein eines Versammlungswillens mit verbindendem Bezug auf die anderen Personen ohne Eigenversammlungsverhinderungsabsicht; wobei der Gemeinschaftlichkeitszweck/Versammlungswille auch noch vorhanden ist bei Teilnehmern mit grundsätzlicher Anerkennung des Versammlungsgemeinschaftsbestands ohne Billigung der Inhalts-Ziele und Meinungen, also auch bei Ablehnung, Kritik, Protest, Widerspruch innerhalb der Versammlung in kommunikativer Art bis zur Grenze eines vorherrschenden Versammlungsverhinderungszwecks (keine Notwendigkeit von Homogenität oder Uniformität). Vgl. BVerfGE 84, 203, Ls. 1 und 209 f. (Republikaner) = BVerfG, Beschluss des Ersten Senats vom 11.06.1991 – 1 BvR 772/90 –, B. II. 1., Ls. 1 und Rn. 18 f.

Versammlungsgegenbegriffe im Gegensatz zu einer Versammlung mit Gemeinschaftlichkeitszweck sind:

- **Ansammlung**. Ansammlung ist eine örtliche Zusammenkunft mehrerer Personen, vielleicht mit unterschiedlichem oder ähnlichem oder gleichem Zweck, aber jedenfalls ohne gemeinschaftlichen Zweck. Das Fehlen von einem Versammlungsgemeinschaftszweck kann allgemein bei passivem Konsum äußerer Anlässe im wahrsten Wortsinn vermutet werden, wie bei schlicht auf etwas Wartenden (Ampelgrün, Bedienung, Wetterumschlag), Schaulustigen (Personenmehrheit bei Unfällen, mögen diese auch schon alle eine in etwa gleiche Meinung zum Unfallereignis haben und – etwa ausrufend oder kopfschüttelnd – äußern, aber noch nicht gerade als Gemeinschaft eine Stellung beziehen, einen Standpunkt bezeugen) oder bloßen Zuschauerveranstaltungen (Konzerte, Oper, Sportveranstaltungen, Theater).
  Zum **versammlungsmäßigem Stellungbeziehen und Standpunktbezeugen**: BVerfGE 69, 315, 345 (Brokdorf) = BVerfG, Beschluss des Ersten Senats vom 14.05.1985 – 1 BvR 233, 341/81, C. I. 2. a), Rn. 64.
- **Verhinderungsansammlung** oder **Verhinderungsversammlung**. Verhinderungsansammlung oder Verhinderungsversammlung ist eine örtliche Zusammenkunft mehrerer Personen, mit der vorherrschenden Absicht, eine nichtverbotene Versammlung zu verhindern oder zu sprengen oder sonst ihre Durchführung zu vereiteln (vgl. § 21 VersG).

[1308] **Versammlungsmäßige Erörterung oder Kundgabe** sind alternative Tätigkeitswörter für das Tätigkeitszentrum des Sichversammelns und vom **Recht auf versammlungsmäßige Selbstbestimmung** (RvS) / **versammlungsmäßigen Selbstbestimmungsrechts** über **Versammlungsspezifika** und **Versammlungsmodalitäten** wie Ob, Art, Form, Inhalt, Mittel, Ort, Zeit (OAFIMOZ) des Versammelns. **Kundgabe** ist **Demonstration** als Versammlungsunterart bzw. Versammlungsunterform.

[1309] **Versammlungsrechtliches Überwiegen** ist Ausdruck vom **versammlungsrechtliches Gesamtgepräge** als Abgrenzung zu **versammlungsrechtlichen Mischveranstaltungen** mit anderen Zwecken im Vordergrund. Vgl. auch § 2 Abs. 1 BayVersG („überwiegend auf die Teilhabe an der öffentlichen Meinungsbildung gerichteten Erörterung oder Kundgebung."), § 2 Abs. 1 VersFG SH („überwiegend auf die Teilhabe an der öffentlichen Meinungsbildung gerichteten Erörterung oder Kundgebung."), § 1 Abs. 3 S. 2 Sächsisches VersG („überwiegend auf die Teilhabe an der öffentlichen Meinungsbildung gerichteten Erörterung oder Kundgebung."). BVerfG, Beschluss der 1. Kammer des Ersten Senats vom 12.07.2001 – 1 BvQ 28/01 –, Rn. 25 („Fuckparade"): „Es ist verfassungsrechtlich nicht zu beanstanden, die rechtliche Beurteilung danach zu richten, ob die Veranstaltung ihrem Gesamtgepräge nach eine Versammlung ist oder ob der Spaß-, Tanz- oder Unterhaltungszweck im Vordergrund steht. Bleiben Zweifel, so bewirkt der hohe Rang der Versammlungsfreiheit, dass die Veranstaltung wie eine Versammlung behandelt wird."; BVerwGE 129, 42 (Fuckparade 2001 – 5 Jahre Hateparade) = BVerwG, Urteil vom 16.05.2007 – BVerwG 6 C 23.06, Ls. und Rn. 17, 18 (dort auch „Gesamtschau" und „Sicht eines durchschnittlichen Betrachters" sowie mit einer Art Dreierschritt der Beurteilung. Mit der Gesamtschau ist nur in erster Linie abzustellen auf einen durchschnittlichen Außenstehenden, der sich zum Zeitpunkt der Veranstaltung an Versammlungsort befindet, denn letztlich sollen gegebenenfalls alle Umstände vor, bei und nach der Veranstaltung berücksichtigt werden, also zum Beispiel auch Äußerungen des Veranstalters im Vorfeld, während und nach der Veranstaltung.).

ist die Freiheit zur örtlichen Zusammenkunft mit anderen Personen zum Zwecke einer gemeinschaftlichen, überwiegend auf die Teilhabe an der öffentlichen Meinungsbildung gerichteten

[1310] **Versammlungsbegriff** in ständiger Rechtsprechung seit BVerfG, Beschluss der 1. Kammer des Ersten Senats vom 12.07.2001 - 1 BvQ 28/01, Rn. 16 (Fuckparade): „Dementsprechend sind Versammlungen im Sinne des Art. 8 GG örtliche Zusammenkünfte mehrerer Personen zwecks gemeinschaftlicher Erörterung und Kundgebung mit dem Ziel der Teilhabe an der öffentlichen Meinungsbildung."; vgl. dazu auch § 2 Abs. 1 BayVersG; § 2 Abs. 3 VersG NRW nach Landtag-NRW-Drucksache 17/12423, S. 7; BVerfGE 104, 92, Ls. 2 (Sitzblockade III – Wackersdorf) = BVerfG, Beschluss des Ersten Senats vom 24.10.2001 - 1 BvR 1190/90, 2173/93, 433/96: „Versammlung im Sinne des Art. 8 GG ist eine örtliche Zusammenkunft mehrerer Personen zur gemeinschaftlichen, auf die Teilhabe an der öffentlichen Meinungsbildung gerichteten Erörterung oder Kundgebung." BVerwGE 129, 42 (Fuckparade) = BVerwG, Urteil vom 16.05.2007 – BVerwG 6 C 23.06, Rn. 15: „Der Versammlungsbegriff des Versammlungsgesetzes entspricht demjenigen des Grundgesetzes (vgl. Urteil vom 21. April 1989 - BVerwG 7 C 50.88 - BVerwGE 82, 34 <38>; [Quellenangabe]. Die Gleichsetzung beider Versammlungsbegriffe erweist sich als verfassungsgemäß (vgl. BVerfG, Kammerbeschluss vom 12. Juli 2001 - 1 BvQ 28 und 30/01 - NJW 2001, 2459 <2460>).".

[1311] **Versammlungsfreiheit im Sinne des Art. 8 GG** – und nicht nur „gemäß" Art. 8 GG bedeutet auch Versammlungsfreiheit nach Art. 2 Abs. 1 GG bei nicht gemäß Art. 8 Abs. 1 GG Grundrechtsberechtigten.

Erörterung oder Kundgebung – friedlich und ohne Waffen[1312] – bzgl. **Versammlungsspezifika**[1313] von (OAFIMOZ)[1314]: Ob[1315], Art und Form[1316], Inhalt[1317], Mittel[1318], Ort[1319], Zeit[1320].

[1312] Zu **versammlungsrechtlicher Grundrechtsschutzbereichseinordnung von Friedlichkeit und Waffenlosigkeit**: BVerfG, Beschluss der 3. Kammer des Ersten Senats vom 02.11.2016 - 1 BvR 289/15 – II. 1. a), Rn. 16: „Die Verfassung gewährleistet lediglich das Recht, sich ‚friedlich und ohne Waffen zu versammeln'. Das ist Vorbedingung für die Gewährleistung der Versammlungsfreiheit als Mittel zur aktiven Teilnahme am politischen Prozess und für eine freiheitliche Demokratie unverzichtbar (vgl. BVerfGE 69, 315 <359 f.>)."

[1313] Zum Begriff vom **Versammlungsspezifikum** vgl. z.B.: BVerfGK 13, 82 (Versammlungssprechchöre „Nationaler Widerstand" – Kombination von Auflagen zu Form und Inhalt) = BVerfG, Beschluss der 1. Kammer des Ersten Senats vom 19.12.2007, - 1 BvR 2793/04 - Rn. 15.

Zum Begriff der **Versammlungsmodalität** vgl. z.B.: BVerfGE 128, 226, 250 f. (Fraport) = BVerfG, Urteil des Ersten Senats vom 22.02.2011 – 1 BvR 699/06 –, B. II. 1. a) bb), Rn. 64.

[1314] Zu **Versammlungsspezifika** bzw. **Versammlungsmodalitäten** von Ob, Art, Form, Inhalt, Mittel, Ort, Zeit (OAFIMOZ) ausdrücklich zum Beispiel: BVerfGE 122, 342, 369-373 (Bayerisches Versammlungsgesetz) = BVerfG, Beschluss des Ersten Senats vom 17.02.2009 – 1 BvR 2492/08, B. II. 2. c) aa) bb) d), Rn. 131-136; BVerfGE 128, 226, 250 f. (Fraport) = BVerfG, Urteil des Ersten Senats vom 22.02.2011 – 1 BvR 699/06 –, B. II. 1. a) aa) bb), Rn. 63 f.; BVerfGE 111, 147, 154 f. (Inhaltsbezogenes Versammlungsverbot) = BVerfG, Beschluss des Ersten Senats vom 23.06.2004 – 1 BvQ 19/04, B. II. 1. a), Rn. 19.

[1315] **Versammeln ohne Anmeldung oder Erlaubnis** ist vom sachlichen Grundrechtsschutzbereich des Art. 8 Abs. 1 GG ausdrücklich geschützt. Zu diesem Wortlaut diametral entgegengesetzter Einschränkung durch einfachgesetzliche Anmeldepflicht plus Sanktionierung wie in §§ 14, 15 Abs. 3 Hs. 1, 26 Nr. 2 VersG unter Berufung auf Art. 8 Abs. 2 GG hat das BVerfG – mittlerweile legendäre – richterliche Rechtsfortbildung statt judikative Erkenntnis von Verfassungswidrigkeit betrieben – mit Begleiterscheinungen wie:

- **Anmeldepflichtdispens bei Versammlungszweckverfehlung** (BVerfGE 69, 315, Ls. 2a) und 350-352 [Brokdorf] = BVerfG, Beschluss des Ersten Senats vom 14.05.1985 – 1 BvR 233, 341/81; BVerfGE 85, 69, Ls. 1, 2 und 75 [Eilversammlungen] = BVerfG, Beschluss des Ersten Senats vom 23.10.1991 – 1 BvR 850/88.);
- **Auflösungsmindermaßnahmenregel durch Auflösungsregelwegfall** (BVerfGE 69, 315, Ls. 2b) und 350 f. [Brokdorf] = BVerfG, Beschluss des Ersten Senats vom 14.05.1985 – 1 BvR 233, 341/81) bei Bestehenbleiben von Sanktionierungsmöglichkeit (BVerfGE 85, 69, 76 [Eilversammlungen] = BVerfG, Beschluss des Ersten Senats vom 23.10.1991 – 1 BvR 850/88), B. II. 1., Rn. 29.;
- **Kooperationsgebote** (BVerfGE 69, 315, Ls. 3 und 355-359, 362 [Brokdorf] = BVerfG, Beschluss des Ersten Senats vom 14.05.1985 – 1 BvR 233, 341/81);
- **Bundesversammlungsgesetz-Fortgeltung** mit weiterer Bundes-Versammlungsgesetzversteinerung jedenfalls im Wortlaut. Die Geltung des – im Brokdorf-Beschluss nicht wenigstens teilweise wegen Rechtsnormverfassungswidrigkeit kassierten – aufgrund Art. 74 Abs. 1 Nr. 3 a.F. erlassenen (Bundes-)VersG unterliegt seit 01.09.2006 einem besonders geregelten Zwischenstadium: Das VersG vom 24.07.1953 (BGBl., Jahrgang 1953, Teil I, Nr. 40, S. 684-68), in Kraft getreten am 10.08.1953, in Neufassung vom 15.11.1978 bekanntgemacht am 24.11.1978 (BGBl., Jahrgang 1978, Teil I, Nr. 63, S. 1789-1793), danach noch 5 Änderungsgesetzen ausgesetzt, gilt nach Änderung des Art. 74 Abs. 1 Nr. 3 GG durch dortige Streichung des Wortes „Versammlungsrechts" gemäß Art. 125a Abs. 1 GG als erlassenes Bundesrecht in den (Bundes-)Ländern fort, solange und soweit es durch das betreffende Land noch nicht ersetzt wurde (Gesetz zur Änderung des Grundgesetzes vom 28.08.2006, in: BGBl., Jahrgang 2006, Teil I, Nr. 41, S. 2034-2038, verkündet/ausgegeben am 31.08.2006, in Kraft getreten am 01.09.2006 [mit Änderung des Art. 74 Abs. 1 Nr. 3 GG von „Vereins- und Versammlungsrecht" in „Vereinsrecht": S. 2035, Nr. 7 a) bb) im Rahmen der sogenannten „Föderalismusreform I", dazu: „Föderalismusreform-Begleitgesetz" vom 05.09.2006, in: BGBl., Jahrgang 2006, Teil I, Nr. 42, S. 2098-2107, verkündet/ausgegeben am 11.09.2006, Inkrafttreten am

12.09.2006, 01.01.2007, 31.12.2019 (sic!, bzgl. Art. 13 Föderalismusreform-Begleitgesetz: „Gesetz zur Entflechtung von Gemeinschaftsaufgaben und Finanzhilfen“ – EntflechtG)] .

Versammlungsrechtliche Kooperation ist Ausdruck der im sachlichen Grundrechtsschutzbereich der Versammlungsfreiheit liegenden positiven staatlichen Rechtsdurchsetzung, Rechtsermöglichung, Rechtsgestaltung für die Versammlungsfreiheit jedenfalls im Rahmen des Grundrechtsschutzes durch Verfahren und dabei grundsätzlich durch Kooperationspflichten bzw. Kooperationsobliegenheiten von zuständiger Versammlungsbehörde/Polizei und Versammlungsbeteiligten: Versammlungsbehörde einerseits und andererseits Versammlungsteilnehmer, vor allem Versammlungsveranstalter und Versammlungsleiter, obliegt Austausch und Ausgleich untereinander, wobei unberechtigter Kooperationsmangel einer Seite zugunsten der anderen Seite deren Rechtsausübung vergrößern kann. Vgl. BVerfGE 69, 315, Ls. 3 und 355-357 (Brokdorf) = BVerfG, Beschluss des Ersten Senats vom 14.05.1985 – 1 BvR 233, 341/81, C. III. 1., Rn. 83-85 f.

Versammlungsrechtsspezifisches Recht auf informationelle Selbstbestimmung: Auch wenn es als dahinstehend deklariert wird, ob neben den „spezifischen Auswirkungen (…) auf die Versammlungsfreiheit“ das Recht auf informationelle Selbstbestimmung aus Art. 2 Abs. 1 GG (i.V.m. Art. 1 Abs. 1 GG) einschlägig ist (BVerfGE 122, 342, 359 [Bayerisches Versammlungsgesetz] = BVerfG, Beschluss des Ersten Senats vom 17.02.2009 – 1 BvR 2492/08, B. I. 2. b) (2) cc), Rn. 111), so wird doch jedenfalls rechtspraktisch der Schutzbereich des Art. 8 GG i.V.m. dem spezifischen Schutzbereichsgehalt aus Art. 2 Abs. 1 GG ergänzt, was insbesondere Bedeutung erlangen kann bei Möglichkeiten von tatsächlichen oder scheinbaren Datenerhebungen gegenüber potentiellen oder aktuellen Versammlungsteilnehmern in Bezug auf deren innere Versammlungsfreiheit, etwa durch Einschüchterungseffekte, vgl. bereits bloßes Kameraaufstellen gegenüber potentiellen oder aktuellen Versammlungsteilnehmern (BVerfGE 122, 342, 369-373 [Bayerisches Versammlungsgesetz] = BVerfG, Beschluss des Ersten Senats vom 17.02.2009 – 1 BvR 2492/08, B. II. 2. c) aa) bb) d), Rn. 131-136). Auch kann das Versammlungsgrundrecht bereits zur Frage des „Ob“, also zum Versammlungsteilnahmegrundrecht, durch das **Informationsfreiheitsgrundrecht** i.V.m. Art. 5 Abs. 1 S. 1 Hs. 2 GG sachlich ergänzt werden, insbesondere im Hinblick auf das Versammlungskollektiv als Quelle von Information im weiteren Sinne, also wegen der Gelegenheit des Einzelnen zu Austausch, Dialog, Inspiration durch Teilnahme, durch Aufenthalt an der (Informations-)Quelle des Versammlungskollektivs.

Versammlungsrechtlicher Anspruch auf aktive staatliche Förderung der Versammlungsteilnahme, etwa durch staatliche Finanzierung oder durch Freistellung, wird in der Regel über die allgemeine positive staatliche Verfahrenssicherung hinaus aus dem sachlichen Grundrechtsschutzbereich der Versammlungsfreiheit nicht ausgelegt. Vgl. BVerwGE 72, 113, 118 = BVerwG, Urteil vom 13.09.1985 – BVerwG 5 C 113.83 (Abweisung der Klage auf Kostenübernahme einer Reise zu auswärtiger Versammlung im Rahmen notwendigen Lebensunterhalts); BVerwGE 42, 79, 85 = BVerwG, Urteil vom 15.03.1973 – BVerwG II C 7/71 (Rechtmäßigkeit der Versagung eines zwecks Teilnahme an einer politischen Demonstration beantragten Sonderurlaubs gegenüber Studienrat).

1316 Zu **versammlungsmäßiger „Art des Auftretens“** vgl. BVerfGE 69, 315, 345 (Brokdorf) = BVerfG, Beschluss des Ersten Senats vom 14.05.1985 - 1 BvR 233, 341/81, C. I. 2. a), Rn. 64; BVerfGE 128, 226, 250 f. (Fraport) = BVerfG, Urteil des Ersten Senats vom 22.02.2011 – 1 BvR 699/06 –, B. II. 1. a) bb), Rn. 63 f.. Versammeln kann tatsächlich in der Art von Friedlichkeit oder Unfriedlichkeit geschehen, wobei Unfriedlichkeit rechtlich ausdrücklich vom Grundrechtsschutzbereich der Versammlungsfreiheit als einer Freiheit zu eben geistiger Auseinandersetzung ausgenommen ist gemäß der sachlichen Grundrechtsschutzbereichsbegrenzung aus Art. 8 Abs. 1 GG. Friedlichkeit respektive Unfriedlichkeit ist der letztgültige Maßstab für die Teilhabe an kollektiver Meinungsbildung im Schutzbereich des Art. 8 GG, auch bei „zwangsweise[r] oder sonst wie selbsthilfeähnliche[r] Durchsetzung eigener Forderungen“ (BVerfGE 104, 92, 105 f. [Sitzblockade III – Wackersdorf] = BVerfG, Beschluss des Ersten Senats vom 24.10.2001 - 1 BvR 1190/90 – B. II. 1. a) bb), Rn. 42-46), die somit keine ungeschriebene dritte Kategorie neben Friedlichkeit und Waffenlosigkeit sein kann. Erste obere Merkaussage für die nähere Bestimmung der Friedlichkeit ex negativo respektive der Unfriedlichkeit ist: Rechtswidrigkeit i.S. der Rechtsordnung ist nicht automatisch Unfriedlichkeit i.S. von Art. 8 Abs. 1 GG. Zweite obere Merkaussage für die nähere Bestimmung der Friedlichkeit ex negativo respektive der Unfriedlichkeit ist: Unfriedlichkeit im Sinne des

GG und Gewalt oder Gewalttätigkeit im Sinne der Unfriedlichkeitsdefinition sind nicht dasselbe wie Gewalt oder Gewalttätigkeit im Sinne des StGB. Grund für die unter strenger Beachtung der Rechtsnormhierarchie gegebene Unabhängigkeit des grundgesetzlichen Friedlichkeitsbegriffs von einfachem Gesetzesrecht ist die im Wortlaut von Art. 8 GG ausgedrückte grundsätzliche Vorbehaltlosigkeit der Versammlungsfreiheit von einfachem Gesetzesrecht mit einem eingeschränkten Gesetzesvorbehalt in Art. 8 Abs. 2 GG, der bei Identität von einfachen Gesetzesverstößen und Unfriedlichkeit redundant, mithin im wahrsten Sinne teleologischer Auslegung sinnlos wäre. In Fällen mit **Sitzblockadenversammlungen** oder **Stehblockadenversammlungen**, also bei Sitz- oder Stehblockaden, die nicht nur reine Verhinderungsblockaden ohne Versammlungseigenschaft sind wegen dann fehlenden Zwecks der Teilhabe an öffentlicher Meinungsbildung (vgl. § 21 VersG), ist zunächst für die Frage der Versammlungsgrundrechtsschutzbereichseröffnung die Frage aller Fragen diejenige nach der Friedlichkeit der Sitz- oder Stehblockadenteilnehmer. Als zu entscheidende Hauptbeispiele für Fälle von Sitz- oder Stehblockadenversammlungen können 5 Hauptkonstellationen dienen:

• Erste Konstellation einer Sitz- oder Stehblockadenversammlung:

Bloßes Sitzen oder Stehen, zum Beispiel als sog. stiller Protest, als Symbol, mit Möglichkeiten des Passierens der Sitz- oder Stehstelle. Dieses bloße Sitzen oder Stehen als offensichtlich rein symbolische Sitz- oder Stehblockade ist nicht Gewalt im Sinne von Unfriedlichkeit nach dem Grundgesetz und auch nicht Gewalt im Sinne von Nötigung nach dem Strafgesetzbuch. Denn: Es gibt dabei keinerlei körperliche, physische Wirkung durch die Sitz- oder Stehblockade.

• Zweite Konstellation einer Sitz- oder Stehblockadenversammlung:

Sitzen oder Stehen mit aktiver, erheblicher körperlicher Wirkung bei einem Gegenüber, z.B. mit Schlagen oder Treten zur Abwehr von Anderen, die an den Sitz- oder Stehblockierern vorbeiwollen oder die Sitz- oder Stehblockierer wegbringen oder wegtragen wollen. Diese Sitz- oder Stehblockade ist in der Regel Gewalt im Sinne von Nötigung nach Strafgesetzbuch und in der Regel Gewalt im Sinne von Unfriedlichkeit nach dem Grundgesetz.

• Dritte Konstellation einer Sitz- oder Stehblockadenversammlung

Sitzen oder Stehen mit bloß passivem Anketten an Aus- oder Eingänge, Bahngleise, Bäume können je nach Verwerflichkeit von Mittel und Zweck Gewalt im Sinne von Nötigung sein wegen Schaffens eines körperlichen Hindernisses, sind aber oft noch keine erhebliche körperliche Einwirkung, also keine Gewalt im Sinne von Unfriedlichkeit nach dem Grundgesetz.

Vgl.: BVerfGE 104, 92 (Sitzblockade III – Wackersdorf) = BVerfG, Beschluss des Ersten Senats vom 24.10.2001 – 1 BvR 1190/90, 2173/93, 433/96.

• Vierte Konstellation einer Sitz- oder Stehblockadenversammlung:

Sitzen oder Stehen mit Anhalten nur eines einzigen Fahrzeugführers oder sonstigen Verkehrsteilnehmers oder sonstigen Benutzers öffentlicher Fläche. Diese Sitz- oder Stehblockade ist allein als solche nicht Gewalt im Sinne von Nötigung nach § 240 StGB. Denn: Es gibt keinen physisch vermittelten Zwang zum Anhalten beim ersten Gegenüber, höchstens einen psychischen Zwang beim Anhaltenden, die Sitzenden oder Stehenden nicht zu überfahren. Durch den rein psychischen Zwang ist höchstens möglich: Nötigung mit einem empfindlichen Übel, nämlich dem Übel des Überfahrens von Menschen. Dieser rein psychische Zwang reicht aber definitiv nicht für Gewalt im Sinne von Unfriedlichkeit nach dem Grundgesetz. Die Gegenauffassung, die schon die psychische Zwangswirkung als Gewalt bewertet, benutzt einen sogenannten vergeistigten Gewaltbegriff, der abzulehnen ist, weil er in der Auslegung des Gesetzeswortlauts zu weit geht und deshalb ein Verstoß ist gegen das verfassungsrechtliche Verbot einer strafbegründenden oder strafverschärfenden Analogie, Art. 103 Abs. 2 GG und § 1 StGB (≙ § 3 OWiG).

Vgl.: BVerfGE 92, 1 (Sitzblockaden II) = BVerfG, Beschluss des Ersten Senats vom 10.01.1995 – 1 BvR 718, 719, 722, 723/89; Historie zuvor insbesondere: BGHSt 23, 46, 54 (Laepple: Gewalt als „psychischer Zwang“, „psychisch determinierter Prozeß“) = BGH, Urteil des Zweiten Strafsenats vom 08.08.1969 – 2 StR 171/69; BVerfGE 73, 206 (Sitzblockade I – Mutlangen. Ls. 1: Verfassungsmäßigkeit der Auslegung des Fahrbahnversperrens durch Verweilen „ohne gewalttätiges Verhalten“ [sic!] als „Gewaltalternative“ [sic!] des § 240 StGB „infolge“ Stimmengleichheit, vgl. § 15 Abs. 4 S. 3 BVerfGG, Ls. 2: Möglichkeit der Verwerflichkeitsfeststellung i.S.d. § 240 Abs. 2 StGB) = BVerfG, Urteil des Ersten Senats vom 11.11.1986 – 1 BvR 713/83 u.a.; zum Verbot strafbegründender oder strafverschärfender Analogie allgemein: BVerfGK 14, 12, 15 = BVerfG, Beschluss der 2. Kammer des Zweiten Senats vom 26.06.2008 – 2 BvR 2067/07 und BVerfG, Beschluss der 3. Kammer des Zweiten Senats vom 27.06.2014 - 2 BvR 429/12 – III. 2. a) aa), Rn. 17 = BVerfG, NJW 2014, 2777.

• Fünfte Konstellation einer Sitz- oder Stehblockadenversammlung:

Sitzen oder Stehen auf der Straße mit Anhalten eines Fahrzeugführers und dahinter mindestens noch eines Fahrzeugführers. Diese Sitz- oder Stehblockade mit Anhalten von Fahrzeugen bis mindestens in eine 2. Reihe ist nach BGH-Rechtsprechung, die vom Bundesverfassungsgericht gebilligt wurde, Nötigung mit Gewalt in mittelbarer Täterschaft, da die Sitz- oder Stehblockierer den Fahrzeugführer mit seinem Fahrzeug in erster Reihe als Werkzeug benutzen und mit diesem Werkzeug ein physisches, körperliches Hindernis schaffen für Fahrzeugführer ab der zweiten Reihe, denn da liege ja bei den Fahrzeugführern ab der zweiten Reihe nicht nur psychischer Zwang vor, keinen zu überfahren, sondern physischer Zwang, wegen des körperlichen Fahrzeug-Hindernisses nicht weiterfahren zu können. Deshalb nennt man die BGH-Rechtsprechung zu dieser Fallkonstellation auch: „Zweite-Reihe-Rechtsprechung." Aber: auch dieses bloße Sitzen oder Stehen mit Auswirkungen auf zweite Reihen ist zwar Gewalt im Sinne des StGB, aber in der Regel nicht Gewalt im Sinne von Unfriedlichkeit nach dem Grundgesetz. Deshalb bleibt auch in solchen Fällen der Grundrechtsschutz der Versammlungsfreiheit bestehen.

Vgl.: BGHSt 41, 182 (Autobahnblockade von Kurden I) = BGH, Urteil des Ersten Strafsenats vom 20.07.1995 – 1 StR 126/95; BGH, Beschluss des Ersten Strafsenats vom 27.07.1995 – 1 StR 327/95 = BGH, NJW 1995, 2862 (Autobahnblockade durch Kurden II); BVerfGK 18, 365 (Sitzblockade auf öffentlicher Straße/Gewalt/Zweite-Reihe-Rechtsprechung/Verwerflichkeit) = BVerfG, Beschluss der 1. Kammer des Ersten Senats vom 07.03.2011 – 1 BvR 388/05, Rn. 20 ff.

Zum Fall **versammlungsmäßiges Blockadetraining** in Stolberg im Rahmen einer Kundgebung mit Transparenten, Lautsprechern, Flugblättern, Infotisch: OVG NRW, Urteil des 15. Senats vom 18.09.2012 – 5 A 1701/11 = OVG NRW, DVBl 2012, 1514 (hier: Feststellung der Rechtswidrigkeit von Auflagen wegen Fehlens unmittelbarer Gefährdung im Sinne des § 15 Abs. 1 VersG).

Bei **versammlungsspezifischer Kunstform** ergibt sich der sachliche Grundrechtsschutzbereich aus Art. 8 Abs. 1 (oder Art. 2 Abs. 1) i.V.m. Art. 5 Abs. 3 S. 1 Hs. 1 GG (vgl. das Lateinische „ars" und das Englische „art", zu Deutsch: Kunst). Beispiele für versammlungsspezifische **Kunst** vorbehaltlich der Verwirklichung aller Versammlungsbegriffsmerkmale sind: Versammeln in oder mit den Kunstwerktypformen Ausstellung, Bildhauen, Dichten, Malen, Singen, Tanzen, Theater, Gebäudetheater, Kabarett, Lesung, Pantomime, Sing-in, Straßentheater, Vernissage.

Zum Gebäudetheater vgl. – ohne ausdrückliche Nennung des Art. 8 GG –: BVerfGK 5, 223 (für den 08.05.2005 geplanter „Aufzug" mit gespieltem totem Soldaten durch Reichstagsgebäude) = BVerfG, Beschluss der 2. Kammer des Ersten Senats vom 06.05.2005 – 1 BvQ 16/05.

Kunst i.S.v. Art. 5 Abs. 3 S. 1 Hs. 1 GG (vgl. Art. 142 GG i.V.m. Art. 4 Abs. 1 und Art. 18 Verfassung NRW; Art. 13 EU-GR-Charta; Art. 19 IPbpR; Art. 15 IPwskR) ist ein von eigenen Strukturmerkmalen her zu bestimmender Lebensbereich einschließlich künstlerischer Betätigung (Werkbereich des künstlerischen Schaffens), Darbietung, Verbreitung (Werkbereich des künstlerischen Schaffens) des Kunstwerks.

Zum **Kunstwerk**: BVerfGE 30, 173, Ls. 2 und 189 (Mephisto) = BVerfG, Beschluss des Ersten Senats vom 24.02.1971 – 1 BvR 435/68 –, C. III., 1. Rn. 50.

Alternativen im **Kunstbegriff**:

- BVerfGE 30, 173, Ls. 2 und 188 (Mephisto) = BVerfG, Beschluss des Ersten Senats vom 24.02.1971 – 1 BvR 435/68 –, C. III., 1. Rn. 49: materialer, wertender Kunstbegriff als unmittelbar anzuschauender Ausdruck bestimmter Eindrücke, Erlebnisse, Erfahrungen in freier schöpferischer Gestaltung durch das Medium bestimmter Formensprache einschließlich künstlerischer Betätigung (Werkbereich des künstlerischen Schaffens), Darbietung und Verbreitung des Kunstwerks (Werkbereich des künstlerischen Schaffens);

- BVerfGE 67, 113, 226 f. (Anachronistischer Zug) = BVerfG, Beschluss des Ersten Senats vom 17.07.1984 – 1 BvR 816/82, B. II. 3. b), Rn. 36: formaler, typologischer Kunstbegriff als Erfüllung der Gattungsanforderungen eines bestimmten Werktyps wie bei Bildhauen, Dichten, Malen, Singen, Theater;
- BVerfGE 67, 113, 227 (Anachronistischer Zug) = BVerfG, Beschluss des Ersten Senats vom 17.07.1984 – 1 BvR 816/82, B. II. 3. c), Rn. 37: offener Kunstbegriff als Äußerung mit aufgrund mannigfaltigem Aussagegehalt bestehender Möglichkeit, der Darstellung im Wege einer fortgesetzten Interpretation immer weiterreichende Bedeutungen zu entnehmen, so dass sich eine praktisch unerschöpfliche, vielstufige Informationsvermittlung ergibt.

Im sachlichen Grundrechtsschutzbereich der Versammlungsfreiheit sind der Versammlungsarten und Versammlungsformen ohne oder mit Kunst sehr viele möglich, wie gängige Stichwörter an Beispielen aus dem Erörterungs- oder Kundgebungsreichtum zeigen, die grundsätzlich im sachlichen Versammlungsgrundrechtsschutzbereich liegen: Aufzug, Autokorso, **Demonstration** (mit Inanspruchnahme der Versammlungsfreiheit zum Zwecke plakativer oder aufsehenerregender Meinungskundgabe), Fahrradkorso, Gebet, Informationsstand mit Beteiligung , Gesang, Happening, Mahnwache, Lichterkette, Motorradkorso, nichtverbaler Ausdruck , Parolen//Reden/Sprechchöre, Schweigemarsch, Sitzblockade, Smartmob/Flashmob, (Ausdrucks-)Tanz.

Zur **Demonstration**: BVerfGE 69, 315, 343 (Brokdorf) = BVerfG, Beschluss des Ersten Senats vom 14.05.1985 - 1 BvR 233, 341/81, C. I. 1., Rn. 61.

Zum **Informationsstand** mit Beteiligung: Zum Informationsstand an der Grenze zur Versammlung: BVerwG, Urteil vom 22.08.2007 – BVerwG 6 C 22.06: „Soll nach der Konzeption einer geplanten Veranstaltung diese einen Rahmen bieten, in den Außenstehende zum Zwecke der kollektiven Teilhabe an der öffentlichen Meinungsbildung einbezogen werden sollen, handelt es sich um eine Versammlung im Sinne des Grundgesetzes und des Versammlungsgesetzes auch dann, wenn die Veranstaltung informative Elemente enthält."

Versammlungsmäßig nichtverbaler Ausdruck als eine Art bzw. Form des versammlungsmäßigen Verhaltens: BVerfGE 69, 315, 343 (Brokdorf) = BVerfG, Beschluss des Ersten Senats vom 14.05.1985 – 1 BvR 233, 341/81, C. I. 1., Rn. 61.

Zum Smartmob/Flashmob: BVerfG, Beschluss der 3. Kammer des Ersten Senats vom 18.07.2015 – 1 BvQ 25/15 (geplante Versammlung in Passau unter dem Motto „Bierdosen-Flashmob für die Freiheit"); zu möglichen Unterscheidungen zwischen Smartmob/Flashmob: *Basten*, Recht der Polizei, S. 110.

1317 **Versammlungsspezifischer Meinungsinhalt** i.S.v. Art. 5 Abs. 1 S. 1 Hs. 1 GG: Bei Versammlungen mit Meinungsinhalten und Formen für Meinungsinhalte folgt der sachliche Grundrechtsschutzbereich aus Art. 8 GG (oder Art. 2 Abs. 1 GG) i.V.m. Art. 5 Abs. 1 S. 1 Hs. 1 GG.

Zum Verhältnis von Art. 8 GG und Art. 5 Abs. 1 S. 1 Hs. 1 GG vgl. insbesondere die Rechtsprechungsentwicklung, deren Belegstellen in diesem Darstellungsrahmen hier aufgeführt werden, mit dem Hinweis, dass die Rechtsprechung teilweise lückenhaft, fehl- beziehungsweise überinterpretiert wird, nur zum Beispiel wenn sie teilweise auch da bezüglich des Verhältnisses von Art. 5 und 8 GG als widersprüchlich dargestellt wird, wo sie offenbleibt oder nur einen Prüfungs-„Maßstab" „in erster Linie" oder „auch" formuliert oder insbesondere nur entscheidend auf den letztgültigen Einschränkbarkeitsmaßstab bei Versammlungsbezug zu Meinungsinhalten eingeht, etwa ohne ausdrücklich Art. 8 GG auf Schutzbereichsebene für unanwendbar zu deklarieren. Vgl. BVerfGE 69, 315, 343 (Brokdorf) = BVerfG, Beschluss des Ersten Senats vom 14.05.1985 - 1 BvR 233, 341/81, C. I. 2., Rn. 61 f.; Vgl. BVerfGE 82, 236, 258 (Schubart) = BVerfG, Beschluss des Ersten Senats vom 26.06.1990 – 1 BvR 776/84 –, C. I. 1., Rn. 77; BVerfGE 90, 241, 246 (Auschwitzlüge/Erwartung der Leugnung der Judenverfolgung in einer Versammlung) = BVerfG, Beschluss des Ersten Senats vom 13.04.1994 - 1 BvR 23/94 -, B. II. 1. a), Rn. 24 f.; BVerfG, Beschluss der 1. Kammer des Ersten Senats vom 24.03.2001 – 1 BvQ 13/01 – II. 3. c) aa), Rn. 23; BVerfG, Beschluss der 1. Kammer des Ersten Senats vom 29.03.2002 - 1 BvQ 9/02 -, II. 1. b) bb), Rn. 15; BVerfG, Beschluss der 1. Kammer des Ersten Senats vom 11.04.2002 – 1 BvQ 12/02 – 2. c), Rn. 7; BVerfG, Beschluss der 1. Kammer des Ersten Senats vom 05.09.2003 - 1 BvQ 32/03 – II. 2. a), Rn. 19; BVerfGK 2, 1 = BVerfG, Beschluss der 1. Kammer des Ersten Senats vom 05.09.2003 - 1 BvQ 32/03 –

II. 2. a), Rn. 19; BVerfGE 111, 147, Ls. 2 und 154 f. (Inhaltsbezogenes Versammlungsverbot) = BVerfG, Beschluss des Ersten Senats vom 23.06.2004 – 1 BvQ 19/04, Ls. 2 und B. II. 1 a), Rn. 19; BVerfGK 6, 104 (geplanter Demonstrationszug am 08.05.2005 am Mahnmal für die ermordeten Juden Europas) = BVerfG, Beschluss der 1. Kammer des Ersten Senats vom 06.05.2005 - 1 BvR 961/05; BVerfGK 7, 221 (keine Störung öffentlicher Ordnung bloß aus zeitlicher Nähe zu Gedenktag) = BVerfG, Beschluss der 1. Kammer des Ersten Senats vom 26.01.2006 - 1 BvQ 3/06 - Rn. 14; BVerfGK 13, 1 = BVerfG, Beschluss der 1. Kammer des Ersten Senats vom 01.12.2007 - 1 BvR 3041/07 -, II. 2., Rn. 13; BVerfGK 13, 82 (Versammlungssprechchöre „Nationaler Widerstand“ – Kombination von Auflagen zu Form und Inhalt) = BVerfG, Beschluss der 1. Kammer des Ersten Senats vom 19.12.2007, - 1 BvR 2793/04 -, Rn. 14, 15; und a.a.O., II. 1. d); BVerfGE 124, 300, 319 (Wunsiedel/Rudolf-Heß-Gedenkfeier[=Versammlung]/allgemeine Gesetze i.S.d. Art. 5 Abs. 2 GG) = BVerfG, Beschluss des Ersten Senats vom 04.09.2009 – 1 BvR 2150/08 – B. II., Rn. 45.

Der sachliche Grundrechtsschutzbereich der **Meinungsfreiheit** aus Art. 5 Abs. 1 S. 1 Hs. 1 GG (vgl. Art. 142 GG i.V.m. Art. 4 Abs. 1 Verfassung NRW; Art. 11 EU-GR-Charta; Art. 10 EMRK; Art. 19 IPbpR) und damit auch der sachliche Grundrechtsschutzbereich der Versammlungsfreiheit im Sinne des Art. 8 Abs. 1 GG hat insbesondere folgende Konstitutiven:

• **Meinung** im Sinne des Art. 5 Abs. 1 S. 1 Hs. 1 GG umfasst das Werturteil als subjektive Einstellungsäußerung mit Elementen des Dafürhaltens und der Stellungnahme (BVerfGE 124, 300, 321 [Wunsiedel/Rudolf-Heß-Gedenkfeier=Versammlung/allgemeine Gesetze i.S.d. Art. 5 Abs. 2 GG] = BVerfG, Beschluss des Ersten Senats vom 04.09.2009 – 1 BvR 2150/08 – C. I., Rn. 49), unabhängig von vermeintlicher Äußerungsqualität, also unerheblich von vermeintlicher „Werthaltigkeit“ oder „Wertlosigkeit“, „Richtigkeit“ oder „Falschheit“, unabhängig von ihrer Begründung und im Begründungsfall unabhängig von vermeintlich Emotionalität oder Rationalität ihrer Begründung (BVerfGE 61, 1, 7 [Wahlkampf: CSU als „NPD Europas“] = BVerfG, Beschluss des Ersten Senats vom 22.06.1982 - 1 BvR 1376/79 -, B. II. 1 a), Rn. 13), sogar einschließlich von **Formalbeleidigung** (Beleidigung nach Form oder Umständen) oder **Schmähkritik** (Personendiffamierung statt Auseinandersetzung in der Sache), vgl. BVerfGE 93, 266, 294 (Soldaten sind Mörder) = BVerfG, Beschluss des Ersten Senats vom 10.10.1995 – 1 BvR 1476, 1980/91 und 102, 221/92 – C. III. 2., Rn. 117 f; BVerfG, Beschluss der 3. Kammer des Ersten Senats vom 29.06.2016 – 1 BvR 2646/15 –, Rn. 17 („Durchgeknallte Staatsanwältin“ und weiteres mehr); BVerfG, Beschluss der 3. Kammer des Ersten Senats vom 08.02.2017 – 1 BvR 2973/14 –, Rn. 14 f. („Obergauleiter der SA-Horden“ durch Versammlungsleiter einer „im rechten Spektrum einzuordnenden Gruppierung“ gegenüber Bundestagsabgeordnetem der Partei BÜNDNIS 90/DIE GRÜNEN – keine nur ausnahmsweise anzunehmende Schmähung insbesondere wegen: Kontexts der Kommentierung vorangegangener Äußerungen [„braune Truppe“, „rechtsextreme Idioten“] und Blockadeverhaltens in einer die Öffentlichkeit wesentlich berührenden Frage, Auseinandersetzung in der Sache und Fehlens einer Personendiffamierung „ausschließlich“).

Meinung im Sinne des Art. 5 Abs. 1 S. 1 Hs. 1 GG umfasst neben Werturteilen des weiteren **Tatsachenbehauptungen** (Behauptungen über generell wahrnehmbare, beweiszugängliche Umstände), wenn und soweit sie Voraussetzung für die Meinungsbildung sind (BVerfGE 90, 241, 247 f. [Auschwitzlüge] = BVerfG, Beschluss des Ersten Senats vom 13.04.1994 – 1 BvR 23/94 -B. II. 1. b), 26 f.; BVerfG, Beschluss der 3. Kammer des Ersten Senats vom 10.03.2016 – 1 BvR 2844/13, Rn. 21).

Meinungslosigkeit im Sinne des Art. 5 Abs. 1 S. 1 Hs. 1 GG ist gegeben bei bewusst oder erwiesen unwahrer Tatsachenbehauptung (BVerfGE 90, 241, 248 [Auschwitzlüge] = BVerfG, Beschluss des Ersten Senats vom 13.04.1994 – 1 BvR 23/94 -B. II. 1. b), Rn. 28).

• Gebot der Anerkennung der schlechthin konstituierenden Bedeutung des Meinungsfreiheitsgrundrechts als die Grundlage für Demokratie und Freiheit überhaupt, denn Meinungsfreiheit ermöglicht erst die ständige geistige Auseinandersetzung, den Kampf der Meinungen, der Lebenselement der freiheitlich-demokratischen Ordnung ist. Vgl. BVerfGE 7, 198, 208 (Lüth) = BVerfG, Urteil des Ersten Senats vom 15.01.1958 - 1 BvR 400/51 -- B. II. 2., Rn. 33, mit Zitat aus Art. 11 der französischen Erklärung der Menschen- und Bürgerrechte von 1789: „un des droits les plus precieux de l'homme“, und mit Zitierung von Benjamin Nathan Cardozo (u.a. Richter am U.S. Supreme Court): „the matrix, the indispensable condition of nearly every other form of freedom“.

• Gebot der Inhalts- und Sinnermittlung bei einer Äußerung nach Maßgabe des Verständnisses eines unvoreingenommenen und verständigen Publikums, weder nach Maßgabe subjektiver Absicht des sich Äußernden noch nach Maßgabe subjektiven Verständnisses des von der Äußerung Betroffenen, mit dem Gebot des Ausgangs der Auslegung vom Wortlaut und Berücksichtigung von Sprachkontext und Äußerungsbegleitumständen. Vgl. BVerfGE 114, 339, 348 f. (Mehrdeutige Meinungsäußerungen) = BVerfG, Beschluss des Ersten Senats vom 25.10.2005 - 1 BvR 1696/98 -, B. I. 2 b), Rn. 31.

• Gebot der Berücksichtigung mehrdeutiger Interpretationsmöglichkeit insbesondere im Hinblick auf Subjektivität, Formalbeleidigung, Schmähkritik, Strafbarkeit insbesondere im Rahmen der Abwägung mit dem Rechtsgut, in dessen Interesse eine Einschränkung in Frage steht – mit Vermutung für freie Rede bei einem Beitrag zu öffentlicher Meinungsbildung. Vgl. BVerfGE 114, 339 (Mehrdeutige Meinungsäußerungen) = BVerfG, Beschluss des Ersten Senats vom 25.10.2005 – 1 BvR 1696/98.

Weitere speziellere Ergänzungsmöglichkeiten bzgl. des sachlichen Grundrechtsschutzbereichs der Versammlungsfreiheit bestehen über die Erörterung oder Kundgebung insbesondere durch:

- Art. 4 Abs. 1, 2 i.V.m. Art. 140 GG [vgl. Art. 142 GG i.V.m. Art. 4 Abs. 1 und Dritter Abschnitt Verfassung NRW; Art. 10 EU-GR-Charta; Art. 9 Abs. 1 EMRK; Art. 18, 27 IPbpR] (**Weltanschauungsgrundrecht** mit **Glaubens-, Gewissens- und Bekenntnisgrundrecht**) – und zwar in einer bestimmten Art oder Form, mit Inhalten oder Mitteln, an Orten oder Zeiten des Glaubens und Bekenntnisses. Vgl.: BVerfGE 143, 161-215 (Karfreitag – Verfassungswidrigkeit ausschließlicher Befreiungsfestigkeit der Sonn- und Feiertagsgesetze) = BVerfG, Beschluss des Ersten Senats vom 27.10.2016 – 1 BvR 458/10 –.

  Religion oder sonstige **Weltanschauung** als mögliche Gegenstände von **Glauben** und **Bekenntnis** sind eine mit der Person des Menschen verbundene Gewissheit über bestimmte Aussagen zum Weltganzen sowie zur Herkunft und zum Ziel des menschlichen Lebens; dabei mag als erster Unterscheidungsansatz zwischen Religion und sonstiger Weltanschauung dienen, dass die Religion mehr eine den Menschen überschreitende und umgreifende („transzendente") Wirklichkeit zugrundelegt denn die Weltanschauung als mehr auf innerweltliche („immanente") Bezüge bedachte Denkrichtung. Vgl. BVerwGE 90, 112 = BVerwG, Urteil vom 27.03.1992 – BVerwG 7 C 21/90, unter „vgl.-Zitierung" von: „BVerfGE 32, 98 (108) [BVerfG 19.10.1971 - 1 BvR 387/65]; BVerwGE 37, 344 (363) [BVerwG 23.03.1971 - I C 54/66]; 61, 152 (154, 156) [BVerwG 14.11.1980 - 8 C 12/79]". Vgl. auch § 3b Abs. 1 Nr. 2 AsylG.

  Gewissensentscheidung ist jede ernste sittliche, an den Kategorien von Gut und Böse orientierte Entscheidung, die der einzelne in einer bestimmten Lage als für sich bindend und unbedingt verpflichtend innerlich erfährt, so dass er gegen sie nicht ohne ernste Gewissensnot handeln könnte. Vgl. BVerfGE 12, 45, Ls. 2 (Kriegsdienstverweigerung I) = BVerfG, Beschluss des Ersten Senats vom 20.12.1960 – 1 BvL 21/60.

- Art. 9 GG [Art. 142 GG i.V.m. Art. 4 Abs. 1 Verfassung NRW; Art. 12 EU-GR-Charta; Art. 11 EMRK; Art. 22 IPbpR; Art. 8 IPwskR] (**Vereinigungsfreiheit**): Versammeln von Personen einer Vereinigung zum Beispiel zum **Arbeitskampf** im Sinne des Art. 9 Abs. 3 S. 3 GG, der zur Wahrung und Förderung der Arbeits- und Wirtschaftsbedingungen von einer Vereinigung im Sinne des Art. 9 Abs. 3 S. 1 GG geführt wird – und zwar in einer bestimmten Art oder Form, mit Inhalten oder Mitteln, an Orten oder zu Zeiten des Arbeitskampfes.

  Vereinigung im Sinne des Art. 9 GG ist in Anlehnung an § 2 VereinsG grundsätzlich jeder privatrechtliche, nicht öffentlich-rechtliche Zusammenschluss (St. Rspr. seit BVerfGE 10, 89 [Erftverband], Ls. 3 = BVerfG, Urteil des Ersten Senats vom 29.07.1959 – 1 BvR 394/58 –, Ls. 3), zu dem sich eine Mehrheit natürlicher oder juristischer Personen für längere Zeit zu einem gemeinsamen Zweck freiwillig zusammengeschlossen und einer organisierten Willensbildung unterworfen hat; zu Ausnahmen vgl. § 2 Abs. 2 VereinsG.

1318 Erörterung oder Kundgebung umfassen grundsätzlich alle Mittel in der ganzen Vielfalt von gemeinsamem **Versammlungsverhalten**. Vgl. BVerfGE 69, 315, 343 (Brokdorf) = BVerfG, Beschluss des Ersten Senats vom 14.05.1985 - 1 BvR 233, 341/81, C. I. 1., Rn. 61.

Waffen sind vom sachlichen Grundrechtsschutzbereich des Art. 8 Abs. 1 GG ausgenommen qua sachlicher Grundrechtsschutzbereichsbegrenzung aus Art. 8 Abs. 1 GG. **Waffen** im Sinne des Art. 8 Abs. 1 GG sind solche des § 1 Abs. 2, 4 WaffG; nicht etwa bloße Schutzwaffen im Sinne der §§ 17a, 27 VersG.

Beispiele von grundsätzlich im sachlichen Grundrechtsschutzbereich im Sinne des Art. 8 GG gegebener **Versammlungsmittel** aus dem Erörterungs- oder Kundgebungsreichtum: Berufskleidung, Berufsutensil/Berufswerkzeug, Fackel, Fahne/Flagge, Freizeitutensil (für bestimmte Tätigkeit als Versammlungsthema), Handzettel, sonstige Kleidung, Lautsprecher, Lautsprecherbox, Mikrofon, Megafon, Musikinstrument, Pfeife, Pferd, Plakat, Plakette, Schild, Schuhe, Sprachrohr/Sprechrohr, Symbol, Transparent, Uniform (sic, vgl. Art. 8 GG und § 3 VersG).

Zu **Versammlungsmittel technischer Schallverstärkung** vgl. auch BVerfG, Beschluss der 3. Kammer des Ersten Senats vom 26.06.2014 – 1 BvR 2135/09 –, Rn. 11: „Vom Schutzbereich der Versammlungsfreiheit grundsätzlich umfasst war damit auch die Verwendung von Lautsprechern oder Megaphonen als Hilfsmittel (vgl. BVerfGK 11, 102 <108>).“; vgl. auch OVG NRW, Urteil des 15. Senats vom 24.09.2019 – 15 A 3186/17, Leitsatz 1: „Zu den von Art. 8 Abs. 1 GG geschützten Modalitäten einer Versammlung zählt auch die Entscheidung des Veranstalters, welche Maßnahmen er einsetzen will, um sein kommunikatives Anliegen möglichst effektiv transportieren zu können. Im Zuge dessen können auch Lautsprecherwagen oder andere Hilfsmittel technischer Schallverstärkung zentrale, vom Grundrecht der Versammlungsfreiheit umfasste Kundgebungsinstrumente darstellen.“, Rn. 51: „Vgl. insoweit BVerfG, Beschlüsse vom 5. September 2003 - 1 BvQ 32/03 -, juris Rn. 22, und vom 12. Juli 2001 - 1 BvQ 28/01, 1 BvQ 30/01- , juris Rn. 30; BVerwG, Urteil vom 16. Mai 2007- 6 C 23.06 -, juris Rn. 15, Beschluss vom 15. Februar 1979 - VII C 33.76 -, juris Rn. 5; OVG NRW, Beschluss vom 6. Juli 2018- 15 B 974/18 -, juris Rn. 15, Hess. VGH, Beschluss vom 31. Mai 2012 - 8 A 514/12 -, juris Rn. 19; OVG Berlin-Bbg., Urteil vom 18. November 2008 - OVG 1 B 2.07 -, juris Rn. 42 und 47; OVG Bbg., Beschluss vom 14. November 2003- 4 B 365/03 -, juris Rn. 19; Bay. VGH, Beschluss vom 3. Februar 2006 - 24 CS 06.314 -, jurisRn. 21.“, Rn. 52, 53: „Art. 8 Abs. 1 GG stellt auch und gerade die Kontaktaufnahme zu Nichtteilnehmern der Versammlung unter Schutz. Deshalb lässt er eine akustische Verstärkung kollektiver Meinungsäußerungen von Versammlungsteilnehmern grundsätzlich und ohne Rücksicht auf die Teilnehmerzahl zu. Die Erregung öffentlicher Aufmerksamkeit durch die Versammlung ist zentraler Bestandteil des Versammlungsgrundrechts. Vgl. Hess. VGH, Beschluss vom 31. Mai 2012- 8 A 514/12 -, juris Rn. 19; OVG Berlin-Bbg., Urteil vom 18. November 2008 - OVG 1 B 2.07 -, juris Rn. 47.“.

Das BVerfG selbst hält ausdrücklich in seiner eigenen Rechtsprechung für weitgehend ungeklärt die Frage, in welchem Umfang und mit welchen Maßgaben der Grundrechtsschutzbereich des Art. 8 Abs. 1 GG auch **Versammlungsinfrastruktureinrichtungen** umfasst, wie zum Beispiel: Abwasserentsorgung, bauliche Anlagen, Behausungen (Baumhäuser, Bauwagen, Gemeinschaftsunterkünfte, Container, Zelte), Bibliotheken, Kleiderkammern, (Groß-)Küchen, Müllentsorgung, (Aus-)Ruhebereiche, Schlafplätze, Stromversorgung, Toiletten, Unterstände, Waschmöglichkeiten, Wasserversorgung, Witterungsschutz; ferner ob und unter welchen Bedingungen hierzu auch die längerfristige Inanspruchnahme öffentlicher Anlagen gehört, wieweit Veranstaltern Mitwirkungspflichten auch kostenträchtiger Art abverlangt werden können, mit Folgefragen für Einschränkungsdifferenzierungen, Fortschreibungsmöglichkeiten und Konturierung beim Versammlungsgrundrecht. Vgl. BVerfG, Beschluss der 3. Kammer des Ersten Senats vom 28.06.2017 – 1 BvR 1387/17 –, Rn. 22. Die Frage der Eröffnung des Versammlungsgrundrechtsschutzbereichs für Infrastrukturmittel wird – in Anwendung der Grundsätze zu „gemischten Veranstaltungen“ – bis dato insbesondere danach entschieden, ob die Mittel nach dem Gesamtgepräge eine funktionale oder symbolische Bedeutung für ein entsprechendes Versammlungsthema haben, eben ob sie prägender Bestandteil von Erörterung oder Kundgebung sind. OVG NRW, Urteil des 7. Senats vom 07.12.2016 – 7 A 1668/15, Rn. 41 f. (Hambacher Forst – Zurückweisung der Beschwerde gegen die Nichtzulassung der Revision durch: BVerwG, Beschluss vom 02.08.2018 – BVerwG 4 B 15.17). Vgl. auch OVG NRW, Beschluss vom 16.06.2020 – 15 A 3138/18, Leitsätze:

„Art. 8 Abs. 1 GG schützt auch **infrastrukturelle Ergänzungen der Versammlung** in Form von Informationsständen, Sitzgelegenheiten, Imbissständen oder auch Zelten, sofern sie funktional-versammlungsspezifisch eingesetzt werden.

Infrastrukturelle Begleiteinrichtungen einer Versammlung sind nicht in jedem Fall dem Schutzbereich der Versammlungsfreiheit zuzuordnen. Dies ist nur dann anzunehmen, wenn die jeweils in Rede stehenden Gegenstände und Hilfsmittel zur Verwirklichung des **Versammlungszwecks** funktional, symbolisch oder konzeptionell im Sinne der konkreten **kollektiven Meinungskundgabe** notwendig sind.

Ob bestimmte Gegenstände oder infrastrukturelle Einrichtungen, die von den Veranstaltern der Versammlung zur Durchführung der Versammlung als notwendig erachtet werden, **funktional-spezifisch** versammlungsbezogen sind und einen Bezug zur gewählten **Form der Versammlung** haben, ist von der Versammlungsbehörde nach einem objektiven Maßstab im Einzelfall zu beurteilen.".

1319 **Versammlungsortswahl** einschließlich **Versammlungsortsartwahl** ist die Entscheidung über den Ort wirksamer Geltendmachung des Anliegens – gegebenenfalls auch im Blick auf Bezüge zu bestimmten Orten oder Einrichtungen. Vgl. BVerfGE 128, 226, 251 (Fraport) = BVerfG, Urteil des Ersten Senats vom 22.02.2011 – 1 BvR 699/06 –, B. II. 1. a) bb), Rn. 64 f.

Zu **Versammlungsortswahl** vgl. auch BVerfG, Beschluss der 3. Kammer des Ersten Senats vom 18.07.2015 – 1 BvQ 25/15 – (Bierdosen-Flashmob in Passau), Rn. 9: „Zwar vermittelt das Grundrecht der Versammlungsfreiheit kein Recht darauf, ein auf private Rechte gestütztes Hausverbot umgehen zu können. Das ist aber auch nicht das Ziel des Antragstellers, der sich auf dem Platz lediglich für kurze Zeit und ausschließlich zur Durchführung einer auf Kommunikation angelegten Versammlung aufhalten will. Ihm kann daher auch nicht entgegengehalten werden, die Versammlung könne ebenso gut an anderer Stelle stattfinden. Hervorzuheben ist insoweit, dass Art. 8 Abs. 1 GG das Recht gewährleistet, selbst zu bestimmen, wann und unter welchen Modalitäten eine Versammlung stattfinden soll. Damit beinhaltet die Versammlungsfreiheit auch ein Selbstbestimmungsrecht über den Ort der Veranstaltung. Die Bürgerinnen und Bürger sollen damit selbst entscheiden können, wo sie ihr Anliegen - gegebenenfalls, aber nicht notwendig auch mit Blick auf Bezüge zu bestimmten Orten oder Einrichtungen - am wirksamsten zur Geltung bringen können (vgl. BVerfGE 69, 315 <343>; 128, 226 <250 f.>).".

Die Versammlungsfreiheit verschafft kein Zutrittsrecht zu beliebigen Orten, insbesondere keinen Zutritt zu Orten ohne allgemeine Zugänglichkeit für die Öffentlichkeit oder mit Zugangsgewährung nur zu bestimmten Zwecken schon nach äußeren Umständen, wie etwa in einem Verwaltungsgebäude oder in einer eingefriedeten, der Allgemeinheit nicht geöffneten Anlage, einem öffentlichen Schwimmbad oder Krankenhaus. Vgl. BVerfGE 128, 226, 251 (Fraport) = BVerfG, Urteil des Ersten Senats vom 22.02.2011 – 1 BvR 699/06 –, B. II. 1. a) bb) (1), Rn. 65.

Die Versammlungsfreiheit verbürgt – außerhalb privater Nutzungsrechte – die Durchführung von Versammlungen an Orten allgemeinen öffentlichen Verkehrs, also

• erstens im öffentlichen Straßen(verkehrs)raum im Sinne des einfachen Straßenrechts und Straßenverkehrsrechts, aber grundsätzlich unabhängig davon;

Vgl. BVerfGE 128, 226, 251 (Fraport) = BVerfG, Urteil des Ersten Senats vom 22.02.2011 – 1 BvR 699/06 –, B. II. 1. a) bb) (2), Rn. 67.

• zweitens Stätten im (öffentlichen Verkehrs-)Raum außerhalb des öffentlichen Straßen(verkehrs)raums mit straßenverkehrsraumähnlicher Eröffnung für öffentlichen Verkehr und mit straßenverkehrsraumähnlichem Zugang für allgemeine Kommunikation, wie zum Beispiel Einkaufszentren, Ladenpassagen, sonstige Begegnungsstätten, bei diesem zweiten Punkt unter folgenden weiteren Voraussetzungen:

  o wenn und soweit der Zugang nicht von vornherein individuell kontrolliert und nur für einzelne, begrenzte Zwecke gestattet wird, wie etwa bei individueller Eingangskontrolle, zum Beispiel an der Sicherheitsschleuse für eine Einrichtung;

  o wenn am Ort nach dem Leitbild des öffentlichen Forums eine Vielzahl von verschiedenen Tätigkeiten und Anliegen verfolgt werden kann und hierdurch ein vielseitiges und offenes Kommunikationsgeflecht entsteht, wie etwa bei Verbindung von Ladengeschäften, Dienstleistungsanbietern, Restaurationsbetrieben, Erholungsflächen mit Raum für Begegnung, Flanieren, Verweilen;

  o soweit eine unmittelbare Grundrechtsbindung besteht oder Private im Wege der mittelbaren Drittwirkung in Anspruch genommen werden können;

o unabhängig davon, ob die Flächen sich in eigenen Anlagen befinden oder in Verbindung mit Infrastruktureinrichtungen stehen, überdacht oder im Freien angesiedelt sind;

o unabhängig davon, ob ein solcher Kommunikationsraum mit den Mitteln des öffentlichen Straßen- und Wegerechts oder des Zivilrechts geschaffen wird;

o ohne Möglichkeit der nachträglichen Herausnahme von Versammlungen durch Zweckbestimmungen oder Widmungsentscheidungen aus öffentlichen Kommunikationsräumen.

Vgl. BVerfGE 128, 226, 251 (Fraport) = BVerfG, Urteil des Ersten Senats vom 22.02.2011 – 1 BvR 699/06 –, B. II. 1. a) bb) (2) und (3), Rn. 66-70.

Versammlungsortszugangsgewährungspflichten im sachlichen Schutzbereich des Versammlungsgrundrechts als Leistungs- und Teilhaberecht können durch Art. 3 Abs. 1 GG verstärkt werden, insbesondere wegen auch an andere als den aktuell persönlich Grundrechtsschutzbereichsberechtigten erfolgende Zugangsgewährung, bei politischen Parteien zusätzlich in Verbindung mit Art. 21 Abs. 1 S. 1 GG. Bei Wohnungen im Sinne des Art. 13 GG als Versammlungsorten ist auch Art. 13 GG Maßstab für Einschränkungen des dortigen Versammlungsgeschehens.

Zur Verwehrung von **städtischer Einrichtung zwecks Versammlung** und Verkennung des § 31 BVerfGG durch staatliche Organe: BVerfG, Beschluss der 3. Kammer des Ersten Senats vom 24.03.2018 – 1 BvQ 18/18 (Stadthalle Wetzlar), und BVerfG, Pressemitteilung Nr. 26/2018 vom 20.04.2018 zu Aktenzeichen 1 BvQ 18/18 (Schreiben an Stadt Wetzlar).

[1320] **Versammlungsmäßige Zeit** („Zeit" oder „Zeitpunkt"): vgl. BVerfGE 69, 315, 343 (Brokdorf) = BVerfG, Beschluss des Ersten Senats vom 14.05.1985 - 1 BvR 233, 341/81, C. I. 2. a), Rn. 62; BVerfGE 128, 226, 250 f. (Fraport) = BVerfG, Urteil des Ersten Senats vom 22.02.2011 – 1 BvR 699/06 –, B. II. 1. a) bb), Rn. 63 f. Zur versammlungsspezifischen Zeit zählen potentiell Zeitvorfeld, Zeithauptfeld, Zeitnachfeld, also insgesamt einschließlich jeder versammlungsspezifisch relevanten Zeitdauer und Zeitpunkte. Vgl. auch: BVerfGE 143, 161-215 (Karfreitag – Verfassungswidrigkeit ausschließlicher Befreiungsfestigkeit der Sonn- und Feiertagsgesetze) = BVerfG, Beschluss des Ersten Senats vom 27.10.2016 – 1 BvR 458/10; BVerfG, Beschluss der 1. Kammer des Ersten Senats vom 27.01.2012 – 1 BvQ 4/12 –, Rn. 7 (Holocaust-Gedenktag) = BVerfG, NVwZ 2012, 749; an vorgenannten Beschluss anschließend: BVerwG, Urteil vom 26.02.2014 – BVerwG 6 C 1.13 = BVerwG, NVwZ 2014, 883.

Versammlung i.S.d. Art. 8 GG ist jede langfristig oder kurzfristig (auch unter 48 Stunden vor ihrer Bekanntgabe) geplante oder jede ungeplante, sich aus einem aktuellen Anlass augenblicklich entwickelnde Zusammenkunft, also auch jede spontane („**Spontanversammlung**") Zusammenkunft und jede eilige („**Eilversammlung**") Zusammenkunft. Dadurch, dass wirkliche „jede" Zusammenkunft Versammeln im Sinne des Art. 8 GG sein kann und danach jedenfalls Grundrechtsschutzbereichseröffnung mit Grundrechtseingriffspotential entsteht, ist die begriffliche Unterscheidung beim Fallbearbeitungspunkt der Grundrechte im polizeilichen Eingriffsrecht ohne Entscheidungserheblichkeit und deshalb auch dort regelgerecht nicht aufzumachen, nicht zu begutachten, geschweige denn zu problematisieren; die begrifflichen Unterscheidungen können Entscheidungserheblichkeit insbesondere erlangen bei Versammlungen unter freiem Himmel, vgl. Art. 8 Abs. 2 GG, § 14 VersG, § 26 Nr. 2 VersG, etwa bei den Fallbearbeitungspunkten der Tatbestandsvoraussetzungen oder des Ermessens jeweils bezüglich bestimmter Maßnahmen oder der Inanspruchnahme bezüglich bestimmter Adressierungen oder der Verhältnismäßigkeit bezüglich bestimmter Abwägungsentscheidungen.

Zur **Spontanversammlung**: BVerfGE 69, 315, 350 f. (Brokdorf) = BVerfG, Beschluss des Ersten Senats vom 14.05.1985 - 1 BvR 233, 341/81, C. II. 2. a), Rn. 74: „[…], die sich aus aktuellem Anlaß augenblicklich bilden.", ebenda: bei Spontanversammlungen „entfällt die Pflicht zur rechtzeitigen Anmeldung", vgl. § 14 VersG und § 26 Nr. 2 VersG und ebenda: „Sie unterstehen der Gewährleistung des Art. 8 GG; versammlungsrechtliche Vorschriften sind auf sie nicht anwendbar, soweit der mit der Spontanveranstaltung verfolgte Zweck bei Einhaltung dieser Vorschriften nicht erreicht werden könnte."; BVerfGE 85, 69, 75 (Eilversammlungen) = BVerfG, Beschluss des Ersten Senats vom 23.10.1991 – 1 BvR 850/88–, II. 1., Rn. 25: Unter Spontanversammlungen seien „Versammlungen zu verstehen, die sich aus einem momentanen Anlaß ungeplant und ohne Veranstalter entwickeln."; vgl. auch § 13 Abs. 4 BayVersG: „Die Anzeigepflicht entfällt, wenn sich die Versammlung aus einem unmittelbaren Anlass ungeplant und ohne

Friedlichkeit ist gegeben, solange und soweit nicht Unfriedlichkeit gegeben ist. **Unfriedlichkeit** ist in Anlehnung an § 5 Nr. 3 VersG, § 13 Abs. 1 S. 1 Nr. 2 VersG gegeben, wenn ein gewalttätiger oder aufrührerischer Verlauf angestrebt oder herbeigeführt wird.[1321] **Unfriedlichkeit durch Gewalt** ist Verhalten von einiger Gefährlichkeit, wie etwa aggressive Ausschreitungen gegen Personen oder Sachen oder sonstige Gewalttätigkeit, nicht schon bloße Behinderungen Dritter ohne weiteres, seien diese auch gewollt und nicht nur in Kauf genommen.[1322]

Veranstalter entwickelt (Spontanversammlung).". Vgl. auch § 10 Abs. 4 VersG NRW nach Landtag-NRW-Drucksache 17/12423, S. 13.

Zur **Eilversammlung**: BVerfGE 85, 69, 75 (Eilversammlungen) = BVerfG, Beschluss des Ersten Senats vom 23.10.1991 – 1 BvR 850/88 -, B. II. 1., Rn. 26: „[Unter Eilversammlungen] werden Versammlungen verstanden, die im Unterschied zu Spontanversammlungen zwar geplant sind und einen Veranstalter haben, aber ohne Gefährdung des Demonstrationszwecks nicht unter Einhaltung der Frist des § 14 VersG angemeldet werden können."; BVerfGE 85, 69, Ls. 1: „§ 14 VersG ist im Blick auf Art. 8 GG verfassungskonform dahin auszulegen, daß Eilversammlungen anzumelden sind, sobald die Möglichkeit dazu besteht."; BVerfGE 85, 69, Ls. 2: „§ 26 Nr. 2 VersG genügt auch für Eilversammlungen den Anforderungen des Bestimmtheitsgebots, Art. 103 Abs. 2 GG."; vgl. auch § 13 Abs. 3 BayVersG: „Entsteht der Anlass für eine geplante Versammlung kurzfristig (Eilversammlung), ist die Versammlung spätestens mit der Bekanntgabe fernmündlich, schriftlich, elektronisch oder zur Niederschrift bei der zuständigen Behörde oder bei der Polizei anzuzeigen.". Vgl. auch § 10 Abs. 3 VersG NRW nach Landtag-NRW-Drucksache 17/12423, S. 13.

Das **Versammlungsvorfeld** hat Versammlungsvorfelder wie folgt:

- Vorbereitungsvorfeld (z.B. Absprachen, Mittelfertigung);
- Anreisevorfeld (Gang, Fahrt, Flug zum Ort der Versammlung); vgl. BVerwGE 129, 142 = BVerwG, Urteil vom 25.07.2007 – 6 C 39.06 = NVwZ 2007, 1439 (Maßnahmen wie Meldeauflage oder-Passbeschränkung/Personalausweisbeschränkung im Versammlungsvorfeld).
- Zugangsvorfeld (Eintritt zum Versammlungsgelände oder Versammlungsraum); vgl. BVerfGE 84, 203, 209 (Republikaner) = BVerfG, Beschluss des Ersten Senats vom 11.06.1991 - 1 BvR 772/90 -, B. II. 1., Rn. 16.

Der sachliche Grundrechtsschutz der Versammlungsvorfelder ergibt sich insbesondere aus dem Wortlaut des Art. 8 Abs. 1 GG („sich [...] versammeln") und aus der Teleologie effektiver Versammlungsfreiheit, deren praktische Wirksamkeit unter anderem gewährleistet werden kann durch die rechtliche Unmöglichkeit von Staatsorganen oder Dritten zur Umgehung des Art. 8 GG durch Verhinderung der Versammlung über möglichst weit vorgelagerte Verhinderungen des Versammelns.

Versammlungsnachfeld ist die Zeit für einen grundsätzlich Versammlungsgrundrechtsberechtigten nach Versammlungsteilnahme, jedenfalls solange und soweit eine Versammlungsbeendigungs(anschluss)phase sich auf das Ob weiterer Versammlungsteilnahme auswirken kann oder solange und soweit eine formale Versammlungsteilnahmebeendigungsmaßnahme materiell rechtswidrig sein kann. Teleologie: Art. 8 GG soll Maßstab auch für Beendigungsmaßnahmen und grundrechtswirkungsfalls sowie rechtswidrigenfalls für Beendigungsanschlussmaßnahmen bleiben, damit die dabei an Gesetz und Recht gebundenen staatlichen Organe nicht durch Versammlungsbeendigungserklärungen über das Grundrecht entscheiden können sollen, vgl. Art. 1 Abs. 3 GG, Art. 20 Abs. 3 GG. Im Fall der Rechtswidrigkeit einer Versammlungsteilnahmebeendigungsmaßnahme hätte der Versammlungsteilnehmer Folgeanordnungen wie Entfernungsanordnungen zwar zu befolgen, würde den Schutz des Art. 8 GG im Übrigen aber nicht verlieren, was etwa relevant würde für nachfolgenden Rechtsschutz. Vgl. BVerfGE 104, 92, 106 f. (Sitzblockade III – Wackersdorf) = BVerfG, Beschluss des Ersten Senats vom 24.10.2001 - 1 BvR 1190/90, 2173/93, 433/96, B. II. 1. c), Rn. 47 f.

1321 BVerfGK 11, 102 = BVerfG, Beschluss der 1. Kammer des Ersten Senats vom 30.04.2007 – 1 BvR 1090/06 –, B. I. 1 b) aa), Rn. 22.

1322 BVerfGE 104, 92, 106 (Sitzblockade III – Wackersdorf) = BVerfG, Beschluss des Ersten Senats vom 24.10.2001 – 1 BvR 1190/90 – B. II. 1. b), Rn. 45.

Unfriedlichkeit durch Aufruhr ist Umsturz der bestehenden Ordnung einschließlich der Staatsgewalt. **Gewalt** im Sinne von Unfriedlichkeit im Sinne des Art. 8 Abs. 1 GG ist nur eine aktive, erhebliche körperliche Einwirkung; Gewalt im Sinne von Nötigung nach § 240 StGB ist grundsätzlich jede körperliche Einwirkung.

b) GR-E (oder Nichteingriff/GR-Verzicht, etwa i.S.v. § 36 Nr. 19 DSG NRW, § 38 DSG NRW): Versammlungsfreiheitseinschränkung als Beschränkung des RvS (Recht auf versammlungsmäßige Selbstbestimmung) bzgl. **Versammlungsspezifika** von Ob, Art, Form, Inhalt, Mittel, Ort, Zeit (OAFIMOZ).

c) GR-B: Art. 8 Abs. 2 GG, Art. 18 GG und grundgesetzimmanente Einschränkungsmöglichkeiten.[1323]

2. Allgemeine Verhaltensfreiheit / Allgemeine Handlungsfreiheit als **Versammlungsfreiheit**, Art. 2 Abs. 1 GG.

a) GR-SB:

aa) Persönlicher GR-SB: „Jeder" (auch Nichtdeutsche).

bb) Sachlicher GR-SB: „freie Entfaltung der Persönlichkeit" ist allgemeine Verhaltensfreiheit als Versammlungsfreiheit oder nicht als Versammlungsfreiheit (bei unfriedlichem oder bewaffnetem Sicherversammeln) im umfassenden Sinn durch grds. jedes Tun, Dulden, Unterlassen.

c) GR-B: Art. 2 Abs. 1 Hs. 2 GG[1324].

[1323] Art. 8 Abs. 2 GG nennt ausdrücklich: Versammlungen unter freiem Himmel und impliziert damit auch: Versammlungen nicht unter freiem Himmel.

• **Unter freiem Himmel einer Versammlung** ist in einem öffentlichen Raum, inmitten eines allgemeinen Publikumsverkehrs ohne räumliche Trennung von diesem, unabhängig davon, ob der der Allgemeinheit geöffnete Ort als solcher in der freien Natur oder im geschlossenen Gebäude liegt; nicht unter freiem Himmel (in geschlossenen Räumen i.S.d. VersG, vgl. §§ 5-13 VersG) einer Versammlung ist das Gegenteil zu unter freiem Himmel.

Vgl.: BVerfGE 128, 226, 255 (Fraport) = BVerfG, Urteil des Ersten Senats vom 22.02.2011 – 1 BvR 699/06 –, B. II. 2. a) aa), Rn. 76 f..

• **Öffentlichkeit der Versammlung** oder Nichtöffentlichkeit der Versammlung, vgl. § 1 VersG. Öffentlichkeit einer Versammlung besteht, wenn die Teilnahme nicht auf einen individuell feststehenden Personenkreis (tatsächlich) beschränkt ist.

Vgl.: § 2 Abs. 2 BayVersG; § 1 Abs. 4 SächsVersG; § 2 Abs. 2 VersFG SH (mit dem Zusatz: „oder die Versammlung auf eine Kundgebung an die Öffentlichkeit in ihrem räumlichen Umfeld gerichtet ist."); § 2 Abs. 4 VersG NRW nach Landtag-NRW-Drucksache 17/12423, S. 7 (mit dem Zusatz: „oder die Versammlung auf eine Kundgebung an die Öffentlichkeit in ihrem räum-lichen Umfeld gerichtet ist.").

• **Geschlossenheit oder Nichtgeschlossenheit des Versammlungsraums**, vgl. z.B. §§ 5-13 VersG und §§ 14-20 VersG.

[1324] Art. 2 Abs. 1 Hs. 2 GG (**Schrankentrias**): BVerfGE 80, 137, 153 (Reiten im Walde) = BVerfG, Beschluss des Ersten Senats vom 06.06.1989 – 1 BvR 921/85 –, C. I. 1 a), Rn. 69: „Abgesehen von einem absolut geschützten Kernbereich privater Lebensgestaltung, welcher der Einwirkung der öffentlichen Gewalt entzogen ist (BVerfGE 6, 32 [41]), ist die allgemeine Handlungsfreiheit allerdings nur in den Schranken des zweiten Halbsatzes von Art. 2 Abs. 1 GG gewährleistet und steht damit insbesondere unter dem **Vorbehalt der verfassungsmäßigen (Rechts-)Ordnung** (BVerfGE 6, 32 [37 f.]; 74, 129 [152]). Stützt sich ein die Handlungsfreiheit berührender Akt der öffentlichen Gewalt auf eine Rechtsnorm, so kann mit der Verfassungsbeschwerde unter Berufung auf Art. 2 Abs. 1 GG zur Nachprüfung gestellt werden, ob diese Norm zur **verfassungsmäßigen Ordnung** gehört, das heißt formell und materiell mit den Normen der Verfassung in Einklang steht (st. Rspr. seit BVerfGE 6, 32)."; BVerfGE 6, 32, Ls. 3 (Elfes) = BVerfG, Urteil des Ersten Senats vom 16.01.1957 – 1 BvR 253/56, Ls. 3: „**Verfassungsmäßige Ordnung** im Sinne

3. Ggf. „i.V.m." weiterem „Grundgesetz-Artikel", jedenfalls bei weitergehendem Grundrechtsschrankenschutz durch das weitere Grundrecht, vgl. also insbesondere:

- Art. 2 Abs. 1 i.V.m. Art. 1 Abs. 1 GG;
- Art. 2 Abs. 2 S. 2, 3 i.V.m. Art. 104 GG bei Freiheitsentziehungen;
- Art. 4 GG bzgl. dem Glaubens-, Gewissens- und Bekenntnisgrundrecht;
- Art. 5 Abs. 1 S. 1 Hs. 1 GG[1325];

---

des Art. 2 Abs. 1 GG ist die verfassungsmäßige Rechtsordnung, d.h. die Gesamtheit der Normen, die formell und materiell der Verfassung gemäß sind."; vgl. dazu auch BVerfGE 6, 32, 37-41 (Elfes) = BVerfG, Urteil des Ersten Senats vom 16.01.1957 – 1 BvR 253/56, Gründe II. 2 b), c), Rn. 17-33.

Rechte anderer sind (als Teil der verfassungsmäßigen Ordnung) subjektive Berechtigungen (Anspruch oder Befugnis oder Erlaubnis) einschließlich Verpflichtungen (Pflicht zur Erfüllung von Anspruch oder Befugnis oder Erlaubnis) und sonstiger Rechtswirkungen für ein Rechtssubjekt bezüglich eines Verhaltens oder eines Rechtsguts.

Vgl. zum ein Mal bundesverfassungsgerichtlich entscheidungserheblich bemühten „**Sittengesetz**" nach Art. 2 Abs. 1 Hs. 2 GG als Gesetz, das nicht das durch die „soziale Gemeinschaft" „als für sich verbindlich" anerkannte „Rechtsgefühl" „im allgemeinen" „verletzt": BVerfGE 6, 389 (Homosexuelle) = BVerfG, Urteil des Ersten Senats vom 10.05.1957 – 1 BvR 550/52 –, und StrRehaHomG (Gesetz zur strafrechtlichen Rehabilitierung der nach dem 8. Mai 1945 wegen einvernehmlicher homosexueller Handlungen verurteilten Personen vom 17. Juli 2017 – BGBl. I S. 2443).

1325 BVerfGE 111, 147, 154 f. (Inhaltsbezogenes Versammlungsverbot) = BVerfG, Beschluss des Ersten Senats vom 23.06.2004 – 1 BvQ 19/04, B. II. 1. a), Rn. 19: „Staatliche Beschränkungen des Inhalts und der Form einer Meinungsäußerung betreffen den Schutzbereich des Art. 5 Abs. 1 GG. Ihre Rechtfertigung finden sie, auch wenn die Äußerung in einer oder durch eine Versammlung erfolgt, in den Schranken des Art. 5 Abs. 2 GG (vgl. BVerfGE 90, 241 [246]; BVerfG, 1. Kammer des Ersten Senats, Beschluss vom 5. September 2003 -- 1 BvQ 32/03 --, NVwZ 2004, S. 90 [91]). Demgegenüber schützt Art. 8 Abs. 1 GG die Freiheit, mit anderen Personen zum Zwecke einer gemeinschaftlichen, auf die Teilhabe an der öffentlichen Meinungsbildung gerichteten Erörterung oder Kundgebung örtlich zusammenzukommen (vgl. BVerfGE 104, 92 [104]). Der Schutzbereich dieser Grundrechtsnorm ist betroffen, wenn eine Versammlung verboten oder aufgelöst oder die Art und Weise ihrer Durchführung durch staatliche Maßnahmen beschränkt wird. Die in den Absätzen 2 von Art. 5 und Art. 8 GG enthaltenen Schranken sind auf die jeweiligen Schutzbereiche der betroffenen Grundrechtsnorm bezogen. Der Inhalt einer Meinungsäußerung, der im Rahmen des Art. 5 GG nicht unterbunden werden darf, kann daher auch nicht zur Rechtfertigung von Maßnahmen herangezogen werden, die das Grundrecht des Art. 8 GG beschränken (vgl. BVerfGE 90, 241 [246])."; Stand heute aus der Rechtsprechungsentwicklung, deren Belegstellen in diesem Darstellungsrahmen hier nur aufgeführt werden, mit dem Hinweis, dass die Rechtsprechung teilweise lückenhaft, fehlbeziehungsweise überinterpretiert wird, nur zum Beispiel wenn sie teilweise auch da bezüglich des Verhältnisses von Art. 5 und 8 GG als widersprüchlich dargestellt wird, wo sie offenbleibt oder nur einen Prüfungs-„Maßstab" „in erster Linie" oder „auch" formuliert oder insbesondere nur entscheidend auf den letztgültigen Einschränkbarkeitsmaßstab bei Versammlungsbezug zu Meinungsinhalten eingeht, etwa ohne ausdrücklich Art. 8 GG auf Schutzbereichsebene für unanwendbar zu deklarieren. Vgl. BVerfGE 69, 315, 343 (Brokdorf) = BVerfG, Beschluss des Ersten Senats vom 14.05.1985 - 1 BvR 233, 341/81, C. I. 2., Rn. 61 f.; Vgl. BVerfGE 82, 236, 258 (Schubart) = BVerfG, Beschluss des Ersten Senats vom 26.06.1990 – 1 BvR 776/84 –, C. I. 1., Rn. 77; BVerfGE 90, 241, 246 (Auschwitzlüge/Erwartung der Leugnung der Judenverfolgung in einer Versammlung) = BVerfG, Beschluss des Ersten Senats vom 13.04.1994 - 1 BvR 23/94 -, B. II. 1. a), Rn. 24 f.; BVerfG, Beschluss der 1. Kammer des Ersten Senats vom 24.03.2001 – 1 BvQ 13/01 – II. 3. c) aa), Rn. 23; BVerfG, Beschluss der 1. Kammer des Ersten Senats vom 29.03.2002 - 1 BvQ 9/02 -, II. 1. b) bb), Rn. 15; BVerfG, Beschluss der 1. Kammer des Ersten Senats vom 11.04.2002 – 1 BvQ 12/02 – 2. c), Rn. 7; BVerfG, Beschluss der 1. Kammer des Ersten Senats vom 05.09.2003 - 1 BvQ 32/03 – II. 2. a), Rn. 19; BVerfGK 2, 1 = BVerfG, Beschluss der 1. Kammer des Ersten Senats vom 05.09.2003 - 1 BvQ 32/03 – II. 2. a), Rn. 19; BVerfGE 111, 147, Ls. 2 und 154 f. (Inhaltsbezogenes Versammlungsverbot) = BVerfG, Beschluss des Ersten Senats vom 23.06.2004 – 1

- Art. 5 Abs. 1 S. 1 Hs. 2 GG;
- Art. 5 Abs. 1 S. 2 GG;
- Art. 5 Abs. 3;
- Art. 7 GG;
- Art. 9 Abs. 1 GG;
- Art. 9 Abs. 3 GG;
- Art. 13 GG;
- Art. 14 GG;
- Art. 21 GG.

A. Rechtsgrundlage (RGL) II. Rechtsgebiet (RG)

(VOR/DEF)

Rechtsgebiet ist Rechtsordnungsteil nach allen Umständen – wie schwerpunktmäßige Äußerungen, Rechtsnormen, Zwecke, auch i.V.m. §§ 133, 157 BGB analog.[1326]

(SUB/ERG)

Eine Maßnahme aufgrund einer eingriffsrechtlichen VersG-Befugnisrechtsnorm erfolgt auf dem Rechtsgebiet des besonderen öffentlichen Rechts polizeilicher Gefahrenabwehr.

Maßnahmen auf dem Rechtsgebiet der Strafrechtspflege bleiben grundsätzlich unberührt, vgl. auch § 12a Abs. 3 VersG.

A. Rechtsgrundlage (RGL) III. Mögliche Befugnisrechtsnorm (Mgl. Brn.)

(VOR/DEF)

Befugnisrechtsnorm ist die rechtmäßige hauptsächliche materiellrechtliche Rechtsgrundlage mit realfolgenentsprechender Rechtsfolge.

BvQ 19/04, Ls. 2 und B. II. 1 a), Rn. 19; BVerfGK 6, 104 (geplanter Demonstrationszug am 08.05.2005 am Mahnmal für die ermordeten Juden Europas) = BVerfG, Beschluss der 1. Kammer des Ersten Senats vom 06.05.2005 - 1 BvR 961/05; BVerfGK 7, 221 (keine Störung öffentlicher Ordnung bloß aus zeitlicher Nähe zu Gedenktag) = BVerfG, Beschluss der 1. Kammer des Ersten Senats vom 26.01.2006 - 1 BvQ 3/06 - Rn. 14; BVerfGK 13, 1 = BVerfG, Beschluss der 1. Kammer des Ersten Senats vom 01.12.2007 - 1 BvR 3041/07 -, II. 2., Rn. 13; BVerfGK 13, 82 (Versammlungssprechchöre „Nationaler Widerstand" – Kombination von Auflagen zu Form und Inhalt) = BVerfG, Beschluss der 1. Kammer des Ersten Senats vom 19.12.2007, - 1 BvR 2793/04 -, Rn. 14, 15; und a.a.O., II. 1. d); BVerfGE 124, 300, 319 (Wunsiedel/Rudolf-Heß-Gedenkfeier[=Versammlung]/allgemeine Gesetze i.S.d. Art. 5 Abs. 2 GG) = BVerfG, Beschluss des Ersten Senats vom 04.09.2009 – 1 BvR 2150/08 – B. II., Rn. 45.

[1326] Zum Rechtsgebiet bzw. zu Rechtsgebieten einschließlich Rechtsgebiet-Begriffen und Rechtsgebiet-Auslegungsansätzen: *Basten*, Eingriffsrecht der Polizei in Nordrhein-Westfalen, Band 1, Buch 1, Abschnitt 3, Unterabschnitt 3, Titel 3, Untertitel 3.

(SUB/ERG)

Realfolge ist die Maßnahme laut Sachverhalt.

Rechtsfolge ist die Maßnahme laut Rechtsnorm aus einem anwendbaren Gesetz.

Das auf dem Rechtsgebiet der Gefahrenabwehr bei oder i.Z.m. Versammlungen anwendbare Gesetz[1327] und damit die anwendbare Rechtsnorm ergibt sich gemäß Rechtsnormspezialitätsregel[1328] zunächst und insbesondere aus[1329]:

[1327] Allgemein zusammenfassend zur **Anwendbarkeit vom VersG oder allgemeineren Polizeigesetzen**: BVerwG, Beschluss vom 03.05.2019 – 6 B 149.18 (Durchsetzung einer versammlungsrechtlichen Verfügung auf der Grundlage des allgemeinen Polizeirechts), Leitsatz: „Fehlt es an speziellen Regelungen zur Vollstreckung der auf versammlungsrechtlicher Grundlage erlassenen Verfügungen, steht die von Art. 8 Abs. 1 GG geschützte Versammlungsfreiheit dem Rückgriff auf die allgemeinen landesrechtlichen Regelungen nicht entgegen.“, Rn. 8: „In der Rechtsprechung des Bundesverwaltungsgerichts ist geklärt, dass sich Maßnahmen der Gefahrenabwehr gegen Versammlungen in erster Linie nach dem Versammlungsgesetz des Bundes richten, soweit dieses gemäß Art. 125a Abs. 1 Satz 1 GG auch nach Wegfall der konkurrierenden Gesetzgebungskompetenz des Bundes für das Versammlungsrecht (vgl. Art. 74 Abs. 1 Nr. 3 GG in der bis zum 31. August 2006 geltenden Fassung) fortgilt. Seine im Vergleich zum allgemeinen Polizeirecht besonderen Voraussetzungen für beschränkende Maßnahmen sind Ausprägungen des Grundrechts der Versammlungsfreiheit. Soweit das Versammlungsgesetz abschließende Regelungen hinsichtlich der polizeilichen Eingriffsbefugnisse enthält, geht es daher als Spezialgesetz dem allgemeinen Polizeirecht vor (vgl. BVerwG, Urteile vom 21. April 1989 - 7 C 50.88 - BVerwGE 82, 34 <38> und vom 25. Juli 2007 - 6 C 39.06 - BVerwGE 129, 142 Rn. 30 m.w.N.; vgl. auch: BVerfG, Kammerbeschlüsse vom 26. Oktober 2004 - 1 BvR 1726/01 ECLI:DE:BVerfG:2004:rk20041026.1bvr172601] - NVwZ 2005, 80 <81> und vom 30. April 2007 - 1 BvR 1090/06 [ECLI:DE:BVerfG:2007:rk20070430.1bvr109006] - juris Rn. 43). Diese sogenannte **Polizeifestigkeit** [zum Ursprungsbegriff: *Basten*, Eingriffsrecht der Polizei in Nordrhein-Westfalen, Band 1, S. 41] der Versammlungsfreiheit bedeutet freilich nicht, dass in die Versammlungsfreiheit nur auf der Grundlage des Versammlungsgesetzes eingegriffen werden könnte; denn das Versammlungsgesetz enthält keine abschließende Regelung für die Abwehr aller Gefahren, die im Zusammenhang mit Versammlungen auftreten können. Vielmehr ist das Versammlungswesen im Versammlungsgesetz nicht umfassend und vollständig, sondern nur teilweise und lückenhaft geregelt, so dass in Ermangelung einer speziellen Regelung auf das der allgemeinen Gefahrenabwehr dienende Polizeirecht der Länder zurückgegriffen werden muss (vgl. BVerwG, Urteile vom 25. Juli 2007 - 6 C 39.06 - BVerwGE 129, 142 Rn. 30 und vom 25. Oktober 2017 - 6 C 46.16 [ECLI:DE:BVerwG:2017:251017U6C46.16.0] - BVerwGE 160, 169 Rn. 16).“ Rn. 9: „Diese Grundsätze gelten ohne weiteres entsprechend, wenn das betreffende Land das Versammlungsgesetz des Bundes gemäß Art. 125a Abs. 1 Satz 2 GG durch Landesrecht ersetzt hat, das der von Art. 8 Abs. 1 GG geschützten Versammlungsfreiheit durch die Regelung besonderer Voraussetzungen für beschränkende Maßnahmen Rechnung trägt. Fehlt es in einem solchen Fall - wie hier - an speziellen Regelungen zur Vollstreckung der auf versammlungsrechtlicher Grundlage erlassenen Verfügungen, steht Art. 8 Abs. 1 GG dem Rückgriff auf die allgemeinen landesrechtlichen Regelungen nicht entgegen.“.

[1328] Zur **Rechtsnormspezialitätsregel** siehe auch: *Basten*, Eingriffsrecht der Polizei in Nordrhein-Westfalen, Band 1, S. 39, 41, 161, 167.

[1329] Die Auflistung der bundesstaatlich-föderalen Regelungssystematik im Versammlungswesen ist alles andere als akademisches Glasperlenspiel-Exercitium – ganz im Gegenteil ist sie Pflichtübung für jeden polizeilichen Amtswalter, der wissen und können muss, was gültiger Auftrag und geltendes Recht je Versammlung im je aktuellen Raum zur jeweils aktuellen Zeit seiner Einsatzlage ist. Vgl. zu den hier genannten 5 (sic!) Lagefeldern: PDV 100, Anlage 2. In erster Linie setzt dies voraus: Kenntnis von „Gesetz und Recht“ für das polizeiliche Vollziehen von grundrechtsgebundener Staatsgewalt ist, Artt. 1 Abs. 3 und 20 Abs. 3 GG. Eine gewisse Steigerung erfährt dies für die Polizeibeschäftigten bei oder im Zusammenhang mit länerübergreifenden Einsätzen, zum Beispiel mit versammlungseinsatzgeneigten Bereitschaftspolizeien (BP) eines Landes, die bundesweit und länderübergreifend in Versammlungen eingreifen. Vgl. zu

- VersG – i.V.m. Art. 125a Abs. 1 GG: Die Geltung des aufgrund Art. 74 Abs. 1 Nr. 3 a.F. erlassenen (Bundes-)VersG unterliegt seit 01.09.2006 einem besonders geregelten Zwischenstadium: Das VersG vom 24.07.1953[1330], in Kraft getreten am 10.08.1953, in Neufassung vom 15.11.1978 bekanntgemacht am 24.11.1978[1331], danach noch 5 Änderungsgesetzen ausgesetzt, gilt nach Änderung des Art. 74 Abs. 1 Nr. 3 GG durch dortige Streichung des Wortes „Versammlungsrechts"[1332] gemäß Art. 125a Abs. 1 GG als erlassenes Bundesrecht in den (Bundes-)Ländern fort, solange und soweit es durch das betreffende Land noch nicht ersetzt wurde.[1333] Das insbesondere auf Grundlage des VersG entwickelte Versammlungsrecht wird zunächst in jedem Falle fortbestehen – unabhängig von Ob, Art und Ausmaß etwaiger Versammlungslandesgesetze. Von der versammlungsrechtlichen Landesgesetzgebungszuständigkeit haben folgende Länder – ganz oder auch nur teilweise bzw. nicht oder nicht viel versammlungsrechtlich ändernd – historisch zuerst innerhalb der ersten 15 (!) Jahre seit der versammlungsgesetzgebungszuständigkeitsändernden Föderalismusreform Gebrauch gemacht:
    - Bayern mit dem BayVersG[1334],
    - Berlin mit Ersetzung des § 19a VersG durch das VersammlG Bln[1335],

BP z.B.: Art. 35 Abs. 2 S. 2, Abs. 3 und Art. 91 GG, und: Verwaltungsabkommen über die Bereitschaftspolizei zwischen der Bundesrepublik Deutschland und dem Land Nordrhein-Westfalen vom 26.05.2004 (Bek. d. Innenministeriums v. 9.6.2004 – 41.2 – 0369, in: SMBl. NRW. 2052); historisch: Verwaltungsabkommen zwischen Bund und Ländern über die Errichtung von Länderbereitschaftspolizeien vom 27.10.1950.

1330 BGBl., Jahrgang 1953, Teil I, Nr. 40, S. 684-687.

1331 BGBl., Jahrgang 1978, Teil I, Nr. 63, S. 1789-1793.

1332 Gesetz zur Änderung des Grundgesetzes vom 28.08.2006, in: BGBl., Jahrgang 2006, Teil I, Nr. 41, S. 2034-2038, verkündet/ausgegeben am 31.08.2006, in Kraft getreten am 01.09.2006 [mit Änderung des Art. 74 Abs. 1 Nr. 3 GG von „Vereins- und Versammlungsrecht" in „Vereinsrecht": S. 2035, Nr. 7 a) bb) im Rahmen der sogenannten „Föderalismusreform I", dazu: „Föderalismusreform-Begleitgesetz" vom 05.09.2006, in: BGBl., Jahrgang 2006, Teil I, Nr. 42, S. 2098-2107, verkündet/ausgegeben am 11.09.2006, Inkrafttreten am 12.09.2006, 01.01.2007, 31.12.2019 (sic!, bzgl. Art. 13 Föderalismusreform-Begleitgesetz: „Gesetz zur Entflechtung von Gemeinschaftsaufgaben und Finanzhilfen – EntflechtG)] .

1333 Zum **Versammlungsgesetz-Rechtszustand** in Bund und Ländern sub specie Art. 125a GG auch: *Wapler*, Das Versammlungsrecht nach der Föderalismusreform, in: *Breitbach/Deiseroth*, Versammlungsrecht des Bundes und der Länder, S. 1159-1166.

1334 „Bayerisches Versammlungsgesetz", in: GVBl. S. 421, BayRS 2180-4-I, vom 22.07.2008, Inkrafttreten am 01.10.2008; Gesetz zur Änderung des Bayerischen Versammlungsgesetzes, GVBl. 2010, S. 190, BayRS 2180-4-I , 2012-1-1-I, vom 22.04.2010 mit Inkrafttreten am 01.06.2010 insbesondere anlässlich folgender Judikatur: BVerfGE 122, 342 = BVerfG, Beschluss des Ersten Senats vom 17.02.2009 - 1 BvR 2492/08 (Bayerisches Versammlungsgesetz – Einstweilige Außerkraftsetzung und Maßgabeanwendung bestimmter Artikel); BVerfG, Beschluss des Ersten Senats vom 04.08.2009 - 1 BvR 2492/08 (Wiederholung einstweiliger Anordnung vom 17.02.2009); BVerfG, Beschluss der 1. Kammer des Ersten Senats vom 02.02.2010 – 1 BvR 2492/08 (Wiederholung einstweiliger Anordnung vom 17.02.2009); BVerfG, Beschluss der 1. Kammer des Ersten Senats vom 21.03.2012 - 1 BvR 2492/08 (Unzulässigkeit der Verfassungsbeschwerde gegen das BayVersG); BVerfG, Beschluss des Ersten Senats vom 01.08.2012 - 1 BvR 2492/08 (Gegenstandswertfestsetzung im Verfassungsbeschwerdeverfahrens gegen das BayVersG).

1335 „Gesetz über Aufnahmen und Aufzeichnungen von Bild und Ton bei Versammlungen unter freiem Himmel und Aufzügen", in: GVBl. S. 103, VIS BE 2180-3, vom 23.04.2013, Inkrafttreten am 28.04.2013; zur Verfassungsmäßigkeit der VersammlG-Bln-Teilregelung als solcher und Fortgeltung des sonstigen VersG: VerfGH Berlin, Urteil vom 11.04.2014 – VerfGH 129/13, Rn. 47-52.

- Brandenburg mit dem GräbVersammlG[1336],
- Niedersachsen mit dem NVerSG[1337],
- Sachsen mit dem SächsVersG[1338],
- Sachsen-Anhalt mit dem VersammlG LSA[1339],
- Schleswig-Holstein mit dem VersFG SH[1340].

- Rechtsnormspezialitätsanwendungsvorrang weiterer besonderer versammlungs- und ortsspezifischer Bundes- oder Landesgesetze, wie zum Beispiel:
  - BefBezG[1341]
  - „Bannmeilengesetz des Landtags Nordrhein-Westfalen"[1342]
  - „Sonderbauverordnung Nordrhein-Westfalen"[1343].
- §§ 1, 17 VersG, aus dem i.d.R. folgt:
  - Anwendbarkeit des VersG für vollständige versammlungsbehördliche (vgl. § 30 VersG) Befugnisrechtsnormen (vgl. §§ 21-29a VersG) auf dem Rechtsgebiet der Gefahrenabwehr (vgl. auch § 12a Abs. 3 VersG), i.d.R.:
    - exklusive **Versammlungsvorfeld** (Vorbereitung, Anreise)[1344]

[1336] Gesetz über Versammlungen und Aufzüge an und auf Gräberstätten (Gräberstätten-Versammlungsgesetz) vom 26.10.2006, in: GVBl. I, S. 114 mit Nur-Ersetzung von § 16 VersG.

[1337] „Niedersächsisches Versammlungsgesetz", in: Nds. GVBl. 2010, S. 465, 532, NI-VORIS 21031, vom 07.10.2010, Inkrafttreten am 01.02.2011.

[1338] „Sächsisches Versammlungsgesetz", in: SächsGVBl. S. 54, Fsn 56-4, vom 25.01.2012, Inkrafttreten am 26.01.2012 gemäß „Gesetz über das Sächsische Versammlungsgesetz und zur Änderung des Polizeigesetzes des Freistaates Sachsen" vom 25.01.2012 – nach Feststellung der formellen Verfassungswidrigkeit des SächsVersG vom 20.01.2010 wegen Art. 70 Abs. 1 SächsVerf durch: SächsVerfGH, Urteil vom 19.04.2011 – Vf.74-II-10.

[1339] „Gesetz des Landes Sachsen-Anhalt über Versammlungen und Aufzüge", in: GVBl. LSA 2009, S. 558 und Landesrecht Sachsen-Anhalt Gliederungs-Nr. 2180.1, vom 03.12.2009, Inkrafttreten am 12.12.2009.

[1340] „Versammlungsfreiheitsgesetz für das Land Schleswig-Holstein", in: GVOBl. 2015, S. 135 und Landesrecht Schleswig-Holstein Gliederungs-Nr. 2180-1, vom 18.06.2015, Inkrafttreten am 01.07.2015.

[1341] „Gesetz über befriedete Bezirke für Verfassungsorgane des Bundes" in Neufassung vom 08.12.2008 durch „Gesetz zur Zusammenführung der Regelungen über befriedete Bezirke für Verfassungsorgane des Bundes", Inkrafttreten am 11.12.2008, in: BGBl., Jahrgang 2008, Teil I, Nr. 56, ausgegeben am 10.12.2008, S. 2366-2368, FNA: 2180-7, GESTA-Ordnungsnr. in DIP (Dokumentations- und Informationssystem für Parlamentarische Vorgänge): B076, Gesetzgebungskompetenzauslegung durch den Bundesgesetzgeber gerade nach „Übergang der Gesetzgebungskompetenz für das Versammlungsrecht auf die Länder" über Art. 74 Abs. 1 Nr. 1 Var. 2 GG und aus „Natur der Sache" sowie vereinzelt „technischer Anpassung" an das BVersG, in: BT-Drucksache 16/9741, S. 4, A. vom 24.06.2008; Historie der außer Kraft getretenen Vorgängergesetze in aufsteigender Chronologie: 1.: Bannmeilengesetz vom 06.08.1955, Inkrafttreten 20.08.1955, in: BGBl., Jahrgang 1955, Teil I, Nr. 26, ausgegeben am 09.08.1955, S. 504, 2.: BefBezG vom 11.08.1999, Inkrafttreten am 17.08.1999 und 01.08.2000, durch „Gesetz zur Neuregelung des Schutzes von Verfassungsorganen des Bundes", in: BGBl., Jahrgang 1999, Teil I, Nr. 43, ausgegeben am 16.08.1999, S. 1818 f..

[1342] Bannmeilengesetz des Landtags Nordrhein-Westfalen vom 25.02.1969, Inkrafttreten m.W.v. 01.02.1969, in: SGV. NRW. 2180; Aufhebung und inhaltsgleiche Ersetzung durch § 20 VersG NRW („Schutz des Landtags") nach Landtag-NRW-Drucksache 17/12423, S. 20 f.

[1343] „Verordnung über Bau und Betrieb von Sonderbauten" – SBauVO NRW, vom 02.12.2016, Inkrafttreten am 05.01.2017, in: SGV. NRW., Ausgabe 2017 Nr. 1 vom 04.01.2017, Seite 1 bis 50.

[1344] Vgl. z.B. für Meldeauflage: BVerwGE 129, 142 = BVerwG, Urteil vom 25.07.2007 – 6 C 39.06, Leitsatz: „Die Polizei darf gegen Personen, bei denen die konkrete Gefahr besteht, dass sie sich während

- exklusive nichtöffentliche Versammlungen außer bei speziellen Rechtsnormen[1345];
- inklusive laufende Versammlung („**Versammlungshauptfeld**")
- inklusive öffentliche Versammlung in geschlossenen Räumen und unter freiem Himmel
- inklusive Versammlungsteilnahme von Deutschen und Nichtdeutschen
- inklusive friedlicher, waffenloser, unfriedlicher, bewaffneter Versammlung(steilnahme)
- inklusive rechtmäßiger VersG-Teilnahmebeendigungsmaßnahme wie:
  - freiwillige Teilnahmebeendigung durch Teilnehmer,
  - freiwillige Versammlungsbeendigung durch Versammlungsberechtigte wie Versammlungsleitung („Aufhören"),
  - Teilnehmerausschluss durch Versammlungsberechtigte oder durch Versammlungsbehörde,
  - Versammlungsauflösung.

Voraussetzung für Anwendbarkeit einer Nicht-VersG-Befugnisrechtsnorm für eine (faktische) Teilnahmebeendigung durch eine Maßnahme auf dem Rechtsgebiet der Gefahrenabwehr (zum Beispiel teilnahmeverunmöglichende Platzverweisung oder teilnahmeverunmöglichende Ingewahrsamnahme) ist: rechtmäßige (VersG-)Teilnahmebeendigung (Aufhören, Ausschluss, Auflösung).[1346]

Voraussetzung für Anwendbarkeit einer Nicht-VersG-Befugnisrechtsnorm außerhalb des VersG-Anwendungsbereichs ist die Einhaltung von Art. 19 Abs. 1 S. 2 GG durch das Gesetz mit der relevanten, dann möglichen Befugnisrechtsnorm, vgl. dazu § 7 PolG NRW.[1347]

---

einer bevorstehenden Versammlung im Ausland gewalttätig verhalten werden, eine Meldeauflage verhängen, um sie an der Ausreise aus dem Bundesgebiet und damit an der Begehung von Straftaten zu hindern."

1345 § 2 Abs. 2 VersG NRW nach Landtag-NRW-Drucksache 17/12423: „Soweit nichts anderes bestimmt ist, gilt dieses Gesetz sowohl für öffentliche als auch für nichtöffentliche Versammlungen."; zur „Anwendbarkeit des Polizeirechts": § 9 VersG NRW nach Landtag-NRW-Drucksache 17/12423.

1346 BVerfG, Beschluss der 1. Kammer des Ersten Senats vom 10.10.2010 - 1 BvR 1402/06, Rn. 28: „**Versammlungsspezifische Maßnahmen der Gefahrenabwehr** richten sich nach den hierfür speziell erlassenen Versammlungsgesetzen. Die dort geregelten, im Vergleich zu dem allgemeinen Polizeirecht besonderen Voraussetzungen für beschränkende Verfügungen sind Ausprägungen des Grundrechts der Versammlungsfreiheit. Dementsprechend gehen die Versammlungsgesetze als Spezialgesetze dem allgemeinen Polizeirecht vor, mit der Folge, dass auf letzteres gestützte Maßnahmen gegen eine Person, insbesondere in Form eines Platzverweises, ausscheiden, solange sich diese in einer Versammlung befindet und sich auf die Versammlungsfreiheit berufen kann (vgl. BVerfGK 4, 154 <158>). Dieser Schutz endet erst mit der eindeutigen Auflösung der Versammlung oder dem eindeutigen Ausschluss des Teilnehmers von der Versammlung (vgl. BVerfGK 4, 154 <159>; 11, 102 <115 f.>)."

1347 BVerfGE 150, 309 (Kfz-Kennzeichenkontrollen BW-HE) = BVerfG, Beschluss des Ersten Senats vom 18.12.2018 – 1 BvR 2795/09 -, Beschluss-Nr. 2a), Rn. 61 f.

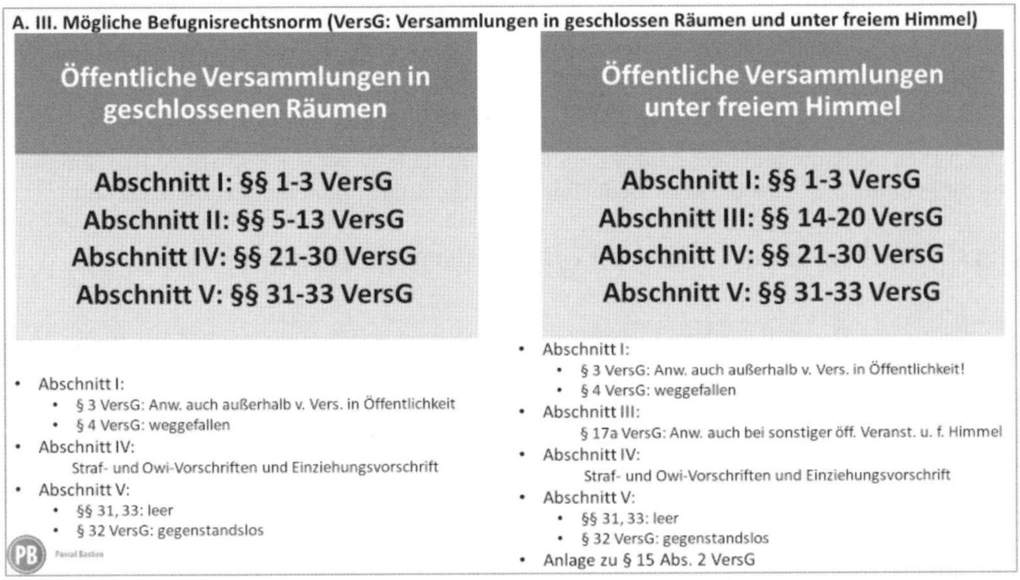

Laut den Gesetzgebungsmaterialien für ein **VersG NRW** wird mit einem „VersG NRW“ anstelle des „VersG“ (des Bundes) vom NRW-Gesetzgeber

„- ein umfassender Regelungsanspruch verfolgt. So wird der Begriff der Versammlung gesetzlich normiert und klargestellt, dass das Versammlungsgesetz grundsätzlich auch für nicht öffentliche Versammlungen Anwendung findet[1348];

- im Grundsatz die Struktur des Versammlungsgesetzes [des Bundes] beibehalten. Es werden zunächst allgemeine Regelungen ‚vor die Klammer‘ gezogen [Teil 1: „Allgemeine Regelungen“]. Abweichend vom Bundesversammlungsgesetz findet sich dann jedoch zunächst der Abschnitt zu Versammlungen unter freiem Himmel [Teil 2: „Versammlungen unter freiem Himmel“], was der besonderen Bedeutung der Versammlungen unter freiem Himmel in der Praxis Rechnung trägt [Teil 3: „Versammlungen in geschlossenen Räumen“; Teil 4: „Straftaten, Ordnungswidrigkeiten“; Teil 5: „Kosten, Entschädigung, Schadenersatz“; Teil 6: Zuständigkeit, Einschränkung von Grundrechten, Inkrafttreten“];

- das bislang geltende Uniformierungsverbot zu einem Militanzverbot weiterentwickelt[1349];

- erstmals für die Versammlungspraxis in Nordrhein-Westfalen das vom Bundesverfassungsgericht in der Brokdorf-Entscheidung aufgestellte Kooperationsgebot zwischen Veranstalterin oder Veranstalter und Versammlungsbehörde klar und präzise geregelt[1350];

- wesentlich präziser als im bisherigen Versammlungsrecht das Verbot der Störung von Versammlungen formuliert[1351];

- unter Beibehaltung der bewährten versammlungsrechtlichen Generalklausel die Ermächtigung der Versammlungs- und Polizeibehörden für beschränkende Maßnahmen näher ausgestaltet;

- eine Vorschrift zum besonderen Schutz bestimmter Orte und Tage geschaffen;

[1348] § 2 VersG NRW nach Landtag-NRW-Drucksache 17/12423, S. 7.

[1349] § 18 VersG NRW („**Militanzverbot**“) nach Landtag-NRW-Drucksache 17/12423, S. 19 f.

[1350] § 3 VersG NRW („Zusammenarbeit“) nach Landtag-NRW-Drucksache 17/12423, S. 7 f.

[1351] § 7 VersG NRW („Störungsverbot“) nach Landtag-NRW-Drucksache 17/12423, S. 10.

- die bestehende gesetzliche Grundlage für Ton- und Bildaufnahmen bei Versammlungen an die in den letzten Jahren rasant erfolgte technische Entwicklung im Bereich der Aufnahmetechnik angepasst;

- eine Regelung zu Versammlungen auf sog. ‚semi-öffentlichen' Flächen getroffen[1352];

- der bisher im Bannmeilengesetz des Landtags Nordrhein-Westfalen enthaltene Regelungsgehalt aufgenommen[1353], sodass das Bedürfnis für ein separates Bannmeilengesetz entfällt."[1354]

VersG-Rechtsnormen mit VersG-Befugnisrechtsnormen[1355]:

- § 1 VersG: Persönlicher und sachlicher Anwendungsbereich (Jedermann / öffentliche Versammlung)
- § 2 VersG[1356]:
    - Abs. 1: Namensangabepflicht des Einladenden als Veranstalter einer öffentlichen Versammlung in geschlossenen Räumen oder unter freiem Himmel
    - Abs. 2 (vgl. § 21 VersG, § 24 VersG, § 27 Abs. 1, 2 Nr. 3a VersG, § 29 Abs. 1 Nr. 4 VersG): Versammlungsdurchführungsstörungsverbot bei öffentlicher Versammlung in geschlossenen Räumen oder unter freiem Himmel (sog. vertypte Auflage Störungsverbot)
    - Abs. 3: Menschenverletzungsgeeignete und -bestimmte-Gegenstände-Verbot – bei oder auf Hinweg zu öffentlicher Versammlung in geschlossenen Räumen oder unter freiem Himmel (sog. vertypte Auflage **Waffenverbot**)
- § 3 VersG (Verbotsrechtsnorm, vgl. auch § 28 VersG): Verbot des Tragens von Uniformen, Uniformteilen, gleichartigen Kleidungsstücken als Ausdruck einer gemeinsamen politischen Gesinnung öffentlich oder in einer (öffentlichen) Versammlung in geschlossenen Räumen oder unter freiem Himmel – mit Ausnahmegenehmigungsmöglichkeit bei Jugendverbänden, die sich vorwiegend der Jugendpflege widmen, auf Antrag ihrer Mitglieder (sog. vertypte Auflage **Uniformverbot**[1357])

[1352] § 21 VersG NRW („Öffentliche Verkehrsflächen in Privateigentum") nach Landtag-NRW-Drucksache 17/12423, S. 21.

[1353] § 20 VersG NRW („Schutz des Landtags") nach Landtag-NRW-Drucksache 17/12423, S. 20 f.

[1354] Landtag-NRW-Drucksache 17/12423, S. 1, 2.

[1355] §§ mit direkteren, hauptsächlichen Befugnisrechtsnormvoraussetzungsgehalten im Fettdruck.

[1356] Vgl. § 8 VersG NRW („Waffen- und Gewalttätigkeitsverbot") nach Landtag-NRW-Drucksache 17/12423, S. 10 f..

[1357] BGHSt 63, 66 (öffentliches Tragen von Warnwesten mit Aufschrift „Sharia-Police") = BGH, Urteil vom 11.01.2018 – 3 StR 427/17, Rn. 10-12: „Eine **Uniform** ist eine nach Form, Farbe, Schnitt oder Ausstattung gleichartige Bekleidung, die von der allgemein üblichen (zivilen) Kleidung abweicht. Erfasst werden nicht nur staatliche Uniformen, z. B. diejenigen der Bundeswehr oder der Polizei, sondern auch private, z. B. diejenigen von politischen Verbänden oder Jugendorganisationen (BayObLG, Urteil vom 20. Januar 1987 - RReg. 4 St 209/86, NJW 1987, 1778 [Quellenangaben]). Die Angeklagten trugen demgegenüber allgemein übliche, mit Ausnahme der Warnwesten ungleichartige Alltagsbekleidung. Uniformteile sind Kleidungsstücke, die von jedem objektiven Betrachter ohne Schwierigkeiten wegen ihrer Gleichartigkeit als Bestandteil einer Uniform erkannt werden können, wie z. B. Waffenröcke, Mützen, Schulterstücke oder Stiefel (vgl. BayObLG, aaO; KG, Urteil vom 19. März 2001 - (3) 1 Ss 344/00 (105/00), juris Rn. 6; [Quellenangaben]). Das war hier bei den handelsüblichen Warnwesten nicht der Fall. Dabei handelte es sich um allgemein genutzte Gebrauchsgegenstände, die von einem objektiven Beobachter nicht als Bestandteil einer Uniform wahrgenommen werden. Daraus, dass handelsübliche Warnwesten

- § 4 VersG: weggefallen
- **§ 5 VersG**[1358] (Befugnisrechtsnorm, vgl. auch § 15 VersG für öffentliche Versammlungen unter freiem Himmel; vgl. auch § 13 VersG, § 23 VersG, § 26 Nr. 1 VersG, § 29 Abs. 1 Nr. 1 VersG): **Verbot** einer öffentlichen Versammlung in geschlossenen Räumen
- § 6 VersG (vgl. § 22 VersG): Möglichkeit des Ausschlusses bestimmter Personen oder Personenkreise in der Einladung von der Teilnahme an einer Versammlung in geschlossenen Räumen – Ausnahme: Pressevertreter mit Ausweisungspflicht gegenüber dem Versammlungsleiter
- § 7 VersG (vgl. § 22 VersG, § 29 Abs. 1 Nr. 4 VersG):
  - Abs. 1 (vgl. § 18 Abs. 1 VersG): Leiterpflicht bei Versammlung
  - Abs. 2: Grds. Leitereigenschaft des Veranstalters; bei Vereinigungsversammlung Leitereigenschaft des Vereinigungsvorsitzenden
  - Abs. 3: Leitungsübertragungsmöglichkeit vom Veranstalter auf andere Person
  - Abs. 4: Hausrechtsausübung durch Leiter
- § 8 VersG (vgl. § 18 Abs. 1 VersG, § 22 VersG, § 29 Abs. 1 Nr. 4 VersG): Leiter-Pflichtrecht zur Versammlungsablaufsbestimmung und Versammlungsordnungsfürsorge – mit Möglichkeit jederzeitiger Unterbrechung, Schließung, Fortsetzung (Selbstbestimmungspflichtrecht).

---

zur Sonderausstattung der Polizei sowie anderer Behörden gehören und unter Umständen in Einsatzsituationen getragen werden, ergibt sich entgegen der vom Generalbundesanwalt vertretenen Auffassung nichts anderes. Dadurch werden solche Warnwesten nicht zum Bestandteil der jeweiligen Uniform, worauf im Übrigen bereits der Begriff ‚Sonderausstattung' hindeutet. Ein objektiver Betrachter nimmt eine Warnweste, die ein Uniformierter in einer Einsatzsituation angelegt hat, nicht als Bestandteil von dessen Uniform wahr, sondern als eine über der Uniform getragene, dem Schutz des Uniformierten sowie der Warnung anderer dienende Schutzbekleidung.", Rn. 17: „Demgemäß liegt ein Tragen gleichartiger Kleidungsstücke als Ausdruck gemeinsamer politischer Gesinnung nur vor, wenn das Auftreten in derartigen Kleidungsstücken nach den Gesamtumständen geeignet ist, eine suggestivmilitante, einschüchternde Wirkung gegenüber anderen zu erzielen (vgl. etwa BVerfG [Vorprüfungsausschuss], Beschluss vom 27. April 1982 - 1 BvR 1138/81, NJW 1982, 1803; BayObLG, Urteil vom 20. Januar 1987 - RReg 4 St 209/86, NJW 1987, 1778; KG, Urteil vom 19. März 2001 - (3) 1 Ss 344/00 (105/00), juris Rn. 3; OLG Düsseldorf, Beschluss vom 25. April 2016 - III-3 Ws 52-60/16, juris Rn. 17; OLG Hamburg, Beschluss vom 10. Mai 2016 - 1 Rev 70/15-1 Ss 185/15, juris Rn. 7 [Quellenangabe]). Das ist der Fall, wenn durch das Tragen der einheitlichen Kleidungsstücke der Eindruck entstehen kann, dass die Kommunikation im Sinne eines freien Meinungsaustausches abgebrochen und die eigene Ansicht notfalls gewaltsam durchgesetzt werden soll Richtet sich das Auftreten in einheitlichen Kleidungsstücken dabei auf eine bestimmte Zielgruppe, die beeinflusst werden soll, so kommt es darauf an, ob gerade diese nach den Gesamtumständen den Auftritt in dem letztgenannten Sinne verstehen kann.", Rn. 19: „Das gebotene einschränkende Verständnis der Norm verleiht ihr den Charakter eines abstrakt-konkreten Gefährdungsdelikts. Für das Tatgericht folgt hieraus, dass es aufgrund einer Gesamtbetrachtung aller Umstände des Einzelfalles zu beurteilen hat, ob das Tragen der einheitlichen Kleidungsstücke in der konkreten Situation geeignet war, den Eindruck entstehen zu lassen, eine Kommunikation im Sinne freien Meinungsaustausches werde nicht zugelassen und die eigene Ansicht der einheitlich Bekleideten von diesen erforderlichenfalls auch gewaltsam durchgesetzt. Die für diese Beurteilung maßgeblichen Anknüpfungstatsachen sind in den Urteilsgründen darzulegen, um eine revisionsrechtliche Überprüfung des hieran anschließenden normativen Wertungsakts zu ermöglichen (vgl. OLG Hamburg, Beschluss vom 10. Mai 2016 - 1 Rev 70/15 - 1 Ss 185/15, juris Rn. 10).".

[1358] Vgl. § 23 VersG NRW („Beschränkungen, Verbot, Auflösung") nach Landtag-NRW-Drucksache 17/12423, S. 22. Vgl. auch § 24 VersG NRW („Untersagung der Teilnahme oder Anwesenheit und Ausschluss von Personen") und § 25 VersG NRW („Kontrollstellen") nach Landtag-NRW-Drucksache 17/12423, S. 23.

- **§ 9 VersG** (Auflagenbefugnisvoraussetzungsnorm und Versammlungsleiterbefragungsbefugnisrechtsnorm, vgl. auch § 22 VersG):
  - Abs. 1 (vgl. § 18 Abs. 1 VersG, § 29 Abs. 1 Nr. 7 VersG): Leiterrechtedurchführung gemäß § 8 VersG mit Hilfe ehrenamtlicher Ordner in angemessener Zahl, ohne § 2 Abs. 3 VersG-Gegenstände, volljährig, kenntlich ausschließlich durch weiße Armbinden, die nur die Bezeichnung „Ordner“ tragen dürfen (sog. vertypte Auflage Ordnerbedingungen)
  - Abs. 2:
    - S. 1 (vgl. § 29 Abs. 1 Nr. 6 VersG): Leiterpflicht der Mitteilung der Zahl der von ihm bestellten Ordner auf Anfordern der Polizei;
    - S. 2 (vgl. § 29 Abs. 1 Nr. 7 VersG): Polizeibefugnis zur angemessenen Beschränkung der Ordnerzahl
- § 10 VersG (vgl. § 18 Abs. 1 VersG, § 22 VersG, § 29 Abs. 1 Nr. 4 VersG): Versammlungsteilnehmerpflicht zur Befolgung der zur Aufrechterhaltung der Ordnung getroffenen Anweisungen des Leiters oder der von ihm bestellten Ordner
- § 11 VersG (vgl. § 22 VersG):
  - Abs. 1: Leiterbefugnis zum Versammlungsausschluss von Teilnehmern, welche die Ordnung gröblich stören
  - Abs. 2 (vgl. § 18 Abs. 1 VersG): Pflicht des Ausgeschlossenen zum sofortigen Verlassen der Versammlung nach Versammlungsausschluss
- **§ 12 VersG** (insb. Verfahrensrechtsnorm mit Beschränkung von verdeckter, auch sog. störerorientierter Aufklärung, vgl. § 18 Abs. 1 VersG, § 29 Abs. 1 Nr. 8 VersG):
  - S. 1: Werden Polizeibeamte in eine öffentliche Versammlung entsandt, so haben sie sich dem Leiter zu erkennen zu geben.
  - S. 2: Es muß ihnen ein angemessener Platz eingeräumt werden.

  „Ist in der Anwesenheit der Polizei aber ein Eingriff in den Schutzbereich des Grundrechts zu sehen, so bedarf dieser einer versammlungsrechtlichen Befugnisnorm […], die, weil die Freiheit von Versammlungen in geschlossenen Räumen keinem Gesetzesvorbehalt unterliegt, nur zum Schutze kollidierender Verfassungsgüter zulässig ist. Dieser Anforderung genügt § 12 VersG allerdings nicht, weil die Vorschrift lediglich die Modalitäten der polizeilichen Anwesenheit, nicht aber die Voraussetzungen des Eingriffs regelt […]“[1359]

[1359] Bayerischer VGH, Urteil vom 15.07.2008 – 10 BV 07.2143 (versammlungsseitig unerwünschte polizeiliche Anwesenheit bei öffentlicher Versammlung in geschlossenen Räumen), mit ausführlicher grammatischer, historischer, systematischer, teleologischer Begründung, und weiter unter anderem auch zur Erforderlichkeit einer eigenständigen Befugnisnorm für **polizeilichen Eintritt in eine und Anwesenheit in einer Versammlung** (**Polizeipräsenz *in* einer Versammlung**) folgt: „Die Beurteilung der **Polizeipräsenz** muss deshalb von deren Wirkung auf die Versammlungsteilnehmer ausgehen und nicht von dem von der Polizei beabsichtigten Zweck des Einsatzes, selbst wenn es der Polizei allein um den Schutz der Versammlung oder ‚lediglich‘ um eine **Beobachtung der Versammlung** geht […]. Andernfalls wäre der Schutz des Grundrechts von einer **nach außen nicht ohne weiteres erkennbaren Willensrichtung der Polizei** abhängig.“ […] „Der staatliche Schutzauftrag und die Abwehr unfriedlicher Versammlungen vermögen im vorliegenden Fall die **Anwesenheit der Polizei** nicht zu rechtfertigen. Weder wollte sich der Versammlungsleiter, der mit der Anwesenheit der Polizeibeamten nicht einverstanden war, bei der Durchführung seiner Aufgaben (s. §§ 8, 10 und 11 VersG), insbesondere zur Entfernung ausgeschlossener Störer, der Unterstützung durch die Polizeibeamten bedienen, noch lagen Anhaltspunkte dafür vor, dass die Versammlung einen unfriedlichen Verlauf nehmen würde, was die Auflösung der Versammlung nach § 13 VersG durch die Polizei erforderlich gemacht hätte. Hätten **konkrete Anhaltspunkte** für eine Auflösungsverfügung nach § 13 VersG vorgelegen, so würde sich ohne weiteres aus dieser Bestimmung selbst das **Zutrittsrecht** der Polizei ergeben.“. […] „Auch auf die allgemeine polizeiliche Generalklausel […]

- **§ 12a VersG**[1360] (Befugnisrechtsnorm, vgl. auch § 19a VersG für öffentliche Versammlungen unter freiem Himmel):
  - o Abs. 1, 2: Bild- und Tonaufnahmen von Teilnehmern bei oder im Zusammenhang mit öffentlichen Versammlungen in geschlossenen Räumen[1361]
  - o Abs. 3: Die Befugnisse zur Erhebung personenbezogener Informationen nach Maßgabe der Strafprozeßordnung und des Gesetzes über Ordnungswidrigkeiten bleiben unberührt.
- **§ 13 VersG**[1362] (Befugnisrechtsnorm, vgl. auch § 15 VersG für öffentliche Versammlungen unter freiem Himmel, § 23 VersG, § 26 Nr. 1 VersG, § 29 Abs. 1 Nr. 5 VersG):
  - o Abs. 1: Auflösung oder andere Maßnahmen (§ 13 Abs. 1 S. 2 VersG, wie Auflagen [=beschränkende Verfügungen, nicht unbedingt i.S.d. § 36 Abs. 2 Nr. 4 VwVfG NRW], oder Unterbrechung (§ 13 Abs. 1 S. 2 VersG) einer öffentlichen Versammlung in geschlossenen Räumen
  - o Abs. 2 (vgl. § 18 Abs. 1 VersG, § 29 Abs. 1 Nr. 2 VersG): Sobald eine Versammlung für aufgelöst erklärt ist, haben alle Teilnehmer sich sofort zu entfernen.
- § 14 VersG[1363] (ggf. Voraussetzungsnorm bzgl. § 15 Abs. 3 Var. 1, 2 VersG, ohne Entsprechung für öffentliche Versammlung in geschlossenen Räumen in §§ 5-13 VersG, vgl. auch § 17 VersG, § 26 Nr. 2 VersG):

---

kann die Anwesenheit der Polizei nicht gestützt werden. Ob auf das allgemeine Polizeirecht polizeiliche Maßnahmen innerhalb von Versammlungen nur gestützt werden können, wenn und soweit es darum geht, **Gefahren zu bekämpfen, die nicht spezifisch in der Versammlung und deren Ablauf ihre Ursache haben**, kann offenbleiben. Gegen den Rückgriff auf das allgemeine Polizeirecht spricht, dass in § 12a und § 13 VersG [und § 5 VersG als Befugnisnormen gegenüber öffentlichen Versammlungen in geschlossenen Räumen, P. B.] die Voraussetzungen für ein polizeiliches Einschreiten zur Gefahrenabwehr versammlungsrechtlich speziell und abschließend geregelt sind […]. Aber auch die Auffassung, wonach die allgemeinen Polizeibefugnisse unter den Voraussetzungen von § 12a und § 13 VersG anwendbar sind (vgl. BVerwG vom 8.9.1981 BVerwGE 64, 55 – zu § 15 VersG), vermag die Anwesenheit der Polizei nicht zu rechtfertigen. Denn die Einvernahme der beiden Zeugen in der mündlichen Verhandlung hat ergeben, dass der Einsatz der beiden Polizeibeamten nicht der Abwehr von **konkret drohenden erheblichen Gefahren** diente.".

1360 Vgl. § 26 VersG NRW („Aufnahmen und Aufzeichnungen von Bild und Ton") nach Landtag-NRW-Drucksache 17/12423, S. 23-25. OVG NRW, Urteil des 15. Senats vom 17.09.2019 – 15 A 4753/18, Leitsätze: „Die Anfertigung von **Übersichtsaufzeichnungen** von einer Versammlung durch Polizeibeamte mit Foto- und/oder Videotechnik ist nach dem heutigen Stand der Technik für die Aufgezeichneten immer ein Eingriff in Art. 8 Abs. 1 GG, weil die Einzelpersonen auch in Übersichtsaufzeichnungen in der Regel individualisierbar mit erfasst sind. Dies gilt auch dann, wen die Fotoaufnahmen zum Zweck der polizeilichen Öffentlichkeitsarbeit gemacht werden. Für das Anfertigen von Fotoaufnahmen von Versammlungsteilnehmern zum Zweck der polizeilichen Öffentlichkeitsarbeit fehlt es an der erforderlichen versammlungsgesetzlichen Ermächtigungsgrundlage. Insbesondere kann sich die Polizei insoweit nicht auf § 23 Abs. 1 Nr. 3 KunstUrhG stützen.".

1361 Vgl. § 15 PolG NRW: Erhebung personenbezogener Daten von Teilnehmern auch durch den Einsatz technischer Mittel zur Anfertigung von Bild- und Tonaufzeichnungen bei oder im Zusammenhang mit öffentlichen Veranstaltungen oder Ansammlungen, die nicht dem Versammlungsgesetz unterliegen.

1362 Vgl. § 23 VersG NRW („Beschränkungen, Verbot, Auflösung") nach Landtag-NRW-Drucksache 17/12423, S. 22. Vgl. auch § 24 VersG NRW („Untersagung der Teilnahme oder Anwesenheit und Ausschluss von Personen") und § 25 VersG NRW („Kontrollstellen") nach Landtag-NRW-Drucksache 17/12423, S. 23.

1363 Vgl. § 10 VersG NRW („Anzeige") nach Landtag-NRW-Drucksache 17/12423, S. 12 f.

- Abs. 1: Wer die Absicht hat, eine öffentliche Versammlung unter freiem Himmel oder einen **Aufzug**[1364] zu veranstalten, hat dies spätestens 48 Stunden vor der Bekanntgabe der zuständigen Behörde unter Angabe des Gegenstandes der Versammlung oder des Aufzuges anzumelden.
- Abs. 2: In der Anmeldung ist anzugeben, welche Person für die Leitung der Versammlung oder des Aufzuges verantwortlich sein soll.

- **§ 15 VersG**[1365] (Befugnisrechtsnorm, vgl. für öffentliche Versammlungen in geschlossenen Räumen §§ 5, 13 VersG; vgl. auch § 17 VersG, § 23 VersG, § 26 Nr. 1 VersG)[1366]:
  - **Abs. 1** (vgl. § 25 VersG, § 29 Abs. 1 Nr. 3 VersG): Verbot oder Auflagen [=beschränkende Verfügungen, nicht unbedingt i.S.d. § 36 Abs. 2 Nr. 4 VwVfG NRW][1367]

[1364] **Aufzug** ist eine sich fortbewegende Versammlung im Gegensatz zu einer ortsfesten Versammlung, vgl. § 2 NVersG („ortsfeste oder sich fortbewegende Zusammenkunft"); § 1 Abs. 3 S. 2 Sächsisches VersG: „Aufzug ist eine sich fortbewegende Versammlung."

[1365] Vgl. § 13 VersG NRW („Beschränkungen, Verbot, Auflösung") nach Landtag-NRW-Drucksache 17/12423, S. 14. Vgl. auch § 14 VersG NRW („Gefährderansprache, Untersagung der Teilnahme oder Anwesenheit und Ausschluss von Personen") und § 15 VersG NRW („Kontrollstellen") nach Landtag-NRW-Drucksache 17/12423, S. 15.

[1366] Zu **versammlungsrechtlicher Gefahrenprognose** vgl. auch OVG NRW, Beschluss vom 21.10.2019 – 15 B 1406/19, Rn. 12: „Eine unmittelbare Gefährdung im Sinne von § 15 Abs. 1 VersG setzt eine Sachlage voraus, die bei ungehindertem Geschehensablauf mit hoher Wahrscheinlichkeit zu einem Schaden für die der Versammlungsfreiheit entgegenstehenden Interessen führt."; OVG NRW, Urteil des 15. Senats vom 24.09.2019 – 15 A 3186/17, Rn. 44, 45: „Ist eine versammlungsbehördliche Verfügung auf eine unmittelbare Gefahr für die öffentliche Sicherheit gestützt, erfordert die von der Behörde und den befassten Gerichten angestellte Gefahrenprognose tatsächliche Anhaltspunkte, die bei verständiger Würdigung eine hinreichende Wahrscheinlichkeit des Gefahreneintritts ergeben. Bloße Verdachtsmomente oder Vermutungen reichen nicht aus. Gibt es neben Anhaltspunkten für die von der Behörde und den Gerichten zugrunde gelegte Gefahrenprognose auch Gegenindizien, haben sich die Behörde und die Gerichte auch mit diesen in einer den Grundrechtsschutz des Art. 8 Abs. 1 GG hinreichend berücksichtigenden Weise auseinanderzusetzen. Die Darlegungs- und Beweislast für das Vorliegen von Gründen für ein Verbot oder eine Auflage liegt grundsätzlich bei der Behörde. Vgl. etwa BVerfG, Beschlüsse vom 20. Dezember 2012 - 1 BvR 2794/10 -, juris Rn. 17, vom 12. Mai 2010 - 1 BvR 2636/04 -, juris Rn. 17, vom 4. September 2009 - 1 BvR 2147/09 -, juris Rn. 9 und 13, vom 26. April 2001 - 1 BvQ 8/01 -, juris Rn. 11 f., und vom 14. Mai 1985 - 1 BvR 233/81, 1 BvR 341/81 -, juris Rn. 80 - Brokdorf; OVG NRW, Beschlüsse vom 6. Juli 2018 - 15 B 974/18 -, juris Rn. 9, vom 9. Mai 2018 - 15 B 623/18 -, und vom 3. November 2017 - 15 B 1370/17 -, juris Rn. 8.".

[1367] Zu **Versammlungsinhaltsverbote** oder **Versammlungsinhaltsauflagen** vgl. auch: OVG NRW, Beschluss vom 21.10.2019 – 15 B 1406/19, Rn. 13-20: „Soweit Beschränkungen mit dem Inhalt der während der Versammlung zu erwartenden Meinungsäußerungen – wie dem Rufen bestimmter Parolen – begründet werden, ist die besondere Gewährleistung der Meinungsfreiheit aus Art. 5 Abs. 1 Satz 1 Hs. 1 GG zu berücksichtigen. Der Inhalt von Meinungsäußerungen, der im Rahmen des Art. 5 Abs. 1 Satz 1 Hs. 1 GG nicht unterbunden werden darf, kann nicht zur Rechtfertigung von Maßnahmen herangezogen werden, die das Grundrecht des Art. 8 Abs. 1 GG beschränken. Die Vorschrift des § 15 Abs. 1 VersG dient zwar dem Schutz schlechthin geschützter Rechtsgüter unabhängig davon, ob sie durch Meinungsäußerungen oder auf andere Weise gefährdet werden. Allerdings bedarf § 15 Abs. 1 VersG aus den vorgenannten verfassungsrechtlichen Gründen einer einschränkenden Auslegung dahingehend, dass eine **Gefahr für die öffentliche Ordnung** als Grundlage beschränkender Verfügungen ausscheidet, soweit sie im Inhalt von Äußerungen gesehen wird. Vgl. BVerfG, Beschlüsse vom 19. Dezember 2007 – 1 BvR 2793/04 –, juris Rn. 21 und 26, und vom 23. Juni 2004 – 1 BvQ 19/04 –, juris Rn. 19 und 22 f. Der Inhalt von Meinungsäußerungen als solcher ist versammlungsrechtlich nur relevant, wenn es sich um Äußerungen handelt, die einen Straftatbestand erfüllen. Werden die entsprechenden Strafgesetze missachtet, liegt darin eine Verletzung der öffentlichen Sicherheit. Vgl. insoweit BVerfG, Beschluss vom 19. Dezember 2007 – 1 BvR 2793/04

gegenüber öffentlicher Versammlung unter freiem Himmel [vor Stattfinden der Versammlung] (bei unmittelbarer Gefährdung der öffentlichen Sicherheit oder Ordnung[1368])

–, juris Rn. 27 ff. Beschränkende Verfügungen zum Schutz der öffentlichen Ordnung sind demgegenüber verfassungsrechtlich nur dann unbedenklich, wenn sich die in § 15 Abs. 1 VersG vorausgesetzte Gefahr nicht aus dem Inhalt der Äußerung, sondern aus der Art und Weise der Durchführung der Versammlung ergibt. Vgl. BVerfG, Beschlüsse vom 19. Dezember 2007 – 1 BvR 2793/04 –, juris Rn. 30, und vom 23. Juni 2004 – 1 BvQ 19/04 –, juris Rn. 23. Eine **Gefahr für die öffentliche Ordnung** infolge der Art und Weise der Durchführung einer Versammlung kann danach beispielsweise bei einem aggressiven und provokativen, die Bürger einschüchternden Verhalten der Versammlungsteilnehmer bestehen, durch das ein Klima der Gewaltdemonstration und potentieller Gewaltbereitschaft erzeugt wird. Ein Anlass für Beschränkungen der Versammlungsfreiheit unter Berufung auf das Schutzgut der öffentlichen Ordnung kann ferner gegeben sein, wenn Rechtsextremisten einen Aufzug an einem speziell der Erinnerung an das Unrecht des Nationalsozialismus und den Holocaust dienenden Feiertag so durchführen, dass von seiner Art und Weise Provokationen ausgehen, die das sittliche Empfinden der Bürger erheblich beeinträchtigen. Gleiches gilt, wenn ein Aufzug sich durch sein Gesamtgepräge mit den Riten und Symbolen der nationalsozialistischen Gewaltherrschaft identifiziert und durch Wachrufen der Schrecken des vergangenen totalitären und unmenschlichen Regimes andere Bürger einschüchtert. Art. 8 Abs. 1 GG schützt zwar Aufzüge, nicht aber Aufmärsche mit paramilitärischen oder in vergleichbarer Weise aggressiven und einschüchternden Begleitumständen. In solchen Fällen ist unter Berücksichtigung des Grundsatzes der Verhältnismäßigkeit zu klären, durch welche Maßnahmen die Gefahr abgewehrt werden kann. Dafür kommen in erster Linie Auflagen in Betracht. Reichen sie zur Gefahrenabwehr nicht aus, kann die Versammlung verboten werden. Vgl. BVerfG, Beschlüsse vom 19. Dezember 2007 – 1 BvR 2793/04 –, juris Rn. 31, und vom 23. Juni 2004 – 1 BvQ 19/04 –, juris Rn. 23.".

[1368] Zu möglicher versammlungsmäßiger **Volksverhetzung** als möglicher **Störung der öffentlichen Sicherheit** vgl. OVG NRW, Beschluss vom 21.10.2019 – 15 B 1406/19, Rn. 22-28 (bzgl. Skandieren der Parole „Nie, nie, nie wieder Israel"): „Die Annahme einer **unmittelbaren Gefährdung der öffentlichen Sicherheit** scheidet aus, weil diese Parole nicht gegen den insoweit allein in Betracht kommenden Straftatbestand der Volksverhetzung gemäß § 130 Abs. 1 StGB verstößt. Der Straftatbestand des § 130 Abs. 1 StGB setzt einen in besonderer Weise qualifizierten Angriff gegen unter anderem Teile der Bevölkerung mit einem im Vergleich zu den Beleidigungsdelikten gesteigerten Unrechtsgehalt voraus. Erfasst sind Taten, die von Feindseligkeit geprägt sind. Daneben erfasst die Norm schwerwiegende Formen der Missachtung, die durch ein besonderes Maß an Gehässigkeit und Rohheit geprägt sind und die Angegriffenen als insgesamt minderwertig und ohne Existenzrecht in der Gemeinschaft abqualifizieren. Vgl. BGH, Urteil vom 27. Juli 2017 – 3 StR 172/17 –, juris Rn. 29, m.w.N. Im Einzelnen ist im Sinne von § 130 Abs. 1 Nr. 1 StGB unter **Aufstacheln zum Hass** ein Verhalten zu verstehen, das auf die Gefühle oder den Intellekt eines anderen einwirkt und objektiv geeignet sowie subjektiv bestimmt ist, eine emotional gesteigerte, über die bloße Ablehnung oder Verachtung hinausgehende feindselige Haltung gegen den betroffenen Bevölkerungsteil zu erzeugen oder zu verstärken. Das **Auffordern zu Gewalt- oder Willkürmaßnahmen** setzt ein über bloßes Befürworten hinausgehendes, ausdrückliches oder konkludentes Einwirken auf andere voraus mit dem Ziel, in ihnen den Entschluss zu diskriminierenden Handlungen hervorzurufen, die den elementaren Geboten der Menschlichkeit widersprechen. Vgl. BGH, Urteil vom 27. Juli 2017 – 3 StR 172/17 –, juris Rn. 30, m.w.N. Für die Tathandlungen nach § 130 Abs. 1 Nr. 2 StGB gilt: Beschimpfen ist eine nach Inhalt oder Form besonders verletzende Äußerung der Missachtung. Unter **Verächtlichmachen** ist jede auch bloß wertende Äußerung zu verstehen, durch die jemand als der Achtung der Staatsbürger unwert oder unwürdig hingestellt wird. Verleumden erfordert das wider besseres Wissen aufgestellte oder verbreitete Behaupten einer Tatsache, die geeignet ist, die betroffene Gruppe in ihrer Geltung und in ihrem Ansehen herabzuwürdigen. Ein Angriff gegen die Menschenwürde anderer, der sich durch eine dieser Handlungen ergeben muss, setzt voraus, dass sich die feindselige Handlung nicht nur gegen einzelne Persönlichkeitsrechte wie etwa die Ehre richtet, sondern den Menschen im Kern seiner Persönlichkeit trifft, indem er unter Missachtung des Gleichheitssatzes als minderwertig dargestellt und ihm das Lebensrecht in der Gemeinschaft bestritten wird. Vgl. BGH, Urteil vom 27. Juli 2017 – 3 StR 172/17 –, juris Rn. 31, m.w.N.".

- o **Abs. 2**[1369] i.V.m. Anlage zu § 15 Abs. 2 VersG (vgl. § 25 VersG, § 29 Abs. 1 Nr. 3 VersG): Verbot oder Auflagen [=beschränkende Verfügungen, nicht unbedingt i.S.d. § 36 Abs. 2 Nr. 4 VwVfG NRW] gegenüber öffentlicher Versammlung unter freiem Himmel [vor Stattfinden der Versammlung] an einem Ort, der als Gedenkstätte von historisch herausragender, überregionaler Bedeutung an die Opfer der menschenunwürdigen Behandlung unter der nationalsozialistischen Gewalt- und Willkürherrschaft erinnert
- o **Abs. 3** (i.V.m. § 15 Abs. 1/2 VersG) (vgl. § 29 Abs. 1 Nr. 5 VersG): (verhältnismäßige Teil-)Auflösung oder (verfassungskonform aufgrund § 31 BVerfGG, BVerfGE 69, 315:) andere Maßnahmen bzw. Auflagen [=beschränkende Verfügungen, nicht unbedingt i.S.d. § 36 Abs. 2 Nr. 4 VwVfG NRW], gegenüber öffentlicher Versammlung unter freiem Himmel [bei Stattfinden der Versammlung].
- o **Abs. 4** (verfassungskonform aufgrund § 31 BVerfGG i.V.m. BVerfGE 69, 315 i.V.m. § 15 Abs. 1/2 VersG) (vgl. § 29 Abs. 1 Nr. 5 VersG): Auflösung oder (verfassungskonform aufgrund § 31 BVerfGG, BVerfGE 69, 315:) Auflagen [=beschränkende Verfügungen, nicht unbedingt i.S.d. § 36 Abs. 2 Nr. 4 VwVfG NRW] gegenüber einer verbotenen Versammlung unter freiem Himmel [bei Stattfinden der Versammlung].

A./B./C.: Voraussetzungen § 15 Abs. 1, 3 VersG (vgl. §§ 5, 13 VersG für öffVers igR)

Rechtsnorm-Merkmal	Auslegung/Kurz-Definition
1. Die zuständige Behörde/Sie	1. Kreispolizeibehörde (§ 1 VersG-Zuständigkeits-VO)
2. kann	2. hat die Befugnis im Rahmen von Ermessensfehlerfreiheit
3. eine Versammlung oder einen Aufzug	3. Adressat: Leiter/Veranstalter/Teilnehmer einer laufenden - statischen oder sich fortbewegenden - Versammlung
4. auflösen,	4. beendigen und die Personenansammlung zerstreuen oder eine teilnahmefähige Auflage als Mindermaßnahme erlassen
5. wenn die Voraussetzungen zu einem Verbot nach Abs. 1 gegeben sind (‚nämlich u.a.):	5. Verweis auf die Voraussetzungen von § 15 Abs. 1 VersG
6. wenn nach den zur Zeit des Erlasses der Verfügung erkennbaren Umständen	6. wenn nach Tatsachen zum Entscheidungszeitpunkt
7a. die öffentliche Sicherheit	7a. Rechte und Rechtsgüter, Rechtsordnung, Staats-Funktionsfähigkeit
7b. oder Ordnung	7b. oder eine unabdingbare herrschende Sozialnorm
8. bei Durchführung der Versammlung oder des Aufzugs	8. im Zeitraum der laufenden Versammlung
9. unmittelbar gefährdet ist.	9. mit hoher Wahrscheinlichkeit (ggw. Gef.) Schaden nimmt.
10. (wie immer:) Bestimmtheit, Ermessen (s.o.), VHM	10. (wie immer:) Bestimmtheit, Ermessen, VHM

- § 16 VersG (Versammlungsverbotsrechtsnorm mit Ermächtigungsgrundlage des Bundesgesetzgebers an die Länder zu Bannmeilengesetzen, vgl. § 17 VersG, Bannmeilengesetz des Landtags NRW[1370], § 29a VersG): Gesetzliches Verbot der Durchführung von oder

---

[1369] Vgl. § 19 VersG NRW („Symbolträchtige Orte und Tage“) nach Landtag-NRW-Drucksache 17/12423, S. 19 f.

[1370] Bannmeilengesetz des Landtags Nordrhein-Westfalen vom 25.02.1969, Inkrafttreten m.W.v. 01.02.1969, in: SGV. NRW. 2180; Aufhebung und inhaltsgleiche Ersetzung durch § 20 VersG NRW („Schutz des Landtags“) nach Landtag-NRW-Drucksache 17/12423, S. 20 f.

Aufforderung zu öffentlichen Versammlungen unter freiem Himmel innerhalb des befriedeten Bannkreises der Gesetzgebungsorgane der Länder.

- **§ 17a VersG**[1371] (vgl. § 17 VersG, § 26 Nr. 2 VersG):
  - o Abs. 1 (vgl. § 27 Abs. 2 Nr. 1, 3b VersG): Verbot des Mitsichführens von Schutzwaffen oder Gegenständen, die als **Schutzwaffen**[1372] geeignet und den Umständen nach

---

[1371] Vgl. § 17 VersG NRW („**Vermummungs- und Schutzausrüstungsverbot**") nach Landtag-NRW-Drucksache 17/12423, S. 18; und vgl. § 18 VersG NRW („**Militanzverbot**") nach Landtag-NRW-Drucksache 17/12423, S. 19.

[1372] Zur Frage der (Schutz-)Waffeneigenschaft (oder sonstiger Gegenstandseigenschaft) i.S.v. § 27 Abs. 1, 2 i.V.m. § 2 Abs. 3 VersG oder der (Schutz-)Waffeneigenschaft der Gegenstände i.S.v. § 27 Abs. 2 Nr. 1 i.V.m. § 17a Abs. 1, 3 VersG einzelne Beispiele im Folgenden:

- **Handschuhe mit Handrücken- oder Knöchelbereich-Füllung** („Tactical Gloves", z.B. mit Blei, Stahl als Granulat oder Staub, Quarzsand, Sand), sind keine Waffen i.S.d. § 1 Abs. 2, 4 WaffG (Einstufung durch BKA gemäß § 2 Abs. 5 i.V.m. § 48 Abs. 3 WaffG mit Feststellungsbescheid vom 12.07.2006 (Veröffentlichung im Bundesanzeiger Nr. 133 vom 19.07.2006); können aber Schutzwaffen i.S.d. § 17a Abs. 1, 3 VersG sein.
- **Motorradhelm**: Der Motorradhelm ist nicht an sich **Schutzwaffe** im technischen Sinn des § 17a Abs. 1 VersG, also zwar geeignet, aber nicht seinem Wesen nach (objektiv) ohne weitere Umstände dazu bestimmt, Vollstreckungsmaßnahmen eines Trägers von Hoheitsbefugnissen abzuwehren. Der Motorradhelm kann je nach konkretem Fall **Schutzwaffe** sein, also als Gegenstand geeignet und den Umständen nach (subjektiv) dazu bestimmt sein, Vollstreckungsmaßnahmen eines Trägers von Hoheitsbefugnissen abzuwehren.
- **Mundschutz**: Unter Mundschutz kann je nach einzelnem Fall etwas anderes verstanden werden, insbesondere unterschiedliche Arten von Schutzmasken, zum Beispiel:
  - o Alltagsmaske (auch genannt: Community-Maske)
  - o Atemschutzmaske (FFP – Filtering Face Piece)
  - o Mund-Nasen-Bedeckung (MNB)
  - o Mund-Nasen-Schutz (MNS)
  - o Zahnschutz (sportfachsprachlich engere, im sportfachlichen Sinne funktional korrektere Bezeichnung).

Mundschutz als Alltagsmasken, Atemschutzmaske, Mund-Nasen-Bedeckung, Mund-Nasen-Schutz ist i.d.R. nicht an sich oder den Umständen nach Schutzwaffe. Mundschutz als Zahnschutz ist Schutzwaffe im technischen Sinn, außer in Fällen, in denen ausschließlich erhebliche medizinische Erfordernisse für das Tragen gegeben sind.

Vgl. OLG Frankfurt am Main, Urteil vom 11.04.2011 – 2 Ss 36/11: „Der auf den Kauflächen der Zähne getragene Mundschutz ist eine Schutzwaffe im technischen Sinne im Sinne von §§ 17a Abs. 1, 27 Abs. 2 Nr. 1 VersG.", aus den Gründen: „Der von dem Angeklagten bei einer ‚sonstigen öffentlichen Veranstaltung' i. S. d. § 17a Abs. 1 VersG mitgeführte Mundschutz ist entgegen der Auffassung des Amtsgerichts als Schutzwaffe im Sinn dieser Vorschrift anzusehen. Schutzwaffen im technischen Sinn sind nach ihrer Zweckbestimmung, ihren Konstruktionsmerkmalen oder ihren besonderen Eigenschaften von vornherein dazu bestimmt, dem Schutz des Körpers gegen Angriffsmittel bei kämpferischen Auseinandersetzungen zu dienen. Dazu gehören vornehmlich Schutzschilde, Panzerungen sowie Schutzwaffen aus dem polizeilichen oder militärischen Bereich oder aus dem Bereich von Kampfsportarten. In der Mitführung solcher Schutzwaffen sieht der Gesetzgeber ein sicheres und ausreichendes Indiz für offenkundige Gewaltbereitschaft (BT-Drucksache 10/3580, S. 4; [Quellenangaben]). Diese Gewaltbereitschaft muss nicht sichtbar nach außen in Erscheinung treten, so dass auch unsichtbare Schutzwaffen – z.B. eine unter der Kleidung getragene Schutzweste – von dem Verbot umfasst sind ([Quellenangabe]). Der hier in Rede stehende Zahnschutz, der auf den Kauflächen der Zähne getragen wird, wird bei bestimmten Kampfsportarten - etwa beim Boxen - zum Schutz der Mundpartie vor den Auswirkungen eines Schlages eines Kontrahenten eingesetzt und ist damit als Schutzwaffe i. S. d. § 17a Abs. 1 VersG einzustufen (vgl. LG Dresden, Beschl. v. 28. 2. 2007, 3 Qs 20/07, zitiert nach juris; a.A. LG Cottbus, NStZ-RR 2007, 282). Die vom Amtsgericht

dazu bestimmt sind, Vollstreckungsmaßnahmen eines Trägers von Hoheitsbefugnissen abzuwehren – bei öffentlichen Versammlungen unter freiem Himmel, Aufzügen oder sonstigen öffentlichen Veranstaltungen unter freiem Himmel oder auf dem Weg dorthin

  - Abs. 2 (vgl. § 27 Abs. 2 Nr. 2, 3c VersG, § 29 Abs. 1 Nr. 1a VersG): Verbot
    - Nr. 1.: an Veranstaltungen i.S.d. § 17a Abs. 1 VersG in einer Aufmachung, die geeignet und den Umständen nach darauf gerichtet ist, die Feststellung der Identität zu verhindern, teilzunehmen oder den Weg zu derartigen Veranstaltungen in einer solchen Aufmachung zurückzulegen;
    - Nr. 2.: bei derartigen Veranstaltungen oder auf dem Weg dorthin Gegenstände mit sich zu führen, die geeignet und den Umständen nach dazu bestimmt sind, die Feststellung der Identität zu verhindern.
  - Abs. 3: Absätze 1 und 2 gelten nicht, wenn es sich um Veranstaltungen im Sinne des § 17 VersG handelt. Die zuständige Behörde kann weitere Ausnahmen von den Verboten des § 17a Abs. 1 und 2 VersG zulassen, wenn eine Gefährdung der öffentlichen Sicherheit oder Ordnung nicht zu besorgen ist.
  - **Abs. 4:** (Befugnisrechtsnorm zur Verbotsdurchsetzungsanordnung) Die zuständige Behörde kann zur Durchsetzung der Verbote des § 17a Abs. 1 und 2 VersG Anordnungen treffen. Sie kann insbesondere Personen, die diesen Verboten zuwiderhandeln, von der Veranstaltung ausschließen.

- **§ 18 VersG** (vgl. § 17 VersG, § 26 Nr. 2 VersG):
  - **Abs. 1** (vgl. § 22 VersG, § 29 Abs. 1 Nr. 2 VersG, § 29 Abs. 1 Nr. 4 VersG, § 29 Abs. 1 Nr. 7 VersG, § 29 Abs. 1 Nr. 8 VersG): Für Versammlungen unter freiem Himmel sind § 7 Abs. 1, §§ 8, 9 Abs. 1, §§ 10, 11 Abs. 2, §§ 12 und 13 Abs. 2 VersG entsprechend anzuwenden.
  - **Abs. 2** (vgl. § 29 Abs. 1 Nr. 7 VersG): Die Verwendung von Ordnern bedarf polizeilicher Genehmigung. Sie ist bei der Anmeldung zu beantragen.
  - **Abs. 3:** Die Polizei kann Teilnehmer, welche die Ordnung gröblich stören, von der Versammlung ausschließen.

- **§ 19 VersG**
  - Abs. 1 (vgl. § 29 Abs. 1 Nr. 7 VersG): Der Leiter des Aufzuges hat für den ordnungsmäßigen Ablauf zu sorgen. Er kann sich der Hilfe ehrenamtlicher Ordner bedienen, für welche § 9 Abs. 1 und **§ 18 gelten**.
  - Abs. 2 (vgl. § 22 VersG): Die Teilnehmer sind verpflichtet, die zur Aufrechterhaltung der Ordnung getroffenen Anordnungen des Leiters oder der von ihm bestellten Ordner zu befolgen.

---

vorgenommene Differenzierung, dass sich der Mundschutz lediglich zur Vermeidung schwerer Zahnverletzungen eigne, nicht jedoch eine Dämpfung der Schläge erreiche und daher keine Schutzwaffe darstelle, findet im Gesetz keine Stütze. Ebenso wenig kommt es darauf an, ob das Tragen eines Mundschutzes geeignet ist, eine offenkundige stimulierende Wirkung auf andere Versammlungsteilnehmer auszuüben. Beim Mitführen von Schutzwaffen im technischen Sinn wird Gewaltbereitschaft und damit die Gefahr unfriedlichen Verhaltens unwiderleglich vermutet. Ob der Gewahrsamsinhaber die Schutzwaffe tatsächlich bestimmungsgemäß verwenden will, ist unerheblich. Die subjektive Bestimmung zu dem Zweck, unmittelbaren Zwang ‚eines Trägers von Hoheitsbefugnissen' abzuwehren, ist nur für Schutzwaffen im nichttechnischen Sinn gefordert (Dietel/Gintzel/Kniesel, a.a.O., Rdnr. 20 zu § 17 a).".

• Suspensorium: Ein Suspensorium als Schutzvorrichtung insbesondere für primäre und sekundäre Geschlechtsteile ist im konkreten Zusammenhang i.d.R. rechtlich wie Zahnschutz einzuordnen.

- Abs. 3: Vermag der Leiter sich nicht durchzusetzen, so ist er verpflichtet, den Aufzug für beendet zu erklären.
- **Abs. 4:** Die Polizei kann Teilnehmer, welche die Ordnung gröblich stören, von dem Aufzug ausschließen.

- **§ 19a VersG**[1373]: Für Bild- und Tonaufnahmen durch die Polizei bei Versammlungen unter freiem Himmel und Aufzügen gilt § 12a VersG.[1374]
- § 20 VersG[1375] (Zitiergebotsnorm i.S.d. Art. 19 Abs. 1 S. 2 GG): Das Grundrecht des Art. 8 des Grundgesetzes wird durch die Bestimmungen dieses Abschnitts eingeschränkt.
- §§ 21-29a VersG[1376]: Straf- und Bußgeldvorschriften (vgl. die jeweils relevanten §§ zuvor und die dortigen Verweise auf einzelne §§ von §§ 21-29 VersG).
- § 111b Abs. 1 S. 1, 2 (, c, d Abs. 1) StPO (ggf. i.V.m. §§ 46, 53 Abs. 1 S. 2, Abs. 2 OWiG) i.V.m. § 74 StGB / § 74a StGB / § 22 Abs. 1, 2 Nr. 1 OWiG / § 23 OWiG i.V.m. § 30 VersG[1377] (Beschlagnahme von Gegenständen i.S.d. § 30 VersG[1378]): Gegenstände, auf die sich eine Straftat nach § 27 VersG oder § 28 VersG oder eine Ordnungswidrigkeit nach § 29 Abs. 1 Nr. 1a oder 3 VersG bezieht, können eingezogen werden; § 74a StGB und § 23 OWiG sind anzuwenden.[1379]

1373 § 16 VersG NRW („Aufnahmen und Aufzeichnungen von Bild und Ton") nach Landtag-NRW-Drucksache 17/12423, S. 16. OVG NRW, Urteil des 15. Senats vom 17.09.2019 – 15 A 4753/18, Leitsätze: „Die Anfertigung von **Übersichtsaufzeichnungen** von einer Versammlung durch Polizeibeamte mit Foto- und/oder Videotechnik ist nach dem heutigen Stand der Technik für die Aufgezeichneten immer ein Eingriff in Art. 8 Abs. 1 GG, weil die Einzelpersonen auch in Übersichtsaufzeichnungen in der Regel individualisierbar mit erfasst sind. Dies gilt auch dann, wen die Fotoaufnahmen zum Zweck der polizeilichen Öffentlichkeitsarbeit gemacht werden. Für das Anfertigen von Fotoaufnahmen von Versammlungsteilnehmern zum Zweck der polizeilichen Öffentlichkeitsarbeit fehlt es an der erforderlichen versammlungsgesetzlichen Ermächtigungsgrundlage. Insbesondere kann sich die Polizei insoweit nicht auf § 23 Abs. 1 Nr. 3 KunstUrhG stützen.".

1374 Vgl. § 15 PolG NRW: Erhebung personenbezogener Daten von Teilnehmern auch durch den Einsatz technischer Mittel zur Anfertigung von Bild- und Tonaufzeichnungen bei oder im Zusammenhang mit öffentlichen Veranstaltungen oder Ansammlungen, die nicht dem Versammlungsgesetz unterliegen.

1375 Vgl. § 33 VersG NRW („Einschränkung von Grundrechten") nach Landtag-NRW-Drucksache 17/12423, S. 29.

1376 Vgl. § 27 VersG NRW („Straftaten") und § 28 VersG NRW („Ordnungswidrigkeiten") nach Landtag-NRW-Drucksache 17/12423, S. 25-28.

1377 Vgl. § 29 VersG NRW („Einziehung") nach Landtag-NRW-Drucksache 17/12423, S. 28.

1378 Vgl. § 29 VersG NRW („Einziehung") nach Landtag-NRW-Drucksache 17/12423, S. 28.

1379 § 30 VersG bezieht sich auf Tatobjekte (Beziehungsgegenstände) i.S.v. § 74 Abs. 2, 3 StGB oder § 74a StGB / § 22 Abs. 1, 2 Nr. 1 OWiG oder § 23 OWiG, nicht etwa auf Sicherungseinziehungs-Gegenstände i.S.d. § 74b StGB.

Zur Frage der **(Schutz-)Waffeneigenschaft** (oder sonstiger Gegenstandseigenschaft) i.S.v. § 27 Abs. 1, 2 i.V.m. § 2 Abs. 3 VersG oder der (Schutz-)Waffeneigenschaft der Gegenstände i.S.v. § 27 Abs. 2 Nr. 1 i.V.m. § 17a Abs. 1, 3 VersG einzelne Beispiele im Folgenden:

- **Handschuhe mit Handrücken- oder Knöchelbereich-Füllung** („Tactical Gloves", z.B. mit Blei, Stahl als Granulat oder Staub, Quarzsand, Sand), sind keine Waffen i.S.d. § 1 Abs. 2, 4 WaffG (Einstufung durch BKA gemäß § 2 Abs. 5 i.V.m. § 48 Abs. 3 WaffG mit Feststellungsbescheid vom 12.07.2006 (Veröffentlichung im Bundesanzeiger Nr. 133 vom 19.07.2006); können aber Schutzwaffen i.S.d. § 17a Abs. 1, 3 VersG sein.
- **Motorradhelm**: Der Motorradhelm ist nicht an sich **Schutzwaffe** im technischen Sinn des § 17a Abs. 1 VersG, also zwar geeignet, aber nicht seinem Wesen nach (objektiv) ohne weitere Umstände bestimmt, Vollstreckungsmaßnahmen eines Trägers von Hoheitsbefugnissen abzuwehren. Der

Motorradhelm kann je nach konkretem Fall **Schutzwaffe** sein, also als Gegenstand geeignet und den Umständen nach (subjektiv) dazu bestimmt sein, Vollstreckungsmaßnahmen eines Trägers von Hoheitsbefugnissen abzuwehren.

- **Mundschutz**: Unter Mundschutz kann je nach einzelnem Fall etwas anderes verstanden werden, insbesondere unterschiedliche Arten von Schutzmasken, zum Beispiel:
  - o Alltagsmaske (auch genannt: Community-Maske)
  - o Atemschutzmaske (FFP – Filtering Face Piece)
  - o Mund-Nasen-Bedeckung (MNB)
  - o Mund-Nasen-Schutz (MNS)
  - o Zahnschutz (sportfachsprachlich engere, im sportfachlichen Sinne funktional korrektere Bezeichnung).

Mundschutz als Alltagsmasken, Atemschutzmaske, Mund-Nasen-Bedeckung, Mund-Nasen-Schutz ist i.d.R. nicht an sich oder den Umständen nach Schutzwaffe. Mundschutz als Zahnschutz ist Schutzwaffe im technischen Sinn, außer in Fällen, in denen ausschließlich erhebliche medizinische Erfordernisse für das Tragen gegeben sind.

Vgl. OLG Frankfurt am Main, Urteil vom 11.04.2011 – 2 Ss 36/11: „Der auf den Kauflächen der Zähne getragene Mundschutz ist eine Schutzwaffe im technischen Sinne im Sinne von §§ 17a Abs. 1, 27 Abs. 2 Nr. 1 VersG.“, aus den Gründen: „Der von dem Angeklagten bei einer ‚sonstigen öffentlichen Veranstaltung‘ i. S. d. § 17a Abs. 1 VersG mitgeführte Mundschutz ist entgegen der Auffassung des Amtsgerichts als Schutzwaffe im Sinn dieser Vorschrift anzusehen. Schutzwaffen im technischen Sinn sind nach ihrer Zweckbestimmung, ihren Konstruktionsmerkmalen oder ihren besonderen Eigenschaften von vornherein dazu bestimmt, dem Schutz des Körpers gegen Angriffsmittel bei kämpferischen Auseinandersetzungen zu dienen. Dazu gehören vornehmlich Schutzschilde, Panzerungen sowie Schutzwaffen aus dem polizeilichen oder militärischen Bereich oder aus dem Bereich von Kampfsportarten. In der Mitführung solcher Schutzwaffen sieht der Gesetzgeber ein sicheres und ausreichendes Indiz für offenkundige Gewaltbereitschaft (BT-Drucksache 10/3580, S. 4; [Quellenangaben]). Diese Gewaltbereitschaft muss nicht sichtbar nach außen in Erscheinung treten, so dass auch unsichtbare Schutzwaffen – z.B. eine unter der Kleidung getragene Schutzweste – von dem Verbot umfasst sind ([Quellenangabe]). Der hier in Rede stehende Zahnschutz, der auf den Kauflächen der Zähne getragen wird, wird bei bestimmten Kampfsportarten - etwa beim Boxen - zum Schutz der Mundpartie vor den Auswirkungen eines Schlages eines Kontrahenten eingesetzt und ist damit als Schutzwaffe i. S. d. § 17a Abs. 1 VersG einzustufen (vgl. LG Dresden, Beschl. v. 28. 2. 2007, 3 Qs 20/07, zitiert nach juris; a.A. LG Cottbus, NStZ-RR 2007, 282). Die vom Amtsgericht vorgenommene Differenzierung, dass sich der Mundschutz lediglich zur Vermeidung schwerer Zahnverletzungen eigne, nicht jedoch eine Dämpfung der Schläge erreiche und daher keine Schutzwaffe darstelle, findet im Gesetz keine Stütze. Ebenso wenig kommt es darauf an, ob das Tragen eines Mundschutzes geeignet ist, eine offenkundige stimulierende Wirkung auf andere Versammlungsteilnehmer auszuüben. Beim Mitführen von Schutzwaffen im technischen Sinn wird Gewaltbereitschaft und damit die Gefahr unfriedlichen Verhaltens unwiderleglich vermutet. Ob der Gewahrsamsinhaber die Schutzwaffe tatsächlich bestimmungsgemäß verwenden will, ist unerheblich. Die subjektive Bestimmung zu dem Zweck, unmittelbaren Zwang ‚eines Trägers von Hoheitsbefugnissen‘ abzuwehren, ist nur für Schutzwaffen im nichttechnischen Sinn gefordert (Dietel/Gintzel/Kniesel, a.a.O., Rdnr. 20 zu § 17a).“

• Suspensorium: Ein Suspensorium als Schutzvorrichtung insbesondere für primäre und sekundäre Geschlechtsteile ist im konkreten Zusammenhang i.d.R. rechtlich wie Zahnschutz einzuordnen.

Zur Frage der **Vermummungsgegenstandseigenschaft** i.S.v. § 27 Abs. 2 Nr. 2 i.V.m. § 17a Abs. 2 Nr. 1, Abs. 3 VersG oder i.S.v. § 29 Abs. 1 Nr. 1a VersG i.V.m. § 17a Abs. 2 Nr. 2, Abs. 3 VersG im Einzelnen:

• Motorradhelm: Der Motorradhelm ist nicht an sich Vermummungsgegenstand im technischen Sinn des § 17a Abs. 2 VersG, also Aufmachung, die zwar geeignet, aber nicht ihrem Wesen nach (objektiv) ohne weitere Umstände darauf gerichtet ist, die Feststellung der Identität zu verhindern. Der Motorradhelm kann je nach konkretem Fall Vermummungsgegenstand sein, also als Aufmachung geeignet und den Umständen nach darauf gerichtet sein, die Feststellung der Identität zu verhindern. Wird der Motorradhelm gemäß § 21a StVO als Schutzhelm getragen bzw. für ein solches Tragen als Schutzhelm mitgeführt, dann ist er jedenfalls insoweit nicht den Umständen nach auf IDF-Verhinderung gerichtet.

- § 31 (Aufhebungsvorschriften): leer
- § 32 VersG: Dieses Gesetz gilt nach Maßgabe des § 13 Abs. 1 des Dritten Überleitungsgesetzes auch im Land Berlin. Rechtsverordnungen, die auf Grund der in diesem Gesetz enthaltenen Ermächtigung erlassen werden, gelten im Land Berlin nach § 14 des Dritten Überleitungsgesetzes.[1380]
- § 33 VersG: (Inkrafttreten) [leer]
- Anlage (zu § 15 Abs. 2 VersG).

B. Formelle Rechtmäßigkeit (FR) I. Zuständigkeit (Z)

(VOR/DEF)

Zuständigkeit ist Aufgabenwahrnehmungserlaubnis für den Rechtsfolgesetzer.

(SUB/ERG)

1. Mögliche Zuständigkeitsrechtsnormen i.Z.m. dem VersG auf dem Rechtsgebiet der Gefahrenabwehr

Für die Maßnahme ist speziell bei VersG[1381]-Befugnisrechtsnorm-Anwendung die Zuständigkeit (alternativ) folgt gegeben:

• Mundschutz: Unter Mundschutz kann je nach einzelnem Fall etwas anderes verstanden werden, insbesondere unterschiedliche Arten von Schutzmasken, zum Beispiel:

- o Alltagsmaske (auch genannt: Community-Maske)
- o Atemschutzmaske (FFP – Filtering Face Piece)
- o Mund-Nasen-Bedeckung (MNB)
- o Mund-Nasen-Schutz (MNS)
- o Zahnschutz (sportfachsprachlich engere, im sportfachlichen Sinne funktional korrektere Bezeichnung).

Mundschutz als Alltagsmaske, Atemschutzmaske, Mund-Nasen-Bedeckung, Mund-Nasen-Schutz ist i.d.R. nicht an sich Vermummungsgegenstand im technischen Sinn des § 17a Abs. 2 VersG; also nicht i.d.R. Aufmachung, die zwar geeignet, aber nicht ihrem Wesen nach[1379] (objektiv) ohne weitere Umstände[1379] darauf gerichtet ist, die Feststellung der Identität zu verhindern. Mundschutz kann je nach konkretem Fall Vermummungsgegenstand sein, also als Aufmachung geeignet und den Umständen nach darauf gerichtet sein, die Feststellung der Identität zu verhindern, insbesondere wenn keine medizinischen oder ähnlichen Erfordernisse vorliegen. Liegen medizinische oder ähnliche Erfordernisse vor für ein Tragen oder Mitführen, dann ist Mundschutz jedenfalls insoweit nicht den Umständen nach auf IDF-Verhinderung gerichtet.
Mundschutz als Zahnschutz ist nicht Vermummungsgegenstand i.S.v. § 17a Abs. 2, 3 VersG.
Suspensorium: Ein Suspensorium ist i.d.R. nicht Vermummungsgegenstand i.S.v. § 17a Abs. 2, 3 VersG.

[1380] § 32 VersG (sog. Berlin-Klausel) ist gegenstandslos geworden mit der Aufhebung des Dritten Überleitungsgesetzes durch das Sechste Überleitungsgesetz vom 25.09.1990 (BGBl. I S. 2106) mit Wirkung zum 03.10.1990.

[1381] Bei VersG-NRW-Anwendbarkeit unter Aufhebung der VersGZVO NRW vgl. § 32 VersG NRW („Zuständigkeit") nach Landtag-NRW-Drucksache 17/12423, S. 29.

1. sachliche Zuständigkeit *der Polizei* bei Anwendung des VersG (alternativ):

- (§ 2 Abs. 3/§ 3 Abs. 2) § 5, § 14, § 15 und § 17a Abs. 3 und 4 VersG („Zuständige Behörde") i.V.m. § 1 VersGZVO NRW i.V.m. KPBVO NRW, danach nämlich der Polizei (der Kreispolizeibehörde);
- §§ 9 Abs. 2, 12a, 13, 18 Abs. 3, 19 Abs. 4, 19a VersG („Die Polizei");

2. instanzielle Zuständigkeit *der Polizeibehörde* bei Anwendung des VersG (alternativ):

- (§ 2 Abs. 3/§ 3 Abs. 2), § 5, § 14, § 15 und § 17a Abs. 3 und 4 VersG („Zuständige Behörde") i.V.m. § 1 VersGZVO NRW i.V.m. KPBVO NRW, danach nämlich der KPB;
- §§ 9 Abs. 2, 12a, 13, 18 Abs. 3, 19 Abs. 4, 19a VersG („Die Polizei") i.V.m. § 1 VersGZVO NRW i.V.m. KPBVO NRW: KPB (ggf. i.V.m. LKAAufgVO);

3. örtliche Zuständigkeit *der Polizeibehörde*:

- §§ 7-9 POG NRW;

4. funktionelle Zuständigkeit des Polizeiamtswalters (alternativ):

- (§ 2 Abs. 3/§ 3 Abs. 2), § 5, § 14, § 15 und § 17a Abs. 3 und 4 VersG („Zuständige Behörde") i.V.m. § 1 VersGZVO NRW i.V.m. KPBVO NRW, danach nämlich der Amtswalter der instanziell und örtlich zuständigen KPB;
- §§ 9 Abs. 2, 12a, 13, 18 Abs. 3, 19 Abs. 4, 19a VersG („Die Polizei"), danach nämlich der Amtswalter der „Polizei" aus der Befugnisrechtsnorm oder Amtswalter der instanziell, örtlich zuständigen Polizeibehörde;

Bei Anwendung des PolG NRW auf dem Rechtsgebiet des Versammlungsrechts außerhalb des Versammlungsgesetzes besteht Regelzuständigkeit nach der jeweiligen Rechtsfolge.

Ggf. kann es bei Anwendung anderer Gesetze im Versammlungswesen zu folgendem kommen: **Konzentrationswirkung**[1382], z.B. bzgl. §§ 44, 36 StVO.

1382 Formelle **Konzentrationswirkung / Konzentrationsmaxime** (statt seltener materieller Konzentrationswirkung) durch Anwendung des materiellen Rechts außerhalb originärer Zuständigkeit: Entbehrlichkeit der Anwendung vorgesehener hoheitlicher Akte gerade durch die originär zuständige Behörde. Bsp.: Polizeiliche Mitregelung von Straßenverkehrsangelegenheiten aus dem originären Zuständigkeitsbereich der Straßenverkehrsbehörden bei Versammlungen. Vgl. BVerwGE 82, 34 (§ 92 Abs. 2 StVO) = BVerwG, Urteil vom 21.04.1989 – BVerwG 7 C 50/88: „Der weithin vertretenen Auffassung, daß § 29 II StVO für öffentliche Versammlungen wegen des Vorrangs der §§ 14, 15 VersammlG nicht anzuwenden ist [Quellenangaben] schließt sich der erkennende Senat aus den folgenden Erwägungen an. Die §§ 14, 15 VersammlG bilden ein in sich geschlossenes und abschließendes Regelungswerk, mit dem sichergestellt wird, daß die zur Wahrung der öffentlichen Sicherheit oder Ordnung bei Durchführung der Versammlung oder des Aufzugs notwendigen Maßnahmen getroffen werden können. Die Regelungen sehen nur eine Anmeldepflicht und keine Genehmigungspflicht vor. Nach § 15 VersammlG sind Auflagen oder eine Verbotsverfügung nur zulässig, wenn nach den zur Zeit des Erlasses der Verfügung erkennbaren Umständen die öffentliche Sicherheit oder Ordnung unmittelbar gefährdet ist; für die Auflösung einer Versammlung gelten - neben weiteren hier nicht interessierenden Tatbeständen - die gleichen Voraussetzungen. Diese Voraussetzungen sind enger als diejenigen für Maßnahmen nach der polizeilichen Generalklausel, dies vor allem wegen der Beschränkung der Eingriffsbefugnis auf eine ‚unmittelbare Gefährdung' [Quellenangaben]. Der Regelungsgegenstand des § 29 II StVO und der §§ 14, 15 VersammlG ist, soweit es hier von Bedeutung ist, identisch. Die in § 15 VersammlG verwendeten Begriffe der ‚öffentlichen Sicherheit oder Ordnung' entsprechen dem allgemeinen polizeirechtlichen Verständnis dieser Begriffe (vgl. dazu BVerfGE 69, 315 (352) [Quellenangaben]. Der Schutz der ‚öffentlichen Sicherheit' i. S. von § 15 VersammlG umfaßt die gesamte Rechtsordnung [Quellenagaben] und damit auch straßenverkehrsrechtliche Vorschriften, die die Sicherheit und Leichtigkeit des Verkehrs regeln. Die Anforderungen des Straßenverkehrsrechts bilden einen geradezu typischen Konfliktsbereich im Spannungsfeld Versammlungsfreiheit - öffentliche

Sicherheit. Der Ausgleich zwischen der verfassungsrechtlich gewährleisteten Versammlungsfreiheit und der öffentlichen Sicherheit oder Ordnung soll nach den Vorstellungen des Gesetzgebers nicht im Rahmen eines vorgeschalteten Erlaubnisverfahrens, sondern allein nach Maßgabe des § 15 VersammlG erfolgen. Eine straßenverkehrsrechtliche Erlaubnispflicht würde sich demgegenüber als ein unzulässiger gezielter Eingriff in das Versammlungsrecht darstellen und wird deshalb von der Ausschlußwirkung der Vorschriften des Versammlungsgesetzes erfaßt (vgl. dazu BVerwGE 80, 158 (159).“; BVerfG, Beschluss der 1. Kammer des Ersten Senats vom 12.06.2001 – 1 BvQ 28/01 – (Fuckparade), Rn. 17: „Der Gesetzgeber hat die zulässigen Beschränkungen der Versammlungsfreiheit im Versammlungsgesetz, vor allem dessen §§ 14 und 15, in enger Weise gefasst. Dies wird in Rechtsprechung und Literatur dahingehend verstanden, dass das Anmeldeerfordernis (§ 14 VersG) im Zusammenspiel mit der Auflagemöglichkeit (§ 15 VersG) sonstige Genehmigungs- und Erlaubnisakte der allgemeinen Rechtsordnung, die der Gefahrenabwehr dienen, ersetzt (vgl. BVerwGE 82, 34 <38 f.>; [weitere Quellenangaben]). Dies ist Ausdruck der Bevorzugung von Versammlungen gegenüber sonstigen Zusammenkünften.“.

Vgl. aber auch Erlass IM NRW 432 - 57.02.01 an alle Polizeibehörden in NRW vom 13.03.2020 „Versammlungsrecht – Übertragung von SARS-CoV2“: „Verbote von Veranstaltungen und sonstigen Ansammlungen größerer Zahlen von Menschen gem. §§ 16, 28 des Infektionsschutzgesetzes (IfSG) gelten auch für Versammlungen. Zuständig für derartige Verbote sind die Städte und Gemeinden als örtliche Ordnungsbehörden (§ 2 Absatz 1, § 3 der Verordnung zur Regelung von Zuständigkeiten nach dem Infektionsschutzgesetz - ZVO-IfSG -, SGV.NRW. 2126). Für das Verbot einer Versammlung aus Gründen des Infektionsschutzes bedarf es daher keiner Entscheidung der Versammlungsbehörde. Bei Anmeldungen von Versammlungen ist die anmeldende Person auf die bestehenden Gesundheitsgefahren und die o.g. Erlasse hinzuweisen. Soweit die Anmeldung daraufhin aufrechterhalten wird, ist unverzüglich die nach dem IfSG erforderliche Entscheidung der zuständigen Behörde herbeizuführen und der Anmelder darüber zu unterrichten, dass dort über ein Verbot bzw. über beschränkende Maßnahmen aus Infektionsschutzgründen entschieden wird. Im Falle eines Verbots der Versammlung durch die zuständige Behörde ist diese auch für ggf. erforderliche Maßnahmen zu dessen Durchsetzung zuständig. Die Möglichkeit von Vollzugshilfe nach § 47 PolG NRW bleibt dabei unbenommen. Die erforderlichen Maßnahmen sind zwischen den beteiligten Behörden abzustimmen.“; „In Ergänzung“ zum Erlass IM NRW 432 - 57.02.01 vom 13.03.2020 an alle Polizeibehörden in NRW und und „im Hinblick auf die zwischenzeitlich erlassene CoronaSchVO“: Erlass IM NRW 432/413-57.02.01/60.13.04 an alle Polizeibehörden in NRW vom 09.04.2020 „Einsatzmaßnahmen der Polizei aus Anlass von Versammlungen – Übertragung von SARS-CoV2“: „Ausnahmen gemäß § 11 Absatz 3 CoronaSchVO müssen seitens der zuständigen Ordnungsbehörde ausdrücklich genehmigt werden. Dies sollte unter strenger Beachtung des Ausnahmecharakters entschieden und nachvollziehbar begründet werden. Die nach § 11 Absatz 3 CoronaSchVO zu erteilende Ausnahmegenehmigung ersetzt dabei nicht das versammlungsrechtliche Verfahren. Dieses ist vielmehr im Falle einer Ausnahmegenehmigung der nach IfSG zuständigen Behörde durch die Versammlungsbehörde fortzusetzen, vgl. Bezugserlass zu a). Die Kreispolizeibehörden haben im Rahmen der Einbindung der zuständigen Ordnungsbehörden darauf hinzuwirken, dass die Bedingungen, unter denen diese eine Versammlung ausnahmsweise zulassen, mit der Versammlungsbehörde einvernehmlich abgestimmt werden, insbesondere um Wechselwirkungen in der rechtlichen Ausgestaltung und Auswirkungen auf die polizeiliche Aufgabenwahrnehmung ausreichend berücksichtigen zu können. [...] Die Kreispolizeibehörden wirken im Rahmen der durchzuführenden Abstimmungen zudem darauf hin, dass Vertreter der zuständigen Ordnungsbehörden vor Ort die Einhaltung angeordneter Vorgaben zum Schutz der Bevölkerung vor Infektionen überwachen und bei Nichteinhaltung für die Umsetzung der Untersagung der weiteren Durchführung der Versammlung nach § 11 Absatz 1 CoronaSchVO sorgen. Lockerungen der Anordnungen zur Gewährleistung des Infektionsschutzes während der Durchführung der Versammlung dürften grundsätzlich nicht in Betracht kommen. Es ist darauf hinzuwirken, dass diese jedenfalls aus den zuvor genannten Gründen mit der Polizei einvernehmlich abgestimmt werden. Die Polizei leistet bei Verstößen gegen die genannten Vorgaben ggf. Unterstützung im Rahmen der Amts- und Vollzugshilfe bzw. handelt im Rahmen der ihr zugewiesenen Eilfallkompetenz nach § 1 Absatz 3 PolG NRW.“.

2. Mögliche Zuständigkeitsrechtsnormen i.Z.m. dem VersG auf dem Rechtsgebiet der Strafrechtspflege

Auf dem Rechtsgebiet der Strafrechtspflege mit StPO/OWiG gibt es keine Besonderheiten, sondern die Regelzuständigkeiten zu den jeweiligen Rechtsfolgen der allgemeinen StPO/OWiG-Strafrechtspflege, außer folgende besondere Zuständigkeitsrechtsnorm des § 2 VersGZVO NRW[1383]: „Die Zuständigkeit für die Verfolgung und Ahndung von Ordnungswidrigkeiten nach § 29 des Versammlungsgesetzes wird der Kreispolizeibehörde übertragen.“, wonach bezüglich Ordnungswidrigkeiten-Verfolgung und Ordnungswidrigkeitenahndung i.Z.m. § 29 VersG die Zuständigkeit (i.d.R.) wie folgt gegeben sein kann:

1. sachliche Zuständigkeit *der Polizei* gemäß

- §§ 35, 36 OWiG i.V.m. § 2 VersGZVO;
- im Übrigen: § 53 Abs. 1 S. 1 OWiG;

2. instanzielle Zuständigkeit *der Polizeibehörde* gemäß

- § 2 VersGZVO NRW[1384] i.V.m. § 11 Abs. 1 Nr. 2 Alt. 2 POG NRW i.V.m. KPBVO NRW;

3. örtliche Zuständigkeit *der Polizeibehörde* gemäß

- § 37 OWiG i.V.m. § 7 Abs. 1 S. 1 POG NRW;
- generell: §§ 7-9 POG NRW[1385];

4. funktionelle Zuständigkeit *des Polizeiamtswalters* gemäß

- Zuständigkeitsrechtsnorm oder Befugnisrechtsnorm oder Rechtsnorm i.Z.m. Zuständigkeitsrechtsnorm oder Befugnisrechtsnorm;
- Ableitung aus instanzieller/örtlicher Zuständigkeit der Polizeibehörde oder örtlicher Zuständigkeit des Amtswalters bei Fehlen einer ausdrücklichen funktionellen Zuständigkeit.

B. Formelle Rechtmäßigkeit (FR) II. Verfahren (V)

(VOR/DEF)

Verfahren ist normiertes Verhalten insbesondere für den Rechtsfolgezuständigen außer, bei, i.Z.m. der Rechtsfolge.

[1383] Bei VersG-NRW-Anwendbarkeit unter Aufhebung der VersGZVO NRW vgl. § 32 VersG NRW („Zuständigkeit“) i.V.m. § 28 VersG NRW („Ordnungswidrigkeiten“) nach Landtag-NRW-Drucksache 17/12423, S. 27-29.

[1384] Bei VersG-NRW-Anwendbarkeit unter Aufhebung der VersGZVO NRW vgl. § 32 VersG NRW („Zuständigkeit“) i.V.m. § 28 VersG NRW („Ordnungswidrigkeiten“) nach Landtag-NRW-Drucksache 17/12423, S. 27-29.

[1385] Vgl. auch zu § 9 Abs. 1 S. 1 Nr. 5 POG NRW: Abkommen zwischen den Ländern der Bundesrepublik Deutschland über die erweiterte Zuständigkeit der Polizei der Länder bei der Strafverfolgung.

Die Verfahrensrechtsnormsystematik geht nach Rechtsnormspezialitätsregel[1386], wonach zunächst je nach Rechtsfolge speziellere Verfahrensrechtsnormen in Betracht kommen können, und danach, soweit nicht verdrängt, allgemeinere Verfahrensrechtsnormen.

Auf dem Rechtsgebiet der Strafrechtspflege mit StPO/OWiG gibt es keine Besonderheiten, sondern die Regelverfahrensrechtsnormen zu den jeweiligen Rechtsfolgen der allgemeinen StPO/OWiG-Strafrechtspflege.

1. Mögliche speziellere Verfahrensrechtsnormen aus dem VersG

Mögliche speziellere Verfahrensrechtsnormen aus dem VersG sind insbesondere folgende:

- § 12 S. 1 VersG (ggf. i.V.m. § 18 Abs. 1 VersG): Zuerkennengeben versammlungsentsandter Polizeibeamter gegenüber dem Leiter
  Aus § 12 VersG ergibt sich eine Beschränkung von verdeckter, auch sog. störerorientierter Aufklärung, vgl. § 18 Abs. 1 VersG, § 29 Abs. 1 Nr. 8 VersG):
  - S. 1: Werden Polizeibeamte in eine öffentliche Versammlung entsandt, so haben sie sich dem Leiter zu erkennen zu geben.
  - S. 2: Es muß ihnen ein angemessener Platz eingeräumt werden.

  „Ist in der Anwesenheit der Polizei aber ein Eingriff in den Schutzbereich des Grundrechts zu sehen, so bedarf dieser einer versammlungsrechtlichen Befugnisnorm [...], die, weil die Freiheit von Versammlungen in geschlossenen Räumen keinem Gesetzesvorbehalt unterliegt, nur zum Schutze kollidierender Verfassungsgüter zulässig ist. Dieser Anforderung genügt § 12 VersG allerdings nicht, weil die Vorschrift lediglich die Modalitäten der polizeilichen Anwesenheit, nicht aber die Voraussetzungen des Eingriffs regelt [...]“[1387]

[1386] Zur **Rechtsnormspezialitätsregel** siehe auch: *Basten*, Eingriffsrecht der Polizei in Nordrhein-Westfalen, Band 1, S. 39, 41, 161, 167.

[1387] Bayerischer VGH, Urteil vom 15.07.2008 – 10 BV 07.2143 (versammlungsseitig unerwünschte polizeiliche Anwesenheit bei öffentlicher Versammlung in geschlossenen Räumen), mit ausführlicher grammatischer, historischer, systematischer, teleologischer Begründung, und weiter unter anderem auch zur Erforderlichkeit einer eigenständigen Befugnisnorm für **polizeilichen Eintritt in eine und Anwesenheit in einer Versammlung** (**Polizeipräsenz *in* einer Versammlung**) folgt: „Die Beurteilung der **Polizeipräsenz** muss deshalb von deren Wirkung auf die Versammlungsteilnehmer ausgehen und nicht von dem von der Polizei beabsichtigten Zweck des Einsatzes, selbst wenn es der Polizei allein um den Schutz der Versammlung oder ‚lediglich‘ um eine **Beobachtung der Versammlung** geht [...]. Andernfalls wäre der Schutz des Grundrechts von einer **nach außen nicht ohne weiteres erkennbaren Willensrichtung der Polizei** abhängig.“ [...] „Der staatliche Schutzauftrag und die Abwehr unfriedlicher Versammlungen vermögen im vorliegenden Fall die **Anwesenheit der Polizei** nicht zu rechtfertigen. Weder wollte sich der Versammlungsleiter, der mit der Anwesenheit der Polizeibeamten nicht einverstanden war, bei der Durchführung seiner Aufgaben (s. §§ 8, 10 und 11 VersG), insbesondere zur Entfernung ausgeschlossener Störer, der Unterstützung durch die Polizeibeamten bedienen, noch lagen Anhaltspunkte dafür vor, dass die Versammlung einen unfriedlichen Verlauf nehmen würde, was die Auflösung der Versammlung nach § 13 VersG durch die Polizei erforderlich gemacht hätte. Hätten **konkrete Anhaltspunkte** für eine Auflösungsverfügung nach § 13 VersG vorgelegen, so würde sich ohne weiteres aus dieser Bestimmung selbst das **Zutrittsrecht** der Polizei ergeben.“. [...] „Auch auf die allgemeine polizeiliche Generalklausel [...] kann die Anwesenheit der Polizei nicht gestützt werden. Ob auf das allgemeine Polizeirecht polizeiliche Maßnahmen innerhalb von Versammlungen nur gestützt werden können, wenn und soweit es darum geht, **Gefahren zu bekämpfen, die nicht spezifisch in der Versammlung und deren Ablauf ihre Ursache haben**, kann offenbleiben. Gegen den Rückgriff auf das allgemeine Polizeirecht spricht, dass in § 12a und § 13 VersG [und § 5 VersG als Befugnisnormen gegenüber öffentlichen Versammlungen in geschlossenen Räumen, P. B.] die Voraussetzungen für ein polizeiliches Einschreiten zur Gefahrenabwehr

- § 13 Abs. 1 VersG: Angabe des Grundes.

2. Allgemeine Verfahrensrechtsnorm für VA (vgl. §§ 1, 2, 9, 35 VwVfG NRW): Anhörung

(VOR/DEF)

Gemäß § 28 VwVfG NRW besteht grundsätzlich Pflicht zur **Anhörung** im Sinne des § 28 Abs. 1 VwVfG NRW (Äußerungsgelegenheit mit entsprechender Würdigung vor eingreifendem VA) – oder es soll gegeben sein: ein Ausnahmegrund gemäß § 28 Abs. 2, 3 VwVfG NRW oder **VA-Verletzungsunbeachtlichkeit** gemäß § 45 VwVfG NRW[1388] oder **VA-Nichtaufhebbarkeit** gemäß § 46 VwVfG NRW[1389].

---

versammlungsrechtlich speziell und abschließend geregelt sind […]. Aber auch die Auffassung, wonach die allgemeinen Polizeibefugnisse unter den Voraussetzungen von § 12a und § 13 VersG anwendbar sind (vgl. BVerwG vom 8.9.1981 BVerwGE 64, 55 – zu § 15 VersG), vermag die Anwesenheit der Polizei nicht zu rechtfertigen. Denn die Einvernahme der beiden Zeugen in der mündlichen Verhandlung hat ergeben, dass der Einsatz der beiden Polizeibeamten nicht der Abwehr von **konkret drohenden erheblichen Gefahren** diente.".

[1388] Vgl. § 45 VwVfG NRW („**Heilung von Verfahrens- und Formfehlern**"), vgl. dazu: BVerwG, Urteil vom 06.02.2019 – BVerwG 1 A 3.18: „Eine entsprechende Heilung [hier im Fall einer Anhörung, P. B.] setzt voraus, dass die Anhörung nachträglich ordnungsgemäß durchgeführt und ihre Funktion für den Entscheidungsprozess der Behörde uneingeschränkt erreicht wird. Dies ist der Fall, wenn der Betroffene Gelegenheit hat, seine Einwendungen vorzubringen, und die Behörde diese nicht nur zur Kenntnis nimmt, sondern auch bei ihrer Entscheidung in Erwägung zieht. Von Letzterem ist auszugehen, wenn sich die Behörde nicht darauf beschränkt, die einmal getroffene Sachentscheidung zu verteidigen, sondern das Vorbringen des Betroffenen erkennbar zum Anlass nimmt, die Entscheidung kritisch zu überdenken (BVerwG, Urteil vom 17. Dezember 2015 - 7 C 5.14 - BVerwGE 153, 367 Rn. 17 m.w.N.).".

[1389] Vgl. § 46 VwVfG NRW („**Folgen von Verfahrens- und Formfehlern**"), vgl. dazu BVerwG, Urteil vom 09.05.2019 – BVerwG 2 C 2.18 (Unterbliebene Beteiligung der Gleichstellungsbeauftragten bei LAFP NRW-Auswahlentscheidung), Rn. 70: „Ein Verstoß gegen eine Verfahrensvorschrift ist nur dann offensichtlich ohne Einfluss auf die Entscheidung in der Sache, wenn das Gericht zweifelsfrei und ohne jede Spekulation davon ausgehen kann, dass die Entscheidung ohne den Fehler genauso ausgefallen wäre. Ein Kausalzusammenhang ist dagegen zu bejahen, wenn nach den Umständen des jeweiligen Falles die konkrete Möglichkeit besteht, dass ohne den angenommenen Verfahrensmangel die Entscheidung anders ausgefallen wäre (stRspr, vgl. BVerwG, Urteile vom 30. Mai 1984 - 4 C 58.81 - BVerwGE 69, 256 <270> und vom 28. Juni 2018 - 2 C 14.17 - Buchholz 11 Art. 33 Abs. 5 GG Nr. 148 Rn. 32; Emmenegger, in: Mann/Sennekamp/Uechtritz, VwVfG, 2014, § 46 Rn. 91; Ramsauer, in: Kopp/Ramsauer, VwVfG, 20. Aufl. 2019, § 46 Rn. 36; Sachs, in: Stelkens/Bonk/Sachs, VwVfG, 9. Aufl. 2018, § 46 Rn. 80, 83).", Rn. 69: „Dabei lässt der Senat offen, ob § 46 VwVfG NRW, der die Aufhebung eines Verwaltungsaktes ausschließt, also Anfechtungsklagen betrifft, auf die im Streitfall gegebene Konstellation einer Feststellungsklage nach erledigtem Neubescheidungsbegehren (evtl. entsprechend) anzuwenden ist. Dasselbe gilt für die Frage, ob der in von § 46 VwVfG NRW normierte Ausschluss des Aufhebungsanspruchs auch die hier gegebene andersgeartete, besondere Fehlerfolge des § 18 Abs. 3 Satz 1 LGG NRW erfasst, wonach die verfahrensfehlerhaft zustande gekommene Auswahlentscheidung (nur) auszusetzen und die Beteiligung nachzuholen ist. Selbst wenn dies der Fall sein sollte, ist jedenfalls offensichtlich i.S.v. § 46 VwVfG NRW, dass der in der Nichtbeteiligung der Gleichstellungsbeauftragten liegende Verfahrensfehler die Entscheidung in der Sache nicht beeinflusst hat.".

Gemäß § 28 Abs. 2 VwVfG NRW kann von der Anhörung abgesehen werden, wenn sie nach den Umständen des Einzelfalles nicht geboten ist, insbesondere wenn ein Fall vorliegt gemäß § 28 Abs. 2 Nr. 1-5 VwVfG NRW.

Absehenkönnen im Sinne von § 28 Abs. 2 Hs. 1 VwVfG NRW bedeutet Ermessen – in systematisch-kumulativer Verbindung mit § 28 Abs. 2 Hs. 2 VwVfG NRW wiederum unter Vorbehalt des tatsächlich und rechtlich Möglichen wie Gebotenen.

Gebotenheit ist Nichtverfügbarkeit eines milderen, gleich geeigneten Mittels zur Zweckförderung.

Gemäß § 28 Abs. 2 Nr. 1 VwVfG NRW kann von der Anhörung abgesehen werden, wenn eine sofortige Entscheidung wegen Gefahr im Verzug oder im öffentlichen Interesse notwendig erscheint.

Gefahr im Verzug i.S.d. § 28 Abs. 2 Nr. 1 VwVfG NRW ist gegeben, wenn der Handlungsbedarf unvorhergesehen ist und bei Durchführung der eigentlich vorgesehenen Maßnahme, hier der Anhörung, der gesetzliche Zweck, hier der jeweilige aus der Aufgabe des § 1 Abs. 1 S. 1 PolG NRW und aus der Befugnisrechtsnorm des § 8 Abs. 1 PolG NRW, vereitelt oder wesentlich erschwert wird.[1390]

Öffentliches Interesse ist die einzelfallbezogene Relevanz eines Rechts oder Rechtsguts nicht ausschließlich bei einem einzelnen Individuum.

Notwendigkeit ist Nichtverfügbarkeit eines milderen, gleich geeigneten Mittels zur Zweckförderung – bis hin zur Alternativlosigkeit der Mittelanwendung.

Gemäß § 28 Abs. 3 VwVfG NRW unterbleibt eine Anhörung, wenn ihr ein zwingendes öffentliches Interesse entgegensteht.

Zwingendes öffentliches Interesse ist die einzelfallbezogene unbedingte Relevanz eines Rechts oder Rechtsguts nicht ausschließlich bei einem einzelnen Individuum.

(SUB/ERG)

Im konkreten Fall ist § 28 VwVfG NRW (alternativ)

- eingehalten insbesondere bei Gelegenheit zur Stellungnahme i.S.d. § 28 Abs. 1 VwVfG NRW.
- eingehalten bei Nichteinhaltung von § 28 Abs. 1 VwVfG NRW und Ausnahmegrund gemäß § 28 Abs. 2, 3 VwVfG NRW.
- nicht eingehalten insbesondere bei Fehlen von Gelegenheit zur Stellungnahme ohne Ausnahmegrund.
- sonst eingehalten oder nicht eingehalten bei Anhaltspunkten / Fehlen entgegenstehender Anhaltspunkte.

[1390] BVerwGE 142, 205 (Schutzmaßnahme nach IfSG) = BVerwG, Urteil vom 22.03.2012 – BVerwG 3 C 16.11: „Gefahr im Verzug im Sinne von § 28 Abs. 2 Nr. 1 VwVfG ist anzunehmen, wenn durch eine vorherige Anhörung auch bei Gewährung kürzester Anhörungsfristen ein Zeitverlust einträte, der mit hoher Wahrscheinlichkeit zur Folge hätte, dass die behördliche Maßnahme zu spät käme, um ihren Zweck noch zu erreichen. Ob eine sofortige Entscheidung objektiv notwendig war oder die Behörde eine sofortige Entscheidung zumindest für notwendig halten durfte, ist vom Gericht aus ex-ante-Sicht zu beurteilen (Urteil vom 15. Dezember 1983 - BVerwG 3 C 27.82 - BVerwGE 68, 267 <271 f.> = Buchholz 316 § 28 VwVfG Nr. 9 S. 18). Hierbei ist wegen der Bedeutung des Anhörungsrechts als tragendem Prinzip des rechtsstaatlichen Verfahrens ein strenger Maßstab anzulegen (vgl. Kopp/Ramsauer, VwVfG, 12. Aufl. 2011, § 28 Rn. 3 und Rn. 46 m.w.N.).“.

3. Allgemeine Verfahrensrechtsnorm für VA (vgl. §§ 1, 2, 9, 35 VwVfG NRW): Begründung

(VOR/DEF)

Gemäß § 39 Abs. 1 VwVfG NRW besteht Pflicht zur **Begründung** eines schriftlichen oder elektronischen sowie schriftlich oder elektronisch bestätigten VA (vgl. § 37 Abs. 2 VwVfG NRW) mit den tatsächlich-rechtlichen, nicht unbedingt materiellrechtlich richtigen Behördenerwägungen – oder es soll gegeben sein: ein Ausnahmegrund nach § 39 Abs. 2 VwVfG NRW (insb. § 39 Abs. 2 Nr. 2, 4 VwVfG NRW) oder **VA-Verletzungsunbeachtlichkeit** gemäß § 45 VwVfG NRW[1391] oder **VA-Nichtaufhebbarkeit** gemäß § 46 VwVfG NRW[1392].

(SUB/ERG)

Im konkreten Fall ist § 39 VwVfG NRW (alternativ)

- eingehalten bei Fehlen von Begründungspflicht bei rechtmäßigem Fehlen von schriftlichem oder elektronischem, schriftlich oder elektronisch bestätigtem VA (i.d.R. jedenfalls zunächst bei Maßnahmen i.S.d. § 80 Abs. 2 S. 1 Nr. 2 VwGO).
- eingehalten bei Begründung bei schriftlichem oder elektronischem, schriftlich oder elektronisch bestätigtem VA (z.B. im Rahmen von „Bescheinigungen"; „Mitteilungen",

---

[1391] Vgl. § 45 VwVfG NRW („**Heilung von Verfahrens- und Formfehlern**"), vgl. dazu: BVerwG, Urteil vom 06.02.2019 – BVerwG 1 A 3.18: „Eine entsprechende Heilung [hier im Fall einer Anhörung, P. B.] setzt voraus, dass die Anhörung nachträglich ordnungsgemäß durchgeführt und ihre Funktion für den Entscheidungsprozess der Behörde uneingeschränkt erreicht wird. Dies ist der Fall, wenn der Betroffene Gelegenheit hat, seine Einwendungen vorzubringen, und die Behörde diese nicht nur zur Kenntnis nimmt, sondern auch bei ihrer Entscheidung in Erwägung zieht. Von Letzterem ist auszugehen, wenn sich die Behörde nicht darauf beschränkt, die einmal getroffene Sachentscheidung zu verteidigen, sondern das Vorbringen des Betroffenen erkennbar zum Anlass nimmt, die Entscheidung kritisch zu überdenken (BVerwG, Urteil vom 17. Dezember 2015 - 7 C 5.14 - BVerwGE 153, 367 Rn. 17 m.w.N.).".

[1392] Vgl. § 46 VwVfG NRW („**Folgen von Verfahrens- und Formfehlern**"), vgl. dazu BVerwG, Urteil vom 09.05.2019 – BVerwG 2 C 2.18 (Unterbliebene Beteiligung der Gleichstellungsbeauftragten bei LAFP NRW-Auswahlentscheidung), Rn. 70: „Ein Verstoß gegen eine Verfahrensvorschrift ist nur dann offensichtlich ohne Einfluss auf die Entscheidung in der Sache, wenn das Gericht zweifelsfrei und ohne jede Spekulation davon ausgehen kann, dass die Entscheidung ohne den Fehler genauso ausgefallen wäre. Ein Kausalzusammenhang ist dagegen zu bejahen, wenn nach den Umständen des jeweiligen Falles die konkrete Möglichkeit besteht, dass ohne den angenommenen Verfahrensmangel die Entscheidung anders ausgefallen wäre (stRspr, vgl. BVerwG, Urteile vom 30. Mai 1984 - 4 C 58.81 - BVerwGE 69, 256 <270> und vom 28. Juni 2018 - 2 C 14.17 - Buchholz 11 Art. 33 Abs. 5 GG Nr. 148 Rn. 32; Emmenegger, in: Mann/Sennekamp/Uechtritz, VwVfG, 2014, § 46 Rn. 91; Ramsauer, in: Kopp/Ramsauer, VwVfG, 20. Aufl. 2019, § 46 Rn. 36; Sachs, in: Stelkens/Bonk/Sachs, VwVfG, 9. Aufl. 2018, § 46 Rn. 80, 83).", Rn. 69: „Dabei lässt der Senat offen, ob § 46 VwVfG NRW, der die Aufhebung eines Verwaltungsaktes ausschließt, also Anfechtungsklagen betrifft, auf die im Streitfall gegebene Konstellation einer Feststellungsklage nach erledigtem Neubescheidungsbegehren (evtl. entsprechend) anzuwenden ist. Dasselbe gilt für die Frage, ob der in von § 46 VwVfG NRW normierte Ausschluss des Aufhebungsanspruchs auch die hier gegebene andersgeartete, besondere Fehlerfolge des § 18 Abs. 3 Satz 1 LGG NRW erfasst, wonach die verfahrensfehlerhaft zustande gekommene Auswahlentscheidung (nur) auszusetzen und die Beteiligung nachzuholen ist. Selbst wenn dies der Fall sein sollte, ist jedenfalls offensichtlich i.S.v. § 46 VwVfG NRW, dass der in der Nichtbeteiligung der Gleichstellungsbeauftragten liegende Verfahrensfehler die Entscheidung in der Sache nicht beeinflusst hat.".

„Anschreiben-VA“ [„Auflagenanschreiben“, „Gefährderanschreiben“, „Meldeauflagenanschreiben“], „HG-Schriftverfügung“), auch bei Nichtvorliegen eines Ausnahmegrundes i.S.v. § 39 Abs. 2 VwVfG NRW.

- eingehalten bei Ausnahmegrund nach § 39 Abs. 2 VwVfG NRW, insbesondere wegen bekannter oder erkennbarer Sach- und Rechtslage gemäß § 39 Abs. 2 Nr. 2 Var. 1 oder 2 VwVfG NRW.
- sonst eingehalten oder nicht eingehalten bei Anhaltspunkten / Fehlen entgegenstehender Anhaltspunkte.

(ERG Verfahren)

Ergebnis kann allgemein sein: Verfahrensrechtmäßigkeit oder Verfahrensrechtswidrigkeit der Maßnahme.

B. Formelle Rechtmäßigkeit (FR) III. Form (F)

(VOR/DEF)

Form ist normiertes Wie der Rechtsfolgesetzung – schriftlich, elektronisch, mündlich oder in anderer Weise.

(SUB/ERG)

Im konkreten Fall (alternativ)

- ist bei Fehlen von VA § 37 Abs. 2-6 VwVfG NRW unanwendbar.
- ist bei Fehlen von VA und Fehlen speziellerer Formrechtsnormen Formfreiheit gegeben.
- ist bei VA und Fehlen speziellerer Formrechtsnormen anwendbar: § 37 Abs. 2 bis 6 VwVfG NRW.
- kann gemäß § 37 Abs. 2 S. 1 VwVfG NRW der VA schriftlich, elektronisch, mündlich oder in anderer Weise erlassen werden.
- braucht gemäß § 37 Abs. 2 S. 2 VwVfG NRW der mündliche VA schriftlich oder elektronisch nicht bestätigt zu werden, wenn hieran kein berechtigtes Interesse besteht und der Betroffene dies nicht unverzüglich verlangt.

Ergebnis kann allgemein sein: Formrechtmäßigkeit oder Formrechtswidrigkeit der Maßnahme.

C. Materielle Rechtmäßigkeit (MR) I. Tatbestand (Tb) / Tatbestandsvoraussetzungen (TBV)

(VOR/DEF)

Tatbestand ist das Gesamt der (materiell-rechtlichen) Rechtsfolge(setzungs)bedingungen. / **Tatbestandsvoraussetzungen** sind materiell-rechtliche Rechtsfolgesetzungsbedingungen.

Tatbestandsvoraussetzungen sind befugnisrechtsnormabhängig je nach Rechtsfolge auf dem Rechtsgebiet des Versammlungsrechts.

Rechtspraktisch zentrale Befugnisrechtsnorm des VersG mit der höchsten Konzentration an Rechtmäßigkeitsvoraussetzungen und dazu entwickelter Rechtsprechung sowie weiterer, auch auf andere Fälle übertragbare Rechtsanwendungspraxis ist § 15 VersG, weshalb dieser als zentrales Rechtsnormbeispiel innerhalb der fallbearbeitungssystematischen Darstellung dienen soll, und zwar entlang § 15 Abs. 3, 1 VersG für Maßnahmen gegenüber einer aktuell stattfindenden öffentlichen Versammlung unter freiem Himmel.

Beispiel § 15 Abs. 3, 1 VersG:

A./B./C.: Voraussetzungen § 15 Abs. 1, 3 VersG (vgl. §§ 5, 13 VersG für öffVers igR)

Rechtsnorm-Merkmal	Auslegung/Kurz-Definition
1. Die zuständige Behörde/Sie	1. Kreispolizeibehörde (§ 1 VersG-Zuständigkeits-VO)
2. kann	2. hat die Befugnis im Rahmen von Ermessensfehlerfreiheit
3. eine Versammlung oder einen Aufzug	3. Adressat: Leiter/Veranstalter/Teilnehmer einer laufenden - statischen oder sich fortbewegenden - Versammlung
4. auflösen,	4. beendigen und die Personenansammlung zerstreuen oder eine teilnahmefähige Auflage als Mindermaßnahme erlassen
5. wenn die Voraussetzungen zu einem Verbot nach Abs. 1 gegeben sind (‚nämlich u.a.):	5. Verweis auf die Voraussetzungen von § 15 Abs. 1 VersG
6. wenn nach den zur Zeit des Erlasses der Verfügung erkennbaren Umständen	6. wenn nach Tatsachen zum Entscheidungszeitpunkt
7a. die öffentliche Sicherheit	7a. Rechte und Rechtsgüter, Rechtsordnung, Staats-Funktionsfähigkeit
7b. oder Ordnung	7b. oder eine unabdingbare herrschende Sozialnorm
8. bei Durchführung der Versammlung oder des Aufzugs	8. im Zeitraum der laufenden Versammlung
9. unmittelbar gefährdet ist.	9. mit hoher Wahrscheinlichkeit (ggw. Gef.) Schaden nimmt.
10. (wie immer:) Bestimmtheit, Ermessen (s.o.), VHM	10. (wie immer:) Bestimmtheit, Ermessen, VHM

PB Pascal Bastian

„Nach § 15 Abs. 1 VersG kann die zuständige Behörde die Versammlung verbieten oder von bestimmten Auflagen abhängig machen, wenn nach den zur Zeit des Erlasses der Verfügung erkennbaren Umständen die öffentliche Sicherheit oder Ordnung bei Durchführung der Versammlung **unmittelbar gefährdet** ist. Wird eine versammlungsbehördliche Verfügung auf eine unmittelbare Gefahr für die öffentliche Sicherheit gestützt, erfordert die von der Behörde und den befassten Gerichten angestellte Gefahrenprognose tatsächliche Anhaltspunkte, die bei verständiger Würdigung eine hinreichende Wahrscheinlichkeit des Gefahreneintritts ergeben. Bloße Verdachtsmomente oder Vermutungen reichen nicht aus. Gibt es neben Anhaltspunkten für die von der Behörde und den Gerichten zugrunde gelegte Gefahrenprognose auch Gegenindizien, haben sich die Behörde und die Gerichte auch mit diesen in einer den Grundrechtsschutz des Art. 8 Abs. 1 GG hinreichend berücksichtigenden Weise auseinanderzusetzen. Die Darlegungs- und Beweislast für das Vorliegen von Gründen für ein Verbot oder eine Auflage liegt grundsätzlich bei der Behörde.“[1393]

[1393] OVG NRW, Beschluss des 15. Senats vom 02.07.2020 – 15 A 2100/18, Rn. 69-71 mit weiteren Nachweisen: „Vgl. BVerfG, Beschlüsse vom 20. Dezember 2012 - 1 BvR 2794/10 -, juris Rn. 17, vom 12. Mai 2010 - 1 BvR 2636/04 -, juris Rn. 17, vom 4. September 2009 - 1 BvR 2147/09 -, juris Rn. 9 und 13, vom

„Der Begriff der **öffentlichen Sicherheit** umfasst dabei den Schutz zentraler Rechtsgüter wie Leben, Gesundheit, Freiheit, Ehre, Eigentum und Vermögen des Einzelnen sowie die Unversehrtheit der Rechtsordnung und der staatlichen Einrichtungen."[1394]

„Eingeschlossen sind damit auch die durch Art. 12 Abs. 1 GG rechtlich geschützten Interessen der von einer Versammlung betroffenen Bürger und Geschäftsinhaber."[1395]

„Unter Berücksichtigung der Bedeutung der Versammlungsfreiheit darf die Behörde auch bei dem Erlass von Auflagen keine zu geringen Anforderungen an die Gefahrenprognose stellen."[1396]

C. Materielle Rechtmäßigkeit (MR) II. Inanspruchnahme (In) / Inanspruchnahmevoraussetzungen (Inv)

(VOR/DEF)

Inanspruchnahmevoraussetzungen sind materiell-rechtliche Bedingungen für richtige Inanspruchnahme.

Inanspruchnahme ist Adressierung und sonstiges Betroffenmachen; **Adressierung** ist direktes Bestimmen oder finales Richten einer Maßnahme an einen Grundrechtsträger, vgl. §§ 41 Abs. 1 S. 1, 43 Abs. 1 S. 1 VwVfG NRW.

Versammlungsspezifische Rollen sind die von folgenden **Versammlungsbeteiligten**:

- **Veranstalter**, vgl. §§ 7, 13 Abs. 1 S. 1 Nr. 1 VersG oder § 18 Abs. 1 i.V.m. § 7 Abs. 1 VersG.[1397]

Der Versammlungsveranstalter ist der Versammlungsurheber – auch bei Spontan- und Eilversammlungen möglich – auch in Veranstaltervielzahl möglich, mit Pflicht zur Namensangabe in Einladung, § 2 Abs. 1 VersG.

---

26. April 2001 - 1 BvQ 8/01 -, juris Rn. 11 f., vom 18. August 2000 - 1 BvQ 23/00 -, juris Rn. 32 ff., vom 1. Dezember 1992 - 1 BvR 88/91, 1 BvR 576/91 -, juris Rn. 52, und vom 14. Mai 1985 - 1 BvR 233/81, 1 BvR 341/81 -, juris Rn. 80 - Brokdorf; OVG NRW, Urteil vom 4. Februar 2020 - 15 A 355/19 -, juris Rn. 35, Beschluss vom 29. Dezember 2016 - 15 B 1500/16 -, juris Rn. 17.".

[1394] OVG NRW, Beschluss des 15. Senats vom 02.07.2020 – 15 A 2100/18, Rn. 72 f., mit weiteren Nachweisen: „Vgl. BVerwG, Urteil vom 25. Juni 2008 - 6 C 21.07 -, juris Rn. 13, unter Hinweis auf BVerfG, Beschluss vom 14. Mai 1985 - 1 BvR 233, 341/81 -, juris Rn. 77 - Brokdorf; OVG NRW, Beschluss vom 8. März 2016 - 15 E 170/16 -, Urteil vom 18. September 2012 - 5 A 1701/11 -, juris Rn. 46.".

[1395] OVG NRW, Beschluss des 15. Senats vom 02.07.2020 – 15 A 2100/18, Rn. 74 f., mit weiteren Nachweisen: „Vgl. Bay. VGH, Beschluss vom 22. November 2019 10 ZB 19.1918 -, juris Rn. 9, unter Hinweis auf BVerfG, Beschluss vom 2. Dezember 2005 - 1 BvQ 35/05 -, juris Rn. 31; Bay. VGH, Beschluss vom 17. Oktober 2016 - 10 CS 16.1468 -, juris Rn. 26; Hettich, Versammlungsrecht in der Praxis, 2. Aufl. 2018, juris Rn. 138.".

[1396] OVG NRW, Beschluss des 15. Senats vom 02.07.2020 – 15 A 2100/18, Rn. 76 f., mit weiteren Nachweisen: „Vgl. BVerfG, Beschlüsse vom 20. Dezember 2012 - 1 BvR 2794/10 -, juris Rn. 17, vom 5. September 2003 - 1 BvQ 32/03 -, juris Rn. 30, und vom 14. Mai 1985 - 1 BvR 233/81, 1 BvR 341/81 -, juris Rn. 79 - Brokdorf; OVG NRW, Urteil vom 4. Februar 2020 - 15 A 355/19 -, juris Rn. 37, Beschluss vom 29. Dezember 2016 - 15 B 1500/16 -, juris Rn. 19.".

[1397] Vgl. § 3 Abs. 2-4 VersG NRW, § 4 VersG NRW nach Landtag-NRW-Drucksache 17/12423.

- **Leiter**, vgl. §§ 8, 10, 12, 13 Abs. 1 S. 1 Nr. 3, 4 VersG oder § 19 Abs. 1-3 / § 18 Abs. 1 i.V.m. §§ 8, 10, 12 VersG.[1398]

Versammlungsleiter ist die Person mit hauptsächlich versammlungsbestimmender Funktion bei laufender Versammlung, mit Leitereigenschaft durch (alternativ)

  - o versammlungsgesetzlich vorgesehener regelmäßiger Provenienz aus der Veranstalterfunktion
  - o Veranstalterdelegation
  - o Polizeibestimmung
  - o faktische Verhältnisse (faktischer Leiter)[1399]

  Für die rechtliche Leitungsmöglichkeit ist in verfassungskonformer Auslegung nicht Volljährigkeit (§ 2 BGB), sondern Grundrechtsmündigkeit Bedingung.[1400]

  Der Leiter ist Versammlungsselbstbestimmungspflichtrechtsinhaber, § 8 (ggf. i.V.m. § 18 Abs. 1/§ 19 Abs. 3 VersG) VersG.
  Der Leiter übt gemäß § 7 Abs. 4 VersG allgemein ein durch §§ 5, 12, 12a, 13 VersG polizeilich einschränkbares Hausrecht aus, mit Direktbefugnissen ggü. Nichtteilnehmern.
  Der Leiter unterliegt auch dem Verhältnismäßigkeitsgebot auch bei an sich zulässigen Maßnahmen ggü. Teilnehmern, vgl. § 6 Abs. 1 VersG und § 11 (ggf. i.V.m. § 18 Abs. 1) VersG.

- **Ordner**, vgl. §§ 9, 10 VersG oder § 18 Abs. 1/§ 19 Abs. 1 S. 2 i.V.m. §§ 9 Abs. 1, 10 VersG

Ordner sind Versammlungsleitungsunterstützer, vgl. § 8 S. 2 VersG, § 9 Abs. 1 S. 1 VersG, für die Versammlungsordnung.

Für die rechtliche Ordnermöglichkeit ist in verfassungskonformer Auslegung von § 9 Abs. 1 S. 2 (ggf. i.V.m. § 18 Abs. 1) VersG nicht Volljährigkeit, sondern Grundrechtsmündigkeit Bedingung.

[1398] Vgl. §§ 5, 6, 12 VersG NRW nach Landtag-NRW-Drucksache 17/12423.

[1399] Zum (faktischen) Versammlungsleiter vgl. BVerfG, Beschluss der 2. Kammer des Ersten Senats vom 09.07.2019 – 1 BvR 1257/19 –, Rn. 3: „Leiter einer Versammlung sei derjenige, der persönlich bei der Veranstaltung anwesend sei, die Ordnung der Versammlung handhabe und den äußeren Gang der Veranstaltung bestimme, insbesondere die Versammlung eröffne, unterbreche und schließe (vgl. OLG Düsseldorf, Urteil vom 8. September 1977 - 5 Ss 296/77 - 256/77 I -, NJW 1978, S. 118).“, Rn. 17 f.: „[**Versammlungsleiter**] ist nur derjenige faktische[r] Versammlungsleiter, dessen Leitereigenschaft durch eindeutige Tatsachen erkennbar wird. Anhaltspunkte bieten dabei die Funktionen, die der Leiter einer angemeldeten Versammlung nach dem Versammlungsgesetz ausübt. Als Leiter einer Spontanversammlung ist daher nach der Rechtsprechung namentlich anzusehen, wer den Ablauf der Versammlung, die Reihenfolge der Redner und schließlich auch die Unterbrechung oder Schließung der Versammlung bestimmt. Auf der Seite des Leiters ist dabei weiterhin erforderlich, dass er diese Funktionen übernommen hat, auf Seiten der Teilnehmer hingegen, dass sie mit deren Ausübung durch ihn einverstanden sind (vgl. BayObLGSt 1969, 157 <160 f.>; 1978, 47 <50 f.>; ähnlich OLG Düsseldorf, Urteil vom 8. September 1977 - 5 Ss 296/77 - 256/77 I -, NJW 1978, S. 118). Unter diesen Voraussetzungen droht auch nicht die Gefahr einer Usurpation der Versammlungsleitereigenschaft gegen den Willen der Versammlungsteilnehmer. Ob und gegebenenfalls unter welchen Umständen die Rechtsfigur des „faktischen Versammlungsleiters“ hingegen auch in Fällen Anwendung finden kann, in denen ein (von diesem personenverschiedener) Veranstalter ersichtlich ist oder im Rahmen der Anmeldung ausdrücklich ein anderer Leiter benannt wurde, bedarf im vorliegenden Fall keiner Entscheidung.“.

[1400] Zur Grundrechtsfähigkeit: *Basten*, Eingriffsrecht der Polizei in Nordrhein-Westfalen, Band 1, S. 72.

Ordnerpflicht ist auch die Befolgung von Anordnungen des Leiters, vgl. § 10 VersG; spätestens bei Leiterunterlassen oder Leiterunmöglichkeit gebotenen Handelns gegen Ordner, § 11 Abs. 1 (ggf. i.V.m. § 18 Abs. 1) VersG, muss die Polizei einschreiten.

- **Teilnehmer**, vgl. §§ 10, 11, 12a 13 Abs. 1 S. 1 Nr. 2, Abs. 2 VersG oder § 18/§ 19 i.V.m. §§ 10, 11, 13 Abs. 2 VersG, § 19a i.V.m. § 12a VersG, § 17a Abs. 4 S. 2 VersG

Teilnehmer ist jeder Anteilnehmer und Teilhaber an einer Versammlung – auch Pressevertreter – mit Teilnahmerecht auch nur durch Anwesenheit, Diskussion, Kritik, Widerspruch bis zur Grenze von §§ 2 Abs. 2, 11 Abs. 1, 18 Abs. 3, 19 Abs. 4 VersG und bis zur Grenze des Rechtsmissbrauchs.

Teilnehmer haben Leiteranweisungsbefolgungspflicht in Verhältnismäßigkeitsgrenzen, § 10 (ggf. i.V.m. § 18 Abs. 1/§ 19 Abs. 2) VersG.

- **Versammlung als solche**

Inanspruchnahme auf dem Rechtsgebiet der Gefahrenabwehr bei oder im Zusammenhang mit Versammlungen kann sich speziell ergeben gegenüber der Versammlung als solcher oder (auch mittelbar) gegenüber versammlungsspezifisch Beteiligten ausdrücklich aus § 9 Abs. 2 S. 1 VersG, § 12a VersG, § 15, § 17a Abs. 2 S. 4 VersG, § 18 Abs. 3 VersG, § 19 Abs. 4 VersG, § 19a VersG, § 13 VersG, und zusätzlich gegenüber Versammlungsbeteiligten oder Versammlungsunbeteiligten aus allgemeineren Inanspruchnahmeregelungen wie §§ 4-6 PolG NRW. Mit der Inanspruchnahme einer Versammlung als solcher, beispielsweise über § 13 VersG oder über § 15 VersG, können ebenfalls Versammlungsbeteiligte in versammlungsspezifischen Rollen oder Versammlungsunbeteiligte oder Versammlungsunbeteiligte (zumindest mittelbar) in Anspruch genommen werden, quasi als Durchgriff auf Teilnehmer durch Zugriff auf die Versammlung, vgl. z.B. § 15 VersG mit der „Versammlung" als ausdrücklichem normiertem Adressaten.

Versammlungsadressierungen / Versammlungsadressatenauswahlentscheidungen[1401] zwischen mehreren potentiellen Versammlungsadressaten, etwa solche, deren Rechte miteinander konkurrieren, insbesondere bezüglich Versammlungsspezifika ihrer versammlungsmäßigen Selbstbestimmung wie Ort und Zeit, sind unter Abwägung aller Umstände des einzelnen Falls im Sinne eines größtmöglichen wechselseitigen Ausgleichs nach Art praktischer Konkordanz[1402] zu treffen, wobei Umstände zu berücksichtigen sind wie insbesondere:

- Gefahrenverursachung / Tatverdachtsverursachung
- Gefahrengrad (wie etwa drohende Gefahr, konkrete Gefahr, gegenwärtige Gefahr, dringende Gefahr, unmittelbare Gefährdung) / Tatverdachtsgrad
- Gefahrenverursachungsart (einschließlich ihrer Vermeidbarkeit und Verhütbarkeit) / Tatverdachtsart (einschließlich des Tatverdachtsbezugs, also der mutmaßlichen Tat)
- Gefahrenverursachungsgrund / Tatverdachtsgrund (einschließlich Selbstveranlassung oder Fremdveranlassung/Zweckveranlassung)
- Gefahrenverursachungszweck (vgl. z.B. § 21 VersG) / Tatverdachtsermittlungszweck
- Bedeutung von Ort und Zeit für das Versammlungsthema

[1401] Zu Auswahlentscheidungsaufbau / Auswahlentscheidungsdarstellung: Insbesondere im Versammlungsrecht ist auch anhand der Rechtsprechung erkennbar, wie Fragen der Fallbearbeitungspunkte Inanspruchnahme/Adressierung, (Auswahl-)Ermessen, Verhältnismäßigkeit (Erforderlichkeit/Angemessenheit) ineinander übergehen – ähnlich wie dies sein kann bei den Fallbearbeitungspunkten Gestaltungsermessen und Verhältnismäßigkeit (Erforderlichkeit).

[1402] Zur sogenannten „**praktischen Konkordanz**" siehe mit weiteren Nachweisen: *Basten*, Eingriffsrecht der Polizei in Nordrhein-Westfalen, Band 1, S. 71, 81, 274.

- **Prioritätsgrundsatz**[1403] (grundsätzlicher Berechtigungsvorrang der zuerst rechtmäßig agierenden Person oder Personenmehrheit in einer Personenrelation oder Personenmehrheitsrelation)[1404]
- Folgewirkungen jeweiliger Adressierung (nach Art des teleologischen Auslegungsansatzes).

„Geht es um die versammlungsbehördliche Verlegung der Versammlung von dem angemeldeten an einen anderen Ort bzw. um die Beschränkung des beabsichtigten Versammlungsorts, ist zu berücksichtigen, dass von dem Selbstbestimmungsrecht des Veranstalters nach Art. 8 Abs. 1 GG prinzipiell auch die Auswahl des Ortes und die Bestimmung der sonstigen Modalitäten der Versammlung umfasst ist. Die Versammlungsbehörde hat im Normalfall lediglich zu prüfen, ob durch die Wahl des konkreten Versammlungsorts Rechte anderer oder sonstige verfassungsrechtlich geschützte Rechtsgüter der Allgemeinheit beeinträchtigt werden. Ist dies der Fall, kann der Veranstalter die Bedenken durch eine Modifikation des geplanten Ablaufs ausräumen oder aber es kommen versammlungsrechtliche Auflagen in Betracht, um eine praktische Konkordanz beim Rechtsgüterschutz herzustellen. Art. 8 Abs. 1 GG und dem aus ihm abgeleiteten Grundsatz versammlungsfreundlichen Verhaltens der Versammlungsbehörde entspricht es, dass auch bei Auflagen das Selbstbestimmungsrecht des Veranstalters im Rahmen des Möglichen respektiert wird. Ferner ist von Bedeutung, ob durch die Auflage die Gefährdung der öffentlichen Sicherheit beseitigt werden kann, ohne den durch das Zusammenspiel von Motto und geplantem Veranstaltungsort geprägten Charakter der Versammlung - ein Anliegen ggf.

[1403] Vgl. *Eike von Repgow*, Sachsenspiegel (zwischen 1220 und 1235): „Die ok irst to der molen kumt, die sal erst malen“ (mittelniederdeutsch zur Entstehungszeit, zu aktuellem Hochdeutsch: „Wer zuerst zur Mühle kommt, soll als erster mahlen“ – „Wer zuerst kommt, mahlt zuerst.“).

[1404] BVerfGK 6, 104 (Rechtmäßiges Auflagenverbot des Vorbeimarsches am Holocaust-Mahnmal wegen § 15 Abs. 2 VersG) = BVerfG, Beschluss der 1. Kammer des Ersten Senats vom 06.05.2005 – 1 BvR 961/05 –, Rn. 25 f.: „Die von der Beschwerdeführerin geforderte formale Anknüpfung an den Zeitpunkt der Anmeldung und die grundsätzliche Einräumung einer zeitlichen Priorität für den Erstanmelder werden zwar dem das Versammlungsrecht prägenden Grundsatz staatlicher Neutralität gegenüber den Inhalten von Versammlungszwecken gerecht. Sie tragen insbesondere dem Verbot Rechnung, diese Inhalte staatlicherseits als wichtig oder weniger wichtig zu bewerten und auf eine solche Einschätzung rechtliche Folgen zu stützen. Auch wird auf diese Weise gesichert, dass die zuerst angemeldete Versammlung nicht allein deshalb zurückzutreten hat, weil ein anderer Veranstalter - etwa mit dem Ziel der Verhinderung dieser Veranstaltung - für den vorgesehenen Zeitpunkt und Ort ebenfalls eine Versammlung anmeldet. Die Ausrichtung allein am Prioritätsgrundsatz würde es allerdings ausschließen, gegenläufige Erwägungen zu berücksichtigen. So können wichtige Gründe, etwa die besondere Bedeutung des Ortes und Zeitpunktes für die Verfolgung des jeweiligen Versammlungszwecks, für eine andere Vorgehensweise sprechen. Die Ausrichtung allein am Prioritätsgrundsatz könnte im Übrigen dazu verleiten, Versammlungen an bestimmten Tagen und Orten frühzeitig - gegebenfalls auf Jahre hinaus auf Vorrat - anzumelden und damit anderen potentiellen Veranstaltern die Durchführung von Versammlungen am gleichen Tag und Ort unmöglich zu machen. Dies widerspräche dem Anliegen, die Ausübung der Versammlungsfreiheit grundsätzlich allen Grundrechtsträgern zu ermöglichen. Der Prioritätsgrundsatz wird aber maßgebend, wenn die spätere Anmeldung allein oder überwiegend zu dem Zweck erfolgt, die zuerst angemeldete Versammlung an diesem Ort zu verhindern. Die zeitlich nachrangig angemeldete Veranstaltung hat allerdings nicht schon deshalb zurückzutreten, weil die geplante Versammlung des Erstanmelders einen Anstoß zur Durchführung der später angemeldeten Versammlung gegeben hat. Aufrufe zu Versammlungen reagieren häufig auf aktuelle Anstöße. Kommt es zu konkurrierenden Nutzungwünschen, ist eine praktische Konkordanz bei der Ausübung der Grundrechte unterschiedlicher Grundrechtsträger herzustellen. Dabei kann die Behörde aus hinreichend gewichtigen Gründen unter strikter Berücksichtigung des Grundsatzes inhaltlicher Neutralität von der zeitlichen Reihenfolge der Anmeldung einer Versammlung abweichen.“.

auch mit Blick auf Bezüge zu bestimmten Orten oder Einrichtungen am Wirksamsten zur Geltung zu bringen - erheblich zu verändern.“ [1405]

„Sind Störungen der öffentlichen Sicherheit vorwiegend aufgrund des Verhaltens Dritter – insbesondere von Gegendemonstranten – zu befürchten, während sich Veranstalter und Versammlungsteilnehmer überwiegend friedlich verhalten, so sind behördliche Maßnahmen primär gegen die Störer zu richten. Gegen die friedliche Versammlung selbst kann dann nur unter den besonderen, eng auszulegenden Voraussetzungen des **polizeilichen Notstands** [vgl. § 6 PolG NRW, P. B.] eingeschritten werden. Dies setzt voraus, dass die Versammlungsbehörde mit hinreichender Wahrscheinlichkeit andernfalls wegen der Erfüllung vorrangiger staatlicher Aufgaben und trotz des Bemühens, ggf. externe Polizeikräfte hinzuzuziehen, zum Schutz der angemeldeten Versammlung nicht in der Lage wäre. Keinesfalls darf der Nichtstörer einem Störer gleichgestellt und die **Auswahl des Adressaten der versammlungsrechtlichen Verfügung** von bloßen Zweckmäßigkeitserwägungen abhängig gemacht werden. Die Darlegungs- und Beweislast für das Vorliegen eines polizeilichen Notstandes liegt wiederum bei der Behörde. Eine pauschale Behauptung dieses Inhalts reicht nicht.“[1406]

(SUB/ERG)

Im konkreten Fall ist die Person/Personenmehrheit (alternativ)

- richtigerweise in Anspruch genommen/adressiert.
- nicht richtigerweise in Anspruch genommen/adressiert.

C. Materielle Rechtmäßigkeit (MR) III. Rechtsfolge (Rf) / Rechtsfolgevoraussetzungen (RfV)

(VOR/DEF)

Rechtsfolge ist rechtliche Folge aus dem Tatbestand. / **Rechtsfolgevoraussetzungen** sind materiell-rechtliche Rechtsfolgegestaltungs-Bedingungen.

[1405] OVG NRW, Beschluss des 15. Senats vom 02.07.2020 – 15 A 2100/18, Rn. 78 f., mit weiteren Nachweisen: „Vgl. insoweit BVerfG, Beschluss vom 18. Juli 2015 - 1 BvQ 25/15 -, juris Rn. 9, Urteil vom 22. Februar 2011 - 1 BvR 699/06 -, juris Rn. 64, Beschlüsse vom 2. Dezember 2005 - 1 BvQ 35/05 -, juris Rn. 23 ff., vom 5. September 2003 - 1 BvQ 32/03 -, juris Rn. 38, vom 4. Januar 2002 - 1 BvQ 1/02 -, juris Rn. 3, und vom 14. Mai 1985 - 1 BvR 233/81, 1 BvR 341/81 -, juris Rn. 61 - Brokdorf; OVG NRW, Urteil vom 4. Februar 2020 - 15 A 355/19 -, juris Rn. 39, Beschluss vom 29. Dezember 2016 - 15 B 1500/16 -, juris Rn. 21 ff.“.

[1406] So zum sogenannten **versammlungsrechtlichen polizeilichen Notstand** mit weiteren Nachweisen: OVG NRW, Urteil des 15. Senats vom 24.09.2019 – 15 A 3186/17, Rn. 111 f.: „Vgl. zum Ganzen BVerfG, Beschlüsse vom 11. September 2015 - 1 BvR 2211/15 -, juris Rn. 3, vom 20. Dezember 2012 - 1 BvR 2794/10 -, juris Rn. 17, vom 26. Juni 2007 - 1 BvR 1418/07 -, juris Rn. 15 f., vom 10. Mai 2006 - 1 BvQ 14/06 -, juris Rn. 9, vom 24. März 2001 - 1 BvQ 13/01 -, juris Rn. 35, und vom 14. Mai 1985 - 1 BvR 233/81, 1 BvR 341/81 -, juris Rn. 91 - Brokdorf.“.

C. Materielle Rechtmäßigkeit (MR) III. Rechtsfolge (Rf) 1. Tatsächliche und rechtliche Möglichkeit (TurM)

(VOR/DEF)

Tatsächliche und rechtliche Möglichkeit betrifft Fälle wie aus § 44 Abs. 2 Nr. 4-6 VwVfG NRW.

(SUB/ERG)

Im konkreten Fall ist tatsächliche und rechtliche Möglichkeit (alternativ)

- gegeben wegen Vorliegens von (alternativ) kognitiven, körperlichen, normativen, technischen Unmöglichkeiten.
- nicht gegeben wegen Nichtvorliegens von kognitiven, körperlichen, normativen, technischen Unmöglichkeiten.[1407]

C. Materielle Rechtmäßigkeit (MR) III. Rechtsfolge (Rf) 2. Bestimmtheit (Bsh)

(VOR/DEF)

Bestimmtheit ist Maßnahmenerkennbarkeit und Maßnahmenverstehbarkeit, bei VA und Realakten Gebot nach Art. 20 Abs. 3 GG, bei VA Pflicht auch gemäß § 37 Abs. 1 VwVfG NRW.

(SUB/ERG)

Inhaltlich hinreichende Bestimmtheit i.S.d. § 37 Abs. 1 VwVfG NRW/Art. 20 Abs. 3 GG ist allgemein gegeben, wenn nach Auslegung der Maßnahme der Empfänger wie jeder vernünftige Dritte, §§ 133, 157 BGB analog, in der konkreten Situation den Maßnahmen-Inhalt hinreichend erkennen und verstehen kann, bei Generalbefugnismaßnahmen insbesondere wie folgt:

- dass die Polizei ggü./mit dem Maßnahmenempfänger/Erklärungsempfänger (wer)
- aus bestimmten Gefahrenabwehrgründen (warum)
- zu einer spezifischen Zeit (wann)
- bezweckt, dass die Situation sicher verhindert werden soll / unterbunden werden soll / aufgeklärt werden soll (was)
- und zwar durch spezifische (angeordnete oder auszuführende) Verhaltensweisen (wie).

C. Materielle Rechtmäßigkeit (MR) III. Rechtsfolge (Rf) 3. Ermessen (Erm)

(VOR/DEF)

1407 Zu „Tatsächliche und rechtliche Möglichkeit" mit Beispielen siehe auch: *Basten*, Eingriffsrecht der Polizei in Nordrhein-Westfalen, Band 1, S. 263.

Ermessen[1408] ist Entscheidungsspielraum auf der Rechtsfolgenseite bzgl. rechtsfehlerfreier Ausübung von Einschreit-Entschließung (Ob), Adressaten-Auswahl (Wer), Maßnahmen-Gestaltung (Wie), grundsätzlich gegeben durch § 8 Abs. 1 W. 3 PolG NRW, § 3 PolG NRW, bei VA auch durch § 40 VwVfG NRW.

(SUB/ERG)

Der gegebene Entscheidungsspielraum wird (je nach Fall alternativ) aufgrund von Anhaltspunkten/in Ermangelung entgegenstehender Anhaltspunkte ohne Ermessensfehler/mit Ermessensfehlern (Ermessensunterschreitung, Ermessensüberschreitung, Ermessensfehlgebrauch) ausgeübt bzgl. folgender Ermessensarten:

a) Entschließungsermessen:

Das Entschließungsermessen kann im konkreten Fall sogar gegen / auf Null reduziert sein, insbesondere wegen:

- Einschreitmöglichkeit;
- Erheblichkeitsgrad von Gefährdungen, z.B. konkreter (dringender, erheblicher, gegenwärtiger) Gefahr.

b) Auswahlermessen:

siehe C. II.: Auswahlermessen wird abschließend beurteilt i.V.m. Punkt C. II. (Inanspruchnahme).

c) Gestaltungsermessen:

siehe C. III. 4.: Gestaltungsermessen, § 3 Abs. 2 PolG NRW (Austauschmittel), wird abschließend beurteilt i.V.m. Punkt C. III. 4. (VHM).

„Ein **Anspruch eines Dritten auf Einschreiten der Versammlungsbehörde**[1409] auf der Grundlage von § 15 Abs. 1 VersG besteht nur dann, wenn die Versammlung subjektiv-öffentliche Rechte (als Bestandteil der öffentlichen Sicherheit) unmittelbar gefährdet und überdies die Situation einer Ermessensreduzierung auf Null gegeben ist.

Der Begriff der öffentlichen Sicherheit umfasst dabei den Schutz zentraler Rechtsgüter wie Leben, Gesundheit, Freiheit, Ehre, Eigentum und Vermögen des Einzelnen sowie die Unversehrtheit der Rechtsordnung und der staatlichen Einrichtungen. Ein-geschlossen sind damit auch die durch Art. 12 Abs. 1 GG rechtlich geschützten Interessen der von einer Versammlung betroffenen Bürger und Geschäftsinhaber.

Für die Beantwortung der Frage nach einer rechtsfehlerfreien Ermessensausübung ist von maßgebender Bedeutung, in welchem Umfang die Versammlung gegen die öffentliche Sicherheit oder Ordnung verstößt. Bei hoher Intensität der Störung oder Gefährdung der öffentlichen Sicherheit oder Ordnung kann sich die Entschließung der Behörde zum Nichteinschreiten als Ermessensfehler erweisen.

Versammlungsbedingte reflexhafte und sozialadäquate Beeinträchtigungen von Gewerbetreibenden, Verkehrsteilnehmern und Anwohnern durch Versammlungen haben regelmäßig nicht das Gewicht, dass die Versammlung verboten oder beschränkende Auflagen erlassen werden

[1408] Zum Ermessen einschließlich Rechtsnatur, Ermessensarten, Ermessensreduzierungen, Ermessensfehlern, Maßnahmenansprüchen mit Beispielen siehe auch: *Basten*, Eingriffsrecht der Polizei in Nordrhein-Westfalen, Band 1, S. 271-283.

[1409] Zur Anspruchsqualität von Rechtnormen und zum Anspruch auf Strafverfolgung Dritter siehe auch: *Basten*, Eingriffsrecht der Polizei in Nordrhein-Westfalen, Band 1, S. 281 f.

könnten; sie sind von den Betroffenen hinzunehmen. Für unzumutbare Beeinträchtigungen durch Versammlungen gilt dies hingegen nicht."[1410]

C. Materielle Rechtmäßigkeit (MR) III. Rechtsfolge (Rf) 4. Verhältnismäßigkeit (VHM)

(VOR/DEF)

Verhältnismäßigkeit ist Geeignetheit, Erforderlichkeit, Angemessenheit der Maßnahme zu einem legitimen Zweck.

Zusätzlich zu den allgemein geltenden Verhältnismäßigkeitgehalten[1411] sind auf dem Rechtsgebiet des Versammlungsrechts fallabhängig insbesondere folgende besondere Aspekte bezüglich einzelner Verhältnismäßigkeitspunkte zu berücksichtigen.

a) Legitimer Zweck (verfassungsgemäßer Zweck)

Der legitime Zweck ergibt sich i.d.R. aus der jeweiligen Befugnisrechtsnorm, z.B. als Abwehr unmittelbarer Gefährdung für öffentliche Sicherheit oder Ordnung unter grundsätzlicher Berücksichtigung der Versammlungsfreiheit im Lichte des Art. 8 GG. „Das Recht des Bürgers, durch Ausübung der Versammlungsfreiheit aktiv am politischen Meinungsbildungsprozess und Willensbildungsprozess teilzunehmen, gehört zu den unentbehrlichen Funktionselementen eines demokratischen Gemeinwesens. Diese grundlegende Bedeutung des Freiheitsrechts ist vom Gesetzgeber beim Erlass grundrechtsbeschränkender Vorschriften sowie bei deren Auslegung und Anwendung durch Behörden und Gerichte zu beachten."[1412]

b) Geeignetheit (Zweckförderungstauglichkeit)

„Steht nicht zu befürchten, daß eine Demonstration im ganzen einen unfriedlichen Verlauf nimmt oder daß der Veranstalter und sein Anhang einen solchen Verlauf anstreben oder zumindest billigen, bleibt für die friedlichen Teilnehmer der von der Verfassung jedem Staatsbürger garantierte Schutz der Versammlungsfreiheit auch dann erhalten, wenn mit Ausschreitungen durch einzelne oder eine Minderheit zu rechnen ist."[1413]

c) Erforderlichkeit (Nichtverfügbarkeit eines milderen, gleich geeigneten Mittels zur Zweckförderung):

„Die Anmeldepflicht greift bei Spontandemonstrationen nicht ein und ihre Verletzung berechtigt nicht schematisch zur Auflösung oder zum Verbot."[1414] „§ 14 VersG ist im Blick auf Art. 8 GG verfassungskonform dahin auszulegen, daß Eilversammlungen anzumelden sind, sobald die Möglichkeit dazu besteht."[1415]

„Die staatlichen Behörden sind gehalten, nach dem Vorbild friedlich verlaufender Großdemonstrationen versammlungsfreundlich zu verfahren und nicht ohne zureichenden Grund hinter

[1410] OVG NRW, Beschluss des 15. Senats vom 02.07.2020 – 15 A 2100/18, Leitsätze.

[1411] Zur **Verhältnismäßigkeit** allgemein siehe mit weiteren Nachweisen: *Basten*, Eingriffsrecht der Polizei in Nordrhein-Westfalen, Band 1, S. 284-286.

[1412] BVerfGE 69, 315, Leitsatz 1.

[1413] BVerfGE 69, 315, Leitsatz 4 S. 1.

[1414] BVerfGE 69, 315, Leitsatz 2a).

[1415] BVerfGE 85, 69, Leitsatz 1.

bewährten Erfahrungen zurückzubleiben. Je mehr die Veranstalter ihrerseits zu einseitigen vertrauensbildenden Maßnahmen oder zu einer demonstrationsfreundlichen Kooperation bereit sind, desto höher rückt die Schwelle für behördliches Eingreifen wegen Gefährdung der öffentlichen Sicherheit."[1416]

Bei Friedlichkeit einer Versammlung im Ganzen bzw. Unfriedlichkeit einzelner oder einer Minderheit setzt ein vorbeugendes Verbot oder eine Auflösung der gesamten Veranstaltung strenge Anforderungen an die Gefahrenprognose sowie die vorherige Ausschöpfung aller sinnvoll anwendbaren Mittel voraus, welche den friedlichen Demonstranten eine Grundrechtsverwirklichung ermöglichen.[1417]

d) Angemessenheit (Angemessenes Maß zwischen Zweckförderung für Erhaltungsgüter und Wirkungen für Eingriffsgüter/sonstige Verfassungswerte):

„Beeinträchtigungen Dritter sind durch Art. 8 Abs. 1 GG gerechtfertigt, soweit sie als sozialadäquate Nebenfolgen - und nicht etwa als Hauptintention oder Hauptwirkung - mit rechtmäßigen Demonstrationen [oder anderen Versammlungen, P. B.] verbunden sind. Weniger oder keinen Schutz verdienen Anliegen und Kommunikationsformen, deren Hauptzweck darauf gerichtet ist, andere zu stören."[1418]

„Das Selbstbestimmungsrecht des Veranstalters ist aber beschränkt, soweit durch die geplante Versammlung Rechtsgüter Dritter beeinträchtigt zu werden drohen. In einem solchen Fall kann praktische Konkordanz[1419] beim Rechtsgüterschutz auch dadurch hergestellt werden, dass die Modalitäten der Versammlungsdurchführung durch Auflagen verändert werden."[1420]

„Im Zuge der Herstellung praktischer Konkordanz sind [...] insbesondere Art und Maß der Auswirkungen auf betroffene Dritte und deren Grundrechte zu berücksichtigen. Als potentiell kollidierende Rechtsgüter sind namentlich die grundrechtlich relevanten Belange der Straßenverkehrsteilnehmer, Lärmschutzbelange von Anwohnern und Passanten sowie das Grundrecht der Passanten und anderer Dritter auf negative Meinungsfreiheit in den Blick zu nehmen. Wichtige Abwägungselemente sind u. a. die Dauer und Intensität der Versammlung, deren vorherige Bekanntgabe, Ausweichmöglichkeiten, aber auch der Sachbezug zwischen den beeinträchtigten Personen und dem Protestgegenstand. Das Gewicht solcher demonstrationsspezifischer Umstände ist mit Blick auf das kommunikative Anliegen der Versammlung zu bestimmen, ohne dass dem Gericht eine Bewertung zusteht, ob es dieses Anliegen als nützlich und wertvoll einschätzt oder es missbilligt. Stehen die äußere Gestaltung und die durch sie ausgelösten Beeinträchtigungen in einem Zusammenhang mit dem Versammlungsthema oder betrifft das Anliegen auch die von der Demonstration nachteilig Betroffenen, kann die Beeinträchtigung ihrer

---

1416 BVerfGE 69, 315, Leitsatz 3.

1417 BVerfGE 69, 315, Leitsatz 4 S. 2 (angepasst).

1418 OVG NRW, Urteil des 15. Senats vom 24.09.2019 – 15 A 3186/17, Rn. 56-58: „Vgl. BVerfG, Beschluss vom 24. Oktober 2001- 1 BvR 1190/90, 1 BvR 2173/93, 1 BvR 433/96 -, juris Rn. 54; OVG Berl.-Bbg., Beschluss vom 20. Juli 2009 - OVG 1 S 1453/09 -, BeckRS 2015, 45194; VG Karlsruhe, Beschluss vom 5. September 2017 - 7 K 11854/17 -, juris Rn. 17.".

1419 Zur sogenannten „**praktischen Konkordanz**" siehe mit weiteren Nachweisen: *Basten*, Eingriffsrecht der Polizei in Nordrhein-Westfalen, Band 1, S. 71, 81, 274.

1420 OVG NRW, Urteil des 15. Senats vom 24.09.2019 – 15 A 3186/17, Ls. und Rn. 54 f.: „Vgl. BVerfG, Beschlüsse vom 2. Dezember 2005 - 1 BvQ 35/05 -, juris Rn. 27, und vom 5. September 2003 - 1 BvQ 32/03 -, juris Rn. 22.".

Freiheitsrechte unter Berücksichtigung der jeweiligen Umstände in größerem Maß hinzunehmen sein, als wenn dies nicht der Fall ist."[1421]

„Kollidiert das Grundrecht der Versammlungsfreiheit mit anderen Rechtsgütern, steht dem Veranstalter kein Bestimmungsrecht darüber zu, wie gewichtig diese Rechtsgüter in die Abwägung einzubringen sind und wie die Interessenkollision rechtlich bewältigt werden kann. Insoweit bleibt ihm nur die Möglichkeit, seine Vorstellungen im Zuge einer Kooperation mit der Versammlungsbehörde einzubringen."[1422]

„Auflösung und Verbot dürfen nur zum Schutz gleichwertiger Rechtsgüter unter strikter Wahrung des Grundsatzes der Verhältnismäßigkeit und nur bei einer unmittelbaren, aus erkennbaren Umständen herleitbaren Gefährdung dieser Rechtsgüter erfolgen."[1423] (Gefährdung der öffentlichen Ordnung ist regelmäßig nicht ausreichend für Verbot, Auflösung, Teilnahmebeendigung.). „Die besondere Störanfälligkeit [von Orten wie denen] eines Flughafens rechtfertigt nach Maßgabe der Verhältnismäßigkeit weitergehende Einschränkungen der Versammlungsfreiheit, als sie im öffentlichen Straßenraum zulässig sind."[1424]

„Der Staat ist nicht dazu verpflichtet, Polizeikräfte ohne Rücksicht auf sonstige Sicherheitsinteressen in unbegrenztem Umfang bereitzuhalten, um die Durchführung einer bestimmten Versammlung unter allen Umständen zu ermöglichen."[1425]

[1421] OVG NRW, Urteil des 15. Senats vom 24.09.2019 – 15 A 3186/17, teilweise Ls und Rn. 59 f.: Vgl. Hess. VGH, Beschluss vom 31. Mai 2012 - 8 A 514/12 -, juris Rn. 25; OVG Berlin-Bbg., Urteil vom 18. November 2008 - OVG 1 B 2.07 -, juris Rn. 48.".

[1422] OVG NRW, Urteil des 15. Senats vom 24.09.2019 – 15 A 3186/17, Rn. 63 f.: „Vgl. BVerfG, Beschlüsse vom 24. März 2001- 1 BvQ 13/01 -, juris Rn. 33, und vom 26. Januar 2001 - 1 BvQ 9/01 -, juris Rn. 16.".

[1423] BVerfGE 69, 315, Ls 2b).

[1424] BVerfGE 128, 226, Leitsatz 2.

[1425] OVG NRW, Urteil des 15. Senats vom 24.09.2019 – 15 A 3186/17, Ls. und Rn. 115 f.: „Vgl. dazu BVerfG, Beschluss vom 10. Mai 2006- 1 BvQ 14/06 -, juris Rn. 11; OVG NRW, Beschluss vom 30. Dezember 2016 - 15 B 1525/16 -, juris Rn. 15.".

ABSCHNITT 5: WAFFENRECHT

A. Rechtsgrundlage (RGL) I. Grundrechte (GR)

(VOR/DEF)

Grundrechte sind grundlegende Rechte aus Art. 1-19 GG i.V.m. dem Rechtsstaatsprinzip, Art. 20 Abs. 3 GG, mit Vorrang und Vorbehalt des Gesetzes.[1426]

(SUB/ERG)

Grundrechte sind waffenrechtsspezifisch i.d.R. insbesondere wie folgt gegeben:

1. Eigentum, Art. 14 Abs. 1 S. 1 Alt. 1 GG[1427]

a) GR-SB:

aa) Persönlicher GR-SB: Alle Menschen (personen- und staatsangehörigkeitsunabhängiger Wortlaut).

bb) Sachlicher GR-SB: „**Eigentum**" als Summe aller vermögenswerten Rechte, also jedenfalls auch der berechtigte Besitz und die berechtigte Nutzung[1428].[1429]

[1426] Zu **Grundrechten**: *Basten*, Eingriffsrecht der Polizei in Nordrhein-Westfalen, Band 1, Buch 1, Abschnitt 2, Unterabschnitt 3. Zum **Rechtsstaatsprinzip** mit unter anderem sogenanntem Vorrang des Gesetzes und Vorbehalt des Gesetzes: *Basten*, Eingriffsrecht der Polizei in Nordrhein-Westfalen, Band 1, S. 95-108.

[1427] Vgl. auch Art. 142 GG i.V.m. Art. 4 Abs. 1 Verfassung NRW; Art. 17 EU-GR-Charta; Art. 1 Zusatzprotokoll EMRK.

[1428] BVerfGE 95, 267, 300 (Altschulden) = BVerfG, Urteil des Ersten Senats vom 08.04.1997 – 1 BvR 48/94 –, C. I. 1., Rn. 130 f.: „Unter den Schutz der Eigentumsgarantie fallen grundsätzlich alle vermögenswerten Rechte, die dem Berechtigten von der Rechtsordnung in der Weise zugeordnet sind, daß er die damit verbundenen Befugnisse nach eigener Entscheidung zu seinem privaten Nutzen ausüben darf (vgl. BVerfGE 83, 201 [209]; stRspr). Der verfassungsrechtliche Eigentumsschutz reicht damit zwar erheblich weiter als das zivilrechtliche Eigentum und erstreckt sich auch auf nicht dingliche vermögenswerte Rechtspositionen. Er bleibt aber an Rechtspositionen gebunden. Kein Eigentum im Sinn von Art. 14 Abs. 1 GG ist daher das **Vermögen**, das selber kein Recht, sondern den Inbegriff aller geldwerten Güter einer Person darstellt (vgl. BVerfGE 4, 7 [17]; stRspr). Daraus folgt, daß Art. 14 Abs. 1 GG nicht vor der staatlichen Auferlegung von **Geldleistungspflichten** schützt. Diese sind nicht mittels eines bestimmten Eigentumsobjekts zu erfüllen, sondern werden aus dem fluktuierenden Vermögen bestritten. Etwas anderes kommt nur dann in Betracht, wenn die Geldleistungspflichten den Betroffenen übermäßig belasten und seine Vermögensverhältnisse so grundlegend beeinträchtigen, daß sie eine erdrosselnde Wirkung haben (vgl. BVerfGE 78, 232 [243]; stRspr).".

[1429] Zum Vergleich von Art. 14 Abs. 1 S. 1 Alt. 1 GG und dem Auffanggrundrecht des Art. 2 Abs. 1 GG: Bei lediglich unentschiedenem Potential von Berechtigung wie Nichtberechtigung kann grundsätzlich in dubio pro libertate zunächst zugunsten des Grundrechtsfähigen größtmöglicher Grundrechtsschutzbereich vermutet werden. Vgl. auch BVerfGE 6, 55, 72 (Steuersplitting); BVerfGE 32, 54, 71 (Betriebsbetretungsrecht); BVerfGE 39, 1, 38 (Schwangerschaftsabbruch I); BVerfGE 51, 97, 110 (Zwangsvollstreckung I); BVerfGE 151, 67 (Richtervorbehalt, Bereitschaftsdienst, Nachtzeit/Tageszeit i.S.v. § 104 Abs. 3 StPO) = BVerfG, Beschluss des Zweiten Senats vom 12.03.2019 – 2 BvR 675/14 –, Rn. 55, wonach in Zweifelsfällen diejenige Auslegung zu wählen ist/derjenigen Auslegung der Vorzug zu geben ist, welche die (juristische) „Wirkungskraft der Grundrechtsnorm am stärksten entfaltet.". **Eigentum** i.S.d. (privat)rechtsnormgeprägten Schutzbereichs von Art. 14 Abs. 1 S. 1 Alt. 1 GG ist jedenfalls gegeben bei Eigentum i.S.d. Privatrechts und bei vermögenswerter Besitz-/Nutzungs-/Umgangs-Berechtigung (z.B. i.S.d. §§ 854-984 BGB). **Eigentumslosigkeit** i.S.d. (privat)rechtsnormgeprägten Schutzbereichs von Art. 14 Abs.

b) GR-E (oder Nichteingriff/GR-Verzicht): **Eigentumseinschränkung** durch Einschränkung eines vermögenswerten Rechts, etwa durch (alternativ)

- Einschränkungen oder Entzug der Nutzungs- und Verfügungsbefugnis an (berechtigtem) Eigentum/Besitz/Nutzung, vgl. §§ 903 ff. BGB, §§ 854 ff. BGB, ohne Güterbeschaffung als **Inhalts- und Schrankenbestimmung** im Sinne von Art. 14 Abs. 1 S. 2 GG[1430];
- Eigentumsentzug als **Enteignung** im Sinne des Art. 14 Abs. 3 GG mit Änderung der Eigentumszuordnung und stets mit Güterbeschaffung.[1431].

c) GR-B: Art. 14 Abs. 1 S. 2, Abs. 2, 3 GG, Art. 18 GG.

---

1 S. 1 Alt. 1 GG ist jedenfalls gegeben bei allseitiger Besitz-/Nutzungs-/Umgangs-Nichtberechtigung (z.B. i.S.d. §§ 854-984 BGB); nicht schon unbedingt bei lediglich Eigentums-Nichtberechtigung im privatrechtlichen Sinne bei vermögenswerten Besitz-/Nutzungs-/Umgangs-Berechtigungen; wohl aber jedenfalls auch bei Verbot i.S.d. § 134 BGB oder Sittenwidrigkeit i.S.d. § 138 BGB oder sonstiger Unwirksamkeitsgründe (Nichtentstehensgründe oder Erlöschensgründe) gerade bezüglich des Erwerbs- oder Nutzungs- oder Umgangsaktes (z.B. i.S.d. §§ 854-984 BGB; vgl. z.B. Btm-Umgangsarten i.S.d. § 29 BtMG; vgl. auch etwaiges waffenrechtliches Verbot der Umgangsart Erwerb oder sonstiger Umgangsarten i.S.d. § 1 Abs. 3, 4 WaffG bei Nichtverbot des Erwerbs). Vgl. BVerfGE 110, 1, 23 f. (Erweiterter Verfall [a. F., ≙ erweiterte Tatertragseinziehung, P. B.]) = BVerfG, Beschluss des Zweiten Senats vom 14.01.2004 – 2 BvR 564/95 –, C. I. 3. a), b), Rn. 86 f, 88: „Die Vorschrift des § 73d StGB [a. F., ≙ § 73a StGB, P. B.] verstößt in der Auslegung des Bundesgerichtshofs auch nicht gegen die Eigentumsgarantie des Art. 14 Abs. 1 GG. Soweit § 73d StGB [a. F., ≙ § 73a StGB, P. B.] den Zugriff auf Vermögenswerte erlaubt, die dem unmittelbar Betroffenen wegen eines Verstoßes gegen strafrechtliche Vorschriften zivilrechtlich nicht zustehen (vgl. § 134, § 935 BGB), ist dessen Eigentumsgrundrecht schon mangels einer schutzfähigen Rechtsposition nicht berührt (vgl. BVerfGE 83, 201 [209]; 95, 267 [300]). Dies betrifft vor allem die Entziehung von Gewinnen aus illegalen Drogengeschäften. Denn wegen des strafrechtlichen Verbots des Handeltreibens mit Betäubungsmitteln ist gemäß § 134 BGB neben dem schuldrechtlichen Verpflichtungsgeschäft zugleich die Übereignung sowohl der Drogen als auch des für sie als Kaufpreis gezahlten Geldes zivilrechtlich unwirksam (vgl. BGH, NJW 1983, S. 636 [Schrifttumsquellen]. […] Soweit § 73d StGB StGB [a. F., ≙ § 73a StGB, P. B.] die Entziehung von Gegenständen anordnet, die der Betroffene zwar deliktisch, aber gleichwohl zivilrechtlich wirksam erworben hat, enthält er eine Inhalts- und Schrankenbestimmung des Eigentums im Sinne des Art. 14 Abs. 1 Satz 2 GG. Diese genügt in der Auslegung des Bundesgerichtshofs den verfassungsrechtlichen Anforderungen.“.

[1430] BVerfGE 143, 246, Ls. 5 (Dreizehnte Novelle des Atomgesetzes) = BVerfG, Urteil des Ersten Senats vom 06.12.2016 – 1 BvR 2821/11 –, Ls. 5.

[1431] BVerfGE 143, 246, Ls. 4 (Dreizehnte Novelle des Atomgesetzes) = BVerfG, Urteil des Ersten Senats vom 06.12.2016 – 1 BvR 2821/11 –, Ls. 4.

2. Allgemeines Persönlichkeitsgrundrecht[1432] mit verschiedenen Ausprägungen[1433], etwa in der Ausprägung des **Rechts auf informationelle Selbstbestimmung** (APR/RiS), Art. 2 Abs. 1 i.V.m. Art. 1 Abs. 1[1434] GG, vgl. auch Art. 142 GG i.V.m. Art. 4 Abs. 1, 2 Verfassung NRW[1435].

[1432] BVerfGE 147, 1, 18 f. (**Geschlechtsidentität**) = BVerfG, Beschluss des Ersten Senats vom 10.10.2017 – 1 BvR 2019/16 –, Rn. 38: „Art. 2 Abs. 1 GG gewährt jedem das **Recht auf die freie Entfaltung seiner Persönlichkeit**. Dieses Grundrecht umfasst neben der allgemeinen Handlungsfreiheit das **allgemeine Persönlichkeitsrecht** (Art. 2 Abs. 1 i.V.m. Art. 1 Abs. 1 GG). Letzteres ergänzt als ‚unbenanntes' Freiheitsrecht die speziellen (‚benannten') Freiheitsrechte, die ebenfalls konstituierende Elemente der Persönlichkeit schützen (vgl. BVerfGE 54, 148 <153>). Eine der **Aufgaben des allgemeinen Persönlichkeitsrechts** ist es dabei, Grundbedingungen dafür zu sichern, dass die einzelne Person ihre Individualität selbstbestimmt entwickeln und wahren kann (vgl. BVerfGE 35, 202 <220>; 79, 256 <268>; 90, 263 <270>; 117, 202 <225>). Das allgemeine Persönlichkeitsrecht schützt indessen nur solche **Elemente der Persönlichkeitsentfaltung**, die - ohne bereits Gegenstand der besonderen Freiheitsgarantien des Grundgesetzes zu sein - diesen in ihrer konstituierenden Bedeutung für die Persönlichkeit nicht nachstehen (vgl. BVerfGE 79, 256 <268>; 99, 185 <193>; 120, 274 <303>; stRspr). Es verbürgt also nicht Schutz gegen alles, was die selbstbestimmte Persönlichkeitsentwicklung auf irgendeine Weise beeinträchtigen könnte; ohnehin vermag kein Mensch seine Individualität unabhängig von äußeren Gegebenheiten und Zugehörigkeiten zu entwickeln. Der lückenschließende Schutz des allgemeinen Persönlichkeitsrechts greift aber dann, wenn die selbstbestimmte Entwicklung und Wahrung der Persönlichkeit spezifisch gefährdet ist (BVerfGE 141, 186 <201 f. Rn. 32>).".

BVerfG, Beschluss des Ersten Senats vom 06.11.2019 – 1 BvR 16/13 – (Recht auf Vergessen I), Rn. 81: „Diese [**APR-]Rechtsprechung** hat sich maßgeblich in Konstellationen der mittelbaren Drittwirkung und geleitet von dem Erfordernis praktischer Konkordanz entwickelt. Deshalb bestimmen sich die Schutzdimensionen des allgemeinen Persönlichkeitsrechts letztlich immer einzelfallbezogen im Abgleich mit den Grundrechten Dritter. Die Bestimmung seiner Schutzwirkungen und die Abwägung mit den gegenüberstehenden Freiheitsrechten greifen hier Hand in Hand. Der Schutz des allgemeinen Persönlichkeitsrechts ist insoweit flexibel und durch die Einbindung der Person in ihre sozialen Beziehungen relativiert (vgl. BVerfGE 101, 361 <380>; 141, 186 <202 Rn. 32>; 147, 1 <19 Rn. 38>; stRspr; siehe auch BGHZ 183, 353 <357 Rn. 11>; 209, 139 <150 Rn. 30>; 219, 233 <240 Rn. 22>; stRspr).".

Vgl. „**Allgemeines Persönlichkeitsrecht**" (APR) als „sonstiges Recht" (sog. **Rahmenrecht** mit [grundrechts-]abwägungsoffenem Tatbestand) nach § 823 Abs. 1 Var. 6 BGB, u.a. mit Geldentschädigungsanspruch, insbesondere durch ständige Rechtsprechung (vgl. auch § 253 BGB) seit folgender Entwicklung: BGHZ 13, 334 (Leserbrief), mit erstmaliger ausdrücklicher Anerkennung des allgemeinen Persönlichkeitsrechts; BGHZ 26, 349 (Herrenreiter), mit erstmaliger Zuerkennung einer Geldentschädigung wegen des immateriellen Schadens durch die Verletzung des allgemeinen Persönlichkeitsrechts; BGHZ 35, 363 (Ginsengwurzel), mit erstmaliger Schwerpunktsetzung bei der Menschenwürde in der Begründung; BVerfGE 34, 269 (Soraya), mit verfassungsgerichtlicher Erklärung der verfassungsrechtlichen Zulässigkeit der richterrechtlich entwickelten APR-Konstruktion.

[1433] BVerfG, Beschluss des Ersten Senats vom 06.11.2019 – 1 BvR 16/13 – (Recht auf Vergessen I), Rn. 80: „Die Rechtsprechung hat aus dem [**Allgemeinen Persönlichkeits-]Grundrecht** insoweit verschiedene **Schutzdimensionen** abgeleitet wie den **Schutz eines unantastbaren Bereichs privater Lebensgestaltung**, die Garantie der **Privatsphäre**, das **Recht am eigenen Bild** oder **gesprochenen Wort** oder das **Recht auf die Darstellung der eigenen Person**, die **soziale Anerkennung** sowie die **persönliche Ehre** (vgl. BVerfGE 27, 1 <6>; 27, 344 <350 f.>; 32, 373 <379>; 34, 238 <245 f.>; 47, 46 <73>; 54, 148 <153 f.>; 99, 185 <193 f.>; 101, 361 <384>; 106, 28 <39>; 114, 339 <346>; 120, 180 <198>)." „Diese **Schutzgehalte** werden insoweit aber nicht als abschließend umschriebene und voneinander abzugrenzende Gewährleistungen verstanden, sondern als Ausprägungen, die in Blick auf den konkreten Schutzbedarf jeweils anhand des zu entscheidenden Falles herauszuarbeiten sind (vgl. BVerfGE 54, 148 <153 f.>; 65, 1 <41>).".

BVerfGE 65, 1 (Volkszählungsgesetz), Ls. 1 = BVerfG, Urteil des Ersten Senats vom 15.12.1983 – 1 BvR 209/83, Ls. 1: „Unter den Bedingungen der modernen Datenverarbeitung wird der Schutz des Einzelnen

gegen unbegrenzte Erhebung, Speicherung, Verwendung und Weitergabe seiner persönlichen Daten von dem **allgemeinen Persönlichkeitsrecht** des Art. 2 Abs. 1 GG in Verbindung mit Art. 1 Abs. 1 GG umfaßt. Das [**Allgemeine Persönlichkeits-]Grundrecht** gewährleistet insoweit die Befugnis des Einzelnen, grundsätzlich selbst über die Preisgabe und Verwendung seiner persönlichen Daten zu bestimmen."; BVerfG, Beschluss des Ersten Senats vom 06.11.2019 – 1 BvR 16/13 – (Recht auf Vergessen I), Rn. 80: „Das **Recht auf informationelle Selbstbestimmung** ist von der Rechtsprechung als eigene Ausprägung des allgemeinen Persönlichkeitsrechts mit einem gegenüber den anderen Ausprägungen selbständigen Gewährleistungsgehalt entwickelt worden und behält diesen auch, soweit es als verfassungsrechtliche Wertentscheidung in das Zivilrecht einstrahlt. Dementsprechend enthält es keinen gesamthaften Schutzanspruch hinsichtlich jederlei Umgangs mit Informationen, der die übrigen Schutzdimensionen des Grundrechts allgemein übergreifen und zusammenführen würde, sondern lässt deren Wertungen und Abwägungsregeln unberührt."; BVerfGE 120, 274, 311 f. (Online-Durchsuchung) = BVerfG, Urteil des Ersten Senats vom 27.02.2008 – 1 BvR 370/07 –, Rn. 198 f. „Das **Recht auf informationelle Selbstbestimmung** geht über den **Schutz der Privatsphäre** hinaus. Es gibt dem Einzelnen die Befugnis, grundsätzlich selbst über die Preisgabe und Verwendung seiner persönlichen Daten zu bestimmen (vgl. BVerfGE 65, 1 <43>; 84, 192 <194>). Es flankiert und erweitert den grundrechtlichen Schutz von Verhaltensfreiheit und Privatheit, indem es ihn schon auf der Stufe der Persönlichkeitsgefährdung beginnen lässt. Eine derartige Gefährdungslage kann bereits im Vorfeld konkreter Bedrohungen benennbarer Rechtsgüter entstehen, insbesondere wenn personenbezogene Informationen in einer Art und Weise genutzt und verknüpft werden können, die der Betroffene weder überschauen noch verhindern kann. Der Schutzumfang des **Rechts auf informationelle Selbstbestimmung** beschränkt sich dabei nicht auf Informationen, die bereits ihrer Art nach sensibel sind und schon deshalb grundrechtlich geschützt werden. Auch der Umgang mit personenbezogenen Daten, die für sich genommen nur geringen Informationsgehalt haben, kann, je nach dem Ziel des Zugriffs und den bestehenden Verarbeitungs- und Verknüpfungsmöglichkeiten, grundrechtserhebliche Auswirkungen auf die Privatheit und Verhaltensfreiheit des Betroffenen haben (vgl. BVerfG, Beschluss vom 13. Juni 2007 - 1 BvR 1550/03 u.a. -, NJW 2007, S. 2464 <2466>). Die mit dem Recht auf informationelle Selbstbestimmung abzuwehrenden Persönlichkeitsgefährdungen ergeben sich aus den vielfältigen Möglichkeiten des Staates und gegebenenfalls auch privater Akteure (vgl. BVerfG, Beschluss der 1. Kammer des Ersten Senats vom 23. Oktober 2006 - 1 BvR 2027/02 -, JZ 2007, S. 576) zur Erhebung, Verarbeitung und Nutzung personenbezogener Daten. Vor allem mittels elektronischer Datenverarbeitung können aus solchen Informationen weitere Informationen erzeugt und so Schlüsse gezogen werden, die sowohl die grundrechtlich geschützten Geheimhaltungsinteressen des Betroffenen beeinträchtigen als auch Eingriffe in seine Verhaltensfreiheit mit sich bringen können (vgl. BVerfGE 65, 1 <42>; 113, 29 <45 f.>; 115, 320 <342>; BVerfG, Beschluss vom 13. Juni 2007 - 1 BvR 1550/03 u.a. -, NJW 2007, S. 2464 <2466>).".

BVerfGE 109, 279, 325-327 (akustische Wohnraumüberwachung / „Großer Lauschangriff") = BVerfG, Urteil des Ersten Senats vom 03.03.2004 – 1 BvR 2378/98, 1084/99 –, Rn. 159-163: „Das aus Art. 2 Abs. 1 in Verbindung mit Art. 1 Abs. 1 GG folgende **allgemeine Persönlichkeitsrecht** kommt neben Art. 13 Abs. 1 GG allerdings nicht zur Anwendung, soweit Eingriffe in die **räumliche Privatsphäre des Wohnungsinhabers** zu überprüfen sind. Art. 13 Abs. 1 GG enthält eine spezielle Gewährleistung des **Schutzes vor staatlicher akustischer Überwachung der räumlichen Privatsphäre**, die die allgemeinere Vorschrift insoweit verdrängt (vgl. BVerfGE 100, 313 [358] zu Art. 10 GG). Mit dem **Recht, in der Wohnung ungestört zu sein**, und dem **Recht am eigenen in der Wohnung gesprochenen Wort** schützt Art. 13 Abs. 1 GG gerade den Teil der **Privatsphäre**, den sonst das allgemeine Persönlichkeitsrecht gewährleistet. Dieses Recht ergänzt als unbenanntes Freiheitsrecht die speziellen Freiheitsrechte, die ebenfalls konstituierende Elemente der Persönlichkeit schützen (vgl. BVerfGE 54, 148 <153 f.>), nur insoweit, als Letztere keinen Schutz gewähren. Der **Schutz des allgemeinen Persönlichkeitsrechts aus Art. 2 Abs. 1 in Verbindung mit Art. 1 Abs. 1 GG** greift hingegen ein, soweit von der Wohnraumüberwachung Personen betroffen werden, die sich nicht auf Art. 13 Abs. 1 GG berufen können. **Grundrechtsträger des Art. 13 Abs. 1 GG** ist jeder Inhaber oder Bewohner eines Wohnraums, unabhängig davon, auf welchen Rechtsverhältnissen die Nutzung des Wohnraums beruht. Bei mehreren Bewohnern einer Wohnung steht das Grundrecht jedem Einzelnen, bei Familien mithin jedem Familienmitglied zu. Maßnahmen der **Wohnraumüberwachung** können aber nicht nur **Wohnungsinhaber**, sondern auch **zufällig in einer Wohnung**

Anwesende erfassen. Diese Personen sind zwar nicht in ihrem Grundrecht aus Art. 13 Abs. 1 GG, wohl aber in ihrem **allgemeinen Persönlichkeitsrecht** betroffen. Der Schutz aus Art. 2 Abs. 1 in Verbindung mit Art. 1 Abs. 1 GG kann insofern allerdings nicht weiter reichen als derjenige aus Art. 13 Abs. 1 und 3 GG. Der Schutz der **räumlichen Privatsphäre und des allgemeinen Persönlichkeitsrechts** kann schließlich in Einzelfällen durch weitere Grundrechtsgarantien ergänzt sein. So wird das **Gespräch zwischen Eheleuten in der eigenen Wohnung** nicht nur von Art. 13 Abs. 1 GG, sondern zusätzlich durch Art. 6 Abs. 1 GG geschützt. Auch in Bezug auf die **Kommunikation mit Berufsgeheimnisträgern** können neben dem grundrechtlichen **Schutz der räumlichen Privatsphäre** Grundrechte in Betracht kommen, die - wie etwa Art. 4 GG im Hinblick auf das Gespräch mit einem Geistlichen - der besonderen Schutzbedürftigkeit der Kommunizierenden Rechnung tragen.".

BVerfG, Beschluss des Ersten Senats vom 06.11.2019 – 1 BvR 16/13 – (Recht auf Vergessen I), Ls. 3 S. 1: „Von den **äußerungsrechtlichen Schutzdimensionen** ist das **Recht auf informationelle Selbstbestimmung** als eine eigene Ausprägung des allgemeinen Persönlichkeitsrechts zu unterscheiden." BVerfG, Beschluss des Ersten Senats vom 06.11.2019 – 1 BvR 16/13 – (Recht auf Vergessen I), Rn. 90: „Ausgehend von dem **Ziel des Rechts auf informationelle Selbstbestimmung**, Schutz vor Gefahren angesichts neuartiger Möglichkeiten der Datenverarbeitung zu gewähren (vgl. BVerfGE 65, 1 <42>), ist es primär als Gewährleistung zu verstehen, die – neben der ungewollten Preisgabe von Daten auch im Rahmen privater Rechtsbeziehungen (vgl. BVerfGE 84, 192 <194>) – insbesondere vor deren intransparenter Verarbeitung und Nutzung durch Private schützt. Es bietet Schutz davor, dass Dritte sich individueller Daten bemächtigen und sie in nicht nachvollziehbarer Weise als Instrument nutzen, um die Betroffenen auf Eigenschaften, Typen oder Profile festzulegen, auf die sie keinen Einfluss haben und die dabei aber für die freie Entfaltung der Persönlichkeit sowie eine gleichberechtigte Teilhabe in der Gesellschaft von erheblicher Bedeutung sind. Der Gehalt dieses Rechts ist dabei entwicklungsoffen, so dass es auch weitere persönlichkeitsgefährdende Entwicklungen der Informationsverarbeitung aufnehmen kann.".

BVerfG, Beschluss des Ersten Senats vom 06.11.2019 – 1 BvR 16/13 – (Recht auf Vergessen I), Ls. 2a): „Der verfassungsrechtliche Maßstab für den Schutz gegenüber Gefährdungen durch die **Verbreitung personenbezogener Berichte und Informationen als Teil öffentlicher Kommunikation** liegt in den **äußerungsrechtlichen Ausprägungen des allgemeinen Persönlichkeitsrechts**, nicht im Recht auf informationelle Selbstbestimmung.".

BVerfG, Beschluss des Ersten Senats vom 06.11.2019 – 1 BvR 16/13 – (Recht auf Vergessen I), Rn. 91: „[Vom Recht auf informationelle Selbstbestimmung] zu unterscheiden ist der **Schutz vor der Verarbeitung personenbezogener Berichte und Informationen als Ergebnis eines Kommunikationsprozesses**. Der Schutzbedarf gründet hier nicht in der intransparenten Zuweisung von Persönlichkeitsmerkmalen und -profilen durch Dritte, sondern in der sichtbaren Verbreitung bestimmter Informationen im öffentlichen Raum. Gefährdungen für die Persönlichkeitsentfaltung ergeben sich hier vornehmlich aus Form und Inhalt der Veröffentlichung selbst. Schutz gegenüber solchen Gefährdungen bieten die **äußerungsrechtlichen Ausprägungen des allgemeinen Persönlichkeitsrechts unabhängig vom Recht auf informationelle Selbstbestimmung**. Zwar kann es auch dabei maßgeblich auf die Art der Informationserlangung ankommen. Jedoch hat diese hier ihre Bedeutung als Vorfrage für die Beurteilung des weiteren Umgangs mit einer bestimmten Äußerung und des damit in die Öffentlichkeit gestellten Bildes einer Person selbst.".

BVerfG, Beschluss des Ersten Senats vom 06.11.2019 – 1 BvR 16/13 – (**Recht auf Vergessen** I), Ls. 2b): „Bei der Entscheidung über einen Schutzanspruch kommt der Zeit unter den Kommunikationsbedingungen des Internets ein spezifisches Gewicht zu. Die Rechtsordnung muss davor schützen, dass sich eine Person frühere Positionen, Äußerungen und Handlungen unbegrenzt vor der Öffentlichkeit vorhalten lassen muss. Erst die Ermöglichung eines Zurücktretens vergangener Sachverhalte eröffnet den Einzelnen die Chance zum Neubeginn in Freiheit. Zur Zeitlichkeit der Freiheit gehört die Möglichkeit des Vergessens.".

BVerfGE 120, 274, 311 (Online-Durchsuchung) = BVerfG, Urteil des Ersten Senats vom 27.02.2008 – 1 BvR 370/07 –, Rn. 197: „In seiner Ausprägung als **Schutz der Privatsphäre** [als **Privatangelegenheitenschutz** und **Rückzugsraumbereichsschutz** – beides **gegenüber der Öffentlichkeit**, vgl. **Sphärentheorie** mit **Intimsphäre, Privatsphäre, Sozialsphäre** und vgl. **Kernbereich privater Lebensgestaltung**] gewährleistet das allgemeine Persönlichkeitsrecht dem Einzelnen einen räumlich und thematisch

bestimmten Bereich, der grundsätzlich frei von unerwünschter Einsichtnahme bleiben soll (vgl. BVerfGE 27, 344 <350 ff.>; 44, 353 <372 f.>; 90, 255 <260>; 101, 361 <382 f.>).“; BVerfGE 101, 361, 382-385 (Caroline von Monaco II) = BVerfG, Urteil vom 15.12.1999 – 1 BvR 653/96 –, Rn. 75-82: „Im Unterschied zum **Recht am eigenen Bild** bezieht sich der **Schutz der Privatsphäre**, der ebenfalls im **allgemeinen Persönlichkeitsrecht** wurzelt, nicht speziell auf Abbildungen, sondern ist **thematisch und räumlich** bestimmt. Er umfaßt zum einen **Angelegenheiten [Privatangelegenheitenschutz]**, die wegen ihres Informationsinhalts typischerweise als **‚privat'** eingestuft werden, weil ihre **öffentliche** Erörterung oder Zurschaustellung als unschicklich gilt, das Bekanntwerden als peinlich empfunden wird oder nachteilige Reaktionen der Umwelt auslöst, wie es etwa bei Auseinandersetzungen mit sich selbst in **Tagebüchern** (BVerfGE 80, 367), bei **vertraulicher Kommunikation unter Eheleuten** (BVerfGE 27, 344), im Bereich der **Sexualität** (BVerfGE 47, 46; 49, 286 [BVerfGE 120, 224, 238 f. (Geschwisterbeischlaf) = BVerfGE, Beschluss des Zweiten Senats vom 26.02.2008 – 2 BvR 392/07 –, Rn. 32 f.: „Das allgemeine Persönlichkeitsrecht in seiner Ausprägung als **Recht auf sexuelle Selbstbestimmung**“/„**Intim- und Sexualbereich des Menschen als Teil seiner Privatsphäre**, P. B.]), bei **sozial abweichendem Verhalten** (BVerfGE 44, 353) oder bei **Krankheiten** (BVerfGE 32, 373) der Fall ist. Fehlte es hier an einem **Schutz vor der Kenntniserlangung anderer**, wären die Auseinandersetzung mit sich selbst, die unbefangene Kommunikation unter Nahestehenden, die sexuelle Entfaltung oder die Inanspruchnahme ärztlicher Hilfe beeinträchtigt oder unmöglich, obwohl es sich um grundrechtlich geschützte Verhaltensweisen handelt. Zum anderen erstreckt sich der Schutz auf einen **räumlichen Bereich [Raumbereichsschutz]**, in dem der Einzelne zu sich kommen, sich entspannen oder auch gehen lassen kann (vgl. BVerfGE 27, 1 [6]). Zwar bietet auch dieser Bereich Gelegenheit, sich in einer Weise zu verhalten, die nicht für die **Öffentlichkeit** bestimmt ist und deren Beobachtung oder Darstellung durch Außenstehende für den Betroffenen peinlich oder nachteilig wäre. Im Kern geht es aber um einen **Raum**, in dem er die Möglichkeit hat, frei von **öffentlicher Beobachtung** und damit der von ihr erzwungenen Selbstkontrolle zu sein, auch ohne daß er sich dort notwendig anders verhielte als in der **Öffentlichkeit**. Bestünden solche **Rückzugsbereiche** nicht mehr, könnte der Einzelne psychisch überfordert sein, weil er unausgesetzt darauf achten müßte, wie er auf andere wirkt und ob er sich richtig verhält. Ihm fehlten die Phasen des Alleinseins und Ausgleichs, die für die Persönlichkeitsentfaltung notwendig sind und ohne die sie nachhaltig beeinträchtigt würde. Ein derartiges Schutzbedürfnis besteht auch bei Personen, die aufgrund ihres Ranges oder Ansehens, ihres Amtes oder Einflusses, ihrer Fähigkeiten oder Taten besondere **öffentliche** Beachtung finden. Wer, ob gewollt oder ungewollt, zur Person des **öffentlichen** Lebens geworden ist, verliert damit nicht sein Anrecht auf eine **Privatsphäre**, die den Blicken der **Öffentlichkeit** entzogen bleibt. Das gilt auch für demokratisch gewählte Amtsträger, die zwar für ihre Amtsführung **öffentlich** rechenschaftspflichtig sind und sich in diesem Umfang **öffentliche** Aufmerksamkeit gefallen lassen müssen, nicht aber für ihr **Privatleben**, sofern dieses die Amtsführung nicht berührt. Der **häusliche Bereich** [vgl. ggf. spezielleren Art. 13 GG i.V.m. BVerfGE 109, 279, 325 f.] stellt anerkanntermaßen eine solche geschützte Sphäre dar. Wegen des Bezugs auf die Entfaltung der Persönlichkeit darf der **Rückzugsbereich** jedoch nicht von vornherein auf ihn begrenzt werden. Das gilt schon deshalb, weil die Funktionen, denen er dient, nur erfüllt werden, wenn er nicht an den Hausmauern oder Grundstücksgrenzen endet. Die freie Entfaltung der Persönlichkeit wäre erheblich behindert, wenn der Einzelne nur im eigenen Haus der **öffentlichen** Neugier entgehen könnte. Die notwendige Erholung von einer durch Funktionszwänge und Medienpräsenz geprägten **Öffentlichkeit** ist vielfach nur in der **Abgeschiedenheit einer natürlichen Umgebung, etwa an einem Ferienort**, zu gewinnen. Deswegen muß der Einzelne grundsätzlich die Möglichkeit haben, sich auch in der freien, gleichwohl **abgeschiedenen Natur oder an Örtlichkeiten, die von der breiten Öffentlichkeit deutlich abgeschieden sind**, in einer von **öffentlicher** Beobachtung freien Weise zu bewegen. Das gilt gerade gegenüber solchen Aufnahmetechniken, die die **räumliche Abgeschiedenheit** überwinden, ohne daß der Betroffene dies bemerken kann. Wo die Grenzen der geschützten **Privatsphäre außerhalb des Hauses** verlaufen, läßt sich nicht generell und abstrakt festlegen. Sie können vielmehr nur aufgrund der jeweiligen Beschaffenheit des **Ortes** bestimmt werden, den der Betroffene aufsucht. Ausschlaggebend ist, ob der Einzelne eine **Situation** vorfindet oder schafft, in der er begründetermaßen und somit auch für Dritte erkennbar davon ausgehen darf, den Blicken der **Öffentlichkeit** nicht ausgesetzt zu sein. Ob die Voraussetzungen der **Abgeschiedenheit** erfüllt sind, läßt sich nur situativ beurteilen. Der Einzelne kann sich an ein und demselben **Ort** zu Zeiten mit gutem Grund unbeobachtet fühlen, zu anderen Zeiten nicht. Auch ist

der Aufenthalt in umschlossenen **Räumen** keineswegs immer mit **Abgeschiedenheit** gleichzusetzen. Da es um die Frage geht, ob der Einzelne begründetermaßen erwarten darf, unbeobachtet zu sein, oder aber **Plätze** aufgesucht hat, wo er sich unter den Augen der **Öffentlichkeit** bewegt, kann es auch in umschlossenen Räumen an der **Abgeschiedenheit** fehlen, die Voraussetzung für den **Privatsphärenschutz** außerhalb der eigenen **Häuslichkeit** ist. **Plätzen, an denen sich der Einzelne unter vielen Menschen befindet**, fehlt es von vornherein an den Voraussetzungen des **Privatsphärenschutzes** im Sinn von Art. 2 Abs. 1 in Verbindung mit Art. 1 Abs. 1 GG. Sie können das **Rückzugsbedürfnis** nicht erfüllen und rechtfertigen deswegen auch nicht den grundrechtlichen Schutz, den dieses Bedürfnis aus Gründen der Persönlichkeitsentfaltung verdient. Der Einzelne kann solche **Orte** auch nicht etwa durch ein Verhalten, das typischerweise nicht **öffentlich** zur Schau gestellt würde, in seine **Privatsphäre** umdefinieren. Nicht sein Verhalten, ob allein oder mit anderen, konstituiert die **Privatsphäre**, sondern die **objektive Gegebenheit der Örtlichkeit zur fraglichen Zeit**. Verhält er sich daher an **Orten**, die nicht die Merkmale der **Abgeschiedenheit** aufweisen, so, als stünde er nicht unter Beobachtung, hebt er das **Schutzbedürfnis für Verhaltensweisen, die an sich die Öffentlichkeit nichts angehen**, selbst auf. Der **Schutz der Privatsphäre vor öffentlicher Kenntnisnahme** entfällt ferner, wenn sich jemand selbst damit einverstanden zeigt, daß bestimmte, gewöhnlich als privat geltende Angelegenheiten **öffentlich** gemacht werden, etwa indem er Exklusivverträge über die Berichterstattung aus seiner **Privatsphäre** abschließt. Der verfassungsrechtliche **Privatsphärenschutz** aus Art. 2 Abs. 1 in Verbindung mit Art. 1 Abs. 1 GG ist nicht im Interesse einer Kommerzialisierung der eigenen Person gewährleistet. Zwar ist niemand an einer solchen **Öffnung privater Bereiche** gehindert. Er kann sich dann aber nicht gleichzeitig auf den **öffentlichkeitsabgewandten Privatsphärenschutz** berufen. Die Erwartung, daß die Umwelt die **Angelegenheiten oder Verhaltensweisen in einem Bereich mit Rückzugsfunktion** nur begrenzt oder nicht zur Kenntnis nimmt, muß daher situationsübergreifend und konsistent zum Ausdruck gebracht werden. Das gilt auch für den Fall, daß der Entschluß, die Berichterstattung über bestimmte Vorgänge der eigenen **Privatsphäre** zu gestatten oder hinzunehmen, rückgängig gemacht wird.".

BVerfGE 6, 32, 41 (Elfes) = BVerfG, Urteil vom des Ersten Senats vom 16.01.1957 – 1 BvR 253/56 –, Rn. 32 [vgl. **Recht auf Privatsphäre** als **Privatangelegenheitenschutz** und **Rückzugsraumbereichsschutz** – beides **gegenüber der Öffentlichkeit**, vgl. **Sphärentheorie** mit **Intimsphäre**, **Privatsphäre**, **Sozialsphäre**]: „Vor allem dürfen die Gesetze daher die Würde des Menschen nicht verletzen, die im Grundgesetz der oberste Wert ist, aber auch die geistige, politische und wirtschaftliche Freiheit des Menschen nicht so einschränken, daß sie in ihrem Wesensgehalt angetastet würde (Art. 19 Abs. 2, Art. 1 Abs. 3, Art. 2 Abs. 1 GG). Hieraus ergibt sich, daß dem einzelnen Bürger eine **Sphäre privater Lebensgestaltung** verfassungskräftig vorbehalten ist, also ein letzter **unantastbarer Bereich menschlicher Freiheit** besteht, der der Einwirkung der gesamten öffentlichen Gewalt entzogen ist. Ein Gesetz, das in ihn eingreifen würde, könnte nie Bestandteil der ‚verfassungsmäßigen Ordnung' sein; es müßte durch das Bundesverfassungsgericht für nichtig erklärt werden.". BVerfGE 109, 279, Ls. 2 S. 1 (akustische Wohnraumüberwachung / „Großer Lauschangriff") = BVerfG, Urteil des Ersten Senats vom 03.03.2004 – 1 BvR 2378/98, 1084/99 –, Ls. 2 S. 1: „Zur Unantastbarkeit der Menschenwürde gemäß Art. 1 Abs. 1 GG gehört die Anerkennung eines absolut geschützten **Kernbereichs privater Lebensgestaltung**.". BVerfGE 141, 220, 276-278 (BKAG) = BVerfG, Urteil des Ersten Senats vom 20.04.2016 – 1 BvR 966/09 –, Rn. 119-124: „Neben den verfassungsrechtlichen Anforderungen an die allgemeinen Eingriffsvoraussetzungen ergeben sich aus den jeweiligen **Grundrechten in Verbindung mit Art. 1 Abs. 1 GG** für die Durchführung von besonders eingriffsintensiven Überwachungsmaßnahmen besondere Anforderungen an den **Schutz des Kernbereichs privater Lebensgestaltung**. Der verfassungsrechtliche **Schutz des Kernbereichs privater Lebensgestaltung** gewährleistet dem Individuum einen **Bereich höchstpersönlicher Privatheit gegenüber Überwachung**. Er wurzelt in den **von den jeweiligen Überwachungsmaßnahmen betroffenen Grundrechten in Verbindung mit Art. 1 Abs. 1 GG** und sichert einen dem Staat nicht verfügbaren Menschenwürdekern grundrechtlichen Schutzes gegenüber solchen Maßnahmen. Selbst überragende Interessen der Allgemeinheit können einen Eingriff in diesen **absolut geschützten Bereich privater Lebensgestaltung** nicht rechtfertigen (vgl. BVerfGE 109, 279 <313>; stRspr). Zur **Entfaltung der Persönlichkeit im Kernbereich privater Lebensgestaltung gehört die Möglichkeit**, **innere Vorgänge** wie Empfindungen und Gefühle sowie Überlegungen, Ansichten und Erlebnisse **höchstpersönlicher Art zum Ausdruck zu bringen** (vgl. BVerfGE 109, 279 <313>; 120, 274 <335>; stRspr). Geschützt ist

insbesondere die **nichtöffentliche Kommunikation mit Personen des höchstpersönlichen Vertrauens, die in der berechtigten Annahme geführt wird, nicht überwacht zu werden**, wie es insbesondere bei Gesprächen im Bereich der Wohnung der Fall ist. Zu diesen Personen gehören insbesondere Ehe- oder Lebenspartner, Geschwister und Verwandte in gerader Linie, vor allem, wenn sie im selben Haushalt leben, und können Strafverteidiger, Ärzte, Geistliche und enge persönliche Freunde zählen (vgl. BVerfGE 109, 279 <321 ff.>). Dieser Kreis deckt sich nur teilweise mit dem der Zeugnisverweigerungsberechtigten. Solche Gespräche verlieren dabei nicht schon dadurch ihren Charakter als insgesamt höchstpersönlich, dass sich in ihnen Höchstpersönliches und Alltägliches vermischen (vgl. BVerfGE 109, 279 <330>; 113, 348 <391 f.>). Demgegenüber ist die **Kommunikation unmittelbar über Straftaten** nicht geschützt, selbst wenn sie auch Höchstpersönliches zum Gegenstand hat. Die **Besprechung und Planung von Straftaten** gehört ihrem Inhalt nach nicht zum **Kernbereich privater Lebensgestaltung**, sondern hat **Sozialbezug** (vgl. BVerfGE 80, 367 <375>; 109, 279 <319 f., 328>; 113, 348 <391>). Dies bedeutet freilich nicht, dass der Kernbereich unter einem allgemeinen Abwägungsvorbehalt in Bezug auf öffentliche Sicherheitsinteressen steht. Ein **höchstpersönliches Gespräch** fällt nicht schon dadurch aus dem **Kernbereich privater Lebensgestaltung** heraus, dass es für die Aufklärung von Straftaten oder Gefahren hilfreiche Aufschlüsse geben kann. Aufzeichnungen oder Äußerungen im Zwiegespräch, die zum Beispiel ausschließlich innere Eindrücke und Gefühle wiedergeben und keine Hinweise auf konkrete Straftaten enthalten, gewinnen nicht schon dadurch einen **Gemeinschaftsbezug**, dass sie Ursachen oder Beweggründe eines strafbaren Verhaltens freizulegen vermögen (vgl. BVerfGE 109, 279 <319>). Auch können trotz **Straftatenbezugs** Situationen, in denen Einzelnen gerade ermöglicht werden soll, ein Fehlverhalten einzugestehen oder sich auf dessen Folgen einzurichten, wie Beichtgespräche oder vertrauliche Gespräche mit einem Psychotherapeuten oder einem Strafverteidiger, der **höchstpersönlichen Privatsphäre** unterfallen, die dem Staat absolut entzogen ist (vgl. BVerfGE 109, 279 <322>). Ein hinreichender **Sozialbezug** besteht demgegenüber dann, wenn **Gespräche - auch mit Vertrauenspersonen - sonst unmittelbar Straftaten zu ihrem Gegenstand haben** (vgl. BVerfGE 109, 279 <319>). Der **Kernbereich privater Lebensgestaltung** beansprucht gegenüber **allen Überwachungsmaßnahmen** Beachtung. Können sie typischerweise zur Erhebung kernbereichsrelevanter Daten führen, muss der Gesetzgeber Regelungen schaffen, die einen wirksamen Schutz normenklar gewährleisten (vgl. BVerfGE 109, 279 <318 f.>; 113, 348 <390 f.>; 120, 274 <335 ff.>). Außerhalb solch verletzungsgeneigter Befugnisse bedarf es eigener Regelungen nicht. Grenzen, die sich im Einzelfall auch hier gegenüber einem Zugriff auf höchstpersönliche Informationen ergeben können, sind bei deren Anwendung unmittelbar von Verfassungs wegen zu beachten. Der **Schutz des Kernbereichs privater Lebensgestaltung** ist strikt und darf nicht durch Abwägung mit den Sicherheitsinteressen nach Maßgabe des Verhältnismäßigkeitsgrundsatzes relativiert werden (vgl. BVerfGE 109, 279 <314>; 120, 273 <339>; stRspr). Dies bedeutet jedoch nicht, dass **jede tatsächliche Erfassung von höchstpersönlichen Informationen** stets einen Verfassungsverstoß oder eine Menschenwürdeverletzung begründet. Angesichts der Handlungs- und Prognoseunsicherheiten, unter denen Sicherheitsbehörden ihre Aufgaben wahrnehmen, kann ein **unbeabsichtigtes Eindringen in den Kernbereich privater Lebensgestaltung** im Rahmen von Überwachungsmaßnahmen nicht für jeden Fall von vornherein ausgeschlossen werden (vgl. BVerfGE 120, 274 <337 f.>). Die Verfassung verlangt jedoch **für die Ausgestaltung der Überwachungsbefugnisse** die **Achtung des Kernbereichs** als eine strikte, nicht frei durch Einzelfallerwägungen überwindbare Grenze.“.

BVerfGE 120, 274 (Online-Durchsuchung) = BVerfG, Urteil des Ersten Senats vom 27.02.2008 – 1 BvR 370/07 –, Ls. 1: „Das **allgemeine Persönlichkeitsrecht** (Art. 2 Abs. 1 i.V.m. Art. 1 Abs. 1 GG) umfasst das Grundrecht auf **Gewährleistung der Vertraulichkeit und Integrität informationstechnischer Systeme**.“; BVerfGE 120, 274, 314 (Online-Durchsuchung) = BVerfG, Urteil des Ersten Senats vom 27.02.2008 – 1 BvR 370/07 –, Rn. 203: „**informationstechnisches System**“: „etwa Personalcomputer“, „ferner beispielweise […] solche Mobiltelefone oder elektronische Terminkalender, die über einen großen Funktionsumfang verfügen und personenbezogene Daten vielfältiger Art erfassen und speichern können.“; BVerfGE 120, 274, 276 (Online-Durchsuchung) = BVerfG, Urteil des Ersten Senats vom 27.02.2008 – 1 BvR 370/07 –, Rn. 5: „**heimlicher Zugriff auf ein informationstechnisches System**“: „[heimliche] technische Infiltration […], die etwa Sicherheitslücken des Zielsystems ausnutzt oder über die Installation eines Spähprogramms erfolgt“, wobei die Infiltration es ermöglicht, die Zielsystem-„Nutzung zu überwachen oder die Speichermedien durchzusehen oder gar das Zielsystem fernzusteuern.“.

a) GR-SB:

aa) Persönlicher GR-SB: „Jeder".

bb) Sachlicher GR-SB: „**freie Entfaltung der Persönlichkeit**" in der Ausprägung des RiS als „**Datenfreiheit**" (Grundsätzliche Bestimmungsbefugnis des Einzelnen über Preisgabe und Verwendung eigener personenbezogener Daten[1436]), i.d.R. gegeben bei Bezug auf mindestens ein **personenbezogenes Datum**: § 36 Nr. 1 DSG NRW[1437].

b) GR-E (oder Nichteingriff/**Einwilligung** i.S.v. § 36 Nr. 19 DSG NRW, § 38 DSG NRW): **Persönlichkeitsentfaltungseinschränkung**, als **Datenfreiheitseinschränkung**, durch **Datenverarbeitung**s-Maßnahme[1438] i.S.d. § 36 Nr. 2 DSG NRW.

BVerfGE 147, 1 (**Geschlechtsidentität**) = BVerfG, Beschluss des Ersten Senats vom 10.10.2017 – 1 BvR 2019/16 –, Ls. 1-3: „1. Das **allgemeine Persönlichkeitsrecht** (Art. 2 Abs. 1 i.V.m. Art. 1 Abs. 1 GG) schützt die **geschlechtliche Identität**. Es schützt auch die geschlechtliche Identität derjenigen, die sich dauerhaft weder dem männlichen noch dem weiblichen Geschlecht zuordnen lassen. 2. Art. 3 Abs. 3 Satz 1 GG schützt auch Menschen, die sich dauerhaft weder dem männlichen noch dem weiblichen Geschlecht zuordnen lassen, vor **Diskriminierungen wegen ihres Geschlechts**. 3. Personen, die sich dauerhaft weder dem männlichen noch dem weiblichen Geschlecht zuordnen lassen, werden in beiden Grundrechten verletzt, wenn das Personenstandsrecht dazu zwingt, das Geschlecht zu registrieren, aber keinen anderen positiven Geschlechtseintrag als weiblich oder männlich zulässt.".

BVerfG, Urteil des Zweiten Senats vom 26.02.2020 – 2 BvR 2347/15 –, Ls. 1: „a) Das **allgemeine Persönlichkeitsrecht** (Art. 2 Abs. 1 i.V.m. Art. 1 Abs. 1 GG) umfasst als Ausdruck persönlicher Autonomie ein **Recht auf selbstbestimmtes Sterben**. b) Das **Recht auf selbstbestimmtes Sterben** schließt die Freiheit ein, sich das Leben zu nehmen [Rn. 208: „**Recht auf Selbsttötung**"]. Die Entscheidung des Einzelnen, seinem Leben entsprechend seinem Verständnis von Lebensqualität und Sinnhaftigkeit der eigenen Existenz ein Ende zu setzen, ist im Ausgangspunkt als Akt autonomer Selbstbestimmung von Staat und Gesellschaft zu respektieren. c) Die **Freiheit, sich das Leben zu nehmen**, umfasst auch die Freiheit, hierfür bei Dritten Hilfe zu suchen und Hilfe, soweit sie angeboten wird, in Anspruch zu nehmen.".

[1434] Zum sog. „**Menschenwürdegehalt**" der Grundrechte: *Basten*, Die Menschenwürde des Grundgesetzes.

[1435] Vgl. auch Art. 142 GG i.V.m. Art. 4 Abs. 2 Verfassung NRW; Art. 8 EU-GR-Charta; Art. 16 AEUV; Art. 8 EMRK.

[1436] BVerfGE 65, 1, Ls. 1 S. 2 (Volkszählungsgesetz) = BVerfG, Urteil des Ersten Senats vom 15.12.1983 – 1 BvR 209/83, Ls. 1 S. 2 (Ls. 1: „Unter den Bedingungen der modernen Datenverarbeitung wird der Schutz des Einzelnen gegen unbegrenzte Erhebung, Speicherung, Verwendung und Weitergabe seiner persönlichen Daten von dem allgemeinen Persönlichkeitsrecht des Art. 2 Abs. 1 GG in Verbindung mit Art. 1 Abs. 1 GG umfaßt. Das Grundrecht gewährleistet insoweit die Befugnis des Einzelnen, grundsätzlich selbst über die Preisgabe und Verwendung seiner persönlichen Daten zu bestimmen.").

[1437] BVerfG, Beschluss der 3. Kammer des Zweiten Senats vom 27.06.2018 – 2 BvR 1562/17 (auf § 103 StPO gestützte Anordnung der Durchsuchung der Räumlichkeiten des Münchener Kanzleistandorts der Rechtsanwaltskanzlei Jones Day sowie Sicherstellung von Unterlagen und elektronischen Daten im Zuge des sogenannten „VW-Dieselskandals" – Verfassungsbeschwerde nicht zur Entscheidung angenommen wegen Unzulässigkeit aufgrund Nichterfüllung von Voraussetzungen nach § 93a Abs. 2 BVerfGG), Gründe, V., Rn. 44: „Der Begriff der persönlichen Daten deckt sich mit der Legaldefinition personenbezogener Daten in § 46 Nr. 1 BDSG (zuvor § 3 Abs. 1 BDSG) und erfasst alle Informationen, die sich auf eine identifizierte oder identifizierbare natürliche Person (betroffene Person) beziehen (vgl. noch zu § 3 Abs. 1 BDSG ‚Einzelangaben über persönliche oder sachliche Verhältnisse einer bestimmten oder bestimmbaren Person' Di Fabio, in: Maunz/Dürig, GG, Art. 2 Abs.1, Rn. 175 [Juli 2001]).".

[1438] BVerfG, Urteil des Ersten Senats vom 19.05.2020 – 1 BvR 2835/17 – (Ausland-Ausland-Fernmeldeaufklärung nach BNDG), E. III. 1., Rn. 212: „Die **Übermittlung personenbezogener Daten**, mit der eine Behörde die von ihr erhobenen Daten einer anderen Stelle zugänglich macht, begründet einen eigenen

c) GR-B: Art. 2 Abs. 1 Hs. 2 GG.[1439]

3. Wohnungsgrundrecht, Art. 13 Abs. 1 GG[1440]

a) GR-SB[1441]:

Grundrechtseingriff (vgl. BVerfGE 100, 313 <367>; 141, 220 <334 Rn. 305>; stRspr). Dieser ist an dem **Grundrecht** zu messen, **in das bei der ursprünglichen Datenerhebung eingegriffen wurde** (vgl. BVerfGE 100, 313 <367>; 141, 220 <334 Rn. 305>; stRspr).".

[1439] Art. 2 Abs. 1 Hs. 2 GG (**Schrankentrias**): BVerfGE 80, 137, 153 (Reiten im Walde) = BVerfG, Beschluss des Ersten Senats vom 06.06.1989 – 1 BvR 921/85 –, C. I. 1 a), Rn. 69: „Abgesehen von einem absolut geschützten Kernbereich privater Lebensgestaltung, welcher der Einwirkung der öffentlichen Gewalt entzogen ist (BVerfGE 6, 32 [41]), ist die allgemeine Handlungsfreiheit allerdings nur in den **Schranken** des zweiten Halbsatzes von Art. 2 Abs. 1 GG gewährleistet und steht damit insbesondere unter dem **Vorbehalt der verfassungsmäßigen (Rechts-)Ordnung** (BVerfGE 6, 32 [37 f.]; 74, 129 [152]). Stützt sich ein die Handlungsfreiheit berührender Akt der öffentlichen Gewalt auf eine Rechtsnorm, so kann mit der Verfassungsbeschwerde unter Berufung auf Art. 2 Abs. 1 GG zur Nachprüfung gestellt werden, ob diese Norm zur **verfassungsmäßigen Ordnung** gehört, das heißt formell und materiell mit den Normen der Verfassung in Einklang steht (st. Rspr. seit BVerfGE 6, 32).“; BVerfGE 6, 32, Ls. 3 (Elfes) = BVerfG, Urteil des Ersten Senats vom 16.01.1957 – 1 BvR 253/56, Ls. 3: „**Verfassungsmäßige Ordnung** im Sinne des Art. 2 Abs. 1 GG ist die verfassungsmäßige Rechtsordnung, d.h. die Gesamtheit der Normen, die formell und materiell der Verfassung gemäß sind.“; vgl. dazu auch BVerfGE 6, 32, 37-41 (Elfes) = BVerfG, Urteil des Ersten Senats vom 16.01.1957 – 1 BvR 253/56, Gründe II. 2 b), c), Rn. 17-33.

Rechte anderer sind (als Teil der verfassungsmäßigen Ordnung) subjektive Berechtigungen (Anspruch oder Befugnis oder Erlaubnis) einschließlich Verpflichtungen (Pflicht zur Erfüllung von Anspruch oder Befugnis oder Erlaubnis) und sonstiger Rechtswirkungen für ein Rechtssubjekt bezüglich eines Verhaltens oder eines Rechtsguts.

Vgl. zum ein Mal bundesverfassungsgerichtlich entscheidungserheblich bemühten „**Sittengesetz**“ nach Art. 2 Abs. 1 Hs. 2 GG als Gesetz, das nicht das durch die „soziale Gemeinschaft“ „als für sich verbindlich“ anerkannte „Rechtsgefühl“ „im allgemeinen“ „verletzt“: BVerfGE 6, 389 (Homosexuelle) = BVerfG, Urteil des Ersten Senats vom 10.05.1957 – 1 BvR 550/52 –, und StrRehaHomG (Gesetz zur strafrechtlichen Rehabilitierung der nach dem 8. Mai 1945 wegen einvernehmlicher homosexueller Handlungen verurteilten Personen vom 17. Juli 2017 – BGBl. I S. 2443).

[1440] Vgl. auch Art. 142 GG i.V.m. Art. 4 Abs. 1 Verfassung NRW; Art. 7 EU-GR-Charta; Art. 8 EMRK; §§ 18, 21 GVG i.V.m. DiplBezÜbkG i.V.m. Art. 22, 23 WÜD; §§ 19, 21 GVG i.V.m. KonsÜbkG i.V.m. Art. 27, 31, 55, 59 WÜK.

[1441] Vgl. BVerfGE 109, 279, 325-327 (akustische Wohnraumüberwachung / „Großer Lauschangriff“) = BVerfG, Urteil des Ersten Senats vom 03.03.2004 – 1 BvR 2378/98, 1084/99 –, C. II. 1. a), b), c), Rn. 158-163: „Das aus Art. 2 Abs. 1 in Verbindung mit Art. 1 Abs. 1 GG folgende **allgemeine Persönlichkeitsrecht** kommt neben Art. 13 Abs. 1 GG allerdings nicht zur Anwendung, soweit Eingriffe in die **räumliche Privatsphäre des Wohnungsinhabers** zu überprüfen sind. Art. 13 Abs. 1 GG enthält eine spezielle Gewährleistung des **Schutzes vor staatlicher akustischer Überwachung der räumlichen Privatsphäre**, die die allgemeinere Vorschrift insoweit verdrängt (vgl. BVerfGE 100, 313 [358] zu Art. 10 GG). Diese Spezialität wirkt sich wegen des weiten Schutzbereichs von Art. 13 GG nicht nur gegenüber der staatlichen Überwachung selbst aus, sondern erstreckt sich auch auf notwendige Vorbereitungsakte und auf den **Informations- und Datenverarbeitungsprozess, der sich an die Erhebung anschließt**, sowie auf den Gebrauch, der von den erlangten Kenntnissen gemacht wird (vgl. BVerfGE 100, 313 [359]). Mit dem **Recht, in der Wohnung ungestört zu sein**, und dem **Recht am eigenen in der Wohnung gesprochenen Wort** schützt Art. 13 Abs. 1 GG gerade den Teil der **Privatsphäre**, den sonst das allgemeine Persönlichkeitsrecht gewährleistet. Dieses Recht ergänzt als unbenanntes Freiheitsrecht die speziellen Freiheitsrechte, die ebenfalls konstituierende Elemente der Persönlichkeit schützen (vgl. BVerfGE 54, 148 [153 f.]), nur insoweit, als Letztere keinen Schutz gewähren. Der Schutz des allgemeinen Persönlichkeitsrechts aus Art. 2 Abs. 1 in Verbindung mit Art. 1 Abs. 1 GG greift hingegen ein, soweit von der Wohnraumüberwachung Personen betroffen werden, die sich nicht auf Art. 13 Abs. 1 GG berufen können.

aa) Persönlicher GR-SB: Jeder Wohnungsberechtigte, im Verhältnis mehrerer Wohnungsberechtigter zu gleichen Teilen oder der besser unmittelbar Wohnungsberechtigte (zum Beispiel der unmittelbare Besitzer).[1442]

bb) Sachlicher GR-SB: **Wohnung** ist jede der allgemeinen Zugänglichkeit entzogene Stätte privaten Lebens.[1443]

Grundrechtsträger des Art. 13 Abs. 1 GG ist jeder Inhaber oder Bewohner eines Wohnraums, unabhängig davon, auf welchen Rechtsverhältnissen die Nutzung des Wohnraums beruht. Bei mehreren Bewohnern einer Wohnung steht das Grundrecht jedem Einzelnen, bei Familien mithin jedem Familienmitglied zu. Maßnahmen der **Wohnraumüberwachung** können aber nicht nur Wohnungsinhaber, sondern auch **zufällig in einer Wohnung Anwesende** erfassen. Diese Personen sind zwar nicht in ihrem Grundrecht aus Art. 13 Abs. 1 GG, wohl aber in ihrem allgemeinen Persönlichkeitsrecht betroffen. Der Schutz aus Art. 2 Abs. 1 in Verbindung mit Art. 1 Abs. 1 GG kann insofern allerdings nicht weiter reichen als derjenige aus Art. 13 Abs. 1 und 3 GG. Der **Schutz der räumlichen Privatsphäre** und des allgemeinen Persönlichkeitsrechts kann schließlich in Einzelfällen durch weitere Grundrechtsgarantien ergänzt sein. So wird das Gespräch zwischen Eheleuten in der eigenen Wohnung nicht nur von Art. 13 Abs. 1 GG, sondern zusätzlich durch Art. 6 Abs. 1 GG geschützt. Auch in Bezug auf die **Kommunikation mit Berufsgeheimnisträgern** können neben dem grundrechtlichen Schutz der räumlichen Privatsphäre Grundrechte in Betracht kommen, die – wie etwa Art. 4 GG im Hinblick auf das Gespräch mit einem Geistlichen – der besonderen Schutzbedürftigkeit der Kommunizierenden Rechnung tragen.".

1442 BVerfG, Beschluss der 3. Kammer des Zweiten Senats vom 27.06.2018 – 2 BvR 1562/17 (auf § 103 StPO gestützte Anordnung der Durchsuchung der Räumlichkeiten des Münchener Kanzleistandorts der Rechtsanwaltskanzlei Jones Day auf sowie Sicherstellung von Unterlagen und elektronischen Daten im Zuge des sogenannten „VW-Dieselskandals" – Verfassungsbeschwerde nicht zur Entscheidung angenommen wegen Unzulässigkeit aufgrund Nichterfüllung von Voraussetzungen nach § 93a Abs. 2 BVerfGG), Gründe, V., Rn. 38 f.: „Wer **Träger des Grundrechts des Art. 13 Abs. 1 GG** ist, entscheidet sich nicht nach der Eigentumslage, sondern grundsätzlich danach, wer Nutzungsberechtigter der Wohnung oder der Betriebs- und Geschäftsräume ist [Quellenangabe]. Bei **Geschäftsräumen** kommt der Schutz des Art. 13 Abs. 1 GG dementsprechend regelmäßig nur dem Unternehmer als Nutzungsberechtigtem zugute, nicht aber den einzelnen Arbeitnehmern (vgl. BVerfG, Beschluss der 1. Kammer des Zweiten Senats vom 9. Juli 2009 - 2 BvR 1119/05 u.a. -, juris, Rn. 27; [Quellenangaben]). […] Nutzungsrecht steht Partnern als Mitinhaber der Nutzungsberechtigung der Kanzlei […] an ihren Kanzleiräumen […] nur gemeinschaftlich zu (vgl. für die Partnerschaftsgesellschaft nach deutschem Recht §§ 718 f. BGB i.V.m. § 1 Abs. 4 PartGG). Es kann deshalb auch nur von den Gesellschaftern gemeinschaftlich oder, soweit ihre Rechtsfähigkeit anerkannt ist, von der Gesellschaft als solcher geltend gemacht werden. […] Natürliche Personen, die Geschäfts- oder Amtsräume nutzen, ohne selbst Geschäftsinhaber oder Dienstherr zu sein, sind in Bezug auf Art. 13 Abs. 1 GG nur dann beschwerdebefugt, wenn die genutzten Räume auch als individueller Rückzugsbereich fungieren und sie deshalb der persönlichen beziehungsweise räumlichen Privatsphäre der natürlichen Person zuzuordnen sind (vgl. BVerfGE 103, 142 <150>; BVerfG, Beschluss der 3. Kammer des Zweiten Senats vom 12. Februar 2004 - 2 BvR 1687/02 -, juris, Rn. 13; Beschluss der 3. Kammer des Zweiten Senats vom 16. April 2015 - 2 BvR 2279/13 -, juris, Rn. 14; [Quellenangaben]).".

1443 Vgl. BVerfGE 32, 54, Ls. 1, 69-72 (Betriebsbetretungsrecht) = BVerfG, Beschluss des Ersten Senats vom 13.10.1971 – 1 BvR 280/66, Ls. 1: „Der Begriff ‚**Wohnung**' in Art. 13 Abs. 1 GG ist weit auszulegen; er umfaßt auch **Arbeits-, Betriebs- und Geschäftsräume**."; BVerfG, Beschluss der 3. Kammer des Ersten Senats vom 10.04.2008 – 1 BvR 848/08 –, Rn. 12: „Die Weite des Wohnungsbegriffs in Art. 13 Abs. 1 GG hat zur Folge, dass an die Zulässigkeit von Eingriffen und Beschränkungen im Sinne des Art. 13 Abs. 1 GG je nach der Nähe der Örtlichkeiten zur räumlichen Privatsphäre unterschiedlich hohe Anforderungen gestellt werden. Während bei Räumen, in denen sich das Privatleben im engeren Sinn abspielt, das Schutzbedürfnis am größten ist und der Schutzzweck des Grundrechts daher in vollem Umfang durchgreift, wird das Schutzbedürfnis bei reinen Betriebs-, Geschäfts- oder Arbeitsräumen durch den Zweck gemindert, den sie nach dem Willen des Inhabers besitzen. Je größer ihre Offenheit nach außen ist und je mehr sie zur Aufnahme sozialer Kontakte für Dritte bestimmt sind, desto schwächer wird der grundrechtliche Schutz (vgl. BVerfGE 32, 54 <75 f.>; 97, 228 <266>). **Rechte zum Betreten von Betriebsräumen** verstoßen

b) GR-E (oder Nichteingriff/GR-Verzicht): **Persönlichkeitsentfaltungseinschränkung** als **Wohnungseinschränkung**, allgemein durch körperliches Eindringen, technische Infiltration sowie grundsätzlich sonstige Behinderungen, Einschränkungen des Wohnens.[1444]

c) GR-B: Art. 13 Abs. 2-7 GG, Art. 17a Abs. 2 GG (qualifizierter Gesetzesvorbehalt; verfassungsunmittelbare Einschränkungen).

Art. 13 Abs. 2-7 GG: „Im Übrigen" können – insbesondere bei Fehlen von verfassungsmäßigen einfachgesetzlichen Konkretisierungen von Art. 13 Abs. 2-7 GG – Art. 13 Abs. 2-7 GG alternativ direkt anwendbare Rechtsgrundlagen mit Rechtmäßigkeitsvoraussetzungen bilden.

---

daher dann nicht gegen Art. 13 Abs. 1 GG, wenn sie auf einer besonderen gesetzlichen Grundlage beruhen, das Betreten einem erlaubten Zweck dient und für dessen Erreichung erforderlich ist, das Gesetz Zweck, Gegenstand und Umfang des Betretens erkennen lässt und das Betreten auf Zeiten beschränkt wird, in denen die Räume normalerweise für die betriebliche Nutzung zur Verfügung stehen (vgl. BVerfGE 97, 228 <266>; BVerfG, Beschluss der 3. Kammer des Ersten Senats vom 15. März 2007 - 1 BvR 2138/05 -, EuGRZ 2007, S. 486 <488 f.>).". Vgl. auch § 41 Abs. 1 S. 2 PolG NRW; vgl. auch Nr. 40.03. VVPolG NRW: „Für die **Durchsuchung von Sachen im befriedeten Besitztum** gelten die §§ 41 und 42."; Nr. 41.13 VVPolG NRW: „Die Durchsuchung einer Wohnung hat sich auf Anlass und Zweck der Durchsuchung zu beschränken. Befinden sich in der Wohnung Personen, die durchsucht werden sollen, ist hierfür § 39 maßgebend. Sollen in einer Wohnung Sachen durchsucht werden, die nicht den Wohnungsinhabern gehören, ist § 40 einschlägig."; vgl. auch Nr. 40.12 VVPolG NRW: „Sollen bewegliche Sachen, die Wohnungen sind (vgl. RdNr. 41.11), betreten oder durchsucht werden, richten sich die Maßnahmen nach § 41.", vgl. auch Nr. 41.11 VVPolG NRW: „Es ist zu beachten: **Wohnungen** i.S.d. § 41 Abs. 1 Satz 2 sind auch die zu Wohnzwecken genutzten beweglichen Sachen wie Schiffe, Wohnwagen, Wohnmobile und Zelte. **Inhaber einer Wohnung** ist, wer rechtmäßig die tatsächliche Gewalt über die Räumlichkeit ausübt, somit z.B. auch Mieter, Untermieter oder Hotelgast. Bei Gemeinschaftsunterkünften, Internaten und Obdachlosenasylen sind nur die Leiterinnen und Leiter Inhaber. Die **Befugnis zum Betreten einer Wohnung** schließt die Befugnis ein, von Personen, Sachen und Zuständen, die ohne weiteres wahrgenommen werden können, **Kenntnis** zu nehmen. Soweit es für die Erfüllung der polizeilichen Aufgaben erforderlich ist, umfasst das **Betretungsrecht** bei Grundstücken auch das **Recht zum Befahren mit Fahrzeugen**.", vgl. auch Nr. 41.13 VVPolG NRW: „Die Durchsuchung einer Wohnung hat sich auf Anlass und Zweck der Durchsuchung zu beschränken. Befinden sich in der Wohnung Personen, die durchsucht werden sollen, ist hierfür § 39 maßgebend. Sollen in einer Wohnung Sachen durchsucht werden, die nicht den Wohnungsinhabern gehören, ist § 40 einschlägig.".

1444 BVerfGE 109, 279, 327 (akustische Wohnraumüberwachung / „Großer Lauschangriff") = BVerfG, Urteil des Ersten Senats vom 03.03.2004 – 1 BvR 2378/98, 1084/99 –, C. 2. a), Rn. 165: „Ein Eingriff in das Grundrecht der Unverletzlichkeit der Wohnung liegt sowohl im physischen Eindringen in den Wohnraum und in dem Anbringen von technischen Mitteln in den geschützten Räumen, als auch im Belauschen der Vorgänge in der Wohnung mit akustischen Hilfsmitteln (siehe oben C I 1). Er wird durch die Speicherung und Verwendung der gewonnenen Informationen sowie durch deren Weitergabe an andere Stellen fortgesetzt.".

4. Allgemeine Verhaltensfreiheit / Allgemeine Handlungsfreiheit[1445], Art. 2 Abs. 1 GG[1446]

a) GR-SB:

aa) Persönlicher GR-SB: „Jeder".

bb) Sachlicher GR-SB: „**freie Entfaltung der Persönlichkeit**" bedeutet **allgemeine Verhaltensfreiheit** im umfassenden Sinn[1447] durch grundsätzlich jedes Tun, Dulden, Unterlassen[1448].

b) GR-E (oder Nichteingriff/GR-Verzicht): Verhaltenseinschränkung als Verhaltenssteuerung.

c) GR-B: Art. 2 Abs. 1 Hs. 2 GG[1449].

[1445] „Allgemeine" Verhaltensfreiheit / Handlungsfreiheit: Auffanggrundrecht ggü. ggf. spezielleren Grundrechten, vgl. Rechtsnormspezialitätsregel („lex specialis derogat legi generali"), vgl. auch: BVerfGE 6, 32, 37 (Elfes) = BVerfG, Urteil des Ersten Senats vom 16.01.1957 – 1 BvR 253/56, Gründe, II. 2. a), Rn. 16: „Neben der allgemeinen Handlungsfreiheit, die Art. 2 Abs. 1 GG gewährleistet, hat das Grundgesetz die Freiheit menschlicher Betätigung für bestimmte Lebensbereiche, die nach den geschichtlichen Erfahrungen dem Zugriff der öffentlichen Gewalt besonders ausgesetzt sind, durch besondere Grundrechtsbestimmungen geschützt; bei ihnen hat die Verfassung durch abgestufte Gesetzesvorbehalte abgegrenzt, in welchem Umfang in den jeweiligen Grundrechtsbereich eingegriffen werden kann. Soweit nicht solche besonderen Lebensbereiche grundrechtlich geschützt sind, kann sich der Einzelne bei Eingriffen der öffentlichen Gewalt in seine Freiheit auf Art. 2 Abs. 1 GG berufen. Hier bedurfte es eines Gesetzesvorbehalts nicht, weil sich aus der Beschränkung der freien Entfaltung der Persönlichkeit durch die verfassungsmäßige Ordnung der Umfang staatlicher Eingriffsmöglichkeiten ohne weiteres ergibt.".

[1446] Vgl. auch Art. 142 GG i.V.m. Art. 4 Abs. 1 Verfassung NRW; Art. 6 EU-GR-Charta; Art. 5 EMRK.

[1447] BVerfGE 6, 32, 36 f. (Elfes) = BVerfG, Urteil des Ersten Senats vom 16.01.1957 – 1 BvR 253/56, Gründe, II. 2. a), Rn. 14 f.: „Das Grundgesetz kann mit der ‚freien Entfaltung der Persönlichkeit' nicht nur die Entfaltung innerhalb jenes Kernbereichs der Persönlichkeit gemeint haben, der das Wesen des Menschen als geistig-sittliche Person ausmacht, denn es wäre nicht verständlich, wie die Entfaltung innerhalb dieses Kernbereichs gegen das Sittengesetz, die Rechte anderer oder sogar gegen die verfassungsmäßige Ordnung einer freiheitlichen Demokratie sollte verstoßen können. Gerade diese, dem Individuum als Mitglied der Gemeinschaft auferlegten Beschränkungen zeigen vielmehr, daß das Grundgesetz in Art. 2 Abs. 1 GG die Handlungsfreiheit im umfassenden Sinne meint. [...] Es waren nicht rechtliche Erwägungen, sondern sprachliche Gründe, die den Gesetzgeber bewogen haben, die ursprüngliche Fassung ‚Jeder kann tun und lassen was er will' durch die jetzige Fassung zu ersetzen (vgl. v. Mangoldt, Parlamentarischer Rat, 42. Sitzung des Hauptausschusses, S. 533)."; BVerfGE 80, 137, 152 f. (Reiten im Walde) = BVerfG, Beschluss des Ersten Senats vom 06.06.1989 – 1 BvR 921/85 –, C. I. 1 a), Rn. 69: „Nach den in der Rechtsprechung des Bundesverfassungsgerichts entwickelten Grundsätzen gewährleistet Art. 2 Abs. 1 GG die allgemeine Handlungsfreiheit im umfassenden Sinne (st. Rspr. seit BVerfGE 6, 32 [36]; aus neuerer Zeit etwa: BVerfGE 74, 129 [151]; 75, 108 [154 f.]). Geschützt ist damit nicht nur ein begrenzter Bereich der Persönlichkeitsentfaltung, sondern jede Form menschlichen Handelns ohne Rücksicht darauf, welches Gewicht der Betätigung für die Persönlichkeitsentfaltung zukommt (vgl. etwa die Entscheidung eines Vorprüfungsausschusses in BVerfGE 54, 143 (146) - Taubenfüttern).".

[1448] BVerfGE 6, 32, Ls. 1, 2 (Elfes) = BVerfG, Urteil des Ersten Senats vom 16.01.1957 – 1 BvR 253/56, Ls. 1: „Art. 11 GG betrifft nicht die Ausreisefreiheit.", Ls. 2: „Die **Ausreisefreiheit** ist als Ausfluß der allgemeinen Handlungsfreiheit durch Art. 2 Abs. 1 GG innerhalb der Schranken der verfassungsmäßigen Ordnung gewährleistet."; BVerwG, Urteil vom 29.05.2019 – BVerwG 6 C 8.18 (Beschränkung des Geltungsbereichs eines Passes), Rn. 20: „In der höchstrichterlichen Rechtsprechung ist seit Jahrzehnten geklärt, dass die durch Art. 2 Abs. 1 GG geschützte Ausreisefreiheit auch durch den Passversagungsgrund des § 7 Abs. 1 Nr. 1 Alt. 3 PassG als Bestandteil der verfassungsmäßigen Ordnung wirksam eingeschränkt wird.".

[1449] Art. 2 Abs. 1 Hs. 2 GG (**Schrankentrias**): BVerfGE 80, 137, 153 (Reiten im Walde) = BVerfG, Beschluss des Ersten Senats vom 06.06.1989 – 1 BvR 921/85 –, C. I. 1 a), Rn. 69: „Abgesehen von einem absolut geschützten Kernbereich privater Lebensgestaltung, welcher der Einwirkung der öffentlichen Gewalt entzogen ist (BVerfGE 6, 32 [41]), ist die allgemeine Handlungsfreiheit allerdings nur in den

(VOR/DEF)

Rechtsgebiet ist Rechtsordnungsteil nach allen Umständen – wie schwerpunktmäßige Äußerungen, Rechtsnormen, Zwecke, auch i.V.m. §§ 133, 157 BGB analog.[1450]

(SUB/ERG)

Eine Maßnahme aufgrund einer polizeilichen eingriffsrechtlichen Befugnisrechtsnorm aus „Waffengesetzen“, insbesondere aus dem waffenrechtlich zentralen[1451], den Waffen- und Munitionsumgang unter Berücksichtigung der Belange der öffentlichen Sicherheit und Ordnung regelnden **Waffengesetz** (WaffG)[1452], dem BeschG, dem SprengG, dem KrWaffKontrG erfolgt

---

Schranken des zweiten Halbsatzes von Art. 2 Abs. 1 GG gewährleistet und steht damit insbesondere unter dem **Vorbehalt der verfassungsmäßigen (Rechts-)Ordnung** (BVerfGE 6, 32 [37 f.]; 74, 129 [152]). Stützt sich ein die Handlungsfreiheit berührender Akt der öffentlichen Gewalt auf eine Rechtsnorm, so kann mit der Verfassungsbeschwerde unter Berufung auf Art. 2 Abs. 1 GG zur Nachprüfung gestellt werden, ob diese Norm zur **verfassungsmäßigen Ordnung** gehört, das heißt formell und materiell mit den Normen der Verfassung in Einklang steht (st. Rspr. seit BVerfGE 6, 32).“; BVerfGE 6, 32, Ls. 3 (Elfes) = BVerfG, Urteil des Ersten Senats vom 16.01.1957 – 1 BvR 253/56, Ls. 3: „**Verfassungsmäßige Ordnung** im Sinne des Art. 2 Abs. 1 GG ist die verfassungsmäßige Rechtsordnung, d.h. die Gesamtheit der Normen, die formell und materiell der Verfassung gemäß sind.“; vgl. dazu auch BVerfGE 6, 32, 37-41 (Elfes) = BVerfG, Urteil des Ersten Senats vom 16.01.1957 – 1 BvR 253/56, Gründe II. 2 b), c), Rn. 17-33.

Rechte anderer sind (als Teil der verfassungsmäßigen Ordnung) subjektive Berechtigungen (Anspruch oder Befugnis oder Erlaubnis) einschließlich Verpflichtungen (Pflicht zur Erfüllung von Anspruch oder Befugnis oder Erlaubnis) und sonstiger Rechtswirkungen für ein Rechtssubjekt bezüglich eines Verhaltens oder eines Rechtsguts.

Vgl. zum ein Mal bundesverfassungsgerichtlich entscheidungserheblich bemühten „**Sittengesetz**“ nach Art. 2 Abs. 1 Hs. 2 GG als Gesetz, das nicht das durch die „soziale Gemeinschaft“ „als für sich verbindlich“ anerkannte „Rechtsgefühl“ „im allgemeinen“ „verletzt“: BVerfGE 6, 389 (Homosexuelle) = BVerfG, Urteil des Ersten Senats vom 10.05.1957 – 1 BvR 550/52 –, und StrRehaHomG (Gesetz zur strafrechtlichen Rehabilitierung der nach dem 8. Mai 1945 wegen einvernehmlicher homosexueller Handlungen verurteilten Personen vom 17. Juli 2017 – BGBl. I S. 2443).

[1450] Zum Rechtsgebiet bzw. zu Rechtsgebieten einschließlich Rechtsgebiet-Begriffen und Rechtsgebiet-Auslegungsansätzen: *Basten*, Eingriffsrecht der Polizei in Nordrhein-Westfalen, Band 1, Buch 1, Abschnitt 3, Unterabschnitt 3, Titel 3, Untertitel 3.

[1451] *Heller/Soschinka/Rabe*, Waffenrecht, S. 1: „Das Waffengesetz ist die Kernmaterie des Waffenrechts.“, S. 2: Übersicht „Grundlegende Rechtsquellen des Waffenrechts“.

[1452] BVerfG, Beschluss der 2. Kammer des Zweiten Senats vom 23.01.2013 – 2 BvR 1676/10 –, Rn. 6-10: „Nach diesem Maßstab können die Vorschriften des Waffengesetzes, die den Umgang mit Waffen und Munition unter Berücksichtigung der Belange der öffentlichen Sicherheit und Ordnung regeln (§ 1 Abs. 1 WaffG), von Verfassungs wegen nicht beanstandet werden. Das Schutzkonzept des Waffengesetzes beruht im Kern auf der Erlaubnispflichtigkeit des Umgangs mit Schusswaffen, soweit dieser nicht gänzlich verboten ist. **Voraussetzung für die Erteilung einer Erlaubnis** sind grundsätzlich die **Volljährigkeit** [§ 2 BGB] des Antragstellers, dessen **Zuverlässigkeit** [§ 4 WaffG] und **persönliche Eignung** [§ 5 WaffG] sowie der Nachweis der erforderlichen **Sachkunde** [§ 7 WaffG] und eines **Bedürfnisses** [§ 8 WaffG] (§§ 4 ff. WaffG). Zum Nachweis eines Bedürfnisses müssen gegenüber den Belangen der öffentlichen Sicherheit oder Ordnung besonders anzuerkennende, persönliche oder wirtschaftliche Interessen glaubhaft

schwerpunktmäßig zu deren Zwecken und also auf dem Rechtsgebiet des besonderen öffentlichen Rechts polizeilicher Gefahrenabwehr.[1453]

Maßnahmen auf dem Rechtsgebiet der Strafrechtspflege bleiben grundsätzlich unberührt. Zum Beispiel erfolgt im Fall von Gegenständen mit Verdacht i.S.d. §§ 51-54 WaffG und deswegen erfolgtem Einbehalten der Gegenstände die Maßnahme auf dem Rechtsgebiet des besonderen öffentlichen Rechts polizeilicher Strafrechtspflege.

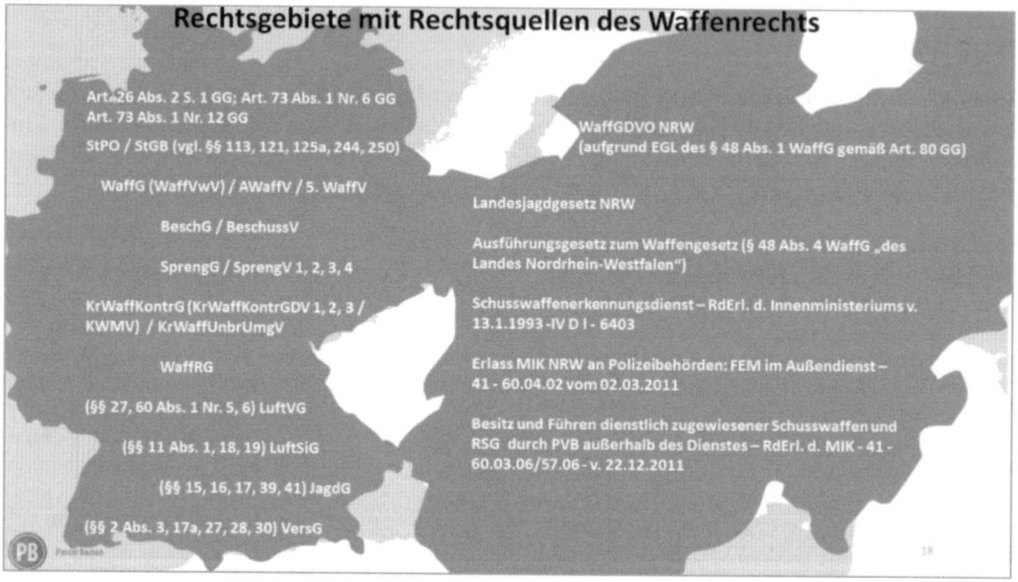

gemacht werden (§ 8 WaffG). Für Sportschützen wird diese Voraussetzung in § 14 Abs. 2 bis 4 WaffG näher konkretisiert. Den - mit der Verfassungsbeschwerde besonders gerügten - Erwerb und Besitz von großkalibrigen Schusswaffen durch Sportschützen hat der Gesetzgeber in § 14 Abs. 1 WaffG an das Erreichen eines erhöhten Mindestalters von 21 Jahren geknüpft. Verstöße gegen die Erlaubnispflicht sind mit Strafe bedroht (§ 52 WaffG). Gleichzeitig hat der Gesetzgeber Vorkehrungen zur **Verhinderung des Zugangs** Unbefugter zu Waffen und Munition getroffen, indem er ein - ebenfalls strafbewehrtes - Verbot der Überlassung von Waffen oder Munition an nicht berechtigte Personen statuiert (§ 34 WaffG) sowie eine sichere Aufbewahrung von Waffen und Munition angeordnet (§ 36 WaffG) hat. Verstöße gegen die Aufbewahrungsvorschriften hat er allgemein als Ordnungswidrigkeiten und unter verschärften Voraussetzungen als Straftat sanktioniert (§ 53 Abs. 1 Nr. 19, § 52a WaffG). Einzelnne Vorschriften aus den skizzierten Normkomplexen hat der Gesetzgeber erst als Reaktion auf die Amokläufe von Erfurt und Winnenden eingeführt oder verschärft (vgl. das Gesetz zur Neuregelung des Waffenrechts <WaffRNeuRegG> vom 11. Oktober 2002 <BGBl I S. 3970> und das Vierte Gesetz zur Änderung des Sprengstoffgesetzes vom 17. Juli 2009). Bei dieser Rechtslage lässt sich weder feststellen, dass die öffentliche Gewalt überhaupt keine Schutzvorkehrungen gegen die von Schusswaffen ausgehenden Gefahren getroffen hat, noch, dass offensichtlich die getroffenen Regelungen und Maßnahmen in ihrer Gesamtheit gänzlich ungeeignet oder völlig unzulänglich wären, um die Allgemeinheit vor den Gefahren des missbräuchlichen Umgangs mit Schusswaffen zu schützen. Angesichts des dem Gesetzgeber bei der Erfüllung seiner Schutzpflichten zukommenden weiten Einschätzungs-, Wertungs- und Gestaltungsspielraums steht dem Beschwerdeführer ein grundrechtlicher Anspruch auf weitergehende oder auf bestimmte Maßnahmen wie das Verbot von Sportwaffen nicht zu.“.

[1453] Vgl. auch § 1 Abs. 1 WaffG, § 1 Abs. 1 BeschG, § 1 Abs. 1 SprengG.

A. Rechtsgrundlage (RGL) III. Mögliche Befugnisrechtsnorm (Mgl. Brn.)

(VOR/DEF)

Befugnisrechtsnorm ist die rechtmäßige hauptsächliche materiellrechtliche Rechtsgrundlage mit realfolgenentsprechender Rechtsfolge.

(SUB/ERG)

Realfolge ist die jeweilige Maßnahme laut Sachverhalt.

Rechtsfolge ist die Maßnahme laut Rechtsnorm.

1. Mögliche Befugnisrechtsnormen i.Z.m. dem WaffG auf dem Rechtsgebiet der Gefahrenabwehr

Auf dem Rechtsgebiet der Gefahrenabwehr sind mögliche Befugnisrechtsnormen einschließlich Rechtsfolgen des Waffengesetzes grundsätzlich (alternativ) wie folgt gegeben:

- § 2 Abs. 5 WaffG: Erfassungentscheidung oder Einstufungsentscheidung bei Zweifeln bzgl. WaffG-Gegenstands-Erfassung oder WaffG-Gegenstands-Begriffseinstufung auf Antrag durch zuständige Behörde (§ 2 Abs. 5 S. 1 WaffG i.V.m. § 48 Abs. 3 WaffG: BKA / § 2 Abs. 5 S. 2, 3 WaffG i.V.m. § 1 S. 2 WaffGDVO NRW: LKA NRW „im Rahmen des Verfahrens nach § 2 Abs. 5“).
- § 2 Abs. 3 WaffG: Die zuständige Behörde kann für Kinder und Jugendliche allgemein oder für den Einzelfall Ausnahmen von Alterserfordernissen zulassen, wenn besondere Gründe vorliegen und öffentliche Interessen nicht entgegenstehen.
- § 4 Abs. 2-4 WaffG: Bestimmte Versagung und Prüfungen durch zuständige Behörde.
- § 5 Abs. 5 S. 1 WaffG: Einholen von Erkundigungen.
- § 5 Abs. 5 S. 2 WaffG: Datenverarbeitung von nach § 5 Abs. 5 S. 1 WaffG erhobener personenbezogener Daten zum Zweck der Zuverlässigkeitsprüfung.[1454]

[1454] Bundestags-Drucksache 19/15875, S. 36 f.: „Der Begriff der „**Vereinigung**“ als Oberbegriff umfasst sowohl **Vereine** im Sinne des Vereins- als auch **Parteien** im Sinne des Parteiengesetzes (vgl. [§ 2 VereinsG und] § 2 Absatz 1 des Parteiengesetzes). Unter den geänderten § 5 Absatz 2 Nummer 3 fallen auch Parteien, bei denen das Bundesverfassungsgericht im Parteiverbotsverfahren nach Artikel 21 Absatz 2 des Grundgesetzes festgestellt hat, dass sie auf die Beseitigung der freiheitlich-demokratischen Grundordnung abzielende Bestrebungen verfolgen, deren Verbot mangels Anhaltspunkten, die die Zielerreichung zumindest möglich erscheinen lassen, jedoch nicht ausgesprochen wurde.“ [vgl. BVerfGE 144, 20 (NPD-Parteiverbotsverfahren II) = BVerfG, Urteil des Zweiten Senats vom 17.01.2017 – 2 BvB 1/13 –]. Bei der Beurteilung der Frage, ob ein (noch) nicht nach dem Vereinsgesetz verbotener oder mit einem Betätigungsverbot belegter Verein **verfassungsfeindliche Bestrebungen** [vgl. § 4 BVerfSchG] im Sinne des § 5 Absatz 2 Nummer 3 verfolgt, kann die zuständige Waffenbehörde die Einschätzung der Fachbehörden (Verfassungsschutzämter) einholen. Absatz 5 begründet in der neuen Nummer 4 die Verpflichtung der Waffenbehörden, bei jeder Zuverlässigkeitsüberprüfung die für den Wohnsitz des Antragstellers bzw. Erlaubnisinhabers zuständige Verfassungsschutzbehörde zu beteiligen (sogenannte **Regelanfrage**). Bei Personen, die ihren ständigen **Wohnsitz** [§§ 7-11 BGB] außerhalb des Bundesgebiets haben, erfolgt die Anfrage beim Bundesamt für Verfassungsschutz. Durch die Einführung der Regelanfrage soll verhindert werden, dass Personen, die verfassungsfeindliche Bestrebungen verfolgen, waffenrechtliche Erlaubnisse erteilt werden und diese somit legal in den Besitz von Schusswaffen gelangen können. Im neuen Satz 3

- § 6 Abs. 2, 3 WaffG: Amtsarzt-, Facharzt-, Fachpsychologen-Zeugnis-Aufgabe.
- § 7 WaffG: Sachkunde(prüfung) (i.V.m. §§ 1-3 AWaffV).
- § 9 WaffG: Inhaltliche Beschränkungen, Nebenbestimmungen und Auflagen (vgl. § 36 VwVfG NRW) zur Abwehr von Gefahren für die öffentliche Sicherheit oder Ordnung.
- § 10 WaffG: Erteilung von Erlaubnissen zum Erwerb, Besitz, Führen und Schießen (zu § 10 Abs. 4 WaffG: vgl. auch § 35 Abs. 2 WaffG).
  Weitere Berechtigungsscheine / **Erlaubnisurkunden** sind:
  - Waffenherstellungserlaubnis gemäß § 21 WaffG
  - Stellvertretungserlaubnis gemäß § 21a WaffG
  - **Erlaubnisschein** gemäß § 26 WaffG
  - Verbringungserlaubnis, §§ 29-32 WaffG
  - **Europäischer Feuerwaffenpass** gemäß Art. 8 Abs. 3, Anhang II Richtlinie 91/477/EWG
  - **Jagdschein**, vgl. § 13 WaffG[1455], §§ 15-18 JagdG / § 13 JagdG NRW (Jagderlaubnisschein des Jagdgastes)
  - (Vgl. auch:
    - „Ausnahmegenehmigung", § 35 Abs. 1 S. 1 Nr. 3 WaffG: kein eigener Erlaubnisschein, sondern regelmäßiger Erlaubnisschein i.S.d. §§ 2 Abs. 2, 4, 10 ff. WaffG als Ausnahme vom Verbot i.S.d. § 2 Abs. 3 WaffG;
    - Nr. 12.1.2 WaffVwV: Überlassensbeleg / Überlassensbescheinigung („Beleg/Bescheinigung" des „Überlassens")
    - „Leihschein": kein Erlaubnisschein, sondern Dokumentationsschein. Einzige ausdrückliche Stelle zum Leihschein in Nr. 20.5 WaffVwV zu § 20 WaffG: „Einem Kaufinteressenten, der eine waffenrechtliche Erlaubnis für eine nicht blockierte Schusswaffe besitzt, kann die Schusswaffe gegen Leihschein ausgehändigt werden." Teilweise wird das Wort Leihschein ohne ausdrückliche gesetzliche Grundlage auch benutzt im Zusammenhang mit § 12 Abs. 1 WaffG und § 38 Abs. 1 S. 1 Nr. 1g WaffG.).
- § 11 WaffG: Erlaubniserteilung zum Erwerb und Besitz von Schusswaffen oder Munition mit Bezug zu einem anderen Mitgliedstaat (EU-Mitgliedstaat[1456]).
- § 12 Abs. 5 WaffG: Zulassen von Ausnahmen von den Erlaubnispflichten durch zuständige Behörde im einzelnen Fall.

---

wird zusätzlich eine Nachberichtspflicht der Verfassungsschutz-behörden eingeführt: Erhalten diese nachträglich Kenntnis von Tatsachen, die Bedenken gegen die Zuverlässigkeit nach § 5 Absatz 2 Nummer 2 und 3 begründen, so haben sie die für den Antragsteller bzw. – nach erfolgter Erteilung – den Erlaubnisinhaber zuständige Waffenbehörde unverzüglich hierüber in Kenntnis zu setzen, so dass diese gegebenenfalls die Rücknahme oder den Widerruf der Erlaubnis veranlassen kann. Der neue Satz 4 schafft die datenschutzrechtlichen Grundlagen dafür, dass die Verfassungsschutzbehörden die zur Erfüllung ihrer Nachberichtspflicht erforderlichen personenbezogenen Daten speichern dürfen. Satz 5 sieht eine Unterrichtungspflicht der Waffenbehörde gegenüber der zuständigen Verfassungsschutzbehörde im Falle von Versagungen oder Aufhebungen von Erlaubnissen vor. In diesen Fällen besteht keine Notwendigkeit für die weitere Speicherung der Daten der Antragsteller in den gemeinsamen Dateien nach § 6 des Bundesverfassungsschutzgesetzes.".

[1455] Vgl. auch § 13 Abs. 9 WaffG i.V.m. § 19 Abs. 2 BJagdG i.V.m. § 19 LJG NRW Runderlass des IM NRW – 402-57.06.13 – vom 26.10.2017: „Waffenrechtliche Erlaubnisse zur Verwendung von Schalldämpfern für Jagdlangwaffen bei der Jagdausübung".

[1456] Zu EU und EU-Mitgliedstaaten siehe: *Basten*, Eingrriffsrecht der Polizei in Nordrhein-Westfalen, Band 3, Buch 4, Abschnitt 1, Unterabschnitt 1.

- § 14 WaffG:
    - § 14 Abs. 1, 4 WaffG: Erlaubniserteilung zum Erwerb und Besitz von Schusswaffen und Munition zum Zweck des sportlichen Schießens abweichend von § 4 Abs. 1 Nr. 1 WaffG
    - § 14 Abs. 2, 3 WaffG: Verlangen der Vorlage von Bescheinigung des Schießsportverbandes oder eines ihm angegliederten Teilverbandes zwecks entsprechender Bedürfnisglaubhaftmachung.

§ 15 WaffG: Schießsportverbände, schießsportliche Vereine

- § 15 Abs. 2 WaffG: Abweichensmöglichkeit bzgl. der Voraussetzungen des § 15 Abs. 1 Nr. 1, 2 oder 4b WaffG.
- § 15 Abs. 4 S. 1 WaffG: Verlangen des Nachweises über das Vorliegen der Voraussetzungen für die Anerkennung.
- § 15 Abs. 4 S. 2 WaffG: Rücknahme der Anerkennung.
- § 15 Abs. 4 S. 3 WaffG: Widerruf der Anerkennung.
- § 15 Abs. 5 WaffG: Der schießsportliche Verein ist verpflichtet, der zuständigen Behörde Sportschützen, die Inhaber einer Waffenbesitzkarte sind und die aus ihrem Verein ausgeschieden sind, unverzüglich zu benennen.

- § 16 WaffG: Erlaubnis und Ausnahmebewilligung bzgl. Erwerb und Besitz von Schusswaffen und Munition durch Brauchtumsschützen, Führen von Waffen und Schießen zur Brauchtumspflege.
- § 17 WaffG: Erlaubnis und Auflage bzgl. Erwerb und Besitz von Schusswaffen oder Munition durch Waffen- oder Munitionssammler.
- § 18 WaffG: Erlaubnis und Auflage bzgl. Erwerb und Besitz von Schusswaffen oder Munition durch Waffen- oder Munitionssachverständige.
- § 20 WaffG: Erlaubnis und Ausnahmen bzgl. Erwerb und Besitz von Schusswaffen durch Erwerber infolge eines Erbfalls; §§ 1922 ff. BGB, vgl. auch Art. 3 Abs. 1a) VO (EU) Nr. 650/2012 (Erbrechtsverordnung): „Rechtsnachfolge von Todes wegen [ist] jede Form des Übergangs von Vermögenswerten, Rechten und Pflichten von Todes wegen, sei es im Wege der gewillkürten Erbfolge durch eine Verfügung von Todes wegen oder im Wege der gesetzlichen Erbfolge“;.
    - § 20 Abs. 2 WaffG: Erlaubniserteilung von gemäß § 20 Abs. 1 WaffG beantragter Erlaubnis an Erbfall-Erwerber abweichend von § 4 Abs. 1 WaffG.
    - § 20 Abs. 6 WaffG:
        - S. 1: Verpflichtungs-Ausnahmen-Zulassung von der Waffenbehörde auf Antrag bzgl. Erbwaffen-Blockiersystem-Sicherung bei Nochnichtvorhandensein eines Blockiersystems.
        - S. 2: Ausnahmen-Zulassungs-Erteilung auch für Erbwaffen als Bestandteil einer kulturhistorisch bedeutsamen Sammlung gemäß § 17 WaffG.
- § 21 WaffG: Erlaubnis und Unterrichtung bzgl. gewerbsmäßiger Waffenherstellung, Waffenhandel.
    - § 21 Abs. 1-4 WaffG: Erteilung einer Waffenherstellungserlaubnis, bei nach Ermessen mit Beschränkungen auf bestimmte Schusswaffen- und Munitionsarten; oder Versagung einer Waffenherstellungserlaubnis
    - § 21 Abs. 7 WaffG: Unterrichtung des Bundesverwaltungsamts durch die zuständige Behörde und des Bundesamts für Wirtschaft und Ausfuhrkontrolle über das Erlöschen einer Erlaubnis nach § 21 Abs. 5 S. 1 WaffG und über die Rücknahme oder den Widerruf einer Erlaubnis nach § 21 Abs. 1 WaffG.
- § 21a WaffG: Stellvertretungserlaubnis.

- § 22 WaffG: Fachkunde(prüfung) (i.V.m. §§ 15, 16, 27 AWaffV).
- § 25a WaffG: Anordnungen zur Kennzeichnung
- § 26 WaffG: Erlaubnis / Erlaubniserteilung bzgl. nichtgewerbsmäßiger Waffenherstellung.
- § 27 WaffG: Erlaubnis und Ausnahme bzgl. Schießstätten, Schießen durch Minderjährige auf Schießstätten.
- § 28a WaffG: Erlaubnis und Auflagen (§ 36 VwVfG NRW) und Erkenntnisgewinnung bzgl. Erwerb, Besitz und Führen von Schusswaffen und Munition durch Bewachungsunternehmen und ihr Bewachungspersonal für Bewachungsaufgaben nach § 31 Abs. 1 GewO.
- § 29 WaffG: Verbringen von Waffen oder Munition in den, durch den oder aus dem Geltungsbereich dieses Gesetzes
- § 30 WaffG: Allgemeine Erlaubnis zum Verbringen von Waffen oder Munition aus dem Geltungsbereich dieses Gesetzes in andere Mitgliedstaaten
- § 32 WaffG: Erlaubnis bzgl. Mitnahme von Waffen oder Munition in den, durch den oder aus dem Geltungsbereich des Gesetzes, Europäischer Feuerwaffenpass.
- § 35 WaffG: Erlaubnisvorbehalt bzgl. Werbung, Hinweispflichten, Handelsverbote.
- § 36 WaffG: Sicherheitsergänzungsanordnungen bzgl. Aufbewahrung von Waffen oder Munition (i.V.m. §§ 13, 14 AWaffV).
- § 37b WaffG: Anzeige der Vernichtung, der Unbrauchbarmachung und des Abhandenkommens
  - Abs. 1 S. 4: Verlangen eines Nachweises über Schusswaffenvernichtung
  - Abs. 2 S. 4: Verlangen eines Nachweises über Schusswaffenunbrauchbarmachung
  - Abs. 5: Unterrichtung der örtlichen Polizeidienststelle durch die zuständige Behörde über Schusswaffen-, Munitions- oder Erlaubnisurkunden-Abhandenkommen (nach entsprechender Anzeige)
- § 37c WaffG: Anzeigepflichten bei Inbesitznahme
  - Abs. 2:
    - Nr. 1: Waffen oder Munitions-Sicherstellung
    - Nr. 2a: Waffen oder Munition-Unbrauchbarmachungs-Anordnung
    - Nr. 2b: Waffen- oder Munitions-Berechtigtenüberlassungs-Anordnung
    - Nr. 2c: Unbrauchbarmachungs- oder -Überlassungs-Nachweis-Anordnung
    - Abs. 3: Waffen- oder Munitions-Einziehung (nach fruchtlosem Fristablauf bzgl. § 37c Abs. 2 WaffG
- § 37d WaffG: Anzeige von unbrauchbar gemachten Schusswaffen
  - Abs. 5: Unterrichtung der örtlichen Polizeidienststelle durch die zuständige Behörde über Schusswaffen-Unbrauchbarmachung (nach entsprechender Anzeige)
- § 38 WaffG: Ausweispflichten (i.V.m. § 13 PolG NRW), Abs. 2: „Die nach Absatz 1 Satz 1 und 2 mitzuführenden Dokumente sind Polizeibeamten oder sonst zur Personenkontrolle Befugten auf Verlangen zur Prüfung auszuhändigen."
- § 39 WaffG: Auskunfts- und Vorzeigepflicht, Nachschau
  - Abs. 1: Für die WaffG-Durchführung erforderliche Auskunft bestimmter Betreiber, Schießstättennutzenden oder –aufsichtführenden, des Waffen- oder Munitionsbesitzenden oder des § 41-Abs. 1, 2-WaffG-Verbotsadressaten auf Verlangen oder zu gesetzlich vorgeschriebenem Zeitpunkt gegenüber zuständiger Behörde einschließlich Auflageneinhaltungsnachweispflicht [Rechtsfolge: Verlangen von Auskunft]
  - Abs. 2: Betriebsgrundstückebetretung und -besichtigung sowie Wohnräumebetretung und -besichtigung während der Betriebs- und Arbeitszeit durch von zuständiger Behörde mit der Betriebsüberwachung beauftragter Personen gegenüber Waffenherstellungs-, Waffenhandels-, Schießstätten-, Bewachungsunternehmensbetreiber

[Rechtsfolge: Betriebsgrundstückbetretung und -besichtigung oder Wohnräumebetretung und –besichtigung mit Probenentnahme und Geschäftsunterlageneinsichtnahme]

- Abs. 3: Anordnung der Vorlage von erwerbserlaubnisbedürftiger Waffe/Munition oder von in Anlage 2 Abschnitt 1 bezeichneter verbotener Waffen und entsprechende Erlaubnisschein- oder Ausnahmebescheinigungsvorlage-Anordnung zur Prüfung durch zuständige Behörde gegenüber Besitzer von erwerbserlaubnisbedürftiger Waffe oder Munition oder von in Anlage 2 Abschnitt 1 verbotener Waffe

- § 40 Verbotene Waffen (bzw. Verbotsausnahmen) [Anzeigen-Entgegennahme, Sicherstellungen, Anordnungen]
  - Abs. 1: Das Verbot des Umgangs umfasst auch das Verbot, zur Herstellung der in Anlage 2 Abschnitt 1 Nr. 1.3.4 bezeichneten Gegenstände anzuleiten oder aufzufordern.
  - Abs. 2: Das Verbot des Umgangs mit Waffen oder Munition ist nicht anzuwenden, soweit jemand auf Grund eines gerichtlichen oder behördlichen Auftrags tätig wird.
  - Abs. 3:
    - S. 1: Ausnahme zum Umgang mit Faustmessern für Inhaber einer jagdrechtlichen Erlaubnis und Angehörige von Leder oder Pelz verarbeitenden Berufen.
    - S. 2, 3: Ausnahme zum Umgang mit explosionsgefährlichen Stoffen oder Gegenständen für Inhaber sprengstoffrechtlicher Erlaubnisse (§§ 7 und 27 des SprengG) und Befähigungsscheine (§ 20 des SprengG) sowie Teilnehmer staatlicher/staatlich anerkannter Lehrgänge.
    - S. 4, 5, 6: Ausnahme zum Umgang mit Nachtsichtvorsätzen und Nachtsichtaufsätzen für Inhaber eines gültigen Jagdscheins im Sinne von § 15 Abs. 2 S. 1 BJagdG oder für Inhaber einer gültigen Erlaubnis nach § 21 Abs. 1 und 2 WaffG.
    - Abs. 4: Zulassung von Ausnahmen durch BKA von den Verboten von Anlage 2 Abschnitt 1 WaffG allgemein oder für den einzelnen Fall.
    - Abs. 5:
      - S. 1: Anzeigen-Entgegennahme durch „zuständige Behörde“ von Anzeige bzgl. Inbesitznahme Anlage 2 Abschnitt 1 bezeichnete Waffe durch/als Erbe, Finder oder in ähnlicher Weise
      - S. 2: Sicherstellung von Waffen/Munition durch „zuständige Behörde“ oder Anordnungen durch „zuständige Behörde“ wie folgt:
        - der Unbrauchbarmachung von Waffen/Munition
        - der Befreiung von Verbotsmerkmalen oder der Überlassung an einen nach WaffG Berechtigten oder eines Erwerber-Antrags nach § 40 Abs. 4 WaffG.
- § 41 WaffG: Waffenverbote für den Einzelfall (und Datenübermittlung bei Verbot).
  - Abs. 1: Untersagung von Besitz und Erwerb nichterwerbserlaubnisbedürftiger Waffen/Munition durch „zuständige Behörde“
  - Abs. 2: Untersagung des Besitzes erwerbserlaubnisbedürftiger Waffen/Munition durch „zuständige Behörde“
  - Abs. 3: Unterrichtung der „örtlichen Polizeidienststelle“ durch die „zuständige Behörde“ über den Erlass eines Waffenbesitzverbotes.
- § 42 WaffG: Verbot des Führens von Waffen bei öffentlichen Veranstaltungen; Verordnungsermächtigungen für Verbotszonen (Führungs-Verbot nach der Verbotsnorm des § 42 Abs. 1 WaffG ist strafbewehrt nach Sanktionsnorm des § 52 Abs. 3 Nr. 9 WaffG;

Zuwiderhandlung gegen eine Rechtsverordnung nach § 42 Abs. 5 S. 1, auch i.V.m. S. 2 ist bußgeldbewehrt nach § 53 Abs. 1 Nr. 23, Abs. 2 WaffG)

- Abs. 2, 4: Ausnahmen vom Führungsverbot nach § 42 Abs. 1 WaffG allgemein oder für den einzelnen Fall durch „zuständige Behörde".
- Abs. 3, 4: Aushändigungs- und Prüfungsverlangen bzgl. Ausnahmebescheid nach § 42 Abs. 2 WaffG gegenüber Betroffenem – unbeschadet § 38 WaffG.
- Abs. 5: Ermächtigung an die Landesregierungen, durch Rechtsverordnung vorzusehen, dass das Führen von Waffen im Sinne des § 1 Abs. 2 auf bestimmten öffentlichen Straßen, Wegen oder Plätzen allgemein oder im Einzelfall verboten oder beschränkt werden kann.
- Abs. 6: Ermächtigung an Landesregierungen, durch Rechtsverordnung vorzusehen, dass das Führen von Waffen im Sinne des § 1 Abs. 2 WaffG oder von Messern mit feststehender oder feststellbarer Klinge mit einer Klingenlänge über vier Zentimeter an folgenden Orten verboten oder beschränkt werden kann.
- Die Landesregierungen können ihre Befugnis nach § 42 Abs. 5 S. 1 i.V.m. S. 2 und § 42 Abs. 6 S. 1 i.V.m. S. 2 WaffG durch Rechtsverordnung auf die zuständige oberste Landesbehörde übertragen; diese kann die Befugnis durch Rechtsverordnung weiter übertragen.[1457]

[1457] Bundestags-Drucksache 19/15875, S. 38 f.: „Die Möglichkeit der Länder, durch Rechtsverordnung vorzusehen, dass an bestimmten Orten **Waffenverbotszonen** eingerichtet werden, wird durch die Schaffung einer neuen Rechtsverordnungsermächtigung auf Orte erweitert, an denen sich besonders viele Menschen aufhalten. Anders als nach bisheriger Rechtslage sind die Länder beim Erlass von Rechtsverordnungen zur Errichtung von Waffenverbotszonen somit nicht mehr auf kriminalitätsbelastete Orte beschränkt. Außerdem können auf Grundlage der neuen Rechtsverordnungsermächtigung auch Verbotszonen für **Messer** eingerichtet werden, die **keine Waffen im Sinne von § 1 Absatz 2 des Waffengesetzes** sind, jedoch eine feststehende oder feststellbare Klinge mit einer Klingenlänge über vier Zentimeter besitzen. Diese Messer eignen sich besonders dazu, als Hieb- oder Stoßwerkzeuge missbraucht zu werden. Messer mit einer Klingenlänge von mehr als vier Zentimeter sind geeignet, schwere Verletzungen innerer Organe in Bauch- oder Brusthöhle beizubringen. **Klappmesser**, deren Klinge nicht feststellbar ist – dies umfasst auch die meisten **handelsüblichen Taschenmesser** – sind nicht von der Regelung betroffen. Sie sind als vergleichsweise weniger gefährlich einzustufen, da ihre Klinge bei Verwendung als Hieb- oder Stoßwerkzeug einklappen kann. Auf **öffentlichen Straßen, Wegen oder Plätzen** (Nummer 1 des neuen § 42 Absatz 6 Satz 1 WaffG-E) und an den (im neuen § 42 Absatz 6 Satz 1 Nummer 2 WaffG-E) in Form von Regelbeispielen aufgeführten, besonders stark frequentierten Orten besteht wegen der Vielzahl der dort befindlichen Menschen eine erhöhte Wahrscheinlichkeit, dass sich die Gefahren, die von Waffen ausgehen, realisieren. Daneben sind in der Nummer 3 auch Einrichtungen benannt, an denen sich besonders schutzbedürftige Personen aufhalten, z.B. Jugendeinrichtungen. Die in Nummer 1 bis 3 genannten Orte müssen „**bestimmt**" sein, d.h. sie sind im Einzelnen in der Verordnung zu benennen. Im Gegensatz zu Nummer 1 erfasst Nummer 2 dabei **Flächen und Gebäude**, die zwar auch öffentlich zugänglich sind, die jedoch einem Hausrecht unterliegen. Zwar ist es jetzt schon möglich, dass die Inhaber des Hausrechts bei dessen Ausübung Belange der öffentlichen Sicherheit hinreichend berücksichtigen. Hiervon ist insbesondere bei **öffentlichen Stellen**, wie z.B. Behörden und Gerichten, auszugehen, so dass hier regelmäßig ein Rückgriff auf § 42 Absatz 6 WaffG-E nicht erforderlich sein dürfte. Da dies jedoch – vor allem bei privatrechtlichen Einrichtungen – nicht immer sichergestellt ist, besteht ein Bedarf, künftig auch für solche Flächen und Gebäude Waffen bzw. Messerverbotszonen einrichten zu können. Sofern eine Waffenverbotszone ausweitend im Umfeld der in Nummern 2 und 3 genannten öffentlichen Einrichtungen bestimmt wird (Nummer 4), sind die konkreten Straßen, Wege oder Plätze, auf die sich das Verbot ebenfalls bezieht, genauso im Einzelnen zu benennen. Die Einrichtung einer Waffenverbotszone setzt voraus, dass diese Maßnahme aufgrund **tatsächlicher Anhaltspunkte für eine Gefährdung der öffentlichen Sicherheit als erforderlich** eingestuft wird. Hierzu bietet sich z.B. an, eine Risiko- und Lageeinschätzung durch die zuständige Polizeibehörde einzuholen. Insbesondere wenn das Hausrecht öffentlicher Stellen (aber auch

- § 43 WaffG: Erhebung und Übermittlung personenbezogener Daten
  - Abs. 1: Erhebung personenbezogener Daten auch ohne Mitwirkung der betroffenen Person in den Fällen des § 5 Abs. 5 und des § 6 Abs. 1 S. 3 und 4 WaffG durch „die für die Ausführung dieses Gesetzes zuständigen Behörden“ – sonstige Rechtsvorschriften des Bundes- oder Landesrechts, die eine Erhebung ohne Mitwirkung der betroffenen Person vorsehen oder zwingend voraussetzen, bleiben unberührt.
  - Abs. 2: Verpflichtung von öffentlichen Stellen im Geltungsbereich des WaffG auf Ersuchen „der zuständigen Behörde“, dieser „im Rahmen datenschutzrechtlicher Übermittlungsbefugnisse“ personenbezogene Daten zu übermitteln.
- § 44 WaffG: Übermittlung an und von Meldebehörden
  - Abs. 1: Die zuständige Behörde teilt der Meldebehörde mit:
    - 1. die erstmalige Erteilung einer waffenrechtlichen Erlaubnis,
    - 2. den Verlust aller waffenrechtlichen Erlaubnisse einer Person,
    - 3. den Erlass und den Wegfall eines Waffenbesitzverbotes.
  - Abs. 2: Die Meldebehörden teilen den Waffenerlaubnisbehörden Namensänderungen, Zuzug, Änderungen der derzeitigen Anschrift im Zuständigkeitsbereich der Meldebehörde, Wegzug und Tod des Einwohners mit, für den das Vorliegen einer waffenrechtlichen Erlaubnis gespeichert ist.
- § 44a WaffG: Behördliche Aufbewahrungspflichten (mit Fristen in § 44a Abs. 3 WaffG) 30-jährige Aufbewahrung aller Unterlagen einschließlich der Aufzeichnungen zu Verbringungen durch „die für die Ausführung dieses Gesetzes zuständigen Behörde“, die für die Feststellung der gegenwärtigen und früheren Besitzverhältnisse sowie die Rückverfolgung von Verkaufswegen erforderlich sind, – sowie 10-jährige Aufbewahrung aller Unterlagen, aus denen sich die Versagung einer waffenrechtlich Erlaubnis wegen Fehlens von Zuverlässigkeit oder persönlicher Eignung in bestimmten Fällen.
- § 45 WaffG: Rücknahme und Widerruf (von Erlaubnissen)[1458]
- § 46 WaffG: Weitere Maßnahmen[1459]

---

privater Stellen) betroffen ist, wird ferner der **Hausrechtsinhaber im Vorfeld anzuhören** sein, um in Erfahrung bringen zu können, ob er selbst ausreichende Maßnahmen getroffen hat, die einschlägige Gefahren für die öffentliche Sicherheit möglicherweise ausschließen können. In den Sätzen 2 und 3 wird bestimmt, dass die Verordnungen nach Satz 1 eine Verbotsausnahme für Fälle des berechtigten Interesses vorsehen sollen. Wichtige Fallgruppen, in denen ein berechtigtes Interesse anzunehmen ist, sind dabei zur Veranschaulichung in Form von Regelbeispielen benannt. Hierdurch soll ein Verbot **alltäglicher Verhaltensweisen** (etwa das Mitführen eines Messers durch Handwerker oder Angler, Benutzung eines Messers beim Restaurantbesuch) vermieden werden. Auch für Inhaber **waffenrechtlicher Erlaubnisse** ist eine Ausnahme vorgesehen, da diese bereits behördlich hinsichtlich ihrer **Zuverlässigkeit** überprüft sind. Die Verbotsausnahmen sollen in der Rechtsverordnung selbst geregelt werden, einer Entscheidung der zuständigen Behörde bedarf es insoweit nicht. Satz 4 sieht eine dem § 42 Absatz 5 Satz 4 entsprechende Delegationsmöglichkeit für die Verordnungsermächtigung nach § 42 Absatz 6 Satz 1 in Verbindung mit Satz 2 vor.“.

1458 Vgl. die allgemeineren Vorschriften der §§ 48-51 VwVfG (NRW).

1459 OLG München, Beschluss vom 25.09.2019 – 34 Wx 284/19, Leitsätze:

„1. Die Spezialregelungen des § 46 Abs. 2-4 WaffG schließen zumindest in der Regel den Rückgriff auf allgemeines Polizeirecht aus.

2. Bei der Überprüfung der Rechtmäßigkeit einer bereits vollzogenen Durchsuchungsanordnung kommt es auf den Sachverhalt an, der für die anordnende Stelle im Zeitpunkt der Entscheidung erkennbar war; das Gericht darf keine Erkenntnisse heranziehen, die erst durch die Durchsuchung gewonnen wurden.“.

- Abs. 1: Anordnung und Ausführung unverzüglicher Rückgabe an „zuständige Behörde“ von allen Ausfertigungen der Erlaubnisurkunden gegenüber dem Inhaber bei Erlaubnis-Rücknahme oder Erlaubnis-Widerruf nach WaffG sowie bei Erlaubnis-Erlöschen.
- Abs. 2:
  - S. 1: Anordnung durch die „zuständige Behörde“ an Waffen/Munitions-Besitzer von aufgrund zurückgenommener, widerrufener, erloschener Erlaubnis, dass Besitzer binnen angemessener Frist die Waffen oder Munition dauerhaft unbrauchbar macht oder einem Berechtigten überlässt und den Nachweis darüber gegenüber der Behörde führt.
  - S. 2: Sicherstellung von Waffen/Munition durch „zuständige Behörde“ nach fruchtlosem Ablauf einer Frist i.S.d. § 46 Abs. 2 S. 1 WaffG.
- Abs. 3:
  - S. 1: Anordnung durch „zuständige Behörde“ an Waffen/Munitions-Besitzer ohne erforderliche Erlaubnis oder entgegen vollziehbarem Verbot nach § 41 Abs. 1 oder 2 WaffG, dass er binnen angemessener Frist
    - Nr. 1.: die Waffe oder Munition dauerhaft unbrauchbar macht oder einem Berechtigten überlässt oder
    - Nr. 2.: im Fall einer verbotenen Waffe oder Munition die Verbotsmerkmale beseitigt und
    - Nr. 3.: den Nachweis darüber gegenüber der Behörde führt.
  - S. 2: Sicherstellung von Waffen/Munition durch die „zuständige Behörde“ nach fruchtlosem Ablauf der Frist i.S.d. § 46 Abs. 3 S. 1 WaffG.
- Abs. 4:
  - S. 1: Sofortige Sicherstellung von in § 46 Abs. 2 und 3 WaffG bezeichneten Waffen/Munition durch die „zuständige Behörde“
    - Nr. 1.: in Fällen eines vollziehbaren Verbots nach § 41 Abs. 1 oder 2 oder
    - Nr. 2.: soweit Tatsachen die Annahme rechtfertigen, dass die Waffen oder Munition missbräuchlich verwendet oder von einem Nichtberechtigten erworben werden sollen.
  - S. 2: Betreten der Wohnung der nach § 46 Abs. 4 S. 1 WaffG betroffenen Person zum Zweck der Sicherstellung nach § 46 Abs. 4 S. 1 WaffG und Durchsuchung der betretenen Wohnung nach Urkunden, Waffen oder Munition.
- Abs. 5: Einziehen und Verwerten oder Vernichten der sichergestellten Waffen/Munition.

Bzgl. Rechtsfolgen aus dem PolG NRW gibt es keine befugnisrechtsnormspezifischen Besonderheiten aus dem WaffG.[1460]

[1460] Zu den weiteren Voraussetzungen von Befugnisrechtsnormen auf dem Rechtsgebiet der Gefahrenabwehr wie § 43 PolG NRW: siehe da. Zu §§ 39-42 PolG NRW siehe *Basten*, Eingriffsrecht der Polizei in Nordrhein-Westfalen, Band 2, Buch 2, Abschnitte 19-21. Zu § 43 PolG NRW siehe: *Basten*, Eingriffsrecht der Polizei in Nordrhein-Westfalen, Band 2, Buch 2, Abschnitt 24.

2. Mögliche Befugnisrechtsnormen i.Z.m. dem WaffG auf dem Rechtsgebiet der Strafrechtspflege

Auf dem Rechtsgebiet der Strafrechtspflege (beachte bzgl. WaffG-Anwendungsbereich z.B. §§ 55, 56, 57 Abs. 1 WaffG, § 4 WaffGDVO NRW) sind Beschlagnahmebefugnisrechtsnormen i.V.m. WaffG insbesondere:

- Beschlagnahme zur Sicherung der Einziehung von Tatprodukt / Tatmittel / Tatobjekt einer Waffenstraftat bei Täter und Teilnehmer: § 111b, c, d Abs. 1 StPO i.V.m. § 74 Abs. 1, 3 StGB / § 74 Abs. 2, 3 S. 2 StGB i.V.m. § 54 WaffG;
- Beschlagnahme zur Sicherung der Einziehung von Tatprodukt / Tatmittel / Tatobjekt einer Waffen-OWi bei Täter und Teilnehmer: § 111b, c, d Abs. 1 StPO, §§ 46, 53 Abs. 1 S. 2, Abs. 2 OWiG i.V.m. § 22 Abs. 1, 2 Nr. 1 OWiG i.V.m. § 54 WaffG;
- Beschlagnahme zur Sicherung der Einziehung von Tatprodukt, Tatmittel, Tatobjekt einer Waffen-Straftat bei Anderem: §§ 111b, c, d Abs. 1 StPO i.V.m. § 74a StGB i.V.m § 54 WaffG;
- Beschlagnahme zur Sicherung der Einziehung von Tatprodukt, Tatmittel, Tatobjekt einer Waffen-OWi bei Anderem: §§ 111b, c, d Abs. 1 StPO, §§ 46, 53 Abs. 1 S. 2, Abs. 2 OWiG i.V.m. § 23 OWiG i.V.m § 54 WaffG;
- Beschlagnahme zur Sicherung der Sicherungseinziehung bei Waffen-Straftat, § 111b StPO i.V.m. § 74b StGB i.V.m. § 54 WaffG („auch dann [...], wenn 1. der Täter oder Teilnehmer ohne Schuld gehandelt hat oder 2. die Gegenstände einem anderen als dem Täter oder Teilnehmer gehören oder zustehen.");
- Beschlagnahme zur Sicherung der Sicherungseinziehung bei Waffen-Owi, § 111b StPO, §§ 46, 53 Abs. 1 S. 2, Abs. 2 OWiG i.V.m. § 22 Abs. 1, Abs. 2 Nr. 2, Abs. 3 OWiG i.V.m. § 54 WaffG.[1461]

Bzgl. sonstiger Rechtsfolgen aus StPO/OWiG gibt es keine befugnisrechtsnormspezifischen Besonderheiten aus dem WaffG.

B. Formelle Rechtmäßigkeit (FR) I. Zuständigkeit (Z)

(VOR/DEF)

Zuständigkeit ist Aufgabenwahrnehmungserlaubnis für den Rechtsfolgesetzer.

1461 Zu den weiteren Voraussetzungen von Befugnisrechtsnormen auf dem Rechtsgebiet der Strafrechtspflege wie § 111b StPO: siehe da. Zu §§ 102, 103 StPO siehe: *Basten*, Eingriffsrecht der Polizei in Nordrhein-Westfalen, Band 2, Buch 2, Abschnitte 22, 23. Zu §§ 94, 98 StPO siehe: *Basten*, Eingriffsrecht der Polizei in Nordrhein-Westfalen, Band 2, Buch 2, Abschnitt 25. Zu § 111b StPO siehe etwa *Basten*, Eingriffsrecht der Polizei in Nordrhein-Westfalen, Band 3, Buch 3, Abschnitt 4.

1. Mögliche Zuständigkeitsrechtsnormen i.Z.m. dem WaffG auf dem Rechtsgebiet der Gefahrenabwehr

Für eine Maßnahme ist bei WaffG-Befugnisrechtsnorm-Anwendung die Zuständigkeit (alternativ) wie folgt gegeben:

1. sachliche Zuständigkeit *der Polizei* gemäß (alternativ)

- § 48 WaffG i.V.m. § 1 S. 1 WaffGDVO NRW, danach Polizei der Kreispolizeibehörden als zuständige Behörden nach WaffG, WaffVOen zum WaffG, soweit nicht anders bestimmt;
- § 48 WaffG i.V.m. § 1 S. 2 WaffGDVO NRW, danach Polizei des LKA als zuständige Polizeibehörde im Rahmen des Verfahrens nach § 2 Abs. 5 WaffG, vgl. § 48 Abs. 3 WaffG;
- § 48 WaffG i.V.m. § 2 Abs. 1 WaffGDVO NRW, danach Polizei des Polizeipräsidiums Köln und des Polizeipräsidiums Münster in Regierungsbezirk für Fachkundeprüfung nach § 22 Abs. 1 WaffG;
- § 48 WaffG i.V.m. § 2 Abs. 3 WaffGDVO NRW, danach Polizei bestimmter Polizeipräsidien in Regierungsbezirk für Prüfungsabnahme nach § 2 Abs. 1 AWaffV;
- § 48 WaffG i.V.m. § 2 Abs. 4 S. 1 WaffGDVO NRW, danach Polizei bestimmter Polizeipräsidien für Lehrgangsanerkennung zur Sachkundevermittlung nach § 3 Abs. 2 AWaffV;
- § 48 WaffG i.V.m. § 3 S. 1/2 WaffGDVO NRW, danach Polizei der Kreispolizeibehörden für Bescheinigung nach § 55 Abs. 2 WaffG; bei bestimmten Personen auch oberste Polizeibehörde Innenministerium;

2. instanzielle Zuständigkeit *der Polizeibehörde* (ggf. i.V.m. KPBVO NRW / ggf. i.V.m. LKA-AufgVO NRW) gemäß (alternativ)

- § 48 WaffG i.V.m. § 1 S. 1 WaffGDVO NRW, danach der KPB als zuständige Behörden nach WaffG, WaffVOen zum WaffG, soweit nicht anders bestimmt;
- § 48 WaffG i.V.m. § 1 S. 2 WaffGDVO NRW, danach des LKA als zuständige Behörde im Rahmen des Verfahrens nach § 2 Abs. 5 WaffG, vgl. § 48 Abs. 3 WaffG;
- § 48 WaffG i.V.m. § 2 Abs. 1 WaffGDVO NRW, danach des PP Köln und PP Münster in Regierungsbezirk für Fachkundeprüfung nach § 22 Abs. 1 WaffG;
- § 48 WaffG i.V.m. § 2 Abs. 3 WaffGDVO NRW, danach bestimmter Polizeipräsidien in Regierungsbezirk für Prüfungsabnahme nach § 2 Abs. 1 AWaffV;
- § 48 WaffG i.V.m. § 2 Abs. 4 S. 1 WaffGDVO NRW, danach bestimmter Polizeipräsidien für Lehrgangsanerkennung zur Sachkundevermittlung nach § 3 Abs. 2 AWaffV;
- § 48 WaffG i.V.m. § 3 S. 1/2 WaffGDVO NRW, danach der KPB für Bescheinigung nach § 55 Abs. 2 WaffG; bei bestimmten Personen auch oberste Polizeibehörde Innenministerium;

3. örtliche Zuständigkeit *der Polizeibehörde* gemäß (alternativ)

- § 49 WaffG i.V.m. § 2 Abs. 4 S. 2 WaffGDVO NRW: Die örtliche Zuständigkeit richtet sich nach dem Ort, an dem der Lehrgang zur Sachkundevermittlung stattfindet.
- § 49 WaffG;
- §§ 7-9 POG NRW (ggf. i.V.m. KHStVO NRW)

4. funktionelle Zuständigkeit *des Polizeiamtswalters* gemäß

- einer WaffG-Befugnisrechtsnorm mit ausdrücklichem „Polizei"-Bezug, zum Beispiel gemäß § 38 Abs. 2 WaffG, danach der Polizeibeamten;

- Zuständigkeitsrechtsnorm oder Befugnisrechtsnorm oder Rechtsnorm i.Z.m. Zuständigkeitsrechtsnorm oder Befugnisrechtsnorm;
- Ableitung aus instanzieller/örtlicher Zuständigkeit der Polizeibehörde oder örtlicher Zuständigkeit des Amtswalters bei Fehlen einer ausdrücklichen funktionellen Zuständigkeit.

2. Mögliche Zuständigkeitsrechtsnormen i.Z.m. dem WaffG auf dem Rechtsgebiet der Strafrechtspflege

Auf dem Rechtsgebiet der Strafrechtspflege mit StPO gibt es keine Besonderheiten im Vergleich zu den Regelzuständigkeiten der Rechtsfolgen der allgemeinen StPO-Strafrechtspflege.

Auf dem Rechtsgebiet der Strafrechtspflege mit OWiG kann es für § 53-WaffG-Owi-Verfolgungsmaßnahmen und für die § 53-WaffG-Owi-Ahndungsmaßnahmen i.Z.m. dem WaffG (i.d.R.) folgende Zuständigkeitnormen geben:

1. sachliche Zuständigkeit *der Polizei* gemäß

- §§ 35, 36 OWiG i.V.m. §§ 1, 5 WaffGDVO NRW;
- im Übrigen: § 53 Abs. 1 S. 1 OWiG;

2. instanzielle Zuständigkeit *der Polizeibehörde* gemäß

- § 48 WaffG i.V.m. §§ 1, 5 WaffGDVO i.V.m. § 11 Abs. 1 Nr. 2 Alt. 2 POG NRW i.V.m. KPBVO NRW;

3. örtliche Zuständigkeit *der Polizeibehörde* gemäß

- § 49 WaffG i.V.m. § 2 Abs. 2 Nr. 2 VwVfG NRW i.V.m. § 7 Abs. 1 S. 1 POG NRW;
- generell: §§ 7-9 POG NRW[1462];

4. funktionelle Zuständigkeit *des Polizeiamtswalters* gemäß

- Zuständigkeitsrechtsnorm oder Befugnisrechtsnorm oder Rechtsnorm i.Z.m. Zuständigkeitsrechtsnorm oder Befugnisrechtsnorm;
- Ableitung aus instanzieller/örtlicher Zuständigkeit der Polizeibehörde oder örtlicher Zuständigkeit des Amtswalters bei Fehlen einer ausdrücklichen funktionellen Zuständigkeit.

B. Formelle Rechtmäßigkeit (FR) II. Verfahren (V)

(VOR/DEF)

Verfahren ist normiertes Verhalten insbesondere für den Rechtsfolgezuständigen außer, bei, i.Z.m. der Rechtsfolge.

[1462] Vgl. auch zu § 9 Abs. 1 S. 1 Nr. 5 POG NRW: Abkommen zwischen den Ländern der Bundesrepublik Deutschland über die erweiterte Zuständigkeit der Polizei der Länder bei der Strafverfolgung.

Die Verfahrensrechtsnormsystematik geht nach Rechtsnormspezialitätsregel[1463], wonach zunächst je nach Rechtsfolge speziellere Verfahrensrechtsnormen in Betracht kommen können, und danach, soweit nicht verdrängt, allgemeinere Verfahrensrechtsnormen.

Auf dem Rechtsgebiet der Strafrechtspflege mit StPO/OWiG gibt es keine Besonderheiten, sondern die Regelverfahrensrechtsnormen zu den jeweiligen Rechtsfolgen der allgemeinen StPO/OWiG-Strafrechtspflege.

1. Mögliche speziellere Verfahrensrechtsnormen aus dem WaffG

Mögliche speziellere Verfahrensrechtsnormen aus dem WaffG sind insbesondere folgende:

- § 41 Abs. 1 S. 2 WaffG: Im Fall des § 41 Abs. 1 S. 2 WaffG ist die betroffene Person darauf hinzuweisen, dass sie die Annahme mangelnder persönlicher Eignung im Wege der Beibringung eines amts- oder fachärztlichen oder fachpsychologischen Zeugnisses über die geistige oder körperliche Eignung ausräumen kann; § 6 Abs. 2 WaffG findet entsprechende Anwendung.
- § 46 Abs. 4 S. 2 Hs. 2 WaffG: Durchsuchungen dürfen nur durch den Richter, bei Gefahr im Verzug auch durch die zuständige Behörde angeordnet werden.

2. Allgemeine Verfahrensrechtsnorm für VA (vgl. §§ 1, 2, 9, 35 VwVfG NRW): Anhörung

(VOR/DEF)

Gemäß § 28 VwVfG NRW besteht grundsätzlich Pflicht zur **Anhörung** im Sinne des § 28 Abs. 1 VwVfG NRW (Äußerungsgelegenheit mit entsprechender Würdigung vor eingreifendem VA) – oder es soll gegeben sein: ein Ausnahmegrund gemäß § 28 Abs. 2, 3 VwVfG NRW oder **VA-Verletzungsunbeachtlichkeit** gemäß § 45 VwVfG NRW[1464] oder **VA-Nichtaufhebbarkeit** gemäß § 46 VwVfG NRW[1465].

[1463] Zur **Rechtsnormspezialitätsregel** siehe auch: *Basten*, Eingriffsrecht der Polizei in Nordrhein-Westfalen, Band 1, S. 39, 41, 161, 167.

[1464] Vgl. § 45 VwVfG NRW („**Heilung von Verfahrens- und Formfehlern**"), vgl. dazu: BVerwG, Urteil vom 06.02.2019 – BVerwG 1 A 3.18: „Eine entsprechende Heilung [hier im Fall einer Anhörung, P. B.] setzt voraus, dass die Anhörung nachträglich ordnungsgemäß durchgeführt und ihre Funktion für den Entscheidungsprozess der Behörde uneingeschränkt erreicht wird. Dies ist der Fall, wenn der Betroffene Gelegenheit hat, seine Einwendungen vorzubringen, und die Behörde diese nicht nur zur Kenntnis nimmt, sondern auch bei ihrer Entscheidung in Erwägung zieht. Von Letzterem ist auszugehen, wenn sich die Behörde nicht darauf beschränkt, die einmal getroffene Sachentscheidung zu verteidigen, sondern das Vorbringen des Betroffenen erkennbar zum Anlass nimmt, die Entscheidung kritisch zu überdenken (BVerwG, Urteil vom 17. Dezember 2015 - 7 C 5.14 - BVerwGE 153, 367 Rn. 17 m.w.N.).".

[1465] Vgl. § 46 VwVfG NRW („**Folgen von Verfahrens- und Formfehlern**"), vgl. dazu BVerwG, Urteil vom 09.05.2019 – BVerwG 2 C 2.18 (Unterbliebene Beteiligung der Gleichstellungsbeauftragten bei LAFP NRW-Auswahlentscheidung), Rn. 70: „Ein Verstoß gegen eine Verfahrensvorschrift ist nur dann offensichtlich ohne Einfluss auf die Entscheidung in der Sache, wenn das Gericht zweifelsfrei und ohne jede Spekulation davon ausgehen kann, dass die Entscheidung ohne den Fehler genauso ausgefallen wäre.

Gemäß § 28 Abs. 2 VwVfG NRW kann von der Anhörung abgesehen werden, wenn sie nach den Umständen des Einzelfalles nicht geboten ist, insbesondere wenn ein Fall vorliegt gemäß § 28 Abs. 2 Nr. 1-5 VwVfG NRW.

Absehenkönnen im Sinne von § 28 Abs. 2 Hs. 1 VwVfG NRW bedeutet Ermessen – in systematisch-kumulativer Verbindung mit § 28 Abs. 2 Hs. 2 VwVfG NRW wiederum unter Vorbehalt des tatsächlich und rechtlich Möglichen wie Gebotenen.

Gebotenheit ist Nichtverfügbarkeit eines milderen, gleich geeigneten Mittels zur Zweckförderung.

Gemäß § 28 Abs. 2 Nr. 1 VwVfG NRW kann von der Anhörung abgesehen werden, wenn eine sofortige Entscheidung wegen Gefahr im Verzug oder im öffentlichen Interesse notwendig erscheint.

Gefahr im Verzug i.S.d. § 28 Abs. 2 Nr. 1 VwVfG NRW ist gegeben, wenn der Handlungsbedarf unvorhergesehen ist und bei Durchführung der eigentlich vorgesehenen Maßnahme, hier der Anhörung, der gesetzliche Zweck, hier der jeweilige aus der Aufgabe des § 1 Abs. 1 S. 1 PolG NRW und aus der Befugnisrechtsnorm des § 8 Abs. 1 PolG NRW, vereitelt oder wesentlich erschwert wird.[1466]

Öffentliches Interesse ist die einzelfallbezogene Relevanz eines Rechts oder Rechtsguts nicht ausschließlich bei einem einzelnen Individuum.

Notwendigkeit ist Nichtverfügbarkeit eines milderen, gleich geeigneten Mittels zur Zweckförderung – bis hin zur Alternativlosigkeit der Mittelanwendung.

Gemäß § 28 Abs. 3 VwVfG NRW unterbleibt eine Anhörung, wenn ihr ein zwingendes öffentliches Interesse entgegensteht.

Ein Kausalzusammenhang ist dagegen zu bejahen, wenn nach den Umständen des jeweiligen Falles die konkrete Möglichkeit besteht, dass ohne den angenommenen Verfahrensmangel die Entscheidung anders ausgefallen wäre (stRspr, vgl. BVerwG, Urteile vom 30. Mai 1984 - 4 C 58.81 - BVerwGE 69, 256 <270> und vom 28. Juni 2018 - 2 C 14.17 - Buchholz 11 Art. 33 Abs. 5 GG Nr. 148 Rn. 32; Emmenegger, in: Mann/Sennekamp/Uechtritz, VwVfG, 2014, § 46 Rn. 91; Ramsauer, in: Kopp/Ramsauer, VwVfG, 20. Aufl. 2019, § 46 Rn. 36; Sachs, in: Stelkens/Bonk/Sachs, VwVfG, 9. Aufl. 2018, § 46 Rn. 80, 83).", Rn. 69: „Dabei lässt der Senat offen, ob § 46 VwVfG NRW, der die Aufhebung eines Verwaltungsaktes ausschließt, also Anfechtungsklagen betrifft, auf die im Streitfall gegebene Konstellation einer Feststellungsklage nach erledigtem Neubescheidungsbegehren (evtl. entsprechend) anzuwenden ist. Dasselbe gilt für die Frage, ob der in von § 46 VwVfG NRW normierte Ausschluss des Aufhebungsanspruchs auch die hier gegebene andersgeartete, besondere Fehlerfolge des § 18 Abs. 3 Satz 1 LGG NRW erfasst, wonach die verfahrensfehlerhaft zustande gekommene Auswahlentscheidung (nur) auszusetzen und die Beteiligung nachzuholen ist. Selbst wenn dies der Fall sein sollte, ist jedenfalls offensichtlich i.S.v. § 46 VwVfG NRW, dass der in der Nichtbeteiligung der Gleichstellungsbeauftragten liegende Verfahrensfehler die Entscheidung in der Sache nicht beeinflusst hat.".

1466 BVerwGE 142, 205 (Schutzmaßnahme nach IfSG) = BVerwG, Urteil vom 22.03.2012 – BVerwG 3 C 16.11: „Gefahr im Verzug im Sinne von § 28 Abs. 2 Nr. 1 VwVfG ist anzunehmen, wenn durch eine vorherige Anhörung auch bei Gewährung kürzester Anhörungsfristen ein Zeitverlust einträte, der mit hoher Wahrscheinlichkeit zur Folge hätte, dass die behördliche Maßnahme zu spät käme, um ihren Zweck noch zu erreichen. Ob eine sofortige Entscheidung objektiv notwendig war oder die Behörde eine sofortige Entscheidung zumindest für notwendig halten durfte, ist vom Gericht aus ex-ante-Sicht zu beurteilen (Urteil vom 15. Dezember 1983 - BVerwG 3 C 27.82 - BVerwGE 68, 267 <271 f.> = Buchholz 316 § 28 VwVfG Nr. 9 S. 18). Hierbei ist wegen der Bedeutung des Anhörungsrechts als tragendem Prinzip des rechtsstaatlichen Verfahrens ein strenger Maßstab anzulegen (vgl. Kopp/Ramsauer, VwVfG, 12. Aufl. 2011, § 28 Rn. 3 und Rn. 46 m.w.N.).".

Zwingendes öffentliches Interesse ist die einzelfallbezogene unbedingte Relevanz eines Rechts oder Rechtsguts nicht ausschließlich bei einem einzelnen Individuum.

(SUB/ERG)

Im konkreten Fall ist § 28 VwVfG NRW (alternativ)

- eingehalten insbesondere bei Gelegenheit zur Stellungnahme i.S.d. § 28 Abs. 1 VwVfG NRW.
- eingehalten bei Nichteinhaltung von § 28 Abs. 1 VwVfG NRW und Ausnahmegrund gemäß § 28 Abs. 2, 3 VwVfG NRW.
- nicht eingehalten insbesondere bei Fehlen von Gelegenheit zur Stellungnahme ohne Ausnahmegrund.
- sonst eingehalten oder nicht eingehalten bei Anhaltspunkten / Fehlen entgegenstehender Anhaltspunkte.

3. Allgemeine Verfahrensrechtsnorm für VA (vgl. §§ 1, 2, 9, 35 VwVfG NRW): Begründung

(VOR/DEF)

Gemäß § 39 Abs. 1 VwVfG NRW besteht Pflicht zur **Begründung** eines schriftlichen oder elektronischen sowie schriftlich oder elektronisch bestätigten VA (vgl. § 37 Abs. 2 VwVfG NRW) mit den tatsächlich-rechtlichen, nicht unbedingt materiellrechtlich richtigen Behördenerwägungen – oder es soll gegeben sein: ein Ausnahmegrund nach § 39 Abs. 2 VwVfG NRW (insb. § 39 Abs. 2 Nr. 2, 4 VwVfG NRW) oder **VA-Verletzungsunbeachtlichkeit** gemäß § 45 VwVfG NRW[1467] oder **VA-Nichtaufhebbarkeit** gemäß § 46 VwVfG NRW[1468].

[1467] Vgl. § 45 VwVfG NRW („**Heilung von Verfahrens- und Formfehlern**"), vgl. dazu: BVerwG, Urteil vom 06.02.2019 – BVerwG 1 A 3.18: „Eine entsprechende Heilung [hier im Fall einer Anhörung, P. B.] setzt voraus, dass die Anhörung nachträglich ordnungsgemäß durchgeführt und ihre Funktion für den Entscheidungsprozess der Behörde uneingeschränkt erreicht wird. Dies ist der Fall, wenn der Betroffene Gelegenheit hat, seine Einwendungen vorzubringen, und die Behörde diese nicht nur zur Kenntnis nimmt, sondern auch bei ihrer Entscheidung in Erwägung zieht. Von Letzterem ist auszugehen, wenn sich die Behörde nicht darauf beschränkt, die einmal getroffene Sachentscheidung zu verteidigen, sondern das Vorbringen des Betroffenen erkennbar zum Anlass nimmt, die Entscheidung kritisch zu überdenken (BVerwG, Urteil vom 17. Dezember 2015 - 7 C 5.14 - BVerwGE 153, 367 Rn. 17 m.w.N.).".

[1468] Vgl. § 46 VwVfG NRW („**Folgen von Verfahrens- und Formfehlern**"), vgl. dazu BVerwG, Urteil vom 09.05.2019 – BVerwG 2 C 2.18 (Unterbliebene Beteiligung der Gleichstellungsbeauftragten bei LAFP NRW-Auswahlentscheidung), Rn. 70: „Ein Verstoß gegen eine Verfahrensvorschrift ist nur dann offensichtlich ohne Einfluss auf die Entscheidung in der Sache, wenn das Gericht zweifelsfrei und ohne jede Spekulation davon ausgehen kann, dass die Entscheidung ohne den Fehler genauso ausgefallen wäre. Ein Kausalzusammenhang ist dagegen zu bejahen, wenn nach den Umständen des jeweiligen Falles die konkrete Möglichkeit besteht, dass ohne den angenommenen Verfahrensmangel die Entscheidung anders ausgefallen wäre (stRspr, vgl. BVerwG, Urteile vom 30. Mai 1984 - 4 C 58.81 - BVerwGE 69, 256 <270> und vom 28. Juni 2018 - 2 C 14.17 - Buchholz 11 Art. 33 Abs. 5 GG Nr. 148 Rn. 32; Emmenegger, in: Mann/Sennekamp/Uechtritz, VwVfG, 2014, § 46 Rn. 91; Ramsauer, in: Kopp/Ramsauer, VwVfG, 20. Aufl. 2019, § 46 Rn. 36; Sachs, in: Stelkens/Bonk/Sachs, VwVfG, 9. Aufl. 2018, § 46 Rn. 80, 83).", Rn. 69: „Dabei lässt der Senat offen, ob § 46 VwVfG NRW, der die Aufhebung eines Verwaltungsaktes

(SUB/ERG)

Im konkreten Fall ist § 39 VwVfG NRW (alternativ)

- eingehalten bei Fehlen von Begründungspflicht bei rechtmäßigem Fehlen von schriftlichem oder elektronischem, schriftlich oder elektronisch bestätigtem VA (i.d.R. jedenfalls zunächst bei Maßnahmen i.S.d. § 80 Abs. 2 S. 1 Nr. 2 VwGO).
- eingehalten bei Begründung bei schriftlichem oder elektronischem, schriftlich oder elektronisch bestätigtem VA (z.B. im Rahmen von „Bescheinigungen"; „Mitteilungen", „Anschreiben-VA" [„Auflagenanschreiben", „Gefährderanschreiben", „Meldeauflagenanschreiben"], „HG-Schriftverfügung"), auch bei Nichtvorliegen eines Ausnahmegrundes i.S.v. § 39 Abs. 2 VwVfG NRW.
- eingehalten bei Ausnahmegrund nach § 39 Abs. 2 VwVfG NRW, insbesondere wegen bekannter oder erkennbarer Sach- und Rechtslage gemäß § 39 Abs. 2 Nr. 2 Var. 1 oder 2 VwVfG NRW.
- sonst eingehalten oder nicht eingehalten bei Anhaltspunkten / Fehlen entgegenstehender Anhaltspunkte.

(ERG Verfahren)

Ergebnis kann allgemein sein: Verfahrensrechtmäßigkeit oder Verfahrensrechtswidrigkeit der Maßnahme.

B. Formelle Rechtmäßigkeit (FR) III. Form (F)

(VOR/DEF)

Form ist normiertes Wie der Rechtsfolgesetzung – schriftlich, elektronisch, mündlich oder in anderer Weise.

(SUB/ERG)

Im konkreten Fall (alternativ)

- ist bei Fehlen von VA § 37 Abs. 2-6 VwVfG NRW unanwendbar.
- ist bei Fehlen von VA und Fehlen speziellerer Formrechtsnormen Formfreiheit gegeben.
- ist bei VA und Fehlen speziellerer Formrechtsnormen anwendbar: § 37 Abs. 2 bis 6 VwVfG NRW.
- kann gemäß § 37 Abs. 2 S. 1 VwVfG NRW der VA schriftlich, elektronisch, mündlich oder in anderer Weise erlassen werden.

---

ausschließt, also Anfechtungsklagen betrifft, auf die im Streitfall gegebene Konstellation einer Feststellungsklage nach erledigtem Neubescheidungsbegehren (evtl. entsprechend) anzuwenden ist. Dasselbe gilt für die Frage, ob der in von § 46 VwVfG NRW normierte Ausschluss des Aufhebungsanspruchs auch die hier gegebene andersgeartete, besondere Fehlerfolge des § 18 Abs. 3 Satz 1 LGG NRW erfasst, wonach die verfahrensfehlerhaft zustande gekommene Auswahlentscheidung (nur) auszusetzen und die Beteiligung nachzuholen ist. Selbst wenn dies der Fall sein sollte, ist jedenfalls offensichtlich i.S.v. § 46 VwVfG NRW, dass der in der Nichtbeteiligung der Gleichstellungsbeauftragten liegende Verfahrensfehler die Entscheidung in der Sache nicht beeinflusst hat.".

- braucht gemäß § 37 Abs. 2 S. 2 VwVfG NRW der mündliche VA schriftlich oder elektronisch nicht bestätigt zu werden, wenn hieran kein berechtigtes Interesse besteht und der Betroffene dies nicht unverzüglich verlangt.

Ergebnis kann allgemein sein: Formrechtmäßigkeit oder Formrechtswidrigkeit der Maßnahme.

C. Materielle Rechtmäßigkeit (MR)

(VOR/DEF)

Materielle[1469] **Rechtmäßigkeit** ist Erfüllung von Tatbestands-, Inanspruchnahme-, Rechtsfolgevoraussetzungen.

(SUB/ERG)

Auf dem Rechtsgebiet der Gefahrenabwehr gibt es i.Z.m. dem WaffG mit eigenständigen polizeilichen Befugnisrechtsnormen nur auf dem Rechtsgebiet der Gefahrenabwehr je nach Befugnisrechtsnorm und entsprechender Rechtsfolge ausdrückliche spezielle Tatbestandsvoraussetzungen.

Auf dem Rechtsgebiet der Strafrechtspflege mit StPO/OWiG gibt es keine Besonderheiten, sondern die Regelvoraussetzungen zu den jeweiligen Rechtsfolgen der allgemeinen StPO/OWiG-Strafrechtspflege.

Mindestvoraussetzung im Zusammenhang mit allen Befugnisrechtsnormen ist zumindest ein zureichender tatsächlicher Anhaltspunkt[1470] für den Tatbestand eines relevanten waffenrechtlichen Sachverhalts im Sinne der jeweiligen Befugnisrechtsnorm, also insbesondere ein befugnisrechtsnormentsprechender zureichender tatsächlicher Anhaltspunkt bezüglich eines WaffG-Prüfungsgegenstandes.

Für das gesamte WaffG-Rechtsnormensystem zentral sind die Tatbestandsvoraussetzungen zu der waffengesetzlichen Erfassung und Einstufung (Subsumtion) eines bestimmten Gegenstandes als Waffe oder Munition und zur Subsumtion eines bestimmten Umgangs mit dem bestimmten Gegenstand (Waffe oder Munition).

[1469] **Form** und **Materie**: **Form** (vom Lateinischen forma und griechisch morphḗ) ist allgemein Äußeres, Gestalt, Prägendes, Standard, Rahmen, Umgebendes für oder von etwas, das Stoff oder Materie ist, und in Beziehung zur Form ihr Inhalt. **Materie** (vom Lateinischen: materia, zu Deutsch: Stoff, Thema, Ursache; ursprünglich vom Lateinischen: materies, zu Deutsch: Holz, Stämme, Bauholz; verwandt mit dem lateinischen mater, zu Deutsch: Mutter, und mit dem lateinischen matrix, zu Deutsch: Gebärmutter, Muttertier; griechisch hylē) ist jedenfalls in Beziehung zur (standardmäßigen) Form inhaltliche (wandelbare) Substanz. Vgl. auch die Worthistorie (Etymologie) und Ideenhistorie von Form (vom Lateinischen forma und griechisch morphḗ) im Gegensatz zu Materie/Substanz (vom Lateinischen materia und Griechischen hylē). Form ist eher etwas ohne weitere Wertung Erkennbares bzgl. des Vorhandenseins/der Einhaltung; Materie/Substanz ist eher etwas nicht ohne weitere Wertung Erkennbares bzgl. des Vorhandenseins/der Erfüllung.

[1470] Zur **Mindestvoraussetzung** eines tatsächlichen Anhaltspunkts bzw. eines Ausgangspunktes im Tatsächlichen auf dem Rechtsgebiet der Gefahrenabwehr und auf dem Rechtsgebiet der Strafrechtspflege: *Basten*, Eingriffsrecht der Polizei in Nordrhein-Westfalen, Band 1, Buch 1, S. 255.

Die waffengesetzliche Gegenstandssubsumtion und Umgangssubsumtion erfolgen grundsätzlich mit waffengesetzlicher Definition (Bestimmung) von folgenden Dingen:

- Waffe bzw. bestimmte Waffenart oder Munition bzw. bestimmte Munitionsart;
- Umgang bzw. bestimmte Umgangsart;
- Gebotsrechtsnorm bzw. Verbotsrechtsnorm, insbesondere zu einer (Umgangs-)Pflicht oder zu einer (Umgangs-)Erlaubnis bzw. zu einem (Umgangs-)Verbot (einschließlich ggf. Auflagen i.S.d. § 36 VwVfG [NRW], vgl. auch § 9 WaffG);
- Sanktionsrechtsnorm (Strafvorschrift bzw. Ahndungsvorschrift, insbesondere Bußgeldvorschrift, vgl. §§ 51, 52, 53 WaffG)[1471],

und zwar grundsätzlich von folgender Systematik ausgehend:

Die Begriffsbestimmungen der Waffen ergeben sich aus § 1 Abs. 2[1472], 4 WaffG i.V.m. Anlage 1 Abschnitt 1[1473].[1474]

Die in § 1 Abs. 3 WaffG[1475] aufgezählten einzelnen Umgangsarten mit Waffen oder Munition sind in § 1 Abs. 4 WaffG i.V.m. Anlage 1 Abschnitt 2 Nr. 1-9 WaffG näher beschrieben;[1476] außerdem befinden sich in Anlage 1 WaffG („Begriffsbestimmungen") weitere Definitionen[1477].

1471 Zu Rechtsnormarten und Rechtsnormfunktionen siehe: *Basten*, Eingriffsrecht der Polizei in Nordrhein-Westfalen, Band 1, Buch 1, Abschnitt 1, Unterabschnitt 3, Titel 2, 3.

1472 § 1 Abs. 2 WaffG: „**Waffen** sind

1. **Schusswaffen** oder ihnen **gleichgestellte Gegenstände** und

2. **tragbare Gegenstände**,

a) die ihrem Wesen nach *dazu bestimmt* sind, die Angriffs- oder Abwehrfähigkeit von Menschen zu beseitigen oder herabzusetzen, insbesondere **Hieb- und Stoßwaffen**;

b) die, *ohne dazu bestimmt* zu sein, insbesondere wegen ihrer Beschaffenheit, Handhabung oder Wirkungsweise geeignet sind, die Angriffs- oder Abwehrfähigkeit von Menschen zu beseitigen oder herabzusetzen, *und* die in diesem Gesetz genannt sind.".

1473 Zur WaffG-Anlagen-Zitierung: (Norm-)Zitierung erfolgt eigentlich ausgehend von den Einheiten des Gesetzes oder der sonstigen Normquelle hin zur Bezeichnung der Normquelle selbst. Der Gesetzgeber zitiert WaffG-Anlagen-Normen allerdings von der Anlagenbezeichnung ausgehend, also gleichsam so, wie wenn man die Anlage anfänglich erstmals aufschlägt und buchstäblich durchzulesen beginnt. Zur Rechtsnormzitierung allgemein: *Basten*, Eingriffsrecht der Polizei in Nordrhein-Westfalen, Band 1, 150-153.

1474 Nr. 1.1 WaffVwV.

1475 § 1 Abs. 3 WaffG: „**Umgang mit einer Waffe oder Munition** hat, wer diese erwirbt, besitzt, überlässt, führt, verbringt, mitnimmt, damit schießt, herstellt, bearbeitet, instand setzt oder damit Handel treibt. Umgang mit einer Schusswaffe hat auch, wer diese unbrauchbar macht.".

1476 Nr. 1.2 WaffVwV.

1477 Beispiele für weitere „Begriffsbestimmungen" aus der gleichnamigen Anlage 1 WaffG:

- § 1 Abs. 2, 4 WaffG i.V.m. Anlage 1 Abschnitt 1 Unterabschnitt 1: „Schusswaffen": Nr. 1 WaffG: „Schusswaffen im Sinne des § 1 Abs. 2 Nr. 1".
- § 1 Abs. 2, 4 WaffG i.V.m. Anlage 1 Abschnitt 1 Unterabschnitt 1 Nr. 1.2 WaffG: Schusswaffen gleichgestellte Gegenstände.
- § 1 Abs. 2, 4 WaffG i.V.m. Anlage 1 Abschnitt 1 Unterabschnitt 1 Nr. 1.3 WaffG: Wesentliche Teile von Schusswaffen (Nr. 1.3.1), Schalldämpfer (Nr. 1.1.3); Nr. 3: „Weitere Begriffe zu den wesentlichen Teilen": Nr. 3.1: Austauschläufe; Nr. 3.2: Wechselläufe; Nr. 3.3: Einsteckläufe; Nr. 3.4: Wechseltrommeln; Nr. 3.5: Wechselsysteme; Nr. 3.6: Einstecksysteme; Nr. 3.7:

Grundsätzlich gibt es je nach Fall folgende Tatbestände:

Einsätze; Nr. 4: „Sonstige Vorrichtungen für Schusswaffen": Nr. 4.1: Zielscheinwerfer; Nr. 4.2: Laser oder Zielpunktprojektoren; Nr. 4.3: Nachtsichtgeräte oder Nachtzielgeräte; Nr. 4.4: Magazine; Nr. 4.4.1: eingebaute Magazine; Nr. 4.4.2: Wechselmagazine; Nr. 4.4.3: Magazingehäuse; Nr. 5: Reizstoffe; Nr. 6: Schusswaffennachbildungen.

- § 1 Abs. 2, 4 WaffG i.V.m. Anlage 1 Abschnitt 1 Unterabschnitt 1 Nr. 1.4 WaffG: Unbrauchbar gemachte Schusswaffen.
- § 1 Abs. 2, 4 WaffG i.V.m. Anlage 1 Abschnitt 1 Unterabschnitt 1 Nr. 1.5 WaffG: Salutwaffen.
- § 1 Abs. 2, 4 WaffG i.V.m. Anlage 1 Abschnitt 1 Unterabschnitt 1 Nr. 1.6 WaffG: Anscheinswaffen.
- § 1 Abs. 2, 4 WaffG i.V.m. Anlage 1 Abschnitt 1 Unterabschnitt 1 Nr. 2 WaffG: Schusswaffenarten: Nr. 2.1: Feuerwaffen; Nr. 2.2: automatische Schusswaffen; Nr. 2.3: Repetierwaffen; Nr. 2.4: Einzelladerwaffen; Nr. 2.5: Langwaffen; Nr. 2.6: Schreckschusswaffen; Nr. 2.7: Reiszstoffwaffen; Nr. 2.8: Signalwaffen; Nr. 2.9: Druckluft- und Federdruckwaffen.
- § 1 Abs. 2, 4 WaffG i.V.m. Anlage 1 Abschnitt 1 Unterabschnitt 2: „Tragbare Gegenstände": Nr. 1: „Tragbare Gegenstände nach § 1 Abs. 2 Nr. 2 Buchstabe a": Nr. 1.1: Hieb- und Stoßwaffen; Nr. 1.2: [weitere] „Gegenstände"; Nr. 1.2.1: „Gegenstände, die unter Ausnutzung einer anderen als mechanischen Energie Verletzungen beibringen (z. B. Elektroimpulsgeräte); Nr. 1.2.2: Reizstoffsprühgeräte; Nr. 1.2.3-1.2.6 [weitere näher beschriebene – gefährliche – Gegenstände]; Nr. 1.3: „Schleudern, die zur Erreichung einer höchstmöglichen Bewegungsenergie eine Armstütze oder eine vergleichbare Vorrichtung besitzen oder für eine solche Vorrichtung eingerichtet sind (Präzisionsschleudern), sowie Armstützen und vergleichbare Vorrichtungen für die vorbezeichneten Gegenstände.".
- § 1 Abs. 2, 4 WaffG i.V.m. Anlage 1 Abschnitt 1 Unterabschnitt 2: „Tragbare Gegenstände": Nr. 2: „Tragbare Gegenstände im Sinne des § 1 Abs. 2 Nr. 2 Buchstabe b": Nr. 2.1: Messer; Nr. 2.1.1: Springmesser; Nr. 2.1.2: Fallmesser; Nr. 2.1.3: Faustmesser; Nr. 2.1.4: Butterflymesser; Nr. 2.2: „Gegenstände, die bestimmungsgemäß unter Ausnutzung einer anderen als mechanischen Energie Tieren Schmerzen beibringen (z. B. Elektroimpulsgeräte), mit Ausnahme der ihrer Bestimmung entsprechend im Bereich der Tierhaltung oder bei der sachgerechten Hundeausbildung Verwendung findenden Gegenstände (z. B. Viehtreiber).".
- § 1 Abs. 2, 4 WaffG i.V.m. Anlage 1 Abschnitt 1 Unterabschnitt 3: „Munition und Geschosse".
- § 1 Abs. 2, 3, 4 und §§ 2, 3 WaffG i.V.m. Anlage 1 Abschnitt 2 Nr. 10, 11 WaffG: Kinder, Jugendliche.
- § 1 Abs. 2, 3, 4 und § 2 WaffG i.V.m. § 12 Abs. 3 Nr. 2 WaffG / § 42 Abs. 6 S. 3 Nr. 5 WaffG [Verbotsausnahmen] i.V.m. Anlage 1 Abschnitt 2 Nr. 13 WaffG: Schusswaffe zugriffsbereit,
- § 30 WaffG [Erlaubnis zum Verbringen von Waffen oder Munition aus dem WaffG-Geltungsbereich in andere Mitgliedstaaten] / § 48 Abs. 1a WaffG [Ermächtigungsgrundlage] i.V.m. Anlage 1 Abschnitt 2 Nr. 14 WaffG: Mitgliedstaaten. Zu EU und EU-Mitgliedstaaten siehe: *Basten*, Eingrriffsrecht der Polizei in Nordrhein-Westfalen, Band 3, Buch 4, Abschnitt 1, Unterabschnitt 1.
- § 1 Abs. 2, 4 WaffG i.V.m. Anlage 2 Abschnitt 1 Nr. 1.2.2 (zu Tarnschusswaffen): „Schusswaffen, die ihrer Form nach geeignet sind, einen anderen Gegenstand vorzutäuschen oder die mit Gegenständen des täglichen Gebrauchs verkleidet sind (z. B. Koppelschlosspistolen, Schießkugelschreiber, Stockgewehre, Taschenlampenpistolen).
- § 1 Abs. 2, 4 WaffG i.V.m. Anlage 2 Abschnitt 1 Nr. 1.3.3: Wurfsterne.
- § 1 Abs. 2, 4 WaffG i.V.m. Anlage 2 Abschnitt 1 Nr. 1.3.8 WaffG: (tragbare) „Gegenstände, die nach ihrer Beschaffenheit und Handhabung dazu bestimmt sind, durch Drosseln die Gesundheit zu schädigen (z. B. Nun-Chakus)".

- Gegenstände, die vom WaffG nicht erfasst (geregelt) sind, da sie keine Waffen oder Munition i.S.d. § 1 Abs. 2, 4 WaffG sind (waffengesetzlich nicht erfasste Gegenstände / Nichtwaffen oder Nichtmunition);
- Gegenstände, die Waffen oder Munition nach § 1 Abs. 2, 4 WaffG sein könnten, aber vom WaffG ausgenommen sind[1478] (waffengesetzlich ausgenommene Waffen oder Munition), vgl. zu (Her-)Ausnahmen auch § 55 WaffG („Ausnahmen für oberste Bundes- und Landesbehörden, Bundeswehr, Polizei und Zollverwaltung, erheblich gefährdete Hoheitsträger sowie Bedienstete anderer Staaten")[1479];
- Waffen oder Munition im Sinne des § 1 Abs. 2, 4 WaffG i.V.m. Anlage 1 WaffG;

[1478] § 1 Abs. 2, 4 und § 2 WaffG i.V.m. Anlage 2 Unterabschnitt 2 WaffG:

Vom Gesetz mit Ausnahme des § 42a ausgenommene Waffen

1. Schusswaffen (Anlage 1 Abschnitt 1 Unterabschnitt 1 Nummer 1.1, ausgenommen Blasrohre),

a) die zum Spiel bestimmt sind, wenn aus ihnen nur Geschosse verschossen werden können, denen eine Bewegungsenergie von nicht mehr als 0,5 Joule (J) erteilt wird, es sei denn, sie können mit allgemein gebräuchlichen Werkzeugen so geändert werden, dass die Bewegungsenergie der Geschosse über 0,5 Joule (J) steigt, oder

b) die Spielzeuge im Sinne von Artikel 2 Absatz 1 der Richtlinie 2009/48/EG des Europäischen Parlaments und des Rates vom 18. Juni 2009 über die Sicherheit von Spielzeug (ABl. L 170 vom 30.6.2009, S. 1) sind, wenn sie

aa) die Anforderungen nach Artikel 10 in Verbindung mit Anhang II Abschnitt 1 Nummer 8 der Richtlinie 2009/48/EG in der jeweils geltenden Fassung erfüllen und

bb) die nach Artikel 16 Absatz 1 der Richtlinie 2009/48/EG erforderliche Kennzeichnung aufweisen.

2. Schusswaffen (Anlage 1 Abschnitt 1 Unterabschnitt 1 Nr. 1.1), bei denen feste Körper durch Muskelkraft ohne Möglichkeit der Speicherung der so eingebrachten Antriebsenergie durch eine Sperrvorrichtung angetrieben werden (z. B. Blasrohre).

3. Gegenstände, die zum Spiel bestimmt sind, wenn mit ihnen nur Zündblättchen, -bänder, -ringe (Amorces) oder Knallkorken abgeschossen werden können, es sei denn, sie können mit allgemein gebräuchlichen Werkzeugen in eine Schusswaffe oder einen anderen einer Schusswaffe gleichstehenden Gegenstand umgearbeitet werden.

4. Nachbildungen von Schusswaffen nach Anlage 1 Abschnitt 1 Unterabschnitt 1 Nr. 6.

Vgl. dazu: Bundestags-Drucksache 19/15875, S. 40: „Durch die Neufassung von Anlage 2 Abschnitt 3 Unterabschnitt 2 Nummer 1 werden sämtliche Gegenstände, die die Anforderungen der EU-Spielzeugsicherheitsrichtlinie (Richtlinie 2009/48/EG) in der jeweils geltenden Fassung erfüllen, aus dem Anwendungsbereich des Waffengesetzes ausgenommen. Anwendbar bleibt nur das Verbot des Führens von Anscheinswaffen (§ 42a). Die generelle Ausnahme von Spielzeug, das die Anforderungen der Richtlinie 2009/48/EG erfüllt, aus dem Anwendungsbereich des Waffengesetzes ist europarechtlich geboten, weil Artikel 12 dieser Richtlinie bestimmt, dass die Mitgliedstaaten das Bereitstellen von Spielzeugen, die der Richtlinie entsprechen, auf dem Markt nicht behindern dürfen.".

[1479] Vgl. auch mit § 55 WaffG zum waffenrelevanten dienstrechtlichen Innenverhältnis (mit potentiellen haftungsrechtlichen Folgen nach Art. 34 i.V.m. Art. 839 BGB im Außenverhältnis): §§ 34, 35 BeamtStG und polizeibehördeninterne, beamtenrechtlich relevante Weisungen wie Nr. 4.6 PDV 350 i.V.m. Nr. 2 Erlass MIK NRW an Polizeibehörden FEM im Außendienst 41 - 60.04.02 vom 02.03.2011 [„in Abänderung" der Nr. 4.6 PDV 350, vgl. dort abschließend aufgeführte „mindestens" zugelassene/verpflichtende, genau benannte Ausstattung; RSG für Angehörige der Direktion K oder ZA, vgl. diesbezüglich Möglichkeit einer weiteren, ggf. aktualisierenden Behördenverfügung; vgl. auch: RdErl. d. Ministeriums für Inneres und Kommunales - 41 - 60.03.06/57.06 - vom 22.12.2011: Besitz und Führen dienstlich zugewiesener Schusswaffen und RSG durch Polizeivollzugsbeamtinnen und -beamte außerhalb des Dienstes.

- Gegenstände, die keine Waffen oder Munition im Sinne des § 1 Abs. 2, 4 WaffG i.V.m. Anlage 1 sind, aber vom WaffG mitgeregelt sind, vgl. insbesondere Anscheinswaffen i.s.d. § 42a WaffG i.V.m. Anlage 1 Abschnitt 1 Unterabschnitt 1 Nr. 1.6 WaffG[1480];[1481]

[1480] Bundestags-Drucksache 16/8224, S. 18 f.: „Die neue Regelung belegt das **Führensverbot für Anscheinswaffen** mit einem Bußgeldtatbestand, so wie es auch der Bundesrat in seiner Stellungnahme beschlossen hat. Die Vorschrift ermöglicht es der Polizei bei Verstößen gegen das Führensverbot zudem, die Anscheinswaffe dauerhaft einzuziehen (vgl. § 54 Abs. 2 WaffG). Des Weiteren wird auch das **Führensverbot für Hieb- und Stoßwaffen und bestimmte Messer** als Ordnungswidrigkeit eingestuft. Dies schafft für die Polizei die Voraussetzung, bereits im Vorfeld einer Gewalttat bei provokativem Verhalten gewaltbereiter Jugendlicher deren mitgeführte Messer einzuziehen. Liegt ein berechtigtes Interesse am Führen dieser Gegenstände vor, ist der Bußgeldtatbestand nicht verwirklicht. So wird sichergestellt, dass das Mitführen nützlicher **Gebrauchsmesser** für sozial-adäquate Zwecke (z. B. Picknick, Bergsteigen, Gartenpflege) auch weiterhin nicht beanstandet wird. Ziel ist die Verdrängung originalgetreuer Schusswaffenimitate aus der Öffentlichkeit durch das in § 42a (neu) des Waffengesetzes vorgesehene Führensverbot. Der Begriff der **Anscheinswaffe** wird nun auf alle Imitate von Feuerwaffen erstreckt, so dass Attrappen von Kurz- und Langwaffen gleichermaßen erfasst sind. Die polizeiliche Praxis zeigt, dass zunehmend neben den bedrohlich wirkenden Kriegswaffen- und Pumpgun-Imitaten auch Kurzwaffenimitate genutzt werden, die ein Sicherheitsrisiko bilden. Diese Waffenimitate werden mittlerweile in ihrem Aussehen so originalgetreu kopiert, dass sie oft nicht von echten Feuerwaffen zu unterscheiden sind. Damit besteht die Gefahr, dass Polizeivollzugsbeamte bei einer Verwechslung in der Annahme einer vermeintlichen Notwehr- oder Nothilfesituation mit verheerenden Folgen von ihrer Dienstwaffe Gebrauch machen. Das Führensverbot soll in erster Linie für so genannte **‚Soft-Air-Waffen‘** gelten, die unter Jugendlichen weit verbreitet sind. Hierbei handelt es sich u. a. um täuschend echt wirkende Nachbauten von Polizeipistolen, Maschinenpistolen und Scharfschützengewehren, mit denen kleine Plastikkugeln verschossen werden und die bereits für wenige Euro zum Zeitvertreib erworben werden können. Daher fallen die originalgetreuen Imitate von Feuerwaffen, die keine scharfe Munition verschießen können, nach Nummer 1.6.1 unter die Definition der **Anscheinswaffe**. Nummer 1.6.2 erfasst die Nachbildungen (Anlage 1 Abschnitt 1 Unterabschnitt 1 Nr. 1.5 des Waffengesetzes) von Feuerwaffen, also Nachbauten, die die äußere Form einer Schusswaffe haben, aus denen jedoch nicht ge- schossen werden kann. Unbrauchbar gemachte Schusswaffen, die weiterhin wie funktionsfähige Feuerwaffen aussehen, werden von Nummer 1.6.3 erfasst. Für **erlaubnispflichtige Feuerwaffen** (z. B. von Jägern und Sportschützen) kommt § 42a (neu) des Waffengesetzes damit nicht zur Anwendung. Für das Führen von Feuerwaffen gelten die allgemeinen Vorschriften des Waffengesetzes unverändert. Sie können ohnehin nur sehr eingeschränkt geführt werden (z. B. im Jagdrevier). [...] Ausgenommen von der Definition sind **Spielzeugattrappen** (z. B. Zündblättchenrevolver), **Waffenimitate für Brauchtumsveranstaltungen** (z. B. für Karneval, öffentliche Western-Veranstaltungen und Umzüge bei Schützenfesten) und kulturhistorisch bedeutsame Waffensammlungen. Ebenfalls ausgenommen sind die **von Sportschützen verwendeten Druckluftwaffen** (Luftpistole und Luftgewehr) sowie **Schreckschuss-, Reizstoff- und Signalwaffen**, die nach geltendem Recht nur nach Erteilung eines **‚Kleinen Waffenscheins‘** (vgl. § 10 Abs. 4 des Waffengesetzes) in der Öffentlichkeit geführt werden dürfen. Zur Klarstellung, wann eine **Spielzeugattrappe** von der Definition der Anscheinswaffe ausgenommen ist, enthält Satz 3 konkrete Anhaltspunkte für Hersteller, Händler und Käufer von Spielzeugwaffen. Attrappen, deren Größe die des Originalvorbildes um die Hälfte über- oder unterschreitet, sind von echten Feuerwaffen unterscheidbar. Dies gilt insbesondere, wenn darüber hinaus auch beispielsweise an der Mündung des Laufs neonfarbene Kunststoffteile verarbeitet wurden und an der Attrappe keine Originalbeschriftungen (z. B. Händlerlogo oder Modellbezeichnung) aufgebracht sind. Bei der Abgrenzung von Anscheinswaffen und **Spielzeug** ist unter Berücksichtigung des objektiven Empfängerhorizonts auf das Gesamterscheinungsbild des Gegenstandes abzustellen.“. Zum objektivierten Empfängerhorizont: *Basten*, Eingriffsrecht der Polizei in Nordrhein-Westfalen, Band 1, S. 49, 164, 186, 189.

[1481] Die Mitregelung einer Nichtwaffe oder Nichtmunition in irgendeiner Weise durch das WaffG selbst ist insbesondere sub specie § 1 Abs. 1 WaffG, Art. 70 ff. GG unter Berücksichtigung von Gesetzgebungszuständigkeit und Gesetzesbestimmtheit rechtlich noch möglich und ändert tatsächlich nichts an der WaffG-Definitions- und Subsumtionssystematik.

- Erlaubnispflichtigkeit bezüglich bestimmter Umgangsart (bis hin zur Kompletterlaubnispflicht/Vollerlaubnispflicht bzgl. aller Umgangsarten oder mit Erlaubnispflichtausnahmen oder besonderen Erlaubnistatbeständen[1482]) bezüglich bestimmter Waffe oder Munition[1483];
- Erlaubnisfreiheit[1484] bezüglich bestimmter Umgangsart (bis hin zur Kompletterlaubnispflichtfreiheit/Vollerlaubnispflichtfreiheit bzgl. aller Umgangsarten) bezüglich bestimmter Waffe oder Munition[1485];
- Verbot bezüglich bestimmter Umgangsart (bis hin zum Komplettverbot/Vollverbot bzgl. aller Umgangsarten) bezüglich bestimmter Waffe oder Munition[1486].

Ergänzend zu der in § 1 Abs. 4 WaffG genannten Anlage 1 WaffG sind die zur Klärung von Zweifelsfragen im Verfahren nach § 2 Abs. 5 WaffG erlassenen und im Bundesanzeiger veröffentlichten Feststellungsbescheide heranzuziehen.[1487] Andere Beurteilungen unterhalb der

---

- [1482] § 1 Abs. 2, 3, 4 und § 2 WaffG i.V.m. § 12 Abs. 3 Nr. 2, 3 WaffG [Erlaubnispflichtausnahmen] / § 13 Abs. 6, 7, 8 WaffG [besondere Erlaubnistatbestände] i.V.m. Anlage 1 Abschnitt 2 Nr. 12 WaffG: Waffe schussbereit,

Nr. 12.3 WaffVwV: „Neben der Erlaubnispflichtigkeit des Führens, die für bestimmte Gegebenheiten durch § 12 Absatz 3 aufgehoben wird, sind besondere Führungsverbote, insbesondere die der §§ 42 und 42a, zu beachten."

Nr. 12.3.1 WaffVwV: „Im Falle des § 12 Absatz Nummer 1 wird neben der Zustimmung des Hausrechtsinhabers gefordert, dass zum Führen einer Schusswaffe in fremdem Besitztum ein Beürfnis (z.B. Bewachungsunternehmer oder Bewacher auf dem Grundstück des fremden Objekts) vorliegen muss. [...] Ein Bedürfnis in diesem Sinne ist festzustellen, wenn eine Erwerbs- und Besitzerlaubnis erforderlich ist, nach Sinn und Zweck dieser Erlaubnis,

  - wenn für einen Berechtigten gehandelt wird (z.B. in den Fällen des § 12 Absatz 1 Nummer 3), nach Sinn und Zweck der dem Berechtigten erteilten Erlaubnis,
  - wenn für die Erteilung einer Erwerbs- oder Besitzerlaubnis der Nachweis eines Bedürfnisses nicht erforderlich ist, insbesondere im Fall des § 20 Absatz 2, nach dem Sinn und Zweck der gesetzlichen Einräumung des Besitzrechts (z.B. besteht dieser im Falle des Erbenprivilegs darin, Waffen lediglich behalten und erhalten zu dürfen),
  - wenn es keiner Erwerbs- und Besitzerlaubnis bedarf, nach der Zweckbestimmung der Waffe nach Anlage 1 Abschnitt 1 Unterabschnitt 1 Nummer 1.1.".

Nr. 12.3.3.2 WaffVwV: „Nach § 12 Absatz 3 Nummer 2 WaffG dürfen die Schusswaffen beim Transport zum Schießstand oder Büchsenmacher weder schuss- noch zugriffsbereit sein; dies gilt auch für den Transport durch Jäger. Für die Fahrt zum Schießstand oder Büchsenmacher folgt daraus, dass die Schusswaffe im Fahrzeug am besten in einem (mit Zahlen- und Vorhängeschloss) verschlossenen Futteral oder Waffenkoffer transportiert wird, da die Waffe dann auf jeden Fall ‚nicht zugriffsbereit' im Sinne der Vorschrift ist. Soweit Waffen in unverschlossenem Behältnis transportiert werden, sind sie nur dann ‚nicht zugriffsbereit', wenn sie nicht innerhalb von drei Sekunden und mit weniger als drei Handgriffen unmittelbar in Anschlag gebracht werden können, vgl. BT-Drs. 16/8224, S. 32 f. (weil sie sich während der Fahrt im Kofferraum eines Fahrzeugs befindet).".

[1483] § 1 Abs. 2, 3, 4 und §§ 2, 3 WaffG i.V.m. Anlage 2 Abschnitt 2 Unterabschnitt 1 WaffG: „Erlaubnispflichtige Waffen".

[1484] **Erlaubnisfreiheit** ist waffengesetzlicher Terminus und bedeutet: Erlaubnispflichtfreiheit.

[1485] § 1 Abs. 3, 4 und §§ 2, 3 WaffG i.V.m. Anlage 2 Abschnitt 2 Unterabschnitt 2 WaffG: „Erlaubnisfreie Arten des Umgangs".

[1486] Vgl. §§ 1, 2, 3 WaffG i.V.m. Anlage 2 („Waffenliste") Abschnitt 1 WaffG: „Verbotene Waffen".

[1487] Zu waffengesetzlichen BKA-Feststellungsbescheiden vgl. z.B.

Schwelle eines Feststellungsbescheides des Bundeskriminalamts (BKA), die ebenfalls in geeigneter Weise (auf der Homepage des BKA) zu veröffentlichen sind, können berücksichtigt werden.[1488]

Die WaffG-Gegenstands-Subsumtion und die WaffG-Umgangs-Subsumtion kann auf beiden Rechtsgebieten relevant werden, etwa wie folgt (alternativ):

- auf dem **Rechtsgebiet der Gefahrenabwehr** insbesondere
  - für die jeweilige Anwendbarkeit bzw. Erfüllung einer WaffG-Befugnisrechtsnorm, vgl. nur z.B.: § 41 Abs. 1 und/oder 2 WaffG;
  - für eine etwaige Gefahrenprognose bzw. Annahme einer rechtfertigenden Tatsache nach PolG NRW, vgl. nur z.B.:
    - § 8 PolG NRW (z.B. für die Rechtsfolge einer nicht besonderes geregelten Unterlassungsverfügung bezüglich des Gegenstandes bzw. des Gegenstandsumgangs);
    - § 39 Abs. 1 Nr. 2 PolG NRW;
    - § 39 Abs. 2 PolG NRW;
    - § 40 Abs. 1 Nr. 1 PolG NRW;
    - § 40 Abs. 3 PolG NRW;
    - § 40 Abs. 1 Nr. 1, 3 PolG NRW;
    - § 41 Abs. 1 Nr. 2 / 4 PolG NRW;
    - § 43 PolG NRW (für die Rechtsfolge der Sicherstellungsverfügung bezüglich des Gegenstandes);

- BKA, Feststellungsbescheid vom 12.07.2006, veröffentlicht im Bundesanzeiger AT Nr. 133 vom 19.07.2006, an die gemäß § 2 Abs. 5 WaffG zuständigen Landesbehörden nach Länderanhörung, mit dem Ergebnis: **Tactical Gloves** sind keine Hieb- und Stoßwaffen und damit auch keien Hieb- und Stoßwaffen, die ihrer Form nach geeignet sind, einen anderen Gegenstandvorzustäuschen, oder die mit Gegenständen des täglichen Gebrauchs verkleidet sind; Verbotseigenschaft wird verneint.
- BKA, Feststellungsbescheid vom 05.03.2008, veröffentlicht im Bundesanzeiger AT Nr. 43 vom 18.03.2008, an die gemäß § 2 Abs. 5 WaffG zuständigen Landesbehörden nach Länderanhörung, mit dem Ergebnis: **Kubotan** ist keine Hieb- und Stoßwaffe; Verbotseigenschaft wird verneint.
- BKA, Feststellungsbescheid vom 25.03.2015, veröffentlicht im Bundesanzeiger AT am 15.05.2015, an die gemäß § 2 Abs. 5 WaffG zuständigen Landesbehörden nach Länderanhörung, mit dem Ergebnis: **Pfeilabschussgerät** „Verminator MK II Extreme Arrow System" ist keine Waffe und keine Anscheinswaffe i.S.d. WaffG.
- BKA, Feststellungsbescheid vom 13.08.2019, veröffentlicht im Bundesanzeiger AT am 16.10.2019, an die gemäß § 2 Abs. 5 WaffG zuständigen Landesbehörden nach Länderanhörung, mit dem Ergebnis: (geprüfter, also nicht modifizierter/nachgebuater) **Kubotee** ist nicht vollverbotene, aber § 42a WaffG unterliegende, Hieb- und Stoßwaffe im nichttechnischen Sinn.
- BKA, Feststellungsbescheid vom 27.02.2020, veröffentlicht im Bundesanzeiger AT am 13.05.2020, an die gemäß § 2 Abs. 5 WaffG zuständigen Landesbehörden nach Länderanhörung, mit dem Ergebnis: (geprüfter) **Klopfmassage-Stab** (als ursprünglich angepriesenes „Wellnessprodukt" eines Unternehmens) ist Waffe im technischen Sinn gemäß § 1 Abs. 2 Nr. 2a WaffG i.V.m. Anlage 1 zu § 1 Abs. 4 WaffG i.V.m. Anlage 1 Abschnitt 1 Unterabschnitt 2 Nr. 1.1 WaffG und Umgang damit verboten gemäß § 2 Abs. 2-4 WaffG i.V.m. Anlage 2 Abschnitt 1 Nr. 1.3.2 WaffG.

[1488] Nr. 1.3 WaffVwV.

    - § 50 PolG NRW (für die Rechtsfolge Zwang angesichts des Gegenstands bzw. des Gegenstandsumgangs).
- auf dem **Rechtsgebiet der Strafrechtspflege** insbesondere
  - für Tatverdachtsbeurteilung
  - Beurteilung von sonstigen (dringenden) Maßnahme-Gründen, vgl. nur z.B.:
    - §§ 51, 52 WaffG (Strafvorschriften);
    - § 53 WaffG (Bußgeldvorschriften);
    - § 34 AWaffV (Ordnungswidrigkeiten aus Allgemeine Waffengesetz-Verordnung, z.B.: § 36 WaffG i.V.m. §§ 13, 14 AWaffV i.V.m. § 34 Nr. 12 AWaffV i.V.m. § 53 Abs. 2 WaffG;
    - § 21 BeschG (Bußgeldvorschriften);
    - § 42 BeschussV (Ordnungswidrigkeiten);
    - §§ 15, 16, 17, 39, 41 JagdG;
    - § 16 KrWaffUnbrUmgV (Ordnungswidrigkeiten aus: Verordnung über die Unbrauchbarmachung von Kriegswaffen und den Umgang mit unbrauchbar gemachten Kriegswaffen – Kriegswaffenunbrauchbarmachungs- und -umgangsverordnung – KrWaffUnbrUmgV);
    - §§ 27, 60 Abs. 1 Nr. 5, 6 LuftVG;
    - §§ 11 Abs. 1, 18, 19 LuftSiG;
    - §§ 113, 121, 125a, 244, 250 StGB;
    - §§ 2 Abs. 3, 17a, 27, 28, 30 VersG[1489].

Die Gegenstandserfassung- und einstufung (Gegenstandssubsumtion) und die Gegenstandsumgangssubsumtion erfolgt also grundsätzlich i.V.m. folgenden Rechtsnormen und ihrer Systematik wie folgt:

- Definition und Subsumtion des Gegenstands (Gegenstandseinstufung) als Waffe als Schusswaffe oder als tragbarer Gegenstand (vgl. Anscheinswaffe und nicht § 1 Abs. 2 WaffG, Anlagen 1, 2 WaffG subsumierbare Messer) oder als Munition oder als Nichtwaffe oder als Nichtmunition, § 1 Abs. 2, 4 und § 2 Abs. 2-5 WaffG i.V.m. Anlagen 1, 2 WaffG
- Definition und Subsumtion des Gegenstandsumgangs bzgl. Waffe oder Munition (Umgangseinstufung), § 1 Abs. 3 und § 2 Abs. 2-5 WaffG i.V.m. Anlagen 1, 2 WaffG:
  - Umgangsart: § 1 Abs. 3, 4 i.V.m. Anlage 1 Abschnitt 2 Nr. 1-7, 8.1, 8.2, 9 WaffG
  - Umgangsgrundsätze: Gestattung (§ 2 Abs. 1 WaffG) / Erlaubnisbedarf (§ 2 Abs. 2 WaffG) / Verbot (§ 2 Abs. 3 WaffG) / Erlaubnispflichtausnahme (§ 2 Abs. 4 S. 1 WaffG) / Verbotsausnahme (§ 2 Abs. 4 S. 1 WaffG) / WaffG-Nichtanwendbarkeit (§ 2 Abs. 4 S. 2 WaffG)
  - Umgangspflichten: Vgl. z.B. § 36 WaffG i.V.m. §§ 13, 14 AWaffV oder § 38 WaffG
  - Umgangssanktionen: §§ 51, 52, 53 WaffG.

Bezüglich sonstiger Rechtmäßigkeitsvoraussetzungspunkte ergeben sich unter besonderer Berücksichtigung der öffentlichen Sicherheit und Ordnung i.S.v. § 1 Abs. 1 WaffG keine weiteren erheblichen Besonderheiten.

[1489] Vgl. § 29 VersG NRW („Einziehung“) nach Landtag-NRW-Drucksache 17/12423, S. 28.

BUCH 5:

HAUPTSTUDIUM 3

In diesem Buch[1490] erfolgt die Darstellung des Rechtsinhalts der Maßnahmen der Polizei überwiegend in der Rechtsform des Fallbearbeitungssystems mit den Fallbearbeitungsmarkern der wesentlichen Elemente Voraussetzung (VOR), Definition (DEF), Subsumtion (SUB), Ergebnis (ERG)[1491].

[1490] Zu den Grundlagen des polizeilichen Eingriffsrechts: *Basten*, Eingriffsrecht der Polizei in Nordrhein-Westfalen – Band 1. Zum Eingriffsrecht der Polizei im Grundstudium: *Basten*, Eingriffsrecht der Polizei in Nordrhein-Westfalen – Band 2. Für Fälle bezüglich der Grundlagen und aller Studienabschnitte: *Basten*, Eingriffsrecht der Polizei in Nordrhein-Westfalen – Fälle.

[1491] Zum Fallbegriff, zur Fallbearbeitung und ihren Elementen siehe grundlegend: *Basten*, Eingriffsrecht der Polizei in Nordrhein-Westfalen, Band 1, Buch 1, Abschnitt 3, Unterabschnitt 2.

ABSCHNITT 1:

DATENVERARBEITUNG ALLGEMEIN

A. Rechtsgrundlage (RGL) I. Grundrechte (GR)

(VOR/DEF)

Grundrechte sind grundlegende Rechte aus Art. 1-19 GG i.V.m. dem Rechtsstaatsprinzip, Art. 20 Abs. 3 GG, mit Vorrang und Vorbehalt des Gesetzes.[1492]

(SUB/ERG)

Grundrechte sind (i.d.R. alternativ fallabhängig und insbesondere) wie folgt gegeben:

[1492] Zu **Grundrechten**: *Basten*, Eingriffsrecht der Polizei in Nordrhein-Westfalen, Band 1, Buch 1, Abschnitt 2, Unterabschnitt 3. Zum **Rechtsstaatsprinzip** mit unter anderem sogenanntem Vorrang des Gesetzes und Vorbehalt des Gesetzes: *Basten*, Eingriffsrecht der Polizei in Nordrhein-Westfalen, Band 1, S. 95-108.

1. Allgemeines Persönlichkeitsgrundrecht[1493] mit verschiedenen Ausprägungen[1494], etwa in der Ausprägung des **Rechts auf informationelle Selbstbestimmung** (APR/RiS), Art. 2 Abs. 1 i.V.m. Art. 1 Abs. 1[1495] GG, vgl. auch Art. 142 GG i.V.m. Art. 4 Abs. 1, 2 Verfassung NRW[1496].

[1493] BVerfGE 147, 1, 18 f. (**Geschlechtsidentität**) = BVerfG, Beschluss des Ersten Senats vom 10.10.2017 – 1 BvR 2019/16 –, Rn. 38: „Art. 2 Abs. 1 GG gewährt jedem das **Recht auf die freie Entfaltung seiner Persönlichkeit**. Dieses Grundrecht umfasst neben der allgemeinen Handlungsfreiheit das **allgemeine Persönlichkeitsrecht** (Art. 2 Abs. 1 i.V.m. Art. 1 Abs. 1 GG). Letzteres ergänzt als ‚unbenanntes' Freiheitsrecht die speziellen (‚benannten') Freiheitsrechte, die ebenfalls konstituierende Elemente der Persönlichkeit schützen (vgl. BVerfGE 54, 148 <153>). Eine der **Aufgaben des allgemeinen Persönlichkeitsrechts** ist es dabei, Grundbedingungen dafür zu sichern, dass die einzelne Person ihre Individualität selbstbestimmt entwickeln und wahren kann (vgl. BVerfGE 35, 202 <220>; 79, 256 <268>; 90, 263 <270>; 117, 202 <225>). Das allgemeine Persönlichkeitsrecht schützt indessen nur solche **Elemente der Persönlichkeitsentfaltung**, die - ohne bereits Gegenstand der besonderen Freiheitsgarantien des Grundgesetzes zu sein - diesen in ihrer konstituierenden Bedeutung für die Persönlichkeit nicht nachstehen (vgl. BVerfGE 79, 256 <268>; 99, 185 <193>; 120, 274 <303>; stRspr). Es verbürgt also nicht Schutz gegen alles, was die selbstbestimmte Persönlichkeitsentwicklung auf irgendeine Weise beeinträchtigen könnte; ohnehin vermag kein Mensch seine Individualität unabhängig von äußeren Gegebenheiten und Zugehörigkeiten zu entwickeln. Der lückenschließende Schutz des allgemeinen Persönlichkeitsrechts greift aber dann, wenn die selbstbestimmte Entwicklung und Wahrung der Persönlichkeit spezifisch gefährdet ist (BVerfGE 141, 186 <201 f. Rn. 32>).".

BVerfG, Beschluss des Ersten Senats vom 06.11.2019 – 1 BvR 16/13 – (Recht auf Vergessen I), Rn. 81: „Diese [**APR-]Rechtsprechung** hat sich maßgeblich in Konstellationen der mittelbaren Drittwirkung und geleitet von dem Erfordernis praktischer Konkordanz entwickelt. Deshalb bestimmen sich die Schutzdimensionen des allgemeinen Persönlichkeitsrechts letztlich immer einzelfallbezogen im Abgleich mit den Grundrechten Dritter. Die Bestimmung seiner Schutzwirkungen und die Abwägung mit den gegenüberstehenden Freiheitsrechten greifen hier Hand in Hand. Der Schutz des allgemeinen Persönlichkeitsrechts ist insoweit flexibel und durch die Einbindung der Person in ihre sozialen Beziehungen relativiert (vgl. BVerfGE 101, 361 <380>; 141, 186 <202 Rn. 32>; 147, 1 <19 Rn. 38>; stRspr; siehe auch BGHZ 183, 353 <357 Rn. 11>; 209, 139 <150 Rn. 30>; 219, 233 <240 Rn. 22>; stRspr).".

Vgl. „**Allgemeines Persönlichkeitsrecht**" (APR) als „sonstiges Recht" (sog. **Rahmenrecht** mit [grundrechts-]abwägungsoffenem Tatbestand) nach § 823 Abs. 1 Var. 6 BGB, u.a. mit Geldentschädigungsanspruch, insbesondere durch ständige Rechtsprechung (vgl. auch § 253 BGB) seit folgender Entwicklung: BGHZ 13, 334 (Leserbrief), mit erstmaliger ausdrücklicher Anerkennung des allgemeinen Persönlichkeitsrechts; BGHZ 26, 349 (Herrenreiter), mit erstmaliger Zuerkennung einer Geldentschädigung wegen des immateriellen Schadens durch die Verletzung des allgemeinen Persönlichkeitsrechts; BGHZ 35, 363 (Ginsengwurzel), mit erstmaliger Schwerpunktsetzung bei der Menschenwürde in der Begründung; BVerfGE 34, 269 (Soraya), mit verfassungsgerichtlicher Erklärung der verfassungsrechtlichen Zulässigkeit der richterrechtlich entwickelten APR-Konstruktion.

[1494] BVerfG, Beschluss des Ersten Senats vom 06.11.2019 – 1 BvR 16/13 – (Recht auf Vergessen I), Rn. 80: „Die Rechtsprechung hat aus dem [**Allgemeinen Persönlichkeits-]Grundrecht** insoweit verschiedene **Schutzdimensionen** abgeleitet wie den **Schutz eines unantastbaren Bereichs privater Lebensgestaltung**, die Garantie der **Privatsphäre**, das **Recht am eigenen Bild** oder **gesprochenen Wort** oder das **Recht auf die Darstellung der eigenen Person**, die **soziale Anerkennung** sowie die **persönliche Ehre** (vgl. BVerfGE 27, 1 <6>; 27, 344 <350 f.>; 32, 373 <379>; 34, 238 <245 f.>; 47, 46 <73>; 54, 148 <153 f.>; 99, 185 <193 f.>; 101, 361 <384>; 106, 28 <39>; 114, 339 <346>; 120, 180 <198>)." „Diese **Schutzgehalte** werden insoweit aber nicht als abschließend umschriebene und voneinander abzugrenzende Gewährleistungen verstanden, sondern als Ausprägungen, die in Blick auf den konkreten Schutzbedarf jeweils anhand des zu entscheidenden Falles herauszuarbeiten sind (vgl. BVerfGE 54, 148 <153 f.>; 65, 1 <41>).".

BVerfGE 65, 1 (Volkszählungsgesetz), Ls. 1 = BVerfG, Urteil des Ersten Senats vom 15.12.1983 – 1 BvR 209/83, Ls. 1: „Unter den Bedingungen der modernen Datenverarbeitung wird der Schutz des Einzelnen

gegen unbegrenzte Erhebung, Speicherung, Verwendung und Weitergabe seiner persönlichen Daten von dem **allgemeinen Persönlichkeitsrecht** des Art. 2 Abs. 1 GG in Verbindung mit Art. 1 Abs. 1 GG umfaßt. Das [**Allgemeine Persönlichkeits-]Grundrecht** gewährleistet insoweit die Befugnis des Einzelnen, grundsätzlich selbst über die Preisgabe und Verwendung seiner persönlichen Daten zu bestimmen."; BVerfG, Beschluss des Ersten Senats vom 06.11.2019 – 1 BvR 16/13 – (Recht auf Vergessen I), Rn. 80: „Das **Recht auf informationelle Selbstbestimmung** ist von der Rechtsprechung als eigene Ausprägung des allgemeinen Persönlichkeitsrechts mit einem gegenüber den anderen Ausprägungen selbständigen Gewährleistungsgehalt entwickelt worden und behält diesen auch, soweit es als verfassungsrechtliche Wertentscheidung in das Zivilrecht einstrahlt. Dementsprechend enthält es keinen gesamthaften Schutzanspruch hinsichtlich jederlei Umgangs mit Informationen, der die übrigen Schutzdimensionen des Grundrechts allgemein übergreifen und zusammenführen würde, sondern lässt deren Wertungen und Abwägungsregeln unberührt."; BVerfGE 120, 274, 311 f. (Online-Durchsuchung) = BVerfG, Urteil des Ersten Senats vom 27.02.2008 – 1 BvR 370/07 –, Rn. 198 f. „Das **Recht auf informationelle Selbstbestimmung** geht über den **Schutz der Privatsphäre** hinaus. Es gibt dem Einzelnen die Befugnis, grundsätzlich selbst über die Preisgabe und Verwendung seiner persönlichen Daten zu bestimmen (vgl. BVerfGE 65, 1 <43>; 84, 192 <194>). Es flankiert und erweitert den grundrechtlichen Schutz von Verhaltensfreiheit und Privatheit, indem es ihn schon auf der Stufe der Persönlichkeitsgefährdung beginnen lässt. Eine derartige Gefährdungslage kann bereits im Vorfeld konkreter Bedrohungen benennbarer Rechtsgüter entstehen, insbesondere wenn personenbezogene Informationen in einer Art und Weise genutzt und verknüpft werden können, die der Betroffene weder überschauen noch verhindern kann. Der Schutzumfang des **Rechts auf informationelle Selbstbestimmung** beschränkt sich dabei nicht auf Informationen, die bereits ihrer Art nach sensibel sind und schon deshalb grundrechtlich geschützt werden. Auch der Umgang mit personenbezogenen Daten, die für sich genommen nur geringen Informationsgehalt haben, kann, je nach dem Ziel des Zugriffs und den bestehenden Verarbeitungs- und Verknüpfungsmöglichkeiten, grundrechtserhebliche Auswirkungen auf die Privatheit und Verhaltensfreiheit des Betroffenen haben (vgl. BVerfG, Beschluss vom 13. Juni 2007 - 1 BvR 1550/03 u.a. -, NJW 2007, S. 2464 <2466>). Die mit dem Recht auf informationelle Selbstbestimmung abzuwehrenden Persönlichkeitsgefährdungen ergeben sich aus den vielfältigen Möglichkeiten des Staates und gegebenenfalls auch privater Akteure (vgl. BVerfG, Beschluss der 1. Kammer des Ersten Senats vom 23. Oktober 2006 - 1 BvR 2027/02 -, JZ 2007, S. 576) zur Erhebung, Verarbeitung und Nutzung personenbezogener Daten. Vor allem mittels elektronischer Datenverarbeitung können aus solchen Informationen weitere Informationen erzeugt und so Schlüsse gezogen werden, die sowohl die grundrechtlich geschützten Geheimhaltungsinteressen des Betroffenen beeinträchtigen als auch Eingriffe in seine Verhaltensfreiheit mit sich bringen können (vgl. BVerfGE 65, 1 <42>; 113, 29 <45 f.>; 115, 320 <342>; BVerfG, Beschluss vom 13. Juni 2007 - 1 BvR 1550/03 u.a. -, NJW 2007, S. 2464 <2466>).".

BVerfGE 109, 279, 325-327 (akustische Wohnraumüberwachung / „Großer Lauschangriff") = BVerfG, Urteil des Ersten Senats vom 03.03.2004 – 1 BvR 2378/98, 1084/99 –, Rn. 159-163: „Das aus Art. 2 Abs. 1 in Verbindung mit Art. 1 Abs. 1 GG folgende **allgemeine Persönlichkeitsrecht** kommt neben Art. 13 Abs. 1 GG allerdings nicht zur Anwendung, soweit Eingriffe in die **räumliche Privatsphäre des Wohnungsinhabers** zu überprüfen sind. Art. 13 Abs. 1 GG enthält eine spezielle Gewährleistung des **Schutzes vor staatlicher akustischer Überwachung der räumlichen Privatsphäre**, die die allgemeinere Vorschrift insoweit verdrängt (vgl. BVerfGE 100, 313 [358] zu Art. 10 GG). Mit dem **Recht, in der Wohnung ungestört zu sein**, und dem **Recht am eigenen in der Wohnung gesprochenen Wort** schützt Art. 13 Abs. 1 GG gerade den Teil der **Privatsphäre**, den sonst das allgemeine Persönlichkeitsrecht gewährleistet. Dieses Recht ergänzt als unbenanntes Freiheitsrecht die speziellen Freiheitsrechte, die ebenfalls konstituierende Elemente der Persönlichkeit schützen (vgl. BVerfGE 54, 148 <153 f.>), nur insoweit, als Letztere keinen Schutz gewähren. Der **Schutz des allgemeinen Persönlichkeitsrechts aus Art. 2 Abs. 1 in Verbindung mit Art. 1 Abs. 1 GG** greift hingegen ein, soweit von der Wohnraumüberwachung Personen betroffen werden, die sich nicht auf Art. 13 Abs. 1 GG berufen können. **Grundrechtsträger des Art. 13 Abs. 1 GG** ist jeder Inhaber oder Bewohner eines Wohnraums, unabhängig davon, auf welchen Rechtsverhältnissen die Nutzung des Wohnraums beruht. Bei mehreren Bewohnern einer Wohnung steht das Grundrecht jedem Einzelnen, bei Familien mithin jedem Familienmitglied zu. Maßnahmen der **Wohnraumüberwachung** können aber nicht nur **Wohnungsinhaber**, sondern auch **zufällig in einer Wohnung**

Anwesende erfassen. Diese Personen sind zwar nicht in ihrem Grundrecht aus Art. 13 Abs. 1 GG, wohl aber in ihrem **allgemeinen Persönlichkeitsrecht** betroffen. Der Schutz aus Art. 2 Abs. 1 in Verbindung mit Art. 1 Abs. 1 GG kann insofern allerdings nicht weiter reichen als derjenige aus Art. 13 Abs. 1 und 3 GG. Der Schutz der **räumlichen Privatsphäre und des allgemeinen Persönlichkeitsrechts** kann schließlich in Einzelfällen durch weitere Grundrechtsgarantien ergänzt sein. So wird das **Gespräch zwischen Eheleuten in der eigenen Wohnung** nicht nur von Art. 13 Abs. 1 GG, sondern zusätzlich durch Art. 6 Abs. 1 GG geschützt. Auch in Bezug auf die **Kommunikation mit Berufsgeheimnisträgern** können neben dem grundrechtlichen **Schutz der räumlichen Privatsphäre** Grundrechte in Betracht kommen, die - wie etwa Art. 4 GG im Hinblick auf das Gespräch mit einem Geistlichen - der besonderen Schutzbedürftigkeit der Kommunizierenden Rechnung tragen.".

BVerfG, Beschluss des Ersten Senats vom 06.11.2019 – 1 BvR 16/13 – (Recht auf Vergessen I), Ls. 3 S. 1: „Von den **äußerungsrechtlichen Schutzdimensionen** ist das **Recht auf informationelle Selbstbestimmung** als eine eigene Ausprägung des allgemeinen Persönlichkeitsrechts zu unterscheiden." BVerfG, Beschluss des Ersten Senats vom 06.11.2019 – 1 BvR 16/13 – (Recht auf Vergessen I), Rn. 90: „Ausgehend von dem **Ziel des Rechts auf informationelle Selbstbestimmung**, Schutz vor Gefahren angesichts neuartiger Möglichkeiten der Datenverarbeitung zu gewähren (vgl. BVerfGE 65, 1 <42>), ist es primär als Gewährleistung zu verstehen, die – neben der ungewollten Preisgabe von Daten auch im Rahmen privater Rechtsbeziehungen (vgl. BVerfGE 84, 192 <194>) – insbesondere vor deren intransparenter Verarbeitung und Nutzung durch Private schützt. Es bietet Schutz davor, dass Dritte sich individueller Daten bemächtigen und sie in nicht nachvollziehbarer Weise als Instrument nutzen, um die Betroffenen auf Eigenschaften, Typen oder Profile festzulegen, auf die sie keinen Einfluss haben und die dabei aber für die freie Entfaltung der Persönlichkeit sowie eine gleichberechtigte Teilhabe in der Gesellschaft von erheblicher Bedeutung sind. Der Gehalt dieses Rechts ist dabei entwicklungsoffen, so dass es auch weitere persönlichkeitsgefährdende Entwicklungen der Informationsverarbeitung aufnehmen kann.".

BVerfG, Beschluss des Ersten Senats vom 06.11.2019 – 1 BvR 16/13 – (Recht auf Vergessen I), Ls. 2a): „Der verfassungsrechtliche Maßstab für den Schutz gegenüber Gefährdungen durch die **Verbreitung personenbezogener Berichte und Informationen als Teil öffentlicher Kommunikation** liegt in den **äußerungsrechtlichen Ausprägungen des allgemeinen Persönlichkeitsrechts**, nicht im Recht auf informationelle Selbstbestimmung.".

BVerfG, Beschluss des Ersten Senats vom 06.11.2019 – 1 BvR 16/13 – (Recht auf Vergessen I), Rn. 91: „[Vom Recht auf informationelle Selbstbestimmung] zu unterscheiden ist der **Schutz vor der Verarbeitung personenbezogener Berichte und Informationen als Ergebnis eines Kommunikationsprozesses**. Der Schutzbedarf gründet hier nicht in der intransparenten Zuweisung von Persönlichkeitsmerkmalen und -profilen durch Dritte, sondern in der sichtbaren Verbreitung bestimmter Informationen im öffentlichen Raum. Gefährdungen für die Persönlichkeitsentfaltung ergeben sich hier vornehmlich aus Form und Inhalt der Veröffentlichung selbst. Schutz gegenüber solchen Gefährdungen bieten die **äußerungsrechtlichen Ausprägungen des allgemeinen Persönlichkeitsrechts unabhängig vom Recht auf informationelle Selbstbestimmung**. Zwar kann es auch dabei maßgeblich auf die Art der Informationserlangung ankommen. Jedoch hat diese hier ihre Bedeutung als Vorfrage für die Beurteilung des weiteren Umgangs mit einer bestimmten Äußerung und des damit in die Öffentlichkeit gestellten Bildes einer Person selbst.".

BVerfG, Beschluss des Ersten Senats vom 06.11.2019 – 1 BvR 16/13 – (**Recht auf Vergessen** I), Ls. 2b): „Bei der Entscheidung über einen Schutzanspruch kommt der Zeit unter den Kommunikationsbedingungen des Internets ein spezifisches Gewicht zu. Die Rechtsordnung muss davor schützen, dass sich eine Person frühere Positionen, Äußerungen und Handlungen unbegrenzt vor der Öffentlichkeit vorhalten lassen muss. Erst die Ermöglichung eines Zurücktretens vergangener Sachverhalte eröffnet den Einzelnen die Chance zum Neubeginn in Freiheit. Zur Zeitlichkeit der Freiheit gehört die Möglichkeit des Vergessens.".

BVerfGE 120, 274, 311 (Online-Durchsuchung) = BVerfG, Urteil des Ersten Senats vom 27.02.2008 – 1 BvR 370/07 –, Rn. 197: „In seiner Ausprägung als **Schutz der Privatsphäre** [als **Privatangelegenheitenschutz** und **Rückzugsraumbereichsschutz** – beides **gegenüber der Öffentlichkeit**, vgl. **Sphärentheorie** mit **Intimsphäre, Privatsphäre, Sozialsphäre** und vgl. **Kernbereich privater Lebensgestaltung**] gewährleistet das allgemeine Persönlichkeitsrecht dem Einzelnen einen räumlich und thematisch

bestimmten Bereich, der grundsätzlich frei von unerwünschter Einsichtnahme bleiben soll (vgl. BVerfGE 27, 344 <350 ff.>; 44, 353 <372 f.>; 90, 255 <260>; 101, 361 <382 f.>).“; BVerfGE 101, 361, 382-385 (Caroline von Monaco II) = BVerfG, Urteil vom 15.12.1999 – 1 BvR 653/96 –, Rn. 75-82: „Im Unterschied zum **Recht am eigenen Bild** bezieht sich der **Schutz der Privatsphäre**, der ebenfalls im **allgemeinen Persönlichkeitsrecht** wurzelt, nicht speziell auf Abbildungen, sondern ist **thematisch und räumlich** bestimmt. Er umfaßt zum einen **Angelegenheiten** [**Privatangelegenheitenschutz**], die wegen ihres Informationsinhalts typischerweise als ‚**privat**‘ eingestuft werden, weil ihre **öffentliche** Erörterung oder Zurschaustellung als unschicklich gilt, das Bekanntwerden als peinlich empfunden wird oder nachteilige Reaktionen der Umwelt auslöst, wie es etwa bei Auseinandersetzungen mit sich selbst in **Tagebüchern** (BVerfGE 80, 367), bei **vertraulicher Kommunikation unter Eheleuten** (BVerfGE 27, 344), im Bereich der **Sexualität** (BVerfGE 47, 46; 49, 286 [BVerfGE 120, 224, 238 f. (Geschwisterbeischlaf) = BVerfGE, Beschluss des Zweiten Senats vom 26.02.2008 – 2 BvR 392/07 –, Rn. 32 f.: „Das allgemeine Persönlichkeitsrecht in seiner Ausprägung als **Recht auf sexuelle Selbstbestimmung**“/„**Intim- und Sexualbereich des Menschen als Teil seiner Privatsphäre**, P. B.]), bei **sozial abweichendem Verhalten** (BVerfGE 44, 353) oder bei **Krankheiten** (BVerfGE 32, 373) der Fall ist. Fehlte es hier an einem **Schutz vor der Kenntniserlangung anderer**, wären die Auseinandersetzung mit sich selbst, die unbefangene Kommunikation unter Nahestehenden, die sexuelle Entfaltung oder die Inanspruchnahme ärztlicher Hilfe beeinträchtigt oder unmöglich, obwohl es sich um grundrechtlich geschützte Verhaltensweisen handelt. Zum anderen erstreckt sich der Schutz auf einen **räumlichen Bereich** [**Raumbereichsschutz**], in dem der Einzelne zu sich kommen, sich entspannen oder auch gehen lassen kann (vgl. BVerfGE 27, 1 [6]). Zwar bietet auch dieser Bereich Gelegenheit, sich in einer Weise zu verhalten, die nicht für die **Öffentlichkeit** bestimmt ist und deren Beobachtung oder Darstellung durch Außenstehende für den Betroffenen peinlich oder nachteilig wäre. Im Kern geht es aber um einen **Raum**, in dem er die Möglichkeit hat, frei von **öffentlicher Beobachtung** und damit der von ihr erzwungenen Selbstkontrolle zu sein, auch ohne daß er sich dort notwendig anders verhielte als in der **Öffentlichkeit**. Bestünden solche **Rückzugsbereiche** nicht mehr, könnte der Einzelne psychisch überfordert sein, weil er unausgesetzt darauf achten müßte, wie er auf andere wirkt und ob er sich richtig verhält. Ihm fehlten die Phasen des Alleinseins und Ausgleichs, die für die Persönlichkeitsentfaltung notwendig sind und ohne die sie nachhaltig beeinträchtigt würde. Ein derartiges Schutzbedürfnis besteht auch bei Personen, die aufgrund ihres Ranges oder Ansehens, ihres Amtes oder Einflusses, ihrer Fähigkeiten oder Taten besondere **öffentliche** Beachtung finden. Wer, ob gewollt oder ungewollt, zur Person des **öffentlichen** Lebens geworden ist, verliert damit nicht sein Anrecht auf eine **Privatsphäre**, die den Blicken der **Öffentlichkeit** entzogen bleibt. Das gilt auch für demokratisch gewählte Amtsträger, die zwar für ihre Amtsführung **öffentlich** rechenschaftspflichtig sind und sich in diesem Umfang **öffentliche** Aufmerksamkeit gefallen lassen müssen, nicht aber für ihr **Privatleben**, sofern dieses die Amtsführung nicht berührt. Der **häusliche Bereich** [vgl. ggf. spezielleren Art. 13 GG i.V.m. BVerfGE 109, 279, 325 f.] stellt anerkanntermaßen eine solche geschützte Sphäre dar. Wegen des Bezugs auf die Entfaltung der Persönlichkeit darf der **Rückzugsbereich** jedoch nicht von vornherein auf ihn begrenzt werden. Das gilt schon deshalb, weil die Funktionen, denen er dient, nur erfüllt werden, wenn er nicht an den Hausmauern oder Grundstücksgrenzen endet. Die freie Entfaltung der Persönlichkeit wäre erheblich behindert, wenn der Einzelne nur im eigenen Haus der **öffentlichen** Neugier entgehen könnte. Die notwendige Erholung von einer durch Funktionszwänge und Medienpräsenz geprägten **Öffentlichkeit** ist vielfach nur in der **Abgeschiedenheit einer natürlichen Umgebung**, **etwa an einem Ferienort**, zu gewinnen. Deswegen muß der Einzelne grundsätzlich die Möglichkeit haben, sich auch in der freien, gleichwohl **abgeschiedenen Natur oder an Örtlichkeiten, die von der breiten Öffentlichkeit deutlich abgeschieden sind**, in einer von **öffentlicher** Beobachtung freien Weise zu bewegen. Das gilt gerade gegenüber solchen Aufnahmetechniken, die die **räumliche Abgeschiedenheit** überwinden, ohne daß der Betroffene dies bemerken kann. Wo die Grenzen der geschützten **Privatsphäre außerhalb des Hauses** verlaufen, läßt sich nicht generell und abstrakt festlegen. Sie können vielmehr nur aufgrund der jeweiligen Beschaffenheit des **Ortes** bestimmt werden, den der Betroffene aufsucht. Ausschlaggebend ist, ob der Einzelne eine **Situation** vorfindet oder schafft, in der er begründetermaßen und somit auch für Dritte erkennbar davon ausgehen darf, den Blicken der **Öffentlichkeit** nicht ausgesetzt zu sein. Ob die Voraussetzungen der **Abgeschiedenheit** erfüllt sind, läßt sich nur situativ beurteilen. Der Einzelne kann sich an ein und demselben **Ort** zu Zeiten mit gutem Grund unbeobachtet fühlen, zu anderen Zeiten nicht. Auch ist

der Aufenthalt in umschlossenen **Räumen** keineswegs immer mit **Abgeschiedenheit** gleichzusetzen. Da es um die Frage geht, ob der Einzelne begründetermaßen erwarten darf, unbeobachtet zu sein, oder aber **Plätze** aufgesucht hat, wo er sich unter den Augen der **Öffentlichkeit** bewegt, kann es auch in umschlossenen Räumen an der **Abgeschiedenheit** fehlen, die Voraussetzung für den **Privatsphärenschutz** außerhalb der eigenen **Häuslichkeit** ist. **Plätzen, an denen sich der Einzelne unter vielen Menschen befindet**, fehlt es von vornherein an den Voraussetzungen des **Privatsphärenschutzes** im Sinn von Art. 2 Abs. 1 in Verbindung mit Art. 1 Abs. 1 GG. Sie können das **Rückzugsbedürfnis** nicht erfüllen und rechtfertigen deswegen auch nicht den grundrechtlichen Schutz, den dieses Bedürfnis aus Gründen der Persönlichkeitsentfaltung verdient. Der Einzelne kann solche **Orte** auch nicht etwa durch ein Verhalten, das typischerweise nicht **öffentlich** zur Schau gestellt würde, in seine **Privatsphäre** umdefinieren. Nicht sein Verhalten, ob allein oder mit anderen, konstituiert die **Privatsphäre**, sondern die **objektive Gegebenheit der Örtlichkeit zur fraglichen Zeit**. Verhält er sich daher an **Orten**, die nicht die Merkmale der **Abgeschiedenheit** aufweisen, so, als stünde er nicht unter Beobachtung, hebt er das **Schutzbedürfnis für Verhaltensweisen, die an sich die Öffentlichkeit nichts angehen**, selbst auf. Der **Schutz der Privatsphäre vor öffentlicher Kenntnisnahme** entfällt ferner, wenn sich jemand selbst damit einverstanden zeigt, daß bestimmte, gewöhnlich als privat geltende Angelegenheiten **öffentlich** gemacht werden, etwa indem er Exklusivverträge über die Berichterstattung aus seiner **Privatsphäre** abschließt. Der verfassungsrechtliche **Privatsphärenschutz** aus Art. 2 Abs. 1 in Verbindung mit Art. 1 Abs. 1 GG ist nicht im Interesse einer Kommerzialisierung der eigenen Person gewährleistet. Zwar ist niemand an einer solchen **Öffnung privater Bereiche** gehindert. Er kann sich dann aber nicht gleichzeitig auf den **öffentlichkeitsabgewandten Privatsphärenschutz** berufen. Die Erwartung, daß die Umwelt die **Angelegenheiten oder Verhaltensweisen in einem Bereich mit Rückzugsfunktion** nur begrenzt oder nicht zur Kenntnis nimmt, muß daher situationsübergreifend und konsistent zum Ausdruck gebracht werden. Das gilt auch für den Fall, daß der Entschluß, die Berichterstattung über bestimmte Vorgänge der eigenen **Privatsphäre** zu gestatten oder hinzunehmen, rückgängig gemacht wird.“.

BVerfGE 6, 32, 41 (Elfes) = BVerfG, Urteil vom des Ersten Senats vom 16.01.1957 – 1 BvR 253/56 –, Rn. 32 [vgl. **Recht auf Privatsphäre** als **Privatangelegenheitenschutz** und **Rückzugsraumbereichsschutz** – beides **gegenüber der Öffentlichkeit,** vgl. **Sphärentheorie** mit **Intimsphäre**, **Privatsphäre**, **Sozialsphäre**]: „Vor allem dürfen die Gesetze daher die Würde des Menschen nicht verletzen, die im Grundgesetz der oberste Wert ist, aber auch die geistige, politische und wirtschaftliche Freiheit des Menschen nicht so einschränken, daß sie in ihrem Wesensgehalt angetastet würde (Art. 19 Abs. 2, Art. 1 Abs. 3, Art. 2 Abs. 1 GG). Hieraus ergibt sich, daß dem einzelnen Bürger eine **Sphäre privater Lebensgestaltung** verfassungskräftig vorbehalten ist, also ein letzter **unantastbarer Bereich menschlicher Freiheit** besteht, der der Einwirkung der gesamten öffentlichen Gewalt entzogen ist. Ein Gesetz, das in ihn eingreifen würde, könnte nie Bestandteil der ‚verfassungsmäßigen Ordnung‘ sein; es müßte durch das Bundesverfassungsgericht für nichtig erklärt werden.“. BVerfGE 109, 279, Ls. 2 S. 1 (akustische Wohnraumüberwachung / „Großer Lauschangriff“) = BVerfG, Urteil des Ersten Senats vom 03.03.2004 – 1 BvR 2378/98, 1084/99 –, Ls. 2 S. 1: „Zur Unantastbarkeit der Menschenwürde gemäß Art. 1 Abs. 1 GG gehört die Anerkennung eines absolut geschützten **Kernbereichs privater Lebensgestaltung**.“. BVerfGE 141, 220, 276-278 (BKAG) = BVerfG, Urteil des Ersten Senats vom 20.04.2016 – 1 BvR 966/09 –, Rn. 119-124: „Neben den verfassungsrechtlichen Anforderungen an die allgemeinen Eingriffsvoraussetzungen ergeben sich aus den jeweiligen **Grundrechten in Verbindung mit Art. 1 Abs. 1 GG** für die Durchführung von besonders eingriffsintensiven Überwachungsmaßnahmen besondere Anforderungen an den **Schutz des Kernbereichs privater Lebensgestaltung**. Der verfassungsrechtliche **Schutz des Kernbereichs privater Lebensgestaltung** gewährleistet dem Individuum einen **Bereich höchstpersönlicher Privatheit gegenüber Überwachung**. Er wurzelt in den **von den jeweiligen Überwachungsmaßnahmen betroffenen Grundrechten in Verbindung mit Art. 1 Abs. 1 GG** und sichert einen dem Staat nicht verfügbaren Menschenwürdekern grundrechtlichen Schutzes gegenüber solchen Maßnahmen. Selbst überragende Interessen der Allgemeinheit können einen Eingriff in diesen **absolut geschützten Bereich privater Lebensgestaltung** nicht rechtfertigen (vgl. BVerfGE 109, 279 <313>; stRspr). Zur **Entfaltung der Persönlichkeit im Kernbereich privater Lebensgestaltung gehört die Möglichkeit**, **innere Vorgänge** wie Empfindungen und Gefühle sowie Überlegungen, Ansichten und Erlebnisse **höchstpersönlicher Art zum Ausdruck zu bringen** (vgl. BVerfGE 109, 279 <313>; 120, 274 <335>; stRspr). Geschützt ist

insbesondere die **nichtöffentliche Kommunikation mit Personen des höchstpersönlichen Vertrauens, die in der berechtigten Annahme geführt wird, nicht überwacht zu werden**, wie es insbesondere bei Gesprächen im Bereich der Wohnung der Fall ist. Zu diesen Personen gehören insbesondere Ehe- oder Lebenspartner, Geschwister und Verwandte in gerader Linie, vor allem, wenn sie im selben Haushalt leben, und können Strafverteidiger, Ärzte, Geistliche und enge persönliche Freunde zählen (vgl. BVerfGE 109, 279 <321 ff.>). Dieser Kreis deckt sich nur teilweise mit dem der Zeugnisverweigerungsberechtigten. Solche Gespräche verlieren dabei nicht schon dadurch ihren Charakter als insgesamt höchstpersönlich, dass sich in ihnen Höchstpersönliches und Alltägliches vermischen (vgl. BVerfGE 109, 279 <330>; 113, 348 <391 f.>). Demgegenüber ist die **Kommunikation unmittelbar über Straftaten** nicht geschützt, selbst wenn sie auch Höchstpersönliches zum Gegenstand hat. Die **Besprechung und Planung von Straftaten** gehört ihrem Inhalt nach nicht zum **Kernbereich privater Lebensgestaltung**, sondern hat **Sozialbezug** (vgl. BVerfGE 80, 367 <375>; 109, 279 <319 f., 328>; 113, 348 <391>). Dies bedeutet freilich nicht, dass der Kernbereich unter einem allgemeinen Abwägungsvorbehalt in Bezug auf öffentliche Sicherheitsinteressen steht. Ein **höchstpersönliches Gespräch** fällt nicht schon dadurch aus dem **Kernbereich privater Lebensgestaltung** heraus, dass es für die Aufklärung von Straftaten oder Gefahren hilfreiche Aufschlüsse geben kann. Aufzeichnungen oder Äußerungen im Zwiegespräch, die zum Beispiel ausschließlich innere Eindrücke und Gefühle wiedergeben und keine Hinweise auf konkrete Straftaten enthalten, gewinnen nicht schon dadurch einen **Gemeinschaftsbezug**, dass sie Ursachen oder Beweggründe eines strafbaren Verhaltens freizulegen vermögen (vgl. BVerfGE 109, 279 <319>). Auch können trotz **Straftatenbezugs** Situationen, in denen Einzelnen gerade ermöglicht werden soll, ein Fehlverhalten einzugestehen oder sich auf dessen Folgen einzurichten, wie Beichtgespräche oder vertrauliche Gespräche mit einem Psychotherapeuten oder einem Strafverteidiger, der **höchstpersönlichen Privatsphäre** unterfallen, die dem Staat absolut entzogen ist (vgl. BVerfGE 109, 279 <322>). Ein hinreichender **Sozialbezug** besteht demgegenüber dann, wenn **Gespräche - auch mit Vertrauenspersonen - sonst unmittelbar Straftaten zu ihrem Gegenstand haben** (vgl. BVerfGE 109, 279 <319>). Der **Kernbereich privater Lebensgestaltung** beansprucht gegenüber **allen Überwachungsmaßnahmen** Beachtung. Können sie typischerweise zur Erhebung kernbereichsrelevanter Daten führen, muss der Gesetzgeber Regelungen schaffen, die einen wirksamen Schutz normenklar gewährleisten (vgl. BVerfGE 109, 279 <318 f.>; 113, 348 <390 f.>; 120, 274 <335 ff.>). Außerhalb solch verletzungsgeneigter Befugnisse bedarf es eigener Regelungen nicht. Grenzen, die sich im Einzelfall auch hier gegenüber einem Zugriff auf höchstpersönliche Informationen ergeben können, sind bei deren Anwendung unmittelbar von Verfassungs wegen zu beachten. Der **Schutz des Kernbereichs privater Lebensgestaltung** ist strikt und darf nicht durch Abwägung mit den Sicherheitsinteressen nach Maßgabe des Verhältnismäßigkeitsgrundsatzes relativiert werden (vgl. BVerfGE 109, 279 <314>; 120, 273 <339>; stRspr). Dies bedeutet jedoch nicht, dass **jede tatsächliche Erfassung von höchstpersönlichen Informationen** stets einen Verfassungsverstoß oder eine Menschenwürdeverletzung begründet. Angesichts der Handlungs- und Prognoseunsicherheiten, unter denen Sicherheitsbehörden ihre Aufgaben wahrnehmen, kann ein **unbeabsichtigtes Eindringen in den Kernbereich privater Lebensgestaltung** im Rahmen von Überwachungsmaßnahmen nicht für jeden Fall von vornherein ausgeschlossen werden (vgl. BVerfGE 120, 274 <337 f.>). Die Verfassung verlangt jedoch **für die Ausgestaltung der Überwachungsbefugnisse** die **Achtung des Kernbereichs** als eine strikte, nicht frei durch Einzelfallerwägungen überwindbare Grenze.“.

BVerfGE 120, 274 (Online-Durchsuchung) = BVerfG, Urteil des Ersten Senats vom 27.02.2008 – 1 BvR 370/07 –, Ls. 1: „Das **allgemeine Persönlichkeitsrecht** (Art. 2 Abs. 1 i.V.m. Art. 1 Abs. 1 GG) umfasst das Grundrecht auf **Gewährleistung der Vertraulichkeit und Integrität informationstechnischer Systeme**.“; BVerfGE 120, 274, 314 (Online-Durchsuchung) = BVerfG, Urteil des Ersten Senats vom 27.02.2008 – 1 BvR 370/07 –, Rn. 203: „**informationstechnisches System**“: „etwa Personalcomputer“, „ferner beispielweise [...] solche Mobiltelefone oder elektronische Terminkalender, die über einen großen Funktionsumfang verfügen und personenbezogene Daten vielfältiger Art erfassen und speichern können.“; BVerfGE 120, 274, 276 (Online-Durchsuchung) = BVerfG, Urteil des Ersten Senats vom 27.02.2008 – 1 BvR 370/07 –, Rn. 5: „**heimlicher Zugriff auf ein informationstechnisches System**“: „[heimliche] technische Infiltration [...], die etwa Sicherheitslücken des Zielsystems ausnutzt oder über die Installation eines Spähprogramms erfolgt“, wobei die Infiltration es ermöglicht, die Zielsystem-„Nutzung zu überwachen oder die Speichermedien durchzusehen oder gar das Zielsystem fernzusteuern.“.

a) GR-SB:

aa) Persönlicher GR-SB: „Jeder".

bb) Sachlicher GR-SB: „**freie Entfaltung der Persönlichkeit**" in der Ausprägung des RiS als „**Datenfreiheit**" (Grundsätzliche Bestimmungsbefugnis des Einzelnen über Preisgabe und Verwendung eigener personenbezogener Daten[1497]), i.d.R. gegeben bei Bezug auf mindestens ein **personenbezogenes Datum**: § 36 Nr. 1 DSG NRW[1498].

BVerfGE 147, 1 (**Geschlechtsidentität**) = BVerfG, Beschluss des Ersten Senats vom 10.10.2017 – 1 BvR 2019/16 –, Ls. 1-3: „1. Das **allgemeine Persönlichkeitsrecht** (Art. 2 Abs. 1 i.V.m. Art. 1 Abs. 1 GG) schützt die **geschlechtliche Identität**. Es schützt auch die geschlechtliche Identität derjenigen, die sich dauerhaft weder dem männlichen noch dem weiblichen Geschlecht zuordnen lassen. 2. Art. 3 Abs. 3 Satz 1 GG schützt auch Menschen, die sich dauerhaft weder dem männlichen noch dem weiblichen Geschlecht zuordnen lassen, vor **Diskriminierungen wegen ihres Geschlechts**. 3. Personen, die sich dauerhaft weder dem männlichen noch dem weiblichen Geschlecht zuordnen lassen, werden in beiden Grundrechten verletzt, wenn das Personenstandsrecht dazu zwingt, das Geschlecht zu registrieren, aber keinen anderen positiven Geschlechtseintrag als weiblich oder männlich zulässt.".

BVerfG, Urteil des Zweiten Senats vom 26.02.2020 – 2 BvR 2347/15 –, Ls. 1: „a) Das **allgemeine Persönlichkeitsrecht** (Art. 2 Abs. 1 i.V.m. Art. 1 Abs. 1 GG) umfasst als Ausdruck persönlicher Autonomie ein **Recht auf selbstbestimmtes Sterben**. b) Das **Recht auf selbstbestimmtes Sterben** schließt die Freiheit ein, sich das Leben zu nehmen [Rn. 208: „**Recht auf Selbsttötung**"]. Die Entscheidung des Einzelnen, seinem Leben entsprechend seinem Verständnis von Lebensqualität und Sinnhaftigkeit der eigenen Existenz ein Ende zu setzen, ist im Ausgangspunkt als Akt autonomer Selbstbestimmung von Staat und Gesellschaft zu respektieren. c) Die **Freiheit, sich das Leben zu nehmen**, umfasst auch die Freiheit, hierfür bei Dritten Hilfe zu suchen und Hilfe, soweit sie angeboten wird, in Anspruch zu nehmen.".

[1495] Zum sog. „**Menschenwürdegehalt**" der Grundrechte: *Basten*, Die Menschenwürde des Grundgesetzes.

[1496] Vgl. auch Art. 142 GG i.V.m. Art. 4 Abs. 2 Verfassung NRW; Art. 8 EU-GR-Charta; Art. 16 AEUV; Art. 8 EMRK.

[1497] BVerfGE 65, 1, Ls. 1 S. 2 (Volkszählungsgesetz) = BVerfG, Urteil des Ersten Senats vom 15.12.1983 – 1 BvR 209/83, Ls. 1 S. 2 (Ls. 1: „Unter den Bedingungen der modernen Datenverarbeitung wird der Schutz des Einzelnen gegen unbegrenzte Erhebung, Speicherung, Verwendung und Weitergabe seiner persönlichen Daten von dem allgemeinen Persönlichkeitsrecht des Art. 2 Abs. 1 GG in Verbindung mit Art. 1 Abs. 1 GG umfaßt. Das Grundrecht gewährleistet insoweit die Befugnis des Einzelnen, grundsätzlich selbst über die Preisgabe und Verwendung seiner persönlichen Daten zu bestimmen.").

[1498] BVerfG, Beschluss der 3. Kammer des Zweiten Senats vom 27.06.2018 – 2 BvR 1562/17 (auf § 103 StPO gestützte Anordnung der Durchsuchung der Räumlichkeiten des Münchener Kanzleistandorts der Rechtsanwaltskanzlei Jones Day sowie Sicherstellung von Unterlagen und elektronischen Daten im Zuge des sogenannten „VW-Dieselskandals" – Verfassungsbeschwerde nicht zur Entscheidung angenommen wegen Unzulässigkeit aufgrund Nichterfüllung von Voraussetzungen nach § 93a Abs. 2 BVerfGG), Gründe, V., Rn. 44: „Der Begriff der persönlichen Daten deckt sich mit der Legaldefinition personenbezogener Daten in § 46 Nr. 1 BDSG (zuvor § 3 Abs. 1 BDSG) und erfasst alle Informationen, die sich auf eine identifizierte oder identifizierbare natürliche Person (betroffene Person) beziehen (vgl. noch zu § 3 Abs. 1 BDSG ‚Einzelangaben über persönliche oder sachliche Verhältnisse einer bestimmten oder bestimmbaren Person' Di Fabio, in: Maunz/Dürig, GG, Art. 2 Abs.1, Rn. 175 [Juli 2001]).".

b) GR-E (oder Nichteingriff/**Einwilligung** i.S.v. § 36 Nr. 19 DSG NRW, § 38 DSG NRW): **Persönlichkeitsentfaltungseinschränkung**, als **Datenfreiheitseinschränkung**, durch **Datenverarbeitung**s-Maßnahme[1499] i.S.d. § 36 Nr. 2 DSG NRW.[1500]

c) GR-B: Art. 2 Abs. 1 Hs. 2 GG.[1501]

c) GR-B: Art. 2 Abs. 1 Hs. 2/a.E./letzter Hs. GG („**Schrankentrias**")[1502].

[1499] BVerfG, Urteil des Ersten Senats vom 19.05.2020 – 1 BvR 2835/17 – (Ausland-Ausland-Fernmeldeaufklärung nach BNDG), E. III. 1., Rn. 212: „Die **Übermittlung personenbezogener Daten**, mit der eine Behörde die von ihr erhobenen Daten einer anderen Stelle zugänglich macht, begründet einen eigenen Grundrechtseingriff (vgl. BVerfGE 100, 313 <367>; 141, 220 <334 Rn. 305>; stRspr). Dieser ist an dem **Grundrecht** zu messen, **in das bei der ursprünglichen Datenerhebung eingegriffen wurde** (vgl. BVerfGE 100, 313 <367>; 141, 220 <334 Rn. 305>; stRspr).".

[1500] Vgl. ggf. zur Frage des Grundrechtseingriffs auch § 9 Abs. 1 Nr. 1 S. 2 (Hs. 1) PolG NRW (Inkrafttreten am 29.12.2018): „Dies gilt auch für personenbezogene Daten, die von der betroffenen Person offensichtlich **öffentlich** gemacht wurden"; BVerfGE 120, 274 (Online-Durchsuchung) = BVerfG, Urteil des Ersten Senats vom 27.02.2008 – 1 BvR 370/07 –, Ls. 5: „Verschafft der Staat sich Kenntnis von Inhalten der Internetkommunikation auf dem dafür technisch vorgesehenen Weg, so liegt darin nur dann ein Eingriff in Art. 10 Abs. 1 GG, wenn die staatliche Stelle nicht durch Kommunikationsbeteiligte zur Kenntnisnahme autorisiert ist. Nimmt der Staat im Internet öffentlich zugängliche Kommunikationsinhalte wahr oder beteiligt er sich an öffentlich zugänglichen Kommunikationsvorgängen, greift er grundsätzlich nicht in Grundrechte ein.".

[1501] Art. 2 Abs. 1 Hs. 2 GG (**Schrankentrias**): BVerfGE 80, 137, 153 (Reiten im Walde) = BVerfG, Beschluss des Ersten Senats vom 06.06.1989 – 1 BvR 921/85 –, C. I. 1 a), Rn. 69: „Abgesehen von einem absolut geschützten Kernbereich privater Lebensgestaltung, welcher der Einwirkung der öffentlichen Gewalt entzogen ist (BVerfGE 6, 32 [41]), ist die allgemeine Handlungsfreiheit allerdings nur in den **Schranken** des zweiten Halbsatzes von Art. 2 Abs. 1 GG gewährleistet und steht damit insbesondere unter dem **Vorbehalt der verfassungsmäßigen (Rechts-)Ordnung** (BVerfGE 6, 32 [37 f.]; 74, 129 [152]). Stützt sich ein die Handlungsfreiheit berührender Akt der öffentlichen Gewalt auf eine Rechtsnorm, so kann mit der Verfassungsbeschwerde unter Berufung auf Art. 2 Abs. 1 GG zur Nachprüfung gestellt werden, ob diese Norm zur **verfassungsmäßigen Ordnung** gehört, das heißt formell und materiell mit den Normen der Verfassung in Einklang steht (st. Rspr. seit BVerfGE 6, 32)."; BVerfGE 6, 32, Ls. 3 (Elfes) = BVerfG, Urteil des Ersten Senats vom 16.01.1957 – 1 BvR 253/56, Ls. 3: „**Verfassungsmäßige Ordnung** im Sinne des Art. 2 Abs. 1 GG ist die verfassungsmäßige Rechtsordnung, d.h. die Gesamtheit der Normen, die formell und materiell der Verfassung gemäß sind."; vgl. dazu auch BVerfGE 6, 32, 37-41 (Elfes) = BVerfG, Urteil des Ersten Senats vom 16.01.1957 – 1 BvR 253/56, Gründe II. 2 b), c), Rn. 17-33.

Rechte anderer sind (als Teil der verfassungsmäßigen Ordnung) subjektive Berechtigungen (Anspruch oder Befugnis oder Erlaubnis) einschließlich Verpflichtungen (Pflicht zur Erfüllung von Anspruch oder Befugnis oder Erlaubnis) und sonstiger Rechtswirkungen für ein Rechtssubjekt bezüglich eines Verhaltens oder eines Rechtsguts.

Vgl. zum ein Mal bundesverfassungsgerichtlich entscheidungserheblich bemühten „**Sittengesetz**" nach Art. 2 Abs. 1 Hs. 2 GG als Gesetz, das nicht das durch die „soziale Gemeinschaft" „als für sich verbindlich" anerkannte „Rechtsgefühl" „im allgemeinen" „verletzt": BVerfGE 6, 389 (Homosexuelle) = BVerfG, Urteil des Ersten Senats vom 10.05.1957 – 1 BvR 550/52 –, und StrRehaHomG (Gesetz zur strafrechtlichen Rehabilitierung der nach dem 8. Mai 1945 wegen einvernehmlicher homosexueller Handlungen verurteilten Personen vom 17. Juli 2017 – BGBl. I S. 2443).

[1502] BVerfGE 80, 137, 153 (Reiten im Walde) = BVerfG, Beschluss des Ersten Senats vom 06.06.1989 – 1 BvR 921/85 –, C. I. 1 a), Rn. 69: „Abgesehen von einem absolut geschützten Kernbereich privater Lebensgestaltung, welcher der Einwirkung der öffentlichen Gewalt entzogen ist (BVerfGE 6, 32 [41]), ist die allgemeine Handlungsfreiheit allerdings nur in den **Schranken** des zweiten Halbsatzes von Art. 2 Abs. 1 GG gewährleistet und steht damit insbesondere unter dem **Vorbehalt der verfassungsmäßigen (Rechts-)Ordnung** (BVerfGE 6, 32 [37 f.]; 74, 129 [152]). Stützt sich ein die Handlungsfreiheit

2. Versammlungsfreiheitsgrundrecht, Art. 8 GG[1503]

a) GR-SB: Friedliches und waffenloses Sichversammeln aller Deutschen – ohne Anmeldung oder Erlaubnis.

aa) Persönlicher GR-SB: „Alle Deutschen“, Art. 8 Abs. 1 GG, Art. 116 GG oder Nichtdeutsche über Art. 2 Abs. 1 GG (Allgemeine Verhaltensfreiheit als Versammlungsfreiheit).

bb) Sachlicher GR-SB: Friedliches und waffenloses Sichversammeln. **Versammeln** ist örtliche Zusammenkunft mehrerer Personen zwecks gemeinschaftlicher Erörterung oder Kundgabe mit überwiegendem Zweck der Teilhabe an öffentlicher Meinungsbildung. **Versammlungsfreiheit** im Sinne des Art. 8 GG ist die Freiheit zur örtlichen Zusammenkunft mit anderen Personen zum Zwecke einer gemeinschaftlichen, überwiegend auf die Teilhabe an der öffentlichen Meinungsbildung gerichteten Erörterung oder Kundgebung – friedlich und ohne Waffen.

b) GR-E (oder Nichteingriff/GR-Verzicht, etwa i.S.v. § 36 Nr. 19 DSG NRW, § 38 DSG NRW): Versammlungsfreiheitseinschränkung als Beschränkung des RvS (Recht auf versammlungsmäßige Selbstbestimmung) bzgl. **Versammlungsspezifika** von Ob, Art, Form, Inhalt, Mittel, Ort, Zeit (OAFIMOZ).

c) GR-B: Art. 8 Abs. 2 GG, Art. 18 GG und grundgesetzimmanente Einschränkungsmöglichkeiten.

3. Brief-, Post- und Fernmeldegeheimnisgrundrechte, Art. 10 GG[1504]

a) GR-SB:

aa) Persönlicher GR-SB: Jeder am konkreten Brief- oder Post- oder Fernemeldeverkehr Beteiligter.

bb) Sachlicher GR-SB: Kommunikation per Brief oder Post i.S.d. PostG, Fernmeldung i.S.d. des TKG.[1505]

---

berührender Akt der öffentlichen Gewalt auf eine Rechtsnorm, so kann mit der Verfassungsbeschwerde unter Berufung auf Art. 2 Abs. 1 GG zur Nachprüfung gestellt werden, ob diese Norm zur **verfassungsmäßigen Ordnung** gehört, das heißt formell und materiell mit den Normen der Verfassung in Einklang steht (st. Rspr. seit BVerfGE 6, 32).“; BVerfGE 6, 32, Ls. 3 (Elfes) = BVerfG, Urteil des Ersten Senats vom 16.01.1957 – 1 BvR 253/56, Ls. 3: „**Verfassungsmäßige Ordnung** im Sinne des Art. 2 Abs. 1 GG ist die verfassungsmäßige Rechtsordnung, d.h. die Gesamtheit der Normen, die formell und materiell der Verfassung gemäß sind.“; vgl. dazu auch BVerfGE 6, 32, 37-41 (Elfes) = BVerfG, Urteil des Ersten Senats vom 16.01.1957 – 1 BvR 253/56, Gründe II. 2 b), c), Rn. 17-33.

Rechte anderer sind (als Teil der verfassungsmäßigen Ordnung) subjektive Berechtigungen (Anspruch oder Befugnis oder Erlaubnis) einschließlich Verpflichtungen (Pflicht zur Erfüllung von Anspruch oder Befugnis oder Erlaubnis) und sonstiger Rechtswirkungen für ein Rechtssubjekt bezüglich eines Verhaltens oder eines Rechtsguts.

Vgl. zum ein Mal bundesverfassungsgerichtlich entscheidungserheblich bemühten „**Sittengesetz**“ nach Art. 2 Abs. 1 Hs. 2 GG als Gesetz, das nicht das durch die „soziale Gemeinschaft“ „als für sich verbindlich“ anerkannte „Rechtsgefühl“ „im allgemeinen“ „verletzt“: BVerfGE 6, 389 (Homosexuelle) = BVerfG, Urteil des Ersten Senats vom 10.05.1957 – 1 BvR 550/52 –, und StrRehaHomG (Gesetz zur strafrechtlichen Rehabilitierung der nach dem 8. Mai 1945 wegen einvernehmlicher homosexueller Handlungen verurteilten Personen vom 17. Juli 2017 – BGBl. I S. 2443).

[1503] Zum Versammlungsfreiheitsgrundrecht in extenso siehe Buch 4 Abschnitt 5: „Versammlungsrecht“.

[1504] Vgl. auch Art. 142 GG i.V.m. Art. 4 Abs. 1, 2 Verfassung NRW; Art. 7, 8 EU-GR-Charta; Art. 8 EMRK.

[1505] BVerfG, Beschluss der 3. Kammer des Zweiten Senats vom 20.12.2018 – 2 BvR 2377/16 –, Rn. 42-44: „Der Begriff der **Telekommunikation** wird von der herrschenden Meinung in Literatur und

b) GR-E (oder Nichteingriff/**Einwilligung** i.S.v. § 36 Nr. 19 DSG NRW, § 38 DSG NRW): Brief- oder Post oder Fernmeldeeinschränkung (**Datenverarbeitung**, § 36 Nr. 2 DSG NRW),

---

Rechtsprechung verfassungsrechtlich zulässig unter Rückgriff auf die Legaldefinition in § 3 Nr. 22 TKG bestimmt. ‚Telekommunikation' ist danach der technische Vorgang des Aussendens, Übermittelns und Empfangens von Nachrichten jeglicher Art in der Form von Zeichen, Sprache, Bildern oder Tönen mittels technischer Einrichtungen oder Systeme, die als Nachrichten identifizierbare elektromagnetische oder optische Signale senden, übertragen, vermitteln, empfangen, steuern oder kontrollieren können (vgl. BVerfG, Beschluss der 3. Kammer des Zweiten Senats vom 6. Juli 2016 - 2 BvR 1454/13 -, juris, Rn. 25 ff. m.w.N., auch zur Gegenansicht). Vor dem Hintergrund dieses ‚weiten' Telekommunikationsbegriffs unterfällt der Zugriff auf **E-Mail-Kommunikation**, jedenfalls soweit es sich um die Übertragung der Nachricht vom Gerät des Absenders über dessen Mailserver auf den Mailserver des E-Mail-Providers und um den späteren Abruf der Nachricht durch den Empfänger handelt, unstrittig dem Anwendungsbereich des § 100a StPO [Quellenangaben]; zum Zugriff auf E-Mails, die auf dem Mailserver des Providers gespeichert sind, vgl. BVerfGE 124, 43). Dabei ist zu beachten, dass sich die nähere Auslegung des Begriffs ‚Telekommunikation' im Rahmen des § 100a StPO insbesondere auch an dem grundrechtlichen Schutz des von der Überwachung Betroffenen durch Art. 10 GG orientieren muss, denn das **Fernmeldegeheimnis** ist der verfassungsrechtliche Maßstab für die heimliche Überwachung flüchtiger Daten (vgl. BVerfG, Beschluss der 3. Kammer des Zweiten Senats vom 6. Juli 2016 - 2 BvR 1454/13 -, juris, Rn. 32 m.w.N.; vgl. auch BVerfGE 100, 313 <358 f.>; 113, 348 <364 ff.>; 129, 208 <240 ff.> [Quellenagaben]). Vom Schutz des Fernmeldegeheimnisses nach Art. 10 Abs. 1 GG sind aber nicht nur die Kommunikationsinhalte, sondern auch die näheren Umstände der Telekommunikation erfasst (vgl. BVerfGE 129, 208 <240 f.>). Dazu gehört insbesondere, ob, wann und wie oft zwischen welchen Personen oder Endeinrichtungen Telekommunikationsverkehr stattgefunden hat oder versucht worden ist (vgl. BVerfGE 67, 157 <172>; 85, 386 <396>; 107, 299 <312 f.>; 129, 208 <241>). Art. 10 Abs. 1 GG umfasst dabei sämtliche, mit Hilfe der Telekommunikationstechniken erfolgenden Übermittlungen von Informationen, unabhängig davon, wer Betreiber der Übertragungs- und Vermittlungseinrichtungen ist (vgl. BVerfGE 107, 299 <322>; 129, 208 <241>). Aber auch unter Einbeziehung dieses Schutzinhalts in die Auslegung von § 100a StPO ist gegen die Auffassung, die Überwachung der Telekommunikation gemäß § 100a StPO betreffe auch die (früher als **Verbindungsdaten** bezeichneten) **Verkehrsdaten** im Sinne des § 3 Nr. 30 TKG, soweit diese im Rahmen der zu überwachenden Telekommunikation anfallen ([Quellenangaben] siehe auch BVerfGE 107, 299 <314 ff.>), verfassungsrechtlich nichts zu erinnern. Zu den **Verkehrsdaten** in diesem Sinne gehören auch und gerade die anfallenden **IP-Adressen**. Diese werden dementsprechend in § 96 Abs. 1 Satz 1 TKG - der die Verkehrsdaten, die vom Diensteanbieter zulässigerweise erhoben werden dürfen, abschließend bestimmt - als Nummern (vgl. § 3 Nr. 13 TKG) der beteiligten Anschlüsse oder Einrichtungen aufgeführt (vgl. BTDrucks 15/2316, S. 89 - zum damaligen § 94 TKG -; [Quellenangaben]; zur Zuordnung von dynamischen IP-Adressen zu den Verkehrsdaten vgl. BVerfGE 130, 151 <181 ff.>; BGH, Urteil vom 13. Januar 2011 - III ZR 146/10 -, juris, Rn. 22 ff.). Dynamische oder statische **IP-Adressen**, mit denen die Kunden eines Anbieters von E-Mail-Diensten mit ihren internetfähigen Endgeräten auf ihren E-Mail-Account zugreifen wollen, unterfallen daher grundsätzlich dem Anwendungsbereich des § 100a StPO (vgl. auch BGH, Beschluss vom 20. August 2015 - StB 7/15 -, juris).“; BVerfG, Beschluss der 3. Kammer des Zweiten Senats vom 06.07.2016 – 2 BvR 1454/13 –, Rn. 32-34: „Dabei ist […] zu berücksichtigen, dass Art. 10 Abs. 1 GG nicht dem rein technischen **Telekommunikationsbegriff** des Telekommunikationsgesetzes folgt, sondern an den Grundrechtsträger und dessen Schutzbedürftigkeit aufgrund der Einschaltung Dritter in den Kommunikationsvorgang anknüpft (vgl. BVerfGE 124, 43 <55 f.>; BVerfGK 9, 62 <75>). […] Als Facette der freien Entfaltung der Persönlichkeit durch Kommunikationsaustausch schützt das ‚**Fernmeldegeheimnis**' aus Art. 10 Abs. 1 GG die unkörperliche Übermittlung von Informationen an individuelle Empfänger mit Hilfe des Telekommunikationsverkehrs (BVerfGE 67, 157 <172>; 106, 28 <35 f.>; 115, 166 <182>). Dieser ist dadurch gekennzeichnet, dass die übermittelten Informationen am Empfangsort wieder erzeugt werden (vgl. BVerfGE 12, 205 <226>; 46, 120 <143>). Für das Merkmal ‚**Telekommunikation**' kommt es auch im Rahmen des Art. 10 Abs. 1 GG aber weder auf die technische Umsetzung der Kommunikation noch auf deren Inhalt und Empfängerkreis an (vgl. BVerfGE 120, 274 <307>). Auch ist irrelevant, wer Betreiber der Übertragungs- und Vermittlungseinrichtungen ist (vgl. BVerfGE 107, 299 <322>); das Grundrecht ist insgesamt ‚entwicklungsoffen' ([Quellenangabe] BVerfGE 106, 28 <36>).“.

etwa durch Überwachung (Datenerhebung, Auslesen, Abfragen, Erfassen, § 36 Nr. 2 DSG NRW), Aufzeichnung (Datenspeicherung, § 36 Nr. 2 DSG NRW), Verhinderung, Unterbindung, Zäsur (Anpassung, Veränderung, Löschung, Vernichtung, § 36 Nr. 2 DSG NRW) oder sonstige Offenlegung, Veränderung, Verwendung, § 36 Nr. 2 DSG NRW.[1506]

c) GR-B: Art. 10 Abs. 2 GG, Art. 18 GG.

4. Wohnungsgrundrecht, Art. 13 Abs. 1 GG[1507]

a) GR-SB[1508]:

[1506] BVerfGE 124, 43 (Beschlagnahme von E-Mails) = BVerfG, Beschluss des Zweiten Senats vom 16.06.2009 – 2 BvR 902/06 –, (einziger) Leitsatz: „Die **Sicherstellung und Beschlagnahme von E-Mails** auf dem Mailserver des Providers sind am Grundrecht auf Gewährleistung des Fernmeldegeheimnisses aus Art. 10 Abs. 1 GG zu messen. §§ 94 ff. StPO genügen den verfassungsrechtlichen Anforderungen, die an eine gesetzliche Ermächtigung für solche Eingriffe in das Fernmeldegeheimnis zu stellen sind.“; BVerfG, Beschluss der 3. Kammer des Zweiten Senats vom 15.08.2014 – 2 BvR 969/14 (Kinderpornographieverdacht bei Bundestagsabgeordnetem), Rn. 46: „Verfassungsrechtlich nicht zu beanstanden ist auch die Beschlagnahmeanordnung hinsichtlich der Verkehrsdaten im Zusammenhang mit der Internetkommunikation des Beschwerdeführers, die ebenfalls von dem Schutz des Art. 10 Abs. 1 GG erfasst ist (vgl. BVerfGE 100, 313 <395 ff.>).“ BVerfGE 115, 166 (Kommunikationsverbindungsdaten) = BVerfG, Urteil des Zweiten Senats vom 02. März 2006 – 2 BvR 2099/04 –, Ls. 1: „Die nach Abschluss des Übertragungsvorgangs im Herrschaftsbereich des Kommunikationsteilnehmers gespeicherten **Verbindungsdaten** werden nicht durch Art. 10 Abs. 1 GG, sondern durch das Recht auf informationelle Selbstbestimmung (Art. 2 Abs. 1 in Verbindung mit Art. 1 Abs. 1 GG) und gegebenenfalls durch Art. 13 Abs. 1 GG geschützt.“ Ls. 2: „§§ 94 ff. und §§ 102 ff. StPO genügen den verfassungsrechtlichen Anforderungen auch hinsichtlich der Sicherstellung und Beschlagnahme von Datenträgern und den hierauf gespeicherten Daten und entsprechen der vor allem für das Recht auf informationelle Selbstbestimmung geltenden Vorgabe, wonach der Gesetzgeber den Verwendungszweck der erhobenen Daten bereichsspezifisch, präzise und für den Betroffenen erkennbar bestimmen muss. Dem wird durch die strenge Begrenzung aller Maßnahmen auf den Ermittlungszweck Genüge getan (vgl. BVerfGE 113, 29).“; Ls. 3: „Beim Zugriff auf die bei dem Betroffenen gespeicherten Verbindungsdaten ist auf deren erhöhte Schutzwürdigkeit Rücksicht zu nehmen. Die Verhältnismäßigkeitsprüfung muss dem Umstand Rechnung tragen, dass es sich um Daten handelt, die außerhalb der Sphäre des Betroffenen unter dem besonderen Schutz des Fernmeldegeheimnisses stehen und denen im Herrschaftsbereich des Betroffenen ein ergänzender Schutz durch das Recht auf informationelle Selbstbestimmung zuteil wird.“.

[1507] Vgl. auch Art. 142 GG i.V.m. Art. 4 Abs. 1 Verfassung NRW; Art. 7 EU-GR-Charta; Art. 8 EMRK; §§ 18, 21 GVG i.V.m. DiplBezÜbkG i.V.m. Art. 22, 23 WÜD; §§ 19, 21 GVG i.V.m. KonsÜbkG i.V.m. Art. 27, 31, 55, 59 WÜK.

[1508] Vgl. BVerfGE 109, 279, 325-327 (akustische Wohnraumüberwachung / „Großer Lauschangriff“) = BVerfG, Urteil des Ersten Senats vom 03.03.2004 – 1 BvR 2378/98, 1084/99 –, C. II. 1. a), b), c), Rn. 158-163: „Das aus Art. 2 Abs. 1 in Verbindung mit Art. 1 Abs. 1 GG folgende **allgemeine Persönlichkeitsrecht** kommt neben Art. 13 Abs. 1 GG allerdings nicht zur Anwendung, soweit Eingriffe in die **räumliche Privatsphäre des Wohnungsinhabers** zu überprüfen sind. Art. 13 Abs. 1 GG enthält eine spezielle Gewährleistung des **Schutzes vor staatlicher akustischer Überwachung der räumlichen Privatsphäre**, die die allgemeinere Vorschrift insoweit verdrängt (vgl. BVerfGE 100, 313 [358] zu Art. 10 GG). Diese Spezialität wirkt sich wegen des weiten Schutzbereichs von Art. 13 GG nicht nur gegenüber der staatlichen Überwachung selbst aus, sondern erstreckt sich auch auf notwendige Vorbereitungsakte und auf den **Informations- und Datenverarbeitungsprozess, der sich an die Erhebung anschließt**, sowie auf den Gebrauch, der von den erlangten Kenntnissen gemacht wird (vgl. BVerfGE 100, 313 [359]). Mit dem **Recht, in der Wohnung ungestört zu sein**, und dem **Recht am eigenen in der Wohnung gesprochenen Wort** schützt Art. 13 Abs. 1 GG gerade den Teil der **Privatsphäre**, den sonst das allgemeine Persönlichkeitsrecht gewährleistet. Dieses Recht ergänzt als unbenanntes Freiheitsrecht die speziellen Freiheitsrechte, die ebenfalls konstituierende Elemente der Persönlichkeit schützen (vgl. BVerfGE 54, 148 [153 f.]), nur insoweit, als Letztere keinen Schutz gewähren. Der Schutz des allgemeinen

aa) Persönlicher GR-SB: Jeder Wohnungsberechtigte, im Verhältnis mehrerer Wohnungsberechtigter zu gleichen Teilen oder der besser unmittelbar Wohnungsberechtigte (zum Beispiel der unmittelbare Besitzer).[1509]

bb) Sachlicher GR-SB: **Wohnung** ist jede der allgemeinen Zugänglichkeit entzogene Stätte privaten Lebens.[1510]

Persönlichkeitsrechts aus Art. 2 Abs. 1 in Verbindung mit Art. 1 Abs. 1 GG greift hingegen ein, soweit von der Wohnraumüberwachung Personen betroffen werden, die sich nicht auf Art. 13 Abs. 1 GG berufen können. **Grundrechtsträger des Art. 13 Abs. 1 GG** ist jeder Inhaber oder Bewohner eines Wohnraums, unabhängig davon, auf welchen Rechtsverhältnissen die Nutzung des Wohnraums beruht. Bei mehreren Bewohnern einer Wohnung steht das Grundrecht jedem Einzelnen, bei Familien mithin jedem Familienmitglied zu. Maßnahmen der **Wohnraumüberwachung** können aber nicht nur Wohnungsinhaber, sondern auch **zufällig in einer Wohnung Anwesende** erfassen. Diese Personen sind zwar nicht in ihrem Grundrecht aus Art. 13 Abs. 1 GG, wohl aber in ihrem allgemeinen Persönlichkeitsrecht betroffen. Der Schutz aus Art. 2 Abs. 1 in Verbindung mit Art. 1 Abs. 1 GG kann insofern allerdings nicht weiter reichen als derjenige aus Art. 13 Abs. 1 und 3 GG. Der **Schutz der räumlichen Privatsphäre** und des allgemeinen Persönlichkeitsrechts kann schließlich in Einzelfällen durch weitere Grundrechtsgarantien ergänzt sein. So wird das Gespräch zwischen Eheleuten in der eigenen Wohnung nicht nur von Art. 13 Abs. 1 GG, sondern zusätzlich durch Art. 6 Abs. 1 GG geschützt. Auch in Bezug auf die **Kommunikation mit Berufsgeheimnisträgern** können neben dem grundrechtlichen Schutz der räumlichen Privatsphäre Grundrechte in Betracht kommen, die – wie etwa Art. 4 GG im Hinblick auf das Gespräch mit einem Geistlichen – der besonderen Schutzbedürftigkeit der Kommunizierenden Rechnung tragen.“.

1509 BVerfG, Beschluss der 3. Kammer des Zweiten Senats vom 27.06.2018 – 2 BvR 1562/17 (auf § 103 StPO gestützte Anordnung der Durchsuchung der Räumlichkeiten des Münchener Kanzleistandorts der Rechtsanwaltskanzlei Jones Day auf sowie Sicherstellung von Unterlagen und elektronischen Daten im Zuge des sogenannten „VW-Dieselskandals“ – Verfassungsbeschwerde nicht zur Entscheidung angenommen wegen Unzulässigkeit aufgrund Nichterfüllung von Voraussetzungen nach § 93a Abs. 2 BVerfGG), Gründe, V., Rn. 38 f.: „Wer **Träger des Grundrechts des Art. 13 Abs. 1 GG** ist, entscheidet sich nicht nach der Eigentumslage, sondern grundsätzlich danach, wer Nutzungsberechtigter der Wohnung oder der Betriebs- und Geschäftsräume ist [Quellenangabe]. Bei **Geschäftsräumen** kommt der Schutz des Art. 13 Abs. 1 GG dementsprechend regelmäßig nur dem Unternehmer als Nutzungsberechtigtem zugute, nicht aber den einzelnen Arbeitnehmern (vgl. BVerfG, Beschluss der 1. Kammer des Zweiten Senats vom 9. Juli 2009 - 2 BvR 1119/05 u.a. -, juris, Rn. 27; [Quellenangaben]). […] Nutzungsrecht steht Partnern als Mitinhaber der Nutzungsberechtigung der Kanzlei […] an ihren Kanzleiräumen […] nur gemeinschaftlich zu (vgl. für die Partnerschaftsgesellschaft nach deutschem Recht §§ 718 f. BGB i.V.m. § 1 Abs. 4 PartGG). Es kann deshalb auch nur von den Gesellschaftern gemeinschaftlich oder, soweit ihre Rechtsfähigkeit anerkannt ist, von der Gesellschaft als solcher geltend gemacht werden. […] Natürliche Personen, die Geschäfts- oder Amtsräume nutzen, ohne selbst Geschäftsinhaber oder Dienstherr zu sein, sind in Bezug auf Art. 13 Abs. 1 GG nur dann beschwerdebefugt, wenn die genutzten Räume auch als individueller Rückzugsbereich fungieren und sie deshalb der persönlichen beziehungsweise räumlichen Privatsphäre der natürlichen Person zuzuordnen sind (vgl. BVerfGE 103, 142 <150>; BVerfG, Beschluss der 3. Kammer des Zweiten Senats vom 12. Februar 2004 - 2 BvR 1687/02 -, juris, Rn. 13; Beschluss der 3. Kammer des Zweiten Senats vom 16. April 2015 - 2 BvR 2279/13 -, juris, Rn. 14; [Quellenangaben]).“.

1510 Vgl. BVerfGE 32, 54, Ls. 1, 69-72 (Betriebsbetretungsrecht) = BVerfG, Beschluss des Ersten Senats vom 13.10.1971 – 1 BvR 280/66, Ls. 1: „Der Begriff ‚**Wohnung**‘ in Art. 13 Abs. 1 GG ist weit auszulegen; er umfaßt auch **Arbeits-, Betriebs- und Geschäftsräume**.“; BVerfG, Beschluss der 3. Kammer des Ersten Senats vom 10.04.2008 – 1 BvR 848/08 –, Rn. 12: „Die Weite des Wohnungsbegriffs in Art. 13 Abs. 1 GG hat zur Folge, dass an die Zulässigkeit von Eingriffen und Beschränkungen im Sinne des Art. 13 Abs. 1 GG je nach der Nähe der Örtlichkeiten zur räumlichen Privatsphäre unterschiedlich hohe Anforderungen gestellt werden. Während bei Räumen, in denen sich das Privatleben im engeren Sinn abspielt, das Schutzbedürfnis am größten ist und der Schutzzweck des Grundrechts daher in vollem Umfang durchgreift, wird das Schutzbedürfnis bei reinen Betriebs-, Geschäfts- oder Arbeitsräumen durch den Zweck gemindert, den sie nach dem Willen des Inhabers besitzen. Je größer ihre Offenheit nach außen ist und je mehr sie zur

b) GR-E (oder Nichteingriff/GR-Verzicht): **Persönlichkeitsentfaltungseinschränkung** als **Wohnungseinschränkung**, allgemein durch körperliches Eindringen, technische Infiltration sowie grundsätzlich sonstige Behinderungen, Einschränkungen des Wohnens.[1511]

c) GR-B: Art. 13 Abs. 2-7 GG, Art. 17a Abs. 2 GG (qualifizierter Gesetzesvorbehalt; verfassungsunmittelbare Einschränkungen).

Art. 13 Abs. 2-7 GG: „Im Übrigen" können – insbesondere bei Fehlen von verfassungsmäßigen einfachgesetzlichen Konkretisierungen von Art. 13 Abs. 2-7 GG – Art. 13 Abs. 2-7 GG alternativ direkt anwendbare Rechtsgrundlagen mit Rechtmäßigkeitsvoraussetzungen bilden.

5. Mediengrundrecht (Pressefreiheitsgrundrecht und Rundfunkfreiheitsgrundrecht)[1512], Art. 5 Abs. 1 S. 2 GG[1513]

a) GR-SB:

Aufnahme sozialer Kontakte für Dritte bestimmt sind, desto schwächer wird der grundrechtliche Schutz (vgl. BVerfGE 32, 54 <75 f.>; 97, 228 <266>). **Rechte zum Betreten von Betriebsräumen** verstoßen daher dann nicht gegen Art. 13 Abs. 1 GG, wenn sie auf einer besonderen gesetzlichen Grundlage beruhen, das Betreten einem erlaubten Zweck dient und für dessen Erreichung erforderlich ist, das Gesetz Zweck, Gegenstand und Umfang des Betretens erkennen lässt und das Betreten auf Zeiten beschränkt wird, in denen die Räume normalerweise für die betriebliche Nutzung zur Verfügung stehen (vgl. BVerfGE 97, 228 <266>; BVerfG, Beschluss der 3. Kammer des Ersten Senats vom 15. März 2007 - 1 BvR 2138/05 -, EuGRZ 2007, S. 486 <488 f.>).". Vgl. auch § 41 Abs. 1 S. 2 PolG NRW; vgl. auch Nr. 40.03. VVPolG NRW: „Für die **Durchsuchung von Sachen im befriedeten Besitztum** gelten die §§ 41 und 42."; Nr. 41.13 VVPolG NRW: „Die Durchsuchung einer Wohnung hat sich auf Anlass und Zweck der Durchsuchung zu beschränken. Befinden sich in der Wohnung Personen, die durchsucht werden sollen, ist hierfür § 39 maßgebend. Sollen in einer Wohnung Sachen durchsucht werden, die nicht den Wohnungsinhabern gehören, ist § 40 einschlägig."; vgl. auch Nr. 40.12 VVPolG NRW: „Sollen bewegliche Sachen, die Wohnungen sind (vgl. RdNr. 41.11), betreten oder durchsucht werden, richten sich die Maßnahmen nach § 41.", vgl. auch Nr. 41.11 VVPolG NRW: „Es ist zu beachten: **Wohnungen** i.S.d. § 41 Abs. 1 Satz 2 sind auch die zu Wohnzwecken genutzten beweglichen Sachen wie Schiffe, Wohnwagen, Wohnmobile und Zelte. **Inhaber einer Wohnung** ist, wer rechtmäßig die tatsächliche Gewalt über die Räumlichkeit ausübt, somit z.B. auch Mieter, Untermieter oder Hotelgast. Bei Gemeinschaftsunterkünften, Internaten und Obdachlosenasylen sind nur die Leiterinnen und Leiter Inhaber. Die **Befugnis zum Betreten einer Wohnung** schließt die Befugnis ein, von Personen, Sachen und Zuständen, die ohne weiteres wahrgenommen werden können, **Kenntnis** zu nehmen. Soweit es für die Erfüllung der polizeilichen Aufgaben erforderlich ist, umfasst das **Betretungsrecht** bei Grundstücken auch das **Recht zum Befahren mit Fahrzeugen**.", vgl. auch Nr. 41.13 VVPolG NRW: „Die Durchsuchung einer Wohnung hat sich auf Anlass und Zweck der Durchsuchung zu beschränken. Befinden sich in der Wohnung Personen, die durchsucht werden sollen, ist hierfür § 39 maßgebend. Sollen in einer Wohnung Sachen durchsucht werden, die nicht den Wohnungsinhabern gehören, ist § 40 einschlägig.".

[1511] BVerfGE 109, 279, 327 (akustische Wohnraumüberwachung / „Großer Lauschangriff") = BVerfG, Urteil des Ersten Senats vom 03.03.2004 – 1 BvR 2378/98, 1084/99 –, C. 2. a), Rn. 165: „Ein Eingriff in das Grundrecht der Unverletzlichkeit der Wohnung liegt sowohl im physischen Eindringen in den Wohnraum und in dem Anbringen von technischen Mitteln in den geschützten Räumen, als auch im Belauschen der Vorgänge in der Wohnung mit akustischen Hilfsmitteln (siehe oben C I 1). Er wird durch die Speicherung und Verwendung der gewonnenen Informationen sowie durch deren Weitergabe an andere Stellen fortgesetzt.".

[1512] BVerfGE 117, 244, 258 (Cicero) = BVerfG, Urteil des Ersten Senats vom 27.02.2007 – 1 BvR 538, 2045/06 – B. I. 1. a), Rn. 42: „Die Freiheit der Medien ist konstituierend für die freiheitliche demokratische Grundordnung (vgl. BVerfGE 7, 198 [208]; 77, 65 [74]; stRspr). Eine freie Presse und ein freier Rundfunk sind daher von besonderer Bedeutung für den freiheitlichen Staat (vgl. BVerfGE 20, 162 [174]; 50, 234 [239 f.]; 77, 65 [74]).".

[1513] Vgl. Art. 142 GG i.V.m. Art. 4 Abs. 1 Verfassung NRW; Art. 11 EU-GR-Charta.

aa) Persönlicher GR-SB: Im Pressebereich oder im Rundfunkbereich tätige Personen und Organisationen.[1514]

bb) Sachlicher GR-SB: Voraussetzungen und Tätigkeiten, ohne welche die Medien ihre Funktion im freiheitlich-demokratischen Staat nicht in angemessener Weise erfüllen können, vgl. auch § 7 PresseG NRW.[1515]

b) GR-E (oder Nichteingriff/GR-Verzicht): Einschränkung von Voraussetzungen und Tätigkeiten, ohne welche die Medien ihre Funktion im freiheitlich-demokratischen Staat nicht in angemessener Weise erfüllen können, vgl. auch § 7 PresseG NRW.[1516]

c) GR-B: Art. 5 Abs. 2 GG, Art. 18 GG.[1517]

[1514] BVerfGE 117, 244, 258 f. (Cicero) = BVerfG, Urteil des Ersten Senats vom 27.02.2007 – 1 BvR 538, 2045/06 – B. I. 1. a), Rn. 42: „Dementsprechend gewährleistet Art. 5 Abs. 1 Satz 2 GG den im Bereich von Presse und Rundfunk tätigen Personen und Organisationen Freiheitsrechte und schützt darüber hinaus in seiner objektiv-rechtlichen Bedeutung auch die institutionelle Eigenständigkeit der Presse und des Rundfunks (vgl. BVerfGE 10, 118 [121]; 66, 116 [133]; 77, 65 [74 ff.]).“.

[1515] BVerfGE 117, 244, 259 (Cicero) = BVerfG, Urteil des Ersten Senats vom 27.02.2007 – 1 BvR 538, 2045/06 – B. I. 1. a), Rn. 42: Die Gewährleistungsbereiche der Presse- und Rundfunkfreiheit schließen diejenigen Voraussetzungen und Hilfstätigkeiten mit ein, ohne welche die Medien ihre Funktion nicht in angemessener Weise erfüllen können. Geschützt sind namentlich die Geheimhaltung der Informationsquellen und das Vertrauensverhältnis zwischen Presse beziehungsweise Rundfunk und den Informanten (vgl. BVerfGE 100, 313 [365] m.w.N.). Dieser Schutz ist unentbehrlich, weil die Presse auf private Mitteilungen nicht verzichten kann, diese Informationsquelle aber nur dann ergiebig fließt, wenn sich der Informant grundsätzlich auf die Wahrung des Redaktionsgeheimnisses verlassen kann (vgl. BVerfGE 20, 162 [176, 187]; 36, 193 [204]).“.

[1516] Zu **Medienfreiheitseingriffsgegenständen** vgl. BVerfGE 117, 244, 259 f. (Cicero) = BVerfG, Urteil des Ersten Senats vom 27.02.2007 – 1 BvR 538, 2045/06 – B. I. 1. a), Rn. 44 f.: „Eine **Durchsuchung in Presseräumen** stellt wegen der damit verbundenen Störung der redaktionellen Arbeit und der Möglichkeit einer einschüchternden Wirkung eine Beeinträchtigung der Pressefreiheit dar (vgl. zuletzt BVerfG, 1. Kammer des Ersten Senats, Beschluss vom 1. Februar 2005 -- 1 BvR 2019/03 --, NJW 2005, S. 965). Auch können potentielle Informanten durch die begründete Befürchtung, bei einer Durchsuchung könnte ihre Identität festgestellt werden, davon abgehalten werden, Informationen zu liefern, die sie nur im Vertrauen auf die Wahrung ihrer Anonymität herauszugeben bereit sind. Überdies liegt in der **Verschaffung staatlichen Wissens über die im Bereich journalistischer Recherche hergestellten Kontakte** ein Eingriff in das **Redaktionsgeheimnis**, dem neben dem **Vertrauensverhältnis der Medien zu ihren Informanten** eigenständige Bedeutung zukommt (vgl. BVerfGE 66, 116 [133 ff.]; 107, 299 [331]). Durch die Anordnung der **Beschlagnahme** von Datenträgern zum Zwecke der Auswertung ist den Ermittlungsbehörden die Möglichkeit des Zugangs zu redaktionellem Datenmaterial eröffnet worden. Dies greift in besonderem Maße in die vom Grundrecht der Pressefreiheit umfasste **Vertraulichkeit der Redaktionsarbeit** ein, aber auch in ein etwaiges Vertrauensverhältnis zu Informanten.“.

[1517] BVerfGE 117, 244, 260 (Cicero) = BVerfG, Urteil des Ersten Senats vom 27.02.2007 – 1 BvR 538, 2045/06 – B. I. 2. a), Rn. 47: „Nach Art. 5 Abs. 2 GG findet die Pressefreiheit ihre Schranken in den Vorschriften der **allgemeinen Gesetze**. Darunter sind alle Gesetze zu verstehen, die sich nicht gegen die Meinungsfreiheit oder die Freiheit von Presse und Rundfunk an sich oder gegen die Äußerung einer bestimmten Meinung richten, die vielmehr dem Schutz eines schlechthin, ohne Rücksicht auf eine bestimmte Meinung, zu schützenden Rechtsguts dienen. Dieses Rechtsgut muss in der Rechtsordnung allgemein und damit unabhängig davon geschützt sein, ob es durch Meinungsäußerungen oder auf andere Weise verletzt werden kann. Beschränkt die zum Schutz dieses Rechtsguts ergriffene Maßnahme die Meinungs- oder Pressefreiheit, so führt nicht schon dies zur Verneinung des Charakters der ermächtigenden Rechtsnorm als allgemeines Gesetz. Bei seiner Anwendung ist aber zu klären, ob die Güterabwägung zu einem Vorrang des Schutzes des Rechtsguts führt, dem das allgemeine Gesetz dient. Soweit die zur Beschränkung

(VOR/DEF)

Rechtsgebiet ist Rechtsordnungsteil nach allen Umständen – wie schwerpunktmäßige Äußerungen, Rechtsnormen, Zwecke, auch i.V.m. §§ 133, 157 BGB analog.[1518]

(SUB/ERG)

Die Maßnahme erfolgt (alternativ)

- auf dem Rechtsgebiet des besonderen öffentlichen Rechts polizeilicher Gefahrenabwehr.
- auf dem Rechtsgebiet des besonderen öffentlichen Rechts polizeilicher Strafrechtspflege (insbesondere mit StPO / OWiG).

„**Dateisysteme**" (§ 46 Nr. 6 BDSG, § 36 Nr. 7 DSG NRW[1519]) sind an sich rechtsgebietsneutral, so zum Beispiel i.d.R. auch

- Aktensysteme[1520]

---

ermächtigenden Rechtsnormen auslegungsbedürftig sind, darf die Auslegung nicht zur Außerachtlassung des Schutzgehalts von Art. 5 Abs. 1 GG führen (vgl. BVerfGE 111, 147 [155]).".

[1518] Zum Rechtsgebiet bzw. zu Rechtsgebieten einschließlich Rechtsgebiet-Begriffen und Rechtsgebiet-Auslegungsansätzen: *Basten*, Eingriffsrecht der Polizei in Nordrhein-Westfalen, Band 1, Buch 1, Abschnitt 3, Unterabschnitt 3, Titel 3, Untertitel 3.

[1519] EuGH, Urteil des Gerichtshofs (Große Kammer) vom 10.07.2018 – Rechtssache C-25/17 („Zeugen Jehovas – von Tür zu Tür" – zu: RL 95/46/EG vom 24.10.1995, no longer in force, Date of end of validity: 24/05/2018 [now: VO (EU) 2016/679 und RL (EU) 2016/680]), Rn. 57: „Gemäß den Erwägungsgründen [now: 15 VO (EU) 2016/679 und 18 RL (EU) 2016/680, P. B.] muss der Inhalt einer Datei so strukturiert sein, dass er einen leichten Zugriff auf die personenbezogenen Daten ermöglicht. In [now: Art. 4 Nr. 6 VO (EU) 2016/679 = Art. 3 Nr. 6 RL (EU) 2016/680, P. B.] ist zwar nicht näher geregelt, nach welchen Kriterien die Datei strukturiert sein muss, aber den genannten Erwägungsgründen zufolge müssen die Kriterien ‚personenbezogen' sein. Demnach ist mit dem Erfordernis, dass die Sammlung personenbezogener Daten ‚nach bestimmten Kriterien strukturiert' sein muss, nur gemeint, dass die Daten über eine bestimmte Person leicht wiederauffindbar sind.", Rn. 58: „Abgesehen von diesem Erfordernis regelt [now: Art. 4 Nr. 6 VO (EU) 2016/679 = Art. 3 Nr. 6 RL (EU) 2016/680, P. B.] weder die Modalitäten, nach denen eine Datei strukturiert werden muss, noch die Form, die sie aufweisen muss. Insbesondere geht weder aus dieser noch aus irgendeiner anderen Bestimmung dieser Richtlinie hervor, dass die in Rede stehenden personenbezogenen Daten in spezifischen Kartotheken oder Verzeichnissen oder einem anderen Recherchesystem enthalten sein müssten, damit das Vorliegen einer Datei im Sinne dieser Richtlinie bejaht werden kann.".

Erwägungsgrund 15 S. 2 VO (EU) 2016/679 und Erwägungsgrund 18 S. 2 RL (EU) 2016/680 „Akten oder Aktensammlungen sowie ihre Deckblätter, die nicht nach bestimmten Kriterien geordnet sind, sollten nicht in den Anwendungsbereich dieser Verordnung fallen.".

[1520] Runderlass des Innenministeriums: Führung von Kriminalakten), Nr. 1.2: „KA sind Kriminalpolizeiliche personenbezogene Sammlungen (KpS) im Sinne der Richtlinien für die Führung Kriminalpolizeilicher personenbezogener Sammlungen (KpS-Richtlinien), RdErl. d. Innenministeriums vom 25.08.2000, SMBl. NRW. 20531, die sich auf Tatverdächtige, Beschuldigte in einem strafrechtlichen Ermittlungsverfahren oder auf Verurteilte beschränken. Vorsätzliche Straftaten im Zusammenhang mit dem Straßenverkehr sind einzubeziehen."; Nr. 1.4: „Die Anlage von KA setzt eine Prognose der Polizei oder eines Gerichtes voraus, dass unter 1.2 genannte Personen aufgrund der Persönlichkeit, der Art oder Ausführung

- polizeiliche Notizsysteme („Listen“, „Notizbuch“)[1521]
- sonstige kriminalpolizeiliche Sammlungen[1522].

Erst der auszulegende „Zweck im Recht“[1523] des jeweiligen einzelnen Rechtsfolgenfalls macht die für die Dateisysteme oder die in den Dateisystemen verarbeiteten Daten (§ 46 Nr. 1 BDSG, § 36 Nr. 1 DSG NRW) zu Objekten von Datenverarbeitungsmaßnahmen entweder auf dem Rechtsgebiet der Gefahrenabwehr oder auf dem Rechtsgebiet der Strafrechtspflege.

A. Rechtsgrundlage (RGL) III. Mögliche Befugnisrechtsnorm (Mgl. Brn.)

(VOR/DEF)

Befugnisrechtsnorm ist die rechtmäßige hauptsächliche materiellrechtliche Rechtsgrundlage mit realfolgenentsprechender Rechtsfolge.

---

der Straftat oder sonstiger Erkenntnisse erneut eine Straftat begehen könnten. Bei fahrlässiger Begehung ist das in der Regel nicht anzunehmen.“; Nr. 1.5: „Die Bestimmungen der KpS-Richtlinien gelten für KA unmittelbar, sofern dieser Erlass keine spezielle Regelung trifft.“; Nr. 2: „Zweck einer KA ist es, einen Überblick über den kriminellen Lebenslauf der betroffenen Person, ihr Vorgehen bei der Vorbereitung und Ausführung von Straftaten, ihr Verhalten danach und gegenüber der Polizei, ihre Tatmotive, ihre sonstigen Polizeieinsätze auslösenden Verhaltensweisen sowie über weitere fahndungs- und ermittlungsrelevante Informationen zu vermitteln. Sie soll Personen- und Sachzusammenhänge von Fahndungs- oder Ermittlungsrelevanz erkennen lassen und ermöglichen, Hinweise zur Vorbereitung auf das Handeln zur Verhütung von Straftaten zu erlangen, eine Person zu identifizieren, den Tatverdacht gegen eine Person zu begründen bzw. zu erhärten oder diesen auszuschließen bzw. zu entkräften und zu jeder Phase eines Ermittlungsverfahrens Hinweise zum taktischen Vorgehen einschließlich der Eigensicherung der Polizei zu geben.“. Zu möglichen Unterlagen für die KA: Nr. 3.1.1 und 3.1.2 Runderlass des Innenministeriums vom 21.02.2002 (Führung von Kriminalakten) – 42.2 – 6422; Nr. 3.1.3: „Beobachtungs- und Feststellungsberichte, die der Überprüfung dienen, ob der Betroffene als Tatverdächtige für eine Straftat in Betracht kommt, sind nicht in die KA aufzunehmen.“; Nr. 3.1.4: „Durchschriften von Unterlagen und Anzeigen, die nicht von den Strafverfolgungsbehörden gefertigt wurden, sind nicht in die KA aufzunehmen.“; 3.2.1: „KA über Personen, die nicht erkennungsdienstlich behandelt sind, können bis zum Umfang von 10 Blättern als Loseblattsammlung aufbewahrt werden.“; Nr. 4.1: „In Nordrhein-Westfalen wird über eine Person nur eine KA geführt, und zwar bei der für den ständigen Aufenthaltsort der Person zuständigen Kreispolizeibehörde (KPB). Die Führung erfolgt grundsätzlich an behördenzentraler Stelle. Die Anlage von Duplikaten für ausgelagerte Organisationseinheiten ist nicht zulässig.“; zu Fällen für Kriminalaktenführung beim LKA NRW oder bei Staatsschutzdienststellen: Nr. 4.2 und Nr. 4.3 Runderlass des Innenministeriums vom 21.02.2002 (Führung von Kriminalakten) – 42.2 – 6422.

[1521] Die Rechtslage des (allgemeinen) Datenverarbeitungsrechts entwickelt/e sich insbesondere über die Jahre 1978, 1983, 1990, 2001, 2018 historisch immer weiter, unter anderem teil- und zeitweise in einer Art Überholung von Gesetzeslage und Rechtsprechung auf nationaler und internationaler Ebene, was mitunter zu teil-/zeitweisen Inkongruenzen führen konnte/kann. Auf dem Rechtsgebiet der Gefahrenabwehr ist § 22b PolG NRW jedenfalls nicht anwendbar bei analogem Notizbuch, welches zumindest „Akte“ i.S.d. § 22 PolG NRW ist [vgl. 24.01 VVPolG NRW], unabhängig von § 36 Nr. 7 DSG NRW.

[1522] Vgl. RdErl. d. Innenministeriums: „Richtlinien für die Führung Kriminalpolizeilicher personenbezogener Sammlungen (KpS)“.

[1523] Vgl.: *von Jhering, Rudolf*: Der Zweck im Recht, Leipzig 1877. Zur Teleologie im Recht und vollständiger Auslegung: *Basten*, Eingriffsrecht der Polizei in Nordrhein-Westfalen, Band 1, Buch 1, Abschnit 3, Unterabschnitt 2, Titel 4.

(SUB/ERG)

Realfolge ist die jeweilige Maßnahme laut Sachverhalt.

Reafolgenbeispiele (anlässlich eines Beispiels aus dem polizeilichen Alltag, etwa einer fahrlässigen Körperverletzung im Sinne des StGB und des BGB sowie einer fahrlässigen einfachen Sachbeschädigung im Sinne des BGB)[1524]:

1. Fragen an die Beteiligten zur Person;
2. Fragen an die Beteiligten zum Sachverhalt;
3. Notieren der Beteiligten-Angaben im Papier-Notizbuch oder elektronischem Notizgerät;
4. Umfassende Überprüfung der Personalien-Angaben der Beteiligten (zum Beispiel: Fahndungsabfrage, Einwohnermeldeamtsauskunft, Ausländerzentralregisterabfrage, Verkehrszentralregisterabfrage, Vorgangssystemrecherche);
5. Internetrecherche;
6. Aushändigung von Beteiligten-Personalien an den jeweils anderen;
7. Verständigung von Angehörigen auf eigene Initiative und/oder auf Anfrage von mutmaßlichen Angehörigen;
8. Informationsaustausch zwischen Polizei und Rettungswagen-Besatzung;
9. Informationsaustausch zwischen Polizei und Krankenhauspersonal über Aufenthaltsort und Zustand der Beteiligten;
10. Informationsaustausch zwischen Polizei und Staatsanwaltschaft bzw. Gericht;
11. Eintrag in elektronischen Streifenbeleg oder Papier-Streifenbeleg von: Sachverhaltsstichwörtern, Einsatzmaßnahmen, Personalien, Abfrageergebnis;
12. Fertigung einer Strafanzeige;
13. Fertigung eines Beobachtungs- und Feststellungsberichtes;
14. Fertigung und Übersendung eines Schreibens über Beteiligtenverhalten an Straßenverkehrsamt;
15. Fertigung und Übersendung eines Schreibens über Feststellungen an Ausländerbehörde;
16. Informationsaustausch zwischen Polizei und weiteren Stellen, zum Beispiel „Ämtern“, zum Beispiel Bundesverwaltungsamt;
17. Übersendung des Beobachtungs- und Feststellungsberichtes an die einschlägigen Dienststellen (z.B. Kriminalkommissariat oder Verwaltungsdienststelle aus dem Bereich „Zentrale Aufgaben“)
18. Einstellung einer Kopie der Strafanzeige und des Beobachtungs- und Feststellungsberichts in elektronischen Ordnern oder in Papierordnern auf der Polizeiwache (zum Beispiel zu einem bestimmten polizeirelevanten Lagephänomen);
19. Einstellung von Strafanzeige und von Beobachtungs- und Feststellungsbericht in einen elektronischen Ordner oder in einen Papierordner für die Sachbearbeitung;
20. Einstellung der Strafanzeige- und Beobachtungs- und Feststellungsbericht in eine eigene elektronische Liste oder Papierliste zu bestimmten Personen, Institutionen, Objekten, Sachen;
21. Einstellung des Beobachtungs- und Feststellungsberichtes in neu angelegte oder vorhandene Kriminalakte;
22. Abfrage bei anderen Behörden oder sonstige Stellen wie zum Beispiel: Kreditinstitut und Sozialbehörde;

[1524] Zu mehr polizeilichen Datenrechtsfällen mit real- und rechtsfolgenentsprechenden Rechtsgrundlagen siehe: *Basten*, Eingriffsrecht der Polizei in Nordrhein-Westfalen, Fälle mit Lösungen.

23. Weitere Beobachtung und Datenaustausch – auch über Ländergrenzen hinweg
24. Datenübermittlung zwischen weiteren Behörden oder sonstigen Stellen innerhalb Deutschlands oder in/aus EU-Staat oder in/aus Nicht-EU-Staat.

Rechtsfolge ist die jeweilige Maßnahme laut Rechtsnorm.

Rechtsgegenstand der Datenarbeit/der Datenverarbeitung ist das gesamte Datenrecht/Datenverarbeitungsrecht einschließlich aller damit zusammenhängenden Rechtsfolgen, nicht nur „Datenschutz“ (Persönlichkeitsschutz mit rechtmäßiger Datenverarbeitung personenbezogener Daten), der mit Maßnahmen auch zu verwirklichender Zweck des Datenrechts/Datenverarbeitungsrechts ist.

Zu für die Rechtsfolge maßgeblichen **Datenbegiffen** und **Datenverarbeitungsbegriffen** vgl. zunächst § 36 DSG NRW und § 46 BDSG; zu weiteren Datenverarbeitungsbegriffen vgl. die Begriffsbestimmungen zum Erheben, Speichern, Verändern, Übermitteln, Sperren, Löschen sowie Nutzen personenbezogener Daten im Sinne von § 3 DSG NRW a.F. und (im Ergebnis quasi gleich) § 3 BDSG a.F., wonach im Einzelnen folgende Datenverarbeitungsmaßnahmen wie folgt definiert wurden – „ungeachtet der dabei angewendeten Verfahren“ (im Sinne von Vorgehensweisen):

„1. **Erheben (Erhebung)** [**Datenerhebung**] das Beschaffen von Daten über die betroffene Person,

2. **Speichern (Speicherung)** [**Datenspeicherung**] das Erfassen, Aufnehmen oder Aufbewahren von Daten auf einem Datenträger zum Zwecke ihrer weiteren Verarbeitung,

3. Verändern (**Veränderung**) [**Datenveränderung**] das inhaltliche Umgestalten gespeicherter Daten,

4. **Übermitteln (Übermittlung)** [**Datenübermittlung**] das Bekanntgeben gespeicherter oder durch Datenverarbeitung gewonnener Daten an einen Dritten in der Weise, dass die Daten durch die verantwortliche Stelle weitergegeben oder zur Einsichtnahme bereitgehalten werden oder dass der Dritte zum Abruf in einem automatisierten Verfahren bereitgehaltene Daten abruft,

5. **Sperren (Sperrung)** [**Datensperrung**] das Verhindern weiterer Verarbeitung gespeicherter Daten,

6. **Löschen (Löschung)** [**Datenlöschung**] das Unkenntlichmachen gespeicherter Daten,

7. **Nutzen (Nutzung)** [**Datennutzung**] jede sonstige Verwendung personenbezogener Daten.[1525]“

Für jede einzelne **Verarbeitung** im Sinne von § 46 Nr. 2 BDSG/§36 Nr. 2 DSG NRW von jedem einzelnen **Datum** im Sinne von § 46 Nr. 1 BDSG/§ 36 Nr. 1 DSG NRW, die jede für sich ein Grundrechtseingriff jedenfalls in das APR in der Ausprägung des RiS aus in Art. 2 Abs. 1 GG i.V.m. Art. 1 Abs. 1 GG ist, bedarf es einer spezifischen Befugnisrechtsnorm mit

---

[1525] Zur **Datennutzung** vgl. auch den anderen § 3 Abs. 5 BDSG a.F. („Nutzen ist jede Verwendung personenbezogener Daten, soweit es sich nicht um Verarbeitung handelt“), der nicht mehr begrifflich stimmt sub specie den Legaldefinitionen von Datenverarbeitung in Art. 4 Nr 2 VO (EU) 2016/679 (DSGVO), Art. 3 Nr. 2 RL (EU) 2016/680 (JI-RL), § 46 Nr. 2 BDSG, § 36 Nr. 2 DSG NRW (jeweils mit Nutzung höchstens als nicht ausdrücklich genannten Unterfall eines „jeden“ Vorgangs an Datenverarbeitung unter vielen anderen, vgl. auch eher die ausdrücklich genannte „Verwendung“). Die Rechtslage des (allgemeinen) Datenverarbeitungsrechts entwickelt/e sich insbesondere über die Jahre 1978, 1983, 1990, 2001, 2018 historisch immer weiter, unter anderem teil- und zeitweise in einer Art Überholung von Gesetzeslage und Rechtsprechung auf nationaler und internationaler Ebene, was mitunter zu teil-/zeitweisen Inkongruenzen führen konnte/kann.

realfolgenentsprechender Rechtsfolge; „insoweit gibt es unter den Bedingungen der automatischen Datenverarbeitung kein ‚belangloses' Datum mehr."[1526]

„**Datenübermittlung**" i.S.d. Datenübermittlungsbefugnisrechtsnormen ist dann eine eigenständige Datenverarbeitungsrechtsfolge mit Erfordernis einer Befugnisrechtsnorm nur für sie, wenn die Daten einen bestimmten Datenverarbeitungsverantwortungsbereich („Türschwelle" nach „Doppeltür"-Bild) i.S.d. Datenverantwortlichkeit nach BDSG, DSG NRW (vgl. §§ 62-67 BDSG, § 46 Nr. 7 BDSG, §§ 52-59 DSG NRW, § 36 Nr. 9 DSG NRW) überschreiten und keine andere Rechtsfolge schwerpunktmäßige Rechtsfolge i.S. einer anderen Befugnisrechtsnorm ist. Denn Datenübermittlung ist insbesondere das Bekanntgeben gespeicherter oder durch Datenverarbeitung gewonnener Daten an einen Dritten in der Weise, dass die Daten durch die *verantwortliche Stelle* weitergegeben oder zur Einsichtnahme bereitgehalten werden oder dass der Dritte zum Abruf in einem automatisierten Verfahren bereitgehaltene Daten abruft (§ 46 Nr. 2 BDSG, § 36 Nr. 2 DSG NRW i.V.m. § 3 Abs. 4 S. 2 Nr. 3 BDSG a.F., § 3 Abs. 2 S. 2 Nr. 4 DSG NRW a.F.). Gemäß § 46 Nr. 7 BDSG ist „Verantwortlicher" die natürliche oder juristische Person, Behörde, Einrichtung oder andere Stelle, die allein oder gemeinsam mit anderen über die Zwecke und Mittel der Verarbeitung von personenbezogenen Daten entscheidet." Gemäß § 36 Nr. 9 DSG NRW ist „Verantwortlicher" die zuständige Behörde, die allein oder gemeinsam mit anderen über die Zwecke und Mittel der Verarbeitung von personenbezogenen Daten entscheidet."[1527] Beispiele für die Erforderlichkeit einer eigenständigen Befugnisrechtsrechtsnorm i.S.d. sog. Vorbehalts des Gesetzes wegen genuiner Datenverarbeitungsrechtsfolge, in der die Datenübermittlung in der Rechtsfolge Datenabgleich aufgeht, wären § 25 PolG NRW und § 98c StPO.

[1526] BVerfGE 65, 1, 45 (Volkszählungsgesetz) = BVerfG, Urteil des Ersten Senats vom 15.12.1983 – 1 BvR 209, 269, 362, 420, 440, 484/83, Rn. 158.

[1527] EuGH, Urteil des Gerichtshofs (Große Kammer) vom 10.07.2018 – Rechtssache C-25/17 („Zeugen Jehovas – von Tür zu Tür" – zu: RL 95/46/EG vom 24.10.1995, no longer in force, Date of end of validity: 24/05/2018 [now: VO (EU) 2016/679 = RL (EU) 2016/680]), Rn. 65: „Wie [now: Art. 4 Nr. 7 VO (EU) 2016/679 = Art. 3 Nr. 8 RL (EU) 2016/680] ausdrücklich vorsieht, bezeichnet der Begriff ‚für die Verarbeitung Verantwortlicher' die natürliche oder juristische Person, die ‚allein oder gemeinsam mit anderen' über die Zwecke und Mittel der Verarbeitung von personenbezogenen Daten entscheidet. Demnach bezieht sich dieser Begriff nicht zwingend auf eine einzige natürliche oder juristische Person, sondern kann mehrere an dieser Verarbeitung beteiligte Akteure betreffen, wobei dann jeder von ihnen den Datenschutzvorschriften unterliegt (vgl. in diesem Sinne Urteil vom 5. Juni 2018, Wirtschaftsakademie Schleswig-Holstein, C-210/16, EU:C:2018:388, Rn. 29).", Rn. 66: „Da das Ziel dieser Bestimmung darin besteht, durch eine weite Definition des Begriffs des ‚Verantwortlichen' einen wirksamen und umfassenden Schutz der betroffenen Personen zu gewährleisten, hat das Bestehen einer gemeinsamen Verantwortlichkeit nicht zwangsläufig eine gleichwertige Verantwortlichkeit der verschiedenen Akteure für dieselbe Verarbeitung personenbezogener Daten zur Folge. Vielmehr können diese Akteure in die Verarbeitung personenbezogener Daten in verschiedenen Phasen und in unterschiedlichem Ausmaß einbezogen sein, so dass der Grad der Verantwortlichkeit eines jeden von ihnen unter Berücksichtigung aller maßgeblichen Umstände des Einzelfalls zu beurteilen ist (vgl. in diesem Sinne Urteil vom 5. Juni 2018, Wirtschaftsakademie Schleswig-Holstein, C-210/16, EU:C:2018:388, Rn. 28, 43 und 44).".

Zum **DSG-NRW-Anwendungsbereich** und zum **BDSG-Anwendungsbereich** gelten unter Berücksichtigung weiterer Vorschriften wie aus dem EU-Recht[1528] insbesondere folgende Vorschriften: §§ 5, 35 DSG NRW und §§ 1, 45 BDSG.

Für **PolG-NRW-Maßnahmenzulässigkeit** gilt auch § 1 Abs. 5 S. 2 PolG NRW.

Für **OWiG-Maßnahmenzulässigkeit** gilt auch § 46 OWiG, insbesondere auch § 46 Abs. 3, 4 OWiG.

Bezüglich der Rechtmäßigkeit der möglichen Befugnisrechtsnorm gilt auch das sogenannte „**Doppeltürmodell**"[1529]:

„Vorschriften, die zum Umgang mit personenbezogenen Daten durch staatliche Behörden ermächtigen, begründen in der Regel verschiedene, aufeinander aufbauende Eingriffe. Es ist zwischen der Erhebung, Speicherung und Verwendung von Daten zu unterscheiden.[1530] Bei der Regelung eines Datenaustauschs [Datenabgleich] zur staatlichen Aufgabenwahrnehmung ist darüber hinaus aber auch zwischen der Datenübermittlung seitens der auskunfterteilenden Stelle und dem Datenabruf seitens der auskunftsuchenden Stelle zu unterscheiden. Ein Datenaustausch [Datenabgleich] vollzieht sich durch die einander korrespondierenden Eingriffe von Abfrage und Übermittlung, die jeweils einer eigenen Rechtsgrundlage bedürfen. Der Gesetzgeber muss, bildlich gesprochen, nicht nur die Tür zur Übermittlung von Daten öffnen, sondern auch die Tür zu deren Abfrage. Erst beide Rechtsgrundlagen gemeinsam, die wie eine Doppeltür zusammenwirken müssen, berechtigen zu einem Austausch personenbezogener Daten (BVerfGE 130, 151 <184>)."[1531]

„Der Gesetzgeber muss bei der Einrichtung eines Auskunftsverfahrens sowohl Rechtsgrundlagen für die Übermittlung als auch für den Abruf von Daten schaffen".[1532] „Die Gewährleistung der Datensicherheit sowie die normenklare Begrenzung der Zwecke der möglichen Datenverwendung obliegen als untrennbare Bestandteile der Anordnung der Speicherungsverpflichtung dem Bundesgesetzgeber gemäß Art. 73 Abs. 1 Nr. 7 GG. Demgegenüber richtet sich die

---

[1528] Vgl. insbesondere sog. „DSGVO" und „JI-Richtlinie", also: VO (EU) 2016/679 und RL (EU) 2016/680. Zum Unionsrecht/EU-Recht siehe *Basten*, Eingriffsrecht der Polizei in Nordrhein-Westfalen, Band 3, Buch 4, Abschnitt 1, Unterabschnitt 1.

[1529] Beispiele für „**Doppeltürmodell-Ausgänge**": § 30 Abs. 4 AO; §§ 14, 15, 22 AZRG; § 34 BMG/§ 4 MG NRW; § 41 I Nr. 5 BZRG; § 41 Abs. 1 Nr. 9 BZRG; § 150a Abs. 2 Nr. 2 GewO; § 10 WaffRG; §§ 14, 15 PAuswG; § 22 PaßG; §§ 30, 30a StVG; §§ 35, 36; 39 StVG; §§ 67 ff. SGB X; §§ 86, 86a, 87 Abs. 2 StVollzG; §§ 111-113 TKG (Bestandsdaten); § 113a-g TKG (Verkehrsdaten). Beispiele für „**Doppeltürmodell-Eingänge**": allgemein: §(§) 30 Abs. 2, 3 (22a-24a) PolG NRW; §§ 474, 477, 478, 479, 487, 488 StPO; speziell: § 100g StPO (Erhebung von Verkehrsdaten); § 111j StPO (Bestandsdatenauskunft). **Datenabgleich polizeiintern** allgemein z.B. nach: § 25 PolG NRW.

[1530] BVerfG, Beschluss des Ersten Senats vom 27.05.2020 – 1 BvR 1873/13 – (Bestandsdatenauskunft II), Rn. 93, unter Zitierung wie folgt: „vgl. BVerfGE 100, 313 <366 f.>; 120, 378 <400 f.>; 125, 260 <310>; vgl. auch EGMR (GK), S. and Marper v. The United Kingdom, Urteil vom 4. Dezember 2008, Nr. 30562/04 u.a., § 67; EuGH, Urteil vom 8. April 2014, Digital Rights Ireland und Seitlinger u.a., C-293/12 u.a., EU:C:2014:238, Rn. 34 ff.).". Es ist – unter anderem, unter anderen Datenverarbeitungsarten – zwischen Datenerhebung, Datenspeicherung, Datenübermittlung, Datenabgleich zu unterscheiden, unter anderem deshalb, da das EU-Recht und das deutsche Recht noch viel mehr unterscheiden, vgl. Art. 4 Nr. 2 VO (EU) 2016/679 (DSGVO), Art. 3 Nr. 2 RL (EU) 2016/680 (JI-RL), § 46 Nr. 2 BDSG, § 36 Nr. 2 DSG NRW.

[1531] BVerfG, Beschluss des Ersten Senats vom 27.05.2020 – 1 BvR 1873/13 – (Bestandsdatenauskunft II), Rn. 93.

[1532] BVerfGE 130, 151, Ls. 2 (Zuordnung dynamischer IP-Adressen).

Zuständigkeit für die Schaffung der Abrufregelungen selbst sowie für die Ausgestaltung der Transparenz- und Rechtsschutzbestimmungen nach den jeweiligen Sachkompetenzen."[1533]

„Der Gesetzgeber muss, bildlich gesprochen, nicht nur die Tür zur Übermittlung von Daten öffnen, sondern auch die Tür zu deren Abfrage. Erst beide Rechtsgrundlagen gemeinsam, die wie eine Doppeltür zusammenwirken müssen, berechtigen zu einem Austausch personenbezogener Daten (BVerfGE 130, 151 <184>). Damit bedarf es auch für bundesrechtliche Materien qualifizierter Abrufregelungen, die über eine schlichte Datenerhebungsbefugnis hinausgehen und die eine Auskunftsverpflichtung [zum Beispiel] der Diensteanbieter eigenständig begründen (vgl. BVerfGE 130, 151 <202>)."[1534]

„Vielmehr bedarf es – nach dem Bild einer Doppeltür – für den Abruf der Daten einer weiteren Rechtsgrundlage (vgl. BVerfGE 125, 260 <312>; 130, 151 <185>; 150, 244 <278 Rn. 80>; 150, 309 <335 Rn. 68>)."[1535]

„Nach dem Bild einer Doppeltür müssen die – jeweils zuständigen – Gesetzgeber nicht nur die Tür zur Übermittlung der Daten öffnen, sondern auch die Tür zu deren Abfrage (vgl. BVerfGE 130, 151 <184>). Insoweit muss schon der Gesetzgeber der Übermittlungsregelung in eigener Regelungsverantwortung eine klare und abschließende Entscheidung treffen, zu welchen Zwecken und mit welchen Begrenzungen er die erste Tür öffnet (vgl. BVerfGE 125, 260 <355>). Diese erste Tür kann auch der Gesetzgeber der zweiten Tür nicht weiter öffnen. Er ist vielmehr insoweit an die in der Übermittlungsregelung getroffenen Verwendungsregeln gebunden [...]. Dabei steht es dem Gesetzgeber der Abrufregelungen zwar frei, den Datenabruf durch die berechtigten Behörden an noch engere Zwecke, höhere Eingriffsschwellen oder an den Schutz oder die Bewehrung noch gewichtigerer Rechtsgüter zu binden [...]. Aus Gründen der Normenklarheit darf er aber selbst dann, wenn er – wie vorliegend – zugleich Gesetzgeber der Abrufregelungen ist, nicht die in der Übermittlungsregelung begrenzten Verwendungszwecke unterlaufen und die Behörden zum Abruf zu anderen, weitergehenden Zwecken ermächtigen, niedrigere Eingriffsschwellen oder einen weniger gewichtigen Rechtsgüterschutz vorsehen. Abrufregelungen mit solchermaßen abgesenkten Verwendungsregeln könnten zwar die Behörden – im Rahmen des verfassungsrechtlich Zulässigen – zum Datenabruf ermächtigen; die Diensteanbieter wären jedoch zur Auskunft weder berechtigt noch verpflichtet (vgl. § 113 Abs. 2 Satz 1 TKG). Derartige Abrufregelungen enthielten von daher einen mit der Übermittlungsregelung von vornherein unvereinbaren Normbefehl. Die Verwendungszwecke der auszutauschenden Daten müssen aber gerade durch das Zusammenwirken der Übermittlungs- und Abrufregelung normenklar begrenzt sein. Es darf nicht der Anschein erweckt werden, dass eine Behörde losgelöst von den in der Übermittlungsregelung getroffenen Verwendungsregeln auf Daten zugreifen dürfte. Dadurch würden Zugriffsmöglichkeiten eröffnet, die missbräuchlich und unvorhersehbar genutzt werden könnten. Ein Widerspruch zwischen Übermittlungsregelung und einer weniger begrenzten Abrufregelung könnte auch nicht dahin aufgelöst werden, dass ein Datenaustausch nur unter den engeren Voraussetzungen der Übermittlungsregelung erfolgen dürfte. Die Einhaltung dieser engeren Voraussetzungen können und dürfen die Diensteanbieter in materieller Hinsicht nicht überprüfen. Sie liegt vielmehr allein in der Verantwortung der abfrageberechtigten Stellen (vgl. § 113 Abs. 2 Satz 4 TKG) und kann auch nur dort zuverlässig beurteilt werden. Sie würden aber durch die fachrechtlichen Abrufregelungen zu einem weitergehenden

[1533] BVerfGE 125, 260, Ls. 3 (Vorratsdatenspeicherung).

[1534] BVerfG, Beschluss des Ersten Senats vom 27.05.2020 – 1 BvR 1873/13 – (Bestandsdatenauskunft II), Rn. 17.

[1535] BVerfG, Beschluss des Ersten Senats vom 27.05.2020 – 1 BvR 1873/13 – (Bestandsdatenauskunft II), Rn. 95.

Datenabruf ermächtigt, ohne dass eine behördeninterne Kontrolle am Maßstab der Übermittlungsregelung gewährleistet wäre. Auch insoweit würden Zugriffsmöglichkeiten eröffnet, die rechtsstaatlich nicht mehr eingehegt und vorhersehbar wären [...].“[1536].

Der Rechtsanwender[1537] der vollziehenden Gewalt (Exekutive)[1538] muss die nach dem Doppeltürmodell differenziert normierten, richtigen Ein- und Ausgänge kennen und zur maßgeblichen Zeit maßnahmenadäquat passieren, das heißt, er muss die für den jeweiligen Fall rechtlich offene Tür der Befugnisrechtsnorm mit der realfolgenentsprechenden Datenverarbeitungsrechtsfolge nehmen.

Befugnisrechtsnormen und weitere Rechtsgrundlagen[1539] mit realfolgenentsprechender Rechtsfolge sowie den jeweiligen Rechtmäßigkeitsvoraussetzungen im allgemeinen Datenverarbeitungsrecht können insbesondere wie folgt gegeben sein:

Allgemeine Datenverarbeitungsrechtsnormen im PolG NRW

- **§ 8 PolG NRW**: Nicht spezieller in §§ 9-46 PolG NRW geregelte Datenverarbeitungsmaßnahme (vgl. z.B. körperliche Untersuchung oder nicht spezieller geregelte Bildaufnahmen, Bildaufzeichnungen, Tonaufnahmen, Tonaufzeichnungen)
- **§ 9 Abs. 1, 5, 7, PolG NRW[1540]:** Datenerhebung, Allgemeine Regeln
- **§ 22 PolG NRW:** Datenspeicherung, Prüfungstermine
- **§ 22a PolG NRW:** Verarbeitung besonderer Kategorien personenbezogener Daten (vgl. § 46 Nr. 14 BDSG; § 36 Nr. 18 DSG NRW)
- **§ 22b PolG NRW:** Kennzeichnung in polizeilichen Dateisystemen

Allgemeine Datenverarbeitungsrechtsnormen in der StPO und im OWiG

StPO:

- **§ 161 Abs. 3, 4 StPO:** Verwendung auf Grund einer entsprechenden Maßnahme nach anderen Gesetzen erlangter personenbezogener Daten ohne Einwilligung der von der Maßnahme betroffenen Personen zu Beweiszwecken im Strafverfahren (Zweckänderung)
- **§ 163 Abs. 1 S. 2 StPO:** Nicht spezieller (insbesondere nicht in §§ 81a-h, 94-132, 163-164, 474-491 StPO) geregelte Datenverarbeitungsmaßnahme (vgl. z.B. Auskunftsersuchen, Auskunftsverlangen, Maßnahmen mit Vertrauensperson oder Informant oder nicht spezieller geregelte Bildaufnahmen,

---

[1536] BVerfG, Beschluss des Ersten Senats vom 27.05.2020 – 1 BvR 1873/13 – (Bestandsdatenauskunft II), Rn. 201 f.

[1537] Zur **Rechtsanwendung** allgemein: *Basten*, Eingriffsrecht der Polizei in Nordrhein-Westfalen, Band 1, S. 44.

[1538] Zur **Staatsgewalt im deutschen Rechtsstaat** und zur **Staatsgewaltformierung** im deutschen Rechtsstaat einschließlich Legislative, Exekutive, Judikative siehe: *Basten*, Eingriffsrecht der Polizei in Nordrhein-Westfalen, Band 1, Buch 1, Abschnitt 2, Unterabschnitt 4, Titel 1, 2.

[1539] Zum umfassenden, andere Rechtsnormarten einbegreifenden Begriff der Rechtsgrundlage und zu weiteren spezielleren Rechtsnormarten mit ihren unterschiedlichen Funktionen für alle Rechtmäßigkeitsvoraussetzungen im für das Eingriffsrecht definitorischen Sinne siehe: *Basten*, Eingriffsrecht der Polizei in Nordrhein-Westfalen, Band 1, Buch 1, Unterabschnitt 3, Titel 2, Untertitel 2, 3. Berühmtestes Beispiel für Rechtsgrundlage ist die Befugnisrechtsnorm als (u.a.) „hauptsächliche Rechtsgrundlage“, aber eben nicht alleinige.

[1540] Zu § 9 PolG NRW siehe insbesondere: *Basten*, Eingriffsrecht der Polizei in Nordrhein-Westfalen, Band 2, Buch 2, Abschnitte 3, 9, 15.

- **§ 23 PolG NRW:** Weiterverarbeitung von personenbezogenen Daten, Zweckbindung, Zweckänderung
- **§ 24 PolG NRW:** Weiterverarbeitung zu besonderen Zwecken
- **§ 24a PolG NRW:** Weiterverarbeitung zu wissenschaftlichen Zwecken
- **§ 25 PolG NRW**: Datenabgleich
- **§ 26 PolG NRW:** Allgemeine Regeln der Datenüermittlung, Übermittlungsverbote und Verweigerungsgründe
- **§ 27 PolG NRW:** Datenübermitlung im innerstaatlichen Bereich
- **§ 28 PolG NRW:** Datenübermittlung im Bereich der EU und deren Mitgliedstaaten[1541]
- **§ 29 PolG NRW:** Datenübermittlung im internationalen Bereich[1542]

Bildaufzeichnungen, Tonaufnahmen, Tonaufzeichnungen)[1543]

- **§ 163 Abs. 2 StPO:** Übersendung der Verhandlungen der Behörden und Beamten des Polizeidienstes an die Staatsanwaltschaft oder an das Amtsgericht
- **§ 474 StPO:** Auskünfte und Akteneinsicht für Justizbehörden und andere öffentliche Stellen
- **§ 475 StPO:** Auskünfte und Akteneinsicht für Privatpersonen und sonstige Stellen
- **§ 476 StPO:** Auskünfte und Akteneinsicht zu Forschungszwecken
- **§ 477 StPO:** Datenübermittlung von Amts wegen

1541 BVerfG, Urteil des Ersten Senats vom 19.05.2020 – 1 BvR 2835/17 – (Ausland-Ausland-Fernmeldeaufklärung nach BNDG), E. IV. 1. a), Rn. 246: „Mit der Präambel, Art. 1 Abs. 2, Art. 9 Abs. 2, Art. 16 Abs. 2, Art. 23 bis 26 und Art. 59 Abs. 2 GG bindet das Grundgesetz die Bundesrepublik umfassend in die internationale Gemeinschaft ein und hat es die deutsche öffentliche Gewalt programmatisch auf **internationale Zusammenarbeit** ausgerichtet (vgl. BVerfGE 141, 220 <341 f. Rn. 325> m.w.N.). Dies gilt auch für die Gewährleistung der Sicherheit. Das Bundesverfassungsgericht hat hervorgehoben, dass eine möglichst effektive Zusammenarbeit mit den Sicherheitsbehörden anderer Staaten hierfür von besonderer Bedeutung sein kann. Ein funktionierender Informationsaustausch kann im Interesse des verfassungsrechtlich gebotenen Schutzes der Menschen eine Übermittlung von im Inland erhobenen Erkenntnissen voraussetzen und im Gegenzug auf Unterrichtungen durch ausländische Stellen angewiesen sein (vgl. BVerfGE 141, 220 <268 Rn. 102>).“.

1542 BVerfG, Urteil des Ersten Senats vom 19.05.2020 – 1 BvR 2835/17 – (Ausland-Ausland-Fernmeldeaufklärung nach BNDG), E. IV. 1. a), Rn. 246: „Mit der Präambel, Art. 1 Abs. 2, Art. 9 Abs. 2, Art. 16 Abs. 2, Art. 23 bis 26 und Art. 59 Abs. 2 GG bindet das Grundgesetz die Bundesrepublik umfassend in die internationale Gemeinschaft ein und hat es die deutsche öffentliche Gewalt programmatisch auf **internationale Zusammenarbeit** ausgerichtet (vgl. BVerfGE 141, 220 <341 f. Rn. 325> m.w.N.). Dies gilt auch für die Gewährleistung der Sicherheit. Das Bundesverfassungsgericht hat hervorgehoben, dass eine möglichst effektive Zusammenarbeit mit den Sicherheitsbehörden anderer Staaten hierfür von besonderer Bedeutung sein kann. Ein funktionierender Informationsaustausch kann im Interesse des verfassungsrechtlich gebotenen Schutzes der Menschen eine Übermittlung von im Inland erhobenen Erkenntnissen voraussetzen und im Gegenzug auf Unterrichtungen durch ausländische Stellen angewiesen sein (vgl. BVerfGE 141, 220 <268 Rn. 102>).“.

1543 BVerfGK 15, 71 (Kreditkartenabfrage bei Kinderpornographieverdacht) = BVerfG, Beschluss der 2. Kammer des Zweiten Senats vom 17.02.2009 – 2 BvR 1372/07 –, B. 2. b) aa), Rn. 26: „§ 161 Abs. 1 StPO [≙ § 163 Abs. 1 S. 2 StPO, P. B.] stellt als Ermittlungsgeneralklausel die Ermächtigungsgrundlage für Ermittlungen jeder Art dar, die nicht mit einem erheblichen Grundrechtseingriff verbunden sind und daher keiner speziellen Eingriffsermächtigung bedürfen. Sie ermächtigt die Staatsanwaltschaft zu den erforderlichen Ermittlungsmaßnahmen, die weniger intensiv in Grundrechte des Bürgers eingreifen[Schrifttumsquellenangaben]. Die Staatsanwaltschaft kann auf dieser Grundlage in freier Gestaltung des Ermittlungsverfahrens die erforderlichen Maßnahmen zur Aufklärung von Straftaten ergreifen (vgl. BVerfG, Beschluss der 2. Kammer des Zweiten Senats vom 18. September 1995 - 2 BvR 103/92 -, NStZ 1996, S. 45). § 161 Abs. 1 StPO bildet auch die Rechtsgrundlage für die allgemeine Erhebung personenbezogener

- **§ 30 PolG NRW:** Datenübermittlung an die Polizei
- **§ 32 PolG NRW:** Berichtigung, Löschung und Einschränkung der Weiterverarbeitung von Daten
- **§ 33 PolG NRW:** Benachrichtigung bei verdeckten und eingriffsintensiven Maßnahmen
- **§ 33a PolG NRW:** Benachrichtigung im Falle der Verletzung des Schutzes personenbezogener Daten
- **§ 33b PolG NRW:** Protokollierung bei verdeckten oder eingriffsintensiven Maßnahmen
- **§ 33c PolG NRW:** Datenschutzkontrolle
- **§ 478 StPO:** Form der Datenübermittlung(auch durch Überlassung von Kopien aus den Akten)
- **§ 479 StPO:** Übermittlungsverbote und Verwendungsbeschränkungen
- **§ 480 StPO:** Entscheidung über die Datenübermittlung
- **§ 481 StPO:** Verwendung personenbezogener Daten für polizeiliche Zwecke
- **§ 482 StPO:** Mittteilung des Aktenzeichens und des Verfahrensausgangs an die Polizei
- **§ 483 StPO:** Datenverarbeitung für Zwecke des Strafverfahrens
- **§ 484 StPO:** Datenverarbeitung für Zwecke künftiger Strafverfahren
- **§ 485 StPO:** Datenverarbeitung für Zwecke der Vorgangsverwaltung
- **§ 486 StPO:** Gemeinsame Dateisysteme
- **§ 487 StPO:** Übermittlung gespeicherter Daten; Auskunft aus Datei
- **§ 488 StPO:** Automatisierte Verfahren für Datenübermittlung
- **§ 489 StPO:** Löschung und Einschränkung der Verarbetung von Daten
- **§ 490 StPO:** Errichtungsanordnung für automatisierte Dateisysteme
- **§ 491 StPO:** Auskunft an Betroffene

OWiG:

- **§ 53 Abs. 1 S. 2 OWiG**: Nicht spezieller (insbesondere nicht in §§ 46, 49a-49c, 55-57 OWiG) geregelte Datenverarbeitungsmaßnahme (vgl. z.B. Auskunftsersuchen, Auskunftsverlangen, Maßnahmen mit Vertrauensperson oder Informant oder nicht spezieller geregelte Bildaufnahmen, Bildaufzeichnungen, Tonaufnahmen, Tonaufzeichnungen)
- **§ 41 OWiG:** Abgabe durch die Verwaltungsbehörde an die Staatsanwaltschaft

Daten [Schrifttumsquellenangabe] und damit für eine Ermittlungsanfrage der Staatsanwaltschaft gegenüber privaten Stellen wie den hier betroffenen Kreditkartenunternehmen.", Rn. 27: „Eine darüber hinausgehende Spezialermächtigung ist nicht deswegen erforderlich, weil der Staat sich so Daten verschafft, die von den Dateninhabern nicht für seinen Zugriff bestimmt waren, oder weil die Ermittlungsmaßnahme heimlich erfolgte (a.A. Hefendehl, StV 2001, S. 700 <703>).".

bei Anhaltspunkten dafür, dass die tat Straftat ist

- **§ 42 OWiG:** Übernahme durch die Staatsanwaltschaft bei Verfolgung einer Straftat durch die Staatsanwaltschaft, die mit der Ordnungswidrigkeit zusammenhängt
- **§ 43 OWiG:** Abgabe der Ordnungswidrigkeitensache von der Staatsanwaltschaft an die Verwaltungsbehörde bei Einstellung nur wegen der Straftat oder bei Nichtübernahme bzgl. § 42 OWiG
- **§ 49 OWiG:** Akteneinsicht des Betroffenen und der Verwaltungsbehörde
- **§ 49a OWiG:** Verfahrensübergreifende Mitteilungen von Amts wegen
- **§ 49b OWiG:** Verfahrensübergreifende Mitteilungen auf Ersuchen; sonstige Verwendung von Daten für verfahrensübergreifende Zwecke
- **§ 49c OWiG** i.V.m. 8. Buch, 2. Abschnitt StPO**:** Datenverarbeitung
- **§ 49d OWiG:** Schutz personenbezogener Daten in einer elektronischen Akte

Befugnisrechtsnormen und weitere Rechtsgrundlagen[1544] mit realfolgenentsprechender Rechtsfolge sowie den jeweiligen Rechtmäßigkeitsvoraussetzungen im besonderen (speziellen[1545]) Datenverarbeitungsrecht können insbesondere wie folgt gegeben sein:

Spezielle Datenverarbeitungsrechtsnormen im PolG NRW

- **§ 9 Abs. 2, 3, 4, 5, 6, 7 PolG NRW**[1546]**:** Allgemeine Regeln, Befragung, Auskunftspflicht
- **§ 11 PolG NRW:** Erhebung von Personaldaten zur Vorbereitung für die

Spezielle Datenverarbeitungsrechtsnormen in der StPO und im OWiG

- **§§ 81a, d StPO** (vgl. § 46 Abs. 4 OWiG)**:** Körperliche Untersuchung beim Beschuldigten
- **§§ 81c, d StPO:** Körperliche Untersuchung bei anderen Personen

[1544] Zum umfassenden, andere Rechtsnormarten einbegreifenden Begriff der Rechtsgrundlage und zu weiteren spezielleren Rechtsnormarten mit ihren unterschiedlichen Funktionen für alle Rechtmäßigkeitsvoraussetzungen im für das Eingriffsrecht definitorischen Sinne siehe: *Basten*, Eingriffsrecht der Polizei in Nordrhein-Westfalen, Band 1, Buch 1, Unterabschnitt 3, Titel 2, Untertitel 2, 3. Berühmtestes Beispiel für Rechtsgrundlage ist die Befugnisrechtsnorm als (u.a.) „hauptsächliche Rechtsgrundlage", aber eben nicht alleinige.

[1545] Zur **Rechtsnormspezialitätsregel** siehe auch: *Basten*, Eingriffsrecht der Polizei in Nordrhein-Westfalen, Band 1, S. 39, 41, 161, 167.

[1546] Zu § 9 PolG NRW siehe insbesondere: *Basten*, Eingriffsrecht der Polizei in Nordrhein-Westfalen, Band 2, Buch 2, Abschnitte 3, 9, 15.

Hilfeleistung und das Handeln in Gefahrenfällen[1547]

- **§ 12 PolG NRW**[1548]**:** Identitätsfeststellung
- **§ 12a PolG NRW**[1549]**:** Polizeiliche Anhalte- und Sichtkontrollen (Strategische Fahndung) / Anhalten, Befragung, IDF-Maßnahmen, Inaugenscheinnahme
- **§ 81b StPO:** Erkennungsdienstliche Maßnahmen bei dem Beschuldigten
- **§§ 81e, f StPO** (vgl. § 46 Abs. 4 OWiG): Molekulargenetische Untersuchung
- **§ 81g StPO:** DNA-Identitätsfeststellung
- **§ 81h StPO:** DNA-Reihenuntersuchung
- **§§ 98a, b, 101 StPO**: Rasterfahndung[1559]

[1547] Nr. 11.01 VVPolG NRW: „Die Polizei soll auf die freiwillige Mitarbeit der betroffenen Personen und damit auf das Einverständnis zur Speicherung der in § 11 genannten Daten hinwirken."; Nr. 11.02 VVPolG NRW: „Die Anwendung des § 11 ist auf die Fälle beschränkt, in denen das Einverständnis der betroffenen Person zur Datenerhebung nicht oder nicht rechtzeitig erlangt werden kann. § 11 begründet keine Auskunftspflicht für die Betroffenen. Ggf. ist darauf hinzuweisen, dass die Daten auch ohne ihre Einwilligung erhoben werden können.".

[1548] Zu § 12 PolG NRW siehe insbesondere: *Basten*, Eingriffsrecht der Polizei in Nordrhein-Westfalen, Band 2, Buch 2, Abschnitt 10.

[1549] Zu § 12a PolG NRW siehe insbesondere: *Basten*, Eingriffsrecht der Polizei in Nordrhein-Westfalen, Band 2, Buch 2, Abschnitt 12.

[1559] BVerfGK 15, 71 (Kreditkartenabfrage bei Kinderpornographieverdacht) = BVerfG, Beschluss der 2. Kammer des Zweiten Senats vom 17.02.2009 – 2 BvR 1372/07 –, B. 2. a), Rn. 22-24: „Die **Rasterfahndung** ist eine besondere Fahndungsmethode unter Nutzung der elektronischen Datenverarbeitung. Die Strafverfolgungsbehörde lässt sich von anderen öffentlichen oder privaten Stellen personenbezogene Daten übermitteln, um einen automatisierten Abgleich (**Rasterung**) mit anderen Daten vorzunehmen. Durch den Abgleich soll diejenige Schnittmenge von Personen ermittelt werden, auf welche bestimmte, vorab festgelegte und für die weiteren Ermittlungen als bedeutsam angesehene Merkmale zutreffen (vgl. BVerfGE 115, 320 <321>). Es handelt sich dabei um einen automatisierten Vergleich personenbezogener Daten, die in Dateien anderer Stellen als Strafverfolgungsbehörden gespeichert sind, mit Hilfe fallspezifischer kriminalistischer Prüfungskriterien [Schrifttumsquellenangaben]. Dagegen liegt keine Rasterfahndung vor, wenn die Strafverfolgungsbehörde von privaten Stellen Auskünfte zu speziellen Täter-Daten erhält, also nicht die Gesamtdateien zum weiteren Abgleich mit anderen Dateien übermittelt bekommt [Schrifttumsquellenangaben]. Kern der **Rasterfahndung** ist der Abgleich der herausgefilterten Datenbestände mehrerer Speicherstellen, der die Verknüpfung verschiedener Sachbereiche ermöglicht, um ein Persönlichkeitsprofil zu erstellen. Die Suchabfrage in Dateien derselben Speicherstelle ist keine Rasterfahndung (vgl. OLG Stuttgart, Beschluss vom 6. September 2000 - 2 Ws 109/00 -, NStZ 2001, S. 158 <159>; OLG Köln, Beschluss vom 6. Oktober 2000 - 2 Ws 413/00, 2 Ws 414/00 -, NStZ-RR 2001, S. 31; [Schrifttumsquellenangaben]). Die §§ 98a, 98b StPO gelten auch dann nicht, wenn die ersuchten Stellen selbst einen Datenabgleich durchführen (vgl. BTDrucks 12/989, S. 37 [Schrifttumsquellenangabe]). Die Unternehmen haben hier der Staatsanwaltschaft nur eine Auskunft über bei ihnen gespeicherte Daten erteilt, nachdem sie einen internen Suchlauf durchgeführt hatten. Ein Abgleich zwischen den Datensätzen verschiedener Speicherstellen fand nicht statt. Die Wirkung und Eingriffsintensität der Anfrage der Staatsanwaltschaft und der dadurch veranlassten Übermittlung der Daten entspricht auch nicht der einer Rasterfahndung, so dass kein Anlass für eine entsprechende Anwendung der §§ 98a, 98b StPO besteht [Schrifttumsquellenangabe]. Bei der **Rasterfahndung** nach § 98a StPO werden ‚Daten von Personen, die bestimmte, auf den Täter vermutlich zutreffende Prüfungsmerkmale erfüllen', mit anderen Daten maschinell abgeglichen. Über das technische Kriterium hinaus, ob dabei Datensätze einer oder mehrerer Speicherstellen abgefragt werden, hat die hier durchgeführte Abfrage eine materiell andere, deutliche geringere Eingriffsintensität. Bei der Rasterfahndung wird nach Personen gesucht, die mehrere allgemeine Merkmale aufweisen oder - bei der negativen Rasterfahndung - gerade nicht aufweisen, welche auf den Täter vermutlich zutreffen. Die Rasterfahndung dient so dem ‚Hinarbeiten' auf die Personen, die das nach kriminalistischen Erfahrungen festgelegte ‚Verdächtigenprofil' erfüllen (vgl. BTDrucks 12/989, S. 37). Durch den Abgleich auf Grundlage dieser allgemeinen Merkmale werden regelmäßig auch zahlreiche

- **§ 13 PolG NRW**[1550]: Prüfung von Berechtigungsscheinen
- **§ 14 PolG NRW:** Erkennungsdienstliche Maßnahmen
- **§ 14a PolG NRW:** Molekulargenetische Untersuchungen zur Identitätsfeststellung
- **§ 15 PolG NRW:** Datenerhebung bei öffentlichen Veranstaltungen und Ansammlungen
- **§ 15a PolG NRW:** Datenerhebung durch den offenen Einsatz optisch-technischer Mittel
- **§ 15b PolG NRW**[1551]**:** Datenerhebung zur Eigensicherung
- **§ 15c PolG NRW**[1552]**:** Datenerhebung durch den Einsatz körpernah getragener Aufnahmegeräte
- **§ 98c StPO**[1560]**:** Maschineller Abgleich mit vorhandenen Daten
- **§§ 100a, b, 101 StPO** (vgl. § 46 Abs. 3 OWiG): Telekommunikationsüberwachung
- **§§ 100c, d, 101 StPO:** akustische Wohnraumüberwachung
- **§§ 100f, 101 StPO:** akustische Überwachung außerhalb von Wohnraum
- **§§ 100g, 101a, b StPO:** Erhebung von Verkehrsdaten
- **§§ 100h, 101 StPO:** Weitere Maßnahmen außerhalb von Wohnraum
- **§§ 100i, 101 StPO:** Technische Ermittlungsmaßnahmen bei Mobilfunkendgeräten[1561]
- **§ 100j StPO:** Bestandsdatenauskunft

---

unbeteiligte Personen, die zufällig bestimmte tätertypische Merkmale erfüllen, zum Gegenstand der Überprüfung im Ermittlungsverfahren, obwohl im Übrigen keine tatsächlichen Anhaltspunkte für ihre Eigenschaft als Verdächtige vorliegen (vgl. BTDrucks 12/989, S. 37 [Schrifttumsquellenangabe]). Mit der hier durchgeführten Abfrage der Kreditkartendaten wurde dagegen gezielt nach Personen gesucht, die eine genau bezeichnete, nach dem damaligen Ermittlungsstand mit hinreichender Wahrscheinlichkeit strafbare Handlung vorgenommen haben: das Zahlen eines bestimmten Betrages per Kreditkarte an einen bestimmten Empfänger innerhalb eines bestimmten Zeitraums, wodurch sie sich wahrscheinlich den Besitz kinderpornographischer Schriften verschafften. Kreditkarteninhaber, zu denen keine solche Abbuchung gespeichert war, wurden dagegen nicht als ‚Treffer' angezeigt und waren in ihren Grundrechten nicht betroffen.".

1550 Zu § 13 PolG NRW siehe insbesondere: *Basten*, Eingriffsrecht der Polizei in Nordrhein-Westfalen, Band 2, Buch 2, Abschnitt 13.

1551 Zu § 15b PolG NRW siehe insbesondere: *Basten*, Eingriffsrecht der Polizei in Nordrhein-Westfalen, Band 2, Buch 2, Abschnitt 6.

1552 Zu § 15c PolG NRW siehe insbesondere: *Basten*, Eingriffsrecht der Polizei in Nordrhein-Westfalen, Band 2, Buch 2, Abschnitt 7.

1560 Bundestags-Drucksache 12/989 (u.a. zu § 98c StPO, folgende Aussage speziell zu § 98c StPO), S. 38: „Da die Möglichkeit einer Nutzung und Auswertung von zur Gefahrenabwehr gespeicherten Daten für Zwecke der Strafverfolgung grundsätzlich unverzichtbar ist, ist der Abgleich der Daten, die in einem Strafverfahren erhoben worden sind, für die in Satz 1 genannten Zwecke in diesem Verfahren auch mit solchen Daten zulässig, die die Polizei zur Gefahrenabwehr gespeichert hat. Die Regelung des Satzes 1 erfaßt auch den maschinellen Abgleich des Strafverfolgungszwecken dienenden Fahndungsbestandes mit anderen personenbezogenen Daten. Dies hat insbesondere den Abgleich des Fahndungstatbestands mit den Dateien der Einwohnermeldeämter vor Augen. Satz 2 stellt ausdrücklich klar, daß einschränkende bundesgesetzliche Verwendungsregelungen durch § 98c unberührt bleiben; dasselbe gilt für entsprechende landesgesetzliche Regelungen.".

1561 BVerfGK 9, 62 (**IMSI-Catcher**) = BVerfG, Beschluss der 1. Kammer des Zweiten Senats vom 22.08.2006 – 2 BvR 1345/03 –, Rn. 10: „Maßnahmen nach § 100i Abs. 1 Nr. 1 StPO ermöglichen die Ermittlung der Gerätenummer (**IMEI**: International Mobile Equipment Identity) eines Mobilfunkendgeräts (Mobiltelefon) oder der Kartennummer (**IMSI**: International Mobile Subscriber Identity) einer **SIM**-Karte (Subscriber Identity Module).", Rn. 15: „§ 100 i Abs. 1 Nr. 2 StPO erlaubt die genaue

- **§ 16a PolG NRW**[1553]**:** Datenerhebung durch Observation
- **§ 17 PolG NRW:** Datenerhebung durch den verdeckten Einsatz technischer Mittel
- **§ 18 PolG NRW:** Datenerhebung durch den verdeckten Einsatz technischer Mittel in oder aus Wohnungen
- **§ 19 PolG NRW:** Datenerhebung durch den Einsatz von Personen, deren Zusammenarbeit mit der Polizei Dritten nicht bekannt ist (Vertrauensperson)
- **§ 20 PolG NRW:** Datenerhebung durch den Einsatz Verdeckter Ermittler
- **§ 20a PolG NRW:** Abfrage von Telekommunikations- und Telemediendaten
- **§ 102 StPO**[1562]**:** Durchsuchung beim Beschuldigten
- **§ 103 StPO**[1563]**:** Durchsuchung bei anderen Personen
- **§ 110 StPO** (vgl. § 46 Abs. 3 OWiG)**:** Durchsicht von Papieren und elektronischen Speichermedien[1564]
- **§§ 110a, b, c StPO**: Verdeckter Ermittler
- **§ 111 StPO**[1565]: „Einrichtung" von Kontrollstellen an öffentlich zugänglichen Orten (dort IDF-Maßnahmen)
- **§§ 131a, c StPO (vgl. § 46 Abs. 3, 4 OWiG):** Ausschreibung eines Beschuldigten oder eines Zeugen zur Aufenthaltsermittlung, zur Führerschein-

---

Standortbestimmung eines Mobiltelefons.", Rn. 55: „Die Datenerhebung nach § 100 i StPO greift nicht in den Schutzbereich der Telekommunikationsfreiheit ein. Sie steht nicht im Zusammenhang mit einem Kommunikationsvorgang und betrifft auch keinen Kommunikationsinhalt im Sinne des Art. 10 Abs. 1 GG.", Rn. 67 f.: „Greift Art. 10 GG nicht ein, werden die technischen Kommunikationsdaten durch das Recht auf informationelle Selbstbestimmung aus Art. 2 Abs. 1 in Verbindung mit Art. 1 Abs. 1 GG geschützt. Bei IMSI und IMEI eines Mobiltelefons handelt es sich um personenbeziehbare Daten, die - gegebenenfalls mittels eines Auskunftsersuchens an den Telekommunikationsanbieter - einen Schluss darauf zulassen, welche Person sich im Bereich der virtuellen Funkzelle aufhält. Durch die Maßnahme nach § 100 i Abs. 1 Nr. 2 StPO kann der genaue Standort einer Person bestimmt werden.".

1553 Zu § 16a PolG NRW siehe insbesondere: *Basten*, Eingriffsrecht der Polizei in Nordrhein-Westfalen, Band 2, Buch 2, Abschnitt 4.

1562 Zu § 102 StPO siehe insbesondere: *Basten*, Eingriffsrecht der Polizei in Nordrhein-Westfalen, Band 2, Buch 2, Abschnitt 22.

1563 Zu § 103 StPO siehe insbesondere: *Basten*, Eingriffsrecht der Polizei in Nordrhein-Westfalen, Band 2, Buch 2, Abschnitt 23.

1564 BVerfGK 1, 126 = BVerfG, Beschluss der 3. Kammer des Zweiten Senats vom 28.04.2003 – 2 BvR 358/03 –, Rn. 23: „Das **Sichtungsverfahren gemäß § 110 StPO**, bei dem [...] Gegenstände auf ihre Beweiseignung und Beschlagnahmefähigkeit überprüft werden, bewegt sich zwischen diesen Maßnahmen [Beschlagnahme und Durchsuchung]. Es wird als Teil der Durchsuchung angesehen (vgl. BGHSt 44, 265 <273>). (...) Andererseits ist die Wegnahme von Sachen aus dem Gewahrsam des Betroffenen zur Sichtung nach § 110 StPO in ihrer Wirkung für den Betroffenen der Beschlagnahme angenähert.".

BVerfG, Beschluss der 3. Kammer des Zweiten Senats vom 30.01.2002 – 2 BvR 2248/00 –, Gründe, Rn. 7 f.: „§ 110 StPO schränkt insoweit das Recht auf jederzeitige Nutzung des Notebooks und ungehinderten Zugriff auf die darauf gespeicherten Daten ein. Die Vorschrift gibt der Staatsanwaltschaft Gelegenheit zur Klärung und Entscheidung, ob sichergestellte Unterlagen, wozu auch lesbare Aufzeichnungen von Daten aus der Software von EDV-Anlagen gehören (BGH, CR 1999, S. 292 <293>), zurückzugeben sind oder ob die richterliche Beschlagnahme zu erwirken ist. Diese Phase ist noch zum Vollzug der Durchsuchungsanordnung zu rechnen (BGH, NJW 1995, S. 3397). In welchem Umfang die inhaltliche Durchsicht des u. U. umfangreichen und komplexen Materials notwendig ist, wie sie im Rahmen von § 110 StPO im Einzelnen zu gestalten und wann sie zu beenden ist, unterliegt der Entscheidung der Staatsanwaltschaft (BGH, NJW 1995, S. 3397).".

1565 Zu § 111 StPO siehe insbesondere: *Basten*, Eingriffsrecht der Polizei in Nordrhein-Westfalen, Band 2, Buch 2, Abschnitt 11.

- **§ 20b PolG NRW:** Einsatz technischer Mittel bei Mobilfunkendgeräten
- **§ 20c PolG NRW:** Datenerhebung durch die Überwachung der laufenden Telekommunikation
- **§ 21 PolG NRW:** Polizeiliche Beobachtung
- **§ 31 PolG NRW:** Rasterfahndung[1554]
- **§ 34c PolG NRW:** Elektronische Aufenthaltsüberwachung (mit diversen Datenverarbeitungsmaßnahmen nach § 34c Abs. 3 PolG NRW[1555])
- **§ 37 Abs. 2 S. 3 PolG NRW:** Benachrichtigung von einem Angehörigen oder einer Person des Vertrauens durch die Polizei für eine festgehaltene Person
- **§ 39 PolG NRW[1556]:** Personendurchsuchung
- **§ 40 PolG NRW[1557]:** Sachendurchsuchung
- **§ 40 Abs. 2 PolG NRW:** Hinzuziehung von Vertreter oder anderem Zeugen bei Sachendurchsuchung bei Abwesenheit des Inhabers tatsächlicher Sachgewalt
- **§ 41 PolG NRW[1558]:** Betreten und Durchsuchen von Wohnungen
- **§ 42 Abs. 2 PolG NRW:** Hinzuziehung von bestimmten Personen bei Sicherstellung, zur Beschlagnahme, zur erkennungsdienstlichen Behandlung, zur Anfertigung einer DNA-Analyse, zur Feststellung seiner Identität.
- **§ 131b StPO:** Veröffentlichung von Abbildungen des Beschuldigten oder Zeugen
- **§ 147 StPO:** Akteneinsichtsrecht, Besichtigungsrecht; Auskunftsrecht des Beschuldigten
- **§§ 148, 148a StPO:** Kommunikation des Beschuldigten mit Verteidiger (Vorlage von Schriftstücken und anderen Gegenständen) und Überwachungsmaßnahmen
- **§ 163 Abs. 1 S. 2 StPO** (vgl. § 46 Abs. 3 OWiG)[1566]: Auskunftsersuchen / Auskunftsverlangen
- **§§ 163 Abs. 3-7 StPO:** Vernehmung eines Zeugen oder einer anderen Person
- **§ 163a StPO:** Vernehmung des Beschuldigten
- **§ 55 OWiG:** Anhörung des Betroffenen
- **§ 163b Abs. 1 StPO (, § 163c StPO)** [1567]: Maßnahmen zur IDF beim Verdächtigen

---

[1554] BVerfGE 115, 320, 360 (Rasterfahndung II) = BVerfG, Beschluss des Ersten Senats vom 04.04.2006 – 1 BvR 518/02 –, A. I. 1., Rn. 2: „Die **Rasterfahndung** ist eine besondere polizeiliche Fahndungsmethode unter Nutzung der elektronischen Datenverarbeitung. Die Polizeibehörde lässt sich von anderen öffentlichen oder privaten Stellen personenbezogene Daten übermitteln, um einen automatisierten Abgleich (**Rasterung**) mit anderen Daten vorzunehmen. Durch den Abgleich soll diejenige Schnittmenge von Personen ermittelt werden, auf welche bestimmte, vorab festgelegte und für die weiteren Ermittlungen als bedeutsam angesehene Merkmale zutreffen.“.

[1555] Zu § 34c PolG NRW: *Basten*, Eingriffsrecht der Polizei in Nordrhein-Westfalen, Band 3, Buch 3, Abschnitt 2.

[1556] Zu § 39 PolG NRW siehe insbesondere: *Basten*, Eingriffsrecht der Polizei in Nordrhein-Westfalen, Band 2, Buch 2, Abschnitt 19.

[1557] Zu § 40 PolG NRW siehe insbesondere: *Basten*, Eingriffsrecht der Polizei in Nordrhein-Westfalen, Band 2, Buch 2, Abschnitt 20.

[1558] Zu § 41 PolG NRW siehe insbesondere: *Basten*, Eingriffsrecht der Polizei in Nordrhein-Westfalen, Band 2, Buch 2, Abschnitt 21.

[1566] Zu § 103 StPO siehe insbesondere: *Basten*, Eingriffsrecht der Polizei in Nordrhein-Westfalen, Band 2, Buch 2, Abschnitt 23.

[1567] Zu §§ 163 Abs. 1 S. 2 StPO siehe insbesondere: *Basten*, Eingriffsrecht der Polizei in Nordrhein-Westfalen, Band 2, Buch 2, Abschnitt 2.

Wohnungsdurchsuchung bei Abwesenheit des Wohnungsinhabers	• **§ 163b Abs. 2 StPO (, § 163c StPO)** [1568]: Maßnahmen zur IDF beim Nichtverdächtigen • **§ 163d StPO:** Speicherung und Abgleich von Daten aus Kontrollen • **§ 163e StPO:** Ausschreibung zur Beobachtung bei polizeilichen Kontrollen • **§ 163f StPO:** Längerfristige Observation[1569] • **§ 406e StPO:** Akteneinsichtsrecht
Datenübermittlung – Allgemeinere Datenübermittlungsrechsnormen im PolG NRW und speziellere Datenübermittlungsrechtsnormen auf dem Rechtsgebiet der Gefahrenabwehr	Datenübermittlung – Allgemeinere Datenübermitlungsrechtsnormen in der StPO und im OWiG
PolG NRW: • **§ 27 (i.V.m. § 26, ggf. §§ 22a-24a, § 33a) PolG NRW**: Datenübermittlung im innerstaatlichen Bereich • **§ 28 (i.V.m. § 26, ggf. §§ 22a-24a, § 33a) PolG NRW:** Datenübermittlung im Bereich der EU und deren Mitgliedstaaten • **§ 29 (i.V.m. § 26, ggf. §§ 22a-24a, § 33a) PolG NRW**: Datenübermittlung im internationalen Bereich • **§ 30 (i.V.m. § 26, ggf. §§ 22a-24a, § 33a) PolG NRW:** Datenübermittlung an die Polizei (Ersuchen der Polizei auf Übermittlung)	StPO: • **§ 163 Abs. 2 StPO:** Übersendung der Verhandlungen der Behörden und Beamten des Polizeidienstes an die Staatsanwaltschaft oder an das Amtsgericht • **§ 477 StPO:** Datenübermittlung von Amts wegen • **§ 478 StPO:** Form der Datenübermittlung(auch durch Überlassen von Kopien aus den Akten) • **§ 479 StPO:** Übermittlungsverbote und Verwendungsbeschränkungen • **§ 481 StPO:** Übermittlung von Daten aus Strafverfahren nach Maßgabe der Polizeigesetze

---

[1568] Zu §§ 163b, c StPO siehe insbesondere: *Basten*, Eingriffsrecht der Polizei in Nordrhein-Westfalen, Band 2, Buch 2, Abschnitt 11.

[1569] BVerfGK 16, 1 = BVerfG, Beschluss der Zweiten Kammer des Zweiten Senats vom 02.07.2009 – 2 BvR 1691/07, Rn. 45: „Der Rechtsanwendung des Gerichts liegt die zutreffende Erkenntnis zugrunde, dass eine kurzfristige Beobachtung unabhängig von Vorstellung oder Plan der Ermittlungsbehörden spätestens mit Überschreiten der in § 163f Abs. 1 Satz 1 StPO normierten Zeitgrenzen zu einer längerfristigen Observation wird, da ansonsten die Verfahrenssicherungen des § 163f StPO durch eine zeitlich unbegrenzte Abfolge für sich genommen kurzfristiger Beobachtungen mit unverändertem Ermittlungsziel unterlaufen werden könnten [Schrifttumsquellen].“, Rn. 51: „Dass sich kurzfristige Beobachtungen bei Überschreiten der Zeitgrenzen rückwirkend auf den Zeitpunkt der ersten Beobachtung zu einer längerfristigen Observation ausweiteten, lässt sich dem Gesetz nicht entnehmen. Auch die Kommentarliteratur, die das Problem eines Umschlagens kurzfristiger Beobachtungen in eine **längerfristige Observation** thematisiert, lehnt eine solche Rückwirkung ab, wenn sie betont, dass die Maßnahme erst von dem Zeitpunkt an den Anforderungen des § 163f StPO unterworfen ist, in dem erstmals die Voraussetzungen für ihre Längerfristigkeit vorlagen [Schrifttumsquellen].“.

Sonstige speziellere Datenübermittlungsrechtsnormen oder sonstige Datenverarbeitungsnormen mit Polizeibezug sind zum Beispiel:

- § 403 Abs. 1 S. 2 AO
- § 16 Abs. 4a, 5 AsylG
- § 87 AufenthG
- §§ 6, 2, 3 AZRG
- § 52 FahrlG
- §§ 16-17, 19, 22, 22a PaßG
- § 2 Abs. 12 StVG
- §§ 5, 3, 4, 10 WaffRG.

- **§ 487 StPO:** Übermittlung gespeicherter Daten; Auskunft
- **§ 488 StPO:** automatisiertes Verfahren für Datenübermittlung

OWiG:

- **§ 41 OWiG:** Abgabe durch die Verwaltungsbehörde an die Staatsanwaltschaft bei Anhaltspunkten dafür, dass die tat Straftat ist
- **§ 42 OWiG:** Übernahme durch die Staatsanwaltschaft bei Verfolgung einer Straftat durch die Staatsanwaltschaft, die mit der Ordnungswidrigkeit zusammenhängt
- **§ 43 OWiG:** Abgabe der Ordnungswidrigkeitensache von der Staatsanwaltschaft an die Verwaltungsbehörde bei Einstellung nur wegen der Straftat oder bei Nichtübernahme bzgl. § 42 OWiG
- **§§ 49a-d OWiG**, ansonsten § 46 OWiG i.V.m. §§ 474 ff. StPO

Beispiele (auch) verdeckt möglicher polizeilicher Maßnahmen auf Rechtsgebieten von Strafrechtspflege / Gefahrenabwehr (**verdeckte Maßnahmen**) sind folgende:

- Datenerhebung bei öffentlichen Veranstaltungen und Ansammlungen, § 15 (ggf. §§ 9, 22a-24a) PolG NRW
- Rasterfahndung, §§ 98a StPO / § 31 (ggf. §§ 9, 22a-24a, 33, 33b) PolG NRW
- Postbeschlagnahme, §§ 99, 100 StPO / vgl. § 7 PolG NRW

- (Quellen-)TKÜ, §§ 100a[1570], d, e StPO[1571] / § 20c (ggf. §§ 9, 22a-24a, 33, 33b) PolG NRW
- Online-Durchsuchung, §§ 100b, d, e StPO / vgl. § 17 (ggf. §§ 9, 22a-24a, 33, 33b) PolG NRW

[1570] BGH, Beschluss vom 14.10.2020 - 5 StR 229/19, Leitsatz 2: „§ 100a Abs. 1 Satz 1 StPO erlaubt den Zugriff auf beim Provider zwischen- oder endgespeicherte (‚ruhende') **E-Mails**", Rn. 17: „Die **Telekommunikationsüberwachung** nach § 100a Abs. 1 Satz 1 StPO erfasst auch beim Provider zwischen- oder endgespeicherte (‚ruhende') **E-Mails**.", Rn. 20: „Dem Zugriff nach § 100a Abs. 1 Satz 1 StPO steht nicht entgegen, dass beim Provider gespeicherte E-Mails mit der offenen Maßnahme des § 94 StPO beschlagnahmt werden können (BVerfG, aaO, S. 58 ff. [= BVerfGE 124, 43, 58 = BVerfG, Beschluss vom 16.06.2009 – 2 BvR 902/06, P. B.])." Rn. 21: „Ebenso wenig wie § 94 StPO von § 100a StPO verdrängt wird (vgl. BVerfG, aaO, S. 59), wird § 100a StPO von § 94 StPO ausgeschlossen [...]). Vielmehr ergänzen sich die beiden Ermittlungsmaßnahmen. Während die Beschlagnahme (§ 94 StPO) nur als offene Maßnahme zulässig ist (vgl. BGH, Beschluss vom 4. August 2015 – 3 StR 162/15, NStZ 2015, 704, 705), erlaubt § 100a Abs. 1 Satz 1 StPO auch den verdeckten Zugriff auf Telekommunikationsinhalte. Die mit der Heimlichkeit der Maßnahme verbundene gesteigerte Eingriffstiefe korrespondiert mit der im Vergleich zu § 94 StPO deutlich höheren Eingriffsschwelle (vgl. BVerfG, aaO, S. 62 f. [...]", Rn. 22: „Der Eingriff nach § 100a Abs. 1 Satz 1 StPO ist nicht auf **E-Mails** beschränkt, die ab dem Zeitpunkt der Anordnung der Maßnahme versandt oder empfangen wurden.", Rn. 25: „Das Ergebnis steht schließlich auch im Einklang mit der Rechtsprechung des Bundesgerichtshofs zum Zugriff auf Nachrichten, die (abrufbereit) auf einer **Mailbox** gespeichert sind. Auch insofern hat der Bundesgerichtshof entschieden, dass es sich bei dem Zugriff auf die **Mailbox** um eine Überwachung der Telekommunikation handelt (vgl. BGH, Urteil vom 14. März 2003 – 2 StR 341/02, NJW 2003, 2034, 2035; Beschluss vom 31. Juli 1995 – 2 BJs 94/94-6, NJW 1997, 1934, 1935).", Rn. 26: „Die Erfassung der betroffenen E-Mails war auch nicht unverhältnismäßig. Zwar kann zum Schutz des Fernmeldegeheimnisses eine zeitliche Eingrenzung der Maßnahme (etwa auf den Verdachtszeitraum) geboten sein (vgl. BVerfGE 124, 43, 67 f.). Ausweislich der in Rede stehenden Anordnung der Telekommunikationsüberwachung vom 14. Oktober 2015 bestand der Tatverdacht für Katalogtaten indes bereits seit April 2013, während die betroffenen E-Mails erst aus den der Anordnung unmittelbar vorhergehenden Monaten stammten, nämlich aus dem Zeitraum von Mai bis September 2015.".

Siehe auch: *Keller/Braun*, Telekommunikationsüberwachung und andere verdeckte Maßnahmen.

[1571] BGHSt 22, 128 (Verwertung von Daten aus TKÜ „im Zusammenhang mit einer Katalogtat") = BGH, Urteil vom 30.08.1978 – 3 StR 255/78 –, Ls.: „1. Tatsächliche Erkenntnisse, die bei einer wegen des Verdachts eines Vergehens nach § 129 StGB gem. §§ 100a, 100b StPO angeordneten **Überwachung des Fernmeldeverkehrs** gewonnen worden sind, können auch zum Nachweis der Straftaten verwendet werden, die der kriminellen Vereinigung als ihr Zweck und ihre Tätigkeit bei der Anordnung oder im Verlauf der Überwachung zugerechnet worden sind (im Anschluß an BGHSt 26, 298; 27, 355). 2. Die **Verwertbarkeit** ist nicht davon abhängig, daß der Verdacht einer Katalogtat i.S. des § 100a StPO, der Anlaß für die Überwachung war, sich bestätigt hat. Das gilt auch für den Fall, daß schon die Anklagebehörde bei der Anklageerhebung den auf die Katalogtat gerichteten Verdacht fallenläßt.".

BGHSt 54, 12 (**Wohnraumüberwachungsdaten-Verwendung** im Strafverfahren im Anschluss an akustische Wohnraumüberwachung nach POG Rheinland-Pfalz gegenüber ausländischer terroristischer Vereinigung) = BGH, Urteil vom 14.08.2009 – 3 StR 552/08 –, Rn. 27: „In einer solchen Konstellation entspricht es bei Maßnahmen der **Telekommunikationsüberwachung** der ständigen Rechtsprechung des Bundesgerichtshofs, dass die Erkenntnisse aus diesen Ermittlungsmaßnahmen auch zum Nachweis der mit der Katalogtat in Zusammenhang stehenden Nichtkatalogtat verwertet werden dürfen (BGHSt 28, 122, 127 f.; 30, 317, 320; BGH StV 1998, 247, 248). Diese Grundsätze sind im Schrifttum gebilligt und für die **Verwertung** von Erkenntnissen aus einer Wohnraumüberwachungsmaßnahme übernommen worden [Schrifttumsquellenangaben]. Es besteht insoweit kein Anlass, aufgrund der unterschiedlichen betroffenen Grundrechte die Fälle der Wohnraumüberwachung anders als diejenigen der Telekommunikationsüberwachung zu behandeln.".

- Akustische Wohnraumüberwachung, §§ 100c, d, e StPO / § 18 (ggf. §§ 9, 22a-24a, 33, 33b) PolG NRW
- Akustische Überwachung außerhalb von Wohnraum, § 100f StPO[1572] / § 18 (ggf. §§ 9, 22a-24a, 33, 33b) PolG NRW
- Erhebung von **Verkehrsdaten**, §§ 100g und 101a, b StPO / § 20a (ggf. §§ 9, 22a-24a, 33, 33b) PolG NRW[1573]
- Weitere Maßnahmen außerhalb von Wohnraum, § 100h StPO / § 18 (ggf. §§ 9, 22a-24a, 33, 33b) PolG NRW
- Technische Ermittlungsmaßnahmen bei Mobilfunkendgeräten, § 100i StPO[1574]/§ 20b (ggf. §§ 9, 22a-24a, 33, 33b) PolG NRW

[1572] Zu § 100f Abs. 4 StPO (Entsprechende Geltung von § 100d StPO zum Schutz im **Kernbereich privater Lebensgestaltung**, zum Kernbereich ausführlich: *Basten*, Eingriffsrecht der Polizei in Nordrhein-Westfalen, Band 2, Buch 2, Abschnitte 3, 4, 5, 6, 7, 8, dort jeweils bei B. II. und C. I.) vgl. BGHSt (Abhören von **Selbstgespräch** im Kraftfahrzeug wegen Mordes) = BGH, Urteil vom 22. Dezember 2011 - 2 StR 509/10, Ls.: „Ein in einem Kraftfahrzeug mittels **akustischer Überwachung** aufgezeichnetes Selbstgespräch eines sich unbeobachtet fühlenden Beschuldigten ist im Strafverfahren – auch gegen Mitbeschuldigte – **unverwertbar**, da es dem durch Art. 2 Abs. 1 GG in Verbindung mit Art. 1 Abs. 1 absolut geschützten Kernbereich der Persönlichkeit zuzurechnen ist (im Anschluss an BGH, Urteil vom 10. August 2005 – 1 StR 140/05, BGHSt 50, 206).", Rn. 14: „Der absolut geschützte Kernbereich der Persönlichkeitsentfaltung wird aus Art. 2 Abs. 1 GG in Verbindung mit Art. 1 Abs. 1 GG hergeleitet (vgl. BVerfG, Beschluss vom 31. Januar 1973 - 2 BvR 454/71, BVerfGE 34, 238, 245; Beschluss vom 14. September 1989 - 2 BvR 1062/87, BVerfGE 80, 367, 373). Sein Schutzbereich wird durch heimliche Aufzeichnung des nichtöffentlich geführten Selbstgesprächs der Zielperson staatlicher Ermittlungsmaßnahmen und deren Verwertung in der Hauptverhandlung berührt (vgl. BGH, Urteil vom 10. August 2005 - 1 StR 140/05, BGHSt 50, 206, 212). Ob das **nichtöffentlich gesprochene Wort** zum absolut geschützten Kernbereich oder zu dem nur relativ geschützten Bereich des allgemeinen Persönlichkeitsrechts gehört, ist durch Gesamtbewertung aller Umstände im Einzelfall festzustellen. Aus einer Kumulation von Umständen folgt hier, dass die Selbstgespräche des Angeklagten S. K. dem Kernbereich zuzurechnen sind. Dazu zählen die Eindimensionalität der ‚**Selbstkommunikation**', die Nichtöffentlichkeit der Äußerungssituation, die mögliche Unbewusstheit der Äußerungen im Selbstgespräch, die Identität der Äußerung mit den inneren Gedanken beim Selbstgespräch und die Flüchtigkeit des gesprochenen Wortes.".

[1573] BVerfG, Urteil des Ersten Senats vom 19.05.2020 – 1 BvR 2835/17 – (Ausland-Ausland-Fernmeldeaufklärung nach BNDG), E. II. 1. b) bb) (2) (c), Rn. 164: „Dem ungleich weiteren Datenzugriff der **strategischen Überwachung** steht heute im Verhältnis zu der Situation, über die das Bundesverfassungsgericht 1999 zu entscheiden hatte, folglich auch ein gesteigertes Gefahrenpotential gegenüber. Aus diesem Grund stehen Art. 10 Abs. 1 GG und die sich aus ihm ergebenden Verhältnismäßigkeitsanforderungen auch der Einbeziehung gezielt personenbezogener Suchbegriffe in die strategische Überwachung nicht prinzipiell entgegen und darf das Gesetz vom Grundsatz her in begrenztem Umfang auch eine **bevorratend gesamthafte Speicherung** von **Verkehrsdaten** sowie deren anlasslose Auswertung vorsehen.", E. II. c), Rn. 166: „Das Instrument der **strategischen Überwachung** einschließlich des Einsatzes personenbezogener formaler Suchbegriffe und einer zum Teil auch **gesamthaft bevorratenden Erfassung und Auswertung von Verkehrsdaten** ist danach mit Art. 10 Abs. 1 GG und den hieraus folgenden Verhältnismäßigkeitsanforderungen nicht grundsätzlich unvereinbar. Als anlasslose, im Wesentlichen allein final angeleitete und begrenzte Befugnis ist sie jedoch eine Ausnahmebefugnis, die auf die Auslandsaufklärung durch eine Behörde, welche selbst grundsätzlich keine operativen Befugnisse zur Gefahrenabwehr hat, begrenzt bleiben muss. Nur durch deren besonderes Aufgabenprofil ist sie gerechtfertigt. Hieran hat sich nach dem Grundsatz der Verhältnismäßigkeit auch die nähere Ausgestaltung auszurichten.".

[1574] BVerfGK 9, 62 (**IMSI-Catcher**) = BVerfG, Beschluss der 1. Kammer des Zweiten Senats vom 22.08.2006 – 2 BvR 1345/03 –, Rn. 10: „Maßnahmen nach § 100 i Abs. 1 Nr. 1 StPO ermöglichen die Ermittlung der Gerätenummer (**IMEI**: International Mobile Equipment Identity) eines Mobilfunkendgeräts (Mobiltelefon) oder der Kartennummer (**IMSI**: International Mobile Subscriber Identity) einer **SIM**-

- Bestandsdatenauskunft, § 100j StPO / § 20a (ggf. §§ 9, 22a-24a, 33, 33b) PolG NRW
- Verdeckter Ermittler, §§ 110a, b, c StPO[1575] / § 20 (ggf. §§ 9, 22a-24a, 33, 33b) PolG NRW

Karte (Subscriber Identity Module).", Rn. 15: „§ 100 i Abs. 1 Nr. 2 StPO erlaubt die genaue **Standortbestimmung** eines Mobiltelefons.", Rn. 55: „Die Datenerhebung nach § 100 i StPO greift nicht in den Schutzbereich der Telekommunikationsfreiheit ein. Sie steht nicht im Zusammenhang mit einem Kommunikationsvorgang und betrifft auch keinen Kommunikationsinhalt im Sinne des Art. 10 Abs. 1 GG.", Rn. 67 f.: „Greift Art. 10 GG nicht ein, werden die technischen Kommunikationsdaten durch das Recht auf informationelle Selbstbestimmung aus Art. 2 Abs. 1 in Verbindung mit Art. 1 Abs. 1 GG geschützt. Bei IMSI und IMEI eines Mobiltelefons handelt es sich um personenbeziehbare Daten, die - gegebenenfalls mittels eines Auskunftsersuchens an den Telekommunikationsanbieter - einen Schluss darauf zulassen, welche Person sich im Bereich der virtuellen Funkzelle aufhält. Durch die Maßnahme nach § 100 i Abs. 1 Nr. 2 StPO kann der genaue Standort einer Person bestimmt werden.".

1575 BGHSt 41, 64 (Abgrenzung von **VE**, **NoeP**, **Tatprovokateur/Lockspitzel**) = BGH, Urteil vom 07.03.1995 – 1 StR 685/94 –, Ls.: „1. Ein **nicht offen eingesetzter Polizeibeamter** wird als **verdeckter Ermittler** im Sinne des § 110a Abs. 2 StPO tätig, wenn er über einen längeren Zeitraum unter Benutzung seiner Legende mit einer oder mehreren Personen über den Erwerb von Betäubungsmitteln verhandelt, mag auch der Kontakt zu einzelnen Verhandlungspartnern nur kurz sein. Eine aus § 110b Abs. 2 S. 2, 3 StPO erteilte Zustimmung der Staatsanwaltschaft zum Einsatz eines verdeckten Ermittlers gegen einen bestimmten Beschuldigten wird nicht dadurch von vornherein unwirksam, dass die nachträgliche Zustimmung des Richters nach § 110b Abs. 2 S. 4 StPO unterbleibt.", Rn. 6-8: „**Verdeckte Ermittler** sind nach § 110 a Abs. 2 StPO Beamte des Polizeidienstes, die unter einer ihnen verliehenen auf Dauer angelegten veränderten Identität (Legende) ermitteln. Ob der Einsatz eines verdeckt ermittelnden Polizeibeamten auf Dauer angelegt ist und deshalb den strengen Auflagen der §§ 110 a ff. StPO unterliegt, ist durch eine Gesamtwürdigung aller Umstände festzustellen. Dabei kann es auf zeitliche Mindestgrenzen nicht ankommen (a.A. Krey, Gutachten für das Zollkriminalamt Köln, 1994 S. 31; Kraushaar Kriminalistik 1994, 481, 482, die von einer Mindesteinsatzdauer von sechs Monaten ausgehen). Entscheidend ist, ob der Ermittlungsauftrag über einzelne wenige, konkret bestimmte Ermittlungshandlungen hinausgeht, ob es erforderlich werden wird, eine unbestimmte Vielzahl von Personen über die wahre Identität des verdeckt operierenden Polizeibeamten zu täuschen, und ob wegen der Art und des Umfanges des Auftrages von vornherein abzusehen ist, daß die Identität des Beamten in künftigen Strafverfahren auf Dauer geheimgehalten werden muß. Dabei ist darauf abzustellen, ob der allgemeine Rechtsverkehr oder die Beschuldigtenrechte in künftigen Strafverfahren eine mehr als nur unerhebliche Beeinträchtigung durch den Einsatz des verdeckt operierenden Polizeibeamten erfahren können. Ein Einsatz als **verdeckter Ermittler** kann danach ausscheiden, wenn ein Polizeibeamter - sei es auch unter einer Legende - lediglich als **Scheinaufkäufer** auftritt, ohne in die Ermittlungen darüber hinaus eingeschaltet zu sein (vgl. Begründung zum Entwurf des OrgKrimG, BT-Drucks. 12/989, S. 42; Krey aaO S. 32).", Rn. 12: „Es entsprach bereits vor Inkrafttreten des Gesetzes zur Bekämpfung des illegalen Rauschgifthandels und anderer Erscheinungsformen der Organisierten Kriminalität (OrgKG) vom 15. Juli 1992 (BGBl I 1302, in Kraft getreten am 22. September 1992) gefestigter Rechtsprechung, die Rechtmäßigkeit des Einsatzes sog. **Lockspitzel** an den Regelungen der Strafprozeßordnung zu messen (vgl. BGHSt 32, 345, 346; BGHR StGB § 46 Abs. 1 V-Mann 6; BGH GA 1975, 333; BGH NJW 1980, 1761; BGH NStZ 1981, 70; 1982, 126; 1982, 156, 157; 1984, 78, 79; BGH StV 1991, 460; 1992, 462; BGH NStZ 1992, 275; Herzog NStZ 1985, 153, 155 f.). Hieran hat sich auch nach Inkrafttreten der §§ 110 a ff. StPO nichts geändert (vgl. BGH StV 1994, 169).", Rn. 13: „Bei der gezielten **Provokation** einer (polizeilich kontrollierten) Straftat handelt es sich um eine Maßnahme, die nicht mehr der Gefahrenabwehr dient, sondern die darauf gerichtet ist, potentielle Straftäter bei einer Straftat zu ergreifen und der Strafverfolgung zuzuführen, um damit eine generalpräventive Wirkung zu erzielen (Fischer/Maul NStZ 1992, 7, 8 m.w.Nachw.). Im Bereich der Betäubungsmittelkriminalität soll die Tatprovokation häufig dem weiteren Zweck dienen, Rauschgift vom illegalen Markt abzuschöpfen. Die **Tatprovokation** nimmt in Kauf, daß sich die Gefahr, der das Strafgesetz entgegenwirken will, in einer (kontrollierten) Straftat durch bestimmte Personen konkretisiert; sie ist eine Maßnahme der Strafverfolgung, deren Rechtmäßigkeit gerade auch dann anhand der Strafprozeßordnung zu bestimmen ist, wenn deren Regelungen enger sind als die des Polizeirechts (Nack in KK 3. Aufl. § 110 a Rdn. 10; Hilger NStZ 1992, 523). Der repressive Charakter der Tatprovokation zeigt sich unter anderem auch

- Vertrauensperson, § 163 Abs. 1 S. 1, 2 StPO / § 19 (ggf. §§ 9, 22a-24a, 33, 33b) PolG NRW
- Schleppnetzfahndung, § 163d StPO / § 8 Abs. 1 PolG NRW (ggf. §§ 9, 22a-24a, 33, 33b)
- Ausschreibung zur polizeilichen Beobachtung, § 163e StPO / § 21 (ggf. §§ 9, 22a-24a, 33, 33b) PolG NRW
- Kurzfristige Observation, § 163 Abs. 1 S. 2 StPO[1576] / § 16a Abs. 3 PolG NRW

---

daran, daß bereits vor Inkrafttreten des OrgKG weitgehende Einigkeit darüber bestand, die Staatsanwaltschaft bei der Entscheidung für einen Lockspitzeleinsatz frühzeitig zu beteiligen (vgl. Ziff. II 4 der Gemeinsamen Richtlinien in der zur Tatzeit geltenden Fassung [Schrifttumsquellenangaben].".

Zur rechtlichen – verfahrenrechtlichen und materiellrechtlichen – Würdigung der danach rechtswidrigen „Tatprovokation oder Anstiftung" allgemein: EGMR (Fünfte Sektion), Urteil vom 15.10.2020 – Individualbeschwerde Nr. 40495/15 und zwei weitere (Rechtssache Akbay und andere gegen Deutschland), Rn. 109-124 (u.a. Verurteilung Deutschlands mit Schadensersatzpflicht an hinterbliebene Frau des nur mit Strafnachlass trotz in Deutschland festgestellter rechtswidriger Tatprovokation Verurteilten, und mittlerweile Verstorbenen).

[1576] BVerfGK 16, 1 = BVerfG, Beschluss der Zweiten Kammer des Zweiten Senats vom 02.07.2009 – 2 BvR 1691/07, Rn. 45: „Der Rechtsanwendung des Gerichts liegt die zutreffende Erkenntnis zugrunde, dass eine kurzfristige Beobachtung unabhängig von Vorstellung oder Plan der Ermittlungsbehörden spätestens mit Überschreiten der in § 163f Abs. 1 Satz 1 StPO normierten Zeitgrenzen zu einer längerfristigen Observation wird, da ansonsten die Verfahrenssicherungen des § 163f StPO durch eine zeitlich unbegrenzte Abfolge für sich genommen kurzfristiger Beobachtungen mit unverändertem Ermittlungsziel unterlaufen werden könnten [Schrifttumsquellen].", Rn. 51: „Dass sich kurzfristige Beobachtungen bei Überschreiten der Zeitgrenzen rückwirkend auf den Zeitpunkt der ersten Beobachtung zu einer längerfristigen Observation ausweiteten, lässt sich dem Gesetz nicht entnehmen. Auch die Kommentarliteratur, die das Problem eines Umschlagens kurzfristiger Beobachtungen in eine **längerfristige Observation** thematisiert, lehnt eine solche Rückwirkung ab, wenn sie betont, dass die Maßnahme erst von dem Zeitpunkt an den Anforderungen des § 163f StPO unterworfen ist, in dem erstmals die Voraussetzungen für ihre Längerfristigkeit vorlagen [Schrifttumsquellen].".

- Längerfristige Observation, § 163f StPO[1577] / § 16a Abs. 1-2 (ggf. §§ 9, 22a-24a, 33, 33b) PolG NRW[1578]

[1577] BGHSt 46, 266 f. (GPS – Global Positioning System gegenüber AIZ – „Antiimperialistische Zelle") = BGH, Urteil vom 24.01.2001 – 3 StR 324/00 –, Ls.: „1. Die Beweisgewinnung unter Verwendung des satellitengestützten Navigationssystems ‚**Global Positioning System**' (‚**GPS**') ist von § 100c Abs. 1 Nr. 1 Buchst. b StPO [a. F. ≙ § 100h Abs. 1 S. 1 Nr. 2 StPO, P. B.] gedeckt. Diese Vorschrift gestattet den Strafverfolgungsbehörden im Wege der Annexkompetenz unter Beachtung des Verhältnismäßigkeitsgrundsatzes auch die Vornahme der für den Einsatz des technischen Mittels notwendigen Begleitmaßnahmen. 2. Trifft der Einsatz des ‚GPS' mit anderen je für sich zulässigen Eingriffsmaßnahmen zusammen und führt dies zu einer umfassenden Überwachung der Person, so kann das gegen den Grundsatz der Verhältnismäßigkeit verstoßen. Bei der insoweit erforderlichen Abwägung kommt dem Gewicht der aufzuklärenden Straftat besondere Bedeutung zu. 3. Werden für längerfristige Observationen technische Mittel im Sinne des § 100c Abs. 1 Nr. 1 Buchst. b StPO [a. F. ≙ § 100h Abs. 1 S. 1 Nr. 2 StPO, P. B.] verwendet, so sind zusätzlich die Anordnungsvoraussetzungen des § 163f StPO zu beachten."; im selben Verfahrensgang bestätigt durch BVerfGE 112, 304, Ls. 1-3, S. 319 f. (GPS – Global Positioning System gegenüber AIZ – „Antiimperialistische Zelle") = BVerfG, Urteil des Zweiten Senats vom 12.04.2005 – 2 BvR 581/01 –, C. I. 3. a), Rn. 61-63: „Beim Einsatz moderner, insbesondere dem Betroffenen verborgener, Ermittlungsmethoden müssen die Strafverfolgungsbehörden mit Rücksicht auf das dem ‚additiven' Grundrechtseingriff innewohnende Gefährdungspotential aber besondere Anforderungen an das Verfahren beachten. Es ist sicherzustellen, dass die eine Ermittlungsmaßnahme beantragende oder anordnende Staatsanwaltschaft als primär verantwortlicher Entscheidungsträger über alle Ermittlungseingriffe informiert ist, die den Grundrechtsträger im Zeitpunkt der Antragstellung und im Zeitpunkt einer zeitlich versetzten Ausführung der Maßnahme jeweils treffen; sonst wäre eine verantwortliche Prüfung und Feststellung übermäßiger Belastung nicht möglich. Dazu bedarf es nicht nur – was selbstverständlich ist (vgl. § 168b Abs. 1, § 199 Abs. 2 Satz 2 StPO) – einer vollständigen Dokumentation aller ausgeführten oder ausführbaren Ermittlungseingriffe in den Akten (vgl. BVerfGE 63, 45 [64]). Darüber hinaus ist – insbesondere durch die Nutzung des länderübergreifenden staatsanwaltschaftlichen Verfahrensregisters (§§ 492 ff. StPO) – sicherzustellen, dass nicht verschiedene Staatsanwaltschaften ohne Wissen voneinander im Rahmen von Doppelverfahren in Grundrechte eingreifen. Für den Fall, dass neben den Strafverfolgungsinstanzen auch Verfassungsschutzbehörden und Nachrichtendienste ermittelnde Maßnahmen anordnen und vollziehen, hat der Gesetzgeber in § 492 Abs. 4 StPO die Möglichkeit geschaffen, dass grundlegende, den Staatsanwaltschaften zugängliche Verfahrensdaten auch den Verfassungsschutzbehörden des Bundes und der Länder, dem Amt für den Militärischen Abschirmdienst und dem Bundesnachrichtendienst zur Verfügung gestellt werden, sofern diesen Behörden ein Auskunftsrecht gegenüber den Strafverfolgungsbehörden zusteht. Diese Regelung, die in erster Linie der Verfahrensvereinfachung dienen sollte (BTDrucks 12/6853, S. 37), hat zugleich eine Voraussetzung für die grundrechtssichernde Abstimmung der Ermittlungstätigkeit geschaffen."; im selben Verfahrensgang bestätigt durch EGMR, Urteil vom 02.09.2010 – 35623/05.

[1578] BVerfGK 16, 1 = BVerfG, Beschluss der Zweiten Kammer des Zweiten Senats vom 02.07.2009 – 2 BvR 1691/07, Rn. 45: „Der Rechtsanwendung des Gerichts liegt die zutreffende Erkenntnis zugrunde, dass eine kurzfristige Beobachtung unabhängig von Vorstellung oder Plan der Ermittlungsbehörden spätestens mit Überschreiten der in § 163f Abs. 1 Satz 1 StPO normierten Zeitgrenzen zu einer längerfristigen Observation wird, da ansonsten die Verfahrenssicherungen des § 163f StPO durch eine zeitlich unbegrenzte Abfolge für sich genommen kurzfristiger Beobachtungen mit unverändertem Ermittlungsziel unterlaufen werden könnten [Schrifttumsquellen].", Rn. 51: „Dass sich kurzfristige Beobachtungen bei Überschreiten der Zeitgrenzen rückwirkend auf den Zeitpunkt der ersten Beobachtung zu einer längerfristigen Observation ausweiteten, lässt sich dem Gesetz nicht entnehmen. Auch die Kommentarliteratur, die das Problem eines Umschlagens kurzfristiger Beobachtungen in eine **längerfristige Observation** thematisiert, lehnt eine solche Rückwirkung ab, wenn sie betont, dass die Maßnahme erst von dem Zeitpunkt an den Anforderungen des § 163f StPO unterworfen ist, in dem erstmals die Voraussetzungen für ihre Längerfristigkeit vorlagen [Schrifttumsquellen].".

(SUB)

Realfolge ist die Maßnahme laut Sachverhalt.

Rechtsfolge ist – je nach Rechtsgebiet und Verhaltensform – als

- VA i.S.d. § 35 S. 1/2 VwVfG NRW
- Realakt, vgl. § 35 VwVfG NRW
- Justiz-VA i.S.d. § 23 Abs. 1 S. 1 EGGVG

eine Rechtsfolge aus einer möglichen – allgemeineren oder spezielleren – Datenverarbeitungs-Befugnisrechtsnorm.

(ERG)

Mögliche Befugnisrechtsnorm ist – je nach Rechtsgebiet – eine Befugnisrechtsnorm aus

- PolG NRW.
- StPO (ggf. i.V.m. OWiG)
- OWiG
- DSG NRW
- speziellerem Gesetz (z.B. AufenthG / AsylG / StVG).

B. Formelle Rechtmäßigkeit (FR)

Auf den Rechtsgebieten von Gefahrenabwehr und Strafrechtspflege soll das Datenverarbeitungsrecht weitgehend in das bei allen Maßnahmen aller Rechtsgebiete dargestellte Zuständigkeits-, Verfahrens- und Form-Regelsystem integriert werden – je nach Datenverarbeitungsbefugnis aus dem PolG NRW oder der StPO oder dem OWiG oder einem spezielleren Gesetz.

Für die Zuständigkeit können sich besondere Rechtsverhältnisse ergeben bei Datenverarbeitung der (jeweiligen zuständigen) „Polizei"(behörde) als zuständige Behörde und Verantwortlicher i.S.v. § 46 Nr. 7 BDSG, § 36 Nr. 8, 9 DSG NRW über Dritte, etwa als Auftragsverarbeiter i.S.v. § 46 Nr. 8 BDSG, § 36 Nr. 10 DSG NRW, auch im Mandatsverhältnis[1579].

[1579] Vgl. Bundestags-Drucksache 19/8752, S. 96 f. – im ausdrücklichen Zusammenhang mit § 56a AufenthG (elektronische Aufenthaltsüberwachung): „Die Länder beabsichtigen, die bereits vorhandenen personellen und sächlichen Mittel, die auf staatsvertraglicher Grundlage im Bereich der Führungsaufsicht länderübergreifend genutzt werden, auch für die elektronische Aufenthaltsüberwachung nach dem AufenthG einzusetzen […]. Das Institut des zwischenbehördlichen Mandats liegt vor, wenn eine Kompetenz von ihrem regulären Inhaber (dem Mandanten) für einen oder mehrere Einzelfälle oder generell auf ein anderes öffentlich-rechtliches Subjekt (den Mandatar) in der Weise übertragen wird, dass der Mandatar die Kompetenz im Außenverhältnis im Namen des Mandanten, also in fremdem Namen ausübt. Das Handeln des Mandatars wird rechtlich dem Mandanten zugerechnet (hierzu mit weiteren Nachweisen Stelkens/Bonk/Sachs/Schmitz, VwVfG § 4 Rn. 40) [„Mandat" i.Z.m. mit Datenverantwortlichkeit und Datenauftragsverarbeitung auch noch ausdrücklich in Erwägungsgrund 80 VO (EU) 2016/679, P. B.]."

Zur **Datenverarbeitung i.Z.m. elektronischer Aufenthaltsüberwachung** vgl. auch:

GÜLStV mit Präambel und Art. 1-10, dort insbesondere Art. 1-4 GÜLStV zur Aufgabenübertragung durch die Länder an die GÜL (Gemeinsame elektronische Überwachungsstelle der Länder) bei der GIT (Gemeinsame IT-Stelle der Hessischen Justiz), insbesondere nach Art. 2 GÜLStV i.Z.m. mit der elektronischen Überwachung des Aufenthaltsorts von verurteilten Personen, die der Führungsaufsicht unterstehen

Für das Verfahren können Rechtsnormen speziell zum Datenschutz standardmäßig normierte **Datenschutzmaßnahmen** vorschreiben, um einer **Verletzung des Schutzes personenbezogener Daten** i.S.v. § 2 DSG NRW, § 46 Nr. 10 BDSG, § 36 Nr. 12 DSG NRW zuvorzukommen, wiederum selbst mit standardmäßigen Datenverarbeitungspflichten, wie etwa

- Erkennen bzw Prüfen der Betroffenheit von besonderen Datenbereichen wie dem Kernbereich privater Lebensgestaltung (also insoweit Datenerhebung),
- Kennzeichnen der Daten;
- Dokumentation/Protokollierung der Daten(schutz)maßnahmen (also auch systematische Speicherung).
- Löschung (innerhalb bestimmter Fristen), was wiederum auch eigenständig die Frage nach der Rechtmäßigkeit der eigenständigen Rechtsfolge einer weiteren Datenverarbeitungsmaßnahme betreffen kann, zum Beispiel weiterer Speicherung, und dann nicht unbedingt das Verfahren einer Datenverarbeitungsmaßnahme vor etwaiger Löschung, also zum Beispiel nicht die Datenverarbeitungsmaßnahme der Datenerhebung oder Datenspeicherung vor etwaiger Löschung;
- weitere prozedurale Verfahrens- und Organisationsmaßnahmen für Datengrundrechtsschutz, etwa
    - Sensibilisierung von an Datenverarbeitungsvorgängen Beteiligten;
    - Beteiligung von Datenschutzbeauftragten, §§ 5-7 BDSG, § 31 DSG NRW;
    - Benachrichtigung von Betroffenen;
    - Maßnahmen in Rechtsverhältnissen nach §§ 62-67 BDSG, §§ 52-59 DSG NRW, mit Pflichten der **Verantwortlichen**, § 46 Nr. 7 BDSG, § 36 Nr. 9 DSG NRW, und **Auftragsverarbeiter**), § 46 Nr. 8 BDSG, § 36 Nr. 10 DSG NRW;

---

und denen eine Weisung nach § 68b Abs. 1 S. 1 Nr. 12 StGB; vgl. auch die Ermächtigung in Art. 4 GÜL-StV, dass jedes Land der GÜL durch gesonderte Vereinbarung mit dem Land Hessen Aufgaben der elektronischen Überwachung des Aufenthaltsorts von Personen auch zu anderen Zwecken übertragen kann, *insbesondere* 1. bei Außervollzugsetzung eines Haftbefehls, 2. im Rahmen einer Bewährungsweisung, 3. bei Gnadenerweisen, 4. zur Vermeidung der Vollstreckung von kurzen Freiheitsstrafen oder von Ersatzfreiheitsstrafen, 5. zur Überwachung vollzugsöffnender Maßnahmen oder 6. im Rahmen der Führungsaufsicht in Fällen, die von § 68b Abs. 1 S. 1 Nr. 12 StGB nicht umfasst sind.

Vgl. auch Landtag-NRW-Vorlage 17/1915 (Schriftlicher Bericht des Ministers des Innern zur Frage: „Wie wird das Mittel der elektronischen Fußfessel in der Praxis eingesetzt?“), wonach bisher Rechtsfolgen i.Z.m. der elektronischen Aufenthaltsüberwachung (EAÜ) wie folgt verwirklicht wurden:

- Datenübermittlung von „Standortdaten“ aus der EAÜ-Datenverarbeitung an Stellen wie die „Hessische Zentrale für Datenverarbeitung“ (HZD)
- Datenübermittlung von der HZD an die Polizei des Landes Nordrhein-Westfalen.
- Telefonische Kontaktaufnahmen (Anrufe) durch die GÜL gegenüber dem EAÜ-Adressaten (vgl. zu Verfügungen z.B. § 34c Abs. 1 S. 1 PolG NRW oder § 8 Abs. 1 PolG NRW [z.B. „Gefährderansprache“]), etwa bei Auffälligkeiten aufgrund der Datenverarbeitungen; so erfolgte „eine telefonische Kontaktaufnahme unmittelbar nach Eingang einer Alarmmeldung über das Verlassen der vorgegebenen Gebotszone“;
- Kontaktanrufe gegenüber dem EAÜ-Adressaten „direkt durch dem Betroffenen bekannte Polizeibeamtinnen und -beamte“, etwa der zuständigen polizeilichen Dienststelle.
- Anlegen des technischen Mittels zur EAÜ („Fußfessel“) durch Vertragsunternehmen wie der HZD.
- „Technischer Support“ (technische Unterstützung, technische Begleitmaßnahmen) durch Vertragsunternehmen wie etwa der HZD.

- o weitere technische-organisatorische Maßnahmen, § 47 Nr. 6 BDSG, § 37 Nr. 6 DSG NRW,

vgl. dazu zum Beispiel die allgemeineren Rechtsnormen von § 22a Abs. 2 PolG NRW, §§ 32-33c PolG NRW oder § 101 StPO, zum Kernbereich privater Lebensgestaltung teilweise § 16 PolG NRW oder § 100d StPO.

Die „Unzulässigkeit" oder der „Abbruch" oder die „Beendigung" einer Maßnahme, vgl. § 16 PolG NRW oder § 100d StPO, betrifft nicht das äußere formell-rechtliche Verfahren zur Datenverarbeitungsmaßnahmen-Rechtsfolge, sondern die Rechtsfolge unmittelbar materiell-rechtlich.

Die Form ist mitunter integrativer Verfahrensbestandteil, etwa in Fällen der Pflicht zur Dokumentation/Protokollierung von weiteren Datenschutzmaßnahmen; im Übrigen ergeben sich bezüglich der Form keine Besonderheiten.

C. Materielle Rechtmäßigkeit (MR)

(VOR/DEF)

Materielle[1580] **Rechtmäßigkeit** ist Erfüllung von Tatbestands-, Inanspruchnahme-, Rechtsfolgevoraussetzungen.

Zusätzlich zu Rechtmäßigkeitsvoraussetzungen aus den Befugnisrechtsnormen mit realfolgenentsprechender Rechtsfolge sind weitere Rechtsgrundlagen zu berücksichtigen, wie zum Beispiel – je nach Rechtsgebiet und Rechtsfolge – aus §§ 22a, 22b, 23 PolG NRW oder § 479 Abs. 2 StPO; solche weiteren Rechtsnormen beinhalten weitere Rechtsgrundlagen mit weiteren positiven wie negativen Rechtmäßigkeitsvoraussetzungen[1581].

Besondere größere regelmäßige Punkte zur materiellen Rechtmäßigkeit des Datenverarbeitungsrechts sind insbesondere (kumulativ)

- Grundsätze zur Zweckbindung und Zweckänderung;
- Verhältnismäßigkeit und Kernbereich privater Lebensgestaltung;
- weitere allgemeine Grundsätze der Datenverarbeitung,

[1580] **Form** und **Materie**: **Form** (vom Lateinischen forma und griechisch morphḗ) ist allgemein Äußeres, Gestalt, Prägendes, Standard, Rahmen, Umgebendes für oder von etwas, das Stoff oder Materie ist, und in Beziehung zur Form ihr Inhalt. **Materie** (vom Lateinischen: materia, zu Deutsch: Stoff, Thema, Ursache; ursprünglich vom Lateinischen: materies, zu Deutsch: Holz, Stämme, Bauholz; verwandt mit dem lateinischen mater, zu Deutsch: Mutter, und mit dem lateinischen matrix, zu Deutsch: Gebärmutter, Muttertier; griechisch hylē) ist jedenfalls in Beziehung zur (standardmäßigen) Form inhaltliche (wandelbare) Substanz. Vgl. auch die Worthistorie (Etymologie) und Ideenhistorie von Form (vom Lateinischen forma und griechisch morphḗ) im Gegensatz zu Materie/Substanz (vom Lateinischen materia und Griechischen hylē). Form ist eher etwas ohne weitere Wertung Erkennbares bzgl. des Vorhandenseins/der Einhaltung; Materie/Substanz ist eher etwas nicht ohne weitere Wertung Erkennbares bzgl. des Vorhandenseins/der Erfüllung.

[1581] Zu positiven oder umgekehrt negativen Tatbestandsvoraussetzungen allgemein siehe: *Basten*, Eingriffsrecht der Polizei in Nordrhein-Westfalen, Band 1, S. 242.

wobei sich diese Punkte rechtspraktisch teilweise untereinander und teilweise mit Punkten der formellen Rechtmäßigkeit berühren; untereinander mit einer gewissen, auch in höchstrichterlichen Entscheidungen ablesbaren, Konzentration in der materiell-rechtlichen Verhältnismäßigkeit.

1. Grundsätze der Zweckbindung und Zweckänderung

Für das Datenverarbeitungsrecht ist der materiellrechtliche, ausdrücklich sogenannte Zweckbindungsgrundsatz von besonderer Bedeutung.

Zweckbindungsgrundsätze und **Zweckänderungsgrundsätze** sind Anforderungen insbesondere an die Erhebung und weitere Datenverarbeitung staatlich erhobener Daten.[1582]

Datenerhebung ist das Beschaffen von Daten über die betroffene Person.[1583]

Weitere Nutzung [**weitere Datennutzung / Datennutzung im weiteren**] ist nach teilweisem Rechtsprechungs-Sprech[1584] Datennutzung über das für die Datenerhebung maßgebende Verfahren hinaus im Rahmen der ursprünglichen Zwecke dieser Daten[1585]; letztlich jede weitere **Datenverarbeitung** (§ 46 Nr. 2 BDSG/§ 36 Nr. 2 DSG NRW) außer Datenerhebung.

Zweckbindung ist allgemein die Bindung an einen Maßnahmezweck im Sinne der Setzung eines Zwecks als materiell-rechtliche Voraussetzung; im Datenrecht die Bindung einer Datenverarbeitungsmaßnahme an einen bestimmten Zweck.

Zweckänderung ist Datenverarbeitung auch zu anderen Zwecken als denen der ursprünglichen Datenerhebung.[1586]

Datenerhebungszweck ergibt sich zunächst aus dem jeweiligen gefahrenabwehrrechtlichen Verfahren oder strafrechtspflegerischen Ermittlungsverfahren; die jeweilige Eingriffsgrundlage bestimmt Behörde, Zweck und Bedingungen der Datenerhebung und definiert damit zunächst die erlaubte Datenverarbeitung. Die Zweckbindung der erhobenen Daten beschränkt sich folglich nicht allein auf eine Bindung an bestimmte, abstrakt definierte Behördenaufgaben, sondern

---

[1582] BVerfGE 141, 220 (BKAG), Ls. 2 und S. 324 = BVerfG, Urteil des Ersten Senats vom 20.04.2016 – 1 BvR 966/09, Ls. 2 und D. I. Rn. 276; dort auch: „weitere" Nutzung; vgl. die als dort „ständige Rechtsprechung" zitierten BVerfGE 65, 1, 51, 62; 100, 313, 360 f., 389 f.; 109, 279, 375 ff.; 110, 33 73; 120, 351, 368 f.; 125, 260, 333; 130, 1, 33 f.; 133, 277, 372 ff. Rn. 225 f.; vgl. den regelmäßigen Punkt „Legtimer Zweck" beim Punkt „Verhältnismäßigkeit".

[1583] § 46 Nr. 2 BDSG / § 36 Nr. 2 DSG NRW i.V.m. § 3 Abs. 3 BDSG a.F. / § 3 Abs. 2 Nr. 1 DSG NRW a.F.

[1584] Zur **Datennutzung** vgl. § 3 Abs. 2 S. 2 Nr. 7 DSG NRW a.F. [„Nutzen (Nutzung) ist jede sonstige Verwendung personenbezogener Daten"] und auch den anderen § 3 Abs. 5 BDSG a.F. („Nutzen ist jede Verwendung personenbezogener Daten, soweit es sich nicht um Verarbeitung handelt"), der nicht mehr begrifflich stimmt sub specie den Legaldefinitionen von Datenverarbeitung in Art. 4 Nr 2 VO (EU) 2016/679 (DSGVO), Art. 3 Nr. 2 RL (EU) 2016/680 (JI-RL), § 46 Nr. 2 BDSG, § 36 Nr. 2 DSG NRW (jeweils mit Nutzung höchstens als nicht ausdrücklich genannten Unterfall eines „jeden" Vorgangs an Datenverarbeitung unter vielen anderen, vgl. auch eher die ausdrücklich genannte „Verwendung"). Die Rechtslage des (allgemeinen) Datenverarbeitungsrechts entwickelt/e sich insbesondere über die Jahre 1978, 1983, 1990, 2001, 2018 historisch immer weiter, unter anderem teil- und zeitweise in einer Art Überholung von Gesetzeslage und Rechtsprechung auf nationaler und internationaler Ebene, was mitunter zu teil-/zeitweisen Inkongruenzen führen konnte/kann.

[1585] BVerfGE 141, 220 (BKAG), Ls. 2b) = BVerfG, Urteil des Ersten Senats vom 20.04.2016 – 1 BvR 966/09, Ls. 2b).

[1586] BVerfGE 141, 220 (BKAG), Ls. 2c) = BVerfG, Urteil des Ersten Senats vom 20.04.2016 – 1 BvR 966/09, Ls. 2c).

bestimmt sich nach der Reichweite der Erhebungszwecke in der für die jeweilige Datenerhebung maßgeblichen Befugnisnorm.[1587]

Die **Datenverarbeitungs-Zweckbindungsreichweite** richtet sich nach der jeweiligen Befugnisnorm für die Datenerhebung, womit eine weitere Datenverarbeitung innerhalb der ursprünglichen Zwecksetzung grundsätzlich nur in folgendem Rahmen in Betracht kommt:

- seitens derselben Behörde wie bei der Datenerhebung;
- im Rahmen derselben Aufgabe wie bei der Datenerhebung;
- für den Schutz derselben Rechtsgüter wie bei der Datenerhebung.

Ist also Datenerhebung nur zum Schutz bestimmter Rechtsgüter oder zur Verhütung bestimmter Straftaten erlaubt, so begrenzt dies die unmittelbare sowie weitere Datenverarbeitung auch in derselben Behörde, soweit keine gesetzliche Grundlage für eine zulässige Zweckänderung eine weitergehende Datenverarbeitung erlaubt.[1588]

Datennutzungs-Zweckänderungs-Verhältnismäßigkeit orientiert sich am Grundsatz der **hypothetischen Datenneuerhebung** (HyDaNe), nach dem die weitere Datenverarbeitung erhobener Daten dem Schutz von Rechtsgütern oder der Aufdeckung von Straftaten eines solchen Gewichts dienen muss, die verfassungsrechtlich ihre Neuerhebung mit vergleichbar schwerwiegenden Mitteln rechtfertigen könnten; eine konkretisierte Gefahrenlage oder ein Tatverdacht wie bei der Datenerhebung ist demgegenüber grundsätzlich nicht erneut zu verlangen;

[1587] BVerfGE 141, 220 (BKAG), Ls. 2a) und S. 324 = BVerfG, Urteil des Ersten Senats vom 20.04.2016 – 1 BvR 966/09, Ls. 2a) und D. I. 1. a), Rn. 279, dort auch „zulässige" Reichweite.

[1588] BVerfGE 141, 220 (BKAG), Ls. 2b) und S. 324 f. = BVerfG, Urteil des Ersten Senats vom 20.04.2016 – 1 BvR 966/09, Ls. 2b) und D. I. 1. a), Rn. 279; Rn. 282: „Für die Wahrung der **Zweckbindung** kommt es demnach darauf an, dass die erhebungsberechtigte Behörde die Daten im selben Aufgabenkreis zum Schutz derselben Rechtsgüter und zur Verfolgung oder Verhütung derselben Straftaten nutzt, wie es die jeweilige Datenerhebungsvorschrift erlaubt. Diese Anforderungen sind erforderlich, aber grundsätzlich auch ausreichend, um eine weitere Nutzung der Daten im Rahmen der Zweckbindung zu legitimieren.", Rn. 280 f.: „Nicht zu den **Zweckbindungen**, die für jede weitere Nutzung der Daten seitens derselben Behörde je neu beachtet werden müssen, gehören grundsätzlich die für die Datenerhebung maßgeblichen Anforderungen an **Einschreitschwellen**, wie sie traditionell die **hinreichend konkretisierte Gefahrenlage** im Bereich der Gefahrenabwehr und der **hinreichende Tatverdacht** im Bereich der Strafverfolgung darstellen. Das Erfordernis einer hinreichend konkretisierten Gefahrenlage oder eines qualifizierten Tatverdachts bestimmt den **Anlass**, aus dem entsprechende Daten erhoben werden dürfen, nicht aber die erlaubten Zwecke, für die die Daten der Behörde dann zur Nutzung offen stehen. Folglich widerspricht es nicht von vornherein dem Gebot einer dem ursprünglichen Erhebungszweck entsprechenden Verwendung, wenn die weitere Nutzung solcher Daten bei Wahrnehmung derselben Aufgabe auch unabhängig von weiteren gesetzlichen Voraussetzungen als bloßer **Spurenansatz** erlaubt wird. Die Behörde kann die insoweit gewonnenen Kenntnisse zum Schutz derselben Rechtsgüter und im Rahmen derselben Aufgabenstellung - allein oder in Verbindung mit anderen ihr zur Verfügung stehenden Informationen - als schlichten Ausgangspunkt für weitere Ermittlungen nutzen. Dies trägt dem Umstand Rechnung, dass sich die **Generierung von Wissen** - nicht zuletzt auch, wenn es um das Verstehen terroristischer Strukturen geht - nicht vollständig auf die **Addition** von je getrennten, nach Rechtskriterien formell ein- oder ausblendbaren **Einzeldaten** reduzieren lässt. In den dargelegten Grenzen erkennt das die Rechtsordnung an. Diese Grenzen gewährleisten zugleich, dass damit keine Datennutzung ins Blaue hinein eröffnet ist. Durch die Bindung an die für die Datenerhebung maßgeblichen Aufgaben und die Anforderungen des Rechtsgüterschutzes hat auch eine Verwendung der **Daten als Spurenansatz** einen hinreichend konkreten Ermittlungsbezug, den der Gesetzgeber nicht durch weitere einschränkende Maßgaben absichern muss.".

erforderlich aber auch ausreichend ist in der Regel das Vorliegen eines konkreten Ermittlungsansatzes.[1589]

1589 BVerfGE 141, 220 (BKAG), Ls. 2c) und S. 327-329 = BVerfG, Urteil des Ersten Senats vom 20.04.2016 – 1 BvR 966/09, Ls. 2c) und D. I. 2. b), Rn. 286-292: „Die Ermächtigung zu einer Zweckänderung ist dabei am Verhältnismäßigkeitsgrundsatz zu messen. Hierbei orientiert sich das Gewicht, das einer solchen Regelung im Rahmen der Abwägung zukommt, am Gewicht des Eingriffs der Datenerhebung. Informationen, die durch besonders eingriffsintensive Maßnahmen erlangt wurden, können auch nur zu besonders gewichtigen Zwecken benutzt werden (vgl. BVerfGE 100, 313 <394>; 109, 279 <377>; 133, 277 <372 f. Rn. 225> m.w.N.). Während nach der früheren Rechtsprechung des Bundesverfassungsgerichts insoweit als Maßstab der Verhältnismäßigkeitsprüfung darauf abgestellt wurde, ob die geänderte Nutzung mit der ursprünglichen Zwecksetzung ‚unvereinbar' sei (vgl. BVerfGE 65, 1 <62>; 100, 313 <360, 389>; 109, 279 <376 f.>; 110, 33 <69>; 120, 351 <369>; 130, 1 <33>), ist dies inzwischen durch das Kriterium der **hypothetischen Datenneuerhebung** konkretisiert und ersetzt worden. Für **Daten aus eingriffsintensiven Überwachungs- und Ermittlungsmaßnahmen** wie denen des vorliegenden Verfahrens kommt es danach darauf an, ob die entsprechenden Daten nach verfassungsrechtlichen Maßstäben neu auch für den geänderten Zweck mit vergleichbar schwerwiegenden Mitteln erhoben werden dürften (vgl. BVerfGE 125, 260 <333>; 133, 277 <373 f. Rn. 225 f.>; der Sache nach ist diese Konkretisierung nicht neu, vgl. bereits BVerfGE 100, 313 <389 f.>, und findet sich unter der Bezeichnung ‚**hypothetischer Ersatzeingriff**' auch in BVerfGE 130, 1 <34>). Das Kriterium der Datenneuerhebung gilt allerdings nicht schematisch abschließend und schließt die Berücksichtigung weiterer Gesichtspunkte nicht aus (vgl. BVerfGE 133, 277 <374 Rn. 226>). So steht die Tatsache, dass die Zielbehörde bestimmte Datenerhebungen, zu denen die Ausgangsbehörde berechtigt ist, ihrerseits wegen ihres Aufgabenspektrums nicht vornehmen darf, einem Datenaustausch nicht prinzipiell entgegen (vgl. BVerfGE 100, 313 <390>). Auch können Gesichtspunkte der Vereinfachung und der Praktikabilität bei der Schaffung von Übermittlungsvorschriften es rechtfertigen, dass nicht alle Einzelanforderungen, die für die Datenerhebung erforderlich sind, in gleicher Detailliertheit für die Übermittlung der Daten gelten. Das **Erfordernis einer Gleichgewichtigkeit der neuen Nutzung** [Datenverarbeitung] bleibt hierdurch jedoch unberührt. **Voraussetzung für eine Zweckänderung** ist danach aber jedenfalls, dass die neue Nutzung der Daten dem Schutz von Rechtsgütern oder der Aufdeckung von Straftaten eines solchen Gewichts dient, die verfassungsrechtlich ihre Neuerhebung mit vergleichbar schwerwiegenden Mitteln rechtfertigen könnten (vgl. BVerfGE 100, 313 <389 f.>; 109, 279 <377>; 110, 33 <73>; 120, 351 <369>; 130, 1 <34>). Nicht in jedem Fall identisch sind die Voraussetzungen einer Zweckänderung mit denen einer Datenerhebung hingegen hinsichtlich des erforderlichen Konkretisierungsgrades der Gefahrenlage oder des Tatverdachts. Die diesbezüglichen Anforderungen bestimmen unter Verhältnismäßigkeitsgesichtspunkten primär den Anlass nur unmittelbar für die Datenerhebung selbst, nicht aber auch für die weitere Nutzung der erhobenen Daten. Als neu zu rechtfertigender Eingriff bedarf aber auch die Ermächtigung zu einer Nutzung für andere Zwecke eines eigenen, hinreichend spezifischen Anlasses. Verfassungsrechtlich geboten, aber regelmäßig auch ausreichend, ist insoweit, dass sich aus den Daten - sei es aus ihnen selbst, sei es in Verbindung mit weiteren Kenntnissen der Behörde - ein **konkreter Ermittlungsansatz** ergibt. Der Gesetzgeber kann danach - bezogen auf die Datennutzung von Sicherheitsbehörden - eine **Zweckänderung** von Daten grundsätzlich dann erlauben, wenn es sich um Informationen handelt, aus denen sich im Einzelfall konkrete Ermittlungsansätze zur Aufdeckung von vergleichbar gewichtigen Straftaten oder zur Abwehr von zumindest auf mittlere Sicht drohenden Gefahren für vergleichbar gewichtige Rechtsgüter wie die ergeben, zu deren Schutz die entsprechende Datenerhebung zulässig ist. Anderes gilt allerdings auch hier für Informationen aus Wohnraumüberwachungen oder dem Zugriff auf informationstechnische Systeme. Angesichts des besonderen Eingriffsgewichts dieser Maßnahmen muss für sie jede neue Nutzung der Daten wie bei der Datenerhebung selbst auch durch eine dringende Gefahr (vgl. BVerfGE 109, 279 <377, 379>) oder eine im Einzelfall hinreichend konkretisierte Gefahr (siehe oben C IV 1 b) gerechtfertigt sein. In diesen Anforderungen an die Zulässigkeit einer Zweckänderung liegt eine konkretisierende Konsolidierung einer langen Rechtsprechung beider Senate des Bundesverfassungsgerichts (vgl. BVerfGE 65, 1 <45 f., 61 f.>; 100, 313 <389 f.>; 109, 279 <377>; 110, 33 <68 f., 73>; 120, 351 <369>; 125, 260 <333>; 130, 1 <33 f.>; 133, 277 <372 f. Rn. 225>). Hierin liegt keine Verschärfung der Maßstäbe, sondern eine behutsame Einschränkung, indem das Kriterium der hypothetischen Datenneuerhebung nicht strikt angewandt (vgl. bereits BVerfGE

Wohnraumüberwachungsdaten-Weiterverarbeitung und **Online-Durchsuchungsdaten-Weiterverarbeitung** ist nur dann zweckentsprechend, wenn sie auch aufgrund einer den Erhebungsvoraussetzungen entsprechenden dringenden Gefahr[1590] (vgl. BVerfGE 109, 279 <377, 379>) oder im einzelnen Fall drohenden Gefahr (vgl. BVerfGE 120, 274 <326, 328 f.>) erforderlich ist.[1591]

Bei der **Datenerhebung für statistische Zwecke** kann eine enge und konkrete Zweckbindung der Daten nicht verlangt werden. Der Informationserhebung und Informationsverarbeitung müssen aber innerhalb des Informationssystems zum Ausgleich entsprechende Schranken gegenüberstehen.[1592] Bei einer Ausgestaltung, die dem besonderen Gewicht des hierin liegenden Eingriffs hinreichend Rechnung trägt, unterfällt eine anlasslose Speicherung der Telekommunikationsverkehrsdaten nicht schon als solche dem strikten Verbot einer **Speicherung von Daten auf Vorrat** im Sinne der Rechtsprechung des Bundesverfassungsgerichts (vgl. BVerfGE 65, 1; 115, 320; 118, 168). Strikt verboten ist lediglich die Speicherung von personenbezogenen Daten auf Vorrat zu unbestimmten und noch nicht bestimmbaren Zwecken (vgl. BVerfGE 65, 1; 100, 313).[1593]

Datenauslandsübermittlung (Datenübermittlung an staatliche Stellen im Ausland) unterliegt den allgemeinen verfassungsrechtlichen Grundsätzen von Zweckänderung und Zweckbindung, wobei bei der Beurteilung der weiteren Datenverarbeitung die Eigenständigkeit der anderen Rechtsordnung zu achten ist und eine Vergewisserung verlangt wird, dass ein hinreichend rechtsstaatlicher Umgang mit den Daten im Empfängerstaat zu erwarten ist (**Rechtsstaatlichkeitsvergewisserung**).[1594]

133, 277 <374 Rn. 226>), sondern in Blick auf die - die zu fordernde Aktualität der Gefahrenlage bestimmenden - Eingriffsschwellen gegenüber früheren Anforderungen (vgl. insbesondere BVerfGE 100, 313 <394>; 109, 279 <377>) teilweise zurückgenommen wird. Wollte man, wie es in einem Sondervotum befürwortet wird, darüber hinaus auch auf das Erfordernis eines vergleichbar gewichtigen Rechtsgüterschutzes verzichten, würden die Grenzen der Zweckbindung als Kernelement des verfassungsrechtlichen Datenschutzes (vgl. BVerfGE 65, 1 <45 f., 61 f.>) - erst recht wenn zugleich die Voraussetzung eines konkreten Ermittlungsansatzes als zu streng angesehen wird - für das Sicherheitsrecht praktisch hinfällig (oder beschränkten sich allenfalls noch rudimentär auf Daten aus Wohnraumüberwachungen und Online-Durchsuchungen).“.

[1590] Zur **dringenden Gefahr** mit Definition und weiteren Nachweisen: *Basten*, Eingriffsrecht der Polizei in Nordrhein-Westfalen, Band 1, S. 252.

[1591] BVerfGE 141, 220 (BKAG), Ls. 2c) und S. 326 = BVerfG, Urteil des Ersten Senats vom 20.04.2016 – 1 BvR 966/09, Ls. 2c): „Für **Daten aus Wohnraumüberwachungen und Online-Durchsuchungen** darf die Verwendung zu einem geänderten Zweck allerdings nur erlaubt werden, wenn auch die für die Datenerhebung maßgeblichen Anforderungen an die Gefahrenlage erfüllt sind.“, und D. I. 1. b), Rn. 283: „Das außerordentliche Eingriffsgewicht solcher Datenerhebungen spiegelt sich hier auch in einer besonders engen Bindung jeder weiteren Nutzung der gewonnenen Daten an die Voraussetzungen und damit Zwecke der Datenerhebung. Eine Nutzung der Erkenntnisse als bloßer Spuren- oder Ermittlungsansatz unabhängig von einer dringenden oder im Einzelfall drohenden Gefahr kommt hier nicht in Betracht.“, und BVerfGE 141, 220 (BKAG), Ls. 2c) und S. 329 = BVerfG, Urteil des Ersten Senats vom 20.04.2016 – 1 BvR 966/09, Ls. 2c), D. I. 2. b) bb), Rn. 291.

[1592] BVerfGE 65, 1 (Volkszählungsgesetz), Ls. 3 S. 2 = BVerfG, Urteil des Ersten Senats vom 15.12.1983 – 1 BvR 209/8, Ls. 3 S. 2.

[1593] BVerfGE 125, 260, 316, 317 (Vorratsdatenspeicherung) = BVerfG, Urteil des Ersten Senats vom 02.03.2010 – 1 BvR 256, 263, 586/08.

[1594] BVerfGE 141, 220 (BKAG), Ls. 3 = BVerfG, Urteil des Ersten Senats vom 20.04.2016 – 1 BvR 966/09, Ls. 3 und D. IV. 1., Rn. 324-341.

Einfachgesetzlich *ausdrückliche*[1595] Zweckbindungs und –Zweckänderungsbefugnisse im PolG NRW

- § 15 Abs. 1 S. 3 PolG NRW
- § 15a Abs. 2 PolG NRW
- § 15b S. 4 PolG NRW
- § 17 Abs. 4 S. 2 und Abs. 7 PolG NRW
- § 23 PolG NRW: Weiterverarbeitung von personenbezogenen Daten, Zweckbindung, Zweckänderung
- § 24 PolG NRW: Verarbeitung zu besonderen Zwecken
- § 24a PolG NRW: Verarbeitung zu wissenschaftlichen Zwecken
- § 26 Abs. 1 PolG NRW: Datenübermittlung „[…] unter Beachtung des § 23 […]"
- § 26 Abs. 7 S. 1, 2 PolG NRW: „Der Empfänger darf die übermittelten personenbezogenen Daten, soweit gesetzlich nichts anderes bestimmt ist, nur zu dem Zweck nutzen, zu dem sie ihm übermittelt worden sind. Eine Verarbeitung zu anderen Zwecken ist unter Beachtung des § 23 zulässig."
- § 27 Abs. 1 S. 2 PolG NRW: „Eine Übermittlung zu einem anderen Zweck als dem, zu dem die Daten erlangt oder gespeichert worden sind, ist für die nach § 11 erhobenen Daten nicht zulässig."
- § 28 PolG NRW: „§ 27 gilt entsprechend […]"

Einfachgesetzlich *ausdrückliche* Zweckbindungs und –Zweckänderungsbefugnisse in der StPO (OWiG)

- § 161 Abs. 3 StPO
- § 463a (Abs. 4) StPO: Datenerhebung und Datenverarbeitung für Aufsichtsstellen durch Behörden und Beamte des Polizeidienstes, insbesondere für Zwecke nach § 68b Abs. 1 S. 1, 2 Nr. 1, 2, 12 StGB, zur Abwehr gegenwärtiger Gefahr für Leib, Leben, Freiheit, sexuelle Selbstbestimmung zur Strafverfolgung bzgl.: § 66 Abs. 3 S. 1 StGB, § 129a Absatz 5 Satz 2, auch i.V.m. § 129b Abs. 1 StPO
- § 474 StPO: Auskünfte und Akteneinsicht für Zwecke der Rechtspflege
- § 476 StPO: Auskünfte und Akteneinsicht zu Forschungszwecken
- § 479 StPO: Übermittlungsverbote und Verwendungsbeschränkungen
- § 481 StPO: Verwendung personenbezogener Daten für polizeiliche Zwecke
- § 483 StPO: Datenverarbeitung für Zwecke des Strafverfahrens
- § 484 StPO: Datenverarbeitung für Zwecke künftiger Strafverfahren
- § 485 StPO: Datenverarbeitung für Zwecke der Vorgangsverwaltung
- § 487 StPO: Übermittlung gespeicherter Daten; Auskunft
- § 489 StPO: Löschung und Einschränkung der Verarbeitung von Daten

BVerfG, Urteil des Ersten Senats vom 19.05.2020 – 1 BvR 2835/17 – (Ausland-Ausland-Fernmeldeaufklärung nach BNDG), E. III. 7. b): „Rechtsstaatlichkeitsvergewisserung"; BVerfG, Urteil des Ersten Senats vom 19.05.2020 – 1 BvR 2835/17 – (Ausland-Ausland-Fernmeldeaufklärung nach BNDG), Ls. 6: „Die **Übermittlung personenbezogener Daten aus der strategischen Überwachung** ist nur zum Schutz besonders gewichtiger Rechtsgüter zulässig und setzt eine konkretisierte Gefahrenlage oder einen hinreichend konkretisierten Tatverdacht voraus. Ausgenommen sind hiervon Berichte an die Bundesregierung, soweit diese ausschließlich der politischen Information und Vorbereitung von Regierungsentscheidungen dienen. Die Übermittlung setzt eine förmliche Entscheidung des Bundesnachrichtendienstes voraus und bedarf der Protokollierung unter Nennung der einschlägigen Rechtsgrundlage. Vor der Übermittlung an ausländische Stellen ist eine Vergewisserung über den rechtsstaatlichen Umgang mit den Daten geboten; hierbei bedarf es einer auf die betroffene Person bezogenen Prüfung, wenn es Anhaltspunkte gibt, dass diese durch die Datenübermittlung spezifisch gefährdet werden kann.".

[1595] Zu Ausdrücklichem und Sichergebendem siehe: *Basten*, Eingriffsrecht der Polizei in Nordrhein-Westfalen, Band 1, S. 46, 152.

- § 29 Abs. 1 S. 3 PolG NRW: „§ 23 gilt auch bei der Datenübermittlung in Drittstaaten.“
- § 30 Abs. 3 S. 2 PolG NRW: „Sollten zu diesem Zweck personenbezogene Daten an öffentliche Stellen eines Drittstaates übermittelt werden, gelten § 26 Absätze 5 und 6 sowie § 29.“
- § 34c Abs. 3 S. 9 Nr. 1-5 PolG NRW
- § 490 S. 1 Nr. 2 StPO: Errichtungsanordnung für automatisierte Dateien

2. Verhältnismäßigkeit und Kernbereich privater Lebensgestaltung

Der Zweck im Recht wird gemeinhin im allgemeinen Datenrecht mit besonderer Bestimmtheit vorgetragen, und dabei ist er sowieso in allen Rechtsfolgen und ihren Voraussetzungen das Incipit der gesamten Verhältnismäßigkeit.

Eingriffe in das Recht auf informationelle Selbstbestimmung bedürfen wie jede Grundrechtsbeschränkung einer gesetzlichen Befugnis, die einen legitimen Gemeinwohlzweck verfolgt und im Übrigen den Grundsatz der Verhältnismäßigkeit wahrt; sie müssen daher zur Erreichung des legitimen Zwecks geeignet, erforderlich und verhältnismäßig im engeren Sinne sein.[1596]

Auch die Anforderungen an Bestimmtheit und Klarheit der Befugnis richten sich maßgeblich nach dem Eingriffsgewicht und sind insoweit mit den jeweiligen materiellen Anforderungen der Verhältnismäßigkeit eng verbunden.[1597]

Aus dem Verhältnismäßigkeitsgebot folgen – je nach Eingriffsgewicht – Datenschutzanforderungen an Transparenz, Rechtsschutz, aufsichtliche Kontrolle, Regelungen zur weiteren Datenverarbeitung bis hin zur Datenlöschung.[1598]

Im Fall von Datenübermittlungen müssen sowohl die gesetzlichen Befugnisse zur Datenübermittlung als auch die Übermittlungsmaßnahmen im einzelnen Fall dem Verhältnismäßigkeitsgebot genügen. Ausgangspunkte für die Prüfung der Verhältnismäßigkeit im engeren Sinne sind das Eingriffsgewicht/die Eingriffsintensität der Datenübermittlung-Zweckänderung gegenüber dem Datenerhebungerhebungszweck und der Grundsatz der **hypothetischen Datenneuerhebung**: danach kommt es darauf an, ob die entsprechenden Daten nach verfassungsrechtlichen Maßstäben auch für den geänderten Zweck mit gleichsetzbar schwerwiegenden Mitteln neu

---

[1596] BVerfG, Beschluss des Ersten Senats vom 10.11.2020 – 1 BvR 3214/15 – (Antiterrordateigesetz II / „Data-mining“), Rn. 84, unter Zitierung wie folgt: „vgl. BVerfGE 65, 1 <44>; 100, 313 <359 f.>; BVerfG, Beschluss des Ersten Senats vom 27. Mai 2020 - 1 BvR 1873/13 und 1 BvR 2618/13 -, Rn. 123 – Bestandsdatenauskunft II; stRspr […] vgl. BVerfGE 141, 220 <265 Rn. 93>; stRspr“.

[1597] BVerfG, Beschluss des Ersten Senats vom 10.11.2020 – 1 BvR 3214/15 – (Antiterrordateigesetz II / „Data-mining“), Rn. 87, unter Zitierung wie folgt: „BVerfGE 141, 220 <265 Rn. 94>; BVerfG, Beschluss des Ersten Senats vom 27. Mai 2020 – 1 BvR 1873/13 und 1 BvR 2618/13 -, Rn. 133 – Bestandsdatenauskunft II; jeweils m.w.N.; stRspr“.

[1598] BVerfG, Beschluss des Ersten Senats vom 10.11.2020 – 1 BvR 3214/15 – (Antiterrordateigesetz II / „Data-mining“), Rn. 89, unter Zitierung wie folgt: „vgl. BVerfGE 125, 260 <344 ff.>; 150, 244 <285 Rn. 101>; BVerfG, Urteil des Ersten Senats vom 19. Mai 2020 - 1 BvR 2835/17 -, Rn. 265; Beschluss des Ersten Senats vom 27. Mai 2020 - 1 BvR 1873/13 und 1 BvR 2618/13 -, Rn. 203 – Bestandsdatenauskunft II; stRspr […] vgl. BVerfGE 65, 1 <46>; 150, 244 <285 Rn. 101>“.

erhoben werden dürften[1599], wobei die Tatsache, dass die Zielbehörde einer Datenübermittlung bestimmte Datenerhebungen, zu denen die Ausgangsbehörde berechtigt ist, ihrerseits wegen ihres Aufgabenspektrums nicht vornehmen darf, einem Datenaustausch nicht prinzipiell entgegensteht, und wobei Zweckänderungsvoraussetzungen mit denen einer Datenerhebung hinsichtlich des erforderlichen Konkretisierungsgrades der Gefahrenlage oder des Tatverdachts nicht in jedem Fall identisch sein müssen, jedenfalls soweit Informationen nicht durch Wohnraumüberwachung oder den Zugriff auf informationstechnische Systeme erlangt wurden.[1600]

„Das in die datenrechtliche **Angemessenheitsprüfung** zur **Verhältnismäßigkeit im engeren Sinne** einzustellende Eingriffsgewicht wird vor allem durch Art, Umfang und denkbare Verwendung der Daten sowie die Gefahr ihres Missbrauchs bestimmt, wobei unter anderem bedeutsam ist:

- die Anzahl der grundrechtseingriffsbetroffenen Grundrechtsträger;
- die individuelle Grundrechtseingriffsintensität bei den einzelnen Grundrechtsträgern;
- die weiteren Grundrechtseingriffsvoraussetzungen, insbesondere ob die betroffenen Grundrechtsträger für den Grundrechtseingriff einen Anlass gegeben haben.

Das Eingriffsgewicht / die Eingriffsintensität der individuellen Beeinträchtigung bestimmt sich insbesondere nach Umständen wie folgt:

- Datenzuordenbarkeit oder Datenanonymisierung der betroffenen Person, vgl. § 46 BDSG (Pseudonymisierung), § 36 Nr. 5 DSG NRW (Pseudonymisierung), § 36 Nr. 6 DSG NRW (Anonymisierung);
- Datenart der verarbeiteten personenbezogenen Daten, vgl. auch § 46 Nr. 11-14 BDSG, § 36 Nr. 13-15, 18 DSG NRW;
- Datenverarbeitungsnachteile für Grundrechtsträger, entweder objektiv drohend oder von den Grundrechtsträgern nicht ohne Grund befürchtet;
- Datenverarbeitungsoffenheit oder Datenverarbeitungsverdecktheit/Datenverarbeitungsheimlichkeit einer staatlichen Eingriffsmaßnahme;
- Datenverarbeitungsrechtsschutz – faktisch vorheriger Rechtsschutz oder faktische Verwehrung vorherigen Rechtsschutzes sowie Förderung oder Erschwerung nachträglichen Rechtsschutzes, wenn er überhaupt zu erlangen ist.[1601]

Das Eingriffsgewicht bzw. die Eingriffsintensität ist bei gemeinsamer Datenverarbeitung mit einer Verbunddatei der Polizeibehörden und Nachrichtendienste ohnehin und bei einer dabei erweiterten Datenverarbeitung] (Data-mining) weiter erhöht[1602], womit Regelungen, die den Datenaustausch zwischen Polizeibehörden und Nachrichtendiensten ermöglichen, den

[1599] BVerfG, Urteil des Ersten Senats vom 19.05.2020 – 1 BvR 2835/17 – (Ausland-Ausland-Fernmeldeaufklärung nach BNDG), E. III. 3., Rn. 216.

[1600] BVerfG, Beschluss des Ersten Senats vom 10.11.2020 – 1 BvR 3214/15 – (Antiterrordateigesetz II / „Data-mining"), Rn. 100.

[1601] BVerfG, Beschluss des Ersten Senats vom 10.11.2020 – 1 BvR 3214/15 – (Antiterrordateigesetz II / „Data-mining"), Rn. 96, m.w.N.

[1602] BVerfG, Beschluss des Ersten Senats vom 10.11.2020 – 1 BvR 3214/15 – (Antiterrordateigesetz II / „Data-mining"), Rn. Ls. 2, das entscheidungsgegenständliche „Data-mining" bzw. die entscheidungsgegenständliche „erweiterte projektbezogene Datennutzung [Datenverarbeitung]" wird erläutert insbesondere in Rn. 8-15, 73, 74.

besonderen verfassungsrechtlichen Anforderungen der hypothetischen Datenneuerhebung genügen müssen („informationelles Trennungsprinzip“[1603]).[1604]

Für die Angemessenheit der Datenverarbeitungsmaßnahme ist auch die Abwägung der betroffenen Datensphären mitentscheidend: Datenverarbeitungsangemessenheit ist insbesondere desto eher gegeben bei einer Datenverarbeitung, je mehr diese zum Schutz oder zur Sachverhaltserforschung für gewichtige Rechte und Rechtsgüter wie zum Beispiel aus Art. 2 Abs. 2 S. 1 GG, Art. 2 Abs. 2 GG, Art. 8 GG, Art. 14 Abs. 1 S. 1 Alt. 1 GG, Art. 20 Abs. 3 GG erfolgt und desto eher bei einer Datenverarbeitung in einer Sphäre des allgemeinen Persönlichkeitsrechts aus Art. 2 Abs. 1 i.V.m. Art. 1 Abs. 1 GG, je eher diese Datenverarbeitung in der **Öffentlichkeitssphäre** (Bereich bewusster eigener Zuwendung zur Öffentlichkeit bis hin zum Status als Person des öffentlichen Lebens) erfolgt, also je weiter diese weg ist von der Intimsphäre bzw. dem **Kernbereich privater Lebensgestaltung**[1605] oder zumindest je weiter diese weg ist von der **Privatsphäre** (Privatleben, insbesondere häuslicher Bereich, Familie) oder von der **Sozialsphäre** (Sozial- und Wirtschaftsleben, insbesondere im Zusammenhang mit Beruf, Ehrenamt, wirtschaftliche Tätigkeiten).[1606]

Der Kernbereich privater Lebensgestaltung ist eine Sphäre menschlicher Persönlichkeit und insoweit in der Fallbearbeitung[1607] zu berücksichtigen. Persönlichkeitssphären wiederum haben in Wechselwirkung mit der menschlichen Umwelt Grundrechtsrelevanz[1608], auch in Verhältnismäßigkeitsbeurteilungen. Gerade im Datenverarbeitungsrecht rekurriert die Gesetzgebung auf allen Rechtsgebieten verstärkt auf insbesondere von Rechtslehre und Rechtsprechung

---

[1603] Zur Trennung von Behörden wie Polizei und Nachrichtendiensten einschließlich dem informationellen Trennungsprinzip: *Basten*, Eingriffsrecht der Polizei in Nordrhein-Westfalen, Band 1, S. 120-124, mit vielen weiteren Nachweisen.

[1604] BVerfG, Beschluss des Ersten Senats vom 10.11.2020 – 1 BvR 3214/15 – (Antiterrordateigesetz II / „Data-mining“), Ls. 1.

[1605] Zum **Kernbereich privater Lebensgestaltung** ausführlich: *Basten*, Eingriffsrecht der Polizei in Nordrhein-Westfalen, Band 2, Buch 2, Abschnitte 3, 4, 5, 6, 7, 8, dort jeweils insbesondere bei B. II. (Verfahren) und C. I. (Tatbestandsvoraussetzungen).

Vgl. auch Nr. 15c.51 VVPolG NRW und Nr. 16 VVPolG NRW; vgl. Bundestags-Drucksache 13/9660, S. 4; BVerfGE 109, 279, 313 f., 319, 324 (akustische Wohnraumüberwachung/„Großer Lauschangriff“) = BVerfG, Urteil des Ersten Senats vom 03.03.2004 - 1 BvR 2378/98; vgl. auch BVerfGE 6, 32, 41; 6, 389, 433; 27, 1, 6 ff.; 32, 373, 379; 80, 367, 376 ff.; 101, 361, 382 ff.; 141, 220, Ls. 1. a), Rn. 120-126.

[1606] BVerfGE 80, 367, 374 (Tagebuch) = BVerfG, Beschluss des Zweiten Senats vom 14.09.1989 – 2 BvR 1062/87 –, Rn. 26: „Schon die Berührung mit der Persönlichkeitssphäre eines anderen Menschen verleiht einer Handlung oder Information eine soziale Bedeutung, die sie rechtlicher Regelung zugänglich macht. Gleichwohl können aber Vorgänge, die sich in Kommunikation mit anderen vollziehen, hoheitlichem Eingriff schlechthin entzogen sein. Der Mensch als Person, auch im Kern seiner Persönlichkeit, existiert notwendig in sozialen Bezügen. Die Zuordnung eines Sachverhalts zum unantastbaren Bereich privater Lebensgestaltung oder zu jenem Bereich des privaten Lebens, der unter bestimmten Voraussetzungen dem staatlichen Zugriff offen steht, hängt daher nicht davon ab, ob eine soziale Bedeutung oder Beziehung überhaupt besteht, sondern welcher Art und wie intensiv sie ist. Dies läßt sich nicht abstrakt beschreiben; es kann befriedigend nur unter Berücksichtigung der Besonderheiten des einzelnen Falls beantwortet werden (vgl. BVerfGE 34, 238 [248]).“.

[1607] Zum **Fall-Begriff** siehe grundlegend: *Basten*, Eingriffsrecht der Polizei in Nordrhein-Westfalen, Band 1, S. 140 f.

[1608] Zu möglichen Konstellationen im **Eingriffsrecht** als zugleich Erhaltungsrecht und Ermöglichungsrecht einschließlich zweipoligen Rechtsverhältnissen und mehrpoligen Rechtsverhältnissen (Multipolarität und Multifunktionalität) siehe: *Basten*, Eingriffsrecht der Polizei in Nordrhein-Westfalen, Band 1, S. 82-84.

entwickelte Verhältnismäßigkeitsterminologie zur Wortlautfassung der Rechtsgrundlagen, vgl. nur zum Beispiel §§ 9, 22a Abs. 1 PolG NRW, §§ 483, 484 StPO, vgl. auch letztlich die Grundsätze der Zweckbindung und Zweckänderung, die selbst auf spezielle Art den zur Verhältnismäßigkeitssubsumtion zwingend zu Beginn stehenden (legitimen) Zweck nutzend verarbeiten.

„Der Kernbereich privater Lebensgestaltung beansprucht [jedenfalls] gegenüber allen Überwachungsmaßnahmen Beachtung."[1609] Datenerhebung kann allgemein mit oder ohne besondere Mittel erfolgen und kann in beiden Fällen den Kernbereich privater Lebensgestaltung betreffen, ähnlich wie eine kernbereichsverletzungsgeneigte Befugnis. Selbst wenn es eigener ausdrücklicher Regelungen für Maßnahmen wie die der allgemeinen Datenerhebung nicht bedürfte, sind Grenzen, die sich im Einzelfall auch hier gegenüber einem Zugriff auf höchstpersönliche Informationen ergeben können, bei deren Anwendung unmittelbar von Verfassungs wegen zu beachten.[1610] Aus allem folgt, dass der Kernbereich privater Lebensgestaltung allgemein bei Datenerhebung Beachtung beansprucht, und zwar unmittelbar von Verfassung wegen, ausdrückbar über eine – jedenfalls in Fällen von Datenerhebung außerhalb von ausdrücklichen Normierungen wie §§ 15c, 16 PolG NRW, § 100d StPO analoge – Anwendung etwa von § 16 PolG NRW oder § 100d StPO.

Kernbereich privater Lebensgestaltung ist der höchstpersönliche private Lebensbereich mit der Möglichkeit, innere Vorgänge wie Empfindungen und Gefühle sowie Überlegungen, Ansichten und Erlebnisse höchstpersönlicher Art ohne Angst vor staatlicher Überwachung zum Ausdruck zu bringen; umfasst sind auch Gefühlsäußerungen, Äußerungen des unbewussten Erlebens sowie Ausdrucksformen der Sexualität; wobei das Gegebensein von Daten aus dem Kernbereich privater Lebensgestaltung situationsbedingt und im Einzelfall anhand von Kommunikationsinhalten und -umständen (besonderes Vertrauensverhältnis der kommunizierenden Personen, Ort, erkennbarer Geheimhaltungswille) zu beurteilen ist und Kommunikationsinhalte höchstpersönlicher Art insbesondere sein können:

- Gespräche mit Vertrauenspersonen bzw. engsten Familienangehörigen über existenzielle Fragen (z. B. Todesangst, Suizidgedanken), über schwere physische oder psychische Erkrankungen sowie über privateste familiäre Angelegenheiten (z. B. Abtreibung, Enterbung) sowie die Äußerung tief empfundener Emotionen;
- verbale und nonverbale Äußerungen des Intimlebens (intensive Liebesbezeugungen und Ausdrucksformen der Sexualität);
- vertrauliche Gespräche mit Berufsgeheimnisträgern, wobei grundsätzlich allen Berufsgeheimnisträgern gleicher Schutz zukommt, vgl. insoweit auch § 16 Abs. 5 PolG NRW, § 160a StPO.

Gespräche mit engsten Vertrauten, die Angaben über polizeilich abzuwehrende Gefahren enthalten, gehören schon ihrem Inhalt nach grundsätzlich nicht zu dem unantastbaren Kernbereich privater Lebensgestaltung, und führen daher nicht zur Unterbrechung, denn hinreichender Sozialbezug zur Öffentlichkeitssphäre besteht jedenfalls bei Äußerungen, die sich unmittelbar auf eine konkrete Gefahr beziehen, insbesondere wenn die kommunizierenden Personen für die Gefahren verantwortlich sind.[1611]

[1609] BVerfGE 141, 220, 277 (BKAG) = BVerfG, Urteil des Ersten Senats vom 20.04.2016 – 1 BvR 966/09 –, C. IV. 3. b), Rn. 123.

[1610] BVerfGE 141, 220, 277 f. (BKAG) = BVerfG, Urteil des Ersten Senats vom 20.04.2016 – 1 BvR 966/09 –, C. IV. 3. b), Rn. 123.

[1611] Zum **Kernbereich privater Lebensgestaltung**: vgl. Nr. 16 VVPolG NRW; vgl. auch § 15c Abs. 5, 6, 8 PolG NRW und Nr. 15c.5 VVPolG NRW; § 100d StPO; vgl. Bundestags-Drucksache 13/9660, S. 4; BVerfGE 109, 279, 313 f., 319, 324 (akustische Wohnraumüberwachung/„Großer Lauschangriff") =

Der Kernbereich privater Lebensgestaltung steht teilweise ausdrücklich[1612] im Gesetz, und ist dort auch i.d.R. für verschiedene (Datenverarbeitungsverfahrens-)Stufen einschließlich Kernbereichsrelevanzprüfung und Dokumentation normiert, insbesondere bezüglich Datenverarbeitungsmaßnahmen wie Datenerhebung, Datenspeicherung, Datenlöschung, zum Beispiel in folgenden Rechtsnormen:

- § 16 PolG NRW[1613]
- § 15c Abs. 5 PolG NRW
- § 18 Abs. 3, 4 PolG NRW
- § 20c Abs. 8 PolG NRW

BVerfG, Urteil des Ersten Senats vom 03.03.2004 – 1 BvR 2378/98; vgl. auch BVerfGE 6, 32, 41; 6, 389, 433; 27, 1, 6 ff.; 32, 373, 379; 80, 367, 376 ff.; 101, 361, 382 ff.; 141, 220, Ls. 1. a), Rn. 120-126; BVerfG, Urteil des Ersten Senats vom 19.05.2020 – 1 BvR 2835/17 (Ausland-Ausland-Fernmeldeaufklärung nach BNDG), Rn. 199-207; BVerfGE 141, 220, 276-278 (BKAG) = BVerfG, Urteil des Ersten Senats vom 20.04.2016 – 1 BvR 966/09 –, C. IV. 3. a) b), Rn. 121-123: „Zur Entfaltung der Persönlichkeit im **Kernbereich privater Lebensgestaltung** gehört die Möglichkeit, innere Vorgänge wie Empfindungen und Gefühle sowie Überlegungen, Ansichten und Erlebnisse höchstpersönlicher Art zum Ausdruck zu bringen (vgl. BVerfGE 109, 279 <313>; 120, 274 <335>; stRspr). Geschützt ist insbesondere die nichtöffentliche Kommunikation mit Personen des höchstpersönlichen Vertrauens, die in der berechtigten Annahme geführt wird, nicht überwacht zu werden, wie es insbesondere bei Gesprächen im Bereich der Wohnung der Fall ist. Zu diesen Personen gehören insbesondere Ehe- oder Lebenspartner, Geschwister und Verwandte in gerader Linie, vor allem, wenn sie im selben Haushalt leben, und können Strafverteidiger, Ärzte, Geistliche und enge persönliche Freunde zählen (vgl. BVerfGE 109, 279 <321 ff.>). Dieser Kreis deckt sich nur teilweise mit dem der Zeugnisverweigerungsberechtigten. Solche Gespräche verlieren dabei nicht schon dadurch ihren Charakter als insgesamt höchstpersönlich, dass sich in ihnen Höchstpersönliches und Alltägliches vermischen (vgl. BVerfGE 109, 279 <330>; 113, 348 <391 f.>). Demgegenüber ist die Kommunikation unmittelbar über Straftaten nicht geschützt, selbst wenn sie auch Höchstpersönliches zum Gegenstand hat. Die Besprechung und Planung von Straftaten gehört ihrem Inhalt nach nicht zum Kernbereich privater Lebensgestaltung, sondern hat Sozialbezug (vgl. BVerfGE 80, 367 <375>; 109, 279 <319 f., 328>; 113, 348 <391>). Dies bedeutet freilich nicht, dass der Kernbereich unter einem allgemeinen Abwägungsvorbehalt in Bezug auf öffentliche Sicherheitsinteressen steht. Ein höchstpersönliches Gespräch fällt nicht schon dadurch aus dem Kernbereich privater Lebensgestaltung heraus, dass es für die Aufklärung von Straftaten oder Gefahren hilfreiche Aufschlüsse geben kann. Aufzeichnungen oder Äußerungen im Zwiegespräch, die zum Beispiel ausschließlich innere Eindrücke und Gefühle wiedergeben und keine Hinweise auf konkrete Straftaten enthalten, gewinnen nicht schon dadurch einen Gemeinschaftsbezug, dass sie Ursachen oder Beweggründe eines strafbaren Verhaltens freizulegen vermögen (vgl. BVerfGE 109, 279 <319>). Auch können trotz Straftatenbezugs Situationen, in denen Einzelnen gerade ermöglicht werden soll, ein Fehlverhalten einzugestehen oder sich auf dessen Folgen einzurichten, wie Beichtgespräche oder vertrauliche Gespräche mit einem Psychotherapeuten oder einem Strafverteidiger, der höchstpersönlichen Privatsphäre unterfallen, die dem Staat absolut entzogen ist (vgl. BVerfGE 109, 279 <322>). Ein hinreichender Sozialbezug besteht demgegenüber dann, wenn Gespräche - auch mit Vertrauenspersonen - sonst unmittelbar Straftaten zu ihrem Gegenstand haben (vgl. BVerfGE 109, 279 <319>). Der Kernbereich privater Lebensgestaltung beansprucht gegenüber allen Überwachungsmaßnahmen Beachtung. Können sie typischerweise zur Erhebung kernbereichsrelevanter Daten führen, muss der Gesetzgeber Regelungen schaffen, die einen wirksamen Schutz normenklar gewährleisten (vgl. BVerfGE 109, 279 <318 f.>; 113, 348 <390 f.>; 120, 274 <335 ff.>). Außerhalb solch verletzungsgeneigter Befugnisse bedarf es eigener Regelungen nicht. Grenzen, die sich im Einzelfall auch hier gegenüber einem Zugriff auf höchstpersönliche Informationen ergeben können, sind bei deren Anwendung unmittelbar von Verfassungs wegen zu beachten.“.

[1612] Zu Ausdrücklichem und Sichergebendem siehe: *Basten*, Eingriffsrecht der Polizei in Nordrhein-Westfalen, Band 1, S. 46, 152.

[1613] Vgl. Nr. 16 VVPolG NRW.

- § 34c Abs. 3 PolG NRW
- § 48 Abs. 3a S. 2-6 AufenthG
- § 100d StPO, vgl. auch § 100f Abs. 4 StPO, § 100h Abs. 4 StPO, § 110a Abs. 1 S. 5 StPO, § 163f Abs. 2 S. 1 StPO.

3. Weitere Allgemeine(re) Grundsätze der Datenverarbeitung

Im Falle nicht speziellerer Normierung kann auf die allgemeinsten Datenverarbeitungsrechtsnormen zurückgegriffen werden, so auf Rechtsnormen aus BDSG, DSG NRW, VO (EU) 2016/279 [DSGVO], RL (EU) 2016/680 [JI-Datenrichtlinie] – wie etwa § 47 BDSG/§ 37 DSG NRW/Art. 5 VO (EU) 2016/279 [DSGVO]/Art. 4 RL (EU) 2016/680 [JI-Datenrichtlinie].

Danach müssen personenbezogene Daten

1. auf rechtmäßige Weise und nach Treu und Glauben verarbeitet werden,

2. für festgelegte, eindeutige und rechtmäßige Zwecke erhoben und nicht in einer mit diesen Zwecken nicht zu vereinbarenden Weise verarbeitet werden,

3. dem Verarbeitungszweck entsprechen, für das Erreichen des Verarbeitungszwecks erforderlich sein und ihre Verarbeitung darf nicht außer Verhältnis zu diesem Zweck stehen,

4. sachlich richtig und erforderlichenfalls auf dem neuesten Stand sein; dabei sind alle angemessenen Maßnahmen zu treffen, damit personenbezogene Daten, die im Hinblick auf die Zwecke ihrer Verarbeitung unrichtig sind, unverzüglich gelöscht oder berichtigt werden,

5. nicht länger als es für die Zwecke, für die sie verarbeitet werden, erforderlich ist, in einer Form gespeichert werden, die die Identifizierung der betroffenen Personen ermöglicht, und

6. in einer Weise verarbeitet werden, die eine angemessene Sicherheit der personenbezogenen Daten gewährleistet; hierzu gehört auch ein durch geeignete technische und organisatorische Maßnahmen zu gewährleistender Schutz vor unbefugter oder unrechtmäßiger Verarbeitung, unbeabsichtigtem Verlust, unbeabsichtigter Zerstörung oder unbeabsichtigter Schädigung.

ABSCHNITT 2: INTERNATIONALE POLIZEILICHE ZUSAMMENARBEIT

A. Rechtsgrundlage (RGL) I. Grundrechte (GR)

(VOR/DEF)

Grundrechte sind grundlegende Rechte aus Art. 1-19 GG i.V.m. dem Rechtsstaatsprinzip, Art. 20 Abs. 3 GG, mit Vorrang und Vorbehalt des Gesetzes.[1614]

(SUB/ERG)

Grundrechte können alternativ oder kumulativ fall- und maßnahmenabhängig – wie bei allen einzelnen Maßnahmen dargestellt – grundsätzlich auch im Zusammenhang mit internationaler polizeilicher Zusammenarbeit gegeben sein.

„Mit der Präambel, Art. 1 Abs. 2, Art. 9 Abs. 2, Art. 16 Abs. 2, Art. 23 bis 26 und Art. 59 Abs. 2 GG bindet das Grundgesetz die Bundesrepublik umfassend in die internationale Gemeinschaft ein und hat es die deutsche öffentliche Gewalt programmatisch auf **internationale Zusammenarbeit** ausgerichtet [...]. Dies gilt auch für **die Gewährleistung der Sicherheit**. Das Bundesverfassungsgericht hat hervorgehoben, dass eine möglichst effektive Zusammenarbeit mit den Sicherheitsbehörden anderer Staaten hierfür von besonderer Bedeutung sein kann. Ein funktionierender Informationsaustausch kann im Interesse des verfassungsrechtlich gebotenen Schutzes der Menschen eine Übermittlung von im Inland erhobenen Erkenntnissen voraussetzen und im Gegenzug auf Unterrichtungen durch ausländische Stellen angewiesen sein [...].“[1615]

„Die **Bindung der deutschen Staatsgewalt an die Grundrechte** nach Art. 1 Abs. 3 GG ist nicht auf das deutsche Staatsgebiet begrenzt. Der Schutz der einzelnen Grundrechte kann sich im Inland und Ausland unterscheiden. Jedenfalls der Schutz des Art. 10 Abs. 1 und des Art. 5 Abs. 1 Satz 2 GG als Abwehrrechte gegenüber einer Telekommunikationsüberwachung erstreckt sich auch auf Ausländer im Ausland.“[1616]

„Nach Art. 1 Abs. 3 GG binden die Grundrechte Gesetzgebung, vollziehende Gewalt und Rechtsprechung als unmittelbar geltendes Recht. Eine Beschränkung auf das Staatsgebiet enthält die Vorschrift nicht.[1617]

„Die **Grundrechtsbindung der deutschen Staatsgewalt** beschränkt sich dabei auch im Ausland nicht auf eine bloß objektivrechtliche Verpflichtung [...]. Sie korrespondiert vielmehr mit einer Grundrechtsberechtigung derjenigen, die durch die jeweiligen Grundrechtsgarantien als geschützte Grundrechtsträger ausgewiesen sind. Eine Grundrechtsbindung zugunsten individueller Grundrechtsträger, der dann aber keinerlei subjektivrechtliche Entsprechung

[1614] Zu **Grundrechten**: *Basten*, Eingriffsrecht der Polizei in Nordrhein-Westfalen, Band 1, Buch 1, Abschnitt 2, Unterabschnitt 3. Zum **Rechtsstaatsprinzip** mit unter anderem sogenanntem Vorrang des Gesetzes und Vorbehalt des Gesetzes: *Basten*, Eingriffsrecht der Polizei in Nordrhein-Westfalen, Band 1, S. 95-108.

[1615] BVerfG, Urteil des Ersten Senats vom 19.05.2020 – 1 BvR 2835/17 – (Ausland-Ausland-Fernmeldeaufklärung nach BNDG), E. IV. 1. a), Rn. 246, unter Zitierung wie folgt: „vgl. BVerfGE 141, 220 <341 f. Rn. 325> m.w.N.“, und: „vgl. BVerfGE 141, 220 <268 Rn. 102>“.

[1616] BVerfG, Urteil des Ersten Senats vom 19.05.2020 – 1 BvR 2835/17 – (Ausland-Ausland-Fernmeldeaufklärung nach BNDG), Ls. 1.

[1617] BVerfG, Urteil des Ersten Senats vom 19.05.2020 – 1 BvR 2835/17 – (Ausland-Ausland-Fernmeldeaufklärung nach BNDG), Rn. 89.

gegenübersteht, sieht das Grundgesetz nicht vor. Die **Grundrechtsbindung der deutschen Staatsgewalt auch bei einem Handeln gegenüber Ausländern im Ausland** entspricht zugleich der **Einbindung der Bundesrepublik in die internationale Staatengemeinschaft**." [...] Demgegenüber gewährleistet die Anknüpfung der Grundrechtsbindung an den Staat als politisch legitimiertes und rückgebundenes Handlungssubjekt, dass der Grundrechtsschutz auch einer internationalen Ausweitung staatlicher Aktivitäten folgt."[1618]

„Der **Grundrechtsbindung der deutschen Staatsgewalt** im Ausland steht auch nicht entgegen, dass hier eine Abgrenzung zu anderen Staaten und Rechtsordnungen oder eine Abstimmung mit diesen erforderlich wäre, wie es das Bundesverfassungsgericht als – einzigen – möglichen Grund für einen Ausschluss der Bindung an Art. 10 GG bei Auslandssachverhalten erwogen und offengelassen hatte (vgl. BVerfGE 100, 313 <362 ff.>). Die Bindung an die deutschen Grundrechte begründet nur eine Verantwortlichkeit und Verantwortung deutscher Staatsorgane. Sie flankiert allein autonome politische Entscheidungen der Bundesrepublik Deutschland und begrenzt ausschließlich eigene Handlungsspielräume. Entsprechend wirken die Grundrechte als Abwehrrechte auch im Ausland nur gegenüber der deutschen Staatsgewalt und laufen damit parallel zu den durch das völkerrechtliche Interventionsverbot begründeten Beschränkungen. In der Grundrechtsbindung liegt damit weder ein Verstoß gegen das völkerrechtliche Interventionsverbot, noch beschränkt sie die Handlungs- oder Rechtsetzungsmacht anderer Staaten. Sie bewirkt weder einen Oktroi eigenen Rechts noch eine Verdrängung ausländischer Grundrechte. Insbesondere erweitert die Grundrechtsbindung nicht **staatliche Befugnisse im Ausland**, sondern beschränkt nur potentiell von der deutschen Staatsgewalt in Anspruch genommene Handlungsmöglichkeiten. Dementsprechend wirkt die Geltung der Grundrechte (hier des Art. 10 Abs. 1 GG) nicht auf die **Rechtsordnung anderer Staaten** ein und entfalten auch hieran anknüpfende Eingriffsermächtigungen für Überwachungsmaßnahmen für deren interne Rechtsordnung keine normative Wirkung. Aus der **Geltung der Grundrechte** und dem Gesetzesvorbehalt folgen lediglich, dass für deutsche Stellen entsprechende Rechtsgrundlagen geschaffen werden müssen, sofern Überwachungsmaßnahmen auch auf **Ausländer im Ausland** bezogen werden sollen. Ob und wieweit solche **Befugnisse** tatsächlich geschaffen werden und von ihnen Gebrauch gemacht wird, ist damit nicht vorgegeben. Insoweit ist auch über die **Rechtfertigung von Einzelmaßnahmen** aufgrund solcher Befugnisse hinsichtlich ihrer Außenwirkung gegenüber dem jeweiligen Zielstaat nichts gesagt."[1619]

„Die umfassende **Bindung der deutschen Staatsgewalt an die Grundrechte** lässt unberührt, dass sich die aus den Grundrechten konkret folgenden Schutzwirkungen danach unterscheiden können, unter welchen Umständen sie zur Anwendung kommen. Das gilt – wie schon für die verschiedenen Wirkungsdimensionen der Grundrechte im Inland – auch für die Reichweite ihrer Schutzwirkung im Ausland. So mögen schon hinsichtlich des **persönlichen und sachlichen Schutzbereichs** einzelne Gewährleistungen im Inland und Ausland in unterschiedlichem Umfang Geltung beanspruchen (unten Rn. 196). Ebenso kann zwischen verschiedenen Grundrechtsdimensionen, etwa der Wirkung der Grundrechte als Abwehrrechte, als Leistungsrechte, als verfassungsrechtliche Wertentscheidungen oder als Grundlage von Schutzpflichten zu unterscheiden sein.[1620] Soweit die Grundrechte auf Konkretisierungen des Gesetzgebers

[1618] BVerfG, Urteil des Ersten Senats vom 19.05.2020 – 1 BvR 2835/17 – (Ausland-Ausland-Fernmeldeaufklärung nach BNDG), Rn. 92 f.

[1619] BVerfG, Urteil des Ersten Senats vom 19.05.2020 – 1 BvR 2835/17 – (Ausland-Ausland-Fernmeldeaufklärung nach BNDG), Rn. 100-102.

[1620] Zu Grundrechtsstatus, Grundrechtsdimensionen, Grundrechtswirkungen siehe: *Basten*, Eingriffsrecht der Polizei in Nordrhein-Westfalen, Band 1, S. 78-84.

angewiesen sind, kann auch insoweit den besonderen Bedingungen im Ausland Rechnung zu tragen sein (vgl. BVerfGE 92, 26 <41 ff.>; dazu auch BVerfGE 100, 313 <363>). Erst recht ist der **Einbindung staatlichen Handelns in ein ausländisches Umfeld** bei der Bestimmung von Anforderungen an die Rechtfertigung von Grundrechtseingriffen – insbesondere im Rahmen der Verhältnismäßigkeit – Rechnung zu tragen."[1621]

A. Rechtsgrundlage (RGL) II. Rechtsgebiet (RG)

(VOR/DEF)

Rechtsgebiet ist Rechtsordnungsteil nach allen Umständen – wie schwerpunktmäßige Äußerungen, Rechtsnormen, Zwecke, auch i.V.m. §§ 133, 157 BGB analog.[1622]

(SUB/ERG)

Rechtsgebiete können alternativ oder kumulativ fall- und maßnahmenabhängig – wie bei allen einzelnen Maßnahmen dargestellt – grundsätzlich auch im Zusammenhang mit internationaler polizeilicher Zusammenarbeit das Rechtsgebiet der Gefahrenabwehr oder das Rechtsgebiet der Strafrechtspflege sein.

Grundlegende rechtsgebietsübergreifende wie rechtsgebietsbestimmende allgemeine Rechtsnormen für das Recht der internationalen Zusammenarbeit sind insbesondere solche des Europarechts bzw. des Recht der Europäischen Union[1623] **(Europarecht-/EU-Rechtsnormen)**, etwa wie folgt:

- Art. 79 Abs. 3 GG
- Art. 23 GG
- Art. 59 Abs. 2 GG
- Gesetz über die Zusammenarbeit von Bund und Ländern in Angelegenheiten der Europäischen Union (EUZBLG)
- Gesetz über die Zusammenarbeit von Bundesregierung und Deutschem Bundestag in Angelegenheiten der Europäischen Union (EUZBBG)
- Gesetz über die Wahrnehmung der Integrationsverantwortung des Bundestages und des Bundesrates in Angelegenheiten der Europäischen Union (Integrationsverantwortungsgesetz – IntVG)
- Art. 5 EUV
- Art. 4 Abs. 3 EUV
- Art. 3 Abs. 2 EUV
- Art. 288 AEUV.

[1621] BVerfG, Urteil des Ersten Senats vom 19.05.2020 – 1 BvR 2835/17 – (Ausland-Ausland-Fernmeldeaufklärung nach BNDG), Rn. 104.

[1622] Zum Rechtsgebiet bzw. zu Rechtsgebieten einschließlich Rechtsgebiet-Begriffen und Rechtsgebiet-Auslegungsansätzen: *Basten*, Eingriffsrecht der Polizei in Nordrhein-Westfalen, Band 1, Buch 1, Abschnitt 3, Unterabschnitt 3, Titel 3, Untertitel 3.

[1623] Zum auch internationalen Recht für Europa siehe insbesondere: *Basten*, Eingriffsrecht der Polizei in Nordrhein-Westfalen, Band 3, Buch 4, Abschnitt 1, Unterabschnitt 1.

Grundlegende polizeispezifische Rechtsnormen für das Europarecht als Recht der Europäischen Union (**Europarecht-/EU-Rechtsnormen**) sind insbesondere diejenigen aus den Kapiteln 1-5 des Titels V (Art. 67-89) des Dritten Teils (Art. 26-197) des AEUV. Der Dritte Teil (Art. 26-197) des AEUV hat die Überschrift: „Die **internen Politiken und Maßnahmen der Union**". Titel V (Art. 67-89) des AEUV hat die Überschrift: „Der **Raum der Freiheit, der Sicherheit und des Rechts**" und hat folgende 5 Kapitel, nämlich folgende:

- Kapitel 1 Allgemeine Bestimmungen (Art. 67-89 AEUV)
- Kapitel 3 Justizielle Zusammenarbeit in Zivilsachen (Art. 81 AEUV)
- Kapitel 4 Justizielle Zusammenarbeit in Strafsachen (Art. 82-86 AEUV)
- Kapitel 5 Polizeiliche Zusammenarbeit (Art. 87-89 AEUV).

A. Rechtsgrundlage (RGL) III. Mögliche Befugnisrechtsnorm (Mgl. Brn.)

(VOR/DEF)

Befugnisrechtsnorm ist die rechtmäßige hauptsächliche materiell-rechtliche Rechtsgrundlage mit realfolgenentsprechender Rechtsfolge.

(SUB/ERG)

Realfolge ist die jeweilige Realfolge laut Sachverhalt.

Rechtsfolge ist die jeweilige Maßnahme aus der jeweiligen Befugnisrechtsnorm.

Die Befugnisrechtsnormsystematik geht nach Rechtsnormspezialitätsregel[1624], wonach zunächst je nach Rechtsfolge speziellere Befugnisrechtsnormen in Betracht kommen können, und danach, soweit nicht verdrängt, allgemeinere Befugnisrechtsnormen.

Befugnisrechtsnormen oder unmittelbarer befugnisrechtsnormrelevante Rechtsgrundlagen[1625] mit *ausdrücklichem* internationalem Bezug oder Europarechtsbezug bzw. EU-Rechtsbezug **(Europa-/EU-Befugnisrechtsnormen)** sind insbesondere:

Befugnisrechtsnormen auf dem Rechtsgebiet der Gefahrenabwehr	Befugnisrechtsnormen auf dem Rechtsgebiet der Strafrechtspflege
PolG NRW	StPO
• § 28 (i.V.m. § 26, ggf. §§ 22a-24a, § 33a) PolG NRW: Datenübermittlung im	• § 483 StPO: Datenverarbeitung für Zwecke des Strafverfahrens auch für die internationale Rechtshilfe in Strafsachen

[1624] Zur **Rechtsnormspezialitätsregel** siehe auch: *Basten*, Eingriffsrecht der Polizei in Nordrhein-Westfalen, Band 1, S. 39, 41, 161, 167.

[1625] Zum umfassenden, andere Rechtsnormarten einbegreifenden Begriff der Rechtsgrundlage und zu weiteren spezielleren Rechtsnormarten mit ihren unterschiedlichen Funktionen für alle Rechtmäßigkeitsvoraussetzungen im für das Eingriffsrecht definitorischen Sinne siehe: *Basten*, Eingriffsrecht der Polizei in Nordrhein-Westfalen, Band 1, Buch 1, Unterabschnitt 3, Titel 2, Untertitel 2, 3. Berühmtestes Beispiel für Rechtsgrundlage ist die Befugnisrechtsnorm als (u.a.) „hauptsächliche Rechtsgrundlage", aber eben nicht alleinige.

Bereich der EU und deren Mitgliedstaaten

- § 29 (i.V.m. § 26, ggf. §§ 22a-24a, § 33a) PolG NRW: Datenübermittlung im internationalen Bereich

Weitere Rechtsnormen:

- Art. 39-47 SDÜ
- SISIIG i.V.m. Beschluss 2007/533/JI
- Verordnungen, Richtlinien, Beschlüsse, Empfehlungen, Stellungnahmen i.S.v. Art. 288 AEUV – vgl. z.B.
  - Beschluss 2008/615/JI
  - VO (EU) 2016/399 (Schengener Grenzkodex)
- Verträge i.S.v. Art. 59 Abs. 2 GG
- Art. 73 AEUV: Formen der Zusammenarbeit und Koordinierung (vgl. z.B. „Polizeiverträge"[1626] mit dortigen Befugnisrechtsnormen)

- § 487 StPO (auch i.V.m. §§ 479 Abs. 1, 2 und 483-485 StPO): Übermittlung gespeicherter Daten; Auskunft
- § 488 StPO (i.V.m. § 487 Abs. 1 StPO): automatisierte Verfahren für Datenübermittlung

IRG

- § 1 IRG: Anwendungsbereich; strafrechtliche Angelegenheiten
- §§ 2-12 IRG: Auslieferungszulässigkeit / auslieferungsfähige Straftat (vgl. z.B. Art. 40 Abs. 1 S. 1 SDÜ, Art. 41 Abs. 4b SDÜ)
- § 59 IRG: Zulässigkeit der (sonstigen) Rechtshilfe
- § 73 IRG: Grenzen der Rechtshilfe
- §§ 2-41 IRG: Auslieferung
- § 19 IRG: Vorläufige Festnahme bei Vorliegen der Voraussetzungen eines Auslieferungshaftbefehls
- § 39 IRG: Beschlagnahme und Durchsuchung
- §§ 43-47 IRG: Durchlieferung
- §§ 48-58 IRG: Vollstreckungshilfe
- §§ 59-57a IRG: Sonstige Rechtshilfe (insbesondere Beweismittelgewinnung)
- § 61b IRG: Gemeinsame Ermittlungsgruppen (vgl. auch § 93 IRG)
- § 67 IRG: Beschlagnahme und Durchsuchung
- §§ 78-83j IRG: Auslieferungs- und Durchführungsverkehr mit EU-Mitgliedstaaten – „Europäischer Haftbefehl"[1627] (Umsetzung u.a. von

[1626] Polizeivertragsbeispiele:

- Abkommen vom zwischen der Regierung der Bundesrepublik Deutschland und der Regierung des Königreichs Belgien über die Zusammenarbeit der Polizeibehörden und der Zollverwaltungen in den Grenzgebieten (DEU-BEL-PV / DEU-BEL-Grenzgebietsabkommen) – vom 27.03.2000, Inkrafttreten am 23.10.2002 (BGBl. 2002 II 1532; BGBl. 2002 II 2536).
- Vertrag zwischen der Bundesrepublik Deutschland und dem Königreich der Niederlande über die grenzüberschreitende Zusammenarbeit und die Zusammenarbeit in strafrechtlichen Angelegenheiten (DEU-NLD-PV) – vom 02.03.2005, Inkrafttreten am 01.09.2006 (BGBl. 2006 II 194; BGBl. 2006 II 1285).

[1627]Zum **Europäischen Haftbefehl** (EuHB) siehe auch:

BVerfG, Beschluss der 2. Kammer des Zweiten Senats vom 28.09.2020 – 2 BvR 1435/20 –, Rn. 4: „Das Analogieverbot des Art. 104 Abs. 1 Satz 1 GG (vgl. BVerfGE 29, 183 <196>; 83, 24 <31 f.>;

BVerfGK 11, 208 <213>) steht der Annahme der Fachgerichte, § 131 Abs. 1 StPO bilde in Verbindung mit § 162 StPO und § 77 Abs. 1 IRG in europarechtskonformer Auslegung eine ausreichende **Rechtsgrundlage für die Ausstellung eines Europäischen Haftbefehls**, nicht entgegen. § 131 Abs. 1 StPO erlaubt den zuständigen Behörden die Ausschreibung eines Beschuldigten zur Festnahme, wenn gegen den Beschuldigten ein Haft- oder Unterbringungsbefehl besteht. Der Europäische Haftbefehl entspricht dieser Zielrichtung, denn ausweislich Art. 1 Abs. 1 des Rahmenbeschlusses 2002/584/JI des Rates vom 13. Juni 2002 über den Europäischen Haftbefehl und die Übergabeverfahren zwischen den Mitgliedstaaten (ABl EU Nr. L 190 vom 18. Juli 2002, S. 1) in der durch den Rahmenbeschluss 2009/299/JI des Rates vom 26. Februar 2009 (ABl EU Nr. L 81 vom 27. März 2009, S. 24) geänderten Fassung (im Folgenden: RbEuHb) handelt es sich bei dem **Europäischen Haftbefehl** um eine justizielle Entscheidung, die in einem Mitgliedstaat ergangen ist und die Festnahme und Übergabe einer gesuchten Person durch einen anderen Mitgliedstaat zur Strafverfolgung oder zur Vollstreckung einer Freiheitsstrafe oder einer freiheitsentziehenden Maßregel der Sicherung bezweckt. Die Einordnung des Europäischen Haftbefehls als besondere Art der Ausschreibung zur Festnahme ergibt sich überdies aus Art. 9 Abs. 3 Satz 2 RbEuHb, der die Ausschreibung eines Beschuldigten zur Festnahme im Schengener Informationssystem unter bestimmten Voraussetzungen dem Europäischen Haftbefehl ausdrücklich gleichstellt.“.

EuGH, Urteil des Gerichtshofs (Dritte Kammer) vom 13.01.2021 – Rechtssache C-414/20 PPU, Rn. 57 und Rechtserkenntnis 2: „Art. 8 Abs. 1 Buchst. c des Rahmenbeschlusses 2002/854 in der durch den Rahmenbeschluss 2009/299 geänderten Fassung ist dahin auszulegen, dass ein **Europäischer Haftbefehl** als ungültig anzusehen ist, wenn er nicht auf einem ‚[nationalen] Haftbefehl oder eine[r] andere[n] vollstreckbare[n] justizielle[n] Entscheidung mit gleicher Rechtswirkung‘ im Sinne dieser Bestimmung beruht. Dieser Begriff bezieht sich auf nationale Maßnahmen, die von einer Justizbehörde zur Suche und Festnahme einer strafrechtlich verfolgten Person mit dem Ziel erlassen werden, um sie zwecks Vornahme strafverfahrensrechtlicher Handlungen einem Richter vorzuführen. Es ist Sache des vorlegenden Gerichts, zu prüfen, ob ein nationaler Rechtsakt zur Heranziehung als Beschuldigter wie der, auf dem der im Ausgangsverfahren in Rede stehende Europäische Haftbefehl beruht, solche Rechtswirkungen erzeugt.“.

EuGH, Urteil des Gerichtshofs (Vierte Kammer) vom 17.12.2020 – Rechtssache C-416/20 PPU, Rn. 40: „Wie der Gerichtshof bereits entschieden hat, hat der Unionsgesetzgeber damit eine Lösung gewählt, die darin besteht, abschließend die Fälle vorzusehen, in denen die Vollstreckung eines Europäischen Haftbefehls, der zur Vollstreckung einer in Abwesenheit ergangenen Entscheidung erlassen wurde, nicht als Beeinträchtigung der Verteidigungsrechte anzusehen ist (vgl. in diesem Sinne Urteil vom 26. Februar 2013, Melloni, C-399/11, EU:C:2013:107, Rn. 44).“, Rn. 47: „Die Berufung auf die Bestimmungen einer Richtlinie, um die Vollstreckung eines Europäischen Haftbefehls zu verhindern, würde es nämlich ermöglichen, das durch den **Rahmenbeschluss 2002/584, in dem die Gründe für die Ablehnung der Vollstreckung abschließend aufgezählt werden**, geschaffene System zu umgehen.“.

BVerfG, Beschluss des Zweiten Senats vom 01.12.2020 – 2 BvR 1845/18 , Rn. 35 f.: „Das Verfahren der Überstellung im Anwendungsbereich des Rahmenbeschlusses über den **Europäischen Haftbefehl** ist vollständig unionsrechtlich determiniert (vgl. BVerfGE 140, 317 <343 Rn. 52>; 147, 364 <382 Rn. 46>). Bei der Anwendung unionsrechtlich vollständig vereinheitlichter Regelungen sind grundsätzlich nicht die deutschen Grundrechte, sondern die Unionsgrundrechte maßgeblich (vgl. BVerfGE 152, 216 <233 ff. Rn. 42 ff.>). Die Nichtanwendung der deutschen Grundrechte als unmittelbarer Kontrollmaßstab beruht auf der Anerkennung des Anwendungsvorrangs des Unionsrechts und lässt die Geltung der Grundrechte des Grundgesetzes als solche unberührt. Gegenstand der Verfassungsbeschwerden ist jeweils die Kontrolle einer Entscheidung eines deutschen Fachgerichts daraufhin, ob es bei der ihm obliegenden Anwendung des Unionsrechts den hierbei zu beachtenden Anforderungen der Grundrechtecharta Genüge getan hat. In solchen Fällen kann sich das Bundesverfassungsgericht nicht aus der Grundrechtsprüfung zurückziehen. Vielmehr gehört es zu seinen Aufgaben, Grundrechtsschutz am Maßstab der Unionsgrundrechte zu gewährleisten. Deshalb kontrolliert das Bundesverfassungsgericht, soweit die Grundrechte des Grundgesetzes im konkreten Fall durch den Anwendungsvorrang des Unionsrechts verdrängt werden, dessen Anwendung durch deutsche Behörden und Gerichte am Maßstab

Rahmenbeschluss 2002/584/JI durch deutsches, IRG-integriertes EuHbG), z.B. auch mit besonderer Bestimmung zur Vernehmung in § 83e IRG (mit Anwesenheitsrecht von Vertretern des ersuchenden Mitgliedstaates).

- §§ 84-90z IRG: Vollstreckungshilfeverkehr mit den Mitgliedstaaten der Europäischen Union
- §§ 91-96 IRG: Sonstiger Rechtshilfeverkehr mit den Mitgliedstaaten der Europäischen Union, (u.a. Europäische Ermittlungsanordnung[1628], §§ 91a-91j

---

der Unionsgrundrechte (vgl. BVerfGE 152, 216 <236 Rn. 50 und 237 Rn. 52>).", Rn. 66: „Da bei Überstellungen auf der Grundlage des Rahmenbeschlusses über den **Europäischen Haftbefehl** die **Grundsätze des gegenseitigen Vertrauens und der gegenseitigen Anerkennung** gelten, müssen die Haftbedingungen im ersuchenden Staat von deutschen Gerichten nicht stets umfassend aufgeklärt und gewürdigt werden.", Rn. 67: „Der **Grundsatz des gegenseitigen Vertrauens** kann so lange Geltung beanspruchen, wie er nicht durch entgegenstehende Tatsachen erschüttert wird (vgl. BVerfGE 109, 13 <35 f.>; 109, 38 <61>; 140, 317 <349 Rn. 67 f. und 351 Rn. 73 f.>). Ausnahmen sind nur in besonders gelagerten Fällen gerechtfertigt (vgl. BVerfGE 60, 348 <355 f.>; 63, 197 <206>; 109, 13 <33>; 109, 38 <59>; 140, 317 <349 Rn. 68>). Davon ist auszugehen, wenn begründete Anhaltspunkte dafür vorliegen, dass im Falle einer Auslieferung beziehungsweise einer Überstellung die unverzichtbaren Anforderungen an den Schutz der Menschenwürde nicht eingehalten würden (vgl. BVerfGE 108, 129 <138>; 140, 317 <351 Rn. 74>).".

EuGH, Urteil des Gerichtshofs (Große Kammer) vom 27.05.2019 – Rechtssachen C-508/18 und C-82/19 PPU –, Rn. 47: „Nach Art. 6 Abs. 1 des Rahmenbeschlusses ist **ausstellende Justizbehörde** die Justizbehörde des Ausstellungsmitgliedstaats, die nach dem Recht dieses Staates für die Ausstellung eines Europäischen Haftbefehls zuständig ist.", Rn. 50: „Insoweit ist erstens darauf hinzuweisen, dass der Gerichtshof bereits entschieden hat, dass sich der in dieser Bestimmung verwendete Begriff ‚**Justizbehörde**' nicht allein auf die Richter oder Gerichte eines Mitgliedstaats beschränkt, sondern so zu verstehen ist, dass er darüber hinaus die Behörden erfasst, die in diesem Mitgliedstaat an der Strafrechtspflege mitwirken, im Unterschied insbesondere zu Ministerien oder Polizeibehörden, die zur Exekutive gehören (vgl. in diesem Sinne Urteile vom 10. November 2016, Poltorak, C-452/16 PPU, EU:C:2016:858, Rn. 33 und 35, sowie vom 10. November 2016, Kovalkovas, C-477/16 PPU, EU:C:2016:861, Rn. 34 und 36).", Rn. 58: „Die Ausstellung eines Europäischen Haftbefehls kann nach Art. 1 Abs. 1 des Rahmenbeschlusses zwei verschiedene Gegenstände haben. Er kann entweder zur Strafverfolgung im Ausstellungsmitgliedstaat oder zur Vollstreckung einer Freiheitsstrafe oder einer freiheitsentziehenden Maßregel der Sicherung in diesem Staat ausgestellt werden (vgl. in diesem Sinne Urteil vom 21. Oktober 2010, B., C-306/09, EU:C:2010:626, Rn. 49).", Rechtserkenntnis 2: „Der Begriff ‚**ausstellende Justizbehörde**' im Sinne von Art. 6 Abs. 1 des Rahmenbeschlusses 2002/584/JI des Rates vom 13. Juni 2002 über den Europäischen Haftbefehl und die Übergabeverfahren zwischen den Mitgliedstaaten in der durch den Rahmenbeschluss 2009/299/JI des Rates vom 26. Februar 2009 geänderten Fassung ist dahin auszulegen, dass darunter nicht die Staatsanwaltschaften eines Mitgliedstaats fallen, die der Gefahr ausgesetzt sind, im Rahmen des Erlasses einer Entscheidung über die Ausstellung eines Europäischen Haftbefehls unmittelbar oder mittelbar Anordnungen oder Einzelweisungen seitens der Exekutive, etwa eines Justizministers, unterworfen zu werden.".

[1628] Zur **Europäischen Ermittlungsanordnung** (EEA) siehe auch:

Art. 1 Abs. 1 RL 2014/41/EU: „Eine **Europäische Ermittlungsanordnung** (im Folgenden ‚EEA') ist eine gerichtliche Entscheidung, die von einer Justizbehörde eines Mitgliedstaats (‚**Anordnungsstaat**') zur Durchführung einer oder mehrerer spezifischer Ermittlungsmaßnahme(n) in einem anderen Mitgliedstaat

IRG (RL 2014/41/EU v. 03.04.2014, umgesetzt mit dem 4. Gesetz zur Änderung des IRG v. 05.01.2017, BGBl. 2017 I Nr. 2, S. 31)

- §§ 92, 92a IRG: Übermittlung von Informationen einschließlich personenbezogener Daten an Mitgliedstaaten der EU
- § 92b IRG: Verwendung von nach dem Rahmenbeschluss 2006/960/JI übermittelten Informationen einschließlich personenbezogener Daten
- § 92c IRG: Datenübermittlung ohne Ersuchen
- § 92d IRG: Örtliche Zuständigkeit für Ersuchen um Telekommunikationsüberwachung ohne technische Hilfe; Verordnungsermächtigung
- § 93 IRG: Gemeinsame Ermittlungsgruppen (vgl. auch § 61b IRG)
- § 94 IRG: Ersuchen um Sicherstellung, Beschlagnahme und Durchsuchung
- § 95 IRG: Sicherungsunterlagen – Vorlage von

(‚**Vollstreckungsstaat**') zur Erlangung von Beweisen gemäß dieser Richtlinie erlassen oder validiert wird. Die Europäische Ermittlungsanordnung kann auch in Bezug auf die Erlangung von Beweismitteln, die sich bereits im Besitz der zuständigen Behörden des Vollstreckungsstaats befinden, erlassen werden.".

EuGH, Urteil des Gerichtshofs (Große Kammer) vom 08.12.2020 – Rechtssache C-584/19 –, Rechtserkenntnis: „Art. 1 Abs. 1 und Art. 2 Buchst. c der Richtlinie 2014/41/EU des Europäischen Parlaments und des Rates vom 3. April 2014 über die Europäische Ermittlungsanordnung in Strafsachen sind dahin auszulegen, dass unter die Begriffe ‚**Justizbehörde**' und ‚**Anordnungsbehörde**' im Sinne dieser Bestimmungen der **Staatsanwalt eines Mitgliedstaats oder ganz allgemein die Staatsanwaltschaft eines Mitgliedstaats** fällt, unabhängig davon, ob zwischen diesem Staatsanwalt oder dieser Staatsanwaltschaft und der Exekutive dieses Mitgliedstaats möglicherweise ein rechtliches Unterordnungsverhältnis besteht und dieser Staatsanwalt oder diese Staatsanwaltschaft der Gefahr ausgesetzt ist, im Rahmen des Erlasses einer Europäischen Ermittlungsanordnung unmittelbar oder mittelbar Anordnungen oder Einzelweisungen seitens der Exekutive unterworfen zu werden.", Rn. 52-55: „Soweit also nach dem nationalen Recht der Staatsanwalt eines Mitgliedstaats oder ganz allgemein die Staatsanwaltschaft dieses Mitgliedstaats dafür zuständig ist, Ermittlungsmaßnahmen zur Erlangung von Beweisen in einer bestimmten Rechtssache anzuordnen, fällt dieser bzw. diese unter den Begriff ‚**Anordnungsbehörde**' im Sinne von Art. 2 Buchst. c Ziff. i der Richtlinie 2014/41. Aus dem Wortlaut von Art. 2 Buchst. c Ziff. ii dieser Richtlinie folgt auch, dass der Staatsanwalt zu den ‚**Justizbehörden**' zählt, die befugt sind, eine Europäische Ermittlungsanordnung vor ihrer Übermittlung an die Vollstreckungsbehörde zu validieren, wenn eine andere Anordnungsbehörde als eine der in Ziff. i dieser Bestimmung angeführten diese Ermittlungsanordnung erlassen hat. Weder Ziff. i noch Ziff. ii dieses Art. 2 Buchst. c machen die Einstufung des Staatsanwalts als ‚**Anordnungsbehörde**' oder ‚**Justizbehörde**' im Sinne der Richtlinie 2014/41 davon abhängig, dass kein rechtliches Unterordnungsverhältnis zur **Exekutive** des Mitgliedstaats, dem er angehört, besteht. Aus Art. 1 Abs. 1 in Verbindung mit Art. 2 Buchst. c Ziff. i und ii der Richtlinie 2014/41 geht auch hervor, dass durch den Erlass oder die Validierung einer Europäischen Ermittlungsanordnung durch einen **Staatsanwalt diese Entscheidung als gerichtliche Entscheidung** einzustufen ist.".

Sicherstellungsentscheidungsbescheinigung für Zulässigkeit von Sicherstellung

- § 96 IRG: Grundsätzliche Pflicht zur Bewilligung von Sicherstellungsmaßnahmen
- §§ 97a-97c IRG: Schutz personenbezogener Daten im Rechtshilfeverkehr innerhalb der Europäischen Union und mit den Schengen-assoziierten Staaten

Weitere:

- Art. 39-47 SDÜ
- SISIIG i.V.m. Beschluss 2007/533/JI
- Verordnungen, Richtlinien, Beschlüsse, Empfehlungen, Stellungnahmen i.S.v. Art. 288 AEUV – vgl. z.B.
    - Beschluss 2008/615/JI
    - VO (EU) 2016/399 (Schengener Grenzkodex)
- Verträge i.S.v. Art. 59 Abs. 2 GG
- Art. 73 AEUV: Formen der Zusammenarbeit und Koordinierung (vgl. z.B. „Polizeiverträge“[1629] mit dortigen Befugnisrechtsnormen)

[1629] Polizeivertragsbeispiele:

- Abkommen vom zwischen der Regierung der Bundesrepublik Deutschland und der Regierung des Königreichs Belgien über die Zusammenarbeit der Polizeibehörden und der Zollverwaltungen in den Grenzgebieten (DEU-BEL-PV / DEU-BEL-Grenzgebietsabkommen) – vom 27.03.2000, Inkrafttreten am 23.10.2002 (BGBl. 2002 II 1532; BGBl. 2002 II 2536).
- Vertrag zwischen der Bundesrepublik Deutschland und dem Königreich der Niederlande über die grenzüberschreitende Zusammenarbeit und die Zusammenarbeit in strafrechtlichen Angelegenheiten (DEU-NLD-PV) – vom 02.03.2005, Inkrafttreten am 01.09.2006 (BGBl. 2006 II 194; BGBl. 2006 II 1285).

B./C. Formelle Rechtmäßigkeit (FR) I. Zuständigkeit (Z); weitere Rechtmäßigkeitsvoraussetzungen

(VOR/DEF)

Zuständigkeit ist Aufgabenwahrnehmungserlaubnis für den Rechtsfolgesetzer.

(SUB/ERG)

Zusätzlich zu den dargestellten, geltenden Zuständigkeiten je nach Fall und Maßnahme können fall- und maßnahmenabhängig speziellere Zuständigkeitsrechtsnormen für internationale polizeiliche Zusammenarbeit insbesondere folgende sein:

- Zuständigkeitsrechtsnormen aus Polizeiverträgen[1630];
- § 8 Abs. 3 PolG NRW, für Amtshandlungen von Polizeivollzugsbeamtinnen und Polizeivollzugsbeamten außerhalb Nordrhein-Westfalens
- § 9 Abs. 4 POG NRW: Amtshandlungen von Polizeivollzugsbeamtinnen und Polizeivollzugsbeamten anderer Länder und des Bundes, Zollbediensteten in den Vollzugsbereichen der Zollverwaltung des Bundes sowie von Angehörigen des Polizeidienstes anderer Staaten in Nordrhein-Westfalen;
- § 3 BKAG: Internationale Zusammenarbeit; vgl. auch Nr. 6, 123, 124 RiVASt;
- § 74 IRG (Zuständigkeit des Bundes); vgl. auch:
  - Vereinbarung zwischen der Bundesregierung und den Landesregierungen über die Zuständigkeit im Rechtshilfeverkehr mit dem Ausland in strafrechtlichen Angelegenheiten (Zuständigkeitsvereinbarung);
  - Gemeinsamer Runderlass des Justizministeriums - 9350 - III. 19 -, des Ministeriums für Inneres und Kommunales - 424 - 57.01.48 - und des Finanzministeriums - S 1320 - 5 - V B 5/ S 770 - 4 - V A 1 - vom 16. Dezember 2016 - JMBl. NRW S. 16 (GRdE-RHSt) „Ausübung der Befugnisse im Rechtshilfeverkehr mit dem Ausland in strafrechtlichen Angelegenheiten, Berichtspflichten und die Zusammenarbeit im Europäischen Justiziellen Netz sowie mit transnationalen Verbindungsstellen"

Die weiteren Rechtmäßigkeitsvoraussetzungen ergeben sich fall- und rechtsfolgenabhängig gemäß anzuwendender nationaler oder internationaler Rechtsnorm, insbesondere der jeweiligen speziell anwendbaren Befugnisrechtsnorm, auch aus Spezialrechtsnormen (z.B. EU-Rechtsakte i.S.v. Art. 288 AEUV, IRG, Polizeiverträge), mit jeweils realfolgenentsprechender Rechtsfolge sowie gemäß weiteren Rechtsgrundlagen für die Maßnahmen-Rechtsfolge im konkreten Fall – alles wiederum fallweise bearbeitbar mit der insgesamt dargestellten eingriffsrechtlichen Systematik in der Rechtsordnung.

[1630] Polizeivertragsbeispiele:

- Abkommen vom zwischen der Regierung der Bundesrepublik Deutschland und der Regierung des Königreichs Belgien über die Zusammenarbeit der Polizeibehörden und der Zollverwaltungen in den Grenzgebieten (DEU-BEL-PV / DEU-BEL-Grenzgebietsabkommen) – vom 27.03.2000, Inkrafttreten am 23.10.2002 (BGBl. 2002 II 1532; BGBl. 2002 II 2536).
- Vertrag zwischen der Bundesrepublik Deutschland und dem Königreich der Niederlande über die grenzüberschreitende Zusammenarbeit und die Zusammenarbeit in strafrechtlichen Angelegenheiten (DEU-NLD-PV) – vom 02.03.2005, Inkrafttreten am 01.09.2006 (BGBl. 2006 II 194; BGBl. 2006 II 1285).

SACHWORTREGISTER

A

abdrängende Sonderzuweisung 312
Abgeordnetenimmunität 258, 288
Abgeordnetenindemnität 258, 288
Abgeordneten-Schriftstückebeschlagnahmeverbot. 258, 288, 420, 423, 428
Abgeordneten-Zeugnisverweigerungsrecht 258, 288, 420, 423, 428
Abgleich 541
Abgleich von Gesicht und Lichtbild 708
Abgrenzung von Freiheitsentziehung und sonstiger Freiheitsbeschränkung 726, 825, 826
Abschiebung 113, 167, 186, 633, 699, 700, 711, 721, 724, 727, 739, 740
Abschiebungsandrohung 700, 727
Abschiebungsanordnung ... 113, 167, 186, 700, 712, 724, 727, 739, 741, 744
Abschiebungsaussetzung 753
Abschiebungsaussetzungsbescheinigungsaushändigungs verlangen 697
Abschiebungsdurchführung 700, 727, 745, 749
Abschiebungshaft662, 699, 700, 723, 724, 726, 727, 729
Abschiebungshaft als Sicherungshaft durch vorläufige Ingewahrsamnahme 725
Abschiebungshaftantrag 735
Abschiebungshaftvollzug 662, 663
Abschiebungsnichtdurchführbarkeit 753
Abschiebungsnichtvollziehbarkeit 753
Abschiebungsverbot 744, 753
Abschiebungsverbote 754
Abschleppanlässe 188, 194
Abschleppanrufversuch 188, 189, 195
Abschleppen 86, 139, 143, 144, 146, 159, 180, 187, 193, 231
Abschleppermessen 188, 195
Abschlepperreichbarkeitsrisiko 189, 195
Abschleppgebühren 181
Abschleppgrundabhilfe 188, 195
Abschleppgrundverfügung.. 180
Abschleppnachforschungsversuch.................... 189, 195
Abschleppniederschriftdokumentation 188, 195
Abschlepprävention 188, 194
Abschleppunternehmerkosten 181
Abschleppverhältnismäßigkeit 188, 189, 194, 195
Abschleppvollstreckbarkeit................................ 187, 194
Abschleppwartezeit 188, 194
Abschöpfung 244
Absehenkönnen 23, 94, 102, 158, 163, 171, 350, 548, 677, 704, 737, 875, 917
absolute Fahruntüchtigkeit... 789
absoluter Richtervorbehalt 730
Abstammung.............................421, 424, 428, 461, 575
Abstammungsprinzip 605
Abstammungsuntersuchung......375, 376, 415, 416, 419, 458, 460, 495, 496, 539, 540, 572, 573
Abstammungsuntersuchung durch Arzt nach den Regeln der ärztlichen Kunst 430
Abwägungslehre 467, 504
Abwehr einer Gefahr 62
Acquis communautaire 616, 617
additiver Grundrechtseingriff 967
ADIMZ 726, 825, 826
Adressierung ..32, 71, 119, 121, 223, 225, 290, 324, 354, 393, 436, 476, 517, 552, 587, 681, 713, 751, 795, 879
ähnliche Maßnahme 315
Akt mit Dauerwirkung 67, 263
Akte 947
Akten 946
Akteneinsicht................................... 954, 956, 960, 961
Aktensammlungen 946
akustische Überwachung 964
akustische Wohnraumüberwachung 958
Alarmschuss 87, 123, 156, 160, 209, 227
Alleinerziehende 735
allgemeine Gesetze 240, 945
Allgemeine Handlungsfreiheit. 15, 48, 78, 128, 240, 654, 764, 813, 850, 902
Allgemeine Verhaltensfreiheit 15, 48, 78, 128, 240, 654, 764, 813, 850, 902
allgemeines Diskriminierungsverbot 653
allgemeines EU-Diskriminierungsverbot 653
Allgemeines Persönlichkeitsgrundrecht 41, 301, 334, 364, 404, 449, 485, 526, 561, 626, 640, 667, 688, 804, 892, 932
allgemeines Persönlichkeitsrecht.. 10, 41, 42, 43, 44, 46, 47, 301, 302, 303, 304, 306, 307, 334, 335, 336, 337, 339, 340, 364, 365, 366, 367, 369, 370, 404, 405, 406, 407, 409, 410, 449, 450, 451, 452, 454, 455, 456, 485, 486, 487, 488, 490, 491, 526, 527, 528, 529, 531, 532, 561, 562, 563, 564, 566, 567, 568, 626, 627, 628, 629, 631, 632, 667, 668, 669, 670, 672, 673, 688, 689, 690, 691, 693, 694, 804, 805, 806, 807, 809, 810, 892, 893, 894, 895, 897, 898, 899, 900, 932, 933, 934, 935, 937, 938, 942, 943
Allgemeinheitsgefährdung 284
Alter 461, 475, 481
Alterungewissheit.. 601, 751
am Körper 436
Amorces 923
Amt 463, 468, 499, 506, 543, 546, 577, 581
amtlich verwahrte Schriftstücke 287
amtlicher Gewahrsam 217, 218
Amtsgericht ..55, 149, 464, 500, 503, 544, 578, 730, 954, 961
Amtsgerichte in Strafsachen gegen Erwachsene, in Jugendstrafsachen, in Bußgeldverfahren und Abschiebungshaftsachen 730
Amtshandlungen von Polizeivollzugsbeamtinnen und Polizeivollzugsbeamten anderer Länder und des Bundes 992
Amtshandlungen von Polizeivollzugsbeamtinnen und Polizeivollzugsbeamten außerhalb Nordrhein-Westfalens 992
Amtshilfe 703
Amtsträger 463, 468, 499, 506, 543, 546, 577, 581
Analogie.. 318, 349
Analogieverbot 987
Anamnese.. 387, 400, 431, 445
Anbieten 21
andere Person..436

andere Rechtsvorschriften 206, 207, 348
andere Straftat 215, 216
anderer Ort 207
Androhung 81, 90, 142, 156, 159, 221
Androhung polizeieigener Behörde 159
Androhung polizeifremder Behörde 159
Androhungs- und Grundverfügungs-Zusammenhang 85, 137
Androhungsabsehen 84, 137
Androhungsabsehenkönnen 155, 156, 158, 159
Androhungs-Angabe voraussichtlicher Ersatzvornahmekosten 100, 169
Androhungsbestimmtheit 87, 123, 156, 159, 227
Androhungsbezug auf bestimmte Zwangsmittel .. 98, 99, 167
Androhungsfehlen 84, 137
Androhungsform 87, 123, 156, 159, 227
Androhungspflicht 155, 156, 158, 159
Androhungsrechtzeitigkeit 94, 163
Androhungsschriftlichkeit 105, 175
Androhungswiederholung 95, 164, 221
Androhungszeiten 94, 163
Androhungszweck 137
Anerkennung, gegenseitige 989
Anerkennungsrichtlinie 598
Anfechtungsklage 97, 112, 166, 184
Angehörige 421, 424, 428
Angehöriger 263, 780
Angelegenheiten der Flüchtlinge und Vertriebenen . 596
angemessene Frist 96, 161, 165
Angemessenheit 37, 75, 126, 231, 297, 331, 360, 399, 444, 481, 522, 557, 592, 686, 720, 759, 798, 977
Angriff auf Polizeivollzugsbeamte oder Dritte 206
Angriffsunfähigkeit 211
Anhalte- und Sichtkontrollen 956
Anhalten 216, 956
Anhaltspunkt 706, 726, 920
Anhaltspunkt im Tatsächlichen 793
Anhaltspunkte 786
Anhörung23, 59, 102, 104, 171, 173, 264, 319, 350, 388, 432, 469, 507, 548, 577, 663, 664, 676, 677, 703, 737, 775, 782, 874, 911, 916, 960
Anhörung von Erziehungsberechtigtem und gesetzlichem Vertreter, Schule, Ausbildendem 823
Anknüpfungstatsachen 437, 462, 468, 499, 506, 543, 546, 577, 581
Ankunftsnachweis 708
Ankunftsnachweisvorlageverlangen 696
Anlasstat 789, 790, 792, 793, 794
Anmeldepflicht 839
Annahme von Einziehungsvoraussetzungen 270
Annahmerechtfertigung 63, 66, 207, 217, 218
Annahmeverweigerung 107, 177
Anonymisierung 977
Anonymität 977
Anonymitätsaufhebung 359
Anordnende am Ort und nicht am Ort des Vollzugs .. 154
Anordnung 154, 745, 749
Anordnung der sofortigen Vollziehbarkeit 112, 118, 174, 185, 199
Anordnungsbehörde 990
Anordnungsstaat 989
Anordnungsunzuständigkeit 728
Anordnungszuständigkeit 542, 576, 728
Anordnungszuständigkeitsgleichrangigkeit zwischen Staatsanwaltschaft und Polizei 382
Anruf
Polizei! 87, 123, 156, 159, 227
Anrufe 52, 54, 969
Ansammlung 837
Anscheinsbeschuldigter 818
Anscheinsbetroffener 818
Anscheinstäter 818
Anscheinsverdächtiger 818
Anscheinswaffen 922, 923, 924
Anschriftbenennungsaufforderung 21
Anspruch auf Strafverfolgung Dritter 885
Anspruchsqualität von Rechtnormen 885
Anstiftung 966
Antrag 101, 170
Antragsstellungsrecht 824
Antragszuständigkeit 542
Antreffensfall 665
Anwenden von Schusswaffe oder Explosivmittel 216
Anwendung oder Mitführung von Schusswaffen oder Explosivmitteln 214
Anwendungsvorrang des Unionsrechts 613
Anwesenheit dritter Personen 378, 418
Anwesenheitsrecht 702, 824
Anwesenheitsrecht von Erziehungsberechtigten und gesetzlichen Vertretern 824
Anzeige 780
Anzeigen 269, 324, 392, 435, 474, 513, 587, 786
Approbation 387, 400, 431, 445
APR-Rechtsprechung ... 41, 301, 334, 364, 404, 449, 485, 526, 561, 626, 667, 688, 804, 892, 932
Arbeit 601, 638, 706, 726
Arbeitnehmerfreizügigkeit 9, 130, 308, 341, 373, 413, 621, 633, 721, 801
Arbeits-, Betriebs- und Geschäftsräume10, 11, 641, 900, 943
Arbeitsbedingungen 14, 638
Arbeitskampf 845
Arbeitsrecht 596
arglistiges Verschweigen 749
Arrest in Vermögen 246, 255, 257, 275
Art und Umstände 284
Aruba 620
Arzt 149, 318, 319, 349, 385, 386, 429, 430, 505, 544, 579, 580, 701, 735
Ärzte 57, 70, 702, 980
ärztliche Kunstregeln 386, 430, 544
ärztliche Stellungnahme 148
Arztvornahme nach Arztkunstregeln 662
Asyl 645, 680
Asylantrag 680, 736, 742, 746, 747, 750, 751
Asylantragstellung 736, 743, 746, 747, 751
Asylberechtigter 597
Asylberechtigung 597
asylerhebliche Merkmale 642, 643
asylerhebliche Strafverfolgung 642, 643
Asylfolgeantragstellung 736, 743, 746, 747, 751
asylgesetzliche Ausschreibung zur Aufenthaltsermittlung 660

asylgesetzliche Identitätsmaßnahmen 659
asylgesetzliche Mitwirkungspflichten 659
asylgesetzliche räumlichen Beschränkung 659
asylgesetzliche Unterlagenverwahrung- und -weitergabe 659
asylgesetzliche Weiterleitung 659
Asylgesuch 680, 736, 742, 746, 747, 751
Asylgrundrecht 642
Asylkompromiss 645
Asylrecht 642, 656
asylrechtliche Kausalzusammenhanglosigkeit 642
Asylrechtliche Schutzzweckabgrenzung 642
asylrechtlicher Grundgedanke 643
asylrechtlicher Kausalzusammenhang 642
Asylrechtsprüfung 643
Atemalkoholtestgeräte 371, 399, 411, 443
Aufbewahrung 247, 348, 769
Aufenthalt 599
Aufenthalt im Bundesgebiet ohne erforderlichen Aufenthaltstitel 712
Aufenthalt, gewöhnlicher 597, 834
Aufenthalts- und Niederlassungsrecht der Ausländer596
Aufenthaltsbeendigung 711
Aufenthaltsberechtigter, langfristig 597
Aufenthaltsberechtigung, langfristig 597
Aufenthaltsdaten 56, 68
Aufenthaltsdokumentenmuster 600
Aufenthaltsduldung 599, 706, 726
Aufenthaltserlaubnis 599
Aufenthaltsfreiheit 130, 603
Aufenthaltsgesetz-Anwendungsbereich 657, 658
Aufenthaltsgesetzeszweck 657
aufenthaltsgesetzliche Ausschreibung 658
aufenthaltsgesetzliche Ausschreibung zur Festnahme 658
aufenthaltsgesetzliche Datenerhebung 659
aufenthaltsgesetzliche Datenübermittlung 659
aufenthaltsgesetzliche Datenverarbeitung 659
aufenthaltsgesetzliche Meldepflichtdurchführung 659
aufenthaltsgesetzliche Sicherheitsleistung 658
aufenthaltsgesetzliche Zuständigkeit der Polizeien der Länder 699, 727
aufenthaltsgesetzlicher Leistungsbescheid 658
Aufenthaltsgesetz-Zuständigkeiten 658
Aufenthaltsgestattung 599, 706, 726
Aufenthaltsgestattungsbescheinigung 708
Aufenthaltsgestattungsvorlageverlangen 696
Aufenthaltskartenvorlageverlangen 696
Aufenthaltsort, gewöhnlicher 730
Aufenthaltsrecht 599, 656, 706, 726
Aufenthaltsrechte, besondere 599
Aufenthaltsrechtmäßigkeitsbeendigung 744
Aufenthaltstitel 599, 706, 726
Aufenthaltstitel bei Asylantrag 600
Aufenthaltstitelaushändigungverlangen 697
Aufenthaltstitel-Ausstellungsform 600
Aufenthaltstitel-Beantragungswirkung 600
Aufenthaltstitel-Erfordernis 600, 707
Aufenthaltstitel-Erfordernisbefreiung 600
Aufenthaltstitelerlöschen 744
Aufenthaltstitel-Erteilungsermessensreduktion 600
Aufenthaltstitel-Fehlen 600
Aufenthaltstitel-Nichterfordernis 707
Aufenthaltstitelvordrucke 600
Aufenthaltstitelwiderruf 744
Aufenthaltszwecke 599
Auffangrechtserwerb 245
Auffordern zu Gewalt- oder Willkürmaßnahmen 863
Aufgaben der Jugendhilfe 822
aufgefundenes, sichergestelltes oder beschlagnahmtes Material 475
Aufgriff 700, 727
Aufgriffsfall 665
Aufhalten 820
Aufhebung der Beschlagnahme einer periodisch erscheinenden Schrift oder einer zu deren Herstellung gebrauchten oder bestimmten Vorrichtung 263
Aufklärung 464, 466, 500, 502, 503, 545, 578
Aufklärungspflicht 386, 400, 431, 444, 749
Auflagen 816, 906, 908
Auflösung 839
Aufnahmeeinrichtungen 733
Aufnahmeverfahren 712
Aufnahmezusage 712
aufschiebende Wirkung97, 112, 113, 118, 166, 174, 184, 185, 199
Aufstacheln zum Hass 863
Auftragsverarbeiter 54, 469, 507, 547, 581, 968, 969
Aufzeichnung der Vernehmung in Bild- und Ton 828
Aufzeichnung des gesprochenen Wortes auf Ton- oder Datenträger 662, 663, 675, 712
Aufzeichnung des gesprochenen Wortes des Ausländers auf Ton- oder Datenträger 699
Aufzug 862
Augenfarbe 461, 475, 481
Augenscheinsobjekt 88, 140
aus der Tat 272, 790, 792, 793
Ausbildende 823
Ausbildung 14, 599, 639
ausbrechender Rechtsakt 611
Ausbürgerung 597, 834
Ausdrücklichkeit 216
Ausführung 745, 749
Ausführungszuständigkeit 542, 576, 729
Ausgangspunkt im Tatsächlichen 793
Aushändigung 107, 177
Auskunfts- und Vorzeigepflicht 908
Auskunftsersuchen 960
Auskunftsverlangen 698, 960
Auskunftsverlangen-Inkenntnissetzung 662
Ausländer ... 597, 602, 603, 605, 607, 681, 714, 751, 833
Ausländer im Ausland 984
Ausländerbehördenunterstützungspflicht gegenüber Polizei 701, 728
Ausländer-Fernbleiben 747
Ausländerrecht 656
ausländerrechtliche Mitwirkungspflicht 749
Ausländerrechtsgegenstände 596
Ausländerrechts-Prüfungsgegenstände 596, 706, 726
Ausländerrechtsvollzugsbetraute 707
Ausländerstatus 597, 706, 726
Ausländerwahlrecht 603
ausländische Fahrerlaubnis 771

ausländische Personen über 65 Jahre........................ 735
ausländischer EU-Führerschein 770
Auslandsstaatsstatus 597
Auslandsstatus 597, 706, 726
Auslandsvertretungsvorführung........ 700, 727, 745, 749
Auslegung 146, 947
Auslegung und Anwendung der Verträge.................. 615
Auslesen biometrischer Daten 708
Auslesen des elektronischen Dokumenten-Speicher- und Verarbeitungsmediums 675, 698
Auslesen gespeicherter biometrischer und sonstiger Daten 696, 711
Auslieferung 987
Auslieferungs- und Durchführungsverkehr mit EU-Mitgliedstaaten 987
auslieferungsfähige Straftat.. 987
Auslieferungshaft.. 726
Auslieferungszulässigkeit 987
Ausnahmegenehmigung 906
Ausreise 723, 753
Ausreisefreiheit.... 9, 16, 49, 79, 129, 241, 655, 765, 814, 902
Ausreisefrist 748
Ausreisegewahrsam...663, 699, 700, 723, 725, 727, 729, 747
Ausreisehindernisse 753
Ausreisehinderung 753
Ausreisepflicht ...113, 167, 186, 598, 634, 706, 711, 722, 726, 744
Aussagezwang.. 88, 140
ausschließliche Gesetzgebungszuständigkeit 17
Ausschreibung 959, 961, 966
Ausschreibung eines Ausländers 725
Ausschreibung nach Aufenthaltsgesetz 658
Ausschreibung zur Aufenthaltsermittlung nach Asylgesetz 660
Ausschreibung zur Festnahme................................... 731
Ausschreibung zur Festnahme nach Aufenthaltsgesetz 658
Außengrenzen... 606
äußere Merkmale 481
Äußeres... 481
außereuropäische Länder und Hoheitsgebiete 597, 617, 618
äußerungsrechtliche Ausprägungen des allgemeinen Persönlichkeitsrechts......43, 303, 336, 366, 406, 451, 487, 528, 563, 628, 669, 690, 806, 894, 934
äußerungsrechtliche Schutzdimensionen... 43, 303, 336, 366, 406, 451, 487, 528, 563, 628, 669, 690, 806, 894, 934
ausstellende Justizbehörde.. 989
Austauschmittel.............35, 73, 124, 228, 357, 555, 885
Auswahl des Adressaten der versammlungsrechtlichen Verfügung 883
Auswahlermessen............................. 34, 124, 228, 885
Auswahlermessen:... 73
Auswanderung 596
Auswärtiges Handeln 624
Ausweiseinbehaltung........................ 700, 727, 745, 749
Ausweiseinsichtnahme 207
Ausweisersatzaushändigungsverlangen 697
Ausweisersatzvorlageverlangen 696
Ausweismaßnahmen 696
Ausweispflicht 153, 598
Ausweispflichten 908
Ausweisungsinteresse 712
Ausweisvorlageanordnung................ 700, 727, 745, 749
Ausweiswesen 596
automatisierte Datenverarbeitung 57
Azoren 620

B

Bannmeilengesetze 864
Bargeldsumme größerer Zahl.................................... 286
BDSG-Anwendungsbereich 951
Beamte des Polizeidienstes316, 317, 380, 382, 422, 425, 499, 576, 577, 774
Beamtentum 463, 468, 499, 506, 543, 546, 577, 581
Beantragung richterlicher Entscheidung........... 117, 198
Beauftragung...................................... 467, 505, 546, 580
Bedenkenvorbringen 154
bedeutende Schutzgüter 205
bedeutender Schaden 789
Bedürfnis 903, 925
Beendigung des Aufenthalts 711
Befahren mit Fahrzeugen................................... 901, 944
Befassung des zuständigen Ermittlungs- oder Eilrichters 150, 260, 383, 426, 465, 501, 777
Befragung...371, 378, 411, 418, 457, 492, 533, 569, 696, 956
Befreitwerden 206
Befristungsentscheidung.................................... 700, 728
Befugnis zum Betreten einer Wohnung11, 641, 901, 944
Befugnisrechtsnorm.17, 50, 82, 134, 243, 311, 344, 374, 414, 458, 495, 538, 572, 657, 675, 696, 723, 767, 816, 852, 905, 947, 953, 956, 986
Befugnisrechtsnorm- und Rechtsgrundlage-Unterscheidung............ 371, 411, 457, 492, 534, 569
Befugnisse 984
Befundtatsachen 437, 462, 468, 499, 506, 543, 546, 577, 581
Begehen 220
begrenzte Einzelermächtigung.................. 611, 613, 614
begründete Annahme 269, 513, 514
begründete Annahme von Einziehungsvoraussetzungen 270
Begründung....25, 60, 103, 172, 351, 549, 678, 705, 738, 874, 876, 918
Begründung einer Vollziehungsanordnung113, 118, 174, 186, 200
Behinderung 122, 226
Behörde............. 463, 468, 499, 506, 543, 546, 577, 581
Behörden und Beamte des Polizeidienstes316, 317, 380, 382, 422, 425, 499, 576, 577, 774
Behördenaktenbeschlagnahme 288
Behördenleitererlaubnis 108, 178
Behördenleitung 53
Behördenschriftstückebeschlagnahme 288
Beinahetreffer 455, 567, 575
Beistand 267, 322, 390, 472, 510, 584, 784
Beistandleisten und ärztliche Hilfe............................ 154
Beistandschaft............ 267, 322, 390, 472, 510, 584, 784

Beitragen zur Tatmittelverwendung oder Tatobjektbestimmung 284, 285
Beitreibung 139, 202
Bekanntgabe des Zurückweisungsziels 661
Bekanntgabe eines schriftlichen oder elektronischen Dokuments in bestimmter Form 106, 176
Bekenntnis 651, 845
Bekenntnisfreiheit 648
Belehrung... 152, 262, 267, 318, 322, 348, 385, 391, 427, 429, 466, 472, 503, 505, 510, 545, 578, 579, 585, 663, 780, 784, 827
Belehrung zur notwendigen Verteidigung 266, 321, 390, 471, 509, 584, 784, 825
Belehrung zur Pflichtverteidigerbestellung 266, 321, 390, 471, 509, 584, 784, 825
Belehrungen... 827
Belehrungspflicht.............................. 377, 378, 417, 418
Benachrichtigung 735, 953, 956, 969
Benachteiligungs- und Bevorzugungsverbot 652
Beobachtung... 956
Beobachtungs- und Feststellungsberichte................ 947
Beratung 21
berechtigtes Interesse 319, 385, 430, 505, 580
Berechtigungsscheineprüfung 956
Bereich höchstpersönlicher Privatheit gegenüber Überwachung . 45, 305, 338, 368, 408, 453, 489, 530, 565, 630, 671, 692, 808, 896, 936
Bereitschaftspolizei.. 854
Beruf 14, 601, 638
Berufsausübung 14, 639
Berufseinschränkung 14
Berufsfreiheit 14, 638
Berufsgeheimnisträger 56, 69, 979
Berufsgeheimnisträger-Kommunikation..... 43, 303, 336, 366, 406, 451, 487, 528, 563, 628, 669, 690, 806, 894, 900, 934, 943
Berufsgrundrecht 14, 638
berufsregelnde Tendenz 15, 639
Berufsverbot....... 267, 322, 390, 472, 510, 584, 784, 825
Berufsvoraussetzungen, objektiv............................. 639
Berufsvoraussetzungen, subjektiv 639
Berufswahl 14, 639
Berufung 638
Beschädigung von Sachen von nicht geringem Wert. 206
Beschäftigung 601
Bescheinigung.................................. 261, 774, 781, 914
Bescheinigung der Zurückweisung 661
Beschlagnahme.. 144, 240, 243, 249, 767, 770, 945, 963, 987, 990
Beschlagnahme anderer Gegenstände 244, 768
Beschlagnahme beweglicher Sachen. 255, 256, 257, 259
Beschlagnahme einer beweglichen Sache 258
Beschlagnahme einer periodisch erscheinenden Schrift oder einer zu deren Herstellung gebrauchten oder bestimmten Vorrichtung 255, 257, 258
Beschlagnahme nach § 97 Abs. 5 S. 2 StPO in den Räumen einer Redaktion, eines Verlages, einer Druckerei oder einer Rundfunkanstalt 774, 776
Beschlagnahme- und -Arrest-Abgrenzung 246
Beschlagnahme von Datenträgern 244, 768
Beschlagnahme von Immobilien....................... 246, 259
Beschlagnahme von Mobilien.................. 246, 258, 259
Beschlagnahme von Zufallsfunden.................... 244, 768
Beschlagnahme zur Sicherheitsleistung 245, 768
Beschlagnahme zur Sicherung der Einziehung eines dem Tatertragswert entsprechenden Gegenstandes .. 253, 275
Beschlagnahme zur Sicherung der Einziehung gezogener Nutzungen.. 275
Beschlagnahme zur Sicherung der Einziehung gezogener Tatertragsnutzungen.. 253
Beschlagnahme zur Sicherung der Einziehung oder Unbrauchbarmachung 244, 768
Beschlagnahme zur Sicherung der Einziehung und Unbrauchbarmachung 254, 285
Beschlagnahme zur Sicherung der Einziehung von Tatertrag 253, 270, 274
Beschlagnahme zur Sicherung der Einziehung von Tatertragsnutzung...................................... 253, 273
Beschlagnahme zur Sicherung der Einziehung von Tatertragssurrogat 253, 275
Beschlagnahme zur Sicherung der Einziehung von Tatobjekt 254
Beschlagnahme zur Sicherung der Einziehung von Tatprodukt 253
Beschlagnahme zur Sicherung der Einziehung von Tatprodukt oder Tatmittel 276
Beschlagnahme zur Sicherung der Einziehung von Tatprodukt, Tatmittel, Tatobjekt 254
Beschlagnahme zur Sicherung der erweiterten Einziehung von Tatertrag 253
Beschlagnahme zur Sicherung der Sicherungseinziehung von gefährdendem oder gefährlichem Gegenstand 254
Beschlagnahme zur Sicherung erweiterter Einziehung 274
Beschlagnahme zur Sicherung selbständiger Einziehung oder Unbrauchbarmachung........................ 254, 285
Beschlagnahme zwecks Beweissicherung 249
Beschlagnahme/Sicherstellung von Führerscheinen, die der Einziehung unterliegen 771
Beschlagnahme/Sicherstellung-Zweck 772
Beschlagnahmeanschlussmaßnahmen 247, 263, 769
Beschlagnahmebestätigung 259, 779
Beschlagnahmebetroffener............................. 290, 291
Beschlagnahmeschutz 290
Beschlagnahmeverbot... 290
Beschlagnahmeverbote.................................. 288, 292
Beschlagnahmeverfügung mit Verwahrung des Gegenstandes beim Betroffenen 292
Beschlagnahmeverzeichnis 261, 293, 774, 781
beschleunigtes Verfahren 733, 829
Beschleunigungsgrundsatz 245
beschränkte Geschäftsfähigkeit 817
Beschränkung auf das Staatsgebiet.......................... 983
Beschuldigteneigenschaft 354
Beschuldigtenstatus 353
Beschuldigtenvernehmung 266, 321, 379, 390, 419, 471, 509, 584, 784, 822, 825, 826
Beschuldigter.. 324, 393, 436, 517
Beschwerde 117, 198
Besitz 262, 291, 764, 780, 813, 891
besondere Aufenthaltsrechte 599

besondere Kategorien bezogener Daten .. 456, 492, 533, 569
besondere VA-Vollziehungsanordnung 112, 118, 174, 185, 199
besondere VA-Vollziehungsinteresse 112, 118, 174, 185, 199
besondere Waffen 145, 208, 222
besonderes Interesse 112, 118, 174, 185, 199
besonderes öffentliches Interesse.... 112, 113, 118, 119, 174, 175, 185, 186, 199, 200
Besprechung und Planung von Straftaten .. 46, 306, 339, 369, 409, 454, 490, 531, 566, 631, 672, 693, 809, 897, 937
Bestandsdatenauskunft 958, 965
bestimmte Orte 910
bestimmte Spur oder Folge einer Tat 436
Bestimmtheit . 33, 72, 122, 226, 293, 326, 356, 394, 438, 478, 518, 554, 588, 683, 715, 754, 796, 884, 976
Bestimmtheits-, Geeignetheits-, Möglichkeits-Wechselwirkungen 398, 441, 480, 521, 556
Besuchsrecht 663
Betäubungsmittelerwerb 252
Betäubungsmitteltestgeräte 371, 399, 411, 443
Beteiligung 216, 218, 219, 290, 291, 294, 662
Beteiligungserfordernisse 753
Betreten und Durchsuchung von Wohnungen 912
Betretungsrecht 11, 901, 944
Betreuerbenachrichtigung 663, 703
Betreuungshelfer 829
Betriebs-, Geschäfts- oder Arbeitsräume .. 641, 900, 943
Betriebsgrundstückebetretung 908
betroffene Person 32
Betroffener 325, 393, 437
Beugehaft 153
Beurteilungs- und Prognosespielraum...... 150, 260, 383, 426, 465, 501, 777
Beute 271, 274, 275
bevorratend gesamthafte Speicherung 964
Bewachungsunternehmen 908
Bewährung 514
Bewegungsfreiheit 130, 603
Beweisbedeutung 398, 441, 480, 521
Beweisfunktion 88, 140
Beweissicherung 772
Beweissicherungssicherstellung- und -beschlagnahme 249
Beziehungsgegenstand 281, 282
Bild- und Tonaufnahmen 861, 867
Bild- und Ton-Vernehmungsaufzeichnung 828
Bildaufzeichnungsvergleich 329
Bildung 14, 638
Binnengrenzen 605, 606
Binnenmarkt 620
biologisch-physische Existenz 157
biometrische Daten 456, 492, 533, 569
Blasrohre 923
Blaue Karte EU 599
Blutprobenentnahme 207, 375, 376, 379, 415, 416, 419, 442, 458, 460, 495, 496, 539, 540, 572, 573
Blutprobenentnahme durch Arzt nach den Regeln der ärztlichen Kunst 386, 430, 543
Bonaire 620
Bösgläubigkeit 297
Brauchtumsschützen 907
BRD-Gebiet 608
Brechmitteleinsatz 386, 387, 400, 431, 432, 444, 445
Brief-, Post- und Fernmeldegeheimnisgrundrechte .. 237, 940
Briefgeheimnis 237, 940
Briefkasten 108, 178
Brokdorf-Beschluss 839
Bund 606
Bund- und Land-/Länder-Verhältnis 606
Bundesamt für Verfassungsschutz 905
Bundesglieder 604
Bundeskriminalamt 703
Bundesland 604
Bundesländer 604
Bundespolizei 145, 222
Bundespräsidentenimmunität 258, 288
Bundesrepublik Deutschland 606
Bundesstaat 606
bundesstaatliche Verfassung 606
Bundestagsgenehmigungsvorbehalt 258, 288
Bundestagspräsidentengenehmigungsvorbehalt...... 258, 288
Bundesversammlung 831
Bundesversammlungsgesetzfortgeltung 854
Bundeswehrdienststelle 264, 781
Bundeswehrräume 264, 781
Bundeszentralregister 498
Bürger 603, 607, 833
Bürgergrundrecht 603
Bürgerrechte 603, 607
Büsingen 621
Butterflymesser 922

C

Ceuta 620
Charta der Grundrechte der Europäischen Union 613, 615
Clipperton-Insel 620
culpa in contrahendo 750
Curaçao 620

D

Dänemark 618, 622, 623
Darlegungs- und Beweislast 878
Darlegungslast 652, 684, 717
Data-mining 976, 977
Datei 946
Dateisystem 469, 507, 547, 581, 946, 953, 955
Daten als Spurenansatz 972
Daten aus eingriffsintensiven Überwachungs- und Ermittlungsmaßnahmen 973
Daten aus Online-Durchsuchungen 974
Daten aus Wohnraumüberwachungen 974
Daten besonderer Kategorie 953
Daten oder sonstige Gegenstände beim Berufsnachfolger 288
Datenabfrage 951, 952, 956

Datenabgleich 47, 51, 307, 340, 456, 492, 533, 541, 569, 574, 578, 632, 673, 694, 696, 708, 950, 951, 953, 958, 959, 960, 961
Datenabgleich polizeiintern 951
Datenabruf 58, 950, 951
Datenaddition 972
Datenaktualität 981
Datenanonymisierung 977
Datenarbeit 949
Datenart 977
Datenauftragsverarbeiter 54, 469, 507, 547, 581, 968, 969
Datenauskunftsverfahren 951
Datenauskunftsverpflichtung 952
Datenauslandsübermittlung 974
Datenaustausch 951, 952, 973
Datenbegiffe 949
Datenberichtigung 953
Datenerhebung 47, 51, 307, 340, 370, 371, 410, 411, 456, 492, 533, 569, 632, 659, 662, 663, 673, 675, 694, 696, 698, 699, 708, 711, 712, 867, 911, 949, 956, 962, 971
Datenerhebung auf dem Rechtsgebiet der Strafrechtspflege 861
Datenerhebung durch die Überwachung der laufenden Telekommunikation 346
Datenerhebung für statistische Zwecke 974
Datenerhebungsanlass 972
Datenerhebungszweck 971
Datenermittlungsansatz 973
Datenfreiheit 47, 307, 340, 370, 410, 455, 491, 532, 567, 632, 673, 694, 810, 898, 938
Datenfreiheitseinschränkung 47, 307, 340, 370, 410, 456, 491, 532, 568, 632, 673, 694, 810, 898, 939
Datenkennzeichnung 953, 969
Datenlöschung 47, 51, 56, 57, 58, 541, 949, 953, 955, 969, 976
Datenmissbrauchsgefahr 977
Datenneuerhebung, hypothetische 973
Datennutzung 949, 971
Datennutzung im weiteren 971
Datennutzungs-Zweckänderungs-Verhältnismäßigkeit 972
Datenrecht 949
Datenrechtsfälle 948
Datenrichtigkeit 981
Datenschutz 949, 953, 956, 976, 981
Datenschutz im Rechtshilfeverkehr innerhalb der Europäischen Union und mit den Schengen-assoziierten Staaten 991
Datenschutzbeauftragte 969
Datenschutzmaßnahmen 56, 468, 469, 506, 507, 547, 581, 703, 969
Datenschutzsensibilisierung 969
Datenschutzverletzung ...56, 58, 469, 507, 547, 582, 969
Datensicherheit 981
Datensichtung 289
Datenspeicherung ..47, 51, 456, 492, 533, 541, 569, 578, 632, 662, 663, 673, 675, 694, 699, 712, 949, 953, 961
Datenspeicherung auf Vorrat 974
Datensperrung 949
Datenträgerauswertung 698, 710
Datenträgerauswertung von richteramtsbefähigtem Bediensteten 662
Datenträgerbeschlagnahme 244, 768
Datenträgersicherstellung 244, 768
Datenträgerverlangen 697
Datenträgerzugangsdaten 710
Datenübermitlung im innerstaatlichen Bereich 953
Datenübermitlungsrechtsnormen allgemein 961
Datenübermittlung.... 47, 51, 52, 54, 307, 340, 456, 492, 533, 569, 632, 659, 673, 694, 810, 825, 826, 898, 911, 939, 949, 950, 951, 952, 954, 955, 956, 961, 962, 969, 973, 976
Datenübermittlung an die Polizei 953, 961
Datenübermittlung an Mitgliedstaaten der EU 990
Datenübermittlung aus strategischer Überwachung .975
Datenübermittlung im Bereich der EU und deren Mitgliedstaaten 953, 961, 986
Datenübermittlung im innerstaatlichen Bereich 961
Datenübermittlung im internationalen Bereich 953, 961, 986
Datenübermittlung nach Aufenthaltsgesetz 659
Datenübermittlung von Informationen einschließlich personenbezogener Daten an Mitgliedstaaten der EU 990
Datenübermittlungsrechtsnormen allgemein 961
Datenübermittlungsrechtsnormen speziell 961
Datenübermittlungsverbote 955, 961
Datenveränderung 949
Datenverantwortlichkeit 950
Datenverarbeitung 47, 51, 238, 307, 340, 370, 377, 410, 417, 456, 469, 491, 507, 532, 547, 568, 582, 632, 673, 694, 810, 898, 939, 941, 949, 951, 956, 971
Datenverarbeitung für Zwecke der Vorgangsverwaltung 955
Datenverarbeitung für Zwecke des Strafverfahrens ..955
Datenverarbeitung für Zwecke künftiger Strafverfahren 955
Datenverarbeitung i.Z.m. elektronischer Aufenthaltsüberwachung 52, 54, 968
Datenverarbeitung mit personenbezogenen Daten besonderer Kategorie 953
Datenverarbeitung nach Aufenthaltsgesetz 659
Datenverarbeitung, automatisiert 57
Datenverarbeitungsbegriffe 949
Datenverarbeitungseinschränkung 955
Datenverarbeitungsgleichgewichtigkeit 973
Datenverarbeitungsgrundsätze.. 469, 507, 547, 581, 981
Datenverarbeitungsheimlichkeit 977
Datenverarbeitungsnachteile 977
Datenverarbeitungsoffenheit 977
Datenverarbeitungsprozess, der sich an die Erhebung anschließt 899, 942
Datenverarbeitungsrecht 947, 949
datenverarbeitungsrechtlich zuständige Behörde53, 968
Datenverarbeitungsrechtsnormen allgemein 953
Datenverarbeitungsrechtsnormen speziell 956
Datenverarbeitungsrechtsschutz 977
Datenverarbeitungsverantwortlicher.. 53, 469, 507, 547, 581, 950, 968, 969
Datenverarbeitungsverdecktheit 977
Datenverarbeitungsvorschriften 951
Datenverarbeitungszweck 981

Datenverarbeitungszweckbindungsreichweite 972
Datenvergleich 675, 696, 708, 711
Datenvernichtung 541
Datenverwendung 541, 949, 951, 955, 956, 971
Datenverwendungseinschränkungen 961
Datenweiterverarbeitung 953
Datenweiterverarbeitung zu besonderen Zwecken .. 953
Datenweiterverarbeitung zu wissenschaftlichen Zwecken 953
Datenweiterverarbeitungseinschränkung 953
Datenzuordenbarkeit 977
Datenzweckerforderlichkeit 981
Datum .. 47, 307, 340, 370, 410, 456, 491, 532, 568, 632, 673, 694, 810, 898, 938, 949
Datumsvermerk 107, 177
Daueraufenthalt-EU-Erlaubnis 600
Dauerverwaltungsakt.................................... 19, 67, 263
Deanonymisierung 575
Demokratie 833
Demokratieprinzip 614, 615
demokratiewesentliche Bereiche 611
demokratische Legitimation 611, 613
demokratische Selbstbestimmung 608, 614
Demonstration 837, 843
Deutsche 9, 604, 607, 638, 831, 833, 856, 940
deutsche Staatsangehörige.. 607
deutsche Staatsangehörigkeit 602
deutsche Volkszugehörige 603, 605, 607
Deutschen-Eigenschaft 602
Deutschen-Familienangehörige 713
Deutschengrundrecht 603
Deutschen-Nahestehende-Personen......................... 713
Deutschen-Status 602
Deutscher...................................602, 603, 605, 606, 607
deutsches Volk 607
Deutschland 606, 617
Deutsch-Sein 602
Diensthunde 87, 139
Dienstleistungsfreiheit ...9, 130, 308, 341, 373, 413, 621, 633, 721, 801
dieses Gesetz 206
differenzierender Wahrscheinlichkeitsmaßstab ... 30, 63, 65, 120, 157, 160, 192, 205, 213, 214, 215, 220, 224, 551, 734, 742, 745, 793, 820, 821
Differenzierung 653
Differenzierungsgebot 832
dinglicher Arrest 244
Diplomatenzeugnisverweigerungsrecht 288
diplomatischer und konsularischer Schutz 603
Diskriminierungsaufstachelungsverbot 653
Diskriminierungsverbot 652, 684, 717
DNA-Analyse zwangsweise 575, 587
DNA-Identifizierungsmuster461, 497, 541, 574, 575, 578
DNA-IDF 376, 416, 460, 496, 497, 540, 573, 957
DNA-Maßnahmen 375, 415, 458, 495, 539, 572
DNA-Reihenuntersuchung .376, 416, 460, 496, 540, 573, 574, 957
DNA-Reihenuntersuchungsverweigerung.......... 575, 587
DNA-Untersuchungsstufen 575
Dokumentation 56, 387, 400, 431, 445, 464, 466, 500, 502, 503, 545, 578, 582, 967, 969, 980
Dokumente 598, 706, 726
Dokumentenechtheitsüberprüfungsberechtigte 707
Dokumentenvorlageverlangen.................................. 708
Dokumentepflichten 598
Dolmetscher 664, 676
Doppelstaater.................................. 597, 602, 638, 801
Doppeltürmodell 951, 952
Doppeltürmodell-Ausgänge 951
Doppeltürmodell-Eingänge 951
Drei-Elemente-Lehre 604, 606
Drei-Säulen-Modell 624
Dreistufentheorie 639
dringend begründete Annahme 269
dringend begründete Annahme von Einziehungsvoraussetzungen 270
dringend benötigte Gegenstände 20
dringende Gefahr 12, 29, 974
dringende Gründe 269, 787
dringender Verdacht 218
dringendes Verdächtigsein.. 216
Drittausländer 604, 833
Drittstaat 604
Drittstaatsangehörige 604, 724
Drittstaatsangehörigen-Zustrom 712
Drittstaatsangehöriger 604, 833
drohende Gefahr 61, 62
drohende Nachteile für Leben, Gesundheit oder Eigentum 113, 119, 175, 186, 200
Drosselgegenstände 922
Druckluft- und Federdruckwaffen 922
Druckluftwaffen 924
DSG-NRW-Anwendungsbereich 951
Duldung 599, 749, 753
durch die Tat 270, 271, 272, 273
Durchlieferung 987
Durchsicht gemäß § 110 StPO 289
Durchsicht von Papieren und elektronischen Speichermedien 246, 768
Durchsuchung 700, 727, 745, 749, 959, 987, 990
Durchsuchung in Presseräumen......................... 240, 945
Durchsuchung von Personen in Wohnung 901, 944
Durchsuchung von Sachen im befriedeten Besitztum 11, 641, 901, 944
Durchsuchung von Sachen in Wohnung............. 901, 944
Durchsuchungen und Beschlagnahmen in einem Ermittlungsverfahren gegen Presseangehörige 290
Durchsuchungsbescheinigung........................... 293, 702
Durchsuchungsbeschluss 602
Durchsuchungsnegativbescheinigung 261, 774, 781

E

ED-Behandlungs-Akt-Rechtsnatur im Fall von § 81b Alt. 2 StPO 312
ED-Notwendigkeit 330
effet utile 611, 612
Effizienzgebot.. 611, 612
EFTA-Gerichtshof 622
EFTA-Staaten 623
EFTA-Überwachungsbehörde.................................... 622
Ehe 13, 421, 424, 428, 638, 801
Ehe im Ausland 638, 801
Ehe und Familie 13, 57, 70, 455, 567, 638, 801, 980

Ehefähigkeit 421, 424, 428
Ehefähigkeitszeugnis für Ausländer 421, 424, 428
Ehegattengetrenntleben 28
Ehegattengleichberechtigung 653
Ehegattennachzug 638, 801
Eheliche Lebensgemeinschaft................... 421, 424, 428
Ehescheitern 30
Eheschließung... 421, 424, 428
Eheverbote 421, 424, 428
Eigensicherung.. 211, 221
Eigensicherungsdurchsuchung 207
Eigentum...... 12, 131, 235, 262, 279, 291, 535, 536, 635, 636, 762, 763, 764, 780, 811, 812, 813, 890, 891
Eigentumseinschränkung...132, 237, 537, 637, 764, 813, 891
Eigentumslosigkeit 12, 131, 235, 536, 636, 763, 812, 890
Eignung 903
Eilversammlung 848, 849
Eilzuständigkeitsende der Ermittlungsbehörden...... 150, 260, 383, 426, 465, 501, 777
Eilzuständigkeitsneubegründung bei Ermittlungsbehörden....151, 260, 384, 426, 465, 501, 778
Einbindung der Bundesrepublik in die internationale Staatengemeinschaft 984
Eine-natürliche-Person-Versammlung 835
Eingriffsgewicht 976, 977
Eingriffsintensität... 976, 977
Eingriffsrecht.....................113, 118, 174, 186, 200, 978
Eingriffstatbestände 611
Ein-Mann-Versammlung 835
Einreise 599, 711
Einreiserecht.. 598, 706, 726
Einreisestempelanbringung 661
Einsatzleitung.. 154
Einsatzleitungsvertretung 154
Einschreitschwellen 972
Eintragung von Kontrollstempeln 700, 727
Einwanderung.. 596
Einwilligung.... 21, 47, 238, 307, 318, 340, 370, 371, 385, 399, 410, 411, 421, 424, 428, 429, 444, 456, 457, 464, 491, 492, 500, 502, 504, 532, 533, 557, 568, 569, 578, 579, 632, 673, 694, 810, 898, 939, 941
Einwilligungs- und Freiwilligkeits-Unterscheidung ... 371, 411, 457, 492, 533, 569
Einwilligungsbewirkungen ..371, 411, 457, 492, 533, 569
Einwilligungserklärungszweckreichweite 467, 504
Einwohner... 603, 607, 833
Einzelermächtigungen ohne Kompetenz-Kompetenz 610
Einzelladerwaffen 922
Einziehung...................................... 245, 246, 247, 769
Einziehung von Tatprodukten, Tatmitteln und Tatobjekten 283
Einziehung von Wertersatz 252
Einziehung, selbständig und nicht verurteilungsbasiert 286
Einziehunganordnung und Einziehungsausführung... 251
Einziehungs- oder -Unbrauchbarmachungssicherung 249
Einziehungs- und Unbrauchbarmachungsrechtsnatur 247, 295
Einziehungs- und -Unbrauchbarmachungsvollstreckung 247, 769
Einziehungsadressat..251
Einziehungsanordnung 247
Einziehungsanordnungswirkung 247
Einziehungsbefugnisrechtsnormen des Richters........251
Einziehungsbeteiligte am Strafverfahren 290
Einziehungsgegenstandsart......................................251
Einziehungs-JGG-Möglichkeiten 250
Einziehungsnebenfolgen 247
Einziehungsrechtsnatur.................................247, 295
Einziehungstauglichkeit bei Nichtverfolgbarkeit oder Nichtverturteilbarkeit 270
Einziehungsvollstreckung 247
Einziehungsvoraussetzungsannahme........................270
Einziehungswirkung..................................248, 293, 769
Einziehungszweck..251
Elektroimpulsgeräte 922
Elektrokleinstfahrzeug..787
elektronische Aufenthaltsüberwachung..... 50, 113, 186, 759, 956
elektronische Kommunikation 179
elektronische-Aufenthaltsüberwachung-Datenverarbeitung 52, 54, 969
elterliche Sorge . 266, 321, 389, 421, 424, 428, 471, 509, 583, 783, 824
elterliches Erziehungsrecht und Strafrecht266, 321, 389, 471, 509, 583, 783, 824
Eltern 638, 735, 801
Eltern-Kind-Gemeinschaft................................ 638, 801
Elternrecht 815
E-Mail-Beschlagnahme 963
E-Mail-Kommunikation 237, 941
E-Mail-Überwachung..963
E-Mail-Zugriff...963
Empfängerhorizont 924
Empfangsbescheinigungerteilung 663
Endgerätezugriff...710
Endrechtsfolge 83, 136
Enkelkind 638, 801
Enteignung 764, 813, 891
Entgelt 271, 275
Entschädigungsmodell 245
Entscheidung über Befristung 700, 728
Entschließungsermessen............... 34, 73, 124, 228, 885
Entziehung der Fahrerlaubnis 771, 789, 790, 794
Entziehung durch Flucht...216
Erbfall 907
Erfassung von höchstpersönlichen Informationen 46, 306, 339, 369, 409, 454, 490, 531, 566, 631, 672, 693, 809, 897, 937
erfolglose Anwendung anderer Maßnahmen des unmittelbaren Zwangs 210
Erforderlichkeit...... 36, 75, 113, 119, 126, 175, 186, 187, 200, 201, 210, 220, 230, 296, 330, 349, 359, 398, 443, 481, 521, 556, 591, 685, 719, 798, 821
Erforderlichkeit, unbedingt 360, 556
Erforschung der Wahrheit..441
Erforschung des Sachverhalts 479
Ergänzungspfleger 421, 424, 428
Ergreifung 217
Erhaltungsrecht 113, 118, 174, 186, 200, 978
Erheben 949
Erheben biometrischer Daten 708

erhebliche Gefahr 120, 224, 734, 745, 821
erhebliche Gefahr für Leib und Leben Dritter oder für bedeutende Rechtsgüter der inneren Sicherheit 734, 745
erhebliche Schutzgüter 120, 205, 224
Erhebung.. 949
Erhebung biometrischer Daten................................ 698
Erhebung des gesprochenen Wortes................ 662, 663
Erkennungsdienstezweck.. 329
erkennungsdienstliche Behandlung... 311, 313, 344, 675
erkennungsdienstliche Maßnahme .. 113, 119, 175, 186, 187, 200, 201, 204, 207, 208, 311, 314, 330, 344, 345, 360, 375, 376, 415, 416, 458, 459, 495, 496, 539, 540, 572, 573, 675, 698, 699, 711, 712, 956, 957
erkennungsdienstliche Maßnahme durch Person bestimmten Geschlechts oder durch Arzt 318, 349
Erklärungsbefragung... 696
Erlangtes aus der Tat 272
Erlangtes durch die Tat 270, 271, 272
Erlangtes für die Tat.. 272
Erlangung 272, 274
Erlaubnis zum Daueraufenthalt-EU 600
erlaubnisfreie Arten des Umgangs 925
Erlaubnisfreiheit.. 925
Erlaubnispflichtfreiheit 925
erlaubnispflichtige Waffen.. 925
Erlaubnispflichtigkeit 903, 925
Erlaubnisschein 906
Erlaubnisurkunden.. 906
Erlaubnisurkundenrückgabeanordnung 912
Erläuterung 148
Ermessen 34, 73, 124, 228, 293, 327, 328, 356, 395, 396, 439, 440, 478, 519, 554, 589, 683, 716, 755, 796, 885
Ermessensarten ...73, 124, 228, 327, 328, 396, 439, 440, 479, 520, 590, 885
Ermessensfehler 34, 73, 124, 228, 294, 327, 328, 357, 396, 439, 440, 479, 520, 554, 590, 683, 716, 755, 797, 885
Ermessensreduzierung auf Null 155, 158
Ermittlung 125, 229
Ermittlungen 266, 321, 389, 471, 509, 583, 783
Ermittlungsansatz aus Daten 973
Ermittlungspersonen .151, 259, 260, 384, 426, 466, 501, 774, 776, 777, 778
Ermittlungspersonen der Staatsanwaltschaft... 255, 256, 257, 258, 259, 262, 313, 380, 382, 420, 423, 425, 462, 463, 498, 500
Ermittlungsrichter......................259, 464, 500, 503, 578
ermittlungsrichterlicher Bereitschaftsdienst 260, 777
Ermittlungsumfang zum beschuldigten Jugendlichen oder Heranwachsenden 823
Ermöglichungsrecht 113, 118, 174, 186, 200, 978
Erörterung oder Kundgabe 837
Errichtungsanordnung 955
Ersatzeingriff, hypothetischer.................................. 973
Ersatzvornahme 86, 100, 139, 159, 169, 180
Ersatzzustellung 108, 178
Ersatzzwangshaft 101, 170, 232
Ersuchen 264, 781
Erwachsener 817
erwachsener Angehöriger................................ 263, 780
Erwachsengewordener 822
erweiterte Datenverarbeitung 977
erweiterte projektbezogene Datenverarbeitung 977
Erwerben 272, 274
Erwerbstätigkeit 599, 601
erziehungsbeauftragte Person .. 266, 321, 390, 421, 424, 428, 471, 509, 584, 783, 824
Erziehungsbeistand 829
Erziehungsberechtigte266, 321, 389, 471, 509, 583, 735, 783, 817, 824, 827
Erziehungsgedanke des Jugendstrafrechts 523
Erziehungsregister.. 498
etwas aus der Tat 272
etwas durch die Tat 270, 271, 272, 273
etwas für die Tat 272
EU-/EWR-/UK-Staatsangehörige-Familienangehörige713
EU-/EWR-/UK-Staatsangehörige-Nahestehende-Personen 713
EU/EWR-Homogenität 622
EU-Acquis 616, 617
EU-Agenturen... 609
EU-Ausland 618
EU-Austritt.. 617
EU-Austritt von Vereinigtes Königreich Großbritannien und Nordirland.. 612
EU-Befugnisrechtsnormen 986
EU-Besitzstand 616, 617
EU-Binnenmarkt-Grundfreiheiten............................. 621
EU-Bürger... 603
EU-Bürger-Gleichheit 603, 607, 653
EU-Cybersicherheitsagentur 610
EU-Diskriminierungsverbot 603, 607
EU-Einrichtungen des europäischen öffentlichen Rechts 609
EU-EMRK-Geltung 833
EU-Euro-Staaten... 621
EU-Fachrecht.. 616
EU-Flugsicherheitsagentur 610
EU-Führerschein... 770
EU-Fundamentalprinzipien 614
EU-Gebiet 617, 618, 620
EU-Gebiets-Ausnahmen 618
EU-Gebiets-Besonderheiten..................................... 618
EU-Gerichtshof-Aufgabe 615
EU-Grundrechte-Charta 613
EU-Grundrechte-Geltung 616
EU-Gründung.. 623
EU-Institutionenrahmen 609
EU-Integration.. 611
EU-interne Politiken und Maßnahmen 986
EU-Kompetenzgrundlagen 614
eu-LISA 609
EU-Maßnahmen 624
EU-Mitgliedstaaten 617
EU-Organe.. 609
EU-Politiken.. 624
EU-Primärrecht... 616
EU-Raum der Freiheit, der Sicherheit und des Rechts 622, 646, 986
EU-Recht.. 611, 615, 617, 951
EU-Recht ohne Umsetzungsspielraum 616
EU-Recht-Anwendungsvorrang 613
EU-Recht-Determination 616

EU-Rechts- und Geschäftsfähigkeit 609
EU-Rechtsakte 616, 992
EU-Rechtsaktgeltungen 616
EU-Rechtsaktwirkungen 616
EU-Rechtsnormen 986
EU-Recht-Zugang 616
EU-Recht-Zwang 616
EU-Richtlinie 616
Euro 621
Eurojust 609
Europa 986
europäisch 617
Europäische Agentur für die Grenz- und Küstenwache
 609
Europäische Agentur für IT-Großsysteme 609
Europäische Atomgemeinschaft 623
Europäische Ermittlungsanordnung 989
Europäische Freihandelsassoziation 623
Europäische Gemeinschaft 624
Europäische Gemeinschaft für Kohle und Stahl 623
Europäische Gemeinschaften 623
europäische Integration 608
Europäische Kommission 609
Europäische Polizeiakademie 609
Europäische Staatsanwaltschaft 609
Europäische Union 609, 610, 611, 612, 623
Europäische Verteidigungsagentur 609
Europäische Wirtschaftsgemeinschaft 623
Europäische Zentralbank 609, 621
Europäischer Feuerwaffenpass 906, 908
Europäischer Gerichtshof für Menschenrechte 617
Europäischer Haftbefehl 987, 988, 989
Europäischer Rat 609, 617
europäischer Verfassungsgerichtsverbund 734, 745
Europäisches Amt für Betrugsbekämpfung 610
Europäisches Asylbüro 609
Europäisches Parlament 609
Europäisches System der Zentralbanken 621
Europarat 617
Europarecht 617, 985
Europarecht im engeren Sinne 617
europarechtsfreundliche Anwendung 612
Europarechtsfreundlichkeit 611, 613
Europol 609
Eurosystem 621
EU-Satellitenzentrum 609
EU-Sekundärrecht 616
EU-Sicherheitsstudieninstitut 609
EU-Staaten 617, 622
EU-Staatsangehörige 713
EU-Staatsangehörigkeits-Diskriminierungsverbot 603, 607, 653
EU-Unionsbürger 833
EU-Verbund 610
EU-Verordnung 616
EU-Verträge 615, 616
EU-Vertragsgeltung und EU-Vertragsanwendungsbedingungen für Überseegebiete 620
EU-Vertragsgeltungsraum 620
EU-Vertragsunion 611
EU-Währungspolitik 621
EU-Wirtschafts- und Währungspolitik 621
EU-Wirtschafts- und Währungsunion 621
EU-Zollgebiet 620
EU-Zollkodex 621
EU-Zollunion 620
EU-Zollunion-Staaten 620
EWR: Europäischer Wirtschaftsraum 622
EWR-Acquis 623, 681, 714
EWR-Ausschuss 622
EWR-Besitzstand 623
EWR-Staaten 622, 681, 714
EWR-Staatsangehörige 713
Exekutive 953, 990
Exklaven 605
Exkorporation 387, 388, 400, 401, 431, 432, 445
Exploration 377, 417, 435, 441, 442, 823
explosionsgefährliche Stoffe 909
Explosivmittel 215, 217, 218, 223
extreme Gefahr für Leib und Leben 753

F

Fachkundeprüfung 914
Fahren ohne Fahrerlaubnis 779, 792
Fahrerlaubnis 770
Fahrerlaubnisentziehung 770, 771, 789, 790, 794
Fahrerlaubnisentziehung durch das Gericht 787
Fahrerlaubnisentziehung, nachfolgend 770
Fahrerlaubnisentziehung, vorläufig 771
Fahrerlaubnisentziehungsvermerk 797
Fahrerlaubnisentziehungswirkung 771
Fahrerlaubniserteilungssperre 779
Fahrerlaubnispflicht 788
Fahrlässigkeit 297, 745, 748
Fahruntüchtigkeit 789
Fahrverbot 766, 771, 779, 790
Fahrzeug 787
Fahrzeugstehen verbotswidrigerweise 143, 146, 159, 180, 187, 193
Fall 222, 978
Fallbearbeitung 7, 594, 929
Fallbearbeitungsmarker 7, 594, 929
Fallbegriff 7, 222, 594, 929, 978
Fälle des § 64 Abs. 1 Nr. 1, 2, 5 PolG NRW 222
Fallmesser 922
familiäre Gründe 599, 638, 801
Familie 13, 638, 663, 801
Familienangehörige 735
Familienangehörige und nahestehende Personen von Deutschen 713
Familienangehörige und nahestehende Personen von EU-/EWR-/UK-Staatsangehörigen 713
Familiengericht 826
Familiennachzug 712
Färöer 618
Fast-ID 312, 345
Faustmesser 909, 922
Fernmeldegeheimnis 237, 238, 940, 941
Fernmeldung 237, 940
Fesselung 148, 205
Fesselungshilfsmittel 208
Festhaltemaßnahmen gegenüber Massen/Mengen .. 832

Festhalten 207, 663, 700, 703, 725, 727, 745, 749
Festnahme 208, 216, 828
Festnahmebefugnisrechtsnormen 724
Festsetzung 153, 161, 179, 202
Feststellungsbescheide 925
Feststellungsklage 97, 112, 166, 184
Feuerwaffen 922
Feuerwaffenimitate 924
Feuerwaffennachbildungen 924
finaler Rettungsschuss 212, 213
finaler Todesschuss 212, 213
Fixieren 231
Fixierung 130, 148, 204, 309, 342, 373, 387, 400, 413, 431, 445, 634, 722, 802
Fliehen 206
Flucht 216, 217
Fluchtgefahr 743, 744, 747
Flüchtlings- und Vertriebenen-Angelegenheiten 596
Flüchtlingseigenschaft 597
Fluchtunfähigkeit 211
Folge 435
Folgen von Verfahrens- und Formfehlern..... 23, 25, 874, 876, 916, 918
Folterverbot .. 80, 132, 309, 342, 372, 412, 493, 534, 570, 634, 802
Form26, 61, 105, 178, 268, 323, 352, 391, 473, 511, 550, 585, 664, 679, 705, 739, 785, 877, 919, 920, 970
Formalbeleidigung 844
formelle Justiz-VA-Bestandskraft 117, 198
formelle VA-Bestandskraft 111, 184
Fortbildungspflicht 386, 400, 431, 444
Fortsetzungsfeststellungsklage 97, 112, 166, 184
Fragerecht 824
Frankreich-Übersee-Staatsgebiete 619, 620
Französische Republik 618, 623
Französische Süd- und Antarktisgebiete 620
Französisch-Guayana 619
Französisch-Polynesien 620
freie Entfaltung der Persönlichkeit 16, 47, 49, 79, 129, 241, 307, 340, 370, 410, 455, 491, 532, 567, 632, 655, 673, 694, 765, 810, 814, 850, 898, 902, 938
freies Ermessen 97, 166
Freihandelsassoziation 623
Freihandelszone 623
Freiheit.. 30, 130, 203, 308, 341, 373, 413, 633, 721, 802
Freiheit, sich das Leben zu nehmen.... 47, 307, 340, 370, 410, 455, 491, 532, 567, 632, 673, 694, 810, 898, 938
Freiheitsbeschränkung.......130, 308, 341, 373, 413, 634, 722, 802
Freiheitsbeschränkungsabgrenzung 726, 825, 826
Freiheitsentziehung 75, 130, 308, 309, 341, 342, 373, 413, 633, 634, 721, 722, 802, 825, 826
Freiheitsentziehung beim Kind 828
Freiheitsentziehung gegenüber beschuldigtem Jugendlichem 825
Freiheitsentziehungen auf dem Rechtsgebiet der Strafrechtspflege 726, 825, 826
Freiheitsentzug in der Strafrechtspflege 611
Freiwilligkeit........371, 411, 457, 492, 533, 569, 575, 587
Freizügigkeit.....................................9, 17, 130, 596, 603
Freizügigkeitseinschränkung 9
Fremdvornahme 86, 139
Freunde 57, 70, 980
Friedlichkeit 835, 839, 840, 849
Fristangemessenheit 96, 161, 165
Fristbestimmung 96, 165
Fristeinräumung 161
Fristen 745, 748
Fristsetzung 663
Frontex 609
Früchte 273, 275
führen 697
Führen 216, 217, 218
Führensverbot für Anscheinswaffen 924
Führerschein 770
Führerscheinbeschlagnahme 770, 772
Führerscheineinziehungssicherung 770
Führerscheinsicherstellung 770, 772
Führungsverbote, besondere 925
Fundamentalprinzipien der Europäischen Union 614
Funktion der Vollstreckungsbeamten 700, 727
für die Tat 272
Furcht vor Verfolgung 597
Fußfessel 52, 54, 969

G

Gebiete äußerster Randlage 597, 617, 618
Gebietskörperschaften 604, 607
Gebotenheit ...23, 59, 102, 171, 350, 548, 677, 704, 737, 875, 917
Gebotszone 52, 54, 969
Gebrauch gemacht haben 223
Gebrauch, der von erlangten Kenntnissen gemacht wird 640
Gebrauchsmesser 924
gebraucht oder bestimmt 281
Geburtsortprinzip 605
Geeignetheit...36, 75, 125, 296, 329, 358, 397, 398, 521, 556, 591, 685, 718, 757, 798
Geeignetheits-, Bestimmtheits-, Möglichkeits-Wechselwirkungen 398, 441, 480, 521, 556
Gefahr 354
Gefahr der Wiederholung 354
Gefahr für die öffentliche Ordnung 734, 746
Gefahr für die öffentliche Ordnung, versammlungsrechtlich 862, 863
Gefahr für Leib oder Leben 214, 349, 702
Gefahr für Leib, Leben oder Freiheit einer Person 203
Gefahr im Verzug 24, 55, 59, 102, 104, 112, 113, 118, 119, 148, 149, 150, 153, 171, 173, 174, 175, 185, 186, 199, 200, 259, 264, 320, 350, 383, 388, 425, 432, 464, 470, 500, 508, 548, 677, 704, 732, 737, 775, 777, 782, 875, 916, 917
Gefährderansprache 52, 54, 862, 969
Gefährdung 820
Gefährdung der Allgemeinheit 284
Gefährdung der öffentlichen Sicherheit 910
Gefährdung des Untersuchungserfolgs 383, 425
Gefährdungsüberhang 66, 67
Gefahren für die öffentliche Sicherheit oder Ordnung 906
Gefahrenabwehrmaßnahmen 353
Gefahrenlage 63, 972, 974, 977

Gefahrenprognose, versammlungsrechtlich 862
Gefahrenvorsorge 347
Gefahrerforschung 359
gefährliche Orte 820, 821
Gefahrverursachung 120, 224
Gefangenenunterbringung 752
gegenseitige Anerkennung 989
gegenseitiges Vertrauen 989
Gegenstand 269
Gegenstände 236, 252, 270, 279, 280, 537, 637
Gegenstände, tragbare 922
Gegenständeverzeichnis 261, 774, 781
Gegenstandserlangung im Werte des ursprünglich Erlangten 275
Gegenüberstellung 266, 310, 321, 329, 343, 378, 379, 390, 418, 419, 471, 509, 584, 784, 825, 826
gegenwärtig 29
gegenwärtige erhebliche Gefahr 120, 224
gegenwärtige erhebliche Selbstgefährdung 205
gegenwärtige Gefahr 29, 67, 120, 157, 160, 188, 192, 194, 205, 213, 214, 215, 220, 224, 734, 745, 821
gegenwärtige Gefahr für Leib oder Leben 157
gegenwärtige Gefahr für Leib, Leben oder Freiheit einer anderen Person 29, 67
gehören......236, 251, 252, 279, 280, 283, 536, 537, 636, 637
Geistliche 57, 70, 980
gekürzter gestreckter Vollzug 83, 84, 135, 137
gekürztes gestrecktes Verfahren 83, 84, 135, 137
gekürztes gestrecktes Zwangsverfahren............ 83, 135
Geldleistungspflichten . 12, 131, 235, 536, 636, 763, 812, 890
Geldstrafe 270
Geltung der Grundrechte 984
Gemeindeversammlung 831
Gemeinsame Außen- und Sicherheitspolitik 624
Gemeinsame Ermittlungsgruppen 987, 990
Gemeinsame Sicherheits- und Verteidigungspolitik.. 624
Gemeinschaftlichkeitszweck 837
Generalbefugnisrechtsnormen 816
Generalprävention 359
genetische Daten 456, 492, 533, 568
genügend konkretisierte Tatsachen 63
gerechtfertigte Ungleichbehandlung 653
Gericht 464, 500, 503, 578
gerichtliche Entscheidung durch Staatsanwalt 990
gerichtliches Verfahren 314, 346
Gerichtsanordnung....258, 425, 427, 463, 500, 502, 544, 577
Gerichtsbarkeiten 312, 314
Gerichtsbefassung 150, 260, 384, 426, 465, 501, 777
Gerichtsbezirke 55, 149, 464, 500, 503, 542, 544, 578
Gerichtshof der Europäischen Union 609, 613, 616
Gerichtszuständigkeit 259
geringfügige Eingriffe 399, 444
Geringfügigkeit 399, 444
gesamthaft bevorratende Erfassung und Auswertung von Verkehrsdaten 964
Geschäfts- oder Amtsräume 640
Geschäftsfähigkeit 817
Geschäftsräume 640, 900, 943
Geschäftsunfähigkeit 817
Geschlecht 461, 497, 541, 575
geschlechtliche Identität..... 47, 307, 340, 370, 410, 455, 491, 532, 567, 632, 673, 694, 810, 898, 938
Geschlechtsidentität 41, 47, 301, 307, 334, 340, 364, 370, 404, 410, 449, 455, 485, 491, 526, 532, 561, 567, 626, 632, 667, 673, 688, 694, 804, 810, 892, 898, 932, 938
Geschwister und Verwandte in gerader Linie 57, 70, 980
Gesetzesverstoß 734, 746
Gesetzesvorbehalt 984
Gesetzgebungszuständigkeit 17
gesetzliche Vertreter. 266, 321, 389, 471, 509, 583, 783, 824
gesetzlicher Richter 217
gesetzlicher Vertreter 421, 424, 428
Gesetzliche-Vertreter-Entscheidung 427
Gespräch zwischen Eheleuten in der eigenen Wohnung ..10, 43, 303, 336, 366, 406, 451, 487, 528, 563, 628, 640, 669, 690, 806, 894, 900, 934, 943
Gestaltungsermessen 35, 73, 124, 228, 885
gestreckter Vollzug 83, 135
gestrecktes Verfahren 83, 135
gestrecktes Zwangsverfahren 83, 135
Gesundheit....80, 120, 132, 224, 309, 342, 372, 412, 493, 534, 570, 634, 802, 803
getrennte Unterbringung 663, 703, 733
Getrenntleben 30
Gewähr der Rechtstreue 649
Gewährleistung der Vertraulichkeit und Integrität informationstechnischer Systeme . 46, 306, 339, 369, 409, 454, 490, 531, 566, 631, 672, 693, 809, 897, 937
Gewahrsam 217, 218, 724
Gewahrsamsraumverbringung und -unterbringung . 130, 309, 342, 373, 413, 634, 722, 802
Gewahrsamsvollzugsort 723
Gewährung rechtlichen Gehörs 104, 173, 264, 319, 388, 432, 469, 507, 775, 782
Gewalt 28, 218, 841, 849, 850
Gewaltmonopol 611
Gewaltschutzsachenverfahren 21
Gewalttaten 219
Gewalttätigkeit 841
gewerbsmäßige Waffenherstellung 907
Gewissensentscheidung 651, 845
Gewissensfreiheit 648
gewöhnlicher Aufenthalt 597, 834
gewöhnlicher Aufenthaltsort 730
gezielter Rettungsschuss 212, 213
gezielter Todesschuss 212, 213
Glauben 651, 845
Glaubens-, Gewissens- und Bekenntnisgrundrecht ...845
Glaubensbekundungskonfrontation 650
Glaubensfreiheit 648
Glaubensfreiheitseinschränkbarkeiten 652
Glaubhaftmachung 421, 424, 428, 750, 755
Gleichbehandlungsgrundrecht 652
gleiches Geschlecht 349
Gleichheit der Unionsbürger 603, 607, 653
Gleichheit vor dem Gesetz 653
Gleichheit vor Gericht 653
gleichheitswidriger Begünstigungsausschluss 653
Global Positioning System 967

GPS ... 967
grausame, unmenschliche oder erniedrigende Behandlung oder Strafe80, 132, 309, 342, 372, 412, 493, 534, 570, 634, 802
Grenzbehörde ... 676
Grenzen offener Staatlichkeit ... 612, 615
Grenzkontrollen ... 606
Grenzschutzbeamte ... 606
Grenzübergangsstelle ... 606
Grenzübertrittsbescheinigung ... 600
Grenzübertrittskontrollen ... 606
Grenzüberwachung ... 606
grobe Fahrlässigkeit ... 284, 297
Grönland ... 618
Großbritannien ... 617, 623
Großbritannien und Nordirland ... 597
Großeltern ... 638, 801
Grund zur Annahme ... 513, 514
Grundangabe ... 874
Grundbekanntgabe ... 663, 703
Gründe ... 269
Grundinteresse der Gesellschaft ... 734, 746
Grundmaßnahmen ... 83, 135
Grundpersonalien ... 750
Grundrechte ... 9, 40, 78, 128, 235, 300, 333, 363, 403, 448, 484, 525, 560, 625, 666, 687, 721, 762, 801, 831, 890, 931, 983
Grundrechteagentur ... 609
Grundrechte-Charta der Europäischen Union ... 613
Grundrechtsbindung der deutschen Staatsgewalt ... 983, 984
Grundrechtsbindung der deutschen Staatsgewalt auch bei einem Handeln gegenüber Ausländern im Ausland ... 984
Grundrechtsbindung zugunsten individueller Grundrechtsträger ... 983
Grundrechtsdimensionen ... 984
Grundrechtseingriffsbegriffe ... 371, 411, 457, 492, 533, 569
Grundrechtsfähigkeit ... 880
Grundrechtsförderungsfunktion ... 155, 158
Grundrechtsfunktionen . 36, 86, 125, 138, 155, 158, 229, 358, 685, 718
Grundrechtsschutz ... 610
Grundrechtsschutzfunktion ... 155, 158
Grundrechtsstatus ... 984
Grundrechtsträger des Art. 13 Abs. 1 GG ... 10, 42, 302, 335, 365, 405, 450, 486, 527, 562, 627, 668, 689, 805, 893, 900, 933, 943
Grundrechtsverzicht ... 47, 307, 340, 370, 410, 456, 491, 532, 568, 632, 673, 694
Grundrechtswirkungen ... 984
Grundsatz des gegenseitigen Vertrauens ... 646
grundsätzlich ... 754
Grundverfügung ... 180
Grundverfügung polizeieigener Behörde ... 146
Grundverfügung polizeifremder Behörde ... 146
Grundverfügung zum Abschleppen ... 180
Guadeloupe ... 619
gutgläubiger Dritter ... 297
gutgläubiger Erwerb vom Nichtberechtigten ... 297
Gutgläubigkeit ... 297

H

Haar- und Barttrachtveränderung ... 310, 315, 343
Haarfarbe ... 461, 475, 481
Haarprobe ... 442
Haft ... 724
Haftalternativen ... 757
Haftantrag ... 757
Haftfähigkeit ... 735
Haftraumverbringung und -unterbringung130, 309, 342, 373, 413, 634, 722, 802
Haftsachen ... 828
Haftsituation ... 752
Halten ... 143, 146, 159, 180, 187, 193
Haltverbotsschild ... 181
Handeln der Polizei innerhalb ihrer Befugnisse ... 191
Handflächenabdruck ... 88, 140
Handgranaten ... 145, 208, 222
Handlungs- oder Rechtsetzungsmacht anderer Staaten ... 984
Handlungsanweisungen ... 386, 431, 544
Handlungsfähigkeit ... 601
Handschuhe mit Handrücken- oder Knöchelbereich-Füllung ... 865, 867
häusliche Gemeinschaft ... 28
häusliche Gewalt ... 28
häuslicher Bereich44, 304, 337, 367, 407, 452, 488, 529, 564, 629, 670, 691, 807, 895, 935
Hautfarbe ... 461, 475, 481
HDU-Verfügung ... 90, 142
Heilung von Verfahrens- und Formfehlern ... 23, 25, 874, 876, 916, 918
Heimatstaat ... 598
heimlicher Zugriff auf ein informationstechnisches System ... 46, 306, 339, 369, 409, 454, 490, 531, 566, 631, 672, 693, 809, 897, 937
Heimreisedokumentenbeschaffung ... 700, 727, 745, 749
Heranwachsender ... 263, 266, 267, 321, 322, 389, 391, 471, 472, 509, 510, 583, 585, 780, 783, 784, 817, 829
Heranziehung ... 822, 826, 828
Herausgabe ... 247, 248, 769
Herausgabeverfahren ... 263
Herkunftsstaat ... 598
Hieb- und Stoßwaffen ... 921
High-Risk-Fall ... 66, 67
hilflose Person ... 552
Hilflosigkeit ... 552
Hilfs- und Unterstützungsorganisationen ... 735, 736
Hilfsbeamte der Staatsanwaltschaft ... 774, 776
Hilfsmittel der körperlichen Gewalt ... 208
hinreichend konkret absehbare Gefahrenlage ... 63
hinreichend konkretisierte Gefahr ... 63
hinreichende Wahrscheinlichkeit ... 63, 65, 551
hinreichender Grund ... 203, 204
Hinweis . 21, 101, 170, 213, 221, 318, 385, 429, 505, 578, 579, 663, 747, 916
Hinzuziehung ... 664, 676, 702, 956
Hit-/No-hit-Verfahren ... 575
Höchstgerichte ... 610
höchstpersönliches Gespräch ... 46, 306, 339, 369, 409, 454, 490, 531, 566, 631, 672, 693, 809, 897, 937
Hörbehinderung ... 122, 226

humanitäre Gründe 599
hypothetische Datenneuerhebung 58, 972, 973, 976
hypothetische Erwägungen151, 207, 217, 218, 260, 269, 324, 384, 392, 397, 426, 435, 465, 474, 501, 513, 587
hypothetischer Ersatzeingriff 973

I

ICT-Karte 600
Identifizierung 476
Identifizierungsgegenüberstellung.315, 378, 379, 418, 419
Identität 750
Identitätsfeststellung 216, 359
Identitätsfeststellungsbefragung 696
Identitätsfeststellungsbefugnisse 707
Identitätsfeststellungsberechtigte 707
Identitätsfeststellungsmaßnahmen ...207, 675, 696, 698, 711
Identitätsfeststellungszulässigkeit 353
Identitätskontrolle 612, 613
Identitätsmaßnahmen 711
Identitätsmaßnahmen nach Asylgesetz 659
Identitätspapierverlangen 697
Identitätssicherung 698, 699, 712
Identitätssicherungsmaßnahmen 675, 696, 698, 711
Identitätsüberprüfungsmaßnahmen 675, 696
illegaler Aufenthalt 707, 724
IMEI 958, 959, 960, 964
Immobilien-Beschlagnahme 246, 259
IMSI 958, 959, 960, 964
IMSI-Catcher 958, 959, 960, 964
Inanspruchnahme .. 32, 71, 119, 121, 223, 225, 290, 324, 354, 393, 436, 476, 517, 552, 587, 681, 713, 751, 795, 879
Inanspruchnahmevoraussetzungen.......31, 71, 119, 121, 223, 225, 290, 324, 354, 393, 436, 476, 517, 552, 587, 681, 713, 751, 795, 879
Inaugenscheinnahme..375, 415, 458, 495, 539, 572, 956
In-Betracht-Kommen 436
Informant 290
Information 21, 663, 736, 826, 827
informationelles Trennungsprinzip 978
Informations- und Datenverarbeitungsprozess, der sich an die Erhebung anschließt 640
Informationserteilung 824
Informationsfreiheitsgrundrecht 840
Informationsstand 843
Informationsstände 846
informationstechnisches System .46, 306, 339, 369, 409, 454, 490, 531, 566, 631, 672, 693, 809, 897, 937
informationstechnische-Systeme-Zugriff 977
Ingewahrsamnahme 700, 727
Ingewahrsamnahme, vorläufige .662, 663, 700, 725, 728
Inhalts- und Schrankenbestimmung 764, 813, 891
Inkenntnissetzen 22, 662, 663, 676
Inländer-Status 602
Innenminister des Landes Nordrhein-Westfalen145, 222
innerhalb der nächsten drei Monate 745
Inobhutbringen 816
Inobhutnahme 819
insbesondere 157, 160, 193
Instrumentum sceleris 278
Integrationsgesetzgeber 612
Integrationsverantwortung 611, 613
intendiertes Ermessen 97, 100, 166, 169
international Schutzberechtigter 597
internationale Rechtshilfe in Strafsachen 987
internationale Zusammenarbeit 954, 983
Intim- und Sexualbereich des Menschen als Teil seiner Privatsphäre ... 44, 304, 337, 367, 407, 452, 488, 529, 564, 629, 670, 691, 807, 895, 935
Intimsphäre 43, 45, 303, 305, 318, 336, 338, 349, 366, 368, 406, 408, 451, 453, 487, 489, 528, 530, 563, 565, 628, 630, 669, 671, 690, 692, 806, 808, 894, 896, 934, 936, 978
Intoxikation 398
IP-Adressen 238, 941
Irritationsmittel 87, 139, 209, 222
Island 622, 623

J

Jagdschein 906
Jeder.10, 15, 16, 47, 78, 79, 80, 128, 129, 133, 237, 240, 241, 307, 309, 340, 342, 370, 372, 410, 412, 455, 491, 493, 532, 535, 567, 570, 622, 632, 634, 640, 648, 652, 654, 673, 694, 764, 802, 810, 850, 898, 938, 940
Je-desto-Formel30, 63, 65, 120, 157, 160, 192, 205, 213, 214, 215, 220, 224, 551, 734, 745, 820, 821
JGG-Anwendungsbereich .. 266, 321, 389, 471, 509, 583, 783
Judikative 953
Jugendamt 819
Jugendamtbenachrichtigung 735
jugendgefährdende öffentliche Veranstaltung 820
jugendgefährdender Ort 821
Jugendgericht 823, 825, 826
Jugendgerichtsgesetz . 266, 321, 389, 471, 509, 583, 783
Jugendgerichtshilfe ... 266, 321, 389, 471, 509, 583, 783, 822, 823, 826, 828
Jugendgerichtsstrafverfahren 822
Jugendhilfeaufgaben 822, 823
Jugendliche 815, 922
Jugendlichenbeteiligung 819
Jugendlicher263, 266, 267, 321, 322, 389, 391, 471, 472, 509, 510, 583, 585, 780, 783, 784, 817, 829
Jugendlicher, der das sechzehnte Lebensjahr noch nicht vollendet hat 828
Jugendmedienschutz 815
Jugendschutz 815
Jugendstaatsanwaltschaft 823, 825, 826
jugendstrafrechtliche Rechtsfolgen 250
Jugendstrafrechts-Erziehungsgedanke 523
Jugendstrafverfahren . 266, 321, 389, 471, 509, 583, 783
jugendtypische Verfehlung 514
junger Mensch 817
junger Volljähriger 817
Justiz 312, 314
Justizbehörde 989, 990
justizielle Zusammenarbeit in Strafsachen 624, 986
justizielle Zusammenarbeit in Zivilsachen 624, 986
Justiz-VA auf Handeln, Dulden oder Unterlassen 115, 196

Justiz-VA-Bestandskraft 119, 200
Justiz-VA-Rechtmäßigkeit 115, 116, 196, 198
Justiz-VA-Unanfechtbarkeit 117, 119, 198, 200
Justiz-VA-Vollstreckbarkeit 117, 198
Justiz-VA-Vorliegen 115, 196
Justizverwaltungsakt.. 313

K

Kanarische Inseln 620
Kapital- und Zahlungsverkehrsfreiheit........................ 621
Kapitalfreiheit 621
Kapitalmarktunion 621
kein Nachteil 399, 444, 557, 720
keine aufschiebende Wirkung 98, 112, 117, 166, 184, 198
Kenntlichmachung 262, 775, 782
Kenntnisnahme 11, 901, 944
Kernbereich privater Lebensgestaltung.... 16, 43, 45, 46, 48, 49, 56, 57, 69, 70, 79, 129, 241, 303, 305, 306, 308, 336, 338, 339, 341, 366, 368, 369, 371, 406, 408, 409, 411, 451, 453, 454, 457, 487, 489, 490, 493, 528, 530, 531, 534, 563, 565, 566, 570, 628, 630, 631, 633, 655, 669, 671, 672, 674, 690, 692, 693, 695, 710, 765, 806, 808, 809, 811, 814, 850, 894, 896, 897, 899, 902, 934, 936, 937, 939, 964, 976, 978, 979, 980, 1053
Kind 213, 817, 828
Kinder... 638, 801, 815, 922
Kinder- und Jugendlichendiskriminierungsverbot 653
Kinderbeteiligung... 819
Kindesalter 213
Kindesfreiheitsentziehung 828
Kindvertretung...266, 321, 389, 421, 424, 428, 471, 509, 583, 783, 824
Kirchen 648
Kirchen- und -Staat-Verhältnis.................................. 649
Kirchenartikel... 651
Kirchenrecht 648
kirchliches Proprium 651
kirchliches Selbstbestimmungsrecht 651
Klappmesser 910
Klarheit... 976
kleiner Waffenschein 924
Klopfmassage-Stab... 926
Knockout-Mittel 442
Koexistenz 649
Kognitionsgegenüberstellung 378, 418
Kommunikation mit Berufsgeheimnisträgern10, 43, 303, 336, 366, 406, 451, 487, 528, 563, 628, 640, 669, 690, 806, 894, 900, 934, 943
Kommunikation unmittelbar über Straftaten..... 46, 306, 339, 369, 409, 454, 490, 531, 566, 631, 672, 693, 809, 897, 937
kompetenzielle Grundlagen der Europäischen Union614
Kompetenz-Kompetenz 614
Kompetenzüberschreitung 615
Kompetenzüberschreitungen durch EU-Stellen......... 608
Konfiskation 245, 282
Konfrontationsgegenüberstellung 379, 419
konkrete Gefahr...................65, 203, 551, 742, 820, 821
konkrete Gefahr für die öffentliche Sicherheit 551
konkrete Gefahr für die sexuelle Selbstbestimmung 65
konkretisierte Gefahr 61, 62, 63
konkurrierende Gesetzgebungszuständigkeit für Strafverfolgungsvorsorge......................................346
Konsularbehörden...735
Kontaktanrufe 52, 54, 969
Kontaktaufnahmengestattung 663
Kontrolle...700, 727, 976
Kontrollstellen 859, 861, 862, 959
Kontrollstempeleintragung 700, 727
Konularvertretungsmitglieder-Zeugnispflicht 288
Konzentrationsmaxime 870
Konzentrationswirkung 870
Kooperation 840
Kooperation mit dem Gerichtshof der Europäischen Union 610
Kooperationsgebote..839
Koppelschlosspistolen 922
Körperbeschaffenheitsermittlungszweck.. 375, 415, 458, 495, 539, 572
körperliche Bewegungsfreiheit ... 30, 130, 203, 308, 341, 373, 413, 633, 721, 801, 802
körperliche Untersuchung. 207, 375, 376, 377, 415, 416, 417, 458, 459, 495, 496, 539, 540, 572, 573
körperliche Untersuchung anderer Person 417
körperliche Untersuchung des Beschuldigten............475
körperliche Untersuchung durch Person bestimmten Geschlechts oder durch Arzt......... 385, 429, 504, 579
körperliche Unversehrtheit ... 30, 80, 132, 157, 203, 213, 214, 309, 342, 349, 372, 412, 493, 534, 535, 570, 586, 634, 802, 803
körperlicher Eingriff ... 375, 379, 415, 458, 495, 539, 572
körperlicher Eingriff durch Arzt nach den Regeln der ärztlichen Kunst 386, 430, 543
Körperschaft des öffentlichen Rechts 648, 649
Körperschaften des öffentlichen Rechts im verwaltungs- und staatsorganisationsrechtlichen Sinne 648
Körperschaftsstatus 649
Körperuntersuchungs- und -Personendurchsuchungs-Abgrenzung................. 375, 415, 458, 495, 539, 572
Körperunversehrtheitseinschränkung. 80, 133, 310, 343, 373, 413, 494, 535, 571, 635, 803
Körperzellenentnahme............................ 497, 541, 574
korporative Religionsfreiheit....................................651
korporierten Religionsgemeinschaften 648, 649
Kosten 270
Kostenerhebung 700, 727
Kostengeltendmachung 700, 728
Kraftfahrzeug..787, 788
Kraftfahrzeugführen-Ungeeignetheit........................771
Krankheiten..44, 304, 337, 367, 407, 452, 488, 529, 564, 629, 670, 691, 807, 895, 935
Kriminalakte 946
kriminalistische Erfahrung..314
kriminalpolizeiliche personenbezogene Sammlungen 946
kriminalpolizeiliche Sammlungen 947
Kubotan 926
Kubotee 926
Kundgabe 837
Kundgabe oder Erörterung..837
Kunst 842

Kunstbegriff 842
Kunstwerk 842
kurzfristige Dauer 148
kurzfristige Maßnahme 130, 148, 309, 342, 373, 413, 634, 722, 802
kurzfristige Observation 966

L

La Réunion 619
Ladung 822, 826
Land 604
Länder 604
Landfriedensbruch 219
Landgericht 267, 322, 390, 472, 510, 584, 784, 825
Landgrenzen 605
Landtagsgenehmigungsvorbehalt 258, 288
Landtagspräsidentengenehmigungsvorbehalt .. 258, 288
Landtagsversammlung 831
längerfristige Observation 961, 966, 967
langfristig Aufenthaltsberechtigter 597
langfristige Aufenthaltsberechtigung 597
Langwaffen 922
Laser 922
Lautsprecherandrohung 87, 123, 156, 159, 227
Leben 30, 120, 133, 157, 203, 213, 214, 224, 349, 586
Lebenseinschränkung 133
Lebenspartnerschaft 421, 424, 428
Legalitätsgrundsatz 327, 395, 439, 479, 519, 589, 796
Legislative 953
Legitimer Zweck 35, 73, 125, 229, 295, 328, 357, 397, 440, 479, 520, 555, 590, 684, 717, 756, 797
Leib 30, 157, 203, 213, 214, 349
Leiche 534, 541, 552
leichtfertiges Beitragen zur Tatmittelverwendung oder Tatobjektbestimmung 284, 285
Leihschein 906
Leistungsbescheid 700, 728
Leistungsbescheid nach Aufenthaltsgesetz 658
Leistungsklage 97, 112, 166, 184
Leitlinien 386, 431, 544
Lesart des § 62 S. 2 PolG NRW 207
Lesart des § 64 Abs. 1 Nr. 2 PolG NRW 214
Lichtbildvorlage 329, 378, 418
Liechtenstein 622, 623
Lockspitzel 965
Löschen 949
Löschung 56, 57, 58, 541, 575, 582, 949, 969
Luftraumgrenzen 605

M

Madeira 620
Mailboxüberwachung 963
Mandat zwischenbehördlich 54, 968
Martinique 619
Maschinengewehre 145, 208, 222
Maske 865, 868, 869
Massen-/Mengen-/Multi-Festhaltemaßnahmen 832
maßgebliche Zeit 817
Maßnahme in der Verwaltungsvollstreckung 102, 171
Maßnahmen an einem anderen Ort 207
Maßnahmen gegen Personen nach den §§ 4 bis 6 PolG NRW 193
Maßnahmenabbruch 970
Maßnahmenabschnitte 83, 102, 135, 171, 193
Maßnahmenbeendigung 970
Maßnahmenunzulässigkeit 970
Maßregel der Besserung und Sicherung 789
Material 475
Materialerhebungsherkunft 474
Materialherkunftspersonenunbekanntheit 475, 476
Materie 920, 970
materielle Rechtmäßigkeit 920, 970
materielle VA-Bestandskraft 114, 187
Mayotte 619
Medienfreiheitseingriffsgegenstände 240, 945
Mediengrundrecht 239, 944
medizinische Untersuchung 825
mehrere Personen 835
mehrere Zwangsmittel 100, 169
mehrpoliges Rechtsverhältnis ... 113, 118, 174, 185, 186, 199, 200, 978
Meinung 844
Meinungsfreiheit 844
Meinungsfreiheitsgrundrecht 844
Meinungslosigkeit 844
Meldepflichtdurchführung, aufenthaltsgesetzlich 659
Meldewesen 596
Melilla 620
Menschenmenge 93, 94, 95, 157, 162, 164, 219
Menschenmenge, von ihr oder aus ihr heraus 219
Menschenwürde 45, 47, 88, 132, 140, 305, 307, 309, 338, 340, 342, 368, 370, 387, 400, 401, 408, 410, 431, 432, 445, 453, 455, 489, 491, 530, 532, 534, 565, 567, 630, 632, 671, 673, 692, 694, 803, 808, 810, 896, 898, 936, 938, 989
Menschenwürdegehalt 47, 307, 340, 370, 410, 455, 491, 532, 567, 632, 673, 694, 810, 898, 938
Menschenwürdigkeit der Unterbringung von Gefangenen 752
Messer 910, 922
metaphysische Grundlagen menschlicher Existenz ... 643
Migrationsrecht 656
Militanzverbot 857, 865
Minderjährige 735, 751, 757
Minderjährigenalterungewissheit 601, 751
Minderjährigenehe 638, 801
Mindestvoraussetzung 680, 706, 726, 920
mit an Sicherheit grenzende Wahrscheinlichkeit 30
Mitführen von Schusswaffe oder Explosivmittel 216, 217, 218
Mitgliedstaaten 617, 922
mitgliedstaatliche Zuständigkeiten 614
Mitnahme 21
Mitnahme von Waffen oder Munition 908
mitsichführen 697
Mitteilung 664, 823, 824, 825, 826, 828
Mitteilung an amtliche Stellen .. 267, 322, 391, 472, 510, 585, 784
Mittel 281
mittels 281
Mittteilung 955
Mitwirkung 264, 781

Mitwirkungshaft 663, 725, 729
Mitwirkungspflichten nach Asylgesetz 659
Mitwirkungspflichten nach Aufenthaltsgesetz 749
Mobiler-ICT-Karte 600
Mobilfunkendgeräte-Ermittlungsmaßnahmen .. 958, 964
Mobilien-Beschlagnahme 246, 258, 259
Mobilienpfändung 256, 258
möglich 221
Möglichkeit 193
Möglichkeits-, Bestimmtheits-, Geeignetheits-
Wechselwirkungen 398, 441, 480, 521, 556
möglichst.. 94, 106, 163, 175
molekulargenetische Untersuchung. 375, 376, 415, 416, 458, 460, 495, 496, 497, 539, 540, 541, 572, 573, 574, 957
molekulargenetische Untersuchungen 541
molekulargenetische Untersuchungen zur
Identitätsfeststellung.. 541
Motorradhelm 865, 867
mündliche Richteranordnung 151, 261, 384, 427, 466, 502, 778
mündliche Sachverhaltsdarstellung.. 151, 261, 384, 427, 466, 502, 778
Mundschutz 865, 868
Munition 923
Munition und Geschosse 922
Mütter... 735

N

nachfolgende Entziehung der Fahrerlaubnis 770
Nachteilfehlen.................................. 399, 444, 557, 720
Nachteilnichtbefürchtung................. 399, 444, 557, 720
Nachtsichtgeräte 922
Nachtzeit..... 108, 150, 178, 259, 383, 426, 465, 501, 777
Nachtzielgeräte 922
Nachweis verbotener Substanzen 442
Nackt-ED-Behandlung 319, 349
Nahelegung 21
Nahestehende......44, 304, 337, 367, 407, 452, 488, 529, 564, 629, 670, 691
nahestehende Personen und Familienangehörige von
Deutschen 713
nahestehende Personen und Familienangehörige von
EU-/EWR-/UK-Staatsangehörigen 713
nationale Zentralbanken... 621
nationales Visum 711
Nationalität.........602, 603, 605, 607, 681, 714, 751, 833
Negativbescheinigung.............................. 261, 774, 781
negative Rechtmäßigkeitsvoraussetzungen 970
negative Tatbestandsvoraussetzungen 970
Negativprognose.. 514
Negativstaaten.. 597
Negativstaater 597, 600
nemo tenetur se ipsum accusare...... 326, 356, 395, 438, 478, 519, 554, 589
Neue Formel 654
Neukaledonien.. 620
Neutralitätspflicht... 649
nicht offen eingesetzter Polizeibeamter.................... 965
nicht verfolgbare oder nicht verurteilbare rechtswidrige
Straftat 285
nicht verurteilungsbasierte selbständige Einziehung. 286
Nichtanwesenheit 108, 178
nichtaufschiebende Wirkung 98, 112, 117, 166, 184, 198
Nicht-Besitz 236, 279, 280, 537, 637
Nichtdeutsche 833, 850, 856
Nicht-Eigentum 236, 279, 280, 537, 637
Nichterfolgversprechung.. 193
Nichterfolgversprechung anderer Maßnahmen 220
Nicht-EU-Euro-Gebiete... 621
Nicht-Gehören........................... 236, 279, 280, 537, 637
nichtgewerbsmäßige Waffenherstellung 908
Nichtmöglichkeit 193
Nichtmunition 923
nichtöffentlich gesprochenes Wort........................... 964
nichtöffentliche Kommunikation 46, 57, 70, 306, 339, 369, 409, 454, 490, 531, 566, 631, 672, 693, 809, 897, 937, 980
Nichtverantwortlicher 119, 193, 223
Nichtwaffen.. 923
Nicht-Zustehen 236, 279, 280, 537, 637
Niederlande 620, 623
Niederlassungserlaubnis 600
Niederlassungsfreiheit .. 9, 130, 308, 341, 373, 413, 621, 633, 721, 801
Niederlegung 108, 178
NoeP... 965
Nordirland 617, 623
Nordische Passunion 618
Nordische Passunion-Staaten 618
Nordrhein-Westfalen 604
Normalvollzug 85, 137
normative Vergewisserung 645
Norwegen.. 617, 622, 623
Nötigsein 821
Notizbuch 947
Notstand, polizeilicher 883
Notstandsdiskriminierungsverbot............................. 653
Notstandsmaßnahme................ 113, 119, 175, 186, 200
Notveräußerung 247, 248, 263, 769
Notwehrprovokation 211, 221
Notwehrrechtsbeschränkung............................ 211, 221
notwendige Verteidigung.. 266, 267, 321, 322, 390, 471, 472, 509, 510, 584, 784, 825
Notwendigkeit 24, 59, 103, 113, 119, 172, 175, 186, 187, 192, 200, 201, 330, 350, 548, 678, 704, 737, 875, 917
Notwendigkeit der erkennungsdienstlichen Behandlung
.... 330
Nun-Chakus 922
Nutzen 949
Nutzung 273, 275, 949
nverzüglich 459

O

OAFIMOZ 839, 850, 940
Oberlandesgericht..... 267, 322, 390, 472, 510, 584, 784, 825
Oberstaat 606
oberste Landesbehörde 222
Objekt 476
objektive Berufsvoraussetzungen 639
objektiver Empfängerhorizont 924

objektivrechtliche Verpflichtung 983
Observation 956
Offenbarungspflicht 749
offensichtliche Nichterfolgversprechung anderer Maßnahmen des unmittelbaren Zwangs 210
öffentliche Klage 781
öffentliche Ordnung ... 120, 157, 160, 192, 205, 224, 734, 746
öffentliche Sicherheit. 120, 157, 160, 188, 192, 194, 205, 224, 354, 551, 734, 746, 879, 910
öffentliche Sicherheit und Ordnung 903
öffentliche Stellen 910
öffentliche Straßen, Wege, Plätze 910
öffentliche Veranstaltung 820
öffentliche Verkehrsflächen in Privateigentum 858
öffentliche-Gewalt-Ausübung 608
öffentliches Interesse .. 24, 103, 112, 113, 118, 119, 172, 174, 175, 185, 186, 199, 200, 350, 548, 678, 704, 737, 875, 917
Öffentliches Interesse 59
Öffentlichkeit 157, 160, 192, 205, 978
Öffentlichkeit der Versammlung 850
Öffentlichkeitssphäre 978
Online-Durchsuchung 963
Online-Durchsuchungen 974
Online-Durchsuchungsdaten-Weiterverarbeitung 974
Opportunitätsprinzip .. 327, 395, 439, 479, 519, 589, 796
ordentliche Gerichte 312
Ordner 880
Ordnungsbehörde 819
Ordnungsbehörden 146, 222
Ordnungsgeld 153
Ordnungsgeldfestsetzung 153
Ordnungswidrigkeitenverfahren 823
Ordnungswidrigkeitenverfahren nach OWiG 397
Ordnungswidrigkeitenverfahrensdurchführungszweck 328, 379, 419
Organ 463, 468, 499, 506, 543, 546, 577, 581
originäre Zuständigkeit 92, 145
Ort 820
örtliche Zusammenkunft 835
OWiG-Maßnahmenzulässigkeit 951

P

Parken 143, 146, 159, 180, 187, 193
Parkuhr 180
Parteien 905
partielle Pflege des religiösen oder weltanschaulichen Lebens 648
Pass 709
Pass- und Ausweispflicht 598
Passaushändigungsverlangen 697
Passeinbehaltung 700, 727, 745, 749
Passersatz 709
Passersatzaushändigungsverlangen 697
Passersatzvorlageverlangen 696
Passpflicht 598
Passversagungsgrund 9, 79, 129, 241
Passvorlageanordnung 700, 727, 745, 749
Passvorlageverlangen 696
Passwesen 596
Person 130, 263, 308, 341, 349, 373, 413, 477, 633, 721, 780, 802
Person des Vertrauens 318, 319, 385, 429, 430, 505, 579, 580
Person gleichen Geschlechts 318, 319, 349, 385, 429, 505, 579, 580, 663
Person oder Arzt bestimmten Geschlechts318, 385, 429, 505, 579
Personaldaten 956
Personalien, weitere 750
Personen 209
Personen des höchstpersönlichen Vertrauens 46, 57, 70, 306, 339, 369, 409, 454, 490, 531, 566, 631, 672, 693, 809, 897, 937, 980
Personen gleichen Geschlechts 349, 702
Personen im Sinne von § 1 Abs. 1 FreizügG/EU 713
personenbezogene Daten besonderer Kategorie 456, 492, 533, 569
personenbezogenes Datum 47, 307, 340, 370, 410, 456, 491, 532, 568, 632, 673, 694, 810, 898, 938
Personendurchsuchung 663, 697
Personendurchsuchung durch Person gleichen Geschlechts oder Arzt 349
Personendurchsuchungs- und -Körperuntersuchungs-Abgrenzung 375, 415, 458, 495, 539, 572
Personenkontrollen 605
persönliche Ehre.. 41, 301, 334, 364, 404, 449, 485, 526, 561, 626, 667, 688, 804, 892, 932
persönliche Eignung 903
persönliche Freiheit 586
Persönlichkeitsentfaltungseinschränkung ... 47, 307, 340, 370, 410, 456, 491, 532, 568, 632, 673, 694, 810, 898, 901, 939, 944
Persönlichkeitsprofile 522
Persönlichkeitssphäre 978
Persönlichkeitssphären 978
Petitionsrecht 603
Pfandrechte 262, 291, 780
Pfändung 292
Pfändung in bewegliche Sachen 256, 258
Pfeilabschussgerät 926
Pflegschaft. 266, 321, 390, 421, 424, 428, 471, 509, 584, 784, 824
Pflicht zur staatlichen Neutralität in weltanschaulich-religiösen Fragen 649
Pflichtverteidiger 266, 321, 390, 471, 509, 584, 784, 825
Pflichtverteidigerbestellung 266, 267, 321, 322, 390, 471, 472, 509, 510, 584, 784, 825
Platzverweisung 180, 816, 819, 821
Platzverweisungen 699, 701, 727, 728
plötzlicher Zustrom von Drittstaatsangehörigen 712
PolG-NRW-Maßnahmenzulässigkeit 951
Politik im Bereich Grenzkontrollen, Asyl und Einwanderung 624
politisch 643
politisch Verfolgter 642, 643
politische Gründe 599
politische Verfolgung 642, 643, 644, 680
Politmalus 642
Polizei 146, 222
Polizeiamtswalter 146, 222
Polizeibeamtenzeichen- und -weisungen 180

Polizeibehörden ... 146, 222
Polizeibehördenaufbau ... 222
polizeibehördeneigene Androhung ... 159
polizeibehördeneigene Grundverfügung ... 146
polizeibehördeneigene Zeichen und Weisungen ... 146
polizeibehördenfremde Androhung ... 159
polizeibehördenfremde Grundverfügung ... 146
Polizeifestigkeit ... 853
Polizeihandeln innerhalb der Befugnisse ... 191
polizeiliche Erkenntnisse ... 66
polizeiliche Sammlungen ... 947
polizeiliche und justizielle Zusammenarbeit in Strafsachen ... 624
polizeiliche Zusammenarbeit ... 624, 986
polizeilicher Notstand ... 883
Polizeipräsenz in einer Versammlung ... 860, 873
Polizeiverträge ... 986, 987, 991, 992
Polizeivollzugsbeamte mit dem höchsten Dienstrang 154
Polizeivollzugsbeamte, die anwesend sind ... 154
Polizeivollzugsbeamtinnen oder Polizeivollzugsbeamte ... 92, 145
Pönalisierungsverbot ... 600, 601
Portugiesische Republik ... 620
positive Rechtmäßigkeitsvoraussetzungen ... 970
Positivprognose ... 514
Positivstaaten ... 597
Positivstaater ... 597, 600
Postbeschlagnahme ... 244, 768, 962
Postexpositionsprophylaxe ... 207
Postgeheimnis ... 237, 940
postmortaler Achtungsanspruch ... 534
postmortales Persönlichkeitsrecht ... 534
praktische Konkordanz ... 881, 887
Präsenzkontrolle ... 40
Prävention ... 314
Präzisionsschleudern ... 922
Presseangehörige ... 290
Pressefreiheitsgrundrecht ... 239, 944
Presseinformanten ... 290
presserechtlicher Beschlagnahmeschutz .. 290, 421, 423, 428
presserechtliches Zeugnisverweigerungsrecht. 290, 421, 423, 428
Prioritätsgrundsatz ... 244, 882
Privatangelegenheitenschutz...43, 44, 45, 303, 304, 305, 336, 337, 338, 366, 367, 368, 406, 407, 408, 451, 452, 453, 487, 488, 489, 528, 529, 530, 563, 564, 565, 628, 629, 630, 669, 670, 671, 690, 691, 692, 806, 807, 808, 894, 895, 896, 934, 935, 936
Privatrecht in der polizeilichen Praxis... 20, 92, 145, 263, 291, 780
privatrechtlich verfasste Religionsgemeinschaften ... 649
privatrechtlicher Schutz ... 21
Privatrechtsklausel ... 20, 92, 145
Privatsphäre... 11, 41, 42, 43, 44, 45, 301, 302, 303, 304, 305, 334, 335, 336, 337, 338, 364, 365, 366, 367, 368, 404, 405, 406, 407, 408, 449, 450, 451, 452, 453, 485, 486, 487, 488, 489, 526, 527, 528, 529, 530, 561, 562, 563, 564, 565, 626, 627, 628, 629, 630, 640, 641, 644, 667, 668, 669, 670, 671, 688, 689, 690, 691, 692, 804, 805, 806, 807, 808, 892, 893, 894, 895, 896, 899, 900, 932, 933, 934, 935, 936, 942, 943, 978
Privatsphäre außerhalb des Hauses ... 44, 304, 337, 367, 407, 452, 488, 529, 564, 629, 670, 691, 807, 895, 935
Privatsphärenschutz.... 45, 305, 338, 368, 408, 453, 489, 530, 565, 630, 671, 692, 808, 896, 936
Privilegierung der Religionsgemeinschaften ... 649
Probennahme ... 541
Productum sceleris ... 278
Prognose ... 62
projektbezogene Datenverarbeitung ... 977
Protokoll.....105, 174, 265, 320, 389, 433, 470, 508, 583, 776, 783, 828
Protokollierung.... 58, 105, 174, 265, 320, 389, 433, 470, 508, 583, 776, 783, 828, 953, 969
Provokation ... 965
Prüfung auf Einhaltung ... 22
Prüfungsabnahme ... 914
Pseudonymisierung ... 977
Psychotherapeut ... 57, 70, 980
pyrotechnische Mittel ... 87, 209, 222

Q

Qualifikationsrichtlinie ... 598
Quellentelekommunikationsüberwachung ... 963

R

Racial Profiling ... 652, 684, 717
Rahmenrecht 41, 301, 334, 364, 404, 449, 485, 526, 561, 626, 667, 688, 804, 892, 932
Rasterfahndung ... 956, 957, 958, 959, 960, 962
Rasterung ... 957, 958, 959, 960
Rat der Europäischen Union ... 617
Raum der Freiheit, der Sicherheit und des Rechts 622, 624, 646, 986
Raumbereichsschutz ... 44, 304, 337, 367, 407, 452, 488, 529, 564, 629, 670, 691, 807, 895, 935
räumliche Beschränkung ... 700, 728
räumliche Beschränkung nach Asylgesetz ... 659
räumliche Privatsphäre 43, 303, 336, 366, 406, 451, 487, 528, 563, 628, 640, 641, 669, 690, 806, 894, 900, 934, 943
räumliche Privatsphäre des Wohnungsinhabers .. 10, 42, 302, 335, 365, 405, 450, 486, 527, 562, 627, 668, 689, 805, 893, 899, 933, 942
Realfolge ..17, 50, 82, 135, 243, 311, 344, 374, 414, 458, 495, 539, 572, 657, 675, 696, 723, 767, 816, 853, 905, 948, 986
Rechnungshof ... 609
Recht am eigenen Bild... 41, 44, 301, 304, 334, 337, 364, 367, 404, 407, 449, 452, 485, 488, 526, 529, 561, 564, 626, 629, 667, 670, 688, 691, 804, 807, 892, 895, 932, 935
Recht am eigenen in der Wohnung gesprochenen Wort ..10, 42, 302, 335, 365, 405, 450, 486, 527, 562, 627, 640, 668, 689, 805, 893, 899, 933, 942
Recht am gesprochenen Wort 41, 301, 334, 364, 404, 449, 485, 526, 561, 626, 667, 688, 804, 892, 932
Recht auf Antragsstellung ... 824
Recht auf Anwesenheit ... 702, 824

Recht auf Anwesenheit bei Untersuchungshandlungen 824
Recht auf Anwesenheit von Erziehungsberechtigen und gesetzlichen Vertretern 824
Recht auf Beantragung der Gerichtsentscheidung 262
Recht auf die Darstellung der eigenen Person.... 41, 301, 334, 364, 404, 449, 485, 526, 561, 626, 667, 688, 804, 892, 932
Recht auf die freie Entfaltung der Persönlichkeit 41, 301, 334, 364, 404, 449, 485, 526, 561, 626, 667, 688, 804, 892, 932
Recht auf eine effektive Verteidigung 289
Recht auf faires Verfahren. 289, 326, 356, 395, 438, 455, 478, 519, 554, 567, 589
Recht auf Fragen 824
Recht auf Hinzuziehung eines Sprachmittlers ... 664, 676
Recht auf im Rahmen der Ausbildung notwendige Tätigkeiten 639
Recht auf informationelle Selbstbestimmung 41, 42, 43, 301, 302, 303, 334, 335, 336, 364, 365, 366, 404, 405, 406, 449, 450, 451, 485, 486, 487, 526, 527, 528, 561, 562, 563, 626, 627, 628, 667, 668, 669, 688, 689, 690, 804, 805, 806, 892, 893, 894, 932, 933, 934
Recht auf informationelle Selbstbestimmung, versammlungsrechtsspezifisch 840
Recht auf Leben 133
Recht auf Pflichtverteidigerbestellung 266, 321, 390, 471, 509, 584, 784, 825
Recht auf Privatsphäre. 45, 305, 338, 368, 408, 453, 489, 530, 565, 630, 671, 692, 808, 896, 936
Recht auf Rechtsbehelfseinlegung 824
Recht auf selbstbestimmtes Sterben ...47, 307, 340, 370, 410, 455, 491, 532, 567, 632, 673, 694, 810, 898, 938
Recht auf Selbsttötung 47, 307, 340, 370, 410, 455, 491, 532, 567, 632, 673, 694, 810, 898, 938
Recht auf sexuelle Selbstbestimmung .44, 304, 337, 367, 407, 452, 488, 529, 564, 629, 670, 691, 807, 895, 935
Recht auf Teilnahme an Prüfungen während der Ausbildung 639
Recht auf Vergessen 41, 42, 43, 301, 302, 303, 334, 335, 336, 364, 365, 366, 404, 405, 406, 449, 450, 451, 485, 486, 487, 526, 527, 528, 561, 562, 563, 613, 626, 627, 628, 667, 668, 669, 688, 689, 690, 804, 805, 806, 892, 893, 894, 932, 933, 934
Recht auf Verlangen der Vernichtung erkennungsdienstlicher Unterlagen 318, 348
Recht auf versammlungsmäßige Selbstbestimmung 837, 940
Recht auf Verteidigerwahl 824
Recht auf Verteidigung 266, 321, 390, 471, 509, 584, 784, 825
Recht auf Verweigerung des Zeugnisses 288, 289
Recht auf Wiederkehr 599
Recht auf Zugang zu Dokumenten 603
Recht auf Zugang zu einer Ausbildungsstätte 14, 639
Recht der Einzelnen, ihr gesamtes Verhalten an den Lehren ihres Glaubens auszurichten und dieser Überzeugung gemäß zu handeln 650
Recht der Polizei auf Unterstützung durch Ausländerbehörden 701, 728
Recht des Aufenthalts während des Asylverfahrens . 599
Recht zum Befahren mit Fahrzeugen ... 11, 641, 901, 944
Recht, in der Wohnung ungestört zu sein 10, 42, 302, 335, 365, 405, 450, 486, 527, 562, 627, 640, 668, 689, 805, 893, 899, 933, 942
Recht, von einer ausländischen EU-Fahrerlaubnis in Deutschland Gebrauch zu machen 770, 771
Rechte anderer...16, 48, 49, 79, 129, 241, 308, 341, 372, 412, 457, 493, 534, 570, 633, 655, 674, 695, 765, 811, 814, 851, 899, 903, 939, 940
Rechte zum Betreten von Betriebsräumen. 11, 641, 900, 944
Rechtfertigung von Einzelmaßnahmen 984
Rechtliche Betreuung 266, 321, 390, 421, 424, 428, 471, 509, 584, 784, 824
rechtliches Interesse 319, 385, 430, 505, 580
Rechtmäßigkeit 475
Rechtmäßigkeitsvoraussetzungen 970
Rechtsakte der EU 992
Rechtsanwendung 953
Rechtsanwendung auf mehrere in verschiedenen Altersstufen begangene Taten 822
Rechtsbehelfe 117, 198
Rechtsbehelfseinlegungsrecht 824
Rechtsbeistand 736
Rechtsfähigkeit 817
Rechtsfolge. 17, 32, 71, 82, 121, 135, 225, 243, 291, 311, 325, 344, 355, 374, 394, 414, 437, 458, 477, 495, 518, 539, 553, 572, 588, 657, 675, 682, 696, 715, 723, 752, 767, 795, 816, 853, 883, 905, 949, 986
Rechtsfolgenverweisung 207
Rechtsfolgevoraussetzungen 32, 71, 121, 225, 291, 325, 355, 394, 437, 477, 518, 553, 588, 682, 715, 752, 795, 883
Rechtsgebiet.....17, 50, 81, 134, 242, 310, 313, 343, 374, 414, 458, 494, 538, 571, 656, 674, 695, 722, 766, 815, 852, 903, 946, 985
Rechtsgebietdeutung 313
Rechtsgrundlage 953, 956, 986
Rechtsgrundlage- und Befugnisrechtsnorm-Unterscheidung 371, 411, 457, 492, 534, 569
Rechtsgrundverweisung 207
Rechtshilfe, international in Strafsachen 987
Rechtshilfe, sonstige 987
Rechtshilfegrenzen 987
Rechtshilfeverkehr, sonstiger mit den Mitgliedstaaten der Europäischen Union 989
Rechtsmittel 97, 112, 166, 184
Rechtsnachfolge von Todes wegen 907
Rechtsnormarten 819, 820, 921, 953, 956, 986
Rechtsnormen 386, 430, 544
Rechtsnormfunktionen 819, 820, 921
Rechtsnormspezialitätsregel. 60, 93, 147, 853, 873, 916, 956, 986
Rechtsnormzitierung 921
Rechtsordnung anderer Staaten 984
Rechtsprechungsauftrag des Gerichtshofs der Europäischen Union 613
Rechtsschutz 976
Rechtsschutzgarantie 112, 118, 174, 185, 199
Rechtsstaatlichkeitsvergewisserung 974

Rechtsstaatsprinzip....9, 40, 78, 128, 235, 300, 333, 363, 403, 448, 484, 525, 560, 625, 666, 687, 721, 762, 801, 831, 890, 931, 983
Rechtssubjekte des deutschen Rechts 832
Rechtstreuegewähr.. 649
Rechtsvertreter 735
Rechtswegregelung... 313
rechtswidrige Tat 270, 273, 274, 275, 285, 787
rechtswidrige Tat beim Führen eines Kraftfahrzeugs 788
rechtswidrige Tat im Zusammenhang mit dem Führen eines Kraftfahrzeugs 788
rechtswidrige Tat unter Verletzung der Kraftfahrzeugführerpflichten.............................. 788
Rechtswidrigkeit 840
rechtwidrige Tat.. 215, 216
rechtzeitig 193
Redaktionsgeheimnis....................................... 240, 945
Regelanfrage 905
Regeln der ärztlichen Kunst386, 387, 400, 430, 431, 445, 544
reines Androhungsverfahren 83, 84, 89, 90, 135, 137
reines Zwangsandrohungsverfahren 83, 135
Reisefähigkeit.. 735
Reisefähigkeitsfeststellungsanordnung 663, 703
Reiszstoffwaffen 922
Reiz- und Betäubungsstoffe 87, 140
Reizstoffe 922
Reizstoffsprühgeräte.. 922
Rekognitionsgegenüberstellung 378, 418
relativer Richtervorbehalt....................................... 730
Religion 651, 845
Religions- oder -Weltanschauungsgemeinschaftsmitglieder-Verhalten 650
Religions- oder -Weltanschauungsgemeinschaftsselbstverständnis 650
Religions- und Staatskirchenrecht des Grundgesetzes 648, 649
Religions- und -Weltanschauungsausübung 650
Religions- und -Weltanschauungsfreiheitsauseinandersetzung.... 650
Religions- und Weltanschauungsgemeinschaften 648
Religionsfreiheit 648
Religionsfreiheit, korporativ 651
Religionsgemeinschaft 648, 651
Religionsgemeinschaften 648, 649
religiöse oder religiös motivierte Verfolgung 643
religiöse Vereinigungsfreiheit 651
religiöses Existenzminimum.................................... 644
Repetierwaffen 922
Repression 314
Restverdacht... 353
Rettungsschuss 212, 213
richteramtsbefähigter Bediensteter 701
Richteranordnung 258, 382, 776, 916
Richteranordnung mündlich 151, 384, 427, 466, 502
richterliche Anordnung......147, 149, 153, 661, 662, 663, 664, 728, 729
richterliche Anordnung des Transitbereichsaufenthalts 661
richterliche Anordnung von Zurückweisungshaft...... 661
richterliche Befassung 150, 260, 384, 426, 465, 501, 777
richterliche Entscheidung......................... 217, 663, 703
richterlicher Bereitschaftsdienst150, 259, 383, 426, 465, 501, 777
Richtervorführung 662, 700, 728, 732, 828
Römische Verträge 623
Rückführung illegal aufhältiger Drittstaatsangehöriger 707
Rückgabe 247, 248, 769, 779
Rückgewinnungshilfe 244, 245
Rückkehr... 724
Rückkehrentscheidung 724
Rückkehrverbot 18
Rücknahme... 18
Rückzugsraumbereichsschutz 43, 45, 303, 305, 336, 338, 366, 368, 406, 408, 451, 453, 487, 489, 528, 530, 563, 565, 628, 630, 669, 671, 690, 692, 806, 808, 894, 896, 934, 936
Ruf
Polizei! 87, 123, 156, 159, 227
Rundfunkfreiheitsgrundrecht........................... 239, 944

S

Saba 620
Sachaufklärung 125, 229
Sachen 206, 209
Sachen von bedeutendem Wert 206
Sachen von nicht geringem Wert 206
Sachendurchsuchung 697
Sachendurchsuchung im befriedeten Besitztum 641
Sachenzustandsverantwortlicher.............. 119, 193, 223
Sachkunde 903
Sachkundevermittlung 914
Sachlage im einzelnen Fall 551
Sachverdunkelungsverhütung........................... 125, 229
Sachverhaltserforschung.. 479
Sachverständige 467, 505, 546, 580
Sachverständiger378, 418, 437, 462, 468, 499, 506, 543, 546, 577, 581, 824
sachverständiger Zeuge 437
Saint Barthélemy 619
Saint-Martin 619
Saint-Pierre und Miquelon 619
Salutwaffen 922
Sanktionen 601
Sanktionierung 125, 229
Säulenmodell... 624
Schaden 30, 64, 65, 349, 551
Schadenswiedergutmachung 245
Schalldämpfer 921
Schamgefühlsverletzung 318, 385, 429, 505, 579
Schamgefühlsverletzungspotential ... 319, 385, 429, 505, 579
Scheinaufkäufer 965
Scheinbeschuldigter 818
Scheinbetroffener 818
Scheintäter 818
Scheinverdächtiger.. 818
Schema-Betreff 83, 84, 136
Schema-Thema.. 84, 136
Schengen-Acquis 622

Schengen-Besitzstand ... 622
Schengen-Besitzstands-Anwendung ... 622
Schengener Grenzkodex ... 986
Schengen-Staaten ... 597, 622
Schengen-Vollanwender-Staaten ... 622
Schießkugelschreiber ... 922
Schießsportverbände ... 907
Schießstätten ... 908
Schleppnetzfahndung ... 966
Schleudern ... 922
Schmähkritik ... 844
Schöffengericht ... 267, 322, 390, 472, 510, 584, 784, 825
Schranken ... 16, 79, 129, 241
Schrankenspezialität ... 652
Schrankentrias ... 16, 48, 49, 79, 241, 308, 341, 371, 411, 457, 493, 534, 570, 633, 655, 674, 695, 765, 811, 814, 850, 899, 902, 939
Schreckschuss-, Reizstoff- und Signalwaffen ... 924
Schreckschusswaffen ... 922
Schriften ... 285, 287
Schriftform .. 464, 468, 500, 502, 506, 546, 577, 578, 580
schriftliche Begründung ... 112, 118, 174, 185, 199
schriftliche Belehrung ... 827
schriftliche Zwangsgeldfestsetzung ... 179
Schriftlichkeit ... 55, 106, 113, 119, 161, 175, 186, 200
Schriftproben ... 88, 140
schuld- oder vorwurfsrelevante Intoxikation 398, 442
Schuldunfähigkeit ... 497
Schule ... 823
Schuss, der mit an Sicherheit grenzender Wahrscheinlichkeit tödlich wirken wird ... 212
schussbereite Waffe ... 925
Schusswaffe ... 81, 208, 215, 217, 218, 222
Schusswaffe zugriffsbereit ... 922
Schusswaffen ... 921, 923
Schusswaffen beim Transport ... 925
Schusswaffen, automatische ... 922
Schusswaffen, unbrauchbar gemacht ... 922
Schusswaffenarten ... 922
Schusswaffenausrichtung ... 81
Schusswaffengebrauch ... 209, 210, 223
Schusswaffengebrauch gegen Fahrzeuge mit erkennbar oder gekennzeichnet explosiven oder ähnlichen gefährlichen Gütern ... 211
Schusswaffengebrauch gegen Kraftfahrzeuge ... 211
Schusswaffengebrauch gegen Personen .. 208, 209, 210, 214
Schusswaffengebrauch gegen Personen in einer Menschenmenge ... 208
Schusswaffengebrauch gegen Personen, die dem äußeren Eindruck nach noch nicht 14 Jahre alt sind ... 213
Schusswaffengebrauch gegen Sachen 208, 209, 210, 211
Schusswaffengebrauch gegen Tiere ... 211
Schusswaffengebrauch unter Gefährdung erkennbar Unbeteiligter ... 213
Schusswaffengebrauch, vorher erfolglos geblieben .. 223
Schusswaffengebrauchsandrohungen . 87, 123, 156, 159, 227
schusswaffengleichgestellte Gegenstände ... 921
Schusswaffenimitate ... 924
Schusswaffenläufe ... 921
Schusswaffenmagazine ... 922
Schusswaffennachbildungen ... 922, 923
Schusswaffenteile ... 921
Schusswaffentragen ... 81
Schusswaffenvorrichtungen ... 922
Schusswaffenzeigen-Befugnisrechtsnormrechtsfolge 91, 143
Schusswaffenziehen ... 81
Schutz der Privatsphäre .. 42, 43, 44, 302, 303, 304, 335, 336, 337, 365, 366, 367, 405, 406, 407, 450, 451, 452, 486, 487, 488, 527, 528, 529, 562, 563, 564, 627, 628, 629, 668, 669, 670, 689, 690, 691, 805, 806, 807, 893, 894, 895, 933, 934, 935
Schutz der Privatsphäre vor öffentlicher Kenntnisnahme 45, 305, 338, 368, 408, 453, 489, 530, 565, 630, 671, 692, 808, 896, 936
Schutz der räumlichen Privatsphäre 10, 640, 900, 943
Schutz des allgemeinen Persönlichkeitsrechts ... 899, 943
Schutz des Kernbereichs privater Lebensgestaltung ... 45, 46, 305, 306, 338, 339, 368, 369, 408, 409, 453, 454, 489, 490, 530, 531, 565, 566, 630, 631, 671, 672, 692, 693, 808, 809, 896, 897, 936, 937
Schutz eines unantastbaren Bereichs privater Lebensgestaltung ... 41, 301, 334, 364, 404, 449, 485, 526, 561, 626, 667, 688, 804, 892, 932
Schutz vor der Kenntniserlangung anderer . 44, 304, 337, 367, 407, 452, 488, 529, 564, 629, 670, 691, 807, 895, 935
Schutz vor der Verarbeitung personenbezogener Berichte und Informationen als Ergebnis eines Kommunikationsprozesses 43, 303, 336, 366, 406, 451, 487, 528, 563, 628, 669, 690, 806, 894, 934
Schutz vor häuslicher Gewalt ... 18
Schutz vor staatlicher akustischer Überwachung der räumlichen Privatsphäre .. 10, 42, 302, 335, 365, 405, 450, 486, 527, 562, 627, 668, 689, 805, 893, 899, 933, 942
Schutz, vorübergehender ... 597, 712
schutzbedürftige Personen ... 735, 757
Schutzberechtigter, international ... 597
Schutzdimensionen 41, 301, 334, 364, 404, 449, 485, 526, 561, 626, 667, 688, 804, 892, 932
Schutzes vor staatlicher akustischer Überwachung der räumlichen Privatsphäre ... 640
Schutzgut ... 354
Schutzgüter 30, 65, 120, 157, 160, 192, 203, 205, 213, 214, 224, 354, 551
Schutzpflicht ... 387, 400, 431, 445
Schutzpflichten ... 904
Schutzwaffe ... 865, 867, 868
Schutzwirkungen ... 984
Schutzzweck ... 789
Schwägerschaft ... 421, 424, 428
Schwangere ... 735
Schweizer Bankgeheimnis ... 681, 714
Schweizerische Eidgenossenschaft 622, 623, 681, 714
schwerwiegende Gewalttaten ... 219
schwieriger Fall ... 821
Sebaldinen ... 620
Seegrenzen ... 605
Sehbehinderung ... 122, 226
selbständige Einziehung ... 245, 270

Selbstbelastungsfreiheit 326, 356, 395, 438, 478, 519, 554, 589
Selbsteinrittsrecht 647
Selbsteintritt 647
Selbstgefährdung 205
Selbstgespräch 964
Selbstkommunikation 964
Selbstvollstreckungsgrundsatz 92, 145, 146
Selbstvornahme 86
Sensibilisierung 969
Sexualität 44, 304, 337, 367, 407, 452, 488, 529, 564, 629, 670, 691, 807, 895, 935
sexuelle Selbstbestimmung 512, 586
sicherer Drittstaat 598, 604, 645, 711
sicherer Herkunftsstaat 598, 604, 645
sichergestellt worden ist 286
Sicherheit 611
Sicherheit der Bundesrepublik Deutschland 742
Sicherheit des Straßenverkehrs 789, 793
Sicherheitsleistung......144, 246, 249, 658, 663, 768, 773
Sicherheitsleistung nach Aufenthaltsgesetz 658
Sicherheitsleistungsanordnung 700, 727, 745, 749
sicherheitsrechtliches Modell 63
Sicherheitsverwaltungsbehördenaufbau 222
Sicherstellung 144, 243, 767, 770, 912, 990
Sicherstellung oder Beschlagnahme 475
Sicherstellung und Beschlagnahme von E-Mails 238, 942
Sicherstellung und Beschlagnahme zwecks Beweissicherung 249
Sicherstellung von Datenträgern 244, 768
Sicherstellung zwecks Beweissicherung 249
Sicherstellung/Beschlagnahme von Führerscheinen, die der Einziehung unterliegen 771
Sicherstellung/Beschlagnahme-Zweck 772
Sicherstellungsanschlussmaßnahmen 247, 769
Sicherstellungsverbot 288, 290
Sicherung der Einziehung oder Unbrauchbarmachung 249
Sicherungshaft 662, 700, 725, 728, 729
Sicherungshaltungen 87, 123, 156, 159, 227
Sicherungsmaßnahmen 148
Sicherungsverwahrung nachträglich 313
Sichtbarkeitsgrundsatz 180
Sichtöten 206
Sichtungsverfahren 246, 768, 959, 960
Sichtungsverfahren gemäß § 110 StPO 289
Sichverletzten 206
Sichversammeln 831, 832, 835, 849
Signalschuss 87, 123, 156, 160, 209, 227
Signalwaffen 922
SIM 958, 959, 960, 964
Sint Eustatius 620
Sint Maarten 620
Sittengesetz 16, 48, 50, 79, 129, 241, 308, 341, 372, 412, 457, 493, 534, 570, 633, 655, 674, 695, 765, 811, 814, 851, 899, 903, 939, 940
Sittenwidrigkeit 252
sittliche Person 644
Sitzblockadenversammlungen 841
Sklavereiverbot 14, 638
sofortige Vollziehbarkeit 186, 200, 330, 360
sofortige Vollziehung 85, 137
Sofortverfahren 83, 135
Sofortvollzug 83, 84, 90, 135, 137, 142
Sofortzwangsanwendungsverfahren 83, 135
Sofortzwangsmittelanwendungsverfahren 84, 137
Soft-Air-Waffen 924
Solange-Vorbehalt 612
sonstige Freiheitsbeschränkung 130, 308, 341, 373, 413, 634, 722, 802
Sorgeberechtigtenbenachrichtigung 663, 703
Sorgfaltspflicht im Straßenverkehr 180
Souveränitätsklausel 647
sozial abweichendes Verhalten... 44, 304, 337, 367, 407, 452, 488, 529, 564, 629, 670, 691, 807, 895, 935
Sozialbezug.......46, 57, 70, 306, 339, 369, 409, 454, 490, 531, 566, 631, 672, 693, 809, 897, 937, 980
soziale Anerkennung... 41, 301, 334, 364, 404, 449, 485, 526, 561, 626, 667, 688, 804, 892, 932
soziale Ordnung 734, 746
Sozialnormen 386, 430, 544
Sozialprognose 514
Sozialsphäre ...43, 45, 303, 305, 336, 338, 366, 368, 406, 408, 451, 453, 487, 489, 528, 530, 563, 565, 628, 630, 669, 671, 690, 692, 806, 808, 894, 896, 934, 936, 978
Sozialversicherung 596
Spanien 620
Speichern 949
Speicherung 469, 507, 541, 547, 582, 949
Speicherung von Daten auf Vorrat 974
Spekulationen ... 151, 207, 217, 218, 260, 269, 324, 384, 392, 397, 426, 435, 465, 474, 501, 513, 587, 742
Sperren 949
Sperrerklärung 287, 288
Sperrfrist 771, 790
Sperrpfosten 146
Sperrung 949
Sphäre des Persönlichkeitsrechts 978
Sphäre privater Lebensgestaltung 45, 305, 338, 368, 408, 453, 489, 530, 565, 630, 671, 692, 808, 896, 936
Sphärentheorie 43, 45, 303, 305, 336, 338, 366, 368, 406, 408, 451, 453, 487, 489, 528, 530, 563, 565, 628, 630, 669, 671, 690, 692, 806, 808, 894, 896, 934, 936
Spielzeug 923, 924
Spielzeugattrappen 924
Spontanversammlung 848
Sprachbehinderung 122, 226
Sprachmittler 664, 676
Sprachunmächtigkeit 122, 226
Sprachunverständlichkeit 122, 226
Sprechprobe 88, 140
Sprengmittel 87, 139, 208, 209, 222
Sprengmittelanwendung gegen Personen 222
Springmesser 922
Spur 435
Spur im engeren Sinne 474, 476
Spur oder Folge einer Tat am Körper anderer Person 435
Spurenansatzdaten 972
Spurenmaterial... 455, 463, 474, 475, 476, 567, 574, 575
StA-Anordnung 258, 776
Staat 603, 604, 607, 984
Staat- und -Kirchen-Verhältnis 649

Staaten-, Verfassungs-, Verwaltungs- und Rechtsprechungsverbund ... 610
Staatenloser ... 597, 833, 834
Staatenverbund ... 611
staatliche Befugnisse im Ausland ... 984
Staatsangehörige der EWR-Staaten ... 713
Staatsangehörige des Vereinigten Königreichs Großbritannien und Nordirland ... 713
Staatsangehörigkeit ... 603, 605, 607, 750
Staatsangehörigkeit im Bunde ... 596
Staatsangehörigkeitsentzug ... 597, 834
Staatsangehörigkeitsprinzipien ... 605
Staatsanwalt ... 990
Staatsanwaltschaft ... 151, 258, 259, 260, 384, 426, 466, 501, 662, 774, 776, 777, 778, 967, 989, 990
staatsanwaltschaftliche Anordnung ... 153
staatsanwaltschaftliche Entscheidung als Gericht ... 990
Staatsanwaltschafts- und -Polizei-Anordnungszuständigkeitsgleichrangigkeit ... 382
Staatsbürger ... 603, 607
Staatsbürgerdiskriminierungsverbot ... 653
staatsbürgerlicher Status ... 607
Staatsbürgerschaft ... 611
Staatsgebiet ... 604, 605
Staatsgewalt ... 604, 605, 607, 608, 953
Staatsgewalt in der Bundesrepublik Deutschland ... 607
Staatsgewaltformierung ... 463, 468, 499, 506, 543, 546, 577, 581, 953
Staatsgewalt-Legitimation ... 608
Staatsgewalt-Legitimationskette ... 608
Staatsgrenzen ... 605
Staatskirchenrecht ... 648
Staatsvolk ... 602, 604, 605, 606, 607
Staatsvolk der Bundesrepublik ... 607
städtische Einrichtung zwecks Versammlung ... 848
Standard ... 386, 430, 544
Standortbestimmung ... 965
Standortdaten ... 52, 54, 969
Statusdeutsche ... 602, 607
Statusdeutscher ... 603, 605, 607
Stehblockadenversammlungen ... 841
Stellvertreter ... 266, 321, 389, 421, 424, 428, 471, 509, 583, 783, 824
Stellvertretungserlaubnis ... 906, 907
stets ... 95, 157, 164
stillende Frauen ... 735
Stimmvergleichung ... 88, 140
Stockgewehre ... 922
Störung ... 62
Störung der sozialen Ordnung ... 734, 746
Störungsverbot ... 857
strafgerichtliches Verfahren ... 313
Strafgerichtsbarkeit ... 314
Strafrecht ... 312, 346
Strafrecht und elterliches Erziehungsrecht266, 321, 389, 471, 509, 583, 783, 824
strafrechtliche Vermögensabschöpfung ... 245
Strafrechtspflege ... 313, 314
Strafrechtssachzusammenhang ... 314
Straftat ... 216, 218, 750
Straftat gegen die sexuelle Selbstbestimmung ... 516
Straftat nach § 8 Abs. 4 PolG NRW ... 63
Straftat von erheblicher Bedeutung ... 511, 515, 516
Straftat, auslieferungsfähige ... 987
Straftaten ... 66
Straftaten gegen das Leben ... 586
Straftaten gegen die körperliche Unversehrtheit ... 586
Straftaten gegen die persönliche Freiheit ... 586
Straftaten gegen die sexuelle Selbstbestimmung ... 512, 586
Straftatenbezug ... 57, 70, 980
Strafverfahren ... 823
Strafverfahren nach StPO ... 397
Strafverfahrensdurchführungszweck ... 328, 379, 419
Strafverfahrensführungsvorsorge ... 514, 520
Strafverfolgungsbehörde ... 314
Strafverfolgungsvorsorge .. 312, 313, 314, 330, 346, 358, 514, 520
Strafverteidiger ... 57, 70, 980
Strafvollstreckungsverfahren ... 245
Straßenverkehr ... 789
Straßenverkehrssicherheit ... 789, 793, 797
Straßenverkehrssicherheitsgefährdung ... 790, 794
strategische Fahndung ... 956
strategische Überwachung ... 964, 975
Strukturierung nach bestimmten Kriterien ... 946
Subjekte demokratischer Legitimation ... 611
subjektive Berufsvoraussetzungen ... 639
subjektivrechtliche Entsprechung ... 983
subsidiäre Zuständigkeit ... 92, 145
Subsidiaritätsprinzip ... 611
Suspensiveffekt ... 113, 114, 118, 174, 185, 187, 199

T

Tactical Gloves ... 926
Tagebucheintragungen ... 289
Tagebücher ... 44, 304, 337, 367, 407, 452, 488, 529, 564, 629, 670, 691, 807, 895, 935
Tageszeit ... 150, 259, 383, 426, 465, 501, 777
Tarnschusswaffen ... 922
Taschenlampenpistolen ... 922
Taschenmesser ... 910
Tat281
Tatbestand ... 27, 61, 108, 114, 179, 189, 195, 268, 323, 352, 391, 434, 473, 511, 550, 586, 679, 706, 739, 785, 877
Tatbestandsvoraussetzungen 27, 61, 108, 114, 179, 189, 195, 268, 323, 352, 391, 434, 473, 511, 550, 586, 679, 706, 785, 877
Tatbeteiligung ... 216, 218, 219, 290, 291, 294, 750
Täterschaft und Teilnahme 216, 218, 219, 290, 291, 294
Tatertrag ... 270, 271, 272, 275
Tatertrag im erweiterten Sinne ... 274
Tatertragsnutzung ... 273, 275
Tatertragssurrogat ... 274, 275
Tatfolgen ... 435, 441, 442
Tatmittel ... 278, 281, 284
tatnotwendige Intoxikation ... 398
Tatobjekt ... 281, 282, 284
Tatobjekt-Abgrenzung ... 281
Tatobjekte ... 867
Tatprodukt ... 278, 284
Tatprodukt-Beispiele ... 278

Tatprovokateur 965
Tatprovokation 965, 966
Tatrekonstruktionen 88, 140
Tatsachen 63, 66, 207, 217, 218, 397
Tatsachenbasis 63
Tatsachenbehauptungen 844
Tatsachenfeststellung 397
Tatsachengrundlage 742
tatsächliche Anhaltspunkte 63, 878, 910
Tatsächliche und rechtliche Möglichkeit 32, 72, 94, 106, 122, 156, 160, 163, 175, 193, 221, 226, 292, 326, 355, 394, 437, 477, 518, 553, 588, 599, 682, 715, 752, 795, 884
tatsächliche, gegenwärtige und hinreichend erhebliche Gefahr 734, 746
Tatspuren 435, 441, 442
Tatverdacht 268, 323, 392, 434, 455, 473, 512, 567, 586, 786, 972, 977
Tatverdächtiger 325, 394, 437, 517
Tatverdachtserforschung 125, 229
Tatzeit 822
Täuschung 88, 140, 749
technische Sperren 87, 139
telefonische Kontaktaufnahmen 52, 54, 969
Telekommunikation 237, 238, 940, 941
Telekommunikations- und Telemediendatenabfrage 956
Telekommunikationsbegriff 238, 941
Telekommunikationsdiensteanbieter 698
Telekommunikationsüberwachung ... 346, 956, 958, 963
Teleologie 146, 947
Termine 745, 748
Territorialprinzip 605
Territorium der Bundesrepublik Deutschland 607
terroristische Straftat 62, 63
Tests 88, 140
Tiere 209
Tilgung 498
Todesfreiheitseinschränkung 133
Todesschuss 210, 211, 212, 213, 220, 221
Todesstrafe 133
Tonbandaufzeichnungen 289
tragbare Gegenstände 921, 922
Träger der deutschen Staatsgewalt 607
Träger und Subjekt des Staates der Bundesrepublik Deutschland 607
Transitbereichsaufenthaltsrichteranordnung 661
Transparenz 976
transportierte Waffen 925
Treu und Glauben 749, 981

U

Überhaft 758
Überlassensbeleg 906
Überlassensbescheinigung 906
Übermaßverbot 36, 75, 126, 230, 296, 330, 359, 398, 443, 481, 521, 556, 591, 685, 719, 757, 798
Übermitteln 949
Übermittlung 949
Übermittlung personenbezogener Daten ... 47, 307, 340, 370, 410, 456, 491, 532, 568, 632, 673, 694, 810, 898, 939
Übernahmeverschulden 387, 400, 431, 445
überseeische Länder und Hoheitsgebiete .. 597, 617, 618
Übersetzer 664, 676
Übersichtsaufzeichnungen 861, 867
Überwachung 67, 964, 979
Überwachung, strategische 975
Überwachungsbefugnisse ... 46, 306, 339, 369, 409, 454, 490, 531, 566, 631, 672, 693, 809, 897, 937
Überwachungsmaßnahmen 46, 57, 70, 306, 339, 369, 409, 454, 490, 531, 566, 631, 672, 693, 809, 897, 937, 960, 980
überwiegendes Beteiligteninteresse. 112, 118, 174, 185, 199
UK-Staatsangehörige 713
ultra vires 612
Ultra-vires-Akte 614
Ultra-vires-Handeln 615
Ultra-vires-Kontrolle 612, 613, 614, 615
Umgang 921
Umgang mit einer Waffe oder Munition 921
Umstände 156, 160
Umverteilungsverfahren 712
Unanfechtbarkeit 577
unantastbarer Bereich menschlicher Freiheit 45, 305, 338, 368, 408, 453, 489, 530, 565, 630, 671, 692, 808, 896, 936
unaufschiebbare Anordnung oder Maßnahme von Polizeivollzugsbeamten 146, 188, 194
unaufschiebbare Maßnahme oder Anordnung von Polizeivollzugsbeamten 192, 193
unaufschiebbaren Anordnung oder Maßnahme von Polizeivollzugsbeamten 146
unbeabsichtigtes Eindringen in den Kernbereich privater Lebensgestaltung ... 46, 306, 339, 369, 409, 454, 490, 531, 566, 631, 672, 693, 809, 897, 937
unbedingte Erforderlichkeit 360, 556
Unbeteiligte 94, 163, 213, 221
Unbeteiligter 163, 213, 221
Unbrauchbarmachung 247, 254, 769
Unerlässlichkeit 205, 443
unerlaubte Einreise 707, 744
Unfriedlichkeit 840, 849
Unfriedlichkeit durch Gewalt 849
Ungeeignetheit zum Führen von Kraftfahrzeugen 771, 788, 789, 790, 792, 793
ungehinderter Geschehensverlauf 29, 65, 551
Ungleichbehandlung 653
Ungleichbehandlungssachgrund 654
Uniform 858
Uniformverbot 858
Unionsbürger .9, 130, 308, 341, 373, 413, 603, 607, 633, 713, 721, 801, 833, 1047
Unionsbürgerfreizügigkeit 9, 130, 308, 341, 373, 413, 633, 721, 801
Unionsbürgerschaft 603
Unionsprimärrecht 612
Unionsrecht 615, 617, 951
Unionsrecht-Anwendungsvorrang 613
Unionsrechts-Auslegung- und -Anwendung 615
unmenschliche oder erniedrigende Behandlung oder Strafe .80, 132, 309, 342, 372, 412, 493, 534, 570, 634, 802
unmittelbare Ausführung 90, 142

unmittelbare Gefahr ... 821
unmittelbare Gefährdung der öffentlichen Sicherheit ... 863
unmittelbare Gefährdung für die öffentliche Sicherheit oder Ordnung ... 878
unmittelbare körperliche Einwirkung ... 87, 139
unmittelbarer Zwang ... 87, 139, 156, 662
Unmittelbarer-Zwang-Legaldefinitionen ... 87, 139
unmittelbares Ansetzen ... 223
unmittelbares Bevorstehen ... 215, 220
Unmöglichkeit ... 193
Unpfändbarkeit ... 292
unter freiem Himmel einer Versammlung ... 850
Unter-14jähriger ... 817
Unterbringung ... 827
Unterbringung von Gefangenen ... 752
Unterbringung zur Beobachtung ... 824
Unterbringungsmaßnahmen ... 611
Unterlagenverlangen ... 697
Untermaßverbot ... 36, 75, 126, 230, 296, 330, 359, 398, 443, 481, 521, 556, 591, 685, 719, 757, 798
Unterrichtung ... 662, 816, 821, 822, 823, 826, 827, 828, 908
Unterrichtung der Erziehungsberechtigten und der gesetzlichen Vertreter ... 824
Unterrichtung der originär zuständigen Behörde ... 819
Unterrichtung des Gerichts ... 149
Unterrichtung des Heranwachsenden ... 267, 322, 391, 472, 510, 585, 784
Unterrichtung des Jugendlichen 267, 322, 391, 472, 510, 585, 784
Unterschrift ... 107, 177
Unterstützung der Polizei durch Ausländerbehörden ... 701, 728
Untersuchung ... 823, 825, 826
Untersuchung anderer Personen ... 475
Untersuchungshaft ... 726, 827, 828
Untersuchungshaftvollstreckung ... 726
Untersuchungsmaterial ... 474
unvermeidliche Kenntnisnahme 375, 415, 458, 495, 539, 572
Unverwertbarkeit ... 467, 504, 964
unverzüglich ... 55, 56, 96, 149, 150, 151, 152, 162, 165, 259, 266, 321, 375, 383, 390, 415, 425, 465, 471, 496, 501, 509, 539, 541, 573, 578, 584, 662, 664, 731, 777, 784, 825, 826
Unwirksamkeitsgründe ... 252
Unzumutbarkeit ... 444
Urinprobe ... 442
Urkundsverlangen ... 697

V

VA auf Handeln, Dulden oder Unterlassen 109, 179, 190
VA-Bekanntgabe ... 109, 115, 179, 190, 196
VA-Bestandskraft ... 98, 113, 167, 186
VA-Erledigung ... 111, 183
VA-Fehlerhaftigkeit ... 114, 187
VA-Nichtaufhebbarkeit ... 23, 25, 59, 60, 102, 103, 171, 172, 350, 351, 548, 549, 677, 678, 703, 705, 737, 738, 874, 876, 916, 918
VA-Nichtigkeit ... 114, 187
VA-Nichtvorliegen ... 189, 190
VA-Rechtmäßigkeit ... 109, 111, 116, 182, 184, 190, 191, 197
VA-Rechtsschutzfunktion ... 114, 187
VA-Regelungsfunktion ... 114, 187
Variabilitätsformel ... 30, 63, 65, 120, 157, 160, 192, 205, 213, 214, 215, 220, 224, 551, 734, 745, 820, 821
VA-Tatbestandswirkung ... 114, 187
VA-Titelfunktion ... 114, 187
VA-Unanfechtbarkeit ... 98, 111, 113, 167, 184, 186
VA-Verletzungsunbeachtlichkeit 23, 25, 59, 60, 102, 103, 171, 172, 350, 351, 548, 549, 677, 678, 703, 705, 737, 738, 874, 876, 916, 918
VA-Vollstreckbarkeit ... 111, 113, 114, 119, 175, 184, 186, 187, 192, 200, 201, 330, 360
VA-Vollziehbarkeit ... 186, 200, 330, 360
VA-Vollziehbarkeitsbegründung ... 186, 200, 330, 360
VA-Vollziehungsanordnung ... 112, 118, 174, 185, 199
VA-Vollziehungsinteresse ... 112, 118, 174, 185, 199
VA-Vorliegen ... 108, 109, 114, 179, 187, 190
VA-Wirksamkeit ... 109, 114, 182, 187
VA-Zugang ... 109, 115, 179, 190, 196
Verächtlichmachen ... 863
Veränderung ... 949
Veranstaltungen ... 820
veranstaltungsbezogene Bild- und Tonaufzeichnungen ... 867
Verantwortlicher ... 53, 469, 507, 547, 581, 950, 968, 969
Verantwortlicher für Verhalten ... 119, 193, 223
Verantwortlicher für Zustand von Sachen . 119, 193, 223
Verantwortlichkeit ... 497
Verantwortlichkeit und Verantwortung deutscher Staatsorgane ... 984
Verarbeitung besonderer Kategorien personenbezogener Daten ... 953
Veräußerungsverbot ... 250
Verbandsversammlung ... 831
Verbindung ... 97, 166
Verbindungsdaten ... 238, 239, 941, 942
Verbot ... 252, 925
verbotene Waffen ... 925
verbotswidriges Fahrzeugstehen ... 143, 146, 159, 180, 187, 193
Verbrechen ... 215, 216, 218, 586
Verbrechens- oder Vergehensfortsetzungs-Verhinderung ... 215
Verbreitung personenbezogener Berichte und Informationen als Teil öffentlicher Kommunikation 43, 303, 336, 366, 406, 451, 487, 528, 563, 628, 669, 690, 806, 894, 934
Verdacht ... 218
Verdacht einer Tat ... 786
Verdacht gegen verweigernde Person ... 575, 587
Verdächtigsein ... 216, 353
Verdächtigsein, eine Tat begangen zu haben, die mit Strafe bedroht ist ... 353
Verdachtsgrad ... 286
verdeckte Maßnahmen ... 962
verdeckter Ermittler ... 956, 959, 965
Verdeckungstat ... 215, 216
Vereine ... 905
Vereinigung ... 831, 845, 905

Vereinigungen ... 648
Vereinigungsfreiheit ... 651, 845
Vereinigungsfreiheit, religiöse ... 651
Vereinigungsmitglieder ... 831
Vereinigungsmitgliederrechte ... 831
Vereinigungsrechte ... 831
Vereinigungsverbote ... 243, 244, 767, 768
Vereitelung von Flucht ... 217
Verfahren ... 20, 55, 84, 93, 137, 147, 258, 317, 348, 382, 397, 425, 463, 499, 543, 577, 661, 676, 701, 729, 774, 872, 915
Verfahren bei der Herausgabe ... 263
Verfahren bei identitätsüberprüfenden, -feststellenden und -sichernden Maßnahmen ... 703
Verfahren in Familiensachen und in den Angelegenheiten der freiwilligen Gerichtsbarkeit .. 55
Verfahren in Freiheitsentziehungssachen ... 55
Verfahren in Gewaltschutzsachen ... 21
Verfahrens- und -Vollzugs-Unterschied ... 84, 137
Verfahrensabschnitte ... 823
Verfahrensbedeutsamkeit ... 398, 441, 480, 521
Verfahrensdurchführungszweck ... 328
Verfall ... 244, 245
Verfassung ... 606
verfassungsfeindliche Bestrebungen ... 905
Verfassungsgerichtsverbund ... 610, 745
Verfassungsidentität ... 610, 611, 612, 615
verfassungsimmanente Schranken ... 652
verfassungsmäßige Ordnung16, 45, 48, 49, 79, 129, 241, 305, 308, 338, 341, 368, 371, 372, 408, 411, 412, 453, 457, 489, 493, 530, 534, 565, 570, 630, 633, 655, 671, 674, 692, 695, 765, 808, 811, 814, 850, 851, 896, 899, 903, 936, 939, 940
Verfassungsschutz ... 905
Verfassungsschutzämter ... 905
Verfolgung ... 597, 642
Verfolgungsvorsorge ... 313
Verfügung ... 109, 115, 179, 190, 196
Vergehen ... 215, 216, 218
Vergewisserung ... 662
Vergleich ... 749
Vergleich biometrischer Daten ... 708
Vergleichsmaterial ... 476
Verhaltenseinschränkung ... 16, 79, 129, 241
Verhaltensfunktion ... 745, 749
Verhaltensverantwortlicher ... 119, 193, 223
Verhältnis zwischen Kirchen und Staat ... 649
Verhältnismäßigkeit ... 35, 73, 125, 181, 229, 294, 328, 357, 397, 440, 479, 520, 555, 590, 614, 684, 717, 756, 797, 886, 976
Verhältnismäßigkeit im engeren Sinne37, 126, 231, 297, 331, 360, 399, 444, 481, 522, 557, 592, 686, 720, 759, 976, 977
Verhandlungsunfähigkeit ... 497
Verhinderung der Fortsetzung eines Verbrechens oder eines Vergehens ... 215
Verhinderung gewaltsamer Befreiung ... 218
Verhinderungsansammlung ... 837
Verhinderungsversammlung ... 837
Verkehrsdaten ... 238, 941, 964
Verkehrsdatenerhebung ... 958
Verkehrsdelikt ... 792
Verkehrseinrichtungen ... 112, 117, 143, 146, 159, 166, 180, 185, 187, 194, 199
Verkehrsstraftaten ... 793
Verkehrsteilnehmer ... 181
Verkehrswarnschilder ... 143, 146, 159, 180, 187, 194
Verkehrsweisungen ... 143, 146, 159, 180, 187, 194
Verkehrszeichen 112, 117, 143, 146, 159, 166, 180, 181, 185, 187, 194, 199
Verkehrszeichen mobiler Art ... 181
Verkehrszeichenaufstellungs- und -anbringungsvorgaben ... 180
Verkehrszeichenbekanntgabe ... 181
Verkehrszeichenhaltverbotordnungswidrigkeit. 188, 194
Verkehrszeichen-Sichtbarkeitsgrundsatz ... 180
Verkehrszeichenverstoßgefahr für öffentliche Sicherheit ... 188, 194
Verkehrszeichenwegfahrgebotvollziehbarkeit ... 188, 194
Verlassensanordnung ... 816, 821
Verlassenspflichtdurchsetzung ... 699, 727
Verlöbnis ... 421, 424, 428
Vermerk ... 107, 108, 177, 178
vermisste Person ... 552
Vermögen ... 12, 131, 235, 536, 636, 763, 812, 890
Vermögensabschöpfung ... 244, 245
Vermögensabschöpfung nachträglich ... 245
Vermögensarrest ... 246, 255, 257, 275
Vermögensarrest zur Einziehung des Wertes von Taterträgen ... 253
Vermögensarrestrechtsnatur ... 247, 295
Vermummung ... 866
Vermummungs- und Schutzausrüstungsverbot ... 865
Vermummungsgegenstände ... 868
Vermutungen 151, 207, 210, 217, 218, 220, 260, 268, 269, 323, 324, 384, 392, 397, 426, 434, 435, 465, 473, 474, 501, 512, 513, 586, 587, 742, 862
Vernehmung371, 411, 457, 492, 533, 569, 822, 826, 989
Vernehmung des Beschuldigten 266, 321, 390, 471, 509, 584, 784, 822, 825, 826
Vernehmungart- und weise ... 828
Vernehmungsaufzeichnung in Bild- und Ton ... 828
Vernehmungsgegenüberstellung ... 379, 419
Vernichtung ... 247, 348, 541, 575, 582, 769
Verpflichtung nichtbeamteter Personen .. 462, 467, 499, 505, 542, 546, 576, 580
Verpflichtungsklage ... 97, 112, 166, 184
Versammeln ... 831, 832, 835, 840, 845, 849, 940
Versammeln ohne Anmeldung oder Erlaubnis ... 839
Versammelndenrechte ... 831
Versammlung ... 831, 832, 848, 881
Versammlung an Gedenkstätte zu nationalsozialistischer Gewalt- und Willkürherrschaft ... 864
Versammlung an Gedenktag zu nationalsozialistischer Gewalt- und Willkürherrschaft ... 863
Versammlung eilig ... 848, 849
Versammlung mit einer natürlichen Person ... 835
Versammlung spontan ... 848
Versammlung von zweien ... 832
Versammlungen unter freiem Himmel ... 866
Versammlungen, nichtöffentlich ... 856
Versammlungen, öffentlich ... 856

Versammlungs- und Versammlungsteilnehmer-Wechselwirkung 832
Versammlungsadressatenauswahlentscheidungen... 881
Versammlungsadressierungen 881
Versammlungsanordnung bezüglich Schutzwaffen oder Vermummung.... 866
Versammlungsauflagen 862
Versammlungsauflösung 839, 861, 864
Versammlungsbegriff.... 835, 836, 838
Versammlungsbeobachtung 860, 873
Versammlungsbeschränkungen inhaltsbezogen oder formbezogen 851
Versammlungsbeteiligte 879
versammlungsbezogene Bild- und Tonaufnahmen ... 861
versammlungsbezogene Übersichtsaufzeichnungen 861, 867
Versammlungseinladungsausschluss 859
Versammlungseintritts- und -anwesenheitsrecht 860, 873
versammlungsentsandte Polizeibeamte 860, 873
Versammlungsform 847
Versammlungsfreiheit 837, 838, 850, 940
Versammlungsfriedlichkeit 835, 839, 840, 849
Versammlungsgegenbegriffe 837
Versammlungsgesetz NRW 857
Versammlungsgesetz- oder allgemeine-Polizeigesetze-Anwendbarkeit 853
Versammlungsgesetzanwendungsbereich 858
Versammlungsgesetzfortgeltung 839, 854
versammlungsgesetzliche Beschlagnahme 867
versammlungsgesetzliche Bild- und Tonaufnahmen . 867
versammlungsgesetzliche Straf- und Bußgeldvorschriften 867
versammlungsgesetzliches Schutzwaffenmitführverbot 865
versammlungsgesetzliches Uniformverbot 858
versammlungsgesetzliches Vermummungsverbot 866
versammlungsgesetzliches Waffenverbot 858
Versammlungsgesetzrechtszustand 854
Versammlungsgrundrecht 831, 832, 940
Versammlungsgrundrechtsschutzbereich 832
Versammlungshauptfeld 856
Versammlungsinfrastrukturbegleiteinrichtungen 847
Versammlungsinfrastruktureinrichtungen 846
Versammlungsinfrastrukturergänzungen 846
Versammlungsinhaltsauflagen 862
Versammlungsinhaltsverbote 862
Versammlungskooperationsgebote 839
Versammlungslandesgesetze 854
Versammlungsleiter 859, 860, 866, 880
Versammlungsleiteranmeldung 862
Versammlungsleiterbefragung 860
versammlungsmäßig nichtverbaler Ausdruck 843
versammlungsmäßige Art des Auftretens 840
versammlungsmäßige Erörterung oder Kundgabe 837
versammlungsmäßige Volksverhetzung 863
versammlungsmäßige Zeit 848
versammlungsmäßiges Blockadetraining 842
versammlungsmäßiges Stellungbeziehen und Standpunktbezeugen 837
Versammlungsmaßnahmen außer Auflösung ... 861, 864
Versammlungsmeinungsäußerungsbeschränkung 851
Versammlungsmittel 846
Versammlungsmittel technischer Schallverstärkung .846
Versammlungsmodalitäten 837, 839
Versammlungsnachfeld 849
Versammlungsöffentlichkeit 850
Versammlungsordner 860, 866
Versammlungsordnerauflagen 860
Versammlungsortsartwahl 847
Versammlungsortswahl 847
Versammlungsortszugangsgewährungspflichten 848
Versammlungsraumgeschlossenheit 850
Versammlungsraumnichtgeschlossenheit 850
Versammlungsrecht 854
Versammlungsrecht als Bürgerrecht in der BRD 833
versammlungsrechtlich befriedete Bannkreise 864
versammlungsrechtlich mehrere Personen 835
versammlungsrechtlich örtliche Zusammenkunft 835
versammlungsrechtlich unmittelbare Gefährdung der öffentlichen Sicherheit oder Ordnung 878
versammlungsrechtliche Adressatenauswahl 883
versammlungsrechtliche Gefahr für die öffentliche Ordnung 862, 863
versammlungsrechtliche Gefahrenprognose 862, 878
versammlungsrechtliche Kooperation 840
versammlungsrechtliche Landesgesetzgebungszuständigkeit 854
versammlungsrechtliche Mischveranstaltungen 837
versammlungsrechtliche Personenmehrheit 835
versammlungsrechtliche Störung der öffentlichen Sicherheit 863
versammlungsrechtliche Zweite-Reihe-Rechtsprechung 842
versammlungsrechtlicher Anspruch 840
versammlungsrechtlicher Anspruch eines Dritten auf Einschreiten der Versammlungsbehörde 885
versammlungsrechtlicher polizeilicher Notstand 883
versammlungsrechtlicher Zweck 835
versammlungsrechtliches Differenzierungsgebot 832
versammlungsrechtliches Gesamtgepräge 837
versammlungsrechtliches Überwiegen 837
Versammlungsrechtspolizeifestigkeit 853
versammlungsrechtsspezifisches Recht auf informationelle Selbstbestimmung 840
Versammlungsselbstbestimmungspflicht 859, 867
Versammlungsselbstbestimmungsrecht ... 837, 859, 867, 940
Versammlungsspezifika 837, 839, 847, 850, 940
versammlungsspezifische Kunstform 842
versammlungsspezifische Maßnahmen der Gefahrenabwehr 856
versammlungsspezifischer Meinungsinhalt 843
versammlungsstörerorientierte Aufklärung 860, 873
Versammlungsteilnahme von Deutschen und Nichtdeutschen 856
Versammlungsteilnahme, friedlich und waffenlos 856
Versammlungsteilnahmeausschluss 866
Versammlungsteilnahmebeendigungsmaßnahme 856
Versammlungsteilnehmer 860, 866, 881
Versammlungsteilnehmerausschluss 860, 866
Versammlungsteilnehmerentfernungspflicht 861
Versammlungsteilnehmerverlassenspflicht 860
Versammlungsunfriedlichkeit 840, 849

Versammlungsunterbrechung 861
Versammlungsveranstalter 879
Versammlungsverbot 862
Versammlungsverbot gegenüber einer öffentlichen Versammlung in geschlossenen Räumen 859
Versammlungsverhalten 845
Versammlungsverhinderungszweck 837
versammlungsverwehrende städtische Einrichtung 848
Versammlungsvorfeld 849, 855
Versammlungswaffenlosigkeit 835, 839
Versammlungszweck 847
Verschaffung staatlichen Wissens über die im Bereich journalistischer Recherche hergestellten Kontakte 240, 945
Verschulden bei Vertragsschluss 750
Verschweigen 749
Versetzen 86, 139, 144, 146, 180, 187, 193, 231, 274
Verstoß gegen die Pflichten eines Kraftfahrzeugführers 793
Versuch 223
Verteidiger 378, 418, 960
Verteidigerwahlrecht 824
Verteidigung 266, 267, 289, 321, 322, 390, 471, 472, 509, 510, 584, 784, 825
Verteidigungsunterlagen 289
Verteilung 711
Vertrag über die Arbeitsweise der Europäischen Union 615, 624
Vertrag über die Europäische Union 615, 624
Vertrag von Lissabon 624
Vertrag von Maastricht 623
Vertrag zur Gründung der Europäischen Atomgemeinschaft 615
Vertrag zur Gründung der Europäischen Gemeinschaft 624
Vertrauen, gegenseitiges 989
Vertrauensperson 956, 966
Vertrauenspersonbenachrichtigung 663, 703
Vertrauensverhältnis der Medien zu ihren Informanten 240, 945
vertrauliche Kommunikation unter Eheleuten 44, 304, 337, 367, 407, 452, 488, 529, 564, 629, 670, 691, 807, 895, 935
Vertraulichkeit der Redaktionsarbeit 240, 945
vertretbare Handlung 86, 139
Vertretenmüssen 745, 748
Vertreter 266, 321, 389, 421, 424, 428, 471, 509, 583, 783, 824
Vertreter der Jugendgerichtshilfe 823
Vertretung des Kindes 266, 321, 389, 421, 424, 428, 471, 509, 583, 783, 824
Verurteilter 517
Verurteilungen 517
Verwahrungsverzeichnis 261, 774, 781
Verwaltung beschlagnahmter oder gepfändeter Gegenstände 263
Verwaltungsverfahren 823
Verwaltungsverfahren nach VwVfG NRW 397
Verwaltungsvollstreckung 82, 90, 135, 142
Verwaltungsvollstreckungsmaßnahme 102, 171
Verwaltungszwang 82, 135
Verwandte 455, 567, 575, 578, 638, 801
Verwandtschaft 421, 424, 428
Verwechslungsverhütung 262, 775, 782
Verweigerung 575, 587
Verwendung 541
Verwertbarkeit 963
Verwertung 247, 769, 963
Verwertungsverbot 289, 421, 424, 428, 467, 504, 517
Verwertungsverbotausnahmen 517
Verzeichnis 261, 774, 781
Verzeichnung 262, 775, 782
Verzögerungen 149, 151, 152
Viehtreiber 922
Visum 599, 600
Visum, national 711
Volk 607
völkerrechtliche Gründe 599
völkerrechtliches Interventionsverbot 984
Volkssouveränität 608, 614
Volksverhetzung 863
Volkszugehörigkeit 603, 605, 607
Volkvertretung für die Kreise und Gemeinden 607
Volljährige 751
volljährige Person 824
Volljähriger 817
Volljährigkeit 266, 321, 389, 471, 509, 583, 783, 817, 880, 903
Vollstreckbarkeit 113, 119, 175, 186, 187, 200, 201, 330, 360
Vollstreckbarkeit des Abschleppens 187, 194
Vollstreckung 82, 135, 700, 724, 727
Vollstreckung der Anordnung von Einziehung und Unbrauchbarmachung 247, 769
Vollstreckungsanordnung 663
Vollstreckungsbeamte 700, 727
Vollstreckungshilfe 987
Vollstreckungshilfeverkehr mit den Mitgliedstaaten der Europäischen Union 989
Vollstreckungsstaat 990
vollziehbare Ausreisepflicht 744
Vollziehbarkeit 186, 200, 330, 360, 744
Vollziehbarkeitsbegründung 186, 200, 330, 360
Vollziehbarkeitsrechtsnorm 98, 112, 117, 166, 184, 199
Vollziehung 85, 137, 256, 257
Vollziehungsanordnung 112, 118, 174, 185, 199
Vollziehungsanordnungsbegründung 113, 118, 174, 186, 200
Vollziehungsinteresse 112, 118, 174, 185, 199
Vollzug 85, 137, 700, 727, 745, 749
Vollzug der Abschiebungshaft 662, 663
Vollzug gegen Behörden 120, 121, 224, 225
Vollzugs- und -Vollziehungs-Unterschied 85, 137
Vollzugsanstalt 825, 826
VOR/DEF/SUB/ERG 7, 594, 929
Vorabentscheidungsverfahren 613, 733, 734, 745
Vorbehalt der verfassungsmäßigen (Rechts-)Ordnung 16, 48, 49, 79, 129, 241, 308, 341, 371, 411, 457, 493, 534, 570, 633, 655, 674, 695, 765, 811, 814, 850, 899, 903, 939
Vorbehalt des Gesetzes 9, 40, 78, 128, 235, 300, 333, 363, 403, 448, 484, 525, 560, 625, 666, 687, 721, 762, 801, 831, 890, 931, 983
Vorbereitung 223

Vorbereitung der öffentlichen Klage 781
Vorbereitungshaft 662, 724, 729, 741
vorbeugende Bekämpfung von Straftaten 314, 346, 354, 358
Vorführung. 203, 204, 207, 662, 700, 727, 728, 732, 745, 749, 828
Vorführung vor den Richter 662, 700, 728, 732, 828
Vorführungsdurchsetzung 147
Vorgeführtwerden 207
vorgeschriebene Belehrungen 827
vorgesetzte Bundeswehrdienststelle 264, 781
vorheriger, anderer, erfolglos gebliebener Schusswaffengebrauch 223
Vorladungsdurchsetzung 147
vorläufige Entziehung der Fahrerlaubnis 771
vorläufige Festnahme 208, 828, 987
vorläufige Ingewahrsamnahme .662, 663, 700, 725, 728, 731, 732
Vormundschaft .. 266, 321, 390, 421, 424, 428, 471, 509, 584, 783, 824
Vorrang des Gesetzes 9, 40, 78, 128, 235, 300, 333, 363, 403, 448, 484, 525, 560, 625, 666, 687, 721, 762, 801, 831, 890, 931, 983
Vorratsdatenspeicherung 964, 974
Vorsatz 277, 745, 748
Vorsatzformen 277
vorsätzliche Tat 276, 281, 284
Vorsatzschuld 277
Vorsatzunrecht 277
Vorsorge für die Durchführung künftiger Strafverfahren 313
Vorsorge für die Verfolgung künftiger Straftaten 314
vorübergehender Schutz 597, 712
Vorverfahren 313, 823

W

Waffe im nichttechnischen Sinn 926
Waffe im technischen Sinn 926
Waffe schussbereit 925
Waffen 87, 140, 208, 846, 910, 921, 923
Waffen besonderer Art 208, 222
Waffen oder Munition 923
Waffen- oder Munitionsaufbewahrung 908
Waffen- oder Munitions-Berechtigtenüberlassungs-Anordnung 908
Waffen- oder Munitions-Einziehung 908
Waffen- oder Munitionssachverständige 907
Waffen- oder Munitionssammler 907
Waffen oder Munitions-Sicherstellung 908
Waffen- oder Munitionsverbringen 908
Waffen oder Munition-Unbrauchbarmachungs-Anordnung 908
Waffen- und Munitionssicherstellung 912
Waffen- und Munitionsunbrauchbarmachung 909
Waffen, erlaubnispflichtig 925
Waffeneinziehung 912
Waffenerlaubniserteilungsvoraussetzungen 903
Waffenführungsverbot 909
Waffengebrauch gegen Personen 209
Waffengebrauch gegen Sachen 209
Waffengesetz 903
waffengesetzlich ausgenommene Waffen 923
waffengesetzlich nicht erfasste Gegenstände 923
waffengesetzliche Alterserfordernisausnahmen 905
waffengesetzliche Amtsarzt-, Facharzt-, Fachpsychologen-Zeugnis-Aufgabe 906
waffengesetzliche Anordnungen zur Kennzeichnung 908
waffengesetzliche Anzeige 908, 909
waffengesetzliche Anzeigepflichten bei Inbesitznahme 908
waffengesetzliche Ausnahmen 923
waffengesetzliche Ausweispflichten 908
waffengesetzliche Behördenaufbewahrungspflichten 911
waffengesetzliche Beschränkungen, Nebenbestimmungen und Auflagen 906
waffengesetzliche besondere Führungsverbote 925
waffengesetzliche Datenverarbeitung 905
waffengesetzliche Einstufungsentscheidung 905
waffengesetzliche Erfassung und Einstufung 920
waffengesetzliche Erfassungentscheidung 905
waffengesetzliche Erkundigungen 905
waffengesetzliche Erlaubnis 908
waffengesetzliche Erlaubnis und Ausnahmen infolge Erbfalls 907
waffengesetzliche Erlaubniserteilung 906
waffengesetzliche Erlaubnisfreiheit 925
waffengesetzliche Erlaubnispflichtausnahmenzulassung 906
waffengesetzliche Erlaubnispflichtigkeit 925
waffengesetzliche Erlaubnisrücknahme 911
waffengesetzliche Erlaubnisurkunden 906
waffengesetzliche Erteilung von Erlaubnissen zum Erwerb, Besitz, Führen und Schießen 906
waffengesetzliche Fachkundeprüfung 908
waffengesetzliche Feststellungsbescheide 925
waffengesetzliche Nachweisanordnung 912
waffengesetzliche Prüfung 905
waffengesetzliche Sachkundeprüfung 906
waffengesetzliche Sicherheitsergänzungsanordnungen 908
waffengesetzliche Unbrauchbarmachung 912
waffengesetzliche Verbotszonen 909
waffengesetzliche Versagung 905
waffengesetzliche Vorlageanordnung 909
waffengesetzliche Zuverlässigkeitsprüfung 905
waffengesetzlicher Erlaubnisvorbehalt 908
waffengesetzlicher Erlaubniswiderruf 911
waffengesetzlicher Umgang 921
waffengesetzliches Ausnahmebescheidverlangen 910
waffengesetzliches Bedürfnis 925
waffengesetzliches Bescheinigungsvorlageverlangen 907
waffengesetzliches Komplettverbot/Vollverbot 925
waffengesetzliches Nachweisverlangen 908
waffengesetzliches Verbot 925
Waffenherstellungserlaubnis 906
Waffenimitate 924
Waffenimitate für Brauchtumsveranstaltungen 924
Waffenliste 925
Waffenlosigkeit 835, 839
waffenrechtlich alltägliche Verhaltensweisen 911
waffenrechtliche Erlaubnisse 911
waffenrechtliche Zuverlässigkeitsprüfung 911

waffenrechtliche Zweifel 905
Waffensammlungen, kulturhistorisch bedeutsam 924
Waffenschein 924
Waffentransport 925
Waffenumgangsarten, erlaubnisfrei 925
Waffenumgangserlaubnispflichtigkeit 903
Waffenumgangsverbot 909
Waffenumgangsverbotsausnahmen 909
Waffenverbot 858
Waffenverbote 925
Waffenverbotszonen 910
Waffenvernichtung 912
Waffenverwertung 912
Waffenzugangsverhinderung 904
WaffG-Anlagen-Zitierung 921
WaffG-Anwendungsbereich 913
WaffG-Ausnahmen 923
Wählbarkeit 603, 607
Wahlberechtigung 603, 607, 817
Wahlgegenüberstellung 329, 378, 418
Wahllichtbildvorlage 329, 378, 418
Wahlrecht 602, 603, 606, 607, 608, 614
Wahlvideogegenüberstellung 329, 378, 418
Wahrheitserforschung 441
Wahrnehmungsgegenüberstellung 378, 418
Wahrscheinlichkeitsmaßstab 597, 742
Währung 621
Währungspolitik der Union 621
Wallis und Futuna 620
Warenverkehr 620
Warenverkehrsfreiheit...9, 130, 308, 341, 373, 413, 621, 633, 721, 801
Warnschuss 87, 123, 156, 160, 209, 227
Wegfahrgebot 180, 181
Weigerungskosten 153
Weimarer Kirchenartikel 648, 651
Weimarer-Reichsverfassung-Inkorporation 648, 652
Weisungsberechtigtenanordnung 154
weitere Datennutzung 971
weitere Nutzung 971
weitere Personalien 750
Weiterleitung 659, 680
Weiterleitung nach Asylgesetz 659
weltanschaulich-religiöse Neutralität 649, 652
Weltanschauung 651, 845
Weltanschauungsbekundungskonfrontation 650
Weltanschauungsfreiheitseinschränkbarkeiten 652
Weltanschauungsgemeinschaft 648
Weltanschauungsgrundrecht 648, 845
Weltraumrecht 605
Wertersatz 246, 269
Wertersatzeinziehung. 245, 252, 253, 271, 276, 290, 292
widerlegliche Vermutung 743
Widerruf 18
Widerspruch 97, 112, 166, 184
Widerstandleisten 206
Wiedererkennungsgegenüberstellung 378, 418
wiederholte Begehung sonstiger Straftaten 516
Wiederholungsgefahr 113, 119, 175, 186, 187, 200, 201, 330, 353, 354, 360
Willkürformel 653, 654
Wirksamkeit 108, 178, 181
Wirkung der Grundrechte als Abwehrrechte, als Leistungsrechte, als verfassungsrechtliche Wertentscheidungen oder als Grundlage von Schutzpflichten 984
Wirkungsdimensionen 984
Wirtschafts- und Währungsunion 621
Wissensgenerierung 972
Wohnräumebetretung 908
Wohnraumüberwachung 42, 302, 335, 365, 405, 450, 486, 527, 562, 627, 668, 689, 805, 893, 900, 933, 943, 974, 977
Wohnraumüberwachung, akustische 958, 964
Wohnraumüberwachungsdaten-Weiterverarbeitung974
Wohnsitz 28, 599, 905
Wohnung 11, 57, 70, 641, 900, 943, 980
Wohnungen 11, 641, 901, 944
Wohnungsanwesende... 10, 43, 303, 336, 366, 406, 451, 487, 528, 563, 628, 640, 669, 690, 806, 894, 900, 934, 943
Wohnungsberechtigte 640, 900, 943
Wohnungsbetreten 11, 901, 944
Wohnungsbewohner... 42, 302, 335, 365, 405, 450, 486, 527, 562, 627, 668, 689, 805, 893, 933
Wohnungsdurchsuchung 912
Wohnungseinschränkung 11, 641, 901, 944
Wohnungsgrundrecht 10, 639, 899, 942
Wohnungsgrundrechtseingriff 641
Wohnungsgrundrechtsträger 10, 640, 900, 943
Wohnungsinhaber....10, 11, 42, 302, 335, 365, 405, 450, 486, 527, 562, 627, 641, 668, 689, 805, 893, 900, 901, 933, 943, 944
Wohnungstüröffnungs-Verfügung 248, 377, 417, 497, 574
Wohnungsverweisung 18
Wohnverpflichtung 733
Würde des Menschen 41, 80, 88, 140, 301, 334, 364, 372, 387, 400, 401, 404, 412, 431, 432, 445, 449, 485, 493, 526, 534, 535, 561, 570, 626, 635, 643, 644, 667, 688, 863, 1039, 1052
Wurfsterne 922

Z

Zahlungsverkehrsfreiheit 621
Zeichen und Weisungen von Polizeibeamten 180
Zeichen und Weisungen von Polizeibehörden 146
Zeit 596
Zeit der Tat 822
Zeit, maßgebliche 817
Zeitraum 745, 748
Zellenverbringung und -unterbringung..... 130, 309, 342, 373, 413, 634, 722, 802
Zeuge 436
Zeugenpflicht 377, 417
Zeugenvernehmung 379, 419
Zeugnisverweigerungsberechtigte 57, 70, 980
Zeugnisverweigerungsrecht 288, 289, 290, 378, 418, 420, 423, 427, 428
Ziehen 272, 274
Zielpunktprojektoren 922
Zielscheinwerfer 922
zivilrechtlicher Schutz 21

Zollgebiet ... 620
Zollgebiete ... 621, 622
Zollkodex ... 620, 621
zollrechtliche Vorschriften ... 621
Zollunion ... 620
Zollwesen ... 621
Zuerkennengeben versammlungsentsandter Polizeibeamter ... 860, 873
zufällig in einer Wohnung Anwesende ... 640, 900, 943
Zuführung ... 816, 821
Zugangsdatenerhebungsmaßnahmen ... 696
Zugriff auf informationstechnische Systeme ... 977
zugriffsbereite Schusswaffe ... 922
Zulässigkeit ... 353
Zulässigkeit der Identitätsfeststellung ... 353
Zumutbarkeit ... 444
zur397, 555
zureichende tatsächliche Anhaltspunkte .. 269, 323, 324, 392, 434, 474, 513, 586, 786
zureichender tatsächlicher Anhaltspunkt .. 706, 726, 920
Zurücklassen ... 107, 177
Zurückschiebung ... 699, 700, 711, 727, 739, 740
Zurückschiebungshaft ... 699, 700, 723, 725, 727, 729
Zurückschiebungsvorbereitung-, sicherung, -durchführung ... 700, 727
Zurückweisung ... 711, 739, 740
Zurückweisungsbescheinigung ... 661
Zurückweisungshaft ... 661, 726
Zurückweisungshaftrichteranordnung ... 661
Zurückweisungszielbekanntgabe ... 661
Zurverfügungstellung ... 780
Zusammenarbeit im Bereich Justiz und Inneres ... 624
Zusammenhang ... 793
Zusammenhangstat ... 790, 793, 794
Zusammenkunft ... 835
Zuständigkeit ... 19, 53, 92, 144, 255, 256, 266, 315, 316, 321, 347, 380, 381, 390, 420, 422, 461, 471, 498, 509, 541, 576, 584, 660, 675, 699, 726, 773, 784, 818, 825, 869, 913, 992
Zuständigkeit der Polizeien der Länder nach Aufenthaltsgesetz ... 699, 727
zustehen ... 236, 252, 279, 280, 283, 536, 537, 636, 637
Zustellung ... 21, 106, 176, 256, 258
Zustellung durch öffentliche Bekanntmachung ... 21
Zustellungsadressaten ... 108, 178
Zustellungselektronik ... 108, 178
Zustellungskonstellationen ... 107, 177
Zustellungsnachweis ... 108, 178
Zustimmung ... 421, 424, 428
Zuverlässigkeit ... 903, 911
Zuverlässigkeitsprüfung ... 905
Zwang ... 82, 90, 135, 142, 662
Zwang gegen Behörden ... 120, 121, 224, 225
Zwang zu Aussagen ... 88, 139, 140
Zwangsarbeitsverbot ... 14, 638
Zwangsbefugnisse auf dem Rechtsgebiet der Strafrechtspflege als Annexbefugnisse ... 88, 140
Zwangsgeld ... 86, 101, 139, 159, 170
Zwangsgeld bei Duldungs- oder Unterlassungspflichtzuwiderhandlung ... 201, 232
Zwangsgeldanwendung ... 139, 202
Zwangsgeldbeitreibung ... 139, 201, 202
Zwangsgeldbeitreibung nachträglich ... 201
Zwangsgeldfestsetzung ... 161, 179, 202
Zwangsgeldfestsetzung nachträglich ... 232
Zwangsgeldhöhe ... 227
Zwangsgeldverhältnismäßigkeit ... 232
Zwangsheirat ... 638, 801
Zwangskategorien ... 83, 135
Zwangskonstellationen ... 83, 135
Zwangsmaßnahmen im Zusammenhang mit dem Straßenverkehr ... 143, 146, 159, 180, 187, 193
Zwangsmittel ... 105, 175
Zwangsmittelabgrenzung ... 88, 140
Zwangsmittelandrohung ... 84, 136
Zwangsmittelandrohungs- und Grundverfügungs-Zusammenhang ... 85, 137
Zwangsmittelandrohungs- und-Zwangsmittelanwendungs-Zusammenhang ... 85, 138
Zwangsmittelandrohungszweck ... 85, 137
Zwangsmittelanwendung ... 84, 136, 700, 727, 745, 749
Zwangsmittelmehrheit ... 100, 169
Zwangsmittelreihenfolgeangabe ... 100, 168
Zwangsmittelsubsumtion ... 88, 140
Zwangsnormalvollzug ... 85, 137
Zwangstatbestandsvoraussetzung ... 108, 115, 179, 189, 196
Zwangsverfahren ... 83, 135
Zwangsverfahrens- und -Schemaverfahrens-Unterschied ... 84, 137
Zwangsverfahrens- und -Vollzugs-Unterschied ... 84, 137
Zwangsvollzugs- und -Vollziehungs-Unterschied . 85, 137
zwangsweise Ausreise ... 723
zwangsweise DNA-Analyse ... 575, 587
zwangsweise Vorführung ... 147, 203, 204
Zweck17, 50, 57, 58, 67, 74, 81, 134, 214, 215, 216, 217, 218, 240, 242, 246, 248, 249, 250, 251, 263, 289, 310, 312, 313, 314, 315, 330, 343, 345, 346, 347, 358, 359, 360, 374, 375, 376, 378, 379, 397, 414, 415, 416, 418, 419, 435, 441, 442, 458, 460, 466, 494, 495, 496, 538, 539, 540, 541, 555, 557, 571, 572, 573, 575, 582, 600, 639, 641, 648, 656, 657, 663, 674, 695, 710, 718, 722, 723, 725, 731, 741, 756, 766, 798, 815, 823, 835, 837, 838, 843, 847, 851, 852, 860, 873, 903, 905, 940, 945, 946, 947, 949, 951, 955, 971, 972, 973, 974, 975, 976, 981, 985
Zweck von Sicherstellung/Beschlagnahme ... 772
Zweckänderung ... 971, 973
Zweckänderungsgrundsätze ... 971
Zweckänderungsvoraussetzung ... 973
Zweckbindung ... 555, 971, 972
Zweckbindungsgrundsätze ... 971
Zweckbindungsreichweite ... 972
Zwecke der Durchführung des Strafverfahrens 328, 379, 419
Zwecke der Durchführung des Verfahrens ... 315, 328
Zwecke des Erkennungsdienstes ... 315, 329
Zwecke des Verfahrens ... 378, 418
Zweifel ... 714
zweigliedriger Bundesstaat ... 606
zweipoliges Rechtsverhältnis ... 113, 118, 174, 186, 200, 978
zweipoliges Verwaltungsrechtsverhältnis . 113, 118, 174, 185, 200

Zweite-Reihe-Rechtsprechung 842
zwingendes öffentliches Interesse.24, 59, 103, 172, 351, 549, 678, 704, 738, 875, 918
zwischenbehördliches Mandat 54, 968
Zypern 617, 618, 620, 622

LITERATURVERZEICHNIS

Alexy, Robert: Begriff und Geltung des Rechts, Freiburg und München 1992.

Alexy, Robert: Theorie der Grundrechte, 2. Auflage, Frankfurt am Main 1994.

Anschütz, Gerhard: Die Verfassung des Deutschen Reichs vom 11. August 1919 – Ein Kommentar für Wissenschaft und Praxis, 14. Auflage, Berlin 1933.

Basten, Pascal: Für die Einheit von Polizei-Taktik und Recht: Notwehr und Irrtum im Strafrecht im Fall einer Polizistentötung, in: Die Polizei 06/2012, S. 149-155.

Basten, Pascal: Privatrecht in der polizeilichen Praxis, Stuttgart 2014.

Basten, Pascal: Die Menschenwürde des Grundgesetzes auf dem Prüfstand – Rechtlich-ethische Entscheidungen für Fallkonstellationen der polizeilichen Praxis, Berlin 2016.

Basten, Pascal: Recht der Polizei – Maßnahmen, Methoden, Mechanismen, Baden-Baden 2016.

Borowski, Martin: Grundrechte als Prinzipien, 3. Auflage, Baden-Baden 2018.

Brühl, Raimund: Verwaltungsrecht für die Fallbearbeitung, 9. Auflage, Stuttgart 2018.

Bühler, Ottmar: Die subjektiven öffentlichen Rechte und ihr Schutz in der deutschen Verwaltungsrechtsprechung, Stuttgart 1914.

Byrd, Sharon B. / Lehmann, Matthias: Zitierfibel für Juristen, 2. Auflage, München 2016.

De Wall, Heinrich / Muckel, Stefan: Kirchenrecht, 5. Auflage, München 2017.

Dietel, Alfred / Gintzel Kurt (ehemalige Hrsg.) */ Kniesel, Michael / Braun, Frank / Keller, Christoph* (Bearbeiter): Versammlungsgesetze – Kommentierung des Versammlungsgesetzes des Bundes und der Versammlungsgesetze der Länder, 18. Auflage, Köln 2019.

Dietlein, Johannes: Die Lehre von den grundrechtlichen Schutzpflichten, 2. Auflage, Berlin 1992.

Dietz, Andreas: Ausländer- und Asylrecht, 3. Auflage, Baden-Baden 2020.

Heller, Robert / Soschinka, Holger / Rabe, Stephan: Waffenrecht – Handbuch für die Praxis, 4. Auflage, München 2020.

Hesse, Konrad: Grundzüge des Verfassungsrechts der Bundesrepublik Deutschland, Neudruck der 20. Auflage, Heidelberg 1999.

Hoyningen-Huene, Paul: Systematicity: The Nature of Science, Oxford (University Press)/New York 2013.

Hoyningen-Huene, Paul: Repliken, in: Zeitschrift für philosophische Forschung, Heft 2 (69), S. 243-246, Frankfurt am Main 2015.

Hömig, Dieter / Wolff, Heinrich Amadeus (Hrsg.) / *Domgörgen, Ulf* (Bearbeiter): Grundgesetz für die Bundesrepublik Deutschland, 12. Auflage, Baden-Baden 2018.

Jellinek, Georg: System der subjektiven öffentlichen Rechte, Freiburg im Breisgau 1892.

Jellinek, Georg: Allgemeine Staatslehre, 3. Auflage, Berlin 1914.

von Jhering, Rudolf: Der Zweck im Recht, Leipzig 1877.

Keller, Christoph / Braun, Frank: Telekommunikationsüberwachung und andere verdeckte Maßnahmen, 3. Auflage, Stuttgart 2019 *von Kirchmann, Julius*: Die Werthlosigkeit der Jurisprudenz als Wissenschaft. Ein Vortrag, gehalten in der juristischen Gesellschaft zu Berlin, Berlin 1848.

Kant, Immanuel: Kritik der reinen Vernunft, 1. Auflage 1781, 2. Auflage 1787 Akademieausgabe, Band III (mit 2. Auflage der Kritik der reinen Vernunft), Berlin 1900 ff. (Band III: 1904, 1911).

Kant, Immanuel: Über den Gemeinspruch: Das mag in der Theorie richtig sein, taugt aber nicht für die Praxis, in: Berlinische Monatsschrift, Band 2, S. 201-284, Berlin 1793.

Kant, Immanuel: Die Metaphysik der Sitten. Erster Teil. Metaphysische Anfangsgründe der Rechtslehre, 1797, Akademieausgabe, Band VI, Berlin 1900 ff. (Band VI: 1907, 1914).

Kirchner, Hildebert: Abkürzungsverzeichnis der Rechtssprache, 9. Auflage, Berlin 2018.

Kleist, Heinrich von: Über die allmähliche Verfertigung der Gedanken beim Reden, in: Lindau, Paul (Hrsg.): Nord und Süd, 1878, Band 4, S. 3-7.

Kniesel, Michael / Braun, Frank / Keller, Christoph: Besonderes Polizei- und Ordnungsrecht, Stuttgart 2018.

Larenz, Karl: Über die Unentbehrlichkeit der Jurisprudenz als Wissenschaft, Berlin 1966.

Lisken, Hans / Denninger, Erhard / Bäcker, Matthias / Graulich, Kurt (Hrsg.): Handbuch des Polizeirechts, 6. Auflage, München 2018.

Maurer, Hartmut/Waldhoff, Christian: Allgemeines Verwaltungsrecht, 19. Auflage, München 2017.

Mayer, Marco: Die erkennungsdienstliche Behandlung gemäß § 81b 2. Alt. StPO, in: Kriminalistik 8-9/2015, S. 520-527.

Mayer, Otto: Deutsches Verwaltungsrecht, I. Band, 1. Auflage, Leipzig 1895.

Mayer, Otto: Deutsches Verwaltungsrecht, II. Band, 3. Auflage, Leipzig 1924.

Müller, Friedrich / Christensen, Ralph: Juristische Methodik, Band I – Grundlegung für die Arbeitsmethoden der Rechtspraxis, 11. Auflage, Berlin 2013.

Nimtz, Holger / Thiel, Markus: Eingriffsrecht Nordrhein-Westfalen, 2. Auflage, Hilden 2020.

Radbruch, Gustav: Gesetzliches Unrecht und übergesetzliches Recht, in: SJZ 1946, S. 105-108.

Reichel, Hans: Gesetz und Richterspruch – zur Orientierung über Rechtsquellen- und Rechtsanwendungslehre der Gegenwart, Zürich 1915.

Roggan, Fredrik / Kutscha, Martin (Hrsg.): Handbuch zum Recht der Inneren Sicherheit, 2. Auflage, Berlin 2006.

Roggenkamp, Jan Dirk / König, Kai: Eingriffsrecht für Polizeibeamte in Niedersachsen, 2. Auflage, Stuttgart 2020.

Schemmer, Franz, § 43 VwVfG, Rn. 16, in: *Bader, Johann / Ronellenfitsch, Michael (Hrsg.),* Beck'scher Online-Kommentar VwVfG, 49. Edition, München 2020.

Schmitt, Carl: Freiheitsrechte und institutionelle Garantien in der Reichsverfassung, Berlin 1931.

Schott-Mehrings, Tilmann: Fälle zum Ausländerrecht für die Polizei, Hilden 2019.

Schütte, Matthias / Braun, Frank / Keller, Christoph: Eingriffsrecht Nordrhein-Westfalen – Grundriss für die Aus- und Fortbildung, Stuttgart 2016.

*Stelkens, Paul (*Begründer) / *Bonk, Heinz Joachim* (Begründer und Bearbeiter) / *Sachs, Michael* (Herausgeber und Bearbeiter) / *Schmitz, Heribert* (nicht namensgebender Herausgeber und Bearbeiter) / *Stelkens, Ulrich* (Bearbeiter): Verwaltungsverfahrensgesetz, 9. Auflage, München 2018.

Stowasser, Josep Maria / Petschenig, Michael / Skutsch, Franz: Stowasser – Lateinisch-deutsches Wörterbuch, München 1994.

Treder, Lutz: Methoden und Techniken der Rechtsanwendung, 1. Auflage, Heidelberg 1998 (Folgeauflagen mittlerweile nicht mehr vom Ursprungsautor und erheblich gekürzt).

Virchow, Rudolf: Kunstfehler der Ärzte, Aktenstücke des Reichstags des Norddeutschen Bundes, Anlage 3 zu Nr. 5, S. XII-XV, 1870.

von Jhering, Rudolf: Der Zweck im Recht, Leipzig 1877.

Wagner, Marc: Bundespolizeirecht, 4. Auflage, Hilden 2018.

Wapler, Friederike: Das Versammlungsrecht nach der Föderalismusreform, in: *Breitbach, Michael* / *Deiseroth*, *Dieter* (Hrsg.), Versammlungsrecht des Bundes und der Länder, 2. Auflage, Baden-Baden 2020, S. 1159-1166.

Wesel, Uwe: Geschichte des Rechts – Von den Frühformen bis zur Gegenwart, 4. Auflage, München 2014.

Wittgenstein, Ludwig: Tractatus logico-philosophicus (Logisch-philosophische Abhandlung), 1. korrigierte Auflage, London 1922 (Erstveröffentlichung 1921).

Wolff, Hans Julius: Organschaft und juristische Person. Untersuchungen zur Rechtstheorie und zum öffentlichen Recht. 2 Bände. Band 1: Juristische Person und Staatsperson (Kritik, Theorie und Konstruktion), Berlin 1933. Band 2: Theorie der Vertretung. (Stellvertretung, Organschaft und Repräsentation als soziale und juristische Vertretungsformen), Berlin 1934.

Wolff, Hans Julius: Der Unterschied zwischen öffentlichem und privatem Recht, in: AöR 76 (1950), S. 205–217.

ABKÜRZUNGSVERZEICHNIS

a. a. O.	am angegebenen Ort (im Sinne von zuletzt zitierter Quelle)
ADR	Europäisches Übereinkommen über die internationale Beförderung gefährlicher Güter auf der Straße (Abkürzung ADR auch amtliche deutsche Abkürzung, von: Accord européen relatif au transport international des marchandises Dangereuses par Route)
AdöR	Anstalt des öffentlichen Rechts
AE	Aufenthaltserlaubnis
AEMR	Allgemeine Erklärung der Menschenrechte (Resolution 217 der UN-Generalversammlung)
AEUV	Vertrag über die Arbeitsweise der Europäischen Union
a.F.	alte/r Fassung
AF	Ausführung
AG	Amtsgericht(e) / Aktiengesellschaft(en)
AHaftRL (NRW)	Richtlinien für die Abschiebungshaft im Land Nordrhein-Westfalen (Abschiebungshaftrichtlinien – Runderlass des Ministeriums für Inneres und Kommunales)
AktG	Aktiengesetz
Alt.	Alternative(n)
AMG	Gesetz über den Verkehr mit Arzneimitteln (Arzneimittelgesetz)
Andr	Androhung
Anw	Anwendung
AO	Anordnung
AöR	Archiv für öffentliches Recht
APR	Allgemeines Persönlichkeits(grund)recht
APR/RiS	Allgemeines Persönlichkeits(grundrecht) in der Ausprägung/Ausprägung des Rechts auf informationelle Selbstbestimmung
AR	Aufenthaltsrecht
ArbGG	Arbeitsgerichtsgesetz
ARD	Arbeitsgemeinschaft der öffentlich-rechtlichen Rundfunkanstalten der Bundesrepublik Deutschland
Art.	Artikel(s/n)

AsylG	Asylgesetz
AT	Allgemeiner Teil / Aufenthaltstitel
AtG	Gesetz über die friedliche Verwendung der Kernenergie und den Schutz gegen ihre Gefahren (Atomgesetz)
AufenthG	Gesetz über den Aufenthalt, die Erwerbstätigkeit und die Integration von Ausländern im Bundesgebiet (Aufenthaltsgesetz)
AufenthV	Aufenthaltsverordnung
AusbEignV / AEVO	Ausbilder-Eignungsverordnung
AVF	Allgemeine Verhaltensfreiheit
AVV	Allgemeine Verwaltungsvorschrift(en)
AWG	Außenwirtschaftsgesetz
AZRG	Gesetz über das Ausländerzentralregister (Ausländerzentralregistergesetz /AZR-Gesetz)
BA	Bundesagentur für Arbeit
BAMF	Bundesamt für Migration und Flüchtlinge
BÄO	Bundesärzteordnung
BASt	Bundesanstalt für Straßenwesen
BauGB	Baugesetzbuch
BauNVO	Baunutzungsverordnung
BayObLG	Bayerisches Oberstes Landesgericht
BayVersG	Bayerisches Versammlungsgesetz
BayVGH /VGH Bayern	Bayerischer Verwaltungsgerichtshof
BBiG	Berufsbildungsgesetz
BBG	Bundesbeamtengesetz
BBodSchG	Gesetz zum Schutz vor schädlichen Bodenveränderungen und zur Sanierung von Altlasten (Bundes-Bodenschutzgesetz)
BDSG	Bundesdatenschutzgesetz
BeamtStG	Gesetz zur Regelung des Statusrechts der Beamtinnen und Beamten in den Ländern (Beamtenstatusgesetz)
BeschG	Gesetz über die Prüfung und Zulassung von Feuerwaffen, Böllern, Geräten, bei denen zum Antrieb Munition verwendet wird, sowie von Munition und sonstigen Waffen (Beschussgesetz)

BeschV	Verordnung über die Beschäftigung von Ausländerinnen und Ausländern (Beschäftigungsverordnung)
BeschussV	Allgemeine Verordnung zum Beschussgesetz
BGB	Bürgerliches Gesetzbuch
BGBl.	Bundesgesetzblatt
BGH	Bundesgerichtshof
BGHSt	Entscheidungen des Bundesgerichtshofs in Strafsachen
BHO	Bundeshaushaltsordnung
BJagdG	Bundesjagdgesetz
BKA	Bundeskriminalamt
BKAG	Gesetz über das Bundeskriminalamt und die Zusammenarbeit des Bundes und der Länder in kriminalpolizeilichen Angelegenheiten (Bundeskriminalamtgesetz)
BLBG NRW	Gesetz zur Errichtung eines Sondervermögens "Bau- und Liegenschaftsbetrieb des Landes Nordrhein-Westfalen/Bau- und Liegenschaftsbetrieb NRW" (Bau- und Liegenschaftsbetriebsgesetz NRW)
BMG	Bundesmeldegesetz
BMI	Bundesministerium des Innern, für Bau und Heimat
BMV	Bundesministerium der Verteidigung
BNatSchG	Gesetz über Naturschutz und Landschaftspflege – Bundesnaturschutzgesetz
BND	Bundesnachrichtendienst
BNDG	Gesetz über den Bundesnachrichtendienst
BORA	Berufsordnung für Rechtsanwälte (Erlassen von der Satzungsversammlung der Bundesrechtsanwaltskammer)
Bpb	Bundeszentrale für politische Bildung
BPol	Bundespolizei
BPolG	Bundespolizeigesetz
BR	Bundesrat / Bezirksregierung(en)
BRAO	Berufsrechtsanwaltsordnung
BRD	Bundesrepublik Deutschland
BremGebBeitrG	Bremisches Gebühren- und Beitragsgesetz

BremPolG	Bremisches Polizeigesetz (Polizeigesetz Bremen)
BRRG	Rahmengesetz zur Vereinheitlichung des Beamtenrechts (Beamtenrechtsrahmengesetz)
BSI	Bundesamt für Sicherheit in der Informationstechnik
BSIG	Gesetz über das Bundesamt für Sicherheit in der Informationstechnik (BSI-Gesetz)
Bsp.	Beispiel(e)
BT	Bundestag
BtMG	Gesetz über den Verkehr mit Betäubungsmitteln (Betäubungsmittelgesetz)
BvB	BVerfG-Registerzeichen für Verfahren zur Feststellung der Verfassungswidrigkeit von Parteien nach Art. 21 Abs. 2 GG
BVerfG	Bundesverfassungsgericht
BVerfGE	Entscheidungen des Bundesverfassungsgerichts (Bundesverfassungsgerichtsentscheidung(en)
BVerfGG	Bundesverfassungsgerichtsgesetz
BVerfSch	Bundesamt für Verfassungsschutz / Bundesverfassungsschutz
BVerfSchG	Gesetz über die Zusammenarbeit des Bundes und der Länder in Angelegenheiten des Verfassungsschutzes und über das Bundesamt für Verfassungsschutz (Bundesverfassungsschutzgesetz)
BVerwG	Bundesverwaltungsgericht
BvF	BVerfG-Registerzeichen für Normenkontrollverfahren nach Art. 93 Abs. 1 Nr. 2 GG auf Antrag von Verfassungsorganen eingeleitet wurden (sog. abstrakte Normenkontrolle)
BVFG	Gesetz über die Angelegenheiten der Vertriebenen und Flüchtlinge (Bundesvertriebenengesetz)
BvL	BVerfG-Registerzeichen für Normenkontrollverfahren nach Art. 100 Abs. 1 GG auf die Vorlage eines Gerichts erfolgen (sog. konkrete Normenkontrolle)
BvR	BVerfG-Registerzeichen für Beschwerden i.S.d. Art. 93a Abs. 1 Nr. 4a und Art. 93 Abs. 1 Nr. 4b GG
BVV	Beweisverwertungsverbot
BwachV	Verordnung über das Bewachungsgewerbe (Bewachungsgewerbeverordnung)
BWahlG	Bundeswahlgesetz

BWaldG	Gesetz zur Erhaltung des Waldes und zur Förderung der Forstwirtschaft – Bundeswaldgesetz
bzgl.	bezüglich
BZRG	Gesetz über das Zentralregister und das Erziehungsregister
bzw.	beziehungsweise
CoronaSchVO (NRW)	Verordnung zum Schutz vor Neuinfizierungen mit dem Coronavirus SARS-CoV-2 (Coronaschutzverordnung) [NRW]
D.	Digesten
DBT	Deutscher Bundestag
D.C.	District of Columbia
DEF	Definition(en)
DIN	Deutsche Industrie Normung
DiplBezÜbkG	Gesetz zu dem Wiener Übereinkommen vom 18. April 1961 über diplomatische Beziehungen
DNA	Deoxyribonucleic acid / zu Deutsch: Desoxyribonukleinsäure (DNS)
döR	des öffentlichen Rechts
DRiG	Deutsches Richtergesetz
DSG NRW	Datenschutzgesetz Nordrhein-Westfalen
DSGVO	Datenschutzgrundverordnung
EAÜ	Elektronische Aufenthaltsüberwachung
ED	Erkennungsdienst / „Erkennungsdienstliche Behandlung/Maßnahme“
EFTA	European Free Trade Association / Europäische Freihandelsassoziation
EG	Europäische Gemeinschaft(en)
EGGVG	Einführungsgesetz zum Gerichtsverfassungsgesetz
EGMR	Europäischer Gerichtshof für Menschenrechte (des Europarats)
eIDKG	Gesetz über eine Karte für Unionsbürger und Angehörige des Europäischen Wirtschaftsraums mit Funktion zum elektronischen Identitätsnachweis (eID-Karte-Gesetz)
EinhV	Ausführungsverordnung zum Gesetz über die Einheiten im Messwesen und die Zeitbestimmung

EinhZeitG	Gesetz über die Einheiten im Messwesen und die Zeitbestimmung
eKFV	Verordnung über die Teilnahme von Elektrokleinstfahrzeugen am Straßenverkehr (Elektrokleinstfahrzeuge-Verordnung)
EMA	Einwohnermeldeamt
EMRK	Konvention zum Schutze der Menschenrechte und Grundfreiheiten (Convention for the Protection of Human Rights and Fundamental Freedoms / Europäische Menschenrechtskonvention)
EP	Ermittlungsperson(en)
EPVO NRW	Verordnung über die Ermittlungspersonen der Staatsanwaltschaft (NRW) / Ermittlungspersonenverordnung Nordrhein-Westfalen
ERG	Ergebnis(se)
ESVGH	Entscheidungssammlung des Hessischen Verwaltungsgerichtshofs und des Verwaltungsgerichtshofs Baden-Württemberg mit Entscheidungen des Staatsgerichtshofs des Landes Hessen und des Verfassungsgerichtshofs für das Land Baden-Württemberg
EU	Europäische Union
EUBLG	Gesetz über die Zusammenarbeit von Bund und Ländern in Angelegenheiten der Europäischen Union
EuGH	Gerichtshof der Europäischen Union
EU-GR-Charta / EUGRCh / GR-Charta	Charta der Grundrechte der Europäischen Union
EuropolG	Gesetz zur Anwendung der Verordnung (EU) 2016/794 des Europäischen Parlaments und des Rates vom 11. Mai 2016 über die Agentur der Europäischen Union für die Zusammenarbeit auf dem Gebiet der Strafverfolgung (Europol) und zur Ersetzung und Aufhebung der Beschlüsse 2009/371/JI, 2009/934/JI, 2009/935/JI, 2009/936/JI und 2009/968/JI des Rates (Europolgesetz)
Eurostat	Statistisches Amt der Europäischen Union
EUV	Vertrag über die Europäische Union (EU-Vertrag)
EUVisumVO	Verordnung (EU) 2018/1806 des Europäischen Parlaments und des Rates vom 14. November 2018 zur Aufstellung der Liste der Drittländer, deren Staatsangehörige beim Überschreiten der Außengrenzen im Besitz eines Visums sein müssen, sowie der Liste

	der Drittländer, deren Staatsangehörige von dieser Visumpflicht befreit sind
EUZBBG	Gesetz über die Zusammenarbeit von Bundesregierung und Deutschem Bundestag in Angelegenheiten der Europäischen Union
EUZBLG	Gesetz über die Zusammenarbeit von Bund und Ländern in Angelegenheiten der Europäischen Union
Evn	Ersatzvornahme
EWG	Europäische Wirtschaftsgemeinschaft
EWR	Europäischer Wirtschaftsraum
EZB	Europäische Zentralbank
f.	folgender
FahrlG	Gesetz über das Fahrlehrerwesen (Fahrlehrergesetz)
FamFG	Gesetz über das Verfahren in Familiensachen und in den Angelegenheiten der freiwilligen Gerichtsbarkeit
fdGO	freiheitliche demokratische Grundordnung
FeV	Verordnung über die Zulassung von Personen zum Straßenverkehr (Fahrerlaubnis-Verordnung)
ff.	folgende
FGO	Finanzgerichtsordnung
FHGöD (NRW)	Gesetz über die Fachhochschulen für den öffentlichen Dienst im Lande Nordrhein-Westfalen (Fachhochschulgesetz öffentlicher Dienst) (Nordrhein-Westfalen)
FischG NRW / LFischG	Fischereigesetz für das Land NRW
FlG	Fleischgesetz
FreizügG/EU	Gesetz über die allgemeine Freizügigkeit von Unionsbürgern (Freizügigkeitsgesetz EU)
Fustkw	Funkstreifenkraftwagen
FZV	Verordnung über die Zulassung von Fahrzeugen zum Straßenverkehr (Fahrzeugzulassungsverordnung)
G 10	Gesetz zur Beschränkung des Brief-, Post- und Fernmeldegeheimnisses (Artikel 10-Gesetz - G 10)
GastG	Gaststättengesetz
GÄR	Gebiete äußerster Randlage (i.S.v. Art. 349, 355 AEUV)

GbR	Gesellschaft bürgerlichen Rechts
GdU	Gefährdung des Untersuchungserfolgs
GebG NRW	Gebührengesetz für das Land Nordrhein-Westfalen (GebG NRW)
Gef	Gefahr
GefAbw	Gefahrenabwehr
GenG	Gesetz betreffend die Erwerbs- und Wirtschaftsgenossenschaften
GewO	Gewerbeordnung
GewRV (NRW)	Verordnung zur Übertragung von Ermächtigungen, zur Regelung von Zuständigkeiten und Festlegungen auf dem Gebiet des Gewerberechts (Gewerberechtsverordnung [NRW])
GewSchG	Gesetz zum zivilrechtlichen Schutz vor Gewalttaten und Nachstellungen (Gewaltschutzgesetz)
GewvollzVO	Verordnung über den Vollzug der Freiheitsentziehung im Polizeigewahrsam des Landes Nordrhein-Westfalen (Gewahrsamsvollzugsverordnung)
GFK	Genfer Flüchtlingskonvention (eigentlich: Abkommen [vom 28. Juli 1951] über die Rechtsstellung der Flüchtlinge)
GG	Grundgesetz
ggf.	gegebenenfalls
GGO NRW	Gemeinsame Geschäftsordnung für die Ministerien des Landes Nordrhein-Westfalen
ggü.	gegenüber
ggw.	gegenwärtige
GiV	Gefahr im Verzug
GmbH	Gesellschaft mit beschränkter Haftung
GmbHG	Gesetz betreffend die Gesellschaften mit beschränkter Haftung (GmbH-Gesetz)
GO BT	Geschäftsordnung des Bundestags
GO BR	Geschäftsordnung des Bundesrats
GO LR NRW	Geschäftsordnung der Landesregierung Nordrhein-Westfalen
GO LT NRW	Geschäftsordnung des Landtags Nordrhein-Westfalen

GO NRW	Gemeindeordnung für das Land Nordrhein-Westfalen (Gemeindeordnung NRW)
GR	Grundrecht(e)
GräbVersammlG	Gesetz über Versammlungen und Aufzüge an und auf Gräberstätten (Gräberstätten-Versammlungsgesetz) [des Landes Brandenburg]
GR-B	Grundrechtsbeschränkbarkeit
GR-E	Grundrechtseingriff
GR-SB	Grundrechtsschutzbereich
GÜLStV	Staatsvertrag über die Einrichtung einer Gemeinsamen elektronischen Überwachungsstelle der Länder
GüKG	Güterkraftverkehrsgesetz
GV. NW.	Gesetz- und Verordnungsblatt Nordrhein-Westfalen
GVG	Gerichtsverfassungsgesetz
HeilBerG NRW	Heilberufsgesetz Nordrhein-Westfalen
HessMVollzG	Gesetz über den Vollzug von Maßregeln der Besserung und Sicherung in einem psychiatrischen Krankenhaus und in einer Entziehungsanstalt (Hessisches Maßregelvollzugsgesetz)
HG	Häusliche Gewalt
HG NRW	Gesetz über die Hochschulen des Landes Nordrhein-Westfalen
HGB	Handelsgesetzbuch
Hrsg.	Herausgeber
HSOG	Hessisches Gesetz über die öffentliche Sicherheit und Ordnung
HSPV NRW	Hochschule für Polizei und öffentliche Verwaltung Nordrhein-Westfalen
i.d.R.	in der Regel
IfSG	Gesetz zur Verhütung und Bekämpfung von Infektionskrankheiten beim Menschen (Infektionsschutzgesetz)
Igw / IGW	Ingewahrsamnahme
IHK	Industrie- und Handelskammer(n)
IM / MI	Innenministerium / Ministerium des Innern
insb.	insbesondere
inst.	Institutionum

IntV	Verordnung über die Durchführung von Integrationskursen für Ausländer und Spätaussiedler (Integrationskursverordnung)
IntVG	Gesetz über die Wahrnehmung der Integrationsverantwortung des Bundestages und des Bundesrates in Angelegenheiten der Europäischen Union (Integrationsverantwortungsgesetz)
IPbpR / BürgPoRPakt	Internationaler Pakt über bürgerliche und politische Rechte (UN-Zivilpakt / International Covenant on Civil and Political Rights – ICCPR); vgl. auch: BürgPoRPaktGG: Gesetz zu dem Internationalen Pakt vom 19. Dezember 1966 über bürgerliche und politische Rechte vom 15. November 1973 (BGBl. 1973 II S. 1533)
IPwskR	Internationaler Pakt über wirtschaftliche, soziale und kulturelle Rechte (UN-Sozialpakt / International Covenant on Economic, Social and Cultural Rights – ICESCR); vgl. auch Gesetz zu dem Internationalen Pakt vom 19. Dezember 1966 über wirtschaftliche, soziale und kulturelle Rechte vom 23.11.1973 (BGBl. 1973 II S. 1569)
IRG	Gesetz über die internationale Rechtshilfe in Strafsachen
i.S.d.	im Sinne des/der
ISO	International Organization for Standardization
i.V.m.	in Verbindung mit
JArbSchG	Jugendarbeitsschutzgesetz
JGG	Jugendgerichtsgesetz
JI	Justiz und Inneres
JMStV	Staatsvertrag über den Schutz der Menschenwürde und den Jugendschutz in Rundfunk und Telemedien (Jugendmedienschutz-Staatsvertrag)
JuSchG	Jugendschutzgesetz
JBeitrG	Justizbeitreibungsgesetz
JVA	Justizvollzugsanstalt
JVEG	Gesetz über die Vergütung von Sachverständigen, Dolmetscherinnen, Dolmetschern, Übersetzerinnen und Übersetzern sowie die Entschädigung von ehrenamtlichen Richterinnen, ehrenamtlichen Richtern, Zeuginnen, Zeugen und Dritten

JVollzDSG NRW	Gesetz zum Schutz personenbezogener Daten im Justizvollzug in Nordrhein-Westfalen (Justizvollzugsdatenschutzgesetz Nordrhein-Westfalen)
KdöR	Körperschaft des öffentlichen Rechts
KG	Kammergericht
KG	Kommanditgesellschaft
KHStVO NRW / KHSt-VO	Verordnung über die Bestimmung von Polizeipräsidien zu Kriminalhauptstellen (NRW)
KOB	Kreisordnungsbehörde / Kreisordnungsbehörden
KonsÜbkG	Gesetz zu dem Wiener Übereinkommen vom 24. April 1963 über konsularische Beziehungen
KPB	Kreispolizeibehörde / Kreispolizeibehörden
KPBGO NRW	Geschäftsordnung für die Kreispolizeibehörden des Landes Nordrhein-Westfalen (Kreispolizeibehörden-Geschäftsordnung NRW - Runderlass)
KPBVO NRW	Verordnung über die Kreispolizeibehörden des Landes Nordrhein-Westfalen (Kreispolizeibehördenverordnung Nordrhein-Westfalen)
KpL	Kernbereich privater Lebensgestaltung
KöStG NRW	Gesetz zur Regelung der Verleihung und des Entzugs der Rechte einer Körperschaft des öffentlichen Rechts an Religions- und Weltanschauungsgemeinschaften in Nordrhein-Westfalen (Körperschaftsstatusgesetz NRW)
KrO NRW	Kreisordnung für das Land Nordrhein-Westfalen (Kreisordnung Nordrhein-Westfalen)
KrWG	Gesetz zur Förderung der Kreislaufwirtschaft und Sicherung der umweltverträglichen Bewirtschaftung von Abfällen (Kreislaufwirtschaftsgesetz)
KrWaffKontrG	Ausführungsgesetz zu Artikel 26 Abs. 2 des Grundgesetzes (Gesetz über die Kontrolle von Kriegswaffen)
KrWaffUnbrUmgV	Verordnung über die Unbrauchbarmachung von Kriegswaffen und über den Umgang mit unbrauchbar gemachten Kriegswaffen
LAFP (NRW)	Landesamt für Ausbildung, Fortbildung und Personalangelegenheiten (der Polizei NRW)
LBG	Landesbeamtengesetz/e/n/es

LBG NRW	Gesetz über die Beamtinnen und Beamten des Landes Nordrhein-Westfalen (Landesbeamtengesetz Nordrhein-Westfalen)
LFGB	Lebensmittel-, Bedarfsgegenstände- und Futtermittelgesetzbuch (Lebensmittel- und Futtermittelgesetzbuch)
LG	Landgericht(e)
LHO	Landeshaushaltsordnung
LHO NRW	Landeshaushaltsordnung Nordrhein-Westfalen
LImSchG (NRW)	Gesetz zum Schutz vor Luftverunreinigungen, Geräuschen und ähnlichen Umwelteinwirkungen (Landes-Immissionsschutzgesetz) (Nordrhein-Westfalen)
LJG NRW	Landesjagdgesetz Nordrhein-Westfalen
LKA (NRW)	Landeskriminalamt (der Polizei Nordrhein-Westfalen)
LKAAufgVO NRW	Verordnung über weitere polizeiliche Aufgaben des Landeskriminalamts bei der Gefahrenabwehr sowie der Erforschung und Verfolgung von Straftaten (LKA-Aufgabenverordnung Nordrhein-Westfalen)
LKWÜberlStVAusnV	Verordnung über Ausnahmen von straßenverkehrsrechtlichen Vorschriften für Fahrzeuge und Fahrzeugkombinationen mit Überlänge
LOG	Landesorganisationsgesetz/e/s/n
LOG M-V	Organisationsgesetz für das Land Mecklenburg-Vorpommern (Landesorganisationsgesetz M-V)
LOG NRW	Gesetz über die Organisation der Landesverwaltung Nordrhein-Westfalen (Landesorganisationsgesetz NRW)
LPartG	Lebenspartnerschaftsgesetz
LR	Landrat(s) / Landräte(n) / Landratsbehörde(n) Landesregierung(en)
Ls.	Leitsatz / Leitsätze
LSA	Land Sachsen-Anhalt
LuftSiG	Luftsicherheitsgesetz
LVerbO NRW	Landschaftsverbandsordnung für das Land Nordrhein-Westfalen (Landschaftsverbandsordnung NRW)
LVOPol (NRW)	Verordnung über die Laufbahn der Polizeivollzugsbeamtinnen und Polizeivollzugsbeamten des Landes

	Nordrhein-Westfalen (Laufbahnverordnung der Polizei)
LVR	Landschaftsverband Rheinland
LZPD (NRW)	Landesamt für Zentrale Polizeiliche Dienste (der Polizei Nordrhein-Westfalen)
MAD	Militärischer Abschirmdienst
MADG	Gesetz über den militärischen Abschirmdienst
MG NRW	Meldegesetz Nordrhein-Westfalen
MI / IM	Ministerium des Innern / Innenministerium
MiStra	Anordnung über Mitteilungen in Strafsachen (Mitteilungen-in-Strafsachen-Anordnung)
MMR	Multimedia und Recht (Fachzeitschrift)
MRVG (NRW)	Maßregelvollzugsgesetz (NRW)
m.w.N.	mit weiteren Nachweisen
M-V	Mecklenburg-Vorpommern
NCAZ	Nationales Cyber-Abwehrzentrum
n. F.	neue/r Fassung
NJW	Neue Juristische Wochenschrift
NoeP	Nicht offen ermittelnder Polizeibeamter
NPD	Nationaldemokratische Partei Deutschlands
Nds.SOG	Niedersächsisches Gesetz über die öffentliche Sicherheit und Ordnung (Gesetzestitel vor und nach „NGefAG" und vor „NPOG")
NGefAG	Niedersächsisches Gefahrenabwehrgesetz (Gesetzestitel nach und vor „Nds.SOG" und vor „NPOG")
NPOG	Niedersächsisches Polizei- und Ordnungsbehördengesetz
NpSG	Neue-psychoaktive-Stoffe-Gesetz
Nr.	Nummer (als Ordnungszeichen; unterscheide: Ziffer als bloßes Zahlzeichen, vgl. z.B. VVPolG NRW, „Hinweise zur Darstellung": „Hauptnummern")
NRW	Nordrhein-Westfalen
NVersG	Niedersächsisches Versammlungsgesetz
NVwZ	Neue Zeitschrift für Verwaltungsrecht
OB	Ordnungsbehörde / Ordnungsbehörden

OBG NRW	Gesetz über Aufbau und Befugnisse der Ordnungsbehörden Nordrhein-Westfalen (Ordnungsbehördengesetz NRW)
ÖffVereinsRZVO (NRW)	Verordnung über die Regelungen von Zuständigkeiten nach dem öffentlichen Vereinsrecht (in NRW)
öffVersufH	öffentliche Versammlung/en unter freiem Himmel
öffVersigR	öffentliche Versammlung/en in geschlossenen Räumen / im geschlossenen Raum
o.g.	oben genannt/e/n/m/r
OHG	Offene Handelsgesellschaft
OLG	Oberlandesgericht(e)
ö.r.	öffentlich-rechtlich(e/n/r/s/)
OVG	Oberverwaltungsgericht(e)
Owi	Ordnungswidrigkeit
OWiG	Gesetz über Ordnungswidrigkeiten (Ordnungswidrigkeitengesetz)
OWiGZVO NRW	Verordnung zur Bestimmung der für die Verfolgung und Ahndung von Ordnungswidrigkeiten nach dem Dritten Teil des Gesetzes über Ordnungswidrigkeiten und nach dem Vierten Strafrechtsänderungsgesetz zuständigen Verwaltungsbehörden
PAG (Bayern)	Gesetz über die Aufgaben und Befugnisse der Bayerischen Staatlichen Polizei (Polizeiaufgabengesetz)
PartG	Partnerschaftsgesellschaft
PartGG	Gesetz über Partnerschaftsgesellschaften Angehöriger Freier Berufe
PaßG	Paßgesetz
PAuswG	Gesetz über Personalausweise und über den elektronischen Identitätsnachweis / Personalausweisgesetz
P.B.	Pascal Basten
PB	Polizeibehörde / Polizeibehörden
PBefG	Personenbeförderungsgesetz
PDV	Polizeidienstvorschrift(en)
POG NRW	Gesetz über die Organisation und die Zuständigkeit der Polizei im Lande Nordrhein-Westfalen (Polizeiorganisationsgesetz Nordrhein-Westfalen)
PolG NRW	Polizeigesetz des Landes Nordrhein-Westfalen (Polizeigesetz Nordrhein-Westfalen)

PostG	Postgesetz
PP	Polizeipräsident(en) / Polizeipräsidium / Polizeipräsidien
pr.	Principium / principium
PresseG NRW	Pressegesetz für das Land Nordrhein-Westfalen (Landespressegesetz NRW)
ProstSchG	Gesetz zum Schutz von in der Prostitution tätigen Personen – Prostituiertenschutzgesetz
PStG	Personenstandsgesetz
PsychKG (NRW)	Gesetz über Hilfen und Schutzmaßnahmen bei psychischen Krankheiten (PsychKG)
PTB	Physikalisch-Technische Bundesanstalt
PVB	Polizeivollzugsbeamte/n / Polizeivollzugsbeamtin / Polizeivollzugsbeamter
q.v.	quod vide / quod videas (siehe dieses / siehe diesen [Begriff])
RdErl	Runderlass
RdNr.	Randnummer
reg.	Regularum
RG	Rechtsgebiet
RiS	(Grund-)Recht auf informationelle Selbstbestimmung
RiStBV	Richtlinien für das Strafverfahren und das Bußgeldverfahren (Straf- und Bußgeldverfahrenrichtlinien)
RiVASt	Richtlinien für den Verkehr mit dem Ausland in Strafsachen (Auslandsverkehrstrafrechtsrichtlinien)
RL	Richtlinie
Rn.	Randnummer
RSP	Rechtsstaatsprinzip
RVG	Gesetz über die Vergütung der Rechtsanwältinnen und Rechtsanwälte
S.	Seite(n)
SächsPVDG	Sächsisches Polizeivollzugsdienstgesetz
Sächsisches VersG	Sächsisches Versammlungsgesetz
SB	Schutzbereich

SchulG NRW	Schulgesetz für das Land Nordrhein-Westfalen (Schulgesetz NRW)
SchwarzArbG	Gesetz zur Bekämpfung der Schwarzarbeit und illegalen Beschäftigung (Schwarzarbeitsbekämpfungsgesetz)
SDÜ	Übereinkommen vom 19. Juni 1990 zur Durchführung des Übereinkommens vom 14. Juni 1985 betreffend den schrittweisen Abbau der Kontrollen an den gemeinsamen Grenzen (Schengener Durchführungsübereinkommen)
SGB	Sozialgesetzbuch
SGG	Sozialgerichtsgesetz
SGV. NRW.	Sammlungen geltender Gesetze und Verordnungen Nordrhein-Westfalen
SISIIG	Gesetz zum Schengener Informationssystem der zweiten Generation
SJZ	Süddeutsche Juristenzeitung
sog.	sogenannte/r/n/m
SOG	Sicherheits- und Ordnungsgesetz
SOG LSA	Gesetz über die öffentliche Sicherheit und Ordnung des Landes Sachsen-Anhalt (Sicherheits- und Ordnungsgesetz Sachsen-Anhalt)
SOG M-V	Gesetz über die öffentliche Sicherheit und Ordnung in Mecklenburg-Vorpommern (Sicherheits- und Ordnungsgesetz Mecklenburg-Vorpommern)
SoZV	Verordnung über die Einführung der mitteleuropäischen Sommerzeit ab dem Jahr 2002 (Sommerzeitverordnung - SoZV)
SprengG	Gesetz über explosionsgefährliche Stoffe (Sprengstoffgesetz)
SprengV	Verordnung zum Sprengstoffgesetz (1. / 2. / 3.; z.B.: 1. SprengV = Erste Verordnung zum Sprengstoffgesetz)
SRP	Sozialistische Reichspartei
StA	Staatsanwaltschaft / Staatsanwaltschaften
StaatenlMindÜbkAG	Ausführungsgesetz zu dem Übereinkommen vom 30. August 1961 zur Verminderung der Staatenlosigkeit und zu dem Übereinkommen vom 13. September 1973 zur Verringerung der Fälle von Staatenlosigkeit

StaatenlÜbkG	Gesetz zu dem Übereinkommen vom 28. September 1954 über die Rechtsstellung der Staatenlosen – Staatenlosenübereinkommen – Convention relating to the Status of Stateless
StA-EP	Staatsanwaltschafts-Ermittlungspersonen
StAG	Staatsangehörigkeitsgesetz
StGB	Strafgesetzbuch
StPO	Strafprozessordnung
StRpfl / StrafRpfl	Strafrechtspflege
St. Rspr.	Ständige Rechtsprechung
StVG	Straßenverkehrsgesetz
StVGüterBefZVO NRW	Verordnung über Zuständigkeiten im Bereich Straßenverkehr und Güterbeförderung (NRW)
StVO	Straßenverkehrs-Ordnung (Straßenverkehrsordnung)
StVollzG	Gesetz über den Vollzug der Freiheitsstrafe und der freiheitsentziehenden Maßregeln der Besserung und Sicherung / Strafvollzugsgesetz
StVollzG NRW	Gesetz zur Regelung des Vollzuges der Freiheitsstrafe in Nordrhein-Westfalen (Strafvollzugsgesetz Nordrhein-Westfalen)
SÜ	Übereinkommen von Schengen vom 14. Juni 1985 betreffend den schrittweisen Abbau der Kontrollen an den gemeinsamen Grenzen (Schengener Übereinkommen)
SUB	Subsumtion(en)
SV	Sachverhalt
TA	Technische Anleitung(en)
ThürOBG / Thüringer OBG	Thüringer Gesetz über die Aufgaben und Befugnisse der Ordnungsbehörden (Thüringer Ordnungsbehördengesetz/OBG Thüringen)
THW	Technisches Hilfswerk
THWG	Gesetz über das Technische Hilfswerk
TierSchG	Tierschutzgesetz
TK	Telekommunikation
TKG	Telekommunikationsgesetz
TKÜ	Telekommunikationsüberwachung
TPG	Transplantationsgesetz

TÜV	Technischer Überwachungsverein
TV-L	Tarifvertrag für den öffentlichen Dienst der Länder
TVöD	Tarifvertrag für den öffentlichen Dienst
u.a.	unter anderem / unter anderen
UAbs.	Unterabsatz
ÜLG	(assozierte/zu assoziierende) außereuropäische/überseeische Länder und Hoheitsgebiete (i.S.v. Art. 198-204, 355 i.V.m. Anhang II AEUV)
UN	United Nations (Englisch, zu Deutsch: Vereinte Nationen)
UN-Charta	Charter of the United Nations (Englisch, zu Deutsch: Charta der Vereinten Nationen)
UNO	United Nations Organization (Englisch, zu Deutsch: Organisation der Vereinten Nationen/Vereinte-Nationen-Organisation)
USA	United States of America (Vereinigte Staaten von Amerika)
UTC	Koordinierte Weltzeit (englisch: Coordinated Universal Time; französisch: Temps universel coordonné)
u.U.	unter Umständen
UZw	Unmittelbarer Zwang
v	logisches Zeichen für: oder
Var.	Variante(n)
VE	Verdeckter Ermittler
VereinsG	Gesetz zur Regelung des öffentlichen Vereinsrechts (Vereinsgesetz)
VereinsGDV	Verordnung zur Durchführung des Gesetzes zur Regelung des öffentlichen Vereinsrechts (Vereinsgesetz)
Verf NRW	Verfassung für das Land Nordrhein-Westfalen (Verfassung Nordrhein-Westfalen)
VerkehrsOwiZVO NRW	Verordnung zur Bestimmung der für die Verfolgung und Ahndung von Verkehrsordnungswidrigkeiten zuständigen Verwaltungsbehörden (NRW)
VersFG SH	Versammlungsfreiheitsgesetz für das Land Schleswig-Holstein

VersG / VersammlG	Gesetz über Versammlungen und Aufzüge (Versammlungsgesetz)
VersGZVO NRW	Verordnung über Zuständigkeiten nach dem Versammlungsgesetz (NRW)
VGH	Verwaltungsgerichtshof
Vgl. / vgl.	Vergleich(e) / vergleich(e)
VHM	Verhältnismäßigkeit(s)
VN	Vereinte Nationen
VN-Charta	Charta der Vereinten Nationen
VO	Verordnung
VOB/B	Vergabe- und Vertragsordnung für Bauleistungen, Teil B: Allgemeine Vertragsbedingungen für die Ausführung von Bauleistungen
VO VwVG NRW	Verordnung zur Ausführung des Verwaltungsvollstreckungsgesetzes (Ausführungsverordnung VwVG – VO VwVG NRW)
VOR	Voraussetzung(en)
VP	Vertrauensperson
VSG NRW	Gesetz über den Verfassungsschutz in Nordrhein-Westfalen (Verfassungsschutzgesetz Nordrhein-Westfalen)
VStGB	Völkerstrafgesetzbuch
VV	Verwaltungsvorschrift(en)
VVPolG NRW	Verwaltungsvorschrift zum Polizeigesetz des Landes Nordrhein-Westfalen
VwGO	Verwaltungsgerichtsordnung
VwVG NRW	Verwaltungsvollstreckungsgesetz für das Land Nordrhein-Westfalen (Verwaltungsvollstreckungsgesetz NRW)
VwVfG	Verwaltungsverfahrensgesetz (Bundes-Verwaltungsverfahrensgesetz)
VwVfG NRW	Verwaltungsverfahrensgesetz für das Land Nordrhein-Westfalen (Verwaltungsverfahrensgesetz Nordrhein-Westfalen)
VwV-StVO	Allgemeine Verwaltungsvorschrift zur Straßenverkehrs-Ordnung
W.	Wort
WaffG	Waffengesetz

WaffGDVO NRW	Verordnung zur Durchführung des Waffengesetzes (NRW)
WaffRG	Waffenregistergesetz
WaffVwV	Allgemeine Verwaltungsvorschrift zum
Waffengesetz	
WEG	Wohnungseigentumsgesellschaft
WeinG	Weingesetz
WPflG	Wehrpflichtgesetz
WRV	Weimarer Reichsverfassung
WÜK	Wiener Übereinkommen über konsularische
Beziehungen	
Z	Ziffer (als bloßes Zahlzeichen; unterscheide: Nr. als Ordnungszeichen; vgl. z.B. VVPolG NRW, „Hinweise zur Darstellung“: „Hauptnummern“)
z.B.	zum Beispiel
ZDF	Zweites/Zweiten Deutsches/Deutschen Fernsehen/s
ZDG	Gesetz über den Zivildienst der Kriegsdienstverweigerer (Zivildienstgesetz)
ZFdG	Gesetz über das Zollkriminalamt und die Zollfahndungsämter
ZSKG	Gesetz über den Zivilschutz und die Katastrophenhilfe des Bundes
ZPO	Zivilprozessordnung
ZustAVO (NRW)	Verordnung über Zuständigkeiten im Ausländerwesen (NRW)
ZuVO JuWo (NRW)	Verordnung über Zuständigkeiten im Bereich der Jugendwohlfahrt nach dem Jugendschutzgesetz, dem Sozialgesetzbuch VIII - Kinder- und Jugendhilfe - und dem Jugendfreiwilligendienstegesetz (Jugendwohlfahrtszuständigkeitsverordnung) (NRW)
ZwG	Zwangsgeld
ZwM	Zwangsmittel